VERLAG ANTJE
KUNSTMANN

VERLAG ANTJE
KUNSTMANN

Ramelsberger | Ramm | Schultz | Stadler

DER NSU-PROZESS

MATERIALIEN

Verlag Antje Kunstmann

INHALT

EINLEITUNG ZUM MATERIALIENBAND

Dieser Materialienband soll helfen, sich in dieser Dokumentation des NSU-Prozesses zurechtzufinden. Ein Strafprozess folgt vergleichsweise strengen, aber auch komplizierten Regeln. Sie führen dazu, dass die Abläufe vor Gericht selten der Logik einer chronologischen Erzählung folgen und schon gar nicht einem auf Spannung angelegten Drehbuch. Typischerweise nimmt ein Prozess – zumal bei so langwierigen Verfahren wie im NSU-Fall – einen nicht immer vorhersehbaren Kurs, bei dem die Beteiligten zwischen verschiedenen Ebenen hin- und herspringen: der Rekonstruktion der angeklagten Taten und der Auseinandersetzung über prozessuale Abläufe. Was ist geschehen, wer hat dieses und jenes getan? Das ist die eine Seite. Die andere Seite betrifft Fragen wie diese: Ist eine bestimmte Formulierung eines Anwalts zulässig? Kann ein Sachverständiger endgültig gehen, weil man ihn nicht mehr benötigt? Hat ein Angeklagter Anspruch auf einen neuen Pflichtverteidiger?

Der NSU-Prozess hat auf Basis der Anklage detailreich die Taten und Lebensumstände der Angeklagten und ihres Umfelds beleuchtet. Und er hat viele prozessuale Fragen aufgeworfen, auf die viel Zeit verwendet wurde. 263 Beweis- und 46 Befangenheitsanträge und unzählige Konflikte über den Gang der Befragungen und des weiteren Verfahrens haben diesen Prozess mit seinen zahlreichen Beteiligten geprägt. Der Materialienband bietet zunächst eine Übersicht über die wesentlichen Gruppen der Prozessbeteiligten: die Richter, die Ankläger (Vertreter der Bundesanwaltschaft), die Angeklagten und ihre Verteidiger sowie die Nebenkläger mit ihren Anwälten und schließlich die Sachverständigen. Eine Chronologie des NSU-Komplexes, eine Übersichtskarte der Tatorte und kurze Zusammenfassungen zu jedem einzelnen Prozesstag sollen ebenfalls zur Orientierung beitragen. Da sich der Prozess inhaltlich nur grob in verschiedene Phasen einteilen lässt, können zudem die Orts- und Stichwortverzeichnisse und ein Register, das nach Tat- und Themenkomplexen sortiert ist, den Lesern dabei helfen, die Fülle des Stoffes zu erschließen.

Der NSU-Prozess war ein Ereignis von historischer Bedeutung, dennoch existieren weder Ton- oder Bildaufnahmen noch offizielle Mitschriften aus der

Hauptverhandlung. Die Richter haben es gleich zu Beginn und später erneut vor Beginn der Plädoyers abgelehnt, das Geschehen aufzeichnen oder von Stenografen erfassen zu lassen. In der deutschen Tradition des Strafprozesses sind Wortprotokolle unüblich. Stattdessen gilt das Prinzip der Mündlichkeit ohne amtliche Dokumentation – zum Bedauern vieler Historiker und zum Leidwesen mancher Anwälte, die sich eine präzise Chronik wünschen, zumal bei so zähen und großen Verfahren wie dem NSU-Prozess. In Ermangelung offizieller Protokolle müssen sich alle Prozessbeteiligten auf ihre eigenen Notizen und Mitschriften stützen und in Kauf nehmen, dass diese voneinander abweichen können. Auch Journalisten haben keine andere Möglichkeit, das Gesagte festzuhalten. Auch ihnen sind Ton- und Bildaufnahmen während einer laufenden Verhandlung untersagt. Sie müssen von Hand oder auf dem Laptop mitschreiben, um den Prozess zu dokumentieren.

Die vorliegenden Protokolle beruhen auf den umfangreichen, nach bestem Wissen und Gewissen angefertigten Mitschriften der vier Autorinnen und Autoren. Sie sollen einer breiteren Öffentlichkeit und späteren Generationen helfen, sich ein Bild von dem Geschehen vor Gericht zu machen. Es ist keine juristische, sondern eine journalistische Dokumentation. Die Autorinnen und Autoren haben den Prozess vom ersten bis zum letzten Tag begleitet und zunächst in der Süddeutschen Zeitung und im SZ Magazin aufbereitet. Im Vergleich zu Veröffentlichungen in der Presse liefern die vorliegenden Bände deutlich mehr Material, und sie erlauben tiefere Einblicke in den Prozess und in den NSU-Komplex. Gleichwohl handelt es sich auch hier nicht etwa um eine vollständige Dokumentation sämtlicher Aussagen und sämtlicher juristischer Vorgänge. Es musste eine Auswahl getroffen werden. Dabei haben sich die Autorinnen und Autoren bemüht, unabhängig von etwaigen eigenen Ansichten und Bewertungen zentrale Themen, Positionen und Abläufe festzuhalten und diese so authentisch und wortgetreu wie möglich wiederzugeben. Viele Passagen mussten gerafft oder auch ganz weggelassen werden, um die Menge halbwegs überschaubar und die Texte lesbar und verständlich zu halten. Die Autoren haben ihre Auswahl nach journalistischen Kriterien getroffen, um den NSU-Prozess als zeitgeschichtliches Ereignis zu würdigen. Trotz ihres Umfangs können und wollen diese Protokolle nicht den Anspruch erheben, das Verfahren vollumfänglich wiederzugeben.

Wegen der historischen Bedeutung des Verfahrens werden die zentralen Beteiligten mit vollem Namen genannt, ebenso Schlüsselfiguren aus der rechtsextremen Szene, wie der frühere V-Mann Tino Brandt, und herausgehobene und für den Prozess besonders wichtige Zeugen und Vertreter der Sicherheitsbehörden, wie der langjährige Leiter der Münchner Mordkommission Josef Wilfling oder der frühere Direktor des Landesamts für Verfassungsschutz in Hessen, Lutz

Irrgang. Generell galt es abzuwägen zwischen einer möglichst transparenten und präzisen Dokumentation und dem Schutz der Persönlichkeit. Es gab etliche Fälle, in denen die Abwägung zugunsten des Persönlichkeitsschutzes ausfallen musste. Deshalb sind viele Namen nur abgekürzt wiedergegeben. Das betrifft zahlreiche Zeugen, wie die Urlaubsbekannten des untergetauchten Neonazi-Trios, die vor öffentlicher Neugier zu bewahren sind, und einige Angehörige der Opfer, die aus Angst um ihre Familie nicht identifiziert werden möchten, während andere bewusst die Öffentlichkeit gesucht haben und mittlerweile recht bekannt sind. So findet sich bei der iranisch-stämmigen Familie, auf die in Köln ein Bombenanschlag verübt wurde, nur die Abkürzung M. für den Familiennamen und M. M. für den Vor- und Zunamen der verletzten Tochter. Dagegen hatten andere Opferangehörige wie etwa Gamze Kubaşık, die Tochter des ermordeten Mehmet Kubaşık, nichts gegen eine Namensnennung.

Der Materialienband soll helfen, diesen historischen Prozess zu durchdringen und in allen seinen oft erschütternden Details zu erfassen. Die Vielzahl der Tatorte von zehn Morden, 15 Raubüberfällen und zwei angeklagten Bombenattentaten (das dritte Bombenattentat mit einer Taschenlampe in Nürnberg wurde erst während des Prozesses bekannt) macht den Überblick notgedrungen schwierig. Die Konzentration auf den Ablauf vor Gericht lässt die Leser die Aufklärung aber so nachvollziehen, wie sie stattgefunden hat – oft sprunghaft, oft redundant, oft ermüdend, aber auch mit großen Momenten und bewegenden Auftritten. Das so unverstellt wie möglich niederzuschreiben, war unser Anliegen.

DIE TATORTE DES NSU

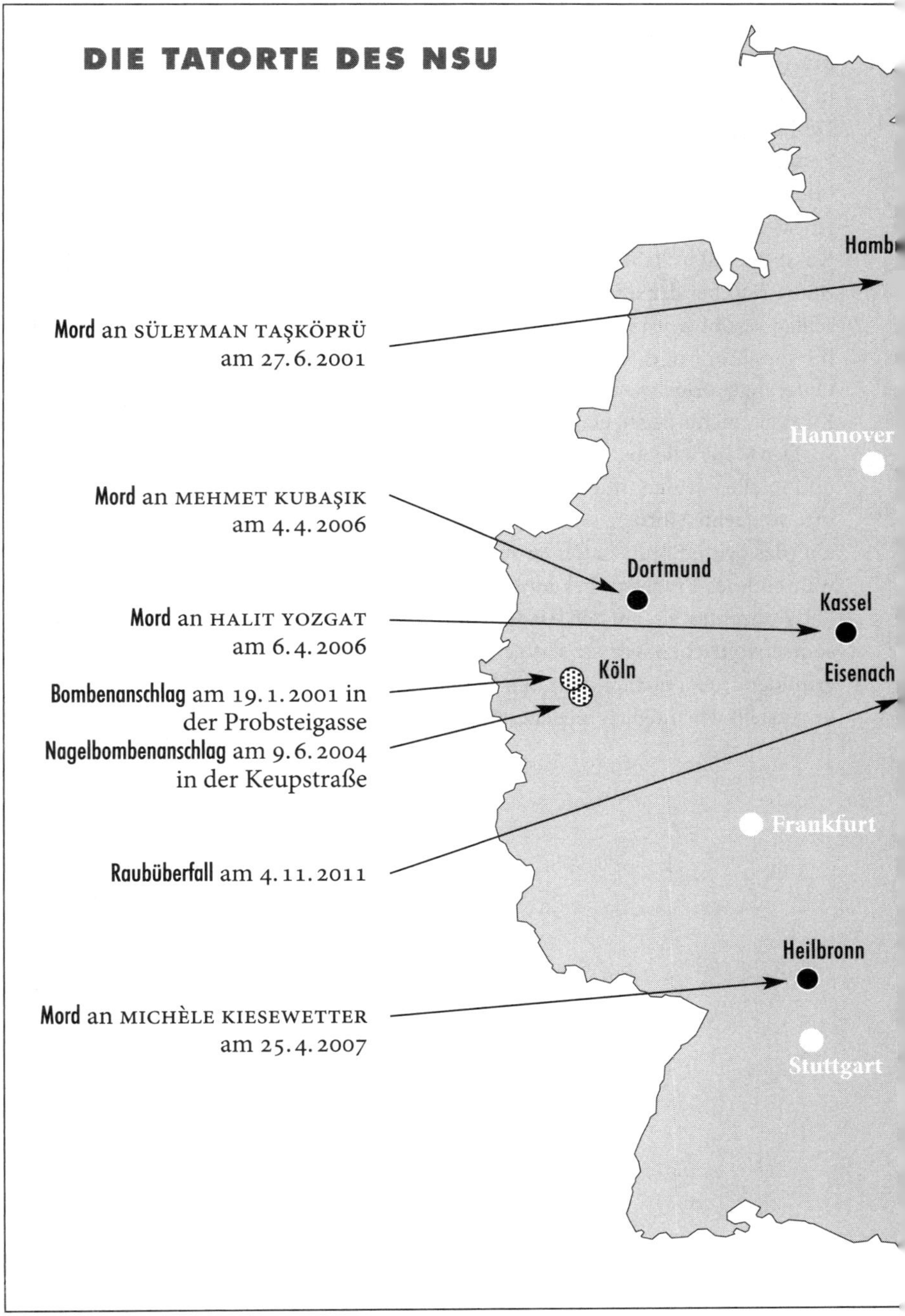

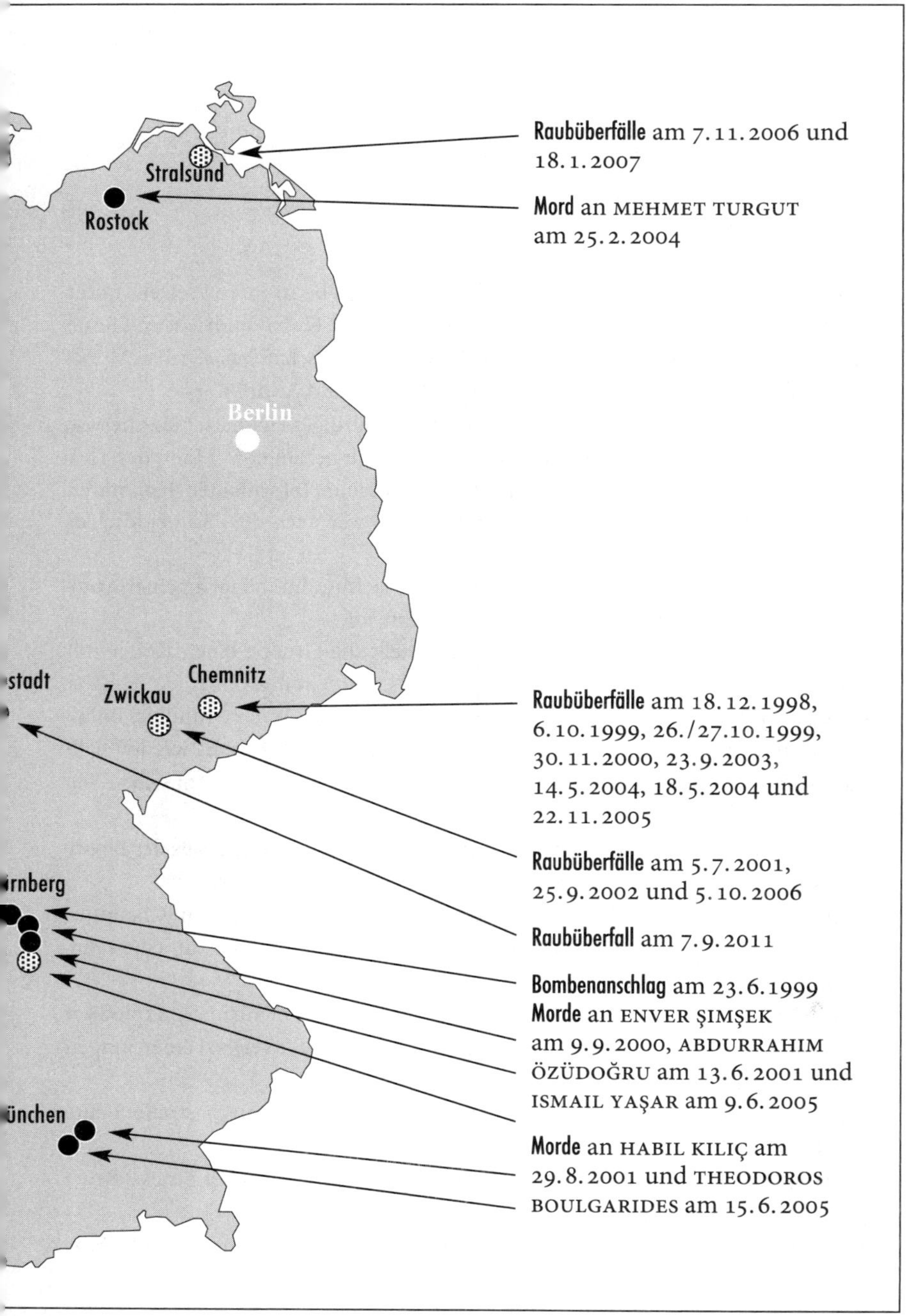
Stralsund
Rostock
Berlin
Chemnitz
Zwickau
Raubüberfälle am 7.11.2006 und 18.1.2007
Mord an MEHMET TURGUT am 25.2.2004
Raubüberfälle am 18.12.1998, 6.10.1999, 26./27.10.1999, 30.11.2000, 23.9.2003, 14.5.2004, 18.5.2004 und 22.11.2005
Raubüberfälle am 5.7.2001, 25.9.2002 und 5.10.2006
Raubüberfall am 7.9.2011
Bombenanschlag am 23.6.1999
Morde an ENVER ŞIMŞEK am 9.9.2000, ABDURRAHIM ÖZÜDOĞRU am 13.6.2001 und ISMAIL YAŞAR am 9.6.2005
Morde an HABIL KILIÇ am 29.8.2001 und THEODOROS BOULGARIDES am 15.6.2005

CHRONOLOGIE DES NSU

1992/93 In Jena treffen sich rechtsgerichtete Jugendliche in ihrer Freizeit, unter anderem im Winzerclub, darunter auch Uwe Mundlos, Uwe Böhnhardt und Beate Zschäpe. Einige dieser Jugendlichen bilden die »Kameradschaft Jena«, neben Mundlos, Böhnhardt und Zschäpe auch Ralf Wohlleben und André Kapke.

1996 Aus rechten Anti-Antifa-Gruppen geht der »Thüringer Heimatschutz« hervor, gegründet vom Neonazi Tino Brandt. Der war hoch bezahlter V-Mann des Thüringer Verfassungsschutzes und unterstützte mit seinen Informanten-Honoraren die rechte Szene. Im »Thüringer Heimatschutz« war auch die »Kameradschaft Jena« aktiv.

April 1996 Die Gruppe um Uwe Böhnhardt und Uwe Mundlos hängt an einer Autobahnbrücke einen Puppentorso mit Davidstern auf.

September 1997 Auf dem Theaterplatz in Jena stellt die Gruppe einen Koffer mit einem aufgemalten Hakenkreuz ab. Darin auch zehn Gramm TNT.

26. Januar 1998 Die Polizei durchsucht die Garage in Jena, in der Mundlos, Böhnhardt und Zschäpe Material zum Bombenbau versteckt haben. Es werden halb fertige Rohrbomben und TNT sichergestellt. Die drei gehen noch am selben Tag in den Untergrund.

1998 Das Trio geht zunächst nach Chemnitz, wo ihm Rechtsradikale aus der Blood-&-Honour-Szene helfen. Später ziehen die drei nach Zwickau um.

18. Dezember 1998 Mutmaßlich erster Überfall auf einen Edeka-Markt in Chemnitz, Irkutsker Straße. Beute rund 30 000 D-Mark. Die Täter schießen auf einen jungen Mann, treffen ihn aber nicht.

23. Juni 1999 Mutmaßlich erster Anschlag. In einer Kneipe in Nürnberg explodiert auf der Toilette eine als Taschenlampe getarnte Bombe. Sie verletzt einen jungen Türken leicht.

6. Oktober 1999 Überfall auf eine Postfiliale in Chemnitz, Barbarossastraße. Beute 5 787,59 D-Mark.

27. Oktober 1999 Überfall auf eine Postfiliale in Chemnitz, Limbacher Straße. Beute 62 822,70 D-Mark.

9. September 2000 Der erste Mord. In Nürnberg erschießen Mundlos und Böhnhardt den deutsch-türkischen Blumenhändler Enver Şimşek.

30. November 2000 Überfall auf eine Postfiliale in Chemnitz, Johannes-Dick-Straße. Beute 38 900 D-Mark.

Ab 2001 Arbeit an Vorläufern des NSU-Bekennervideos.

19. Januar 2001 Im Laden einer iranischstämmigen Familie in Köln, Probsteigasse, explodiert eine in einer Christstollendose versteckte Bombe und verletzt ein 19-jähriges Mädchen lebensgefährlich.

13. Juni 2001 Der zweite Mord. Mundlos und Böhnhardt töten den Schneider Abdurrahim Özüdoğru in seinem Laden in der Nürnberger Innenstadt.

27. Juni 2001 Der dritte Mord. Mundlos und Böhnhardt töten den deutsch-türkischen Gemüsehändler Süleyman Taşköprü in seinem Laden in Hamburg.

5. Juli 2001 Überfall auf eine Postfiliale in Zwickau, Max-Planck-Straße. Beute 74787,80 Euro. Ein Verletzter durch Reizgas.

29. August 2001 Der vierte Mord. Mundlos und Böhnhardt erschießen den Lebensmittelhändler Habil Kılıç in seinem Laden in München.

25. September 2002 Überfall auf die Sparkasse in Zwickau, Karl-Marx-Straße. Beute 48 571 Euro. Sechs Verletzte durch Reizgas.

23. September 2003 Überfall auf die Sparkasse in Chemnitz, Paul-Bertz-Straße. Beute 435 Euro. Eine Verletzte durch einen Schlag auf den Kopf.

25. Februar 2004 Der fünfte Mord. Mundlos und Böhnhardt erschießen Mehmet Turgut, Mitarbeiter eines Döner-Imbisses in Rostock.

14. Mai 2004 Überfall auf die Sparkasse in Chemnitz, Albert-Schweitzer Straße. Beute 33 175 Euro und Euroschecks im Wert von 4250 Euro. Eine Verletzte durch einen Stoß mit dem Gewehrkolben ins Gesicht.

18. Mai 2004 Überfall auf die Sparkasse in Chemnitz, Sandstraße. Beute 73 815 Euro.

9. Juni 2004 Nagelbombenanschlag auf die Keupstraße in Köln. Mehr als zwanzig zum Teil schwer Verletzte.

9. Juni 2005 Der sechste Mord. Mundlos und Böhnhardt erschießen den Imbiss-Besitzer Ismail Yaşar direkt gegenüber einer Schule in Nürnberg.

15. Juni 2005 Der siebte Mord. Mundlos und Böhnhardt erschießen den deutsch-griechischen Schlüsseldienst-Betreiber Theodoros Boulgarides in München.

22. November 2005 Überfall auf die Sparkasse in Chemnitz, Sandstraße. Keine Beute.

4. April 2006 Der achte Mord. Mundlos und Böhnhardt erschießen den Kioskbetreiber Mehmet Kubaşık in seinem Laden in Dortmund.

6. April 2006 Der neunte Mord. Mundlos und Böhnhard erschießen Halit Yozgat in seinem Internetcafé in Kassel.

5. Oktober 2006 Überfall auf die Sparkasse in Zwickau, Kosmonautenstraße. Keine Beute. Zwei Verletzte durch einen Schlag mit einem Tischventilator auf den Kopf. Ein Schwerverletzter durch einen Bauchschuss.

7. November 2006 Überfall auf die Sparkasse in Stralsund, Kleine Parower Straße. Beute 84995 Euro.

18. Januar 2007 Überfall auf dieselbe Sparkasse in Stralsund. Beute 169970 Euro.

25. April 2007 Der zehnte Mord. Mundlos und Böhnhardt überfallen die Besatzung eines Streifenwagens in Heilbronn. Sie erschießen die Polizistin Michèle Kiesewetter und verletzen ihren Kollegen Martin A. lebensgefährlich.

7. September 2011 Überfall auf die Sparkasse in Arnstadt, Goethestraße. Beute 15036,99 Euro. Eine Verletzte durch einen Schlag mit einem Telefon auf den Kopf.

4. November 2011 Der letzte Bankraub. Überfall auf die Sparkasse in Eisenach. Ein Verletzter. Beute 71915 Euro.

4. November 2011 Böhnhardt und Mundlos werden gestellt. Sie legen Feuer in ihrem Wohnmobil und erschießen sich. Kurz danach legt Beate Zschäpe Feuer in der gemeinsamen Wohnung in Zwickau und läuft weg. Sie steckt mehrere DVDs mit dem Bekennervideo des NSU in Briefkästen. In dem Video verwenden die Terroristen die Comicfigur Paulchen Panther (der Rosarote Panther) als Erzähler. In der Folge zeigen mehrere Fernsehsender Ausschnitte aus dem Video.

8. November 2011 Beate Zschäpe stellt sich der Polizei in Jena, nachdem sie zuvor mehrere Tage mit der Bahn quer durch die Republik gefahren ist.

11. November 2011 Die Bundesanwaltschaft übernimmt die Ermittlungen. Am selben Tag werden im Bundesamt für Verfassungsschutz Akten zur sogenannten Operation Rennsteig vernichtet. Sie betreffen mehrere V-Leute aus der rechten Szene, die das Bundesamt in Thüringen geführt hatte. Laut einem Untersuchungsbericht des Bundesinnenministeriums enthielten die Akten angeblich keine direkten Bezüge zum NSU-Komplex. In der Folge der Schredder-Affäre verliert der Präsident des Bundesamts, Heinz Fromm, sein Amt.

13. November 2001 In Niedersachen wird Holger Gerlach festgenommen.

24. November 2011 Auch André Eminger kommt in Untersuchungshaft.

29. November 2011 Ralf Wohlleben kommt in Untersuchungshaft.

26. Januar 2012 Der Bundestag stimmt der Einrichtung eines NSU-Untersuchungsausschusses zu. Der Ausschuss stellt im Jahr 2013 seinen Abschlussbericht vor. Zwei Jahre später setzt der Bundestag einen zweiten NSU-Untersuchungsausschuss ein.

1. Februar 2012 In Düsseldorf wird der mutmaßliche NSU-Unterstützer Carsten Schultze festgenommen.

16. Februar 2012 Ein Untersuchungsausschuss in Thüringen konstituiert sich. Nach Abschluss seiner Arbeit und einer Landtagswahl setzt das Parlament in Erfurt 2015 einen zweiten NSU-Untersuchungsausschuss ein.

23. Februar 2012 Trauerfeier für die Angehörigen der NSU-Opfer in Berlin. Kanzle-

rin Angela Merkel bittet die Angehörigen um Verzeihung. Die Jahre bis zur Enttarnung des NSU müssten für sie ein Albtraum gewesen sein, sagt Merkel.

17. April 2012 Ein NSU-Untersuchungsausschuss in Sachsen tritt erstmals zusammen. Nach Abschluss seiner Arbeit und einer Landtagswahl setzt das Parlament in Dresden 2015 einen zweiten NSU-Untersuchungsausschuss ein.

15. Mai 2012 Der ehemalige Bundesrichter Gerhard Schäfer legt einen Bericht zur Arbeit der Sicherheitsbehörden in Thüringen vor. Er stellt chaotische Zustände fest, sieht aber keine Belege dafür, dass der NSU von der Behörde gedeckt worden wäre.

25. Mai, 29. Mai, 14. Juni 2012 Der Bundesgerichtshof hebt die Haftbefehle gegen Holger Gerlach, Carsten Schultze und André Eminger auf. Auch Matthias Dienelt, der für das NSU-Trio die Wohnung in Zwickau gemietet hatte, kommt frei.

4. Juli 2012 Der Landtag in Bayern setzt einen NSU-Untersuchungsausschuss ein, der ein Jahr später einen Abschlussbericht vorlegt.

7. Juli 2012 Thüringens Verfassungsschutz-Präsident Thomas Sippel muss sein Amt aufgeben.

1. August 2012 Sachsens Verfassungsschutz-Chef Reinhard Boos tritt zurück.

8. November 2012 Die Bundesanwaltschaft erhebt Anklage gegen Beate Zschäpe, Ralf Wohlleben, Carsten Schultze, Holger Gerlach und André Eminger. Generalbundesanwalt Harald Range sagt: »Die NSU-Mitglieder verstanden sich als einheitliches Tötungskommando, das seine feigen Mordanschläge aus rassistischen und staatsfeindlichen Motiven arbeitsteilig verübte.«

14. November 2012 Die Berliner Verfassungsschutz-Chefin Claudia Schmid tritt zurück.

Februar 2013 Das Oberlandesgericht München terminiert den Beginn des Prozesses auf den 17. April.

12. April 2013 Das Bundesverfassungsgericht entscheidet, dass auch türkische Medien einen Platz im Münchner NSU-Prozess bekommen müssen.

15. April 2013 Der NSU-Prozess wird auf den 6. Mai verschoben.

6. Mai 2013 Der Prozess beginnt im Schwurgerichtssaal A 101 des Oberlandesgerichts München. Der Prozess wird vom 6. Strafsenat geführt, Vorsitzender Richter ist Manfred Götzl.

14. Mai 2013 Die Anklage wird verlesen.

4. Juni 2013 Carsten Schultze sagt aus und gesteht, eine Waffe für den NSU besorgt zu haben.

6. Juni 2013 Holger Gerlach räumt ein, dem NSU geholfen zu haben.

1. Oktober 2013 Ismail Yozgat, Vater des Mordopfers Halit Yozgat, wirft sich im Gerichtssaal auf den Boden, um die Position seines sterbenden Sohns zu demons-

trieren. Am Tag darauf appelliert die Mutter des Opfers an Zschäpe, endlich ihr Schweigen zu brechen.

16. Januar 2014 Der Polizist Martin A. sagt als Zeuge aus. Seine Kollegin Michèle Kiesewetter starb beim Mordanschlag von Heilbronn. Martin A. überlebte wie durch ein Wunder, nachdem ihm die Täter in den Kopf geschossen hatten.

4. Juni 2014 Eine deutsch-iranische Zeugin, die beim NSU-Sprengstoffanschlag des NSU im Jahr 2001 beinahe ums Leben kam, sagt als Zeugin aus. Sie wird gefragt, ob sie überlegt habe, das Land zu verlassen. Nein, antwortet sie. Sie habe gedacht: »Jetzt erst recht, ich lass mich mit Sicherheit nicht aus Deutschland rausjagen.« Im Publikum wird applaudiert.

1. Juli 2014 In Hessen kommt erstmals ein vom Parlament in Wiesbaden eingesetzter NSU-Untersuchungsausschuss zusammen.

16. Juli 2014 Überraschung im Gericht: Beate Zschäpe sagt einem Beamten, sie habe kein Vertrauen mehr in ihre drei Pflichtverteidiger Wolfgang Heer, Wolfgang Stahl und Anja Sturm. Wenige Tage später weist das Gericht ihren Antrag auf neue Anwälte jedoch zurück. In den folgenden Monaten scheitern weitere solche Versuche Zschäpes, ihre Verteidiger loszuwerden.

5. November 2014 Der Landtag von Nordrhein-Westfalen setzt einen NSU-Untersuchungsausschuss ein. Dies tut am selben Tag auch das Parlament in Baden-Württemberg. Der baden-württembergische Ausschuss legt im April 2016 einen Abschlussbericht vor. Wenige Monate später setzt der Landtag in Stuttgart einen zweiten Untersuchungsausschuss ein.

20. Januar 2015 Erstmals kommen im NSU-Prozess Opfer des Kölner Nagelbombenanschlags von 2004 zu Wort.

6. Juli 2015 Das Gericht ordnet Zschäpe den Münchner Anwalt Mathias Grasel als vierten Pflichtverteidiger bei. Er und Grasels Kollege Hermann Borchert, der als Wahlverteidiger nur gelegentlich ins Gericht kommt, sind nun ihre Vertrauensanwälte. Mit ihren drei Pflichtverteidigern Heer, Stahl und Sturm kommuniziert sie nicht mehr.

20. Juli 2015 Das Gericht lehnt einen Antrag von Zschäpes drei alten Verteidigern ab, von ihren Mandaten entbunden zu werden. Diese scheitern in den Folgemonaten auch mit weiteren solchen Anträgen.

24. Juli 2015 Der Streit zwischen Zschäpe und ihren alten Verteidigern eskaliert. Sie zeigt diese wegen Verletzung der Verschwiegenheitspflicht an. Doch die Staatsanwaltschaft lehnt die Einleitung eines Ermittlungsverfahrens »mangels Straftat« ab.

5. Oktober 2015 Es stellt sich heraus, dass eine vermeintliche Nebenklägerin im NSU-Prozess namens Meral Keskin gar nicht existiert – ein Anwalt hatte das Phantom zweieinhalb Jahre im Prozess vertreten. Im März 2018 erhob die Staatsan-

waltschaft Aachen Anklage wegen Betrugs gegen ihn. Der Anwalt behauptet, selbst Opfer eines Betrugs zu sein.

9. Dezember 2015 Zschäpe äußert sich erstmals vor Gericht: Am 249. Verhandlungstag verliest ihr neuer Anwalt Grasel eine lange Aussage.

16. Dezember 2015 Auch Ralf Wohlleben bricht sein Schweigen. Er bestreitet, eine der Mordwaffen beschafft zu haben. Stattdessen beschuldigt er vor allem den Mitangeklagten Carsten Schultze, der ihn belastet hatte.

21. Januar 2016 Zschäpe antwortet erstmals auf Nachfragen des Gerichts – schriftlich: Ihr fünfter Anwalt Hermann Borchert verliest die Antworten. Dieses langwierige Prozedere geht in den folgenden Monaten weiter. Ihre Anwälte notieren die Fragen des Gerichts, arbeiten dann wochenlang die Antworten aus und tragen sie dann im Gericht vor.

12. Juli 2016 Der Landtag von Brandenburg setzt ebenfalls einen NSU-Untersuchungsausschuss ein.

29. September 2016 Nach dreieinhalb Jahren ergreift Zschäpe zum ersten Mal persönlich das Wort – für eine kurze Erklärung. Sie bedauere ihr »Fehlverhalten« und sie verurteile, was ihre Freunde Mundlos und Böhnhardt ihren Opfern »angetan haben«.

14. Oktober 2016 Ein mysteriöser DNA-Fund neben der Leiche des jahrelang vermissten Mädchens Peggy scheint den NSU-Komplex in ein neues Licht zu rücken und mit einem anderen spektakulären Kriminalfall zu verbinden. Die DNA-Spur stammt von Uwe Böhnhardt. Weitere Untersuchungen ergeben, dass die Spur durch eine Verunreinigung bei der Spurensicherung entstanden sein muss. Als Peggys Leiche gefunden wurde, kamen teilweise dasselbe Gerät und dieselben Ermittler zum Einsatz wie nach dem Fund von Böhnhardts und Mundlos' Leichen.

19. Januar 2017 Der Sachverständige Henning Saß stellt sein psychiatrisches Gutachten über Beate Zschäpe vor, in dem er sie für voll schuldfähig beurteilt. In der Folge entbrennt ein Streit um das Gutachten, Zschäpes Verteidiger bringen ein Gegengutachten des Freiburger Professors Joachim Bauer in Stellung. Er wird als Einziger in diesem Prozess vom Gericht für befangen erklärt.

25. Juli 2017 Ende der Beweisaufnahme nach 375 Verhandlungstagen und Beginn der Plädoyers.

25. Juli bis 12. September 2017 Plädoyer der Bundesanwaltschaft.

13. September 2017 Beginn der Plädoyers der Nebenkläger.

24. April 2018 Beginn der Plädoyers der Verteidiger.

24. Mai 2018 Der Landtag vom Mecklenburg-Vorpommern setzt ebenfalls einen NSU-Untersuchungsausschuss ein.

3. Juli 2018 Letztes Wort der Angeklagten.

11. Juli 2018 Urteil.

11. Juli 2018 André Eminger kommt aus der Haft frei.

18. Juli 2018 Ralf Wohlleben kommt aus der Haft frei.

Holger Gerlach und Carsten Schultze bleiben bis zur Rechtskraft des Urteils auf freiem Fuß. Eine Woche nach dem Urteil sind alle Angeklagten bis auf Beate Zschäpe wieder in Freiheit.

PORTRÄTS DER PROZESSTEILNEHMER

DAS GERICHT

Geleitet wurde der NSU-Prozess vom 6. Strafsenat des Oberlandesgerichts München unter Vorsitz von Richter Manfred Götzl (Jahrgang 1953). Ihm zur Seite saßen vier Beisitzende Richter und zunächst drei Ergänzungsrichter, sodass sich anfangs acht Richter auf der Richterbank drängten. Im Laufe des fast fünfjährigen Prozesses schieden zwei Richterinnen durch Beförderung an den Bundesgerichtshof und durch das Erreichen des Ruhestands aus, sodass zwei Ergänzungsrichter nachrückten. Am Ende war nur noch ein Ergänzungsrichter übrig.

Am Oberlandesgericht gibt es keine Schöffen. Der Senat bestand die meiste Zeit aus den fünf Berufsrichtern Manfred Götzl, Michaela Odersky, Peter Lang, Konstantin Kuchenbauer und – seit Januar 2016 – Axel Kramer. Ergänzungsrichter Peter Prechsl wartete fünf Jahre lang vergeblich auf seinen Einsatz. Obwohl alle diese Richter jeden einzelnen Tag im Gericht erschienen, waren dennoch alle Augen auf den Vorsitzenden Richter Götzl gerichtet. Er war die dominierende Person in diesem Verfahren. Er führte die Verhandlung nicht nur mit straffer Hand, er hatte auch den mit Abstand größten Redeanteil. Ganz anders als Senatsvorsitzende in vielen anderen Verfahren behielt er sich gegenüber seinen Richterkolleginnen und -kollegen das Recht vor, ganz allein die Fragen zu stellen. Seine Beisitzer waren fünf Jahre lang zum Schweigen verdammt – zumindest im Gerichtssaal. In dem kleinen Raum hinter dem Saal diskutierten die Richter durchaus und auch wenn sie, wie jeden Tag, in der Kantine des Justizzentrums gemeinsam am Tisch saßen, sah man sie in lebhaftem Gespräch. Sie verteilten die Aufgaben unter sich, zum Beispiel wer eine Haftbeschwerde der Angeklagten zu bearbeiten hatte oder wer die Ladungen der vielen Zeugen organisieren musste. Im Saal aber hatten die Beisitzenden Richter höchstens mal die Aufgabe, ein Schriftstück aus den umfangreichen NSU-Akten des Gerichts vorzutragen.

Der Vorsitzende Richter Götzl hatte das gesamte Verfahren auf sich zugeschnitten. Bei ihm liefen alle Fäden zusammen. Er bestimmte die Termine, die Pausen, er befragte über Stunden, manchmal über Tage die Zeugen. Mit einer Unbeirrbarkeit, die auch zum Schweigen und Vergessen entschlossene Zeugen aus der rechten Szene zum Reden brachte – wenigstens in homöopathischen Dosen.

Götzl galt in früheren Verfahren als Hitzkopf, der schnell aus der Haut fahren konnte. Zudem war er für harte Urteile bekannt. So hatte er zum Beispiel einen jungen Mann zu lebenslanger Haft verurteilt, der im Verdacht stand, seine reiche Tante ermordet zu haben, die Besitzerin eines Münchner Parkhauses. Der Angeklagte beteuert seine Unschuld bis heute.

Im NSU-Verfahren hat Richter Götzl die Befürchtungen, er werde bei jeder Gelegenheit explodieren, widerlegt. Er legte eine geradezu erstaunliche Selbstbeherrschung an den Tag. Jedes Mal, wenn er merkte, dass er sich in einen Disput mit Verteidigern oder Nebenklageanwälten verfangen könnte, unterbrach er den Prozess und verordnete eine Viertelstunde Pause, in erster Linie sich selbst. Wenn er sich stritt, dann ging es fast immer um Höflichkeit und Formalien. Er reagierte oft ungehalten, wenn er unterbrochen oder kritisiert wurde. Fehler konnte er nur schlecht zugeben. Denn sein Ziel war es, keine Fehler zu machen. Er wollte dieses historische Verfahren so exakt über die Bühne bringen, dass ihm der Bundesgerichtshof keinen Rechtsfehler nachweisen und das Urteil nicht aufheben kann.

Das Streben nach Unfehlbarkeit nahm Götzl die Leichtigkeit anderer Senatsvorsitzender, die auch mal ein persönliches Wort an die Prozessbeteiligten richten. Dieser Richter wünschte all die Jahre weder entspannte Sommerferien, schöne Weihnachten noch ein gutes Neues Jahr. Er erklärte vor Weihnachten nur: »Der Prozess wird fortgesetzt am Dienstag, 10. Januar 2017.« Und am 10. Januar sagte er dann: »Wir setzen fort im Verfahren.« Diese Unpersönlichkeit setzte sich fort bis zum Urteil. Er lieferte eine formalistische Urteilsbegründung, die deutlich machte, dass ihm nicht die Information der Angeklagten und der Öffentlichkeit wichtig war, sondern dass dieses Gericht seine Energie in die Abfassung des schriftlichen Urteils stecken würde – denn nur das ist für den Bundesgerichtshof relevant.

Götzl funktionierte all die Jahre wie ein Uhrwerk. Er war kein väterlicher Richter, kein verständnisvoller Beichtvater, niemand, der einem Angeklagten ins Gewissen redete. Auch niemand, der die Situation von Zeugen spürbar nachvollziehen konnte. Emotionen irritierten ihn zutiefst. Er ging damit oft hilflos um, abwehrend. Zum Beispiel, als der Vater eines Ermordeten immer wieder Erklärungen abgeben wollte – da bat er den Anwalt des Mannes, ihm doch zu erklären, wie das läuft vor Gericht. Am Urteilstag drohte er dem verzweifelten Vater sogar, er müsse Ordnungsmaßnahmen gegen ihn ergreifen. Oder die Szene, als er die Witwe eines Getöteten anfuhr, er wolle höfliche Antworten auf höfliche Fragen. Die Frau war zum ersten Mal vor Gericht und völlig überfordert von der Situation.

Mit stoischer Ruhe befragte Götzl dagegen renitente Neonazis. Er reagierte nicht auf die Forderungen von Nebenklägern, sie in Ordnungshaft zu nehmen oder zumindest Geldstrafen zu verhängen, um der Szene zu zeigen, dass sich die-

ses Gericht nicht vorführen lässt. Auch als Neonazis auf der Besuchertribüne beim Urteil laut klatschten, ließ er sie nicht aus dem Saal entfernen. Offenbar waren das für ihn Nebenkriegsschauplätze, die ihn von seinem eigentlichen Ziel ablenkten: dem revisionssicheren Urteil in diesem Jahrhundertprozess. Dennoch ließ er sich immer wieder auf Anträge der Nebenklage ein, um die rechtsradikale Szene der Blood & Honour-Anhänger in Sachsen unter die Lupe zu nehmen – eine Szene, aus der heraus der NSU beim Untertauchen unterstützt wurde. Einen aus Sicht der Nebenklage wichtigen Antrag aber lehnte er ab: den nach der Ladung eines V-Mannes, der als Besitzer eines Szene-Ladens offenbar engen Kontakt mit dem Angeklagten André Eminger und dem NSU-Täter Uwe Mundlos gehabt hatte, als der schon im Untergrund in Zwickau war.

Götzl war kein Entertainer im Gerichtssaal, kein Selbstdarsteller wie andere Richter, die sich gerne reden hören. Obwohl in der Oberpfalz geboren, war er von fast altfränkischer Strenge. Ein Patriarch. Er forderte Respekt. Und kritischen Anwälten, insbesondere Anwältinnen, fuhr er schnell über den Mund.

Was die Transparenz seines Verfahrens betraf, hätte es erhebliche Verbesserungsmöglichkeiten gegeben. Götzl reichte es, dass *er* wusste, wie er weitermachen wollte. Dass sich die anderen Prozessbeteiligten darauf einstellen konnten, war nicht vorgesehen. So überraschte Götzl sogar Bundesanwalt Herbert Diemer, als er ihn nach 375 Tagen Beweisaufnahme plötzlich fragte, ob er bereit sei, nun sein Plädoyer zu beginnen. Diemer hatte keinerlei Wink vorher bekommen. So war es immer: Der Prozess war wie das Wetter. Man musste es nehmen, wie es kam. Nur Götzl wusste, ob es regnet oder die Sonne scheint.

Die eigentliche Leistung von Götzl bestand darin, mit akribischer Vorbereitung, profundem Wissen aus Zigtausenden Ermittlungsakten und größter Konzentration diesen Prozess durchgezogen zu haben. Er hat sehr schnell alle enttäuscht, die meinten, sie könnten ihn bis aufs Blut reizen, sodass er Fehler mache und es dann Revisionsgründe gäbe. Er hat aber auch die enttäuscht, die glaubten, in ihm einen Aufklärer zu finden, der die Verstrickungen staatlicher Behörden in den Fall NSU bis in das letzte Detail aufklären wollte. Das überließ er den Untersuchungsausschüssen. Dem früheren Verfassungsschützer Andreas Temme, der am Tatort eines NSU-Mordes in Kassel gewesen war und behauptete, nichts gesehen zu haben, sprach das Gericht sogar eine Ehrenerklärung aus – zum Erstaunen fast aller Prozessbeteiligter.

Was dem Gericht niemand absprechen konnte, war die juristische Erfahrung und das prozessuale Können. Die Richter verstanden ihr Handwerk. Sie ließen sich nicht aufs Glatteis führen. Am Ende aber sprachen sie ein Urteil, das von den Neonazis auf der Besuchertribüne beklatscht wurde. Das Gericht schickte zwar die Hauptangeklagte Beate Zschäpe lebenslang in Haft, aber es ließ gerade bei den

überzeugten Neonazis unter den Angeklagten Milde walten. Der wegen Beihilfe zum Mord in neun Fällen verurteilte Ralf Wohlleben erhielt zehn Jahre Haft – zwei Jahre weniger als von der Bundesanwaltschaft gefordert – und durfte eine Woche nach dem Urteil das Gefängnis verlassen. Der Angeklagte André Eminger, der sich im Plädoyer als »Nationalsozialist mit Haut und mit Haaren« bezeichnen ließ, wurde vom Vorwurf der Beihilfe zum versuchten Mord freigesprochen und noch am gleichen Tag auf freien Fuß gesetzt. Dagegen musste der Angeklagte Carsten Schultze, der als einziger offen Reue zeigte und sich selbst schwer belastete, drei Jahre in Jugendhaft. Das war ein für die Angehörigen der Opfer bitterer Endpunkt dieses historischen Verfahrens.

Strafhöhen nach Angeklagten

Beate Zschäpe	Lebenslang mit besonderer Schwere der Schuld
Ralf Wohlleben	10 Jahre
Holger Gerlach	3 Jahre
André Eminger	2 Jahre, 6 Monate
Carsten Schultze	3 Jahre Jugendhaft

Diese Urteile können nun vom Bundesgerichtshof überprüft werden. Die Verteidiger haben bereits Revision angekündigt. Mit einer Entscheidung vor dem Jahr 2020 ist nicht zu rechnen. Der Vorsitzende Richter Götzl ordnete sein ganzes Sein, sein Leben, auch seine Gesundheit diesem größten Prozess seiner Karriere unter. Er war fast nie krank, und so fiel es schon auf, wenn er etwa im Jahr 2014 einen Verhandlungstag verkürzte, weil er zu heiser war, um weiter zu sprechen. Selbst als er sich an Pfingsten 2017 beim Bergwandern die Hand brach, setzte er keinen Verhandlungstag aus. Dass er noch an den Folgen des Bruchs litt, bemerkte man nur an der ungelenken Unterschrift unter seinen Verfügungen. Die Prozesstage selbst zog er ungerührt durch. Auch seine Kolleginnen und Kollegen hielten all die Jahre eisern durch.

Dass Götzl ein mitfühlendes Wesen ist, war nur an winzigen Details zu erahnen. Zum Beispiel, als schwer erkrankte Verteidiger später erzählten, dass er wirklich Anteil genommen habe an ihrer Genesung. Oder als die junge, iranisch-stämmige Frau aus Köln im Gericht auftrat, der eine Bombe des NSU kurz vor ihrem Abitur das Gesicht zerstört hatte – und die dennoch Medizin studierte und seit dem Jahr 2013 als Chirurgin arbeitet. Als diese Frau im Gerichtssaal erklärte, sie lasse sich nicht so einfach aus ihrer Heimat Deutschland vertreiben, da brandete Beifall durch den Saal. Götzl ließ es geschehen und ermahnte die Zuschauer nicht wie sonst bei Störungen, zur Ruhe. Er erklärte anschließend nur pflichtschuldig, dass von Beifallsbekundungen im Gerichtssaal abzusehen sei.

Bei seiner Urteilsverkündung aber ordnete er alle Gefühle und jegliche menschliche Regung wieder dem Formalen unter. Nicht einmal ein persönliches Wort richtete er an die Angehörigen, die so sehr darauf gewartet hatten. Kein Wort zu ihrem Leid, kein Wort darüber, was der Rechtsstaat vermag und was nicht.

DIE BUNDESANWALTSCHAFT

Herbert Diemer, Anette Greger, Jochen Weingarten,
Vertreter der Bundesanwaltschaft

Die Bundesanwaltschaft mit ihrem Chef, dem Generalbundesanwalt, ist keine normale Staatsanwaltschaft. Sie klagt nicht Raubüberfälle oder Morde an, die aus Habgier oder Eifersucht verübt werden. Sie zieht Verfahren erst an sich, wenn sich die Verbrechen gegen die staatliche Ordnung und die Verfassung richten: Spionage, Terrorismus, Extremismus, die großen, staatsgefährdenden Verbrechen. Die Bundesanwaltschaft hat die Prozesse gegen die RAF geführt, sie hat Spione aus der DDR und Russland angeklagt, sie ermittelte gegen US-Agenten, die das Mobiltelefon der Kanzlerin abgehört haben. Und sie greift immer wieder ein, wenn Rechtsradikale organisiert Jagd auf Ausländer machen. Deshalb hat sie auch ein Jahr lang gegen den NSU ermittelt und dann, im November 2012, die Anklage vorgelegt: 488 Seiten.

Die Bundesanwaltschaft hat gegen eine Vielzahl mutmaßlicher Sympathisanten und Helfer des NSU ermittelt, dann aber nur fünf Personen angeklagt – weil viele der Taten, die als Beihilfe gelten, schon verjährt waren. So zum Beispiel die Hilfe, die Rechtsradikale in Chemnitz im Jahr 1998 Uwe Mundlos, Uwe Böhnhardt und Beate Zschäpe beim Untertauchen leisteten. Die Verjährungszeit dafür beträgt zehn Jahre, also wären die Taten bis 2008 zu verfolgen gewesen – der NSU flog aber erst im November 2011 auf. Die Ankläger mussten sich zudem mit ihren Ermittlungen beeilen: Denn der Bundesgerichtshof setzte drei der fünf Angeklagten im NSU-Prozess nach mehreren Monaten Untersuchungshaft wieder auf freien Fuß. In Haftsachen gilt das Beschleunigungsgebot: Das heißt, dass die Vorwürfe gegen die Personen, die in Haft sitzen, schnell geklärt und angeklagt werden müssen und nicht erst der gesamte Hintergrund der Szene ausgeleuchtet werden darf.

Die Bundesanwaltschaft ist eine sehr hierarchische und wehrhafte Behörde. Sie war selbst Ziel der RAF; Generalbundesanwalt Siegfried Buback wurde am 7. April 1977 von einem RAF-Kommando ermordet. Sein Nachfolger Kurt Rebmann entging wenige Monate später einem weiteren Anschlag der RAF. Die lin-

ken Terroristen wollten das Gebäude der Bundesanwaltschaft mit einem Raketenwerfer angreifen. Wer dort in Karlsruhe arbeitet, kann sich als Elite der Juristenzunft und Mitglied einer verschworenen Gemeinschaft fühlen.

Am NSU-Prozess nahmen anfangs vier, dann drei Vertreter der Bundesanwaltschaft teil. Der Chef der Gruppe ist Herbert Diemer, Jahrgang 1953, Leiter eines Referats der Abteilung Terrorismus. Ein weißhaariger Mann von leisem Ton und freundlichem Wesen, aber eisern, wenn es um die Verteidigung seiner Anklage ging. Und unerbittlich, wenn er fand, dass die Nebenkläger zu viele Zweifel an seiner Theorie anbrachten, wonach der NSU nur eine abgeschottete Zelle von drei Personen war. Dann warf er den Nebenklägern vor, ihre Kritik sei nichts anderes als »Fliegengesumme«, also lästig, aber nicht wichtig. Diemer ist gebürtiger Bayer, der fast sein ganzes Berufsleben im Dienst der Bundesanwaltschaft verbracht hat. Und ein Mann, der sich im Strafrecht auskennt: Diemer ist ein Autor des Karlsruher »Kommentars zur Strafprozessordnung und zum Gerichtsverfassungsgesetz«. Er ist aber auch ein Mann, der noch stark in den Frontstellungen der Siebziger- und Achtzigerjahre des vergangenen Jahrhunderts verhaftet ist. Er war dabei, als Beate Zschäpe beim Haftrichter am Bundesgerichtshof der Haftbefehl eröffnet wurde und bot ihr an, als Kronzeugin gegen den NSU und sein Geflecht an Helfern auszusagen. Doch Zschäpe zog es vor, zunächst zu schweigen. Diemer hat russische Spione angeklagt und Linksradikale; vor dem NSU-Prozess zuletzt die Mitglieder der linken »Militanten Gruppe« in Berlin. Der NSU-Prozess ist für ihn die Krönung seiner Laufbahn. Seine Anklage hat das Gericht weitgehend gehalten.

Anette Greger, Jahrgang 1966, Oberstaatsanwältin. Auch sie kommt aus der bayerischen Justiz und hat lange als Staatsanwältin und Richterin in Weiden und Regensburg gearbeitet. Seit 2007 ist sie in Karlsruhe. Im NSU-Prozess hat sie sich vor allem um den Komplex rund um Beate Zschäpe gekümmert und jedes Detail aus den Asservaten im Brandschutt und aus den Zeugenaussagen zu Zschäpe zusammengetragen. Sie kennt jede Einzelheit zu ihr: wo sie Fingerabdrücke hinterlassen hat, mit welcher Krankenkassenkarte sie zum Arzt ging, wann sie mit Uwe Mundlos und Uwe Böhnhardt telefonierte, welches Shampoo sie benutzte. Sie hat allein drei Tage lang zu den Taten und zum Motiv von Beate Zschäpe plädiert.

Jochen Weingarten, Jahrgang 1969, Oberstaatsanwalt. Ein Mann von großer Statur, er hat als Staatsanwalt in Bonn angefangen. Weingarten hat die Ermittlungen zur Herkunft der Tatwaffe Česká geführt sowie viele Zeugen aus der rechten Szene befragt. Einige dieser Zeugen beschwerten sich, er sei bei den Befragungen zu energisch aufgetreten. Wenn Weingarten seine Bassstimme erhebt, kann er recht eindrucksvoll wirken. Vor dem NSU-Prozess hat er bereits die Anklage gegen Arid Uka vertreten, der auf dem Frankfurter Flughafen ein Attentat gegen

amerikanische Soldaten verübt hatte. Während des NSU-Prozesses kam auch noch die neu aufgenommene Ermittlung zum Oktoberfestattentat 1980 hinzu.

Stefan Schmidt, Jahrgang 1974, Staatsanwalt, war bei den Ermittlungen im NSU-Komplex von Anfang an dabei. Er ist der Jüngste im Bunde. Auch am Prozess nahm er die ersten Monate teil. Dann wurde er nach Karlsruhe zurückbeordert, um sich dort an den weiteren Ermittlungen zu beteiligen. Denn außer gegen die fünf Angeklagten im NSU-Prozess ermittelte die Bundesanwaltschaft noch gegen neun weitere Verdächtige. Zudem eröffnete die Bundesanwaltschaft ein Verfahren gegen Unbekannt – denn es war und ist nicht auszuschließen, dass es weitere, bisher nicht identifizierte Unterstützer oder Mitglieder des NSU gegeben hat.

So wichtig die Vertreter der Bundesanwaltschaft für den Prozess sind, so still und unauffällig agierten sie dort meistens. In ihren roten, samtbesetzten Roben saßen sie jeden Tag im Gerichtssaal, aber sie sprachen wenig. Das mussten sie auch nicht. Denn sie hatten ja das Fundament gelegt, auf dem verhandelt wurde: die Anklageschrift. Ihr erster Erfolg war schon, dass diese Anklage vom Gericht zugelassen wurde. Während des Prozesses konnten sie in der Regel still dasitzen und zuhören, wie die Zeugen Punkte der Anklage bestätigten. Oder kurz nachfragen, wenn ein Zeuge ein wichtiges Detail vergessen hatte. Gelegentlich griff Bundesanwalt Herbert Diemer ein, um zur Eile zu drängen, insbesondere wenn ihm die Fragen der Nebenklagevertreter als zu ausufernd erschienen. Ihren großen Auftritt hatten Diemer, Greger und Weingarten dann im Sommer 2017, als sie über Wochen hinweg ihre Plädoyers vortrugen. Sie forderten lebenslange Haft für Beate Zschäpe, zwölf Jahre Haft für Ralf Wohlleben, zwölf auch für André Eminger, fünf Jahre für Holger Gerlach und drei Jahre Jugendstrafe für Carsten Schultze. Das Gericht verurteilte Beate Zschäpe gemäß dem Antrag der Bundesanwaltschaft. Gegen die milde Strafe von zwei Jahren und sechs Monaten gegen den Angeklagten André Eminger kündigte die Bundesanwaltschaft im Juli 2018 Revision an.

DIE ANGEKLAGTEN

Beate Zschäpe

Die Hauptperson dieses Prozesses war Beate Zschäpe. Auf sie richteten sich alle Blicke, an ihr entzündeten sich heftige Emotionen, auf ihre Aussage hat das Gericht 248 Tage gewartet. Obwohl sie lange gar nicht sprach und dann ihre Anwälte Erklärungen vortragen ließ, hat Beate Zschäpe diesem Prozess auch ohne viele Worte ihren Stempel aufgedrückt.

Beate Zschäpe war mit der härtest möglichen Anklage konfrontiert, die sich juristisch denken ließ: Obwohl sie auch laut Anklage an keinem Tatort der zehn Morde, 15 Raubüberfälle und zwei Bombenattentate zugegen war, warf ihr die Bundesanwaltschaft vor, Mittäterin bei all diesen Taten zu sein. Zusätzlich wurde ihr vorgehalten, die terroristische Vereinigung NSU mitbegründet zu haben. Außer Frage steht, dass sie ihren Unterschlupf in der Frühlingsstraße in Zwickau in Brand gesetzt hat, das hat sie auch selbst zugegeben. Die Bundesanwaltschaft warf ihr aber nicht nur die Brandstiftung vor, sondern auch versuchten Mord an drei Menschen – weil im Haus zwei Handwerker tätig waren, die nur zufällig zur Tatzeit Pause machten, und in der Wohnung nebenan eine alte, gehbehinderte Frau wohnte, die hätte umkommen können.

Auf der Angeklagten lastete ein erheblicher Druck. Bereits vor Beginn des Prozesses wurde sie als »Terrorbraut« bezeichnet, am ersten Tag titelte die »Bild«-Zeitung: »Der Teufel hat sich schick gemacht.« Da sich ihre beiden Gefährten Uwe Mundlos und Uwe Böhnhardt getötet hatten, war sie die einzige der drei Untergetauchten, die noch zur Verantwortung gezogen werden konnte. Zschäpe setzte diesem Druck 248 Tage Schweigen entgegen. Erst dann sprach sie. Ihre Anwälte trugen vor, sie sei ihren Freunden nur aus Liebe in den Untergrund gefolgt, sie sei von ihnen finanziell und emotional abhängig gewesen und hätte von den Morden erst im Nachhinein erfahren. Darüber sei sie jedes Mal entsetzt gewesen, habe sich aber nicht von ihren Männern lösen können.

Zschäpe, am 2. Januar 1975 in Jena geboren, war 38 Jahre alt, als der Prozess begann, und 43, als über sie das Urteil gesprochen wurde. Die fünf Jahre dazwischen haben sichtbar an ihr gezehrt. Am ersten Prozesstag war sie kaum von ih-

ren Verteidigern zu unterscheiden, sie erschien schlank und dynamisch im schwarzen Hosenanzug und mit weißer Bluse wie eine Anwältin. Später zog sie sich hinter voluminöse Schals zurück und trug tagelang dieselbe Strickjacke. Oft ließ sie ihre Haare wie einen Vorhang herunter, ganz so als wenn sie sich von den Nebenklägern im Saal abschirmen wollte. Doch das waren Äußerlichkeiten. Nicht was sie trug, war entscheidend.

Viel Wichtigeres konnte man aus dem lesen, was sie tat – und vor allem aus dem, was sie nicht tat. Sie drehte den Fotografen drei Jahre lang den Rücken zu und sagte erst mal nichts: kein Wort des Bedauerns, keine Geste des Entgegenkommens. Das alles wäre möglich gewesen, ohne eine Schuld einzugestehen. Doch Zschäpe schwieg auf Anraten ihrer drei ursprünglichen Verteidiger. Ihr Gesicht blieb undurchdringlich, selbst wenn sich der Vater eines Mordopfers vor sie auf den Boden warf und zeigte, wie er seinen Sohn fand. Sie verzog selbst dann keine Miene, wenn die Mutter eines Opfers sie anflehte zu reden. Und auch dann nicht, wenn ein junges, blondes Mädchen tränenüberströmt im Saal erschien, mit dessen Familie Zschäpe jahrelang Urlaub gemacht hatte. Das Mädchen hatte Zschäpe für ihre Freundin gehalten. Die Angeklagte klappte nur ihren Laptop vor sich auf, als wenn sie sich vor so viel Emotion abschirmen wollte. Und auch als sie sich nach drei Jahren nicht mehr wegdrehte von den Fotografen, änderte sich ihr Gesichtsausdruck nicht.

Beate Zschäpe ist zu harten Entscheidungen fähig. Als sie sich im Sommer 2015 mit ihren drei ursprünglichen Verteidigern Wolfgang Heer, Wolfgang Stahl und Anja Sturm zerstritt, vollzog sie den Bruch radikal und nachhaltig: Obwohl sie ihre Verteidiger nicht loswurde, würdigte sie die drei keines Blickes mehr – drei Jahre lang, bis zum Schluss. Sie grüßte sie nicht, obwohl sie nur einen Meter neben ihr saßen. Sie stellte sogar eine Strafanzeige gegen sie, die allerdings wegen Irrelevanz nicht verfolgt wurde. Sie zeigte eine große Unversöhnlichkeit und die Bereitschaft, mit allen Bandagen zu kämpfen. Sie bekam ihren Willen: einen neuen Pflichtverteidiger, den jungen Mathias Grasel, und einen Wahlverteidiger, Hermann Borchert, dessen väterliche Art sie offenbar schätzte. Diese beiden formulierten dann ihre Erklärung, in der sie sich als unschuldig an den Morden und Attentaten bezeichnete.

Der psychiatrische Gutachter Henning Saß, der Zschäpe über vier Jahre beobachtete, zog aus ihrem Verhalten vor Gericht den Schluss, dass sie die Fähigkeit zu »kämpferischer Selbstbehauptung« habe, zu einer »nahezu feindselig durchgehaltenen Beharrlichkeit« und zum »erfolgreichen Durchstehen massiver zwischenmenschlicher Konfliktlagen«.

Dieses Verhalten, das sie vor Gericht zeigte, war nicht annähernd mit der Erklärung in Einklang zu bringen, die sie am Tag 248 von sich gab. Danach war sie

ihren Gefährten untergeordnet, abhängig von ihnen und gänzlich unwissend, was diese auf ihren Fahrten durch Deutschland machten. Jedes Mal sei sie entsetzt und schockiert gewesen, wenn sie wieder von einem Mord erfahren habe: beim ersten Mal, beim zweiten Mal, beim dritten Mal, beim vierten Mal, beim fünften Mal, beim sechsten Mal, beim siebten Mal, beim achten Mal, beim neunten Mal, beim zehnten Mal. Allein diese Aufzählung zeigt, wie schwer nachvollziehbar ihre Erklärung war. Diese Erklärung wurde aber auch durch Urlaubsfotos infrage gestellt, die Zschäpe ein paar Wochen nach einem der Morde vertraut und harmonisch mit ihren Freunden zeigten.

Das von Zschäpe und ihren Vertrauensanwälten gezeichnete Bild der unwissenden, untergeordneten Frau entsprach nicht der ausgeprägten Persönlichkeit, die auf der Anklagebank saß. Wenn etwas in diesem Prozess eindeutig zutage trat, dann der unbeugsame Wille der Hauptangeklagten.

Dort sah man eine Frau, die nicht nur sich, sondern auch ihre neuen Verteidiger im Griff hatte: Sie ging mit ihnen alle Fragen des Gerichts durch. Sie bestand darauf, die Plädoyers ihrer neuen Verteidiger zu lesen. Wenn sie wollte, dass Veränderungen angebracht werden, wurden sie angebracht. Sie verbot ihren Verteidigern Interviews und die hielten sich daran. Ihr Wort war wichtig.

Diese Dominanz spiegelt sich auch in den Aussagen zahlreicher Zeugen wider, die sie noch als Jugendliche in der rechten Szene Jenas gekannt hatten. Ihr Cousin Stefan Apel sagte, Zschäpe habe ihre Jungs im Griff gehabt. Sie gab ihnen falsche Alibis und zog mit ihnen zu Straftaten los. Eine Zeugin erzählte von der Gaspistole, die die damals noch junge Beate Zschäpe zärtlich ihre »Wally« genannt habe. In ihrer Wohnung hingen ein Morgenstern und eine Streitaxt. Und sie hat zugegeben, auch an dem menschenverachtenden Spiel »Pogromly« mitgebastelt zu haben, in dem nach dem Muster von »Monopoly« Geld angesammelt wurde: Statt Bahnhöfen gab es dort aber Konzentrationslager und der »Besuch beim Führer« brachte zusätzliches Spielgeld.

Zschäpes Jugend, ihr Leben, ihre Psyche wurden vor Gericht bis in Einzelheiten aufgeblättert und seziert. Sie ist das Kind von Annerose Zschäpe aus Jena, die in den Siebzigerjahren nach Rumänien zum Studium der Zahnmedizin ging und dort von einem rumänischen Studenten schwanger wurde. Zschäpe hat ihren leiblichen Vater nie kennengelernt, sondern wurde herumgereicht zwischen der Großmutter und den wechselnden Lebensgefährten ihrer Mutter. Man weiß durch den Prozess, dass sie sich als Oma-Kind sah und eine enge Beziehung zu ihrer Großmutter hatte. Und dass sie es später bereut hat, die alte Frau nicht noch einmal besucht zu haben, bevor sie sich im November 2011 der Polizei stellte. Als die Großmutter während des Prozesses starb, wirkte Zschäpe über Tage bedrückt.

Schritt für Schritt hat der Prozess ihre Jugend nachgezeichnet, in der sie sich

der rechten Szene anschloss. Vor dem Jugendtreff Winzerclub in Jena-Winzerla grölte sie mit ihren Freunden Nazilieder und tat sich als 16-Jährige mit dem Professoren-Sohn Uwe Mundlos zusammen, der schon damals überzeugter Neonazi war. Sie war damals wie er Mitglied der rechten »Kameradschaft Jena«, angesehen in der Clique der rechten Jugendlichen, als eigenständige, aufgeweckte Frau, nicht auf den Mund gefallen und durchaus witzig, die sich auch politisch engagierte. Sie marschierte auf Heß-Demonstrationen mit, trug Fahnen und diskutierte über Germanenkunde, wie der damalige Anführer des »Thüringer Heimatschutzes« Tino Brandt vor Gericht erzählte. Im Nebenberuf war Brandt Spitzel des Verfassungsschutzes.

Zschäpe trennte sich nach zwei Jahren von Mundlos, blieb aber in der Szene und ihm freundschaftlich verbunden. Mit 19 wurde sie die Freundin von Uwe Böhnhardt, einem gewaltgeneigten, aufbrausenden Waffenliebhaber, und war auch oft bei dessen durchaus bürgerlicher Familie zu Hause. So vermied sie den Kontakt zu ihrer alkoholkranken Mutter, die ihre Tochter auch wegen deren rechtsradikalen Gesinnung kritisierte. Zschäpe, Mundlos und Böhnhardt wurden bald ein unzertrennliches Trio, das sich als Elite in der rechtsradikalen »Kameradschaft Jena« sah. In den 1990er Jahren radikalisierten sie sich immer mehr: Zschäpe, Mundlos und Böhnhardt legten Bombenattrappen auf dem Jenaer Theaterplatz ab. Sie schickten Drohbriefe mit Sprengstoff an Stadtverwaltung, Polizei und Lokalzeitung. Und sie nähten eine Puppe mit Judenstern, die sie an einem Strick um den Hals an einer Autobahnbrücke aufhängten – gerade als der damalige Vorsitzende des Zentralrates der Juden in Deutschland, Ignatz Bubis, in Thüringen war. Das Ganze sicherten sie mit einer Bombenattrappe. All das hat Zschäpe in ihrer Erklärung vor Gericht auch zugegeben.

Zschäpe mietete die Garage in Jena an, in der Mundlos und Böhnhardt halbfertige Rohrbomben und hochbrisantes TNT versteckt hatten. Noch während der Durchsuchung der Garage durch die Polizei im Januar 1998 setzte sich Uwe Böhnhardt ab, Mundlos und Zschäpe folgten ihm in den Untergrund. Zunächst fanden sie Hilfe bei Rechtsradikalen in Chemnitz, dann zogen sie nach Zwickau um.

Das Leben im Untergrund von 1998 bis 2011 muss Zschäpe schwer gefallen sein. Denn sie ist offenbar eine Frau, die auf soziale Kontakte Wert legt. Von allen Nachbarn wird sie als freundlich, aufgeschlossen und hilfsbereit geschildert. Einer Nachbarin, die nicht mit Geld umgehen konnte, zahlte sie zum Monatsende den Einkauf, für die wilde Katze in der Siedlung übernahm sie die Kosten für den Tierarzt. Mit den Nachbarn saß sie oft beim Prosecco zusammen – unter einem Hitlerbild. Das störte offenbar keinen, auch Zschäpe nicht. Den Nachbarn war wichtiger, dass die »Diddlmaus«, wie sie scherzhaft genannt wurde, ihnen Pizza spendierte.

Zschäpe ist kinderlieb und traf sich in Zwickau jeden Donnerstag mit der

Familie des Mitangeklagten André Eminger. Dessen Frau Susann war ihre beste Freundin, mit den zwei Kindern der Emingers ging sie spielen oder sie zahlte einen Familienausflug ins Disneyland Paris – aus der Beute der Raubüberfälle. Ihre zwei Katzen waren wie ihre Kinder und ihre zwei Männer ihre Familie – so sagte sie es selbst bei der Polizei. Den Kontakt zu ihrer Mutter und ihrer Großmutter hatte sie im Untergrund abgebrochen. Sie informierte im November 2011 lediglich die Eltern ihrer Gefährten telefonisch von deren Tod. Die Männer hatten sich getötet, als die Polizei sie nach einem Raubüberfall in Eisenach in ihrem Wohnmobil umstellt hatte. Darauf irrte Zschäpe vier Tage lang durch Deutschland, bis sie sich der Polizei stellte.

Beate Zschäpe wollte Kindergärtnerin werden, bekam in diesem Beruf in der DDR keinen Ausbildungsplatz und machte eine Lehre als Gärtnerin, arbeitete dann aber nicht in ihrem Beruf, sondern hing mit ihren Freunden arbeitslos im Jugendclub in Jena herum. Sie schloss die Schule mit mittleren Leistungen ab, kann sich gut ausdrücken und besitzt eine soziale Intelligenz, die der Gefängnisleiter der Justizvollzugsanstalt Köln als »bauernschlau« bezeichnet hatte. Über diesen Ausdruck war sie sehr verärgert. Auch in der Justizvollzugsanstalt München-Stadelheim, wo sie von 2013 bis zum Urteil saß, galt sie als unproblematische, aber selbstbewusste und genau auf ihre Rechte bedachte Gefangene, die ihre Erfahrung und ihre Überlegenheit ausspielte. Mitgefangene bewunderten sie, weil sie trotz der langen Haft ungebrochen war. In Briefen an einen Brieffreund aus der rechten Szene schrieb sie selbstbewusst, sie sei keine dumme Gans.

Der psychiatrische Sachverständige Henning Saß betrachtete Zschäpes Freundlichkeit gegenüber Nachbarn nur als »gut angepasste Fassade«. Er attestierte ihr »manipulatives Verhalten«, »Mängel in der Gemütshaftigkeit« und »fehlende Empathie«. Im Untergrund hat sie den Nachbarn die heimische Normalität vorgespielt, mit Böhnhardt als ihrem Freund und Mundlos als dessen angeblichen Bruder. Sie hat ihre Männer mit ihren Tarnnamen »Gerry« und »Max« angesprochen, sich selbst »Liese« genannt und erzählt, dass ihre Männer auf Montage seien oder Autos überführten. Und sie hat Nachbarn gesagt, die beiden verdienten so gut, dass sie nicht arbeiten müsse. Sie hat außer der rechtsradikalen Familie Eminger niemand, selbst beste Nachbarinnen nicht, in die Wohnung gelassen, wo der NSU Waffen und Munition lagerte und in einem Tresor die geraubten Handschellen der getöteten Polizistin Michèle Kiesewetter lagen. Diese Distanz und diese Disziplin hielt Zschäpe eisern durch. Psychiater Saß würdigte das so: »Das Aufrechterhalten einer Legende spricht für Disziplin, Raffinesse, eine extrem hohe Fähigkeit zu Camouflage und eine gute Abspaltungsfähigkeit.« Abspaltung, das bedeutet in der Fachsprache der Psychiater Verdrängung. Zschäpe selbst sagte einmal, sie sei »ein Meister im Verdrängen«.

Besonders belastet wurde Zschäpe durch den Angeklagten Holger Gerlach, der mit ihr, Mundlos und Böhnhardt seit Jugendtagen befreundet war und regelmäßig mit den dreien in Urlaub fuhr. Gerlach hatte vor Gericht berichtet, dass Zschäpe dabei war, als er eine Waffe (nicht die Tatwaffe für die Morde) in den Unterschlupf des NSU überbrachte. Er hatte gesagt, dass sie der Kassenwart der Gruppe war und noch im Sommer 2011, kurz vor der Selbstenttarnung des NSU, den falschen Pass für ihren Freund Böhnhardt bei ihm abgeholt habe. Auch hatte Gerlach erklärt, Zschäpe habe schon früh bei Diskussionen darüber, ob sich die »Kameradschaft Jena« bewaffnen solle, für die Bewaffnung plädiert.

Vor allem aber hat Zschäpe – so sehen es Gericht und Bundesanwaltschaft – durch den Versand der Bekennervideos das Werk des NSU vollendet. Erst diese Bekennervideos, auf denen der NSU sich mit seinen Taten brüstete, machten die tödliche Spur des NSU durch Deutschland in ihrer ganzen Brutalität sichtbar. Ein Dutzend dieser Videos hat Zschäpe nach dem Brand in der Frühlingsstraße an Medien, jüdische und islamische Einrichtungen verschickt. Auf zwei Zeitungsausschnitten, die für das Video verwendet wurden, fand man die Fingerspuren von Zschäpe.

Das Gericht sprach sie zudem des versuchten Mordes an ihrer alten Nachbarin und an zwei Handwerkern schuldig. Als Zschäpe am 4. November 2011 vom Suizid ihrer Männer erfuhr, setzte sie die gemeinsame Wohnung in der Frühlingsstraße in Zwickau in Brand. Dabei gab es eine Explosion, die das halbe Haus zerstörte. Eine 89 Jahre alte, gehbehinderte Nachbarin war im Haus und wurde gerade noch von ihren Angehörigen gerettet. Zwei Handwerker, die im Dachgeschoß arbeiteten, waren zufällig in der Kaffeepause. Das betrachtete die Bundesanwaltschaft als dreifachen versuchten Mord. Das Gericht sah es ebenso.

Zschäpe hielt den Prozess eisern durch. Sie war nur sehr selten krank, in erster Linie zu der Zeit, als sie sich bereits mit dem Gedanken trug auszusagen, während ihre alten Verteidiger ihr aber dringend rieten zu schweigen – sie fürchteten, dass sie mit einer Erklärung weitere Angriffspunkte bieten würde. Diese Befürchtung bestätigte sich später, als ihre neuen Anwälte ihre Erklärung vortrugen. Im Frühjahr 2015 bestand kurzzeitig sogar die Sorge, Zschäpe würde verhandlungsunfähig werden. Offensichtlich schlug ihr das Schweigen auf die Seele. Ihr Gesundheitszustand besserte sich aber sogleich, als sie zu den alten zwei neue Verteidiger bekam. Im Jahr 2017 wurde sie mehrere Male in der Haft von dem Psychiater Joachim Bauer aus Freiburg besucht, der lange Stunden mit ihr sprach. Er sah in ihr eine Frau, die an einer dependenten Persönlichkeitsstörung leidet und von ihren Männern über 13 Jahre hinweg abhängig war. Von ihrem Freund Böhnhardt sei sie sogar immer wieder geschlagen worden. Bauer wurde jedoch als befangen abgelehnt, als er in einer E-Mail an eine Zeitung davon schrieb, dass Zschäpe eine Art »He-

xenverbrennung« drohe. Seine Einschätzung konnte niemand nachvollziehen, der Zschäpe in diesen fünf Jahren beobachtet hatte. Und auch sie selbst hatte bei der Polizei, als sie sich stellte, gesagt: Die Uwes hätten sie nie zu etwas gezwungen.

Allerdings zwang Zschäpe dem Gericht ein Prozedere auf, das in seiner Umständlichkeit seinesgleichen suchte. Ihre Anwälte erklärten, sie könne nicht direkt auf Fragen des Gerichts antworten – aus Scheu. Deshalb notierten die Anwälte die Fragen des Gerichts, arbeiteten die Antworten über Wochen mit ihrer Mandantin aus und brachten sie dann zu Gehör. Mit den wiederholten Nachfragen des Gerichts zog sich das über Monate. Es hatte den Anschein, dass es nicht um die Scheu von Zschäpe ging, sondern darum, die Antworten unangreifbar zu machen. Dennoch machten viele Nebenkläger ihre Zweifel an der Wahrhaftigkeit von Zschäpes Erklärungen deutlich. Doch sie weigerte sich, auf die Fragen der Nebenkläger zu antworten – obwohl sie in ihrem letzten Wort sagte, sie habe Mitleid mit den Familien der Opfer.

Beate Zschäpe war ein Solitär auf der Anklagebank, die einzige Frau unter vier Männern. In einer selbst vorgetragenen kurzen Erklärung am 313. Verhandlungstag im September 2016 sagte sie einen eigenartigen, aber wohl sehr bezeichnenden Satz. »Heute beurteile ich Menschen nicht nach ihrer Herkunft oder politischen Einstellung, sondern nach ihrem Benehmen.« Sie bedaure das, was Mundlos und Böhnhardt den Opfern und ihren Familien angetan haben und auch ihr eigenes Fehlverhalten. Dies aber ist für sie nur eine moralische Schuld, keine strafrechtliche.

In ihrem letzten Wort erklärte sie, sie habe das Gefühl, jedes Wort, und sei es noch so ernst und ehrlich gemeint, werde gegen sie verwendet. Und sie sagte, sie wolle die Verantwortung für die Dinge übernehmen, die sie selbst verschuldet habe, also die Brandlegung in der Frühlingsstraße. »Ich entschuldige mich für all das Leid, was ich verursacht habe. Ich bedauere, dass die Angehörigen der Mordopfer einen geliebten Menschen verloren haben. Sie haben mein aufrichtiges Mitgefühl.« Sie könne aber nicht zur Aufklärung beitragen, weil sie nicht wisse, warum Uwe Böhnhardt und Uwe Mundlos diese Menschen getötet hätten. »Ich bin ein mitfühlender Mensch und habe sehr wohl den Schmerz, die Verzweiflung und die Wut der Angehörigen sehen und spüren können.« Dann sagte sie noch, sie selbst habe mit der rechten Szene unwiderruflich abgeschlossen. Gleichzeitig aber erklärte sie, sie akzeptiere die Meinung und Gesinnung der Mitangeklagten. Auch die Gesinnung der zwei Mitangeklagten Ralf Wohlleben und André Eminger, die sich weiterhin offen als Rechtsextreme oder sogar Nationalsozialisten bekennen. Diese Erklärung wurde ihr von den Nebenklägern als unglaubwürdig ausgelegt. Auch das Gericht nahm ihr die halbherzige Distanzierung nicht ab.

Das Gericht verurteilte Zschäpe wegen zehnfachen Mordes, versuchten Mordes

in 32 Fällen, wegen zahlreicher Raubüberfälle, der Herbeiführung einer Sprengstoffexplosion und der Mitgliedschaft in einer terroristischen Vereinigung zu lebenslanger Haft und stellte zugleich die besondere Schwere der Schuld fest. So kann sie nicht schon nach 15 Jahren auf eine vorzeitige Freilassung hoffen. Auf eine Sicherungsverwahrung verzichtete das Gericht. Zschäpe wird auch ohne sie vermutlich weit mehr als 20 Jahre in Haft bleiben. Als Richter Götzl das Lebenslang verkündete, wirkte Zschäpe wie versteinert. Ihr Anwalt Mathias Grasel kündigte unmittelbar danach an, das Urteil durch den Bundesgerichtshof überprüfen zu lassen.

André Eminger

André Eminger und seine Frau Susann hatten bis zuletzt engen Kontakt zu Beate Zschäpe, Uwe Böhnhardt und Uwe Mundlos. Sie wohnten nicht weit entfernt von der Frühlingsstraße in Zwickau, dem Unterschlupf des Trios. Die Frauen sollen sich fast jede Woche getroffen haben, oft gemeinsam mit den zwei kleinen Kindern des Ehepaars. Gemeinsam gingen sie auf Stadtteilfeste. Beate Zschäpe rief André Eminger an, als sie vom Tod ihrer Freunde erfuhr und die Wohnung in Brand gesetzt hatte. Sie erklärte vor Gericht, dass Eminger ihr nach der Brandstiftung frische Kleidung gegeben und sie zum Bahnhof gebracht habe. Im Gerichtssaal versuchten Zschäpe und Eminger, sich nie anzuschauen; nur ganz selten konnte man verstohlene Blicke beobachten, die aber vom je anderen nicht erwidert wurden.

Als die NSU-Ermittler Emingers Wohnung durchsuchten, fanden sie eine Art Schrein zum Gedenken an die toten Terroristen: zwei Porträtzeichnungen von Mundlos und Böhnhardt, dazu in altdeutscher Schrift: »unvergessen«. Das Bild hing im Wohnzimmer über dem Fernseher.

Eminger, geboren am 1. August 1979, war der Angeklagte, der die ganze Zeit wirkte, als sei ihm der NSU-Prozess völlig egal. Als einziger schwieg er die gesamte Zeit, ließ sich nicht zur Sache ein. Seine radikale Gesinnung leugnete er jedoch keineswegs, sondern trug sie zur Schau. Schon als 20-Jähriger hatte Eminger die Tätowierung »Blut und Ehre« auf dem Körper, später kamen die Worte »Die Jew Die« (Stirb, Jude, stirb) dazu. Im Lauf des Prozesses ließ er sich einen Totenkopf auf die rechte Hand tätowieren. Der gelernte Maurer blätterte gelangweilt durch Motorradmagazine, oft trug er eine schwarze Lederweste, dann aber auch ein Shirt mit dem Ausspruch »Brüder schweigen … bis in den Tod«. Seinen Verteidiger ließ er im Plädoyer vortragen, er sei ein »Nationalsozialist, der mit Haut und Haaren zu seiner politischen Überzeugung steht«.

Eminger arbeitete zeitweise als Maurer und Kraftfahrer, war aber immer wieder lange arbeitslos. Dann schuftete er wieder auf dem Bau. Die meiste Zeit während des Prozesses war Eminger nicht in Haft, der Bundesgerichtshof hatte ihn nach acht Monaten Untersuchungshaft im Sommer 2012 auf freien Fuß gesetzt. Er kam zunächst als freier Mann in den Gerichtssaal. Manchmal kam auch sein Zwillingsbruder mit, der ihm von der Besuchertribüne herab zuwinkte und der ebenfalls in der rechten Szene verwurzelt ist. In den Neunzigerjahren gründeten die Brüder die »Weisse Bruderschaft Erzgebirge«, eine rassistische Organisation.

Eminger war angeklagt wegen Unterstützung der terroristischen Vereinigung NSU sowie wegen Beihilfe zum versuchten Mord und Beihilfe zu zwei Raubüberfällen. Die Anklage warf ihm vor, Wohnwagen für das Trio gemietet zu haben, die Mundlos und Böhnhardt dann für Raubüberfälle in Chemnitz nutzten und für die Fahrt nach Köln, wo sie eine Bombe im Geschäft einer deutsch-iranischen Familie ablegten.

Am Schluss des Prozesses zeigte sich die Bundesanwaltschaft überzeugt davon, dass der Neonazi eingeweiht war in die Verbrechen des NSU. Überraschend forderten die Ankläger im Plädoyer zwölf Jahre Haft und beantragten wegen Fluchtgefahr einen Haftbefehl. So kam Eminger im Herbst 2017 erneut in Untersuchungshaft. Sollte ihn das geschockt haben, so war der Triumph am Ende umso größer. Denn das Gericht folgte nicht den Forderungen der Bundesanwaltschaft, sondern kam im Urteil zu einer deutlich milderen Strafe: einer Freiheitsstrafe von zweieinhalb Jahren für die Unterstützung einer terroristischen Vereinigung. Die Beihilfe zu versuchtem Mord hielten die Richter nicht für erwiesen, erst recht nicht eine Mittäterschaft und eine Mitgliedschaft im NSU. Die als Zuschauer versammelten Neonazis johlten und jubelten. Der Haftbefehl wurde aufgehoben. André Eminger konnte direkt nach dem Urteil im Gefängnis seine Sachen packen und durfte nach Hause fahren.

Holger Gerlach

Holger Gerlach gehörte zu den alten Freunden des Trios. Wie die drei wuchs er in Jena auf und schloss sich dort der rechten Szene an. Auch als er in den Neunzigerjahren nach Niedersachsen umgezogen und das Trio in Sachsen untergetaucht war, blieb der Kontakt bestehen. Von Gerlach erhielten die Untergetauchten Geld und Tarnpapiere, er transportierte auch eine Waffe für sie.

Regelmäßig besuchten die alten Freunde ihren Kameraden für »Systemchecks«, wie er das später bei der Polizei nannte. Denn Uwe Böhnhardt nutzte ei-

nen Reisepass und einen Führerschein von Gerlach; er mietete damit im Laufe der Jahre mehrere Fahrzeuge an. Gerlach besorgte für Beate Zschäpe die AOK-Karte einer Bekannten, damit sie unerkannt zum Arzt gehen konnte. Gemeinsam mit dem Trio verbrachte Holger Gerlach auch Ferientage an der Ostsee. Noch im Mai 2011, wenige Monate vor Auffliegen des NSU, fand erneut ein Treffen statt: Gerlach sollte für Böhnhardt den Pass erneuern. Er ließ sich entsprechend frisieren, machte Fotos und ging zur Behörde. Später nahmen die Untergetauchten die neuen Papiere entgegen. Er wirkte vor Gericht wie der Handlanger des NSU.

Im Gerichtssaal machte Holger Gerlach, geboren am 14. Mai 1974, einen unbedarften, oft abwesenden Eindruck, als wenn er die Tage vor Gericht nur absitzen würde. Die Uwes habe er früher bewundert, sagte er einmal bei einer Vernehmung. Das seien Macher mit Tatendrang gewesen. Gerlach beteuerte, sich von der Szene gelöst zu haben und mittlerweile in einer Partnerschaft zu leben, die ihm Stabilität gebe. Früher war er wegen Glücksspielsucht in Behandlung gewesen. Zeitweise nahm er auch Rauschgift.

Gerlachs Eltern ließen sich scheiden, als er drei Jahre alt war. In Jena wuchs er mit zwei älteren Geschwistern auf. Er verließ die Schule 1989 ohne Abschluss, ging in eine Lehre als Zerspanungsmechaniker, landete in Arbeitsbeschaffungsmaßnahmen, absolvierte eine weitere Ausbildung zum »Qualitätsfachmann«. 1997 – ein Jahr vor dem Untertauchen des Trios – zog er nach Hannover, wo er seitdem als Lagerist arbeitete. Dass er dort über Jahre nicht gekündigt wurde, trotz massiven Stellenabbaus, darauf ist er stolz.

Bei der Polizei machte Gerlach vergleichsweise umfangreiche Angaben, vor Gericht beließ er es dagegen bei einer hingenuschelten, verlesenen Erklärung und einigen wenigen Angaben zur Person. Von den Verbrechen des NSU will er nichts gewusst haben und nicht eingeweiht gewesen sein, beteuerte er. Zeitweise befand sich Gerlach in einem Zeugenschutzprogramm, aus dem er aber bald entlassen wurde. Seine Aussagen waren für den Prozess und das Urteil wichtig. Sie haben vor allem Beate Zschäpe und Ralf Wohlleben belastet.

Während des Prozesses saß Gerlach nicht mehr in Untersuchungshaft, Woche für Woche musste er von seinem Wohnort in Niedersachsen nach München reisen. Einmal brachte er einen Termin durcheinander und erschien morgens nicht. Richter Manfred Götzl bestand darauf, dass der Angeklagte sich sogleich in den Zug setzte – und am späten Nachmittag konnte es schließlich doch noch in Anwesenheit Gerlachs weitergehen. Gerlach war angeklagt wegen Unterstützung der terroristischen Vereinigung NSU. Das Gericht verurteilte ihn auch entsprechend. Es verhängte eine Gesamtfreiheitsstrafe von drei Jahren.

Ralf Wohlleben

Ralf Wohlleben gehörte in Jena zu der rechtsradikalen Clique, in der sich das NSU-Trio radikalisierte. Und er hielt – zumindest in der ersten Zeit nach dem Untertauchen der drei – weiter Kontakt zu ihnen, organisierte Hilfe, vermittelte die Mordwaffe. Am Tag des Untertauchens hat er auch seinen Wagen zur Flucht geliehen – und musste es später in kaputtem Zustand von einer Autobahn abschleppen lassen.

Wohlleben, geboren am 27. Februar 1975, wurde Mitglied in der NPD und machte dort rasch Karriere als Funktionär. In Jena wurde er Kreisvorsitzender, in Thüringen stellvertretender Landesvorsitzender der rechtsextremen Partei. Im Jahr 2010 trat er aus der NPD wieder aus. Seiner Rolle als einer der tonangebenden Neonazis von Thüringen tat es keinen Abbruch. Wohlleben lebte zeitweise im berüchtigten »Braunen Haus« in Jena, einem Treffpunkt der Szene und einer Neonazi-WG.

Wohlleben pflegte bundes- und europaweit Kontakte, organisierte Veranstaltungen und Demonstrationen und konnte auch als Angeklagter im NSU-Prozess auf die Solidarität vieler Kameraden setzen. Sie demonstrierten für ihn in München und andernorts mit der Parole »Freiheit für Wolle« (das ist Wohllebens Spitzname). Während seiner Untersuchungshaft im thüringischen Tonna gab es Probleme mit Wohlleben, weil er Nachrichten mit rechten Kameraden ausgetauscht haben soll. Er wurde deshalb vorzeitig ins Gefängnis München-Stadelheim verlegt.

Ralf Wohlleben ist gelernter Fachinformatiker, kennt sich gut mit dem Internet und der Gestaltung von Webseiten aus. Für die Kommunikation in der rechten Szene ist das nützlich. Im Gerichtssaal schwieg Wohlleben dagegen zunächst genauso beharrlich wie Beate Zschäpe, verzog kaum eine Miene, schaute starr in die Luft; gelegentlich sah man ihn scherzend mit seinen Anwälten. Dann, als Zschäpe eine Erklärung zur Sache vortragen ließ, wollte auch er sich äußern. Er sprach dann selbst – ruhig und ziemlich souverän, eben wie ein Politiker. Er gab ein paar Hilfeleistungen für die Untergetauchten zu, doch mit Gewalt habe er nie etwas zu tun haben wollen, und von den Anschlägen des NSU will er nichts gewusst haben.

Im Kontrast zu Eminger wirkte Wohlleben äußerlich bieder, im Gericht erschien er meistens mit Pullovern in gedeckten Farben und karierten Hemden. Seine Getränke transportierte er in einem Jutebeutel. Er versuchte, sich als braven Bürger und Familienvater darzustellen, dem nur der deutsche Nationalstaat am

Herzen liege. Früher sah Wohlleben manchmal gefährlicher aus: In Leder- oder Bomberjacke brüllte er auf Kundgebungen rechte Parolen. Schon als Teenager war er zur rechten Szene gestoßen; gemeinsam mit Uwe Mundlos und anderen Neonazis besuchte er einen Jugendclub in Jena-Winzerla. Ende der Neunzigerjahre wurden Wohlleben und ein anderer Rechtsextremist wegen gemeinschaftlich begangener gefährlicher Körperverletzung und Nötigung verurteilt.

Nach der mittleren Reife war er immer wieder arbeitslos gewesen, hat an verschiedenen Förder- und Fortbildungskursen teilgenommen. Erst relativ spät schulte er um zum Fachinformatiker und arbeitete außerdem als Feinelektroniker.

Wie Zschäpe musste Wohlleben jeden Morgen, an dem im Gericht verhandelt wurde, aus dem Gefängnis in einem bewachten Konvoi zum Oberlandesgericht gefahren werden. Nach intensiven Sicherheitskontrollen durften die Angeklagten von Anfang an ohne Fesseln in den Gerichtssaal kommen. Wohllebens Ehefrau, eine Erzieherin, durfte ihm Beistand leisten: An einigen Verhandlungstagen nahm sie neben ihrem Mann im Gerichtssaal Platz, und sie hielten Händchen.

Wohlleben war angeklagt wegen Beihilfe zu Mord in neun Fällen, weil er die Tatwaffe für die Terroristen organisiert haben soll, die der Angeklagte Carsten Schultze dann überbrachte. Die Bundesanwaltschaft sah in Wohlleben die steuernde Zentralfigur bei der Unterstützung des Trios während der ersten Jahre im Untergrund. Wohlleben wies das zurück. Wohllebens Anwälte bemühten sich beharrlich, Zweifel an der Darstellung des Mitangeklagten Carsten Schultze zu säen – und vor allem an der Indizienkette zur Beschaffung der Tatwaffe, mit der neun Menschen vom NSU ermordet worden waren.

Das Gericht hielt diese Indizienkette aber für sehr belastbar. Es verurteilte Ralf Wohlleben wegen Beihilfe zum Mord in neun Fällen zu einer Gesamtfreiheitsstrafe von zehn Jahren. Da Wohlleben schon die ganze Zeit in Untersuchungshaft gesessen hatte, war diese Strafe zum Zeitpunkt des Urteils schon fast abgegolten – und so kam der Verurteilte kurz nach dem Urteil frei, wenn auch zunächst noch vorläufig.

Carsten Schultze

Carsten Schultze war die Ausnahme unter den Angeklagten im NSU-Prozess. Er legte gleich zu Beginn ein umfassendes Geständnis ab. Und er rang die ganze Zeit sichtlich mit seiner Schuld und dem schlechten Gewissen. Er hat zugegeben, eine Pistole mit Schalldämpfer von Jena nach Chemnitz zu Uwe Mundlos und Uwe Böhnhardt gebracht zu haben – nach Überzeugung Schultzes und auch des Ge-

richts jene Česká-Pistole, mit der die Terroristen neun Menschen ermordeten. Schultze stieg auch in Zschäpes Wohnung ein, um nach ihrem Untertauchen noch Sachen dort herauszuholen. Und er hat über ein ausgeklügeltes Telefonsystem den Kontakt zu den drei Untergetauchten gehalten.

Schultze hat beteuert, von den Mordanschlägen des NSU nichts gewusst zu haben. Seine Reue und das Entsetzen über die Verbrechen waren ihm während der Verhandlung immer wieder anzumerken. Nach seinem Coming-Out als Homosexueller hatte sich Schultze schon vor Jahren von der Neonazi-Szene losgesagt und sich auch von seiner früheren rechten Gesinnung distanziert. Nun holte ihn die Vergangenheit wieder ein.

Schultze war als Jugendlicher zur braunen »Kameradschaft Jena« gestoßen. Die Skinheads fand er anziehend. Er schaute auf zu den Älteren, folgte ihnen, übernahm allerdings auch rasch selbst Verantwortung. Als Funktionär der Jungen Nationaldemokraten – zweitweise war er sogar Mitglied im Bundesvorstand – führte er andere Jugendliche in die rechte Szene ein. Bis er merkte, dass ihm als Homosexuellen diese Szene doch nicht passte – und er nicht zu ihr.

Schultze wurde am 6. Februar 1980 im indischen Neu Delhi geboren, wo der Vater als Außenhandelsvertreter der DDR arbeitete. In der rechten Szene zog man ihn wegen des Geburtsorts manchmal auf. Er wuchs in Jena auf, der Mutter ging es gesundheitlich nicht gut. Nach der Mittleren Reife begann Schultze, da war er 16, eine Konditorlehre, schwenkte jedoch bald um auf Kraftfahrzeuglackierer. Diese Ausbildung beendete er 1999. Anschließend arbeitete er bei einer Zeitarbeitsfirma, besuchte die Fachoberschule und erwarb die Fachhochschulreife. Er verabschiedete sich aus Jena, ging nach Nordrhein-Westfalen und studierte von 2003 bis 2007 in Düsseldorf an der Fachhochschule. Er wurde Sozialpädagoge und arbeitete bei der Aidshilfe und in einem Verein, der in der schwul-lesbischen Jugendarbeit tätig ist. Dass er früher bei den Neonazis war, verschwieg er nicht – wohl aber seine Hilfe für das untergetauchte Trio.

Schultze war angeklagt wegen Beihilfe zu Mord in neun Fällen. Wegen seiner umfangreichen Aussagen bei der Polizei wurde er in ein Zeugenschutzprogramm aufgenommen. Vor Fotografen verbarg er sein Gesicht im Gerichtssaal unter einem Kapuzenpulli. Für Schultze galt das Jugendstrafrecht, weil er zur Tatzeit noch Heranwachsender war und in seiner Entwicklung noch einem Jugendlichen gleichstand. So hat es ein psychiatrischer Gutachter festgestellt. Mehrere Nebenkläger und deren Anwälte haben sich in ihren Plädoyers für eine milde Bestrafung Schultzes eingesetzt. Das Gericht folgte jedoch der – freilich auch schon moderaten – Forderung der Bundesanwälte und verurteilte Schultze wegen Beihilfe zum Mord in neun Fällen zu einer Jugendstrafe von drei Jahren.

DIE VERTEIDIGER

Die fünf Angeklagten im NSU-Prozess hatten insgesamt 14 Verteidiger. Bei komplizierten, langen Verfahren ist es üblich, dass ein Angeklagter zwei oder drei, manchmal sogar vier oder mehr Anwälte hat – denn ein Jurist allein wäre mit der Fülle des Materials schnell überfordert und die Verteidigung muss stets gesichert sein, selbst wenn ein Verteidiger beispielsweise durch Krankheit ausfällt. Sonst könnte der ganze Prozess platzen. Der Hauptangeklagten Beate Zschäpe wurden zunächst drei Pflichtverteidiger zugestanden: Wolfgang Heer (Köln), Wolfgang Stahl (Koblenz) und Anja Sturm (Köln). Später kam, wegen eines Zerwürfnisses zwischen Zschäpe und dem Verteidigertrio, der junge Münchner Anwalt Mathias Grasel als vierter Pflichtverteidiger hinzu. Er wurde Zschäpes neuer Vertrauensanwalt, gemeinsam mit einem weiteren, dem fünften Verteidiger: Hermann Borchert. Dieser ältere Münchner Kollege Grasels übernahm das Mandat als Wahlverteidiger, nachdem das Gericht es abgelehnt hatte, auch ihn als Pflichtverteidiger zu bestellen. Anders als die übrigen Verteidiger wurde er also nicht vom Staat bezahlt. Die fragile Konstellation von zwei Verteidigerteams hat den Prozess viel beschäftigt und immer wieder ins Stocken gebracht.

Während die fünf Zschäpe-Verteidiger keine rechten Szeneanwälte sind, die auf rechtsextremistische Mandanten spezialisiert wären oder sogar deren Gesinnung teilen würden, war eben dies bei den Anwälten des Angeklagten Ralf Wohlleben der Fall. Seine Pflichtverteidiger Olaf Klemke (Cottbus), Nicole Schneiders (Ettlingen) und Wolfram Nahrath (Berlin) sind in der rechten Szene einschlägig bekannt und ihr teilweise direkt verbunden: Schneiders kannte Wohlleben noch aus gemeinsamen Zeiten in der NPD Jena. Nahrath engagiert sich nicht nur für die NPD, er war einst Vorsitzender der 1994 verbotenen rechtsextremen Wiking-Jugend. Olaf Klemke hat in den vergangenen Jahren Mandate aus der rechten Szene erhalten und im NSU-Prozess seinen Ruf als schlagfertiger Anwalt gefestigt, der rhetorisch geschickt rechte Argumentationsmuster zu bedienen verstand.

Im Gericht folgten Wohllebens Anwälte einem konfrontativen Kurs. Wann immer sich eine Gelegenheit bot, stellten sie Befangenheitsanträge gegen die Richter – keiner war allerdings erfolgreich. Immer wieder haben Wohllebens Anwälte

ihre Anträge, Erklärungen und Schlussvorträge auch für mehr oder weniger unverhohlene Propaganda genutzt und damit die anderen Prozessbeteiligten provoziert, vor allem die Nebenkläger. Einmal beantragten sie, einen angeblichen Demographie-Experten zu hören, der bestätigen sollte, dass das deutsche Volk dem »Volkstod« entgegengehe – ein rechtsextremistischer Kampfbegriff. Und in seinem Plädoyer zitierte Verteidiger Nahrath Adolf Hitler und Joseph Goebbels, wonach der Nationalsozialismus eine friedliche Weltanschauung sei.

Wohllebens und Zschäpes Verteidigerteams haben den Prozessverlauf rege mitgestaltet. Im Vergleich dazu beschränkten sich die Anwälte der drei weiteren Angeklagten auf wenige Aktionen. Wie umtriebig eine Verteidigung vor Gericht agiert, sagt aber nicht unbedingt etwas über die Effektivität und den Erfolg aus. Es kann im Interesse eines Mandanten sein, sich zurückzuhalten und es bei einigen wohlüberlegten Manövern zu belassen. Und die Ausgangslage war für die fünf Angeklagten recht unterschiedlich.

Die Verteidiger des Angeklagten Carsten Schultze, Jacob Hösl (Köln) und Johannes Pausch (Düsseldorf), hofften darauf, dass eine umfassende Aussage ihres Mandanten zu einem milden Urteil führen würde. Sie mussten ihn dann vor allem gegen die Angriffe von Seiten Wohllebens, den Schultze stark belastet hatte, schützen. Ein großer Erfolg für sie war, dass der psychiatrische Sachverständige Norbert Leygraf ihren Mandanten als zum Tatzeitpunkt noch jugendlich einschätzte (Carsten Schultze war schon 20 Jahre alt, als er die Tatwaffe an den NSU übergab) und so Jugendstrafrecht für ihn infrage kam. Das verschob den Strafrahmen erheblich nach unten. Auch die Verteidiger des Angeklagten Holger Gerlach, Stefan Hachmeister und Pajam Rokni-Yazdi (beide Hannover), haben darauf vertraut, dass mit der Aussage ihres Mandanten schon die wichtigste Arbeit geleistet worden sei. Holger Gerlach hatte Beate Zschäpe schwer belastet. Danach hielten sie sich vier Jahre extrem zurück.

Die Verteidiger von André Eminger wiederum, Michael Kaiser und Herbert Hedrich (beide Berlin), schienen damit zu rechnen, dass ihrem Mandanten nicht allzu viel nachzuweisen wäre und er mit keiner besonders hohen Strafe würde rechnen müssen – womit sie Recht behalten sollten. Sie schwiegen fast die gesamte Prozessdauer. Als dann aber die Bundesanwaltschaft am Ende eine unerwartet hohe Gefängnisstrafe forderte und Eminger wegen Fluchtgefahr in Untersuchungshaft genommen wurde, ergab sich für den Angeklagten neuer Handlungsbedarf. Kurzzeitig ließ er sich nun von einem dritten Verteidiger vertreten, Daniel Sprafke (Karlsruhe). Dessen Aktionen – unter anderem Befangenheitsanträge – zeigten jedoch wenig Wirkung, und schon nach kurzer Zeit schied Sprafke wieder aus. Eminger schwieg vor Gericht und erklärte sich nicht zur Sache; er und seine Anwälte blieben bis zum Schluss bei dieser Strategie. Aufsehen erregte

dann das Plädoyer von Anwalt Hedrich, das mit den Worten begann: »Mein Mandant ist Nationalsozialist mit Haut und mit Haaren.«

In Zschäpes Fall hingegen ging das Eintreten der neuen Verteidiger Grasel und Borchert in den Prozess mit einem Strategiewechsel einher: Nach 248 Tagen Schweigen äußerte sich Zschäpe am 249. Prozesstag erstmals zu den Vorwürfen der Anklage. Die beiden Anwälte trugen im Namen ihrer Mandantin schriftliche Erklärungen vor. Zschäpes Altverteidiger Heer, Stahl und Sturm hielten von der neuen Strategie wenig, mit ihnen sprach Zschäpe aber die folgenden Jahre nicht mehr. Sie immer wieder gefordert, dass sie von ihrem Mandat entbunden werden. Auch die drei Verteidiger stellten mehrere Entpflichtungsanträge – aber das Gericht sah dafür keine Grundlage und wollte den Fortgang der Hauptverhandlung nicht gefährden, indem es auf die drei Verteidiger verzichtet hätte, die von Anfang an die gesamte Beweisaufnahme mitbekommen hatten. Die neuen Verteidiger waren erst nach 200 Tagen eingestiegen, da war vieles schon gelaufen. Und so machten Heer, Stahl und Sturm weiterhin pflichtschuldig ihre Arbeit und stellten Fragen oder Anträge, die ihrer Mandantin zum Vorteil gereichen sollten, obwohl diese ihre Hilfe längst nicht mehr in Anspruch nehmen wollte.

Über die Namen – Heer, Stahl, Sturm – ist oft gewitzelt worden. Manche wollten in ihnen sogar eine tiefere symbolische Bedeutung erkennen. Tatsache ist jedoch, dass Zschäpe in der Untersuchungshaft, die sie zunächst im Gefängnis in Köln-Ossendorf verbracht hatte, bevor sie nach München-Stadelheim verlegt wurde, anfangs nur von Heer betreut wurde. Dieses Mandat allein zu bewältigen, war kaum möglich, also holte sich Heer Hilfe: seinen Freund und Kollegen Wolfgang Stahl und schließlich die gemeinsame Bekannte Anja Sturm. Zu Beginn des NSU-Prozesses waren sie noch vergleichsweise junge, aufstrebende Strafverteidiger, die das schwierige Mandat als besondere Herausforderung betrachteten. Jedem Verteidiger, der im NSU-Fall tätig wurde, musste klar sein, dass er in einen nicht nur heiklen und komplizierten, sondern öffentlich stark beachteten und aufgeladenen Prozess einsteigen würde – mit der großen Chance, sich einen Namen zu machen, aber auch mit schwer kalkulierbaren Risiken. Gerade Zschäpes Verteidiger mussten nicht nur Kritik aus der Öffentlichkeit, sondern auch aus der eigenen Zunft aushalten. Manche Kollegen wollten nicht verstehen, wie man überhaupt so ein Mandat übernehmen könne. Anja Sturm wechselte schließlich aus einer Berliner Kanzlei nach Köln und bildete fortan mit Heer eine Kanzleigemeinschaft.

Durch den Streit mit Zschäpe und die Zwangslage, in die sie dies brachte, gewannen die drei öffentlich wieder an Ansehen, auch wenn die Konstellation in der Verteidigung schwierig blieb.

Die neuen Verteidiger Grasel und Borchert trafen mit ihrer neuen Strategie in

der Öffentlichkeit, aber auch bei anderen Prozessbeteiligten auf großes Unverständnis. Dass sie Zschäpe dazu rieten, ihr Schweigen teilweise zu brechen, sich dann aber nicht offen allen Fragen, beispielsweise denen der Nebenkläger, zu stellen, erschien vielen Beobachtern wenig konsequent und prozesstaktisch sehr riskant. Die Erklärung Zschäpes, ihr fehle das Selbstbewusstsein, um in der Öffentlichkeit frei zu sprechen, verfing nicht.

DIE NEBENKLÄGER UND IHRE ANWÄLTE

Bei bestimmten schweren Straftaten können die Geschädigten oder deren Angehörige als Nebenkläger am Prozess mitwirken. Sie schließen sich der Anklage an und treten dann vor Gericht nicht nur als Zeugen auf. Sie dürfen selbst Zeugen und Angeklagte befragen und mit Anträgen, Erklärungen und Plädoyers den Prozessverlauf mitgestalten. In der Regel haben sie Anwälte, die sie vertreten und vor Gericht die Rechte der Nebenkläger wahrnehmen. In den Jahren vor dem NSU-Prozess sind diese Rechte gestärkt worden. Mittlerweile wird nun allerdings, auch unter Verweis auf den NSU-Prozess, über eine Reform diskutiert, mit der die Rechte wieder eingeschränkt werden sollen, weil manche Juristen die mitunter hohe Zahl an Nebenklagevertretern in einem Verfahren für problematisch und wenig praktikabel halten.

In vielen Verfahren folgen die Nebenklagevertreter dem Kurs der Staatsanwaltschaft. Typischerweise eint sie das Interesse an einer Verurteilung der Angeklagten. Im NSU-Prozess war die Situation komplexer. Hier ging es vielen Familien der NSU-Opfer um größtmögliche Aufklärung und daher auch um eine kritische Aufarbeitung der Rolle, die der Staat und die Ermittler gespielt haben. Immer wieder gab es deshalb Konflikte zwischen der Seite der Nebenklage und der Seite der Anklage (den Vertretern des Generalbundesanwalts). Es konnte sogar passieren, dass die Nebenklageanwälte in bestimmten Fragen ähnlich argumentierten wie die Verteidiger eines Angeklagten.

Ungewöhnlich war zudem die schiere Zahl der Beteiligten: Am NSU-Prozess haben mehr als 90 Nebenkläger mit rund 60 Anwälten mitgewirkt. Da sie alle das Recht hatten, die mehr als 600 Zeugen zu befragen, und einige dieses Recht intensiv nutzten, beanspruchte dies viel Zeit.

Immer wieder sind Betroffene der Verbrechen im Gericht erschienen, um der Verhandlung zu folgen oder selbst das Wort zu ergreifen. So sind die Eltern des 2006 in Kassel ermordeten Halit Yozgat, Ayşe und İsmail Yozgat, mehrmals aufgetreten und haben den Prozessverlauf mitgeprägt. Elif und Gamze Kubaşık, die Ehefrau und die Tochter des 2006 in Dortmund ermordeten Mehmet Kubaşık, waren ebenfalls mehrmals im Gericht, ebenso Angehörige von Enver Şimşek und

Theodoros Boulgarides sowie weitere Nebenkläger. Angehörige der Mordopfer sowie Betroffene des Nagelbombenschlags in der Kölner Keupstraße haben auch die Möglichkeit wahrgenommen, am Ende der Hauptverhandlung eigene Plädoyers zu sprechen oder von ihren Anwälten verlesen zu lassen, in Ergänzung zu den Ausführungen der Juristen. Die Familie des ermordeten Theodoros Boulgarides hat außerhalb des Prozesses sogar den Angeklagten Carsten Schultze getroffen und dann um ein mildes Urteil für ihn gebeten.

Der oft nur zähe Fortgang im Prozess, die lang anhaltende Schweigestrategie der Angeklagten und die Konflikte über die Aufklärung der Rolle, die staatliche Stellen im NSU-Komplex gespielt haben, hat viele Nebenkläger sehr belastet. Obwohl der Prozess zur Rehabilitierung der Familien beigetragen hat, die sich lange Zeit von den Behörden nicht nur alleingelassen, sondern kriminalisiert gefühlt hatten, waren viele am Ende enttäuscht von den Ergebnissen der juristischen Aufklärung. Die Mutter eines Mordopfers fasste es in die Worte: »Sie haben gearbeitet wie die Bienen, aber keinen Honig produziert.« Vor allem, dass Richter Götzl in seinem Urteilsspruch kein einziges Wort an die Angehörigen der NSU-Opfer verlor, konnten viele Väter, Mütter und Kinder der Toten nicht begreifen.

Diese Enttäuschung hat sich auch bei den besonders aktiven Anwälten der Nebenkläger festgesetzt, die teilweise durch aufwendige eigene Recherchen versuchten, die Aufklärung voranzutreiben. Sie sahen sich unzureichend vom Gericht unterstützt und von den Behörden sogar behindert, weil viele Zeugen aus dem Verfassungsschutz sich auf weitreichende Aussageverbote beriefen. Aus Sicht der Verteidigung und der Bundesanwaltschaft haben diese Nebenklagevertreter das Verfahren hingegen überfrachtet mit Erwartungen und mit Fragen, die nicht die Aufgabe eines Strafprozesses seien. Auch in den Reihen der Nebenklagevertreter gab es dazu unterschiedliche Meinungen. Vor allem jene Anwälte, die sich mit eigenen Anträgen und Wortmeldungen zurückhielten, waren nicht unbedingt einverstanden mit den Aktionen ihrer Kollegen. Darüber hinaus gab es aber auch Nebenklageanwälte, die den Eindruck erweckten, es könnte ihnen vor allem darum gegangen sein, auf bequeme Weise ein Mandat zu erlangen und daran regelmäßig und über eine lange Zeit ohne großen Aufwand zu verdienen. Zwischenzeitlich kam es zum Eklat, als sich herausstellte, dass eine vermeintliche Nebenklägerin mit Namen Meral Keskin gar nicht existierte. Die Frau – angeblich Betroffene des Nagelbombenanschlags in Köln – wurde jahrelang von einem Anwalt vertreten, der schließlich zugeben musste, dass es Meral Keskin gar nicht gibt. Im März 2018 erhob die Staatsanwaltschaft Aachen Anklage gegen den Anwalt wegen Betrugs in einem besonders schweren Fall. Der Anwalt behauptete, selbst Opfer eines Betrugs geworden zu sein. Das Oberlandesgericht München hat von dem Anwalt nach zweieinhalb Jahren Prozess 211 252,54 Euro für Reisekosten und Vorschüs-

se auf Sitzungsgebühren zurückgefordert. Allein diese Summe macht deutlich, um welche Dimensionen es in dem Prozess ging.

Ungeachtet dieses Eklats wird weithin anerkannt, dass eine ganze Reihe von Anwälten mit außerordentlicher Intensität und großem Engagement für ihre Mandanten und für die Aufklärung des NSU-Komplexes gearbeitet haben. Einige waren bereits erfahrene Spezialisten für Staatsschutzverfahren, als der Prozess begann, andere hatten es erstmals mit einem Terrorismusverfahren zu tun. Es gab dezidiert linke Anwälte, die auch in der Antifa-Szene geschätzt werden, wie den Kieler Anwalt Alexander Hoffmann, die Kölner Anwältin Edith Lunnebach, die Berliner Anwälte Sebastian Scharmer, Peer Stolle und Antonia von der Behrens oder die Münchner Anwältin Angelika Lex, die 2015 starb, bevor der Prozess beendet war. Es gab auch einige Anwälte mit türkischen Wurzeln, für die Rassismus in der Gesellschaft nichts Abstraktes ist und die im NSU weit mehr sahen als den Fall einer Terrorzelle, die wenig mit dem Rest der Gesellschaft zu tun habe.

Für die Frankfurter Anwältin Seda Başay-Yildiz, die Angehörige des in Nürnberg ermordeten Enver Şimşek vertrat, war es nicht irgendein Mandat. Es war eines, in dem es nicht zuletzt um den Zustand und die Verfassung dieses Landes ging. Nach 100 Prozesstagen sagte sie dem Tagesspiegel, sie sei »abgekämpft« und enttäuscht, weil so viele Fragen offen bleiben würden. Sie sei nachdenklich, »weil ich zum ersten Mal das Gefühl habe, dass ich kein Teil dieser Gesellschaft bin und es auch niemals sein werde«. Dennoch setzte sie ihre Arbeit mit ungebremstem Kampfeswillen fort.

Häufig in den Medien zu sehen war der Berliner Anwalt Mehmet Daimagüler, der Angehörige der Nürnberger Mordopfer Ismail Yaşar und Abdurrahim Özüdoğru vertrat. Er kann pointiert und fernsehgerecht sprechen. Früher saß er für die FDP im Bundestag, im Jahr 2008 brach er mit seiner Partei. Ein politischer Mensch ist Daimagüler geblieben. Wenn es im Gerichtssaal abzudriften drohte in juristisches Kleinklein, erinnerte Daimagüler daran, worum es gehen sollte: um die Aufarbeitung des Terrors und um den Horror, dem die Opfer und ihre Familien ausgesetzt waren.

Beharrlich arbeiteten sich einige Anwälte aber auch in die vielen komplizierten Details des Falles ein. Nebenklagevertreter wie der Berliner Anwalt Hardy Langer oder der Kölner Anwalt Eberhard Reinecke verblüfften durch die Ergebnisse penibler Recherchen. Sie förderten Details über das Zusammenleben von Uwe Böhnhardt, Uwe Mundlos und Beate Zschäpe zutage, die das Bundeskriminalamt mit all seinen Mitarbeitern nicht gefunden hatte. Hinein gewühlt in den dicken Prozessstoff hatte sich auch der Münchner Anwalt Yavuz Narin, der Angehörige des in München ermordeten Theodoros Boulgarides vertrat und sich des Falls bereits vor Entdecken des NSU angenommen hatte. Noch vor Beginn des

Prozesses recherchierte er intensiv und besuchte regelmäßig die parlamentarischen NSU-Untersuchungsausschüsse.

Anfangs reagierte Richter Manfred Götzl mitunter gereizt und ungeduldig auf die scheinbar weitschweifigen Fragen, die Anwälte wie Narin, Hoffmann oder von der Behrens insbesondere den Zeugen aus der rechten Szene stellten. Im Laufe der Zeit gab es jedoch immer wieder Momente, in denen sich die Beharrlichkeit der Nebenklagevertreter auszahlte. So hinterfragte Eberhard Reinecke die Behauptung Zschäpes, sie sei »entsetzt« gewesen, als Mundlos und Böhnhardt ihr vom Anschlag in der Kölner Keupstraße berichtet hätten. Vor Gericht gab sie an, die Stimmung zwischen ihnen sei anschließend gestört gewesen. Reinecke beantragte, Urlaubsfotos zu zeigen, die sechs Wochen nach dem Anschlag entstanden waren. Auf ihnen wirkt das Trio harmonisch und wie eine traute Gemeinschaft. Ein weiteres Beispiel: Yavuz Narin stellte einen erfolgreichen Beweisantrag, bei dem es um das mögliche Ausspähen einer Synagoge in Berlin durch Mundlos, Böhnhardt und Zschäpe ging. Zschäpe gab zu, tatsächlich mit ihren Freunden in Berlin gewesen zu sein. Eine Ausspähaktion bestritt sie. Das Gericht sah die Ausspähung der Synagoge später als belastendes Indiz gegen sie.

Während Narin keine große Kanzlei im Rücken hatte, waren andere Nebenklagevertreter längst etablierte Strafverteidiger, die ihre prozessualen Erfahrungen ausspielen konnten, etwa die Anwälte der Hamburger Kanzlei BDK Thomas Bliwier, Doris Dierbach und Alexander Kienzle. Die drei vertraten energisch die Interessen der Familie Yozgat und scheuten dabei keine Konflikte, weder mit den Richtern noch mit den Bundesanwälten. Immer wieder thematisierten sie die Rolle des Verfassungsschutzmitarbeiters Andreas Temme, der sich am Tatort aufgehalten hatte.

Manche Nebenklagevertreter, wie der Kölner Anwalt Mustafa Kaplan, der ein Opfer des Nagelbombenanschlags vertrat, hielten sich dagegen bewusst zurück und folgten weitgehend der Linie der Anklage. Im Interesse ihrer Mandanten wollten sie, dass das Verfahren möglichst zügig geführt werde. Kaplan war es wichtig, dass die Opfer die Möglichkeit bekamen, mit dem Thema abzuschließen.

Zwischen den vielen Nebenklagevertretern herrschte also keineswegs Einigkeit in der Prozessstrategie. Tonangebend waren zwar die eher staatskritischen, dezidiert linken Anwälte, sie sprachen aber nicht für alle. Wie spätestens bei den Plädoyers deutlich wurde, gab es sogar Nebenklagevertreter wie Bernd Behnke, die die Behörden gegen eine aus seiner Sicht überzogene Kritik in Schutz nahmen. Für den Prozessverlauf waren die anderen prägender: Die Nebenklage trat im NSU-Prozess nicht nur als juristischer Konterpart zur Verteidigung auf, sondern regelmäßig auch als Konterpart zu den staatlichen Anklägern.

DIE GUTACHTER

Eine wichtige Aufgabe in diesem Prozess fiel den Gutachtern zu. Es traten auf: Rechtsmediziner und Ballistikexperten, Brandgutachter und Psychiater. Die einen erklärten bis ins Detail, an welchen Verletzungen die Opfer des NSU gestorben waren. Die anderen konnten nachvollziehen, in welcher Entfernung allein die Druckwelle der Bombe in der Kölner Keupstraße tödlich hätte sein können und bis zu welcher Entfernung das Risiko lebensgefährlicher Verletzungen durch die in der Bombe verbauten Zimmermannsnägel bestand. Diese Experten wurden eingehend vom Gericht befragt.

Eine ganz besondere Rolle spielten die psychiatrischen Gutachter, die sich mit der Schuldfähigkeit der Hauptangeklagten Beate Zschäpe und dem Reifegrad des jüngsten Angeklagten Carsten Schultze befassten. Bei Schultze ging es um viel. Er hatte als 20-Jähriger die Tatwaffe für neun Morde an Uwe Mundlos und Uwe Böhnhardt übergeben, sich dann aber kurz darauf von der rechten Szene abgewandt. Er war später in der Schwulenszene von Düsseldorf aktiv, seine Tat holte ihn elf Jahre später ein. Vor Gericht machte er ausführlich Angaben und belastete sich selbst schwer.

Der Essener Psychiatrieprofessor Norbert Leygraf begutachtete ihn und hatte dafür mehrere Gespräche mit ihm geführt. Er kam zu dem Ergebnis, dass Carsten Schultze zum Zeitpunkt der Tat noch nicht als Erwachsener beurteilt werden konnte. Durch seine nicht eingestandene Homosexualität sei er in manchen Bereichen entwicklungsverzögert gewesen. Durch dieses Gutachten wurde es möglich, für Carsten Schultze das Jugendstrafrecht anzuwenden. Dadurch wurde der Strafrahmen erheblich gesenkt.

Gleich mehrere psychiatrische Gutachter wurden eingesetzt, um die Persönlichkeit von Beate Zschäpe zu ergründen und Aussagen zu der Frage zu treffen, ob sie noch gefährlich sei. Das Gericht bestellte den sehr erfahrenen, emeritierten Psychiatrieprofessor von der Universität Aachen, Henning Saß (Jahrgang 1944).

Saß machte sich rund 300 Tage lang – nur drei Meter von Beate Zschäpe entfernt – Notizen. Selten hat er etwas gesagt, wenig, aber gezielt gefragt. Doch er hat beobachtet: Hat jedes Mienenspiel von Beate Zschäpe verfolgt, hat gesehen, wie sie auf weinende Zeugen reagierte, wie sie ihre alten Anwälte nach ihrem Zer-

würfnis weder ansah noch grüßte – obwohl die nur einen Stuhl von ihr entfernt saßen. Wie sie aber in Gerichtspausen oft aufgekratzt mit ihrem Vertrauensanwalt Grasel redete. Zschäpe hat nicht mit Gutachter Saß gesprochen. Ihr Vertrauen hat sie einem anderen Gutachter geschenkt, dem Freiburger Psychiatrieprofessor Joachim Bauer, den ihre neuen Anwälte ins Verfahren gebracht hatten. Mit ihm hat sie rund 16 Stunden zusammengesessen und hat ihm ihre Sicht der Dinge erzählt.

Dennoch hat sich das Gericht auf die Sichtweise von Saß gestützt, den es selbst berufen hatte. Der hatte bereits im Herbst 2016 ein 142 Seiten starkes Gutachten vorgelegt, in dem er Zschäpe als voll schuldfähig und immer noch gefährlich einschätzte. Im Frühjahr 2017 erklärte er dann bei seiner mehrtägigen Befragung vor Gericht, die Voraussetzungen, um Zschäpe in Sicherungsverwahrung zu nehmen, seien gegeben. Sicherungsverwahrung bedeutet, dass ein Verurteilter nicht mehr freikommt, selbst wenn er seine Strafe abgesessen hat – um die Gesellschaft vor ihm zu schützen.

Gutachter Saß malte zwei Szenarien. Szenario 1 ging davon aus, dass Zschäpe in ihrer Erklärung vor Gericht die Wahrheit gesagt hatte. Dass sie also die zehn Morde ihrer Gefährten Uwe Mundlos und Uwe Böhnhardt immer erst im Nachhinein erfuhr, die Taten ablehnte, sich deswegen mit ihren Freunden anlegte, nicht durchdrang mit ihrer Kritik, aber auch nicht aus dieser Gemeinschaft ausbrechen konnte. Dass sie die passive Dulderin war. In diesem Fall sah Saß bei der Angeklagten keinen »Hang« zu Verbrechen. Der Ausdruck »Hang« beschreibt eine verfestigte, eingeschliffene Verhaltensweise, die einen Menschen dazu treibt, immer wieder Verbrechen zu begehen. Dieser »Hang« ist die Voraussetzung für die Sicherungsverwahrung.

Saß hatte aber auch eine zweite Variante im Angebot. Und die hielt er für bedeutend realistischer. Sie entsprach dem Bild von Zschäpe, das auch die Anklage von ihr gezeichnet hat: das einer Frau, die über die Pläne ihrer Freunde informiert und aktiv in die Planungen eingebunden war. Für diesen Fall nahm Saß einen »Hang« an – was gestützt wird durch Straftaten schon vor dem Untertauchen, die Bereitschaft zu militanten Aktionen, die Herstellung des menschenverachtenden »Pogromly«-Spiels und die enge Gemeinschaft im Untergrund, in der sie sich über die natürliche Tötungshemmung hinweggesetzt habe, selbst wenn sie an den Morden nur mittelbar beteiligt war.

Saß nannte eine Reihe von Argumenten, die für diese zweite Variante sprachen: Auch nach dem Auffliegen des NSU habe es bei Zschäpe »kaum Hinweise für eine Erschütterung über das Geschehen« gegeben. Außerdem habe ihr Verhalten im Prozess nicht mit dem Bild der unterdrückten Frau übereingestimmt, als die sich Zschäpe selbst charakterisierte. Im Prozess erschien sie laut Saß »stark,

durchsetzungswillig, kämpferisch und auch manipulativ«, gerade wenn es um den Streit mit ihren alten Anwälten ging. Gleichzeitig habe sie im Gerichtssaal ruhig, selbstsicher und entspannt gewirkt. Auch zahlreiche Zeugen hätten sie als selbstbewusst und eigenständig beschrieben.

All das führte den Psychiater zu dem Schluss: »Dies spricht eher gegen die Annahme, dass sie sich über eine sehr lange Periode entgegen ihrer eigenen Auffassung in einer so wichtigen und dramatischen Frage wie dem Begehen einer Serie von Tötungshandlungen dem Willen der beiden Lebenspartner gebeugt hätte.« Außerdem hätten Nachbarn und Urlaubsfreunde das Bild einer Freundesgruppe gezeichnet, die ihr Leben genossen habe. Zschäpe habe demnach nicht resignierend ein Leben geführt, das sie so nicht wollte. Von inneren Konflikten sei nirgendwo etwas zu sehen gewesen. Saß attestierte Zschäpe egozentrische Züge, dazu einen Mangel an »Gemüthaftigkeit und Empathie«. Er hielt sie für voll schuldfähig.

Dem gegenüber sah Professor Joachim Bauer, Autor mehrerer populärwissenschaftlicher Sachbücher, in der Angeklagten Zschäpe eine unterdrückte Frau. Er diagnostizierte bei ihr eine schwere dependente Persönlichkeitsstörung. Sie sei all die Jahre im Untergrund emotional abhängig gewesen von ihren Freunden und krankhaft bemüht, nicht verlassen zu werden. Dem habe sie alles untergeordnet. Bauer betonte in seiner Befragung vor Gericht, Zschäpe sei von ihrem Freund Uwe Böhnhardt wiederholt geschlagen worden. Das habe sie ihm erzählt. Bauer kam zu dem Schluss, dass sie vermindert schuldfähig war. Er verstieg sich vor Gericht zu der Aussage, Zschäpe habe die Morde nicht gewollt, was Fragen nach seiner professionellen Distanz und nach den Grundlagen des forensischen Handwerks aufkommen ließ. Als herauskam, dass er – entgegen den Vorschriften – der Angeklagten Zschäpe zur Befragung in der Haft Pralinen mitbringen wollte, nährte das die Zweifel an seiner Befähigung als forensischer Psychiater. Dann wurde eine E-Mail bekannt, in der er einer Zeitung einen »exklusiven« Bericht anbot, in dem er über Zschäpe schreiben wollte, der in München eine Art »Hexenverbrennung« drohe. Daraufhin erklärte das Gericht ihn für befangen.

Ein weiterer Psychiater, Pedro Faustmann von der Ruhr-Uni Bochum, den Zschäpes Altverteidiger benannt hatten, kritisierte in einem gut 40-seitigen Gutachten vor allem die wissenschaftliche Vorgehensweise von Saß. Bei ihm ging es nur um Methodenkritik, nicht um Inhaltliches.

Und im dritten Jahr des Prozesses sprach Zschäpe auch noch mit dem Münchner Psychiater Norbert Nedopil, der damals erklärte, sie leide unter dem auferlegten Schweigen vor Gericht, und zu einer anderen Verteidigungsstrategie riet.

KURZÜBERSICHT ÜBER DIE 438 PROZESSTAGE

DAS ERSTE JAHR | 2013

Tag 1: Etliche Besucher standen schon nachts vor dem Gerichtsgebäude, um Einlass zu erhalten. Beate Zschäpe dreht Fotografen und Kameraleuten den Rücken zu. Der Vorsitzende Richter Manfred Götzl eröffnet die öffentliche Hauptverhandlung, Zschäpe stellt über ihre Verteidiger einen Befangenheitsantrag gegen Götzl.

Tag 2: Zschäpes Verteidiger beantragen, das Verfahren auszusetzen und einen größeren Gerichtssaal zu suchen. Bundesanwalt Diemer trägt den Anklagesatz vor (eine Kurzfassung der Anklageschrift). Die Angeklagten reagieren auf das Nennen ihrer Personendaten.

Tag 3: Wohllebens Verteidigerin Nicole Schneiders fordert, die Verhandlung auszusetzen und das Verfahren gegen ihren Mandanten einzustellen. Mehrere Nebenklagevertreter und die Bundesanwaltschaft weisen das energisch zurück. Zschäpes Verteidiger beantragen unter anderem, den gesamten Prozess aufzeichnen zu lassen und damit umfassend zu dokumentieren. Das werden die Richter am folgenden Tag ablehnen.

Tag 4: Die Anwälte diskutieren über das Anfordern weiterer Akten. Zschäpes, Wohllebens und Emingers Verteidiger teilen mit, dass ihre Mandanten schweigen würden.

Tag 5: Zschäpes Verteidiger beklagen eine Vorverurteilung ihrer Mandantin und verlangen die Einstellung des Verfahrens. Der Angeklagte Carsten Schultze sagt aus. Er gesteht, im Frühjahr 2000 die mutmaßliche Tatwaffe von neun Morden, eine Česká 83, nach Chemnitz zu Mundlos und Böhnhardt gebracht zu haben. Wohlleben habe den Kauf der Pistole koordiniert.

Tag 6: Carsten Schultze setzt seine Aussage fort, es geht weiterhin um die Waffenübergabe, aber auch um einen Einbruch in Zschäpes alter Wohnung, aus der Schultze Sachen holte, und um Prügeleien sowie einen Angriff auf einen türkischen Imbiss.

Tag 7: Der Angeklagte Holger Gerlach sagt aus. Er gesteht, Mundlos, Böhnhardt

und Zschäpe nach deren Untertauchen unterstützt zu haben, unter anderem bei der Beschaffung eines Reisepasses. Von Wohlleben habe er eine Waffe erhalten und dem Trio nach Zwickau gebracht.

Tag 8: Die Befragung Gerlachs wird beendet, der Angeklagte Schultze setzt fort. Er wolle reinen Tisch machen. Schultze berichtet von einem bis dahin noch nicht dem NSU zugeordneten mutmaßlichen Bombenanschlag. Ein Sprengsatz, der 1999 in einem Nürnberger Lokal explodierte, verbarg sich in einer Taschenlampe.

Tag 9: Schultze wird weiter befragt, unter anderem zur Explosion der Taschenlampe, zur Übergabe der Waffe, zur eigenen Biografie und zu Ralf Wohlleben.

Tag 10: Die Befragung Schultzes wird fortgesetzt. Er weigert sich, Fragen von Wohllebens Anwälten zu beantworten, solange dieser schweigt.

Tag 11: Die Befragung Schultzes geht weiter, der Angeklagte soll seine Rolle und Bedeutung in der rechten Szene offenlegen und über seinen Ausstieg sprechen.

Tag 12: Die Befragung Schultzes geht weiter. Zwischen Wohllebens Verteidiger Olaf Klemke und einem Nebenklagevertreter entbrennt ein lautstarker Streit, nachdem dieser Klemke vorgeworfen hat, der rechten Szene nahezustehen. Schultze drückt den Angehörigen der NSU-Opfer sein Mitgefühl aus.

Tag 13: Noch immer wird der Angeklagte Schultze befragt, unter anderem über seine Einschätzungen zu Mundlos, Böhnhardt und Zschäpe.

Tag 14: Beginn der Beweisaufnahme zu den zehn Morden: Zunächst geht es um den Mord an Abdurrahim Özüdoğru. Der Beamte Karlheinz B. berichtet, wie er das Opfer auffand. Im Gerichtssaal werden Fotos vom Tatort an die Wände projiziert, die der Polizist Robert H. erläutert. Die Zeugin Sabine M., die gegenüber vom Tatort wohnte, schildert ihre Beobachtungen. Zwischen den Befragungen lässt Richter Götzl die Bekennervideos des NSU abspielen.

Tag 15: Ein Brandursachenermittler beschreibt den Zustand der Wohnung in Zwickau, die Beate Zschäpe am 4. November 2011 angezündet hatte. Er nennt wichtige Funde aus der Wohnung, wie die Handschelle der ermordeten Polizistin Kiesewetter sowie diverse Waffen.

Tag 16: Volker E., der frühere Verwalter des Hauses in der Zwickauer Frühlingsstraße, erzählt von seinen Erfahrungen mit dem Trio und dessen Wohnung. Er berichtet, dass Zschäpe nicht gewollt habe, dass ein Handwerker die Tür zu ihrem Keller öffnete. Zschäpes Verteidiger streiten mit Richter Götzl über die Dauer des Verhandlungstages.

Tag 17: Der Beamte André P. berichtet, wie sich Zschäpe im November 2011 der Polizei stellte. Sie sei ein »Omakind«, habe sie gesagt. Die beiden Uwes seien ihre Familie gewesen. Nach deren Tod habe sie Suizidgedanken gehabt. Der Beamte Frank L. schildert, wie er Zschäpe zum Haftrichter nach Karlsruhe begleitete. Im Gespräch habe sie angedeutet, aussagen zu wollen.

Tag 18: Der BKA-Beamte Rainer B. berichtet, wie er Zschäpe im Jahr 2012 bei einem Gefangenentransport begleitete und versuchte, ihr etwas zu entlocken. So einen Fall wie mich habe es noch nie gegeben, habe sie ihm gesagt. Er habe ihr auch von der Resozialisierung einer RAF-Terroristin erzählt.

Tag 19: Der Angeklagte Schultze beantwortet Fragen zu der Pistole, die er an Mundlos und Böhnhardt übergab. Anschließend beschreibt der BKA-Beamte Andreas V. die Ermittlungen zu der Waffe, die Holger Gerlach transportiert haben will. Der Ermittler Michael L. fasst Aussagen von Gerlach bei der Polizei zusammen.

Tag 20: Der Staatsanwalt Gerwin Moldenhauer gibt eine Vernehmung Gerlachs wieder. Der Handwerker René K. berichtet von seiner Arbeit in dem Haus in Zwickau, das Zschäpe in Brand steckte. Dann geht die Beweisaufnahme zu den Morden weiter: Der Polizist Karl W. erinnert sich, wie er im Jahr 2000 den sterbenden Blumenhändler Enver Şimşek fand. Der Kripo-Beamte Dieter S. berichtet von den Untersuchungen des Tatorts in Nürnberg.

Tag 21: Die Beweisaufnahme zum Mord an Enver Şimşek wird fortgesetzt mit dem Beamten Helmut K., der Spuren am Tatort sicherte, und dem Zeugen Günther B., der zwei verdächtige Männer sah, als er am Tatort vorbeifuhr.

Tag 22: Beweisaufnahme zum Mord an Habil Kılıç in einem Münchner Lebensmittelgeschäft. Der Kripo-Beamte Josef Wilfling schildert die Ermittlungen und spricht von einer »absolut professionellen Hinrichtung«. Die Witwe des Mordopfers beschreibt ihren Mann und die Situation nach dem Mord.

Tag 23: Der BKA-Beamte Horst-Thomas S. berichtet von den Aussagen, die der Angeklagte Holger Gerlach bei der Polizei gemacht hat. Darin hatte er auch Ralf Wohlleben belastet. Dabei geht es erneut unter anderem um eine Waffe, die Gerlach den Untergetauchten brachte.

Tag 24: Erneut sagt der Brandgutachter Frank Lenk aus und erläutert den Brand in der Frühlingsstraße in Zwickau, wo das Trio wohnte, bis es aufflog. Anschließend setzt der Beamte Horst-Thomas S. seine Schilderung zur Vernehmung von Holger Gerlach fort.

Tag 25: Wohllebens Verteidiger befragen den Beamten Horst-Thomas S., der Holger Gerlach vernommen hatte. Sie gehen unter anderem auf die Rolle des früheren NPD-Funktionärs Thorsten Heise ein. Der Polizist äußert sich zudem zur Rolle des Neonazis und Ex-V-Manns Tino Brandt. Dieser habe »auf der Seite der Gewalt« gestanden.

Tag 26: Der Rechtsmediziner Stephan Seidl stellt Ergebnisse zur Obduktion des Mordopfers Enver Şimşek vor. Dieter S.l, Waffenexperte des bayerischen LKA, erläutert die Ermittlungen zur Tatwaffe. Anschließend geben die Verteidiger Erklärungen zur Vernehmung von Holger Gerlach ab. Der Beamte Horst H. be-

richtet von seinen Eindrücken bei der Vernehmung Gerlachs, und der Kommissar Herbert M. beschreibt Ermittlungen zu einer Zeugenaussage zum Mord an Abdurrahim Özüdoğru.

Tag 27: Olaf B., Nachbar aus dem abgebrannten Haus in Zwickau, erzählt von Trinkabenden in seinem Keller, an denen Zschäpe teilgenommen habe. Dort im Keller habe er ein Bild von Adolf Hitler auf dem Fernseher stehen gehabt. Der Beamte Ronny B. berichtet von Ermittlungen zum Tag der Brandstiftung. Er wertete den Computer aus, mit dem Zschäpe im Internet surfte. Der Ermittler Thomas R. erläutert die Gefährdungslage durch die Brandstiftung in Zwickau. Die Zeugin Nadine R. erzählt, wie sie Rauch sah und Zschäpe ihr mit Katzenkörben entgegenkam.

Tag 28: Antje H., frühere Nachbarin aus der Frühlingsstraße in Zwickau, berichtet, wie Zschäpe sie nach dem Ausbruch des Feuers darum gebeten habe, auf die Katzen aufzupassen.

Tag 29: Monika M. berichtet von ihrer betagten Tante Charlotte Erber, einer Nachbarin Zschäpes in der Zwickauer Frühlingsstraße, die nach dem Brand von ihren Verwandten in Obhut genommen wurde. Monika M. kümmerte sich darum, die Tante vor dem Feuer, das Zschäpe gelegt hatte, zu retten.

Tag 30: Der Rechtsmediziner Oliver Peschel stellt Ergebnisse seiner Obduktion des Mordopfers Habil Kılıç vor. Die Zeugin Anna S. erinnert sich an zwei verdächtige Radfahrer, die sie in der Nähe des Tatorts in München gesehen hat.

Tag 31: Der Kripo-Beamte Albert V. berichtet von den früheren Ermittlungen zu den Morden an Enver Şimşek und Abdurrahim Özüdoğru in Nürnberg. Er stellt die falschen Spuren dar, denen die Polizei damals folgte, unter anderem ins Drogenmilieu.

Tag 32: Die Obduktionsergebnisse zu Mehmet Turgut, der in Rostock ermordet wurde, werden vom Rechtsmediziner Rudolf Wegener vorgestellt. Die Polizistin Sindy J. schildert ihren Einsatz am Tatort nach dem Mord an Ismail Yaşar in Nürnberg.

Tag 33: Nach der Sommerpause setzt das Gericht fort mit dem Beamten Martin G., der dabei war, als Holger Gerlach den Ermittlern die Wohnung in Zwickau zeigen sollte, in der er das untergetauchte Trio besucht hatte. Anschließend lässt Richter Götzl den Mitschnitt einer Sendung von »MDR Kripo live« aus dem Jahr 1998 vorführen. Damals wurde nach dem Trio gefahndet. Zudem werden Videos von Überwachungskameras vorgespielt, die 2004 in Köln in der Nähe der Keupstraße aufgezeichnet wurden, wo an dem Tag eine Nagelbombe explodierte. Zu sehen sind zwei Radfahrer, die nach dem Auffliegen des NSU als Mundlos und Böhnhardt identifiziert werden. Die Zeugin Waltraud N. berichtet von Beobachtungen beim Mord an Ismail Yaşar in Nürnberg.

Tag 34: Es geht weiterhin um den Mord an Ismail Yaşar in Nürnberg. Die Zeugin Beate K. hat verdächtige Radfahrer beobachtet. Einen von ihnen hat sie schon vor dem Auffliegen des NSU als einen der Radfahrer wiedererkannt, die am Tag des Nagelbombenanschlags in der Kölner Keupstraße auf einem Video einer Überwachungskamera zu sehen waren. Die Zeugin Margaret S. hat Ismail Yaşar noch kurz vor dem Mord getroffen. Der Zeuge Lutz B. hat ebenfalls Fahrräder vor dem türkischen Imbiss gesehen.

Tag 35: Beate Zschäpe stellt zwei Befangenheitsanträge gegen den 6. Strafsenat. Dabei geht es um die Honorare und den Aufwand der Anwälte und um Formulierungen, die angeblich nahelegten, die Richter seien bereits überzeugt, dass ihnen der Nachweis von Zschäpes Schuld gelingen werde.

Tag 36: Die Zeugen Gisela F. und Peter F., Nachbarn des Trios in der Zwickauer Frühlingsstraße, schildern ihre Eindrücke von Zschäpe, Mundlos und Böhnhardt. Der Polizist Marco B. schildert, wie er den erschossenen Mehmet Kubaşık in dessen Dortmunder Kiosk fand. Seine Kollegen Ralf B., Michael L. und Uwe G. berichten von den Mordermittlungen in Dortmund. Im Gerichtssaal werden Fotos vom Tatort gezeigt.

Tag 37: Beweisaufnahme zum Mord an Süleyman Taşköprü in Hamburg: Der Kripo-Beamte Thorsten H. erinnert sich, wie er am Tatort eintraf, einem Gemüseladen, und Spuren sicherte. Lichtbilder vom Tatort werden gezeigt. Der Rechtsmediziner Oliver Peschel erläutert Obduktionsergebnisse. Die Beamtin Sonja S. beantwortet Fragen zu den Hamburger Ermittlungen. Anschließend sagt der Vater des Ermordeten aus, Ali Taşköprü. Er habe der Polizei verdächtige Personen beschrieben, die mit Sicherheit Deutsche gewesen seien. Die Zeugin Asli I. schildert, wie sie Schreie hörte und den Toten sah.

Tag 38: Zunächst sagt erneut der Gutachter Frank Lenk zum Brand in Zwickau aus. Lichtbilder vom niedergebrannten Wohnhaus in der Frühlingsstraße werden gezeigt. Dann geht es um den Mord an Theodoros Boulgarides in einem Münchner Schlüsseldienst-Laden. Boulgarides' Kompagnon Wolfgang F. schildert, wie belastend die Ermittlungen für ihn und die Familie des Opfers waren und wie die Polizei ihn schikaniert habe.

Tag 39: Lichtbilder vom Münchner Tatort nach dem Mord an Theodoros Boulgarides werden gezeigt und vom Polizisten Thomas M. erläutert. Anschließend sagt der Beamte Karsten R. zum Mord an Halit Yozgat in Kassel aus. Er hatte einen Zeugen vernommen, der zur Tatzeit in Yozgats Internetcafé telefoniert hatte. Es folgt der Ermittler Karl-Heinz G., der ebenfalls in Kassel ermittelte.

Tag 40: Die Zeugin Veronika A. will vor dem Mord in Dortmund Mundlos, Böhnhardt und Zschäpe in einem Kreis von Rechtsextremisten gesehen haben. Der Kripo-Beamte Cihan B. berichtet von den Ermittlungen im Kasseler Mordfall

und dem Verdacht gegen den damaligen Verfassungsschutz-Mitarbeiter Andreas Temme, der sich im Internetcafé des Opfers aufgehalten hatte.

Tag 41: Ismail Yozgat, der Vater des ermordeten Halit, schildert, wie er seinen toten Sohn fand. »Warum haben sie mein Lämmchen getötet?«, ruft er im Gerichtssaal. Der Auszubildende Emre E. erinnert sich, wie er am Tattag in dem Internetcafé am Computer spielte. Anschließend sagt der ehemalige hessische Verfassungsschutz-Beamte Andreas Temme aus, der zur Tatzeit im Internetcafé von Halit Yozgat war und damals unter Mordverdacht geriet. Er will von der Tat nichts mitbekommen haben.

Tag 42: Die Mutter von Halit Yozgat, Ayşe Yozgat, appelliert an Beate Zschäpe, ihr Schweigen zu beenden. Der BKA-Mitarbeiter Wolfgang S. stellt vor, was seine Behörde über den Verfassungsschützer Andreas Temme herausfand, unter anderem zu dessen politischer Gesinnung und zu Temmes Quellen, den von ihm in Kassel geführten V-Leuten.

Tag 43: Der BKA-Beamte Frank L. berichtet von der Auswertung des NSU-Bekennervideos, in dem die Neonazis die Comicfigur Paulchen Panther verwendet haben. Bei drei der in dem Film gezeigten Straftaten hätten die Täter exklusive Fotos verwendet, die sie selbst erstellt haben müssten. Der nächste Zeuge ist Thomas D., der Nachbar der Zeugin Veronika A. die am Tag 40 berichtete, wie sie das Neonazi-Trio auf seinem Grundstück beobachtet haben will. Er hält dies für eine Verwechslung. Auch seine Frau Vera D. sagt aus. Anschließend geht es erneut um den NSU-Bekennerfilm. Die Polizistin Ellen H. berichtet von einzelnen Videodateien, von Vorläuferversionen des Films sowie Dateifunden bei dem Angeklagten André Eminger.

Tag 44: Der Zeuge M.Z. hat am Tag des Mordes an Ismail Yaşar in Nürnberg zwei Radfahrer beobachtet und zudem Schüsse gehört. Zschäpe klagt über Probleme, sich zu konzentrieren. Die Polizistin Christina L. berichtet, dass an zwei Zeitungsartikeln, die im Brandschutt in Zwickau gefunden wurden, Zschäpes Fingerabdrücke nachgewiesen wurden. Die Artikel betrafen Anschläge des NSU. Der Kripo-Beamte Udo V. berichtet von den Ermittlungen zu den vom NSU angemieteten Fahrzeugen.

Tag 45: Zschäpes Verteidiger beantragen, unverzüglich Zschäpes betagte Ex-Nachbarin Charlotte Erber zu vernehmen. Anschließend lässt sich erneut der Angeklagte Carsten Schultze zur Sache ein und beantwortet nun doch Fragen von Wohllebens Verteidigern. Er bleibt dabei, dass Wohlleben eine zentrale Rolle bei der Beschaffung der Mordwaffe gehabt habe. Der Nebenklageanwalt Peer Stolle beantragt, eine Geburtstagszeitung für André Kapke zu beschlagnahmen, an der Wohlleben mitgewirkt haben soll. Sie offenbare eine verfestigte rassistische Weltanschauung.

Tag 46: Der BKA-Beamte Roman G. stellt Kartenmaterial zu 14 Städten vor, das im Brandschutt der Zwickauer Wohnung gefunden wurde. Teilweise hätten sich darauf Ausspähnotizen befunden. Die Handschriften habe man Böhnhardt und Mundlos zuordnen können.

Tag 47: Der Schweizer Franz Schläfli, der früher einen Waffenhandel betrieben hat, sagt aus, die Pistole Česká 83 – die Tatwaffe des NSU – habe einst der Schweizer Peter G. erworben. Die BKA-Beamtin Gabriele Q. schildert, wie viel Geld aus Raubüberfällen in Zwickau sowie im ausgebrannten Wohnmobil in Eisenach gefunden wurden.

Tag 48: Die Zeugin Andrea C. ist davon überzeugt, am Tag des Mordes an Ismail Yaşar Beate Zschäpe in der Nähe des Tatorts in Nürnberg gesehen zu haben. Die Frau habe sie beim Einkaufen gesehen und sie damals an die Schauspielerin Sara Gilbert aus der Fernsehserie »Roseanne« erinnert.

Tag 49: Die Polizisten Andreas M., Bernd S. und Andreas S. berichten von den Ermittlungen im Fall des in Rostock ermordeten Mehmet Turgut. Sie schildern den Tatort und die damals verfolgten Spuren. Der Beamte Ronald P. trägt aus der Ausländerakte des Opfers vor. Schließlich wird Haydar A. befragt, der Besitzer des Dönerstands, in dem Mehmet Turgut erschossen wurde.

Tag 50: Der Rechtsmediziner Stephan Seidl berichtet über die Obduktion der Leiche von Ismail Yaşar. Der BKA-Beamte Moritz S. stellt Ermittlungen zu den Bekennervideos des NSU vor. Zu den Tatwaffen des Typs Česká und Bruni äußert sich der Sachverständige Leopold Pfoser.

Tag 51: Gamze Kubaşık und Elif Kubaşık, die Tochter und die Ehefrau des Dortmunder Mordopfers, schildern die Folgen der Tat und der Ermittlungen für ihre Familie. Es habe Gerüchte über vermeintliche Drogengeschäfte gegeben, die Polizei habe sich unsensibel verhalten. Die Zeugin Janica C. sah am Tag des Mordes zwei Männer mit einem Fahrrad.

Tag 52: Zunächst geht es erneut um den Brand in Zwickau. Der Chemiker Ansgar Japes erläutert die Ermittlungen zum Brandmittel. Anschließend berichtet Michael M., der die Ermittlungen am 4. November 2011 in Eisenach leitete, vom Auffliegen des NSU und dem Wohnmobil, in dem die Polizei die Leichen von Mundlos und Böhnhardt fand.

Tag 53: Der ehemalige Betreiber des Szeneladens Madley in Jena, Frank Liebau, weist zurück, etwas vom Verkauf der Pistole Česká 83 gewusst zu haben. Bei der Polizei hatte er angegeben, Wohlleben habe ihn mal nach einer Waffe gefragt. Vor Gericht sagt er, er könne sich nicht daran erinnern. Als weiterer Zeuge im Zusammenhang mit möglichen Waffengeschäften wird Jürgen Länger befragt, der jedoch zunächst keine Aussage macht.

Tag 54: Eine Wohnmobilhändlerin, Bianca K., erinnert sich, wie das Fahrzeug, mit

dem der NSU seinen letzten Überfall in Eisenach beging, angemietet wurde. Bei der Anmietung sei ein Kind dabei gewesen. Anschließend berichtet Alexander H. von weiteren Anmietungen. Diese seien unter dem Namen »Holger Gerlach« erfolgt. Die Zeugin Silvia S. gibt zu, vor Jahren ihre AOK-Karte dem Angeklagten Gerlach für 300 Euro verkauft zu haben.

Tag 55: Andreas Schultz, der früher im Jenaer Szeneladen Madley arbeitete, will sich zunächst einen Anwalt nehmen und beraten lassen, ob er aussagt oder sich auf ein Auskunftsverweigerungsrecht beruft. Bei der Polizei hatte er gestanden, die Česká-Pistole an Carsten Schultze verkauft zu haben.

Tag 56: Der Polizist Thomas J. erläutert die Ermittlungen zum Versand der NSU-Bekennervideos. Susann E. berichtet, wie sie in Zwickau von einer dunkelhaarigen Frau angesprochen worden sei, ob sie beim Kauf eines Prepaid-Handys für sie unterschreiben könne. Es folgt Katrin F., eine Nachbarin des Trios in der Zwickauer Polenzstraße. Die Männer seien viel mit »Ballerspielen« am Computer beschäftigt gewesen. Ihr Mann Martin F. berichtet, im Haus habe es geheißen, dass Zschäpe Ausländer nicht leiden könne. Sein Bruder, der mit einer Vietnamesin verheiratet war, habe sich deshalb nicht getraut, ihn zu besuchen.

Tag 57: Uwe Böhnhardts Mutter, Brigitte Böhnhardt, beschreibt Kindheit und Jugend ihres Sohnes. Sie schildert seine Schwierigkeiten in der Schule und wie er schon früh durch kriminelle Aktionen auffiel und eine Jugendstrafe verbüßen musste. Sie geht auch auf seine Zugehörigkeit zur rechten Szene sein und beschreibt den Tag, an dem Böhnhardt nach einer Razzia untertauchte. Frau Böhnhardt erzählt, wie sie und ihr Mann auch nach diesem Abtauchen noch gelegentlich Kontakt zu ihm, zu Mundlos und Zschäpe hatten. Sie beschreibt ein letztes gemeinsames Treffen, das 2002 stattgefunden habe.

Tag 58: Brigitte Böhnhardt setzt ihre Darstellung fort. Sie erzählt von ihren anderen Söhnen und von Beate Zschäpe, die in die Familie integriert worden sei. Sie habe gehofft, dass Zschäpe einen guten Einfluss auf ihren Uwe ausüben werde. Frau Böhnhardt schildert zudem, wie Zschäpe sie am 5. November 2011 überraschend anrief und den Tod des Sohnes mitteilte.

Tag 59: Eine der Führungsfiguren der rechten Szene in Jena sagt als Zeuge aus: André Kapke. Er beschreibt seine Eindrücke von Böhnhardt, Mundlos und Zschäpe und schildert, wie er mit ihnen noch nach dem Untertauchen Kontakt hatte. Er sollte ihnen Pässe besorgen.

Tag 60: Die Ehepaare Christian und Karin M. sowie Ursula und Wolfgang S. haben Mundlos, Böhnhardt und Zschäpe unter anderen Namen während ihrer Ferien an der Ostsee auf einem Fehmarner Campingplatz kennengelernt. Nun schildern sie vor Gericht von angenehmen Tagen auf der Insel und gemeinsamen Freizeitaktivitäten. Politik und Ausländer seien kein Thema gewesen. Christian

M. sagt, im Nachhinein seien sie geschockt gewesen, wie wenig sie tatsächlich von den dreien gewusst hätten.

Tag 61: Zschäpes Mutter weigert sich, im Prozess auszusagen. Ein Cousin von Zschäpe beschreibt die Familienverhältnisse und dass auch er zur rechten Szene gehörte. Ihm sei es aber vor allem um Party, Spaß und Trinken gegangen. Der Zeuge beschreibt seine Cousine als selbstbewusst. Sie habe die Jungs im Griff gehabt.

Tag 62: Die Befragung von Zschäpes Cousin wird fortgesetzt. Ihm werden Fotos von einer Kreuzverbrennung gezeigt, und er schildert das Verhältnis der rechten Szene zur Polizei. Alle seien damals gegen die Polizei gewesen.

Tag 63: Erneut wird der ehemalige Verfassungsschützer Andreas Temme aus Kassel befragt. Es fällt ihm schwer, Richter Götzl sein Verhalten und seine Aussagen nach dem Mord an Halit Yozgat, vom dem er nichts mitbekommen haben will, zu erklären.

Tag 64: Der zur Zeit des Mordes an Halit Yozgat von Andreas Temme geführte V-Mann Benjamin G., Deckname »Gemüse«, sagt als Zeuge aus. Er gehörte damals zur rechten Szene in Kassel. Vor Gericht sagt er, bei einem Treffen nach dem Mord an Yozgat sei Temme nervös gewesen. An ein langes Telefonat, das er am Tattag mit dem Beamten geführt haben soll, könne er sich nicht mehr erinnern.

Tag 65: Der Ex-V-Mann »Gemüse« wird zu Informationen befragt, die er dem MAD gegeben haben soll. Um seinen Rechtsbeistand gibt es Streit. Am Nachmittag erklären Zschäpes Verteidiger, ihre Mandantin fühle sich nicht wohl. Ein Mediziner untersucht Zschäpe und stellt fest, Zschäpe leide unter Kopfweh.

Tag 66: Die Zeugin Janine S. schildert, wie sie im Jahr 2013 in Zwickau von einer Frau, mutmaßlich Beate Zschäpe, angesprochen wurde, ob sie für sie einen Handyvertrag unterschreiben könne. Der Polizist Rocco R. berichtet von Ermittlungen zu einem Wasserschaden in der Zwickauer Polenzstraße, in der das untergetauchte Trio damals lebte. Zschäpe soll sich damals als Susann Eminger ausgegeben haben.

Tag 67: Zschäpes frühere Nachbarin aus der Zwickauer Polenzstraße, Heike K., berichtet von ihrer letzten Begegnung mit Zschäpe im November 2011. Sie habe den Eindruck gehabt, Zschäpe sei bedrückt gewesen.

Tag 68: Der Bootshändler Mario G. berichtet von einer Bootsreparatur, die ein Paar in Auftrag gab. Die Frau sei mutmaßlich Beate Zschäpe gewesen. Sie sei sehr bestimmt aufgetreten. Anschließend sagt erneut eine Urlaubsbekannte des Trios aus. Britta K. hatte die drei unter den Namen Liese, Max und Gerry 2011 auf Fehmarn kennengelernt. Zschäpe habe die Männer bemuttert.

Tag 69: Der Vater von Uwe Mundlos, Siegfried Mundlos, beschreibt Kindheit und Jugend seines Sohnes. Er nennt Richter Götzl einen »Klugsch…«, spricht das Wort aber nicht aus.

Tag 70: Siegfried Mundlos wird weiter befragt. Er schildert, wie Zschäpe am 5. November 2011 anrief und den Tod des Sohnes mitteilte. Nebenklageanwälte wollen von ihm erfahren, was er über die rechtsextremen Aktivitäten von Uwe Mundlos mitbekommen hatte.

Tag 71: Zschäpes mittlerweile 91 Jahre alte Nachbarin aus der Zwickauer Frühlingsstraße, Charlotte Erber, soll per Videoschaltung aus einem Pflegeheim befragt werden. Sie war im November 2011 durch den Brand, den Zschäpe gelegt hatte, in Lebensgefahr geraten. Die Vernehmung scheitert jedoch, da die alte Dame der Situation nicht mehr gewachsen ist.

DAS ZWEITE JAHR | 2014

Tag 72: Alexander S, der Ehemann von Silvia S., die ihre AOK-Karte an Holger Gerlach verkaufte, spricht von einem feuchtfröhlichen Abend, an dem die Karte übergeben wurde. Er habe eine nationalsozialistische Weltanschauung gehabt, sagt der Zeuge über sich selbst.

Tag 73: Ein Polizist berichtet, was Zschäpe bei sich hatte, als sie sich am 8. November 2011 der Polizei stellte. Die Zeugin Sandy N. schildert, wie eine Frau sie ansprach, um einen Handyvertrag abzuschließen. Der Rechtsmediziner Erwin Koops präsentiert Ergebnisse zur Obduktion der Leiche von Süleyman Taşköprü.

Tag 74: Ein Gutachten zum Brand in Zwickau wird von dem Sachverständigen Christian Setzensack vorgestellt. Spürhunde hätten an 22 Stellen ein Brandmittel angezeigt. Im Treppenhaus sei ein 10-Liter-Benzinkanister gefunden worden.

Tag 75: Drei Polizisten schildern die Ermittlungen im Heilbronner Mordfall. Sie berichten vom Tatort, der Theresienwiese, auf der die Beamtin Michèle Kiesewetter im Jahr 2007 erschossen wurde. Ihr Streifenpartner Martin A. sagt vor Gericht als Zeuge aus, kann sich aber an die Tat selbst nicht erinnern. Die Täter schossen ihm in den Kopf, er überlebte schwer verletzt.

Tag 76: Susann Eminger, die Ehefrau des Angeklagten André Eminger, verweigert die Aussage. Ahmed A. berichtet, wie er als Jugendlicher im Internetcafé saß, als Halit Yozgat ermordet wurde. Er habe versucht, Erste Hilfe zu leisten. Einen Mann mit einer Plastiktüte habe er in dem Laden wahrgenommen, wisse aber nicht, was sie enthalten habe. Der Rentner Wolfgang H. erinnert sich an zwei Radfahrer, die er am Tag des Mordes in Heilbronn in der Nähe des Tatorts gesehen habe.

Tag 77: Der Rechtsmediziner Heinz-Dieter Wehner präsentiert Ergebnisse zur Ob-

duktion der Leiche von Michèle Kiesewetter und zur Rekonstruktion des Tathergangs. Er wird zu Blutspritzern auf einer Hose befragt. Das Blut stammt von Kiesewetter, die Hose wurde in Zwickau gefunden. Der Beamte Ronald K. erläutert Ermittlungen zu den Waffen, die 2011 in dem Wohnmobil sichergestellt wurden, in dem die Leichen von Mundlos und Böhnhardt lagen. Der Polizist Martin G. wird befragt zu Kiesewetters Kollegen und einer Mitgliedschaft ihres Gruppenführers beim Ku-Klux-Klan.

Tag 78: Der Vater von Uwe Böhnhardt zeichnet die Entwicklung seines Sohnes nach. Jürgen Böhnhardt geht auch auf die Treffen ein, die seine Frau und er noch nach dem Untertauchen mit Zschäpe, Uwe Mundlos und Uwe Böhnhardt hatten. Appelle, aus dem Untergrund aufzutauchen und sich zu stellen, hätten nicht gefruchtet.

Tag 79: Andreas Schultz, der früher im Jenaer Szeneladen Madley arbeitete und bei der Polizei gestanden hat, eine Pistole an Carsten Schultze verkauft zu haben, verweigert in Begleitung eines Rechtsbeistands die Aussage. Nebenklageanwälte stellen Anträge zu Waffenfunden in der Wohnung, die Zschäpe 1998 bewohnte, sowie zum Mord in Heilbronn und geben eine Erklärung zur Aussage von Böhnhardts Vater ab.

Tag 80: Erneut geht es um den Mordfall in Kassel. Ismail Yozgat, Vater des Opfers, ergreift das Wort und fordert, sämtliche Akten zu dem Fall heranzuziehen. Anschließend wird zum dritten Mal der ehemalige hessische Verfassungsschützer Andreas Temme vernommen. Er schildert den Ablauf eines kognitiven Interviews, das 2009 mit ihm geführt wurde, in der Hoffnung, er könne sich dann besser an die Situation im Internetcafé erinnern. Temme wird befragt zu seinem Verhalten, nachdem er damals unter Mordverdacht geraten war. Unter anderem geht es um die Frage, wann und was er über den Mord erfahren hat.

Tag 81: Der Beamte Herbert T. stellt die Ermittlungen zum Mordanschlag in Heilbronn dar. Er geht auch auf die Diensteinsätze der getöteten Polizistin Michèle Kiesewetter ein und auf die Umstände ihres letzten Einsatzes am 25. April 2007 in Heilbronn, als ihre Einsatzgruppe eigentlich Urlaub gehabt hätte. Der Zeuge schildert zudem die Vernehmungen von Kiesewetters schwer verletztem Streifenpartner Martin A. Eine Nebenklageanwältin hält dem Zeugen rassistische Formulierungen aus den Ermittlungsakten vor.

Tag 82: Zschäpes frühere Nachbarin Sindy P. aus der Zwickauer Polenzstraße schildert ihre Freundschaft mit der Angeklagten. Zschäpe sei eine gute Zuhörerin gewesen, und sie habe Kinder gern gehabt.

Tag 83: Der Kripo-Beamte Herbert B. berichtet aus den Vernehmungen von Martin A., dem Streifenpartner der 2007 ermordeten Polizistin Michèle Kiesewetter.

Tag 84: Erneut sagt André Kapke aus, der in Jena zu den Freundes des Trios ge-

hörte, und schildert die Situation am Tag der Razzia im Januar 1998, in deren Folge Zschäpe, Mundlos und Böhnhardt untertauchten. Er wird befragt zu seinen Kontakten zu den dreien nach deren Flucht. Zschäpe stellt über ihre Verteidiger einen Befangenheitsantrag gegen den Beisitzenden Richter Peter Lang.

Tag 85: Der BKA-Beamte Winfried T. präsentiert Ermittlungen zu den Wohnungen des Trios, sein Kollege Helmut S. zum Spiel »Pogromly«, das die Neonazis in Anlehnung an »Monopoly« selbst gebastelt haben.

Tag 86: Nach Zschäpes Untertauchen seien in ihrer Wohnung in Jena das »Pogromly« und verschiedene Waffen gefunden worden, sagt der BKA-Beamte Norbert V. Der Angeklagte Carsten Schultze soll die Aussage ergänzen.

Tag 87: Der mutmaßliche NSU-Unterstützer Max-Florian B. verweigert die Aussage. Er soll dem Trio geholfen haben, in Chemnitz unterzukommen. Mundlos benutzte einen Pass mit B.s Namen. Die Beamten Jürgen P. und Christian V. berichten, was B. bei der Polizei ausgesagt hat. Im Jahr 2009/10 habe das Trio B. noch einmal besucht und seine Lebensumstände und persönlichen Daten abgefragt.

Tag 88: Ingeborg H., Betreiberin eines Wohnmobilverleihs, beschreibt Anmietungen unter dem Namen »Holger Gerlach«, mutmaßlich verbarg sich dahinter Uwe Böhnhardt. Der Polizist Karsten R. berichtet von der Vernehmung eines Zeugen im Kasseler Mordfall, der Beamte Steffen B. von der Vernehmung des Andreas Schultz, der zugab, eine Waffe an Carsten Schultze verkauft zu haben – laut Ermittlern die Česká-Pistole, die der NSU bei neun Morden einsetzte.

Tag 89: Die Zeugin Mandy Struck erzählt, wie sie Zschäpe, Mundlos und Böhnhardt 1998 eine Bleibe beschafft hat und Zschäpe eine AOK-Karte zur Verfügung stellte. Sie wird befragt zu ihrer Zugehörigkeit zur rechten Szene.

Tag 90: Die Befragung von Mandy Struck wird fortgesetzt. Es geht unter anderem um einen Reisepass für die Untergetauchten und um die Fahndung nach dem Trio.

Tag 91: Ein Video wird gezeigt, mit dem die Polizei nach dem Mord an Halit Yozgat in Kassel das Verhalten des Verfassungsschützers Andreas Temme im Internetcafé rekonstruieren wollte. Der Beamte Werner I. erläutert das Vorgehen und den Film. Ismail Yozgat, der Vater des Opfers, möchte eine Erklärung dazu abgeben, wird aber von Richter Götzl gestoppt. Die Verfassungsschutz-Mitarbeiterin Jutta E. macht Angaben über Temme und dessen Aussagen nach dem Mord in Kassel.

Tag 92: Der ehemalige Direktor des hessischen Verfassungsschutzes, Lutz Irrgang, beschreibt seinen Umgang mit dem Verdacht gegen seinen Mitarbeiter Andreas Temme. Es geht auch um die V-Leute, die Temme führte und zu denen die Polizei bei ihren Ermittlungen Zugang begehrte.

Tag 93: Ismail Yozgat fordert, in Kassel die Straße, in der der Mord stattfand, nach seinem getöteten Sohn Halit zu benennen. Er schildert, wie belastend die Ermittlungen und die Gerüchte, die nach dem Mord umgingen, für ihn und seine Familie waren. Die Zeugin Jana J., die früher mit André Kapke befreundet war, erinnert sich an die Zeit der Neunzigerjahre und die rechte Szene in Jena, aus der sie sich später löste. Sie wird zum untergetauchten Trio und zu einer rechtsextremen Geburtstagszeitung für Kapke befragt, an der sie damals mitgewirkt hatte.

Tag 94: Der Zeuge Enrico Theile, den die Ermittler verdächtigen, Teil der Lieferkette für die Česká-Pistole gewesen zu sein, will sich auf ein Auskunftsverweigerungsrecht berufen. Darüber wird im Gericht diskutiert, der Zeuge soll erneut vorgeladen werden.

Tag 95: Der Zeuge Carsten R. gibt zu, Mundlos, Böhnhardt und Zschäpe geholfen zu haben, eine Wohnung in Chemnitz zu beziehen. Nebenklageanwälte streiten mit Bundesanwalt Herbert Diemer über die Befragung des Zeugen.

Tag 96: Erneut sagt André Kapke aus. Er gibt Einschätzungen ab zu Carsten Schultze, zur eigenen politischen Gesinnung und zur rechten Szene in Thüringen.

Tag 97: Die Beamten Ralf B. und Christian V. berichten, was Max-Florian B. bei der Polizei ausgesagt hat. B. brachte Mundlos, Böhnhardt und Zschäpe 1998 in seiner Wohnung unter. Er habe berichtet von dem Spiel »Pogromly« und einem »Skinson«-T-Shirt in Anlehnung an die Comicfigur Bart Simpson, das Mundlos entworfen habe. Über Zschäpe habe er gesagt, sie sei auf keinen Fall nur ein Mäuschen gewesen, das die anderen bekocht hätte.

Tag 98: Ralf Wohllebens frühere Freundin Juliane W. berichtet, wie sie in den Neunzigerjahren im Kreis um Mundlos, Zschäpe und Böhnhardt verkehrte und wie sie den Tag der Flucht des Trios erlebte. Sie habe Sachen aus Mundlos' Wohnung holen sollen, doch die Polizei sei schon dort gewesen. Sie schildert auch ihre Kontakte zum Verfassungsschutz.

Tag 99: Der frühere V-Mann-Führer des Thüringer Neonazis Tino Brandt, Norbert Wießner, bezeichnet den Ex-Spitzel als »unheimlich kooperativ«. Es sei aber auch für ihn schwer gewesen, Informationen über das untergetauchte Trio zu bekommen.

Tag 100: Ein weiterer V-Mann-Führer von Tino Brandt wird befragt: Reiner Bode berichtet vom Umgang mit dem Spitzel. Anschließend sagt Thomas Rothe aus, der dem Trio nach der Flucht eine Zeit lang Unterschlupf gewährte.

Tag 101: Thomas Müller, ehemals Starke, verweigert die Aussage. Er war früher ein führender Rechtsextremist in Chemnitz und kurzzeitig mit Beate Zschäpe liiert. Der BKA-Beamte Ralf B. fasst zusammen, was Müller bei der Polizei ausgesagt hat. Er gab zu, für die Kameraden in Jena Sprengstoff besorgt zu haben. Nach dem Untertauchen des Trios habe er ihnen eine Bleibe vermittelt. Weil Zschäpe

sich wegen gesundheitlicher Beschwerden nicht mehr für verhandlungsfähig sieht, wird der Tag im Gericht vorzeitig beendet.

Tag 102: Ilona Mundlos, die Mutter von Uwe Mundlos, beschreibt die Entwicklung ihres Sohnes und die letzten Treffen vor dessen Untertauchen. Sie geht auch auf die Freundschaft ihres Sohnes mit Beate Zschäpe ein und auf den 5. November 2011, als Zschäpe sie anrief und den Tod der beiden Uwes mitteilte.

Tag 103: Anja S., eine Ex-Freundin des Angeklagten André Eminger, schildert ihre Zeit als Jugendliche in Chemnitz und wie sie dort an Emingers Seite auch die drei Untergetauchten kennenlernte.

Tag 104: Der Ermittler Karl-Heinz G. berichtet von der Vernehmung eines Zeugen im Mordfall von Kassel. Der Ex-Chef der dortigen Verfassungsschutz-Außenstelle sagt, sein Mitarbeiter Andreas Temme habe nach dem Mord an Halit Yozgat behauptet, er kenne das Internetcafé nicht, in dem der Mord verübt wurde. Temme hatte sich am Tag der Tat dort aufgehalten.

Tag 105: Mandy Struck wird befragt, ob sie in der rechten Szene als »Whitepower Mandy« bekannt gewesen sei und warum sie das Kfz-Kennzeichen BH 88 hatte.

Tag 106: Der ehemalige Verfassungsschützer Andreas Temme wird mit Funden in seiner Wohnung konfrontiert. Die Polizei hatte 2006 bei ihm Abschriften nationalsozialistischer Propaganda gefunden. Ismail Yozgat, Vater des Kasseler Opfers, befragt Temme zu dem Mordfall.

Tag 107: Erneut sagt Jana J. aus, die in den Neunzigerjahren mit André Kapke befreundet war. Sie beschreibt Beate Zschäpe und erzählt von ihren Erlebnissen in der rechten Szene und wie zwei Mädchen aus der linken Szene in Jena angegriffen wurden.

Tag 108: Enrico Theile bestreitet, etwas mit der Beschaffung der Česká-Pistole für den NSU zu tun gehabt zu haben. Er beantwortet Fragen zu einem Freund in der Schweiz, der von den Ermittlern ebenfalls verdächtigt wird, zur Lieferkette für die Waffe zu gehören.

Tag 109: Der Beamte Ralf B. berichtet von der Vernehmung der früheren Chemnitzer Neonazi-Größe Thomas Müller, ehemals Starke. Es geht unter anderem um Starkes Beziehung zu Zschäpe und um die Sicht des Trios auf Tino Brandt.

Tag 110: Zschäpes Verteidiger teilen mit, ihrer Mandantin gehe es nicht gut. Nach einem Hin und Her beendet Richter Götzl den Verhandlungstag.

Tag 111: Zschäpe gehe es weiterhin schlecht, heißt es. Richter Götzl setzt die Verhandlung nicht fort.

Tag 112: Jürgen Helbig, ein Jugendfreund von Mundlos und Böhnhardt, berichtet über Kontakte zum Trio nach dessen Untertauchen und gibt Kurierdienste zu. Er schildert auch, wie er gemeinsam mit Carsten Schultze noch Sachen aus Zschäpes alter Wohnung geholt habe. Er habe zudem Exemplare des »Pogrom-

ly«-Spiels verwahrt und verkauft. Der Verfassungsschutz und der MAD hätten ihn damals befragt.

Tag 113: Der Bankkaufmann Stefan C. und seine Mitarbeiterin Nadine W. schildern den Überfall auf die Sparkasse in Eisenach. Der Rentner Egon S. erzählt, wie er auf zwei Radfahrer aufmerksam wurde, die ihre Räder in ein Wohnmobil luden. Es war der entscheidende Hinweis, um die Räuber und damit den NSU zu stellen.

Tag 114: Der Rechtsmediziner Reinhard Heiderstädt präsentiert Befunde zur Obduktion der Leichen von Mundlos und Böhnhardt. Der Polizist Frank M. berichtet, wie er am 4. November 2011 mit einem Kollegen als Erster am Wohnmobil ankam, Schüsse fielen und das Fahrzeug in Flammen aufging. Der Angeklagte André Eminger trägt im Gericht einen Kapuzenpulli mit der Abbildung einer vermummten Person und eines Sturmgewehrs. Richter Götzl lässt Eminger mit dem Pullover fotografieren.

Tag 115: Andreas R., in Haft sitzender Bankräuber, sagt, von einem Waffendeal mit dem Angeklagten Ralf Wohlleben wisse er nichts. Ein Bandenkollege, der Entsprechendes behauptet hatte und in Polen im Gefängnis sitzt, würde Quatsch erzählen, um nach Deutschland überführt zu werden.

Tag 116: Der Beamte Udo J. berichtet von Ermittlungen zum Handy und zu SMS des Angeklagten André Eminger.

Tag 117: Die Beamten Martin M. und Edgar M. berichten über die Ermittlungen zum Bombenanschlag auf ein Geschäft in der Kölner Probsteigasse. Der NSU soll dort Ende 2000 eine Christstollendose abgestellt haben, in der ein Sprengsatz steckte. Die Tochter des Ladeninhaber öffnete die Dose am 19. Januar 2001 und wurde schwer verletzt.

Tag 118: Die Polizisten Daniel Q. und Elke O. schildern die Ermittlungen zum Bombenanschlag auf ein Geschäft in der Kölner Probsteigasse. Die Tochter des Ladeninhabers, die damals schwer verletzte M. M., erzählt vom Tag der Explosion und ihrem Leidensweg.

Tag 119: Die Eltern und die Schwester des Opfers aus der Kölner Probsteigasse erzählen von dem Anschlag und den Konsequenzen für ihre Familie und ihr Geschäft.

Tag 120: Der Sprengstoffexperte Rüdiger Mölle präsentiert ein Gutachten zum Anschlag in der Kölner Probsteigasse und zur Sprengvorrichtung. Von der Bombe sei eine akute Lebensgefahr ausgegangen.

Tag 121: Der Rechtsextremist Thomas Gerlach berichtet von der rechten Szene und äußert sich über einzelne Personen aus der Szene, unter anderem zu Ralf Wohlleben und André Kapke. Über die Organisation »Hammerskins« wolle er nichts sagen.

Tag 122: Erneut wird Enrico Theile vernommen. Es geht um seine Verbindungen in die Schweiz und mögliche Kenntnisse über Waffen und Waffenlieferungen.

Tag 123: Die Ehefrau von Ralf Wohlleben verweigert die Aussage. Der Beamte Stefan K. berichtet von Ermittlungen im Dortmunder Mordfall und einer Zeugin, die zwei verdächtige Männer gesehen habe.

Tag 124: Der Rechtsanwalt Thomas Jauch wird befragt. Mundlos, Böhnhardt und Zschäpe seien einmal in seinem Büro gewesen, sagt er.

Tag 125: Der mutmaßliche Unterstützer des Trios, Matthias Dienelt, verweigert die Aussage. Volker F. fasst zusammen, was Dienelt bei der Polizei ausgesagt hat. Er habe Mietverträge für die beiden Wohnungen in der Polenzstraße und der Frühlingsstraße in Zwickau unterschrieben, in denen Zschäpe, Mundlos und Böhnhardt wohnten. Anschließend wird Uwe Böhnhardts Bruder befragt. Er beschreibt die rechtsradikale Gesinnung des Bruders und dessen Verhältnis zu Waffen.

Tag 126: Der BKA-Beamte Andreas M. zeigt Asservate aus dem Wohnmobil, in dem die Leichen von Mundlos und Böhnhardt nach dem Banküberfall in Eisenach gefunden wurden. Der Thüringer Rechtsextremist Thomas Gerlach wird erneut vernommen. Er äußert seine ablehnende Haltung gegen den NSU-Prozess.

Tag 127: Der Neonazi und frühere V-Mann Tino Brandt berichtet über die rechte Szene und charakterisiert Mundlos, Böhnhardt und Zschäpe. Diese sei »keine dumme Hausfrau«. Er schildert auch seinen Kontakt zum Trio nach dessen Untertauchen. Er habe Geld für die drei gesammelt und einmal mit Böhnhardt telefoniert.

Tag 128: Die Vernehmung von Tino Brandt wird fortgesetzt. Es geht um den Rechtsanwalt Hans Günter Eisenecker, der das Trio vertreten sollte. Den Kontakt habe er vermittelt, sagt Brandt. Auch eine Unterbringung im Ausland sei Thema gewesen. Richter Götzl teilt mit, Beate Zschäpe habe wissen lassen, sie habe kein Vertrauen mehr in ihre Verteidiger.

Tag 129: Götzl lehnt eine Ablösung von Zschäpes Verteidigern ab. Die Studentin J. S. und die Fachabiturientin K. M. erzählen, wie sie während der Ferien auf Fehmarn das Trio Mundlos, Böhnhardt und Zschäpe kennenlernten, die dort unter den Namen Liese, Max und Gerry Urlaub machten. Zschäpe sei wie eine Freundin gewesen, sagt J. S. Sie lud das Trio zu sich nach Hause ein, als sie ihren 18. Geburtstag feierte. Die drei übernachteten bei ihr und ihrer Familie. Die Zeugin K. M. sagt, sie engagiere sich gegen rechts und habe im Urlaub einen Aufnäher auf der Tasche gehabt mit der Aufschrift »Gegen Nazis«. Vom Trio habe sie keine Reaktion bemerkt.

Tag 130: Andreas R. schildert, wie er im Jahr 1998 Ralf Wohllebens havarierten

Wagen, mit dem das Trio geflüchtet sei, abschleppte. Er beantwortet auch Fragen zu seiner Tätigkeit als Informant des Thüringer Verfassungsschutzes.

Tag 131: Erneut wird Thomas Rothe über seine Bekanntschaft mit dem Trio befragt. Ein BGH-Richter äußert sich zur Vernehmung von Matthias Dienelt. Anschließend stellt Zschäpe einen Befangenheitsantrag gegen Richter Götzl und die Beisitzenden Richter. Maik Eminger, der Bruder des Angeklagten André Eminger, verweigert die Aussage. André Eminger tritt mit einem Pullover auf mit dem Slogan »Brüder schweigen«.

Tag 132: Maria H. und Steffi S. schildern, wie sie 1996 in Jena von einer jungen Frau aus der rechten Szene attackiert wurden. Die Angreiferin sei Beate Zschäpe gewesen. Der Fuß von Maria H. sei angebrochen gewesen, nachdem sie geschubst worden sei.

Tag 133: Der BKA-Beamte Michael K. berichtet, wie Thomas Müller, geborener Starke, wegen einer DNA-Spur kurzzeitig unter Verdacht geriet, noch länger als bekannt mit dem Trio Kontakt gehalten zu haben. Die Spur stellte sich später als falsch heraus.

Tag 134: Jürgen Länger, ein Bekannter von Enrico Theile, bestreitet, dass er etwas mit der Česká-Pistole und ihrer Lieferung zum NSU zu tun gehabt habe. Der Verkäufer im Jenaer Szeneladen Madley habe gelogen.

Tag 135: Der Polizist Helmut W. berichtet von den Ermittlungen im Kasseler Mordfall und dem zeitweiligen Verdacht gegen den Verfassungsschützer Andreas Temme. Er sagt, dass dieser vom Mord an Halit Yozgat nichts mitbekommen habe, sei »sehr, sehr unglaubwürdig«. Der Beamte benennt auch Probleme in der Zusammenarbeit mit dem Verfassungsschutz bei den Ermittlungen. Auch der Polizist Jörg T. erläutert die damaligen Ermittlungen der Polizei beim Verfassungsschutz.

Tag 136: Der Thüringer LKA-Beamte Jürgen D. berichtet über die Ermittlungen, die er in den Jahren 1997/98 gegen die rechte Szene leitete. Um die Täter von Vorfällen mit Sprengstoff und Bombenattrappen zu finden, veranlasste er Observationen, für die der Verfassungsschutz Amtshilfe leistete. Im Januar 1998 ließ der Ermittler eine von Zschäpe angemietete Garage durchsuchen. Dort fand die Polizei Material zum Bombenbau.

Tag 137: Der BKA-Beamte Jan C. schildert den Verlauf einer Vernehmung von Enrico Theile. Dieser habe unglaubwürdige Angaben gemacht, das sei ihm in »gesteigerter Lautstärke« mitgeteilt worden. Theile hatte im Gericht beklagt, er sei angebrüllt worden.

Tag 138: Die Schweizer Polizisten Christian M. und Patrick R. fassen Vernehmungen des Schweizers Peter G. zusammen, durch dessen Hände – als Strohmann – laut NSU-Ermittlern die Mordwaffe Česká 83 gegangen sein soll. Peter G. habe dies abgestritten.

Tag 139: Der Schweizer Beamte Patrick R. fährt fort mit Angaben zu weiteren Einvernahmen von Peter G., bei denen er seinen Freund Hans-Ulrich Müller ins Spiel gebracht habe. Ihm habe er Waffenscheine übergeben.

Tag 140: Patrick R. berichtet über die Vernehmung des Schweizers Hans-Ulrich Müller, der beteuerte habe, von Peter G. keine Waffen erhalten zu haben. Der Nürnberger Polizist Albert V. fasst Ermittlungen zusammen zum Bombenanschlag in der Kölner Keupstraße im Jahr 2004 und zum Mordfall in Nürnberg. Zeugen hatten auf Ähnlichkeiten zwischen verdächtigen Radfahrern an beiden Tatorten hingewiesen.

Tag 141: Uwe Böhnhardts Jugendfreund Thomas B. erzählt von der Jenaer Clique, in der sie als Jugendliche Straftaten begangen hätten. Böhnhardt habe gut geplant Autos geknackt und sei schnell aggressiv geworden.

Tag 142: Der Polizist André P. wird zu einer Befragung von Zschäpes Nachbarin Charlotte Erber befragt, die bei dem Brand am 4. November 2011 in Lebensgefahr geriet. Sie habe erzählt, dass es an dem Tag gegen 14 Uhr bei ihr an der Tür geklingelt habe. Sie habe dann aber niemanden gesehen. Anschließend wird der Amtsrichter Stefan Noback befragt, der Frau Erber auf Ersuchen des Oberlandesgerichts München im Pflegeheim vernommen hat. Sie sei aber nicht mehr vernehmungsfähig gewesen, berichtet er. Erneut wird zudem Tino Brandt über das Trio und seine Spitzeltätigkeit für den Verfassungsschutz befragt.

Tag 143: Die Befragung von Tino Brandt wird fortgesetzt. Er berichtet von der Suche nach dem Trio. Das Gerichtsverfahren nennt er einen Schauprozess.

Tag 144: Tino Brandts früherer V-Mann-Führer Reiner Bode erläutert den Umgang mit dem Spitzel und berichtet von den Informationen, die er über das untergetauchte Trio lieferte. Bei Brandt habe man ständig bremsen müssen, weil er sich als Zampano aufgespielt habe.

Tag 145: Auch Tino Brandts früherer V-Mann-Führer Norbert Wießner berichtet von den Informationen, die der Spitzel über das untergetauchte Trio lieferte. Wegen einer Erkältung muss Richter Götzl den Tag vorzeitig beenden.

Tag 146: Erneut wird Thomas Rothe befragt. Er sei mit Uwe Mundlos befreundet gewesen, sagt er. Es könne sein, dass Mundlos auch mal bei ihm übernachtet habe.

Tag 147: Der Schweizer Polizist Patrick R. wird erneut zur Vernehmung von Hans-Ulrich Müller und zur Lieferkette der Česká-Pistole befragt. Der Laden Madley sage ihm nichts, habe Müller beteuert.

Tag 148: Der Schweizer Staatsanwalt David Steimer berichtet von den Ermittlungen zur Česká-Pistole. Er schildert das Verhalten von Peter G. bei einer Vernehmung. Mit den Morden habe er nichts zu tun, habe G. beteuert.

Tag 149: Der BKA-Beamte Thomas L. erläutert, was die Polizei bei einer Durchsuchung der Wohnung des Angeklagten Eminger gefunden hat. Anschließend be-

richtet seine Kollegin Nadja E. von einer Durchsuchung beim Angeklagten Wohlleben. Dann geht es erneut um die Brandstiftung in Zwickau. Zschäpes Verteidiger kritisieren, die Nachbarin Charlotte Erber sei nicht rechtzeitig förmlich vernommen worden.

Tag 150: Jan Werner, der früher in Sachsen eine Führungsperson von Blood & Honour war, verweigert die Aussage. Anschließend verliest die Beisitzende Richterin Michaela Odersky ein altes Gerichtsurteil zum sogenannten Puppentorso-Verfahren. An einer Autobahnbrücke in der Nähe von Jena hatten Neonazis 1996 eine Puppe mit einem Judenstern herabbaumeln lassen und mit einer Bombenattrappe versehen. Uwe Böhnhardt wurde damals zunächst deshalb verurteilt, vom Landgericht dann aber freigesprochen.

Tag 151: André Eminger trägt einen Kapuzenpulli mit der Aufschrift »Brüder schweigen«. Richter Götzl lässt ihn damit fotografieren. Der Rechtsextremist Thomas Gerlach will weiterhin nichts über die Organisation »Hammerskins« sagen.

Tag 152: Sitta I., eine frühere Lebensgefährtin des Schweizers Hans-Ulrich Müller, wird über dessen Person und mutmaßliche Waffenverkäufe befragt. Die Beamtin Sabine R. stellt Ermittlungen dar zu Kontakten der Angeklagten und von Mundlos und Böhnhardt nach Baden-Württemberg, unter anderem nach Heilbronn und Ludwigsburg. Zudem geht es um Florian H., einen Zeugen, der in seinem Auto verbrannte.

Tag 153: Der Beamte Horst B. sagt, bei Vernehmungen zum sogenannten Puppentorso-Verfahren hätten sich die Beteiligten gegenseitig Alibis zugeschanzt. Der Nebenklageanwalt Turan Ünlücay sagt als Zeuge, Hans-Ulrich Müller habe ihm erzählt, Dieter S. habe die Česká-Pistole gekauft. S. habe damals ein Eiscafé in Apolda gehabt.

Tag 154: Der Rechtsanwalt Gerald Liebtrau, dem sich Zschäpe am 8. November 2011 anvertraute, als sie sich der Polizei stellen wollte, äußert sich zur Brandstiftung in Zwickau. Zschäpe habe ihm gesagt, sie habe bei der Nachbarin Charlotte Erber geklingelt, bevor sie das Haus verlassen habe. Eine Reaktion der Nachbarin habe es nicht gegeben.

Tag 155: Der frühere Gerichtspräsident von Thun, Jürg Staudemann, berichtet von der Vernehmung des Schweizers Hans-Ulrich Müller, sagt aber, dass er sich daran nicht mehr erinnern könne angesichts der hohen Zahl an Vernehmungen. Anschließend wird Dieter S. befragt, den Hans-Ulrich Müller belastet hat im Zusammenhang mit dem Verkauf der Česká-Pistole. Dieter S. weist die Darstellung von M. zurück.

Tag 156: Die Nebenklageanwältin Antonia von der Behrens stellt einen umfassenden Beweisantrag zu Kontakten zwischen dem NSU und Dortmunder Neonazis.

Tag 157: Erneut wird Tino Brandts früherer V-Mann-Führer Norbert Wießner vernommen. Er berichtet von einem Telefonat des Spitzels mit Uwe Böhnhardt nach dem Untertauchen. Er sagt, der Spitzel habe 1999 erfahren, dass Carsten Schultze Kontakt zu Mundlos und Böhnhardt halte.

Tag 158: Der frühere V-Mann und Szene-Anführer Kai Dalek äußert sich zur rechten Szene, zu Tino Brandt und zur Militanz des »Thüringer Heimatschutzes«.

Tag 159: Erneut wird Sitta I. vernommen. Sie soll ihren früheren Lebensgefährten, den Schweizer Hans-Ulrich Müller, charakterisieren. Sein Hauptziel sei es gewesen, Geld zu verdienen. Über Politik hätten sie nicht gesprochen.

Tag 160: Im Gerichtssaal werden die verschiedenen Versionen des NSU-Bekennervideos vorgespielt. Der Beamte Frank L. erläutert Ermittlungen zu den Filmen.

Tag 161: Die Befragung von Kai Dalek wird fortgesetzt. Er berichtet von seinen Besuchen am sogenannten Mittwochsstammtisch der rechten Szene in Thüringen. Die Verfahrensbeteiligten streiten darüber, wie weit die Befragung des Zeugen inhaltlich gehen könne.

Tag 162: Der BKA-Beamte Timo K. erläutert die Waffenvorlage, mit der die Ermittler Aussagen von Carsten Schultze über die von ihm transportierte Pistole erhalten haben. Anschließend wird Antje Böhm befragt, die zur rechten Szene in Sachsen gehörte. Sie bestreitet, ihren Reisepass für eine Flucht Zschäpes ins Ausland angeboten zu haben. Sie habe auch nie Kontakt zu dem Trio gehabt.

Tag 163: Oberstaatsanwalt Jochen Weingarten tritt als Zeuge auf. Er bestreitet, den wegen der Lieferkette für die Česká-Pistole ins Visier der Ermittler geratenen Enrico Theile bei einer Vernehmung unzulässig befragt und unter Druck gesetzt zu haben. Anschließend geben Wohllebens Verteidiger eine Erklärung zu den Waffenermittlungen ab.

Tag 164: Im Brandschutt in Zwickau war ein Ausweis von Ralph Hofmann gefunden worden. Er gehörte zur rechten Szene in Sachsen und wird nun als Zeuge befragt. Er habe es damals abgelehnt, Leute unterzubringen. Zudem geht es um Waren, die in seinem Namen bestellt, aber nicht bezahlt wurden.

Tag 165: Die Sprachwissenschaftlerin Sabine Ehrhardt stellt ein Gutachten vor zur Autorenschaft des sogenannten NSU-Briefs. Sie sollte ihn mit Texten von Beate Zschäpe vergleichen und kommt zu dem Ergebnis, dass eine Autorenidentität weder festgestellt noch ausgeschlossen werden könne.

Tag 166: Der Schweizer Polizist Rudolf B. berichtet von Ermittlungen zu Waffendeals in der Schweiz. Anschließend tritt Michael Probst auf, der Ex-Mann von Antje Böhm, und äußert sich über die rechte Szene, die Bekanntschaft mit Carsten Szczepanski und das untergetauchte Trio. Er könne seine Ex-Frau nicht belasten, sagt er.

Tag 167: Der frühere V-Mann Carsten Szczepanski sagt, das untergetauchte Trio sei ihm nicht persönlich bekannt gewesen. Er bestätigt, dass er damals die Information bekommen habe, dass Jan Werner Waffen besorgen sollte. Der Zeuge erläutert die Strukturen von Blood & Honour und seine Tätigkeit für Brandenburgs Verfassungsschutz. Wohllebens Verteidiger beantragen, ihren Mandanten aus der Untersuchungshaft zu entlassen.

Tag 168: Die Beamten Jochen G. und Gerd S. berichten über die Vernehmung von Jan Werner, der in Sachsen zu den führenden Männern von Blood & Honour zählte. Er habe aus seiner Vergangenheit Lehren gezogen, habe er gesagt. Richter Götzl lässt Zeitungsartikel zur Mordserie vorlesen, die im Brandschutt in Zwickau gefunden wurden.

Tag 169: Erneut sagt Antje Böhm aus. Es geht unter anderem um die rechte Musikszene und um Blood & Honour. Die Anwälte streiten länger über die Zulässigkeit bestimmter Fragen an die Zeugin.

Tag 170: Der Beamte Gerhard Z. erklärt Ermittlungen zu einem Datenträger, der in Zwickau gefunden wurde. Fotos von der CD werden gezeigt. Zu sehen sind Szenen aus Stuttgart und eine Person, die Uwe Böhnhardt sein könnte.

Tag 171: Erneut sagt Michael Probst aus. Wieder geht es um Carsten Szczepanski und die rechte Szene in Sachsen. Dass Probsts Ex-Frau ihren Pass für das Trio bereitstellen wollte, nennt der Zeuge ein Märchen. Der BGH-Richter Ralf Bünger fasst die Vernehmung von Carsten Schultze zur Waffenbeschaffung zusammen. Es habe ihn überrascht, dass Schultze auch von einem Schalldämpfer gesprochen habe.

Tag 172: Der Beamte Peter O. präsentiert Ergebnisse der Ermittlungen zu einem Sprengstoffanschlag auf ein Nürnberger Lokal im Jahr 1999. Die Bombe steckte in einer Taschenlampe. Ein ausländerfeindlicher Hintergrund sei damals nicht erkennbar gewesen. Der Beisitzende Richter Peter Lang verliest rechtsradikale Schriften, die 1998 bei der Durchsuchung der von Zschäpe angemieteten Garage sichergestellt wurden. Richter Götzl verkündet zahlreiche Beschlüsse. Zschäpes Verteidiger sagen, ihre Mandantin könne sich nicht mehr konzentrieren.

DAS DRITTE JAHR | 2015

Tag 173: Beweisaufnahme zum Nagelbombenanschlag in der Kölner Keupstraße. Die Polizisten Dirk S. und Martin W. fassen die Tatortarbeit und die Ermittlungen zusammen. Im Gerichtssaal werden Bilder von der Keupstraße und den Schäden durch die Explosion gezeigt.

Tag 174: Der Polizist Martin W. setzt seine Ausführungen zum Nagelbombenanschlag in der Kölner Keupstraße fort. Er zeigt Fotos mit Nägeln, die einem Opfer aus dem Körper operiert werden mussten. Anschließend wird erneut der ehemalige V-Mann und Rechtsextremist Carsten Szczepanski vernommen. Er wird zum Ku-Klux-Klan befragt.

Tag 175: Opfer des Anschlags in der Kölner Keupstraße sagen aus. Es sei gewesen, als habe ihm jemand die Beine von hinten weggeschossen, sagt Sandro D. Sein Arzt Dietmar Pennig berichtet, wie vier Nägel aus dem Körper entfernt werden mussten. Anschließend berichten die Anschlagsopfer Melih K., Şükrü A. und Kemal G. von ihrem Leiden

Tag 176: Weitere Anschlagsopfer aus Köln sagen aus: Gerd H., Metin I., Fatih K., Abdullah Ö. und Hassan Y. Sie berichten, wie sie noch heute unter den Folgen des Attentats leiden. Sie schildern auch, wie die Polizei damals ermittelte, nach kriminellen Aktivitäten in der Keupstraße suchte und den Opfern DNA-Proben abnahm.

Tag 177: Die Befragung von Anschlagsopfern aus Köln geht weiter. Ali Y., Etan T. und Talat T. berichten, wie sie die Explosion und die Ermittlungen der Behörden erlebt haben. Der Sprengstoffexperte Ehrenfried Ibisch erklärt einen Sprengversuch, mit dem die Ermittler den Anschlag von Köln auf einem Truppenübungsplatz nachgestellt haben. Die im Sprengsatz eingebauten Nägel seien mit bis zu 770 Stundenkilometern durch die Luft geschleudert worden.

Tag 178: Die Zeugin Gerlinde B. berichtet von einem verdächtigen Mann mit einem Fahrrad, den sie am Tag des Anschlags auf die Keupstraße gesehen habe. Das Anschlagsopfer Arif S. beklagt die Ignoranz der Polizei bei den Ermittlungen.

Tag 179: Marco G. ein Kollege des Angeklagten Carsten Schultze bei der Aidshilfe, beschreibt Schultzes Persönlichkeit. Er schildert, wie dieser ihm nach dem Auffliegen des NSU von dem Waffendeal erzählte, bei dem er mitgemacht habe.

Tag 180: Die Polizistin Jeanette A. fasst Ergebnisse der Ermittlung zu Dateien zusammen, die auf einem Datenträger liegen, der im Brandschutt in Zwickau gefunden wurde. Es geht unter anderem um eine Wette zwischen Böhnhardt und Zschäpe ums Abnehmen und das Schneiden von Videos als Wetteinsatz. Zudem sagt Peter S. zum Nagelbombenanschlag in Köln aus. Ein Anwalt habe ihn bedrängt, als Nebenkläger im Prozess aufzutreten, obwohl er das nicht gewollt habe.

Tag 181: Enrico R., ein früherer Bekannter des Trios Mundlos, Böhnhardt und Zschäpe aus Jena sagt aus. Er habe den dreien im Untergrund nicht geholfen. Der Zeuge Robby H. äußert sich zum Waffenbesitz in der rechten Szene. Der Nebenklageanwalt Reinhard Schön gibt eine Erklärung zur Aussage der Beamten vom Vortag ab und sieht darin eine Bestätigung für eine Beteiligung Zschäpes an der Herstellung des NSU-Bekennervideos.

Tag 182: Der Beamte Heribert S. erläutert eine Tatortskizze zum Anschlag auf die Kölner Keupstraße. Er soll Entfernungen bestimmen.

Tag 183: Ein Mitarbeiter der Jugendgerichtshilfe Düsseldorf sagt über den Angeklagten Carsten Schultze, dieser habe ihm bestätigt, dass die Anklagevorwürfe gegen ihn stimmen würden und er eine Waffe besorgt habe. Weiterer Zeuge ist Andreas G., der zur rechten Szene in Chemnitz gehört. Er berichtet von einer Begegnung mit Beate Zschäpe.

Tag 184: Erneut wird Enrico R. vernommen. Er charakterisiert Uwe Böhnhardt als aufgedreht und forscher als Uwe Mundlos.

Tag 185: Der Kasseler Neonazi Bernd Tödter bestreitet die Richtigkeit eines Protokolls seiner polizeilichen Vernehmung. Er wisse gar nichts davon, dass Mundlos und Böhnhardt vor dem Mord an Halit Yozgat in Kassel übernachtet hätten.

Tag 186: Eine der Nachbarinnen aus der Zwickauer Polenzstraße, Gabriele S., berichtet von Zschäpes Alkoholkonsum. Das letzte Mal habe sie Zschäpe etwa 14 Tage vor dem Brand in der Frühlingsstraße gesehen. Zschäpe habe gestresst gewirkt und mehr getrunken als sonst. Die Zeugin erzählt auch von einem Streit zwischen einer anderen Nachbarin und Zschäpe, bei dem diese ungewöhnlich aggressiv geworden sei.

Tag 187: Gunter F., ein Zeuge aus der rechten Szene von Chemnitz, erzählt, wie er und sein Bruder im Jahr 1998 halfen, Mundlos, Böhnhardt und Zschäpe eine Bleibe zu verschaffen. Auf seinen Namen sei auch ein Pass beantragt worden, sagt der Zeuge. Anschließend sagt Jörg W. aus, der Mitglied bei Blood & Honour war. Er habe einmal Sprengstoff an Thomas Starke übergeben.

Tag 188: Die Zeugin Christina H., eine langjährige Freundin des Angeklagten Carsten Schultze, berichtet von ihrer Vergangenheit in der rechten Szene und dem Ausstieg. Sie erzählt, wie sich ihr Schultze nach Entdecken des NSU offenbart und von einer Waffe gesprochen habe.

Tag 189: Christian Kapke, Bruder des Rechtsextremisten André Kapke, beschreibt die rechte Szene von Jena und charakterisiert Mundlos, Böhnhardt und Zschäpe. Diese habe eine gewisse Bauernschläue. Er habe sie als eine sehr selbstbewusste Frau, aber als Mitläuferin wahrgenommen.

Tag 190: Es wird bekannt, dass der Psychiater Norbert Nedopil, der Beate Zschäpe untersucht hat, aus Gründen der gesundheitlichen Schonung empfiehlt, vorerst nur noch zwei Mal statt drei Mal in der Woche vor Gericht zu verhandeln. Als Zeuge tritt Hendrik Lasch auf, der sich in der rechten Szene von Chemnitz bewegte. Mit Mundlos sei er befreundet gewesen. Dieser habe ihm geholfen, T-Shirts mit einem Bart-Simpson-Motiv herzustellen (»Skinsons«).

Tag 191: Der frühere Blood & Honour-Neonazi Marcel Degner bestreitet, als Spitzel für den Verfassungsschutz gearbeitet zu haben. Akten und Zeugen des Ver-

fassungsschutzes bezeugen das aber. Der Zeuge Stefan H. äußert sich zur »Weissen Bruderschaft Erzgebirge«, einer rechten Organisation, der auch der Angeklagte André Eminger angehörte.

Tag 192: Ein Schulfreund von Uwe Mundlos beschreibt dessen Entwicklung und Persönlichkeit. Dieser habe sich schon in der DDR oppositionell verhalten und damit begonnen, sich für die Nationalsozialisten zu interessieren. Er habe ein antisemitisches Computerspiel programmiert. Auch mit der RAF habe sich Mundlos beschäftigt. Mundlos habe die TV-Serie »Der rosarote Panther« toll gefunden.

Tag 193: Der psychiatrische Gutachter Norbert Leygraf stellt ein Gutachten über den Angeklagten Carsten Schultze vor. Dieser sei im Jahr 2000, als er die Waffe übergeben haben will, in der Persönlichkeitsbildung noch nicht ausgereift gewesen. Er könnte daher noch nach Jugendstrafrecht verurteilt werden. Der Zeuge Giso T. soll sich zur rechten Szene und zur Beschaffung von Sprengstoff äußern. Der Zeuge Mike M. sagt, er sei in der Schulzeit mit Zschäpe befreundet gewesen. Er sei politisch links und habe später Abstand gehalten.

Tag 194: Sindy H, eine der Nachbarinnen aus der Zwickauer Polenzstraße, beschreibt Beate Zschäpe als freundlich und angenehm. Ihr Freund sei hilfsbereit gewesen. Zschäpe habe mal gesagt, sie habe mit beiden Männern, die dort wohnten, Sex. Isabell S., eine weitere ehemalige Nachbarin, bezeichnet Zschäpe als »richtige Hausfrau«. Der Zeuge Enrico P. äußert sich zur rechten Szene, seiner Bekanntschaft zu Mundlos und Böhnhardt und zu einem Platzverweis von der KZ-Gedenkstätte Buchenwald.

Tag 195: Der Sparkassen-Angestellte Oswald A. schildert einen Überfall auf eine Filiale in Arnstadt am 7. September 2011. Einer der Räuber habe sie mit einem Telefon geschlagen, berichtet die Bankkauffrau Gundula F.

Tag 196: Doris M. und Marlies B. äußern sich zu zwei Überfällen auf eine Filiale der Sparkasse in Stralsund. Marlies B. sagt, einer der Räuber habe ihr im Dialekt zugerufen: »Keene Verarsche! Ich knall dich ab!«

Tag 197: Der Angeklagte Holger Gerlach verspätet sich, weil er sich im Tag geirrt habe. Die Zeugin Wiebke G. schildert, wie sie als Kundin einen der Überfälle in Stralsund erlebte und sich auf den Boden legen musste.

Tag 198: Eckhard D. erzählt, wie die Sparkasse in Stralsund überfallen wurde, als er gerade eine Überweisung tätigen wollte. Der BKA-Beamte Andreas M. präsentiert Ergebnisse zu den Raubüberfällen, zu Geldbeträgen und Banderolen sowie zu Sturmmasken und Bekleidung der Täter. Im Gericht werden Aufnahmen aus Überwachungskameras der ausgeraubten Banken gezeigt. Der Zeuge Markus F. soll sich zu den Angeklagten und zur rechten Szene äußern. Aleksander H., ein Jugendfreund von Mundlos, schildert Begegnungen mit Ralf Wohlleben und mit Uwe Mundlos.

Tag 199: Der Präsident des sächsischen Verfassungsschutzes, Gordian Mayer-Plath, der früher V-Mann-Führer in Brandenburg war, berichtet über seine Arbeit mit dem V-Mann Carsten Szczepanski und über dessen Meldungen zum untergetauchten Trio. Der frühere Verfassungsschutz-Beamte Norbert Wießner aus Thüringen berichtet von einer Geldsammlung in der rechten Szene für das untergetauchte Trio. Er bekräftigt, dass Marcel Degner für das Amt als V-Mann tätig gewesen sei, was dieser vor Gericht bestritt. Richter Manfred Götzl und der Nebenklageanwalt Yavuz Narin geraten aneinander.

Tag 200: Kathrin D. beschreibt ihre Kontakte in der rechten Szene von Chemnitz und ihre Bekanntschaft zu Beate Zschäpe und Uwe Mundlos. Diese hätte sie ungefähr 1996 das letzte Mal gesehen.

Tag 201: Der Zeuge André K. berichtet von der Organisation »Weisse Bruderschaft Erzgebirge«, der auch die Gebrüder Eminger angehörten. Anschließend äußert sich der ehemalige Neonazi-Anführer Stephan Lange zu den Strukturen und Zielen der Organisation Blood & Honour.

Tag 202: Kay S. erinnert sich an seine Zeit in der rechten Szene von Jena. Überraschend gesteht er, beteiligt gewesen zu sein an der Aktion mit dem Puppentorso. Er belastet zudem Böhnhardt, Mundlos, Wohlleben und Zschäpe. Die Beteiligten hätten sich damals für die Ermittlungen gegenseitig Alibis verschafft.

Tag 203: Die Nebenklageanwältin Antonia von der Behrens beantragt, ein rechtsextremes Magazin verlesen zu lassen, das 1998 in der von Zschäpe angemieteten Garage gefunden wurde. Darin werde die Ideologie eines bewaffneten Kampfes durch kleine autonome Zellen vertreten.

Tag 204: Erneut sagt Mundlos' Jugendfreund Aleksander H. aus, erinnert sich an seine Eindrücke von der Zeit in Jena und charakterisiert Zschäpe. Sie sei weder dumm noch gutgläubig.

Tag 205: Die Beamtin Sandra W. präsentiert Ermittlungsergebnisse zu einem Banküberfall in Chemnitz. Anschließend wird die NPD-Politikerin Edda Schmidt zu einer Schulungsveranstaltung in Eisenberg vernommen, an der sie 1998 teilnahm. Dort sollen am Rande der Veranstaltung laut einer Quelle des Verfassungsschutzes Informationen über die Untergetauchten ausgetauscht worden sein.

Tag 206: Zunächst stellen Zschäpes Verteidiger Anträge zum psychiatrischen Sachverständigen Henning Saß, der ein Gutachten über Beate Zschäpe erstellt. Sie wollen seine Teilnahme am Prozess einschränken. Zudem befürchten sie, er könnte von seinem Sitz aus interne Gespräche zwischen Zschäpe und ihren Verteidigern mithören. Saß sagt, er könne nichts mithören. Erneut wird der Kasseler Neonazi Bernd Tödter vernommen. Er habe Zschäpe angeschrieben, weil er eine Gefangenenhilfsorganisation aufbauen wollte. Der Zeuge äußert sich auch über Andreas Temme, den Verfassungsschützer aus Kassel.

Tag 207: Erneut ist Marcel Degner geladen. Weiterhin streitet er ab, als V-Mann für den Verfassungsschutz Informationen aus der rechten Szene geliefert zu haben. Den NSU kenne er nicht. Die Prozessbeteiligten diskutieren, wie mit diesem Zeugen umzugehen sei.

Tag 208: Der Beamte Jens M. berichtet von Spuren und der Beute bei einem Raubüberfall auf eine Sparkasse und eine Postfiliale in Chemnitz in den Jahren 2000 und 2003.

Tag 209: Richter Götzl teilt mit, dass Beate Zschäpe beantragt hat, ihre Pflichtverteidigerin Anja Sturm vom Mandat zu entbinden.

Tag 210: Der Zeuge Rocco E. beschreibt Uwe Mundlos als locker und witzig. Der Beamte Falko H. berichtet von Ermittlungen zu der Abnehmwette zwischen Zschäpe und Böhnhardt und zum Wetteinsatz des Schneidens von Videomaterial. Zschäpes Verteidiger verweisen auf Mitschnitte der TV-Serie »Dr. House«, die in Zwickau gefunden wurden.

Tag 211: Die hessischen Verfassungsschützer Hans-Joachim M. und Michael H. werden mit Telefonmitschnitten aus dem Jahr 2006 konfrontiert, als sie mit ihrem vom Dienst suspendierten Kollegen Andreas Temme sprachen, der damals im Kasseler Mordfall unter Mordverdacht geraten war. Hans-Joachim M. sagt, der Verfassungsschutz habe die Polizei weder behindert noch gesteuert.

Tag 212: Falco K. schildert einen Überfall auf einen Chemnitzer Edeka-Markt im Jahr 1998. Der Zeuge war den Tätern hinterhergerannt, und es wurde auf ihn geschossen.

Tag 213: Gerald Hess, ehemaliger Geheimschutzbeauftragter im hessischen Verfassungsschutz, äußert sich zum Mordfall in Kassel und dem Verdacht gegen Andreas Temme. Ihm wird ein Telefonat vorgespielt, das er 2006 mit Temme führte und das damals von der Polizei abgehört wurde.

Tag 214: Die Richter lehnen einen Antrag Zschäpes ab, mit der Befragung weiterer Zeugen zu warten, bis sie ihren neuen, vierten Pflichtverteidiger Mathias Grasel an ihrer Seite hat. Als Zeuge sagt erneut der frühere Verfassungsschützer Andreas Temme zum Mordfall in Kassel aus, zudem seine Ehefrau. Ihr wird ein Telefonat vorgespielt, das sie im Jahr 2006 mit ihrer Schwester führte.

Tag 215: Reiner Görlitz, der früher beim Brandenburger Verfassungsschutz den V-Mann Carsten Szczepanski führte, äußert sich zu dessen Spitzeltätigkeit und den gelieferten Informationen über das untergetauchte Trio.

Tag 216: Erstmals tritt Zschäpes neuer Verteidiger Mathias Grasel auf. Damit er sich einarbeiten kann, wird der Prozess eine Woche unterbrochen, zwei Verhandlungstage Ende Juli werden abgesetzt.

Tag 217: Michele A., die für einen Caravan-Verleih arbeitet, schildert die Umstände der Anmietung eines Wohnmobils im Oktober 2011. Es handelt sich um das

Fahrzeug, in dem später die Leichen von Mundlos und Böhnhardt gefunden wurden.

Tag 218: Jürgen B. schildert, wie das untergetauchte Trio zeitweise in einer Wohnung in Chemnitz lebte. Mario Brehme soll die Strukturen der rechten Szene und speziell des »Thüringer Heimatschutzes« erläutern.

Tag 219: Drei von den neuerdings vier Pflichtverteidigern Zschäpes – Wolfgang Heer, Wolfgang Stahl und Anja Sturm – beantragen, aus ihrem Mandat entlassen zu werden. Das Gericht lehnt dies ab. Eine nachhaltige Erschütterung des Vertrauens sei nicht ersichtlich.

Tag 220: Zunächst geht es um die Sitzordnung von Zschäpes Verteidigern. Als Zeuge tritt Henning H. auf, der in Thüringen der rechten Szene angehörte. Er soll sich zu einer Bombe äußern, die er gebaut hat und in die er Schrauben oder Nägel mischte. Das sei lange her und ein dummer Jungenstreich gewesen, sagt er.

Tag 221: Der Zeuge Sandro Tauber, der früher zur rechten Szene von Thüringen gehörte, berichtet über die Gespräche in der Szene über das untergetauchte Trio und die Einstellungen zu Gewalt.

Tag 222: Erneut wird Reiner Görlitz vernommen, der ehemalige V-Mann-Führer von Carsten Szczepanski. Es geht um Unterlagen, die er dem Gericht aushändigen soll. Anschließend sagt der BKA-Beamte Jürgen H. aus und berichtet von Adresssammlungen, die in Zwickau in den Überresten der Wohnung des Trios gefunden wurden.

Tag 223: Der Beisitzende Richter Peter Lang verliest ein Schreiben des Verfassungsschutzes mit Angaben zum Angeklagten Ralf Wohlleben.

Tag 224: Der Schweizer Polizist Patrick R. sagt erneut aus und äußert sich zu einer Vernehmung der Ehefrau des Schweizers Peter G., der im Verdacht steht, die Česká-Pistole, die später beim NSU landete, verkauft zu haben.

Tag 225: Kay S. wird erneut vernommen und zu dem Puppentorso-Fall befragt. Zudem geht es um weitere Erlebnisse mit dem Trio

Tag 226: Richter Manfred Götzl und die Beisitzenden Richter Peter Lang und Michaela Odersky verlesen einen Briefwechsel von Uwe Mundlos und einem anderen Rechtsextremisten aus den Neunzigerjahren.

Tag 227: Der ehemalige V-Mann-Führer des V-Manns »Hagel« bestätigt, dass dies der Rechtsextremist Marcel Degner gewesen sei. Zudem geht es um eine Spende, die für das untergetauchte Trio angeboten worden sein soll.

Tag 228: Der Zeuge Tom T. beschreibt die rechte Szene von Jena in den Neunzigerjahren. Mundlos, Böhnhardt und Zschäpe hätten sich abgesondert und man habe sie nur noch im »Dreierpack« gesehen. Es geht an dem Tag zudem noch um Akten des Brandenburger Verfassungsschutzes im Zusammenhang mit dem V-Mann Carsten Szczepanski.

Tag 229: Die BKA-Beamtin Jeanette P. fasst Ergebnisse zu einer Postkarte zusammen, die in der Frühlingsstraße in Zwickau gefunden wurde. Die Ermittler schließen von der Karte auf eine Ausspähreise des NSU nach Dortmund. Der Beamte Stefan K. berichtet von einem Parkschein, der 2011 im Wohnmobil sichergestellt wurde und Hinweisen auf einen Besuch der Untergetauchten in einem Krankenhaus in Leipzig, wo damals der Angeklagte Eminger behandelt wurde.

Tag 230: Der BKA-Experte Carsten Proff präsentiert Ergebnisse zu DNA-Analysen, die an den Asservaten aus Zwickau und Eisenach vorgenommen wurden. Unter anderem geht es auch um eine Hose mit Blutspuren der ermordeten Polizistin Michèle Kiesewetter.

Tag 231: Carsten Proff, der Experte für DNA-Analysen, setzt seine Ausführungen zu seinem Gutachten fort.

Tag 232: Richter Götzl teilt mit, dass eine DVD mit Prozessakten in Köln auf der Straße gefunden worden sei. Sodann geht es um die Nebenklägerin Meral Keskin, die nicht zu erreichen ist. Der Zeuge Arnt K. berichtet von einer Behandlung der Frau Keskin nach dem Anschlag in der Kölner Keupstraße. Der Rechtsmediziner Oliver Peschel präsentiert ein Gutachten zur Gefährdung des Zeugen Falco K. beim Überfall auf einen Edeka-Markt in Chemnitz. Anschließend verkündet Richter Götzl mehrere Beschlüsse.

Tag 233: Die BKA-Beamten Britta K. und Ivar K. präsentieren Ermittlungsergebnisse zu einem Taxifahrer in Zwickau, der sich an Zschäpe und Böhnhardt als Fahrgäste habe erinnern können. Der Beamte Hauk L. berichtet von Ermittlungen zu einer Wohnung in Chemnitz, in der das untergetauchte Trio zeitweise gelebt haben soll. Er beschreibt zudem die Tattoos des Angeklagten André Eminger. Die Nebenklageanwältin Seda Başay gibt eine Erklärung zu den DNA-Analysen ab.

Tag 234: Es ist herausgekommen, dass eine der Nebenklägerinnen – Meral Keskin – gar nicht existiert. Ihr Anwalt legte sein Mandat nieder, nun greifen Zschäpes alte Verteidiger den Fall auf und stellen einen umfangreichen Antrag, in dem sie dienstliche Erklärungen der Richter verlangen und andeuten, dem Gericht könnte eine unzureichende Prüfung vorzuwerfen sein.

Tag 235: Der Streit um die erfundene Nebenklägerin sowie um Zschäpes Verteidigerteam geht weiter. Wohllebens Anwälte stellen einen Antrag auf Aussetzung des Prozesses.

Tag 236: Das Gericht lehnt eine Aussetzung der Hauptverhandlung ab. Auch die Anträge, Zschäpes drei Pflichtverteidiger Wolfgang Heer, Wolfgang Stahl und Anja Sturm von ihrem Mandat zu entbinden, werden abgelehnt. Auch der Haftbefehl gegen Ralf Wohlleben und damit dessen Untersuchungshaft bleibt bestehen.

Tag 237: Erneut tritt der Zeuge Mario Brehme aus der rechten Szene auf. Es geht unter anderem um den »Thüringer Heimatschutz«, um den Anführer Tino Brandt, um ein Interview, das die Illustrierte *Stern* mit dem untergetauchten Trio habe führen wollen, und um den MAD der Bundeswehr.

Tag 238: Der BKA-Beamte Achim S. beschreibt die Auswertung von EDV-Asservaten aus der ausgebrannten Wohnung in Zwickau. Dabei handelt es sich unter anderem um Aufnahmen aus Überwachungskameras, die an der Wohnung platziert waren. Zu sehen sind Alltagsszenen des Trios in Zwickau sowie Besucher, die empfangen wurden, unter anderem Matthias Dienelt. Anschließend verlesen die Richter eine Zeugenvernehmung von Michael von Dolsperg, der früher Neonazi war und V-Mann. Er behauptet, 1998 sei er angesprochen worden, ob er das Trio unterbringen könne, der Verfassungsschutz habe aber abgeraten.

Tag 239: Der Polizist Roberto T. fasst eine Vernehmung der Zeugin Juliane W. zusammen, einer früheren Freundin Ralf Wohllebens. Es geht unter anderem um den Tag der Flucht des Trios. Die Beamtin Ellen B. stellt Ermittlungsergebnisse vor zu Stadtplänen, die im Wohnmobil bei Mundlos und Böhnhardt gefunden wurden. Der Beamte Roman G. erläutert Kartenmaterial aus der ausgebrannten Wohnung in Zwickau.

Tag 240: Der Beamte Detlef K. und seine Kollegin Jeanette P. präsentieren Ergebnisse zu Karten und markierten Adressen, die in Zwickau sichergestellt wurden. Am Ende des Tages verkündet Richter Götzl den Beschluss, dass der Antrag auf dienstliche Erklärungen der Richter zum Fall der erfundenen Nebenklägerin abgelehnt wird.

Tag 241: Der Polizist Frank L. stellt seine Ermittlungen zum Fall der erfundenen Nebenklägerin Meral Keskin vor. Anschließend lehnt Richter Götzl eine Reihe von Beweisanträgen ab, unter anderem zum Mordfall in Kassel und der Rolle des Verfassungsschutzes.

Tag 242: Anwälte der Nebenklage stellen Beweisanträge zur Rolle des Angeklagten Holger Gerlach. Darin geht es unter anderem um die Fortdauer von Kontakten in die rechte Szene nach Gerlachs angeblichem Ausstieg.

Tag 243: Richter Götzl teilt mit, dass Beate Zschäpe laut ihren neuen Anwälten plane, sich schriftlich zur Sache einzulassen. Zschäpes altes Verteidigerteam Stahl, Sturm und Heer beantragt erneut, von dem Mandat entbunden zu werden. Ralf Wohlleben stellt einen Befangenheitsantrag gegen die Richter.

Tag 244: Der Polizist Jürgen K. präsentiert Auswertungen von Dateien und Kartenmaterial, das in der ausgebrannten Wohnung in Zwickau gefunden wurde. Eine Markierung betrifft einen der Tatorte in Nürnberg. Der Beamte Christian C. berichtet von Ermittlungen zu Zeitungsartikeln, die ebenfalls in Zwickau gefunden wurden und die sich mit den Anschlägen befassten.

Tag 245: Die Beamten Markus G. und David K. setzen fort in der Präsentation von Ermittlungsergebnissen zu sichergestelltem Kartenmaterial sowie Adresslisten. Richter Götzl lehnt den Antrag ab, Zschäpes Verteidiger Stahl, Sturm und Heer von ihrem Mandat zu entbinden.

Tag 246: Der Beamte Christian P. fasst Ermittlungen zusammen zu einem Mobiltelefon, das bei dem Angeklagten Holger Gerlach sichergestellt wurde. Auf dem Handy hätten sich diverse Audio-Dateien befunden, teilweise seien es rechtsradikale Songs gewesen. Die Beamtin Peggy M. berichtet von einer ausgewerteten Festplatte aus Gerlachs Besitz. Dort seien Musik und Fotos gespeichert gewesen. Einige Bilder werden im Gericht gezeigt. Die Beamtin Ellen G. präsentiert Ermittlungen zu Asservaten, die einen Bezug zu Max-Florian B. haben, der dem Trio nach dem Untertauchen eine Bleibe gab.

Tag 247: Richter Manfred Götzl und der Beisitzende Richter Peter Lang verlesen Beitrage aus einer Szenezeitschrift der Organisation Blood & Honour, darunter einen Liedtext sowie einen Aufruf zum »führerlosen Widerstand«.

Tag 248: Zunächst geht es darum, ob und wann die Angeklagten Zschäpe und Wohlleben sich zur Sache einlassen werden. Der Beamte Christian N. stellt anschließend Auswertungen zu Bahncards vor, die bei Mundlos und Böhnhardt im Wohnmobil gefunden wurden.

Tag 249: Die Angeklagte Beate Zschäpe gibt eine lange Erklärung ab. Sie wird von ihrem Verteidiger Mathias Grasel vorgelesen. Zschäpe geht auf ihren Lebensweg ein, auf ihr Verhältnis zu Mundlos und Böhnhardt, auf die angeklagten Straftaten und das Leben nach dem Untertauchen. Sie habe sich an den Anschlägen nicht beteiligt, sondern immer erst hinterher davon erfahren und die Taten missbilligt. Es sei darüber zum Streit mit Böhnhardt und Mundlos gekommen, sie habe sich aber nicht von den Männern lösen können.

Tag 250: Richter Götzl hat zahlreiche Fragen zu Zschäpes Erklärung. Da diese sie nicht spontan und mündlich beantworten will, schreibt ihr Anwalt Mathias Grasel die Fragen auf, die ihm Götzl diktiert. Auch andere Prozessbeteiligte formulieren Fragen.

Tag 251: Der Angeklagte Ralf Wohlleben trägt eine Erklärung vor. Er geht darin auf seinen Werdegang ein, seine Rolle in der rechten Szene und seine Bekanntschaft mit Zschäpe, Mundlos und Böhnhardt. Er bestreitet, eine zentrale Funktion bei der Unterstützung des Trios nach dessen Flucht und der Beschaffung der Česká-Pistole gespielt zu haben. Vom NSU und dessen Verbrechen habe er nichts gewusst.

Tag 252: Die Beamtin Laura S. berichtet von einer Durchsuchung bei der Familie des Angeklagten Eminger. Im Wohnzimmer sei eine Zeichnung aufgefallen, die offensichtlich Uwe Böhnhardt und Uwe Mundlos darstelle, in altdeutscher

Schrift stehe dort zudem das Wort »unvergessen« auf dem Bild. Der BKA-Mitarbeiter Hannes G. präsentiert Ergebnisse von Finanzermittlungen zum Angeklagten Eminger. Es seien Überweisungen für Bahncards festgestellt worden. Anschließend stellt Richter Götzl Fragen an den Angeklagten Wohlleben und nimmt dabei Bezug auf dessen Erklärung vom vorigen Prozesstag.

DAS VIERTE JAHR | 2016

Tag 253: Die Richter verlesen Gutachten. In einem geht es um Fingerabdrücke von Ralf Wohlleben an einer »Geburtstagszeitung« für André Kapke. Das Gericht lehnt einen Antrag ab, den früheren V-Mann und Neonazi Michael von Dolsperg als Zeugen zu laden.

Tag 254: Richter Götzl befragt den Angeklagten Ralf Wohlleben, der sich unter anderem zur Kameradschaft Jena und über den Mitangeklagten Holger Gerlach äußert. Dieser sei in jedes Fettnäpfchen getreten. Über die Aufarbeitung der Zeit des Nationalsozialismus sagt Wohlleben, diese verlaufe seiner Meinung nach »relativ einseitig«.

Tag 255: Die Befragung Wohllebens wird fortgesetzt. Der Angeklagte berichtet, wie er noch nach dem Untertauchen des Trios Kontakt zu den dreien hatte und nach einer möglichen Bleibe im Ausland für die Flüchtigen gesucht worden sei.

Tag 256: Der Hamburger Staatsanwalt Gerwin Moldenhauer berichtet von Vernehmungen, die er nach Entdecken des NSU mit den Angeklagten Holger Gerlach und Carsten Schultze führte. Dabei seien zwei Waffenlieferungen ans Licht gekommen, ohne Gerlachs Aussage wäre dies nicht möglich gewesen.

Tag 257: Zschäpes Verteidiger Hermann Borchert verliest die Antworten seiner Mandantin auf einen Fragenkatalog, den das Gericht im Dezember 2015 zusammengestellt hatte. Zschäpe habe heimlich Alkohol getrunken, ihr Konsum sich über die Jahre gesteigert. Über Böhnhardt sagt sie, er sei leicht reizbar gewesen und auch ihr gegenüber handgreiflich geworden. Sie habe Gewalt abgelehnt, sei mit ihrer Meinung aber nicht »durchgekommen«. Vor der Verlesung stellt ein BKA-Beamter Auswertungen zum NSU-Bekennervideo vor. Ralf Wohlleben stellt einen Befangenheitsantrag gegen Richter Götzl und dann gegen Richterin Odersky, Diese habe geringschätzig gelächelt, während der erste Befangenheitsantrag verlesen wurde.

Tag 258: Zschäpes neue Verteidiger Borchert und Grasel begründen einen Befangenheitsantrag Zschäpes gegen Richter Götzl. Darin thematisieren sie das fehlende Vertrauen ihrer Mandantin zu ihren anderen drei Verteidigern Heer, Stahl

und Sturm. Götzl ignoriere die Zerrüttung. Die Richter verlesen etliche Schriftstücke, darunter Erkenntnisse des Verfassungsschutzes zu den Angeklagten.

Tag 259: Die Nebenklageanwältin Antonia von der Behrens gibt einer Erklärung ab zu den »Turner-Tagebüchern«, einem Roman, der rechten Terror propagiert. Der Polizist Ulrich S. erläutert die Auswertung einer Festplatte, die in der Wohnung von Holger Gerlach sichergestellt wurde. Demnach wurden im Internet rechtsextreme Seiten und Angebote rechtsextremer Versandhäuser aufgerufen.

Tag 260: Jens L. berichtet von einer kriminellen Bande in Jena, der er angehörte, und von möglichen Verbindungen dieser Bande zur rechten Szene. Man habe das Vorrücken ausländischer Krimineller aufhalten wollen. Es habe mehrere Waffendepots gegeben.

Tag 261: Die Zeugen Nico R., Matthias W. und Danielle G. schildern einen Überfall auf eine Sparkassenfiliale in Zwickau im Jahr 2006. Der Täter habe einer Angestellten mit einem Ventilator auf den Kopf geschlagen. Der Auszubildende Nico R. wurde im Handgemenge mit dem Räuber angeschossen, die Milz musste ihm entfernt werden. Ein Nebenklageanwalt gibt eine Erklärung zur Aussage des Rechtsextremisten Mario Brehme ab. Die Richter lehnen mehrere Beweisanträge ab, unter anderem zur Schredderaktion beim Verfassungsschutz.

Tag 262: Zunächst stellt Ralf Wohlleben einen Befangenheitsantrag gegen die Richter. Anschließend setzen die Sparkassen-Mitarbeiterinnen Beate S. und Sybille R. die Zeugenaussagen zu dem Überfall in Zwickau fort.

Tag 263: Weitere Zeugen machen Angaben zu dem Überfall auf eine Sparkasse in Zwickau. Der Polizist Andreas R. erläutert Ermittlungsergebnisse dazu. Demnach konnte die Tat Uwe Böhnhardt zugeordnet werden. Der Rechtsmediziner Oliver Peschel erklärt, warum die Schussverletzung, die der Auszubildende in der Sparkasse erlitten hat, noch heute gefährlich ist.

Tag 264: Ein Waffen-Sachverständiger des BKA stellt die verschiedenen Waffen vor, die dem NSU zugeordnet wurden. Im Gerichtssaal werden die entsprechenden Modelle gezeigt, und im Vergleich die Waffenasservate, die zum Teil durch den Brand in Zwickau und im Wohnmobil stark beschädigt sind.

Tag 265: Erneut stellt Ralf Wohlleben einen Befangenheitsantrag gegen die Richter, nachdem diese den Antrag, Wohlleben aus der Untersuchungshaft zu entlassen, ablehnten. Drei Zeugen schildern Überfalle auf zwei Postfilialen in Chemnitz im Jahr 1999.

Tag 266: Die frühere Postangestellte Nadine F. berichtet, wie 2001 eine Filiale in Zwickau von zwei Männern überfallen wurde. Der Brandenburger Verfassungsschutz-Mitarbeiter Reiner Görlitz wird erneut zum V-Mann Carsten Szczepanski alias »Piatto« befragt. Er erscheint im Gericht mit einer Perücke, um sein Äußeres zu verfremden.

Tag 267: Mehrere Zeugen schildern insgesamt drei Überfälle auf zwei Sparkassen-Filialen in Chemnitz in den Jahren 2004 und 2005. Die Täter schlugen demnach um sich, drohten in einem Fall auch mit einer Geiselnahme. Bei einem der Überfälle wurde kein Geld erbeutet. Die Zeugin Ute A. hat in ihrem Leben insgesamt schon sechs Überfälle erlebt.

Tag 268: Drei Kriminalkommissare aus Chemnitz erläutern die Ermittlungen zu vier Raubüberfällen in ihrer Stadt. Bilder aus Überwachungskameras werden gezeigt. Einer der Täter war offenbar Linkshänder. Die Täter flüchteten jeweils mit Fahrrädern oder einem Motorrad.

Tag 269: Die Kriminalbeamten Lutz H. und Gerd S. erklären die Spurensicherung im Wohnmobil von Eisenach, in dem mehrere Waffen gefunden wurden. Es werden im Gerichtssaal auch Fotos der Asservate gezeigt. Der Angeklagte Carsten Schultze ergänzt seine Aussage und versucht, aus seiner Sicht Angaben anderer Zeugen und des Mitangeklagten Wohlleben zu korrigieren, unter anderem zur Waffenlieferung an die Untergetauchten.

Tag 270: Erkenntnisse zu den NSU-Bekennervideos werden vom BKA-Beamten Harald D. vorgestellt. Demnach begannen die Arbeiten an dem Film, in dem die Trickfilmfigur Paulchen Panther auftaucht, im Mai 2006. Die BKA-Beamtin Jeanette A. stellt Ermittlungen zu einer Artikelsammlung vor, die in der Frühlingsstraße in Zwickau gefunden wurde. Demnach sammelte der NSU Zeitungsbeiträge über seine Taten. Zudem macht die Zeugin Angaben zu einer Art Drehbuch für das NSU-Video.

Tag 271: Zschäpes Verteidiger Hermann Borchert verliest die Antworten seiner Mandantin auf Fragen des Gerichts und des Mitangeklagten Carsten Schultze. Sie betreffen unter anderem ihren Alkoholkonsum, Handgreiflichkeiten von Böhnhardt und die Rolle André Emingers. Vor Zschäpes Einlassung berichten drei Polizisten, wie sie die Waffen sicherstellten, die in der Frühlingsstraße und im Wohnmobil lagen. Einer der beiden erläutert, dass der Polizeiführer anordnete, das Wohnmobil vom Tatort fortzuschleppen. Der Beamte Jörg N. schildert, wie er in Zwickau die Česká-Pistole im Brandschutt fand.

Tag 272: Der Bankkaufmann Dirk W. schildert einen Überfall auf eine Sparkasse in Chemnitz im Jahr 2004. Eine BKA-Ermittlerin präsentiert Erkenntnisse zu Zschäpes möglicher Nutzung des Radios am Tag, an dem Mundlos und Böhnhardt tot aufgefunden wurden. Zudem zu Videoaufzeichnungen über den Bombenanschlag in der Kölner Keupstraße. Am Schluss wird gestritten über die Vernehmung einer Polizistin, die über ein T-Shirt aussagen soll. Es wurde bei Ralf Wohlleben gefunden und zeigt eine stilisierte Konzentrationslager-Zufahrt mit der Aufschrift »Eisenbahnromantik«.

Tag 273: Zunächst weist Richter Götzl Anträge von Wohllebens Verteidigern zu-

rück, dessen Verfahren abzutrennen und auszusetzen. Anschließend stellt er weitere Fragen an Beate Zschäpe, die ihr Anwalt mitschreibt.

Tag 274: Erneut geht es um die Anträge von Wohllebens Verteidigern und um einen Streit um Akteneinsicht. Wohlleben stellt einen Befangenheitsantrag gegen die Richter. Als Zeuge berichtet der Polizist Jens M. über Ermittlungen zu einem Überfall auf eine Postfiliale in Zwickau im Jahr 2001. Eine Mitarbeiterin der Filiale schildert, wie sie den Überfall erlebte. Der Nebenklageanwalt Sebastian Scharmer stellt einen Beweisantrag zu einem V-Mann, der in Zwickau wohnte und nach Erinnerung eines Zeugen den untergetauchten Uwe Mundlos als Bauarbeiter beschäftigt haben soll.

Tag 275: Erneut sagt Jens L. aus, der früher in Jena zu einer Bande organisierter Krimineller gehörte. Er habe keine Informationen über eine Waffenübergabe an Mundlos und Böhnhardt.

Tag 276: Richter Götzl stellt weitere Fragen an Beate Zschäpe, die aber nicht direkt beantwortet werden. Zudem verlesen die Richter Erkenntnismitteilungen verschiedener Behörden zu den Angeklagten sowie zu Mundlos und Böhnhardt.

Tag 277: Bundesanwalt Herbert Diemer tritt dem Antrag der Nebenklage entgegen, Ralf Marschner als Zeugen zu laden, einen ehemaligen V-Mann aus Zwickau, der laut einer Zeugenaussage Uwe Mundlos als Bauarbeiter beschäftigte. Marschner habe in Vernehmungen gesagt, er kenne Mundlos, Böhnhardt und Zschäpe nicht. Der Nebenklageanwalt Eberhard Reinecke beantragt, Urlaubsfotos des Trios aus dem Jahr 2004 in Augenschein zu nehmen. Die Bilder würden wenige Wochen nach dem Anschlag auf die Kölner Keupstraße ein harmonisches Trio zeigen.

Tag 278: Ron E. und Gil. W., die eine kriminelle Bande in Thüringen angeführt haben sollen, verweigern eine Aussage vor Gericht. Anschließend werden Stellungnahmen zum Beweisantrag des Vortags abgegeben.

Tag 279: Richter Peter Lang verliest ein kriminaltechnisches Gutachten. Es betrifft einen Schriftvergleich im Zusammenhang mit den Tarnnamen und falschen Papieren von Uwe Mundlos und Uwe Böhnhardt.

Tag 280: Zschäpes Wahlverteidiger Hermann Borchert beantragt Einsicht in sämtliche Originalakten des Gerichtsverfahrens und eine Aussetzung des Verfahrens. Bundesanwalt Herbert Diemer widerspricht.

Tag 281: Richter Götzl lehnt den Antrag des Vortags von Zschäpes Verteidiger ab. Anschließend berichtet eine BKA-Beamtin, dass entgegen einem früheren Ermittlungsergebnis Zschäpe doch wie von ihr angegeben am 4.11.2011 aus dem Radio vom Tod ihrer Freunde Mundlos und Böhnhardt erfahren haben könnte. Zum Schluss verkündet Richter Götzl einen Beschluss, in dem die Richter deutlich machen, dass sie keine staatliche Mitverantwortung an den NSU-Straftaten erkennen.

Tag 282: Im Gericht werden Fotos aus dem Jahr 2004 gezeigt, die das untergetauchte Trio Mundlos, Böhnhardt und Zschäpe im Urlaub zeigen. Richter Götzl weist einen Beweisantrag zu dem früheren V-Mann Ralf Marschner zurück. Die Annahme, staatliche Stellen hätten durch Informationen des V-Manns das Trio festnehmen und Straftaten verhindern können, sei spekulativ.

Tag 283: Beate Zschäpes Antworten auf die an früheren Prozesstagen gestellten Fragen des Gerichts werden von ihrem Verteidiger Hermann Borchert verlesen. Es geht unter anderem um den Kontakt zu Holger Gerlach und Ralf Wohlleben, um eine Verbindung zu dem als Szeneanwalt bekannten Verteidiger Hans Günter Eisenecker und um das erbeutete Geld aus den Raubüberfällen.

Tag 284: Ein Ermittler berichtet von der Auswertung der Überwachungsvideos nach einem Überfall in Zwickau auf eine Postfiliale. Der Campingplatzbetreiber Kunibert W. macht Angaben zu drei Kunden, eine Frau und zwei Männern, die im Jahr 2004 reserviert hatten im holsteinischen Ascheberg, jedoch unzufrieden mit dem Wohnwagen gewesen seien. Zwei Beamte präsentieren Ermittlungsergebnisse zu Campingplatzaufenthalten und Fahrzeuganmietungen. Der Nebenklageanwalt Eberhard Reinecke gibt eine Erklärung zu den zwei Prozesstage zuvor gezeigten Urlaubsfotos ab.

Tag 285: Die BKA-Beamtin Ellen G. macht Angaben zu einer Beschuldigtenvernehmung des Angeklagten Carsten Schultze aus dem Jahr 2012. Darin hatte er sich zu seiner Unterstützung des Trios im Untergrund und zur Waffenbeschaffung geäußert. Es gibt eine Diskussion über die Art der Waffenvorlage, die bei den Ermittlungen gemacht wurde.

Tag 286: Über die Einkommensverhältnisse des Angeklagten Ralf Wohlleben gibt der BKA-Beamte Bernd K. Auskunft. Sein Kollege Thorsten W. berichtet die Aussagen des Angeklagten Carsten Schultze während einer Beschuldigtenvernehmung im Jahr 2012. Mehrere Nebenklagevertreter verlesen Schriftsätze, in denen sie die Entscheidung des Gerichts kritisieren, die Beweiserhebung nicht auf weitere V-Männer des Verfassungsschutzes auszuweiten.

Tag 287: Erneut sagt der ehemalige V-Mann Tino Brandt aus. Er bestreitet, mit Carsten Schultze über den Erwerb einer Waffe gesprochen zu haben. Es geht zudem um Geld, das er dem Trio zukommen ließ und das er vom Verfassungsschutz bekommen haben will, um Kontakt zu den Untergetauchten aufzubauen. Die Vertreter der Bundesanwaltschaft treten den Vorwürfen der Nebenkläger vom Vortag mit Blick auf angebliche staatliche Verstrickungen entgegen.

Tag 288: Erneut nimmt der psychiatrische Sachverständige Norbert Leygraf Stellung zu dem Angeklagten Carsten Schultze. Anschließend schildert der BKA-Beamte Timo K. Inhalte und Verlauf von zwei Beschuldigtenvernehmungen mit Schultze aus den Jahren 2012 und 2013. Dabei geht es unter anderem um die Be-

schaffung der Česká-Pistole und um einen Bombenanschlag in Nürnberg mit einem Sprengsatz in einer Taschenlampe.

Tag 289: Der Berliner LKA-Beamte Michael T. berichtet von der Überwachung des Rechtsextremisten Jan Werner im Zusammenhang mit dem Verfahren gegen die Band »Landser«. Er könne sich nicht erinnern, dass dabei das Thema »Waffen« gefallen sei. Man habe sich auf die Band konzentriert.

Tag 290: Erneut wird der Brandenburger Verfassungsschützer Reiner Görlitz zu dem V-Mann Carsten Szczepanski alias »Piatto« befragt. Anschließend stellt die Nebenklageanwältin Antonia von der Behrens einen Beweisantrag zum sogenannten NSU-Brief und zu Geldspenden des NSU an rechtsextreme Magazine wie den »Weissen Wolf«.

Tag 291: Der Kriminalbeamte Christian C. zeigt, wo an einem Zeitungsartikel über einen der Morde in München und an einer Zeitungsseite mit einem Bericht über die Bombenanschläge in Köln jeweils eine Fingerspur von Beate Zschäpe gefunden wurde. Der Artikel stammt aus einer Sammlung, die in den Überresten der Wohnung in Zwickau gefunden wurde.

Tag 292: Erneut wird der Rechtsextremist Marcel Degner befragt. Er verweigert eine Aussage darüber, ob er früher als V-Mann tätig war.

Tag 293: Der Polizeibeamte Timo K. setzt seine Schilderungen zur Vernehmung von Carsten Schultze fort. Es geht dabei auch um die sogenannte Waffenvorlage, mit denen die Ermittler herausfinden wollten, welche Waffe Schultze dem NSU gebracht hatte.

Tag 294: Der Kriminaltechniker Bert W. erklärt, wie die Waffennummer an der Česká-Pistole wieder sichtbar gemacht wurde. Anschließend sagt Sönke P. aus, der den früheren V-Mann Tino Brandt im Gefängnis kennenlernte. Er berichtet, was dieser ihm angeblich erzählte. Ralf Wohllebens Verteidiger Olaf Klemke gibt eine Erklärung zu den Vernehmungen des Angeklagten Carsten Schultze ab und bemängelt, dass dessen Angaben nicht hinterfragt worden seien.

Tag 295: Zunächst berichtet eine BKA-Beamtin, dass ein TV-Programm des WDR nach dem Bombenanschlag in der Kölner Keupstraße in Zwickau über Kabel zu empfangen war. In den Überresten der Wohnung der Untergetauchten waren Filmsequenzen gefunden worden, die kurze Zeit nach dem Anschlag aus dem WDR-Programm mitgeschnitten worden waren. Nach der Zeugenaussage lässt Richter Götzl die Nebenklagevertreter Fragen an Zschäpe stellen. Es sind viele Fragen zu unterschiedlichen Bereichen. Zschäpes Verteidiger Hermann Borchert sagt zu Beginn, es sei vorauszusehen, das Zschäpe sie nicht beantworten werde.

Tag 296: Richter Götzl trägt einen Beschluss vor, mit dem die Richter im Fall des Verfassungsschützers Andreas Temme Position beziehen. Dieser war am Tatort

in Kassel gewesen, als Halit Yozgat ermordet wurde. Temme beteuerte, von dem Mord nichts mitbekommen zu haben, was ihm sowohl die Familie des Mordopfers als auch viele Ermittler nicht glauben. Das Gericht hingegen hält Temmes Darstellung im Wesentlichen für nachvollziehbar und glaubhaft.

Tag 297: Der NPD-Politiker David Petereit wird zu dem sogenannten NSU-Brief befragt. Petereit war Herausgeber des Magazins »Der Weisse Wolf«, an das der NSU einen Brief schickte, in dem offenbar auch eine Geldspende enthalten war. In einer Ausgabe des Magazins wird dem »NSU« in einer Art Kleinanzeige gedankt. Petereit sagt, er könne sich nicht mehr an den Brief erinnern, und auch nicht an die Grußbotschaft.

Tag 298: Nach mehreren Beweisanträgen, die Ralf Wohllebens Verteidigung stellt, erläutert der Kriminalbeamte Markus L., ein Experte für Daktyloskopie, eine Fingerabdruck-Spur von Beate Zschäpe auf einem Zeitungsartikel. Der Artikel berichtet vom Mord an Habil Kılıç in München.

Tag 299: Andreas D., Computerspezialist beim BKA, berichtet von seinen Ermittlungen zu Festplatten, die beim Angeklagten Ralf Wohlleben sichergestellt wurden. Die Richter verlesen rechtsradikale Texte aus einer der dort gefundenen Dateien und aus einem Chatverlauf.

Tag 300: Erneut ist Marcel Degner als Zeuge geladen. Er möchte eine Aussage zu einer früheren V-Mann-Tätigkeit, die er bestritten hatte, verweigern. Das Gericht entlässt ihn und will prüfen, ihm einen neuen Zeugenbeistand zu bestellen. Von Nebenklageanwälten folgt eine Erklärung zur Aussage David Petereits von Tag 297 sowie ein Beweisantrag zur Auswertung von Ralf Wohllebens Computer.

Tag 301: Der Bruder von André Kapke, Christian Kapke, sagt erneut als Zeuge aus. Er soll sich an eine Schlägerei erinnern an einer Straßenbahnendhaltestelle in Jena, über die der Angeklagte Carsten Schultze berichtet hatte und an der nach dessen Darstellung auch Ralf Wohlleben beteiligt gewesen sein soll. Auch der Zeuge Sven K. wird danach gefragt. Er berichtet von seiner Freundschaft mit Schultze und seinen Begegnungen mit Wohlleben.

Tag 302: Erneut geht es um den sogenannten NSU-Brief mit einer Spende an rechtsradikale Magazine. Dazu sagt Torsten Wabra aus, der das Szene-Blättchen »Fahnenträger« herausgab. Er habe mal im Jahr 2002 einen solchen Brief mit 500 Euro erhalten,

Tag 303: Die BKA-Beamtin Elisabeth P. erläutert Fotos, die auf Dateien in Zwickau gefunden wurden. Sie zeigen das untergetauchte Trio offensichtlich bei einem Urlaub an der Ostsee im Jahr 2006. Auch Holger Gerlach ist auf der Bilderserie identifiziert worden. Die Expertin erklärt die Methode des Gesichtsvergleichs.

Tag 304: Zschäpes Verteidiger Wolfgang Heer beanstandet eine Reihe von Fragen,

die seiner Mandantin von den Nebenklägern an Tag 296 gestellt wurden. Vertreter der Nebenklage erwidern und üben Kritik an Zschäpes Verteidigung. Zschäpes Anwalt Mathias Grasel gibt eine Erklärung zu den Urlaubsfotos ab, die am Vortag Thema waren.

Tag 305: Der Staatsschutzbeamte Klaus K. berichtet von seinem Wissen über den Angeklagten Ralf Wohlleben und über die rechtsradikale Szene in Jena. Zum »harten Kern« hätten gezählt: Mundlos, Böhnhardt, Gerlach, Kapke, Wohlleben und Zschäpe.

Tag 306: Die Richter verlesen mehrere Schriftstücke, darunter eine Zusammenstellung von Erkenntnissen des Thüringer Verfassungsschutzes über Ralf Wohlleben und ein Gutachten über eine der Polizeipistolen, die im Wohnmobil in Eisenach gefunden wurden. Richter Götzl weist den Beweisantrag der Nebenklage zurück, einen Verfassungsschützer zu dem sogenannten NSU-Brief als Zeugen zu laden.

Tag 307: Erneut wird ein Zeuge zu einer Schlägerei an einer Endhaltestelle der Straßenbahn in Jena vernommen, über die Carsten Schultze ausgesagt hatte. Der Zeuge Mirko S. sagt, er könne sich an eine solche Schlägerei nicht erinnern. Er charakterisiert Ralf Wohlleben. Er habe ihn stets als ehrlich erlebt, der Zeuge spricht von einem freundschaftlichen Verhältnis.

Tag 308: Torsten Wabra tritt noch einmal als Zeuge auf und soll weiter über den sogenannten NSU-Brief und über seine Tätigkeit als Herausgeber der Zeitschrift »Fahnenträger« Auskunft geben. Anschließend verkündet Richter Götzl einen Beschluss zur Zulässigkeit der Fragen, die von Nebenklägern an Beate Zschäpe gestellt wurden und von denen etliche durch Zschäpes Verteidigung beanstandet wurden. Einige Fragen hält auch das Gericht für unzulässig.

Tag 309: Marcel Degner soll erneut aussagen zu einer früheren V-Mann-Tätigkeit. Er erscheint mit neuem Zeugenbeistand. Degner, der bestritten hat, V-Mann gewesen zu sein, sagt, er wolle sich nicht korrigieren. Anschließend trägt Verteidiger Mathias Grasel eine weitere Erklärung von Beate Zschäpe vor. Darin antwortet sie auf Fragen des Angeklagten Carsten Schultze, nicht jedoch auf die der Nebenkläger. Zum Schluss wird über einen Beweisantrag gestritten, der fordert, einen Brief Zschäpes an einen inhaftierten Rechtsextremisten zu verlesen. Zeitweise wird die Öffentlichkeit ausgeschlossen.

Tag 310: Der Zeuge Frank W. wird zu einer Schlägerei an einer Endhaltestelle der Straßenbahn in Jena befragt, über die Carsten Schultze ausgesagt hatte. Anschließend stellt der Nebenklageanwalt Thomas Bliwier einen Beweisantrag zum Mordfall in Kassel und zur Rolle des Verfassungsschutzbeamten Andreas Temme. Richter Götzl richtet weitere Fragen an Beate Zschäpe, die noch nicht beantwortet werden.

Tag 311: Der BKA-Beamte Christoph S. erläutert die Auswertung von Funkzellendaten aus Zwickau vom 4.11.2011, als Beate Zschäpe die Wohnung in Brand setzte. Es wird weiter gestritten über die Verlesung eines Briefes von Zschäpe an einen Rechtsextremisten. Zudem werden Beweisanträge gestellt und eine Selbstdarstellung des »Thüringer Heimatschutzes« aus dem Jahr 2000 verlesen. In Augenschein genommen wird ein Feuerzeug, das bei Ralf Wohlleben im Dezember 2011 gefunden wurde. Es trägt die Aufschrift »Volkstod stoppen!«.

Tag 312: Zschäpes Verteidiger Mathias Grasel verliest eine Erklärung seiner Mandantin. Darin beantwortet sie Fragen zu ihrem Alkoholkonsum. Der Rechtsmediziner Oliver Peschel berechnet den Grad der Alkoholisierung Zschäpes am Tag, als sie den Brand in Zwickau legte. Er kommt zu dem Ergebnis, dass keine relevante kognitive und physische Beeinträchtigung bestanden habe. Am Ende des Verhandlungstages wird ein Befangenheitsantrag gegen die Richter gestellt.

Tag 313: Eine weitere Erklärung Zschäpes wird verlesen. Darin gibt sie unter anderem Einblicke in das Zusammenleben mit Mundlos und Böhnhardt. Das Leben sei monoton gewesen. Kriterien zur Auswahl der Mordopfer seien ihr nicht bekannt. Schließlich ergreift Zschäpe erstmals auch selbst das Wort und sagt, sie hege keine Sympathien mehr für »nationalistisches Gedankengut«. Sie halte Gewalt als Mittel der Auseinandersetzung für unzulässig und sie verurteile das, was Mundlos und Böhnhardt den Opfern angetan hätten.

Tag 314: Thema ist der Streit zwischen Zschäpe und ihren drei Verteidigern Heer, Stahl und Sturm. Diskutiert wird darüber, ob Schreiben Zschäpes verlesen werden können. Der Nebenklageanwalt Yavuz Narin stellt einen Beweisantrag, der fordert, einen Polizisten zu laden, der Zschäpe im Jahr 2000 in der Nähe einer Synagoge in Berlin gesehen haben will. Anschließend geht es um weitere Beweisanträge zu dem ehemaligen V-Mann Ralf Marschner.

Tag 315: Wieder geht es um die Schlägerei, die Ende der Neunzigerjahre an einer Straßenbahnendhaltestelle in Jena stattgefunden haben soll. Der Zeuge Mario S. soll Auskunft zu der Örtlichkeit geben. Er war Ortsteilbürgermeister in Jena-Winzerla und kennt von daher auch Ralf Wohlleben. Richter Götzl stellt Fragen an Zschäpe zum Beweisantrag des Vortags über die Synagoge in Berlin. Anschließend wird erneut das Verhältnis von Zschäpe zu ihren Verteidigern und der Umgang des Gerichts damit thematisiert.

Tag 316: Ein Schriftsachverständiger präsentiert ein Gutachten zu Marcel Degner, der bestritten hat, als V-Mann tätig gewesen zu sein. Eine Unterschrift unter einer Erklärung des Verfassungsschutzes zeigt das Gegenteil. Es handle sich mit überwiegender Wahrscheinlichkeit um Degners Unterschrift. Anschließend kommen Themen der vergangenen Prozesstage wieder zu Sprache. Wohllebens

Verteidigung beantragt, einen Krankenpfleger des Hitler-Stellvertreters Rudolf Heß als Zeugen zu laden.

Tag 317: Eine Erklärung Zschäpes zu einem Aufenthalt in Berlin wird verlesen. Sie sei im Jahr 2000 in Berlin gewesen. Sie habe dort aber keine Synagoge ausgespäht. Der Zeuge Frank G. will Zschäpe und weitere Personen im Mai 2000 in Berlin in der Nähe einer Synagoge im Außenbereich einer Kneipe gesehen haben. Richter Götzl stellt Fragen an Beate Zschäpe. Sie betreffen den Fall des getöteten Mädchens Peggy Knobloch.

Tag 318: Zum wiederholten Male behandelt das Gericht eine Schlägerei, die an einer Endhaltestelle der Straßenbahn in Jena geschehen sein soll. Als Zeuge sagt Steffen G. aus, Geschäftsführer des Nahverkehrs in Jena. Dann wird der Nebenklageanwalt Hardy Langer als Zeuge vernommen. Es geht um Recherchen, die er zu der Schlägerei durchführte. Verlesen wird ein Ermittlungsbericht aus der Schweiz zur Herkunft der Česká-Pistole.

Tag 319: Zunächst geht es um den Fall »Peggy«. Als Zeuge sagt anschließend Martin K. aus, der 1998 Opfer eines Angriffs von Rechtsextremisten an der Straßenbahnhaltestelle in Jena war. Er schildert den Überfall, bei dem er etliche Verletzungen davontrug. Carsten Schultze entschuldigt sich für die Tat, an der er beteiligt gewesen sei.

Tag 320: Nico E., ein ehemaliger Freund des untergetauchten Trios, beschreibt die Zeit in der rechten Szene und seine Kontakte zu den dreien. Nach deren Untertauchen habe er keinen Kontakt mehr zu ihnen gehabt. Er äußert sich auch über Ralf Wohlleben.

Tag 321: Von Seiten der Nebenkläger wird ein Beweisantrag zu dem V-Mann »Piatto« und dessen V-Mann-Führer gestellt. Auf ein Handy von »Piatto« war 1998 eine SMS von Jan Werner eingegangen, die von den Anwälten als Hinweis auf eine Waffenbeschaffung gewertet wird. Nach Ansicht der Nebenkläger vertuscht der Brandenburger Verfassungsschutz die damaligen Vorgänge.

Tag 322: Zum wiederholten Male wird ein Befangenheitsantrag gestellt. Anschließend schildert Björn W. den Überfall auf ihn und seinen Freund Martin K. im Juli 1998 an einer Haltestelle in Jena. Carsten Schultze entschuldigt sich erneut, Ralf Wohlleben gibt eine Erklärung ab, in der er bestreitet, an der Attacke beteiligt gewesen zu sein.

Tag 323: Zu dem Überfall an einer Straßenbahnhaltestelle in Jena sagt Wolfgang R. aus, der damals eine Gartenbaufirma führte, die auf dem Gelände der Wendeschleife ihren Sitz hatte. Es geht um die Frage, ob damals dort ein Holzhäuschen stand, wie dies von Schultze und einem der Opfer ausgesagt wurde. Die Richter verlesen mehrere Schriftstücke, darunter rechtsradikale Texte und Titel von Musik, die auf einer Festplatte gespeichert waren, die bei Wohlleben sichergestellt wurde.

Tag 324: Der Kriminalbeamte Jens S. wird befragt zu einer Vernehmung, die er im Jahr 2000 mit dem Wachmann Frank G. führte, der damals meinte, Beate Zschäpe in der Nähe einer Synagoge in Berlin gesehen zu haben. Anschließend werden Erklärungen abgegeben, und Wohllebens Verteidigung stellt den Antrag, den NPD-Politiker Olaf Rose als Sachverständigen zur Person und zum Wirken von Rudolf Heß zu bestellen. Der Nebenklageanwalt Sebastian Scharmer nennt dies einen »reinen Propagandaantrag«.

Tag 325: Im Gericht wird das Lied »Türken raus« von den Böhsen Onkelz vorgespielt. Die Datei befand sich auf einer bei Ralf Wohlleben sichergestellten Festplatte. Die BKA-Beamtin Jeanette P. erläutert Ermittlungen zum Schneiden von Videos. Oberstaatsanwalt Weingarten erwidert auf den Beweisantrag, den NPD-Politiker Olaf Rose als Sachverständigen zu hören.

Tag 326: Erneut wird Frank G. befragt, der als Wachmann im Jahr 2000 Beate Zschäpe in der Nähe einer Berliner Synagoge gesehen haben will. Richter Götzl liest das Protokoll der Aussage vor, die Frank G. im Jahr 2000 bei der Polizei gemacht hat. Die Verteidigung von Ralf Wohlleben beantragt, einen Musiker der Böhsen Onkelz als Zeugen zu laden.

Tag 327: Der BKA-Beamte Falko H. stellt Ermittlungen zum Schneiden von Videoclips dar. Sie sind wichtig im Zusammenhang mit dem NSU-Bekennervideo und einer Wette zwischen Zschäpe und Böhnhardt, bei der das Schneiden von Clips der Wetteinsatz war. Sodann wird darüber debattiert, wann der psychiatrische Sachverständige Professor Saß sein Gutachten über Zschäpe vorstellen kann. Wohllebens Verteidiger stellen den Antrag, ihren Mandanten aus der Haft zu entlassen.

Tag 328: Eine weitere Stellungnahme von Beate Zschäpe wird durch ihren Anwalt Hermann Borchert verlesen. Darin geht sie auf die Fragen des Gerichts zum Fall »Peggy« ein. Anschließend wird weiter gerungen um die Terminierung des Auftritts von Professor Saß, des psychiatrischen Sachverständigen. Zudem geht es um die Beschlagnahme eines Briefs, den Zschäpe an den inhaftierten Rechtsextremisten Robin S. geschrieben hatte.

Tag 329: Thema ist eine mögliche weitere Tat des NSU: Im Sommer 2000 wurde ein Bauarbeiter in Chemnitz mit einem Luftgewehr beschossen. Der BKA-Beamte Christoph S. sagt dazu aus. Es gebe kein konkretes Ergebnis in dem Fall. Richter Götzl weist den Antrag zurück, die Akten zum Fall »Peggy« beizuziehen.

Tag 330: Heike B. wird befragt zu den Beobachtungen eines Wachmanns, der im Jahr 2000 Zschäpe in Berlin in der Nähe einer Synagoge im Außenbereich eines Lokals gesehen haben will. Die Zeugin ist geladen, weil es den Verdacht gab, sie könnte damals neben Zschäpe gesessen haben. Die Zeugin sagt, sie sei nicht dort

gewesen. Der Waffensachverständige Axel Manthei erläutert Merkmale der Česká-Pistole, mit der neun Menschen ermordet wurden.

Tag 331: Erneut wird über die Verlesung eines Briefes gestritten, den Zschäpe an den inhaftierten Rechtsextremisten Robin S. schrieb. Während der Debatte wird zeitweise die Öffentlichkeit ausgeschlossen. Zschäpes Verteidiger Wolfgang Heer beantragt, den psychiatrischen Sachverständigen Professor Saß, der ein Gutachten über Zschäpe vorstellen soll, wegen fachlicher Ungeeignetheit von dem Auftrag zu entbinden. Ansonsten solle ein methodenkritisches Gutachten des Professors Pedro Faustmann eingeholt werden, das sich mit Saß' Expertise auseinandersetze.

Tag 332: Das Gericht lehnt die am vorigen Prozesstag gestellten Anträge von Zschäpes Verteidigung zum psychiatrischen Gutachten ab. Zschäpe reagiert mit einem Befangenheitsantrag gegen die Richter.

DAS FÜNFTE JAHR | 2017

Tag 333: Ein Beamter wird zu einer Tagung von Rechtsextremisten in Hetendorf befragt. Beate Zschäpes Verteidiger verlangen, der psychiatrische Sachverständige Henning Saß solle sich in seinem Gutachten nicht auf Beobachtungen aus der Hauptverhandlung stützen dürfen. Zudem wollen sie, dass die Ausführungen von Saß im Gericht akustisch aufgezeichnet werden. Schließlich wird eine weitere Erklärung Zschäpes verlesen, in der sie das Gutachten kritisiert und ihr Verhalten vor Gericht begründet.

Tag 334: Der psychiatrische Sachverständige Norbert Leygraf beantwortet Fragen zu seinem Gutachten über den Angeklagten Carsten Schultze. Es gebe bei diesem keine Anzeichen für eine Persönlichkeitsstörung. Die Bundesanwaltschaft tritt dem Antrag auf akustische Aufzeichnung der Ausführungen von Professor Saß entgegen.

Tag 335: Zschäpes Verteidiger erwidern auf die Stellungnahme der Bundesanwaltschaft vom Vortag. Dabei geht es erneut um die Frage, was Saß seinem Gutachten zugrunde legen darf. Richter Götzl gibt ihm Hinweise.

Tag 336: Das Gericht lehnt den Antrag ab, die Ausführungen des Gutachters Saß auf Tonband aufzunehmen. Anschließend beginnt der Psychiater damit, sein Gutachten über Beate Zschäpe zu erstatten. Er rekapituliert ihre Biografie und fügt Zeugenaussagen und Beobachtungen zu einem Persönlichkeitsbild zusammen.

Tag 337: Zunächst wird der Streit um die Frage fortgesetzt, ob die Ausführungen

des Psychiaters Saß aufgezeichnet werden sollen. Anschließend setzt Saß fort mit seinem Gutachten über Zschäpe. Hinweise auf eine krankhafte seelische Störung ergäben sich insgesamt nicht. Saß beurteilt Zschäpe als selbstbewusste Person mit manipulativen und antisozialen Zügen. Sie sei voll schuldfähig. Zudem sieht der Gutachter Risiken einer fortdauernden Gefährlichkeit Zschäpes, weshalb das Gericht im Falle eines Schuldspruchs eine Sicherverwahrung vorsehen könnte.

Tag 338: Richter Götzl unterrichtet den psychiatrischen Sachverständigen Norbert Leygraf, der den Angeklagten Carsten Schultze begutachtet, über relevante Zeugenaussagen.

Tag 339: Beate Zschäpes Verteidiger Hermann Borchert befragt den psychiatrischen Sachverständigen Henning Saß. Er hinterfragt die für seine Mandantin belastenden Aussagen in dem Gutachten.

Tag 340: Zunächst beschreibt der Staatschutzbeamte Klaus K. Aktivitäten des Angeklagten Ralf Wohlleben in Jena. Anschließend wird die Befragung des Gutachters Saß fortgesetzt. Zschäpes Verteidigerin Anja Sturm hakt detailliert nach, wie Saß vorgegangen ist. Am Schluss beantragt Ralf Wohllebens Verteidigung, einen Sachverständigen für Demografie zu laden. Er soll belegen, dass die bei Wohlleben gefundene Parole »Volkstod stoppen« berechtigt sei.

Tag 341: Der Beamte Jens K. macht Angaben über die rechtsradikale Kameradschaft Jena und die Rolle Ralf Wohllebens. Die Befragung des Gutachters Henning Saß wird fortgesetzt. Dieser trägt detailliert vor, welche Beobachtungen im Verhalten Zschäpes er im Laufe des Prozesses gemacht hat. Zum Schluss erwidern Bundesanwaltschaft und Nebenklage auf den Antrag der Verteidigung Wohllebens zum Thema »Volkstod«. Wohlleben stellt einen Befangenheitsantrag gegen den Gutachter Norbert Leygraf.

Tag 342: Die Richter verlesen Schriftstücke, darunter einen BKA-Vermerk, der einen Datenträger auswertet, der in den Überresten der Wohnung von Beate Zschäpe, Uwe Böhnhardt und Uwe Mundlos in Zwickau gefunden wurde. Es seien 233 jüdische und israelische Einrichtungen im gesamten Bundesgebiet auf dem Datenträger gespeichert. Das Gericht verkündet einen Beschluss, mit dem es ablehnt, den Tatort des Mordes in Kassel – die Räume des damaligen Internetcafés – vor Ort in Augenschein zu nehmen.

Tag 343: Die Befragung des Sachverständigen Henning Saß zu seinem Gutachten über Beate Zschäpe wird fortgesetzt. Der Psychiater beschreibt seine Beobachtungen des Verhaltens der Angeklagten im Gerichtssaal und erklärt seine Methode. Es entbrennt ein Streit um die Notizen, die Saß während des Prozesses angefertigt hat.

Tag 344: Richter Götzl bestätigt den Beschluss des Gerichts, dass der Sachverständige Henning Saß nicht seine sämtlichen Notizen aus dem NSU-Prozess wäh-

rend seiner Befragung parat haben muss. Zschäpes Verteidiger erheben dagegen eine Gegenvorstellung.

Tag 345: Weiterhin streiten sich die Prozessbeteiligten um die Frage, ob der Sachverständige Henning Saß seine Notizen aus dem NSU-Prozess vorlegen muss. Die Richter verneinen das. Zwischen drei Verteidigern von Beate Zschäpe auf der einen Seite und Zschäpe und ihren zwei weiteren Verteidigern auf der anderen Seite gibt es Dissens darüber, ob ein Befangenheitsantrag gegen die Richter gestellt werden soll. Die Befragung des Gutachters Saß wird fortgesetzt.

Tag 346: Beate Zschäpes Verteidiger hinterfragen weiterhin das psychiatrische Gutachten des Sachverständigen Hennig Saß. Es wird auch ein älteres Gutachten des Psychiaters Norbert Nedopil eingeführt, der Zschäpe einmal in der Untersuchungshaft sprechen konnte.

Tag 347: Das weitere Vorgehen im Zusammenhang mit dem Gutachten über Beate Zschäpe wird erörtert. Zschäpes Verteidigung kündigt einen Antrag an zum Verhalten der Mandantin in der Untersuchungshaft. Das Gericht lehnt den älteren Beweisantrag von Ralf Wohllebens Anwälten ab, einen Demografie-Sachverständigen zu laden.

Tag 348: Ein Zeuge wird zu einem Neonazi-Treffen im niedersächsischen Hetendorf gehört. Ein Befangenheitsantrag gegen den Sachverständigen Norbert Leygraf, der Carsten Schultze begutachtet hat, wird abgelehnt. Es wird zudem bekannt, dass Beate Zschäpe bereit ist, mit dem Freiburger Psychiater Joachim Bauer zu sprechen, den die Verteidigung dem Gericht als weiteren Gutachter empfiehlt.

Tag 349: Manfred B. von der Jugendgerichtshilfe Düsseldorf sagt über den Angeklagten Carsten Schultze aus. Er soll einschätzen, wie reif Schultze zum Tatzeitpunkt war. Dieser war damals 20 Jahre alt und könnte nach Jugend- oder Erwachsenenstrafrecht verurteilt werden. Der Zeuge kommt zu dem Ergebnis, dass Schultze in seiner Reife noch einem Jugendlichen gleichgestanden habe. Der Nebenklageanwalt Eberhard Reinecke stellt einen Beweisantrag zum Bombenanschlag in der Kölner Probsteigasse.

Tag 350: Mariona Hauck, stellvertretende Leiterin der Justizvollzugsanstalt München-Stadelheim, schildert das Verhalten von Beate Zschäpe im Gefängnis. Diese sei freundlich, höflich, korrekt. Es stellt sich heraus, dass Zschäpe Geld annimmt von einem offenkundig rechtsradikalen Mann. Der Nebenklageanwalt Yavuz Narin stellt einen Beweisantrag zum Bekennervideo. Zum Schluss wird die Befragung des Psychiaters Henning Saß fortgesetzt. Es überrasche ihn nicht, dass Zschäpe im Gefängnis nicht auffällig sei.

Tag 351: Die Richter zeigen und verlesen ein sogenanntes Drehbuch für den NSU-Bekennerfilm. Zudem lehnen sie mehrere Beweisanträge ab, und Richter Götzl

setzt eine Frist, innerhalb der die Prozessbeteiligten noch weitere Anträge stellen können. Er will auf das Ende der Beweisaufnahme zusteuern.

Tag 352: Ralf Wohlleben stellt einen Befangenheitsantrag gegen die Richter, auch Zschäpes Verteidiger kündigen einen solchen an. Sie stoßen sich an der am Vortag erfolgten Fristsetzung für Beweisanträge.

Tag 353: Nun stellt auch Zschäpe ein Ablehnungsgesuch gegen Richter Götzl. Der Angeklagte Eminger schließt sich an. Wohllebens Verteidiger stellen einen Beweisantrag zum Mord in Heilbronn und einer angebliche Präsenz von FBI-Agenten am Tatort.

Tag 354: Die Befangenheitsanträge werden zurückgewiesen. Der Antrag vom Vortag zum Mord in Heilbronn und zum FBI wird erörtert. Die Nebenklageanwältin Antonia von der Behrens stellt zudem einen Beweisantrag zu zwei bisher nicht thematisierten rechtsradikalen Straftaten aus den Neunzigerjahren in Jena.

Tag 355: Zschäpes Verteidiger beantragen, den Freiburger Psychiater Joachim Bauer als Sachverständigen zu bestellen. Zschäpe habe sich bereits in sechs Gesprächen von Bauer untersuchen lassen, er habe ein Gutachten erstellt. Bei Zschäpe sei eine schwere dependente Persönlichkeitsstörung diagnostiziert worden, wodurch ihre Schuldfähigkeit berührt sei. Der Angeklagte Wohlleben stellt einen Befangenheitsantrag gegen drei Richter.

Tag 356: Oberstaatsanwältin Anette Greger begründet, warum die Bundesanwaltschaft es für geboten hält, den Psychiater Joachim Bauer nicht als Sachverständigen, sondern nur als Zeugen zu laden. Der Nebenklageanwalt Thomas Bliwier stellt einen Beweisantrag zum Mordfall in Kassel, er will einen Wissenschaftler der Forschergruppe Forensic Architecture aus London aussagen lassen.

Tag 357: Ralf Wohllebens Verteidiger beantragen, mehrere Entlastungszeugen zu laden, die ihren Mandanten kennen. Sie stellen zudem einen Beweisantrag zum Mordfall in Heilbronn und wollen den Onkel der getöteten Polizistin als Zeugen befragen.

Tag 358: Oberstaatsanwalt Jochen Weingarten erwidert auf die Beweisanträge des Vortags, die er für ungeeignet hält. Sodann geht es um frühere Anträge und die Frist, innerhalb derer weitere gestellt werden können. Richter Götzl verlängert die Frist. Zschäpes Verteidigerin Anja Sturm beantragt, den Psychiater Pedro Faustmann als Sachverständigen anzuhören. Er soll das Gutachten von Henning Saß methodisch hinterfragen.

Tag 359: Oberstaatsanwältin Anette Greger reagiert auf den Antrag vom Vortag zu Professor Faustmann, den sie für unangebracht hält. Es entspinnt sich ein Streit unter anderem um die Frage, warum Greger ihre Stellungnahme nicht auch schriftlich den anderen Prozessbeteiligten vorlegt.

Tag 360: Der Psychiater Pedro Faustmann stellt, einem Antrag von Zschäpes Ver-

teidigern folgend, ein Gutachten vor, das Methodenkritik an dem Gutachten von Henning Saß über Beate Zschäpe formuliert. Faustmann moniert unter anderem, Saß habe sich zu allgemein geäußert, wichtige methodische Schritte habe Saß übersprungen.

Tag 361: Der Sachverständige Joachim Bauer präsentiert sein psychiatrisches Gutachten über Beate Zschäpe. Diese leide unter einer dependenten Persönlichkeitsstörung und sei vermindert schuldfähig. Sie sei emotional abhängig gewesen von Uwe Mundlos und Uwe Böhnhardt und habe es nicht geschafft, sich von diesen zu lösen.

Tag 362: Der Psychiater Pedro Faustmann wird zu seiner Methodenkritik an dem Gutachten seines Kollegen Henning Saß befragt.

Tag 363: Zschäpes Verteidiger stellen den Antrag, ein neues psychiatrisches Gutachten über ihre Mandantin einzuholen. Zudem werden weitere Anträge gestellt, unter anderem von der Nebenklage, die einen mutmaßlichen V-Mann als Zeugen laden wollen, der als Chef der Organisation Blood & Honour eine Führungsfigur in der Neonazi-Szene war.

Tag 364: Der Psychiater Joachim Bauer wird zu seinem Gutachten über Beate Zschäpe befragt. Zweifel an seiner Professionalität und an seiner Unbefangenheit werden laut, unter anderem aufgrund der Tatsache, dass Bauer versucht hat, Zschäpe eine Packung Pralinen ins Gefängnis mitzubringen. Ein Anwalt der Nebenklage vergleicht Bauers Gutachten mit »Schamanentum«.

Tag 365: Beate Zschäpes Mutter ist als Zeugin geladen, nachdem sich der Sachverständige Bauer für sein Gutachten aus ihrer polizeilichen Vernehmung bedient hatte. Wie im ersten Prozessjahr macht die Mutter von ihrem Recht Gebrauch, vor Gericht zu schweigen. Da sie aber mit der Verwertung ihrer Aussage bei der Polizei einverstanden ist, wird anschließend ein Beamter gehört, der die Angaben der Mutter rekapituliert, unter anderem zu dem gespannten Verhältnis zur Tochter. Nebenkläger lassen über ihre Anwälte einen Befangenheitsantrag gegen Psychiater Bauer stellen, da dieser einer Zeitung einen Beitrag angeboten und dabei den Prozess mit einer »Hexenverbrennung« verglichen habe.

Tag 366: Erneut wird der Sachverständige Henning Saß gehört. Er widerspricht der Methodenkritik des Kollegen Pedro Faustmann an seinem psychiatrischen Gutachten über Beate Zschäpe. Zudem weist er die Darstellung des Gutachters Joachim Bauer zurück, die Angeklagte sei wegen einer Persönlichkeitsstörung nur vermindert schuldfähig.

Tag 367: Ralf Wohlleben stellt einen Befangenheitsantrag gegen alle Richter des Senats, nachdem dieser einen Beweisantrag zur Tatwaffe abgelehnt hatte. Zudem schließen sich Zschäpes Altverteidiger Wohllebens Antrag an, einen weiteren psychiatrischen Gutachter zu bestellen. Dieser solle zeigen, dass Uwe Mundlos

und Uwe Böhnhardt unter einer schweren Persönlichkeitsstörung gelitten hätten.

Tag 368: Der Nebenklageanwalt Eberhard Reinecke stellt einen Beweisantrag zur Wohnung des untergetauchten Trios in der Heisenbergstraße in Zwickau. Er will widerlegen, dass Zschäpe nicht mitbekommen habe, wie Uwe Böhnhardt in der Wohnung die in der Kölner Probsteigasse verwendete Bombe baute. Zschäpe erklärt, in einem der Zimmer habe es eine Trennwand gegeben. Richter Götzl verliest eine Erklärung des Sachverständigen Joachim Bauer, in der dieser Kritik an seiner Arbeitsweise zurückweist.

Tag 369: Der Verteidiger Olaf Klemke stellt dar, warum aus seiner Sicht ein von der Bundesanwaltschaft abgelehntes psychiatrisches Gutachten zu Uwe Mundlos und Uwe Böhnhardt notwendig sei. Zudem stellt die Nebenklage einen Beweisantrag zu einer angeblichen Trennwand in einer Wohnung des untergetauchten Trios. Das Gericht lehnt einen Beweisantrag zur Ladung eines mutmaßlichen V-Manns und früheren Blood & Honour-Chefs ab.

Tag 370: Die Befragung des Psychiaters Henning Saß wird beendet. Das Gericht dringt auf ein Ende der Beweisaufnahme. Nachdem der Senat mehrere Beweisanträge von Ralf Wohllebens Anwälten abgelehnt hat, darunter den Antrag zur Einholung eines psychiatrischen Gutachtens über Mundlos und Böhnhardt, stellt Wohlleben einen Befangenheitsantrag gegen die Richter.

Tag 371: Beate Zschäpe lässt eine Erklärung zur Wohnung des Trios in der Zwickauer Heisenbergstraße vortragen. Es geht um die Frage, wie die Wohnung aufgeteilt war und ob Zschäpe mitbekommen haben kann, wie Uwe Böhnhardt eine Bombe baute. Zudem stellt der Nebenklageanwalt Thomas Bliwier einen Beweisantrag über ältere Informationen des Verfassungsschutzes zu einer Gruppierung namens »Nationalsozialistische Untergrundkämpfer Deutschlands«.

Tag 372: Eine Sachverständige wird zu einer Schmauchspur befragt, die an einem Handschuh des früheren Verfassungsschutzbeamten Andreas Temme gefunden wurde. Die Aussagekraft dieser Spur sei sehr begrenzt. Das Gericht lehnt mehrere Beweisanträge ab, unter anderem zum Mordfall in Kassel. Zudem gibt Richter Götzl die Entscheidung zum Befangenheitsantrag gegen den Psychiater Joachim Bauer bekannt: Der Antrag hat Erfolg, der Senat lehnt den Sachverständigen ab.

Tag 373: Das Gericht will die Beweisaufnahme schließen und fordert die Bundesanwaltschaft auf, am nächsten Prozesstag mit den Plädoyers zu beginnen. Zschäpes Verteidiger beantragen, die Plädoyers akustisch aufzeichnen zu lassen. Ralf Wohllebens Verteidiger verlangen, ihren Mandanten aus der Untersuchungshaft zu entlassen. Das Gericht lehnt den Antrag ab, Beate Zschäpe erneut psychiatrisch begutachten zu lassen.

Tag 374: Der Senat lehnt den Antrag auf akustische Aufzeichnung der Plädoyers ab. Daraufhin entbrennt eine Auseinandersetzung, die Schlussvorträge können deshalb zunächst nicht beginnen.

Tag 375: Nachdem der Senat die Anträge auf Aufzeichnung der Schlussvorträge endgültig zurückgewiesen hat, beginnen die Plädoyers. Bundesanwalt Herbert Diemer macht den Anfang. Er hält die Schuld der Angeklagten für erwiesen. Die Taten des NSU seien motiviert gewesen durch eine rechtsextremistische Ideologie und einen »Wahn von einem ausländerfreien Land«. Oberstaatsanwältin Greger behandelt die Rolle Beate Zschäpes und weist deren Version als unglaubwürdig zurück. Zschäpe sei entgegen ihrer eigenen Darstellung ein gleichberechtigtes Mitglied des NSU gewesen.

Tag 376: Oberstaatsanwältin Greger setzt ihr Plädoyer fort und geht insbesondere auf das Innenleben des NSU, die Waffen, die Tatvorbereitungen und die Tarnung ein.

Tag 377: Oberstaatsanwältin Greger setzt das Plädoyer fort und widmet sich vor allem dem politischen Hintergrund und den politischen Motiven der Verbrechen.

Tag 378: Nun führt Oberstaatsanwalt Weingarten das Wort für die Bundesanwaltschaft und behandelt zunächst die Rolle der Angeklagten Ralf Wohlleben und Carsten Schultze. Der Anklagevorwurf gegen die beiden sei in vollem Umfang durch die Beweisaufnahme bestätigt worden.

Tag 379: Oberstaatsanwalt Weingarten setzt sein Plädoyer fort, indem er thematisiert, wie die Angeklagten Wohlleben und Schultze dem NSU die Tatwaffe beschafft hätten.

Tag 380: Nach der Sommerpause setzt Oberstaatsanwalt Weingarten das Plädoyer fort. Er geht zunächst auf den Angeklagten Eminger ein, dessen Schuld erwiesen worden sei. Die Bundesanwaltschaft sei davon überzeugt, dass Eminger von den drei NSU-Mitgliedern klar mitgeteilt worden sei, was die drei bezweckt hätten.

Tag 381: Oberstaatsanwalt Weingarten spricht über den Angeklagten Holger Gerlach. Dieser habe erkennen müssen, dass die von ihm unterstützten Untergetauchten auch Tötungsdelikte geplant hätten. Oberstaatsanwältin Greger geht auf die angeklagten Raubüberfälle ein. Weingarten schließt mit der rechtlichen Würdigung der den Angeklagten vorgeworfenen Taten.

Tag 382: Bundesanwalt Diemer fordert für Beate Zschäpe eine lebenslange Freiheitsstrafe, die Feststellung einer besonderen Schwere der Schuld sowie Sicherungsverwahrung. Für Ralf Wohlleben fordert Diemer eine Freiheitsstrafe von zwölf Jahren, für Carsten Schultze eine Jugendstrafe von drei Jahren, für Holger Gerlach eine Freiheitsstrafe von fünf Jahren und für André Eminger eine Freiheitsstrafe von zwölf Jahren. Gegen Eminger wird einen Tag später wegen

Fluchtgefahr Haftbefehl erlassen. Er wird die Zeit bis zum Ende des Prozesses – wie Zschäpe und Wohlleben – in Untersuchungshaft verbringen.

Tag 383: Der Angeklagte Eminger wendet sich mit Befangenheitsanträgen gegen das Gericht und gegen eine Fortsetzung der Verhandlung. Die Richter zeigen sich unbeirrt, allerdings gehen die Plädoyers vorerst nicht weiter.

Tag 384: Die Befangenheitsanträge gegen das Gericht wurden zurückgewiesen, eingeführt werden Auszüge aus einem BKA-Bericht zu einer Hausdurchsuchung bei dem Bruder des Angeklagten Eminger. Der Angeklagte wurde dort auf einem Sofa angetroffen, unter dem Bargeld unbekannter Herkunft gefunden wurde.

Tag 385: Emingers Verteidiger kündigen einen weiteren Befangenheitsantrag an. Ein Nebenklageanwalt stellt einen Beweisantrag zur Anmietung einer Garage in Jena durch Beate Zschäpe im Jahr 1996. Die Plädoyers gehen vorerst nicht weiter.

Tag 386: Oberstaatsanwältin Greger erläutert im Zusammenhang mit einem sogenannten rechtlichen Hinweis, woran Beate Zschäpe aus Sicht der Bundesanwaltschaft tatbeteiligt war.

Tag 387: Die Plädoyers werden fortgesetzt. An der Reihe sind die Nebenkläger. Als Erste spricht die Anwältin Edith Lunnebach. Sie vertritt die Familie M., auf die 2001 der Sprengstoffanschlag in der Kölner Probsteigasse verübt wurde. Lunnebach sagt, es müsse einen ortkundigen Mittäter gegeben haben. Auch der Anwalt Mehmet Daimagüler hält ein Plädoyer. Er vertritt Angehörige der Nürnberger Mordopfer İsmail Yaşar und Abdurrahim Özüdoğru. Daimagüler widerspricht der Aufassung der Anklage, der NSU habe nur aus einem Trio bestanden.

Tag 388: Der Nebenklageanwalt Mehmet Daimagüler setzt sein Plädoyer fort und spricht über Rassismus. Dieser sei ein gesellschaftliches Problem und nicht auf Neonazis beschränkt.

Tag 389: Der Nebenklageanwalt Mehmet Daimagüler setzt sein Plädoyer fort und fordert von Beate Zschäpe tätige Reue. Dem Angeklagten Carsten Schultze hingegen hätten seine Mandanten verziehen. Daimagüler beantragt für Schultze eine Haftstrafe, die zur Bewährung ausgesetzt werden solle. Im Anschluss an Daimagüler spricht die Nebenklägerin Elif Kubaşık, deren Mann Mehmet in Dortmund ermordet wurde. Viele Fragen seien vom Prozess nicht beantwortet worden. Der Anwalt der Familie, Carsten Ilius, kritisiert sodann, wie bei den Ermittlungen zur Mordserie die Opfer kriminalisiert worden seien.

Tag 390: Carsten Ilius setzt sein Plädoyer fort und geht auf die Ermittlungen in Dortmund ein. Anschließend hält der Nebenklageanwalt Sebastian Scharmer seinen Schlussvortrag. Er vertritt Gamze Kubaşık, die Tochter des in Dortmund

ermordeten Mehmet Kubaşık. Scharmer geht vor allem auf das Geflecht von V-Leuten ein, die in der Neonazi-Szene agierten und mit dem NSU verbunden gewesen sein könnten. Anschließend ergreift Gamze Kubaşık selbst das Wort und äußert sich zur Schuld der Angeklagten.

Tag 391: Der Nebenklageanwalt Peer Stolle hält sein Plädoyer. Er vertritt einen Sohn des ermordeten Mehmet Kubaşık. Stolle geht ausführlich auf das gesellschaftliche Klima in den Neunzigerjahren ein und auf die Sozialisation der Neonazis in Thüringen und speziell in Jena.

Tag 392: In den Plädoyers der Nebenklage geht es nun um den Anschlag in der Kölner Keupstraße. Zunächst plädieren die Nebenklageanwälte Stephan Kuhn und Berthold Fresenius, anschließend ergreifen die Betroffenen Muhammet Ayazgün und Arif S. das Wort. Zudem wird über Äußerungen gestritten im Zusammenhang mit dem Angeklagten Eminger und dessen Verteidiger Michael Kaiser.

Tag 393: Die Nebenklageanwältin Antonia von der Behrens, die einen Sohn des in Dortmund ermordeten Mehmet Kubaşık vertritt, hält ein Plädoyer, in dem sie ausführlich auf die Operationen der Sicherheitsbehörden eingeht und von einer staatlichen Mitschuld spricht. Das Netzwerk des NSU sei groß und bundesweit gewesen, von einer abgeschotteten Zelle könne keine Rede sein.

Tag 394: Antonia von der Behrens setzt ihr Plädoyer fort und rückt nun die Ermittlungen nach Entdecken des NSU ins Zentrum. Die Bundesanwaltschaft habe die Aufklärungsbemühungen der Nebenklage erschwert. Der Nebenklage-Anwalt Björn Elberling, der ein Opfer des Bombenanschlags in der Kölner Keupstraße vertritt, konzentriert sich sodann auf die Raubüberfälle des NSU. Anschließend setzt sich der Anwalt Alexander Hoffmann mit der Ideologie der Täter auseinander. Auch er vertritt Betroffene aus der Keupstraße.

Tag 395: Es plädieren zunächst die Nebenklageanwälte Doris Dierbach und Alexander Kienzle, die die Familie des in Kassel ermordeten Halit Yozgat vertreten. Sie gehen unter anderem auf die Rolle des ehemaligen Verfassungsschutzbeamten Andreas Temme ein, der sich am Tatort aufgehalten hatte. Dann ergreifen die Eltern des Kasseler Mordopfers das Wort, Ayşe und İsmail Yozgat. Sie beklagen eine unzureichende Aufklärung. Anschließend plädieren die Nebenklageanwälte Turan Ünlüçay, Kiriakos Sfartkidis, Isaak Sidiropoulos und Önder Bogazkaya. Sie vertreten Angehörige des in Dortmund ermordeten Mehmet Kubaşık.

Tag 396: Die Nebenklageanwälte Andreas Thiel, Gül Pinar und Angela Wierig, halten ihre Plädoyers. Sie vertreten jeweils Angehörige des in Hamburg ermordeten Süleyman Taşköprü. Thiel geht unter anderem darauf ein, dass die Mörder das Opfer fotografierten und die Aufnahme ins NSU-Bekennervideo einbauten. Die Anwältin Wierig nimmt die Behörden vor Vorwürfen in Schutz. Ihre Man-

dantin distanziert sich später von der Anwältin. Auch der Nebenklagevertreter Tobias Westkamp hält einen Schlussvortrag; er vertritt ein Opfer aus der Kölner Keupstraße.

Tag 397: Der Nebenklageanwalt Alexander Hoffmann setzt sein Plädoyer vom 394. Verhandlungstag fort. Er geht ausführlich auf die Ideologie und das Netzwerk der Neonazis ein. Es folgt Walter Martinek. Er vertritt den Polizisten Martin A., der den Mordanschlag von Heilbronn schwer verletzt überlebte. Schließlich plädiert Stefan Gärtner, der die Mutter der ermordeten Polizistin Michèle Kiesewetter vertritt. Viele Fragen zum Anschlag in Heilbronn seien noch immer nicht klar beantwortet.

Tag 398: Für die Nebenklage hält Eberhard Reinecke ein Plädoyer. Er vertritt Opfer des Kölner Nagelbombenanschlags und geht unter anderem auf Beate Zschäpes Erklärungen ein. Sodann plädiert Mustafa Kaplan, der ebenfalls ein Kölner Opfer vertritt. Die Frage, ob es einen institutionellen Rassismus gebe, sei politisch, nicht juristisch zu klären.

Tag 399: Der Anwalt Eberhard Reinecke setzt sein Plädoyer fort. Im Fokus steht das NSU-Bekennervideo und der sogenannte NSU-Brief.

Tag 400: Als Vertreter von Angehörigen des in Rostock ermordeten Mehmet Turgut plädiert Hardy Langer. Der Anwalt betont Besonderheiten im Rostocker Mordfall. Am Ende richtet er einen Appell an Beate Zschäpe. Sie sei an einem Punkt angekommen, an dem ihr kein Anwalt mehr helfen könne. Sie solle alle strategischen Brücken hinter sich lassen und umfassend aussagen.

Tag 401: Zunächst plädiert Ferhat Tikbaş, der eine Tochter des in Nürnberg ermordeten Abdurrahim Özüdoğru vertritt. Er zitiert die Worte der Tochter. Es folgt ein Plädoyer des Nebenklageanwalts Bernd Behnke, der für einen Bruder des in Rostock ermordeten Mehmet Turgut spricht. Behnke sagt, es gebe in Deutschland keinen behördlichen Rassismus. Fehler der Behörden aufzuarbeiten, sei eine politische Aufgabe, keine des Strafprozesses.

DAS SECHSTE JAHR | 2018

Tag 402: Der Nebenklageanwalt Markus Goldbach, der ein Opfer des Nagelbombenanschlags in Köln vertritt, hält seinen Schlussvortrag. Zschäpe zeichne sich für ihn durch eine fehlende eigene Persönlichkeit und extreme Anpassungsfähigkeit aus. Anschließend plädiert Seda Başay für die Familie Şimşek. Sie macht deutlich, wie sehr die Familie unter dem Mord und den Ermittlungen gelitten hat.

Tag 403: Ein Gerichtsarzt stellt eine Diagnose zu dem Angeklagten Ralf Wohlleben,

der unter Rückenschmerzen leidet. Abdul Kerim Şimşek ergreift das Wort und schildert, wie er als 13-Jähriger von dem Mord an seinem Vater Enver Şimşek erfuhr. Die Entschuldigung des Angeklagten Schultze nehme er an. Die anderen Angeklagten sollen in höchstem Maße bestraft werden, fordert er.

Tag 404: Die Gesundheit von Ralf Wohlleben wird erörtert. Richter Götzl verkündet, dass die Verhandlung zunächst nicht fortgesetzt werden könne.

Tag 405: Wohllebens Verteidiger stellen einen Beweisantrag zur Česká-Pistole. Sie wollen zwei Zeugen vernehmen, deren Aussage ihren Mandanten entlasten könne. Dazu sollen weitere Akten beigezogen werden. Die Bundesanwaltschaft und ein Vertreter der Nebenklage halten den Antrag für ungeeignet.

Tag 406: Die Verteidigung von Ralf Wohlleben nimmt erneut Stellung zu dem Beweisantrag des Vortags.

Tag 407: Das Gericht lehnt den Beweisantrag von Tag 405 ab.

Tag 408: Wohllebens Anwältin Nicole Schneiders wehrt sich mit einer Gegenvorstellung gegen den Beschluss des Gerichts vom Vortag.

Tag 409: Zschäpes Verteidiger Wolfgang Heer schließt sich dem Beweisantrag von Wohllebens Verteidigung an. Das Gericht bekräftigt seine Entscheidung, woraufhin der Angeklagte Wohlleben einen Befangenheitsantrag gegen den Senat stellt.

Tag 410: Die Plädoyers der Nebenklage werden fortgesetzt; zunächst von Manuel Reiger und Adnan Erdal, die Opfer des Nagelbombenanschlags in Köln vertreten. Dann von Barbara Kaniuka, einer Anwältin der Familie von Habil Kılıç.

Tag 411: Zu Beginn plädiert Serkan Alkan, der ein Opfer des Nagelbombenanschlags in Köln vertritt. Es folgt Yvonne Boulgarides, die Witwe von Theodoros Boulgarides. Sie macht den Behörden schwere Vorwürfe und wirft ihnen eine unzureichende Aufklärung vor. Ihr Anwalt Yavuz Narin beklagt ebenfalls, es seien zu viele Fragen offengeblieben.

Tag 412: Erneut stellt Wohllebens Verteidigung einen Beweisantrag zu dem Weg, auf dem die Česká-Pistole in die Hände von Uwe Mundlos und Uwe Böhnhardt gelangt ist.

Tag 413: Oberstaatsanwältin Greger fordert, den Antrag der Verteidigung Wohlleben vom Vortag abzulehnen. Sodann geht es um die weiteren Abläufe bei den Plädoyers.

Tag 414: Erneut stellt Wohllebens Verteidigung einen Antrag zur Česká-Pistole, diesmal geht es um Akten aus dem NSU-Untersuchungsausschuss in Baden-Württemberg. Wieder stellt sich die Bundesanwaltschaft dagegen. Richter Götzl weist Anträge der Verteidigung Wohlleben zurück und spricht von einer »Verschleppungsabsicht«.

Tag 415: Ralf Wohlleben stellt einen Befangenheitsantrag gegen die Richter.

Tag 416: Nachdem mehrere Befangenheitsanträge erfolglos blieben, setzt das Gericht fort und tritt kurzzeitig wieder in die Beweisaufnahme ein. Verlesen werden polizeiliche Vermerke zu Briefbomben-Attrappen, die 1996/97 von der Gruppe um die späteren NSU-Terroristen in Jena verschickt wurden. Wegen Beschwerden von Beate Zschäpe kann anschließend nicht mit den Plädoyers fortgesetzt werden.

Tag 417: An der Seite des Angeklagten Eminger sitzt ein neuer Wahlverteidiger, der Karlsruher Anwalt Daniel Sprafke. Das Gericht lehnt es ab, ihn als dritten Pflichtverteidiger zu bestellen. Es entbrennt ein Disput, weil Sprafke die Verhandlung unterbrechen lassen will, um Ablehnungsgesuche zu formulieren.

Tag 418: Es wird über die Reihenfolge diskutiert, in der die Plädoyers der Verteidiger gehalten werden sollen.

Tag 419: Auf Antrag von Eminger Verteidiger wird zunächst ein Zeuge gehört: der Betreiber einer Baufirma, der aber über Eminger wenig sagt. Später beginnt das Plädoyer von Zschäpes Verteidiger Hermann Borchert. Eine Mittäterschaft Zschäpes habe sich aus der Beweiserhebung nicht ergeben. Die Beweiswürdigung der Bundesanwaltschaft sei höchst einseitig gewesen.

Tag 420: Zschäpes Verteidiger Hermann Borchert setzt sein Plädoyer fort und greift die Darstellungen der Bundesanwaltschaft an.

Tag 421: Nun übernimmt Zschäpes Verteidiger Mathias Grasel und setzt den Schlussvortrag fort. Zschäpe habe in den Jahren des Untergrundlebens massive Gewalt erfahren. Sie sei Uwe Böhnhardt hörig gewesen. Verurteilt werden könne sie für die Brandstiftung in Zwickau und für eine Beihilfe zu den Raubüberfällen, nicht aber für die Morde und Sprengstoffanschläge. Am Ende setzt erneut Verteidiger Borchert ein. Er hält eine Gesamtfreiheitsstrafe von nicht mehr als zehn Jahren für angemessen.

Tag 422: Carsten Schultzes Verteidiger Jacob Hösl und Johannes Pausch halten ihr Plädoyer. Sie beantragen, Schultze freizusprechen.

Tag 423: Herbert Hedrich und Michael Kaiser, die Verteidiger von André Eminger, halten ihr Plädoyer. Ihr Mandant sei »ein Nationalsozialist, der mit Haut und mit Haaren zu seiner politischen Überzeugung steht«, sagt Hedrich. Allein die Gesinnung sei offenbar vielen als Tatnachweis ausreichend. Die Anwälte beantragen Freispruch für ihren Mandanten.

Tag 424: Die Plädoyers werden gehalten von Stefan Hachmeister und Pajam Rokni-Yazdi, den Verteidigern von Holger Gerlach. Aus ihrer Sicht wäre eine Freiheitsstrafe von unter zwei Jahren angemessen, ihr Mandant habe sie allerdings darum gebeten, keinen konkreten Antrag zu stellen. Er wolle für seine Tat geradestehen.

Tag 425: Nun plädieren Ralf Wohllebens Verteidiger Olaf Klemke und Nicole Schneiders. Sie beantragen Freispruch, beklagen eine Vorverurteilung ihres

Mandanten und lenken den Blick auf angebliche Verstrickungen des Staates im NSU-Komplex.

Tag 426: Wohllebens Verteidiger Olaf Klemke setzt fort und hinterfragt unter anderem die Darstellung des Angeklagten Schultze, der Wohlleben belastet hat.

Tag 427: Olaf Klemke und Wolfgang Nahrath, Verteidiger von Ralf Wohlleben, setzen die Plädoyers fort. Wohlleben werde als Sündenbock behandelt, sagt Klemke. Nahrath macht Ausführungen unter anderem zum Begriff der Rasse und des Volkes.

Tag 428: Zschäpes Verteidiger Wolfang Heer beginnt sein Plädoyer. Beate Zschäpe sei keine Terroristin. Sie sei keine Mörderin und keine Attentäterin. Sie sei wegen aller angeklagter Staatsschutzdelikte freizusprechen und unverzüglich freizulassen.

Tag 429: Wolfgang Heer setzt fort und setzt sich mit der von Zschäpe zugegebenen Brandstiftung in Zwickau auseinander.

Tag 430: Noch immer hält Wolfgang Heer seinen Schlussvortrag. Er weist den Vorwurf des versuchten Mordes im Zusammenhang mit der Brandstiftung zurück.

Tag 431: Nun hält Zschäpes Verteidiger Wolfgang Stahl sein Plädoyer. Er kritisiert die Konstruktion von Mittäterschaft, die Zschäpe vorgeworfen wird.

Tag 432: Als letzte Anwältin plädiert Zschäpes Verteidigern Anja Sturm. Sie weist zurück, dass ihre Mandantin Mitglied in einer terroristischen Vereinigung gewesen sei.

Tag 433: Anja Sturm führt ihr Plädoyer fort. Sie setzt sich mit einzelnen Zeugenaussagen auseinander, in denen Beate Zschäpe charakterisiert wurde.

Tag 434: Noch immer spricht Anja Sturm. Da der Angeklagte Eminger über Migräne klagt, wird der Verhandlungstag frühzeitig beendet.

Tag 435: Anja Sturm beendet ihren Schlussvortrag. Sie setzt sich mit dem Straftatbestand der Bildung einer terroristischen Vereinigung auseinander.

Tag 436: Auf Antrag von Zschäpes Verteidigern wird noch einmal der Brandgutachter Christian Setzensack gehört. Es geht um die Gefährlichkeit des in Zwickau gelegten Brandes.

Tag 437: Ein Anwalt der Nebenklage verlangt, das Kreuz im Gerichtssaal abzuhängen. Das Gericht lehnt dies ab. Es folgen die Schlussworte der Angeklagten. Beate Zschäpe appelliert an die Richter, sie nicht stellvertretend für etwas zu verurteilen, das sie nicht gewollt und nicht getan habe. Der Angeklagte Eminger verzichtet auf Schlussworte. Holger Gerlach entschuldigt sich bei den Hinterbliebenen. Ralf Wohlleben verweist auf seine Erklärung vor Gericht und die Plädoyers seiner Verteidiger. Carsten Schultze sagt über seine Zeit als Rechtsextremist, »ich war damals nicht ich selbst«. Er müsse nun lernen, mit seinem Fehler zu leben.

Tag 438: Richter Manfred Götzl verkündet das Urteil.

NAMENSREGISTER

In diesem Register sind alle für den Prozess wesentlichen Personen aufgelistet – mit Ausnahme von Richter Götzl sowie der Angeklagten Beaten Zschäpe und ihrer beiden Unterstützer Uwe Böhnhardt und Uwe Mundlos, über die an nahezu allen Prozesstagen verhandelt wurde.

ORTSREGISTER

TATKOMPLEXE

Tage, an denen die jeweiligen Tatkomplexe Verhandlungsgegenstand waren

1. Die Morde

Mord an Enver Şimşek in Nürnberg am 9.9.2000: Tag 20–21, 26, 33, 43, 249, 257, 295, 402–403

Mord an Abdurrahim Özüdoğru in Nürnberg am 13.6.2001: Tag 14, 26, 33, 43, 249, 295, 389, 401

Mord an Süleyman Taşköprü in Hamburg am 27.6.2001: Tag 37, 43, 249, 295, 396

Mord an Habil Kılıç in München am 29.8.2001: Tag 22, 30, 44, 239, 244, 249, 291, 295, 298, 410

Mord an Mehmet Turgut in Rostock am 25.2.2004: Tag 32, 49, 249, 295, 400, 401

Mord an Ismail Yaşar in Nürnberg am 9.6.2005: Tag 32–34, 44, 48, 50, 140, 244, 249, 295, 389

Mord an Theodoros Boulgarides in München am 15.6.2005: 38–39, 239, 249, 295, 411

Mord an Mehmet Kubaşık in Dortmund am 4.4.2006: Tag 36, 40, 43–44, 51, 123, 156, 229, 240, 249, 295, 389–390, 395

Mord an Halit Yozgat in Kassel am 6.4.2006: Tag 26, 39–42, 49, 63– 65, 76, 80, 88, 91–93, 104, 106, 135, 185, 211, 213–214, 241, Tag 249, Tag 295, Tag 342, Tag 356, Tag 358, Tag 372, Tag 395

Mord an Michèle Kiesewetter in Heilbronn am 25.4.2007: Tag 15, 43, 54, 75–77, 79, 81, 83, 230–231, 233, 249, 257, 295, 353–354, 357–358, 397

2. Die Bombenanschläge

»Taschenlampen«-Bombe am 23.6.1999 in einer Nürnberger Gaststätte: Tag 8–9, 172, 257, 288

Bombenanschlag am 19.1.2001 im Kölner Lebensmittelgeschäft der Familie M. (Probsteigasse): Tag 117–120, 249, 257, 261,295, 349, 368–371, 387

Nagelbombenanschlag am 9.6.2004 in der Kölner Keupstraße: Tag 2, 21, 33–34, 140, 173–178, 180, 182, 233, 244, 249, 255, 272, 277, 282, 295, 333, 392, 396

3. Die Raubüberfälle

Raubüberfälle allgemein/übergreifend: Tag 12, 47, 198, 239, 249, 255, 257, 295, 394
Raubüberfälle in Chemnitz: Tag 205, 210, 212 232, 249, 257, 265, 267–268, 272
Raubüberfälle in Zwickau: Tag 249, 261–263, 266, 274, 284
Raubüberfälle in Stralsund: Tag 196–198, 249
Raubüberfall in Arnstadt: Tag 195, 249
Raubüberfall in Eisenach: Tag 52, 54, 77, 113, 126, 198, 249, 259

4. Brandstiftung in Zwickau (Frühlingsstraße): Tag 15, 24, 27–29, 36, 38, 45, 52, 71, 74, 142, 149, 154, 233, 249, 271, 295, 312

THEMENKOMPLEXE

Tage, an denen die jeweiligen Themenkomplexe Verhandlungsgegenstand ware

1. Kindheit und Jugend, Entwicklung und Charakter/Persönlichkeit der Täter

Böhnhardt: Tag 7, 13, 18–19, 57–61, 69, 78, 108, 125, 129, 141–142, 184, 189, 194, 228, 249, 257, 263, 271, 369

Mundlos: Tag 7, 13, 19, 57–61, 68–69, 78, 102, 129, 142, 184, 189–190, 192, 194, 198, 200, 226, 228, 249, 257, 271, 369

Zschäpe: Tag 7, 13, 17–19, 57–61, 78, 82, 97, 101–102, 107, 129, 132, 142, 189, 193–194, 200, 204, 228, 249, 254, 257, 271, 313, 331, 333, 336–337, 339, 340–341, 343, 346, 350, 361, 364–366

Beziehung des Trios untereinander: Tag 7, 13, 18–19, 57–60, 68–69, 97, 101–102, 129, 189, 194, 198, 228, 249, 254, 257, 271, 277–278, 284, 295, 313, 333, 336, 361, 364

2. Leben im Untergrund

Unterstützer, Hilfe für das Trio bei/nach dem Untertauchen: Tag 5–13, 19–20, 23–26, 44–45, 53, 55, 57, 59, 69, 72, 78, 84, 87–90, 94–95, 97–98, 100–101, 103, 108–109, 112, 116, 125, 127–128, 130, 134, 146, 157, 162–164, 166–168, 171, 181, 183, 187, 190, 193, 199, 227, 229, 233, 238, 242, 246, 249, 251–258, 269, 271, 283, 285, 286–288, 295, 297, 301, 313

Tarnung, Alias-Namen, falsche Papiere, Handys: Tag 7, 15–16, 19–20, 23–24, 38, 54, 56, 59–60, 66, 72–73, 82, 84, 87, 89–90, 97, 101, 116, 164, 171, 187, 246, 248–249, 257–258, 279, 283, 285, 295, 320, 333

Ausspähmaterial, Karten und Adresslisten: Tag 24, 46, 170, 180, 222, 233, 239, 240, 244–245, 295

Wohnmobile/Anmietung Fahrzeuge: Tag 19–20, 26, 29, 44, 52, 54, 88, 113, 217, 229, 233, 284, 295

Wohnungen des Trios und Alltagsleben (im Untergrund): Tag 15–17, 20, 24, 27, 33, 36,

3. Auffliegen des NSU

4. Rolle der Sicherheitsbehörden

5. Neonazi-Szene, rechtsextremistische Organisationen

6.Česká-Pistole und weitere Schusswaffen

7. Weitere Komplexe

PROZESSGESCHEHEN

Verlesung der Anklageschrift: Tag 2

Befangenheitsanträge, Anträge auf Aussetzung oder Einstellung des Verfahrens (bzw. Beschlüsse dazu): Tag 1–5, 13, 35–36, 84, 121, 131, 133, 235–238, 243, 245, 253, 256, 259, 261, 270, 274, 277, 282–284, 288, 290, 296, 300, 306, 309, 310–311, 313–317, 321, 325–328, 331–332, 341, 348, 352–355, 365, 367–368, 370, 372, 383–385, 409, 415–417, 419

Beweisanträge sowie div. weitere Anträge (und ggf Beschlüsse dazu): Tag 2,–6, 13, 17, 20–21, 35–36, 45, 49, 51, 53–54, 60, 65, 79, 114, 121, 129, 131, 134, 140, 142, 149, 151, 156, 164, 167, 169, 172, 177, 201, 203, 206–207, 209, 214, 216, 219–220, 222, 225, 229, 232, 234–237, 240–245, 248, 253, 256, 259, 261, 270, 274, 277, 282–284, 288, 290, 296, 300, 306, 309–311, 313–317, 321, 325,–328, 331–336, 340–344, 347, 349–351, 353–359, 363, 365–375, 383, 385, 392, 404, 405–410, 412–414, 417–419

Aussage/Einlassungen (zur Person oder zur Sache) von Beate Zschäpe: Tag 2, 243, 249, 257, 271, 282–283, 304, 309, 312–313, 317, 328, 333, 339, 368, 371

Aussage/Einlassungen (zur Person oder zur Sache) von Ralf Wohlleben: Tag 2, 251, 252, 254–255, 322

Aussage/Einlassungen (zur Person oder zur Sache) von Andre Eminger: Tag 2

Aussage/Einlassungen (zur Person oder zur Sache) von Holger Gerlach: Tag 2, 7–8, 19–20, 23–26, 33, 197, 246, 256

Aussage/Einlassungen (zur Person oder zur Sache) von Carsten Schultze: Tag 2, 5, 8–13, 19, 45, 86, 171, 256, 269, 285–286, 288, 293, 319, 322

Streit zwischen Zschäpe und ihren Verteidigern: Tag 128–129, 209–210, 214, 216, 219–220, 234–237, 243–245, 258–259, 314–315, 317, 337, 341, 343, 345, 354

Zschäpes Gesundheit (und Zustand im Gericht): Tag 16, 44, 65, 101, 110–111, 172, 186, 189, 190–191, 213, 257, 313, 333, 337, 345–346, 361, 369, 416

Nebenklage-Phantom, erfundene Nebenklägerin Meral Keskin: Tag 192, 213, 232, 234–236, 240–241, 245

Psychiatrische Gutachten über die Angeklagten: Tag 193, 288, 328, 331–341, 343–350, 355–356, 358–366, 368, 370, 372

Plädoyers: Tag 387–403, 410–411, 419–435, 437

Urteil Tag 438

GLOSSAR

BAO Bosporus Die BAO Bosporus wurde vor Entdecken des NSU gebildet, um die Ceska-Mordserie mit bundesweit neun Mordopfern aufzuklären. BAO steht für »Besondere Aufbauorganisation« und bezeichnet eine große Einheit von Ermittlern, eine Art Groß-Soko (Sonderkommission). Der Name »Bosporus« sollte darauf verweisen, dass acht der neun Getöteten Wurzeln in der Türkei hatten. Die Namenswahl wurde später als vorurteilsgetrieben kritisiert. Sie passte in das Schema einseitiger Ermittlungen, die von einer ausländischen Bande als Täter ausgingen und die Familien selbst unter Verdacht stellten. Die BAO Bosporus wurde von der Polizei in Nürnberg koordiniert, nicht vom BKA. Drei der neun Morde waren in Nürnberg verübt worden. An den Tatorten in den anderen Städten und Bundesländern gab es unter dem Dach der BAO jeweils noch eigenständige Ermittlergruppen und Sonderkommisionen. Diese komplizierte Struktur führte immer wieder zu Reibungen.

BAO Trio Der Name BAO »Trio« verweist auf das Trio Uwe Mundlos, Uwe Böhnhardt, Beate Zschäpe. Diese BAO wurde nach dem Auffliegen des NSU im November 2011 vom BKA in Meckenheim gebildet. Ihr arbeiteten Hunderte Beamte zu, auch aus den Landespolizeibehörden.

Befangenheitsantrag, auch: Ablehnungsgesuch, Ablehnungsantrag Ein Angeklagter hat das Recht, dass sein Richter sich seiner Sache unvoreingenommen annimmt. Und es gilt die → Unschuldsvermutung. Bis zur rechtskräftigen Verurteilung gilt jeder Angeklagte als unschuldig. Ein Richter muss unvoreingenommen, also unbefangen die Hauptverhandlung führen. Gibt ein Richter zu erkennen, dass er voreingenommen, also befangen ist, wird der Verteidiger eine Sitzungspause verlangen, um für den Angeklagten einen Befangenheitsantrag zu formulieren. Dann muss ein anderer Richter entscheiden, ob die → Besorgnis der Befangenheit begründet ist. In der Praxis kommt es selten zu diesem Ergebnis. Die Folge wäre, dass das Verfahren mit einem anderen Richter von vorn beginnen muss.

Beihilfe begeht, wer einem Täter vorsätzlich bei einer Tat hilft und diese sogenannte Haupttat auch will. Der Unterschied zwischen → Mittäterschaft und Bei-

hilfe ist nicht ganz leicht. Er wird meist darin gesehen, dass der Gehilfe die Tat als Tat eines anderen fördert, der Mittäter die Tat des anderen hingegen als eigene begehen will.

Beistand Der Ehe- oder Lebenspartner eines Angeklagten, der während der Hauptverhandlung als Unterstützung neben ihm sitzen darf.

Beschleunigungsgebot Verfahren, in denen ein Angeklagter in Untersuchungshaft ist, müssen beschleunigt verhandelt werden. Denn der Angeklagte könnte ja unschuldig. Und es soll vermieden werden, dass ein Unschuldiger übermäßig lange der Freiheit beraubt wird.

Beschluss ist eine gerichtliche Entscheidung, die die Mitglieder eines → Senats nach geheimer Beratung gemeinsam treffen. Anders als bei einer → Verfügung werden bei der Verkündung eines Beschlusses auch die Gründe der Entscheidung genannt.

Besondere Schwere der Schuld Stellt ein Gericht die besondere Schwere der Schuld fest, kann ein Täter, der zu einer lebenslangen Freiheitsstrafe verurteilt worden ist, nicht schon nach 15 Jahren aus dem Gefängnis kommen. Wann genau die Strafe in Fall einer besonders schweren Schuld als verbüßt gilt, steht nicht fest und kommt auf dem Einzelfall an. Rund 20 Jahre Gefängnis sind eher die Regel als die Ausnahme.

Besorgnis der Befangenheit Wenn ein Angeklagter Zweifel an der Unvoreingenommenheit und Neutralität eines oder mehrerer Richter hat, kann er einen → Befangenheitsantrag gegen den oder die Richter stellen. Andere Richter prüfen dann, ob die genannten Zweifel an der Objektivität nachvollziehbar sind und der Richter tatsächlich befangen wirkt.

Beweisantrag Verteidigung, → Nebenklage und → Bundesanwaltschaft können beantragen, Zeugen zu hören oder auch zum Beispiel Dokumente vor Gericht verlesen zu lassen, um Ent- oder Belastendes in die Hauptverhandlung einzuführen. Die Anträge sind stets so formuliert, als stünde das Behauptete schon fest, obwohl die genannten angeblichen Tatsachen ja erst zu beweisen sind. Die Richter müssen dann entscheiden, ob den Anträgen nachzukommen ist.

BGH Der Bundesgerichtshof ist nach dem → Oberlandesgericht die nächste und letzte Instanz in Strafverfahren. Der Bundesgerichtshof entscheidet über Revi-

sionen gegen Urteil des Oberlandesgerichts, in dem es sie auf Rechtsfehler überprüft. Er hat seinen Hauptsitz in Karlsruhe.

BKA Bundeskriminalamt: die Kriminalpolizei des Bundes mit Hauptsitz in Wiesbaden. In Meckenheim bei Bonn hat das BKA eine Zweigstelle. Dort ist die Abteilung für polizeilichen Staatsschutz angesiedelt, die zuständig ist für Ermittlungen bei politisch motivierter Kriminalität. Die Strafverfolgung von Terroristen obliegt dem Generalbundesanwalt in Karlsruhe, für den das BKA dann als Polizeibehörde ermittelt.

Blood & Honour Neonazi-Organisation, die in England entstanden ist, sich aber rasch internationalisierte. Sie dient unter anderem auch der Konzertorganisation und dem Vertrieb rechtsextremistischer Musik. Als Gründer gilt der 1993 gestorbene Ian Stuart Donaldson, Sänger der in Neonazi-Kreisen sehr populären Band »Skrewdriver«. Der Name Blood & Honour ist die Übersetzung der nationalsozialistischen Parole »Blut und Ehre«. In Deutschland gab es in den Bundesländern je eigene Sektionen des Netzwerks. Nach ihrem Untertauchen im Jahr 1998 kamen Mundlos, Böhnhardt und Zschäpe zunächst bei Unterstützern in Chemnitz unter. Viele von ihnen gehörten zur sächsischen Sektion von Blood & Honour. Das Bundesinnenministerium hat Blood & Honour im Jahr 2000 bundesweit verboten.

Braunes Haus Rechtsextremistisches Wohn- und Veranstaltungshaus in Jena, das nach der Jahrtausendwende die Geschäftsstelle des NPD-Kreisverbands beherbergt und auch überregional zu einem Szenetreffpunkt wurde. Rechtsextremisten sprechen von der »Hausgemeinschaft zu den Löwen«. In dem Gebäude war vormals eine Gaststätte, die »Zum Löwen« hieß. Der Angeklagte im NSU-Prozess Ralf Wohlleben hatte eine Zeitlang im Braunen Haus gewohnt. Es liegt im Jenaer Stadtteil Alt-Lobeda. Im Nationalsozialismus wurde die Parteizentrale der NSDAP in München als »Braunes Haus« bezeichnet.

Bundesanwaltschaft ist die oberste Anklagebehörde Deutschlands, sie ist unter anderem bei Terrorismusvorwürfen zuständig und hat ihren Sitz in Karlsruhe.

Česká Die Tatwaffe der NSU-Terroristen bei neun von zehn Morden war eine Pistole des Typs Česká 83, Kaliber 7,65 Millimeter, mit Schalldämpfer. Auch wenn der NSU noch andere Waffen besaß und benutzte, wurde die Česká zu einer Art Signatur. Sie war aus Sicht der Polizei über viele Jahre der wesentliche Anhaltspunkt dafür, dass die Morde Teil einer zusammenhängenden Serie waren. Die

Neonazis erhielten die Česká-Pistole aus dem Laden Madley in Jena, zuvor war sie im Besitz eines Waffenhändlers in der Schweiz gewesen. Die Polizei fand die Tatwaffe im Schutt des von Zschäpe in Brand gesetzten Hauses in der → Frühlingsstraße in Zwickau.

Combat 18 Bewaffneter Arm von → Blood & Honour. Die Zahl 18 steht in der Neonazi-Szene für Adolf Hitler (weil A und H der erste und der achte Buchstabe des Alphabets sind), Combat 18 lässt sich also als »Kampfgruppe Adolf Hitler« übersetzen.

Dönermorde Vor Entdecken des NSU haben viele Medien die damals ungeklärten neun Morde, die mit einer Pistole → Ceska 83 begangen wurden, als »Dönermorde« bezeichnet. Auch von einem »Döner-Killer« war die Rede. Die Begriffe kamen auf nach dem Mord an Ismail Yaşar im Jahr 2005, dem sechsten Fall der Ceska-Mordserie. In einem Bericht der »Nürnberger Zeitung« stand damals das Wort »Döner-Mord« in der Überschrift. Ismail Yaşar und Mehmet Turgut, der 2004 in Rostock ermordet wurde, hatten in Döner-Imbissen gearbeitet und wurden dort erschossen. Die anderen sieben Mordopfer übten andere Berufe aus, dennoch verbreitete sich der Begriff als Bezeichnung für die Česká-Serie immer weiter. Nach Entdecken des NSU wurde der Ausdruck kritisiert, weil er zur Stigmatisierung und Kriminalisierung der Opfer und ihrer Familien beigetragen habe. 2012 wurde er zum »Unwort des Jahres« gewählt.

Entpflichtungsantrag Angeklagter und → Pflichtverteidiger werden einander schwer wieder los, selbst wenn beide es wollen. Die Hürden für eine sogenannte Entpflichtung eines Pflichtverteidigers sind hoch. Das Vertrauensverhältnis zwischen dem Verteidiger und dem Angeklagten muss vollends zerstört sein. Ein Gericht davon zu überzeugen, gelingt selten. Der Grund dafür ist, dass ein Angeklagter sonst durch die bloße Behauptung, er vertraue seinem Anwalt nicht mehr, den Prozess verzögern oder gar einen Neubeginn erzwingen könnte.

Ergänzungsrichter Der Senat muss immer aus derselben Anzahl von Richtern bestehen. Damit die Hauptverhandlung nicht noch mal ganz von vorne beginnen muss, wenn ein Richter zum Beispiel wegen Krankheit oder Pensionierung ausfällt, gibt es Ergänzungsrichter. Sie sind an jedem einzelnen Verhandlungstag dabei, dürfen aber erst mitentscheiden, wenn ein anderer Richter ausfällt.

Exploration Intensive wissenschaftlich fundierte Befragung eines Angeklagten durch einen psychologischen oder psychiatrischen Sachverständigen.

Frühlingsstraße In der Frühlingsstraße 26 in Zwickau wohnten Beate Zschäpe, Uwe Mundlos und Uwe Böhnhardt, bevor das Trio im November 2011 aufflog. Zschäpe steckte das Haus am 4. November 2011 in Brand. Das Haus existiert heute nicht mehr, die Überreste wurden von der Stadt abgerissen. Das Trio war 2008 unter falschen Namen in die Frühlingsstraße gezogen. Zuvor hatten die drei Untergetauchten in der Polenzstraße und in der Heisenbergstraße in Zwickau gewohnt. Als sie 1998 in Jena vor der Polizei flohen, kamen sie zunächst in Chemnitz unter, von dort zogen sie im Sommer des Jahres 2000 nach Zwickau.

GBA Generalbundesanwalt, zum einen der oberste Ankläger der Bundesrepublik in Person, zum anderen – als Pars pro Toto – die gesamte Behörde, auch → Bundesanwaltschaft genannt.

Hammerskins Internationale Neonazi-Organisation, die Mitte der 1980er Jahre in den USA gegründet wurde. In Deutschland sind die Hammerskins seit Anfang der Neunzigerjahre bekannt. Ihre Mitglieder verteilen sich auf regionale Chapter mit strengem Ehrenkodex. Sie sind unter anderem im Geschäft mit rechtsextremistischer Musik aktiv und treten dabei immer wieder in Konkurrenz zu → Blood & Honour.

Hauptverhandlung Das Kernstück eines Strafprozesses. Zum Strafprozess gehört neben der Gerichtsverhandlung auch das Ermittlungsverfahren und das sogenannte Zwischenverfahren, in dem über die Zulassung einer Anklage entschieden wird. Das Urteil zulasten oder zugunsten eines Angeklagten beruht auf den Überzeugungen, zu denen die Richter in der Hauptverhandlung gelangt sind. In der Hauptverhandlung gilt der Grundsatz der Mündlichkeit, der Öffentlichkeit und der Unmittelbarkeit. Das heißt, für eine Verurteilung dürfen nur solche Dinge berücksichtigt werden, die im Gerichtssaal zur Sprache kommen.

Kameradschaft Jena In Jena entstand in den Neunzigerjahren eine Neonazi-Gruppe, die durch Aktionen und politische Propaganda hervortreten wollte. Diese »Kameradschaft Jena«, die Teil des überregionalen Verbunds von Kameradschaften war, die sich im »Thüringer Heimatschutz« organisierten«, war die Keimzelle für das spätere NSU-Trio. Ihr gehörten auch Unterstützer der Untergetauchten an, wie Ralf Wohlleben und André Kapke.

KPI Kriminalpolizeiinspektion: eine lokale Polizeibehörde

Kronzeugenregelung Ein Zeuge, der schon vor Beginn der Hauptverhandlung we-

sentlich zur Aufklärung mittelschwerer oder schwerer Straftaten beiträgt und selbst eine solche Straftat begangen hat, kann von der Kronzeugenregelung profitieren. Kronzeugen treten für die Anklage als Belastungszeugen auf. Führen dessen Angaben zur Verurteilung eines Angeklagten kann dieser Zeuge auf Strafmilderung hoffen und Zeugenschutz bekommen.

Lebenslang Die höchste Freiheitsstrafe, die das deutsche Recht kennt. Dabei heißt »lebenslang« nicht zwangsläufig, dass ein Verurteilter tatsächlich bis zu seinem Tod eingesperrt bleibt. Frühestens nach 15 Jahren kann die Reststrafe – bei guter Führung und günstiger Sozialprognose – zur Bewährung ausgesetzt werden. Wird ein solcher Antrag abgelehnt, kann der Inhaftierte ihn alle zwei Jahre erneut stellen. Anders ist es, wenn das Gericht die → besondere Schwere der Schuld festgestellt hat.

LKA Landeskriminalamt. Jedes Bundesland hat ein eigenes LKA. Die Sicherheitsbehörden der BRD sind föderal organisiert, zusätzlich zu den Landesämtern gibt es für übergreifende Ermittlungen Bundesbehörden wie das BKA.

Madley Ladengeschäft in Jena, in dem in den Neunzigerjahren viele Rechtsextremisten szenetypische Kleidung und Musik kauften. Aus dem Laden stammt auch die illegal erworbene Česká -Pistole mit Schalldämpfer, die Ralf Wohlleben und Carsten Schultze im Jahr 2000 für Uwe Mundlos und Uwe Böhnhardt besorgten. Mit der Pistole ermordete der NSU neun Menschen.

Mittäterschaft Begehen mehrere Menschen gemeinsam im gewollten und bewussten Zusammenwirken eine Tat, wird jeder Täter als Mittäter bestraft. Aufschluss darüber, ob jemand nur → Beihilfe geleistet hat oder Mittäter ist, kann der Umfang der Tatbeteiligung geben und die Antwort auf die Frage, wie ausgeprägt sein Interesse am Erfolg der Tat war. Als Mörder kann also unter bestimmten Umständen auch jemand verurteilt werden, der nicht eigenhändig getötet hat.

Nebenklage Verletzte oder Geschädigte durch bestimmte Straftaten können als Nebenkläger aktiv an einer gerichtlichen → Hauptverhandlung teilnehmen, indem sie sich der Anklage der Staats- oder Bundesanwaltschaft anschließen. Vor Gericht können Nebenkläger dann selbst oder über ihre Anwälte Fragen und Anträge stellen. Nicht nur Opfer etwa von Bombenanschlägen oder versuchten Morden, sondern auch nahe Angehörige von Getöteten können als Nebenkläger auftreten.

NSU-Untersuchungsausschüsse Um aufzuklären, was der Suche nach dem untergetauchten Trio und bei den Ermittlungen zur Ceska-Mordserie schieflief, wurden zahlreiche Untersuchungsausschüsse eingesetzt. Das sind vom Bundestag oder den Landesparlamenten eingesetzte Gremien, in denen Abgeordnete nach festgelegten Regeln einen Sachverhalt (einen Skandal) aufklären sollen. Dabei geht es nicht nur um politische Bewertungen, sondern zunächst auch um das Feststellen der Tatsachen, ähnlich wie bei der Beweisaufnahme vor Gericht. Tatsächlich gelten für Untersuchungsausschüsse zumindest in Teilen die gleichen Regeln, wie sie für Gerichtsverhandlungen in der Strafprozessordnung festgelegt sind: Die Ausschüsse sind berechtigt, Zeugen zu laden und diese sind verpflichtet, einer Ladung zu folgen; Zeugen haben aber auch hier das Recht zu schweigen, wenn sie sonst Gefahr laufen würden, sich in einem strafrechtlichen Sinne selbst zu belasten. Zur Aufarbeitung des NSU-Falls wurden ein Dutzend Untersuchungsausschüsse eingerichtet: im Bundestag, in Baden-Württemberg, Bayern, Brandenburg,. Hessen, Mecklenburg-Vorpommern, Nordrhein-Westfalen, Sachsen und Thüringen – wobei es im Bundestag, in Sachsen und Thüringen sogar jeweils zwei Ausschüsse gab (in jeweils zwei Legislaturperioden).

OLG Das Oberlandesgericht ist in Strafsachen als erste Instanz für Terrorismusverfahren zuständig.

Paragraf 55 Strafprozessordnung Gemäß diesem Paragrafen kann jeder Zeuge kann vor Gericht die Antwort auf solche Fragen verweigern, durch deren Beantwortung er sich selbst oder einem nahen Angehörigen die Gefahr einer Strafverfolgung aussetzt.

Paulchen Panther Trickfilmfigur, auch bekannt als Rosaroter Panther. Die Zeichentrickserie mit der Figur Paulchen Panther ist eine zentrale Quelle für das von Beate Zschäpe verschickte NSU-Bekennervideo. Szenen aus der Serie, die vor allem Uwe Mundlos geliebt haben soll, wurden von den Terroristen so montiert und mit anderen Aufnahmen verbunden, dass der NSU damit seine Anschläge thematisieren und die Opfer verhöhnen konnte. In das Video wurden auch Fotos hineingeschnitten, die Mundlos oder Böhnhardt direkt nach den Morden an den Tatorten gemacht hatten. Das Video endete mit dem berühmten Spruch aus der Zeichentrickserie: »Heute ist nicht alle Tage, ich komm wieder, keine Frage.«

Pflichtverteidiger Ein Angeklagter darf sich gegen schwere Vorwürfe wie Terrorismus und Mord nicht selbst verteidigen und wäre dazu wohl auch selten in der Lage. Um sicherzustellen, dass es zu einem fairen Verfahren kommt, wird ihm

durch das Gericht ein Pflichtverteidiger beigeordnet, bei dessen Auswahl er durchaus ein Wort mitreden darf. Die Kosten für den Pflichtverteidiger übernimmt der Staat.

Pogromly Von den NSU-Terroristen selbst gebasteltes Spiel, angelehnt an Monopoly. Pogromly wurde in der Neonazi-Szene verkauft, um Geld für die Untergetauchten zu gewinnen. Das Spiel verherrlichte den Holocaust.

RAF Rote Armee Fraktion: linke Terrororganisation, die in der Bundesrepublik 34 Morde beging und vom NSU im Bekennervideo verhöhnt wurde. Uwe Mundlos soll sich schon vor dem Untertauchen mit der Geschichte der RAF und deren Untergrundkampf beschäftigt haben.

Rechtsverlust Dem Antragsteller können strafprozessualen Rechte entgehen, wenn er nicht unverzüglich handelt, zum Beispiel wenn er einen Befangenheitsantrag nicht sofort stellt.

Revision Rechtsmittel gegen ein Gerichtsurteil, mit der Folge, dass die nächste Instanz prüft, ob das Urteil der vorherigen Instanz rechtsfehlerhaft ist. Eine erneute → Beweisaufnahme erfolgt nicht.

Sachverständiger Experte in einem bestimmten Fachgebiet, der dem Gericht die für eine Entscheidung notwendige Sachkunde vermittelt. Als Gehilfe des Gerichts wird er vom Gericht bestellt oder auch auf Antrag der Verteidigung vernommen.

Senat kommt von *senatus*, Rat oder Versammlung der Ältesten. So wird bei höheren Gerichten wie dem Oberlandesgericht die Gruppe der entscheidenden Richter genannt. Der für den NSU-Fall zuständige Senat bestand aus einer Richterin und vier Richtern. Den Vorsitz hatte Manfred Götzl.

Sicherungsverwahrung Wird die Sicherungsverwahrung angeordnet, bleibt ein Straftäter auch dann noch eingesperrt, wenn er seine Gefängnisstrafe verbüßt hat. Sie soll keine Bestrafung darstellen, sondern eine Schutzmaßnahme für die Bevölkerung sein. Die Unterbringung in der Sicherungsverwahrung ist zeitlich nicht begrenzt. Allerdings muss regelmäßig geprüft werden, ob von dem Verwahrten tatsächlich noch eine Gefahr für die Allgemeinheit ausgeht.

Terroristische Vereinigung Nach deutschem Recht ein auf Dauer angelegter Zusam-

menschluss von mindestens drei Menschen, die zur Verfolgung politischer oder auch religiöser Ziele schwere Straftaten wie zum Beispiel Morde und Bombenanschläge begehen.

Thüringer Heimatschutz (THS) Rechtsextremistische Organisation in Thüringen. Der THS versammelte seit Mitte der Neunzigerjahre die verschiedenen lokalen Neonazi-Kameradschaften. Einer der Anführer des Dachverbands war Tino Brandt, der zugleich V-Mann des Thüringer Landesamts für Verfassungsschutz war.

Turner-Tagebücher Den rechten Terror verherrlichender Roman in Tagebuch-Form, geschrieben vom US-Autor und Rechtsextremisten William L. Pierce und 1978 unter dem Pseudonym Andrew Macdonald veröffentlicht (»The Turner Diaries«). Pierce war Gründer der National Alliance, einer rechtsextremen Organisation in den USA. Die fiktiven Tagebücher einer Figur mit dem Namen Earl Tuner schildern einen »Rassenkrieg« und den Kampf revolutionärer, rechter Untergrundgruppen gegen das »System«. Der Terrorist Timothy McVeigh, der 1995 einen Anschlag auf ein Regierungsgebäude in Oklahoma City verübte, bei dem 168 Menschen starben, bezog sich für seine Tat auf die Turner-Tagebüchern. Auch in deutschen Neonazi-Kreisen ist das Buch verbreitet, es wurde auch auf einem Datenträger der NSU-Terroristen gefunden.

Unschuldsvermutung Ein Angeklagter gilt als unschuldig. Die Hauptverhandlung dient dazu, herauszufinden, ob die Vorwürfe in der Anklage zutreffend sind oder nicht. Der Angeklagte muss seine Unschuld nicht beweisen, sondern die Strafverfolgungsbehörden ihm seine Schuld nachweisen. Die Vermutung der Unschuld endet erst mit der Rechtskraft einer Verurteilung.

V-Mann Vom Staat bezahlter Spitzel, der selbst kein Beamte ist, sondern als freier Mitarbeiter der Behörden Informationen liefert, beispielsweise aus der rechtsextremen Szene. In der Regel sind V-Leute Angehörige der Gruppen, über die sie Informationen liefern. In der Neonazi-Szene eingesetzte V-Männer sind also selbst Neonazis, die oft nur des Geldes wegen dem Staat etwas liefern, an ihrer politische Gesinnung aber festhalten. Der Verfassungsschutz führt V-Männer, aber auch die Polizeibehörden haben mitunter V-Personen. Man unterscheidet zwischen einfachen (Gelegenheits-) Informanten, die den Beamten mal etwas mitteilen, und förmlich verpflichteten V-Leuten, die regelmäßig etwas liefern sollen. Prinzipiell können auch Frauen als V-Personen arbeiten, auch wenn in der Öffentlichkeit meist nur von V-Männern die Rede ist. Nicht verwechselt werden dürfen V-Leute mit verdeckten Ermittlern. Verdeckte Ermittler sind

hauptberufliche Beamte, die gezielt unter einer Legende in bestimmte, möglicherweise kriminelle Gruppen eingeschleust werden.

V-Mann-Führer In den Behörden des Verfassungsschutzes und der Polizei werden V-Leute (V-Männer) von Beamten betreut, die als V-Mann-Führer bezeichnet werden. Sie haben die Aufgabe, sich regelmäßig konspirativ mit den von ihnen geführten V-Leuten zu treffen und sich nach Neuigkeiten aus deren jeweiligen Einsatzfeldern zu erkundigen. Über die erhaltenen Informationen schreiben die V-Mann-Führer Aktenvermerke, sogenannte Deckblattmeldungen oder Treffberichte. Diese werden an weitere Beamte zur Auswertung und Bewertung gegeben.

Verfügung Gerichtliche Entscheidung, die in der Regel vom Vorsitzenden Richter allein erlassen wird, zum Beispiel über Unterbrechungen oder Fortsetzungstermine der Hauptverhandlung. Gründe für eine Entscheidung werden vom Richter in einer Verfügung nicht genannt. Die Verfügung ist zu unterscheiden vom → Beschluss. Prozessbeteiligte können nach ergangener Verfügung einen Beschluss des Senats fordern.

Verschleppungsabsicht Wenn der Prozess durch sinnlose oder allzu konstruierte Beweisanträge gestreckt und verzögert werden soll.

Vorhalt Zitat aus den Ermittlungsakten, nicht zu verwechseln mit einer Vorhaltung im Sinne von Kritik.

Wahlverteidiger Anwalt eines Angeklagten, den er sich selbst ausgesucht hat und den er selbst bezahlen muss.

Weisse Bruderschaft Erzgebirge Rassistische, rechtsextreme Organisation, die in den Neunzigerjahren im Erzgebirge gegründet wurde, unter anderem von André Eminger.

Winzerclub Jugendclub in Jena-Winzerla, in dem sich Uwe Mundlos, Uwe Böhnhardt, Beate Zschäpe und Ralf Wohlleben Anfang der Neunzigerjahre kennenlernten.

Zeugenbeistand Anwalt eines Zeugen.

Umschlaggestaltung: Heidi Sorg und Christof Leistl
Satz: frese-werkstatt.de
Druck und Bindung:Pustet, Regensburg
ISBN 978-3-95614-095-2

RUDOLF AUGSTEIN STIFTUNG
Diese Publikation wurde mit Mitteln der
Rudolf Augstein Stiftung gefördert

Ramelsberger | Ramm | Schultz | Stadler

DER NSU-PROZESS

DAS PROTOKOLL

Verlag Antje Kunstmann

DER NSU-PROZESS

Das Verfahren gegen den Nationalsozialistischen Untergrund ist einer der wichtigsten Prozesse der Nachkriegsgeschichte und gleichzeitig eine Tiefenbohrung in die deutsche Gesellschaft. Die Protokolle sind ein historisches Dokument.

Der Prozess gegen die rechtsradikale Terrorgruppe Nationalsozialistischer Untergrund (NSU) war einer der größten und längsten Prozesse der Nachkriegszeit. Doch das ist nicht der Grund, warum er nun in einer Reihe mit den Nürnberger Kriegsverbrecherprozessen, dem Auschwitz-Prozess und den RAF-Verfahren steht, die alle Abgründe einer Epoche aufgearbeitet haben. Nicht seine Länge von 438 Verhandlungstagen war dafür ausschlaggebend und auch nicht die bloßen Zahlen: fünf Angeklagte, 14 Verteidiger, rund 90 Nebenkläger und mehr als 600 Zeugen. Das, was das Verfahren von München zu einem wirklich historischen Prozess machte, war etwas anderes.

Dieser Prozess war ein Lehrstück deutscher Geschichte. Eine Tiefenbohrung in die deutsche Gesellschaft, die gefährliche Sedimente unter der Oberfläche wirtschaftlich blühender Landschaften und einer scheinbar gefestigten Demokratie zutage förderte: brave Bürger, die im Keller unterm Hitlerbild sitzen; fleißige Angestellte, die nichts dabei finden, ihren Pass und ihren Führerschein untergetauchten Neonazis zu überlassen; eifrige Verfassungsschützer, die ihre rechtsextremistischen V-Männer mit Steuergeld unterstützen, ohne wirklich Wichtiges zu erfahren; Polizisten, die die Witwe eines türkischen Opfers anlogen und sagten, ihr toter Mann habe eine deutsche Geliebte gehabt – nur um ihr angeblich verstocktes Schweigen zu brechen. Vor Gericht traten dann die wirklich Verstockten auf: eine Phalanx schweigender Rechtsradikaler, die auch durch zehn heimtückische Morde nicht zu erschüttern war.

Der NSU-Prozess sollte zehn Morde, zwei Bombenanschläge und 15

Raubüberfälle klären und die individuelle Schuld der fünf Angeklagten. Doch er gab auch den Blick frei in die Seele von Demokratiefeinden, legte die Fehler des deutsch-deutschen Zusammenwachsens bloß und sezierte die Verwerfungen nach dem 9. November 1989. Wie unter einem Brennglas zeigte er die dunklen Seiten von fast 30 Jahren Nachwendezeit.

Als der Nationalsozialistische Untergrund (NSU) sich im November 2011 selbst enttarnte, da blickte die scheinbar wohlgeordnete Republik plötzlich in einen Abgrund, den sie nicht für möglich gehalten hatte. Über Nacht wurde klar, dass eine bis dahin unbekannte rechtsradikale Terrorzelle für viele Verbrechen im Land verantwortlich war, die seit dem Jahr 2000 für Aufsehen gesorgt hatten, aber nicht aufgeklärt werden konnten: für die Morde an acht Männern mit türkischen und an einem mit griechischen Wurzeln in München, Nürnberg, Hamburg, Rostock, Dortmund und Kassel, auch für den ungeklärten Nagelbombenanschlag in der Kölner Keupstraße und einen Anschlag auf einen Lebensmittelladen in der Kölner Probsteigasse, zuletzt für den Mord an einer Polizistin in Heilbronn. Für alle diese Taten hatte die Terrorzelle NSU die Verantwortung übernommen – mit einem Bekennervideo. Dieses über Jahre hinweg immer wieder überarbeitete Video zeigte die toten und sterbenden Opfer des NSU aus nächster Nähe, die Trickfilmfigur Paulchen Panther machte dazu menschenverachtende Witze. Die Republik war entsetzt.

Bundespräsident Christian Wulff traf sich mit den Opferfamilien, sein Nachfolger Joachim Gauck lud sie in seinen Amtssitz Bellevue. Arbeitgeber und Gewerkschaften verabredeten eine Schweigeminute in den Betrieben. Bundeskanzlerin Angela Merkel lud die Angehörigen der Ermordeten zur Trauerfeier nach Berlin. Dort bat sie um Verzeihung dafür, dass die Terrorzelle so lange nicht gefunden worden war. Die Morde des NSU seien ein Anschlag auf die Grundwerte Deutschlands, sie seien »ein Anschlag auf unser Land. Sie sind eine Schande für unser Land.«

Und Merkel verpflichtete sich und die Regierung: »Als Bundeskanzlerin der Bundesrepublik Deutschland verspreche ich Ihnen: Wir tun alles, um die Morde aufzuklären und die Helfershelfer und Hintermänner aufzudecken und alle Täter ihrer gerechten Strafe zuzuführen.« Nach Ende des Prozesses bleibt das Fazit: Das ist nicht gelungen.

Politische Konsequenzen

Selten hat ein Verbrechen das Land so aufgewühlt wie die Mordserie des NSU. Denn der NSU stellte auch alle Gewissheiten der Sicherheitsbehörden infrage. Die hatten jahrelang die Überzeugung zur Schau gestellt, dass es in Deutschland keinen Terror von rechts gibt. Die Taten, so erklärten sie wiederholt, mussten auf die türkische Mafia zurückgehen oder auf Revierkämpfe im Rauschgiftmilieu. Die Medien nannten die Morde an den neun Migranten auch abfällig »Dönermorde« – allein dieses Wort zeigte schon, wer im Verdacht stand. Die immer drängenderen Fragen der Angehörigen, ihre Hinweise, dass es sich bei dem Serienmörder um einen »Türkenhasser« handeln musste, wurden nicht ernst genommen.

Der Verfassungsschutz hatte Fragen nach der Existenz einer braunen RAF (der linksextremen Rote Armee Fraktion, die in den 70er, 80er und 90er Jahren mordete) stets abgetan: Zu dumm seien die Rechten, zu sehr seien sie von Staatsspitzeln umstellt, als dass sich Terrorzellen unbemerkt entwickeln könnten. Zu sehr fehle es ihnen auch an einer intelligenten Führungsfigur. Dabei brauchten die Radikalen gar keinen Führer mehr. In der rechten Szene kursierte längst das Buch »Die Turner Tagebücher« des amerikanischen Rechtsradikalen William L. Pierce, wonach es zu einem Kampf der Rassen gegeneinander kommen werde und die Weißen Terrorzellen bilden müssten, um »leaderless resistance« (führerlosen Widerstand) zu leisten – aber das hatten die Verfassungsschützer nicht ernst genommen. Auch auf den Computern etlicher Angeklagter im NSU-Prozess wurden die »Turner Tagebücher« gefunden.

Auf die Selbstenttarnung des NSU folgte in den Monaten darauf der Rücktritt des Präsidenten des Bundesverfassungsschutzes und der Präsidenten der Landesverfassungsschutzämter von Sachsen, Sachsen-Anhalt, Thüringen und Berlin. Fast ein Dutzend Untersuchungsausschüsse machten sich an die Arbeit, Behördenleiter wurden vernommen, Verantwortlichkeiten hinterfragt, Beamte ins Kreuzverhör genommen. Entdeckt wurden: lähmende Bürokratie, Dienst nach Vorschrift, ein Gegeneinander in den Ämtern, Abschottung der Dienste, gravierende Fehleinschätzungen. Und der nach Aufklärung drängende Verdacht, dass bei manchem Verfassungsschützer auch das rechte Auge zugedrückt wurde. So erklärte zum Beispiel ein Verfassungsschützer aus Thüringen noch vor Gericht, er habe seinen Spitzel »gut im Griff« gehabt – er meinte jenen V-Mann, der einen Großteil seines Honorars von rund 200 000 Mark an seine Neonazi-Freunde weitergeleitet hatte. Und ein Beamter des Bundesverfassungsschutzes schredderte noch nach der Enttarnung des NSU geheime Akten zur rechten Szene in Thüringen. Er wusste, wie viele V-Leute sein Dienst dort hatte und wollte, so sagte er, unbequeme Nachfragen dazu verhindern, warum die Geheimdienste dennoch nichts über den NSU wussten. Der Mann wurde in eine andere Behörde versetzt, ein Verfahren gegen ihn nach einer Geldzahlung eingestellt.

Am Ende des zweiten Untersuchungsausschusses des Bundestags im Sommer 2017 waren sich viele Prozessbeobachter sicher: Polizei und Verfassungsschutz hätten die Morde verhindern können, wenn sie die Hinweise ihrer V-Leute ernst genommen und schnell eingegriffen hätten.

Viele Stunden parlamentarischer Kontrollarbeit, Tausende Seiten Papier. Aber nirgendwo gelang die Tiefenbohrung in die deutsche Gesellschaft so präzise wie im Gerichtssaal A 101 des Oberlandesgerichts München. Nirgendwo kam man den Tätern, ihren Helfern, ihren Sympathisanten und ihren Motiven so nah wie hier.

Die Angeklagten

Auf der Anklagebank saßen eine Frau und vier Männer: Beate Zschäpe (geboren 1975), Ralf Wohlleben (1975), Carsten Schultze (1980), Holger Gerlach (1974) und André Eminger (1979). Die Bundesanwaltschaft warf den Männern vor, Waffen, Wohnungen, Geld oder Ausweise für die Terrorzelle besorgt zu haben. Die Anklage gegen Beate Zschäpe lautete, sie sei gleichberechtigtes Mitglied des NSU gewesen, und habe – obwohl sie wohl an keinem Tatort war – die Morde ihrer Gefährten Uwe Mundlos und Uwe Böhnhardt erst möglich gemacht. Als sie am 4. November 2011 erfuhr, dass sich ihre Freunde nach einem Banküberfall in ihrem Wohnmobil erschossen hatten, verschickte sie das Bekennervideo für die Morde. Sie zündete den gemeinsamen Unterschlupf in Zwickau an und stellte sich nach einer tagelangen Odyssee durch die Republik in ihrer Heimatstadt Jena der Polizei. Seitdem saß sie in Haft.

Die Angeklagten zeigten geradezu exemplarisch die verschiedenen Spielarten des deutschen Rechtsradikalismus: Ralf Wohlleben, der politische Funktionär, der eine Karriere in der NPD anstrebte und sich als treusorgender Familienvater und friedliebender Patriot gab, der nur Angst vor Überfremdung habe; Holger Gerlach, der fleißige, aber spielsüchtige, etwas naive Lagerarbeiter, der wie ein Handlanger seinen Freunden bis zuletzt Pässe und Führerscheine zur Verfügung stellte, aber vorgab, nichts von deren Morden gewusst zu haben. André Eminger, der überzeugte Neonazi, der seinen Körper über und über mit Hass-Parolen tätowiert hat, Weihnachtskarten mit germanischen Runen verschickte und im Prozess kein Wort sagte – selbst als er im September 2017 im Gerichtssaal überraschend in Haft genommen wurde. Und Carsten Schultze, der als junger Mann von der rechten Gemeinschaft und dem Männlichkeitskult angezogen war und dann merkte, dass Homosexuelle wie er dort abgelehnt wurden. Schultze stieg schon im Herbst 2000 aus der Szene aus. Zuvor hatte er dem NSU noch die Tatwaffe für neun Morde überbracht. Seine Tat holte ihn elf Jahre später wieder ein.

Beate Zschäpe

Im Mittelpunkt des Prozesses aber stand die Hauptangeklagte. Je nach Sichtweise ist Beate Zschäpe die rechtsextreme Terroristin. Oder die Stellvertreterin, die nur für ihre toten Neonazi-Freunde vor Gericht stand. Oder das verführte, abhängige Mädchen. Oder gar die Marionette der Geheimdienste, so eine beliebte Deutung rechtsextremer Kreise. Es gab viele Prozessbeteiligte, die sagten, es sei doch klar, dass Zschäpe nicht die Geisel des NSU war, sondern eher die Kraft, die alles zusammenhielt. Dass ein heimliches Leben, bei dem man so aufeinander angewiesen ist wie Zschäpe und ihre Männer, nur aufrechtzuerhalten ist, wenn ein gemeinsames Ziel die drei zusammenschweißte. Geselliges Prosecco-Trinken mit den Nachbarn oder Radfahren im Urlaub, so wie Zschäpe das erzählte, konnte es kaum gewesen sein, so sah es auch der psychiatrische Gutachter Henning Saß, der Zschäpe vier Jahre lang beobachtet und ihr Verhalten analysiert hat. Er hielt sie für eine selbstbewusste, eigenständige Frau, die andere manipulieren konnte. Saß sah sie als voll schuldfähig an und sagte, sie sei auch noch immer gefährlich.

Der von der Verteidigung Zschäpes aufgebotene psychiatrische Gutachter Joachim Bauer dagegen diagnostizierte bei ihr eine Persönlichkeitsstörung, die sie krankhaft abhängig von ihren Gefährten gemacht habe und deswegen auch unfähig, sich von ihnen zu lösen, obwohl sie immer wieder von ihrem Freund Uwe Böhnhardt geschlagen worden sei. Psychiater Bauer sah Zschäpe als vermindert schuldfähig an und erklärte sogar, sie habe 13 Jahre lang in »verschärfter Geiselhaft« bei ihren Freunden gelebt. In einer E-Mail an eine Zeitung verglich er das Verfahren und dessen mediale Begleitung mit einer Hexenverbrennung und erklärte, man wolle in Zschäpe »das nackte Böse in einem weiblichen Körper« sehen. Die Nebenkläger beantragten, den Psychiater für befangen zu erklären. Das Gericht erklärte ihn tatsächlich für befangen – es war der einzige Befangenheitsantrag im gesamten Prozess, der Erfolg hatte.

Die Anklage sah die Rolle von Zschäpe völlig anders. Die 1975 geborene Frau aus Jena war für die Bundesanwaltschaft ein unverzichtbarer Teil der Terrorzelle – weil sie die Tarnung für die Männer lieferte. Weil bei ihr der sichere Rückzugsort war, an den Mundlos und Böhnhardt nach den Morden zurückkehren konnten. Für den Generalbundesanwalt galt: Die Frau war nicht nur Helferin, sie war gleichberechtigte Mittäterin ihrer Männer, selbst wenn sie nicht selbst getötet hatte und an keinem Tatort beobachtet worden war. Das ist nichts wirklich Neues: Bereits in etlichen Prozessen gegen die RAF hatten Gerichte Angehörige der Terrororganisation wegen der Mittäterschaft bei Anschlägen verurteilt, obwohl sie nicht selbst geschossen hatten. Sie galten als Mittäter, weil sie einem Kommando angehört und den Anschlag gewollt hatten. Um als Mörder verurteilt zu werden, muss man nicht selbst den Finger am Abzug gehabt haben – das hat die Rechtsprechung gegen die Kommandos der Rote Armee Fraktion gezeigt.

Das Gericht hat das am Ende ähnlich gesehen und Zschäpe zu lebenslanger Haft mit besonderer Schwere der Schuld verurteilt – für die Richter war sie gleichberechtigte Mittäterin ihrer Männer. Götzl zeichnete in seinem Urteil das Bild einer Terrorbande, die sich von Anfang an dazu verabredet hatte, eine Mordserie gegen Ausländer und Repräsentanten des Staates zu begehen, um eine Gesellschaftsordnung nach dem Vorbild des Nationalsozialismus zu schaffen. Die Taten sollten aber verübt werden, ohne sich dazu zu bekennen. Und zwar aus einem besonderen Grund: Man wollte erst später ein Bekennervideo veröffentlichen, weil die Gruppe »die Machtlosigkeit des Sicherheitsapparats und die Schutzlosigkeit der angegriffenen Bevölkerungsgruppe zeigen wollte.« Richter Götzl erklärte, Zschäpe, Mundlos und Böhnhardt hätten von vorneherein die Absicht gehabt, im Untergrund eine terroristische Vereinigung zu bilden und ihre ausländerfeindliche Gesinnung durch Gewalttaten zum Ausdruck zu bringen. Zschäpe hatte nach Überzeugung des Gerichts die Aufgabe, die Videos nach dem Auffliegen der Bande zu verschicken und die Hinweise auf die Taten und mögliche Helfer im gemeinsamen Unterschlupf zu vernichten, indem sie in der Wohnung Feuer legen sollte. Um diesen Auftrag zu erfüllen, musste sie sich während der Straftaten ihrer Freunde in der Nähe der Wohnung aufhalten.

Sollte der Bundesgerichtshof das Urteil des Oberlandesgerichts München bestätigen, stehen Beate Zschäpe noch mindestens 20 Jahre Haft bevor – zusätzlich zu den sechseinhalb Jahren, die sie bis zum Urteil bereits abgesessen hatte. Denn die besondere Schwere der Schuld bedeutet, dass sie nicht schon nach 15 Jahren im Gefängnis Aussicht auf ein Leben in Freiheit hat. Das Gericht blieb bei Zschäpe nur in einem Punkt hinter den Forderungen der Bundesanwaltschaft zurück: Es verhängte nicht die Sicherungsverwahrung gegen sie. Das fand Richter Götzl »nicht unerlässlich«.

Die lebenslange Haftstrafe für Beate Zschäpe überdeckte zunächst die aus Sicht vieler Prozessbeobachter erstaunlich milden Strafen für die anderen Angeklagten. Ralf Wohlleben, der den NSU wie die Spinne im Netz unterstützt und die Tatwaffe für neun Morde vermittelt hatte, erhielt zehn Jahre – zwei Jahre weniger als von der Bundesanwaltschaft gefordert. Er hatte schon sechs Jahre und acht Monate abgesessen und kam bereits eine Woche nach dem Urteil vorläufig frei. Der bekennende Neonazi André Eminger, für den die Bundesanwaltschaft ebenfalls zwölf Jahre Haft gefordert hatte, wurde zu zwei Jahren und sechs Monaten Haft verurteilt. Das Gericht hob seinen Haftbefehl auf, er verließ das Gericht als freier Mann. Seine Freunde und Unterstützer, die am Tag der Verkündung auf der Besuchertribüne saßen, klatschten und johlten dazu. Auch Holger Gerlach, der seinen Freunden jahrelang den Pass und seinen Führerschein überlassen hatte, bekam drei Jahre Haft – zwei weniger als gefordert. Nur der Angeklagte, der seine Taten offen bereut hatte, der Aussteiger Carsten Schultze, erhielt keine mildere Strafe als von der Anklage beantragt. Das Gericht verurteilte ihn zu drei Jahren Jugendhaft. Er war der einzige, der auf alle Fragen geantwortet und sich selbst schwer belastet hatte. Einige Familien der Opfer hatten das Gericht gebeten, ihn milde zu bestrafen, weil sein Gewissen ihn schon genug strafe.

Viele Angehörige der Opfer hatten bereits zu Beginn des Prozesses betont, es gehe ihnen nicht um eine möglichst hohe Strafe für die Angeklagten. Was sich aber die Angehörigen unbedingt erhofften – dies machten ihre Anwälte immer wieder deutlich – war die Antwort auf eine quälende Frage: die Frage, warum ausgerechnet ihr Mann, ihr Bruder, ihr Sohn getötet wurde. Doch Zschäpe hatte als Angeklagte das Recht, zu schweigen. Dieses Recht hat sie 248 Tage lang in Anspruch genommen. Am 249. Tag hat sie eine Erklärung abgegeben, 54 Seiten lang, vorgelesen von ihren Anwälten. Darin stellte sie sich als Opfer des NSU dar, emotional erpresst von ihren Freunden, die damit drohten, sich zu erschießen, wenn Zschäpe sie verließe. Sie selbst habe die Morde abgelehnt und auch immer erst hinterher davon erfahren, ließ sie vortragen. Das Motiv für die Taten: Mundlos und Böhnhardt hätten gesagt, ihr Leben sei ohnehin »verkackt« gewesen. Für den Mord an der Polizistin Michèle Kiesewetter hat es laut Zschäpe nur einen Grund gegeben: Die Männer wollten eine moderne Polizeipistole erbeuten. Und die Raubüberfälle – die habe sie in Kauf genommen, ließ Zschäpe erklären, schließlich habe die Gruppe während der mehr als 13 Jahre im Untergrund ihren Lebensunterhalt bestreiten müssen. Die Bekennervideos habe sie nach dem Tod ihrer Gefährten nur deswegen verschickt, weil sie es den beiden einst versprochen hatte.

Im Herbst 2016 hatte Zschäpe schließlich selbst das Wort ergriffen und erklärt, sie verurteile die Taten von Mundlos und Böhnhardt. Sie beurteile Menschen nicht nach ihrer Herkunft oder ihrer politischen Einstellung, sondern nach ihrem »Benehmen«. Sie bedauere ihr eigenes Fehlverhalten. Dann schwieg sie erneut fast zwei Jahre – bis zu ihrem letzten Wort am 3. Juli 2018. Bei dieser Gelegenheit äußerte sie, ihr täten die Taten ihrer Freunde leid, sie empfinde Mitleid mit den Angehörigen der Opfer und habe sich von der rechten Szene abgewandt. Gleichzeitig erklärte sie, sie akzeptiere die politische Gesinnung ihrer Mitangeklagten. Sie ignorierte dabei, dass genau diese Gesinnung erst das Leid verursacht hatte, das sie nun beklagte.

Zschäpes Worten stehen Aussagen Hunderter Zeugen entgegen, die im Gerichtssaal gehört wurden. Sie sprachen darüber, wie Zschäpe mit ihnen über »Germanenkunde« debattierte, mit ihnen ihr selbstgemachtes rassistisches Spiel »Pogromly« spielte, in dem auf die Gräber von Juden »gekackt« wurde, wie sie ihnen ihre Schreckschusswaffe zeigte, die sie liebevoll »Wally« nannte. Im Gerichtssaal traten auch Nachbarn und Freundinnen auf, mit denen sie sich zum Prosecco zusammengesetzt hat, unter einem Hitlerbild im Keller. Urlaubsfreunde berichteten als Zeugen von ungetrübter Harmonie unter den drei Freunden Mundlos, Böhnhardt und Zschäpe. Und ihr Cousin, mit dem Zschäpe aufgewachsen war, erklärte, seine Cousine habe ihre Jungs »im Griff« gehabt. Sie selbst hat sich während des Prozesses mit ihren drei ursprünglichen Verteidigern zerstritten und sich einen neuen, vierten Pflichtverteidiger vom Gericht erkämpft, der sie seit Sommer 2015 vertrat. Zusätzlich wurde sie von einem Wahlverteidiger beraten. Ihre alten Verteidiger grüßte sie nicht, beachtete sie nicht, schwieg sie an, obwohl die sich weiter für ihre Rechte einsetzten. Sie hielt das drei Jahre lang durch, bis zum Urteil.

Doch vor dem Oberlandesgericht München ging es nicht nur um Beate Zschäpe und ihre Mitangeklagten. Es ging um die Republik. Um ihre Sicherheitsbehörden. Um die Justiz. Um die Demokratie. Es ging um Hass und Gewalt und die Grundfesten des Staates.

Die Erkenntnisse aus dem NSU-Prozess

Je nachdem, wie man den Scheinwerfer in diesem Prozess ausrichtete, konnte man sehen, wie der Staat, der behauptet, für die Sicherheit seiner Bürger sorgen zu können, blind war gegenüber dem Terror von rechts. Tino Brandt, ein V-Mann des Thüringer Verfassungsschutzes, hatte die rechte Szene finanziert und ermuntert, viele andere V-Leute hatten in der Szene mitgemischt. Doch Verfassungsschutz, Polizei und Justiz erkannten trotz ihrer Quellen nicht, was sich da zusammenbraute.

Der Prozess hat gezeigt, dass sich viele Vertreter aus Polizei und Verfassungsschutz bis heute damit schwertun, sich und anderen ihr Versagen einzugestehen. Ein Polizist lobte sich, wie freundlich er mit einer Opferfamilie Tee getrunken hatte und erzählte erst auf Nachfrage, dass diese Familie gleichzeitig abgehört wurde. Ein Ermittler erklärte zur Frage, warum die Polizei so lange gegen die Familien der Opfer ermittelt und alle Hinweise auf einen rechtsextremistischen Ursprung der Taten ignoriert hatte, ungerührt: Man solle doch nicht so tun, als wenn es keine türkische Mafia gäbe. Polizeizeugen sagten vor Gericht immer wieder, sie selbst hätten alles richtig gemacht, als sie allein die Angehörigen der türkischstämmigen Opfer für verdächtig hielten.

Der Prozess hat vorgeführt, wie Rechtsradikale immer noch verniedlicht werden – wie schon seit den 1990er Jahren, als der sächsische Ministerpräsident Kurt Biedenkopf sagte, die Menschen in Sachsen seien »immun gegen Rechtsextremismus«. In einer paternalistischen Geste taten viele West-Politiker damals das offen zur Schau getragene rechtsradikale Gedankengut in den neuen Ländern als Kinderei ab, die sich schon auswachsen werde. Bis heute verharmlost die Gesellschaft rechte Übergriffe als Dumme-Jungs-Streiche und redet rassistische Morde als Auseinandersetzungen zwischen Linken und Rechten klein. Erst wenn, wie in Dresden, der Rassismus die Touristenzahlen dezimiert, wird die antidemokratische Haltung weiter Kreise der Bevölkerung als Problem wahrgenommen.

Im Prozess konnte man sehen, wie die Helfer und Sympathisanten des NSU noch immer eine verschworene Gemeinschaft bilden. Es traten alte Freunde von Beate Zschäpe, Uwe Mundlos und Uwe Böhnhardt vor Gericht auf, die mit den dreien über Gewalt geredet, fremdenfeindliche Straftaten vorbereitet und begangen, ihnen beim Untertauchen geholfen hatten. Doch vor Gericht konnten sie sich angeblich an nichts mehr erinnern.

Im Prozess wurde klar, dass all die Menschen im Umfeld des NSU – die Nachbarn, die Freundinnen, der Hausmeister – nichts bemerkt haben wollten vom Treiben der Bande, aber auch von all dem rechtsradikalen und fremdenfeindlichen Gedankengut, das in Ostdeutschland nach der Wende verbreitet und offen zur Schau gestellt wurde. Alles sei ganz normal gewesen, berichteten die Zeugen vor Gericht. Es war für sie normal, dass der Ehemann auf seinem Bauch »Skinhead« tätowiert hat. Es war für sie normal, dass der Mann der Nachbarin auf seinem Facebook-Account das Gedicht stehen hatte: »Der Ali hat Kohle, der Hassan hat Drogen, wir Deutschen zahlen und werden betrogen.« Nein, deswegen seien sie doch nicht rechtsradikal, sagte die Nachbarin. Auch Beate Zschäpe sei »ganz normal« gewesen. »So wie alle.« Die vietnamesische Schwägerin eines Bewohners traute sich dann irgendwann nicht mehr ins Treppenhaus, das an der Wohnung von Zschäpe, Böhnhardt und Mundlos vorbeiführte.

Vor Gericht wurde nicht nur der Werdegang der Angeklagten seziert, da wurden die Biographien von Unternehmern aus Chemnitz, von Personalsachbearbeitern aus München, Baggerführern aus Jena, Handwerkern aus Zwickau erhellt, vermeintlich unbescholtene Bürger – bis hinter der wohlanständigen Fassade ihre braune Vergangenheit und ihre Gegenwart als Demokratie-Verächter hervorblickten. Man sah, aus welchem Reservoir sich Gruppen wie Pegida und Parteien wie die rechte AfD ihre Anhänger schöpfen.

Man konnte aber auch erkennen, dass es Menschen gibt, die sich trotz ihrer Verstrickung aus der Szene lösten wie der Angeklagte Carsten Schultze, der gestanden hat, dem NSU die Tatwaffe für neun Morde überbracht zu haben, aber dann mit der rechten Szene brach, sein Coming-Out hatte und ein neues Leben anfing: Er studierte Sozialpädagogik und arbeitete in Düsseldorf bei der Aidshilfe. Vor Gericht würgte er Stück für Stück seiner Erinnerungen heraus und belastete sich selbst schwer. Als ihm die Familie eines Getöteten im Gerichtssaal vergab, brach er in Tränen aus.

In diesem Prozess schieben sich verschiedene Schichten übereinander – all die Fehler, die in den Jahren nach der Wiedervereinigung gemacht worden sind. Die Einsamkeit der Jugendlichen, deren Eltern mit der Wende so viel zu tun hatten, dass sie keine Zeit mehr hatten, sich um ihre Kinder zu kümmern. Die Kinder, die dann gegen die Eltern revoltierten – mit der größtmöglichen Provokation, dem Bekenntnis zum Rechtsradikalismus. Vieles kam zusammen: die bröckelnden Autoritäten der DDR, deren frühere Volkspolizisten von den Jungen nur noch mit Spott bedacht wurden. Die West-Importe, die die Behörden in den neuen Bundesländern aufbauen sollten und doch oft nur in den Osten weggelobt worden waren. Die Verunsicherung in den Behörden, was denn nun noch galt und was nicht mehr. Die Nachsicht der Justiz gegenüber den jungen Leuten, die sich doch erst finden mussten in der neuen Welt und die doch klare Ansagen gebraucht hätten. Und all jene Lokalpolitiker, die Rechtsradikale nie bei sich im Ort entdeckten, sondern höchstens im Nachbardorf. Aber dort ging es sie ja nichts an.

Die gefriergetrocknete Welt des Gerichts

Mit großer Präzision, aber mit einem Mindestmaß an Emotion leuchtete das Gericht in München einen Abgrund an Hass, Gewalt und Versagen aus. Die Welt des Münchner Gerichtssaals war eine sehr eigene Welt. Eine Welt wie gefriergetrocknet, in der die Gefühle der Zeugen, der Opfer, der

Angehörigen, der Angeklagten durch den Richter sorgfältig extrahiert und dann juristisch vakuumverpackt wurden, so dass nichts mehr stören konnte bei der Suche nach den Fakten. Gefühle waren im Gerichtssaal A 101 nicht vorgesehen, sie wurden kurz abgefragt, notiert, dann ins Regal gelegt, zu den anderen Akten. Dieser Prozess verwandelte Hass in Schweigen, Wut in Fragen, Verzweiflung in Beweisanträge. Ein Raum der Regeln. Aseptisch. Wie unter dem grellen Licht über einem Operationstisch wurde im fensterlosen Gerichtssaal eine monströse Reihe von Verbrechen seziert, unter denen Opfer und Hinterbliebene noch immer leiden. Und so sehr die Strafprozessordnung die Regeln vorgibt, so sehr das Gericht versuchte, die Gefühle zu bannen – sie kamen doch beklemmend nahe.

»Reden Sie«, beschwor die Mutter des getöteten Halit Yozgat die Angeklagte. Eindringlich sah die Frau mit dem blauen Kopftuch Beate Zschäpe an. Seit dem Tag, als ihr Sohn im April 2006 getötet wurde, könne sie keine Nacht mehr schlafen. »Sie sind auch eine Dame«, sagte die Mutter zu Zschäpe. »Denken Sie daran, dass ich nicht schlafen kann.« Zschäpe schaute die Frau nicht an. Erst in ihrem Schlusswort wurde klar, dass die Worte der Mutter sie berührt hatten. Sie sei »ein mitfühlender Mensch«, sagte Zschäpe im Juli 2018 zu Mutter Yozgat. Einmal stürzte der Vater von Halit Yozgat nach vorn, warf sich auf den Boden des Gerichtssaals, direkt vor Zschäpe, und zeigte, wie er sein »Lämmchen« gefunden hat. Zschäpe erschrak, senkte den Blick in ihren Laptop. Der Vater am Boden schluchzte auf. Der Sohn, gerade 21, war damals in seinen Armen gestorben.

Es waren Zeugenaussagen wie diese, die für die regelmäßigen Beobachter und Besucher des Prozesses zu den eindringlichsten Ereignissen gehörten. Da gab es die verstörte Witwe eines Opfers, die nicht verstand, was sie noch vor Gericht sagen sollte – nachdem ihr Leben vor 14 Jahren zerstört worden war. Sie herrschte den Richter an, er solle doch Zschäpe fragen, »diese Frau« – sie selbst sei wie eine Verdächtige behandelt worden. Da war der Kollege der getöteten Polizistin Michèle Kiesewetter, der sich in den Gerichtssaal tastete, weil er seit dem Anschlag des NSU das Gleichgewicht nicht mehr halten kann. Er hatte durch den Schuss der Täter schwerste Kopfverletzungen erlitten, sich dennoch danach durch ein Studium gekämpft, um weiter als Polizist arbeiten zu können – im Innendienst. Jedes Mal, wenn er einen Streifenwagen sehe, so gab er zu Protokoll, bange er nun, ob die Besatzung heil nach Hause kommen werde.

Und da war die junge Frau, die als 19-Jährige kurz vor dem Abitur im Lebensmittelgeschäft ihrer Eltern in der Kölner Probsteigasse aushalf. Ein Kunde hatte scheinbar eine Christstollendose im Laden vergessen, seit Wochen stand sie unberührt da. Das Mädchen öffnete die Dose. Als die Bombe explodierte, verbrannte sie die Haare der jungen Frau, zerschnitt ihr Gesicht, schweißte ihr die Augen zu und zerfetzte die Trommelfelle. Aber sie überlebte. Und machte noch im gleichen Jahr das Abitur nach. Sie hat dann studiert und ist heute Chirurgin. Auch ihre Geschwister haben studiert, längst sind alle Deutsche geworden. Die Eltern waren vor Jahren aus dem Iran geflohen. Als die junge Chirurgin am 118. Verhandlungstag als Zeugin vor Gericht aussagte, wurde sie gefragt, ob sie nach dem Anschlag daran gedacht habe, Deutschland zu verlassen. Sie antwortete: Ja, kurz. Doch dann habe sie überlegt, dass die Attentäter genau das bewirken wollten. Und sie sagte: »Nein, jetzt erst recht! Ich lasse mich mit Sicherheit nicht aus Deutschland rausjagen.«

Der NSU-Prozess war auch geprägt von Einsilbigkeit und Schweigen. Vor allem dann, wenn Zeugen aus der rechten Szene vor Gericht erschienen waren. Es waren viele. Sie ließen die Fragen des Gerichts abtropfen an ihren Lederwesten und Szene-T-Shirts, auf denen ständig von »Freedom« die Rede war und auf denen Adler prangten. Über Stunden gaben sie nur Wortfetzen von sich: »Nein«, »nicht dass ich wüsste«, »kann mich nicht erinnern«, »keine Ahnung«. Es waren zermürbende Tage, vor allem für die Opfer-Angehörigen. Sie mussten erleben, wie viele dieser Zeugen den Morden an ihren Männern und Vätern mit demonstrativer Gleichgültigkeit begegneten und kaum Bereitschaft zeigten, ihren Teil zur Aufklärung der Straftaten beizutragen.

Zermürbung

Über mehr als fünf Jahre zog sich dieser Prozess der Erkenntnis – und er trat vom Stadium der Hoffnung auf Aufklärung allmählich in das Stadium der Zermürbung ein. Anfangs hofften noch alle darauf, dass die Hauptangeklagte Zschäpe ihr Schweigen brechen und die Hintergründe der Mordserie preisgeben werde. Dann brachten einzelne Angeklagte mit ihren Geständnissen Bewegung in den Prozess, die Hintergründe des NSU wurden sichtbar. Ein Brandgutachter führte mit mehr als 1000 Fotografien durch den ausgebrannten Unterschlupf und in den Alltag der Terrorzelle. Er führte das Gericht Bild für Bild von der Küche, wo im Kühlschrank noch der Prosecco stand, bis zum Katzenzimmer mit dem Kratzbaum für die zwei Katzen. Und er zeigte Fotos vom Wandtresor, in dem die Handschellen der getöteten Polizistin Kiesewetter lagen, davor im Brandschutt mehrere Waffen.

Auf die Zeit der erschütternden Berichte der Opferfamilien über ihr Leid und ihre Diskriminierung durch die Ermittlungsbehörden folgte die Zeit der juristischen Ränke, der Streit um Zschäpes Verteidiger, die sie ablehnte, aber nicht loswurde. Es begann ein ewiges Hin und Her, Befangenheitsanträge, Gegenvorstellungen, Fragenkataloge, Gutachter, Gegengutachter, Anträge zu Anträgen. Das Gericht ließ sich auf ein zeitraubendes Frage- und Antwort-Spiel mit Zschäpe ein. Der Vorsitzende Richter Manfred Götzl stellte ihr mündlich Fragen, ihr Anwalt schrieb alles mit. Nach drei, manchmal nach sechs Wochen präsentierte der Anwalt dann Zschäpes Antworten auf die Fragen. Dann schrieben die Richter mit. Dann folgten wieder Nachfragen, wieder drei Wochen Zeit, wieder die ausgefeilten Antworten. Spontane Reaktionen der Angeklagten waren so ausgeschlossen, dafür gab es juristisch ausgefeilte Erklärungen.

Als der Prozess begann, stöhnten die Verantwortlichen am Oberlandesgericht (OLG) München. Die Opferfamilien wollten am Prozess teilnehmen, doch der größte Saal war zu klein. Also baute das OLG den Saal aufwändig um, verbannte die Journalisten und die Besucher auf die Tribüne, schuf Platz für rund 60 Nebenklagevertreter, baute Leinwände ein, auf die die Zeugen projiziert werden konnten, damit auch alle sie sehen konnten. Und das Gericht begrenzte den Zugang zum Gerichtssaal: 51 Besucher hatten dort Platz und 50 Journalisten. In einem sogenannten Windhundverfahren mussten sich die Medienvertreter um die Plätze bewerben – wer als erster kam, hatte einen Platz. Innerhalb kürzester Zeit waren alle Plätze weg. Das war zu schnell für ausländische Medien. Erst das Bundesverfassungsgericht sorgte dafür, dass auch türkische Journalisten zum Zug kamen. Das Akkreditierungsverfahren wurde neu aufgerollt. Der Prozess begann holprig, der Beginn wurde um zwei Wochen verschoben.

So einen Prozess hatte es noch nie gegeben: fünf Angeklagte, 14 Verteidiger, 600 Zeugen, 500 000 Blatt Ermittlungsakten. Das Oberlandesgericht München trieb vor allem die Sorge um, die mehr als 60 Nebenklagevertreter würden das Verfahren unübersichtlich und undurchführbar machen. Doch die Sorge erwies sich als unbegründet. Die Anwälte der Nebenklage waren sehr diszipliniert und arbeiteten zielorientiert und konstruktiv. Es bildeten sich Teams, die sich arbeitsteilig an die Begleitung des Prozesses machten: Die Berliner um Sebastian Scharmer, Peer Stolle und Antonia von der Behrens, die Frankfurterin Seda Başay, die mit Mehmet Daimagüler aus Berlin zusammenarbeitete. Die Hamburger Thomas Bliwier, Doris Dierbach und Alexander Kienzle. Eberhard Reinecke und Edith Lunnebach aus Köln. Und die Münchner Yavuz Narin und vor allem Angelika Lex, die bis zu ihrem frühen Tod im Dezember 2015 die Nebenklagearbeit koordinierte. Zu ihrer Beerdigung kam auch Richter Götzl.

Manche der Nebenkläger machten sich selbst auf die Suche nach Beweisen, die das Bundeskriminalamt übersehen hatte. Und wurden fündig. Manche von ihnen schürften tief in der rechten Szene nach Mitwissern und Unterstützern des NSU und brachten erstaunliche Fakten zutage. Manche von ihnen fragten so pointiert, dass Widersprüche bei den Aussagen der Zeugen offen zutage traten. Aber es gab auch viele Nebenklage-Anwälte, die ihre Zeit im Gerichtssaal nur absaßen und die Sitzungsgelder einstrichen. Und einer vertrat gar eine Mandantin, die es gar nicht gab. Das flog auf, als diese Frau vor Gericht erscheinen sollte.

Die Nebenkläger trieben den Prozess voran, dagegen hielt der Streit um die Verteidiger von Beate Zschäpe das Verfahren über Monate auf. Im Sommer 2015 hatte Zschäpe plötzlich einem Justizwachtmeister mitgeteilt, sie habe kein Vertrauen mehr in ihre drei, von ihr selbst ausgewählten Verteidiger Wolfgang Heer, Wolfgang Stahl und Anja Sturm. Sie wollte zwei neue. Ihre alten überzog sie mit einer Strafanzeige und blickte sie von diesem Moment an nicht mehr an. Kein Gruß, kein Wort, obwohl sie Ellenbogen an Ellenbogen saßen. Das Gericht gestand ihr am Ende einen neuen Anwalt zu, Mathias Grasel. Ihren zweiten, Hermann Borchert, zahlte das Gericht nicht. Borchert erschien deswegen nur hin und wieder im Gerichtssaal, war aber gleichwohl der Mann, der Zschäpes Verteidigung lenkte. Weil er im Urlaub war, musste das Gericht im Herbst 2015 drei Wochen lang auf die avisierte Erklärung von Zschäpe warten. Gleichwohl mussten die alten drei Verteidiger weitermachen – das Gericht lehnte es ab, sie aus der Pflicht zu entlassen. Sie versuchten, Zschäpe zu verteidigen – obwohl ihre Mandantin das nicht wollte. Viele ihrer Anträge wirkten nach Ansicht von Prozessbeteiligten recht formalistisch. Einen Befangenheitsantrag stellten sie, weil ihnen das Gericht angeblich nicht genügend Vorschuss zahlte, einen anderen, weil auf dem Aktenordner eines Richters das Wort NSU stand – wo doch ihrer Ansicht nach noch nicht erwiesen war, dass es den NSU überhaupt gab. Alle diese Befangenheitsanträge wurden abgelehnt. Am Schluss war Heer, Stahl und Sturm wichtig zu beweisen, dass sie auch unter widrigen Umständen professionell weiterarbeiten. Schließlich stand auch ihre Reputation auf dem Spiel.

Andere Verteidiger wie die des früheren NPD-Funktionärs Ralf Wohlleben versuchten offensichtlich, mit deutlich rechts konnotierten Anträgen bei ihrer Klientel zu punkten. So beantragten sie zum Beispiel einen Demografie-Wissenschaftler zu hören. Er sollte erklären, dass der Begriff »Volkstod«, den Rechtsradikale häufig benutzen, nichts anderes als eine demografische Zwangsläufigkeit sei, wenn weiter Ausländer zuwanderten. Das Gericht lehnte diesen wie auch viele andere Anträge dieser Art ab. Im Plädoyer eines Wohlleben-Verteidigers bekam das Gericht dann sogar reihenweise Hitler- und Göring-Zitate zu hören. Die Anwälte von André Eminger schwiegen fast durchgängig, auch die von Holger Gerlach hielten sich sehr zurück. Und die Anwälte Johannes Pausch und Jacob Hösl, die den Aussteiger Carsten Schultze vertraten, begleiteten ihren Mandanten zu einem frühen und umfassenden Geständnis. Schultze belastete den Angeklagten Wohlleben schwer, deswegen versuchten dessen Anwälte, Schultzes Glaubwürdigkeit zu untergraben. Weder die Bundesanwaltschaft noch das Gericht ließen sich dadurch beeindrucken, der Angeklagte Schultze war mit seinen Aussagen einer der wichtigsten Zeugen des ganzen Prozesses.

Die Angehörigen

Immer wieder wurde in diesem Prozess deutlich, wie sehr sich die Jahre voll ungerechtfertigter Verdächtigungen bei den Angehörigen der Opfer eingegraben haben: Die Ermittler hielten sie für verstockt, für eingesponnen in Mafia-Kreise, in den Drogenhandel. Ihre Nachbarn wurden befragt, ob sie von Liebschaften, Spiel- oder Sex-Sucht der Getöteten wüssten. Die Hinterbliebenen waren beschämt und trauten sich jahrelang nicht mehr auf die Straße. Der Witwe des ersten Mordopfers Enver Şimşek hatten Polizeibeamte ein Bild mit einer blonden Frau gezeigt und erklärt, das sei die heimliche Geliebte ihres Mannes. Er habe zwei Kinder mit ihr. Kein Wort war wahr. Die Witwe war schon dankbar, als ihr ein Polizist nach Monaten sagte, das sei nur eine Finte gewesen, man habe gehofft, so das »Schweigekartell« der Familie zu erschüttern. Auf die Familie Yozgat, deren Sohn in Kassel ermordet worden war, wurde ein verdeckter Ermittler angesetzt, die Anschlüsse von Eltern und Geschwistern wurden monatelang überwacht. Die Witwe eines Mordopfers in München sollte auf Drängen anderer Eltern ihre Tochter von der Schule nehmen. Die Eltern hatten Angst, der Täter aus »türkischem Milieu« könnte auch ihre Kinder treffen, wenn sie in der Pause auf dem Schulhof spielten.

Die Opferfamilien empfanden die Enttarnung des NSU geradezu als Befreiung von einem Alpdruck. Sie erschienen immer wieder im Prozess, um mehr zu erfahren. Sie erlebten, wie das Gericht herausdestillierte, dass die Mordwaffe, eine Česká 83, von einem Waffenhändler in der Schweiz über einen krebskranken Zwischenhändler und einen ostdeutschen Freund in die rechte Szene von Jena gelangte und schließlich dort im Szeneladen Madley an Carsten Schultze übergeben wurde. Und wie der sie dann nach Chemnitz zum NSU brachte. Die Angehörigen hörten im Gerichtssaal, welches Unterstützernetzwerk die drei Untergetauchten hatten. Sie erfuhren, wie rechte Kameraden und Kameradinnen den dreien Wohnungen und Pässe besorgten, für sie Apartments anmieteten, dass der Angeklagte André Eminger Beate Zschäpe sogar als seine Frau ausgab, als sie einmal nach einem Wasserschaden in der Wohnung als Zeugin bei der Polizei aussagen musste.

Viele Angehörige konnten nicht fassen, wie nah Polizei und Verfassungsschutz den drei Untergetauchten immer wieder gewesen waren. Einmal, nach dem Wasserschaden, war Beate Zschäpe sogar im Polizeirevier Zwickau gesessen. Kühn hatte sie behauptet, sie habe in der Wohnung nur die Blumen gegossen. Der Polizist glaubte ihr.

Angeblich wusste keiner, wo sich die drei aufhielten. Dabei war der NSU geradezu umstellt von Spitzeln. Tino Brandt, bestbezahlter V-Mann des Thüringer Verfassungsschutzes, telefonierte sogar mit den untergetauchten Neonazis. Er berichtete darüber dem Verfassungsschutz. Aber Konsequenzen folgten nicht. Auch andere Dienste hatten Spitzel in der Szene, die davon berichteten, die drei wollten nach Südafrika gehen. Auf die Spur aber kamen ihnen die Dienste nicht. Wichtige Informationen wurden nicht beachtet, nicht weitergegeben oder falsch bewertet, V-Leute wurden vor Polizeiaktionen gewarnt. Nicht nur den Angehörigen der Opfer drängte sich angesichts der vom Gericht befragten Verfassungsschutzmitarbeiter und deren V-Männer der Eindruck auf, dass Polizei und Verfassungsschutz fatale Fehler gemacht hatten – auf allen Ebenen und immer wieder.

Obwohl diese Versäumnisse im Prozess offen zu Tage traten, die Fehler der Ermittler vom Gericht ausführlich mitprotokolliert wurden und den Angehörigen der Opfer viel Zeit eingeräumt wurde, um den Schmerz über den Verlust der Ermordeten zu schildern, hinterließ der Prozess bei vielen Nebenklägern einen bitteren Nachgeschmack. Sie hatten dieses Mammutverfahren über all die Jahre verfolgt, waren immer wieder von weit her angereist, hatten Zeit und Kraft geopfert, um dabei zu sein. Sie hatten sich erhofft, dass das Gericht am Ende das Unrecht, das ihnen angetan worden ist, die Unzulänglichkeiten der Behörden und die vielen offenen Fragen im Zusammenhang mit den NSU-Morden zumindest erwähnt. Sie wurden enttäuscht. Richter Manfred Götzl beschränkte sich in seinem nur vier Stunden umfassenden mündlichen Vortrag auf eine knappe, fast kursorische Beweiswürdigung. Kein Wort an die Angehörigen, kein Satz über das Versagen des Staates, nichts zur gesellschaftlichen Bedeutung dieses Verfahrens.

Ein Nebenklage-Anwalt hatte noch wenige Monate vor dem Urteil das Gericht gemahnt: »Ich bin überzeugt davon, dass dieser Senat ein Urteil fällen wird, das der Revision standhält. Ich darf an Sie appellieren: Sprechen Sie ein Urteil, das auch vor der Geschichte Bestand hat.« Er hatte damit vielen Opferfamilien aus der Seele gesprochen. Nach der Urteilsverkündung verließen viele Angehörige das Gerichtsgebäude fassungslos.

Verschwörungstheorien

Aus dem Versagen staatlicher Behörden ist geradezu ein Wald an Verschwörungstheorien gewachsen. Mit jedem neuen Kriminalroman, mit jedem neuen Film, der sich an den NSU-Komplex anlehnt, wächst dieser Wald weiter. Da taucht in vorgeblich authentischen Fernsehfilmen ein V-Mann auf, der berichten kann, wie alles im Innersten zusammenhing – und kurz, bevor er sein Wissen der Polizei preisgeben will, als er mit dem

Auto schon auf dem Weg zum Revier ist, jagt jemand den Wagen in die Luft. So einen Vorfall hat es nie gegeben, dennoch ist er bis heute Gegenstand wilder Spekulationen, und das nicht nur auf einschlägigen Internetseiten. In den Geschichten über den NSU wimmelt es von Dunkelmännern, die an Beate Zschäpe nur wie an der Marionette einer Staatsverschwörung ziehen. Gerade Rechtsextremisten versuchen, die gesamte Schuld auf die Behörden abzuwälzen und den NSU als bloße Erfindung des Staates darzustellen. Und ständig wird vom unheimlichen Zeugensterben im Fall NSU geraunt. Dabei haben nachträgliche Ermittlungen sehr viele dieser Verschwörungstheorien widerlegt.

Exemplarisch dafür steht der Fall Florian H. Der 21-Jährige verbrannte 2013 in seinem Auto in Stuttgart. Er wollte schon vor dem Auffliegen des NSU etwas über eine Neonazi-Organisation mit dem Namen NSU gehört haben. Er wurde vernommen, es wurde ermittelt, danach glaubte man ihm nicht mehr: Er nannte den NSU eine der größten Neonazi-Vereinigungen in Deutschland und konnte auch den Ort in seiner kleinen Gemeinde nicht mehr wiederfinden, wo er den NSU angeblich getroffen hatte. Dennoch sollte der Zeuge erneut vernommen werden, doch am Morgen der Vernehmung verbrannte er in seinem Auto. Die Polizei geht von Selbstmord aus. Am Tatort gab es Zeugen, die niemanden sahen außer Florian H. Der hatte sich kurz zuvor an der Tankstelle Benzin gekauft, das er dann entzündete. Der NSU-Untersuchungsausschuss in Baden-Württemberg hat sich intensiv mit dem Fall beschäftigt und kam zu dem Ergebnis, dass es keine Anhaltspunkte für einen Mord gibt. Dennoch lebt diese Theorie hartnäckig weiter.

Die Ignoranz, die Schlamperei und die Abschottung der Geheimdienste haben den Argwohn wachsen lassen. Manche Bürger trauen den Sicherheitsbehörden mittlerweile alles zu. Sie haben den Eindruck gewonnen, staatliche Stellen hätten den Terror bewusst und vorsätzlich gedeckt oder sogar gefördert. Solide Belege dafür fehlen. Gut belegt ist aber, dass sich der Staat mit dubiosen Spitzeln aus der rechtsextremen Szene eingelassen hat, die er oft nicht mehr unter Kontrolle hatte. Und dass er bei der Besetzung von Führungspositionen in den Sicherheitsbehörden geradezu fahrlässig vorging. So galt der Chef des Thüringer Verfassungsschutzes Helmut Roewer im Kreis seiner Kollegen im Bund und in den Ländern schon lange als Skandalfigur. Als der NSU aufflog, war er schon im Ruhestand, die Versäumnisse seines Amtes in Sachen NSU fielen in seine Zeit.

Der Versuch, die Untergetauchten zu finden, indem man die rechte Szene mit Spitzeln durchdringt, ist im NSU-Fall gescheitert. Rund um den NSU hatte der Verfassungsschutz etliche V-Leute platziert, die angeblich alle nicht genau gewusst haben wollen, wo sich das untergetauchte Trio aufhielt und was es tat. Einige V-Männer, wie Tino Brandt, waren den Gesuchten dicht auf der Spur, zugleich beteiligten sie sich an Hilfsaktionen für das Trio und spendeten sogar Geld – Geld des Steuerzahlers.

Vor Gericht sind einige dieser Spitzel als Zeugen aufgetreten, aber längst nicht alle, die sich rund um den NSU bewegt hatten. Einige V-Männer hielt das Gericht für die strafrechtliche Aufklärung nicht für wichtig genug, so auch den Neonazi mit dem Decknamen »Primus«, der jahrelang in Zwickau gelebt hatte und nachweislich den Angeklagten André Eminger kannte. Es gibt Zeugen, die bekunden, Uwe Mundlos habe nach dem Untertauchen für eine Baufirma dieses V-Mannes gearbeitet – und Beate Zschäpe womöglich in einem von dessen Läden. Erwiesen ist das nicht, vom Gericht aufgeklärt allerdings auch nicht. Die Richter hielten es für die Schuldfrage für irrelevant.

Viele Vertreter der Nebenkläger haben im Prozess immer wieder versucht, mehr Licht in die Aktionen der Behörden und das Treiben der V-Leute zu bringen. Manchmal führte dies zu ungewöhnlichen Koalitionen, denn auch einige Verteidiger drängten zur Aufklärung der Rolle des Staates – um ihre Mandanten zu entlasten. Aus Sicht der Bundesanwaltschaft war die Aufklärung der Staatsverwicklung jedoch die Aufgabe der Untersuchungsausschüsse und nicht des Strafverfahrens in München. Bundesanwalt Herbert Diemer hat solche Anträge fast immer blockiert. Und auch die rechtsradikale Gesinnung von Zeugen tat für ihn nicht wirklich etwas zur Sache. Legendär ist sein Satz: »Wir sind nicht das Jüngste Gericht.«

Ein wunder Punkt bei der Aufklärung ist der Mord an Halit Yozgat in Kassel. Als der 21-Jährige im April 2006 in seinem Internetcafé erschossen wurde, waren mehrere Kunden in dem Laden. Einer von ihnen war Andreas Temme, Mitarbeiter des hessischen Verfassungsschutzes. Er geriet damals unter Mordverdacht, weil er sich nicht als Zeuge gemeldet hatte. Die Ermittlungen gegen ihn wurden jedoch eingestellt. Nach dem Auffliegen des NSU wurde er erneut überprüft. Temme beteuerte stets, vom Mord nichts mitbekommen und auch die Leiche in dem engen Laden nicht gesehen zu haben. Das klingt selbst für einige Polizisten, die in diesem Fall ermittelten, unglaubhaft. Manche Kritiker der Ermittlungen haben sogar über eine Komplizenschaft des Beamten mit den Tätern spekuliert oder suggeriert, er sei selbst der Mörder gewesen. Temme wurde gleich sechs Mal im NSU-Prozess gehört. Am Ende glaubte ihm das Gericht. Die Familie Yozgat sieht es anders und hat das vor Gericht wiederholt geäußert. Und der detaillierte Nachbau des Internetcafés durch ein britisches Expertenteam der Gruppe »Forensic Architecture« auf der Documenta in Kassel hat ergeben, dass Temme den Schuss gehört und die Leiche gesehen haben muss – bis auf ein sehr unwahrscheinliches Zeitfenster von circa 40 Sekunden, in dem er schon weg gewesen sein könnte und die Mörder noch nicht da. Dass er aber Kontakte zum NSU gehabt hat, das konnten auch diese Experten nicht belegen.

Rund um den NSU ranken noch viele Gerüchte. So sollen Zschäpe, Mundlos oder Böhnhardt selbst V-Leute des Geheimdiensts gewesen sein – Belege dafür existieren nicht. Mundlos und Böhnhardt sollen sich nicht selbst im Wohnmobil getötet haben, sondern von einem geheimnisvollen Dritten exekutiert worden sein – auch dafür fehlen Belege. Erleichtert werden die Spekulationen aber dadurch, dass die Behörden bei der Spurensicherung geschlampt haben. So ist das Wohnmobil, in dem die Leichen von Mundlos und Böhnhardt gefunden wurden, frühzeitig vom Tatort weggeschleppt und erst danach durchsucht worden. Dadurch könnten die Spuren im Inneren des Wohnmobils verändert worden sein.

Verschwörungstheorien ranken sich auch um den Mord an der Polizistin Michèle Kiesewetter, die 2007 in Heilbronn getötet wurde. Als Schützen gelten Mundlos und Böhnhardt, das Blut von Kiesewetter wurde an einer Hose von Mundlos im Katzenzimmer in Zwickau gefunden. Auch Zschäpe hat erklärt, ihre Gefährten seien die Täter gewesen. Doch noch immer wird von der Verwicklung eines amerikanischen Geheimdienstes geraunt. Das lässt sich bisher allerdings in keiner Weise belegen. Der einzige Bezugspunkt zum NSU ist, dass die getötete Polizistin wie Mundlos und Böhnhardt aus Thüringen stammte. Belastbare Hinweise, dass sie sich kannten, gibt es nicht.

Manchmal führen spektakuläre neue Spuren nur in die Irre. So wurde im Herbst 2016 plötzlich eine DNA-Spur entdeckt, die Uwe Böhnhardt mit dem Mord an der neunjährigen Peggy aus Oberfranken in Verbindung brachte. Das Kind war im Jahr 2001 spurlos verschwunden, seine Überreste im Sommer 2016 gefunden worden. Direkt am Fundort der Leiche wurde DNA von Uwe Böhnhardt gefunden. Erst Monate später stellte sich heraus, dass die Thüringer Polizei das identische Gerät am Fundort von Peggy und bei der Bergung der Leiche von Böhnhardt eingesetzt – und offenbar DNA übertragen hatte. Es war nur einer von vielen Fehlern, die den Behörden unterliefen – so wie bei der Phantomspur in Heilbronn, als verunreinigte Wattestäbchen die Polizei nach dem Mord an Michèle Kiesewetter auf eine falsche Fährte führten.

Auch nach dem Urteil im NSU-Prozess quält viele die Unsicherheit, ob entscheidende Zusammenhänge noch gar nicht erkannt worden sind. So ist die Herkunft der vielen Waffen des NSU immer noch weitgehend ungeklärt. Und auch die Frage, ob es Komplizen, Mitwisser oder Mittäter gab, die bisher nicht bekannt sind, ist unbeantwortet. Es bleibt nach fünf Jahren NSU-Prozess die Erkenntnis: Auch juristische Wahrheit kann immer nur eine Annäherung an die Wahrheit sein.

Das Gericht jedoch hat die Strafverfolgung weiterer Verdächtiger durch sein Urteil zumindest erschwert. Denn es hat André Eminger geglaubt, dem engsten Vertrauten des NSU, wonach er trotz seiner Nähe nicht wusste, dass Mundlos, Böhnhardt und Zschäpe Morde begingen. Deswegen wurde er auch von der Beihilfe zum versuchten Mord freigesprochen. Nun ist aber auch den anderen Beschuldigten, die nah am NSU dran waren, aber nicht so nah wie Eminger, nur noch schwer der Prozess zu machen. Gerade bei Emingers Frau Susann, der ehemals besten Freundin von Beate Zschäpe, hatten sich die Ermittler zuvor noch einen Erfolg versprochen.

Die Protokolle

Gerade um die Transparenz in diesem Mammut-Verfahren zu gewährleisten, sollte es eigentlich selbstverständlich sein, dass der Prozess per Video oder mit Tonband aufgenommen oder zumindest mitstenografiert wird – so wie das auch bei Debatten im Bundestag geschieht, die man dann auf der Homepage des Bundestags nachlesen kann. Oder wie am Internationalen Strafgerichtshof in Den Haag, in dem zusätzlich zum Protokollanten sogar acht Kameras das Prozessgeschehen aufnehmen. Doch eine solche Dokumentation über den NSU-Prozess existiert nicht. Es gibt kein offizielles Protokoll dieses Prozesses, ein Umstand, der selbst vielen interessierten Beobachtern des Verfahrens nicht bewusst war und immer wieder ungläubiges Kopfschütteln erregte.

Es ist in Deutschland – ganz anders als in den USA – bisher verboten, Gerichtsverhandlungen in Ton oder Film aufzunehmen. Und der Vorsitzende Richter Manfred Götzl hat gleich zu Beginn einen entsprechenden Antrag der Verteidigung abgelehnt – damit, wie er sagte, die Zeugen nicht beeinflusst werden und frei aussagen könnten.

Im Gerichtssaal des Oberlandesgerichts München saßen zwar Protokollanten, aber sie schrieben nur auf, ob Zeugen erschienen und Angaben zur Sache machten. Was die Zeugen aussagten, lässt sich offiziell nirgendwo nachlesen – deswegen kam es bei der Bewertung von Zeugenaussagen schon während des Prozesses wiederholt zu Diskussionen. Verteidiger, Ankläger, auch die Richter schrieben zwar eifrig für sich mit, aber alle nur das, was für ihre eigenen Bedürfnisse wichtig erschien. Und jeder erinnerte sich anders. Schon im Auschwitz-Prozess, der 1963 begann, wurde beklagt, dass es kein offizielles Protokoll gab. Das Gericht selbst hat dann »zur Stützung des Gedächtnisses« Tonaufnahmen fertigen lassen. Zunächst sollten sie vernichtet werden, erst auf Protest jüdischer KZ-Opfer wurden sie aufbewahrt und später für die Wissenschaft freigegeben, mittlerweile hat sie die UNESCO als Quelle von welthistorischem Rang anerkannt. Aus dieser Erfahrung haben die deutschen Gerichte jedoch bisher kaum Lehren gezogen.

Wer sich später exakt erinnern will, was im wichtigsten Prozess der vergangenen Jahrzehnte wirklich passiert ist, welcher Zeuge gelogen und wer die Wahrheit gesagt hat, der musste sich die Mühe machen, Tag für Tag persönlich im Gerichtssaal A 101 des Oberlandesgerichts an der Nymphenburger Straße in München zu erscheinen und per Hand oder auf dem Laptop mitzuschreiben. Doch schon der Zugang zum Gericht war beschränkt: Die 50 Plätze für Journalisten wurden unter vielen Interessenten verlost. Dem Magazin der Süddeutschen Zeitung ist es gelungen, einen Platz zu erhalten. Daraufhin haben die Autoren Annette Ramelsberger, Wiebke Ramm, Tanjev Schultz und Rainer Stadler die Protokolle Tag für Tag, Jahr für Jahr, mit dem Laptop auf den Knien tagsüber mitgeschrieben und anschließend an langen Abenden sortiert, geglättet und verdichtet. Das Team hat keinen einzigen der Prozesstage versäumt, vom Beginn am 6. Mai 2013 bis zum Ende am 11. Juli 2018. So sind die NSU-Protokolle entstanden – eine Sammlung von Original-Zitaten und Dialogen als

Dokumentation eines in der deutschen Nachkriegsgeschichte einmaligen Prozesses.

Die Protokolle sind nicht durch die interessengeleitete Sichtweise von Anklägern, Verteidigern oder Nebenklägern bestimmt, sie zeigen – soweit das möglich ist – ein unparteiisches, authentisches, weitgehend unkommentiertes Gesamtbild des Prozesses, die Essenz von Hunderten Verhandlungstagen. Redundantes wurde weggelassen, juristische Feinheiten auf das zum Verständnis unbedingt Nötige reduziert, stundenlange Befragungen von wortkargen Zeugen, die alle im Gerichtssaal als quälend empfunden haben, sind auf zentrale Aussagen und Dialoge reduziert. Wegen der historischen Bedeutung des Prozesses war den Autoren von Anfang an bewusst, dass sich die Protokolle nicht nur ans Fachpublikum wenden, sondern auch interessierten Laien zugänglich sein sollten. Allein deshalb erwies sich eine gewisse Straffung der Mitschriften als unumgänglich. Gleichzeitig war es natürlich das Ziel, alle für das Verständnis und die Bewertung des Verfahrens relevanten Inhalte zu dokumentieren, So wurde ein Umfang von knapp 2000 Seiten erreicht. Mehr wären nicht mehr lesbar gewesen, weniger hätten zu viele Lücken gelassen.

Wegen der Persönlichkeitsrechte mussten manche Namen von Zeugen abgekürzt werden, ihre Aussagen, auch ihr Sprachduktus aber blieben unverändert. Aus den Protokollen ertönt ein Chor unterschiedlichster Stimmen: Der Brandsachverständige redet nicht von Ruß, sondern von »thermischer Beaufschlagung«. Die Polizistin sagt, das Opfer sei »ex« gewesen, wenn sie erklären will, dass der Mensch schon tot war, als sie kam. Neonazis sprechen von »national« oder »normal«, wenn sie rechtsradikal meinen. Alle diese Facetten bilden die Protokolle ab. Diese Protokolle sind im wahrsten Sinne Mit-Schriften. Das Gericht hat den Audio-Mitschnitt des Verfahrens verboten. Die Inhalte der Protokolle wurden nach journalistischen Kriterien ausgewählt, nicht nach juristischen. Deswegen ist nicht jeder einzelne Antrag, der für Juristen interessant sein könnte, mit aufgenommen, dafür aber finden sich darin Dialoge, die die Dynamik der Beziehungen unter den Prozessbeteiligten zeigen.

Besonders wichtig war dem Autorenteam, die lebhafte Auseinandersetzung in diesem Prozess zu zeigen: die Wortwechsel zwischen Richter und Verteidigung, die Originaltöne der Zeugen, die beklemmenden Auftritte der Eltern von Opfern und Tätern, kurz: die akribische Suche nach der Wahrheit. So ist dieses Werk entstanden, das gewährleisten will, was eigentlich Aufgabe des Rechtsstaats wäre: jeder interessierten Leserin, jedem interessierten Leser die Möglichkeit zu geben, die Geschehnisse dieses fünf Jahre dauernden Verfahrens nachzulesen und sich anhand dessen ein eigenes Urteil zu bilden.

Die Lehren aus dem Prozess

Der NSU-Prozess hat gezeigt, dass Hass und Gewalt nicht auf die Terrorzelle aus Zwickau beschränkt sind. Wer den NSU-Prozess verfolgt hat, der wundert sich nicht mehr darüber, wie viele »besorgte Bürger« während der Flüchtlingskrise in Clausnitz, Freital und Dresden aufmarschierten, randalierten, einen Bus mit Flüchtlingen umstellten und in Dresden bei der Einheitsfeier den Bundespräsidenten niedergrölten oder kleine Galgen für Kanzlerin Merkel herumtrugen. Der Hass, aus dem die NSU-Morde verübt wurden, ist eingedrungen in die Gesellschaft.

Als der NSU nach zehn Morden, drei Sprengstoffattentaten und 15 Raubüberfällen im November 2011 aufgeflogen war, beschwichtigten etliche Sicherheitsverantwortliche: So eine Terrorserie könne sich in Deutschland nicht wiederholen. Nach diesem Prozess ist klar: Dafür gibt es keine Garantie.

Längst sind neue rechtsradikale Täter aufgetreten. Egal, ob in Salzhemmendorf bei Hannover bis dahin unbescholtene Bürger eine Whatsapp-Gruppe namens »Garage Hakenkreuz« gründeten und dann Molotowcocktails in das Kinderzimmer einer Flüchtlingsfamilie warfen. Egal, ob in Freital in Sachsen sich Busfahrer und Handwerker zu einer Kampfgruppe gegen linke Politiker, Bürgerrechtlerinnen und Flüchtlinge zusammenrotteten – direkt gegenüber der Polizeiwache. Egal, ob Rechtsradikale in einer »Oldschool Society« genannten Terrortruppe Attentate planten. Überall sind ähnliche Denkmuster, Strukturen, Unterstützernetzwerke zu finden wie man sie beim NSU beobachten konnte.

Im NSU-Prozess war die Ursuppe all dieser Ressentiments, dieser Geheimbündelei, dieser sich gegenseitig aufhetzenden Rassisten zu finden – genauso wie die Prototypen der wegschauenden, versagenden Staatsvertreter. In den Protokollen kann nun jede und jeder nachlesen, wie der O-Ton Rechts sich anhört. Mit welchen Worten, welchen Argumenten sich Staatsschützer herauswinden und Terror-Helfer und -Unterstützerinnen abwiegeln. Auch diesen Blick auf die Realität will dieses Werk bieten.

Der Prozess hat gezeigt, dass es eben nicht gereicht hat, wegzusehen, damit rechte Umtriebe verschwinden. Sondern, dass Rechtsradikale durch Verharmlosung stark gemacht wurden und sich sogar stillschweigend unterstützt fühlten, weil ihnen niemand entschlossen entgegentrat. Aus dieser Erkenntnis kann die Gesellschaft Lehren ziehen – für die Gegenwart und für die Zukunft.

ANNETTE RAMELSBERGER
WIEBKE RAMM
TANJEV SCHULTZ
RAINER STADLER

DER NSU-PROZESS

DAS PROTOKOLL

BAND 1

BEWEISAUFNAHME

TAG 1 – 162

Tag 1

6. Mai 2013

Manfred Götzl, 59, Richter. **Wolfgang Heer, Wolfgang Stahl**, Verteidiger von Beate Zschäpe.

(Alle Plätze im Saal A 101 des Oberlandesgerichts München sind belegt, die ersten Besucher standen um zwei Uhr morgens an. Beate Zschäpe wird um 9.56 Uhr in den Saal geführt. Sie steht zwischen ihren Anwälten und dreht den Kameras der Fotografen und Fernsehleute, die bis kurz vor Prozessbeginn Aufnahmen im Gerichtssaal machen dürfen, den Rücken zu. Die anderen Angeklagten sitzen in ihren Bänken, neben ihren Anwälten. Der Angeklagte Carsten Schultze, der im Zeugenschutzprogramm ist, versteckt sein Gesicht unter einem Kapuzenpulli. Nur Ralf Wohlleben und Beate Zschäpe sind in Haft, die anderen drei Angeklagten sind auf freiem Fuß. Kurz vor 10.30 Uhr treten die drei Richter ein, Manfred Götzl, Peter Lang, Konstantin Kuchenbauer, sowie die Richterinnen Michaela Odersky und Renate Fischer, begleitet von drei Ergänzungsrichtern, Gabriele Feistkorn, Peter Prechsl, Axel Kramer. Der Vorsitzende Richter Manfred Götzl ergreift das Wort.)

Götzl *(zu den Angeklagten und deren Verteidigern)* Guten Morgen! *(zu den Vertretern der Bundesanwaltschaft)* Guten Morgen! *(zu den Nebenklägern)* Guten Morgen! *(zur Besuchertribüne)* Guten Morgen! Bitte nehmen Sie Platz! Ich eröffne die Sitzung des 6. Strafsenats des Oberlandesgerichts München. Es kommt zum Aufruf das Verfahren gegen Beate Zschäpe, Ralf Wohlleben, André Eminger, Holger Gerlach und Carsten Schultze. Ich stelle zunächst die Präsenz fest: die Angeklagte Zschäpe mit ihren Verteidigern Herrn Heer, Herrn Stahl und Frau Sturm. Der Angeklagte Eminger mit seinen Verteidigern Herrn Kaiser und Herrn Hedrich, der Angeklagte Wohlleben mit seinen Verteidigern Frau Schneiders und Herrn Klemke, der Angeklagte Carsten Schultze mit seinen Verteidigern Herrn Hösl und Herrn Pausch, der Angeklagte Gerlach mit seinen Verteidigern Herrn Hachmeister und Herrn Rokni-Yazdi. Die Vertreter der Bundesanwaltschaft Herr Diemer, Frau Greger, Herr Weingarten, Herr Schmidt.

(Dann nennt Götzl die Namen der rund 60 Nebenklagevertreter mit ihren Mandanten. Die meisten Angehörigen der Opfer sind im Saal vertreten, unter anderem die Familie Yozgat aus Kassel, Semiya Şimşek, deren Vater in Nürnberg ermordet wurde, Gamze Kubaşık aus Dortmund, Mustafa Turgut, dessen Bruder Mehmet in Rostock erschossen wurde. Auch Yvonne Boulgarides, die Witwe des einzigen griechischstämmigen Mordopfers. Sie werden

mit ihren Anwälten auf zwei großen Leinwänden im Saal gezeigt. Götzl begrüßt den psychiatrischen Sachverständigen Henning Saß von der Universität Aachen. Dann vereidigt der Richter drei Dolmetscher, die ins Türkische übersetzen sollen.
Zschäpes Verteidiger Wolfgang Stahl ergreift das Wort. Er will wissen, was aus dem Befangenheitsantrag gegen den Vorsitzenden Richter Götzl geworden ist, den die Zschäpe-Verteidigung zwei Tage zuvor, am Samstagabend, an das Gericht gefaxt hat. Götzl sieht keine Dringlichkeit, Stahl fordert eine Unterbrechung. Danach einigen sie sich darauf, dass Stahl den 16 Seiten langen Befangenheitsantrag vorliest. Es geht darum, dass Götzl angeordnet hat, dass die Verteidiger beim Betreten des Gerichtssaals durchsucht werden, die Vertreter des Generalbundesanwalts aber nicht.)

Verteidiger Stahl Mit sitzungspolizeilicher Anordnung vom 4. 3. 2013 hat der abgelehnte Vorsitzende zur störungsfreien Abwicklung der Hauptverhandlung sowie zur Sicherheit der Angeklagten und der übrigen Prozessbeteiligten angeordnet, dass sich sowohl Verteidiger als auch Nebenklagevertreter einer Zugangskontrolle zu unterziehen haben. Das Vorliegen einer allgemeinen Gefährdungslage wird selbstverständlich nicht verkannt. Angesichts der Tatsache, dass Vertreter des Gerichts, der Bundesanwaltschaft, der Polizei und der Justizbeamten nicht durchsucht werden, ist die angeordnete Durchsuchung der Rechtsanwälte aus sich heraus nicht nachvollziehbar. Das Gericht argumentiert, den Verteidigern könnten wegen ihres »besonderen Näheverhältnisses« zur Mandantin unerlaubte Dinge zugesteckt werden. Aber auch andere Prozessbeteiligte sind nicht immun dagegen, unter Druck gesetzt zu werden.
Warum werden die Verteidiger durchsucht, nicht aber die Staatsanwälte, die Richter, die Polizisten? Wenn schon, dann sollten alle durchsucht werden. Sonst ist das diskriminierend gegenüber den Verteidigern. Das Gericht hält die Verteidiger offenbar für zu dumm, als dass sie erkennen könnten, wenn ihnen jemand unerlaubte Dinge zusteckt.
Die angeordnete Durchsuchung stellt einen nicht unerheblichen Eingriff in verfassungsrechtlich geschützte Rechtspositionen der betroffenen Rechtsanwälte dar. Das Gericht zeigt eine diskriminierende Haltung gegenüber den Verteidigern. Animositäten zwischen Richtern und Verteidigung sind geeignet, bei unserer Mandantin Misstrauen zu säen, ob die Verteidigung sachgerecht erfolgen kann. Deswegen lehnt unsere Mandantin den Vorsitzenden Richter ab.
(Der Senat beschließt, die Verhandlung dennoch zunächst fortzusetzen. Dann stellt auch Ralf Wohlleben über seine Verteidiger einen umfangreichen Befangenheitsantrag gegen das Gericht.)

Götzl Gibt es noch unaufschiebbare Anträge?

Verteidiger Heer Nicht unaufschiebbar, aber vordringlicher als andere Anträge. *(Heer kündigt nun einen Antrag auf Aussetzung der Verhandlung und Verlegung in einen* *anderen Sitzungssaal an. Die Richter ziehen sich zur Beratung zurück. Als sie wieder im Saal erscheinen, ist Verteidiger Heer noch nicht an seinem Platz. Daraufhin verlassen die Richter wieder den Saal.)*

Götzl *(zu einem Justizwachtmeister)* Läuten Sie erst, wenn alle Prozessbeteiligten da sind.

(Heer erscheint wieder im Saal, kurze Zeit später kehren auch die Richter zurück.)

Götzl Noch irgendwelche Befangenheitsanträge von Ihrer Seite? *(Er schaut in die Runde. Alle schweigen.*

Dann beendet Götzl den ersten Verhandlungstag. Damit über die Befangenheitsanträge von Zschäpe und Wohlleben entschieden werden kann, streicht das Gericht die für den 7. und 8. Mai vorgesehenen Verhandlungstage.)

Tag 2

14. Mai 2013

Manfred Götzl, Richter. **Beate Zschäpe, André Eminger, Holger Gerlach, Ralf Wohlleben, Carsten Schultze**, Angeklagte. **Herbert Diemer**, Vertreter der Bundesanwaltschaft. **Wolfgang Heer, Anja Sturm**, Verteidiger von Beate Zschäpe. **Nicole Schneiders, Olaf Klemke**, Verteidiger von Ralf Wohlleben. **Thomas Bliwier, Sebastian Scharmer**, Anwälte der Nebenklage.

(Verteidiger Heer bittet darum, ihm das Wort zu erteilen.)

Götzl Mir ist noch nicht klar, um was es gehen soll, Herr Rechtsanwalt Heer. Können Sie kurz sagen, um was es geht?

Verteidiger Heer Ich beabsichtige nicht, immer um das Wort zu bitten.

Götzl Doch, das werden Sie aber müssen.

Verteidiger Heer Da haben wir einen Dissens.

Götzl Aber ich habe die Sitzungsgewalt.

Verteidiger Heer Mein Antrag ist vorrangig vor allen anderen Anträgen. Es geht um den Sitzungssaal.

Anwalt Bliwier Wenn Sie dem Kollegen das Wort erteilen, würde ich das ausdrücklich beanstanden und es begründen.

Götzl Dann wird Rechtsanwalt Bliwier das Wort erteilt.

Verteidiger Heer Das beanstande ich.

Anwalt Bliwier Die Verteidigung scheint sich das Ziel gesetzt zu haben, die Verlesung der Anklage zu verhindern. Ich habe das Gefühl, dass insbesondere die Verteidigung von Ralf Wohlleben nur darauf abzielt, die Verlesung der Anklage zu verhindern. Das hat sich schon am ersten Sitzungstag gezeigt, als Wohllebens

Anwälte einen 40-minütigen Antrag verlesen haben. Das Gericht wird aufgefordert, dem entgegenzutreten. Es liegen keine unaufschiebbaren Anträge mehr vor. Auch in diesem Prozess gilt das Beschleunigungsgebot. Das Gericht möge anordnen, dass die Vertreter des Generalbundesanwalts nun die Anklage verlesen.

Verteidiger Klemke Offensichtlich will man Stimmung machen gegen die Verteidigung, uns mundtot machen. Offensichtlich sind noch nicht genug Kanzleischeiben eingeworfen worden. *(In seiner Kanzlei in Cottbus waren ein paar Wochen vor Beginn des NSU-Prozesses Steine durchs Fenster geflogen.)*

Bundesanwalt Diemer Der Einfallsreichtum der Verteidigung ist unerschöpflich, die Formulierungskunst auch.

Götzl Das Wort hat Herr Rechtsanwalt Heer.

Verteidiger Heer Wir beantragen, die Verhandlung auszusetzen und in einem größeren Saal neu zu beginnen. Die Sicht von der Zuschauerempore ist unzureichend, das auf die Wand projizierte Bild der Nebenkläger ist zu klein, die Gesichter sind nicht erkennbar. Dagegen sind die Computer und die Unterlagen der Verteidiger von Beate Zschäpe von der Richterbank aus voll einsehbar. Bei sorgfältiger Organisation und Vorbereitung des Prozesses hätten sich andere Örtlichkeiten finden lassen. Die Eignung des Sitzungssaals lebt von der Hoffnung, dass nicht alle Nebenkläger an der Sitzung teilnehmen und nicht noch weitere hinzukommen. Dabei gibt es noch rund 70 Verletzte des Nagelbombenattentats von Köln, die nebenklageberechtigt sind.

(Zschäpes Verteidiger beantragen zudem, das Akkreditierungsverfahren für Journalisten zu überprüfen, das bereits einmal neu aufgelegt wurde, nachdem das Bundesverfassungsgericht gerügt hatte, ausländische Medien seien nicht angemessen berücksichtigt worden.)

Verteidigerin Sturm Es gibt substanziierte Anhaltspunkte, dass auch das zweite Verfahren mangelhaft war, Al-Dschasira wurde als türkisches Medium eingereiht, es gibt eine Verwechslung von Hörfunk und Fernsehen. Der Grundsatz der Öffentlichkeit ist verletzt. Es wäre unserer Mandantin nicht zuzumuten, dass die Verhandlung wiederholt und die Anklage zweimal verlesen werden muss. Bisher hat die Verteidigung noch keine Einsicht in die Unterlagen nehmen können. Dafür aber bräuchten wir mindestens zwei Tage – und für diese zwei Tage möge die Verhandlung unterbrochen werden.

Bundesanwalt Diemer Ich fordere, die Hauptverhandlung fortzusetzen und den Antrag der Verteidigung abzulehnen. Dieser Antrag wird abgelehnt werden, so wie alle anderen davor abgelehnt wurden.

Anwalt Scharmer Das Bundesverfassungsgericht hat die Durchführung der Verhandlung in diesem Saal A 101 nicht beanstandet. Eine weitere Unterbrechung ist nicht nötig. Von den 70 Nebenklägern sind nach der ersten Verschiebung des

Prozesses um drei Wochen nur noch 26 gekommen. Nun, nach der weiteren Unterbrechung um eine Woche, sind nur noch sieben im Saal.

(Ralf Wohllebens Verteidigerin Nicole Schneiders stellt nun einen Antrag auf Aussetzung und Einstellung des Verfahrens. Ihr Kollege Klemke bringt eine Besetzungsrüge gegen das Gericht an. Die Sitzung wird für eine Pause unterbrochen. Dann kehrt das Gericht wieder zurück.)

Götzl Herr Rechtsanwalt Heer, die beiden Richterinnen, die Ihnen am nächsten sitzen, haben erklärt, sie könnten nichts von Ihren Unterlagen und Ihrem Computerbildschirm erkennen. Aber Sie können gern in die zweite Reihe rücken.

Verteidiger Heer Natürlich setze ich mich nicht an den Katzentisch da hinten. Ich möchte direkt neben meiner Mandantin sitzen.

Götzl Das Wort Katzentisch verbitte ich mir.

Verteidiger Heer Warum unterbrechen Sie mich?

Götzl *Sie* unterbrechen mich.

Verteidiger Heer *Sie* sind unhöflich. Ich lasse mich nicht unterbrechen, wenn ich das Wort habe.

(Richter Götzl weist die Anträge der Verteidiger zurück. Es bleibt beim Sitzungssaal A 101. Verteidiger Heer meldet sich erneut.)

Götzl Worum geht es, Herr Rechtsanwalt Heer?

Verteidiger Heer Das sage ich Ihnen, wenn Sie mir das Wort erteilen.

Götzl Dann erteile ich Ihnen das Wort nicht.

Verteidiger Heer Es ist eine Gegenvorstellung.

Götzl Zu unserem Beschluss?

Verteidiger Heer So ist es, Herr Vorsitzender. Ich beantrage eine dienstliche Erklärung des Herrn Vorsitzenden, wo die Zeugen sitzen werden, und eine Skizze.

(Götzl deutet auf den einzigen freien Fleck in der Mitte des Saals.)

Bundesanwalt Diemer Der Antrag der Verteidigung von Frau Zschäpe ist unbegründet, die Öffentlichkeit ist in ausreichender Weise hergestellt. Es gibt keinen Grund, in einen anderen Sitzungssaal auszuweichen. Es muss nicht jeder Zutritt haben. Die Verlegung in eine Mehrzweckhalle oder in ein Stadion birgt die Gefahr eines Schauprozesses. Man muss auch nicht jede Pore im Gesicht eines Zeugen sehen. Ich beantrage, den Aussetzungsantrag zurückzuweisen.

(Pause.)

Götzl Die Anträge der Verteidigung auf Umzug in einen größeren Sitzungssaal werden zurückgewiesen. Strafprozesse finden in der, aber nicht für die Öffentlichkeit statt. Es muss kein Saal gewählt werden, in dem alle Interessierten Platz haben. Die Verhandlung wird auch nicht ausgesetzt, damit die Verteidiger die Presseakkreditierung überprüfen können. Es gibt keine Anzeichen für eine Verletzung der Öffentlichkeit des Verfahrens.

Dann kommen wir jetzt zur Verlesung der Anklage.

Bundesanwalt Diemer *(verliest die ersten 35 Seiten der 488 Seiten starken Anklageschrift des Generalbundesanwalts Harald Range)*

1. Die deutsche Staatsangehörige Beate Zschäpe, geboren am 2. Januar 1975, ledig,
2. den deutschen Staatsangehörigen André Eminger, geboren am 1. August 1979 in Erlabrunn, verheiratet,
3. den deutschen Staatsangehörigen Holger Gerlach, geboren am 14. Mai 1974 in Jena, ledig
4. den deutschen Staatsangehörigen Ralf Wohlleben, geboren am 27. Februar 1975 in Jena, verheiratet,
5. den deutschen Staatsangehörigen Carsten Schultze, geboren am 6. Februar 1980 in Neu Delhi/Indien, ledig,

klage ich an, jeweils unter Beschränkung der Strafverfolgung gemäß der Paragrafen 154, 154 a StPO *(Strafprozessordnung)*

1. die Angeklagte Beate Zschäpe in Nürnberg, Zwickau und in anderen Orten ab einem unbekannten Zeitpunkt nach dem 26. Januar 1998, spätestens jedoch ab dem 18. Dezember 1998 bis zum 4. November 2011,

1.1 durch 27 rechtlich selbständige Handlungen gemeinschaftlich mit den am 4. November 2011 verstorbenen Uwe Böhnhardt und Uwe Mundlos handelnd

a) in zehn Fällen heimtückisch und aus niedrigen Beweggründen einen Menschen getötet zu haben, davon in einem Fall durch dieselbe Handlung versucht zu haben, einen Menschen heimtückisch und aus niedrigen Beweggründen zu töten, und dabei zugleich eine andere Person mittels einer Waffe und einer das Leben gefährdenden Behandlung durch einen hinterlistigen Überfall mit einem anderen Beteiligten gemeinschaftlich körperlich misshandelt und an der Gesundheit geschädigt zu haben,

b) in zwei Fällen durch Sprengstoff eine Explosion herbeigeführt und durch die Tat eine schwere Gesundheitsschädigung eines anderen Menschen verursacht zu haben und jeweils durch dieselbe Handlung, in einem Fall in 22 tateinheitlichen Fällen, eine andere Person mittels eines gefährlichen Werkzeugs, eines hinterlistigen Überfalls und einer das Leben gefährdenden Behandlung körperlich misshandelt und an der Gesundheit geschädigt zu haben und, in einem Fall wiederum in 22 tateinheitlichen Fällen, versucht zu haben, einen Menschen heimtückisch und aus niederen Beweggründen mit gemeingefährlichen Mitteln zu töten,

c) in einem Fall als Mitglied einer Bande durch Verwendung einer Waffe mit Gewalt gegen eine Person und unter Anwendung von Drohungen mit gegenwärtiger Gefahr für Leib oder Leben einen Menschen rechtswidrig zu einer Handlung, Duldung oder Unterlassung genötigt und dadurch dem Vermögen eines anderen Nachteil zugefügt zu haben, um sich und einen Dritten zu Unrecht zu bereichern, wobei ein anderer Beteiligter eine andere Person in Gefahr des Todes gebracht hat, und zugleich versucht zu haben, durch die räuberische Erpressung einen Menschen aus Habgier und zur Verdeckung einer anderen Straftat zu töten,

d) in zwei Fällen als Mitglied einer Bande durch Verwendung einer Waffe mit Gewalt gegen eine Person und unter Anwendung von Drohungen mit gegenwärtiger Gefahr für Leib oder Leben einen Menschen rechtswidrig zu einer Handlung, Duldung oder Unterlassung genötigt und dadurch dem Vermögen eines anderen Nachteil zugefügt zu haben, um sich und einen Dritten zu Unrecht zu bereichern,

e) in zehn Fällen als Mitglied einer Bande durch Verwendung einer Waffe mit Gewalt gegen eine Person oder unter Anwendung von Drohungen mit gegenwärtiger Gefahr für Leib oder Leben eine fremde bewegliche Sache einem anderen in der Absicht weggenommen zu haben, die Sache sich und einem Dritten rechtswidrig zuzueignen, davon in vier Fällen zugleich als Mitglied einer Bande durch Verwendung einer Waffe mit Gewalt gegen eine Person oder unter Anwendung von Drohungen mit gegenwärtiger Gefahr für Leib oder Leben durch jeweils dieselbe Handlung einen Menschen rechtswidrig zu einer Handlung, Duldung oder Unterlassung genötigt und dadurch dem Vermögen eines anderen Nachteil zugefügt zu haben, um sich und einen Dritten zu Unrecht zu bereichern,

f) durch zwei rechtlich selbstständige Handlungen versucht zu haben, als Mitglied einer Bande durch Verwendung einer Waffe mit Gewalt gegen eine Person und unter Anwendung von Drohungen mit gegenwärtiger Gefahr für Leib oder Leben eine fremde bewegliche Sache einem anderen in der Absicht wegzunehmen, die Sache sich und einem Dritten rechtswidrig zuzueignen und in einem Fall durch dieselbe Handlung versucht zu haben, einen Menschen zur Verdeckung einer anderen Straftat zu töten, und sich in allen 27 Fällen jeweils tateinheitlich als Mitglied an einer Vereinigung beteiligt zu haben, deren Zwecke und deren Tätigkeit darauf gerichtet sind, Mord (Paragraf 211 StGB *[Strafgesetzbuch]*) und gemeingefährliche Straftaten in dem Fall des Paragraf 308 Absatz 1 und 2 StGB zu begehen, die bestimmt sind, die Bevölkerung auf erhebliche Weise einzuschüchtern, und durch ihre Auswirkungen einen Staat erheblich schädigen können,

1.2 durch eine weitere rechtlich selbstständige Tat ein Gebäude und eine Räumlichkeit, die dem zeitweisen Aufenthalt von Menschen dient, zu einer Zeit, in der Menschen sich dort aufzuhalten pflegen, in Brand gesetzt und durch Brandlegung zeitweise zerstört und dabei in der Absicht gehandelt zu haben, eine andere Straftat zu verdecken, und in drei rechtlich zusammentreffenden Fällen versucht zu haben, durch die Brandstiftung einen Menschen heimtückisch und mit gemeingefährlichen Mitteln zur Verdeckung einer Straftat zu töten,

2. den Angeklagten André Eminger in der Zeit vom 16. November 2000 bis 8. Mai 2009 in Chemnitz und Zwickau durch fünf selbstständige Handlungen

2.1 in zwei Fällen vorsätzlich anderen Hilfe geleistet zu haben, mit Gewalt gegen eine Person oder unter Anwendung von Drohungen mit gegenwärtiger Gefahr für Leib oder Leben eine fremde bewegliche Sache einem anderen in der Absicht wegzunehmen, die Sache sich rechtswidrig anzueignen,

2.2 vorsätzlich anderen Hilfe geleistet zu haben, aus niedrigen Beweggründen, heimtückisch und mit gemeingefährlichen Mitteln versucht zu haben, einen Menschen zu töten, und tateinheitlich durch Sprengstoff eine Explosion herbeizuführen und durch die Tat eine schwere Gesundheitsschädigung eines anderen Menschen verursacht zu haben und zugleich eine Körperverletzung mittels eines anderen gefährlichen Werkzeugs, eines hinterlistigen Überfalls und einer das Leben gefährdenden Behandlung zu begehen, im Fall 3 durch dieselbe Handlung und in zwei weiteren Fällen

2.3 eine Vereinigung unterstützt zu haben, deren Zwecke und deren Tätigkeit darauf gerichtet sind, Mord (Paragraf 211 StGB) und gemeingefährliche Straftaten in dem Fall des Paragrafen 308 Abs. 1 und 2 zu begehen, die bestimmt sind, die Bevölkerung auf erhebliche Weise einzuschüchtern, und durch ihre Auswirkungen einen Staat erheblich schädigen zu können,

3. den Angeklagten Holger Gerlach in der Zeit von Februar 2004 bis Mai 2011 in Hannover und andernorts durch drei rechtlich selbstständige Handlungen eine Vereinigung unterstützt zu haben, deren Zwecke und deren Tätigkeit darauf gerichtet sind, Mord (Paragraf 211 StGB) und gemeingefährliche Straftaten in dem Fall des Paragrafen 308 Absatz 1 und 2 StGB zu begehen, die bestimmt sind, die Bevölkerung auf erhebliche Weise einzuschüchtern, und durch ihre Auswirkungen einen Staat erheblich schädigen können,

4.–5. die Angeschuldigten Ralf Wohlleben und Carsten Schultze, den Angeklagten Carsten Schultze als Heranwachsender handelnd, Ende des Jahres oder Anfang des Jahres 2000 in Jena und anderenorts vorsätzlich einem anderen zu dessen vorsätzlich begangenen rechtswidrigen Taten, nämlich zu neun selbständigen Fallen des Mordes, Hilfe geleistet zu haben. *(Es folgt eine detail-*

lierte Auflistung der Straftaten der terroristischen Vereinigung NSU und eine Erläuterung, welche Rolle dabei die fünf Angeklagten spielten.)

Götzl Wir kommen zu den persönlichen Verhältnissen der Angeklagten. Kommen Sie bitte ein bisschen vor, damit ich mit Ihnen reden kann, Frau Zschäpe. *(Zschäpe beugt sich nach vorn und sieht den Richter an.)*

Götzl Ihr Name ist Zschäpe, Ihr Vorname Beate? *(Zschäpe nickt.)* Geboren am 2. Januar 1975 in Jena?

Verteidiger Heer Unsere Mandantin wird keine Angaben zur Person machen.

Götzl Dann kommen wir zu Herrn Eminger. Familienname Eminger, Vorname André?

(André Eminger nickt.)

Eminger 1979 geboren. Zwickau. Zu mehr werde ich mich nicht äußern.

Götzl Dann Herr Gerlach: Familienname Gerlach, Vorname Holger?

Gerlach Ja.

Götzl Geboren am 14. Mai 1974, also heute Geburtstag?

Gerlach Ja.

Götzl Sie sind im Zeugenschutzprogramm, zu laden über das Bundeskriminalamt Meckenheim?

Gerlach Ja.

Götzl Herr Wohlleben, Vorname Ralf, geboren am 27. Februar 1975? *(Wohlleben nickt.)* In Jena? *(Wohlleben nickt.)*

Verteidigerin Schneiders Unser Mandant wird sich nicht äußern.

Götzl Carsten Schultze, geboren am 6. Februar 1980 in Neu-Delhi.

Schultze Ja.

Götzl Sie sind im Zeugenschutzprogamm. Zu laden über das Bundeskriminalamt Meckenheim. Sie sind bereit, hier Aussagen zu machen?

Schultze Ja.

Götzl Den Angeklagten steht es frei, sich zu äußern und zur Sache auszusagen. Haben Sie das verstanden? *(Nicken.)*

(Anschließend weist das Gericht die Befangenheitsanträge vom Tag 1 zurück, die Zschäpes und Wohllebens Verteidiger gegen drei Richter des Senats gestellt hatten.)

Tag 3

15. Mai 2013

Manfred Götzl, Richter. **Herbert Diemer**, Vertreter der Bundesanwaltschaft. **Wolfgang Heer, Wolfgang Stahl, Anja Sturm**, Verteidiger von Beate Zschäpe. **Olaf Klemke, Nicole Schneiders**, Verteidiger von Ralf Wohlleben. **Johannes Pausch**, Verteidiger von Carsten Schultze. **Thomas Bliwier, Edith Lunnebach, Sebastian Scharmer, Reinhard Schön, Angela Wierig**, Anwälte der Nebenklage.

Götzl Ladies first. Frau Rechtsanwältin Schneiders hat das Wort.

(Die Verteidigerin Nicole Schneiders beantragt in zwei langen Anträgen die Aussetzung der Verhandlung wegen Unvollständigkeit der Akten und die Einstellung des Verfahrens gegen ihren Mandanten Ralf Wohlleben wegen medialer Vorverurteilung. Dies sei ein nicht behebbares Verfahrenshindernis. Zudem seien die Geheimdienste in die angeklagten Mordstraftaten verwickelt und würden die Aufklärung nicht unterstützen. Deshalb sei ein faires und rechtsstaatliches Verfahren nicht mehr möglich. Im Einzelnen bemängelt sie, dass die Situation nicht genauer dokumentiert wurde, als sich Beate Zschäpe in Jena der Polizei gestellt hat. Zudem fordert sie die Beiziehung von Akten des Verfassungsschutzes Hessen.
Was ihren Mandanten angeht, hätten die Medien versucht, Einfluss auf das bisher unparteiische und unvoreingenommene Gericht zu nehmen. Zschäpe sei als Nazibraut stigmatisiert worden, Wohlleben als Terrorhelfer. Seit 2011 werde ununterbrochen Stimmung durch die Medien gemacht. Journalisten hätten nur Auflagen oder Quotensteigerung im Sinn und die Vernichtung sozialer Existenzen.)

Verteidigerin Schneiders Die Opferbeauftragte der Bundesregierung spricht von rassistischen Taten, ohne den Schuldspruch abzuwarten. Es wurden bereits 900 000 Euro gezahlt an die Opfer. Der Bundespräsident empfing die Opferfamilien, es gibt Straßenumbenennungen in Erinnerung an die Opfer. Die Täterschaft von Uwe Mundlos und Uwe Böhnhardt wird als Faktum angesehen, das Wort »mutmaßlich« – Fehlanzeige. Ein faires Verfahren ist nicht möglich, denn auch die Geheimdienste sperren sich gegen eine lückenlose Aufklärung. Ein Fair Trial ist allein schon deswegen nicht gegeben, weil die Verteidiger einer Phalanx von Nebenklägern gegenübersitzen. Das Gericht ist nicht der Ort geschichtlicher Aufarbeitung. Das Verfahren hat sich nicht an den Befindlichkeiten der Angehörigen zu orientieren oder am politischen Mainstream.

Anwalt Bliwier Sie nutzen diesen Prozess zur Stimmungsmache. Geben Sie hier keine Presseerklärungen ab. Das ist heiße Luft, nicht mehr. Und es ist schon verwunderlich, dass Sie das Gericht in Ihrem Antrag als bisher eher unparteiisch und unvoreingenommen bezeichnet haben. Das hat die Verteidigung aber nicht gehindert, einen Befangenheitsantrag gegen das Gericht zu stellen.

Götzl Frau Lunnebach, ich erteile Ihnen das Wort.

Verteidiger Heer Herr Vorsitzender, ich hatte mich schon früher gemeldet.

Anwältin Lunnebach Der Vorsitzende hat mir das Wort erteilt.

Verteidiger Heer Nein, ich habe jetzt das Recht zu sprechen.

(Gelächter im Gerichtssaal.)

Verteidiger Heer Es geht nicht an, dass ich etwas sage und es wird gelacht. Herr Vorsitzender, halten Sie bitte alle zur Sachlichkeit an.

(Erneutes Gelächter. Verteidiger Stahl springt auf.)

Verteidiger Stahl Ich beantrage eine Unterbrechung der Verhandlung.

(Unruhe. Stahl zieht die Robe aus und verlässt den Saal. Kurz darauf kommt er wieder zurück.)

Anwältin Lunnebach Vielleicht ist die Unruhe der Nervosität der Verteidigung geschuldet.

Götzl Frau Lunnebach, Sie sind jetzt auch ruhig. Wenn man guten Willens ist, lässt sich das ganz einfach regeln.

Verteidiger Heer Es ist gerade erneut gelacht worden. Das ist unwürdig für diese Verhandlung. Ermahnen Sie die Prozessbeteiligten zur Sachlichkeit.

Götzl Die Mahnung zur Sachlichkeit ist bereits erfolgt.

Anwältin Lunnebach Ich würde gerne zu den Inhalten des Verfahrens zurückkehren.

Verteidiger Heer Ich habe das Wort. Ich beanstande die Worterteilung an Frau Lunnebach.

Bundesanwalt Diemer Ich halte das Verhalten von Rechtsanwalt Heer für ungehörig. Um was geht es Ihnen denn eigentlich?

Verteidiger Heer Es geht um die Reihenfolge der Wortmeldungen. Man sollte sich auf die Gepflogenheiten einigen.

Götzl Geduld. Haben Sie doch Geduld.

Verteidigerin Sturm Ich beantrage eine Unterbrechung.

Götzl Warum wollen Sie eine Unterbrechung? Geht es um einen Befangenheitsantrag?

Verteidiger Stahl Genau das müssen wir jetzt beraten.

Götzl Ihnen habe ich das Wort nicht erteilt, Herr Stahl. Frau Sturm ist in der Lage, Fragen zu beantworten.

Verteidigerin Sturm *(zu Götzl)* Die Anwältin Sturm kann das kollegial klären, sie bedarf zum Glück noch nicht Ihres Schutzes.

Götzl Ich werde keine Unterbrechungen vornehmen, wenn Sie mir nicht erklären, warum Sie sie benötigen.

Verteidigerin Sturm Es geht uns um die grundsätzliche Reihenfolge, wem Sie das Wort erteilen. Bisher halten Sie es so, dass Sie erst den Vertretern des Generalbundesanwalts, dann den Vertretern der Nebenklage und erst dann der Verteidigung das Wort erteilen.

Anwältin Lunnebach Dann würde ich jetzt gerne wieder sprechen, zum Antrag der Wohlleben-Verteidigung. Dass es in diesem Verfahren auch um die Geheimdienste geht, ist nicht von der Hand zu weisen. Warum aber äußert sich Herr Wohlleben dann nicht? Dann könnte man damit umgehen.

Bundesanwalt Diemer Der Antrag auf Einstellung des Verfahrens wegen der medialen Berichterstattung ist unbegründet. Es gibt dazu höchstrichterliche Rechtsprechung, wonach Medienberichterstattung den staatlichen Strafanspruch nicht verhindern und nicht vereiteln kann. Die Berichte, wonach V-Männer in die Mordserie verwickelt waren, sind reine Spekulation. Wir sind solchen Hinweisen sorgfältig und gründlich nachgegangen. Es gibt keine Hinweise, dass ein Geheimdienst oder die Polizei in Straftaten verwickelt waren. Und die Verteidigung Wohllebens hat selbst gesagt, dass sie keine Zweifel an der Unparteilichkeit des Gerichts hat.

Anwalt Scharmer *(zur Verteidigung Wohllebens)* Ihre Forderung, ein Verfahren wegen Beihilfe zum rassistischen Mord in neun Fällen aufgrund von Medienveröffentlichungen einzustellen, ist relativ absurd.

Anwalt Schön Möglicherweise spielen auch rechtsradikale Motive bei den Verteidigern von Herrn Wohlleben eine Rolle.

Verteidiger Klemke Das sind hetzerische Äußerungen, die die Verteidigung von Herrn Wohlleben als rechtsradikal diffamieren. Ich möchte nicht wissen, wie die Richterbank reagieren würde, wenn ich hier Nebenklagevertreter als linksradikal bezeichnen würde. Da gäbe es sicher einen Aufschrei.

(Die Verhandlung wird für eine Mittagspause unterbrochen. Danach wendet sich Götzl an die Journalisten, denen am Morgen Wasserflaschen und Proviant abgenommen wurden – aus Sicherheitsgründen. Sie hätten Äpfel und Butterbrote als Wurfgeschosse verwenden können, hieß es.)

Götzl Ein Wort an die Vertreter der Presse. Ich mache Ihnen nicht Ihr Pausenbrot streitig. Das geht auf eine Anordnung des Vizepräsidenten des Amtsgerichts zurück, ich bin da tätig geworden. *(Künftig dürfen Journalisten Verpflegung mitbringen. Ab Juni stehen im Pausenbereich zudem Stühle, Tische und ein Kaffeeautomat.)* Und nun zu Ihnen, Herr Stahl.

Verteidiger Stahl Wir beantragen, dass der Vorsitzende Richter das Wort grundsätzlich der Verteidigung vor der Nebenklage erteilen möge. Da es noch keine Regelung dazu gibt, ist es bisher zum offenen Streit gekommen. Das verschiebt sonst die Verfahrensprioritäten angesichts der vielen Nebenkläger. Der Vorsitzende macht bei annähernd jeder Wortmeldung die Erteilung des Wortes davon abhängig, Natur und Umfang des Inhalts der Wortmeldung zu erfahren. Das verlängert das Verfahren. Diese Selektion der Anträge darf nicht dazu führen, dass unsere Mandantin in ihrer effizienten Verteidigung beschränkt wird.

(Danach beantragt Verteidiger Heer die Aussetzung des Verfahrens für drei Wochen. Die Akten der Untersuchungsausschüsse von Bayern und Thüringen müssten in den Prozess einbezogen werden. Der Generalbundesanwalt soll zudem Zugang zu allen Akten der Landesstaatsanwaltschaften gewähren, die er in die Ermittlungen einbezogen hat. Außerdem beantragt Heer, Bundesanwalt Diemer und Oberstaatsanwältin Greger als Sitzungsvertreter abzulösen und sie durch andere Staatsanwälte zu ersetzen. Die Bundesanwälte hätten Akten nicht in erforderlicher Weise weitergeleitet, sie hätten nicht objektiv und fair agiert und sich voreingenommen über Beate Zschäpe geäußert. Schließlich fordert Zschäpes Verteidigung zudem, die gesamte Verhandlung aufzeichnen zu lassen.)

Bundesanwalt Diemer Das ist gesetzlich nicht vorgesehen. Die Zeugen sollen unbefangen aussagen, nicht eingeschüchtert durch eine Drohkulisse, eine Aufzeichnung würde ihr Aussageverhalten verändern.

Anwalt Scharmer Eine Drohkulisse besteht schon durch die 80 Personen in Roben im Raum.

Anwältin Wierig Eine Aufzeichnung wäre im Dienste der Wahrheitsfindung, nach Monaten kann sich niemand mehr genau erinnern, was ein Zeuge genau gesagt hat. Die Praxis des Internationalen Gerichtshofs in Den Haag hat gezeigt, dass es geht.

Verteidiger Pausch Auch am OLG Düsseldorf wird alles aufgezeichnet. Kein Zeuge hat Bedenken dagegen. Die Praxis hat sich sehr bewährt.

Tag 4

16. Mai 2013

Manfred Götzl, Richter. **Holger Gerlach, Carsten Schultze**, Angeklagte. **Herbert Diemer, Jochen Weingarten**, Vertreter der Bundesanwaltschaft. **Wolfgang Heer**, Verteidiger von Beate Zschäpe. **Nicole Schneiders**, Verteidigerin von Ralf Wohlleben, **Thomas Bliwier, Christina Clemm, Yavuz Narin, Gül Pinar, Sebastian Scharmer, Angela Wierig**, Anwälte der Nebenklage.

Götzl Guten Morgen. Wir waren stehen geblieben bei den Anträgen der Rechtsanwälte von Frau Zschäpe, das Verfahren auszusetzen und die Akten der Untersuchungsausschüsse beizuziehen, sowie der Ablehnung von zwei Vertretern der Bundesanwaltsschaft. Soll Stellung genommen werden?

Bundesanwalt Diemer Das Verfahren muss nicht ausgesetzt werden. Die Akten der Untersuchungsausschüsse sind nicht erforderlich, um die Schuld oder Unschuld der fünf Angeklagten festzustellen. Wir haben größtmögliche Kooperationsbereitschaft der Geheimdienste erlebt. Zudem sieht das Gesetz die Ablehnung eines Sitzungsvertreters der Bundesanwaltschaft nicht vor. Diese Binsenweisheit ist Herrn Rechtsanwalt Heer bekannt, deswegen werte ich seinen Antrag als eine umgedeutete Dienstaufsichtsbeschwerde. Deswegen muss man kein Verfahren aussetzen. Selbst wenn wir vier Staatsanwälte hier bei einem Verkehrsunfall ums Leben kämen, würde es der Behörde nicht einfallen, das Verfahren platzen zu lassen. Zu den Akten der Landesstaatsanwaltschaften, die beigezogen werden sollen: Die Verteidigung hat sich nicht die Mühe gemacht, die Akten einzusehen, und will das jetzt auf uns abladen. Die Verteidigung hatte zum frühestmöglichen Zeitpunkt, schon im November 2012, die Möglichkeit, die Akten einzusehen. Bei uns läuft in Sachen NSU noch ein Ermittlungsverfahren gegen Unbekannt. Die Liste mit 129 Personen, die als mutmaßliche Unterstützer oder Kontaktpersonen des NSU gelten und die dem Bundestags-Untersuchungsausschuss vorgelegt wurde, hat mit diesem Verfahren nichts zu tun.

Anwältin Clemm Die Akten der Untersuchungsausschüsse sind absolut verfahrensrelevant. Ich beantrage, die Akten beizuziehen. Und auch die 129 mutmaßlichen Unterstützer des NSU sind nicht irrelevant. Ich beantrage zu erfahren, gegen wen da ermittelt wird.

Anwalt Narin Ich schließe mich den Anträgen der Verteidigung Zschäpes an und beantrage ebenfalls die Beiziehung der Akten. Der Generalbundesanwalt sollte nicht vorwegnehmen, welche Akten relevant sind.

Anwalt Scharmer Die Anträge der Zschäpe-Verteidigung sind durchaus sinnvoll, anders als die Anträge auf Einstellung des Verfahrens durch die Verteidigung Wohllebens. Ich verstehe den Widerstand der Bundesanwaltschaft nicht. Auch nicht, warum uns der Generalbundesanwalt nicht mitteilt, welche 129 Personen auf dieser Liste stehen. Dem Untersuchungsausschuss in Berlin wurde das mitgeteilt. Warum kann man uns das nicht übersenden?

Anwältin Pinar Ich drücke jetzt hier zum wiederholten Mal auf den Knopf und mein Mikro geht nicht an. Ich fordere eine Erklärung, warum das Mikrofon der Bundesanwaltschaft sofort angeht und meines nicht. Ich beantrage eine Erklärung des Gerichts. Hat die Bundesanwaltschaft eine Vorrangschaltung?

Götzl Dann mach ich jetzt 20 Minuten Pause, ruf den Techniker an und klär das.

(Pause. Ein Techniker überprüft die Mikrofone. Dann wird die Verhandlung fortgesetzt.)

Bundesanwalt Diemer Wir stellen uns nicht gegen die Einsicht in die Akten der Untersuchungsausschüsse. Die 129er-Liste werden wir dem Gericht übersenden und sie dann zum Gegenstand der Akteneinsicht machen.

Götzl Gut, nun zur Reihenfolge der Worterteilung. Stellungnahmen dazu?

Oberstaatsanwalt Weingarten Das Fragerecht ist in Paragraf 240 Strafprozessordnung geregelt, die Zuweisung des Rederechts ist einzig Sache des Richters. Es ist allgemeine Übung in deutschen Gerichtssälen, dass die Ankläger zuerst sprechen. Diese Reihenfolge ist für den, der später drankommt, kein Beschwerdegrund. Sinn und Zweck des Fragens ist nicht die Exponierung der Prozessbeteiligten, sondern die Suche nach der Wahrheit.

Anwältin Wierig Dennoch sollten die Verteidiger vor den Nebenklägern sprechen können.

(In der Folge verkündet Richter Götzl mehrere Beschlüsse: Die akustische Aufzeichnung der Verhandlung wird abgelehnt. Die Aufzeichnung per Video wird abgelehnt. Die wörtliche Protokollierung wird abgelehnt. Der Beschluss auf Beiziehung der Liste mit den 129 möglichen Unterstützern und Kontaktpersonen des NSU hat sich erledigt, sie wird von der Bundesanwaltschaft übergeben. Der Antrag, der Verteidigung das erste Wort nach der Bundesanwaltschaft zu erteilen, wird abgelehnt.)

Verteidiger Heer Die Verteidigung von Frau Zschäpe beanstandet Ihre Verfügung bezüglich des Fragerechts und bittet um Entscheidung des Senats.

(Das Gericht zieht sich für zehn Minuten zurück und bestätigt anschließend die Entscheidung des Vorsitzenden Richters Götzl zum Fragerecht.)

Götzl Erklärungen dazu?

Verteidiger Heer Eine Erklärung zu Herrn Bundesanwalt Diemer: Herr Diemer weiß genau, welche Bemühungen die Verteidiger unternommen haben, um Akteneinsicht zu bekommen. Seine Äußerung ist unsachlich.

Anwalt Bliwier Die Nebenklage hat die Akten in Karlsruhe eingesehen. Es war problemlos möglich, Kopien anzufertigen. Wenn die Verteidigung nicht in der Lage ist, nach Karlsruhe zu gehen und sich diese Akten zu besorgen, ist das kein Grund, den Prozess auszusetzen. Wir stellen gerne unsere Akten der Verteidigung zur Verfügung. Man kriegt die Akten problemlos und das seit einem Dreivierteljahr.

Götzl *(zur Verteidigung Zschäpes)* Wird Frau Zschäpe Angaben zur Sache machen oder zu den persönlichen Verhältnissen?

Verteidiger Heer Das ist nicht beabsichtigt.

Götzl Auch nicht zum Lebenslauf?

(Kopfschütteln.)

Götzl Herr Wohlleben?

Verteidigerin Schneiders Er wird schweigen, aber eine persönliche Erklärung abgeben.
Götzl Herr Schultze?
Schultze Ich werde mich äußern.
Götzl Herr Gerlach?
Gerlach Ebenfalls.
Anwalt Scharmer *(zu Schultze)* Werden Sie auch Fragen beantworten?
Schultze Ja.

Tag 5

4. Juni 2013

Manfred Götzl, Richter. **Carsten Schultze,** Angeklagter. **Herbert Diemer,** Vertreter der Bundesanwaltschaft. **Anja Sturm**, Verteidigerin von Beate Zschäpe. **Alexander Kienzle, Edith Lunnebach**, Anwälte der Nebenklage

Götzl: Zunächst sind einige Beschlüsse zu verkünden. Der Antrag auf Aussetzung oder Unterbrechung des Prozesses durch die Verteidigung von Frau Zschäpe wird abgelehnt. Das Beschleunigungsgebot geht vor. Die Verteidiger hätten sich in die Akten in den sieben Tagen einarbeiten können, die durch die Unterbrechung des Prozesses frei wurden, zudem sind auch die Pfingstferien frei von Verhandlungstagen. Eine weitere Unterbrechung ist nicht veranlasst.
Der Antrag, die Akten der Landesstaatsanwaltschaften hinzuzuziehen, wird abgelehnt. Es besteht kein Anspruch auf die Beiziehung dieser Akten. Der Aktenumfang der Hauptverhandlung wird durch die Identität der Tat und der Angeklagten bestimmt. Verfahrensfremde Akten beizuziehen ist sachlich nicht geboten, dadurch würde der Ablauf des Verfahrens erschwert. Zudem konnten diese Akten beim Generalbundesanwalt in Karlsruhe eingesehen werden. Die Nebenkläger haben diese Akten dort eingesehen, nicht aber die Verteidiger der Angeklagten Zschäpe.
Der Antrag auf Aussetzung des Verfahrens durch die Verteidigung von Herrn Wohlleben wird abgelehnt, zudem der Antrag auf Einstellung des Verfahrens. Die Verteidigung macht geltend, dass es wegen der medialen Vorverurteilung ihres Mandanten und der Verwicklung von Geheimdiensten ein nicht behebbares Verfahrenshindernis gibt. Der Senat sieht keine Anzeichen, dass ein faires Verfahren ausgeschlossen oder infrage gestellt ist. Es handelt sich hier lediglich um abstrakte Überlegungen der Verteidigung, die selbst angibt, der Senat habe

sich bisher standhaft und unabhängig gezeigt. Anzeichen, dass sich dieses Verhalten des Senats ändern könnte, zeigt die Verteidigung nicht auf.

(Es folgt noch eine Verfügung des Vorsitzenden Richters Götzl.)

Der Antrag der Verteidigung von Beate Zschäpe, dass die Vertreter der Bundesanwaltschaft Diemer und Greger abgelöst werden, wird abgelehnt. Die Maßstäbe an die Befangenheit wie für Richter gelten nicht für Staatsanwälte. Um eine Ablösung zu rechtfertigen, muss sich ihre Voreingenommenheit aufdrängen und einen Missbrauch staatlicher Macht darstellen.

Verteidigerin Sturm Aufgrund der gezielten, von den Strafverfolgungsbehörden selbst gesteuerten und betriebenen Vorverurteilung unserer Mandantin ist ein rechtsstaatlicher, fairer Prozess auch unter der Berücksichtigung der berufsständischen Objektivität der dem Senat angehörenden Berufsrichter nicht mehr durchführbar. Gravierend, das heißt nicht mehr zu heilen, ist auch der Umstand der Beeinflussung der Personal-Beweismittel, namentlich der Zeugen, welche durch ein bestimmtes meinungsbildendes Klima zumindest unterschwellig in ihrem Aussageverhalten beeinflusst werden. Es hat eine beispiellose Vorverurteilung durch den Generalbundesanwalt stattgefunden, der auch nicht alle relevanten Akten vorgelegt hat. Insbesondere Verfahrensakten zu verschiedenen V-Leuten wurden der Verteidigung vorenthalten. Zudem wurden Akten vernichtet, die relevant gewesen wären. Es war eine Vielzahl von V-Personen in der rechten Szene eingesetzt, die an der Entwicklung der rechten Szene mitgewirkt haben, darunter Tino Brandt, der Gründer des Thüringer Heimatschutzes. *(Der Thüringer Heimatschutz wurde Mitte der Neunzigerjahre aktiv und war lange Zeit die aktivste rechtsextreme Vereinigung in Thüringen. Sie hatte Sektionen in mehreren Städten. Uwe Böhnhardt, Uwe Mundlos und Beate Zschäpe gehörten der Sektion Jena an.)* Die Verfassungsschutzbehörden haben die Akten nur widerwillig und unvollständig herausgegeben. Der Strafanspruch des Staates ist deswegen verwirkt.

Der Präsident des Bundeskriminalamtes hat vor dem Untersuchungsausschuss des Bundestags vom »Zwickauer Mördertrio« gesprochen. Der Generalbundesanwalt lud am 1. Dezember 2011 zu einer Pressekonferenz. Dort sagte Generalbundesanwalt Range: »Wir ermitteln nicht gegen die NPD, sondern gegen die terroristische Gruppierung, die sich NSU nennt.« Das Wort »mutmaßlich« fehlte. Diese öffentlichen, vorverurteilenden Bemerkungen flossen unmittelbar in die Arbeit der Ermittler ein. Sie übernehmen die Begriffe Terrortrio und Mörderbande. Auch bei Zeugenvernehmungen heißt es immer wieder: Terrortrio.

Auch Politiker haben sich vorverurteilend geäußert. Die thüringische Ministerpräsidentin Christine Lieberknecht erklärte, das Mördertrio habe seit Mitte der Neunzigerjahre sein Unwesen getrieben. Sie forderte, dass Beate Zschäpe ihr Schweigen bricht. Der bayerische Innenminister sprach ebenfalls von einem

Mördertrio, das sächsische Innenministerium von einem Terrortrio. Und der Grünen-Politiker Christian Ströbele erklärte, es wäre deprimierend, wenn sich die Anklage nicht bestätigt und nicht zu einer Verurteilung führt.
Es wird deswegen beantragt, das Verfahren gegen Beate Zschäpe einzustellen. Der staatliche Verfolgungsanspruch darf nicht ohne Rücksicht auf die Rechte der Angeklagten geltend gemacht werden. Unsere Mandantin wurde von Beginn des Verfahrens an zum Objekt degradiert. Sie stand als Mitglied einer Mörderbande von vornherein fest. Die gesamten Ermittlungen gingen davon aus und suchten nur noch nach Beweisen. Dies stellt eine eklatante Verletzung des Grundsatzes auf ein faires Verfahren dar. Die Behörden wollten ihre V-Leute schützen. Eine Waffengleichheit lässt sich nicht mehr herstellen, da Akten vernichtet wurden. Eine ordnungsgemäße Beweisaufnahme wird durch die fehlenden Akten nicht mehr möglich sein.

Bundesanwalt Diemer Wer die Akten wirklich kennt, weiß, dass der Generalbundesanwalt stets die Unschuldsvermutung beachtet. Für den Generalbundesanwalt Range ist die Unschuldsvermutung oberstes Prinzip. Wir haben nicht einseitig ermittelt, das wird in aller Deutlichkeit zurückgewiesen. Das Wort Terrortrio ist lediglich eine schlagwortartige Verkürzung. Zu den V-Personen: Im Zentrum des Ermittlungsverfahrens stehen die Straftaten und die beschuldigten Personen. Alles, was dazugehört, ist von uns vernommen worden. Alles andere sind Spekulationen. Ich bitte darum, den Antrag der Verteidigung auf Einstellung des Verfahrens zurückzuweisen.

Anwältin Lunnebach Sicher ist die Gefahr der Vorverurteilung in diesem Verfahren groß. Damit muss man umgehen. Doch durch das Wort »mutmaßlich« wäre Ihre Mandantin nicht geschützt. Bisher gibt es nur die These des Generalbundesanwalts, dass das Terrortrio die Morde ausgeführt hat. Möglicherweise ist da ein größerer Zusammenhang gegeben, auch mit V-Leuten.

Anwalt Kienzle Ich beantrage, das Gericht möge bekannt geben oder feststellen, ob sich unter den Prozessbeobachtern auf der Besuchertribüne Mitarbeiter des Bundeskriminalamtes, der Landeskriminalämter oder Mitarbeiter des Verfassungsschutzes befinden. Das Bundesamt für Verfassungsschutz hat angekündigt, es werde den Prozess begleiten. Deshalb ist davon auszugehen, dass im Saal Vertreter der Ämter sind. Ich beantrage fernerhin, dass diese Mitarbeiter während der Beweisaufnahme vom Prozess ausgeschlossen werden. Sonst hat das Auswirkungen auf die Unbefangenheit der Zeugen.

Götzl Bei mir haben sich keine Prozessbeobachter gemeldet. Dann stelle ich die Frage an die Zuschauer: Sind Prozessbeobachter vom Verfassungsschutz im Sitzungssaal? *(Schweigen.)* Dann beginnen wir jetzt mit der Befragung von Herrn Schultze.

(Carsten Schultze, 33, rückt mit seinen Verteidigern eigens um eine Reihe nach vorne, direkt hinter Beate Zschäpe.)

Schultze Wo soll ich anfangen?

Götzl Berichten Sie einfach von sich aus im Zusammenhang.

Schultze Dann fange ich mit der Kindheit an. Ich bin in Neu-Delhi geboren, mein Vater war da auf Auslandsposten, wir mussten in die DDR zurückkehren, weil bei meiner Mutter eine Psychose durchbrach. *(Als er vier Jahre alt war, seien sie nach Jena gezogen.)* Mein Vater war sehr streng, meine Schwester und ich durften bei Tisch nicht sprechen, auch nicht lachen. *(Er erzählt, dass er 1996 die Schule mit der Mittleren Reife beendete und in Springe bei Hannover eine Lehre zum Konditor begann. Nach drei Monaten wurde er von seinen Eltern gegen seinen Willen zurück nach Thüringen geholt. Es folgte eine Ausbildung zum Kfz-Lackierer. Im Sommer 2000, noch in Jena, hatte Carsten Schultze sein Coming-out. Er holt das Fachabitur nach und ging 2003 nach Düsseldorf, um Sozialpädagogik zu studieren. 2007 machte er sein Diplom. Bis zu seiner Verhaftung arbeitete er in Düsseldorf bei der Aidshilfe und in einem schwullesbischen Jugendprojekt.)*

Götzl Wie war Ihre Jugend in Jena?

Schultze Ich habe eine Lehre gemacht, da habe ich bei einem Kollegen zum ersten Mal die »Zillertaler Türkenjäger« gehört. Das fanden wir damals lustig. *(Er berichtet, dass er über die Teilnahme an Neonazi-Demonstrationen und einem Kongress der NPD-Jugendorganisation Junge Nationaldemokraten, kurz JN, mehr und mehr Anschluss in der rechten Szene fand.)* Und dann hat Ralf Wohlleben zu mir gesagt, ihn würde es ankotzen, wenn einer sagt, er sei schwul. Da wurde mir klar: Das sind nicht deine Leute.

Götzl Wie war das mit Ihren politischen Ämtern?

Schultze 1999 wurde ich stellvertretender Vorsitzender des NPD-Kreisverbandes Jena unter Ralf Wohlleben, dann Kreisvorsitzender der JN in Jena. Im Jahr 2000 stellvertretender JN-Bundesgeschäftsführer und kurz darauf stellvertretender JN-Vorsitzender in Thüringen. Aber da habe ich eigentlich schon nicht mehr mitgemacht. Ich wollte nicht Landeschef der JN werden, ich habe gedacht: Da komm ich sonst nicht mehr raus. Im September 2000 bin ich ausgestiegen und habe alle Ämter niedergelegt.

Götzl Wie sind Sie zu Beate Zschäpe, Uwe Mundlos und Uwe Böhnhardt gekommen? Damit wir mal zur Vorgeschichte dessen kommen, was Ihnen vorgeworfen wird.

Schultze Vor deren Untertauchen hatte ich, glaube ich, dreimal Kontakt zu denen. Einmal war ich in der Wohnung von der Frau Zschäpe, da war auch einer der Uwes anwesend. Einmal waren wir gemeinsam in einem Jugendklub. Und einmal waren sie bei mir zu Hause. Einmal war ich bei einer Demo in Erfurt. Im Internet habe ich in den »Tagesthemen« gesehen, dass Frau Zschäpe da auch war. Und dann waren die drei schon weg. Dann ging es mit den Telefonkontakten los.

Götzl Wie gestaltete sich das?

Schultze Herr Wohlleben und André Kapke kamen auf mich zu und fragten, ob ich bereit wäre zu helfen. Herr Wohlleben hat mir dann gezeigt, wie ich aus Telefonzellen ein Handy anrufe, und dann kam ein Rückruf von denen.

Götzl Wer war am Apparat?

Schultze Einer der beiden Uwes. Mindestens einmal war auch Frau Zschäpe am Telefon.

Götzl Wie ging es weiter?

Schultze Ich habe dann ein Handy besorgt, das habe ich mit Herrn Wohlleben besprochen, so was habe ich nicht selbst entschieden. Ich hab dann mit den dreien Kontakt gehalten. Einmal haben die beiden Uwes gefragt, ob ich in die Wohnung von Beate Zschäpe einsteigen und Unterlagen rausholen kann. Ich habe die Tür eingetreten, das ganze Haus hat gerummst. Ich hab Pässe und Zeugs in die Tasche gestopft. Da lag eine schwarz-weiß-rote Fahne auf dem Boden, die hab ich auch mit eingepackt. Das Nächste, woran ich mich erinnern kann, ist, dass ich mit Herrn Wohlleben die Tasche ausgeräumt habe.

Götzl Was haben Sie mit den Ausweisen gemacht?

Schultze Die Ausweise haben wir vergraben, die Unterlagen angezündet. Dann habe ich mich auch mal mit den dreien getroffen, die haben mich nie mit Namen angesprochen, immer nur mit »Kleiner«. Dann sollten wir für die drei ein Motorrad stehlen. *(Er beschreibt, dass Wohlleben und er zunehmend von den Aufträgen genervt gewesen seien. Sie hätten auch nicht gewusst, wie sich ein Motorrad kurzschließen lasse.)* Wir schoben es in ein Gebüsch und deckten es ab. Aber als wir es holen wollten, war es weg. Die beiden Uwes waren ziemlich sauer. Das Nächste war dann der Wunsch nach der Waffe. Herr Wohlleben schickte mich in einen Szeneladen, dass ich die besorge. Ich habe die dann nach Chemnitz gebracht. Wir waren in so einem Abbruchhaus, da habe ich die übergeben.

Götzl Für was brauchten die drei die Waffe?

Schultze Ich habe es nicht gewusst.

Götzl Haben Sie nachgefragt?

Schultze Nein.

Götzl Haben Sie sich Gedanken gemacht?

Schultze Ich dachte mir irgendwie, dass da nichts Schlimmes passieren würde, ich hatte ein positives Gefühl, dass die drei in Ordnung seien. Für mich waren die drei arme Verfolgte, denen muss man helfen.

Tag 6

5. Juni 2013

Manfred Götzl, Richter. **Carsten Schultze**, Angeklagter. **Herbert Diemer**, Vertreter der Bundesanwaltschaft. **Wolfgang Heer**, Verteidiger von Beate Zschäpe. **Johannes Pausch**, Verteidiger von Carsten Schultze. **Thomas Bliwier, Stephan Lucas, Gül Pinar**, Anwälte der Nebenklage.

Anwalt Bliwier Ich beantrage, dass die Besucher befragt werden, ob unter ihnen Mitarbeiter von Geheimdiensten sind. Man muss das von Tag zu Tag klären.

Götzl Es wird über den Prozess doch sowieso ausführlichst berichtet.

Anwalt Bliwier Es ist ja nicht schwierig, trotzdem nachzufragen. Sie haben es ja gestern auch kurz gemacht.

Bundesanwalt Diemer Wir können nur Besucher ausschließen, die als Zeugen infrage kommen. Ich halte das für völlig überzogen.

Anwalt Bliwier Es geht auch um Beamte, die Kontakt mit Carsten Schultze haben.

Bundesanwalt Diemer Niemand kann vernünftigerweise davon ausgehen, dass Behörden hierher Leute schicken, die als Zeugen infrage kommen.

(Gelächter.)

Anwältin Pinar Herr Diemer, das meinen Sie nicht ernst. Ich kann Ihnen Aktenzeichen geben, wo genau das geschehen ist.

Anwalt Lucas In Betäubungsmittel-Verfahren erleben wir das standig, dass Ermittlerkollegen sich im Prozess aufhalten. Es ware doch ärgerlich, wenn wir später eine Unsicherheit hätten. Es ist doch so unkompliziert.

Götzl Es ergeht Verfügung, nicht bei den Besuchern nachzufragen. Wenn sich Mitarbeiter von Behörden im Sitzungssaal befänden, wären sie Teil der allgemeinen Öffentlichkeit. Es gibt keinen konkreten Hinweis, dass sie auf Zeugen einwirken würden.

Verteidiger Heer Ich verlange eine Entscheidung des Gerichts.

(Einige der Nebenklage-Anwälte schließen sich der Forderung an. Nach einer kurzen Unterbrechung ergeht der Senatsbeschluss, mit dem die Verfügung bestätigt wird.)

Götzl Damit kommen wir zum Zeugen Carsten Schultze.

Schultze Mir sind noch Sachen eingefallen. Ich habe Herrn Böhnhardt zum ersten Mal wahrgenommen, da war ich noch nicht in der organisierten Szene. Wir waren Billard spielen, Böhnhardt spielte Darts. Er trug eine braune Uniform und hohe Stiefel. Das war wohl Ende 1996, Anfang 1997. Später hieß es, Böhnhardt müsse ins Gefängnis, auch deshalb wollten die drei nun abhauen. Es war von Namibia oder Südafrika die Rede.

Es gab ein Treffen mit dem Rechtsanwalt Dr. Eisenecker, ich bin mit Herrn Wohlleben hingefahren. *(Hans Günter Eisenecker war Rechtsanwalt in Mecklenburg-Vorpommern und vertrat wiederholt Rechtsextreme. Er gehörte dem Bundesvorstand der NPD an.)* Aber worum es genau ging, habe ich nicht mehr in Erinnerung. Ich habe Tino Brandt angesprochen, mehrfach, aber nicht auf die drei. Zum Waffenkauf ist mir noch eingefallen, dass Herr Wohlleben sagte, ich soll zu Andreas Schultz ins Madley *(damals ein rechter Szeneladen in Jena)* gehen und sagen: Der Wohlleben schickt mich. Dann weiß ich noch, dass mir einer der beiden Uwes in Chemnitz vor der Waffenübergabe in einem Kaufhausrestaurant einen Brief mitgegeben hat. Den habe ich bei der Familie Mundlos eingeworfen. Einmal war ich mit Wohlleben in Jena-Nord, bei Mutter Mundlos, an der Kasse in der Rewe-Kaufhalle. Sie hat gefragt, ob alles in Ordnung ist bei den dreien. Wir haben ihr gesagt: Ja.

Bei der Übergabe der Waffe, da trafen wir uns in einem Abbruchhaus. Wir wurden aber gestört. Es kam ein Mann, der hat uns rausgescheucht. Einer der beiden Uwes hat die Waffe hinter dem Rücken versteckt.

(Schultze berichtet dann von Übergriffen und Sachbeschädigungen, an denen er beteiligt war.) Wir haben mal in Winzerla eine mobile Dönerbude umgeworfen. Wir waren sechs, sieben, acht Personen. Einer hatte die Idee dazu.

Dann gab es immer noch Aktionen in Burgau im Alten Gut. Auf dem Heimweg von der Disco kam es immer wieder zu Randale. Wir haben Feuerlöscher an einer Tankstelle leer gesprüht. Und wir haben mal die Scheiben von einer Dönerbude eingeworfen. Das ist mindestens zweimal vorgekommen. Einmal gab es einen Vorfall, da sind wir von einer Kirmes mit Autos in Winzerla angekommen. Einer namens Jimmy kam auf uns zu und sagte, er sei als Nazi beschimpft worden. Da gingen alle los. Wir sind zu einem Holzhäuschen gelaufen. Da waren zwei Leute, auf die haben wir eingeschlagen. Ich habe auch zugetreten, einmal oder zweimal.

(Er wischt sich Tränen aus den Augen und schnieft.)

Götzl Wie wirkte sich das aus? War jemand verletzt?

Schultze Ich weiß, dass wir dann weg sind, ohne uns zu kümmern.

Götzl Aber wie war der Zustand der Person, auf die Sie eingetreten haben?

Schultze Ich mein', es stand in der Zeitung, dass die schwer verletzt waren.

Götzl Schwer verletzt – was heißt das?

Schultze Ich weiß nicht. Es muss 1998 gewesen sein. So um 2001 gab es dann mal zwei, drei Tage, wo ich von verschiedenen Autos verfolgt wurde. Ich hatte Bammel, dass es die Polizei ist. Ich habe Wohlleben angesprochen, ob er etwas weiß.

Ich bin zur Polizei gegangen und habe gesagt, das soll aufhören. Und es hörte auf.

Götzl Was war denn das Motiv dafür, dass Sie Dönerbuden umgeworfen haben?

Schultze Die Dönerbuden waren ein bestimmtes Feindbild.

Götzl Sie dürfen ruhig ein wenig ausholen.

Schultze Es war eine spontane Aktion, da wurde nichts geplant. Ich bin halt mitgegangen. Ich habe die anderen nicht überredet, aber mich auch nicht zurückgehalten. Wir hielten das für eine lustige Aktion, wir haben denen eins ausgewischt.

Götzl Sie schildern uns die äußeren Umstände. Aber ich möchte die innere Motivation erfahren.

Schultze Wenn da eine Bockwurstbude gestanden hätte, hätten wir das nicht gemacht.

Götzl Sie weichen mir aus. Was war Ihre Motivation?

Schultze Es ging um Nervenkitzel, Action. Wir hatten ein gewisses Feindbild, das auf den Vorstellungen der rechten Szene fußte. Ausländer sind Kriminelle und sollen raus aus Deutschland.

Götzl Wie waren denn damals Ihre politischen Vorstellungen?

Schultze Die Texte der »Zillertaler Türkenjäger« fand ich lustig. Gemeinschaftsgefühl fand ich toll, die Meinungsbildung lief über Musik.

Götzl Gab es Themen, mit denen Sie sich identifiziert haben?

Schultze Christian Kapke *(damals Mitglied der rechten Szene und Bruder von André Kapke)* hat uns geschult bei den Mittwoch-Stammtischen. Konkret ist es für mich schwer, das wiederherzustellen. Es ging um das Reich in den alten Grenzen, gegen die multikulturelle Gesellschaft, gegen das Finanzkapital.

Götzl Hat denn Ausländerfeindlichkeit eine Rolle gespielt?

Schultze Das war Thema, sowieso in der Musik. Das hat eine Rolle gespielt bei den Aktionen. Es war dieses einfache Weltbild, sehr schwarz-weiß. Den Deutschen geht es schlecht, wir büßen unsere Heimat ein, werden regiert vom Finanzjudentum.

Götzl Was stand für Sie im Mittelpunkt?

Schultze Ich fühlte mich sicher, wurde von Leuten gegrüßt, die mich früher gemobbt hatten. Ich bekam Respekt und hab mich stark gefühlt.

Zu einem guten Abend gehörte auch eine Polizeikontrolle dazu. Cop-Running nannten wir das, losrennen, wenn Polizei kommt. Dann ging bei denen das Blaulicht an.

Götzl Welche Rolle haben Uwe Mundlos, Uwe Böhnhardt und Beate Zschäpe für Sie gespielt?

Schultze Die waren einige von den Älteren. Ich habe erst aus der Presse erfahren, dass Frau Zschäpe erst mit dem einen, dann mit dem anderen zusammen war.

Götzl Haben Sie sich nicht gefragt, warum Wohlleben auf Sie zukam?

Schultze Ich hab mich nicht gefragt. Zu Herrn Kapke muss ich ein sehr gutes Verhältnis gehabt haben. *(Gemeint ist André Kapke, einer der Hauptakteure des Thüringer Heimatschutzes. Er steht unter Verdacht, das untergetauchte Trio Böhnhardt, Mundlos und Zschäpe wesentlich unterstützt zu haben.)* Und auch zu Wohlleben muss ich ein Vertrauensverhältnis gehabt haben, dass die mich ansprechen. Sie sagten, sie könnten das nicht machen, weil sie überwacht werden.

Götzl Was wussten Sie über die Situation von Mundlos, Böhnhardt und Zschäpe?

Schultze Dass sie nicht gefasst werden wollten und Geldsorgen hatten. Ich wusste nicht, wo und wie sie wohnten.

Götzl Sie haben auch Telefonate mit ihnen geführt.

Schultze Ich hatte den Kontaktjob. Solange alles in Ordnung war, war alles in Ordnung. Es gab auch längere Phasen, wo nichts war.

Götzl Können Sie mir ein Telefongespräch schildern, das Sie mit Mundlos, Böhnhardt und Zschäpe führten?

Schultze Es wurde ganz schnell gesprochen, von hinten hat einer von denen dazwischengequakt. Es gab kurze Infos, dann war das wieder fertig.

Götzl War das eine Freundschaft zu Wohlleben?

Schultze Ja, schon.

Götzl Aus welchem Grund haben Sie mitgemacht, als Kapke und Wohlleben auf Sie zukamen?

Schultze Ich gehe davon aus, dass ich denen helfen wollte. Die sagten, sie bräuchten meine Hilfe.

Götzl Kannten Sie Herrn Eminger?

Schultze Nein.

Götzl Kannten Sie Herrn Gerlach?

Schultze Er war ein alter Kumpel von Herrn Wohlleben. Ich habe ihn zweimal in Jena gesehen. Soweit ich mich erinnere, war er eine Vertrauensperson. Er war einmal dabei, als wir uns über die drei unterhalten haben, und er hat zwischen seinen zwei Brötchenhälften eine Zigarette geraucht. Das habe ich noch in Erinnerung. Das war bei einem Lagerfeuer. An einen Kumpel kann ich mich noch erinnern, weil ich den sehr attraktiv fand.

Götzl Wie war Frau Zschäpe, als Sie sie getroffen haben?

Schultze Beim Treffen zur Übergabe der Waffe war sie nur kurz da, zwei, drei Minuten. Sie hat keinen der beiden Uwes auf den Mund geküsst.

(Götzl überlegt kurz.)

Götzl Es geht um die zeitliche Abfolge, wann die Telefonate begannen.

Schultze Das muss 1998 gewesen sein.

Götzl Wieso dachten Sie, dass die Wohnung von Frau Zschäpe noch nicht geräumt ist?

Schultze Ich hatte den Auftrag, reinzugehen.

Götzl Damit gebe ich mich nicht zufrieden.

Schultze Ich reime mir das so zusammen, dass da noch der Name an der Tür stand.

Götzl Zusammenreimen hilft uns nicht weiter. Haben Sie Informationen bekommen?

Schultze Ich habe zwei Leitzordner aus Zschäpes Wohnung geholt.

Götzl Haben Sie reingesehen?

Schultze Wir haben draufgeguckt, als wir sie verbrannt haben. An mehr kann ich mich nicht erinnern.

Götzl Warum haben Sie das Risiko des Einbruchs auf sich genommen?

Schultze Das gehörte so dazu. Man hat es von mir verlangt.

Götzl Wo ist die Grenze dessen, was man von Ihnen verlangt? Hatten Sie keine Skrupel, einzubrechen?

Schultze Weiß ich nicht mehr.

Götzl Beschreiben Sie die Situation, als Sie die Waffe übergeben haben.

Schultze Ich erinnere mich an ein Döschen Munition, da waren zwischen zwanzig und fünfzig Schuss drin.

Götzl Hatten Sie keine Bedenken, die Pistole mit Schalldämpfer und Munition zu übergeben?

Schultze Anscheinend nicht.

Götzl Was haben Sie sich vorgestellt?

Schultze Das wurde ich schon oft gefragt, ich versuche es auch selber zu verstehen, aber ich kriege es nicht mehr zusammen. Wir wussten von Geldnöten. Dass sie vielleicht Geld brauchten. Vielleicht dafür.

Götzl Wofür war dann der Schalldämpfer nötig?

Schultze Der war halt dabei.

Götzl Hätten Sie ihn halt nicht übergeben. Hatten Sie keine Befürchtung?

Schultze Ich weiß es nicht.

Götzl Haben Sie sich überhaupt keine Gedanken gemacht?

Schultze Ich kann mich an keine erinnern.

Götzl Sie haben in der polizeilichen Vernehmung gesagt, der Wunsch nach einer Waffe sei Ihnen komisch vorgekommen und Sie hätten Bauchschmerzen gehabt. Was haben Sie damit gemeint?

Schultze Das ist ja kein normaler Wunsch, deswegen war das komisch.

Verteidiger Pausch Wir sehen Ihr Anliegen, aber es ist überaus anstrengend für meinen Mandanten, die Konzentration zu behalten.

Götzl Drei Punkte würde ich aber gern noch abklären: die Kameradschaft Jena, den Thüringer Heimatschutz und den technischen Ablauf der Handyanrufe der Untergetauchten. Fühlen Sie sich dazu noch in der Lage?

Verteidiger Pausch Sie sehen ja selbst sein Bemühen, die Erinnerung wieder wachzurufen. Aber es zehrt an den Kräften meines Mandanten.

Götzl Na gut, dann werden wir unterbrechen.

Tag 7

6. Juni 2013

Manfred Götzl, Richter. **Holger Gerlach**, Angeklagter. **Stefan Hachmeister**, Verteidiger von Holger Gerlach.

(Nicht mit Carsten Schultze, sondern mit Holger Gerlach geht es an diesem Tag weiter. Gerlach ist nervös und zappelig. Er spricht so hastig, dass Götzl ihn mehrmals ermahnt, langsamer zu reden.)

Verteidiger Hachmeister Unser Mandant wird Angaben zur Person machen, zur Sache möchte er eine vorbereitete Erklärung verlesen. Dann wird unser Mandant keine weiteren Fragen beantworten.

Götzl Für die Würdigung der Einlassung wäre es wesentlich, wenn er sich frei äußern würde.

Verteidiger Hachmeister Das haben wir so gesehen und mit dem Mandanten besprochen.

Gerlach *(Spricht im Telegrammstil los.)* Geboren 1974, Schulzeit 1980 bis 1989, typische DDR-Erziehung durchlaufen, Jungpioniere, Thälmannpioniere, FDJ und so weiter. Lehre als Zerspanungsmechaniker. Danach, wie damals für DDR-Verhältnisse üblich, arbeitslos. Na ja, es war ja schon nicht mehr die DDR. Also: Für bundesdeutsche Verhältnisse üblich, arbeitslos. ABM, zweite Ausbildung, Qualitätsfachmann 1997 abgeschlossen. Nach Hannover gezogen, zum älteren Bruder, wegen Arbeit, bis 2011 bei einer Firma als Lagerist beschäftigt. Bei der Firma CTL bis zur Verhaftung gearbeitet. Dann, nach der U-Haft, gleich wieder Arbeit gefunden. Aufgrund des Prozesses jetzt wieder verloren. Kein Anspruch auf Arbeitslosengeld, deswegen lebe ich derzeit von Hartz IV. Meine Mutter hat sich von meinem biologischen Erzeuger scheiden lassen. Ich mag ihn nicht als Vater bezeichnen. Kein Bezug dazu. Ihr neuer Lebensgefährte verstarb dann 1986. Die Liebe und Fürsorge von Mutti konzentrierte sich auf das Nesthäkchen, das zu dem Zeitpunkt auch schon 15 war. Ich lebte mit Muttern allein in einer

Wohnung. Das war der Entwicklung nicht förderlich. Zuvor hatte ich mit zwei älteren Geschwistern, Schwester und Bruder, und Mutter zusammengelebt.

Götzl Ich denke, wir fangen einfach noch mal an. Nehmen Sie ein bisschen Geschwindigkeit raus.

Gerlach. Sie sagen das so. Ich bin total aufgeregt. Meine Mutter... also meine Familienverhältnisse waren stabil. Ich wüsste auch nicht, wie ich das sonst anders überstanden hätte.

Götzl Sie müssen sich bemühen, langsamer zu sprechen. Nehmen Sie sich Zeit.

(Um die Akustik zu verbessern, werden Kopfhörer an die Nebenkläger verteilt und Gerlach bekommt ein neues Mikrofon.)

Gerlach Als Qualitätsfachmann habe ich nichts bekommen, deshalb fing ich als Lagerist an, wurde Schichtführer, habe Verantwortung getragen. 15 Jahre war ich dort beschäftigt. Die ABM davor war in der Jugendwerkstatt Jena als Maler.

In Jena bleiben hätte geheißen, dass ich arbeitslos bleibe. So war auch das Leben meiner Mutter. In Hannover hat meine Mutter dann Arbeit gefunden, ich auch. 2007 lernte ich meine Lebensgefährtin kennen, die einen stabilisierenden Einfluss auf mein Leben hatte. Ich führe das, was wir früher ein Spießerleben genannt haben. Im Moment leben wir nicht zusammen, weil ich im Zeugenschutzprogramm bin. Meine Mutter ist jetzt 67, in der DDR war sie Disponentin bei Carl Zeiss, Bäckereiverkäuferin, Rentnerin. Sie kann halt nicht ohne Arbeit. Mein leiblicher Vater hat sich umgebracht in den Neunzigerjahren. Er hatte kein Interesse an seinen Kindern. Mein Stiefvater war Busfahrer, mit 44 hatte er einen Herzinfarkt und starb. Das war im Jahr 1986. Bis dahin war mein Bruder das Sorgenkind, dann wurde ich das schwarze Schaf der Familie. Mein Bruder war Punk, hatte Probleme mit Autoritäten. Aber nach dem Tod des Stiefvaters war es für ihn Ehrensache, dass er sich den Arsch aufreißt.

Ab 1986 begann ich mit Schuleschwänzen, musste wöchentlich zum Direktor. 1989 von Polytechnischer Oberschule geflogen, weil wir dem Russischlehrer sein Moped auseinandergebaut haben. Das fand die Schule nicht so lustig. Danach Lehre. Dann Mauer weg, dann ging der Wind anders. Ich war Lagerist, Betriebsratsmitglied, Vorarbeiter. Hat Spaß gemacht. Am Wochenende habe ich an der Tankstelle gearbeitet, seit 2008. Ich habe halt immer viel gearbeitet.

Mit der Freundin hat sich alles verändert. Natürlich hat man ihr nicht gesagt, was man vorher getan hat. Deswegen ist sie 2011, als die Sache herauskam, aus allen Wolken gefallen. Hammer, die Frau, sie steht mit beiden Beinen im Leben. Sie ist mein Fels in der Brandung. Sie dachte nur, sie sei mit einem Stinknormalen zusammen. Trotzdem hat sie 2011 gesagt, sie liebt mich, wir bleiben zusammen.

Sie hat zwei Mädchen, 10 und 12, leben jetzt beim Vater. Früher schon jedes Wochenende beim Vater. Meine Lebensgefährtin war wie ein rettender Anker.

Man hat halt lange gebraucht, erwachsen zu werden.
(Windet sich auf seinem Stuhl.)

Götzl Wie sah es mit Alkohol aus?

Gerlach Hat man getrunken. In Hannover hat man das Trinken gelernt, davor nicht. Ein sehr trinkfreudiges Völkchen. Fast jedes Wochenende war geprägt davon. Seit ich meine Frau kenne, trinke ich nicht mehr.

Götzl Gab es andere Probleme?

Gerlach Man hat viel und exzessiv am Geldautomaten gespielt, Spielsucht. Man hat Therapie gemacht 2009/10. Das Problem ist noch da, aber früher war es schlimmer. Wie ein Quartalssäufer bin ich an den Automaten gerannt. Es hat zwei, drei Monate gebraucht, um mich finanziell zu erholen. Wenn ich 300 Euro hatte, habe ich 300 Euro ausgegeben. In den letzten fünf Jahren bin ich nur noch zehn Mal am Automaten gewesen.
Am Anfang habe ich noch politische Arbeit gemacht, später ging es in die Spaßrichtung: Konzerte, Alkohol. Ich habe fünf, sechs Bier getrunken und zwei, drei Kurze. War aber kein Alkoholiker. Ich hatte keine Filmrisse und habe mich immer auf eigenen Beinen nach Haus bewegt. Zwischen 2004 und 2006 habe ich Speed und Ecstasy genommen. Man hat aber sein Leben geregelt gekriegt.

Götzl Will Herr Gerlach zur Sache aussagen?

Verteidiger Hachmeister Unser Mandant will dazu eine Erklärung verlesen.

Gerlach Hohes Gericht, zunächst möchte ich den Angehörigen der Opfer mein tief empfundenes Mitgefühl zum Ausdruck bringen. Ich selbst bin entsetzt über das Ausmaß und das Leid, welches diese sinnlosen Taten über die Opfer und ihre Familien gebracht haben. Ich bin bereit, für meinen Teil die Verantwortung zu übernehmen. Mein Tatbeitrag ist nicht so wie vom Generalbundesanwalt dargestellt. Ich habe Beate und die Uwes in den Neunzigerjahren kennengelernt, sie haben eine Autorität verkörpert in der Szene. Wir betrachteten uns als Neonazis, als nationaler Widerstand Jena. Wir sind nicht grölend und prügelnd durch die Straßen gezogen, wir wollten politisch etwas bewegen. Ich habe die freundschaftliche Verbindung zu den dreien als soziale Aufwertung empfunden. In ihrer Gegenwart fühlte ich mich sicher. Ich hatte das Gefühl, zu einer starken Gruppe zu gehören.
Wir haben darüber diskutiert, ob wir unsere Ansichten mit Gewalt durchsetzen sollen. Es war eine theoretische Diskussion, ich habe es nicht für möglich gehalten, dass die drei Gewalt in dem hier vorgeworfenen Ausmaß ausüben könnten. Böhnhardt hatte einen Hang zu Waffen, er hatte eine Armbrust und Messer. Aber ich bin davon ausgegangen, dass er sie nie benutzt hat. Ich wusste, dass Uwe Böhnhardt keiner Schlägerei aus dem Weg geht. Ich wusste auch, dass die Sprengstoff haben. Nur als ultimative Drohung, hat Uwe gesagt.

Mir wird vorgeworfen, dass ich schon vor dem Untertauchen der drei wusste, dass sie hinter den Sprengstofffunden und Bombenattrappen standen. Dem war nicht so. Das habe ich erst später von André Kapke erfahren. Ich war regelrecht schockiert, das hätte ich ihnen nicht zugetraut.
Als Freund habe ich ihre Entscheidung, im Untergrund zu leben, akzeptiert. Ich habe ihnen 3000 D-Mark geliehen und meinen Reisepass. Das war für mich damals selbstverständlich. Ich fühlte mich ihnen als Freund verpflichtet. Ich fühlte mich gut damit. Keinesfalls hätte ich mir die Dimension des Verbrechens vorstellen können, das ihnen jetzt vorgeworfen wird. Ich hätte nicht gedacht, dass sie schlimmere Taten begehen könnten, als sie bis dahin begangen hatten. Ich habe erst jetzt erkannt, zu was meine Identität benutzt wurde. Erst nachträglich wurde mir klar, dass das Systemchecks waren, die sie mit mir machten, in meiner Erinnerung einmal im Jahr, in der Wohnung oder im Urlaub. Damals hatte ich einfach das Gefühl, Freunde zu treffen.
Wir haben uns einmal im Jahr getroffen. Bei mir in der Wohnung in Hannover. Oder im Urlaub. Wir haben selten über Politik geredet. Eher privat. Mundlos konnte stundenlange Monologe über Computer und Spiele halten.
2004 kam mein Ausstieg aus der aktiven Szene. Ich hatte seit 1999 mit vielen ausländischen Kollegen zusammengearbeitet und meine Vorurteile überdacht. Ich hatte eine Fahrgemeinschaft mit türkischen und russischen Kollegen, das waren normale, gute Leute.
(Gerlach hat seine Erklärung in Unterpunkte gegliedert, die er nun einzeln erläutert.)
Übergabe des Führerscheins:
Eines Abends klingelte es an der Tür, es waren die drei. Ich hatte ein schlechtes Gewissen, weil ich mich nicht gemeldet hatte. Ich hatte mich ja aus der Szene gelöst. Aber die drei haben ganz entspannt reagiert und gesagt, auch sie hätten sich von der Szene gelöst. Sie wollten meinen Führerschein. Ich fühlte mich ihnen gegenüber immer noch verpflichtet und konnte nicht einfach sagen: Sorry, das ist nicht mein Problem. Ich habe mich erst in Ausreden geflüchtet, dass ich den Ausweis selbst brauche. Sie haben mir erklärt, ich soll mir keinen Kopf machen. Holger, wir machen keinen Scheiß damit, hat einer der Uwes gesagt. Du kannst dich auf uns verlassen. Deinen Pass haben wir doch auch schon seit Jahren. *(Wendet sich an den Richter.)* Wenn Sie mich für naiv und bescheuert halten, dann kann ich Ihnen nur recht geben. Bitte glauben Sie mir, dass die meinen Führerschein nutzen, um Wohnmobile anzumieten und Menschen zu töten, habe ich nie im Leben geglaubt.
Krankenkassenkarte:
Der Uwe kam und sagte: Holger, der Beate geht es nicht gut. Sie hat Schmerzen am Unterleib. Ich habe eine Bekannte angesprochen und sie regelrecht

bequatscht, mir ihre AOK-Karte zu verkaufen. Ich habe ihr 300 Euro gezahlt. Beate hat mir leidgetan. Nein, das stimmt nicht, dass ich damit eine Terrorzelle unterstützen wollte.

Im Sommer 2011 kamen sie wieder zu mir. Beate hatte Kuchen gebacken. Sie waren gut vorbereitet. Ich sagte: Es reicht jetzt einfach, ihr hattet zehn Jahre meinen Pass. Sie sagten: Holger, wir brauchen deine Hilfe. Uwe Böhnhardt appellierte an meine gute Seite, Uwe Mundlos setzte mich unter Druck: Das sei schon vorher rechtswidrig gewesen mit meinem Pass, da sei ich jetzt mit dran. Mir kam das als Drohung vor. Am Ende habe ich eingewilligt, ihnen noch mal einen neuen Reisepass zu besorgen. Sie hatten schon eine Haarschneidemaschine mitgebracht, mit der mir Uwe Böhnhardt die Haare schor. Ich kam mir unwohl vor, ich hab das nicht mehr freiwillig gemacht.

Übergabe von 10 000 D-Mark vor der Währungsumstellung:

Die drei hatten mir 10 000 Mark anvertraut mit der Maßgabe, das Geld muss vorhanden sein, wenn sie es benötigen. Ich habe es aber bis 2004 ausgegeben. Das war mir unangenehm, ich wusste, die drei heißen es nicht gut.

Schusswaffe:

Es gab einen Besuch bei Ralf Wohlleben. Ralf fragte, ob ich den dreien was bringen könnte, nach Zwickau. Aus seinem Schlafzimmer hat er einen Stoffbeutel geholt und in meine Reisetasche gepackt. Ich wollte nicht indiskret wirken und habe nicht gefragt. Im Zug habe ich in der Tasche eine Schusswaffe ertastet. Ich war geschockt und wütend, weil ich damit nichts zu tun haben wollte und Ralf meine Abneigung gegen Waffen kannte. In Zwickau hat mich Beate vom Bahnhof abgeholt und in die Polenzstraße gebracht. Dort hat einer der Uwes die Waffe herausgeholt und durchgeladen. Ich sagte: Was soll der Scheiß?

Ich hatte nie das Gefühl, mit einer terroristischen Vereinigung befreundet zu sein. Die Unterstützung tut mir fürchterlich leid. Ich möchte mich dafür entschuldigen. Man darf nicht vergessen, dass bis zum Tod der Uwes niemand die Terrorzelle erahnt hat. Das gilt auch für mich. Es fällt mir bis heute schwer, das zu akzeptieren. *(Gerlach stöhnt, setzt seine Brille ab. Weitere Fragen will er nicht beantworten.)*

Tag 8

11. Juni 2013

Manfred Götzl, Richter. **Holger Gerlach, Carsten Schultze**, Angeklagte. **Wolfgang Heer**, Verteidiger von Beate Zschäpe. **Stefan Hachmeister**, Verteidiger von Holger Gerlach. **Johannes Pausch**, Verteidiger von Carsten Schultze. **Thomas Bliwier**, Anwalt der Nebenklage.

(Die Vernehmung des Angeklagten Carsten Schultze von Tag 6 wird fortgesetzt. Er wird sich im Laufe des Tages erstmals zu einem mutmaßlichen Sprengstoffanschlag in Nürnberg äußern. Im Jahr 1999 explodierte dort in einer Kneipe eine mit Schwarzpulver gefüllte Taschenlampe. Ein junger Deutsch-Türke wurde verletzt. Der Anschlag war den Ermittlern bisher nicht als Tat des NSU bekannt.)

Götzl Ich weise Sie darauf hin, Herr Gerlach, dass Ihre gestrige Einlassung schon etliche Fragen aufwirft. Ist Ihnen das klar?

Gerlach Ja. Dennoch möchte ich bis auf Weiteres keine Fragen beantworten.

Anwalt Bliwier Haben Sie Kontakt zu Geheimdiensten gehabt?

Gerlach Nein, auch dazu möchte ich nichts sagen.

Anwalt Bliwier Holger Gerlach hat sich selbst belastet, er hat Tatvorwürfe eingeräumt, aber er lässt keine Fragen zu. Das ist in hohem Maße bedauerlich. Es ist zu sehen, wie stark er betroffen ist, emotional. Die Entschuldigung wird von der Familie Yozgat anerkannt. Aber das ist zu wenig. Weil es der Familie Yozgat nicht darum geht, welche Strafen verhängt werden, sondern um Aufklärung. *(Er wendet sich direkt an Gerlach.)* Sie hätten eine große Chance, Aufklärungshilfe zu leisten und einen Großteil des Unrechts in Ansätzen wiedergutzumachen.

Götzl Möchten Sie dazu etwas sagen?

Verteidiger Hachmeister Unser Mandant möchte zunächst schweigen.

Götzl Dann kommen wir jetzt zu Herrn Schultze. Sie möchten sich noch weiter äußern.

Schultze *(räuspert sich)* Ich bin an einen Punkt gekommen …

Verteidiger Heer *(unterbricht und wendet sich an Götzl)* Wollen Sie Herrn Gutachter Leygraf nicht informieren über die bisherige Aussage von Herrn Schultze? *(Gemeint ist der Essener Psychiater Norbert Leygraf, der für das Gericht ein Gutachten über den Angeklagten Carsten Schultze erstellen soll.)*

Götzl Der Gutachter Leygraf wird informiert, Sie müssen sich darüber keine Sorgen machen. Zu gegebener Zeit wird er informiert. Er ist Manns genug, sich zu melden, wenn er sofort etwas wissen will.

Verteidiger Pausch Die Information ist de lege artis erforderlich. Die Aussage soll nicht in Vergessenheit geraten.

Verteidiger Heer Konsequenterweise muss jetzt eine Information erfolgen. Ich fordere einen Beschluss des Gerichts.

(Die Sitzung wird kurz unterbrochen.)

Götzl Das Gericht hat beschlossen: Herr Leygraf wird erst später informiert. Die Aussage des Herrn Schultze hat Vorrang.

Schultze Ich bin an einen Punkt gekommen, wo ich reinen Tisch machen möchte. Was der Vertreter von Herrn Yozgat gerade gesagt hat, das sehe ich auch so. Ich stelle mich meinen Geistern. Ich bin zu der Erkenntnis gekommen, dass ich es bisher immer jedem Recht machen wollte. Ich hatte Angst, dass meine Mutter einen Nervenzusammenbruch bekommt, wenn sie von meiner Vergangenheit erfährt. Ich wollte ihr den Sohn nicht nehmen, auf den sie stolz ist. Ich hatte auch Angst, was meine Freunde über mich denken. Deshalb habe ich Sachen zurückgehalten. Das will ich nicht mehr. Ich werde alles so schildern, wie ich es in Erinnerung habe.

Mich hat schon als Kind das Dritte Reich fasziniert und alles, was damit zusammenhing: HJ, SS, Uniformen. Beim Briefmarkensammeln, mit neun oder zehn, war das Dritte Reich mein Zielgebiet.

In der Klasse war kein Rechter. Aber man hatte einfach weniger Probleme, wenn man einen Skinhead gegrüßt hat. Wenn man sich mit Rechten und Hooligans verstand, ist man weniger Gefahr gelaufen, dass einem was passiert.

Ich hatte in Jena einen Kumpel, er hieß Marco. Irgendwann haben wir beschlossen, die Sau rauszulassen. Wir haben Scheiben eingeworfen und herumrandaliert. Waffen haben mich immer fasziniert, ich hatte eine Zwille und ein Messer. Ich erinnere mich an eine Beachparty, von der Antenne Thüringen veranstaltet, da hatte ich schon rechte Klamotten an und trug die schwarz-weiß-rote Fahne. Ich bin mit zwei, drei Skins losgezogen. Meine Kumpels hatten da Respekt vor. Das war ein gutes Gefühl, ein Gefühl von Stärke.

Dann gab es da eine JN-Veranstaltung in Furth im Wald. *(Die Abkürzung JN steht für »Junge Nationaldemokraten«, die Nachwuchsorganisation der NPD.)* Ich saß mit Klamotten im McDonald's, auf einmal standen acht Linke am Hintereingang. Einer hatte eine Schreckschusspistole. Ich hatte totale Angst. Mein Kumpel hat die ganze Zeit seine Chicken-Nuggets gegessen und mir nicht geholfen. Die Linken wollten mir die Aufnäher von der Jacke reißen. Es gab ein Gerangel, dabei ging eine Glastür kaputt und die Pistole auch.

Waffen waren in der rechten Szene immer ein Thema. Ich hatte selbst einen Schlagstock, ein Abwehrspray, eine Schreckschusspistole und ein Holster, ich fand das toll. Im November 2011, als Mundlos und Böhnhardt aufgefunden wurden, habe ich die Pistole aus dem Keller in den Rhein geworfen. Ich wollte nicht, dass sie bei mir gefunden wird. Ich wollte das Bild aufrechterhalten: das Bild des guten Sohns, des Sozialpädagogen.

Was die Szene und ihr Verhältnis zur Gewalt angeht: Als wir mit einem NPD-Infostand in der Innenstadt standen, war das natürlich eine Provokation. Autonome kamen vorbei mit Ketten und Schraubenschlüssel in den Händen. Ich hab mir ein Tuch vor das Gesicht gebunden und einen Mundschutz reingeschoben. Bald kam aber die Polizei, sodass nichts passiert ist.

Wir sind öfter auf die Dorfkirmes gefahren und haben Stunk gemacht. Ich erinnere mich an eine Schlägerei in Stadtroda. Einer von uns wollte Streit, es waren aber keine Zecken da. Also hat er einen provoziert, der ein 88-Basecap aufhatte. *(Die Zahl 88 steht in der rechten Szene für »Heil Hitler«, weil die Zahl 8 auf das H verweist, den achten Buchstaben im Alphabet.)* Der hat sich das erkämpft.

Es gab auch eine Schlägerei in Bürgel, das waren krasse Typen, ich glaube, Hooligans.

(Dann berichtet Schultze erneut von dem Überfall auf zwei Jugendliche in Winzerla, bei dem auch er zugetreten habe, nachdem einer seiner Kumpel als Nazi beschimpft worden sei. Der Vorfall habe sich am selben Tag ereignet wie die Schlägerei in Stadtroda.) Sven K. hat auf den eingeschlagen. Herr Wohlleben ist dem Zweiten hinterhergerannt. Ich bin dem Typ von hinten in den Rücken gesprungen. Ein Kamerad sagte: Das macht man nicht, von hinten. Wir haben den Typ in die Holzhütte gebracht und alle auf ihn eingeschlagen. Ich habe auch zwei, drei Mal getreten und geschlagen und von außen auch noch die Holzhütte gerüttelt, damit der da hin und her fällt. Später haben wir einen Krankenwagen auf dem Bahnhofsplatz gesehen. Wohlleben hat erklärt, dass er dem einen auf dem Gesicht rumgesprungen ist.

Zur Waffenübergabe an die drei ist mir noch eingefallen: Sie wollten eine Halbautomatik, keinen Trommelrevolver. Ich bin zum Schultz in den Madley-Laden gegangen und sagte, der Wohlleben schickt mich. *(Gemeint ist ein Kleidungsgeschäft in Jena, das sich mit seinem Sortiment vor allem an ein rechtes Publikum richtete.)* Es sollte möglichst ein deutsches Fabrikat sein, mit Munition. Die wollten auf jeden Fall über 50 Schuss. Von Wohlleben habe ich das Geld dafür bekommen.

Als ich mich mit den Uwes im Bahnhof in Chemnitz getroffen habe, sind wir an BGS-Leuten vorbeigelaufen. Und sie sagten mir, ich soll meinen Pullover ausziehen. Da stand drauf: ACAB – All cops are bastards. Dann waren wir in dem Café in dem Einkaufszentrum. Mir gegenüber saß Uwe Böhnhardt, er hat seinen Fingerabdruck aufs Display vom Handy gedrückt. Was denkst du, was der wert ist, fragte er. Weil sie ja gesucht werden. Die beiden haben an ihren Rucksack getippt und haben gesagt: Wir sind immer bewaffnet. Dann haben sie gesagt, dass sie in Nürnberg in einem Laden eine Taschenlampe abgestellt haben. *(Schultze beginnt*

zu weinen.) Ich wusste nicht, was die meinen. Und dann kam Frau Zschäpe und die Uwes haben »Psst« gemacht. Mir kam der Gedanke nachts, dass die da Sprengstoff eingebaut haben in die Taschenlampe. Das konnte ich mir nicht vorstellen, das war jetzt eine Ausnahme, habe ich mir gesagt. Das habe ich niemandem gesagt, das hab ich ganz schnell wieder weggetan. *(Schnieft.)* Später haben wir mal telefoniert, Herr Wohlleben und ich und die. Er hat gelacht. Die haben jemanden angeschossen, hat er gesagt. Und ich hab in Erinnerung, dass ich gedacht habe: Hoffentlich nicht mit der Waffe. Als ich das Geld bekommen habe, waren Banderolen drum. Ich dachte mir, das muss aus einem Banküberfall sein. Dann dachte ich, vielleicht haben sie den Wachmann angeschossen.
Bei der Waffenübergabe waren wir im Arbeitszimmer von Herrn Wohlleben. Er hat die Waffe ausgepackt und angeguckt und hat den Schalldämpfer draufgeschraubt. Ich hatte vorher noch daran gedacht, den Schalldämpfer wegzutun. Aber dann dachte ich, die fühlen sich hintergangen, wenn da was fehlt. Wohlleben hat die Waffe auf mich gerichtet und gelacht. Ich hab 'nen Schreck bekommen, damit zielt man nicht auf Menschen. *(Schnäuzt sich und wendet sich an Götzl.)* Wenn Sie mich fragen: Wo war die Grenze? Wenn die gesagt hätten, da steht ein Bimbo, ein Kanake, da wäre ich nicht mitgerannt. Das hätte ich nicht ausgehalten.

Götzl Wieso nicht?

Schultze Ich war kein Rassist. Meine Schwester hat einen Mann geheiratet, der aus Ghana kam. Die Aufkleber mit dem schwarzen Mann, der einer weißen Frau an den Hintern fasst, habe ich nicht bestellt bei der Parteizentrale.

Götzl Warum haben Sie das mit der Taschenlampe nicht früher erzählt? Ich hab das in keiner Ihrer polizeilichen Vernehmungen gelesen.

Schultze Ich bin erst jetzt zu dem Entschluss gekommen, dass ich aufräumen muss. Das heute war für mich ein Riesenschritt.

Götzl Dann schauen wir mal, wie's weitergeht.

Verteidiger Pausch Ich schlage vor, die Befragung morgen früh fortzusetzen. Die Konzentration meines Mandanten lässt langsam nach.

Götzl Die Frage der Konzentrationsfähigkeit stellt sich auch bei mir. Ich bin noch voll konzentriert. Nur weil es 16 Uhr ist und alle nach Hause gehen wollen.

Schultze Ich sitze hier und habe einen Riesenschritt hinter mir. Das ist nicht so, als wenn ich acht Stunden gearbeitet hätte.

Götzl Wie ich sehe, sind Sie aber noch in der Lage, konzentriert zu agieren.

Verteidiger Pausch Es gilt in diesem Verfahren das Beschleunigungsgebot, aber es besteht auch eine Fürsorgepflicht gegenüber meinem Mandanten. Er drückt sich nicht, er möchte nur fit sein, um Rede und Antwort zu stehen. Es ist sinnvoll, jetzt zu unterbrechen.

(Das Gericht zieht sich zu einer kurzen Beratung zurück.)

Götzl Wie sieht's aus mit der Konzentrationsfähigkeit?

Schultze Bei mir hat sich jetzt nichts geändert.

Götzl Dann kommen wir für heute zum Ende. Die Vernehmung wird morgen fortgesetzt.

Tag 9

12. Juni 2013

Manfred Götzl, Richter. **Carsten Schultze**, Angeklagter. **Jochen Weingarten**, Vertreter der Bundesanwaltschaft. **Wolfgang Stahl**, Verteidiger von Beate Zschäpe.

Schultze Ich habe gestern die Karten auf den Tisch gepackt, das hätte ich schon viel früher tun sollen. Ich wollte alle schonen, besonders meine Familie. Auch bei Wohlleben habe ich mir eingebildet, ich nehm' den Kindern den Vater weg. Das war natürlich idiotisch.

Götzl Als Sie sich mit Uwe Mundlos und Uwe Böhnhardt in dem Café in Chemnitz getroffen haben, wie war da die Stimmung?

Schultze Es war eine freudige Stimmung. Beate Zschäpe ist recht zeitnah wieder gegangen. Ich kann mich aber nicht erinnern, wie wir uns verabschiedet haben. Was ich noch sehr gut weiß: Ich habe mich verarscht gefühlt, weil ich ihnen eine Waffe bringe, in der Annahme, sie haben keine. Und dann erfahr ich, dass sie schon eine hatten. Ich dachte dann, das geht wohl in Richtung Banküberfälle.

Götzl Sie haben zu Protokoll gegeben, dann hätte Böhnhardt im Café an Ihrem Handy herumgespielt und erklärt, was so ein Fingerabdruck wert sei. Und dann kam die Bemerkung: »Wir sind immer bewaffnet.« Was haben diese Äußerungen bei Ihnen für Überlegungen ausgelöst?

Schultze Keine.

Götzl Wie haben Sie die Situation eingeordnet, als Böhnhardt und Mundlos mit Ihnen über die Waffen sprachen und »Psst« machten, als Beate Zschäpe erschien? So haben Sie es bereits bei der Polizei angegeben.

Schultze Dass sie das nicht mitbekommen sollte. Der Vorgang war komisch.

Götzl Und was hatte es mit der Taschenlampe auf sich?

Schultze Ich wusste nicht, was die damit meinen. Sie haben nur gesagt, dass sie eine Taschenlampe in ein Geschäft gestellt haben und das hat nicht geklappt.

Götzl Wie vertraut waren Sie denn damals mit Herrn Böhnhardt und Herrn Mundlos? Haben Sie sich nicht gewundert, dass Frau Zschäpe nichts erfahren sollte und Sie ins Vertrauen gezogen werden über die Taschenlampe?

Schultze Ich habe mir abends Gedanken gemacht. Heute Vormittag haben mir meine Anwälte erzählt, dass da was passiert sein soll damals in Nürnberg. *(Nach seiner Aussage am Vortag ist bekannt geworden, dass es im Juni 1999 einen Bombenanschlag auf ein türkisches Lokal in Nürnberg gegeben hat. Der Sprengsatz war in einer Taschenlampe versteckt und hatte einen Mann verletzt.)* Ich habe mich damals darauf ausgeruht, dass sie sagten, es hat nicht geklappt.

Götzl Hat Nürnberg eine besondere Rolle gespielt? Gab es irgendwelche Verbindungen von Böhnhardt und Mundlos nach Nürnberg?

Schultze Ich weiß nur, dass die Skinheadband »Radikahl« aus Nürnberg kam.

Götzl War es ein Gedanke, der Sie beschäftigt hat: Wofür brauchen die die Waffe?

Schultze Mich hat das irritiert, aber genauer habe ich nicht darüber nachgedacht.

Götzl Hatten Sie Skrupel, die Waffe zu übergeben?

Schultze In der Situation nicht.

Götzl Warum hatten Sie den Gedanken, den Schalldämpfer wegzutun?

Schultze Weil er nicht bestellt war.

Götzl War das wirklich der Grund?

Schultze Damit die nicht auf dumme Gedanken kommen. Damals hab ich entschieden, da wird schon nichts passieren. Auch wenn es schwer ist, sich das heute einzugestehen.

Götzl Was meinen Sie mit »dumme Gedanken«?

Schultze Dass sie etwas Schlimmes tun.

Götzl Wann haben Sie das Telefonat mit Herrn Wohlleben geführt?

Schultze Nach Übergabe der Waffe.

Götzl Hat sich Herr Wohlleben über die näheren Umstände geäußert?

Schultze Nein. Ich habe nur so ein Lachen in Erinnerung, nach dem Motto: Diese Idioten.

Götzl Wollten Sie nicht wissen, was sich nach der Übergabe ereignet hat?

Schultze Wegen der kleinen Scheine, die ich für die Waffe bekam, hatte ich das Gefühl, die haben eine Bank überfallen.

Götzl Haben Sie nicht mit Herrn Wohlleben darüber geredet? Da waren Sie ja direkt betroffen, wollten Sie da nichts wissen?

Schultze Nein.

Götzl Warum nicht?

Schultze Gute Frage.

Götzl Herr Wohlleben stand Ihnen doch zur Verfügung. Warum gab es da nie ein Gespräch? Oder gab's doch eins?

Schultze Nein.

Götzl Haben Sie etwas getan, damit die von Ihnen gelieferte Waffe nicht zum Einsatz kommt?

Schultze Habe ich nicht.

Götzl Warum haben Sie erst jetzt über die Taschenlampe gesprochen und das seltsame Gespräch mit Böhnhardt und Mundlos?

Schultze Ich hab das weggeschoben und mich nicht mehr damit beschäftigt.

Götzl Noch mal zu der Taschenlampe. Sie sagten, den Knopf der Taschenlampe haben Sie mit einem Zünder assoziiert. Wie kommen Sie darauf?

Schultze Was ist an einer Taschenlampe anderes dran? Warum stellt man so was in einen Laden? Darüber habe ich nachgedacht.

Götzl Gibt es weitere Informationen, die Sie uns nicht gegeben haben?

Schultze *(fast flehentlich)* Nein. Ich habe gestern alles auf den Tisch gepackt.

Götzl Was waren Ihre Motive, dass Sie diesen Punkt verschwiegen haben?

Schultze Ich wollte mich schützen und meine Freunde, die große Stücke auf mich halten. Ich wollte auch den Herrn Wohlleben schützen. Ich dachte, ich nehme den Kindern den Vater.

Verteidiger Stahl Ich beanstande die Fragestellung. Es ist nun das vierte Mal die gleiche Frage. Carsten Schultze hat sie viermal gleich beantwortet.

Götzl Was wissen Sie über Herrn Wohlleben? Über sein Leben?

Schultze Er hat mir seine Kinder vorgestellt. Er ist verheiratet. Früher war ich oft bei ihm eingeladen.

Götzl Wie ist Ihr Verhältnis heute zu ihm?

Schultze Ich habe kein Verhältnis mehr zu ihm.

Götzl Erzählen Sie uns ein wenig von Ihrer Familie. Wie hat sie auf Ihren Werdegang reagiert?

Schultze Meine Mutter wusste von meiner Begeisterung für das Dritte Reich. Sie war dagegen, es gab immer wieder Konflikte. Dann bin ich in mein Zimmer gegangen und habe laute Rechtsmusik gehört. Mein Vater hat mir verboten, Springerstiefel zu kaufen. Als ich trotzdem mit einem Paar nach Hause kam, musste ich sie wieder in den Laden zurückbringen. Meine Eltern haben aber immer zu mir gehalten, auch nachdem ich kurz im Gefängnis war. Das hat was ausgelöst bei mir.

Oberstaatsanwalt Weingarten Wann haben Sie Ihren Fachhochschulabschluss gemacht?

Schultze Von 2003 bis 2007.

Oberstaatsanwalt Weingarten Wann haben Sie Ihre Psychotherapie absolviert?

Schultze Das war 2010 und hat eineinhalb Jahre gedauert.

Oberstaatsanwalt Weingarten Welches Verhältnis hatten Sie zum historischen Nationalsozialismus?

Schultze Ich hab das glorifiziert.

Oberstaatsanwalt Weingarten Wie war Ihre Haltung zum Völkermord an den Juden? *(Schultze gibt eine ausweichende Antwort.)* Herr Schultze, jetzt reden Sie mal Tacheles!

Schultze Ich habe daran geglaubt, dass es den nicht gegeben hat. Damit lebt es sich einfacher.

Oberstaatsanwalt Weingarten Waren Ausländer für Sie gleichwertige Menschen?

Schultze Afrika für Affen, Europa für Weiße, das haben wir gesungen. Das bedeutete nicht, dass ich wollte, dass den Ausländern was passiert.

Oberstaatsanwalt Weingarten Waren Ihnen Türken ein besonderer Dorn im Auge?

Schultze Da hab ich nichts in Erinnerung. Wir waren generell der Ansicht: Das Boot ist voll.

Oberstaatsanwalt Weingarten Das bezog sich auch auf Dänen, Schweden, Holländer?

Schultze Es bezog sich auf Multikulti, also auf westdeutsche Verhältnisse.

Oberstaatsanwalt Weingarten Was hat Sie an Multikulti gestört?

Schultze Es ist schwer, sich da wieder reinzuversetzen. Die Hautfarbe hat sicher eine Rolle gespielt.

Oberstaatsanwalt Weingarten Sie waren bei Solidaritätskundgebungen für Rudolf Heß. Warum?

Schultze In der rechten Szene sind wir davon ausgegangen, dass er ein Friedensflieger war und 46 Jahre unschuldig in Haft saß. Es gab mal eine Aktionswoche, das war spannend.

Tag 10

13. Juni 2013

Manfred Götzl, Richter. **Carsten Schultze**, Angeklagter. **Anja Sturm**, Verteidigerin von Beate Zschäpe. **Olaf Klemke**, Verteidiger von Ralf Wohlleben. **Jacob Hösl**, Verteidiger von Carsten Schultze. **Mehmet Daimagüler**, **Philipp Götze**, **Gül Pinar**, **Jens Rabe**, **Andreas Thiel**, **Angela Wierig**, Anwälte der Nebenklage.

Götzl *(an die Verteidiger von Ralf Wohlleben)* Haben Sie Fragen an Herrn Schultze?

Verteidiger Hösl *(an die Verteidiger von Wohlleben)* Mein Mandant wird Fragen von Ihrer Seite nur beantworten, nachdem sich Herr Wohlleben selbst geäußert hat. Sonst werden keine Fragen dieser Seite beantwortet.

Verteidiger Klemke Ich fasse es nicht. Das lehnen wir natürlich ab. Wir lassen uns nicht erpressen.

Verteidiger Hösl Wir hätten aber auch eine Menge Fragen an Herrn Wohlleben.

Anwältin Pinar Warum möchten Sie Fragen von der Seite Wohlleben nicht zulassen?

Schultze Ich habe von denen mal was von Waffengleichheit gehört. Und ich möchte, dass hier nicht nur ich mich nackig mache, sondern er auch.

Anwalt Rabe Wo wurde die Waffe übergeben, was für ein Café soll das gewesen sein? In welchem Kaufhaus?

Schultze Ein Kaufhaus mit einem Café mit drinnen. Das hab ich noch in Erinnerung.

Anwalt Rabe Gibt's da mehrere?

Schultze Ich war nur selten in Chemnitz, kenn mich da nicht aus.

Anwalt Rabe Sie haben mal von der Galeria Kaufhof gesprochen.

Schultze Ich erinnere mich nicht genau an eine Galeria Kaufhof. Da ist nur dieses Gefühl. Ich kenne eine Galeria von Düsseldorf her.

Anwalt Thiel Hatten Sie nach der Waffenübergabe Skrupel? Sie haben gesagt, Sie hätten die schlechten Gefühle schnell weggepackt. Wie darf ich das verstehen?

Schultze Aus der Erinnerung kann ich nur sagen, dass es die Gedanken gab, und dass sie dann wieder fort waren.

Anwalt Thiel Aber Sie hatten ein ungutes Gefühl?

Schultze Ja.

Anwalt Thiel Gab es nicht mal den Gedanken, es anzuzeigen oder sich zu offenbaren?

Schultze Leider nicht.

Anwalt Thiel Es hat ja öffentliche Fahndungsmaßnahmen gegeben nach der Česká-Waffe. Wann haben Sie zum ersten Mal zur Kenntnis genommen, dass es die Verknüpfung zwischen den Mordtaten und der Česká-Waffe gab?

Schultze Im Spiegel TV-Bericht ungefähr eine Woche nach Auffliegen des NSU im Jahr 2011.

Anwalt Thiel Und zu einem früheren Zeitpunkt?

Schultze Leider nicht.

Anwalt Götze Sie hatten berichtet, Ralf Wohlleben habe Ihnen mal erzählt, die drei hätten jemanden angeschossen. Und Sie hätten gedacht, hoffentlich sei das nicht mit der Waffe passiert, die Sie überbracht haben. Warum haben Sie sich solche Sorgen nicht schon gemacht, als Sie die Pistole in Chemnitz übergeben haben?

Schultze Ich denke mal, dass das eine neue Information für mich war. Ich traute denen so etwas nicht zu – und dann passiert das. Einmal denke ich, da wird nix passieren. Und dann höre ich, da ist was passiert.

Anwalt Götze Wie erklären Sie sich, dass Sie nicht zur Polizei gegangen sind?

Schultze Dass es aus Versehen passiert ist mit dem Anschießen. Ich hab da im Kopf: Die Idioten, das machen die nicht noch mal.

Anwalt Götze Sie haben von Geld berichtet, das Sie von dem Trio bekommen haben, und Sie haben das mit Überfällen in Verbindung gebracht. Das hat doch bedeutet, dass die Untergetauchten auch ohne Ihre Hilfe auskamen …

Schultze Ja, ich habe mich da verarscht gefühlt. Auch weil die Uwes sagten, sie haben bereits Waffen.

Anwältin Wierig Meine Mandantin würde gerne mehr wissen über die damaligen Strukturen. Sie waren in Therapie, ich hoffe, dass wir hier nichts kaputt machen, was Sie sich erarbeitet haben. Bisher haben Sie nur gesagt, Sie hätten Lieder gesungen und Unterschriften gesammelt. Das allein kann es ja nicht gewesen sein?

Schultze Das ist eine riesige Frage. Die Hierarchien fallen mir da ein, von Tino Brandt ging es nach unten.

Anwältin Wierig Mir geht es weniger um die Personen, mehr um die Inhalte. Was waren denn das für Thesen in den Papieren? Wie waren Ihre Vorstellungen?

Schultze Es ist erst mal so im Groben geblieben. Aus der JN gab es den »Funkenflug«, ein JN-Buch. Da wüsste ich nicht, ob ich da überhaupt drin gelesen hab. Das NPD-Programm hab ich mal gelesen, und dann hört es auch schon fast auf. Auch was wir konkret besprochen haben, mir kommen da keine Erinnerungen.

Anwältin Wierig Was hatten Sie damals so an?

Schultze Ranger Boots mit Stahlkappen, ein schickes Hemd, anfangs hatte ich noch eine Mütze auf, so barettmäßig, mit Thüringen-Aufnäher.

Anwältin Wierig Kann man das als Uniform bezeichnen?

Schultze Ja. Ich hatte auch ein Bajonett und einen französischen Armee-Schlafsack.

Anwältin Wierig Hatten Leute auch Angst vor Ihnen, vor Ihnen allein oder als Gruppe?

Schultze Ich denke schon. In der Stadt gab es einen Türsteher, der mich lange Zeit auf dem Kieker hatte. Der kam auf einmal zu mir und hat gesagt, alles in Ordnung. Da hat sich das wahrscheinlich einfach rumgesprochen, dass ich Leute kenne. Das war ein gutes Gefühl.

Anwältin Wierig Warum haben Sie beim Trio ein komisches Gefühl gehabt?

Schultze Die hatten ja mit meiner Lebenswelt nichts zu tun. Ich kannte die ja nicht mal. Die sahen ganz normal aus. Es ging darum, die dürfen nicht auffliegen. Am Telefon haben sie mich »Kleiner« genannt, sie haben mich nie mit dem Namen angesprochen. Aber das war normal in der Szene, es gab immer auch ein Gefälle zwischen Jüngeren und Älteren. Im Auto saßen die Jüngeren hinten, die Älteren vorne.

Anwalt Daimagüler Welche Bedeutung hatten rechte Bands für Sie?

Schultze Die »Zillertaler Türkenjäger« haben wir lustig gefunden.

Anwalt Daimagüler Was ist denn daran so witzig? In einem der Lieder dieser Band geht es um die Ermordung von Türken.

Schultze Das ist mir heute auch bewusst. Damals fanden wir das lustig.

(Pause.)

Verteidigerin Sturm Unsere Mandantin ist heute in schlechter Verfassung. Sie fürchtet, dass sie es heute nicht den ganzen Tag durchhält.

Götzl *(wendet sich an Zschäpe)* Wenn Sie Beschwerden haben, würde ich Sie bitten, dass Sie sofort Bescheid sagen.

(Im Vorfeld der Verhandlung wurde bekannt, dass ein Brief Zschäpes beschlagnahmt wurde: 26 Seiten lang, handschriftlich, über ihre Haftzeit, über ihre Gedanken und Gefühle, über den Prozess. Zschäpe hat sich einem Mann anvertraut, der seit 2007 in der Justizvollzugsanstalt Bielefeld sitzt, verurteilt zu acht Jahren Haft wegen schwerer räuberischer Erpressung. Bei einem Überfall auf einen Lebensmittelmarkt hat er als 20-Jähriger viermal auf einen gebürtigen Tunesier geschossen, der nur durch eine Notoperation überlebte. Zschäpes Brieffreund heißt Robin S. und gehörte vor seiner Inhaftierung zur rechtsextremistischen Szene Dortmunds.

Der Generalbundesanwalt hat zudem offiziell Ermittlungen gegen Beate Zschäpe wegen des erst durch die Aussage von Carsten Schultze bekannt gewordenen versuchten Rohrbombenanschlags von Nürnberg eingeleitet. Nach dem Anschlag waren die Ermittlungen der Nürnberger Behörden ohne Ergebnis eingestellt worden. Nun geht der Generalbundesanwalt davon aus, dass auch diese Tat dem NSU zuzuordnen ist und bei dem Anschlag ein Mensch getötet werden sollte.)

Tag 11

18. Juni 2013

Manfred Götzl, Richter. **Carsten Schultze**, Angeklagter. **Antonia von der Behrens**, **Peer Stolle**, Anwälte der Nebenklage.

(Die Befragung des Angeklagten Carsten Schultze wird fortgesetzt.)

Anwältin von der Behrens Welche Rolle hat die Politik für Sie als Führungsfigur in der rechten Szene von Jena und in der Jugendorganisation der NPD gespielt?

Schultze Ich kann das schwer festmachen.

Anwältin von der Behrens Was heißt festmachen? Sie sollen sagen, welche Rolle Politik und Ideologie in Ihrer Arbeit gespielt haben.

Schultze *(überlegt lange)* Es hat eine Rolle gespielt, die Politik, natürlich. Es gab auch die Spaßsachen, Freizeit. Ich kann das jetzt irgendwie schlecht festmachen.

Anwältin von der Behrens Ein Zeuge hat laut Protokoll bei der Polizei gesagt, Sie hätten die anderen zur Ordnung gerufen, als sie Quatsch im Bus gemacht hätten.

Schultze Die hatten eine Flasche Schnaps dabei. Bei uns war Alkoholverbot, und da hab ich denen die Flasche weggenommen.

Anwältin von der Behrens Mir geht es um Ihre Position. Das klingt für mich so, als seien Sie derjenige gewesen, der gegen den Spaß die Politik durchgesetzt hat.

Schultze Natürlich war es so: Wir müssen da nach außen ordentlich aussehen. Das war die Order. Alkoholverbot.

Anwältin von der Behrens Wie wurde denn über den Verfassungsschutz in der Szene gesprochen? Wurde der als Bedrohung gesehen? Hat man gedacht, man kann dem ein Schnippchen schlagen?

Götzl Bitte offen fragen, nichts vorgeben, das bringt mehr!

Schultze Wir haben immer aufgepasst, dass wir am Telefon nichts groß sagen, weil wir davon ausgegangen sind, dass wir abgehört werden.

Anwältin von der Behrens Inwiefern war das denn Thema?

Schultze Ich erinnere mich nur, dass, wenn wir komisch ausgefragt werden von Kameraden, dass wir da ein bisschen das Ohr offen halten sollten. So in dem Kontext.

Anwältin von der Behrens Hatten Sie Sorge, dass ein V-Mann wie Tino Brandt Informationen weitergab? Hatten Sie da Angst nach Ihrem Ausstieg aus der Szene?

Schultze Das war für mich völlig uninteressant. Es war für mich vorbei, hinter mir. Es ging ja auch schnell herum in der Szene, der schwule Aussteiger. Aber das war mir auch egal.

Anwältin von der Behrens Wie hat denn Herr Wohlleben reagiert auf die Ankündigung auszusteigen?

Schultze Wir hatten noch ein bisschen hin und her diskutiert. Ich bin dabei geblieben, dass ich keinen Sinn mehr sehe und nicht mehr mitmache.

Anwältin von der Behrens War er ärgerlich?

Schultze *(überlegt)* Wenn, dann nur ein wenig.

Anwältin von der Behrens Was hat er denn gesagt?

Schultze Er hat ein bisschen versucht, mich umzustimmen.

Anwältin von der Behrens Gab es Absprachen, was mit den Informationen über das Trio passiert?

Schultze Mir war klar, dass ich nichts sage. Und das habe ich ihm auch gesagt.

Anwalt Stolle Gab es Anweisungen, wie Sie sich verhalten sollten bei der Reise nach Chemnitz, zur Übergabe der Waffe?

Schultze Mir war schon klar, dass ich das alleine mache und keinen Kumpel mitnehme. Ich habe auch in anderen Situationen darauf geachtet, dass ich nicht beobachtet werde.

Tag 12

19. Juni 2013

Manfred Götzl, Richter. **Carsten Schultze**, Angeklagter. **Wolfgang Heer**, Verteidiger von Beate Zschäpe. **Olaf Klemke**, Verteidiger von Ralf Wohlleben. **Mustafa Kaplan, Walter Martinek, Reinhard Schön, Sabine Singer, Tobias Westkamp, Burkhard Zimmer**, Anwälte der Nebenklage.

Anwalt Schön Es soll ja so eine Art Bettelbrief des NSU gegeben haben. Ich lese Ihnen das mal vor: »Verbote zwingen uns Nationalisten immer wieder, nach neuen Wegen im Widerstandskampf zu suchen. Verfolgung und Strafen zwingen uns, anonym und unerkannt zu agieren. Der Nationalsozialistische Untergrund verkörpert die neue politische Kraft im Ringen um die Freiheit der deutschen Nation …«

Götzl *(unterbricht)* Könnten Sie bitte Ihre Frage stellen!

Anwalt Schön Meine Frage: Haben Sie mal gehört, dass es diesen Brief gibt?

Schultze Nein.

Anwalt Schön Sind Ihnen Bettelbriefe bekannt, wo Geld gesammelt werden sollte für den NSU?

Schultze Nein.

Anwalt Schön Kommt Ihnen noch eine genauere Erinnerung zu Auseinandersetzungen über Gewalt in Neonazi-Kreisen?

Verteidiger Klemke Ich beanstande die Frage. Was ist denn unter dem Begriff Neonazi-Kreise zu verstehen?

Anwalt Schön Was sind Sie denn dann?

Verteidiger Klemke Wen meinen Sie denn? Mich?

Anwalt Schön Überprüfen Sie mal Ihre eigenen Aktivitäten und die Ihrer Kollegin!

Verteidiger Klemke Werden Sie jetzt persönlich? Passen Sie auf, dass Sie keine Anzeige bekommen!

Götzl *(zu Klemke)* Halten Sie sich zurück! *(zu Schön)* Wenn das so läuft und Sie nicht präzise fragen, werden wir für jeden Zeugen einen ganzen Tag einplanen müssen.

Anwalt Schön Ich halte das für präzise.

Götzl Nein. Kann man die Frage nicht einfach stellen? Wenn es dann Beanstandungen gibt und die Dinge in den persönlichen Bereich gehen, sind wir mit einer Frage 20 Minuten beschäftigt.

Anwalt Schön Das ist nicht erforderlich.

Götzl Das sehe ich auch so.

Anwalt Kaplan Herr Schultze, haben Sie nach Ihrem Ausstieg auch ideologisch abgeschlossen?

Schultze Ja.

Anwalt Kaplan Welchen Eindruck hatten Sie von Beate Zschäpe damals, können Sie sie charakterlich beschreiben?

Schultze Das wurde ich schon mehrfach gefragt. Kann ich nicht. Ich weiß nicht, ob ich überhaupt mehr als fünf bis acht Sätze mit ihr gesprochen habe.

Anwalt Kaplan Haben Sie Ihren Ausstieg aus der rechten Szene als Befreiung empfunden?

Schultze Auf jeden Fall.

Anwalt Kaplan Mussten Sie danach noch Ihre Sexualität verstecken?

Schultze Nein. Das ging ja alles durch die rechte Szene, aber es war mir egal. Es war eine Riesenbefreiung für mich.

Anwalt Kaplan Haben Sie denn nach Ihrem Ausstieg noch viel an Ihre Vergangenheit denken müssen, als Sie Ihre Sexualität verstecken mussten?

Schultze *(schaut sich hilflos um)*

Götzl *(wendet sich Rechtsanwalt Kaplan zu)* Wenn die Frage erläutert werden muss, ist sie offensichtlich nicht zu verstehen. Vielleicht sollten Sie mal kurz nachdenken!

Anwalt Kaplan Als Sie nach dem Ausstieg eine Therapie gemacht haben, spielte dort auch Ihre frühere Gesinnung eine Rolle?

Schultze Ich habe mich schon gefragt, wie ich da reingeraten bin. Darüber haben wir gesprochen. Aber der Psychotherapeut ist da nicht in die Tiefe gegangen. Das Trio spielte in der Therapie keine Rolle.

Anwältin Singer Wo saß Herr Wohlleben im Auto? Vor Ihnen oder neben Ihnen?

Götzl *(interveniert)* Was meinen Sie denn? Welche Situation?

Anwältin Singer Ich meine das symbolisch.

Verteidiger Heer Ich beanstande die Frage. Wenn der Anfang schon so schlecht ist, ist keine gute Frage zu erwarten.

Anwalt Westkamp Eine etwas persönlichere Frage: Empfinden Sie heute ein Gefühl der Verantwortung für die Taten von Mundlos und Böhnhardt, wie die Anklageschrift sie benennt?

Schultze Ich fühle auf jeden Fall eine Verantwortung, dass ich mich damals schuldig gemacht habe, die Waffe übergeben und die Sache dann weggeschoben habe.

Anwalt Westkamp Das bezieht sich auf die Übergabe der Waffe. Beziehen Sie sich auch darauf, den Behörden nicht Erkenntnisse übermittelt zu haben, die zur Festnahme hätten führen können?

Schultze Ja.

Anwalt Westkamp Dafür sehen Sie sich verantwortlich?

Schultze Ja.

Anwalt Zimmer Könnten Sie mal die beiden Uwes als Menschen charakterisieren?

Schultze Selbstbewusst auftretend, witzig. Das weiß ich noch.

Anwalt Zimmer Gab es Unterschiede zwischen den beiden?

Schultze Dafür kannte ich sie zu wenig.

Anwalt Zimmer Waren sie dominant? Aggressiv?

Schultze Hab ich so nicht in Erinnerung.

Anwalt Zimmer Gab es eine Rangfolge zwischen den beiden?

Schultze Das ist Spekulation. Ich weiß nicht mal, mit wem von den beiden ich damals am Telefon mehr gesprochen habe.

Anwalt Martinek Was können Sie uns über das von Ihnen erwähnte Katz-und-Maus-Spiel erzählen, das Sie mit der Polizei betrieben haben?

Schultze Das hat sich entwickelt, aufgrund der regelmäßigen Polizeikontrollen. Wir nannten es »cops running« – es gab ein Zeichen, sofort loszurennen. Man musste halt wegkommen.

Anwalt Martinek Wie haben Sie die Rolle eines Polizeibeamten gesehen?

Schultze *(überlegt)* In der Szene wurden Polizisten auch als Schergen des Systems bezeichnet. Im Umgang für mich habe ich das immer als lustig empfunden. Ich hatte auch zwei Polizisten aus Jena, die hab ich als meine Lieblingspolizisten bezeichnet. Wenn die mich gesehen haben, machten sie gern Witze: Na, ist der Scheitel wieder rechts gezogen? Das war lustig. Es gehörte so mit dazu.

(Die Anwälte der Nebenklage haben keine weiteren Fragen.)

Schultze *(wendet sich an die Angehörigen der Opfer, knetet die Hände, räuspert sich)* Ich möchte noch etwas Wichtiges sagen: Ich kann nicht ermessen, was Ihren Angehörigen für unglaubliches Leid und Unrecht angetan wurde. Sie als Angehörige … *(setzt neu an)* Mir fehlen die Worte, um zu beschreiben, wie ich dafür empfinde. Da finde ich nicht die passenden Worte, was das in mir auslöst. Ich bin mir auch absolut nicht sicher, ich denk mir, eine Entschuldigung wäre zu wenig, das ist … ich … eine Entschuldigung klingt für mich wie ein ›Sorry‹, dann ist es vorbei. Aber es ist noch lange nicht vorbei. Ich wollte Ihnen mein tiefes Mitgefühl ausdrücken.

Götzl Eine Frage habe ich noch: Wurde denn im Gespräch mit Herrn Wohlleben thematisiert, wovon das Trio seinen Lebensunterhalt bestritten hat?

Schultze Nein. Und auch mit sonst niemandem.

Götzl Haben Sie selbst mal Überlegungen dazu angestellt?

Schultze Die Assoziationen damals, als ich das Geld bekommen habe, hatte ich: Dass das mit Banküberfällen zu tun haben könnte.

Tag 13

20. Juni 2013

Manfred Götzl, Richter. **Carsten Schultze**, Angeklagter. **Anja Sturm, Wolfgang Heer, Wolfgang Stahl**, Verteidiger von Beate Zschäpe. **Olaf Klemke, Nicole Schneiders**, Verteidiger von Ralf Wohlleben. **Doris Dierbach**, Anwältin der Nebenklage. **Henning Saß**, Gutachter. Er soll für das Gericht ein psychiatrisches Gutachten über die Hauptangeklagte Beate Zschäpe erstellen.

(Die Befragung von Carsten Schultze wird fortgesetzt.)

Saß Wenn Sie mit Uwe Mundlos, Uwe Böhnhardt und Beate Zschäpe Kontakt gehabt haben, wie war dann die Beziehung der drei untereinander?

Schultze Ich habe nur zwei, drei Bilder vor dem Abtauchen im Kopf. Von den Telefonaten mit den dreien habe ich nur wenig Erinnerungen. Und das Treffen in Chemnitz dauerte nur wenige Minuten.

Saß Wie haben Sie die drei da erlebt?

Schultze Da war kein Unterschied zu früheren Treffen. Es gab ein freundliches Hallo, wir haben uns ganz normal hingesetzt. Es hat nicht den Eindruck gemacht, als hätten wir uns länger nicht gesehen.

Saß Sie haben gesagt, es gab keine Hierarchie bei den dreien. Also waren sie gleichberechtigt?

Schultze Ja, also das ganz Normale.

Saß Kamen Wortbeiträge von allen drei Personen?

Schultze Ja.

Saß War die Begegnung: freundschaftlich, sachlich – es gibt da ja verschiedene Möglichkeiten?

Verteidiger Stahl Ich beanstande die Frage, sie ist spekulativ.

Götzl Ich lasse die Frage zu.

Saß War etwas zu erkennen wie die Anführerschaft oder argumentative Führerschaft?

Verteidigerin Sturm Was soll die Frage? Herr Schultze hat bereits mehrfach vorgetragen, dass die Situation im Café nur zwei bis drei Minuten dauerte und er nur sehr wenige Sätze mit Frau Zschäpe gewechselt hat damals. Er wird von Ihnen dazu angehalten, Spekulationen vorzunehmen.

Verteidiger Heer Was soll überhaupt der Begriff Anführerschaft? Der Gutachter Saß möge das im Hinblick auf die Tatsachen umformulieren.

Saß Herr Schultze ist doch mit solchen Begriffen vertraut, er hat Sozialpädagogik studiert.

Verteidigerin Sturm Das hat er ja erst später studiert. Er wird hier angeleitet, zu spekulieren.

Götzl Sie wollen, dass jetzt nicht mehr nachgefragt wird? So können wir es ja auch nicht handhaben. *(Wendet sich Schultze zu.)* Antworten Sie bitte.

Schultze Mir fällt nur ein: Es war alles ganz normal.

(Pause.)

Verteidiger Klemke Ich möchte Folgendes bemerken: Einer Verwertung der Aussagen von Herrn Schultze zum Nachteil von Ralf Wohlleben steht die europäische Menschenrechtskonvention entgegen; Herr Schultze hat zwar das Recht, eine Befragung durch meinen Mandanten zu verweigern. Aber jeder Angeklagte hat auch das Recht, jeden Zeugen unmittelbar zu befragen.

Verteidigerin Schneiders Die Behauptung des Angeklagten Schultze, dass er die Fragen des Angeklagten Wohlleben nicht beantworte, um der Verteidigung kein Podium zu bieten, ist als reine Schutzbehauptung zu werten. In Wahrheit will er seine eigene Rolle und sein politisches Wirken herunterspielen.

Anwältin Dierbach Wir beantragen, den Antrag, die Aussage von Carsten Schultze nicht zu verwerten, zurückzuweisen. Es wird übersehen, dass sich der Anspruch auf konfrontative Befragung auf das Gericht bezieht. Carsten Schultze hat sich hier befragen lassen, aber er hat auch das Recht zu schweigen. Dieses Recht hat ja auch der Angeklagte Wohlleben in Anspruch genommen. Von einer Verletzung der Menschenrechte kann überhaupt keine Rede sein.

(Pause.)

Götzl Dann verlese ich noch einen Beschluss des Senats: Die Anträge vonseiten der Verteidigung Wohlleben und Zschäpe, das Verfahren einzustellen, werden zurückgewiesen.

Tag 14

24. Juni 2013

Manfred Götzl, Richter. **Karlheinz B.**, 54, Polizeibeamter aus Nürnberg. Er fand Abdurrahim Özüdoğru, der am 13. Juni 2001 in seiner Schneiderei ermordet wurde. **Norbert H.**, 67, pensionierter Kriminalbeamter. Er untersuchte den Tatort in Nürnberg. **Sabine M.**, 44, Zeugin aus Nürnberg. Sie wohnte gegenüber der Schneiderei und sagte in der Vernehmung aus, sie habe die Täter beobachtet. **Wolfgang Stahl**, Verteidiger von Beate Zschäpe. **Michael Kaiser**, Verteidiger von André Eminger. **Christina Clemm**, **Mehmet Daimagüler**, **Adnan Erdal**, **Yavuz Narin**, Anwälte der Nebenklage.

(An diesem Tag werden mehrere Zeugen zum Mord an Abdurrahim Özüdoğru befragt. Özüdoğru wurde am 13. Juni 2001 in seiner Schneiderei in Nürnberg erschossen.)

Karlheinz B. Ich habe das Opfer abends am Tatort vorgefunden. Ich habe gemerkt, der ist ziemlich kalt. Er hatte keinen Puls mehr, die Körpertemperatur war einem lebenden Menschen ziemlich fremd. Dann kamen die Rettungssanitäter. In der Schneiderei brannte Licht, wir konnten keinerlei Einbruchspuren finden. Die angrenzende Wohnung des Opfers habe ich nicht betreten. Nach meiner Erinnerung war die Tür zugesperrt. Fotos habe ich keine gemacht, aber die Kollegen vom Kriminaldauerdienst. Ich habe keine Erinnerung mehr, welche Kleidung das Opfer trug.

(Der Zeuge B. verlässt den Gerichtssaal, als nächster Zeuge wird Norbert H. aufgerufen. Der mittlerweile pensionierte Kriminalhauptkommissar hat damals den Tatort fotografiert.)

Norbert H. Ich habe leider eine veränderte Situation vorgefunden. Die Lage der Leiche war verändert; der Tote befand sich in halb liegender, halb sitzender Position. Es war ein frühsommerlicher Tag, die Außentemperatur lag bei 20 Grad.

(Im Gerichtssaal werden Lichtbilder vom Tatort an die Wand projiziert. Zschäpe setzt zeitweise eine Brille auf. Zunächst wird die Schneiderei von außen gezeigt, an der Scheibe ist eine Aufschrift zu sehen: »Änderungsschneiderei aller Art«. Im Innern des Ladens liegen Kleidungsstücke.)

Norbert H. Es war eine gewachsene Unordnung in dieser Schneiderwerkstatt, es ist alles etwas wild durcheinandergelegt gewesen.

(Fotos und Detailaufnahmen werden an die Wand projiziert, H. gibt dazu Erläuterungen.)

Norbert H. Der Einschuss erfolgte an der rechten Schläfe. Das steckengebliebene Projektil des zweiten Schläfenschusses war am Kopf noch ertastbar. Wir konnten Anschmierungen von Blut im vorderen Brustbereich feststellen. Auch am Hals fanden wir Spritzspuren von Blut, und am Unterarm fanden sich Tropfspuren von Blut.

(Es werden etwa 100 Fotos gezeigt: Bluttropfspuren auf der Kleidung des Toten, die große Blutlache neben dem Opfer, Blutspritzer an der Wand, eine Patronenhülse, alte Gardinen, Bilder auch vom Wohnzimmer des Opfers, Skizzen und Lagepläne.)

Norbert H. Es handelt sich um ein Wohngebiet in der Südstadt von Nürnberg, eigentlich eine Gegend, die nicht von zufälligen Passanten begangen wird.

Anwalt Daimagüler Es gab ja die Vermutung, das Opfer sei am Drogenhandel beteiligt gewesen, deshalb gab es Durchsuchungsmaßnahmen mit Drogenhunden. Welche Hinweise gab es denn für die Beteiligung?

Norbert H. Da bin ich überfragt, weil ich mit diesen Ermittlungen überhaupt nichts zu tun hatte. Ich gehörte zum Erkennungsdienst.

Anwalt Daimagüler Es gibt aber Vermerke dazu, die Sie selbst unterschrieben haben.

Norbert H. Kann sein, dass ich bei der Durchsuchung dabei war. Gefunden worden ist, glaube ich, aber nichts.

(Der Zeuge verlässt den Saal. Nach der Mittagspause und der Befragung eines weiteren Polizisten lässt Richter Götzl auf zwei Leinwänden im Gerichtssaal eine Vorläuferversion des NSU-Bekennervideos abspielen und anschließend das NSU-Bekennervideo, das im November 2011 verschickt wurde und das die Trickfilmfigur »Paulchen Panther« zeigt. Im Bild immer wieder Gesichter von Menschen, die gerade ermordet wurden. Auch die Leiche des Mordopfers Abdurrahim Özüdoğru ist zu sehen. Die Bilder des ersten Videos sind unterlegt mit Neonazi-Hardrockmusik. »Wir werden sie besiegen, mit rechtem deutschen Mut«, heißt es in einem Liedtext. Und: »Alle, die sich unsere Feinde nennen, die werden wir ewig hassen. Und kämpfen werden wir gegen sie, bis sie unser Land verlassen.« Das auf DVDs verschickte Bekennervideo beginnt mit einer Texttafel. Vor schwarzem Hintergrund steht dort: »Der Nationalsozialistische Untergrund ist ein Netzwerk von Kameraden mit dem Grundsatz ›Taten statt Worte‹.« Und: »Solange sich keine grundlegenden Änderungen in der Politik, Presse und Meinungsfreiheit vollziehen, werden die Aktivitäten weitergeführt.«

Die Zeugin Sabine M. betritt den Gerichtssaal. Sie wohnte gegenüber der Schneiderei.)

Sabine M. Ich saß im Wohnzimmer und hörte plötzlich zwei Schüsse vom Haus gegenüber, da hab ich aus dem Fenster geschaut. Ich habe zwei Männer gesehen. Schon ein oder zwei Tage vorher hatte ich zwei Männer gesehen in der Straße, bei denen war eine blonde Dame dabei. Ich kannte den Schneider nicht, habe ihn aber von meinem Wohnzimmerfenster aus genau gesehen. Die beiden Männer haben sich entfernt, einer kam gerade aus dem Laden.

Götzl In Ihrer ersten Vernehmung ist nicht von einem zweiten Mann die Rede.

Sabine M. *(nervös)* Da war ein zweiter Mann dabei, das ist sicher.

Götzl Sie sagten damals auch nicht, dass Sie den Getöteten von Ihrem Wohnzimmer aus gesehen hätten.

Sabine M. Ich habe die Leiche aber liegen gesehen. Ich schwör' es Ihnen.

Götzl Können Sie den Pkw, den Sie laut dem Protokoll Ihrer Aussage bei der Polizei beobachtet haben, beschreiben?

Sabine M. Nein, daran erinnere ich mich nicht mehr.

Götzl Wie viel Uhr war es, als Sie diese Beobachtungen machten?

Sabine M. Das muss am Nachmittag gewesen sein.

Götzl Aber die Polizei kam erst am Abend nach 21 Uhr – wie erklären Sie sich den Zeitabstand?

Sabine M. Aber so spät wären meine Kinder nicht mehr auf gewesen. Ehrlich gesagt, ich weiß es nicht mehr. Vielleicht habe ich mich in der Zeit auch vertan.

Anwalt Narin Sie haben ausgesagt, Sie hätten eine Frau am Tatort gesehen. Wie sah die denn aus, können Sie sie näher beschreiben?

Sabine M. *(weint)* Sie war schlank und hatte blonde, lockige Haare.

Anwalt Erdal Hatte die Frau, die Sie angeblich beobachtet haben, Ähnlichkeit mit Frau Zschäpe?

Sabine M. Ich weiß es nicht.

(Zschäpe ist sichtlich amüsiert und lacht den Anwälten zu.)

Anwältin Clemm Haben Sie Angst, hier auszusagen?

Sabine M. *(weint)* Ich hab furchtbar Angst. Ich trau mich nicht.

Anwältin Clemm Wollen Sie nicht weiter aussagen?

Sabine M. Nein.

(Sabine M. wird von Götzl aufgefordert, kurz den Gerichtssaal zu verlassen.)

Götzl Das Gericht erwägt, der Zeugin einen Zeugenbeistand beizuordnen.

Verteidiger Kaiser Zu welchem Zweck? Es erwartet sich doch ohnehin niemand mehr im Saal etwas Substanzielles von der Zeugin.

Verteidiger Stahl Die Voraussetzung für einen Zeugenbeistand ist nicht gegeben. Die Zeugin fantasiert hier doch nur.

(Sabine M. wird wieder in den Saal gerufen.)

Götzl Was meinen Sie, wenn Sie sagen, Sie hätten Angst?

Sabine M. Man weiß ja nicht, was außerhalb des Saals noch passiert. Ich bin allein in der Wohnung, mein Mann arbeitet im Ausland.

Götzl Welche Befürchtungen haben Sie?

Sabine M. Dass mich einer wegmacht.

(Die Vernehmung der Frau wird unterbrochen. »Tut mir leid«, sagt sie beim Verlassen des Saals in Richtung Nebenkläger.)

Tag 15

25. Juni 2013

Manfred Götzl, Richter. **Frank Lenk**, 56, Polizeibeamter, Brandursachenermittler der Polizeidirektion Südwestsachsen. in Beate Zschäpes Wohnhaus in der Frühlingsstraße 26 in Zwickau, das am 4. November 2011 abbrannte. Er sagte auch an den Tagen 24 und 38 aus.

(Die Beweisaufnahme springt thematisch hin und her. An diesem Tag geht es um den Brand vom 4. November 2011 in der letzten Wohnung von Beate Zschäpe, Uwe Mundlos und Uwe Böhnhardt in der Frühlingsstraße 26 in Zwickau. Die Anklage gegen Zschäpe lautet in diesem Fall schwere Brandstiftung und versuchter Mord an drei Menschen.)

Götzl Kommen wir zum Freitag, den 4.11.2011. Wann war die Polizei am Tatort in der Frühlingsstraße?

Lenk Gegen 15.15 Uhr war die Feuerwehr am Ort, die Kriminalpolizei um 15.45 Uhr und ich selbst gegen 18 Uhr. Ich habe dann die Branddokumentation organisiert. Die Wände waren an zwei Seiten herausgesprengt. Der Schutt lag auf Gehweg und Straße. Am Samstag um 16 Uhr wurde die erste Waffe gefunden, sie lag auf dem Fußboden im Brandschutt; ich gehe davon aus, dass sie durchgeladen war. Sonnabend oder Sonntag haben wir den Wandtresor gefunden. In einem der Schlafzimmer. Der Tresor war nachweisbar geöffnet, darin wurde Waffe zwei gefunden, zudem Handfesseln mit Nummerierung. Es hat sich herausgestellt, dass sie der Kollegin aus Heilbronn gehörten, der ermordeten Polizistin. Vor dem Haus wurden die restlichen Waffen im Brandschutt gefunden, ebenfalls die Munition. Insgesamt wurden im Verlauf der Brandräumung elf Waffen gefunden plus Munition.

Wir haben nicht nur Löschwasser, sondern auch Schaum eingesetzt. Papiere, die wir in der Wohnung fanden, mussten erst in Garagen der Polizeidirektion getrocknet werden.

Ich lege nun einzelne Bilder des Brandorts in der Frühlingsstraße vor.

(Er zeigt in der Folge – an insgesamt drei Prozesstagen – 1088 Bilder vom Brand und von der Wohnung des NSU in Zwickau. Sie werden mit einem Projektor an zwei Leinwände im Saal geworfen und einzeln erläutert.)

Wir haben an mehreren Stellen Spuren von Brandlegungsmittel gefunden sowie Brandspuren: im Eingang sowie im Flur. Auch im sogenannten Katzenzimmer fanden wir mehrere Spuren, die teilweise vom Spürhund angezeigt wurden. Das

LKA konnte nichts feststellen; aber der Hund ist besser als die Chemie, die verwendet wird.

Wir haben in der Wohnung vier Kameras zur Überwachung gefunden. Der Türspion in der Wohnungstür war durch eine Kamera ersetzt. Am Küchenfenster in einem Blumentopf mit grünen Kunststoffpflanzen sowie an einem anderen Fenster Richtung Frühlingsstraße. Die Kamera befand sich in einer braunen Schale, die ebenfalls Kunststoffpflanzen enthielt. Eine weitere Kamera fand sich im Bereich des Katzenzimmers.

Götzl Wie groß war denn die Wohnung?

Lenk Der Sportraum hatte eine Größe von 20,61 Quadratmeter. Das Schlafzimmer war 18 Quadratmeter groß, das Katzenzimmer 13,77 Quadratmeter, das Bad 5,92 Quadratmeter, der Flur und der Lagerraum 4,3 Quadratmeter, das Wohnzimmer 17 Quadratmeter und die Küche 15,55 Quadratmeter. Der Keller war nur durch eine Stahltür zu betreten, sie wurde gewaltsam durch die Beamten geöffnet. Wir fanden einen Funkkontaktmelder, der Keller war also alarmgesichert. Es wurden darin sichergestellt: Arbeitsgerät, Fahrräder, Kisten.

(Nun werden Aufnahmen des Hauses vor und während des Brandes gezeigt.)

Bild 92: eine Übersichtsaufnahme. Deutlich ist die herausgesprengte Wand zu erkennen.

Bild 114 dokumentiert den Inhalt des Briefkastens der Wohnung. Die Ausgabe des »Wochenspiegels« vom Mittwoch, 2.11., fand sich noch im Briefkasten. Am Briefkasten stand *›Dienelt‹* und etwas kleiner *»B.«*.

Bild 117 zeigt die Klingel des Hausgrundstücks mit den darauf befindlichen Namen: K.; Dienelt; Taverne Thassos.

Bild 123 zeigt eine Toilettentür, die sich linksseitig befand.

Bild 128 zeigt die Zugangstür zum Keller der Wohnung, eine Stahltür. An der Tür steht »Keller Dienelt«.

Bild 137 zeigt die Eingangstür der Gaststätte, die sich früher in dem Haus befand.

Bild 214 zeigt die Eingangstür im Innenbereich. Deutlich zu erkennen ist die Kamera, unterhalb sieht man das zweite Schließsystem, das quer zur Tür eingebaut wurde.

Bild 229 zeigt eine Detailaufnahme des Blumenkastens am Küchenfenster, in dem eine Kamera war.

Bild 238 bis 245 zeigen die dritte Kamera, die im Bereich des Katzenzimmers aufgefunden wurde.

Bild 282 zeigt eine Übersichtsaufnahme der gefundenen Schuhe. *(Zwei Paar Plüschpantoffeln sind zu erkennen, einmal rosafarbene, einmal im Tigerlook. Auch rosa Turnschuhe und braune Lederstiefel sind zu sehen.)*

Bild 324 zeigt den Deckenbereich im Flur, hier ist der Rußbefall ersichtlich.
Auf Bild 326 sieht man den Rußbefall an den Fliesen im Bad.
Bild 351 zeigt die Sitzecke in der Küche.
Bild 357 zeigt die rechte Seite der Küche, der E-Herd und die Spüle sind zu erkennen. Man sieht noch einen Wasserkocher, man sieht eine Dunstabzugshaube, einen Topf. Die Lebensmittel im Inneren des Kühlschranks waren kaum beschädigt. Der Kühlschrank war recht voll.

Tag 16

26. Juni 2013

Manfred Götzl, Richter. **Volkmar E.**, 63, Verwalter des Wohnhauses von Beate Zschäpe in der Frühlingsstraße in Zwickau. **Herbert Diemer**, Vertreter der Bundesanwaltschaft. **Wolfgang Heer**, **Wolfgang Stahl**, Verteidiger von Beate Zschäpe. **Olaf Klemke**, **Nicole Schneiders**, Verteidiger von Ralf Wohlleben. **Stephan Lucas**, Anwalt der Nebenklage.

(Der Zeugentisch soll so gedreht werden, dass nicht nur Richter und Angeklagte den Zeugen ins Gesicht sehen können, sondern auch die Nebenkläger einen Blick auf deren Gesichter bekommen. Dafür muss der Zeugentisch mehr in die Mitte des Gerichtssaals gerückt werden.)

Verteidiger Stahl Jetzt ist der Fluchtweg versperrt. Eine Verordnung sieht vor, dass mindestens 1,20 Meter frei sein muss als Durchgang. Das ist jetzt ein Sicherheitsrisiko.

(Leichtes Gelächter im Saal.)

Götzl Haben Sie jetzt Bedenken für Ihre Person?

Verteidiger Stahl Man kann, Herr Vorsitzender, das jetzt natürlich ins Lächerliche ziehen. Das ist aber ein Hindernis, das ist nicht zulässig.

Götzl Wir setzen die Verhandlung mit der Vernehmung des Zeugen Volkmar E. fort.

(Der Zeuge betritt den Gerichtssaal.)

Volkmar E. Anfang September 2011 bekam ich einen Anruf, Herr Dienelt meldete Mängel am Fußboden. Ich habe mich mit ihm getroffen und das angesehen. Er war der Meinung, es senkt sich etwas, der Fußboden in der Küche. *(Lacht.)* Vielleicht wollte er mich auch nur mal kennenlernen. Als ich die Wohnung das nächste Mal betreten habe, öffnete mir Frau Zschäpe, wie wir heute wissen. Für mich war nicht klar, dass sie da ständig wohnt.

Götzl Wer war bei dem ersten Termin zugegen?

Volkmar E. Diese männliche Person, die sich als Herr Dienelt vorstellte. Der alte Hausverwalter, von dem ich das Haus im September übernommen habe, hat mir eine Handynummer gegeben und einen Namen dazu. Er hat auch mal gesagt, ich soll mich nicht wundern, die Leute dort sind manchmal ein bisschen komisch. Komisch war für uns vor allem, wie die Mieten überwiesen wurden: Da kam am 28. September eine Überweisung: Lisa Dienelt für Matthias Dienelt 740 Euro für den Oktober. Dann am 25. 10. 11 von Lisa Pohl mit dem Betreff »Miete Dienelt« 740 Euro, für November. Sie waren überpünktlich.

Götzl Nochmals zu diesem Termin. Wie verlief der?

Volkmar E. Er hat uns in die Küche geführt, und da war nach seiner Meinung eine kleine Absenkung im Boden. Nichts Dramatisches, was so einen Anruf unbedingt gerechtfertigt hätte, aus meiner Sicht.

Götzl Können Sie den Mann beschreiben?

Volkmar E. Er war circa 1,85, hatte eine sportliche Figur, war unter 40, und trug kurz geschnittene Haare; vielleicht waren sie auch abrasiert. Von den beiden Toten hat man ja den Eindruck, dass sie extrem abstehende Ohren hatten. Das wäre mir vielleicht aufgefallen, ist es aber nicht.

Götzl Wie hat sich die männliche Person verhalten?

Volkmar E. Ganz normal. So, er wolle nur darauf hingewiesen haben. 95 Prozent der Mieter hätten da garantiert nichts angezeigt. Ich habe ihm zugesagt, dass ich mich um die Beanstandung kümmern werde. Es war aber keine Gefahr im Verzug.

(Verteidiger Stahl verlässt während der Zeugenvernehmung kurz den Saal und passiert dabei den engen Gang zwischen dem Zeugentisch und einem weiteren Tisch, an dem die Gerichtsschreiber sitzen.)

Götzl Und der zweite Termin, wie ist der abgelaufen?

Volkmar E. Ganz normal, ich war da keine zehn Minuten in der Wohnung.

Götzl Es war doch auch Frau Zschäpe anwesend, sagten Sie. Wie hat sie sich verhalten?

Volkmar E. Ganz normal. Ich glaube, es sind nicht viele Worte gefallen. Frau Zschäpe hat geöffnet, sie hat sich nicht vorgestellt. Für uns war sie die Vertraute des Mieters gewesen, ich kann da ja nicht den Ausweis verlangen. Es war ein schlüssiges Verhalten, sag ich mal. Es gab da keine Auffälligkeiten in der Wohnung, zumindest beim ersten Blick nicht.

Götzl In welchem Zustand war die Wohnung?

Volkmar E. Ordentlich. Wobei ich nur Flur und Küche gesehen habe. Der zweite Termin diente wohl dazu, den Geschäftsführer von dem Sachverhalt zu informieren. Wir hatten ja gerade Baumaßnahmen in dem Haus: Die Handwerker waren beauftragt, die Wohnungen in einen vermietungsfähigen Zustand zu versetzen. Zuerst sollten die beiden Wohnungen über der Wohnung der drei, also im Dachgeschoss, renoviert werden. Der Keller sollte auf jeden Fall geräumt werden. Da hatten wir noch altes Frittenfett in Kanistern gefunden, von dem griechischen Lokal, das da früher war. Der Keller war ziemlich zugemüllt. Es gab eine Auffälligkeit: eine Metalltür blitzblank in dem verranzten Keller, die wir nicht zuordnen konnten. Auf die Idee, dass der Keller zu der Wohnung der drei gehört, bin ich nicht gekommen. Ich habe dann zum Handwerksbetrieb gesagt, wenn wir nicht wissen, wem der Keller gehört, machen wir mal auf. Es gab dann mal eine Begegnung zwischen Frau Zschäpe und einem Handwerker vor der Kellertür, als der die Tür öffnen wollte. Sie hat dann mitgeteilt, dass das ihr Keller ist, und dann sind sie abgetreten. Das weiß ich aber nur vom Hörensagen. Frau Zschäpe soll da relativ erregt gewesen sein. Ich kann aber nicht sagen, wann das gewesen sein soll. Ich habe das von einem Handwerker erfahren, aber erst nach dem 4. November 2011. *(Ermittlungen ergaben, dass Böhnhardt und Mundlos im Keller Schießübungen unternahmen. Außerdem hatten sie dort ihre Fahrräder abgestellt, mit denen sie zu ihren Anschlägen und Raubüberfällen fuhren.)*

Am 4. 11. hat mich der Handwerksbetrieb angerufen, dass das Haus explodiert sei. Ich habe später mitbekommen, dass der Eigentümer das Haus wieder aufbauen wollte. Aber das scheiterte an der Stadt. Es gab die Befürchtung, dass sich da eine Art Kultstätte entwickelt. Also ist die Ruine an die Stadt verkauft worden, und das war's dann.

Götzl Wie hoch war der Schaden?

Volkmar E. Etwa 70 000 Euro. Der Kaufpreis war 195 000 Euro.

Götzl Sie haben bei der Vernehmung im Jahr 2012 ausgesagt, die schwarzhaarige Frau, also Frau Zschäpe, wie Sie jetzt sagen, habe ein Heidentheater gemacht.

Volkmar E. So war es auch. Ich weiß nicht, was passiert wäre, wenn wir die Tür geöffnet hätten und sie dann dazugekommen wäre.

(Später am Nachmittag, als gerade ein weiterer Zeuge befragt wird, springt Zschäpe plötzlich von ihrem Platz auf und deutet auf das Netzteil ihres Laptops. Götzl unterbricht die Verhandlung wegen eines »Kurzschlusses«. Zschäpe bekommt ein neues Netzteil. Dann ruft Götzl den Handwerker René K. auf, der sich am Tag der Explosion in der Frühlingsstraße 26 aufhielt und dort arbeitete, zum Zeitpunkt der Explosion aber mit seinem Kollegen beim Bäcker gegenüber Kaffee trank. Wie schon zuvor sein Kollege berichtet auch K., dass das Treppenhaus sehr hellhörig gewesen sei und die Holzstufen sehr laut knarrten.)

Verteidiger Stahl *(unterbricht)* Herr Vorsitzender, können wir nicht an dieser Stelle unterbrechen? Ich habe morgen noch einen Termin und eine lange Zugfahrt vor mir.

Götzl Ich habe morgen auch einen Termin.

Verteidiger Stahl Aber Sie fahren nicht noch sechs Stunden nach Hause.
Götzl Aber Sie fahren doch mit dem Zug.
Verteidiger Stahl Ich komme dann wahrscheinlich sehr spät an und muss morgen um sieben wieder zu einem Termin.
Götzl Ich bin heute um halb fünf aufgestanden, nur zu Ihrer Information.
Verteidiger Heer Herr Vorsitzender, die Konzentrationsfähigkeit unserer Mandantin ist überschritten. Die Frage ist doch, ob man für heute so viele Zeugen hätte laden müssen.
Götzl Wir können gern auch früher beginnen, da habe ich keine Probleme. Es wäre auch gut, wenn wir pünktlicher anfangen könnten. 90 Prozent der Anwälte kommen erst fünf Minuten vor halb zehn.
Anwalt Lucas Wir haben noch Luft. Und einfach nur in den Raum zu werfen bei einer Enddreißigerin, sie sei um 17.20 Uhr nicht mehr fit – das halte ich nicht für begründet. Und was Ihren Termin angeht, Kollege Stahl: So ist das Anwaltsleben nun mal. Ich finde den Einwurf ärgerlich.
Götzl Jetzt diskutieren wir aber schon sehr lange. Ich würde vorschlagen, wir machen eine kleine Pause.
(Götzl verlässt den Gerichtssaal und kehrt nach wenigen Minuten wieder an seinen Platz zurück.)
Götzl Dann setzen wir fort. Haben Sie sich wieder etwas erholen können, Frau Zschäpe?
Verteidiger Heer So geht das nicht, Herr Vorsitzender, ich habe bereits erklärt, dass meine Mandantin mit ihrer Konzentration am Ende ist. Sie hat Beschwerden.
Götzl Und welche Beschwerden sind das?
Verteidiger Heer Ich weiß nicht, warum wir darüber jetzt diskutieren sollen.
Götzl Dann müssen wir das eventuell medizinisch überprüfen lassen.
Verteidigerin Schneiders Man muss unterscheiden bei denen, die in Haft sind. Es ist ein Faktum, dass auch unser Mandant genauso erschöpft ist, wie es die Verteidiger von Frau Zschäpe bei ihrer Mandantin ausgeführt haben. Drei Tage Verhandlung am Stück sind ein Marathon. Am dritten Tag sind die Mandanten erschöpft. Auch unser Mandant hat über Kopfschmerzen geklagt.
Götzl Gegebenenfalls werden wir da auch Untersuchungen durchführen lassen. Wenn das nicht anders geht …
Verteidiger Heer So langsam kommt mir das wie eine Drohung vor. Meine Mandantin ist zu einer Untersuchung bereit.
Verteidiger Klemke Es würde schon helfen, wenn unser Mandant in der Mittagspause mal frische Luft schnappen dürfte.
Verteidiger Heer Wenn ich dazu noch etwas sagen dürfte …
Götzl Zu Herrn Wohlleben?

Verteidiger Heer Ja, auch wenn da alle lachen. Auch ich fände es hilfreich, wenn meine Mandantin mittags ein wenig frische Luft bekäme.

Bundesanwalt Diemer Darüber wird man dann noch reden.

Götzl Vielleicht kann man auch mal sehen, ob immer alle Anwälte da sein müssen, oder ob man sich da aufteilt. Aber Frau Zschäpe fühlt sich ja nicht wohl. Dann lasse ich jetzt den Arzt holen.

(Nach der ärztlichen Untersuchung wird die Verhandlung um 18.30 Uhr beendet.)

Tag 17

2. Juli 2013

Manfred Götzl, Richter. **André P.**, Kriminalhauptmeister in Zwickau. Er sagte auch an den Tagen 142 und 365 aus. **Frank L.**, 37, Kriminalbeamter des BKA. Er begleitete Beate Zschäpe bei einem Hubschrauberflug zur Vernehmung durch den Ermittlungsrichter des Bundesgerichtshofs in Karlsruhe. Später traf er Zschäpe auch in der JVA Köln. Er sagte auch an den Tagen 43, 160 und 241 aus. **Herbert Diemer, Anette Greger, Jochen Weingarten**, Vertreter der Bundesanwaltschaft. **Wolfgang Heer**, Verteidiger von Beate Zschäpe. **Thomas Bliwier, Edith Lunnebach, Yavuz Narin, Gül Pinar, Andreas Thiel**, Anwälte der Nebenklage. **Henning Saß**, psychiatrischer Gutachter.

André P. Die Frau Zschäpe hat sich am 8. 11. 2011 der Polizei in Jena gestellt. Ihre Bekleidung wurde sichergestellt, sie wurde erkennungsdienstlich behandelt und nach Zwickau überführt. Ich war dafür vorgesehen, die Beschuldigtenvernehmung durchzuführen. Und zusätzlich eine Kollegin von der Kripo Baden-Württemberg, die in Zwickau ihren Dienst verrichtet hat. Gegen 18.15 Uhr ging es los. Frau Zschäpe erklärte, dass sie keine Angaben zum Sachverhalt machen möchte. Ich habe dann nur die Personalien festgestellt. Frau Zschäpe war bekleidet mit einem Polizeitrainingsanzug, das war ihr unangenehm. *(Ihre eigene Kleidung war für die Spurensicherung konfisziert worden.)* Sie hat das ausgedrückt und sich auch so verhalten. Sie war aufmerksam, konnte dem Gespräch gut folgen. Es war ein lockeres Gespräch. Sie hat mit wenigen Sätzen erzählt, wie sie aufgewachsen ist. Wie das Leben in Zwickau sich dargestellt hat. Sie konnte rauchen, etwas zu essen war auch da. Sie hat erzählt, dass sie ein Omakind war. Dann sind die zwei Uwes in ihr Leben getreten, mit ihnen hat sie ihr Leben verbracht, das war dann ihre Familie.

Ich erinnere mich noch an eine Sache, die ich nicht schriftlich niedergelegt habe.

Wir hatten die Frage gestellt, ob noch eine Straftat in Planung oder Ausführung ist, ob noch was zu verhindern ist – da hat sie mit Nein geantwortet.

Götzl In welcher Verfassung war Frau Zschäpe?

André P. Man hat ihr angemerkt, dass sie ein paar Tage unterwegs war und vielleicht froh war, dass die Sache vorbei war. Sie hat kurz erzählt, dass sie nicht mehr viele Freunde hat. Sie hatte versucht, diese Freunde aufzusuchen. Der Stress stand ihr förmlich ins Gesicht geschrieben.

Götzl Woran machen Sie das fest?

André P. Am Gesichtsausdruck.

Götzl Ja, das würde mich eben interessieren.

André P. Es ist mir nicht mehr möglich zu sagen, ob sie Augenringe hatte oder so. Sie sagte, sie habe keinen Unterschlupf bei Freunden bekommen. Sie sah nicht ausgeschlafen aus, übernächtigt.

Götzl Wie lange war sie unterwegs?

André P. Sie sagte, sie sei sechs Tage unterwegs gewesen, aber seit dem Brand am Freitag bis zum Dienstag bei der Polizei in Jena waren es ja nur fünf Tage.

(Zschäpe floh 4. November 2011 aus Zwickau und stellte sich am 8. November 2011 der Polizei in Jena.)

Götzl Wie war das Verhältnis zur Mutter und Großmutter? Wollen Sie noch mal überlegen, was sie gesagt hat?

André P. Schwierig, weil ich am nächsten Tag Mutter und Großmutter befragt habe. Es fällt mir schwer auseinanderzuhalten, wer mir was gesagt hat.

Götzl In einem Vermerk von Ihnen heißt es, sie habe ein schlechtes Verhältnis zur Mutter und war deswegen ein Omakind.

André P. Sie hatte ein schlechtes Verhältnis zur Mutter. Zu ihrer Oma bestehen offenbar noch starke emotionale Bindungen. Sie hat es bedauert, dass sie vor dem Stellen bei der Polizei nicht noch ihre Oma aufgesucht hat. Und sie sagte, beide Uwes hatten ein behütetes Elternhaus, sie könne sich nicht erklären, warum sie sich so entwickelt haben.

Götzl Stichwort Katzen.

André P. Sie hat ihre Katzen sehr gern gehabt, hat sich erkundigt, was aus ihnen geworden ist. Ich habe ihr gesagt, sie sind im Tierheim untergebracht. Wir haben respektiert, dass Frau Zschäpe sich zum Tatvorwurf nicht äußern will. Ich habe gefragt, ob sie die Absicht hatte, sich das Leben zu nehmen. Sie brachte zum Ausdruck, dass sie im Zusammenhang mit dem Brand darüber nachgedacht habe, sich selbst dabei wegzuräumen, so hat sie das formuliert. Aber sie fand nicht die Kraft dazu.

(Wenige Stunden bevor Zschäpe Feuer in der Zwickauer Wohnung legte, hatten sich Mundlos und Böhnhardt in einem Wohnmobil umgebracht. Das Fahrzeug brannte aus.)

Götzl Hat sie etwas zu ihrem Verhältnis zu den beiden Uwes gesagt?

André P. Sie waren ihre Familie. Und sie erklärte, sie sei zu nichts gezwungen worden.

Götzl Im Hinblick worauf?

André P. Konkreter hat sie das nicht gesagt. Wir haben auch nicht weiter nachgefragt.

Götzl Wie ist der Vermerk zustande gekommen?

André P. Mit der Kollegin zusammen habe ich ihn am nächsten Tag nach der Vorführung von Frau Zschäpe beim Ermittlungsrichter gefertigt.

Götzl Wie lange hat das Gespräch gedauert?

André P. Ungefähr eine halbe Stunde, eher ein paar Minuten länger.

Götzl Frau Zschäpe hat eine Unterschriftenprobe geleistet. Wann fand das statt?

André P. Vor dem Gespräch, da hat sie gesagt, das sei zum ersten Mal seit langer Zeit, dass sie mal wieder ihren richtigen Namen geschrieben habe. Während des Gesprächs hat Frau Zschäpe auch eine Speichelprobe abgegeben.

Götzl Wie ging es dann weiter?

André P. Sie wurde in den Gewahrsamsraum der Polizei Zwickau gebracht, hat dort die Nacht verbracht, dann ihr Frühstück bekommen und wurde danach zum Ermittlungsrichter gefahren.

Anwältin Pinar Haben Sie noch Aufzeichnungen von dem Gespräch mit Frau Zschäpe?

André P. Ja, ich habe Notizen in meinem persönlichen Schrank im Büro.

Anwältin Pinar Können Sie dort anrufen?

André P. Nein, das wäre mir jetzt nicht recht.

Anwältin Pinar Ich kann auch einen Beschlagnahmeantrag stellen.

Götzl Jetzt stellen Sie erst mal Ihre Fragen, Anträge können Sie später stellen.

Anwalt Thiel Kannten Sie eine der Personen Böhnhardt, Mundlos oder Zschäpe aus dem Stadtbild von Zwickau?

André P. Überhaupt nicht.

Anwalt Thiel Wir haben jetzt wiederholt über die Katzen gesprochen. Haben Sie Frau Zschäpe auch erklärt, dass noch Menschen im Haus waren?

André P. Nein.

Anwalt Thiel Warum nicht?

André P. Weil sie sich nicht äußern wollte, wir haben das respektiert.

(Die Sitzung wird unterbrochen. Nach der Mittagspause wird André P. weiter befragt.)

Anwalt Narin Wann sind Sie erstmals über den Wohnwagenbrand informiert worden?

André P. Der Brand war ja am Freitag, wir wurden am Montagmorgen informiert. Auch die Identität der Uwes wurde uns vermutlich am Montag mitgeteilt.

Anwältin Lunnebach Haben Sie noch eine Erinnerung daran, ob Frau Zschäpe »nie« oder »nicht« gesagt hat? Also dass sie »nie« gezwungen wurde zu etwas? Oder »nicht« gezwungen wurde?

André P. Was in meinem Vermerk steht, stimmt. *(Dort steht »nie«.)*

Anwältin Lunnebach Hat sich der Verfassungsschutz bei Ihnen gemeldet?

André P. Nein.

Anwältin Lunnebach Wer hat das Gespräch mit Frau Zschäpe geleitet? Sie oder die Kollegin?

André P. Wir waren beide gleichberechtigt.

Anwalt Bliwier Warum nahm Ihre Kollegin aus Baden-Württemberg an der Vernehmung teil? Sie war doch mit den Ermittlungen im Mordfall Kiesewetter in Heilbronn betraut.

Oberstaatsanwältin Greger *(unterbricht)* Diese Frage ist unzulässig, es geht doch nicht um die Ermittlungsmaßnahmen.

Anwalt Bliwier Das ist doch der Kernbereich der Sache. Also: Wie kam denn die Kollegin dazu?

André P. Das kann ich nicht sagen, so weit reicht meine Aussagegenehmigung nicht.

Anwalt Bliwier Wie lange haben Sie vorher schon zusammengearbeitet? Oder dürfen Sie das nicht sagen?

André P. Genauso ist es.

Götzl Jetzt sind wir nah an der Strategie der Polizei.

Anwalt Bliwier Das ist doch Standardprogramm an einem Schwurgericht, ich bitte Sie, Herr Vorsitzender!

Verteidiger Heer Hat Frau Zschäpe eine Frage gestellt an die Beamtin? Von wegen: Sie sprechen ja ganz anders. Sind Sie nicht von hier?

André P. Daran kann ich mich nicht erinnern.

Verteidiger Heer Wie hat sich die Beamtin vorgestellt?

André P. Wir haben uns mit Namen vorgestellt, als die mit den Ermittlungen betrauten Beamten.

Verteidiger Heer War Frau Zschäpe äußerlich gepflegt?

André P. Sie fühlte sich unwohl.

Verteidiger Heer Ist Ihnen Körpergeruch aufgefallen bei Frau Zschäpe?

André P. Es war ihr unangenehm, dass sie nach Schweiß roch.

Verteidiger Heer Konnte sie sich duschen oder waschen?

André P. Nein, sie kam direkt vom Transport ins Vernehmungszimmer.

Verteidiger Heer Konnte sie in den Tagen davor schlafen?

André P. Dazu habe ich keine Erkenntnisse.

Verteidiger Heer Haben Sie gefragt, ob sie Schlaf finden konnte?

André P. Ich kann mich nicht erinnern.

Verteidiger Heer Haben Sie hinterfragt, ob Frau Zschäpe vernehmungsfähig war – wo sie doch mehrere Tage unterwegs gewesen war?

André P. Ich hatte nicht den Eindruck, dass sie vor Müdigkeit zusammensinken würde. Wenn sie gesagt hätte, sie wollte sich frisch machen, hätte sie die Möglichkeit gehabt.

Verteidiger Heer Ist Ihnen klar, ob und wozu ein Beschuldigter Angaben machen muss?

Oberstaatsanwalt Weingarten Das Fragerecht dient nicht der Examinierung des Zeugen.

André P. Der Beschuldigte hat grundsätzlich das Recht, in der Vernehmung überhaupt nichts zu sagen – außer seine Personalien.

Verteidiger Heer Warum wurde das Gespräch dann noch durchgeführt?

André P. Es hat sich so ergeben. Frau Zschäpe wurde doch nicht gezwungen. Warum sollte man sich eine halbe Stunde anschweigen? Wenn sie was gesagt hätte, hätten wir auch nicht weitergefragt.

Verteidiger Heer Von wem wurde sie belehrt?

André P. Von mir.

Saß Was können Sie zum Wachheitsgrad von Frau Zschäpe sagen?

André P. Sie machte auf mich nicht den Eindruck, dass sie meinen Fragen nicht folgen kann.

Saß War sie schläfrig?

André P. Nein. Sie war gut konzentriert, vielleicht sogar etwas hibbelig.

Saß Kam sie Ihnen sprunghaft vor?

André P. Nein.

Saß Gab es auffällige Versprecher oder Schwierigkeiten, die richtigen Worte zu finden?

André P. Nein.

Saß Wie würden Sie die Stimmung charakterisieren?

André P. Ein wenig nervös, angespannt.

Saß War sie traurig, bedrückt, resigniert?

André P. Das kann ich nicht in einem Wort zusammenfassen.

Saß Hat sie einen traurigen Eindruck gemacht?

André P. Kann ich nicht sagen.

Saß Hatte sie eine brüchige Stimme?

André P. Nein.

Saß Die beiden Uwes, gab es da eine Differenzierung? Oder hat sie die immer als Einheit genannt?

André P. Es gab kein Anzeichen, dass der Tod des einen mehr bedauert würde als der Tod des anderen.

(Die Vernehmung wird unterbrochen. Der Zeuge verlässt den Saal.)

Anwältin Pinar Ich möchte beantragen, dass das Notizbuch des Zeugen sichergestellt wird. Es geht nicht darum, etwas zu unterstellen, aber ich will vermeiden, dass das Buch, wenn es benötigt wird, nicht mehr auffindbar ist.

Bundesanwalt Diemer Das ist eine ungeheuerliche Unterstellung!

Anwältin Pinar In diesem Verfahren sind schon so viele Akten verschwunden, da muss man schon ein bisschen vorsichtig sein. Deshalb beantrage ich, das Notizbuch zu den Akten zu geben.

(Nach der Vernehmung des Zeugen André P. wird der Zeuge L. in den Gerichtssaal gerufen. Der BKA-Beamte begleitete Zschäpe auf einem Hubschrauberflug von der JVA Chemnitz zum Bundesgerichtshof nach Karlsruhe. Später traf er sie noch einmal in der JVA Köln.)

Frank L. Am 13. 11. 2011 erhielt ich den Auftrag, Frau Zschäpe von der JVA Chemnitz nach Karlsruhe zu begleiten. Mit dabei war auch Polizeiobermeisterin S. von der Landespolizei Sachsen. Auf dem Weg zum Flugplatz im Auto gab es eine Unterhaltung. Dabei fragte ich sie, ob sie Suizidabsichten hege. Frau Zschäpe hat das verneint. Das sei ein Gedanke gewesen, den sie früher gehegt hätte, mittlerweile sei sie davon abgekommen. Ich habe ihr natürlich gesagt, dass alle Aussagen von ihr protokolliert werden könnten. Wir sind wegen des schlechten Wetters nicht direkt in Karlsruhe gelandet, sondern in Baden-Baden. Im Hubschrauber war es zu laut, um ein Gespräch zu führen. Gegen 18.20 Uhr landeten wir am Flughafen Baden-Baden. Gegen 19 Uhr trafen wir beim Bundesgerichtshof ein. Dort mussten wir in einem Vorraum des Richters auf die Vorführung warten. Es ergab sich die Gelegenheit, in Ruhe mit Frau Zschäpe zu sprechen, etwa 15 Minuten lang. Ich kann mich erinnern, dass sie sagte, dass sie sich nicht gestellt habe, um nicht auszusagen. Das mit Rechtsanwalt Liebtrau habe sich eher zufällig ergeben. *(Vier Tage nach dem Brand in der Frühlingsstraße hatte sich Zschäpe bei ihm gemeldet und sich dann der Polizei gestellt.)* Sie meinte, von einem Szeneanwalt würde sie sich jedenfalls nicht verteidigen lassen. Dann sagte sie, es sei neu für sie, wieder mit richtigem Namen angesprochen zu werden. Zu ihrem Leben mit Böhnhardt und Mundlos in Zwickau erzählte sie, sie hätten sich überwiegend mit Rädern fortbewegt. Sie hatten Katzen und hätten wohl auch gern einen Hund gehabt. Aber man habe Sorge gehabt, wegen der Hundesteuer aufzufliegen. Schließlich meinte sie noch, es sei ihr im Untergrund schwer gefallen, wahre Freundschaften zu schließen. Zu ihrer Familie habe sie seit 1998 keinerlei Kontakt mehr gehabt. Sie sagte, die drei hätten damit gerechnet, dass sie irgendwann auffliegen würden.

Später kam es zu einem zweiten Zusammentreffen in der JVA Köln. Zum einen sollte die Unterbringung der Katzen geklärt werden. Zum Zweiten ging es um den Verbleib von Wertgegenständen aus der Wohnung in der Frühlingsstraße. Zum Dritten hatte sich Beate Zschäpe ihre Brille gewünscht, die ihr abgenommen worden war. Zu den Katzen wollte sie sich dann nicht äußern, weil es zu belastend für sie wäre.

Tag 18

3. Juli 2015

Manfred Götzl, Richter. **Rainer B.**, Kriminalbeamter beim Bundeskriminalamt, begleitete im Sommer 2012 Beate Zschäpe bei einem Gefangenentransport von der JVA Köln zur JVA Gera, wo sie ihre Großmutter und ihre Mutter treffen sollte. **Wolfgang Stahl**, **Anja Sturm**, Verteidiger von Beate Zschäpe. **Stefan Schmidt**, Vertreter der Bundesanwaltschaft. **Christina Clemm**, **Detlef Kolloge**, **Sebastian Scharmer**, **Angela Wierig**, Anwälte der Nebenklage.

Rainer B. Frau Zschäpe freute sich auf diese Fahrt, auf Oma und Mutter, und auch mal was anderes zu sehen außerhalb der JVA. Sie hatte blonde Strähnen in ihrem Haar. Wie kommen Sie in der JVA zu diesen Strähnen, fragte ich. Die Friseurmeisterin bildet Gefangene aus, sagte sie. Die machen das für zehn Euro. Dann haben wir übers Wetter geredet. Ich kenne die Insel Fehmarn gut von den Ferien mit meinen Kindern. Da scheint bestimmt die Sonne. Da ist es ja fast immer sonniger als anderswo. Ob sie das auch so wahrgenommen hat. *(Ermittlungen ergaben, dass Böhnhardt, Mundlos und Zschäpe auf der Insel regelmäßig Campingurlaub gemacht hatten.)* Wer sagt denn, dass ich jemals auf Fehmarn war, sagte sie. Dann haben wir über die JVA Köln geredet. Sie klagte, in ihrer Zelle habe es immer nur 18 Grad und kaltes Wasser. In Chemnitz fand sie es schön warm. Ich fragte sie, haben Sie schon in die Akten geschaut? Ja, sie hat Zeugenvernehmungen gelesen. Sie sei sehr interessiert daran, wie die Leute über sie denken, die sie gekannt hat, ihre früheren Nachbarn in der Polenzstraße und in der Frühlingsstraße. Die anderen Dinge habe sie erst mal nicht zur Kenntnis genommen, das sei schon sehr belastend, das könnte sie nicht so lange machen. Ich sagte ihr, sie solle den Bericht des Brandermittlers lesen, er hatte an 23 Stellen in ihrer Wohnung Benzin gefunden und einen leeren 10-Liter-Benzinkanister. Und dann habe ich noch ergänzt: Es gibt ungefähr 1800 Asservate, die alle auswertbar sind. Das wusste sie offenbar nicht.
Ich habe sie dann auf ihren Satz angesprochen, dass sie sich nicht gestellt habe, um nicht auszusagen. Sie wollte das eigentlich, auch um ihrer Großmutter deut-

lich zu machen, wie alles gekommen ist, und um sich bei ihr zu entschuldigen, sagte sie. Aber ihr Anwalt rät davon ab. Sie war sehr, sehr unzufrieden mit der Arbeit ihres Verteidigers. Er macht ja eigentlich sehr wenig, meinte sie. Dann kam noch die Sache mit der SZ. Sie hat die SZ abonniert und zahlt das Abo auch selbst. Und da hat sie immer wieder Teile aus ihrer Akte gefunden. Wie kann das sein, dass das in der Süddeutschen Zeitung veröffentlicht wird, fragte sie. Ob wir das gewesen seien. Ich habe ihr gesagt, dass ich mir das überhaupt nicht vorstellen kann, dass wir Aktenteile herausgeben. So was machen wir nicht. Frau Zschäpe habe auch ihren Verteidiger, Herrn Heer, gefragt, der gute Verbindungen zu Herrn Leyendecker von der SZ hatte, ob er das gewesen sei. Nee, er sei das nicht gewesen, habe er gesagt. Das könnte theoretisch jeder gewesen sein. Vielleicht Nebenkläger. Sie war darüber nachhaltig erbost und kam ständig auf das Thema. Und sie war am Überlegen: So einen Fall wie mich, den hat es ja noch nie gegeben, sagte sie. Och, da täuschen Sie sich, habe ich gesagt. Ich erinnerte sie an die RAF, in jedem öffentlichen Gebäude hingen Fahndungsplakate von denen. Ich habe ihr von Susanne Albrecht erzählt, die in der DDR lebte. Albrecht hat alles gesagt, was sie wusste. Christian Klar hat nie etwas gesagt. Klar hat über 26 Jahre verbüßt, und Albrecht war nach sechs Jahren wieder draußen. Sie führt heute ein normales Leben, in einem anerkannten Beruf, unter anderem Namen, habe ich Frau Zschäpe dann noch gesagt.

Sie hasst das Bild, das von ihr in der Öffentlichkeit ist. Aber sie ist froh, dass es kein aktuelleres Foto gibt. Dann erkennt sie keiner, wenn sie rauskommt. Sie wolle dann auch ihren Namen ändern. In Müller, Meier oder Schulze. Ich habe in einer Buchhandlung in Gera das Buch »Die Zelle« gekauft. Anschließend fragte ich sie: Möchten Sie einen Blick reinwerfen? Sie hat eine halbe Stunde drin gelesen, vor allem über die Flucht von ihr. Ist das denn abschließend, fragte sie. Ich sagte: Nein, wir ermitteln ja weiter.

Die Zeit verging wie im Flug, es war eine freundliche, sachliche Atmosphäre. Auf der Rückfahrt sah sie den Kölner Dom. Den würde ich gern mal besichtigen, sagte sie. Und dass sie gern mal am Rhein spazieren gehen würde und Bier im Biergarten trinken. Dann erzählte sie, dass in der JVA Köln viele Häftlinge wegen Drogendelikten waren. Sie sagte, mit Drogen wollte sie nichts zu tun haben. Es sei schon schlimm genug, dass sie raucht.

Es gab auf der Fahrt eine Situation, als wir an Jena vorbeigefahren sind. Der Ort, wo sie aufgewachsen ist. Ich sagte: Übrigens, da oben, da habe ich die Eltern von Uwe Böhnhardt vernommen. Ich wollte sehen, wie sie reagiert. Ich sagte: Das waren nette Leute, die mochten Sie gut leiden. Sie sagte: Ich mochte sie auch. Ich habe dann noch gesagt: Der Vater sieht dem Sohn wie aus dem Gesicht geschnitten ähnlich. Da schaute sie auf die Plattenbauten, den Kopf frontal an der

Scheibe, sie schien emotional berührt zu sein. Sie hatte ein klein bisschen feuchte Augen. Sie hat aber trotzdem nicht gesagt, wie alles gewesen ist.
Es gibt noch einige Dinge, die nicht in den Akten stehen und die mir jetzt aufgefallen sind: Frau Zschäpe hat mir zum Beispiel erklärt, wie man ein Moped baut in der JVA: Man steckt zwei Gabeln in eine Steckdose und stellt ein Gefäß mit Wasser drunter. Das wird dann ganz schnell heiß. Oft fliegen dann die Sicherungen raus – das nennt man Moped bauen.

Götzl Hat sie sich dazu geäußert, dass Matthias Dienelt und Holger Gerlach aus der Untersuchungshaft entlassen wurden?

Rainer B. Sie fragte, wer ist das eigentlich, der da aus der JVA entlassen wurde? Das war der Herr Dienelt, sagte ich. Ach so, es sei ihm gegönnt. Bei anderen sieht sie das nicht so. Das hat sie völlig unkommentiert so stehen lassen. Dass Herr Gerlach auch in der JVA Köln saß, habe sie erst aus der Zeitung erfahren.

Götzl Waren denn die Briefe ein Thema?

Rainer B. Ich habe sie auf den Brief von Herrn Breivik aus Norwegen angesprochen. *(Im Mai 2012 hatte der Rechtsextremist und verurteilte Massenmörder Anders Breivik einen Brief an die »liebe Schwester Beate« in der JVA Köln geschickt. Das Schreiben war aber von der Justiz abgefangen und beschlagnahmt worden.)* Sie wusste das nur aus der Zeitung. Sie hat den Brief nicht bekommen und glaubte damals auch nicht, dass sie ihn kriegen wird. Ich habe sie gefragt, ob sie denn Englisch kann. Sie meinte, sie könne sich den Brief mit einem Wörterbuch schon übersetzen. Insbesondere, wenn der Brief so verworren geschrieben sei wie seine Statements.

Götzl Hat sie was zu Breivik persönlich gesagt?

Rainer B. Sie hat zu erkennen gegeben, dass sie den nicht kennt.

Götzl Wurde auch über die Arbeit gesprochen?

Rainer B. Es gebe die Möglichkeit, in der JVA ein Handwerk zu erlernen. Für sie käme nur etwas wie Hausmädchen infrage. Das wolle sie aber nicht.

Götzl War Uwe Böhnhardts Bruder ein Thema zwischen Ihnen?

Rainer B. Uwe war der jüngste, es ging um den mittleren Bruder. Ich kenne die Geschichte, zu DDR-Zeiten, im Jahr 1988, war er zu Tode gekommen, aus ungeklärten Umständen. Er lag morgens tot vor der Haustür, verunglückt. Kein Knochen im Körper war mehr ganz. Sturz aus großer Höhe oder Autounfall. Die Volkspolizei hat nichts getan, Frau Böhnhardt ist bei Freunden rumgegangen und hat gefragt. Er war auf der Lobdeburg bei Lobeda herumgeklettert und abgestürzt. Freunde hatten ihn heimgebracht und sich nicht weiter gekümmert. Ich kann mich aber nicht mehr erinnern, wer das Thema auf der Fahrt angesprochen hat. Meine Kollegin und ich haben erst am Abend im Hotel in Gera aufgeschrieben, an was wir uns erinnern konnten. Daraus entstand ein zwölfseitiger Vermerk.

Götzl Wie war die Reaktion von Frau Zschäpe auf Albrecht und Klar?

Rainer B. Man hat schon gemerkt, dass sie da nachdenklich geworden ist. Mir ist übrigens noch etwas eingefallen: Frau Zschäpe sagte, ich kann ja bis zu drei Verteidiger haben. Ihre jetzigen Verteidiger werde sie nicht mehr los, sie hätte also gern einen dritten. Ich schlug vor, vielleicht könne ihre Mutter einen Verteidiger auswählen und der sich schriftlich an den Generalbundesanwalt wenden. Weiter erzählte Frau Zschäpe, ihre Mutter solle ein Interview machen mit dem Journalisten John Goetz von »Panorama«. Das missbillige sie, sie habe sich über die Sendung schon mehrfach geärgert. Sie sprach immer von Herrn Heer. Der andere Verteidiger aus Koblenz, Herr Stahl, der habe immer die gleiche Meinung wie Herr Heer. Deswegen sei sie ganz froh, mit uns zu reden, auch mal eine andere Meinung zu hören. Die dritte Verteidigerin hatte sie damals ja noch nicht. Sie meinte auch, die Bediensteten in der JVA Köln hätten sie vor ihrem Verteidiger gewarnt und würden ganz schlecht über ihn reden.

Götzl In Ihrem Vermerk heißt es, sie misstraue mittlerweile jeder und jedem. Hat sie das so gesagt?

Rainer B. Sie hatte den Eindruck, alle um sie herum wollen etwas von ihr. In die Presse kommen, Geld, Ermittlungsansätze. Sie meinte, sie habe schon ein paranoides Verhalten und wisse nicht mehr, wer die Wahrheit sage.

Anwältin Clemm In einem Aktenvermerk heißt es, Frau Zschäpe habe geäußert, sie sei kein Mensch, der nicht zu seinen Taten stehe. Ihre Aussage würde vollständig und umfassend sein.

Rainer B. Als die Oma so krank war und gestürzt war, da war sie kurz davor, eine Aussage zu machen.

Anwalt Scharmer Erinnern Sie sich daran, ob sie gemeint hat, dass sie mit einer Aussage etwas am Strafmaß ändern würde?

Rainer B. Ich bin mir nicht sicher. Ich glaube, sie hat gesagt, daran glaube sie nicht. Es gehe ihr darum, sie würde ihrer Oma gerne erklären, warum es so gekommen sei, und sich entschuldigen. Mir war der Hintergrund nicht klar.

Anwältin Wierig Haben Sie sich auch über regionale Unterschiede von Menschen unterhalten?

Rainer B. Haben wir. Sie meinte, sie empfinde die Rheinländer als aufgeschlossene, freundliche Menschen, Norddeutsche seien etwas ruhig und grimmig.

Anwältin Wierig Hat sie etwas über Besonderheiten aus der JVA Gera erzählt?

Rainer B. Das Einzige, was ich in Erinnerung habe, war die Verpflegung. Thüringer Bratwürste hätte sie gerne gegessen, aber nicht bekommen, stattdessen gab es Königsberger Klopse. Den Unterschied von Thüringer Bratwürsten zu anderen schmeckt halt nur ein Thüringer.

Verteidiger Stahl Herr B., kennen Sie das Schreiben von meinem Kollegen Heer vom 5. Juni 2012 an die Vertreter der Bundesanwaltschaft?

Rainer B. Das Schreiben mit dem Hinweis, dass Frau Zschäpe keine Angaben zur Sache machen wird, und die Verteidigung wünscht, dass es keine förmliche Vernehmung gibt?

Verteidiger Stahl Das ist nicht der Wortlaut, trifft es aber vom Inhalt her ganz gut. Man möge von Versuchen absehen, sie zu vernehmen.

Rainer B. Haben wir ja auch gar nicht gemacht.

Verteidiger Stahl Sie wollen mir erzählen, dass Sie rein zufällig auf Fehmarn zu sprechen kamen?

Rainer B. Na klar. Das war so.

Verteidigerin Sturm Wann waren Sie denn zuletzt auf Fehmarn?

Rainer B. Das ist sehr lange her. Mehr als zehn Jahre.

Verteidigerin Sturm Zehn Jahre? Und dann soll es rein zufällig gewesen sein?

Rainer B. *(lachend)* Na klar, das war es auch.

Verteidigerin Sturm Sie hatten keinerlei dienstliches Interesse, das Gespräch auf Fehmarn zu bringen?

Rainer B. Natürlich wusste ich, dass es einen Bezug gibt. *(Der Zeuge muss selbst lachen.)* Aber wenn man jemanden nicht kennt, worüber redet man? Übers Wetter.

(Nachdem BKA-Mann B. den Saal verlassen hat, widerspricht Zschäpes Verteidigerin Sturm der Verwertung seiner Aussage. Sturm wirft B. unter anderem die Anwendung verbotener Vernehmungsmethoden vor.)

Verteidigerin Sturm Frau Zschäpe wurde getäuscht. Es war nicht nur eine fröhliche, sachlich freundliche Unterhaltung. Es ging eindeutig darum, Frau Zschäpe zu vernehmen und zu beeinflussen. Frau Zschäpe hat mehrfach zum Ausdruck gebracht, dass sie schweigen und keiner Vernehmungssituation ausgesetzt werden möchte. Darüber hat sich Herr B. deutlich hinweggesetzt. Es war eine Vernehmung. Mt dem Ziel, das weitere Aussageverhalten unserer Mandantin zu erfragen.

Anwalt Kolloge Ich teile den Ärger eines jeden Verteidigers, wenn sein Mandant mit einem Ermittler spricht, aber hier ist niemand getäuscht worden. Denn mehr kann man nicht verlangen, als zu sagen, dass hier niemand sprechen muss.

Staatsanwalt Schmidt Es war kein Vernehmungsversuch. Es war auch keine informatorische Befragung. Es war schlicht und einfach ein Gespräch.

Tag 19

4. Juli 2013

Manfred Götzl, Richter. **Andreas V.**, 50, Kriminalbeamter beim BKA. Er war bei der Waffenvorlage zugegen, bei der Holger Gerlach die Tatwaffen identifizieren sollte. **Michael L.**, 42, Kriminalbeamter aus Eisenach. Er hat am 5. und 6. November 2011 Holger Gerlach vernommen. **Carsten Schultze**, Angeklagter. **Herbert Diemer, Anette Greger, Stefan Schmidt, Jochen Weingarten**, Vertreter der Bundesanwaltschaft. **Wolfgang Stahl**, Verteidiger von Beate Zschäpe. **Stefan Hachmeister, Olaf Klemke**, Verteidiger von Ralf Wohlleben. Verteidiger von Holger Gerlach. **Jacob Hösl, Johannes Pausch**, Verteidiger von Carsten Schultze. **Christina Clemm, Alexander Hoffmann, Sebastian Scharmer, Ferhat Tikbaş**, Anwälte der Nebenklage.

(An diesem Tag geht es um die Identifizierung der Mordwaffe des NSU durch den Angeklagten Carsten Schultze. Schultze hat gestanden, Beate Zschäpe, Uwe Mundlos und Uwe Böhnhardt mithilfe des Mitangeklagten Ralf Wohlleben eine Česká 83 mit Schalldämpfer besorgt zu haben. Er hat die Pistole bei Vernehmungen wiedererkannt. Deswegen sind er und Wohlleben wegen Beihilfe zum Mord in neun Fällen angeklagt.)

Götzl Herr Schultze, ich hätte noch einige Fragen zu der Waffe, die Sie übergeben haben. Bitte schildern Sie, welche Lichtbilder Ihnen vorgelegt wurden und ob Sie die Waffe wiedererkannt haben. Ich möchte, dass sie genau zwischen Ihrer Erinnerung und Ihrem Wissen aus den Akten differenzieren.

Schultze Am 1. Februar 2012 bei der Vernehmung in Karlsruhe wurden mir Kopien von Fotos von Waffen vorgelegt, da kamen drei, vier, fünf in die engere Auswahl. Am 6. Februar 2012 war ich in Köln bei der Polizei, da lagen auf dem Tisch viele Waffen, und da habe ich zwei mit Schalldämpfer gesehen. Ich hab das aus der Größe des Schalldämpfers geschlossen, dass es sich um die mit dem längeren Schalldämpfer handelte, auch weil an der Waffe ein Gewinde war. Es war eine schwarze Pistole.

Götzl Wie sicher waren Sie, dass es so eine Waffe war, wie Sie eine übergeben haben?

Schultze Die müsste so ausgesehen haben. Aber hätten da 15 ähnliche Pistolen mit Schalldämpfer und Gewinde gelegen, wäre es schon schwieriger geworden.

Anwalt Scharmer Wo war das Gewinde?

Schultze An der Waffe, das hat sich eingeprägt.

Verteidiger Stahl Die Farbe war schwarz. Matt oder glänzend schwarz?

Schultze Eher glänzend als matt. Nicht so matt, wie das jetzt bei Autos in ist.

Verteidiger Stahl Der Griff, ist Ihnen da was aufgefallen? Die Griffschalen können aus unterschiedlichen Materialien sein, aus Holz oder Kunststoff.

Schultze Holzfarben war da nichts dran, das war alles schwarz.

Verteidiger Stahl War das glatt oder geriffelt, hatte das eine Struktur?

Schultze Glaube nicht, dass die glatt waren. Aber ich bin nicht sicher.

Verteidiger Stahl Hatte die Waffe einen Abzugshahn?

Schultze Ist das der Hahn, wo der Zeigefinger draufkommt?

Verteidiger Stahl Oberhalb des Griffes sitzt der Hahn.

Schultze Daran habe ich keine Erinnerung.

Verteidiger Stahl Können Sie etwas zur Größe des Schalldämpfers sagen?

Schultze Ich habe damals zum ersten Mal im Leben einen Schalldämpfer gesehen. Dass der so lang und so schwer ist, mindestens so lang wie die Waffe selbst, das wusste ich alles nicht.

Verteidiger Pausch Bei dieser Waffenvorlage bei der Polizei – wie waren da die Waffen auf dem Tisch sortiert?

Schultze Links lagen die mit dem Schalldämpfer, rechts die anderen.

Anwalt Tikbaş Haben Sie die Waffen in die Hand genommen?

Schultze Ja, ich habe eine in die Hand genommen. Es war komisch, ich dachte, das ist die Tatwaffe, mit der sie geschossen hatten. Ich dachte, dass dies die Waffen sind, die dort gefunden wurden. Später habe ich gelesen, dass es nur baugleiche Fabrikate waren.

Anwalt Tikbaş Und wie war es in Karlsruhe? Hat man Ihnen da Farbkopien vorgelegt?

Schultze Ich hatte damals Schwarz-Weiß-Kopien gesehen bei der ersten Vorlage, das waren gruselige Kopien.

Verteidiger Stahl Hat man Sie nicht darauf hingewiesen, dass man auf jede Waffe einen Schalldämpfer aufschrauben kann?

Schultze Nein.

Verteidiger Stahl Als Sie die Waffe an Ralf Wohlleben übergaben, hat er sich die Waffe mal angeschaut?

Schultze Die lag auf der Erde in einem weißen Tuch. Er hat den Schalldämpfer draufgeschraubt und die Waffe auf mich gerichtet.

(Ende der Vernehmung von Carsten Schultze, der Zeuge Andreas V. betritt den Gerichtssaal. Nun geht es um eine andere Waffe, diejenige, die Holger Gerlach den Untergetauchten übergeben haben will. Mit ihr wurde den Ermittlungen zufolge niemand ermordet. Doch auch er sollte sie in Köln identifizieren.)

Andreas V. Es lagen damals neun Waffen auf dem Tisch, aber Herr Gerlach konnte sich nicht mehr erinnern.

(Der Beamte holt aus einem hellblauen Plastikbehälter neun Waffen heraus und legt sie auf den Richtertisch. Darunter zwei Maschinenpistolen.)

Andreas V. Wir hatten sie ohne Schalldämpfer vorgelegt und die großen Waffen ausgeschlossen. Ich bin kein Waffenexperte, wir haben sie nur mal eben vorgelegt. Ich habe meine Brille leider nicht dabei, deswegen kann ich jetzt auch die Nummerierung der Waffen auf dem Tisch nicht lesen. Die Nummern, die jetzt darauf stehen, sind aber andere, als ich hatte. *(Der Zeuge ist zunehmend verwirrt, bringt Nummern durcheinander. Zschäpes Verteidigerin Anja Sturm schüttelt den Kopf. Schultzes Verteidiger Jacob Hösl hilft mit einer Lupe aus.)*

Ich war ja bei der Vernehmung von Herrn Gerlach dabei. Es wurden ihm Bilder von zwei Pumpguns vorgelegt. Herr Gerlach hatte nämlich mal gesagt, Böhnhardt habe ihm eine Pumpgun gezeigt. Herr Gerlach sagte, es könnte die schwarze sein, nicht die schwarz-braune auf dem zweiten Bild.

Verteidiger Stahl Welchem Zweck diente die Waffenvorlage?

Andreas V. Wir dachten, vielleicht erkennt er eine, er hatte ja eine davon transportiert.

Verteidiger Stahl Sie haben nur die Waffen vorgelegt, die an den Tatorten gefunden wurden?

Andreas V. Ja. Er sagte, die Waffe sei klein und schwarz gewesen.

Verteidiger Stahl Und die Maschinenpistolen, die Sie vorgelegt haben, sind die auch klein und schwarz?

Andreas V. Die haben wir der Vollständigkeit halber hingelegt.

Verteidiger Klemke Warum haben Sie nicht mehr Waffen hingelegt? Ähnliche Waffen?

Andreas V. Wir haben uns auf diese beschränkt, weil sie einen Zusammenhang mit dem Verfahren hatten.

Verteidiger Klemke Mit welcher Intention haben Sie keine anderen Waffen hingelegt?

Oberstaatsanwältin Greger Die Frage beanstande ich.

Verteidiger Klemke Warum?

Oberstaatsanwältin Greger Ich beanstande die Frage.

Verteidiger Klemke Begründen Sie das!

Oberstaatsanwältin Greger Ich halte die Frage für unzulässig.

Verteidiger Klemke Ich halte die Frage aufrecht. Dann muss der Senat entscheiden.

Oberstaatsanwältin Greger Erst entscheidet der Vorsitzende, dann der Senat.

Verteidiger Klemke Danke für die Belehrung.

Götzl Stellen Sie die Frage erneut.

Staatsanwalt Schmidt Aber die Frage ist suggestiv.

Götzl Die ist nicht suggestiv, die lasse ich zu.

Verteidiger Klemke Warum haben Sie nur diese Waffen vorgelegt?

Bundesanwalt Diemer Herr Vorsitzender!

Verteidiger Klemke Herr Gerlach hat eine kleine schwarze Waffe beschrieben. Warum haben Sie dann die großen Waffen vorgelegt?

Andreas V. Wir wollten ihm eine große Auswahl präsentieren. Und klein ist relativ, wenn man den Schalldämpfer abschraubt, wird die Waffe auch kleiner.

Verteidiger Klemke Das meinen Sie jetzt nicht im Ernst?

(Die Anwälte gehen zum Richtertisch und schauen sich die Waffen an.)

Verteidiger Stahl Ich habe ein kleines Problem, Herr V. Sind das wirklich die Waffen, die vorgelegt wurden?

Andreas V. Weiß ich nicht. Vielleicht hat der Kollege andere, baugleiche eingepackt.

Verteidiger Stahl Sind es dieselben?

(Die Verhandlung wird für eine Mittagspause unterbrochen, danach wird die Vernehmung des Zeugen V. fortgesetzt.)

Andreas V. Ein Kollege hat mich informiert, dass für diesen Prozess nicht dieselben Waffen eingepackt wurden, sondern nur eine baugleiche. Es könnte auch sein, dass hier Modelle dabei sind, die damals bei der Vorlage in Köln nicht dabei waren.

Götzl Es ist aber schon empfehlenswert, das vorher abzuklären. Geht es nur um die Česká?

Andreas V. Nein, der Mann in der Waffenkammer lieferte nur baugleiche Waffen. Ob genau die gleiche, weiß ich nicht.

Verteidiger Pausch Ich habe eine Nachfrage zum Begriff baugleich: Bezieht sich das auch auf die Farbe?

Andreas V. Die Farbe ist nicht ausschlaggebend.

Verteidiger Hösl Sie haben geglaubt, was Herr Gerlach Ihnen gesagt hat?

Andreas V. Ich habe daraus geschlossen, wenn er sagt, dass es sich um eine Pistole handelte und keinen Revolver, dann lege ich nur Pistolen vor. *(Der Zeuge wird entlassen.)*

Oberstaatsanwalt Weingarten *(gibt eine Erklärung ab)* Die Vorlage der Vergleichswaffen ist hinreichend dokumentiert durch die Lichtbilder. Es kommt nicht auf Kratzer an, sondern auf Typen. Deswegen ist es nicht wichtig, ob die Waffen jetzt identisch sind mit den vorgelegten.

Verteidiger Stahl Die Zielrichtung einer solchen Waffenvorlage kann doch nicht sein, aus feststehenden Tatwaffen eine zu identifizieren. Zunächst muss man klären, ob ein Zeuge sie überhaupt nachträglich identifizieren kann. Wenn es um eine kleine schwarze Waffe geht und diese Waffe mit einem Potpourri von großen Waffen präsentiert wird, dann ist der Beweiswert gleich null.

Anwalt Hoffmann Herr Schultze hatte aber originäre Erinnerungen an die Waffe.

Verteidiger Klemke Ich bleibe dabei, diese Art von Waffenvorlage ist äußerst kritisch zu bewerten. Der Beweiswert ist gering.

(Der Zeuge Michael L. wird aufgerufen.)

Michael L. Ich war am 4. November dabei, als das Wohnmobil mit den Leichen drin untersucht wurde. Am nächsten Tag bin ich nach Niedersachsen zu Holger Gerlach, der festgenommen worden war. Er soll der Anmieter des Wohnmobils gewesen sein. Es war eine Abtast-Vernehmung, weil die Informationslage noch schwach war. Holger Gerlach sagte, er sei an den fraglichen Tagen arbeiten, bei einem Prozess in Hannover und in den Niederlanden im Urlaub gewesen, mit seiner Lebensgefährtin und den zwei Kindern. Ich legte ihm die Unterschrift auf dem Mietvertrag vor, er meinte, er hat die Unterschrift bei der Anmietung nicht geleistet, es könnte sein, dass das jemand war, der ihn kennt. Wohlleben, Mundlos, Böhnhardt, zwei Leute aus Hannover vielleicht. Dann kam die Vernehmung ins Stocken. Er hat mit sich gerungen und dann zugegeben, dass er seinen Reisepass dem Böhnhardt gegeben hat. Das war während eines Besuchs im Jahr 2011, Frau Zschäpe war da nicht dabei. Er wollte seinen Pass zunächst nicht hergeben, aber er wollte auch nicht als Verräter dastehen. Dann hat er den Pass doch hergegeben. Er wollte nicht wissen, was die damit machen.

Götzl Wann hatte Herr Gerlach mit Uwe Böhnhardt und Uwe Mundlos zuletzt Kontakt?

Michael L. Zwei bis drei Monate zuvor. Die drei kamen seit 2007 immer vor oder nach dem Urlaub an der Ostsee bei ihm vorbei, weil Hannover auf der Strecke lag, sagte er. Eigenartig, habe ich gesagt, Hannover liegt doch gar nicht auf der Strecke. Da war er dann auch so ein bisschen am Zweifeln. Mundlos habe einen Computerladen in Chemnitz gehabt, auch Zschäpe arbeitete dort. Uwe Böhnhardt habe sich mit Gelegenheitsarbeiten durchgeschlagen. Herr Gerlach sagte, er habe eine Telefonnummer von ihnen gewollt, aber nicht bekommen. Wenn was ist, rufen wir dich an, sagten sie ihm. Holger Gelach sprach immer von »diesen Leuten«. Es gab also eine Diskrepanz, gleichzeitig waren es Freunde. Er wollte kein Verräter sein, sagte er und meinte: Das verstehen Sie nicht.

Er erzählte außerdem, Beate Zschäpe sei mit keinem der beiden fest zusammen, sondern mal mit dem einen, mal mit dem anderen. Ich habe gefragt, ob es denn Kinder gibt. Bei einer Autovermietung waren nämlich ein Mann, eine Frau und ein Kind aufgetreten. Seines Wissens nach gab es keine Kinder.

Herr Gerlach hatte mit Ralf Wohlleben zuletzt 2006 oder 2007 Kontakt und meinte, er hätte jetzt auch der Vergangenheit abgeschworen. Das waren damals seine Freunde in Jena. Ich fragte ihn dann nach seiner finanziellen Situation. Er sagte, sein Monatslohn seien 2100 Euro auf die Hand. Nach einer Kündigung habe er 2011 eine Abfindung über 18 000 Euro erhalten. Nun sei ihre finanzielle

Lage ausgeglichen. Er und seine Lebensgefährtin kämen gut über die Runden. Später ist bekannt geworden, dass er ein Spieler ist und seine Freundin ihr Geld immer in Sicherheit bringen musste. Er sagte, er habe die Treffen mit den dreien immer so gelegt, dass sie nicht da war.

Götzl Hat sich Herr Gerlach geäußert, wie die Hierarchie in dem Trio war?

Michael L. Er meinte, Böhnhardt und Mundlos standen gleichberechtigt an der Spitze, danach Frau Zschäpe. Dann Wohlleben, und er selbst hat sich ganz unten in der Hierarchie eingeordnet. Das fand ich eigenartig, dass Freundschaft so hierarchisch strukturiert sein soll.

Götzl Hat bei den Treffen mit dem Trio Politik eine Rolle gespielt?

Michael L. Politik war kein Thema, hat er mir erzählt. Er sagte: Ich habe beide mehr als Geschäftsmänner erlebt, sie haben irgendwie raushängen lassen, was sie jetzt für Sachen machen und wie sie verdienen.

Götzl Hat Herr Gerlach etwas zu seinen eigenen politischen Aktivitäten gesagt?

Michael L. Ja, er sagte, dass er sich seit seinem 15. Lebensjahr nur mit Politik beschäftigt habe, Politik, Politik, Politik. Dann habe er festgestellt, dass das alles scheiße war. Heute ärgert mich das, dass ich da nicht genauer nachgefragt habe.

Anwalt Scharmer Zur Vernehmung am 5. 11. 2011: Hatten Sie da schon Kenntnisse über die Verbindungen von Holger Gerlach zur rechten Szene?

Michael L. Mir war bekannt, dass Zschäpe, Mundlos und Böhnhardt zur rechten Szene gehören, bei Holger Gerlach war ich mir nicht sicher. Ich kannte den entsprechenden Vermerk vom Staatsschutz nicht. Gerlach selbst sagte, er sei auf Demonstrationen in Süddeutschland dabei gewesen. Die Freundin von Gerlach hat mich damals sehr intensiv angesprochen. Sie wollte wissen, was ihrem Freund vorgeworfen wird. Ich erklärte ihr, es habe am 4. 11. einen Banküberfall in Eisenach gegeben. Ihr Freund stehe unter Verdacht, dass er Mittäter oder Beihelfer ist.

Anwältin Clemm Haben Sie Herrn Gerlach über die Leichen im Wohnmobil informiert?

Michael L. Ich habe gegenüber Herrn Gerlach zunächst nicht über die Leichen im Wohnmobil geredet. Als ich ihm dann sagte, dass Herr Mundlos tot ist, war er total geschockt. Ich habe nur von Mundlos gesprochen. Die zweite Person war noch nicht identifiziert.

Verteidiger Hachmeister Hat er überrascht gewirkt, dass sein Name im Zusammenhang mit dem Wohnmobil auftauchte?

Michael L. Er wirkte schon so, als ob er damit nicht gerechnet hat.

Tag 20

9. Juli 2013

Manfred Götzl, Richter. **Gerwin Moldenhauer**, 39, Staatsanwalt bei der Bundesanwaltschaft. Das Gericht hat ihn als Zeugen geladen, um über die Vernehmung von Holger Gerlach durch eine Richterin des BGH auszusagen. Er sagte auch am Tag 256 aus. **René K.**, 35, einer der Handwerker, die in Zschäpes Wohnhaus in der Frühlingsstraße in Zwickau arbeiteten, bevor es dort zur Explosion kam. Er sagte auch an Tag 16 aus. **Karl W.**, 65, Pensionär, ehemaliger Polizist in Nürnberg. Er fand am 9. 9. 2000 den Blumenhändler Enver Şimşek. **Dieter S.**, 60, Kriminalhauptkommissar aus Nürnberg, untersuchte den Tatort im Mordfall Enver Şimşek. **Stefan Schmidt**, Vertreter der Bundesanwaltschaft. **Herbert Hedrich**, Verteidiger von André Eminger. **Stefan Hachmeister**, Verteidiger von Holger Gerlach.

Moldenhauer Eine Vernehmung von Herrn Gerlach am BGH fand am 14. November 2011 statt. Der Haftbefehl lautete damals noch auf Mitgliedschaft in einer terroristischen Vereinigung und wurde dann auf Unterstützung abgeändert. Zschäpe, Böhnhardt und Mundlos nannte er immer die drei. Er erzählte, sie seien auf der Rückfahrt vom Urlaub bei ihm vorbeigekommen und hätten seinen Pass zufällig in der Tür seines Autos liegen sehen. Es sei ein Freundschaftsdienst gewesen, ihnen den Pass zu geben. Da hat er mich angelogen.
Sein Anwalt Hachmeister sagte mir später am Telefon, dass Holger Gerlach weitere Angaben machen werde. Der Pass sei bewusst für Böhnhardt hergestellt worden, dennoch habe sich sein Mandant aus der Szene gelöst.

Götzl Herr Gerlach hat dazu ausgesagt, ich zitiere: »Ich bin seit sieben Jahren aus der Nummer raus. Wenn ich gewusst hätte, was die machen, wäre ich letzte Woche doch noch stiften gegangen.«

Moldenhauer Er meinte damit, dann wäre ich doch längst weg gewesen, wenn das so stimmte.
Über die Besuche der drei in Hannover erzählte er, sie seien sehr harmonisch gewesen. Man habe Kuchen gegessen, Karten gespielt, einmal auch die Stadt angeschaut. Die beiden Uwes hat er bewundert, als Macher, als starke Typen, Ideengeber, wegen ihres Tatendrangs. Er hat zu ihnen aufgeschaut. Die hatten Charakterstärke, meinte er. Er sagte, sie hätten ihm erzählt, dass sie sich eine legale Existenz aufgebaut hatten, einen Laden, mithilfe des Vaters Mundlos.

Er sagte aus, dass die drei einmal jährlich vor oder nach ihrem Urlaub bei ihm vorbeikamen. Sie hatten ständig neue Autos, einmal auch einen nagelneuen BMW. Das erklärte er sich damit, dass die beiden Uwes vermögende Eltern hatten, und eben ihren Computerladen. Er habe ihre Telefonnummern oder Anschriften nicht gehabt. Böhnhardt habe ihn gefragt, ob sie den Reisepass haben könnten. Er solle ihnen vertrauen, es hätte doch mit dem Führerschein auch keinen Ärger gegeben. Sein Anwalt, Herr Hachmeister, hat mich, wie gesagt, später angerufen und korrigiert, dass der Pass bewusst für Böhnhardt erstellt wurde.
Schließlich sagte er auch noch über den Bombenfund in der Garage 1998 aus: Er meinte, im Nationalen Widerstand hätten damals alle gedacht, dass Böhnhardt und Mundlos es waren, die die Bombenattrappen gelegt hatten.

Götzl Vor dem BGH fand ja dann auch eine zweite Vernehmung statt, am 24. Februar 2012. Erzählen Sie doch mal.

Moldenhauer Da ist viel dazwischen passiert. Herr Gerlach hat umfassende Aussagen gemacht zum Waffentransport. Daraufhin wurde der Haftbefehl gegen ihn erweitert. Er war kooperativ, und als Quittung hat er die Erweiterung des Haftbefehls bekommen. Er war erschüttert. Er war richtig niedergeschlagen. Er sagte: Ich bin, wie mein bisheriger Lebensweg zeigt, nicht gewalttätig. Er musste es sich hochwürgen, die einzelnen Sachen. Da kam dann auch raus, dass er eine Sporttasche mit einem Jutebeutel von Wohlleben bekommen hat, und dass er die Tasche dann in die Polenzstraße in Zwickau gebracht hat.
Er will nicht gewusst haben, dass da eine Waffe drin war. Im Zug habe er interessehalber den Beutel befühlt, er habe nicht gedacht, dass Wohlleben ihn mit der Waffe Zug fahren lässt. Er sagte: Ich ging von der Unschuldsvermutung für meine Freunde aus. Er sagte auch, dass er keine Möglichkeit sah, die Waffe loszuwerden, ohne sich und andere einer Gefahr auszusetzen: Ich konnte sie nicht aus dem Zug werfen, ich konnte nicht zur Polizei gehen. Was hätte ich machen sollen?
Er gab zu, dass es eine Bewaffnungsdiskussion in der Szene gab. Er habe den dreien aber nicht zugetraut, dass sie Menschen ermorden würden. Die Freundschaft mit Wohlleben sei über den Waffentransport zerbrochen. Er sagte: Heute weiß ich, dass ich damals sehr naiv war. Für ihn seien die Diskussionen über Gewaltanwendung nur Diskussionen gewesen und nicht mehr.
Insgesamt muss man zur Vernehmung sagen: Es war eine Zangengeburt, die Angaben kamen scheibchenweise raus, er tat sich nicht leicht damit. Er hat zum Ausdruck gebracht, dass er nicht stellvertretend für andere verurteilt werden möchte.

(Als nächster Zeuge betritt René K. den Gerichtssaal.)

René K. Am 4. 11. 2011 arbeitete ich dort *(im Haus in der Frühlingsstraße in Zwickau)* mit einem Kollegen, meinem Schwager. Wir haben im obersten Stockwerk renoviert. An der Klingelanlage stand der Name Dienelt dran, aber ganz sicher bin ich mir nicht. Am Montag und Dienstag hat der Elektriker dort gearbeitet. Ich war größtenteils mit Entkernungsarbeiten in der Wohnung beschäftigt und der Dämmung im Bad.

Später wurden mir bei der Polizei Lichtbilder von Uwe Mundlos, Uwe Böhnhardt und Beate Zschäpe vorgelegt. Ich habe sie wiedererkannt. Ich denke, das waren die zwei Herrn. Sie haben immer nur freundlich gegrüßt. Der Böhnhardt hat mal nachgefragt, wann bei ihnen der Termin in der Wohnung wäre und ob er seinen Bürosessel entsorgen kann in unserem Container.

(Der Zeuge K. wird entlassen, Herbert Hedrich, der Verteidiger von André Eminger, ergreift das Wort.)

Verteidiger Hedrich Herr Vorsitzender, wir möchten einen Antrag stellen nach Paragraf 231c Strafprozessordnung: Wir beantragen für unseren Mandanten Herrn Eminger, dass er an den Tagen dem Prozess fernbleiben kann, an denen es nicht um ihn geht.

Staatsanwalt Schmidt Dem tritt die Generalbundesanwaltschaft entgegen. Bei einem Organisationsdelikt kann man die einzelnen Sachverhalte nicht abtrennen. Außerdem geht es darum, ob der Verdacht zutrifft, dass es eine terroristische Vereinigung war, die Herr Eminger unterstützte.

(Als nächster Zeuge betritt Karl W. den Gerichtssaal.)

Karl W. Ich war auf dem Weg zur Dienststelle, zwischen 8 Uhr und 8.30 Uhr , als ich beim Stand von Herrn Şimşek vorbeifuhr und gesehen habe, wie Herr Şimşek gerade den Stand aufbaute. Gegen 14.30 Uhr war ich dort mit einem Kollegen, der inzwischen verstorben ist, auf Streife unterwegs. Ich sah, dass sich dort ein Pärchen aufhielt, mit dunkler Hautfarbe. Herrn Şimşek konnte ich nicht sehen. Kurz darauf wurden wir verständigt, dass ein Mann dort wartet, weil der Blumenmann nicht da ist. Wir sind zu dem Stand gefahren und haben uns umgeschaut. Dann hat mein Kollege die Schiebetür geöffnet und Herrn Şimşek am Boden liegen gesehen. Er lag auf dem Rücken, im Gesicht war er blutverschmiert. Von mir wurden sofort die nötigen Dienststellen informiert, die Einsatzzentrale und der Kriminaldauerdienst.

Götzl Lebte der Geschädigte noch?

Karl W. Ja.

Götzl Woran haben Sie das gemerkt?

Karl W. Er röchelte noch.

Götzl Wie ging es dann weiter?

Karl W. Der Notarzt hat den Verletzten behandelt. Mein Kollege und ich, wir sind eingerückt, um den Bericht zu schreiben.

(Der Zeuge wird entlassen, Stefan Hachmeister, der Verteidiger von Holger Gerlach, gibt eine Erklärung zum Zeugen L. ab, der am Vortag aussagte.)

Verteidiger Hachmeister Der Zeuge Polizist L. schilderte die Vernehmung meines Mandanten Holger Gerlach am 4. 11. und 6. 11. 2011. Die Aussagen waren glaubhaft und er konnte sich an Details erinnern. Der Angeklagte Holger Gerlach hat bereits in erster Vernehmung umfangreiche und detaillierte Angaben gemacht. Seine Erklärungen erfolgten freiwillig. Die Angaben wurden später präzisiert und er belastete sich damit selbst. Der Zeuge L. sagte, es habe dem Angeklagten Gerlach nicht gefallen, dass seine Dokumente für Straftaten benutzt wurden. Er habe dem Holger Gerlach abgenommen, dass dieser nicht wusste, wozu die Dokumente verwendet wurden. Aus Sicht seiner Verteidigung ist damit klar, dass Holger Gerlach sich auf seine Freunde verlassen hatte.

(Der nächste Zeuge ist Kriminalhauptkommissar Dieter S. aus Nürnberg, der an den Ermittlungen im Mordfall Enver Şimşek beteiligt war.)

Dieter S. Ich bin gegen 16.30 Uhr am Tatort eingetroffen. Das Opfer war angeschossen und hatte schwere Verletzungen, es war tendenziell mit dem Ableben zu rechnen.

(Er zeigt eine Zeichnung, die vom Tatort angefertigt wurde.)

Das ist die Liegnitzer Straße, sie verbindet Fischbach und Altenfurt und liegt ganz nah an den Autobahnanschlüssen.

(Die Zeichnung zeigt, wo der Wagen von Enver Şimşek stand, davor waren Blumen aufgestellt auf einem Tapeziertisch, unter einem bunten Schirm. Zu sehen ist auch die Verkehrsbucht, in der Şimşeks Wagen stand, dahinter ein Fahrradweg.

Dann zeigt der Zeuge Lichtbilder, zunächst von der stark befahrenen Straße. Ein rot-gelb-blauer Schirm, schwarze Plastikeimer mit den Blumen, die Sonne steht schon tief. Ein weißer VW Sprinter mit der roten Aufschrift »Şimşek Blumen«. Eine Aufnahme von Abdruckspuren von Turnschuhen im Sand. Eine weitere Aufnahme, die den Innenraum des Sprinters zeigt. Dieter S. referiert zu den einzelnen Bildern.)

Dieter S. In der Herrenhandtasche hier im Bild waren fast 7000 D-Mark drin sowie ein Pass, Papiere und die Sondernutzungserlaubnis für den Standort des Blumenstands. Im Rucksack befanden sich Toilettenartikel, Kleidung und ein Päckchen HB-Zigaretten. Wir fanden auch einen Korb mit Nahrungsmitteln, Bananen, Fladenbrot, ein Trinkbecher mit Kaffeeresten steht noch auf der Ablage. Weitere 21,50 Mark Münzgeld befanden sich in einer kleinen Plastiktüte.

Auf dem nächsten Bild: Das Rote hier ist eine ganz ausgedehnte Blutlache. In der Blutlache, hier mit einer grünen 2 gekennzeichnet, liegt eine Schachtel HB und, mit 3 gekennzeichnet, ein Handy. Es gehörte Herrn Şimşek. Und Nummer 1 in der Blutlache ist ein Zahn.

Im Fahrzeuginneren war eine Standhöhe von 182 Zentimeter, man kann also

gut stehen. Der Wagen war innen mit Metall verkleidet. Ganz offensichtlich ist massiv Blut ausgetreten. Überall sind deutlich erkennbar Blutspritzer. Am Bindematerial, an der Blumenschere, an den Gerbera und den Lilien, das Blut ist noch frisch.
Des Weiteren sieht man hier die blutbespritzte grüne Hose des Opfers und eine Wolljacke, die massiv von Blut durchtränkt ist und ein Einschussloch aufweist. Hier ein blaues Hemd mit drei Einschusslöchern und Blutflecken.
Wir haben die Situation mit einer Styroporpuppe nachgestellt. Unser Fazit lautete: Die Schusskanäle, die wir vorfanden, können nur dann entstehen, wenn das Opfer liegt.

(Der Zeuge wird entlassen. Schon an der Tür, dreht er sich um und fragt, wem der Kuli gehört, und hebt einen Stift in die Höhe.)

Götzl Das ist meiner, den möchte ich behalten. Man muss seine Augen ja wirklich überall haben.

(Verhaltenes Lachen im Gerichtssaal.)

Tag 21

10. Juli 2013

Manfred Götzl, Richter. **Helmut K.**, 53, Mitarbeiter des Polizeilichen Erkennungsdienstes in Nürnberg. Er sicherte die Spuren am Tatort im Mordfall Enver Şimşek. **Günther B.**, 63, pensionierter Elektroingenieur aus Nürnberg. Er fuhr mit seinem Sohn am Tatort vorbei und sah vermutlich die beiden Männer, die Şimşek erschossen. **Nicole Schneiders**, Verteidigerin von Ralf Wohlleben. **Sebastian Scharmer**, Anwalt der Nebenklage.

(Adile Şimşek ist im Saal, die Witwe des ermordeten Enver Şimşek. Als erster Zeuge spricht Kriminalhauptkommissar Helmut K. Er hat Fotos vom Tatort im Mordfall Şimşek gemacht.)

Helmut K. Ich wurde am 9. September 2000 gegen 15.30 Uhr verständigt, dass ein mobiler Blumenhändler angeschossen worden war. Herr Şimşek war schon im Krankenhaus, als ich am Tatort eintraf, es hieß, er sei in Lebensgefahr. Vom Stand waren der Sonnenschirm, Blumensträuße und ein weißer Sprinter zu sehen. Die Schiebetür stand offen, eine große Blutlache auf der Ladefläche war schon von außen zu erkennen. Außerdem lagen umgestürzte Blumenkübel und Blumenreste herum. An der Schiebetür fanden wir eine 6,35-Millimeter-Kaliber-Patronenhülse, aber auch eine 7,65-Millimeter-Hülse in der Blutlache und direkt daneben. Insgesamt haben wir fünf Hülsen gefunden im Auto, in der Kleidung fand sich noch eine sechste. Bei der Obduktion von Herrn Şimşek wurden sechs Projektile gefunden. Die umgestürzten Blumenkübel stammten offenbar vom Todeskampf des Herrn Şimşek und den Rettungsmaßnahmen.

Auf dem Tisch draußen waren die Blumenkübel und Blumensträuße ausgestellt, da ist nichts aufgefallen. Auch das Führerhaus war unauffällig. Es war nichts durchsucht worden, auf der Beifahrerseite war lediglich das Handschuhfach nach unten geklappt. Dort lag eine kleine Plastiktüte mit Kleingeld. An der Schiebetür waren kaum Blutspuren. Sie war also zum Tatzeitpunkt geöffnet und die Täter mussten sie nach der Tat geschlossen haben.Wir haben alle Kübel nach DNA und Fingerspuren untersucht. Das Blut war zum Teil noch flüssig, als ich kam. Die Wandseiten des Fahrzeugs waren mit Blutspritzern bedeckt, auch die Trennwand zum Führerhaus. In der Blutlache haben wir einen Zahn von Herrn Şimşek gefunden.

Als wir den Tatort untersuchten, war ein Haufen Radfahrer unterwegs und viele Autos. Die Straße und der Parkplatz, auf der der Blumenwagen stand, waren hoch frequentiert.

(Der Zeuge verlässt den Saal. Nach der Befragung eines weiteren Polizisten kommt Günther B. herein.)

Günther B. Ich war am Samstag mit meinem Sohn unterwegs, erst zum Recyclinghof, um Möbel zu entsorgen, dann fuhren wir zurück. Wir hatten die Fenster im Auto runtergedreht und fuhren an dem Parkplatz vorbei, wo der Blumenhändler stand. In dem Moment hörten wir mehrere metallische harte Schläge. Zwei Männer in Radlerkleidung gingen schnell von dem Fahrzeug des Blumenhändlers weg. Ich konnte nicht erkennen, wohin, wir mussten weiterfahren, hinter uns waren Autos. Die Männer waren so um die zwanzig, vielleicht ein bisschen älter, einer hatte ein Base-Käppi auf. Es muss kurz vor 13 Uhr gewesen sein, der Recyclinghof schließt um 14 Uhr. Es waren drei, vier harte Schläge, die aus der Richtung des Lieferwagens kamen, die Tür stand offen. Ich weiß noch, dass ich verwundert war, dass man hier überhaupt ein Geschäft machen kann.

Götzl Wie haben Sie die metallischen Schläge eingeordnet?

Günther B. Wenn man heute darüber nachdenkt … Aber es war keine Aktion zu sehen, die beiden Männer hatten nichts in der Hand. Man hat sich seine Gedanken gemacht, aber es war kein Handlungsbedarf ersichtlich. Am Montag lasen wir in der Zeitung über den Vorfall und haben uns bei der Polizei gemeldet.

Götzl Wie schnell sind Sie gefahren?

Günther B. Nicht über fünfzig, das ist Stadtgebiet. *(Lachen im Saal.)*

Götzl Woran erinnern Sie sich noch bei dem weißen Fahrzeug?

Günther B. Die Schiebetür stand offen, das war auf der Sichtseite von der Straße aus.

Die Männer sind nicht gerannt, aber mit schnellen Bewegungen weggegangen. Sie hatten Radlerkleidung an, aber ich habe keine Fahrräder gesehen, nix. Das Ganze ist jetzt 13 Jahre her, ich kann mich nicht an mehr erinnern. Ich weiß nur, als wir den Stand schon fast passiert hatten, konnte ich noch zwei blecherne Schläge hören. Es war kein normales Verhalten.

Götzl Können Sie die Männer beschreiben?

Günther B. Sie waren 20 bis 30 Jahre alt, sehr groß, über 1,80 Meter. Sie trugen schwarze Radlerhosen und dunkle T-Shirts.

Götzl 2010 wurden Sie ja noch mal befragt von der Kripo Nürnberg. Wurden Ihnen da Fotos gezeigt?

Günther B. Nein.

(Dem Zeugen werden die Fahndungsbilder von der Keupstraße in Köln vorgelegt, die nach dem Nagelbombenattentat am 9. Juni 2004 gefertigt wurden. Ein Mann mit kantigem Kinn und einer Kappe sowie einem T-Shirt ist zu sehen.)

Anwalt Scharmer Kommt Ihnen da eine Erinnerung?

Günther B. Ich kann nur ungefähr die Größe des Mannes bestätigen. Die Kleidung war anders, viel sportlicher. Aber von den Gesichtern her kann ich mich nicht erinnern.

Verteidigerin Schneiders Wurden Sie mal gefragt, was die Person für ein Typ war? In dem Protokoll Ihrer Befragung im Jahr 2007 heißt es: »Bei den beiden Personen handelt es sich meiner Meinung nach um Südeuropäer, da mir der dunkle Teint aufgefallen ist.«

Günther B. Ich glaub nicht, dass ich das gesagt hab.

Verteidigerin Schneiders Waren es braun gebrannte Männer mit dunklem Haar?

Günther B. Sie hatten einen kurzen Haarschnitt. Ob schwarz oder braun, weiß ich nicht mehr.

(Der Zeuge wird entlassen, vier weitere Zeugen werden noch gehört.)

Götzl Dann kommen wir zum Antrag des Herrn Eminger. Aufgrund von Paragraf 231c Strafprozessordnung. Der Antrag wird abgelehnt. Es kann zwar bei einer Verhandlung gegen mehrere Angeklagte gestattet werden, dass sich Angeklagte zeitweise entfernen, wenn sie nicht betroffen sind. Und der Senat ist sich der Belastung durch die relativ weite Anreise durchaus bewusst. Aber es besteht die naheliegende Gefahr, dass jederzeit in der Verhandlung Umstände zur Sprache kommen, die auch Herrn Eminger betreffen, vor allem von Zeugen aus dem Umfeld der Angeklagten. Einer Beurlaubung steht überdies der Vorwurf der Unterstützung einer terroristischen Vereinigung im Weg.

Tag 22

11. Juli 2013

Manfred Götzl, Richter. **Josef Wilfling**, 66, Kriminaloberrat a. D. aus München. Er leitete die Ermittlungen im Fall Habil Kılıç, der am 29. August 2001 in seinem Laden in München ermordet wurde. **Pinar Kılıç**, 51, Witwe des Mordopfers Habil Kılıç. **Mehmet Daimagüler, Yavuz Narin, Jens Rabe**, Anwälte der Nebenklage.

Götzl Es geht heute um die Tat zum Nachteil von Habil Kılıç.

Wilfling Ich wurde kurz nach elf Uhr am 29. August 2001 verständigt. Ich war Leiter der Mordkommission 5. Herr Kılıç war hinter seiner Ladentheke in einer Blutlache aufgefunden worden. Die Tatzeit konnte ziemlich genau eingegrenzt werden durch Zeugen und Telefonate. Um 10.30 Uhr war noch ein Kunde dort, zwei Minuten später, um 10.32 Uhr, erfolgte ein Anruf eines Arbeitskollegen vom Großmarkt. Er war um 10.35 Uhr beendet. Danach muss es wohl passiert sein: Etwa um 10.40 Uhr betrat eine Kundin mit zwei Kindern den Laden, und die fand dann Herrn Kılıç vor. Sie rief aus dem Laden, und in dem Moment kam der Postbote daher, der war ziemlich aufgeregt. Um 10.53 Uhr ging ein Anruf bei der Polizei ein: Zwei Damen von gegenüber berichteten unabhängig voneinander, dass sie einen dunklen Mercedes gesehen hatten. Ein Mann sei aus dem Laden herausgestürmt und mit quietschenden Reifen davongefahren. Es war auch von einem dunkelhäutigen Mann die Rede. Später hat sich herausgestellt, dass die beiden gar nichts gesehen haben. Die eine Frau hatte ein Alkoholproblem, und die andere hat es einfach nacherzählt. Ein anderer Zeuge hat einen angeblichen Türken gesehen, mit einem anderen Fahrzeug. Wir haben über 300 Fahrzeuge des Typs überprüft, es gab keine Tatrelevanz. Dann gab es noch einen Hinweis von zwei Damen, die wiesen uns auf zwei Fahrradfahrer hin. Eine von ihnen hat um 9.30 Uhr zwei dunkel gekleidete Männer mit Rädern beobachtet; die zweite Zeugin sah gegen 10.45 Uhr zwei junge Radler, die unterhalb ihres Balkons in Richtung Tatort fuhren. Erwähnen muss ich noch, dass eine Beschreibung der Radfahrer nicht vorgelegen hat, die Zeuginnen sprachen lediglich von modernen Rädern und jungen Männern, die wie Kurierfahrer gewirkt haben. Die Radfahrer haben wir damals als Zeugen gesucht.

Götzl Was können Sie uns über die Auffindesituation sagen?

Wilfling Nach unserer Einschätzung war das eine absolut professionelle Hinrichtung: Herr Kılıç wurde von zwei Kopfschüssen getötet. Der erste Schuss traf ihn, als er hinter der Verkaufstheke stand, drang in der oberen Wangenregion ein und dann am Ohr wieder aus. Der zweite Schuss wurde abgegeben, als er schon im Fallen war oder schon lag. Wir haben auch ein Stück Plastik gefunden, eventuell wurde der Schuss durch eine Tüte abgegeben. Leider haben wir keine DNA-Spuren gefunden und auch sonst keine Hinweise auf die Täter.

Einen Raubmord haben wir ausgeschlossen. Die Geldbörse steckte noch in der Tasche, die Kasse war bestückt. *(Fotos vom Tatort werden auf zwei Wände im Gericht projiziert.)* Der Laden befindet sich in der Nähe vom Innsbrucker Ring; in der Bad-Schachener-Straße. Es ist ein Eckhaus; daneben ist eine Baulücke, dahinter befinden sich Garagen, dahinter führt eine Treppe zu einer Wohnanlage mit Wohnblöcken. Dort wohnten Zeuginnen, die die Radler sahen.

Im Sommer stand die Eingangstür immer offen. Und zur Tatzeit war es warm. Nur einige Meter von dem Laden entfernt befindet sich eine Polizeistation in der Bad-Schachener-Straße. Da waren auch viele Polizisten, die regelmäßig in dem Geschäft eingekauft haben. *(Ein Bild mit Melonen auf einem Tisch wird eingeblendet.)* Was diese Melonen jetzt bedeuten sollen, weiß ich nicht. *(Es folgen Fotos von der Leiche.)* Diese Bilder sind schon nach der Veränderung durch den Notarzt entstanden, das Bein ist schon etwas angewinkelt. Um die Leiche herum war eine riesige Blutlache. *(Dann werden Fotos vom Inneren des Ladens eingeblendet.)* Es war ein ganz normales Warenangebot. Es war ordentlich, es war sauber. Es wurde in dem Geschäft wirklich jeder Quadratzentimeter nach Spuren abgesucht, auch die Obstkisten. Auch der Inhalt der Geschirrspülmaschine. Keinerlei Auffälligkeiten. Wir haben natürlich auch einen Blick in die Registrierkasse geworfen – es war alles ordentlich, nichts durchwühlt. Es waren 216 Mark in der Kasse.

Anwalt Narin Herr Zeuge, haben Sie sich auch über den Nürnberger Fall Şimşek informiert?

Wilfling Ja, aber nicht in der Tiefe. Der Fall war immer wieder Gegenstand von Besprechungen. Das war ja der erste Fall der Serie.

Anwalt Narin War Ihnen bekannt, dass in Nürnberg ein Zeuge gesagt hat, er habe zwei Männer in Radfahrerkleidung gesehen?

Wilfling Das ist mir heute nicht mehr erinnerlich, ob ich das damals wusste.

Anwalt Narin Sie erwähnten eingangs, dass ein Dunkelhäutiger als Tatverdächtiger angesehen wurde und die Radfahrer als Zeugen. Wie kamen Sie dazu?

Wilfling Sie hätten das, glaube ich, auch nicht anders eingeordnet. Wenn da zwei Zeugen unabhängig voneinander sagen, da sei ein Mann rausgelaufen und mit quietschenden Reifen davongefahren. Dagegen hat die Zeugin mit den Radfahrern nur gesagt, dass sie da Radfahrer gesehen hatte. Wir haben ja auch ziemlich schnell festgestellt, dass wir einem Fake aufgesessen sind.

Anwalt Rabe Was wurde konkret unternommen, um die Radfahrer zu überprüfen?

Wilfling Es wurde eine Sofortfahndung eingeleitet. Die Zeuginnen konnten keine Beschreibung abgeben. Aus der damaligen Sicht waren die Radfahrer für uns Zeugen. Es gab ja keine Anhaltspunkte, dass es die Täter waren. Heute wissen wir es natürlich besser.

Anwalt Rabe Es hätten ja auch wichtige Zeugen sein können.

Wilfling Wir haben sie ja auch gesucht.

Anwalt Daimagüler Sie haben die Radfahrer gesucht?

Wilfling Ja.

Anwalt Daimagüler Aber es hat sich niemand gemeldet?

Wilfling Das ist aus heutiger Sicht verständlich.

Anwalt Daimagüler Hat das Ihre Ansicht über die Radfahrer nicht verändert?

Wilfling Ich konnte mir einfach nicht vorstellen, dass das die Täter waren. Es wird immer wieder der Fehler gemacht, dass man von heute auf damals schließt. Da gab es Hunderte von Hinweisen. Trotzdem haben wir die Fahrradfahrer in die Fahndung eingebunden. Wir haben etwa fünfzig Zeugen vernommen im Fall Kılıç, circa vierzig davon Türken. Alle Hinweise, die kamen, gingen in Richtung organisierte Kriminalität, PKK, Graue Wölfe. Niemand vermutete Rechtsradikale. Der Modus der Tat entsprach nicht dem, was man sonst von Neonazis kannte, also Ausländer durch die Straße jagen, zu Tode prügeln. Und jetzt soll man mal nicht so tun, als ob es keine türkische Drogenmafia gibt. Im Fall Kılıç haben wir allerdings überhaupt keine Hinweise auf so was gefunden. Der Herr Kılıç war ein kreuzbraver, fleißiger, humorvoller Mensch.

(Der Zeuge Wilfling wird entlassen, zwei weitere Ermittler werden befragt. Dann betritt Pinar Kılıç den Gerichtssaal.)

Götzl Frau Kılıç, bitte nehmen Sie Platz. Zunächst zu Ihren Personalien.

Kılıç Pinar, Kılıç, 51 Jahre. Ich bin verheiratet mit Kılıç. Das ist mein Mann.

Götzl Ja …, das ist schon klar.

Kılıç Und diese Dame, was hat sie gemacht?

(Sie schaut Zschäpe an.)

Götzl Wir brauchen zunächst Ihre Adresse.

Kılıç Das will ich nicht öffentlich sagen. Ich kann Ihnen meinen Ausweis zeigen.

Götzl Erzählen Sie doch zunächst von Ihrem Leben, Ihrer Familie.

Kılıç Fragen Sie diese Frau …

(Sie deutet auf Zschäpe.)

Götzl Was war Herr Kılıç für ein Mann?

Kılıç Er war ein sehr guter Mensch, ein Familienvater. Er war ein anständiger Mann. Was soll ich dann noch erklären? Ich will, dass diese Frau ihre Strafe bekommt.

Götzl Hier ist eine Gelegenheit, dass Sie das Leben Ihres Mannes schildern.

Kılıç Ich sag, das ist für mich ein guter Mensch gewesen.
Götzl Was hat er damals gemacht, wie war seine Lebenssituation?
Kılıç *(trotzig)* Was soll ich da noch sagen?
Götzl Wenn ich Sie höflich frage, erwarte ich auch höfliche Antworten.
Kılıç Jahrelang wurde ich wie eine Verdächtige behandelt. Im Laden war ein Blutbad drin, das mussten wir selber sauber machen.
Götzl Wie ist denn nach der Tötung Ihres Mannes das Leben weitergegangen?
Kılıç Wie soll es sein?

Tag 23

16. Juli 2013

Manfred Götzl, Richter. **Horst-Thomas S.**, 49, Kriminaloberkommissar beim BKA in Meckenheim. Er hat den Angeklagten Holger Gerlach vernommen. Er sagte auch an den Tagen 24 und 25 aus.

(Da Holger Gerlach vor Gericht, anders als im Ermittlungsverfahren, keine Fragen beantworten will, werden nach und nach die Beamten als Zeugen gehört, die ihn vernommen haben. BKA-Mann S. betritt den Saal. Es geht zunächst um eine Vernehmung am 25. November 2011 in der JVA Köln-Ossendorf.)

Horst-Thomas S. Herr Gerlach hat mit sich gekämpft. Es flossen auch ein paar Tränen. Er sagte, er sei schon 1998 von Herrn Wohlleben angesprochen worden und habe 3000 D-Mark gespendet für Böhnhardt, Mundlos und Zschäpe. Er sagte, er habe einen Reisepass für die drei nachgemacht und sich für das Foto die Haare abgeschnitten und einen Schnauzer wachsen lassen. Eine AOK-Karte und seine ADAC-Karte habe er ihnen ebenfalls gegeben und 2005 auch seinen Führerschein. 2011 habe er ihnen das letzte Mal seinen Reisepass übergeben. Auch von dem Transport der Waffe hat er uns erzählt, und dass Zschäpe ihn bei der Übergabe am Bahnhof erwartet habe. Er sei aber wütend gewesen und habe gesagt, so einen Scheiß wolle er nicht mehr machen, man solle sich nicht anmaßen, mit fünf Mann die Welt retten zu können. Er sagte, er solle mit dem Neonazi Thorsten Heise Kontakt aufnehmen, wegen einer Flucht der drei ins Ausland. *(Heise ist ein NPD-Politiker aus Niedersachsen.)* Er sagte, das sei ihm zu groß gewesen, er hat es dann aber doch gemacht. Gerlach sagte zunächst auch, er habe die 3000 D-Mark nicht wieder bekommen. Später korrigierte er sich: Er hat sie doch wieder bekommen und zusätzlich noch 10000 D-Mark, die er für die drei verwahren sollte.

Er sagte, er fühlte sich den dreien freundschaftlich verbunden. Von Wohlleben hat er eine Handynummer bekommen, um Kontakt zu den dreien zu halten. Er habe die weggeworfen und könne sich nicht mehr daran erinnern. Die Freundschaft mit Wohlleben sei nach dem Waffentransport zerbrochen.
Wenn er für eine Hilfsleistung Geld bekommen hat, habe es ihm immer Frau Zschäpe gegeben. Er meinte, die drei hätten ihm das Gefühl gegeben, dass er etwas Supertolles für sie getan habe. Zum Treffen im Jahr 2005 erzählte er, die drei seien vor der Tür in Hannover gestanden, alle seien hocherfreut gewesen, man hatte sich so lange nicht gesehen. Er habe ihnen gesagt, dass er aus der Szene ausgestiegen sei. Sie hätten ihm daraufhin den Eindruck vermittelt, dass er kein Verräter sei. Für sie sei es okay, dass er mit der Szene gebrochen habe, und er habe das Gefühl gehabt, die drei seien selbst auch ausgestiegen. Er hatte regelmäßig telefonisch Kontakt, ein bis drei Mal im Jahr über die Handynummer. Er sei bereit gewesen, sie weiter zu unterstützen, obwohl er mit der Übergabe des Reisepasses und des Geldes bereits an seine Schmerzgrenze gelangt sei. Sie hätten sich immer Donnerstagnachmittag getroffen, weil da seine Lebensgefährtin arbeitete. Und er fuhr immer wieder mit ihnen in Urlaub, nach Usedom, Flensburg, Lübeck, in den Jahren 2000, 2002 und 2004, sie nannten das Systemchecks.
Gerlach erzählte außerdem, André Kapke und Ralf Wohlleben hätten den Kontakt gehalten zu dem Trio und Konzerte zu ihrer Unterstützung veranstaltet. Die drei seien positiv überrascht gewesen, weil Leute sie unterstützten, die sie gar nicht kannten. Frau Zschäpe habe ihm aber auch erzählt, dass André Kapke bis 1999 Geld gesammelt, aber nicht alles an die drei übergeben habe. Es habe da Unstimmigkeiten gegeben. Wohlleben habe bis 2000 Geld gesammelt für die drei.
Seinen 30. Geburtstag hat Holger Gerlach im Braunen Haus in Jena gefeiert. Da hat er Wohlleben nochmal angesprochen auf die drei. Wohlleben habe gesagt, er habe die Schnauze voll von denen. Er wolle Karriere bei der NPD machen, da stand ihm die Unterstützung der drei im Weg.
Während Herr Gerlach das alles erzählte, sagte er auch: Ich habe Angst um meine Frau. Aber wir konnten ihn dahingehend beruhigen.
Wir haben nachgefragt wegen der Waffenübergabe. Er sagte, er habe die Waffe in einem Beutel transportiert. Auf der Fahrt habe er gefühlt, was das ist. Er sagte: Ich wollte gar nicht wissen, was drin war. Das war ja für uns der Hinweis, dass er mit Sicherheit wusste, was drin war. Er fuhr damit in die Polenzstraße nach Zwickau. Im Wohnzimmer der drei, in der Polenzstraße in Zwickau, angekommen, habe er gesagt, ich habe da was für euch. Einer der Uwes habe die Waffe durchgeladen. Daraufhin habe er gesagt, er wolle mit Waffen nichts zu tun haben. Es war ihm wichtig, uns mitzuteilen, dass er die Waffenübergabe ungern gemacht hat. Er sagte uns: Ich habe den Beutel übergeben und gesagt: Nie wieder.

Ich will damit nichts zu tun haben. So einen Scheiß mach nicht noch mal, das ist das letzte Mal. Er habe mehrmals mit Wohlleben über die Waffe geredet, der sagte: Es ist besser, wenn du nicht weißt, wofür die die Waffe brauchen. Frag nicht weiter nach. Das allerdings müsste für Gerlach ja ein Zeichen gewesen sein, dass das nicht so harmlos gewesen ist, was er da gemacht hat. Wir haben natürlich nachgefragt, weil es für uns unglaubwürdig klang, dass die Waffe einfach in der Tasche steckte. Aber er blieb dabei, er habe nicht gewusst, dass er eine Waffe transportiert. Wohlleben sei bei der Übergabe im Schlafzimmer verschwunden und habe ihm den Beutel in die Tasche gesteckt. Die Tasche stand wohl schon im Flur und Herr Wohlleben hat den Beutel da reingepackt.

Ich war über die Situation bei der Vernehmung am 1. Dezember 2011 nicht so glücklich: Zum einen fand das Gespräch in der JVA statt, wir waren durch eine Scheibe getrennt. Und ich musste ihm mitteilen, dass aufgrund seiner Aussage die Anklage gegen ihn um Beihilfe zum Mord erweitert wurde.

Götzl Wer war bei der Übergabe der Waffe zugegen?

Horst-Thomas S. Bei der Übergabe waren alle drei zugegen, Herr Mundlos, Herr Böhnhardt und Frau Zschäpe. Herr Gerlach sagte übrigens, er sei nur einmal in ihrer Wohnung gewesen. Wir konnten das einfach nicht glauben, aber er blieb dabei.

Götzl Was hat er über seine Kontakte zu Herrn Heise erzählt?

Horst-Thomas S. Er hat mit ihm Kontakt aufgenommen, um die Flucht der drei ins Ausland zu organisieren. Er hat ihn dreimal getroffen und dabei auch eine Telefonnummer mit südafrikanischer Vorwahl bekommen. Er sagte, sie hätten die Möglichkeit gehabt, auf einer Farm unterzukommen. Die drei hätten das aber verworfen.

Götzl Gab es in der Szene Diskussionen über Gewalt?

Horst-Thomas S. Es gab immer wieder Diskussionen, ob man sich bewaffnen solle oder nicht. Gerlach meinte, zwei seien dagegen gewesen, die anderen dafür.

Götzl Wer waren die zwei?

Horst-Thomas S. Gerlach sagte, Wohlleben und er.

Götzl Wer hat da alles diskutiert?

Horst-Thomas S. Leute vom Nationalen Widerstand Jena und vom Thüringer Heimatschutz. Also Wohlleben, Tino Brandt, André Kapke … Insgesamt wohl zehn Leute. Gerlach sagte, die anderen waren die großen Bestimmer, er habe nur mitgemacht. Wir dachten uns aber, er sei da doch ein wenig näher dabei gewesen.

Götzl Wurden da auch irgendwelche Aktionen geplant?

Horst-Thomas S. Es gab wohl ein Vortasten, vor solchen Aktionen. Es wurde eher theoretisch gefragt: Wie steht ihr dazu? Aber nicht konkret die Frage, wer macht mit. Die drei waren laut Gerlach diejenigen, die mehr machen wollten, er und Wohlleben hätten gebremst.

Götzl Hat er sich zur Rolle von Frau Zschäpe geäußert?

Horst-Thomas S. Sie war bei allen Diskussionen dabei. Und sie hatte die Finanzen im Griff.

Gerlach sagte, dass er 10 000 Mark von Zschäpe gekriegt habe, als Depot. Auch Wohlleben habe 10 000 Mark bekommen. Später hätten sich die drei beschwert, sie seien von Ralf enttäuscht gewesen, weil er sich nicht mehr gekümmert habe. Sie hätten ihn gebeten, mit Wohlleben Kontakt aufzunehmen, weil er auch noch 10 000 Mark hätte. Er habe geantwortet: Lasst mich mit dem Scheiß in Ruhe. Das war circa 2002 oder 2003.

Gerlach erzählte, er sei einmal angerufen worden, Beate Zschäpe gehe es sehr schlecht, sie müsse dringend zum Arzt. Da habe er einer Bekannten eine AOK-Karte abgeschwatzt. Später habe er erfahren, Beate Zschäpe sei nun glücklich, sie habe eine Freundin, mit der könne sie über Frauensachen reden. Die Freundin habe zwei Kinder. Gerlach sagte auch, es sei so gewesen, als wenn Frau Zschäpe zwei Ehemänner gehabt hätte. Das sei nicht immer so gewesen, es habe auch mal Streit gegeben und Mundlos habe zum Messer gegriffen. Er habe dann eine Zeit lang allein gelebt. Aber angesichts der Fluchtsituation seien sie wieder zusammengezogen. Sie hätten dann ein sehr harmonisches Verhältnis zueinander gehabt.

Gerlach erzählte weiter, dass er auch mal auf Usedom mit den dreien war. Es gab Restaurantbesuche und einen Rundflug, Zschäpe habe bezahlt. Er durfte übrigens damals sein Handy nicht mitnehmen und musste die drei mit Gerry, Max und Liese ansprechen.

Gerlach hat Zschäpe als gleichberechtigtes Mitglied der drei dargestellt, alle Entscheidungen seien immer in ihrem Beisein getroffen worden. Sie sei durchsetzungsstark gewesen, kein Typ, der sich unterordnen würde. Und gewaltbereit: Gerlach erzählte von einem Vorfall im Bus. Frau Zschäpe habe einer Punkerin eine reingehauen, weil die blöd geguckt habe.

Schließlich erzählte uns Herr Gerlach noch, Herr Starke sei ihre erste Anlaufstation gewesen und habe auch Sprengstoff besorgt. *(Die Rede ist von Thomas Starke, Ex-Geliebter von Beate Zschäpe und Aktivist der rechtsextremen Vereinigung »Blood & Honour«.)* Die drei seien allerdings enttäuscht gewesen, dass er sie nicht bei sich untergebracht hat. Mundlos und Starke hätten sich schon länger gekannt, sie seien bei verschiedenen Gelegenheiten mit 88er-Logo aufmarschiert auf den Bomberjacken. Einmal seien sie auch in eine Schlägerei verwickelt gewesen, Starke sei daraufhin eingefahren, Mundlos nicht.

Götzl Gibt es noch Anmerkungen zur Aussage von Herrn Gerlach?

Horst-Thomas S. Holger Gerlachs Aussage hat uns extrem weitergebracht, er war kooperativ. Er hat Herrn Schultz, den Besitzer des Madley-Ladens, identifiziert, der daraufhin zugegeben hat, dass er die Waffe über den Angeklagten Carsten Schultze an Wohlleben geliefert hat. Es war also eine wichtige Aussage. Bei der fünften Vernehmung gab er auch noch zu, dass er das Pogromly-Spiel kannte. Mundlos und Böhnhardt hätten das entwickelt, als Mundlos in Ilmenau am Kolleg war. Er habe sich geschämt, sagte Gerlach, dass er das Spiel damals lustig fand.

Tag 24

17. Juli 2013

Manfred Götzl, Richter. **Frank Lenk**, Brandursachenermittler in Beate Zschäpes abgebranntem Wohnhaus in der Frühlingsstraße 26 in Zwickau. Er sagte auch an den Tagen 15 und 38 aus. **Horst-Thomas S.**, Kriminalbeamter des BKA. Er sagte auch an den Tagen 23 und 25 aus. **Anette Greger, Jochen Weingarten**, Vertreter der Bundesanwaltschaft. **Wolfgang Heer, Anja Sturm**, Verteidiger von Beate Zschäpe. **Stefan Hachmeister**, Verteidiger von Holger Gerlach.

(Wie schon bei der ersten Vernehmung von Lenk werden Lichtbilder der abgebrannten Wohnung von Zschäpe, Mundlos und Böhnhardt in der Frühlingsstraße in Zwickau gezeigt, die der Zeuge kommentiert.)

Lenk Hier sind Bilder zu sehen, bevor die Feuerwehr in dem Haus war. Man sieht Schutt und die Zerstörung der 24 Zentimeter dicken Wand, die durch die Explosion in Richtung Nachbarwohnung verschoben wurde.

Die Feuerwehr hat das Gebäude abgestützt, mit Metallstäben. Eine Wand stürzte auf einen Kleiderschrank. Die Textilien darin waren aber gut erhalten. Sofa, Tisch, Sessel. Kamera im Blumenkasten.

Hier der Computer, der unter dem Hochbett stand. Er wurde ausgewertet, die Festplatte ebenfalls. Er war bis 14.30 Uhr in Betrieb. Wir haben auch die Schubladen geleert und den Inhalt mitgenommen. Es fanden sich CDs, verschiedene Fotos, unter anderem welche, die Frau Zschäpe zeigen. Es wurde auch ein Impfausweis auf den Namen Mandy Struck gefunden. *(Struck zählte kurz nach dem Untertauchen zu den Unterstützern des Trio.)* Bei dem Dokument handelt es sich um einen Impfausweis für eine Katze namens Lilly: schwarz mit weiß, männlich, kastriert.

Es folgen jetzt Bilder vom Brennzentrum über dem Hochbett. Es zeigen sich lokale Zerstörungen an der Kante des Hochbetts und an der Treppe zum Hochbett. Die typische Ausprägung eines Waffelmusters, wenn das Holz verbrennt.

In diesem Bereich links ist eine größere thermische Beaufschlagung durch den Brand erfolgt als rechts. Es müssen rund 1200 Grad geherrscht haben, sodass sich Metall verbogen hat. Das zweite Brandzentrum war bei den Fernsehern und Aufzeichnungsgeräten. Wir fanden noch Zeitungen unter dem Tisch, etwa die Fernsehzeitschrift »Die 2«. Die Videogeräte waren vollständig zerstört.
Im Schlafzimmer war auch ein Computer, aber der war völlig ausgebrannt. Außerdem gab es da einen Unterschrank. In dem Bereich habe ich die erste Waffe gefunden. Im Katzenzimmer wurde die dritte Waffe gefunden. Außerdem gestapeltes Kartenmaterial und ein abgebranntes Teelicht.
Im Bettkasten im Schlafzimmer war eine Pappkiste. Aus ihr ragten Drähte, die angeschlossen waren an eine Batterie. Die Kampfmittelbeseitigung hat den Karton sofort geröntgt. Es handelte sich aber um eine Attrappe, nicht um eine Bombe.

(Lenk verlässt den Saal, der nächste Zeuge, wird aufgerufen. Nun geht es erneut um Holger Gerlachs Aussage gegenüber dem BKA-Beamten Horst-Thomas S.)

Horst-Thomas S. Bei der letzten Vernehmung ging es Holger Gerlach offensichtlich besser. Er führte uns zur mutmaßlichen Tatwaffe und hat damit wirklich zur Aufklärung beigetragen. Er sagte auch zur ADAC-Karte aus. Ach ja, Scheiße, die hab ich auch übergeben, sagte er. Am 27. 11. sind wir mit Gerlach von der JVA Köln zum Bahnhof von Zwickau gefahren. Von dort ist er so zielstrebig zur Polenzstraße gegangen, dass ich nicht geglaubt habe, dass er nur einmal dort war. Er ist in eine Straße eingebogen, in die wäre ich nie eingebogen. Hat auch schon von Weitem gesagt, das ist das Haus an der Ecke. Es war ein schmaler Weg nach einer Unterführung, wir sind ziemlich weit gelaufen. Es war ein extrem weiter Weg. Er sagte, er habe ein Déjà-vu-Erlebnis gehabt, aber er kannte den Weg so gut, dass ich mir das nicht vorstellen kann.

Verteidiger Hachmeister Im Protokoll wird erwähnt, unser Mandant habe von Systemchecks gesprochen, wenn er über die Besuche von Beate Zschäpe, Uwe Böhnhardt und Uwe Mundlos bei ihm sprach. Wer hat dieses Wort benutzt?

Horst-Thomas S. Herr Gerlach hat das Wort genannt, und Herr Staatsanwalt Moldenhauer sagte, das gehört so ins Protokoll.

Verteidiger Hachmeister Hat er das damals oder erst nachträglich als Systemcheck empfunden?

Horst-Thomas S. Ich glaube nachträglich.

Verteidiger Hachmeister Was war die Motivation für Herrn Gerlach, die AOK-Karte zu besorgen?

Horst-Thomas S. Er sagte, es ging Frau Zschäpe schlecht, deswegen.

Verteidiger Heer Können Sie etwas über den Ablauf der Vernehmungen berichten? Sie erscheinen recht lang, das, was protokolliert wurde, relativ kurz.

Horst-Thomas S. Wir haben keine bösen Sachen mit Herrn Gerlach gemacht. Der Anwalt war dabei. Wir müssen den Raum parat machen, uns ausbreiten, Herr Gerlach wird vorgeführt. Eine ganz normale Vernehmung halt.

Verteidiger Heer Ich will Ihnen keine unnormale Vernehmung unterstellen. Gab es vor jeder offiziellen Vernehmung ein Vorgespräch?

Horst-Thomas S. Nein, nur die Belehrung. Da habe ich mich falsch ausgedrückt.

Verteidiger Heer Wie wurde in die Vernehmung eingetreten?

Horst-Thomas S. Der Grundtenor war, dass Herr Gerlach aussagen wollte. Ich war ja nicht der Erste, der Herrn Gerlach vernommen hat. Er strebte die Kronzeugenregelung an.

Verteidiger Heer Wann wurde die Kronzeugenregelung zum ersten Mal thematisiert?

Horst-Thomas S. Am 12. 1. 2012 kam sie zum ersten Mal ins Protokoll.

Verteidiger Heer Ich habe nicht nach dem Protokoll gefragt, sondern wann sie zum ersten Mal angesprochen wurde.

Horst-Thomas S. Ich glaube, von Anfang an. Herr Rechtsanwalt Hachmeister hat zum Ausdruck gebracht, dass sein Mandant umfassend aussagen will. Wenn jemand umfassend aussagen will, dann zielt er auf die Kronzeugenregelung ab.

Verteidiger Heer Ich will die Vernehmungen einzeln mit Ihnen durchgehen. Wer hat belehrt?

Horst-Thomas S. Ich nehme an, Herr Staatsanwalt Moldenhauer.

Verteidiger Heer Wie haben Sie belehrt?

Horst-Thomas S. Er wurde belehrt, in Anwesenheit seines Anwalts und gut isses.

Verteidiger Heer Wie genau?

Horst-Thomas S. Ich sage Ihnen, wie ich meine Vernehmung vorbereite. Ich habe einen Fragenkatalog im Laptop, da ist die Belehrung schon drin, damit ich nichts vergesse.

Verteidiger Heer Wie war die Situation genau in Ossendorf?

Horst-Thomas S. Es gibt einen großen Vernehmungssaal in der JVA, man kann die Tische selbst anordnen. Herr Moldenhauer und ich haben uns abgewechselt. Beim zweiten Mal waren wir im Besucherraum und haben uns durch die Trennscheibe unterhalten – das ist für ein Gespräch nicht gerade förderlich. Beim dritten Mal war es ein schöner, großer Vernehmungsraum. Kommt drauf an, wie die JVA Platz hat, ich muss nehmen, was ich kriegen kann. Die Vernehmung sollte schnell erfolgen. Die JVA will einem nichts Böses. Die machen das möglich. Das ist halt so. Life is life.

Verteidiger Heer Wer hat Ihnen den Platz angewiesen?

Horst-Thomas S. Weiß ich nicht mehr.

Verteidiger Heer Haben Sie sofort protokolliert oder reden lassen?

Horst-Thomas S. Wir haben ihn reden lassen, außer es ging um bestimmte wichtige Dinge.

Verteidiger Heer Warum haben Sie nicht die wörtliche Frage aufgeschrieben? Und die wörtliche Antwort.

Horst-Thomas S. Das ist nicht meine Arbeitsweise.

Verteidiger Heer Wurden Unterbrechungen oder Pausen von Ihnen auch vermerkt?

Horst-Thomas S. Nein.

Verteidiger Heer Haben Sie in inhaltlicher Hinsicht ein Fragekonzept verfolgt? Sie sagten ja, Herr Gerlach war sprunghaft. Haben Sie ihn geführt?

Horst-Thomas S. Wir haben Fragen gestellt, und wenn er auf ein anderes Thema kam, dann haben wir uns das angehört. Wir haben bei anderen Themen immer wieder nachgefragt.

Verteidiger Heer Das beantwortet nicht meine Frage.

Horst-Thomas S. Dann habe ich Ihre Frage nicht richtig verstanden.

Verteidiger Heer Hatten Sie den Eindruck, dass Herr Gerlach sprunghaft war?

Horst-Thomas S. Nein.

Verteidiger Heer War sein Anwalt nur zugegen oder hat er eine aktive Rolle eingenommen?

Horst-Thomas S. Er hat Gelegenheit bekommen, sich mit seinem Mandanten zu besprechen. Er hat eingegriffen, wenn er der Meinung war, dass die Protokollierung jetzt nicht korrekt war.

Verteidiger Heer Hat er Formulierungsvorschläge gemacht?

Horst-Thomas S. Ich meine ja.

Verteidiger Heer Ist denen entsprochen worden?

Horst-Thomas S. Ja.

Verteidiger Heer Wer hat bei welcher Vernehmung welche Thematiken erörtert?

Horst-Thomas S. Herr Moldenhauer stellte nur die ersten Fragen. Dann wurde sehr schnell gewechselt. Da hatte ich den besseren Background. Aber ich kann nicht jede einzelne Frage zuordnen.

Verteidiger Heer Sie sagten, Herr Gerlach habe von den dreien gesprochen. Haben Sie den Versuch unternommen, Herrn Gerlach dazu detailliert zu befragen?

Horst-Thomas S. Sie meinen, das Telefonat? Wo er sagte, einer von den dreien?

Verteidiger Heer Hätte es sich nicht aufgedrängt, zu fragen, wer war dran?

Oberstaatsanwalt Weingarten Ich beanstande diese Frage, ob es sich aufgedrängt hätte nachzufragen. Sie ist für den Rechtsfolgenbereich nicht geeignet, eine belangvolle Antwort zu geben.

Verteidiger Heer Haben Sie nicht nachgefragt?

Horst-Thomas S. Wir haben immer nachgefragt. Das konnte Herr Gerlach nicht konkretisieren. Das war ihm nicht erinnerlich.

Verteidiger Heer Hat Holger Gerlach präziser geantwortet, als Sie oder die Protokollkraft das protokolliert haben?

Horst-Thomas S. Wir haben nicht jedes Mal nachgefragt, wen er mit den dreien meint.

Verteidiger Heer Haben Sie zur Waffenübergabe nachgefragt?

Horst-Thomas S. Wir haben Herrn Gerlach eine Skizze von der Wohnung fertigen lassen.

Verteidiger Heer Hat Herr Gerlach berichtet, ob er in der Wohnung geraucht hat?

Horst-Thomas S. Er ist, soweit ich weiß, Nichtraucher.

Verteidiger Heer Hat er sich geäußert zur Dauer seines Aufenthalts in der Wohnung?

Horst-Thomas S. Wenn es nicht im Protokoll steht, dann nein oder nicht so weit, dass wir es aufgenommen haben.

Verteidiger Heer Wissen Sie noch, wie lange Sie gefragt haben?

Horst-Thomas S. Nein. Ich schaue nicht auf die Uhr in einer Vernehmung, da ist meine ganze Konzentration gefordert. Plötzlich hörten wir von dem Waffentransport, damit haben wir nicht gerechnet. Da können Sie sich unser Erstaunen vorstellen.

Verteidiger Heer Hat Herr Gerlach geäußert, dass Frau Zschäpe ein Interesse für die Waffe gezeigt hat?

Horst-Thomas S. Nein, er hat nur gesagt, dass sie anwesend war, nicht, dass sie ein besonderes Interesse gezeigt hat.

Verteidigerin Sturm Zur Vernehmung am 25. 11. 2011, da kam ja die Frage: Ist Ihnen bekannt, dass die Staatsanwaltschaft Gera mal wegen eines Sprengstoffdelikts gegen Sie ermittelt hat? Wie ist die Frage da reingekommen?

Horst-Thomas S. Das ist ganz normale Ermittlertätigkeit. Die Frage muss ich doch stellen, wenn ich von den Ermittlungen weiß.

Verteidigerin Sturm Es geht mitnichten darum, Ihnen etwas zu unterstellen, Sie hätten hier etwas nicht ordentlich gemacht. Sie sind für uns eine interessante Erkenntnisquelle. Wir haben ja keine Gelegenheit gehabt, Herrn Gerlach zu vernehmen. *(Pause.)* Sollte er in Zwickau seine Reisetasche übergeben?

Horst-Thomas S. Nein, nur den Stoffbeutel.

Verteidigerin Sturm Konnte er die drei charakterisieren, einzeln?

Horst-Thomas S. Wir haben ihn nicht einzeln charakterisieren lassen. Er sagte nur, Böhnhardt sei der Waffennarr gewesen, und die drei zusammen waren die Macher. Er hat zu ihnen aufgeblickt.

Verteidigerin Sturm Einmal soll Herr Gerlach gesagt haben, die Uwes hätten in der Hierarchie oben gestanden und dann sei Zschäpe gekommen, ein anderes Mal, sie sei gleichberechtigt gewesen. Was können Sie zu der Differenz zwischen diesen Aussagen sagen?

Horst-Thomas S. Wir haben gezielt nach der Rolle von Frau Zschäpe gefragt. Und da sagte er, sie habe genauso viel zu sagen gehabt wie Böhnhardt und Mundlos.

Verteidigerin Sturm Er hat ja laut Protokoll ausgesagt: Beate hatte die Finanzen im Griff. Wie oft kam es in Gerlachs Gegenwart vor, dass sie die Rechnung bezahlt hat? Wie viele Restaurantbesuche waren das, kann man die Häufigkeit einschätzen?

Horst-Thomas S. Dazu haben wir ihn nicht gefragt. Dass sie für die Restaurantbesuche und Rundflüge bezahlt hat, das war für uns so schlüssig.

Verteidigerin Sturm Was hat Herr Gerlach mit großzügig gemeint? Beate Zschäpe war immer großzügig mir gegenüber, soll er gesagt haben. Waren auch die Uwes großzügig?

Horst-Thomas S. Zu den Uwes haben wir ihn nicht befragt.

Verteidigerin Sturm Hat Herr Gerlach über Spannungen gesprochen zwischen Mundlos und Böhnhardt und Beate Zschäpe?

Horst-Thomas S. Nein.

Oberstaatsanwältin Greger Herr Eminger macht den Eindruck, als ob er schlafen würde.

(Der Angeklagte Eminger schreckt auf und zeigt sich empört.)

Verteidigerin Sturm Hatten Sie den Eindruck, dass der Angeklagte immer die Wahrheit sagt?

Oberstaatsanwalt Weingarten Ich beanstande die Frage.

Verteidigerin Sturm Wir haben auch schon andere Zeugen nach ihrem eigenen Empfinden gefragt, das ist zulässig. *(Pause.)* Mussten Sie oft nachbohren bei Ihrer Befragung von Herrn Gerlach?

Horst-Thomas S. Mit Sicherheit.

Verteidigerin Sturm Bei welchem Thema mussten Sie nachbohren?

Horst-Thomas S. Bei dem Beutel. Ich sagte, die ganze Sache muss logisch sein. Völlig unlogisch erschien mir, dass mir einer einen Beutel in die Tasche steckt und ich nicht nachgucke, was das ist. Da soll er mal nachdenken. Da hat er gesagt, stimmt. Da haben wir nachgebohrt.

Verteidigerin Sturm Hat er freiwillig darüber geredet?

Horst-Thomas S. Ja. Wir waren sehr überrascht deshalb. Wenn er das verschwiegen hätte, hätten wir es nicht rausgekriegt.

Tag 25

18. Juli 2013

Manfred Götzl, Richter. **Horst-Thomas S.**, Kriminalbeamter des BKA. Er hat vor dem NSU-Verfahren auch gegen den damals in Niedersachsen ansässigen Rechtsextremisten Thorsten Heise ermittelt. Durch Heise fühlte sich Gerlach, wie er angab, eingeschüchtert und wollte deswegen zunächst nicht viel aussagen. Der Zeuge Horst-Thomas S. sagte auch an den Tagen 23 und 24 aus. **Anette Greger, Jochen Weingarten**, Vertreter der Bundesanwaltschaft. **Olaf Klemke, Nicole Schneiders**, Verteidiger von Ralf Wohlleben.

(BKA-Beamter Horst-Thomas S. wird weiter zu seinen Vernehmungen von Holger Gerlach befragt. Nun von den Verteidigern von Ralf Wohlleben, den Gerlach mit seiner Aussage belastet hat.)

Verteidiger Klemke Klemke mein Name, guten Morgen Herr S.. Waren Sie mit Herrn Heise beruflich befasst? *(Klemke meint den NPD-Funktionär Thorsten Heise.)*

Horst-Thomas S. Ja, wir haben mal ein Waffenverfahren durchgeführt, das aber eingestellt wurde. Und ich habe eine DNA-Probe bei ihm genommen. Seit 2007 hatte ich mehrmals mit ihm Kontakt gehabt. Einmal habe ich eine TKÜ-Maßnahme ausgewertet, die über einen langen Zeitraum lief. *(Die Abkürzung TKÜ steht für Telekommunikationsüberwachung.)* Nach meiner Einschätzung bestand für Herrn Gerlach aber keine Gefahr durch Heise. *(Gerlach hatte nach seiner Aussage Angst vor Rache durch Heise. Gerlach hatte ausgesagt, dass er Heise nach einer Fluchtmöglichkeit ins Ausland für Zschäpe, Mundlos und Böhnhardt gefragt habe.)*

Verteidiger Klemke Hatte der DNA-Abgleich mit der Waffensache zu tun?

Oberstaatsanwältin Greger Die Frage ist unzulässig. Ich sehe bei den Details zu Herrn Heise keinen Sachzusammenhang. Die Frage gehört nicht zur Sache.

Götzl Ich kann Ihre Bedenken nicht teilen, muss ich ganz offen sagen. Es wird doch nach dem Warum der Furcht gefragt, Frau Oberstaatsaanwältin Greger.

Verteidiger Klemke Die Person Thorsten Heise ist ja bei der Vernehmung von Herrn Gerlach zur Sprache gekommen.

Horst-Thomas S. Da müsste ich mich erst wieder einlesen, wenn es so ins Detail geht.

Verteidiger Klemke Langsam, so schnell schießen die Preußen nicht. Wissen Sie etwas etwas über Vorstrafen von Herrn Heise?

Horst-Thomas S. Ja, aber da möchte ich in meine Unterlagen reingucken. Soweit ich mich erinnern kann, gab es da Straftaten.

Verteidiger Klemke Ja. Er war wegen gefährlichen Eingriffs in den Straßenverkehr, gefährlicher Körperverletzung und Landfriedensbruchs verurteilt. Gegen ihn wurde ermittelt, weil er versucht hatte, einen libanesischen Asylbewerber zu überfahren. Und trotzdem kamen Sie zu der Einschätzung, dass keine Gefahr für Herrn Gerlach bestand? Interessant.

Horst-Thomas S. Das kann ich erklären.

Verteidiger Klemke Dann erklären Sie mal.

Horst-Thomas S. Heise hat beruhigend eingewirkt auf Leute. Was Sie aufgezählt haben, waren Jugendstraftaten. Er führt mittlerweile ein legales Geschäft, wie man auch dazu stehen mag. Er hat viel zu verlieren. Er will keine Gewalt. Jeder Mensch hat das Recht, sich zu ändern, auch Herr Heise.

Verteidiger Klemke Es gab ja Balladenabende und Benefizkonzerte zugunsten der drei. Haben Sie da nachgefragt, wer da welche Veranstaltungen organisiert hat?

Horst-Thomas S. Wenn nichts im Protokoll steht, kam da nichts raus.

Verteidiger Klemke Haben Sie gefragt, woher Gerlach von den Veranstaltungen wusste?

Horst-Thomas S. Da will ich mich jetzt nicht festnageln lassen, dass ich die Frage genau so gestellt habe.

Verteidiger Klemke Haben Sie überprüft, ob eine Fähre nach Usedom fuhr?

Horst-Thomas S. Es gab eine eigene Ermittlungsgruppe, die sich mit den Urlauben der drei beschäftigt hat. Aber wenn nichts im Protokoll dazu steht, dann haben wir nicht mehr erfahren. Was nicht drinsteht, steht nicht drin.

Verteidiger Klemke Wurde Herr Gerlach gefragt, er solle die Waffe beschreiben, die er von Wohlleben bekommen haben will?

Horst-Thomas S. Wir haben eine Waffenvorlage gemacht.

Verteidiger Klemke Warum haben Sie ihn keine Beschreibung abliefern lassen?

Oberstaatsanwalt Weingarten Ich beanstande diese Frage.

Götzl Ich denke nicht, dass es daran was zu beanstanden gibt.

Verteidiger Klemke Also, warum gab es keine Beschreibung von Gerlach zur Waffe?

Horst-Thomas S. Weil wir eine Waffenvorlage machen wollten.

Verteidiger Klemke Aber wie, wenn Sie gar nicht wissen, welche Waffe überhaupt infrage kommt?

Horst-Thomas S. Wir haben dafür eine Fachdienststelle, das war in unserem Sinne ausreichend.

Verteidiger Klemke Hat Herr Gerlach das Wort die »drei« sprachlich in Anführungszeichen gesetzt?

Horst-Thomas S. Weiß ich nicht mehr.

Verteidiger Klemke Hier im Protokoll stehen sie in Anführungszeichen.

Horst-Thomas S. Dann wird es wohl so gewesen sein. Herr Gerlach konnte sich ja hinterher auch noch mal alles durchlesen.

Verteidiger Klemke Hatten Sie Anhaltspunkte, dass Herr Gerlach Ihnen nicht folgen konnte?

Horst-Thomas S. Wenn wir die gehabt hätten, hätten wir die Befragung wohl abgebrochen.

Verteidiger Klemke Sie müssen als Zeuge alles bekunden, an was Sie sich noch erinnern können. Sie müssen ihre Erinnerungsfähigkeit anstrengen.

Horst-Thomas S. Ich bemühe mich jedes Mal, aber ich kann keine präzisen Angaben machen, ob ich genau nachgefragt habe und welche einzelnen Fragen ich gestellt habe.

Verteidigerin Schneiders Laut Herrn Gerlach soll Herr Wohlleben etwa bis zum Jahr 2000 Geld für die drei gesammelt haben. Hat er gesagt, warum das Geldsammeln da endete?

Horst-Thomas S. Weil Herr Wohlleben wohl Karriere in der NPD machen wollte. Sagte jedenfalls Gerlach.

Verteidigerin Schneiders Haben Sie auch nachgefragt, ob auch Druck auf Herrn Wohlleben ausgeübt wurde?

Horst-Thomas S. Soviel ich weiß, nicht. Herr Gerlach wurde von den dreien beauftragt, bei Wohlleben nachzufragen.

Verteidigerin Schneiders Bei der theoretischen Diskussion über Gewalt – da soll auch Tino Brandt dabei gewesen sein. Auf welcher Seite stand Brandt?

Horst-Thomas S. Wir sind davon ausgegangen, dass Tino Brandt auf der Seite der Gewalt war.

Verteidigerin Schneiders Wieso?

Horst-Thomas S. Weil Gerlach nur erwähnt hat, wer gegen Gewalt gewesen sei, nämlich er und Herr Wohlleben. Und dass André Kapke in dieser Frage neutral gewesen sein soll.

Verteidigerin Schneiders Wissen Sie, dass bei Herrn Heise eine Waffe gefunden wurde?

Horst-Thomas S. Ja, er sagte, die sei ihm untergeschoben worden und das ging bei Gericht auch so durch.

Verteidigerin Schneiders Sie kennen das Tonbandprotokoll von Heise im Auto, wo er einen Mann bedroht, der ihn um viel Geld gebracht hat.

Horst-Thomas S. Das waren aus unserer Sicht bloße Drohungen, da steckt nichts hinter. Viel Erzählerei, Blabla. Wenn er gefährlich wäre, hätte er nicht nur gedroht, sondern etwas getan.

Verteidigerin Schneiders Wissen Sie, dass der Trauzeuge von Herrn Heise nicht mehr lebt?

Horst-Thomas S. Ja, er ist bei einem Unfall umgekommen.

Verteidigerin Schneiders Aber Sie bleiben bei Ihrer Meinung, dass Herr Heise nicht gefährlich war?

Horst-Thomas S. Ich bleibe dabei.

(Nach der weiteren Befragung des BKA-Beamten sagt erneut Brandermittler Frank Lenk aus. Er führt die Prozessbeteiligten anhand von Fotos weiter durch die Brandruine in der Zwickauer Frühlingsstraße.)

Tag 26

23. Juli 2013

Manfred Götzl, Richter. **Stephan Seidl**, 54, Rechtsmediziner. Er obduzierte die Leiche des Nürnberger Blumenhändlers Enver Şimşek, der am 9. September 2000 niedergeschossen wurde und zwei Tage später starb. Der Rechtsmediziner sagte auch an Tag 50 aus. **Dieter S.**, 61, Waffenexperte beim Landeskriminalamt Bayern. **Horst H.**, 57, Mitarbeiter des BKA Meckenheim. Er vernahm Holger Gerlach nach dessen Festnahme am 13. 11. 2011 und war auch an der Durchsuchung seiner Wohnung beteiligt. **Herbert M.**, 54, Polizist aus Bad Brückenau. Er vernahm eine Zeugin im Mordfall des Nürnberger Schneiders Abdurrahim Özüdoğru, die aussagte, die Tat und den Tatverdächtigen am 13.7.2001 beobachtet zu haben. **Wolfgang Heer, Anja Sturm**, Verteidiger von Beate Zschäpe. **Olaf Klemke**, Verteidiger von Ralf Wohlleben. **Johannes Pausch**, Verteidiger von Carsten Schultze. **Seda Başay, Björn Elberling, Adnan Erdal, Carsten Ilius, Edith Lunnebach** Anwälte der Nebenklage.

Seidl Ich habe die Obduktion bei Herrn Enver Şimşek vorgenommen. Das Opfer war zum Tatzeitpunkt 38 Jahre alt und 176 Zentimeter groß. Es waren keine Vorerkrankungen erkennbar. Der Körper wurde von acht Schüssen getroffen. Ich nehme auf meine Aufzeichnungen Bezug. Erstens: Schädelsteckschuss, Einschuss Oberlippe, durch Oberkieferschneidezähne, zwischen Riechkolben und Schädellappen. Kupferfarbiges Projektil eingepresst in Schädel. Massives Hirnödem. Letztlich tödlich. Zweitens: Schädelweichteildurchschuss, Einschuss Unterlippe, Aussprengung des linken oberen ersten Schneidezahnes. Durchschuss des linken Augapfels. Halbrunde Knochenaussprengung im äußeren Drittel der Augenbraue an der Ausschusswunde. Drittens: Schädelweichteilsteckschuss, linke Wange, sechs Zentimeter vor linkem Ohrmuschelansatz, zwei Millimeter breiter Schürfsaum, vier Zentimeter hinter dem Gehörgang in Kopfschwarte ein

Projektil gefunden. Viertens: Schädelweichteil-Steckschuss, rechte Wange, bohnenkerngroß, strahlige Beschaffenheit, Nahschuss vermutlich, Geschoss in den Weichteilen unter dem Jochbein. Fünftens: Kopf-Rumpf-Steckschuss, Einschuss linke Wange, drei Millimeter Durchmesser, darunter eine kleine Aussprengung des Kieferknochens, kräftige Einblutung in Mundboden und Halsweichteile, das deformierte Projektil fand sich in der oberflächlichen Rückenmuskulatur. Sechstens: Rumpf-Steckschuss, Schusskanal von rechter Brustseite Durchschnitt fünf Millimeter, nach oben hinten innen gerichtet. Unterblutungen der Pleurakuppel. Siebtens: Armdurchschuss, Einschuss am linken Unterarm, drei Millimeter, Ausschuss, Beugeseite Oberarm. Achtens: Streckseite des linken Ellenbogens. *(Kurze Pause.)* Der erste Schuss war therapeutisch nicht behandelbar. Man muss von einem Schützen ausgehen, der mit zwei Waffen hintereinander geschossen hat, oder von zwei Schützen, die nacheinander geschossen haben.

Götzl Wie viele Projektile sind aufgefunden worden?

Seidl Fünf.

Götzl Wie viele Schüsse wurden insgesamt abgegeben?

Seidl Acht.

(Seidl verlässt den Gerichtssaal. Der nächste Zeuge, der LKA-Beamte Dieter S., betritt den Saal.)

Dieter S. Wir haben einen SEK-Beamten mit den Einschussdefekten markiert und ihn dann mit Farbmunition beschossen – er hatte Schutzkleidung an –, um die Schlüssigkeit unserer Annahmen zu überprüfen. Wir gehen davon aus, dass der Schütze vor dem Fahrzeug stand. Der Brustschuss rechts steigt an, der Wangenschuss links steigt an. Sehr schwierig einzuordnen ist der Mundschuss. Es ist nicht auszuschließen, dass der Schütze ins Fahrzeug gestiegen ist und auf die liegende Person geschossen hat. Wir reden von einem Zeitablauf von zehn bis fünfzehn Sekunden.

Anwältin Başay Warum hat das Gutachten so lange gedauert? Der Auftrag erging am 12. September 2000, erstellt wurde es erst 2002.

Dieter S. Das kann ich nach so langer Zeit nicht mehr sagen, die Sache ist zurückgestellt worden, weil andere Dinge vordringlicher waren.

Anwältin Başay Kann man etwas über die Geübtheit der Schützen sagen?

Dieter S. Wir haben ungeübte Schützen hinzugezogen und festgestellt, dass auch ein ungeübter Schütze mit Schalldämpfer auf kurze Distanz sehr treffgenau schießen kann.

Verteidiger Klemke Kennen Sie Herrn W.?

Dieter S. Das war der Auftraggeber für das Gutachten.

Verteidiger Klemke Im Aktenvermerk vom BKA, Seite 4, heißt es: »Der ungeübte

Schütze hatte beim Schießen mit Schalldämpfer Visierungsprobleme.« Das klingt jetzt anders als das, was Sie sagen.

Dieter S. Tja, das ist halt die Auffassung von Herrn W. Ich hatte eine andere.

Klemke Wie viele ungeübte Schützen haben Sie denn schießen lassen bei der Rekonstruktion?

Dieter S. Ich schätze mal, es waren mindestens zwei Schützen, aber möchte mich nicht festlegen, vielleicht hat noch ein Kollege Erinnerung.

Klemke Sie haben selbst auch geschossen?

Dieter S. Ja, ich bin geübter Schütze.

(Der Zeuge wird entlassen. Es folgen Erklärungen verschiedener Anwälte zur Aussage des BKA-Beamten Horst-Thomas S., der von Tag 23 bis 25 befragt wurde.)

Verteidiger Klemke Ich nehme Bezug auf den Artikel 6, Absatz 3, der Europäischen Menschenrechtskonvention. Da haben wir ein kleines Problem: Holger Gerlach hat hier vor Gericht keine Fragen beantwortet. Die Einvernahme des Zeugen Kriminaloberkommissar Horst-Thomas S. hat diese ganze missliche Lage nicht verbessert. Der Zeuge hat offenbart, dass eine ganze Reihe von Fragen, die nahegelegen hätten, von ihm und seinen Kollegen nicht gestellt wurden. Die Angaben von Gerlach wurden nicht kritisch hinterfragt. Man könnte über die Gründe lange spekulieren. Fest steht: Auf die Angaben des Herrn Gerlach können keine Feststellungen zulasten Herrn Wohllebens gestützt werden.
Schon bei der Beweiserhebung entstanden erhebliche Mängel, wie will man das bei der Beweiswürdigung beheben? Es gibt außerhalb der Bekundungen von Herrn Gerlach zum angeblichen Waffentransport keine weiteren Beweismittel, die das in irgendeiner Weise belegen. Wenn das verwertet wird, haben wir ein Problem mit der Menschenrechtskonvention.

Verteidiger Pausch Der Zeuge Kriminaloberkommissar Horst-Thomas S. hat sich als Rechts-Ermittler bezeichnet. *(Horst-Thomas S. gilt als Experte für Straftaten aus dem rechtsextremen Spektrum.)* Er verfügt über fundierte Kenntnisse über die rechte Szene. Aus ihnen geht insbesondere hervor: Der Angeklagte Schultze war offensichtlich nicht das einzige Mitglied in der rechten Szene, das zu dem Trio Kontakt hatte. Und: Herr Schultze war an den Gewaltdiskussionen nicht beteiligt.

Verteidiger Heer Die genannten Vernehmungen von Holger Gerlach wurden nicht lege artis durchgeführt. Lediglich bestimmte Formulierungen sind wörtlich niedergeschrieben worden, die den Behörden wichtig erschienen. Ansonsten wurde lediglich zusammenfassend mitgeschrieben. Wie sich Herr Gerlach tatsächlich geäußert hat, kann nicht mehr nachvollzogen werden. Es hieß, einige Äußerungen seien nicht protokollierungswürdig gewesen. Wenn nichts dabei rausgekommen sei, wurde ebenfalls nicht protokolliert. Aufgrund dieser höchst mangelhaften Niederschrift und Vernehmung ist es nicht möglich, sich ein exaktes Bild zu machen. Außerdem verweigert sich Holger Gerlach einer konfrontativen Befragung. Bekundungen des Zeugen Horst-Thomas S. offenbaren, dass eine Vielzahl von Sachverhalten abgearbeitet werden sollte. Herr Gerlach hat bei den Zusammentreffen mit Mundlos, Böhnhardt und Zschäpe keinerlei Differenzierung zwischen den Personen vorgenommen. Zahlreiche Angaben von Herrn Gerlach wurden als zutreffend unterstellt, auch die Pauschalisierungen wurden von den Vernehmungsbeamten übernommen, indem sie auch nur noch nach Verhaltensweisen »der drei« fragten. Dem Zeugen S. war bekannt, dass Herr Gerlach dem Zeugen Kriminaloberkommissar L. gegenüber angegeben hatte, dass Böhnhardt und Mundlos am weitesten oben gestanden hätten und danach Frau Zschäpe gekommen sei *(L. war am Tag 19 befragt worden.)*. Ihm gegenüber machte Herr Gerlach die hierzu im diametralen Gegensatz stehende Angabe, unsere Mandantin sei gegenüber Böhnhardt und Mundlos gleichberechtigt gewesen. Der Widerspruch wurde nicht geklärt. Auch im Hinblick auf die Übergabe der Schusswaffe wurden von Herrn Gerlach keine Details genannt, eine ausreichende Hinterfragung blieb aus. In zentralen Punkten seiner Aussage hat er sich mehrfach widersprochen. Bezüglich der Übergabe der Waffe erschöpfte sich nach der Erklärung von Herrn Gerlach die Handlung unserer Mandantin darin, Herrn Gerlach am Bahnhof abgeholt zu haben, in die eigentliche Übergabe der Schusswaffe war sie seinen Angaben nach in keiner Weise involviert. Sämtliche Angaben von Herrn Gerlach im Ermittlungsverfahren sind vor dem Hintergrund zu würdigen, dass sie von dem Streben nach der Anwendung der Kronzeugenregelung getragen sind. Hierunter fällt auch die Behauptung, unsere Mandantin sei neben Mundlos und Böhnhardt gleichberechtigt gewesen. Herr Gerlach wusste, dass er von der Regelung nur profitieren kann, wenn er nicht nur die verstorbenen Böhnhardt und Mundlos, sondern gerade auch unsere Mandantin belastet.

Anwalt Elberling *(Er verliest eine Erklärung im Namen von insgesamt fünf Nebenklagevertretern.)* Die Aussage des Zeugen S. zeigt, dass Gerlachs Angaben zu äußerlichen Vorgängen glaubhaft sind. Sie sind nicht widersprüchlich, sondern konsistent. Der Angeklagte hat zwar sein tatsächliches Wissen nur zögerlich preisgegeben, es gibt jedoch keine Hinweise, dass das, was er preisgegeben hat, unrichtig wäre. Das bei der Befragung zum Ausdruck gekommene Desinteresse des BKA an konkreten Nachforschungen zu den Angaben des Angeklagten Gerlach ist allerdings nicht nachvollziehbar; das BKA hat Gerlach allzu bereitwillig die Rolle des ahnungslosen Freundes abgenommen. Die Aussage des Zeugen S. zeigt auch, dass die Angaben des Angeklagten Gerlach zu seiner inneren Einstellung nicht nachvollziehbar und widersprüchlich sind und es erhebliche Hinweise gibt, dass er diese herunterspielt oder unrichtig darstellt. Gerlachs Behauptung, er habe von den Taten der drei nicht gewusst und auch nichts geahnt, ist schon deshalb wenig nachvollziehbar, weil er Mundlos und Böhnhardt als durchaus mitteilungsfreudig darstellte und diese nach seinen Schilderungen sehr offen über strafbares Verhalten gesprochen haben.

Anwältin Lunnebach Wir haben bei Holger Gerlach eine holprige Beweisaufnahme erlebt. Einiges wurde nicht protokolliert. Es wäre einfacher, wenn Protokolle aufgenommen würden. Dennoch: Im Jahr 2000/2001 hat Gerlach laut eigener Aussage eine Pistole übergeben. Er hatte bereits Kenntnis von dem Sprengstoff. Wie kann man da noch sagen, man habe die Freunde, die man für ehrenhaft gehalten habe, freudig empfangen? Sie müssen sich den Zeugenschutz und das Auf-freiem-Fuß-Sein erst noch verdienen, Herr Gerlach.

(Der nächste Zeuge, BKA-Beamter Horst H., betritt den Gerichtssaal.)

Horst H. Bei unserer Vernehmung zeigte sich, dass Holger Gerlach große Stücke auf Uwe Mundlos und Uwe Böhnhardt hielt. Sie hätten ihm gegenüber diffuse Andeutungen gemacht: Wir könnten dir Sachen erzählen. Aber er habe nicht nachgefragt und habe es auf sich beruhen lassen. Er hat gesagt, er wolle gar nicht mehr wissen. Für ihn waren es Aktivisten. Die drei seien nicht mehr als rechtsradikal erkennbar gewesen. Sie trugen keine Bomberjacken mehr, sondern bürgerliche Kleidung. Wir hielten ihm vor, dass er zu den Eltern Böhnhardts gesagt haben soll, die drei würden sich eher erschießen als stellen. Und wir hielten ihm vor, dass im Zusammenhang mit dem Mord an Michèle Kiesewetter die Wohnmobil-Vermieterin in Chemnitz ihn als Anmieter identifiziert hat und in der Folge jährlich Fahrzeuge mit seinen Personalien angemietet wurden. Herr Gerlach sagte, er habe die Fahrzeuge nicht angemietet, die Zeugin habe nicht ihn erkannt, sondern nur das Lichtbild im Ausweis.

Auf mich machte Herr Gerlach einen zerrissenen Eindruck. Die Freundschaft zu Mundlos, Zschäpe und Böhnhardt bedeutete ihm offensichtlich viel. Aber es war ihm bewusst, dass er durch Übergabe von Pass und Führerschein ihre Taten unterstützt hat. Er war deshalb aufgelöst, den Tränen nahe. Dann wieder ließ er an seiner Freundschaft keine Zweifel aufkommen.

Zur Sprache kam auch der letzte Besuch bei Gerlach im Sommer 2011, bei dem Zschäpe aber nicht dabei war. Er machte die Aussage, sie hätten sich den Kilometerstand seines Autos angesehen und sich lustig darüber gemacht, dass man mit so einem Auto noch in Urlaub fahren kann.

Götzl Wen meinen Sie mit »sie«?

Horst H. Böhnhardt und Mundlos, die beiden Herren.

Götzl Woraus entnehmen Sie, dass Frau Zschäpe nicht zugegen war?

Verteidigerin Sturm Was soll diese Frage bezwecken?

Götzl Sie müssen nichts befürchten. Ich will nur wissen, wer »sie« waren. Und ob das nur ein Rückschluss des Zeugen war. Damit würde ich mich nicht zufriedengeben.

Horst H. Darf ich jetzt? Ich weiß ja nicht, wann Sie fertig sind. *(Pause.)* Es waren nur die beiden Herren.

(Polizeihauptkommissar Herbert M. betritt als nächster Zeuge den Gerichtssaal. Es geht um den Mord an Abdurrahim Özüdoğru in Nürnberg.)

Herbert M. Ich habe Frau P. im Mordfall Özüdoğru vernommen. Ich kann mich gut dran erinnern, es war der 30. 4. 2007. Frau P. war am Tattag, dem 13. Juni 2001, zu Hause, hörte zwei Schüsse. Sie hat sich daraufhin bei der Polizei vorgestellt. 2007 sollte der Fall noch mal überprüft werden. Ihr wurden Lichtbilder vorgelegt, auch vom Verfassungsschutz-Mann Temme aus Hessen. *(Verfassungsschützer Andreas Temme war während des Mordes an Halit Yozgat am 6. April 2006 in Kassel am Tatort.)* Ich bin mit Kollegen zu ihr nach Hause gefahren. Sie sagte, sie war während der Tat in der Wohnung, das Fenster war auf, gegen 16.30 Uhr. Bei der Vernehmung im Jahr 2001 hatte sie gesagt, sie habe in dem Wohnzimmer Staub gewischt und aus dem Fenster geschaut. Sie war sicher, zwei Schüsse gehört zu haben. Damals hatte sie gesagt, sie kenne den Täter, weil sie ihn im Streit mit dem Schneider gesehen hat. Sie hat sich bei der Bildvorlage auf eine Person festgelegt, wollte aber einen Dreitagebart hinmalen. Ich habe ihr einen Bleistift gegeben. Es war aber nicht Herr Temme, sondern eine Vergleichsperson. Sie war der Meinung, dass Özüdoğru etwas mit Rauschgift zu tun hat. Es gab öfter junge Leute, die bei ihm vorbeikamen.

2012 wurde Frau P. dann noch mal aufgesucht. Ihr wurden Lichtbilder von Böhnhardt, Mundlos und Zschäpe vorgelegt. Da sagte sie, Mundlos sei der Mann, von dem sie ein Phantombild habe machen lassen. Auch Zschäpe habe sie gesehen, eine blonde Barbiepuppe, wie sie sich ausdrückte. Sie seien in das Zeitschriftengeschäft ein paar Häuser weiter gegangen. Wir hatten aber keine Erkenntnisse, dass eine Frau und ein Mann das Zeitschriftengeschäft betreten hätten.

Anwalt Erdal Was ist das Besondere an der Barbiepuppe? Sehen Sie sich den gesamten Saal an und sagen Sie, hier sind ja sehr viele Frauen, welches Gesicht einer Barbiepuppe ähnlich ist?

Götzl Können Sie mir den Zusammenhang dieser Frage erläutern?

Anwalt Erdal Das Gesicht der Angeklagten Zschäpe hat mit einer Barbiepuppe sehr große Ähnlichkeit, wenn sie das Haar nach hinten gebunden hat. Schmales Gesicht, schmale Lippen. *(Zschäpe lacht aus vollem Hals.)*

Götzl Darf ich Sie erinnern, dass diese Zeugin auch gesehen haben will, wie der Tote in der Wohnung lag? Und dass das gar nicht möglich war.

Anwalt Erdal Es kann sein, dass sich die Zeugin in einigen Punkten geirrt hat.

Götzl Okay, dann hat sich die Frage erledigt.

Tag 27

24. Juli 2013

Manfred Götzl, Richter. **Olaf B.**, 44, Nachbar von Beate Zschäpe in der Zwickauer Frühlingsstraße 26. **Ronny B.**, Polizeibeamter aus Zwickau. **Thomas R.**, 52, Kriminalhauptkommissar beim Landeskriminalamt Sachsen. **Nadine R.**, 31, Kosmetikerin aus Zwickau. **Anette Greger**, Vertreterin der Bundesanwaltschaft. **Carsten Ilius, Seda Başay, Sebastian Scharmer, Reinhard Schön**, Anwälte der Nebenklage.

Götzl Herr B., es geht uns um Ereignisse am 4. 11. 2011 und davor. Vielleicht erzählen Sie mal, wie Sie gewohnt haben.

Olaf B. Was soll ich da erzählen? Ich habe in der Frühlingsstraße 26 gewohnt, im Dachgeschoss links. Mein unmittelbarer Nachbar war Lutz W., eine Etage tiefer wohnte die Frau Erber. Im Erdgeschoss war das Geschäft Schlecker, drüben im anderen Eingang war die Taverne. Über der Gaststätte war es leer, im Dachgeschoss wohnte der Herr K.. Circa ein Jahr später ist, tja, eine Frau eingezogen mit zwei Männern, die haben aus zwei Wohnungen eine Wohnung gemacht. Das war's.

Götzl Hatten Sie Kontakt zu den Personen?

Olaf B. Ich geh früh aus dem Haus und komme abends wieder. Ich hatte nur zu der Frau Kontakt, dass man sich ein bisschen unterhalten hat, zu den Männern weniger, guten Tag und guten Weg, mehr kann ich dazu nicht sagen.

Götzl Was können Sie über die Frau sagen?

Olaf B. Was hab ich über sie erfahren? Wie sich jetzt herausgestellt hat, war's ein falscher Name. Aber zu dem, was ihr hier vorgeworfen wird – da muss ich leider passen.

Götzl Unter welchem Namen hat sich die Frau Ihnen vorgestellt?

Olaf B. Susann Dienelt.

Götzl Wie häufig hatten Sie Kontakt zu ihr?

Olaf B. Wenn ich am Wochenende hinterm Haus war, mal ein kurzes Schwätzchen, über Gott und die Welt.

Götzl Wissen Sie noch etwas genauer, über was Sie geredet haben?

Olaf B. Herr Richter, das ist ein, zwei Jahre her. Ich hab null Ahnung. Bei der Fußball-WM hab ich den Fernseher rausgeholt, da saßen die Nachbarn und schauten, sie hat uns eine große Pizza runtergebracht, als nachbarschaftliche Geste.

Götzl Wurde darüber geredet, eine Frau und zwei Männer?

Olaf B. Einer soll ihr Freund gewesen sein und der andere der Bruder vom Freund. Das hat plausibel geklungen.

Götzl Können Sie die beiden mal beschreiben?

Olaf B. Weniger. Die sind viel Fahrrad gefahren. Alle drei, die hatten kein eigenes Auto, erledigten alles mit Fahrrädern. Sie ist auch viel gejoggt. Die Männer haben »Glückauf« gesagt und sind in den Keller mit ihren Fahrrädern. Die lässt man nicht stehen, sonst sind die weg.

Götzl Hat sie berichtet, was die beiden Männer beruflich machen?

Olaf B. Die beiden würden Fahrzeugüberführungen machen, deswegen würden auch öfter fremde Fahrzeuge hinterm Haus stehen. Sie selbst würde von zu Hause vom Computer aus arbeiten, sie sei fast ständig zu Hause. Klang auch plausibel.

Götzl Welche Fahrzeuge standen da hinterm Haus?

Olaf B. Wohnmobile, VW-Busse.

Götzl Hatten Sie sehr schnell Kontakt zu der Frau?

Olaf B. Ja, sie hat sich selbst vorgestellt. Das ist bei uns halt so, dass man sich gegeneinander vorstellt.

Götzl Und die anderen zwei? Haben sich die auch vorgestellt?

Olaf B. Nein, gar nicht.

Götzl Waren Sie mal in der Wohnung?

Olaf B. Nein, nie.

Götzl Haben Sie auch mal einen Pkw gesehen?

Olaf B. Immer dann, wenn die Angeklagte Besuch bekommen hat. Es kamen öfter ein junger Mann und eine junge Frau mit zwei Kindern, meist am Donnerstag. Ein Nachbar hat immer gesagt: Donnerstag ist Badetag, die Kinder sind da. *(Es handelt sich um den Angeklagten André Eminger, seine Frau und seine Kinder.)*

Götzl Haben Sie sie gesehen?

Olaf B. Ja, flüchtig.

Götzl Über was haben Sie mit Frau Zschäpe gesprochen?

Olaf B. Ja, dass sie auf Urlaub auf der Insel Fehmarn waren.

Götzl Haben Sie Einzelheiten erfahren?

Olaf B. Nur, dass der Urlaub schön war. Fotos hat sie keine gezeigt.

Götzl Wer war dabei?

Olaf B. Wenn, dann sind sie alle drei gefahren. Klamotten rein, Fahrräder rein, Surfbretter rein ins Wohnmobil. Das klang alles plausibel. Ich hab andere Dinge im Kopf, ich muss meine Firma am Laufen halten.

Götzl Woran erinnern Sie sich noch bezüglich der Wohnmobile?

Olaf B. Als es im Fernsehen gezeigt wurde und brannte. Da dachte ich mir: Das Wohnmobil kennst du doch. Das ist doch das, was einmal hinterm Haus stand. Mit Vogtländer Kennzeichen.

Götzl Können Sie sich noch an den Besuch bei Frau Zschäpe erinnern?

Olaf B. Die Frau war schwarzhaarig und tätowiert. Das gefällt mir eh nicht, deswegen habe ich weggeguckt. Der Mann war auch tätowiert, am Unterarm.

Götzl Und die Frau?

Olaf B. Am Rücken, da war ein bisschen mehr tätowiert.

Götzl Wie alt waren die Kinder?

Olaf B. Fünf, sieben, so ungefähr. Auf jeden Fall sind sie schön im Treppenhaus rauf- und runtergelaufen, holterdipolter. Wir haben eine Holztreppe.

Götzl Ich will noch auf die Einzelheiten Ihrer Vernehmung eingehen. Sie sagten, der Freund von Zschäpe sei der Größere gewesen.

Olaf B. Wenn ich das so gesagt habe, stimmt das so.

Götzl Sie sagten auch, sie hat sich immer über den Griechen aufgeregt und dass es immer stinken würde.

Olaf B. Da gab ich ihr vollkommen recht, ich bin Knoblauch-Feind, und wenn es da immer danach stinkt und nach Frittenbude, na dann Glückauf.

Götzl Sie sind oft im Keller gesessen und haben etwas getrunken, haben Sie bei der Polizei gesagt.

Olaf B. Ja, ist nichts Verwerfliches dran. Sie hat sich öfter zu uns gesetzt – das ist im Osten so.

Götzl Das ist nicht nur im Osten so, das ist überall so.

Olaf B. Wir haben Bier getrunken, aber sie mochte das nicht so. Sie hat Prosecco getrunken, oder ein Glas Wein, mal eine Zigarette mitgeraucht, obwohl sie aufhören wollte mit Rauchen.

Götzl Sie haben in Ihrer Vernehmung noch eine ältere Frau erwähnt.

Olaf B. Die Katzenmutti, die kümmerte sich um ihre zwei Katzen. Die war da, wenn die im Urlaub waren.

Götzl Wurden Sie von der Polizei auch mal in ein Zimmer geführt und sollten Personen erkennen?

Olaf B. Sie meinen die Gegenüberstellung bei der Polizei? Wir sind reinbestellt worden zur Gegenüberstellung – Tür auf, ist sie das? Da saßen noch ein paar andere Personen, drei Frauen und ein Mann. Weiß nicht, ob das professionell war, ich kenne es aus Filmen und Fernsehen anders. Draußen wurde ich gefragt: Ist sie's? Ja natürlich, habe ich gesagt, das ist meine ehemalige Nachbarin.

Götzl Ist in Ihrem Besitz eigentlich ein Bild von Adolf Hitler?

Olaf B. Ja, das habe ich. Es steht im Keller auf dem Fernseher.

Götzl Was hat es mit dem Bild auf sich?

Olaf B. Das ist ein Andenken an meinen Nachbarn. Ich hab die Wohnung nach seinem Tod entrümpelt und es in meinen eigenen vier Wänden auf den Fernseher gestellt. Jeder, der bei mir im Keller saß, wusste das.

Götzl Hat Frau Zschäpe mal was zu dem Bild gesagt?
Olaf B. Nein, gar nichts.
Götzl Hat das Bild von Hitler eine Bedeutung für Sie?
Olaf B. Nur als reine Erinnerung.
Götzl Wie ist Ihre politische Einstellung?
Olaf B. Ich gehöre keiner Religion an, und was die Politik macht ... Ich nehm es so, wie es ist.
Götzl Hatte Frau Zschäpe einen Spitznamen?
Olaf B. Ja, Diddlmaus.
Götzl Wie kamen Sie darauf?
Olaf B. Sie hieß Dienelt und sie ist 'ne Maus.
Götzl Haben Sie sie so angesprochen?
Olaf B. Natürlich, die Diddlmaus. Sie ist ja auch eine hübsche Maus.
Götzl Haben Sie durch den Brand Schaden erlitten?
Olaf B. Ich habe wieder bei null angefangen. Die Stadt Zwickau hat mir meinen Mietvertrag abgekauft. Es hieß, man wolle das Haus abreißen, damit es kein Denkmal wird. Mein Zeug konnte ich wegschmeißen, weil es nach dem dritten Mal Waschen immer noch nach Rauch roch. Aber Schwamm drüber.
Anwältin Başay Wissen Sie, wer Conny S. ist?
Olaf B. Ja, ein Bekannter von mir.
Anwältin Başay War der auch im Keller mit dabei?
Olaf B. Ja.
Anwältin Başay Ich lese Ihnen mal aus dessen Vernehmung vor.
Olaf B. Die brauchen Sie mir nicht vorlesen, die kenn ich.
Anwältin Başay Ich lese Sie Ihnen trotzdem vor: »Ich weiß, dass der Herr B. eine rechte Meinung hat: Zu Adolf Hitlers Zeiten war alles besser. Man hat sich über den Staat aufgeregt.« Was sagen Sie dazu?
Olaf B. Ich weiß nicht, wie der zu der Meinung kommt.
Anwalt Ilius Sie wissen, dass Sie sich mit dem Zeigen des Hitlerbildes strafbar machen können?
Olaf B. Nein, ich hab eine Bestätigung von der Polizei Zwickau: In meinen eigenen vier Wänden kann ich tun und lassen, was ich will.
Anwalt Ilius Mich interessiert Ihr Verhältnis zu Hitler und dem Dritten Reich noch etwas mehr. Sie haben einen Jutesack mit einem Hakenkreuz im Keller?
Olaf B. Nein, das war nicht im Keller, der hing in der Wohnung an der Wand.
Anwalt Ilius Zu welchem Zweck?
Olaf B. Den habe ich gefunden bei einer Entrümpelung, der war noch nagelneu, eingepackt in Folie.
Anwalt Ilius Können Sie schildern, welche politische Einstellung Frau Zschäpe hatte?

Olaf B. Nein. Sie war eine liebe, gute Nachbarin. Ihre Gesinnung hat sie nie uns gegenüber preisgegeben.

Anwalt Schön Wie lang hat es gedauert, bis Sie sie »Diddlmaus« nannten?

Olaf B. Nicht sehr lang. Sie hat gelächelt und sich geehrt gefühlt.

Anwalt Schön Haben Sie sich von Frau Zschäpe über das Nachbarschaftliche hinaus angezogen gefühlt?

Olaf B. Nein. Ich bin glücklich geschieden.

Anwalt Schön Und Ihre Kollegen?

Olaf B. Nein, es wurde nicht gebaggert.

Anwalt Scharmer Fahren Sie einen Kübelwagen VW 188, auf dem ein Eisernes Kreuz aufgemalt ist?

Olaf B. Ja, den hab ich noch. Das Eiserne Kreuz ist das Hoheitszeichen der Bundesrepublik Deutschland. Das hat die Bundeskanzlerin auch auf ihrem Flugzeug drauf.

Anwalt Scharmer Ich frage ja nur nach Ihrer politischen Meinung. Weil Sie meinten, Sie hätten gar keine politische Meinung. Jutesack mit Hakenkreuz, Hitlerbild, Kübelwagen – da sehen Sie keinen Zusammenhang?

Olaf B. Definitiv nein.

(B. verlässt den Gerichtssaal. Der nächste Zeuge ist der Zwickauer Polizeibeamte Ronny B.)

Ronny B. Ich habe die Auswertung eines PCs vorgenommen, der in der Frühlingsstraße in Zwickau gefunden wurde. Ich habe den PC am 6. 11. 2011 auf die Dienststelle bekommen, um zu untersuchen, welche Absichten hinter der Brandstiftung standen. Ein Benutzer mit dem Namen »Liese« hat den PC zuletzt am 4.11.2011, dem Tag der Brandstiftung benutzt. Um 14.30 Uhr wurde der Computer runtergefahren. Das bedeutet, jemand hat den Rechner ausgeschaltet. Auffällig war, dass am Tag der Brandstiftung im Internet vor allem nach Unfällen gesucht wurde: »Autounfall Mitteldeutschland«, »Autounfall 1.11«. Um 12.39 Uhr wurde nach »Autounfall Sachsen 31.10.« gegoogelt. In den Monaten davor wurde unter anderem nach »Olaf B.« und »Campingplatz Eisenach« und am 24.10. bei Wikipedia nach »Arbeitslosengeld« gesucht. Zuletzt wurde nach Biofleisch gesucht.

(Der nächste Zeuge ist Thomas R. vom Landeskriminalamt Sachsen.)

Thomas R. Mir oblag die Gefährdungsbeurteilung der Explosion in der Frühlingsstraße, Ende November erhielt ich dazu eine Anfrage von der zuständigen Ermittlergruppe »BAO Trio«. Mein Fazit lautete: Personen, die sich im oberen Stock oder Dachgeschoss befanden, waren erheblich gefährdet. Sie hatten kaum eine Chance das Gebäude gefahrlos zu verlassen, es gab nur ein Treppenhaus. Sie waren somit erheblich in Lebensgefahr. Die Person in der Nachbarwohnung hat nur Glück gehabt, weil sich die Druckwelle nicht so massiv ausgebreitet hat.

Sie hätte auch die Zwischenwand zur Nachbarwohnung zerstören können. Ein Problem sind auch die geladenen Waffen: Es kann sein, dass die anfangen zu schießen. Und keiner weiß, wo das Projektil hingeht.

Oberstaatsanwältin Greger Ist so ein Brandgeschehen beherrschbar?

Thomas R. Die Explosion ist nicht beherrschbar, der Brand in der Größe genauso wenig. Dass sich der Brand nur auf die Wohnungseinrichtung bezieht, kann man vollständig ausschließen. Das Explosionsereignis hätte viel, viel schlimmer kommen können. Im Wohnzimmer war viel mit Benzin benetzt. Man hätte auch mit einer vollständigen Zerstörung von Haus 26 und 26 a rechnen können. *(Thomas R. verlässt den Gerichtssaal, es folgt die Zeugin Nadine R.)*

Nadine R. Ich bin an dem Tag gegen 15 Uhr mit dem Auto stadtauswärts gefahren und in die Frühlingsstraße eingebogen. Hundert Meter weiter vor mir war überall weißer Rauch. Ich bin stehen geblieben und ausgestiegen, um zu sehen, was passiert ist. Ich sah Flammen und hörte es knistern. In dem Moment kam die Frau Zschäpe um die Ecke. Ich habe sie angesprochen, weil ich erschrocken bin. Ich rief: Hinter Ihnen brennt's. Haben Sie das nicht gemerkt? Wir müssen die Feuerwehr alarmieren. Da hat sie sich erschrocken und blitzartig umgedreht. Und ist in die Richtung, aus der sie gekommen ist, wieder zurückgelaufen.

Götzl Hat Frau Zschäpe was geantwortet?

Nadine R. Sie hatte zwei Katzenkörbe in der Hand, die hat sie auf den Fußweg gestellt. In dem Haus wäre noch ihre Oma, sie müsse noch mal schauen, sagte sie. Sie hat eine Nachbarin gefragt, ob sie ein paar Minuten auf die Katzen aufpassen könnte. Dann ist sie zurückgelaufen.

Götzl Sie haben ausgesagt: Ich dachte mir, das wird sie wohl nicht allein schaffen, ihre Oma da rauszuholen.

Nadine R. Stimmt, das habe ich gedacht.

Götzl Ist Ihnen an Frau Zschäpe etwas aufgefallen?

Nadine R. Nein, nichts Außergewöhnliches.

Götzl An ihrem Gesichtsausdruck vielleicht?

Nadine R. Eigentlich war es ein freundlicher Gesichtsausdruck, entspannt. Er passte nicht zur Situation, man sah ja hinten schon den Rauch.

Tag 28

25. Juli 2013

Manfred Götzl, Richter. **Antje H.**, 40, Nachbarin von Beate Zschäpe in der Frühlingsstraße in Zwickau.

Götzl Bitte berichten Sie uns, was Sie am 4. November 2011 erlebt haben.

Antje H. Ich bin an dem Tag etwa um 15 Uhr mit meiner Tochter in die Frühlingsstraße gefahren. Da habe ich gesehen, dass es gebrannt hat. Ich habe in der Einfahrt meiner Eltern geparkt. Auf der Straße habe ich die Frau getroffen, die in dem brennenden Haus gewohnt hat. Ich habe gefragt, was da passiert ist. Sie war erschrocken, hat zwei Katzenkörbe abgestellt und gefragt, ob ich mal kurz aufpassen kann. Dann ist sie um die Ecke Richtung Veilchenweg gegangen.

Götzl Was haben Sie zu der Frau gesagt, was hat sie geantwortet, können Sie sich daran erinnern?

Antje H. Genau kann ich mich nicht erinnern. Ich habe wohl gefragt: Was ist denn hier los? Die Frau hat einen erschrockenen Eindruck gemacht. Ich habe gedacht, vielleicht hat sie vergessen, den Herd auszuschalten.

Tag 29

30. Juli 2013

Manfred Götzl, Richter. **Axel Kramer**, Ergänzungsrichter. **Monika M.**, 64, Nichte von Zschäpes Wohnungsnachbarin Charlotte Erber. Sie beobachtete, wie das Wohnhaus von Beate Zschäpe brannte und Zschäpe floh. **Sebastian Scharmer, Reinhard Schön**, Anwälte der Nebenklage. **Henning Saß**, psychiatrischer Gutachter.

Götzl Es geht uns um das Ereignis vom 4. November 2011. Erzählen Sie bitte!

Monika M. Mit einem Mal gab es einen dumpfen Knall, ich dachte, zwei Autos sind zusammengestoßen. Mein Mann ging ans Fenster und sagte: Gegenüber brennt's. Ich habe sofort meine Tante angerufen, dass sie raus muss. Die hat das alles anfangs gar nicht begriffen. Am Abend mussten wir dann aber doch den Notarzt anrufen, sie hat da angefangen zu zittern. Der hat sie ruhiggestellt. Von einem Moment auf den anderen war sie obdachlos, mit ihren 89 Jahren.

Götzl Wie geht es denn Frau Erber heute?

Monika M. Sie hat sich nicht wieder richtig erholt. Das war ihre Traumwohnung. Jetzt ist sie im Seniorenheim. Sie hatte auch letztes Jahr noch eine Herzoperation, es geht ihr nicht besonders gut.

Götzl Wie war denn der Gesundheitszustand zum damaligen Zeitpunkt, am 4. November 2011?

Monika M. Laufen konnte sie schlecht. Sie hat sich viel hingelegt. Wir haben sie auch immer mit dem Rollstuhl abgeholt. Sie ist in ihrer Wohnung noch so langsam hin und her. Sie ist eben sehr langsam gelaufen. Und dann hat sie auch noch ein bisschen schwer gehört.

Götzl Hat sie Ihnen denn gesagt, was sie mitbekommen hat?

Monika M. Sie hat gesagt, sie habe gar nichts mitbekommen.

Götzl Also irgendeinen Knall oder so was?

Monika M. Nein, hat sie nicht gehört.

Götzl Wie häufig hat denn Frau Erber die Wohnung verlassen?

Monika M. Die hat sie eigentlich nur verlassen, wenn wir sie geholt haben.

Götzl Konnte sie sich denn noch selbstständig draußen fortbewegen?

Monika M. Also ganz langsam.

Götzl Hatte Sie Hilfsmittel?

Monika M. Sie hatte einen Rollator.

Götzl War sie auch mal ohne Rollator unterwegs?

Monika M. Nein, das konnte sie nicht mehr so.

Götzl Wenn wir jetzt zur Wohnung kommen, wo es gebrannt hat. Kannten Sie die Bewohner?

Monika M. Die Dame, ich wusste damals überhaupt nicht, wie sie hieß. Wir haben uns ab und zu unterhalten, sie war eigentlich sehr nett. Einmal hab ich sie bei der Sparkasse getroffen, und da haben wir uns über ihren Urlaub unterhalten, dass es sechs Wochen waren. Da hab ich gefragt, ob der Chef denn so lange freigibt. Da hat sie mir erzählt, sie würden das ansparen und könnten frei am Computer arbeiten.

Götzl Ist denn über Urlaubsziele gesprochen worden?

Monika M. Dass sie auf Fehmarn waren, das hat sie mir erzählt.

Götzl Hatten Sie die beiden Herren denn auch mal gesehen?

Monika M. Nö. Einmal hab ich sie gesehen, da haben sie eine Waschmaschine bekommen, da habe ich Hilfe angeboten, wir haben ja auch Männer, die helfen könnten. Aber die sagten, es wäre nicht so schwer.

Götzl Die Dame – wie hat sie sich Ihnen gegenüber verhalten?

Monika M. Sehr nett und freundlich, eine nette Person.

Götzl Hatte sie auch Kontakt zu Ihrer Tante?

Monika M. Sie hat auch mal gefragt, wie es geht. Aber direkt? Wüsste ich jetzt nicht.

Götzl Wie haben sich die Männer verhalten? Wie würden Sie die beschreiben?

Monika M. Am Fenster hab ich die mal gesehen, vor allem den Älteren. Die waren beide relativ groß, kurz geschnittene Haare. Dass einer älter war und einer jünger, das hat man gesehen.

Götzl Sie hatten berichtet, der eine war Ihnen als Freund und der andere als dessen Bruder beschrieben worden. Wussten Sie, wer wer war?

Monika M. Nee, das wusste niemand so richtig.

Götzl Haben Sie mal gesprochen, was die beruflich machen?

Monika M. Also alles über Computer von zu Hause aus. Aber was genau, das weiß ich nicht. Manchmal hat man durch die Wand auch Besuch gehört. Man hat gehört, dass die viel Spaß hatten.

Götzl Konnten Sie deren Fahrzeuge zuordnen?

Monika M. Einmal einen Van und dann das Wohnmobil. Das stand da länger gegenüber.

Götzl Wie lange?

Monika M. Ein paar Tage. Es hatte eine vogtländische Nummer.

Götzl Sie sind ja von der Polizei vernommen worden am 11. 11. 2011. Da ging es auch um das Wohnmobil. Ist denn dieses Wohnmobil umgestellt worden?

Monika M. Ja, es stand mal zur Seite und mal hinter dem Haus. Ich hab es immer stehen sehen. Ich hab noch zu meinem Mann gesagt: Dass die das da so stehen lassen! Einen Tag vor dem Brand habe ich es das letzte Mal gesehen.

Götzl In Ihrer Zeugenvernehmung bei der Polizei haben Sie angegeben, Sie hätten Frau Zschäpe mal in der griechischen Gaststätte, die im Erdgeschoss war, gesehen. Sie habe dort zusammen mit einer anderen Frau gesessen, die sie als ihre Freundin oder Schwester ausgegeben habe.

Monika M. Ja, die andere Frau war etwa gleich alt. Ich kann mich nicht mehr daran erinnern, dass gesagt wurde, dass es die Schwester war.

Götzl Sie sprachen bei der Polizei auch von mehreren Personen auf der Fensterbank.

Monika M. Das waren mehrere Männer, die haben da geraucht und auf dem Fensterbrett gesessen.

Götzl Wie viele Personen waren das?

Monika M. Weiß ich nicht.

Götzl Wie gut hat Ihre Tante eigentlich noch gesehen?

Monika M. Och, nicht mehr so gut. Sie hat eine Brille gebraucht, aber die lag dann immer irgendwo herum.

Götzl Und wie gut hat sie gehört?

Monika M. Sie hat schwer gehört, aber kein Hörgerät gewollt und deshalb den Fernseher immer sehr laut gehabt. Und da hab ich auch mal die Nachbarin, also die

Frau Zschäpe, gefragt, ob sie das stören würde. Sie hat gesagt, es würde sie nicht stören.

Götzl Bei der Polizei haben Sie angegeben, dass Sie die Frau auch mal auf die neuen Türen angesprochen haben.

Monika M. Ja. Wie das genau war, weiß ich aber nicht mehr.

Götzl Sie haben bei der Polizei angegeben: Die Frau habe gesagt, dass sie die neuen Türen selbst eingebaut hätten. Sie habe gesagt, sie sei oft allein zu Hause und habe dann Angst.

Monika M. Ja, das stimmt.

Richter Kramer Haben Sie an den Fenstern der Wohnung irgendwelche Beobachtungen gemacht?

Monika M. Ab und zu war eine rote Lampe an. Da haben wir erst gedacht, die arbeitet in einem anderen Bereich. *(Lacht.)* Eine kleine rote Leuchte, die im Fenster stand. Wir haben immer gesagt, das ist ja merkwürdig. Heißt das: Der Nächste kann kommen?

Anwalt Scharmer Sie haben Folgendes zu Protokoll gegeben, ich zitiere: »Im Nachhinein muss ich sagen, dass die Frau den Tod meiner Tante in Kauf genommen hat.« Können Sie mir sagen, wie Sie zu dieser Aussage kommen?

Monika M. Sie wusste ja, dass meine Tante ganz schwer zu Fuß war. Und es hätte ja noch schlimmer ausgehen können.

Anwalt Schön Haben Sie an der Wohnung Blumenkästen gesehen?

Monika M. Ja, mit künstlichen Pflanzen.

Anwalt Schön Gab es da Veränderungen?

Monika M. Die letzte Zeit, wo das passiert ist, waren sie mal weg. Es hatte sich mal verändert. Es war alles künstliches Efeu. Da haben wir uns gewundert.

Saß Können Sie noch etwas sagen, wie das Verhalten war, wenn die drei zusammen waren?

Monika M. Immer lustig, war nie Streit oder so was.

Saß Hatten Sie den Eindruck, wie so die Stellung der drei zueinander war?

Monika M. Weiß ich nicht.

Saß Hat man das in der Siedlung eigentlich geglaubt? Dass die Frau da mit ihrem Freund und dessen Bruder zusammenwohnte?

Monika M. *(windet sich)* Ich wollte das so genau gar nicht wissen. Auf eine Art war es uns ja auch egal.

Tag 30

31. Juli 2013

Manfred Götzl, Richter. **Oliver Peschel**, 49, Rechtsmediziner aus München, der die Obduktion des Obst- und Gemüsehändlers Habil Kılıç vornahm, der am 29. August 2001 in München-Ramersdorf erschossen wurde. Peschel sagte auch an den Tagen 37, 232, 263 und 312 aus. **Anna S.**, 67, Zeugin aus München. **Yavuz Narin, Sebastian Scharmer**, Anwälte der Nebenklage.

Peschel Ich habe am 29. 8. 2001 Habil Kılıç obduziert: Bei der Obduktion fanden sich zwei Schädeldurchschüsse. Der erste war ein Gesichtsdurchschuss. Der zweite Schusskanal war ein Durchschuss des Hirnschädels. In den oberen und tieferen Atemwegen fand sich reichlich Blut. Es ist zu einer ausgeprägten Bluteinatmung gekommen. Eine Erstickungskomponente kann eine Rolle gespielt haben. Die Blutalkoholbestimmung ergab 0,0 Promille, also keinen Hinweis auf eine Alkoholisierung zum Ablebenszeitpunkt. Es wurden auch keine Rauschmittel nachgewiesen.
Nach einem ersten Schuss in aufrecht stehender Körperposition ist Herr Kılıç offenbar im Fallen oder Liegen erneut von einem Schuss getroffen worden. Wir haben Hirngewebe an der Kasse gefunden. Der Gesichtsdurchschuss wäre medizinisch beherrschbar gewesen. Der Gehirnschädeldurchschuss ist medizinisch nicht beherrschbar. Auch wenn hier ein neurochirurgisches Operationsteam danebengestanden hätte, wäre diese Verletzung nicht überlebbar gewesen.

(Der Zeuge Peschel verlässt den Gerichtssaal, nächste Zeugin ist Anna S..)

Götzl Erzählen Sie uns vom 29. August 2001, was wissen Sie denn noch?

Anna S. Was ich noch weiß? Ich kann nur sagen, dass an dem Tag, es war Vormittag, ich wollte eigentlich lüften, und dann sehe ich, dass unter meinem Fenster zwei junge Männer mit schwarzen Rädern stehen. Ich wollte eigentlich schimpfen, weil man die Räder da nicht hinstellt. Aber ich hab dann die Vorhänge zugemacht und bin zurück in meine Wohnung. *(Lacht verlegen.)* Und jetzt wollen Sie wissen, wie die ausgeschaut haben, gell? *(Lacht.)*

Götzl Ja …

(Gelächter im Saal.)

Anna S. Junge Männer zwischen 22 und 26 Jahren, dunkle, kurze Haare. Sie haben ein Radldress angehabt, Mützen und Radlerhandschuhe. Und einer hat, glaube ich, einen Rucksack gehabt. Die Bilder, die da später immer gezeigt wurden: Ich kann mich nicht erinnern, dass die so ausgeschaut haben. Vor allem die Ohren an dem Kleineren, die sind mir nicht aufgefallen. Ich bin gelernte Schneiderin, und die sieht so was, wo's passt und wo's nicht passt.

Götzl Wie sahen die Mützen aus, die die jungen Männer trugen?

Anna S. Das waren runde schwarze Kappen.

Götzl Können Sie etwas zu den Fahrrädern sagen?

Anna S. Das waren schwarze Räder, mit dünnen Reifen.

Götzl Wie haben sich die beiden Männer verhalten?

Anna S. Recht ruhig. Sie haben keinen nervösen Eindruck auf mich gemacht.

Götzl Jetzt haben Sie gesagt, Sie wollten eigentlich schimpfen? Warum haben Sie es dann nicht gemacht?

Anna S. *(Lacht.)* Ich weiß auch nicht. Vielleicht weil sie sich unterhalten haben, da platzt man nicht dazwischen.

Götzl Ist Ihnen was zu sonstigen Merkmalen in Erinnerung geblieben?

Anna S. Sie waren unterschiedlich groß. Und ich hatte eher den Eindruck, dass es Osteuropäer waren.

Götzl Es waren ja Bilder in den Medien. Haben Sie die beiden wiedererkannt?

Anna S. Das waren die nicht. Unmöglich.

Götzl Haben Sie denn die Gesichter der Männer gesehen?

Anna S. Schon. Nicht die Augen. Auf mich hat es den Eindruck gemacht, dass die sehr gepflegt waren, und rasiert, normal eigentlich.

Götzl Aber in der Vernehmung am 29. 8. 2001 haben Sie gesagt: Die Gesichter der Männer sah ich nicht.

Anna S. Die Gesichtshaut schon. Ich hab nicht die Augenfarbe gesehen und nicht die Lippen.

Götzl Kannten Sie eigentlich Herrn Kılıç?

Anna S. Ja, ich hab dort eingekauft.

Götzl Sind Sie sich da sicher?

Anna S. Ja.

Götzl Ich frage nur wegen einer Protokollierung Ihrer früheren Aussage nach. Da heißt es: Den Herrn Kılıç kannte ich nicht näher, weil ich da nie einkaufe.

Anna S. Ich kannte ihn vom Sehen, nicht näher.

Anwalt Narin Haben Sie auch bei dem Größeren der beiden auf die Ohren geachtet?

Anna S. Nein, aber es hat mich irritiert, als ich die Bilder der Täter jetzt gesehen habe. Diese Ohren, das wäre mir hundertprozentig aufgefallen.

Anwalt Narin Warum haben Sie die beiden für Osteuropäer gehalten?

Anna S. Die Hautfarbe ist etwas dunkler gewesen. Ich hab früher viel mit Menschen zu tun gehabt, die nicht aus Deutschland kommen, ich war Objektleiterin in der

Gebäudereinigung. Ich hatte nicht das Gefühl, dass das unser Schlag war. Das ist mein Eindruck gewesen, und da gehe ich auch nicht weg.

Anwalt Scharmer Aber 2005 haben Sie in einer Vernehmung gesagt: Die beiden, die ich gesehen habe, sahen eher westeuropäisch aus.

Anna S. Nein, wenn ich den Eindruck habe, die sahen osteuropäisch aus, dann sag ich doch nicht westeuropäisch.

Tag 31

1. August 2013

Manfred Götzl, Richter. **Albert V.**, 51, Kriminalhauptkommissar aus Nürnberg. Er ermittelte in den Fällen des Blumenhändlers Enver Şimşek und des Schneiders Abdurrahim Özüdoğru, die beide in Nürnberg ermordet wurden. Albert V. sagte auch am Tag 140 aus.

Albert V. Das Mordopfer Enver Şimşek war 38 Jahre alt, verheiratet, zwei Kinder, 13 und 14 Jahre alt, wohnhaft in Schlüchtern. Herr Şimşek hatte einen Blumengroßhandel, betrieb ein Ladengeschäft und drei mobile Stände. Er hatte einen Verkäufer angestellt, der am 9.11.2000 im Urlaub war. Deswegen war Herr Şimşek an diesem Tag das dritte Wochenende in Folge selbst an dem Blumenstand. Seinen Großhandel führte er seit 1996. Einmal in der Woche fuhr er nach Holland, um Schnittblumen zu ersteigern. Herr Şimşek war als arbeitslos gemeldet, der Großhandel lief auf dem Namen seiner Frau. Er hatte aber die Genehmigung, mehrere Stunden im Geschäft seiner Frau zu arbeiten. Nach meiner Kenntnis ist Herr Şimşek 1985 mit seiner Ehefrau nach Deutschland gekommen, anfangs wohnhaft in Fulda. 1995/1996 sind sie nach Schlüchtern gezogen und haben dort den Blumengroßhandel aufgebaut. Schon damals hat er bemerkenswert gut verdient. 1995/1996 hat er sein Vermögen umgewandelt und es dann bei verschiedenen türkischen Holdings angelegt.

Götzl Wie ist er denn von seiner Persönlichkeit beschrieben worden?

Albert V. Er ist von mehreren Zeugen als sehr zielstrebig und arbeitsam beschrieben worden und auch als sehr durchsetzungsfähig. Er war sehr beliebt in der islamischen Gemeinde und als Familienvater sehr liebevoll.

Götzl Ist denn das Handy des Opfers ausgewertet worden? Es geht mir auch um den Tatzeitpunkt.

Albert V. Es war eine Stummschaltung eingestellt. Die Auswertung ergab, dass es um 12.18 Uhr und 12.40 Uhr jeweils ein eingehendes Gespräch gab. Wir sind davon ausgegangen, dass er die beiden Gespräche auch noch selbst geführt hat. Denn der Tatzeitraum wurde zwischen 12.45 Uhr bis 14.45 Uhr angenommen; um 12.45 Uhr hatte ein Zeuge Şimşek noch gesehen.

Götzl Was haben denn die spurentechnischen Untersuchungen des Transporters ergeben?

Albert V. Der Sprinter ist sehr intensiv untersucht worden. Aber letztlich blieben keine Spuren übrig, die einem Täter zuzuordnen waren.

Götzl Was können Sie noch zur Auswertung der Verbindungsdaten sagen?

Albert V. Wir haben beim Handy des Geschädigten Daten angefordert und bekommen. Wer die letzten beiden Anrufer waren, konnte die Telefongesellschaft nicht sagen, weil die Anrufe aus dem Ausland oder von einem ausländischen Handy kamen. Alle Kontakte, die wir feststellen konnten, kamen aus seinem Umfeld.

Götzl Welche Ermittlungen zur Person wurden da jetzt angestellt? Was waren da im Einzelnen die Quellen gewesen?

Albert V. Wir haben in seinem persönlichen Umfeld ermittelt. Am Tatort gab es ja einige Widersprüche in der Wahrnehmung der Zeugen. Eine Zeugin sagte aus, dass sie in einem Waldstück, etwa 900 Meter vom Tatort entfernt, ein Streitgespräch beobachtet habe, zwischen zwei Männern. Einer der Männer war zu 100 Prozent der Blumenhändler Enver Şimşek, behauptete die Frau. Und sie sah Autos der Streithähne mit rumänischem Kennzeichen. Es gab sehr viele solcher Wahrnehmungen, aber sie waren nicht einheitsgleich. Wir haben umfangreiche Ermittlungen geführt in verschiedenen Bereichen. Der erste Schwerpunkt führte zu einem Konkurrenten, der auch einen Großhandel hatte. Es wurde bekannt, dass sie sich gegenseitig bekämpft hatten. Wir hatten eine verdeckte Info, der Konkurrent habe Şimşek mit einem Auftragskiller umbringen wollen. Und ein Zeuge hatte Şimşek erkannt: Er habe 1997 Streckmittel für Drogen von Holland nach Frankfurt gebracht. Letztendlich muss man aber sagen, dass das so nicht stimmen kann. Auch die Ermittlungen nach Rumänien haben zu keinem Ergebnis geführt.

Götzl Kommen wir bitte dann auch zu den Ermittlungsergebnissen zu dem Geschädigten Özüdoğru. Können Sie uns da auch die Ergebnisse darstellen?

Albert V. Abdurrahim Özüdoğru war 48 Jahre alt, 1980 ist er nach Deutschland gekommen. 1982 wurde seine Tochter geboren. 1998 wurde er von seiner Frau geschieden. Er hat eine Änderungsschneiderei betrieben. Wir haben allerdings festgestellt, dass hier nahezu kein Umsatz im Geschäft vorhanden war.

Was die Tat angeht: Die Zeugin P. sagte aus, sie habe am 13. Juni 2001 gegen 16.30 Uhr Schüsse und ein Fahrzeug wahrgenommen; angeblich einen Opel Omega, in den ein Mann eingestiegen sei. Sie konnte den Mann beschreiben, ein Phantombild wurde angefertigt. Die Zeugin sagte, sie habe den Mann schon zwei

Tage zuvor gesehen, mit Opel und Anhänger. Es habe einen Streit zwischen den beiden Männern gegeben. Das war natürlich ein Ermittlungsansatz für uns, weshalb wir umfangreiche Ermittlungen angestellt haben. Die Frau hat gesagt, der Opel habe ein schwarzes Kennzeichen mit weißen Buchstaben gehabt. Wir konnten das Fahrzeug aber nicht ermitteln.
Auffällig war damals auch eine Telefonnummer aus England. Hier wurde festgestellt, dass diese Nummer in einem englischen Rauschgiftverfahren vorkam. Letztendlich kamen wir aber zu dem Ergebnis, dass es sich bei der Telefonnummer um die eines Bekannten der Ehefrau handelte – und der belanglos war.
Im Weiteren wurde eine Telefonnummer aus den Niederlanden gefunden. Auch dieser Mann wurde überprüft, auch das hat keine Erkenntnisse gebracht.
Wir haben die These überprüft, Özüdoğru könnte an einem Rauschgifthandel beteiligt gewesen sein. Wir haben daraufhin von drei Hartschalenkoffern, die wir in der Wohnung des Opfers fanden, Staub abgesaugt. Hier wurde festgestellt, dass es sich um Restspuren von Betäubungsmitteln handelte. Solche Spuren fanden sich auch auf der Sitzfläche des Beifahrersitzes seines Pkw. Es waren aber feinste Spuren, theoretisch könnten es auch Übertragungsspuren gewesen sein. Letztendlich muss man feststellen, dass auch hier keine Spuren übrig blieben, die einem Täter zugeordnet werden konnten.

Götzl Haben denn die Ermittlungen einen Bezug zwischen Herrn Şimşek und Herrn Özüdoğru ergeben, abgesehen von der Tatwaffe, die in beiden Fällen gleich war?

Albert V. Nein, ansonsten haben wir keine direkte Verbindung festgestellt.

Tag 32

6. August 2013

Manfred Götzl, Richter. **Rudolf Wegener**, 70, emeritierter Professor, ehemaliger Leiter der Rechtsmedizin in Rostock. Er obduzierte die Leiche von Mehmet Turgut, der am 25. Februar 2004 an einem Dönerstand in Rostock erschossen wurde. **Sindy J.**, 35, Polizistin aus Nürnberg, die am 9. Juni 2005 zum Tatort in der Scharrerstraße gerufen wurde, wo İsmail Yaşar ermordet worden war. **Hardy Langer**, Anwalt der Nebenklage.

Götzl Dann darf ich Sie zum letzten Sitzungstag im August begrüßen. Herr Wegener, es geht uns um die Obduktion des Herrn Turgut. Ich würde Sie bitten, dass Sie uns die Ergebnisse vorstellen.

Wegener Wir haben drei Schussverletzungen in Kopf, Hals und Nackenbereich nachgewiesen. Ich beginne mit den Kopf-Schädelverletzungen. Hinter dem Ohrmuschelansatz konnten wir einen Gewebedefekt mit Substanzverlust feststellen. Die darunter befindliche Schädeldecke wurde im Sinne eines Lochbruches zerstört. Es stellte sich dann nach Durchsetzung der Hirnhäute eine Zerstörung des Hirngewebes dar. Auch das linke Schläfenbein war zerstört. In der Schädelinnenseite fand sich ein leicht deformiertes Projektil.

Der zweite Schuss begann an der rechten Halsseite. Es sind die Halsweichteile kanalartig durchsetzt worden. Wir konnten massive Bluteinatmungsherde in den Lungen feststellen. Aus dem Mund trat bei den gegebenen Halsverletzungen blutig durchsetzter Schaum.

Ich fasse zusammen: Es waren drei Schüsse, alle von rechts nach links, ohne Anhaltspunkte für sogenannte Nahschusszeichen. Unter Kenntnis der Waffe kann man davon ausgehen, dass die Schüsse aus einer Distanz von größer als 50 Zentimeter abgegeben worden sind.

Der Verstorbene war gesund. Es spricht nichts für suizidale Schussbeibringung. Welcher Schuss als Erstes gesetzt wurde, ist unklar. Fest steht: Der Kopfschuss war absolut tödlich.

Anwalt Langer In welcher Position befand sich das Opfer?

Wegener Da kann ich nur spekulieren. Wenn der erste Schuss der Kopfschuss war, dann könnten der zweite und dritte Schuss auf das liegende Opfer abgegeben worden sein. Aber das ist eine Spekulation.

(Nächste Zeugin ist die Polizistin Sindy J. aus Nürnberg. Es geht um den Mord an İsmail Yaşar, der am 9. Juni 2005 an seinem Dönerstand erschossen wurde.)

Götzl Können Sie sich an den Einsatz in der Scharrerstraße erinnern?

Sindy J. Ja, doch. Ich war mit meinem Streifenpartner auf Streife, und dann kam der Rundspruch. Da ist ’ne Dönerbude und da liegt ein Mann blutüberströmmt. Vom Notarzt wurde festgestellt, dass die Person ex ist.

Götzl In dem Polizeibericht heißt es, ein Sanitäter habe eine Hülse aufgehoben und dann wieder hingelegt.

Sindy J. Genau. Der hat von mir auch noch einen Anschiss gekriegt.

(Ende der Verhandlung, das Gericht legt eine vierwöchige Sommerpause ein.)

Tag 33

5. September 2013

Manfred Götzl, Richter. **Martin G.**, 30, Kriminalkommissar beim BKA in Meckenheim. **Waltraud N.**, 54, Musiklehrerin aus Nürnberg. Sie sagte auch an Tag 77 aus. Sie beobachtete am Morgen des 9. 6. 2005 zwei verdächtige Radfahrer in der Nürnberger Scharrerstraße, kurz bevor İsmail Yaşar, Besitzer eines Dönerstands, dort durch fünf Schüsse ermordet wurde. **Nicole Schneiders**, Verteidigerin von Ralf Wohlleben. **Sebastian Scharmer**, Anwalt der Nebenklage.

Götzl *(nickt nach allen Seiten)* Guten Morgen, guten Morgen, guten Morgen, guten Morgen. Dann setzen wir nach unserer Pause die Verhandlung fort. Herr G., bitte erzählen Sie uns von Ihren Begegnungen mit dem Angeklagten Holger Gerlach.

Martin G. Zur Vernehmung von Holger Gerlach am 27. 11. 2011 sind wir mit dem Hubschrauber von der JVA Köln nach Zwickau geflogen, um die Wohnung in Zwickau zu finden, zu der Herr Gerlach nach seinen Angaben zusammen mit Frau Zschäpe vom Bahnhof gelaufen ist. Er hatte angegeben, dass er in der Wohnung eine Waffe an Mundlos und Böhnhardt übergeben hat. Herr Gerlach hatte gesagt, dass er die Adresse nicht kannte. Er ist dann aber losgelaufen und wir sind dann an der Polenzstraße 2 in Zwickau rausgekommen. *(Dort lebten Zschäpe, Mundlos und Böhnhardt eine Zeit lang.)*

Verteidigerin Schneiders Er soll noch eine Bemerkung bezüglich eines Aldi-Marktes gemacht haben. Können Sie sich daran erinnern?

Martin G. Er sagte, vor der Tür der Wohnung befanden sich Straßenbahnschienen. Das war auch so. Auch ein Supermarkt befindet sich dort.

Verteidigerin Schneiders Er sagte, da sei noch kein Aldi-Markt gewesen. Ist das überprüft worden, wann der gebaut wurde?

Martin G. Das weiß ich nicht. Durch mich nicht.

(Der Zeuge verlässt den Gerichtssaal, es werden zwei Videos gezeigt: zunächst der Mitschnitt der Fernsehsendung »MDR Kripo live« vom 22. 2. 1998, dann ein Video, das Überwachungskameras vor dem Eingang des Musiksenders Viva in der Kölner Keupstraße aufgenommen haben – wenige Minuten bevor dort am 9. 6. 2004 die Nagelbombe explodierte und mehr als 20 Menschen verletzte.

Zu den Bildern des ersten Videos, dem Mitschnitt von »MDR Kripo live«, erklärt die Moderatorin, es handle sich um den brisantesten Fall, den »Kripo live« je behandelt habe: eine

Rohrbombe. 1997 hätten spielende Kinder im Bereich des Theaters in Jena einen roten Koffer mit weißem Hakenkreuz darauf gefunden und zum Theater gebracht, weil sie dachten, es handle sich um eine Requisite. Theaterleute hätten den Koffer geöffnet und einen Sprengkörper entdeckt. Die Bombe habe zwar nicht explodieren können, weil die Zündvorrichtung fehlte, dennoch habe die Polizei Ermittlungen in alle Richtungen aufgenommen. Bei Durchsuchungen in den Wohnungen der Verdächtigen seien auch eine Armbrust, eine Schreckschusspistole und Wikinger-Kampfsterne gefunden worden. Die Polizei fahnde nach Beate Zschäpe, Uwe Mundlos und Uwe Böhnhardt.

Die Moderatorin befragt eine Polizistin des Landeskriminalamts: »Sehen Sie eine neue, gestiegene Gefährlichkeit der Rechtsextremisten in Thüringen?« Die Polizistin antwortet: »Das kann ich eindeutig bejahen. Unsere Erkenntnisse sind geeignet, Unruhe in der Bevölkerung hervorzurufen, wenn nicht gar Angst.«

Es folgt ein Video vom 9.6.2004 von der Überwachungskamera am Eingang des Musiksenders Viva in Köln. Zu sehen ist eine Vespa, entspannte Menschen auf der Treppe vor den Studios. Sie drehen Zigaretten und unterhalten sich. Um 14.34 Uhr ist ein Mann mit Schirmmütze zu sehen, er schiebt zwei Fahrräder. Zwölf Minuten später kommt er zurück, ohne Fahrräder. Er trägt eine knielange Hose, T-Shirt und Turnschuhe. In der rechten Hand hält er einen weißen Zettel. Um 15.10 Uhr kommt er wieder. Diesmal hat er eine durchsichtige Tüte mit einem fladenbrotähnlichen Gegenstand in der einen und eine weiße Tüte mit einem kantigen Gegenstand in der anderen Hand. Ihm folgt in einiger Entfernung ein weiterer Radfahrer mit Schirmmütze, langer Hose und T-Shirt, der ganz vorsichtig ein Damenfahrrad schiebt. Auf dem Gepäckträger seines Rads ist ein Aufbau zu erkennen. Auf der Straße sind viele junge Menschen in kurzen Hosen und T-Shirts zu sehen, es herrscht eine sommerliche, fröhliche Stimmung. Minutenlang laufen diese Bilder im Gerichtssaal, ohne Ton.

Später am Verhandlungstag lässt das Gericht Vorstrafen und Urkunden zu den Angeklagten verlesen. Zunächst geht es um Ralf Wohlleben, geboren 25.2.1975, gegen den schon 1991 wegen Diebstahls ermittelt wurde und der wegen Körperverletzung, Nötigung und übler Nachrede verurteilt wurde. Auch die Geburtsurkunde von Beate Zschäpe wird verlesen: Geboren am 2. Januar 1975 um 18.38 Uhr. Sie heißt zunächst Beate Apel, nach ihrer Mutter Annerose Else Apel. Ihren rumänischen Vater, Valer Boankic, hat sie nie kennengelernt. Nach der Hochzeit der Mutter mit Horst Gunder Trepte bekommt sie den Namen Trepte. Nachdem die Mutter 1978 erneut geheiratet hat, erhält die Tochter den Namen des neuen Partners und heißt seitdem Beate Zschäpe.

Die nächste Zeugin, Waltraud N. aus Nürnberg, betritt den Gerichtssaal. Nun geht es erneut um den Mord an İsmail Yaşar.)

Waltraud N. Ich hatte am Donnerstag, den 5. Juni, um 8.30 Uhr Unterricht in der Scharrer-Schule. Ich wollte danach zum Sport gehen und fuhr in die Scharrerstraße rein. Als ich abbremsen musste, sah ich zwei schwarz gekleidete junge

Männer und dachte mir, vielleicht machen die eine Radtour. In dem Moment dreht sich einer um. Ich bin erschrocken, der hatte meiner Meinung nach nichts Gutes vor.

Ich hatte das Fenster leicht geöffnet, kurz danach hörte ich Schüsse. Ich fragte mich, ob die nicht doch die Post oder die Sparkasse ums Eck überfallen haben. Ich habe den Gedanken aber verworfen, es hätte ja auch ein Kind mit einer Spielzeugpistole sein können. Ich bin dann zum Sport gegangen und habe mir keine Gedanken gemacht. Einen der jungen Männer sah ich auch zum Fenster reinschauen bei der Dönerbude, der andere stand am Straßenrand.

Götzl Mit welchem hatten Sie Blickkontakt?

Waltraud N. Mit dem am Straßenrand.

Götzl Können Sie die beiden noch näher beschreiben?

Waltraud N. Der eine hatte schwarze Haare und ein schwarzes Käppi. Und der andere, na ja, beim Augenkontakt fielen mir seine braunen Augen auf. Die Züge waren fein geschnitten, er war nicht jung, sondern Ende zwanzig, Anfang dreißig, hatte einen starken Bartwuchs und war leicht gebräunt.

Götzl Auf was gründet der Eindruck, dass er was Böses vorhatte?

Waltraud N. Er schaute wirklich bös, ich hab gemerkt, da ist was. Er hat mich angestarrt. Er hatte mich im Auge, hat mich fixiert. Da hätte ich nicht aussteigen wollen.

Götzl Was hörten Sie für Geräusche?

Waltraud N. Bumm bumm – bumm bumm bumm. Dumpfe Geräusche, wie mit einem Schalldämpfer. Ich hab mir tatsächlich überlegt, vielleicht haben sie jetzt doch die Bank oder Sparkasse überfallen. Aber das habe ich verworfen, weil ich so einen engen Terminplan hatte am Donnerstag. Ich dachte mir, das haben andere ja auch gehört.

Götzl Wie oft haben Sie das Geräusch wahrgenommen?

Waltraud N. Ich bilde mir ein, dass es vier- oder fünfmal waren.

Götzl Wie lang waren Sie im Fitnessstudio?

Waltraud N. Da brauche ich immer so eine Stunde, so gegen 11 Uhr bin ich da wieder raus. Beim Zurückfahren habe ich die Polizei gesehen in weißen Anzügen. Aber weil es nicht bei der Post oder bei der Sparkasse war, sondern weiter hinten, dachte ich mir, da ist wohl was anderes passiert.

Götzl Gab es keine Überlegungen, die Polizei anzusprechen?

Waltraud N. Nein, erst als ich am nächsten Tag in der Zeitung gelesen habe, dass da ein Mord passiert ist, kam nach und nach die Erinnerung.

Götzl Vom Typ her waren das Südländer, haben Sie bei der Polizei gesagt.

Waltraud N. Ja, das dachte ich mir. Wir haben in der Südstadt viele Südländer, er war so dunkel und hatte braune Augen.

Götzl Haben Sie Bilder von Uwe Mundlos und Uwe Böhnhardt gesehen?

Waltraud N. Ja, habe ich gedacht, die müsste ich ja gesehen haben. Aber ich habe sie nicht mit Sicherheit erkannt. Am ehesten glich er Uwe Mundlos.

Anwalt Scharmer Sie haben sich nach Ihrer Vernehmung noch mal telefonisch bei der Polizei gemeldet. Was war Ihnen so wichtig?

Waltraud N. Ich war mir nicht sicher wegen der Hautfarbe und habe mir das durch den Kopf gehen lassen. Er war leicht gebräunt. Das wollte ich richtigstellen.

Anwalt Scharmer Besteht da ein Unterschied für Sie zwischen Südländer und gebräunter Gesichtsfarbe?

Waltraud N. Ja, es gibt auch Deutsche, die schnell braun werden. So ein Typ war das. Nicht so hellhäutig wie ich, sondern jemand, der schon viel in der Sonne war.

Tag 34

6. September 2013

Manfred Götzl, Richter. **Beate K.**, 47, Verkäuferin aus Nürnberg. **Margaret S.**, 53, Altenpflegerin in Nürnberg. **Lutz B.**, 57, Uniprofessor in Nürnberg. **Yavuz Narin, Reinhard Schön**, Anwälte der Nebenklage.

Beate K. An dem besagten Donnerstag hatte ich einen Termin in der Schule, weil es Probleme mit meinem Sohn gab. Ich bin mit dem Fahrrad zur Schule gefahren und habe zwei Fahrradfahrer gesehen, die einen Stadtplan in der Hand hatten. Dachte mir noch, steigst ab und fragst, ob du helfen kannst. Aber ich war in Zeitdruck. Als ich dann aus der Schule wieder rauskam, habe ich am Dönerimbiss von Herrn Yaşar diese beiden Männer wiedergesehen. Der eine hat dem anderen einen Gegenstand in einer Plastiktüte in den Rucksack gesteckt. Ich hab erst am Nachmittag, als mein Sohn aus der Schule kam, erfahren, dass der Herr Yaşar ermordet worden ist. Da hab ich den erstbesten Polizisten angehalten und gesagt: Ich hab da heut Morgen was gesehen.

Götzl Können Sie die beiden Fahrradfahrer beschreiben?

Beate K. Ich würde sie als Spargeltarzans beschreiben, groß, dünn, einer hatte ein abstehendes Ohr. Einer hatte einen Rucksack, einer ein Käppi auf, beide waren sie schwarz gekleidet.

Götzl Und die Hautfarbe?

Beate K. Sie waren von der Hautfarbe her hell, keine Südländer, eher blass, nördliche Region.

Götzl Wo war denn die erste Begegnung?

Beate K. An der Litfaßsäule, ich musste langsam dran vorbei, es waren überall Bauarbeiten, und die haben den Fahrradweg blockiert.

Götzl Und die zweite Situation?

Beate K. Ich habe mir gedacht, vielleicht wollten die einen Döner haben. Der eine stand mit dem Rücken zu mir und steckte dem anderen den Gegenstand in den Rucksack. Ich dachte mir, vielleicht ein kleiner Regenschirm, den hab ich auch immer dabei. Der andere hatte schon die Hände am Lenker.

Götzl Wie lange waren Sie in der Schule?

Beate K. Nicht länger als eine Viertelstunde, das war schnell geklärt. Ich habe damals keine Armbanduhr getragen, habe immer auf Kirchturmuhren und Schuluhren geschaut.

Götzl Können Sie die Größe der Personen angeben?

Beate K. Ich hab die auf 1,80 oder 1,85 Meter geschätzt.

Götzl Sind Ihnen auch Lichtbilder gezeigt worden?

Beate K. Ja, ich war so oft bei der Polizei, das kann ich schon gar nicht mehr zählen.

Götzl Haben Sie jemanden erkannt?

Beate K. Ja, mir wurden die Videosequenzen von dem Nagelbombenattentat in Köln vorgespielt. Da habe ich gesagt, dass ich mir sehr sicher bin, dass der, den ich da sehe, derselbe ist, den ich in Nürnberg gesehen habe. Ich war mir da schon sehr sicher. Die Figur, das Käppi, das Ohr. Aber die Polizei hat mir gesagt, wenn man sich nicht 150-prozentig sicher ist, muss man doch vorsichtig sein … *(Stimme erstirbt.)* Dann haben wir geschrieben, dass ich mir nicht ganz so sicher bin.

Anwalt Narin Haben Sie »ziemlich sicher« gesagt?

Beate K. Ja.

Anwalt Narin Wie verstehen Sie »ziemlich«?

Beate K. Es bedeutet, ich bin mir sehr sicher.

Anwalt Schön Trifft es zu, dass Ihnen viele Bilder von türkischstämmigen Personen gezeigt wurden?

Beate K. Ja. Ob ich mir vorstellen könnte, dass die türkische Mafia dahintersteckt, Waffengeschäfte oder Geldwäsche. Das bin ich gefragt worden.

Anwalt Schön Sie haben aber gesagt, die Personen, die Sie gesehen haben, waren hellhäutig. Warum wurden Ihnen dann Bilder von türkischen Männern vorgelegt?

Beate K. Die waren nicht nur türkischer Herkunft, ich hätte auch einige nach Griechenland oder Spanien einordnen können. Ich hab zur Antwort gekriegt, diese Bilder haben sie in der Kartei, das sei normal, dass man viele Bilder anschaut.

(Die nächste Zeugin ist Margaret S., die İsmail Yaşar kurz vor seiner Ermordung noch sah.)

Margaret S. Ich hatte am 9. Juni 2005 einen Arzttermin, zwischen zehn und halb elf. Auf dem Weg zur Straßenbahn habe ich Herrn İsmail getroffen, den Dönermann. Er war sehr beliebt. Wir haben kurz gesprochen, er lag in seinem Liegestuhl. Es war auch ein Mann da, der Döner gegessen hat.

Götzl Kannten Sie Herr İsmail persönlich?

Margaret S. Die Kinder haben jeden Tag was bei ihm gekauft.

Götzl Was war er für ein Mensch?

Margaret S. Die Kinder haben ihn sehr geliebt. Er hat immer Angebote für die Kinder gemacht. Er war ein sehr guter Mensch.

(Es folgt der Zeuge Lutz B..)

Lutz B. Ich habe an dem Nachmittag einen Vortrag gehalten, über die Entwicklung kleiner und mittlerer Betriebe. Es gibt in dem Bereich eigentlich eine gute Geschäftsentwicklung, aber manches wird durch Selbstausbeutung erkauft, die keiner sieht. Ich dachte mir: Da gehe ich doch mal zu der Dönerbude und esse einen Döner. Da könntest du deinen Vortrag beginnen mit den Worten: Der Dönerbudenbesitzer hat schon heute Morgen früh angefangen, seine Sachen vorzubereiten. Ich habe aber niemanden gesehen und bin dann zur Sparkasse, Kontoauszüge holen..

Götzl Haben Sie was gesehen?

Lutz B. Nein, eigentlich nicht. Obwohl: Mich hat geärgert, dass da Fahrräder standen. Der Mann muss früh aufstehen und erst mal aufräumen, damit er zu seinem Laden kann, dachte ich mir. Das alles ganz allein – ein ganz schön anstrengender Job.

Götzl Wo waren die Räder?

Lutz B. Sie waren deutlich sichtbar. Aber ich weiß nicht mehr, wo. Es waren schwarzgraue Räder.

Götzl Wie weit haben Sie sich dem Dönerstand genähert?

Lutz B. Bis auf drei Meter.

Götzl Konnten Sie ins Innere sehen?

Lutz B. Der Imbissstand war nur oben verglast, aber unten geschlossen. Man konnte sich gut ducken, wenn jemand interessiert reinguckt. Es war nichts zu sehen.

Tag 35

17. September 2013

Manfred Götzl, Richter. **Herbert Diemer, Anette Greger**, Vertreter der Bundesanwaltschaft. **Wolfgang Heer, Anja Sturm**, Verteidiger von Beate Zschäpe. **Olaf Klemke**, Verteidiger von Ralf Wohlleben. **Bernd Behnke, Edith Lunnebach, Gül Pinar**, Anwälte der Nebenklage.

(Zwei Angehörige von Mehmet Turgut sind im Saal. Zschäpes Verteidiger Wolfgang Stahl fehlt.)

Götzl Ich gebe bekannt, dass Frau Zschäpe gestern ein Ablehnungsgesuch gegen alle fünf Mitglieder des Senats gestellt hat. Der Antrag wurde an den Beschlusssenat weitergeleitet. Damit stellt sich die Frage, ob die Hauptverhandlung heute fortgesetzt werden kann. Stellungnahmen?

Bundesanwalt Diemer Die Verhandlung kann und muss fortgesetzt werden.

Anwaltin Pinar Können Sie kurz skizzieren, um was es geht?

Götzl Das müssen Sie selbst dem Schriftsatz entnehmen. Die Kopien werden in 90 Minuten fertig sein. Die Frage, über die wir zu befinden haben, ist eine Fortsetzung der Hauptverhandlung nach Paragraf 29, Absatz 2 Strafprozessordnung. *(Demnach ist eine Fortsetzung auch mit Richtern, die ein Angeklagter für befangen hält, unter bestimmten Voraussetzungen möglich.)*

Bundesanwalt Diemer Das Gesetz sieht eine Fortsetzung vor. Spätestens übermorgen muss ohnehin über den Antrag entschieden worden sein. Und angesichts des Umfangs des Verfahrensstoffes muss fortgesetzt werden.

Anwalt Behnke Es gibt keinen rechtlichen und keinen tatsächlichen Grund zu unterbrechen. Ich kenne die Gründe für das Ablehnungsgesuch zwar nicht, ich gehe aber davon aus, dass sie nicht zwingend sind. Es kann doch nicht sein, dass wir deshalb wieder alle Zeugen umladen.

Götzl Nach Paragraf 29 Absatz 2 der Strafprozessordnung kann so lange fortgesetzt werden, bis die Entscheidung getroffen ist.

Verteidiger Heer Herr Vorsitzender, Sie konnen doch nicht ernsthaft fortsetzen, wenn niemand die Gründe unserer Mandantin auch nur skizzenhaft kennt. Der Antrag wurde gestern am frühen Nachmittag von uns gefaxt. Der Senat hätte ihn problemlos allen Prozessbeteiligten zur Kenntnis bringen konnen.

(Die Hauptverhandlung wird unterbrochen, Kopien des Befangenheitsantrags werden verteilt. Nun lesen die Prozessbeteiligten, worum es geht: Es geht ums Geld.

In dem Antrag heißt es, Zschäpe halte die Richter für befangen, weil ihr Verteidiger Wolfgang Stahl für seine Arbeit einen zu geringen Vorschuss erhalten soll. Dadurch sei ihm eine »effektive Verteidigung« nicht mehr möglich.

Obwohl es um Stahl geht, haben den Antrag im Namen Zschäpes alle drei Pflichtverteidiger, Wolfgang Heer, Wolfgang Stahl und Anja Sturm, unterzeichnet. Die Anwälte bekommen ihr Geld erst am Ende des Prozesses. Sie können aber einen Vorschuss beantragen. Stahl hat dies am 24. Mai 2013 getan. Er fordert einen Vorschuss in Höhe von 78 840,20 Euro auf bereits geleistete Arbeit. Er führt unter anderem an, dass er schon vor Beginn der Hauptverhandlung 756 Stunden und 17 Minuten an dem Fall gearbeitet habe. Die Zschäpe-Verteidigung habe rund ein Drittel seiner Arbeitszeit ausgemacht – seine Umsätze durch andere Mandate seien dadurch erheblich gesunken. Weiter erklärte Stahl, dass er allein Fixkosten von rund 5000 bis 6000 Euro im Monat habe.

Der Bezirksrevisor des Oberlandesgerichts München erklärte daraufhin, Forderungen nach einem Vorschuss seien in diesem außergewöhnlich umfangreichen und schwierigen Verfahren durchaus begründet, die beantragte Höhe sei aber »völlig übersetzt«. Er schlug eine Pauschale von 3000 Euro vor. Stahl antwortete, das bedeute eine Stundenvergütung von 3,90 Euro, aber er senkte seine Forderungen auf gut 60 000 Euro.

Heer und Sturm haben bislang keinen Vorschuss beantragt. Heer hat den Richtern jedoch am 10. Juli mitgeteilt, dass das Mandat sie alle »unter enorme wirtschaftliche Probleme« stelle.

Der zuständige Richter des Senats, Konstantin Kuchenbauer, entschied nach Beratung mit den anderen Senatsmitgliedern am 9. September 2013, dass 5000 Euro als Vorschuss für Stahls Tätigkeit in Vorbereitung des Prozesses genug seien. Zschäpe kontert nun mit ihrem Befangenheitsantrag gegen die Richter. Kuchenbauer sei quasi gleich doppelt befangen, weil er in der Begründung für seine Entscheidung zweimal von »der Schwierigkeit des Tatnachweises« schrieb – und nicht etwa von einer Schwierigkeit der Wahrheitsfindung oder Aufklärung. Kuchenbauer und mit ihm der ganze Senat seien »offenkundig davon überzeugt, dass dem Senat ein Tatnachweis gelingen« werde, sie Zschäpe also für schuldig hielten. Deshalb sei das Gericht als befangen abzulehnen.)

Verteidiger Heer Ich bitte um das Wort. Uns liegen nun die dienstlichen Äußerungen der Richter vor. Wir beantragen eine Unterbrechung, um mit der Mandantin über ein weiteres Ablehnungsgesuch zu beraten.

Götzl Ja, Moment. Herr Klemke?

Verteidiger Klemke Unser Mandant Ralf Wohlleben schließt sich dem Ablehnungsantrag von Frau Zschäpe gegen Richter Kuchenbauer an. Er hält ihn nicht mehr für unvoreingenommen und unparteiisch. Unser Mandant muss die Formulierung von Richter Kuchenbauer, dass der Tatnachweis schwierig zu führen sei, auch auf sich beziehen. Es geht dem Richter nicht um die Aufklärung des wahren Sachverhalts, sondern um den Tatnachweis. Richter Kuchenbauer sieht sich hier als Strafverfolger und nicht als unparteiischer Richter.

(Unterbrechung der Hauptverhandlung für fast drei Stunden.)

Verteidigerin Sturm Frau Zschäpe lehnt Herrn Vorsitzenden Richter Götzl, Frau Richterin Dr. Fischer, Herrn Richter Kuchenbauer, Herrn Richter Dr. Lang und Frau Richterin Odersky erneut wegen Besorgnis der Befangenheit ab. *(Götzl, Fischer, Lang und Odersky hatten angegeben, sie hätten an der Vorschussentscheidung nicht mitgewirkt, während Kuchenbauer mitgeteilt hatte, er hätte sich mit ihnen beraten. Sturm trägt vor, dass die Angaben der vier Richter also unwahr seien.)*

Oberstaatsanwaltin Greger Ich beantrage die Fortführung der Verhandlung. Die geladenen Zeugen sind anwesend, die für morgen schon auf dem Weg. Aus Rostock und Dortmund.

Anwaltin Lunnebach Dass hat schon etwas von einem absurden Theater hier. Selbstverständlich ist es möglich und notwendig weiterzuverhandeln. Und man kann sich einem Befangenheitsantrag nicht anschließen, Herr Klemke. Da muss sich der Herr Wohlleben schon selbst äußern, warum er die Richter für befangen hält.

Götzl Die Anträge wurden an den Beschlusssenat weitergeleitet. Wann die Entscheidung fällt, ist im Moment ungewiss.

(Götzl unterbricht die Hauptverhandlung und hebt den nächsten Verhandlungstag auf. Danach soll weiterverhandelt werden.)

Tag 36

19. September 2013

Manfred Götzl, Richter. **Gisela F.**, 75, Rentnerin, wohnte in Zwickau im Nachbarhaus von Zschäpe. **Peter F.**, 73, Rentner, Ehemann von Gisela F. **Marco B.**, 37, Polizist aus Dortmund. Er fand die Leiche von Mehmet Kubaşık, der am 4. April 2006 in seinem Kiosk erschossen wurde. **Ralf B.**, 50, Kripobeamter aus Dortmund. **Michael S.**, 52, früherer Leiter der Mordkommission Dortmund. **Uwe G.**, 50, Polizist aus Dortmund. **Doris Dierbach**, **Carsten Ilius**, Anwälte der Nebenklage.

(Die Befangenheitsanträge gegen das Gericht wurden von einem anderen Senat des Oberlandesgerichts abgelehnt.)

Gisela F. Ich war an dem Tag beim Laubrechen und auf einmal knallt's. Da sag ich zu meinem Nachbarn, was ist denn jetzt passiert? Da hat es schon wieder geknallt. Ich dachte, es ist eine Gasexplosion. Die Fenster sind aus dem Haus rausgeflogen.

Götzl Wussten Sie, wer in dem Haus gewohnt hat?

Gisela F. Ja, Frau Zschäpe. Aber die Männer habe ich so gut wie nie gesehen.

Götzl Können Sie was zu den Männern sagen?

Gisela F. Nee, einmal stand ein Wohnwagen vor dem Haus, mit Fahrrädern hinten drauf. Vielleicht ein Jahr zuvor. Aber direkt von Angesicht zu Angesicht habe ich die nicht gesehen, nur von Weitem über den Gartenzaun.

Götzl Können Sie die beschreiben?

Gisela F. Sie hatten wenig Haare.

Götzl Hatten Sie Kontakt zu Frau Zschäpe?

Gisela F. Man hat höchstens mal Guten Tag gesagt, aber das war dann schon alles. Für mich war sie eine ganz normale Nachbarin. Manchmal habe ich sie beim Wäscheaufhängen gesehen.

Götzl Wie war das an dem Tag der Explosion?

Gisela F. Sie kam aus dem Haus rausgelaufen und ist gleich rechts herum zur Bushaltestelle gelaufen. Ich habe daraufhin zum Nachbarn gesagt: Na Gott sei Dank, der ist nichts passiert.

Götzl Wie schnell war sie?

Gisela F. Nicht ganz langsam, aber auch nicht schnell. Normal.

Götzl Als Frau Zschäpe rauskam, brannte es da schon?

Gisela F. Nein, erst danach.

Götzl Sie haben ausgesagt, Frau Zschäpe hätte Ihnen gesagt: Ruft die Feuerwehr! Und Sie hätten sich noch gewundert, dass sie nicht zurückkam. Warum haben Sie sich gewundert?

Gisela F. Da gehe ich doch zurück und guck nach, was passiert ist. Da haben wir gesagt, warum kommt die nicht wieder zurück? Wir haben uns das so erklärt: Vielleicht steht sie unter Schock.

(Die Zeugin verlässt den Gerichtssaal, ihr Mann wird als nächster Zeuge aufgerufen.)

Götzl Kennen Sie Frau Zschäpe?

Peter F. Nein, kennen tu ich sie überhaupt nicht. Das waren die jungen Leute aus dem Siedlerheim. Das hat mich nicht interessiert. Ich kümmere mich nicht um Leute, die mir nichts getan haben. Da waren noch zwei Herren dabei, ob das zwei Brüder waren oder der Schwager oder ob die verheiratet waren, kann ich nicht sagen.

Götzl Wussten Sie von Frau Zschäpes Vorliebe für Katzen?

Peter F. Wir haben eine freilaufende Katze, um die hat sich die halbe Siedlung gekümmert. Einmal stand Frau Zschäpe mit einer Kiste Futter am Gartenzaun, sie würde in den Urlaub fahren, ob ich die Katze versorgen würde. Ich habe gesagt:

Ja, mache ich, und dann war's gut. Wir sind einmal im Jahr zum Tierarzt. Der sagte einmal, die Katze müsste an den Zähnen operiert werden. Für 120 Euro. Ich hab die Zschäpe gefragt, ob sie sich beteiligt. Ja, hat sie gesagt und tatsächlich 60 Euro gezahlt. Ansonsten hab ich ihr zwei, drei Mal eine Gurke gegeben, die wachsen bei mir im Garten. Als ich von dem ganzen Theater gehört habe, hat's mir den Unterkiefer heruntergeklappt.

Götzl Hatten Sie Kontakt zu den Männern?

Peter F. Nein. Einmal hatte ich eine Gurke übrig gehabt, da hab ich bei einem geklingelt. Aber er sagte: Nee, wir haben schon eingekauft.

(Der Zeuge B., Polizist aus Dortmund, betritt den Gerichtssaal. Es geht um den Mord an Mehmet Kubaşık in Dortmund.)

Marco B. Gemeinsam mit meinem Kollegen traf ich am 4. 4. 2006 um 13.01 Uhr am Kiosk in der Mallinckrodtstraße 190 ein. Wir wurden von einer männlichen und einer weiblichen Person in Empfang genommen. Die Tür war bereits geöffnet. Auf der rechten Seite hinter dem Verkaufstresen war eine größere Blutlache erkennbar, in der eine Person lag. Mein Kollege hat sich um die Person gekümmert, ich habe den Kiosk durchsucht. Die Person war in Bauchlage. Sein Kopf war auf einem Regal angelehnt, die Person blutete mindestens aus einem Ohr und der Schläfe sehr stark. Die Beine waren so angewinkelt, als hätte er sich hingekniet. Der Kopf lag auf dem untersten Regal. Die Person war offensichtlich verstorben. Wir haben den Fall an die Kripo übergeben, weil es sich um einen Verbrechenstatbestand handeln könnte. Eine weibliche Person, die einen Einkauf tätigen wollte, hat ihn gesehen und hat einen Passanten gebeten, mitzukommen. Der Mann ist in den Kiosk rein und hat die Polizei verständigt. Es wirkte nicht wie nach einem Einbruchsdiebstahl. Auch die Geldbörse des Verstorbenen wurde aufgefunden. Es waren mehrere Tausend Euro darin.

Götzl Wie war der Zustand der Kasse?

Marco B. Sie war unangetastet. Auch der Verkaufsraum war geordnet, wir fanden keine Hinweise auf Verwüstungen oder Kampfhandlungen.

(Der nächste Zeuge ist der Kriminalbeamte Ralf B., der die ersten Zeugen vernahm und Spuren am Tatort suchte.)

Ralf B. Eine Zeugin hatte um 12.59 Uhr die Sparkasse aufgesucht und zuvor zwei Männer gesehen. Es gab Lichtbilder, die wir der Zeugin vorgelegt haben. Das verlief negativ. Sie hatte zwei Männer in Tatortnähe zur relevanten Zeit gesehen und sagte, sie habe das Gesicht eines der Männer noch vor dem geistigen Auge. Wir haben ein Phantombild erstellen lassen. Sie musste die beiden Männer um 12.55 Uhr gesehen haben. Außerdem habe ich mich um Aufnahmen eines Geldautomaten bemüht. Um 12.41 Uhr waren auf dem Video der Überwachungskamera im Hintergrund zwei Personen auszumachen, die auf die Beschreibung hätten passen können. Sie bewegten sich in Richtung des späteren Tatorts.

(Der Zeuge verlässt den Saal. Nebenklage-Anwältin Dierbach stellt einen Beweisantrag.)

Anwältin Dierbach Durch die Zeugin Veronika A. wird bekundet, dass sie aus ihrem Dachfenster auf dem Nachbargrundstück Uwe Mundlos, Uwe Böhnhardt und Beate Zschäpe gesehen hat, in der Woche vor dem 4. 4. 2006. Sie waren ganz in Schwarz gekleidet, eine vierte Person trug eine Camouflagehose. Die Zeugin sagt, sie habe zu der Frau Blickkontakt gehabt. Die Skinheads, die sie dort beobachtete, hätten auf dem Grundstück nachts umfangreiche Grabungsarbeiten vorgenommen. Beate Zschäpe war unmittelbar dort anwesend und hatte logistische Unterstützung. Das belegt die unmittelbare täterschaftliche Einbindung in die Anschläge von Dortmund und Kassel, sie verfügt über Kontakte nach Dortmund und in die Kasseler Neonaziszene. *(Das Gericht beschließt später, Veronika A. für den 40. Verhandlungstag als Zeugin zu laden.*

Nach der Befragung weiterer Zeugen folgt der Zeuge Michael S., der damals die Mordkommission Dortmund leitete.)

Michael S. Uns war schnell klar, dass keine Raubtat vorlag. Es hatte den Anschein einer Hinrichtung. Wir haben vom Opfer aus keine kriminellen Machenschaften gefunden. Das hat zu einer neuen Analyse geführt, bei der auch die Einzeltätertheorie ins Spiel kam.

Die Obduktion hatte Folgendes ergeben: Das Opfer wies zwei Kopfschüsse auf, insgesamt wurden vier Schüsse abgegeben. Ein Schuss ging durch das Auge, ein zweiter Schuss in die Schläfe, als er bereits lag. Der Kiosk lag im Erdgeschoss eines Mehrfamilienhauses. Die Nachbarn hatten aber keine Schussgeräusche gehört. Der Hauptbahnhof ist fußläufig fünf Minuten entfernt, auch die Autobahn ist schnell erreichbar. Es gab eine Videokamera hinterm Verkaufstresen, sie war aber nicht angeschlossen.

Was die Tatzeit angeht: Herr Kubaşık hat kurz nach zwölf Uhr mit seinem Bruder in der Schweiz telefoniert. Die Erstmeldung ging bei der Polizei um 13.00 Uhr ein. Eine Zeugin hatte schon um 12.30 Uhr zwei Männer am Tatort gesehen.

Der Kiosk gehörte der Familie Kubaşık, er war von morgens um sieben bis nachts um ein Uhr offen. Morgens arbeitete Frau Kubaşık dort, mittags die Tochter, später dann Herr Kubaşık. Nur am Tattag hatte Frau Kubaşık Besuch von ihrer Schwester aus England und war mit ihr einkaufen, weswegen Herr Kubaşık schon im Kiosk stand. Eine Hülse lag auf dem Ziffernblock der Registrierkasse.

Götzl Was konnten Sie zur Person des Getöteten ermitteln? Damit wir uns ein Bild vom Opfer machen können.

Michael S. Wir haben nur feststellen können, dass er für diesen Kiosk hart gearbeitet hat und sich nie etwas zuschulden kommen ließ. Für uns hatte er eine absolut weiße Weste. Das passte nicht zur Organisationstheorie der früheren sieben Taten. Er hatte drei Kinder und war ein ruhiger, besonnener Mensch.

(Zuletzt tritt der Zeuge Uwe G. auf, ebenfalls Polizist aus Dortmund. Es werden Lichtbilder vom Tatort eingeblendet. Richter Götzl warnt die Angehörigen, die den Prozess verfolgen, dass auch Fotos des Getöteten darunter sind. Die Tochter des Opfers, Gamze Kubaşık, verlässt daraufhin den Saal.

Der Kiosk ist zu sehen und sein Sortiment: Chipstüten, Wasserflaschen, Schachteln mit Bonbons, eine Eistruhe. Über den beigen Fliesenboden verläuft eine Blutspur. Auf manchen Bildern wirkt der Kiosk hell und freundlich, die Sonne scheint herein. Das blutverschmierte Gesicht des Opfers Mehmet Kubaşık wird eingeblendet. Dann wieder Detailaufnahmen: Hinter den Jägermeister-Fläschchen ist der Putz abgefallen und ein Projektil eingeschlagen. Ein Schuss ging in eine Steckdose neben den Zigaretten.)

Anwalt Ilius Wie war das Verhältnis von Herrn Kubaşık zu seiner Frau?

Uwe G. Soweit ich weiß, gab es keine Klagen. Es war super, das Verhältnis.

Anwalt Ilius Gab es da eine andere Frau?

Uwe G Nein, da war er gar kein Typ dafür.

Anwalt Ilius Wie kamen Sie dann bei den Ermittlungen auf diese Fragen? Sie gingen doch von einer Serientat aus, also warum haben Sie nach einer Beziehungstat gefragt?

Götzl Sind Sie sicher, dass Sie diese Fragen dem richtigen Zeugen stellen? Vernehmungsbeamter in dieser Sache war der Leiter der Mordkommission, Herr Michael S..

Anwalt Ilius Richtig, da bin ich verrutscht. Aber dennoch die Frage an Herrn G.: Warum wurde nach einer Freundin gefragt?

Uwe G Für mich erschien die Frage sinnvoll.

(Am Ende des Verhandlungstages gibt Verteidiger Pausch bekannt, sein Mandant, Carsten Schultze, sei nun doch bereit, Fragen des Mitangeklagten Ralf Wohlleben zu beantworten.)

Tag 37

23. September 2013

Manfred Götzl, Richter. **Thorsten H.**, 48, Kriminalbeamter beim LKA Hamburg. Er war Mitglied der Mordkommission, die den Mord am türkischen Gemüsehändler Süleyman Taşköprü am 27. Juni 2001 in Hamburg-Bahrenfeld untersuchte. **Oliver Peschel**, 49, Rechtsmediziner an der Universität München. Er hat die Leiche von Süleyman Taşköprü untersucht und sagte auch an den Tagen 30, 232, 263, und 312 aus. **Sonja S.**, 39, Kriminalbeamtin aus Hamburg. **Ali Taşköprü**, 67, Vater des Mordopfers. **Asli I.**, 36, Hausfrau aus Hamburg. **Olaf Klemke**, Verteidiger des Angeklagten Ralf Wohlleben. **Gül Pinar**, **Andreas Thiel**, Anwälte der Nebenklage.

Thorsten H. Ich war Mitglied der diensthabenden Mordbereitschaft. Unser Mordbereitschaftsleiter hat die Information erhalten, dass in einem Gemüseladen eine männliche Person mit Schussverletzungen aufgefunden worden sei. Eine Viertelstunde später wurde gemeldet, das Opfer sei verstorben. Als ich am Tatort eintraf, untersuchte ich das Gemüsegeschäft, das Teil einer Ladenzeile unter einem Flachdach war. Auf der linken Seite befand sich der Verkaufstresen, und auf der Freifläche lag der tote Süleyman Taşköprü. Dahinter war ein kleiner Büro- und Aufenthaltsraum sowie ein Kellerraum. Der Leichnam war mit einer Wolldecke zugedeckt. Auf dem Boden fanden wir massive Blut- und Hirnmasseanhaftungen. Wie sich herausstellte, hatte der Vater den Toten gefunden. Die Rettungskräfte hatten versucht, ihn zu reanimieren. Wir fanden zwei Patronenhülsen bei den Eierkartons, aber keine verwertbaren daktyloskopischen Spuren. Das Opfer wies zwei Einschussstellen am Hinterhaupt auf. In der Wange des Opfers war unter der Haut ein Fremdkörper fühlbar. Auf der Gegenseite war die Einschussöffnung.

Götzl Haben Sie auch Fußspuren gesichert?

Thorsten H. Im Blutbereich waren Fußspuren, aber so verwischt, dass kein Profil erkennbar war.

Götzl Was hat die Zeugenbefragung ergeben?

Thorsten H. Gegen Viertel vor elf sollen Vater und Sohn gemeinsam im Laden gewesen sein. Der Vater sagte, er sei dann zu einem nahen Geschäft gegangen, um Oliven zu besorgen. Er war eine halbe Stunde weg. Als er seinen Sohn am Boden liegend in seinem Blut fand, rannte er zur Fleischerei und ließ einen Rettungssanitäter alarmieren. Eine Zeugin gab an, sie habe Streit gehört, ein Wortgefecht in einer Fremdsprache. Der Vater des Toten sagte, ihm seien zwei Männer aufgefallen, die gegenüber dem Laden standen und dann in südlicher Richtung davongingen.

(Dann lässt Götzl Lichtbilder vom Tatort an zwei Wände des Saals projizieren. Zu sehen ist ein Laden mit holzgetäfelten Wänden und anspruchsvollem Warenangebot. Man sieht rot-weiße Bodenfliesen, eine Kühltheke.)

Götzl Es werden nun Bilder direkt vom Tatort gezeigt. Ein Hinweis für die Angehörigen: Es ist Blut zu sehen, aber nicht das Opfer. Aber vielleicht möchten Sie sich das ersparen.

(Die Bilder zeigen Blutlachen auf dem Boden, an Eierkartons, die Brille des Opfers, die ins Brotregal geschleudert wurde, und eine grau-rote Decke, unter der der Tote liegt.)

Götzl Haben denn Geld oder Wertgegenstände am Tatort gefehlt?

Thorsten H. Wir konnten nichts feststellen, was abhandengekommen wäre.

Anwalt Thiel Direkt am ersten Tag wurde der Vater vernommen. Hat man Ihnen gesagt, dass er zwei Personen beschrieben hat?

Thorsten H. Das wurde mir erst am nächsten Tag berichtet in einer Besprechung. Wir haben noch geredet, ob wir noch Phantombilder machen – aber das fiel in den Aufgabenbereich des Mordbereitschaftsleiters.

Anwalt Thiel Der Vater des Ermordeten Süleyman Taşköprü hat zwei Männer gesehen, die den Laden verließen. Hat er von deutschen Männern gesprochen?

Thorsten H. Ich erinnere mich, dass wir nachgefragt haben, ob es Ausländer waren, und dann hieß es: eher Deutsche.

Anwalt Thiel Welche Dienststellen der Polizei wurden an den Ermittlungen beteiligt?

Thorsten H. Der Mordbereitschaftsleiter fasste die Erkenntnisse zusammen und leitete sie an andere Dienststellen weiter.

Anwalt Thiel Erinnern Sie sich an eigene Aktivitäten?

Thorsten H. Ich erinnere mich an ein Telefonat mit dem Kollegen Albert V. in Nürnberg, wegen des ähnlichen Modus Operandi und ähnlicher Tatörtlichkeiten wie bei den Nürnberger Taten.

Anwalt Thiel Wurde auch die politische Abteilung des LKA zurate gezogen? Es standen da ja zwei deutsche Männer.

Thorsten H. In der Regel geht das auch an die organisierte Kriminalität und den Staatsschutz im LKA.

Anwalt Thiel Haben Sie eine Rückmeldung erhalten?

Thorsten H. Nein, überhaupt nicht.

Anwalt Thiel Hat sich das Landesamt für Verfassungsschutz mit Ihnen in Verbindung gesetzt?

Thorsten H. Nein, bis zum heutigen Tage nicht.

Anwalt Thiel Hinterher ist man immer etwas klüger. Aber wer hat denn die Spur mit den zwei deutschen Männern weiter ermittelt? Sodass man ins rechte Spektrum gekommen wäre?

Thorsten H. Es gab keine Anhaltspunkte für eine Spur in Richtung Tätergruppe Rechtsextremismus. Die war dann erledigt, die Spur.

Anwalt Thiel Hat man später noch einmal Nachermittlungen getätigt?

Thorsten H. Das kann ich nicht sagen. Die Ermittlung wurde später völlig von der Abteilung organisierte Kriminalität übernommen. Die Spur war abgeschlossen, es gab keine Anhaltspunkte für eine Spur Richtung Tätergruppe Rechtsextremismus.

(Anschließend folgt der nächste Zeuge, der Rechtsmediziner und Gutachter Oliver Peschel.)

Peschel An der linken Hand von Herrn Taşköprü konnten Schmauchspuren nachgewiesen werden. Außerdem fanden wir drei Kopfschussverletzungen – einen Querschuss durchs Gesicht und zwei Hinterhauptschüsse. Einer davon war ein aufgesetzter Schuss auf das Hinterhaupt. Todesursache war eine zentrale Hirnlähmung. Es wurden zwei Waffen verwendet. Bei der einen Waffe gibt es keinen Hinweis darauf, dass ein schützendes Behältnis um die Waffe verwendet wurde. Bei der anderen käme eine Verpackung, etwa eine Plastiktüte, durchaus in Betracht. Die Schmauchspuren am Hinterkopf sprechen gegen die Verwendung eines Schalldämpfers. Die Schmauchspuren an der linken Hand des Opfers könnten mit einer Abwehrreaktion in Richtung der Waffe erklärt werden. Aus all dem ergab sich für uns: Zunächst erfolgte ein Schuss durch die linke Wange und am Schluss ein aufgesetzter Schuss in den Hinterkopf, als das Opfer schon am Boden lag.

(Es folgt die Zeugin Sonja S., Kripo-Beamtin aus Hamburg.)

Sonja S. Das Ladengeschäft stand nach der Tötung des Süleyman Taşköprü jahrelang leer. Vor dem Laden gab es bis 2007 als so eine Art Gedenkstätte für das Opfer.

Götzl Was haben Sie über die Eltern des Getöteten in Erinnerung?

Sonja S. Wir haben die Familie regelmäßig aufgesucht. Wir haben zusammen Tee getrunken. Wir hatten ein sehr gutes Verhältnis. Den Eltern ging es körperlich und psychisch sehr schlecht, weil ihr Sohn erschossen worden war, aber auch weil wir die Täter nicht ermittelt haben.

Götzl Und wie war die Situation der Geschwister?

Sonja S. Ich hatte viel zu tun, mit der älteren der beiden Schwestern des Ermordeten. Sie hat oft gefragt: Gibt es nicht noch mehr Möglichkeiten? Warum kommen Sie nicht weiter? Sie war sehr kooperativ und aufgeschlossen. Zur jüngeren Schwester kann ich nicht so viel sagen. Sie war eher still.

Anwältin Pinar Wie lang haben Sie an dem Fall mitgearbeitet?

Sonja S. Ich war anderthalb Jahre in der Soko und habe diverse Spuren bearbeitet.

Anwältin Pinar Wer hat entschieden, welcher Spur nachgegangen werden soll?

Sonja S. Der Soko-Chef.

Anwältin Pinar Der Vater hat zwei Deutsche gesehen. Wer ist dieser Spur nachgegangen?

Sonja S. Ich kann es nicht sagen, ich war es nicht. Auch das könnte der damalige Soko-Chef beantworten.

(Pause. Der Angeklagte André Eminger schlendert auf dem Vorplatz des Gerichts dicht an der Familie Taşköprü vorbei. Ein junger Mann aus der Familie will ihm nachsetzen. Aber der Anwalt und die Familie halten ihn ab. Der nächste Zeuge ist Ali Taşköprü, der Vater des Ermordeten. Er spricht türkisch, ein Dolmetscher übersetzt.)

Götzl Sind Sie mit den Angeklagten verwandt oder verschwägert?

Taşköprü Auf keinen Fall! *(Fährt mit rauer, leiser Stimme fort.)* Wir sind gemeinsam zur Markthalle gefahren und haben eingekauft. Wir hatten Zigarettensorten vergessen, ich bin die holen gegangen. In derselben Straße gab es einen Laden mit Oliven. Dort habe ich Oliven gekauft. Als ich zurückkam, habe ich hinter der Theke etwas Schwarzes gesehen. Ich hab gerufen: Mein Sohn, hast du hier etwas vergossen? Er hat mir keine Antwort gegeben. Da habe ich ihn gesehen. Ich habe seinen Kopf auf meinen Schoß genommen, er wollte mir etwas sagen, konnte aber nicht. Ich habe ihn im Gesicht berührt. Es kam ein Mädchen, um mir zu helfen. Später kam die Polizei, sie haben ihn von meinem Arm weggenommen und ihn auf den Boden gelegt.

Ich habe Leute gesehen, wie sie kurz davor aus dem Laden gegangen sind, aber ich dachte, es seien normale Kunden. Es war zwischen elf und zwölf Uhr.

Götzl Können Sie diese Leute näher beschreiben?

Taşköprü Ich weiß sicher, dass sie deutsche Staatsangehörige sind.

Götzl Alter, Kleidung, Größe?

Taşköprü Zwischen 25 und 35 Jahre alt, es waren junge Leute. Zwei bis drei.

Götzl Deutsche Staatsangehörige – woran machen Sie das fest?

Taşköprü Das Geschäft richtete sich an Deutsche. Es kamen immer Deutsche zum Einkaufen. Auch Türken und Studenten.

Mein Sohn war 31 Jahre alt, was wollten sie von ihm? Wir sind Menschen, die auf eigenen Füßen stehen. Wir lebten von unserem eigenen Geld, was wollten diese Leute von uns?

Götzl Wie lang war das Geschäft geöffnet?

Taşköprü Von sechs bis 21 Uhr abends.

Götzl Haben Sie sich abgewechselt?

Taşköprü Wir sind ein Familienbetrieb und haben uns abgewechselt. Süleyman, sein Bruder, alle zusammen.

Götzl Können Sie uns Ihre Familie vorstellen? Wer gehört dazu?

Taşköprü Ich hatte zwei Söhne, zwei Töchter, wir lebten gemeinsam. Süleyman hatte eine Tochter von seiner Freundin bekommen, die Tochter lebt auch heute noch mit uns zusammen. Sie ist jetzt 15 Jahre alt. Als ihr Vater gestorben ist, war sie zweieinhalb.

Götzl Wie war es für Sie nach dem Tod Ihres Sohnes?

Taşköprü Sie haben mir mein Herz abgerissen. Seine Tochter ist jetzt 15, sie lebt mit uns zusammen. Sie ist unsere Verbindung zum Leben, sie lässt uns am Leben bleiben. Sechs Jahre lang haben wir das Kind zur Therapie gebracht. Am meisten hat meine Frau darunter gelitten. Sie geriet in eine Situation, in der sie nicht mehr arbeiten konnte. Sie hatte Probleme mit dem Herzen und wurde operiert.

Götzl Wie ging es der Lebensgefährtin Ihres Sohns?

Taşköprü Wir haben keinen Kontakt mehr. Die Tochter hat aufgelegt, als sie angerufen hat. Wir haben ihr immer gesagt, rede mit ihr, das ist doch deine Mutter.

Götzl Gehen wir zurück zum Tattag. Wie lang hat es gedauert, bis Sie die Oliven geholt haben?

Taşköprü Ich war circa eine halbe Stunde bis 45 Minuten weg, in der gleichen Straße, und habe drei Packungen Oliven geholt. Wäre ich doch bloß nicht weggegangen!

Götzl Sie haben zwei Personen gesehen.

Taşköprü Ich weiß nicht, ob es Kunden oder Täter waren. Wenn ich es gewusst hätte, hätte ich sie erwürgt.

Verteidiger Klemke Ist Ihnen etwas aufgefallen, was anders war als sonst?

Taşköprü Was hätte mir auffallen können, wenn ich meinen Sohn auf dem Boden liegen sehe? Meine Augen sahen nichts anderes als meinen Sohn. Er ist in meinen Armen gestorben, er lebte noch, als ich ihn auf den Schoß nahm, er lebte noch.

Götzl Vielen Dank, Herr Taşköprü. Nehmen Sie doch bitte wieder Platz.

(Die Zeugin Asli I. wird in den Gerichtssaal gerufen.)

Asli I. Ich habe meinen Sohn in den Kindergarten gebracht, dann war ich beim Einkaufen mit einer Freundin. Auf dem Rückweg habe ich Schreie gehört und bin rein in den Laden. Ich wohne da schon ein paar Jahre und sehe jetzt den erschossenen Menschen bei seinem Vater im Arm. *(Sie weint.)* Der Vater hat gerufen: Gott, komm zu Hilfe. Ich war ein paar Sekunden wie gelähmt.

Götzl Können Sie uns das Opfer beschreiben? Wie er sich verhalten hat?

Asli I. Ich kannte ihn nur vom Verkauf. Er war ein ruhiger, freundlicher Mensch. Ich kannte ihn nicht gut genug, aber er war ein Netter. Ich wusste, dass er Familienvater ist und Kinder hat. Ein ganz normaler Mensch halt.

Tag 38

24. September 2013

Manfred Götzl, Richter. **Frank Lenk**, Brandsachverständiger aus Zwickau. Er sagte auch an den Tagen 15 und 24 aus. **Wolfgang F.**, 46, aus München, ehemals Inhaber eines Schlüsseldienstes und Geschäftspartner von Theodoros Boulgarides, der am 15. Juni 2005 in München erschossen wurde. **Olaf Klemke, Nicole Schneiders**, Verteidiger von Ralf Wohlleben. **Mehmet Daimagüler, Sascha Prosotowitz, Sebastian Scharmer**, Anwälte der Nebenklage.

Götzl Wir waren stehen geblieben beim Lichtbild 590. Und fahren jetzt fort mit Lichtbild 591.

(Wieder werden Lichtbilder vom niedergebrannten Wohnhaus von Beate Zschäpe in Zwickau gezeigt, die der Brandsachverständige Lenk kommentiert. Darunter sind auch zwölf Waffen, die im Brandschutt gefunden wurden, ein Bibliotheksausweis von Zschäpe für Hannover, ausgestellt auf den Namen Silvia R., Munition und Schwarzpulver, das in Gläsern verpackt ist. Ein Mitgliedsausweis eines Tennisklubs Großgründlach auf Mandy Struck, eine AOK-Gesundheitskarte, ausgestellt auf Silvia R., eine Barmer-Gesundheitskarte, ausgestellt auf Uwe Mundlos, der Personalausweis sowie der Reisepass von Beate Zschäpe, der Personalausweis von Uwe Mundlos, sein Führerschein und ein Fahrzeugschein, Personalausweise, ausgestellt auf die Namen Ralf H. und Michael F.. Außerdem DVDs mit dem Aufdruck »NSU« und eine Mappe mit Zeitungsausschnitten unter anderem zur Berichterstattung über die Morde an Enver Şimşek, Habil Kılıç und Süleyman Taşköprü. Ein Mietvertrag von Susann Eminger. Und eine BahnCard auf den Namen André Eminger.)

Anwalt Scharmer Sie haben auch Teelichter vorgefunden. Können Sie sagen, ob sie als Zündquelle für ein Gas-Luft-Gemisch infrage kommen?

Lenk Es wäre möglich, das mit Teelichtern zu zünden. Aber ob es so war, kann ich nicht sagen.

Anwalt Scharmer In Ihrem Bericht schreiben Sie, dass zur Zeit der Brandlegung möglicherweise Teelichter gebrannt hätten und nicht auszuschließen sei, dass diese Teelichter die Zündquelle gewesen seien.

Lenk Ja. Man muss aber eines sehen: Wenn sich ein Person in der Wohnung befindet und offenes Feuer zündet, dann kann die Person die Wohnung nicht mehr ohne Verletzungen verlassen. Das Gas-Luft-Gemisch in der Wohnung wird unkontrollierbar. Man kann nicht beeinflussen, wann das Gemisch zündet.

Anwalt Scharmer Haben Sie andere Zündmechanismen gefunden?

Lenk Nein.

Verteidigerin Schneiders Stimmt es, dass Sie das Objekt um 22 Uhr gesperrt haben?

Lenk Nein, ich habe es um zwei Uhr komplett gesperrt.

Verteidigerin Schneiders Was war der Grund?

Lenk Ich mach das schon einige Jahrzehnte. Das Ausmaß des Brandes und die Verwendung von Ottokraftstoff – den konnte ich sofort riechen, auch ohne Hund.

Verteidiger Klemke Waren Sie die ganze Zeit anwesend?

Lenk Geht ja gar nicht, wir haben einen Monat lang geschaufelt.

Verteidiger Klemke Bis wann waren Sie draußen?

Lenk Bis wir die Waffen und die DVDs gefunden haben.

(Es folgt der Zeuge Wolfgang F. aus München. Er war der Geschäftspartner von Theodoros Boulgarides, der am 15. Juni 2005 in München ermordet wurde.)

Wolfgang F. Ich hab den Theo angerufen, meinen Geschäftspartner, wir hatten ja gerade den Schlüsseldienst aufgemacht, an der Donnersbergerbrücke. Er ist nicht ans Telefon gegangen. Ich bin hingefahren und hab ihn halt gefunden. Er lag hinter der Theke und das Telefon lag neben ihm. Dann habe ich geschaut, ob er noch lebt, und dann die Polizei angerufen.

Götzl War er noch am Leben?

Wolfgang F. Nein, nein.

Götzl Vielleicht beschreiben Sie uns, wie gut Sie ihn kannten.

Wolfgang F. Ich kannte ihn durch meinen Trauzeugen. Der hat mir den Theo vermittelt. Wir haben beschlossen, einen Laden aufzumachen. Und 14 Tage später ist das dann passiert.

Götzl Wann war Herr Boulgarides im Laden, wann Sie?

Wolfgang F. Es war gar nicht geplant, dass der Theo an dem Tag da ist. Es hat sich so ergeben. Am Abend davor wäre ich da gewesen.

Götzl Betreiben Sie das Geschäft noch?

Wolfgang F. Nein.

Götzl Können Sie uns den Herrn Boulgarides beschreiben?

Wolfgang F. Er war eine gelassene Person, immer auf Frieden ausgerichtet. Er hatte zwei Töchter, aber näher kannte ich die Familie nicht.

Götzl Wie lange kannten Sie sich?

Wolfgang F. Wir haben den Laden drei Monate hergerichtet und kannten uns seit acht Monaten. Er war der freundlichste Mensch, den man sich nur vorstellen kann.

Götzl Hatten Sie nach der Tat Kontakt zu Angehörigen von Herrn Boulgarides?

Wolfgang F. Ja.

Götzl Können Sie etwas über die Folgen für die Familie berichten?

Wolfgang F. Die totale Zerstörung. Und nicht nur für die Angehörigen. Die Mutter und der Bruder sind nach Griechenland zurückgegangen, der Rest der Familie ist zersprengt, die Mutter hatte immer Angst, ich habe ihr ein Schloss eingebaut.

Götzl Welche Folgen hatte die Tat für Sie?

Wolfgang F. Geld hat's mich gekostet, weil mich die Polizei die ganze Zeit schikaniert hat.

Götzl Was bedeutet das?

Wolfgang F. Monatelang haben die mich immer wieder vorgeladen. Meine Mitarbeiter auch.

Götzl Um was ging's da?

Wolfgang F. Immer ums Selbe.

Götzl Können Sie die Themen benennen?

Wolfgang F. Ich hab's auch selbst nicht verstanden. Wie wir zueinander standen. Ob der Kollege sexsüchtig war oder spielsüchtig. Die wollten uns in den Dreck ziehen. Das haben sie auch geschafft.

Götzl War die Tür offen, als Sie Herrn Boulgarides auffanden?

Wolfgang F. Ja, sie war nicht versperrt.

Götzl Hat Geld gefehlt oder irgendwelche Gegenstände?

Wolfgang F. Es hat nichts gefehlt.

Anwalt Prosotowitz Wie oft waren Sie in dem Laden, wie oft Herr Boulgarides?

Wolfgang F. Theo war 70 Prozent der Zeit im Laden.

Anwalt Prosotowitz Konnte man von außen erkennen, dass ein ausländischer Mitbürger drin ist im Laden?

Wolfgang F. Ja, durchs Schaufenster konnte man reinsehen.

Anwalt Daimagüler Wissen Sie, ob er Türkisch sprach?

Wolfgang F. Nein, aber er wurde oft als Türke angesprochen. Der Theo sagte selbst, er sehe doch sehr türkisch aus.

Tag 39

25. September 2013

Manfred Götzl, Richter. **Thomas M.**, 35, Polizist in Hof, zuvor in München. Er hat die Spuren im Mord an Theodoros Boulgarides gesichert, der am 15. Juni 2005 in München ermordet wurde. **Karsten R.**, Polizist aus Kassel. Er war an der Untersuchung im Fall Halit Yozgat beteiligt, dem Betreiber eines Internetcafés, der am 6. April 2006 erschossen wurde. Karsten R. sagte auch an Tag 88 aus. **Karl-Heinz G.**, 63, Kriminalkommissar a.D. in Kassel. Er sagte auch an Tag 104 aus. **Olaf Klemke**, Verteidiger von Ralf Wohlleben. **Thomas Bliwier, Sascha Prosotowitz, Andreas Thiel**, Anwälte der Nebenklage.

(Der erste Zeuge, der Polizist Thomas M., hat Lichtbilder vom Mordopfer Theodoros Boulgarides und dem Tatort in München mitgebracht, die nun im Gericht gezeigt werden.)

Thomas M. Als wir am Tatort eintrafen, haben wir eine tote männliche Person mit, vermutlich, Kopfschüssen vorgefunden.

(Ein rotes Haus in der Trappentreustraße 4 in München ist zu sehen, davor Bäume und Zeitungsständer, die Aufschrift »Schlüsselwerk«. Hinterm Tresen liegt Theodoros Boulgarides neben der Werkbank. Auf dem Tresen Werbematerial, Feuerzeuge.)

Herr Boulgarides lag in Rückenlage auf dem Fußboden, mit drei Schussverletzungen. Die Wohnung war bestimmungsgemäß eingerichtet, es gab keine Anzeichen, dass ein Kampf oder eine Auseinandersetzung stattgefunden hat. In einem Fach unter dem Tresen lag ein Handy, es wurde noch in der Nacht ausgewertet. Die Registrierkasse war geschlossen.

Götzl Das nächste Bild ist noch ein Bild von der Leiche, das gibt keine zusätzlichen Informationen. Das schauen wir uns jetzt nicht an.

(Die Wohnung ist zu sehen, frisch renoviert, drei Leitern stehen noch im Gang. Auf dem Bett im Schlafzimmer liegt ein Schlafanzug. Auf einem Wohnzimmertisch stehen zwei halb leere Weingläser und ein Teller mit Apfelstücken. Auf dem Schreibtisch steht ein Aschenbecher mit Zigarettenkippen.)

Thomas M. Die Wohnung und der Keller wurden mit Rauschgifthunden durchsucht. Es wurde keinerlei Rauschgift gefunden.

Götzl Dann kommen wir zur Beschreibung der Blutantragungen.

Thomas M. Auf der Jacke und am Poloshirt waren im oberen Bereich Blut und Gewebeantragungen zu erkennen. Auch an der linken Hand des Herrn Boulgarides fanden wir Blutantragungen.

(Auch am Hausschuh haften Blutspritzer, ebenso am Heizkörper und einem Metallschrank in dem Laden. Auf dem Boden ist eine fast einen Meter breite Blutlache zu sehen.)

Anwalt Prosotowitz Waren Sie an den weiteren Ermittlungen beteiligt?

Thomas M. Ich war bis 2007 mit Ermittlungen betraut, dann wurden sie von der »Soko Halbmond« beziehungsweise der »BAO Bosporus« übernommen.

Verteidiger Klemke Können Sie mir sagen, wer den Einsatz dieses Rauschgiftspürhundes angeordnet hat?

Thomas M. Ich glaube, im Rahmen der Soko wurde entschieden, dass die Wohnung nach Rauschgift durchsucht wird.

Verteidiger Klemke Und wer konkret?

Thomas M. Das kann ich nicht sagen.

(Nach weiteren Zeugen folgt der Zeuge Karsten R., Polizist aus Kassel. Es geht wieder um den Mord an Halit Yozgat.)

Karsten R. Es war ein schöner Frühlingstag, ich war mit dem Rad unterwegs und kam relativ spät zum Tatort in der Holländischen Straße 82 in Kassel, etwa um 20 Uhr. Ich habe die Befragung von Herrn S. vorgenommen, der kurzzeitig als Verdächtiger festgenommen wurde. Er war zum Tatzeitpunkt am Tatort, in einer der Telefonzellen im linken Bereich. Er hatte mehrere Telefonate geführt und sagte aus, er habe zwei- dreimal etwas Dumpfes gehört, wie Luftballons, die geplatzt sind. Er hat sich umgedreht, konnte aber nichts sehen, weil ein Plakat in der Glastür hing. Im Augenwinkel habe er eine männliche Person gesehen, etwa 180 Zentimeter groß und recht kräftig, die das Internetcafé verlassen hat. Das Tatobjekt liegt in einer Hauptausfallstraße Richtung Norden, in der Mitte fährt eine Straßenbahn. Es handelt sich um einen klassischen Nachkriegsbau, dreieinhalb Geschosse. Über drei Stufen konnte man das Geschäft erreichen. Es hatte eine große Schaufensterscheibe, vier Telefonzellen links, zwei rechts. Herr S. war in der Telefonzelle Nummer 3, ganz vorn an der Tür. In einem abgetrennten Raum war die Zelle Nummer 7, im hinteren Raum standen noch mal sieben PCs.

Verteidiger Klemke Es heißt, das Opfer habe hinter dem Tresen gelegen.

Karsten R. Das Opfer war schon vorgezogen worden in den Raum, man kann keine Leichenschau machen hinter dem Tresen.

Verteidiger Klemke Wie hoch war der Tresen?

Karsten R. Ungefähr einen Meter hoch, normale Schreibtischhöhe.

(Es folgt der Zeuge Karl-Heinz G., ein Polizist aus Kassel.)

Karl-Heinz G. Ich hatte am 6. 4. 2006 Bereitschaft, gegen 17.20 Uhr informierte mich der Kriminaldauerdienst über den Vorfall. Wir haben uns vor Ort einen Überblick vom Geschehen verschafft: Ein Herr S., der aus dem Irak stammte, telefonierte auf der Nummer 3. Zwei Jugendliche sind im hinteren Bereich am Computer gesessen. Es stellte sich später heraus, dass noch eine weitere Person dort saß.

Das Opfer lag auf dem Rücken, sein Gesicht war blutverschmiert, er hatte zwei Einschusslöcher im Kopf. Die Obduktion ergab, dass zwei Projektile noch drinsteckten. Der Erschossene hatte Schürfwunden am Kopf, von einer Eckleiste am Boden. Ich bin davon ausgegangen, dass der Mann auf seinem Stuhl hinter dem Schreibtisch erschossen wurde und dann so fiel, dass der Kopf neben dem Mülleimer und neben der Leiste aufkam. Die Angehörigen hatten um zeitnahe Überführung gebeten, um ihn zu bestatten, deshalb wurde der Leichnam sofort freigegeben.

Es stellte sich heraus, dass die Tatwaffe die Česká 7,65 war, die bereits bei acht vorherigen Mordtaten benutzt wurde. Bei der ersten und der dritten Tat wurde auch eine zweite Waffe verwendet. Deswegen ging ich davon aus, dass das zwei Täter waren. Man musste ja auch damit rechnen, dass jeden Moment sekundenmäßig jemand aus dem Haus kommt, um die Ecke biegt und was sehen kann. Es mussten also mindestens zwei Personen dort tätig gewesen sein.

(Eine Skizze des Internetcafés wird im Gerichtssaal eingeblendet.)

Wie Sie sehen, saß der Iraker in Telefonzelle 3 direkt an der Tür, hinten im Raum hielten sich zwei Jugendliche auf und der Verfassungsschutzmitarbeiter Temme, die damals noch nicht bekannte Person. Eine schwangere Frau mit Kleinkind telefonierte in der abgetrennten Zelle.

Über dem Bürostuhl hing die Jacke des Opfers, es waren die Schlüssel drin und ein Brief an Halit Yozgat. Auch eine Mappe mit Schulbüchern fanden wir. Der Sohn machte damals die Abendrealschule und wollte zum Unterricht. Der Vater sollte den Sohn ablösen.

Die Auswertung der Computer hat die Zeugenaussagen der beiden Jugendlichen und der Frau bestätigt: Etwa gegen 16.50 Uhr ist eine Person reingekommen, welcher der Verstorbene den Platz 2 zugewiesen hat. Um 17.01 Uhr hat sich diese Person ausgeloggt. Die Jugendlichen haben zwei Knallgeräusche gehört. Der Iraker hat einfach weitertelefoniert.

Wir haben Herrn Yozgat gesagt, dass wir alles tun, um diese schreckliche Tat aufzuklären. Deswegen haben wir ihm auch gesagt, dass wir alles abklären müssen, auch innerhalb der Familie. Die Familie war sofort damit einverstanden. Halit Yozgat wurde von allen als netter, freundlicher Kumpel beschrieben. Die Eltern hatten ihm das Internetcafé ausgestattet. Wir haben in der Realschule, wo er früher war, nachgefragt, ob es Ärger gegeben hat. Es gab keine Ansätze, kein Motiv. Er hatte einen guten Freund, der saß wegen Drogendelikten im Gefängnis. Aber es gab keinen Zusammenhang, dass Halit Yozgat darin verwickelt sein könnte. Innerhalb der Familie war es genauso. Es gab keine Ansatzpunkte, dass bei den Geschwistern oder Eltern eine Motivlage bestand, die eine derart schreckliche Tat begründen könnte. Früher war in dem Haus eine türkische Teestube, da gab es mal eine Erpressungslage, aber das hatte mit den Yozgats nichts zu tun. Die Yozgats hatten noch Schulden auf ein Haus, aber auch da bestand kein Zusammenhang. Sie hatten in einer türkischen Holding Geld angelegt, die betrügerisch verwaltet wurde. Aber auch da war nichts zu finden an Zusammenhang mit der Tat. Die Familie war uns gegenüber sehr kooperativ. Wir haben sie auch immer sofort informiert, wir haben an einem Strang gezogen.

Götzl Es kam wohl auch zum Einsatz eines verdeckten Ermittlers.

Karl-Heinz G. Ja, und mehrere Monate wurden die Anschlüsse der Familie überwacht. Das hat nichts erbracht.

Götzl Können Sie uns schildern, welche Folgen der Mordanschlag für die Familie hatte?

Karl-Heinz G. Bei all unseren Gesprächen kam immer wieder zum Ausdruck, dass es die gesamte Familie sehr mitgenommen hat. Der Sohn war Mittelpunkt der Familie und wurde auf so abscheuliche Art herausgerissen.

Anwalt Bliwier Ich möchte die Harmonie etwas trüben. Der Familie Yozgat stellt sich das anders dar. Sagt Ihnen der Kollege T. was?

Karl-Heinz G. Ja, der Herr Yozgat hat sich ihm anvertraut und erhoffte sich Informationen über die Ermittlungen.

Anwalt Bliwier Trifft es nicht eher zu, dass Herr Yozgat sich bei ihm beschwert hat?

Karl-Heinz G. Nein, das glaube ich nicht. Können Sie gerne Herrn Yozgat fragen.

Anwalt Bliwier Ich habe hier den Vermerk des türkischen Kollegen. Er schreibt, Herr Yozgat sagte, die Ermittler hätten einen falschen Ermittlungsweg. Sie sollten aufhören, ihn und seine Familie zu verdächtigen. Er fing an zu weinen. Warum sollte er etwas verheimlichen? Er sei der festen Überzeugung, dass sein Sohn und die anderen von Rechtsextremisten ermordet worden sind. Es müsse ein Spinner sein, der wahllos Ausländer umbringt.

Karl-Heinz G. Uns gegenüber hat sich Herr Yozgat nicht so verhalten.

Anwalt Bliwier Ist Ihnen eine solche Information zugegangen, dass Herr Yozgat Ausländerfeinde für die Täter hält?

Karl-Heinz G. Wir haben der Familie gesagt, dass wir auch wegen Ausländerhass ermitteln, in alle Richtungen.

Anwalt Bliwier Das ehrt sie. Aber haben Sie konkret ermittelt in Richtung Fremdenhass?

Karl-Heinz G. Ich weiß, dass solche Nachfragen und Ermittlungen erfolgt sind. Das Ergebnis kann ich Ihnen aber nicht sagen.

Anwalt Bliwier Wer hat das veranlasst?

Karl-Heinz G. Das weiß ich nicht. Wir sind zum Beispiel in die Abendschule gegangen, um zu sehen, ob es da ausländerfeindliche Motive gab.

Anwalt Bliwier Sie waren also in der Schule. Weitere Beispiele?

Karl-Heinz G. Als ich gesehen habe, dass der Iraker in der Telefonzelle im Internetladen aus Mossul stammt, einem Zentrum der Kurden, da habe ich gedacht: Halt, gab es da vielleicht einen Zusammenhang?

Anwalt Bliwier Kurden aus dem Irak – das sind für Sie ausländerfeindliche Hintergründe?

Karl-Heinz G. Nein, natürlich nicht.

Anwalt Bliwier Ich mache Ihnen keinen Vorwurf, ich ziehe nur in Zweifel, dass das mit dem harmonischen Miteinander mit der Familie so stimmt.

Anwalt Thiel Halit Yozgat telefonierte kurz vor seinem Tod noch mit einem Freund. Was ist mit dem Handy passiert?

Karl-Heinz G. Ja, das kann ich Ihnen sagen. Während der Obduktion habe ich den Erkennungsdienst gefragt, wo das Handy ist. Es gibt kein Handy, sagten die. Der Verstorbene hatte aber ein Handy. Dieses Handy hatte ein Mitarbeiter der Pathologie gestohlen und mit nach Hause genommen.

Tag 40

30. September 2013

Manfred Götzl, Richter. **Veronika A.**, 63, Zeugin aus Dortmund. Sie gab an, sie habe wenige Tage vor dem Mord an Mehmet Kubaşık auf einem Grundstück neben ihrem Haus in Dortmund-Brackel verdächtige Personen beobachtet. Es habe sich um Zschäpe, Mundlos und Böhnhardt gehandelt. **Cihan B.**, 47, Kriminalhauptkommissar aus Kassel. Er ermittelte im Mordfall Halit Yozgat und vernahm unter anderem den Verfassungsschutzmitarbeiter Andreas Temme, der sich zur Tatzeit im Internetcafé des Opfers aufgehalten hatte. **Wolfgang Stahl**, Verteidiger von Beate Zschäpe. **Olaf Klemke**, Verteidiger von Ralf Wohlleben.

Veronika A. Ich bin wohnhaft in Dortmund-Brackel und habe am 31. März 2006 eine Beobachtung gemacht. Das Datum ist mir noch genau in Erinnerung, weil an diesem Tag ein wichtiges familiäres Ereignis stattgefunden hat. An diesem Tag habe ich dafür Sorge zu tragen gehabt, dass ein Möbelwagen Zugang findet zur Einfahrt. Das war nicht zeitlich fixiert. Ich habe das natürlich schon die Tage vorher beobachtet, ob die Zufahrt frei ist. Dabei habe ich festgestellt, dass ein sehr großes, hohes, langes weißes Wohnmobil auf dem Weg gestanden hat. Ich hatte Flatterband besorgt und habe am Tag davor einen Zettel an dem Wagen angebracht mit der Bitte, ihn zu versetzen. Am 31. morgens war die Einfahrt frei.

An einem der folgenden Tage bin ich am späteren Nachmittag ins Dachgeschoss gegangen, wohl um etwas abzulegen. Dabei bin ich ans Fenster getreten und habe hinausgeschaut.
Ich bin nach dem ersten Blick zurückgeprallt, weil ich unten auf dem Nachbargrundstück eine Gruppe wahrgenommen habe, die auf mich gewirkt hat wie eine Theaterszene. Es standen drei schwarz gekleidete Menschen – zwei Männer und eine Frau – in einer Reihe. Auf der linken Seite stand noch ein Mensch, den ich als »Skin« beschreiben würde, und hat wie ein kleiner Feldherr sein Grundstück gezeigt, und einen ganz kurzen Moment hab ich gesehen, dass noch ein weiterer Mann da war, ein sehr viel jüngerer Mann. Der ist kurz da gewesen und dann weggegangen und nicht wiederaufgetaucht. Ich habe die Gruppe durch die Fensterscheibe beobachtet und habe nach dem ersten Schreck gedacht: Oh, wie lustig, ein Skinhead und drei Punker. Dann habe ich ein Fernglas zur Hand genommen, das immer am Fenster steht, habe sie mir genauer angesehen und festgestellt, dass es sich nicht um Punker handelte.
Die Frau, die ich später als Frau Zschäpe erkannt habe, ist in der Reihe ganz außen rechts gestanden. Daneben waren die Männer, die ich später als Mundlos und Böhnhardt erkannt habe.
Ich hatte dann das Gefühl, jetzt will ich nicht mehr mit dem Fernglas schauen, das ist nicht meine Art, so Nachbarn zu beobachten. Ich habe das Fenster geöffnet und wollte mein Gesicht zeigen. In dem Moment hat die Frau hochgeschaut, wir hatten Blickkontakt. Sie hat nicht weggeschaut und etwas zur Seite gesprochen. In dem Moment schauten alle hoch. Dann haben alle kehrtgemacht und sind durch die Hintertreppe schnell verschwunden. Ich dachte, seltsam, wenn es neue Nachbarn sind, warum verschwinden sie so schnell?
Der sogenannte Skin war mir nicht fremd, und auch den anderen Mann hatte ich schon zu einem früheren Zeitpunkt gesehen. Etwa im Jahr 2003/04 wurde der Baumarktzaun rund um das Grundstück angebracht, sodass man es nicht mehr einsehen konnte. Der Zaun hat mich geärgert, weil er wüst ausgesehen hat und hässlich. Aber es war nun einmal so, das ist ja Sache der Nachbarn. Im Frühjahr 2005 wurde mit Grabungen begonnen auf dem Grundstück. Diese Grabungen haben mich beunruhigt, weil sie zu ungewöhnlichen Zeiten stattgefunden haben, abends, auch mal nachts. Es wurden ganz schwere Betonguss-Kübel hochgewuchtet, das war richtig Schwerstarbeit.
Zwischen 2004 und 2006 sind lang anhaltend Wohnmobile geparkt worden. An einem Wohnmobil ist mir ein ungewöhnliches Kennzeichen in Erinnerung, ein Buchstabe war ein Z. Und es gab auch C und A als Buchstabenkombination.
Götzl Haben Sie die Beobachtungen mit anderen besprochen?
Veronika A. Mit meinem Mann, mit dem ich damals noch nicht verheiratet war,

habe ich über die Grabungen gesprochen und auch über das Gefühl, dass ich die Gruppe als bedrohlich empfand.

Götzl Wie ging es dann weiter?

Veronika A. Ich habe danach so einschneidende Beobachtungen wie diese Grabungen nicht mehr gemacht, und auch keine weiteren Gruppen oder eine ähnliche Konstellation beobachtet. Ich habe danach auch keine Parkplatznot, erzeugt durch Wohnwagen, mehr wahrgenommen.

Götzl Wie ist es dann dazu gekommen, dass Sie heute hier als Zeugin sitzen?

Veronika A. Im November 2011 sind ja die Fahndungsfotos veröffentlicht worden, und das war eine spontane Reaktion, als ich die Fotos gesehen habe. Ich habe zu meinem Mann gesagt: Das sind die Männer, die ich auf dem Grundstück gesehen habe. In diesem Kontext habe ich auch eine Verbindung zu der Wahrnehmung von Wohnwagen festgestellt. Danach wurde Frau Zschäpe auch in der Öffentlichkeit mit Fahndungsfotos bekannt und der Kontext NSU hat sich erschlossen. Und als ich Frau Zschäpe auf Fotos gesehen habe, habe ich gesagt: Das war die Frau, die ich gesehen habe. Ich war sehr erstaunt, dass bei den direkten Unterstützern niemand aus Dortmund dabei war, wo es doch eine sehr gewaltbereite Szene auch in Dortmund gibt. Und da habe ich gedacht: Ich sollte doch mal eine Spur geben, dass ich etwas gesehen habe. Ich habe sehr mit mir gerungen, wie ich das mache.

Auf dem Internetportal »Der Westen« habe ich einen Artikel über Spuren des NSU nach Dortmund gelesen. Daraufhin habe ich dem Autor eine E-Mail geschickt, um ihm zu sagen, ich habe Beobachtungen mitzuteilen. Das war Mitte Februar 2012. Es gab dann im März eine Kontaktaufnahme mit dem Autor, ich habe ihm aber nicht gesagt, dass ich Frau Zschäpe, Herrn Mundlos und Herrn Böhnhardt identifiziert habe, sondern ich habe nur allgemein von einer Gruppe gesprochen.

Im Juni 2013 habe ich dann einen Bericht über die Verhandlung hier gelesen. Vorher gab es ja bereits Berichte über einen Briefwechsel Zschäpes mit einem Dortmunder Neonazi.

Da habe ich bei mir gedacht: Jetzt muss ich mein Wissen mitteilen. Das ist an dem Punkt, wo meine Verantwortung liegt. Und habe mich an Herrn Rechtsanwalt Bliwier von der Nebenklage gewandt. Im August meldete sich dann Rechtsanwalt Kienzle bei mir. Am 29. August 2013 haben wir dann eine Ortsbesichtigung unternommen.

Götzl Sie haben Frau Zschäpe nun hier im Saal gesehen. Hat sich an Ihrer Erinnerung irgendetwas geändert?

Veronika A. *(Zschäpe guckt lächelnd zur Zeugin.)* Nein. Natürlich wird sich Frau Zschäpe seit 2006 verändert haben, aber der direkte Blick und der Mundzug – ja.

Wenn Sie nicht ein perfektes Double haben, Frau Zschäpe, dann glaube ich schon, dass ich das wiederholen kann. Ich habe Frau Zschäpe gesehen.

Götzl Warum haben Sie sich nicht bei der Bundesanwaltschaft gemeldet?

Veronika A. Das war mir zu hoch angesiedelt. Ich habe etwas beobachtet und nur in meinem Kopf hat das stattge…, ist das verankert. *(Heftiges Nicken bei den Verteidigern von Wohlleben.*

Es folgen Fragen der Bundesanwaltschaft und der Nebenklagevertreter. Dann ist die Verteidigung an der Reihe.)

Verteidiger Stahl Haben Sie sich nach der Vernehmung Ihres Mannes miteinander nochmal über die Grabungen unterhalten?

Veronika A. Wir haben uns unterhalten, ja.

Verteidiger Stahl Hat er Ihnen etwas Neues erzählt?

Veronika A. Die Beamten haben ihm gesagt, das Grabungsfeld sei für einen Teich gewesen. Da musste ich sehr lachen. Wer unter Platanen einen Teich anlegt, sollte eigentlich wissen, dass dieser Teich spätestens nach dem ersten Blätterfall voller Laub ist.

(Der Mann, den die Zeugin als »Skin« bezeichnet hatte, war sechs Tage zuvor vom BKA vernommen worden. Er sagte, sie hätten im Garten einen Teich angelegt und deshalb gegraben. Er sagte auch, seine Frau hätte selbst festgestellt, dass sie Zschäpe ähnlich sehe. Er und seine Frau werden am 43. Verhandlungstag als Zeugen gehört. Dem BKA sagte der Mann, er kenne Zschäpe, Mundlos und Böhnhardt nicht. Vor der Befragung der Zeugin von A. hatte Götzl den Prozessbeteiligten kopierte Fotos der Frau des »Skins« gezeigt. Es herrschte Uneinigkeit darüber, inwiefern tatsächlich eine Ähnlichkeit mit Zschäpe besteht.)

Verteidiger Stahl Wenn Sie jetzt diese Informationen haben, glauben Sie immer noch an Neonazis, die da etwas vergraben haben?

Veronika A. Ich denke höchstens, es sind Neonazis, die nicht wissen, wie man einen Teich anlegt. *(Tatsächlich wurde der Teich wegen des Laubfalls ein Jahr später wieder zugeschüttet.)*

Verteidiger Klemke Ihr Mann sprach laut Vernehmung als Erster von »Neonazis, die etwas vergraben haben«. Ist er denn Spezialist für Neo-Nationalsozialismus?

Veronika A. Mein Mann ist Neuhistoriker, er ist in führender Position im Stadtarchiv Dortmund tätig gewesen. In den Achtziger- und Neunzigerjahren hatte er mal den Auftrag, eine Mahn- und Gedenkstätte aufzubauen. Er hat sich auch regelmäßig zum Neofaschismus weitergebildet, Spezialkenntnisse hat er nicht.

Verteidiger Klemke Wie weit war denn das Fenster entfernt zu der Gruppe?

Veronika A. Das kann ich nicht genau schildern. Da müsste ich jetzt einen Dreisatz ausrechnen.

Verteidiger Klemke Das verlange ich nicht.

Veronika A. In Sichtweite.

Verteidiger Klemke Konnten Sie denn Einzelheiten ohne Fernglas erkennen in den Gesichtern?

Veronika A. Es waren keine verschwommenen Gesichter, aber natürlich war nicht jede Pore zu erkennen.

Verteidiger Klemke Warum haben Sie noch ein Fernglas benutzt? Ich versteh das nicht.

Veronika A. Um meinen ersten Schrecken zu bewältigen, sagte ich mir ja: Oh, ein Skinhead und drei Punker. Dann habe ich das Fernglas genommen und festgestellt, nein, es sind keine Punker. Ich habe sie etwa vier bis fünf Minuten beobachtet.

Verteidiger Klemke Da haben Sie ja sehr lange geschaut. Haben Sie jedes Gesicht einzeln studiert?

Veronika A. Ich habe jedes Gesicht angesehen, studieren würde ich nicht sagen.

Verteidiger Klemke Wussten Sie, dass es irgendwann auf eine Identifizierung ankommen würde?

Veronika A. Nein. Die Sache war so: Es war eine Gruppe, die mich frappiert hat. Dann habe ich ein Fernglas genommen, um mir das anzuschauen. Auch um festzustellen, wie sie da stehen und aussehen. Das hab ich aber alles schon erklärt.

Verteidiger Klemke Hatten Sie in der Vergangenheit öfters mit Punks zu tun?

Veronika A. Ja, ich gebe denen manchmal Geld. Man sieht sie in Dortmund, die haben Hunde dabei.

Verteidiger Klemke Wie kamen Sie dann auf Punks?

Veronika A. Ich hab schon gesagt, das war mehr eine Selbstberuhigung.

(Es geht nun wieder um den Mordfall Halit Yozgat. Der nächste Zeuge ist Kriminalhauptkommissar Cihan B. aus Kassel.)

Cihan B. Während der Tat waren insgesamt sechs Zeugen am Tatort, zwei von ihnen surften im Internet, zwei telefonierten. Auch Andreas Temme, der Verfassungsschutz-Beamte, war im Internet. Ein Iraker telefonierte von 16.54 Uhr bis 17.03 Uhr. Er sprach beim Betreten des Ladens mit Halit Yozgat – da war noch alles in Ordnung. Und um 17.03 Uhr war die Tat schon begangen. Das wussten wir. Alles andere sind Spekulationen.

Götzl Wie sah es mit dem Andreas Temme aus?

Cihan B. Der Temme hat von 16.51 Uhr bis 17.01 Uhr gesurft. Ein Zeuge sagte, dass er sah, wie Temme das Internetcafé verließ. Er habe dann ein Plumpsen gehört, dann sei ein weiterer Kunde gekommen und habe gefragt, ob noch jemand da sei. Das würde bedeuten, dass die Tat begangen wurde, nachdem Herr Temme das Café verlassen hatte. Dann wären aber nur wenige Sekunden für den Mord

geblieben, weil Herr Temme sagte, er habe Halit Yozgat gesucht, sei dann zum Tresen gegangen und habe 50 Cent hingelegt. Das hätte etwa eine Minute gedauert. Sagen wir mal so: Es wäre sehr knapp gewesen.
Wir haben eine Zeit lang eine Telefonüberwachung bei Herrn Temme gemacht und ihn dann festgenommen. Bis dahin wussten wir gar nicht, was der von Beruf ist. Ich habe ihn dann vernommen. Er sagte, er hat sich nicht gemeldet, weil er sich als Verfassungsschützer dort nicht aufhalten durfte. In der Nähe sei eine Moschee, die der Verfassungsschutz überwacht. Seine Frau sollte auch nicht erfahren, dass er dort auf einem Flirtportal gechattet hat, während sie hochschwanger zu Hause saß. Außerdem sagte er, er habe gemeint, einen Tag vor der Tat im Internetcafé gewesen zu sein. Er habe auch nichts gehört und nichts gesehen, und dabei ist er bei beiden Vernehmungen geblieben. Er sei nach dem Surfen im Internet zuerst in den Telefonraum und dann vor die Tür gegangen, um nachzusehen, ob Halit Yozgat draußen steht. Dann sei er wieder reingegangen in den Telefonraum und habe 50 Cent auf den Tresen gelegt. Er wurde wieder entlassen, weil kein dringender Tatverdacht begründbar war.
Wir haben auch zwei Wohnungen durchsucht, eine bei seinen Eltern und eine andere. Es fanden sich mehrere Schusswaffen und ein Haufen Munition. Herr Temme hatte eine Waffenbesitzkarte. Außerdem fanden wir Schriftstücke: Er hatte in seiner Jugend Bücher aus dem »Dritten Reich« abgeschrieben und die Unterschrift von Hitler nachgeahmt. Wir haben überprüft, ob er Alibis für die anderen Morde hatte, und fanden unter anderem heraus, dass er zur Tatzeit des ersten Mordes Geld in einer Kasseler Bankfiliale abgeholt hatte und während des sechsten Mordes auf Fortbildung war. Wir waren mit ihm auch am Tatort. Da sollte er sein Verhalten am Tattag rekonstruieren.

Götzl Von der Beendigung des Surfens bis zum Einsteigen in den Pkw – wie lange hat das etwa gedauert?

Cihan B. Wir haben da 1,05 Minuten geschätzt. Um 17.01 Uhr hat er das Internet-Surfen beendet. Das heißt, es wären noch 40 Sekunden geblieben, um aus dem Laden rauszugehen, ohne was zu sehen.

Verteidiger Klemke Wie viele Zeugen haben denn Geräusche gehört, die man als Schussgeräusche werten könnte?

Cihan B. Ein Zeuge hat platzende Ballons wahrgenommen; eine Frau sagte, es habe tak tak tak gemacht. Die beiden Zeugen im Internet-Bereich meinten, sie hätten ein dumpfes Geräusch gehört, so als sei etwas zu Boden gefallen.

Verteidiger Klemke Wenn Halit Yozgat bereits tot gewesen wäre, als Temme zum Tresen ging, hätte er ihn da nicht sehen müssen?

Cihan B. Wenn man sich direkt an den Tresen stellt, ist die Wahrscheinlichkeit schon da, aber wenn man nur einen Meter rangeht, kann man auch nicht ausschließen, dass er ihn nicht sieht. Nach meiner Meinung hätte er ihn sehen müssen. Aber man kann es nicht zu 100 Prozent ausschließen, dass er ihn nicht gesehen hat. Der Zeuge Hamadi S. sagte ja auch aus, er habe den Toten nicht gesehen, obwohl er vorbeiging am Tresen.

Tag 41

1. Oktober 2013

Manfred Götzl, Richter. **İsmail Yozgat**, 58, aus Kassel, Frührentner, Vater des Mordopfers Halit Yozgat. **Emre E.**, 22, Auszubildender. **Andreas Temme**, 46, Ex-Mitarbeiter des hessischen Verfassungsschutzes. Temme sagte auch an den Tagen 63, 80, 106 und 214 aus.

(Der Zeuge İsmail Yozgat betritt den Gerichtssaal, begleitet von einem Dolmetscher, der seine Aussage übersetzt. Erstmals sitzt Verteidiger Wolfram Nahrath bei den Angeklagten. Er vertritt Ralf Wohllebens Anwältin Nicole Schneiders. Später im Prozess wird er Wohllebens dritter Pflichtverteidiger.)

Yozgat Ich begrüße Sie alle respektvoll. Ich bin İsmail Yozgat, der Vater des Märtyrers, der am 6. April 2006 durch zwei Schüsse in den Kopf erschossen wurde und in meinen Armen gestorben ist. Zunächst möchte ich mein herzliches Beileid den Angehörigen der zehn Märtyrer ausdrücken und ihnen Geduld wünschen. Ich bedanke mich bei Ihnen, Herr Vorsitzender, für das Interesse, das Sie uns gezeigt haben …

Götzl … jetzt muss ich Sie trotzdem unterbrechen. Sie sind Nebenkläger, aber auch Zeuge. Ich würde Sie bitten, mir den Tagesablauf am 6. April 2006 zu schildern und die Auffindesituation.

Yozgat Gut. Ich arbeitete im Internetcafé, mein Sohn kam gegen 15 Uhr rein, um mich abzulösen. Er sagte mir, dass seine Mutter draußen im Wagen auf mich wartet. Am nächsten Tag, am 7. April, hatte ich Geburtstag. Mein Sohn hatte meiner Frau Geld gegeben, damit sie für mich ein Geschenk kauft. Ich fuhr mit meiner Frau in die Stadt, sie hat für mich für 23 Euro eine Werkzeugkiste gekauft. Ich ließ meine Frau in der Stadt zurück. Als ich zurückkehrte, sah ich meinen Sohn in vollem Blut liegen. Am nächsten Tag habe ich mir meinen Geburtstag verboten – bis zu meinem Tode wird mein Geburtstag nicht mehr gefeiert. *(Er holt tief Luft.)* Am 8. April, ein Samstag, brachten wir den Leichnam meines Sohnes zur Beerdigung in die Türkei. Um 13 Uhr am Samstag habe ich mit meinen Händen meinen 21-jährigen Sohn ins Grab gelegt. *(Er wird immer lauter.)*

Warum haben sie meinen Sohn getötet? Was hat er getan? Zehn Tage später kamen wir nach Kassel zurück. Ich hatte früher fünf Kinder, nun waren nur noch vier zurückgeblieben. *(Seine Frau legt ihm von hinten beruhigend die Hand auf die Schulter.)* Ich habe dann gesehen, dass das Zimmer meines Sohns versiegelt war. Ich konnte nicht einmal zum Andenken in sein Zimmer gehen. Als ob das noch nicht gereicht hat, wurden auch noch viele Gerüchte in die Welt gesetzt. Eines der Gerüchte war, dass im Zimmer meines Sohnes 40 000 Euro gefunden worden sein sollen. *(Wieder lauter.)* Wir sind eine aufrichtige Familie. Von 2006 bis 2011 haben wir uns nicht vor das Haus getraut. Alle haben uns schief angeschaut. Immer wenn wir in die Stadt gingen, haben sie mich gefragt: Warum haben sie deinen Sohn getötet? Warum? Wegen Haschisch etwa oder wegen Heroin? Ist es die Mafia? *(Pause.)* Warum haben sie mein Lämmchen getötet? Nicht einmal in der Türkei haben meine Verwandten mit uns gesprochen. Ich konnte das alles nicht ertragen, deshalb erlitt ich einen Herzinfarkt. *(Er unterbricht, trinkt aus einem Glas Wasser.)*

Götzl Vielleicht, Herr Yozgat, kommen Sie noch mal zurück zu der Situation, als Sie Ihren Sohn aufgefunden haben. Was Sie da gesehen haben?

Yozgat Darf ich noch zwei Worte sagen?

Götzl Ja.

Yozgat Die Polizei hat Herrn Temme vernommen und eingesperrt, der während des Mordes im Internetcafé war. Dann kommt der Befehl von oben, und die Polizei hat Temme freigelassen. Ich habe vollen Respekt vor Herrn Götzl, aber mein Vertrauen in die Justiz ist gesunken. Jetzt komme ich zur Sache. Ich kam zur Ampel am Internetcafé, circa 200 Meter entfernt. Ich hatte mich verspätet. Um 17 Uhr sollte Halit zur Abendschule gehen, und ich wollte ihn ablösen. Immer wenn ich mich verspätete, wartete er normalerweise vor dem Laden. Es war aber niemand vor der Tür. Es gibt weiter vorne ein Teehaus. Dort saß ein Freund, aber mein Sohn war nicht am Tisch. Als ich ihn nicht dort sah, habe ich mir gedacht, vielleicht repariert er die Computer drinnen. Als ich hineinging, habe ich auf dem Tisch zwei rote Tropfen gesehen. Ich habe mir gedacht, vielleicht hat Halit Farbe verschüttet. Dann habe ich meinen Sohn dort liegen gesehen. Er lag auf dem Rücken. Ich habe ihn auf meinen Arm gelegt. *(Steht auf. Schreit.)* Er gab keine Antwort!

(Zschäpe starrt in ihren Laptop.)

Ich habe ihn langsam wieder auf den Boden gelegt und bin ins türkische Teehaus nebenan gelaufen und habe meinen Freunden dort gesagt: Meinem Sohn ist etwas zugestoßen. Danach brachte man mich aufs Polizeirevier. Das ist alles. *(Er tritt nach vorne an das Richterpult. Mit zitternder Hand malt er Positionen auf eine Skizze des Cafés.)*

Götzl In der Akte heißt es, Ihr Sohn habe auf dem Bauch gelegen. Bitte überlegen Sie noch mal.

Yozgat Es kann ein Missverständnis sein. So lag er.

(Yozgat legt sich auf den Bauch, um zu zeigen, wie sein Sohn lag. Er liegt direkt vor dem Tisch, an dem Zschäpe sitzt. Pause. Der nächste Zeuge, Emre E., ein 22 Jahre alter Auszubildender, betritt den Gerichtssaal.)

Emre E. Gegen 17 oder 18 Uhr habe ich im Café Ego-Shooter gespielt und auf diversen Seiten gesurft. Auf einmal kam dieses dumpfe Geräusch. Das habe ich in Verbindung gebracht mit einem herabfallenden PC und mir nix dabei gedacht. Ein paar Minuten später habe ich das Brüllen gehört von Halits Vater: »Halit, mein Sohn!« Dann bin ich nach vorne gegangen und hab den Halit auf dem Boden liegen gesehen. Ich war ziemlich aufgeregt, bin mehrmals hin und her, hab versucht, Hilfe zu holen. Halit war wie ein großer Bruder für mich, ich habe mich gut mit ihm verstanden.

(Nach weiteren Zeugenbefragungen und der Mittagspause betritt Andreas Temme, ehemaliger Mitarbeiter des hessischen Verfassungsschutzes, den Saal. Götzl belehrt ihn nach Paragraf 55 Strafprozessordnung, wonach ein Zeuge die Antwort auf Fragen verweigern darf, deren Beantwortung ihn der Gefahr einer Strafverfolgung aussetzen.)

Götzl Herr Temme, es geht uns um den Tod Halit Yozgats in einem Internetcafé in Kassel. Bitte berichten Sie, was Sie damals beobachtet haben.

Temme Ich bin an diesem Donnerstag nach Dienstschluss im Internetcafé angekommen und wollte in einem Chatportal nachsehen, ob Nachrichten für mich eingegangen waren. Ich kannte das Café schon länger. Herr Yozgat hat mir einen Platz zugewiesen. Ich hab mich an den PC gesetzt, mich eingeloggt und blieb etwa zehn Minuten im Chatportal. Dann hab ich mich wieder ausgeloggt und wollte vorne am Tresen zahlen. Weil ich Herrn Yozgat nicht gesehen habe, bin ich zur Tür raus, um nach ihm zu gucken. Da habe ich ihn auch nicht gesehen. Soweit ich mich erinnern kann, bin ich auch noch mal in den rückwartigen Raum. Da war er auch nicht. Und weil ich nach Hause wollte, habe ich dann den üblichen Preis, 50 Cent, auf den Tresen gelegt. Dann bin ich nach Hause gefahren. Am nächsten Tag, Freitag, hatte ich Urlaub. Von der Tat erfahren habe ich erst am Sonntag, aus einer örtlichen Zeitung. Ich war natürlich aufgewühlt und habe am Montagmorgen auf meine Stempelkarte geschaut, ob das an dem Tag war, als ich im Café war. Ich habe gesehen, dass ich am Mittwoch den Dienst früher beendet hatte. Ich bin daher dem Trugschluss erlegen, zu denken, dass ich 24 Stunden vor der Tat dort gewesen wäre.

Götzl Haben Sie daran gedacht, sich bei der Polizei zu melden?

Temme Mir war bewusst, oder es ist mir eigentlich später bewusst geworden, dass es falsch war, sich nicht zu melden. Aber ich hatte Angst, zum einen aus privaten

Gründen, weil ich jung verheiratet war und das mit dem Chatten von mir nicht richtig war. Zum anderen hätte es auch dienstliche Nachteile haben können.

Götzl Inwiefern?

Temme In der Nähe des Cafés gab es ein Beobachtungsobjekt aus dem Bereich Islamismus. Mir war bewusst, dass es sich für einen V-Mann-Führer nicht gehört, sich in der Nähe dieses Objekts aufzuhalten.

Götzl Ich muss noch mal nachfragen: Welche dienstlichen Nachteile fürchteten Sie denn?

Temme *(stammelt)* Ich dachte, dass es nicht gut angesehen würde ... Die Einschätzung war subjektiv von mir. Aus heutiger Sicht habe ich völlig falsch gehandelt. Mich hat erleichtert, dass ich überhaupt keine Wahrnehmung gemacht habe in dem Café, die mir seltsam vorkam. Auch dass ich Halit Yozgat nicht angetroffen habe, war mir schon mal passiert. Ich habe selbst Schwierigkeiten, es mir zu erklären, warum ich so gehandelt habe. Aber es ist leider so gewesen.

Götzl Können Sie nähere Angaben zu den Quellen machen, die Sie geführt haben?

Temme Ich habe fünf Quellen aus dem Bereich Islamismus geführt. Und eine im Bereich Rechtsextremismus.

Götzl Wann hatten Sie im Tatzeitraum Kontakt zu Ihrer Quelle aus dem Bereich Rechtsextremismus?

Temme Ich selbst hatte daran keine Erinnerung mehr. Bei einer Vernehmung durch die Bundesanwaltschaft im März 2012 wurde mir vorgehalten, dass es am Tattag zwei Telefonate mit dieser Quelle gab. Die Quelle hat mich am Mittag angerufen. Ob ich rangegangen bin oder den Anruf weggedrückt habe, weiß ich nicht mehr. Später am Nachmittag habe ich sie vom Büro aus angerufen und mit ihr einen Termin fur Montag ausgemacht. Es ging wohl um Geld. Quellen bekommen Geld und er wollte wohl noch Geld bekommen.

Götzl Welche Informationen haben Sie von der Quelle erhalten?

Temme Es ging um den Bereich der rechtsextremistischen Parteienlandschaft. Das genaue Zielobjekt darf ich nicht nennen. Aber es ging um eine kleine, eher unbedeutende Partei. Die Quelle war nicht sonderlich ergiebig.

Götzl Schildern Sie uns bitte einmal Ihren Werdegang.

Temme Ich war erst bei der Bundespost. 1994 habe ich mich beim Landesamt für Verfassungsschutz beworben. 1998 bin ich in die Außenstelle Kassel gekommen und habe dort als Ermittler gearbeitet. Ab 2003 war ich mit Quellenführung betraut. Im Herbst 2003 hatte ich den ersten Kontakt mit der Quelle. Am 21. April 2006 wurde ich vom Dienst suspendiert.

Götzl Welche Erinnerungen haben Sie an das Gespräch mit der Quelle am Montag nach der Tat?

Temme Im Prinzip keine mehr. Ich war an diesem 10. April sehr aufgewühlt, weil ich am Sonntag von dem Mord erfahren hatte. Was ich definitiv ausschließen kann, ist, dass ich irgendwelche Informationen zur Tat bekommen habe. Das hätte sich mir eingepräagt.

Götzl Haben Sie mit Ihrer Quelle über die Tat gesprochen?

Temme Ich habe an das ganze Gespräch keine Erinnerung mehr. Aber aus einem Vorhalt im Bundestagsuntersuchungsausschuss weiß ich, dass er mich offensichtlich darauf angesprochen hat. Ich habe es wohl relativ schnell beiseitegedrängt und war etwas wortkarg, was ich mir durch das Aufgewühltsein erkläre. Ich habe mich natürlich gefragt, wie nah war ich da dran, wann war ich dort in dem Internetcafé.

Götzl Wie sind Sie zu der falschen Zuordnung der Tage gekommen?

Temme Laut meiner Stempelkarte bin ich am Mittwoch früher gegangen, und an dem Donnerstag erst um 16.45 Uhr. Und was dann in meinem Kopf stattgefunden haben muss, war der Gedanke, dass es dieser Donnerstag nicht gewesen sein kann. Im Grunde ging es mir so wie jedem anderen, dass ich dachte, das kann doch gar nicht sein, dass ich an dem Tag da war. Und dann muss das der Mittwoch gewesen sein. Bis mir dann am 21. April sehr massiv klar gemacht wurde, dass dem nicht so war. *(An dem Tag wurde er von der Polizei festgenommen.)* Wie ich diesem Irrtum erliegen konnte, dieser Gedanke beschäftigt mich seit sieben Jahren.

Götzl *(schaut ihn kritisch an.)* Sie konnten sich am Sonntag nicht mehr erinnern, ob Sie am Mittwoch oder Donnerstag in dem Café waren? Ich habe mit diesem Punkt, das gebe ich ganz offen zu, Schwierigkeiten.

Temme Ich war so oft dort, dass ich nicht mehr wusste, an welchem Tag genau. Und dann hat sich der Gedanke festgesetzt: Es kann doch gar nicht sein, es kann doch nur der Mittwoch sein. Es kann doch nicht sein, dass ich nichts mitbekommen habe, außer, dass Herr Yozgat nicht am Schreibtisch sitzt. Ich bin da auch in keiner Weise stolz drauf, ganz im Gegenteil. Dieser Trugschluss ist ein Punkt in meinem Leben, den ich nicht begreife und den ich nicht ungeschehen machen kann.

Götzl Welche dienstlichen und privaten Ängste hatten Sie denn?

Temme Ich war jung verheiratet. Wir erwarteten unser erstes gemeinsames Kind. Ich hatte Angst um meine Beziehung. *(Was er nicht sagt: Er chattete im Internetcafé auf einem Flirtportal mit einer fremden Frau.)* Einen objektiven Grund, dass mein Dienstherr sagt, diese Gegend ist für dich tabu, gab es nicht. Ich hatte die Befürchtung subjektiv, obwohl es vielleicht objektiv gar keinen Grund gegeben hat. Ich habe mich zu sehr gefürchtet vor Konsequenzen, die vielleicht eintreten können.

Götzl Das sind mir zu viele Vielleichts. Eine Angst wäre möglicherweise nachvollziehbar, wenn Sie sich raushalten wollten.

Temme Nein, die Angst habe ich mir eingeredet, weil ich meine subjektiven Befürchtungen überbewertet habe. Sie hat nichts damit zu tun, dass ich etwas mitbekommen hatte. Ich habe leider nicht so gründlich nachgedacht, wie ich es hätte tun sollen.

(Nach einer Pause hakt Götzl weiter nach. Temme bleibt dabei, er habe am Sonntag nicht mehr gewusst, dass er am Donnerstag zur Tatzeit im Internetcafé war. Er habe weder ein Geräusch gehört noch Blutspuren oder die Leiche von Halit Yozgat gesehen.

Götzl Wir werden Sie erneut vorladen. Ich darf mich für heute bedanken.

Temme *(leise)* Darf ich vielleicht noch die Gelegenheit nutzen, um den Hinterbliebenen der Opfer mein tiefes Mitgefuhl auszusprechen? *(Er bekommt keine Antwort.)*

Tag 42

2. Oktober 2013

Manfred Götzl, Richter. **Ayşe Yozgat**, 55, Mutter des Mordopfers Halit Yozgat. **Michael S.**, 39, BKA-Mitarbeiter. **Sebastian Scharmer**, Anwalt der Nebenklage.

Yozgat *(wendet sich an Zschäpe.)* Mein Appell richtet sich an Frau Zschäpe: Sie sind auch eine Dame. Ich spreche Sie als Mutter an, als eine Geschädigte. Ich bitte Sie, diese Vorfälle aufzuklären. Seit sieben Jahren schlafe ich nachts nur zwei Stunden. Ich denke immer: Wie konnte das geschehen? Befreien Sie mich bitte von diesen Gefühlen. Sie müssen nicht die Sünden von anderen übernehmen. Denken Sie bitte immer an mich, wenn Sie sich ins Bett legen. Denken Sie daran, dass ich nicht schlafen kann. Ich danke Ihnen allen.

(Der Zeuge Michael S. vom Bundeskriminalamt wird aufgerufen.)

Michael S. Ich hatte den Auftrag, die Akten zu Andreas Temme auszuwerten, darunter die Kontaktdaten seiner Quelle aus dem rechten Bereich, Benjamin G. Wir konnten aber keine Bezüge zum NSU oder dessen Umfeld feststellen. Was die politische Einstellung von Temme angeht: Er hat Abschriften für eine Dokumentation des »Dritten Reichs« angefertigt, aber das war noch zu Jugendzeiten von Herrn Temme. Ein ehemaliger Nachbar hat 2006 gesagt, Temme sei im Dorf als Klein Adolf bekannt gewesen. Aus den Vernehmungen seines Umfelds ergaben sich aber wenige Informationen zu seiner politischen Gesinnung. Ein ehemaliger Kollege von Temme sagte: Mitte links. Temme selbst sagte, er habe keine rechte Gesinnung.

Wir haben seinen dienstlichen Kalender abgeglichen mit den Verbindungsdaten seines Handys. Er hat seine rechte Quelle, die er seit 2003 als V-Mann Benjamin G. alias »Gemüse« geführt hat, demnach etwa einmal im Monat kontaktiert. Im Jahr 2006 hat Temme keine schriftlichen Berichte zu den Treffen mit diesem V-Mann gefertigt. Allerdings gab es am 6.4. und am 10.4.2006 Telefonate beziehungsweise Treffen mit ihm, wie auch schon in den Monaten zuvor. Der V-Mann »Gemüse«. berichtete zur örtlichen Szene in Kassel, das waren drei Gruppierungen: die Kameradschaft Kassel, dann eine nicht näher bezeichnete Gruppe und »Sturm 18«. Die Infos waren so, dass keine Straftaten zu erkennen waren. Herr G. war nicht mehr direkt Teil der Szene, sondern hatte die Informationen aus zufälligen Treffen mit Szene-Angehörigen.

Götzl Am Tag des Mordes soll es laut Akten einen Anrufversuch der V-Person »Gemüse« bei Andreas Temme gegeben haben, und am Nachmittag ein Telefonat, das 688 Sekunden dauerte.

Michael S. Die frühere V-Person G. und Andreas Temme sagten beide, sie könnten sich an die Inhalte dieses Telefonats nicht mehr erinnern.

Anwalt Scharmer Sie erwähnten die Kasseler Neonazi-Gruppe »Sturm 18«. Gab es zu dieser Nachforschungen?

Michael S. Ja, das ist eine Gruppe, die von einem Bernd Tödter geführt wird. Er hat behauptet, Uwe Mundlos und Uwe Böhnhardt seien einmal im ICE nach Kassel gekommen und er wisse, in welcher Wohnung sie übernachtet hätten. Das hat sich nicht mit unseren Ermittlungen gedeckt.

Anwalt Scharmer Wissen Sie etwas über Beziehungen von »Sturm 18« nach Dortmund?

Michael S. Darüber weiß ich nichts.

(Die Befragung des Zeugen S. geht weiter. Er gibt Auskunft über Funde im Brandschutt der Zwickauer Frühlingsstraße, die Hinweise auf die Mordserie enthalten, darunter DVDs, Stadtpläne, Mietverträge für Wohnmobile. Es geht auch noch einmal um die Grabungen in Dortmund, die Veronika A. beobachtet hat. Ihr Mann wird befragt. Er sagt, er habe Zschäpe nicht gesehen.)

Tag 43

8. Oktober 2013

Manfred Götzl, Richter. **Frank L.**, 38, Kriminaloberkommissar beim BKA. Er sagte auch an den Tagen 17 und 241 aus. **Thomas D.**, 39, Geschäftsführer einer Gebäudereinigung in Dortmund, Nachbar der Zeugin Veronika A., die am Tag 40 über ihre merkwürdigen Beobachtungen auf dessen Grundstück berichtet hat. **Vera D.**, 36, seine Frau. **Ellen H.**, 28, Polizistin beim BKA. **Anja Sturm**, Verteidigerin von Beate Zschäpe. **Alexander Hoffmann, Detlef Kolloge, Stephan Kuhn** und **Yavuz Narin**, Anwälte der Nebenklage.

Götzl Wir kommen zu der DVD, die im Brandschutt in der Frühlingsstraße in Zwickau gefunden wurde. Was können Sie uns erzählen?

Frank L. Ich nahm die Erstbewertung der sogenannten NSU-DVD vor, die am 10. 11. 2011 im Brandschutt aufgefunden wurde. Am Anfang war eine Art Intro, ein Bildschirm, auf dem wellenartig ein Bild war, eine Landschaft, dazu lief die Pink-Panther-Musik: »Wer hat an der Uhr gedreht?« In der Mitte war zu lesen: Nationalsozialistischer Untergrund, Frühling, DVD 1. Daraus schlossen wir, es müsste auch eine DVD 2 gegeben haben. Bisher haben wir aber keine gefunden. Der Film nutzt verschiedene »Paulchen Panther«-Folgen als Grundlage. Das Intro hatte eine Dauer von 1,14 Minuten. Durch einen Klick gelangte man zum Hauptfilm, der 15 Minuten und zwei Sekunden dauert. Er begann mit einem Statement: »Der Nationalsozialistische Untergrund ist ein Netzwerk von Kameraden mit dem Grundsatz ›Taten statt Worte‹. Solange sich keine grundlegenden Änderungen in der Politik, Presse und Meinungsfreiheit vollziehen, werden die Aktivitäten weitergeführt.« In der nächsten Einstellung ist in den vier Ecken des Bildschirms je ein Paulchen-Panther-Kopf platziert. In der Mitte das Logo des NSU.

Dann fing der Film an. Neben Comic-Elementen waren auch TV-Ausschnitte eingestreut: von »Stern-TV«, »Aktenzeichen XY« und einem WDR-Beitrag. Auch schriftliche Botschaften waren in dem Film untergebracht. Der Sprengstoffanschlag in der Kölner Probsteigasse wurde thematisiert, der Anschlag in der Kölner Keupstraße, auch die Česká-Serie mit den neun Morden. Das alles wurde als »Deutschlandtour« bezeichnet, die Tatorte wurden gezeigt auf einer Staffelei, die Opfer wurden gezeigt auf einer Staffelei, so wurde das vom ersten bis zum letzten Mord dargestellt.

Drei Morde wurden etwas detaillierter dargestellt anhand von Gedankenblasen von Paulchen Panther. Wir haben festgestellt, dass bei den drei Straftaten auf Fotos zurückgegriffen wurde, die exklusiv von den Tätern gestammt haben. Sie waren nicht aus den Polizeiakten oder aus Medienberichten.
Beim ersten Fall, dem Mord an Enver Şimşek, wurde Material aus der Sendung »Aktenzeichen XY« herangezogen. Die Ersteller des Videos haben in der Sprechblase ein Foto von Enver Şimşek gezeigt und es als »Original« gekennzeichnet und das aus »Aktenzeichen XY« als »Fälschung«. Auf diesem ersten Foto hat Şimşek noch gelebt. Das Bild muss von Täterseite also unmittelbar nach der Tat angefertigt worden sein.
Auch im Fall Özüdoğru war eine Gedankenblase zu sehen mit einem Foto. Auf diesem Foto waren im Kopfbereich starke Blutungen erkennbar, die Kleidung war noch sehr sauber. Man sieht an der buchstäblich weißen Weste von Özüdoğru auf dem Foto, dass die Tat noch nicht lange her ist. Auf den Polizeibildern ist die weiße Weste durchgehend blutdurchtränkt. Der Arm des Opfers hängt auf den Polizeibildern schlaff am Körper herunter, auf dem Bekennervideo lag er noch auf der Bank. Erst gegen 21.30 Uhr wurde das Opfer gefunden, die Tat wurde auf 16.30 Uhr terminiert. Bis dahin war bei dem Opfer viel Blut ausgetreten.
Von Süleyman Taşköprü gibt es ein Bild, wie er auf der Seite liegt in einer Nische beim Brotregal. Die Rettungssanitäter zogen ihn in die Mitte. Dort setzen erst die Polizeifotos ein. Wir gehen davon aus, dass auch dieses Foto unmittelbar nach der Tat gefertigt worden sein muss.
Das ganze Video ist mit mehr oder weniger offenen und versteckten Botschaften versehen: Hoch lebe Paulchen und der NSU, Bombenstimmung in der Keupstraße, Aktion Dönerspieß, Kamerad bei der Arbeit. Nach circa 14 Minuten geht das Video in einen Abspann über. Dazu läuft das Lied: »Wer hat an der Uhr gedreht?« Am Ende des Films ist eine Ankündigung zu erkennen: Mehrere Sekunden läuft eine Collage als Standbild: Bilder zum Mordfall Kiesewetter, von Trauerfeiern, Stichworte wie »DVD 2«, »Paulchens neue Streiche«. Das hat bei uns die Vermutung genährt, dass es eine zweite CD gibt oder geben sollte und weitere Straftaten geplant waren.
(Polizist L. zeigt am Richtertisch Bilder der Mordopfer Şimşek, Özüdoğru und Taşköprü, die in dem Video verwendet wurden.)

Anwalt Kuhn Kann das Video auch vom engeren Umfeld des NSU erstellt worden sein, das vielleicht nur die Aufgabe hatte, das Video zu erstellen? War in dem Video die Figur des Paulchen Panther mit dem NSU deckungsgleich?

Götzl Vom Zeugen werden da Beweiswürdigungen gefordert, die lieber Sie machen sollten. Und wir auch. Dafür sind Sie doch da.

Anwalt Kuhn Dann frage ich anders: Ergibt sich aus dem Video, ob der NSU und Paulchen Panther deckungsgleich waren?

Frank L. Soll ich jetzt die Frage beantworten?

Götzl Die Frage wird beanstandet. Es ist nicht Ihre Sache, die Beweise zu würdigen. Auch wenn es durchklingt, dass Sie das gerne machen würden.

(Der Zeuge Thomas D. wird aufgerufen. Es ist der frühere Nachbar der Zeugin Veronika A. in Dortmund. Sie hatte Grabungen in seinem Garten beobachtet, die ihr unheimlich vorkamen. Sie will auch Zschäpe, Mundlos und Böhnhardt in seinem Garten gesehen haben.)

Götzl Kennen Sie Frau Zschäpe, Herrn Böhnhardt oder Herrn Mundlos?

Thomas D. Nee, überhaupt nicht. Ich habe sie mittlerweile gezwungenermaßen auf Bildern gesehen, aber bis sich jetzt das BKA bei mir meldete, hatte das für mich keine Bedeutung.

Götzl Was können Sie zu den Grabungsarbeiten sagen, die Frau A. beobachtet hat?

Thomas D. Ja, ich habe mit einem Kollegen von mir mal einen Gartenteich angelegt.

Götzl Tagsüber oder am Abend?

Thomas D. Kann sein, dass es in der Dämmerung war, nach meinem normalen Dienst. Der endet normalerweise um 17 Uhr.

Götzl Können Sie Ihren Kollegen beschreiben?

Thomas D. 1,70 oder 1,75 Meter groß, muskulös, er macht Bodybuilding. Blondierte, kurze Haare. Tja.

Götzl Haben Sie mal eine Camouflagehose getragen?

Thomas D. Ja, das war eine Zeit lang Mode, da hat die jeder angehabt.

Götzl Was können Sie zu den Fahrzeugen sagen, die vor dem Grundstück standen?

Thomas D. Ich war selbstständig, konnte davon aber nicht leben. Deshalb habe ich als Subunternehmer gearbeitet und hatte immer einen Transporter vor der Tür stehen.

Götzl Hatten Sie auch ein Wohnmobil?

Thomas D. Ja, ich glaub 2011.

Götzl Was können Sie zu den Vornamen Ihrer Söhne sagen?

Thomas D. Odin und Thor, das sind für mich germanische Götter. Da stehe ich heute noch dazu, das ist nichts Verwerfliches.

Götzl Sie haben angegeben, dass Sie nie in einer rechtsradikalen Partei oder Organisation waren. Stimmt das?

Thomas D. Ja.

Götzl Die Zeugin sagte, sie habe Frau Zschäpe, Herrn Mundlos und Herrn Böhnhardt auf Ihrem Grundstück gesehen. Können Sie sich das erklären?

Thomas D. Das wird mein Schwager und mein Neffe gewesen sein. Und meine Schwester, sie hat dunkle, schulterlange Haare. Es kann auch ein Schulfreund dabei gewesen sein. Mein Schwager hat auch sehr kurze Haare und ist sehr dünn.

(Thomas D. verlässt den Gerichtssaal, seine Frau Vera ist die nächste Zeugin.)

Götzl Können Sie zu Ihrer eigenen politischen Einstellung und zu der Ihres Mannes etwas sagen?

Vera D. Nein, ich glaub nicht.

Anwalt Narin Wissen Sie, ob Ihr Mann mal Skinhead war?

Vera D. Nein.

Anwalt Narin Können Sie es ausschließen?

Vera D. Ich kann es doch nicht ausschließen, wenn ich es nicht weiß.

(Bevor Vera D. den Saal verlässt, bittet ein Nebenklagevertreter sie, sich in Richtung Opferanwälte umzudrehen. Ihr Mann hatte dem BKA erzählt, die Zeugin hätte von sich selbst gesagt, sie sehe Zschäpe ähnlich. Nebenklagevertreterin Doris Dierbach wird nach dem Auftritt von Vera D. außerhalb des Saals sagen: »Die Zeugin sieht Frau Zschäpe ungefähr so ähnlich wie ich ihr.« Dierbach ist – im Gegensatz zu Zschäpe – groß und blond.)

Verteidigerin Sturm Nach den Aussagen dürfte jedem im Saal klar geworden sein, dass die Aussagen der Zeugin A. nicht den Tatsachen entsprachen. Deswegen haben sich insgesamt auch weitere Erklärungen zur Zeugin erübrigt.

(Nach einer weiteren Zeugin folgt die Zeugin Ellen H. vom Bundeskriminalamt.)

Götzl Sie waren im Bundeskriminalamt mit der Auswertung der sichergestellten Videodateien auf einer Festplatte aus dem Brandschutt Frühlingsstraße befasst. Was können Sie uns berichten?

Ellen H. Wir haben originale Szenen aus der Paulchen-Panther-Serie gefunden, aber auch Dateien, die nicht verwendet wurden. Das komplette Bekennervideo und zwei alte Versionen. Zwei Tatortaufnahmen des zweiten und dritten Mordes, die im NSU-Film verwendet wurden. TV-Aufzeichnungen zum Mord an der Polizistin Kiesewetter und zum Anschlag in der Keupstraße. Und einen Ordner mit verschiedenen Bildern. Diese Bilder weisen starke Bezüge zu Herrn Eminger auf. Es handelt sich um Bilder von Frau Eminger, schwanger und mit Baby. Weihnachtsgrußkarten der Familie Eminger für Verwandte. Einladungsschreiben für eine Burgführung in Sachsen im Jahr 2003, mit anschließender nationalsozialistischer Veranstaltung. Umrandet von Runenschriftzeichen, die wir als »Sieg Heil« entziffern konnten. Des Weiteren haben wir amateurhafte Aufnahmen von Rudolf-Heß-Gedenkmärschen in Dänemark gefunden und eine Collage mit einer Aufnahme von Gerhard Schröder hinter Gittern, mit inem Judenstern auf der Brust und dem Schriftzug »You're the next«. Sie stammt aus dem Jahr 2002 und war vermutlich für Poster oder T-Shirt-Aufdrucke gedacht.

Götzl Was können Sie uns über die alten Fassungen des Bekennervideos sagen?

Ellen H. Dort tauchen die Namen der Opfer auf, zum Beispiel Taşköprü. Außerdem taucht der rosarote Panther mit einer Gedankenblase auf: »Der Ali muss weg.« Es ist von Ali 1 bis 9 die Rede, Ali steht makabererweise für die Mordopfer. Die alten Fassungen sind noch wesentlich aggressiver als das bekannte Video. Beim Sprengstoffanschlag in der Kölner Probsteigasse im Januar 2001 zum Beispiel wird das Opfer direkt angesprochen: »M. weiß jetzt, wie ernst uns der Erhalt der deutschen Nation ist«, heißt es da.

Anwalt Kolloge Wann wurde die Festplatte eingerichtet?

Ellen H. So generell lässt sich das nicht sagen. Die Dateien im bereits erwähnten Ordner mit Bildern namens »Bildermix« wurden alle im Februar 2007 erstellt. Ich kann vielleicht noch ergänzen, dass wir bei André Eminger zwei externe Festplatten gefunden haben, auf denen auch die Inhalte des Ordners »Bildermix« waren. Das belegt, dass es da eine Verbindung geben muss.

Anwalt Hoffmann Haben Sie auch etwas gefunden zu Tätowierungen von Herrn Eminger?

Ellen H. Gut, dass Sie mich erinnern: Es fand sich die Tattoovorlage der Clownsfigur auf dem Unterschenkel von Herrn Eminger – ein Clown mit Krallen statt Fingern, angelehnt an die Figur aus Stephen Kings Buch »Es«.

Tag 44

9. Oktober 2013

Manfred Götzl, Richter. **M. Z.**, 57, Radio- und Fernsehmechaniker aus Nürnberg. Er ist als Zeuge zu dem Mord an İsmail Yaşar in der Nürnberger Scharrerstraße geladen. **Christina L.**, 29, Polizistin in Merseburg. **Udo V.**, 50, Kriminalhauptkommissar aus Borken/NRW. **Wolfgang Stahl, Anja Sturm**, Verteidiger von Beate Zschäpe.

M.Z. Ich war am 9. Juni 2005 im Obi in der Regensburger Straße und habe eine Arbeitsplatte gekauft. Auf der Rückfahrt bin ich in die Scharrerstraße gefahren und musste an einem Fußgängerüberweg halten. Den haben auch zwei Radfahrer überquert, einer war lang und dünn, der andere kurz und kräftig. Kurz darauf habe ich Schüsse gehört. Erst ein paar, dann wieder. Es hat mich aber nicht interessiert, ich bin zu meinem Laden weitergefahren, ich repariere Radios und Fernseher.

Götzl Woher kamen die Radfahrer?

M.Z. Von links nach rechts. Die waren sehr ruhig und langsam auf dem Fußgängerweg, das hat mich genervt, weil ich schnell zu meinem Laden wollte.

Götzl Was hatten sie an?

M.Z. Nicht eine Jeans, sondern so Trainingshosen.

Götzl Können Sie die Geräusche noch mal beschreiben?

M.Z. Erst einen und dann ein paar Stück nacheinander. Ich hab sie aber nicht gezählt. Jeden Tag hört man was, es fällt was runter, Unfälle, Schüsse.

Götzl War das Geräusch so eindeutig für Sie?

M.Z. Das waren Schüsse, eindeutig. Tsch, tsch, tsch, tsch.

Götzl Kennen Sie das Geräusch von Schüssen?

M.Z. Ja, im Irak gab es das und in Nürnberg auch. Richtung Tiergarten ist ein Trainingszentrum der Polizei, da hört man solche Geräusche oft. Ich dachte zuerst, der Klang kommt von meinem Kassettendeck im Auto. Also hab ich zurückgespult, aber die Kassette war in Ordnung. Als ich dann in meinem Laden war, kam auf einmal ein Hubschrauber über meinen Laden. Wie bei Star Trek. Meine Nachbarin hat später gesagt, der Imbissbesitzer ist ermordet worden.

Götzl Warum haben Sie keine Veranlassung gesehen, sich gleich bei der Polizei zu melden?

M.Z. Ich dachte, das ist nicht mein Problem. Ich mache meine Arbeit.

Götzl An dem Fußgängerüberweg – hatten Sie da Blickkontakt mit den Radfahrern?

M.Z. Der zweite Radfahrer war sehr langsam. Ich hab ihn nervös angeschaut und ihm angedeutet: weiter, weiter! Er hat schlimme Finger gemacht. Er war ruhig wie im Urlaub.

Götzl Sie haben bei der Polizei ausgesagt, Sie hätten die erste Person auf den Lichtbildern erkannt.

M.Z. Den Großen habe ich hundertprozentig erkannt. Mit den abstehenden Ohren. Den Zweiten nicht.

Götzl Sagen Ihnen die Namen Zschäpe, Mundlos und Böhnhardt etwas?

M.Z. Nee.

Götzl Sie kennen sie auch nicht aus der Presse oder aus dem Fernsehen?

M.Z. Ich schau kein Fernsehen. Und höre kein Radio. Ich spiele nur Keyboard und Gitarre. Hin und wieder läuft bei meiner Tochter N24. Aber ich hasse Nachrichten, das ist doch alles Lüge.

Götzl Haben Sie mal Bilder von den dreien gesehen?

M.Z. Nee, ich schlafe bis elf Uhr, fahre zum Laden und arbeite bis ein Uhr nachts. Und am Wochenende mache ich Musik. Das Einzige, was ich mitbekommen habe: Auf der Straße haben ein paar türkische Leute angefangen zu lästern: Vielleicht hat die Frau ihn umgebracht, wegen des Erbes. Vielleicht war es die Mafia, vielleicht ging es um Drogen.

Götzl Sie sind erst viel später zur Polizei gegangen. Warum?

M.Z. Die Frau von Yaşar hat mich angefleht, zur Polizei zu gehen und zu sagen, was ich gesehen habe. Das fand ich komisch: Erst gab es auf der Straße die Gerüchte, sie habe ihren Mann umbringen lassen, und jetzt fleht sie mich an.

(Richter Götzl zeigt ihm das Fahndungsplakat von Zschäpe, Mundlos und Böhnhardt.)

M.Z. Ich werde wahrscheinlich nie wieder als Zeuge ausagen, selbst wenn man meinen Vater umbringt.

Götzl Warum? Weil wir Sie alles Mögliche fragen?

M.Z. Ja, natürlich möchte ich, dass die Wahrheit herauskommt.

Götzl Wir wollen nur Ihre Erinnerungen. Wenn Sie sich an etwas nicht erinnern, ist es auch nicht so schlimm.

M.Z. Ich bin fünf- oder sechsmal vorgeladen worden, stundenlang ausgefragt worden.

Götzl Erinnern Sie sich noch an die Radfahrer?

M.Z. Ja, einer hatte die Taschen ausgebeult, als wenn Zigaretten oder eine Geldbörse drin wäre. Ich hasse Leute, die ihre Taschen vollstopfen.

Verteidigerin Sturm *(unterbricht)* Herr Vorsitzender, können wir 15 Minuten Pause machen. Ich würde mich gern mit meiner Mandantin besprechen. Sie kann sich kaum noch konzentrieren.

Götzl *(mustert Zschäpe)* Sie lächeln, Frau Zschäpe, vielleicht können Sie mir das selbst erklären, ob Sie sich noch konzentrieren können. Das Lächeln irritiert mich etwas.

Verteidigerin Sturm Das interpretieren Sie so.

Götzl Ich interpretiere nicht, ich schildere nur, was ich sehe. Wir haben spät angefangen, eine Stunde müsste Ihre Mandantin schon durchhalten.

Verteidigerin Sturm Meine Mandantin hat aber schon einen langen Tag hinter sich.

Götzl Hat Ihre Mandantin jetzt Konzentrationsschwächen oder nicht? Sagen Sie mir das ganz klar! Dann kann ich darüber entscheiden.

Verteidigerin Sturm Ich hatte nicht vor, eine solche Diskussion vom Zaun zu brechen.

Götzl Sie haben mich mitten in der Frage unterbrochen. Das ist mir nicht verständlich. Sie stören mich mitten in meiner Befragung. Ich habe ja auch ein Konzept. Da braucht es gute Gründe, wenn Sie mich unterbrechen.

Verteidigerin Sturm Dann ziehe ich das zurück.

(M.Z. verlässt den Gerichtssaal und Götzl verkündet eine Pause. Die nächste Zeugin ist die Polizistin Christina L.)

Götzl Sie haben die Asservate ausgewertet, die in der Frühlingsstraße in Zwickau gefunden wurden, darunter mehrere Zeitungsausschnitte. Was haben Sie festgestellt?

Christina L. Es wurden sehr viele Zeitungsartikel in der Wohnung sichergestellt, insgesamt 68. Es gibt Zeitungsartikel zur Česká-Mordserie und zu den Kölner Bombenattentaten. Die Asservate wurden zum Teil auch im NSU-Bekennervideo verwendet. Auf zwei Asservaten waren Fingerabdrücke von Frau Zschäpe.

Götzl Auf welchen Zeitungsartikeln befanden sich die Fingerabdrücke von Frau Zschäpe?

Christina L. Auf welchen genau, kann ich jetzt nicht mehr sagen. Das steht aber in meinem Bericht. Auf einer Zeitung aus Dortmund war ganz sicher ein Fingerabdruck von Frau Zschäpe drauf.

Götzl *(Er lässt ein Foto des Berichts »Wer tut nur so was?« aus einer Dortmunder Zeitung vom 5. April 2006 über den Mord an Mehmet Kubaşık zeigen.)* In Ihrem Vermerk findet sich bei diesem Bericht kein Hinweis auf eine Fingerspur von Frau Zschäpe.

Christina L. Dann trügt mich meine Erinnerung. Es waren 68 Artikel, ich weiß es nicht mehr genau.

(Götzl liest aus dem Bericht der Polizistin vor. Demnach fand sich auf einem Artikel über den Mordfall Habil Kılıc aus der Münchner Zeitung tz vom 30. August 2001 eine Fingerspur von Zschäpe »am oberen Rand des Zeitungsausschnitts mittig«. Eine weitere Fingerspur findet sich am unteren Rand, rechts, auf einem Artikel aus dem Kölner Express vom 11. Juni 2004 über den Anschlag in der Kölner Keupstraße. Sie stammt von Zschäpes linkem Daumen und linkem Zeigefinger.)

Christina L. Wenn das da so steht, dann ist das zutreffend. Dann habe ich mich mit der Dortmunder Zeitung vertan.

Verteidiger Stahl Wurden alle 68 Zeitungsartikel auf daktyloskopische Spuren untersucht?

Christina L. Ja. Und auf zwei Asservaten waren Spuren von Frau Zschäpe.

Verteidiger Stahl Wurden von anderen Personen Spuren festgestellt?

Christina L. Ich gehe davon aus, dass es keine weiteren Spuren gab, weil ich sonst die Gutachten bekommen hätte.

Verteidiger Stahl Es wurden also auf 68 Zeitungsausschnitten lediglich an zwei Asservaten Spuren gefunden und diese stammten von Frau Zschäpe. Auf allen anderen sind keine Spuren festgestellt worden. Habe ich Sie da richtig verstanden?

Christina L. Ja.

Verteidiger Stahl Welche kriminalistischen Schlüsse haben Sie daraus gezogen?

Christina L. Dass Frau Zschäpe die Artikel zumindest mit ihren Fingern berührt hat.

(Christina L. verlässt den Gerichtssaal. Wolfgang Stahl setzt zu einer Erklärung an.)

Verteidiger Stahl Der Generalbundesanwalt stützt einen nicht unwesentlichen Teil seiner Vorwürfe gegen Frau Zschäpe auf die These, dass ein umfangreiches Zeitungsarchiv zu den hier angeklagten Taten bestanden habe und dass unsere Mandantin an der Erstellung des Archivs mitgewirkt habe. Von der Zeugin haben wir gehört, dass 68 Artikel gefunden wurden und sich lediglich auf zwei Artikeln Spuren finden. Das beweist, dass unsere Mandantin nur einen ganz seltenen Kontakt zu den Artikeln gehabt haben kann. Hätte Frau Zschäpe ein Zeitungsarchiv, wie es in der Anklage heißt, angelegt und gepflegt, hätten sich bei lebensnaher Betrachtung eine Vielzahl daktyloskopischer Spuren von Frau Zschäpe finden müssen. Ein Beweiswert ist daher nicht gegeben.

(Der Zeuge Udo V. betritt den Gerichtssaal.)

Udo V. Ich bin im letzten Jahr an das BKA abgeordnet gewesen, um die Fahrzeuganmietungen des Trios zu überprüfen. *(Verteidiger Heer schüttelt beim Wort Trio den Kopf.)* Vernehmungen und Außenermittlungen habe ich nicht gemacht.

Götzl Können Sie etwas zu den einzelnen Firmen sagen?

Udo V. Von 2000 bis 2011 konnte ich 65 Autoanmietungen feststellen bei insgesamt vier Firmen.

Götzl Wer hat die Wagen angemietet?

Udo V. Die ersten drei Anmietungen erfolgten auf die Personalien von André Eminger. Ab Februar 2004 wurden sämtliche Anmietungen auf Personalien von Holger Gerlach vorgenommen. Dafür wurden der Führerschein und zwei verschiedene Reisepässe vorgelegt.

Götzl Wurden bei der Befragung der Firmen auch Bilder von Mundlos, Böhnhardt und Zschäpe vorgelegt?

Udo V. Ja. Herr Böhnhardt, aber oft auch Holger Gerlach wurden wiedererkannt, die beiden hatten eine fast identische Brille. Bei einer Firma soll Frau Zschäpe 2011 dabei gewesen sein bei einer Vorbesprechung. In einer anderen Firma hieß es, Frau Zschäpe sei 2007 oder 2008 im Geschäft gewesen und habe eine geplante Autovermietung verhandelt. Es sei aber nicht zum Abschluss gekommen.

Verteidiger Stahl Was soll der Zeuge denn da eigentlich bekunden? Er war doch gar nicht draußen und hat niemanden befragt.

Götzl Aber er hat alles zusammengefasst. Welchen Beweiswert Sie dem dann beimessen, können Sie ja später entscheiden. Es ist vielleicht für Sie ganz gut, mal eine Übersicht zu haben. Ich kann natürlich auch bei jedem Satz den Zeugen fragen, ob er sich erinnern kann, je nachdem, wie lange Sie hier zubringen wollen.

(Stahl winkt ab.)

Götzl Ich hab viel Energie.

(Götzl setzt die Befragung fort und erkundigt sich detailliert nach einzelnen Anmietungen von Wohnmobilen und wie sie mit den einzelnen Verbrechen korrespondieren.)

Verteidiger Stahl Was hat das jetzt für einen prozessualen Sinn, dass Sie dem Zeugen seitenweise Vorhalte machen und er nickt?

Götzl Sie können das volle Programm bekommen. Ich kann auch jede Angabe einzeln abfragen. Zur Not verlesen wir alle Mietverträge. Das können Sie alles haben.

Verteidiger Stahl Ich will ja keinen Streit vom Zaun brechen.

Götzl Ich auch nicht, ich halte Ihnen nur die Konsequenzen vor Augen.

Udo V. 15 Fahrzeuganmietungen korrespondieren mit insgesamt 17 Straftaten. Im Einzelnen waren das sechs Tötungsdelikte, zwei Sprengstoffanschläge und neun Raubüberfalle auf Geldinstitute.

Tag 45

10. Oktober 2013

Manfred Götzl, Richter. **Carsten Schultze**, Angeklagter. **Wolfgang Heer,** Verteidiger von Beate Zschäpe. **Olaf Klemke, Nicole Schneiders,** Verteidiger von Ralf Wohlleben. **Johannes Pausch**, Verteidiger von Carsten Schultze. **Doris Dierbach, Eberhard Reineke, Peer Stolle**, Anwälte der Nebenklage.

(Zu Beginn der Sitzung stellt die Verteidigung von Beate Zschäpe einen Antrag zu der Rentnerin Charlotte Erber, die bis zum 4. November 2011 in der Frühlingsstraße 26 in Zwickau wohnte und Nachbarin von Beate Zschäpe war.)

Vetreidiger Heer In der Strafsache gegen Frau Zschäpe wird beantragt, unverzüglich die Hauptverhandlung am Wohnort der Zeugin Charlotte Erber durchzuführen und die Zeugin zu vernehmen. Hilfsweise wird beantragt, die kommissarische Vernehmung der Zeugin Erber durch einen Richter anzuordnen und unserer Mandantin die Anwesenheit zu gestatten. Begründung: Die unverzügliche richterliche Vernehmung der Zeugin Erber ist geboten, um dem Recht unserer Mandantin auf konfrontative Befragung von Belastungszeugen Geltung zu verschaffen. Aus dem ärztlichen Attest geht hervor, dass Frau Erber ihrer Ladung aus gesundheitlichen Gründen nicht mehr nachkommen könne, da sie an einer Demenz, einem Lungenhochdruck, einer irreparablen Herzinsuffizienz sowie einer hochgradigen Niereninsuffizienz leide. Zudem habe sich die Zeugin einen Bruch des Oberschenkelknochens zugezogen. Nach jetzigem Kenntnisstand ist die Zeugin zumindest auf absehbare Zeit nicht reisefähig. Zudem besteht die konkrete Besorgnis, dass die Aussagetüchtigkeit der Zeugin bereits in kurzer Zeit und endgültig nicht mehr gegeben sein wird.

Schon aufgrund des sehr hohen Lebensalters der Zeugin, Frau Erber ist 91 Jahre alt, duldet die unmittelbare Beweiserhebung keinen Aufschub mehr. Es steht zu befürchten, dass die Zeugin verstirbt oder ihre Aussagetüchtigkeit dauerhaft nicht mehr gegeben ist. Für die Verteidigung ist nicht weiter akzeptabel, dass der Vorsitzende der Vernehmung der Zeugin keine hinreichende Priorität zukommen lässt.

Die besondere Bedeutung der Vernehmung der Zeugin Erber folgt bereits aus einem handschriftlichen Vermerk des Zeugen Kriminalhauptmeister P. auf einer Niederschrift der Vernehmung von Frau Erber vom 12.11.2011: »Ich gehe davon aus, dass Zschäpe bei Frau Erber geklingelt hat. Deshalb sollte Frau Erber als ›Entlastungszeugin‹ vernommen werden.«

Anwalt Reinecke Die Frau ist 91 Jahre alt, dement und herzkrank! Sie sofort am Wohnort zu vernehmen, ist sowas wie ein Todesurteil für die Frau. Es gibt Leute, die noch nie was mit einem Gericht zu tun hatten. Da wird das Risiko in Kauf genommen, eine alte Frau massiv gesundheitlich zu schädigen. Für nichts und wieder nichts.

Anwältin Dierbach Ich halte das Anliegen der Verteidigung für nachvollziehbar.

Verteidiger Heer Selbstverständlich wollen auch wir nicht, dass die Zeugin bei der Vernehmung Schaden nimmt. Diesen Vorwurf weisen wir mit der gebotenen Deutlichkeit zurück!

Götzl Mir geht es auch darum, die Zeugin möglichst hier zu hören. Mal schauen, wie wir das lösen.

(Der Angeklagte Schultze wird nun befragt.)

Verteidiger Klemke Herr Schultze, danke erst mal, dass Sie sich bereit erklärt haben, unsere Fragen zu beantworten. Das führt mich sofort zur ersten Frage. Sie sagten, Sie wollten sich nicht als Einziger nackig machen. Und begründeten das mit dem Begriff der Waffengleichheit. Wie kommt es, dass Sie sich nun doch anders entschieden haben?

Schultze Es gab einen Beschluss von Herrn Götzl und Herrn Weingarten, es würde besser gewürdigt werden, wenn ich mich komplett einlasse.

Verteidiger Klemke Was war das für ein Beschluss?

Schultze Ich glaube, zur Haftfrage.

Verteidiger Klemke Was hat Herr Weingarten damit zu tun?

Schultze Das war eine Stellungnahme, die habe ich jetzt nicht vor Augen. Ich könnte das in der nächsten Pause heraussuchen.

Verteidiger Klemke Gab es Kommunikation zwischen Ihren Anwälten und der Bundesanwaltschaft?

Schultze Davon gehe ich nicht aus. Sonst wüsste ich das.

Verteidiger Klemke Von was leben Sie jetzt?

Schultze Dazu sag ich nichts.

Verteidiger Pausch Ganz kurz, Herr Kollege: Der Mandant ist im Zeugenschutzprogramm. Er darf dazu nichts sagen.

Verteidiger Klemke Ist Ihnen auch untersagt worden, über Leistungen zu sprechen, die Sie im Zeugenschutz erhalten?

Schultze Ich erhalte keine Leistungen im Zeugenschutz.

Verteidiger Pausch Es gilt, was ich eben gesagt habe. Sämtliche Lebensumstände sind tabu. Da können Sie so lange nachfragen wie Sie wollen.

Verteidiger Klemke Kein Grund zur Aufregung, er hat eine Frage beantwortet, da schließt sich eine Frage an. Was hat man Ihnen gesagt, wie Sie aus dem Zeugenschutz rausfliegen?

Schultze Wenn ich gegen Richtlinien verstoße.

Verteidiger Klemke Welche wurden Ihnen genannt?

Schultze Im Detail darf ich darüber nicht sprechen. Wenn ich mich jetzt strafbar machen würde, ich denke, das wäre ein Grund rauszufliegen.

Verteidiger Klemke Ist es richtig, dass Beamte des Zeugenschutzes Sie in der JVA Köln ansprachen?

Schultze Das ist richtig.

Verteidiger Klemke Wissen Sie, warum die Herren erschienen? Pardon, oder Damen. Ich will nicht chauvinistisch sein.

Schultze Weil ich mich gefährde mit dem, was ich hier mache. Also, dass ich mich hier äußere.

Verteidiger Klemke Sie berichten, dass Herr Christian Kapke und Herr Wohlleben auf Sie zukamen, um Kontakt zum Trio zu halten …

Schultze Nicht Christian, der André Kapke hat mich angesprochen.

Verteidiger Klemke Die beiden gaben Ihnen gegenüber an, sie fühlten sich überwacht?

Schultze Ja, so habe ich das in Erinnerung.

Verteidiger Klemke Haben Sie etwas im Verhalten von Herrn Wohlleben bemerkt, dass er sich überwacht fühlt?

Schultze *(denkt lange nach)* Schon. Es war zum Beispiel so, dass wir aus der Wohnung rausgegangen sind, wenn wir uns über die drei unterhalten haben.

Verteidiger Klemke Hat Herr Wohlleben eine Begründung dafür abgegeben?

Schultze Er hat von einer möglichen Verwanzung gesprochen.

Verteidiger Klemke Sie schilderten in einer Vernehmung einen Vorfall, dass Sie von wechselnden Pkws verfolgt wurden, als Sie aus der Szene ausgestiegen seien. Haben Sie selbst Beobachtungen gemacht, abseits davon, dass Sie in den Fokus staatlicher Überwachungsmaßnahmen geraten sein könnten?

Schultze Da habe ich keine bestimmte Situation vor Augen. Nur als ich von Autos verfolgt wurde, da war ich allein im Auto. Und das ging über Tage. Beim Rudolf-Heß-Wochenende in Thüringen, da war Tino Brandt dabei. Ein Auto von der Zivilpolizei war an uns dran. Da ist einer von uns nach rechts und der andere nach links. Damit sie uns nicht beide verfolgen können.

Verteidiger Klemke Vielleicht ist anzunehmen, dass das Auto verfolgt wurde, wo der Herr Brandt nicht drinsaß. Kleiner Scherz. *(Tino Brandt war V-Mann des Verfassungsschutzes.)* Fällt Ihnen noch was anderes ein, was Sie getan haben, um die staatliche Überwachung zu unterlaufen?

Schultze Das Handy ausschalten, wenn Wohlleben und ich über die drei gesprochen haben.

Verteidiger Klemke Am 11. Juni gaben Sie hier an, dass die beiden Uwes eine halb automatische Waffe wollten und keinen Colt-Revolver. Was haben die Ihnen konkret als Wunsch übermittelt?

Schultze Dass sie keinen Colt wollten, sondern eine Handfeuerwaffe. Keinen Trommelrevolver.

Verteidiger Klemke Haben Sie nachgefragt, warum sie keinen Revolver wollten?

Schultze Nein.

Verteidiger Klemke Haben Sie das dem Andreas Schultz im Waffenladen *(Gemeint ist das Madley in Jena.)* so mitgeteilt, dass es kein Revolver sein soll?

Schultze Ich geh davon aus.

Verteidiger Klemke Haben Sie das früher nicht anders geschildert?

Schultze Kann sein, das kam bei mir erst langsam wieder hoch. Da kamen viele Bruchsteine wieder hoch. Es kommt mal was dazu oder was verschwimmt.

Verteidiger Klemke Kommen wir zu einem anderen Thema. Sie hatten erwähnt, dass Sie eine Schwester haben, die hat einen Sohn von einem Vater bekommen, der nicht gerade rein deutschen Blutes ist.

Schultze Er kommt aus Ghana.

Verteidiger Klemke Wussten Ihre Freunde, dass Sie einen farbigen Neffen haben? Gab es da irgendwelche Bemerkungen?

Schultze Ich erinnere mich, dass wir vor dem Haus Fußball gespielt haben und Wohlleben und Kapke waren dabei.

Verteidiger Klemke Gab es da Bemerkungen?

Schultze Da hab ich keine Erinnerungen. Das war alles ganz normal.

Verteidiger Klemke Sie sind mit dem Zug nach Chemnitz gefahren, um die Waffe zu übergeben?

Schultze Richtig.

Verteidiger Klemke Wie oft haben Sie Mundlos und Böhnhardt gesehen, bevor sie abgetaucht sind?

Schultze Die zwei, drei Male, die ich geschildert habe.

Verteidiger Klemke Was war die letzte Begegnung?

Schultze Das war im Januar '98, bei einer Demo, kurz vor dem Abtauchen.

Verteidiger Klemke Wer hat die Verabredung getroffen für Chemnitz? Dass die Waffe dorthin gebracht wird?

Schultze Ich weiß nicht, ob mir das Herr Wohlleben gesagt hat oder die am Telefon. Ich bin mir fast sicher, dass die das nicht am Telefon gesagt haben. Ich meine, Herr Wohlleben war mit dabei, vom Gefühl her war er mit dabei.

Verteidiger Klemke Was war das für ein Zug nach Chemnitz?

Schultze Ein Regionalexpress, nix IC-mäßiges.

Verteidiger Klemke Sie sagten, die beiden hätten Sie am Gleis abgeholt. Wer hat da wen erkannt?

Schultze Die kamen auf mich zu, ich auf sie. Wer wen zuerst gesehen hat, weiß ich nicht mehr. Das war auf jeden Fall am hinteren Drittel vom Gleis.

Verteidiger Klemke Woran haben Sie sie erkannt?

Schultze Es war kein Getümmel, dass man sich erst suchen musste. Ich habe sie am Gesicht wiedererkannt. Ich hatte sie ja nur zwei Jahre nicht gesehen.

Verteidiger Klemke Und trotzdem haben Sie sie wiedererkannt? Obwohl Sie sie vorher nur drei, vier Mal gesehen hatten? Aha. *(Pause.)* Wäre es nicht besser gewesen, mit dem Auto zu fahren statt in einem vollen Zug?

Schultze Nö.

Verteidiger Klemke Haben Sie nicht drüber nachgedacht?

Schultze Nö.

Verteidiger Klemke Haben Sie nie nachgedacht, wenn Ihnen jemand irgendwas gesagt hat?

Schultze Weil mir gesagt wurde, ich soll mit dem Zug dahin kommen, habe ich das gemacht.

Verteidiger Klemke Wie haben Sie reagiert, als die bei der Übergabe der Waffe den Schalldämpfer draufschraubten? Fanden Sie das nicht beunruhigend? Es hätte ja jeden Augenblick jemand kommen können. Gab es da keine Reaktion Ihrerseits?

Schultze Wüsste ich nicht.

Verteidiger Klemke Woher wussten Sie, dass das Geld für die Waffe von Herrn Wohlleben kam?

Schultze Er sagte zu mir: »Geh zum Schultz!« Zu dem vom Madley-Laden. Er war die einzige Person, die damit zu tun hatte. Ich hatte das Geld nicht.

Verteidiger Klemke Also schlussfolgern Sie nur, dass das Geld von ihm war?

Schultze Ich weiß es.

Verteidiger Klemke Aber woher denn, wenn Sie an die Geldübergabe keine Erinnerung haben?

Schultze Ich weiß es einfach.

Verteidiger Klemke Aha, Sie wissen es einfach. Wie oft und wie lange haben Sie die Waffe gesehen, die Sie besorgt haben?

Schultze Einmal beim Wohlleben, einmal bei mir und einmal in Chemnitz.

Verteidiger Klemke Sie sagten, Herr Wohlleben habe die Waffe auf Sie gerichtet und gelacht?

Schultze Ja.

Verteidiger Klemke Was haben Sie dabei gefühlt?

Schultze Es war schon komisch. Es war als Scherz gemeint.

Verteidiger Klemke Wie komisch?

Schultze Es war mir schon unangenehm.

Verteidiger Klemke Sie sagten, Herr Wohlleben glaubte, die Wohnung sei abgehört gewesen. Und Sie gehen mit der Knarre da rein?

Schultze Da haben Sie mich falsch verstanden. Die frühere Wohnung war vielleicht verwanzt, aber diese – da fällt mir nichts ein. Da haben wir jedenfalls keinen anderen Raum aufgesucht, um zu sprechen.

Verteidiger Klemke Sie sagten, Wohlleben habe den Schalldämpfer aufgeschraubt und dabei Lederhandschuhe angehabt?

Schultze Ja, richtig.

Verteidiger Klemke Haben Sie das von sich aus berichtet, bei der Vernehmung?

Schultze Ja, das war so eine Idee.

Verteidiger Klemke Ist die Idee bei Ihnen selbst gereift oder hat da jemand nachgeholfen? Oder kam die aus den tiefsten Tiefen wieder autonom bei Ihnen hochgekrochen?

Schultze Herr Weingarten hat mir ein paar Stichworte gegeben, und darüber habe ich nachgedacht.

Verteidiger Klemke Aha.

Verteidigerin Schneiders Haben Sie wegen des Zeugenschutzes selbst für sich Gefahren gesehen?

Schultze Konkret nicht, aber mir war schon klar, dass ich Zorn auf mich ziehen werde. In der rechten Szene werden mich viele als Verräter ansehen.

Verteidigerin Schneiders Sie haben gesagt, dass aus Ihrer JN-Gruppe einige ausgestiegen sind. *(JN steht für Junge Nationaldemokraten, die Nachwuchsorganisation der NPD.)* Ist denen irgendwann mal was passiert, wovon Sie konkret wissen?

Schultze Ich weiß nur, dass mich anschließend einige umringt haben und fragten: Stimmt es, dass du schwul bist?

(Nach Ende der Befragung von Carsten Schultze stellt der Nebenklage-Anwalt Peer Stolle einen Antrag.)

Anwalt Stolle Ich beantrage, Papiere aus der Wohnung von André Kapke zu beschlagnahmen, insgesamt elf Blätter. Es handelt sich um eine Geburtstagspost an Kapke: In Anlehnung an die Bild-Zeitung wurde sie 1998 von Ralf Wohlleben und seiner Freundin Jana angefertigt. Unter der Überschrift »Denkmal ist restauriert« ist die Justitia-Statue zu sehen, die von Mundlos und Böhnhardt zerstört wurde. Unter der Rubrik »Kontaktanzeigen« sind Fotos von Uwe Mundlos zu sehen mit dem Text: »Kofferbauer, suche Lady, die mich daran hindert, meine Koffer ständig an abgelegenen Plätzen zu vergessen.« Und es heißt, das KZ Buchenwald sei in eine Tankstelle für Gas umfunktioniert worden.

Das Beweisstück belegt eine verfestigte rassistische Weltanschauung Wohllebens und eine Bereitschaft bis hin zum Mord. Es wurde zum 23. Geburtstag von Kapke am 24. 8. 1998 angefertigt. In dem Schriftstück zeigen sich menschenverachtende Vernichtungsfantasien, rassistische und antisemitische Stereotype. Wohlleben beschreibt sich selbst als Rassist. Er wusste, dass er für die gesamte Kameradschaft spricht. Offenbar hat er den Kern getroffen. Kapke hat das Schriftstück jahrelang aufbewahrt.

Tag 46

15. Oktober 2013

Manfred Götzl, Richter. **Roman G.**, 32, Kriminaloberkommissar beim BKA. Er sagte auch an Tag 239 aus. **Wolfgang Stahl, Anja Sturm**, Verteidiger von Beate Zschäpe. **Bernd Behnke, Alexander Kienzle**, Anwälte der Nebenklage.

Roman G. Bei der Untersuchung der Brandreste aus der Frühlingsstraße in Zwickau wurde Kartenmaterial zu insgesamt 14 Städten sichergestellt. Zu Nürnberg, München, Dortmund und Kassel fanden sich umfangreiche Ausdrucke aus elektronischen Adresslisten und Routenplanern. Zu diesen vier Städten waren 267 Institutionen aufgeführt. Es gab zum Teil handschriftliche Notizen von Ausspähungen in Nürnberg, Dortmund und München, die vor Ort entstanden sein müssen. Wir haben in unseren Vermerken festgehalten, was zu den einzelnen Orten eingetragen war.
(Bei einem »Türkischen Laden« in Dortmund-Rahm heißt es zum Beispiel: »Guter Sichtschutz. Person gut, aber alt (über 60)«, bei einem Bürgerbüro der SPD: »Keine besonders gute Lage. Nur bei schlechtem Wetter einen Gedanken wert.« Zu einem »Türkischen Imbiss« wurde notiert: »Gutes Objekt, guter Weg von dort weg!!! Personal ist nicht optimal – vorher noch mal prüfen!!!« Richter Götzl geht die einzelnen Orte und Bemerkungen mit dem Zeugen durch und befragt ihn dazu.)

Verteidiger Stahl Auch auf die Gefahr hin, dass ich Sie erzürnen mag, Herr Vorsitzender. Aber was ist das prozessual, was Sie jetzt machen? Der Zeuge bekundet nichts aus eigener Erinnerung.

Götzl Ich halte aus einem Vermerk vor und befrage einen Zeugen. Die Zeugenbefragung ist in der Strafprozessordnung vorgesehen. Die StPO sieht aber nicht die Befragung des Vorsitzenden vor.

Verteidigerin Sturm Ich beanstande die Befragung dieses Zeugen.
Götzl Nein, Sie beanstanden nicht. Ihnen passt nur die Antwort des Zeugen nicht.
Verteidigerin Sturm Dann belehren Sie den Zeugen bitte, dass er nicht eine eigene Beweiswürdigung vornehmen soll.
Götzl Es geht um die zeitliche Zuordnung, nicht um eine Beweiswürdigung. Da müssen Sie gut zuhören.
Verteidigerin Sturm Herr Vorsitzender …
Götzl … jetzt bin ich am Sprechen.
(Götzl setzt seine Befragung fort. Der Zeuge erzählt, dass der Tatort in Dortmund offenbar weit im Voraus ausspioniert wurde und dass die Observierung der Tatorte in München und Nürnberg etwa zehn bis zwanzig Tage vor der Tat stattfand.)
Anwalt Behnke Was können Sie zur Urheberschaft der Bemerkungen sagen?
Roman G. Die handschriftlichen Unterlagen konnten Uwe Böhnhardt und Uwe Mundlos zugeordnet werden.
Anwalt Behnke Haben Sie auch DNA-Spuren gefunden?
Roman G. Auf der Adressliste zu München konnten molekulargenetische Spuren von Herrn Mundlos nachgewiesen werden.
Anwalt Kienzle Gab es eine Markierung in der Holländischen Straße in Kassel? *(Das ist die Straße, in der sich auch das Internetcafé des Mordopfers Halit Yozgat befand.)*
Roman G. Ja, die Nummer 212.
Anwalt Kienzle Was hat sich da befunden?
Roman G. Ein islamisches Kulturzentrum.

Tag 47

16. Oktober 2013

Manfred Götzl, Richter. **Franz Schläfli**, 45, Betreiber einer Transportfirma in Bern. Er soll 1996 als Mitbegründer des inzwischen wieder aufgegebenen Waffenhandels Schläfli & Zbinden die Pistole des Typs Česká 83, die spätere Tatwaffe bei neun der zehn NSU-Morde, mit Schalldämpfer an den Kunden Anton G. verkauft haben. **Gabriele Q.**, Kriminalhauptkommissarin beim BKA. **Olaf Klemke**, Verteidiger von Ralf Wohlleben. **Mehmet Daimagüler, Alexander Hoffmann**, Anwälte der Nebenklage.

Götzl Es geht uns um den Bereich Waffenhandel. Wie Ihr Waffenhandel funktioniert hat, die Dokumentation, wie das aufgezogen ist.
Schläfli Ich bin seit vielen Jahren nicht mehr in der Branche tätig. Wie das damals

war, kann ich Ihnen sagen: Für eine Faustfeuerwaffe brauchte es einen Waffenerwerbsschein. Damit konnte man eine Waffe kaufen.

Götzl Bis wann waren Sie in dem Geschäftsbereich tätig?

Schläfli Aufgehört habe ich im August 2005.

Götzl Wie müssen wir uns das von der technischen Abwicklung her vorstellen?

Schläfli Faustfeuerwaffen wurden in einem Register aufgeführt. Dort waren der Lieferant aufgeführt, die Seriennummer und der Käufer.

Götzl Hatten Sie ein Ladengeschäft?

Schläfli Jawohl, wir hatten ein Ladengeschäft oder es ging über den Versand. Dann mussten eine Ausweiskopie und eine Erwerbsbewilligung an uns geschickt werden. Man konnte per Vorauskasse oder Nachnahme bei uns zahlen. Wenn die Zahlung eingegangen ist, haben wir die Ware per Post verschickt.

Götzl Hat der Kunde Anton G. etwas gekauft?

Schläfli Ja. Aus dem Register ist ersichtlich, dass die Česká, um die es hier geht, am 11.4.1996 an Anton G. versandt wurde.

Götzl Wie erfolgte die Bezahlung?

Schläfli Das muss Vorkasse oder Nachnahme gewesen sein.

Götzl Wurde ein Schalldämpfer mitverkauft?

Schläfli Das wurde als Set verkauft, der Schalldämpfer war im Lieferumfang dabei. Damals war im Kanton Bern der Verkauf von Schalldämpfern frei, deswegen mussten die auch nicht registriert werden.

Götzl War Munition mit dabei?

Schläfli Es würde mich nicht überraschen, wenn Munition dabei gewesen wäre. Aber ich kann es Ihnen nicht sagen.

Götzl Wie hoch war der Preis fürs Paket?

Schläfli So um die 1000 Franken, vielleicht ein bisschen mehr.

Anwalt Daimagüler Haben Sie Informationen von Ihren Kunden bekommen, warum man eine Handfeuerwaffe mit Schalldämpfer braucht?

Schläfli Nein, nur wenn sie Sammler waren. Aber wenn jemand eine illegale Absicht damit vorhatte, hat er uns das sicher nicht auf die Nase gebunden.

Verteidiger Klemke Wurden Waffen mit Schalldämpfer gern gekauft?

Schläfli Ja.

Verteidiger Klemke Wie groß war der Anteil der Waffen mit Dämpfer?

Schläfli Kann ich nicht sagen. Aber das Set hier war relativ selten.

Verteidiger Klemke Aus den Unterlagen geht hervor, dass Sie 1993 insgesamt zwanzig Waffen mit Schalldämpfern geliefert haben. Das heißt, Sie haben oft mit Schalldämpfern geliefert.

Schläfli Würde ich nicht sagen. Zwanzig, das ist immer noch sehr selten.

Verteidiger Klemke Sie machen mir Angst.

Anwalt Hoffmann Wenn ein Privatmann die Waffe weiterverkaufen wollte, wie ging das?

Schläfli Der hätte sie einfach weiterverkaufen können.

Anwalt Hoffmann Hätte der auch einen Waffenerwerbsschein gebraucht?

Schläfli Nein, weil ein Privater ja gar keinen Waffenhandel betreiben durfte. Für den Waffenhandel brauchte man ein Waffenhandelspatent.

(Die Zeugin Gabriele Q. vom BKA wird in den Gerichtssaal gerufen. Sie war an den Ermittlungen nach dem Brand in der Frühlingsstraße in Zwickau beteiligt.)

Gabriele Q. Bei der Untersuchung in der Frühlingsstraße wurden 390 Euro gefunden, die von einem Raub aus dem Jahr 2004 stammten. Im Wohnmobil fanden sich 71 915 Euro von dem Raub vom 4. 11. 2011. In einem Rucksack waren noch 3000 Euro von einem Raub zwei Monate zuvor, im September 2011. Und schließlich 20 000 Euro von einem Raubüberfall aus dem Jahr 2007. Das konnten wir anhand der Banderolen um die Scheine feststellen. Dann steckten noch 5000 Euro in einer Kakaodose und weiteres Geld an verschiedenen Orten. Insgesamt fanden wir im Wohnmobil 112 207,29 Euro. Auch 2500 Gramm Schwarzpulver konnten sichergestellt werden, in einem Glas mit Schraubverschluss. Eine Menge von einem Kilogramm kann bereits ausreichend sein, um eine Explosion herbeizuführen.

Tag 48

22. Oktober 2013

Manfred Götzl, Richter. **Andrea C.**, 37, Hausfrau aus Nürnberg. Sie war am 9. Juni 2005 in einem Supermarkt einkaufen und kam auch am Dönerstand des Mordopfers İsmail Yaşar vorbei. **Herbert Diemer**, Bundesanwalt. **Wolfgang Stahl**, Verteidiger von Beate Zschäpe.

Götzl Haben Sie am Dönerstand irgendwelche Personen wahrgenommen?

Andrea C. Nein, ich kannte aber den Mann vom Dönerverkauf.

Götzl Waren Sie dort auch Kundin?

Andrea C. Manchmal, ja.

Götzl Könnten Sie uns die Situation beim Einkaufen noch mal näher schildern?

Andrea C. Ich bin an dem Tag mit meinem Sohn einkaufen gegangen im Edeka. Da habe ich die Frau Beate Zschäpe gesehen. Sie hat mich an eine Schauspielerin erinnert: Sara Gilbert aus der Fernsehserie »Roseanne«. Es waren ja nur ein paar Minuten.

Götzl Können Sie die Frau näher beschreiben?

Andrea C. Es waren halt die lockigen Haare, und es war ein Moment, in dem ich das gedacht habe.

Götzl Wie lang haben Sie sie gesehen?

Andrea C. Nicht lang. Wir haben ja nur an der Kasse gestanden. Eine Minute, oder anderthalb.

Götzl Wie stand die Frau, wie standen Sie?

Andrea C. Ich stand hinter ihr.

Götzl Haben Sie denn das Gesicht der Frau gesehen?

Andrea C. Ja. Beim Reingehen hab ich sie schon beobachtet, ich hab sie schon im Gang gesehen.

Götzl Diese Serie »Roseanne« – haben Sie sich die häufiger angesehen?

Andrea C. Ja, als Kind, als 14-, 15-Jährige habe ich mir das oft angeschaut.

Götzl Sie haben angegeben, Sie hätten auf dem Rückweg zwei junge Männer gesehen?

Andrea C. Die saßen auf dem Spielplatz und hatten Fahrräder dabei. Ich bin einfach nur vorbeigelaufen

Götzl Wo genau?

Andrea C. Auf der Bank, in Richtung des Dönerstands.

Götzl Können Sie die beiden näher beschreiben?

Andrea C. Durch die Presse weiß ich jetzt schon, wie sie aussahen. Das Einzige, was ich noch weiß, ist, dass die kurze Haare hatten. Beide hatten so gut wie gar keine Haare. Die Gesichter kann ich nicht mehr beschreiben. Die beiden sahen für mich damals eher aus wie zwei Russen, das hab ich damals auch gesagt.

Götzl Haben Sie Ihre Beobachtungen damals mit dem Tod des Herrn Yaşar in Zusammenhang gebracht?

Andrea C. Überhaupt nicht.

Götzl Wo haben Sie erstmals ein Bild der Frau Zschäpe gesehen?

Andrea C. Im Fernsehen.

Götzl Und haben Sie da gleich eine Verbindung hergestellt zu der Frau im Edeka-Markt?

Andrea C. Ja, für mich persönlich.

Götzl Hat denn die Frau damals eine Brille getragen?

Andrea C. Das kann ich nicht mehr beantworten.

(Götzl liest aus ihrer Vernehmung vor, die Anfang April 2012 durchgeführt wurde. Dort hatte sie noch geäußert, die Frau im Supermarkt habe eine Brille getragen.)

Andrea C. Es ist, als wenn es nicht meine Aussage ist, Herr Richter. Das kenne ich nicht.

(Ihr werden Bilder von Zschäpe vorgelegt, auch eines von deren Festnahme im November 2011.)

Andrea C. So sah die Frau natürlich nicht aus. Die war hübscher und viel gepflegter.

Verteidiger Stahl Haben Sie noch das Bild vor Augen, was Sie damals gesehen haben?

Andrea C. Ja. Aber ich habe die Frau nicht lang gesehen.

Verteidiger Stahl Können Sie denn heute noch aus Ihrer Erinnerung heraus irgendetwas an der Person beschreiben?

Andrea C. Nein, das ist acht Jahre her, ich kann gar nichts mehr beschreiben.

Verteidiger Stahl Aber Sie sind doch auch am 2. 4. 2012 vernommen worden.

Andrea C. Sie hat lockige Haare gehabt. Eine richtige Lockenpracht.

Verteidiger Stahl Das wissen Sie?

Andrea C. Ja, und ich habe sie damals als junge Frau wahrgenommen, eher so Anfang zwanzig.

Verteidiger Stahl Woran machen Sie das fest?

Andrea C. Von meinem inneren Gefühl her.

(Anwalt Erdal verlangt eine Vereidigung der Zeugin.)

Bundesanwalt Diemer Die Voraussetzungen dafür liegen nicht vor. Außerdem ist die Aussage der Zeugin auch nicht von entscheidender Bedeutung.

Andrea C. Kann ich jetzt gehen?

(Die Zeugin wird entlassen.)

Tag 49

23. Oktober 2013

Manfred Götzl, Richter. **Andreas M.**, 52, Kriminaloberkommissar aus Rostock, Ermittler im Mordfall Mehmet Turgut. **Bernd S.**, 57, Kriminalhauptkommissar aus Rostock. **Andreas S.**, 48, Kriminalhauptkommissar aus Rostock. **Ronald P.**, 49, Kriminalhauptkommissar aus Rostock. **Haydar A.** 45, Besitzer des Dönerstands in Rostock, in dem Mehmet Turgut im Februar 2004 ermordet wurde. **Anja Sturm**, Verteidigerin von Beate Zschäpe. **Olaf Klemke, Nicole Schneiders**, Verteidiger von Ralf Wohlleben. **Bernd Behnke, Hardy Langer**, Anwälte der Nebenklage.

Andreas M. Als wir am 25. Februar 2004 am Stand von Mehmet Turgut eintrafen, war der Dauerdienst schon vor Ort. Es machte den Eindruck, als sei der Laden gerade erst geöffnet worden. Später stellten wir fest, dass auch die Kaffeemaschine frisch angesetzt worden ist. Zwei Projektile steckten im Boden. Ein Projektil hat noch im Kopf des Geschädigten Mehmet Turgut gesteckt.

(Bilder vom Tatort werden gezeigt, der Zeuge setzt seine Brille auf.)

Zum Tatort kommt man nur durch eine Sackgasse. Als Einheimischer war ich noch nie an diesem Ort, eigentlich fahren nur Anwohner da lang. Was sucht jemand hier in diesem Bereich? Da hatten wir keine Erklärung für. In der Nähe gibt es eine Hauptstraße, die zur Autobahn A 19 führt.

Der Dönerimbiss bestand aus einem Container, beschmiert mit Graffiti. Wir fanden noch frisch geschnittenes Gemüse im Container. Der Tote hatte Geld in der Hosentasche; auch im Container konnten wir Bargeld sicherstellen. Die Menschen, die hier reingekommen sind, wollten nicht rauben oder zerstören, die wollten nur töten. Die Spuren, die wir am Tatort gefunden haben, lassen den Schluss zu, dass die Täter in den Imbisswagen hineingegangen sind und das Opfer fixiert und getötet haben.

Verteidigerin Sturm Auf welcher Spurenlage beruht Ihre Einschätzung?

Andreas M. Bei Mordtaten sind meistens andere Spuren zu erwarten. Die Täter hätten durch die Scheibe schießen können. Üblich wäre auch gewesen, dass sich irgendwelche Spuren eines Kampfes finden. Das Opfer muss auf dem Boden fixiert worden sein, und dann sind die Schüsse gesetzt worden. Es fanden sich keine Spuren von Blut an den Gerätschaften des Imbisswagens oberhalb des Fußbodenniveaus. Das müssen fast aufgesetzte Schüsse gewesen sein.

Verteidiger Klemke Das Opfer kann sich ja auch freiwillig hingelegt haben.

Andreas M. Ob das ein Mensch freiwillig macht, lasse ich mal so im Raume stehen. Ich gehe davon aus, dass keiner einfach stillhält und sich erschießen lässt. Das ist meine Sicht der Dinge.

Verteidiger Klemke Das ist Ihre Sicht der Dinge. Können Sie denn ausschließen, dass sich das Opfer bewegt hat?

Andreas M. Ausschließen kann ich nichts.

(Kriminalhauptkommissar Bernd S. wird als nächster Zeuge in den Gerichtssaal gerufen.)

Bernd S. Wir haben circa 300 Euro Bargeld aufgefunden, unter anderem in der Hose des Toten, und sind demnach nicht von Raub ausgegangen. Ein Zeuge hat ausgesagt, er sei noch um zehn Uhr am Imbiss gewesen und habe das Opfer dort noch angetroffen. Um 10.10 Uhr sei er wieder weggefahren. Damit konnte die Tatzeit auf 10.10 bis 10.20 Uhr eingegrenzt werden. Wir fanden keinerlei DNA oder Fingerabdrücke.

Während der Ermittlungen ergaben sich Hinweise, dass sich das Tötungsdelikt möglicherweise aus dem Bereich der organisierten Kriminalität herleiten lassen könnte. Es gab verschiedene Hinweise auf Geldwäsche und mögliche Rauschgiftdelikte. Deshalb haben wir auch Ermittlungen in Richtung der Familie Turgut unternommen und auch der Familie des Imbissbesitzers Haydar A.

Götzl Welche Maßnahmen wurden da getroffen? TKÜ beispielsweise?

(Götzl spricht von Telekommunikationsüberwachung, also dem Abhören von Telefonaten und E-Mail-Verkehr.)

Bernd S. Ja, TKÜ, ja.

Götzl Haben Sie selbst mit den Angehörigen Kontakt gehabt?

Bernd S. Nee.

Anwalt Langer *(liest von einem Schreiben ab)* Sie haben am 4. 3. 2005 einen Vorschlag für eine Presseerklärung gemacht. Darin heißt es: Ein ausländerfeindlicher Hintergrund kann derzeit ausgeschlossen werden. Wie kamen Sie zu dieser Einschätzung?

Bernd S. Es gab keinerlei Hinweise in diese Richtung.

Anwalt Langer Aber wie kann man eine Richtung schon nach einer Woche Ermittlungen ausschließen?

Bernd S. So wie wir ausgeschlossen haben, dass es sich um einen Raub handelte, haben wir auch dies ausgeschlossen.

Anwalt Langer Was lag denn vom Landesamt für Verfassungsschutz und dem Staatsschutz vor?

Bernd S. Die Behörden waren an unseren Ermittlungen beteiligt und haben auch an Beratungen teilgenommen. Wenn die uns sagen, sie haben nichts, dann müssen wir das so hinnehmen.

(Der nächste Zeuge ist Kriminalhauptkommissar S.)

Andreas S. Die Verwandtschaft des Opfers aus Schwerin meldete sich bei uns, dass das Opfer eigentlich Mehmet und nicht Yunus heiße, wie wir ursprünglich ermittelt hatten. Es hieß, die Brüder hätten die Personalien in der Türkei getauscht, angeblich um den Wehrdienst in der Türkei zu vermeiden. Demnach handelte es sich bei dem Toten um Mehmet Turgut, geboren im Jahr 1977.

Verteidigerin Schneiders Wie war denn die Kooperationsbereitschaft des Bruders?

Andreas S. Er hatte damals Einreiseverbot und war wohl nicht bereit, mit der deutschen Polizei zusammenzuarbeiten. Er meinte, er würde lieber Detektive beauftragen.

Verteidigerin Schneiders Wissen Sie noch, von welchem Geld er sie bezahlen wollte?

Andreas S. Er sprach davon, dass er in Deutschland Drogen verkaufen wollte.

(Es folgt der Zeuge P., ebenfalls Kriminalhauptkommissar aus Rostock.)

Ronald P. Aus der Ausländerakte des Opfers ging hervor, dass er 1994 erstmalig aufgefallen war: Damals wurde er als Schüler eingeschleust. Im Februar 1995 stellte er einen Asylantrag, der aber negativ beschieden wurde. Er hielt sich daraufhin unerlaubt in Deutschland auf. Als seine Duldung auslief, ist er für die Behörden verschwunden. 1996 wurde er festgenommen und abgeschoben. Ende 1998 gab es einen ähnlichen Verlauf: Er erschien in Hamburg und stellte dort einen Asylantrag. Er erklärte, dass er in seinem Dorf in der Türkei Repressalien ausgesetzt sei. Wieder gab es eine Ablehnung und wieder verschwand Mehmet Turgut. Im Mai 2000 wurde er aufgegriffen und wieder abgeschoben. Im August 2003 tauchte er wieder auf, es kam zur Festnahme durch das Zollamt Stralsund. Er wurde in die JVA Bützow nahe Rostock verbracht. Er stellte einen Asylfolgeantrag, der wiederum abgelehnt wurde. Im November 2003 verliert sich die Spur.

Anwalt Behnke Wir verwahren uns dagegen, dass irgendwelche Ermittlungsverfahren gegen das Opfer Eingang in das Verfahren nehmen.

Götzl Worauf zielt das?

Anwalt Behnke Es heißt, dass immer wieder nach dem Aufenthaltsstatus gefragt worden sei. Vom vorigen Zeugen hieß es, dass Drogen verkauft werden sollten.

Götzl Mir geht es darum, ein Bild von der Persönlichkeit des Opfers zu gewinnen.

(Der nächste Zeuge ist Haydar A., der Besitzer des Dönerstands.)

Haydar A. Am Vortag hatte Bayern München gegen Real Madrid gespielt. Ich hatte mir das Spiel mit meinem Neffen angeschaut und dann bei ihm übernachtet. Am Morgen bin ich dann zum Großhändler. Ich hatte mich verspätet. Eigentlich wollte ich den Imbiss um zehn Uhr öffnen, aber ich kam erst gegen 10.15 Uhr dort an. Ich rief, er solle kommen, um zu helfen, die Sachen aus dem Wagen zu laden. Dann habe ich die Tür geöffnet und sah Blut am Boden. Ich habe gefragt, was ist los? Als keine Antwort kam, habe ich um Hilfe gerufen.

Götzl Wie lag das Opfer?

Haydar A. Der Kopf war seitlich, die Füße lagen in Richtung Tür. Ich glaube, er lag mit dem linken Ohr auf dem Boden, aber das weiß ich nicht mehr so genau. Er lebte noch, deshalb versuchte ich, ihn in meinen Wagen zu bringen, aber er war schwer.

Götzl War er bei Ihnen beschäftigt gewesen?

Haydar A. Er war nur mein Gast. Er war ein guter Mensch, ein armer Junge. Er kam aus dem gleichen Dorf wie ich und sprach nicht viel.

Götzl Seit wann war er bei Ihnen Gast, wie Sie sagen?

Haydar A. Seit circa drei Wochen.

Götzl Hat er Ihnen in der Zeit geholfen bei Ihrem Kebap-Grill?

Haydar A. Ja. Wir hatten noch einen anderen Imbiss in der Nähe, er fuhr dorthin und wieder zurück.

Götzl Hatten Sie vereinbart, dass er an dem Tag da ist?

Haydar A. Ja, er hatte den Schlüssel.

(Am Ende des Verhandlungstags verkündet Richter Götzl einen Beschluss des Gerichts. Es geht um den Mord 2006 in Kassel und die Rolle des Verfassungsschutz-Beamten Andreas Temme, der sich am Tatort aufgehalten hatte und deshalb unter Tatverdacht geraten war. Die Richter lehnen einen Antrag ab, sämtliche 35 Akten der damaligen Ermittlungen zu Temme zum NSU-Verfahren beizuziehen. Es würden konkrete Anhaltspunkte fehlen, dass in den Akten Informationen enthalten seien, die für das NSU-Verfahren relevant wären.)

Tag 50

24. Oktober 2013

Manfred Götzl, Richter. **Stephan Seidl**, 54, Rechtsmediziner aus Erlangen. Er hat die Leiche des Nürnberger Mordopfers İsmail Yaşar obduziert. Er sagte bereits am Tag 26 aus. **Moritz S.**, 29, Kriminalkommissar beim BKA Berlin. **Leopold Pfoser**, 64, Sachverständiger beim BKA Wiesbaden. **Wolfgang Heer**, **Wolfgang Stahl**, Verteidiger von Beate Zschäpe.

(Erstmals sitzt Jacqueline, die Frau des Angeklagten Ralf Wohlleben, als sogenannter Beistand neben ihrem Mann auf der Anklagebank. Vor Gericht geht es um den Mord an Yaşar am 9. Juni 2005 in Nürnberg.)

Seidl Bei der rechtsmedizinischen Leichenöffnung des Opfers zeigten sich fünf Schussverletzungen; unter anderem ein Schädeldurchschuss, ein Trümmerbruch der vierten Rippe, ein Trümmerbruch des rechten Schlüsselbeins. An der rechten Wange war ein Streifschuss festzustellen sowie eine Aufreißung am Rand des rechten Ohrläppchens. Es fand sich unter anderem Blut in der rechten Brusthöhle. Das Opfer verstarb infolge von Verblutung.

Götzl Wie lange hat Herr Yaşar nach der Tat in etwa noch überlebt?

Seidl Das ist grob geschätzt im einstelligen Minutenbereich möglich gewesen.

(Nach weiteren Zeugen kommt Kriminalkommissar Moritz S. in den Saal.)

Moritz S. Ich war damit befasst, die Zeitungsausschnitte und die NSU-Videos abzugleichen. Im ersten Vorgängervideo des Bekennervideos waren der erste Mord in Nürnberg und der Anschlag in der Probsteigasse thematisiert. Im zweiten Video haben die ersten vier Morde Verwendung gefunden. In der finalen Version wurden alle neun Morde thematisiert, und es waren sieben oder acht Zeitungsartikel eingeblendet.

Im Wohnmobil wurden drei USB-Sticks mit dem Bekennervideo drauf gefunden sowie sechs DVDs. In Zwickau wurden 36 DVDs in adressierten Umschlägen und weitere lose DVDs gefunden.

In beiden Vorläufervideos waren Songs der Band »Noie Werte« zu hören. Der Leadsänger dieser Band ist Steffen Hammer. Er arbeitete in einer Rechtsanwaltskanzlei in Stuttgart, seine Kollegin war Nicole Schneiders *(die Verteidigerin von Ralf Wohlleben).*

(Der übernächste Zeuge ist der Sachverständige Pfoser aus Wiesbaden.)

Pfoser Ich habe fünf Gutachten zu den Tatwaffen des Typs Česká und Bruni erstellt.

(Ausführlich erklärt er die verschiedenen Hülsen und Geschosse, die bei den Mordfällen sichergestellt wurden. Zuweilen gerät seine Darstellung sehr umständlich.)

Pfoser Auf einem bestimmten Zugeindruck der erhabenen Stelle, da befand sich, da hab ich das entdeckt, befand sich eine aluminiumfarbene Anhaftung. Sie konnte nicht vom Lauf selbst kommen, und auch nicht beim Aufprall verursacht worden sein. Daraus konnte man den Schluss ziehen, das musste, die plausibelste Erklärung war, es müsste eine Waffe mit Schalldämpfer sein …

Verteidiger Stahl Ich kann das überhaupt nicht verstehen, was er sagt.

Götzl Ich kann das schon verstehen. Ich hab mich auch vorbereitet. Das Problem hatten Sie ja schon öfters, auch bei meinen Befragungen.

Verteidiger Stahl Nein, nein, nein.

Verteidiger Heer Auch für mich sind die Ausführungen nicht verständlich. Wenn in Ihren Ausführungen ein Vorwurf enthalten sein sollte, dann weise ich das zurück.

Tag 51

5. November 2013

Manfred Götzl, Richter. **Gamze Kubaşık**, 28, Tochter von Mehmet Kubaşık, der am 4.4.2006 in seinem Kiosk in Dortmund ermordet wurde. **Elif Kubaşık**, 49, Ehefrau des Mordopfers. **Janica D.**, 40, Büroangestellte aus Dortmund. **Jochen Weingarten**, Vertreter der Bundesanwaltschaft. **Olaf Klemke**, Verteidiger von Ralf Wohlleben. **Carsten Ilius, Sebastian Scharmer**, Anwälte der Nebenklage.

Götzl Es geht um den Tod Ihres Vaters am 4. April 2006. Es gibt verschiedene Themen, zu denen ich Sie befragen will. Zunächst zur Situation am 4.4.: Wie wurde der Laden Ihres Vaters betrieben, wer war wann vor Ort? Können Sie uns berichten?

Gamze Kubaşık Mein Vater, meine Mutter und ich haben den Laden zusammen geführt. Meine Mutter hat um sechs Uhr den Laden geöffnet, dann hat mein Vater meine Mutter abgelöst, vorher hat er meinen jüngsten Bruder zum Kindergarten gebracht und Einkäufe erledigt. Ich war an der Fachoberschule. Nach der Schule bin ich direkt zum Kiosk und habe meinen Vater abgelöst.

Götzl Wie war es am 4. April 2006?

Gamze Kubaşık Ich war in der Schule, die Schwester meiner Mutter aus London war zu Besuch. Ich habe meinen jüngsten Bruder in den Kindergarten gebracht.

Götzl Wie war der Laden zugänglich?

Gamze Kubaşık Für einen Kiosk war das ein großer Laden, eher eine Trinkhalle.

Kunden konnten reinkommen, rechts war der Tresen, wo unsere Kasse stand. Hinter der Kasse standen die Zigaretten. Links die Getränke. Vor der Kasse waren Chips und Süßigkeiten. Ab 22 Uhr haben wir den Kiosk abgeschlossen, danach haben wir über das Verkaufsfenster verkauft. Da gab es auch eine Klingel.

Götzl Gab es eine Überwachungsmöglichkeit?

Gamze Kubaşık Ja, aber mein Vater hat die ausgemacht.

Götzl Die Person Ihres Vaters würde mich interessieren. Wie lange hat er gearbeitet?

Gamze Kubaşık Mein Vater hatte ein, zwei Jahre vor seiner Ermordung einen Schlaganfall. Davor hat er als Lieferant bei einer Dönerproduktion gearbeitet, das konnte er dann nicht mehr machen. Er war ein Jahr in Behandlung und dann arbeitslos. Dann hat er den Kiosk übernommen.

Götzl Wie setzt sich die Familie zusammen?

Gamze Kubaşık Ich habe zwei jüngere Brüder, die 13 und 18 Jahre alt sind. Der Ältere macht eine Ausbildung, der Kleine ist in der Realschule.

Götzl Wie haben sie die Tat wahrgenommen?

Gamze Kubaşık Mein jüngster Bruder hat nicht viel mitbekommen, weil er damals noch so klein war. Die Erzieherin im Kindergarten sagte ihm, sein Vater sei im Himmel. Weil er so viel gefragt hat. Mein anderer Bruder, mit dem war es etwas schwieriger. Nach dem Mord bekam er Probleme in der Schule. Er hat gesagt, dass ein Mitschüler meinte, er solle ihn nicht anfassen, weil wir keine gute Familie sind. Dein Vater nimmt Drogen, deine ganze Familie nimmt Drogen, sagte der Mitschüler.

Götzl Wie erging es Ihnen?

Gamze Kubaşık *(mit belegter Stimme)* Für mich war es am schlimmsten. Ich hatte ein sehr gutes Verhältnis zu meinem Vater, enger als zu meiner Mutter. Es fing an, dass ich Gerüchte hörte. Leute haben getuschelt: Seht mal, die Tochter, ihr Vater wurde erschossen, der hat Drogen an Kinder verkauft. Eine Frau sagte: Seine Kinder sollen genauso enden. Es war wie eine Verfluchung, dass wir auch drogenabhängig werden.

Ich habe meinen Abschluss 2006 im Berufskolleg gemacht und dann eine Lehre bei Douglas begonnen, in Münster. Als ich im Zug nach Münster saß, hat alles an mir gezittert, Hände und Knie. Jeder im Zug war für mich verdächtig. Als wenn das die Mörder meines Vaters gewesen wären. Ich bin dann die ganze Nacht wach im Bett gelegen. *(Knetet ihre Hände.)* Ich habe die Ausbildung wieder aufgegeben, weil ich den Verlust meines Vaters nicht akzeptieren konnte.

Götzl Wie würden Sie Ihre heutige Situation beschreiben?

Gamze Kubaşık Ich gebe mich nach außen stark, innerlich sieht es ganz anders aus. Ich denke viel über meinen Vater nach. Über die Tat. Ich kann so gut wie gar nicht einschlafen. Ich habe das Haus nicht mehr verlassen, ich bin ein Jahr nicht mehr rausgegangen. Meine Mutter kann es bezeugen.

Götzl Wie geht es Ihren Brüdern jetzt?

Gamze Kubaşık Mein älterer Bruder ist achtzehn, er kriegt alles mit und ist sehr zurückgezogen, wenn es um die Sache mit unserem Vater geht. Wenn im Fernsehen was kommt darüber, dann geht er in sein Zimmer und sieht sich das allein an. Ich weiß, dass er mit seinen Freunden nie darüber gesprochen hat. Der Ausbildungsbetreuer hat ihn mal darauf angesprochen, aber er wollte nicht, dass die anderen das mitbekommen.

Götzl Und Ihre Mutter?

Gamze Kubaşık Ich weiß, dass meine Mutter viel weint. Seitdem mein Vater tot ist, zieht sie nichts Helles mehr an. Wenn man schwarz gekleidet ist, weiß man bei uns, dass derjenige in Trauer ist. Ich habe mal versucht, ihr in der Stadt eine weiße Bluse zu zeigen. Aber sie hat sie sich noch nicht mal angeguckt.

Anwalt Scharmer Schildern Sie bitte, auf welche Situation Sie trafen am 4. 4. 2006.

Gamze Kubaşık Ich bin die Mallinckrodtstraße hochgelaufen. Schon von Weitem habe ich eine Menschenmenge und Absperrungen gesehen. Als ich ankam, sagten die Leute, oh nein, da ist die Tochter. Ich wollte an der Absperrung vorbei. Ein Polizist, so Anfang dreißig, guckt mich an und fragt nach meinem Ausweis und sagt dann: Begleiten Sie mich bitte zum Polizeiauto. Dort sagte ich: Ich muss in den Kiosk, mein Vater braucht mich. Wenn er aufgeregt ist, weiß er nicht, was er sagen soll. Ich muss übersetzen. Der ältere Polizist im Polizeiauto sagte: Frau Kubaşık, Ihr Vater ist tot.

Anwalt Scharmer Am 5. 4. wurden Sie von der Polizei vernommen. Erinnern Sie sich noch?

Gamze Kubaşık Wir hatten nicht geschlafen, unsere Wohnung war voll mit Bekannten und Verwandten. Mutter hat die ganze Nacht nur geweint. Wir wurden von der Polizei abgeholt, auf der Wache hat man Mutter und mich getrennt. Ich kam in einen kleinen Raum, dann ging es los. Ich wurde nicht gefragt, ob ich in der Lage bin, auszusagen. Es ging einfach los.

Anwalt Scharmer Wenn man Sie gefragt hätte, was hätten Sie gesagt?

Gamze Kubaşık Dass ich nicht kann, dass ich zu Hause sein möchte.

Anwalt Scharmer Hat man Ihnen erklärt, dass Sie eine Vertrauensperson hinzuziehen können?

Gamze Kubaşık Nein.

Anwalt Scharmer Erinnern Sie sich, was Sie gefragt wurden?

Gamze Kubaşık Ob mein Vater Feinde hatte, ob ich weiß, wer das sein könnte.

Anwalt Scharmer Wurden Sie nach Eheproblemen der Eltern gefragt? Nach Geliebten?

Gamze Kubaşık Ja. Ich habe mich geärgert, weil mein Vater so etwas nie getan hätte.

Anwalt Scharmer Wurden Ihnen Fotos von ausländischen Männern gezeigt?

Gamze Kubaşık Ja. Ich habe mir alle echt gut angeguckt, aber erkannte keinen. Ein Polizist sagte: Ihr fällt noch nicht mal auf, dass da einer mehrmals abgebildet war. Er hat sich lustig gemacht über mich.

Anwalt Scharmer War die Polizei bei Ihnen zu Hause?

Gamze Kubaşık Nach meiner Aussage kamen wir nach Hause, die Tür stand offen. Da kam mir ein Mann entgegen, der sagte, ich soll rausgehen. Ich sagte: Ich wohne hier! Im Haus waren noch weitere Männer, Männer in komischen weißen Anzügen mit großen Hunden, die an Sachen meiner Eltern herumschnüffelten. Da bin ich erschrocken.

Anwalt Scharmer Drei Wochen später waren Sie noch mal bei der Polizei vorgeladen? Erinnern Sie sich?

Gamze Kubaşık Ja, sie haben mich gefragt, ob mein Vater Drogen verkauft hat, ob er bei der PKK war, mit der Mafia zu tun hatte, mit einer türkischen Bank, ob er Geld transportiert hat, ob er Beziehungen mit anderen Frauen hatte. Ich habe alles verneint. Meine Mutter sagte später noch zu den Polizisten: Ich weiß, wer meinen Mann umgebracht hat, das waren die Nazis.

Anwalt Scharmer Gab es irgendeine Reaktion?

Gamze Kubaşık Der Polizeichef meinte, das kann man ausschließen, dafür gibt es keine Beweise.

Anwalt Scharmer Was wurde aus dem Kiosk?

Gamze Kubaşık Wir konnten den Kiosk nicht mehr betreten. Weder enge Verwandte noch Bekannte wollten da rein. Mit den Sachen, die sich noch im Kiosk befanden, wurden unsere Schulden bei der Metro beglichen.

Anwalt Scharmer Welche wirtschaftlichen Auswirkungen hatte der Tod Ihres Vaters?

Gamze Kubaşık Ich hatte zuvor noch nie das Arbeitsamt betreten. Wir waren erstmals auf staatliche Unterstützung angewiesen.

Anwalt Scharmer Wurde Ihnen gesagt, dass Ihre Bank- und Telefondaten überprüft wurden?

Gamze Kubaşık Nein.

Verteidiger Klemke Sie haben doch vorher von Verwünschungen gesprochen. Von wem kamen die?

Götzl Dazu hat die Zeugin doch schon Angaben gemacht.

Verteidiger Klemke Ich meine, welcher Nationalität waren diese Menschen?

Oberstaatsanwalt Weingarten Ich beanstande diese Frage.

Götzl Welche Relevanz hat diese Frage?

Verteidiger Klemke Ich wollte nur die Einzelheiten nachfragen.

Gamze Kubaşık Es waren Deutsche wie Ausländer.

Verteidiger Klemke Waren es Ausländer unterschiedlicher Nationalität?

Oberstaatsanwalt Weingarten *(lauter)* Ich beanstande diese Frage!

Verteidiger Klemke Warum? Ich frage nur nach.

Götzl Herr Klemke wird uns das jetzt erklären.

Verteidiger Klemke Ich werde mich dazu nicht weiter äußern. Ich beantrage einen Gerichtsbeschluss über die Zulässigkeit der Frage.

Oberstaatsanwalt Weingarten Als Tatfolge sind Tuscheleien relevant. Welche Nationalität diese Tuschler haben, ist irrelevant.

Götzl Dann ergeht jetzt folgender Gerichtsbeschluss: Die Frage ist unzulässig, weil die Nationalität nicht relevant ist. Ein Sachbezug ist nicht erkennbar und wurde auf Nachfrage nicht dargelegt.

Verteidiger Klemke Gut, lassen wir das. Sie wurden gefragt, ob Ihr Vater irgendwas mit Drogen zu tun gehabt haben könnte. Haben Sie mal nachgefragt, wie die Ermittler darauf kommen?

Gamze Kubaşık Ich weiß nicht, ob ich nachgefragt hatte.

Verteidiger Klemke Wie haben Sie reagiert auf die Todesnachricht?

Anwalt Scharmer *(genervt)* Das hat sie doch schon beantwortet.

Verteidiger Klemke Dann habe ich keine weiteren Fragen mehr.

(Gamze Kubaşık verlässt den Zeugenplatz, die nächste Zeugin ist Elif Kubaşık, ihre Mutter.)

Götzl Können Sie uns Ihren Mann ein wenig beschreiben?

Elif Kubaşık Entschuldigen Sie, wenn ich emotional werde. Er war sehr besorgt um seine Familie, er liebte seine Tochter, war vernarrt in seine Kinder. Er war ein liebevoller Ehemann, wir haben uns geliebt. Mit seiner Ermordung sind alle unsere Träume zerbrochen. Wir hatten wie alle anderen Menschen ein ganz normales, liebevolles Leben.

Götzl Wie war das Leben nach der Tat für Sie?

Elif Kubaşık Es gab nichts mehr, was weiß war für mich, alles ist geschwärzt worden. Ich kann nicht vergessen, wie meine Kinder gelitten haben, wie sie sich in sich verkrochen haben. Der Tag ging nicht zu Ende. Ich erkrankte an Neurodermitis. Entschuldigen Sie bitte, dass ich nicht reden kann. Uns wurde sehr großes Unrecht angetan: Frauengeschichten, Mafia, Drogen – solche Dinge wurden in die Welt gesetzt. Sie zeigten mit Fingern auf uns. Ich konnte kaum atmen. Wenn ein kleines Geräusch zu hören war, hatte ich Angst und schrie. Oder wenn ein Fahrradfahrer an mir vorbeifuhr. Wir haben dann ein zweites Schloss eingebaut. 2008 saß ich zu Hause, da wurde ein großer Stein durchs Fenster geworfen. Die Polizei kam und sagte, es könnten ja Kinder gewesen sein, die draußen spielten. Ich hatte Ängste, dass meinen Kindern was zustößt, aber ich habe mich bemüht, stark zu sein.

Götzl Sie sagten, auf Sie wurde mit Fingern gezeigt. Wurden Sie auch angesprochen?

Elif Kubaşık Die Menschen, die uns kannten, glaubten uns natürlich. Aber andere dachten, wenn es nicht stimmen würde, dann würde die Polizei ja wohl nicht das Haus bis in den Keller untersuchen.

Anwalt Ilius Wie erging es der Schwiegermutter?

Elif Kubaşık Meine Schwiegermutter hat einen Herzinfarkt erlitten. Sie hat den Mord an ihrem Sohn nicht verkraften können. Sie hatte ihren Sohn 15 Jahre lang nicht gesehen. Wir wollten im Sommer 2006 zu ihr in die Türkei fahren.

Anwalt Ilius Trifft es zu, dass auch Ihre Nachbarn in Dortmund nach Drogenverbindungen Ihres Mannes gefragt wurden?

Elif Kubaşık Ja, sie wurden gefragt, ob mein Mann mit Drogen zu tun hatte oder Frauengeschichten hatte. Ein Polizist sagte einem Nachbarn sogar, dass mein Mann sehr wohl mit solchen Dingen zu tun hatte.

Anwalt Ilius Haben Sie bei den Vernehmungen einmal geäußert, dass Sie einen Anwalt haben möchten?

Elif Kubaşık Ja, habe ich gesagt. Aber die Polizei antwortete, es gebe noch keine Tatverdächtigen. Wofür willst du dann einen Anwalt? Dabei habe ich schon früh den Verdacht geäußert, dass Rechtsradikale hinter dem Mord stehen könnten.

(Klemke winkt ab.)

Götzl Sie schütteln den Kopf, Herr Rechtsanwalt Klemke, was gibt es denn?

Verteidiger Klemke Nichts.

(Als nächste Zeugin wird Janica D. aufgerufen.)

Janica D. Damals habe ich im Hotel gearbeitet, 100 Meter entfernt von dem Kiosk. Ich wollte Zigaretten kaufen dort. Da kamen mir zwei Männer entgegen, einer fuhr mit dem Fahrrad, der andere ging nebenher. Der hat mich ganz böse angeguckt, das war ganz unangenehm. Darauf habe ich meinen Kopf zur Seite gedreht. Etwas später standen die beiden Männer vor dem Kiosk. Das war so um 12.50 Uhr. Abends habe ich von meiner Mutter erfahren, dass der Kioskbesitzer umgebracht wurde. Das Erste, was ich zu ihr gesagt habe, war: Ich weiß, wer das war.

Götzl Haben Sie eine Erinnerung an das Aussehen der Männer?

Janica D. Der eine trug ein Käppi und eine schwarze Jacke. Mehr weiß ich nicht.

Götzl Erinnern Sie sich an die Haarfarbe?

Janica D. Das Käppi war ganz über den Augen, die Stirn konnte ich nicht sehen. Ich kann mich an gar keine Haare erinnern.

Tag 52

6. November 2013

Ansgar Japes, 35, Chemiker beim LKA Sachsen und Sachverständiger zur Brandstiftung am 4. 11. 2011 in der Frühlingsstraße 26 in Zwickau. **Michael M.**, 53, Leitender Polizeidirektor aus Gotha. **Wolfgang Stahl**, **Anja Sturm**, Verteidiger von Beate Zschäpe. **Olaf Klemke**, Verteidiger von Ralf Wohlleben. **Yavuz Narin**, Anwalt der Nebenklage.

(Es geht um den Brand in der Frühlingsstraße in Zwickau. Der Sachverständige hat Gegenstände aus der Wohnung und die Kleidung von Beate Zschäpe, die sie bei ihrer Festnahme trug, auf Rückstände brennbarer Flüssigkeiten untersucht. Darunter auch Zschäpes Socken.)

Japes An etlichen Objekten waren Kohlenwasserstoffgemische deutlich nachweisbar. Es handelte sich um Einzelkomponenten von Ottokraftstoff. Dieser bildet in der Luft explosionsfähige Gemische. Auch die Rückstände an den schwarzen Socken stammten höchstwahrscheinlich von Benzin. An den Lederschuhen wurde kein Ottokraftstoff gefunden.

Verteidiger Stahl Wie lange halten sich denn Spuren von Ottokraftstoff an einem Material wie dem der Socken?

Japes Das hängt von der Umgebungstemperatur ab und davon, ob die Socken zum Beispiel durch Schuhe so abgekapselt sind, dass wenig entweichen kann. Es sind aber auch noch leichtflüchtige Komponenten gefunden worden, sodass von keiner langen Verweildauer auszugehen ist. Wären die Socken beispielsweise gewaschen worden, hätte man diese Komponenten nicht mehr gefunden.

Verteidiger Stahl Wie lange dauert es, bis nur noch minimale Rückstände zu finden wären?

Japes Schwerflüchtige Verbindungen sind noch nach einer Woche nachweisbar. Die leichtflüssigen Verbindungen wie Feuerzeugbenzin sind schon nach kurzer Zeit weg.

Verteidigerin Sturm Wie waren die Asservate denn verpackt, als Sie sie bekommen haben, und wann haben Sie mit Ihrer Untersuchung begonnen?

Japes Begonnen haben wir direkt nach Eingang des Materials am 9. November 2011. Das Material war in gasdichter Folie oder Einmachgläsern verpackt, die Socken in gasdichtem Beutel.

(Der Zeuge Michael M. wird aufgerufen. Er hatte als Leiter einer Sonderkommission zu

einer Serie von Banküberfällen ermittelt und am 4. November 2011 die Arbeit der Polizei in Eisenach koordiniert, als dort Uwe Mundlos und Uwe Böhnhardt eine Filiale der Sparkasse überfallen hatten und später tot in ihrem Wohnmobil gefunden wurden.)

Michael M. Wir haben eine Meldung über den Überfall in Eisenach erhalten. Es waren genügend Einsatzkräfte vorrätig, die nach Eisenach gefahren sind. Von einem anderen Fall war bekannt, dass die Täter vielleicht mit einem Transporter oder einem ähnlichen Fahrzeug vom Tatort flüchten würden, deshalb wurden Transporter in die Fahndung genommen. Ein Zeuge in Eisenach hat dann berichtet, er habe zwei Männer gesehen, die Fahrräder in ein weißes Wohnmobil mit dem Kennzeichen »V« für Vogtland geladen hätten. Diese Information ist sofort weitergeleitet worden. Die Stadt wurde fast abgeriegelt, und wir haben systematisch Eisenach durchkämmt. Um die Mittagszeit hat eine Streife ein Wohnmobil mit diesem Kennzeichen »V« gesehen. Bei der Annäherung der Beamten sind Schüsse gefallen, die Kollegen sind in Deckung gegangen, blieben aber in Sichtkontakt. Die Beamten haben Verstärkung gerufen, das Wohnmobil brannte, auch die Feuerwehr wurde verständigt. Als ich eintraf, war der Brand schon weitgehend gelöscht. Im linken Bereich des Wohnmobils, vom Eingang aus gesehen, lagen zwei tote männliche Personen. In dem Wohnmobil wurden mehrere Waffen gefunden. An einer Pistole war der Magazinboden geschmolzen und eine Patrone ausgetreten. Ich konnte diese Patrone als Polizeimunition identifizieren. Wir haben dann die Ermittlungen zu den Personen und zu den Waffen vorangetrieben, und am Nachmittag konnte die Pistole anhand der Waffennummer als diejenige identifiziert werden, die die Kollegin Kiesewetter in Heilbronn getragen hat. Bei den Ermittlungen zur Anmietung des Wohnmobils hat sich ergeben, dass die Anmietung auf die Personalien von Holger Gerlach erfolgte. Die Leichen aus dem Wohnmobil wurden zur Gerichtsmedizin nach Jena verbracht. Herr Gerlach wurde in der Nacht auf Samstag, um 1.30 Uhr, an seiner Arbeitsstelle in Lauenau von den Kollegen aus Niedersachsen festgenommen. Wir hatten zu dem Zeitpunkt bereits die Information, dass Gerlach als rechtsmotiviert einzuschätzen ist. Und wir wussten, dass sein Geburtsort Jena ist. Das war der entscheidende Punkt. Am Samstag gegen 8 Uhr oder 8.30 Uhr habe ich dann das vorläufige Sektionsergebnis aus Jena erhalten. Eine Person wurde als Uwe Mundlos identifiziert, anhand von Unterlagen zu einer Vermisstenanzeige des Vaters von 2005. Es waren Fingerabdrücke vorhanden. Die Identifizierung war in der Nacht erfolgt. Das Ergebnis stand um 3.15 Uhr fest, da hat man mich aber nicht noch einmal anrufen wollen. Damit hat sich natürlich ein ganz neues Bild ergeben im Zusammenhang mit den Ereignissen 1998 in Jena. Unsere These war: Vielleicht war Mundlos weiterhin in Begleitung von Herrn Böhnhardt und Frau Zschäpe. Wir wollten also wissen: Ist die zweite Person Böhnhardt? Und wo ist Frau Zschäpe? Von den Zielfahndern des LKA erhielten wir Bildmaterial einer Tätowierung auf der linken Wade von Böhnhardt. Dadurch war klar, dass es sich bei der zweiten Person mit hoher Wahrscheinlichkeit um Böhnhardt handelt. Gegen 12.30 Uhr rief ein Kollege aus Sachsen an und teilte mit, dass es am Freitagnachmittag in Zwickau in der Frühlingsstraße 26 zu einer Explosion gekommen ist. Und es gab eine Zeugenaussage, dass dort in der Vergangenheit ein weißes Wohnmobil gesehen wurde. Das führte zu der Frage, ob die Frühlingsstraße 26 ein Wohnunterschlupf von Mundlos, Böhnhardt und Zschäpe war. Am Nachmittag erfuhren wir aus Sachsen, dass die Wohnung auf den Namen Dienelt angemietet war und zwei männliche Personen und eine weibliche Person dort gewohnt haben sollen. Das hat das Bild eigentlich nur noch abgerundet.

Anwalt Narin Warum wurde das Wohnmobil am Nachmittag in eine Lagerhalle geschleppt? Bestand dabei nicht die Gefahr, Spuren zu vernichten oder zu verändern?

Michael M. Der Transport erfolgte so spurenschonend wie möglich. Es ging darum, das Fahrzeug an einen Ort zu bringen, wo es vernünftig weiter untersucht werden konnte.

Verteidiger Klemke Was können Sie zu Aussagen zu einer dritten Person im Umfeld des Wohnmobils sagen?

Michael M. Es gibt immer wieder Hinweise, die sich zum Schluss in Luft auflösen und nicht weiterführen. Eine Zeugin hat gesagt, sie habe vor der Tatzeit zwei Männer und eine Frau gesehen. Wir haben die Streifenpolizisten gefragt, die hätten es ja sehen müssen, wenn da jemand weggelaufen ist. Die Polizisten vor Ort konnten das Wohnmobil einwandfrei sehen, sie konnten auch unter das Fahrzeug gucken. Sie haben sich eindeutig festgelegt: Da war niemand. Daher ist das aus meiner Sicht sehr unwahrscheinlich, dass es so gewesen ist. Auch die Auffindesituation lässt nicht den Schluss zu, dass da ein Dritter weggelaufen sein könnte. Schon der erste Eindruck beim Betreten des Wohnmobils war, dass die sich selbst erschossen haben.

Verteidiger Klemke Gab es weitere Hinweise auf eine dritte Person?

Michael M. Es gab einen weiteren Hinweis. Ein Zeuge sagte, an der Autobahnanschlussstelle Eisenach-Ost wollte eine Person als Anhalter mitgenommen werden. Wir haben das überprüft, auch durch Einsatz eines Hubschraubers. Es hat sich nicht bestätigt.

Tag 53

7. November 2013

Manfred Götzl, Richter. **Frank Liebau**, 40, Ex-Besitzer des Szene-Geschäfts Madley in Jena. Sein Mitarbeiter Andreas Schultz soll die Waffe für das Trio besorgt haben.
Jürgen Länger, 41, Tauchlehrer aus Jena. Er sagte auch an Tag 134 aus.
Herbert Diemer, Vertreter der Bundesanwaltschaft. **Olaf Klemke**, Verteidiger von Ralf Wohlleben. **Alexander Hoffmann, Gül Pinar**, Anwälte der Nebenklage.

Götzl Mir geht es um die Zeit, als Sie den Laden Madley in Jena betrieben haben …

Liebau Den Laden hatte ich von 1995 bis 2009, wir haben ganz normale Textilien und Schuhe vertrieben, später ging es mehr in die modischen Richtungen, mit Thor Steinar und so was. Anfangs habe ich das mit Herrn Schultz zusammen gemacht, später war er nur noch als freier Mitarbeiter im Laden, weil er nebenbei noch seine Minigolf-Anlage im Freibad betrieben hat. Ansonsten gibt es dazu nichts weiter zu sagen.

Götzl Hat Ihr Geschäft auf eine bestimmte Kundschaft abgezielt?

Liebau Die bestimmte Kundschaft ist gekommen, aber abgezielt haben wir auf alle.

Götzl Und wer kam?

Liebau Die Jugend. Aus dem rechten Spektrum waren Leute dabei, aber auch ganz normale Leute.

Götzl Welche Aufgaben hatten Sie, welche Herr Schultz?

Liebau Es ging nur um den Verkauf. Wenn ich nicht da war, hat er den Verkauf gemacht. Ich hab die Waren organisiert.

Götzl War Herr Schultz ausschließlich für den Verkauf zuständig?

Liebau Ja.

Götzl Wie häufig waren Sie zugegen?

Liebau Täglich eigentlich.

Götzl Und Herr Schultz?

Liebau Vier oder fünf Mal die Woche.

Götzl Warum haben Sie den Laden wieder aufgegeben?

Liebau Wir hatten mehrere Anschläge gehabt von linken, autonomen Gruppen. Der Vermieter hat uns daraufhin gekündigt.

Götzl Kannten Sie Herrn Böhnhardt?

Liebau Ja, vom Sehen her.
Götzl Bei welcher Gelegenheit?
Liebau Vom Laden her. Jena ist halt nicht sehr groß.
Götzl Wie häufig hatten Sie Kontakt zu ihm?
Liebau Nur wenn man sich mal zufällig getroffen hat.
Götzl War er Kunde bei Ihnen?
Liebau Ja, der war ein paar Mal da.
Götzl Was hat er gekauft?
Liebau Klamotten oder Schuhe. Vielleicht mal 'ne CD. Ich weiß es nicht.
Götzl Kannten Sie Herrn Mundlos?
Liebau Im gleichen Verhältnis.
Götzl Seit wann kannten Sie ihn?
Liebau Das weiß ich nicht.
Götzl In etwa?
Liebau Irgendwann in den Neunzigerjahren.
Götzl Kannten Sie Frau Zschäpe?
Liebau Ja, auch über den Laden.
Götzl War Sie Kundin bei Ihnen?
Liebau Das ist alles ganz schön lange her. Ich weiß nicht, ob sie was gekauft hat. Für Frauen gab es damals nicht so viel bei uns.
Götzl Kennen Sie Herrn Wohlleben?
Liebau *(nickt)* Hm.
Götzl Wie lange schon?
Liebau Auch seit den Neunzigern.
Götzl Wie häufig haben Sie ihn getroffen und bei welchen Gelegenheiten?
Liebau Wenn er im Laden was gekauft hat oder wenn man sich in der Stadt über den Weg lief.
Götzl Wie waren dann die Situationen?
Liebau Man hat mal kurz gequatscht, vielleicht eine geraucht und ist dann weitergegangen.
Götzl Worüber haben Sie sich unterhalten?
Liebau Das weiß ich doch nicht mehr. Es waren allgemeine Themen, was es alles so gibt.
Götzl Können Sie uns auch über Herrn Schultz noch mehr berichten? War er ein Freund oder ein Bekannter?
Liebau Wir haben uns nach der Wende kennengelernt, und es ist 'ne Freundschaft draus entstanden. Dann haben wir den Laden zusammen gegründet. Irgendwann hat es sich später zerlaufen.
Götzl Was meinen Sie damit?

Liebau Jeder ist dann seinem eigenen Ding nachgegangen.

Götzl Was war das?

Liebau Er hat dann weiter weg gewohnt. Irgendwann hat er keine Lust mehr gehabt, nach Jena zu fahren. Wir haben uns dann nur noch ganz selten gesehen.

Götzl Was haben Sie dann gemacht?

Liebau Ich habe alleine den Laden weitergemacht.

Götzl Hatten Sie trotzdem weiter Kontakt zu Herrn Schultz?

Liebau Unregelmäßig. Die letzten zwei, drei Jahre habe ich ihn zwei, drei Mal gesehen oder so.

Götzl Wurden von Ihnen oder Herrn Schultz mal irgendwelche Waffen in dem Laden verkauft?

Liebau Keine Ahnung.

Götzl Sind Sie mal angefragt worden?

Liebau Nicht, dass ich wüsste.

Götzl Und bei Ihrem Geschäftspartner Herrn Schultz?

Liebau Von der Polizei habe ich gehört, dass Schultz angeblich mal eine Waffe verkauft hat. Weiß nicht, ob das stimmt.

Götzl Haben Sie mit Herrn Schultz auch darüber gesprochen?

Liebau Das geht mich nichts an.

Götzl Das beantwortet nicht meine Frage. Ob Sie mit ihm darüber gesprochen haben?

Liebau Nein.

Götzl Warum nicht?

Liebau Weil ich es gar nicht wissen wollte.

Götzl Warum nicht?

Liebau Es bringt Probleme mit sich, wenn man zu viel weiß.

Götzl Nun sagen Sie, der Herr Schultz ist Ihr Freund. Und Sie sprechen nicht mit ihm darüber?

Liebau Ja, aber man muss nicht immer alles wissen. Das kann man ja nach dem Prozess dann fragen.

Götzl Kam mal jemand und hat Sie nach einer scharfen Waffe gefragt?

Liebau Es ist zu lange her, ich kann mich nicht daran erinnern. Über Waffen haben wir uns alle unterhalten, wir waren jung, wir quatschten darüber. Was man bei der Bundeswehr so geschossen hat. Wir hatten ja schon als kleine Kinder Umgang mit Waffen gehabt in der DDR.

Götzl Haben Sie, als Sie Herrn Schultz zuletzt getroffen haben, über die Thematik Waffen gesprochen?

Liebau Ich hab ihm gesagt, das soll er allein klären. Ich will es gar nicht wissen.

Götzl Dann muss das ja doch Thema gewesen sein.

Liebau Er hat mir erzählt, dass er nach Karlsruhe musste. Bei der Vernehmung muss er irgendwas zugegeben haben.

Götzl Was hat er zugegeben?

Liebau Dass er angeblich 'ne Waffe verkauft hat. Er war da auch irgendwie überrumpelt worden. Aber davon weiß ich nichts und will auch gar nichts wissen.

(Liebau hat sich breitbeinig in den Stuhl gelegt.)

Götzl *(leicht gereizt)* Ich würde Sie bitten, sich nicht gar so bequem hinzusetzen. Unverschämt werden müssen Sie hier nicht.

Also, ich will da jetzt Klarheit haben: Was haben Sie über Karlsruhe besprochen? In Karlsruhe kann man viel machen. Weswegen waren Sie in Karlsruhe? Ich muss hier andauernd nachsetzen. Es wäre mir lieber, Sie würden im Zusammenhang erzählen, was Sie von diesem Gespräch in Erinnerung haben. Mir wäre es viel lieber, wenn ich nicht nachfragen müsste. Vielleicht überlegen Sie noch mal kurz!

Liebau Es gibt da nicht viel zu erzählen. Wir haben nie richtig über das Thema intensiv gesprochen. Ich wollte es nicht wissen, was er gemacht hat.

Götzl Vorhin haben Sie gesagt, dass er es zugegeben hat.

Liebau Na, das, was in der Zeitung stand. Dass er eine Waffe verkauft hat. Aber was für eine – da hab ich ihm gleich gesagt, das will ich nicht wissen.

Götzl Die Äußerung, er sei überrumpelt worden – ist die so gefallen von Herrn Schultz?

Liebau Sinngemäß, ja.

Götzl In Bezug worauf?

Liebau Wie ich es gesagt habe: Dass er überrumpelt wurde.

Götzl Von wem?

Liebau Von der Polizei, was weiß ich. Dem ganzen Trubel. Es wurde nicht viel gesprochen, ich wollt's nicht wissen.

Götzl Kennen Sie Herrn Holger Gerlach?

Liebau Bestimmt, wenn ich ihn sehe. Vom Namen sagt es mir nichts.

Götzl Ist er hier im Saal anwesend?

Liebau Keine Ahnung.

(Holger Gerlach lacht vor sich hin, als Liebau in seine Richtung schaut.)

Götzl Laut Vernehmungsprotokoll haben Sie 2012 ausgesagt, dass Sie Herrn Wohlleben im Jahr 2000 oder später mal gefragt haben, ob es etwas Neues zu den drei Untergetauchten gibt.

Liebau Das kann sein. Das ist schon wieder zwei Jahre her, dass ich da befragt wurde.

Götzl Zwischen 2000 und 2012 sind noch viel mehr Jahre her. Kommt da jetzt 'ne Erinnerung zurück?

Liebau In dem Laden mag darüber gesprochen worden sein. Aber wer und wann das war, weiß ich nicht mehr. Wobei ich bei der Befragung gar nicht gesagt habe, dass Herr Wohlleben Kontakt zu den dreien hatte. Das wurde von den Ermittlern alles so schön zurechtgelegt und zusammengebastelt. Wie das halt so üblich ist bei den Ermittlern.

Götzl Haben Sie das Vernehmungsprotokoll noch mal angeschaut?

Liebau Ich hab's überflogen.

Götzl Hat es der Wahrheit entsprochen, was darin stand oder nicht?

Liebau Ich hab's nicht komplett durchgelesen. Mein Eindruck war: Die haben mich befragt und die Sätze dann zusammengebaut.

Götzl In der Vernehmung haben Sie laut Protokoll auch gesagt, es seien in den Neunzigern öfter Leute gekommen und hätten nach Waffen gefragt. Was sagen Sie dazu?

Liebau Da ging es meistens um Schreckschusswaffen.

Götzl Es würden mich jetzt die andern Fälle interessieren.

Liebau Das waren so Armbrüste und solche Waffen.

Götzl Wie ist das dann abgelaufen?

Liebau Ich habe denen immer gesagt: Das führen wir nicht, das haben wir nicht im Programm.

Götzl Ist es so zutreffend, dass das »Madley« ein Szeneladen für Leute aus der rechten Szene war?

Liebau Kann sein.

Götzl Wie häufig war eigentlich Herr Wohlleben bei Ihnen im Laden?

Liebau Einmal im Jahr vielleicht. Ich weiß es nicht mehr genau, wann und wie.

Götzl Sie haben in der alten Vernehmung angegeben, dass Sie mal zwischen Tür und Angel von Ralf Wohlleben nach einer Waffe gefragt worden sein könnten; und dass Sie ihn dann wahrscheinlich abgewimmelt und an Herrn Schultz verwiesen hätten, das sei Ihr Standardsatz gewesen.

Liebau Ich kann mich nicht erinnern, dass es so ein Gespräch gab. Das haben die Ermittler wohl so vorgelegt.

Götzl Diesen Satz? Haben Sie das nicht gesagt?

Liebau Ich habe gesagt, dass ich mich nicht dran erinnern kann. Was da alles an Worten gefallen ist, weiß ich nicht mehr. Es gab mehrmals solche Situationen, dass ich auf dem Sprung war.

Götzl Das kann ich mir nicht so recht vorstellen, ehrlich gesagt. *(Lacht.)*

Liebau Die ganzen Sätze, die Sie da vorlesen, wurden zusammengebastelt.

Götzl Dann erklären Sie mir bitte, wie das Protokoll der Vernehmung zustande gekommen ist.

Liebau *(schweigt länger)* Wie das genau alles zusammengekommen ist … Wenn's so dasteht, wird's vielleicht so gewesen sein.

Götzl Wurde das hier frei erfunden von den Beamten, die Sie vernommen haben?

Liebau Frei erfunden nicht. Ich hab irgendwas dazu gesagt, dann haben die die Sätze zusammengebaut.

Götzl Wobei sich dann die Frage stellt, warum Sie das alles abzeichnen.

Liebau Ich wollte einfach raus.

Götzl Haben Sie protestiert?

Liebau Protestiert hab ich nicht.

Anwältin Pinar Wer gehörte bei Eröffnung des Ladens zu Ihrem engsten Freundeskreis?

Liebau Schultz sicher. Ansonsten weiß ich nicht.

Anwältin Pinar Das glaube ich Ihnen nicht.

Liebau Wen haben Sie denn vor zwanzig Jahren als Freund gehabt?

Anwältin Pinar Ich stelle hier die Fragen.

Liebau Es ist lange her.

Anwältin Pinar Hatten Sie eine Clique?

Liebau Nein.

Anwältin Pinar Wie? Sie sind immer zu Hause herumgehangen oder was?

Liebau Nein, mal hier, mal dort.

Anwalt Hoffmann Am 26.10.2000 fand bei Ihnen eine Vernehmung durch den Staatsschutz statt. Auch Ihre Wohnung wurde damals durchsucht und es wurden drei Videos sichergestellt, unter anderem mit dem Titel »Kriegsberichter« Volume 2 und 3. Erinnern Sie sich daran?

Liebau Nein.

Verteidiger Klemke Ich beanstande diese Frage.

Götzl Ich lasse sie zu.

Verteidiger Klemke Aber Herr Vorsitzender …

Bundesanwalt Diemer Der Vorsitzende Richter hat die Frage zugelassen, und damit hat sich's.

Verteidiger Klemke Damit hat sich's nicht. Herr Diemer, Sie haben eine seltsame Vorstellung der Strafprozessordnung. Ich beantrage einen Gerichtsbeschluss.

(Nach einer kurzen Pause verkündet Götzl den Gerichtsbeschluss: Die Frage wird zugelassen.)

Anwalt Hoffmann Also: Erinnern Sie sich daran, dass im Jahr 2000 in Ihrer Wohnung mehrere Videos sichergestellt wurden?

Liebau Nein.

Anwalt Hoffmann Erinnern Sie sich an die Hausdurchsuchung?

Liebau Nein, dass es eine gab ja, aber nicht wann.

Anwältin Pinar Ich beantrage die wörtliche Protokollierung der Aussagen des Zeugen wegen des möglichen Straftatbestands der Aussageverweigerung.

(Bundesanwalt Diemer und die Anwälte der Nebenklage schließen sich dem Antrag an.)

Götzl *(heiter)* Schließt sich irgendjemand nicht an?

Verteidiger Klemke Ich rege an, dem Zeugen einen Zeugenbeistand zu bestellen. Er kann offenbar seine Interessen hier nicht alleine wahren.

Götzl Dann beenden wir die Befragung. Ich würde Sie bitten, nächste Woche erneut hier zu erscheinen, Herr Liebau. Sie sind ja Hausmann und haben Zeit.

(Der nächste Zeuge ist Jürgen Länger. Die Ermittler haben den Verdacht, dass er die Česká Liebaus Partner Schultz verkauft habe, der sie dem Angeklagten Carsten Schultze übergab. Carsten Schultze brachte die Waffe schließlich den NSU-Terroristen.)

Länger *(zeigt auf Oberstaatsanwalt Weingarten)* Mir wurde gesagt von diesem Mann, dass das, worum es hier geht, irgendwie verjährt sei.

Götzl Es geht darum, ob Sie an Personen im Jahr 1998 bis 2000 Waffen übergeben haben.

Länger Ich weiß, worum es geht. Deswegen wurde bei mir eine Durchsuchung gemacht. Ein Anwalt hat mir gesagt, hier sei gar nichts verjährt, denn hier gehe es um einen Schalldämpfer. Deswegen möchte ich die Aussage verweigern. Ich will eigentlich gar nichts mehr sagen, mir ist das zu viel, ich würde mich nur belasten.

(Der Zeuge wird rausgeschickt. Die Prozessbeteiligten beraten unter sich. Oberstaatsanwalt Weingarten macht deutlich, der etwaige Verkauf der Waffe sei strafrechtlich verjährt, nicht verjährt wäre jedoch Beihilfe zum Mord. Dafür hätte der Zeuge die Empfänger der Waffe kennen müssen. Sollte er nun vor Gericht, um der Wahrheitspflicht zu genügen, bekunden, dass er wusste, wohin die Česká-Pistole geliefert wurde, stünde ihm ein Aussageverweigerungsrecht zu, da er sich nicht selbst belasten müsse. Die Richter ziehen sich zur Beratung zurück. Anschließend verkündet Götzl, man wolle prüfen, ob dem Zeugen ein Rechtsanwalt als Zeugenbeistand beigeordnet werde. Der Zeuge Länger darf gehen.)

Tag 54

12. November 2013

Manfred Götzl, Richter. **Bianca K.**, 27, Wohnmobilhändlerin aus Sachsen, wo das Wohnmobil angemietet wurde, das Uwe Böhnhardt und Uwe Mundlos bei ihrem letzten Banküberfall am 4. November 2011 benutzten. **Alexander H.**, 35, KFZ-Meister aus Chemnitz. Bei ihm mieteten die Untergetauchten mit den Personalien von Holger Gerlach wiederholt Wohnmobile an. **Silvia S.**, 33, Bekannte von Holger Gerlach. Sie sagte auch an Tag 72 aus. **Olaf Klemke**, Verteidiger von Ralf Wohlleben. **Bernd Behnke, Alexander Hoffmann, Edith Lunnebach, Yavuz Narin, Gül Pinar**, Anwälte der Nebenklage.

Bianca K. Als das Fahrzeug abgeholt wurde, habe ich nur flüchtig die Kunden gesehen. Die Frau stand mit dem Rücken zu mir. Es war ein Kind mit. Das Kind war in dem kleinen Wohnwagen im Geschäft zum Spielen. Da war das Kind drin. Ich hab's gehört.

Götzl Bei der Polizei sollen Sie gesagt haben: ein Mädchen, vielleicht sieben oder acht Jahre, etwa 1,20 Meter groß?

Bianca K. Das weiß ich nicht mehr. Vielleicht hatte mir das die Kollegin gesagt.

Götzl Erinnern Sie sich an die Frau?

Bianca K. Die Frau hatte lange dunkle Haare, schlank, normale Figur. Der Mann hatte einen kurzen Haarschnitt, den haben viele.

Anwalt Behnke Hat sie das Gesicht bewusst abgewandt?

Bianca K. Nein, sie hat Reiseführer angeschaut.

(Der nächste Zeuge ist Alexander H. aus Chemnitz. In den Jahren 2000 bis 2007 hat das Trio insgesamt 14 Wohnmobile bei ihm gemietet.)

Alexander H. Die Anmietung der Wohnmobile erfolgte immer durch einen Mann unter dem Namen Holger Gerlach; der war auch immer allein da. Ich wusste nix über den. Er hatte kurze Haare.

Götzl Was hat er beruflich gemacht?

Alexander H. Das hat mich nicht interessiert.

Götzl Wissen Sie etwas über eine Anmietung durch einen Herrn Eminger im Jahr 2000? *(Er zeigt dem Zeugen einen Mietvertrag.)*

Alexander H. Den Vertrag hat meine Mutter ausgefüllt.

Anwältin Lunnebach Erkennen Sie unter den Nicht-Robenträgern hier jemanden?

Alexander H. Nein.

Anwältin Lunnebach Schauen Sie sich in der ersten Bank die dritte Person von links an, das ist der Herr Eminger – können Sie sich an den erinnern?

Alexander H. Nein. Ich kenne den Namen nur aus dem Prozess hier.

Anwalt Narin Wie ist Ihre politische Gesinnung, Herr Zeuge?

Alexander H. Da gibt's nichts. Wie darf ich das verstehen?

Anwalt Narin Würden Sie sich als rechts gesinnt bezeichnen?

Alexander H. Nein.

Anwalt Narin National gesinnt?

Alexander H. Nein.

Anwalt Narin Könnten Sie mir die Kennzeichen Ihres Autos und Ihres Motorrads nennen?

Alexander H. AH – 28 – und AH 144. AH, das sind meine Initialen. Ich habe mir damals keine Gedanken gemacht und weiß nicht, ob jeder verdächtig ist, der AH im Kennzeichen hat.

Anwalt Narin Und die Zahl 28 bringen Sie mit nichts in Verbindung?

(Anwalt Narin spielt darauf an, dass in der rechten Szene 28 für Blood and Honour steht.)

Alexander H. Nein.

Anwalt Narin Wo waren Sie am 25. April 2007, als in Heilbronn der Mordanschlag auf die Polizistin Michèle Kiesewetter und ihren Kollegen Martin A. verübt wurde?

Alexander H. Weiß ich nicht mehr. Ich weiß nur, dass ich in dieser Zeit in der Nähe von Heilbronn ein gebrauchtes Wohnmobil angeschaut habe. Ich war wohl mit meinem VW-Transporter unterwegs. Mein Vater war damals mit dabei.

Anwalt Behnke Wo haben Sie das Fahrzeug angesehen?

Alexander H. In einem abgelegenen Gewerbegebiet muss das gewesen sein. Mein Vater war damals mit dabei bei der Fahrt nach Heilbronn.

Anwalt Behnke Gibt es das Fahrzeug noch?

Alexander H. Es ist verunfallt.

Anwalt Behnke Wann haben Sie von dem Mord an Polizeibeamtin Michèle Kiesewetter das erste Mal erfahren?

Alexander H. Vielleicht im Radio, ich weiß es nicht mehr. Es ist zu lange her.

Anwalt Behnke Wie können Sie an einem solchen Tag vergessen, wo Sie waren? Ich glaube Ihnen das nicht.

Verteidiger Klemke Ich beanstande die Frage, sie ist ungeeignet.

Götzl Das ist ja keine Frage, sondern eine Feststellung.

Anwalt Behnke Erinnern Sie sich an Ihre eigenen anwaltschaftlichen Pflichten, Herr Klemke. Sie haben schon des Öfteren dagegen verstoßen.

Verteidiger Klemke Ich möchte mich dagegen verwahren, dass mir jemand einen Verstoß gegen meine anwaltschaftlichen Pflichten vorwirft. Wo gibt's denn so was?

Anwalt Behnke Hier.

(Die nächste Zeugin ist Silvia S. Es geht um eine AOK-Karte, die sie an Holger Gerlach verkauft hat. Der hat sie an Beate Zschäpe weitergegeben.)

Silvia S. Ich und mein Mann waren bei Holger zu Besuch. Wir haben etwas getrunken und irgendwann fragte er nach meiner AOK-Karte. Er hat mir 300 Euro angeboten. Ich hab das nicht hinterfragt, für was er die Karte braucht. Ich habe die Karte dann als verloren gemeldet, daraufhin habe ich eine neue bekommen.

Götzl Wann war das ungefähr?

Silvia S. Weiß ich nicht.

Götzl Sie werden sich doch noch erinnern können.

Silvia S. Das liegt schon eine Weile zurück, 2006 oder 2007.

Götzl Wie kamen Sie denn im Gespräch auf die Karte?

Silvia S. Es war einfach nur so ein Gerede. Wer irgendeine Karte hat. Ich habe nur das Geld gesehen. Ich bin eine arme Friseurin und Punkt.

Götzl Warum haben Sie es nicht hinterfragt?

Silvia S. Weil es mich nicht interessiert hat in dem Moment.

Götzl Was haben Sie sich denn vorgestellt?

Silvia S. Gar nichts.

Götzl Klingt nicht plausibel.

Silvia S. Ich sage die Wahrheit. Ich habe mir wirklich keine Gedanken in dem Moment gemacht. Die Karte wäre ohnehin irgendwann ausgelaufen. Ich hätte das nie gedacht, was dann damit passiert ist.

Götzl Sie fragen nichts. Sie denken nichts dazu. Ich habe Schwierigkeiten damit.

Silvia S. Ich hätte doch niemals meine Karte gegeben, wenn ich das gewusst hätte. Ich hatte wirklich keine Vorstellung an diesem Abend.

Götzl Und dann?

Silvia S. Wie und dann?

Götzl Wie ging's dann weiter?

Silvia S. Eine Woche später habe ich die Karte als verloren gemeldet.

Götzl Wie ging's dann weiter?

Silvia S. Ganz normal. Wie gesagt, ich habe mir nicht groß Gedanken gemacht. Ich habe mein Leben weiter gelebt. Ich habe die 300 Euro bekommen, Holger hatte das Geld an diesem Abend ja bei sich.

Götzl Irgendwelche Vorstellungen werden Sie sich doch gemacht haben. Ist doch eine Frage, die man sich stellt, warum Holger Gerlach 300 Euro für eine AOK-Karte bezahlt.

Silvia S. Ich habe mir aber keine Vorstellungen gemacht. Was kann ich tun, dass Sie mir glauben? Ich habe in dem Moment wirklich nur das Geld gesehen.

Götzl Dann taucht doch erst recht die Frage auf: Warum ist das Herrn Gerlach so viel Geld wert?

Silvia S. Wie gesagt, ich habe mir dummerweise keinen Kopf gemacht, was mit dieser Karte passieren könnte.

Götzl Was hat Ihr Mann denn gesagt in dieser Situation?

Silvia S. Er hat nichts gesagt.

Götzl Stellen Sie sich mal die Situation vor, wie Sie mir diese darstellen. Da wurde nichts gesprochen, 300 Euro wurden überreicht …

Silvia S. Ich hab die 300 Euro gesehen, und fertig ist die Kiste für mich gewesen.

Götzl Ich habe das Gefühl, dass Sie meine Fragen nicht beantworten wollen.

Silvia S. Sie müssen entschuldigen, dass ich mich nicht richtig ausdrücken kann. Ich bin ein wenig durch den Wind. Mein Kopf ist wie leer.

Götzl Den Eindruck habe ich nicht, Sie sprechen ja und stellen Gegenfragen. Sie können sicher sein, dass ich Sie nicht entlasse, bis ich auch Ihren Mann gefragt habe. Da will ich erfahren, was da los ist.

Silvia S. Da ist nichts los, ich verberge auch nichts.

Götzl Wir werden Sie wohl erneut laden müssen, Frau S. Der Termin wird Ihnen dann noch mitgeteilt.

Anwalt Hoffmann Ich bin dagegen, dass man die Zeugin jetzt schon wieder gehen lässt.

Anwältin Pinar Aus meiner Sicht grenzt das Verhalten der Zeugin an Aussageverweigerung. Es gibt Räumlichkeiten, die die Zeugen in die Lage versetzen, sich zu erinnern. *(Anwältin Pinar spielt auf die Arrestzellen im Untergeschoss des Gerichts an.)* Ich meine, dass sich die Beteiligten des Verfahrens das hier nicht gefallen lassen können.

Götzl Dann machen wir erst mal fünf Minuten Pause.

(Von der Zuschauertribüne ruft jemand laut: »Nein!« Götzl schaut verdutzt nach oben.)

Anwalt Behnke Ich würde anregen, dass der Herr Vorsitzende mit solchen Zeugen nicht nachsichtiger sein möge als zum Beispiel mit den Vertretern der Nebenklage.

Götzl Ihren Vorwurf kann ich jetzt nicht ganz nachvollziehen.

Anwalt Behnke Sie dürften ruhig etwas strenger sein, Herr Vorsitzender.

Götzl Mit wem?

Anwalt Behnke Mit mir nicht, mit den Zeugen.

Götzl Ich bitte um klare Worte. Dass Sie das nicht einfach in den Raum stellen. Ich verhandle nach der Strafprozessordnung, sehr sachlich. Ich kann Ihren Vorwurf nicht ganz nachvollziehen.

Anwältin Lunnebach Wenn man zu ungeduldig ist, öffnet sich die Zeugin gar nicht. Ich halte es nicht für sinnvoll, den Richter an diesem Punkt zu kritisieren. Er hat da eine Geduld aufgebracht, die ich nicht gehabt hätte.

Götzl Jetzt machen wir aber fünf Minuten Pause.

(Nach der Pause wird die Befragung der Zeugin fortgesetzt.)

Götzl Wissen Sie, was die Vorwürfe gegen Herrn Gerlach sind?
Silvia S. Dass er Mittäter ist.
Götzl Wobei?
Silvia S. Mit dem Wohnmobil, das er den dreien wohl besorgt hat.
Götzl Was hat er dazu gesagt?
Silvia S. Dass er sich das nicht hätte vorstellen können, dass die zu so was überhaupt fähig sind.
Götzl Haben Sie denn früher mal, 2011 oder früher, über Uwe Böhnhardt, Beate Zschäpe und Uwe Mundlos gesprochen mit Herrn Gerlach?
Silvia S. Ja, über das, was in den Medien stand halt. Ich kenne die ja gar nicht.
Götzl Was ist denn gesprochen worden?
Silvia S. Er hat sich tausendmal dafür entschuldigt, dass er mich in so 'ne Situation gebracht hat.
Götzl Trifft es zu, dass sich Ihr Mann mal in der Skinheadszene bewegt hat?
Silvia S. Das muss vor meiner Zeit gewesen sein.
Anwalt Hoffmann Wie sah Ihr Mann aus, als Sie ihn kennenlernten?
Silvia S. Wie soll er ausgesehen haben? Er hatte ganz normale Klamotten an, war tätowiert und hatte drei Millimeter kurz rasierte Haare.
Anwalt Hoffmann Was für Tattoos hat er denn?
Silvia S. Auf seinem Bauch steht »Skinhead« drauf. Soll ich das da rausschneiden jetzt? Ich akzeptiere meinen Mann, wie er ist.
Götzl Haben Sie sich eigentlich nie gefragt, wie Ihr Name und Ihre Adresse auf die Ausweise und den Brillenpass von Frau Zschäpe kamen?
Silvia S. Doch. Natürlich find ich's komisch.
Götzl Haben Sie mit Ihrem Mann in letzter Zeit noch mal über die AOK-Karte diskutiert?
Silvia S. Nein.
Götzl Haben Sie nicht doch irgendwann mit ihm darüber geredet?
Silvia S. Ja, kann sein.
Götzl Ja, was jetzt?
Silvia S. Ich weiß es nicht. Ich habe die ganze Nacht nicht geschlafen, wir hatten eine lange Fahrt hierher.
Götzl Hier haben viele eine lange Fahrt. *(Richtet sich an Holger Gerlach und seine Anwälte.)* Vielleicht wäre es auch an Ihrem Mandanten, da mal was zu sagen. Sie haben sich zurückgelehnt und waren ganz entspannt während dieser Aussage, Herr Gerlach. Vielleicht reden Sie noch mal was.

Tag 55

13. November 2013

Manfred Götzl, Richter. **Andreas Schultz**, 40, ehemaliger Mitarbeiter des rechten Szene-Geschäfts Madley in Jena. Er hat bei der Polizei gestanden, die Pistole des Typs Česká verkauft zu haben, die spätere Mordwaffe des NSU. Er trat auch an Tag 79 auf.

Götzl Ich weise Sie darauf hin, dass bei einer Aussage für Sie Verfolgungsgefahr besteht. Zu denken wäre an Beihilfe zum Mord. Deshalb steht Ihnen ein umfassendes Auskunftsverweigerungsrecht zu. Es wurde bisher kein Verfahren gegen Sie eingeleitet, aber die Möglichkeit besteht.

Schultz Da würde ich mich doch erst mal mit meinem Anwalt unterhalten wollen, bevor ich mich selber reinreite.

Götzl Wer ist Ihr Anwalt?

Schultz Ich hab noch keinen.

Götzl Kennen Sie denn einen Rechtsanwalt oder wollen Sie irgendjemand nennen?

Schultz Darüber habe ich mir noch keine Gedanken gemacht. Ich würde mich direkt kümmern.

Götzl Dann unterbrechen wir jetzt die Einvernahme, und Sie, Herr Schultz, sind aufgefordert, uns bis Montag einen Rechtsanwalt zu nennen, der sie vertritt.

Tag 56

14. November 2013

Manfred Götzl, Richter. **Thomas J.**, 49, Kriminaloberkommissar beim LKA Sachsen. **Susann E.**, 26, Hotelfachfrau aus Zwickau. **Katrin F.**, 43, Reinigungskraft aus Zwickau, frühere Nachbarin von Beate Zschäpe. **Martin F.**, 42, Hausmeister, Ehemann von Katrin F. **Herbert Diemer**, **Jochen Weingarten**, Vertreter der Bundesanwaltschaft. **Sebastian Scharmer**, Anwalt der Nebenklage.

Thomas J. Von den zwölf abgeschickten NSU-Bekennervideos wurden sechs im Briefzentrum 04 Leipzig abgestempelt, und zwar am Sonntag, 6.11.2011. Das Briefzentrum befindet sich in Schkeuditz nahe dem Flughafen Leipzig/Halle.

Die Frage war: Kann Frau Zschäpe die sechs Bekennervideos selbst eingeworfen haben? Die Ermittlungen haben ja ergeben, dass Beate Zschäpe am 5. 11. 2011 in Chemnitz war. Laut einer Zeugenaussage hielt sie sich am Nachmittag in Eisenach auf. Am 6. 11 gegen 3.45 Uhr hat sie dann in Bremen ein Wochenend-Ticket gekauft. Die Zugverbindung hätte durchaus nach Leipzig führen können. Am 7.11.2011 ist sie in Halle gesehen worden von einem Zeugen. Die Ermittlungen ergaben, dass ein Einwurf in Halle am Samstagnachmittag oder am Sonntag zwingend im Briefzentrum 04 am 6.11.2011 abgestempelt worden wäre. Es ist also möglich, dass sie die Umschläge selbst eingeworfen hat.

(Die nächste Zeugin ist Susann E. aus Zwickau.)

Susann E. Vor etwa neun Jahren hat mich in der Innenstadt von Zwickau eine Frau angesprochen, ob ich für sie ein Prepaid-Karten-Handy kaufen und unterschreiben könnte. Sie hat mir dafür 20 Euro geboten, aber ich habe kein Geld angenommen. Wir sind in einen Telekom-Laden gegangen, ich habe unterschrieben und das war's.

Götzl Können Sie die Frau noch beschreiben?

Susann E. Kann ich kaum, es ist neun Jahre her.

Götzl Was ist Ihnen noch in Erinnerung?

Susann E. Ich würde sagen, dass die Frau etwas kleiner war als ich, dunkle Haare hatte. Keine Brille. Schlank, normal gebaut. Sie ist nett und freundlich aufgetreten.

Götzl War sie allein oder in Begleitung?

Susann E. Sie war allein, und ich war auch allein.

(Es folgt die Zeugin Katrin F.)

Katrin F. Wir haben 2005 oder 2006 in der Polenzstraße 2 in Zwickau gewohnt. Frau Zschäpe wohnte damals im Erdgeschoss, wir in der ersten Etage. Da hab ich sie halt kennengelernt. Sie war eine freundliche Frau, hilfsbereit, auch zu den Kindern war sie sehr lieb. Wenn wer wenig Geld hatte, hat sie für die eingekauft. Ich kann jetzt eigentlich über die Frau nichts Schlechtes sagen.

Sie hat dort mit zwei Männern gewohnt. Mit denen konnte man aber nicht so groß reden. Man hat sie auch kaum gesehen. Der eine war groß und schlank. Der andere war etwas stämmiger.

Frau Zschäpe habe ich beim Wäscheaufhängen gesehen. Die drei waren immer viel mit den Rädern unterwegs. Ein-, zweimal im Jahr sind sie mit dem Wohnmobil weggefahren, an die See, für sechs oder sieben Wochen. Frau Zschäpe war meist zu Hause, sie sagte, ihr Freund würde in der Computerfirma des Vaters gut verdienen, deshalb brauchte sie nicht arbeiten. Es waren zwei Männer bei ihr zu Hause, wer ihr Freund war, wusste ich eigentlich nicht.

Götzl Wie sind die drei miteinander umgegangen?

Katrin F. Normal.

Götzl Was haben die Männer gemacht, wenn sie da waren?

Katrin F. Die waren oft mit ihren PC-Ballerspielen beschäftigt. Frau Zschäpe hat das mal erwähnt, dass sie viel Computer spielen. Einmal im Keller haben die sich auch mal über Waffen unterhalten, da wusste ich nicht, worum es geht. Es ging um eine Schießerei, mehr hab ich da nicht gehört. Den genauen Inhalt weiß ich nicht mehr. Ich wollte was im Keller holen, da haben sie von Waffen geredet. Sie haben ihre Räder geholt, da kam ich gerade die Treppen runter.

Götzl In Ihrer früheren Vernehmung klang es so, als sei es um echte Waffen gegangen bei dieser Unterhaltung.

Katrin F. So war es nicht. Ich habe eher an Computerwaffen gedacht damals. Ich kenne mich ja auch nicht so richtig aus.

Oberstaatsanwalt Weingarten Haben Sie sich die polizeiliche Vernehmung eigentlich noch mal durchgelesen?

Katrin F. Nein.

Oberstaatsanwalt Weingarten Aber Sie haben unterschrieben.

Katrin F. Ich hab nur so schnell gemacht.

Oberstaatsanwalt Weingarten Ich habe Schwierigkeiten, mir vorzustellen, dass die Polizei eineinhalb Seiten etwas aufschreibt, was Sie nicht gesagt haben. Ich darf Sie erinnern, Sie stehen hier unter Wahrheitspflicht.

Katrin F. Ich hab das damals ja nicht so geschnallt.

Oberstaatsanwalt Weingarten Kann es sein, dass Sie nicht gern was Schlechtes über Frau Zschäpe sagen?

Katrin F. Ich kann eigentlich auch nichts Schlechtes über sie sagen. Sie war eigentlich recht freundlich zu uns.

Oberstaatsanwalt Weingarten Das kann gut sein. Aber Sie müssen hier die volle Wahrheit sagen.

Anwalt Scharmer Haben Sie denn damals bei der Polizei die Wahrheit gesagt?

Katrin F. Eigentlich schon.

Anwalt Scharmer Und uneigentlich?

Katrin F. Ich hab schon gesagt, wie es war.

(Die Zeugin verlässt den Gerichtssaal, der nächste Zeuge ist ihr Ehemann.)

Götzl Herr F., kennen Sie Beate Zschäpe?

Martin F. Was soll ich denn groß sagen? Ich hab im gleichen Haus gewohnt, im ersten Stock rechts. Neben uns hat Frau K. gewohnt, darüber noch eine vietnamesische Familie, aber ich weiß nicht, wie sie heißt. Im Erdgeschoss hat die Angeklagte gewohnt, daneben war eine Schuldnerberatung.

Götzl Und wohnten im Erdgeschoss auch zwei Männer?

Martin F. Die habe ich nur einmal gesehen.

Götzl Wann haben Sie da gewohnt?

Martin F. Es könnte 1995/96 gewesen sein. Nein, es muss 2005/06 gewesen sein. Groß Kontakt zu Frau Zschäpe oder den Männern hatte ich aber nicht.

Götzl In Ihrer polizeilichen Vernehmung hat sich das etwas anders angehört. Ich will schon die Wahrheit wissen, Herr F.!

Martin F. Na ja, die Männer sind eben ein und aus gegangen. Der eine soll der Bruder gewesen sein, hat Frau Zschäpe meiner Frau erzählt.

Götzl Wie hat sich denn Frau Zschäpe Ihnen gegenüber verhalten?

Martin F. Normal, ganz normal. Freundlich, zuvorkommend. Ich erinnere mich nicht an viel.

Götzl Das wissen Sie jetzt schon?

Martin F. Sie stellen ja keine richtigen Fragen.

Götzl Doch. Aber Sie geben keine richtigen Antworten.

Martin F. Ich bin halt etwas gereizt.

Götzl Weshalb?

Martin F. Weil es ein so langer Tag ist.

Götzl Ja, das ist für uns alle schon ein langer Tag. Aber bin ich deswegen gereizt?

(Anwalt Heer schwenkt die Hand, Gelächter im Saal.)

In der polizeilichen Vernehmung haben Sie ausgesagt, Frau Zschäpe habe mal von »Ausländerpack« gesprochen. Trifft das zu?

Martin F. So habe ich das auf keinen Fall gesagt.

Götzl Weiter heißt es in dem Protokoll: Weil sie so schlecht auf Ausländer zu sprechen war, habe sich Ihr Bruder nicht getraut, Sie dort zu besuchen, weil er mit einer Vietnamesin verheiratet war. Was sagen Sie denn dazu?

Martin F. Gar nichts.

Götzl Das geht aber nicht. Ist es nun so gewesen, wie Sie es bei der Polizei sagten?

Martin F. *(wirft einen flüchtigen Blick auf Zschäpe)* Es kam das Gerücht auf, dass die Frau Zschäpe Ausländer nicht leiden kann.

Götzl Also stimmt es, dass Ihr Bruder nicht zu Ihnen kam mit seiner vietnamesischen Frau?

Martin F. Das ist richtig.

Götzl Und es stimmt, dass in dem Haus oben eine vietnamesische Familie wohnte?

Martin F. Es ist mir vollkommen rille, ob das Türken, Griechen oder Vietnamesen sind. Für mich sehen sie alle gleich aus.

(Zschäpe schüttelt den Kopf.)

Götzl Haben Sie gehört, dass Frau Zschäpe mal über Ausländer gesprochen hat?

Martin F. Nein. Ich kann heute nicht mehr sagen, ob Zschäpe »Ausländerpack« gesagt hat.

Bundesanwalt Diemer Sie haben Frau Zschäpe jetzt wiederholt angeschaut. Haben Sie Angst, gegen sie auszusagen?

Martin F. Nein, ich gucke, weil ich sie lange nicht gesehen habe. In meinen Augen hat sie nichts Böses getan.

Bundesanwalt Diemer Sie wissen, dass Sie die Wahrheit sagen müssen?

Martin F. Ja.

Oberstaatsanwalt Weingarten Also gut. Vielleicht erklären Sie mir noch mal genau, warum die vietnamesische Frau Ihres Bruders Sie nicht besucht hat.

Martin F. Ich kann in die Frau nicht reingucken.

Oberstaatsanwalt Weingarten *(erhebt die Stimme)* Also …

Martin F. … schon gut. Noch mal: Ich habe die Wahrheit gesagt bei der Polizei.

Oberstaatsanwalt Weingarten Dann erklären Sie mir, weshalb Ihr Bruder nur noch ohne seine vietnamesische Frau zu Besuch kam.

Martin F. Weil ich meinem Bruder gesagt habe, was die Leute im Haus mir gesagt haben: dass Frau Zschäpe keine Ausländer mag.

Oberstaatsanwalt Weingarten Wenn wir Ihren Bruder hier befragen …

Martin F. Der wird dasselbe sagen.

Oberstaatsanwalt Weingarten Und? Ist die Frau Ihres Bruders nun Vietnamesin oder Türkin?

Martin F. Vietnamesin.

Oberstaatsanwalt Weingarten Jetzt können Sie es ja doch auseinanderhalten.

(Martin F. verlässt den Saal, Richter Götzl ruft nochmals dessen Frau Katrin F. als Zeugin auf.)

Götzl Frau F., was können Sie uns über den Bruder Ihres Mannes erzählen? Wie ist es mit seiner Familie?

Katrin F. Der war mit einer Vietnamesin verheiratet. Aber die sind jetzt getrennt.

Götzl Haben die beiden Sie damals in Zwickau besucht? Und gab es irgendwelche Schwierigkeiten?

Katrin F. Gar nicht.

Götzl Gab es Gerüchte, dass Frau Zschäpe ausländerfeindlich ist?

Katrin F. Nein, gar nicht.

Götzl War diese vietnamesische Frau bei Ihnen zu Besuch?

Katrin F. Ja, ein, zweimal.

Götzl Warum nicht öfters?

Katrin F. Das lag an den Unstimmigkeiten in der Familie.

(Katrin F. verlässt den Saal, ihr Mann wird erneut als Zeuge aufgerufen.)

Götzl Ich muss Sie noch mal ermahnen, die Wahrheit zu sagen, Herr F. Warum bestand kein Kontakt zu der vietnamesischen Frau Ihres Bruders? Ihre Frau sagt, das habe an Unstimmigkeiten in der Familie gelegen.

Martin F. Meine Frau weiß eigentlich, dass Frau Zschäpe was gegen Ausländer hat.
Götzl Ihre Frau hat gerade das Gegenteil ausgesagt. Wie können Sie sich das erklären?
Martin F. Das kann ich mir nicht erklären.
Götzl Warum glauben Sie, dass Ihre Frau wusste, dass Frau Zschäpe etwas gegen Ausländer hat?
Martin F. Weil es alle im Haus wussten. Und ich weiß, dass ich es meiner Frau erzählt habe, dass Frau Zschäpe keine Ausländer mag.

Tag 57

19. November 2013

Manfred Götzl, Richter. **Brigitte Böhnhardt**, 65, pensionierte Lehrerin, Mutter von Uwe Böhnhardt. Sie sagte auch an Tag 58 aus.

Götzl Es geht uns um Ihren Sohn Uwe Böhnhardt, das Verhältnis zu den Angeklagten, auch zu Uwe Mundlos. Ihre Kontakte nach dem Januar 1998, Ihre Kontakte zu den Angeklagten. Ich würde Sie bitten, erst mal von sich aus zu berichten.
Böhnhardt Gut. Uwe war unser dritter Sohn, ein Nachzügler, ein Wunschkind. Ein ganz normales, aufgewecktes Kerlchen. Geliebt von allen, von allen ein bisschen verwöhnt. In der Schule gab es von Anfang an leichte Probleme. Lernen fiel ihm nicht so leicht. Sprachen haben ihm nicht gelegen, dazu kamen Disziplinschwierigkeiten. Er hat eine Klasse wiederholt, hatte dann aber in Fleiß und Betragen eine 2, da waren wir richtig glücklich und stolz, dass er das so gepackt hat. Im Schuljahr 1991/92 kam der große Einbruch. Die Schulreform im Osten wurde durchgesetzt. Klassen auseinandergerissen: Die guten Schüler wollten alle ins Gymnasium, die weniger guten mussten in der Hauptschule bleiben. Es gab sehr frustrierte Eltern, sehr frustrierte Kinder und sehr frustrierte Lehrer. Uwe merkte das ganz besonders. Er hatte keine Freunde mehr und befand sich voll in der Pubertät. Er fing an zu bummeln, mal stundenweise, mal tageweise. Wir haben davon erst in den Herbstferien erfahren, sieben Wochen nach Schulbeginn. Es ist eigentlich die verdammte Pflicht der Lehrer, die Eltern zu informieren, wenn ihre Kinder schwänzen. Da muss man ganz doll aufpassen. Er schloss sich älteren Schülern an, weil er sich in seiner Klasse nicht wohlfühlte.
In der Zeit fingen die ersten kleinen Diebstähle an. Die älteren Schüler haben ihn gern als Schuldigen vorgeschoben, weil er noch nicht strafmündig war. Er ging kaum mehr in die Schule. Keiner hat sich darum gekümmert, wie es den

Problemfällen ging. Ich war immer wieder beim Schulamt. Aber keine Schule war bereit, Uwe aufzunehmen. Kein Internat, keine geschlossene Schule.
Es hat ihm nicht gefallen, dass er uns so wehtut. Er hat immer Momente gehabt, wo er sich weiterentwickeln wollte. Er war bereit, in ein Kinderheim zu gehen, von wo aus die Kinder zur Schule gebracht werden. Aber er hat weiter gebummelt und kam wieder nach Hause. Keiner wollte ihn.
Dann kamen die Sommerferien, wir haben ihn in der Förderschule angemeldet. Dort trafen sich sehr schwierige Schüler wieder. Es war ein Sammelbecken von Problemfällen. Er bummelte wieder und flog auch von dieser Schule. Viele Möglichkeiten hatten wir damals nicht mehr. Das Schulamt reagierte mit Schulterzucken, das Jugendamt auch.
Im Februar 1993 wollten wir mit ihm in den Urlaub fahren, um zu zeigen: Wir haben dich trotzdem lieb. Doch dazu kam es nicht mehr, er wurde in U-Haft genommen. Wegen Diebstahls, wegen Fahrens ohne Führerschein. Das war die bisher schlimmste Zeit für uns, für ihn, für alle. Wir waren am Ende mit unseren Nerven. Wir wussten nicht mehr weiter. Wir haben ihn jede Woche besucht. Aus unserem großschnäuzigen Kerl wurde wieder der kleine Uwe, der schon vorher heulte, wenn wir kamen, und hinterher heulte, wenn wir uns verabschiedeten. Und wir dachten: Jetzt hat er es gepackt. Er muss was machen aus seinem Leben. Er hat es uns versprochen.
Ich bin dann im Schulamt gesessen und gebe zu, ich habe gedroht, ich bleibe hier sitzen, bis Sie mir eine Schule geben. Er wurde für die letzten sechs Wochen aufgenommen, in Winzerla, bis zum Ende der Schulpflicht.
Als 16-Jähriger kam er erneut in U-Haft. Wir haben weiterhin zu ihm gehalten. Du bist unser Kind, haben wir gesagt. Die Schule hat einen Platz frei gehalten, für ein berufsvorbereitendes Jahr im Baugewerbe. Er hatte ganz wenig Fehlstunden. Vielleicht hat er es auch uns zuliebe getan. Er hat mit einem guten Ergebnis abgeschlossen und nahm dann eine Lehrstelle in Burgau an, um Hochbaufacharbeiter und Maurer zu werden. Das ist ein anständiger Beruf, dachten wir. Schließlich muss jemand die Häuser der Schönen und Reichen auch bauen. Die Lehre hat er mit »gut« abgeschlossen und dann ein Auto gekauft und seinen Führerschein bezahlt. Er hatte kurz Arbeit, dann war er neun Monate arbeitslos. Fand wieder kurz Arbeit, wurde krank, war wieder arbeitslos.
Wir mochten seine Freunde, wir mochten den Uwe Mundlos, wir mochten den Ralf Wohlleben, wir mochten auch die Beate Zschäpe. Sie waren nette, höfliche junge Menschen, leider alle arbeitslos. Sie hatten also alle viel Zeit.
1997 stand dann die nächste Anklage ins Haus. Wir wussten nicht, an welchen Demonstrationen er da teilgenommen hatte, und ich frage mich immer, wer das bezahlt hat, dass sie da hinkommen. Denn er hatte ja ganz wenig Arbeitslosen-

geld. Später erfuhr ich, das hat der Tino Brandt bezahlt oder der Verfassungsschutz.

Ja, und dann kam diese unselige Garagendurchsuchung. Möchten Sie das auch hören?

Götzl Ja, bitte.

Böhnhardt Es war gegen sieben Uhr, als die Polizei klingelte und klopfte. Es war nicht die erste Durchsuchung, ich ahnte schon, wer es war. Sie hatten einen Durchsuchungsbefehl für die Wohnung und die Garage.

Sie haben unsere Garage durchsucht, und ich sagte zu Uwe laut: Pass auf, dass sie nichts finden, was vorher nicht drinnen lag. Ich hatte zu den Polizisten kein Vertrauen. Sie haben auch nichts gefunden und haben die Nebengarage öffnen lassen, vom Schlüsseldienst.

Das, was ich jetzt sage, habe ich erst später durch Uwe erfahren. Er habe gewartet und gewartet, nach zwei Stunden waren sie endlich fertig. Uwe hat die Garage zweimal abgeschlossen und ist in unsere Wohnung gegangen. Er hat seinen Autoschlüssel geholt und ist mitgegangen zu der anderen Garage. Auf dem Weg hat ihm ein Polizist dann zugeraunt: Jetzt bist du fällig, der Haftbefehl ist unterwegs. Da hat sich Uwe umgedreht und ist weggefahren.

Götzl Wussten Sie, wo er sich aufhielt, nachdem er untergetaucht war?

Böhnhardt Nein. Ich habe Frau Mundlos angerufen, ich habe Ralf Wohlleben gefragt, keiner wusste was. Dann kam endlich, endlich, endlich die erlösende Nachricht, ein Zettel im Briefkasten. Wir sollten an einer Telefonzelle warten, wo Uwe dann anrief. Anfangs heulten alle nur. Die Polizei hatte gedroht, dass er auf der Flucht erschossen werden könnte. Deshalb war ich froh, dass er lebt. Er sagte, wir sollten uns keine Sorgen machen, sie seien alle drei zusammen. Wir haben vom ersten Anruf an verlangt, dass sie sich stellen. Er sagte: Nein, Mutti, jetzt nicht.

Im Herbst 1998 hatten wir mehrere Treffen mit einem Rechtsanwalt, der sagte, der Verfassungsschutz sei an ihn herangetreten: Die drei sollten sich stellen. Wir haben uns mit dem Anwalt mehrmals getroffen, in Gaststätten, weil wir vermuteten, dass wir abgehört werden. Es ging um die Bemessung der Strafe. Der Staatsanwalt hatte die irrwitzige Zahl von zehn Jahren genannt, die Uwe drohen. Das kriegt nicht mal ein Kinderschänder, der schon fünf Kinder getötet hat. Dann war es wie beim Sommerschlussverkauf. Es hieß, er bekommt fünf Jahre, wenn sie sich stellen. Und ist dann nach zweieinhalb Jahren raus. Das zog sich bis zum Frühjahr '99 hin, dann wurde das Angebot plötzlich wieder zurückgezogen. Aus dem LKA hieß es: Wenn wir die aufspüren und die zucken nur, glauben Sie mir, unsere Leute sind schneller mit der Pistole. Die haben uns richtig bedroht.

Götzl Haben Sie Ihrem Sohn von dem Angebot erzählt?

Böhnhardt Ja. Er hat versprochen, dass er mit den anderen spricht. Bereitschaft war aber nur von Beate da und von meinem Uwe. Uwe Mundlos wollte noch nicht.

Götzl Was haben Sie beim ersten Telefonat mit Ihrem Sohn besprochen? Können Sie mir Details erzählen?

Böhnhardt Er hat gefragt, ob wir bedroht werden durch die Behörden. Ich habe ihm nicht alles erzählt, was vorgefallen war, weil ich nicht wollte, dass er sich Sorgen macht. Es kam Persönliches zur Sprache. Mein Sohn hatte Angst vor dem Gefängnis. Er hatte da wohl schlechte Erfahrungen gemacht. Welche genau, hat er mir nie erzählt. Ich habe mir die schlimmsten Dinge vorgestellt. Er hatte gesagt, das ist nicht so. Aber ich hatte keine Ruhe.

Götzl Und deshalb sind die drei geflohen?

Böhnhardt Ja. Ich sagte dann: Aber den anderen wird doch gar nichts vorgeworfen! Er meinte: Nein, aber wir bleiben zusammen, wir sind Freunde.

Götzl Welche Gefängnisstrafen standen denn im Raum?

Böhnhardt Beim ersten Mal ging es um Einbruch und Fahren ohne Führerschein, beim zweiten Mal auch wieder um Fahren ohne Führerschein, vielleicht auch um die Verbreitung verbotener Symbole, aber das können Sie ja aus den Akten ersehen. Beim dritten Mal hat er CDs gehört mit rechter Musik, ich war wütend: Entweder bringst du die wieder weg oder ich mach sie kaputt! Er hat versucht, die zu verkaufen. Das hat man ihm dann angekreidet. Warum ist es erlaubt, die Bücher und CDs herzustellen, aber nicht weiterzuverbreiten, fragte er. Da gab er mir eine kleine Lektion in Warenkunde.
Bei der Verhandlung hatte ich den Eindruck, dass der Staatsanwalt nicht so glücklich war, dass ich dabei war. Ein Jugendrichter warf mir an den Kopf, warum ich den Kerl nicht endlich rausschmeiße. Ich sagte: Glauben Sie, eine Mutter lebt ruhiger, wenn ihr Sohn unter der Brücke schläft? Ich war so wütend.

Götzl Haben Sie gefragt, was bei der Durchsuchungen gefunden wurde?

Böhnhardt Angeblich eine Armbrust. Ich frage mich, wie soll er das verstecken vor mir, in einem Kinderzimmer von drei mal drei Metern? Dann noch drei Dolche. Ich hatte Angst vor scharfen Messern, das hätte mir mein Junge nicht angetan. Ich glaube das einfach nicht, dass sie das gefunden haben wollen. Ich habe kein Vertrauen mehr.

Götzl Haben Sie auch über die Garage von Frau Zschäpe gesprochen, die durchsucht worden war?

Böhnhardt Ich wusste gar nicht, dass Beate noch eine Garage hatte. Erst später hat die Polizei uns gesagt, was man dort gefunden hätte – Sprengstoff. Natürlich habe ich Uwe darauf angesprochen. Er meinte: Mutti, seid doch nicht so naiv. Du weißt doch, wie das ist: Das haben die erst hingelegt und dann gefunden.

Götzl Gehen wir zurück zu den Telefonaten, die Sie mit Ihrem Sohn geführt haben. Was hat er denn gesagt auf Ihre Frage: Was habt ihr vor?

Böhnhardt Er sagte: Wir sind nicht in Deutschland, wir sind im Ausland. Erst wenn es sicher ist, kommen wir zurück. Im Nachhinein ist das für mich natürlich der Super-GAU, dass die nur eineinhalb Autostunden von uns entfernt gewohnt haben.

Götzl Was hat er zu seiner Situation berichtet?

Böhnhardt Ich habe immer gefragt: Junge, von was lebt ihr denn? Wir haben Freunde, die uns unterstützen, sagte er. In der Zeitung habe ich gelesen, dass Sammlungen stattfinden. Ich habe auch gefragt, wie können wir euch denn helfen? Was können wir denn noch machen? Er sagte, ihr könnt nichts machen.

Götzl Dann gab es ja ein zweites Telefonat mit Ihrem Sohn. Worum ging es da?

Böhnhardt Ich habe ihn gefragt, ob Uwe und Beate bereit wären, sich zu stellen. Er sagte mir nur, ich sollte in dieser Angelegenheit auf keinen Fall Kontakt herstellen zu den anderen Eltern. Ich sagte: Aber die leiden doch genauso wie wir. Aber er blieb dabei. Ich habe die Familie Mundlos später mal an einer Tankstelle getroffen. Herr Mundlos war der Meinung, an allem ist unser Sohn schuld. Er habe seinen Sohn reingezogen. Jeder leidet anders, er ist auch ein Vater, der leidet. Aber auch Beate und Uwe Mundlos hätten Nein sagen können. Sie waren alle drei erwachsen. Wenn sie gemeinsam in den Untergrund gegangen sind, dann sind sie auch alle drei verantwortlich.

Götzl Woran hat Herr Mundlos das festgemacht, dass Ihr Sohn schuld war?

Böhnhardt Sein Sohn hatte keinen Grund abzutauchen, aber unser Sohn war vorbestraft. Ich war immer der Meinung: Es sind drei Erwachsene gewesen. Und jeder hatte etwas zu sagen. Wissen Sie, habe ich zu Herrn Mundlos gesagt, unter diesen Bedingungen rede ich nicht mehr mit Ihnen. Dann habe ich mich umgedreht und bin gegangen.

Götzl Erzählen Sie uns von dem ersten Treffen mit Ihrem Sohn im Frühjahr 1999.

Böhnhardt Es war in einem kleinen Park, an der ersten Autobahnabfahrt nach Chemnitz. Die drei waren schon da. Ich war da gerade stinksauer und wütend, dass die Staatsanwaltschaft ihr Angebot zurückgezogen hatte. Uwe sagte, das Angebot sei eh nicht ehrlich gemeint gewesen. Heute sage ich: Wenn der Verfassungsschutz und die Staatsanwaltschaft zu ihrem Wort gestanden hätten, was hätte man da verhindern können!

Götzl Wie haben Sie sich das denn vorgestellt? Dass die Strafen einfach erlassen werden?

Böhnhardt Nein, wir wollten nur, dass die Fahndung ausgesetzt wird. Ich hatte immer die Drohung der Polizei im Kopf: Wenn wir sie finden, dann schießen wir.

Götzl Was haben Sie bei dem Treffen noch gesprochen?

Böhnhardt Das waren private Gespräche.

Götzl Auch die interessieren uns natürlich. Haben sie erzählt, wie sie leben?

Böhnhardt Das hätte uns schon interessiert, aber sie wollten uns keine Einzelheiten mitteilen. Dann kommt ihr nicht in Schwierigkeiten, sagten sie. Sie haben sich erkundigt, was in Jena gebaut wurde, und ob wir noch Arbeit haben. Mein Gott, er hängt immer noch an der Familie, dachte ich. Das hat mich gefreut. Wir haben Bilder von daheim mitgebracht. Sie waren erstaunt, wie sich die Straßenzüge verändert hatten.

Götzl Wie sahen die drei aus?

Böhnhardt Sie hatten sich überhaupt nicht verändert, waren nur etwas älter geworden. Beate war weiterhin eine hübsche junge Frau.

Götzl Wie lange hat das Treffen gedauert?

Böhnhardt Maximal zwei Stunden. Wir waren sehr ängstlich und hatten uns ein Auto ausgeliehen, weil wir nicht wussten, ob wir verfolgt werden.

Götzl Zwei Stunden ist doch eine lange Zeit.

Böhnhardt Nein, das ist nicht lang, wenn man seinen Sohn fast ein Jahr nicht gesehen hat.

Götzl Also noch mal, man kann viele Informationen in dieser Zeit austauschen. Woran erinnern Sie sich noch?

Böhnhardt Ich habe gefragt, ob sie zusammenleben. Weil ich dachte, dass es zu dritt schwierig ist zu leben, ohne aufzufallen. Ich dachte, dass sie einzeln leben oder Beate mit dem einen der beiden Uwes zusammen. Darauf habe ich keine Antwort bekommen. Ich fragte: Müsst ihr denn nicht zum Arzt? Waren wir, sagten sie. Ohne Karte, fragte ich. Doch, wir werden unterstützt von Freunden, sagten sie. Habt ihr genug zu essen? Und eine ordentliche Wohnung, wollte ich wissen. Ja, da gibt es auch eine Unterstützung. Wir wollten ja nicht, dass er wieder stehlen geht.

Götzl Haben Sie Ihrem Sohn auch selbst Unterstützung angeboten?

Böhnhardt Diese Frage habe ich erwartet. Wenn ich Ja sage, kann gegen mich ermittelt werden.

Götzl Das ist aber eine Frage des Zeitpunktes, das wäre inzwischen verjährt.

Böhnhardt Sie wissen ja, dass wir sie unterstützt haben. Da machen wir uns jetzt mal nichts vor, das haben ja auch die V-Leute berichtet. Wir haben ihm Geld gegeben, damit er was zu essen hat und nicht wieder klaut.

Götzl Welche Größenordnung?

Böhnhardt 500 Mark, und später noch mal 500 Mark.

Götzl Wie lief die Geldübergabe ab?

Böhnhardt Da haben Leute geklingelt, eine Parole gesagt und das Geld mitgenommen.

Götzl Welche Parole?

Böhnhardt Weiß ich jetzt nicht mehr.

Götzl Kannten Sie die Leute?

Böhnhardt Einen kannte ich: André Kapke. Den anderen kannte ich nicht, das war ein junger hübscher Mann, der eigentlich nicht wie ein Rechter aussah.

Götzl Von wem hatten Sie die Parole?

Böhnhardt Von Uwe. Das war etwas Besonderes, was nur Uwe und ich wissen konnten.

Götzl Dann liegt es ja nah, dass Sie sich erinnern können.

Böhnhardt Gut, dann sage ich es: »Rippchen«. Uwe hatte sich als Kind zwei Rippen gebrochen, er war ein sehr lebhaftes Kind.

Götzl Wo fand das nächste Treffen statt, im Jahr 2000?

Böhnhardt Am gleichen Ort. Ich habe mir auch den Uwe Mundlos zur Brust genommen, den Ältesten und Klügsten, dass sie sich endlich stellen sollten. Zu Beate habe ich gesagt: Auch du hast eine Mutter. Egal wie du zu ihr stehst. Wir haben die Emotionen angesprochen, aber sie waren nicht umzustimmen.

Götzl Wie haben sie im Untergrund gelebt?

Böhnhardt Ja, wir haben das auch gefragt. Es hieß nur: Wir sind zusammen, es geht uns gut. Wie kommt ihr zu eurem Lebensunterhalt, fragten wir. Sie meinten: Das sagen wir euch nicht, das würde euch vielleicht auch nicht gefallen. Ich habe an Internetgeschäfte gedacht, das war ja damals groß in Mode.

Götzl Gab es noch ein weiteres Treffen? Bitte berichten Sie.

Böhnhardt Es gab noch ein letztes Treffen im Jahr 2002. Das könnte schon Mai oder Juni gewesen sein, es war warm, wir hatten nicht mehr so dicke Sachen an. Diesmal war es ein Wochenende. Wir hatten viele Gesprächsthemen. Wir haben wieder gefragt, warum sie nicht zurückkommen: Warum nicht? Warum nicht? Warum nicht? Und sie sagten: Wir wollen nicht, wir wollen nicht, wir wollen nicht. Wir haben unseren Sohn in den Arm genommen und gedrückt. Wir haben auch über banale Dinge geredet, über Kochrezepte. Uns war in keiner Weise bewusst, dass es das letzte Treffen sein könnte. Der Tag verlief harmonisch, wir sind spazieren gegangen. Alle drei waren eigentlich wie immer. Am Schluss haben wir uns alle fünf umarmt. Da war's dann bei mir aus mit meiner Beherrschung. Die einzige Hoffnung, die mir blieb: Vielleicht gründen sie noch mal eine Familie. Beate habe ich dann noch gefragt, ob sie sich das gut überlegt hat oder nicht doch aussteigen will. Nein, Frau Böhnhardt, sagte sie, ich geh mit den Jungs mit. Zu Uwe Mundlos habe ich gesagt: Pass auf den Uwe auf. Das war unser letztes Treffen, wir haben nie wieder von ihnen gehört. Wir waren überzeugt, ja, sie sind weggegangen. Wir waren todtraurig, dass wir an ihrem Leben nicht teilnehmen können. Manchmal dachten wir, vielleicht haben wir Enkelkinder und wissen gar nichts davon. Wir dachten, sie seien ganz, ganz weit weg.

Götzl Gab es noch Kontaktaufnahmen?

Böhnhardt Sie haben uns nie wieder eine Nachricht hinterlassen. Es wusste niemand etwas.

Götzl Haben sich die drei bei den Treffen in irgendeiner Weise politisch geäußert?

Böhnhardt Nein, sie wussten, dass wir ihre Ideen nicht richtig fanden. Ich hoffte, dass sie dieser rechten Ideologie nicht mehr anhängen, weil sie auch nicht mehr darüber gesprochen haben. Diese sinnfreien Transparente und dussligen Parolen – das durfte er daheim nie machen. Von wegen die Ausländer nehmen uns die Arbeit weg und diesen Müll. Ist doch schön, jetzt haben wir Italiener, Türken und Griechen und wir können überall essen gehen, habe ich Uwe gesagt. Und ihn gefragt: Möchtest du in der Pizzeria arbeiten oder den ganzen Tag im Dönerstand stehen? Nein? Dann sei doch froh, dass andere dort arbeiten.

Götzl Und wie hat Ihr Sohn reagiert?

Böhnhardt Er meinte, ich soll das mal nicht im Detail sehen, sondern allgemein.

Götzl Ich hab noch nicht verstanden, wie sich das entwickelt hat. Ich möchte Sie bitten, darüber nachzudenken, wann Ihnen das rechte Gedankengut aufgefallen ist.

Böhnhardt Die ersten Anzeichen waren, als er sich vom Lehrlingsgeld die Bomberjacke gekauft hat. Und dann die Springerstiefel. Bei der Bomberjacke haben wir noch nicht gezuckt. Als er dann mit den Schuhen ankam, das war uns zu viel. Die durfte er nicht in der Wohnung tragen. Das nächste Mal war, als wir ihn bei der Polizei abholen mussten, er war noch nicht achtzehn. Es hieß, dass er im Visier der Polizei ist wegen des Umgangs mit rechten Jugendlichen. Da haben wir uns gesagt, da müssen wir gut aufpassen. Ich sagte: Und wage es nicht, hier etwas zu deponieren, was in diese Richtung deutet. Ich zerreiße alles, und er wusste, ich tue es. Er war auch erschrocken, als ich ihn überrascht habe, als er eine rechte CD gehört hat. Übrigens: Auch Linke trugen schwarze Hosen, und selbst bei der Polizei trugen alle schwarze Hosen und Springerstiefel, da wusste man gar nicht, wer zu wem gehört. Er hat es immer vermieden, darüber zu reden. Da hätten wir ein bisschen hellhöriger sein müssen. Und hellsichtiger. Wobei ich nicht weiß, ob es was genützt hätte, wenn wir ihm gesagt hätten, du ziehst jetzt eine Cordhose an und ein Blouson.

Tag 58

20. November 2013

Manfred Götzl, Richter. **Brigitte Böhnhardt**, Mutter von Uwe Böhnhardt. Sie sagte auch an Tag 57 aus. **Mehmet Daimagüler, Walter Martinek, Eberhard Reinecke,** Anwälte der Nebenklage.

Böhnhardt Unsere beiden älteren Söhne wurden 1969 und 1971 geboren. Damit war die Familienplanung erst mal erledigt. Wir waren sparsam und fleißig, wir hatten Freunde, gute Kollegen. 1974 bekamen wir eine neue Wohnung, eine Vierraumwohnung mit Zentralheizung. Das war super. Die beiden Jungs passten gut zusammen, konnten gut miteinander aufwachsen. Dann kam der Wunsch auf, vielleicht noch ein Kind zu haben, ich wünschte mir ein Mädchen. Es wurde wieder ein Junge. Für die Größeren war der kleine Bruder das liebste Spielzeug, was sie hatten. Es war für sie ganz toll. Ich konnte mich hundertprozentig auf die Größeren verlassen, dass sie ihn von der Krippe abholten.
Peter und Uwe hatten ein ganz besonders inniges Verhältnis. Der Größere hatte frühzeitig eine Freundin. Wir waren eine normale Familie. Wir lehnten Gewalt in der Erziehung ab, das hat man uns später vorgeworfen, als es hieß, wir hätten Uwe mal verdreschen sollen. Wir versuchten, alles mit Ruhe zu klären. Es gab nie persönliche Kränkungen. Die Jungs haben Uwe das Lesen beigebracht. Und haben ihn in der Schule geschützt. Uwe kümmerte sich um die Mäuse von Peter, und umgekehrt kümmerte sich Peter um die Zierhasen von Uwe. Wir waren eine ganz normale Familie. Mein Mann war bei der Betriebsfeuerwehr. Es ging uns gut, zweimal pro Jahr fuhren wir in den Urlaub, in den Winterferien und im Sommer. Wir haben zum Beispiel Abenteuerurlaub in der ČSSR gemacht.
Die Großen haben sich vielleicht gedacht, der Kleine wird vorgezogen. Vielleicht haben wir bei Uwe mehr durchgehen lassen als bei den Großen. Und dann kam das für uns alle traumatische Ereignis, dass der Peter verunglückte. Wir haben versucht, Uwe zu schützen. Aber seine Leistungen in der Schule ließen nach. *(Der damals 17-jährige Peter Böhnhardt lag an einem Morgen im September 1988 tot vor der Tür seines Elternhauses. Als Todesursache wurde Unterkühlung angegeben. Allerdings gab es auch Hinweise, dass er betrunken mit anderen Jugendlichen eine Ruine bei Jena bestiegen hatte und abgestürzt war. Was genau geschah, konnte nicht geklärt werden.)* Er hat seinen Kummer durch Disziplinverstöße zum Ausdruck gebracht. Er durfte ein Bild von Peter aufstellen, er durfte weinen, er durfte trauern. Wir mussten halt im-

mer die Starken sein. Der Verlust hat meinen Mann und mich sehr zusammengebracht. Wir haben gemerkt, dass wir einander brauchen. Uns ging es oft nicht gut. Bei Uwe kamen so viele Dinge zusammen: die politischen Umwälzungen und die Pubertät, das hat ihn aus der Bahn geworfen. Zum Teil standen wir der Situation auch hilflos gegenüber. Er sollte immer einen Rückhalt haben. Wir haben ihn nicht vor die Tür gesetzt. Der Unfall von Peter wurde nie geklärt. Man hatte keine Zeit und keine Lust, das aufzuklären, sagte uns die Polizei. Wir haben noch anderes zu tun, als die Eltern eines toten Jungen zu benachrichtigen. Vielleicht rührt daher mein gestörtes Verhältnis zur Polizei.

Götzl Können Sie uns die Persönlichkeit Ihres Sohnes beschreiben?

Böhnhardt Er war aufgeweckt, sportlich, kontaktfreudig. Für Verwandte war er immer der liebe Uwe, ein bisschen wild, wollte immer rumtoben. Er war viel draußen, nur die Schule hat er nicht so sehr geliebt.

Götzl Gab es auch problematische Eigenschaften?

Böhnhardt Außer dass er schulfaul war, fallen mir keine schlechten Eigenschaften ein. Er war nicht gewalttätig, hat sich nicht beschwert. Er hat mal dazwischengeredet im Unterricht, war an kleinen Prügeleien in der Pause beteiligt oder hat Hefte rumgeworfen. Aber er hat sich gehütet, über Lehrer zu schimpfen, weil er wusste: Damit komm ich bei meiner Mutter gar nicht durch.

Götzl Wann sind denn seine neuen Freunde zu Ihnen gekommen?

Böhnhardt Ich weiß es nicht mehr genau einzugrenzen. Ich habe sie jedenfalls immer freundlich empfangen, weil ich fand, es sei wichtig, Freunde zu haben. Ich habe auch versucht, sie auszufragen. Der Holger war ein lieber netter Kerl als Jugendlicher. Später dann gab es andere Freunde, die blieben unten und kamen nicht hoch in die Wohnung. Wir waren mit diesem Freundeskreis nicht einverstanden.

Götzl Ab wann haben Sie Uwe Mundlos wahrgenommen?

Böhnhardt Das weiß ich nicht. Mitte der Neunzigerjahre vielleicht.

Götzl Wie sind die beiden miteinander umgegangen, Uwe Mundlos und Ihr Sohn?

Böhnhardt Wenn er kam, sind sie in Uwes Zimmer verschwunden und ich habe nicht an der Tür gelauscht. Uwe Mundlos hat mir erzählt, dass er sein Abitur nachholen will. Ich habe gehofft, vielleicht gibt das unserem Uwe einen Aufschwung. Dass er sagt: Da mach ich auch noch was aus meinem Leben. Wir hatten immer mal so eine kleine Hoffnung zwischendurch. Freunde machen da ja so viel aus.

Götzl Haben Sie auch mal länger geredet mit Uwe Mundlos?

Böhnhardt Ja, wir haben auch mal über politische Themen diskutiert. Fakt ist, als Uwe Mundlos gemerkt hat, dass wir seine politischen Überzeugungen nicht teilen, hat er es vermieden, in unsere Wohnung zu kommen. Er klingelte unten, unser Sohn zog sich an und verschwand. Mundlos hatte eine eigene Wohnung, es hat ihm nicht so gefallen, dass ich ihn ausgefragt habe.

Götzl Was haben Sie ihn denn so gefragt?

Böhnhardt Über was haben wir gesprochen? Ich habe ihn gefragt, wie er zu diesen Überzeugungen kommt. Er schweifte ab in die Geschichte, er war sehr belesen. Ich kann mich erinnern, dass er gesagt hat, Frau Böhnhardt, ich hör jetzt auf, mit Ihnen zu diskutieren. Er war intelligenter als unser Sohn, der hat zu ihm aufgesehen. Das soll nicht heißen, dass ich Uwe Mundlos die Schuld an der Entwicklung unseres Sohnes gebe. Unser Uwe war da schon ein junger Erwachsener, er hätte jederzeit Nein sagen können.

Götzl Wann gab es die ersten Anzeichen für rechte Tendenzen bei Ihrem Sohn?

Böhnhardt Es könnte in der Zeit von Uwe Mundlos gewesen sein, als er ihn kennengelernt hat. Wir hatten in der Zeit andere Sorgen, als uns mit der Vergangenheit zu beschäftigen.

Götzl Jetzt kommen wir zu Frau Zschäpe. Erzählen Sie mal, wie der Umgang war, was Sie wahrgenommen haben.

Böhnhardt Eines Tages fragte Uwe uns, ob er seine Freundin mitbringen darf. Ich hab mich gefreut und fand Beate auf Anhieb sympathisch. Sie war höflich und nett, wir hatten ein gutes Verhältnis. Uwe ist mit ihr sehr freundlich und nett umgegangen. Er war verliebt, sie auch. Ich hatte das Gefühl, dass sie gern zu uns kam. Sie hat ihm gutgetan. Ihr ganzes Auftreten war genau so, wie man sich eine junge Frau vorstellt. Sie hatte ihre Gärtnerlehre abgeschlossen, aber keine Arbeit gefunden. Ich war froh, dass Uwe eine feste Freundin hatte. Ich hoffte, dass er auf andere Gedanken kommt. Das könnte schön werden, dachte ich, vielleicht gründen die beiden eine Familie. Ich habe gehofft, dass sie ihn auf den rechten Weg bringt. Sie ist nie in Kleidung aufgetreten, die auf rechte Tendenzen hinweisen würde. Sie hat nie über rechte Dinge gesprochen. Für mich bleibt sie dieses Mädchen: Uwes erste feste Freundin. Sie war selbst bei Familienfeiern dabei. Da waren sie so verliebt, ich habe einige Bilder zu Hause. Sie war integriert in die Familie. 1996 hat sie ein paar Weihnachtsfeiertage bei uns verbracht, sie gehörte zur Familie.

Götzl Hat sich Ihr Sohn damals verändert?

Böhnhardt Er wurde ernster, verantwortungsvoller. Er hat Beate auch bei der Renovierung ihrer Wohnung geholfen. Ich hatte das Gefühl, der Junge wird erwachsen. Es fehlte nur noch eins: eine Arbeitsstelle.

Götzl Wie war das Verhältnis von Frau Zschäpe zu Ihrem Sohn?

Böhnhardt Das kann ich mit einem Wort beschreiben: kuschelig. Sie waren so lieb zueinander. Und ich hatte das Gefühl, sie fühlt sich auch wohl bei uns. Eigentlich hab ich gedacht, er ist bei ihr in guten Händen.

Götzl War die Beziehung zwischen Ihrem Sohn und Frau Zschäpe noch dieselbe, als Sie die drei nach ihrer Flucht trafen?

Böhnhardt Ich war eigentlich bis zum Schluss der Meinung, dass die beiden noch ein Paar sind.

Götzl Was können Sie uns über Frau Zschäpes Anruf am Morgen des 5. November 2011 sagen?

Böhnhardt Ich bin ihr immer noch dankbar für diesen furchtbaren Anruf. So waren wir zumindest vorbereitet auf die Nachricht der Polizei.

Götzl Können Sie das genauer schildern?

Böhnhardt Wir lagen noch im Bett, als das Telefon gegen sieben Uhr klingelte. Hier ist Beate. Welche Beate denn? Uwes Beate. Da war erst mal ein Momentchen Ruhe, das musste ich erst mal verarbeiten, nach neun Jahren das erste Mal wieder von Beate zu hören. Kommt ihr zurück? Wollt ihr euch stellen? Das war mein einziger Wunsch. Nein, hat sie gesagt. »Warum nicht?«, habe ich gefragt. Der Uwe kommt nicht mehr. Dann war erst mal eine Weile Pause. Ich habe mich gar nicht getraut, die Frage zu stellen. Ist der Uwe tot? Ja, der Uwe ist tot. Sie sagte: Schauen Sie doch mal die Nachrichten. Gestern in Eisenach ist etwas passiert. Das sind die beiden Jungs. Sie sagte, sie muss auflegen, sie hat noch so ein furchtbares Telefonat vor sich, sie muss auch noch die Eltern von Uwe Mundlos informieren.

Götzl Hat Frau Zschäpe gesagt, wie Ihr Sohn zu Tode gekommen ist?

Böhnhardt Sicher bin ich mir nicht.

Götzl Hat sie gesagt, sie haben sich erschossen?

Böhnhardt Das wäre möglich. Wir standen sehr unter Stress.

Anwalt Daimagüler Empfinden Sie auch Mitgefühl für die Opfer?

Böhnhardt Ich habe tiefes Mitgefühl. Weil ich sie mit am besten verstehen kann. Es tut mir wirklich sehr leid. Und ich bin ihnen dankbar, dass sie sich nicht gerächt haben an uns. Ich rechne ihnen das hoch an, wir haben nie einen Brief mit Drohungen bekommen. *(Kurze Pause.)* Eines kann ich Ihnen versichern: Ich wüsste auch gern, was geschehen ist. Ich wüsste zu gerne, was sie verleitet hat, diese Taten zu begehen. Als Mutter suche ich nach jedem Strohhalm, dass es doch anders war. Ich kann mir meinen Sohn nicht als eiskalten Mörder vorstellen. Keiner hat das Recht zu töten. Und ausgerechnet mein Sohn soll das getan haben. Die Opferfamilien sind zumindest in der Lage, trauern zu können, auch öffentlich. Jedes Mal wenn ich das will, dann steigt in mir das Entsetzen darüber hoch, was er getan haben soll.

Anwalt Martinek Welche Einstellung hatte Ihr Sohn zum Staat und den Behörden?

Böhnhardt Wir haben ja nun einige schlechte Erfahrungen gemacht. Auch ich habe zu manchen Behörden kein Vertrauen, vielleicht hat sich das auf Uwe abgefärbt.

Anwalt Martinek Und die Einschätzung von Polizeibeamten, der Polizeimacht an sich – wie war die?

Böhnhardt Die Polizei in Jena hat sich tatsächlich öfter als Macht präsentiert. Ich empfand es teilweise als unwürdiges Spiel. Mal jagten sie die Linken, mal die Rechten. Dazu muss ich Ihnen sagen, wenn mir jemand mit dem Knie zwischen die Beine tritt, dann trete ich zurück. Ich weiß, dass Uwe keine Mimose war. Aber ich weiß auch, dass diese Gruppe selbst provoziert wurde. Und weil die Polizei in der Mehrzahl war, hat sie immer gewonnen. Uwe hat mir erzählt: Normalerweise schlagen sie in den Körper, nicht ins Gesicht. Mein Vertrauen in die Polizeikräfte hielt sich also sehr in Grenzen. Ich wusste von diesen Zusammenstößen.

Anwalt Martinek Ihr Sohn wurde einmal wegen Widerstands gegen die Staatsgewalt verurteilt. Wie war seine Einstellung der Polizei gegenüber?

Böhnhardt Seine Einstellung war sicherlich kritisch. Und ich kenne mehrere Vorfälle, wo ich sagen muss: So geht das auch nicht. Die Polizei hat nicht das Recht, Jugendliche zusammenzuschlagen. Da hat auch die Mutter in mir gelitten, wenn ich ihn verbeult wieder abholen musste.

Anwalt Reinecke Haben Sie mal versucht, Beate Zschäpe zu fragen, was genau Ihr Sohn getan hat?

Böhnhardt Ich habe oft daran gedacht, ihr zu schreiben. Ich möchte aber nicht, dass ganz persönliche Worte an sie öffentlich werden. Vielleicht habe ich später mal die Möglichkeit, sie in einer JVA zu besuchen.

Götzl Dann machen wir Schluss mit der Befragung, Frau Böhnhardt. Auf Wiedersehen.

Böhnhardt Lieber nicht.

Tag 59

21. November 2013

Manfred Götzl, Richter. **André Kapke**, 38, selbstständig im Baugewerbe, gehörte in Jena zu den Anführern der Neonazi-Kameradschaft »Thüringer Heimatschutz« (THS) und zum Freundeskreis des Trios. Er ist zum Zeitpunkt seines Zeugenauftritts Beschuldigter, aber nicht Angeklagter im NSU-Verfahren, das heißt: Es wird gegen ihn ermittelt, und er hat das Recht, die Aussage zu verweigern, um sich nicht selbst zu belasten. Er sagte auch an den Tagen 84 und 96 aus.

Götzl Wie würden Sie Beate Zschäpe, Uwe Böhnhardt und Uwe Mundlos beschreiben?

Kapke Uwe Böhnhardt war ein Waffennarr. Er war nicht dumm, aber der Intelligentere war eindeutig Mundlos. Ich habe ihn als charakterstark erlebt. Beate Zschäpe habe ich menschlich sehr geschätzt.

Götzl Hatten Sie nach dem Untertauchen im Jahr 1998 Kontakt zu den dreien?

Kapke Wir haben telefoniert.

Götzl Wie oft?

Kapke Weiß ich nicht mehr genau, so zwei bis fünf Mal.

Götzl Mit wem haben Sie gesprochen, Mundlos oder Böhnhardt?

Kapke Weiß ich nicht mehr.

Götzl Und worum ging's in den Telefonaten?

Kapke Weiß ich auch nicht genau. Wahrscheinlich um eine Flucht ins Ausland.

Götzl Wie kam der Kontakt zustande?

Kapke Wir hatten mehrere Telefonzellen, wo man angerufen werden konnte. Sie haben mich zu einer festgelegten Zeit an einer bestimmten Telefonzelle angerufen. Wir wollten verhindern, dass wir abgehört werden. Am Ende des Gesprächs haben wir ausgemacht, wann wir das nächste Mal telefonieren und wo sie mich anrufen.

Götzl Sie haben für die drei auch Pässe besorgt. Wie kam das?

Kapke Das war ein Auftrag von Tino Brandt. Er hat mir dafür 1000 Mark gegeben und sein Auto geliehen. Ich solle die Pässe bei einem Bekannten holen. Er hatte ja seine Kontakte. Ich habe die Pässe bekommen, aber sie waren leer. Ich wollte sie daher zusammen mit Kameraden aus der Szene bebildern und ausfüllen. Doch bevor es dazu kam, wurden die Pässe aus Brandts Auto gestohlen. Das Seltsame war, dass nicht mal die Scheiben eingeschlagen wurden, die Pässe waren einfach weg.

Götzl Hatten Sie danach noch Kontakt zu Zschäpe, Böhnhardt und Mundlos?

Kapke Nein, ich wollte nichts mehr damit zu tun haben, aus Selbstschutz. Außerdem habe ich damit gerechnet, dass die sowieso relativ schnell auffliegen.

(In der weiteren Befragung berichtet der Zeuge, die rechte Szene sei ständig der Repression durch die Sicherheitsbehörden ausgesetzt gewesen. Auf eine Frage zu den politischen Positionen der Kameradschaft Jena sagt er, es sei damals das Thema »Atompolitik« aufgekommen, man sei gegen das Atommüll-Lager in Gorleben gewesen. Erst auf massives Drängen des Richters sagt Kapke, der sich zuvor auf Erinnerungslücken berief, es habe eine allgemeine Stimmung in »Mitteldeutschland« gegen Ausländer gegeben. Feindbild sei aber nicht der »einzelne Ausländer« gewesen, sondern die Politik, die den Zuzug ermögliche.)

Kapke Sie fangen ja nicht an, wenn Sie was gegen Unkraut machen, und zupfen da oben ein, zwei Blätter. Sie müssen schon an der Wurzel anfangen.

Tag 60

26. November 2013

Manfred Götzl, Richter. **Christian M.**, 54, Bauingenieur aus Niedersachsen. **Karin M.**, 54, seine Frau, Drogistin. **Ursula S.**, 52, Informatikerin aus Niedersachsen. **Wolfgang S.**, 56, ihr Ehemann, ebenfalls Informatiker. **Wolfgang Stahl**, Verteidiger von Beate Zschäpe. **Seda Başay**, Anwältin der Nebenklage. **Henning Saß**, psychiatrischer Gutachter.

(Zu Beginn der Verhandlung beantragen Zschäpes Verteidiger, Richter Götzl möge den psychiatrischen Gutachter Henning Saß, der Beate Zschäpe begutachten soll, so im Saal platzieren, dass dieser keine Gespräche der Verteidiger mit ihrer Mandantin mithören könne.)

Götzl Ich habe auch noch nie was mitgehört, um es mal deutlich zu sagen. Und ich sitze auch nicht weiter weg als Herr Professor Saß.

Saß Ich höre keine Inhalte von den Gesprächen. Ansonsten bin ich flexibel, was den Sitz angeht. *(Er rutscht einen Platz nach rechts und damit ein Stück weiter weg von Zschäpe und ihren Anwälten. Götzl beginnt mit der Zeugenbefragung. Als zweiter Zeuge betritt Christian M. den Saal.)*

Götzl Es geht uns um Urlaubsbekanntschaften von Ihnen und Ihrer Frau. Erzählen Sie bitte, was Sie noch in Erinnerung haben.

Christian M. Ich mache mit meiner Familie schon seit Jahrzehnten auf Fehmarn Urlaub auf dem Campingplatz Wulfener Hals. Im Jahr 2007 haben wir Max, Liese und Gerry kennengelernt, sie waren in dem Mietwohnwagen neben uns. Wir kamen bald ins Gespräch, das geht auf dem Campingplatz recht schnell, in dieser ungezwungenen Atmosphäre. Wir waren gemeinsam beim Surfen, haben gemeinsam gegrillt.

Im Jahr drauf war es wieder so, dass wir uns da getroffen haben. Der Kontakt ergab sich immer nur in den Sommerferien, von 2007 bis 2011. Die drei waren sehr nett, freundlich und hilfsbereit. Der Max, also der Herr Mundlos, und Frau Zschäpe, also die Liese, waren sehr redselig. Herr Böhnhardt, Gerry, war etwas stiller. Über persönliche Sachen haben sie eher selten gesprochen. Interessant war immer, wenn sie von ihrem Leben in der DDR erzählt haben. Auch von Katzen war mal die Rede. Und dass Herr Mundlos ein Computerfreak war, gerne Mountainbike fuhr und Computerspiele spielte. Wir hatten jeden Tag Kontakt. Eigentlich waren wir hinterher sehr überrascht, wie wenig wir tatsächlich wussten. Über Persönliches und Berufliches haben wir eigentlich gar nicht gesprochen, über Politik auch nicht. Wir haben vermutet, dass Herr Mundlos in einem EDV-Laden arbeitet und Herr Böhnhardt irgendwas mit Autoüberführung macht. Bei Frau Zschäpe wusste ich es eigentlich gar nicht. Wir haben uns mal gewundert, wie man so lange Urlaub machen kann. Aber es war eine Urlaubsbekanntschaft, da hat es mich dann auch nicht so interessiert. Herr Böhnhardt hatte ein kleines Schlauchboot mit Motor, da haben wir auch mal zusammen dran rumgebastelt. Den meisten Kontakt hatte ich mit Herrn Mundlos. Er hat damals surfen gelernt, und da ich schon lange surfe, habe ich ihm einiges beigebracht.

Götzl Wie war das Verhältnis der drei Personen untereinander?

Christian M. Sie wirkten wie drei Freunde, die zusammen in den Urlaub gefahren sind. Wir waren auch der Meinung, dass sie unterschiedliche Wohnungen hätten. Das Verhältnis war eher freundschaftlich. Sie hatten erzählt, dass sie sich seit ihrer Jugend kennen.

Götzl War erkennbar, ob ein näheres Verhältnis zwischen zweien bestand?

Christian M. Es war überhaupt nicht erkennbar. Die waren zu dritt so ein Team halt.

Götzl Wie ist Frau Zschäpe mit den Männern umgegangen?

Christian M. Freundlich. Ich hab da keinen Streit erlebt, aber auch keine Berührungen wahrgenommen.

Einen Partner hatten sie unseres Wissens nach nicht. Von Mundlos wussten wir, dass der Vater Professor und sein Bruder behindert war. Frau Zschäpe wurde uns als Liese Eminger vorgestellt. Den Nachnamen von Max weiß ich gar nicht mehr. Und Gerry sollte von seinem Nachnamen kommen, Gerlach oder Gerland, eigentlich soll er Holger geheißen haben. So wurde uns das gesagt. Wir waren wirklich geschockt, wie wenig wir wirklich wussten über die drei. Das war wirklich kaum zu begreifen.

Götzl War das Thema »Ausländer« denn mal ein Thema gewesen?

Christian M. Nein, nie, überhaupt nicht.

Götzl Was haben Sie noch in Erinnerung?

Christian M. Na ja, Frau Zschäpe sah damals ähnlich aus wie heute. Uwe Böhnhardt hatte schon was Gruseliges als Tattoo: einen Stahlhelm und einen Totenkopf. Er sagte, das seien Jugendsünden. Aber der Umgang mit ihnen war freundlich. Wir haben sogar mal zu Hause ein Paket von ihnen bekommen mit Thüringer Würstchen. Weil wir mal gemeinsam gegrillt hatten. Die waren lecker.

Das Paket kam aber ohne Absender; wir hatten die Adresse des Trios auch nicht. Wir haben uns oft mit Liese über die DDR-Zeit unterhalten. Sie sagte, sie sei gemeinsam mit Max in der Schule gewesen.

Götzl Wurde Alkohol getrunken?

Christian M. Max und Gerry haben keinen oder kaum Alkohol getrunken, Liese schon mal einen Wein.

Götzl In der polizeilichen Vernehmung haben Sie gesagt, Liese habe das Geld verwaltet.

Christian M. Das weiß ich jetzt gar nicht mehr so genau. Ich kann mich nur erinnern, dass sie immer bar bezahlt haben. Und ich weiß noch, dass Max mal ein Surfbrett und ein Segel in bar bezahlt hat. 600 und 300 Euro. Das hat mich gewundert. So viel Bargeld hätte ich nie dabei, das hätte ich immer mit Karte bezahlt.

Anwältin Başay Wer von den dreien ist denn das Auto gefahren?

Christian M. Der Gerry, immer.

Anwältin Başay Sind Sie da mal mitgefahren? Und ist Ihnen dabei was aufgefallen?

Christian M. Er ist immer sehr vorsichtig gefahren. Auf gar keinen Fall zu schnell. Er hat gesagt, als Berufskraftfahrer will er nicht, dass sie seinen Führerschein kassieren.

(Nächste Zeugin ist seine Ehefrau, Karin M.)

Karin M. Es war eine lockere Bekanntschaft. Sie haben uns angesprochen. Wir haben mit ihnen gegrillt, Badminton am Strand gespielt oder sind gemeinsam einkaufen im Aldi gegangen. Frau Zschäpe war immer die Hauswirtschaftlerin. Sie hat Salat geschnippelt, Schaschlik gesteckt. Max war der sportliche Typ, Gerry der handwerkliche; er hat auch das Grillen übernommen. Sie hat die Jungs bemuttert. Und das Geld hat sie auch verwaltet, das war ganz klar. Ganz zu Anfang haben sie uns erzählt, dass alle in eine Urlaubskasse einzahlen und Frau Zschäpe das Geld verwaltet. Die Geldbörse war eigentlich immer reichlich gefüllt.

(Es folgt Ursula S., die mit ihrer Familie im Urlaub ebenfalls neben Zschäpe, Böhnhardt und Mundlos kampiert hatte.)

Ursula S. Wir haben die drei 2007 im Urlaub auf Fehmarn kennengelernt. Sie haben gefragt, ob wir mit ihnen Doppelkopf spielen, was wir dann auch gemacht haben. *(Bis 2011 hat Familie S. dann jedes Jahr zusammen mit Zschäpe, Mundlos und Böhnhardt Urlaub gemacht.)* Sie haben uns auch drei, vier Mal zu Hause besucht. Im August 2009 waren sie beim 17. Geburtstag unserer älteren Tochter mit dabei. Da haben sie auch bei uns übernachtet. Liese bei unserer jüngeren Tochter im Zimmer, die beiden Männer im Keller. Die drei waren sehr freundlich, sehr sympathisch. Den meisten Kontakt hatte ich zu Liese. Wir haben im Urlaub auch mal was alleine gemacht. Max hat sehr, sehr, sehr viel Sport gemacht und sich mit Computerzeitschriften und seinem Laptop beschäftigt. Gerry war eher ruhig, introvertiert, eher handwerklich aktiv. Er fuhr gerne mit seinem Paddelboot allein aufs Meer raus, teilweise über Stunden. Da war die Sorge von Liese, dass er heil zurückkommt, immer sehr groß. Sie haben viel mit unseren Kindern unternommen. Gerade Liese hat sich sehr viel mit unseren Töchtern unterhalten. Über Schule und übers Erwachsenwerden. Die drei machten untereinander einen sehr harmonischen Eindruck. Ich hatte eher den Eindruck, dass Liese und Gerry ein innigeres Verhältnis hatten. Aufgrund ihres Austauschs von Berührungen. Liese hatte ein Portemonnaie mit vielen Scheinen. Ich habe keinmal gesehen, dass die Männer bezahlt haben. Wenn wir zusammen waren, hat sie immer für die drei bezahlt. Über Politik haben wir fast gar nicht gesprochen. Einmal hat Max erzählt, dass er früher in der DDR viel Blödsinn gemacht hat und deshalb nicht studieren konnte.

(Der nächste Zeuge ist Wolfgang S., ihr Ehemann.)

Wolfgang S. Wir haben ihnen vertraut. Ich konnte das gar nicht fassen, als wir das im November 2011 mitbekommen haben. Ich war wirklich erschüttert. *(Er berichtet von den Besuchen der drei bei ihnen in Niedersachsen.)* Im Februar 2011 sind sie völlig überraschend vorbeigekommen. Sie sagten, sie würden eher an die Ostsee fahren und noch einen Freund in Hannover abholen. Wir haben ihnen so sehr vertraut, dass wir die Kinder mit Gerry im Motorboot fahren ließen. Die drei hatten einen sehr engen Kontakt zu unseren Töchtern. Sie haben immer »Siedler von Catan« gespielt. Unsere ältere Tochter war wegen der ganzen Sache einige Male zur psychologischen Beratung. Sie macht sich Vorwürfe, ob man irgendwas hätte merken können. Unsere jüngere Tochter mag da gar nicht drüber reden. Wir wurden da schwer enttäuscht und getäuscht auch. Rückblickend muss man sagen, das war ein tolles Schauspiel. Die drei haben das gut inszeniert.

(Wolfgang S. verlässt den Saal. Zschäpes Verteidiger Stahl gibt eine Erklärung ab.)

Verteidiger Stahl Der Generalbundesanwalt gründet den Vorwurf, dass Frau Zschäpe die Aufgabe zugekommen sein soll, die Tatbeute zu verwalten und die finanziellen Verpflichtungen nach außen zu regeln, im erheblichen Maße auf die Angaben der Urlaubsbekanntschaften. Die Befragungen heute haben ergeben, dass es um den Einkauf von Lebensmitteln und um das Bezahlen gemeinsamer Essen aus der Urlaubskasse ging. Zschäpe hat also wohl die Urlaubskasse verwaltet. Aber tragfähige Schlüsse auf eine Verwaltung der Tatbeute lassen sich daraus nicht ziehen. Nach Aussagen der Zeugen trugen auch die anderen beiden große Mengen Bargeld bei sich, das zeigt das Einzahlen in die gemeinsame Kasse und der Kauf eines Surfbretts, eines Segels und eines Schlauchbootes.

Tag 61

27. November 2013

Manfred Götzl, Richter. **Stefan Apel**, 39, Beate Zschäpes Cousin. Er sagte auch an Tag 62 aus. **Annerose Zschäpe**, 61, Mutter von Beate Zschäpe. **Edith Lunnebach, Mustafa Kaplan**, Anwälte der Nebenklage.

Götzl Herr Apel, sind Sie verwandt oder verschwägert mit den Angeklagten?

Apel Ja, mit einer. Mit meiner Cousine.

Götzl Berichten Sie uns, wie Sie aufgewachsen sind. Wie waren die familiären Verhältnisse? Wie war das Verhältnis zu Uwe Böhnhardt und Uwe Mundlos?

Apel Wir sind zusammen aufgewachsen, Beate und ich, wie in normalen Familien auch. Beate war dann mehr bei unseren Großeltern gewesen, als sie mit Uwe Mundlos zusammen war. Mit meiner Tante hatte sie sich ein bisschen zerstritten. Was direkt da los war, weiß ich nicht.

Götzl Wo sind Sie aufgewachsen? Wo ist Frau Zschäpe aufgewachsen?

Apel Ich bin bei meinen Eltern aufgewachsen und sie bei ihrer Mutter. Wir haben in Jena-Nord gewohnt, und sie hat in Jena-Winzerla gewohnt.

Götzl Erläutern Sie uns die familiären Verhältnisse.

Apel Frau Zschäpes Mutter ist die Schwester meines Vaters.

Götzl Wie war das Verhältnis von Beate Zschäpe zu ihrer Mutter in der Kindheit?

Apel Weiß ich nicht, die Großmutter hat sie immer vom Kindergarten abgeholt. Ich war selber Kind, wie soll ich das beurteilen?

Götzl Wie hat denn der Kontakt zu Beate Zschäpe ausgesehen über die Zeit?

Apel In der Kindheit haben wir viel Zeit miteinander verbracht, später habe ich sie nur noch ab und zu getroffen, bei den Großeltern oder mal im Jugendklub.

Götzl Beschreiben Sie uns Ihre Cousine doch mal von ihrer Art her.

Apel Sie war ein lustiger Mensch, eigentlich immer. Zur Familie war sie immer lieb, nett, sympathisch. Also zu uns, meine ich. Mit ihrer Mutter hatte sie sich ja dann irgendwann zerstritten. Wieso, weshalb, warum, weiß ich nicht. Hat mich eigentlich auch nicht interessiert.

Götzl Wann haben Sie Herrn Mundlos und Herrn Böhnhardt kennengelernt?

Apel Mundlos habe ich nach der Wendezeit kennengelernt. Und Böhnhardt im Berufsvorbereitungsjahr. Er war noch relativ jung. Ich selbst war da so 22. In der Pause haben wir uns an der Kaufhalle getroffen, da war auch Mundlos. So haben die sich damals kennengelernt.

Götzl Welches Leben haben Sie geführt?

Apel Ich hab ein Lotterleben geführt, ich hab gesoffen.

Götzl Habe ich Sie richtig verstanden, Uwe Böhnhardt und Uwe Mundlos haben sich über Sie kennengelernt?

Apel Ja, ich kannte Böhnhardt aus der Schule, und Mundlos wohnte um die Ecke. Wir haben uns im Jugendklub oder bei irgendeiner Party im Wald kennengelernt. Wir waren halt 'ne große Gruppe. Beate war mit Mundlos und Böhnhardt jeweils mal liiert. Später hatte ich kaum noch Kontakt zu denen, weil Mundlos mit meiner Lebenseinstellung nicht einverstanden war. Er hat mich als Assi betitelt.

Götzl Wie lief ihr Leben …

Apel Wir waren halt 'ne große Gruppe. Sie war mit Mundlos und Böhnhardt liiert.

Götzl Wie lief Ihr Leben damals ab?

Apel Unkontrolliert. Mit Saufen, Party, Spaß. Gearbeitet habe ich kaum.

Götzl Hatten Sie auch Kontakt zur rechten Szene?

Apel Wir waren nicht direkt integriert, aber rechtsgerichtet auf jeden Fall: gegen den Staat, gegen Ausländer, gegen Linke, gegen alles.

Götzl Wie hat Uwe Mundlos gelebt?

Apel Am Anfang hat er Party gemacht, dann hat er sich nach oben gesteigert.

Götzl Was meinen Sie damit?

Apel Er ist zu Demos gefahren, Parteiveranstaltungen oder Kameradschaftstreffen.

Götzl Wie war die Lebenseinstellung bei Ihrer Cousine, bei Uwe Böhnhardt?

Apel Wir haben uns nie über Politik unterhalten. Die anderen zwei – hat jeder gewusst – konnten sich ganz schön reinsteigern in solche Sachen.

Götzl Was meinen Sie damit?

Apel Sie haben zum Beispiel keinen Alkohol mehr getrunken. Die waren halt rechts. Mundlos hat einer Zigeunerin einmal ein Stück Kuchen an den Kopf geworfen.

Götzl Gab es weitere Vorfälle?

Apel Böhnhardt war ein Waffennarr, er hat immer Schreckschusspistolen getragen. Das war halt sein Spleen. Auch die Armbrust, die bei Beate gefunden wurde, war seine. Das hat sie mir gesagt.

Götzl Versuchen Sie, Ihre Cousine ein wenig zu beschreiben.

Apel Sie hat sich von niemandem etwas aufzwingen lassen. Wenn jemand zu ihr frech geworden ist, dann hat sie zu ihm schon gesagt: Jetzt sei mal ruhig. Sie war kein Mädchen, das sich das gefallen lassen hat. Sie war gesellig, hat viel gelacht und ist auch auf Leute zugegangen. Sie ist gerne auf Partys gegangen. Da hat Beate nur Frauengetränke getrunken – Wein und Sekt. Beate hatte immer mehr Männerfreundschaften. Sie war robuster im Umgang als normale Frauen.

Götzl Was meinen Sie damit?

Apel Sie war ein offener und selbstbewusster Mensch. Sie hat auch mal gesagt, wo es langgeht und kein Blatt vor den Mund genommen.

Götzl Laut Vernehmungsprotokoll haben Sie auf die Frage, was für ein Verhältnis die drei untereinander hatten, gesagt: Sie hatte die Jungs im Griff.

Apel Ja, sie hat sich nichts gefallen lassen. Sie war kein kleines Mauerblümchen.

Götzl Was machen Sie heute?

Apel Ich lebe seit acht Jahren auf Mallorca. Und davor war ich auch schon völlig raus aus der Skinheadszene.

Götzl Hatten Sie früher auch Kontakt zu dem Laden Madley in Jena?

Apel Ja, da haben wir früher immer unsere Sachen gekauft. CDs, Schuhe, Stiefel.

Götzl CDs mit welchem Inhalt?

Apel Mit rechtem Inhalt.

Götzl Konnte man da auch Waffen kaufen?

Apel Nicht, dass ich wüsste.

(Die Befragung von Stefan Apel wird unterbrochen. Nach der Mittagspause nimmt Zschäpes Mutter, Annerose Zschäpe, am Zeugentisch Platz, eine große, schlanke Frau. Sie setzt sich ihre Brille auf und sagt, dass sie 61 Jahre alt ist und zurzeit zu Hause ihre Mutter pflegt. Viel mehr sagt sie nicht.)

Götzl Als Mutter der Angeklagten haben Sie ein Zeugnisverweigerungsrecht. Wollen Sie Angaben machen?

Annerose Zschäpe Nein.

Götzl Sind Sie damit einverstanden, dass Ihre polizeiliche Vernehmung eingeführt wird?

Annerose Zschäpe Nein. *(Sie schaut ihre Tochter an. Beate Zschäpe weicht ihrem Blick aus. Annerose Zschäpe verlässt den Gerichtssaal. Die Befragung von Stefan Apel wird fortgesetzt.)*

Götzl Kannte Ihre Großmutter Uwe Mundlos und Uwe Böhnhardt?

Apel Ja, die haben ihr auch hin und wieder geholfen, Einkaufen und solche Dinge.

Götzl Wusste die Großmutter über die politische Einstellung von Beate Zschäpe Bescheid?

Apel Nein, gar nicht.

Götzl Als die drei verschwunden waren, hat die Großmutter da nachgefragt?

Apel Sie hat sich Sorgen um ihre Enkeltochter gemacht und gefragt, ob sie noch lebt.

Götzl Wer waren die engsten Freunde?

Apel Ralf Wohlleben, André Kapke.

Götzl Gab es Versuche vonseiten der Großmutter oder von Ihnen, Kontakt mit den dreien aufzunehmen?

Apel Nein.

Götzl Warum nicht?

Apel Wenn die untertauchen, wäre das doch unlogisch, wenn sie mir das verraten, wo sie sind.

Götzl Wie hat die Großmutter auf das Verschwinden ihrer Enkelin reagiert?

Apel Sie hat jeden Tag gehofft, dass ein Lebenszeichen kommt. Sie hat die ganzen Jahre gehofft.

Götzl Wie alt ist Ihre Oma eigentlich inzwischen?

Apel Sie wird am 5. Dezember 90 Jahre alt. Sie kann nicht laufen und hat eine Herz-OP gehabt. Und ihr Gedächtnis lässt nach.

Anwalt Kaplan Was hatten Sie eigentlich gegen den Staat?

Apel Wir waren frustriert und haben uns gegen alles gewandt. Dass der Staat alles zulässt, die Ausländer und so. Und wir hängen auf der Straße herum.

Anwalt Kaplan Wie viele Ausländer kannten Sie damals?

Apel Keine.

Anwalt Kaplan Welche Vorteile haben die Ausländer genossen vom Staat?

Apel Wir waren der Meinung, dass sie Geld und Wohnungen vom Staat bekommen und nichts dafür tun müssen.

Anwalt Kaplan Wie kamen Sie zu der Meinung?

Apel Das haben wir uns so gedacht.

Anwalt Kaplan Wie war das, als Uwe Mundlos eine Roma angegriffen hat?

Apel Die Frau saß auf dem Boden vor einer Bäckerei. Da ist er reingegangen, hat ein Stück Kuchen geholt und hat den Kuchen auf sie draufgeworfen.

Anwalt Kaplan Haben Sie gefragt, warum?

Apel Nee, wir haben gelacht. Warum sollte ich da noch fragen?

Anwältin Lunnebach Können Sie heute davon leben, von der Arbeit in Spanien?

Apel Mal mehr, mal weniger.

Anwältin Lunnebach Sie sind Ausländer in Spanien. Haben Sie das Gefühl, dass Sie den Spaniern Arbeitsplätze wegnehmen?

(Oberstaatsanwalt Weingarten beanstandet die Frage. Richter Götzl hält sie aber für zulässig.)

Anwältin Lunnebach Herr Zeuge, nehmen Sie Spaniern Arbeitsplätze weg?

Apel Ich glaube nicht, für mich arbeiten manchmal auch Spanier.

Tag 62

28. November 2013

Stefan Apel, Zschäpes Cousin. Er sagte bereits an Tag 61 aus. **Nicole Schneiders**, Verteidigerin von Ralf Wohlleben. **Alexander Hoffmann, Yavuz Narin, Sebastian Scharmer**, Anwälte der Nebenklage.

(Anwalt Hoffmann lässt Farbfotos zeigen von einer Kreuzverbrennung, die Mitte der 1990er-Jahre in der Nähe von Jena stattgefunden haben soll. Er fragt den Zeugen, ob er jemanden auf den Fotos erkenne.)

Apel Ich sehe Ralf Wohlleben, André Kapke, Uwe Böhnhardt, Holger Gerlach … *(Er nennt noch weitere Namen.)*

Anwalt Hoffmann Einige Personen zeigen den Hitlergruß beziehungsweise den Kühnengruß.

Apel Ja, das war halt so.

Anwalt Scharmer Hatten Sie, Herr Kapke oder Herr Wohlleben eigentlich privat Kontakt zu Polizeibeamten?

Apel Ich war mal im Angelverein des Polizeisportvereins gewesen. Da war ich aber nicht mehr in der rechten Szene. Ganz früher war die Polizei aber durchaus mein Feindbild. Alle waren damals gegen die Polizei.

Anwalt Narin Wie ist eigentlich Ihre politische Einstellung heute?

Apel Normal.

Anwalt Narin Sie haben auf Facebook ein Bild gepostet mit dem Spruch »Geld für die Oma statt für Sinti und Roma« und außerdem: »Deutsch sein ist kein Verbrechen«.

Apel Das kann sein. Da ist ja nichts Schlimmes dabei. Das ist nur symbolisch.

Anwalt Narin Was verbinden Sie denn mit solchen Sprüchen?

Apel Weiß ich nicht, das hat mir einer weitergeleitet.

Verteidigerin Schneiders Gab es Erlebnisse mit der Polizei, mit den Linken, die Sie in Ihrer Haltung bestärkt haben, gegen den Staat zu sein?

Apel Mit den Linken gab es immer Probleme. Entweder bekamen die was auf den Kopf oder wir.

Verteidigerin Schneiders Und wie war es mit der Polizei?

Apel Die haben uns immer nur verhaftet.

Verteidigerin Schneiders Was war der Grund dafür?

Apel Hätte ich das gewusst, dass Sie das wissen wollen, hätte ich meinen Lebenslauf mitgebracht. Da war Körperverletzung dabei, da war alles Mögliche dabei.

Verteidigerin Schneiders Wie ist man mit Ihnen umgegangen?

Apel Einmal wurde ich bei einer Hausdurchsuchung die Treppen runtergeprügelt.

Verteidigerin Schneiders Wann war das ungefähr?

Apel In den Neunzigerjahren.

Verteidigerin Schneiders War das ungewöhnlich?

Apel Nö.

Verteidigerin Schneiders Gibt es weitere Erlebnisse mit der Polizei?

Apel Ja, in Chemnitz. Da wurden wir auch verhaftet. Ich musste meinen Hund im Hof anbinden, dann ging es rein. Als mein Freund eingeschlafen war, sind drei Mann auf mich drauf und haben mich zusammengeprügelt.

Tag 63

3. Dezember 2013

Manfred Götzl, Richter. **Andreas Temme**, Ex-Mitarbeiter des hessischen Verfassungsschutzes, der sich mutmaßlich während des Mordes an Halit Yozgat in dessen Internetcafé in Kassel aufhielt. Er sagte auch an den Tagen 41, 80, 106 und 214 aus.

(Am 41. Verhandlungstag hatte Andreas Temme berichtet, wie er vom Mord an Halit Yozgat erfahren haben will. Der Mord geschah am 6. April 2006, einem Donnerstag – und Temme war an diesem Tag in Yozgats Internetcafé gewesen. Temme beteuerte, er habe nichts mitbekommen und erst am Sonntag nach der Tat etwas darüber in einer Zeitung gelesen. Außerdem gab er an, er habe zunächst gedacht, bereits am Mittwoch vor dem Mord in dem Internetcafé gewesen zu sein.)

Götzl Ich möchte noch mal nachfragen, was Sie an dem besagten Sonntag wussten – was haben Sie da aus der örtlichen Zeitung entnommen?

Temme Es war wohl der »Extra Tip«, ein Anzeigenblatt. Einzelheiten weiß ich nicht mehr. Soweit ich mich erinnere, ging es um das Verbrechen und um das Internetcafé. Am Montagmorgen habe ich im Büro die »Hessische Niedersächsische Allgemeine« gelesen. Aber was ich zu welchem Zeitpunkt erfahren habe, kann ich heute nicht mehr nachvollziehen.

Götzl Welche Informationen haben Sie denn nun am Sonntag gehabt?

Temme Dass offensichtlich dort etwas geschehen ist. Ich bin mir sicher, dass es um das Internetcafé ging. Wie gesagt, im Einzelnen kann ich heute nicht mehr genau sagen, welche Informationen ich da hatte.

Götzl Haben Sie denn am Sonntag erfahren, dass Herr Yozgat getötet wurde?

Temme Dass dort ein Mord geschehen ist, da bin ich mir ziemlich sicher, dass das in dem »Extra Tip« stand.

Götzl Ein Mord an wem?

Temme Wie gesagt, ich kann mit Sicherheit nicht mehr sagen, was ich aus welchen Presseveröffentlichungen entnommen habe. Ich denke schon, dass es um den jungen Herrn Yozgat ging, bin mir aber nicht hundertprozentig sicher.

Götzl Sie hatten mir geschildert, dass Sie aufgewühlt gewesen wären. Habe ich das richtig verstanden?

Temme Ja.

Götzl Können Sie mir erklären, warum?

Temme Soweit ich das entnehmen konnte, ging es ja um einen Ort, an dem ich mich häufiger aufgehalten hatte, und um einen Menschen, den ich kannte. Mord ist ein schreckliches Verbrechen. Das reicht aus, um aufgewühlt zu sein. Zumal ich den Ermordeten, Herrn Yozgat, als sehr netten Menschen empfunden habe. Es hatte ja auch seinen Grund, warum ich weiter dort hinging. Es war immer sehr nett dort, ich hatte keinen Grund, woanders hinzugehen. Natürlich hat mich das dann auch aufgewühlt.

Götzl Was waren denn Ihre Überlegungen am Sonntag?

Temme Ich war aufgewühlt. Ich wollte natürlich schon wissen, wann ist das gewesen? Heute die Gefühle zu beschreiben, die ich an dem Sonntag hatte, ist natürlich auch schwierig.

Götzl Was waren denn die Fakten, die Sie hatten?

Temme An dem Sonntag konnte ich nicht definitiv sagen, war ich am Mittwoch im Internetcafé oder am Donnerstag?

Götzl Es tut mir leid, Herr Temme, das kann ich nicht nachvollziehen. Ich möchte jetzt schon wissen, wie es zu der von Ihnen erwähnten Heranziehung dieser Stempelkarte kommen konnte.

Temme Ich denke, dass ich an dem Sonntag natürlich die Überlegung hatte: Du warst dort und ich muss mehr darüber herausfinden und am Montag sehen, was ich noch mehr dazu herausfinde. Natürlich war ich neugierig, wann hast du an welchem Tag Schluss gemacht.

Götzl Inwiefern war denn die frühere oder spätere Ausstempel-Zeit überhaupt relevant für Sie?

Temme Wenn ich früher Schluss gemacht hätte, hätte ich eher noch Zeit gehabt, ins Internetcafé zu fahren. Dann hätte ich eher gewusst, an welchem Tag ich dort war.

Götzl Ich kann's bisher nicht nachvollziehen. Wenn es anders gewesen sein sollte, als Sie bisher geschildert haben, sollte es Sie nicht hindern, das jetzt in der Hauptverhandlung zu äußern. Es gab doch in den Medien auch einen Zeugenaufruf zu dem Mord im Internetcafé. Gab es die Überlegung, dass Sie es sind, der da gesucht wird?

Temme Ich denke nicht.

Götzl Das ist eine sehr weiche Formulierung. Gab es jemals Überlegungen, da hinzugehen, also zur Polizei.

Temme Ich weiß noch, dass es das gab, als die Rede war von den PCs. In der HNA *(Abkürzung für die Zeitung Hessische Niedersächsische Allgemeine)* stand etwas über Mord, und es war auch zu lesen, dass die Polizei die Daten der einzelnen PCs auswerten wolle.

Götzl Warum haben Sie nicht mit Ihrer Ehefrau oder Kollegen darüber gesprochen?

Temme Wie ich schon gesagt habe, wollte ich nicht, dass meine Frau erfährt, dass ich dort in einem Internet-Chat war. Und auch mit den Kollegen zu reden war schwierig, weil ich zu dieser Zeit nicht in dem Internetcafé hätte sein sollen.

Götzl Ihre Kollegin E. hat ausgesagt, Sie hätten ihr gegenüber geäußert, dass Sie das Opfer nicht kennen und das Internetcafé nicht aufsuchen würden.

Temme Kann sein, dass ich das so gesagt habe. Ich hab ja schon gesagt, an meiner Arbeit habe ich mit keinem darüber gesprochen.

Götzl Die Kollegin E. soll sogar gesagt haben, Sie sollten den Namen des Opfers beim Staatsschutz abklären. Und Sie sollen zu Frau E. gesagt haben, dass die Tatwaffe ja schon bei früheren Morden eingesetzt wurde. Vielleicht sollten Sie sich überlegen, ob das, was Sie sagen, der Wahrheit entspricht. Ich hatte Sie belehrt, dass Sie hier die Wahrheit sagen müssen.

Temme Was ich gesagt hab bisher, ist die Wahrheit gewesen.

Götzl Also: Dass der Mord nicht regional, sondern Teil einer bundesweiten Serie war – woher wussten Sie das und seit wann?

Temme Das kann ich heute nicht mehr sagen.

Tag 64

4. Dezember 2013

Manfred Götzl, Richter. **Benjamin G.**, 33, Gebäudereiniger, früherer V-Mann des hessischen Verfassungsschutzes mit dem Decknamen »Gemüse«. Er sagte auch an Tag 65 aus. **Volker Hoffmann**, Rechtsbeistand von Benjamin G.. **Thomas Bliwier**, Anwalt der Nebenklage.

Götzl Herr G., es geht uns um Ihre Tätigkeit für das Landesamt für Verfassungsschutz im Hinblick auf den Mitarbeiter »Alex« und insbesondere um das Jahr 2006. Was können Sie denn von sich aus dazu berichten?

Benjamin G. Im Jahr 2006 bin ich Informant gewesen, mein V-Mann-Führer ist der Alex gewesen. *(Alex war der Aliasname von Andreas Temme.)* So kannte ich ihn damals als Name. Wir haben uns überwiegend in Restaurants getroffen, in Kassel und Umgebung. Soweit ich mich dran erinnern kann, haben wir uns in dem Jahr acht bis neun Mal getroffen. Zwei Mal haben wir uns auch in einem Internetcafé getroffen. Da sollte ich mich jetzt über die Hooliganszene oder die rechte Szene im Internet schlaumachen. Ich sollte ihm auch Bilder zeigen von ehemaligen Kameraden.

Götzl Vielleicht wäre es sinnvoll, wenn Sie uns berichten, wie Sie mit der Szene Kontakt hatten.

Benjamin G. Im Prinzip hatte ich mit den Rechten nichts mehr zu tun. Aber ich hatte Freunde, die noch mit der Szene Kontakt hatten. Da hatte ich noch Informationen, wenn etwas gestartet wurde: Treffpunkte, Sonnwendfeiern. Über so was wurde ich ausgefragt.

Götzl Ab wann hatten Sie mit der rechten Szene nichts mehr zu tun?

Benjamin G. Soweit ich mich erinnern kann, bin ich 2000 aus der Kameradschaft Kassel ausgetreten. Und hatte vereinzelt noch Kontakt mit ehemaligen Kameraden. In Kassel gab es mehrere rechte Gruppierungen, eine hieß »Sturm 18«. Mit dem Herrn Temme habe ich die Zusammenarbeit angefangen im Jahr 2003/04.

Götzl Wie kam es zur Beendigung der Zusammenarbeit?

Benjamin G. Soweit ich mich erinnern kann, ist es nach Mitte 2006 gewesen. Da wurde mir halt gesagt, dass der Herr Temme – ich kannte ihn nur unter Alex – beurlaubt ist.

Götzl Noch einmal zum letzten Treffen mit Herrn Temme. Wenn Sie mal in Ihrer Erinnerung kramen: Was ist Ihnen da noch in Erinnerung?

Benjamin G. In Erinnerung ist mir geblieben, dass wir in einem Internetcafé waren. Irgendwo in der Innenstadt von Kassel, den Namen weiß ich nicht mehr.

Götzl War das Tötungsdelikt an Halit Yozgat mal Thema?

Benjamin G. Gar nicht. Hab ich von ihm überhaupt nicht erfahren.

Götzl Haben Sie darüber nie gesprochen?

Benjamin G. Nein, wir haben nie darüber gesprochen.

Götzl Haben Sie damals von der Tat was mitbekommen?

Benjamin G. Ja, durchs Internet, beziehungsweise durch meine Exfrau.

Götzl Sie unterscheiden zwischen Internet und Exfrau?

Benjamin G. Meine Frau war damals viel am Chatten, eigentlich immer im Internet.

Götzl Wie ist der Name ihrer Exfrau?

Benjamin G. Muss ich das sagen? Daniela F.

Götzl Ja, wenn Sie schon Probleme mit dem Namen ihrer Exfrau haben, dann sage ich Ihnen, dass Sie hier alles sagen müssen, außer Sie belasten sich selbst. Sie haben eine weitgehende Aussagegenehmigung vom Landesamt. Wenn Sie etwas verschweigen, dann ist das strafbar. Sie können hier nichts zurückhalten.

Benjamin G. Wir haben eine gemeinsame Tochter, und meine Exfrau hat gesagt, sie möchte da nicht mit reingezogen werden. Entschuldigung.

(Bei der polizeilichen Vernehmung vor einem Jahr wusste G. noch viele Einzelheiten, an die er sich jetzt nicht mehr erinnern kann.)

Götzl Gab's denn mal ein auffälliges Verhalten von Herrn Temme, wo Sie sich gewundert haben?

Benjamin G. Ja, das hab ich letztes Jahr auch gesagt. Er war beim letzten Telefonat sehr aufgeregt und nervös.

Götzl Was heißt jetzt nervös?

Benjamin G. Soweit ich mich erinnern kann, hat er immer viele Pausen gemacht während des Gesprächs. Ansonsten redet er immer offen und gerade.

Götzl Können Sie sich an Ihre Zeugenvernehmung bei der Polizei am 26. 4. 2012 erinnern?

Benjamin G. Ja, vage. Von sieben Personen wurde da auf mich eingehackt. Ich hab da gesessen, gezittert, was soll ich sagen? Auf einmal ging es um Mord, da stand ich unter Adrenalin.

Götzl Und der nervöse Eindruck, den Sie von Alex hatten: War es nun ein Telefonat oder doch ein Treffen?

Benjamin G. Herr Vorsitzender, ich kann Ihnen nicht genau sagen, wann ich mich mit ihm getroffen habe. Ob das letzte Mal ein Telefonat war oder ein Treffen, kann ich Ihnen auch nicht mehr sagen.

(Pause.)

Götzl Nochmal: War das ein Telefonat oder ein Treffen, der letzte Kontakt mit Andreas Temme?

Benjamin G. Herr Vorsitzender, was ich bei der Polizei gesagt hab, wird richtig sein. Ich möchte bei dem bleiben, was ich bei der Polizei ausgesagt habe. Wenn das möglich wäre.

Götzl Bei der Polizei haben Sie angegeben, Herr Temme habe sich normalerweise immer Notizen gemacht. Als Sie ihn auf die Schießerei angesprochen hätten, habe er auf einmal aufgehört mitzuschreiben. Also, am Telefon, um es mal deutlich anzusprechen, ist es schlecht möglich, solche Wahrnehmungen zu machen …

Benjamin G. Also, Herr Vorsitzender, dann war es schon ein Treffen. Und er hat es mal erwähnt, dass ein Mord in Kassel passiert ist.

Götzl Und was hat er da jetzt gesagt?

Benjamin G. Nicht viel.

Götzl Und was?

Benjamin G. Ich kann Ihnen eigentlich gar nicht mehr viel sagen. Ich weiß nur, dass er nervös war.

Götzl Noch mal zu den Telefonaten: Laut den Akten hatten Sie am 6.4.2006 um 13 Uhr ein Telefonat mit »Alex«, es dauerte 17 Sekunden. Was sagen Sie dazu?

Benjamin G. So weit ich mich daran erinnern kann, weiß ich davon nix.

Götzl Es gab ein weiteres Telefonat mit »Alex« am 6. 4. 2006, um 16.10 Uhr. Es dauerte 688 Sekunden. Was sagen Sie denn dazu?

Benjamin G. Ich hab das erst bei der Polizei erfahren. An das lange Telefonat kann ich mich aber nicht mehr erinnern. Normalerweise hab ich mit Alex auch immer nur fünf Minuten oder so telefoniert. Ich meine, er hat mir auch von seiner Freundin erzählt und all so Geschichten.

Götzl Waren Sie jemals in dem Internetcafé des Herrn Yozgat?

Benjamin G. Nein. Mit Alex hab ich mich in einem anderen getroffen.

Götzl Kannten Sie Halit Yozgat?

Benjamin G. Nein.

Götzl Was haben Sie am 6. April 2006 gemacht?

Benjamin G. Ich war zu Hause.

Götzl Haben Sie Kontakte gehabt nach Zwickau oder nach Jena?

Benjamin G. Nein, soweit ich mich erinnern kann, nein.

Götzl Hatten Sie mal Kontakte nach Thüringen?

Benjamin G. Ja, nach Mühlhausen.

Götzl Was für ein Kontakt war das?

Benjamin G. Das waren so Besoffskis wie wir. Die hatten so Spitznamen. Das waren mehr so Lagerfeuer und Treffen zum Saufen.

Götzl Haben Sie mal vor 2011 vom NSU gehört?

Benjamin G. Ja, 2006. Moment, das kann gar nicht sein. *(überlegt)* Es ist auf jeden Fall später gewesen. Ja, durch die Zeitung hab ich das erfahren. Es müsste letztes Jahr gewesen sein.

Anwalt Bliwier Wann haben Sie zuletzt von sich aus Kontakt aufgenommen zu Herrn Temme?

Benjamin G. Kann ich nicht mehr so genau sagen.

Anwalt Bliwier Gab es einen bestimmten Anlass?

Benjamin G. Ja, soweit ich mich erinnere, habe ich ihn wegen meines Geldes angerufen. Ich habe monatlich 225 Euro bekommen für meine Tätigkeit.

Anwalt Bliwier Gab es eine Befragung zu Andreas Temme durch den Verfassungsschutz?

Benjamin G. Ja.

Anwalt Bliwier Wer hat die Befragung durchgeführt?

Zeugenbeistand Hoffmann Die Fragen gehen über die Aussagegenehmigung meines Mandanten hinaus. Es heißt in der Aussagegenehmigung, Fragen sind nur zu beantworten, soweit sie sich auf die Zusammenarbeit mit Herrn Temme beziehen. Sobald es über diese Beziehung hinausgeht, ist eine Beantwortung nach dieser Aussagegenehmigung nicht statthaft.

Tag 65

5. Dezember 2013

Manfred Götzl, Richter. **Benjamin G.**, 33, Gebäudereiniger, früherer V-Mann des hessischen Verfassungsschutzes mit dem Decknamen »Gemüse«. Er sagte auch an Tag 64 aus. **Volker Hoffmann**, Rechtsbeistand von Benjamin G.. **Konrad von Oefele**, 59, Medizinalrat am Landgericht München. **Anette Greger**, Vertreterin der Bundesanwaltschaft. **Wolfgang Heer, Wolfgang Stahl, Anja Sturm**, Verteidiger von Beate Zschäpe. **Thomas Bliwier, Edith Lunnebach, Yavuz Narin**, Anwälte der Nebenklage.

(Mehrere Anwälte der Nebenklage haben den Antrag gestellt, den Rechtsbeistand Hoffmann vom Verfahren auszuschließen. Aus einem Schreiben des hessischen Verfassungsschutzes gehe hervor, dass Hoffmann von dem Amt bezahlt werde. Er sei deshalb primär den Interessen des Verfassungsschutzes verpflichtet und nicht denen seines Mandanten.)

Zeugenbeistand Hoffmann Ich vertrete ausschließlich die Interessen des Zeugen G. und nicht die des hessischen Landesverfassungsschutzes.

Anwältin Lunnebach Sind Sie bereit zu beantworten, wer Sie für den heutigen Tag bezahlt?

Zeugenbeistand Hoffmann Bin ich nicht dazu bereit, es ergibt sich aber aus den Akten.

Anwalt Bliwier Gab es zwischen Ihnen und dem Landesamt für Verfassungsschutz Besprechungen?

Zeugenbeistand Hoffmann Das betrifft das Innenverhältnis zwischen mir und meinem Mandanten.

Anwalt Bliwier Nein, das betrifft das Innenverhältnis zwischen Ihnen und Ihrem Auftraggeber.

(Nach einer Unterbrechung lehnt Götzl den Antrag ab, den Zeugenbeistand auszuschließen.)

Anwalt Narin Wurden Sie, Herr Zeuge, als Sie bei der Bundeswehr dienten, mal vom Militärischen Abschirmdienst angesprochen?

Benjamin G. Ja, das ist richtig.

Anwalt Narin Was haben Sie denn dort dem MAD erzählt?

Benjamin G. Ich kann Ihnen das nicht mehr genau wiedergeben.

Anwalt Narin Haben Sie über Ihren Bruder gesprochen? *(Der Bruder soll mal Anführer der Kameradschaft Kassel gewesen sein.)*

Benjamin G. Das ist wohl möglich.

Anwalt Narin Möglich ist vieles. Ging es um rechte Aktivitäten während seiner Zeit bei der Bundeswehr?

Benjamin G. Das kann ich Ihnen nicht mehr sagen. Als mein Bruder bei der Bundeswehr war, da war ich fünfzehn.

Götzl Worauf wollen Sie denn hinaus? Worum geht es Ihnen, Herr Rechtsanwalt Narin?

Anwalt Narin Mit welchem Ergebnis endete denn das Gespräch mit dem MAD? Wurden Sie vom MAD damals angeworben?

Verteidiger Stahl Ich beanstande die Frage. Er hat ja gesagt, dass er sich nicht erinnern kann.

Anwalt Narin Erinnern Sie sich, ob Sie eine Zusammenarbeit mit dem MAD vereinbart haben?

Benjamin G. Ja, das ist richtig.

Anwalt Narin Wie hat sich die denn in den kommenden Jahren gestaltet?

Götzl Können Sie mir den Sachbezug erklären? Worum geht es denn eigentlich?

Anwalt Narin Es geht auch um die Glaubwürdigkeit des Zeugen.

Oberstaatsanwältin Greger Ich meine, die Fürsorgepflicht des Gerichts macht es erforderlich, den Zeugen darauf hinzuweisen, dass seine Aussagegenehmigung die Beantwortung dieser Fragen nicht vorsieht.

(Am späten Nachmittag, kurz nach 16 Uhr, meldet sich Wolfgang Heer, der Verteidiger von Beate Zschäpe, zu Wort.)

Verteidiger Heer Unsere Mandantin fühlt sich nicht länger verhandlungsfähig.

Götzl Welche Probleme gibt es denn? Dann müssen wir einfach mal einen Arzt hinzuziehen.

(Konrad von Oefele, Medizinalrat am Landgericht München, untersucht Beate Zschäpe und gibt nach etwa 45 Minuten vor Gericht einen kurzen Bericht ab.)

von Oefele Frau Zschäpe hat über beginnende Kopfschmerzen geklagt und berichtet, dass sie allgemein in einem angeschlagenen Zustand sei. Ich habe sie in einem Nebenzimmer untersucht, sie sagte, sie habe das des Öfteren, der Prozess sei für sie sehr anstrengend. Vom Befund her war der Blutdruck leicht niedrig. Frau Zschäpe war völlig bewusstseinsklar und im Denken geordnet. Die Verständigung mit ihr war ohne Weiteres möglich. Man kann sicher sagen, dass hier eine Anstrengungs- und Belastungssituation vorliegt. Die gesundheitlichen Basiswerte waren aber so weit gut. Die Kopfschmerzen sind als Spannungskopfschmerz zu interpretieren, das erlebt man häufig. Die Konzentrationsfähigkeit war zum Untersuchungszeitpunkt gegeben. Die Verhandlungsfähigkeit ist also insoweit eingeschränkt, dass man nicht grenzenlos weiterverhandeln kann. Ich gehe aber davon aus, dass Frau Zschäpe sich durchaus noch eine halbe Stunde konzentrieren kann.

Verteidigerin Sturm Wie kommen Sie auf die halbe Stunde?

von Oefele Fragen wie die jetzt gestellte sind unser Alltag. Man erlebt dann immer die Anspannung der Angeklagten, man erlebt Prozessverläufe. Man sieht dann auch, wie die Betreffenden beisammen sind, da kann man Vergleiche ziehen.

Verteidiger Heer Wie lange haben Sie die Mandantin eben körperlich untersucht?

von Oefele Etwa fünf Minuten.

Verteidiger Heer Wie lange hat das Gespräch mit der Mandantin gedauert, von dem Sie Rückschlüsse auf ihren Zustand ziehen?

von Oefele Ich würde 20 Minuten schätzen.

Verteidiger Heer Können Sie grob angeben, in welcher Anzahl von Sätzen sich die Mandantin überhaupt geäußert hat?

von Oefele Aus meiner Sicht war es ein richtiges Gespräch, mit mehreren zusammenhängenden Sätzen. Ich denke, es war ein ganz normales flüssiges Gespräch.

(von Oefele verlässt den Gerichtssaal.)

Verteidiger Heer Wir bleiben dabei: Unsere Mandantin kann sich nicht mehr konzentrieren und ist deshalb nicht verhandlungsfähig.

(Götzl macht eine Pause. Anschließend verkündet er, dass die Verhandlung heute nicht mehr fortgesetzt wird.)

Tag 66

9. Dezember 2013

Manfred Götzl, Richter. **Janine S.**, 28, Notarfachangestellte aus Zwickau. Ermittlungen ergaben, dass sie im Juli 2003 von Beate Zschäpe in Zwickau angesprochen wurde mit der Bitte, für sie einen Handyvertrag abzuschließen. **Rocco R.**, 45, Kriminalhauptmeister aus Zwickau. **Christine L.**, 32, Kriminaloberkommissarin beim BKA. **Anja Sturm**, Verteidigerin von Beate Zschäpe.

Janine S. Im Juli 2003 war ich in Zwickau unterwegs, als mich vor einem Telekom-Shop eine Frau ansprach, wie alt ich wäre. Ich sagte siebzehn. Sie meinte, sie hätte ihren Ausweis vergessen, ob ich für sie einen Handyvertrag unterschreiben könnte, sie würde mir 50 Euro geben. Da habe ich unterschrieben, warum auch immer.

Götzl Können Sie die Frau beschreiben?

Janine S. Sie war Mitte zwanzig, älter als ich, und hatte braune Haare. Sie war kleiner als ich. Mehr kann ich nicht sagen.

Götzl Wie lief das ab?

Janine S. Ich hab meinen Ausweis vorgelegt und musste unterschreiben. Von mir ist nie Geld für einen Handyvertrag abgebucht worden.

Götzl Haben Sie sich nicht gewundert, dass Ihnen jemand 50 Euro gibt?

Janine S. Wahrscheinlich habe ich im jugendlichen Leichtsinn nur das Geld gesehen. Ich habe wohl gedacht: Toll, 50 Euro! Es war kurz vor dem Geburtstag meiner Mutter, vielleicht dachte ich auch, dann kann ich ihr ein Geschenk kaufen. Ich weiß es nicht mehr.

Götzl Wie ist die Frau auf Sie zugegangen?

Janine S. Vermutlich nett und freundlich, sonst wäre ich nicht mit ihr mitgegangen. *(Der nächste Zeuge ist der Polizist Rocco R..)*

Rocco R. Ich wurde im Dezember 2006 mit der Bearbeitung eines Wasserschadens in der Polenzstraße in Zwickau betraut. Im Haus wohnte eine Frau Lisa Dienelt, die habe ich als Zeugin vorgeladen. Aber es erschien niemand auf die Ladung. Ich bin in das Haus gegangen und habe versucht, mit Frau Dienelt zu sprechen. Die Frau hat mir geöffnet und gesagt, dass sie nicht Lisa Dienelt ist, sondern Susann Eminger. Sie erschien dann zwei Tage später auf der Dienststelle. Herr Eminger kam auch mit.

Götzl Die Susann Eminger, haben Sie die auch vernommen?

Rocco R. Ich habe die Frau vernommen, die mir die Tür geöffnet hat.

Götzl Aber wir haben zwei Namen, Susann Eminger und Lisa Dienelt.

Rocco R. Die Frau sagte, Liese sei ihr Spitzname. Und am Klingelschild steht Dienelt, deswegen würden alle davon ausgehen, dass sie wohl Dienelt heiße.

Götzl Haben Sie Erinnerungen an die Vernehmung?

Rocco R. Als sie sagte, dass sie am Vormittag des Wasserschadens nicht in der Wohnung war, war sie für die Sache nicht mehr interessant.

Götzl Was war mit Herrn Eminger?

Rocco R. Er war nicht geladen, er war einfach da. Er sagte, sie kümmerten sich um die Wohnung des Herrn Matthias Dienelt, weil er Fernfahrer war. Sie kümmerten sich um die Katzen.

(Als nächste Zeugin spricht Christine L., Kriminaloberkommissarin beim BKA. Sie hat ermittelt, wo sich Zschäpe zwischen dem Brand in der Frühlingsstraße in Zwickau am 4. November 2011 und ihrer Festnahme am 8. November 2011 in Jena aufhielt.)

Götzl Was können Sie uns über mögliche Aufenthaltsorte von Frau Zschäpe zwischen dem 4. und 8. November 2011 sagen?

Christine L. Am 4. November 2011 gab es gegen 9.30 Uhr den Banküberfall in Eisenach. Gegen 12.30 Uhr brannte das Wohnmobil. Um 15.08 Uhr ging ein Notruf ein, dass das Haus in der Frühlingsstraße brannte. Zeugen berichteten, dass Frau Zschäpe mit zwei Katzenkörben das Haus verließ, die Körbe abstellte, und sich dann entfernte. Im Bereich Wohngebiet hat sie mehrfach versucht, André Eminger anzurufen. Am Platz der Völkerfreundschaft kam eine Verbindung zustande. Danach wurde das Handy nicht mehr benutzt. Gegen 3 Uhr nachts gab es mehrere Anrufe aus Glauchau auf dem Festnetzanschluss von André Eminger. Ob die Anrufe von Frau Zschäpe kamen, wissen wir nicht.

Am Morgen des 5. November hat Frau Zschäpe um 7.09 Uhr von einer Telefonzelle in Chemnitz bei Familie Böhnhardt angerufen, vorher wurde die Nummer der Auskunft gewählt. Danach wurde Familie Mundlos angerufen, das ist zweimal fehlgeschlagen und eine Dreiviertelstunde später geglückt. Sie hat die Eltern über den Tod ihrer Söhne informiert. Dann ist Frau Zschäpe von Chemnitz nach Leipzig gereist, wo sie sich bei Burger King ein Internetticket gekauft hat. Sie hatte das Ticket dabei, als sie sich später der Polizei stellte. Um 10.40 Uhr hat sie sich bei Burger King ins Internet eingewählt. Sie blieb eine Stunde und 15 Minuten online. Welche Seiten sie besucht hat, wissen wir nicht. In ihrer Handtasche fanden wir auch die Telefonnummer ihrer Oma in Jena und auf einer Tablettenpackung die Nummer ihrer Tante. Auch abgestempelte Bahnfahrkarten hatte sie dabei. Von Leipzig ist Frau Zschäpe dann weiter nach Eisenach gefahren. Eine Zeugin glaubt, sie bei Tageslicht gesehen zu haben. Das muss vor

17 Uhr gewesen sein, weil um 17 Uhr die Sonne unterging. Spürhunde haben die Spur bestätigt. Dann ist sie weiter nach Bremen gereist, wo sie am 6. November gegen vier Uhr ankam. Von dort fuhr sie nach Hannover. Der Zug sollte um 5.55 Uhr ankommen, hatte aber leicht Verspätung. In Hannover hatte sie neun Stunden Aufenthalt. Es ist unbekannt, was sie dort tat. Über Uelzen, Magdeburg, Halle an der Saale reiste sie wieder nach Eisenach. Dort kam sie um 21.48 Uhr an. Was in Eisenach geschah, ist ebenfalls unklar.

Am 7. November war sie um kurz vor vier Uhr in Weimar, dann fuhr sie erneut nach Halle, wo sie um 5.50 Uhr ankam und einen ganzen Tag verbrachte. Dafür gibt es zwei Zeugen. In Halle/Saale war sie bis etwa 22 Uhr. Am Folgetag, dem 8. November, fuhr sie über Dresden nach Jena. Dort wurde sie gegen 8.30 Uhr von einer Nachbarin in der Nähe der Wohnung ihrer Tante gesehen. Das Haus, in dem ihre Oma mit ihrer Mutter lebt, ist von dort etwa 500 Meter entfernt. An einer Straßenbahnhaltestelle hat sie eine Schülerin um ihr Handy gebeten. Frau Zschäpe soll stark gezittert haben. Von dem Handy aus hat sie einen Notruf abgesetzt. Der Notruf wurde um 8.49 Uhr registriert. Sie sagte, dass sie Beate Zschäpe sei und sich gerne stellen wolle. Sie habe größere Absperrmaßnahmen wahrgenommen, die sie auf sich bezog. Der Beamte konnte das aber wohl nicht zuordnen, sodass das Gespräch wieder beendet wurde. Mit der Schülerin ist sie dann mit der Straßenbahn stadteinwärts gefahren. Gegen 11 Uhr erschien sie in der Kanzlei von Rechtsanwalt Liebtrau. Gegen 13 Uhr hat sie sich in Begleitung des Anwalts bei der Polizei gestellt. Und um 13.09 Uhr wurde sie festgenommen.

Götzl Was können Sie zum Stichwort Zeugnisse der Frau Zschäpe sagen?

Christine L. Nach der Aussage des Angeklagten Schultze hier vor Gericht, dass er hinter einer sogenannten Fliegerscheune bei Jena Dokumente vergraben habe, haben wir am 3. Mai 2012 eine Grabung veranlasst. In einer braunen Plastikmappe haben wir Zeugnisse von Frau Zschäpe aus der ersten bis neunten Klasse gefunden. Von der ersten bis zur fünften Klasse hatte Frau Zschäpe einen Notendurchschnitt von 2. In der Klasse sechs bis neun einen Durchschnitt von 3. In den Grundschulzeugnissen hatte die Lehrerin Notizen über den Charakter von Frau Zschäpe gemacht. Sie sei eine sehr lebhafte, aufgeschlossene und interessierte Schülerin, müsse aber sorgfältiger und sauberer arbeiten. Sie habe sich sehr schnell ins Klassenkollektiv eingelebt. Herausragende Leistungen, benotet mit 1, zeigte sie im Schulgartenunterricht, in Heimatkunde, in Musik und Sport und gelegentlich in Deutsch. Eine 4 hatte sie in Russisch, Mathematik, Chemie, Physik und Biologie. In der fünften Klasse hatte sie in Deutsch, mündlichem Ausdruck und Fleiß eine 1.

Verteidigerin Sturm Wissen Sie, ob bei der Verbindung, die mit dem Anschluss von

Herrn Eminger zustande gekommen ist, auch ein Gespräch mit Herrn Eminger geführt wurde?

Christine L. Ob Herr Eminger selbst abgehoben hat oder jemand anderes, das weiß ich nicht. Ich kann nur sagen, dass wir eine Verbindung zu einem Handy festgestellt haben, das auf Herrn Eminger registriert war.

Tag 67

10. Dezember 2013

Manfred Götzl, Richter. **Heike K.**, 46, ehemalige Nachbarin von Beate Zschäpe in der Polenzstraße in Zwickau. Sie kannte sie damals nur unter dem Namen Susann Dienelt, die im Haus alle nur Lisa nannten. **Patrick K.**, 22, Sohn von Heike K. **Mehmet Daimagüler, Eberhard Reinecke**, Anwälte der Nebenklage.

Götzl Waren Sie mal in der Wohnung der Frau Dienelt?

Heike K. Nein.

Götzl Kein einziges Mal?

Heike K. Nee. Wenn mich jemand von alleine einlädt, dann ist das okay. Wenn nicht, dann stört mich das auch nicht.

Götzl Was wussten Sie über Susann Dienelt?

Heike K. Nichts weiter.

Götzl Wie oft haben Sie sich gesehen?

Heike K. Regelmäßig. So alle drei Wochen ein, zwei Stunden, auch als sie schon weggezogen war. Aber da ging es hauptsächlich um mich. Sie war damals die Hauptperson in meinem Leben, der ich alles anvertraut habe.

Götzl Erzählen Sie uns von Ihrem letzten Treffen.

Heike K. Das letzte Mal war sie am 1. November 2011 bei mir. An unserem letzten Abend war alles ein bisschen komisch. Sie war unruhig und blieb auch nicht lang. Sie hat nicht viel geredet. Sie war auch nicht mit dem Fahrrad da, sondern hat sich ein Taxi genommen. Normalerweise verabschiedete sich die Lisa mit einem kurzen Drücker und einem Küsschen auf die Wange. Aber an diesem Abend hat sie mich richtig festgehalten und ihr standen die Tränen in den Augen. Sonst war das nie so! Ich habe sie gefragt, was los ist, aber sie sagte, dass nichts ist. Ich hatte das Gefühl, dass sie eigentlich was sagen wollte. Es war so eine Situation, man möchte reden und macht es dann doch nicht.

Götzl Haben Sie sich mit Frau Zschäpe auch über Politik unterhalten?

Heike K. Einmal kam ein Beitrag über rechte Ausschreitungen im Fernsehen, da sagte mein Sohn so sinngemäß und aus Spaß: »Und ich war nicht dabei.« Da sagte Lisa: »Lass die Finger davon, das bringt nur Unglück, ich weiß wovon ich rede, ich stand schon mit halbem Bein im Knast.« Das war das einzige Mal, dass wir über was Politisches geredet haben.

Anwalt Reinecke Sie sind am 5. November 2011 an der Brandstelle in der Frühlingsstraße gewesen, aber hier haben Sie gesagt, sie wussten gar nicht, wo Frau Zschäpe hingezogen ist.

Heike K. Ich habe vermutet, dass die Susann Dienelt da im Haus liegt. Und zwar tot. Die Polizisten waren bei mir und sagten, die Frau Dienelt sei verschwunden. Da habe ich den Fernseher angemacht und gesehen, dass die Polizei mit Spürhunden durch dieses Haus geht. Ich habe halt vermutet, dass Lisa sich im Haus befindet. *(Sie kämpft mit den Tränen.)* Was ist denn da so schwer zu verstehen? Es ging ja schließlich um meine Freundin. Lisa war zu diesem Zeitpunkt meine beste Freundin.

Anwalt Daimagüler Haben Sie nachgefragt, was Frau Zschäpe damit meinte, sie habe schon mit halbem Bein im Knast gestanden?

Heike K. Was soll ich denn da nachfragen? Wenn jemand nicht von alleine anfängt zu erzählen, dann erzählt er es nicht.

(Nach der Befragung eines weiteren Zeugen betritt Patrick, der Sohn von Heike K., den Saal.)

Götzl War zwischen Ihnen und Frau Zschäpe mal die rechte Szene Thema?

Patrick K. Sie hat irgendwie von meiner Mutter gehört, dass ich früher mal rechts war. Da hat sie gesagt, ich soll mal langsam machen, mich raushalten aus der Szene, weil sie stand mal mit einem halben Bein im Knast. Das habe ich mir dann zu Herzen genommen gehabt.

Götzl Was meinen Sie mit, Sie waren früher mal rechts?

Patrick K. Große Fresse halt. Ich bin halt wie so ein kleiner Möchtegern-Nazi rumgerannt. Dachte halt, dass ich cool bin, weil ich halt Nazi bin. Aber Kindergarten.

Götzl Haben Sie sich mit Frau Zschäpe mal über die NPD unterhalten?

Patrick K. Nee.

Götzl Bei der Polizei sollen Sie gesagt haben: »Ich habe sie gefragt, wie sie zur Ausländerfeindlichkeit und der NPD steht. Sie erzählte, dass sie was gegen Ausländer hat, die hierher kommen und vom Staat leben.«

Patrick K. Meine Rede.

Tag 68

11. Dezember 2013

Manfred Götzl, Richter. **Mario G.**, 27, Bootshändler aus Rheinsdorf im Landkreis Zwickau. **Britta K.**, 45, Büroangestellte aus Neumünster.

Götzl Es geht uns um die Reparatur eines Bootsmotors. Mich würden die näheren Umstände dazu interessieren. Ich würde Sie bitten, dass Sie uns die Umstände schildern.

Mario G. Erst mal ist es schon ziemlich lange her. Wir sind Yamaha-Vertragshändler, ich arbeite als Subunternehmer. Das Paar, um das es geht, kam zu uns, weil der Motor an ihrem Boot nicht richtig läuft. Somit haben wir halt gesagt: Kein Problem, bis die Ersatzteile kommen, könnte es halt ein bisschen länger dauern. Dann wurde der Motor gebracht, mit einem Audi A3. Wir haben die Telefonnummer aufgeschrieben und einen Namen. Nach einiger Zeit hatten wir den Motor wieder am Laufen.

Dann wurde ein Termin gemacht, da wurde gesagt, es sei erst in drei Wochen möglich, weil der Mann auf Montage ist. Dann wurde alles abgeholt und bezahlt.

Götzl Der erste Kontakt: Wie hat sich das ergeben?

Mario G. In der Regel ist es so, dass uns die Kunden vorher anrufen.

Götzl Wissen Sie, mit wem Sie telefoniert haben?

Mario G. Es war auf jeden Fall eine Frau. Ich hab auch im Internet nachgeschaut. Und für die Polizei ein Bild von Frau Zschäpe rausgesucht.

Götzl Wissen Sie noch, wann das war?

Mario G. Das müsste dann zwischen Juli und September 2011 gewesen sein. Es war eine unauffällige Sache, ein Geschäft wie jedes andere auch.

Götzl Gab es einen Namen?

Mario G. Wir haben den Namen Eminger in den Terminplan geschrieben.

Götzl Können Sie uns die Personen denn beschreiben?

Mario G. Die Frau war kleiner als ich und hatte dunkle Haare. Der Mann war sportlich gekleidet und hatte kurze Haare.

Götzl Wer hat das Gespräch geführt?

Mario G. Die Frau.

Götzl Wer hat bezahlt?

Mario G. Weiß ich nicht mehr. Es wurde bar bezahlt, was üblich war.

Götzl Sie sagen, dass die Frau das Gespräch geführt hat. Was haben Sie da genau in Erinnerung?

Mario G. Soweit ich weiß, ging es nur um die Maschine. Es war kein außergewöhnliches Gespräch, alles eigentlich ganz normal. Autos bleiben mir länger im Gedächtnis als Personen, weil ich mich mehr für Autos interessiere. Deshalb kann ich mich auch gut an den Audi A 3 erinnern, weil ich mich gerade auch für so ein Modell interessierte.

Götzl In der polizeilichen Vernehmung sagten Sie: Zu der Frau kann ich weiter sagen, dass sie diejenige war, die die Hosen anhatte. Dass sie auch die Finanzen geregelt hat.

Mario G. Das mit den Finanzen ist so zu verstehen, dass wir uns über den Preis unterhalten haben.

Götzl Und diese Formulierung, dass sie »die Hosen anhatte«?

Mario G. Kann ich Ihnen nicht mehr sagen. Es war das Auftreten. Sie hat halt bestimmt gesagt, was sie haben will. Der Motor muss laufen. Fertig.

(Die nächste Zeugin ist Britta K., die Zschäpe, Böhnhardt und Mundlos mit ihrer Familie während des Urlaubs kennenlernte.)

Britta K. Wir haben Liese, Max und Gerry beim Sommerurlaub im Jahr 2011 auf Fehmarn kennengelernt. Wir haben ganz ungezwungen miteinander den Urlaub verbracht. Wir Frauen haben uns auf der Wiese zum Sport getroffen, mein Mann ist mit Max zum Surfen gegangen. Am Nachmittag hat jeder mal Kaffee gekocht. Die Liese hat gerne mit den Kindern gespielt, genauso wie der Gerry. Der ist mit den Kindern mit dem Boot rausgefahren. Am Abend haben wir gegrillt. Die Liese hat sich wahnsinnig viel Mühe gegeben mit dem Abendessen. Die hat die Männer regelrecht bemuttert, Schaschlikspieße gemacht. Wir sind zusammen auch mal essen gewesen. Da ist der Gerry gefahren. Der ist grundsätzlich, glaube ich, gefahren. Sie hatten zusammen eine Urlaubskasse, wie es sonst war, weiß ich nicht. Ja, so im Großen und Ganzen haben wir eigentlich einen netten Urlaub verbracht. Wir haben jetzt nicht tiefschürfende Gespräche geführt über Politik. Im Urlaub wird das ja eher vermieden. Es gab keine Streitgespräche, es gab auch zwischen den dreien nie Streit. Die haben sich immer gut verstanden. Wir fanden es bewundernswert, dass sie so gut miteinander ausgekommen sind.

Sie schienen ein eingespieltes Team zu sein. Ich kann nur noch berichten, dass wir gehört haben, dass die sehr lange Urlaub machten. Ich bekomme nur zwei Wochen am Stück, deshalb haben wir nachgefragt, wie das geht. Die Liese sagte, dass sie bei ihren Eltern in einer Boutique arbeitet. Von Max hieß es, er sei in der Computerbranche, und Gerry sei als Kurierfahrer tätig. Nähere Fragen wurden geschickt umspielt, im Urlaub fragt man auch nicht besonders nach. Die Nachnamen hat man nie erfahren. Die Kinder haben nachgehakt, aber die drei sind nicht damit rübergekommen. Wir haben den Kindern gesagt, dann wollen sie das nicht, dann soll man sie in Ruhe lassen. Es war auch ein Thema, wer mit wem vielleicht zusammen ist. Aber sie sagten, sie sind nur drei Freunde. Ich erinnere mich auch, dass der Max sehr gesprächig war. Der kannte sich in allen Themen recht gut aus und war sehr belesen. Wir haben auch mal »Wer wird Millionär?« gespielt. Ich glaub, er hat da gewonnen. Der Gerry war sehr ruhig, hat eher mit den Kindern Späße gemacht. Mit Liese hat man sich unterhalten über ihre Katzen und über Mode, ganz belanglose Sachen. Die Männer waren sehr lieb zu ihr. Sie fanden es ganz toll, wenn sie sich beim Abendessen so viel Mühe gab, beim Salatschnippeln.

Tag 69

18. Dezember 2013

Manfred Götzl, Richter. **Siegfried Mundlos**, 67, Vater von Uwe Mundlos, emeritierter Professor für Informatik aus Jena. Er sagte auch an Tag 70 aus.

(Bevor Mundlos mit seiner Aussage beginnt, packt er auf dem Zeugentisch eine Wasserflasche und einen Apfel aus.)

Götzl Beschreiben Sie uns Ihren Sohn, wie er aufgewachsen ist.
(Mundlos holt einen großen Block mit dicht beschriebenen Seiten aus seiner Tasche.)
Ich wäre Ihnen dankbar, wenn Sie von sich aus erzählen, was Ihnen in Erinnerung geblieben ist, zunächst ohne Aufzeichnungen.

Mundlos Ich möchte zunächst darum bitten, dass hier die Unschuldsvermutung für meinen Sohn zu gelten hat, in der Öffentlichkeit ist das ja nicht der Fall.

Götzl Es geht nicht darum, dass Sie hier Statements abgeben. Es geht uns um die Themen, die ich genannt habe, nur darum geht es.

Mundlos Es ist doch ein Grundprinzip, dass alles miteinbezogen wird, das der Wahrheitsfindung dient.

Götzl Das ist aber unsere Aufgabe und wir werden uns darum kümmern. Das ist nicht Aufgabe des Zeugen.

Mundlos Ich muss mir seit fünfzehn Jahren anhören, dass da angeblich eine Bombenwerkstatt existiert hat. Ich bin nicht nur Zeuge, sondern auch Verletzter. Aber gut, ich werde jetzt zügig Ihre Fragen beantworten: Mein Sohn ist 1973 geboren. Uwe war hilfsbereit und sehr lieb zu seinem behinderten älteren Bruder. Er wäre sicher als systemkritischer Kämpfer durchgegangen. Mein Sohn ist extrem ehrlich, und da hat es gewisse Schwierigkeiten gegeben. Er ist in den rechten Bereich abgedriftet. Was den beruflichen Werdegang betrifft, hat er eine Lehre begonnen als Datenverarbeitungskaufmann. 1992 hat er seine erste Freundin kennengelernt: Beate. Sie ging gerne in die Disco und war nicht einverstanden, dass mein Sohn Stiefel anhatte. Ich dachte, die beiden raufen sich zusammen und es gelingt Beate, ihn von diesem Spleen abzubringen. Vor 1990 war mein Sohn auf keinen Fall ein Rechter.

Er hat dann bei der Beate mitgewohnt, bei der Mutter. 1994 hat dann Beate den Uwe Böhnhardt kennengelernt. Viele aus seinem Freundeskreis hatten damals finanzielle Probleme. Die Autorität der Ordnungsmacht war geschwunden. Aber Diebstähle, toi, toi, toi, das hat mein Sohn nicht notwendig gehabt. Er wollte das auch bei seinen Freunden verhindern, aber das ist nicht immer geglückt. Damit sich die jungen Leute nicht von irgendwelchen Rattenfängern fangen lassen, habe ich im Rahmen meiner bescheidenen Ressourcen Möglichkeiten geboten und Freizeitangebote gemacht. Wir sind zum Camping gefahren nach Mecklenburg. In Zeitz gibt es einen Tagebausee. Ich sagte, fahrt doch dahin, Angeln, Campen, Lagerfeuer – dann seid ihr aus dem Neubauviertel weg und könnt nicht so viel Unsinn machen.

Jetzt kommt die Sache mit dem rechten Gedankengut, das hat mich sehr geärgert. Ich muss betonen, dass Beate, solange ich sie gekannt habe, alles andere als rechts war. Ich hätte sie eher dem linken Spektrum zugerechnet. Sie war kinderlieb und wäre gerne Kindergärtnerin geworden, musste aber Gärtnerin werden. Wenn sie jetzt etwas sagen würde, könnte sie mich korrigieren. Aber sie sagt ja leider nichts.

Im August 1994 in Chemnitz wurde Uwe wegen des Besitzes verfassungsfeindlicher Symbole angeklagt. Dabei hatte er nur im Portemonnaie ein Visitenkärtchen von Charlie Chaplin gehabt, dem großen Eroberer. Das gibt nur Ärger, die Leute verstehen den Witz nicht, sagte ich damals. Todernst rückten Polizisten an, wir sollten einer Hausdurchsuchung zustimmen. Der junge Polizeioffizier, der die Truppe angeführt hat, war derart rabiat, er wollte gleich die ganze Wohnung stürmen lassen. Abends bin ich nach Chemnitz gefahren, um meinen Sohn bei der Polizei abzuholen. Er musste 720 Mark zahlen, und es gab eine Eintragung im Bundeszentralregister. Wir haben das zähneknirschend gezahlt. Sind irgendwelche Leute von der Presse da? *(Er dreht sich um und schaut zur Zuschauertribüne.)*

Götzl Bitte konzentrieren Sie sich auf mich und antworten Sie auf meine Fragen.

Mundlos Das wird aber immer falsch geschrieben. Vielleicht können die Herren von der Presse das korrigieren.

Jedenfalls ist Uwe dann nach Ilmenau, um das Abitur nachzuholen. Ich dachte, vielleicht lernt er dort vernünftige Leute kennen, um den Schleier des Rechten loszuwerden. Leider habe ich mich da getäuscht. Mir ist aber auch klar: Wenn der Verfassungsschutz über 200 000 Mark in den Tino Brandt investiert, der die jungen Leute in einen VW-Bus packt und zum rechten Konzert nach Bayern fährt, dann ist es kein Wunder, wenn später zehn, fünfzehn naive junge Leute festgenommen werden.

Götzl Woher wissen Sie das? Uns interessiert das, was Sie selbst erlebt, gesehen haben. Das ist wichtig. Wir sind gut beschäftigt mit dem, was Sie wissen.

Mundlos Sie wollen mir signalisieren, dass Tino Brandt hier geladen wird?

Götzl Ich will gar nichts signalisieren. Herr Doktor Mundlos. Bleiben wir bei dem Beweisthema, wie er aufgewachsen ist, Ihr Sohn, seine Beziehung zu Frau Zschäpe und Herrn Böhnhardt.

Mundlos Da bin ich doch gerade dabei. Lassen Sie mich doch mal aussprechen, dann erfahren Sie alles. Nach der Armeezeit kamen Beate und Uwe Böhnhardt sofort am Wochenende und hingen an ihm dran. Wie kann das sein, dass die Freundin mit dem neuen Freund regelmäßig den Exfreund aufsucht? Übrigens: Die Betreuung von Gefangenen spielte damals für ihn eine Rolle, ich hab das als eine Art Sozialarbeit empfunden. Da tauchte auch der Name Starke auf.

(Mundlos spielt auf Thomas Starke an, ein führendes Mitglied der neonazistischen Vereinigung »Blood & Honour«. Zschäpe, Böhnhardt und Mundlos lernten ihn auf einem Konzert kennen und schrieben ihm, als er später in Haft saß. Starke war aber auch V-Mann des Berliner LKA und lieferte den Ermittlern bei mehreren Treffen Hinweise auf das Trio und dessen Unterstützer.)

Götzl Was soll ich mir da vorstellen, was Sie aus eigener Kenntnis wissen?

Mundlos Sie sind zu ungeduldig.

Götzl Ich bin nicht ungeduldig. Das kommt bei mir so an, dass ich nicht verifizieren kann, ob Sie das von anderen erfahren haben oder aus der Presse, das bleibt völlig offen. Differenzieren Sie, was Sie selbst wissen und was Sie von Dritten erfahren haben. Bitte beherzigen Sie das.

Mundlos Nehmen wir mal den Fall Starke. Als mein Sohn bei mir noch wohnte, hat er einen Brief geschrieben, an einen Häftling im Gefängnis, und schickte nette Grüße. Da wurde der Name Starke erwähnt. Er hat großen Einfluss auf ihn ausgeübt, er hatte Ehrfurcht vor diesem Menschen. Ich habe erfahren, dass Starke ein V-Mann des LKA Berlin ist, wenn Sie das noch nicht wissen, Herr Richter.

Götzl Machen wir weiter bei den Kontakten zu Herrn Böhnhardt und Frau Zschäpe.

Mundlos Ich kann nur sagen, dass unser Sohn, als er seinen Wehrdienst beendet hatte, gesagt hat, dass Beate jetzt mit Böhnhardt zusammen ist. *(Er hat einen Apfel ausgepackt und beißt hinein.)*

Götzl Wenn Sie Hunger haben, machen wir jetzt eine Pause.

(Wenige Minuten später setzt Götzl die Verhandlung fort.)

Götzl Sind Sie jetzt frisch gestärkt?

Mundlos Das war jetzt nicht gegen Ihre Autorität gerichtet, dass ich in den Apfel gebissen habe, Herr Richter.

Götzl Na ja, ich mache das hier auch schon ziemlich lange. Aber Sie sind bisher der einzige Zeuge, der hier seine Brotzeit ausgepackt hat. Aber machen wir weiter: Von 1992 bis '94 war Ihr Sohn mit Beate Zschäpe zusammen. Wie muss ich mir das vorstellen?

Mundlos Sie kam mal über Weihnachten zu uns. Oder hat auf die Kinder der Cousine sehr lieb aufgepasst, beim Grillen im Garten.

Götzl Wann wohnte Ihr Sohn bei Beate Zschäpe und ihrer Mutter?

Mundlos Von etwa Mitte/Ende 1992 bis März 1994. In der Armeezeit ist er wieder ausgezogen.

Götzl Wie oft haben Sie ihn gesehen?

Mundlos Sie wissen doch, wie das bei jungen Männern ist. Wenn die Wäsche schmutzig ist, kommt das Wäschepaket nach Hause und die Mutter muss es waschen. Er kam jede Woche mal nach Hause.

Götzl Wie sind die beiden miteinander umgegangen?

Mundlos Sie sind nett miteinander umgegangen, gleichberechtigt, wenn Sie das so hören wollen.

Götzl Ich will gar nichts hören. Wissen Sie, warum die Beziehung zu Ende gegangen ist?

Mundlos Da kann ich Ihnen gar nichts sagen. Ich habe ihn gefragt, warum er sich noch mit ihnen trifft, aber er hat nichts gesagt. Im Sommer 1994 kam er an, mit seinem Rucksack, und sagte, er will wieder bei uns einziehen. Es ist mit Beate aus, Beate hat einen neuen Freund. Erst 1995 im Frühjahr tauchten die wieder auf, als unser Sohn von der Armee zurückgekommen ist.

Götzl Die politische Gesinnung Ihres Sohnes – haben Sie mit ihm darüber gesprochen?

Mundlos Mein Sohn sagte mal, Vati, kannst mir die Leiter geben, wir wollen Plakate aufhängen. Ich entgegnete: Nein, kriegst du nicht. Das ist doch irreal, dass ihr in zehn, fünfzehn Jahren an die Macht kommt. Der Kapke wollte Demos anmelden, und da hat er meinen Sohn oder Beate als Platzhalter gebraucht.

Götzl Wurden die Plakate bei Ihnen zu Hause aufbewahrt?

Mundlos Nein, das Zeug kam mir nicht ins Haus. Auch meinen Transporter habe ich nicht hergeliehen.

Götzl Was haben Sie denn zu seinen Aktivitäten gesagt?

Mundlos Dass die jungen Leute in der Lage wären, alle staatlichen Aufgaben zu übernehmen, ist Traumdenken, habe ich Uwe gesagt. Sie können nicht mehr Geld ausgeben, als erwirtschaftet wird. Ich habe gesagt: Uwe, was du da machst, das ist völlig unrealistisch.

Götzl Ist inhaltlich diskutiert worden von Ihrem Sohn?

Mundlos Er hatte ein hohes soziales Bewusstsein. Es hat ihn gestört, dass viele Eltern seiner Freunde arbeitslos sind. Ich habe fast einen Vorwurf gespürt, dass es uns nicht so geht. Ich kann verstehen, dass da manch einer die Orientierung verloren hat in der Wende.

Götzl Sie sprachen von einem hohen sozialen Bewusstsein bei Ihrem Sohn. Inwiefern hatte er das?

Mundlos Ja, er hat versucht, seinen Freunden zu helfen, wenn einer in Bedrängnis war. Vor allem bei Uwe Böhnhardt. Da habe ich mich mal maßlos geärgert, das liegt auch an Brigitte Böhnhardt.

Götzl Wie meinen Sie das?

Mundlos Der Prozess mit dem Puppentorso – das geht jetzt aber hart gegen Frau Böhnhardt: Das wurde ja dem Herrn Böhnhardt zur Last gelegt. Aber Frau Böhnhardt wollte, dass mein Sohn ihrem Sohn ein Alibi gibt. Sie stiftete ihn zu einer strafbaren Handlung an. Diese Frau hat immer andere junge Leute bewegt, für ihren Sohn die Kohlen aus dem Feuer zu holen. Sie hat doch für ihr Rippchen auch andere Leute bewegt, Geld dorthin zu transportieren. Obwohl sie wusste, dass ihr Sohn ein absoluter Zeitzünder ist.

Götzl Was meinen Sie damit?

Mundlos Der Herr Uwe Böhnhardt hat von 1988 an systematisch eine kriminelle Laufbahn begonnen. Mit dem jungen Mann ist etwas schiefgelaufen, was ich nicht erklären kann. Er war tatsächlich eine tickende Zeitbombe. Bekannte aus der Szene sagten mir, das ist ein ganz gefährlicher Mensch. Der kann dich abstechen. Das sagten auch Leute, die keine Feiglinge waren. Sie haben ihn als Psychopathen geschildert. Das muss der Familie Böhnhardt bekannt gewesen sein. Aber das haben sie systematisch verschwiegen. Mein Sohn wusste nicht, mit welchem Menschen er sich da abgab.

Götzl Hat man als Vater nicht die Aufgabe auf seinen Sohn einzuwirken? Wieso haben Sie das nicht mit Ihrem Sohn besprochen?

Mundlos Sie sind ein kleiner Klugsch …

Götzl *(unterbricht)* Was fällt Ihnen ein! Mich so anzugehen! Noch einmal, und Sie müssen mit Ordnungsmitteln rechnen, Herr Doktor Mundlos.

Mundlos Sie dürfen mich ruhig Professor nennen.

Götzl Nein, ich nenne Sie Doktor Mundlos, weil das Ihr Name ist.

Mundlos Ich bin berechtigt, diesen Titel zu führen.

Götzl Noch mal: Warum haben Sie das nicht besprochen mit Ihrem Sohn?

Mundlos Zur damaligen Zeit waren die Entwicklungen nicht bekannt. Und Sie tun da so arrogant.

Götzl Ich warne Sie, Herr Doktor Mundlos.

Mundlos Herr Professor Mundlos.

Götzl Wie hat der Kontakt zwischen Ihnen ausgesehen?

Mundlos Ich war der Vater, das war mein Sohn.

Götzl Können Sie das genauer beschreiben?

Mundlos Ich habe Computerlehrgänge in seiner Klasse durchgeführt und habe mir Mühe gegeben, dass die Klasse und mein Sohn Vorteile haben. Mein Sohn war ein systemkritisches Kind. Er hat sich in die systemkritische Ecke hineinmanövriert in der DDR. Alle Eltern, die eine SED-Karriere hatten, warnten ihre Kinder, keinen Kontakt mit unserem Sohn zu haben. Bis zur Wende war er systemkritisch und hat auch gegen die Stasi demonstriert. Dann kam er in den rechten Sektor, weil er starke Leute an seiner Seite haben wollte. Der Beate war es lästig, einen Freund zu haben, der durch sein rechtes Aussehen Aufsehen erregt – auch wenn er eigentlich eine ganz harmlose Seele war.

Götzl Ich habe Sie nach dem Verhältnis zu Ihrem Sohn gefragt.

Mundlos Ich habe immer ein sehr gutes Verhältnis zu meinem Sohn gehabt. Ich habe ihm immer meine Kritik direkt ins Gesicht gesagt. Den Umfang der rechten Aktivitäten habe ich aber erst durch die Protokolle der Polizei und der Journalisten erkannt. Von Demonstrationen habe ich nichts gewusst. Ich habe damals gedacht, er denkt jetzt wieder klarer, weil er sich entschieden hatte, das Abitur nachzuholen.

Götzl Wie war das Verhältnis zu seiner Mutter?

Mundlos Auch sehr gut. Meine Frau ist eine freundliche, nette, umgängliche Frau. Selbst als er geflohen war 1998, hat sich für sie nichts geändert. Es gibt keinen Grund, dass er vor seiner Familie geflohen wäre. Es gab keinen Grund in der Familie, dass er in die rechte Szene abgedriftet ist. Schade, dass der Opa so früh gestorben ist. Der hätte ihm erzählen können, wie das damals wirklich war.

Götzl Und das Verhältnis von Uwe zu seinem behinderten Bruder?

Mundlos Rührend hat er sich um ihn gekümmert. Das Einzige, was wir ihm vorwerfen: Er hat nicht daran gedacht, dass er später bei der Betreuung des Bruders helfen muss, wenn die Eltern nicht mehr so rüstig sind.

Götzl Wie tief war denn die rechte Gesinnung Ihres Sohnes?

Mundlos Er war jedenfalls nicht erpressbar, weil er noch keine Straftaten begangen hatte. Ich dachte, er könnte noch austreten aus diesem Bereich. Aber ich möchte zum Kern der Dinge kommen: Dass man das Trio bewusst fliehen hat lassen. Der Verfassungsschutz hat ihn rund um die Uhr beobachtet, um ihn psychisch unter Druck zu setzen. Dieser Psychoterror hat enorm dazu beigetragen, Uwe Böhnhardt und meinen Sohn noch irrer zu machen.

Götzl Wie war der Kontakt zu Ralf Wohlleben?

Mundlos Er lieh den dreien das Auto zum Untertauchen. Deswegen habe ich den

Ralf Wohlleben eineinhalb Wochen hin- und hergefahren zwischen Wohnort und Arbeit. Da hatte ich das Gefühl, dass er sich auf so Bombendinge nicht einlässt. Er schien mir überlegter, er dachte über Parteien und Wahlen nach und wollte so Einfluss gewinnen. Ich dachte, das ist ein Familienmensch, der mehr den gemäßigten Weg gehen will.

Götzl Wussten Sie, wo sich Ihr Sohn nach der Flucht aufhielt?

Mundlos Wenn ich das gewusst hätte, hätte ich ihn überredet, sich der Staatsanwaltschaft zu stellen, damit die Propagandalüge über die Bombengarage ausgeräumt wird.

Götzl Haben Sie Kontakt zur Familie Böhnhardt aufgenommen?

Mundlos Ja, das war eine traurige Geschichte: Die Familie hat uns gesagt, dass die drei bei Verwandten auf dem Lande in Mecklenburg-Vorpommern untergetaucht seien. Leider hat uns die Familie Böhnhardt sträflich belogen. Sie hat auch nicht die Grüße von Uwe an meine Frau und mich ausgerichtet und uns auch nicht über Rückholungsverhandlungen mit der Staatsanwaltschaft informiert. Die Staatsanwaltschaft sagte uns später, dass die Familie Böhnhardt vor allem wollte, dass Uwe Böhnhardt statt 2,5 Jahren nur ein halbes Jahr Haft bekommt. Familie Böhnhardt hat uns schwerstens enttäuscht. Jeder Kurier, der bei Lehrerin Böhnhardt aufgeschlagen ist, hat sich strafbar gemacht, weil er Verbrecher unterstützt. Und die jammert uns hier etwas vor! Sie hat Beate Zschäpe und meinen Sohn eingesetzt, um ihrem Sohn ein paar Jahre mehr in Freiheit zu verschaffen. Das ist die unterste Schublade für mich.

Götzl Sie sprachen von Verwandten in Mecklenburg-Vorpommern? Haben Sie da nicht nachgefragt?

Mundlos Nein, ich war da so vertrauensselig. Sie hat aber auch den sterbenden Schwan gegeben. Darf ich Ihnen noch mal den Begriff Propagandalüge erklären, was ich damit vorher gemeint habe?

Götzl Sie wollen mir immer alles Mögliche erklären. Manchmal frage ich mich, ob Sie auf meine Fragen überhaupt eingehen.

Mundlos Ich gehe darauf ein, aber Sie wollen mich immer abbügeln. *(Pause.)* Darf ich noch einen Satz an die Opfer richten? Ich bin unbedingt überzeugt, dass die Verbrechen aufgeklärt werden müssen. Ich kann tief mitempfinden, auch jetzt vor Weihnachten, welchen Schmerz es verursacht, wenn Angehörige heimtückisch ermordet werden. Auch ich will, dass aufgeklärt wird, wer hinter dieser Sauerei steckt. *(Unruhe und Gelächter im Saal.)* Sie können ruhig lächeln, aber das deutsche Volk wird Ihnen das hier nicht abkaufen.

Tag 70

19. Dezember 2013

Manfred Götzl, Richter. **Siegfried Mundlos**, Vater von Uwe Mundlos. Er hat schon an Tag 69 ausgesagt. **Anja Sturm**, Verteidigerin von Beate Zschäpe. **Thomas Bliwier, Doris Dierbach, Alexander Hoffmann, Hardy Langer, Reinhard Schön**, Anwälte der Nebenklage.

Götzl Ich möchte zum 5. 11. 2011 kommen, zum Anruf bei Ihnen zu Hause. Was können Sie uns dazu sagen?

Mundlos Es war Samstag, morgens. Den Anruf hat meine Frau entgegengenommen, ich war anderweitig unterwegs.

Götzl Was hat Ihnen Ihre Frau erzählt?

Mundlos Ich bin vom Reifenwechseln zurückgekommen, Beate hatte angerufen, dass mit den beiden Uwes was passiert ist. Es ging um die Geschehnisse in Eisenach *(am Tag zuvor)*. Und dass die beiden Uwes tot sind. Wir sind sofort zur Polizei und haben eine Zeugenaussage gemacht. Dass Beate uns informiert hat und dass die beiden Toten in Eisenach die Uwes sind. Wir haben zu Protokoll gegeben, dass die beiden Uwes eine Vorgeschichte haben, dass sie zu dem sogenannten Bombentrio gehörten. Ich habe zusätzlich im LKA angerufen und angeboten, bei der Identifizierung der Leichen behilflich zu sein. Am Sonntag wurde mir dann mitgeteilt, dass das nicht nötig sei, da man meinen Sohn schon anhand von Fingerabdrücken identifiziert hat.

Götzl In der Zeit nach der Flucht 1998, hatten Sie da Kontakt zum Verfassungsschutz?

Mundlos Einmal haben uns zwei Herren vom Verfassungsschutz aufgesucht und gebeten, sie zu unterrichten, wenn wir etwas erfahren. Das sollten wir nicht vom heimischen Anschluss tun, meinten sie, weil unser Telefon von der Polizei abgehört werde. Ich hab mal den Hausfrauentest gemacht und habe mal ein bisschen am Telefon erzählt, als wenn ich was erfahren hätte von meinem Sohn. Punkt acht Uhr am nächsten Morgen rief ein Zielfahnder bei uns an. Das war der Beweis.

Götzl In den Akten heißt es, Ihr Sohn sei nach der Durchsuchung sehr aufgewühlt gewesen, weil sieben Jahre Haft drohten.

Mundlos Mein Sohn ist am 26. 1. 1998 am Nachmittag bei meiner Frau in der Kaufhalle eingetroffen. Meine Frau sagte, der Uwe war derart erschrocken, sein rationales Denken war außer Kraft gesetzt.

Götzl Im Dezember 2011 sollen Sie bei der Polizei gesagt haben: »Ohne direkte Einflussnahme des Thüringer Verfassungsschutzes über den selbst gegründeten und finanzierten Thüringer Heimatschutz wäre es nie zu den schrecklichen Straftaten durch das Trio gekommen.«

Mundlos Für mich ist immer noch unbewiesen, dass die drei die Taten vollbracht haben. Aber die Entwicklung des Thüringer Heimatschutzes wäre nie möglich gewesen ohne den Verfassungsschutz. Das ist doch über den Tino Brandt im Auftrag des Verfassungsschutzes organisiert worden. Die Fahrten zu den Rudolf-Heß-Aufmärschen wären doch ohne die Vermittlung von V-Männern gar nicht zustande gekommen. Auf den Adresslisten waren unter 30 Namen mindestens fünf V-Männer. Die ganze Organisation, die Finanzierung, die Schulungsabende – das alles wäre so nicht möglich gewesen ohne Unterstützung vom Verfassungsschutz.

Götzl Welche Informationen hatten Sie dazu im Dezvember 2011?

Mundlos Ich wusste, dass Tino Brandt sich als V-Mann geoutet hatte. Und ich wusste, welch zentrale Rolle der Tino Brandt gespielt hat. Aber ich hatte nie in der Krassheit vermutet, dass der Verfassungsschutz Steuergelder in die rechte Szene pumpt und damit naive Jugendliche auffängt, um die eigenen Erfolge aufzubessern.

Anwalt Langer Sind Ihnen körperliche Auseinandersetzungen Ihres Sohnes bekannt?

Mundlos Es gab mal einen Raubüberfall in einer Dorfdisco, das waren neun Leute, da hätte mein Sohn fast totgeschlagen werden können. Mein Sohn war nicht so aggressiv, dass er andere Leute angegriffen oder geschlagen hat. Aber bei Demos ist es schon dazu gekommen, dass es Handgreiflichkeiten zwischen den jungen Leuten und der Polizei gab. Mein Sohn und Kapke und noch ein paar wollten die Nummern der Zivilfahrzeuge der Polizei notieren. Da ist es zu einer gewissen Rangelei gekommen.

Anwältin Dierbach Ist Ihnen bekannt, dass Frau Zschäpe eine Demonstration angemeldet hat für den Thüringer Heimatschutz?

Mundlos Nein, ist mir nicht bekannt.

Anwältin Dierbach Ist Ihnen bekannt, dass Ihr Sohn Teilnehmer eines Skinhead-Aufmarsches in Triptis war?

Mundlos Ist mir nicht bekannt.

Anwältin Dierbach Ist Ihnen bekannt, dass Ihr Sohn 1995 an einem Anti-Antifa-Treffen teilnahm?

Mundlos Ist mir nicht bekannt.

Anwalt Bliwier Haben Sie mal ein Faustkampfmesser bei Ihrem Sohn gesehen, mit einer beidseitig geschliffener Klinge?

Mundlos Ja, ein Taschenmesser habe ich sicherlich mal bei ihm gesehen.

Anwalt Bliwier Haben Sie bei Ihrem Sohn andere Waffen gesehen? Handbeile, Wurfstern, Luftgewehr?

Mundlos In frühen Jahren hatte er mal eine Schreckschusspistole.

Anwalt Bliwier Wissen Sie etwas über einen Besuch Ihres Sohnes in SA-Uniform in der Gedenkstätte Buchenwald?

Mundlos Damals habe ich das nicht gewusst. Ich habe später den Eintrag gesehen, den mein Sohn vermutlich in das Gästebuch gemacht haben soll. Der Eintrag war nicht zu beanstanden, aber das Outfit mit den braunen Hemden, das sie trugen, war eine Provokation, eine Frechheit.

Anwalt Schön Haben Sie erfahren, ob bei der Garagendurchsuchung im Januar 1998 ein Rucksack Ihres Sohnes gefunden wurde?

Mundlos Ich habe das 2011 in der Presse gelesen.

Anwalt Schön Wissen Sie, dass da eine Diskette drin gewesen sein soll, mit der Aufschrift »Ali Drecksau, wir hassen dich«?

Mundlos Nein, davon weiß ich nichts.

(Mundlos wird als Zeuge entlassen, beim Hinausgehen wendet er sich noch einmal kurz an Richter Götzl und sagt: »Tut mir Leid, dass unser persönliches Verhältnis in der Presse als Hauptgegenstand dargestellt wurde.« Es folgen Erklärungen der Nebenklage-Anwälte.)

Anwalt Hoffmann Die Vernehmung des Zeugen war geprägt durch dessen Bemühen, jede Verantwortung für die Straftaten des NSU von seinem Sohn abzuwehren. Er hat sich in ein geschlossenes Bild hineingearbeitet, wonach der Sohn ein unschuldiges Opfer fehlgeleiteter Polizeiarbeit sei, verleitet von V-Leuten des Verfassungsschutzes. Uwe Mundlos habe nur aus Freundschaft Uwe Böhnhardt und Beate Zschäpe in den Untergrund begleitet. Das eigene Versagen bei der Erziehung, das Ausmaß der Gefährlichkeit seines Sohns – das hat er nicht erkannt. Er hat den Bezug zur Realität verloren. Er spricht von zwölf Opfern des NSU und bezieht seinen Sohn da mit ein. Das mag einem verzweifelten Vater zugestanden sein, muss sich aber auf die Bewertung der Zeugenaussage auswirken.

Anwalt Bliwier Ich finde es schwierig, dem Vater eine Verantwortung zuzuschreiben und dass er versagt habe. Ich finde es höchst problematisch. Ihm sind wesentliche Entwicklungsschritte des Sohnes verborgen geblieben. Die Bewaffnung, die Aktivitäten in der Neonaziszene – das alles ist ihm verborgen geblieben.

Verteidigerin Sturm Die Erklärung des Kollegen Hoffmann geht schlicht am Kern vorbei. Es ist für die Tat und die Schuldfrage irrelevant, ob der Zeuge Mundlos bei sich eine Verantwortung sieht. Der Zeuge hat einen Ausschnitt aus dem Leben seines Sohns mitbekommen, das hat er hier vorgetragen. An der Glaubwürdigkeit bestehen keine Zweifel. Er hat geschildert, dass er Beate Zschäpe als freundliche, sehr kinderliebe Person kennengelernt hat, die er in der Zeit von

1992 bis '94 eher dem linken Spektrum zugeordnet hat. Und er hat bei Beate Zschäpe keinen Fremdenhass wahrgenommen.

Anwalt Bliwier Frau Zschäpe mag ja kinderlieb gewesen sein. Aber ich erinnere an Beispiele aus der Geschichte: Es gab auch KZ-Kommandanten, die ihre Kinder liebten und trotzdem Lagerhäftlinge vom Balkon aus erschossen.

Tag 71

20. Dezember 2013

Manfred Götzl, Richter. **Charlotte Erber**, 91, frühere Nachbarin von Beate Zschäpe in der Frühlingsstraße in Zwickau, die durch den Brand ihr Zuhause verlor. **Stefan Schmidt**, Vertreter der Bundesanwaltschaft. **Wolfgang Stahl**, Verteidiger von Beate Zschäpe. **Michael Kaiser**, Verteidiger von André Eminger. **Eberhard Reinecke**, Anwalt der Nebenklage.

(Auf den Projektionswänden im Gerichtssaal ist das Bild eines Aufenthaltsraums in einem Altenheim in Zwickau zu sehen. Am Tisch sitzt eine alte, zerbrechlich wirkende Dame im Rollstuhl, die frühere Nachbarin von Beate Zschäpe, Charlotte Erber. Die 91-Jährige ist frisch onduliert, eine Pflegerin richtet ihr noch die Bluse. Daneben sitzt ein Polizist. Eine Kamera nimmt auf, was die Zeugin sagt, und überträgt es in den Gerichtssaal nach München.)

Götzl Der Polizist wird darauf achten, dass keine Einflussnahme auf die Zeugin erfolgt. Zunächst werde ich fragen, dann die Bundesanwaltschaft, dann die Verteidigung von Frau Zschäpe, dann die Nebenklage. Dann bitte ich um Schaltung nach Zwickau.

Verteidiger Kaiser Ich möchte darauf hinweisen, dass keinem der Nebenklagevertreter ein Fragerecht bei dieser Zeugin zusteht.

Götzl Die Nebenkläger werden sich wegen des Gesundheitszustands und des Alters der Zeugin sehr zurückhalten.

Verteidiger Kaiser Das muss aber …

Götzl *(unterbricht unwirsch)* Meinen Sie, das ist der richtige Zeitpunkt, um die Frau den Strapazen noch länger auszusetzen? Sie sitzt bereits in Zwickau. Dann hätten Sie das gestern klären müssen.

Verteidiger Kaiser Ich verzichte darauf, dass das jetzt geklärt wird.

Götzl Guten Morgen, Frau Erber.

Erber Guten Morgen.

Götzl Ich darf mich Ihnen zunächst vorstellen. Ich bin der Vorsitzende des 6. Strafsenats. Wie geht es Ihnen?

Erber Nicht so gut.

Götzl Können wir die Vernehmung durchführen?

Erber *(haucht)* Ja.

Götzl Sie sollen sehen, wie die Situation hier im Saal ist. Frau Erber, können Sie die Bilder erkennen? *(Die Kamera nimmt den Gerichtssaal in München auf.)*

Erber *(flüstert)* Ja. *(Eine Helferin wiederholt das laut.)*

Götzl Wie alt sind Sie, Frau Erber?

Erber 92.

Götzl Wann ist Ihr Geburtsdatum? Ist es der 12. 8. 1922? *(Die Frau schaut stumm in die Kamera.)*

Götzl Sie sind Rentnerin? Ist das zutreffend?

Erber Ja.

Götzl Wissen Sie Ihre Anschrift, unter der Sie wohnen?

Erber Weiß ich die?

Götzl Sagt Ihnen die Hegelstraße etwas?

Erber Kenn ich nicht.

Götzl Uns ist mitgeteilt worden, dass Sie in der Hegelstraße 3a in Zwickau leben sollen, ist das so?

Erber Die Anschrift weiß ich nicht.

Götzl Wir legen eine Pause ein. Schönen Dank zunächst. *(Zum Gerichtssaal gewandt.)* Es macht keinen Sinn, die Vernehmung fortzusetzen.

Staatsanwalt Schmidt Die Vernehmungsfähigkeit der Zeugin ist heute und wohl auch dauerhaft nicht gegeben. Bereits bei den Personalien kann sich die Zeugin nicht erinnern. Es ist keine wesentliche Besserung der Vernehmungsfähigkeit zu erwarten. Es gibt auch die Möglichkeit, das Vernehmungsprotokoll von Frau Erber zu verlesen.

Verteidiger Stahl Wir sind keine Sachverständigen, aber das konnte jeder sehen, dass die Vernehmung nicht möglich ist. Wir regen an, der Zeugin die weitere Belastung zu ersparen. Hier ist nicht die optimale Vernehmungssituation geschaffen worden. Für eine Dame diesen Alters ist eine Videovernehmung eine ungewöhnliche, außergewöhnliche Situation, mit der sie kaum umgehen kann. Der Sachverständige hat erklärt, dass eine Videovernehmung möglich sei. Er war guten Mutes, es gibt Phasen, wo die Befragung möglich ist. Heute ist das nicht gegeben.

Anwalt Reinecke Eine weitere Befragung zu einem anderen Zeitpunkt verbietet sich. Warum können Sie nicht schlicht auf die Vernehmung verzichten? Das ist bereits der Ansatz zur Körperverletzung, auf jeden Fall aber eine Verletzung des Persönlichkeitsrechts. Wenn die Verteidigung noch etwas Anstand und Empathie hat, dann verzichtet die Verteidigung jetzt auf diese Zeugin. Die Aufklärungspflicht gebietet das nicht.

Verteidiger Stahl Ich empfinde es als eine Zumutung, als anstandslos bezeichnet zu werden.

Götzl Es geht um die Aufklärungspflicht. Es geht um Wahrnehmungen vor dem Brandgeschehen und die Folgen für Frau Erber. Die Kritik richtet sich auch gegen uns, habe ich das richtig verstanden?

Anwalt Reinecke Es war nicht erforderlich, diese Zeugin zu laden.

Götzl Man muss die Folgen für das Opfer aufklären. Deswegen haben wir einen Sachverständigen hingeschickt und das so schonend wie möglich gemacht. Rücksicht ist auch immer etwas ganz praktisch Faktisches. Die Zeugin sitzt noch und wartet. Wir können das später diskutieren.

Götzl *(Richtung Kamera, die Bilder an das Altenheim Zwickau sendet)* Frau Erber, wir werden die Vernehmung nicht fortsetzen. Frau Erber, ich darf mich ganz herzlich bei Ihnen bedanken. Vielen Dank auch an die Mitwirkenden, die sich hier engagiert haben. Auf Wiedersehen.

Erber *(haucht)* Wiedersehen.

(Im Frühjahr 2015 ist Charlotte Erber gestorben. Sie wurde nicht noch einmal als Zeugin befragt.)

Götzl Sind für heute noch Anträge, Erklärungen? *(Stille.)* Dann darf ich Ihnen allen erholsame Feiertage wünschen. Die Sitzung ist für heute geschlossen und wird fortgesetzt am 8. Januar um 10.30 Uhr.

2014

DAS ZWEITE JAHR

Tag 72

8. Januar 2014

Manfred Götzl, Richter. **Alexander S.**, 33, Groß- und Außenhandelskaufmann aus Hannover. Seine Frau hatte dem Angeklagten Holger Gerlach eine AOK-Karte verkauft, die Gerlach an Beate Zschäpe weitergab. **Thomas Bliwier, Alexander Hoffmann**, Anwälte der Nebenklage.

Götzl Dann setzen wir im Verfahren fort. Ich darf Sie begrüßen. Wir kommen zum nächsten Zeugen.

(Der Zeuge Alexander S. wird in den Gerichtssaal gerufen.)

Götzl Herr S., es geht um die AOK-Karte, die Ihre Frau an Herrn Gerlach übergeben haben soll. Was können Sie dazu sagen?

Alexander S. Herr Gerlach hat uns gefragt, ob meine Frau ihre Versicherungskarte verkaufen würde.

Götzl Ja und?

Alexander S. Meine Frau hat dem zugestimmt und wir haben 300 Euro dafür erhalten.

Götzl Können Sie ein bisschen ausholen? Die Umstände, die Situation, wie es kam.

Alexander S. Genaue Erinnerungen habe ich so nicht mehr. Es war ein gemeinsames Zusammensitzen bei Herrn Gerlach oder bei uns. Ein feuchtfröhlicher Abend.

Götzl Wie ist der Abend verlaufen? Wie kam es dazu? Können Sie da ins Detail gehen?

Alexander S. Ich kann schlecht ins Detail gehen. Der Abend war feuchtfröhlich, eine genaue Erinnerung habe ich nicht.

Götzl Was ist denn noch in Erinnerung?

Alexander S. Dass wir zu dritt zusammensaßen und Herr Gerlach meine Frau gefragt hat, ob sie ihm für 300 Euro ihre Karte gibt.

Götzl Hat er gesagt, wofür er die benötigt?

Alexander S. Nein.

Götzl Ist von Ihnen oder Ihrer Frau nachgefragt worden?

Alexander S. Nein.

Götzl Wieso nicht?

Alexander S. Es hat mich zum damaligen Zeitpunkt nicht interessiert.

Götzl Haben Sie Überlegungen angestellt, wofür Herr Gerlach die Karte brauchen könnte?

Alexander S. Nein.

Götzl Erinnern Sie, wann der Abend war?

Alexander S. 2005, 2006, irgendwie so was.

Götzl Sind Sie nach der Übergabe der Karte noch in der Wohnung geblieben?

Alexander S. Habe keine Erinnerung mehr.

Götzl Aber Sie haben doch Erinnerung, dass es feuchtfröhlich war?

Alexander S. Ich habe Schwierigkeiten, den einen Abend herauszupicken. Es gab viele solcher Abende.

Götzl Wie sahen solche Abende aus? Was wurde konsumiert?

Alexander S. Alkohol. Ich weiß nicht mehr, ob ich Warsteiner oder Gilde Ratskeller getrunken haben.

Götzl Wie sah es mit Konsum von Herrn Gerlach aus?

Alexander S. Beim Alkohol hat er sich sehr zurückgehalten.

Götzl Wo hat er sich nicht zurückgehalten?

Alexander S. Beim sonstigen Konsum.

Götzl Was hat er konsumiert?

Alexander S. Amphetamine vorwiegend. Das waren zum damaligen Zeitpunkt schon recht hohe Mengen. Am Ende eines Abends war er sehr durch den Wind. *(Er lacht kurz auf.)*

Götzl Was heißt das?

Alexander S. Er war redefreudig, hatte Ausfallerscheinungen. Einen hohen Bewegungsdrang. Schlechte Konzentration.

Götzl Was muss ich mir drunter vorstellen?

Alexander S. Hibbelig sein, hyperaktiv sein, würde ich bei einem Kind sagen.

Götzl Wie lange kannten Sie Herrn Gerlach damals schon?

Alexander S. Schon ein paar Jahre. Auf einer Geburtstagsfeier habe ich ihn kennengelernt. Um das Jahr 2000 herum.

Götzl Wo lagen Ihre Gemeinsamkeiten?

Alexander S. Konzertbesuche, Kino, Clubbesuche, elektronische Musik.

Götzl Gab es auch im politischen Bereich Gemeinsamkeiten?

Alexander S. Konzertbesuche. Wir sind gemeinsam auf Demos gegangen.

Götzl Können Sie da ein bisschen ausholen?

Alexander S. Wir waren nie gemeinsam organisiert. Ich war im Hildesheimer Raum in einer Kameradschaft aktiv. Von der wurden die Fahrten organisiert.

Götzl Können Sie auch zu Ihrer eigenen Einstellung was sagen?

Alexander S. Wir hatten damals eine nationalsozialistische Einstellung.

Götzl Was beschreiben Sie damit?

Alexander S. Konkret war man daran interessiert, die Gesellschaft dahingehend zu verändern, dass sie sich zu einer nationalsozialistischen entwickelt.

Götzl Was bedeutet das? Was haben Sie angestrebt?

Alexander S. Ich habe versucht, bei gesellschaftlichen Themen, die mich interessiert haben, mitzuwirken. Auf Demos zu gehen und Flugblätter zu verteilen. Ich hab mir nicht angemaßt, den Staat zu verändern.

Götzl Worum ging es Ihnen dann?

Alexander S. Kann ich heute nicht mehr nachvollziehen.

Götzl Da sollten Sie sich aber bemühen. Sonst wird es länger dauern. Sie weichen mir aus, so empfinde ich das, Herr S. Was bedeutete das für Sie? Das müssen Sie mir jetzt erklären.

Alexander S. Das kann ich nicht erklären.

Götzl Worum ging es bei der Demo? Wofür oder wogegen haben Sie demonstriert?

Alexander S. Ich war auf der Rudolf-Heß-Demo in Wunsiedel, und auf Demos zum 1. Mai.

Götzl Ja, und welche politische Bewegung haben Sie da unterstützt? Um was ging es Ihnen persönlich?

Alexander S. Ich hatte eine nationalsozialistische Weltanschauung und habe mich an Demos beteiligt, wo ich mich aufgehoben gefühlt habe.

Götzl Was war dann der Grund, dass Sie auf die Demos gegangen sind?

Alexander S. Ich habe mich Zielen zugewandt, denen ich positiv gegenüberstand. Weil mich das Thema bewegt hat.

Götzl Können Sie ein konkretes Thema sagen?

Alexander S. Ich habe kein konkretes Thema im Kopf.

Götzl Was hatten Sie vor Augen, wenn Sie sagen, mich hat etwas bewegt?

Alexander S. Zum Beispiel, wenn ich etwas als ungerecht dargestellt empfunden habe.

Götzl Können Sie Beispiele nennen?

Alexander S. Zum Beispiel im Fall Rudolf Heß, die öffentliche Darstellung des Ganzen.

Götzl Dann sagen Sie mir halt, was Sie gestört hat?

Alexander S. Ich habe mich lange nicht mehr damit auseinandergesetzt. Ich möchte dazu keine Angabe machen.

Götzl Das geht aber nicht, Sie stehen hier unter Zeugenpflicht. Jetzt machen wir mal 20 Minuten Pause und dann denken Sie jetzt nach.

(Nach der Pause wird die Befragung des Zeugen fortgesetzt.)

Götzl Erinnern Sie sich noch, was ich Sie gefragt habe?

Alexander S. Sie haben mich nach meinen Beweggründen befragt – ich habe mich intensiv damit befasst, kann aber nach wie vor nicht nachvollziehen, was mich damals bewegt hat.

Götzl Da werden Sie Probleme bekommen, das sage ich Ihnen gleich. Ich weise Sie darauf hin, dass Verschweigen ebenfalls eine Falschaussage ist. Ich habe Sie jetzt schon ganz gut kennengelernt, und wenn Sie meinen, dass Sie so mit den Fragen umgehen können: Das wird nicht funktionieren. Bleiben wir jetzt einfach dabei, was Sie gesagt haben: Es hätte Sie die öffentliche Darstellung von Rudolf Heß gestört.

Alexander S. Ja, die Darstellung als Kriegsverbrecher, die hat mich damals gestört.

Götzl Was wäre die richtige Darstellung gewesen?

Alexander S. Die Darstellung eines Mannes, der sich für den Frieden eingesetzt hat.

Götzl Haben Sie weitere Beispiele, was Sie noch als ungerecht empfunden haben?

Alexander S. Zwei Töchter wurden damals von der Waldorfschule verwiesen, weil ihre Mutter dem rechten Spektrum zugeordnet wurde.

Götzl Wann war das?

Alexander S. Ende der Neunziger.

Götzl An wie vielen Demos haben Sie teilgenommen?

Alexander S. Grob geschätzt zwischen zehn und zwanzig. So zwischen 1996 und 2003/2004.

Götzl Was war nach 2003/2004?

Alexander S. Da haben sich meine Lebensumstände geändert.

Götzl Inwiefern?

Alexander S. Das politische Interesse war nicht mehr gegeben.

Götzl Wie kam es dazu?

Alexander S. Meine Freizeitgestaltung hat sich dahingehend entwickelt, dass ich bei Feiern mit elektronischer Musik war. Ich bin mit anderen Leuten in Kontakt gekommen, mein Freundeskreis hat sich im Laufe der Zeit geändert.

Götzl Im Laufe der Zeit?

Alexander S. Innerhalb von wenigen Monaten. Meine politische Weltanschauung hat nichts mehr mit meiner Lebensrealität zu tun gehabt. Es gab Ausländer im Bekanntenkreis, ich hab mit Juden zusammengearbeitet. Ich habe meine Positionen überdacht und bin zu dem Schluss gekommen, dass sie nicht zeitgemäß sind.

Götzl Und welche Positionen waren das?

Alexander S. Fremdenfeindlichkeit, nationale Ideen insgesamt, weil ich glaube, dass wir in einer Welt mit globalen Problemen leben.

Götzl Wie war die politische Einstellung von Herrn Gerlach?

Alexander S. Ich habe ihn als Rechten kennengelernt.

Götzl Was hatte er für Vorstellungen?

Alexander S. Er war der Meinung, dass es zu viele Ausländer in Deutschland gibt.

Götzl Sie sagen, um 2003, 2004 hat sich Ihre politische Einstellung geändert. Was hat Herr Gerlach dazu gesagt?

Alexander S. Er ist diesen Weg mitgegangen.

Götzl Was heißt das im Konkreten?

Alexander S. Soweit ich das empfinden kann, ist er diesen Idealen nicht mehr nachgehangen.

Götzl Hat sich bei Herrn Gerlach irgendwas verändert in den Lebensumständen?

Alexander S. Die Feierei ging los.

Götzl Holen Sie doch einfach mal ein bisschen aus.

Alexander S. Es wurden viele Drogen konsumiert. Und das passt dann einfach nicht mehr zu den bisherigen Einstellungen. Drogen wurden immer abgelehnt. Und so entfernt man sich immer weiter.

Götzl Haben Sie mit Ihrer Frau über Ihre Aussage bei der Polizei gesprochen?

Alexander S. Ja.

Götzl Worüber?

Alexander S. Sie hatte mir erzählt, dass sie auf viele Fragen keine Antworten mehr hatte. Auch gemeinsames Brainstorming hilft uns da nicht weiter.

Götzl Wo wurde die Karte übergeben?

Alexander S. Meine Frau erinnert sich daran, dass es in der Örtlichkeit von Herrn Gerlach war.

Götzl Wie ging es für Ihre Frau damals weiter?

Alexander S. Sie hat ihre Karte drei Tage später als verloren oder gestohlen gemeldet und eine neue zugeschickt bekommen.

Götzl Hatten Sie keine Bedenken, dass es Schwierigkeiten für Ihre Frau geben könnte?

Alexander S. Nein, wir dachten, wenn die Karte verloren gemeldet ist, kann man sie auch nicht mehr nutzen.

Götzl Und was sollte dann die Investition von 300 Euro von Herrn Gerlach?

Alexander S. Weiß ich nicht.

Götzl Und das war Ihnen keine Nachfrage wert?

Alexander S. Nein.

Götzl Wieso eigentlich nicht?

Alexander S. Hat mich nicht interessiert.

Anwalt Bliwier Herr S., wurden Sie mal wegen uneidlicher Falschaussage verurteilt?

Alexander S. Ja.

Anwalt Bliwier Worum ging es?

Alexander S. Ein Verkehrsdelikt. Ich würde immer noch sagen, dass der Angeklagte zu Unrecht verurteilt wurde.

Anwalt Bliwier Sie hatten von einem Treffen in einer Eisdiele und einem Treffen bei der Mutter von Gerlach berichtet. Gab es weitere Treffen?

Alexander S. Kurz nach seiner Haftentlassung waren wir im Seehaus in Isernhagen *(in der Region Hannover)*, Herr Gerlach, seine Mutter, seine Lebensgefährtin, meine Frau und ich. Wir haben auf seine wiedergewonnene Freiheit angestoßen.

Anwalt Bliwier Worüber haben Sie noch gesprochen?

Alexander S. Es ging auch darum, dass er mir versichert hat, dass er von alldem nichts wusste.

Anwalt Bliwier Haben Sie auch über Uwe Böhnhardt, Uwe Mundlos und Beate Zschäpe gesprochen?

Alexander S. Er fühlte sich von denen, glaube ich, etwas hintergangen. Er sagte, dass er sich das nie hätte vorstellen können. Und dass er sich hintergangen fühlt, dass das unter seiner Mithilfe geschehen ist.

Anwalt Bliwier Was meinte er mit Mithilfe?

Alexander S. Die angemieteten Wohnmobile, den Reisepass und den Führerschein.

Anwalt Bliwier Hat er mal von einem Waffentransport berichtet?

Alexander S. Nein.

Anwalt Bliwier Haben Sie ihm eigentlich irgendwann mal Vorwürfe gemacht?

Alexander S. Noch nicht.

Anwalt Hofmann Hat Herr Gerlach Ihnen erklärt, für wen die Karte war?

Alexander S. Er wollte sie, weil Frau Zschäpe zu einem Arzttermin musste.

Anwalt Hofmann Hat er Ihnen erklärt, warum er das gemacht hat?

Alexander S. Kann ich mich nicht erinnern.

Tag 73

14. Januar 2014

Manfred Götzl, Richter. **Bernhard V.**, 43, Polizist aus Zwickau. **Sandy N.**, 25, Masseurin aus Zwickau. **Erwin Koops**, 73, Rechtsmediziner aus Hamburg.

Bernhard V. Am 8.11.2011 wurde Frau Zschäpe in der Polizeiinspektion Jena festgenommen. Ich hatte die Aufgabe, Kleidung und Gegenstände zu fotografieren, die bei ihr sichergestellt wurden.

Götzl Dann wird es am sinnvollsten sein, die Lichtbilder anzusehen. Ich wäre dankbar, wenn Sie einfach nach vorne kommen.

Bernhard V. *(geht ans Richterpult. Das erste Foto wird auf zwei Wänden im Gericht gezeigt.)* Die sind ja schwarz-weiß!

Götzl So ist es.

Bernhard V. Bild 15 ist eine Socke, da ist mir aufgefallen, die hat sehr unangenehm gerochen, das kann man hier nicht wahrnehmen. Bild 16 ist die andere Socke. Bild 30 ist die Geldbörse, da hab ich das Münzgeld rausgenommen und fotografiert.

Götzl Haben Sie den Betrag noch in Erinnerung?

Bernhard V. Es waren keine 15 Euro.

Götzl Im Aktenvermerk, den Sie gefertigt haben, heißt es: 12,23 Euro.

Bernhard V. Ich hoffe, ich hab mich nicht verzählt.

Bild 32 zeigt die Handtasche, sieht aus wie Leopardenfell.

Bild 61 – eine befüllte Zigarettenschachtel »Power-Gold«.

Bild 64 ist eine Ansicht der vier Feuerzeuge, die in der Handtasche waren, die sind alle gegangen, ich hab da mal gedrückt, da kam eine Flamme.

Bild 69 ist ein Pfefferspray, das auch in der Handtasche war.

Bild 85 zeigt einen Servicepass von einem Fahrradgeschäft, mit den Personalien von Susann Eminger drauf, Dortmunder Straße, Zwickau.

Bild 89 – eine Fahrkarte, Schönes-Wochenendticket, gültig am 6.11.2011, dreimal gestempelt, wieder mit dem Namen Susann Eminger drauf.

(Bernhard V. wird als Zeuge entlassen. Sandy N. betritt den Gerichtssaal.)

Götzl Es geht um Handyverträge …

Sandy N. Ich wusste erst gar nicht, worum es geht. Dann haben die mir das aber gezeigt. Dass ich ein Handy gekauft hab. Ich war drogenabhängig. Ich war in der Stadt, da hat mich eine Frau angesprochen, dass sie für ihre Nichte ein Handy kaufen will, sie habe aber ihren Ausweis vergessen. Ob ich das holen könne. Ich hab mir dabei nichts gedacht, weil es ein Prepaid-Handy war. Sie hat mir auch 20 oder 40 Euro dafür gegeben.

Götzl Können Sie es noch zeitlich einordnen?

Sandy N. Ich glaube 2006 oder 2008. Im D1-Laden schräg gegenüber vom New Yorker.

Götzl Wo sind Sie angesprochen worden?

Sandy N. Ungefähr vor dem New Yorker. Die hatte Beutel dabei mit verpackten Geschenken, deshalb war das auch glaubwürdig. Die Nichte wollte unbedingt das Handy haben. Und ich würde auch was dafür bekommen.

Götzl Was haben Sie dazu gesagt? Haben Sie Bedenken gehabt?

Sandy N. Nee, ich dachte, was will man mit 'nem Prepaid-Handy machen? Ich dachte, die hat ja nicht meine Daten. Mittlerweile weiß ich halt, dass das trotzdem auf meinen Namen läuft. Und ich hab nicht gedacht, dass da so was bei rauskommt.

Götzl Können Sie die Frau noch beschreiben?

Sandy N. Etwas größer als ich, schlank, schwarze Haare, einen Dutt. Ich bin mir ziemlich sicher, dass sie das nicht war *(zeigt auf Zschäpe)*. Eher nicht. Die Frau war wie gesagt sehr schlank und so Mitte, Ende zwanzig.

Götzl Wer ist dann in den Laden gegangen?

Sandy N. Ich mit der Frau. Es ging sehr schnell. Ich bin da hin mit dem Handy, ich hab dem Verkäufer den Ausweis gegeben, sie hat bezahlt.

(Die Zeugin soll nach vorne kommen, ihr wird ein im Brandschutt von Zwickau gefundener Handyvertrag gezeigt.)

Sandy N. Meine Unterschrift ist das.

Götzl Da ist ein Datum drauf: 10.2.2010.

Sandy N. Ich dachte, dass das länger her war. Zu dem Zeitpunkt war ich schon in der Ausbildung. Das kann nicht sein.

(Der Zeuge Koops wird aufgerufen.)

Koops Wir haben am 27.6.01 die Obduktion von Süleyman Taşköprü durchgeführt. Uns wurde mitgeteilt, dass Herr Taşköprü vormittags von seinem Vater in dem gemeinsamen Obst- und Gemüsegeschäft leblos in einer Blutlache gefunden wurde. Die ersten Sanitäter konnten noch leichte Herzbewegung erkennen, der Notarzt aber nicht mehr. Die Sektion fand am selben Tag statt. Er war völlig organgesund. Als wesentliche Verletzung haben wir drei Kopfsteckschussverletzungen gefunden: Ein Gesichtsdurchschuss mit Einschuss vor dem linken Ohr an der Wange. Unter der Haut fand sich ein kupferfarbenes Vollmantelgeschoss. Als zweite Verletzung ist zu nennen: ein Hinterhauptssteckschuss mit einer trichterförmigen Kopfhautverletzung. Drittens ein weiterer Hinterhauptssteckschuss, ein sogenannter aufgesetzter Schuss mit den klassischen Zeichen: einer kleinen Schussplatzwunde. Als Folge dieser drei Verletzungen ist es zu einer Hirnlähmung gekommen.

Tag 74

15. Januar 2014

Manfred Götzl, Richter. **Christian Setzensack**, 61, Sachverständiger des LKA Bayern. Er sagte am Tag 436 aus. **Anette Greger**, 47, Vertreterin der Bundesanwaltschaft. **Wolfgang Stahl**, Verteidiger von Beate Zschäpe.

Götzl Es geht uns um die Explosion in der Frühlingsstraße 26 in Zwickau am 4.11.2011. Dazu würde ich Sie bitten, Ihre Gutachten zu erstatten.

Setzensack Dieser Brand war gekennzeichnet durch zwei Merkmale: eine heftige Explosion und eine sehr, sehr rasche Brandausbreitung. Könnte es ein normaler Brand gewesen sein, verursacht durch einen Kurzschluss oder weil man vergisst, die Pfanne mit Öl vom Herd zu nehmen? Nein. Bei normalen Bränden gibt es keine Explosionen. Da fallen keine Außenwände heraus. Könnte es eine Gasexplosion gewesen sein? Von der Druckwirkung her ja, aber nicht von der Brandausweitung. Was dann? Die einzige Möglichkeit ist: Ein leicht flüchtiges Brandlegungsmittel wurde großflächig verteilt und entzündet. Die Explosion gibt es, weil sich explosive Wolken bilden. Die rasche Brandausweitung bekommt man, weil man Lachen hat, innerhalb von Sekunden können da große Teile der Wohnung in Brand stehen. Heizöl kann man ausscheiden, da gäbe es auch keine Explosion. Man hat Hunde suchen lassen, die haben an 22 Stellen angezeigt, und in 19 Proben wurde Benzin festgestellt. Im Treppenhaus wurde ein 10-Liter-Benzinkanister aufgefunden, geöffnet und fast leer. Indizien sprechen dafür, dass der Brand vermutlich von der Wohnungstüre aus gezündet worden ist. Streichhölzer hat man nicht gefunden, also war es vermutlich ein Feuerzeug oder so etwas. Sind andere Personen in Gefahr gebracht worden? Diese Frage kann man mit einem klaren Ja beantworten. Es hätte jemand die herausfallende Außenwand auf den Kopf bekommen können. Die Trennwand zur Wohnung von Frau Erber wies Risse auf. Wenn die Explosion etwas anders verlaufen wäre, dann hätte die Wand genauso gut fallen können. Eine große Gefahr stellen auch die Rauchgase dar: Sie sind hochgradig toxisch. Wenn Sie da den Kopf reinstecken, dann sind Sie bewusstlos, und ein, zwei Minuten, dann sind Sie tot. Durch die Trennwand zur Wohnung von Frau Erber konnten bereits Rauchgase dringen.

Oberstaatsanwältin Greger Können Sie Angaben zur Menge des ausgebrachten Brandmittels machen?

Setzensack Die Menge ist schwer zu schätzen. Man kommt auf eine absolute Untergrenze von fünf Liter raus. Ansonsten könnte man diese Druckschäden nicht erklären. Als Obergrenze würde ich 20 Liter schätzen, aber das ist wirklich äußerst ungenau. *(Er zeigt ein Foto von einem völlig zerstörten Familienhaus.)* Also, dies hier ist ein anderer Fall. Dort sind 35 Liter verschüttet worden. So hat es in Zwickau nicht ausgesehen.

Verteidiger Stahl Können Sie den Zeitpunkt angeben, bis zu dem man in der Wohnung noch gefahrlos eine Zündung vornehmen kann?

Setzensack Wenn Sie neben einer explosiven Wolke stehen, dann gibt es einen Feuerball. Wenn Sie direkt daneben stehen, geht der Feuerball über Sie hinweg. Üblicherweise ziehen sich die Leute da Verbrennungen an unbedeckten Körperstellen zu. Im Allgemeinen sieht man aber nichts mehr, wenn man den Brandstiftern später im Gericht begegnet.

Verteidiger Stahl Mich interessiert nur das Zeitfenster: Wie viel Zeit nach Ausbringen des Brandlegungsmittel zur Verfügung steht, ohne dass es zur Explosion kommt?

Setzensack Bei einer durchgehenden Luntenspur wäre die Explosion etwa drei bis vier Sekunden nach der Entzündung gekommen. Wenn ich eine unterbrochene Luntenspur habe, dauert es etwas länger, vielleicht zehn Sekunden. *(Er zeigt das*

Foto eines Experiments mit einer Benzinlache und einem Teelicht.) Für eine Brandstiftung würde ich statt Benzin lieber zum Beispiel Diesel benutzen, weil da keine Gefahr besteht, sich durch eine Explosion zu verletzen.

Tag 75

16. Januar 2014

Manfred Götzl, Richter. **Kerstin K.**, 30, **Joachim T.**, 44, **Stefan R.**, 44, Polizeibeamte aus Heilbronn. **Martin A.**, 31, Kollege der ermordeten Polizistin Michèle Kiesewetter. **Thomas Bliwier**, Anwalt der Nebenklage.

(Es geht um den Mord an Michèle Kiesewetter am 25. April 2007 in Heilbronn.)

Götzl Es geht uns um einen Einsatz von Ihnen im April 2007.

Kerstin K. Ich war im Funkraum auf der Wache und erhielt einen Anruf von einem Taxifahrer: Da steht ein Wagen mit zwei Polizisten auf der Theresienwiese, die erschossen worden sind. Wir sind sofort hin. Als wir dort ankamen, habe ich gleich gesehen, dass die Kollegin ex ist. Ich bin rüber zum Kollegen, der lag auf dem Boden, hatte die Augen geschlossen. Er hat kurz die Augen aufgemacht. Wir sind dann hinter das Haus, an dem das Fahrzeug stand, um zu sehen, ob da jemand ist. Dann habe ich Erste Hilfe bei dem Kollegen geleistet.

Götzl Wann waren Sie vor Ort?

Kerstin K. Ich meine, etwa um 14.10 Uhr. Wir waren wirklich in zwei Minuten da. Wir sind wirklich gerast.

Götzl Wie war die Lage, als Sie am Einsatzort ankamen?

Kerstin K. Die Kollegin lag Richtung A-Holm gelehnt, so halb draußen aus dem Fahrzeug. Der Kollege lag auf der Beifahrerseite halb draußen, seine Füße noch im Fußraum. Auf dem Sitz lagen seine Sonnenbrille und eine Zigarette. Das Gürtelsystem der Kollegin war total verdreht. *(Dienstwaffe und Handschellen von Kiesewetter wurden bei dem Mordanschlag entwendet. Im November 2011 wurde beides im Brandschutt in der Frühlingsstraße in Zwickau und im Wohnmobil in Eisenach sichergestellt.)*

Götzl Haben Sie Verletzungen gesehen?

Kerstin K. Nur beim Kollegen, er hat am Kopf geblutet. Wir haben die Schutzweste aufgemacht und das Hemd. Die Kollegin wurde weggetragen.

Götzl Hat der Kollege reagiert?

Kerstin K. Er hat die Augen aufgemacht und die Hand gehoben. Ich habe seine Hand festgehalten, damit er sich nicht ans Ohr fasst.

Götzl Wie lange hat es gedauert, bis der Rettungswagen kam?

Kerstin K. Zehn Minuten ungefähr.

Götzl Haben Sie Feststellungen bezüglich der Waffen gemacht?

Kerstin K. Ja, ich habe gesehen, da fehlt ja die Waffe. Und ich habe ein Projektil in der Rückenlehne des Fahrersitzes gesehen.

Götzl War Ihnen die Theresienwiese ein Begriff?

Kerstin K. Ja, wir haben da selbst mal ein Eis gegessen.

Götzl Welche Rolle hat der Ort für die Polizei gespielt?

Kerstin K. Die Bereitschaftspolizei hat da immer Pause gemacht. Das war ein Rückzugsort.

(Als nächster Zeuge tritt Polizeihauptkommissar Joachim T. auf.)

Götzl Es geht uns um den 25. April 2007. Erzählen Sie bitte.

Joachim T. Bei der Anfahrt auf die Theresienwiese sah man schon das Fahrzeug und die offenen Türen. Ich bin auf die Fahrerseite, wo die Kollegin Kiesewetter kopfüber teilweise heraushing. Ich hab sie aus dem Fahrzeug gezogen und die Füße drin belassen. Dabei habe ich gesehen, dass sie vermutlich einen Kopfschuss hatte. Für mich war die Kollegin verstorben, ich konnte keine Maßnahmen mehr treffen. Ich habe mich dann dem Kollegen zugewandt. Ich habe seinen Puls gefühlt. In dem Moment hat er die Augen aufgeschlagen und mich angeschaut. Ich habe ihm sofort das Hemd aufgerissen und die Schutzweste entfernt, um ihm Erleichterung beim Atmen zu verschaffen. Dann ist ein Kollege gekommen und hat gesagt, er ist Rettungssanitäter. Ich habe noch versucht, die Kollegin zu beatmen. Das hat aber nicht funktioniert. Dann kam der Rettungswagen. Nach ein paar Sekunden sagte der Sanitäter, dass er auch nichts mehr für sie tun kann.

Götzl Haben Sie festgestellt, dass irgendwas fehlte?

Joachim T. Ja, die Schusswaffe der Kollegin fehlte, auch eine Schließe und das Magazin. Die Schusswaffen waren beide nicht mehr da. *(Auch die Dienstwaffe von Kiesewetters Kollegen Martin A. war entwendet worden.)*

(Nach einem weiteren Zeugen folgt der Zeuge R., Kriminalbeamter aus Heilbronn.)

Götzl Welche Gegenstände waren Ihren Kollegen zugeteilt und was fehlte nach der Tat?

Stefan R. Ausgehändigt waren an beide eine Neun-Millimeter-Pistole mit Ersatzmagazin, Handschließen, ein Reizgassprühgerät. Wir haben festgestellt, dass beim Kollegen A. die Waffe entwendet wurde und bei der Kollegin Kiesewetter die Waffe, das dazugehörige Magazin und das Reizgassprühgerät. Ein Taschenmesser der Marke Victorinox, Farbe grün, ist bisher nicht aufgefunden. Und anfangs war nicht klar, ob die Handschließen der Kollegin auch entwendet wurden. In jeder Handschließe ist eine vierstellige Nummer eingestanzt, diese

Individualnummer dient zur Identifizierung und zum Zuordnen der Schließen zu einem Beamten.

Götzl Sie waren mit den Ermittlungen zur Einsatzplanung befasst. Was können Sie dazu erzählen?

Stefan R. Ja, am 16. oder 17. April kam eine Anfrage wegen der Einsatzplanung am 25. 7. 2007 in Heilbronn. Eigentlich war es eine Urlaubswoche, es gab einen Aushang, um freiwillige Beamten zu finden. Frau Kiesewetter meldete sich darauf am 19. April, und fragte, ob man sie nicht drauf schreiben könnte, weil sie noch Stunden gebraucht hatte. Das war ihr Wunsch, sie hat dann auch einen Tauschpartner gefunden.

Götzl Was können Sie zur Theresienwiese sagen?

Stefan R. Das ist ähnlich wie hier in München, es handelt sich um einen Festplatz. Es ist bekannt, dass man da mal hinfahren kann, um ungestört was zu essen. Das war fast allen als Pausenplatz bekannt. Ich meine, der Herr A. war zum ersten Mal in Heilbronn in Einsatz. Er kannte den Ort wohl nicht. Frau Kiesewetter hatte schon mehrere Einsätze gehabt.

Anwalt Bliwier Haben Sie auch Ermittlungen angestellt über Einsätze von Frau Kiesewetter in der Vergangenheit?

Stefan R. Ja, aber ich weiß nicht mehr, wie viele Jahre wir zurückgegangen sind.

Anwalt Bliwier Es gibt eine Aufstellung über Einsätze aus besonderem Anlass 2006/2007 – stammt die von Ihnen?

Stefan R. Weiß ich nicht.

Anwalt Bliwier Ich zitiere: Stuttgart, 28. 1. 06 – Demo rechts. Ulm, 13. 2. 06 – Veranstaltung rechts. Pforzheim, 23. 2. 06 – Veranstaltung rechts. Göttingen, 12. 5. 06 – Aufzug rechts. Ellwangen, 25. 11. 06 – Demo rechts. *(Er nennt noch weitere Einsätze bei Demonstrationen von Rechtsradikalen.)*

Stefan R. Ja, das waren Demonstrationen, bei denen die Kollegin im Einsatz war.

Anwalt Bliwier Gab es Anlass zur Vermutung, dass die Ermordung mit ihren früheren Einsätzen zu tun haben könnte?

Stefan R. Das weiß ich nicht, ich sollte nur eine Liste ihrer Einsätze erstellen.

Anwalt Bliwier Haben andere Kollegen diese Frage untersucht?

Stefan R. Ich weiß es nicht mehr, tut mir leid.

(Der letzte Zeuge des Tages ist Martin A., der beim Anschlag mit Michèle Kiesewetter im Fahrzeug saß.)

Martin A. Es war ein schöner Tag, wir hatten schon am Morgen auf der Theresienwiese eine Raucherpause gemacht. Zur Mittagspause haben wir was vom Bäcker geholt. Davor sind wir noch kurz aufs Präsidium, und dann haben wir uns direkt auf die Theresienwiese gestellt. Und da hört es auch schon langsam auf… Gut, wir haben vorher dort noch zwei Gruppen kontrolliert, am Hallenbad. Das waren aber unrelevante Personen. Und eine Frau mit Platzverweis hat glaubhaft versichert, dass sie auf ihren Jungen wartete, der mit der Schulklasse im Bad war. Einen Drogensüchtigen haben wir noch kontrolliert, der hat uns sofort seine alten Einspritzlöcher gezeigt, er sei jetzt clean.

Götzl Was haben Sie noch in Erinnerung?

Martin A. Eigentlich nur noch, dass wir auf den Schotterplatz *(die Theresienwiese)* raufgefahren sind. Alles andere habe ich mir rekonstruiert. Aus Presseberichten. Dass wir geparkt haben und wie wir geparkt haben, weiß ich nur aus den Medien.

Götzl Wann setzt Ihre Erinnerung wieder ein?

Martin A. Eigentlich gar nicht.

Götzl Was wissen Sie noch von Ihrem Krankenhausaufenthalt?

Martin A. Ich dachte, ich lag sieben Wochen im Koma. Es waren aber nur viereinhalb Wochen. Als ich aufwachte, wusste ich nicht, was ich da soll. Meine Arme waren voll mit Infusionen. Ich hab mir alles rausgerissen, weil ich dachte, das ist ein Scherz meiner Kollegen, die trainieren sehr praxisnah. Daraufhin habe ich viel Blut verloren und bin sofort wieder umgefallen.

Meine Mutter und meine Schwestern waren da. Sie haben mir nur gesagt, dass ich einen Unfall hatte. Ich dachte, einen Motorradunfall. Aber dann fiel mir ein: Ich hab ja gar kein Motorrad, nicht mal einen Motorradführerschein. Irgendwann kamen Angehörige der Soko Parkplatz. Sie haben mir gesagt, dass Michèle nicht mehr da ist. Ich hatte keinen Spiegel im Zimmer, auch nicht im Bad, und es gab keine Medien, kein Radio, kein Fernseher. Ich lag zwei Wochen einfach nur da, ohne wirklichen Kontakt zur Außenwelt. Ich habe gefragt, ob ich der Einzige bin, der angeschossen wurde, und was mit Michelé ist. Nee, die liegt nicht im Krankenhaus. Das war's. Ich bin in Tränen ausgebrochen und wollte das nicht wahrhaben. Ich habe den Kollegen in den Bauch geboxt, weil ich dachte, der will mich auf den Arm nehmen.

Ich habe viel Gewicht verloren im Koma. Meine Oberschenkel konnte ich mit der Hand umgreifen, so viel an Muskeln hatte ich verloren.

Der Tag in Heilbronn war der letzte Tag, an dem ich eine Waffe trug. Ich habe danach keine mehr bekommen. Ich will auch keine mehr.

Götzl Wie unterscheidet sich Ihr Leben von früher?

Martin A. Ich habe einen hohen Grad an Schädigungsfolgen. So ein Attentat steckt man nicht einfach so weg. Dass die Kollegin einfach so aus dem Leben gerissen wurde. Ich habe schlaflose Nächte und die Bilder andauernd im Kopf. Mein Kindertraum, normaler Polizist zu sein, ist komplett zerstört. Mein Innenohr ist zerstört, ich höre nicht mehr gut. Die Ärzte sagen, ich soll mehr zu meinen Schäden stehen. Mein Gleichgewichtssinn ist gestört, das ist vor allem nachts problematisch. Ich schwanke beziehungsweise falle um, wenn es dunkel ist. Und ich habe

Narben ohne Ende. Mein Kopf sieht aus wie eine Landkarte, die Schädeldecke wurde mir abgenommen bei den Notoperationen nach ein paar Wochen, da sind überall Löcher für die Kanülen und gegen die Schwellungen des Gehirns. Und die Epilepsiegefahr ist jetzt höher.

Götzl Könnte da noch was auf Sie zukommen?

Martin A. Könnte sein. Die Kugel ist in meinem Kopf in drei Teile zersplittert. Ein Teil steckt noch drin und liegt so ungünstig, dass sich die Ärzte nicht trauen, es herauszuoperieren. Ich bin gottfroh, dass ich lebe. Wenn es nicht unbedingt nötig ist, lass ich keinen mehr an meinen Kopf. Ich kriege demnächst ein Hörgerät. Ein Implantat wollte ich nicht. Ich habe noch ein gesundes Ohr, das reicht. Aktuell mache ich noch eine Traumatherapie.

Götzl Welche Behandlungen wurden genau nötig?

Martin A. Man hat aus dem Oberschenkel Muskeln im Kopf eingesetzt. Der Knochen am Kopf wächst nicht mehr nach, da ist eine Weichstelle, das ist der Grund, warum ich nicht mehr rausgehen möchte. Der ist nicht mehr so geschützt. Dann habe ich studiert, von mittleren in gehobenen Dienst.
Nach dem Studium hatte ich eine posttraumatische Belastungsstörung, da ist alles über mich hereingebrochen. Ich war ein halbes Jahr zu Hause, konnte nicht mehr auf die Dienststelle gehen. Wenn ich Polizeifahrzeuge gesehen habe, dachte ich sofort: Hoffentlich geht es denen gut, hoffentlich machen die nirgendwo Pause. Ich hab die Fahrzeuge gezählt und gedacht: Hoffentlich kommen die alle abends wieder nach Hause. Bei uns ist es halt ein Auto weniger gewesen.

Götzl Wie haben Sie die Ermittlungen der Polizei erlebt?

Martin A. Ich war unzufrieden. Das Motiv war unklar, alles war unklar. Ich dachte, die Tat wird nicht mehr aufgeklärt.

Götzl Hatten Sie eigene Überlegungen angestellt?

Martin A: Eigentlich gar nicht. Ich wollte den Ermittlern um jeden Preis helfen. Ich dachte, wenn irgendwas in mir drin ist, dann holt es raus. Ich habe gehofft, dass Kommissar Zufall hilft. Aber das Motiv hat Kommissar Zufall auch nicht herausgefunden.

Götzl Es wurde sogar mit Hypnose bei Ihnen versucht?

Martin A. Ja, aber während der Tat, da ist ein schwarzes Loch von zehn Minuten. Die konnte keiner ausfüllen.

Götzl Wann waren Sie wieder im Dienst?

Martin A. Im September noch im gleichen Jahr. Ich habe gehofft, dass ich wieder in den aktiven Dienst kann. Von Herbst 2008 bis Frühling 2011 habe ich studiert. Danach habe ich zwei Monate gearbeitet. Dann war ich ein halbes Jahr zu Hause.

Götzl Wie war es für die Angehörigen?

Martin A. Das war schlimm für sie, ist es immer noch. Ich war ein lebenslustiger

Mensch. Polizist zu sein, war mein Kindheitstraum. Dafür habe ich das Wirtschaftsinformatikstudium hingeschmissen und habe die Ausbildung gemacht. Und dann war ich in Heilbronn. Jetzt bin ich zwar Polizist, aber nur noch im Innendienst. Mit meinem Lebenstraum hat das nichts mehr zu, jetzt ist es meine Arbeit. Daran haben sie sehr, sehr zu knuspern gehabt. Das hat ihnen das Herz zerrissen. Mir auch.

Götzl Kannten Sie Frau Kiesewetter schon vor dem gemeinsamen Einsatz?

Martin A. Ich habe sie Anfang 2007 kennengelernt. Sie war eine der Ausbilderinnen. Richtigen Kontakt hatten wir da nicht.

Götzl Könnten Sie sie trotzdem beschreiben?

Martin A. Sie war ein natürliches Mädchen, sehr aufgeschlossen, sehr freundlich. Ich hab keinen traurigen Moment bei ihr gesehen. Sie hat die Fachhochschulreife nachgemacht, sie wollte auch in den gehobenen Dienst. Sie war engagiert, zielstrebig und wusste, wie es weitergehen sollte.

Tag 76

21. Januar 2014

Manfred Götzl, Richter. **Susann Eminger**, 32, Ehefrau des Angeklagten André Eminger. **Ahmed A.**, 23, arbeitssuchend, aus Frankfurt. Er war Kunde in dem Internetcafé in Kassel, in dem Halit Yozgat ermordet wurde. **Wolfgang H.**, 67, Rentner aus Heilbronn.

Götzl Frau Eminger, Sie haben ein Zeugnisverweigerungsrecht. Sie brauchen keine Angaben zur Sache zu machen. Wie wollen Sie es handhaben?

Eminger Ich werde keine Angaben machen.

Götzl Sie sind ja im Verfahren schon mal von Ermittlern vernommen worden. Sind Sie einverstanden, dass die Beschuldigtenvernehmung hier eingeführt und verwertet wird?

Eminger Nein.

Götzl Das war es dann bereits. Auf Wiedersehen.

(Der Zeuge Ahmed A. wird in den Gerichtssaal gerufen.)

Götzl Es geht uns um den 6. April 2006, Holländische Straße in Kassel, das Internetcafé. Was haben Sie damals erlebt?

Ahmed A. Muss ich das alles noch mal sagen?

Götzl Ja.

Ahmed A. Ich war 15, 16 Jahre alt. Vorher hatte ich was geraucht, einen Joint. Ich ging ins Internetcafé, hab gesurft. Dann ist was runtergefallen. Ich dachte, es war ein Ordner. Dann hat der Vater von Halit geschrien. Da lag der Sohn auf dem Boden. Ich hab versucht, Erste Hilfe zu leisten, dann habe ich gesehen, dass meine Hand voller Blut war. Es war total schlimm, ich hab nichts gegessen damals, ich hab nur noch getrunken, mein Vater hat mich in die Kinderpsychiatrie gebracht. War 'ne harte Zeit.

Götzl Wen haben Sie damals angetroffen, als Sie in das Internetcafé gekommen sind?

Ahmed A. Ich glaub, ich habe da jemanden gesehen mit 'ner Tüte, aber ich kann mich da nicht mehr so erinnern. Eine Plastiktüte.

Götzl Haben Sie eine Erinnerung an die Person? Größe, Aussehen, Kleidung?

Ahmed A. Weiß, groß, wie ein Deutscher halt.

Götzl Waren Sie beeinträchtigt dadurch, dass Sie etwas geraucht hatten?

Ahmed A. Ich war halt breit.

Götzl Und wie war Ihr Zustand? *(Lacht.)* Ich war ja nicht dabei.

Ahmed A. Ich konnte noch klar denken.

Götzl Darum geht es mir. Konnten Sie sehen, was in der Plastiktüte drin war?

Ahmed A. Nein.

(Götzl zitiert aus einer alten Vernehmung. Damals sagte der Zeuge, in der Tüte sei ein schwerer Gegenstand gewesen, der die Tüte nach unten gezogen habe. Die Ermittler mutmaßten zeitweise, es könnte die Tatwaffe gewesen sein.)

Ahmed A. Wenn ich das damals gesagt habe, ist es auf jeden Fall wahr.

Götzl Was hat der Mann, der die Tüte bei sich hatte, gemacht? Was ist Ihnen noch in Erinnerung?

Ahmed A. Nichts.

Götzl In Ihrer Vernehmung damals sagten Sie, der Mann habe nicht lange am Computer gesessen und sei dann wieder aufgestanden.

Ahmed A. Wenn ich das so gesagt habe, ist es so.

(Der übernächste Zeuge ist Wolfgang H. aus Heilbronn. Es geht um den Mord an Michèle Kiesewetter.)

Götzl Was haben Sie am 25.4.2007 beobachtet?

Wolfgang H. Nach 13 Uhr habe ich mit einem Kollegen das Stellwerk verlassen, wir sind das Gleis entlanggelaufen, am Tatort vorbei. Am Ende von der Brücke ist ein Kabelverteiler, dort haben wir gearbeitet. Schräg gegenüber auf dem Fahrradweg haben sich zwei junge Männer aufgehalten mit Mountainbikes, mit voller Montur und Helm, und haben sich angeregt unterhalten.

Götzl Haben Sie irgendwelche Geräusche wahrgenommen?

Wolfgang H. Das war später, da gab es einen Schlag. Zwei waren es sogar. Wir haben gedacht, dass es einem Auto einen Reifen rausgehauen hat.

Götzl Wann war das?

Wolfgang H. Es war etwa halb zwei, als wir die Radfahrer sahen, und eine halbe Stunde später waren die Schüsse.

Götzl Kommen Sie doch mal bitte nach vorne. *(Er zeigt dem Zeugen Fotos.)* Ist mit Ihnen mal eine Begehung durchgeführt worden?

Wolfgang H. Ich kann mich da jetzt nicht entsinnen. *(Zeigt auf ein Foto.)* Hier ist der Kabelverteiler, und da hinten der Tatort. *(Weitere Fotos werden gezeigt.)*

Götzl Hier heißt es: Tatortbegehung am 4. Mai 2007.

Wolfgang H. Na ja, ich bin ja da druff. Ich muss also dabei gewesen sein …

Götzl Das haben Sie gut geschlossen.

Tag 77

22. Januar 2014

Manfred Götzl, Richter. **Heinz-Dieter Wehner**, 71, Rechtsmediziner aus Tübingen. **Ronald K.**, 49, Kriminalkommissar aus Gotha. **Martin G.**, 30, Mitarbeiter des Bundeskriminalamts. **Jochen Weingarten**, Vertreter der Bundesanwaltschaft. **Wolfgang Stahl**, Verteidiger von Beate Zschäpe. **Walter Martinek**, Anwalt der Nebenklage.

(Der Rechtsmediziner Wehner stellt Ergebnisse zur Obduktion von Michèle Kiesewetter vor. Außerdem zeigt er eine am Computer erstellte Rekonstruktion des Tathergangs und der Schussbahnen. Er hat auch Blutspuren an einer Jogginghose analysiert, die in Zwickau gefunden und von den Ermittlern Uwe Mundlos zugeordnet wurde. Das Blut soll von Kiesewetter stammen.)

Götzl Könnten Sie uns bitte schildern: Wodurch entstehen solche Spritzspuren auf der Hose?

Wehner Da kann man nicht unterscheiden. Man kann nur sagen, das sind fliegende, kleine Blutteilchen.

Götzl Welche Möglichkeiten fassen Sie da ins Auge?

Wehner Eben zum Beispiel ein Schuss. Oder wenn eine schwere Masse in eine Pfütze fällt. Schlag. Oder aber es könnten Sekundärspritzer sein. Das wurde hier auch diskutiert. Wenn Blut in Blut fällt oder wenn Blut so hoch runterfällt, dass sich aus der Hauptspur etwas löst und weiterfliegt. Wenn jemand schwer blutet, und dann fällt das auf den Boden, dann bildet sich ein Sekundärspritzer, der dann weiter spritzt.

Götzl Wie weit könnte der Träger der Hose denn maximal entfernt stehen, um die Spritzer abzubekommen?

Wehner Das ist sehr schwierig zu sagen. Im Meterbereich. Man kann hier nicht nur rechnen mit der Physik des schiefen Wurfes. Was ich hier so schätzen würde, ist ein Wert von 50 Zentimeter bis 1,50 Meter. Grob. Gröbst muss man sagen.

Anwalt Martinek Bei dem Opfer Martin A., auf der Beifahrerseite: Ist es möglich, dass ein Linkshänder den Schuss abgegeben hat?

Wehner Wenn mit links einer die Pistole so halten kann, ist das nicht auszuschließen.

Anwalt Martinek Haben Sie bei Ihren Rekonstruktionen einen Rechts- oder Linkshänder zugrunde gelegt?

Wehner Wir haben einen Rechtshänder eingesetzt.

Anwalt Martinek Bei den Positionen, die Sie gezeigt haben – da müsste doch ein Linkshänder sehr weit vorlaufen oder den Arm weit verdrehen.

Wehner Nein, der hat ja eigentlich Platz genug.

Anwalt Martinek Besteht nicht die Gefahr, dass sich die beiden Schützen gegenseitig verletzen, wenn der eine auf der Fahrerseite auf Michèle Kiesewetter zielt und der andere auf der Beifahrerseite auf Martin A.?

Wehner Nein, das kann man anhand der beiden Schussverläufe ja sehen. Die sind ja versetzt. *(Er zeigt Bilder.)* In dieser Draufsicht sehen Sie es: Die Schüsse hätten sich überkreuzt.

Anwalt Martinek Aber Herr Professor, wenn Sie sich mal bei dem rechten Schützen den linken Arm vorstellen!

Wehner Zugegebenermaßen würde dann eine Position eingenommen werden, wo der verletzt werden könnte.

Verteidiger Stahl Gibt es zwingende Rückschlüsse darauf, dass es zwei Schützen gewesen sein müssen?

Wehner Nur anhand von Schussbefunden kann ich das nicht sagen.

Oberstaatsanwalt Weingarten Herr Professor, noch mal zur Position. Ob derjenige, der auf Martin A. geschossen hat, sich womöglich im Schussfeld des anderen Schützen befunden hat. Ist die Annahme richtig, dass auch ein Linkshänder geschossen haben kann, ohne im Schussfeld zu stehen?

Wehner Ja, der muss nur etwas seitlich stehen.

(Wehner verlässt den Gerichtssaal. Der übernächste Zeuge ist der Polizist Ronald K.)

Götzl Es geht uns um den 4.11.2011. Sie und Ihre Kollegen in Eisenach haben dazu ja ermittelt. Was können Sie uns denn sagen?

Ronald K. Ich hatte an dem Tag Dienst. Es war zur Mittagszeit, als bekannt wurde, dass in Eisenach eine Bank überfallen worden war und ein Wohnmobil brennt. Vor Ort sahen wir schnell, dass da einige Schusswaffen drin liegen. Über die erste Waffe, die wir fanden, war ich sehr erstaunt, weil es eine topaktuelle Pistole war, wie sie bei der Polizei verwendet wird. Sie war auch geladen. Es wurden auch zwei Pumpflinten aufgefunden. Eine war verformt wegen der Hitze des Brandes. Sie konnte nicht mehr geöffnet werden, aber man konnte sehen, dass eine Patrone in dem Lauf steckte.

Götzl Dann haben Sie noch eine Heckler & Koch gefunden.

Ronald K. Richtig. Das war die Dienstwaffe von Frau Kiesewetter.

(Ronald K. verlässt den Gerichtssaal, nach weiteren Zeugen tritt der Zeuge Martin G. ein.)

Götzl Es geht mir um den Ku-Klux-Klan, im Zusammenhang mit den Ermittlungen in Heilbronn. Was können Sie hierzu berichten?

Martin G. Ein Beamter der BFE *(Beweis-und-Festnahme-Einheit)*, Timo H., hat eingestanden, 2001 bis 2002, etwa ein Dreivierteljahr, Mitglied beim Ku-Klux-Klan gewesen zu sein. Er sei von einem weiteren Polizeibeamten, Jörg W., angeworben worden. W. bestritt, den Kollegen angeworben zu haben. Beide sagten, die seien die einzigen Beamten im Ku-Klux-Klan gewesen. Sie sagten auch, dass es zwischen dem NSU und dem Ku-Klux-Klan keine Verbindung gab.

Götzl Welche Konsequenzen hatte das für die beiden Beamten?

Martin G. Meines Wissens ist ein Disziplinarverfahren eingeleitet worden. Allerdings sind sie nicht aus dem Dienst ausgeschieden. Beide sind noch im Dienst.

Götzl Konnte festgestellt werden, ob Timo H. in die Planungen des Einsatzes am 25.4.2007 eingebunden war?

Martin G. Er war an dem Tag verantwortlicher Gruppenführer und damit auch für Martin A. und Michèle Kiesewetter zuständig. Er war auch in Heilbronn im Einsatz. Mit der Einteilung der Teams war er aber nicht befasst. Er hatte auch keinen unmittelbaren Kontakt mit den Kollegen A. und Kiesewetter.

Götzl Wenn es um die rechte Szene geht – gab es da irgendwelche problematischen Einsätze oder Drohungen gegen Frau Kiesewetter?

Martin G. Man hat versucht, die kompletten Einsätze nachzuvollziehen. Frau Kiesewetter war an 199 Einsätzen beteiligt. Es ist nicht verzeichnet, wie viele dem rechten Spektrum galten. Aber Vernehmungen im beruflichen Umfeld ergaben, dass es in dieser Hinsicht keine Probleme gab.

Götzl Können Sie etwas zu den Schaustellern sagen?

Martin G. Es waren auf der Theresienwiese, auf dem Festplatz, viele Schausteller: 165 Personen. Dazu gehörten auch Gehilfen, die im Aufbau eingebunden waren. Man hat dort auch umfangreich ermittelt. Letztlich ist hervorzuheben: Ein Schausteller hatte damals schon angegeben, dass er am Tag vor der Tat im Bereich des Trafohauses ein Wohnmobil wahrgenommen habe. Man hat ihm dann später eine Wahllichtbildvorlage vorgelegt, allerdings hat der Zeuge das Wohnmobil nicht wiedererkannt.

Tag 78

23. Januar 2014

Manfred Götzl, Richter. **Jürgen Böhnhardt**, 69, Vater von Uwe Böhnhardt. **Johannes Pausch**, Anwalt von Carsten Schultze.

Böhnhardt Mein Sohn Uwe ist 1977 geboren. Er hatte relativ gute Voraussetzungen, was das Zuhause anging. Irgendwann 1988/89 ging das los, da hat ihm die Schule nicht mehr gefallen. Er hat gebummelt, ist unerlaubt Auto gefahren, hat Autos geknackt. Da gingen die Probleme mit ihm los. Man ist immer schwieriger an ihn rangekommen. Er wollte nicht glauben, dass man die Schule absolvieren und gute Leistungen bringen muss, wenn man in diesem Staat was werden will. Das hat aber nicht viel genützt. Er wurde verurteilt wegen unerlauten Fahrens. Er hat dann ein gutes Vierteljahr in der JVA Hohenleuben eingesessen. Wir dachten, dass das vielleicht hilft. Als wir ihn dort einmal besuchten, da hat er wie ein kleines Kind geheult. Aber danach hatten wir das Gefühl, dass er härter geworden ist zu sich und anderen. Wir haben uns sehr bemüht, dass er doch zu einem Abschluss kommt. Er hat ein berufsvorbereitendes Jahr gemacht. Dann kam er in die Lehre und hat den Abschluss als Maurerlehrling gemacht und hat die Zeit auch fast ohne unentschuldigte Fehlstunden absolviert. Er war froh, er konnte Geld verdienen. Er wurde auch ein Vierteljahr oder so mal eingestellt bei einer Firma. Und dann musste er wieder gehen. Dann kam noch mal eine Firma, da durfte er auch wieder gehen. Er wollte eigentlich auch arbeiten. Dann war er zu einer Firma gekommen, das war eine Drückerkolonne, und wir haben ihn da wieder zurückgeholt. Schon als Maurerlehrling hat er Kontakt nach Jena-Winzerla gehabt, ich weiß nicht, ob die Zschäpe da schon mit dabei gewesen ist und der Mundlos. Das waren nette junge Leute. Mit denen konnte man reden. Das, was jetzt verhandelt wird, ist höchstens unterschwellig bei uns angekommen. Dass mein Sohn irgendwelche Waffen zu Hause gelagert hätte oder auch Kleidung, die ihn als Rechten ausgeben, das gab es bei uns nicht. Im Großen und Ganzen hat er sich an die Vorgaben, die ich gemacht habe, gehalten – zu Hause.

Götzl Was waren das für Vorgaben?

Böhnhardt Dass er sein Zimmer in Ordnung hält, dass er höflich ist, im Garten mitarbeitet und die Hausarbeit mitmacht.

Götzl Welche Kleidung hat Ihr Sohn getragen?

Böhnhardt Wenn er mit uns unterwegs gewesen ist, hat er ganz normale zivile Kleidung getragen. Wie sie jeder trägt. Stiefel durfte er bei uns auch nicht tragen, das haben wir nicht geduldet.

Götzl Wenn Sie es nicht geduldet haben, heißt es aber, dass er es versucht hat. Versuchen Sie es mal zu erklären. Zwischen Ihren Äußerungen tauchen da auch Fragen auf. Da würde ich Sie bitten, das gleich umfassend zu schildern!

Böhnhardt Wir haben Bilder gesehen, wo sie demonstriert haben, da hat er die getragen, das wurde uns auch von der Polizei gezeigt. Wir sind damit nicht einverstanden gewesen.

Götzl Wann haben Sie die Bilder gesehen?

Böhnhardt Immer zu spät. 1996,1997. Immer zu spät, um richtig eingreifen zu können.

Götzl Was waren das für Bilder?

Böhnhardt Bilder, wo die Rechten Aufzüge gemacht haben, mit Fahnen. Und der V-Mann vorneweg, der Tino Brandt in der ersten Reihe.

Götzl Welche Rolle Ihres Sohnes haben Sie wahrgenommen?

Böhnhardt Er war mittendrin. Und dann hat man es in der Zeitung gesehen. Das waren auch krasse Bilder. Da hat er den Mund auf und brüllt. Vielleicht war das auch auf dem Sportplatz. Man kann ja Schnappschüsse machen und die ganz anders kommentieren.

Götzl War es auch zu spät, um insgesamt zu reagieren?

Böhnhardt Na, wir haben ja versucht zu reagieren. Dass er ein ganz normaler Bürger wird. Ich weiß auch nicht, woher er so ein Gedankengut herhat. Ich kenne keinen aus der Verwandtschaft oder Freunde, die so eine Meinung vertreten haben. Und er hat auch nicht mit uns diskutiert. Keiner von seinen Freunden, die mit bei uns gewesen sind.

Götzl Welche politische Meinung hat Ihr Sohn denn vertreten?

Böhnhardt Das, was ihm hier angekreidet wird, dass er ein radikaler rechter Neonazi sein soll – das haben wir überhaupt nicht geahnt.

Götzl Sie sagten, es wäre nicht diskutiert worden …

Böhnhardt Wir haben diskutiert, als wir die Bilder sahen. Was machst du da? Was willst du da? – Ach, das darfst du nicht so ernst nehmen! – Da ist nicht viel rausgekommen. Wenn man ihn in die Enge getrieben hat, dann könnte ich mir vorstellen, dass er einfach gesagt hat: Ich gehe in mein Zimmer. Das kann auch sein. Da habe ich den Ernst der Lage aber immer noch nicht erkannt.

Götzl 1987 wurde Ihr Sohn zu zwei Jahren Haft verurteilt. Worum ging es da, was hat Ihr Sohn gesagt?

Böhnhardt Dass das alles ein bisschen übertrieben wurde, mit seinen Messern und seinen Waffen, die er angeblich hat. Ich bin überhaupt kein Freund von Waffen. Aber ein Taschenmesser würde ich nicht als Waffe bezeichnen.

Götzl Ging es um ein Taschenmesser oder etwas anderes?

Böhnhardt Es ging auch um eine Zwille, das ist etwas, wo man auf Vögel schießen kann mit einem Gummi oder so was. Da wusste ich auch nicht, dass das eine Waffe sein kann.

Götzl Meinen Sie, man hat Ihren Sohn zu hart angefasst?

Böhnhardt Das will ich nicht unbedingt sagen. Aber wenn ich die Bilder von den Waffen sehe, die sie aus unserer Wohnung rausgeholt haben, dann kann ich mir beim besten Willen nicht vorstellen, dass die alle ihm gehört haben. Ich kann mir schon vorstellen, dass ihm mal die Hand ausgerutscht ist, vielleicht auch ein bisschen mehr. Find ich nicht richtig, ich bin absolut gegen Gewalt. Rechtsradikalismus und Waffen, das war immer das Thema der Vorwürfe der Polizei.

Götzl Haben Sie ihn darauf angesprochen?

Böhnhardt Die Antwort war so: Ach das ist nicht so schlimm, alles harmlos. Das ist so ein bisschen negiert worden. Ich wusste nicht, was ich damit anfangen sollte. Gefunden wurde bis auf Kleinigkeiten eigentlich nichts. Wir haben auch das Gefühl gehabt, dass die Polizei auch in der Zeit da gewesen ist, als wir nicht da waren.

Götzl Wie oft gab es Durchsuchungsmaßnahmen?

Böhnhardt Vier oder fünf Mal. Und es war uns immer ein bisschen unangenehm, wenn so ein Haufen Leute auftauchte. Aber es ist uns nie ein direkter Vorwurf gemacht worden im Haus. Wir wurden auch gefragt: Warum haben Sie Ihren Sohn nicht rausgeschmissen, an die Luft gesetzt? Ich weiß nicht, ob das die Lösung gewesen wäre. Wenn es dann genauso gekommen wäre, hätte man uns vorgeworfen, dass wir uns nicht gekümmert hätten.

Götzl Wie hat sich die Beziehung zu Beate Zschäpe und Uwe Mundlos entwickelt?

Böhnhardt Ich habe es erst mitgekriegt, als unser Uwe und Beate ein Pärchen gewesen sind und er sie mitgebracht hat. Das war 1996 oder 1997, ich weiß es nicht genauer. Eine nette, freundliche junge Frau, zurückhaltend, war bereit, was zu lernen, was eine Frau eben machen muss: backen, kochen. *(Lachen im Publikum.)* Sie lachen, ist aber so. Sie war sich nicht zu fein, mitzumachen.

Götzl Können Sie auch Uwe Mundlos beschreiben?

Böhnhardt Ein netter, freundlicher, intelligenter junger Mann, der auch von technischen Dingen, gerade Computerdingen, relativ viel Ahnung hat. Das hatte der andere Uwe, also mein Uwe, gar nicht.

Götzl Wie sind die drei miteinander umgegangen?

Böhnhardt Wie gute Freunde, höflich, sie haben sich gegenseitig akzeptiert, es gab keinen Krach.

Götzl Wie ging es weiter nach dem Verschwinden Ihres Sohnes?

Böhnhardt Die Polizei kam und hat uns ausgehorcht. Wir haben auch gefragt:

Wissen Sie, wo er ist? Er kann doch nicht einfach so verschwinden. Wir haben uns auch mal mit dem Ehepaar Mundlos unterhalten. Der Herr Mundlos, der Herr Professor Mundlos, so viel Zeit muss sein, war der Meinung, dass sein Sohn damit nichts zu tun hat. Und allein unser Sohn ihn auf die schräge Bahn gebracht hat. Wir konnten das nicht so ganz akzeptieren, aber wir kamen auch nicht zu Wort.

Götzl Haben Sie dann wieder Informationen von Ihrem Sohn bekommen?

Böhnhardt Wir hatten eine Nachricht im Briefkasten, dass wir uns in einer Telefonzelle einfinden sollten, da werden wir angerufen. Wir wussten gar nicht, dass es diese Möglichkeit gibt. Meine Frau und ich haben uns an einen Hörer geklemmt. Unsere Forderung war: Kommt zurück, stellt euch, ihr macht es nicht besser! Aber sie waren nicht zu bewegen.

Götzl Kam es dann auch zu Treffen?

Böhnhardt 1999, 2000 und 2002 haben wir uns getroffen. Zuerst in Chemnitz, nahe der Kaufhalle. Das war für uns eine schwierige Situation: Machen wir das oder nicht? Und wir hatten Angst, erwischt zu werden. Das hat mir gar nicht behagt. Wir haben mit allen dreien gesprochen. Direkt schlecht sahen sie nicht aus, aber auch nicht sehr gut. Ich nehme an, der Untergrund hat ihnen zu schaffen gemacht.

Götzl Haben Sie erfahren, wie sie leben?

Böhnhardt Sie haben nur gesagt, sie haben Arbeit, sie können Geld verdienen. Womit kann ich Ihnen nicht sagen. Unsere einzige Forderung war: Stellt euch, es kann nicht gut gehen! Der Verfassungsschutz war ja immer an uns dran, wo sie sind. Und dass man einen Deal machen könnte, wenn sie sich stellen. Der Deal ist aber geplatzt.

Götzl Warum?

Böhnhardt Wir sollten noch mal mit den Kindern sprechen, ich sage jetzt mal Kinder, das waren alles unsere Kinder. Und sie sagten: Nein, nicht ums Verrecken! Sie sagten, wir bleiben zusammen.

Götzl Waren sich da alle einig?

Böhnhardt Wir haben auch einzeln mit den Kindern gesprochen, auch mit Beate. Nein, wir bleiben zusammen, hieß es.

Götzl Wurde eine Begründung angegeben?

Böhnhardt Nein, die wollten nicht in den Bau. Ich sag noch was zu 2002: Wir haben sie am Wochenende getroffen und waren zwei Stunden zusammen. Sie wollten uns noch mal sehen. Mein Sohn hat Fragen zur Enkeltochter gestellt, die in die Schule kam. Der war er sehr zugetan. Sonst war er so hart, und da konnte er so zahm sein, sich mit ihr freuen und spielen. Wir haben sie wieder aufgefordert: Kommt zurück. Aber sie meinten: Nein, wir gehen jetzt fort, wir treffen uns nicht wieder. Da war das Heulen groß, von beiden Seiten. Dann sind wir weggefahren und haben nie wieder was gehört – bis zum November 2011.

Götzl Können Sie zum Telefonat vom 5.11.2011 etwas sagen?

Böhnhardt Ja. Das war in der Früh gegen sieben Uhr. Ich war zu Hause noch im Bett, als wir erfahren haben, dass die Uwes tot sind. Und dass unser Uwe es gewünscht hat, dass die Beate Zschäpe uns anruft und es mitteilt, falls was passiert. Sie hatte nicht viel Zeit. Meine Frau sagte: Was ist los, was ist los? Dann sagte sie, dass die beiden Uwe tot sind. Und dass wir uns die Nachrichten im Fernsehen anschauen sollten. Sie müsse jetzt noch Familie Mundlos anrufen. Und dann haben wir ja mitbekommen, dass sie erschossen worden sind und dass der Wohnwagen gebrannt hat. Darf ich da mal in dem Zusammenhang mein Beileid ausdrücken den Leuten, die Opfer geworden sind von den Uwes. Dass mir das unendlich leidtut, was da passiert ist. Ich kann mich da gut reinversetzen. Beim Uwe Böhnhardt war es ja auch so, dass er erschossen wurde. Er hat böse Sachen gemacht, gemeingefährliche Sachen, wenn das alles so gewesen ist. Was ich nicht abstreiten kann.

Verteidiger Pausch Ich möchte besser verstehen, wie die Interaktion mit Ihrem Sohn war. Wie viel Zeit haben Sie mit ihm verbracht?

Böhnhardt Ich habe nicht übermäßig viel Zeit gehabt für meinen Sohn. Aber nach Vorfällen haben wir schon abends geredet, da hat er uns versprochen, sich zu bessern. Aber nach einiger Zeit ging es dann wieder los.

Verteidiger Pausch Erzählen Sie, wie haben Sie argumentiert? Sie schildern immer nur einen Satz.

Böhnhardt Sie haben Recht, ich bin da kürzer angebunden. Meine Frau hat da einen längeren Atem. Ich habe versucht zu sagen, so geht das einfach nicht. Man kann sich nicht einfach über die Gesetze hinwegsetzen. Doch, kann ich, hat er gesagt. Er hat zum Beispiel mal ein Auto oben in Mecklenburg in den Sand gesetzt, im Wortsinne. Dann ist er mit der Bahn zurückgekommen und die Bahnpolizei hat ihn zurückgebracht. Dann sind wir mit ihm hochgefahren und haben das der Polizei gemeldet. Dann hat der Besitzer gesagt: Taschenlampe, Computer und Fernglas fehlen. Da hat Uwe gesagt: Taschenlampe stimmt, der Rest nicht. Und ich habe gesagt: Siehst Du, und ein Auto nimmt man auch nicht.

Pausch Hat er Sie in der Zeit ohne Arbeit mal um Rat gefragt?

Böhnhardt Um Rat gefragt, würde ich nicht sagen. Aber wenn ich gesagt habe: Heute wird im Garten gearbeitet oder das Auto gewaschen, dann hat er das gemacht.

Tag 79

28. Januar 2014

Manfred Götzl, Richter. **Andreas Schultz**, 40, **Frank Liebau**, 40. Gemeinsam betrieben sie das rechte Szene-Geschäft Madley. **Antonia von der Behrens**, **Alexander Kienzle**, **Reinhard Schön**, Anwälte der Nebenklage.

(Der Zeuge Schultz war bereits am 55. Verhandlungstag aufgetreten. Zu einer Aussage in der Sache kam es aber nicht. Nun kommt er, begleitet von einem Rechtsbeistand, zu spät ins Gericht.)

Götzl Warum sind Sie erst jetzt erschienen?

Schultz Ich hab meinen Anschlusszug verpasst in Saalfeld, der Zug war verspätet.

Götzl Sie wissen, es geht um den Verkauf einer Waffe?

Schultz Ich bleibe dabei, dass ich dazu keine Angaben machen möchte.

Götzl Nach Paragraf 55 der Strafprozessordnung? *(Der Paragraf besagt, dass ein Zeuge die Aussage verweigern darf, wenn er sich damit selbst belasten würde.)*

Schultz Ja.

(Der Zeuge verlässt den Gerichtssaal. Die Nebenklageanwältin Antonia von der Behrens gibt eine Erklärung ab zu den Aussagen von Uwe Böhnhardts Vater am Vortag.)

Anwältin von der Behrens Die wichtigste Erkenntnis aus der Vernehmung ist: Das Trio wollte nicht in die Legalität zurückkehren, sondern im Untergrund bleiben. Auch Beate Zschäpe habe das so geäußert, dass es für sie nicht infrage komme, sich zu stellen. Vor dem Hintergrund, dass in der Garage eine zündfähige Rohrbombe gefunden wurde, legt diese Entschiedenheit nahe, dass alle drei schon vor der Garagendurchsuchung das Untertauchen und Anschläge geplant hatten und sie deshalb die Angebote der Familie Böhnhardt nicht in Betracht zogen.

(Anschließend stellen Nebenklägervertreter Beweisanträge.)

Anwalt Schön Ich beantrage, die Polizeibeamten als Zeugen zu laden, die bekunden können, dass zum Zeitpunkt des Untertauchens in Beate Zschäpes Wohnung in der Schomerusstraße 5 in Jena folgende Dinge aufgefunden wurden: im Wohnzimmer an der Wand eine Zwille, ein angeschliffener Wurfstern, eine Armbrust, eine Machete, eine Pistole, ein Luftgewehr mit Zielfernrohr, ein Messer. Ein Bild mit einem Hakenkreuz und eine Reichskriegsflagge. In der Wohnstube wurde das Brettspiel »Pogromly« gefunden.

Anwalt Kienzle Wir beantragen Nachermittlungen dazu, bei welchen Großeinsätzen die Polizistin Michèle Kiesewetter eingesetzt war. Hier wurde nicht entschieden ermittelt. Es drängt sich auf, dass die Auswahl als letztes Opfer mit ihrer Diensttätigkeit in Zusammenhang steht. Michèle Kiesewetter nahm an zahlreichen Einsätzen bei rechtsradikalen Demonstrationen teil. *(Der Anwalt liest eine Liste von Orten und Daten vor, sie betreffen Demos unter anderem in Pforzheim, Stuttgart und Göttingen. In Göttingen gebe es einen lokalen Bezug zum Angeklagten Gerlach. Die Bundesanwaltschaft wird den Antrag an einem späteren Tag als spekulativ zurückweisen. Die Ermittlungen hätten keine Anhaltspunkte für einen individuellen, beruflich veranlassten Tathintergrund ergeben.*

Nach der Mittagspause wird erneut Frank Liebau befragt, dem der Szeneladen Madley in Jena gehörte, aus dem die Mordwaffe des NSU stammt. Er wurde auch schon am 53. Verhandlungstag befragt.)

Götzl Herr Liebau, in dem gegen Sie ergangenen Durchsuchungsbeschluss steht, dass Herrn Wohlleben zur Last gelegt wird, der terroristischen Vereinigung NSU zwischen Mai 2001 und einem unbestimmten Zeitpunkt im Jahr 2002 eine scharfe Waffe nebst Munition beschafft zu haben. Dort steht auch, dass der Beschuldigte Gerlach eingeräumt habe, im Auftrag von Wohlleben eine von Wohlleben beschaffte scharfe Waffe nebst Munition übergeben zu haben. Können Sie sich daran erinnern?

Liebau An den Wortlaut kann ich mich nicht mehr erinnern.

Götzl Und sinngemäß?

Liebau Zum Teil.

Götzl Weiter heißt es, und da kommt auch Ihr Name ins Spiel, Gerlach habe in seinen Vernehmungen angegeben, Wohlleben habe ihm gegenüber erklärt, er habe sich seinerzeit zunächst bei Frank Liebau erkundigt, ob dieser ihm eine Waffe besorgen könne. Liebau habe Wohlleben an Andreas Schultz verwiesen.

Liebau Irgendwas stand da drin. Aber konkret weiß ich das nicht mehr.

Götzl Ich halte Ihnen aus Ihrer polizeilichen Vernehmung vor: »Es kann sein, dass mich der Wohlleben in dem genannten Zeitraum mal zwischen Tür und Angel gefragt hat, ob ich eine Waffe besorgen könnte.«

Liebau Kann sein, dass er mich mal gefragt hat. Ich weiß es nicht mehr.

Götzl Es geht mir um wahrheitsgemäße Angaben, Herr Liebau. ich habe Sie belehrt. Hat Herr Wohlleben Sie angesprochen?

Liebau Ich weiß es nicht mehr. Das liegt über 15 Jahre zurück.

Tag 80

29. Januar 2014

Manfred Götzl, Richter. **Ismail Yozgat**, Vater des ins Kassel ermordeten Halit Yozgat. Er trat bereits an Tag 41 auf. **Andreas Temme**, ehemaliger hessischer Verfassungsschutzbeamter. Er war bereits an den Tagen 41 und 63 als Zeuge befragt worden. **Herbert Diemer**, Vertreter der Bundesanwaltschaft. **Thomas Bliwier, Alexander Kienzle**, Anwälte der Nebenklage.

(Zu Beginn der Verhandlung streiten sich Yozgats Anwälte mit den Vertretern des Generalbundesanwalts darüber, ob und welche Akten zum Mordfall in Kassel und vor der weiteren Befragung des Kasseler Verfassungsschutzbeamten Andreas Temme vorgelegt werden müssen. Dann ergreift der Vater des Ermordeten das Wort.)

Yozgat Sehr geehrter Herr Vorsitzender, sehr geehrte Rechtsanwälte, ich gratuliere Ihnen allen zum neuen Jahr. Warum werden die Akten von Temme nicht hergegeben? Was will man verstecken? Eine Weitergabe, heißt es, verstößt gegen die privaten Interessen von Herrn Temme. Wo bleiben die Rechte von meinem Sohn, meinem Lämmchen? Hochachtungsvoll, ich danke Ihnen.

(Anschließend wird ein Protokoll verlesen, das die Polizei 2006 nach dem Mord an Halit Yozgat erstellt hat – als Abschrift zu einem mitgehörten Telefonat zwischen Temme und einem Vorgesetzten im Verfassungsschutz. Die Abhörprotokolle werden später im Prozess, an den Tagen 211 und 213, erneut eine Rolle spielen.)

Bundesanwalt Diemer Die Verlesung des Protokolls hat eindeutig ergeben, dass nach diesem Protokoll kein Anlass für die Annahme bestand, dass der Zeuge Temme von seiner Dienststelle angehalten wurde, Dinge zu verschweigen. Und uns vorzuwerfen, wir würden Dinge zurückhalten, die für dieses Verfahren relevant sind, ist ein ungeheuerlicher Vorwurf, dem wir mit Nachdruck entgegentreten. Um es klar zu sagen: Es gibt die Möglichkeit zur Akteneinsicht! Die Akten stehen nicht im Keller, sondern im ersten Stock. In beleuchteten, gelüfteten und gewärmten Räumen des Generalbundesanwalts.

Anwalt Kienzle Natürlich bin ich hochgradig zu Dank verpflichtet, dass Sie mich in beleuchteten und gewärmten Räumen untergebracht haben – und nicht im Keller.

(Götzl verfügt, nicht erst Vorgesetzte von Temme zu hören, sondern gleich Temme. Kienzle fordert einen Gerichtsbeschluss. Doch der Senat bestätigt Götzls Verfügung.)

Götzl Dann rufen wir bitte Herrn Temme auf!

(Als der Zeuge Platz nimmt, funktioniert die Mikrofonanlage nicht.)

Götzl Herr Kienzle, haben Sie den Stecker gezogen? *(Lacht.)*

(Es gibt eine Pause. Techniker reparieren die Anlage, dann kann die Verhandlung weitergehen.)

Götzl Wurde mit Ihnen mal ein kognitives Interview geführt?

Temme Ja, das muss im Jahr 2009 gewesen sein. Der ehemalige Leiter der Mordkommission hatte mich gefragt, ob ich das mache. Und dieses Interview hat dann auch stattgefunden.

Götzl Können Sie uns den Ablauf etwas schildern?

Temme Ich habe es so in Erinnerung: Ich habe dort den Vorbehalt gemacht, dass es für mich schwierig ist, nach all den Dingen mir noch Erinnerungen wachzurufen. Wir haben uns in einem Raum – es stand ein Tisch drin, mehrere Stühle – hingesetzt. Der Psychologe hat gesagt, ich sollte die Augen schließen, ruhig atmen und mich gedanklich zurückversetzen. Möglicherweise habe ich gesagt, dass ich vielleicht was gehört haben kann. *(Der Zeuge meint die Situation, als er am 6. April 2006 in einem Internetcafé in Kassel saß und der Betreiber Halit Yozgat erschossen wurde.)* Aber mit dem Vorbehalt, dass ich zu dem Zeitpunkt wusste, dass, wenn die Variante zutrifft, dass ich zur Tatzeit noch am PC saß, eigentlich was gehört haben müsste. Ansonsten hat das Interview keine neuen Erkenntnisse gebracht. Ich hab mich auch ein bisschen kundig gemacht, was so ein kognitives Interview ist – das, was ich da gelesen hab, dass man zielgerichtet hingeführt wird, das hat nicht so stattgefunden, wie ich mir das vorgestellt hätte. Aber ich will dadurch nicht die Arbeit der Psychologen kritisieren. Offensichtlich hatte ich nur falsche Vorstellungen.

Götzl Ja, ging es bei der Befragung des Psychologen nicht um Ihre Erinnerung?

Temme Es ging darum, ob man was Neues herausfindet. Aber ich habe auch gesagt, dass ich nicht weiß, was ich irgendwo gehört oder gelesen oder selbst mitbekommen habe. Es war damals schon schwierig in 2009. Aber ich habe halt mitgemacht nach bestem Vermögen, weil ich gedacht habe, wenn irgendwas rauskommt, was weiterhilft, dann bin ich dabei.

Götzl Kennen Sie Herrn Irrgang?

Temme Ja natürlich. Er war zu der Zeit der Direktor des Landesamts für Verfassungsschutz in Hessen und damit mein Vorgesetzter.

Götzl Haben Sie mal mit ihm über die Vorgänge gesprochen?

Temme Ja, ich hab ihn getroffen, und zwar in Wiesbaden. Ein Grund waren in der Hauptsache die Dinge, die mit meinem Disziplinarverfahren, das anstand, zu tun hatten. Es war nach meiner Wahrnehmung normal, dass er sich mit mir unterhalten hat. Ich habe vorher auch deutlich gemacht, dass ich jederzeit Rede und Antwort stehen würde zu dem, was ich angerichtet hatte. Ich habe das verbockt, und ich stehe dazu. Es ging aber nicht um Einzelheiten der polizeilichen Ermittlungen.

Götzl Was meinen Sie damit: Ich habe das verbockt, ich stehe dazu? Haben Sie das so gesagt?

Temme Das waren meine Gedanken dazu. So wie eben formuliert, habe ich es ihm gegenüber nicht formuliert.

Götzl Wie ist es denn dann abgelaufen?

Temme Das Gespräch? Ich habe nicht mehr viel parat, ich versuche es mal. Ich denke, dass ich geäußert habe, dass ich die ganze Situation unendlich bedauere, in die ich nicht nur mich, sondern auch die Kollegen gebracht habe. Sicherlich hab ich ihm zur Tat selber auch versichert, dass ich das nicht war. Ich meine, er hätte geäußert, ich hätte Familie und sollte alles dafür tun, dass die Ermittlungen vorangehen, dass die Vorwürfe geklärt werden können. Sinngemäß. Ich war bei dem Gespräch ziemlich aufgewühlt.

Götzl Was meinten Sie, als Sie sagten: dass ich das nicht war?

Temme Dass ich diese Morde nicht begangen habe. Und ich denke mir, dass ich noch über den Drogenfund, diese Krümel Haschisch, und die alten Patronen gesprochen habe. *(Diese Dinge waren von der Polizei bei Temme bei einer Hausdurchsuchung gefunden worden.)* Dass ich gesagt habe, dass ich keine Drogen nehme.

Anwalt Bliwier Ich setze noch mal am Wochenende nach dem 6.4.2006 an. Sie haben berichtet, dass Sie aus dem »Extra-Tip« Informationen bekommen haben. Der erscheint am Sonntag. Sie haben berichtet, am Montag haben Sie anhand der Stempelkarte rekonstruiert, wann Sie in dem Internetcafé gewesen seien. Wann sind Sie am Montag in die Dienststelle gefahren?

Temme Das kann ich nicht mehr sagen. Normalerweise bin ich morgens da hingefahren, aber genau weiß ich es nicht.

Anwalt Bliwier Hatten Sie außer aus dem »Extra Tip« noch andere Informationen über die Tat?

Temme Das kann ich heute nicht mehr nachvollziehen, wann ich welche Information woher hatte.

Anwalt Bliwier Laut einem Vermerk über ein Gespräch mit Frau E. soll es so gewesen sein, dass Sie von Frau E. befragt worden sind. *(Die Rede ist von einer Mitarbeiterin des Verfassungsschutzes in Kassel.)* Kommt Ihnen eine Erinnerung?

Temme Nein. Wir haben es ja Anfang Dezember schon versucht.

Anwalt Bliwier Sie sollen ihr erklärt haben, Sie würden das Opfer nicht kennen und das Internetcafé nicht besuchen.

Temme Das war von mir natürlich nicht korrekt, aber die Gründe habe ich ja schon dargelegt.

Anwalt Bliwier Haben Sie denn eine konkrete Erinnerung daran?

Temme Wenn ich das so gesagt habe, war es nicht korrekt.

Anwalt Bliwier Auf eine Frage des Vorsitzenden waren Sie ja in der Lage, von Ihrer

Gefühlssituation am Wochenende zu berichten und vom Lesen des »Extra Tip«. Aber vom Montag wollen Sie keine Erinnerung mehr haben?

Temme An die Einzelheiten, wann ich wo war, was ich gesprochen habe, mit wem, kann ich mich nicht mehr erinnern.

Anwalt Bliwier Sie sollen auch etwas über mögliche Hintergründe der Mordtaten gesagt haben, Stichwort überregionaler Bezug.

Temme Ich kann nichts Konkretes dazu sagen.

Anwalt Bliwier Sie sollen auch das begründet haben: Sie hätten gesagt, die Waffe sei bereits bei mehreren Taten im gesamten Bundesgebiet eingesetzt worden.

Temme Ich sagte schon, ich habe keine konkrete Erinnerung an dieses Gespräch.

Anwalt Bliwier Hatten Sie denn gewusst, welche Waffe da eingesetzt wurde?

Temme Irgendwann habe ich das erfahren, aber ich weiß nicht mehr wie und wann.

Anwalt Bliwier Im »Extra Tip« in dem Artikel stand nichts davon drin. Sodass wir das als Informationsquelle schon mal ausschließen können. *(Allerdings spekulierte der »Extra Tip« bereits über einen Zusammenhang zu der bundesweiten Česká-Mordserie an Migranten, ohne den Namen »Česká« zu nennen.)*

Temme Dann konnte ich daraus nichts entnehmen.

Anwalt Bliwier Die »HNA« hat am Montag auch nicht berichtet, welche Waffe verwendet wurde. Nach unseren Recherchen meldete zum ersten Mal am Montag um 16.40 Uhr »Spiegel Online«, dass die Česká-Pistole eingesetzt wurde. Verstehen Sie jetzt, warum ich frage, wann Sie am Montag im Amt waren?

Temme Das verstehe ich nicht.

Anwalt Bliwier Ich will Ihnen gerne helfen. Zu dem Zeitpunkt, wenn Sie morgens im Amt gewesen sein sollten, können Sie es nicht aus den Medien haben.

Temme Ja, aber ich habe da keine Erinnerung.

Anwalt Bliwier Falls wir hier feststellen, dass Sie schon am Montagmorgen im Amt waren und etwas von der Waffe sagten, dann haben Sie ein Problem.

Temme Wenn ich nicht weiß, woher ich das wann habe …

Anwalt Bliwier Sie bleiben dabei, dass Sie es nur aus Zeitungen oder dem Internet haben?

Temme *(aufgebracht)* Das habe ich doch gar nicht gesagt. Ich habe doch gar nicht gesagt, dass ich das nur aus den Medien habe!

Anwalt Bliwier Ich verstehe, dass Sie jetzt etwas aufgeregt sind.

Temme Es geht nicht, dass Sie hier etwas verdrehen! Ich habe das doch gar nicht gesagt, dass ich es aus den Medien habe. Denkbar wäre, dass ich möglicherweise bei der Polizei … aber das wäre Spekulation.

Anwalt Bliwier Was fällt Ihnen denn dazu ein? Denkbar bei der Polizei?

Temme Wenn ich beim Staatsschutz war, dann … Es ist denkbar, dass ich da was aufgeschnappt habe. Aber was da denkbar ist, hilft uns, glaube ich, nicht weiter.

Götzl Die Fragen, die Herr Rechtsanwalt Bliwier stellte, stellen sich ja tatsächlich, Herr Temme! Bitte fahren Sie fort.

Anwalt Bliwier Haben Sie in Erinnerung, dass der Montag schon mal Thema war bei Ihren Vernehmungen?

Temme Konkrete Erinnerung hab ich nicht. Aber der Montag ist schon Thema gewesen.

Anwalt Kienzle Sie haben mehrfach auf ihre »dienstliche Erklärung« hingewiesen. Gab es inhaltliche Erörterungen dazu mit dem Landesamt für Verfassungsschutz, wie Sie die schreiben?

Temme Ich habe keine Erinnerung daran, aber der Presse entnommen, dass es offenbar ein Telefonat dazu gegeben hat. Dass mein Gesprächspartner was gesagt haben soll, »so nah wie möglich an der Wahrheit«. Ich betrachte die Artikel alle aber mit ein bisschen Vorsicht, wie Sie verstehen werden.

Anwalt Kienzle Das kann ich schon verstehen. Können Sie sich denn daran erinnern, dass Ihnen mal gesagt wurde, Sie sollten »so nah wie möglich an der Wahrheit« bleiben?

Temme Nein, kann ich nicht. Möglicherweise ist so ein Satz gefallen, wobei das für mich keine Bedeutung hatte. Weil ich nicht so nah wie möglich an der Wahrheit schreiben wollte in der Erklärung – sondern die Wahrheit. Ich habe da die Wahrheit reingeschrieben.

Götzl Frau Zschäpe, bauen Sie ab? Sie haben Ihre Augen teilweise geschlossen. Können Sie der Befragung noch folgen?

(Normalerweise antwortet Verteidiger Heer für Zschäpe. Doch Heer ist gerade nicht im Saal. So antwortet Zschäpe erstmals selbst auf eine Frage des Richters. Da ihr Mikrofon nicht eingeschaltet ist, ist ihre Antwort auf der Pressetribüne nicht zu verstehen. Kurz darauf beendet Götzl den Verhandlungstag. Temmes Befragung wird unterbrochen.)

Tag 81

30. Januar 2014

Manfred Götzl, Richter. **Herbert T.**, 64, früherer Mitarbeiter des Landeskriminalamts Baden-Württemberg. **Anette Greger**, Vertreterin der Bundesanwaltschaft. **Angelika Lex**, Anwältin der Nebenklage.

Götzl Es geht uns um ein Geschehen am 25. April 2007 in Heilbronn. Sie waren mit den Ermittlungen betraut. Ich würde Sie bitten, uns erst mal einen groben Überblick zu geben.

Herbert T. Es wurde fast die ganze Stadt abgeriegelt und kontrolliert. Es waren einige Gespanne von Angehörigen reisender Familien auf der Theresienwiese, von denen auch Personalien festgestellt wurden. Es gab mehrere Zeugen, auch am Anfang schon, die angaben, blutverschmierte Männer gesehen zu haben. Nachdem der Hubschrauber bereits kreiste, wollen Zeugen einen Mann gesehen haben, der sich hinter einem Busch versteckte. Ein anderer Zeuge berichtete von einem dunklen Wagen, einem Audi, und einem Mann, der zu dem Fahrzeug gerannt sei und »Dawei! Dawei!« gerufen habe. Später meldete sich ein Zeuge, der in Höhe Otto-Konz-Brücke zwei Männer und eine Frau gesehen haben will. Einer der Männer sei mit blutverschmierten Händen zum Ufer des Neckar verschwunden. An einem der Männer fiel diesem auf, dass er einen tätowierten Arm hatte. Am 31. Mai 2007 kam ein Spur-Spur-Treffer am Dienstfahrzeug: die DNA einer unbekannten weiblichen Person. Ab diesem Zeitpunkt lief die Soko Parkplatz schwerpunktmäßig in diese Richtung. Es waren viele weitere Treffer dieser Spur an zahlreichen anderen Tatorten in Österreich und Deutschland gefunden worden. Es war das gesamte Spektrum des Strafrechts vertreten.

(Damals berichteten die Medien über ein »Phantom«, das an vielen Tatorten DNA hinterließ. Später stellte sich heraus, dass die Genspuren aus verunreinigten Wattestäbchen der Kriminaltechniker stammten – und zu einer Mitarbeiterin der Firma gehörten, die diese Stäbchen hergestellt hatte.)

Götzl Mir geht es jetzt noch um die Einsätze von Michèle Kiesewetter.

Herbert T. Insgesamt hat sie 199 Einsätze gemacht. Bei den Ermittlungen wurde festgestellt, dass sie insgesamt 14 oder 15 Mal in Heilbronn eingesetzt war zu der Aktion »Sichere City«. Und auch öfter in verdeckten Einsätzen. So hat sie bei einer Frau 2,5 Gramm Heroin gekauft und die gleiche Menge bei einem Mann, beide wurden nach der Aktion festgenommen. Dann hat sie in Zivil Einsätze gemacht in Diskotheken, sie hat die Hintertür geöffnet, um den Kollegen Zugang zu verschaffen für eine Razzia. Sie hatte noch Einsätze mit dem Zusatz »aus besonderem Anlass«. Den Grund konnte man nicht mehr in jedem Fall nachvollziehen.

Götzl Ist auch überprüft worden, ob es bei Demonstrationen Einsätze gab und ob es zu Konflikten dabei gekommen ist?

Herbert T. Irgendwelche Drohungen wurden bei den umfangreichen Vernehmungen der Kollegen nicht mitgeteilt. Auch der Familie gegenüber hat sie nie eine Mitteilung gemacht, dass sie bedroht wird. Nur einmal hat sie geschildert, dass zwei Personen ihr Lichtzeichen gegeben hätten, als sei etwas an ihrem Fahrzeug nicht in Ordnung gewesen, und hinter ihr geparkt hätten. Es sei aber nichts weiter passiert.

Götzl Gab es Berührungspunkte mit dem rechtsradikalen Bereich?

Herbert T. Mir sind keine bekannt. Aber ich weiß, dass auch nach meiner Zeit noch mal umfangreich in dieser Richtung ermittelt wurde. Es sind wohl lediglich sechs Einsätze im rechtsradikalen Bereich bekannt, aber da soll es keinerlei Probleme gegeben haben. Aber mir ist keine konkrete Zahl bekannt, wie viele Einsätze es insgesamt waren.

Götzl Wie kam es denn zu dem Einsatz von Frau Kiesewetter am 25.4.2007?

Herbert T. Normalerweise hätte die gesamte Einsatzgruppe Urlaub gehabt, aber die Beamten wollten Stunden sammeln. Am 19.4. hatte ein Kollege angerufen bei ihr und gefragt, ob es immer noch steht, dass sie an dem Einsatz teilnehmen will. Sie hat am 20.4. zugesagt. Später hat sich ergeben, dass sie am Morgen des 25.4., als sie vom Duschen kam, gesagt hat zu einer Kollegin, dass sie mit einem Kollegen getauscht hat. Martin A. hat angegeben, dass sie ihn per SMS gefragt hat, ob er mit ihr fahren will.

Götzl Haben Sie einen Überblick über Informationen aus dem familiären Umfeld?

Herbert T. Sie wurde als braves, liebes Mädchen beschrieben. Sie war im Kirmesverein in Oberweißbach aktiv und hat viel Sport getrieben, Biathlon. Sie war sehr erfolgreich. Auch im Bereich ihrer Freundinnen keine Auffälligkeiten. Zu den sonstigen Gepflogenheiten – Lokale und so weiter – gab es auch keine Auffälligkeiten. Es wurde gesagt, dass sie unheimlich gerne zur Polizei ging. Ihr Onkel war selbst bei der Polizei.

Götzl Wenn wir zu Herrn Martin A. kommen, dem Kollegen von Frau Kiesewetter. *(Martin A. überlebte den Mordanschlag schwer verletzt nach einem Schuss in den Kopf. Am Tag 75 sagte er als Zeuge aus.)*

Herbert T. Die erste Vernehmung war ein Gespräch von lediglich 20 Minuten, da konnte er sich nur daran erinnern, dass er in Heilbronn eingesetzt war. Er dachte in einem VW-Bus. Seine Mutter hatte ihm erzählt, er habe einen Motorradunfall gehabt. Hinzuzufügen ist, dass er gar kein Motorrad und keinen Motorradführerschein hatte. Erst nach etwa zehn Monaten und in späteren Vernehmungen, unter anderem unter Hypnose, konnte er sich daran erinnern, dass er mit Michèle Kiesewetter zwei Mal auf der Theresienwiese war, am Morgen und am Nachmittag. Er erklärte zu seinen letzten Erinnerungen, dass er sich genau dran erinnerte, er habe im Fahrzeug gesessen, und dann sah er in seinem Außenspiegel eine Person aufs Fahrzeug zugehen. Im selben Moment habe Michèle Kiesewetter gesagt: Hat man nicht mal hier seine Ruhe? Er habe sich dann zu ihr hingewandt und auf ihrer Seite auch einen Menschen gesehen. Er schloss eine Frau aus. Weiß-rote Bekleidung mit schwarzen Streifen, und es fiel ihm der Arm des Mannes auf, er sah grau-weiße Armbehaarung und schloss daraus, dass es ein älterer Mensch gewesen sein muss, zudem eine dunklere Hautfarbe. Wegen eines Geräuschs auf seiner Seite habe er sich wieder seinem Fenster zugewandt. Und dann sah er sich als dritte Person aus dem Fahrzeug fallen. Er weiß noch, dass sein Gesicht auf dem Kies lag und er sich Sorgen machte, dass seine neue Sonnenbrille zerkratzt werden könnte. Wir haben ein Phantombild gefertigt. Es war geplant, dass wir es veröffentlichen, aber dies wurde uns von der Staatsanwaltschaft untersagt. *(Die Staatsanwaltschaft hielt die Erinnerungen für unzuverlässig; ein medizinisches Gutachten bestätigte diese Sichtweise.)*

Oberstaatsanwältin Greger Gab es Zeugen, die Schüsse gehört haben?

Herbert T. Ja, zahlreiche. Ein Zeuge hat im Bereich der Brücke zwei Schüsse gehört. Er sah auf die Uhr und stellte fest: 13.58 Uhr. Er hat auf eine Funkzeit-Uhr auf der Theresienwiese geschaut. Und es gab drei von einer Behörde, die am Neckarufer beschäftigt waren, zudem Bahnarbeiter, die ebenfalls etwas gehört haben. Auch hier ergab sich ein Zeitpunkt von 14 Uhr, plus, minus fünf Minuten.

Oberstaatsanwältin Greger Hatte jemand Schüsse gehört und dann noch Personen in dem Umfeld gesehen?

Herbert T. Es gab eine Zeugin, die war sehr schwierig zu vernehmen, die war absolute Alkoholikerin. In der Ausnüchterung hat die um vier Uhr früh einem Kollegen gesagt, dass sie die Tat genau verfolgt habe. Sie habe den Schuss gehört und eine blutüberströmte Beamtin gesehen, danach seien drei Männer weggerannt Richtung Bahnhof. Wir haben aber festgestellt, welchen Weg sie gelaufen sein muss und dass sie über 120 Meter vom Fahrzeug entfernt gewesen sein muss und keine Chance gehabt haben kann, eine blutverschmierte Beamtin zu sehen.

Anwältin Lex Ich möchte Ihnen drei kurze Vorhalte machen. In den Aktenvermerken gibt es einen Hinweis auf eine verurteilte »Zigeunerin« in Mannheim. An anderer Stelle findet sich ein Hinweis auf einen »joggenden Neger«. Und dann wird noch ein Lügendetektortest bei einem Zeugen erwähnt, der Angehöriger einer »Roma-Sippe« sein soll. Der hinzugezogene Psychologe wird zitiert, Lügen seien »typisch« für seine Ethnie.

Herbert T. Beim Lügendetektortest war ich dabei. Das war eine Aussage von dem Psychologen.

Anwältin Lex Haben Sie das eins zu eins übernommen?

Herbert T. Ja, das habe ich so übernommen.

Anwältin Lex Mir geht es um die Diktion. Ist es der übliche Sprachgebrauch in Ihrer Dienststelle, dass man von Zigeunern und Negern spricht?

Herbert T. Mit Sicherheit nicht.

Tag 82

3. Februar 2014

Manfred Götzl, Richter. **Sindy P.**, 28, Verkäuferin aus Zwickau. **Yavuz Narin**, Anwalt der Nebenklage.

Götzl Was gibt es zu der Person Susann zu berichten, die in der Polenzstraße in Zwickau im selben Haus wie Sie wohnte? *(Susann war ein Deckname von Beate Zschäpe.)*

Sindy P. Ja, man hatte Kontakt, im Sommer im Hof. Man hat sich unterhalten. Man hat mit den anderen Hausbewohnern gegrillt, mit den Kindern gespielt. Wir sind befreundet gewesen. Was soll ich Ihnen noch erzählen? Ich habe sie kennengelernt unter dem Namen Lisa. So war sie mir bekannt. Und so habe ich sie auch angesprochen. Wir haben uns unterhalten, über alltägliche Dinge, meist über die Kinder. Wie es bei uns so läuft, arbeitsmäßig. Sie hat erzählt, dass sie viel reisen, viel Urlaub machen. Die zwei Herren habe ich selten gesehen.

Götzl Wen meinen Sie damit?

Sindy P. Uwe Böhnhardt und Uwe Mundstuhl, ich kann die nicht auseinanderhalten. *(Sie meint offensichtlich Uwe Mundlos.)*

Götzl Hat sie da allein gelebt?

Sindy P. Ich hab nur sie gesehen. Sie hat gesagt, dass sie studiert, und ihr Freund sei in Sachen Elektro tätig.

Götzl Hat sie mal erzählt, was sie studiert?

Sindy P. Nein, ich hab nur mitgekriegt, dass sie sehr gern liest.

Götzl Kannten Sie ihren Nachnamen?

Sindy P. Lisa Dienelt, glaub ich. Von der Klingel her.

Götzl Sie hatten das Thema Kinder angesprochen? Wie stand sie dazu?

Sindy P. Zu meiner Tochter hatte sie ein gutes Verhältnis. Sie hat ihr die Haare gekämmt, meine Tochter hat sehr lange Haare. Man hat schon mitbekommen, dass Lisa Kinder sehr gerne mag.

Götzl Wo haben Sie sie sonst getroffen?

Sindy P. Ich habe sie mal in der Stadt gesehen. Sie war sehr sportlich und viel mit dem Fahrrad unterwegs.

Götzl Wie oft haben Sie sich gesehen in der Zeit?

Sindy P. Sie war mehr bei Frau K. als bei uns, wir haben uns oft dort getroffen, mehr oder weniger. Auf eine Woche verteilt haben wir uns vielleicht zwei, drei Mal gesehen, oder auch nur beim Wäscheaufhängen.

Götzl Und über was haben Sie sich unterhalten?

Sindy P. Man hat gar nicht so viel über Lisa gefragt, ich weiß nicht, keine Ahnung. Sie war eine sehr gute Zuhörerin.

Götzl Ging es auch mal um politische Themen?

Sindy P. *(Schüttelt den Kopf)* Nee. Nur alltägliche Sachen.

Götzl Haben Sie auch Alkohol zusammen getrunken?

Sindy P. Ja, mal ein Glas Wein. Auf den ganzen Abend verteilt, zwei, drei Gläser.

Götzl In Ihrer Vernehmung heißt es im Protokoll, wenn sie vorbeigekommen sei, habe sie oft eine Flasche dabeigehabt.

Sindy P. Das ist ja nicht viel, eine Flasche, wenn man zu zweit oder zu dritt ist. Zuletzt ist uns aufgefallen, dass sie mehr getrunken hat. Das habe ich auch nicht schlimm gefunden, muss ja jeder selbst entscheiden.

Götzl Im Brandschutt der Frühlingsstraße wurden Ausweise gefunden, ausgestellt auf die Namen Liese P., Sindy P., Silvia P. Wie können Sie sich das erklären?

Sindy P. Mich friert es gerade. Ja, weil da immer mein Nachname vorkommt.

Anwalt Narin Wie würden Sie die politische Gesinnung Ihres Ehemanns charakterisieren?

Sindy P. Normal.

Anwalt Narin Wie ist denn Ihre politische Gesinnung?

Sindy P. Normal.

Anwalt Narin Was verstehen Sie unter normal?

Sindy P. Ja normal. Wie jeder andere Mensch auch.

Anwalt Narin Wie ist seine Meinung denn?

Sindy P. Mir gegenüber äußert er die Meinung nicht.

Anwalt Narin Auf Ihrem Facebook-Konto ist der Link »Keine weiteren Asylantenheime im Landkreis Meißen!« als Favorit gespeichert. Wählen Sie einen Favoriten selbst aus oder jemand anders?

Sindy P. Ich oder mein Mann können darauf zugreifen.

Anwalt Narin Auf dem Konto ist auch zu lesen: »Der Ali hat Kohle, der Hassan hat Drogen, wir Deutschen zahlen und werden betrogen.« Entspricht dieser Duktus der Gesinnung Ihres Mannes?

Sindy P. Ja.

Tag 83

4. Februar 2014

Konstantin Kuchenbauer, Beisitzender Richter. **Herbert B.**, 55, - Kriminalhauptkommissar aus Heilbronn.

(Es geht erneut um die Erinnerungen des Polizisten Martin A., der den Mordanschlag in Heilbronn überlebt hatte und immer wieder von Ermittlern befragt worden war.)

Herbert B. Ich hab den Herrn Martin A. mehrmals befragt. Die Ärzte sagten, er habe nichts dagegen, dass wir ihn befragen. Er könne sich 20 Minuten konzentrieren. Wir haben mit dem Arzt und der Mutter gesprochen. Er habe Ende Mai 2007 erstmals nachgefragt, warum er hier in der Klinik sei, die Mutter hat dann von einem Unfall gesprochen. Wir hatten allen gesagt, sie dürften ihm keine Detailkenntnisse von der Tat sagen. Er erzählte, dass er an einem Sondereinsatz in Heilbronn teilgenommen habe. Michèle hätte ihm einiges gezeigt, wo die Personen sind, die man kontrollieren sollte. Und wo man Pizza kaufen könnte. In Rücksprache mit dem Arzt habe ich Herrn A. die Wahrheit gesagt. Dass er eine Schussverletzung erlitten hat. Er fragte, ob er quer durch den Kopf oder nur schräg getroffen wurde. Erst dann haben wir ihm erzählt, dass Michèle erschossen wurde. Er war sichtlich geschockt, fing an zu weinen. Wir haben die Vernehmung abgebrochen. Anfang 2008 haben wir ihn nach Heilbronn eingeladen. In den Soko-Raum. Da sagte er plötzlich, der Raum komme ihm bekannt vor. Die Mittagsbesprechung am Tattag hat in dem Soko-Raum stattgefunden. Wir sind mit ihm zum Tatort gefahren. Er hatte einen Strauß Blumen für die Kollegin dabei und wollte in stillem Gedenken stehen. Er kam aufgewühlt zu uns: Er weiß wieder, sie seien gefahren, hätten eingeparkt und gegessen, was sie vorher beim Bäcker gekauft hätten.

Richter Kuchenbauer Waren die Türen zu oder offen?

Herbert B. Er sagte, die Türen des Dienstfahrzeugs seien zu gewesen, aber die Fenster offen. Da konnte er sich klar entsinnen.

(Im Anschluss werden zwei Waffenexperten des BKA befragt. Der erste Experte sagt, dass

auf die neun Mordopfer türkischer und griechischer Herkunft mit der Česká 83 geschossen wurde, die in der Frühlingsstraße im Brandschutt lag. Das BKA sammle Tatmunition ungelöster Fälle. Und eine Waffe hinterlasse individuelle Spuren an Projektilen und Hülsen. Dies habe zu den neun Treffern geführt. Dem zweiten Experte gelingt es vor Gericht nicht, seine Untersuchungen allgemein verständlich zu erklären. Er sagt, er gehe davon aus, dass bei allen neun Morden ein Schalldämpfer verwendet wurde, objektiv belegen lasse es sich ab dem fünften Mord.)

Tag 84

5. Februar 2014

Manfred Götzl, Richter. **André Kapke**, 38, Selbstständiger im Baugewerbe aus Jena und früher ein Freund des Trios Zschäpe, Mundlos und Böhnhardt und einer der wichtigsten Köpfe der rechten Szene in Jena. Er hatte auch nach dem Untertauchen noch Kontakt zu ihnen. Kapke trat auch an den Tagen 59 und 96 als Zeuge auf. **Jochen Weingarten**, Vertreter der Bundesanwaltschaft. **Wolfgang Heer**, Verteidiger von Beate Zschäpe.

Götzl Kommen wir zunächst zum 26. Januar 1998, Thema Flucht. Wie haben Sie denn davon erfahren?

Kapke An dem Morgen der Hausdurchsuchung hatte mich der Böhnhardt angerufen. Ich bin hingekommen, da hatte er mir gesagt, dass er, sobald sich die Möglichkeit ergibt, ins Auto steigt und wegfährt. Wie das nun konkret war, dass die sich absetzten, da kann ich gar nichts mehr sagen. Habe ich keine Erinnerung dazu.

Götzl Was hat er denn sinngemäß geäußert?

Kapke Kann ich mich nicht entsinnen.

Götzl Was haben Sie dazu gesagt, dass er mit dem Auto wegfahren wollte?

Kapke *(lacht)* Keine Ahnung. Ich geh' mal nicht davon aus, dass ich damit gerechnet habe, dass er sich auf unabsehbare Zeit absetzen will. Ich wusste ja nicht mal genau, worum es geht.

Götzl Sie bekommen einen Anruf, reagieren und gehen zu seiner Wohnung?

Kapke Der hat 150 bis 200 Meter weg gewohnt.

Götzl Hat er gesagt, dass Sie kommen sollen?

Kapke Das weiß ich nicht mehr genau.

Götzl Warum sind Sie dann hin?

Kapke Man ist ja freundschaftlich verbunden. Eine Durchsuchung stellt ja eine gewisse Form der Repression dar, da ist das natürlich ein Interesse, man ist gemeinschaftlich betroffen. Die meisten Durchsuchungen liefen ja auch nicht immer nett ab.

Götzl Inwiefern waren Sie betroffen?

Kapke Es gab sehr oft Hausdurchsuchungen. Da ist man dann auch betroffen. Ich weiß nicht, wie viele ich hatte, es hat da nie eine Verurteilung stattgefunden, es waren einfach Drangsalierungen. Ich wäre auch bei anderen hingegangen, es ist ja auch gut, wenn man da als Zeuge da ist.

Götzl Haben Sie sich damals als Zeuge gemeldet?

Kapke Nein, ich hab von der Durchsuchung nicht mehr viel mitgekriegt. Ich war auch nicht bei ihm oben. Ich hab ihn vor oder hinter dem Haus getroffen. Mehr Erinnerung habe ich nicht. Es war irgendwann am Vormittag.

Götzl Mir geht es um die Umstände und was gesprochen wurde.

Kapke Wir können das jetzt noch zehn Mal machen – ich kann Ihnen nicht mehr sagen. Er hat gesagt, dass er dann wegfährt.

Götzl Das ist aber ein sehr ausgestanzter Satz, den Sie da schildern, das wundert mich schon, dass Sie ansonsten nichts erinnern. Wie war denn die Situation vor Ort? Waren Sie mit ihm alleine?

Kapke In meiner Erinnerung ja.

Götzl Wo waren denn die Beamten?

Kapke Keine Ahnung. Ich glaube, ein paar standen an der Garage.

Götzl Und was ist dann gewesen? Mit der Flucht?

Kapke Ich kann es nicht genau sagen, wie ich das dann weiter erfahren habe. Ich kann Ihnen sagen, dass klar war, dass sie weg sind.

Götzl Kontakt hatten Sie dann ja noch nach der Flucht. Aber das Zwischenstück fehlt mir.

Kapke Nehmen Sie es mir nicht übel, aber mir fehlt einiges.

Götzl Haben Sie denn bei der Polizei gesagt, dass Sie Kontakt hatten?

Kapke Ich habe eigentlich für gewöhnlich bei der Polizei nie Aussagen gemacht, außer jetzt mal beim BKA.

Götzl Dann müssen wir jetzt mal reinschauen in diese Vernehmung. Bei einer Vernehmung im November 2011 sagten Sie laut Protokoll, Sie hätten seit 1998 keinen Kontakt mehr zu den dreien gehabt. Was, wenn ich Ihrer Aussage vor Gericht folge, falsch war.

Kapke *(Er bespricht sich mit seinem Anwalt, der neben ihm sitzt.)* Dass ich ab 1998 keinen Kontakt mehr hatte, das ist so. Ich hatte ja keinen direkten Kontakt mehr.

Götzl Lassen wir es mal so stehen. Was war der Grund, dass Sie bei der Polizei nichts sagen wollten?

Kapke Das ist ja auch eine rechtliche Frage. Man ist mit Sachen konfrontiert, die für mich unvorstellbar waren. Ich hatte meinen Anwalt konsultiert. Es geisterte ja viel durch die Presse, dass ich da involviert wäre.

Götzl Dann ist jetzt die Frage, wie kam es nach der Durchsuchung zum Kontakt mit Mundlos, Böhnhardt, Zschäpe?

Kapke Ich kann Ihnen nicht sagen, wie der Ablauf war. Es ist halt so und ich hab dazu keine konkreten Abläufe. Es war halt so und dann gut.

Götzl Es geht um den ersten Kontakt danach.

Kapke Ich kann Ihnen nicht sagen, so drei Tage später hat jemand angerufen. Ich hab da nichts. Ich könnte Ihnen nicht mal sagen, welche Telefonzelle das war. Das waren eben die Informationsketten, dass diese Telefonzellen genutzt worden sind.

Götzl Die Frage bleibt: Woher wussten Sie, dass Sie zu einer bestimmter Zeit an einer bestimmten Telefonzelle sein sollten? Das sollen Sie mir beantworten!

Kapke Ich weiß es nicht. Es kann durchaus sein, dass mir das der Uwe gesagt hat, als er weggefahren ist, aber ich weiß es nicht. Ich hab dazu keine Erinnerung.

Götzl Haben Sie mal Geld überbracht?

Kapke Ich kann's Ihnen nicht sagen.

Götzl Haben Sie mal Geld bei Frau Böhnhardt abgeholt?

Kapke Da hab ich keine Erinnerung, dass ich das gemacht habe.

Götzl Frau Böhnhardt hat gesagt, dass Sie mindestens bei einer Gelegenheit Geld für die drei entgegengenommen haben.

Kapke In meinen Erinnerungen habe ich sie einmal gesehen in all den Jahren, ansonsten hab ich keine Erinnerung, dass ich da je irgendwas abgeholt habe.

Götzl Ich will jetzt noch mal bei dem System der Telefonzellen bleiben. Wie haben Sie denn gewusst, dass Sie zu bestimmter Zeit da sein sollten?

Kapke Meistens ist das bei einem Gespräch gleich verabredet worden. Wir hatten auch mal eine Dechiffriertabelle, die dann dechriffriert die Zelle und die Uhrzeit ausgegeben hat. Aber, wie gesagt, das ist so lange her.

Götzl Haben Sie nach der Flucht mal mit Frau Zschäpe gesprochen?

Kapke Kann ich nicht sagen. Aber ich nehme es an.

Götzl Ging es mal um das Thema Pässe?

Kapke Ist anzunehmen.

Götzl Wieso?

Kapke Ja, weil das dann ja Thema war. Aber was wir da genau gesprochen haben – das hab ich nicht.

Götzl Für wen sollten Sie Pässe besorgen?

Kapke Für die drei. Drei Pässe.

Götzl Hatten Sie Lichtbilder?

Kapke Irgendwann kamen Lichtbilder. Aber ich habe keine Ahnung *(lacht)*. Ich hab da extrem viele große Lücken. Die groben Abläufe kann ich noch sagen, aber Detailfragen …

Götzl Wie gedrängt hat das denn mit den Pässen?

Kapke Es wird schon so gewesen sein: Ewig soll's nicht dauern. Ich hab da keinen zeitlichen Ablauf.

(Kapke sagt, er habe schließlich leere Ausweispapiere erhalten, für die er 1000 oder 1500 D-Mark bezahlt haben will. Wer sie ihm gab, sagt er nicht.)

Götzl: Was will man mit leeren Pässen?

Kapke Ich dachte, wie sagt man so schön: Lieber einen Spatz in der Hand als eine Taube auf dem Dach.

Götzl Schauen Sie, Herr Kapke, die Situation ist die: Die drei sind untergetaucht, wie soll es weitergehen? Sie sind einer der Handelnden. Wer war denn noch mit dieser Situation beschäftigt, mit wem haben Sie sich ausgetauscht?

Kapke Ich meine, dass ich mit Ralf drüber geredet habe, und weiß genau, dass ich mit Brandt drüber geredet habe. *(Er meint Ralf Wohlleben und Tino Brandt.)* Definitiv hab ich mit Brandt drüber geredet. Ich weiß nicht, ob da jemand mit war.

Götzl Haben Sie denn den Stand den dreien mitgeteilt?

Kapke Wäre logisch, ja. Nehmen Sie's mir nicht übel, ich weiß es nicht mehr. Aber für mich erscheint das logisch. Na klar, das betrifft sie ja.

(Bevor die Befragung Kapkes weitergeht, stellen Zschäpes Verteidiger einen Befangenheitsantrag gegen einen der Richter.)

Verteidiger Heer Unsere Mandantin lehnt Herrn Richter Dr. Peter Lang wegen Besorgnis der Befangenheit ab. Unmittelbar vor Beginn der Verhandlung um 9.47 Uhr betrat der abgelehnte Beisitzende Richter den Sitzungssaal und trug einen Aktenordner, beschriftet mit »HV NSU«. Indem der abgelehnte Richter entweder selbst diese Beschriftung gemacht hat oder sichtbar werden ließ, verdeutlicht er, dass er unserer Mandantin gegenüber nicht unvoreingenommen ist. Ein Mitglied des Senats darf angesichts des Gebots der Unparteilichkeit das Bestehen einer terroristischen Vereinigung namens NSU nicht als erwiesen erachten. Sonst macht er sich die massive Vorverurteilung unserer Mandantin in der Öffentlichkeit und durch staatliche Stellen zu eigen.

(Der Antrag wird an einem der folgenden Tage zurückgewiesen, da mit der Aufschrift »HV NSU« – gemeint ist »Hauptverhandlung NSU« – keine Vorverurteilung verbunden sei. Vielmehr handle es sich um eine stichwortartige Angabe des Prozessgegenstands.
Die Befragung des Zeugen Kapke wird fortgesetzt.)

Götzl Gab es beim »Thüringer Heimatschutz« eine Diskussion über Gewaltanwendung?

Kapke Ja, das gab es ständig, was ja legitim ist. Man musste ständig damit rechnen, dass man angegriffen wurde von linker Seite. Aber zumindest ich persönlich kann mich an keine Diskussion in Richtung bewaffneter Kampf erinnern. Mag sein, dass da was gestreift wurde, aber das kam für mich sowieso nicht infrage.

Götzl Wer hat denn welche Position vertreten?

Kapke Sicherlich gab es Leute, die offensiver vorgehen wollten. Eine direkte Diskussion oder Planung, also nee, daran kann ich mich nicht erinnern. Es gab natürlich immer mal Leute, die sagten, man müsste Zellen bilden und blabla.

Oberstaatsanwalt Weingarten Das »Pogromly«-Spiel ist Ihnen ja bekannt. Haben Sie das mal gespielt?

Kapke Ja, aber das ist schon ewig her.

Oberstaatsanwalt Weingarten Geht es in dem Spiel um die paraindustrielle Vernichtung von Juden?

Kapke Was mir noch in Erinnerung ist: Die Bahnhöfe wurden durch KZs ersetzt.

Oberstaatsanwalt Weingarten Wer hat das Spiel produziert?

Kapke Vom kreativen Faktor nehme ich an, der Mundlos.

Oberstaatsanwalt Weingarten Sagt Ihnen der Name Schultze etwas?

Kapke Schultze gibt's ja nun wie Sand am Meer.

Oberstaatsanwalt Weingarten Carsten Schultze.

Kapke Ja. Den hab ich öfters mal gesehen. Er hat damals angefangen, ich will's mal so nennen, sich politisch zu engagieren.

Oberstaatsanwalt Weingarten Und konkret: Unterstützung der Untergetauchten?

Kapke Da kann ich nichts zu sagen.

Oberstaatsanwalt Weingarten Wissen Sie, ob er Aktivitäten entfaltet hat, den Untergetauchten zu dienen?

Kapke Es hat mir der Tino Brandt mal mitgeteilt, dass der Schultze mal auf ihn zugegangen sei. Und ich glaube, dass ich gesagt habe, dass mir das zu viele Leute sind, die involviert sind.

Oberstaatsanwalt Weingarten Der Angeklagte Carsten Schultze sagt, er sei von Wohlleben und Kapke angesprochen worden, den drei Untergetauchten zu helfen. Da fällt jetzt Ihr Name, Herr Kapke!

Kapke Ich kann mich nicht daran erinnern.

Oberstaatsanwalt Weingarten Ich würde Ihnen mal den Rat geben, sich einen Ruck zu geben.

Kapke Noch mal: Ich kann mich an dieses Gespräch nicht erinnern. Punkt. Aber es wird schon so sein, dass ich mit dem Ralf über verschiedene Dinge gesprochen habe. Ich will es nicht ausschließen.

Oberstaatsanwalt Weingarten Da haben wir doch schon was. Ich bitte jetzt, Ihre Erinnerung zu schärfen: Haben Sie mit Wohlleben über die Einbindung Dritter gesprochen?

Kapke Wir drehen uns im Kreis. Ich habe daran keine Erinnerung mehr. Gut möglich.

Oberstaatsanwalt Weingarten Weil die Hilfe für Untergetauchte so etwas ist wie jeden Morgen frühstücken? Ich glaub Ihnen das nicht! *(Atmet tief durch.)* Hat eigentlich Herr Wohlleben schlecht über Sie gesprochen in Verbindung mit der Veruntreuung von Geldern?

Kapke Nein, das war nicht so. Es gab Höhen und Tiefen wie in jeder Freundschaft.

Oberstaatsanwalt Weingarten Ist ein Tief gewesen der Vorwurf, dass Sie Geld, das für die Untergetauchten bestimmt war, 1998 in die eigene Tasche gewirtschaftet haben?

Kapke Da kann ich mich nicht erinnern.

Oberstaatsanwalt Weingarten Das hätte mich auch gewundert.

Tag 85

18. Februar 2014

Manfred Götzl, Richter. **Winfried T.**, 44, **Helmut S.**, 46, Kriminalbeamter aus Saarbrücken, BKA-Mitarbeiter. **Torsten W.**, 39, Kriminalbeamte des BKA in Meckenheim. **Wolfgang Stahl**, Verteidiger von Beate Zschäpe.

Winfried T. Mein Themenbereich war, den Aufenthalt der drei Personen, die untergetaucht waren, zu erhellen. Insgesamt sieben Wohnungen konnten dem Trio zugeschrieben werden. Vier Wohnungen im Bereich Chemnitz, drei weitere in Zwickau. Wir haben keine Lücken zwischen den Wohnungsnahmen festgestellt, alle Wohnungen wurden überlappend angemietet. Es wurde immer ein bisschen größer. Erst haben sie mit anderen zusammengewohnt, später hatten sie eigene Wohnungen.

(Der Zeuge geht nun ausführlich auf die verschiedenen Wohnungen ein.)

Am 1. März 2008 wurde der letzte Wechsel vollzogen. Herr Dienelt hat die Wohnung in der Frühlingsstraße in Zwickau angemietet und sofort einen Untermietvertrag geschlossen mit Max-Florian B. Zwei Einzelwohnungen, die zusammengelegt wurden. Die das erste Obergeschoss der Frühlingsstraße 26 komplett umfassten. Die Personen baten um entsprechende Veränderungen der Wohnung. Durchbruch, Abhängen der Decken. Dem wurde zugestimmt.

(Der Zeuge wird entlassen, Zschäpes Anwalt Wolfgang Stahl gibt eine Erklärung ab.)

Verteidiger Stahl Die Bundesanwaltschaft behauptet, dass die drei gemeinsam in verschiedenen Wohnungen zu dritt gelebt haben. Daran knüpft sie auch einige rechtliche Schlussfolgerungen. Auf die heutige Beweisaufnahme wird man die Behauptung kaum stützen können. Es wurden keine Tatsachen präsentiert, die darauf schließen lassen, dass Zschäpe, Mundlos und Böhnhardt durchgängig gemeinsam gewohnt haben.

(Der nächste Zeuge ist der Beamte Helmut S.)

Götzl Sie haben für das Bundeskriminalamt das Spiel »Pogromly« ausgewertet. Was können Sie dazu sagen?

Helmut S. Es handelt sich um eine abgewandelte Version des bekannten Monopoly-Spiels. Dort, wo im Monopoly-Spiel Häuser gekauft werden können, müssen in »Pogromly« Judensterne abgedeckt werden. Das Ziel des Spiels lautet: eine schöne judenfreie Stadt zu erhalten. So steht es in der Spielanleitung. Die Spielsteine, also die Häuser und Hotels im Monopoly-Spiel, waren selbst gemachte kleine Holzklötzchen. Bahnhöfe wurden in KZs abgewandelt, das Feld »Frei parken« in »Besuch beim Führer«, Wasser- und Elektrizitätswerk in Gaswerk und Arbeitsdienst. Es gab zum Teil menschenverachtende Spielanweisungen. Zum Beispiel: Du hast auf ein Judengrab gekackt. Leider hast du dir hierbei eine Infektion zugezogen. Arztkosten: 1000 Reichsmark.

Götzl Wir sehen uns die Abbildungen jetzt an. Kommen Sie bitte nach vorne.

(Auf zwei Wänden des Gerichtssaals erscheinen Bilder von dem Spiel.)

Helmut S. Hier sehen Sie die SS-Zeichen gleich auf dem zweiten Feld. Es folgt das erste KZ-Feld, dann die Städtefelder. Dann das Gemeinschaftsfeld SA. Kleine Klötzchen, mit denen man den Davidstern abdecken konnte.

Ich lese nun einzelne Spielkarten vor: Errichte in jeder deiner Städte ein Denkmal für gefallene Soldaten. – Du hast dich unkameradschaftlich verhalten. Zahle eine Strafe von 200 Reichsmark. – Dein Gauleiter gibt dir eine kleine Anerkennung für Treue und Mut: 1000 Reichsmark. – Strafe für zu mildes Handeln gegen roten Terror: 3000 Reichsmark. – Mache eine Inspektion im KZ Buchenwald. Wenn du über Start kommst, ziehe 4000 Reichsmark ein.

Daneben gab es noch SS-Karten, das entspricht im Monopoly-Spiel den Ereigniskarten. Ich lese einige Karten vor: Du hast deinen Kameraden geholfen. Zum Dank zahlt dir jeder 1000 Reichsmark. – Wiedergutmachungszahlung. Juden müssen für Verbrechen am deutschen Volk zahlen. Du erhältst 400 Reichsmark. – Dir ist es gelungen, eine Horde roter Zecken mithilfe eines Maschinengewehrs abzuwehren. Du erhältst eine Prämie von 2000 Reichsmark.

Götzl Wie viele Spiele wurden sichergestellt?

Helmut S. Eines wurde im Januar 1998 in der Garage von Frau Zschäpe gefunden, ein weiteres bei einer am gleichen Tag durchgeführten Durchsuchung in Frau Zschäpes Wohnung, unter der Couch. Jürgen Helbig *(Er sagte am Tag 112 aus.)* sagte, ihm seien 20 Spiele übergeben worden. Er habe die Spiele verkauft und das Geld Wohlleben, Kapke oder Carsten Schultze gegeben. Tino Brandt sagte, er habe von dem Trio fünf Spiele erhalten. Mit den beiden Spielen, die bei den Durchsuchungen sichergestellt wurden, kommt man so schon auf 27 Spiele. Ihr Verbleib ist größtenteils unbekannt.

(Der nächste Zeuge ist der BKA-Beamte Torsten W. Es geht um Enrico Theile und Jürgen Länger und den Weg der Česká zum NSU.)

Torsten W. Grundlage der Ermittlungen gegen Theile und Länger war die Aussage von Andreas Schultz im Februar 2012. Er sagte, die Waffe, die er Carsten Schultze verkauft habe, sei von Länger gekommen. Wir haben dann festgestellt, dass Länger Kontakt zu Theile hat. Und Theile war uns schon im Zusammenhang mit Waffenermittlungen gegen den Schweizer Hans-Ulrich Müller aufgefallen. Theile war Müllers engste Kontaktperson. 2004 wurde in Theiles Fahrzeug ein Schießkugelschreiber gefunden. Das war die Ausgangsbasis, um bei Theile und Länger im April 2012 Durchsuchungen durchzuführen und sie zu vernehmen. Anfang der Neunzigerjahre war Theile mit Uwe Böhnhardt in einer Gruppe, die Fahrzeugdiebstähle gemacht hat. Theile ist mehrfach vorbestraft.

Götzl Was können Sie zu einem Schweizer Rechtshilfeersuchen sagen?

Torsten W. Ich weiß aus den Akten, dass die Česká-Tatwaffe am 11. April 1996 vom Waffengeschäft Schläfli & Zbinden an Peter Anton G. versandt wurde. G. hat gesagt, er habe die Waffe an Müller verkauft. Müller soll gesagt haben, er werde sie in Deutschland verkaufen, da es dort bestimmte Kreise gebe, die Interesse an Waffen hätten. Müller hat das bestritten, aber eingeräumt, allgemein mit Waffen gehandelt zu haben.

Götzl Was haben die Durchsuchungen bei Herrn Theile ergeben?

Torsten W. Es wurden elf Handys und SIM-Karten sichergestellt, auf sieben Karten war die Nummer von Länger abgespeichert, auf acht die von Müller und auf zwei Karten die Nummer von Frank Liebau vom Madley. Dann haben wir noch 4000 Euro in Briefumschlägen sichergestellt. Theile hat gesagt, dass er das Geld abgehoben hat, als, so wörtlich, die Nazisache hochgekommen ist. Er habe befürchtet, dass er wegen der Sache inhaftiert werde. Er will das Geld fürs Gefängnis abgehoben haben. Er sagte, er habe damit gerechnet, dass herauskommt, dass er Böhnhardt und Müller kannte. Müller sei ja mal in Deutschland wegen Waffen festgenommen worden. Und dass er die Waffe auf einem Fahndungsplakat erkannt hat, hat er gesagt. Als er dann im Fernsehen das brennende Wohnmobil sah und hörte, dass Waffen gefunden wurden, habe er gleich an Böhnhardt gedacht. Das war eine relativ bemerkenswerte Aussage.

Götzl Und was können Sie uns über Jürgen Länger berichten?

Torsten W. Länger war von März bis Dezember 1993 inhaftiert. Ab April war er in der JVA Hohenleuben, wo zu dem Zeitpunkt auch Sven Rosemann und Uwe Böhnhardt waren. Laut JVA war auch Theile dort von Anfang November bis Anfang Dezember inhaftiert. Böhnardt und Rosemann haben sich da kennengelernt. Und Theile und Länger sollen in einer Zelle gewesen sein. Es liegt also nahe, dass sich auch Länger und Böhnhardt dort begegnet sind.

Tag 86

19. Februar 2014

Manfred Götzl, Richter. **Norbert V.**, 47, war früher Kriminalbeamter beim LKA Thüringen, jetzt beim BKA. **Carsten Schultze**, Angeklagter.

(Der Zeuge soll über die Durchsuchung bei Beate Zschäpe am 26. Januar 1998 in Jena berichten. Zschäpe war damals nicht anwesend, sondern bereits auf der Flucht.)

Norbert V. Um circa 15.30 Uhr konnten wir die Wohnung in der Schomerusstraße 5 betreten. Soweit ich mich erinnere, war sie nicht allzu groß. Wir stellten verschiedene Gegenstände im Wohnzimmer fest: ein Diabolo, einen Revolver, ein Luftdruckgewehr mit Zielfernrohr, beides CO2-betrieben. Weiter einen Wurfstern, eine Art Jagdmesser, ein Buschmesser, und dann war da noch ein Morgenstern. In der Wohnung befand sich auch ein Brettspiel, »Pogromly« stand darauf. Das Spiel befand sich unter einem Dreisitzer im Wohnzimmer.

Götzl Es heißt hier noch, es sei auch eine Zwille gefunden worden.

Norbert V. Ja, das ist richtig. Und an der Wand war auch eine Armbrust. Dort befanden sich nach meiner Erinnerung fünf Pfeile.

(Bilder von der Wohnung werden gezeigt.)

Norbert V. Dieses Bild zeigt eine Übersichtsaufnahme, rechts befanden sich die an der Wand festgestellten Waffen. Nach meiner Erinnerung waren auch ein Bild mit einem Hakenkreuz und eine Reichskriegsflagge zu sehen.

(Der Zeuge verlässt den Saal. Nun wendet sich der Richter an Carsten Schultze, der angegeben hatte, er sei im Auftrag der Untergetauchten nach deren Flucht in Zschäpes Wohnung eingebrochen, um Unterlagen herauszuholen.)

Götzl Dann kommen wir zu Ihnen, Herr Schultze: Gibt es von Ihnen noch Ergänzendes zu berichten zur Wohnung in der Schomerusstraße?

Schultze Nein.

Götzl Welchen Weg haben Sie damals genommen?

Schultze Das Treppenhaus hoch.

Götzl Und die Tür? Wie sind Sie reingekommen?

Schultze Gegengetreten. Mehrmals. Das ganze Haus hat gescheppert. Ich weiß nur noch, dass ich Aktenordner mitgenommen habe. Mindestens drei würde ich sagen, maximal vier.

Tag 87

20. Februar 2014

Manfred Götzl, Richter. **Max-Florian B.**, 36, Steinmetz-Meister. Er hatte das untergetauchte Trio zeitweise bei sich am damaligen Wohnort in Chemnitz aufgenommen. **Jörn P.**, 44, Kriminalbeamter aus Gotha. **Christian V.**, 34, Kriminalbeamter beim BKA. **Wolfgang Stahl**, Verteidiger von Beate Zschäpe.

(Der Zeuge Max-Florian B. hat zwar recht umfangreich bei der Polizei ausgesagt, beruft sich nun aber, da noch ein eigenes Ermittlungsverfahren gegen ihn läuft, auf das Auskunftsverweigerungsrecht. Uwe Mundlos hat sich im Untergrund als Max-Florian B. ausgegeben und einen entsprechenden Pass benutzt, wobei das Lichtbild Mundlos zeigte.)

Götzl Sind dann noch Fragen an den Zeugen? *(Niemand meldet sich).* Auf Wiedersehen.

(Es folgt einer der Beamten, die B. nach Entdecken des NSU am 7.11.2011 vernommen haben. Er wird hilfsweise gehört, um die Erkenntnisse aus der Vernehmung in den Prozess einzuführen.)

Jörn P. Der Herr B. war sehr aufgeregt oder angespannt. Wir haben ihm Bilder vorgelegt. Es ging um eine Kopie eines Passes, die ihm vorgelegt worden ist – wo sein Name drinstand, wo er aber gleich sagte, dass weder Körpergröße noch Augenfarbe übereinstimmen würden. Ansonsten ist noch herausgearbeitet worden, dass er Ende der Neunziger mal vorübergehend eine Frau und einen Mann bei sich aufgenommen habe – wobei er die Frau auch auf einem Foto erkannt hat. Der Mann auf dem Bild in dem Pass sei der Freund der Beate, der damals auch bei ihm übernachtet habe.

Verteidiger Stahl Sie sagten, dass er sehr aufgeregt gewesen sei. Wie hat sich das bemerkbar gemacht?

Jörn P. Die Kollegen haben ihn bei der Arbeitsstelle abgeholt. Da war er sehr aufgeregt, aber das ist für uns eine typische Situation bei Durchsuchungen. Er ist sichtlich in sich zusammengebrochen. Er hat dann in der Küche gesessen. Es ging um die rechte Szene, mit der er seit Jahren keinen Kontakt mehr hatte. Mein Gefühl war, dass ihn die Vergangenheit einholte.

(Auch der nächst Zeuge war bei der Vernehmung B.s dabei.)

Christian V. Er war sehr aufgewühlt, es hat viele Überlegungspausen gegeben, es hat sich lange hingezogen. Zu Beginn sind wir aufs Persönliche eingegangen. Er berichtete von einer Fahrt nach Ungarn, dort ist er mitgefahren. Seine damalige Freundin Mandy Struck habe in der Zeit drei Personen bei ihm übernachten lassen. Er hat diese Personen dann auch kennengelernt, die Frau, so hat er sich erinnert, habe Beate geheißen. Er habe damals bei seiner Freundin gewohnt, und die drei allein in seiner Wohnung. Nach einem Monat hat er sich von Mandy Struck getrennt und ist wieder in seine Wohnung gezogen, wo sie dann für etwa einen Monat zu viert gelebt hätten. Das war die Grundsituation. Dann kamen wir relativ zügig zur Beschaffung des Reisepasses. Der intellektuellere Uwe – es wurde dann klar, dass das Mundlos war – hat an ihn herangetragen die Bitte, dass B. seinen Personalausweis zur Verfügung stellt, damit Mundlos damit einen Reisepass beantragen kann.
Eine Flucht ins Ausland, so B., sei Thema gewesen. Er habe dann seinen Ausweis zur Verfügung gestellt. Er war froh, als es im April zum Auszug kam und die drei seine Wohnung verlassen haben, weil ihm das alles zu viel wurde. Zunächst sagte er uns, dass die drei umgezogen seien in eine Plattenbausiedlung. Er sagte, es wäre schon noch zu regelmäßigem Kontakt gekommen, etwa ein, zwei Mal im Jahr habe ihn Mundlos angerufen und ein allgemeines Gespräch geführt. Er konnte nur relativ genau noch den letzten Anruf benennen, das war wohl Frühjahr/Sommer 2011. Zuerst habe er die drei im Jahr 2003 in Zwickau besucht, er sei auf Einladung von Herrn Mundlos gekommen. Dort habe er einen normalen Besuch abgestattet. Da hätten sie auch über den Pass gesprochen. Mundlos soll wohl gesagt haben, der Pass ist weg, und dass die Taten verjährt wären, man sich in Gesprächen befände mit Anwälten, es den dreien aber zu peinlich sei, wieder zurückzugehen nach allem, was passiert sei. Auffällig war, dass man sich in der Straße getroffen hat und dann hingelaufen ist zur Wohnung. 2004/05 habe es ein weiteres Treffen in Radebeul gegeben, dort sind die beiden Uwes zu Besuch gekommen, man hat Kaffee getrunken, sie seien normal gekleidet gewesen. Auffällig war wohl, dass viele Fragen zu seiner, B.s, Situation gestellt wurden. 2009/10 war der letzte Besuch, in der Wohnung des B. in Dresden. Sie seien wieder normal gekleidet gekommen, ohne Gepäck, ihm war es wichtig, dass seine Lebensgefährtin und die Kinder nicht anwesend sind. Man habe sich in der Küche getroffen und Kaffee getrunken und sich unterhalten. Ich meine, es sollen auch Geschenke für die Kinder mitgebracht worden sein. Nach der Ausweisgeschichte haben wir bei der Vernehmung ein Asservat vorgelegt, seine in der Frühlingsstraße aufgefundene Geburtsurkunde. Dort war ein Kurzlebenslauf notiert, Daten der Kinder, ich meine sogar Führerscheinnummer und Ähnliches. B.s Reaktion war relativ geschockt, er könne das

nicht erklären. Aber er meinte dann, dass bei den Gesprächen die Daten abgefragt worden sein könnten.

Götzl Ging es mal um die Thematik Konto?

Christian V. Ja, es ging darum, dass ihm bewusst war, dass es bei der Commerzbank ein Konto auf seinen Namen gab, das nicht von ihm eingerichtet worden war. Darüber sei wohl eine Wohnung angemietet worden. Er habe Mundlos aufgefordert, das Konto zu kündigen.

Götzl Hat auch das Thema Waffen eine Rolle gespielt?

Christian V. Ja, er hat das, meine ich, eigeninitiativ erzählt, dass er mal in den ersten beiden Monaten eine Waffe in der Tasche der beiden gesehen hat. Er beschrieb einen kleinen, halb gebogenen Griff, er habe aber aus Angst nicht weiter nachgefragt.

Ich weiß noch, dass er deutlich aufgeräumter wirkte am zweiten Tag der Vernehmung. Er hat ohne Nachfrage angegeben, dass ihm klar wurde, dass er eine Art Doppelleben geführt habe, dass er sich ein Konstrukt aufgebaut habe. Er sei bestürzt, was in seinem Namen für Taten begangen worden seien. Im weiteren Verlauf sind wir auf seine damalige Freundin Mandy Struck eingegangen. Sie sei in der rechten Szene gewesen. Eine Unterbringung der drei bei anderen, vermutete er, hätte zu auffällig sein können. Und dass er als Neuling deshalb ausgewählt worden sein könnte. Wir haben über André Eminger gesprochen, und er meinte, er habe ihn auf einem Konzert kennengelernt – und dass Herr Eminger auch wusste, dass die drei bei ihm in der Wohnung lebten. Er sagte, zu Herrn Eminger habe er früher freundschaftlichen Kontakt gehabt, das sei 2000/2001 eingeschlafen. Er konnte dann noch eine SMS hervorholen, das war, glaube ich, eine Weihnachts-SMS 2010. Die hat ihm von der Wortwahl her nicht gefallen, dass er gar nicht drauf geantwortet hat. Im Frühjahr/Sommer 2011 habe Eminger ihn angerufen und um ein Treffen gebeten. Das hat B. seinen Angaben zufolge abgeblockt, weil er das nicht wollte. Eminger habe wohl gefragt, ob er noch Kontakt habe zu Leuten von früher, das habe B. verneint. B. hat noch erklärt, dass er beschämt sei über das, was passiert sei, und alles erzählen wolle, was er wisse. Er hatte bei seinen Vernehmungen auch nie einen Anwalt dabei.

Tag 88

25. Februar 2014

Manfred Götzl, Richter. **Ingeborg H.**, 60, betreibt in Chemnitz eine Wohnmobilvermietung. **Karsten R.**, 45, Kriminalbeamter in Kassel. **Steffen B.**, 49, Kriminalbeamter beim LKA Thüringen.

Götzl Es geht uns um Wohnmobilvermietungen an eine Person namens Gerlach. Was können Sie berichten?

Ingeborg H. Wir haben durch die Polizei erfahren, dass dieser Holger Gerlach bei uns jahrelang Reisemobile gemietet hat.

(Laut den Ermittlungen wurden die Wohnmobile von Uwe Böhnhardt unter Gerlachs Namen angemietet.)

Götzl Erzählen Sie einfach mal weiter.

Ingeborg H. Es war für uns ein völlig unauffälliger schüchterner Mann. Wir hätten nie vermutet, dass dieser Mann so einen Hintergrund hat. Die Fahrzeuge kamen immer ordentlich zurück. Nur einmal ist ein Wohnmobil unsauber und schmutzig zurückgekommen. *(Es war am 27. April 2007, zwei Tage nach dem Mord an Michèle Kiesewetter. Das Wohnmobil ist am Tattag 20 Kilometer vom Tatort in Heilbronn entfernt bei einer Ringfahndung registriert worden, was aber erst viel später auffiel.)* Wir hatten keinen Anlass, Misstrauen zu haben.

(Der nächste Zeuge ist ein Beamter, der über die Vernehmungen des Irakers Hamadi S. aussagen soll, der am 6.4.2006 während des Mordes an Halit Yozgat in dessen Internetcafé in Kassel telefonierte und von dem Mord nichts mitbekommen haben will. Das Gericht hat vergeblich versucht, S. selbst vorzuladen. Er soll wieder im Irak leben, die Adresse war nicht zu ermitteln. Der Beamte hatte S. im Jahr 2006 befragt.)

Karsten R. Ich habe Hamadi S. am Tattag gegen 21 Uhr vernommen. Er hat angegeben, dass er 2001 wegen eines Asylantrags nach Deutschland gekommen sei, im Irak hätte er Ökonomie und Verwaltung studiert und in einem Supermarkt gearbeitet. Er hat recht gut Deutsch gesprochen, nicht fließend, aber recht gut. Zu dem Sachverhalt hat er angegeben, dass er die Nacht bei seiner Cousine verbrachte, er hatte ein Probearbeitsverhältnis unweit des Tatorts in Aussicht. Mittags wollte er telefonieren, er hat den Arbeitgeber gefragt, ob er von dort telefonieren könnte. Der gab den Hinweis auf den Telefonladen. Dort sei er mittags hingegangen und hat die Cousine angerufen. Da war der Vater Yozgat im Geschäft, dann ging der Zeuge wieder zu der Arbeit. Nachmittags ging es mit einem Bekannten aus den Niederlanden um ein Fahrzeuggeschäft. Deshalb ging er noch mal in das Internetcafé. *(Der Beamte zeigt an einer Skizze, wo sich S. in dem kleinen Internetcafé aufgehalten haben soll.)* Er ist zunächst zu dem Tresen gegangen, das muss kurz vor 17 Uhr gewesen sein, Kabine 3 wurde freigeschaltet. Ein großformatiges Poster nahm ihm die Sicht nach draußen, er hat telefoniert und stand mit dem Rücken zu dem späteren Tatgeschehen. Er hat insgesamt vier Mal telefoniert. Er hat geschildert, dass er unheimlich beschäftigt war mit dem Code der Telefonkarte. Er hat dann von Knallgeräuschen, wie vom Platzen eines Luftballons, gesprochen. Ein dumpfes Geräusch auch. Er war darauf aufmerksam geworden, hat aus den Augenwinkeln eine Person gesehen und gemeint – sicher war er nicht –, dass diese aus dem Internetcafé rausging. Diese Person beschrieb er als circa 1,80 Meter groß, kräftig und mit heller Kleidung, eventuell langhaarig. Als er mit den Telefonaten fertig war, konnte er keine Person mehr feststellen. Er hat angegeben, circa einen bis 1,50 Meter vom Tresen weg gewesen zu sein, auf dem Tresen sei ihm auch nichts aufgefallen. Er sei dann in den hinteren Bereich des Ladens gegangen. Er hatte Stimmen dort vernommen. Er hat nach dem Inhaber gefragt, die andern Kunden wussten es nicht. Er sei dann nach vorne gegangen, dann sei Yozgat senior gekommen, den hat er gefragt, der sagte, der Sohn müsste da sein – und erst Yozgat senior hat den Sohn dann aufgefunden. Ob er denn da gar nichts gesehen hätte, fragten wir. Er sagte, er habe gar nichts gesehen. Den Verstorbenen habe er nicht gesehen.

Götzl Haben Sie gefragt, ob er Blut gesehen hat?

Karsten R. Er sagte, er hätte das nicht gesehen. Herr S. ist nicht sehr groß, Augenhöhe 162 cm. Von daher halte ich es nicht für unwahrscheinlich, dass er tatsächlich nichts gesehen hat hinter dem Tresen. Es kann tatsächlich so gewesen sein.

(Auch der nächste Zeuge ist ein Beamter, der eine Vernehmung bei der Polizei schildern soll; in diesem Fall die Vernehmung von Andreas Schultz, der als Kompagnon von Frank Liebau einen rechten Szeneladen in Jena betrieb und bei der Polizei gestanden hat, eine Waffe verkauft zu haben, mutmaßlich die Česká-Pistole. Schultz hatte an Tag 79 vor Gericht von seinem Auskunftsverweigerungsrecht Gebrauch gemacht.)

Steffen B. Herr Schultz schilderte kurz seine Vita. Ihm wurde vorgehalten, dass er Ralf Wohlleben eine Waffe besorgt habe. Er äußerte sich, dass das nicht stimme. Allerdings habe Wohlleben ihn zusammen mit einem Begleiter nach einer scharfen Waffe gefragt, er habe sie an die Jugoslawen in der Spielothek verwiesen. Die könnten ihnen eine Waffe besorgen. Während der Vernehmung ist er ermahnt worden, bei der Wahrheit zu bleiben. Daraufhin sagte er nach Bedenkzeit: Ich hab dem die Scheißknarre besorgt. Ja, es sei richtig, Wohlleben sei im Laden gewesen. Als die Waffe dann da war, habe er sie dem Begleiter von Wohlleben für

2000 Mark übergeben, es sei eine Waffe osteuropäischer Herkunft gewesen, und eine Schachtel mit circa 50 Patronen sei dabei gewesen. Er habe sie dem Carsten Schultze, in ein Tuch eingewickelt, im Pkw übergeben, damit war das Geschäft für ihn erledigt. Dies sei 1999 oder 2000 gewesen.

Götzl Wie verhielt sich Andreas Schultz während der Vernehmung?

Steffen B. Ihm war die Sache sichtlich unangenehm, er verhielt sich kooperativ, das hat ihn aber nicht davon abgehalten, uns zunächst zu belügen.

Götzl Fiel der Name Frank Liebau?

Steffen B. Auf Nachfrage sagte er, Wohlleben sei erst bei Liebau gewesen, und der habe Wohlleben an ihn verwiesen.

Götzl Hat er den Carsten Schultze bei der Lichtbildvorlage erkannt?

Steffen B. Er hat ihn, ohne dass er den Namen wusste, erkannt. Damals wäre er rumgelaufen wie ein Hitlerjunge, mit Scheitel und kurzen Haaren und braunem Hemd.

Götzl Hat er die Waffe beschrieben?

Steffen B. Er konnte sich erinnern, dass da entweder ein tschechischer Aufdruck war oder etwas in kyrillischen Buchstaben.

Götzl Welchen Betrag haben Sie in Erinnerung? Sie sagten vorhin 2000 Mark.

Steffen B. 2500 D-Mark vom Abholer.

Götzl Was hat er jetzt an der Waffe verdient?

Steffen B. Ich denke, 500 Mark. 2000 D-Mark hat er bezahlt und für 2500 D-Mark hat er sie weitergegeben.

Götzl Ist denn nach den Angaben von Herrn Schultz über den Verwendungszweck der Waffe gesprochen worden?

Steffen B. Nach seinen Angaben nicht. Er habe auch nicht danach gefragt. Aber er hat deutlich zum Ausdruck gebracht, dass eine scharfe Waffe besorgt werden sollte und keine Spielzeugwaffe. Die Frage, ob Frank Liebau Wohlleben an ihn vermittelt habe, hat er bejaht. Er sagte auch, dass Liebau nichts von dem Geschäft wusste und von ihm auch nichts über die Waffenbeschaffung erfahren habe. Und Schultz sagte, das es die einzige Waffe gewesen sei, die er jemals verkauft oder besorgt hat.

Tag 89

26. Februar 2014

Manfred Götzl, Richter. **Mandy Struck**, 38, Friseurin aus Schwarzenberg.

(Auf der Zuschauertribüne hat Karl-Heinz Statzberger Platz genommen, ein verurteilter Münchner Rechtsterrorist, der zu einer Neonazi-Gruppe gehörte, die 2003 einen Anschlag auf die Grundsteinlegung für das Jüdische Gemeindezentrum in München plante. Als Zeugin tritt Mandy Struck auf. Richter Götzl belehrt sie, dass sie ein Auskunftsverweigerungsrecht habe, weil gegen sie ermittelt werde.)

Struck Ich möchte gerne aussagen.

Götzl Es geht uns um Kontakte, die Sie zu Frau Zschäpe, Uwe Böhnhardt, Uwe Mundlos in Chemnitz hatten.

Struck Es ist schon sehr lange her. Im Frühjahr 1998 hat jemand bei mir an der Tür geklingelt und gefragt, ob drei Leute bei mir schlafen können, die hätten Scheiße gebaut. Ich wollte die nicht bei mir haben. Da ist mir der Einfall gekommen, dass Max`Wohnung ja frei ist, weil er eh bei mir schläft. *(Sie meint Max-Florian B., ihren damaligen Freund.)* Ich habe Max gefragt, ob das in Ordnung ist. Ich bin der Meinung, dass er bei mir war. Aber er hat ausgesagt, er sei auf einem Konzert gewesen. Ich kann mir nicht vorstellen, dass ich fremde Leute bei ihm einquartiere, ohne ihn zu fragen. Ich kannte die drei nicht. Ich habe sie erst in Max' Wohnung kennengelernt, ein, zwei Tage später. Das war komisch. Ich wusste nicht: Wer steht da jetzt vor mir. Die haben einen sehr friedlichen, netten Eindruck gemacht. Einer sah nett aus, einer sah böse aus. Der hat nie geredet, nicht gelächelt, nur beobachtet und mich mit Blicken durchlöchert. Ich hatte sehr wenig Kontakt zu den dreien.

Götzl Und die dritte Person?

Struck Es war noch ein Mädchen dabei. Die war mir sehr sympathisch – sehr freundlich und aufgeschlossen.

Götzl Wie sah das Mädchen aus?

Struck Klein, Lockenkopf, schulterlanges Haar, piepsige Stimme. Niedlich.

Götzl Jetzt müssen Sie natürlich schon ein bisschen ausholen. Die Identität wird Ihnen nicht genannt. Und dass die Scheiße gebaut haben. Jetzt ist die Frage, weshalb Sie ohne Weiteres die Wohnung von Ihrem Freund Max zur Verfügung stellten. Woher kannten Sie den Nachfrager?

Struck Da ich selber in der rechten Szene war, war das halt ein Kamerad von mir.

Ich stand auch schon mal auf der Straße, da wurde mir auch ein Platz gegeben, ohne dass man fragt, warum, weshalb, wieso.

Götzl Hat der Kamerad denn gesagt, dass die drei aus der rechten Szene waren?

Struck Er hat gesagt: Kameraden.

Götzl Wie lange waren Sie in der rechten Szene?

Struck Na, es war ja eine reine Skinhead-Szene damals. Geschorene Köpfe, Bomberjacke, Konzerte, bis sich das halt mal später mehr auf Politik kristallisiert hat, dass man auch auf Demos gegangen ist. Einfach Partyspaß erst mal. Mit Politik hatte das am Anfang nichts zu tun.

Götzl Von welcher Zeit sprechen Sie?

Struck 1994, '95, wo ich halt meine Lehre gemacht hab. Ich habe mich angepasst, den Kopf rasiert, bin dann genauso rumgelaufen wie die andern auch.

Götzl Wer waren jetzt Ihre hauptsächlichen Bekannten?

Struck Skinheads.

Götzl Wer?

Struck Ja, mein Freund. Mir fallen jetzt gar keine Namen ein, so spontan.

Götzl Vielleicht einer oder zwei?

Struck Einer hieß mit Spitznamen Manu, und der Eminger hat bei mir geschlafen.

Götzl Wie lange waren die drei denn in der Wohnung?

Struck Ich gehe mal aus von sechs bis acht Wochen. Ich schätze, ich war etwa fünf Mal da. Einmal, ziemlich am Anfang, ging es Frau Zschäpe sehr schlecht. Sie hatte übelste Bauchkrämpfe. Also habe ich ihr meine AOK-Karte gegeben. Später dann sollte ich auch noch einen Ausweis für sie abholen.

Götzl Haben Sie sonst noch etwas in Erinnerung?

Struck Dass sie irgendwelche komischen Würfel gebastelt haben für so ein Spiel. Die waren am Feilen und Sägen.

Tag 90

27. Februar 2014

Manfred Götzl, Richter. **Mandy Struck**, 38, Friseurin aus Schwarzenberg.

(Die Befragung vom Vortag wird fortgesetzt.)

Götzl Jetzt geht es um einen Passantrag. Haben Sie einen Pass abgeholt oder einen Ausweis?

Struck Von den Erinnerungen bin ich mir sicher, dass ich einen Personalausweis abgeholt habe.

Götzl Und wie ordnen Sie das jetzt hier ein? *(Zeigt einen Antrag.)*

Struck Das ist ein Antrag für einen Reisepass oder wie?

Götzl Ja.

Struck Ich habe aber nur einmal etwas abgeholt.

(Götzl fragt nach ihren Kontakten in die rechte Szene. Struck zählt eine Menge Namen auf. Sie kannte nicht nur Neonazis in Sachsen, sondern auch in Nürnberg.)

Götzl Noch mal zum Aufenthalt der drei in der Wohnung von Max B.. Ist das mal zur Sprache gekommen mit jemandem?

Struck Ich hab da mit niemandem drüber geredet. Ich weiß auch nicht, woher Beate Zschäpe meine Adresse aus Erla hat. Dienelt könnte sie weitergegeben haben, Eminger könnte es auch gewesen sein. Ich habe mit den Leuten nur 1998 Kontakt gehabt, ich weiß von keinen Morden, es gab keine Gespräche über Banküberfälle.

Götzl Stichwort Tennisclub Großgründlach in Nürnberg. *(Im Brandschutt der Frühlingsstraße war ein entsprechender Mitgliedsausweis mit Zschäpes Foto und Strucks Namen gefunden worden.)*

Struck Der Tennisclub hat gar keine Ausweise, mein Anwalt hat da angerufen. Ich war auch nie Tennis spielen. Und zum Katzenausweis: Ich habe nie eine Katze gehabt. *(Auch ein Katzen-Impfpass auf Strucks Namen war in Zwickau gefunden worden. Fotos dieser Asservate werden an die Gerichtswände projiziert.)*

Götzl Haben Sie mit diesem Ausweis irgendwas zu tun?

Struck Nein, habe ich nicht.

Götzl Haben Sie, als die drei bei Max einquartiert waren, in der Wohnung der Frau mal die Haare geschnitten?

Struck Es kann sein, dass ich ihr die Haare sogar blondiert habe. Aber ich weiß nicht mehr, ob ich es wirklich gemacht habe. Ich weiß nur, dass sie schöne Locken hatte.

Götzl Bei einer Vernehmung haben Sie im Jahr 2003 angegeben, Sie würden die drei Personen nicht kennen. Was sagen Sie denn dazu?

Struck Was möchten Sie jetzt wissen von mir?

Götzl Ich glaube, die Frage ist schon klar. Dass die Frage nicht angenehm ist, ist ein anderes Thema.

Struck Ich habe die Vernehmung damals nicht ernst genommen. Komplett auf stur geschaltet.

Götzl Wieso?

Struck Weil gesagt wurde, dass das ein Fragebogen des Verfassungsschutzes ist. Und ich den nicht mag. Es wurde zwei Mal vom Verfassungsschutz versucht, mich anzuwerben.

Götzl Wann war das?

Struck So 2000 etwa.

Götzl Was wollten die von Ihnen?

Struck Na, in der Szene die Leute ausspionieren. Ich wurde direkt auf meinen Kontostand aufmerksam gemacht. Es hieß, Sie kommen doch nie auf einen grünen Zweig.

Götzl Was haben Sie geantwortet?

Struck Dass ich das nicht mache.

Götzl Es war aber nicht der Verfassungsschutz, der Sie befragt hat, sondern ein Amtsrichter, Frau Struck. Insofern passt jetzt Ihre Antwort nicht so recht.

(Sie bleibt stumm.)

Götzl Am 19.6.2003 bei der richterlichen Vernehmung: Um welche gesuchten Personen ging es bei der Befragung?

Struck Das weiß ich nicht, kann ich Ihnen nicht mehr sagen.

Götzl Hier fällt bereits in der ersten Frage der Name Uwe Böhnhardt.

Struck Ich wusste die Namen überhaupt nicht. Ich konnte die Namen nicht zuordnen.

Götzl Hier werden alle möglichen Themen berührt, mit denen Sie sich beschäftigt haben: Haben sich die drei in Chemnitz aufgehalten? Wie wurden sie versorgt? Antwort: Weiß ich nicht. Sind falsche Pässe besorgt worden? Antwort: Weiß ich nicht. Das sind alles die Themen, über die wir uns die letzten zwei Tage unterhalten haben.

Struck Ja.

Götzl Sie beantworteten damals jede Frage, als wüssten Sie nichts. Die Frage, um wen es geht, stellen Sie nicht. Das ist schon erstaunlich.

Struck Das Ganze war komplett eine Protesthaltung von mir.

Götzl Das erklärt Ihre Motivation, aber nicht Ihre Antworten. Wenn Sie mir sagen, Sie hätten nicht gewusst, um welche Personen es geht, dann gehen Sie aber jeweils auf die Fragen des Amtsrichters ein, ohne zu wissen, um welche Personen es überhaupt geht. Warum haben Sie sich damals so verhalten?

Struck Weil ich einfach meine Ruhe haben wollte. Ich wollte nichts mehr hören und sehen von dem Mist.

Tag 91

11. März 2014

Manfred Götzl, Richter. **Werner I.**, 56, Kriminaloberkommissar aus Kassel. **Ismail Yozgat**, 58, Vater des Mordopfers Halit Yozgat. Er trat bereits an den Tagen 41 und 80 auf. **Jutta E.**, 58, Mitarbeiterin beim Landesamt für Verfassungsschutz Hessen. **Herbert Diemer**, Vertreter der Bundesanwaltschaft. **Wolfgang Heer**, Verteidiger von Beate Zschäpe. **Thomas Bliwier, Angela Wierig**, Anwälte der Nebenklage.

(Mehrere Angehörige der Opfer sind heute selbst im Saal. Im Publikum sitzt zudem die CDU-Politikerin Barbara John, von der Bundesregierung eingesetzt als Ombudsfrau für die Hinterbliebenen der NSU-Opfer. Der erste Zeuge ist Werner I., der als Kommissar den Mord an Halit Yozgat ermittelt hatte. Weil zeitweise der hessische Verfassungsschützer Andreas Temme unter Verdacht stand, wurde mit ihm damals eine Rekonstruktion der Abläufe am Tatort durchgeführt, einem Internetcafé in Kassel. Die Polizei hat diese Rekonstruktion auch gefilmt.)

Götzl Es geht uns um eine Rekonstruktion, die am 1.6.2006 durchgeführt wurde.

Werner I. Wir Beamte des Erkennungsdienstes sollten eine Videoaufzeichnung durchführen. Von einem der Internetplätze begab sich ein Mann nach vorne und verließ dann das Café. Das Wesentliche war, den Weg nachzuzeichnen und die Zeitspanne zu dokumentieren.

(Das Video wird im Gerichtssaal abgespielt. Es dauert 1:27 Minuten. Zu sehen ist, wie Andreas Temme an einem der PC-Plätze sitzt, sich schließlich erhebt und am Tresen, an dem Halit Yozgat erschossen wurde, vorbeiläuft. Dabei schaut er nicht in Richtung Tresen. Temme geht vor die Tür des Ladens und zeigt, wie er nach Halit Yozgat Ausschau gehalten haben will. Anschließend betritt er erneut das Internetcafé, geht auf den Tresen zu und legt dort ein 50-Cent-Stück ab, als Bezahlung für das Surfen im Internet. Man hört, wie die Tür quietscht und der Boden des Ladens knarzt.)

Anwalt Bliwier Gab es einen Probelauf, bevor Sie die Kamera eingeschaltet haben?

Werner I. Ich glaube, dass er gesagt hat, welchen Weg er geht, und gewisse Wegstrecken gezeigt hat. Ob es einen Probelauf gab, kann ich nicht mehr definitiv sagen.

(Der Zeuge wird entlassen. Nun erhebt Ismail Yozgat, der Vater des in Kassel ermordeten Halit Yozgat, das Wort. Ein Dolmetscher übersetzt die Worte aus dem Türkischen ins Deutsche.)

Yozgat Sehr geehrter hoher Senat, Familienangehörige der Märtyrer, sehr geehrte Gäste, ich begrüße Sie alle mit Hochachtung.

Götzl *(schroff)* Jetzt muss ich Sie unterbrechen: Wozu wollen Sie eine Erklärung abgeben?

Anwalt Bliwier Herr Yozgat bittet, eine kurze Stellungnahme über seine Gefühle zum Gang des Verfahrens abzugeben. So viel Zeit muss sein.

Götzl Ja, gut. Sie können Ihren Mandanten ja beraten, wann der richtige Zeitpunkt für die Abgabe der Erklärung ist. Ich will hier nicht kleinlich verfahren, aber ich weise darauf hin, dass wir eine entsprechende Verfahrensordnung haben, die das regelt. Bei allem Verständnis für Herrn Yozgat.

Anwalt Bliwier Bei allem Verständnis, die Erklärung wäre längst fertig.

Götzl Das ist ungehörig. So brauchen Sie mir nicht zu kommen, Herr Rechtsanwalt Bliwier!

Anwalt Bliwier Wir werden unseren Mandanten nicht entmündigen. Familie Yozgat hat ein eigenes Erklärungsrecht. Dafür muss Raum sein.

Götzl Und worum geht es nun?

Anwalt Bliwier Ja, es geht um den Schmerz der Familie, um die Erwartungen an das Verfahren. Es ist eine sehr begrenzte Erklärung.

Götzl Wenn es eine sehr kurze Erklärung ist …

Verteidiger Heer Jetzt setzen Sie sich ja selbst in Widerspruch, Herr Vorsitzender. Sie haben doch auf die Strafprozessordnung hingewiesen – bei allem Verständnis für die Familie.

Bundesanwalt Diemer Wenn ich persönlich gefragt würde, ob Herr Yozgat eine Erklärung abgeben darf, würde ich sagen: Kann er. Aber als Bundesanwalt bin ich an die Strafprozessordnung gebunden.

Götzl Herr Yozgat, ich würde Sie einfach bitten, die Erklärung zurückzustellen, bis ein geeigneter Zeitpunkt dafür da ist.

Yozgat *(hebt an)*

Götzl *(unterbricht)* Nein! Ich habe Ihnen nicht das Wort für die Erklärung erteilt. Sie wissen ja, Herr Bliwier, wie die Rechtslage ist.

Anwalt Bliwier Die Rechtslage ist ja auslegungsfähig, das wissen wir doch beide genau. *(Nach Beratung mit seinem Mandanten sagt Bliwier, dass sie Götzls Vorschlag annähmen und die Erklärung am nächsten Tag abgäben. Nach einem weiteren Zeugen betritt die Zeugin Jutta E. den Gerichtssaal. Als Mitarbeiterin des hessischen Verfassungsschutzes war sie eine Kollegin von Andreas Temme.)*

Götzl Es geht uns um die Ereignisse nach der Tötung des Herrn Yozgat.

Jutta E. An dem Freitag, dem Tag danach, da hatte Herr Temme Urlaub. Aus dem Grund hat mich mein damaliger Vorgesetzter, Herr F., beauftragt, Herrn Temme am Montag zum Staatsschutz zu schicken und zu fragen, was da vorgefallen ist. Das hab ich auch an dem Montag gemacht. An weitere Gesprächsinhalte kann ich mich jetzt so genau nicht erinnern.

Götzl Weswegen sollten diese Erkundigungen denn eingeholt werden?

Jutta E. Es stand wohl in der Zeitung, dass es im islamistischen Bereich war, und da das zu unserem Aufgabengebiet gehört, sollte nachgefragt werden, um wen es sich da handelte und ob etwas bekannt wäre zu dem Hintergrund des Mordes.

Götzl Was meinen Sie mit islamistischem Bereich?

Jutta E. Da es hieß, dass es sich um einen türkischen Mitbewohner von Kassel handelte, war die Frage, ob es irgendwas aus dem islamistischen Bereich sein könnte, eine Straftat.

Götzl Was hatten Sie denn erfahren?

Jutta E. Es wurde in den Medien viel berichtet, Einzelheiten sind mir nicht erinnerlich.

Götz Wie hat sich Herr Temme an dem Montag verhalten?

Jutta E. Eigentlich wie immer, ohne dass er nervös wirkte. Er hat den Auftrag entgegengenommen und gesagt, dass er sich darum kümmern würde. Was er dann auch gemacht hat.

Götzl Wie hat der Auftrag konkret gelautet?

Jutta E. Nachzufragen, um wen es sich da handelte und ob es schon Hinweise gebe, wer der Täter wäre. Ob es da Hinweise gebe auf einen islamistischen Hintergrund. Herr Temme hatte wie ich schon aus den Medien von dem Mord gehört. Und ich kann mich schwach erinnern, dass er gesagt hat, es könnte sich um einen bundesweiten Reihenmord handeln. Die genaue Wortwahl weiß ich jetzt nicht mehr. Also dass es sich um die Tat eines Serientäters handeln könnte. Woher er die Information her hatte, das wusste ich zu dem Zeitpunkt nicht.

Götzl Haben Sie thematisiert, wie er darauf kommt?

Jutta E. Direkt nicht. Er meinte nur, er habe das irgendwo gelesen oder gehört.

Götzl War denn von ihm die Rede davon, dass er die Örtlichkeit kennt?

Jutta E. Er hat gesagt, er weiß, wo das Internetcafé ist. Weil das auf seinem Heimweg liegt. Aber er hat nicht gesagt, dass er das besuchen würde.

Götzl Können Sie sagen, wann das Gespräch stattgefunden hat?

Jutta E. Ich denke, dass ich ihn gleich vormittags angesprochen habe, dass er den Auftrag ausführen soll. Ob er das mit der Serientat zur selben Zeit gesagt hat, weiß ich nicht mehr. Oder ob er das dann gesagt hat, als er zurückkam vom Staatsschutz. Das kann auch sein.

(Wie die Ermittlungen ergaben, wurde erst am Montagnachmittag bekannt, dass es sich um einen Fall in der Česká-Mordserie gehandelt hatte. Allerdings hatten Spekulationen darüber bereits am Wochenende nach der Tat in der Presse gestanden.)

Götzl In einem Vermerk aus einer Befragung damals durch die Polizei heißt es, Sie hätten mitgeteilt, Herr Temme habe Ihnen gesagt, dass er das Opfer nicht kennen und das Internetcafé nicht aufsuchen würde.

Jutta E. Dass wir über das Opfer gesprochen haben, daran kann ich mich nicht erinnern. Dass er das Café nicht kennen würde, das hat er so erwähnt.

Götzl Hier heißt es, dass er das Café nicht aufsuchen würde.

Jutta E. Hm. Er hat nur gesagt, er wüsste, wo es wäre, aber von Aufsuchen hat er nichts gesagt, das stimmt.

Götzl Es heißt hier, Herr Temme gab an, dass der Mord offensichtlich keinen regionalen Bezug habe, weil die Waffe im ganzen Bundesgebiet eingesetzt wurde.

Jutta E. Ich gehe davon aus, dass er das gesagt hat. Aber wo er das herhat, weiß ich wirklich nicht mehr.

Götzl Können Sie Herrn Temme noch vom Verhalten her beschreiben?

Jutta E. Mir und den Kollegen gegenüber war er sehr ruhig, introvertiert. Über Privates hat er fast gar nichts erzählt. Ich habe ihn für sehr engagiert und korrekt gehalten immer. Aber von sich hat er nicht viel preisgegeben.

Anwältin Wierig Ist Herr Temme selbstbewusster aufgetreten als andere Kollegen?

Jutta E. Würde ich schon sagen. Er war sehr ehrgeizig, sehr fleißig, und das wurde von vielen Vorgesetzten auch anerkannt. Seine Arbeit wurde gelobt, er wurde Kollegen auch als Vorbild vorgestellt.

Anwältin Wierig Kann man sagen, dass er protegiert wurde?

Jutta E. Das geht vielleicht schon zu weit. Protegiert würde ich jetzt nicht sagen.

Anwalt Bliwier Herr Temme hat Ihnen an dem Montag nicht die Wahrheit gesagt? Ich hab Sie vorhin so verstanden, dass Herr Temme Ihnen gesagt hat, er sei nicht in dem Café gewesen.

Jutta E. Er wusste, dass es da eins gibt. Da wir ja eigentlich in dem Café nicht verkehren sollten, hat er es auch nicht zugegeben.

Anwalt Bliwier Er hat Ihnen also eine Geschichte erzählt.

Tag 92

12. März 2014

Manfred Götzl, Richter. **Lutz Irrgang**, 72, ehemaliger Leiter des Verfassungsschutzes Hessen. **Herbert Diemer** Vertreter der Bundesanwaltschaft. **Thomas Bliwier**, **Alexander Kienzle**, Anwälte der Nebenklage.

Götzl Es geht uns um die Gespräche zwischen Andreas Temme und Ihnen, nach dem 6.4.2006. Was können Sie uns berichten?

Irrgang Im Frühsommer 2006 habe ich Andreas Temme die Suspension ausgehändigt und bei diesem Verwaltungsakt gesagt, daran erinnere ich mich noch sehr deutlich: Wenn er mir noch irgendetwas zu diesem Sachverhalt zu sagen habe, dann wäre das jetzt der letztmögliche Zeitpunkt. Wörtlich habe ich gesagt: Sie haben jetzt einen kleinen Jungen. Denken Sie daran, was Sie ihm schuldig sind. Darauf sagte er, er habe mir nichts zu sagen.

Götzl Kannten Sie Herrn Temme persönlich vor der Suspension?

Irrgang Ja, natürlich, das Amt ist ja nun nicht so groß. Ich hatte ihn allerdings nicht eingestellt. Es war damals keine einfache Situation. Zeitweise wurde das Amt sehr verkleinert, dann zeigte sich aber, dass die Personalausstattung nicht ausreichte. Und mein Vorgänger hat das Angebot aufgegriffen, dass überzählige Postbeamte eine Chance bei uns bekommen sollten. Dazu gehörte Andreas Temme.

Götzl Sie hatten die Unruhe geschildert, die herrschte nach der Verhaftung Temmes. Wie hat sich denn für Ihr Haus seine Rolle dargestellt?

Irrgang Nach der ersten Aufregung fand das Haus zu seiner Disziplin zurück. Die Polizei machte ihre Ermittlungen. Es war dann so, dass ich im Frühsommer einen Anruf bekam, ich meine von den Ermittlern selbst, man schlug ein Gespräch vor. Da habe ich mich erkundigt, ob der Polizeipräsident dabei ist und ein Staatsanwalt. Das konnte man mir nicht zusagen. Daraufhin habe ich gesagt, dann möchte ich vorerst auf das Gespräch verzichten. Eine Woche später wurde dann Herr Temme als Verdächtiger in der Öffentlichkeit genannt. Dann gab es natürlich parlamentarische Aktivitäten. Es wurde ein Gespräch mit dem Generalstaatsanwalt des Landes Hessen angesetzt, da bin ich natürlich sofort erschienen. Wir haben uns geeinigt, dass die Dinge in Frageform an uns gerichtet werden, die die Staatsanwaltschaft braucht. Die Staatsanwaltschaft wollte ja die Quellen wissen, die Andreas Temme geführt hat. Ich habe aber auf die Risiken hingewiesen: Es waren zumindest zwei Quellen von einiger Bedeutung dabei, die lagen im Ausländerbereich. Das Ministerium hat dann ein Votum der Bundesbehörde eingeholt, die wiederum von der Offenlegung abriet. Ich ging dann in Pension, die schriftliche Beantwortung der Fragen erfolgte dann durch meinen Nachfolger.

Götzl Meine Frage ist: Was war der Stand Ihrer Informationen über die Rolle des Herrn Temme bezogen auf die Ereignisse am 6. 4. 2006, dem Tag des Mordes im Internetcafé?

Irrgang Mit seiner Entlassung aus der Untersuchungshaft galt für mich uneingeschränkt die Unschuldsvermutung.

Götzl Es ist einer Ihrer Mitarbeiter als Verdächtiger in einem Mordfall verhaftet worden, wollten Sie da nicht möglichst schnell Klärung herbeiführen, welche Rolle er spielte? Es geht doch um einen Sachverhalt, der für Ihre Behörde Konsequenzen haben kann.

Irrgang Ich darf Sie erinnern, dass das Landespolizeipräsidium sich jegliche Einmischung verbat, deshalb hielten wir uns restlos zurück. Es war für uns zunächst nichts weiter zu tun. Wir mussten versuchen, unsere Quellen zu retten.

Bundesanwalt Diemer Was hätte Andreas Temme zu befürchten gehabt, wenn Sie schon früher erfahren hätten, dass er im Internetcafé war, um dort privat zu chatten?

Irrgang Ich bin noch ein alter Berufsbeamter und halte das für ein Unding. Es hat uns alle ziemlich entsetzt, dass sich Herr Temme dort aufgehalten und vergnügt hat. Ich hätte das nicht gebilligt.

Anwalt Bliwier Haben Sie eigentlich mitbekommen, dass es eine Telefonüberwachung gegeben hat bei Herrn Temme?

Irrgang Das hat uns große Schwierigkeiten gemacht, weil gleichzeitig unsere Dienstgeschäfte abgehört wurden.

Anwalt Bliwier Wann haben Sie erfahren, dass es eine Überwachung gegeben hat?

Irrgang Relativ spät. Wir haben das erfahren, weil sich Kollegen beschwert haben, dass sie observiert worden sind bei Treffen.

Anwalt Kienzle Können Sie sagen, wie Sie die Mordserie betrachtet haben?

Irrgang Die Polizei ging ja davon aus, dass es sich um ein internes Problem der betroffenen Bevölkerung handelte. Wir haben uns natürlich auch Gedanken gemacht. Für mich war es ein ganz gravierender Moment, als offenbar wurde, dass ein Verfassungsschützer ganz in der Nähe der Tat war. Weil, wer auch immer die Verantwortung für die Taten hat, sich irgendwie neu positionieren muss, weil er das vielleicht auf sich bezogen hat. Ich habe mir Gedanken gemacht, wie das auf den Täter wirkt und was das sowohl für die Aufklärung des Falles als auch für den Fortgang der Verbrechen bedeuten könnte. Ich hielt das für so brisant, dass ich das nur als handschriftlichen Vermerk zu den Akten gegeben habe. Meine persönliche Überlegung war, dass es auf Jahre hin nicht gelingen wird, das aufzuklären.

(Als nächster Zeuge betritt erneut Andreas Temme den Saal. Er bleibt dabei, dass er sich an kaum etwas erinnere. Als Verteidiger Heer sagt, seine Mandantin könne sich nicht länger konzentrieren, wird Temmes Befragung unterbrochen.)

Tag 93

13. März 2014

Manfred Götzl, Richter. **Ismail Yozgat**, 58, Vater des Mordopfers Halit Yozgat. Er trat bereits an den Tagen 41, 80 und 91 auf. **Jana J.**, 33, Sozialarbeiterin aus Berlin. **Wolfgang Heer**, Verteidiger von Beate Zschäpe. **Alexander Kienzle**, Anwalt der Nebenklage

(Zunächst gibt Ismail Yozgat eine Erklärung ab, die von einem Dolmetscher übersetzt wird.)

Yozgat Sehr geehrter Herr Vorsitzender, ich bin Ismail Yozgat, der Vater des 21-jährigen Halit Yozgat, der unschuldig in Deutschland getötet wurde. Ich habe das Video mit Temme gesehen. Als er das Geld auf den Tisch gelegt hat, war der Tisch 73 cm hoch. Ich vermute, dass Temme 196 cm groß ist. Warum hat er nicht gesehen, dass Halit hinter dem Tisch liegt, als er das Geld auf den Tisch legt? Warum hat er den Blutstropfen auf dem Tisch nicht gesehen? Was Temme erzählt, kommt mir nicht glaubhaft vor. Mein einziger Sohn wurde am 6.4.2006 durch zwei Kugeln in den Kopf erschossen. Er verlor sein Leben in meinen Armen. Wenn ich nach dem Mord zum Einkaufen in die Stadt fuhr, haben uns die Leute, egal ob Deutsche oder Türken, böse angeschaut, als seien wir schlechte Menschen. Wir sollen Drogen verkauft, Geldwäsche betrieben haben. Es hieß, unser Sohn wurde deshalb erschossen, weil wir krumme Geschäfte betrieben haben. Auch die Zeitungen schrieben das. Wenn wir in den Urlaub in die Türkei fuhren, hörten wir auch dort die gleichen Dinge. Aber wir sind eine aufrichtige Familie und haben all diese Beschuldigungen nicht verdient. Ich habe den Polizisten gesagt, dass die Mörder Ausländerfeinde waren, sie glaubten mir das aber nicht. Das Einzige, was die Polizei damals tat: Sie ermittelte die Einkommensverhältnisse der Familie Yozgat und unterzog uns DNA-Tests. Wir haben zum allmächtigen Gott gebetet: Befreie uns von diesen falschen Beschuldigungen. Ende 2011 kam die Sache mit Böhnhardt, Mundlos, Zschäpe heraus: Die Mörder waren gefasst, wir wurden von den falschen Beschuldigungen befreit, der allmächtige Gott hat unseren Gebeten entsprochen.

Verteidiger Heer *(unterbricht)*: Bei allem Verständnis für die Familie Yozgat und das Bedürfnis, sich hier zu äußern. Aber wenn unsere Mandantin hier als Mörder bezeichnet wird, muss ich das beanstanden.

Götzl Herr Yozgat, was das Verfahren angeht, haben Sie keine anderen Rechte als alle anderen Verfahrensbeteiligten. Herr Rechtsanwalt Kienzle, da sind vor allem Sie gefordert. Ich habe volles Verständnis, da Herr Yozgat ja kein Jurist ist.

Anwalt Kienzle Herr Yozgat hat aber ein eigenes Erklärungsrecht. Selbst wenn man das hier formaljuristisch sieht, bewegt sich Herr Yozgat in weiten Teilen im Rahmen.

Götzl Dann fahren Sie fort, Herr Yozgat.

Yozgat Die auf uns gerichteten Blicke haben sich geändert. Wir wurden zu einer Familie, mit der alle Mitleid hatten. Am 23. Februar 2012 hatte Frau Bundeskanzlerin Merkel zum Märtyrergedenktag alle Familien nach Berlin eingeladen. Ich habe dort drei Wünsche mitgeteilt: 1. Die Festnahme und Verurteilung der Mörder, 2. Die Umbenennung der Holländischen Straße in Kassel in Halit-Straße, 3. Gründung einer Stiftung für diese zehn Märtyrer. Bezüglich des ersten Wunsches vertraue ich vollkommen Ihrem Hohen Gericht. Die Erfüllung meines zweiten Wunsches ist fraglich. Zum dritten Wunsch: Nach Beendigung dieser Verhandlung werden wir versuchen, für die zehn Märtyrer eine Stiftung zu gründen. Wir als Familie Yozgat haben vom Staat kein Geld bekommen. Sie haben es uns angeboten, aber wir haben es nicht akzeptiert. Wir wollen kein Geld. Wir haben einen einzigen Wunsch: die Umbenennung der Holländischen Straße in Halit-Straße. Er kam am 6.2.1985 in der Holländischen Straße auf die Welt, und er wurde dort am 6.4.2006 getötet. Er ist im selben Haus auf die Welt gekommen und gestorben. Der verehrte Herr Oberbürgermeister von Kassel und seine Gruppe haben uns den Halitplatz gegeben. Ihnen danke ich. Aber sie haben uns nur gegeben, was sie wollen. Nicht, was wir wollen. Wir wollen nur, dass die Holländische Straße in Halit-Straße umbenannt wird. Wenn eine Verurteilung der Mörder unseres Sohnes erfolgt, soll auch bei diesem hohen Gericht eine Entscheidung über die Umbenennung der Holländischen Straße in Halit-Straße erfolgen. Sehr geehrter Vorsitzender, hoher Senat, wenn Sie darüber entscheiden, werde ich als Vater des Märtyrers Halit die Angehörigen der verstorbenen Mundlos und Böhnhardt zur Eröffnungsfeier der Halit-Straße einladen. Wir werden gemeinsam weiße Tauben hochfliegen lassen. Unser einziges Ziel ist: Es sollen keine Menschen mehr getötet werden. Sehr geehrter Herr Vorsitzender, der Ball liegt nun bei Ihnen. Wenn Sie eine historische Entscheidung treffen, werden Freundschaft und Menschlichkeit siegen.

Götzl Ich muss Ihnen gleich sagen: Wenn Sie Hoffnungen haben, wir hätten hier Einfluss auf die Benennung der Holländischen Straße – das ist nicht der Fall. Das ist ausschließlich Sache der örtlichen Behörden. Die Einzelheiten wird Ihnen Ihr Anwalt erklären.

(Jana J. tritt in den Zeugenstand.)

Jana J. Mit Beate Zschäpe war ich nicht näher bekannt, ich bin ihr ein paar Mal begegnet, war einmal auch mit ihr in der Disco. Also, zu ihr kann ich eigentlich nicht viel sagen. Das ist ungefähr 17 Jahre her.

Götzl Sie sagen Disco – gab es sonstige Gelegenheiten?

Jana J. Bevor wir in die Disco gefahren sind, haben wir uns bei ihr in der Wohnung getroffen. Es waren noch zwei andere Mädchen da. Ansonsten kann ich mich an zwei Sachen erinnern: Erdbeerschaumwein, weil ich den unfassbar eklig fand. Und dass sie eine Pistole hatte, ich weiß aber nicht, ob es eine echte war.

Götzl Können Sie die Pistole noch beschreiben?

Jana J. Eine Pistole halt. Sie hat sie ihre »Walli« genannt.

Götzl Eine etwas ungewöhnliche Situation.

Jana J. Auf jeden Fall. Aber so sehr habe ich mich auch nicht gewundert. Die ganze Generation war waffenaffin, die hat in der DDR Handgranatenweitwurf üben müssen.

Götzl Laut Ihrer polizeilichen Vernehmung soll André Kapke Ihnen geraten haben, sich von Beate Zschäpe fernzuhalten.

Jana J. Ja, das stimmt. Das hat der André geraten. Ihr eilte der Ruf voraus, sie sei intrigant. Ich konnte das nicht selbst bestätigen.

Götzl Haben Sie weitere Kontakte mit Frau Zschäpe in Erinnerung?

Jana J. Es ist deutlich geworden, dass sie mit Mundlos und Böhnhardt sehr eng befreundet ist. Und dass dieses Verhältnis exklusiv war, sie wurden auch immer als »die drei« bezeichnet.

Götzl Können Sie das näher ausführen?

Jana J. Die Relevanz der drei war erst nach dem Untertauchen richtig deutlich. Es war danach so eine Sensationsstimmung. Die ganze Szene hatte plötzlich eine andere Wichtigkeit.

Götzl Welche Rolle hat Gewalt in der damaligen Szene als Mittel der Auseinandersetzung gespielt?

Jana J. Gewalt war, glaube ich, immer irgendwie streckenweise ein Thema. Es gab viele Skinheads, die sich geschlagen haben. Mit André *(sie meint André Kapke)* hatte ich einen Streit über eine Situation, wo zwei Mädchen angegriffen worden sind. Ich glaube, wir hatten uns mit denen getroffen, das war auch in der Folge von Auseinandersetzungen, die es zwischen Linken und Nazis gegeben hat in der Zeit. Wir haben mit den Mädchen Tee getrunken, und auf dem Nachhauseweg sind die beiden angegriffen worden. André hat abgestritten, dass es eine Falle war, aber ich denke, es war doch eine.

Götzl Was hatte es mit der Geburtstagszeitung auf sich für André Kapke? *(Es geht um eine mit rechtsextremistischen Anspielungen bestückte, selbst gefertigte »Zeitung«, die Jana J. und Ralf Wohlleben in der Zeit nach dem Untertauchen des Trios erstellt haben sollen.)*

Jana J. Ich kann mich nicht mehr daran erinnern, wie die entstanden ist. Ich habe seit gut fünfzehn Jahren nichts mehr mit dieser Szene zu tun. Ich schäme mich auch für die Zeitung, mir ist echt das Herz in die Hose gerutscht, als ich das gesehen habe. Aber ich hatte nie Mordfantasien, ich lese das als Parodie auf die Bild-Zeitung. Das basiert nicht auf Ernst.

Götzl Stichwort Todesliste. Warum spielte das Thema dort in der Zeitung eine Rolle?

Jana J. Ich werte das als ironische Überspitzung dieser ganzen Klischees. Wir haben uns damals ja in einer Opferrolle gesehen. Ich schäme mich für diese Zeitung. Ich war selber nie gewalttätig, aber mit diesem Habitus hat man schon kokettiert. Aus meiner Perspektive heute ist es total pubertärer Schwachsinn. Wenn es ernst gemeint gewesen wäre mit der Todesliste, dann wäre da nicht Mona Lisa und Godzilla gestanden.

(Im Stile einer Boulevardzeitung enthielt die »Geburtstagszeitung« Schlagzeilen. In einem Text mit der Überschrift »Top-Terrorist schwört Rache« geht es um eine angebliche Hausdurchsuchung bei André Kapke. Dabei sei eine Todesliste gefunden worden, auf der Mona Lisa, Godzilla, Ignatz Bubis, Gerhard Schröder, Helmut Kohl gestanden hätten.)

Ich finde es schwierig, wenn man das linear einordnet in die Ereignisse. Dass es mit dem, was heute über die Taten bekannt ist, eine andere Konnotation bekommt, kann ich nachvollziehen. Ich kann nur beteuern, dass das definitiv nicht ernst gemeint gewesen ist.

Götzl Die Zeitung ist ja für André Kapke gemacht worden. Was können Sie denn zu den Ansichten Kapkes sagen?

Jana J. Er ist ja auch damals schon als Neonazi bekannt gewesen. Ich hatte mit ihm eine enge Freundschaft, die das Politische zwar tangiert hat, aber vorwiegend das Persönliche betraf. Zu dieser Zeit habe ich ihn als nicht gefährlich gesehen. Er hat mir damals erzählt, dass die Verfolgung aufgrund einer Rasterfahndung passiert, wie bei der RAF. Das bedeutet dann halt Terrorismusfahndung. Ich hab André Kapke nicht als Terroristen wahrgenommen. Das mag daran liegen, dass man die Ereignisse der Zukunft nicht sehen konnte, oder an der Naivität in dem Alter. Aber er war ein Freund, mit dem ich ganz andere Dinge verband, nicht ein gefährlicher Mensch. Ich will diese Zeitung nicht bagatellisieren, trotzdem ist es schwierig zu erklären, dass wir diese Verfolgung damals als Unrecht empfunden haben. Heute sehe ich das alles anders. Es war eine feindselige, recht zynische Sprache, das haben wir alle gut verstanden.

Götzl Aus heutiger Sicht sehen Sie alles anders?

Jana J. Ich habe, als ich Ende 1998 mein Fachabi angefangen habe, mich zunehmend weiterentwickelt, wegentwickelt von der Szene, das war ein Prozess. An dem hatte André auch teil, das war kein Konflikt. Ich sehe es heute ganz anders, auch in Anbetracht der Taten, die offenbar geworden sind. Die einfach grausam sind. Aus heutiger Sicht, kann man sagen, war diese Verfolgung ganz sicher gerechtfertigt. Drei haben Straftaten verübt, sind untergetaucht, und ein ganzes Umfeld wird dafür kriminalisiert – das war die Perspektive damals. Mit dem Wissen heute erscheint das alles in anderem Licht. Ich wusste bis zu Andrés Aussage nicht, dass er Kontakt hatte und Telefonzellen-Netze kannte. Das hab ich damals einfach nicht gewusst.

Götzl Wie war Ihre eigene politische Einstellung damals? Erzählen Sie bitte!

Jana J. Ich hatte einen rasanten Abstieg mit meiner Mutter hingelegt, wir sind aus einer schönen Wohnung weggezogen in eine kleine Wohnung im Jenaer Stadtteil Lobeda, wo die Nazis unterwegs waren. In meinem Milieu ist es so gewesen, dass Fremdenfeindlichkeit eigentlich üblich war. Ich hab das unreflektiert übernommen.

Götzl Wie war damals die politische Einstellung André Kapkes?

Jana J. Ganz klar nationalistisch. Rassistisch, würde ich aus heutiger Sicht auch sagen. Damals habe ich ein anderes Empfinden von angemessen und unangemessen gehabt. Er war jemand, der auch relativ aktiv war. Er war einer der wenigen, der auch ein Mobiltelefon besaß. Ab 1998 haben wir auch zunehmend diskutiert miteinander. Ich weiß, dass wir über die Asylgesetzgebung diskutiert haben. Da hab ich mich auch schon ein bisschen näher befasst mit Legende und Realität. Es war da Konsens: Asylanten gefährden Arbeitsplätze, kriegen alles in den Hintern geschoben. Wir haben da diskutiert, als ich gemerkt habe, die Asylgesetzgebung bedeutet all das eben nicht. André hatte eben die Einstellung, dass nationale Interessen vorgehen müssen. Meine Haltung war zunehmend, dass ich ihm gesagt habe: Ey, André, wir haben alle nur ein Leben. Ich verstehe, dass jemand nicht in schlimmsten Umständen, bedroht von Hunger und Krieg, leben will. Dass jemand versucht, so einem Leben zu entfliehen. Ich erinnere mich, dass André mich dann häufiger »elende Humanistin« genannt hat.

Tag 94

18. März 2014

Manfred Götzl, Richter. **Enrico Theile**, 38, Lokführer aus Jena. Er sagte auch an den Tagen 108 und 112 aus. **Jochen Weingarten**, Vertreter der Bundesanwaltschaft. **Wolfgang Stahl**, **Wolfgang Heer**, Verteidiger von Beate Zschäpe. **Thomas Bliwier**, Anwalt der Nebenklage.

(Es tritt der Zeuge Enrico Theile auf. Die Ermittler haben ihn in Verdacht, Teil der Lieferkette gewesen zu sein, mit der die Česká-Pistole aus der Schweiz zum NSU gelangt ist. Theile streitet das ab.)

Götzl Uns geht es darum, ob Sie über die Lieferung der Česká-Pistole Informationen haben. Sie haben nach Paragraf 55 das Recht, sich nicht selbst zu belasten. *(Ein Waffendelikt wäre verjährt, Beihilfe zum Mord nicht.)* Was wissen Sie denn zu dieser Thematik?

Theile Ich finde, dass ich ein Aussageverweigerungsrecht habe. Ich fühle mich nicht als Zeuge, sondern als Beschuldigter. Meine Tür ist eingetreten worden, gegen mich wird ermittelt. Wann ich Geld abgehoben habe, meine Navis ...

Götzl Nach meinem Kenntnisstand besteht gegen Sie derzeit kein Verfahren.

Theile Das sehe ich schon so, ich fühle mich hier beschuldigt.

Verteidiger Stahl Zu erwägen ist hier, von Amts wegen einen Zeugenbeistand beizuordnen. Ich will das nicht hinterfragen, dass er sich als Beschuldigter fühlt.

Götzl Aber ich will es hinterfragen. Im Moment sind wir nicht bei dem Punkt.

(Der Zeuge wird aus dem Saal geschickt.)

Götzl *(zu Stahl)* Es wäre nicht gut, wenn hier versucht wird, den Zeugen zu verunsichern. Warum glauben Sie, dass Sie sofort zu Wort kommen müssen? Warum unterbrechen Sie mich sofort bei dem Punkt, wo ich noch nicht einmal anfangen kann?

Verteidiger Stahl Da muss man nicht so gereizt darauf reagieren. Mir ist es lieber, der Zeuge ist draußen. Er fühlt sich beschuldigt, und da muss ein Zeugenbeistand erwogen werden. Sonst bekommt die Richtung ja auch ein Geschmäckle.

Oberstaatsanwalt Weingarten Den Eindruck, den die Verteidigung hinterlässt, hat sie sich selbst zuzuschreiben. Nach unserem Dafürhalten besteht kein Auskunftsverweigerungsrecht. Es kommt nicht darauf an, ob sich der Zeuge als Beschuldigter fühlt, sondern ob nach Einschätzung des Richters solche Anhaltspunkte bestehen.

Anwalt Bliwier Ich schließe mich an. *(Er wendet sich an Zschäpes Verteidiger.)* Hören Sie auf, die Sachleitung des Vorsitzenden zu stören! Hören Sie auf, den Zeugen zu verunsichern!

Götzl Vielleicht sollten wir Herrn Theile fragen, wie er die Sache sieht. Bitte, rufen Sie ihn auf. *(Der Zeuge kommt wieder rein.)* Wie sehen Sie Ihre Rolle im Verfahren?

Theile Ich sehe meine Rolle als Beschuldigter. In Karlsruhe bin ich vorgeladen und angeschrien worden. Meine Tür wurde eingetreten auf brutalste Weise. Sie haben meine Handys überprüft, meine Navigationsgeräte, wann ich Geld abgehoben habe.

Götzl Wie sehen Sie die Vorschrift des Paragrafen 55 Strafprozessordnung?

Verteidiger Heer Sie können doch dem Zeugen nicht eine Vorschrift an den Kopf knallen, die er nicht kennt!

Theile Ich kenn diesen Paragrafen nicht, kenne das Gesetzbuch nicht und habe auch keinen Anwalt.

Götzl Ich hatte verstanden, dass Sie hier nicht aussagen wollen.

Theile Und das scheint mit diesem Paragrafen 55 zusammenzuhängen. Keine Ahnung.

Götzl Das ist ein bisschen wenig. Das hab ich Ihnen ja erläutert. Keine Ahnung ist mir ein bisschen wenig.

Theile Ich möchte gar nichts dazu sagen, zu dieser Sache.

(Erneut kommt es zu Diskussionen, schließlich lenkt Richter Götzl ein.)

Götzl Für heute kommen wir zum Ende. Es ist nötig, dass ein Zeugenbeistand gestellt wird. Ich möchte Sie dann erneut hören.

Theile Ich habe mir heute das vierte Mal freinehmen müssen, das ist gar nicht so einfach.

Götzl Die Vernehmung geht Ihrer Berufstätigkeit vor.

Tag 95

19. März 2014

Manfred Götzl, Richter. **Carsten R.**, 36, Personalsachbearbeiter aus München. **Herbert Diemer**, Vertreter der Bundesanwaltschaft. **Alexander Hoffmann, Gül Pinar, Alexander Kienzle**, Anwälte der Nebenklage.

Götzl Was können Sie zu einer Wohnung in der Altchemnitzer Straße 12 in Chemnitz sagen? Es geht um das Jahr 1998.

Carsten R. Dass ich die Wohnung auf meinen Namen angemietet und zur Nutzung überlassen hab. Ich hab damals in Chemnitz gelebt. Und da ist man auf mich zugekommen und hat gefragt, ob die drei Personen dort unterkommen können. Ja, okay, mach ich, habe ich gesagt. Die Wohnung war schon ausgesucht. Ich musste nur noch zur Wohnungsübergabe und den Mietvertrag unterschreiben.

Götzl Sie tun so, als sei das das Selbstverständlichste der Welt.

Carsten R. Man hat mich halt gefragt, dann habe ich's gemacht.

Götzl *(Er lacht.)* Praktisch zu wissen, könnte man jetzt sagen.

Carsten R. Man brauchte halt irgendjemanden, der nicht polizeibekannt ist. Da habe ich mich beziehungsweise meinen Namen entsprechend zur Verfügung gestellt.

Götzl Wer brauchte jemanden, der nicht polizeibekannt war?

Carsten R. Das weiß ich eben nicht mehr. Das kann ich nicht mehr sagen.

Götzl War das ein Passant oder sonst jemand? Ich bitte Sie!

Carsten R. Das war jemand aus dem Freundeskreis.

Götzl Ich hab Sie auch belehrt, dass Sie nichts verschweigen dürfen.

Carsten R. Ja.

Götzl Freundeskreis. Können Sie das Stichwort füllen?

Carsten R. *(schweigt)*

Götzl Können Sie mir erklären, wie es der Freundeskreis gewesen sein kann, wenn Sie gar keine Personen vor Augen haben?

Carsten R. Der Freundeskreis war größer.

Götzl Dann erzählen Sie mir von Ihrem größeren Freundeskreis.

Carsten R. Das kann ich nicht.

Götzl Wie viele Freunde hatten Sie damals?

Carsten R. Viele. Ich will keine Namen nennen, um niemand in Verbindung zu bringen. *(Nach längerem Hin und Her, sagt er, dass ein Ralf H. ihn angesprochen habe.)*

Götzl Um welche drei Personen ging es denn?

Carsten R. Um die Frau Zschäpe, den Herrn Mundlos und den Herrn Böhnhardt.

Götzl Warum benötigten die drei eine Wohnung?

Carsten R. Ich wusste nur, dass die drei abhauen mussten und Unterschlupf brauchten. Warum, hat man mir nicht gesagt. Ich habe auch nicht nachgefragt.

Götzl Warum nicht?

Carsten R. Es hat mich nicht interessiert. Es war für mich aus Kameradschaft selbstverständlich, die Wohnung anzumieten. Ich hatte auch keine Nachteile dadurch.

Götzl Waren Sie selbst in der Wohnung?

Carsten R. Ja, einmal im Monat bin ich da vorbeigegangen, um zu gucken, ob alles in Ordnung ist, ob sie irgendwas brauchen. Mit Uwe Mundlos und Uwe Böhnhardt hatte ich so gut wie gar nichts zu tun. Den Hauptkontakt hatte ich zu Frau Zschäpe.

Götzl Wie lange haben die drei dort gelebt?

Carsten R. Nicht ganz ein Jahr, glaube ich.

Götzl Waren Sie damals in der rechten Szene?

Carsten R. Ja.

Götzl Was verstehen Sie unter rechter Einstellung?

Carsten R. Dass nicht alles schlecht war im Dritten Reich. Dass man gegen die Asylpolitik war.

Anwalt Hoffmann In den Jahren nach dem Untertauchen des Trios gab es Fahndungsaufrufe mit Fotos. Haben Sie so was mal mitgekriegt?

Carsten R. Nein. Das Thema war für mich erledigt nach dem Auszug.

Anwältin Pinar Es ist Ihnen egal gewesen, weswegen die gesucht wurden?

Carsten R. Ja. Ich hab nicht darüber nachgedacht, ob die Schokoriegel geklaut oder jemanden umgebracht haben.

Anwältin Pinar Was waren denn Ihre Gedanken?

Bundesanwalt Diemer Ich beanstande diese Frage.

Anwältin Pinar Es ist so beachtlich, wann sich die Bundesanwaltschaft in diesem Verfahren regt und wann nicht.

Bundesanwalt Diemer Der Zeuge soll Wahrnehmungen bekunden, nicht Einstellungen rechtfertigen. Wir sind hier nicht das Jüngste Gericht. Wir sitzen über Frau Zschäpe und andere zu Gericht.

Götzl Ich lasse die Frage zu.

Anwalt Hoffmann Der Zeuge lügt uns hier die Tasche voll. Der Zeuge meint, dass er wieder lügen kann, und kriegt auch noch Unterstützung von der Bundesanwaltschaft.

Götzl Sie haben sich nicht mehr im Griff, Herr Hoffmann. Ich weiß, Sie sind sehr temperamentvoll, Frau Pinar.

Anwältin Pinar Da nehmen wir uns nichts.

Götzl Sie sind jetzt nicht dran!

(Götzl lässt eine Pause einlegen.)

Anwalt Kienzle Wir würden eine Erklärung zu Herrn Dr. Diemer abgeben. Wir verzichten hier alle auf unser Fragerecht. Es ist sinnlos geworden, nachdem …

Götzl Ich bitte, die Fragen zu stellen! Ich habe die Frage zugelassen.

Anwalt Kienzle Aber die Beanstandung steht doch im Raum. Es steht im Raum, dass wir Fragen stellen, die nur im Jüngsten Gericht zulässig wären.

Götzl Sie können das später machen.

Anwältin Pinar Ausgerechnet in dem Moment, wo der Zeuge sagt, es sei ihm egal gewesen, ob Menschen umgebracht wurden, geht Herr Diemer rein.

Götzl Ich habe Ihre Frage zugelassen, also stellen Sie sie.

(Statt einer weiteren Zeugenbefragung geht der Streit eine Weile weiter, am Ende verliest Anwalt Kienzle eine Erklärung.)

Anwalt Kienzle Herr Dr. Diemer gab zu erkennen, dass Wahrheitsfindung hier keine Rolle spielt. Der Zeuge hat zu erkennen gegeben, dass ihm die Mordserie egal ist. Sein Aussageverhalten bekommt staatliche Rückendeckung.

Bundesanwalt Diemer Inhalt meiner Beanstandung war, dass der Zeuge Wahrnehmungen zu bekunden habe und sich nicht dafür zu rechtfertigen hat, was er früher gedacht hat. Die Unterstellung, dass ich nicht an der Aufklärung der Wahrheit interessiert wäre, ist eine böswillige Unterstellung, die ich auf das Schärfste zurückweise.

Tag 96

20. März 2014

Manfred Götzl, Richter. **André Kapke**, 38, Selbstständiger im Baugewerbe in Jena. Er wurde auch an den Tagen 59 und 84 befragt. **Alexander Hoffmann, Turan Ünlücay, Antonia von der Behrens, Seda Başay, Eberhard Reinecke**, Anwälte der Nebenklage.

Götzl Wie war Ihr Kontakt zu Carsten Schultze?

Kapke Man hat sich ab und zu gesehen. Jena ist ja nicht die allergrößte Stadt. Er hat sich positiv entwickelt, Aufgaben bei den Jungen Nationaldemokraten übernommen.

Götzl Positiv entwickelt, was meinen Sie damit?

Kapke Viele machen Remmidemmi, trinken und sorgen dafür, dass das politische Bild nicht gerade das beste ist. Bei Carsten Schultze war es anders, der war sehr vernünftig und nicht auf Krawall gebürstet.

Götzl Welche Rolle hat er gespielt in der rechten Szene?

Kapke Er hat sich um den Nachwuchs gekümmert.

Götzl Blieb er in der Szene?

Kapke Es wurde gemunkelt, dass er sexuell anders orientiert ist. Durch die Blume wurde ihm deshalb gesagt, er soll sich anders orientieren. Ist nun mal so, dass in der Subkultur Homosexualität nicht so angesehen ist. Rein menschlich war er nicht so gut aufgehoben bei uns, er musste sich ja permanent verleugnen.

Götzl Wie ging es weiter?

Kapke Nichts ging weiter. Er ist umgezogen. Und Punkt.

Anwalt Hoffmann Herr Kapke, mit Blick auf das »Pogromly«-Spiel oder Ihre Geburtstagszeitung, waren Sie und Ihr Umfeld Ende der 90er-Jahre Nationalsozialisten?

Kapke Das ist eine Definitionsfrage. Naturlich spielt man mit dem historischen Kontext. Das mache Leute in Ihrem Kontext ja auch mit Stalinismus. Das wird übersteigert in Form des Protests. Heute mit meinen Lebenserfahrungen würde ich das nicht mehr machen, weil das Schwachsinn ist. In der Sturm-und-Drang-Phase ist man aber der Provokation nicht abgeneigt.

Anwalt Hoffmann Wie war Ihre Einstellung zur Ermordung der Juden?

(Pogromly ist das Spiel nach dem Muster des Spiels Monopoly, das Bohnhardt, Mundlos und Zschape entworfen und gebastelt haben. In dem Spiel ersetzten sie die Bahnhöfe durch Konzentrationslager, das Ziel war es, eine »judenfreie Stadt« zu schaffen.)

Kapke Da muss man erheblich differenzieren. Wenn Jugendliche heute Ballerspiele spielen, unterstellt man denen ja auch nicht, dass sie Leute umlegen. Das ist ja Quatsch. Ich bin nicht davon ausgegangen, dass einer losgeht und Juden und Ausländer erschießt.

Anwalt Hoffmann Es sind auch Leute mit Braunhemd und Uniform herumgelaufen. Was hat das bedeutet?

Kapke Ähnlich, wie wenn sich Punker nicht gesellschaftskonform kleiden: Es war ein Zeichen, um sich gegen das System aufzulehnen. Ich hatte kein großes Problem damit. Ich hielt das für Provokation, um ins Gespräch zu kommen.

Anwalt Reinecke Der Thüringer Heimatschutz trug bei Demos ein Transparent auf dem stand: Der Gott, der Eisen wachsen ließ, der wollte keine Knechte. Was wollten Sie denn damit sagen?

Kapke Nehmen Sie's mir nicht übel, aber auf so einen Quatsch habe ich jetzt keine Lust. Es ging um germanische Freiheitskämpfe.

Anwalt Reinecke Hatten Sie das Gefühl, dass Sie einen Freiheitskampf führen müssten?

Kapke Es gibt so viele Meinungsparagrafen in diesem Land. Und wo ein freies Wort nicht möglich ist, gibt es keine Freiheit.

Anwältin von der Behrens Auf der Internetseite des Thüringer Heimatschutzes heißt es, man sei systemkritisch und -feindlich. Es gehe um nationalen Sozialismus. Multikulti sei das größte Verbrechen an der Menschheit und führe zur Vernichtung der Völker. Ist das so zutreffend?

Kapke Was ist daran falsch?

Anwältin Başay Sie sagten in einem Interview mit der Zeitung »Junge Freiheit«: »Wenn die etwas verändern wollten, dann erschieße ich doch keine unschuldigen Gemüsehandler. Dann hätten sie sich eher Presseleute, Staatsanwalte, Richter und Politiker vornehmen müssen.«

Kapke Es wäre doch sinnvoller, nach der Logik der RAF, dem Übel an die Wurzel zu gehen.

Anwalt Ünlücay Herr Kapke, sind für Sie Niederländer und Türken gleich viel wert?

Kapke Ich habe keine Problem mit Türken. Ich habe in der Türkei auch schon Urlaub gemacht. Ich will in der Türkei dann nur auch Türken treffen.

Anwalt Ünlücay Haben Sie gegen Niederländer dieselbe Abneigung wie gegen Türken?

Kapke Rein geografisch ist mir der Niederländer näher, auch kulturhistorisch.

Anwalt Ünlücay Wollen Sie, dass die türkische Bevölkerung das Land verlässt?

Kapke Ich halte den Bevölkerungsanteil der Türken in Deutschland für eindeutig zu hoch, ja.

Tag 97

25. März 2014

Manfred Götzl, Richter. **Ralf B.**, 40, Kriminalhauptkommissar beim BKA. Er sagte auch an den Tagen 101 und 109 aus. **Christian V.**, Kriminaloberkommissar beim BKA. Er trat auch am Tag 87 auf. **Anja Sturm**, Verteidigerin von Beate Zschäpe.

(Der BKA-Ermittler Ralf B. gibt die Inhalte dreier Vernehmungen von Max-Florian B. wieder, der den drei Untergetauchten seine Wohnung zur Verfügung gestellt hat.)

Ralf B. Bei der ersten Vernehmung ging es zunächst um Mandy Struck, die Exfreundin von Herrn B.. Er ging davon aus, dass sie ihre Krankenkassenkarte Frau Zschäpe nur einmalig zur Verfügung gestellt hat, für einen Arztbesuch. Dann haben wir nach André Eminger gefragt. Herr B. hat gesagt, dass er ihn Ende 1997, Anfang 1998 über Frau Struck kennengelernt hat. Sie hätten gemeinsam Konzerte besucht. Den letzten Kontakt zu Herrn Eminger hatte er nach seinen Angaben 1999. Herr Eminger soll das Trio auch etwa dreimal in der Wohnung von Herrn B. besucht haben. Nach 1999 habe er nur noch telefonischen Kontakt mit Uwe Mundlos und Uwe Böhnhardt gehabt. Dabei sei auch Herr Eminger Thema gewesen. Dass er Kinder hat und sich ein Tattoo hat stechen lassen: »Die Jew die« *(Übersetzt bedeutet das: »Stirb, Jude, stirb«.)* Herr B. habe dreimal nachfragen müssen, bis er es verstanden hat. Herr Böhnhardt habe ihm davon erzählt. Herr Eminger hat das Trio öfter besucht, meinte Herr B. 2011 habe er einen Anruf von Herrn Eminger bekommen. Er wunderte sich darüber, dass er Informationen über ihn besaß, die er nur vom Trio haben konnte. Wir fragten Herrn B., ob innerhalb des Trios jemand das Sagen hatte. Der Eindruck von Herrn B. war, dass Uwe Böhnhardt der Autoritärere der drei gewesen sei, weil er Uwe Mundlos immer mal gebremst habe. Bei Frau Zschäpe sei das nicht der Fall gewesen. Er meinte, dass Herr Böhnhardt und Frau Zschäpe ein Paar gewesen seien, er sei sich aber nicht sicher. *(Götzl geht die Vernehmungsprotokolle im Detail durch und liest die protokollierten Fragen und Antworten*

Wort für Wort vor. Der Zeuge bestätigt alles.) Herr B. berichtete auch, dass er einmal ein »Skinsons-T-Shirt« von Mundlos bekommen hat. Es zeigte die Figur Bart Simpson mit Springerstiefeln und Baseballschläger. Dazu machte B. die Angabe, dass er das T-Shirt von Mundlos geschenkt bekommen habe und dass der dieses Shirt entworfen habe für einen gewissen »Dackel«. Vertrieben wurden die Shirts von Hendrik L. Und ein Teil des Erlöses sei für das Trio gewesen.

Götzl Wie war das Verhalten von Herrn B. während der Vernehmungen?

Ralf B. Absolut kooperativ. Er hat sich sehr bemüht, sich zu erinnern, das gelang nicht immer. Er hat auch zu Hause Unterlagen rausgesucht, um Erinnerungen aufzufrischen und um Belege und Fakten zu finden, die für die Ermittlungen dienlich sein könnten, was auch der Fall war.

Verteidigerin Sturm Sie haben wiederholt von »Trio« gesprochen. Hat Herr B. diesen Begriff gewählt?

Ralf B. Er hat von »den dreien« gesprochen.

Verteidigerin Sturm Sollte er konkretisieren, wen er jeweils meint?

Ralf B. Wir haben wirklich versucht, darauf zu achten. Wenn er von allen dreien sprach, hat er alle drei gemeint.

(Der nächste Zeuge ist der Beamte Christian V., der Max-Florian B. ebenfalls vernommen hat.)

Christian V. Die Vernehmung am 5.1.2012 fand in den Räumen der Bundesanwaltschaft statt. Herr B. machte einen relativ ruhigen und souveränen Eindruck, er war kooperativ. Es gab zunächst mehrere Vorhalte aus früheren Vernehmungen. Wen er meinte mit »den dreien«? Er sagte, die drei seien für ihn als Einheit aufgetreten, er könne da niemanden herausheben. Er habe zum Beispiel immer mit Mundlos telefoniert, aber er hatte das Gefühl, dass dieser immer für alle drei sprach. Den Funkscanner habe zwar Böhnhardt benutzt, aber da habe er gemerkt, dass alle drei ein Interesse hatten. Auch seien alle drei nervös geworden, als ein Polizeiwagen in der Straße auftauchte. Er berichtete von der Erstellung des Pogromly-Spiels, dass alle drei beteiligt gewesen seien an der Fertigung. Böhnhardt habe ihm gesagt, dass er niemandem erzählen solle, dass er die drei untergebracht habe. Herr B. sagte, das sei ihm grundsätzlich klar gewesen, dass er dichthalten sollte. Zur Rolle von Frau Zschäpe gab er an, dass sie aus seiner Sicht eine absolut gleichberechtigte Rolle einnahm. Sie sei auf keinen Fall nur das Mäuschen gewesen, das den beiden bloß das Essen gekocht hat. Die hätten gesagt, dass sie sich ihr Leben verbaut hätten. Er habe das Gefühl gehabt, dass sie auch nicht mehr in der Szene seien. Herr B. sagte, dass er sich gedacht habe, dass alle drei gesucht werden und nicht nur wegen der Sachen, die sie ihm erzählt hätten. Er habe aber nicht gewusst, dass sie echte Bomben bauen und Morde begehen.

Tag 98

26. März 2014

Manfred Götzl, Richter. **Juliane W.**, 32, Verkäuferin in Jena. **Herbert Diemer**, Vertreter der Bundesanwaltschaft. **Wolfgang Stahl**, Verteidiger von Beate Zschäpe. **Olaf Klemke**, Verteidiger von Ralf Wohlleben. **Angelika Lex**, Anwältin der Nebenklage.

Götzl Wann haben Sie Uwe Mundlos, Uwe Böhnhardt, Beate Zschäpe und Ralf Wohlleben kennengelernt?

Juliane W. Den Ralf hab ich kennengelernt, als ich fünfzehn war. Irgendwann waren wir halt zusammen. Die anderen habe ich dann halt auch kennengelernt, im Jugendklub, weil das ja auch sein Freundeskreis war. Es könnte '96 oder '97 gewesen sein. Anfang '99 haben wir uns getrennt.

Götzl Wann war das letzte Zusammentreffen mit Uwe Mundlos, Uwe Böhnhardt und Beate Zschäpe?

Juliane W. Der letzte Kontakt mit Herrn Böhnhardt war am Tag des Verschwindens der drei. Da haben Böhnhardt und Henck mich bei der Schule abgeholt mit dem Satz: Du musst mitkommen, sonst muss der Ralf ins Gefängnis. Als junger Mensch geht man dann halt mit. Mit dem Volker Henck bin ich dann nach Erfurt gefahren, um den Ralf zu informieren. Das ging alles viel zu schnell an dem Tag, ich kann das nicht so wiedergeben, wie Sie das vielleicht gerne hätten.

Götzl Erzählen Sie doch einfach mal den Ablauf.

Juliane W. Ich bin mit Volker Henck nach Erfurt gefahren, um dem Ralf das mitzuteilen, dass eine Durchsuchung erfolgt, und ich bin getrennt vom Ralf wieder mit dem Volker nach Jena gefahren. Ralf ist separat gefahren.

Götzl Wie ging es dann weiter?

Juliane W. So weit ich mich erinnern kann, wurde ich zu Herrn Mundlos an die Wohnung gefahren, wo die Polizei auch schon vor Ort war. Ich sollte ursprünglich Sachen aus der Wohnung holen: T-Shirts, Pullis, keine Ahnung. Natürlich habe ich dann keine Sachen mitgenommen. Ich bin gegangen. Mir wurde dann gesagt, dass ich noch zur Beate in die Wohnung soll. An dem Tag habe ich nichts weiter gemacht.

Götzl Waren Sie denn jetzt in Beates Wohnung?

Juliane W. Ich denke schon.

Götzl Ich habe Sie belehrt, dass Sie nichts verschweigen dürfen.

Juliane W. Ich kann mich ja nur auf das berufen, was ich bei der Polizei gesagt habe.

Götzl Sie sagen mir, was Sie wissen! Und zwar vollständig!

Juliane W. Ich kann mich an zwei blaue Tüten erinnern.

Götzl Wie kamen Sie in die Wohnung?

Juliane W. Meine Vermutung: Ich hab einen Schlüssel bekommen.

Götzl Von wem?

Juliane W. Das kann ich zum jetzigen Zeitpunkt nicht mehr sagen.

Götzl Was haben Sie mitgenommen?

Juliane W. Ich weiß es nicht, ich weiß es wirklich nicht.

Götzl Was haben Sie mit den Sachen gemacht?

Juliane W. Ich habe sie zu Herrn Henck ins rote Auto gebracht, das stand vor der Tür. Ich habe dann nicht mehr mitgemacht. Ich bin dann nach Hause gegangen.

Götzl Wie sind Sie nach Hause gekommen?

Juliane W. Zu Fuß. Oder mit der Linie 13.

Götzl Was haben Sie mit dem Schlüssel gemacht?

Juliane W. Ich weiß es nicht, ich weiß es nicht.

Götzl Noch mal zurück zu dem Zeitpunkt, als man Sie an der Schule abgeholt hat. Wie soll ich mir das Gesprach vorstellen?

Juliane W. Herr Henck und Herr Böhnhardt waren bei mir an der Schule. Sie haben mich aus dem Unterricht geholt. Ich soll mitkommen, da Ralf sonst ins Gefängnis muss. Ich bin dann wieder rein, habe dem Lehrer gesagt, dass ich krank bin. Und als ich wieder raus bin, war der Uwe Böhnhardt nicht mehr da. Ich bin dann mit Volker mitgefahren.

Götzl Wie haben Sie das denn eingeordnet mit dem Gefängnis?

Juliane W. Ich konnte das gar nicht einordnen, weil ich gar keine Informationen hatte. Auch von der Garagendurchsuchung habe ich erst aus den Medien erfahren.

Götzl Klingt nicht überzeugend, Frau W. Ich kann es auch gar nicht nachvollziehen. Ralf müsste eventuell ins Gefangnis, Sie sollten ihn informieren. Was haben Sie ihm denn gesagt?

Juliane W. Weiß ich nicht. Ich war sehr jung, ich hatte Angst um meinen Freund, ich wusste nicht, worum es geht, definitiv nicht.

Götzl Zu welchem Zweck fuhren Sie jetzt nach Erfurt?

Juliane W. Ich habe mir Sorgen um meinen Freund gemacht. Ab wann und was ich mit ihm gesprochen habe, kann ich Ihnen nicht sagen. Keine Ahnung, ob man das nachvollziehen kann. Wenn man sich Sorgen macht um seinen Freund, versucht man schon, alle Hebel in Bewegung zu setzen, dass man mit ihm spricht.

Götzl Was haben Sie denn später gemacht in der Wohnung von Herrn Mundlos?

Juliane W. Sie machen es mir echt schwer.

Götzl Ja, ich mache es Ihnen schwer. Aber Sie machen es mir auch schwer.

Juliane W. Ich konnte keine Sachen rausholen, weil die Polizei da war. Mir wurde nur gesagt, ich sollte die Sachen holen. Ich wusste nichts. Ich wusste auch nichts von der Flucht. Ich war damals sehr jung, naiv. Ich war 17. Ich habe eigentlich nur gemacht, was mir gesagt wurde.

Götzl Wie war es denn mit Herrn Kapke – hatten Sie an dem Tag mit ihm Kontakt?

Juliane W. Kann ich Ihnen nicht sagen.

Götzl *(schweigt länger)*

Juliane W. Sie merken ja auch selbst: Das Schildern fällt mir schwer. Deshalb habe ich auch gebeten, dass Sie konkrete Fragen stellen.

Götzl Ich stelle die ganze Zeit Fragen, Frau W.!

Verteidiger Stahl *(zu Götzl)* Seien Sie nicht böse, ich würde mir wünschen, dass Sie mal einen BKA-Beamten, der sich nicht erinnern kann, so befragen. Sie fragen ganz schön scharf!

Götzl Das steht Ihnen in dem Moment nicht zu! Es ist notwendig, dass man nachfragt! *(Götzl schickt die Zeugin aus dem Saal.)*

Verteidiger Stahl Ich denke schon, dass es mir zusteht, das zu sagen. Ich gewinne den Eindruck, dass es hier zwei unterschiedliche Zeugenbefragungen gibt. Wir haben schon BKA-Beamte gehabt, die sich nicht erinnern können, was Kern ihrer Tätigkeit war. Die werden dann mit Samthandschuhen angefasst.

Götzl Das kann ich nicht nachvollziehen. Und jetzt?

Verteidiger Stahl Ich merke ja, wie harsch Sie werden. Es wirkt nicht sehr neutral.

Bundesanwalt Diemer Ich sehe hier keinerlei prozessordnungswidriges Verhalten. Dass der Vorsitzende zur Wahrheit verhelfen will, ist respektabel.

Anwältin Lex Es ist vollkommen absurd, diese Vorwürfe. Es würde ja zur Folge haben, dass hier jeder Zeuge sich auf den Stuhl setzen und sagen kann, er könne sich nicht erinnern. Die Befragung war keineswegs harsch. Hier sind schon Zeugen aufgetreten, die es verdient hätten, harscher befragt zu werden.

Verteidiger Klemke Nach den Äußerungen von Frau Lex ist wohl die Jagdsaison auf Zeugen eröffnet. Es ist sechzehn Jahre her. Die Zeugin hatte in der Zwischenzeit andere Partner. Was früher war, ist überlagert durch andere Ereignisse.

(Die Zeugin wird wieder in den Saal gerufen.)

Götzl Wo wollten Sie Herrn Wohlleben denn in Erfurt treffen?

Juliane W. An seiner Berufsschule. Ob ich da dann rein bin oder der Volker, das weiß ich nicht mehr.

Götzl Wie war denn die Situation nach diesem Tag? Haben Sie sich mit Ralf Wohlleben über die drei unterhalten?

Juliane W. Ich hab ja mitbekommen, dass die drei weg waren. Ich habe auch nachgefragt, ob er weiß, wo die drei sind. Das hat er verneint.

Götzl Haben Sie mit ihm denn darüber gesprochen, warum die drei verschwunden sind?

Juliane W. Das konnte ich dann ja der Presse entnehmen. Dass die Polizei eine Bombenwerkstatt hochgenommen hat. Ich hab den Ralf auch gefragt, ob er was davon wusste. Und da hat er gesagt, dass er das nicht wusste. Und auch nicht, wo die drei sich aufhalten.

Götzl Nun hatten Sie ja die Information von Uwe Böhnhardt, dass er fürchtet, dass Ralf Wohlleben verhaftet wird.

Juliane W. Ich hatte ja an die Demonstrationen gedacht. Ich habe ja wirklich alles mehr oder weniger aus der Presse entnommen. Ich habe nicht näher nachgehakt, weil ich mir auch gesagt hab, mich persönlich geht's nichts an.

Götzl Sie sind doch die Freundin von Ralf Wohlleben gewesen. In der Presse stand doch etwas anderes als das mit den Demonstrationen. Und da haben Sie nicht mit ihm drüber gesprochen?

Juliane W. Ich hab den Ralf so kennengelernt, dass er ein total netter junger Mann war, auch sich emotional um die Leute gekümmert hat – aber nicht, dass er etwas zu verbergen hatte.

Götzl Hatten Sie Kontakt zu Mundlos' Eltern?

Juliane W. Der Vater stand an einem Tag vor der Tür, hat richtig Theater gemacht, hat mich auch mal verfolgt, sich verkleidet, wollte wissen, wo die drei sind. Von der Polizei habe ich gehört, dass ich mal bei der Mutti war und fragte, ob sie ein Konto einrichten könnte für die drei. Das ist auch den Akten so zu entnehmen.

Götzl War es denn so?

Juliane W. Ich wusste das nicht mehr. Es ist durchaus möglich, dass das so war.

Götzl Hatten Sie je Kontakt zum Verfassungsschutz?

Juliane W. Ich wusste zu der Zeit nicht, dass es der Verfassungsschutz ist. Ich dachte, es wäre die Polizei. Die sind mit mir zum Auto gegangen und haben mich gefragt, ob ich wüsste, wo die drei sind. Die haben mir dann hundert Mark gegeben. Dann weiß ich noch von einem zweiten Treffen, auf dem Weg nach Hause. Sie haben mich wieder gefragt, wo die drei sind. Ich konnte auch nicht sagen, ob der Ralf was weiß. Ich hab wieder hundert Mark bekommen, hab das blauäugig angenommen.

Götzl Hatten Sie nicht die Überlegung, Sie müssten den Herrn Wohlleben informieren?

Juliane W. Die haben ja zu mir gesagt, dass der Ralf das nicht erfahren soll. Und dafür haben die mir ja auch Geld gegeben, dass ich nichts sage. Beim ersten Treffen war mir auch nicht sofort bewusst, dass es der Verfassungsschutz ist. Und wie gesagt, das Geld hab ich genommen für mich. Sicherlich hätte ich mit dem Ralf drüber reden können, aber ich hab es halt nicht getan.

Götzl Im Protokoll Ihrer polizeilichen Vernehmung heißt es, Sie seien mit Volker Henck nach Erfurt gefahren. »Nach kurzer Zeit kam der Volker wieder und sagte zu mir, dass er den Ralf nicht angetroffen hat. Hierauf fuhren wir zurück nach Jena und begaben uns in die gemeinsame Wohnung von Ralf und mir.« Dort hätten Sie Ralf angetroffen, der aber gleich wieder wegging, weil er noch einiges zu erledigen hätte. Abends hätten Sie ihn gefragt, was die Aktion gesollt hätte. »Er sagte zu mir sinngemäß, die drei mussten verschwinden, ich muss mir keine Sorgen um ihn machen.« Was sagen Sie dazu?

Juliane W. *(schweigt länger)* Kann sein, dass das so war. Ich habe das nicht alles im Kopf. Ich rede im Moment nur um den heißen Brei herum. Sie fangen ja schon an zu grinsen. Stützen Sie sich doch einfach auf meine damalige Aussage.

Götzl Weil ich mir überlege, wie Sie sich das vorstellen – dass Sie sich einfach nur auf Ihre Aussage bei der Polizei im Jahr 2012 stützen?

Juliane W. Sie wollen mich jetzt ins Rudern bringen. Sie haben gelogen, dass sagen Sie mir doch jetzt im Prinzip durch die Blume. Soll ich mich jetzt auch noch darüber setzen? *(zeigt auf die Anklagebank)*

Verteidiger Stahl Herr Vorsitzender, ich muss das Zwiegespräch zwischen ihnen und der Zeugin unterbrechen. *(Die Zeugin wird rausgeschickt.)* Ich beanstande Ihren Vorhalt und Ihre Frage an die Zeugin: Was sagen Sie denn dazu? Im Vorhalt steht, Herr Wohlleben habe sinngemäß gesagt, die drei mussten verschwinden. Das hat die Zeugin doch heute Morgen so gesagt. Ihre Frage kann nur dem Zweck dienen, die Zeugin weiter zu verunsichern.

Götzl *(wirkt empört.)* Die Zeugin sagte, Herr Wohlleben habe nichts gesagt. Hier nun doch. Das ist ein Unterschied!

Verteidiger Stahl Jetzt seien Sie doch nicht mit mir grantig.

Götzl Was heißt denn jetzt grantig. Ich war heute schon harsch, jetzt bin ich grantig.

(Stahl zieht seine Beanstandung zurück, die Zeugin kommt wieder in den Saal. Ihre Befragung geht weiter und wird auch am nächsten Tag fortgesetzt.)

Tag 99

27. März 2014

Manfred Götzl, Richter. **Norbert Wießner**, 67, früherer V-Mann-Führer des Landesamts für Verfassungsschutz Thüringen.

Götzl Es geht um den V-Mann Tino Brandt, mit dessen Führung Sie betraut waren. Was können Sie uns zu seinem Verhalten berichten?

Wießner Ich war von 1993 bis 2001 beim Landesamt für Verfassungsschutz Thüringen. Bis 1998 war ich zuständig für die Anwerbung von V-Personen. 1998 wurde das Landesamt neu strukturiert, ich wechselte ins Referat Beschaffung Rechtsextremismus. Dort blieb ich bis 2001. Nach der Enttarnung von Tino Brandt 2001 bin ich auf eigenen Wunsch ins LKA gewechselt. Dort blieb ich bis zu meiner Pensionierung 2011.

Götzl Vielleicht berichten Sie uns von den Umständen der Anwerbung von Tino Brandt.

Wießner Nach dem Auftauchen von Flugschriften der Anti-Antifa haben wir im Urheberkreis gesucht und sind so auf Tino Brandt gekommen. Weitere Schwerpunkte waren die Rudolf-Heß-Aufmärsche, die politisch unheimlich interessant waren und für Wirbel gesorgt haben. Ende 1994 wurde Tino Brandt der V-Mann-Führung übergeben, Mitte 1998 bis zu seiner Enttarnung wurde er wieder von mir geführt. Er war in dieser Zeit sehr kooperativ und hat ehrlich berichtet. Er hat über das gesamte Rechtsspektrum umfangreich und wahrheitsgemäß berichtet. Seine Hinweise wurden überprüft und haben sich bestätigt. Wir wurden von ihm nicht getäuscht oder hinters Licht geführt. Er ist als B2-Quelle eingestuft worden, das heißt, dass wir der Meinung waren, dass er genau und ehrlich berichtet hat.

Götzl Wie häufig hatten Sie Kontakt zu ihm?

Wießner Es gab wöchentlich mindestens ein Treffen, telefonisch war er rund um die Uhr erreichbar.

Götzl Hatte er einen besonderen Auftrag?

Wießner In erster Linie ging es um Erkenntnisse zur NPD, zum Thüringer Heimatschutz und um die Suche nach dem Trio. Brandt hatte zunächst die Kennnummer 2045 und den Decknamen Otto. Als er nach seiner Abschaltung nach einem Vierteljahr reaktiviert wurde, hatte er die Nummer 2150 und den Decknamen Oskar.

Götzl Wie war Brandts Verhalten im Umgang?

Wießner Er war unheimlich kooperativ und gut steuerbar. Für Geld hätte er vermutlich 24 Stunden lang Dienst gemacht. Er war bei allen Geschichten pünktlich. Die Nichteinhaltung von Treffen fand bei ihm nicht statt. Bei ihm war das entscheidende Führungsmittel Geld. In der Regel hat er 800 bis 1000 D-Mark im Monat bekommen, zusätzlich noch Telefon- und Fahrtkosten. Von 1998 bis 2001 hat er eine Summe von 1200 bis 1500 D-Mark monatlich erhalten.

Götzl Und vorher?

Wießner Kann ich Ihnen nicht sagen.

Götzl Sie sagten, es ging um die Suche nach dem untergetauchten Trio. War er auf bestimmte Personen angesetzt?

Wießner Nein, er hatte nur den Auftrag, Kontakt zu Wohlleben und Kapke zu halten, um über die beiden Informationen zum Trio zu bekommen. Das war der Ansatz. Das hat sich im Laufe der Zeit als sehr schwierig herausgestellt. Keiner weiß was, keiner sagt was, habe es ständig geheißen. Und wir konnten die Quelle ja auch nicht unnötig in Verdacht bringen, daher waren konkrete Nachfragen schwierig.

Götzl Welche Informationen bekamen Sie?

Wießner Wir erhielten Hinweise auf Thorsten Heise, dass er Auslandskontakte hat, über die man die Leute ins Ausland bringen kann. Aber aus diesen Kontaktaufnahmen ist nichts geworden. Und es gab Hinweise nach Niedersachsen zu Holger Gerlach. Das Landesamt für Verfassungsschutz Niedersachsen hat wohl daran gearbeitet, aber eine Spur zu dem Trio ist nicht gekommen. Es gab einen Observationsbericht, das war's dann.

Götzl Und welche Erkenntnisse hatten Sie über André Kapke?

Wießner Kapke galt als sehr unzuverlässig. Ihm ist ja Geld zugeschoben worden, zur Passbeschaffung für die drei. Dass es nicht angekommen ist, hat natürlich das Misstrauen noch erhöht.

Götzl Welche Kenntnisse hatten Sie zur Stellung Brandts in der rechten Szene und im Thüringer Heimatschutz?

Wießner Der THS war ein loser Verband von sechs bis sieben Kameradschaften, gegründet wohl von Mario Brehme und Tino Brandt. Es war keine geschlossene Vereinigung.

Götzl Welche Erkenntnisse hatten Sie zu Juliane W., der damaligen Freundin von Ralf Wohlleben?

Wießner Über die Zielfahndung kam der Hinweis, dass sie mit Wohlleben liiert ist. Wir haben gemeinsam beschlossen, sie zu befragen. Das ist geschehen. Es wurde Geld übergeben und sie hat es angenommen. Aber sie konnte unsere Erwartungen nicht erfüllen. Wir wollten speziell wissen: Wie viele Handys werden von

Wohlleben genützt? Wo sind noch SIM-Karten vorhanden? Wir wollten, wie gesagt, den Aufenthaltsort der drei wissen. Das war der Auftrag. Sie war nicht bereit, in der Szene irgendwelche Infos zu beschaffen. Da wurde der Kontakt abgebrochen.

Götzl Wieviele Treffen gab es mit ihr?

Wießner In etwa eineinhalb Monaten gab es drei bis sechs Treffen. Das war Anfang 1998. Pro Treff hat sie, glaube ich, 200 D-Mark bekommen.

Götzl Hatten Sie Kontakt zu den Familien Böhnhardt und Mundlos?

Wießner Ich hatte zweimal Kontakt zur Familie Böhnhardt. Andere Kollegen hatten Kontakt mit Familie Mundlos. Bei Familie Böhnhardt ging es darum, die drei mit Strafmilderung aus dem Untergrund zu holen. Eine Reduzierung von Strafe musste mit der Staatsanwaltschaft abgestimmt werden. Im Grunde genommen sind wir vom ersten bis zum letzten Gespräch angelogen worden. Als dann ein Anwalt ins Spiel kam, haben wir den Kontakt beendet.

Götzl Zurück zu Herrn Brandt. Wie war da die Arbeitsweise?

Wießner Wir haben ihn meist donnerstags getroffen. Er arbeitete ja in Coburg und hatte nur eineinhalb Stunden Zeit für Treffen. Donnerstagnachmittags gab es die Sicherheitslage im Innenministerium, da wurden die Einsätze für das kommende Wochenende besprochen. Durch Brandt hatten wir da konkrete Informationen.

Götzl Wann wurde Brandt als Quelle zum ersten Mal abgeschaltet?

Wießner Das muss im Sommer 2000 gewesen sein. Da gab es die Besonderheit, dass mir die Abschaltung entzogen wurde. Das musste der Kollege Bode machen. Ich hatte mich geweigert, da Knall auf Fall hinzufahren und die Zusammenarbeit mit Brandt zu beenden.

Götzl Was war der Grund für die Abschaltung?

Wießner Der Referatsleiter hatte sich unglaublich gestört an einem NDR-Interview und daran, dass sich Brandt zum stellvertretenden NPD-Landesvorsitzenden in Thüringen wählen ließ. Im September oder Oktober 2000 wurde er wieder aktiviert. Tino Brandt war eigentlich die wichtigste Quelle des Amtes. Es wurden ständig Informationen abgefragt, aber ohne Brandt konnte das Amt überhaupt keine Auskunft geben.

Götzl Wie waren die Umstände der zweiten Abschaltung?

Wießner Der neue Präsident hatte entschieden, Führungskräfte in den Organisationen nicht mehr als Quelle zu führen. So kam es im Januar 2001 zur Abschaltung. Es sollte sechs Nachversorgungstreffen geben. Am 1. Mai 2001 war ein NPD-Aufmarsch in Frankfurt am Main, unter Beteiligung der Thüringer Leute. Das hat relativ hohe Wellen geschlagen. Vom Präsidenten hieß es: Wir brauchen Informationen zu der Veranstaltung. Und dieser Treff mit Brandt am

6. Mai ist dann vom Amt aus verraten worden. Der Referatsleiter hat einen Trupp zusammengestellt, um mit eigenen Leuten den eigenen Treff zu observieren. Ein unmöglicher Vorgang. So ist es zur Veröffentlichung gekommen und das Amt hatte keine Chance mehr, Brandt als Quelle zu behalten.

Götzl Wir unterbrechen an dieser Stelle Ihre Einvernahme und werden Sie erneut laden. Vielen Dank, Herr Wießner.

Tag 100

1. April 2014

Manfred Götzl, Richter. **Reiner Bode**, 57, Verwaltungswirt in Erfurt, früherer V-Mann-Führer beim Landesamt für Verfassungsschutz Thüringen. **Thomas Rothe**, 44, Ausbaumaurer aus Chemnitz.

Götzl Guten Morgen, dann darf ich Sie zum nunmehr 100. Sitzungstag begrüßen. *(Er wendet sich dem Zeugen Bode zu.)* Was können Sie uns über Ihre Arbeit als V-Mann-Führer der Quelle Tino Brandt berichten?

Bode Ich habe die Quelle etwa 1994 übernommen. Nach dem Verschwinden der drei haben wir versucht, mit Brandt ihre Spur aufzunehmen. Wir haben sein Auto mit Technik ausgerüstet. Brandt sollte dem André Kapke das Auto überlassen, in der Hoffnung, dass er uns zu den dreien führt. Das Ergebnis ist bekannt: Kapke hat uns nicht zu den dreien geführt. 1998 habe ich die Quelle Brandt abgegeben. Und irgendwann 2000 oder 2001 sollte ich die Quelle abschalten.

Götzl Schildern Sie uns bitte Ihren Umgang mit der Quelle Brandt.

Bode Wir haben uns einmal in der Woche, manchmal mehrmals, getroffen. Donnerstagabends nach der Arbeit. Brandt arbeitete damals in Coburg bei einem rechtsextremistischen Verlag. Deshalb haben wir uns im Raum Coburg auf Parkplätzen, an Raststätten, manchmal auch in Hotels getroffen. Die Quelle war recht jung, so um die 20, als ich sie übernommen habe. Brandt war in seinen politischen Ansichten schon sehr gefestigt. Er war überzeugter Neonazi. Er hat in seinem ganzen Leben nichts anderes gemacht. Er hatte ausnahmslos Kontakte im rechtsextremen Milieu, sehr hochgradige Kontakte. Nicht so gefestigt war er in seiner Persönlichkeit. Am Anfang dachte er, er könnte mit uns spielen. In der Werbephase hat sich Brandt jemandem aus der Szene offenbart. Er hatte das Pech, dass es sich dabei um eine unserer Quellen handelte. So hat es uns erreicht. Wir haben dann die Sicherheitsmaßnahmen erhöht und die Treffs mit Observationsgruppen abgesichert, weil wir nicht wussten: Hat Brandt sich der ganzen Szene offenbart oder nur einem. Wir kamen dann zu der Überzeugung, dass er sich nur gegenüber einem offenbart hat.

Götzl Was meinen Sie damit, Brandt ist in seiner Persönlichkeit nicht so gefestigt gewesen?

Bode Am Anfang dachte er, er könnte mit uns Spielchen treiben. Das haben wir ihm ausgetrieben. Durch klare Ansagen. Wir haben ihm gedroht, den Geldhahn zuzudrehen. Wir haben ihn mit Geld verführt, wir haben ihn sehr gut bezahlt. Er hatte einen Verräterkomplex, den haben wir ihm versüßt, in dem wir ihn gut bezahlt haben. Später wurde es zum Problem, weil er omnipotent wurde in der Szene. Weil wir ihn gut ausgestattet haben, auch finanziell, war er derjenige, der in der Szene den Ton angegeben hat. Da haben wir versucht, auf die Bremse zu treten. Indem wir Treffs an Tagen angesetzt haben, an denen zeitgleich wichtige Treffen in der Szene stattfanden. Es war aber schwierig, ihn in Gänze zu bremsen. Er war quasi 24 Stunden am Tag für die Szene erreichbar. Das war natürlich eine Gratwanderung, da die Bremse reinzukriegen. Das ist uns sicherlich nicht so gelungen, wie wir uns das gewünscht hätten.

Götzl Was meinen Sie damit, er hat versucht, Spielchen mit Ihnen zu spielen?

Bode Wenn wir Informationen von anderen Ämtern hatten, von denen wir meinten, Brandt hätte das auch wissen müssen, haben wir ihn damit konfrontiert. Am Anfang hat er hin und wieder versucht, Infos zurückzuhalten. Es wurde aber besser, weil er erkannt hat, dass es noch andere Quellen gibt. Da hat er sich dann die Peinlichkeiten erspart.

Götzl Sie sprachen von einem Verräterkomplex bei Brandt. Können Sie das näher erläutern?

Bode Ein Verräterkomplex ist bei V-Leuten eine ganz normale Geschichte, im Bereich Linksextremismus noch mehr. Die müssen sich erst daran gewöhnen, mit dem Staat zusammenzuarbeiten, den sie ja eigentlich bekämpfen. Das verursacht eine gewisse Schizophrenie. Lindern tut das nur die finanzielle Zuwendung. Zum Schluss konnte ich den Verräterkomplex bei Brandt nicht mehr wahrnehmen oder nur noch rudimentär. Da hat er völlig unbefangen mit wichtigen Szeneleuten telefoniert und sein Handy laut gestellt, dass ich mithören konnte.

Götzl Wie sah die Bezahlung von Tino Brandt aus?

Bode Brandt war die bestbezahlte Quelle damals. Es gab vielleicht noch eine, die ähnlich gut bezahlt wurde. Brandt war Spitzenverdiener. Die genaue Summe weiß ich nicht mehr. Auslagen wurden separat abgerechnet, 200 bis 400 D-Mark in der Woche. Er bekam auch Sonderprämien, wenn wir zum Beispiel bei Heß-Gedenkmärschen sehr viel von ihm wollten. Als eine Art Motivationsprämie. In welcher Höhe, weiß ich nicht mehr. Geld spielte da nicht die große Rolle. Aber im Vergleich zu anderen Quellen stimmte die Relation.

Götzl Wann haben Sie sich mit Beate Zschäpe, Uwe Böhnhardt und Uwe Mundlos befasst?

Bode Die Namen waren uns sehr lange bekannt. Der Thüringer Heimatschutz war unser Beobachtungsobjekt. Und die Protagonisten kannte man natürlich. Die Quelle Brandt war in Saalfeld-Rudolstadt verortet. Es war eigentlich nicht unsere Absicht, die ganze Szene nur mit der Quelle Brandt abzulichten. Nach dem Verschwinden der drei hatten wir keine Zugänge im Bereich Jena, also haben wir uns mit der Quelle Brandt abgemüht, die Spur aufzunehmen. Was natürlich nicht gutgehen konnte, weil Brandt eigentlich nichts mit Jena zu tun hatte.

Götzl Gab es Bemühungen, weitere Quellen anzuwerben?

Bode Ja, es gab immer Bemühungen, Quellen zu werben. Ich habe immer beklagt, dass es keine weiteren Zugänge gab. Eine Quelle ist nur zu kontrollieren, wenn man weitere Quellen hat. Ein Restzweifel blieb immer.

Götzl Wie hat sich Brandt Ihnen gegenüber verhalten?

Bode Er kam mir immer so ein bisschen verschmitzt vor. Er hatte immer so ein Lächeln. Das war eine Mischung aus Unsicherheit und geglaubter Überlegenheit. Das ist ganz schwierig einzuschätzen. Ich glaube, er hat es ein stückweit auch genossen, weil er gewusst hat, wie wichtig er für uns war. Er hatte einen Spieltrieb, wollte immer das neuste Handy haben. Da kam er mir nicht so reif vor, wie er sich politisch immer gegeben hat.

Götzl Was waren die Umstände der Abschaltung?

Bode Der Hauptgrund für die Abschaltung war, dass er wohl in der NPD ein wichtiges Amt übernommen hat. Da ist Dr. Roewer *(Helmut Roewer war bis 2000 Präsident des Thüringer Verfassungsschutzes.)* endgültig der Kragen geplatzt. Er wollte, dass Brandt als Quelle abgeschaltet wird. Er wurde zu prominent, um weiter als V-Mann geführt zu werden. Brandt hatte damals noch 6000 D-Mark Schulden bei uns, aus einem Darlehen, das Kollege Wießner ihm vermacht hat. Uns war klar, das Geld sehen wir sowieso nie wieder. Das war dann die Abschaltprämie.

(Götzl unterbricht die Befragung. Der nächste Zeuge ist Thomas Rothe.)

Götzl Was machen Sie beruflich?

Rothe Nix.

Götzl Haben Sie einen Beruf gelernt?

Rothe Ich bin Ausbaumaurer.

Götzl Herr Rothe, es geht uns um Ihren Kontakt zu Uwe Mundlos, Beate Zschäpe und Uwe Böhnhardt.

Rothe Ich hab die halt irgendwann mal kennengelernt, wann, weiß ich nicht mehr. Was soll ich da erzählen?

Götzl Was Sie dazu wissen.

Rothe Die sind eines Tages zu mir gekommen, dann wieder weg, und das war's dann.

Götzl Wie war das?

Rothe Die haben bei mir geklingelt, ob sie bei mir schlafen können, dann haben sie bei mir geschlafen.

Götzl Wann war das?

Rothe 1998 war das, oder '99.

Götzl Haben Sie die drei schon mal gesehen vorher?

Rothe Sagen wir mal Nein.

Götzl Wieso wir?

Rothe Ich jetzt.

Götzl Wir werden Ihre Angaben überprüfen. Sie sind hier nicht der letzte Zeuge. Erzählen Sie mir, wie die Situation damals war.

Rothe Bei mir hat's geklingelt, drei Personen standen draußen und wollten bei mir schlafen. Da hab ich sie reingelassen.

Götzl Einfach so?

Rothe Es waren nicht die ersten Personen, die bei mir geschlafen haben. Da kamen Leute aus Italien, England, Ungarn.

Götzl Können Sie die beschreiben?

Rothe Nein, die haben geklingelt und rein.

Götzl Wie oft kam das vor?

Rothe Jedes Wochenende, ein Mal, zwei Mal im Monat. Immer wenn Konzerte waren. Ich muss die doch nicht alle kennen.

Götzl Sie sagten, die drei haben geklingelt – und wie ging es weiter?

Rothe Na, ich hab die Tür aufgemacht, und die haben halt bei mir geschlafen. Was soll ich dazu sagen?

Götzl Da klafft zwischen Türöffnen und Schlafen doch einiges. Ich wäre Ihnen dankbar, wenn Sie das ausführlicher darstellen könnten.

Rothe Das ist, wie wenn Sie Besuch bekommen.

Götzl Das steht jetzt nicht zur Debatte. Erzählen Sie mal weiter. Wie lang waren die drei bei Ihnen?

Rothe Eine oder zwei Wochen.

Götzl Und dann?

Rothe Waren sie weg.

Götzl Wo sind Sie denn hin?

Rothe Weiß ich nicht.

Götzl Haben Sie mal überlegt, sich an die Polizei zu wenden?

Rothe Nein.

Götzl Können Sie mir das erklären?
Rothe Nö.
Götzl Was sagt Ihnen der Begriff Blood & Honour?
Rothe Das ist eine verbotene Organisation.
Götzl Waren Sie auch bei Blood & Honour?
Rothe Ich habe damals ein bisschen was mitgemacht, ja.
Götzl Und was?
Rothe Konzerte organisiert. Saalschutz. Mal jemanden abgeholt.
Götzl Wer gehörte aus Chemnitz dazu?
Rothe Das will ich nicht sagen.
Götzl Ja, das Gefühl habe ich auch. Wenn Sie sich weigern auszusagen, dann werden wir Ordnungsmittel in Betracht ziehen, Ordnungsgeld und Ordnungshaft.
Rothe Ist mir recht.

Tag 101

2. April 2014

Manfred Götzl, Richter. **Thomas Müller, ehemals Starke**, 46, Installateur, früher führender Rechtsextremist in Chemnitz und nach eigenen Angaben zeitweise liiert mit Beate Zschäpe. **Ralf B.**, 40, Kriminalhauptkommissar beim BKA. Er trat auch an den Tagen 97 und 109 auf.

Götzl Es läuft ein Ermittlungsverfahren bei der Bundesanwaltschaft gegen Sie. Sie haben ein umfassendes Auskunftsverweigerungsrecht.
Müller Ich nehme von meinen Aussageverweigerungsrecht Gebrauch. *(Zeuge ab.)* *(Nun soll der Zeuge Ralf B., der Thomas Starke 2012 beim BKA vernommen hat, Auskunft darüber geben, was Starke damals in der Vernehmung gesagt hat.)*
Ralf B. Wir haben eine Durchsuchung bei Herrn Starke durchgeführt. Zuvor ist er von Observationskräften am S-Bahnhof in Dresden angesprochen worden. Er ist freiwillig mitgekommen. Bei der Durchsuchung wurden Computer sichergestellt, Handys, eine Urkunde der »Weissen Bruderschaft Erzgebirge« zur Teilnahme an einem 30-Kilometer-Marsch, ein Hausverbot für die KZ-Gedenkstätte Buchenwald aus dem Jahr 1996, eine Schreckschusspistole. Er wurde belehrt. Er hat zu allen Fragen Angaben gemacht, aber nicht vollständig. Im Laufe der Vernehmung wurden die Angaben deutlich ergänzt. Es war eine komplexe Vernehmung. Er war Kfz-Schlosser bei der Deutschen Reichsbahn, 1994 wurde er

inhaftiert wegen Körperverletzung und Landfriedensbruch, dann war er arbeitslos. Zuletzt war er in der Nähe von Dresden fest angestellt.
Er sollte das Kennenlernen des Trios schildern: 1991 oder '92 habe er sie erstmals auf einem Oithanasie-Konzert *(Name einer Neonazi-Band)* getroffen. Mit mehreren Wagen sei man von Chemnitz hingefahren. Es habe Kontakt über Stefan Apel, den Cousin von Zschäpe, bestanden. Dann sei ein Kontakt entstanden zu den Jenaern. In seiner Haftzeit sei der Kontakt intensiver geworden. Das Trio hatte ihn auch in der Haft besucht. Frau Zschäpe war auch dabei.
Er sagte, mit Beate Zschäpe habe er ein Techtelmechtel gehabt, Ende 1996 bis April '97 hätten sie ein Verhältnis gehabt. Keine feste Beziehung. Die beiden Uwes seien nicht eifersüchtig gewesen. Uwe Mundlos war mit Zschäpe zusammen, als er das Trio kennengelernt hat. Nach seiner Haftentlassung war sie mit Uwe Böhnhardt zusammen. Starke hätte sich mehr vorstellen können, das sei für Zschäpe nicht infrage gekommen, auch zusammenzuziehen kam für sie nicht infrage. Die hätte nur die Uwes im Kopf gehabt. Es habe ihn genervt, dass die beiden ständig dabei waren. Mundlos habe ihn angesprochen, ob er Sprengstoff beschaffen könne. Starke sagte, er wolle sich umhören. Jörg W. habe mal mit Sprengstoff experimentiert auf einem Truppenübungsplatz. Ein Giso T. brachte es dann vorbei, circa 500 Gramm im Schuhkarton. Mundlos hat es abgeholt. Später habe sich Mundlos gemeldet und gesagt, er wisse nicht, wie man das zünden sollte. Starke sagte in der Vernehmung, er habe ein mulmiges Gefühl gehabt, und als er mehr beschaffen sollte, habe er es nicht getan. Er erinnerte sich, dass Mundlos ihn auch nach einer Waffe gefragt habe. Starke hatte Angst vor seinen ehemaligen Kameraden. Er wollte von uns Vertraulichkeit zugesichert bekommen, die bekam er aber nicht. Er hat trotzdem mit uns gesprochen.
Zum Untertauchen: Das hat er uns erst mal in abgespeckter Version erzählt, sie seien bei ihm zu Hause aufgetaucht. Sie bräuchten einen Pennplatz, weil sie wegmüssten. Sie hätten keinen genauen Grund genannt. Er hätte früh rausgemusst, dann rumtelefoniert. Erfolg hatte er bei Thomas Rothe, der habe zugestimmt, dass die eine Nacht bei ihm schlafen. Starke hat dann ergänzt, er habe das Trio selbst zu Rothe gefahren, dort hätten sie länger gelebt. Nach vier Wochen seien sie raus und bei Max-Florian B. untergekommen. Starke besuchte drei Mal die drei. Mundlos war sauer, dass er ein Handy mitbrachte.
Jan Werner *(ein anderer Rechtsextremist aus Chemnitz, der ebenfalls als Zeuge im NSU-Prozess befragt wurde)* rief nach der Explosion im November 2011 in der Frühlingsstraße Thomas Starke an, er solle sich die Bild-Zeitung kaufen. Werner und Starke hätten sich in Dresden getroffen. Werner könne nicht glauben, dass sich die beiden Uwes selbst erschossen haben. Werner habe gesagt, die zwei Uwes seien

ganz schön krass drauf. Hätten ihm eine Waffe an den Kopf gehalten. Und gesagt, er solle aufpassen, wem er was erzähle. Bei dem Besuch sei von Zschäpe nicht die Rede gewesen.

(Der Zeuge berichtet nun von einer weiteren Vernehmung Starkes im Februar 2012 und über die Angaben, die er zu Beate Zschäpes politischer Einstellung gemacht habe.)

Zschäpe wollte, dass er mehr Einfluss auf die Chemnitzer nimmt, damit die mehr Aktivitäten machen. Ruhig und verschlossen sei sie gewesen, Alkohol und Drogen waren ein rotes Tuch für sie, ihr Lebensinhalt war die Gruppe, die Kameradschaft, der Thüringer Heimatschutz. Ohne die Uwes war mit ihr nichts los, sagte er. Bei rechten Themen sei sie munter geworden.

(Die Verteidigung von Beate Zschäpe verlangt eine Unterbrechung der Verhandlung. Die Mandantin sei nicht verhandlungsfähig. Ein Arzt wird gerufen, um Zschäpe zu untersuchen. Dieser gibt an, Zschäpe habe ihm berichtet, dass sie unter Kopfschmerzen leide, dass sie müde und unkonzentriert sei. Sie sehe sich nicht in der Lage, dem Gang der Verhandlung zu folgen. Ihr Puls sei normal, sie habe eine ausgeprägte Blässe. Die Verhandlung wird an diesem Tag nicht fortgesetzt.)

Tag 102

3. April 2014

Manfred Götzl, Richter. **Ilona Mundlos**, 63, Rentnerin, Mutter von Uwe Mundlos.

Götzl Erzählen Sie doch bitte ein wenig von der Entwicklung Ihres Sohnes Uwe.

Mundlos Der Uwe war im Kindergarten, dann in der Schule bis zur 10. Klasse, danach hat er EDV-Kaufmann gelernt und war in der Armee. Da hatte er auch seine eigene Wohnung.

Götzl Wie war denn das Verhältnis zu Ihnen und Ihrem Mann?

Mundlos Ich bin verheiratet seit 44 Jahren. Wir sind eigentlich … oder: Wir waren eine glückliche Familie. Uwe war hilfsbereit und offen. Ich müsste schwindeln, um zu sagen, er war ein böses Kind. Er hat bis 1997 in Jena-Winzerla gewohnt, zusammen mit seinem Bruder im Zimmer. Unser zweiter Sohn, Robert, ist schwerstbehindert, Rollstuhlfahrer.

Götzl Wie war das Verhältnis der Brüder?

Mundlos Sehr liebevoll, sie haben die Hände gehalten beim Einschlafen.

Götzl Wie war das Verhältnis Ihres Mannes zu seinem Sohn Uwe?

Mundlos Mein Mann hat sich mehr um den Uwe gekümmert, ich mehr um unseren zweiten Sohn. Und ich habe dreißig Jahre in der Kaufhalle gearbeitet, immer

Spätschicht von 14 bis 22 Uhr. Zwischendurch hab ich Essen gekocht, den Robert abgeholt und bin dann zur Arbeit.

Götzl Wie war das Verhältnis zu Beate Zschäpe?

Mundlos Sie war ein liebes, nettes Mädchen. Ich hatte nichts gegen sie. Sie war freundlich zu mir, sie hat zugehört. Und mit Uwe hat sie sich auch gut verstanden. Nie gestritten, außer bei den Springerstiefeln – das hat der Beate nicht gefallen. Sie sagte: Uwe, zieh dich um, so können wir nicht gehen. Sie wollte in die Disco. Auf sie hat er gehört. Uwe hat sie vergöttert, es war seine erste Freundin.

Götzl Wie lang hat die Beziehung gedauert?

Mundlos 1992/93 ging es los und so 1995 war Schluss. Da hat Beate mit ihm Schluss gemacht. Uwe hat gesagt, sie hat einen anderen. Den Uwe Böhnhardt.

Götzl Kannten Sie Uwe Böhnhardt?

Mundlos Ich glaube, vom Sehen. Aber ich habe mich nicht mit ihm unterhalten. Höchstens Hallo gesagt.

Götzl Welche Kleidung trug Ihr Sohn?

Mundlos Er hatte Fliegerjacken, die hab ich ihm 1989 gekauft, später eine schwarze Jacke. Ich fand das schick. Die gab es nicht in der DDR, ich kannte die Bedeutung nicht, fand sie praktisch, man konnte die waschen und musste nicht bügeln. Heute weiß ich, was es ist.

Götzl Haben Sie Ihren Sohn noch mal gesehen, bevor er untergetaucht ist?

Mundlos Uwe kam am Montag in die Kaufhalle: »Mutti, es ist was Schlimmes passiert, ich muss fort.« Er brauche Geld. Ich gab ihm meine EC-Karte und sagte: Bring sie mir aber wieder. Am Dienstag kam eine Juliane und fragte, ob sie die behalten kann. Am Mittwoch kam er wieder in die Kaufhalle. Er sagte, er will sich verabschieden, er verschwinde jetzt. Er war sehr, sehr aufgeregt. Die haben eine Garage entdeckt, und darauf würden sieben Jahre Gefängnis stehen. Mit den Waffen hab ich nichts zu tun, sagte er. Er habe mehr Schreibzeug drin gehabt. Das dauere zehn Jahre, dann sei das verjährt, dann könne er wiederkommen. Das waren seine letzten Worte. Ich habe jeden gefragt: Wisst ihr, wo Uwe ist? Wisst ihr, wo Uwe ist? Habt ihr was gehört? Habt ihr was gehört. Ich habe auch Frau Zschäpe *(Zschäpes Mutter)* gefragt: Hast du was gehört? Nein. Wenn jemand von uns was weiß, sagen wir uns Bescheid, das haben wir ausgemacht. Ich habe auch die Böhnhardts gefragt, ich hatte das Gefühl, die haben Kontakt zu ihnen. Irgendwann hat die Mutter gesagt, dass sie telefonisch Kontakt haben, dass ihr Uwe in einer Telefonzelle angerufen hat. Das habe ich mir gemerkt, weil ich das so außergewöhnlich fand. Ich wusste gar nicht, dass man eine Telefonzelle anrufen kann. Aber die Böhnhardts haben auch sehr, sehr wenig erzählt.

Götzl Konnten Sie einordnen, was er mit der Garage meinte?

Mundlos Ich dachte, es ist Unsinn, dass er geht. Ich dachte, das kann man klären. Ich hatte meine Arbeit in der Kaufhalle, war im Kittel. Ich hab nicht geglaubt, dass es das allerletzte Mal sein sollte, dass wir uns sehen. Ich war allein, ich hatte Kunden an der Theke.

Götzl Mit wem ist er geflüchtet?

Mundlos Ich glaube, er hat mir gesagt, dass Beate und Uwe Böhnhardt mitgehen. Ich musste das Fleisch abdecken, hatte noch zu tun. Ich wollte kein Gespräch von zwei, drei Stunden führen.

Götzl Wussten Sie denn, dass die Polizei gegen Ihren Sohn ermittelt?

Mundlos Erst durch die Zeitung. Uwe sagte mir, dass der Uwe Böhnhardt nie wieder ins Gefängnis will. Er sei dort misshandelt worden, mit einem Besenstiel im Po.

Götzl Welche Erinnerung haben Sie an den 5. November 2011?

Mundlos Gegen acht Uhr morgens klingelte das Telefon: Hier ist die Beate. Welche Beate? Na, die Beate vom Uwe. Ich habe ihre Stimme nicht erkannt. Es ist was Schlimmes passiert, sagte sie. Uwe ist tot. Der Uwe ist nicht mehr, der Uwe lebt nicht mehr. Was ist denn passiert, fragte ich. Das mit Eisenach. Machen Sie mal den Fernseher an und gucken die Nachrichten. Wir sind sofort zur Polizei gegangen.

Götzl Was hat sie gesagt, wie Ihr Sohn und Uwe Böhnhardt zu Tode gekommen sein sollen?

Mundlos Sie sagte: Die haben sich in die Luft gesprengt.

Götzl Was hat sie noch gesagt?

Mundlos Dass Uwe uns lieb hat und blabla. Ich. Ich fragte noch, Beate, rufst du uns noch mal an? Nein sagte sie. Nein, ich rufe nie wieder an und komme auch nie wieder zurück.

Tag 103

8. April 2014

Manfred Götzl, Richter. **Anja S.**, 32, Studentin, lebt in England

Götzl Es geht uns um Ihre frühere Beziehung zu André Eminger. Erzählen Sie bitte von sich aus.

Anja S. Ich war fünfzehn, ich hab den André in Breitenbrunn kennengelernt, 1997, ich denke, es war im Spätsommer, da war Kirmes, Hexenfeuer. Wir saßen alle ums Feuer, dann hat man angefangen, sich zu unterhalten. Ein paar meiner Freundinnen kannten ihn. Und dann waren wir zusammen, als Paar oder wie man das so bezeichnet. Mein Vater hat das mitbekommen, fand es nicht so toll und hat mir das verboten, dass ich den André sehe. Mit fünfzehn dachte ich mir: Jetzt erst recht.

Götzl Vielleicht versuchen Sie, uns André Eminger zu beschreiben.

Anja S. Unheimlich lieb und nett. Es gab nichts, was der André nicht gemacht hätte für mich. Sehr loyal. *(Eminger grinst.)* Wir haben uns fast nie gestritten. Allerdings: Wie er sein Leben geführt hat ... also, eine Familie hätte ich mit dem André nicht gründen können.

Götzl Vielleicht versuchen Sie, es zu beschreiben.

Anja S. Er war extrem in den Ansichten, was okay war und nicht okay war. Da kann man sein Leben nicht leben, wenn das alles so beschränkt ist. Da hatte ich keine Lust mehr.

Götzl Wie waren denn die Ansichten?

Anja S. Es ist so schwer, das in Worte zu fassen. Er war natürlich schon im rechten Spektrum – um ehrlich zu sein, oben im Erzgebirge finden Sie mal jemanden, der das nicht ist! Es wurde immer viel geschimpft, viel Ausländerfeindlichkeit, viel Politik, es wurde in der Vergangenheit rumgegraben. Ja, ich hab das nie für voll genommen, ich habe gedacht, dass das viel Gerede ist und die da rauswachsen. Aber als ich mich von ihm trennte, habe ich gedacht: Wenn ich in die Disco gehen will und tanzen will, mach ich das. Ich muss mir nicht die Freunde danach aussuchen, dass sie die richtige Hautfarbe haben. Mit André: Viele tolle Sachen haben wir nicht unternommen. Er hatte im Prinzip zu allem eine Meinung, es war halt alles relativ festgefahren.

Götzl War relativ festgefahren – vielleicht, dass wir daran anknüpfen: welche Themen, welches Verhalten Sie damit beschreiben?

Anja S. *(kratzt sich am Kopf)* Hm. Also, im Prinzip, es war ja alles schlecht, was nicht total deutsch war. Er hatte dann ja mehr und mehr Kontakt mit Leuten in Chemnitz. Dann sind wir auch zusammen zur Mandy *(Gemeint ist Mandy Struck. Sie sagte an den Tagen 89, 90 und 105 aus.)* nach Hause gefahren, haben Filme geguckt. Ich kann mich nicht entsinnen, dass wir viele politische Unterhaltungen geführt haben. Ich habe die drei ja auch kennengelernt, die Frau Zschäpe, den Herrn Böhnhardt und den ... fällt mir jetzt nicht ein. Ich weiß nur, dass wir in die Wohnung gefahren sind, André war dabei. Wie wir uns vorgestellt wurden, daran kann ich mich nicht mehr erinnern. Ob mir die Frau Zschäpe als Beate vorgestellt wurde, weiß ich nicht mehr. Aber auf der BKA-Webseite habe ich sie dann wiedererkannt. Was mir wohl klar war, dass sie sich verstecken und den Ball flachhalten mussten für eine Weile.

Götzl Wie oft waren Sie in der Wohnung, wo die drei waren?

Anja S. Ein paar Mal war ich da, es kann drei Mal gewesen sein oder fünf bis sechs Mal.

Götzl Und zu welchem Zweck?

Anja S. Besuchen, wirklich besuchen. Hinfahren und mit denen ein bisschen Zeit verbringen. Ich glaube, manchmal hat er auch den Einkauf mit vorbeigebracht. So praktische Sachen. Das muss passiert sein Mitte 1998, vielleicht sogar ein bisschen später schon, ich weiß, dass ich schon gearbeitet habe, und ich habe im September '98 meine Lehre angefangen. Ich war sechzehn, ich war fast noch ein Kind, da frage ich die auch nicht: He, was habt denn ihr verzapft?

Tag 104

9. April 2014

Manfred Götzl, Richter. **Karl-Heinz G.**, 64, Kriminalkommissar aus Kassel. **Thomas Bliwier**, Anwalt der Nebenklage. **Frank-Ulrich F.**, 70, Pensionär, ehemals Mitarbeiter des Landesamts für Verfassungsschutz in Hessen.

(Es geht zunächst um den Zeugen Hamadi S., der offenbar im Irak lebt und nicht als Zeuge ins Gericht geladen werden konnte. Er war an dem Tag im April 2006 Kunde in dem Internetcafé in Kassel, an dem dort Halit Yozgat ermordet wurde. Er telefonierte in einer der Telefonkabinen, als der Mord geschehen sein muss. Der Zeuge Karl-Heinz G. hatte den Iraker, der damals in Deutschland Asylbewerber war, vernommen.)

Karl-Heinz G. Der Zeuge Hamadi S. sagte mir, er habe aus den Augenwinkeln heraus eine schattenhafte Wahrnehmung gemacht. Mehr habe er aus dieser Stellung heraus nicht sehen können. Er habe sich nicht umgedreht. Er sagte, er habe auch eine leichte Fußbodenvibration bemerkt, aber auch das habe ihn nicht veranlasst, sich umzudrehen und zur Tür der Telefonkabine zu schauen. Die Tür war auch durch ein großflächiges Plakat beklebt. Er wollte damit sagen, dass er keinen Blickkontakt zur Tür hatte. Ich hab ihn zwei Mal vernommen. Er hat ein Augenmaß in der Höhe von 1,62 Meter. Bei dieser Größe hätte er nicht sehen können, dass jemand hinter diesem Tresen gelegen hat. Er ist so groß wie ich, 1,74 Meter. Und ich konnte das nachvollziehen. Wenn der Abstand zum Tresen so war, wie er sagte, dann konnte er nicht hinter den Tresen sehen. *(Dort lag die Leiche von Halit Yozgat.)* Wir haben ihm auch gesagt, dass eine hohe Belohnung ausgesetzt worden ist. Er hat gesagt, er habe nicht mehr gesehen. Er hat auch mal gesagt, dass er Gott dankt, dass er noch am Leben ist. Wenn die Täter ihn gesehen hätten, dann wäre er sicher nicht mehr am Leben gewesen. Er ist nach meiner Einschätzung ein sehr zurückhaltender, gläubiger Mensch. Obwohl ich am Tattag dachte, er muss doch mehr gesehen haben, war dann für mich nachvollziehbar, dass er nicht mehr wahrgenommen hat.

Anwalt Bliwier Haben Sie eigentlich mal dem Zeugen Hamadi S. ein Lichtbild von Herrn Temme vorgelegt?

Karl-Heinz G. Nein, da hab ich auch keinen Sinn drin gesehen. Denn der Zeuge hat ja nur eine schattenhafte Person gesehen.

(Der Zeuge verlässt den Gerichtssaal.)

Anwalt Bliwier Ich möchte erklären, dass mir für die Borniertheit der Ermittlungen an dieser Stelle die Worte fehlen. Dass man nicht mal den Versuch unternommen hat zu sehen, ob er Herrn Temme auf einem Foto erkennt, dass man diesen Ansatz nicht wenigstens versucht hat, dafür fehlen mir wirklich die Worte.

(Der nächste Zeuge ist der pensionierte hessische Verfassungsschutzbeamte Frank-Ulrich F., ein ehemaliger Kollege Temmes.)

Frank-Ulrich F. Als ich den Vorgang in der Zeitung gelesen habe, habe ich den Herrn T. *(er spricht von Herrn T., wenn er Temme meint)* gefragt: Kennst du das Café? Da hat er gesagt: Nein, kenne ich nicht. Damit war der Vorgang für mich abgeschlossen. Wenige Tage später wurde ich vom Polizeipräsidenten angerufen, dass gegen T. ermittelt wird wegen Mordes. Daraufhin habe ich Herrn Irrgang *(den damaligen Direktor des Landesamts für Verfassungsschutz)* angerufen. Er gab mir die Weisung, alles offenzulegen bis auf die geheimen Unterlagen.

Tag 105

10. April 2014

Mandy Struck, Friseurin, war bereits an den Tagen 89 und 90 als Zeugin im Gericht. Sie wird begleitet von einem Anwalt als Zeugenbeistand. **Antonia von der Behrens, Alexander Hoffmann, Edith Lunnebach**, Anwälte der Nebenklage.

(Die Vertreter der Nebenklage setzen die Vernehmung der Zeugin Struck fort.)

Anwältin Lunnebach Sie sollen »White-Power Mandy« genannt worden sein. Stimmt das, wie kam das?

Struck Ich hatte auf meiner Bomberjacke so eine kleine weiße Faust auf meiner Jacke, so ist der Name entstanden.

Anwältin Lunnebach Was meinte das?

Struck Na, White Power, weiße Kraft.

Anwältin Lunnebach Weil Sie sich damit identifiziert haben zu der Zeit?

Struck Ja.

Anwältin von der Behrens Wie war Ihr Kfz-Kennzeichen damals? Enthielt das die Kombination BH 88? *(BH steht in der rechten Szene gemeinhin für die Neonazi-Orga-*

nisation Blood & Honour, die Zahl 88 für Heil Hitler, weil das H der achte Buchstabe im Alphabet ist)

Struck Das hat gestanden für »Bike Halterin« und »Honda«.

Anwalt Hoffmann Habe ich Sie richtig verstanden, Sie verbinden mit BH 88 nicht das, was in der Szene damit verbunden wird?

Struck Ich fahre wirklich Motorrad und fahre wirklich eine Honda.

Tag 106

15. April 2014

Manfred Götzl, Richter. **Ismail Yozgat**, Vater des Mordopfers Halit Yozgat. Er trat auch an den Tagen 41, 63, 80, 91 und 214 auf. **Andreas Temme**, 47, früherer Mitarbeiter des Landesamtes für Verfassungsschutz Hessen. **Yavuz Narin**, Anwalt der Nebenklage.

(Die Befragung des Zeugen Temme zum Mord in Kassel wird fortgesetzt.)

Anwalt Narin Bei Ihnen wurde bei der Durchsuchung im Jahr 2006 das Buch »Judas Schuldbuch – eine deutsche Abrechnung« gefunden. Auch ein Buch über die SS.

Temme Das waren keine Bücher, sondern Abschriften. Das Buch, aus dem das stammte, kam aus einer Gemeindebücherei und ich habe das dann abgetippt.

Anwalt Narin Wie alt waren Sie denn da?

Temme Als Teenager.

Anwalt Narin Waren Sie in Ihrer Jugend mal Skinhead oder Scheitel-Nazi?

Temme Nein.

Anwalt Narin Ist Ihnen bekannt, dass Sie als Klein-Adolf bezeichnet worden sind?

Temme Ich habe gehört, dass es Leute gibt, die mich so nennen sollen. Ich weiß nicht warum. Ich gehörte keinen solchen Gruppierungen an. Ich weiß nicht, wie einer dazu kommt, so was zu behaupten.

Anwalt Narin Waren Sie im Besitz von Waffen? Einem Schlagstock? Baseballschläger?

Temme Ich hatte damals im Besitz ein kleines Dolchmesser. Metallene Schlagstöcke nein. Ich hatte einen Baseballschläger. Ein Schulkollege hat mir mal einen geschenkt. Und ich hatte, glaube ich, auch noch einen kleineren Holzschlagstock. Aber diese Dinge wurden nie eingesetzt.

Anwalt Narin In einer Zeitung werden Sie am 5.7.2012 zitiert: »Ich war das angreifbarste Opfer.« Welches Opfer waren Sie denn?

Temme Es bezog sich wohl auf eine Frage zur Berichterstattung im November 2011.

Anwalt Narin Wessen Opfer waren Sie denn?

Temme Das Opfer der Medien. Ich musste immerhin mit meiner Familie für einige Tage fliehen.

Anwalt Narin *(macht eine kurze Pause)* Haben Sie auf Halit Yozgat geschossen?

Temme Nein, natürlich nicht.

(Pause.)

Götzl Herr Yozgat, haben Sie etwas zu ergänzen?

(Der Vater von Halit Yozgat beginnt auf Türkisch zu sprechen, ein Dolmetscher übersetzt.)

Yozgat Ja. Andreas Temme kennt mich, meine Ehefrau und meinen Sohn sehr gut. Er kennt sich im Internetcafé sehr gut aus. Im Film sieht man, dass Temme aufsteht und sich auf die Suche nach Halit begibt, um zu bezahlen. *(Gemeint ist ein kurzer Film, den die Polizei nach dem Mord zur Rekonstruktion erstellte. Andreas Temme zeigte den Beamten am Tatort, wie er am Tag des Mordes das Internetcafé verließ. Der Film wurde am Tag 91 im Gericht gezeigt.)* Als er nach Halit sucht, müsste er aber zu ihm schauen, wenn er bezahlt. Er muss dann den Halit liegen sehen, aber Temme schaut geradeaus und geht hinaus, schaut auf der Straße, kehrt zurück. Temme schaut wieder direkt nach vorne.

(Ismail Yozgat wandert durch den Gerichtssaal und demonstriert den Ablauf.)

Götzl Wären Sie bitte so freundlich und würden wieder Platz nehmen!

Yozgat Er steht also auf … *(Yozgat wandert wieder umher.)*

Götzl Ich wäre Ihnen sehr verbunden, wenn Sie wieder Platz nehmen würden!

Yozgat Er hätte auf dem Tisch die Blutstropfen sehen müssen.

(Nun stellt Ismail Yozgat, der als Nebenkläger auch ein eigenes Fragerecht hat, Fragen direkt an den Zeugen Andreas Temme.)

Yozgat Herr Temme, Sie kannten meinen Sohn, meine Frau und mich sehr gut, nicht wahr?

Temme Ja. Und ich habe Sie als sehr nette Menschen empfunden, deshalb bin ich immer wieder zu Ihnen gekommen.

Yozgat Sie kannten auch unser Internetcafé sehr gut und wussten, wie man den Computer einschaltet, wo man die Gebühr zahlt.

Temme Ich wusste, wie ich mich in den mir zugewiesenen PC einlogge und was ich bezahlen musste. Als ich am Ende der Sitzung in den vorderen Raum kam, habe ich Ihren Sohn nicht gesehen und mich deshalb nach ihm umgesehen, auch auf der Straße.

Yozgat Als Sie aus dem hinteren Raum kamen, hätten Sie doch nur nach links schauen müssen, weil dort Halit hätte sitzen müssen.

Temme Ich habe mir diese Frage in den letzten Jahren auch immer wieder gestellt. Es ist aber so: Ich habe ihn nicht gesehen.

Yozgat Haben Sie nicht nach meinem Sohn gesucht, als Sie die 50 Cent zahlen wollten?

Temme Erst habe ich nach Ihrem Sohn geschaut. Ich konnte natürlich nicht ahnen, dass etwas derartiges Entsetzliches passiert war, sodass ich unter dem Tisch gesucht hätte.

Yozgat Zwischen dem Tisch und der Wand ist ein Abstand von einem Meter. Wenn Sie in diese Richtung geschaut hätten, hätten Sie ihn gesehen. Warum geben Sie so ausweichende Antworten?

Temme Ich weiß, dass ich ihn nicht gesehen habe. Mehr kann ich dazu leider nicht sagen.

Yozgat Sie sind 1,86 Meter groß und der Tisch ist 70 Zentimeter hoch. Erinnern Sie sich an die Situation, als Sie das Geld hinlegten? Halit war 1,70 Meter groß, nur seine Beine waren unter dem Tisch. Haben Sie seinen Oberkörper wirklich nicht gesehen?

Temme Ich habe ihn nicht gesehen.

Yozgat Es tut mir leid, Herr Temme, aber ich glaube Ihnen überhaupt nicht.

Tag 107

16. April 2014

Manfred Götzl, Richter. **Jana J.**, 33, die bereits an Tag 93 als Zeugin aufgetreten ist und in den Neunzigerjahren mit dem Jenaer Rechtsextremisten André Kapke befreundet war. **Wolfgang Stahl**, Verteidiger von Beate Zschäpe. **Peer Stolle**, Anwalt der Nebenklage. **Henning Saß**, Sachverständiger, der ein psychiatrisches Gutachten über Beate Zschäpe für das Gericht anfertigen soll.

Götzl Tino Brandt – wie oft hatten Sie Kontakt zu ihm?

Jana J. André Kapke hatte sein Auto bekommen, das zog dann die Verpflichtung nach sich, Brandt zu fahren. So hab ich ihn häufiger gesehen. Es war aber eher unpersönlich.

Götzl Sie hatten Brandt als laut und selbstgerecht charakterisiert.

Jana J. Er hat sich ziemlich wichtig genommen. Er hat laut gelacht, er war sehr speziell. Sein ganzer Habitus war einfach eigenartig. Er hat so ein lautes, krächzendes Lachen gehabt und war ständig am Telefonieren, hat Hinz und Kunz gekannt und hat das auch zur Schau getragen.

Götzl Sie hatten eine Situation beschrieben, bei der zwei Mädchen angegriffen worden seien.

Jana J. Das waren zwei linksalternative Mädchen. Der André und sein Bruder haben das Treffen vermittelt. Wir haben die in einem Imbiss getroffen und uns dort darüber unterhalten, was zwischen Rechten und Linken vorgefallen war. Die beiden fanden auch nicht gut, was los war. Das Gespräch war freundlich, die Mädchen waren sehr nett. Ein wenig später wurden die Mädels auf dem Nachhauseweg angegriffen. Es sah für mich aus, als sei es eine Falle gewesen. Der Zweck war: Die wollten Namen erpressen. Ich war geschockt, und ich habe mit André deshalb gestritten. Er hat behauptet, er hat damit nichts zu tun, aber er ist wohl auch dafür verurteilt worden.

Götzl In Ihrer polizeilichen Vernehmung haben Sie Uwe Mundlos, Uwe Böhnhardt und Beate Zschäpe als »verschworene Gemeinschaft« bezeichnet.

Jana J. Vor dem Untertauchen waren sie eigentlich jedem als sehr enge Freunde bekannt. Aber persönlich habe ich sie nie zusammen gesehen. Mein Eindruck war aber, dass die beiden enge Vertraute von Frau Zschäpe waren.

Götzl Wie war die politische Einstellung der Uwes?

Jana J. Wenn man die beiden Uwes in Uniformen gesehen hat, hat man ja schon gesehen, welche Attitüde sie an den Tag legen. Das war schon außergewöhnlich. Sie sind eher zu dieser Scheitelträger-Fraktion gezählt worden. Die Uwes kamen mit braunen Uniformen zum Winzerklub, es war ein schräges Bild. Es hatte was Bedrohliches, aber es hatte auch was Lächerliches. Die sahen aus wie in einem Kriegsfilm. Da waren ja viele Skinheads vor dem Klub, die haben da teilweise schon die Augen gerollt. Diese Art der Provokation war so nicht üblich.

(Filmausschnitte werden gezeigt aus einer BBC-Dokumentation aus dem Jahre 1998. Zu sehen sind unter anderem Jana J., André Kapke, Mario Brehme, Tino Brandt, Mirko Eberlein. Der Journalist thematisierte damals die rechte Szene in Thüringen. Tino Brandt äußert sich in dem Film über Hitler: »Adolf Hitler war ein großer Deutscher, genauso wie Friedrich der Große.«)

Jana J. Das Material spricht ja eine eindeutige Sprache. Wenn ich es jetzt so sehe, erschreckt es mich auch.

Anwalt Stolle War der Verfassungsschutz ein Thema in der Szene?

Jana J. Ja. Es gab zwei Vorwürfe, die man machen konnte, um jemanden zu diskreditieren. Der eine war, V-Mann zu sein. Der andere: schwul zu sein. Das war der Killer.

Verteidiger Stahl Sie sagten, Sie hätten bei Beate Zschäpe in der Wohnung eine Pistole gesehen.

Jana J. Ich bin mir sehr sicher, dass sie die dann an dem Abend sogar mithatte. Wir sind dann von einem Mann mitgenommen worden, da hat sie ihm die gezeigt, da bin ich mir sehr sicher. Es muss die Rückfahrt von einem Discobesuch gewesen sein.

Saß Können Sie etwas allgemein zum Verhalten von Frau Zschäpe sagen?

Jana J. Sie ist mir in Erinnerung als sehr selbstbewusste, aufgeschlossene, offene Person. Sie war sehr freundlich, auch witzig. Sie hat mir mit ihrem Selbstvertrauen schon imponiert.

(Die Zeugin verlässt den Gerichtssaal.)

Verteidiger Stahl *(gibt Erklärung ab)*: Hinsichtlich der Beschreibung der Person von Beate Zschäpe als sehr selbstbewusst – das scheint mir alles nicht sehr tragfähig zu sein, wenn man sieht, wie selten die Zeugin Kontakt zu Frau Zschäpe gehabt hat, und wenn man den Altersunterschied der beiden berücksichtigt. Zur Waffe: Es gibt keinen Hinweis, dass es eine scharfe Waffe war. Man kann wohl davon ausgehen, dass es eine Gaspistole war. Damals war das ein legaler Gegenstand. Sie konnte zum Selbstschutz mitgeführt werden.

Tag 108

28. April 2014

Manfred Götzl, Richter. **Enrico Theile**, 38, Lokomotivführer, war in Jena ein Bekannter von Uwe Böhnhardt. Er trat auch an den Tagen 94 und 122 auf.

(Die Bundesanwaltschaft hat den Zeugen im Verdacht, in die Beschaffung der NSU-Tatwaffe, der Česká 83, verwickelt zu sein.)

Götzl Es geht uns von der Thematik um Kenntnis von Ihnen bezüglich der Lieferung einer Waffe Česká 83 aus der Schweiz nach Deutschland. Was können Sie dazu sagen?

Theile Ich hab das alles gelesen, was ich gemacht haben soll. Ich kann dazu nichts sagen. Ich habe mit der Waffe nichts zu tun, habe keine Waffe gekauft, nicht damit gehandelt. Es ist einfach so.

Götzl Vielleicht könnten Sie uns schildern, wie lange Sie Herrn Länger kennen und wie es mit Herrn Schultz ist. Und wie lange Sie die Angeklagten kennen. *(Länger und Schultz, Mitarbeiter des Madley, sollen ebenfalls in die Beschaffung der Tatwaffe verwickelt gewesen sein.)*

Theile Also, der Herr Länger, den kenne ich schon ewig. Ich wohne ja in Jena seit ewig in so einem Wohngebiet. Alle in meinem Alter kenne ich. Und aus der Schule kenne ich auch den Herrn Böhnhardt. Ich kann mich nicht festlegen. Ich vermute, da war er fünfzehn, sechzehn Jahre alt und ich zwei Jahre älter. Aber das halbe Wohngebiet kennt den Herrn Länger und den Herrn Böhnhardt. Eine Erinnerung, die ich an ihn habe: Wir haben uns gestritten, ich weiß nicht mehr warum. Ich hatte ein neues Moped, bin damit auch mal in die Schule gefahren. Eines Tages war es umgeschmissen, andere sagten, Böhnhardt habe es umgeschmissen. Das sind so die letzten Erinnerungen.

Götzl Haben Sie Beziehungen zur Schweiz, zu Personen dort?

Theile Ich kenne einen Schweizer, den Herrn Müller, da fahre ich hin, wenn ich Urlaub habe, den besuchen, zu ihm oder mit ihm in Urlaub. Ich kenne den seit Jahren.

Götzl Wenn Sie uns Herrn Müller etwas beschreiben: Was macht er so, welche Eigenschaften hat er?

Theile Er ist einige Jahre älter, er könnte mein Vater sein. Ruhig, sehr gastfreundlich.

Götzl Was können Sie zu Herrn Müller in Bezug auf Waffen sagen? Besitzt er welche, haben Sie welche gesehen?

Theile Also Waffen? Habe ich jetzt keine gesehen, kann ich mich nicht erinnern. Es gab vor Jahren mal den Fall, dass es in seinem Bekanntenkreis eine Hausdurchsuchung gab. In Hessen war ich ja oft auf Bahnhöfen unterwegs und da hing ein Fahndungsplakat mit den sogenannten Dönermorden. In einem Gespräch sind wir mal auf die Hausdurchsuchung gekommen, ich weiß auch nicht mehr, wie wir die Verbindung gekriegt haben. Es gab da auf dem Fahndungsplakat eine hohe Belohnungssumme. Dann kam raus, dass es bei der Durchsuchung um diese Waffe gegangen sein soll, die auf dem Plakat war.

Götzl Wann haben Sie in Hessen gewohnt?

Theile Von 2005 bis zu meiner Hausdurchsuchung, 2012 glaube ich.

Götzl Wie ist bei den Ermittlungen zur Waffe die Verbindung zu Ihnen hergestellt worden?

Theile Vermutlich, weil ich den Herrn Böhnhardt mal kannte, und die Beziehung von mir zu Herrn Müller ist auch bekannt.

Götzl Wie soll ich das verstehen? Von wem ist die Verbindung hergestellt worden?

Theile Von Reportern. Die schreiben, was sie wollen. Es heißt, die Tatwaffe kam aus der Schweiz. Ich bin aus Jena, und ich kenne einen Schweizer. Deshalb sitze ich jetzt hier.

Götzl Von welcher Waffe war denn die Rede? Was haben Sie aus den Fahndungsplakaten entnommen?

Theile Es ging um die sogenannten Dönermorde. Da waren auch Waffen abgebildet.

Götzl Mir geht es darum, was Sie damals an Informationen wahrgenommen haben?

Theile Ich glaube, es waren drei Waffen abgebildet. Ich kann Ihnen nicht mehr sagen, welche.

Götzl Jetzt sagen Sie ja, bei Ihnen war diese Durchsuchung. Haben Sie denn jetzt mit Herrn Müller mal drüber gesprochen?

Theile Ja, natürlich.

Götzl Erzählen Sie!

Theile Ich hab ihm das erzählt, was bei uns passiert ist. Er ist auch verhaftet worden, war in U-Haft in der Schweiz. *(Stockt.)* Und das scheint der gleiche Zusammenhang zu sein.

Götzl Sie sagen, »das scheint«. Gab es da nicht etwas Konkreteres oder wie kommen Sie zu der Formulierung?

Theile Es geht um die gleiche Sache, warum bei mir die Tür eingetreten wurde.

Götzl Erzählen Sie mir einfach, was Sie gesprochen haben.

Theile Ich hab ihm erzählt, was mir passiert ist, und dann hat er erzählt.

Götzl Was haben Sie an Informationen dem Herrn Müller gegeben?

Theile Na, alles, was an dem Tag der Durchsuchung abgelaufen ist. Ich habe in Hessen meine Zelte abgebrochen, ich hab einen neuen Job woanders. Die Wohnung war schon gekündigt, es gab nur noch Kisten. Wir wären weg gewesen, und da ist früh das SEK gekommen und hat die Tür eingetreten. Das hab ich ihm berichtet.

Götzl In Ihrer Vernehmung durch die Polizei haben Sie geäußert, dass alle Waffen von Müller stammen sollen.

Theile Ich glaube, das habe ich so nicht gesagt. Der Satz ist mir so untergeschoben worden. Es steht ja auch nicht drin, dass man angeschrien wird.

Götzl Erzählen Sie mal.

Theile Erst geht es ruhig ab, dann wird man angeschrien. Plötzlich wird rumgetobt, jemand springt auf, haut auf den Tisch.

Götzl Und wer war das?

Theile Kann ich jetzt nicht mehr sagen. Irgendwann ist der Staatsanwalt aufgesprungen und hat rumgeschrien, ich habe mich bedroht gefühlt.

Götzl Und wie heißt der Herr?

Theile Na, der sitzt ja neben mir. *(Er deutet auf Oberstaatsanwalt Weingarten. Weingarten hebt die Hand und lächelt.)*

Götzl Gibt es an dem, was Sie gesprochen haben, etwas zu korrigieren?

Theile Da müssten wir jetzt alles noch mal durchgehen. Das wird natürlich wieder gegen mich verwendet.

Götzl *(aufbrausend)* Was wollen Sie damit sagen? Wollen Sie mich angreifen? *(wieder ruhiger)* Sagt Ihnen der Name Frank Liebau was? *(Er war der Betreiber des Szeneladens Madley in Jena, aus dem der NSU die Česká-Pistole bekommen haben soll.)*

Theile Ja, kenne ich. Ich war einmal auf Urlaub mit ihm.

Götzl Haben Sie selbst mal Waffen besessen?

Theile Ja, was sind jetzt Waffen?

Götzl Ich frage Sie! Pistolen, Gewehr …

Theile Wenn Sie so fragen: Nein. Es ist mal ein Schießkugelschreiber bei mir gefunden worden, eigentlich ist es ein Leuchtsignalgeber.
Götzl Sind Sie deshalb verurteilt worden?
Theile Ja.

Tag 109

29. April 2014

Manfred Götzl, Richter. **Ralf B.**, 40, Kriminalhauptkommissar beim BKA, er war bereits an den Tagen 97 und 101 Zeuge.

(Wie an Tag 101 soll der Zeuge weiter über die Vernehmung des Thomas Müller, geborener Starke, Auskunft geben. Starke war einflussreicher Rechtsextremist in Chemnitz und kurzzeitig mit Beate Zschäpe liiert.)

Ralf B. Die Vernehmung vom 10.2.12 begann damit, dass Herr Müller etwas richtigstellen konnte. Er wollte richtigstellen, dass er nicht derjenige war, der den Unterschlupf in der Wohnung des Herrn B. besorgt habe und dass er das Trio nicht von 1998 bis 2000 unterstützt habe. Weiter sagte er, er sei 2001 in Zusammenhang mit dem Landser-Verfahren aus der rechten Szene ausgestiegen. *(Landser ist eine verbotene Neonazi-Band, an deren Musikvertrieb Starke beteiligt war.)* Starke, Jan Werner und Hendrik Lasch seien auch bei organisierten Konzerten von Ralf Marschner gewesen, der habe über gute Kontakte in Tschechien verfügt. Darüber, ob Kontakte Marschners zum Trio bestanden, meine ich, dass er nichts sagen konnte. Es habe sein können, dass er mal die Telefonnummer weitergegeben habe. Wir haben Starke zu Marschners Kontakten in die Schweiz gefragt, das sei nach Wissen Starkes nicht der Fall gewesen. Zu Kontakten dorthin habe eher Jan Werner verfügt. Er sei auch mal mit einer Schweizerin zusammen gewesen. *(Später haben Zeugen angegeben, Mundlos und Zschäpe hätten bei jenem Ralf Marschner in Zwickau gearbeitet. Es stellte sich heraus, dass Marschner ebenfalls V-Mann des Verfassungsschutzes war. Das Gericht lehnte es im Juli 2016 ab, Marschner als Zeugen zu hören.)*
Zu der Beziehung zu Frau Zschäpe hat er geschildert, dass sie ihn in der Haft mal besucht hätte, dass er nach der Entlassung mit niemand zusammen war. Und auf einem Konzert oder einer Party hätte es dann gefunkt, und dann wäre es zu diesem Techtelmechtel gekommen. Er hätte sich mehr vorstellen können, auch zusammenzuziehen, dann aber bald gemerkt, dass das offensichtlich von Frau Zschäpe nicht so gesehen wurde. Er hat auch Angaben gemacht, dass man sich

gegenseitig besucht hätte, die beiden Uwes hätten sie nach Chemnitz gebracht. Die beiden Uwes seien immer anwesend gewesen, das sei ihm, so wörtlich, auf den Zeiger gegangen. Er habe sich auch politisch mit Frau Zschäpe ausgetauscht. Über die NPD, dass das die einzige Partei sei.

Er schilderte die Begeisterung des Trios für Tino Brandt. Er schilderte es so, dass der für die wie ein Gott gewesen sei und dass sie begeistert gewesen waren, wie aktiv er war. Starke berichtete auch von einem Treffpunkt des Thüringer Heimatschutzes in Rudolstadt, dass der Brandt da nach Wanzen gesucht hätte und dort auch viele gefunden hätte, und das hätte das Trio begeistert. Ihn hätte interessiert, wie das Trio reagierte, als bekannt wurde, dass Brandt ein V-Mann war.

Tag 110

6. Mai 2014

Manfred Götzl, Richter. **Herbert Diemer,** Vertreter der Bundesanwaltschaft. **Wolfgang Heer, Wolfgang Stahl,** Verteidiger von Beate Zschäpe. **Doris Dierbach,** Anwältin der Nebenklage.

(Am Vormittag, nach der Vernehmung eines Zeugen, bittet Zschäpes Anwalt Wolfgang Heer um eine Unterbrechung für seine Mandantin aus gesundheitlichen Gründen. Um 13.40 Uhr soll es weitergehen, doch Zschäpe ist nicht erschienen. Ein Wachtmeister sagt, sie lasse sich nicht vorführen. Wolfgang Heer ist ebenfalls nicht da.)

Verteidiger Stahl Der Kollege Heer ist bei Frau Zschäpe. Ich weiß es nicht, ob er weiß, dass die Verhandlung fortgesetzt wird. Vielleicht lässt sich der Kollege schnell durch einen Beamten informieren.

(Verteidiger Heer erscheint im Gerichtssaal.)

Götzl Sie sagten, sie sehe sich nicht in der Lage, nach oben zu kommen?

Verteidiger Heer Ich war bis vor fünf Minuten bei der Mandantin. Es hat sich nichts an ihrem Zustand geändert. Ihr ist übel, sie sieht sich nicht in der Lage, der Verhandlung zu folgen.

Götzl Sie weigert sich an der Hauptverhandlung zu erscheinen?

Verteidiger Heer Nein, Herr Vorsitzender, sie sieht sich nicht in der Lage, der Hauptverhandlung zu folgen.

Götzl Aus welchem Grund?

Verteidiger Heer Haben Sie mir eben zugehört? Wegen Übelkeit.

Verteidiger Stahl Das beanstande ich, wenn Sie jetzt die Hauptverhandlung fortsetzen. Die Details des Gesundheitszustands müssen hier nicht erörtert werden.

Götzl Es geht darum, ob die Angeklagte berechtigt oder unberechtigt nicht erschienen ist.

Verteidiger Stahl Ich nehme an, Sie befinden sich in einem Dilemma.

Götzl Ich befinde mich in keinem Dilemma.

Bundesanwalt Diemer Wenn sie verhandlungsfähig ist, sollten wir sie vorführen. Ich sehe keinen revisionssicheren Grund, ohne sie weiter zu verhandeln, wenn sie verhandlungsfähig ist.

Anwältin Dierbach Wir haben die Situation, dass sich die Angeklagte bisher nicht in verfahrensverschleppender Weise gezeigt hat. Ich rate dringend, mit dem Mittel der Vorführung erst dann zu arbeiten, wenn feststeht, dass sie sich ohne plausiblen Grund der Hauptverhandlung entzieht. Lieber soll sie sich bis morgen erholen, damit es dann weitergehen kann.

(Wieder wird unterbrochen. Anschließend gibt Götzl bekannt, es werde heute nicht zur Sache weiter verhandelt, sondern lediglich bekannt gegeben, dass ein Arzt die Angeklagte untersucht habe. Auslöser der Übelkeit, so habe sie ihm gesagt, sei eine Nachricht gewesen, die Beate Zschäpe vor Sitzungsbeginn erhalten habe. Über den Inhalt der Nachricht habe es keine Informationen gegeben.)

Tag 111

8. Mai 2014

Manfred Götzl, Richter. **Wolfgang Heer**, Verteidiger von Beate Zschäpe.

(Die Verhandlung war eigentlich schon für den Vortag angesetzt, wurde aber von Richter Götzl wegen der Erkrankung von Beate Zschäpe um einen Tag verschoben. Die Ärztin der Justizvollzugsanstalt hatte einen »Verdacht auf beginnenden Infekt mit unklarer Kreislaufreaktion«. Beate Zschäpe betritt den Saal. Sie ist sehr blass.)

Verteidiger Heer Unsere Mandantin hat mir und meiner Kollegin Sturm mitgeteilt, dass sie nach wie vor an Übelkeit, Magenschmerzen und starken Kopfschmerzen leidet. Es wurde geäußert, sie habe ins Gericht zu kommen, komme, was da wolle. Meine Mandantin hat sich nur ins Gerichtsgebäude bringen lassen, um unmittelbaren Zwang zur Verbringung zu vermeiden. Ich erkläre, dass sie sich nicht in der Lage sieht, der Hauptverhandlung mit der gebotenen Konzentration zu folgen.

(Die Sitzung wird unterbrochen. Zur Mittagszeit treten alle kurz zusammen. Dann kehrt das Gericht zurück.)

Götzl Nehmen Sie bitte Platz. Dann setzen wir fort – um gleich zum Abschluss zu kommen. Wir werden die Hauptverhandlung heute nicht fortsetzen.

Tag 112

19. Mai 2014

Manfred Götzl, Richter. **Jürgen Helbig**, 38, Fahrer bei einer Spedition. **Jochen Weingarten**, Vertreter der Bundesanwaltschaft. **Wolfgang Stahl**, Verteidiger von Beate Zschäpe.

(Der Zeuge Jürgen Helbig ist ein Jugendfreund von Mundlos und Böhnhardt und hat die drei nach dem Untertauchen unterstützt.)

Götzl Es geht uns um Kontakt mit Herrn Böhnhardt, Herrn Mundlos, Frau Zschäpe, überhaupt mit den Angeklagten. Es geht mir auch um die Zeit 1998/99 im Hinblick auf die Kontakte. Erzählen Sie doch erst mal von sich aus, was Sie dazu sagen können! Vielleicht beginnen Sie damit, wie Sie die Personen kennengelernt haben.

Helbig Kennengelernt – was soll ich denn sagen? Also, Herr Wohlleben: da war ich dreizehn oder vierzehn, wie wir uns kennengelernt haben. Wir haben im gleichen Stadtteil gewohnt. Und Böhnhardt: Kennengelernt halt in der Clique, da kannte man sich dann. Sein Vater und mein Vater waren Arbeitskollegen. Ja.

Götzl Und wann haben Sie sich kennengelernt?

Helbig So mit vierzehn, fünfzehn würde ich sagen. Der Kontakt war eher lose.

Götzl Ja, gehen wir die anderen Personen auch mal durch!

Helbig Holger Gerlach noch, durch Ralf, äh durch Herrn Wohlleben. Carsten Schultze, durch Herrn Wohlleben. Frau Zschäpe flüchtig und Herrn Mundlos auch nur flüchtig. Nur so vom Sehen her.

Götzl Jetzt sagen Sie: Ihr Kontakt zu Böhnhardt eher lose. Können Sie das näher schildern, wie das war?

Helbig Kontakt nicht so oft, also nur lose. Wie gesagt, kennengelernt durch die Clique. Zusammen abhauen wollten wir. Ja.

Götzl Was meinen Sie damit?

Helbig Wir hatten ein Problem mit zu Hause. Da wollten wir verschwinden.

Götzl Was hatten Sie vor?

Helbig Nichts Genaueres. Wir sind aber erwischt worden. Ich war kurz vor sechzehn, er etwas jünger, weiß nicht genau, ich glaub fünfzehn oder so.

Götzl Wie hat die Sache geendet?

Helbig Bei der Polizei.

Götzl Schauen Sie, ich wäre Ihnen dankbar, wenn Sie einfach ein bisschen erzählen würden!

Helbig Wir hatten Fahrzeuge entwendet, und dann hat man uns festgenommen.

Götzl Wie war es später, 1998?

Helbig Da hat man sich gar nicht mehr gesehen dann.

Götzl Ja, hatten Sie 1998 Kontakt zu den genannten Personen?

Helbig Nur mit Herrn Böhnhardt, telefonisch.

Götzl Erzählen Sie mal etwas näher, wie das abgelaufen ist.

Helbig *(wartet, atmet ins Mikro)* Wir haben uns angerufen.

Götzl Sie sich wechselseitig – oder wie soll ich mir das vorstellen?

Helbig Telefonzelle.

Götzl Ja, können Sie mir in ganzen Sätzen bitte antworten! Das wäre ein Gebot der Höflichkeit. Bitte, Herr Helbig!

Helbig *(pustet wieder leicht ins Mikro)*

Götzl Was hat es denn jetzt mit dem Stichwort Telefonzelle auf sich?

Helbig *(schweigt)*

Götzl Können Sie mir erklären, warum Sie jetzt nicht antworten auf die Frage?

Helbig Der Kontakt wurde hergestellt durch Herrn Wohlleben. Mir wurde gesagt, in welche Telefonzelle ich gehen sollte. Es ging um Sachen, die sie brauchen für ihre Flucht, die habe ich dann übergeben.

Götzl Wer hat telefoniert mit wem?

Helbig Mir wurde gesagt, in welche Telefonzelle ich gehen soll. Dann habe ich die Aufträge angenommen und habe sie bearbeitet.

Götzl Von wem gesagt?

Helbig Von Wohlleben, von Herrn Schultz.

Götzl Wenn Sie sagen Herr Schultz, können Sie den Vornamen sagen?

Helbig Carsten. Carsten Schultze, Entschuldigung.

Götzl Waren es Telefonate ausschließlich mit Herrn Böhnhardt?

Helbig Mit einer Frauenstimme nicht. Aber ich denke, auch mal mit Herrn Mundlos.

Götzl Jetzt von der zeitlichen Einordnung: Wann gab es da 1998 den ersten telefonischen Kontakt mit Herrn Böhnhardt oder Herrn Mundlos?

Helbig Weiß ich nicht mehr genau. Ich denke, nachdem sie verschwunden waren.

Götzl Erzählen Sie doch mal, wie es dann weiterging. Welche Aufträge Sie dann entgegengenommen haben und wie Sie die bearbeitet haben.

Helbig Ich habe zum Beispiel eine Tüte nach Zwickau gefahren zum McDonald's-Parkplatz an der Autobahn. Ich habe den Auftrag gekriegt, zur Telefonzelle zu gehen, dann haben wir telefoniert, dann wurde mir gesagt, dass ich von Herrn Wohlleben eine Tüte kriege, und die habe ich dann gefahren.

Götzl Sie fahren dorthin und wie ging es weiter?

Helbig Hingefahren, kurz ausgestiegen, die Tüte aus dem Kofferraum geholt und einem Mann gegeben.

Götzl Können Sie die Person beschreiben?

Helbig So groß wie ich. Schwarzes Kapuzen-Shirt angehabt.

Götzl Was hat diese Person zu Ihnen gesagt?

Helbig Nichts weiter. Dass er den Beutel abholen wollte – und das war's.

Götzl Hat er sich mit irgendeinem Namen vorgestellt?

Helbig Nein.

Götzl Können Sie zum Inhalt des Beutels was sagen?

Helbig Nicht viel. Ich glaube, es waren CDs drinnen und Sachen. Anziehsachen.

Götzl Wie ging es mit den Kontaktaufnahmen weiter?

Helbig Ja, ich war dann Sachen und Papiere von Frau Zschäpe holen, aus ihrer Wohnung. Ich bin mit Herrn Schultze da abends hingefahren. Ich hab unten im Auto gewartet, und er hat Sachen geholt und Papiere. Die Polizei ist kurz danach gekommen. Gekriegt haben sie uns nicht. Wir haben sie gesehen und sind dann weg.

Götzl Gab es weitere Kontakte und Aufträge?

Helbig Ja, noch in Jena. In der Felsenkellerstraße hab ich noch mal was abgegeben. Da hab ich noch mal einen Beutel bekommen mit Sachen drin, den hab ich dann da abgegeben.

Götzl Von wem haben Sie den Beutel bekommen?

Helbig Von Herrn Wohlleben und Herrn Schultze, glaube ich.

Götzl Von beiden oder einem von beiden?

Helbig Ich weiß es nicht genau.

Götzl Und wem haben Sie den gegeben?

Helbig Kenn ich nicht. Es war ein dunkler Hauseingang. Hatte dunkle Sachen an, Kapuzen-T-Shirt.

Götzl Woher wussten Sie denn, dass Sie den Beutel an die richtige Person übergeben haben?

Helbig Weil mir gesagt wurde, dass da eine Person wartet. Es war eine Ruine, die ehemalige Brauerei in Jena.

Götzl Wissen Sie, was in dem Beutel war?

Helbig Nein, weiß ich nicht. Er war zu, oben so zugebunden. Es war ein Plastebeutel.

Götzl Hatten Sie eine Vermutung?

Helbig Nein.

Götzl Jetzt mal noch ein anderer Punkt: Sagt Ihnen »Pogromly« was?

Helbig Das ist ein verändertes Monopoly-Spiel.

Götzl Hatten Sie damit zu tun?

Helbig Ja.

Götzl Erzählen Sie doch bitte, was!

Helbig Ich hatte solche Spiele zu Hause bei mir gelagert.

Götzl Erzählen Sie doch einfach ein bisschen von sich aus.

Helbig Nur zur Lagerung. Wenn welche verkauft worden sind, die rauszugeben.

Götzl Von wem haben Sie denn die Spiele bekommen? Wie sollte es ablaufen? Bitte erzählen Sie!

Helbig Bekommen habe ich sie von Herrn Wohlleben, von Herrn Schultze.

Götzl Von wem stammten denn diese Spiele?

Helbig Von Herrn Böhnhardt und Herrn Mundlos.

Götzl Wie viele Spiele waren das?

Helbig Bei mir circa zwanzig.

Götzl Wissen Sie, wie viele Spiele insgesamt produziert wurden?

Helbig Nicht genau, so etwa hundert müssen es gewesen sein.

Götzl Wer kam zu Ihnen und hat Spiele abgeholt?

Helbig Namen weiß ich nicht. Die haben die Adresse gekriegt von Schultze oder Wohlleben.

Götzl Wie viele Spiele sind unmittelbar von den Käufern bei Ihnen abgeholt worden?

Helbig So drei bis vier Stück.

Götzl Wie hoch war denn der Preis eines Spiels?

Helbig Hundert.

Götzl Sind Sie denn mal von staatlichen Stellen angesprochen worden damals?

Helbig Ja, einmal vom Verfassungsschutz, so 1998, die wollten mich anwerben und haben mir Geld geboten.

Götzl Wozu wollte der Verfassungsschutz Angaben haben?

Helbig Zu Herrn Wohlleben.

Götzl Haben Sie mit Herrn Wohlleben darüber gesprochen?

Helbig Ja, schon nach dem ersten Kontakt mit dem Verfassungsschutz. Ich hab dann bei dem zweiten Treffen ein Tonband mitgehabt. Ich hab gesagt, dass ich es nicht mache. Dann hat er Geld geboten, immer mehr, und dann ist er gegangen.

Götzl Gab es weitere Kontakte mit staatlichen Stellen?

Helbig Ja, mit dem LKA Erfurt und dem MAD. Das war dann 1999 zu meiner Bundeswehr-Zeit in Mellrichstadt. Das LKA hat mir Vorhaltungen gemacht wegen den Kuriertätigkeiten. Die wussten das von Zwickau, von der Felsenkellerstraße, das von Zschäpe ihrer Wohnung. Die haben mich gefragt, warum ich das mache, haben mit Gefängnis gedroht. Die wollten wissen, wo die drei sind, aber das konnte ich nicht beantworten.

Götzl Kam zur Sprache, woher die Informationen des LKA stammten?

Helbig Die haben mich beschattet und haben mir Bilder vom McDonald's-Parkplatz in Zwickau gezeigt.

Götzl War die Übergabe von Schusswaffen mal Thema zwischen Ihnen, Herrn Wohlleben und Herrn Schultze?

Helbig Nein.

Götzl Hatten Sie damals Kenntnis, wo man sich Schusswaffen besorgen konnte?

Helbig Was man so von Gesprächen gehört hat.

Götzl Und was haben Sie erfahren?

Helbig Von der Wagnergasse. Da war so ein Szeneladen, Madley, glaube ich.

Götzl Waren Sie mal dort?

Helbig Ich habe da mal Schuhe gekauft.

Götzl Von wem haben Sie erfahren, dass man dort Waffen besorgen könne?

Helbig Das habe ich so aufgeschnappt.

(Nach der Mittagspause hält Götzl dem Zeugen dessen Antworten aus Vernehmungen vor.)

Götzl In einer Vernehmung beim BKA am 28.2.2012 sollen Sie zu der Übergabe eines Päckchens in der Felsenkellerstraße angegeben haben: »Ich wurde von Uwe Böhnhardt angerufen, dass ich irgendwann etwas abgeben soll und dass dort jemand auf mich wartet. Das Paket bekäme ich von Ralf und ich solle es dann in die Felsenkellerstraße bringen. Ich habe dann das Paket von Ralf bekommen und habe es der Person übergeben. Ich weiß nicht, was darin war, aber ich habe auch heute noch irgendwie ein komisches Gefühl, wenn es um diese Übergabe geht.« Was sagen Sie dazu?

Helbig Das hat mir alles nicht so richtig behagt damals.

Götzl Weiter heißt es: »Ich bin mit meiner Frau zusammen in meinem Pkw zu dem Treffpunkt und habe das Paket dann an den Fremden übergeben. Dann bin ich wieder weg. Das Paket war vielleicht etwas kleiner als ein Schuhkarton und mit einem Strick oder so ähnlich zugebunden. Das musste Ende 1998 gewesen sein.«

Helbig Richtig.

Götzl In der Vernehmung sollen Sie dann nach dem komischen Gefühl gefragt worden sein. Ich halte Ihnen vor: »Antwort: Das lag daran, dass es schwerer war. Ich hatte zwar damals schon ein komisches Gefühl, mir aber nichts groß gedacht. Mit dem heutigen Wissen vermute ich aber, dass es eine Waffe gewesen ist.« Was sagen Sie dazu?

Helbig *(leise)* Ja. Es war zu, man konnte nicht reingucken. Ich weiß nicht, was drinne war.

Götzl In einer Vernehmung durch die Bundesanwaltschaft am 14.3.2012 sollen Sie angegeben haben: »Weder Böhnhardt noch Wohlleben hatten mir gesagt, was in dem Päckchen war. Ich habe auch diesbezüglich keine Fragen gestellt.« Und weiter: »Ich hatte bei der Sache kein gutes Gefühl. Ich hatte bemerkt, dass das Päckchen durchaus Gewicht hatte. Es hat – soweit ich mich heute noch daran erinnern kann – ungefähr soviel gewogen wie ein Liter Milch.«

Helbig Ja.

Götzl Haben Sie Herrn Wohlleben gefragt, was drin war?

Helbig *(nickt)* Ja, aber da hat er nicht drauf geantwortet.

Götzl Hier steht: »Da ich am nächsten Tag sowieso mit Ralf Wohlleben verabredet war, habe ich ihn bei dieser Gelegenheit gefragt, was in dem Päckchen drin war. Ich habe keine Antwort erhalten. Er hat einfach die Frage unbeantwortet im Raum stehen lassen. Da habe ich mir denken können, was da im Päckchen drin gewesen sein könnte. Wissen tu ich es bis heute nicht. Daraufhin habe ich ihm gesagt, ich stünde für weitere Kurierfahrten nicht mehr zur Verfugung. Ich habe ihm erklärt, mir sei die ganze Sache zu riskant. Als Kontaktperson, Nachrichtenmittler stand ich weiter zur Verfügung.« Haben Sie mit Herrn Wohlleben mal über Ihre Vermutung gesprochen?

Helbig Nein.

Götzl Weiter heißt es: »Sie sollen gegenüber dem MAD ausgeführt haben, dass Sie die drei Untergetauchten ›schon auf einer Stufe mit Rechtsterroristen‹ gesehen haben. Bitte erklären Sie sich dazu. Antwort: Ich habe es daran festgemacht, dass ich ja nun den Böhnhardt schon lange kannte und er ein Waffennarr war, und mir war auch klar, Böhnhardt würde auch mit Waffen kämpfen, wenn es nicht anders ginge.« Was meinten Sie damit?

Helbig Er war ein Waffennarr, das war einfach so. Ich kann das nicht weiter beantworten.

Götzl Und weiter: »Woran machen Sie den Ausländerhass Böhnhardts fest? Antwort: Er hat halt mal gesagt, dass er gegen Ausländer ist. Vorhalt: Könnte es sein, dass sich Herr Böhnhardt etwas konkreter ausgedruckt hat? Antwort: Ja. Er hat die Auffassung vertreten, dass Ausländer nicht nur ausgewiesen gehören, sondern in einem Konzentrationslager interniert werden müssten. Am besten wäre es für die Ausländer selbst, sie würden vergast.« Was sagen Sie dazu?

Helbig Ich habe das so angegeben.

Götzl Ist das auch richtig?

Helbig Ich würde sagen, ja.

Götzl Dann heißt es hier: »Sie sagten gerade eben, Ihrer damaligen Einschätzung nach wäre Böhnhardt der bewaffnete Kampf zuzutrauen gewesen. Worauf gründet sich diese Einschätzung? Antwort: Der Böhnhardt war nicht nur ein Waffennarr, nach meinem Eindruck wäre er bereit gewesen, Waffen auch gegen Ausländer einzusetzen. Er hat Ausländer gehasst, das war klar.«

Helbig Ja, richtig.

Verteidiger Stahl Wir haben das alles gelesen, was Sie bei der staatsanwaltlichen Vernehmung gesagt haben. Dagegen war es recht einsilbig heute. Woran liegt das?

Helbig *(macht eine lange Pause)* Weiß nicht.
Verteidiger Stahl Sind Sie aufgeregt heute?
Helbig Ja.
Verteidiger Stahl Und wie war es in Karlsruhe?
Helbig Auch. Aber da waren es nicht ganz so viele Leute.
Oberstaatsanwalt Weingarten Ist es eine Belastung für Sie, in Anwesenheit von Herrn Wohlleben über Herrn Wohlleben zu sprechen?
Helbig Ja, auch.

Tag 113

20. Mai 2014

Manfred Götzl, Richter. **Stefan C.**, 32, Bankkaufmann in Eisenach. **Nadine W.**, 35, Sachbearbeiterin, frühere Mitarbeiterin von Stefan C. **Egon S.**, 78, Rentner aus Eisenach.

Götzl Es geht uns um die Ereignisse am 4. November 2011. Sie waren damals Filialleiter der Sparkasse Eisenach.
Stefan C. Es war ein Freitagmorgen, Viertel vor neun, ich saß mit Kollegen im Büro. Auf einmal hören wir Schreie. Ich bin raus in die Schalterhalle, hab zwei maskierte Männer gesehen. Einer versuchte, eine Kollegin zu schnappen. Einer kam zu mir, hielt mir eine Waffe an den Kopf. Ich hab dann eine Kollegin, die sich im Bankraum eingeschlossen hatte, gebeten, die Tür zu öffnen. Wir sind dann alle in der kleinen Notkasse gestanden und wurden mit Waffen bedroht. Die Kolleginnen haben das Geld ausgehändigt. Der Mann sagte, dass er gern noch mehr Geld hätte, was wir aber nicht dahatten. Dann hatte er gemeint, mir mit der Waffe auf den Kopf schlagen zu müssen. Er ist dann mit einer Kollegin zum Tresor gegangen. Sie hat dem guten Mann das Geld gegeben, der hat es dann aber fallen lassen, sodass es erst mal aufgesammelt werden musste. Der eine Mann hatte eine schwarz-weiße »Scream«-Maske auf, falls Sie den Film kennen, und der andere eine Gorillamaske.
Götzl Wie viel Geld wurde insgesamt erbeutet?
Stefan C. Irgendwas mit 74 000 Euro. *(Tatsächlich waren es 71 920 Euro.)*
(Als nächste Zeugin soll seine frühere Mitarbeiterin Nadine W. den Überfall schildern.)
Nadine W. Ein Maskierter stand mir gegenüber und er hat nur gesagt: »Geld her!« Aber wir waren so unter Schock, wir konnten gar nicht reagieren. Bis der Maskierte Herrn C. niedergeschlagen hat. Dann hat meine Kollegin gesagt: Jetzt

reicht's, wir gehen zum Tresorraum, jetzt gehen wir runter. Dann haben wir denen das Geld gegeben. Er wollte nur die Scheine.

Götzl Wie haben die Täter ausgesehen?

Nadine W. Es hat unmöglich ausgesehen, was die angehabt haben. Die Hose so in die Socken gestopft, das sah unmöglich aus, das hätte ich ihm auch am liebsten gesagt. *(Gelächter im Saal.)*

Götzl Wie war die Situation für Sie, auch was die psychische Belastung anbelangt?

Nadine W. Ich habe immer gedacht, bei einem Überfall falle ich um. Aber es war nicht so. Ich hab einfach nur gehandelt, wie im Film. Es war sehr schwierig, auch im Nachhinein noch. Ich arbeite nicht mehr bei der Sparkasse, ich hab mir eine neue Arbeit gesucht, ich hab meinen Beruf aufgegeben. *(Sie ringt mit den Tränen.*

Nach einem weiteren Zeugen tritt der Rentner Egon S. auf.)

Egon S. Am 4.11.2011 habe ich gegen 9.25 Uhr die Wohnung verlassen, mit dem Ziel, im Lidl-Markt einzukaufen. Ich bin auf die Hauptstraße und habe gesehen, dass auf dem Parkplatz ein Wohnmobil parkt. Es hatte eine wunderbare Farbe, Farbgebung weiß. Ich bin dann links weg, war gerade fünfzehn Schritte gegangen, da kamen zwei Radfahrer. Die kamen förmlich angeflogen und fuhren zu dem Wohnmobil. Einer der beiden nahm sofort Platz auf dem Fahrersitz, während der andere die Räder verstaute. Dann ging die Post ab. Die sind so schnell angefahren, dass die Räder durchgedreht sind. Beim Wegfahren konnte ich das polizeiliche Kennzeichen erkennen, das »V«. Auf dem Weg zum Lidl-Markt ist mir eingefallen: Das kann nur Vogtland sein. Ich habe im Lidl-Markt eingekauft: zwei Flaschen Wasser, je anderthalb Liter, drei Bananen und drei Brötchen. Ich wollte auch noch eine Frischmilch mitnehmen, die aber nicht da war, sodass sich der Einkauf etwas verzögerte. Dann bin ich zur Kasse und anschließend den gleichen Weg zurückgelaufen. Ich sah, dass ein Polizist eine Frau fragte, ob sie zwei Männer mit einem Fahrrad gesehen hatte. Ich hab dem zugerufen: »Ja, aber ich hab sie gesehen.« Der Polizist sagte mir, die zwei Männer auf dem Fahrrad hätten eine Bank überfallen. Darauf sagte ich: »O Gott, auch das noch!« Und das war's.

Tag 114

21. Mai 2014

Manfred Götzl, Richter. **Reinhard Heiderstädt**, 66, Gerichtsmediziner der Universität Jena. **Frank M.**, 51, Kriminaloberkommissar aus Eisenach. **André Eminger**, 34, Angeklagter. **Herbert Diemer**, Vertreter der Bundesanwaltschaft. **Michael Kaiser**, Verteidiger von André Eminger. **Alexander Hoffmann**, Anwalt der Nebenklage.

Götzl Es geht uns um die Sektionen der Leichen von Uwe Böhnhardt und Uwe Mundlos. Bitte stellen Sie uns die Ergebnisse

Heiderstädt Ich würde beginnen mit Uwe Böhnhardt, seine Identität war zunächst nicht bekannt. Für uns war es die Leiche 1 aus Eisenach. Die Leiche wies oberflächliche Verbrennungen, an der rechten Körperrückseite und am linken Arm auf. Der gesamte Kopf war erheblich deformiert. Es gab eine sehr große Aufreißung an der rechten oberen Kopfseite. An der linken Schläfenseite, kurz vor dem linken Ohr, fanden wir eine typische Einschussverletzung. Der Schusskanal ist von der linken Schläfe schräg nach rechts oben verlaufen. Die Verletzungen imponierten wie eine Explosion von innen. Das erklärt auch, warum nur noch 102 Gramm Gehirn vorhanden waren, knapp ein Zehntel des üblichen Gehirngewichts eines Erwachsenen. Das ist herausgeschleudert worden.

Götzl War die Todesursache eine zentrale Lähmung?

Heiderstädt Ja. Es handelte sich um einen Kopfdurchschuss mit sofortiger Handlungsunfähigkeit und sofortigem Tod. Wir haben noch toxikologische Untersuchungen gemacht. Es sind kein Alkohol im Blut und auch keine chemischen Substanzen oder Drogen gefunden worden. Und wir haben den Zahnstatus erhoben wegen der Identifizierung. Bei Uwe Mundlos haben wir das nicht gemacht, weil er schon identifiziert war.

Götzl Gab es irgendwelche Befunde mit Blick auf Rauchgaseinatmung?

Heiderstädt Wir haben keine Spuren von Rauchgaseinatmung und keine Rußbestandteile in den Atemwegen gefunden, sodass wir keinen Hinweis haben, dass da noch eingeatmet wurde. Bei einer zentralen Lähmung gibt es keine Atmung mehr.

Götzl Dann kommen wir zu Uwe Mundlos.

Heiderstädt Die zweite Leiche, Herr Mundlos, wies in geringerer Form Brandbeschädigungen auf, in der linken Knieregion, am linken Handrücken und am linken Unterschenkel, innenseitig. Auffällig war eine noch massivere Zerstörung des Kopfes. Bei der äußeren Besichtigung haben wir keine typische Einschussverletzung gefunden, das macht immer etwas nervös. Bei der Öffnung des Mundes haben wir aber doch Schmauchspuren in der Mundhöhle gefunden und eine völlige Zerstörung des Gaumens. Der Einschuss erfolgte also durch die Mundhöhle, nach oben gerichtet. Entsprechend gibt es eine sehr starke Zerstörung des Kopfes. Noch wesentlich stärker als bei Herrn Böhnhardt. Es war so gut wie kein Knochen mehr intakt. Es gab eine große Aufreißung des Kopfes, auch hier war das Gehirn zum größten Teil herausgeschleudert worden. Wir fanden noch 500 Gramm Resthirn. Auch hier konnten wir keine Rauchgas- oder Rußeinatmung feststellen. Auch bei der chemisch-toxikologischen Untersuchung wurde kein CO *(Kohlenmonoxid)* gefunden. Damit gibt es keinen Beleg für eine Rauchgasvergiftung. Die Todesursache war ein Kopfdurchschuss mit völliger Zerstörung des Gehirns mit sofortigem Tod und völliger Handlungsunfähigkeit.

Anwalt Hoffmann Haben Sie Erfahrungen mit Untersuchungen von Rauchvergiftungen?

Heiderstädt Ja, Brandleichen sind bei uns nicht selten, Rauchgasvergiftungen sind nicht selten, sicher habe ich schon eine größere Anzahl seziert.

Anwalt Hoffmann Ab was für einer Intensität von Rauch in einem Raum würde man denn überhaupt Rückstände finden? Wie stark müsste jemand im Rauch gewesen sein?

Heiderstädt Ruß muss vorhanden sein in der Atemluft, er kommt in die Atemwege und bleibt dann liegen. Nun kann Rauchgas vorhanden sein auch ohne Ruß. Der Ruß – den würden wir erkennen. Den würden wir auch wiederfinden. Vielleicht muss ich sagen: Ruß wurde nicht gefunden. Jetzt zum Rauchgas. Wichtigster Bestandteil des Rauchgases ist CO, also Kohlenmonoxid. Das kann eingeatmet und, solange Leben da ist, auch wieder ausgeatmet werden. Ich kann nicht ausschließen, dass Rauchgas eingeatmet und wieder ausgeatmet wurde. Erst zum Zeitpunkt des Todes bleibt die Konzentration dann so. Das schließt eine kurzfristige CO-Einatmung nicht aus.

(Der Zeuge verlässt den Gerichtssaal. Nun wird die Kleidung des Angeklagten André Eminger zum Thema. Er trägt im Gerichtssaal einen Kapuzenpullover mit Aufdruck.)

Anwalt Hoffmann Ich beantrage, den Kapuzenpulli von Herrn Eminger sicherzustellen. Er zeigt eine vermummte Person mit Sturmgewehr. Das ist nicht nur ein Anblick, der hier unpassend ist, das ist ein Statement für den bewaffneten Kampf, eine Sympathieerklärung für die Morde.

Verteidiger Kaiser Ich glaube nicht, dass die Art der Bekleidung Rückschlüsse auf die Einstellung einer Person zulässt. Bei den Anwälten hat auch nicht jeder einen weißen Schlips an.

Götzl Vielleicht stehen Sie mal kurz auf, Herr Eminger, und lassen den Pullover sehen.

Eminger *(bleibt stumm sitzen)*

Götzl Nicht? *(Eminger schüttelt den Kopf.)* Dann interessiert's natürlich schon. Herr Rechtsanwalt Kaiser, wie sieht's aus?

Verteidiger Kaiser *(unterhält sich kurz mit seinem Mandanten)* Ich habe mit Herrn Eminger über die Herkunft des Pullovers gesprochen. Er ist aus der sogenannten Metal-Szene. Herr Eminger hat ihn wohl schon häufiger angehabt, ohne dass jemand daran Anstoß genommen hätte. Eine Beschlagnahme halte ich für unzulässig.

Anwalt Hoffmann Eine kleine Internetrecherche hat ergeben, dass da noch der Schriftzug »Black Metal Kommando« und »Gas Chamber« *(Gaskammer)* draufsteht. So ist es in einem Internet-Shop zu sehen, der die Dinger verkauft.

Verteidiger Kaiser Um diese Diskussion zu beenden, erklärt sich Herr Eminger bereit, aufzustehen und den Pullover zu zeigen.

(Eminger steht auf und wendet sich dem Richter zu.)

Anwalt Hoffmann Ich denke, dass der Pullover auch beschlagnahmt werden muss, es handelt sich um ein Beweismittel.

Bundesanwalt Diemer Ich sehe keinen Grund, das Kleidungsstück zu beschlagnahmen. Herr Eminger hat sich nicht ungebührlich verhalten – auch wenn der Pullover möglicherweise nicht unserem Geschmack entspricht. Die Sätze, die Herr Rechtsanwalt Hoffmann angeführt hat, stehen ja nicht drunter.

(Eminger verlässt den Gerichtssaal, wird fotografiert und kehrt wieder zurück.)

Götzl Das Kleidungsstück ist nun fotografisch gesichert.

(Eminger kann den Pullover anbehalten. Als nächster Zeuge wird der Polizist Frank M. befragt, der am 4. November 2011 gemeinsam mit einem Kollegen als Erster am Wohnmobil war, in dem dann die Leichen von Uwe Böhnhardt und Uwe Mundlos entdeckt wurden.)

Götzl Wie sind Sie auf das Wohnmobil gekommen?

Frank M. Wir hatten den Auftrag bekommen, nach diesem Wohnmobil zu suchen und haben es dann in der Ortslage Stregda *(Stadtteil von Eisenach)* gefunden. Ein Rentner hatte sich ein Teil des Kennzeichens gemerkt. Als mein Kollege und ich auf das Fahrzeug zugegangen sind, ist ein Schuss gefallen. Der kam aus dem Inneren des Wohnmobils. Vom LKA wurde uns gesagt, dass der in unsere Richtung ging. Wir haben die Waffen gezogen und sind dann in Deckung gegangen. Dann sind zwei weitere Schüsse gefallen. Die Schüsse kamen kurz hintereinander, ein paar Sekunden. Der letzte Schuss kam etwas später. Nach dem letzten Schuss oder kurz davor, jedenfalls im unmittelbaren zeitlichen Zusammenhang, hat das Fahrzeug angefangen zu brennen. Wir haben die Feuerwehr verständigt, die ist dann nahezu zeitgleich mit der Kripo eingetroffen. Die Kripo hat dann die weiteren Maßnahmen übernommen.

Götzl Haben Sie irgendwelche Personen gesehen?

Frank M. Nein. Auf der gegenüberliegenden Straßenseite war eine ältere Dame mit Hund.Und der Halter des Fahrzeugs vor dem Wohnmobil kam aus dem Haus gelaufen und wollte sein Auto in Sicherheit bringen. Das haben wir verhindern müssen.

Bundesanwalt Diemer Haben Sie eine Person in das Fahrzeug hinein- oder hinausgehen sehen?

Frank M. Nein, ich habe keinerlei Personenbewegung gesehen.

Bundesanwalt Diemer Können Sie sich da festlegen?

Frank M. Ja.

(Im Anschluss wird der Kollege von Frank M. befragt, der die Angaben im Wesentlichen bestätigt. Danach berichtet ein Sachverständiger des BKA erneut, wie es ihm gelang, die Česká 83 aus dem Brandschutt in der Frühlingsstraße als die Waffe zu identifizieren, die bei neun der zehn Morde zum Einsatz kam.)

Tag 115

26. Mai 2014

Manfred Götzl, Richter. **Andreas R.**, 57, Heizungsmonteur, derzeit in einer Justizvollzugsanstalt in Sachsen-Anhalt inhaftiert.

(Der Zeuge wird mit einer sogenannten Vorführzange, einer Art Handschelle, an seinen Platz geführt. Er sitzt in Haft, weil er als Mitglied der »Schlapphut-Bande« verurteilt wurde. Diese Bande beging in den Jahren 2002 bis 2005 Dutzende Banküberfälle und wird so genannt, weil die Mitglieder bei den Taten teilweise breitkrempige Hüte trugen. Ein ebenfalls in Haft sitzendes Bandenmitglied stellte nach Entdecken des NSU eine angebliche Verbindung her. Er stellte es so dar, dass der Angeklagte Ralf Wohlleben an einem Waffendeal mit der Bande beteiligt gewesen sei. So muss sich nun auch das Gericht mit den Schlapphüten befassen.)

Götzl Wie viele Waffen hatten Sie?

Andreas R. Sechs Maschinenpistolen, zwei Sturmgewehre und ungefähr zehn bis fünfzehn Pistolen.

(Der Zeuge erzählt dann freimütig Geschichten aus dem Milieu der organisierten Kriminalität und schweift immer wieder vom Thema ab. Richter Götzl versucht, den Zeugen zurück zum Inhalt des Verfahrens zu bringen.)

Götzl Sagt Ihnen der Name Ralf Wohlleben etwas?

Andreas R. Ja, aus den Medien. NSU-Prozess, ansonsten weiß ich nüscht weiter.

Aber es interessiert mich auch nicht so. Wissen Sie, Herr Vorsitzender, ich habe genug mit mir zu tun.

Götzl Was sagt Ihnen denn die Person?

Andreas R. Dass Herr Wohlleben da eine Rolle in dem Prozess hier spielt, er angeklagt ist.

Götzl Sind Ihnen Einzelheiten zu den Vorwürfen bekannt?

Andreas R. Nee, nee. Wenn man so neun Jahre knapp in Haft ist, dann kümmert man sich nicht mehr so um alles. *(Auch Beate Zschäpe, Uwe Mundlos und Uwe Böhnhardt kenne er als Namen nur aus den Medien.)* Ich glaube, dass der S. *(der Bandenkollege, der den angeblichen NSU-Bezug behauptet hatte)* sich den ganzen Quatsch ausgedacht hat. Mir kommt es so vor, als wenn er einen Weg sucht, um unbedingt seine Strafverbüßung in Deutschland zu bekommen. *(S. sitzt seine Haftstrafe in Polen ab.)*

Tag 116

28. Mai 2014

Udo J., 49, Kriminalhauptkommissar aus Erding.

(Der Zeuge berichtet von der Auswertung der Handys des Angeklagten André Eminger und seiner Frau. Dort sind unter anderem auch rechtsradikale Inhalte gefunden worden, zum Beispiel eine fotografierte Brezel in Hakenkreuz-Form, zudem eine SMS, in der von »Gerry« und »Liesl« die Rede ist – so nannten sich Uwe Böhnhardt und Beate Zschäpe mit Tarnnamen.)

Udo J. Es war auffällig, dass der SMS-Verkehr um den 4.11.2011 *(dem Tag, als der NSU entdeckt wurde)* fast nicht vorhanden war. Es war etwas vom 6.11. vorhanden, privater Natur, dann war eine Pause bis 15.11., später wieder vermehrt.

(Später wird Beate Zschäpe in einer ihrer Erklärungen – am 21. Januar 2016 – bestätigen, dass sie am 4.11.2011 Kontakt zu André Eminger hatte. Sie habe ihn angerufen und darum gebeten, ihr Kleidung seiner Frau zu geben, weil sie nach der Brandstiftung in Zwickau nach Benzin roch. Er habe ihr dann Kleidung ausgehändigt. Ein weiterer Zeuge, ein BKA-Beamter, berichtet, dass es in der Nacht auf den 5.11.2011, um 2.57 Uhr und um 3.45 Uhr, zwei weitere Anrufe auf das Handy von André Eminger gegeben hat, die Verbindungen dauerten wenige Sekunden. Die Anrufe kamen von einem Fernsprecher am Bahnhof in Glauchau, unweit von Zwickau. Die Ermittler gehen davon aus, dass Zschäpe von Glauchau aus versuchte, die Emingers anzurufen. Es ist unklar, warum sie sich in Glauchau aufhielt. Das BKA hat dort ermittelt und ist dem Verdacht nachgegangen, das Trio könnte dort einen weiteren Unterschlupf gehabt haben. Gefunden wurde jedoch nichts.)

Tag 117

3. Juni 2014

Manfred Götzl, Richter. **Martin M.**, 50, Kriminalhauptkommissar aus Köln. **Edgar M.**, 65, Kriminalhauptkommissar aus Köln im Ruhestand. **Christina Clemm, Edith Lunnebach**, Anwältinnen der Nebenklage.

(Das Gericht beginnt die Beweisaufnahme zu dem Sprengstoffanschlag in der Kölner Probsteigasse im Jahr 2001. Der erste Zeuge hatte damals den Einsatzbericht der Polizei geschrieben.)

Götzl Es geht uns um einen Einsatz vom 19. Januar 2001, Bereich Probsteigasse, Köln.

Martin M. Ich habe, ehrlich gesagt, nicht mehr ganz so viele Erinnerungen. Ich habe mir jetzt noch mal den Einsatzbericht durchgelesen, da ist einiges wiedergekommen. Soweit ich mich erinnern kann, erfolgte der Einsatz unmittelbar zu Dienstbeginn um 7.30 Uhr. Wir wurden informiert, dass es in einem Lebensmittelgeschäft zu einer Explosion gekommen und eine Person verletzt ist. Als wir eingetroffen sind, war es stockdunkel und ziemlich kalt. Die Straße war bereits abgesperrt, die verletzte Person war bereits ins Krankenhaus abtransportiert worden. Angehörige waren noch da und wurden dann aber auch ins Krankenhaus gefahren. Wir haben eine Tatortbegehung gemacht, das war ein Ladenlokal. Es war vorne hin zur Straße, hatte ein großes Schaufenster, da hat man schon Schäden dran erkannt. An das Lokal schloss sich ein weiterer Raum an, es gab auch einen Hinterhof. Im hinteren Aufenthaltsraum waren die schwersten Schäden, da war das Zentrum der Explosion deutlich zu erkennen. In der hinteren Ecke stand ein Schreibtisch oder eine Holzplatte mit Stahlgestell, die Platte ist zerborsten, an der Wand hat man trichterförmige Markierungen gesehen, die auf ein Feuer hingedeutet haben. Aber es war kein klassischer Wohnungsbrand. Wir haben auch eine Metallkiste gesehen. Das stellte sich hinterher raus, das war eine Christstollendose, mit roter Lackierung und weißen Sternen drauf, und ein Teil von einem zerplatzen Druckbehälter.

Götzl Es heißt hier in Ihrem Bericht von damals, im Büroraum sind die massivsten Explosionsschäden zu erkennen. Die Decke sei komplett heruntergefallen.

Martin M. Ja, genau.

Götzl Vom Kühlschrank wurde die Tür herausgeschleudert, heißt es hier.

Martin M. Hm.

Götzl Hatten Sie Kontakt zu der Geschädigten, der Verletzten?

Martin M. Ja, später war ich mal im Krankenhaus und habe eine Anhörung gemacht. Sie war sehr schwer verletzt. Ich kann mich erinnern, dass sie ganz leise und langsam gesprochen hat und offensichtlich noch total geschockt war.

Anwältin Lunnebach War von außen ersichtlich, dass es sich um ein Geschäft von ausländischen Mitbürgern handelte?

Martin M. Nein, es stand sogar ein deutscher Name draußen: Gerd Simon.

(Auch der nächste Zeuge hat als Polizist in dem Fall ermittelt.)

Anwältin Clemm Haben Sie für die Polizei den Verfassungsschutz eingebunden?

Edgar M. Ja, wir haben beim Verfassungsschutz nachgefragt, ob die was gehört, gesehen oder etwas mitbekommen haben. Wir haben als Möglichkeit in Betracht gezogen, dass irgendeine iranische Organisation dahinterstand. *(Die Besitzer des Ladens, auf den der Anschlag verübt wurde, waren Deutsch-Iraner.)*

Anwältin Clemm Haben Sie je in Richtung rechts ermittelt?

Edgar M. Alles, was in Richtung Politik geht, geben wir an den Staatsschutz ab. Weil wir da kein Hintergrundwissen haben. Der Staatsschutz hat uns nichts Wesentliches übermittelt. Wir wären auch froh gewesen, wenn wir die Akte an den Staatsschutz hätten abgeben können. Der Mann war Ausländer. Es hätte von rechts kommen können. Es hätte auch von links kommen können, da sind viele in Köln aktiv.

Anwältin Lunnebach Linke, die gegen Ausländer Anschläge begehen, sind doch eher selten.

Edgar M. Die meisten Sprengstoffanschläge in Köln sind von der linken Seite erfolgt.

Anwältin Clemm Die Machart der Bombe, können Sie dazu etwas sagen?

Edgar M. Ja, wir konnten den Körper gut rekonstruieren. Der Behälter war ein Gasdruckbehälter für Schweißtechnik oder so etwas. Woher die Dose kam, haben wir auch rausgefunden. Das war ein Massenartikel, der zur Weihnachtszeit viel verkauft wurde.

(Dann wird ein Sprengstoffermittler befragt, der die Konstruktion der Bombe im Detail erklärt. Es werden auch etliche Fotos gezeigt. Man sieht Blechsplitter, den zerstörten Laden, zerfetzte Teile einer Karamellbonbon-Tüte, Überreste einer Erdnussflips-Tüte. Kleidung der Verletzten wird gezeigt mit Blutspuren, eine zerstörte Jacke mit eingesprengten Holzsplittern.)

Tag 118

4. Juni 2014

Manfred Götzl, Richter. **Daniel Q.**, 51, Polizeibeamter aus Köln. **Elke O.**, 47, Kriminaloberkommissarin aus Köln. **M. M.**, 32, Chirurgin aus Köln. **Wolfgang Heer**, Verteidiger von Beate Zschäpe. **Mehmet Daimagüler**, **Edith Lunnebach**, Anwälte der Nebenklage.

Götzl Es geht uns um Ermittlungen wegen einer Blechdose, die Sie durchgeführt haben.

Daniel Q. Ich kann mich gut erinnern, weil mich das auch persönlich sehr berührt hat. Ich war am Tatort. Ich hab das Bild der Verwüstung gesehen. Ich war auch im Krankenhaus, ich habe das Mädchen da in der Schwerstverbrennungs-Klinik liegen gesehen, das Bild hat sich in meine Seele eingeprägt, das werde ich nie vergessen. Wir haben hoch motiviert ermittelt, sind jeder Spur nachgegangen, haben jeden Grashalm ergriffen, um den Hintergrund der Tat zu beleuchten. Wir haben das Umfeld der Familie untersucht, wir vermuteten ein persönliches Rachemotiv.

Götzl Und Ihre Ermittlungen zu der Dose?

Daniel Q. Das LKA hatte am Tatort Reste einer Dose gefunden. Über den Barcode habe ich den Hersteller in Rheinland-Pfalz ermittelt. Er war so nett, dass er mich an einem Sonntag empfangen hat und mir zwei bis drei Dosen als Vergleichsstücke übergeben hat. Es war eine größere Blechdose. Ich wusste, dass sich darin eine Bombe befand. Ein Mann hatte Tage vor der Explosion den Laden der iranischen Familie besucht und gesagt, er könne nicht bezahlen, weil er sein Portemonnaie vergessen habe. An sich ein sehr glaubwürdiges Vorgehen, dass man etwas hinterlässt.

Verteidiger Heer Der Zeuge soll nur das bekunden, was er selbst gesehen hat. Er soll keine Einschätzungen zur Sache geben.

Götzl *(zum Zeugen)* Bitte gehen Sie auf meine Fragen ein. Was waren die Ermittlungen zu der Dose?

Anwältin Lunnebach Die Störung des Zeugen durch die Verteidigung finde ich nicht angemessen. Polizeibeamte dürfen selbstverständlich den Zusammenhang mitteilen. Die Verteidigung will offenbar nicht hören, was da geschehen ist.

Götzl Wenn sich die Gemüter so erhitzen, dann mache ich eine Pause. Also weiter jetzt. Können Sie uns die Dosen beschreiben?

Daniel Q. Ja, circa 40 bis 50 Zentimeter breit, 20 bis 25 Zentimeter tief, 15 Zentimeter hoch. Eine rote Stollendose aus Blech mit weißen Sternen drauf.

Götzl Wie hieß die Firma?

Daniel Q. Kann mich nicht mehr erinnern.

Götzl In Ihrem Vermerk vom 20.1.2001 schrieben Sie: Original Kaiser Backform GmbH. Der Geschäftsführer habe angegeben, dass die Dosen aus China stammen, ein Auslaufmodell, das bis Dezember 2001 vertrieben wurde. Insgesamt wurden 13 000 Dosen vertrieben.

Daniel Q. Ja, wir haben dann viele Geschäfte in Köln aufgesucht.

Götzl Sie haben geschildert, dass Sie die Geschädigte im Krankenhaus aufgesucht haben. In welcher Verfassung war sie?

Daniel Q. Ich war an der Außenschleuse der Klinik, das Opfer lag auf einem Bett, war fast völlig entkleidet, weil die Haut sich regenerieren musste. Das Opfer war verbrannt, aufgedunsen, hatte blutende Verletzungen im Gesicht, an den Unterarmen.

Götzl War das Opfer ansprechbar?

Daniel Q. Nein. Wir wollten mit dem Opfer sprechen, aber es war definitiv nicht ansprechbar. Es sah aus wie ein Stück Grillfleisch, ein Bild des Grauens, es gibt keine passenden Worte. Ich habe in meiner Laufbahn als Polizist wirklich viel Blut, viele Leichen, viel Elend gesehen, dieses Opfer war für mich an der Spitzenposition.

(Götzl setzt die Vernehmung fort und weist den Zeugen zurecht, als der sich auf eine Frage nicht an ein dreizehn Jahre zurückliegendes Ermittlungsdetail erinnern kann.)

Anwältin Lunnebach Ich habe das Gefühl, dass Sie die Ungeduld der Verteidigung übernommen haben.

Götzl Das ist nicht der Fall, bitte fragen Sie weiter.

Anwältin Lunnebach Haben Sie Anwohner des Lebensmittelgeschäfts befragt?

Daniel Q. Wir sind von Haus zu Haus gegangen. Wir sind ganze Häuser abgegangen.

(Als nächste Zeugin tritt Kriminalkommissarin Elke O. auf.)

Götzl Es geht uns um den Zustand der Verletzten.

Elke O. Ich war am 21. Februar im Klinikum. Der Arzt hat uns gesagt, dass sie noch nicht vernehmungsfähig ist, sie steht unter starken Schmerzmitteln, ist psychisch angeschlagen, bekommt Weinkrämpfe, sie wird nicht mehr künstlich beatmet. Im März haben wir sie dann vernommen. Bei ihr zu Hause. Da hatte sie Narben im Gesicht und einen etwas starren Blick und ihre Hände zitterten. Sie fühle sich aber den Umständen entsprechend ganz gut und könne eine Aussage machen, sagte sie. Sie hat klar gesprochen und auch spontan geantwortet. Die Haare waren nachgewachsen, sie trug eine Kurzhaarfrisur. Als wir gefragt haben, wie sie sich die Tat erklären kann, da hat sie angefangen zu weinen.

Anwältin Lunnebach Wie war Ihre Rolle im Verfahren?

Elke O. Ich war mit den Ermittlungen betraut und dann mit der Aktenführung.

Anwältin Lunnebach Sie waren auch für die Spurenakten zuständig?

Verteidiger Heer Es ist keine Frage von Frau Lunnebach zulässig.

Anwältin Lunnebach Das ist doch Quatsch, mir fällt da kein juristischer Begriff dazu ein.

(Heer interveniert erneut.)

Anwältin Lunnebach Wir wollen von der Zeugin was hören und nicht von Ihnen. Ich halte mich aber nicht an albernen Formalitäten auf. Dass die Verteidigung das beanstandet, hat nichts mit der Verteidigung zu tun, sondern ist die Absicht zu stören.

(Wohllebens Verteidiger Klemke meldet sich und will dazwischengehen.)

Götzl Wenn Sie auf den Formalitäten herumreiten, dann müssen Sie sich auch an die Formalitäten halten, Herr Klemke. *(Er gibt ihm nicht das Wort.)*

Anwältin Lunnebach Haben Sie den Gedanken verfolgt, es könnte sich um einen ausländerfeindlichen Anschlag handeln?

Elke O. Es gab damals keine Hinweise darauf. Ich dachte in erster Linie daran, die Täter zu ermitteln. Das war das höchstrangige Ziel. Aus welcher Richtung der Täter kommt, war für mich zweitrangig.

(Es folgt die Zeugin M. M., 32, Chirurgin aus Köln.)

Götzl Es geht um den 19. Januar 2001. Was können Sie uns berichten? Machen Sie ganz in Ruhe, nehmen Sie sich Zeit.

M. M. Der Weihnachtskorb mit der Geschenkdose war in der Weihnachtszeit bei uns abgegeben worden. Am 19.1.2001 war ich zufällig in unserem Laden, die Geschenkdose lag hinten im Büroraum, ich war neugierig, was drin ist. Ich habe die Dose leicht aufgemacht und eine blaue Campinggasflasche gesehen. Ich habe den Deckel wieder zugemacht und mein erster Gedanke war: Was für ein komisches Weihnachtsgeschenk. Dann bin ich um den Schreibtisch herumgelaufen und habe mich gebückt, um etwas zu suchen. In dem Moment ist die Bombe explodiert. Es war ein lauter Knall, ein helles Licht, dann war alles dunkel. Ich hatte Schmerzen und konnte nichts mehr sehen. Ich konnte auch erst mal nicht atmen, nicht schreien, nicht reden. Meine Eltern haben mich nach draußen getragen. Dann wurde ein Rettungswagen alarmiert.

Götzl Ab wann glauben Sie, dass die Dose in dem Laden des Vaters gelegen ist?

M. M. Als der Geschenkkorb abgegeben worden ist. Das muss Mitte Dezember gewesen sein. Man kann sagen, dass diese Bombe einen Monat in diesem Raum stand.

Götzl Wie viel Zeit ist vergangen zwischen Öffnen und Explosion?

M. M. Nur ein paar Sekunden.

Götzl Wer war zugegen?

M. M. An dem Morgen meine Eltern und mein Zwillingsbruder und die jüngere Schwester. Mein älterer Bruder war schon gegangen, Vater stand im Außenbereich bei den Obstkisten. Um sieben Uhr haben wir noch schnell mitgeholfen, später wären da sonst zehn, fünfzehn Schüler im Laden gewesen.

Götzl Sie sind im Krankenhaus ins Koma versetzt worden. Wie war es danach? Wir müssen auch auf Ihre Verletzungen eingehen. Sie sind ja selbst Ärztin und können uns das beschreiben.

M. M. Schon nach der Explosion hatte ich wahrgenommen, dass meine Augen sozusagen zugeschmolzen waren. Ich habe sie einfach nicht mehr aufgekriegt. Ich habe mitbekommen, dass Haare und Gesicht verbrannt waren. Ich wurde, glaube ich, eineinhalb Monate im Koma gehalten, auch wegen einer Lungenentzündung. Dann wurde ich schrittweise aufgeweckt. Einen Spiegel habe ich erst mal nicht bekommen. Ein paar Wochen später habe ich mein Gesicht zum ersten Mal gesehen, als ich allein auf die Toilette gegangen bin. Da bin ich einfach nur erschrocken: Ich hatte keine Haare mehr und Schnittwunden im ganzen Gesicht. Das war das Schlimmste. Außerdem waren beide Trommelfelle zerfetzt, sodass insgesamt vier Operationen nötig wurden. Dann hatte ich noch Narbenkorrekturen, das Schwarzpulver war im ganzen Gesicht verteilt. Man nennt das Schmutztätowierungen, ich hatte deswegen zwanzig, dreißig sehr schmerzhafte Lasersitzungen. Die Schmutztätowierungen sind noch sichtbar, wenn ich abgeschminkt bin. Die Narben konnten nie ganz entfernt werden, womit ich leben muss und kann.

Götzl Sie sagten, Sie standen kurz vor dem Abitur. Wie ging es nach Ihrem Krankenhausaufenthalt weiter?

M. M. Entlassen wurde ich Mitte März, entgegen ärztlichem Rat, auf eigene Verantwortung. Durch den Entzug der Schmerzmittel kam es zu Entzugserscheinungen. Die Anfangszeit war schwierig, ich konnte nicht allein essen, mich nicht allein waschen, nicht länger als 150 Meter laufen. Ich hab das Haus nicht verlassen, Freunde kamen zu mir, ich brauchte Monate, bis ich mich in der Öffentlichkeit zeigen konnte. Ich hatte sehr, sehr nette Lehrer, die mir angeboten haben, mein Abitur noch in dem Jahr im November nachzuholen. So fing direkt die Vorbereitung für das Abitur an, worüber ich auch froh war. Irgendwann musste es für mich weitergehen: Ich habe Chemie und Physik studiert. Ich hab mich dann noch entschlossen, zusätzlich Medizin zu studieren, und habe Köln ein paar Jahre verlassen, um Abstand zu gewinnen zu allem.

Götzl Was ist für Sie an Folgen zum heutigen Zeitpunkt geblieben?

M. M. Ich habe noch immer Narben im Gesicht, Holzsplitter sind in den Kiefer eingedrungen, sie konnten nicht vollständig rausoperiert werden. Mein Hörvermögen ist reduziert. Ich habe Tinnitus, ein leichtes Rauschen im Ohr. Damit muss ich leben, damit kann ich leben, das habe ich integriert in mein Leben. Die Verletzungen im Gesicht sind sichtbar, dann wird man gefragt: Was ist mit dir passiert? Und dann steht man da und weiß nicht, was man darauf antworten soll.

Götzl Waren Sie in psychologischer Behandlung?

M. M. Ich hatte das Glück, einen starken Familienrückhalt zu haben und Freunde, die hinter mir stehen. Auch die Lehrer haben mir geholfen, mein Leben fortzuführen.

Götzl Haben Sie Überlegungen damals angestellt, wer verantwortlich sein könnte?

M. M. Was ich dann mitbekommen habe, war, dass die Polizei einen rechtsradikalen Hintergrund ausgeschlossen hat. Ein Anschlag von der iranischen Seite, dem Geheimdienst – das konnte auch nicht sein. Es hieß, wir haben keine Hinweise mehr und gehen davon aus, dass es keinen persönlichen Bezug gibt und irgendein Einzeltäter verantwortlich war. Ich muss sagen, wir konnten das damals ganz gut abschließen. Bis dann das Bekennervideo erschienen ist, das die Angeklagte verschickt hat. Da stand ich unter Schock. Die Kripobeamten warnten uns nach dem Video nur vor der Presse. Sie sagten uns nichts zu den laufenden Ermittlungen. Ich habe gefragt, ob es Gefahr für lebende Zeugen gibt. Da haben sie gesagt, es gebe keine Hinweise dazu. Das heißt aber nicht, dass es keine Gefahr gibt. Dann haben wir eine Anwältin eingeschaltet, die meisten Informationen haben wir uns über die Medien zusammengesucht. Es ist ja immer noch nicht klar: Gibt es zusätzliche Helfer, die vielleicht noch frei herumlaufen? Und morgen bei uns vor der Tür stehen? Keiner wird uns das garantieren können. Mit diesem Gedanken zu leben, ist für mich und meine Eltern nicht einfach. *(Denkt kurz nach.)* Gestern war bei mir die Garagentür offen. Ich hab mich sofort gefragt: Wer war das? Ich hab das Auto abgesucht, mich gebückt, ob da irgendwo eine Bombe platziert ist. Ganz abgeschlossen ist es nicht.

Götzl Können Sie etwas über die Folgen für die Eltern sagen?

M. M. Die schlimmste Zeit für meine Eltern war natürlich die Zeit, als ich im Krankenhaus lag. Der Laden war zerstört. Mein Vater hat versucht, ihn wieder aufzubauen. Aber für meine Mutter war es nicht mehr möglich, den Laden zu betreten. Wir mussten dann verkaufen. Ich glaub, den akuten Schaden hätte man noch kompensieren können. Aber wenn die Einnahmen wegfallen, steht man vor dem Nichts.

Götzl Wie waren die Konsequenzen für Ihre Geschwister?

M. M. Es war schwer für sie, ihre Schwester so verletzt zu sehen. Auch dieses Wissen jetzt: Es gibt Menschen, die dich wegen deiner Herkunft umbringen wollen. Wir sind hier aufgewachsen und haben deutsche Freunde, akademische Abschlüsse – und am Ende sieht man im Video nur: »Jetzt wisst ihr, wie wichtig uns der Erhalt der deutschen Nation ist.« Das ist traurig für mich, traurig für meine Familie. Schade.

Anwalt Daimagüler Haben Sie je erwogen, Deutschland zu verlassen?

M. M. Wenn du mitbekommst, du wirst wegen deiner Herkunft so angegriffen, dann ist der erste Gedanke: Was soll ich denn noch hier? Ich hab mir so viel Mühe gegeben, ich bin ein Muster an Integration. Aber das war ja die Absicht dieser Leute. Im Nachhinein habe ich deshalb gedacht: Nein, jetzt erst recht! Ich lass mich mit Sicherheit nicht aus Deutschland rausjagen. *(Klatschen auf der Zuschauertribüne.)*

Tag 119

5. Juni 2014

Manfred Götzl, Richter. **Djawad M.**, 62, Vater von M. M., früher Kaufmann, derzeit arbeitslos. **Soheila M.**, 58, Mutter von M. M., Buchhalterin. **Mashid M.**, 27, Schwester von M. M., Ingenieursstudentin. **Wolfgang Heer, Wolfgang Stahl**, Verteidiger von Beate Zschäpe. **Herbert Hedrich**, Verteidiger von André Eminger. **Edith Lunnebach**, Anwältin der Nebenklage, sie vertritt die Familie M.

Djawad M. Es war ein paar Tage vor Weihnachten, so gegen 17 oder 18 Uhr kam ein Herr in meinen Laden. Weißes Hemd, Jeanshose. Er war schmächtig gebaut, hatte lockige Haare, ziemlich lang. Er hatte einen Korb in der Hand und wollte sich ein paar Sachen holen. Es war kurz vor Feierabend, wir waren gerade dabei zu schließen. Er hat eine Runde gedreht und eine Flasche Jack Daniel's eingepackt und Chips. Es war ein Wert von rund 55 Mark, was er in den Korb gelegt hat. Er kam zur Kasse und sagte, tut mir leid, ich habe mein Portemonnaie vergessen, aber ich wohne hier um die Ecke. Aber ich hatte den Mann noch nie gesehen, wir waren schon lang in der Gegend. Er hat sich ein bisschen komisch verhalten. Er hat noch eine Runde im Laden gedreht und ist dann weggerannt. Wir haben bis 18.30 Uhr gewartet. Dann habe ich geschlossen und den Korb an der Kasse gelassen. Am nächsten Tag habe ich wieder geöffnet, aber der Mann kam nicht. Da haben wir den Korb in unseren Aufenthaltsraum nach hinten gebracht. Am Morgen der Explosion waren wir gerade dabei, den Laden zu richten. Wir haben in der Regel den Laden um sieben Uhr geöffnet. Ich kann nur von Glück sprechen, dass die Explosion stattgefunden hat, bevor die Schulkinder, die regelmäßig bei uns einkauften, in den Laden kamen und so nicht mehr Personen zu Schaden gekommen sind. Unsere Kunden waren in der Regel Deutsche.

Es war ein Riesenknall, sehr laut, ich konnte erst mal nicht einordnen, woher der Knall kommt, ob bei uns oder in der Nachbarschaft. Auf einmal kam meine Frau, sie sagte, es ist bei uns, da hinten war alles dunkel und Rauch, unsere Tochter ist hinten im Raum. Ich bin ins Zimmer gerannt, meine Frau hinterher. Die Haare meiner Tochter waren fast komplett verbrannt, es war dunkel. Dann habe ich meine Tochter aufgehoben und mithilfe meiner Frau zum Auto gebracht. Nach ein paar Minuten kam Feuerwehr, Polizei. Ich nehme an, Nachbarn haben die Polizei alarmiert. Man hat uns verboten, den Laden zu betreten. Meine Tochter wurde in einen Krankenwagen gelegt, die jüngste Tochter mit einem Streifenwagen abgeholt. Meine Frau und ich standen einfach hilflos da und wussten nicht, was wir tun können. Danach fingen polizeiliche Vernehmungen an, bis 14, 15 Uhr, dann sind wir ins Krankenhaus gefahren.

Götzl Unmittelbar nach der Explosion, konnten Sie da noch mit Ihrer Tochter reden?

Djawad M. Sie hat nur gesagt: Passt auf euch auf.

Götzl War sie bewusstlos?

Djawad M. Nein, komplett bewusstlos war sie nicht. Aber sie war in einem sehr schlechten Zustand.

(Neben Djawad M. sitzt seine Anwältin Edith Lunnebach, sie ist dadurch nur wenige Meter von der Anklagebank entfernt.)

Verteidiger Heer Es ist mir nicht möglich, mit meiner Mandantin vertraulich zu kommunizieren. Frau Lunnebach kriegt jedes Wort mit.

Götzl *(zu Lunnebach)* Setzen Sie sich bitte um.

Anwältin Lunnebach Sie überschätzen meine Lauschfähigkeiten.

(Lunnebach setzt sich auf die andere Seite ihres Mandanten.)

Götzl Damit wir wieder den Faden aufnehmen können. *(Götzl richtet sich an Djawad M.)* Sind Sie damals aus dem Geschäft hinausgegangen, als der Mann wegging?

Djawad M. Ich bin ihm nicht hinterhergerannt. Aber sein Verhalten war verdächtig, deshalb bin ich ich aus der Ladentür getreten und habe ihm hinterhergesehen. Er ist weggerannt und dann nach rechts abgebogen.

Götzl Was bedeutet verdächtig?

Djawad M. Ich sah den Mann zum ersten Mal, es war nicht normal, wie er sich verhalten hat. Das hat mich nachdenklich gemacht. Kurze Zeit habe ich überlegt, ob ich ihm die Ware gebe und er soll später das Geld bringen. Aber er bestand darauf, dass er gleich wieder kommt, weil er um die Ecke wohnt. Nein, nein, das lass ich hier, das lass ich hier, sagte er. Ich komm gleich wieder.

Götzl Wir kommen zu den Konsequenzen für Ihre Familie und Ihre Tochter. Wie ging es für Sie weiter?

Djawad M. Wir sind als politische Flüchtlinge nach Deutschland gekommen, um Schutz zu suchen, um in Frieden und Freiheit zu leben. Wir hatten mit niemand

Probleme in Deutschland, wir waren sehr beliebt in der Gegend, wir haben sehr viel Anteilnahme von den Anwohnern erfahren. Sie haben uns nahegelegt, dass wir unsere Arbeit fortsetzen nach diesem Ereignis. Aber meine Frau war nicht in der Lage, den Laden oder die Gegend zu betreten. Sie hat das vermieden. Ich bin im Nachhinein sehr froh, dass dieser Schaden nicht andere, unbeteiligte Menschen getroffen hat, sondern nur uns.

Verteidiger Hedrich Sie haben als zeitlichen Bezugspunkt für das Abstellen des Korbes das Wort Weihnachten benutzt. Was meinen Sie genau mit Weihnachten?

Djawad M. Ich habe Ihre Frage nicht verstanden.

Verteidiger Hedrich Ich versuch's noch mal.

Djawad M. Ich rechne nach unserem Sonnenkalender. Es war auf jeden Fall noch kein Weihnachten.

Verteidiger Hedrich Welches Datum verbinden Sie mit dem Wort Weihnachten?

Djawad M. Also ich arbeite überwiegend mit unserem Sonnenkalender, ich kenne mich nicht so richtig aus. Ich glaube, ein paar Tage vor dem 24. 12. muss das gewesen sein.

Götzl Sie müssen nicht lachen, Herr Rechtsanwalt. Sie haben jetzt fünf Mal gefragt, Sie haben gesehen, der Zeuge hat Schwierigkeiten. Wenn Sie nicht nachfragen, dann mache ich das jetzt. Sie könnten ja fragen, ob er die Weihnachtsfeiertage meint.

(Djawad M. verlässt den Gerichtssaal. Soheila M., seine Frau, tritt in den Zeugenstand. Sie ist Buchhalterin, hat im Iran Anglistik studiert, war früher Sportlehrerin, hat später in Deutschland eine Ausbildung als Medizinisch-Physikalische Assistentin gemacht.)

Soheila M. Wir sind zur Polizei gegangen zur Vernehmung. Das hat ein paar Stunden gedauert, dann sind wir zur Uniklinik gefahren. Was ich da gesehen habe, war ein fremdes Gesicht. Ich habe meine Tochter gar nicht mehr erkannt. Sie hatte fast keine Haare mehr, so was habe ich noch nie im Leben gesehen. Ich konnte sie nicht wiedererkennen.

Götzl Was können Sie zu einer Dose und einem Korb sagen?

Soheila M. Der Korb war fast vier Wochen bei uns im Laden. Er war die ganze Zeit auf dem Tisch im Aufenthaltsraum. Dort wurden Schnitzel geklopft. Freunde waren dort, alle im Aufenthaltsraum. Meine kleine Tochter hat mir neulich erzählt, dass sie mal alleine dort im Raum war und den Deckel aufmachen wollte. Ich habe immer wieder diese Vorstellung, diese Bombe hätte jederzeit explodieren können, wenn zwanzig, dreißig Berufsschüler und schwangere Frauen im Laden waren. Wir hatten 99 Prozent Deutsche als Kundschaft, obere und Mittelklasse, Ärzte, Rechtsanwälte. Ich persönlich bin davon ausgegangen, Rechtsradikale kommen als Täter nicht infrage. Ich bin nicht davon ausgegangen, dass Deutsche Deutsche umbringen. Das war ein Fehler, auch von mir.

Götzl Können Sie uns über die Folgen dieses Anschlags berichten?

Soheila M. Am Tag vorher habe ich drei Mal die 110 gewählt, wegen dem Korb. Es wäre meine Aufgabe gewesen, ihn der Polizei zu übergeben. Er gehörte nicht uns. Ich dachte, dem jungen Mann könnte was passiert sein. Dann habe ich wieder aufgehört, weil Kundschaft kam. Wenn ich der Person nicht vertraut hätte, hätte ich die Polizei früher angerufen. Ich mache mir Vorwürfe. Man hat versucht, uns wirtschaftlich zu zerstören, damit wir alles verlieren. Herzlichen Glückwunsch, sie haben es geschafft. Wir haben unser Einkommen verloren, ich habe bewusst den Laden aufgemacht, damit wir nicht abhängig sind von anderen, damit wir unsere Kinder versorgen können. Damit ist unser Leben zerstört. Man hat jede Lebensfreude von mir weggenommen. So was versteht man, wenn man selber Kinder hat. Das ganze Universum lag in diesem Bett im Krankenhaus. Ich habe nur daran gedacht, dass meine Tochter gesund wird. *(Sie atmet schwer.)*

Später, als ich erfuhr, dass die Rechtsradikalen dahinterstecken, habe ich überlegt, welche ungewöhnlichen Ereignisse bei uns waren. Mir ist eingefallen, dass da eine Dame war, die darauf bestanden hat, bei uns auf die Toilette zu gehen. Später habe ich die Bilder von Frau Zschäpe gesehen, jetzt sehe ich sie auch, eine gewisse Ähnlichkeit könnte sein. Ich habe versucht, unter Hypnose noch mehr Sicherheit zu bekommen. Aber es hat nicht geklappt.

(Als nächste Zeugin folgt Mashid M., die jüngere Schwester der Verletzten.)

Mashid M. Ich kann mich an die Dose erinnern, weil ich sie selbst mal öffnen wollte. Ich hab sie nur leicht aufziehen wollen. Aber meine Eltern sagten: Nein, das darfst du nicht. Der Mann, der den Korb abstellte, war sehr nett. Aber ich war damals vierzehn. Er musste davon ausgehen, dass ich als Kind neugierig war. Ein Gewissen wird nicht vorhanden gewesen sein, wenn man keine Skrupel hat, ein Kind umzubringen.

Götzl Sie sagten, Sie wurden von der Polizei mitgenommen und wie eine Kriminelle behandelt?

Mashid M. Sie haben mich allein in einen Raum gesetzt, ohne psychologische Betreuung. So als ob nichts gewesen wäre, als ob ich oder meine Familie dran schuld gewesen wäre. Ich wurde von meinen Eltern getrennt. Keiner sagte, deine Schwester ist außer Lebensgefahr. Die Vernehmung war komplett distanziert, das Protokoll voller Rechtschreibfehler. Die hab ich dann noch korrigiert.

(Die Zeugin wird entlassen. Zschäpes Verteidiger Stahl gibt eine Erklärung ab.)

Verteidiger Stahl Der Zeuge Djawad M. hatte Erinnerung an einen schlanken Mann mit markanten Wangenknochen und längerem gewellten Haar, der den Korb abgestellt hat. Dieser Mann hat keinerlei Ähnlichkeit mit Uwe Mundlos und Uwe Böhnhardt. Beide hatten niemals längere Haare. Herr M. hatte Uwe Mundlos und Uwe Böhnhardt auf Lichtbildern als Täter ausgeschlossen. Beim Täter handelt es sich um eine andere Person. Die Aussagen der Zeugin M. sind nicht belastbar. Die Anklage ist in diesem Punkt widerlegt. Auch die Ersteller der sogenannten Bekenner-DVD sind nicht zwingend die Täter. Es kann sich auch um Trittbrettfahrer handeln. Auch das Material in der Bekenner-DVD war für alle zugänglich, es kann sich um einen Trittbrettfahrer handeln.

(In ihrer Einlassung am Tag 249 wird Beate Zschäpe aussagen, dass es Böhnhardt gewesen sei, der den Korb mit der Bombe im Geschäft von Familie M. abgegeben hat, während Mundlos in Sichtweite vor dem Laden wartete.)

Tag 120

26. Juni 2014

Rüdiger Mölle, 42, Sprengstoffsachverständiger des LKA Bayern, der ein Gutachten zum Anschlag in der Kölner Probsteigasse erstellt hat.

Mölle Ich erhielt im April des vergangenen Jahres den Auftrag. *(Er kommt nach vorne, um Bilder zu zeigen. Zu sehen ist zunächst der Grundriss des Hauses in der Probsteigasse, dann Fotos, die Beamte nach der Explosion gemacht haben.)* Blicken wir zunächst in den Aufenthaltsraum, hier zeigt sich ein Bild der Verwüstung, Querbalken wurden aus der Wand gerissen, einer wurde sogar geknickt. Betrachten wir näher das Sprengzentrum: Hier sehen wir an dem Schreibtisch eine Ausstanzung, da kann man recht sicher davon ausgehen, dass sich hier der Sprengsatz befand. Auf dem rechten Bild sehen wir eine ähnliche Perspektive, wenngleich das die ist, die Frau M. zum Zeitpunkt der Explosion gehabt haben muss.

Im Verkaufsraum war die größte Beschädigung an der Fensterscheibe, die zersplitterte. Betrachten wir die Splitterverteilung. Ein Messingnippel wurde von dem Aufenthaltsraum bis in den übernächsten Hinterhof katapultiert.

Kommen wir zum Aufbau der Sprengvorrichtung: Die Stollendose diente als Umverpackung, als Tarnung. Die Gasflasche war eine für Schweißarbeiten verwendete Stahlflasche, in der sich Sauerstoff befindet. Das Ganze ist massiv, wiegt ein bis zwei Kilogramm in leerem Zustand. Als Füllung haben wir Schwarzpulver, dann eine Zündeinleitung, das war eine elektrische. Sie brauchen zwei Kabel, die ins Innere der Flasche führen, die ins Schwarzpulver eintauchen und dann über eine Brücke umgesetzt werden. Wir kommen auf eine Füllmenge von einem bis 1,3 Kilogramm Schwarzpulver. Es ist wahrscheinlich, dass der Konstrukteur noch einen Sicherheitsschalter außen angebracht hat, denn er musste ja die Dose selbst schließen, und das ist sehr gefährlich. Uns hat sich auch die Frage gestellt, warum ist die Sprengvorrichtung nicht sofort im Moment des Deckelanhebens explodiert? Frau M. konnte noch um den Tisch herumgehen. Uns kam eine plausible Erklärung: Es wurde im Asservatenverzeichnis erwähnt, dass sechs Akkus gefunden wurden, wovon fünf bereits entleert waren und einer noch Restspannung aufwies. Es gab offenbar eine Batteriehalterung, die waren dann in Reihe geschaltet und hatten eine maximale Spannung von neun Volt. Der Korb stand mindestens vier Wochen unangetastet im Raum. Wir haben da meist irgendwelche Kriechströme, und Akkus generell haben nie die maximale Spannung. Das alles legt den Schluss nahe, dass, als der Deckel angehoben wurde, zwar die Zündeinleitung initiiert wurde, aber durch den Stromkreis zu wenig Spannung anlag.

Nun kommen wir zu den Auswirkungen: Eine große Gefahrenquelle ist die direkte Druckwelle, da gibt es Druckwerte, wo der menschliche Körper mit Verletzungen reagiert. Bei 350 Millibar, wenn der auf ein Trommelfell trifft, dann zerbersten in der Regel die Trommelfelle. Eine weitere Grenze ist ein Überdruck von 2,5 bar. Wenn der auf den Körper auftrifft, dann führt das oft zu tödlichen Lungen- oder Herzquetschungen. Bei Schwarzpulver lässt sich die Richtung der Druckwelle nicht vorhersehen, je nachdem, wie der Behälter zerplatzt. Die Stärke der Druckwelle nimmt in der Entfernung stark ab. Bei einer Entfernung von geschätzt einem Meter ist ein Druck von 2,5 bar nicht mehr gegeben. Frau M. hatte sich etwas wegbewegt, ihr Kopf war etwa einen Meter und ihr Körper noch etwas weiter entfernt. Hätte sie jetzt im Moment der Explosion die Dose direkt am Körper gehalten, dann hätte auf jeden Fall allein aufgrund der Druckwelle absolut akute Lebensgefahr bestanden.

Die zweite große Gefahrenquelle ist der Trümmer- und Splitterflug. All diese Splitter werden durch die Explosion extrem beschleunigt. Typische Geschwindigkeiten sind durchaus 300 Meter pro Sekunde oder 1000 Kilometer pro Stunde, da muss man kein Physiker sein, um sich zu vergegenwärtigen, dass die Wirkung fatal ist, wenn einen so ein Splitter trifft. Die Energie des Messingnippels lag über dem einer Pistolenkugel einer 9-mm-Pistole. Wenn der auf einen menschlichen Körper trifft, wird er mit großer Sicherheit dort eindringen und kann schwere bis tödliche Verletzungen hervorrufen. Akute Gefahr gab es auch im Bereich des Verkaufsraums wegen der zerborstenen Scheiben und der scharfen Kanten der durch die Luft geschleuderten Splitter. Es befand sich auch ein großes Käsemesser im Verkaufsbereich, das durch den Raum geschleudert wurde. Zusammenfassend lässt sich feststellen: Durch die vom Konstrukteur sicher nicht gewollte Verzögerung bei der Explosion konnte sich Frau M. vom Schreibtisch wegbewegen und nach unten beugen. Dadurch wurden der Hauptdruck, die Splitter und auch die Hitze lebensrettend von der Tischplatte abgehalten. Hätte sie direkt davor gestanden, hätte es für Frau M. vermutlich kaum eine Überlebenschance gegeben.

Tag 121

1. Juli 2014

Manfred Götzl, Richter. **Thomas Gerlach**, 35, Monteur, führendes Mitglied der rechten Szene in Thüringen.

(Zu Beginn der Hauptverhandlung wird diese auf Antrag der Verteidigung von Ralf Wohlleben gleich für längere Zeit unterbrochen. Anschließend stellen Wohllebens Anwälte einen Befangenheitsantrag gegen Götzl und seine Richterkollegen. Damit reagieren sie darauf, dass der Senat einen Antrag Wohllebens, ihn aus der Untersuchungshaft zu entlassen, abgelehnt hatte. Wohllebens Verteidiger argumentieren, die Richter würden Aussagen von Zeugen, die zugunsten ihres Mandanten auszulegen seien, unzureichend würdigen und verzerrt wiedergeben. Ein anderer Senat des Oberlandesgerichts weist den Befangenheitsantrag einige Tage später als unbegründet zurück.)

Götzl Uns geht es um Kontakte zu den Angeklagten und zu Uwe Böhnhardt und Uwe Mundlos.

Gerlach Ich kenne bewusst nur den Herrn Wohlleben. Die anderen – ist mir nicht bewusst, dass ich die kenne. Herrn Wohlleben habe ich Anfang 2000 in Jena kennengelernt.

Götzl Welche Ziele haben Sie selbst politisch verfolgt?

Gerlach Ich habe einen sozialistischen Staat verfolgt, der aufs Volk begrenzt ist, also einen nationalen Sozialismus, der begrenzt ist auf die Völker. Dass sich das halt innerhalb der Nationalgrenzen organisiert.

Götzl Wie sahen Ralf Wohllebens Ziele aus?

Gerlach Wir wollten den Kapitalismus als solches demaskieren und Alternativen aufzeigen. Ich gehe mal davon aus, dass er sich auch sozialistisch positioniert hat, das war meine Ansicht von ihm.

Götzl Was meinen Sie mit sozialistisch?

Gerlach Ich gehe mal davon aus, dass er auf meiner Wellenlänge mitgeschwommen ist. Dass Betriebe ab einer bestimmten Größe unter unter staatliche Kontrolle gestellt werden müssen, dass nicht so Riesenkonzerne entstehen.

Götzl Wann haben Sie denn zusammengearbeitet?

Gerlach So von 2004 bis 2010, da habe ich aufgehört, politisch aktiv zu sein.

Götzl Was bedeutet das?

Gerlach Ich sehe halt aktuell in der politischen Arbeit keinen Sinn, ich kümmere mich um meine Familie.

Götzl Hat sich Ihre politische Einstellung geändert?

Gerlach Nee.

Götzl Unterstützen Sie die Familie Wohlleben?

Gerlach Wir schreiben halt Briefe, und ich bin mit meiner Frau mal bei seiner Frau gewesen.

Götzl Sie sagten, dass Sie die anderen Angeklagten bewusst nicht kennen würden. Was können Sie zu Uwe Mundlos und Uwe Böhnhardt sagen?

Gerlach Och nix. Mir ist nicht erinnerlich, dass ich engeren Kontakt mit denen hatte.

Götzl Haben Sie denn was über diese Personen erfahren, über sie gehört?

Gerlach Ich wusste, dass Personen weg waren. Aber mir ist nicht bekannt, dass das mal groß Thema war. Und die Sache mit dem Koffer und der komischen Puppe hat man schon mitbekommen,.

Götzl Haben Sie sich mit Herrn Wohlleben darüber unterhalten?

Gerlach Nein.

Götzl Sind Sie sich da sicher?

Gerlach Ja.

Götzl Kennen Sie André Kapke?

Gerlach Ja, das war bis vor Kurzem mein Arbeitgeber. Und ich bin mit ihm auch befreundet.

Götzl Was können Sie über Mandy Struck berichten?

Gerlach Kennengelernt habe ich sie während der Haft, sie hat mir Briefe geschrieben, es hat sich auch ein persönlicher Kontakt ergeben. Ich war nach der Haft kurzzeitig mit ihr liiert, das hat dann aber nicht gepasst, ja, dann hat man sich wieder getrennt.

Götzl Gab es Diskussionen um die Anwendung von Gewalt im politischen Zusammenhang?

Gerlach Das war Konsens, dass das so nicht funktioniert. Das war Konsens, da brauchte man nicht groß drüber zu reden.

Götzl Haben Sie mit Herrn Wohlleben mal über Gewalt als Mittel der politischen Auseinandersetzung gesprochen?

Gerlach An Diskussionen kann ich mich nicht erinnern. Aber er war immer der Erste, der dazwischen gegangen ist, wenn jemand gewalttätig wurde.

Götzl Weswegen waren Sie in Haft?

Gerlach Ich war wegen Körperverletzung in Haft. Ich habe aus eigener Erfahrung gemerkt, dass es nichts bringt. In Haft habe ich reflektiert, dass es allgemein nichts bringt. Ich war im angetrunkenen Zustand, ich war jung und habe die Situation falsch eingeschätzt und zugeschlagen.

Götzl Waren oder sind Sie Mitglied bei den Hammerskins?

Gerlach Dazu möchte ich nichts sagen.

Götzl Und aus welchem Grund?

Gerlach Es verbietet mir mein an mich selbst gestelltes Wertegefühl, hier darüber zu reden.

Götzl Wir werden noch über die Hammerskins und Ihre Mitgliedschaft sprechen müssen. Es gibt keine Gründe, dass Sie hier die Aussage dazu verweigern können. Ich mache jetzt zehn Minuten Pause.

Gerlach Da wird sich in zehn Minuten aber auch nichts ändern.

(Nach der Pause setzt Götzl die Befragung fort.)

Götzl Gibt es jetzt von Ihrer Seite etwas zu ergänzen?

Gerlach Nein. *(Der Zeuge soll noch einmal wiederkommen.)*

Tag 122

2. Juli 2014

Manfred Götzl, Richter. **Enrico Theile**, 39, mit einem Anwalt als Rechtsbeistand. **Jochen Weingarten**, Vertreter der Bundesanwaltschaft. **Stephan Kuhn, Edith Lunnebach, Angela Wierig**, Anwälte der Nebenklage.

(Der Zeuge Enrico Theile war bereits an den Tagen 94 und 108 vorgeladen. Nun wird seine Befragung durch die Anwälte der Nebenkläger fortgesetzt.
Die Tatwaffe Česká 83 für neun der zehn NSU-Morde soll über mehrere Mittelsmänner aus der Schweiz nach Jena gekommen sein. Theile hat einen Bekannten namens Hans-Ulrich Müller in der Schweiz, bei dem er häufig war. Dieser Mann soll mit Waffen gehandelt haben.)

Anwalt Kuhn Wann haben Sie das erste Mal erfahren, dass der Herr Müller möglicherweise in die Beschaffung der Tatwaffe involviert war?

Theile Keine Ahnung, kann ich mich nicht erinnern.

Anwalt Kuhn Wann haben Sie das erste Mal erfahren, dass Herrn Länger das vorgeworfen wird?

Theile Weiß ich nicht, kann ich mich nicht erinnern.

Anwältin Lunnebach Wann haben Sie Herrn Müller zuletzt gesehen?

Theile Vielleicht vor zwei oder drei Monaten.

Anwältin Lunnebach Vor oder nach Ihrer letzten Vernehmung hier am 28.4.2014?

Theile Es kann sein, dass ich ihn danach gesehen habe. Das weiß ich jetzt nicht mehr.

Anwältin Lunnebach Schildern Sie das doch mal!

Theile Ich habe ihn besucht, bei ihm zu Hause, in der Schweiz. Ich glaube, ich war da mehrere Tage in der Schweiz.

Anwältin Lunnebach Haben Sie sich mit Herrn Müller über Ihre Vernehmung hier unterhalten?

Theile Kann mich nicht erinnern.

Anwältin Lunnebach Das ist eine Falschaussage! Wollen Sie mir jetzt weismachen, Sie erinnern sich nicht daran, ob Sie mit ihm über Ihre Vernehmung gesprochen haben?

Theile Ich kann mich nicht erinnern, über was wir gesprochen haben.

Anwältin Lunnebach Das ist eine Lüge! Das ist Aussageverweigerung! An was erinnern Sie sich von den Tagen, an denen Sie mit Herrn Müller zusammen waren?

Theile Ich kann mich erinnern, dass ich nachts mit meiner Freundin angekommen bin. Mit dem Auto. Wir haben uns ins Auto gelegt und geschlafen. Dann sind wir Fahrrad gefahren am See. Wir waren bei ihm zu Hause. Er war nicht da. Später haben wir uns auf seiner Hütte in den Bergen getroffen.

Anwältin Lunnebach Haben Sie sich mit Herrn Müller über Ihre Vernehmung hier unterhalten?

Theile Daran habe ich keine Erinnerung.

Anwältin Wierig Kann es sein, dass Sie sich doch erinnern, aber nicht einschätzen können, ob Sie es erzählen können oder nicht? Wenn Sie keine Erkrankung haben, dann ist es nicht möglich, dass Sie sich nicht erinnern. Wollen Sie sich vielleicht noch mal mit Ihrem Anwalt besprechen?

Götzl Man kann auch einfach noch mal an die Wahrheitspflicht erinnern. Das sage ich Ihnen jetzt noch mal klipp und klar! Sie sind zur wahrheitsgemäßen Auskunft verpflichtet, Herr Theile! Möchten Sie sich mit Ihrem Anwalt besprechen?

Theile Möchte ich nicht.

Oberstaatsanwalt Weingarten Ich freue mich über jede Ihrer Erinnerungslücken, denn das wird Folgen haben, das kann ich Ihnen versprechen! Haben Sie seit Ihrer letzten Vernehmung Medikamente oder Drogen genommen?

Theile Ich glaube nicht.

Oberstaatsanwalt Weingarten Leiden Sie an einer hirnorganischen Erkrankung?

Theile An so etwas kann ich mich nicht erinnern. *(Gelächter im Saal.)*

Oberstaatsanwalt Weingarten Hatte Herr Müller Waffen?

Theile Ich habe keine Erinnerung, ich weiß es nicht.

Oberstaatsanwalt Weingarten Haben Sie bei ihm welche gesehen?

Theile Ich kann mich nicht erinnern, bei Herrn Müller Waffen gesehen zu haben.

Oberstaatsanwalt Weingarten Ich erinnere Sie erneut an die Wahrheitspflicht! Sie wurden nach eigenen Angaben bereits wegen falscher Aussage verurteilt. Ich kann nur den Appell wiederholen, sich gut zu überlegen, was Sie hier aussagen und ob das die Wahrheit ist!

Theile Ich kann mich nicht an Waffen erinnern.

Oberstaatsanwalt Weingarten Als Sie sich in der Schweiz nach Ihrer Vernehmung mit Herrn Müller getroffen haben, worüber haben Sie gesprochen?

Theile Ich denke, ich habe nicht mit Herrn Müller über die Vernehmung gesprochen.

Oberstaatsanwalt Weingarten Warum nicht? Er ist Ihr Freund, warum sprechen Sie dann nicht mit Herrn Müller?

Theile Kann ich Ihnen nicht erklären. Ich unterhalte mich einfach nicht mit Herrn Müller darüber. Ich habe mich mit Herrn Müller nicht darüber unterhalten.

Götzl Wir machen jetzt mal eine Pause.

(Pause.)

Anwalt Kuhn Können Sie sich daran erinnern, mit Herrn Länger darüber mal gesprochen zu haben?

Theile Kann ich mich jetzt nicht dran erinnern.

Anwalt Kuhn Haben Sie sich mit Herrn Müller und seiner Frau über das unterhalten, was hier Gegenstand im Gericht war?

Theile Da kann ich mich nicht dran erinnern.

Anwalt Kuhn Das grenzt an Aussageverweigerung! Haben Sie sich darüber unterhalten?

Theile Da kann ich mich nicht dran erinnern.

Anwalt Kuhn Das ist absolut unglaubhaft! Sie wollen mir jetzt das weismachen?

Theile Ich kann mich nicht daran erinnern, über was ich mich mit Herrn Müller unterhalten habe.

Anwalt Kuhn Ich halte Ihnen noch mal vor: Das ist eine Lüge! An was erinnern Sie sich von den Tagen, wo Sie mit Herrn Müller und seiner Frau zusammen waren? Was haben Sie gemacht?

Theile Ich kann mich erinnern, dass ich nachts angekommen bin. Habe mich ins Auto gelegt, ich habe geschlafen. Ich kann mich erinnern, dass ich Fahrrad gefahren bin, am See.

Götzl Haben Sie bei Herrn Müller jemals Waffen gesehen?

Theile Ich kann mich jetzt nicht erinnern, bei Herrn Müller Waffen gesehen zu haben.

Götzl Bei Ihnen hat man tatsächlich den Eindruck, dass Sie versuchen, möglichst die Fragen von sich wegzuhalten! Die Frage stellt sich, ob sich da Konsequenzen für Sie stellen. Deshalb kann ich nur an Sie appellieren, hier die Wahrheit zu berichten!

Theile Ich kann mich nicht an Waffen erinnern.

(Pause.)

Götzl Gibt es noch etwas zu ergänzen oder zu korrigieren?

Theile Ich werde immer gefragt, ob ich bei Herrn Müller Waffen gesehen habe. Ich habe wohl bei der Polizei gesagt, dass ich mal ein Gewehr dort gesehen habe. Ich muss wohl sagen, ich habe vermutlich mal eine Waffe gesehen in der Schweiz.

Tag 123

3. Juli 2014

Manfred Götzl, Richter. **Stefan K.**, 47, Kriminalbeamter aus Dortmund.

(Zu Beginn der Verhandlung tritt die Ehefrau des Angeklagten Ralf Wohlleben als Zeugin auf. Sie macht jedoch von ihrem Auskunftsverweigerungsrecht als Angehörige Gebrauch und setzt sich sodann neben ihren Mann. Anschließend wird der Kriminalbeamte Ralf B., der schon an den Tagen 101 und 109 ausgesagt hat, erneut ausgiebig zu Vernehmungen befragt, die die Polizei mit Thomas Müller, ehemals Starke, durchgeführt hatte. Beate Zschäpes Verteidiger kritisieren, dass die Vernehmungen nicht differenziert genug erfolgt seien und beispielsweise pauschal von einem »Trio« die Rede gewesen sei, obwohl genau zwischen Beate Zschäpe, Uwe Mundlos und Uwe Böhnhardt hätte differenziert werden müssen. Dann geht es um den Mord in Dortmund.)

Stefan K. Ich war in der Mordkommission eingesetzt, im Zweier-Team, ich bin gefahren, die Kollegin hat telefoniert. Wir hatten Hinweise von Bürgern, die wir abarbeiten mussten. Die Kollegin ist angerufen worden, hat mir gesagt, dass wir zu einer Zeugin fahren müssten, die wichtig wäre. Die Zeugin sei dringlich, wir sollten unbedingt auch fragen, ob da Rechtsradikale im Spiel waren. Wir sind dann hingefahren und haben sie befragt. Wir wollten die Zeugin mitnehmen zur Wache, das ging aber nicht. Weil es aber ein wichtiger Hinweis war, haben wir sie direkt vor Ort anfänglich befragt, um den gröbsten Druck rauszunehmen. Wir haben nach Rechtsradikalen gefragt, das hat sie verneint, sie sei da im ersten Gespräch falsch verstanden worden, das habe sie nicht gesagt.

Götzl Was hat sie denn gesagt, was sie gesehen hat?

Stefan K. Ich meine, sie hat dann von zwei »Junkie-Typen« gesprochen, blond und schlank, und ich meine, das war's dann an dem Tag erst mal.

Götzl Hat denn die Zeugin Angaben gemacht, wann sie diese Männer gesehen hat?

Stefan K. Sie sprach von der Mittagszeit.

Götzl Wann war denn die Tat passiert?

Stefan K. Am 4.4.2006 in der Mittagszeit. Als die Zeugin nach Hause kam, ich meine, sie wollte sich kurz ausruhen. Sie ging von ihrem Arbeitsplatz an dem Kiosk vorbei, sie kannte auch die Familie, und hat dann wohl diese Männer vor Ort gesehen, die sie beschrieben hat: Einer sei auf dem Fahrrad gewesen, einer zu Fuß daneben, einer hätte komisch geguckt, düster, sie hat dann Angst gekriegt, ist dann weiter. Sie ist halt dann direkt nach Hause gegangen, weil sie diese Menschen loswerden wollte. Sie war dann kurz zu Hause und ist dann wieder raus, um zur Bank zu gehen, wollte sich Zigaretten kaufen, und hat diesen Weg dann unterbrochen, weil sie wieder diese Männer hat stehen sehen, und hat die Straßenseite gewechselt.

Tag 124

8. Juli 2014

Manfred Götzl, Richter. **Thomas Jauch**, 54, Rechtsanwalt aus Lützen. Er gilt als rechter Szeneanwalt und verteidigte Uwe Böhnhardt vor dessen Untertauchen. **Wolfgang Stahl**, Verteidiger von Beate Zschäpe. **Sebastian Scharmer**, Anwalt der Nebenklage.

Götzl Es geht uns darum, ob Sie Kontakte zu den Angeklagten und zu Uwe Böhnhardt und Uwe Mundlos in der Zeit vor 1998 und danach hatten.

Jauch Ich mache als beruflicher Geheimnisträger von meinem Aussageverweigerungsrecht Gebrauch.

Verteidiger Stahl Jegliche weitere Frage ohne Schweigepflichtsentbindung wäre Anstiftung zur Verletzung von Privatgeheimnissen. Das darf ein Gericht nicht machen.

Götzl Rechtsanwalt Jauch kennt sicherlich den Paragrafen 53. Hatten Sie außerhalb von Mandatsverhaltnissen Kontakte zu den genannten Personen?

Jauch Nein.

Götzl Definitiv nein?

Jauch Definitiv nein.

Götzl Auch nicht bei Rechtsschulungen?

Jauch Ich habe Rechtsschulungen gemacht, kann mich aber nicht erinnern, dass die beiden Verstorbenen und Frau Zschape dabei waren. Die drei waren nur einmal bei mir im Büro, danach gab es keinen Kontakt mehr.

Verteidiger Stahl Er macht sich gerade strafbar im Gericht, das müssen Sie unterbinden, Herr Vorsitzender!

Jauch Über einen Mandantenkontakt habe ich nichts gesagt.

Götzl Haben Sie vor November 2011 den Begriff NSU gehört?

Jauch Ja, im Zusammenhang mit einer Automarke, sonst nicht.

Götzl Gab es Kontakte von Ihnen zur Zeitschrift Focus?

Jauch Ich bin von verschiedenen Reportern angerufen worden. Ich habe gelesen, was ich angeblich gesagt haben soll, aber so habe ich das mit Sicherheit nicht gesagt.

Anwalt Scharmer Was haben Sie denn dem Focus gesagt?

Jauch Kann ich nicht sagen, habe ich mir nicht aufgeschrieben.

Anwalt Scharmer Ich zitiere den Focus, dann können Sie ja klarstellen, was richtig ist und was nicht.

(Nun zitiert der Anwalt aus dem Magazin, das am 12. 11. 2011 in einem Artikel schrieb: Zunächst hätte sich Zschäpe an den Szeneanwalt Thomas Jauch aus Weißenfels in Sachsen-Anhalt gewandt. »Gegenüber Focus erklärte er, Zschäpe, Böhnhardt und Mundlos seien Anfang 1998 bei ihm aufgekreuzt. Schließlich habe er, gegen Zahlung von 800 D-Mark Vorschuss, Zschäpes Verteidigung übernommen. Die Vertretungsanzeige will er an die Polizei in Jena geschickt haben. Das Schreiben enthielt angeblich den Vermerk, dass Zschäpe bereit sei, sich zur Sache zu äußern, jedoch nur nach Akteneinsicht. ›Weder Polizei noch Staatsanwaltschaft haben mich je kontaktiert‹, behauptet Jauch und fügt hinzu: ›Frau Zschäpe war in den nächsten Monaten noch zweimal bei mir, Post habe ich an die Adresse ihrer Mutter geschickt.‹«

Jauch bestreitet vor Gericht, sich derart geäußert zu haben.)

Tag 125

9. Juli 2014

Manfred Götzl, Richter. **Volker F.**, 46, Polizeibeamter aus Zwickau. **Jan Böhnhardt**, 44, Kraftfahrer aus Jena, Bruder von Uwe Böhnhardt.

(Beate Zschäpe klagt über Kopfschmerzen. Ein Arzt untersucht sie. Der Verhandlungsbeginn verzögert sich um eine knappe Stunde. Zunächst nimmt Matthias Dienelt auf dem Zeugenstuhl Platz. Als Beschuldigter, der sich nicht selbst zu belasten braucht, macht er von seinem Auskunftsverweigerungsrecht Gebrauch. Die Bundesanwaltschaft wirft ihm vor,

den NSU unterstützt zu haben. Er habe dem untergetauchten Trio als Wohnungsgeber geholfen. Bei der polizeilichen Vernehmung hatte Dienelt noch Angaben gemacht. Diese werden nun durch einen Vernehmungsbeamten in den Prozess eingeführt.)

Volker F. Die Vernehmung war am 6.11.2011. Zwei Tage vorher gab es die Explosion in der Frühlingsstraße. Matthias Dienelt schilderte, dass er 2003 als Kraftfahrer für eine Spedition in Zwickau Nachtfahrten gemacht hat, gewohnt habe er in Johanngeorgenstadt. Er habe ein Zimmer in Zwickau gesucht, wo er übernachten kann, um von da zur Arbeit zu gehen. Über seinen Kumpel André Eminger habe er Kontakt zu einem Max-Florian B. *(Es handelte sich tatsächlich um Mundlos.)* bekommen. Der habe eine Wohnung gesucht, aber wegen Schufa-Einträgen nicht selbst einen Mietvertrag unterschreiben können. Man habe sich geeinigt, dass Dienelt die Wohnung mietet, B. die Miete zahlt und Dienelt ein Zimmer bekommt. Es seien dann weitere Personen, eine Liese und ein Gerry, dazugekommen. *(Liese und Gerry waren die Aliasnamen von Zschäpe und Böhnhardt.)* Irgendwann sei Dienelt gefragt worden, ob er für eine andere Wohnung wieder den Mietvertrag unterschreiben würde. Weil es bis dahin keine Probleme gegeben habe, habe er sich darauf eingelassen. B. habe eine Wohnung in der Frühlingsstraße gefunden.

Ich versuchte zu hinterfragen, wie das Verhältnis zu den dreien war. Er habe das Zimmer nur zum Schlafen benutzt und der Kontakt habe sich auf ein paar Worte, mal eine Tasse Kaffee beschränkt. Er habe keine Fahrzeuge dort gesehen, habe gar nicht gewusst, ob die einen Führerschein hatten. Wir haben ihm Bilder vorgelegt. Beate Zschäpe erkannte er sofort als Liese, die in der Polenz- und Frühlingsstraße gewohnt hat. Bei Böhnhardt und Mundlos war er sich nicht so sicher. Aber die Bilder waren schon älteren Datums. Max und Gerry könnten das sein, sagte er. Für mich war es eigenartig, dass er gleich mit einem Anwalt ankam. Sein gutes Recht, aber ungewöhnlich. Ich habe ihn als naiv eingeschätzt. Als wenn er benutzt worden wäre und nicht wusste, was dahintersteckt. Eine Tätowierung erkannte Herr Dienelt wieder, die er dem Gerry zuordnete. Er sagte, Gerry habe ihm mal eine Tätowierung gezeigt, auf dem Oberarm, einen Totenkopf mit Stahlhelm. Gerry habe Probleme mit den Bandscheiben gehabt, er musste Rückenübungen machen. Max hat er mit buschigen Augenbrauen und etwas größer als 1,80 Meter beschrieben. Max habe viel mit Computern gemacht. Ich habe Herrn Dienelt auch gefragt, wie er die Liese beschreiben kann. So war sein Wortlaut, entschuldigen Sie bitte, ich hab das so ins Protokoll diktiert: »Alles dort, wo es hingehört.« Er sagte, die drei gingen keiner Arbeit nach. Der Max habe ihm erzählt, sein Vater sei Doktor oder Professor in Jena, etwas Höheres, und Geld sei kein Problem.

(Es folgt Uwe Böhnhardts Bruder als Zeuge.)

Böhnhardt Wo soll ich anfangen? Ich weiß noch nicht richtig, was ich sagen soll. Als er klein war, war er klein. Dann, mit achtzehn, bin ich ausgezogen. Dann kam er mich hin und wieder besuchen.

Götzl Erzählen Sie weiter.

Böhnhardt Ich weiß nicht so richtig was.

Götzl Gehen wir zu dem Zeitpunkt, wo Sie ausgezogen sind. Wie war denn der Altersunterschied?

Böhnhardt Wir haben einen Unterschied von acht Jahren. Als ich ausgezogen bin, war er zehn, elf. Er war ein kleiner, aufgeweckter Junge. Da gab es nichts zu beanstanden.

Götzl Gab es Probleme mit Eltern, Familie, Schule?

Böhnhardt Später mit der Schule. Mit mir nicht. Wir hatten brüderlichen Kontakt, er hat mich öfters besucht. Ich weiß, dass er in dieser Szene war. Aber ich hatte nicht den Eindruck, dass es so schlimm dort war. Er kam dann mit Stiefeln an oder anderen Sachen, ich habe mitgekriegt, dass er anders gesinnt ist. Hat mich nie bedrängt oder mit reingezogen.

Götzl Welche Ansichten hatte Ihr Bruder?

Böhnhardt Rechte Ansichten.

Götzl Welche waren das?

Böhnhardt Rechts halt.

Götzl Sagen Sie uns ein paar Beispiele.

Böhnhardt Rechtsradikal so ein bisschen. Wollte halt irgendwo dazugehören. Auf mich hat er nicht unbedingt immer so einen bösen Eindruck gemacht. Er war öfters bei mir, ich hatte Frau und Kind, das war zu viel, er fühlte sich als fünftes Rad am Wagen, da hat er sich eine andere Gruppe gesucht.

Götzl Und wer gehörte zu dieser Gruppe?

Böhnhardt Na, Uwe Mundlos und Beate Zschäpe. Wer noch, weiß ich nicht. Beate war Uwes Freundin. Den Uwe Mundlos habe ich nur zwei, drei Male gesehen.

Götzl Wie haben Sie Frau Zschäpe erlebt?

Böhnhardt Ganz normal, freundlich, nett, wie halt eine Freundin ist vom Bruder. Sie war nicht bösartig und hatte ganz normale Klamotten an. Das Verhältnis zwischen Uwe und Beate war richtig gut. Sie sind miteinander umgegangen, wie ein Paar halt miteinander umgeht. Er hat sie nicht geschlagen und sie nicht ihn.

Götzl Welches Verhältnis hatte Ihr Bruder zu Waffen?

Böhnhardt Ein gutes.

Tag 126

10. Juli 2014

Manfred Götzl, Richter. **Andreas M.**, 51, Kriminalhauptkommissar beim BKA. **Thomas Gerlach**, 35, Monteur aus Thüringen. **Wolfgang Stahl**, Verteidiger von Beate Zschäpe. **Sebastian Scharmer**, Anwalt der Nebenklage.

(Zunächst geht es um den Banküberfall in Eisenach vom 4.11.2011, nach dem Uwe Mundlos und Uwe Böhnhardt aufgeflogen waren.)

Andreas M. Ich war von Januar 2012 bis Juni 2012 befasst mit dem NSU-Komplex. Wir haben uns mit der Bankraubserie befasst. Es sollten Asservate aus dem Wohnmobil in Eisenach mit Bildern der Überwachungskameras aus der Bankraubserie zwischen 1998 bis 2011 abgeglichen werden.

(Fotos werden an die Wände projiziert. Man sieht diverse Asservate, unter anderem eine Supermarkttüte, Jogginghosen, Sturmmasken, Schuhe.)

Andreas M. Wir konnten die beiden Täter durch die Schuhgröße unterscheiden. Uwe Böhnhardt hatte Größe 44, Mundlos hatte Größe 46. Nach dem Überfall haben sie sich im Wohnmobil umgezogen. Die Kleider waren aber im Wohnmobil. Es war dort auch eine Sturmmaske mit aufgedrucktem Tiergesicht. Der Täter, der sie trug, war Mundlos. Die Sturmmaske kann man nicht so kaufen, die war selbst gemacht, ein Unikat. Damit keine Haare rausfallen, hatten die beiden die Hosen in ihre Strümpfe gesteckt.
Hier, das sind die Fahrräder, hochwertig, sehr schnell, sehr sicher. Keine Holländräder, da kann man auch Motorräder mit abhängen, über Treppen fahren.

Götzl Sind noch Asservate im Wohnmobil gefunden worden?

Andreas M. Ja, der Mietvertrag für das Wohnmobil, auf den Namen Holger Gerlach.

(Gemeint ist der Angeklagte Holger Gerlach, der nicht mit dem Zeugen dieses Tages, Thomas Gerlach, verwandt ist.)

Verteidiger Stahl Es gab noch Geld über die 71 915 Euro vom letzten Bankraub in Eisenach hinaus, die im Wohnmobil versteckt waren. Was können Sie berichten?

Andreas M. Insgesamt 40 000 Euro, an verschiedenen Stellen im Wohnmobil verteilt. Einmal in einer Dose, in irgendwelchen Schränken. Das Geld lag nicht offen herum.

(Der Zeuge verlässt den Gerichtssaal. Zschäpes Verteidiger gibt eine Erklärung ab.)

Stahl Dass nicht unerhebliche Geldbeträge bei Mundlos und Böhnhardt gefunden wurden, ist erneut ein Beleg dafür, dass die These des Generalbundesanwalts, Frau Zschäpe habe das Geld des Trios verwaltet, so nicht zutreffen kann.

(Nun wird erneut der Rechtsextremist Thomas Gerlach befragt, der bereits an Tag 121 ausgesagt hatte.)

Götzl Können Sie mit dem Begriff Volkstod was anfangen?

Gerlach Nationale Kreise verbinden damit, dass das deutsche Volk wegen der niedrigen Geburtenrate und der Zuwanderung von Ausländern ausstirbt. Und das führt zum Volkstod. Unser Ziel war natürlich, den Volkstod aufzuhalten, also: Rückführung von Ausländern, Familien unterstützen, damit mehr Kinder machbar sind.

Götzl Inwieweit hat Gewalt eine Rolle gespielt?

Gerlach Gewalt hat keine Rolle gespielt, weil man da die Menschen, die man gewinnen will, eher abstößt. Wenn wir auf Demos gemerkt haben, da kommt aggressive Stimmung auf, dann haben wir als Ordner oder Veranstalter darauf hingearbeitet, das zu unterbinden.

Götzl Von welchen Leuten sprechen Sie?

Gerlach Wohlleben, Kapke. In Altenburg hab ich es gemacht. Man kann sich nicht alle Namen merken.

Götzl Überlegen Sie mal.

Gerlach Fallen mir spontan keine ein. Sie wollen die Namen hören, die damals aktiv waren. Das mach ich nicht.

Götzl Warum nicht?

Gerlach Weil ich den Prozess verfolgt habe. Die Nebenklageanwälte schöpfen gezielt Informationen ab und leiten das weiter an die Antifa. Die Leute werden repressiv behandelt auf ihrer Arbeitsstelle.

Götzl Da haben Sie kein Auskunftsverweigerungsrecht!

Gerlach Das ist mir schon bewusst, ich sehe den Konflikt zwischen der Autorität des Gerichts und mir. Ich kann mit meinem Wertegefühl nicht vereinbaren, dass hier Leute genannt werden.

Götzl Das Gesetz sieht hier Ordnungsmittel in solchen Fällen vor. Sie sprechen das ja selbst an. Was heißt Wertegefühl?

Gerlach Wenn die Leute Nachteile bekommen, kann ich das nicht mit mir vereinbaren. Mir ist bewusst, dass ich da eine Strafe kriegen kann, damit muss ich leben.

(Pause.)

Anwalt Scharmer Haben Sie den Auftakt dieses Prozesses als »Tag der Schande« bezeichnet?

Gerlach Ja.

Anwalt Scharmer Und warum?

Gerlach Ich bin der Meinung, hier sitzen Leute, die mit der Sache nichts zu tun haben.

Tag 127

15. Juli 2014

Manfred Götzl, Richter. **Tino Brandt**, 39, Kaufmann, war früher Anführer der rechten Szene in Thüringen und zugleich V-Mann des Landesamts für Verfassungsschutz.

(Der Zeuge Tino Brandt, der gerade eine Haftstrafe wegen Kindesmissbrauchs absitzt, wird mit einer Vorführzange, also einer Art Handschelle, in den Gerichtssaal geführt.)

Brandt Ich war in den Neunzigerjahren tätig in einer Jugendgruppe, heute bekannt als Thüringer Heimatschutz. Da hat man alle Jugendliche, die ähnlicher Meinung waren, über kurz oder lang kennengelernt.

Götzl Wie stand denn die Kameradschaft Jena zum Thüringer Heimatschutz?

Brandt Die Kameradschaft Jena war Teil des Thüringer Heimatschutzes.

Götzl Und wer gehörte noch dazu?

Brandt Alle Jugendlichen, die sich dazu bekannt haben. Es war ein loser Zusammenschluss. Es gab keine Mitgliedsausweise. Entweder man hat dazugehört oder eben nicht.

Götzl Von wem ging die Initiative aus?

Brandt Das kann ich im Einzelnen nicht mehr beziffern. Ich denke, es war halt eine Gruppenidee. Ich selbst war mit Sicherheit einer der Mitinitiatoren gewesen.

Götzl Im Protokoll Ihrer Vernehmung vom 26. 1. 2012 heißt es, der Thüringer Heimatschutz habe sich aus dem sogenannten Mittwochsstammtisch entwickelt. Ist das richtig?

Brandt Ja, man hat sich anfangs im Goldenen Löwen in Rudolstadt getroffen, später in verschiedenen Gaststätten in Saalfeld-Rudolstadt. Anfangs waren wir vielleicht 20, später fast 70, 80.

Götzl Wie kam es zur Bezeichnung Thüringer Heimatschutz?

Brandt Wir waren Thüringer – Sächsischer Heimatschutz hätte nicht gepasst.

Götzl Diese Späße können Sie sich sparen, Herr Brandt!

Brandt Der Name war irgendwann da, das hat sich einfach gut angehört.

Götzl Was können Sie zu Beate Zschäpe sagen?

Brandt Ich habe sie damals auf dem Stammtisch kennengelernt, als wohl mal Jena relativ komplett da gewesen ist, also André Kapke, Uwe Böhnhardt, Uwe Mundlos und Beate. Da hat man sich mal kennengelernt. Ich habe sie später auch auf

Rechtsschulungen, Demonstrationen, Schulungen und bei den Mittwochsstammtischen immer mal wieder gesehen.

Götzl Und wie war das mit Uwe Mundlos und Uwe Böhnhardt?

Brandt Uwe Mundlos und Uwe Böhnhardt habe ich auch auf dem Stammtisch in Rudolstadt im Goldenen Löwen kennengelernt. Wann genau kann ich nicht mehr sagen.

Götzl Was können Sie zu dem Verhalten von Uwe Mundlos und Uwe Böhnhardt sagen?

Brandt Am ehesten kann ich mich an Uwe Mundlos erinnern. Sein Nachname war relativ Programm. Er hat immer den Mund offen gehabt. Er war der absolute Enkel-Typ. Jede Oma hat sich relativ schnell für ihn begeistern können. Er konnte sich schnell integrieren. Er war wirklich ein lustiger Typ.

Götzl Was waren seine politischen Ansichten?

Brandt Er hat nationale und soziale Interessen vertreten und ist als nationaler Sozialist aufgetreten.

Götzl Was ist damit gemeint?

Brandt Wie will man das spezifizieren? Es ist nicht so, dass er mit Hakenkreuzbinde am Arm rumgelaufen ist. Er hat sich für die Ideale der NSDAP eingesetzt,. Er hatte nicht nur ein gefestigtes nationalsozialistisches Weltbild, sondern war auch in der Lage, das argumentativ zu verteidigen.

Götzl Wie hat er sich zum Thema Ausländer verhalten?

Brandt Ich gehe davon aus, dass Herr Mundlos dieselbe Meinung hatte wie wir alle: Begrenzung der Anzahl von Ausländern in Deutschland, Rückführung in ihre Heimat, Zuzugsbeschränkung.

Götzl Welche Rolle hat Gewalt in dem Zusammenhang in Bezug auf Uwe Mundlos gespielt?

Brandt Ich habe Herrn Mundlos nie gewalttätig erlebt. Wir hatten irgendwann mit Sicherheit eine Diskussion, wie wir uns weiterentwickeln. Wir haben den Weg in die NPD gewählt und wollten über Wahlen versuchen, was zu ändern. Nicht nur ich selbst habe Gewalt nicht als politische Lösung gesehen. Ich habe mit Herrn Mundlos nie über so ein Thema diskutiert. Und dann ist er irgendwann ja weggewesen.

Götzl Was können Sie zu Uwe Böhnhardt sagen?

Brandt Im Gegensatz zu Uwe Mundlos ist der Herr Böhnhardt ein bisschen zurückhaltender gewesen, schweigsamer. Ich gehe davon aus, dass der dieselben Ansichten hatte wie die ganze Jenaer Gruppe. Ich kann mich an keine Unterhaltung über Politik mit Uwe Böhnhardt erinnern. Mit Uwe Mundlos mit Sicherheit.

Götzl Was können Sie zur Kleidung Uwe Böhnhardts sagen?

Brandt Wenn ich mich recht erinnere, hatte Herr Böhnhardt immer uniformähnliche Kleidung an.

Götzl Was können Sie zum Thema Gewalt im Zusammenhang mit Uwe Böhnhardt sagen?

Brandt Herr Böhnhardt hat sich bestimmt mal für bestimmte Sachen interessiert, was weiß ich, Wurfmesser oder sowas, aber nicht, dass das sein Lebensinhalt war. Es gibt Leute, die totale Waffennarren sind und ununterbrochen von ihren neuesten Errungenschaften reden. Das war in dem Fall nicht so.

Götzl Haben sich die Personen, die Sie mit der Kameradschaft Jena verbinden, von anderen Kameradschaften unterschieden?

Brandt Die Kameradschaft Saalfeld-Rudolstadt war eine Kameradschaft mit vielen Jugendlichen, mehr Quantität statt Qualität, das war in Jena anders: weniger Leute, dafür aber gefestigter.

Götzl Können Sie uns Frau Zschäpe beschreiben?

Brandt Sie war eher ruhig, zurückhaltend. Aber wenn wir Schulungen hatten, durchaus mit Fachwissen. Wenn wir Schulungen hatten zum Germanentum, da war ordentlich Wissen vorhanden. Das ist keine dumme Hausfrau.

Götzl Und wie hat sie sich ansonsten verhalten?

Brandt Sie stand nie irgendwo im Vordergrund. Es war ein Mädchen, das in Ordnung war.

Götzl Bei einer polizeilichen Vernehmung sagten Sie laut Protokoll, Beate Zschäpe habe sich in Diskussionen einbringen können.

Brandt Wenn man diskutiert hat, zum Beispiel Germanentum oder sonstiges, dann war eben Wissen da und sie hat auch mitdiskutieren können. Stand nicht in der Ecke und hat Trübsal geblasen, und wenn das Wort an sie gerichtet wurde, hat sie zum Thema etwas beitragen können.

Götzl Hier heißt es im Protokoll, sie sei durch besondere Radikalität nicht aufgefallen.

Brandt Wie gesagt, die Kameradschaft ist elitär aufgetreten, Beate war eher zivil gekleidet, adrett. Sie hat keinem der Klischees entsprochen, hat sich nie gekleidet wie eine »Nazi-Braut«, wie die Bild-Zeitung sie nennt.

Götzl Wie war die Situation bei der Flucht von Mundlos, Böhnhardt und Zschäpe?

Brandt Ich habe es telefonisch erfahren, ich glaube von André Kapke. Man war erst mal total verblüfft. Man konnte sich nicht vorstellen, dass man da überhaupt flüchtet. Was kann schlimmstenfalls passieren? Zwei, drei Jahre, das ist ja machbar. Dafür Familie und alles im Stich zu lassen, das hat man nicht nachvollziehen können. Gut, musste jeder für sich wissen. Irgendwann kam die Information, dass logischerweise auch Geld gebraucht wird. Man hat geguckt, dass man das, was man hinkriegt, eben weitergibt. Ich hab alle Leute, die ich kannte, gefragt, ob Geld übrig ist, und hab für die drei gesammelt. Ich habe mein Geld dem

André Kapke weitergegeben. Zwischen 500 und 3000 Mark, ich weiß es nicht mehr genau. Dann hat es ja Unregelmäßigkeiten gegeben. Dann habe ich es nicht mehr an André, sondern an Ralf Wohlleben gegeben.

Götzl Bei wie vielen Gelegenheiten wurde Geld weitergegeben?

Brandt Ein Vierteljahr oder halbes Jahr, dann war das Thema durch, denke ich. Das ist wie bei einem Erdbeben oder so, da spendet man, und irgendwann ist das Thema tot.

(Nach einer Pause geht es bei der Befragung um ein Telefonat, das Brandt mit dem bereits untergetauchten Uwe Böhnhardt geführt haben soll.)

Götzl Wie kam es denn zu diesem Telefonat?

Brandt Ich glaube, ich bin von Carsten Schultze angesprochen worden, dass ich kontaktiert werden soll. Und ich solle ein paar Anrufnummern von verschiedenen Telefonzellen mitteilen. Dann hatte ich irgendwann einen Anruf, ich solle in Zelle so und so sein, in meiner Mittagspause, und dann kam der Anruf. Die Sache hat sich so drei, vier Wochen hingezogen.

Götzl An welcher Zelle war das?

Brandt In Coburg, da hab ich in der Woche gearbeitet. Ich denke, es war das Jahr 2000 oder 1999. Ich glaube, es war der Herr Böhnhardt, mit dem ich telefoniert habe. Ich habe die Stimme damals sofort erkannt.

Götzl Worüber wurde gesprochen und wie lange wurde gesprochen?

Brandt Es war nicht lang, es ging eigentlich nur um diese Geldgeschichte. *(Er spielt darauf an, dass Kapke angeblich Geld, das für das Trio gedacht war, unterschlagen haben soll.)*

Götzl War die Rede davon, wo sich der Telefonpartner aufhält?

Brandt Nein, ich glaube nicht, dass er mir das hätte mitteilen wollen.

Götzl Wussten Sie etwas zur damaligen Zeit über den Aufenthaltsort der drei?

Brandt Ich selber? Nein, nein.

Götzl Haben Sie mit jemandem über das Telefonat gesprochen?

Brandt Ich hatte das Landesamt darüber informiert, auch über den Inhalt. Mit Herrn Kapke habe ich darüber nicht gesprochen. Ob mit Herrn Schultze, weiß ich nicht mehr.

Götzl Gab es weitere Kontakten Ihrerseits zu den beiden Uwes oder Frau Zschäpe?

Brandt Nein, das war der einzige Kontakt.

Götzl Wieviel Geld haben Sie insgesamt für Ihre Tätigkeit für den Verfassungsschutz in den Jahren 1994 bis 2001 bekommen?

Brandt In der Presse hat mal 100 000 bis 140 000 Euro gestanden. Ich weiß es nicht mehr. Ich habe kein Kassenbuch geführt.

Götzl Was haben Sie mit dem Geld gemacht?

Brandt Wenn man Politik macht, ist man fast jedes Wochenende unterwegs, das kostet. Das Geld ist in Autos investiert worden, Hotelzimmer, Telefonrechnungen, Aufkleber, Fahrten, alles mögliche. Strafbefehle von Kapke habe ich auch ein paar bezahlen müssen.

Götzl Haben Sie nach dem Untertauchen der drei gezielte Aufträge bekommen?

Brandt Das Landesamt hat eine Sonderprämie von 5000 DM ausgelobt.

Götzl Die Informationen, die Sie an das Thüringer Landesamt weitergeleitet haben, waren die denn wahrheitsgemäß?

Brandt Die waren wahrheitsgemäß, ja.

Götzl Sie hatten gesagt, Herr Schultze habe das Gespräch mit den Untergetauchten vermittelt. In einem Vermerk des Verfassungsschutzes ist von Herrn Wohlleben die Rede. Hier steht, Herr Wohlleben habe die Quelle, also Sie, gebeten, eine Telefonzelle in Coburg zu nennen, über diese Zelle wollten die Flüchtigen mit ihm sprechen. Was sagen Sie dazu?

Brandt Kann sein. Meiner Meinung nach hat mich damals Herr Schultze angerufen, aber das ist alles zu lange her.

Götzl In einem weiteren Vermerk heißt es, der Anruf sei am 8. 3. 1999 gegen 18.04 Uhr gekommen.

Brandt Ich dachte, es sei mittags gewesen.

Götzl Wie waren die Reaktionen nach Ihrer Enttarnung?

Brandt Das muss man sich vorstellen, als ob sich das Leben von einem Tag auf den anderen verabschiedet. Mein Job hatte sich erledigt, meine politischen Ambitionen, mein kompletter Freundeskreis. Das hat sich alles komplett erledigt gehabt.

Tag 128

16. Juli 2014

Manfred Götzl, Richter. **Tino Brandt**, Kaufmann, war früher Anführer der rechten Szene in Thüringen und zugleich V-Mann des Landesamts für Verfassungsschutz. **Beate Zschäpe**, Angeklagte. **Wolfgang Stahl, Anja Sturm**, Verteidiger von Beate Zschäpe.

(Die Befragung des Zeugen Brandt vom Vortag wird fortgesetzt. Dabei geht es um den NPD-Politiker und bereits verstorbenen Rechtsanwalt Hans Günter Eisenecker, der die Untergetauchten anwaltlich vertreten sollte. Den Kontakt zu ihm soll damals Brandt vermittelt haben.)

Brandt Eisenecker war ja Anwalt, dementsprechend hat er sich zu Mandanten nicht weiter geäußert. Ich hatte ihm erklärt, was vorgefallen war, dass die untergetaucht sind und sie nach Hause wollen, und da man die anderen Anwälte nicht einschätzen konnte, wollte man lieber einen Szeneanwalt haben.

Götzl Wissen Sie, wie die Sache ausgegangen ist?

Brandt Nein, nachdem er das Mandat hatte, hat er sich nicht mehr dazu geäußert.

Götzl Haben Sie mal mit Wohlleben darüber gesprochen?

Brandt Weiß ich nicht mehr.

Götzl Dem Verfassungsschutz sollen Sie berichtet haben, dass Ralf Wohlleben mitgeteilt habe, man habe dem Rechtsanwalt Eisenecker keine Akteneinsicht gewährt. Deshalb die Frage, ob Sie mit Wohlleben über Eisenecker und den Gang der Dinge gesprochen haben.

Brandt Demnach schon. Ich hätte mich jetzt nicht daran erinnert. Wir Thüringer wollten ja, dass die zurückkommen, die drei. Mir persönlich war das damals eigentlich auch wichtig. Wir waren davon ausgegangen, dass ein Szeneanwalt da vielleicht etwas bewerkstelligen kann.

Götzl Wissen Sie, ob Sie mit Herrn Wohlleben über eine Unterbringung der Untergetauchten im Ausland gesprochen haben?

Brandt Das war ja immer Thema. Entweder man guckt, bis es verjährt ist, oder bringt sie unter, wo die Verfolgungsorgane keinen Zugriff haben. Wobei das Hauptaugenmerk für uns drauf lag, dass sie zurückkommen, weil sie ja durchaus gefehlt haben.

Verteidiger Stahl Sie sagten gestern, Frau Zschäpe sei keine dumme Hausfrau gewesen. Wie war das, wenn sie mitdiskutiert hat?

Brandt Das waren Diskussionen über das Germanentum. Da hat sie sich eingebracht. Bei politischen Grundsatzdiskussion war sie nicht dabei.

Verteidiger Stahl Was hat Sie zu dem Vergleich »keine dumme Hausfrau« bewogen?

Brandt Wir hatten auch Skinhead-Girls, die alles nachgesprochen haben, was andere von sich gegeben haben. Die in jeder Diskussion fehl am Platze waren. Das war sie nicht. Sie hatte schon Ahnung von Politik.

Verteidiger Stahl Aber Ihre Umschreibung muss ich nicht gleichsetzen mit: Sie war Meinungsbildnerin?

Brandt Nein.

Verteidigerin Sturm War Frau Zschäpe auch bei den Mittwochsstammtischen?

Brandt Ab und zu.

Verteidigerin Sturm Gab es dort Diskussionen über Germanentum?

Brandt Nein, da kam man zum Biertrinken hin. Wie ein Stammtisch von Skatbrüdern.

Verteidigerin Sturm Wo haben Sie Frau Zschäpe so erlebt, wie Sie sie hier geschildert haben?

Brandt An einzelne Veranstaltungen kann ich mich nicht mehr erinnern.

Verteidigerin Sturm Können Sie einschätzen, welche Rolle und Intensität in den Gesprächen mit dem Verfassungsschutz die Suche nach den dreien gespielt hat?

Brandt Am Anfang haben die mächtig aufgedreht in die Richtung, dann ist es eigentlich wieder in Vergessenheit geraten.

Verteidigerin Sturm Was heißt aufgedreht?

Brandt Ja, mit Extrageld. Und ich habe da gesagt, da muss ich nachhaken, und das gefährdet mich als Person, wenn ich mich da zu sehr einbringe in die Geschichte.

(Nach der Mittagspause gibt Richter Götzl eine Erklärung ab.)

Götzl Ich gebe bekannt, dass Herr Polizeiobermeister W. mich in der Mittagspause informiert hat, dass Frau Zschäpe kein Vertrauen mehr in ihre Verteidiger habe. Ist das richtig, Frau Zschäpe?

Zschäpe *(nickt)*

Götzl Dann weise ich Sie darauf hin, dass Sie das etwas näher darlegen müssten. Eine Voraussetzung für die Entbindung der Pflichtverteidiger müsste eine nachhaltige Störung des Vertrauensverhältnisses sein. Wir werden jetzt unterbrechen.

Tag 129

22. Juli 2014

Manfred Götzl, Richter. **J. S.**, 21, Studentin aus Niedersachsen. **K. M.**, 21, Abiturientin aus Niedersachsen. **Wolfgang Stahl**, Verteidiger von Beate Zschäpe

(Beate Zschäpe ist sehr blass. Es ist das erste Mal, dass ihre Anwälte sie mit ihren Roben nicht vor den Fotografen abschirmen. Sie halten Abstand zueinander, reden kein Wort miteinander. Zunächst verkündet Richter Götzl einen Beschluss zu einem Thema, das ihn ein ganzes Jahr nicht mehr loslassen wird: Beate Zschäpe hatte am vorigen Verhandlungstag erklärt, sie vertraue ihren Anwälten nicht mehr. Sie hat mittlerweile auch schriftlich beim Gericht beantragt, ihre Verteidiger zu entpflichten.)

Götzl Mit Verfügung vom 21. Juli ist der Antrag der Angeklagten Zschäpe, die Bestellung der Verteidiger zu widerrufen, abgelehnt worden. Eine Begründung, dass konkrete und hinreichende Anhaltspunkte vorliegen, dass das Vertrauensverhältnis zu den Verteidigern endgültig und nachhaltig gestört ist, ist in der Erklärung von Frau Zschäpe nicht enthalten.
Dann setzen wir in der Hauptverhandlung fort.

(Die beiden Zeuginnen an diesem Tag sind noch immer traumatisiert und werden zum Teil psychologisch betreut.)

Götzl Berichten Sie uns doch, wie Sie Ihre Bekannten auf Fehmarn kennengelernt haben. Und wenn Sie eine Pause brauchen, sagen Sie einfach Bescheid.

J.S. *(weint)* Ich war mit meinen Eltern und meiner Schwester im Urlaub. Und eines Tages sind die drei zu meinen Eltern gekommen und haben gefragt, ob sie Doppelkopf spielen wollen. Von dem Tag an haben wir immer mehr miteinander gemacht. Zusammen gefrühstückt, zum Spielen zusammengesetzt, Musik gehört, das Fehmarn-Lied, ins Kino, bummeln, beim Reiten, drei Wochen lang. Zusammen abends gegrillt oder im Restaurant. *(Schluchzt.)* Getrunken, gequatscht.

Götzl Können Sie sagen, von welchen Jahren Sie sprechen?

J.S. Ja, 2007 bis 2011.

Götzl Unter welchen Namen haben Sie die genannten Personen kennengelernt?

J.S. Beate Zschäpe kenne ich unter Lieschen oder Liese. Und die beiden Männer unter Max und Gerry.

Götzl Mit wem hatten Sie am meisten Kontakt?

J.S. Eigentlich mit allen dreien gleich viel. Aber Persönliches ausgetauscht habe ich am meisten mit Lieschen.

Götzl Können Sie das Verhalten der drei Personen beschreiben?

J.S. Die drei haben in einem Wohnwagen zusammengewohnt, zusammen eingekauft. Liese hat für alle drei gezahlt. Sie kannten sich schon sehr lange aus der Jugend. Sie wussten alles voneinander. Max war ein Spaßvogel. Mit meinem Vater hat er aber auch ernste Gespräche über Technik geführt. Gerry war etwas ruhiger. Liese war wie eine Freundin, mit der man auch persönliche Anliegen besprechen konnte, wie Eltern und Schule. Alle drei waren so herzlich!

Götzl Was haben Sie von den drei Personen über ihr Leben erfahren?

J.S. Ich wusste, dass sie in Zwickau wohnen. Dass Gerry Kurierfahrer ist und Max was mit Informatik und Computern macht. Von Liese weiß ich gar nichts beruflich.

Götzl Hatten Sie auch außerhalb der Urlaubszeit Kontakte?

J.S. Die ganze Familie hatte die Handynummer von Lieschen, über die wir sie immer erreichen konnten.

Götzl Kam es auch zu persönlichen Treffen?

J.S. Zu meinem Geburtstag habe ich die drei eingeladen. Sie sind mit dem Auto zu uns gefahren und haben bei uns übernachtet. Und es gab noch weitere Treffen, als Überraschung haben sie bei uns geklingelt, wenn sie auf dem Weg zu Freunden waren.

Götzl Haben Sie auch mal über Waffen oder Bomben geredet?

J.S . Sie haben erzählt, dass sie in ihrer Jugend eine Bombe gebaut haben. Und sie haben mir erklärt, wie man das macht. Ich meine, es war Gerry, der meinte, geht doch ganz einfach: drei Zutaten – welche habe ich mir nicht gemerkt –, die machst du mit dem Mörser klein, dann stehenlassen und nach so und so vielen Tagen kannst du daraus was bauen.

Götzl Können Sie sich an einen Badeunfall erinnern?

J. S. Ja, wir haben zusammengesessen und ein Spiel gespielt. Wir haben gesehen, dass eine Tauchschule mit Kindern tauchen geht. Zwei Kinder sind ertrunken, große Katastrophe.

Götzl Wie haben sich die drei verhalten?

J. S. Liese und ich sind ein bisschen näher rangegangen an den Unfall. Dann kamen viele Krankenwagen und die Polizei. Als Presse kam, um Campingplatzbewohner zu interviewen über den Unfall, sind sie ganz schnell in den Wohnwagen gerannt.

Götzl Sie waren vorhin emotional sehr bewegt. Was ist der Grund?

J. S. Über die Jahre hat sich schon eine enge Freundschaft aufgebaut. Es war eine besondere Beziehung. Fast wie Ersatzeltern. Und als ich dann die Nachrichten gesehen hab, ist für mich eine Welt zusammengebrochen. Ich kann es bis heute nicht begreifen: Ich habe den dreien hundertprozentig vertraut und dann gemerkt, dass sie mich von vorne bis hinten belogen haben. Ich frage mich: Mochten sie mich wirklich oder haben sie mich die ganze Zeit verarscht?

(Die Zeugin J.S. blickt flehentlich zu Zschäpe, aber die schaut sie nicht an. Auch die nächste Zeugin lernte das Trio an der Küste kennen.)

K. M . Im Sommer 2007 haben wir die drei kennengelernt und dann die nächsten fünf Jahre miteinander Urlaub gemacht. Es war eine eingeschworene Urlaubsgemeinschaft. Wir haben dort drei völlig offene, nette Menschen kennengelernt. Es war nicht vorstellbar, dass sie einer Ameise oder Fliege was getan haben. Keiner hätte je gedacht, dass das so ausgeht. Frau Zschäpe war immer so ein Zwischending zwischen Freundin und Mutter. Uwe Böhnhardt war der Ruhigere. Der am meisten aus sich rausgegangen ist, war Uwe Mundlos, das blühende Leben, immer wortgewandt, hat den Kontakt zu uns gesucht. Es war eine humorvolle Runde.

Götzl Bei der Polizei haben Sie laut Protokoll angegeben, Sie hätten auch mehrfach über Ihre politische Einstellung gesprochen.

K. M . Kann sein, aber ich glaube, sie haben dann sehr schnell abgelenkt. Liese, also Frau Zschäpe, verhielt sich neutral.

Götzl Worüber haben Sie geredet?

K. M . Wenn ich über Politik rede, dann ist es das Problem mit rechts. »Schrei nach Liebe« – eine Hymne gegen rechts von den »Ärzten«. Aber das war dann schnell vom Tisch. Ich habe eine Tasche mit einem Aufnäher »Gegen Nazis«, mit einer Faust gegen das Hakenkreuz. Die drei wussten definitiv von meiner politischen Einstellung.

Götzl Haben Sie die Tasche damals auch getragen?

K. M. Ja.

Götzl Haben Sie eine Reaktion feststellen können?

K. M . Nein.

Verteidiger Stahl Sie sagten, Sie hätten mit Frau Zschäpe »Die Ärzte« gehört. Nur gehört?

K. M . Ich hatte auch meine Akustikgitarre dabei und ein »Ärzte«-Liederbuch. Frau Zschäpe hat mitgesungen, sie kannte die Texte.

Tag 130

23. Juli 2014

Manfred Götzl, Richter. **Andreas Rachhausen**, 42, selbstständiger Bauleiter aus Saalfeld-Rudolstadt. **Herbert Diemer**, Vertreter der Bundesanwaltschaft. **Thomas Bliwier**, Anwalt der Nebenklage.

(Zunächst teilt der Richter mit, weshalb ein weiterer Zeuge, der Uwe Böhnhardt aus Jugendtagen kannte, heute nicht erschienen ist.)

Götzl Der Zeuge erklärte, er sei bis Nürnberg gefahren. Da sei ihm schwindlig geworden. Seinen guten Willen habe er gezeigt, er könne das Ticket vorzeigen. Er brauche jetzt eine Wirtschaft und was zu trinken. Am Montag beginne seine Therapie.

Diemer Ich denke, wir müssen den Zeugen vorführen.

Götzl Ja.

(Der Zeuge Andreas Rachhausen nimmt Platz. Er hat einen Zeugenbeistand an seiner Seite, den Anwalt Thomas Jauch, der immer wieder Rechtsextremisten vertreten hat.)

Götzl Es geht uns um Kontakte zu Uwe Böhnhardt und Uwe Mundlos vor 1998 und möglicherweise danach. Und auch um Kontakte zu den Angeklagten hier.

Rachhausen Also, die Kontakte waren eher flüchtiger Natur. Keine persönlichen Kontakte, bestenfalls mal »Guten Tag« und »Guten Weg«. Nach 1998 gab es Kontakte zu Herrn Wohlleben. Das war's dann schon.

Götzl Können Sie uns das genauer schildern?

Rachhausen Ich bin 1997 im ersten Quartal aus der Haft entlassen worden. Davor war ich viel unterwegs oder in Verwahrung. Es gab keine Möglichkeit, Kontakte zu haben. Erst danach. Im Wesentlichen traf man sich in der Gaststätte Heilsberg. Das war ein bekannter Treffpunkt für Leute der rechten Szene. Ob man will oder nicht, lernt man Leute kennen, zwangsläufig.

Götzl Haben Sie Anfang 1998 Informationen über Zschäpe, Mundlos und Böhnhardt bekommen?

Rachhausen Es wurde natürlich gesprochen oder gemunkelt, die Bombenbastler aus Jena, das war ein geflügeltes Wort, davon habe ich was mitbekommen.

Götzl Was haben Sie mitbekommen?

Rachhausen Dass Bombenattrappen abgelegt worden sein sollen.

Götzl Haben Sie gehört, ob die drei geflüchtet sind?

Rachhausen Hab mal gehört, dass die weg sind.

Götzl Können Sie das noch einordnen?

Rachhausen Nein, nicht mal aufs Jahr. Kann genauso gut aus der Presse gekommen sein.

Götzl Da gefällt mir Ihr Aussageverhalten jetzt nicht, das muss ich Ihnen ehrlich sagen!

Rachhausen Ich möchte Ihnen auch keinen Unsinn sagen. Die Beamten beim BKA haben mich gedrängt, über Böhnhardt und Mundos was zu sagen. Ich habe dann nur verlautbart, was man schon aus Presse und Funk wusste. Die Beamten sagten, das sei so okay.

Götzl Haben Sie was mitbekommen von der Flucht?

Rachhausen Ja, ich habe einen havarierten Kleinwagen transportiert, von dem ich vor, nach oder während des Transports erfahren habe, dass die drei *(er meint Mundlos, Böhnhardt, Zschäpe)* sich mit dem bewegt haben.

Götzl Schildern Sie mir, was Sie gemacht haben!

Rachhausen Ich habe einen Anruf von Herrn Kapke bekommen, ob ich die Möglichkeit hätte, ein Auto zu verladen mit meinem Anhänger. Ich habe mich mit Herrn Wohlleben getroffen in Jena, dann sind wir gemeinsam zur A4 bei Dresden gefahren und haben das Fahrzeug abgeholt.

Götzl Was ist mit dem Fahrzeug geschehen?

Rachhausen Wurde nach Jena gebracht.

Götzl Und was ist dann damit geschehen?

Rachhausen Das weiß ich nicht mehr.

Götzl Sie und Herr Wohlleben waren da unterwegs?

Rachhausen Ja.

(Sein Handy läutet.)

Götzl Würden Sie das bitte so gestalten, dass hier keine Störungen auftreten! – Wie gut kannten Sie damals Herrn Wohlleben?

Rachhausen Den kannte ich im Gegensatz zu Herrn Kapke nicht wirklich. Habe höchstens »Guten Tag« gesagt. War relativ fremd bei dieser Abschleppgeschichte.

Götzl Welche Rolle spielte er denn dabei?

Rachhausen Er wusste, wo das Fahrzeug steht. Er wurde mir beigestellt als Hilfe. Allein ist das so eine Sache, ein Fahrzeug abzuschleppen.

Götzl Wie war Ihre politische Einstellung damals?

Rachhausen Ich hatte damals auch eine rechte politische Einstellung.

Götzl Was waren Ihre politischen Vorstellungen?

Rachhausen Der Kampf um das biologische Überleben unseres Volkes.

Götzl Können Sie mir das näher darstellen?

Rachhausen Deutschland schafft sich ab.

Götzl Wie macht Deutschland das Ihrer Meinung nach?

Rachhausen Da gibt es nichts zu erklären, ich habe heute andere Probleme.

Götzl Sie weichen mir aus.

Rachhausen Ich weiche doch gar nicht aus.

Götzl Sie bedienen mich mit Schlagwörtern.

Rachhausen Ich dachte, nach Ende der DDR wäre es richtig, mich zu engagieren, um politische Veränderungen herbeizuführen.

Götzl Wie sollte das erfolgen?

Rachhausen Ein Nationalstaat sollte errichtet werden auf demokratische Weise.

Götzl An was haben Sie da gedacht?

Rachhausen Ich bin kein Politiker, und als ich gemerkt habe, dass ich es nicht bin, habe ich davon abgelassen. Meine Vorstellungen tun doch gar nichts zur Sache.

Götzl Doch, sonst würde ich Sie nicht danach fragen.
Sagt Ihnen der Name Rosemann etwas?

Rachhausen Ja. Anfang der 90er-Jahre habe ich ihn kennengelernt. Er war aktiv in der rechten Szene in Saalfeld-Rudolstadt.

Götzl Ist er ein Freund von Ihnen?

Rachhausen Er war damals ein Freund von mir. Ich habe zu Herrn Rosemann sehr lange keinen Kontakt mehr.

Götzl In seiner Vernehmung sagte er, er habe mit Ihnen den Peugeot abgeholt. Dieser habe der Mutter von Ralf Wohlleben gehört, aber er sei damit gefahren. Was sagen Sie dazu?

Rachhausen Da kann man mal sehen, was ein menschliches Gehirn so machen kann, wenn das so stimmt.

Anwalt Bliwier Es geht noch mal um Ihre Zusammenarbeit mit dem Verfassungsschutz in Thüringen. Sie sagten, Sie seien von einer Person abgepasst worden nach dem Abschleppen.

Rachhausen Ich bin mir heute ja gar nicht mehr so sicher, wer mich alles befragt hat. Ich erinnere mich nicht, ob es ein Verfassungsschützer war oder ein Polizist oder ein Dritter.

Anwalt Bliwier Hatten Sie denn damals schon Kontakt zum Verfassungsschutz, als das mit dem Abschleppen war?

Rachhausen Der Erstkontakt war im März '97, in der JVA Gotha.

Anwalt Bliwier Schildern Sie das mal!

Rachhausen Weil man Langeweile hat, ich dachte, ich gucke mir das an. Es kamen zwei Personen, Mitarbeiter einer Behörde des Thüringer Innenministeriums. Sie fragten, ob ich Einblicke in die Jugendszene gewähren könnte. Es ging gar nicht um Rechtsradikalismus.

Anwalt Bliwier Gab es weitere Kontakte?

Rachhausen Ja, der nächste Kontakt war vor meiner Hauseingangstür, da haben sie mich abgepasst.

Anwalt Bliwier Haben Sie Geld bekommmen? Wie viel?

Rachhausen Keine Erinnerung.

Anwalt Bliwier Da glaub ich Ihnen kein Wort.

Rachhausen Mindestens drei Mal hab ich Geld bekommen. Über 1000 D-Mark. Einmal hab ich es quittiert.

Tag 131

29. Juli 2014

Manfred Götzl, Richter. **Thomas Rothe**, 44, wohnt in Chemnitz, derzeit arbeitslos. **Maik Eminger**, 34, Tätowierer aus Grabow, Zwillingsbruder des Angeklagten André Eminger. **Wolfgang Stahl**, Verteidiger von Beate Zschäpe. **Olaf Klemke**, Verteidiger von Ralf Wohlleben. **Alexander Hoffmann**, Anwalt der Nebenklage.

(Der Zeuge Thomas Rothe hat bereits an Tag 100 ausgesagt, Götzl hat noch weitere Fragen.)

Götzl In dem Protokoll Ihrer polizeilichen Vernehmung heißt es, Sie hätten Beate Zschäpe, Uwe Mundlos und Uwe Böhnhardt auf »Partys« kennengelernt.

Rothe Richtig kennengelernt habe ich sie nur, wo sie bei mir waren und gewohnt haben. Vorher eher flüchtig, mir ist es jedenfalls nicht so bewusst gewesen.

Götzl Dann heißt es hier: »Ich habe erst kurz vor ihrem Auszug bei mir davon erfahren, dass die drei untergetaucht sind.«

Rothe Kann ich mich nicht erinnern, dass ich das gesagt habe.

Götzl Das erste Zusammentreffen nach dem Auszug der drei – wie waren da die Umstände?

Rothe Ich habe die durch Zufall getroffen beim Fahrradfahren im Stadtpark, da ist der Kontakt wieder aufgefrischt worden.

Götzl Wer war dabei?

Rothe Die zwei Kerle bloß.

Götzl Hier heißt es im Protokoll, Sie hätten Uwe Mundlos mal im Heckert-Gebiet getroffen.

Rothe Ja, Stadtpark und Heckert, das ist fast das Gleiche.

Götzl Sie hätten Computerspiele und Filme getauscht.

Rothe Ja, wie ich's letztes Mal schon gesagt habe.

Götzl Ist denn darüber gesprochen worden, wo sie untergekommen sind?

Rothe Hab ich nichts drüber gehört. Ich war nur später mal in Zwickau.

Götzl Sagt Ihnen der Bandname »Blitzkrieg« etwas?

Rothe Ja, da wurde ja 2006 eine Hausdurchsuchung gemacht.

Götzl Was sagt Ihnen der Name?

Rothe Dass die Musik gemacht haben.

Götzl Ich frage ungern alles nach. Ich wäre dankbar, wenn Sie mal etwas im Zusammenhang erzählen würden: Was hat es mit der Band auf sich, wer gehörte dazu?

Rothe Ich kenne da zwei, drei, die Mitglieder der Band waren.

Götzl Und wer?

Rothe Der Richter, der damals bei mir im Haus gewohnt hat, und dann der Silvio. Und der Bruder von Richter.

Götzl Haben die Brüder Spitznamen?

Rothe Kicke und Kacke, glaub ich.

Götzl Und was hatten Sie mit der Band zu tun?

Rothe Na, nichts. Ich war noch nie in 'ner Band. Auf einem Konzert war ich früher.

Götzl Sie sind mal als Zeuge vernommen worden 2006, und da sagten Sie, Sie kennen keine Band namens »Blitzkrieg«. Das war dann doch damals glatt gelogen!

Rothe Wie gesagt, das sind Freunde von mir.

(Der nächste Zeuge ist ein Richter des Bundesgerichtshofs (BGH), der den Beschuldigten Matthias Dienelt vernommen hatte, als gegen Dienelt wegen mutmaßlicher Unterstützung des NSU ermittelt und er in Untersuchungshaft genommen wurde diese wurde später aufgehoben. Der Zeuge sagt, Dienelt habe einen verängstigten Eindruck auf ihn gemacht, Götzl zitiert längere Passagen aus der damaligen Vernehmung. Als der BGH-Richter als Zeuge entlassen wird, beantragen Zschäpes Verteidiger eine lange Unterbrechung. Anschließend stellen sie einen Befangenheitsantrag gegen Götzl und die weiteren Mitglieder des 6. Strafsenats. Sie kritisieren, Götzl habe bestimmte wichtige Passagen aus dem damaligen Vernehmungsprotokoll ignoriert, beispielsweise Aussagen Dienelts, denen zufolge sich Beate Zschäpe, Uwe Mundlos und Uwe Böhnhardt wie völlig normale Personen verhalten hätten. Sie hätten nicht den Eindruck erweckt, im Untergrund zu leben und etwas zu verbergen.)

Verteidiger Stahl Es ist zu befürchten, dass der Vorhalt dieser Passagen deshalb unterblieben ist, weil diese Angaben die Anklagehypothesen des Generalbundesanwalts nicht stützen, sondern infrage stellen und damit entlastende Punkte in die Hauptverhandlung eingeführt worden wären.

Verteidiger Klemke Die Verteidigung Wohlleben schließt sich an. Es bestätigt sich die ganz deutliche Tendenz der Voreingenommenheit des Senats.

Anwalt Bliwier Der Antrag ist auf jeden Fall unbegründet. Wenn die Verteidigung da sitzt, dann kann sie diese Sachen auch einführen. Darauf ein Ablehnungsgesuch zu stützen, ist wirklich absurd.

(Über den Befangenheitsantrag muss nicht sofort entschieden werden. Deshalb tritt nun als Nächstes der Bruder des Angeklagten André Eminger auf. Die beiden lächeln sich kurz zu.)

Götzl Als Bruder haben Sie ein Zeugnisverweigerungsrecht, das bedeutet, dass Sie keine Aussage machen müssen. Wollen Sie Angaben machen?

Eminger Nein.

Götzl Dann wären wir für heute am Ende.

Anwalt Hoffmann Ich möchte noch eine Erklärung abgeben: Der Angeklagte Eminger hat heute Morgen das Gericht betreten mit einem Pullover, auf dem stand: »Brüder schweigen«.

(In der Neonazi-Szene wird der Spruch »Brüder schweigen« verbunden mit der US-Terrorgruppe »The Order«, auch bekannt als »Silent Brotherhood«.)

Tag 132

30. Juli 2014

Manfred Götzl, Richter. **Maria H.**, 33, Studentin aus Jena. **Steffi S.**, 33, Krankenpflegerin aus Jena.

Götzl Es geht uns um einen Vorfall aus den Neunzigern in Jena, was können Sie uns dazu berichten?

Maria H. Das war so, dass ich mit Freunden auf den Rummel gegangen bin, und dann fuhr ich abends wieder nach Hause mit einer Freundin, der Steffi, in der Straßenbahn nach Winzerla, zur Endhaltestelle. Schon in der Straßenbahn habe ich gesehen, dass sich jemand bei mir direkt gegenüber hingesetzt hat. Die Bahn war nicht voll, sie hat mich direkt angestarrt, ich kannte das Mädchen nicht. Sie hat mich nach dem Aussteigen angesprochen, es war früher Abend. Sie sagte, dass ich sie beleidigt hätte oder sie ausgelacht, es war mir nicht erinnerlich, dass ich das gemacht habe. Sie hat mich geschubst, ich bin gefallen, mein Fuß hat geschmerzt. Sie hat sich auf meinen Rücken gesetzt und hat mich gezwungen zu sagen: »Ich bin eine Potte.« Die Steffi stand nur daneben, sie hatte eine kleine Ratte in ihrer Kapuze und hatte die Sorge, ihr passiert was. Das Mädchen hatte auch noch jemanden dabei, die aber auch nichts gemacht hat. Beide waren mir bis dahin unbekannt, im Nachhinein habe ich erfahren, dass es Beate Zschäpe war, ich habe sie auf alten Fotos identifizieren können. Mein Fuß hat so geschmerzt, dass ich am nächsten Tag zum Arzt gegangen bin. Er hat festgestellt, dass er angebrochen war. Was für Beate Zschäpe aber nicht ersichtlich war, das konnte sie nicht wissen. Ich hatte einen Gips für einige Wochen, danach war alles gut.

Götzl Sind Sie zur Polizei gegangen?

Maria H. Ja, ich habe Anzeige gegen unbekannt erstattet. Ich wusste nicht, dass es Beate Zschäpe war. Mir ist es persönlich gar nicht erinnerlich, ich war erst 16, aber meine Mutter erinnert sich.

Götzl Haben Sie gar keine Erinnerung daran, dass Sie bei der Polizei waren?

Maria H. Nein, keine.

Götzl Was können Sie zur zeitlichen Einordnung des Vorfalls sagen?

Maria H. Mit den Leuten auf dem Rummel, das war 1996. Ich denke nicht, dass es Weihnachten war, es könnte passen mit dem Altstadtfest, das im Herbst stattfindet.

Götzl Ihre Begleiterin, die Steffi, wissen Sie, wie sie mit Nachnamen heißt?

Maria H. Inzwischen weiß ich es, ich konnte mich zunächst nur mit Mühe und Not an den Vornamen erinnern.

Götzl Im Nachhinein hätten Sie erfahren, dass es Beate Zschäpe gewesen sei. Wie denn?

Maria H. Ich weiß nicht, wer das wusste. Der Vorfall war in der Szene Jenas bekannt, weil ich den Gips hatte, aber erst, als es 2011 zu diesen Verhaftungen gekommen ist, hat dann ein freier Journalist Kontakt zu mir aufgenommen. Damals habe es doch den Vorfall mit Beate Zschäpe gegeben. Er hat mir die Fotos gezeigt, und dann habe ich gesehen, dass es tatsächlich sie war. Und er hatte die Informationen von der Jungen Gemeinde Jena *(eine Jugendgruppe der evangelischen Kirche in Jena).*

Götzl Sie sagten, Beate Zschäpe hätte gesagt, Sie hätten sie ausgelacht oder beleidigt. Gab es da etwas?

Maria H. Das war mir völlig unklar, was sie meint. Ich hatte überlegt, dass es sich auch um eine Verwechslung handeln könnte. Weil wir in einer größeren Gruppe auf dem Rummel waren. Da war ein Mädchen, das sah mir ziemlich ähnlich. Wir hatten bunte Klamotten an, die Haare an einer Seite abrasiert. Ich habe die diffuse Erinnerung, dass ich sie mal gefragt habe und dass sie gesagt hat, sie habe da was Freches gesagt.

Götzl Können Sie die Personen beschreiben, die bei dem Vorfall dabei waren: zunächst sich selbst.

Maria H. Ich hatte oft so ähnliche Stiefel wie Springerstiefel an, mit bunten Schnürsenkeln, gefärbte oder zerrissene Klamotten, lange Röcke, Haare bunt gefärbt. Also schon ziemlich auffällig der linken Szene zuzuordnen. Die Beate Zschäpe hatte so halblange Haare, lockig, offen, ziemlich volle Haare. Sie war nicht so auffällig angezogen, vielleicht eine Bomberjacke, und ihre Begleiterin war auffälliger dem rechten Milieu zuzuordnen. Eine Frisur, die in diese Richtung weist. Sie hat aber gar nichts gesagt oder getan.

Götzl Die Situation, als es zu Ihrer Verletzung kam: Wie waren die Positionen?

Maria H. Ich wurde ja geschubst, danach lag ich bäuchlings mit dem Rücken nach oben, und sie hat sich auf meinen Rücken draufgesetzt. Dann sollte ich das sagen: »Ich bin eine Potte.« Ich dachte, nanu, was ist das für ein Wort?

Götzl Haben Sie das gesagt, den Satz?

Maria H. Ja.

Götzl Haben Sie sich gewehrt?

Maria H. Nee, gar nicht, aber es war auch sinnlos. Ich bin so unglücklich gefallen, dass der Fuß so wehgetan hat. Ich bin irgendwie nach Hause gehumpelt.

Götzl Ich habe hier Unterlagen Ihres Arztes. Da geht's um eine Fraktur vom 17.9.1996. Entspricht das vom Zeitpunkt her Ihrer Erinnerung?

Maria H. Das passt ganz gut.

(Anschließend tritt die damalige Begleiterin von Maria H. auf.)

Steffi S. Frau Zschäpe warf Maria vor, sie habe sie in der Stadt »Schlampe« genannt. Dann hat sie Maria mit zwei, drei geübten Handgriffen zu Boden gebracht. Maria lag weinend am Boden. Zschäpe hat dann noch die Jacke von Maria entwendet und ist weggegangen.

Götzl Kannten Sie denn zum damaligen Zeitpunkt Frau Zschäpe?

Steffi S. Ich kannte sie vom Sehen aus Jena-Winzerla. Da ich auffälliger aussah, war ich oft damit konfrontiert, durchs Viertel gejagt zu werden, beleidigt zu werden. Mir waren ein paar Gesichter und Namen bekannt.

Götzl Den Namen »Beate Zschäpe« kannten Sie damals?

Steffi S. Ja.

Götzl Woher?

Steffi S. Man hat sich mit Leuten unterhalten, im gleichen Viertel gewohnt, es ist wie ein kleines Dorf. Es waren Erzählungen von Leuten, dass Frau Zschäpe ein krasses Auftreten hat. Ich habe es mehr als einmal gehört, dass es hieß, Frau Zschäpe habe keine Skrupel, auf Leute loszugehen.

Götzl Sie sagen, Frau Zschäpe war die Täterin. Ist denn bei der Polizei nicht über die Täterin geredet worden?

Steffi S. Genau diese Aussage – das weiß ich nicht mehr, das ist weg.

Götzl Haben Sie mit Frau H. darüber gesprochen?

Steffi S. Das weiß ich auch nicht mehr. Wir waren auch nicht gut befreundet, wir kannten uns so.

Götzl Sie sagten später bei einer Vernehmung laut Protokoll, Beate Zschäpe habe den Ruf gehabt, dass sie mit einem Messer herumlaufe und auch Männern gegenüber aggressiv auftrete.

Steffi S. Das hat man sich auf der Straße erzählt, und das habe ich auch gehört. Ein konkretes Ereignis weiß ich nicht.

Tag 133

31. Juli 2014

Manfred Götzl, Richter. **Michael K.**, 42, Kriminalhauptkommissar beim BKA. **Jochen Weingarten**, Vertreter der Bundesanwaltschaft.

(Der Befangenheitsantrag von Tag 131 gegen die Richter wurde von einem anderen Senat zurückgewiesen. Nun sagt ein BKA-Beamter aus, der Thomas Müller, geborener Starke, vernommen hat. Müller ist Beschuldigter, aber nicht Angeklagter im NSU-Verfahren und hat vor Gericht als Zeuge die Aussage verweigert. Deswegen wird nun ein weiterer Vernehmer vom BKA befragt.)

Michael K. Es war die achte Vernehmung mit dem Beschuldigten Starke, sie wurde im LKA Dresden durchgeführt im Beisein von Vertretern der Bundesanwaltschaft. Herr Starke wurde morgens auf dem Weg zur Arbeit abgefangen und gefragt, ob er bereit sei, noch ein paar Fragen zu beantworten. Er war dazu bereit. Hintergrund war ein Untersuchungsbericht der KT *(das Kürzel steht für »Kriminaltechnik«)* vom 24.6.2013, Fachbereich Molekulargenetik. Dieser Bericht beinhaltete die Information, dass an einem Asservat in der Frühlingsstraße in Zwickau ein DNA-Muster gefunden wurde, das mit einer Wahrscheinlichkeit von 99,85 Prozent auf ein Eltern-Kind-Verhältnis hindeutete zu dem Beschuldigten Starke. Gefunden wurde das Muster an einer Überwachungskamera, die erst 2009 produziert wurde und 2010 in den freien Markt gelangte. Das war für uns natürlich schon eine Knaller-Information. Der leibliche Vater von Herrn Starke oder dessen Söhne, sind da nur infrage gekommen. Der Vater, den hat er nie persönlich kennengelernt, es handelt sich um einen griechischstämmigen Facharbeiter, den die Mutter in der DDR kennengelernt hatte. Es kamen dann nur die beiden Söhne infrage. Die Kamera befand sich im Wohnzimmer in der Frühlingsstraße, sie war dort in einem Blumenkasten, getarnt mit Kunst-Efeu, angebracht. Aus den bisherigen Ermittlungen wussten wir auch, dass Kinder in der

Nähe vom Trio erkannt wurden. Bei einer Wohnmobil-Anmietung im Oktober 2011 sollen Zschäpe und Böhnhardt in Begleitung eines Kindes gesehen worden sein, Anfang 2011 soll Zschäpe beim Tierarzt ebenfalls mit einem Kind gesehen worden sein. Ferner gab es noch diverse Indizien, wie Spielzeug in der Frühlingsstraße und im Wohnmobil. Herr Starke wurde direkt mit dem Sachverhalt konfrontiert. Wie reagierte er auf diesen relativ heftigen Vorwurf? Es gab keine weiteren Ermittlungsergebnisse, dass er nach Mai 1998 noch mit dem Trio in Kontakt stand. Der neue Sachverhalt hätte geheißen, dass er beziehungsweise seine Söhne noch nach 2010 in der Frühlingsstraße gewesen sein müssten. Er bestritt den Vorwurf vehement, es sei totaler Quatsch. Wir haben noch weitergebohrt, die Reaktion blieb unverändert. Er wirkte sichtlich nervös, nach dem Motto: Was soll ich jetzt noch machen? Im weiteren Verlauf wurde ihm noch angedeutet, was im Raume steht, wenn er nicht bereit ist, Tacheles zu reden. Da wurde ihm eine Vorführung in Karlsruhe angedroht, man hat ihm auch die Kronzeugenregelung angeboten. Er blieb dabei, dass er mit dem Sachverhalt nichts anfangen könne. Er wisse nicht, was wir eigentlich von ihm wollten. Wir haben ihn gefragt, ob er bereit sei, mit seiner Frau zu sprechen: Ob sie bereit sei, eine DNA-Probe abzugeben? Er war einverstanden, telefonierte mit seiner Frau. Kollegen sind zu ihr gefahren, haben die Probe entnommen, danach wurde die Vernehmung beendet. Wir fragten Herrn Starke, ob wir uns in seiner Wohnung umschauen könnten. Die Durchsuchung erbrachte keine weiteren Erkenntnisse.

Götzl Wie ging es weiter?

Michael K. Das Ergebnis dieser Probe von der Frau von Thomas Starke brachte dann das Ergebnis, dass die beiden Söhne nicht als Spurenverursacher infrage kamen.

Oberstaatsanwalt Weingarten Ist inzwischen die Identität des Spurenlegers geklärt?

Michael K. Ja, es handelt sich dabei um einen wissenschaftlichen Mitarbeiter von der Kriminaltechnik, das kam einige Zeit später erst raus. Er war der Spurenverursacher. Eine missliche Situation.

(Auch wegen dieses Vorfalls im Jahr 2013 waren die Ermittler sehr vorsichtig, als drei Jahre später, im Oktober 2016, eine genetische Spur von Uwe Böhnhardt in der Nähe des Skeletts der 2001 ermordeten Peggy Knobloch in einem Wald in Thüringen gefunden wurde.)

Tag 134

5. August 2014

Manfred Götzl, Richter. **Jürgen Länger**, 42, Tauchlehrer aus Jena. **Herbert Diemer**, Vertreter der Bundesanwaltschaft. **Wolfgang Heer**, Verteidiger von Beate Zschäpe. **Olaf Klemke**, Verteidiger von Ralf Wohlleben. **Thomas Bliwier**, **Hardy Langer**, Anwälte der Nebenklage.

(Götzl verkündet zunächst, dass Renate Fischer aus dem NSU-Senat ausgeschieden ist, da sie zur Richterin am Bundesgerichtshof ernannt wurde. Damit rückt die bisherige Ergänzungsrichterin Gabriele Feistkorn nach. Fortan gibt es damit nur noch zwei Ergänzungsrichter. Dann wird der Zeuge Jürgen Länger in den Saal gerufen. Die NSU-Ermittler haben den Zeugen im Verdacht, Teil der Lieferkette gewesen zu sein, durch die der NSU die Tatwaffe Česká 83 erhalten hat. Allerdings ist der Zeuge offiziell nicht Beschuldigter oder Angeklagter. Deshalb wird nun vor Gericht debattiert, ob und inwieweit dem Zeugen ein Auskunftsverweigerungsrecht zusteht. Jürgen Länger wird von Anwalt Thomas Jauch begleitet.

Verteidiger Heer Ich bitte darum, den Zeugen auch im Sinne der Mosaikstein-Theorie zu belehren. *(Die Mosaikstein-Theorie hat der Bundesgerichtshof im Jahr 2002 begründet, wonach ein Zeuge auch dann ein Recht auf generelle Auskunftsverweigerung hat, wenn er durch eine Aussage den Ermittlern auch nur einzelne Hinweise wie Mosaiksteine für ein Beweisgebäude gegen sich liefern würde.)*

Götzl Die Voraussetzung, dass ein umfangreiches Zeugnisverweigerungsrecht nach Paragraf 55 besteht, sehe ich nicht.

Länger Darf ich mal kurz was sagen: Ich weiß, dass BKA-Beamte Leute aufsuchen und sich nach mir erkundigen. Ich weiß nicht, ob Ermittlungsverfahren gegen mich laufen oder nicht. Es ist deshalb ein Risiko, hier auszusagen.

Götzl Es geht uns hier darum, ob von Ihrer Seite Waffenlieferungen an Herrn Schultz vom Laden Madley in Jena stattgefunden haben.

Länger Okay, dazu kann ich was sagen.

Verteidiger Heer Ich halte meinen Verfahrensantrag aber aufrecht.

Länger Es behaupten auch Anwälte in Gera, dass es noch einen NSU-II-Prozess gibt.

Götzl Wer behauptet das?

Länger Das sind Gerüchte halt. Es ist auf jeden Fall so, dass sich das BKA in Gefängnissen nach mir erkundigt hat.

Götzl Bei wem hat sich wer erkundigt?

Länger Das BKA bei einem Mann, Spitzname Sebastian. Und vor einem Jahr bei einem guten Bekannten von mir in Tegel. Ich weiß nicht, was das soll.

Götzl Das nehmen wir jetzt mal zur Kenntnis, nehmen Sie bitte kurz draußen Platz. *(Götzl wendet sich an Verteidiger Heer.)* Wollen Sie denn auch eine Begründung abgeben zu Ihrem Antrag, Herr Heer?

Verteidiger Heer Gerne. Es kommt ja nicht auf Ihre Beurteilung an, sondern auf den Zeugen. Ich beantrage, dass ihm ein umfassendes Auskunftsverweigerungsrecht zusteht.

Anwalt Bliwier Ein Antrag im Rechtssinne liegt nicht vor. Ich nehme zur Kenntnis, dass der Zeuge jetzt zwei Rechtsbeistände hat. Eine Belehrung im Sinne der Mosaiktheorie gibt es gar nicht.

Verteidiger Klemke Die Verteidigung von Herrn Wohlleben schließt sich dem Antrag der Verteidigung von Frau Zschäpe an. Wir wissen alle aus unserer Praxis, dass die Hürde für einen Anfangsverdacht nicht allzu hoch liegt. Ich erinnere an die Aussagen des Zeugen Schultz. *(Bricht kurz ab.)* Ich höre Zwischenrufe. Aber wenn ich unterbrochen werde, muss der Vorsitzende ja nicht eingreifen, das ist mir auch bekannt …

Götzl Und an welche konkreten Informationen des Zeugen Schultz wollen Sie anknüpfen?

Verteidiger Klemke Wollen wir jetzt ein Rechtsgespräch führen? Angeblich soll Schultz ja angegeben haben, dass er die »Scheißknarre« – so hat er sich ausgedrückt – vom Jürgen Länger hat. Damit ist der objektive Tatbestand erst mal gegeben. Und die Unterscheidung zwischen Verstoß gegen das Waffengesetz und Beihilfe zu Mord liegt ja nur am subjektiven Tatbestand. Mehr dazu muss ich nicht sagen!

Verteidiger Heer Ich mache geltend, dass niemand das beurteilen kann außer Herr Länger selbst.

Bundesanwalt Diemer Es bedarf aus unserer Sicht keiner weiteren Belehrung. Es kommt auf die Frage an.

Anwalt Langer Ein Vernehmungsbeamter sagte hier über die Aussage des Zeugen Schultz, über den Verwendungszweck der Waffe sei nicht gesprochen worden. Somit ist klar: Es gibt keinen konkreten Ansatz dafür, dass Herr Länger wissen konnte, an welchen Personenkreis die Waffe gelangen wird.

Verteidiger Klemke Das setzt ja alles voraus, dass Herr Schultz die Wahrheit gesagt hat.

Götzl Sie wissen ja selbst, dass es um die Frage der Beurteilung eines Anfangsverdachts geht. Rein denktheoretische Möglichkeiten und Vermutungen scheiden da aus.

(Die Verhandlung wird kurz unterbrochen.)

Götzl Dann setzen wir fort. Die Anträge, zusätzlich zur erfolgten Belehrung auch hinsichtlich eines umfassenden Auskunftsverweigerungsrechts zu belehren, werden abgelehnt. *(Der Zeuge wird wieder in den Saal geholt.)* Herr Länger, es geht uns um die Frage, ob Sie eine Waffenlieferung im Zeitraum etwa 1998 bis 2000 an Herrn Schultz vorgenommen haben?

Länger Was Herr Schultz sagt, ist gelogen. Wie er darauf kommt, kann ich mir nicht erklären, absolut nicht. Den Herrn Schultz kenne ich, ich hab da ein Büro in Jena gehabt und im Laden von Herrn Schultz Schuhe gesucht. Dass er mich aus der Lehre kennt, ist auch gelogen.

Götzl Sie haben Herrn Schultz im Laden kennengelernt?

Länger Ja, das ist halt ein Klamottenladen gewesen in Jena, ein kleiner, das Madley. Ich bin zur Mittagspause in der Nähe gewesen. Da unterhält man sich auch. Das war 1997, 1998, kann ich nicht genau sagen. Ich hab mich immer totgelacht, weil die nix gebacken gekriegt haben. Die konnten mir keine Schuhe besorgen.

Götzl Warum gab es da Probleme?

Länger Ich hab Schuhgröße 52.

Götzl Wie gut kannten Sie jetzt Andreas Schultz?

Länger Ich hatte ihm mal Geld geborgt. Er hatte eine Imbissbude, da hab ich mal 300, 400 Euro geborgt, und da habe ich ewig gebraucht, das wiederzubekommen. Er hat mir auch schöne Zinsen versprochen.

Götzl Zurück zu dem Punkt »Waffe«: Ist in der Zeit 1998 bis 2000 – ist das Thema Waffenbeschaffung aufgetaucht? Ist darüber mal mit Herrn Schultz oder Herrn Liebau *(der Kompagnon von Schultz und Besitzer des Szeneladens Madley)* gesprochen worden von Ihrer Seite?

Länger So was war überhaupt kein Gespräch. Mit Liebau habe ich mich über die nächste Technoparty unterhalten. Und Herr Schultz, der hat mehr Bier getrunken und Drogen genommen. Den konnte man gar nicht ernst nehmen. Er hat ja behauptet, dass ich alles besorgen konnte. Das ist ja Wahnsinn. Wie kann man so was sagen?

Götzl Also Waffen – war das jemals Gesprächsthema?

Länger Nee. Meine Vermutung ist, Schultz verwechselt da jemanden mit mir. Ich denke mal, er tut das vertauschen.

Götzl Gab es denn Streit über das Darlehen?

Länger Nein, er hat weiter weg gewohnt. Ich hab den auch nicht verprügelt oder so, sodass er eine Wut auf mich hätte. Vielleicht war er im Drogenwahn und er verwechselt mich.

Götzl Ich will zu Herrn Theile kommen: Kennen Sie ihn und wie gut und woher?

(Enrico Theile ist ein früherer Bekannter von Uwe Böhnhardt aus Jena, der über einen Freund, Hans-Ulrich Müller, in der Schweiz die Česká 83 besorgt und an Länger weitergegeben haben soll. Von dort soll sie in den Laden Madley und an den NSU gelangt sein.)

Länger Er ist nicht ein Freund, Kumpel, aber ich kenne ihn. Also mehr als kennen.

Götzl Nicht Freund, nicht Kumpel?

Länger Für mich ist er schon wie ein Freund. Ich kenne seine Freundin, seinen Vater, seine Mutter. Er steht mir nicht so nahe, aber ich kann ihn gut leiden.

Götzl Wie lange kennen Sie ihn schon?

Länger Ich denke, es war 1993 oder so im Gefängnis Hohenleuben, da habe ich ihn über das Fenster kennengelernt. Ich denke mal, dass es eher 1996 gewesen ist.

Götzl War vonseiten Herrn Theiles mal die Rede von Waffenlieferungen?

Länger Überhaupt nicht. Null. Gar nichts. Ich weiß auch nicht, wie die Presse darauf kommt, dass er mein Kamerad sein soll, der Herr Theile. Kamerad – so 'n Schwachsinn.

Götzl Sagt Ihnen der Name Müller was?

Länger Aus der Presse, ja. Ich muss auch noch mal sagen zur Staatsanwaltschaft: Sie behaupten, ich war in der Schweiz. Also, ich war da noch nie! Ich wollte da mal hin, aber Wollen und Dortsein ... Ich habe ein aggressives Verhalten von der Staatsanwaltschaft in Karlsruhe erlebt, und es gibt da nichts zu unterhalten.

Götzl Mir geht es darum, was Sie wissen. War von Herrn Theile Ihnen gegenüber von einem Herrn Müller die Rede?

Länger Noch nie.

Götzl Kannten Sie Herrn Böhnhardt oder Herrn Mundlos?

Länger Das einzigste Mal, da war 'ne Gerichtsverhandlung, und da hat ein Polizist gesagt, der Länger ist mit dem geklauten Auto und Herrn Böhnhardt gefahren. Ich kannte den aber gar nicht, dann hat sich herausgestellt, es war ein ganz anderer, der das gestohlen hat. Ich selber kenne den nicht und Mundlos auch nicht. Am Ende wurde das eingestellt oder Freispruch. Es ist sehr lange her.

Götzl Gab es mal eine Situation, dass Sie mit Herrn Böhnhardt zusammen im Auto saßen?

Länger Nein, auf keinen Fall. Es wird auch immer geredet von einer Jugendbande – ich war in keiner Jugendbande.

(Der Zeuge bekundet nun, er kenne auch die Angeklagten Carsten Schultze, André Eminger und Holger Gerlach nicht.)

Götzl Und Ralf Wohlleben?

Länger Kenne ich flüchtig.

Götzl Können Sie es ausführen?

Länger Wenn ich zu meinem Vater nach Alt-Lobeda *(in Jena)* fahre, fährt man automatisch an dem berüchtigten Haus vorbei. *(Er meint das sogenannte Braune Haus, einen Treffpunkt der rechten Szene.)* Dann gibt es Leute auf der Straße, Demos, man hält an, fragt nach. Da lernt man die Leute halt kennen. Ich habe ihn mal 2009 gefragt nach einer Demo, er wusste auch nichts, ich bin dann trotzdem losgefahren nach Berlin.

Götzl Klar ist mir das jetzt nicht geworden.

Länger Ich habe am 30. April Geburtstag, und am 1. Mai fahre ich manchmal zu Demos, entweder zu einer Antifa-Demonstration oder zur NPD. Es kommt drauf an.

Götzl Worauf?

Länger Na, welche in der Nähe ist. Und in Berlin haben die mich dann mal festgenommen.

Götzl Wie kamen Sie dazu, Herrn Wohlleben zu fragen?

Länger Er stand da mit ein paar Leuten, und ich hab ihn halt gefragt, weil ich ihn vom Sehen kannte. Ich war ja schon mal auf NPD-Demonstrationen. Vielleicht weiß er, wo mehr Spektakel ist. Ich hab ihn vielleicht auf anderen NPD-Demos gesehen. Kann aber auch sein, dass ich auf der Gegenseite war. Ich glaube, ich hab ihn mal gefragt, warum er in der NPD ist. Ich weiß nicht, was er geantwortet hat, ich fand's nicht überzeugend.

Götzl Wie ist denn Ihre politische Einstellung?

Länger Ich bin neutral, ich bin auf rechte und linke Demos gegangen. Ich habe eigentlich keine Meinung.

Götzl Was suchen Sie denn bei Demos?

Länger Abenteuer, Spaß. Ist doch interessant. Wenn es in Berlin auf einer großen Straße nicht weitergeht bei der NPD, weil Stau ist, dann wechselt man die Seite.

Götzl Was können Sie zur Auswertung Ihrer Festplatte sagen? Zu den Musikdateien?

Länger Da ist ja nicht nur rechte Musik drauf, sondern auch linke und Reggae.

Götzl Und ein Ordner »Max« mit der Musik »White Resistance« und mit Bildern von NS-Devotionalien. Was können Sie dazu sagen?

Länger Wenn es da drauf war, war es da drauf. Da war noch mehr Musik. Ich höre mir das nicht an. Die Frage stellt sich, warum stellen Sie mir die Frage?

Götzl Ich diskutiere das nicht mit Ihnen! Es ist meine Aufgabe, Fragen zu stellen.

Tag 135

6. August 2014

Manfred Götzl, Richter. **Helmut W.**, 56, und **Jörg T.**, 44, Kriminalbeamte aus Kassel. **Thomas Bliwier, Doris Dierbach, Alexander Kienzle**, Anwälte der Nebenklage.

(Es geht wieder um den Mord an Halit Yozgat im Internetcafé in Kassel.)

Helmut W. Wir haben im Zusammenhang mit dem Mordfall Yozgat versucht, uns ein Bild von der Rolle des Verfassungsschützers Andreas Temme zu machen – und sind dabei gescheitert. Wir hielten es für notwendig, auch die Informanten des Herrn Temme zu befragen. Uns war ein Telefongespräch aufgefallen unmittelbar nach der Tat. Die Antworten auf die Befragung des Herrn Temme durch das Landesamt für Verfassungsschutz waren uns zu kurz ausgefallen. Mehrere Leute vom Landesamt sind dann angereist und haben sich unsere Argumente angehört. Wir sind ohne Ergebnis auseinandergegangen. Sie haben unsere Argumente nach Wiesbaden mitgenommen. Später haben wir den Bescheid bekommen, dass die Befragung vom Ministerium abgelehnt wurde. Daraufhin haben wir einen Fragenkatalog erstellt, mit dem dann Mitarbeiter des Verfassungsschutzes die Informanten befragt haben. Uns war angeboten worden, teilzunehmen unter einer Legende. Wir hatten da arge rechtliche Bedenken, wir können ja keinen Zeugen täuschen. Darauf wollten wir uns nicht einlassen.

Götzl Bei der Besprechung, was haben Sie zu den unterschiedlichen Positionen in Erinnerung?

Helmut W. Ich habe damit angefangen, dass ich die gesamte Tatserie vorgestellt habe, und Herr B., unser Kollege, hat dann unsere Tat in Kassel dargestellt und die Fakten, die den Tatverdacht gegen Herrn Temme damals ergaben. Der Verfassungsschutz hat halt nachgefragt, die waren offenbar nicht ganz im Bilde, die wussten angeblich gar nicht, wie viele Informanten Temme geführt hatte. Wir haben klargestellt: Wenn, dann wollen wir alle vernehmen. Dann haben sie das Angebot gemacht mit der Legende. Mittendrin wurde einmal gesagt: Wir wissen ja, Sie kratzen alles zusammen, wir nehmen das auch nicht übel. Offensichtlich haben sie den Tatverdacht nicht so ernst genommen. Die Fakten haben sie nicht sonderlich beeindruckt, hatte ich den Eindruck. Dann haben sie auch noch gesagt, man kann da nicht drauf eingehen, weil man den Verfassungsschutz sonst aushebeln könnte, indem man eine Leiche in der Nähe eines Verfassungsschützers platziert. Es hieß auch, dass sie keine Gründe sähen, warum Herr Temme nicht weiter für den Verfassungsschutz arbeiten sollte. Das fand ich schon ein bisschen befremdlich. Ein Verfassungsschützer hat uns gesagt: Sobald die Quellen von der Polizei vernommen werden, müssten die abgeschaltet werden. Das wäre das größtmögliche Unglück für den Verfassungsschutz. Wie sind nun die Fakten zu dem Fall? Nach den Zeitabläufen, die wir ermittelt hatten, war die Version von Herrn Temme sehr, sehr unglaubwürdig. Es lief ja darauf hinaus, dass nach seinem Verlassen des Internetcafés nur 40 Sekunden blieben bis zum Mord. Entweder er hat die Tat mitbekommen und verschweigt uns seine Wahrnehmung. Oder er hat etwas mit der Tat zu tun. Dass er nichts mitbekommen hat, erschien uns so unwahrscheinlich.

Anwalt Bliwier Es gibt einen Vermerk vom 1.9.2006 über ein Gespräch mit dem Verfassungsschutz im Präsidium. Da ging es um die Geheimhaltungsproblematik. Haben Sie eine Erinnerung?

Helmut W. Ich habe in Vorbereitung des Tages heute den Vermerk gelesen. Ja, es war ein Anliegen des Verfassungsschutzes, uns im Hinblick auf den Umgang mit Daten zu sensibilisieren. Sie waren wohl der Meinung, dass wir mit diesen Daten zu offen umgehen. Mag auch sein, dass das so war. Ich bin kein Staatsschützer, ich bin Ermittler. Es war, glaube ich, auch ein Versuch, einen kleinen gemeinsamen Nenner zu finden, eine Lösung, mit der beide Seiten leben können. Aber das ist gescheitert. Wir wollten eine Vernehmung der Informanten von Herrn Temme mit offenem Visier. Das war immer ein Punkt – der eine Informant, der kurz nach der Tat mit Herrn Temme telefoniert hat.

Anwältin Dierbach Haben Sie das sogenannte kognitive Interview mit Herrn Temme veranlasst?

Helmut W. Ja. Er hatte angeboten, sich unter Hypnose befragen zu lassen, das wurde abgelehnt von der Staatsanwaltschaft mit Verweis auf die Rechtslage. Eine Hypothese war, ob es möglich ist, dass er etwas Entsetzliches erlebt und so erfolgreich verdrängt hat, dass er später selbst daran glaubt. Das sei aber unwahrscheinlich, haben mir Psychologen gesagt. Wir hatten nichts zu verlieren. Ich suche immer noch nach einer Erklärung, warum er uns etwas verschweigt, wenn er etwas gesehen hat. Das beschäftigt mich ja immer noch.

Anwältin Dierbach Sie waren anwesend bei dem Interview?

Helmut W. Ja, als Zuhörer. Nach Empfinden des Psychologen hat Herr Temme nur scheinbar mitgespielt, er habe sich nicht ganz darauf eingelassen. Der Psychologe hatte den Eindruck, dass Herr Temme immer versucht hat, die Kontrolle zu behalten. Herr Temme hat sich leicht enttäuscht geäußert, ihn hat wohl die Kamera irritiert, und es war wohl eine Unruhe um den Raum herum. Ich weiß nicht, was er sich vorgestellt hat. Es war ein ganz normaler Raum, in dem aber eine relativ große Kamera stand und auf ihn gerichtet war.

Anwalt Kienzle Sie hatten angesprochen, dass Ihnen im weiteren Verlauf Äußerungen der V-Personen übersandt wurden. Wann war das?

Helmut W. Im April war das Gespräch, es muss dann im Mai, Juni gewesen sein.

Anwalt Kienzle Es gab dann die Sperrerklärung, und dann gab es eine weitere Übersendung. Um den späteren Zeitpunkt geht es mir.

Helmut W. Ich glaube, Oktober, November bekamen wir die Absage, und es war dann 2007, als wir die Antwort bekamen.

Anwalt Kienzle Laut Vermerk am 9. 1. 2007.

Helmut W. Das kommt hin.

Anwalt Kienzle Waren da auch Angaben der GP 389 enthalten? *(GP steht für »Gewährsperson« und ist eine andere Bezeichnung beziehungsweise eine Art Vorstufe für einen V-Mann. Unter GP 389 wurde damals Benjamin G. geführt, der an Tag 64 bereits als Zeuge im NSU-Prozess ausgesagt hat.)*

Helmut W. Gehe ich von aus, ja.

Anwalt Kienzle Machte GP 389 Angaben zum Internetcafé in der Holländischen Straße?

Helmut W. Ja. Eine Frage war immer an die Informanten, ob sie den Tatort kennen. Er hat berichtet, dass ihm von Herrn Temme mal das Café empfohlen worden ist. Er hat das dann wohl abgelehnt, weil ihm gesagt wurde, dass ein Türke der Betreiber ist.

(Nun tritt ein weiterer Polizist aus Kassel auf.)

Götzl Es geht uns um zwei Aspekte: zum einen um eine Besprechung am 30. 6. 2006 mit dem LfV *(Landesamt für Verfassungsschutz)*. Und zum anderen um ein Gespräch mit Frau E. *(einer damaligen Kollegin Temmes im LfV, die am Tag 91 aussagte)*: was zwischen ihr und Herrn Temme gesprochen worden ist. Beginnen wir zunächst mit der Besprechung.

Jörg T. Sie fand im Präsidium statt. Es wurden Aufnahmen vom Tatort gezeigt. Und ein Anliegen von uns war die Vernehmung der Quellen des Herrn Temme. Von uns wurden die Quellen identifiziert, es waren fünf, wir wollten alle vernehmen. Zur Vernehmung der Quellen gab es unterschiedliche Meinungen. Wir wollten die Vernehmungen. Die Staatsanwaltschaft hat einen Antrag ans Innenministerium gestellt. Das wurde abgelehnt.

Götzl Zu dem anderen Themenbereich: Haben Sie eine Erinnerung an die Befragung von Frau E.?

Jörg T. Ja. Ende April, also unmittelbar nach der vorläufigen Festnahme von Herrn Temme, fand eine Besprechung mit dem LfV statt. Da ging es um die grobe Sondierung von Unterlagen. Im Gespräch war für mich die Frage, ob Herr Temme auf den Mord angesprochen wurde. Darauf meinte Herr F. *(ein Kollege von Temme, der an den Tagen 104 und 211 aussagte)*, er müsse von Frau E. angesprochen worden sein. Er soll sie gebeten haben, Temme zu fragen. Wir haben sie dann gefragt. Sie hat wiedergegeben, dass sie von Herrn F. gebeten worden sei zu fragen, ob der Name des Opfers bekannt sei und ob der Fall eine Rolle für den Verfassungsschutz spiele. Herr Temme soll gesagt haben, dass er das Opfer nicht kenne und auch nicht im Internetcafé war, mit dem Zusatz, dass der Fall keinen regionalen Bezug habe, sondern die Waffe schon bundesweit aufgetaucht sei. Beim Staatsschutz der Polizei haben wir nachgefragt, da kam raus, dass Herr Temme am Montag beim Staatsschutz war. Man hat sich grundsätzlich ausgetauscht, es war üblich, dass er da vorbeikommt. Temme muss nachmittags dort gewesen sein, Hintergrund war nur, dass der Staatsschutz was haben wollte, es ging um eine Demo in Kassel Richtung Islamismus und ob Temme dazu was sagen konnte. Das Thema Internetcafé soll nicht von Temme angesprochen worden sein.

Götzl Ist von Frau E. von einem einzigen Gespräch mit Herrn Temme die Rede gewesen?

Jörg T. Ja, meines Erachtens wurde es hinterher nicht mehr thematisiert. Mehr als die Aussage an dem Montagmorgen von Herrn Temme hat sie wohl nicht bekommen.

Götzl Ist mit Frau E. über das Internetcafé als solches gesprochen worden?

Jörg T. Das war bei mehreren Gesprächen Thema, es wurde fast einhellig beantwortet, dass Herr Temme in diesem Internetcafé, das sich in der Nähe eines Beobachtungsobjekts des Verfassungsschutzes befand, absolut nichts zu suchen hatte. Die Internetrecherche sollte von Wiesbaden aus gemacht werden. Lediglich Frau P. *(die damalige Vorgesetzte von Temme)* äußerte, dass sie wüsste, dass er in Internetcafés gehe, dass aber dieses Café tabu ist.

(Der Zeuge verlässt den Saal. Nun gibt Thomas Bliwier, der Anwalt der Familie Yozgat, eine Erklärung ab.)

Anwalt Bliwier Der Verfassungsschutz hat die Ermittlungen massiv behindert, das haben die Zeugen bestätigt. Nach unserer Auffassung ist bewiesen, dass Andreas Temme am Vormittag die Angaben gemacht hat zur bundesweiten Serie, zu der der Mordfall in Kassel gehöre. Zu diesem Zeitpunkt konnte ein Außenstehender nicht wissen, mit welcher Waffe die Tat begangen wurde. Es gibt zwei Möglichkeiten: Er ist als Täter verstrickt, oder er hat als Zeuge Wahrnehmungen vom Mord gemacht und verschwiegen.

(Zum Ende des Verhandlungstages verliest Götzl zahlreiche Fundstellen aus den Akten, die im sogenannten Selbstleseverfahren in die Hauptverhandlung eingeführt werden. Es geht dabei unter anderem um Fahrzeuganmietungen der Untergetauchten, um Zschäpes Anmietung einer Garage vor dem Untertauchen und um die persönlichen Verhältnisse der Angeklagten.)

Götzl Es besteht Gelegenheit, auf der Geschäftsstelle des 6. Strafsenats vom Wortlaut der genannten Schriftstücke Kenntnis zu nehmen.

Tag 136

4. September 2014

Manfred Götzl, Richter. **Jürgen D.**, 53, Kriminalbeamter des LKA Thüringen. **Wolfgang Heer, Wolfgang Stahl, Anja Sturm**, Verteidiger von Beate Zschäpe. **Eberhard Reinecke**, Anwalt der Nebenklage.

(Nach der Sommerpause geht es weiter. Götzl begrüßt die Verfahrensbeteiligten und bemerkt, bei der Bundesanwaltschaft sei das Personal »unverändert, aber mit verändertem Aussehen« – eine Anspielung darauf, dass der Oberstaatsanwalt am BGH, Jochen Weingarten, nun Bart trägt. Im Publikum schaut der Grünen-Politiker Cem Özdemir zu.)

Götzl Es geht uns um Ermittlungen zur Kameradschaft Jena, die in den Jahren 1996 bis 1998 durchgeführt wurden im Rahmen der Staatsschutzabteilung, für die Sie zuständig waren. Was können Sie zu dem Komplex berichten?

Jürgen D. Ich muss den Rahmen eigentlich einschränken, ich war von 1992 bis 1997 in einem Sonderbereich tätig, der sich mit der SED-Funktionärskriminalität beschäftigt hat. Bis 1997 hatte ich mit den anderen Ermittlungen nichts zu tun. In der »EG Tex« übernahmen wir im Frühjahr '97 Teile der »Soko Rex« und deren offene Verfahren, etwa zu den Briefbombenattrappen. Ich war Leiter der »EG Tex« ab Frühjahr '97. Der Fall mit dem Puppentorso war bereits abgearbeitet, so dass wir die Restarbeiten zu den Briefbomben noch fertig machten, zudem zu der USBV *(Abkürzung für »Unkonventionelle Spreng- und Brandvorrichtung«)* im Stadion. Während wir noch dabei waren, gab es einen neuen Fund: Auf dem Theaterplatz ein Koffer, rot angemalt, auf den Frontseiten ein Hakenkreuz. Spielende Kinder haben den gefunden, sie nahmen an, es sei ein Requisit und haben es zum Theater gebracht. Die Untersuchung ergab, dass es sich um eine USBV handelt, die teilweise gefüllt war mit Schwarzpulver und TNT. Eine Zündquelle beinhaltete der Koffer aber nicht. Am 26.12.97 kam es erneut zu einem Fund, auf dem Nordfriedhof in Jena. Da befand sich eine Rohrbombe mit TNT.

Götzl Gegen wen wurde das Verfahren wegen der USBV-Funde geführt?

Jürgen D. Kapke, Zschäpe, Böhnhardt, Mundlos.

Götzl Wurde auch Herr Wohlleben verdächtigt?

Jürgen D. Ja, ich glaube, der war Mitbeschuldigter. Letzten Endes haben wir am 26.1.98 eine Durchsuchung an drei Garagen durchgeführt mit dem Ziel, Vergleichsmaterial festzustellen. Wir fanden dann das Material und im Bau befindliche Rohrbomben. Daraus ergaben sich dann die Beschuldigten Mundlos, Böhnhardt und Zschäpe.

Götzl Wenn wir zur Thematik Durchsuchungen kommen: Vielleicht können Sie ausholen, wie es zu der Durchsuchung kam.

Jürgen D. Es war naheliegend aufgrund vorangegangener Durchsuchungen, dass andere Objekte genutzt werden mussten. Es konnten durch Observationen Garagen festgestellt werden. Das LKA hat Observationen über drei Tage gemacht, die ergebnislos blieben. Anschließend hat das LfV *(er meint das Landesamt für Verfassungsschutz Thüringen)* im Rahmen der Amtshilfe Observationen gemacht und das Ergebnis mitgeteilt. Da wurde festgestellt, dass Mundlos und Böhnhardt sich an diesen Garagen aufhalten. Wir haben versucht, beim LfV eine Freigabe für diese Information zu erwirken, das hat sich hingezogen.

Götzl Wie kam es dazu, dass das LfV die Observationen gemacht hat?

Jürgen D. Das LKA hatte keine Kapazitäten mehr und es standen keine in Aussicht. Ich habe dann den Referatsleiter »Rechts« beim LfV angesprochen und um Amtshilfe gebeten.

Götzl Warum waren Sie bei der Durchsuchung nicht dabei?

Jürgen D. Weil mein Vorgesetzter darauf bestand, dass ich an einem Lehrgang teilnehme, der bis 13, 14 Uhr ging. Mein Stellvertreter hat die Einweisung gemacht. Und offensichtlich ist festgestellt worden, dass der Besitzer der einen Garage, der Garage Nummer 5 an dem Garagenkomplex, ein Polizeibeamter namens Apel ist. Wir wussten, dass Zschäpes Geburtsname Apel lautet und konnten nicht ausschließen, dass sie irgendwie miteinander verwandt sind, deswegen wurde entschieden, auf den Dienstbeginn des Beamten zu warten, damit er die Durchsuchung nicht verraten konnte. Um sieben Uhr hat er seinen Dienst angetreten. Mit ihm wurde dann der Garagenschlüssel geholt. Dann hat man gemerkt, dass an der Garage noch ein weiteres, massives Schloss angebracht war. Da wurde dann auf den Schlüsseldienst gewartet, der aber schon an einer anderen Garage war. Das hat dann länger gedauert. Nach dem Öffnen der Garage an der Kläranlage hat man die USBVs gefunden. In der Zwischenzeit ist ein Kollege zur Familie Böhnhardt gefahren und hat dort Uwe Böhnhardt und seine Mutter angetroffen. Ihnen wurde der Durchsuchungsbeschluss über alle drei Objekte ausgehändigt. Uwe Böhnhardt kam dann mit nach unten, öffnete eine Garage vor dem Haus. Nach Abschluss dieser Maßnahme sagte er, dass er mit der Garage daneben nichts zu tun habe, und verließ den Ort gegen 8.30 Uhr, neun Uhr mit seinem Auto. Die Garage Nummer 5 an der Kläranlage war da noch nicht durchsucht worden. Sie wurde erst nach neun Uhr geöffnet.

Götzl Was fand man in der Garage an der Kläranlage?

Jürgen D. Rohrbomben in verschiedenen Fertigungsstufen, teilweise verfüllt mit Sprengstoff, teilweise mit eingebrachten Zündern, allerdings ohne Zündquelle, offensichtlich in Vorbereitung einer späteren Verwendung. Die USBVs wurden von Spezialkräften gesichert und abtransportiert. Auch der Reisepass von Uwe Mundlos und sehr viele schriftliche Unterlagen.

Götzl Wieviel TNT haben Sie gefunden?

Jürgen D. Das ist immer ein problematisches Thema. Aufgrund der Gefährlichkeit haben sich die Spezialkräfte zu einer Delaborierung durch Sprengung entschlossen. Die Menge wurde durch Nachberechnung ermittelt. Es sind, glaube ich, 1,4 Kilogramm TNT herausgekommen.

Götzl Konnten Bezüge zu den heute schon angesprochenen früheren Funden hergestellt werden?

Jürgen D. Es gab artgleiches Rohrmaterial und entsprechende Farben. Deswegen sind wir davon ausgegangen, dass diese USBVs dort hergestellt wurden. Beim TNT war es wohl nicht möglich, eine Übereinstimmung nachzuweisen, beim Schwarzpulver bin ich mir jetzt nicht mehr sicher.

Götzl Gabe es weitere Maßnahmen?

Jürgen D. Es gab im Vorfeld Absprachen mit der Staatsanwaltschaft, die sich massiv dafür eingesetzt hat, dass keine weiteren Handlungen ohne Rücksprache mit ihr durchgeführt werden. Der Kollege hat es mehrfach versucht. Aber es hat da wohl einen Krankheitsfall gegeben, sodass erst im Laufe des Vormittags einer der Ersatzstaatsanwälte erreicht werden konnte, der die Durchsuchungen wegen Gefahr im Verzug angeordnet hat. Es sollte auch die vorläufige Festnahme von Böhnhardt, Mundlos und Zschäpe erfolgen. Am Folgetag hat die Staatsanwaltschaft den Haftbefehl zurückgenommen, da ihrer Meinung nach der personelle Bezug zur Garage nicht ausgereicht hätte. Die drei Personen sind dann nur zur Aufenthaltsfeststellung ausgeschrieben worden. Wir hielten das für einen untragbaren Zustand. Das hat dann zur erneuten Intervention beim Verfassungsschutz geführt, damit ein entsprechendes Schreiben herabgestuft wird. Und als das Schreiben der Staatsanwaltschaft vorlag, sind dann auch die Haftbefehle erlassen worden. In dem Schreiben stand, dass man Mundlos und Böhnhardt gesehen hat, wie sie diese Garage betreten. Damit war der personelle Bezug hergestellt.

Götzl Wie ging es weiter?

Jürgen D. Noch am Nachmittag des 26.1. sind die Fahndungsmaßnahmen nach diesen drei Personen angelaufen. Die Fahndung wurde dem Zielfahndungskommando übertragen, das sich bis 2001 mit dem Fall beschäftigt hat.

Verteidigerin Sturm Waren Sie der Meinung, dass die Ermittlungen des LfV für das LKA rechtlich zulässig waren?

Jürgen D. Ich habe es für zweckmäßig gehalten.

Verteidigerin Sturm Aber rechtlich zulässig?

Jürgen D. Ich sah keine Probleme, wenn die Erkenntnisse uns gerichtsverwertbar übergeben werden.

Verteidiger Stahl Nicht alles, was zweckmäßig ist, ist rechtmäßig. Haben Sie das damals hinterfragt?

Jürgen D. Hab ich nicht.

Verteidiger Stahl Gab es einen richterlichen Durchsuchungsbeschluss für die Durchsuchung der Wohnung von Frau Zschäpe?

Jürgen D. Weiß ich nicht.

Verteidiger Stahl Ich weiß es: Es gab keinen. Wie kamen Sie auf Frau Zschäpe?

Jürgen D. Sie gehörte zur rechten Szene, war Mitglied der Kameradschaft Jena, fast alle waren damals auch Beschuldigte. Eine besondere Rolle bekam sie erst, weil sie die Garage angemietet hatte.

Verteidiger Heer Was ist Ihnen zum Ablauf der Observation des LfV bekannt geworden?

Jürgen D. Das Ergebnis.

Verteidiger Heer Ist Ihnen mal der Gedanke gekommen, dass Ermittlungsschritte dokumentiert werden müssen, um sie nachvollziehen zu können?

Jürgen D. Deswegen habe ich ja um Übersendung von Dokumenten seitens des LfV gebeten. Ich habe von einem Mitarbeiter des LfV Einblick in den Observationsbericht bekommen, aber übergeben wurde er mir nicht.

Anwalt Reinecke Sind Sie mal auf die Idee gekommen, dass, wer illegal im Untergrund lebt, sich nicht legal finanziert?

Verteidiger Stahl Ich beanstande diese Frage.

Götzl Wir verhandeln hier einen festgelegten Bereich, der durch die Anklage umrissen ist. Defizite von Ermittlungen sind bekannt durch die Berichte der Untersuchungsausschüsse. Es ist nicht angeklagt der Umstand, ob die Zielfahndung ordentlich vorgenommen wurde oder nicht.

(Der Zeuge verlässt den Saal.)

Verteidigerin Sturm Wir widersprechen der Verwertung der Angaben des Zeugen D. zu dem Ermittlungskomplex »Garage«.

Tag 137

5. September 2014

Manfred Götzl, Richter. **Jan C.**, 33, Kriminalbeamter beim BKA. **Wolfgang Heer,** Verteidiger von Beate Zschäpe. **Olaf Klemke**, Verteidiger von Ralf Wohlleben.

(Der Zeuge war einer der Beamten, die Enrico Theile vernommen haben, der bereits an den Tagen 94, 108 und 122 vor Gericht ausgesagt hat. Die NSU-Ermittler haben Enrico Theile in Verdacht, Teil der Lieferkette gewesen zu sein, durch die der NSU die Tatwaffe Česká 83 aus der Schweiz erhalten hat.)

Jan C. Herr Theile wurde in Karlsruhe vorgeladen, er erschien, wurde nach Waffen durchsucht und zur Vernehmung gebracht. Herr Oberstaatsanwalt am Bundesgerichtshof Weingarten hat ihn belehrt. Es wurde ihm erklärt, dass er als Bindeglied zwischen Herrn Müller aus der Schweiz und dem Herrn Jürgen Länger infrage kommt, der im Verdacht stand, ihm die Tatwaffe verkauft zu haben. Herr Theile sagte, er höre zum ersten Mal von dem Tatvorwurf gegen Länger. Es wurde ja auch bei ihm durchsucht. Und da stand ja drin, dass der Verdacht gegen Länger bestand. Er hatte den Durchsuchungsbeschluss mehrmals gelesen. Er kannte den Vorwurf. Theile machte sich dann unglaubwürdig, weil er angab, nur von seinen Eltern in der JVA besucht worden zu sein. War aber nicht so. Er hat sich gleich am Anfang unglaubwürdig gemacht, mehrmals gelogen, so wurde die Vernehmungsatmosphäre entsprechend angepasst. Man sagte ihm, dass man ihm nicht glaubt. Das wurde auch wortstark mitgeteilt.

Götzl Was ist mit »wortstark mitgeteilt« gemeint?

Jan C. Die Fragen wurden in gesteigerter Lautstärke wiederholt.

Verteidiger Klemke Was verstehen Sie unter gesteigerter Lautstärke?

Jan C. Dass man die Stimme um einige Dezibel steigert.

Verteidiger Klemke Kam es einem Brüllen oder Schreien nahe?

Jan C. Es kam einem Brüllen nahe, aber nicht gleich.

Verteidiger Klemke Hielt sich das durch?

Jan C. Nein, die Lautstärke wurde wieder runtergefahren.

Verteidiger Klemke Und wurde die Lautstärke auch wieder hochgefahren?

Jan C. Ja, zum Ende hin. Sowohl von Herrn Weingarten als auch von mir.

Verteidiger Klemke Wurde die Lautstärke im Protokoll vermerkt?

Jan C. Nein.

Verteidiger Klemke Warum nicht?

Jan C. Weiß ich jetzt nicht mehr, warum.

(Der Zeuge verlässt den Gerichtssaal.)

Verteidiger Heer Wir widersprechen der Verwertung der Bekundungen des Zeugen C. wegen Verstoßes gegen die Vernehmungsvorschriften.

Verteidiger Klemke Die Verteidigung Wohlleben schließt sich an.

(Im Anschluss betritt Ronny Eminger den Saal, ein weiterer Bruder des Angeklagten André Eminger. Er beruft sich auf sein Zeugnisverweigerungsrecht als naher Angehöriger und sagt ansonsten nichts.)

Tag 138

16. September 2014

Manfred Götzl, Richter. **Christian M.**, 59, und **Patrick R.**, 41, Kriminalbeamte der Kantonspolizei Bern.

(An diesem Tag geht es um die Aufklärung der Spuren in die Schweiz. Von dort soll laut den Ermittlungen die Tatwaffe Česká 83 nach Jena und schließlich zu den untergetauchten Neonazis nach Chemnitz gelangt sein. Laut Anklage kam die Waffe vom Schweizer Waffengeschäft Schläfli & Zbinden über den Schweizer Anton Peter G. und dessen Bekannten Hans-Ulrich Müller an Enrico Theile und von ihm über den Tauchlehrer Jürgen Länger an den Szeneladen Madley. Dort kaufte sie der Angeklagte Carsten Schultze von einem Mitarbeiter namens Andreas Schultz. Es geht um Vernehmungen in den Jahren 2007, 2008 und 2009 – also noch vor dem Auffliegen des NSU.)

Christian M. Herr G. sollte einvernommen werden wegen der Beschaffung von Waffen. Ich habe ihm eine Frage gestellt, er hat geantwortet, die Fragen waren auf den Auftrag abgestimmt. Es ging darum, dass er zwei respektive eine Waffe beantragt hat mit einem oder zwei Waffenerwerbsscheinen. Wie dann der Weg war, konnte oder wollte Herr G. nicht sagen. Er hat auch erklärt, dass er eine schwere Krankheit erlitten hat und er sich dadurch nicht mehr erinnern konnte. Mein Eindruck war, dass das ein bisschen vorgeschoben war.

Götzl Was hat er zu den Waffenerwerbsscheinen gesagt?

Christian M. Dass sie irgendwie verlustig gegangen seien.

Götzl Ob er Waffen erworben hat, hat er dazu etwas gesagt?

Christian M. Soweit ich weiß, hat er gesagt: Er habe keine Waffen selber gekauft.

Götzl Haben Sie ansonsten noch Erinnerungen an das Verhalten von Herrn G.?

Christian M. Ich habe ihn außerhalb des Protokolls gefragt, ob er denn die Wahrheit gesagt habe. Da hat er nur so ein Achselzucken gezeigt, gesagt hat er nichts.

(Auch der nächste Zeuge ist ein Schweizer Polizist.)

Götzl Uns geht es um Vernehmungen, die Herrn G. und Herrn Müller betreffen. Bitte berichten Sie, wie es dazu gekommen ist, uns interessieren auch der Inhalt und das Verhalten des Herrn G..

Patrick R. Der Auftrag kam von Deutschland. Es ging um die Česká-Waffen, in unserem Bereich betraf es drei. Eine Durchsuchung sollte durchgeführt werden, anwesend waren auch drei Kollegen aus Deutschland. Herr G. blieb dabei, dass er diese Waffen nicht gekauft haben will. Ich hatte das Gefühl, dass er mir nicht alles sagte. Aber ich hatte nichts Konkretes in den Händen. Mit Ausnahme vielleicht des Waffenbuches von Schläfli & Zbinden, in dem er aufgeführt ist.

Tag 139

17. September 2014

Manfred Götzl, Richter. **Patrick R.**, 41, Kriminalbeamter der Kantonspolizei Bern.

(Die Vernehmung des Schweizer Polizisten wird fortgesetzt.)

Götzl Nun zur Einvernahme von Herrn G. im Jahr 2012. Bitte sagen Sie uns, wie es dazu kam und was der Inhalt war.

Patrick R. Zu der Einvernahme kam es aufgrund der Information aus Deutschland, dass die Waffe in der Brandruine in Zwickau gefunden wurde. Anhand der Waffennummer ließ sich feststellen, dass es eine Česká war, die laut Waffenbuch Schläfli & Zbinden an Herrn G. versandt worden war. Herr G. wurde mitgenommen auf die Polizeiwache in Thun, es wurde eine Verteidigung zugemessen. Der Anwalt war von Beginn der Einvernahme anwesend. Herr G. wurde angesprochen, ob er die Angaben seiner früheren Einvernahmen bestätigen könne. Er sagte, grundsätzlich ja, wollte aber eine Änderung anfügen. Er gab an, dass er die Waffenscheine einem Herrn Müller für 400 Franken übergeben habe, Grund dafür seien Geldprobleme gewesen. Herr Müller soll ihm gesagt haben, dass er, G., es gar nicht wissen wolle, wohin die Waffen gingen. Herr G. bestritt weiter, dass er die Waffen je in Händen gehalten hat.

Götzl Wie kam es denn jetzt dazu, dass er Herrn Müller ins Gespräch brachte?

Patrick R. Es ist eine Vermutung von mir: Er hat gemerkt, dass er mit den bisherigen Aussagen wahrscheinlich nicht weit kommen wird.

Götzl Hat er denn gesagt, wann er die Scheine an Herrn Müller weitergegeben hat?

Patrick R. Es müsste im Zeitraum 1996 gewesen sein. Er sagte, er habe die Waffenscheine erworben. Das sei »die Scheiße« gewesen, die er gemacht habe. Er sehe aber keinen direkten Zusammenhang zu den Morden.

Tag 140

18. September 2014

Manfred Götzl, Richter. **Patrick R.**, 41, Kriminalbeamter der Kantonspolizei Bern. **Albert V.**, Kriminalbeamter in Nürnberg und einer der leitenden Ermittler in der »Besonderen Aufbauorganisation (BAO) Bosporus«, der großen Sonderkommission, die die Mordserie aufklären sollte. **Eberhard Reinecke**, Anwalt der Nebenklage.

(Die Befragung vom Vortag wird fortgesetzt.)

Götzl Ich wollte zur Vernehmung von Herrn Müller vom 13.2.2012 kommen. Bitte schildern Sie die Umstände.

Patrick R. Herr Müller wurde uns aus der U-Haft zugeführt. Über die Morde habe er mal mit Herrn G. gesprochen, das sei nach dem Fund der Waffe gewesen. Herr Müller wusste wohl nicht mehr genau, wann das war. Er gab an, keine Waffen von G. bekommen zu haben.

Götzl Ist denn angesprochen worden, warum Herr G. ihn zu Unrecht belasten sollte?

Patrick R. Ich habe ihm das vorgehalten. Er sagte, dass er sich das nicht erklären könne.

Götzl Sind auch die Beziehungen von Herrn Müller nach Deutschland angesprochen worden?

Patrick R. Es gab Informationen dazu aus Deutschland. Ihm wurden diverse Namen vorgehalten. Er gab von sich aus den Theile, Enrico an, den er kannte. Ich glaube, er kannte ihn geschäftsbedingt, dann aber auch privat. Er war auch einmal mit ihm in den Ferien. Dann gab er die Zwillinge E. *(Sie waren am Tag 278 als Zeugen geladen.)* an. Die anderen Namen sind mir nicht mehr präsent. Frau Zschäpe kannte er, wie er sagte, nur aus den Medien.

(Der Zeuge verlässt den Saal. Nun wird der Nürnberger Polizist Albert V. befragt, der bereits am Tag 31 im Gericht aussagte. Es geht um den Nagelbombenanschlag im Juni 2004 in Köln.)

Anwalt Reinecke Können Sie etwas dazu sagen, wie die Zusammenarbeit der BAO Bosporus mit Ihren Kölner Kollegen aussah?

Albert V. Den ersten Kontakt hatten wir im Juni 2005, zuvor war der Mord an Herrn

Yaşar in Nürnberg passiert. Bei den Vernehmungen der Zeugen waren wir auf Personen gestoßen, die Fahrradfahrer beobachtet hatten, unter anderem die Zeugin K., mit ihrer Hilfe wurden Phantombilder gefertigt, die in ganz Deutschland gezeigt wurden. So wurde bekannt, dass beim Nagelbombenanschlag in Köln auch zwei Fahrradfahrer gesucht wurden. Wir haben uns mit den Kölner Kollegen ausgetauscht. Sie waren im September 2006 auch bei uns. Es wurde ein intensiver Abgleich geführt, um zu klären, ob es dieselben Täter waren. Wir haben Unterlagen bekommen, auch Videoaufnahmen, wo beide Täter mit Fahrrad durchs Bild liefen. *(Gemeint sind die Aufnahmen aus Überwachungskameras in Köln, auf denen die Bombenattentäter mit Fahrrädern zu sehen waren).* Wir haben auch vereinbart, den Datenbestand zu vergleichen, auch die Massendaten, um mögliche Übereinstimmungen zu finden. Einige Funkzellentreffer sind auch in Köln aufgefunden worden, aber es waren alles unauffällige Telefonate. Ein weiterer Schwerpunkt war der Hinweis, dass Kenntnisse aus dem Modellbau bei den Tätern vorliegen müssten, insbesondere die Fernsteuerung bei der Bombe deutete darauf hin. Deshalb hatten die Kölner Kollegen bereits Modellbaugeschäfte besucht, Ähnliches haben wir in Nürnberg gemacht. Wir haben etwa zwanzig Geschäfte aufgesucht, aber leider konnte niemand etwas dazu sagen. Der Zeugin Frau K. haben wir die Videoaufnahmen gezeigt, sie hat eine Ähnlichkeit festgestellt. Sie hat gesagt, sie sei sich ziemlich sicher. Die Qualität der Aufnahmen war mäßig, deshalb haben wir versucht, eine Bildverbesserung durchzuführen, aber eine große Verbesserung war nicht möglich. Das Ergebnis ist noch einmal der Zeugin K. gezeigt worden und noch einer Zeugin, die auch eine gewisse Ähnlichkeit festgestellt hat. Im Weiteren haben wir Dortmund mit einbezogen und eine Zeugin, die die beiden Personen gesehen hatte. Sie hat auch die Filme aus Köln gesehen, hat aber keine Ähnlichkeit festgestellt. Letztendlich mussten wir die Tat in Köln im Raum stehen lassen. Es stand nicht fest zu 100 Prozent, dass es die Täter in Köln waren, aber es ließ sich auch nicht ausschließen.

Anwalt Reinecke Haben Sie auch über eine Fallanalyse gesprochen?

Albert V. Ja, das war beabsichtigt. Aber sie wurde nicht durchgeführt. Der Grund war, dass es bereits bei den Einzeltaten unserer Mordserie Fallanalysen gab. Und es ist auch durch das BKA im Februar 2005 eine umfassende Fallanalyse zu dem Nagelbombenanschlag durchgeführt worden. Wir hatten trotzdem die Absicht gehabt, eine zusammenfassende Fallanalyse zu machen, bekamen aber von den OFA-Dienststellen *(Dienststellen von Beamten, die Operative Fallanalysen durchführen, landläufig bekannt als Profiler)* die Auskunft, dass es nicht sinnvoll wäre aufgrund des unterschiedlichen Tatablaufs. Es sei eher nicht von einem politischen Motiv auszugehen, weil kein Bekennerschreiben gefunden wurde, hieß es in der BKA-Analyse.

(Im Gerichtssaal gehen plötzlich das Licht und die Mikrofone aus.)

Götzl Das war wohl ein Stromausfall. Ja, es ist ein Stromausfall. Dann machen wir jetzt erst mal eine Pause.

(Nach der Pause arbeitet das Gericht noch ein paar weitere Punkte ab. Die Verteidiger von Beate Zschäpe begründen, warum sie ein Verwertungsverbot zu dem Komplex Garagenfunde 1998 beantragt haben. Die Hinweise auf die Garage seien damals rechtsstaatswidrig unter Missachtung des Trennungsgebots zwischen Polizei und Verfassungsschutz erlangt worden.)

Tag 141

22. September 2014

Manfred Götzl, Richter. **Thomas B.**, 37, Maler aus Jena.

(Der Zeuge Thomas B. sollte schon am 130. Verhandlungstag aussagen. Er brach seine Anreise damals ab. Nun kommt er direkt aus einer Suchtklinik angereist, wo er in Behandlung ist.)

Götzl Was können Sie zu Uwe Böhnhardt sagen?

Thomas B. Wir waren in den Neunzigerjahren eine Clique und haben gemeinsam verschiedene Straftaten begangen. Autodiebstähle, Einbrüche – für die ich dann ja auch bestraft wurde. Mit fünfzehn hatte ich einen Autounfall. Danach bin ich von Jena weggezogen, da hatte ich keinen Kontakt mehr zu Uwe Böhnhardt.

Götzl Wer zählte zu der Clique?

Thomas B. Wir waren eine Clique in Winzerla und eine in Lobeda, mit Uwe Böhnhardt und Enrico Theile, Ingo J. und zwei, drei, wo ich die Namen nicht mehr weiß. Der Ingo J. hatte schon Erfahrung mit Autos gehabt, der hat mich drauf gebracht, mir gezeigt, wie man Autos stiehlt. Der Uwe Böhnhardt hat so Sachen auch mehrfach mit dem Ingo J. betrieben. So hab ich den Uwe Böhnhardt kennengelernt, so ist es passiert, dass wir Autos geknackt haben oder Rennen gefahren sind, bis zu meinem Unfall eben. Das war ja auch so 'ne Fahrt praktisch.

Götzl Können Sie etwas zu dem Unfall sagen?

Thomas B. Ich weiß es nur aus Erzählungen, ich hatte einen Schädelbasisbruch. Wir waren in einem Waldstück oberhalb von Jena. Wir sind Rennen gefahren, einer sagt, ich bin durch die Frontscheibe geflogen, andere sagen, ich wurde neben der Tür gefunden. Ist bis heute ungeklärt, wer da überhaupt gefahren ist.

Götzl Wer hat Ihnen davon berichtet?

Thomas B. Meine Familie, mein Vater hat damals auch Einsicht in das Polizeiding bekommen, und der Kripobeamte, der mich vernommen hat, hat mir das noch mal geschildert. Ich war ja auch im Koma. Es war auch berichtet worden, dass Leute zu mir ins Krankenhaus wollten, dann war auch Polizeischutz da, das ist erzählt worden. Meine Familie hat rumerzählt, dass ich gestorben wäre.

Götzl Warum haben die das erzählt?

Thomas B. Ich war weder rechts noch links, mir war das egal, ich stand zwischen den Stühlen, da hab ich öfter Prügel bezogen. Sie hatten einfach Angst, dass die Leute nach mir suchen würden, dass mir irgendwas passiert.

Götzl Gab es da jetzt bestimmte Gründe, dass die Leute nach Ihnen suchen würden?

Thomas B. In erster Linie, dass ich zu viel wusste über die Autoklauereien. Dass ich da was erzählen könnte, was die belasten könnte. Ich hab ziemlich viel getrunken, bin einige Male von der Polizei kontrolliert und verhört worden, und da ist vermutet worden, ich könnte mal Leute verraten.

Götzl Gab es denn Drohungen gegen Sie oder dass etwas passiert wäre?

Thomas B. Linke Gruppen sind gekommen und wollten uns alle plattmachen. Es war schon eine harte Zeit. Ich bin von rechten Gruppierungen gejagt worden, ich hatte Todesangst, hab mich verstecken müssen, ich war dreizehn, vierzehn, das war schon relativ schwierig.

Götzl Können Sie mir mal Uwe Böhnhardt beschreiben?

Thomas B. Er war ein ziemlich lustiger Typ. Er wusste genau, was er wollte und wie er's kriegt. Er war aber auch ganz schnell aggressiv, es hat schnell umgewechselt, von lustig und locker auf aggressiv und schwierig. Wenn man ihn richtig gekannt hat, hat man schon gemerkt, dass er gefährlich ist. Mir hat er Angst gemacht, ganz einfach. Deswegen hab ich mich auch vor dem Unfall schon abgesondert, soweit es ging. Dann war da noch ein anderer, der war ziemlich groß, der hat mich von jetzt auf gleich mal verdroschen. Drahtiger Typ.

Götzl Sie sagten, Uwe Böhnhardt sei ein lustiger Typ gewesen. Können Sie das näher beschreiben?

Thomas B. Er hatte halt immer so ein Lächeln im Gesicht und hat immer Sprüche gerissen, mehr so ein lockerer Typ. Er konnte aber ruckzuck umschalten.

Götzl Wie sah das dann aus?

Thomas B. Da ist er richtig losgegangen, hat entweder zugeschlagen oder rumgebrüllt.

Götzl Sie sagten, Uwe Böhnhardt habe genau gewusst, was er wollte und wie er es kriegt. Wie ist das gemeint?

Thomas B. Ich hatte das Gefühl, er hat nichts gemacht, ohne es vorher vernünftig geplant zu haben. Er war zu clever, das war schon immer alles gut durchdacht bei ihm.

Götzl Was meinen Sie damit?

Thomas B. Wenn ich damals nachts nach Lobeda bin und mir ein Auto gefiel, habe ich's einfach genommen. Uwe hat erstmal genau geschaut, wann es da steht, wann nicht und wie das Zeitfenster ist, in dem er nicht überrascht werden kann.

Tag 142

23. September 2014

Manfred Götzl, Richter. **André P.**, Kriminalhauptmeister aus Zwickau. Er sagte auch an den Tagen 17 und 365 aus. **Stefan Noback**, 58, Amtsrichter in Zwickau. **Tino Brandt**, 39, früherer V-Mann des Landesamts für Verfassungsschutz Thüringen. Er sagte bereits an den Tagen 127 und 128 aus. **Wolfgang Heer, Wolfgang Stahl**, Verteidiger von Beate Zschäpe. **Michael Kaiser**, Verteidiger von André Eminger. **Olaf Klemke**, Verteidiger von Ralf Wohlleben. **Sebastian Scharmer**, Anwalt der Nebenklage.

(Zunächst wird ein Beamter befragt, der Charlotte Erber, die Nachbarin von Beate Zschäpe in Zwickau, befragt hatte. Sie war damals 89 Jahre alt. Der Polizist hatte bereits an Tag 45 im Gericht ausgesagt.)

Götzl Heute geht es uns um die Befragung der Zeugin Erber am 11.11.2011. Bitte schön.

André P. Also, die Frau Zschäpe hat damals durch ihren Anwalt den Antrag gestellt, die Frau Erber als Entlastungszeugin zu vernehmen. Der Ort war ein Einfamilienhaus, wo sich Frau Erber aufgehalten hat, es war Verwandtschaft von ihr. Ich bin nachmittags hingefahren, und die Verwandte hat Frau Erber in den Raum begleitet. Sie lief am Gehstock und wurde geführt. Ich habe gedacht, dass sie in einem schlechten Gesundheitszustand ist. Frau Erber hat Platz genommen, wir saßen am Tisch in der Stube, mir wurde eine Tasse Kaffee angeboten, es war eine gute Vernehmungssituation. Ich habe ihr erklärt, wie ich vorhabe, die Vernehmung durchzuführen, dass sie selbst erzählt und dass ich das von ihr Gesprochene auf ein Diktiergerät aufnehme und es ihr nachher noch mal vorspiele. Die Frau Erber bekam auch mitgeteilt, dass die Vernehmung stattfindet wegen des Verdachts der schweren Brandstiftung gegen die Frau Zschäpe. Sie hat auch durch die Medien mitbekommen, um wen es sich bei den Personen in dem Haus gehandelt hat. Frau Erber hat erzählt, dass sie eine defekte Herzklappe hat und dass sie ganz schlecht zu Fuß ist und kaum noch außer Haus geht und dass sie eben auch schwerhörig ist. Sie begann weiter zu schildern, wie der Freitag vor einer Woche abgelaufen ist. Am Nachmittag gegen 14 Uhr habe es an ihrer Wohnungstür geklingelt, sie habe in der Küche Radio gehört und sich dann zur Tür begeben, durch den Spion geschaut, niemanden stehen sehen, den Hörer der Wechselsprechanlage genommen, gefragt und keine Antwort bekommen. Sie habe nach unten durch das Fenster geschaut, habe dort auch niemanden stehen sehen. Sie ist zurück in die Küche gelaufen und hat dort Qualm wahrgenommen. Von da an, sagt sie, sei sie verwirrt gewesen. Sie hat das Küchenfenster geöffnet und das im Wohnzimmer, um Durchzug zu schaffen. Auf der Straße dann hat ihre Nichte ihr zugerufen, dass es brennt, und kurze Zeit darauf wurde sie von ihrer Nichte und einer weiteren Person herausgebracht. Das war das, was sie mir zu dem Geschehen angegeben hat.

Über ihre Nachbarn sagte sie, dass es sich um zwei junge Männer und eine Frau handelte. Dass sie die an dem Freitag nicht gesehen hat und die Männer nur sporadisch, und mit allen dreien hat sie noch kein Wort gewechselt, sagte sie. Frau Zschäpe hat sie oftmals beim Wäscheaufhängen gesehen, weil sie oft aus dem Fenster geschaut hat. Und dass in der Woche, als es gebrannt hat, dass da schönes Wetter herrschte und dass sie da niemand beim Wäscheaufhängen gesehen hat.

Götzl Wie war ihr Zustand bei der Vernehmung?

André P. Ich weiß ja, dass sie jetzt dement ist. Ich hatte da diesen Eindruck überhaupt noch nicht, sie hat meine Fragen ohne große Nachfragen beantwortet.

Götzl Kam zur Sprache, ob in ihrer Wohnung Geräte an waren, die Geräusche oder Lärm erzeugt haben?

André P. Das Radio habe sie in der Küche laufen gehabt.

Götzl Hat sie denn Zeitangaben gemacht?

André P. Sie sagte, nachmittags gegen 14 Uhr. Sie hat auch gesagt, dass es gut war, dass es nicht später passiert ist, weil die Verwandten, ihre Nichten, so gegen halb vier zum Kaffeeklatsch gekommen wären. Ich habe gefragt, wie viel Zeit vergangen ist, bis sie nach dem Klingeln an der Tür war. Sie sagte, dass ungefähr eine Viertelstunde, zwölf Minuten vergangen sind vom Klingeln, bis sie den Qualm festgestellt hat. Und sie sagte, dass ungefähr vier Minuten vergangen sind, bis sie nach dem Klingeln an der Wohnungstür angelangt ist.

Götzl Hat sie gesagt, ob sie den Brand wahrgenommen hat?

André P. Sie hat erwähnt, dass sie bis zu dem Klingeln überhaupt nichts wahrgenommen hat. Dann, als sie Durchzug gemacht hat und ihre Nichte gesehen hat, hat sie immer noch keinen Brand bemerkt. Sie war dann ziemlich verwirrt, sagte sie, wusste nicht, wo der Qualm herkommt. Sie hat den Brand erst wahrgenommen, als ihre Nichte von außen gerufen hat: »Es brennt.«

(Götzl beginnt, Angaben aus dem polizeilichen Protokoll abzufragen.)

Verteidiger Heer Darf ich Sie fragen, warum Sie das alles aus dem Protokoll vorhalten, wenn er es doch von selbst berichtet?

Götzl Das ist falsch. Wollen wir doch korrekt sein!

Verteidiger Heer Ja, wollen wir korrekt sein, dann werde ich das beanstanden.

Götzl Und reden Sie nicht dazwischen!

Verteidiger Heer Doch, wenn ich es für erforderlich halte.

Götzl Nein, auch dann nicht! Sie brauchen auch keine Hektik da reinbringen.

Verteidiger Heer Wie kommen Sie darauf, dass ich eine Hektik reinbringe. Sie halten sich nicht an die Vorschriften, das ist alles.

(Der Richter wendet sich wieder dem Zeugen zu.)

Götzl Jetzt geht es um die zeitlichen Angaben, auf Blatt 39 heißt es: Auf alle Fälle nach 14 Uhr klingelte es an der Wohnungstür.

André P. Genau so hat sie es gesagt.

Götzl Sie sagten, 12 bis 15 Minuten. Ich lese mal vor: Vom Klingeln bis zum Feststellen des Qualms werden so etwa 15 Minuten vergangen sein.

André P. Ja, das stimmt dann so, so hat sie es angegeben.

Verteidiger Stahl Nachdem Sie Frau Erber vernommen haben, haben Sie da eine Bewertung der Ermittlungsergebnisse angestellt?

André P. Ich habe für mich die Schlussfolgerung gezogen, dass es anders keinen Sinn macht, als dass Frau Zschäpe die Frau Erber warnen wollte und klingelte. Dagegen steht das Objektive: dass Frau Erber niemanden gesehen hat, der geklingelt hat.

Verteidiger Stahl Mir geht es darum, ob Sie Ihre Ergebnisse zusammengefasst haben und aktenkundig gemacht haben.

André P. Das weiß ich nicht.

Verteidiger Stahl Ja, aber in der Tat, es gibt da einen handschriftlichen Vermerk.

(Der Zeuge muss an den Richtertisch treten, der Vermerk wird ihm gezeigt.)

André P. Das ist meine Schrift, und das ist die von mir erwähnte Schlussfolgerung, die ich gezogen habe.

Verteidiger Stahl Ist es denn richtig, dass Sie zu diesem Zeitpunkt davon ausgegangen sind, dass zwei Mal bei Frau Erber geklingelt wurde?

André P. Wenn mir die Vernehmung von Herrn K. *(einer der Handwerker, der sich zum Zeitpunkt des Brands in der Frühlingsstraße 26 in Zwickau befand)* bekannt gewesen ist, dann werde ich das sicherlich mit bedacht haben, mehr kann ich dazu nicht sagen.

Verteidiger Stahl Laut Vernehmungsprotokoll hat Herr K. geklingelt, kurz bevor Frau Erber herausgeholt wurde.

Anwalt Scharmer Ich beanstande das.

Götzl Zu Recht.

Verteidiger Stahl Das ärgert mich jetzt ungeheuerlich.

Götzl Sie haben so formuliert, dass Sie etwas ins Wissen des Zeugen stellen, was der Zeuge gar nicht wissen kann.

Verteidiger Stahl Ich wäre dankbar, wenn wir Herrn P. kurz vor die Tür bitten.

(Der Zeuge verlässt den Saal.)

Verteidiger Stahl Der Tatvorwurf ist unter anderem versuchter Mord, und ich glaube, dass es wichtig ist, dass man aufklärt, was noch aufklärbar ist. Wenn ich einen Vorhalt mache und mir das Gericht vorwirft, es würde zu Recht beanstandet, dann fühle ich mich gestört. Ich bin ja nicht der Hellste *(er spricht ironisch)*, und ich bin jetzt auch gedanklich draußen.

Götzl Bitte jetzt keine Kommentierungen!

Verteidiger Stahl Das ist hier ja keine Kinderspielplatzbefragung, es geht um einen entscheidenden Punkt: ob man hier einen Mordvorsatz stützen kann, und da wird hier in eine Befragung reingegrätscht! Ich bitte, dass wir eine Unterbrechung machen, dass ich mich wieder konzentrieren kann.

(Der Zeuge wird wieder in den Gerichtssaal gerufen.)

Verteidiger Stahl Haben Sie nach der Befragung von Frau Erber rekapituliert, wann das geschilderte Klingeln gewesen ist?

André P. Es lässt ja die Schlussfolgerung zu, dass zu dem Zeitpunkt, als Frau Zschäpe Brandmittel ausgebracht hat, sie bei Frau Erber geklingelt hat und sagen wollte: Verlassen Sie das Haus! Das ist nur meine persönliche Schlussfolgerung.

(Der nächste Zeuge ist Amtsrichter in Zwickau. Er hat auf Ersuchen des Oberlandesgerichts München eine Vernehmung der Frau Erber durchgeführt, da diese nicht mehr transportfähig war.)

Götzl Uns geht es um die Vernehmung der Zeugin Erber, die Sie durchgeführt haben am 16.5.2014.

Noback Ich bin ins Pflegeheim gefahren, ich war etwa eine Stunde eher da. Ich hatte gefragt im Heim, wie die Frau Erber an diesem Tag drauf ist, sie sei recht gut beisammen, hieß es. Das war zunächst ein gutes Zeichen. Erschienen waren Frau Sturm, Herr Stahl, der Herr Heer. Frau Erber wurde hereingebracht. Die Heimleiterin blieb als Vertrauensperson da. Frau Erber wurde im Rollstuhl hineingefahren, sie war ansprechbar. Den Namen konnte sie uns sagen, beim Alter haperte es. Sie konnte keine richtige Antwort geben dazu, wo sie war. Es war recht schwierig. Auf die Frage, ob es ein Unglück gegeben hat, ein Feuer oder so etwas, konnte sie nichts sagen. Ich habe ihr die Frau gezeigt, die ihre Nachbarin gewesen sein sollte. Die kennt sie auch nicht, war die Antwort. Auch Herr Heer hat nichts aus der Zeugin herausbringen können. Es war zu merken, dass es nicht mehr ging, wir haben die Vernehmung abgebrochen.

(Nun wird die Vernehmung von Tino Brandt fortgesetzt, der bereits an Tag 127 und 128 im Gericht war. Tino Brandt ist Gründer des rechtsradikalen »Thüringer Heimatschutzes« und war V-Mann des Verfassungsschutzes. Zunächst werden ihm Fotos gezeigt.)

Brandt Das könnte in Neuhaus gewesen sein, Gedenkmarsch. Ich denke, rechts im Hintergrund ist Beate zu sehen.

(Auf weiteren Bildern erkennt Brandt wiederum Zschäpe sowie verschiedene Mitglieder der rechten Szene.)

Götzl Mir geht es um Ihre Aussagen vor der Schäfer-Kommission *(eine Untersuchungskommission in Thüringen zum NSU-Komplex, geleitet von Gerhard Schäfer, einem ehemaligen BGH-Richter)*. Sie wurden gefragt, ob Sie Zschäpe, Mundlos und Böhnhardt charakterisieren könnten. Da heißt es, Böhnhardt sei ein Waffennarr, er sei militärisch sehr interessiert gewesen, das stand bei ihm immer im Vordergrund. Was haben Sie damit gemeint?

Brandt Gute Frage. Dass das Politische bei ihm nicht so im Vordergrund war. Der Uwe Mundlos hat sich eben stärker politisch interessiert.

Götzl Was stand denn im Vordergrund bei Böhnhardt?

Brandt Diese militärische Geschichte. Mehr Uniform und Ähnliches.

Götzl Zu Mundlos heißt es: Er war eher so ein Schwiegermuttertyp. Was haben Sie damit gemeint?

Brandt Er konnte sich relativ schnell integrieren, ist in jeder Gruppe gut angekommen, war ein Schwiegermutter-Schwarm.

Götzl Hier heißt es, meiner Ansicht nach war der Wortführer Mundlos.

Brandt Sicher, er konnte am besten reden.

Götzl Wie war denn das Verhalten anderer Personen, zunächst von Herrn Wohlleben, nach Ihrer Enttarnung als V-Mann?

Brandt Der Kontakt nach Jena ist komplett abgerissen, das Verhältnis war total gestört. Man ist halt zur Unperson geworden, es hat dann keine gemeinsame Basis mehr gegeben, das hatte sich einfach erledigt.

Götzl Weswegen kam es überhaupt noch zu Kontakt zu Ralf Wohlleben?

Brandt Weiß ich nicht mehr.

Götzl Haben Sie mal versucht, ihm eine Versicherung zu verkaufen?

Brandt Das kann sein.

Verteidiger Stahl Als Sie Frau Zschäpe bei der Schäfer-Kommission charakterisiert haben: Waren Ihre Angaben da wahrheitsgemäß? Dass Sie sich nicht im Hintergrund hielt?

Brandt Ich denke schon. Mir fällt da nichts ein, was da gelogen ist.

Verteidiger Stahl Woran machen Sie das fest, dass Frau Zschäpe sich nicht im Hintergrund hielt?

Brandt Das war meine Meinung, woran sich das festgemacht hat, kann ich nicht mehr sagen.

Verteidiger Stahl Ich will aber Tatsachen hören.

Brandt Das mag sein, dass Sie das wissen wollen. Es ist zu lange her.

Verteidiger Stahl In Ihrer letzten Vernehmung haben Sie gesagt, dass Frau Zschäpe eher zurückhaltend war. Das beißt sich mit dem, was Sie bei der Schäfer-Kommission gesagt haben.

Brandt Sicher, Sie können jetzt aus jeder Wortsilbe was rausholen, aber …

Verteidiger Stahl Es geht mir darum, ob sie im Vordergrund stand oder nicht. Denken Sie nach!

Brandt Bei politischen Veranstaltungen oder Schulungen war sie jetzt nicht im Vordergrund, aber sie hat Wissen gehabt. Sie stand nicht vor der Menge und hat Reden gehalten. Sie war aber eben auch kein Mauerblümchen. Es war nicht so, dass sie gar nichts gemacht hat.

Verteidiger Stahl Sie waren ja als V-Mann für das Landesamt für Verfassungsschutz tätig. Haben Sie den Beamten immer alles wahrheitsgemäß berichtet?

Brandt Man hat da erzählt, was so alles passiert ist.

Verteidiger Stahl Haben Sie dem Verfassungsschutz, wenn Sie nach konkreten Dingen gefragt wurden, immer wahrheitsgemäß geantwortet?

Brandt Mit Sicherheit sind nicht alle Sachen erzählt worden. Aber wenn, dann eigentlich immer wahrheitsgemäß.

Verteidiger Stahl Warum haben Sie sich überhaupt auf diese Tätigkeit eingelassen?

Brandt Das hat sich 1994 leider so entwickelt, das Amt war an mich herangetreten, und ich musste irgendwann feststellen, dass mit dem Geld die Politik eben leichter ging. Vom ersten Geld hab ich Aufkleber und Flugblätter gekauft.

Verteidiger Stahl Warum haben Sie das denn nicht Ihren Kameraden in der Szene erklärt? Mit der V-Mann-Tätigkeit?

Brandt Ich habe damals eine Anweisung bekommen, dass man einen Führungskameraden unterrichten soll, das war damals Kai Dalek gewesen, von da kam dann die Mitteilung: Gut, dass das weitergemeldet wurde. Ich solle dann selber entscheiden. *(Dalek war seinerzeit selbst V-Mann des bayerischen Verfassungsschutzes. Er sagte am Tag 158 aus.)*

Verteidiger Stahl Auf welcher Seite standen Sie denn? Eher beim Verfassungsschutz oder eher bei den Kameraden?

Brandt Aus heutiger Sicht fühle ich mich durch das LfV *(den Verfassungsschutz)* missbraucht, es war der falsche Weg. Keine Ahnung, wie ich mich ohne das Geld entwickelt hätte.

Verteidiger Stahl Weichen Sie mir bitte nicht aus. Die Frage war: damals. Wo fühlten Sie sich hingehörig?

Brandt In die rechte Szene.

Verteidiger Stahl Das hat sie aber nicht abgehalten, dem Verfassungsschutz Informationen aus der Szene zu geben.

Brandt Ich bin davon ausgegangen, dass diese Informationen nicht problematisch sind, ich hab das für mich so entschieden und war der Meinung, dass das so funktioniert. Es ist so, dass es nach meiner Ansicht beim Thüringer Heimatschutz nichts Problematisches gab. Wir sind ja nicht mit Bomben durch die Gegend gezogen, wir waren nur eine junge patriotische Gruppe.

Verteidiger Stahl Habe ich Sie richtig verstanden, dass Sie dem Verfassungsschutz nur das verraten haben, was ohnehin unproblematisch war?

Brandt Ich habe mit dem Landesamt für Verfassungsschutz nicht über Straftaten gesprochen, also Körperverletzungen oder so. Dem ging es um Informationen von Veranstaltungen und Versammlungen, nicht um eine Prügelei in der Disco.

Verteidiger Stahl Die Straftaten haben den Verfassungsschutz nicht interessiert?

Brandt Hat die nicht interessiert. Die haben gesagt, sie sind kein Polizeiorgan.

Verteidiger Klemke Sie sagten, Sie haben viel Geld vom Verfassungsschutz bekommen und haben das auch in die politische Arbeit gesteckt. Können Sie das genauer erklären?

Brandt Das waren verschiedene Dinge. In Jena habe ich zig Male Strafbefehle für André Kapke gezahlt. In Rudolstadt habe ich Mitgliedsbeiträge für mehrere NPD-Mitglieder bezahlt. Wir wollten, dass der Kreisverband mehr Einfluss auf Landesebene bekommt.

Verteidiger Klemke Sie sagten, dass Sie den Kai Dalek informiert hätten über Ihre Tätigkeit für den Verfassungsschutz. Kai Dalek hat gesagt, es sei nicht so gewesen. Dalek stellt es so dar, dass er selbst mal draufgekommen sei, als er einen PC von Ihnen repariert habe.

Brandt Das ändert nichts dran, dass ich ihn direkt angerufen habe seinerzeit.

Verteidiger Klemke Wie hat er denn genau reagiert?

Brandt Er hat gesagt, dass es im Endeffekt meine Entscheidung ist, was ich da mache.

Verteidiger Kaiser Hatten Sie jemals Skrupel, mit dem Verfassungsschutz zusammenzuarbeiten?

Brandt Ja, öfters. Man hat sich immer unwohl gefühlt, es war eine Gratwanderung, die mir nicht behagt hat. Es war mit Sicherheit kein ordentlicher Weg.

Tag 143

24. September 2014

Manfred Götzl, Richter. **Tino Brandt**, 39, früherer V-Mann des Landesamts für Verfassungsschutz Thüringen. Er sagte bereits an den Tagen 127, 128 und 142 aus. **Herbert Hedrich**, Verteidiger von André Eminger. **Olaf Klemke**, Verteidiger von Ralf Wohlleben. **Seda Başay, Mehmet Daimagüler, Peer Stolle,** Anwälte der Nebenklage.

(Die Vernehmung von Tino Brandt wird fortgesetzt.)

Verteidiger Hedrich Wenn ich das richtig verfolgt habe, haben Sie behauptet, dass Sie den Großteil des Geldes vom Verfassungsschutz für den Thüringer Heimatschutz verwendet haben.

Brandt Ja, für die Politik. Ich war ja jedes Wochenende unterwegs, hatte Fahrt- und Hotelkosten.

Verteidiger Hedrich Was noch?

Brandt Telefonkosten. Beim Aktionstag für Rudolf Heß hatte ich Handyrechnungen über 1000 Mark.

Verteidiger Hedrich In Presseberichten hieß es auch, Sie hätten 500 Euro an die untergetauchten Mundlos, Zschäpe und Böhnhardt gespendet.

Brandt Hab ich gelesen, aber ich kann mich nicht mehr daran erinnern.

Verteidiger Hedrich Wie ist denn Ihre Einschätzung: Hätte es den Thüringer Heimatschutz ohne das Geld vom Verfassungsschutz gegeben?

Brandt Ohne dieses Geld hätte er jedenfalls mit Sicherheit nicht die Größe und bundesweite Bedeutung erhalten.

Verteidiger Hedrich Haben Sie während Ihrer Tätigkeit für den Verfassungsschutz in Bezug auf den NSU Weisungen erhalten?

Brandt Dass es einen NSU geben sollte, ist mir erst 2011 bekannt geworden. Ob es stimmt, weiß ich ja nach wie vor nicht.

Verteidiger Hedrich Dann während der Suche nach den drei Untergetauchten?

Brandt Da haben sie im Amt nachgefasst, als die untergetaucht waren. Da hat das LfV *(Landesamt für Verfassungsschutz Thüringen)* Geld geboten.

Verteidiger Hedrich Gefragt ist, ob Sie von Ihrem V-Mann-Führer Anweisungen erhalten haben, das Trio zu suchen.

Brandt Zeitnah, nachdem die untergetaucht sind und der Innenminister verkündet hat, dass die in kürzester Zeit geschnappt werden – ja, da hat sich das Amt gemeldet und gesagt, dass es Prämien gibt. Ich habe es auch versucht, aber eigentlich habe ich auch versucht, von dem Thema ein Stück weit fernzubleiben. Wenn Informationen an mich herangetragen wurden, dann habe ich das gemeldet. Aber schon aus Quellenschutzgründen: Wenn ich zu viel nachgehakt hätte, dann hätte ich mich ja selber gefährdet.

Verteidiger Hedrich Stichwort Technik. Nach Aktenlage hat das LfV Sie mit neuester Technik ausgestattet. Ist das zutreffend?

Brandt Wenn ich mich recht erinnere, gab es Geld, davon ist Technik gekauft worden: PC, Modem. Die haben das mit in ihre Kalkulation genommen. Ich hab es ausgesucht, mitgeteilt, wie teuer das ist, und die haben das Geld mitgebracht.

Verteidiger Hedrich Auch ein Faxgerät ist da aufgeführt.

Brandt Kann schon sein. Die meiste Technik habe ich selbst gekauft. Am Anfang gab es das »Thule-Netz«, wo sie unbedingt mit reinwollten.

Verteidiger Hedrich Herr Bode, einer Ihrer V-Mann-Führer, bezeichnet Sie als »Technikfreak«, der immer das Neueste haben wollte.

Brandt Mit Sicherheit wollte man keinen alten Computer haben.

Verteidiger Hedrich Gab es denn noch weitere Zuwendungen über die Technik hinaus?

Brandt Wenn ich mich recht erinnere, sind Anwaltsgebühren bezahlt worden bei anstehenden Prozessen.

Verteidiger Hedrich Wer waren Ihre Anwälte?

Brandt Damals hat mich hauptsächlich der Dr. Eisenecker vertreten, bei ein, zwei Verfahren hatte ich, glaube ich, den Rechtsanwalt Jauch.

Verteidiger Hedrich Nach Aktenlage kann Herr Bode nicht ausschließen, ein Auto für Sie angeschafft zu haben.

Brandt Kann sein, dass es da einen Zuschuss gab, das weiß ich heute nicht mehr.

Verteidiger Hedrich Wie war denn Ihr Verhältnis zu den einzelnen V-Mann-Führern, haben Sie sich geduzt?

Brandt Ich denke mal, wir haben uns irgendwann geduzt.

Verteidiger Hedrich Es war ein vertrauliches Verhältnis?

Brandt Ich denke schon.

Verteidiger Hedrich Hat das Amt Sie vor bevorstehenden Durchsuchungen unterrichtet?

Brandt Von Festnahmen nie, bei Hausdurchsuchungen ist mir zwei oder drei Mal mitgeteilt worden, dass da was ansteht.

Anwalt Stolle Wurde Ihnen vom Verfassungsschutz mal Material zur Verfügung gestellt?

Brandt Die haben mir am Anfang regelmäßig Zeitungen aus der Thüringer Antifa-Szene gegeben. Wir hatten da selber keine Zugänge zu.

Anwalt Stolle Sie hatten das Gefühl, dass auch André Kapke den Verdacht hatte, dass Sie mit dem Landesamt …

Brandt Da bin ich von ausgegangen.

Anwalt Stolle Wurden Sie von Kameraden mal zur Rede gestellt, nach der Enttarnung? Befragt, was Sie dem Amt berichtet haben?

Brandt In 2001 bin ich mal befragt worden, durch ein paar Leute, danach nicht mehr. Damals haben die mich aufgesucht und wollten wissen, worum es da ging.

Anwalt Stolle Was haben Sie denen mitgeteilt?

Brandt Wie es so allgemein war, wie die Treffen abgelaufen sind.

Anwalt Stolle Haben Sie da auch berichtet über die Suche nach dem Trio?

Brandt Kann ich Ihnen heute nicht mehr sagen.

Anwältin Başay Sie hatten ein Grundstück bei Kahla?

Brandt Das war ein kleines Gartengrundstück, Hanglange. *(Ein Foto wird gezeigt von einer Hütte auf dem Gartengrundstück. Man sieht an der Hütte Einschusslöcher.)* Auch wenn da mit Luftdruckgewehren geschossen wurde, sehe ich darin keine Wehrsportübungen.

Anwältin Başay War denn Herr Böhnhardt mal auf dem Grundstück?

Brandt Das weiß ich nicht.

(Es wird eine Lichtbildmappe von dem Grundstück in Kahla gezeigt.)

Anwältin Başay Böhnhardts Wagen soll auf dem Grundstück geparkt haben.

Brandt Fakt ist, ich habe das Grundstück gepachtet, hauptsächlich für Herrn Kapke. Wie die aus Jena das genutzt haben, weiß ich nicht.

Anwältin Başay Waren Sie mal in Südafrika?

Brandt Ja, zur Gedenkfeier 100 Jahre Burenkrieg. Ich habe da mit einer Delegation teilgenommen, war im Buren-Freistaat und habe den Herrn Dr. Nordbruch besucht. *(Ein Foto wird gezeigt, man sieht Brandt in Südafrika, posierend mit einer Langwaffe.)* Da haben wir Schießproben im Buren-Freistaat gemacht. *(Das nächste Bild zeigt ihn beim Schießen.)* Ja, das bin ich bei den Zielübungen.

Anwalt Daimagüler Wie stehen Sie heute zu türkischen Bürgern in Deutschland?

Brandt Ich habe kein Problem mit Türken in Deutschland, wenn sie integriert sind. Wenn sie nicht integriert sind, sollten sie wieder zurück in ihr Heimatland gehen.

Anwalt Daimagüler Was meinen Sie damit?

Brandt Angepasst an deutsche Standards.

Anwalt Daimagüler Wann sind sie nicht integriert?

Brandt Wenn die Damen vollverschleiert herumlaufen, wenn sie die deutsche Sprache nicht beherrschen und so weiter.

Anwalt Daimagüler Eine praktische Frage: Wie soll die Rückführung vonstatten gehen?

Brandt Da müssen sich die Politiker Gedanken drum machen, wenn es soweit ist. Ich habe da jetzt keinen Plan für Sie parat.

Anwalt Daimagüler Wir haben in dem Verfahren zehn ermordete Menschen, davon acht türkischstämmige. Waren die integriert?

Verteidiger Klemke Ich beanstande die Frage.

Götzl Woher soll denn der Zeuge jetzt diese Informationen haben?

Anwalt Daimagüler Der Zeuge hat mehrfach bekundet, dass er sich auskennt in dem Themenkomplex. Haben Sie sich mit den Ermordeten beschäftigt?

Brandt Nur ein bisschen. Ich halte diese NSU-Geschichte nicht für glaubhaft und halte das eher für einen Schauprozess. Ich kann mir nicht vorstellen, dass die zwei Uwes das gewesen sind.

Tag 144

30. September 2014

Manfred Götzl, Richter. **Reiner Bode**, 57, ehemaliger V-Mann-Führer von Tino Brandt im Landesamt für Verfassungsschutz (LfV) Thüringen. Er sagte bereits am Tag 100 aus. **Wolfgang Stahl**, Verteidiger von Beate Zschäpe. **Thomas Bliwier, Sebastian Scharmer, Peer Stolle,** Anwälte der Nebenklage.

Götzl Es geht uns um die Führung des V-Manns Tino Brandt. Vielleicht berichten Sie uns am Anfang, wie häufig Sie Treffen mit ihm hatten.

Bode In aller Regel habe ich die Quelle Brandt ein bis zwei Mal die Woche getroffen, zum Teil auch häufiger, darüber hinaus Telefonkontakt. Den konnte ich prinzipiell zu fast jeder Zeit haben. Üblicherweise wurden nach Treffen Berichte verfasst.

Götzl In welchem Zeitraum waren Sie mit ihm befasst?

Bode Etwa Mitte '94 bis Mitte '98.

Götzl Jetzt geht's mir speziell um Informationen, die Uwe Mundlos, Uwe Böhnhardt, Frau Zschäpe betreffen würden oder die weiteren Angeklagten.

Bode Ich hatte die Gelegenheit, die beiden Vermerke, die in der Zeugenladung genannt werden, einzusehen. Ich bin sicher, dass ich die Vermerke gemacht habe, aber ich kann mich nicht mehr konkret erinnern, was die Quelle damals gesagt hat, bin aber sicher, dass ich das wiedergegeben habe, was mir die Quelle gesagt hat. Ich kann mich erinnern, dass es Bestrebungen gab, die drei nach Südafrika zu bringen, so wie das die Quelle berichtet hat. Die Quelle hatte aber nur mittelbaren Kontakt über André Kapke. Und es war nicht klar, ob Kapke einen unmittelbaren Kontakt hatte.

Götzl Sind da Namen genannt worden?

Bode Die Namen der drei auf jeden Fall. Ich habe Frau Zschäpe mit T geschrieben *(»Tschäpe«)*, wie ich jetzt gesehen habe. Das war ein Beleg für mich, dass die Person nicht in Gänze mit der Quelle geklärt war, und die Auswertung hatte das wohl auch nicht oder es war ihr egal und sie hat es mir nicht gesagt. Ich selbst habe ja keine Personenklärung gemacht.

Götzl Zum Inhalt der Vermerke, was können Sie sagen?

Bode Es sollte sondiert werden, ob es die Möglichkeit gibt, dass die drei nach Südafrika gehen. Das andere war wohl eine Fahrt von Kapke nach Berlin zu jemandem von der NPD, ob man den dreien in irgendeiner Form helfen kann.

Götzl Wir haben hier den Vermerk: Hier steht Frank Schwerdt. *(Ehemaliger Landesvorsitzender der NPD Thüringen.)*

Bode Ja, dann war es Frank Schwerdt.

Anwalt Stolle Haben Sie mitbekommen, dass Tino Brandt Strafbefehle für Herrn Kapke mit dem Geld des LfV bezahlt hat?

Bode Das wäre ja viel zu heiß gewesen.

Anwalt Stolle War Thema, dass Anwaltsrechnungen für Herrn Brandt bezahlt worden sind vom LfV?

Bode Ja, wahrscheinlich wurden Gelder diesbezüglich bezahlt. Ich halte es für möglich.

Anwalt Stolle Sagt Ihnen das Anlegen von Spurfolgetechnik *(landläufig: Peilsender)* etwas?

Bode Ja, das Auto von Herrn Brandt wurde vom BfV *(Bundesamt für Verfassungsschutz)* mit Spurfolgetechnik ausgestattet. Der Plan war, dass Brandt André Kapke das Auto gibt und das uns zu den dreien führt. Das hat nicht geklappt. Ich kann mich erinnern, dass Herr Kapke vermutete, dass er verfolgt wurde.

Anwalt Stolle Herr Brandt hat gesagt, Straftaten hätten für das Amt keine Rolle gespielt.

Bode Dem muss ich widersprechen, das hat eine Rolle gespielt.

Anwalt Stolle Haben Sie, wenn Sie Kenntnis von Straftaten bekommen haben, Herrn Brandt dann gefragt?

Bode Ja, natürlich.

Anwalt Stolle Und was hat er geantwortet?

Bode Ich hab da keine konkreten Erinnerungen mehr.

Anwalt Stolle Gab es mal Warnungen an Herrn Brandt durch das LfV?

Bode Ich habe ihn definitiv nicht konkret vor Durchsuchungen gewarnt. Ich wusste gar nicht, wann durchsucht wurde. Zum anderen war mir als V-Mann-Führer immer klar, dass eine hochkarätige Quelle von möglichen Durchsuchungen bedroht ist. Insofern habe ich ihm hin und wieder den Hinweis gegeben, er möge seine Wohnung so herrichten, dass es keine Probleme gibt. Aber ich habe ihn nie vor konkreten Durchsuchungen gewarnt. Und mit Sicherheit hat uns die Polizei nicht in Kenntnis gesetzt, es gab da ein ausgeprägtes Konkurrenzdenken.

Anwalt Scharmer Haben Sie Herrn Brandt mal mit Informationsschriften der linken Szene versorgt?

Bode Ja, das ist denkbar.

Anwalt Scharmer Was sollte er denn dazu berichten?

Bode Ja, die linke hat sich mit der rechten Szene befasst und umgekehrt. Und da ich auf beiden Seiten gearbeitet habe, Linke und Rechte als V-Leute geführt habe, deshalb war es natürlich interessant, was weiß die rechte über die linke Szene und umgekehrt.

Anwalt Scharmer Gab es da auch eine Gefahrenabschätzung?

Bode Da habe ich sicherlich abgewogen.

Anwalt Scharmer Und da hat das Interesse an Aufklärung überwogen oder wie?

Bode Ja.

Anwalt Bliwier Sie haben vor dem Untersuchungsausschuss gesagt, dass Sie Herrn Brandt einbremsen mussten.

Bode Bei der Quelle musste man ständig auf der Bremse stehen, weil er bis in die Haarspitzen rechtsextrem war. Es war nicht unser Interesse, dass er überall omnipotent ist. Wir haben ihn ordentlich eingebremst, zum Beispiel, dass er nicht am Stammtisch am Mittwoch teilnehmen konnte, weil wir da einen Termin gelegt haben. Oder wir haben angedroht, dass er dann keine Prämie mehr erhält. Er war durchaus gefügig dann. Wir wollten auch nicht, dass er im NPD-Vorstand ist, dann wäre er als Quelle nicht zu halten gewesen. Es war uns damals schon nicht recht, dass er der große Zampano war, und es wäre uns recht gewesen, wenn er in die zweite Reihe rückt, aber das war ein hoffnungsloses Unterfangen.

Anwalt Bliwier Herr Dalek *(ein V-Mann des bayerischen Verfassungsschutzes, der häufig in Thüringen war)* hat auch geschildert, dass man Brandt einbremsen musste, dass Brandt extrem gewaltbereit gewesen sei. Die Rede war von einem militärischen Arm. Sagen Ihnen solche Diskussionen was?

Bode Nein, absolut nicht. Ich möchte das fast ausschließen. Wenn dem so war, dann hat er es sehr geschickt vor uns verborgen. Er war immer sehr offen, und man hatte den Eindruck, dass er alles erzählt hat. Ob es immer alles war, kann man natürlich nicht nachvollziehen. Ich hatte das Gefühl, dass wir ihn im Griff hatten. Aber es ist immer schlecht, wenn man nur einen guten Zugang hat. Von daher gesehen: Ja, weiß ich nicht.

(Der Zeuge verlässt den Gerichtssaal. Der Nebenklage-Anwalt Bliwier und Zschäpes Verteidiger Stahl geben Erklärungen ab.)

Anwalt Bliwier Die Angaben des Zeugen belegen, dass das Thüringer Landesamt für Verfassungsschutz in den Aufbau des Thüringer Heimatschutzes involviert war. Sie belegen auch das vollständige Versagen des Dienstes im Zusammenhang mit der Ergreifung der Gesuchten.

Verteidiger Stahl Zu Tino Brandt gäbe es einiges zu sagen. Wir beschränken uns auf das, was der Zeuge über unsere Mandantin zu bezeugen meint. Wir sind zur Überzeugung gelangt, dass Tino Brandt ein nahezu notorischer Lügner ist.

Tag 145

1. Oktober 2014

Manfred Götzl, Richter. **Norbert Wießner**, 67, früherer V-Mann-Führer im Landesamt für Verfassungsschutz Thüringen.

(Der Richter begrüßt die Verfahrensbeteiligten mit krächzender Stimme. Er ist erkältet.)

Götzl Sie hören es an meiner Stimme, sie ist heute in sehr schlechtem Zustand, mal sehen, wie lange sie durchhält.

(Der Zeuge Wießner kommt in den Saal. Er hat bereits an Tag 99 ausgesagt.)

Götzl Guten Morgen, bitte nehmen Sie Platz. Wir setzen die unterbrochene Vernehmung fort. Es geht uns heute um einzelne Vermerke, um Informationen, die Sie von Tino Brandt bekommen haben. Welche Kennziffer hatten Sie im Amt und wie wurden Informationen niedergelegt?

Wießner Ich firmierte unter Nummer 221 oder 251. Die Vermerke wurden nach Treffen mit Brandt angelegt, jeweils zeitnah.

Götzl Mir geht's zunächst um einen Vermerk vom 15.10.98.

Wießner Einzeln kann ich jetzt nichts mehr sagen, da hätte ich ja die Vermerke auswendig lernen müssen.

Götzl Der Vermerk ist aufgeteilt in Ziffern. *(Götzl liest die einzelnen Passagen vor.)* Und dann viertens: »Flüchtlinge aus Jena«. Das geht so los: André Kapke habe geäußert, dass die drei an einer sicheren Stelle seien. Können Sie sich erinnern?

Wießner Das ist vierzehn Jahre her. Es war so, dass Brandt Kontakt nach Jena hatte, Anlaufstellen waren für ihn Kapke und Wohlleben, und während der Unterhaltungen mit ihnen sind diese Feststellungen getroffen worden. Aber konkret kann ich Ihnen nichts sagen.

Götzl Hier heißt es, Kapke habe geäußert, dass die drei zwar an sicherer Stelle seien, aber nicht arbeiten könnten und finanzielle Probleme hätten.

Wießner Das kann sein, dass ich das damals so verfasst habe. Es war ja auch immer die Frage: Wo sind die drei und von was leben sie?

(Pause.)

Götzl Wir können in Hinblick auf meine Erkältung leider nicht weitermachen.

(Da endet die Verhandlung an diesem Tag.)

Tag 146

7. Oktober 2014

Thomas Rothe, 44, Ausbaumaurer, wohnt in Chemnitz, derzeit arbeitslos. Er war bereits an den Tagen 100 und 131 befragt worden. **Wolfgang Stahl**, **Anja Sturm**, Verteidiger von Beate Zschäpe. **Alexander Hoffmann**, Anwalt der Nebenklage.

Verteidiger Stahl Zu Frau Zschäpe, was erinnern Sie an konkreten Situationen mit ihr?

Rothe Kaffeetrinken, Essen machen, Gesellschaftsspiele spielen. Mensch ärgere dich nicht, Mau Mau, Computer Adventures.

Verteidiger Stahl Haben Sie eine Erinnerung an Frau Zschäpe, was sie gesagt hat, wenn Sie mit ihr sprachen?

Rothe Nee. Hab nur über allgemeine Dinge mit ihr geredet.

Verteidigerin Sturm Hat Herr Mundlos noch mal bei Ihnen gewohnt?

Rothe Eigentlich nicht. Kann schon sein, dass er noch mal bei mir war zwischendurch, so einen Nachmittag so.

Verteidigerin Sturm Waren Sie befreundet?

Rothe Ja.

Verteidigerin Sturm Hat er mal bei Ihnen übernachtet?

Rothe Kann sein.

Verteidigerin Sturm Worüber haben Sie sich mit ihm unterhalten?

Rothe Wie es mir geht, weil ich arbeitslos war öfters. So Zeug halt.

Verteidigerin Sturm Ging es Ihnen nicht gut?

Rothe Wenn ich arbeitslos bin, geht es mir deswegen nicht schlecht. *(Lachen im Publikum.)* Man kann auch mit wenig Geld auskommen.

Verteidigerin Sturm Hat Ihnen Herr Mundlos auch erzählt, wie es ihm geht?

Rothe Wird schon auch was erzählt haben, aber daran kann ich mich nicht erinnern.

(Der Zeuge verlässt den Saal. Der Nebenklage-Anwalt Hoffmann gibt noch eine Erklärung zum Zeugen Tino Brandt ab.)

Anwalt Hoffmann Der Zeuge Brandt ist kein notorischer Lügner, wie die Verteidigung Zschäpe behauptet. Er lügt nur zielgerichtet.

Tag 147

8. Oktober 2014

Manfred Götzl, Richter. **Patrick R.**, 41, Kriminalbeamter der Kantonspolizei Bern.

(Die Befragung des Schweizer Polizisten wird fortgesetzt. Er war bereits an den Tagen 138, 139 und 140 als Zeuge im Gericht. Weiterhin geht es darum zu rekonstruieren, wie die Tatwaffe Česká 83 zum NSU gelangte. Der Zeuge hatte den Schweizer Staatsbürger Hans-Ulrich Müller vernommen, den die NSU-Ermittler im Verdacht haben, die Česká-Pistole nach Deutschland verkauft zu haben.)

Götzl Was können Sie uns zu etwaigen Geschäften Müllers mit dem Laden Madley in Jena sagen?

Patrick R. So was interessiere ihn nicht, sagte Müller, der Laden sage ihm nichts. Müller sagte, er habe mit keinen Waffengeschäften in Deutschland Kontakt.

Tag 148

9. Oktober 2014

Manfred Götzl, Richter. **David Steimer**, 46, Schweizer Staatsanwalt.

(Es geht weiter um die Česká 83-Pistole und um die Spur in die Schweiz. Der Zeuge hatte im Jahr 2012 die Schweizer Bürger Anton G. und Hans-Ulrich Müller vernommen.)

Steimer Das Verfahren wurde ausgelöst durch das Dezernat »Leib und Leben« des Kantons Bern. Darauf habe ich das Verfahren eröffnet. Das war wenige Tage vor der ersten Befragung. Ich habe einen Hausdurchsuchungsbefehl ausgestellt für das Anwesen von Herrn G.. Dann habe ich mir Herrn G. zuführen lassen und die Untersuchungshaft eröffnet.

Götzl Mich interessiert das Verhalten des Herrn G.

Steimer Das Verhalten war so wie in den polizeilichen Vernehmungen. Er zog sich darauf zurück, dass er sich aufgrund seiner Erkrankung nicht mehr erinnern könne. Zog das Verfahren ins Lächerliche. Dass ihm die Waffenerwerbsscheine in Frankfurt aus dem Auto gestohlen wurden. Er dachte, mit der Hausdurchsuchung 2009 sei das für ihn erledigt gewesen. Die Amnesie war nicht nachvollziehbar. Ich habe dann Haftantrag gestellt.

Götzl Wurden die früheren Vernehmungen bei der Polizei angesprochen?

Steimer Ja, die Pakete, die er nie erhalten haben will, und gestohlene Waffenerwerbsscheine. Er blieb bei seiner Linie, seine Aussagen seien korrekt und er habe nie eine Waffe erworben. Dann sagte er, er habe die Waffenerwerbsscheine dem Herrn Müller verkauft für 400 Franken. Seine Bekanntschaft zu Herrn Müller war dann Thema. Er hat sich nicht mehr erinnert, dass sie sich beim Militär kennengelernt haben. Das ist ungewöhnlich. In der Schweiz ist das der Dreh- und Angelpunkt, wo sich Männer kennengelernt haben. Er wollte alles umschiffen, was mit Waffen zu tun hat. Die beiden waren gemeinsam in einem Motorradklub in Bern und viel auf Motorradtouren.

Götzl Was war der strafrechtliche Vorwurf, den man Herrn G. machte?

Steimer Unterstützung einer kriminellen Vereinigung. Dass die Waffe mit Wissen des Erwerbers in kriminelle Kreise geliefert wurde. Waffenrechtlich konnte man ihm nichts vorwerfen, weil das damals kaum reglementiert war. Er hat gesagt, er habe keine Affinität zu Waffen. Er habe einmal überlegt, einem Sportschützenverein beizutreten, aber es sei nie dazu gekommen.

Götzl Sie sagten, die Waffe sei eindeutig identifiziert worden?

Steimer Ja, als die Seriennummer identifiziert war, und anhand der Waffenbücher.

Götzl Was hat Herr G. zu den Taten gesagt, die mit der Pistole verübt wurden?

Steimer Er hat den Bezug zu den Taten nicht hergestellt. Er sagte, damit habe er nichts zu tun. Hat sich sehr stark abgegrenzt.

Götzl Hat Herr G. gesagt, dass Herr Müller eine Waffe erhalten hat?

Steimer Ja, er sagte, er habe eine Waffe als Paket per Post erhalten. Er will sie dann dem Herrn Müller übergeben haben, ungeöffnet, wie er sagt.

Götzl Hat Herr G. erfahren, was Herr Müller mit der Waffe gemacht hat?

Steimer Ja, er will mit dem Herrn Müller darüber gesprochen haben, aufgrund von Medienberichten. Er hat ihn gefragt, wofür er denn die Waffenerwerbsscheine brauche. Da will ihm Müller gesagt haben, dass er die Waffen nach Deutschland exportieren solle und dass es in Deutschland schwierig sei für gewisse Kreise, Waffen zu bekommen. Müller sagte, er habe sie vielleicht an einen V-Mann verkauft, weil der so viel Geld gehabt habe, dass er nicht versucht habe, den Preis zu drücken. Mehr solle er lieber nicht wissen, weil das nicht ganz ungefährlich sein könnte. Müller sagte dem G., er solle jetzt nicht weiterfragen. Dann wurde im Februar Herr Müller vernommen. Er sagte, er könne sich nicht vorstellen, wie G. zu diesen Aussagen käme. Herr Müller sagte, er hätte G. sicher nicht erzählt, dass er Waffen nach Deutschland verkaufen will.

Tag 149

14. Oktober 2014

Thomas L., 31, Kriminaloberkommissar beim BKA Meckenheim. **Nadja E.**, 31, Kriminaloberkommissarin beim BKA Wiesbaden. **Wolfgang Heer**, **Wolfgang Stahl**, Verteidiger von Beate Zschäpe. **Alexander Hoffmann**, Anwalt der Nebenklage.

(Zunächst soll ein BKA-Beamter über die Durchsuchung der Wohnung des Angeklagten André Eminger berichten.)

Thomas L. Am 24.11.2011 war ich als Durchsuchungsleiter für das Objekt Eminger eingeteilt. Beginn war um 6.30 Uhr, wir haben mit Spezialkräften der Bundespolizei die Wohnung gewaltsam betreten. Susann Eminger und Patrick G. waren im Wohnzimmer. Die beiden wurden kurzzeitig gefesselt. Frau Eminger wurde gefragt, welche Räumlichkeiten noch zur Wohnung gehören. Sie hat dann den Rechtsanwalt Hedrich erreicht, nach mehreren Versuchen. Ihr wurde erklärt, dass ihr Ehemann bei seinem Bruder in Brandenburg festgenommen wurde. In der Wohnung wurde eine Vielzahl von Gegenständen sichergestellt. Zwei Laptops im Wohnzimmer, PC im Schlafzimmer mit zwei Festplatten, im Flur eine Jacke, in der eine Campingplatzbestätigung war vom Platz auf Fehmarn, Wulfener Hals. Viele Gegenstände, die auf eine rechte Gesinnung der Familie Eminger hinweisen. Schriftverkehr der Deutschen Bahn zu Bahnkarten, die im Wohnmobil gefunden wurden, in dem Uwe Mundlos und Uwe Böhnhardt zu Tode gekommen sind. Die Durchsuchung hat bis 16.30 Uhr gedauert. Die Tür war eingerammt, sie wurde von einem Tischler wiederhergestellt.

(Dann berichtet eine BKA-Beamtin über die Durchsuchung der Wohnung beim Angeklagten Ralf Wohlleben.)

Nadja E. Es war der 24.11.2011 in Jena. Um 6.15 Uhr haben wir an der Tür geklingelt. Ralf Wohlleben hat geöffnet. Wir haben den Durchsuchungsgrund erläutert. Herr Wohlleben hat uns kooperativ in die Wohnung gelassen. Er wurde gefragt, ob er Zeugen hinzuziehen wolle. Darauf hat er ausdrücklich verzichtet. Er hat seinen Anwalt angerufen, er wollte sich nicht zur Sache äußern. Herr Wohlleben hat Widerspruch eingelegt gegen die Maßnahme. Er hat uns auch die PIN seines Handys mitgeteilt. Wir haben schriftliche Unterlagen, elektronische Datenträger, ein Macbook, einen Rechner sichergestellt.

(Die Zeugin verlässt den Saal. Nun thematisiert Zschäpes Verteidiger Wolfgang Heer erneut die Brandstiftung in Zwickau und die Frage, ob Zschäpe die betagte Nachbarin gewarnt habe. Er kritisiert, dass die Nachbarin Charlotte Erber nicht rechtzeitig förmlich vernommen worden sei, als sie noch nicht dement gewesen sei. Er wirft dem Gericht entsprechende Versäumnisse und eine zu große Zögerlichkeit vor.)

Verteidiger Heer Wir rügen einen Verstoß gegen den Grundsatz des fairen Verfahrens. Der Senat hätte eine Vernehmung unverzüglich beschließen müssen.

Anwalt Hoffmann Die Verteidigung geht selbst davon aus, dass zu einem Zeitpunkt, wo nur der Brandstifter wissen konnte, dass es brennt oder gleich brennt, Ihre Mandantin geklingelt hat, also dass Ihre Mandantin die Täterin war.
Man zündet ein Haus an und weiß, dass eine alte Frau sich darin befindet, man ist so sicher, dass es gleich brennt, dass man klingelt. Das macht es nicht besser. Das ist kein Rücktritt. Das spricht nicht für einen. Das verringert die Strafe nicht. Wenn jemand sicher weiß, dass eine alte Frau in dem Haus ist, dann reicht es nicht, zu klingeln und zu sagen: Gehen Sie raus.

Verteidiger Stahl Wenn es so war, dass Frau Zschäpe bei Frau Erber klingelte, dann gibt es nur eine Erklärung: Sie wollte die Nachbarin warnen und sicherstellen, dass sie sich nicht im Haus befindet. Und dann ist die Annahme des Generalbundesanwalts, dass hier Mordabsicht vorliegt, schlicht ausgeräumt.

(Die Verteidigung beantragt, den früheren Anwalt von Beate Zschäpe zu hören, der bestätigen könne, dass sie ihm gesagt habe, sie habe bei Frau Erber geklingelt. Zschäpe entbindet ihn für diese Aussage von der Schweigepflicht.)

Tag 150

15. Oktober 2014

Manfred Götzl, Richter. **Michaela Odersky**, 53, Beisitzende Richterin. **Jan Werner**, 39, Berufskraftfahrer aus Chemnitz. **Wolfgang Stahl**, Verteidiger von Beate Zschäpe. **Alexander Hoffmann**, Anwalt der Nebenklage.

(Zunächst tritt Jan Werner auf, eine frühere Führungsfigur der Neonazi-Organisation »Blood & Honour« in Sachsen. Er steht im Verdacht, von Uwe Mundlos und Uwe Böhnhardt den Auftrag gehabt zu haben, eine Waffe für den NSU zu besorgen.)

Götzl Gegen Sie wird ein Ermittlungsverfahren wegen Verdachts der Unterstützung einer terroristischen Vereinigung geführt. Sie haben ein umfassendes Auskunftsverweigerungsrecht. Machen Sie Angaben?

Werner Nein.

(Der Zeuge verlässt den Gerichtssaal.)

Anwalt Hoffmann Man kann nicht viele Schlüsse ziehen, aber einmal mehr, dass die ganze Konstellation offenlegt, dass der NSU nicht nur drei Personen waren, sondern eine perfekte Einbindung in den Blood & Honour-Verbund. Und Herr Werner war Sektionsleiter.

Verteidiger Stahl Rechtsanwalt Hoffmann hat schon gestern eine logische Fehlleistung geleistet. Teile der Nebenklage haben kein Interesse, dass hier ein rechtsstaatliches Verfahren abläuft. Wer prozessuale Rechte so interpretiert, hat die Strafprozessordnung und den Rechtsstaat nicht verstanden.

(Nun werden zwei wichtige Gerichtsurteile zu Uwe Böhnhardt verlesen.)

Odersky Ich verlese das Urteil des Amtsgerichts Jena vom 21.4.1997 gegen Uwe Böhnhardt:

Der Angeklagte ist des versuchten gefährlichen Eingriffs in den Straßenverkehr, begangen in der Absicht, eine andere Straftat zu ermöglichen, in Tateinheit mit einer Volksverhetzung und ebenfalls in Tateinheit dazu der Störung des öffentlichen Friedens durch Androhung von Straftaten schuldig. Er wird zu einer Einheitsjugendstrafe in Höhe von drei Jahren und sechs Monaten verurteilt.

Die Gründe: Nachdem man einige Zeit gemeinsam gefeiert hatte, machte sich der Angeklagte – möglicherweise in Begleitung mit anderen gleichgesinnten Personen – in der Nacht vom 12.4.1996 zum 13.4.1996 gegen circa 24 Uhr mit dem Pkw seiner Eltern auf den Weg zu der sogenannten Pösener Brücke. Dort angekommen, brachte er über der A 4 einen Puppentorso über der Fahrbahn hängend an. An der Puppe war auf der Brust- und Rückenseite jeweils ein gelber Davidstern in einer Größe von 25 Zentimeter mit der Aufschrift »Jude« angebracht. Der Kopfbereich hing in einer Schlinge. Auf der Brücke stellte der Angeklagte zwei Kartons ab, die untereinander durch ein Elektrokabel verbunden waren. Auf einem Verkehrszeichen war die Aufschrift »Vorsicht Bombe« aufgemalt.

Der Angeklagte bestreitet, die ihm zur Last gelegten Taten begangen zu haben. Er habe sich am Abend auf einer Geburtstagsparty aufgehalten. Von dort sei er gemeinsam mit den Zeugen Ralf Wohlleben, Uwe Mundlos, Kay S. und Beate Zschäpe gegen 24 Uhr aufgebrochen. Sie seien gemeinsam zu der Wohnung seiner damaligen Freundin Beate Zschäpe gefahren. In der Wohnung habe er gemeinsam mit seiner Freundin und Kay S. Skat gespielt. Uwe Mundlos und Ralf Wohlleben hätten derweil gemeinsam Nintendo gespielt. Das Gericht ist zu der Überzeugung gelangt, dass es sich bei der Einlassung des Angeklagten um eine Schutzbehaup-

tung handelt. Nach Überzeugung des Gerichts sind die Aussagen der Zeugen Ralf Wohlleben, Beate Zschäpe, Uwe Mundlos und Kay S. unglaubhaft.
Ich verlese nun das Urteil des Landgerichts Gera: Auf die Berufung des Angeklagten wird das Urteil aufgehoben. Die Einlassung des Angeklagten hinsichtlich seines Aufenthaltes wird im Wesentlichen durch die Aussagen der vernommenen Zeugen bestätigt. Trotz einiger Zweifel konnte den Zeugen und insbesondere auch dem Angeklagten nicht mit der für eine Verurteilung erforderlichen Sicherheit nachgewiesen werden, dass die Aussage des Angeklagten eine reine Schutzbehauptung war und die Zeugen falsch ausgesagt haben. Unter Beachtung des Grundsatzes »in dubio pro reo« war der Angeklagte freizusprechen.

Tag 151

16. Oktober 2014

Manfred Götzl, Richter. **Thomas Gerlach**, 35, Monteur aus Thüringen. Er war schon an den Tagen 121 und 126 geladen und ist mit dem Zeugenbeistand Rechtsanwalt Schwarz erschienen. **Anette Greger, Herbert Diemer**, Vertreter der Bundesanwaltschaft. **Michael Kaiser**, Verteidiger von André Eminger. **Olaf Klemke, Nicole Schneiders**, Verteidiger von Ralf Wohlleben. **Antonia von der Behrens, Edith Lunnebach, Alexander Hoffmann, Yavuz Narin**, Anwälte der Nebenklage.

Götzl Es ist jetzt eine Zeit lang vergangen seit Ihrer letzten Einvernahme. Ich komme auf die Fragen zurück, die ich Ihnen gestellt habe und auf die Sie nicht geantwortet haben. Ob Sie Mitglied bei den Hammerskins waren oder sind.

Schwarz Diese Frage unterliegt dem Auskunftsverweigerungsrecht des Herrn Gerlach. Er beruft sich auf Paragraf 55 StPO. *(Die Abkürzung für Strafprozessordnung. Der Paragraf besagt, dass jemand nicht aussagen muss, wenn er sich damit selbst dem Risiko einer Strafverfolgung aussetzt.)*

Götzl Ihr Mandant hat uns erklärt, dass er nichts dazu sagt, weil das gegen sein Wertegefüge steht. Wieso führen Sie nun plötzlich das Auskunftsverweigerungsrecht an? Erklären Sie mir das.

Schwarz Es gibt ein Ermittlungsverfahren in Sachen Hammerskins, das ist unstreitig. Dieses Verfahren ist nicht endgültig eingestellt worden. Es besteht die Gefahr, dass es wieder aufgenommen wird.

Götzl Wir haben die Akten herbeigezogen, und daraus ergibt sich nicht, dass Herr Gerlach jemals Beschuldigter war.

Schwarz Aber wenn er aussagt, könnte er sich selbst belasten. *(Der Zeuge und sein Anwalt werden rausgeschickt.)*

Verteidigerin Schneiders Dem ist zuzustimmen: Wenn er die Frage beantwortet, besteht die Möglichkeit, dass er sich selbst belastet.

Götzl Unter welchem Aspekt denn?

Verteidigerin Schneiders Es ist hinlänglich bekannt, dass weitere Verbotsverfahren laufen, sicher auch gegen die Hammerskins. Wir wissen nicht, ob andere Staatsanwaltschaften ermitteln, das wissen wir nur von Dresden.

Götzl Da sind Sie jetzt im theoretischen Bereich.

Verteidigerin Schneiders Der Zeuge kann jedenfalls nicht beurteilen, ob irgendwo ein Ermittlungsverfahren gegen ihn läuft.

Götzl Welchen Tatbestand haben Sie denn im Auge?

Verteidigerin Schneiders Mitgliedschaft in einer kriminellen Vereinigung. So wird das üblicherweise ermittelt.

Götzl Ja, sehen Sie die Hammerskins denn als kriminelle Vereinigung?

Verteidigerin Schneiders Das kann ich nicht beurteilen.

Anwältin von der Behrens Der Zeuge hat sich in einem Briefwechsel mit Mirko Hesse *(Gründer der Hammerskins und Produzent von Neonazi-CDs, der mehrere Jahre in Haft war)* zu seiner Mitgliedschaft bei den Hammerskins bekannt. Dennoch wurde nicht gegen ihn ermittelt. Also gibt es gar keinen Hinweis darauf, dass er sich selbst belasten könnte.

Anwältin Lunnebach Auffällig ist es schon, dass es die Verteidigung von Herrn Wohlleben ist, die sich hier so in die Bresche wirft. Man will verhindern, dass Herr Gerlach hier aussagt. Aus rechtlichen Gründen kann das nicht sein. Der Zeuge hat deutlich gemacht, dass er nicht von seinem Auskunftsverweigerungsrecht Gebrauch machen will.

(Das Gericht zieht sich zur Beratung zurück und verkündet anschließend den Beschluss, dass die Frage nach der Mitgliedschaft bei den Hammerskins zulässig sei.)

Götzl Bitte nehmen Sie wieder Platz. Die Frage ist, ob Sie bei den Hammerskins Mitglied waren?

Gerlach Ich werde zu dem Thema Hammerskins nichts sagen. Weil das meinem Wertegefüge widerspricht.

Götzl Das weicht aber von dem, was Ihr Zeugenbeistand gesagt hat, ab. Können Sie mir das erklären?

Gerlach Ich habe das halt in meinen Worten gesagt.

Götzl Nein, das sehe ich so nicht. Ihr Anwalt sagt, Sie beziehen sich auf Paragraf 55, Sie beziehen sich auf Ihr Wertegefüge.

Schwarz Das ist die unjuristische Darlegung.

Götzl Sie können ihn in der Aussage nicht vertreten.

Schwarz Paragraf 55 ist evident.

Götzl Nein, dann erklären Sie mir das.

Schwarz Das Verfahren soll bei der Staatsanwaltschaft Dresden geführt worden sein. Eine Aussage zu dieser Frage wäre ein Anhaltspunkt, noch mal gegen Herrn Gerlach zu ermitteln.

Götzl Das Verfahren lief gegen Mirko Hesse und andere. Darunter ist nicht Herr Gerlach. Und das Verfahren gegen Hesse und andere wurde eingestellt. Die Frage ist, ob er sich überhaupt auf sein Auskunftsverweigerungsrecht beruft. Seine Äußerungen sind ganz anders.

Gerlach Dann berufe ich mich auf diesen Paragrafen 55. Weil ich dann Gefahr laufe, dass Ermittlungsbehörden auf mich aufmerksam werden und dann Ermittlungen gegen mich führen.

Bundesanwalt Diemer Der Zeuge sagte, er macht keine Angaben wegen seines Wertgefüges. Wenn er sich dann auf das bezieht, was sein Anwalt gesagt hat, sind das leere Worthülsen. Er will nicht aussagen wegen seines Wertegefüges – und nicht weil er Angst hat, dass gegen ihn ermittelt wird.

(Götzl liest nun aus den mehrfach angesprochenen Akten der Staatsanwaltschaft Dresden vor. Das Verfahren wegen Bildung einer kriminellen Vereinigung gegen Mirko Hesse und die Hammerskins wurde eingestellt. Öffentliches Interesse, so heißt es in der Verfügung, war nicht gegeben, die Schuld als gering anzusehen. Nach einer Pause verkündet Götzl, der Zeuge könne sich auf sein Auskunftsverweigerungsrecht nach Paragraf 55 StPO berufen, weil er sich bereits mit der Bejahung der Mitgliedschaft bei den Hammerskins eventuell selbst belaste. Nach einer weiteren Diskussion darüber meldet sich Rechtsanwalt Yavuz Narin mit einem Beweisantrag zu Wort.)

Anwalt Narin Der Angeklagte Eminger trägt einen Kapuzenpulli mit der Aufschrift »Brüder schweigen«. Diese Aufschrift steht für »The Order«, eine rechte Terrororganisation, die aus dem Untergrund Anschläge verübt hat. Der Angeklagte bekennt sich damit nicht nur zu einer rechtsterroristischen Vereinigung, es liegt auch eine versuchte Beeinflussung des Zeugen Gerlach vor.

Verteidiger Kaiser Das ist doch ein Biker-Shirt. Die Nebenklage versucht hier, den Prozess zu politisieren.

Anwalt Hoffmann Es ist doch wichtig, wie sich der Angeklagte Eminger heute verhält, wie er sich politisch verhält. »Brüder schweigen« ist Teil eines SS-Treueliedes. Die Hammerskins haben Regularien von Rockern übernommen, auch das Schweigegelübde. Deshalb kann diese Aufschrift auch als Bedrohung angesehen werden.

Verteidiger Klemke Wir sollten erstmal den Zeugen Gerlach befragen, ob er gesehen hat, was der Angeklagte Eminger trägt.

Verteidiger Kaiser Der Zeuge Gerlach hat doch auch schon in erster und zweiter Vernehmung nichts gesagt. Deshalb wäre der Aufruf durch ein T-Shirt doch sinnlos.

Oberstaatsanwältin Greger Wir treten dem Antrag der Augenscheinnahme des Shirts nicht entgegen. Wenn ein Angeklagter so ein Kleidungsstück trägt, ist das ein Statement, das Rückschlüsse auf die aktuelle Gesinnung zulässt und eine mögliche Beeinflussung darstellt. Es kommt nicht darauf an, ob der Zeuge das gesehen hat.

Götzl Sind Sie bereit, das T-Shirt zu zeigen?

Verteidiger Kaiser *(nach kurzer Beratung mit Eminger)* Er ist bereit, das fotografieren zu lassen. Wie beim letzten Mal und vielleicht bei weiteren Malen, die noch folgen werden.

(Das Kleidungsstück wird fotografiert. Anschließend wird ein Foto des Shirts an die Wand des Gerichtssaals projiziert. Zu sehen ist die Aufschrift »Brüder schweigen«, darunter zwei Motorräder und ein Totenkopf, auf dem steht: »bis in den Tod«.)

Tag 152

21. Oktober 2014

Manfred Götzl, Richter. **Sitta I.**, 54 , Selbstständige aus Apolda, ehemalige Lebensgefährtin von Hans-Ulrich Müller, der ein wichtiges Glied des Waffentransports der Česká aus der Schweiz nach Jena gewesen sein soll.
Sabine R., 46, Kriminalhauptkommissarin beim LKA Baden-Württemberg.
Sebastian Scharmer, Anwalt der Nebenklage.

(Die Zeugin schaut zunächst in Richtung Zschäpe-Verteidigung.)

Götzl Bitte schauen Sie in meine Richtung.

Sitta I. Ah, ich hab Sie nicht erkannt.

Götzl Es geht uns um Ihre Beziehung zu Herrn Müller und ob Sie jemals eine Waffe aus der Schweiz nach Deutschland eingeführt haben. Zunächst zu Ihrer Beziehung zu Herrn Müller. Bitte berichten Sie, ob Sie ihn kannten, wie Sie zu ihm standen.

Sitta I. Hans-Ulrich Müller hab ich kennengelernt zwischen 1989 und 1990, die Grenzen wurden gerade aufgemacht. Ich hab mir Westgeld gespart und einen BMW gekauft, der ist kaputtgegangen, musste zu Fuß zur Werkstatt laufen, da war ein Mann, den hab ich angefragt. Das war der Hans-Ulrich Müller. Mein Auto wurde abgeschleppt, er lud mich in die Schweiz ein. Ich hab das angenommen, dann entwickelte sich eine Beziehung in den Tagen. Für mich war das eigentlich abgeschlossen, aber plötzlich stand er da und wollte was geschäftlich aufbauen, einen Autohandel. In den Neunzigerjahren war es so, wir sind nach Apolda gezogen und er brachte seine Sachen aus der Schweiz mit, und wir haben ein Geschäft eröffnet. Der Bedarf war ja da, die Leute waren süchtig nach Westautos, die wurden dann von der Schweiz überführt. Ich hab die Zollfragen gemacht, das waren vier, fünf Jahre. Dann hatte ich in Apolda einen kleinen Werbeladen mit einer Angestellten. Als dann die Mutter von Herrn Müller starb, fuhr er rüber in die Schweiz, nach Thun. Ich bin dann nachgefahren. Da habe ich festgestellt, dass ihn doch meine Angestellte begleitet hatte – und dann ging die ganze Sache in die Brüche, da war fini.

Götzl Hatten Sie weiter Kontakt zu ihm?

Sitta I. Ja, ab und an.

Götzl Wieso haben Sie sich nun an die Polizei gewandt?

Sitta I. In der Schweiz war ich mal bei Herrn Baumann. Im Gespräch mit Müller und einem Bekannten hab ich da gehört, dass er Waffen bestellt hat. Das ist schon ein ganzes Stück her.

Götzl Wer hat Waffen bestellt?

Sitta I. Der Hans-Ulrich Müller.

Götzl Um welche Waffen ging es denn?

Sitta I. Diese Kugelschreiber-Waffen. *(Es handelt sich um sogenannte Schießkugelschreiber, die wie Kugelschreiber aussehen, aber scharf schießen können. Einer dieser Kugelschreiber wurde bei Enrico Theile, einem früheren Bekannten von Uwe Böhnhardt, sichergestellt.)*

Götzl Wie ging es weiter?

Sitta I. Ja, nix weiter. Die hingen zusammen, und dann wurde irgendwann die Tür zugemacht. Ich hab nie was selber gesehen.

Götzl Kennen Sie Enrico Theile?

Sitta I. Ist mir bekannt. Persönlich weniger, mehr durchs Gespräch mit Hans-Ulrich. Der war ab und zu bei ihm in Jena. Ich wusste nicht konkret, um was es da geht.

Götzl Waren die beiden befreundet?

Sitta I. Ich würde schon sagen.

(Als nächste Zeugin folgt die Kriminalkommissarin Sabine R.)

Götzl Es geht uns um Bezüge der Angeklagten und auch von Uwe Mundlos und Uwe Böhnhardt nach Baden-Württemberg und zum anderen um die Frage, ob sich Frau Beate Zschäpe zur Zeit der Tat in Backnang aufgehalten hat. *(Er spielt auf den Mord an Michèle Kiesewetter an.)*

Sabine R. Meine Position im Verfahren war die: Ich habe ab 2007 die Soko Parkplatz unterstützt und war dort maßgeblich für die Opferumfeld-Ermittlungen zuständig.

Was Backnang angeht: Da hat es einen anonymen Anruf gegeben. Die Anruferin konnte nicht ermittelt werden, aber die Person, die die Übernachtungsmöglichkeit zur Verfügung gestellt haben soll. Das soll 2011 oder 2012 gewesen, als Frau Zschäpe bereits in Haft saß, auf jeden Fall nicht zur Tatzeit 2007. Es soll eine Litauerin gewesen sein, die aussah wie Beate Zschäpe.

Zu Ludwigsburg: Das BKA hat ein Ermittlungskonzept vorgelegt mit Namen, die man noch mal vernehmen wollte, elf Personen. Die haben wir vernommen, und darüber hinaus auch solche, die auf Bildern abgelichtet waren in einem Privatkeller in Ludwigsburg, da waren zum Teil Beate Zschäpe und Uwe Mundlos und andere abgebildet aus Jena und auch aus Chemnitz. Eine Zeugin hat die Besuche an privaten Daten fix machen können, das konnte man mit ihr relativ genau eruieren und so acht Besuche zwischen 1993 und 2001 herausarbeiten. Die Zeugen sprachen immer vom Trio, aber es hat sich herausgestellt, dass die meisten Besuche wohl durch Uwe Mundlos und Beate Zschäpe erfolgten. Identifiziert auf den Bildern haben die Zeugen auch nur Frau Zschäpe und Herrn Mundlos, Uwe Böhnhardt war nicht drauf.

Zu Frau Zschäpe machte die Zeugin auch Angaben. Sie beschrieb das Ganze eher so, als habe man Spaß gehabt und sei auf Konzerte gegangen. Es habe keine politischen Debatten gegeben. Und keiner der Zeugen sagte, sie hätten etwas gewusst über politische Aktionen.

In Heilbronn gab es zu der Zeit Mitte, also Ende der Neunzigerjahre, auch einen Treffpunkt der rechten Szene, der ebenfalls »Keller« genannt wird. Da haben sich auch wieder die Ludwigsburger und Kontaktpersonen des Trios aufgehalten. Es hieß, vielleicht seien auch Uwe Mundlos und Beate Zschäpe dort gewesen. Aber es gibt da keine Bilder.

In Stuttgart gab es noch einen Szenetreffpunkt, die Gaststätte »Hirsch«. Die war damals von Personen frequentiert, die auch in den Kellern in Ludwigsburg und Heilbronn verkehrten. Wir konnten nicht klären, ob das Trio in dem Treff in Stuttgart war. Ein ehemaliger Staatsschutzbeamter gab an, dass er sich sicher ist, dass er dort in Stuttgart schon mal Uwe Mundlos und Uwe Böhnhardt kontrolliert hat, und zwar 1996/97.

Anwalt Scharmer Hatten Sie auch Erkenntnisse zu Florian H.?

Sabine R. Ich weiß nur, dass sich eine Ausbilderin bei der Polizei gemeldet hat und gesagt hat, dass ein Schüler von ihr gegenüber zwei anderen Schülerinnen vor dem 4.11.2011 angegeben habe, er wisse, wer die Polizistenmörder sind. Die Ausbilderin wurde vernommen, sie hat die Namen der Schülerinnen zwar nicht genannt, aber das Ganze noch mal geschildert. H. war in der rechten Szene bekannt, es gab wohl eine Durchsuchung im August 2011. Dann wurde H. vernommen, da gab er an, dass er bei einem Treffen war in einem Jugendklub in Öhringen, da sollen wohl die zwei radikalsten Organisationen vorgestellt worden seien, und zwar der NSU und die NSS *(angeblich eine Neo-Schutz-Staffel, die jedoch nicht bekannt ist).* Die Bewertung der Vernehmung war so, dass H. den Jugendklub nicht mehr lokalisieren konnte, und außerdem sagte er auch, er wisse die Namen der Polizistenmörder nicht. Wir wollten ihn noch mal vernehmen, aber da war er schon verstorben: Suizid. Ich weiß, dass die Stuttgarter Staatsanwaltschaft zum Ergebnis kam, dass ein Fremdverschulden ausgeschlossen werden konnte.

(H. hatte sich einen Kanister Benzin gekauft und sich damit in seinem Auto angezündet. Die Ermittler hielten seine Angaben über NSU und NSS für unglaubwürdig.)

Tag 153

22. Oktober 2014

Manfred Götzl, Richter. **Horst B.**, 48, Polizeibeamter aus Erfurt. Er nahm an einer Vernehmung Beate Zschäpes teil, bei der es um einen Puppentorso mit Davidstern ging, der im April 1996 an einer Autobahnbrücke südlich von Jena aufgehängt worden war. **Turan Ünlücay**, 34, Anwalt der Nebenklage, der an diesem Tag als Zeuge aussagt.

Götzl Es geht uns um eine Vernehmung Frau Zschäpes, und zwar vom 31. 7. 1996. Was können Sie dazu sagen?

Horst B. Ich muss ernsthaft sagen, dass ich leider keine große Erinnerung daran habe, sondern nur noch den Sinn der Vernehmung weiß, nicht aber den Wortlaut.

Götzl Dann erzählen Sie doch. Wie kam es zu dieser Vernehmung?

Horst B. Ich erinnere mich nur, dass die verschiedenen Beteiligten sich gegenseitig Alibis zugeschanzt haben.

Götzl Sind Ihnen Einzelheiten in Erinnerung?

Horst B. Nein. Die Vernehmung hätte man sich aus heutiger Sicht sparen können. Meiner Meinung nach hat die zu Vernehmende damals gelogen.

Götzl Worauf gründet sich das?

Horst B. Wir hatten Fakten damals, wir hatten die Fingerabdrücke des Herrn Böhnhardt. Ich hatte den Eindruck, die veralbern einen.

Götzl Worauf gründet das?

Horst B. Das war mein Bauchgefühl.

Götzl Können Sie sich an Frau Zschäpe noch erinnern?

Horst B. Eigentlich nicht.

Götzl Was heißt eigentlich?

Horst B. Ich bin vorsichtig, weil ich sie jetzt oft im TV gesehen habe.

Götzl Sie sagten, Sie hatten den Eindruck, Sie werden veralbert.

Horst B. Ja, man hat ja eine eigene Meinung zu dem Fall und man kann schon einschätzen, ob jemand die Wahrheit erzählt.

(Übernächster Zeuge ist der Nebenklage-Anwalt Turan Ünlücay.)

Götzl Es geht um ein Gespräch in der Schweiz zwischen Herrn Müller und Ihnen. Die Anruferin konnte nicht ermittelt werden, aber die Person, die die Übernachtungsmöglichkeit zur Verfügung gestellt haben soll. Das soll 2011 oder 2012 gewesen, als Frau Zschäpe bereits in Haft saß, auf jeden Fall nicht zur Tatzeit 2007. Es soll eine Litauerin gewesen sein, die aussah wie Beate Zschäpe.

Ünlücay Das Gespräch war nach der Vernehmung des Zeugen G. in der Schweiz, wir wollten danach was essen. Wir standen vor einem Imbiss. Herr Müller ist auf mich zugekommen, er fragte, ob er sich kurz mit mir unterhalten kann, ich hab das bejaht. Er sagte, ein Dieter S. habe die Waffe von Zbinden gekauft, die Waffe sei von Sitta I. und Herrn P. abgeholt worden, das sei nach seiner Trennung von Sitta I. gewesen. Er gab weiter an, dass Zbinden an Dieter S. fünfzehn bis zwanzig Waffen verkauft hätte. Zu Dieter S. sagte er noch, dass er damals ein Eiscafé betrieben hat und in der Küche Waffen verkaufte. Er habe auch Kontakte zu rechtsradikalen Kreisen gehabt. Er wisse nicht, ob Dieter S. Uwe Böhnhardt und Uwe Mundlos kannte. Sitta I. habe auch für die Stasi gearbeitet. Sie würde ihn zu Unrecht belasten und ihn per SMS belästigen, das würde auch seine Beziehung zu seiner jetzigen Frau stark belasten. Zu Enrico Theile sagte er, dass der mit der ganzen Sache nichts zu tun habe. *(An Enrico Theile soll Müller die Česká der Anklage nach weiterverkauft haben.)*

Götzl Hat er gesagt, warum er diese Angaben Ihnen gegenüber macht und nicht den Behörden gegenüber?

Ünlücay Er hat gesagt, er fühle mit den Opfern und wolle mithelfen. Er habe eine Abneigung gegen die Verteidiger, sie seien ihm unsympathisch.

Götzl Ging es bei dem Gespräch auch um den Szeneladen Madley?

Ünlücay Ja, er sagte, er wisse nicht, wie die Česká dorthin gelangte. Müller sagte, er sei bereit, vor Gericht auszusagen, wenn er nicht in Untersuchungshaft komme und man ihm Straffreiheit zusichere. Er wolle auch, dass die Taten aufgeklärt werden.

Tag 154

23. Oktober 2014

Manfred Götzl, Richter. **Gerald Liebtrau**, 54, Rechtsanwalt aus Jena, mit dem sich Beate Zschäpe am 8. November 2011 der Polizei stellte. **Anette Greger, Jochen Weingarten**, Vertreter der Bundesanwaltschaft. **Wolfgang Heer, Wolfgang Stahl, Anja Sturm**, Verteidiger von Beate Zschäpe. **Doris Dierbach, Hardy Langer, Edith Lunnebach**, Anwälte der Nebenklage.

Götzl Es würde uns um die Thematik Beratungsgespräch am 8.11.2011 gehen, das Sie mit Frau Zschäpe geführt haben sollen. Da geht es um bestimmte Inhalte. Da ist eine Entbindung von der Schweigepflicht von Frau Zschäpe erforderlich.

Verteidiger Heer Wir geben als Verteidiger folgende Erklärung ab: Unsere Mandantin hat Herrn Rechtsanwalt Liebtrau jederzeit widerruflich von seiner anwaltlichen Verpflichtung zur Verschwiegenheit entbunden, soweit sie ihm am 8.11.2011 mitgeteilt hat, dass sie am 4.11.2011 bei Frau Erber geklingelt und auf eine Reaktion gewartet hat, um festzustellen, ob sie zu Hause ist, weil sie nicht wollte, dass jemand verletzt oder getötet wird. *(Es geht um den Tag, an dem Zschäpe ihre Wohnung in der Frühlingsstraße 26 in Zwickau in Brand setzte. Charlotte Erber war ihre Nachbarin.)*

Götzl Ist es so richtig, Frau Zschäpe? Es reicht, wenn Sie nicken.

Verteidiger Heer Unsere Mandantin gibt keine Erklärung dazu ab.

Götzl Herr Liebtrau, was können Sie denn zu der Situation sagen?

Liebtrau So wie es von den Kollegen gesagt wird, ist es zutreffend. Sie kam zu mir ins Büro, sie bat um ein Gespräch, es ging dabei auch darum, dass sie, bevor sie in Zwickau das Haus verlassen hat, bei der Nachbarin geklingelt hat. Sie war nicht da. Es gab jedenfalls keine Reaktion, sodass sie dann das Haus verlassen hat.

Götzl Wann war sie bei Ihnen?

Liebtrau Am 8. 11. 2011, um die Mittagszeit. Es war kein vorgesehener Termin, ich hatte dann noch einen Termin bei Gericht, sodass die Besprechung relativ kurz war.

Götzl Hat sie ein Datum genannt, wann sie geklingelt haben will?

Liebtrau Sicherlich hat sie auch ein Datum gesagt. Das war drei oder vier Tage bevor sie zu mir kam.

Götzl Ist über die Bedeutung dieses Umstandes gesprochen worden?

Liebtrau Sicherlich ging es allgemein darum.

Götzl Sollten Sie etwas unternehmen?

Liebtrau An dem Tag noch nicht, aber am Folgetag. Bei der Haftvernehmung.

Götzl Was können Sie dazu sagen?

Liebtrau Ich habe unmittelbar davor die Akte durchblättern können. Da gab es verschiedene Zeugenvernehmungen. Die alte Dame war aber nicht dabei, deshalb bin ich gebeten worden, ausdrücklich zu fordern, dass die auch noch vernommen wird.

Oberstaatsanwalt Weingarten Können Sie Angaben machen, in welcher Verfassung Frau Zschäpe war, als sie mit Ihnen über die Klingelei gesprochen hat?

Verteidiger Stahl Ich beanstande diese Frage, weil der Zeuge dazu nicht von seiner Verschwiegenheitspflicht entbunden ist.

Götzl Berufen Sie sich auf Ihre Verschwiegenheitspflicht?

Liebtrau Jawohl.

Oberstaatsanwältin Greger Hat Frau Zschäpe das Klingeln in einen zeitlichen Zusammenhang mit dem Brand gestellt?

Liebtrau Sie sagte, das war kurz bevor sie das Haus endgültig verlassen hat. Das war vor dem Brandereignis. Ob das jetzt zehn Minuten oder eine Stunde vor dem Brand war, weiß ich nicht. Das hat sie nicht gesagt.

Oberstaatsanwältin Greger Hat Sie zu diesem Zeitpunkt die Katzen bereits dabeigehabt?

Verteidiger Stahl Ich beanstande die Frage, weil der Zeuge auch zu diesem Punkt nicht von seiner Verpflichtung zur Verschwiegenheit entbunden ist.

Götzl Berufen Sie sich auch darauf?

Liebtrau Ja.

Oberstaatsanwältin Greger Ich muss noch mal insistieren. Was haben Sie von Ihrer Mandantin erfahren: Sie soll geklingelt haben, und danach soll sie das Haus verlassen haben. Was hat Ihre Mandantin gesagt zum zeitlichen Zusammenhang zu dem Brandereignis?

Verteidiger Heer Die Frage ist bereits beantwortet.

Oberstaatsanwältin Greger Hat Ihre Mandantin von sich aus das Klingeln in einen Zusammenhang mit einem Brandereignis gestellt? Können Sie mir das näher darlegen?

Liebtrau Nein. Weil die Entbindung meiner Schweigepflicht nicht so weit geht. Es war ein Gespräch von circa einer Stunde Länge mit Frau Zschäpe, in der man erst mal eine gewisse Basis finden musste.

Verteidiger Stahl Herr Kollege Liebtrau, hat Ihnen Frau Zschäpe konkrete Angaben gemacht, warum sie bei der Nachbarin geklingelt hat?

Liebtrau Kann ich jetzt so genau nicht sagen. Sicherlich ging es darum, dass sie sichergehen wollte, dass niemand im Haus ist.

Anwältin Lunnebach Warum Frau Zschäpe geklingelt hat, haben Sie immer noch nicht beantwortet. Sie haben gesagt, es wird deswegen gewesen sein. Sind es Ihre Rückschlüsse?

Liebtrau Um meine Rückschlüsse geht es nicht. Sie hat mir gesagt, was sie gemacht hat und das hab ich so gesagt. Sie hat gesagt, sie wollte sichergehen, dass niemand im Haus ist.

Anwältin Lunnebach Haben Sie nachgefragt?

Liebtrau Nein.

Anwältin Lunnebach Haben Sie das aufgeschrieben damals?

Liebtrau Nein.

Anwältin Lunnebach Es ist also aus dem Gedächtnis.

Liebtrau Ja.

Anwältin Lunnebach Seit wann wissen Sie, dass Sie partiell befreit sind von der Schweigepflicht?

(Wieder wird die Frage von Verteidiger Stahl beanstandet. Der Zeuge muss kurz den Gerichtssaal verlassen.)

Verteidiger Stahl Aus unserer Sicht kann er nicht selbst entscheiden, ob er etwas sagen kann. Da brauchen Teile des Senats nicht die Augen zu verdrehen.

Götzl Ich hab die Augen nicht verdreht.

Verteidiger Stahl Es war Herr Prechsl gemeint.

(Der Ergänzungsrichter Peter Prechsl schüttelt den Kopf.)

Anwalt Langer Das Vorgehen der Verteidigung ist unzulässig. Letztlich hat der Zeuge jeweils allein zu entscheiden, ob er etwas sagen kann oder nicht. Es gibt ja nicht einmal ein Anrecht darauf, dass er von seinem Zeugnisverweigerungsrecht Gebrauch macht.

Verteidiger Stahl Durch ständiges Wiederholen werden die Argumente nicht besser.

(Nach einer Pause wird die Verhandlung fortgesetzt.)

Götzl Wir waren stehen geblieben bei der letzten Frage von Frau Lunnebach, wann der Zeuge erfahren hat, dass er von der Schweigepflicht entbunden ist. Das wurde von Rechtsanwalt Stahl beanstandet. Ich halte die Frage für zulässig.

Anwältin Lunnebach Wann haben Sie von der Schweigepflichtsentbindung erfahren?

Liebtrau Die Entbindung habe ich heute gekriegt. Bei der Ladung bin ich bereits davon ausgegangen, dass es eine Entbindung geben wird.

Anwältin Lunnebach Hatten Sie davor Kontakt mit einem der Verteidiger von Frau Zschäpe?

Verteidiger Stahl Auch diese Frage beanstandet die Verteidigung.

Gestatten Sie mir eine Bemerkung am Rande: Der Zeuge könnte den Eindruck erhalten, dass er gar nicht mehr berechtigt sei, das Zeugnis zu verweigern, wenn er nach längerer Beratungspause hier wieder reinkommt. Ich rege an, dass Sie, Herr Vorsitzender, ihn darauf noch einmal aufmerksam machen, dass er ein Zeugnisverweigerungsrecht hat.

Götzl Wir thematisieren das doch die ganze Zeit.

Anwältin Dierbach Haben Sie Frau Zschäpe gefragt, warum sie klingelt, damit niemand verletzt wird, wenn gar nichts los war?

Anwältin Sturm Das ist ein suggestiver Vorhalt.

Götzl Das lässt sich sicher präzisieren.

Anwältin Dierbach Gut. Es wurde ja geklingelt, bevor es brannte. Dann war ja keine Gefahr. Warum wurde dann geklingelt?

Liebtrau Das kann ich nicht sagen.

Anwältin Dierbach Ich stelle fest, das wir hier einen Zeugen hören, den sich die Verteidigung gewünscht hat, gegen dessen Befragung sich die Verteidigung nun aber mit Händen und Füßen wehrt.

Tag 155

5. November 2014

Manfred Götzl, Richter. **Jürg Staudemann**, 64, früherer Gerichtspräsident in Thun, Schweiz. **Dieter S.**, 70, Rentner aus Apolda.

(Die Verhandlung war ursprünglich für den Vortag angesetzt, wurde aber wegen Krankheit Zschäpes abgesetzt.)

Götzl Frau Zschäpe, wie geht es Ihnen heute? *(Zschäpe blickt zu Götzl, antwortet aber nicht. Verteidiger Heer gibt zu verstehen, dass seine Mandantin verhandlungsfähig ist.)*

Götzl Kommen wir zu dem Beweisthema. Es geht um die Vernehmung von Herrn Müller vom 10.2.2012. Uns würden der Ablauf und die damalige Situation interessieren.

Staudemann Eine durchschnittliche Einvernahme dauert 25 Minuten, als Haftrichter habe ich nur die Pflicht zu prüfen, ob jemand zu Recht in Haft gesetzt wird oder nicht. Ich weiß einfach nichts mehr. Ich kann Ihnen keine Fragen mehr beantworten, dieser Fall ist mir nicht präsent.

Götzl Hatten Sie noch Gelegenheit, die Unterlagen einzusehen?

Staudemann Nein, da ich in Rente bin, hatte ich dazu keine Gelegenheit.

Götzl Sie haben also keinerlei Erinnerung?

Staudemann Nein, tut mir leid. Es war ein Nebengeschäft gewesen, ich habe achthundert Fälle pro Jahr bearbeitet, davon fünfzig Haftfälle.

(Götzl liest dem Zeugen aus dem Vernehmungsprotokoll vor. Er erinnert sich trotzdem nicht mehr. Nach der Befragung eines weiteren Zeugens folgt der Zeuge Dieter S:)

Götzl Es geht uns zum einen um die Frage einer Bekanntschaft mit einem Hans-Ulrich Müller, zum anderen ob Sie in der Schweiz mal Waffen erworben haben in den Neunzigerjahren. Was können Sie uns denn zu Herrn Müller berichten?

Dieter S. Ich hab in Apolda ein großes Eiscafé gehabt, und da lernte ich den Herrn Müller mit seiner damaligen Frau Sitta I. kennen. Es ist lange her. Ich hab mir Gedanken gemacht zu dem gesamten Umfeld. Die Sitta I., da muss ich zu sagen, die hab ich kennengelernt Mitte der Neunzigerjahre. Wann genau weiß ich nicht mehr, sie war selbständig und hat damals Bankverbindlichkeiten und Verbindungen zu Banken gehabt wegen Krediten und Umschuldungen. Und da hab ich auch den Herrn Müller kennengelernt im Café. Klang mir auch sehr seriös, der Mann. Er hat Autos gekauft und verkauft. Ich hatte mit meiner Gastronomie zu tun. Dann kam die Sitta I. Ich muss sagen, ich hab sie vor zwei, drei Wochen in Apolda getroffen, und sie sagte, dass sie zu dem Prozess runter muss. Ich sagte: Na gut, sag die Wahrheit.

Die Sitta I. habe ich kennengelernt vor dem Müller. Und wir hatten eine Liaison. Einzelheiten brauche ich, glaube ich, nicht näher zu erklären. Aber das hat nicht funktioniert mit der Frau I., es hat nicht gepasst.

Jetzt zu dem Herrn Müller. Er kam irgendwie in Abständen von weiß ich nicht Monaten rüber.

Die Angestellte der Sitta I. ist mit dem Müller durchgebrannt, und seitdem herrscht wohl irgendwie ein Rosenkrieg.

Der Müller kam regelmäßig mit einem gewissen Thomas P. ins Café. Eines Tages hat Thomas P., der ist mittlerweile verstorben, der hat gesagt: Du, wenn du mal 'ne Knarre brauchst, musst du mir Bescheid sagen. Ich sagte, ich brauche keine Knarre. Es hat mich nicht interessiert.

Ich habe im Internet gelesen, dass Müller sagte, ich habe eine Waffe von ihm gekauft und dann an eine Frau weitergegeben. Das ist alles Quatsch. Der Müller hat ständig andere Geschichten auf Lager gehabt. Ich vermute, dass er nicht verkraften konnte, dass ich mit seiner Partnerin eine Liaison hatte.

Tag 156

6. November 2014

Antonia von der Behrens, Anwältin der Nebenklage.

(Anwältin von der Behrens verliest – auch im Namen ihrer Kollegen Carsten Ilius, Sebastian Anwalt Scharmer und Sönke Hilbrans – mehrere Beweisanträge zum Mord an Mehmet Kubaşık am 4. April 2006 in Dortmund. Zunächst beantragt sie, den Dortmunder Neonazi Sebastian Seemann zu laden.)

Anwältin von der Behrens Der Zeuge wird bekunden,

- dass Marko Gottschalk zusammen mit dem Zeugen um das Jahr 2006 und früher in Dortmund eine mindestens sieben Personen umfassende »Combat 18«-Zelle aufbaute, dass den Mitgliedern die »Turner-Tagebücher« *(ein Buch eines amerikanischen Autors über den rassistischen Kampf der Weißen gegen alle Nichteuropäer, das in der rechten Szene sehr populär ist und 2006 von der Bundeszentrale für jugendgefährdende Schriften auf den Index gesetzt wurde)* als Anleitung für den Aufbau der Zelle ausgehändigt wurden, dass die Zelle sich Waffen aus Belgien besorgte, dass Schießübungen stattfanden und es in der Zelle Diskussionen und Pläne für Anschläge auf den politischen Gegner gab;
- dass auch über diese Gruppe um Gottschalk hinaus die »Turner-Tagebücher« und das Zellenkonzept in der rechten Szene diskutiert wurden und dass die Ermordung von migrantischen Einzelhändlern ohne Bekennerschreiben für Kenner der »Turner-Tagebücher« die Handschrift von Anschlägen einer Neonazizelle trug.

Auch ist der Zeuge im Wege der Beweisermittlung zu fragen,

- ob er Personen aus dem Unterstützerumfeld des NSU kennt, welchen Anteil er an dem Aufbau der »Combat 18«-Zelle hatte, ob Szeneangehörige aus Kassel Mitglieder in der Zelle waren, ob es richtig ist, dass die »Combat 18«-Zelle sich in zeitlicher Nähe zu dem Mord an Mehmet Kubaşık aufgelöst hat;
- ob der Zeuge oder andere Mitglieder der »Combat 18«-Zelle vor dem 4. April 2006 den Kiosk in der Mallinckrodtstraße 190, 44137 Dortmund oder Mehmet Kubaşık persönlich kannte und Informationen über den Kiosk als möglichen Tatort an Dritte weitergegeben haben.

(Als Begründung führt von der Behrens an, der Zeuge Seemann habe am 13. Dezember 2011 bei einer polizeilichen Vernehmung Angaben über den Aufbau einer Combat-18-Zelle in Dortmund durch Marko Gottschalk gemacht. Zu einer Zeit, als in der Öffentlichkeit noch

nicht über die »Turner-Tagebücher« diskutiert wurde, habe er darauf hingewiesen, dass die »Mordserie an den türkischen und dem griechischen Einzelhändler« der Beschreibung von Anschlägen aus den Turner-Tagebüchern entspreche. Zudem habe er ausgesagt, dass es für die deutsche Neonazi-Szene ein Leichtes sei, sich Waffen aus Belgien zu besorgen. Er sei ein Waffennarr, der mit Waffen gehandelt und diese auch in rechten Kreisen angeboten habe. Der Rechtsextremist Robin S. habe ausgesagt, dass ihn der Zeuge Seemann zu einem Raubüberfall am 2. Februar 2007 angestiftet und ihm dafür die Waffe besorgt habe. Mit S. habe Beate Zschäpe einen Briefwechsel gehabt, möglicherweise habe sie auch Seemann gekannt. Es gebe auch Hinweise, dass Seemann Ralf Wohlleben gekannt habe.)

Für die Angehörigen von Mehmet Kubaşık ist es nach wie vor erheblich belastend, nicht zu wissen, wer vor Ort gegebenenfalls an der Opferauswahl, der Vor- und Nachbereitung der Tat oder sogar an der Tatausführung beteiligt war. Insofern ist auch die entsprechende Frage relevant. Dabei geht es nicht um die Ermittlung weiterer Tatverdächtiger, sondern um Klärung der Tatort- und Opferauswahl und weitere Erkenntnisse zur Struktur der Organisation. Für den Anklagevorwurf der Mitgliedschaft in beziehungsweise Unterstützung der terroristischen Vereinigung »NSU« kommt es darauf an, ob es in Dortmund eine »Combat 18«-Zelle gab und diese inhaltliche, finanzielle oder logistische Unterstützung für die Vereinigung geleistet hat. Denn die Gefährlichkeit einer terroristischen Vereinigung ist auch von deren Größe, Aktivität, Vernetzung und Aktionsradius abhängig.

(Außerdem beantragt von der Behrens, den Dortmunder Neonazi Marko Gottschalk vorzuladen sowie den als SS-Siggi bekannten Siegfried Borchardt. Viele Anwälte der Nebenklage schließen sich den Anträgen an.)

Tag 157

11. November 2014

Manfred Götzl, Richter. **Norbert Wießner**, ehemaliger Regierungsoberrat beim Verfassungsschutz Thüringen, zuständig für den V-Mann Tino Brandt. Er sagte auch an den Tagen 99, 1454 und 199 aus. **Anja Sturm**, Verteidigerin von Beate Zschäpe. **Johannes Pausch**, Verteidiger von Carsten Schultze. **Yavuz Narin**, **Antonia von der Behrens**, Anwälte der Nebenklage.

Götzl Wir waren stehen geblieben bei der Führung des V-Manns Tino Brandt. Haben Sie Informationen bekommen zu telefonischen Kontakten des Herrn Brandt zu Herrn Böhnhardt, Herrn Mundlos oder Frau Zschäpe?

Wießner Ich war erst seit Juni 1998 mit der Führung der Quelle beauftragt worden. Bei jedem Treffen mit Brandt ist gefragt worden: Sind neue Erkenntnisse angefallen über die flüchtigen Personen? Kontaktpersonen waren die Personen Kapke und Wohlleben.

Götzl Hatte Herr Brandt mal telefonischen Kontakt zu einer dieser Personen?

Wießner Das kann ich nicht sagen. Das ist stenografisch mitgeschrieben worden bei den Treffen.

Götzl Es geht um die Informationen, die er gebracht hat.

Wießner Die Szene hat gesagt, wir behandeln die Geschichte vertraulich. Wir geben keine Informationen. Deshalb konnten wir über Brandt auch nicht dauernd nachfragen.

Götzl Gab es eine Information vonseiten Herrn Brandts, dass er selbst eine Telefonzelle aufsuchen sollte und Kontakt aufnehmen sollte?

Wießner Da gab's eine Information: Er hat Nachricht bekommen von Herrn Wohlleben, er soll eine anrufbare Zelle in Coburg ausfindig machen und die Nummer der Zelle ihm schriftlich mitteilen.

Götzl Es geht um den Inhalt der Informationen.

Wießner Das ist fünfzehn Jahre her, es ging um finanzielle Geschichten und den Vertrauensverlust von Kapke. *(André Kapke, ein Kamerad des Trios, soll Spendengeld aus der Szene für die drei Untergetauchten unterschlagen haben.)*

Götzl Können Sie noch einordnen, wann das mit der Telefonzelle war?

Wießner Das muss im Frühjahr 1999 gewesen sein. Das war nur einmal ein Kontakt, wo er gesagt hat, es handelt sich um Böhnhardt. Was merkwürdig war, es wurden Lichtbilder vorgelegt aus Chemnitz, da will er Böhnhardt nicht erkannt haben. Aber beim Anrufer blieb er hartnäckig beim Anrufer Böhnhardt.

Götzl Wann sind diese Lichtbilder entstanden?

Wießner Es sind Observationen in Chemnitz gelaufen. Da ist ein Lichtbild gemacht worden, das Böhnhardt gezeigt hat. Und da hat Brandt gesagt, die drei hätten ihr Aussehen verändert und er würde sie nicht wiedererkennen.

Götzl Ist Ihnen berichtet worden, warum Brandt diesen Anruf entgegennehmen sollte?

Wießner Wir waren auch völlig überrascht. Wir dachten, die entscheidende Schnittstelle in Jena ist Wohlleben. Wir haben ständig versucht, jede Information von Wohlleben aufzunehmen. Brandt war eine Vertrauensperson von Wohlleben, er hat ja auch Kontakt zu Dr. Eisenecker hergestellt. *(Hans Günter Eisenecker war stellvertretender Bundesvorsitzender der NPD. Beate Zschäpe hat ihm im Untergrund eine Vollmacht für ihre anwaltliche Vertretung gegeben. Er starb 2003 an Krebs.)*

Götzl Wie hat sich das Äußere verändert, ist das näher besprochen worden?

Wießner Nein.

Götzl Sie haben Rechtsanwalt Eisenecker erwähnt. Besteht hier ein Zusammenhang mit dem Telefonat, das Brandt mit Böhnhardt führen sollte?

Wießner Er hätte gerne die Vollmacht von Beate Zschäpe gehabt. Das muss Anfang 1999 gewesen sein.

Götzl In einem Vermerk heißt es, Brandt bekäme von Wohlleben einen Anruf, wann er sich in der Telefonzelle wegen Gesprächsannahme aufhalten sollte.

Wießner Ja, das heißt, dass Wohlleben ihn rechtzeitig anrufen wollte.

Götzl *(liest aus einem Vermerk vor)* »Am Freitag, den 5.2.1999, gegen 20.10 Uhr, erhielt Quelle wieder einen Anruf von Wohlleben, dass der Kontakt mit Dr. Eisenecker stattgefunden habe und die Sache gut gelaufen sei. Sie müsse mit einem Anruf in der Telefonzelle in der 6. oder 7. Kalenderwoche rechnen. Am Samstag, den 6.2.1999, habe Wohlleben Quelle unterrichtet, dass er gemeinsam mit Carsten Schultze zu Dr. Eisenecker gefahren sei.« Können Sie zu Carsten Schultze etwas sagen?

Wießner Wir hatten die Informationen, dass Carsten Schultze die Kontakte zu den Flüchtigen übernommen hatte. Wann er die Schnittstelle von Wohlleben übernommen hatte, kann ich Ihnen nicht sagen. Kapke ist ausgeschieden aus persönlichen Gründen, sodass Schultze in diese Rolle hineinkam. Es kam heraus, dass er noch mal in der Wohnung von Zschäpe war, dass er Gelder transferiert hat nach Sachsen und dass er später ausgestiegen ist. Aber nähere Hintergründe kann ich Ihnen nicht sagen.

Götzl *(liest aus einem Vermerk vor)* »Am Sonntag, den 7.2.1999, habe Wohlleben der Quelle mitgeteilt, dass seit den Kontakten der Familie Böhnhardt zum Verfassungsschutz Wirbel um die drei gemacht werde, sie seitdem wieder im Blickpunkt der Verfolgungsbehörden stünden, er selbst wieder beschattet« werde und deshalb für alle Beteiligten erhöhte Vorsicht geboten sei. Aus diesem Grund könne sich auch der Anruf von den dreien für die Quelle verzögern. Die Quelle vermutet, dass Wohlleben und Schultze die freiwillige Stellung von Zschäpe mit Eisenecker besprochen haben.« Ist denn mit Brandt besprochen worden, wie er sich verhalten soll?

Wießner Er sollte in der Defensive bleiben und warten, bis er angesprochen wird.

Götzl Im Vermerk ist die Rede vom 14., 21., 22., 27. Februar und vom 6. März. Immer wieder wurde der Termin für den Anruf verschoben.

Wießner Wir konnten uns das nicht erklären.

Götzl Hier heißt es, Brandt habe am 6.3.1999 von Wohlleben den Termin für den Anruf der drei unter dem Code »Bücherkauf am 8.3., 18 Uhr« erhalten. Kam dieser Anruf zustande?

Wießner Ja, ein paar Tage später muss dieser Anruf stattgefunden haben. Da haben wir Brandt aufgefordert, eine Gesprächsnotiz über diesen Anruf zu machen. Das ist zu den Akten genommen worden.

Götzl Haben Sie in Erinnerung, was er mitgeteilt hat?

Wießner Es ging um den Vertrauensverlust von Kapke und die finanzielle Situation der drei. Und dass er sicher war, dass es Böhnhardt war, weil seine Streitereien in der Kameradschaft Saalfeld angesprochen wurden.

Götzl Im Vermerk vom 22. März 1999 heißt es: »Die Quelle hielt sich am 8.3. ab 18 Uhr in der Telefonzelle auf. Um 18.04 Uhr kam der Anruf, der bis 18.15 Uhr dauerte. Böhnhardt war am Apparat, was »an der gewaltsprechenden Aussage gegen André Kapke und an seiner unlustigen Art und Weise« zu erkennen gewesen sei.«

Wießner Der Vertrauensverlust gegen Kapke war ja da, weil die Gelder nicht kamen.

Götzl *(liest aus einem weiteren Vermerk vor)* »Wohlleben sagte Brandt, bei Nennung des Codes findet zwei Tage später um zwölf Uhr ein Treffen zwischen Eisenecker und einem Flüchtling statt.«

Wießner Da bin ich auch überrascht, weil es später keine weiteren Informationen dazu gab. Gezielte Nachfragen gab es nicht, das war damals unmöglich.

Götzl Vom Anrufer sei auch nach einem neuen Quartier gefragt worden?

Wießner Ja, er hat sich mit Thorsten Heise in Verbindung gesetzt, wegen eines Aufenthalts im Ausland. *(Thorsten Heise ist ein mehrfach verurteilter Rechtsextremist aus Niedersachsen, der zeitweise dem Bundesvorstand der NPD angehörte.)*

Götzl Wir stehen noch beim Telefonat vom 8. März 1999. Ging es auch um Sicherheitsvorkehrungen von Brandt bei der Aufnahme des Telefonats?

Wießner Nein.

Götzl Dann lese ich Ihnen den Vermerk vor: »Böhnhardt fragte mich, ob ich dran sei und auf alle Sicherheitsmaßnahmen geachtet habe. Ob mir keiner gefolgt sei und ich mein Handy zu Hause gelassen habe.«

Wießner Kann ich mich nicht erinnern, aber es muss so gewesen sein.

Götzl Dann habe Böhnhardt, gesagt, dass Kapke ein Kameradenschwein sei und immer nur ein Bruchteil der Gelder, die für sie bestimmt waren, bei ihnen angekommen sei. *(Götzl hält weitere Zitate vor. Dann wechselt er das Thema.)* Ging es auch um Spiele? *(Die Rede ist von dem Spiel »Pogromly«, das die drei Untergetauchten herstellten und verkauften.)*

Wießner Während ich ihn geführt habe, nicht. Die Spiele waren für mich kein Thema. Ich konnte mir nicht vorstellen, dass mit dieser Art von Spielen eine große finanzielle Unterstützung kam.

Götzl *(zitiert weiter aus einem Bericht von Tino Brandt über ein Telefonat mit Böhnhardt)* »Wenn André mit dem Geld so weitermacht, sagte er, vor lauter Wut würde er selbst runterfahren und André eine reinlangen. Er sagte noch, dass der Dicke noch nicht einmal die Spiele ordentlich abgerechnet hätte, obwohl sie die alle selbst hergestellt hätten.«

Wießner Für mich waren Spiele kein Thema.

Götzl Gab es sonst noch Infos von Brandt zu dem Telefonat?

Wießner Nein, das ist nie mehr erwähnt worden. Weil er nicht nachfragen konnte bei Wohlleben, weil ihn das verdächtig gemacht hätte. Er konnte auch grundsätzlich nicht mit anderen darüber reden, auch nicht mit Carsten Schultze.

Götzl Wurde ein Grund genannt, warum Carsten Schultze den Kontakt zu den Flüchtigen übernommen hat?

Wießner Weil die Szene beunruhigt war. Sie dachten, sie würden observiert. Es musste eine andere Person her, und das war Carsten Schultze, der muss das Vertrauen von Wohlleben gehabt haben. Wir konnten ja nicht nachfragen, wir mussten uns auf die Informationen aus der Szene verlassen.

Götzl Können Sie etwas zu einer Geldübergabe am 19.3.1999 an Wohlleben sagen?

Wießner Da sind 500 D-Mark gezahlt worden an Wohlleben, um mehr Vertrauen zu bekommen und mehr Informationen über die drei. Wohlleben habe sich erfreut gezeigt über die schnelle Spende, weil die drei das dringend brauchen könnten und die Quelle sicher sein könne, dass das diesmal auch sicher ankomme. *(Brandt gab 500 D-Mark vom Verfassungsschutz an Wohlleben, sodass die Behörde die drei Untergetauchten indirekt mitfinanzierte.)*

Götzl Zurück zum Anrufer Böhnhardt. Beim Gespräch vom 8.3. wurde Böhnhardt als Anrufer identifiziert. Aber die abgebildete Person auf den Observationsbildern wurde trotz großer Ähnlichkeit nicht als Uwe Böhnhardt erkannt. Wissen Sie Näheres über diese Observation?

Wießner Nein.

Götzl Was können Sie zu Kontakten mit Thorsten Heise sagen?

Wießner Tino Brandt hat Kontakt mit Heise aufgenommen. Der zeigte grundsätzlich Bereitschaft, sich der Sache mit dem Ausland anzunehmen. Das ist Böhnhardt mitgeteilt worden. Es ist so gewesen, dass Holger Gerlach dann den Kontakt herstellen und Wohlleben darüber berichten sollte.

Götzl Warum sollte Gerlach den Kontakt aufnehmen?

Wießner Weil der in räumlicher Nähe zu Heise in Niedersachsen wohnte.

Götzl In einem Vermerk heißt es: »Am Samstag, den 1.5.1999, habe Brandt Wohlleben getroffen und ihm von der Bereitschaft Heises erzählt. Da habe Wohlleben gesagt, prima, dann fahre ich demnächst hin.«

Wießner Ja, und nach meiner Erinnerung hat die Quelle danach keinen Kontakt mehr mit Heise gehabt in dieser Sache und Gerlach wurde eingeschaltet.

Götzl Hat Brandt geschildert, ob Wohlleben Kontakte zu Mundlos, Zschäpe und Böhnhardt hatte?

Wießner Das war eine Gratwanderung, wir konnten ja nicht nachfragen.

Götzl Hier heißt es, es habe ein Treffen mit Wohlleben und Schultze in Jena gegeben. Da habe Wohlleben gesagt, dass er keinen Kontakt mehr habe und die Flüchtigen sich auch nicht mehr melden würden. Er habe Kameraden in Sachsen beauftragt, die Situation zu überprüfen.

Wießner Es haben ja viele Telefonate nicht stattgefunden. Keiner wusste, weshalb plötzlich der Kontakt abgebrochen war.

Götzl Carsten Schultze habe noch beiläufig erwähnt, dass er in die ehemalige Wohnung von Frau Zschäpe eingebrochen sei, weil er noch Sachen holen wollte, er sei aber gestört worden.

Wießner So ist es.

(Götzl fragt viele weitere Zitate aus Brandts Berichten ab.)

Verteidigerin Sturm In dem Vermerk heißt es: »Da Beate Zschäpe nicht mit ins Ausland wolle und hier nichts zu erwarten habe, werde sie sich nach der Abreise der zwei ins Ausland den Behörden stellen.« Was können Sie hierzu sagen?

Wießner Ja, gegen Frau Zschäpe lag ja kein Haftbefehl vor. Sie hätte jederzeit nach Jena oder ins Elternhaus zurückkommen können.

Verteidigerin Sturm Sie sagten, Brandt habe Kontakt zu Rechtsanwälten und Szenegrößen gehabt und habe bis dahin als verlässlicher Kamerad gegolten. Was ist mit »bis dahin« gemeint?

Wießner Es geht um die Zeit 1998/1999, die ich ja nur beurteilen kann. Er hatte Kontakte zu Kapke, zu Wohlleben, er hat auch während Dutzender Treffs Wohlleben kontaktiert. Es muss ein Vertrauensverhältnis zwischen Wohlleben und Brandt vorhanden gewesen sein. Wir mussten davon ausgehen, dass er ehrlich berichtet hat. Wir konnten anhand von Folgemaßnahmen davon ausgehen, dass 80 Prozent richtig waren. Er war jede Woche für die NPD und den Thüringer Heimatschutz im Einsatz, die Berichte waren stimmig. Er hat von Demonstrationen berichtet, es hat alles gestimmt.

Verteidigerin Sturm Und die 20 Prozent, wo es sich nicht bestätigt hat?

Wießner Ich kann das nicht an Prozenten festmachen.

Verteidigerin Sturm Was hat sich denn nicht bestätigt?

Wießner Ich hatte Vermerke, die ich nicht gegenprüfen konnte.

Verteidigerin Sturm Sie hatten keine weitere Quelle, die Ihnen unabhängig von Brandt berichtet hat?

Wießner Nein.

Verteidiger Pausch Ist Ihnen bekannt, dass bei Wohlleben ein Handy lagerte?

Wießner Nein, bekannt war das nicht. Es war eine Vermutung, dass er ein Handy aufbewahrt, das nur für die Kontakte zu den dreien benutzt werden soll. Wir waren bestrebt, an die Verbindungsdaten zu kommen, was uns aber in keinster Weise gelungen ist.

Verteidiger Pausch Wie wollten Sie das erreichen?

Wießner Wir wollten über die Freundin von Wohlleben darankommen. Die Freundin war eine Mitarbeiterin des LfV gewesen. *(Er spricht von Juliane W.)*

Verteidiger Pausch Sie sind schon einmal bei der Zeugenvernehmung danach gefragt worden: Brandt sollte die SIM-Karte klauen, er lehnte aber ab, weil er sich dann nicht mehr dort blicken lassen könnte.

Wießner Ich erinnere mich, dass er den Auftrag hatte, die Karte zu besorgen. Wann und wie, daran kann ich mich nicht mehr erinnern.

Verteidiger Pausch Es gab ja die Fahrt zu Herrn Eisenecker, wie hat sich das entwickelt?

Wießner Diese Info über ein Treffen von Wohlleben, Schultze und Eisenecker ist am Donnerstag bei uns angekommen, am Freitag haben wir eine Observation in Mecklenburg-Vorpommern bei Eisenecker organisiert. Ich bin selbst hochgefahren, in der Hoffnung, dass da vielleicht auch einer der Flüchtigen kommt. Es kam aber niemand.

Anwalt Narin Ihr Kollege B. vom Landesamt für Verfassungsschutz sagte, es habe einen Versuch gegeben, Zschäpe anzuwerben. *(Die Rede ist von dem früheren Verfassungsschutzmitarbeiter Mike B., der auch vor dem NSU-Untersuchungsausschuss des Bundestages aussagte.)*

Wießner Herr B. war Obersekretär und dachte, er könne Zielpersonen selbstständig festlegen.

Anwalt Narin Wissen Sie, wie der Kollege B. auf die Idee kommt, Zschäpe anzuwerben, wenn die drei doch untergetaucht sind?

Wießner Ich weiß es nicht. Er sagte ja auch aus, das Landesamt für Verfassungsschutz habe in Jena eine Außenstelle gehabt. Die gab es aber nicht.

Anwalt Narin Der Kollege B. sagte, die Idee sei fallen gelassen worden, weil Sie geäußert hätten, Zschäpe habe psychische Probleme.

Wießner Ich kenne das von den ganzen Ausschüssen, ich muss es überall dementieren, keiner weiß, woher er das hat und wie er dazu kommt. Das war auch einer der Gründe, warum eine Zusammenarbeit mit ihm nicht mehr möglich war.

Anwalt Narin Gab es Werbungsmaßnahmen bezüglich Zschäpe?

Wießner Nein, da ist mir nichts bekannt.

Anwältin von der Behrens Ist Ihnen bekannt, dass bei dem Anruf von Brandt am 8.3.1999 Observationen an Telefonzellen in Chemnitz erfolgten und eine Person beobachtet wurde, die Uwe Böhnhardt oder Uwe Mundlos ähnlich sah?

Wießner Ja, da wurde ja dieses Bild von Böhnhardt gemacht. Man dachte, das ist der absolute Treffer. Das wurde sofort dem Behördenleiter vorgelegt, was er dann veranlasst hat, weiß ich nicht. Aber das BKA soll wohl Übereinstimmungen festgestellt haben.

Anwältin von der Behrens Der Observant beschreibt Böhnhardt so: Um 18.07 Uhr betrat ein zu Fuß gekommener junger Mann die Zelle. Er macht sich Notizen auf einem kleinen Zettel und hat Geld nachgeworfen. Geschätztes Alter: 18 bis 23. Schlanke, hagere Gestalt, circa 1,80 Meter groß, lange Schritte, blass, keine Brille, hellblondes, fast mittellanges Haar.

Wießner Ich weiß nicht, was ich damit anfangen soll. Ich weiß nicht, was mit der Personenbeschreibung ist, ob mir das vorgelegt worden ist. Ich kann doch nicht in der Weltgeschichte herumfahren und das prüfen lassen.

Tag 158

12. November 2014

Manfred Götzl, Richter. **Kai Markus Dalek**, 50, technischer Berater aus Berlin. Er war von 1987 bis 1998 V-Mann des Bayerischen Landesamts für Verfassungsschutz und lebte damals in Kronach. **Wolfgang Stahl**, **Anja Sturm**, Verteidiger von Beate Zschäpe. **Michael Kaiser**, Verteidiger von André Eminger. **Olaf Klemke**, Verteidiger von Ralf Wohlleben. **Sebastian Scharmer**, Anwalt der Nebenklage.

Götzl Es geht uns um den Thüringer Heimatschutz, was können Sie berichten?

Dalek Wo soll ich anfangen?

Götzl Das überlass ich Ihnen. Sie können ja chronologisch vorgehen.

Dalek Wie der Kontakt zu Brandt *(Tino Brandt, der Chef des Thüringer Heimatschutzes)* zustande kam, weiß ich nicht mehr. Ich denke, er hat mich kontaktiert. Es gab wöchentliche Treffen in Thüringen, in Saalfeld-Rudolstadt. An Brandt ist mir aufgefallen, dass da ziemliche Radikalität vorhanden war.

Götzl Inwieweit hat der Thüringer Heimatschutz eine Rolle gespielt?

Dalek Der THS hat unter der Leitung von Brandt Demos angemeldet und auch durchgeführt. Und er hat angefangen, seine Finger nach Bayern auszustrecken. Brandt ist Mitte der Neunziger nach Coburg umgezogen und hat bei Peter Dehoust gearbeitet. *(Dehoust ist Gesellschafter des »Nation und Europa Verlags« mit Sitz in Coburg.)* Und damit war die THS-Krake bestrebt, sich auf mein Gebiet, auf Bayern, auszuweiten. Er hat mir damit keine Freude bereitet.

Götzl Was heißt Krake?

Dalek Dass er sich unter Hilfe eines Nachrichtendienstes auf westliche Bundesländer ausweiten wollte. Durch die Besuche habe ich gesehen, dass da eine immer stärkere Radikalität angefeuert wird durch Brandt. Ich kann auch ein Beispiel nennen.

Götzl Nennen Sie mal.

Dalek Ein Treffen mit dem THS in Thüringen: Es war schon nach 21 Uhr, da stand mindestens ein Kasten Bier da. Auf der Straße wurde Bier getrunken, es waren zehn bis fünfzehn Personen. Da kam ein Streifenwagen vorbei, der nichts vorhatte, der fuhr nur so vorbei, da flogen volle Bierflaschen auf den Streifenwagen, unter Beteiligung von Brandt. Ich habe ihn zur Rede gestellt, was das soll? Und er sagte: Das ist so, wie es ist. Es gab immer mehr Diskrepanzen zwischen mir und Tino Brandt, weil mir seine Vorgehensweise überhaupt nicht geschmeckt hat. Ich dachte, er will eine Militarisierung der fränkischen Szene herstellen. Er löst damit Strafverfolgungsmaßnahmen aus, die nicht in meinem Interesse waren.

Götzl Was meinen Sie mit Militarisierung der fränkischen Szene?

Dalek Brandt hat mal gesagt: Wir gehen mal ein bisschen schießen. Dann sagte ich, ich fahr wieder heim.

Götzl Was genau war Militarisierung für Sie?

Dalek Der Übergriff auf Polizisten im Streifenwagen. Das wollte ich bei mir nicht haben. Bayerische Behörden gehen wesentlich restriktiver vor als die in Thüringen. Noch ein Beispiel: Eine Fabrikhalle wurde besetzt und Brandt versuchte, seine Gefolgschaft in die illegale Besetzung reinzudrücken. Alle sind dann verhaftet worden, wegen Hausfriedensbruch. Ich habe meinen Teil dazu beigetragen, dass sich der THS nicht ausweitet.

Götzl Wie hat sich Ihr persönliches Verhältnis zu Brandt entwickelt?

Dalek Ich habe keinen Kontakt mehr. Brandt hatte den Spitznamen »Brandtstifter«. Für mich ist der komplett aus dem Ruder gelaufen. Ich weiß nicht, ob er das allein oder mit Billigung des komischen Herrn Roewer ausbaldowert hat. *(Er spielt auf Helmut Roewer an, der von 1994 bis 2000 Präsident des Thüringer Verfassungsschutzes war.)* Ich gehe davon aus, dass Brandt seine politischen Aktionen mit seiner vorgesetzten Behörde abgestimmt hat.

Götzl Ich bin nicht interessiert an Mutmaßungen. Die gibt es von allen möglichen Seiten, ich will Tatsachen. Wir waren stehen geblieben bei dem Verhältnis zu Herrn Brandt.

Dalek Am Anfang war alles gut, nach ein, zwei Jahren hat es sich verschlechtert. Er wollte den Thüringer Heimatschutz mit anderem Namen in Franken platzieren, da kam es zum Bruch. Und zwar heftig. Circa 1996 war das.

Götzl Was bedeutet denn heftiger Bruch?

Dalek Es gab ein Männergespräch hinter verschlossenen Türen, ich will mit deinem THS nichts mehr zu tun haben. Du machst das in meinem Bereich nicht. Schluss is, Ende, Basta.

Götzl Haben Sie sich mit Tino Brandt mal über Gewalt unterhalten?

Dalek Meinen Sie Verteidigungsgewalt oder andere Gewalt? Ich hätte mich gehütet, über Brandanschläge oder Angriffe auf politische Gegner mit ihm zu sprechen, um ihm nicht irgendwelche Ideen zu liefern.

Götzl Sie hatten gesagt, Brandt habe sich mihilfe eines Geheimdienstes ausgedehnt. Was meinen Sie damit?

Dalek Er hat immer mit seinen Ermittlungsverfahren geprahlt, die da liefen. Mindestens zehn. Es wurde alles eingestellt, da kam nicht viel raus. Da fängt man im Kopf oben an zu klickern. Und das Klickern gibt ’ne Summe. Und das ergibt: Der steht unter Vertrag.

Götzl Sie sagen, Brandt sei aus dem Ruder gelaufen? Warum?

Dalek Für mich ist Brandt ein Agent provocateur. Ein Brandstifter, der nicht sauber und ruhig politisch arbeitet. Sondern Leute anspricht, die labil sind, die er ankickt und die darauf einsteigen.

Götzl In Ihrer Vernehmung am 6.5.2013 sagten Sie: Der Thüringer Heimatschutz wurde vom Verfassungsschutz Thüringen gegründet, notfalls auch mit Waffen.

Dalek Das ist meine Mutmaßung. Da wurde in Thüringen eine andere Linie eingeschlagen als die, die ich kenne. Ich ziehe daraus den Schluss, dass das mit Duldung der Behörde stattfindet.

Götzl Hier steht: Waffen waren beim Thüringer Heimatschutz immer im Gespräch.

Dalek In der rechten Szene spricht man oft über Waffen. Man spinnt sich zurecht, wir gehen in den bewaffneten Untergrund. Aber dann schaut man sich die Leute an, die so reden, und sagt denen: Leute, ihr habt ja keine Ahnung. Die waren doch nur auf dem Rummel, ein bisschen schießen.

Götzl Hier steht aber: Waffen waren beim Thüringer Heimatschutz immer im Gespräch.

Dalek Ja, aber das heißt ja nicht, dass das stimmt. Das kann auch ein Luftgewehr sein.

Götzl In Ihrer Vernehmung haben Sie gesagt: Ich vermute, dass Brandt vorhatte, einen militärischen Arm aufzubauen.

Dalek Ich sehe das als Profilierungssucht des Herrn Brandt. Mir ist kein anderer Fall in der nationalen Politik bekannt, der sich so hart entwickelt hat wie der THS.

Verteidigerin Sturm Ich bewundere Ihre Geduld, Herr Vorsitzender. Es ist unglaublich, dass wir vom Zeugen nur mit »ich glaube«, »ich vermute« und ,»ich meine« bedient werden. Das ist nicht mehr zu ertragen.

Götzl Sie beanstanden sozusagen die Ausführungen des Zeugen.

Verteidiger Stahl Das ist doch hier nur Kaffeesatzleserei.

Götzl Fragen von der Verteidigung?

Dalek Jetzt geht's los.

Verteidiger Stahl Keine Sorge. Sie sagten, wir gehen jetzt schießen. Was wurde genau gesagt, schießen oder gehen wir zu Schießübungen?

Dalek Da gab es keine Kirmesveranstaltungen.

Verteidiger Stahl Sie beantworten nur meine Fragen.

Dalek Ich setze es inhaltlich gleich: Schießen und Schießübungen.

Verteidiger Stahl Haben Sie andere Gelegenheiten mitbekommen, in denen es um Schießen oder Schießübungen ging?

Dalek Nein. Danach war nie mehr die Rede davon.

Verteidiger Stahl Sie haben gesagt, man spinnt sich zurecht, wir gehen in den bewaffneten Untergund. Wer hat sich das zurechtgesponnen? Und wann?

Dalek Kann ich nicht verifizieren, das ist zu lange her. Aber diese Fragmente waren immer im Gespräch.

Verteidiger Stahl Diese Frage ist nicht ganz unwichtig, deswegen erwarte ich so viel Präzision wie möglich.

Dalek Ich geb mir Mühe.

Verteidiger Stahl Haben Sie das leichtfertig von sich gegeben oder gibt es eine konkrete Begebenheit?

Dalek Es gibt keine konkrete Begebenheit.

Verteidiger Stahl Es gab aber doch eine Diskussion über den bewaffneten politischen Kampf, sagten Sie.

Dalek Ja. Aber es ist zu lang her. Ja, wenn ich gewusst hätte, dass man mal als Zeuge in einem wichtigen Mordprozess aussagen muss …

(Verteidiger Stahl unterbricht den Zeugen.)

Anwalt Scharmer Ausreden lassen sollten Sie ihn schon.

Götzl Sie können den Zeugen nicht einfach im Satz unterbrechen.

Verteidiger Stahl Ich nehme mir das Recht heraus, wenn der Zeuge hier nur Ausflüchte macht, dann unterbreche ich ihn und führe ihn zurück zur Beantwortung meiner Frage.

Götzl Stellen Sie jetzt einfach noch mal Ihre Frage.

Verteidiger Stahl Sie sagten, es gab die Diskussion über einen bewaffneten politischen Kampf. Wer hat sich zu was geäußert?

Dalek Dann fang ich von vorne an und hoffe, dass ich nicht unterbrochen werde.

Götzl Sie schweifen in der Tat ab. Gehen Sie einfach auf die Frage ein!

Dalek Irgendwann saßen wir in der Stammkneipe »Goldener Anker« des THS, und aus der tagespolitischen Berichterstattung heraus hat sich eine Diskussion aufgeschaukelt, wenn die Repression zu groß wird, gehen wir in den bewaffneten Kampf. Welcher Punkt der Auslöser war, weiß ich nicht mehr. Vielleicht eine Inhaftierung oder eine Hausdurchsuchung. Welche Personen daran beteiligt waren, weiß ich nicht mehr.

Verteidiger Stahl Wann war das zeitlich, ganz grob? Anfang oder Mitte der Neunziger?

Dalek Zwischen 1993 und 1995 ungefähr.

Verteidiger Stahl Mir ist nicht klar, wie Sie von Bierflaschenwerfen und vielleicht Schießengehen zur Militarisierung des THS kommen.

Dalek Mir ist ja nicht mal mehr die Jahreszahl klar. Es ist schwer zu formulieren.

Verteidiger Stahl Den Begriff militärischer Arm kann man mit diesen zwei Vorfällen nicht einfach so abdecken. Woher kommt die Formulierung dann?

Dalek Das ist meine Formulierung.

Verteidiger Kaiser Waren Sie in der Zeit als V-Mann aktiv?

Dalek Ja.

Verteidiger Kaiser Haben Sie dem Landesamt für Verfassungsschutz berichtet?

Dalek Ja.

Verteidiger Klemke Unter welchem Namen ist Ihr V-Mann-Führer aufgetreten?

Götzl Da haben wir ein Problem.

Dalek Ich weise auf die beschränkte Aussagegenehmigung des Landesamts für Verfassungsschutz hin. Und jetzt ist auch Schluss mit solchen komischen Fragen.

Verteidiger Klemke *(zu Richter Götzl)* Der Zeuge wird frech. Bitte weisen Sie den Zeugen darauf hin, dass er die Würde des Gerichts zu wahren hat.

Götzl *(zum Zeugen)* Lassen Sie das einfach!

Verteidiger Klemke Sie haben alles weitergegeben an Ihren Führungsoffizier?

Dalek Ja, wobei das kein Offizier war.

Tag 159

13. November 2014

Manfred Götzl, Richter. **Sitta I.**, 54, Selbstständige aus Apolda, die mit Hans-Ulrich Müller liiert war, der eine wichtige Rolle beim Transport der Tatwaffe Česká nach Jena gespielt haben soll. Sie wurde bereits am Tag 152 befragt.

Götzl Könnten Sie Herrn Müller mal beschreiben, mich interessiert seine Persönlichkeit.

Sitta I. Das will ich mal versuchen. Wenn man ihn nicht kennt, er hat 'ne Art, wo man gleich Vertrauen findet. Geschäftlich war er sehr korrekt, so hab ich es empfunden. Er ist sehr hilfsbereit, er kommt schnell mit den Leuten ins Gespräch. Als ich damals im Osten groß geworden bin, diese Sprache, dieses Schweizerische, wenn da einer kam, dann war das einfach sehr begeisternd für uns Menschen im Osten: ein Schweizer in Thüringen. Er war für Kinder, mein jetziger großer Sohn, der war damals zwischen sieben und acht Jahre alt, dem hat er Spielzeug gekauft. Er ist eigentlich ein Familienmensch. Und er ist kein gewalttätiger Mensch gegenüber Frauen. Er war immer darauf bedacht, mit uns in Urlaub zu fahren und dafür Geld zurückzulegen. Sein Hauptziel war eben, Geld zu verdienen.

Götzl Wissen Sie, ob Herr Müller mal Kontakte zur rechten radikalen Szene hatte?

Sitta I. Der damalige Bürgermeister kam mal zu uns ins Geschäft und sagte: Mensch Sitta, was laufen hier für Gestalten rum? Ich sagte, ich krieg das gar nicht so mit. Ob das nun Leute waren, die zur rechten Szene gehörten, das kann ich nicht sagen. Es kamen schon mal welche, die tätowiert waren.

Götzl Was vertrat Herr Müller für politische Ansichten?

Sitta I. Über Politik haben wir gar nicht gesprochen. Ich denke, er hat keine politischen Ansichten.

Tag 160

18. November 2014

Manfred Götzl, Richter. **Frank L.**, 39, Kripobeamter beim BKA in Meckenheim. Er war bereits am Tag 43 vorgeladen und hat über den Inhalt des NSU-Bekennervideos berichtet.

Götzl Wie kam es zu Ihrem Vermerk zum NSU-Video?

Frank L. Der Auftrag kam über den Generalbundesanwalt an das BKA. Ich wurde damit beauftragt, das zu verschriften. Das NSU-Bekennervideo, zu dem ich hier schon mal als Zeuge geladen war, und eine PDF-Datei aus der Frühlingsstraße, eine Videodatei zum NSU-Video. Ich habe mir die erst im Kontext angesehen. Dass ich die Textteile protokolliere, die die Macher des Videos selbst erstellt haben: Texte, Kommentare, Zeitschriftenausschnitte. Ich habe dann eine Tabelle gemacht, mit dem Zeitraum in der ersten Spalte, wann Texte zu sehen waren, in der zweiten Spalte dann den entsprechenden Text, und in der dritten Spalte Anmerkungen.

Götzl Wir schauen uns die einzelnen Videos noch mal an. Wir beginnen mit dem »NSU-Video sehr alt«.

(Das Video wird an zwei Wänden des Gerichts eingespielt. Es beginnt mit dem Text: »Der Nationalsozialistische Untergrund ist ein Netzwerk von Kameraden mit dem Grundsatz

Taten statt Worte. Solange sich keine grundlegenden Änderungen in der Politik, Presse und Meinungsfreiheit volliehen, werden die Aktivitäten weitergeführt.« Es folgen weitere Schriftzüge wie »Wir werden sie besiegen mit rechtem deutschen Blut«, Bilder von NSU-Opfern und Zeitungsausschnitte zu den Morden, unterlegt mit dem Lied «Kraft für Deutschland« der der rechtsextremen Band »Noie Werte«.)

Frank L. Das war das erste Video, auch das kürzeste von allen. Nur zwei Taten wurden explizit genannt.

Götzl Dann gehen wir zum nächsten, zum »NSU-Video aktuell«.

(Das zweite Video wird eingespielt, es ist wieder durch dröhnende rechtsextremistische Musik der Band »Noie Werte« unterlegt Auch Pistolenschüsse sind zu hören.)

Götzl Was gibt es dazu von Ihnen zu sagen?

Frank L. Hier sind die drei Fotos zu sehen, die von den Tätern am Tatort gemacht wurden. Von den Opfern Özüdoğru, Taşköprü und Şimşek.

Götzl Dann schauen wir uns noch das Dritte an.

(Das Video beginnt mit einem ähnlichen Vortext wie die Vorgängerversionen, dieses Mal sind die Bilder aber unterlegt von der Musik zur Zeichentrickserie »Der rosarote Panther«. Das Video zeigt alle Anschläge und Mordopfer des NSU und dauert circa 15 Minuten. Es endet, wie in der Zeichentrickserie, damit, dass sich Paulchen Panther umdreht und spricht: »Heute ist nicht alle Tage, ich komm wieder, keine Frage.«)

Götzl Gibt es von Ihrer Seite noch etwas zu sagen?

Frank L. Nein.

Tag 161

19. November 2014

Manfred Götzl, Richter. **Kai Markus Dalek**, 50, technischer Berater aus Berlin. Er war von 1987 bis 1998 V-Mann des Bayerischen Landesamts für Verfassungsschutz und trat bereits am Tag 158 als Zeuge auf. **Herbert Diemer**, Vertreter der Bundesanwaltschaft. **Wolfgang Stahl**, Verteidiger von Beate Zschäpe. **Sebastian Scharmer**, Anwalt der Nebenklage.

Götzl Wir waren stehen geblieben bei den Fragen der Nebenklagevertreter.

Anwalt Scharmer Sie sagen, Sie seien wöchentlich in Thüringen gewesen. Von wann bis wann haben diese Besuche in Thüringen stattgefunden?

Dalek Ab '95 bis Ende '97, da habe ich mich zurückgezogen.

Anwalt Scharmer Wie lief das ab bei diesen Besuchen, den Stammtischen?

Dalek Immer mittwochs.

Götzl Was haben Sie da vorliegen? Was lesen Sie da ab?

Dalek Ich habe mich informiert. Aus dem Abschlussbericht des Thüringer Landtags, der 1200 Seiten lang ist …

Götzl *(unterbricht)* Wir brauchen Sie hier nicht als Referenten, sondern als Zeugen. Ich bin nicht interessiert, dass uns der Zeuge aus irgendwelchen Unterlagen von Behörden berichtet. Legen Sie die Unterlagen weg.

Dalek Die Besuche waren immer mittwochs. Es waren immer fünfzehn bis zwanzig Personen da. Tino Brandt war der Ansprechpartner für mich vor Ort. Es gab keine Sitzordnung, ab einer gewissen Führungsfunktion hat man dann zusammengesessen: Ich war in der Nähe von Tino Brandt und er in meiner Nähe. Es gab keine Vorträge oder Ansprachen, wir haben über das politische Geschehen geredet.

Anwalt Scharmer Wie war die Verteilung Männer zu Frauen bei den Treffen?

Dalek Mindestens 95 Prozent Männer, es waren höchstens mal fünf Frauen da.

Anwalt Scharmer Erinnern Sie sich an Frau Zschäpe?

Dalek Nein, ist mir nicht erinnerlich.

Anwalt Scharmer Erinnern Sie sich noch, dass Sie mit Herrn Brandt ein Handy ausgetauscht haben? Und wenn ja, warum?

Dalek Vielleicht weil meines kaputt war. Er hat immer die neuesten Dinger gehabt. Und hat mir auch gleich die Nummer dazu gegeben.

Anwalt Scharmer Gab es eine Art von Hierarchie im Thüringer Heimatschutz?

Dalek Ja. Absoluter Ansprechpartner war Tino Brandt, dann gab es noch den Sven Rosemann. An mehr Namen kann ich mich nicht erinnern.

Anwalt Scharmer Auf der Garagenliste ist Ihre Nummer verzeichnet und Ihr Name. Wissen Sie, wie Ihre Nummer da hingelangt ist? *(Die Rede ist von einer Liste, die bei der Durchsuchung von Zschäpes Garage im Januar 1998 gefunden wurde.)*

Dalek Zu meiner Nummer hatte jeder Zugang, bundesweit.

Anwalt Scharmer Wurden Sie nach 1998 darüber noch kontaktiert?

Dalek Nein, ich bin '98 aus dem Verfassungsschutz raus und die Nummer habe ich plattgemacht, also abgeschaltet.

Anwalt Scharmerr War die Nummer dem Verfassungsschutz in Bayern bekannt?

Dalek Ja. Beide Nummern, auch die, die ich von Brandt bekam.

Anwalt Scharmer Hat der Verfassungsschutz Ihnen gesagt, dass diese Nummer möglicherweise abgehört wird?

Verteidiger Stahl Ich kann nicht erkennen, welchen Zusammenhang diese Fragen mit den angeklagten Taten haben. *(Der Zeuge wird aus dem Gerichtssaal geschickt.)* Ihre Fragen sind nur darauf gerichtet, Ermittlungsversäumnisse auszuleuchten oder einen Szenevoyeurismus zu betreiben. Der Prozessstoff wird in unzulässiger Weise ausgeweitet.

Anwalt Scharmer Mir geht es um die Militarisierung des THS, aus dem Wohlleben und Zschäpe entstammen sollen. Das lässt möglicherweise auch Rückschlüsse auf die Angeklagten zu. Es geht aber auch um die Glaubwürdigkeit von Tino Brandt, der hier aussagte, es sei nicht um Gewalt gegangen beim THS. Es geht hier um die Bildung einer terroristischen Vereinigung, das vergessen Sie vielleicht, Herr Kollege Stahl.

Verteidiger Stahl Wenn man das über das Konstrukt »terroristische Vereinigung« begründet, dann ist der Prozessstoff in jede Richtung ausweitbar.

Anwalt Scharmer Dieser Prozess wird von der Anklage bestimmt, und die Bildung einer terroristischen Vereinigung ist Teil davon. Deswegen klären wir das auf.

Bundesanwalt Diemer Neun Morde wurden auf die grausamste Art und Weise ausgeführt, das ist Militanz pur. Aber wer sonst noch im Thüringer Heimatschutz militant war, ist nicht Inhalt dieser Verhandlung.

Anwalt Scharmer Es waren zehn Morde. Und es sind nicht nur die zehn Morde relevant, sondern auch die terroristische Vereinigung.

Verteidiger Stahl Die Rolle, die Frau Zschäpe in dieser Gesamtkonstellation spielt, das gilt es doch zu ermitteln. Wenn ich höre, was Herr Diemer gerade gesagt hat: Das trifft genau das, was ich meine. Wenn Sie versuchen, die Anklage auf weitere, bessere Füße zu stellen, dann ist das von der Anklage nicht mehr gedeckt. Sie wollen eine Ermittlungsarbeit in der Hauptverhandlung leisten, die nicht von der StPO gedeckt ist.

Anwalt Scharmer Es geht doch auch um Herrn Wohlleben, und welchen Hintergrund er hatte bei der Waffenweitergabe.

Götzl Erhalten Sie Ihre Beanstandung aufrecht, Herr Stahl?

Verteidiger Stahl Nein.

Götzl Bitte legen Sie Ihre Frage nochmal dar, Herr Scharmer.

Anwalt Scharmer Ich will klären, ob Dalek Kenntnis hatte, dass sein Telefon mitgehört wurde. Ob er mit Brandt über Politik geredet hat.

Götzl *(zum Gerichtsdiener)* Dann rufen Sie Herrn Dalek herein. *(Wendet sich an Anwalt Scharmer)* Aber der Appell hat seine guten Gründe, bitte beachten Sie das.

(Der Zeuge kehrt in den Saal zurück.)

Anwalt Scharmer Herr Dalek, wissen Sie, ob Ihre Anrufe vom Verfassungsschutz Bayern abgehört und aufgezeichnet wurden?

Dalek Mir wurde immer gesagt, dass Telefonnummern generell heiß sind, dass immer damit gerechnet werden kann, dass entweder der Verfassungsschutz oder das BKA in den Leitungen hängt.

Anwalt Scharmer Ist beim THS über politische Gegner gesprochen worden?

Götzl Es hat doch keinen Sinn, hier so weiterzufragen. Bitte halten Sie sich daran, Herr Scharmer. Sonst müssen Sie auch mit einer Beanstandung von meiner Seite rechnen.

Verteidiger Stahl Ich verstehe, dass Sie aufklären wollen, wie das war damals im THS, aber wir weiten den Prozessstoff ins Blaue hinein aus.

Götzl Man will Erkenntnisgewinn, deshalb lasse ich die Frage zu. Aber behalten Sie den Bezug zur Anklage im Auge.

Anwalt Scharmer Mir geht es nicht um die komplette Aufklärung der rechten Szene. Mir ging es um Gegnerlisten im THS. Und ob das bekannt war und ob und wie das mit Zschäpe und Wohlleben kommuniziert wurde.
Ist über Gewalt im Thule-Netz mit Brandt kommuniziert worden? *(Das Thulenetz war ein internes Internetforum der rechten Szene. Kommuniziert wurde zunächst über Mailboxen, später über eine Website. Dalek hat dabei aktiv mitgewirkt.)*

Dalek Meines Wissens ging es nicht um die Thematik der Gewalt. Ich hätte sonst die Nachricht sofort gelöscht und ihn kontaktiert, das unverzüglich zu unterlassen.

Anwalt Scharmer Warum sollte er das unterlassen?

Dalek Ich bin verantwortlich, dass da keine Aufrufe zu Straftaten stattfinden. Es besteht die Gefahr, dass sonst schnell mit Repressionen gegen die Betreiber dieser Plattform gerechnet werden muss.

Tag 162

20. November 2014

Manfred Götzl, Richter. **Timo K.**, 33, Kriminaloberkommissar, BKA Meckenheim. **Antje Böhm**, 40, Erzieherin, geschiedene Probst aus Aue im Erzgebirge. **Wolfgang Stahl**, Verteidiger von Beate Zschäpe. **Olaf Klemke, Nicole Schneiders**, Verteidiger von Ralf Wohlleben. **Johannes Pausch**, Verteidiger von Carsten Schultze.

(An einem der vorhergehenden Verhandlungstage war ein Zeuge aus der Waffenkammer des BKA aufgetreten, der einen unkoordinierten Eindruck hinterließ. Deswegen ist nun der Polizeibeamte geladen, der die Waffenvorlage geleitet hat.)

Götzl Was können Sie uns sagen über die Angaben des Herrn Schultze?

Timo K. Bei der richterlichen Vernehmung am 6.2.2012 hat Schultze gesagt, er hätte eine Waffe mit Schalldämpfer an Mundlos und Böhnhardt übergeben. Da hatten wir schon Lichtbilder vorgelegt, mit vier Waffen, er konnte sich aber nicht entscheiden. Deswegen haben wir uns entschlossen, echte Waffen vorzulegen. Die Waffen waren auf dem Tisch ausgelegt, mit Nummern von 1 bis 11. Er möge diese Waffen in Augenschein nehmen und sehen, ob er die Waffe erkennt, die er damals übergeben hat. Das waren eine Heckler & Koch P 0/8, eine Nuova Molgora und dann eine Česká. Die Nummer 1 sei zu groß, sagte er. Er hat sich für die Nummer 3, die Česká, entschieden, weil die Nuova Molgora zu prägnante Kanten hat, an die hätte er sich erinnert. Er habe sich an den verlängerten Lauf mit dem Gewinde für den Schalldämpfer erinnern können, sagte er. Und an das Verhältnis von Schalldämpfer und Lauf. Das waren die drei Kriterien, an die er sich erinnern konnte. Die Waffen ohne Schalldämpfer hat er gleich ausgeschlossen.

Verteidiger Klemke Welche Waffen waren auf den Lichtbildern abgebildet?

Timo K. Das weiß ich nicht auswendig, die Waffen, die auch bei der Echtwaffenvorlage gezeigt wurden, die Vergleichswaffe zur Bruni war nicht dabei. Heckler & Koch und Nuova Molgora waren nicht dabei. Auf dem Lichtbild war die Česká mit verlängertem Lauf drauf, ohne Schalldämpfer.

Verteidiger Klemke Warum wurden nicht mehrere Waffen mit verlängertem Lauf und Außengewinde für die Waffenvorlage vorbereitet?

Timo K. Der genaue Grund ist mir nicht bekannt, kann sein, dass in unserer Waffensammlung keine allumfassende Auswahl war. Die dient nicht sammlerischem Interesse.

Verteidiger Klemke Wer hat die Angaben von Herrn Schultze aufgenommen?

Timo K. Geschrieben habe ich selbst.

Verteidigerin Schneiders Hat Herr Schulze die Schalldämpfer auch in die Hand genommen?

Timo K. Ja, er hat sie auch in die Hand genommen. Auf jeden Fall die Česká.

Verteidiger Stahl Wer hat die Art und Weise der Waffenvorlage koordiniert und bestimmt, wie sie zu erfolgen hat?

Timo K. Die Waffentechnik. Wir haben gesagt: alle Waffen, die in der Frühlingsstraße in Zwickau gefunden wurden und ein Vergleichsmodell zur Česká mit Schalldämpfer.

Verteidiger Stahl Was war Ihr Ziel bei der Waffenvorlage?

Timo K. Unser Ziel war: Erkennt Herr Schultze die Waffe wieder, die er damals übergeben hat? Wir kannten das Detail Schalldämpfer gar nicht, das hat er so angegeben.

Verteidiger Stahl Wie sind Sie methodisch vorgegangen? Wann wurde Ihnen von Herrn Schultze die Waffe erstmals beschrieben?

Timo K. Wir haben nie gesagt: Beschreiben Sie uns die Waffe. Er hat sich dazu geäußert, als die Waffen schon dalagen.

Verteidiger Stahl Wann hat er sich zu den Kanten geäußert?

Timo K. Am 6.2.2012 bei der Begutachtung der Echtwaffen. Bei den Lichtbildern waren die Kantenausprägungen noch nicht so sichtbar.

Verteidiger Stahl Wäre es nicht sinnvoll gewesen, sich die Waffe erst mal beschreiben zu lassen, nach Größe, Kanten?

Timo K. Aufgrund der Gesamtumstände, wie sich Herr Schultze gegeben hat, haben wir die direkt vorgelegt. Ich hatte nicht erwartet, dass er sich so gut an die Waffe erinnern kann. Waffen haben nunmal keine Gesichter, und es war zwölf Jahre her. Es war nicht so, dass wir gedacht haben, der kann uns aus dem Kopf die Waffe beschreiben.

Verteidiger Stahl Haben Sie sich überlegt, dass das vermeintliche Erkennen der Waffen auch Fehlerquellen beinhaltet?

Timo K. Wir reden von menschlicher Wahrnehmung, da sind immer Fehler möglich.

Verteidiger Stahl Wissen Sie, dass sich Česká-Modelle sehr ähnlich sehen?

Timo K. Ja, auch die Česká 82 sieht der Česká 83 sehr ähnlich.

Verteidiger Klemke Ist Ihnen bekannt, ob sich in der Waffenvergleichssammlung des BKA auch eine Česká 82 mit Aufnahmevorrichtung für Schalldämpfer befindet?

Timo K. Das weiß ich nicht, da müssen Sie die Kriminaltechnik fragen.

Verteidiger Klemke Warum wurde nicht dokumentiert, welche Waffe er in der Hand hatte?

Timo K. Ich habe das nicht für nötig erachtet.

Verteidiger Klemke Ist Herr Schultze gefragt worden, ob er die Tatwaffe schon mal in der Presse oder im Internet gesehen hat?

Timo K. So direkt nicht, aber wir haben ihn gefragt, ob er die Česká-Mordserie mitgekriegt hat. Das hat er verneint. Aber er hat die Sache nach dem 4.11. *(der Tag, an dem Mundlos und Böhnhardt tot in ihrem Wohnmobil aufgefunden wurden)* in den Medien verfolgt.

Verteidiger Klemke Haben Sie gefragt, ob er nach dem 4.11.2011 die Waffe angesehen hat?

Timo K. Nein, dieser Gedanke ist uns nicht gekommen.

Verteidiger Pausch Die Waffen wurden auf einem Tisch ausgebreitet. Wurde das fotografisch dokumentiert?

Timo K. Nein.

Verteidiger Pausch Wie haben Sie die angeordnet?

Timo K. Von rechts nach links der Nummerierung folgend. Wir waren im großen Konferenzraum, da war ein großer Tisch, da war auch noch mehr Platz.

(Der Zeuge verlässt den Gerichtssaal.)

Verteidiger Stahl Hoher Senat, Herr Vorsitzender, die Frage, welche Waffe der Angeklagte Schultze seinerzeit übergeben haben will, ist für das Verfahren von gewisser Bedeutung. Es ist auch naheliegend, dass es sich bei der von Herrn Schultze seinerzeit transportierten Kurzwaffe um die Česká mit Schalldämpfer gehandelt haben kann. Wie ich den Zeugen verstanden habe, war Ziel der Waffenvorlage, zu klären, welche Waffe übergeben werden sollte. Es musste eine übrig bleiben, die es war, im Ausschlussverfahren. Das erscheint mir methodisch nicht richtig zu sein. Niemand ist in der Lage, ohne genaue Kenntnis von Waffen, nach Jahren, eine nur kurz in den Händen gehaltene Waffe wiederzuerkennen. Man ist nicht mal in der Lage, signifikante Bestandteile zu beschreiben. Kurzum: Das vermeintliche Wiedererkennen der Waffe ist einer Vielzahl von Fehlerquellen begegnet. Die Waffenvorlage war dilettantisch erfolgt. Dass der Zeuge die Waffe verkohlt in den Medien gesehen hat, wurde keine Bedeutung zugemessen. Es ist ein katastrophaler Fehler, vor der Waffenvorlage keine Beschreibung der Waffe vom Zeugen abzufordern. Der Beweiswert der Waffenvorlage ist gleich null, unbrauchbar.

(Als nächste Zeugin tritt Antje Böhm auf.)

Götzl Es geht uns um Uwe Mundlos, Uwe Böhnhardt und Beate Zschäpe sowie die Vereinigung Blood & Honour. Inwiefern hatten Sie Kontakt zu Uwe Mundlos, Uwe Böhnhardt und Beate Zschäpe und wie standen Sie zu Blood & Honour?

Böhm Also ich kannte weder die Beate Zschäpe noch Uwe Mundlos noch Uwe Böhnhardt. Ich hatte zu keinen Zeiten irgendwelche Kontakte zu ihnen.

Götzl Mir geht es um den Zeitraum ab Mitte der Neunzigerjahre, inwieweit Sie politisch tätig waren. Wen kannten Sie da, wer war wesentlich?

Böhm Mitte der Neunzigerjahre bin ich Blood & Honour beigetreten, aus dem einfachen Beweggrund: Für mich war Ian Stuart *(der Bandleader der Skinheadband Skrewdriver)* das musikalische Vorbild. Mir ging es darum, sein Erbe weiterzuführen. Es war eine reine Musikorganisation. Als es dann nur noch darum ging, dass damit Geld verdient wurde, habe ich der Sache den Rücken gekehrt.

Götzl Ja, erzählen Sie weiter.

Böhm Ja und?

Götzl Um welche Personen ging es?

Böhm Jan Werner war aktiv und hat viel gemacht. Thomas Starke hat später eine Rolle gespielt. Ja. *(Die Zeugin verstummt.)* Also Werner würde ich als den aktivsten im Bezug zu den Bands bezeichnen.

Götzl Wer hat sich mit wem getroffen, wie kam es dazu, dass Blood & Honour entstand? Geben Sie uns doch Beispiele.

Böhm Wir saßen irgendwann mal in 'ner Kneipe und waren der Meinung, wäre schon schön, wenn wir ein paar musikalische Veranstaltungen hier hätten. Ian Stuart ist jetzt tot, und das führen wir jetzt bei uns in Sachsen weiter. Jan hatte viele Kontakte, wir hatten so Stammtischrunden. Wir waren eine lose Verbindung. Das war so Stammtisch-Feeling, wir haben uns unregelmäßig getroffen und geredet, welche Bands könnten wir einladen.

Götzl Was meinen Sie mit Stammtisch-Feeling?

Böhm Man hat sich getroffen und ein Bierchen getrunken. Wann wollen wir ein Konzert machen und wo und wen laden wir ein?

Götzl Wie viele Besucher kamen denn?

Böhm Bei kleinen Konzerten siebzig, bei größeren dreihundert bis vierhundert Mann.

Götzl Wer kam zu diesen Konzerten?

Böhm Da wurde eingeladen.

Götzl Sie sprechen immer im Passiv, da muss ich zwangsläufig nachfragen. Bitte berichten Sie doch von sich aus, wie es war.

Böhm Damals gab's, glaube ich, schon Handys, da wurden SMS verschickt. Jan Werner kannte viele Leute außerhalb Deutschlands.

Götzl Sie sagten, Sie hätten der Sache den Rücken gekehrt, als es ums Geldverdienen ging. Was meinen Sie damit? Was waren Ihre Erwartungen an Blood & Honour?

Böhm Mein Glaube war, das, was Ian Stuart auf den Weg gebracht hat, fortzuführen. Er war ein Idealist, aber das ging nicht, und besonders Thomas Starke hat das so auf den Weg gebracht, dass es da um große Summen ging. Starke hat mal nach einem Konzert unterstellt, es würden 20 000 Mark fehlen. Ich dachte mir: Häh, wo kommt so viel Geld her? Es gab eine Abendkasse für Eintritt und die Kasse hätte gefehlt. Starke hat anderen unterstellt, sie hätten das Geld gestohlen.

Götzl Wer war denn alles bei Blood & Honour?

Böhm Thomas Starke hatte so die Vaterrolle.

Götzl Welches war Ihre Rolle?

Böhm Ich war da.

Götzl Mit wem hatten Sie den engsten Kontakt?

Böhm Zum Jan Werner, weil wir gemeinsam in die Schule gegangen sind.

Götzl Was hat Ihr Mann gemacht, was haben Sie gemacht, von was haben Sie gelebt?

Böhm Er ist schon ewig selbstständig mit seinen zwei Läden mit CDs und Musik. In dem einen Laden habe ich eine Weile mitgeholfen. Das war nicht die Haupteinnahmequelle. Er hat noch CDs produziert. Die Läden hießen »Sundance«.

Götzl Wann haben Sie geholfen?

Böhm Von 1998 bis Mitte 2000.

Götzl Worum ging es Ihnen bei Blood & Honour?

Böhm Dieses Ehrenvolle, das Ian Stuart verkörpert hat, die hohen Werte, dass wir uns da ein Stück weit zurückbesinnen. Dass man so ein Stück wieder ehrlicher wird und erkennt, was Demut ist. Das waren meine persönlichen Ideale.

Götzl Können Sie das ausführen, die hohen Werte?

Böhm Dass man treu zu sich selber ist, moralisch lebt, und Recht von Unrecht unterscheidet. Und ich fand seine Musik ganz toll.

Götzl Lassen wir seine Musik jetzt mal außen vor. Worum ging es inhaltlich?

Böhm Inhaltlich ging es darum, sich zu treffen. Ich weiß nicht, wie Sie das meinen mit dem inhaltlich.

Götzl Ich denke, meine Fragen sind klar. Und Sie sagen mir das, was der Wahrheit entspricht. Dazu sind Sie verpflichtet.

Böhm Es ging inhaltlich eigentlich nur um Musik. Es gab keinen Inhalt.

Götzl Und die hohen Werte und das Ehrenhafte?

Böhm Das waren meine Beweggründe.

Götzl Was haben Sie sich denn erwartet?

Böhm Ich hätte mir gewünscht, dass man befreundet ist und mit vielen Familien gemeinsam mit den Kindern Unternehmungen macht. Wo Familien sich treffen. Aber es ging nur noch ums Geldverdienen. Und Kinder haben keine Rolle gespielt. Ich war die Einzige mit Kindern.

Götzl Politische Ziele gab es keine?

Böhm Für mich nicht, nee.

Götzl Für andere?

Böhm Kann ich mir schon vorstellen.

Götzl Wie meinen Sie das?

Böhm Weiß ich nicht. Ich könnte mir vorstellen, eine weiße Welt, eine Welt mit Menschen mit weißer Hautfarbe. Das hat vielleicht bei manchen eine Rolle gespielt.

Götzl Bei wem und inwiefern?

Böhm Wir haben so ein Heftchen gemacht, das hieß »White Supremacy«. Da hat das eine Rolle gespielt. So Schlagwörter wie White Power. Dass die weiße Hautfarbe erhalten bleibt.

Götzl Blood & Honour klingt bei Ihnen wie eine Idylle, wo sich Musikliebhaber zusammenschließen mit Familienanschluss Richtung Krabbelgruppe. War das so? Hat das keine politische Zielsetzung berührt?

Böhm Für mich ging es um die Musik.

Götzl Um was ging es den anderen?

Böhm Ich kann das plakativ sagen: Bei einigen vielleicht ein Stück weit um rechtes Gedankengut. Deutschland den Deutschen. Solche Floskeln. Man hat Dinge gesagt, wo man den Sinn gar nicht verstanden hat.

Götzl Was bedeutet das?

Böhm White Power meinetwegen. Wir haben das Bierglas genommen und angestoßen und gesagt: Hö, White Power. Die Zeiten waren anders.

Götzl Warum haben Sie White Power betont? Was steckte dahinter?

Böhm Der Sinn war, dass man seine Hautfarbe erhält und sich nicht mischt.

Götzl Hatten Sie persönliche Erlebnisse in diese Richtung?

Böhm Nein.

Götzl Warum hat das für Sie dann diese Bedeutung gehabt?

Böhm Ich hab mich so gefühlt, ich bin hier geboren, hier gehöre ich her. Ich bin totales DDR-Kind.

Götzl Und was hat das in der Musik für eine Rolle gespielt?

Böhm Das Thema wurde in den Liedtexten schon verarbeitet, so floskelhaft rechtes Gedankengut.

Götzl Ich hatte Sie zu Ihrer politischen Einstellung gefragt. Sie haben dazu nichts erzählt. Gibt es dafür einen Grund?

Böhm Wenn der Begriff rechts fällt und man wird damit in Zusammenhang gebracht, dann hat das grundsätzlich und immer eine sehr negative Bedeutung, aber der Mensch selber dahinter wird nicht gesehen. Wenn einer ein Rechter ist, muss das etwas ganz Schlechtes und Schlimmes sein. Ich werde hier in eine Situation gedrückt, die unangenehm ist.

Götzl Sagen Ihnen die Namen Mundlos und Böhnhardt was?

Böhm Aus der Presse, so vor zwei Jahren.

Götzl Wie ist es mit Frau Zschäpe?

Böhm Nee. Erst als sie gefasst wurde.

Götzl Haben Sie in den Neunzigerjahren mal die Namen gehört?

Böhm Nein.

Götzl Ist jemand an Sie herangetreten, der Unterstützung wollte für die Flucht, um unterzutauchen?

Böhm Nein.

Götzl Der zum Beispiel Ihren Reisepass wollte?

Böhm Nein. Ich weiß, das BKA hat mich damit konfrontiert, dass Herr Starke so etwas behauptet hat.

Götzl Was sagen Sie dazu?

Böhm Nee.

Götzl Zu Starke: Gab es einen Vorfall, wo er verletzt wurde?

Böhm Ja.

Götzl Erzählen Sie doch.

Böhm Wir waren auf einer Feier und haben ihn aufgesucht, angetrunken. Ich hab geklingelt, er kam die Treppe runter. Da hat der Jean René B. dem Starke eine Ohrfeige gegeben.

Götzl Um was ging es?

Böhm Um eine Aussage in einer laufenden Ermittlung, die Starke bei der Polizei getätigt hat. Und da sind wir halt dahin.

Götzl Weswegen?

Böhm Wegen der Aussage, wo er jemand belastet hat. Es hing mit dem Landser-Prozess zusammen, der damals in Berlin anhängig war. *(Gemeint ist der Prozess gegen die rechtsextremistische Musikgruppe Landser.)*

Götzl War mal die Rede davon, Anschläge durchzuführen?

Böhm Nee, niemals.

Götzl Haben Sie bei Jan Werner mal Waffen gesehen?

Böhm Nein. War nie Thema, kein einziges Mal.

Götzl Kennen Sie Carsten Szczepanski? *(Ein V-Mann des Brandenburger Verfassungsschutzes, der in den Sundance-Läden von Antje Böhms Exmann gearbeitet hat und Informationen aus der rechten Szene nach Potsdam lieferte.)*

Böhm Der saß damals in Haft, ich kannte ihn über Briefkontakt ab 1997, und der sagte, wenn er feste Arbeit hat, könnte er früher aus der Haft entlassen werden. Da hat mein Exmann gesagt: Ich kann dich im Laden anstellen. Ich hab damals, vielleicht 1999, beim Arbeitsamt die Fördergelder für Berufsförderung für Szczepanski beantragt. Das ging relativ schnell. Da ist ein intensiver Kontakt entstanden.

Götzl Gab es ein Gespräch mit Szczepanski, ob Sie Ihren Reisepass zur Verfügung stellen können?

Böhm Nein, das war ein sehr freundschaftliches Verhältnis.

Götzl Reisepass war nie ein Thema?

Böhm Nee.

Götzl Dann halte ich Ihnen einen Vermerk des Verfassungsschutz Brandenburg vor. *(Liest aus dem Aktenstück vor.)* Jan Werner und Antje Probst sollen Kontakt zu dem untergetauchten Trio unterhalten haben. Was sagen Sie dazu?

Böhm Ey, da kann ich gar nichts dazu sagen, ich hab die nie gesehen. Das kann nur Szczepanski gewesen sein, später kam raus, dass er V-Mann war. Im *Spiegel* stand das. Riesengroßer Artikel. Dann war er nicht mehr erreichbar.

Götzl Ist Ihnen bekannt, dass Blood-&-Honour-Leute den Untergetauchten Gelder für Waffenbeschaffungen zur Verfügung gestellt haben?

Böhm Neee.

Götzl Ich lese Ihnen den Wortlaut des Hinweises des Landesamts für Verfassungsschutz Brandenburg vor: »Jan Werner soll damals den Auftrag gehabt haben, die drei Skinheads mit Waffen zu versorgen. Gelder hierfür soll die B & H-Sektion Sachsen bereitgestellt haben. Nach der Entgegennahme der Waffen – noch vor der beabsichtigten Flucht nach Südafrika – soll das Trio einen weiteren überfall planen, um mit dem Geld sofort Deutschland verlassen zu können.«

Böhm Hab ich noch nie gehört.

Götzl Wie gut kannten Sie Szczepanski?

Böhm Ich hatte recht engen Kontakt, habe ihn auch in der Haft besucht. Er war jedes Freigängerwochenende bei uns.

Götzl Hier der Hinweis des Verfassungsschutz Brandenburg: Antje Probst wolle der weiblichen Person des Trios ihren Pass zur Verfügung stellen.

Böhm Das ist unglaublich. Das haben mir die BKA-Beamten auch schon gesagt. Ich weiß nicht, was ich sagen soll, außer dass es nicht stimmt.

Götzl *(liest aus einem Vermerk des Verfassungsschutzes Sachsen vor)* »Bei einem Treffen der B&H-Sektion Sachsen am 14. Juni 1998 habe Probst ohne erkennbaren Bezug zu den Flüchtigen angeregt, die politische Arbeit im Untergrund in Form von Anschlägen durchzuführen.«

Böhm Auch damit hat mich das BKA konfrontiert, mein zweitgeborenes Kind war zu dem Zeitpunkt ein Jahr. Ich müsste ja total bescheuert sein, so etwas zu äußern oder zu wollen.

Götzl Es ist ja nicht ausgeschlossen, wenn Sie ein Kind haben, so eine Anregung zu machen.

Böhm Das ist eine ganz böswillige Unterstellung.

Götzl Gab es Unterstützungshandlungen für die drei Personen?

Böhm Nein, hab's nicht mal gewusst.

Götzl Kennen Sie André Eminger? *(Götzl zeigt auf den Angeklagten.)*

Böhm Nein.

Götzl In der Vernehmung sagten Sie, es gebe die Eminger-Zwillinge. Das ist doch eine ganze Menge Information. Und jetzt schauen Sie mich ganz ungläubig an. In Ihrer Vernehmungsmitschrift steht weiter: Ich weiß, dass die zwei Emingers in Aue einen Laden eröffnen wollten und es da mit meinem Exmann Absprachen gab. Was sagen Sie dazu?

Böhm Scheiße.

Götzl Wie soll ich das verstehen?

Böhm Da steht natürlich meine Glaubwürdigkeit infrage.

Götzl Sie müssen wahrheitsmäßig berichten.

Böhm Das Problem ist, dass ich total unglaubwürdig klinge.

Umschlaggestaltung: Heidi Sorg und Christof Leistl
Satz: frese-werkstatt.de
Druck und Bindung: Pustet, Regensburg
ISBN 978-3-95614-095-2

RUDOLF AUGSTEIN STIFTUNG

Diese Publikation wurde mit Mitteln der
Rudolf Augstein Stiftung gefördert

VERLAG ANTJE
KUNSTMANN

Ramelsberger | Ramm | Schultz | Stadler

DER NSU-PROZESS

DAS PROTOKOLL

BAND 2
BEWEISAUFNAHME

Tage 163 – 284

Verlag Antje Kunstmann

Tag 163

25. November 2014

Manfred Götzl, Richter. **Jochen Weingarten**, Vertreter der Bundesanwaltschaft. Er tritt an diesem Tag als Zeuge auf. Es geht um seine Vernehmung von Enrico Theile, der am Transport der Tatwaffe Česká beteiligt gewesen sein soll. Theile sagte an den Tagen 94, 108 und 122 aus. **Wolfgang Stahl**, Verteidiger von Beate Zschäpe. **Olaf Klemke**, Verteidiger von Ralf Wohlleben

(Zunächst werden Vernehmungsprotokolle verlesen. Dann wird der Angeklagte Carsten Schultze erneut befragt. Schließlich nimmt Oberstaatsanwalt Weingarten auf dem Zeugenstuhl Platz. Als Zeuge soll er von einer Vernehmung von Enrico Theile berichten, es geht um die Aussage von BKA-Beamten, dass Weingarten während der Befragung Theiles laut geworden sei. Die Verteidigung von Wohlleben behauptete daraufhin, es könne sich um verbotene Vernehmungsmethoden gehandelt haben. Bei Theiles Befragung ging es um den Weg der Mordwaffe aus der Schweiz zum NSU.)

Götzl Herr Weingarten, Sie haben ja gehört, was Beweisthema ist. Was können Sie von sich aus sagen dazu?

Weingarten Herr Theile erschien am Vernehmungstag pünktlich am frühen Nachmittag, hat sich an der Pforte angemeldet und ist in den Vernehmungsraum gebracht worden. Ich habe Herrn Theile zunächst belehrt nach Paragraf 52 und 55, habe aber ergänzt, dass etwaige waffenrechtliche Delikte verjährt seien. Nicht verjährt sei aber Beihilfe zum Mord. Das sähen wir im Moment aber nicht.

Ich habe einen Notizzettel ergriffen und einen Kugelschreiber und mich dann neben Herrn Theile gesetzt. Ich habe ihm eine Skizze entworfen, die den Weg der Waffe Česká mit Schalldämpfer darlegte. Einerseits vom Auffinden im Brandschutt, über Böhnhardt, Mundlos, Carsten Schultze, Andreas Schultz und Jürgen Länger. Andererseits von Schläfli & Zbinden über Anton G. und Hans-Ulrich Müller. Zwischen Müller und Länger habe ich einen leeren Kreis gezeichnet und Herrn Theile gesagt: Der Generalbundesanwalt geht davon aus, dass Sie in diese Leerstelle gehören. Daraufhin bin ich wieder an meinen Platz gegangen.

Er verneinte auf die Frage, ob er Angaben machen könne, wie die Waffe von Müller nach Thüringen kam.

Im Verlauf der Vernehmung sagte er, er höre zum ersten Mal, dass Herr Länger in Verbindung mit dieser Česká gebracht werde. Woraufhin ich ihn damit konfrontierte, dass er doch den Durchsuchungsbeschluss bekommen und sicher gelesen habe. Da sagte er, da finde er nur immer neue Märchen. Daraufhin fragte ich, welche. Da sagte er: dass die Česká im Wohnmobil gefunden worden sei und dass die Uwes sich selber umgebracht hätten. Daraufhin sagte ich ihm, dass das ja so nicht im Beschluss stehe, worauf er sagte, ja, er habe das aus der Presse.

Ich hab das Thema Jürgen Länger zunächst beendet und bin zur Schießkugelschreiber-Frage gekommen. *(Bei Enrico Theile wurde 2004 ein sogenannter Schießkugelschreiber gefunden, eine scharfe Waffe, die allerdings aussieht wie ein Kugelschreiber. Er soll sie von dem Schweizer namens Hans-Ulrich Müller bezogen haben, aus der gleichen Quelle, über die auch die Tatwaffe Česká nach Jena gelangt sein soll.)* Er meinte wohl, es könne sein. Ich habe ihm klargemacht, er müsse sich festlegen, ob er sich nun erinnert oder nicht. Daraufhin sagte er, es sei ja so, dass er dafür auch verurteilt worden sei. Ich fragte ihn, warum er da so laviert habe. Er wisse nicht, dass es 2004 war. Daraufhin habe ich ihm klargemacht, dass es so nun nicht gehe. Ich habe meine Hand auf den Tisch fallen lassen, bin aufgestanden und habe ihm schon auch im Ton klar gemacht, dass es so nicht gehe. Ich habe ihm klargemacht, dass ich ihm nicht glaube, dass er keine Erinnerung daran habe, dass er mit Länger über eine Waffe gesprochen habe.

Sein Verhalten mache nicht den Eindruck, als dass er unbefangen und wahrheitsgemäß aussagen würde. Ich habe ihm gesagt, dass er möglicherweise die Situation falsch einschätzt und dass erwogen werden wird, ihn vor dem Ermittlungsrichter des BGH befragen zu lassen. Dort stehe er auf jeden Fall unter Wahrheitspflicht. Danach habe ich angeknüpft noch einmal an die Frage, woher nun dieser 2004 sichergestellte Schießkugelschreiber stamme. Er sagte, das wisse er nicht. Ich habe ihm vorgehalten, dass gegen Herrn Müller schon 1993 ermittelt worden sei. Dass er über zehn Schießkugelschreiber verfügt habe. Und es daher doch naheliegt, dass er den Kugelschreiber doch von Herrn Müller erhalten hat. Daraufhin hat er erst mal gar nichts gesagt. Nach etwa 30 Sekunden habe ich ihn gefragt, wie ich sein Schweigen deuten darf. Er sagte: Ich weiß es nicht. Ich habe mich erkundigt, wann er das letzte Mal mit Müller gesprochen hat. Gerade gestern, sagte er. Worüber, fragte ich. Ob man sich nicht mal wieder treffe. Ich fragte, ob er denn mit Müller auch über den heutigen Vernehmungstermin gesprochen habe. Und Herr Theile sagte: Doch, auch. Und dann hat der Kollege vom BKA zwei oder drei Briefumschläge hervorgeholt, die bei Herrn Theile sichergestellt worden waren. Da standen drei Zeilen mit Ziffern, Eurobeträge. Überraschenderweise nahm Herr Theile das nun zum Anlass, längere Ausführungen zu machen. Auf dem einen stand: »1000 Euro verloren.« Er sagte, er habe den Bargeldbetrag von der Bank abgeholt und der sei ihm dann abhanden gekommen. Unmittelbar im Anschluss erklärte er, die 1000 Euro habe er abgeholt, nachdem »die ganze Nazisache«, so drückte er sich aus, hochgekommen sei. Aufgrund seiner Bekanntschaft zu Müller habe er Sorge gehabt, dass man ihn in U-Haft nimmt. Ich habe gefragt, was das soll, denn bekanntlich wird Bargeld ja dem Gefangenen abgenommen. Herr Theile sagte, man könne das Geld ja auf das Gefangenenkonto einzahlen. Ich sagte: »Ich verstehe es nicht, Herr Theile. Woher kommt jetzt die Sorge, dass Sie ins Gefängnis kommen könnten?« Ihm sei klar gewesen oder er habe befürchtet, dass seine Bekanntschaft mit Böhnhardt ruchbar werden könne. Und seine Freundschaft mit Müller, der ja schon mal wegen einer Waffensache festgenommen worden sei. Ich sagte: »Ja, aber wenn Sie davon nichts wussten, warum versieht man sich dann schon mal mit Bargeld fürs Gefängnis?« Und da sagte Herr Theile, er habe sich Sorgen gemacht, weil doch die ganzen Waffen von Herrn Müller stammten. Das war ein elektrisierender Moment, dass er mit einem Mal Wissen offenbart oder sich schlicht und einfach versprochen hat. Ich habe dann gesagt: »Aber Sie haben doch gar nicht gewusst, dass Herr Müller mit der Česká was zu tun hat.« Da berichtete Herr Theile dann von einem Abendessen zwei Jahre zuvor mit Müller in der Schweiz. Da habe Müller erwähnt, dass bei einem Bekannten durchsucht worden sei. Da habe eine Waffe eine Rolle gespielt, die in Verbindung zu den Dönermorden, wie sich Herr Theile ausdrückte, gebracht worden sei. Ich fragte, ob Herr Müller gesagt habe, dass er damit etwas zu tun habe. Das hat er verneint. Herr Theile berichtete dann, dass er am Bahnhof in Montabaur Fahndungsplakate gesehen habe, da seien auch Waffen sichtbar gewesen. Er ließ das so stehen. Und als dann im November das Wohnmobil gebrannt hätte und von den ganzen Waffenfunden und den zwei toten Männern berichtet worden sei, da sei er auf Böhnhardt gekommen, da dieser schon so lange weg gewesen sei. Ich habe zu ihm dann gesagt: »Herr Theile, ich verstehe es immer noch nicht. Was hat das alles mit Ihnen zu tun, wenn Sie von nichts gewusst haben? Oder haben Sie was gewusst oder geahnt?« Ja, seine Gedanken gingen in diese Richtung, hat er dann gesagt. Präziser ist er nicht geworden. Ich habe nachgesetzt: »Weil Sie vielleicht eingebunden waren?« »Nein, ich habe mit der ganzen Sache nichts zu tun«, hat er gesagt. Und weil ich den Eindruck hatte, dass Herr Theile zu neuen Bekundungen an diesem Tag nicht mehr zu veranlassen sein würde, habe ich die Vernehmung dann beendet. Er hat das Protokoll zum Lesen bekommen, er hat sich sehr lange damit beschäftigt. Er sagte, es sei noch was: seine Aussage, er habe Sorge gehabt, weil doch die ganzen Waffen von Herrn Müller stammten. Er machte aber keinen Alternativvorschlag. Er habe ja gar nicht wissen können, dass die Waffen nicht von Müller stammten.

Da bestand nun die absolute Sicherheit, dass er das aber genau so gesagt hat. Deshalb bestand bei uns keine Bereitschaft, das aus dem Protokoll herauszunehmen. Er sagte dann, unter diesen Umständen unterschreibe er das Protokoll nicht. So sind wir dann nach guten drei Stunden auseinandergegangen.

Götzl Dann noch mal Thema Schießkugelschreiber. Sie sagten, Sie wären da während der Vernehmung aufgestanden. Können Sie etwas zur Lautstärke sagen?

Weingarten Ich würde sagen, ich habe mit ihm geschimpft. Das könne ja wohl nicht angehen, dass er derart läppisch mit dieser Frage umgeht. Ich meine, ich habe ihm gesagt, dass ich erwarte, dass er dann sagt, es war so, aber er könne nicht genau sagen, ob es 2004 war.

Götzl Wie hat er denn zunächst reagiert?

Weingarten Es war in seinem Verhalten – ich glaube, er hat sich etwas amüsiert. In seinem Verhalten habe ich keine Änderung wahrgenommen, er war von Beginn an abweisend, sperrig, aber eben auch läppisch. Der Grundtenor: Spielt euer Spiel, schreibt eure Märchen, aber nicht mit mir.

Götzl Was meinen Sie mit läppisch?

Weingarten Es beginnt bei der Körpersprache. Die war zurückgelehnt, tiefenentspannt. Die Arme verschränkt vor der Brust. Er musste häufig angetrieben werden, um aus »kann sein« oder »ist möglich« wenigstens ein »ich erinnere mich nicht« zu machen.

Götzl Sie sagten läppisch.

Weingarten Das Beispiel mit dem Jahr 2004. Zweites Beispiel: Als ich wieder zu Länger *(ein Bekannter von Theile)* wechselte. Da sagte er, dann bin ich jetzt verwirrt. Das war läppisch – ins Provokative hineingehend. So habe ich es wahrgenommen.

Verteidiger Klemke Herr Weingarten, Sie sagten, der Herr Theile sei tiefenentspannt gewesen und habe die Arme verschränkt. War das durchgängig?

Weingarten Ich kann natürlich nicht ausschließen, dass er sich auch mal aufrecht hingesetzt hat. In Erinnerung ist mir aber die beschriebene Körperhaltung.

Verteidiger Stahl Sie hatten berichtet, Sie hätten Herrn Theile belehrt, dass er als Zeuge vernommen wird, und mitgeteilt, dass etwaige Waffendelikte verjährt seien, nicht verjährt sei aber gegebenenfalls eine Beihilfe zum Mord. Können Sie noch mal erklären, was Sie dem Zeugen da genau gesagt haben?

Weingarten Na, das!

Verteidiger Stahl Sie hatten da schon etwas mehr gesagt.

Weingarten Ich sagte, diese waffenrechtlichen Delikte seien verjährt, aber nicht Beihilfe zum Mord. Dies setze aber voraus, dass man eine ungefähre Vorstellung habe, für wen und wofür die Waffe gedacht gewesen sei. Ich habe ihm gesagt, dass ich das nicht sehe im Moment, und dass wir ihn gesondert darauf hinweisen würden, wenn sich das im Verlaufe der Befragung verändert.

(Im Anschluss an die Befragung gibt Anwalt Klemke eine Erklärung zur Waffenvorlage an

Carsten Schultze beim BKA ab, bei der Schultze die Tatwaffe Česká identifiziert hatte. Sie sei nicht verwertbar, weil zuvor keine Beschreibung der Waffe verlangt worden sei. Die Vorlage habe den »Ruch des Beliebigen, um nicht zu sagen – des Willkürlichen«. Es sei nicht klar, ob das Wiedererkennen der Waffe durch Schultze als zuverlässig gewertet werden kann. Zu kritisieren sei ferner, dass Carsten Schultze nur drei Waffen mit Schalldämpfer vorgelegt worden seien. Die Heckler & Koch sei sofort von Schultze ausgesondert worden, weil die Waffe erheblich größer gewesen sei als die anderen beiden.
Zudem seien alle Waffen auf einem längeren Tisch ausgebreitet worden, anstatt sie Schultze nacheinander zu zeigen. Alle seien gleichzeitig zu sehen gewesen, er musste sich nicht echt entscheiden. Es habe bei der Waffenvorlage also »erhebliche suggestive Einflüsse« gegeben. Zudem habe Schultze doch die ganze Sache vergessen wollen – das alles lasse die Wiedererkennungsleistung in kritischem Licht erscheinen.
Anwältin Schneiders gibt dann noch eine Erklärung zum Zeugen Dalek ab: Es sei offensichtlich geworden, dass sich Dalek wichtiggemacht habe bei der polizeilichen Zeugenvernehmung. Im Gericht sei er zurückgerudert und habe nur Mutmaßungen geäußert. Die ganze Befragung hätte nur dem »Szene-Voyeurismus« der Nebenklage gedient. Ihr Mandant Ralf Wohlleben habe Anspruch auf ein beschleunigtes Verfahren.)

Tag 164

26. November 2014

Manfred Götzl, Richter. **Ralph Hofmann**, 40, kaufmännischer Angestellter aus Hohenstein, ist mit Zeugenbeistand erschienen. **Herbert Diemer**, Vertreter der Bundesanwaltschaft. **Wolfgang Stahl**, Verteidiger von Beate Zschäpe. **Olaf Klemke**, Verteidiger von Ralf Wohlleben. **Mehmet Daimagüler, Carsten Ilius, Stephan Kuhn**, Anwälte der Nebenklage.

(Der Personalausweis von Ralph Hofmann wurde im Brandschutt der Frühlingsstraße gefunden. Mit diesen Personalien wurde kurz nach dem Untertauchen des Trios eine Wohnung in der Chemnitzer Cranachstraße angemietet – aber offenbar nie von Zschäpe, Mundlos und Böhnhardt bezogen. Auch Möbel, Elektrogeräte und Kleidung wurden so bestellt – und nicht bezahlt. Die Ermittler vermuten, dass Hofmann so dem Trio in der ersten Zeit des Untertauchens geholfen hat. Hofmann zählte damals zum inneren Zirkel der rechtsradikalen Szene in Chemnitz.)

Götzl Es geht uns zum einen um die Frage, ob Sie Uwe Mundlos, Uwe Böhnhardt, gegebenenfalls auch Frau Zschäpe oder weitere Angeklagte kannten oder kennen. Und dann geht es uns auch um eine Wohnung in Chemnitz, in der Cranachstraße 8, auch um die Bestellung von Waren, die dorthin geliefert wurden. Mich würde zunächst interessieren, ob Sie Kontakte zu den Angeklagten hatten.

Hofmann Also, ich hatte schon beim BKA eine Aussage getroffen: Dass ich einen Anruf bekommen habe von Herrn Thomas Starke, ob ich mich treffen würde in der Innenstadt von Chemnitz, abends. Das habe ich getan, da waren er und zwei Personen, mit Kapuze über den Kopf gezogen, ich konnte nicht erkennen, wer es war. Ich wurde gefragt, ob ich mir für ein paar Tage vorstellen könnte, Leute als Untermieter aufzunehmen. Und das habe ich seinerzeit abgelehnt, weil ich noch bei den Eltern gewohnt hatte. Das hatte sich dann erledigt. Wann das dann war – ich denke, es war im Sommer/Herbst Ende der Neunzigerjahre. Dann wurde ich ein halbes Jahr später oder Monate noch mal angesprochen von Starke, ob ich nicht doch 'ne Möglichkeit hab, welche zur Untermiete unterzubringen. Das hab ich verneint. Das war in einer Gaststätte. Ich habe ihn dann an Carsten R. verwiesen. Was dabei rausgekommen ist, weiß ich nicht.

Götzl Wollen Sie auch zu den anderen Punkten was sagen?

Hofmann Also die Cranachstraße ist mir kein Begriff, da habe ich keine Erinnerung an diese Wohnung. Ich hatte bloß von einem Inkassounternehmen damals Forderungen bekommen, unter anderem von einer Hausverwaltung. Da hatte ich mich dann vorgestellt, und die Dame hat mir bestätigt, dass ich das nicht bin, der die Wohnung angemietet hatte. Wo das war, weiß ich nicht mehr. Weil ich die Unterlagen bestimmt schon sechs, sieben Jahre nicht mehr habe. Ja, also die Wohnung war weiß gestrichen, war leer, und ja. Zur Vorgeschichte: Ich habe meine Geldbörse mit meinem Ausweis verloren oder sie ist mir gestohlen worden, wobei ich nicht mehr sagen kann, wann das passiert ist. Ich war in einem Einkaufszentrum, da hab ich das festgestellt, dass ich das nicht mehr hatte. Ich war am Vorabend in einer Gaststätte gewesen und war da stark alkoholisiert damals. Es könnte sein, dass sie da gestohlen wurde oder ich sie auf dem Wege zur Gaststätte oder zum Einkaufscenter verloren habe. Ja, das sind die Sachen, die ich dazu sagen kann.

Götzl Und der Punkt Warenbestellung?

Hofmann Es sind Sachen auf meinen Namen bestellt worden. Was genau und bei welchen Versandhäusern, das kann ich nicht mehr sagen, es waren Inkassounternehmen, die mich angeschrieben haben. Ich glaube, es war ein Bestellwert von 5000 bis 6000 D-Mark.

Götzl Und zeitlich – was können Sie dazu sagen? Können Sie das genauer einordnen?

Hofmann Genauer kann ich das nicht mehr sagen. Im Gespräch mit den BKA-Beamten wurde mir da was in den Mund gelegt.

Götzl Was wurde Ihnen da in den Mund gelegt?

Hofmann Ende der Neunziger, Anfang 2000.

Götzl Es würde mich interessieren: Warum wäre Ihnen vom BKA etwas in den Mund gelegt worden?

Hofmann Weil ich mich nicht konkret erinnert habe, sind die Zeiträume etwas eingegrenzt worden. Dann wurde ich auch noch konfrontiert, dass meine Handynummer im Adressbuch eines Beschuldigten ist. Es war so, bei Vortragsveranstaltungen, da hat man sich immer die Nummern geben lassen, um dann viele zu erreichen bei den nächsten Veranstaltungen. Deshalb hatte ich den Herrn André Eminger mit im Telefonbuch. Ich hatte die Nummer dann auch gelöscht, weil es keine Resonanz mehr gab.

Götzl Haben Sie eigentlich den Verlust des Ausweises gemeldet?

Hofmann Den Verlust hatte ich gemeldet, und ich hatte dann auch eine Anzeige bei der Polizei gemacht zu den Bestellungen und den Inkassoschreiben wegen Missbrauchs des Personalausweises.

Götzl Wenn wir zurückgehen zu dem Anruf von Herrn Starke: Wie war Ihre damalige Situation, wie standen Sie zu Herrn Starke?

Hofmann Er war schon eine zentrale Figur in Chemnitz, und jeder, der zum rechten Spektrum gehören wollte, hat ihn als zentrale Person gesehen und versucht, sich mit einzubringen, und ja.

Götzl Wie war Ihre Einstellung damals?

Hofmann Ich habe viele Ansichten geteilt. Man hat sich mit einigen Sachen schon identifizieren können.

Götzl Sie sagen, Ansichten hätten Sie geteilt: Welche Ansichten waren es denn?

Hofmann Das kameradschaftliche Gefühl halt.

Götzl Und inhaltlich jetzt? Haben Sie politische Positionen geteilt?

Hofmann Asylpolitik und ja, Brauchtumspflege hat mich halt angesprochen.

Götzl Was meinen Sie jetzt damit? Ich wollte das Thema gar nicht groß und breit abhandeln, aber nachdem Sie mich nur mit Schlagworten bedienen, muss ich nachfragen. Mir geht es um Ihre Rolle im rechten Spektrum – was können Sie mir dazu sagen?

Hofmann Am Anfang ist man da mitgelaufen, und ja, es hat sich dann gefestigt.

Götzl Ja, was denn?

Hofmann Meine Gedanken zu der Weltanschauung.

Götzl Und wie sahen die dann aus? Gehen Sie doch darauf ein: Wie waren Ihre Ansichten?

Hofmann Schon rechte Ansichten, waren es schon.

Götzl Zu diesen Warenbestellungen – waren das Firmen, die Sie kannten?

Hofmann Zu den Firmen kann ich nichts sagen. Das waren Inkassofirmen.

Götzl Ja, aber es war ja von bestimmten Forderungen die Rede. Von welchen Gläubigern wurden denn Forderungen geltend gemacht?

Hofmann Ich glaube, es waren große Versandhäuser gewesen: Quelle, Neckermann.

Götzl Also Sie bekommen Forderungen von Inkassounternehmen. Was haben Sie dann gemacht?

Hofmann Ich habe die angeschrieben, dass ich nicht der Besteller bin.

Götzl Der Zeuge Thomas Starke hat über Sie Folgendes ausgesagt: »Hofmann schwamm genau auf der Linie des Trios.« Er sagte auch, Sie seien politisch aktiv gewesen. Was sagen Sie dazu?

Hofmann Nein, das finde ich unverständlich, diese Aussage.

Anwalt Daimagüler Sagt Ihnen der Name Enver Şimşek etwas, der am 9.9.2000 ermordet wurde?

Hofmann Nein.

Anwalt Daimagüler Sagt Ihnen der Name Abdurrahim Özüdoğru was, der am 13.6.2001 ermordet wurde?

Hofmann Nein.

Verteidiger Stahl Ich beanstande das. Das ist ein Missbrauch des Fragerechts.

Verteidiger Klemke Ich halte das auch für Missbrauch des Fragerechts. Hier wird eine Erklärung in eine Frage gekleidet.

Anwalt Daimagüler Ich habe eine Frage gestellt, und ich bin überrascht, dass Herr Rechtsanwalt Klemke solche Schwierigkeiten mit der deutschen Sprache hat.

Verteidiger Klemke Bitte werden Sie nicht frech, Sie sollten andere Beteiligte mit Respekt behandeln.

Anwalt Daimagüler Das müssen Sie gerade sagen. Ich halte meine Fragen für zulässig.

Verteidiger Klemke Ich beantrage zu protokollieren, dass Herr Rechtsanwalt Daimagüler gesagt hat, ich sei der deutschen Sprache nicht mächtig.

Götzl Gibt es dazu eine Stellungnahme der Bundesanwaltschaft?

Bundesanwalt Diemer Ich kann keinen Zusammenhang mit der Beweisaufnahme beziehungsweise mit dem Verfahren erkennen bei den Fragen von Rechtsanwalt Daimagüler.

Anwalt Daimagüler Ich finde es schon erstaunlich, dass man in einem Terrorverfahren die Namen der Opfer nicht mehr nennen darf.

Götzl Jetzt wird es interessant, wie kommen Sie darauf?

Anwalt Daimagüler Diese Kritik bezieht sich auf die Verteidiger.

Verteidiger Stahl Ich weiß nicht, warum hier diese Schärfe drin ist. Es ist nicht so, dass die Namen von Opfern in diesem Verfahren nicht genannt werden dürfen. Sie müssen doch nicht anfangen, uns anzugreifen, dass wir die Opfer verhöhnen würden.

(Nach weiteren Auseinandersetzungen unterbricht Götzl die Verhandlung für eine Pause.)

Anwalt Kuhn Herr Hofmann, ist Ihnen bekannt, dass Sie mal SS-Ralle genannt wurden?

Hofmann Gehört habe ich das schon mal.

Anwalt Ilius Waren Sie mal Mitglied in der Nazi-Kameradschaft »Heimatschutz Chemnitz«?

Hofmann Da war ich Schriftführer, das war ein öffentlich eingetragener Verein.

Anwalt Ilius Sie halten das nicht für einen Nazi-Verein?

Hofmann Wir haben uns um Hochwasseropfer gekümmert, Gräber gepflegt, Kinderfeste gemacht.

Tag 165

27. November 2014

Manfred Götzl, Richter. **Sabine Ehrhardt**, 40, Sachverständige, Sprachwissenschaftlerin beim BKA. **Adnan Erdal**, Anwalt der Nebenklage.

Götzl Es geht uns um Untersuchungen, die Sie durchgeführt haben, um die Autorenschaft des sogenannten NSU-Briefes zu prüfen im Vergleich mit Unterlagen, die wir Ihnen haben zukommen lassen.

Ehrhardt Ich hatte den Auftrag von diesem Gericht, aus linguistisch-forensischer Sicht Stellung zu nehmen. Ein Textvergleich wurde durchgeführt, Gegenstand waren konkret als Vergleichsmaterial die Kopien von 28 handschriftlichen Anträgen der Angeklagten Zschäpe aus verschiedenen Justizvollzugsanstalten zwischen 2011 und 2013 und die Kopie eines Privatbriefes von 2014. Kurz zur Autorenerkennung: Das ist eine sprachwissenschaftliche Disziplin, der Kernbereich ist die sogenannte Fehler- und Stilanalyse, als Referenzmaterial für die Fehleranalyse dient der Duden. Bei der Stilanalyse geht es um angemessen/unangemessen, da gibt es kein eindeutiges Referenzmaterial. Ziel des Textvergleichs ist es, eine Aussage zu treffen zur Autorenidentität oder Nicht-Identität. Das Ergebnis wird auf einer Skala von Wahrscheinlichkeitsaussagen eingeordnet. Ich komme zu den Ergebnissen im Gutachten für die vorliegenden Texte: Es gab dreißig Texte insgesamt, einer davon der NSU-Brief. Einer der Anträge im Gutachten hat augenscheinlich eine andere Handschrift, er wurde ausgeschlossen von der Untersuchung. Im Privatbrief liegt ein Kopierfehler vor, einzelne Zeichen sind nicht klar erkennbar. Ich beginne mit dem NSU-Brief. Er wurde augenscheinlich mit einem Textverarbeitungsprogramm erstellt, es wurden nur Großbuchstaben verwendet, der Text enthält insgesamt nur wenige Fehler, die

meisten auf Ebene der Zeichensetzung. Die Stilmerkmale sind insgesamt als wenig markant festzustellen.
Es zeigen sich Vokabular und Formulierungen des Rechtsextremismus. Der Leser wird in vertraulicher Ansprache angesprochen, es liegt eine mittlere syntaktische Komplexität vor.
Zum Vergleichsmaterial – es sind handschriftliche Texte, die auf vorgedruckten Zeilen eines Formblattes geschrieben wurden. Fehler gibt es hier auf allen sprachlichen Ebenen, die größten Fehler sind überzählige Kommas.
Grammatikfehler zeigen sich ebenfalls, sind jedoch seltener. Vereinzelt auch Wortverwendungsfehler. Die Stilanalyse hat ergeben, dass formeller Stil beinahe gestelzt vorliegt. Ein Merkmal sind zudem unvollständige Sätze, zum Beispiel: Verbringe derzeit meine Freistunde in Haus 17. Das Herauslassen des Pronomens ist Merkmal der Umgangssprache, das steht bei den Anträgen im Widerspruch zu dem formellen Stil.
Der Privatbrief. Es gibt hier Fehler auf allen sprachlichen Ebenen.
Zur Stilanalyse: Der Text ist in umgangssprachlich bis saloppem Stil, vereinzelt formelle Formulierungen. Es liegt eine mittlere syntaktische Komplexität vor, enthält Smileys. Auffällig ist, dass jede optische und sprachliche Markierung von Themenwechseln fehlt.
Ich komme zur Bewertung. Zu den Einschränkungen: Aufgrund der Beschaffenheit der Texte ergeben sich nicht vergleichbare Aspekte. Der NSU-Brief wurde mit einem Textverarbeitungsprogramm erstellt, das Vergleichsmaterial handschriftlich, deshalb ist zum Beispiel die Verwendung von Leerzeichen nicht vergleichbar. Im NSU-Brief gibt es nur Großbuchstaben, weshalb die Fehlerkategorie Groß- und Kleinschreibung entfällt. Eine weitere Einschränkung besteht aufgrund der Textsorten-Unterschiede, der NSU-Brief ist ein Flugblatt. Es gibt vier nennenswerte Übereinstimmungen. Zusammenfassend kann man sagen, dass diese nicht von hoher Aussagekraft sind. Der Fehler bei der Schreibung der Konjunktion kommt häufig vor. Beim Privatbrief ist das mal richtig, mal falsch. Im NSU-Brief ist das nur zweimal vorgekommen. Es gibt eine zweite Übereinstimmung: ein falsch gesetztes Apostroph, aber auch dieses Merkmal ist nur oberflächlich, im NSU-Brief gibt es eine Erklärung dafür, in den Anträgen gibt es dagegen keine Erklärung. Eingesparte Redeteile gibt es auch in beiden Textmaterialien, aber auch das hat keine hohe Aussagekraft. Unterschiede sind überzählig gesetzte Kommas, die in den Anträgen oft auftreten, aber nicht in dem NSU-Brief. Unvollständige Sätze gibt es in den Anträgen, aber nicht im NSU-Brief. Es gibt keine Unvereinbarkeiten.
Die Schlussfolgerungen: Ich komme zu dem Ergebnis, dass die Autorenidentität weder festgestellt noch ausgeschlossen werden kann.

Götzl Vielleicht, dass Sie uns Ihren Tätigkeitsschwerpunkt noch ausführen.

Ehrhardt Ich bin promovierte Sprachwissenschaftlerin, seit mehr als zehn Jahren beim BKA als forensische Linguistin tätig, ich leite dort das Fachgebiet.

Anwalt Erdal Wo haben Sie studiert?

Ehrhardt Ich habe in Jena studiert.

(Im Anschluss wird ein Polizist befragt, der 1996 Zschäpe und Wohlleben wegen der Puppentorso-Aktion in Jena vernommen hat. Der Beamte kann sich nach 18 Jahren nicht mehr erinnern, sondern berichtet, was er im Protokoll gelesen hat. Zschäpes Verteidiger beanstanden das Vorgehen erst und reagieren dann mit einem Befangenheitsantrag ihrer Mandantin gegen Richter Götzl. Verteidiger Klemke sagt, auch sein Mandant, Wohlleben, lehne Götzl wegen Besorgnis der Befangenheit ab. Die Verhandlung wird unterbrochen. Die Ablehnungsanträge werden in der Folge allerdings abgelehnt.)

Tag 166

2. Dezember 2014

Manfred Götzl, Richter. **Rudolf B.**, 69, Wachtmeister, war Waffen- und Sprengstoffexperte beim Luzerner Polizeikommando. Er ist seit acht Jahren pensioniert. **Michael Probst**, 43, Exmann von Antje Böhm. Gelernter Schweißer, er führte mehrere rechte Szeneläden in Sachsen. Er lebt in Hohenstein-Ernstthal, im Landkreis Zwickau. **Anette Greger**, Vertreterin der Bundesanwaltschaft.

Götzl Es geht uns um Ermittlungen, die Sie 1998 durchgeführt haben sollen, ein Verfahren gegen Verantwortliche der Firma Schläfli & Zbinden *(ein Waffengeschäft in der Schweiz)* sowie gegen Herrn Rolf B. Was können Sie darüber noch sagen?

Rudolf B. Ist es gestattet, eine Notiz hervorzuholen?

Götzl Ich wäre dankbar, wenn Sie erst aus der Erinnerung berichten.

Rudolf B. 1998 hatten wir viele Wohnungseinbrüche, da ging uns ein Mann ins Netz, Herr Werner F. In seinem Auto fanden wir Waffen und gefälschte Waffenerwerbsscheine. Er gab zu, dass er sie gekauft hatte und diese dann mittels Farbkopierer kopiert hatte und mit demselben Schein mehrere Waffen gekauft hatte. Wir stellten in seinem Ferienhaus über dreihundert Waffen sicher. Von 33 gefälschten Erwerbsscheinen konnten wir dreißig Waffen sicherstellen, drei blieben verschwunden. Nach meiner Kenntnis kaufte er 66 Waffen bei Schläfli & Zbinden, von denen konnten wir fast keine auffinden. Insgesamt dürfte Werner F. mehrere Hundert Waffen gehandelt und über die Grenze nach Deutschland gebracht haben. Er ließ auch zum Teil Gewinde anbringen für Schalldämpfer; davon wurden auch welche nach Deutschland geliefert.

Oberstaatsanwältin Greger Haben Sie Informationen darüber erlangt, dass die Firma Schläfli & Zbinden ihre Waffenbücher nicht korrekt geführt hat?

Rudolf B. Ich nehme an, wenn Schläfli im Graubereich operiert, dann wird er nichts ins Waffenbuch schreiben, das hinterher von der Polizei kontrolliert wird.

(Der Zeuge erklärt dann ausführlich, dass sich der von der Polizei verdächtigte Werner F. offenbar in dem Waffengeschäft »eingeschlichen« und bei Schläfli & Zbinden Waffen abgeholt habe mit Waffenerwerbsscheinen für andere; er hätte mindestens eine Vollmacht beilegen müssen, dass er berechtigt ist zum Abholen. Werner F. habe selbst Waffennummern von den Waffen weggeschliffen, die für die Ausfuhr nach Deutschland bestimmt waren. Dies sei dilettantisch geschehen.)

Rudolf B. Die Gesetze waren gelinde gesagt sehr lasch. Man spricht ja oft von einem Selbstbedienungsladen Schweiz in Bezug auf Waffen. Ich will das nicht beschönigen. Das war nicht gut.

(Nach der Befragung eines weiteren pensionierten Schweizer Polizisten tritt der Zeuge Michael Probst auf.)

Götzl Herr Probst, es geht uns darum, ob Sie Uwe Böhnhardt, Uwe Mundlos und Beate Zschäpe kannten, und zum anderen um Blood & Honour und insbesondere um Bezüge zu Sachsen.

Probst Hab ich verstanden.

Götzl Erzählen Sie doch bitte zunächst von sich aus.

Probst Also ich soll jetzt von mir aus erzählen? Soll ich erzählen, wie ich geboren bin?

Götzl Ich möchte Sie bitten, dass Sie sich auf meine Fragen einstellen! *(Götzl wird scharf.)*

Probst Ich wünsche mir präzise Fragen!

Götzl Es ist so vorgesehen, dass Sie zunächst mal im Zusammenhang erzählen.

Probst Das ist schwierig. Zu dem Thema Böhnhardt, Mundlos, Zschäpe – die kenne ich nicht und habe mit denen nie was zu tun gehabt. Ich hatte lediglich zu einigen Prozessbeteiligten sekundär Kontakt gehabt, die sind als Zeugen aufgetreten oder kommen noch. Helfen Sie mir auf die Sprünge, ich bin das nicht gewöhnt.

Götzl Welche Zeugen meinen Sie damit? Sie müssen mir den Zusammenhang herstellen.

Probst Zum Beispiel meine ehemalige Frau, und ein ehemaliger Angestellter von mir ist demnächst da, der hat aber Geld vom Staat kassiert. Blood & Honour – denen hab ich nicht getraut, weil so eine Truppe kann nur staatlich gesteuert sein und hat den Charakter eines indoktrinierten Haufens. Mehr möchte ich dazu nicht sagen. Ich sollte es tunlichst unterlassen, meine ehemalige Frau zu belasten, die ist Mutter meiner Kinder. So wurde mir das gesagt.

Götzl Sie haben Ihre Frau angesprochen und einen ehemaligen Angestellten. Wen meinen Sie damit?

Probst Den Carsten Szczepanski.

Götzl Was gibt es zu ihm zu sagen?

Probst Er wirkte sehr von außen geleitet. Konnte niemandem in die Augen gucken und hat dadurch auch Misstrauen hervorgerufen. Irgendwann ist er enttarnt worden, zu dem Zeitpunkt war er nicht mehr bei mir in der Firma.

Götzl Wie lang hat er denn bei Ihnen gearbeitet?

Probst Um die Jahrtausendwende, weniger als ein Jahr.

Götzl Vielleicht dass Sie uns kurz schildern, was er da bei Ihnen gemacht hat.

Probst Ich hatte 'ne Firma, die sich mit Musik und Bekleidung beschäftigt hat, Textilien importiert hat. Bestimmte Marken, die von einschlägigen Jugendlichen getragen wurden. Szczepanski sollte in Brandenburg einen Markt schaffen. Da hab ich gedacht, da ist er bekannt, okay. Das war ein Versuch, das Arbeitsamt hat ihn auch gefördert, da geht ja nichts mehr schief, hab ich gedacht.

Götzl Was meinen Sie mit einschlägigen Kunden?

Probst Jugendliche, die sich auf der patriotischen Schiene bewegt haben, Fußballanhänger, Punks und so weiter.

Götzl Und so weiter heißt?

Probst Normale Leute tragen auch solche Klamotten, sportliche Klamotten, damals war es noch nicht ganz so verbreitet. Na ja.

Götzl Was waren es denn für Klamotten?

Probst So Lonsdale, Fred Perry, Alpha Industries, adidas auch und so was. Doc Martens.

Götzl Was war der Grund, dass Herr Szczepanski bei Ihnen aufgehört hat?

Probst Er hat gemerkt, dass ich ihm misstraut hab, ich hab ihm die Kündigung überstellen lassen. Er hat Ware unterschlagen, da hab ich versucht, das Geld wiederzubekommen, aber da kam ich nicht mehr ran.

Götzl Aufgrund welcher Umstände haben Sie ihm misstraut?

Probst Wenn jemand was verbirgt, kann er einem nicht in die Augen gucken. Das wurde bei ihm von Tag zu Tag schlimmer. Dem hab ich misstraut, er trat auf, als ob er ein Geheimnis hat.

Götzl Was meinen Sie damit, dass Herr Szczepanski den Eindruck machte, als würde er nicht aus freien Stücken handeln?

Probst Ich habe ihn kennengelernt, da saß er ein. Wie er sagte, zu Unrecht. Da hab ich gesagt: okay. Wenn du rauskommst, dann helfen wir dir. Und er war relativ schnell draußen, was ich schon sehr komisch fand. Und war plötzlich extrem umtriebig, mit solchen Aktionen, die ich als politischen Selbstmord bezeichnen würde.

Götzl Was ist das jetzt?

Probst Sinnlose Plakatieraktionen, sinnloses Zeug. Wie soll ich das erklären?

Götzl Sonstiges?

Probst Er redete so viel, der ist praktisch abends rumgefahren und wollte eine Ortsgruppe einer Partei gründen. Ich hab das immer ein bisschen abgetan als Haftmeise. Es hatte sich dann auch gelegt und ich dachte, es ist alles gut. Ich habe ihm damals geglaubt, dass er unschuldig ist. Heute denke ich nicht mehr so. Deswegen habe ich ihn damals auch supported.

Götzl Sie hatten auch Jan Werner genannt. Was hat es mit ihm auf sich?

Probst Er war ein Klassenkamerad meiner Frau. So hab ich ihn kennengelernt, die haben auch 500 Meter entfernt gewohnt. Er hat auch mal auf mein Kind aufgepasst, auch die Mutter von ihm. Wir hatten halt nachbarschaftliche Kontakte, haben ihn als netten Nachbarn kennengelernt. Wir haben uns annähernd täglich gesehen.

Götzl Zurück zu Uwe Mundlos, Uwe Böhnhardt und Beate Zschäpe. Sie sagen, Sie hatten nie Kontakt. Ist das richtig?

Probst Ja.

Götzl Kannten Sie in der Vergangenheit die Namen?

Probst Nein.

Götzl Haben Sie sonst Informationen über die flüchtigen Personen erhalten?

Probst Ich war mit Antje Probst *(jetzige Böhm)* verheiratet, alles, was ich jetzt sagen würde, würde meine Frau belasten, kann ich deshalb nicht sagen, tut mir leid.

Götzl Ja, gut, ich wüsste nicht, dass gegen Ihre Frau ein Verfahren besteht.

Probst Ich muss ja nicht dafür sorgen, dass da eins draus wird.

(Götzl teilt Probst mit, dass er an einem anderen Tag mit einem Anwalt als Zeugenbeistand wiederkommen muss.)

Tag 167

3. Dezember 2014

Manfred Götzl, Richter. **Carsten Szczepanski**, 44, ehemaliger V-Mann mit dem Decknamen »Piatto«, von 1994 bis 2000 V-Mann des Brandenburgischen Verfassungsschutzes, ist mit einer Anwältin als Zeugenbeistand erschienen. Er trägt offensichtlich eine Perücke, eine falsche Brille und ausgestopfte Kleidung. **Wolfgang Stahl**, Verteidiger von Beate Zschäpe. **Olaf Klemke, Nicole Schneiders,** Verteidiger von Ralf Wohlleben.

Götzl Die ladungsfähige Anschrift des Zeugen ist das Innenministerium in Potsdam. Von Angaben zum Beruf wird nach Paragraf 68 Absatz 3 StPO abgesehen, weil es die neue Identität des Zeugen betreffen würde. *(Wendet sich an den Zeugen.)* Es geht uns um Erkenntnisse und Kontakte zu Uwe Mundlos, Uwe Böhnhardt und Beate Zschäpe, auch zu Blood & Honour, vor allem um die Jahre 1998 und 1999. Ich würde Sie bitten, dass Sie zunächst von sich aus berichten. Bitte schön!

Szczepanski Ja, ich muss dazu sagen, das Ganze ist zeitlich schon sehr lange her. Ich habe für den Verfassungsschutz damals Informationen geliefert, zu Blood & Honour auch aus Sachsen, das waren im Nachhinein betrachtet sehr viele Informationen. Was da jetzt im einzelnen interessant wäre, kann ich da jetzt so natürlich nicht sagen.

Götzl Ich hab Ihnen ja gesagt, uns interessiert, ob Ihnen Erkenntnisse zu Uwe Mundlos, Uwe Böhnhardt und Beate Zschäpe vorliegen, darum geht es. Oder um Erkenntnisse zu anderen Personen in diesem Zusammenhang.

Szczepanski Also, die drei Personen waren mir persönlich nicht bekannt, auch die Angeklagten nicht. Meine Kontakte nach Sachsen und Chemnitz waren in der Regel der Herr Werner, Herr Starke und das Ehepaar Probst. Das waren die Personen, mit denen regelmäßiger fester Kontakt bestand. Die gehörten damals zu Blood & Honour in Sachsen, und waren dadurch natürlich interessant für die Informationsgewinnung.

Götzl Dann würde ich Sie bitten, zu diesen Kontakten – was haben Sie denn dazu in Erinnerung?

Szczepanski Ich weiß noch, dass Herr Werner Konzerte organisiert hat und für die Produktion von Tonträgern zuständig war und dass der Herr Starke so etwas wie seine rechte Hand war. Das Ehepaar Probst hatte ein Szenegeschäft damals, und Herr Probst hat damals in einer Band gesungen.

Götzl Können Sie zu Blood & Honour noch was sagen?

Szczepanski Das war nach meiner Erinnerung damals das bestorganisierte Netzwerk. Konkurrenz gab es von den Hammerskins, die etwas später auftauchten. Blood & Honour war im musikalischen Bereich aktiv, aber auch politisch. Es gab damals in nahezu jedem Bundesland einen Blood-&-Honour-Verband. Der Verband in Sachsen war damals schon der größte und aktivste, denke ich. Es gab halt alles vom kleinen Liederabend bis zum Großkonzert, Veranstaltungen, Fußballturniere. Was man halt organisiert für die Szene.

Götzl Können Sie das Politische näher ausführen?

Szczepanski Politisch gesehen war Blood & Honour natürlich der absolute Hardliner-Verband, da fanden sich halt Menschen zusammen, die nationalsozialistisch und neonationalsozialistisch eingestellt waren und die da auch kein Hehl draus gemacht haben. Man war weit rechts außen.

Götzl Zur Struktur selbst von Blood-&-Honour, können Sie da was sagen?

Szczepanski Ich hatte immer das Gefühl, dass Herr Werner ganz oben an der Spitze stand. Und im Nachhinein betrachtet, denke ich auch, dass er der Aktivste war, der damals die Fäden in der Hand hielt. Bei Starke hatte ich, wie gesagt, das Gefühl, dass er die rechte Hand ist und zuarbeitete.

Götzl Was Kontakt zu den genannten Personen angeht: Können Sie das zeitlich eingrenzen?

Szczepanski Nee, das kann ich zeitlich auch nicht mehr festmachen. Den ersten Kontakt hatte ich zu Herrn Probst, der mich dann auch in der JVA besucht hatte, aber das ist zu lange her.

Götzl Was lässt sich zum Ehepaar Probst sagen?

Szczepanski Ja, die waren halt durch die Band von Herrn Probst und das Geschäft der beiden in der ganzen Szene drin. Sie machten auch aus ihrer politischen Gesinnung kein Hehl.

Götzl Beide?

Szczepanski Ja, beide.

Götzl Wie standen Sie zu den genannten Personen?

Szczepanski Ich hatte halt relativ regelmäßigen festen Kontakt. Das Ehepaar Probst hat mir später einen Arbeitsvertrag angeboten für ihr Geschäft.

Götzl Haben Sie die Arbeit auch angenommen?

Szczepanski Ich hab zumindest den Vertrag unterschrieben, ja.

Götzl Worum ging es?

Szczepanski Um den Vertrieb von Tonträgern.

Götzl Haben Sie denn dann für das Ehepaar Probst gearbeitet?

Szczepanski Offiziell ja. Der Arbeitsvertrag war dahingehend für mich wichtig, dass er mir die Haftentlassung ermöglichte und ja, eingeplant war halt, CDs und Platten zu verkaufen.

Götzl Haben Sie das dann gemacht?

Szczepanski Nicht mehr wirklich.

Götzl Was bedeutet das?

Szczepanski Ich kann mich noch erinnern, dass Herr Probst mir einen Karton mit CDs lieferte und der dann in meinem Laden in Königs Wusterhausen stand. Als ich dann in dem Zeugenschutzprogramm landete, sind die ganzen Sachen vernichtet worden, denke ich.

Götzl Haben Sie den Laden dann betrieben?

Szczepanski Ja, den in Königs Wusterhausen habe ich betrieben.

Götzl Ist Ihnen mal ein Sachverhalt untergekommen, dass Personen geflüchtet sind?

Szczepanski Bei einer Vernehmung des BKA wurde mir ein Sachverhalt vorgehalten. Da ging es darum, dass Frau Probst damals drei Leuten ihren Reisepass zur Verfügung stellen wollte.

Götzl Ging es bei Blood & Honour und den genannten Personen auch mal um das Besorgen von Waffen?

Szczepanski Das Thema war in der Szene – man könnte sagen – tagesaktuell. Waffen wurden in der Szene verherrlicht, jeder wollte sie haben. Es war wie ein Statussymbol. *(Pause.)* Die Szene war der Ansicht, dass das jetzige politische System ja irgendwann zusammenbricht und man sich dann in bürgerkriegsähnlichen Zuständen befinden würde. Und für diesen sogenannten Tag X wollte man sich halt vorbereiten.

Götzl Sie sollen dem Brandenburger Verfassungsschutz laut einer Deckblattmeldung vom 9. September 1998 gesagt haben: »Einen persönlichen Kontakt zu den drei Skinheads soll Jan Werner haben. Jan Werner soll zurzeit den Auftrag haben, die drei Skinheads mit Waffen zu versorgen.« Sagt Ihnen das was?

Szczepanski Wenn ich das damals so dem Verfassungsschutz mitgeteilt habe, dann habe ich diese Information so bekommen. Heute sagt mir das nichts mehr. Das ist ja 16 Jahre her. Jetzt, nach 16 Jahren, zu sagen, von wem die Informationen damals gekommen sind, das ist mir unmöglich.

Götzl Haben Sie da eine konkrete Erinnerung dran?

Szczepanski Nein, das war für mich ein komplett anderes Leben. Dafür ist es zu lange her.

Verteidiger Stahl Wie kam es zu Ihrer Entscheidung, für einen Dienst zu arbeiten?

Szczepanski Wenn man 23 Stunden in einer Gefängniszelle sitzt und sich mit seinem vorherigen Leben intensiv befasst und mitbekommt, dass ein Mensch sein Leben fast verloren hat durch meine Mitschuld, das wollte ich nie wieder. *(Er war* *an der Spitze eines Mobs gestanden, der einen nigerianischen Asylbewerber zusammenschlug und in einen See trieb, der Mann wäre fast ertrunken. Szczepanski wurde wegen versuchten Mordes verurteilt.)* Da kam der Entschluss zu sagen: Feierabend! Ich wollte den Ausstieg komplett, ohne die Versuchung, da nochmals reinzukommen.

Verteidiger Stahl Warum dann die Entscheidung, für einen Dienst tätig zu werden?

Szczepanski Ich dachte mir, ich mache diesen Bruch endgültig und mache das so, dass ich mein Leben in die richtige Bahn bringe. Also dass ich versuche zu helfen, dass so etwas nicht wieder passiert.

Anwältin Schneiders *(hält dem Zeugen eine Aussage vor, wonach erst die V-Leute des Verfassungsschutzes die Szene radikalisiert hätten. Auch er, Szczepanski, habe Leuten nahegelegt, man müsse sich bewaffnen.)* Haben Sie die Leute radikalisiert?

Szczepanski Ich denke, das habe ich nicht getan, und ich denke, dass es die Szene in Königs Wusterhausen auch vor mir schon gab.

Anwältin Schneiders Waren Sie dort Mitglied in der NPD?

Szczepanski Ja. Eingetreten bin ich wohl nach der Haftentlassung.

Anwalt Klemke Sind Sie aus eigenem Antrieb Mitglied geworden?

Szczepanski Es lag auf der Hand, um da möglichst viele Informationen gewinnen zu können.

Anwalt Klemke Haben Sie vorher mit jemandem vom Verfassungsschutz darüber gesprochen?

Szczepanski Ja, ich wollte sichergehen, dass ich eintreten kann und darf. Das war in dem Gespräch aber kein Problem.

(Der Zeuge verlässt den Saal. Anwalt Klemke stellt den Antrag, die Untersuchungshaft für seinen Mandanten Ralf Wohlleben aufzuheben. Die bisher stattgefundene Beweiserhebung habe den Tatverdacht nicht erhärtet, sondern im Gegenteil einige Indizien erheblich relativiert. Der Weg der Tatwaffe sei »so ungeklärt wie zuvor«. Auch die Identifizierungsleistung der Tatwaffe Česká durch Carsten Schultze sei erheblich relativiert worden, weil ihm nur drei Waffen vorgelegt wurden und eine davon sofort rausfiel, weil sie viel zu groß gewesen sei. Zu berücksichtigen sei auch die Verhältnismäßigkeit der Strafe. Sein Mandant befinde sich schon drei Jahre in Untersuchungshaft. Und das Gericht verfahre nicht mit der notwendigen Konsequenz, es finde zusehends eine »Verlagerung auf Nebenkriegsschauplätze« statt.
Das Gericht wird diesen Haftentlassungsantrag, wie schon mehrere zuvor, in den folgenden Wochen per Beschluss außerhalb der Hauptverhandlung ablehnen.)

Tag 168

9. Dezember 2014

Manfred Götzl, Richter. **Jochen G.**, 56, Kriminalkommissar beim LKA Baden-Württemberg. **Gerd S.**, 45, Kriminalkommissar aus Aalen. Beide haben im Januar 2012 Jan Werner vernommen, den früheren Chef von Blood & Honour in Sachsen.

Götzl Es geht um die Vernehmung des Herrn Werner im Januar 2012. Was haben Sie denn noch an Erinnerung daran?

Jochen G. Okay. Ich kann mich noch erinnern: Vom BKA wurden wir informiert, dass wir eine Folgedurchsuchung bei der Exfreundin des Jan Werner durchführen sollten. Beamte haben mitbekommen, dass Herr Werner bei einer Spedition bei Besigheim *(ein Ort in Baden-Württemberg)* arbeitet und er an diesem Tag beauftragt war, Teile an die Firma Porsche zu liefern. Ich habe ihn dort abgepasst, er wurde erkennungsdienstlich behandelt und hat freiwillig eine DNA-Probe abgegeben. Wir haben ihn belehrt und auf der Wache mit dem Vorwurf konfrontiert, dass er eine Waffe geliefert haben soll. Er hat dann keine Angaben zur Sache gemacht. Wir haben ihm dann auch gesagt, was wir in der Wohnung der Exfreundin gefunden haben. Das wichtigste: ein gültiger und ein abgelaufener Reisepass von ihm und im Keller eine Kiste mit rechter Musik. Er gab an, dass er seit Monaten nicht mehr bei seiner Exfreundin wohne, sondern in einer Pension.

Ich habe ihn gefragt, wie er seine Freundin kennengelernt habe. Er sagte, diese sei eher dem linken Spektrum zuzurechnen, nicht dem rechten.

Er sagte so lapidar, er sei den einen zu rechts, den andern zu links. Er hat freiwillig der weiteren Untersuchung seines Zimmers in der Pension zugestimmt. Da war nichts drin außer einer Sporttasche, in der eine SIM-Karte und ein Szene-Informationsblatt der Antifa mit einer Titelgeschichte über Zschäpe, Mundlos, Böhnhardt drin war.

Götzl Im Protokoll steht: Von der linken Szene werde er als rechter Aussteiger gesehen. Er habe aus der Vergangenheit seine Lehren gezogen. Er könne mit seiner Vergangenheit abschließen, ohne alles aus der Vergangenheit zu vernichten.

Jochen G. Ja, so hat er es gesagt.

(Es folgt der Zeuge Gerd S.)

Götzl Es geht uns um eine Vernehmung des Herrn Werner am 25. 1. 2012, was können Sie uns dazu schildern?

Gerd S. Ich war damals noch Angehöriger des LKA, bei der Fachdienststelle Rechts- und Linksextremismus. Außer seinen Angaben zur Person hat er keine Angaben mehr gemacht. Nach der Vernehmung sind wir zum Rauchen in den Innenhof des LKA, da hat er noch ein paar spontane Äußerungen gemacht, die wir in einem Vermerk niedergeschrieben haben. Ich hatte den Eindruck, dass er viel aus der Presse zitiert hat. Er hatte auch gesagt, dass man auch ihm 1998 eine Waffe angeboten habe. Ihm könne man aber nichts vorwerfen, er habe von 1998 bis 2002 sowieso immer unter polizeilicher Beobachtung gestanden.
(Nachdem der Zeuge den Gerichtssaal verlassen hat, werden noch einige Zeitungsartikel vorgelesen, die im Brandschutt der Frühlingsstraße 26 gefunden wurden. Darunter zwei Artikel aus dem Kölner Express zum Anschlag in der Keupstraße aus dem Jahr 2004 mit den Titeln »Ich habe den Täter gesehen« und »Er stellte sein Rad am Laden ab« vom 11. 6. 2004. Sowie ein Beitrag aus der tz München von 2001 zum Mord an Habil Kılıc: »Sie wollten Lutscher kaufen und sahen den Todeskampf – Händler in seinem Laden erschossen«. Auf zwei Zeitungsartikeln befinden sich Fingerabdrücke von Beate Zschäpe.)

Tag 169

10. Dezember 2014

Manfred Götzl, Richter. **Antje Böhm**, geschiedene Probst, 40. Sie war bereits am 162. Verhandlungstag als Zeugin im Gericht. **Herbert Diemer**, Vertreter der Bundesanwaltschaft. **Wolfgang Heer, Wolfgang Stahl**, Verteidiger von Beate Zschäpe. **Olaf Klemke**, Verteidiger von Ralf Wohlleben. **Antonia von der Behrens, Thomas Bliwier, Alexander Hoffmann, Mustafa Kaplan, Edith Lunnebach, Yavuz Narin, Gül Pinar, Sebastian Scharmer**, Anwälte der Nebenklage.

Götzl Frau Böhm, wir setzen Ihre Einvernahme fort. Zunächst: Gibt es von Ihrer Seite Ergänzungen?
Böhm Ja, ich möchte eine Anmerkung machen. So wie die Verhandlung letztes Mal geendet ist, was Herrn Eminger betrifft: Ich konnte mich nicht erinnern, dass ich beim BKA diese Aussage gemacht habe, und das fiel mir hier wieder ein. *(Sie hatte erklärt, sie habe vor der Enttarnung des NSU nichts vom Mitangeklagten André Eminger gehört, und wurde dann durch ihre eigenen Aussagen beim BKA widerlegt. Sie rief dann: »Scheiße.«)*
Böhm Ich habe ausgesagt in der zweiten Zeugenvernehmung, dass mein Exmann mir gesagt hat, dass Eminger ein Ladengeschäft eröffnen will in Aue. Um diese Tatsache geht es. Aber kennen tue ich die nicht. *(»Die« bedeutet die Eminger-Zwillinge.)*

Götzl Sie hatten auch berichtet, dass Ian Stuart aus England ein Vorbild gewesen wäre. *(Der Bandleader der Skinheadband Skrewdriver.)*

Böhm Ja richtig.

Götzl Wir hatten auch auf seine Musik abgestellt. Vielleicht noch mal nachgefragt: Wie ist Ian Stuart aufgetreten, was war der Hintergrund, hatte er eine Band?

Böhm Naja, als der gestorben war, den hatten wir ja so live nicht gesehen …

Götzl Seine Musik, haben Sie die gehört?

Böhm Ja natürlich.

Götzl Hatte er eine Band?

Böhm Weiß nicht, vielleicht waren es lose Musiker, dass die Besetzung mal gewechselt hat, weiß ich nicht.

Götzl Ist Ihnen ein Bandname ein Begriff?

Böhm Wie meinen Sie das?

Götzl Ja, ich denke, die Frage ist klar formuliert. Wie soll ich das meinen? Ob es zu Ian Stuart einen Bandnamen gab.

Böhm Skrewdriver. Genau.

Götzl Worum ging es in den Texten der Musik?

Böhm Es ging so um den Zusammenhalt und so um ein weißes Europa, wie ich letztens schon gesagt hab.

Götzl Spielte dabei Gewaltanwendung in den Texten auch eine Rolle?

Böhm Kann schon sein, ja.

Götzl Wie intensiv haben Sie sich auseinandergesetzt mit den Texten?

Böhm Ich hab's gehört und mir hat es musikalisch sehr gefallen. Ich fand seine Stimme immer toll.

Götzl Letztes Mal hatten Sie mir berichtet, dass es das Ehrenvolle, die hohen Werte seien, die er verkörpert habe. Da haben Sie auf das Inhaltliche abgestellt, jetzt auf die Musik.

Böhm Ja, Freundschaft, Kameradschaft, um diese Werte ging es.

Götzl Das sind die Werte, die Sie meinen?

Böhm Also teilweise zumindest ja.

(Götzl belehrt die Zeugin nach Paragraf 55 der Strafprozessordnung. Das bedeutet, sie muss nicht aussagen, wenn sie sich damit selbst strafrechtlich belasten könnte.)

Götzl Ihr geschiedener Ehemann *(er meint Michael Probst)* hat uns angegeben, dass er mit Ihnen verheiratet gewesen sei. Es ging um die Frage, ob er Informationen zu Flüchtigen gehabt hatte. Da sagte er, er sei mit Ihnen verheiratet gewesen, und wenn er jetzt etwas sage, würde er Sie belasten. Haben Sie eine Vorstellung, was damit gemeint sein könnte?

Böhm Keene Ahnung. Wundert mich auch sehr.

Götzl Dann haben wir einen Zeugen Carsten Szczepanski vernommen, da ging es auch um Blood & Honour, und er hat angegeben, dass Blood & Honour der Hardliner-Verband gewesen wäre.

Böhm Also, ich war ja das einzige Mädchen bei uns. Die Jungs haben mich auch aus vielem rausgelassen. Die Frauen haben da ja eigentlich nicht viel zu sagen und dass sie eigentlich an den Kochtopf gehören und ich auch sehr naiv war. Ich kann nicht einschätzen, was die Jungs besprochen haben. Wenn, dann war ich außen vor, weil ich als Mädel da nicht willkommen war.

Götzl Welche Rolle haben denn Waffen, der Umgang mit Waffen gespielt?

Böhm Ich weiß nichts darüber, wer da mit zu tun hatte, keine Ahnung.

Anwalt Hoffmann Lief denn mal ein Strafverfahren gegen Sie?

Böhm Ich stand mit meinem Exmann mal zusammen vor Gericht, aber das hing mit seinen CDs und seinem Laden zusammen. Bei mir wurde das dann eingestellt gegen Geldauflage.

Anwalt Hoffmann Was wurde Ihnen vorgeworfen?

Böhm Ich glaube, das war Volksverhetzung, ich weiß nicht mehr so genau.

Anwalt Hoffmann Sie haben in dem Laden verkauft?

Böhm Ja, ich stand da und habe über den Tresen verkauft.

Anwalt Hoffmann Wer hat denn außer Ihnen und Ihrem Exmann bei AEG gespielt?

(Eine rechte Band namens »Auf eigene Gefahr«.)

Böhm Der Wilko, der Lars Franke und einer aus Riesa. Spitzname Otto.

Anwalt Hoffmann Und sein richtiger? Andreas?

Böhm Andreas hieß auch einer, das war Andreas G.

Anwalt Hoffmann Ralf?

Böhm Ja, Ralf M.

Anwalt Hoffmann Wie lange haben Sie in der Band gespielt?

Böhm Höchstens zwei Jahre, wenn überhaupt.

Anwalt Hoffmann Wer hat Sie denn ersetzt?

Böhm Der Otto.

Anwalt Hoffmann Es gab mal einen CD-Sampler, wo AEG …

Verteidiger Stahl Ich beanstande diese Frage.

(Aus den Reihen der Nebenklage gibt es Rufe, das müsse geklärt werden ohne die Zeugin. Die müsse den Saal verlassen.)

Verteidiger Stahl Bin ich nicht zu verstehen oder warum quatscht hier jemand dazwischen?

Götzl Ich rufe zur Versachlichung auf.

(Die Zeugin wird aus dem Saal geschickt.)

Verteidiger Stahl Ich beanstande die Frage, weil nicht klar ist, was diese Durchleuchtungsfragen hier mit dem Verfahrensgegenstand zu tun haben. Es ist für uns nicht erkennbar. Natürlich können wir bei dem Punkt Glaubhaftigkeit der

Zeugin alle möglichen denkbaren Fragen zulassen, aber der Verfahrensgegenstand wird zunächst einmal verfehlt.

Anwalt Hoffmann Wir haben ja hier das Problem, dass wir Aussagen von anderen Zeugen haben, die sagen, die Zeugin habe große Verantwortung in der Szene gehabt und habe ihren Reisepass für Frau Zschäpe zur Verfügung gestellt. Und dann haben wir eine Zeugin, die sagt, sie sei nur eine Frau und habe gar nichts gemacht. Die Zeugin hat auch erst mal verschwiegen, dass sie selbst bei AEG gespielt hat, sie hat erst mal nur ihren Exmann als Bandmitglied erwähnt. Die Fragen sind wichtig zur Einordnung der Person.

Verteidiger Stahl Meines Erachtens ist das Thema Blood & Honour nicht Gegenstand der Anklage. Sie weiten damit die Beweisaufnahme nach unserer Auffassung unzulässig weit aus. Das ist nicht die Aufklärungspflicht des Gerichts, hier die Struktur von Blood & Honour aufzuklären.

Götzl Dazu muss ich sagen, dass das Thema in der Anklage thematisiert ist. Also in der apodiktischen Weise, wie Sie es sagen, Herr Stahl, ist es nicht.

Bundesanwalt Diemer Wenn es jetzt nur noch um die Glaubwürdigkeit der Zeugin geht, dann ist das kein Wert an sich. Das hat nur einen Wert, wenn die Zeugin auch etwas zur Sache sagen kann. Die Sache mit dem Reisepass – das kann auch nicht mehr verfolgt werden, weil es verjährt ist. Ich habe Bedenken, dass man versucht, die Befragung so zu führen, dass sie eine Zeugin einer Falschaussage überführt. Wer diesen Sampler produziert hat, tut nichts zur Sache.

Anwältin Pinar Sie tun ja so, als ob wir hier lauter Zeugen hätten, die auf Fragen direkt antworten. Wir haben erlebt, dass es nicht so ist.

Verteidiger Stahl Das ist, mit Verlaub, das Pferd von hinten aufgezäumt. Sie können ja nicht von ganz hinten anfangen, um irgendwann auf den Kern zu kommen.

Anwalt Narin Ich möchte auf Herrn Diemer erwidern. Es gehe allenfalls um die Passbeschaffung, sagte er. Es geht auch um die Beschaffung einer Waffe von Jan Werner, es geht um weitere Überfälle – laut Carsten Szczepanski. Die Unterstützerbeiträge sind, denke ich, nicht im luftleeren Raum geschehen. Über Blood & Honour wurden Spendengelder beschafft. Es geht nicht um eine nachträgliche Strafverfolgung. Bei dieser Bundesanwaltschaft muss sich kein lügender Nazi-Zeuge Sorgen machen, strafverfolgt zu werden.

Götzl Es ist auch nicht die Behauptung aufgestellt worden, dass die Glaubwürdigkeit der Zeugin keine Rolle spielen würde. Ich muss jetzt noch mal zur Sachlichkeit nachdrücklich aufrufen.

Bundesanwalt Diemer Ich bin nicht interessiert daran, mich mit Rechtsanwalt Narin darüber auseinanderzusetzen, was die Bundesanwaltschaft will oder nicht. Eines muss klar sein: Unterstützerhandlungen sind der Bundesanwaltschaft bekannt, aber verjährte Straftaten dürfen nicht verfolgt werden.

Anwalt Narin Es geht nicht um die Verfolgung verjährter Straftaten, ich denke, Sie haben mich verstanden.

Anwalt Kaplan Ich möchte mich ausdrücklich den Ausführungen von Dr. Diemer anschließen. Man müsste da direkter fragen.

Götzl Es geht um eine Konzentration der Fragen und darum, sie näher am Gegenstand zu stellen, ich denke, das kann man.

Anwalt Hoffmann Ich würde gerne die Frage so aufrechterhalten, und Sie müssen entscheiden, ob sie zulässig ist.

Götzl Dann werden wir unterbrechen und müssen das entscheiden.

(Nach der Pause verkündet Götzl den Beschluss des Gerichts zur Zulässigkeit der Frage.)

Götzl Die Frage nach dem Hersteller des CD-Samplers ist zulässig, sie knüpft an das Thema Blood & Honour an und hat damit Bezug zum Gegenstand des Verfahrens.

(Dann geht die Zeugenbefragung weiter.)

Anwalt Hoffmann Sie hatten einen Sampler angesprochen, auf dem AEG ein Lied veröffentlicht hat. Wer war Produzent und Vertreiber dieser CD?

(Böhm nennt den Namen eines Rechtsradikalen aus der Szene.)

Anwalt Hoffmann Wann haben Sie sich von Michael Probst getrennt?

Böhm 2007.

(Hoffmann fragt dann nach Reisen nach Schweden und Dänemark, nach den Personen, die die Zeugin Böhm damals begleitet haben, und wen sie getroffen hat. Auch einen Marcel Schilf hat sie dort getroffen.)

Anwalt Hoffmann Haben Sie Marcel Schilf als Vertreiber von Blood-&-Honour-Ideologie kennengelernt?

(Verteidiger Stahl beanstandet die Frage, weil kein neuer Aspekt erfragt werde.)

Verteidiger Heer Wir sind hier kein Repititorium.

Verteidiger Klemke Ich habe hier auch schon festgestellt, dass Sie, Herr Vorsitzender, hier Nebenklageanwälten Hilfestellung bei den Fragen geben. Das könnte bei gewissen Angeklagten Besorgnisse wecken.

Anwalt Bliwier Wenn Sie die Besorgnis der Befangenheit meinen, dann stellen Sie doch wie immer einen Befangenheitsantrag. Ich finde es absurd, hier eine Drohkulisse aufzubauen. Wenn Sie einen Befangenheitsantrag stellen wollen, dann tun Sie es doch einfach.

Verteidiger Klemke Ich glaube, ich brauche mir von Ihnen hier keine Belehrungen anhören.

(Die Zeugin sitzt die ganze Zeit im Saal und hört sich den Disput an. Das Gericht legt eine Mittagspause ein. Danach geht die Diskussion über die Zulässigkeit von Fragen zu Blood & Honour weiter.)

Verteidiger Stahl Es geht hier ständig um Blood & Honour. Alle Fragen vom Kollegen Hoffmann zielen auf die strukturelle Organisation von Blood & Honour.

Blood & Honour wird zwar in der Anklageschrift erwähnt, aber nur an einer Stelle. Als einziger Konnex zwischen NSU und Blood & Honour wird eine zellenartige Struktur beschrieben. Wenn ich hier mitbekomme, in welcher Form Teile der Nebenklage den Prozess für Ermittlungsbemühungen zu Blood & Honour missbrauchen ... Laut Anklage der Bundesanwaltschaft soll die terroristische Vereinigung aus drei Personen bestanden haben. Und es kann nicht sein, dass hier mit der Brechstange versucht wird, ein anderes Bild zu zeichnen. Die Anklage ist die Leitlinie, wie das Verfahren zu erfolgen hat. Die Nebenklage geht aber darüber hinaus, wenn sie sagt: Das reicht uns nicht, es ist alles viel größer. In der Pause hat Kollege Hoffmann mir gegenüber weitere umfassende Fragen angekündigt. Das ärgert mich. Und ich muss mich auch darüber ärgern, dass der Senat das zulässt. Man könnte dann ebenso gut die NPD vollständig aufdröseln, weil hier ja viele auch Mitglied der NPD waren. Das ufert aus. Es geht auch um das Beschleunigungsgebot. Ich appelliere an Sie, Herr Vorsitzender, diese Fragen jetzt einzudämmen.

Bundesanwalt Diemer Gegenstand der Anklage ist nicht Blood & Honour. Ich kann nur an den Senat appellieren, im Interesse der Opfer nah am Gegenstand der Anklage zu verhandeln. Die echten Opfer, nicht die nur politisch Verletzten haben Anspruch auf Aufklärung und zeitnahe Ahndung,

Anwalt Hoffmann Ich muss mir so was nicht vorwerfen lassen, die wirklichen Opfer und die politischen Opfer. Das muss ich mir auch von Herrn Diemer nicht gefallen lassen. Ich lasse es nicht zu, dass meiner Mandantin hier die Opfereigenschaft abgesprochen werden soll. Wir haben hier aufzudecken: Wann wurde eine terroristische Vereinigung gegründet, wie ist dies geschehen? Wir haben Hinweise, dass auch von der Zeugin Antje Böhm Aufrufe zu mehr Militanz gekommen sind.

Götzl *(zu Hoffmann)* Gegenstand ist hier schon der Anklagevorwurf, das sollte man nicht aus dem Auge verlieren.

Verteidiger Stahl Ich sage Ihnen, Herr Vorsitzender, nach der Anklage dürfen Sie das nicht! *(Er meint, Götzl dürfe die Fragen zu Blood & Honour nicht zulassen.)*

Anwalt Scharmer Ich vertrete hier Gamze Kubaşık *(die Tochter des in Dortmund vom NSU getöteten Mehmet Kubaşık)*. Hier geht es um die Aufklärung der Hintergründe der Tat. Das sind alles Punkte, die Ihr Aufklärungsinteresse betreffen, Herr Dr. Diemer, das ist so! Herr Vorsitzender, es betrifft auch die Ladungsverfügung: Sie haben die Zeugin geladen zur Sektion Sachsen von Blood & Honour.

Götzl Da muss man jetzt gleich dazu sagen: Wenn Sie das so interpretieren, dass jede Frage, die da irgendwie was damit zu tun hat, zulässig ist, irren Sie sich.

Anwältin Lunnebach Ich wundere mich über das scheinbare Verständnis zwischen Bundesanwaltschaft und der Verteidigung.

(Götzl geht dazwischen.)

Anwältin Lunnebach Es ist offenbar Ihrem Temperament geschuldet, dass Sie nicht mal einen Halbsatz zulassen …

Götzl Nein, so geht es auch nicht.

Anwältin Pinar Das können Sie doch unmöglich ernst nehmen. Der Gegenstand der Beweisaufnahme ist der Anklagesatz! Herr Dr. Diemer, ich hoffe, Sie wissen auch, dass Sie eine politische Anklage verfasst haben, und dass Rassismus etwas Politisches ist.

(Die Zeugin wird wieder hereingerufen und Anwalt Hoffmann setzt mit der Befragung fort.)

Anwalt Hoffmann Mit welchen Personen von Blood & Honour Thüringen haben Sie persönlich zusammengearbeitet?

Verteidiger Stahl Ich beanstande die Frage.

Verteidiger Klemke Ich beanstande die Frage auch.

(Die Zeugin wird wieder aus dem Saal gebeten.)

Verteidiger Klemke Es ist eine Suggestivfrage. Sie setzt eine irgend geartete Zusammenarbeit voraus.

Verteidiger Stahl Die Frage ist nicht verfahrensrelevant und geht am Kern vorbei.

(Die Sitzung wird unterbrochen, das Gericht muss über die Zulässigkeit der Frage entscheiden. Dann wird die Verhandlung fortgesetzt.)

Götzl Die Frage von Rechtsanwalt Hoffmann, ob die Zeugin Böhm mit anderen bei Blood & Honour Thüringen zusammengearbeitet hat, ist zulässig.

Anwalt Hoffmann Haben Sie mit Personen von Blood & Honour Thüringen zusammengearbeitet?

Böhm Nein.

Anwältin von der Behrens Ich mache Ihnen einen Vorhalt aus der Vernehmung von Thomas Starke. Er sagte, die Probst *(also die Zeugin Antje Böhm)* habe sowohl Zschäpe als auch Mundlos gekannt.

Böhm Ich weiß nicht, wie er darauf kommt.

Anwalt Scharmer Wie war Ihr Verhältnis zu Carsten Szczepanski alias V-Mann Piatto?

Böhm Wenn Szczepanski Freigang hatte, war er eigentlich immer bei uns zu Hause. Wenn er Hafturlaub hatte, auch.

Anwalt Scharmer Es ging ja auch um einen Praktikumsnachweis und einen Arbeitsvertrag. Sind noch weitere Schriftstücke ausgestellt worden für ihn?

Böhm Es gab eine schriftliche Einschätzung, das war, glaube ich, beim Übergang vom Praktikum zum Angestelltenverhältnis. Da war meines Erachtens eine Beurteilung nötig, auch um die Förderung des Arbeitsamtes für die Wiedereingliederung zu bekommen.

Tag 170

11. Dezember 2014

Manfred Götzl, Richter. **Gerhard Z.**, 53, Kriminalbeamter aus Rastatt. **Wolfgang Stahl**, Verteidiger von Beate Zschäpe. **Reinhard Schön**, Anwalt der Nebenklage.

Götzl Es geht uns um das Asservat Nummer 2.12.708.9.1, das ist eine CD. Was können Sie dazu berichten?

Gerhard Z. Es handelt sich um eine CD, augenscheinlich eine Kopie von einer Original-CD, die in der Frühlingsstraße in Zwickau gefunden wurde. Darauf waren zehn Bilddateien, die ersten sieben Dateien zeigten die Nordbahnhofstraße in Stuttgart. Bild 1 war der Eingang in die Straße, auf Bild 2 war ein Grillbistro erkennbar und eine Person davor mit einem Fahrrad, Basecap auf, Sonnenbrille, Mountainbike, Trinkflasche. Es könnte sich um Uwe Böhnhardt handeln. *(Pause.)*

Auf einem weiteren Bild ist ein türkischer Laden, in dem Lebensmittel verkauft werden. Das ist das nächste Bild. Das Dateidatum der Aufnahmen war der 25. Juni 2003. Die letzten drei Bilder waren einen Tag später, zwei sind aus der Stadt Hof von der SPD-Geschäftsstelle und ein weiteres, wo nicht klar ist, wo es aufgenommen wurde. Darauf ist Uwe Böhnhardt zweifelsfrei erkennbar, und mutmaßlich Beate Zschäpe mit vorgebeugtem Kopf. In einem Zimmer, sieht nach einer privaten Unterkunft aus. Beide sitzen auf einer Couch. Das Foto ist laut Dateidatum zwei Stunden nach dem Bild von der SPD-Geschäftsstelle entstanden.

(Die Fotos werden angeschaut.)

Anwalt Schön Ich denke, dass nun eindeutig belegt ist, dass Frau Zschäpe an der Ausspähung von Anschlagsorten beteiligt war.

Verteidiger Stahl Ich denke, dass die Beweisaufnahme eindeutig ergibt, dass Beate Zschäpe mit hoher Wahrscheinlichkeit auf dem letzten Foto in einem Zimmer gesessen hat und dass die Fotos relativ zeitnah voneinander aufgenommen worden sind. Aber Ihre Schlüsse, Herr Kollege, sind eindeutig Ihrem Wunsch geschuldet.

Tag 171

16. Dezember 2014

Manfred Götzl, Richter. **Michael Probst**, 43, Schweißer aus Chemnitz, Exmann von Antje Böhm. **Ralph Bünger**, 52, Richter am Bundesgerichtshof. **Nicole Schneiders**, Verteidigerin von Ralf Wohlleben. **Alexander Hoffmann**, Anwalt der Nebenklage.

(Der Zeuge Probst erscheint mit einem Anwalt als Zeugenbeistand.)

Götzl Wir setzen mit Ihrer Einvernahme fort. Hat Carsten Szczepanski bei Ihnen gearbeitet?

Probst Er hat in meinen Läden gelernt, in Chemnitz. Meistens war er zu Hause.

Götzl Was war über Uwe Mundlos, Uwe Böhnhardt und Beate Zschäpe bekannt?

Probst Es wurde getratscht in der Szene.

Götzl Haben Sie mit Ihrer Frau darüber gesprochen?

Probst Ja, was sind denn das für Leute, habe ich gefragt.

Götzl Hatte Ihre Frau darüber Informationen?

(Der Zeuge schweigt.)

Götzl Was hat sie gesagt?

Probst Sie weiß auch nicht, wer das sein soll.

Götzl *(liest eine Mitteilung des Verfassungsschutzes vor)* »Laut Antje Probst seien drei sächsische Skinheads – zwei Männer und eine Frau – zurzeit wegen verschiedener Straftaten auf der Flucht vor der Polizei. Die drei wollen sich angeblich innerhalb der nächsten drei Wochen mit geliehenen Pässen nach Südafrika absetzen und dort in neue Identitäten schlüpfen.« Haben Sie darüber mit Ihrer Frau gesprochen?

Probst Nein.

Götzl Ist mal jemand an Ihre Frau herangetreten, dass sie ihren Pass zur Verfügung stellt?

Probst Das halte ich für ein absolutes Märchen.

Götzl Mich interessiert, was Sie darüber wissen.

Probst Ich weiß nichts darüber.

Götzl Sie haben letztes Mal gesagt, Sie würden Ihre Frau belasten, wenn Sie etwas sagen würden. Wie war das gemeint?

Probst Ich wollte Ihnen nicht erzählen müssen, dass meine Frau bei Blood & Honour mitgemacht hat.

Götzl Welche Rolle hat Ihre Frau bei Blood & Honour gespielt?

Probst Eine weibliche. Sie wissen, was ich meine damit. Jede Anwaltskanzlei schmückt sich mit einer schönen Vorzimmerdame, die war einfach mit dabei, den Eindruck hatte ich zumindest.

Götzl Was heißt das?

Probst Es war ein Männerverein. Wir haben mehrfach besprochen, dass ich das nicht will. Sie wollte das. Ich fand es nicht so toll, dass sie da mitmacht. Weil ich das Ganze eher von einer wirtschaftlichen Sache heraus betrachtet habe und nicht von dieser romantischen Verklärtheit wie sie, dass man die Welt verändern, die Heimat verbessern will. Solche Sachen.

Götzl Und wie war jetzt die Rolle Ihrer Frau bei Blood & Honour?

Probst Eher so eine untergeordnete Rolle.

Götzl Was führt Sie zu dieser Einordnung?

Probst Sie ist der Typ Mensch dazu. Ich war mit der Frau einige Jahre verheiratet, sie hinterfragt nicht alles, macht einfach mit, aber ist nicht der Entscheidertyp. Sie ist begeisterungsfähig.

Götzl Waren Sie selbst bei Blood & Honour?

Probst Nein.

Götzl Carsten Szczepanski hat angegeben, Sie hätten auch dazugehört.

Probst Da hat er gelogen oder er hat's nicht gewusst.

Götzl Gab es Voraussetzungen, um Blood & Honour beizutreten?

Probst Ich kann mir was zusammenreimen, ich nehme an, dass man ein patriotischer deutscher junger Mensch sein muss mit Hang zum Romantischen.

Götzl Um was ging es da?

Probst Das war eine Musikbewegung, die sollte in Deutschland etabliert werden. Über die Musik zu den Herzen der Leute. So war meine Wahrnehmung. Ich wollte damals nichts damit zu tun haben und mit den Idealen.

Götzl Wie haben die Ideale ausgesehen, mit denen Sie nichts zu tun haben wollten?

Probst Nationalismus, Nationalstolz, in der Art. Es ist eigenartig, wenn sich Leute so etablieren wollen und sich dann einen englischen Namen geben. Das war für mich der erste Ansatz zu sagen: Seid ihr blöd?

Götzl Sagen Ihnen die Turner-Tagebücher was? *(Es handelt sich um ein Buch aus dem Amerikanischen, das den vermeintlichen Überlebenskampf der weißen Rasse beschreibt und in dem von »leaderless resistance« die Rede ist, dem Kampf in kleinen unabhängigen Zellen – so wie der NSU agiert hat.)*

Probst Ja, das hat der Szczepanski mal verbreitet. Der hat das mitgebracht, ich habe sie nicht gelesen.

Götzl Was sagen Ihnen die Turner-Tagebücher denn?

Probst Der kam immer mit neuen Ideen, was man so machen könnte, um Dynamik reinzubringen in die Szene. Da kam er mit dem Ding an, das könnte man vielleicht verlegen und drucken, damit das Geld reinbringt. Um Lohnkosten reinzufahren, dass man mal ein Buch verlegt.

Götzl Und was haben Sie dazu gesagt?

Probst Dass ich kein Interesse habe.

Götzl Haben Sie mal mit Ihrer Frau drüber gesprochen?

Probst Gesprochen schon, aber sie hat es auch nicht gelesen. Ich kannte niemand, der von dem Buch mal was gehört hat.

Anwalt Hoffmann Haben Sie mitgekriegt, dass Ihre ehemalige Frau was mit einer Spendensammlung für Mundlos, Böhnhardt und Zschäpe zu tun hatte?

Probst Nee, hätte ich ihr auch verboten.

Anwalt Hoffmann Erinnern Sie sich, dass Ihre Räumlichkeiten von der Polizei durchsucht wurden?

Probst Das waren angemietete Gewerberäume zum Verkauf von Textilien und Tonträgern.

Anwalt Hoffmann Sichergestellt wurde das Video »Kriegsberichter«. Sagt Ihnen das was?

Probst Ja, aber über den Inhalt kann ich nichts mehr sagen.

Anwalt Hoffmann Wie kamen Sie in den Besitz von diesem Video »Kriegsberichter«?

Probst Das war nie in meinem Besitz.

Anwalt Hoffmann Es wurde aber bei Ihnen sichergestellt.

Probst Aber deswegen habe ich das Zeug nicht besessen. Ich denke, da hat einer der Verkäufer noch privat ein Nebengeschäft gemacht. Das habe ich nicht vertrieben.

Anwalt Hoffmann Mich wundert es, dass fünf Stück davon in Ihren Räumen waren.

Probst Mich wundert es auch.

Anwalt Hoffmann Wissen Sie, was das für Filme waren?

Probst Konzertmitschnitte, denke ich.

Anwalt Hoffmann Ich lese Ihnen die Inhaltsangabe vor: Ein Schwarzer wird ermordet, und dann gibt es Lieder wie »Shoot such bloody niggers«. Wussten Sie das?

Probst Nein.

Anwalt Hoffmann Sagt Ihnen das Lied »Barbecue in Rostock« was?

Probst Nein.

Anwalt Hoffmann Wie viele Läden hatten Sie denn?

Probst In dem Zeitraum zwei, einer in Chemnitz und einer in Aue. Später wurden das mehr. In Borna, in Altenburg.

(Der Zeuge verlässt den Saal, Nebenklagevertreter Hoffmann gibt eine Erklärung ab.)

Anwalt Hoffmann Es lohnt sich nicht aufzuzählen, an welchen Stellen Herr und Frau

Probst gelogen haben. Interessant ist, was Herr Probst und Frau Probst, heute Böhm, bestätigt haben. Es war die Zeit der Genese einer terroristischen Vereinigung und der Mordpläne. Mundlos, Böhnhardt und Zschäpe haben sehr offen gelebt in Chemnitz. Antje Böhm, geschiedene Probst, hat angegeben, wie sie gelebt hat. Sie hat im Laden ihres Mannes gearbeitet, rechte Videos verkauft, rechte Kleidung. In ihrer Freizeit hat sie Konzerte veranstaltet, die Arbeit und die gesamte Freizeit war zugebaut mit rechter Musik, rechten Texten, um sich mit der weißen Überlegenheit zu beschäftigen. Die einzige Sorge war, dass ihre Kinder im Kindergarten auf nichtweiße Kinder treffen. Das Ehepaar Probst hat lange Zeit in einer Art von national befreiter Zone gelebt. Wenn man dem V-Mann Szczepanski glaubt, dann hat Antje Böhm den bewaffneten Kampf befürwortet. Das war die Situation, in der Mundlos, Böhnhardt und Zschäpe in Chemnitz waren und in der die Mordpläne gewachsen sind.

(Es erscheint der Zeuge Ralf Bünger.)

Götzl Es geht uns um den Angeklagten Carsten Schultze und sein Verhalten angesichts der Haftbefehlseröffnung am 1.2.2012.

Bünger Gerne, Herr Vorsitzender. Herr Schultze erschien in Begleitung von Rechtsanwalt Hösl und erklärte sich zur Aussage bereit. Er wollte umfassend Angaben machen. Zu Vita und Lebenslauf, wie er in die rechtsextreme Szene gelangt ist. Wann er ausgestiegen ist und einen anderen Weg durch seine Berufsausbildung gegangen ist. Er hat geschildert, dass er die Angeklagte Zschäpe sowie Böhnhardt und Mundlos sowie Wohlleben und Kapke kennengelernt hat und mehrfach in Kontakt mit ihnen war. Nach dem Untertauchen der drei sei er von André Kapke und Ralf Wohlleben gebeten worden, den drei Untergetauchten zu helfen. Wohlleben habe ihm gezeigt, wie er telefonischen Kontakt zu den dreien herstellen konnte. Das habe er dann auch turnusgemäß getan. Im zweiten Halbjahr 1999 hätten sie ihm den Auftrag erteilt, eine Schusswaffe zu besorgen, eine Pistole. Mit diesem Anliegen habe er sich an Herrn Wohlleben gewandt. Der habe ihn dann ins Madley geschickt. Nach etwa einer Woche sei Schultze wie verabredet noch einmal in den Laden gegangen, da sei ihm der Preis genannt worden. Und bei einem weiteren Termin sei ihm dann die Waffe übergeben worden. Das Geld für die Waffe habe er von Wohlleben bekommen. Die Summe habe er nicht mehr gewusst. Er sei sich ganz sicher, dass es sich um eine Pistole mit Schalldämpfer samt Munition gehandelt habe. Einen Schalldämpfer will er allerdings nicht bestellt haben.

Götzl Zu den Lichtbildern von Waffen, die Carsten Schultze vorgelegt wurden, haben Sie da noch eine Erinnerung?

Bünger Ich glaube, es waren neun Lichtbilder von Waffen, die mir nicht bekannt waren. Es ging darum, ob Herr Schultze mit der Vorlage der Lichtbilder seiner

Erinnerung nachhelfen konnte. Es waren ja fünf Stunden Vernehmung. Es war überraschend, dass Herr Schultze freimütig einräumte, was er in der rechtsextremen Szene getan hatte und was er auch über seine Waffenlieferung sagte. Es hat sich für uns dann so dargestellt, dass es außer der Waffenlieferung, die Holger Gerlach beschrieben hatte, also eine weitere Waffenlieferung gegeben hat. Das stand im Fokus bei der Vernehmung, weniger, um was für eine Waffe es sich gehandelt hat.

Götzl Waren das Schwarz-Weiß-Bilder oder Farbbilder?

Bünger Ich meine, schwarz-weiß. Ich bin nicht weiter ins Detail gegangen, Herr Rechtsanwalt Hösl sagte, der Mandant und er stehen für Details jederzeit zur Verfügung. Ich war vor allem überrascht, dass eine Waffe mit Schalldämpfer besorgt wurde, das war eine Aussage, mit der ich nicht rechnete, und darauf habe ich mein Hauptaugenmerk gerichtet.

Verteidigerin Schneiders Ist darüber gesprochen worden, den Herrn Schultze erst mal aus seiner Erinnerung die Waffe beschreiben zu lassen?

Bünger Er sagte, die Größe und Form wären ihm noch erinnerlich, dass er noch aufgefordert wurde, die Waffe näher zu beschreiben, das ist mir nicht erinnerlich.

Tag 172

17. Dezember 2014

Manfred Götzl, Richter. **Peter Lang**, Beisitzender Richter. **Peter O.**, 55, Kriminalhauptkommissar aus München. **Wolfgang Heer, Wolfgang Stahl, Anja Sturm**, Verteidiger von Beate Zschäpe. **Antonia von der Behrens, Thomas Bliwier, Mehmet Daimagüler, Alexander Hoffmann, Edith Lunnebach**, Anwälte der Nebenklage.

(Es geht zunächst um einen Sprengstoffanschlag in Nürnberg im Juni 1999, der, wie der Angeklagte Carsten Schultze in seiner Aussage nahelegte, dem NSU zuzurechnen ist.)

Peter O. Ich war damals Sachbearbeiter im Dezernat Sprengstoffermittlungen beim LKA. Wir sind am Folgetag beauftragt worden, nach Nürnberg wegen einer Sprengstoffexplosion in einer Gaststätte zu fahren. Das Lokal, wo es passiert ist, war versiegelt, die Kollegen aus Nürnberg hatten den Schlüssel dabei. Es war deutlicher Geruch von Schwarzpulver wahrnehmbar, wie bei China-Böllern üblich. Im Eingangsbereich war die Toilette mit Splittern übersät, ein Metallrohr lag am Boden, der Teil eines Handtuchhalters. Ich wurde von den Kollegen informiert, was der Geschädigte gesagt hat. Es wurde alles fotografisch gesichert, ausgemessen, die Befragung des Pächters fand am gleichen Tag statt. Die asservierten Teile wurden dem LKA zur Daktyloskopie übergeben, Teile der Sprengvorrichtung an die Abteilung Chemie zur Bestimmung des verwendeten Sprengstoffes. Es ist dort handelsübliches Schwarzpulver zur Umsetzung gekommen. Ein Tatverdächtiger konnte damals nicht ermittelt werden. Es wurde gleich der Staatsschutz hinzugezogen, weil es sich um einen Anschlag gegen ein von einem türkischen Mitbürger geführtes Lokal gehandelt hat. Es gab aber keinerlei Hinweise auf einen ausländerfeindlichen Hintergrund. Der Geschädigte selbst war im kleinkriminellen Milieu tätig, Drogengeschichten, er wurde vom Ladenbesitzer bezichtigt, selbst verantwortlich zu sein für den Anschlag. Keiner konnte sich einen Reim drauf machen, wer den Anschlag verübt haben könnte.

Götzl An welchem Tag hat sich die Explosion ereignet?

Peter O. Am 23. Juni 1999. Im Nürnberger Stadtteil Sankt Peter. Scheuerlstraße 23, in der Gaststätte Sonnenschein, eine ganz einfache Gaststätte, die Toiletten waren in desolatem Zustand, die Räume in der Gaststätte waren einigermaßen in Ordnung.

Götzl Zu dem Sprengsatz selbst. Haben Sie sich mit dem beschäftigt?

Peter O. Ein handelsübliches Wasserrohr, wie es jeder Installateur verwendet. Beidseits waren Verschlussstopfen drauf, mit einer kleinen Bohrung versehen, dort ein Draht durchgeführt. Im Rohr selbst war vermutlich eine Glühbirne und das Rohr war mit Schwarzpulver verfüllt. Durch Drücken des Schaltknopfes an der Taschenlampe wurde dann der Stromkreislauf geschlossen. Dann kam es zur Umsetzung des Sprengstoffes. Die Taschenlampe war in einer Sporttasche. Das Wasserrohr war an mehreren Stellen eingesägt. Ziel war, dass es sich zerlegt und sich dann erhebliche Verletzungen ergeben. Aber die Verschlussstopfen wurden abgesprengt, deswegen hat sich das Rohr nicht zerlegt. Der Geschädigte gab an, er habe die Tasche hinter dem Abfalleimer gefunden und auf den Knopf der Taschenlampe gedrückt.

Götzl Wie sahen die Verletzungen des Geschädigten aus?

Peter O. Er hatte mehrere oberflächliche Verletzungen im Gesicht, am Oberkörper, an den Armen, blutende Schnittwunden, nichts Lebensgefährliches.

Götzl Was war das für ein Modell der Taschenlampe?

Peter O. Eine Kunststofflampe, circa 30 Zentimeter hoch, ähnlich einer Megalite-Stabtaschenlampe, wie sie bei der Polizei verwendet wird.

Anwältin von der Behrens Sie sagten, die Verschlusskappen wurden abgesprengt. Können Sie sagen, was passiert wäre, wenn sie nicht abgeflogen wären?

Peter O. Erfahrungsgemäß kommt es dann zu einer Umsetzung an den Bruchstellen, wo die Einschnitte mit der Metallsäge waren. Es hätte schwerwiegende Verletzungen bis hin zu Todesfällen geben können. Der abgesprengte Verschlussstopfen hat ein Loch in der Decke verursacht.

Anwältin Lunnebach In der Mitteilung der Polizei hieß es, es sei kein politischer Hintergrund erkennbar. Haben Sie nachgefragt?

Peter O. Ich habe mehrmals nachgefragt, drei, vier Mal, es blieb immer dabei, dass es kein ausländerfeindlicher Hintergrund sei.

(Der Zeuge wird entlassen. Anwältin von der Behrens gibt eine Erklärung ab.)

Anwältin von der Behrens Die Beweiserhebung hat dargelegt, dass die Angaben des Angeklagten Schultze zu dem Taschenlampenanschlag glaubhaft sind. Er hat erklärt, wie die Bombe funktioniert hat, das hat sich nun so bestätigt. Die Erinnerung des Angeklagten, die er hier unter großen Mühen präsentiert hat, ist sehr präzise. Er hat dafür gesorgt, dass die Tat tatsächlich dem Trio zuzuordnen ist.

Verteidiger Heer Das ist ein vorgezogenes Plädoyer. Ich beanstande das.

Anwältin von der Behrens Ich stelle einen Bezug zur Beweisaufnahme her.

Verteidiger Heer Das geht zu weit.

Götzl Herr Heer, ich habe Ihnen das Wort nicht erteilt. Frau von der Behrens, bitte fahren Sie fort.

Anwältin von der Behrens Ich habe das in einen zeitlichen Zusammenhang gestellt. In der Zeit lebte das Trio relativ offen in der Chemnitzer Szene. Wir müssen schauen, aus welchem Umfeld haben sich diese Taten entwickelt, wer hat sie unterstützt. Im Frühjahr 1999 waren plötzlich Kenntnisse da, wie man eine Rohrbombe entzündet, die 1998 nicht da waren.

Verteidiger Heer *(drückt wieder den Knopf des Mikrofons)* Herr Vorsitzender, ich beanstande das.

Götzl Nur keine Hektik. Wir hören uns das alles an.

Verteidiger Heer Ich beantrage, Frau von der Behrens nicht das Wort zu erteilen.

Anwältin von der Behrens Es geht mir um die enge Einbindung und Unterstützung der drei in der Szene von Thüringen und Chemnitz.

Anwalt Bliwier Es kommt immer so wenig Inhaltliches von der Verteidigung. Ich schließe mich Frau von der Behrens an, die Beweisaufnahme stützt in hohem Maße die Äußerungen des Angeklagten Carsten Schultze. Es ist ein hohes Verdienst des Angeklagten Schultze, diesen Anschlag aufgedeckt zu haben. Das, was Carsten Schultze gesagt hat, ist glaubwürdig. Das stützt auch seine Angaben insgesamt. Das wird man berücksichtigen müssen bei der Haftprüfung des Angeklagten Ralf Wohlleben. *(Den hat Carsten Schultze mit seiner Aussage massiv belastet.)*

Anwalt Daimagüler Die Beweisaufnahme macht mich unruhig. Vor der Hauptverhandlung hieß es von der Polizei, der Komplex NSU ist ausermittelt. Das ist nicht der Fall. Und es zeigt sich wieder, dass der Geschädigte selbst zum Verdächtigen gemacht wurde. Ich möchte betonen, wenn der Angeklagte Schultze einfach geschwiegen hätte, hätten wir von diesem Anschlag des NSU nie erfahren.

Verteidiger Stahl Die Angaben des Zeugen Peter O. korrespondieren in der Tat mit Angaben des Mitangeklagten Schultze, mit denen er sehr exklusives Wissen zeigt. Daraus wird der Schluss gezogen, dass seine Angaben allumfassend glaubhaft sein müssen. Wenn das so ist, dann muss angemerkt werden, dass man das auch auf die im unmittelbaren Zusammenhang gemachte Angabe des Herrn Schultze beziehen muss. Dass nämlich zwischen Mundlos, Böhnhardt und Herrn Schultze über diesen Vorfall gesprochen wourde, unmittelbar bevor unsere Mandantin dazugekommen ist und es geheißen hat: »Psst, Ruhe!« Was man daraus schließen muss, das bereiten wir für unseren Schlussvortrag vor.

(Pause.)

Götzl Wir kommen jetzt zu den Verlesungen der Asservate, die im Januar 1998 in dem Garagenkomplex in Jena gefunden wurden. Zunächst das Heft »Sonnenbanner«.

(In der Garage, die Beate Zschäpe angemietet hatte, wurden bei der polizeilichen Durchsuchung neben Schwarzpulver und TNT auch rechtsradikale Schriften sichergestellt. Richter Peter Lang liest zunächst den Titel und das Impressum des Heftes »Sonnenbanner« vor.)

Richter Lang Titel: Sonnenbanner. Untertitel: Nationales, sozialistisches Schulungsblatt. Herausgeber: Freundeskreis Nationaler Sozialisten/Aktion Volkswille. Inhaltsverzeichnis: Strategien der Zukunft. Wenn ein Volk stirbt. Gedanken zum Zeitgeschehen. An ihren Taten sollt ihr sie erkennen. Impressum: Etwaige Überschüsse kommen der Betreuung nationaler Gefangener zugute. Erscheinungsweise: alle drei Monate. Der Sonnenbanner steht in der Tradition des Gründers und Herausgebers Michael See und wird von uns fortgesetzt zur Schulung und Vernetzung des aktiven Widerstandes.

(Dann liest Lang aus dem Inhalt vor.)

Richter Lang So Leute, da sind wir wieder. Wer uns bis jetzt nicht kannte, der sei gewarnt. Wir präsentieren uns in unserer Form und Aufmachung als die revolutionäre Jugendzeitung der Zukunft. Und wir werden Euch alle wachrütteln, verlasst Euch drauf! Mit dem Lesen des neuen Sonnenbanner fängt es an. Denn wir sind anders, wir sind die Jugend aus den Städten und Dörfern! Uns interessiert nicht, woher Ihr kommt, was Ihr für Musik hört oder ob Ihr Euch an Wochenenden mit Bullen rumprügelt. Aber wir werden Euch interessieren, werden Euch begeistern und Euch zeigen, wie es weitergeht. Wenn Euch diese BRD auch ankotzt, dann seid Ihr bei uns genau an der richtigen Adresse. Die folgenden Seiten haben wir nur so vollgestopft mit Informationen, Schulung und Anleitung zum Widerstand.

Lasst uns gemeinsam gegen die Missstände vorgehen, treten wir korrupte und bestechliche Staatsdiener in ihre fetten Ärsche und zeigen wir ihnen, dass wir uns nichts mehr gefallen lassen werden. Doch alles das erfordert ein Umdenken.

Dass man uns sofort erkennt, wenn wir uns uniformieren oder in Skinheadklamotten rumrennen, dürfte jedem von Euch einleuchten. Logische Konsequenz ist also, dass wir unsere Kleidung so neutral wie möglich gestalten. Also Verzicht auf B-Jacken, Springerstiefel, Braunhemden oder Ähnliches. Überlege auch, ob es nicht günstig ist, Deinen Haarschnitt zu ändern. Streng gescheitelt oder mit frisch rasierter Glatze fällst Du automatisch auf. Wichtig ist nicht Dein Äußeres, sondern Dein Inneres. Äußerlichkeiten trügen oft – aber einen gefestigten Menschen erkennt man nur an seinen Taten. Passe Dich also in Deinem Erscheinungsbild dem Normalbürger vollkommen an. Vermeide Äußerungen zur Ausländerfrage, zum Holocaust oder ähnlichen Themen. Konzentriere Dich in der Öffentlichkeit hauptsächlich auf die sozialen Missstände. Prangere, wo Du nur kannst, die viel zu hohe Arbeitslosigkeit, Wohnungsnot, Umweltverschmutzung und Sauereien durch amtierende Politiker an. Das ist viel wirkungsvoller und absolut legal! Dieser Staat bietet uns so viele Angriffsflächen. Nutzen wir sie, tun wir diesem Staat tausend Mal mehr weh, als wenn ein Skinhead oder Neonazi »Ausländer raus!« brüllt. Sichere Dich und Deine Arbeit ab. Das heißt nichts anderes, als dass Du einen Arbeitskreis, auch Zelle genannt, bildest. Bilde Zellen durch Zusammenschluss einiger Personen, die sich gegenseitig gut kennen. Eine Zelle besteht aus drei bis zehn Personen. Man unterscheidet Zellenchef und Zellenmitglieder. Der Zellenchef kennt die Chefs einiger Nachbarzellen, jedoch nicht deren Mitglieder. Wichtige Sachen nur über Funktelefon oder von Telefonzelle zu Telefonzelle. Die Stunde des Sieges kommt gewiss.

Götzl Wir nehmen auch die Abbildungen in Augenschein.

(Man sieht den Adler, den auch die Nationalsozialisten verwandten, auf der ersten Seite. Dazu Abbildungen mit Ausrufen wie: »Stoppt den Staatsterrorismus. Schlagt zurück.« Und: »Kameraden kämpft, Walhalla braucht Krieger.« Bilder werden gezeigt, ein Totenkopf unter Stahlhelm und in Uniform. Ein Baby mit Springerstiefeln, dazu der Schriftzug: Skinhead, was sonst?)

Anwalt Hoffmann In diesen Papieren wird bereits das Zellenprinzip propagiert, das Agieren im Untergrund, auch das elitäre Selbstverständnis ist bemerkenswert. Zschäpe, Mundlos und Böhnhardt dürften das gelesen und diskutiert haben, denn es lag ja im Archiv der Gruppe in der Garage. Das Auftreten des Trios entsprach den Vorgaben des Artikels, insbesondere Zschäpe hat für die Tarnung nach außen gesorgt. Sie hat die Vorspiegelung von Normalität übernommen. Es geht hier eindeutig um die Vorbereitung von militanten terroristischen Aktivitäten.

(Dann verliest der Vorsitzende Richter Götzl noch eine ganze Reihe von Beschlüssen, in denen er unter anderem die Ladung des rechtsradikalen Straftäters Robin S. als Zeugen ablehnt, der mit Zschäpe eine Brieffreundschaft unterhält.)

Götzl Briefkontakt und Bekanntschaft sagen für sich nichts dazu aus, ob Beate

Zschäpe Kontakte zur Szene hält oder aus irrelevanten persönlichen Gründen Kontakt zu ihm hält. Eine Distanzierung von der Szene ist nicht für die Strafzumessung zu verwenden. Würde man ein Distanzierung verlangen, müsste die Angeklagte ihr Schweigen brechen. Sie hat aber das Recht zu schweigen.

(Nach dem siebten Beschluss meldet sich Verteidiger Heer.)

Verteidiger Heer Unsere Mandantin kann sich nicht mehr konzentrieren.

Götzl Dann machen wir eine Pause.

Verteidiger Heer Eine Pause wird nichts bringen.

Götzl Das können Sie doch nicht beurteilen.

Verteidiger Heer Der Erholungswert in einem fensterlosen etwa drei Quadratmeter großen Raum ist gleich null. *(Er meint die Vorführzelle, in der Zschäpe während der Pausen warten muss.)*

Götzl Na gut, dann werden wir das abklären und den Landgerichtsarzt zurate ziehen.

Verteidigerin Sturm In den vergangenen Wochen hatten wir lange Sitzungstage, da nutzten die Pausen nicht, um die Batterien wieder aufzuladen.

Götzl Ich ziehe den Landgerichtsarzt zurate. Bei uns dauert das noch 30 Minuten! Wir machen jetzt 20 Minuten Pause.

(In der Pause wird Zschäpe von der Landgerichtsärztin untersucht. Dann wird die Verhandlung fortgesetzt.)

Götzl Zum weiteren Prozedere: Frau Dr. Wittmann kann zur Verhandlungsfähigkeit nur eine Aussage machen, wenn sie noch weitergehende Untersuchungen machen würde. Wir haben nicht vor, noch lange zu verhandeln. Ich schätze mal, noch 20 Minuten.

(Tuscheln zwischen den Verteidigern und Zschäpe.)

Verteidiger Heer Wir versuchen es mal.

(Götzl lehnt weitere Beweisanträge ab.)

Götzl Dann wären wir für heute am Ende. Es ergeht folgender Beschluss: Die Hauptverhandlung wird unterbrochen und fortgesetzt am 12.1.2015. Die Prozessteilnehmer nehmen von diesem Termin Kenntnis. Dann ist die Sitzung geschlossen.

DAS DRITTE JAHR
2015

Tag 173

12. Januar 2015

Manfred Götzl, Richter. **Dirk S.**, 57, Kriminalhauptkommissar aus Düsseldorf vom LKA Nordrhein-Westfalen. **Martin W.**, 44, Kriminaloberkommissar aus Düsseldorf. Beide ermittelten beim Nagelbombenattentat am 9. Juni 2004 in der Keupstraße in Köln, bei dem mehr als 20 Menschen zum Teil schwer verletzt wurden.

Götzl Dann darf ich zuerst zum neuen Jahr begrüßen und stelle die Präsenz fest. (*Pause.*) Herr S., es geht uns heute um einen Anschlag aus dem Juni 2004 in der Keupstraße in Köln. Berichten Sie bitte.

Dirk S. Ich war damals Sachgebietsleiter der Tatortgruppe Sprengstoff/Brand. Der Anschlag ereignete sich gegen 16 Uhr. Die Kölner Kollegen sahen sich fachlich nicht in der Lage, die Tatortarbeit zu machen. Deshalb haben sie uns angefordert. Die Keupstraße ist eine Einbahnstraße mit rechts und links geschlossenen Häuserzeilen. Im Erdgeschoss befinden sich Restaurants und Läden, vom Dönerimbiss bis zum Juwelier. Darüber dann Wohnräume. Die Anwohner sind überwiegend türkische Mitbewohner. Nach Einschätzung der Kollegen vor Ort befand sich vor Haus Nummer 29, einem Friseurladen, die Sprengvorrichtung, auf einem Fahrrad befestigt. Ein Kollege sagte, das Fahrrad sei an einem Aktionstag bei Aldi verkauft worden.

Als wir ankamen, wurde uns mitgeteilt, dass 22 Menschen unterschiedlich schwer verletzt worden waren. Es wurden eine Vielzahl von Nägeln gefunden sowie Stofffetzen und blaue Splitter. Wir haben Teile gefunden, die wir Batterien zuordnen konnten, Drähte, Kippschalter, einen silberfarbenen Gegenstand, einen Quarz, aus dem Bereich des Modellbaus. Die blauen Splitter konnten wir einer Campinggasflasche zuordnen, die 20 Zentimeter hoch war. Die schwarzen Hartkunststoffteile konnten wir einem Kofferdeck zuordnen der Firma Capra, die Kunststoffteile konnten wir einer Fahrradtasche zuordnen. Die elektronischen Bauteile wurden identifiziert als zwei Servos aus dem Flugzeugmodellbau. Wir sind davon ausgegangen, dass die Sprengvorrichtung per Funk ferngezündet wurde. Die Spurensicherung hat zwei Tage gedauert. In einem Radius von 250 Metern wurden noch Splitter gefunden und Schäden festgestellt.

Insgesamt haben wir 702 Nägel gefunden, zum Teil sehr stark deformiert, aber auch kleine Teile. Der Druck muss so stark gewesen sein, dass diese Nägel zerbrochen waren.

Götzl Dann würde mich die Örtlichkeit noch interessieren. Wir schauen uns das anhand einer Übersicht an. *(An die Wände wird der Straßenverlauf der Keupstraße und der angrenzenden Straßen projiziert.)* Bitte erläutern Sie uns das. Kommen Sie bitte nach vorne.

Dirk S. Da vorne befand sich der Fernsehsender Viva, wenn man da links einbiegt, kommt man in die Keupstraße.

Götzl Bis zu welchem Umkreis wurden Nägel gefunden?

Dirk S. Die Nägel sind über die mehrstöckigen Häuser drübergeflogen und wir haben sie in den Hinterhöfen gefunden.

Götzl Welche Länge hatten die Nägel?

Dirk S. 100 Millimeter lang und eine Stärke von fünf Millimetern, wir hatten sie als Zimmermannsnägel bezeichnet. Sie sind rund 100 bis 150 Meter weit geflogen, kleinere Teile sind noch weiter geflogen.

Götzl Was können Sie uns zu dem Fahrrad sagen?

Dirk S. Ich war an der Identifizierung des Fahrrads beteiligt. Aldi hat uns ein Fahrrad aus ihrem Depot zur Verfügung gestellt. Das Fahrrad hatte einen Aufbockständer, so dass es senkrecht steht und nicht schräg wie sonst. Man hat errechnet, dass 5,5 Kilogramm Sprengstoff in den Motorradkoffer auf dem Gepäckträger passten. Das Rad wäre sonst umgefallen mit einem normalen Ständer.

Götzl Konnte ermittelt werden, wann das Fahrrad im Handel war?

Dirk S. Ja, in der 17. Kalenderwoche im April 2004. In dieser Form wurde es in der Kette Aldi Süd angeboten, für 249 Euro. *(Das Attentat in der Keupstraße ereignete sich am 9. Juni 2004.)*

(Der nächste Zeuge ist Kriminalkommissar W.)

Martin W. Ich war Mitglied der Tatortgruppe. Unsere Aufgabe war es herauszufinden: Was ist vor Ort geschehen? Und warum ist es geschehen? *(Das Gericht lässt einen Stadtplan und Lichtbilder vom Tatort an zwei Wände des Saals projizieren.)* Wir befinden uns auf der rechtsrheinischen Seite von Köln, Köln-Mülheim, ein recht multikulturelles Viertel, ja wie soll ich sagen, stark von türkischstämmigen Einwohnern geprägt. Da war damals der Musiksender Viva angesiedelt, es gab noch eine Diskothek. Wir haben hier die Schanzenstraße, hier der Eingang zu Viva, da waren zwei Kameras montiert. Da war viel Musikerverkehr, Michael Jackson und so was. Hier haben wir Luftaufnahmen von der Keupstraße. Die Keupstraße ist ziemlich eng, je ein Parkstreifen rechts und links und der Gehweg. *(W. zeigt nun viele Bilder von Häusern in der Keupstraße, die alle beschädigt sind.)* Je näher wir an den Tatort kamen, desto genauer haben wir die Spurensicherung vorgenommen.

Das Haus Nummer 46: Hier fehlen Dachziegel und die Leuchtreklame ist beschädigt.
Nummer 48: überall Glassplitter auf dem Gehweg; Haus Nummer 50: Glassplitter, Schaufenster eingedrückt, Glas aus Fenstern gesprungen. Leuchtreklame komplett entglast.
Hier das erste Obergeschoss, da oben steckt ein Nagel drin, über dem Fenster.
An einem BMW haben wir auch Beschädigungen festgestellt.
Haus Nummer 52/54: direkt gegenüber dem Explosionsort, da haben wir Nägel auf dem Vordach gefunden.
Ein Transporter vor dem Haus hat viele Splittereinschläge. Sie sehen, hier steckt so ein Zimmermannsnagel drin.
Das ist der Telefonladen, der sich unmittelbar gegenüber dem Explosionsort befindet: großflächige Schäden im Erdgeschoss am Eingang zum Reisebüro, die Scheiben raus, aber der Schatten des Fahrzeugs davor hat den Laden geschützt.
Haus 56: da sind großflächig die Fenster geborsten.
Haus Nummer 60: große Druckschäden, die Holzverkleidung wurde aufgerissen, Glassplittermassen. Der Teil einer Handbremse ist in das Fenster eines Wagens eingeschlagen und dort stecken geblieben.
Jetzt die linke Seite der Keupstraße. Wir befinden uns in der Einmündung der Schanzenstraße. Schon hier am Anfang der Keupstraße sehen wir Glassplitter auf der Straße liegen.
Haus Nummer 25: Hier sieht man die verrückte Säule, die Explosion hat den Sockel weggeschoben.
Hier sieht man den Einschlag eines Nagels, steht aus der Säule heraus, er ist tief eingedrungen.
Im Opel davor steckt auch ein Nagel und ein riesiger Splitter von der Campingflasche steckt in der Stoßstange.
Haus Nummer 27, eine Druckerei: komplett entglast, lauter Scherben davor.
Wir nähern uns dem Abstellort der Sprengvorrichtung vor dem Friseurladen, Haus Nummer 29. Die Werbung des Ladens ist komplett abgerissen, das war mal eine Markise, der Rest liegt auf der Straße. Es ist das Zentrum der Zerstörung.
Hier sind dunkle Verrußungen bis auf Türhöhe zu sehen, da haben wir eine Flammenwirkung gehabt. So konnten wir relativ gut festlegen, wo die Sprengvorrichtung hochgegangen sein muss. Schon auf den ersten Blick ist zu sehen: Hier ist was passiert.

Tag 174

13. Januar 2015

Manfred Götzl, Richter. **Martin W.**, 44, Kriminaloberkommissar LKA Düsseldorf, Nordrhein-Westfalen. Er sagte auch am Tag 173 aus. **Carsten Szczepanski**, früher V-Mann in Brandenburg (Deckname »Piatto«). Er sagte auch am Tag 167 aus. **Wolfgang Heer, Anja Sturm**, Verteidiger von Beate Zschäpe. **Alexander Hoffmann,** Anwalt der Nebenklage.

(Die Vernehmung des Zeugen W. zum Nagelbombenanschlag in der Kölner Keupstraße wird fortgesetzt.)

Martin W. *(erläutert an die Wände projizierte Fotos)* Hier sind acht Nägel, die einem Geschädigten aus dem Körper entfernt wurden. Und das sind die Überreste eines Servos. Wir können davon ausgehen, dass mindestens zwei Servos verwandt wurden, denn wir haben das Ganze doppelt. *(Zschäpe betrachtet interessiert die Bilder.)*

Auf dem Gepäckträger des Fahrrads befand sich ein Hartschalenkoffer, an der Seite war eine Gepäcktasche. Die Campinggasflasche war als Teil der Bombe in dem Koffer. Auslösendes Zündelement war eine kleine Glühbirne, die in Schwarzpulver eingebracht gewesen sein wird. Wir hatten eine Funk-Fernauslösung und die Servos, die dazu gedient haben, den Stromkreislauf zu schließen. Das heißt, irgendjemand hat auf einer Fernbedienung den entsprechenden Knopf gedrückt. Die ganze Zündvorrichtung – da gehen wir davon aus, dass sie in der Fahrradtasche war und ein Kabel nach oben lief. Ein Wippschalter diente als Transportsicherung.

Verteidiger Heer Das geht zu weit, der Zeuge geriert sich hier als Sachverständiger, er geht sehr weit ins Hypothetische.

(Der Zeuge verlässt den Saal.)

Anwalt Hoffmann *(gibt eine Erklärung ab)* Es ist klar nach dieser Beweisaufnahme: Die Art der Konstruktion war geeignet, einen maximalen Personenschaden hervorzurufen. Aus dem Tatablauf und der Konstruktion der Bombe spricht eindeutig ein Vernichtungs- und Tötungswille. Er richtete sich gegen alle als fremd empfundenen Menschen, die in der Keupstraße gewohnt und sich dort aufgehalten haben.

(Der Zeuge Carsten Szczepanski tritt auf. Wieder trägt er offensichtlich eine Perücke zur Tarnung, zudem eine auffällig große Brille.)

Götzl Wir setzen fort. Das Wort haben die Vertreter der Nebenklage.
Anwalt Hoffmann Sie waren in den 1990er-Jahren Mitglied im Ku-Klux-Klan, gegen den auch Ermittlungen liefen?
Szczepanski Das Verfahren wurde damals eingestellt, weil festgestellt wurde, dass es keine Organisation war. Ich gehörte zum Sympathisantenumfeld, wenn man es so beschreiben will.
Anwalt Hoffmann Was war der Kern der Ideologie?
Szczepanski Das unterscheidet sich nicht von der Ideologie in den USA: die Vorherrschaft der weißen Rasse.
Anwalt Hoffmann Was hat das bedeutet damals für Sie?
Szczepanski Es war für mich damals so, dass ich mein persönliches Umfeld danach ausgesucht habe – und ja …
Anwalt Hoffmann Sollten Nichtdeutsche damals vertrieben werden?
Szczepanski Der Ansicht war ich damals, ja.
Anwalt Hoffmann Sollten die Kreuzverbrennungen Angst verbreiten?
Szczepanski Das waren eigentlich keine Kreuzverbrennungen, das Kreuz wurde erleuchtet.
Anwalt Hoffmann Sollte das Angst bei Nichtdeutschen verbreiten?
Szczepanski Davon kann man ausgehen, ja.

Tag 175

20. Januar 2015

Manfred Götzl, Richter. **Sandro D.**, 34, aus Köln, arbeitslos. **Dietmar Pennig**, 59, Arzt aus Köln, Sachverständiger. **Melih K.**, 31, Justizangestellter aus Köln. **Şükrü A.**, 59, aus Köln, erwerbsunfähig. **Kemal G.**, 35, Arbeiter aus Köln.

Sandro D. An dem besagten Tag war ich mit meinem Freund Melih unterwegs in Köln-Mülheim. Wir wollten in der Keupstraße noch was essen. Wir sind zu Fuß zur ersten Dönerbude gegangen. Auf dem Rückweg zum Auto am Friseurladen ist es dann passiert: Es war, als hätte mir einer die Beine von hinten weggeschossen. Als ich aufgestanden bin, hab ich nur Qualm gesehen. Alles war kaputt. Ich hab nichts gehört. Ich hab meinen Freund Melih auf dem Boden gesehen und wusste nicht, ob er lebt oder ob er tot ist. Ich habe nach ihm geschrien. Im Nachhinein weiß ich, dass Melih auch geantwortet hat, aber ich konnte es nicht hören. Es war alles so fürchterlich. Man hat mir mein Oberteil ausgezogen, weil das am Brennen war. Das Schlimmste war, dass ich nichts hören konnte. Es war wie in einem schlechten Stummfilm. Und alles wie in Zeitlupe. Dann kam der Rettungswagen. Ich war lange auf der Intensivstation. Ich hatte einige Nägel in den Beinen und in der Schulter, Verbrennungen, zwei Finger, die fast ab gewesen wären. Ein Nagel ging durch den Oberschenkel, ich war zunächst an den Rollstuhl gekettet. Beide Trommelfelle waren kaputt. Man hat uns verdächtigt, ich durfte keinen Kontakt zu Melih haben, weil man dachte, wir hätten das Fahrrad mit der Bombe da hingestellt.

Götzl Wie ist Ihre Situation heute?

Sandro D. Sport kann ich keinen machen, man ist eingeschränkt jobmäßig. Narben sind reichlich da: Die Beine sind vernarbt, Hände, auf dem Rücken. An der Schulter ist ein richtiges Loch, da fehlt mir Gewebe, da gab es eine Hauttransplantation vom Oberschenkel. Wenn viele Geräusche sind, habe ich Probleme, zu koordinieren, wo das herkommt. Die Verletzungen werden mich wahrscheinlich bis in mein Alter verfolgen. Ich sitze sehr oft und verfalle in Gedanken und habe Tagträume, kann abends nicht schlafen.

(Der Sachverständige Pennig betritt als nächster Zeuge den Gerichtssaal.)

Götzl Es geht uns um die Behandlung des Patienten Sandro D. Mich würde interessieren, wie er behandelt wurde.

Pennig Er ist mehrfach operiert worden. Der schwerste Eingriff war die Entfernung eines Nagels, der eine Länge von etwa 13 Zentimeter hatte und im rechten Oberschenkelknochen saß. Er hatte einen Riss des Knochens verursacht. Im linken Oberschenkel waren insgesamt zwei Nägel und im rechten ebenfalls. Insgesamt sind sechs Operationen durchgeführt worden, eine Hauttransplantation am linken Oberarm.

Götzl Wie viele Nägel wurden entfernt?

Pennig Vier Nägel, wovon einer im Knochen selbst steckte.

(Es folgt der Zeuge Melih K.)

Melih K. Ich wollte in den Döner beißen. Es gab einen Knall, Licht aus, und dann ist man auf einmal in Texas. Staub und Rauch überall. Die Stichflamme hatte das Ohr ausgebrannt, es musste operiert werden. Ich hatte über hundert Splitter im Gesicht, die wurden mit der Nadel rausgeholt.

Götzl Wie viele Nägel hatten Sie getroffen?

Melih K. Neun Stück und noch weitere Fremdkörper. Überwiegend im Oberschenkel und im Rücken. An den Oberschenkeln bekam ich großflächig Haut transplantiert. Es war wie bei »Körperwelten«, man hat die Adern und Sehnen gesehen. Meine Haare hatten Feuer gefangen. Ich hatte Verbrennungen. Als ich wach geworden bin, lag ich wie eine Mumie da. Es hat keiner meinen Eltern Bescheid gesagt. Meine Oma hat das in der Türkei in den Nachrichten mitbekommen, die hat dann nachgefragt. Meine Eltern kamen, als die Not-OP schon vorbei war. Ihnen wurde bei der Polizei gesagt, dass ich Tatverdächtiger wäre. Wir mussten auch DNA und Fingerabdrücke abgeben. Die einzige Möglichkeit, die ich mir denken konnte, war ein Ausländerhasser, vielleicht Nazis. Das war ja quasi selbsterklärend: ein Anschlag am helllichten Tag an einem Ort, wo Omas, Opas und Kinder sind. Da ist doch eigentlich alles klar, da muss man kein Ermittler sein. *(Applaus auf der Zuhörertribüne.)*

(Es folgt der Zeuge Şükrü A.)

Şükrü A. Ich wurde in ein künstliches Koma versetzt. Seitdem bin ich erwerbsunfähig. Ich habe Schwindelgefühle und bin Diabetiker geworden. Nachts kann ich nicht schlafen, ich habe Unruhegefühle. Ich kann nicht in Massen gehen, weil ich dann Panikattacken bekomme.

(Der nächste Zeuge, Kemal G., betritt den Gerichtssaal.)

Kemal G. Es war ein Wendepunkt in meinem Leben. Ich als einfacher Mensch wusste, dass es eine Terroraktion war. Wie konnte Deutschland, ein so erfahrenes Land in puncto Terror, rückständiger als ich denken? Deutschland hat mir meine guten Seiten weggenommen. Eigentlich war ich ein sozialer Mensch, der sich gern in Gesellschaft befand. Ich wurde zu einem asozialen Menschen.

Tag 176

21. Januar 2015

Manfred Götzl, Richter. **Gerd H.**, 78, Rentner aus Bergisch-Gladbach. **Metin I.**, 58, Juwelier aus Köln. **Fatih K.**, 29, Bürokaufmann aus Köln. **Abdullah Ö.**, Handwerker aus Köln, 40. **Atilla Ö.**, 40, arbeitsunfähig, aus Köln. **Hassan Y.**, 40, Friseur in Köln. **Mehmet Daimagüler, Reinhard Schön,** Anwälte der Nebenklage.

Gerd H. Ich bin mit meinem Fahrrad unterwegs gewesen, es war ein herrlicher Sommertag, ich habe die Bergisch-Gladbacher Straße überquert und bin dann direkt in die Keupstraße eingefahren, auf der rechten Seite. Und jetzt muss ich was gestehen: entgegengesetzt der Einbahnstraße. Ich war auf Höhe eines roten Gebäudes angelangt, das eine Druckerei ist, da hat es hinten rechts einen Knall gegeben, den ich nie vergessen werde. Ich bekam Angst, ich dachte, mein Trommelfell wäre geplatzt. Ich habe fluchtartig den Tatort verlassen. Ich habe dann mein Fahrrad abgestellt an der Schanzenstraße und mich besonnen.

Götzl Wie hat sich der Vorfall in Ihrem Leben ausgewirkt?

Gerd H. Die Hörschädigung ist bis heute geblieben. Es ist im Kopf ein ständiges Rauschen. Das ist ein Tag, den ich mein ganzes Leben lang nicht vergessen werde. Man wird ständig damit konfrontiert in der pluralistischen Gesellschaft. Ich stehe mit 78 Jahren zu dieser Demokratie, als Bürger, mit 78 Jahren, darf ich sagen, ich stehe der Integration nicht wutmäßig gegenüber, sondern bin von einem kraftvollen demokratischen Gedanken getragen.

(Als nächster Zeuge tritt Metin I. auf.)

Metin I. Ich spreche nicht ganz perfekt. Ich habe Schwierigkeiten auf dem rechten Ohr. Als der Knall losging, saßen ich und zwei Freunde vor meinem Laden. Wir haben uns auf den Boden geschmissen, alle drei. Wir wussten nicht, was da los ist. Ich dachte, eine Gasflasche ist explodiert. Als ich etwas zu mir gekommen bin, sah ich, dass Leute rumlaufen, an ihnen lief Blut herunter. Kann ich ein Glas Wasser haben? *(Der Gerichtsdiener bringt ein Glas Wasser.)*

Götzl Dann erzählen Sie bitte weiter.

Metin I. Dann kamen Krankenwagen, man hat uns da behandelt. Ich hatte ja auch drei Nägel im Körper, zwei in der rechten Schulter und einen im rechten Bein. Was wollen Sie mich noch fragen?

Götzl Wie ist es Ihnen danach psychisch ergangen?

Metin I. Ich kann nicht herumsitzen, ich muss eine Beschäftigung haben, sonst wird das alles noch schlimmer. Wenn ich ein Fahrrad sehe, laufe ich rein, manchmal habe ich schon Angst. Oder wenn ich jemand mit einem Rucksack vorbeigehen sehe.

(Der nächste Zeuge, Fatih K., tritt in den Gerichtssaal.)

Götzl Haben Sie nach dem Attentat psychische Beschwerden gehabt?

Fatih K. Ich hatte später auch andere Schicksalsschläge, ich habe meinen Vater verloren, dessen Freund, ich war achtzehn, als sich die Explosion ereignete, da ist das in den Hintergrund gerückt. An was ich mich erinnere: Die Solidarität hat gefehlt, diese warme Solidarität.

Anwalt Schön Wie sind Sie von der Polizei vernommen worden?

Fatih K. Es war ungefähr eine Woche später, mir wurden Fingerabdrücke genommen, DNA, mit Wattestäbchen. Bei der Vernehmung wurden mir so Fragen gestellt, ob ich was vom Rotlichtmilieu wisse, ob ich was von der PKK weiß, ob kriminelle Aktivitäten auf der Straße stattfinden. Ob ich Kontakt zu denen habe.

(Der Zeuge Atilla Ö. betritt den Saal.)

Atilla Ö. Ich saß mit meinem Freund, Herrn Ö., beim Friseur. Neben mir saß Ali K., er hatte ein neues Handy, das hat er mir gezeigt. Auf einmal ist irgendwas explodiert. Ich konnte nichts mehr hören. Alles sind in Panik geraten. Alle haben geschrien. Überall war Rauch, Spraydosen sind explodiert. Jemand sagte zu mir, dass ich überall blute, an der Stirn, am Hinterkopf, durch die Nägel hatte ich überall Verletzungen. Ich habe mich draußen auf den Bürgersteig gesetzt, Leute kamen, haben mir erste Hilfe geleistet. Ich hatte ein Teil eines Nagels im Kopf. Ein

Mann hat mich drauf aufmerksam gemacht, er hat ihn dann rausgezogen. Bis Mitternacht wurde ich auf der Wache vernommen, musste mich ausziehen. Sechs Stunden wurde ich vernommen. Mir wurde später empfohlen, zum Psychologen zu gehen, ich bin auch hin, habe es aber abgebrochen. Das war nichts für mich.

Anwalt Schön Kannst du dem Gericht sagen, wo du geboren ist?

Atilla Ö. In Kölle.

Anwalt Schön *(zum Gericht)* Wir kennen uns seit drei Jahren, wir duzen uns. Wie ging es bei der Polizei weiter?

Atilla Ö. Ich wurde so behandelt wie ein Beschuldigter. Ich wurde sogar gefragt, warum ich immer zu diesem Friseur gehe.

(Es tritt der Zeuge Abdullah Ö. auf.)

Abdullah Ö. In einem Restaurant hat die Polizei die Leute einzeln vernommen. Dann sind wir ins Präsidium gefahren. Mich haben sie gefragt, warum ich da hinkomme zu dem Friseur. Ich hab gesagt, das ist mein Stammfriseur. Weil ich einen großen Wirbel habe. Der Polizist hat mich gebeten, mich auszuziehen. Ich sage: Nein. Er sagt, wegen der Spuren. Ich sagte: Ich bin Verletzter, Opfer, ich bin kein Täter. Er sagte: Das brauchen wir. Dann legt er Wattestäbchen auf den Tisch, für die DNA-Analyse. Ich sagte: Ich bin doch kein Vergewaltiger, dass ich irgendwas abgeben muss. Ich bin Opfer.

Götzl Wie ging es für Sie weiter?

Abdullah Ö. Ich war zehn Wochen auf Kur. Ich hatte schlaflose Nächte, empfinde Menschen als bedrohlich. Ich hab das runtergespielt. Konnte nicht mehr Nachrichten hören, wo es um so was ging. Ich bin heute auch noch in therapeutischer Behandlung. Wenn ich immer wieder meine Geschichte erzählen muss, das ist für mich die Hölle. Meine Kinder waren damals zehn und fünf, eine Tochter und ein Sohn. Meine Tochter berichtete mir, dass sie in der Schule weniger Freunde hat. Das waren schlechte Zeiten.

Anwalt Daimagüler Sie sind in Köln geboren …

Abdullah Ö. Ich bin ein kölsch-türkischer-deutscher Junge.

Anwalt Daimagüler Haben Sie in Erwägung gezogen, Deutschland zu verlassen?

Abdullah Ö. Warum sollte ich das? *(Er lacht.)* Nein, nein, Köln ist meine Heimatstadt.

(Der nächste Zeuge ist Hassan Y.)

Hassan Y. Da der Folgetag ein Feiertag war, hatten wir an diesem Tag mehr Kunden als sonst. Ich wollte gerade den nächsten Kunden holen, als ich abgelenkt wurde durch eine Person vor dem Laden. Der Mann war etwa 1,80 Meter groß, mit Baseballkappe. Er hat sein Fahrrad vor dem Laden abgestellt. Ich habe angenommen, dass es ein normaler Kunde ist, der stellt sein Fahrrad ab, um in den Laden zu kommen. Etwa eine Sekunde lang haben wir uns angeblickt. Dann habe ich mich weggedreht und wollte nach hinten, um heißes Wasser zu holen. Im Dre-

hen habe ich die Druckwelle gespürt. Es gab einen Knall, die Fensterscheibe ist zersprungen, viele Leute schrien, einige bluteten. Ich hatte Platzwunden am Kopf und Schnittwunden an den Armen. Dann habe ich gesehen, dass sich das eigentliche Chaos vor dem Laden befand. Das sah wie eine Kriegsszene aus, wie man es aus dem Fernsehen kennt. Ich hatte unvorstellbare Schmerzen. Den eigentlichen Schock erlebte ich im Krankenhaus. Ein anderer Patient hat den Fernseher angeschaltet. Dort stand im Untertitel, dass ein Fahrrad mit einer Bombe vor unserem Laden stand. Ich erlitt einen Schock. Ich erinnerte mich, dass diese Person und ich uns für Sekunden in die Augen gesehen haben. Sie hatte ein Käppi auf und blonde Koteletten. Die sind mir aufgefallen. Als Friseur achte ich zuerst auf die Haare. Ich hatte unheimliche Angst, weil in der Zeitung stand, dass wir uns angeblickt haben. Eine zeitlang konnte ich nicht allein sein. Ich hatte Angst im Dunkeln, Angst, dass mich jemand verfolgt.
Der Polizist sagte, ich solle reden. Es hörte sich an, als ob wir die Bombe hingelegt hätten, um Versicherungsbetrug zu begehen. Gott sei Dank hatten wir keine Versicherung. Der Polizist kam in meine Wohnung und sagte: Du hast einen LCD-Fernseher, du hast ein Laptop. Als wenn andere keinen solchen Fernseher hätten. Als ich fragte, ob es Ergebnisse gebe, sagte der Polizist, es sei viel rausgekommen. Wenn ich nur einige Wörter sagen würde, wäre die Sache aufgeklärt. Ich soll sagen, wer die Bombe deponiert hat, dann gibt mir der Staat eine neue Lebensmöglichkeit, einen neuen Laden. Sie haben die ganze Familie einbestellt und versucht, die Familienmitglieder gegeneinander auszuspielen.

Götzl Wurde gegen Sie mal eine Observation angeordnet?

Hassan Y. Wir wurden eineinhalb bis zwei Monate beobachtet. Das wussten wir auch. Vor meinem Haus und dem meines Bruders saßen Personen in irgendwelchen Wagen.

Tag 177

22. Januar 2015

Manfred Götzl, Richter. **Ali Y.**, 45, Gastronom aus Köln. **Ertan T.**, 39, Lebensmittelhändler aus Köln. **Talat T.**, 67, Offizier im Ruhestand. **Dr. Ehrenfried Ibisch**, 62, Sprengstoff-Sachverständiger beim Bundeskriminalamt. **Wolfgang Heer**, Verteidiger von Beate Zschäpe

Ali Y. Man sagte, es seien die Türsteher. Ich sagte, dass ich eher glaube, es waren die Rechtsradikalen, sie wollten das Zusammenleben der Türken stören. Wir lebten dort in der Keupstraße sehr friedlich, Kurden, Türken, wir hatten nie Probleme gehabt. Es kann niemand von unserer Straße gewesen sein.

Die Keupstraße war eine gut besuchte Straße, deswegen habe ich das Restaurant dort übernommen, aber die Umsätze sind zurückgegangen danach, die deutsche Kundschaft hat sich nicht getraut, zu uns zu kommen. Es hat mich wirtschaftlich getroffen. Ich konnte die Vorurteile nicht mit der Kundschaft erörtern. Jetzt, nachdem rauskam, wer es war, ist es viel einfacher geworden, der Laden ist wieder gut besucht. Das Zusammenleben darf nicht durch deutsche Attentate erschwert werden. Ich bin vor dreißig Jahren deutscher Staatsbürger geworden, auch meine Kinder.

(Der nächste Zeuge ist ErtanT.)

Ertan T. Ich stand in unserem Geschäft mit dem Gesicht zum Friseur. Ich habe die Explosion gesehen, sie war kreisrund, innendrin gelb, rot. Die Druckwelle kam in unser Geschäft, wir warfen uns auf den Boden, bestialischer Gestank wie Schießpulver, Staub, Dreck. Hat sich wie ein Sog wieder zurückgezogen. Unser Schaufenster ist kaputtgegangen. Unser Geschäft war total verwüstet, die ganzen Vitrinen, alles, was aus Glas war. Wir haben sofort die Polizei angerufen. Ich bin in den Friseurladen gerannt, weil dort meine Freunde arbeiten. Hab erst meinen Freund Mohammed rausgeholt, er hatte viel Blut an sich. Dann bin ich zurückgerannt und hab einen weiteren geschnappt, da lag noch jemand auf dem Boden, der am Brennen war.

Ein paar Tage später bei der Polizei, da war ich wirklich sehr enttäuscht. Es wurde von Anfang an darauf hingearbeitet, dass da ein Machtkampf oder die Türsteherszene oder die Mafia im Gange ist. Ich wurde gefragt, welche Leute im Friseurgeschäft verkehren. Die gleichen Leute, die zu uns kommen und ins Restaurant, habe ich gesagt. Wenn wir Streitigkeiten haben, würden wir nicht eine Bombe platzieren.

(Der ehemalige Offizier der türkischen Armee, Talat T., ist der nächste Zeuge. Seine Aussage wird von einem Dolmetscher übersetzt.)

Götzl Was machen Sie beruflich?

Talat T. Ich bin Offizier im Ruhestand. Ich möchte Ihnen einfach etwas erzählen. Ich bin sehr aufgeregt. Ich bin als Tourist einem solchen Vorfall begegnet. Ich komme aus der Türkei, wo der Terrorismus am meisten herrscht. Das ist ein Schicksal, deswegen bin ich nicht verärgert über den deutschen Staat. Zum Zweiten bin ich der Sohn eines Richters. Mein Vater hat die Deutschen verherrlicht, ich liebe Deutschland auch, Deutschland ist mein zweites Land. Obwohl ich in London studiert habe, liebe ich Deutschland.

Verteidiger Heer Herr Vorsitzender, Sie haben das Beweisthema benannt, zu dem der Zeuge sprechen soll.

Götzl Wir lassen ihn jetzt fortfahren, er muss sich erst einfinden.

Verteidiger Heer Ich beantrage, dass Sie den Zeugen anhalten, nur zum Beweisthema zu sprechen.

Götzl Das habe ich bereits getan. Das bemisst sich nicht an der Anzahl der Sätze, die ein Zeuge spricht.

Talat T. Ich komme von Zeit zu Zeit nach Deutschland, mit meinem Bruder begebe ich mich auf Reisen. Damals habe ich mich von Berlin aus mit meinem Bruder auf die Reise gemacht, erst nach Hamburg, Bremen, Düsseldorf, Duisburg und dann Köln. Wir wollten die Kathedrale anschauen. Es war Mittagszeit, wir hatten Hunger, wir kamen in die Keupstraße. Wenn ich mich nicht irre, waren wir in einer Teestube. Wir kamen zum Auto meines Bruders zurück, in der Zwischenzeit hatte ihm die Polizei einen Strafzettel verpasst, da hat er geschimpft. *(Er lacht.)* Er hat versucht, den Kofferraum zu öffnen. Ich stand mit dem Rücken zu dem Laden, wo der Vorfall passierte. Mein Bruder hat in meine Richtung geschaut. Aufgrund meiner Ausbildung habe ich ihm den Befehl erteilt: Wirf dich hin! Ich habe mich hingeworfen. Die Gegenstände flogen über uns herum, auch in den Kofferraum. Ich habe erfahren, dass es sich um Nägel handelte. Allah möge niemanden so ein Bild sehen lassen. Mir war klar, dass es sich um eine Bombe handelte. Ich sagte: Lauf, lass uns helfen. Aber wir konnten nicht Hilfe leisten, weil es sich um schwere Verletzungen handelte. Mein Bruder wurde mit dem Hubschrauber weggebracht. Die Polizeibeamten nahmen mich mit. Im Pass sahen sie mein Offiziersfoto. Sie stellen mir Fragen, die darauf hindeuteten, dass das von Türken gemacht wurde. Ich habe nicht damit gerechnet, dass ich mit so einer Frage konfrontiert werde. Sie haben mich dann nach Berlin fahren lassen. Ich habe ihnen auf die Ehre eines Soldaten versprochen, zur Gerichtsverhandlung zu kommen. Sonst gibt es nichts zu sagen.

(Der Sachverständige Ibisch betritt den Gerichtssaal.)

Götzl Sie haben im August 2013 Sprengversuche durchgeführt. Welche Ergebnisse haben Sie erhalten?

Ibisch Wir haben die Sprengversuche auf dem Truppenübungsplatz Wildflecken durchgeführt, um die Splitterwirkung und die Druckwelle einer Bombe wie in der Keupstraße zu untersuchen. In eine Campinggasfalsche wurden 4,5 bis 5,5 Kilogramm Jagdschwarzpulver eingefüllt und elektrisch gezündet. Um die Gasflasche herum waren etwa 800 Nägel von zehn Zentimeter Länge angeordnet. Wir haben sechs Versuche gemacht und dazu Hochgeschwindigkeitsaufnahmen. Um die Sprengvorrichtung herum war ein Spreng- und Splittergarten aufgebaut, aus sieben Metallplatten. Innerhalb der Tafeln stieg ein großer weißgelb-roter Flammenball auf. Die Nägel flogen mit einer Geschwindigkeit von bis zu 770 Stundenkilometern. Im Umkreis von fünf Metern bestand tödliche

Gefahr durch Splittertreffer, noch in 55 Metern Entfernung wurden Splitter gefunden. Die Druckwelle im Zentrum war bis zu einem Abstand von 2,8 Metern tödlich. Im Abstand von 8,5 Metern waren immer noch Trommelfellverletzungen möglich.

Tag 178

27. Januar 2015

Gerlinde B., 63, Rentnerin aus Köln. **Arif S.**, 52, Ladenbesitzer aus Köln. **Eberhard Reinecke**, Anwalt der Nebenklage.

(Auch an diesem Tag werden mehrere Zeugen und Opfer des Anschlags in der Keupstraße befragt.)

Gerlinde B. Ich kam vom Kieser-Training und war auf dem Weg zum Auto. Da hab ich beobachtet, dass mir ein junger Mann entgegenkam mit einem Fahrrad. Er ist mir sehr aufgefallen, weil er das Fahrrad so behutsam geschoben hat, was ich mir nicht erklären konnte. Ich konnte ihn relativ lange beobachten. Er hatte hinten eine schwarze Box auf dem Gepäckträger, mir kam es merkwürdig vor, aber ich habe mir keine weiteren Gedanken gemacht. Er hatte etwa das Alter meines Sohnes, der Jahrgang 1977 ist. Ein schlanker junger Mann. Er trug Sportkleidung und ein Käppi, er wirkte angespannt und etwas verschwitzt. Die Augen waren dunkel; ich hab immer gesagt, es war kein unansehnlicher Mann. Die Täter haben sich ja umgebracht. Als ich das Foto von Uwe Böhnhardt gesehen habe, hat es bei mir wirklich heftige Reaktionen hervorgerufen.

Anwalt Reinecke Sind Sie von der Polizei gefragt worden, ob der Täter wie ein Türke oder Kurde aussah?

Gerlinde B. Bin ich gefragt worden. Ich habe gesagt, vom Äußerlichen würde ich das nicht sagen. Ich habe durch meine Tätigkeit in der Sparkasse mit vielen türkischen und kurdischen Kunden zu tun gehabt, und ich glaube, ich hatte da schon einen Blick dafür.

(Nach weiteren Zeugen folgt der Zeuge Arif S.)

Arif S. Zwei Tage durften wir unsere Geschäfte nicht betreten. Zivilbeamte kamen, fragten, ob es die Mafia gewesen ist. Ob es um Schutzgelderpressung ging oder es die Hisbollah gewesen sein könnte. Ich hatte Angst, sie gingen weg, sie kamen erneut und haben die gleichen Fragen gestellt. Ich kann nachts nicht einschlafen, ich kann in kein Flugzeug einsteigen, ich verhalte mich gegenüber meinen Kindern nervös. Ich bin trotzdem nicht zum Arzt, ich habe Angst gehabt, immer Angst.

Fünf Monate liefen die Geschäfte nicht, es kamen keine Kunden. Ich habe gespürt, dass ich verfolgt werde bis nach Hause. Die Polizisten haben uns nicht gefragt: Wie ist Ihre Situation, können Sie einer Vernehmung folgen? Ich sagte, ich weiß doch, wer das gemacht hat, das waren die Rassisten, die Neonazis. Der Polizist hat dieses Zeichen gemacht *(hält den Zeigefinger vor seinen Mund)*: Psst, schweige!

Tag 179

28. Januar 2015

Manfred Götzl, Richter. **Marco G.**, 42, Pädagoge bei der Aidshilfe Düsseldorf. **Anette Greger**, Vertreterin der Bundesanwaltschaft. **Johannes Pausch**, Verteidiger von Carsten Schultze.

(Am Vormittag werden weitere Opfer des Anschlags in der Keupstraße gehört. Am Nachmittag nimmt Marco G. auf den Zeugenstuhl Platz.)

Götzl Es geht uns um Herrn Carsten Schultze. Darum, seit wann Sie ihn kennen, sein Verhalten, seine Persönlichkeit und ob er Ihnen aus seiner Zeit in der rechten Szene berichtet hat.

Marco G. Okay. Ich hab Carsten 2005 kennengelernt, er hat sich um einen Praktikumsplatz beworben bei uns. Er kam zum Vorstellungsgespräch und hat auch gleich erzählt, dass er früher Kontakte in die rechte Szene hatte und sich davon gelöst hat. In dem Moment, da er das so offen gesagt hat, war das für uns in Ordnung. Wir haben einen jungen schwulen Mann gesehen und gesagt, wir werden das Praktikum mit ihm machen. Zwanzig Stunden die Woche. Er hat mit mir die HIV-Präventionsarbeit in der schwulen Szene gemacht. Er hat dann weiter ehrenamtlich bei uns gearbeitet. Im Januar 2006 wurde eine halbe Stelle frei, die hat er bekommen. Parallel hat er studiert. Bis zu seiner Festnahme war er bei uns beschäftigt. Wir haben sieben Jahre das Büro geteilt, da hat sich auch eine Freundschaft entwickelt. Aber wir haben nie die Vergangenheit durchgearbeitet. Nur punktuell.

Götzl Wann haben Sie mehr erfahren?

Marco G. Am Abend vor meinem Geburtstag hat er angerufen. Mein Mann und ich hatten zwei Gläser Sekt getrunken, er wollte früh ins Bett. Carsten kam dann und wir saßen bei uns auf der Couch und tranken ein Glas Sekt. Da erzählte er mir, er habe mal einen Auftrag bekommen, eine Waffe besorgt und auch übergeben. Das war für mich ein heftiges Geständnis. Ob da Namen gefallen sind, weiß ich nicht mehr. Es war spät in der Nacht und ist mehr als drei Jahre her, es war die Nacht auf den 30. November 2011. Für mich ist nur geblieben: Da gab es Kontakt zu einer Waffe, das ist ja schon eine Spur heftiger, als nur in der rechten Szene zu sein. Er sagte, er sei zur Übergabe in eine andere Stadt gefahren. Das hatte für mich so Kinocharakter.

Götzl Haben Sie noch weitere Details erfahren? Mich würden alle Details interessieren.

Marco G. Im November 2011, als die Sache hochkam, war Carsten sehr nervös. Wir standen damals zusammen auf der Dachterrasse und rauchten eine Zigarette, da sagte er, er kannte die zwei, die da hochgegangen sind. Und er wurde immer nervöser im Lauf der Woche. So nach einer Woche habe ich ihm gesagt, er soll mal zu einem Anwalt gehen, lass dich beraten.

Götzl Was hat er Ihnen denn erzählt?

Marco G. Ich habe immer gefragt: Hast du was damit zu tun? Am Anfang sagte er immer: Nein, nein. Aber das Nein wurde immer zögerlicher. Da haben wir Rechtsanwalt Hösl ausfindig gemacht, fahr da hin, sagte ich ihm. Klär das, ich will gar nicht viel drüber wissen. Bis zu dem Abend, wo er vom Organisieren der Waffe und der Übergabe erzählt hat. Das war's dann schon, alles andere drehte sich um die aktuelle Situation in der Aidshilfe. Das war eine stressige Zeit für uns, am 1. Dezember ist Welt-Aids-Tag. Da muss die Arbeit auf Zuruf funktionieren, und das hat sie auch.

Götzl Was haben Sie mit der Information über die Waffe angefangen?

Marco G. Ich weiß nicht, ob es sein Gruppenleiter wusste. Er hat es halt getan, das war für mich der springende Punkt. Das war auch total wirr, was da herauskam. Carsten hat sich mir gegenüber sehr, sehr bedeckt gehalten.

Götzl Was für einen Bezug hatte er denn zu den Leuten, die aufgeflogen waren?

Marco G. An dem Abend sagte er nach ein bisschen Alkohol, er müsste mir was erzählen. Von einem der Leute, mit denen er zu tun hatte, habe er den Auftrag gekriegt, ein Päckchen abzuholen und in eine andere Stadt zu bringen und zu übergeben. Und dass er das in der Folge auch getan hat. Er wusste wohl, was in dem Päckchen war.

Götzl Hat er was über die Art der Waffe gesagt?

Marco G. Ich kann mit Waffen nichts anfangen.

Götzl War das ein Gesprächsthema?

Marco G. Ja, weil ich gefragt habe: Was hast du dir dabei gedacht? Ist ja nicht so was wie Pulli-Klauen. Und es kam so eine typische Antwort für ihn: Gar nichts.

Oberstaatsanwältin Greger Ist über den Grund seines Ausstiegs aus der rechten Szene gesprochen worden?

Marco G. Für mich war immer klar, dass er mit dieser Ideologie nichts zu tun hat, für mich war das ein schwuler Mann, der nun frei leben will.

Verteidiger Pausch Ist Carsten Schultze von Linken auf seine rechte Vergangenheit angesprochen worden?

Marco G. Ja, es gab einen offenen Brief der Antifa an der Uni. Als er sich beworben hat als Schwulenreferent, da stand drin, dass er aus dem Osten kommt und politisch aktiv war, und dass seine Wahl nicht angemessen wäre.

Tag 180

29. Januar 2015

Manfred Götzl, Richter. **Jeanette A., 30,** Kriminaloberkommissarin, BKA Wiesbaden. Sie wertete eine DVD aus, die im Brandschutt der Frühlingsstraße 26 sichergestellt wurde. **Franz Peter S.**, 62, Köln, technischer Angestellter. Er hielt sich zum Zeitpunkt des Nagelbombenanschlags in der Keupstraße auf. Später wurde er von einem Anwalt aufgefordert, im NSU-Prozess aufzutreten, obwohl er das selbst nicht wollte. **Wolfgang Heer, Anja Sturm**, Verteidiger von Beate Zschäpe.

Jeanette A. Die DVD beinhaltet verschiedene elektronische Dateien. Ich fokussiere mich auf die Ordner, die wir als wichtig erachtet haben: Zwei Ordner sind uns ins Auge gesprungen, einer namens »Killer«, der andere hieß »Aktions-DVD«. Im Ordner »Killer« waren drei Unterordner: »Grafiken«, »Mein Kampf« und »Datenbank Aktion wichtig«. In dem letzten Unterordner waren 146 Listen mit Informationen zu Personen, Einrichtungen, Adressen, Namen, Erreichbarkeiten. Parteibüros, kirchlichen Einrichtungen, Diakonien, Synagogen, Moscheen, Kasernen, Vereinen, Flüchtlingsorganisationen, Waffengeschäften, Asylbewerberheimen. Ich habe mir die Auflistungen näher angeguckt. Eine Datei hieß »Reiseplaner« und enthielt 6500 Datensätze. In dem Ordner »Grafiken« gab es zudem selbst erstellte Mitgliedsausweise von Tennisklubs. Einmal in Großgründlach und einmal in Ehlershausen. Die Klubs sind auch real existent. Und der Bedienstetenausweis eines Hotels Mercura in Frankfurt, das ist nicht existent. Die Ausweise waren zum Teil mit dem Namen Mandy Struck und dem Foto von Beate Zschäpe versehen. Darüber hinaus fanden sich in dem Ordner mehrere selbst erstellte Wettvereinbarungen: Es ging immer um Gewichtsreduktion und das Putzen der Wohnung, das Schneiden von Videoclips, einmal unterzeichnet von »Liese«, einmal von »Böhni«, einmal von »Killer«. Einmal war das Foto von Frau Zschäpe darauf und das von Uwe Böhnhardt. Da waren auch noch Fotos im Ordner, Urlaubsfotos, auf denen Frau Zschäpe und Herr Böhnhardt zu sehen sind.

Der dritte Ordner hieß »Mein Kampf«: Darin befanden sich Online-Ausgaben des Buches »Mein Kampf«, das Parteiprogramm der NSDAP, dann Anleitungen, wie man das Internet als Propagandawaffe nutzen kann und wie man auf gesperrte Internetseiten zugreifen kann.

Götzl Wir nehmen jetzt die Wettvereinbarung in Augenschein.

(Die Vereinbarung wird auf die Wand des Gerichts projiziert, darauf ist ein Bild von Zschäpe in Minikleid und mit Sommerhut zu sehen.)

Jeanette A. Zum 1. Mai will Uwe Böhnhardt 85 Kilogramm wiegen. Darunter ist sein Spitzname Böhni zu sehen. Frau Zschäpe will am 1. Mai 62 Kilogramm wiegen, um »absolut sommer- und strandtauglich« zu sein. Wenn sie das nicht schafft, muss sie 200 Mal Videoclips schneiden und die Wohnräume putzen, außer die Schlafzimmer. Darunter steht »Liese«. Dann steht da noch: Sollten wir beide versagen, werden wir gemeinsam die Wohnung putzen.

(Eine weitere Wettvereinbarung wird an die Wand projiziert. Es geht um das aktuelle Gewicht und das Zielgewicht, das man erreichen wollte. Wettpartner waren »Liese«, »Killer« und »Cleaner« als Unterzeichner. Als Liese bezeichnete sich Zschäpe im Untergrund.)

Götzl In Ihrem Vermerk listen Sie auf: Liese, zehn Mal das Bad putzen, 200 Mal Videoclips schneiden. Und: Killer setzt auf die Liese, Cleaner setzt auf die Liese, Liese setzt auf ihr eisernes Durchhaltevermögen gegen Killer und gegen Cleaner. Wer ist unter dem Namen Killer und Cleaner zu verstehen?

Jeanette A. Cleaner ist vermutlich der Spitzname von Böhnhardt, Killer der von Mundlos. Das Wort »Cleaner« wurde als Teil der Computer-Zugangsdaten von Böhnhardt festgestellt. Der Ordner »Killer« ist Uwe Mundlos zuzuordnen, in ihm wurden selbst erstellte Daten gespeichert.

Götzl Gibt es weitere Auswertungsergebnisse?

Jeanette A. Auf der DVD konnten keine Fingerabdrücke festgestellt werden, aber DNA-Spuren. Eine konnte Herrn Mundlos zugeordnet werden und eine einer unbekannten Person. Wir haben zudem untersucht, wann die DVD gebrannt wurde, vermutlich ist sie im Mai 2007 erstellt worden. Das lässt sich aus der Ordnerstruktur ersehen. Sie trägt die Bezeichnung 5.07.

Verteidigerin Sturm Sie hatten davon gesprochen, dass die Wettvereinbarung unterzeichnet gewesen sei, gab es denn Unterschriften?

Jeanette A. Nein, es gab auf den Wettvereinbarungen nur die gedruckten Namen Böhni und Liese.

(Als nächster Zeuge erscheint Franz Peter S. Sein Auto wurde durch die Bombe in der Kölner Keupstraße zerstört. Er selbst blieb unverletzt. Ein Anwalt beantragte seine Zulassung als Nebenkläger im Prozess. Gegen den Willen und ohne Kenntnis von S., wie sich herausstellt.)

Götzl Sie hatten Herrn Rechtsanwalt Tikbaş als Nebenklagevertreter beauftragt?

Franz Peter S. Nein, dieser Rechtsanwalt ist an uns herangetreten und wollte uns überzeugen, dass wir als Nebenkläger in diesem Prozess auftreten sollen. Ich weiß nicht, warum er die Unterlagen bei Gericht eingereicht hat. Wir hatten uns dagegen entschieden. Er hat dann die Sache rückgängig gemacht.

Götzl Haben Sie ihm Informationen gegeben?

Franz Peter S. Nein.

Götzl Es bestand zu keiner Zeit ein Mandatsverhältnis?

Franz Peter S. Nein.

Götzl Und zu Ihrer Schwiegermutter?

Franz Peter S. Nein. Sie hat mit ihm gar nicht gesprochen.

Götzl Sie hat mit ihm gar nicht gesprochen?

Franz Peter S. Nein.

Götzl Er trägt hier alles Mögliche vor. Etwa, dass Ihr Wagen zerstört worden sei.

Franz Peter S. Ja, das habe ich ihm schon gesagt, dass es ein Totalschaden ist.

Götzl Und zu den gesundheitlichen Belastungen? Haben Sie da Angaben gemacht?

Franz Peter S. Nein.

Götzl Er trägt hier vor, dass Sie eine posttraumatische Belastungsstörung haben und dass das anhält bis heute.

Franz Peter S. Nein, das stimmt nicht.

Götzl Haben Sie ihn jemals bevollmächtigt gehabt?

Franz Peter S. Nein.

Verteidiger Heer Wie sind Sie mit Rechtsanwalt Tikbaş in Kontakt gekommen?

Franz Peter S. Er ist auf uns zugekommen. Er hatte sich telefonisch bei uns gemeldet, von sich aus. Er hat uns nahegelegt, als Nebenkläger aufzutreten. Ich hab ihm meine E-Mail-Adresse gegeben, er hat uns eine Vollmacht zukommen lassen. Wir haben uns aber in der Familie abgesprochen, wir möchten das nicht. Er hat noch ein-, zweimal angerufen und wollte uns drängen. Und wir waren erstaunt, dass wir nach drei, vier Wochen die Unterlagen vom Gericht zugesandt bekommen haben. Die Vollmacht haben wir ihm nie erteilt.

Tag 181

3. Februar 2015

Manfred Götzl, Richter. **Enrico R.**, 45, Maschinenmechaniker, Burkersdorf. Mehrere Zeugen sagten aus, er habe Böhnhardt, Mundlos und Zschäpe nach deren Untertauchen in der Wohnung eines Bekannten getroffen. **Robby H.**, 40, Chemnitz, Angestellter im Hausmeisterservice seiner Lebensgefährtin. **Wolfgang Stahl**, Verteidiger von Beate Zschäpe. **Olaf Klemke**, Verteidiger von Ralf Wohlleben. **Stephan Kuhn, Reinhard Schön**, Anwälte der Nebenklage.

Götzl Wie haben Sie Beate Zschäpe, Uwe Mundlos und Uwe Böhnhardt kennengelernt?

Enrico R. Ich hab sie 1992, '93, '94 kennengelernt, ganz normal, auf Partys. Eher flüchtig, mal gesehen, wo genau, dazu kann ich nichts sagen. Ja, das war's eigentlich schon.

Götzl Vielleicht gehen Sie auf die einzelnen Angeklagten ein.

Enrico R. Frau Zschäpe kenne ich am längsten. Wir hatten Anfang der Neunziger ein freundschaftliches Verhältnis. Haben die Freizeit miteinander verbracht, Partys gefeiert, ohne große Hintergründe. Uwe Mundlos kenne ich genauso lange wie Frau Zschäpe. Wir waren befreundet. Uwe Böhnhardt ist mir bloß kurz im Bewusstsein. Ich habe ihn Ende der Neunziger wahrscheinlich ein, zwei Mal gesehen. Kann sein, dass er auch mal mit bei uns in Chemnitz war. Zum Rest der Angeklagten hatte ich nicht so den Kontakt.

Götzl Wie ist es mit Herrn Gerlach?

Enrico R. Ich kann Ihnen zu allen nur sagen: Das war nicht mein engerer Kreis. Wenn ich alle so angucke, wenn ich mich jetzt so angucke, haben wir uns alle schon ein bisschen verändert.

Götzl Gehen wir zurück zu Uwe Mundlos, Uwe Böhnhardt und Beate Zschäpe. Über welchen Zeitraum dauerte der Kontakt an?

Enrico R. '93, '94 vielleicht.

Götzl Und danach? Keine Kontakte mehr?

Enrico R. Erst mal nicht.

Götzl Also später wieder?

Enrico R. Kurz.

Götzl Wann und in welchen Situationen?

Enrico R. 1998. Da haben wir uns gesehen, bei einem Freund in der Wohnung, war ganz normal, begrüßt, geredet, wie es ist, wenn man sich lange nicht gesehen hat, ich war ja ein paar Jahre nicht da. Da ich von '94 bis '97 in Haft war, gab es nicht so viel zu erzählen. Ich hatte anderes zu tun, andere Probleme.

Götzl Und was haben Mundlos, Böhnhardt und Zschäpe erzählt, was sie getan haben?

Enrico R. Sie haben nicht zu meinem engeren Freundeskreis gehört. Ganz ehrlich, es ist so lange her, ich weiß nicht, worüber wir da geredet haben.

Götzl Waren Sie damals in der Szene?

Enrico R. Eine Szene ändert sich. Wir sitzen ja nicht den ganzen Tag auf der Parkbank. Weiß nicht, was Sie sich so vorstellen.

Götzl Ich muss mir gar nichts vorstellen. Ich frage Sie, wie es war. Und Sie erzählen mir, wie es bei Ihnen war. Wie war das jetzt mit dem Treffen von Mundlos, Böhnhardt und Zschäpe? Hier steht nichts dazu in Ihrem Vernehmungsprotokoll des BKA.

Enrico R. Vielleicht hat mich der Polizist nicht danach gefragt.

Götzl Ich habe Sie belehrt, dass man als Zeuge auch nichts verschweigen darf. Gab es einen Grund, warum Sie das Treffen bei Ihrem Verhör durch das BKA nicht erwähnt haben?

Enrico R. Wahrscheinlich hat mich niemand danach gefragt.

Götzl Dann machen wir jetzt eine Pause und Sie versuchen sich zu erinnern.

(Pause.)

Enrico R. Okay. Das war für mich ein ganz normaler Freundschaftsbesuch und keine Unterstützung. Zum damaligen Zeitpunkt wusste ich nicht, dass da Straftaten passiert sein sollen. Alles andere kam erst im Nachhinein raus.

Götzl Na gut, dann nehme ich das mal so zur Kenntnis. Beim BKA haben Sie auch gesagt, Sie hätten erfahren, dass die drei bei der »White-Power-Mandy« untergekommen sein sollen.

Enrico R. Hat man so gehört.

Götzl Sagt Ihnen die Bezeichnung »88er« etwas?

Enrico R. Ja, das war so ein Spaßname für die Skinheadszene in Chemnitz.

Götzl Gehörten Sie auch dazu?

Enrico R. Ich denk schon.

Götzl Der Zeuge H. erklärte beim BKA, dass Sie eine Waffe hatten und sie gemeinsam Schießübungen gemacht haben.

Enrico R. Ja, eine ganz kleine, Sechs-Millimeter-Platzpatronen, war das Billigste auf dem Markt. Aber Schießübungen: Da hat er glatt die Unwahrheit gesagt. Wo sollen wir denn da geschossen haben, wenn ich fragen darf?

Götzl Mich brauchen Sie nicht zu befragen. Gab es einen Grund, warum H. gelogen haben soll?

Enrico R. Vielleicht verwechselt er mich. Ich hätte ja nichts zu befürchten nach der langen Zeit. Haben auf Flaschen geschossen mit einer Luftdruckpistole. Hinten beim Eichhörnchen, das ist eine Gartenkneipe. Wir haben draußen Bierflaschen hingestellt und drauf geschossen. Aber nicht mit scharfen Waffen.

Götzl Hatten Sie Zugang zu scharfen Waffen?

Enrico R. Das war gar kein Problem. Wer gewollt hätte, hätte sich auch eine besorgen können. Ohne Probleme. Wo die Russen abgezogen sind, da haben die alles verkauft. Da musste man jetzt nicht spezielle Kontakte haben. Das war allgemein bekannt, Fachkenntnisse brauchte man dazu nicht.

Götzl Haben Sie Kenntnisse darüber, ob jemand aus Ihrem Kreis über scharfe Waffen verfügte?

Enrico R. Nee, also aus meinem engeren Kreis wüsste ich es nicht. Wir waren alle keine Waisenknaben, aber mit so was hatten wir nichts zu tun gehabt.

Verteidiger Klemke Sie sagten, die Skinheads 88 seien eine Partygesellschaft gewesen. Gab es nie politische Aktionen?

Enrico R. Mit Sicherheit, aber das hatte weniger mit den 88ern zu tun.

Verteidiger Klemke Waren Sie auch an politischen Aktionen beteiligt?

Enrico R. Ja, bei Demos in Chemnitz, Plauen, Wunsiedel. Können durchaus mehr gewesen sein.

Verteidiger Klemke Gab es auch militante Aktionen?

Enrico R. Nein, man hat sich halt mal mit ein paar Autonomen geprügelt. Ein-, zweimal im Jahr vielleicht.

(Götzl erklärt Enrico R., dass er noch mal zur Aussage ins Gericht kommen muss. Zum Abschied winkt er dem Angeklagten Eminger freundlich zu. Dann betritt Robby H. den Gerichtssaal. Er weicht zunächst auf fast alle Fragen des Richters aus.)

Götzl Sagt Ihnen der Begriff 88er etwas?

Robby H. Ja.

Götzl Ich habe nicht vor, jedes Mal nachzufragen. Wir können nicht so verfahren, dass ich jedes Wort nachfrage und Sie nur Ja oder Nein sagen.

Robby H. Ich verschweige nichts, ich war in den frühen Neunzigern in der Skinheadszene, war mit Thomas Starke *(einer der führenden Köpfe der rechtsextremen Blood & Honor-Bewegung)* unterwegs, in Bremen, Königs Wusterhausen, Neuburg an der Donau.

Götzl Zurück zu den 88ern. Was können Sie dazu sagen?

Robby H. Das weiß doch jeder heute: 88 heißt Heil Hitler.

Götzl Wie standen Sie zu Enrico R.?

Robby H. Das war ein guter Freund von Thomas Starke, wir sind gut miteinander klargekommen. Gab auch mal Schläge, er war bekannt als Schläger.

Götzl Hatte Herr R. eine Waffe?

Robby H. Ich glaub ja.

Götzl Sie glauben es, was wissen Sie denn?

Robby H. Ich weiß es nicht mehr.

Götzl Dann halte ich Ihnen mal Ihre Aussage bei der Polizei vor. Dort steht: Rico R. hatte eine Pistole.

Robby H. Wenn das so drinsteht, wird das wohl so sein. Vor zwei Jahren war das BKA bei mir, da konnte ich mich erinnern. Aber jetzt – ist's weg.

Götzl Können Sie sich erinnern, dass Sie mit Herrn R. beim Schießen waren?

Robby H. Kann ich mich nicht erinnern.

Götzl Sie sollten uns hier nichts vormachen oder eine Show abziehen. Das würde ich Ihnen wirklich nicht empfehlen. Hatten Sie mal eine Kalaschnikow im Besitz?

Robby H. Ja.

Götzl Handgranaten?

Robby H. Ja.

Götzl Wann war das?

Robby H. Müsst ich lügen. Circa 1992.

Götzl Von wem hatten Sie die?

Robby H. Von den Russen. Da hab ich mir für 100 Mark eine Kalaschnikow gekauft und eine Kiste Handgranaten. Die hab ich im Steinbruch mal versenkt.

Götzl Um was ging es bei den Waffenkäufen?

Robby H. Schutz.

Götzl Vor wem wollten Sie sich schützen?

Robby H. Vor den Ausländern.

Götzl Vor welchen?

Robby H. Vor allen. Wir waren damals doch alle ausländerfeindlich.

Götzl Kannten Sie Ausländer?

Robby H. Ich kannte gar keinen. Deswegen. War meine eigene Dummheit damals. Eine Schrotflinte und eine andere Pistole habe ich mir dann zum Schutz gegen die Rechten gekauft, weil ich ja damals gegen die ausgesagt hatte.

Götzl Waren Sie im Schutzprogramm im Anschluss?

Robby H. Ja.

Anwalt Kuhn Herr H., haben Sie mal ein Asylantenheim angegriffen?

Robby H. Ja, einmal.

Anwalt Kuhn Wie ging das vor sich?

Robby H. Man hat sich versammelt, ist da hingefahren, die Polizei kam dazwischen, es gab eine Straßenschlacht. Das war in Flöha bei Chemnitz.

Kuhn Wer war da dabei?

Verteidiger Stahl Ich beanstande die Frage, es geht hier nicht um die Aufklärung von irgendwie rechtsgerichteten Straftaten. Und ideologisch finde ich es schon bedenklich, das Wort Asylantenheim zu verwenden.

Anwalt Kuhn Da haben Sie recht. Sie haben recht mit der Kritik, ich habe wörtlich aus der Vernehmung zitiert, und dort hat der Zeuge das Wort Asylantenheim benutzt.

(Der Zeuge bestätigt, dass Thomas Starke bei dem Angriff dabei gewesen sei. Seine Befragung wird kurz fortgesetzt, dann wird er entlassen.)

Anwalt Schön Ich möchte eine Erklärung zur Befragung der Zeugin A. *(die Zeugin sagte am Tag 180 aus)* vom BKA abgeben: Die Befragung hat ergeben, dass Beate Zschäpe genauso routiniert beim Schneiden von Videoclips ist wie Uwe Böhnhardt. Das Schneiden der Videoclips kann als eine typische Gemeinschaftaufgabe der drei wie Putzen und Saubermachen angesehen werden. Die Wettvereinbarung ist ein wichtiges Indiz, dass Zschäpe nicht nur am Verschicken, sondern auch am Herstellen des Paulchen-Panther-Videos beteiligt war. Dass Zschäpe trotz dessen Verrohtheit das Video zum Anlass nahm, eine Wette abzuschließen, zeigt ihre Abgebrühtheit.

Verteidiger Stahl Die Erklärung, die der Kollege Schön abgegeben hat, ist nichts als die Manifestation purer Spekulation, um was es sich da gehandelt haben könnte. Eine Erklärung nach Paragraf 257 StPO darf auch nicht dazu benutzt werden, um Beschimpfungen an die Adresse der Angeklagten möglichst subtil zu verpacken.

Tag 182

4. Februar 2015

Manfred Götzl, Richter. **Heribert S., 62,** Kriminaloberkommissar im Ruhestand, früher beim LKA Düsseldorf.

Götzl Mir geht es um die Erläuterung einer Tatortskizze in Köln, die Sie erstellt haben.

Heribert S. Wir sehen hier einen Teil der Keupstraße, der mir von den Beamten als innerer Tatort übergeben wurde. Es handelt sich um eine Straße, die auf der nördlichen Seite einen 2,28 Meter breiten Gehweg hat, dann folgt ein Parkstreifen von 1,91 Metern Breite, die Fahrbahn von 4,44 Meter Breite, wieder ein Parkstreifen von 1,91 Metern und auf der südlichen Seite ein Gehweg von 2,17 Metern Breite. Also besteht ein Abstand von 12,71 Metern zwischen den Häusern.

(Der Beamte soll die Entfernungen der einzelnen Häuser zum Ort der Explosion vor der Hausnummer 29 bestimmen. Es stellt sich als schwierig dar. Er bekommt eine Pause, um

aus dem Kartenausschnitt die richtige Entfernung zu errechnen. Dann spricht er in einem Fall von 116 Metern.)

Götzl Überschlagsmäßig sind das doch nur zwölf Meter.

Heribert S. Ein Kommafehler. Richtig, es sind 11,60 Meter, nicht 116.

Götzl Es muss richtig sein, nicht schnell. Es geht uns um den Abstand von Hausnummer 29 zu Hausnummer 50.

Heribert S. Die Diagonale habe ich nicht bemessen.

Götzl Um das geht es uns aber. Brauchen Sie noch mal eine Pause? Wir machen jetzt die Mittagspause.

(Lachen im Saal, es ist 10.49 Uhr.)

Götzl *(Er lacht auch.)* Um 11 Uhr öffnet jedenfalls die Kantine. Oder gibt es noch Erklärungen? Anträge?

(Niemand hat Erklärungen oder Anträge. Dann verliest Götzl doch noch Schriftstücke. Dabei blickt er immer wieder zur Uhr. Schließlich ist es 11 Uhr.)

Götzl Wir werden jetzt unsere Mittagspause einlegen und setzen um 12 Uhr fort.

(Pause.)

Götzl Was haben die Messungen ergeben und welche Schwierigkeiten haben sich ergeben?

Heribert S. Der Katasterplan wurde vergrößert. Von Hausnummer 29 zu Hausnummer 54 besteht eine Entfernung von 17 Metern und zu Haus Nummer 56 eine Entfernung von 22 Metern.

Götzl Wir bräuchten noch die Entfernung zu den Hausnummern 58, 60 und 62.

Heribert S. Die sind nicht mehr in der digitalen Karte enthalten. Aber das sind auf jeden Fall mehr als 22 Meter. Da das vom Tatort weggeht, steigen auch die Entfernungen.

Götzl Das hätte ich laienhaft auch so sagen können. Bitte messen Sie noch mal nach. Es ist schon nötig, die Entfernungen in Erfahrung zu bringen.

Tag 183

5. Februar 2015

Manfred Götzl, Richter. **Manfred B.**, 57, Diplom-Sozialarbeiter, Jugendgerichtshilfe Düsseldorf. **Andreas G.**, 40, Mechaniker aus Chemnitz. **Anja Sturm**, Verteidigerin von Beate Zschäpe. **Mehmet Daimagüler, Edith Lunnebach,** Anwälte der Nebenklage.

(Als Zeuge sagt ein Sozialarbeiter der Jugendgerichtshilfe Düsseldorf aus. Er hat zwei Gespräche mit dem Angeklagten Carsten Schultze geführt, im Januar und März 2013. Zuerst

berichtet er über Schultzes Angaben zu seiner Biografie, seinem Coming-out und seiner Zeit in der rechten Szene. Dann geht es um den Vorwurf der Beihilfe zum Mord in neun Fällen.)

Götzl Was hat Ihnen Carsten Schultze zum Anklagevorwurf berichtet?

Manfred B. Er sagte, die Anklage stimme, er habe die Waffe besorgt. Er sei von Wohlleben und Kapke angesprochen worden, um den Telefonkontakt zu Mundlos und Böhnhardt zu halten. Die Frage an ihn war, ob er einem Kameraden helfen könnte, er sagte: Ja. Wohlleben habe ihm gezeigt, wie dieser Telefonkontakt technisch funktioniert. Das sei der Anfang gewesen. Von einem der beiden Uwes sei ihm irgendwann gesagt worden, sie bräuchten eine Waffe. Er habe diesen Wunsch an Herrn Wohlleben weitergegeben. In der Folge sei ihm Andreas Schultz als der Mann genannt worden, den er mal nach einer Waffe fragen könne. Der habe die Waffe besorgt und er habe sie in Empfang genommen. Gemeinsam mit Wohlleben habe er sich die Waffe angeschaut und er habe sie dann in Chemnitz übergeben. Ich hab ihn auch gefragt, ob ihm nicht klar gewesen sei, was er da tut. Darauf hat er gesagt: Ich hatte das Gefühl, dass ich was Tolles gemacht habe. Es sei ihm schon klar gewesen, dass er eine Straftat begangen habe, aber er habe immer darauf vertraut, dass sie nichts Schlimmes damit anstellen.

Götzl Hat er zu der Waffe nähere Angaben gemacht?

Manfred B. Er sollte eine deutsche Waffe besorgen.

Götzl Hat die Frage eines Schalldämpfers eine Rolle gespielt?

Manfred B. Ein Schalldämpfer sei nicht bestellt worden.

Götzl Hat er was zur Finanzierung der Waffe gesagt?

Manfred B. Er sagte, er habe das Geld dafür von Ralf Wohlleben erhalten, konnte sich aber nicht genau an die Summe erinnern.

Götzl Wie wurde die Waffe übergeben?

Manfred B. Er sei mit dem Zug hingefahren, am Bahnhof sei er abgeholt worden. Er habe ein Oberbekleidungsstück getragen mit der Aufschrift ACAB – All Cops are Bastards. Einer der Uwes sagte ihm: Zieh das sofort aus, damit machst du auf dich aufmerksam, das ist unklug. Er habe es ausgezogen und gefroren.

Verteidigerin Sturm Sie sagten, er habe regelmäßig Telefonkontakt zu den dreien gehalten. Hat er das wörtlich so gesagt?

Manfred B. Herr Schultze hat mir gegenüber gesagt, er habe immer nur mit zweien telefoniert, immer nur mit Böhnhardt oder mit Mundlos. Es sei ihm klar gewesen, dass drei untergetaucht waren. Aber es ging immer um Telefonate mit den beiden Männern.

(Als nächster Zeuge erscheint Andreas G. vor Gericht.)

Andreas G. Frau Zschäpe war mit dem Herrn Starke liiert, und Herr Starke gehörte damals zu meinem Freundeskreis, da ist man sich zwangsläufig über den Weg gelaufen.

Götzl Von welcher Zeit sprechen Sie?

Andreas G. Späte Neunziger. In der Zeit, wo Frau Zschäpe mit Herrn Starke liiert war.

Götzl Wann war Herr Starke mit Frau Zschäpe liiert?

Andreas G. Das wissen Sie vermutlich besser als ich. '96 bis '99, irgendwann da.

Götzl Wie intensiv war der Kontakt zu Frau Zschäpe?

Andreas G. Man hat vielleicht mal Hallo gesagt, aber mehr war da nicht. Einmal haben wir sie abgeholt in Jena, da hat sie vorher gekocht gehabt, wir sind auf ein Konzert gefahren. Mir war das schon entfallen, ist mir aber gesagt worden.

Götzl Wie lang war Frau Zschäpe mit Herrn Starke liiert?

Andreas G. Halbes Jahr, höchstens.

Götzl Wo haben Sie Frau Zschäpe abgeholt?

Andreas G. In einer Wohnung im Plattenbau, ein Einkaufsladen war nah, Edeka oder Lidl.

Götzl Nachdem die Beziehung zu Herrn Starke zu Ende war, hatten Sie dann noch Kontakt zu Frau Zschäpe?

Andreas G. Nein.

Götzl Wissen Sie, warum die Beziehung zu Ende war?

Andreas G. Weil die Beziehung zu Ende war.

Götzl Sagt Ihnen das Wort 88er was?

Andreas G. Das war ein Symbol, das bei einigen Chemnitzern auf der Jacke war. Wer so eine Jacke haben wollte, der wusste, wohin er sich wenden sollte.

Götzl Hatten Sie auch so eine Jacke?

Andreas G. Ja.

Götzl Warum?

Andreas G. Weil es schick aussah.

Götzl Und was hat es mit der 88 auf sich?

Andreas G. Weil es seit 1988 Skinheads in Chemnitz gab. *(André Eminger lacht.)*

Götzl Seit wann hatten Sie diese Jacke?

Andreas G. Späte Neunziger.

Anwältin Lunnebach Welche politische Einstellung hatten Sie damals?

Andreas G. Nicht viel anders als jetzt. Vermutlich das, was die meisten als rechtsradikal definieren würden. Mehr sag ich nicht. Wenn Sie mir einzelne Themen nennen, dann diskutiere ich gern über das Thema.

Anwältin Lunnebach Ich will nicht mit Ihnen diskutieren. Welchen Spitznamen hatten Sie?

Andreas G. Mucke. Das ist ein Begriff für Musik.

Anwältin Lunnebach Ich halte Ihnen Ihre Aussage bei der Polizei vor: Der Spitzname kommt nicht von der Musik her, sondern von Muckefuck, das ist damals aus einer Diskussion über Rassenreinheit entstanden. Und was haben Sie damit gemeint?

Andreas G. Das ist 'ne Diskussion gewesen, da ging es um Rassenvermischung, dann kommt es mal zu einem Einheitsbrei, dass alles aussieht wie Muckefuck, das ist ja auch kein richtiger Kaffee.
Anwalt Daimagüler Wie standen Sie früher und wie stehen Sie heute zu türkischen Migranten?
Andreas G. Sie sind halt da.
Anwalt Daimagüler Was bedeutet das?
Andreas G. Dass sie da sind. Es gibt ein paar okaye und welche, die ich nicht haben möchte in meiner Gegend.

Tag 184

10. Februar 2015

Manfred Götzl, Richter. **Enrico R.**, 45, Maschinenmechaniker aus Burkersdorf. Er wurde bereits an Tag 181 befragt. **Wolfgang Stahl**, Verteidiger von Beate Zschäpe. **Antonia von der Behrens**, Anwältin der Nebenklage.

Götzl Sie sagten in Ihrer polizeilichen Vernehmung: Mir kam es so vor, als wenn der Böhnhardt der aggressivere war. Erinnern Sie sich?
Enrico R. Böhnhardt war schon aufgedrehter, Mundlos war ziemlich ruhig.
Götzl Was heißt aufgedreht?
Enrico R. Vielleicht eher der Aufgewühltere, der Forschere. Er hat den Dicken gemacht, ein bisschen großmäulig.
Anwältin von der Behrens Wie ist der Kontakt damals zustande gekommen zwischen Mundlos, Böhnhardt und Zschäpe aus Jena und Ihnen in Chemnitz?
Enrico R. Man kannte Leute in ganz Deutschland und Europa.
Anwältin von der Behrens Haben Sie mal politische Äußerungen gehört von Mundlos, Böhnhardt und Zschäpe?
Enrico R. Kann ich mich nicht dran erinnern.
Anwältin von der Behrens Sie haben einmal zu Protokoll gegeben, damals seien die üblichen Stammtischparolen gerufen worden.
Enrico R. Das hat aber nicht Mundlos, Böhnhardt und Zschäpe betroffen, sondern gilt allgemein.
Götzl Wie waren die Stammtischparolen?
Enrico R. Je nach Alkoholkonsum.
Götzl Dann sagen Sie mir, wie mit und wie ohne Alkohol?
Enrico R. Na ja, da wurde schon mal der Arm erhoben zum Hitlergruß.

Götzl Haben Sie weitere Beispiele?

Enrico R. In der Richtung ist das abgelaufen. Ist halt »Deutschland den Deutschen« gerufen worden. So was in der Richtung.

Anwältin von der Behrens Ein anderer Zeuge hat gesagt, Mundlos sei laut gewesen, Böhnhardt ruhig und scharf nationalistisch.

Enrico R. Für mich war das genau umgekehrt.

Anwältin von der Behrens Und nationalistisch?

Enrico R. Ich fand nicht, dass sie extremer waren als der Rest.

Verteidiger Stahl Der Herr Vorsitzende hatte Sie gefragt nach den üblichen Parolen. Ist Ihnen erinnerlich, dass Mundlos, Böhnhardt und Zschäpe in Ihrer Gegenwart den Hitlergruß gezeigt haben?

Enrico R. Nein.

Götzl Welche politische Einstellung hatten die drei Personen?

Enrico R. Ich gehe schon davon aus, dass sie, wie wir alle, eine rechte Einstellung hatten.

Götzl Auf was gründen Sie das?

Enrico R. Die waren halt bei uns dabei und dann war das so. Die haben sich nicht als Rechte vorgestellt.

Tag 185

11. Februar 2015

Manfred Götzl, Richter. **Bernd Tödter**, 40, aus Kassel, selbstständig, Gründer der rechtsnationalen Organisation »Sturm 18«.

Götzl Es geht uns um Ihre Kontakte zu Uwe Mundlos, Uwe Böhnhardt, Beate Zschäpe.

Tödter Dazu kann ich keine Angaben machen.

Götzl Moment, lassen Sie mich sagen, worum es geht. Es geht uns darum, ob Sie die drei kennen.

Tödter Da kann ich keine Angaben zu machen.

Götzl Was bedeutet das?

Tödter Das bedeutet, mir wurde gesagt, dass gegen mich ermittelt würde.

Götzl Ich wüsste nicht, dass das so ist. Uns liegen dazu keine Angaben vor.

Tödter Dann kann ich mich an nichts erinnern.

Götzl Es sind einfache Fragen. Kannten Sie Uwe Mundlos?

Tödter Nein.

Götzl Kannten Sie Uwe Böhnhardt?

Tödter Nein.

Götzl Wie ist es mit Frau Zschäpe?

Tödter Nein.

Götzl Sind Sie vom BKA dazu vernommen worden?

Tödter Ja, die haben mir eine Menge in den Mund gelegt. Aber unterschrieben habe ich nichts.

Götzl In den Mund gelegt?

Tödter Man hat versucht, mich zu vernehmen. Man hat mir Angebote gemacht, aber ich habe abgelehnt.

Götzl Was hat man Ihnen angeboten?

Tödter Nichts Halbes und nichts Ganzes.

Götzl Haben Sie denn Angaben gemacht gegenüber der Polizei oder der Staatsanwaltschaft?

Tödter Kann ich mich nicht erinnern.

Götzl Uns liegt hier ein Protokoll vor vom 29. 3. 2012 …

Tödter … da ist aber bestimmt nicht meine Unterschrift drunter.

Götzl Es findet sich aber ein Schriftzug, der sieht nach Bernd Tödter aus.

(Götzl winkt Tödter zum Richterpult.)

Tödter Ja, das ist meine Unterschrift. Aber ich hab nichts ausgesagt.

Götzl Aber diese Unterschrift haben Sie geleistet?

Tödter Wie gesagt: Der Herr vom BKA hat geredet und ich hab ihn reden lassen und das war's.

Götzl Wer war denn anwesend?

Tödter Keine Ahnung, drei Personen.

Götzl Wieso sagen Sie erst: keine Ahnung, und dann im selben Moment: drei Personen?

Tödter Kann ich Ihnen nicht erklären.

Götzl Fand das Gespräch in der JVA Hünfeld statt?

Tödter Ja.

Götzl Haben Sie sich an die Behörden gewandt?

Tödter Ja.

Götzl Worum ging es Ihnen?

Tödter Das war aus einem Spaß heraus. Ich wollte einfach mal gucken, was passiert.

Götzl Wo sollte denn da der Spaß drin bestehen?

Tödter Aus Langeweile heraus, das haben einige gemacht im Knast.

Götzl Haben Sie geschrieben, dass Sie möglichst frühzeitig aus der Haft entlassen werden wollen?

Tödter Das haben die angeboten.

Götzl Dann muss ich Ihnen das mal vorlesen: »Ich befinde mich wegen Bedrohung und Beleidigung in einer zehnmonatigen Haftstrafe und möchte meine Hilfe anbieten. Ich könnte Informationen über Netzwerke, Finanzierung, Vernetzungen, Fluchtmöglichkeiten und vieles mehr beschaffen.« Haben Sie das geschrieben?

Tödter Ja.

Götzl Weiter heißt es hier: »Als Gegenleistung erwarte ich, dass man sich für mich einsetzt, dass ich so schnell wie möglich aus der Haft entlassen werden kann.« Danach hätten Sie das mit der Haftentlassung ja selbst angesprochen.

Tödter Kann sein. Wenn Sie das so vorlesen, wird das so sein. Ich möchte dazu angeben, das war aus hafttaktischen Gründen gewesen.

Götzl Beim BKA sollen Sie am 29.3.2012 über eine Geburtstagsfeier 2006 in Kassel gesprochen haben. Ich halte Ihnen vor: »Mundlos und Böhnhardt kamen zu dieser Feier mit sieben Leuten. Frauen waren erst später auf der Feier dabei.« Haben Sie das gesagt?

Tödter Das habe ich nicht gesagt, nein.

Götzl »Mundlos und Böhnhardt haben in Kassel übernachtet. Bei wem genau möchte ich nicht sagen.« Haben Sie das so gesagt?

Tödter Ich kenne die Personen ja nicht einmal, wie sollte ich das wissen?

Götzl Meine Frage ist, ob Sie das gesagt haben?

Tödter Nein, das habe ich nicht gesagt.

Götzl Waren Sie mal auf einer Feier in Zwickau?

Tödter Ja. Das war vielleicht so um das Jahr 2003. Mein Bruder hat da gewohnt.

Götzl Um welche Feier ging es da?

Tödter Mein Bruder hat eine Feier organisiert, und ich bin da hingefahren.

Götzl *(liest vor)* »Es war eine Feier in einer Garagenanlage am Stadtrand, dort habe ich auch Uwe Mundlos und Uwe Böhnhardt angetroffen. Es waren keine Frauen anwesend.«

Tödter Da kann ich mich nicht dran erinnern, so was gesagt zu haben.

Götzl Weiter haben Sie zu Protokoll gegeben: »Ich weiß, dass Mundlos und Böhnhardt in Kassel waren, ich weiß, wer sie eingeladen hat und wo sie geschlafen haben.«

Tödter So was hab ich nie gesagt.

Tag 186

24. Februar 2015

Manfred Götzl, Richter. **Gabriele S.**, 46, Altenpflegerin aus Zwickau. **Wolfgang Stahl**, Verteidiger von Beate Zschäpe

Götzl Frau Zschäpe, Ihnen geht es heute gesundheitlich nicht so gut? Ich würde Sie bitten, wenn es Probleme gibt, sich einfach zu melden. Noch etwas: Wir haben nach dem letzten Sitzungstag erfahren, dass Personen WLAN hier im Gerichtssaal nutzen. Das ist ein Verstoß gegen die Sicherheitsverfügung. Ich appelliere an Sie, das sofort abzustellen. Sonst werde ich Ordnungsmaßnahmen verhängen.

(Die Zeugin S. betritt den Gerichtssaal.)

Götzl Es geht um die Polenzstraße 2. Haben Sie Frau Zschäpe gekannt? Hatten Sie Kontakt zu ihr?

Gabriele S. Ja, ich kenne Sie als Lisa. Ich habe zuerst in der Polenzstraße 4 gewohnt. Da hat man sich öfters auf dem Hof getroffen, bisschen erzählt. 2010 bin ich dann in die Polenzstraße 2 gezogen und da hat die Lisa uns beziehungsweise die Frau K. besucht und da hat man ab und zu ein bisschen gefeiert, im Hof zusammen gegrillt, getrunken. Bis 2008 hat Lisa in der Polenzstraße 2 gewohnt, im Erdgeschoss, dann ist sie in die Frühlingsstraße gezogen.

Götzl Haben Sie etwas über ihre Lebensumstände erfahren?

Gabriele S. Was so arbeitsmäßig war. Sie hat gesagt: Der Schwiegervater hätte eine Firma, der würde genug Geld verdienen, da bräuchte sie nicht arbeiten. Sie war eine normale Hausfrau.

Götzl Waren Sie mal in ihrer Wohnung?

Gabriele S. Nee.

Götzl Hat Lisa alleine dort gelebt?

Gabriele S. Also, eigentlich mit zwei Männern, aber die hab ich nur zweimal gesehen. Einmal zu Urlaubsvorbereitungen und einmal zum Auszug. Es stand einmal ein Wohnmobil auf dem Parkplatz, und ich hab bloß gesehen, dass die zwei Männer da Taschen reingepackt haben. Und auf meine Frage hin, hat sie gesagt, dass sie auf Montage fahren.

Götzl Hatten Sie weiter Kontakt zu Lisa, nachdem sie weggezogen war?

Gabriele S. Ja, Lisa kam ab und zu zu uns in den Hof und zu Frau K., die auch bei uns wohnt. Manchmal sagte sie: Ich kann heute länger bleiben, die Jungs haben Männerabend.

Götzl Wie haben Sie Frau Zschäpe zuletzt erlebt?

Gabriele S. Zum Schluss, als dann auch das Haus in die Luft flog, da wirkte sie sehr angespannt, sie wirkte sehr unter Stress, hat auch mehr getrunken als sonst. Das letzte Mal hab ich sie gesehen, so circa 14 Tage bevor das Haus in die Luft flog.

Götzl Mehr getrunken als sonst – was meinen Sie damit?

Gabriele S. Es blieb meist im Rahmen, sie musste ja auch mit dem Rad nach Hause fahren. Aber da hat sie Mischungen gemacht mit härteren Alkoholsachen. Sie wirkte sehr gestresst. Da habe ich nachgefragt. Sie sagte, es wäre alles in Ordnung.

Götzl Hatte sie dann Probleme mit dem Gehen oder Sprechen?

Gabriele S. Sie kam etwas schwer aufs Fahrrad.

Götzl Sie haben in der polizeilichen Vernehmung von einem Streitgespräch zwischen Lisa und Frau K. berichtet. Lisa habe ihr eine Standpauke gehalten, sie müsse besser mit ihrem Geld umgehen.

Gabriele S. Ja, da war sie so aggressiv, so kannte ich die Lisa nicht. Sie ist der Frau K. sehr auf die Pelle gerückt. Ich dachte, sie haut ihr eine. Das ist dann aber nicht passiert.

Verteidiger Stahl Worum ging es denn in dem Streit?

Gabriele S. Na ja, wenn Frau K. Geld in der Hand hatte, wurde alles Mögliche gekauft. Sie hat sofort alles ausgegeben.

Verteidiger Stahl Weshalb hat sich Lisa dafür interessiert?

Gabriele S. Frau K. hat oft Leute angepumpt, Lisa war nicht die Einzigste. Auch dieses Mal ging es darum, dass was gekauft werden sollte für eine Feier. Und Frau Kuhn hat gesagt, dass sie kein Geld dafür hat. Sie wollte wieder von jemand Geld haben. Aber Lisa hat die Nase voll gehabt, dass die andere sie immer um Geld angepumpt hat.

(Nach der Mittagspause beendet Götzl den Verhandlungstag vorzeitig, weil Zschäpe erkrankt sei.)

Tag 187

25. Februar 2015

Manfred Götzl, Richter. **Gunter F.**, 37, Metallbauer aus Chemnitz. **Jörg W.**, 40, Kunststoff-Schlosser aus Leppersdorf.

Götzl Frau Zschäpe, Ihnen geht es heute wieder besser?

(Zschäpe nickt. Dann wendet sich der Richter dem Zeugen Gunter F. zu.)

Götzl Was können Sie uns über die drei Personen erzählen, die untergetaucht sind?

Gunter F. Es war, schätze ich, 1998. Ich und mein Bruder haben von einem Herrn Starke einen Anruf bekommen. Wir sollten drei Leute abholen, die bräuchten eine Unterkunft. Wir haben die mit dem Auto abgeholt und bei einer Bekannten gefragt. Sie sind dann in der Wohnung ihres Freundes untergekommen.

Götzl Da fehlt mir einfach ein bisschen was. Sie bekommen einen Anruf von Herrn Starke. Jetzt würde mich interessieren, wie die Zwischenschritte waren.

Gunter F. Wir kannten die drei nicht. Wir sind mit ihnen zu Mandy Struck, der Bekannten, und haben sie gefragt, ob sie da schlafen können. Sie sagte, bei ihr nicht, aber in der Wohnung ihres Freundes.

Götzl Sie haben immer von »wir« gesprochen. Wer ist gemeint?

Gunter F. Mein Bruder und ich.

Götzl Was hat denn Herr Starke Ihnen gesagt, warum die eine Unterkunft bräuchten?

Gunter F. Nicht viel. Er hat gesagt, sie sind vor der Polizei abgehauen.

Götzl Wie ging denn das Ganze weiter?

Gunter F. Wir haben sie noch ein paar Mal in der Wohnung besucht, zwei, drei Mal vielleicht, dann ist der Kontakt aufgelöst worden.

Götzl Haben Sie etwas Näheres erfahren, warum die drei die Wohnung gesucht haben?

Gunter F. Das hab ich nicht hinterfragt.

Götzl Und von sich aus haben sie nichts erzählt?

Gunter F. Nein.

Götzl Haben denn die drei irgendwelche Unterstützung gebraucht oder danach ersucht?

Gunter F. Sie haben gefragt, ob sie einen Reisepass haben könnten. Ja, hab ich gesagt. Ich hab meinen Personalausweis dagelassen und ihn dann bei einem anderen Besuch wieder mitgenommen. Auf meinen Namen wurde ein Pass beantragt, da war dann das Bild von einem der Uwes drin. Soweit ich wusste, wollten sie wohl ins Ausland. Ein paar Monate sind vergangen, und ich hab gemerkt, dass sie nicht ins Ausland gehen. Da hab ich mir den Pass wiedergeholt und vernichtet.

Götzl Hatten Sie, als Sie Ihren Ausweis zur Verfügung stellten, Bedenken, was Missbrauch anbelangt?

Gunter F. Ich hatte kein gutes Gefühl, aber ich wollte helfen. Nach einer gewissen Zeit war mir das nicht angenehm, da hab ich ihn mir halt wiedergeben lassen.

Götzl Dieser Umstand, dass sich die drei in der Wohnung in Chemnitz aufgehalten haben, ist darüber gesprochen worden in Ihrem Bekanntenkreis?

Gunter F. In meinem Umfeld nicht, nein. Ich bin mit dem Thema diskret umgegangen.

Götzl Und Ihr Bruder, wie ist der mit dem Thema umgegangen?

Gunter F. Der ist genau wie ich damit umgegangen: diskret.

(Nächster Zeuge ist Jörg W.)

Götzl Kannten Sie Uwe Böhnhardt, Uwe Mundlos und Beate Zschäpe?

Jörg W. Nein, nicht bewusst.

Götzl Können Sie etwas zu dem Punkt sagen, ob die drei Genannten sich 1998 in Chemnitz aufgehalten haben?

Jörg W. Weiß ich nicht.

Götzl Haben Sie Gespräche dazu mitbekommen?

Jörg W. Nein.

Götzl Können Sie etwas zur Verbindung Blood & Honour Sachsen sagen?

Jörg W. Da war ich Mitglied, seit 1998.

Götzl Welche Personen haben da eine Rolle gespielt für Sie?

Jörg W. Eigentlich die komplette Sektion von uns. Jan Werner und Thomas Starke zum Beispiel.

Götzl Wie war es mit Waffen?

Jörg W. War bei uns nie Gesprächsthema. Wir waren eine Musikbewegung.

Götzl Wie sieht es mit Sprengstoff aus?

Jörg W. Da weiß ich, worauf Sie hinauswollen, aber das hatte nichts mit der Chemnitzer Szene zu tun. Der Starke hat mich mal nach Sprengstoff gefragt, ich hab ihm das privat gegeben. Er wollte privat experimentieren. Das war vielleicht 1996 gewesen.

Götzl Welche Art Sprengstoff?

Jörg W. TNT. Vielleicht ein, zwei Kilo.

Götzl Woher hatten Sie das?

Jörg W. Von einem Bekannten, der hatte was bei mir abgegeben zur Aufbewahrung.

Götzl Haben Sie denn mit anderen darüber gesprochen über das TNT?

Jörg W. Nee, da macht man ja keine Werbung. Der Starke hat mich gefragt, und wie es der Zufall so will, hatte ich gerade so was da. Ich hab mir da keinen Kopf drum gemacht. Dass er es weitergibt, wusste ich nicht.

Götzl Hatten Sie selbst schon mal mit Sprengstoff experimentiert?

Jörg W. Ja, da ist mir das aber um die Ohren geflogen. Das war 1993. Ich habe davon noch Metallteile im Körper.

Götzl Sie haben also entsprechende Erfahrungen gemacht, sind selbst verletzt worden und da geben Sie Herrn Starke trotzdem ein oder zwei Kilo TNT?

Jörg W. Er ist ja alt genug.

Götzl War der Umstand, dass man einen Zünder braucht, ein Thema?

Jörg W. Der Starke muss mich ungefähr 1997 dem Mundlos oder Böhnhardt vorgestellt haben, und die haben mich wohl gefragt, ob ich einen Zünder hab. Aber so was hatte ich nicht. Ich wusste das alles auch gar nicht mehr, das hat man mir beim BKA erzählt.

Götzl Ist denn eine Erinnerung daran zurückgekommen?

Jörg W. Nicht wirklich. Seit 1993 bin ich so ziemlich jedes Wochenende bei einer Party, einem Konzert, da kann ich mir das nicht alles merken.

Götzl Haben Sie für den Sprengstoff Gegenleistungen bekommen?

Jörg W. Nein, also nicht dass ich wüsste. Eigentlich war ich ja froh, dass ich das Zeug los war. Irgendwann kriegt man da noch Besuch und dann gibt's nur Ärger.

Tag 188

26. Februar 2015

Manfred Götzl, Richter. **Christina H.**, 30, Studentin und Erzieherin aus Leipzig.

Götzl Es geht uns um Ihre Kontakte zu Herrn Carsten Schultze, wie Sie ihn kennengelernt haben und wie Sie heute zu ihm stehen.

Christina H. Mein Einstieg in die Szene war 1996, da war ich zwölf und erst partymäßig dabei. 1997 bin ich zur Gruppe in Winzerla gestoßen und hab Carsten kennengelernt. Damals war eine Tankstelle der Treffpunkt, da saß ein Obdachloser mit Bier. Wir haben dem das Bier geklaut und sind zusammen in den Jugendclub gefahren. Er hat mich damals in Schutz genommen, als wir noch in der Szene waren, ich war die Jüngste. Unser Kontakt besteht heute noch, wir haben den Ausstieg aus der rechten Szene auch gemeinsam gefunden.

Götzl Wann war der Ausstieg?

Christina H. Er ist 2000 raus und ich Anfang 2001.

Götzl Wie kamen Sie in die rechte Szene?

Christina H. Meine Eltern haben sich getrennt, als ich elf war. Das war ein traumatischer Einschnitt, es gab einen schlimmen Absturz, auch schulisch gesehen. Die radikale Gruppe war ein Ventil, um meine stille Wut loszuwerden.

Götzl Als Sie Carsten Schultze kennenlernten, welche Rolle spielte er in der Szene?

Christina H. Die Gruppe in Winzerla bestand eben aus mehreren Leuten, zu denen auch Herr Wohlleben und Carsten zählten. Nach meiner Wahrnehmung sollte Carsten sich um den Nachwuchs kümmern. Es gab in Kahla ein Grundstück, das gepachtet war, da haben sich solche Gruppen immer mal getroffen. Es machte für mich den Eindruck, dass er mit uns geschickt wurde. Nach dem Motto: Indoktrinier' die mal ein bisschen. Davon war aber nix zu sehen.

Götzl Von wem wurde er geschickt?

Christina H. Kann ich nicht genau sagen. Die Leitpersonen waren damals Ralf Wohlleben und André Kapke. Ich vermute, dass die das angezettelt hatten. Es wurde auf dem Grundstück ein Cop-Running inszeniert, wir wurden mit Fahrzeugen umkreist. Die haben uns damals wirklich Angst gemacht. Sie wollten uns anstacheln, zu üben wegzulaufen. Vor der Polizei zu flüchten hieß bei uns Cop-Running. Für mich hatten Wohlleben und Kapke eine Angst einflößende und respektvolle Aura. Die hatten immer das Handy am Ohr bei Demos. Ich hatte nicht direkt Kontakt zu denen. Carsten war so das Bindeglied.

Götzl Können Sie Carsten Schultze denn etwas beschreiben? Was den Charakter anbelangt.

Christina H. Er ist ein tiefgründig nach innen gerichteter Typ. Er hat Therapien gemacht. Das macht ihn aus, dass er sich den Geistern, die in ihm stecken, stellt. Und dass er bereit ist, die Hosen runterzulassen für Dinge, die er als moralisch richtig empfindet.

Götzl Und damals? Wie war seine politische Einstellung?

Christina H. Ich war ja kein klar denkender Jugendlicher zu der Zeit. Tiefgründig kann ich mich dazu nicht äußern. Für mich selbst war es so eine Mitläufersache.

Götzl Waren Uwe Böhnhardt, Uwe Mundlos und Beate Zschäpe damals Gesprächsthema?

Christina H. Ich hab nur wahrgenommen, dass es die gibt, die Geschichten mit Bombenbauern. Und dass die dann weg sind und hochgelobt wurden für die Taten. Dass sie Ernst machen. Sie waren eine Art Märtyrer. Das ist das, was ich aufgeschnappt hab.

Götzl Hat Carsten Schultze mit Ihnen über die drei gesprochen?

Christina H. Erst nach den Presseveröffentlichungen 2011 hat er sich mir anvertraut. Dass ihn das unmittelbar betrifft, habe ich nicht vermutet. Er war höllisch angespannt. Er sagte, er vermutet, dass er was damit zu tun hat. Er hat erzählt, dass da eine Waffe verwendet wurde und dass er Angst hat, dass er damit was zu tun hat.

Götzl Hat er Einzelheiten erzählt?

Christina H. Nicht wirklich Einzelheiten, ich hab das auch relativ schnell abgewiegelt, weil ich das nicht wahrhaben wollte. Er ist ein Typ, der sich schnell mal hineinsteigert. Ich wollte es einfach nicht wahrhaben und habe nicht viel nachgefragt. Erst als er festgenommen wurde, war der Ernst da für mich.

Götzl Hat er Ihnen berichtet, inwiefern er mit der Waffe zu tun hatte?

Christina H. Nicht im Detail. Es war eine Situation in einer Kneipe vor Silvester, und wir haben uns eigentlich nicht tiefgehender darüber unterhalten. Ich hab versucht, ihn zu beruhigen.

Götzl Ich würde Sie bitten, noch mal der Reihe nach zu erzählen, was er gesagt hat.

Christina H. Wir haben uns hingesetzt, ich hab gefragt: Was ist denn los? Er hat gesagt: Hast du bestimmt gehört mit dem NSU. Dann sagte er, dass er damals auch mit so einer Waffe so was gemacht hat. Dass er eine Übergabe getätigt hat und dass er Angst hat, dass das die Waffe war. Und dann ist er zusammengebrochen. Es war ein recht kurzes Outing.

Götzl Zusammengebrochen?

Christina H. Er hatte Tränen in den Augen, tiefe Angst war zu sehen. Für mich machte es den Anschein, als ob er sich noch nicht ganz sicher war, ob es auch die Waffe ist, um die es geht.

Götzl War denn von der Waffe selbst die Rede, von der Art der Waffe?

Christina H. Überhaupt gar nicht.

Götzl Übergabe haben Sie gesagt – hat er gesagt, an wen?

Christina H. Ich glaub, er hat es so gesagt: Ich glaub, ich hab denen damals eine Waffe gebracht.

Götzl Haben Sie mitbekommen, ob Herr Wohlleben Kontakt hatte zu den dreien?

Christina H. Bei Wohlleben nicht. Aber bei André Kapke habe ich in Erinnerung, dass es da irgendwie mal drum ging, das Trio in Südafrika unterzubringen. Von seiner Seite hat man schon gespürt, dass er sich für die drei auch verantwortlich fühlt. Es war auch klar, dass er Kontakt zu denen hat.

Götzl Sie sollen bei der Polizei Folgendes zu Protokoll gegeben haben: »Fakt für mich ist, dass Wohlleben und Kapke die Hirne sind. Die haben einen fertig gemacht, wenn man aus ihrer Sicht was falsch machte.« Was haben Sie damit gemeint?

Christina H. Dass die für mich immer so eine Angst einflößende Aura hatten, so ein bisschen Psycho. Kapke hat eh immer so auf mir rumgehackt. Wenn wir auf'ner Party waren und ich mal mehr getrunken hab, dann wurde gesagt: Kannst dich nicht benehmen! Man hat mich Windelwichs genannt, scheißt noch in die Windeln. Toller Name für ein junges Mädchen.

Götzl Weiterer Vorhalt aus dem Protokoll: »Wenn man einen Döner gegessen hatte, musste man zehn Liegestütze machen und wurde dabei ausgepeitscht.«

Christina H. Das muss ich etwas zurücknehmen. Das war an einem Abend, als ich das erste und einzige Mal in der Wohnung von Wohlleben war. Das war L., der kam nach mir und war dann der neue Windelscheißer. Es kursierte das Gerücht, dass er einen Döner gegessen hat, als er bei Wohlleben zur Tür reinkam. Und dass Wohlleben sagte: Jetzt machst du zehn Liegestützen. Und wenn du noch mal Döner isst, wirst du ausgepeitscht.

Götzl Hat er Liegestütze gemacht?

Christina H. Ja.

Tag 189

4. März 2015

Manfred Götzl, Richter. **Christian Kapke**, 34, aus Jena, arbeitet für eine Software-Firma und ist der jüngere Bruder von André Kapke. **Olaf Klemke**, Verteidiger von Ralf Wohlleben.

(Am Vortag war Beate Zschäpe krank, die Verhandlung wurde verschoben.)

Götzl Frau Zschäpe, Ihnen geht es heute wieder gut, nehme ich an? *(Zschäpe nickt.)* Wenn was sein sollte, dann bitte an mich wenden beziehungsweise an Ihre Anwälte. Herr Klemke, Sie wollten noch eine Erklärung abgeben zu der Einvernahme der Zeugin H.?

Verteidiger Klemke Ja. Es war spürbar, dass die Zeugin versuchte, den Angeklagten Carsten Schultze möglichst zu entlasten. Ein deutlicher Belastungseifer bezüglich der übrigen Angeklagten war zu spüren. Von daher wird die Aussage der Zeugin mit besonderer Vorsicht zu würdigen sein.

(Der Zeuge Christian Kapke tritt auf.)

Götzl Was können Sie über die Personen Beate Zschäpe, Uwe Mundlos und Uwe Böhnhardt sagen?

Kapke In meiner Wahrnehmung war das bis 1998 kein Trio, sondern gemeinsam mit Wohlleben, Gerlach, meinem Bruder und anderen, deren Namen mir jetzt nicht einfallen, ein Freundeskreis, der zusammen Sachen unternommen hat. Herrn Mundlos habe ich als eloquenten, intelligenten Menschen wahrgenommen. Herr Böhnhardt wirkte auf mich verschlossen, ich würde heute sagen: eine

Black Box, man konnte nicht in ihn hineinschauen. Aber er hatte auch fröhliche Aspekte. Eine gewisse Unberechenbarkeit zeichnete ihn aus und eine Affinität zu Waffen. Er hat regelmäßig mindestens einen Schlagstock dabeigehabt oder ein Messer. In dem einen Moment konnte er lachen und fröhlich sein, im nächsten Moment konnte sich das schlagartig ändern. Er hat einmal einem gedroht, wurde aggressiv. Er ist laut geworden, wollte auf jemanden losgehen. Es wirkte unkontrolliert. Ich vermute Mitte 1996 oder zur Jahreswende 96/97, da haben sich die beiden, Mundlos und Böhnhardt, optisch radikalisiert, sind plötzlich in braunen Uniformen aufgetreten, haben eine optische Militanz entwickelt. Sie sahen beide fast wie Brüder aus in der Zeit.

Götzl Was können sie über Beate Zschäpe sagen?

Kapke Ich habe sie wahrgenommen als heitere Person. Nicht besonders intelligent, eine gewisse Bauernschläue, und opportunistisch in Bezug auf die beiden Uwes, da gab es wohl Liebschaften.

Götzl Was ist mit dem Begriff »opportunistisch« gemeint?

Kapke Vielleicht ziehe ich den zurück. Sie hat viel verbunden mit diesen Männern. In der Zeit, an die ich mich erinnern kann, war sie gerade zusammen mit Uwe Böhnhardt. Die Frau Zschäpe hab ich als sehr selbstbewusste Frau, aber als Mitläuferin wahrgenommen. Anderen Frauen gegenüber war sie zickig.

Götzl Welche Rolle spielten Ralf Wohlleben und Ihr Bruder André?

Kapke Mein Bruder und Ralf Wohlleben haben erst eine führende Rolle nach dem Abtauchen der drei eingenommen, nach meinem Gefühl. Sie haben sich immer mehr als Führungspersönlichkeiten gezeigt. Herr Gerlach ist mir ein bisschen wie ein Mitläufer vorgekommen. Zwischen meinem Bruder und mir war das Verhältnis nie besonders brillant, es war auch damals geprägt von Hochs und Tiefs. Zu Ralf Wohlleben war der Kontakt besser. Er hat versucht, uns zu fördern.

Götzl Inwiefern?

Kapke Er hat Schulungen angeregt, hat uns Tipps gegeben zum Umgang mit der Polizei, hat sich auch sehr stark um die jungen Leute gekümmert, wenn einer ein Problem hatte.

Götzl Können Sie uns Carsten Schultze beschreiben?

Kapke Ich habe ihn etwa 1994 kennengelernt, da haben wir gemeinsam einen Nachhilfekurs besucht. Dann habe ich ihn 96/97 in einem Bus wiedergetroffen auf einer Fahrt zu einer Demonstration. Ich hatte ihn als introvertierten, schüchternen Jungen in Erinnerung. Jetzt hatte er szenetypische Klamotten an und wirkte recht offen bis selbstbewusst. Es hat sich eine ganz gute Freundschaft entwickelt. Er war kein Schlägertyp, war aufgeschlossen, immer freundlich, nicht ganz so dogmatisch. Hat keine großen Sprüche gerissen, hat sich sehr gekümmert um alle. Ab etwa 1998 hat er sich in meiner Altersgruppe einen guten Stand erarbeitet, er wurde auch als Führungspersönlichkeit angesehen. Er wirkte ein bisschen anbiedernd auf mich, als wenn er sich behaupten, beweisen müsse. Er wurde zuweilen als zu soft wahrgenommen. Sein Spitzname war der »Inder«, weil er in Indien geboren wurde.

Götzl Sie hatten vorhin den Begriff »Abtauchen der drei« gebraucht. Was meinen Sie damit?

Kapke Das war im Frühjahr 1998. Im Februar bekam ich einen Anruf von Carsten Schultze, wo ich gefragt wurde, ob ich heute schon mal in die Zeitung geschaut hätte. Da war ein Foto von Rohrbomben und dem Pogromly-Spiel. Sinngemäß hat er mir gesagt: Kannst dir ja vorstellen, wer das ist. Da ist mir klar geworden, da ist was passiert. Mir war insbesondere dieses Spiel Pogromly bekannt. Irgendwo bei jemandem zu Hause habe ich es schon mal gesehen, ich vermute, es war bei Beate Zschäpe.

Götzl Was haben Sie da wahrgenommen?

Kapke Ich war ja damals auch ideologisch aufgeladen. Ich glaube nicht, dass es eine Schockiertheit war, wie ich sie heute empfinden würde. Eher eine Mischung aus Irritation und Interesse.

Götzl Wie haben Sie auf das Verschwinden von Beate Zschäpe, Uwe Mundlos und Uwe Böhnhardt reagiert?

Kapke Als ich damals erfuhr vom Untertauchen, war ich schockiert. Als Jüngere hatten wir uns beschützt gefühlt von den Älteren. Es war eine große Konsternation, weil ich nicht dachte, dass die hinter den Bombenattrappen steckten. Ich war in der Band »Eichenlaub« und ich hab das versucht, in einem Lied zu verarbeiten. Im Mai 1999 ist es auf einer CD erschienen, erst unter dem Namen »Warum?« Später wurde es geändert in den Namen »5. Februar« – da hatten wir zurückgerechnet, wann sie ungefähr untergetaucht sind.

(In dem Song heißt es: »Ihr hattet wohl keine andere Wahl … Zurück könnt Ihr jetzt wohl nicht mehr … Die Kameradschaft bleibt bestehen … Der Kampf geht weiter, für unser deutsches Vaterland«)

Götzl Wurde mit anderen über die drei Abgetauchten gesprochen?

Kapke Bei uns in Jena wurde in der Szene nicht so oft darüber gesprochen. Es wurden immer so Mythen gesponnen, dass sie im Ausland sind oder tot. Es war so, dass gesagt wurde, wer darüber redet, der muss vom Verfassungsschutz sein.

Götzl Was können Sie zum Thema rechte Szene und Gewalt sagen?

Kapke Ich würde sagen, dass die ganze Anhängerschaft der rechten Szene in Jena in den Neunzigerjahren ein Mobilisierungspotenzial von 100 bis 150 Personen hatte, und davon war nach meinem Eindruck ein großer Teil gewaltbereit. Gewalt war in der Szene oft ein legitimes Mittel, was oft unverhältnismäßig und ungerechtfertigt angewandt wurde. Einmal hab ich in der Innenstadt eine

Schlägerei mitbekommen. Es waren alles Rechte, glaube ich. Erlebt hab ich auch Gewaltandrohung bei Demonstrationen, gegen den politischen Gegner ist es schnell laut und verbal aggressiv geworden. Leute wurden grundlos geschlagen.

Götzl Bei der Polizei haben Sie laut Protokoll angegeben, man habe sich auch vorbereitet auf den »Tag X«.

Kapke Mit »Tag X« wurde gemeint der Zeitpunkt, wo das System nicht mehr existiert. Der Tag, an dem das Gesellschaftssysten nicht mehr lebensfähig ist. Der Tag, an dem die Neonazis das Ruder übernehmen. Das sollten wir uns einschärfen, dass wir uns vorbereiten müssen für diesen Tag.

Götzl Hatten Sie Kontakte zu Ausländern?

Kapke Nein, nur bevor ich in die Szene geriet, hatte ich mal ein türkisches Mädchen aus Augsburg kennengelernt. Insgesamt ist es das Paradox der Zeit. Dass wir gar keine Ausländer kannten, aber meinten, sie hassen zu müssen.

Tag 190

5. März 2015

Manfred Götzl, Richter. **Hendrik Lasch**, 39, Einzelhändler aus Chemnitz, betreibt einen Laden für szenetypische Kleidung. **Seda Başay, Carsten Ilius**, Anwälte der Nebenklage.

(Zum ersten Mal seit Prozessbeginn beginnt der Verhandlungstag nicht mit dem immer selben Ritual. Zum ersten Mal dreht Beate Zschäpe nach Betreten des Saals A 101 Kameraleuten und Fotografen nicht den Rücken zu. Richter Götzl hat erstmals alle Kameras aus dem Saal verbannt. Zschäpe darf von nun an nur noch vor Beginn des ersten und siebten Verhandlungstags im Monat und bei »besonderen Prozesssituationen« gefilmt und fotografiert werden. So betritt sie an diesem Tag zum ersten Mal ohne Blitzlichtgewitter den Saal. Zuletzt hatte Zschäpe mehr und mehr geschwächelt, mehrere Verhandlungstage fielen aus oder wurden unterbrochen. Am Rande der Verhandlung wird bekannt, dass Zschäpe sich von Psychiater Norbert Nedopil begutachten ließ. Er empfahl dem Gericht, sie zu entlasten. So wird von nun an zunächst auch nur noch an zwei statt drei Tagen in der Woche verhandelt. Zschäpe sei zwar aktuell verhandlungsfähig, sie leide jedoch an einer »chronischen Belastungsreaktion«, deren Ursachen maßgeblich die »extrem kraftraubende Verteidigungsstrategie« des Schweigens sei, stellte Nedopil fest. Zschäpe leide an »Einbußen an Antrieb, Konzentrationsfähigkeit, Ausdauer, Erschöpfung und Müdigkeit mit psychosomatischen Begleiterscheinungen wie Übelkeit, Erbrechen und Röschenflechte«.

Zschäpe sagte dem Psychiater, »dass die Fassade des Schweigens allmählich bröckele«. Sie sei zermürbt und »am Ende«. Nedopil schreibt in seinem Gutachten, dass Zschäpe »durchaus Redebedarf« habe und »gerne mehr über sich und ihre Situation berichten möchte«. Er empfiehlt der Verteidigung die Strategie des Schweigens zu überdenken, da sie eine »enorme Belastung« für Zschäpe darstelle und auf Dauer ihre Verhandlungsfähigkeit gefährde.)

Götzl Herr Lasch, es geht uns um Erkenntnisse zu Uwe Böhnhardt, Uwe Mundlos und zur Angeklagten Zschäpe, zu deren Aufenthalt in Chemnitz ab Januar 1998. Kennen Sie die Genannten überhaupt?

Lasch Auf jeden Fall habe ich sie kurz vor Mitte der Neunzigerjahre kennengelernt. Wo und wann genau kann ich nicht mehr sagen. Mit Beate und Uwe Böhnhardt hatte ich weniger zu tun, ich war mehr mit Uwe Mundlos im Gespräch, ich würde sagen, wir waren befreundet.

Götzl Wie häufig haben Sie sich gesehen?

Lasch Fast jedes Wochenende, dann wieder mal ein, zwei Monate nicht. Wenn sie in Chemnitz gewesen sind, haben sie sich immer mal gemeldet, mich abgeholt, und wir haben was zusammen gemacht. An Böhnhardt erinnere ich mich nicht. An Beate schon, so viele Mädels hatten wir damals nicht dabei. Die war schon immer mit. An die erinnert man sich dann auch.

(Die Befragung geht über Stunden und gestaltet sich mühsam. Götzl reagiert zuweilen gereizt auf die Antworten des Zeugen.)

Götzl In welcher Situation befanden sich Mundlos, Böhnhardt und Zschäpe, als Sie sich trafen?

Lasch Sie sprechen jetzt die Zeit an, wo sie untergetaucht sind in Chemnitz. Ich glaube, da wurde eine Bombenattrappe gefunden, in Jena in einer Garage.

Götzl Und was hat das mit Mundlos, Böhnhardt und Zschäpe zu tun? Das ist schon sehr mühselig mit Ihnen, Herr Lasch.

Lasch Was soll ich denn da sagen? Die waren sicher schon untergetaucht. In dem Zeitraum kannte ich sie noch.

Götzl Meine Fragen sind ganz schlicht, damit wir uns hier auch verstehen. Mir wäre daran gelegen, wie der Kontakt ausgesehen hat.

Lasch Ich kann mich nur wiederholen, wir haben uns am Wochenende getroffen, auf Musikveranstaltungen, was man halt damals so gemacht hat. Nichts Spezielles.

Götzl Wie kam es zum Kontakt in Chemnitz mit Ihnen? Wann hatten Sie erstmals Kontakt nach dem Untertauchen? Wann, wo?

Lasch Sie waren schon vorher öfter bei uns zu Gast.

Götzl Wer ist mit »uns« gemeint?

Lasch Die Stadt Chemnitz, unsere Freunde halt.

Götzl Das sollten Sie sich überlegen, ob Sie mir mit solchen Sprüchen kommen: die Stadt Chemnitz. Sie weichen mir aus.

Lasch Das würde ich nicht tun.

Götzl Wie kommen Sie dazu, mir mit so einer Antwort zu kommen? Ich möchte nicht, dass Sie mir ausweichen. Was heißt jetzt »bei uns«, welche Freunde sind gemeint?

Lasch Das war ein Bekannten- und Freundeskreis von rund dreißig, vierzig Leuten.

Götzl Haben Sie das Untertauchen gegenüber den dreien angesprochen?

Lasch Ich kann mich nicht erinnern, dass ich so ein Gespräch hatte: Seid ihr untergetaucht und wenn ja, warum.

Götzl Das ist doch eine Ausnahmesituation. Das sind Freunde von Ihnen und Sie treffen sie nach dem Untertauchen zum ersten Mal wieder. Und Sie wollen mir sagen, dass das Untertauchen nicht angesprochen wurde?

Lasch Ja, ich kann mich an kein konkretes Gespräch erinnern. Mein Wissen war: Bombe, Garage ausgehoben. Mit dem Wissen war ich zufrieden.

Götzl Wer waren denn die dreißig, vierzig Personen in Ihrem Freundeskreis?

Lasch Das habe ich eigentlich nicht gewollt, dass ich alle meine damaligen Freunde nenne.

Götzl Das entscheiden nicht Sie, ich entscheide, was ich für wichtig halte. Wenn Sie mir sagen, Sie seien nicht gewillt, dann dauert es noch länger. Ich werde die Fragen so lange stellen, bis sie beantwortet werden. Ich will hier die Wahrheit wissen.

Lasch Ich glaube, der Armin und der Gunter F. waren dabei gewesen, und der Markus F.

Götzl Kannten die auch das Trio?

Lasch Ich nehme an, weil wir damals viel zusammen gemacht haben.

Götzl Ich sage Trio nur als Abkürzung, damit ich nicht immer die drei Namen wiederholen muss. Ging es um die Wohnung, um finanzielle Unterstützung?

Lasch Nein. Um 'ne Wohnung vielleicht schon.

Götzl Uwe Mundlos, Uwe Böhnhardt und Beate Zschäpe haben nach ihrem Untertauchen im Jahr 1998 eine Wohnung gesucht. Was wissen Sie dazu?

Lasch Es wurde ganz normal angesprochen, dass eine Wohnung gesucht wird. Von wem, weiß ich nicht mehr genau.

Götzl Sie reden im Passiv, es tauchen keine Personen in Ihrer Schilderung auf. Sehen Sie, dass Sie mir immer nur einen Teil der Informationen geben? Wer wurde von wem angesprochen? Wo haben Sie sich nach dem Untertauchen erstmals wieder getroffen?

Lasch Nach dem Abtauchen, meinen Sie? Wir kannten uns ja schon länger, das war kein spezieller Cut, kein großes Thema, dass man jetzt alles anders machen muss im Untergrund. Ich fand die Situation nicht großartig anders als vorher. Da war nichts geheim, das war ganz offen, normal.

Götzl Dann müssen wir uns unterhalten, was für Sie normal ist und was nicht. Ist Untertauchen ein gewöhnlicher Vorgang?

Lasch Es ist kein gewöhnlicher Vorgang, aber für die damalige Zeit …

Götzl Wie war das erste Zusammentreffen nach dem Untertauchen?

Lasch Das war nicht geheim. Wir haben uns nicht nur nachts gesehen. Ich fand die Situation nicht besonders brisant.

Götzl Wie war Ihr Weltbild damals?

Lasch Ich kann es Ihnen nicht beschreiben.

Götzl Wo sind die Schwierigkeiten?

Lasch Ich sehe nichts Verwerfliches darin.

Götzl Darum geht es nicht. Gehen Sie auf meine Fragen ein. Sie geben mir auf meine Fragen nach der politischen Orientierung keine Antwort.

Lasch Tja, tut mir leid.

Götzl Mir auch. Ändert aber nichts, dass wir diese Fragen weiter erörtern müssen.

Lasch Ich kann keine Angaben machen, tut mir leid.

Götzl Wie war Uwe Mundlos politisch orientiert?

Lasch Man war eher am rechten Rand. Mundlos war eher aufgeschlossen. Wenn der bei seinen zukünftigen Schwiegereltern vorgestellt würde, würden die vermutlich sagen: Der ist ein ganz netter Kerl.

Götzl Waren Sie jemals mit der Produktion von T-Shirts befasst?

Lasch Ich habe Motive gemacht und daraus T-Shirts machen lassen. Da gab es ein Motiv von den Simpsons, das war meine Idee. Uwe hat es so fertig gemacht, dass es nach was ausschaut.

Anwältin Başay Der Zeuge Max-Florian B. sagte gegenüber dem BKA aus: »Weiter habe ich ein Bild von mir gefunden, dort habe ich ein T-Shirt an, das Uwe Mundlos entworfen hat. Das zeigt ein Bild von Bart Simpson und der abgewandelten Überschrift ›The Skinsons‹. Diese T-Shirts hat Uwe Mundlos für ›Dackel‹ entworfen, verkauft hat sie der Laschi. Den Erlös oder zumindest Teile davon haben die drei bekommen, das war schon zu der Zeit, als sie untergetaucht waren.«

(Auf der Leinwand wird eine Simpson-Figur gezeigt, mit Schlagstock und Springerstiefeln, eine Zeichnung aus dem Szene-Magazin »White Supremacy«.)

Anwalt Ilius Ist das das Motiv? Haben Sie das zur Verfügung gestellt?

Lasch Das hat halt die Runde gemacht. Es gab sogar Leute, die haben sich das tätowieren lassen.

Götzl Die Vernehmung ist beendet.

(Auf der Besuchertribüne springt der Begleiter des Zeugen Lasch auf, ein Mann in moder-

nem Sport-Outfit, und eilt zum Ausgang. Er ruft dem Korrespondenten der »Freien Presse«, einer Regionalzeitung aus Chemnitz, eine Adresse zu. Der Journalist erschrickt. Es ist seine Privatadresse, die er sorgsam geheim gehalten hat vor den Rechtsradikalen.)

Tag 191

11. März 2015

Manfred Götzl, Richter. **Marcel Degner**, 39, aus Gera, selbstständig, früherer V-Mann des Thüringer Verfassungsschutzes. **Stefan H.**, 34, CNC-Dreher aus Germering. **Yavuz Narin**, Anwalt der Nebenklage.

(Wegen Zschäpes angeschlagenem Gesundheitszustand hat das Gericht die Zahl der Verhandlungstermine für die kommenden Wochen von drei auf zwei pro Woche reduziert.)

Götzl Es geht uns um Erkenntnisse zu Blood & Honour. Was können Sie dazu sagen?

Degner Na ja, gut. Ich war bei Blood & Honour gewesen, so ab 1996.

Götzl Bitte lauter und deutlich sprechen!

Degner Okay. Und ja, keine Ahnung. Jetzt haben Sie mich aus dem Konzept gebracht.

Götzl Schildern Sie einfach mal, welche Bezüge zu Blood & Honour bestanden.

Degner Von 1996 bis 2000 war ich Sektionschef in Thüringen, nach dem Verbot musste ich zwangsläufig damit aufhören.

Götzl Wann war die Verbotsverfügung?

Degner Im September 2000.

Götzl Weswegen wurde Blood & Honour Thüringen gegründet?

Degner Es war eine Musikbewegung und diente dazu, Konzerte zu veranstalten.

Götzl Aus welchem Bereich sollten die Bands rekrutiert werden?

Degner Aus der rechten Musikszene.

(Götzl thematisiert nun Erkenntnisse des Inlandsgeheimdiensts: Am 20. November 1999 will das Thüringer Landesamt für Verfassungsschutz einen Hinweis des V-Mannes Marcel Degner erhalten haben. Dieser habe Thomas Starke am Rande eines Skinhead-Konzerts finanzielle Unterstützung für das untergetauchte Trio angeboten. Starke habe abgelehnt und gesagt, die drei bräuchten kein Geld mehr. Sie würden jetzt »jobben«.)

Götzl Haben Sie mal nachgefragt bei Thomas Starke oder anderen, ob die drei Untergetauchten noch Geld bräuchten?

Degner Kann schon sein.

Götzl Aufgrund welcher Umstände kommen Sie zu der Einschätzung, es könnte schon sein?

Degner Schwierig.

Götzl Ja, ich kann die Frage für Sie nicht beantworten! Was ist denn schwierig?

Degner Überhaupt die Frage zu beantworten. Erinnerungstechnisch ist das eher noch sehr schwach vorhanden. Ich kann das nicht wirklich mit Ja oder Nein beantworten.

Götzl In der Regel will ich wissen, wie es im Einzelnen war!

Degner Also, es könnte sein, dass es so gewesen ist.

Götzl Dann müsste ja irgendwas in Ihrer Erinnerung vorhanden sein. Mit wem haben Sie gesprochen?

Degner Mit Starke, glaub ich, ja. Und er hat Nein gesagt und kein Geld genommen.

Götzl Und wann und wo war das?

Degner Bei irgendeinem Konzert. Wo und wann, keine Ahnung.

Götzl Hat Herr Starke denn eine Begründung für das »Nein« angegeben?

Degner Da kann ich mich nicht genau erinnern. Er hat Nein gesagt, das weiß ich mit hundertprozentiger Sicherheit, aber ob er gesagt hat, dass die »jobben« würden, keine Ahnung, das ist alles sehr spekulativ. An jedes einzelne Detail der Antwort kann ich mich wirklich nicht erinnern.

Götzl Herr Wießner vom Thüringer Verfassungsschutz hat hier ausgesagt, Sie seien die Quelle 2100 gewesen.

Degner Den kenne ich nicht.

Götzl Haben Sie eine Ahnung, warum Herr Wießner Sie als Quelle bezeichnet hat?

Degner Dann müssten Sie Herrn Wießner fragen.

Götzl Den hab ich schon befragt. Uns liegen im Übrigen auch Ablichtungen von Ihren Quellenmeldungen vor. *(Er liest ihm eine Meldung vor.)*

Degner Was kann ich dazu sagen, wenn's da drinne steht? Ich hab's da nicht reingeschrieben.

Götzl Haben Sie eine Erklärung dafür, warum das LfV Thüringen *(das Landesamt für Verfassungsschutz in Thüringen)* mitteilt, dass Sie hier Angaben machen dürfen und nicht sagt, dass ihm ein Herrn Degner gar nicht bekannt ist?

Degner Das müssen Sie die fragen.

Götzl Könne Sie sich an eine Vernehmung durch das BKA erinnern am 25. September 2012?

Degner Ja.

Götzl Im Protokoll der Vernehmung heißt es: »Herr Degner, das Thüringische Landesamt für Verfassungsschutz teilte dem BKA mit, dass Sie von 1997 bis 2000 für das TLfV als V-Person tätig waren.« Sie sollen daraufhin gesagt haben: »Das ist schön für das TLfV. Da ich Sorge habe, dass auch Inhalte dieser Vernehmung an die Öffentlichkeit geraten, möchte ich zur möglichen Zusammenarbeit mit dem TLfV an dieser Stelle keine Angaben machen. Ich bin aber weiterhin bereit, all Ihre Fragen zu beantworten, die nicht die Umstände einer möglichen Zusammenarbeit mit dem TLfV betreffen.« Haben Sie das so gesagt?

Degner Nein, ich habe das so ähnlich einfach im Raum stehen lassen.

Götzl Warum haben Sie nicht einfach gesagt, dass Sie nicht für das LfV gearbeitet haben, wenn es denn so war?

Degner Die sagten mir, dass mir das sowieso keiner glaube.

Götzl Vorhalt: »Da ich Sorge habe, dass auch Inhalte dieser Vernehmung an die Öffentlichkeit geraten, möchte ich zur möglichen Zusammenarbeit mit dem TLfV an dieser Stelle keine Angaben machen.« Haben Sie das so gesagt?

Degner Das kann sein.

Götzl Das klingt nicht so, als ob Sie nicht für das den Verfassungsschutz gearbeitet haben.

Degner Ich glaube, ich hatte damit abgeschlossen und um keine weiteren Fragen beantworten zu müssen, habe ich das so formuliert.

(Die Befragung durch Götzl und andere Prozessbeteiligte geht weiter. Dann fragt Nebenklagevertreter Narin.)

Anwalt Narin Möchten Sie Ihre Aussage korrigieren, dass Sie kein V-Mann gewesen sind?

Degner Nein.

(Degner bleibt auch im Anschluss dabei, dass er nicht für das LfV Thüringen gearbeitet habe. Nach weiterer Befragung sagt Götzl, dass der Zeuge an einem anderen Tag wiederkommen müsse. Degner verlässt den Saal. Nach einer Pause tritt der nächste Zeuge auf, Stefan H.)

Götzl Was können Sie uns über die »Weiße Bruderschaft Erzgebirge«, kurz WBE, sagen?

Stefan H. Es kam der Gedanke, wir könnten uns zu einer Gruppierung zusammenschließen, um was für die Jugend im Erzgebirge auf die Beine zu stellen. Damals war das Problem: ziemlich viele Drogen. Wir wollten den Jugendlichen was bieten. So kam es dann dazu, dass wir uns entschlossen haben, die »Weiße Bruderschaft Erzgebirge« zu gründen. Die Brüder Eminger und ich und noch einige andere.

Götzl Wie viele waren Sie etwa?

Stefan H. Am Anfang vielleicht acht Mann, dann zwanzig.

Götz Was haben Sie gemacht, und wer hat was gemacht?

Stefan H. Wir haben uns einmal im Monat getroffen und zum Beispiel gemeinsame Ausflüge geplant. Irgendwann haben wir ein Fußballturnier geplant und ein Geländespiel mit anschließendem Konzert. Das Konzert ist leider verboten worden, das war der Genickbruch für die WBE, weil dann die finanziellen Mittel erschöpft waren.

Götzl Verfügten Sie über finanzielle Mittel?
Stefan H. Ja. Aus Mitgliedsbeiträgen.
Götzl Und Zweck der Gruppierung waren Freizeitaktivitäten und die Bekämpfung von Drogenkonsum?
Stefan H. Ja, und politische Bildung.
Götzl Was bedeutet das?
Stefan H. (*stockt*) Ja, wie soll man sagen? Dass die Jugendlichen halt ihr Land und die Heimat zu schätzen lernen. Diese Richtung dann.
Götzl Wer hat den Namen »Weiße Bruderschaft Erzgebirge« gewählt?
Stefan H. Ich glaube, das haben wir gemeinsam abgestimmt.
Götzl Warum spielt »weiß« eine Rolle im Namen?
Stefan H. Wegen der weißen Hautfarbe.
Götzl Was war die Idee oder das Ziel dabei?
Stefan H. Für die weiße Weltbevölkerung was auf die Beine zu stellen halt.
Götzl Weiße Bruderschaft – bedeutet das, dass nur Männer zugelassen waren?
Stefan H. Ja.
Götzl Herr H., ging es denn bei der WBE auch um das Thema Ausländer?
Stefan H. Soweit ich mich erinnern kann, eigentlich nicht. Definieren Sie das mal!
Götzl Ich definiere hier gar nichts. Ich frage Sie!
Stefan H. Ich kann mich nicht erinnern, dass wir das groß angesprochen haben.
Anwalt Narin Waren Juden Thema in der WBE?
Stefan H. Ja. Alles böse, alles muss weg. Das war halt die verbreitete Meinung damals.
Anwalt Narin Wissen Sie, wie André Eminger zu Juden stand?
Stefan H. Sicherlich nicht freundlich.
Anwalt Narin Was meinen Sie damit?
Stefan H. Alles böse, alles muss weg.

Tag 192

12. März 2015

Manfred Götzl, Richter. **Andreas R.**, 41, Verkaufsleiter aus München.

(Die Nebenklägerin Meral Keskin ist nicht erschienen, sie sollte an diesem Tag als Betroffene des Bombenanschlags in der Kölner Keupstraße aussagen. Sie habe in der Türkei einen Flug verpasst, sagt ihr Anwalt Ralph Willms. Götzl reagiert unwirsch: Das sei eigentlich keine ausreichende Entschuldigung. Pause. Der Zeuge Andreas R. wird in den Gerichtssaal gerufen.)

Götzl Es geht uns um Uwe Mundlos, Uwe Böhnhardt und Frau Zschäpe, ob Sie die Personen gekannt haben?

Andreas R. Den Uwe Mundlos hab ich in der Schule kennengelernt oder sogar im Kindergarten. Er war schon mein bester Freund. Nach der Schule hat jeder seinen Lehrberuf gehabt, dann hat sich das ein bisschen auseinandergelebt.

Götzl Können Sie ihn beschreiben?

Andreas R. Er war schon ein schlauer Kerl, so naturschlau. Mathe, Physik, solche Dinge sind ihm zugefallen. Er hat aber keine Lust gehabt, Stoff auswendig zu lernen. Und bis zur sechsten Klasse, da war er schon eher so pazifistisch unterwegs. Er hatte langes gelocktes Haar und trug gern selbst gestrickte Pullis. Er war gegen alles, was so vom System, der SED, aufoktroyiert wurde. Gegen die Armee, gegen die Partei. Sein Vater war auch öfters in der Schule und hat an Elternabenden seinen Standpunkt vertreten, seinen Kampf gegen die Partei. Von daher war der Uwe da schon was Besonderes in dem Moment. Er war auf jeden Fall für die sogenannten SED-Genossen nicht mehr würdig, angesprochen zu werden für weitere Aufgaben in diesem Staat. Nach dem Umzug nach Winzerla ist Uwe in eine rechte Szene reingekommen, die Gedankengänge wurden immer absoluter, radikaler. Das fiel genau in die Zeit der Wende.

Götzl Können Sie das näher beschreiben?

Andreas R. Ja, gut, er fing an, Geschichten vom Dritten Reich zu erzählen. Was die alles gemacht haben und Gutes gemacht haben. Den Rudolf Heß hat er sehr verehrt. Wenn man sagte, schau mal, dein Bruder zum Beispiel hat Kinderlähmung, das wäre damals unwertes Leben gewesen, dann hat er das weggewischt. Da war schon eine gewisse Kälte und Erbarmungslosigkeit. Er hatte das Talent zur Agitation. Wenn er von etwas überzeugt war, dann hat er das zehn Mal wiederholt, bis man ihm zugestimmt hat. Einmal fand ein Besuch des KZ Buchenwald statt, da war dann bei ihm auch kein Platz für Mitleid mit den Opfern. Das Menschliche wird da völlig ausgeklammert, immer nur das Dritte Reich hochgelobt, absolut unrelativiert. Wenn man gesagt hat: Stell dir vor, deine Mutter geht da rein oder dein Vater, in die Gaskammer – für solche Gedankengänge war er nicht zugänglich. Das wurde immer mit einem Scherz abgetan.

Götzl Wie ging die Entwicklung weiter?

Andreas R. Er wurde halt immer rechter. Mit der Wende fielen ja auch die Autoritäten weg, was Neues war noch nicht richtig da. Er ist da irgendwo in diese rechte Szene eingetaucht, es ging los mit der Musik, bestimmte Musik, die Haare wurden geschoren, Stiefel getragen, solche Dinge halt. Als er die Ausbildung zu Ende hatte, kam er zur Armee und unser Kontakt war weitgehend zu Ende. Er ist da, glaube ich, zu dieser Zeit noch mal radikalisiert worden.

Götzl Wie sah es mit seinen Computerkenntnissen aus?

Andreas R. Schon zu DDR-Zeiten hat er durch seinen Vater Zugriff auf Computertechnik gehabt. Er konnte auch programmieren, kannte sich richtig gut aus. Er hat auch selber kleine Spiele programmiert, in aller Regel so Ballerspiele. Da war auch schon so rechtes Gedankengut in den Spielen enthalten.

Götzl Sie haben der Polizei gesagt, er habe in der zehnten Klasse antijüdische Spiele programmiert.

Andreas R. Ja, ich bilde mir ein, dass da ein Spiel war, wo man Juden abschießen sollte.

Götzl Waren Waffen oder Gewalt mal ein Thema?

Andreas R. Scharfe Waffen auf jeden Fall nicht. Ich hatte ein Luftdruckgewehr, mit dem haben wir schon Schießübungen gemacht. Aber nix Außergewöhnliches. Mit vierzehn waren wir im Wehrausbildungslager, da haben wir mit Kalaschnikows schießen müssen. Nach der Wende ging es dann los, jeder musste ein Messer haben oder eine Gaspistole. Wir sind nach der Wende bis nach Kronach getrampt, und Uwe Mundlos hat sich vom Begrüßungsgeld ein Klappmesser gekauft.

Götzl Wie war Ihre Einstellung zur rechten Szene?

Andreas R. Ich war ja der Freund vom Uwe, war an seiner Seite, aber nach seinem Umzug wurden die Kontakte immer weniger. Er hat mich auch nicht erwischt mit seinen rechten Parolen, ich konnte mich davon fernhalten. Ich hatte meine eigenen Interessen. Von daher hab ich Glück gehabt, dass ich gar nicht richtig reingerutscht bin.

Götzl Wie war das Verhältnis von Uwe Mundlos zu seinem Vater?

Andreas R. Sein Vater hat schon versucht, ihn immer wieder einzufangen. Er hat versucht, mäßigend auf ihn einzuwirken. Aber seine Möglichkeiten waren da wohl auch beschränkt.

Götzl Können Sie uns etwas zu den Vorlieben von Uwe Mundlos sagen, was Musik angeht?

Andreas R. In der Schulzeit hat er sehr viel Udo Lindenberg gehört, später wurden daraus die Böhsen Onkelz.

Götzl Hatte er Vorlieben für bestimmte Fernsehsendungen?

Andreas R. Ja, den Rosaroten Panther fand er damals schon immer ganz toll. Diese Sprüche, da kommt ja immer so eine Stimme aus dem Off, das gehörte eigentlich zu seinem Sprachgebrauch.

Götzl Haben Sie denn Erinnerungen an die Wohnung, an das Zimmer von Uwe Mundlos?

Andreas R. Am Schluss hing da mal eine Reichkriegsflagge. Das war schon teilweise sehr skurril ausgeschmückt. Das war sehr martialisch das Ganze.

Götzl Zu Frau Zschäpe: Bitte berichten Sie uns, was Sie sagen können. Verhalten, Persönlichkeit …

Andreas R. Ich habe Sie kennengelernt in Jena-Winzerla in dieser Clique, sie hatte damals, soweit ich weiß, einen festen Freund, Matthias R. Sie hat eine Lehre gemacht oder war Umschülerin. Sie war sehr selbstbewusst in der Gruppe. Aber sie ist mir nicht dadurch aufgefallen, dass sie da irgendwelche politischen Meinungen groß vertreten hat. Man hat so in den Tag hineingelebt als Jugendlicher mit fünfzehn, sechzehn Jahren.

Götzl Woran machen Sie fest, dass sie selbstbewusst war?

Andreas R. Man merkt ja, ob man sich was gefallen lässt. Da waren ja mehrere Jungs in der Gruppe. Sie hat sich da ordentlich durchgesetzt und sich nichts gefallen lassen.

Götzl Bei der Polizei haben Sie angegeben, Zschäpe und ihr damaliger Freund hätten extrem geklaut.

Andreas R. Ich hab's so in Erinnerung, das war so ein kleiner Sport, etwas mitzunehmen, weil man es konnte, weil es Spaß machte. Ich weiß nicht, ob es nur die zwei waren. Ich weiß noch, dass zu der Zeit gerne in einen Keller eingestiegen wurde, um dann Feiern zu machen mit den Dingen, die man gefunden hat, Alkohol, solche Dinge halt.

Götzl Bei der Polizei haben Sie über Beate Zschäpe außerdem ausgesagt: »Anfangs, als ich sie kennengelernt habe, dachte ich: Was ist denn das für eine Primitive? Ich hatte den Eindruck, dass die nichts im Kopf hatte.«

Andreas R. Das war so ihre Art, in den Tag hineinzuleben. Und so wie sie sich gegeben hat – das hat auf mich gewirkt damals, als sei sie sehr einfach unterwegs gewesen. Und ein Stück weit obszön. Sie konnte auch mal recht laut werden und warf mit unanständigen Ausdrücken herum. Aber das ist vielleicht auch ein Stück weit normal in einer Gruppe mit pubertierenden Jungs.

Götzl Wie sah es in der Clique mit Alkohol oder Drogen aus?

Andreas R. Ich hatte damals ab der Lehrzeit das Gefühl, dass da schon viel Alkohol im Spiel war. Aber irgendwann hab ich Uwe Mundlos mal wiedergetroffen, da hieß es, er würde gar nichts mehr trinken. Da war schon ein Wandel zu verspüren. Eine Zeit lang hatte er wohl mal richtig viel getrunken.

Götzl Haben Sie sich denn mal mit Uwe Mundlos oder mit Frau Zschäpe über Terrorismus unterhalten?

Andreas R. Mit Frau Zschäpe nicht, aber der Uwe wusste damals schon recht viel über die RAF und über Rasterfahndung. Er hat sich auch sehr dafür interessiert. Es ging hauptsächlich über das Thema, wie man untertaucht, da hat er auch schon viele Details gewusst, die man normalerweise als DDR-Jugendlicher nicht weiß. Er kannte die ganze Geschichte der RAF. Im Nachhinein betrachtet hat er davon gelernt, wie man untertaucht.

Götzl Erinnern Sie sich noch an Uwe Mundlos bei dem letzten Treffen? Wie er ausgesehen hat?

Andreas R. Er hatte, glaube ich, sein übliches Outfit an, die Bomberjacke, und war sehr fröhlich. Es war nur ein kurzes Treffen auf der Straße. Er sagte, dass er angeblich von zweien beobachtet würde, die er erst mal abschütteln müsse.

Tag 193

18. März 2015

Manfred Götzl, Richter. **Nobert Leygraf**, 62, Psychiater und Direktor des Instituts für Forensische Psychiatrie an der Universität Duisburg-Essen. **Giso T.**, 44, Spezialbaufacharbeiter. **Mike M.**, 40, aus Plauen, arbeitslos. **Olaf Klemke**, Verteidiger von Ralf Wohlleben. **Antonia von der Behrens**, Anwältin der Nebenklage. **Henning Saß**, psychiatrischer Gutachter.

Götzl Es geht uns darum, ob der Angeklagte Carsten Schultze zum Tatzeitpunkt in seiner sittlichen und geistigen Entwicklung noch einem Jugendlichen gleichstand. Ich würde Sie bitten, uns Ihr Gutachten vorzutragen.

(Carsten Schultze war zwanzig Jahre alt, als er dieTatwaffe für neun NSU-Morde, eine Česká 83, an Uwe Mundlos und Uwe Böhnhardt geliefert haben soll. Wenn der Psychiater zu dem Ergebnis kommt, Schultze sei damals noch als Jugendlicher einzuschätzen gewesen, kann der Angeklagte darauf hoffen, eine sehr viel geringere Strafe zu bekommen.)

Leygraf Ich habe Herrn Schultze im März und April 2012 in der JVA Köln exploriert. Er war von Beginn an sehr freundlich, kooperativ und zugewandt, verblieb aber in einer in sich gekehrten Zurückhaltung. Am ersten Tag sagte er von sich aus kaum etwas. Er wartete meine Fragen ab. Es ergaben sich häufig längere Schweigephasen, wenn es um die Verwicklung in die rechtsextreme Szene ging. Seine Angaben zu seinen Einstellungen blieben am ersten Tag sehr blass, wenig konkret. Das ist ihm selbst bewusst geworden. Er hat am zweiten Tag Notizen mitgebracht und hat diesen Zettel abgearbeitet. Es war ähnlich wie bei der Hauptverhandlung im Juni 2013, er hat ungewichtet Ereignisse aufgereiht, ohne dass ein roter Faden erkennbar gewesen wäre. Es war die Tendenz erkennbar, seine Aktivitäten in der rechtsextremen Szene unter dem Aspekt der gemeinsamen jugendlichen Freizeitgestaltung zu beschreiben – er hat über ideologische und fremdenfeindliche Überzeugungen nur auf konkrete Nachfrage etwas gesagt. Er hat eine Tendenz zur psychologisierenden Darstellung und erstaunliche Schwierigkeiten, sein subjektives Erleben und seine Emotionen zu beschreiben. Er sprach häufig von »man«, wenn er sich selbst meinte. Alles war »irgendwie« – das Wort »irgendwie« durchzog alle seine Äußerungen. Insgesamt war das Gespräch recht schleppend, mühsam.

Carsten Schultze erscheint in seiner Persönlichkeit gehemmt, selbstunsicher, aber auch geltungsbedürftig. Er lässt sich leicht von anderen beeindrucken und hat ein geringes Durchsetzungsvermögen. Er ist ein Mensch, der sich im direkten Kontakt eher zurückhält, sich anderen eher unterordnet. Er erklärt den Einstieg in die rechte Szene mit dem Wunsch nach Provokation gegen die Eltern. Er sah darin eine Aufwertung seiner Person. Die Hinwendung und spätere Abkehr zur rechten Szene wird man aber nicht allein mit seiner jugendlichen Protesthaltung gegen seine Eltern und der Entdeckung seiner Homosexualität erklären können, zumal er selbst zu bagatellisierenden und psychologisierenden Erklärungen neigt.

Als nicht unwesentlichen Aspekt für seine Abkehr von der rechten Szene beschrieb er die Situation, als seine Eltern im August 2000 trotz Hausdurchsuchung zu ihm gehalten und ihn nach der Entlassung aus dem Polizeigewahrsam abgeholt haben. *(Die Polizei hatte Carsten Schultze drei Tage in Unterbindungsgewahrsam genommen, weil sie Hinweise darauf hatte, er werde Randale machen bei einer Demonstration.)* Da habe er erkannt, wie sehr seine Eltern hinter ihm stehen, während niemand von seinen Freunden da war.

Die Anziehungskraft der rechten Szene mit ihrer Homosexualitäts-Feindlichkeit könnte man als Reaktionshaltung bezeichnen: Menschen, die eine homosexuelle Veranlagung in sich spüren, das aber nicht wahrhaben wollen, äußern oft eine betont homophobe Einstellung nach außen. Herr Schultze war angezogen von dem Männlichkeitsideal der Szene, vor allem von der Kleidung, auch konkret von einzelnen Mitgliedern. Vor allem die erste Begegnung mit Uwe Böhnhardt muss für ihn besonders eindrucksvoll gewesen sein. Da sind ihm fast die Tränen in die Augen getreten, als er von dieser Begegnung berichtet hat.

Dass er als Kontaktperson zu den dreien ausgesucht worden ist, lässt darauf schließen, dass er nach außen hin nicht einen jugendlich-unbedarften oder impulsiven Eindruck gemacht hat. Er hatte aber deutliche Defizite bei der Bindungsfähigkeit und eine mangelhafte sexuelle Identitätsfindung. Dadurch war Herr Schultze in seiner Reifung zu einem eigenständigen erwachsenen Menschen beeinträchtigt. Es war damals noch nicht von einer gefestigten Persönlichkeit auszugehen. Die retrospektive Betrachtung hat den Vorteil, dass man die Entwicklung danach berücksichtigen kann. Im Herbst 2000, mit gerade noch zwanzig Jahren, hat er sich von der rechten Szene abgewandt. Er ist offen mit seiner Zugehörigkeit zur rechten Szene umgegangen und hat sich ernsthaft von ihr distanziert, und es ist ihm gelungen, auch eine feste Partnerschaft aufzubauen.

Eine genaue Feststellung des Entwicklungszustands nach fünfzehn Jahren ist kaum mehr möglich. In einigen Bereichen war er damals durchaus altersgerecht entwickelt. Es lassen sich aber auch wesentliche Aspekte beschreiben, in denen

Reifungsdefizite vorhanden waren. Insbesondere der weitere Verlaufe zeigt, dass sich Herr Schultze damals in einer biografischen Phase befand, in der erhebliches Entwicklungspotenzial vorhanden war, das tatsächlich noch wirksam geworden ist. So viel erst mal von meiner Seite.

Götzl Wann hat er die Waffe übergeben, was hat er da gesagt?

Leygraf Ich meine, er hat es auf Anfang 2000 terminiert. Wenn er hier von April, Mai gesprochen hat, wäre das etwas später als bei mir.

Götzl Und er sagt, er sei Ende 2000 aus der Szene ausgeschieden. Das wirft die Frage auf, was da vorgefallen ist.

Leygraf Mitte des Jahres 2000 gibt es einen entscheidenden Entwicklungsschritt, ausgelöst durch einen Film über Homosexualität, allerdings auf einer sehr untergründigen Ebene. Und dann im August/September 2000 gibt es zwei entscheidende Dinge: den Unterbindungsgewahrsam bei der Polizei und danach, dass er von seinen Eltern mit offenen Armen empfangen wurde.

Saß Hat er Antworten gegeben zur Begegnung mit Mundlos, Böhnhardt und Zschäpe?

Leygraf Ja, aber es war relativ vage wie so vieles. André Kapke hatte Mundlos und Böhnhardt mit zu Schultze genommen. Er war sich nicht sicher, ob Frau Zschäpe mit dabei war. Mundlos und Böhnhardt mussten sich in seiner Wohnung Einkaufstüten über die Springerstiefel ziehen.

Saß Und was sagte er über die Telefongespräche mit Mundlos, Böhnhardt und Zschäpe?

Leygraf An sonstige Gesprächsinhalte hatte Herr Schultze keine Erinnerung. Er hatte immer am Telefon mit den beiden Männern telefoniert, nur bei ein oder zwei Telefonaten sei auch Frau Zschäpe mit dabei gewesen.

(Als nächster Zeuge tritt Giso T. in den Gerichtssaal.)

Götzl Ihre Personalien?

(Der Zeuge spricht etwas Unverständliches.)

Götzl Können Sie das wiederholen?

Giso T. Spezialbaufacharbeiter. *(Nuschelt sehr.)*

Götzl Ich hab's nach wie vor nicht verstanden.

Giso T. Dann sagen wir einfach Maurer.

Götzl Wie sieht es mit Ihrem Bezug zu Chemnitz aus? Zur rechten Szene?

Giso T. Was soll ich dazu sagen? Ich kenn ein paar Leute.

Götzl Wie war es in den Neunzigerjahren?

Giso T. Man war halt dabei.

Götzl Über welchen Zeitraum hatten Sie Kontakt zu Blood & Honour?

Giso T. Bin 1998 eingetreten, war nicht lange dabei, bevor sie es aufgelöst haben. Bis 2000.

Götzl Könnten Sie ein bisschen höflicher sein? Sie tun so, als wenn ich Ihnen lästig wäre. Vielleicht bin ich das. Aber ich frage Sie höflich und erwarte mir nicht diesen Ton. Verstehen wir uns, Herr T.?

Giso T. Jaja.

Götzl Sagen Ihnen die 88er etwas?

Giso T. Ja.

Götzl Was haben die 88er denn gemacht?

Giso T. Party. Konzerte besucht.

Götzl Haben die 88er was mit Blood & Honour zu tun gehabt?

Giso T. Nix.

Götzl Waren Sie 88er?

Giso T. Ja.

Götzl War in der Szene Sprengstoff ein Thema?

Giso T. Dazu haben sie mich gefragt bei der Polizei. Thomas Starke habe gesagt, ich hätte Sprengstoff übergeben. Stimmt aber nicht.

Götzl Mal unabhängig davon, meine Frage war viel weiter gefasst: War Sprengstoff ein Gesprächsthema?

Giso T. Nee.

Götzl Hatte Herr W. mal Bezug zu Sprengstoff? *(Jörg W. hat bei der Polizei und vor Gericht am Tag 187 eingeräumt, dass er in den Neunzigerjahren Sprengstoff an Thomas Starke geliefert hatte und dieser ihn an Uwe Mundlos weitergab.)*

Giso T. Weiß ich nicht, hab ich im Nachhinein erfahren, dass er mit Sprengstoff experimentiert hat.

Götzl Woher wissen Sie das?

Giso T. Weil er's mir erzählt hat.

Götzl Soll ich mir das so vorstellen, dass er sagt: Ich habe mal mit Sprengstoff experimentiert. Punkt. Das war alles?

Giso T. Ich habe das bei der Polizei gehört und ihn dann angesprochen. Da hat er mir gesagt, dass er sich mit Sprengstoff verletzt hat. Mit irgendeiner Rohrbombe.

Anwältin von der Behrens Können dem Zeugen Lichtbilder vorgelegt werden aus der Vernehmung? *(Es werden Bilder von jungen Männern an die Wand projiziert.)* Schauen Sie sich bitte die Bilder an. Wer ist das?

Giso T. Das sind Kicke und Kacke. *(Das sind die Spitznamen der Brüder Kay und Jörg R.)*

Anwältin von der Behrens In welcher Band haben die gespielt?

Giso T. Die hieß »Blitzkrieg«.

(Der Zeuge T. wird entlassen, es tritt auf der Zeuge Mike M., mit Zeugenbeistand.)

Mike M. Meine Adresse möchte ich nicht sagen. Ich bin mit Beate auf die Goethe-schule in Jena gegangen. Wir waren cliquenmäßig befreundet. Als ich in die Lehre ging, gab es dann keinen Kontakt mehr.

Götzl Wann hatten Sie zu Frau Zschäpe den letzten Kontakt?

Mike M. Nach der Gerichtsverhandlung. Wir hatten eine gemeinsame Verhandlung wegen Diebstahl, danach habe ich mich distanziert.

Götzl Was heißt das?

Mike M. Ich bin politisch links eingestellt und habe es für sinnvoll gehalten, Abstand von der Gruppe zu nehmen.

Götzl Welche Gruppe meinen Sie?

Mike M. Die ganze Clique, wir waren ziemlich viele. Das waren nicht nur die Angeklagten und die Verstorbenen, das waren zehn bis zwanzig Leute. Ich wurde zu Sozialstunden verurteilt. Wir haben damals im Kaufhaus Horten geklaut.

Götzl Hatten Sie auch Kontakt zu Herrn Wohlleben?

Mike M. Den kannte ich flüchtig, weil ich mit seinem Bruder Alexander befreundet war.

(Tatsächlich gibt es diesen Bruder nicht, weshalb Wohllebens Anwalt nachhakt.)

Verteidiger Klemke Herr M., erzählen Sie mir was über Alexander Wohlleben.

Mike M. Ich war befreundet mit dem, jahrelang.

Verteidiger Klemke Wann haben Sie Alexander kennengelernt?

Mike M. Nach meiner Gerichtsverhandlung mit Frau Zschäpe, als wir vor dem Jugendrichter gestanden haben.

Verteidiger Klemke Beschreiben Sie mir die Persönlichkeit von Alexander Wohlleben.

Mike M. Wir hatten den gleichen Musikgeschmack. Wir hatten beide Kurzhaarschnitte. Er war entweder größer als ich oder einen halben Kopf kleiner, und immer so gekleidet wie ich, mit Ledermantel und Käppi. Wir waren linksorientiert.

(Der Zeuge M. verlässt den Gerichtssaal.)

Verteidiger Klemke Ich möchte Folgendes erklären: Nach über vierzig Lebensjahren hat Herr M. meinem Mandanten einen Bruder geschenkt, das findet mein Mandant nicht schlecht. Festzustellen ist aber, dass die Aussage in weiten Teilen ein Fantasiekonstrukt ist. Ich möchte, dass das Gericht dem Zeugen kein einziges Wort glaubt.

Tag 194

19. März 2015

Manfred Götzl, Richter. **Sindy H.**, 30, Hauswirtschafterin aus Zwickau. Sie war Nachbarin von Beate Zschäpe in der Polenzstraße in Zwickau. **Isabell S.**, 28, zurzeit arbeitslos, gelernte Kinderpflegerin aus Zwickau und ebenfalls frühere Nachbarin von Zschäpe in der Polenzstraße. **Enrico P.**, 39, bezieht Erwerbsunfähigkeitsrente. **Jochen Weingarten**, Vertreter der Bundesanwaltschaft. **Wolfgang Stahl**, Verteidiger von Beate Zschäpe. **Seda Başay**, **Yavuz Narin**, Anwälte der Nebenklage.

Götzl Schauen Sie bitte in meine Richtung,

Sindy H. Ich weiß nicht wohin.

Götzl Hier. *(Sie entdeckt ihn.)* Es geht uns um die Zeit in der Polenzstraße in Zwickau, als Sie dort gewohnt haben. Inwiefern hatten Sie Kontakt zu Mitbewohnern, wie hat der Kontakt ausgesehen, wen haben Sie dort kennengelernt? Bitte berichten Sie.

Sindy H. Das ist ganz schön viel. Ich hab von 2008 an dort gewohnt. Oben links, unterm Dach, ich habe entbunden in der Phase, ich bin dann ausgezogen und nach Greiz gegangen. Das Verhältnis unter den Nachbarn war recht gemeinschaftlich. Man hat sich mit allen unterhalten, man wurde in den Garten eingeladen. Es kam zu Gesprächen.

Götzl Gab es Personen, zu denen Sie engeren Kontakt hatten?

Sindy H. Ja, dadurch, dass ich gerade schwanger war, hatte ich Kontakt zu den beiden Familien unter mir, die hatten schon Kinder und haben Ratschläge gegeben. Die Familiennamen sind mir entfallen, die eine Familie hatte zwei Töchter, und die andere Familie hatte einen Sohn. Und ein ganz junges Kind, ein halbes, dreiviertel Jahr alt. Und die Familie S., der war Hausmeister.

Götzl Wie sah der Kontakt zu Frau Zschäpe aus?

Sindy H. Die war viel mit dem Fahrrad unterwegs, ich bin nicht zu ihr in die Wohnung gegangen, sie hat aus dem Fenster geguckt. Hin und wieder habe ich sie gesehen und wir haben geredet, drei, vier Mal die Woche.

Götzl Von welcher Wohnung sprechen Sie?

Sindy H. Ganz unten, die rechte Wohnung vom Hauseingang aus gesehen. Links war ein Steuerbüro drin, ein Lohnsteuerhilfeverein.

Götzl Wer hat in dieser Wohnung gelebt?

Sindy H. Sie hat größtenteils allein drinnen gewohnt, sie hatte einen Lebensgefährten, der hat sich aufs Essen gefreut, wenn er ab und zu von der Montage kam. Und sie hatte noch zwei Katzen.

Götzl Haben Sie Feststellungen treffen können, wer sich bei ihr aufgehalten hat?

Sindy H. Ihr Freund kam ab und an und dessen Bruder, der war ab und zu da. Der hat sich bei mir als sein Bruder vorgestellt.

Götzl Was bedeutet ab und zu und ab und an?

Sindy H. Ich weiß nicht, wie lange seine Montagearbeiten gedauert haben, er ist nicht so oft gekommen, nicht regelmäßig, da waren schon Wochen dazwischen.

Götzl Was wissen Sie über die Montage?

Sindy H. Gar nichts. Da fragt man nicht.

Götzl Woher wissen Sie von der Montage?

Sindy H. Das hat er mir gesagt, selber, und Lisa hat es mir dann auch gesagt. Ich dachte, das war auf dem Bau.

Götzl Zu Frau Dienelt selbst. *(Unter dem Namen Lisa Dienelt hat Beate Zschäpe in dem Haus gewohnt.)* Wie kam es zum ersten Kontakt?

Sindy H. Den ersten Kontakt weiß ich nicht, sie war freundlich, aufgeschlossen, hat versucht, Ratschläge zu geben, wenn man Probleme hatte. Man kam als Frau doch immer ins Gespräch. Sie war ordentlich angezogen, hat ihre Hausarbeit erledigt. Sie war eine angenehme Nachbarin.

Götzl Hat sie sich vorgestellt?

Sindy H. Ja, mit Lisa Dienelt, das stand so auch an der Klingel.

Götzl Wie haben Sie sich angesprochen?

Sindy H. Mit Lisa, das war so gang und gäbe im Haus.

Götzl Haben Sie über ihren Beruf gesprochen?

Sindy H. Sie sagte, dadurch, dass ihr Partner so viel auf Montage verdient, kann sie zu Hause bleiben. Sie hat dann nur Arbeitslosengeld bezogen.

Götzl Was haben Sie über den Freund erfahren?

Sindy H. Der Freund war recht groß, kurze Haare, stattlich gebaut, man konnte schon vermuten, dass er auf dem Bau ist.

Götzl Wie hat sich der Freund von Frau Dienelt Ihnen gegenüber verhalten?

Sindy H. Er war hilfsbereit und hat mir die Sachen hochgetragen. Als der Kleine schon da war, ging das schlecht mit der Babyschale. Er war freundlich mir gegenüber.

Götzl Hat dieser Freund dort gewohnt?

Sindy H. Ich denk mal schon, aber Lisa war halt immer alleine.

Götzl Können Sie ihn uns beschreiben?

Sindy H. Der kam mit seinem Bruder nach Hause, er war ein bisschen kleiner, kurze Haare, Bomberjacke, ein Hänfling, er hat nicht richtig reingepasst in die Hose.

Er hat nichts gesprochen, was hätte er auch mit mir reden sollen. Es stellt sich nicht immer gleich jeder vor.

Götzl Haben Sie mit Frau Dienelt über den Bruder ihres Freundes gesprochen?

Sindy H. Nein.

Götzl War es gar kein Gesprächsthema?

Sindy H. Einmal ging es kurz um ihn. Wir waren unter Frauen. Ich sagte, dass ich alleine bin mit dem Kind und dass sie ihren Freund hat und da kommt der Bruder mit. Und … *(Sie stockt.)* Und da hat sie erwähnt, dass es zu Geschlechtsverkehr kommt, mit beiden. Dass ihr das nicht recht ist, aber es wird verlangt von ihr. Ich hab noch Spaß gemacht: Ich hab gar keinen und du hast gleich zwei.

Götzl Wer war bei dem Gespräch zugegen? Nur Frau Dienelt und Sie?

Sindy H. Ja, so was sagt man ja sonst nicht.

Götzl Hat sie Weiteres dazu gesagt?

Sindy H. Nein, das war dann auch erledigt. Man hat gemerkt, dass sie beschämt war darüber. Ich habe nicht nachgefragt.

Götzl Was meinen Sie mit beschämt?

Sindy H. Sie wurde leise im Gespräch und hat nach unten gesehen. In dem Moment, wo sie es gesagt hat, hat sie es bereut. Weil es ja schon recht intim ist.

Götzl Haben Sie sonst Gespräche mit Frau Dienelt in Erinnerung?

Sindy H. Ja, ich war schwanger, ich hatte einen DinA4-Zettel vollgeschrieben mit Namen für den Sohn. Dann haben wir uns Namen an den Kopf geworfen, die wir schlimm finden, die gar nicht gehen. Da hat sie den Namen Beate genannt, der sei auch schlimm. Du heißt ja Lisa, sagte ich, ist doch auch schön.

Götzl Hat sie den Mann mit Namen vorgestellt?

Sindy H. Nein, nur, das ist mein Freund.

Götzl Ist bezüglich des Bruders ein Name gefallen?

Sindy H. Nein.

Götzl Hatte Lisa Dienelt ein Fahrzeug?

Sindy H. Sie hatte nur ihr Fahrrad oder ist gelaufen. Vielleicht stand noch irgendwo ein Auto in einer Garage. Sie hatten den Caravan geholt, weil sie zu dritt Urlaub machen wollten. Da fällt so ein großer weißer Klotz schon auf auf der Polenzstraße.

Götzl Was können Sie über den Urlaub sagen?

Sindy H. Sie sagte, dass es günstiger ist, als ständig ein Hotel zu suchen, es sei preisgünstiger, sich selbst zu bewirtschaften.

Götzl Ist über das Ziel der Reise gesprochen worden?

Sindy H. Nein.

Götzl Und wer wollte in den Urlaub fahren?

Sindy H. Na, die drei.

Götzl Können Sie beschreiben, wie Frau Dienelt damals ausgesehen hat?

Sindy H. Sie sah gesünder aus als jetzt, lebensfroher. Sie hat sich die Haare dunkler gefärbt, hat auf ihr Äußeres geachtet, war immer ordentlich angezogen.

Götzl Bei der Polizei haben Sie gesagt: Sie hatte wohl viel Angst vor ihrem Freund und ist von ihm in eine Richtung gedrängt worden. Was meinen Sie damit?

Sindy H. Man hat nicht richtig Einblick gewinnen können in die Familie. Ich bin nach wie vor der Meinung, dass Lisa nichts mit all dem zu tun hatte und er der Drahtzieher war. Sie durfte ja nicht mal einen Döner holen, hat es aber trotzdem gemacht, durfte keine Telefonnummer rausgeben.

Götzl War das eine Äußerung von ihr?

Sindy H. Sie kam mal um die Ecke und hat einen Döner gemampft. Sagte, eigentlich darf ich nicht, aber ich hatte so einen Appetit. Ich hab jetzt einen geholt. Wenn das mein Freund wüsste, würde der sich aufregen.

Götzl Hier steht in dem Vernehmungsprotokoll von Ihnen: »Sie wirkte auf mich wie ein naives Kind. Sie wirkte oft so, als wolle sie am liebsten bei ihrem Freund nachfragen.« Was ist damit gemeint?

Sindy H. Sie war immer so auf ihn bezogen. Sie wirkte nur in Bezug auf ihn so naiv und kindlich. Ansonsten war sie eine toughe Frau.

Götzl Haben Sie sie mal nach ihrer Telefonnummer gefragt?

Sindy H. Ja, aber sie hat gesagt: nee. Ihr Freund wolle nicht, dass sie sie rausgibt. Ich kann nicht mit hundertprozentiger Sicherheit sagen, ob sie damals erwähnt hat, dass er sagte, da ruft andauernd jemand an.

Götzl Können Sie mir die Sache mit dem Döner noch mal schildern?

Sindy H. Sie kam um die Ecke und sagte, sie habe so einen Hunger, jetzt musste ich mir einen holen. Ich sagte, ich hol mir auch öfter was. Da sagte sie, das ist von ihrem Freund nicht so erwünscht, dass sie das macht.

Verteidiger Stahl Frau H., Stichwort: nicht zu Frau Dienelt in die Wohnung kommen – da hatten Sie was von Katzen erwähnt. Gab es da mal was in Hinblick auf Katzen?

Sindy H. Sie waren am Fenster gesessen mit ihr, wenn sie rausgesehen hat.

Verteidiger Stahl Hatte Frau Dienelt Sorge, dass die Katzen weglaufen?

Sindy H. Kann schon sein.

Verteidiger Stahl Frau Zschäpe konnte angeblich keine Kinder kriegen, haben Sie bei der Polizei gesagt?

Sindy H. Ich hatte frisch entbunden und sie sagte, sie würde sich auch ein Kind wünschen, aber es geht halt nicht. Deshalb sind ihre Katzen ihre Kinder.

(Die nächste Zeugin ist Isabell S.)

Götzl Es geht um die Polenzstraße. Um die Zeit, die Sie dort gewohnt haben. Ob Sie Kontakt zu Personen dort hatten.

Isabell S. Frau Zschäpe war immer sehr nett, hat gegrüßt, ich kann nichts Negatives sagen. Man hat sich in der Stadt getroffen oder im Hof beim Wäscheaufhängen. Ich kenne sie unter dem Namen Lisa. Man hat sich nur gegrüßt.

Götzl Hat Frau Zschäpe alleine gewohnt?

Isabell S. Es waren zwei Männer dort, aber ob die da mit gewohnt haben, weiß ich nicht. Die hat man ganz selten gesehen, sie haben selten gegrüßt.

Götzl Haben Sie Informationen, wie die beiden Männer zueinander standen?

Isabell S. Das waren Geschwister. Sie sagte, das eine ist der Mann und das andere der Bruder, der viel unterwegs ist. Sie hat gesagt, die Männer sind viel auf Montage.

Götzl Was hat Frau Zschäpe gemacht?

Isabell S. Sie war eine ganz normale Hausfrau. Sie hat gewaschen, gebacken, gekocht, sie war einkaufen.

Götzl Ist darüber geredet worden, von was sie lebt?

Isabell S. Von den Nachbarn habe ich gehört, dass die Männer gut verdient haben. Und sie selbst nicht arbeiten muss. Aber selbst hat sie dazu nichts gesagt.

Götzl Was können Sie zu Katzen sagen?

Isabell S. Sie war sehr katzenlieb, das waren ihre Kinder, sag ich. Eine war entlaufen, da hat sie einen hohen Finderlohn ausgesetzt. Sie hing sehr an ihren Katzen.

Oberstaatsanwalt Weingarten Bei der Polizei haben Sie gesagt, ein Nachbar habe einen Schlüssel, der zu allen Wohnungen im Haus passte. Nur bei der Familie Dienelt habe der Schlüssel nicht gepasst. Und die zweite Frage: Wer hat das Wort »Familie« benutzt? Haben Sie damals von »Familie Dienelt« gesprochen?

Isabell S. Weiß ich nicht mehr.

Oberstaatsanwalt Weingarten Wenn ich Sie heute nach Familie Dienelt frage, wer dazugehörte, wer würde Ihnen einfallen?

Isabell S. Kann ich nichts dazu sagen. *(Verteidiger Stahl grinst Staatsanwalt Weingarten an.)*

Verteidiger Stahl Sie sagten, die hätten Ihnen gesagt, sie wollten nach Pölbitz *(ein Stadtteil von Zwickau)* ziehen. Können Sie das noch mal genau schildern?

Isabell S. Wir saßen unten, Lisa sagte, dass sie umziehen.

Verteidiger Stahl Sagte Lisa, dass sie umzieht oder dass die umziehen?

Isabell S. Daran kann ich mich nicht mehr erinnern, wie genau sie das formuliert hat. Es hat halt keiner mehr in der Wohnung drinnen gewohnt. Sie hat halt immer Männerwäsche aufgehangen.

(Die Zeugin wird entlassen.)

Verteidiger Stahl Hoher Senat, die Vernehmung der Zeugin S. hat einmal mehr zum Vorschein gebracht, dass die These der Bundesanwaltschaft, die der Anklage zugrunde liegt, nämlich, dass drei Personen in den Untergrund gegangen sind und immer zusammen gelebt haben, dass diese These auch Arbeitshypothese in den Vernehmungen war. Die Zeugen wurden nicht neutral gefragt, sondern es wurde immer nach »die« und »den dreien« gefragt. Die »Familie Dienelt« war der Zeugin kein Begriff, das sind Wendungen, die irgendwie in die Akte gelangt sind. Es steht zu befürchten, dass der Wunsch der Ermittler Eingang in die Akten gefunden hat. An objektivierbarem Wissen können wir nur festhalten: Anhaltspunkte, dass in der Polenzstraße zwei oder drei Personen gewohnt haben, haben wir nicht gehört.

Anwalt Narin Das objektivierbare Wissen haben Sie ja zutage gefördert: die Zeugin hat ja bestätigt, dass Frau Zschäpe Männerwäsche aufgehängt hat.

Verteidiger Stahl Wenn mal Männerwäsche aufgehängt wird, dann ist das für ein Zusammenwohnen kein objektivierbarer Anhaltspunkt. Der eine Mann wurde nur zwei Mal gesehen, der andere vier Mal.

(Der nächste Zeuge, Enrico P., tritt in den Gerichtssaal.)

Götzl Was können Sie zu Frau Zschäpe sagen?

Enrico P. Kenn ich nicht.

Götzl Was hat es mit den Ereignissen in der Gedenkstätte Buchenwald auf sich?

Enrico P. Ich bin mit einem aus Chemnitz hingefahren, Mundlos und Böhnhardt waren dabei, wir sind rübergefahren in die Gedenkstätte. Da gab es einen Platzverweis und lebenslanges Verbot für die Gedenkstätte, für alle Anwesenden.

Götzl Was war der Grund?

Enrico P. Unangemessene Kleidung von Herrn Böhnhardt und Herrn Mundlos.

Götzl Was bedeutet das?

Enrico P. Sie meinten, sie hätten braune Freizeithemden an, es stellte sich aber als eine Art Uniform dar. Und sie hatten schwarze Bundeswehrhosen an. Und Stiefel dazu. Das war ihre Art, sich zu kleiden.

Götzl Was ist Ihnen sonst in Erinnerung geblieben von ihrem Verhalten?

Enrico P. Vor allem Herr Mundllos trat sehr energisch hervor, das war unangebracht.

Götzl Dieses Ereignis in der Gedenkstätte, wann war das?

Enrico P. '96.

Götzl Uns liegt das Hausverbot vor vom 5. 11. 1996. Da ist auch von André Kapke die Rede.

Enrico P. An den kann ich mich nicht erinnern.

Götzl Hatten Sie mal einen Unfall?

Enrico P. Ja, 2004, da ist mir ein Stahlträger auf den Kopf gefallen.

Götzl Welche Diagnose wurde gestellt?

Enrico P. Hirnblutungen unter anderem, ich war halbseitig gelähmt.

Götzl Was waren die Folgen des Arbeitsunfalls?

Enrico P. Meine Freundin hat mich ein Jahr später verlassen. Rehabilitation, Rehabilitation, Rehabilitation, ganz einfach. Dann hab ich noch eine andere Frau kennengelernt, wir haben ein Kind gezeugt, zweieinhalb Jahre ist es alt. So ist mein Leben verlaufen, so steh ich jetzt da.

Götzl Wie würden Sie sich selbst damals einordnen?

Enrico P. Ich würde mich in die Kategorie Skinhead einordnen, wenn das die Frage ist.

Anwältin Başay Waren Sie mal am 5. 8. 1994 mit Uwe Mundlos auf einer Grillfeier in Straubing?

Enrico P. Da war ich meines Erachtens in Jugendhaft.

Anwältin Başay Laut Polizeiprotokoll konnte ein Enrico P. als Person festgestellt werden, die damals ein volksverhetzendes Lied abgesungen hat.

Götzl Wo soll das hinführen? Es gab vermutlich vieles in der Vergangenheit, was vorgefallen ist.

Anwältin Başay Warum soll ich das nicht fragen dürfen? Sie fragen doch auch nach der Radikalisierung in den Neunzigern!

Götzl Und schreien Sie mich bitte nicht an, sonst schreie ich zurück.

Anwältin Başay Entschuldigung, ich wollte Sie nicht anschreien. Ist die Frage jetzt förmlich beanstandet worden?

Götzl Ja, bitte stellen Sie die Fragen konzentriert.

(Der Disput geht noch einen Moment weiter. Schließlich fragt Başay den Zeugen, ob er bei seiner Antwort bleibe.)

Enrico P. Ich erinnere mich nicht daran, was auch immer da los war.

Tag 195

25. März 2015

Manfred Götzl, Richter. **Oswald A.**, 57, Sparkassen-Mitarbeiter aus Ilmenau. **Gundula F.**, 45, Bankkauffrau aus Arnstadt.

Götzl Es geht uns um einen Überfall auf die Sparkasse Arnstadt am 7. 9. 2011. Was haben Sie in Erinnerung?

Oswald A. Es war zwischen 8.30 und 9 Uhr. Ich befand mich im Beratungsbereich und hörte in der Servicezone jemanden rufen: »Überfall, hinlegen!« Ich hab – mehr instinktiv – den Alarmknopf betätigt, der an meinem Schreibtisch angebracht ist. Hab dann gehört, wie ein Täter rief: »Aufmachen! Wo ist der Schlüssel?« Einer der Täter setzte sich mit einer Kollegin in Richtung meines Büros in

Bewegung, die Pistole hielt er ihr an den Kopf. Der hat mich gar nicht gesehen, deshalb habe ich gesagt: »Nicht erschrecken, ich stehe hinter Ihnen.« Er hat gesagt: »Wo ist der Schlüssel für den Tresorraum? Aufmachen!«, hat er geschrien. Ich habe gesagt, er möge bitte Ruhe bewahren. Er hat weiter geschrien, war sehr hektisch. Ich habe gesagt, er müsse warten. Der Tresor ist zeitgesichert, das dauert noch zehn Minuten, bis man den öffnen kann. Er hat gedroht, mich zu erschießen. Da hab ich ihn angeblafft, was das solle. »Dann bleibt der Tresor zu, ich kann nicht zaubern.« Ich habe gedacht, das sind Dilettanten, die Täter. Wir haben Riesenschilder, dass der Tresor zeitschlossgesichert ist. Es kam mir unprofessionell vor. Ich hab mich umgedreht, um am Safe die Kombination einzugeben. Als ich mich wieder umdrehte, war der Täter verschwunden. Was ich nicht mitbekommen hab, dass er wohl einer Kollegin mit dem Telefon auf den Kopf geschlagen hat. Die lag dann auf dem Boden in einer Riesenblutlache. Die Kollegin hat heute noch sehr große Probleme damit.

Götzl Welche Probleme?

Oswald A. Sie war unmittelbar danach in psychologischer Betreuung. Sie ist heute nicht mehr im Kundenbereich einsetzbar und arbeitet jetzt in der Sachbearbeitung.

Götzl Wie ging es dann weiter?

Oswald A. Eine Kollegin hat aus Sorge, dass die Täter noch mehr Gewalt anrichten, die Kassenbox geöffnet und Geld ausgehändigt, insgesamt 15 000 Euro. Das war dann die Beute, mit der die Täter abgezogen sind. Der Tresor wurde ja nicht geöffnet.

Götzl Mich würde noch interessieren, was der Täter, mit dem Sie befasst waren, mit den Waffen gemacht hat.

Oswald A. Am meisten in Erinnerung ist mir, dass er der einen Kollegin die Pistole ganz dicht in den Nacken gehalten hat. Eine Waffe hat er ständig auf meinen Kopf gerichtet.

Götzl Was waren die Folgen des Überfalls für Sie?

Oswald A. Was mir am meisten zu schaffen macht, dass man in so einer Situation Angst hat, hilflos ist und wütend. Man ist ja ein Mann und hätte die Möglichkeit gehabt, den niederzuschlagen. Ich frage mich bis heute, ob man sich nicht hätte wehren können. Aber was, wenn man so eine Heldentat vollbracht hätte – und die hätten dann eine Kollegin erschossen?

(Die nächste Zeugin ist Gundula F. Sie war während des Überfalls ebenfalls in der Sparkasse Arnstadt.)

Götzl Sie sagten, der eine Räuber hat mit dem Telefon auf Sie eingeschlagen. Wie oft?

Gundula F. Mehrmals, bestimmt fünf, sechs Mal, ich hatte eine Platzwunde, die

Hände und Arme waren blau, geschwollen. Er hat mit ziemlicher Kraft auf mich eingeschlagen.

Götzl Wie ging es für Sie weiter?

Gundula F. Ich habe eine Wiedereingliederung gemacht, aber nicht in dieser Geschäftsstelle, die konnte ich nicht mehr betreten, geschweige denn dort arbeiten. Ich habe ganz lange keine Geschäftsstelle betreten können, weil ich immer wieder dieses Bild vor Augen hatte. Am Anfang bin ich nicht mal aus dem Haus gegangen. Ich hab lange gebraucht, bis ich wieder spazieren gegangen bin und einkaufen. Ich habe erst wieder mit der Psychologin Stück für Stück alles lernen müssen.

Tag 196

26. März 2015

Manfred Götzl, Richter. **Doris M.**, 49, Angestellte der Sparkasse Stralsund. **Marlies B.**, 60, Rentnerin, früher auch Angestellte der Sparkasse Stralsund.

Götzl Es geht uns um zwei Überfälle auf die Sparkasse in Stralsund, im November 2006 und im Januar 2007. Ich möchte Sie bitten zu berichten, was sich zugetragen hat. Zunächst beim ersten Überfall.

Doris M. Es war ein Dienstagabend kurz vor 18 Uhr, ich war in der Beraterkabine und habe mit einem Kunden telefoniert. Mit einem Mal wurde es laut und jemand stand maskiert in meiner Kabine und schrie: »Hände auf den Tisch!« Es war sehr laut, ein Gepolter und ein Knall wie ein Schuss. Ich saß da wie eine Salzsäule, die Hände auf dem Tisch. Dann war alles vorbei.

Götzl Dann der Überfall am 18. 1. 2007. Was haben Sie dazu noch in Erinnerung?

Doris M. Das war ein Donnerstag mit sehr schlechtem Wetter. Sturm, Regen und es hatten diverse Kunden ihre Termine bei mir abgesagt. Ich rief eine an, dass sie eher zu mir kommen möchte. Wir waren kurz nach 17 Uhr fertig, ich hab sie rausbegleitet, sie wollte sich noch Kontoauszüge ziehen. Wir standen in der Selbstbedienungs-Zone. Dann stand wieder eine maskierte Person vor mir, dunkelblauer Anorak, Kapuze. Und ich dachte: Oh nein, nicht schon wieder!

Götzl Welche Folgen hatten die Überfälle für Sie?

Doris M. Nach dem ersten Überfall habe ich am nächsten Tag gleich weitergearbeitet. Nach dem zweiten Überfall habe ich drei Wochen normal gearbeitet, dann war ich vier Wochen krank geschrieben. Ich war auch kurz in psychologischer Betreuung. Es ist so ein Einschnitt im Leben. Man wünscht keinem, so etwas zu erleben. Diese Angst, wenn man am Boden liegt und denkt: Oh Gott, was machen die mit dir, wenn sie zurückkommen.

(Die nächste Zeugin ist Marlies B. Auch sie arbeitete damals in der Sparkasse Stralsund.)

Marlies B. Ich hatte gerade meine Beratung beendet, mein Kunde ist rausgegangen, und es ist ein Schuss gefallen, und der ältere Herr, der vor dem Zimmer stand, ging zu Boden. Ich hab angenommen, dass er angeschossen oder erschossen wurde. Ich hab das Licht ausgemacht und bin unter den Schreibtisch gekrochen. Ich wollte den Alarmknopf drücken, da bin ich auf die Maus gekommen, da ging mein Bildschirm wieder an. Da hab ich Panik bekommen, weil ich den Mann mit zwei Pistolen sah, eine hat er auf mich gerichtet. Ich bin in die äußerste Ecke gekrabbelt und da blieb ich sitzen. Beim zweiten Überfall am 18. Januar 2007 saß ich gerade in der Kasse. Es war kurz vor Feierabend. Es war totales Unwetter. Es stürmte draußen. Ich hatte keinen Kunden. Auf einmal kamen zwei Männer rein. Ich hörte nur einen Schuss, dieses komische Geräusch und diesen Geruch, ein eigenartiger Geruch. Ich hob den Kopf und sah eine Person vor mir stehen. Und wieder dieser Lange mit dem Anorak und dieser Maske. Er hielt die Pistole direkt vor mein Gesicht und hat zu mir gesagt: »Weg da! Weg da!« Und da hatte ich schon den Knopf gedrückt. Dann kam der Lange, ging zu Frau T. und bedrohte sie mit der Waffe. Sie musste mit in meinen Kassenraum rein. Und dann hat er mit der Hand alles Geld in seine Tüte getan. Die Fünf-Euro-Scheine …

(Die Zeugin stockt und ringt um Fassung.)

Götzl Sollen wir eine kurze Pause machen?

(Die Zeugin schüttelt den Kopf.)

Marlies B. Die Kollegin musste den Code eingeben, ich kriegte den Schlüssel nicht schnell genug rein. Er hat wieder gesagt: »Keene Verarsche. Ich knall dich ab!« Er hielt die Pistole immer auf uns beide. Dann war der Tresor auf und er hat gesagt, ich sollte ihm das ganze Geld da reintun, aber das war wahrscheinlich zu langsam. Er hat mich beiseitegeschubst und selber das ganze Geld reingehievt in die Plastiktüte. Und als das vorbei war, da bin ich erst Mal zusammengesackt. Ich bin seitdem berentet, weil ich das einfach nicht vergessen kann. In der Nacht ist es am schlimmsten. Ich habe Angstzustände. Ich nehme seitdem auch Psychopharmaka. Ich habe immer wieder versucht zu arbeiten. Aber es geht einfach nicht. Ich habe heute noch meine Probleme mit Menschen und bin in psychologischer Behandlung.

Tag 197

14. April 2015

Manfred Götzl, Richter. **Wiebke G.**, 24, Diplom-Psychologin aus Stralsund. **Holger Gerlach**, Angeklagter. **Stefan Hachmeister**, Verteidiger von Holger Gerlach.

Götzl Wir werden heute verspätet beginnen. Die Verteidigung von Herrn Gerlach hat mir mitgeteilt, dass er den Termin verwechselt hat und jetzt unterwegs ist, aber wir erst verspätet beginnen können. Ich würde Sie bitten, sich um 15.30 Uhr wieder hier einzufinden.

(Um 16.15 Uhr betritt Holger Gerlach den Saal, er ist mit dem Zug von Hannover nach München gefahren.)

Götzl Dann darf ich Sie alle zu diesem späten Termin begrüßen. Bitte nehmen Sie Platz.

Gerlach Herr Vorsitzender, ich wollte mich noch mal entschuldigen für die Verspätung. Klar, dass das in Zukunft nicht mehr passiert.

Götzl Was war denn der Grund?

Gerlach Ich war der Meinung, dass es an diesem Dienstag entfällt. Ich war um eine Woche verrutscht.

Götzl Es empfiehlt sich die Kontaktaufnahme mit den Anwälten.

Verteidiger Hachmeister Es ist ja in der Vergangenheit noch nicht vorgekommen. Wir werden dafür Sorge tragen, dass es nicht mehr passiert.

(Die Zeugin Wiebke G. wird in den Gerichtssaal gerufen.)

Götzl Tut mir leid, dass Sie so lange warten mussten. Es geht uns um einen Überfall am 7. 11. 2006 in Stralsund. Was können Sie aus Ihren Erinnerungen noch schildern?

Wiebke G. Meine Mutti und ich wollten an dem Tag ein Konto eröffnen. Da kam der erste Mann reingelaufen: »Alles auf den Boden!« Er hat in die Luft geschossen. Dann kam der zweite Mann, dunkel gekleidet, der erste war rot gekleidet. Er hat gegen einen Blumentopf getreten: Es müsste doch alles schneller gehen! Sie haben das Geld in Plastiktüten getan und sind wieder raus. Der Rote hatte zwei Waffen, eine silberne und eine schwarze. Der eine hatte Schuhe mit einem orangenen Streifen. Beide hatten Masken auf.

Götzl Was die Sprache anbelangt, gab es da Auffälligkeiten?

Wiebke G. Für mich klang es, als würde jemand aus dem Raum Thüringen, Sachsen versuchen, Hochdeutsch zu sprechen. Einen leichten Akzent konnte man schon raushören.

Tag 198

15. April 2015

Manfred Götzl, Richter. **Eckhard D.**, 62, Wachmann aus Stralsund. **Andreas M.**, 51, Kriminalbeamter beim BKA, der an den Ermittlungen zu mehreren Banküberfällen beteiligt war, die Mundlos und Böhnhardt verübt haben sollen. **Markus F.**, 40, Textilreiniger aus Baden-Württemberg, der sich früher in der rechten Szene von Chemnitz bewegte. **Aleksander H.**, 41, Sportlehrer aus Cottbus. Er sagte auch am Tag 204 aus.

Götzl Es geht uns um einen Überfall auf eine Bank in Stralsund am 18. 1. 2007.

Eckhard D. An dem Tag ging ich gegen 17 Uhr in die Bank, in den Kassenraum, wo sich die Automaten befanden. Ich hab begonnen, die Überweisung einzugeben, tastaturmäßig. Dann ging die Zwischentür auf und zwei maskierte Männer kamen in den Kassenraum. Dann schoss einer der Täter in die Decke. Der Schuss hat bei mir eine Art Schockzustand ausgelöst. Ich war nur noch auf die Überweisung fixiert. Von diesem Moment habe ich versucht, die letzte Überweisung durchzuziehen. Ich hab mitbekommen, dass sich alle hinlegten. Ich hing aber wie schockiert an meiner Überweisung. Dann kam ein Täter zu mir und schrie mich an, ob ich denn blöd wäre. Ich solle mich auch auf den Boden legen. Worauf ich entgegnete, ich werde das gleich tun. Ich wolle nur meine Überweisung zu Ende bringen. Wie gesagt, es muss ein Schockzustand gewesen sein. Es kam dann die Bescheinigung aus dem Automaten und dann die EC-Karte, die ich wieder an mich nahm. Dann habe ich mich neben den Automaten gekauert.

Götzl Wie waren die Folgen des Überfalls für Sie?

Eckhard D. Na ja, ich hab viel grübeln müssen. Damals hab ich noch gedacht: Wenn ich hätte eingreifen können? Ich habe etwas später eine Prüfung zum Wach- und Sicherheitsdienst gemacht. Da war sicher auch der Gedanke dahinter, dass ich dazu beitragen wollte, dass Stralsund sicherer wird.

(Als nächster Zeuge sagt der BKA-Beamte M. aus.)

Andreas M. Wenn wir bei den Asservaten Bargeld gefunden haben oder Banderolen, haben wir das abgeglichen, ob wir die zuordnen konnten zu den Raubstraftaten. In Arnstadt und bei den Stralsund-Überfällen konnten sowohl entsprechende Geldbeträge als auch Banderolen sichergestellt werden im Wohnmobil und in der Frühlingsstraße in Zwickau. In Arnstadt hat einer der Täter einen handgranatenähnlichen Gegenstand mitgeführt. Auf den Fotos war er zu erkennen. Im

Wohnmobil ist eine entsprechende Attrappe gefunden worden. Auch die Pistolen wurden im Wohnmobil gefunden. Beides waren scharfe Waffen. In Arnstadt wurde zusätzlich von dem einen Täter in der rechten Hand noch ein kleiner Revolver geführt. Ein ähnlicher Revolver wurde in Zwickau sichergestellt: ein Schreckschuss-Revolver. Dieser gleiche Revolver, den haben wir augenscheinlich auch festgestellt bei den Überfällen in Stralsund.
Einer der Täter trug eine Sturmmaske mit einem Vampirgesicht. In einer entsprechenden Maske wurden DNA-Spuren von Uwe Mundlos gefunden. In der anderen Sturmmaske wurden DNA-Spuren von Uwe Böhnhardt gefunden. Der Täter mit Vampir-Sturmhaube hat zwei Waffen geführt, eine rechts und eine links.
Die Bekleidung, die wir im Wohnmobil in Eisenach gefunden haben, haben die Täter in Arnstadt auch getragen. In Zwickau wurde auch ein Stadtplan von Arnstadt gefunden, auf dem handschriftliche Notizen sind bezüglich der Positionierung des Tatortes und der Polizei. Die Notizen sind laut Handschriftengutachten wahrscheinlich Uwe Mundlos zuzuordnen. Es gibt einen Stadtplan der Stadt Altenburg, auf deren Rückseite ist das Innere der Sparkasse in Arnstadt skizziert, mit verschiedenen Kommentaren, auch mit den Öffnungszeiten, in der gleichen Handschrift. Des Weiteren wurde in Zwickau sichergestellt ein Mietvertrag für ein Wohnmobil für den 5. bis 9. oder 10. September 2011, also das Datum des Überfalls umfassend. In Eisenach wurde ein Funkscanner gefunden, der auf die Polizeifrequenzen eingestellt war, sodass davon auszugehen ist, dass die Täter den Polizeifunk abhörten.

Götzl Vielleicht wäre es ganz sinnvoll, wenn wir jetzt Lichtbilder in Augenschein nehmen.

(Zahlreiche Fotos von Asservaten und aus den Überwachungskameras der Sparkassen werden an die Wände projiziert. Zu sehen sind unter anderem die Handgranaten-Attrappe, Geldbündel, die Pistolen und die Schuhe der Täter.)

Andreas M. Da die Leichen aufgrund des Feuers nicht mehr sehr gut auszumessen waren, haben wir uns die Schuhe angesehen. Sie unterschieden sich um zwei Größennummern. Der die größeren Schuhe hatte, war Uwe Mundlos, der mit den kleineren Schuhen Uwe Böhnhardt.

(Der nächste Zeuge, Markus F., wird in den Gerichtssaal gerufen.)

Götzl Es geht uns darum, ob Sie Herrn Ralf Wohlleben kennen. Was können Sie dazu sagen?

Markus F. Nüscht. Kenne ich nicht.

Götzl Kennen Sie nicht?

Markus F. Nö.

Götzl Wie sieht es denn aus mit den anderen Angeklagten? Frau Zschäpe – kennen Sie die?

Markus F. Nicht dass ich wüsste.

Götzl Was bedeutet die Antwort?

Markus F. Ich weiß es nicht.

Götzl Was soll das heißen?

Markus F. Von früher her eventuell, keine Ahnung. Vor 1998, bevor ich verhaftet wurde, könnte es sein, aber ich weiß es nicht. Ist zu lange her.

Götzl Was hatten Sie denn mit der rechten Szene zu tun?

Markus F. Zu tun in dem Sinne mit der Szene nichts, ich hab viel getrunken, mich herumgeprügelt, mehr kann ich dazu ooch nicht sagen.

Götzl Mit wem hatten Sie denn vor 1998 zu tun?

Markus F. Niemand speziell.

Götzl Na gut, wenn Sie von Szene sprechen, sind es doch etliche Leute.

Markus F. Ja, eben. Da kann ich Ihnen keinen Namen nennen.

Götzl Herr F., das ist nicht glaubwürdig!

Markus F. Soll ich lügen?

Götzl Ich hab Ihnen anfangs gesagt, dass auch Verschweigen eine Falschaussage ist! Ein anderer Zeuge hat angegeben, im Frühjahr 1994 sei er nach Jena oder Gera gefahren, dort habe er Beate Zschäpe und Uwe Mundlos zum ersten Mal getroffen. Markus F. sei gefahren. Übernachtet hätten alle beim F. in Chemnitz. Was sagen Sie dazu?

Markus F. Bei mir hat niemand übernachtet.

(Der nächste Zeuge, Aleksander H., war ein Jugendfreund von Uwe Mundlos.)

Aleksander H. Uwe Mundlos war in meiner Parallelklasse, wir haben uns über die Nachmittags-AGs kennengelernt. Das erste war eine Basketball-AG, das andere war in Informatik. Über den Sport sind wir in Kontakt gekommen. Mir fällt die Leidenschaft für Radsport ein, es gab Ausflüge und einen längeren gemeinsamen Urlaub.

Götzl Wie lange hatten Sie Kontakt zu ihm?

Aleksander H. Die letzte Erinnerung habe ich an Herrn Wohlleben, der mir damals Uwes Fahrrad brachte, damit ich das veräußere. Ein wenig Geld generiere. Wofür auch immer. Es war ein relativ hochwertiges Mountainbike. Das Geld sollte ich ihm aushändigen. Für Uwe. Der letzte Kontakt mit Uwe, da fällt es mir sehr schwer, eine genaue Erinnerung zu erzeugen. Es könnte im Januar 1998 gewesen sein, vielleicht zu meinem Geburtstag.

Götzl Wie haben Sie das eingeordnet mit dem Fahrrad? Hat er Ihnen dazu Näheres gesagt?

Aleksander H. Im Vorfeld hat Uwe mehrfach davon gesprochen, dass er möglicherweise in den nächsten Wochen für eine Zeit verschwinden müsste. In dem Zusammenhang hat sich Ralf Wohlleben vorgestellt, dass er dieses Untertauchen finanzieren kann. Von Uwe war es relativ deutlich, dass er untertauchen wollte. Er hat gesagt: Er geht nicht ins Gefängnis. Es war kein so großes Geheimnis. Bei Besuchen habe ich Ralf Wohlleben und André Kapke kennengelernt. Man hat relativ offen über verschiedene Dinge gesprochen, die zurücklagen, unter anderem dieser Koffer auf dem Theatervorplatz in Jena. Und in dem Zusammenhang hat Uwe geäußert, dass eine brenzlige Situation entstehen könne, in der er sich der Rechtsverfolgung entziehen möchte.

Götzl Hat er gesagt, was er befürchtet hat?

Aleksander H. Sie hatten davon gesprochen, dass er wegen irgendeines Paragrafen mit Terrorismus in Haft genommen werden könnte.

Götzl Was hat er denn zu dem Koffer berichtet?

Aleksander H. Berichtet – da müsste ich mich festlegen. Aber es ist lange her. Er hat von einem Koffer gesprochen mit einem Hakenkreuz darauf, er hat mir gegenüber nichts von einem Sprengsatz berichtet.

Götzl Wie ist die Sache mit dem Fahrrad weitergegangen?

Aleksander H. Ich habe das bei dem Vater von Mundlos abgegeben. Bei Wohlleben habe ich ihm vermittelt, dass ich es probieren werde zu verkaufen. Möglicherweise ist er dann noch mal zu mir gekommen. Ich weiß es nicht. Ich hab das Rad aber dem Vater ausgehändigt.

Götzl Mir geht es jetzt um Beate Zschäpe und Uwe Mundlos. Was können Sie zu deren Verhältnis sagen?

Aleksander H. Anfang der Neunziger, 1991 bis 1993, war es schlicht und einfach Liebe. Die Beziehung hat über einen längeren Zeitraum bestanden. Diese junge, frische Liebe hat im Lauf der Zeit ein paar Federn gelassen. Uwe sprach dann von einem Verhalten von Beate Zschäpe, das ihm nicht gefiel. Das Wort »Klammern« fällt mir da ein. Vielleicht war sie ihm zu nah. Wie es dann zur Trennung gekommen ist, weiß ich nicht.

Götzl Wie waren denn die politischen Einstellungen?

Aleksander H. Uwe Mundlos war ein Verfechter der Ideen von Rudolf Heß, das war so sein Idealtypus. Und eines sauberen Deutschland. Platz haben Leute, die in Deutschland arbeiten. Uwe Böhnhardt hatte ein unerbittliches Auftreten. Es waren glücklicherweise immer nur kurze Begegnungen, die ich hatte. Er ist sehr abweisend aufgetreten, mit einer versteinerten Miene. Uwe Mundlos hat versucht, es zu vermeiden, dass Uwe Böhnhardt und ich aufeinander trafen. Wegen meines biografischen Hintergrunds. Ich habe mit meinem bulgarischen Vater nicht in das gesellschaftspolitisches Bild von Uwe Böhnhardt gepasst.

Götzl Wir müssen Ihre Befragung an dieser Stelle abbrechen Sie wollen Ihren Zug bekommen, das habe ich Ihnen zugesichert. Sie werden noch mal wiederkommen müssen.

Tag 199

22. April 2015

Manfred Götzl, Richter. **Gordian Meyer-Plath, 46**, Präsident des Landesamts für Verfassungsschutz Sachsen, früher V-Mann-Führer in Brandenburg. **Norbert Wießner**, Regierungsoberamtsrat a. D. vom Thüringer Landeskriminalamt und früher leitender Beamter beim Landesamt für Verfassungsschutz in Thüringen. Er sagte auch an den Tagen 99, 145 und 157 aus.. **Wolfgang Stahl**, Verteidiger von Beate Zschäpe. **Olaf Klemke, Nicole Schneiders**, Verteidiger von Ralf Wohlleben. **Alexander Hoffmann, Yavuz Narin**, Anwälte der Nebenklage.

Götzl Es geht uns um die Führung des V-Mannes Carsten Szczepanski. Welche Informationen hat er geliefert?

Meyer-Plath »Piatto« *(Szczepanskis Tarnname beim Verfassungsschutz)* hat recht vielfältige Erkenntnisse über rechtsextremistische Bestrebungen in Brandenburg beigebracht. Er hat in fünf Meldungen von, wie er sich ausdrückte, untergetauchten sächsischen Skinheads berichtet, später auch über Planungen dieses Personenkreises. Die Quelle hatte den Auftrag, möglichst viel in Erfahrung zu bringen, auch zum Thema Bewaffnung. Mein erstes Treffen mit der Quelle war im April 1997, das letzte im Oktober 1998. In den Meldungen berichtete sie, dass drei sächsische Skinheads untergetaucht seien, um sich der Strafverfolgung zu entziehen. In einer zweiten Meldung hieß es, dass sie sich ins Ausland absetzen und das Geld mittels Banküberfällen beschaffen wollten. In einer dritten Meldung berichtete die Quelle, dass einer der Untergetauchten Autor einer Szenepublikation *(Sie hieß »White Supremacy«)* gewesen sei. Und dann die letzten zwei Meldungen, dass Jan Werner *(damals führendes Mitglied von Blood & Honour Sachsen)* versuche, eine oder mehrere Waffen zu beschaffen und dass ihm das noch nicht gelungen sei. Diese Meldungen kamen im Zeitraum August, September, Oktober 1998.

Götzl Wie hat sich Herr Szczepanski im Umgang mit Ihnen verhalten?

Meyer-Plath Er war keine V-Person, der man langwierig Informationen aus der Nase ziehen musste. Er berichtete proaktiv und nicht bloß auf Nachfrage. Das machte den Wert der Quelle aus.

Götzl Ab wann war Herr Szczepanski denn als V-Mann tätig?

Meyer-Plath Ich meine, das ging 1994 los. Herr Szczepanski hatte das LfV angeschrieben, daraufhin erfolgte die Kontaktaufnahme. Er war wohl von der Szene enttäuscht und von dem Aussageverhalten seiner Kameraden in einem Verfahren gegen ihn.

Götzl Wurden seine Informationen überprüft?

Meyer-Plath Es ist die Aufgabe des Auswertereferats, die Informationen auf dem Hintergrund anderer Informationen zu überprüfen. Passt das? Ist das was Neues? Exklusives? Um den Wert der Quelle zu ermessen. Lohnt sich dieser Einsatz überhaupt? Das Feedback der Auswerter war, dass die Informationen von Szczepanski immer von hoher Qualität waren.

Götzl Welche Leistungen hat Szczepanski für seine Tätigkeiten erhalten?

Meyer-Plath Er hat von 1994 bis 2000 – ich bin mir nicht ganz sicher, ich meine, es waren 80 000 D-Mark gewesen.

Götzl Ich will auf einzelne Deckblattmeldungen des Verfassungsschutzes eingehen. *(Gemeint sind die internen Berichte, in denen V-Mann-Informationen dokumentiert werden.)* In der vom 19. 8. 1998 heißt es: »Laut Antje Probst *(auch sie gehörte zur Szene von Blood & Honour)* seien drei sächsische Skinheads – zwei Männer und eine Frau – zurzeit wegen verschiedener Straftaten auf der Flucht vor der Polizei. Die drei, von denen einer anonym Artikel für die Publikation ›White Supremacy‹ geschrieben habe, wollen sich angeblich innerhalb der nächsten drei Wochen mit ›geliehenen Pässen‹ nach Südafrika absetzen und dort in neue Identitäten schlüpfen.« Welche Information ist in der nächsten Meldung erfolgt?

Meyer-Plath Da kam der Zusatz, dass die Flucht ins Ausland finanziert werden müsse, und dass da weitere Banküberfälle nötig seien. Und Jan Werner für die Beschaffung von Waffen und Antje Probst für die Beschaffung von Papieren dabei sei. *(In der Deckblattmeldung vom 9. 9. 1998 heißt es: »Jan Werner soll zurzeit den Auftrag haben, die drei Skinheads mit Waffen zu versorgen; Gelder dafür soll die Blood &Honour-Sektion Sachsen bereitgestellt haben, die Gelder stammen aus Konzerten und CD-Verkauf; vor ihrer Flucht nach Südafrika soll das Trio einen weiteren Überfall nach Erhalt der Waffen planen, um mit dem Geld Deutschland zu verlassen.«)* An diesem Treffen mit Szczepanski habe ich nicht teilgenommen, da traf er sich mit meinem Kollegen. Ich glaube, ich war damals im Urlaub im September 1998. Ich habe die Infos zur Kenntnis genommen, als ich wieder im Dienst war.

Götzl In einer Deckblattmeldung vom 13. 10. 1998, gerichtet an den Thüringer Verfassungsschutz, heißt es: »Gesprächsweise konnte die Quelle von Werner erfahren, dass dieser immer noch auf der Suche nach Waffen für die drei Flüchtigen ist.« War das eine Information, die Sie bekommen haben von Carsten Szczepanski?

Meyer-Plath Ja, an diesem Treffen habe ich teilgenommen.

Verteidiger Klemke Gab es keine Anhaltspunkte bezüglich des Aufenthaltsortes der drei?

Meyer-Plath Nein.

Verteidiger Klemke Nicht mal indirekt?

Meyer-Plath Nur, dass Jan Werner und Antje Probst Kontakt zu ihnen haben sollen.

Anwalt Hoffmann Gab es in Einzelfällen die Weitergabe von Informationen, die Sie von »Piatto« erhielten, an die Polizei?

Verteidiger Stahl *(Er beanstandet die Frage, der Zeuge wird aus dem Saal geschickt.)* Jetzt geht es Ihnen um das Ineinandergreifen staatlicher Ermittlungsorgane bei der Aufklärung der Straftaten. Das hat mit der Anklage nichts zu tun.

Anwalt Hoffmann Mindestens einmal, vermutlich öfters sind konkrete Infos über Straftaten an die Polizei gegangen. Danach will ich fragen, weil es später, als es gelungen wäre, das Trio festzunehmen, ja nur eine verzögerte Weitergabe an die Polizei gab.

Verteidiger Stahl Sie wollen hier ein Mitverschulden der staatlichen Organe konstruieren, das sich auf das Strafmaß auswirken könnte. Aber das ist doch eher unsere Aufgabe, wenn wir das für nötig halten.

Verteidiger Klemke Was soll denn das Landesamt für Verfassungsschutz damit zu tun haben, sie wussten doch selbst nichts davon. Die Frage ist nicht sachgerecht.

Anwalt Narin Uns geht es nicht um eine möglichst hohe Strafe der Angeklagten, uns geht es um Aufklärung.

(Es folgen zahlreiche weitere Fragen der Vertreter der Nebenklage an Meyer-Plath. Schließlich darf er den Saal verlassen. Der nächste Zeuge ist Norbert Wießner.)

Götzl Es geht uns um die Führung des V-Mannes Marcel Degner. Was können Sie uns dazu sagen?

Wießner Ich kann sagen, dass ich den V-Mann vertretungsweise geführt habe. Ich hab ihn 1997 angeworben und war auch bei der Abschaltung der Quelle im Jahr 2000 dabei. In dieser Zeit wurde er von Kollegen aus dem V-Mann-Referat geführt. Ich habe ihn nur bei Urlaubsvertretungen betreut.

Götzl Was hat er Ihnen bei Ihren Treffen 1998/1999 berichtet?

Wießner Ich kann nur bestätigen, was in den Vermerken steht. Einmal die Spenden von 700 D-Mark. Da hatte er den Starke aus Sachsen als Ansprechpartner. Er hatte ein Konzert in Heilsberg veranstaltet, das war ein Treffpunkt des THS. Dort ist für die drei Flüchtigen gesammelt worden, anscheinend 700 D-Mark, die anschließend veruntreut worden sein sollen. Die Blood & Honour Sektion Sachsen war autonom, die war nicht angebunden an die übrigen Sektionen.

Götzl Unter welcher Bezeichnung wurde Degner geführt?

Wießner Unter der Nummer 2100. Der Arbeitsname war »Hagel«.

Götzl Wie kam es zur Abschaltung? ?

Wießner Er wurde enttarnt und ist deswegen abgeschaltet worden, ein Jahr später gab er nochmal einen Hinweis, das war das mit dem »Jobben«. Die Information kam von Starke. Da waren von der Amtsleitung 3000 D-Mark ausgelobt worden für konkrete Hinweise auf die drei. Die hat »Hagel« wohl Starke angeboten und der sagte, die bräuchten kein Geld, die würden »jobben«. Wir nahmen an, »jobben« bedeutete Schwarzarbeit. Aber nie kam uns der Gedanke, dass damit Banküberfälle gemeint sein könnten.

Götzl Hier in einer Deckblattmeldung steht, in der Szene halte sich das Gerücht, dass Beate Zschäpe sich den Behörden stellen wolle.

Wießner Ja, das waren so Gerüchte, aber keiner weiß was, keiner sagt was. Auf Nachfragen wurden keine Antworten gegeben.

Verteidigerin Schneiders Wann ist »Hagel« genau abgeschaltet worden?

Wießner Im Oktober 2000. Er ist im »Spiegel« enttarnt worden, danach war keine Zusammenarbeit mehr möglich.

Anwalt Narin Aber der «Spiegel« hat erst 2001 darüber berichtet. Der Artikel ist vom 21. Mai 2001. Und Sie haben ihn im Oktober 2000 abgeschaltet. Warum?

Wießner Ich weiß es nicht mehr konkret, ich habe den »Spiegel«-Bericht in Erinnerung.

Anwalt Narin Ist Ihnen der Kontakt von Marcel Degner zu einer kroatischen Sektion von Blood & Honour bekannt?

Götzl Das hat doch jetzt nichts mehr mit dem Sachverhalt hier zu tun.

Anwalt Narin Es ist doch sinnvoll, nach diesen Dingen zu fragen, sonst machen sich die Szenezeugen über das Gericht lustig. Ich werde öfter gefragt, warum Zeugen aus der Szene hier vor Gericht so dreist und ungestraft lügen können, und ich kann ihnen keine Antwort geben.

Götzl Und was hat das mit dem Gericht zu tun? Sie werfen hier Vorwürfe in den Saal, und dann machen Sie keine Angaben dazu. Machen Sie Ihrem Herzen Luft und sagen Sie, was Sie meinen!

Anwalt Narin Wenn Sie mich ständig unterbrechen und es stellt sich nach einem halben Jahr heraus, dass die Fragen doch relevant waren, dann vertun wir hier Chancen.

Götzl Sie erläutern jetzt den Zusammenhang und dann werden wir über die Zulässigkeit der Frage entscheiden, so wie wir das immer machen. Ich möchte Sie zur Sachlichkeit aufrufen.

Anwalt Narin Das möchte ich erwidern.

Götzl Jetzt erwarte ich allmählich eine Entschuldigung.

Anwalt Narin Ich wüsste nicht, wofür. Es gäbe sicher eher Konsequenzen zu ziehen bei vielen lügenden Zeugen im Saal. Ich habe keine weiteren Fragen.

Tag 200

23. April 2015

Manfred Götzl, Richter. **Kathrin D.**, 46, aus Chemnitz, betreibt eine Catering-Firma. **Antonia von der Behrens, Edith Lunnebach**, Anwältinnen der Nebenklage.

Götzl Es geht uns um Erkenntnisse zu Ralf Wohlleben, Uwe Mundlos, Uwe Böhnhardt und Beate Zschäpe. Inwiefern hatten Sie früher Kontakt zu ihnen? Erzählen Sie erst mal von sich aus.

Kathrin D. Den Ralf Wohlleben kenn ich nicht, nie gesehen, habe ich erst durch den Prozess mitgekriegt. Die Beate Zschäpe und den Uwe Mundlos habe ich kennengelernt, ja. Lang, lang ist's her. Die habe ich 1996 ungefähr das letzte Mal gesehen. Die haben einmal bei mir geschlafen, bei einem Konzert, sonst habe ich die nie gesehen.

Götzl Wen meinen Sie mit »die«?

Kathrin D. Beate und den Uwe Mundlos.

Götzl Und Uwe Böhnhardt?

Kathrin D. Da habe ich jetzt keine Erinnerung, ist mir nicht so aufgefallen.

Götzl Wie kam es dazu, dass Frau Zschäpe und Uwe Mundlos bei Ihnen übernachtet haben?

Kathrin D. Es war ein Konzert bei uns in Chemnitz und da hat mich jemand angerufen, zu der Zeit hatten ja noch nicht so viele eine Wohnung. Da haben immer wieder welche bei mir geschlafen.

Götzl Wer hat Sie angerufen?

Kathrin D. Der Thomas Starke, ich denke, der Herr Starke war's. Ist so lange her, ich muss schon mit dem Einkaufszettel aufpassen, dass ich mir das alles merke.

Götzl Wie lange haben Sie Kontakt zu Herrn Starke gehabt?

Kathrin D. Denke mal bis 1999, 2000. Dann war ich schwanger, dann war ich raus.

Götzl Haben Sie zu Starke überhaupt keinen Kontakt mehr unterhalten?

Kathrin D. Nee.

Götzl Gab es einen besonderen Grund?

Kathrin D. Da hab ich was im Krankenhaus gehört, da hat er sein Lebensgeständnis abgelegt bei den Behörden. Da wollte ich nichts mit zu tun haben. Er hat versucht, noch mal mit mir zu telefonieren. Hab ich aufgelegt, wie man das so macht.

Götzl Hat Sie das gestört?

Kathrin D. Ich würde niemand verraten, nie meine Freunde. Ich habe nur gehört, dass er Leute in den Dreck gezogen hat. Mit solchen Leuten will ich nichts zu tun haben. *(Sie spricht Starkes Tätigkeit als V-Mann für das LKA Berlin an.)*

Götzl Welche Leute hat er in den Dreck gezogen? Und von wem haben Sie die Informationen über ihn bekommen?

Kathrin D. Spricht sich halt rum, ist 'ne kleine Stadt, Chemnitz. Im Krankenhaus hat mir einer einen Zettel mitgebracht.

Götzl Was stand drauf?

Kathrin D. Die Aussage. Von Starke.

Götzl Haben Sie die weitergegeben?

Kathrin D. Nee. Hab auch nicht drüber geredet. Muss jeder selber wissen.

Götzl Können Sie mir zu Frau Zschäpe und Herrn Mundlos berichten, wie sich die beiden verhalten haben, wie sie zueinander gestanden haben?

Kathrin D. Ganz normal.

Götzl Versuchen Sie, das zu umschreiben.

Kathrin D. Freundlich zuvorkommend, ich kannte halt nur ziemliche Prolls, und die waren halt höflich. Bei uns ging's ums Trinken und Rumgrölen, so waren sie halt nicht.

Götzl In welchen Kreisen haben Sie sich damals bewegt?

Kathrin D. In Skinhead-Kreisen halt. Aber nichts Politisches.

Götzl Haben Sie einen Spitznamen?

Kathrin D. Ja, Mappe.

Götzl Was hatten Frau Zschäpe und Herr Mundlos damals an?

Kathrin D. Ganz normal, Hemd und Stiefel vielleicht. Das Übliche.

Götzl Hatten Sie sonst noch Kontakt zu Herrn Mundlos und Frau Zschäpe?

Kathrin D. Vielleicht hab ich sie noch bei einem Konzert gesehen. Wir hatten kein freundschaftliches Verhältnis.

Götzl Und Ihr Freund?

Kathrin D. Der war ein unpolitischer Skinhead.

Götzl Hat sich Uwe Mundlos damals auch politisch geäußert?

Kathrin D. Nö, er hat nur sehr viel geredet, er war lustig. Über Politik haben wir uns nicht unterhalten.

Götzl Ihr geschiedener Ehemann hat bei der Polizei ausgesagt: Uwe Mundlos hat damals politisches Geschwafel von sich gegeben mit ein paar Witzen.

Kathrin D. Ja, lustig war er.

Götzl Ich zitiere aus der Aussage Ihres geschiedenen Mannes: »Mir ist damals ein Satz von Uwe Mundlos in Erinnerung geblieben, dass Konzerte wie diese nicht dafür da seien, um Spaß zu haben, sondern um gleich gesinnte Kameraden zu organisieren.«

Kathrin D. Nee, habe ich nicht gehört.

Götzl Weiter mit der Aussage Ihres geschiedenen Mannes: »Es war schon interessant wie Mundlos es verstanden hat, politisch-radikale und antijüdische Botschaften zu verpacken. Er hat da eine krasse Botschaft rübergebracht, dass man gegen die Juden viel härter vorgehen sollte, die hätten in unserer Gesellschaft nichts zu suchen; Mundlos hat das geschickt verharmlost, indem er dann einen passenden Judenwitz parat hatte.«

Kathrin D. Nee, da habe ich mich nicht drum geschert. Ich habe getanzt, wenn wir ausgegangen sind.

Götzl Ihr Mann sagte: »Ich erinnere mich an Aussagen von Uwe Mundlos, nach denen allen Anwesenden klar war, dass Gewalt ein legales Mittel darstellt, Waffen und Sprengstoff, und wenn Adolf noch da wäre, es keine Probleme mit Ausländern oder Juden geben würde.«

Kathrin D. So was habe ich nie gehört.

Götzl Haben Sie sich mit Ihrem Mann über solche Äußerungen mal unterhalten?

Kathrin D. Nee, ich bin froh, wenn der sich um sein Kind kümmert.

Götzl Ihr Mann sagte bei der Polizei, dass Beate Zschäpe und Uwe Mundlos damals ein Paar waren.

Kathrin D. Ich hab nichts davon mitgekriegt. Aber das hat man bei meinem Freund und mir auch nicht mitgekriegt.

Götzl Kannten Sie Jan Werner?

Kathrin D. Wir sind öfter mal zu Konzerten gefahren. Er war kein Sympathieträger, aber er war meist der Fahrer. Ich bin der lustige Partymensch und er ist eher in sich gekehrt, ruhig.

Anwältin Lunnebach Gab es 1998 Gespräche darüber, dass Personen untergetaucht sind?

Kathrin D. Ich hab da nichts gehört davon. Sicher hat es irgendwer gewusst, sonst hätten sie nicht untertauchen können. Aber ich hab nichts gewusst.

Anwältin Lunnebach 1998 waren Sie noch in der Skinheadszene?

Kathrin D. Ich bin nie raus.

Anwältin Lunnebach Sie sagten, Ihr Mann sei unpolitisch gewesen. Wo verorten Sie sich?

Kathrin D. Er war ein Oi!-Skinhead, ich gehörte eher zur politischen Richtung.

Anwältin Lunnebach Sie wehren Fragen nach politischen Zusammenhängen immer so ab. Wollen Sie sich hier nicht als Verräter darstellen?

Kathrin D. Bin ich auch nicht.

Anwältin von der Behrens Sie sagten, Sie haben sich nicht über Politik unterhalten, über was denn dann?

Kathrin D. Das darf nicht wahr sein! Über Getränke, über Speisekarten.

Anwältin von der Behrens Daran erinnern Sie sich noch?
Kathrin D. Ja.
Anwältin von der Behrens Was heißt für Sie, nicht politisch sein?
Kathrin D. Ja. *(Denkt nach, ohne zu antworten.)*
Anwältin von der Behrens Das ist auch eine Antwort.
Götzl Hier bekommen Sie Ihre Anweisung, damit erhalten Sie eine Entschädigung. Auf Wiedersehen.
(Die Zeugin verlässt den Saal.)

Tag 201

28. April 2015

Manfred Götzl, Richter. **André K.**, 37, Bäcker aus Rodewisch in Sachsen. **Stephan Lange**, 44, aus Kirchheim, arbeitet in einem Stuckateur-Betrieb. **Anette Greger, Jochen Weingarten**, Vertreter der Bundesanwaltschaft. **Sebastian Scharmer**, Anwalt der Nebenklage.

Götzl Es geht uns um Erkenntnisse zu den Brüdern Maik und André Eminger und um die Weiße Bruderschaft Erzgebirge, kurz WBE. Was können Sie dazu berichten?
André K. Es liegt schon alles Jahre zurück. Ich habe die Leute auf Konzerten oder Partys kennengelernt. Ich weiß nicht, was Sie hören wollen, das ist acht, neun Jahre her.
Götzl Wie war Ihre politische Einstellung, als Sie bei der WBE waren?
André K. Keine Ahnung.
Götzl Dann denken Sie mal drüber nach!
André K. Ist ja jedem selber überlassen. Eine gesunde Einstellung, sage ich mal.
Götzl Ich hab jetzt nichts verstanden.
André K. Was soll ich denn da groß sagen dazu? Ich kann nur sagen, was ich weiß, und das ist nicht viel. Mir hat die Musik gefallen, es war eine Partyszene.
Götzl Das hat jetzt mit politischer Einstellung nichts zu tun.
André K. Muss es doch auch nicht.
Götzl Aber ich habe Sie danach gefragt. Sie weichen mir aus! Ich muss zu dem Ergebnis kommen, dass Sie meine Frage nicht beantworten wollen.
André K. Das ist doch nicht wahr.
Götzl Dann wiederhole ich meine Frage. Wir war Ihre politische Einstellung damals?
André K. Ich war halt jung. Schönes Deutschland und so. So war das damals.
Götzl Spielten bei der WBE Gewalt oder Gespräche darüber eine Rolle?

André K. Man hat sich bestimmt mal damit auseinandergesetzt.

Götzl Dann erklären Sie es mir.

André K. Was soll ich da erklären? Wenn da mal was war im Fernsehen oder Medienberichte, dann hat man sich drüber unterhalten.

Götzl Mit welchem Inhalt?

André K. Na, alles.

Götzl Geben Sie mir mal ein Beispiel.

André K. Ja, Konzerte und so. Keine Ahnung. Es sind Jahre dazwischen. Und ich bin sechs Stunden Zug hierhergefahren, verstehen Sie mich?

Götzl Nein, ich verstehe Sie nicht. Sie weichen mir immer aus, weil Sie auf meine Fragen nicht eingehen.

André K. Da kann ich nichts dafür.

Götzl Doch.

André K. Ich sag, was ich weiß, was anderes kann ich nicht sagen.

Götzl Über welche Gewalt wurde denn geredet?

André K. Wenn ein Ausländerheim wieder gebrannt hat oder sonst was, was die Medien veröffentlicht haben. Man hat halt das besprochen, was man gesehen und gehört hat.

Götzl Im Protokoll Ihrer Aussage bei der Polizei ist davon die Rede, Ausländer zu verprügeln und von der »Überlegenheit der weißen Rasse«.

André K. Das ist gesagt worden, aber es ist nichts gemacht worden.

Oberstaatsanwalt Weingarten Sie tragen eine Tätowierung am Schädel. Was steht da?

André K. Blut und Ehre.

Oberstaatsanwalt Weingarten Das Verwenden verfassungsfeindlicher Kennzeichen beantrage ich hier festzuhalten.

André K. Dafür bin ich schon belangt worden, aber ich durfte nicht mit Mütze ins Gericht kommen.

(Nach der Mittagspause kehrt der Zeuge mit einem großen Pflaster am Kopf zurück. Das »Blut und Ehre«-Tattoo ist nicht mehr zu sehen. Am Ende seiner Aussage gibt der Nebenklage-Vertreter Sebastian Scharmer eine Erklärung zu dem Zeugen ab.)

Anwalt Scharmer Das Aussageverhalten des Zeugen reiht sich relativ nahtlos ein in das Verhalten vieler Zeugen. Er tritt dreist auf. Er ist unwillig, Fragen zu beantworten. Und er verschweigt Wissen. Es stellt meines Erachtens eine Missachtung des Gerichts dar. Ich bin mir bewusst, dass die prozessualen Möglichkeiten begrenzt sind, aber ich gehe davon aus, dass die Bundesanwaltschaft das aufgenommen hat und an die zuständige Staatsanwaltschaft zu Ermittlungen wegen uneidlicher Falschaussage weitergeben wird.

(Als nächster Zeuge tritt Stephan Lange auf, der früher die Neonazi-Organisation Blood & Honour leitete und den Spitznamen Pinocchio trug.)

Götzl Was war der Grund für die Gründung von Blood & Honour Deutschland?

Lange Was hat das überhaupt mit dem Prozess zu tun?

Götzl Das bestimmen nicht Sie, sondern ich!

Lange Eigentlich ist es als Gegenreaktion zu den Hammerskins in Berlin entstanden. Es wurde ein Gegenkonsens gegründet, und der wurde recht schnell und gut angenommen. Wir waren alle in der Skinhead-Bewegung.

Götzl Sie beschreiben jetzt einfach Leute. Das ist keine Antwort.

Lange Doch, Sie haben mich gefragt, warum wir es gegründet haben.

Götzl Warum denn?

Lange Weil wir was anderes machen wollten als das, was es schon gab.

Götzl Ihre Reaktion gibt mir zu denken. Wenn Sie hier so abwehrend reagieren, dann frage ich mich, ob Sie mich mit der Wahrheit bedienen.

Lange Sie können sich doch die Verbotsverfügung zu Blood & Honour durchlesen.

Götzl Was ich durchlese, geht Sie überhaupt nichts an! Sie beantworten einfach meine Fragen, und dann gibt es hier keine Probleme, haben Sie mich verstanden?

Lange *(schweigt und nickt leicht)*

Götzl Gut. Wir waren stehen geblieben bei Blood & Honour und den Zielen.

Lange Man hat es damals ohne Hintergrund mit sieben, acht Leuten in Berlin gegründet. Eine feste Struktur, wie sie in Deutschland dann entstanden ist, gab es weltweit ja auch nicht.

Götzl Was haben denn die Hammerskins gemacht?

Lange Es gab immer wieder Reibereien, Schlägereien. Wir waren ja alle keine Kinder von Traurigkeit. Man ist zu Partys gegangen, da gab es immer wieder Stress.

Götzl Was haben Sie mit den Hammerskins zu tun gehabt?

Lange Die sind einem halt immer wieder über den Weg gelaufen. Und ich hatte mit denen Ärger.

Götzl Was waren nun Ihre Ziele?

Lange Ich kann nicht für jeden sprechen. Für mich war es ein geiles Machtgefühl. Ich fand es toll, dass Leute auf mich hören. Für mich war das damals auch ein Ego-Ding, ganz klar. Ich führe jetzt ein gutbürgerliches Leben.

Götzl Sagt Ihnen »Combat 18« *(gilt als bewaffneter Arm von Blood & Honour)* etwas?

Lange Ja. Da gab es eine Spaltung: die, die nur die Musikschiene wollten, und die, die Combat 18 wollten. Die Gruppen in England waren so verfeindet miteinander, die haben gegeneinander gehetzt. In Deutschland kennen die einen die und die anderen die.

Götzl Ich frage Sie nach den Inhalten.

Lange Ich persönlich befürworte keine Gewalt. Das ist Ultima Ratio, das letzte Mittel halt.

Götzl Was wollte Combat 18?

Lange Ich kann nicht für C18 sprechen, wir haben kein C18 in Deutschland.

Götzl Sie haben gesagt, es gab bei Ihnen auch Vertreter dieser Linie. Was wollten die?

Lange Unter Umständen auch Gewalt gegen Andersdenkende, gegen Andersrassige.

Oberstaatsanwältin Greger Hatten Sie bis 2011 Kenntnisse über Gruppen im Untergrund?

Lange Nein. Ich bin 2001 nach Baden-Württemberg gezogen und hatte mit wenigen Ausnahmen keinen Kontakt mehr zur Szene gehabt.

(Zwei Jahre später, im Mai 2017, wird bekannt werden, dass Lange mindestens von 2002 bis 2010 als V-Mann für das Bundesamt für Verfassungsschutz gespitzelt haben soll.)

Tag 202

29. April 2015

Manfred Götzl, Richter. **Kay S.**, 40, Vollzugsbeamter aus Jena. Er war früher in der rechten Szene von Jena aktiv, hat sich aber davon distanziert. Er sagte auch an Tag 225 aus.

Kay S. Ich kenne Beate Zschäpe und Uwe Mundlos bestimmt seit Ende der Achtzigerjahre. Den Uwe Böhnhardt habe ich Mitte der Neunziger kennengelernt. Ich muss zugeben, dass ich vor allem mit Beate Zschäpe und Uwe Mundlos auch freundschaftlich verbunden war.

Götzl Wer gehörte denn damals in dieser Zeit zu Ihrem Freundeskreis außer den beiden?

Kay S. Viele Leute, wir waren auch recht bunt gemischt, es waren anfangs auch Punks dabei. Meiner Meinung nach gab es Mitte der Neunzigerjahre eine Radikalisierung in der rechten Szene.

Götzl Inwiefern?

Kay S. Vorher waren wir Jugendliche, die einen Kleidungsstil hatten und vielleicht auch rechte Musik gehört haben. Aber jetzt sollte man politisch aktiv werden. Man sollte auch zu Schulungen gehen. Ich sollte zu einem Treffen des Thüringer Heimatschutzes. Aber ich hatte keine Lust drauf.

Götzl Wer ist denn da an Sie herangetreten?

Kay S. Der Mundlos.

Götzl Um welche Schulungen ging es?

Kay S. Keine Ahnung. Ich denke mal, es ging darum, das rechte Weltbild mehr oder weniger zu festigen.

Götzl Vielleicht erklären Sie mir auch, was Sie damit meinen.

Kay S. Ich bin ja nun eigentlich ein typisches Wendekind. Ich war damals so sechzehn, siebzehn Jahre alt. Und man hatte gelernt, wie böse der Westen ist, und dann war es andersherum. Man denkt als Jugendlicher leider schwarz-weiß. Und ich hab gedacht, wenn das Linke damals falsch war, dann ist jetzt wohl das Rechte richtig. Man hatte leider starke Vorurteile gegen Menschen mit Migrationshintergrund. Man ist davon ausgegangen, dass ein Großteil der Menschen, die hierherkommen, kriminell sind. Uwe Mundlos ist damals antisemitisch geworden. Er hat angefangen, Rudolf Heß zu verehren.

Götzl Hatten Sie auch regelmäßig Kontakt zu Uwe Böhnhardt?

Kay S. Am Anfang ja. Aber ich konnte Uwe Böhnhardt nicht so leiden. Ich fand ihn als Mensch nicht in Ordnung. Es hat mich gestört, dass er ziemlich oft aggressiv war gegenüber Leuten, die nicht seiner Meinung waren. Und er hatte ein Faible für Waffen. Messer und so was. Der Hauptgrund war: Ich war der Meinung, dass er ziemlich sadistisch veranlagt ist. Er soll mal, das habe ich gehört, ein Kaninchen gehabt haben, das muss er wohl lebendig begraben haben. Das geht gar nicht!

Götzl Wie waren denn damals Uwe Böhnhardt und Uwe Mundlos gekleidet?

Kay S. Ich hab noch stark in Erinnerung, das war vor dem Abtauchen, dass sie in einer Art braunen SA-Uniform herumgerannt sind.

Götzl Können Sie Frau Zschäpe beschreiben?

Kay S. Sie hat einfach dazugehört. Ich kannte sie als freundlichen Menschen. Sie war freundlich, offen und selbstbewusst.

Götzl Welche Rolle spielte die Großmutter von Frau Zschäpe?

Kay S. Eine große. Die Oma ist für sie die Größte. Ich kenne auch die Oma gut, das ist wirklich ein guter Mensch.

Götzl Haben Sie nach dem Abtauchen noch indirekten oder telefonischen Kontakt mit einem der drei gehabt?

Kay S. Indirekt wurde ich nach Geld gefragt – beziehungsweise Böhnhardt ließ mir ausrichten, wo denn sein Geld bleibe.

Götzl Gab es da eine Vorgeschichte mit den dreien?

Kay S. Ja. Ich wurde 1996 einfach mal gefragt von Herrn Mundlos und Böhnhardt, ich glaube auch von Beate Zschäpe, ob ich mal was für sie tun würde. Ich wurde beruhigt, sie brauchten eigentlich nur einen Alibi-Zeugen. Und es wurde mir gesagt, dass es darum ging, diese Puppe auf der Autobahn aufzuhängen. Sie bräuchten jemanden, der bezeugen könnte, dass sie das nicht waren. Ich habe zugesagt. Aber ich hätte Nein sagen sollen. Müssen. Ich hab mit der Planung an sich – da kann ich gar nichts zu sagen. Dieses Gespräch – etwa ein, zwei Monate bevor diese Puppe aufgehängt wurde, da fand das Gespräch statt. Zu dem Zeitpunkt hat sich mein Verhältnis zu Mundlos und Böhnhardt schon geändert. Ich hab eigentlich schon gedacht, das hat sich jetzt erledigt. Aber irgendwann kamen sie auf mich zu: Jetzt ist es so weit. Und aus der Nummer kam ich nicht mehr raus.

Götzl Erzählen Sie weiter, bitte!

Kay S. Dann sollte man als Alibi irgendeine Feierlichkeit haben. Und dann sind wir halt losgefahren und haben diese Puppe aufgehängt.

Götzl Erzählen Sie bitte einfach weiter!

Kay S. Na ja. Ich sag mal, dieses Ereignis hat im Nachhinein bei mir bewirkt, dass ich mich intensiver mit dem Gedankengut von rechts befasst habe. Ich muss sagen, es tut mir wirklich leid, dass ich da auch gelogen hab vor Gericht.

Götzl Wer war denn da alles dabei an der Brücke?

Kay S. Herr Mundlos, Herr Böhnhardt, Frau Zschäpe, ich und der Herr Wohlleben.

Götzl Wo ist die Puppe aufgehängt worden?

Kay S. An einer Brücke Richtung Erfurt.

Götzl Wie ging das vor sich?

Kay S. Das war dunkel und musste alles schnell gehen. Ich hab so ein paar Verkehrskegel in die Hand gedrückt bekommen und sollte die auf der anderen Seite aufstellen. Da habe ich das erste Mal das Schild »Vorsicht Bombe!« gesehen. Aber da bin ich nicht mehr aus der Sache rausgekommen.

Götzl Was hat Frau Zschäpe gemacht?

Kay S. Ich glaube, sie hat nur zugeguckt.

Götzl Ist darüber gesprochen worden, was man damit bezweckt?

Kay S. Ich sag mal, diese Botschaft an sich war ja schon da. Aber der Tenor war: Man muss jetzt endlich mal was machen.

Götzl Wie ging denn die ganze Sache dann weiter?

Kay S. Irgendwann wurde ja mal ein Fingerabdruck von Herrn Böhnhardt gefunden. Und zwischendurch haben wir uns mal abgesprochen, was gesagt wird.

Götzl Wer war da zugegen?

Kay S. Alle Beteiligten.

Götzl Was ist da besprochen worden?

Kay S. Genau weiß ich es nicht mehr. Dass wir alle das Gleiche sagen halt.

(Pause.)

Götzl Wie ging es weiter mit dem Geld, um das Sie gebeten worden sind nach dem Untertauchen der drei?

Kay S. Ich habe mich entschlossen, keine Unterstützung zu geben, und gesagt, auch in der Szene, dass ich nicht gut finde, was da passiert. Am Anfang war ich etwas feige.

Götzl Wer ist auf Sie zugekommen und hat nach dem Geld gefragt?

Kay S. Wohlleben. Er hat gesagt: »Denk dran, du hast eine Falschaussage gemacht. Wo bleibt das Geld?« Da habe ich gesagt, ich hab es in den Briefkasten von Böhnhardts Eltern getan. Dann später hab ich gesagt, ich gebe kein Geld, und hab mit offenen Karten gespielt. Ich hab gesagt, dass ich das mit dem Sprengstoff nicht richtig fand. Und dann war Ruhe gewesen. Ich erinnere mich auch, dass ich vorher mal von Uwe Mundlos angesprochen worden war, dass es möglich sei, Sprengstoff zu besorgen. Das müsste 1997, vielleicht auch 1996 gewesen sein. Wir sind da dann ein bisschen aneinandergeraten. Ich habe zu ihm gesagt: »Überleg dir, was du machst. Wir sind doch nicht im Krieg.«

Tag 203

11. Mai 2015

Antonia von der Behrens, Anwältin der Nebenklage.

(Die Nebenklage-Vertreterin beantragt, die Ausgabe eines rechtsextremistischen Magazins verlesen zu lassen. Das sogenannte Fanzine wurde 1998 in der von Beate Zschäpe angemieteten Garage in Jena gefunden.)

Anwältin von der Behrens Zudem wird mit Blick auf die Frage des Ideologietransfers der politischen Inhalte und Ziele von »Blood & Honour« in den Ideologiebestand der Kameradschaft Jena und später des NSU beantragt, das Asservat Nr. 59.72.42, Fanzine »Blood & Honour – Ausgabe Nr. 2/96« vollständig, hilfsweise jedenfalls die Seiten 2, 6–7, 11, 12–14, 24, 27, 28, 65 und Seite 72, in Augenschein zu nehmen und zu verlesen zum Beweis der Tatsache, dass in dem Heft die Ideologie des bewaffneten Kampfes im Rahmen der »Leaderless Resistance« genannten Strategie von einer gut vernetzten Bewegung autonom handelnder Zellen beworben wird und dass in dem Heft offen zum Mord an Migranten, und zwar durch »in den Kopf schießen«, aufgerufen wird.

Das Magazin gehört zu einer Art Bibliothek beziehungsweise Schriftensammlung, die Uwe Mundlos zusammen mit Uwe Böhnhardt, der Angeklagten Zschäpe und wahrscheinlich den weiteren Mitgliedern der Kameradschaft Jena, Ralf Wohlleben und André Kapke, anlegte und unter konspirativen Umständen in der Garage verwahrte. Dass Beate Zschäpe an dem Anlegen beziehungsweise Bestücken des Archivs einen Anteil hatte, zeigt sich unter anderem daran, dass sich dort persönliche Dokumente der Angeklagten, wie ein Zeugnis, fanden und dass mehrere Ausgaben einer Zeitschrift an ihre Adresse versandt worden waren.

Im sogenannten NSU-Brief, einem längeren Text des NSU an mögliche Sympathisanten, wird bestätigt, dass der NSU seine Ideologie aus den vielen zirkulierenden Szeneschriften bezieht, wenn dort ausgeführt wird: »Internet, Zeitungen und Zines sind gute Informationsquellen auch für den NSU.« Darüber hinaus wird in dem Brief auch das Mantra des hier in Rede stehenden Artikels sowie des darin enthaltenen Textes des »Schöpfers« der »Leaderless Resistance« aufgenommen, wenn es heißt: »Jeder Kamerad ist gefragt! Auch Du!!! Gib Dein Bestes – Worte sind genug gewechselt, nur mit Taten kann ihnen Nachdruck verliehen werden. Der NSU ist keine abstrakte Sache. Jeder Kamerad gehört dazu, sofern er den Mut findet, zu handeln und seinen Beitrag zu leisten. Wie erfolgreich der Nationalsozialistische Untergrund in der Zukunft sein wird, hängt auch von Deinem Verhalten ab.«

Tag 204

12. Mai 2015

Manfred Götzl, Richter. **Aleksander H.**, Sportlehrer aus Cottbus, der in seiner Jugend in Jena mit Uwe Mundlos befreundet war. Er wurde bereits am Tag 198 vom Gericht befragt. **Herbert Diemer**, Vertreter der Bundesanwaltschaft. **Wolfgang Stahl**, Verteidiger von Beate Zschäpe. **Olaf Klemke**, Verteidiger von Ralf Wohlleben. **Yavuz Narin**, **Sebastian Scharmer**, Anwälte der Nebenklage.

Götzl Sie sagten in Ihrer Vernehmung bei der Polizei, Sie hätten Beate Zschäpe damals als etwas ordinär empfunden.

Aleksander H. Sie hat oft laut gelacht, was jetzt keine Schande ist. Ich denke, dass sie vielleicht Kraftausdrücke verwendet hat und einfach laut war. Keine in sich zurückgezogene Person.

Götzl Dann heißt es hier, sie sei nicht dumm oder gutgläubig, habe genau gewusst, was sie wollte.

Aleksander H. Ich denke, das ist zutreffend. Ein Beispiel hierfür: Bei den Ausfahrten, die Uwe in seinem Pkw machte, war ein Spiegel für Beate Zschäpe so eingestellt, dass sie hinten schauen konnte, ob sie jemand verfolgt. Sie hat auch Kennzeichen von Fahrzeugen aufgeschrieben, von denen sie annahm, dass sie zur Polizei gehörten.

Götzl Hier steht im Protokoll auch, sie wusste sicher, was man tun sollte und was nicht.

Aleksander H. Na ja, sie ist ein vernunftbegabtes Wesen, denke ich. Sie konnte unterscheiden, wann Gewalt beginnt und wann Dinge getan werden, die möglicherweise geahndet werden können.

Verteidiger Stahl Sie hatten davon gesprochen, dass Ihnen das NS-Gedankengut zu extrem wurde bei einem Treffen auf der Burg. Sie sprachen von einer Zusammenrottung von Personen. Können Sie das noch mal klarer machen?

Aleksander H. Mehrere Personen, die äußerlich dem rechtsnationalen Spektrum zuzuordnen sind, verdeutlichen für mich heute wie damals ein bestimmtes Gedankengut.

Verteidiger Stahl Sind dort Äußerungen gefallen?

Aleksander H. Bestimmt. Ich bin aber nicht in der Lage, einzelne Äußerungen wiederzugeben. Das Heben der rechten Hand ist auch eine Art der Kommunikation. Das hat man unterhalb des Platzes schon gemacht.

Verteidiger Stahl Das können Sie erinnern?

Aleksander H. Ich denke ja.

Verteidiger Stahl Was heißt, Sie denken?

Aleksander H. Nach all den Jahren …

Verteidiger Stahl Sie wissen es nicht …

Götzl Ich beanstande das. Sie sollten eine Frage stellen!

Verteidiger Stahl (*zu Götzl*) Warum grätschen Sie mir da jetzt so rein?

Bundesanwalt Diemer Das war keine Frage. Und selbst wenn es eine wäre, dann wäre sie hochgradig suggestiv.

Verteidiger Stahl Es war eine klarstellende Frage, und ich meine, dass sie zulässig war. Mir geht es ums Prinzip. Ich habe nach den ausgesprochen schwammigen Aussagen des Zeugen, die Sie im Übrigen nicht hinterfragt haben …

Götzl *(unterbricht)* Das trifft nicht zu!

Verteidiger Stahl … da hab ich klarstellend gefragt: »Also Sie wissen es nicht?«

Götzl Sie wollen das so fragen: »Also Sie wissen es nicht?«

Anwalt Scharmer Ich beanstande das auch. Das ist keine Frage. Die Erörterung dient meines Erachtens nur dem Zwecke, den Zeugen zu verunsichern.

(Der Zeuge wird aus dem Saal gebeten.)

Verteidiger Stahl Meine Frage diente der Klarstellung, um festzustellen, ob das, was der Zeuge zuvor bekundete, auf Wissen beruhte oder auf Vermutungen oder Spekulation.

Anwalt Narin Ich schließe mich dem Kollegen Scharmer an, zumal sich die Verteidigung Zschäpe ja immer auf den Beschleunigungsgrundsatz beruft.

Verteidiger Klemke Der Zeuge hat in vielerlei Hinsicht ausweichend geantwortet. Die Frage ist durchaus berechtigt.

Verteidiger Stahl Mir geht es ja nicht um den Streit um des Streites willen. Aber so eine Frage muss in so einer Situation zulässig sein.

(Das Gericht zieht sich zur Beratung zurück.)

Götzl *(verkündet den Beschluss der Richter)* »Also Sie wissen es nicht« stellt keine Frage dar. Die vorliegende Feststellung ist nicht vom Fragerecht des Verteidigers umfasst.

Tag 205

13. Mai 2015

Manfred Götzl, Richter. **Sandra W.**, 36, Kriminalkommissarin beim BKA in Berlin. Sie hat zu einem Banküberfall in Chemnitz ermittelt. **Edda Schmidt**, 66, Rentnerin und langjährige NPD-Funktionärin aus Bisingen in Baden-Württemberg. **Herbert Diemer**, Vertreter der Bundesanwaltschaft. **Olaf Klemke**, Verteidiger von Ralf Wohlleben. **Bernd Behnke, Yavuz Narin**, Anwälte der Nebenklage.

Sandra W. *(kommt zum Richterpult, Fotos werden gezeigt)* Es handelt sich um den schweren Raub zum Nachteil der Sparkasse Chemnitz am 23. 9. 2003. Ich möchte die Indizien, die für eine mögliche Täterschaft von Uwe Mundlos und Uwe Böhnhardt sprechen, wiedergeben. Da wären zunächst die Tatmittel: die Waffen. Täter 1 führt in seiner linken Hand eine Pistole mit sich. Nach den Asservatenfunden in Zwickau, Frühlingsstraße 26, kommen da augenscheinlich zwei Waffen in Betracht. Auch Täter 2 führte eine Pistole in der linken Hand mit sich, wobei hier deutlich der Hahn absteht. Bei Täter 2 ist auffällig ein Basecap mit einer Beschriftung, was einem Asservat aus der Frühlingsstraße zugeordnet werden konnte. Es ist auch auffällig, dass der Täter ein Halstuch mit Musterung trägt, das einem Asservat aus dem Asservatenkomplex zugeordnet werden konnte. Bei Täter 1 ist das Basecap nicht ganz so gut zu erkennen, aber ein heller Schirm und weiße Applikationen sind zu sehen. Dies konnte einem Asservat aus der Frühlingsstraße zugeordnet werden. Gut zu sehen sind die Turnschuhe von Täter 2. Sie konnten Joggingschuhen aus der Frühlingsstraße zugeordnet werden. Der Täter hinterließ auch Schuhabdruckspuren. Diese wurden abgeglichen mit den Diadora-Schuhen aus der Frühlingsstraße. Sie konnten als die Tatortschuhe nachgewiesen werden.
Uwe Mundlos trug Schuhgröße 46 oder größer, die Diadora-Schuhe waren Größe 43, sodass sie vermutlich Uwe Böhnhardt zuzuordnen sind. Ein weiteres Indiz sind Vorbereitungshandlungen. In der Frühlingsstraße fand man einen Stadtplan von Chemnitz, wo der Standort der Sparkasse mittels eines schwarzen Kreuzes und einer roten Kreisumrandung markiert war.

(Im Publikum sitzen mittlerweile Christian Hehl, der NPD-Gemeinderat in Mannheim ist,

sowie ein Mann, der ein T-Shirt trägt mit der Aufschrift »Auf in die Schlacht«. Die nächste Zeugin ist die Rentnerin und NPD-Politikerin Edda Schmidt.)

Götzl Es geht uns darum, ob Sie Erkenntnisse zu Andreas G. oder André Kapke haben im Zusammenhang mit einer Schulungsveranstaltung in der »Froschmühle« in Eisenberg, zu einem Zeitpunkt nach dem Januar 1998.

Schmidt Ja, ich war da, war Referentin und habe über Brauchtum gesprochen. Ich habe nach meiner Erinnerung dort niemanden gekannt, das war ja in Thüringen. Eingeladen bin ich worden von Tino Brandt, aber der war da nicht anwesend. Und ich denke, die Veranstaltung wurde geleitet von Ralf Wohlleben, aber sicher bin ich mir nicht.

Götzl Wie kommen Sie zu der Aussage: Sie denken, Wohlleben habe sie geleitet?

Schmidt Es war eine NPD-Veranstaltung, und nach meiner Erinnerung hatte er was in Thüringen in der NPD zu sagen.

Götzl Wen haben Sie denn kennengelernt?

Schmidt Ich kann mich eigentlich nur an den Christian Kapke erinnern, an andere namentlich nicht.

Götzl Was haben Sie zu ihm in Erinnerung?

Schmidt Er war ein netter Mensch und hat mir auch ein bisschen was über die Gegend erzählt. Ich war nie vorher dort.

Götzl Die Frage ist, ob Sie einen besonderen Ansprechpartner hatten.

Schmidt Na gut, Sie müssen sich das so vorstellen: Ich bin da ja bekannt, ich wurde ja eingeladen. Da kommt eine ältere Frau rein. Irgendwer wird auf mich zugekommen sein und mich begrüßt haben. Mehr braucht es ja nicht.

Götzl Kannten Sie Uwe Mundlos oder Uwe Böhnhardt?

Schmidt Nein, nie gehört, erst durch dieses Verfahren.

Götzl Frau Zschäpe?

Schmidt Nein.

Götzl Haben Ihnen damals diese Namen etwas gesagt?

Schmidt Ich habe diese Namen damals gar nicht gehört. Ich habe die erst jetzt im Zusammenhang mit dem ganzen Ding hier mitgekriegt.

Götzl Ist bei dieser Veranstaltung damals zur Sprache gekommen, dass jemand geflohen sei, sich versteckt hält?

Schmidt Nein, nicht mir gegenüber.

Götzl (*bezieht sich auf eine Zeugenaussage von Christian Kapke*) Hier heißt es: »Ende Januar 2000 bin ich mal auf einer NPD-Schulungsveranstaltung angesprochen worden, da kam die Edda Schmidt auf mich zu, die leitete diese Veranstaltung. Sie meinte, da komme jemand, der hat Kontakt zu ehemaligen Kameraden von euch, die auf der Flucht sind, ob ich mal mit dem reden kann.«

Schmidt Das ist mir vollkommen schleierhaft, wie der auf diese Geschichte kommt.

Wenn jemand untertaucht, dann, um geheim zu bleiben. Da spricht man doch nicht mit wildfremden Menschen drüber.

Götzl Sie sollen mit einer Person, die Herr Kapke nicht gekannt habe, in den Wald gelaufen sein.

Schmidt Ich bin da nie irgendwo spazieren gegangen. Mich würde es wirklich interessieren, wie der gute Herr Kapke zu solchen Aussagen kommt. Ihn hab ich auch nicht gekannt zu diesem Zeitpunkt.

Götzl Kennen Sie Jan Werner?

Schmidt Kann sein, ja.

Götzl Was sein kann, ist für uns nicht so entscheidend.

Schmidt Im Zusammenhang mit dieser Veranstaltung ganz sicher nicht.

Götzl Kennen Sie ihn?

Schmidt Ja, ich hab ihn mal gesehen. Aber nicht dort.

Götzl Sind Sie sich da sicher?

Schmidt Ich weiß nicht, wann ich ihn kennengelernt habe, ich kann mich nicht erinnern, dass er dort war. Ich hab mal in Chemnitz eine Weihnachtsfeier gehalten, und da war er wohl der Veranstalter. Das muss Ende der Neunziger oder Anfang 2000 gewesen sein. Ich halte jedes Jahr mehrere Weihnachtsfeiern. Ich kann mich nicht erinnern, wann ich welche wo gehalten hab.

Götzl War Andreas G. bei dieser Weihnachtsfeier zugegen?

Schmidt Das kann sein, aber das weiß ich auch nicht mehr.

Anwalt Behnke Wie läuft so eine Feier ab?

Schmidt Das ist eine nichtchristliche, die sich mit heidnischem Brauchtum befasst.

Anwalt Narin Sind Sie mal strafrechtlich wegen Staatsschutz-Delikten in Erscheinung getreten?

Schmidt *(aufgebracht)* Was hat das bitte schön mit diesem Verfahren zu tun?

Verteidiger Klemke Ich beanstande die Frage! Sie ist nicht unerlässlich, um die Glaubwürdigkeit der Zeugin zu prüfen.

Anwalt Narin Die Frage ist erforderlich, denn wenn die Zeugin aussagen würde, sie sei etwa wegen Volksverhetzung, Aufstachelung zum Rassenhass oder ähnlichen Delikten in Erscheinung getreten, dann würde sich das auf ihre Glaubwürdigkeit sehr wohl auswirken. Noch interessanter wäre es, ob sie in dem Zusammenhang mit Jan Werner in Erscheinung getreten wäre. Rein hypothetisch.

Verteidiger Klemke Die Frage ist ungeeignet.

Bundesanwalt Diemer Es ist ein Grenzfall.

Verteidiger Klemke Die Zeugin hat die Frage auch selbst beanstandet.

(Die Richter ziehen sich kurz zur Beratung zurück.)

Götzl Die Frage wird als ungeeignet zurückgewiesen. Der Umstand soll nur gefragt werden, wenn die Feststellung notwendig ist, um die Glaubwürdigkeit der Zeugin zu beurteilen. Der nachgefragte Umstand kann der Zeugin zur Unehre gereichen.

Tag 206

19. Mai 2015

Manfred Götzl, Richter. **Bernd Tödter**, Gründer der rechtsextremen Organisation »Sturm 18«, wurde bereits am Tag 185 geladen. **Anette Greger**, Vertreterin der Bundesanwaltschaft. **Wolfgang Heer**, **Wolfgang Stahl**, **Anja Sturm**, Verteidiger von Beate Zschäpe. **Bernd Behnke**, **Yavuz Narin**, Anwälte der Nebenklage. **Henning Saß**, vom Gericht bestellter Psychiater, der ein Gutachten über Zschäpe erstellen soll.

Verteidiger Heer Hoher Senat, wir beantragen, die Hinzuziehung des Sachverständigen Professor Saß auf Beweiserhebungen zu beschränken, wo Aktionen von Frau Zschäpe zu erwarten sind, und zu verfügen, dass Herr Professor Saß den Sitzungssaal in längeren Pausen zu verlassen hat, sofern sich unsere Mandantin im Saal aufhält, sowie Herrn Professor Saß anzuleiten, in seinem Gutachten keine Feststellungen zugrunde zu legen, die anhand von Gesprächen oder sonstigen Interaktionen von Beate Zschäpe mit ihren Verteidigern erlangt worden sind innerhalb und außerhalb des Gerichtssaals. Sowie Herrn Professor Saß einen Platz zuzuweisen, der eine optische Beobachtung zulässt, aber ein Mithören von Gesprächen unserer Mandantin mit den Verteidigern ausschließt.

Oberstaatsanwältin Greger An welchen Teilen der Verhandlung der Sachverständige teilnimmt, ist seine Entscheidung. Die Angeklagte hat keinen Anspruch darauf, unbeobachtet im Gerichtssaal zu agieren.

Götzl Herr Professor Dr. Saß, wollen Sie selbst Stellung nehmen?

Saß Nein.

Götzl Rutschen Sie doch noch einen Platz nach links. *(Saß rutscht einen Platz weiter. Götzl wendet sich an Beate Zschäpe und ihre Verteidger)* Sofern Sie längere Gespräche führen wollen, bitte ich um Unterbrechungen.

Verteidiger Heer Das ist nicht ausreichend, dass der Sachverständige einen Platz wegrutscht. Wir halten es für erforderlich, dass der Senat zu den Anträgen jetzt entscheidet.

Götzl Meine Position zu Ihnen ist viel geringer als die von Professor Saß. Und ich versichere Ihnen, ich kann keines Ihrer Gespräche vernehmen.

Verteidiger Heer Ja, das glaube ich Ihnen, aber bei Herrn Professor Saß ist es anders.

Verteidiger Stahl *(zu Götzl)* Aber ich höre auch, was Sie mit Ihrem Kollegen Dr. Lang besprechen.

Götzl Um das geht es doch jetzt nicht, das Mikrofon ist halt sehr sensibel eingerichtet.

Anwalt Narin Es kann nicht Sache der Verteidigung sein, die Möglichkeiten des Sachverständigen zu beschneiden.

Verteidigerin Sturm Es geht gerade nicht ausschließlich um das Mithören, sondern um das Interaktionsverhalten hier auf der Verteidigerbank. Aus unserer Sicht ist es absolut unerlässlich, dass Sie den Sachverständigen anleiten, dass hier nicht in Datensammelwut alles Mögliche gesammelt wird.

Götzl Wir alle sehen Sie, Ihre Mitverteidiger und Frau Zschäpe. Und Ihr Verhalten. Wir nehmen das auch zur Kenntnis. Ich rufe Ihnen diese Selbstverständlichkeit einfach in Erinnerung. Sie wollen jetzt eine Person davon ausblenden.

Anwalt Behnke Da waren wieder Unterstellungen im Vortrag erkennbar: dass der Sachverständige ein Gutachten erstellen würde, das auf sachfremden Erwägungen fußt.

Saß Ich will sagen, dass ich natürlich beobachte, alle Beteiligten, natürlich auch Frau Zschäpe, dass ich aber den Inhalt der Gespräche nicht registriere und auch nicht hören kann.

Verteidiger Heer Ich wollte eine schriftliche Erklärung dazu.

Götzl Das bestimme ich. Woher nehmen Sie den Anspruch auf eine Schriftform her?

(Der Disput wird eine Weile fortgesetzt, am Ende lehnt der Senat Heers Anträge ab. Eine gerichtliche Beschränkung des Sachverständigen sei nicht sachgerecht. Was dieser in seine Beobachtung aufnehme, sei ihm überlassen. Zudem habe Henning Saß bereits einen weiter entfernten Platz eingenommen, und es sei zumutbar, dass Beate Zschäpe und ihre Verteidiger in gedämpftem Ton miteinander sprechen. Als Zeuge tritt schließlich Bernd Tödter auf.)

Tödter Ich habe eine Ergänzung zu machen. Die Aussagen bei der Polizei, die sind gelogen, die habe ich mir nur ausgedacht. Die Personen, die hier sitzen, kenne ich nicht, noch nie gesehen, nur im Fernsehen oder in der Zeitung. Grund für meine Aussage bei der Polizei: Ich wollte mir Hafterleichterungen erschleichen. Ich denk, das war's im Groben. *(Tödter hatte behauptet, Mundlos und Böhnhardt hätten vor 2011 in Kassel übernachtet.)*

Götzl Haben Sie mal Kontakt aufgenommen zu Frau Zschäpe?

Tödter Ja, ich habe ihr aus der Haft heraus einen Brief geschrieben, schöne Grüße bestellt. Das war zwischen Oktober 2011 und Februar 2012. Ich habe eine Gefangenenhilfsorganisation gegründet und Gefangene angeschrieben.

Götzl Was war Ihr Anliegen?

Tödter Sie saß in Haft, ich saß in Haft. Solidarität bekunden.

Anwalt Narin Kennen Sie Herrn Andreas Temme?

Tödter Ja, der ist mir bekannt. Aus Kassel. Der hat beim Verfasssungsschutz gearbeitet, das war jedem bekannt.

Anwalt Narin Woher kennen Sie ihn?

Tödter Persönlich kenne ich ihn nicht, der Name wurde mir zugetragen. Von jemandem aus dem »Sturm 18«-Netzwerk.

Anwalt Narin Wer gehört zu dem Netzwerk?

Tödter Die Frage möchte ich nicht beantworten. Weil ein Ermittlungsverfahren läuft.

Tag 207

20. Mai 2015

Manfred Götzl, Richter. **Marcel Degner**, Zeuge aus Gera, war bereits an Tag 191 geladen. Er hat damals abgestritten, als V-Mann für den Verfassungsschutz gearbeitet zu haben. **Herbert Diemer**, Vertreter der Bundesanwaltschaft. **Wolfgang Heer**, Verteidiger von Beate Zschäpe. **Olaf Klemke**, **Nicole Schneiders**, Verteidiger von Ralf Wohlleben. **Alexander Hoffmann**, **Detlef Kolloge**, **Peer Stolle**, Anwälte der Nebenklage.

Anwalt Hoffmann Wir haben inzwischen einen Zeugen gehört, den Herrn Wießner vom Thüringer Verfassungsschutz, der uns bestätigt hat, dass Sie als V-Mann für das Landesamt für Verfassungsschutz gearbeitet haben.

Degner Na gut, ich hab nicht erwartet, dass sie was anderes sagen. Was die nun erzählen, ist mir eigentlich relativ egal.

Anwalt Hoffmann Und Sie sagen, Sie haben zu keiner Zeit Informationen weitergegeben?

Degner Nein.

Anwalt Hoffmann Haben Sie Herrn Wohlleben beim Aufbau des NSU unterstützt?

Degner Ist mir nicht bekannt, der NSU.

Anwalt Hoffmann Nach diesen überraschenden Angaben bitte ich um eine Unterbrechung, damit ich meinen Fragenkatalog überprüfen kann.

Verteidiger Heer Ich sehe dafür keinen Grund. So überraschend sind die Angaben ja nicht. Sie sagen doch immer, Herr Vorsitzender, man solle sich gut vorbereiten.

Anwalt Stolle *(lacht)*

Verteidiger Heer Ich weiß nicht, was es da zu lachen gibt, Herr Rechtsanwalt Stolle!

Götzl Es ist doch sinnvoll, wenn wir jetzt eine Viertelstunde unterbrechen. Ich verstehe es so, dass hier umfangreiche Fragenkataloge abgespeckt werden können.

(Nach einer kurzen Pause wird die Sitzung fortgesetzt.)

Anwalt Hoffmann Angesichts des Aussageverhaltens des Zeugen werde ich keine weiteren Fragen stellen. Aber ich kündige jetzt schon an, dass ich der Entlassung des Zeugen widersprechen und einen prozessualen Antrag stellen werde.

Anwalt Kolloge Ich betrachte das, was der Zeuge hier macht, nicht als falsche Aussage, sondern als Ankündigung, hier keine Antworten zu geben. Das ist Zeugnisverweigerung. Ich beantrage, den Zeugen zu zwingen, hier eine wahrheitsgemäße Aussage zu machen.

Verteidigerin Schneiders Ich sehe keinen Anlass, warum man dem Mitarbeiter einer Verfassungsschutzbehörde mehr glauben sollte als einem anderen Zeugen.

Götzl Herr Degner, dann würde ich Sie bitten, dass Sie draußen Platz nehmen. Dann geht es um den Antrag von Rechtsanwalt Kolloge.

(Der Zeuge verlässt den Saal.)

Verteidiger Klemke Ich halte den Antrag für absurd. Paragraf 70 der Strafprozessordnung ist dazu da, den Zeugen zu zwingen, überhaupt seiner Zeugenpflicht zu entsprechen. Er ist nicht dazu gedacht, wahrheitsgemäße Aussagen zu erzwingen.

Götzl Es ist tatsächlich so, dass Paragraf 70 dazu dient, wenn jemand sagt, er will nicht aussagen.

Anwalt Kolloge Was der Zeuge hier macht, ist nicht nur eine Unwahrheit sagen. Das ist eine grundlose Zeugnisverweigerung. Da die Angabe des Grundes falsch ist, deshalb meine ich, dass der Zeuge gezwungen werden kann. Das ist auch schon so entschieden worden im Übrigen.

Götzl Nein, das ist nie so entschieden worden. Es gibt auch gute Gründe dafür, nicht so die Daumenschrauben anzusetzen. Dafür gibt es sehr gute Gründe, und da bitte ich Sie, auch ein bisschen weiterzudenken. Sie verlangen, dass wir den Zeugen zwingen sollen, bestimmte Antworten zu geben. Seine Antworten mögen falsch sein, aber er verweigert nicht überhaupt Angaben als Zeuge. Dafür ist der Paragraf 70 nicht geschaffen. Sollen die Anträge aufrechterhalten werden?

Anwalt Kolloge Ja.

Bundesanwalt Diemer Ich sehe es auch so, dass der Zeuge Angaben gemacht hat.

(Ein Telefon klingelt im Gerichtssaal.)

Götzl *(gereizt)* Ich würde Sie dringend bitten, die Telefone auszuschalten!

Bundesanwalt Diemer Wir haben nach der Menschenrechtskonvention ein Folterverbot. Das gilt auch hier in diesem Prozess. Es kann nur geprüft werden, ob der Zeuge hier eine Falschaussage gemacht hat, darum geht es. Das lassen wir prüfen.

Anwalt Kolloge Ich möchte nur darauf hinweisen, dass auf gar keinen Fall die Mittel des Paragrafen 70 als Folter bezeichnet werden können, das sind rechtlich anerkannte Sanktionsmittel.

Götzl Es geht um die Anwendung von Zwangsmitteln, es geht um Haft.

(Nach einer Pause verkündet Götzl den Beschluss des Senats, dass der Antrag, gegen Degner nach Paragraf 70 Strafprozessordnung Zwangsmaßnahmen zu verhängen, abgelehnt wird. Der Zeuge habe ausgesagt, geprüft werden müsse die Wahrhaftigkeit der Aussage. Dann wird Degner wieder in den Saal geholt.)

Götzl Gibt es weitere Fragen an den Zeugen?

(Stille.)

Götzl Haben Sie noch etwas Ergänzendes zu sagen?

Degner Nein.

Götzl Sie haben gehört, was Ihnen vorgeworfen wird. Sie haben auch heute noch mal den Vorhalt hinsichtlich der Angaben des Zeugen Wießner gehört. Wollen Sie Ihre Angaben ändern?

Degner Nein.

Anwalt Hoffmann Ich möchte einer Entlassung des Zeugen widersprechen.

Götzl Ja gut, aber für heute sind wir am Ende.

Tag 208

9. Juni 2015

Manfred Götzl, Richter. **Jens M.**, 52, Kriminalbeamter aus Chemnitz.

Götzl Es geht uns zunächst um einen Überfall in Chemnitz auf eine Postfiliale am 30. 11. 2000.

Jens M. Ich war seit 1999 befasst mit der Überfallserie als Kriminalsachbearbeiter.

Götzl Mich würden die Ermittlungen zu Spuren und der Tatbeute interessieren.

Jens M. Konkret ist das niedergeschrieben, es war eine fünfstellige Summe, im Kopf hab ich es jetzt nicht. Spurentechnisch hatten wir sehr gute Schuhabdruckspuren, wir konnten den Schuhtyp identifizieren, der dann auch beim nächsten Überfall in Zwickau verwendet wurde. Wir hatten eine Fingerspur, die ist im Außenbereich gefunden worden. Es war neben dem Eingang an einer Telefonzelle. Wir hatten da eine offen gebliebene Fingerabdruckspur. Ob die später den beiden zugeordnet werden konnte, kann ich nicht sagen. Ist mir nicht bekannt.

Götzl Um welchen Schuhtyp ging es denn?

Jens M. Es war der Typ Victory, von der Kette Deichmann vertrieben. Es haben sich einige Daten von Käufern ergeben, die wir aber zweifelsfrei als Täter ausschließen konnten.

Götzl Hier heißt es im Ordner 116, Blatt 27, dass Bargeld in Höhe von 38900 D-Mark erbeutet wurde.

Jens M. Ja.

Götzl Und jetzt der Überfall am 23. 9. 2003 auf eine Sparkasse in Chemnitz.

Jens M. Das war ein geringer Betrag, knapp 500 Euro. Das hing damit zusammen, dass die Täter in diesem Fall nicht an den Tresor rankamen.

Götzl In Ordner 119, Blatt 20: Da ist von einem Betrag von 435 Euro die Rede.

Tag 209

10. Juni 2015

Manfred Götzl, Richter. **Wolfgang Heer**, Verteidiger von Beate Zschäpe.

Götzl Es wird bekannt gegeben, dass Frau Zschäpe einen Entbindungsantrag hinsichtlich der Verteidigung durch die Rechtsanwältin Sturm abgegeben hat. *(Zu Sturm, Heer und Stahl)* Soll von Ihrer Seite etwas dazu gesagt werden?

Verteidiger Heer Wir beantragen, die Hauptverhandlung für heute zu unterbrechen, aufgrund der dargelegten prozessualen Situation. Wir sehen Anlass für eine eingehende Beratung mit der Mandantin.

Götzl Frau Zschäpe, wollen Sie selbst etwas dazu sagen? *(Zschäpe schüttelt den Kopf.)*

Tag 210

16. Juni 2015

Manfred Götzl, Richter. **Rocco E.**, 40, Dachdecker aus Dessau. **Falko H.**, 41, Kriminalbeamter beim BKA in Meckenheim. **Anette Greger**, **Jochen Weingarten**, Vertreter der Bundesanwaltschaft. **Wolfgang Stahl**, Verteidiger von Beate Zschäpe.

(Beate Zschäpe hatte außerhalb der Verhandlung den Antrag gestellt, ihre Verteidigerin Anja Sturm zu entbinden. Diese hat Zschäpes Vorwürfe in einer Stellungnahme an das Gericht als unzutreffend zurückgewiesen. Bis zum 17. Juni hat Zschäpe Zeit, weitere Argu-

mente vorzubringen. Sie würdigt ihre Anwälte keines Blickes, grüßt nicht, starrt vor sich hin. Der Zeuge E. betritt den Gerichtssaal.)

Götzl Als Sie Uwe Mundlos kennengelernt haben, wie war das?

Rocco E. Aufgefallen ist er durch seine Art, sehr witzig, lockerer Spruch auf den Lippen, dominant.

Götzl Sie haben der Polizei gesagt, Sie hätten etwa im Jahr 2000, könnte auch 1999 oder 2001 gewesen sein, bei einem Konzert Uwe Mundlos und Beate Zschäpe gesehen, die damals ein Paar gewesen seien.

Rocco E. Wirklich? Habe ich das so gesagt?

Götzl Das steht hier in der Vernehmung.

Rocco E. Das ist mir heute nicht mehr bekannt, ob sich Frau Zschäpe dort befunden hat. Mir ist nur der Mundlos aufgefallen. Ob ich die Beate damals gesehen habe, kann ich nicht mehr so sagen.

Götzl Hier heißt es, Beate und Uwe hätten in einer Traube im Eingangsbereich des Konzertes gestanden.

Rocco E. Das habe ich doch gerade eben gesagt.

Götzl Kann ich mich nicht erinnern, dass Sie das so gesagt haben. War jetzt Frau Zschäpe zugegen oder nicht?

Rocco E. Kann mich nicht mehr entsinnen, dass sie mir dort aufgefallen wäre.

Götzl Und warum haben Sie das der Polizei dann nicht so gesagt?

Rocco E. Kann ich nicht erklären.

Götzl Da habe ich Probleme mit dem Wahrheitsgehalt Ihrer Angaben. Was sagen Sie dazu? Ist Ihnen klar, dass Sie hier die Wahrheit berichten müssen? Ist das klar?

Rocco E. Ja.

Götzl Gab es jetzt so eine Situation mit Uwe Mundlos?

Rocco E. Ja, gab es.

Götzl Wussten Sie, wer er war?

Rocco E. Nein, erst als dieser Akt im Fernsehen kam, habe ich ihn wiedererkannt auf den Bildern.

Götzl Haben Sie sich mit Mundlos auch unterhalten?

Rocco E. Ja, aber nur in der Traube, nichts Persönliches. Geplänkel. Spaß halt.

Götzl Im Protokoll der Vernehmung findet sich diese Stelle: Mundlos soll gesagt haben: Konzerte seien nicht dazu da, um Spaß zu haben. Sie sollten genutzt werden, um politisch interessierte Kameraden zu organisieren.

Rocco E. Solche Gespräche waren doch bei fast jedem Konzert.

Götzl War das jetzt ein Satz von Mundlos oder nicht?

Rocco E. Durchaus möglich.

Götzl Möglich hilft mir nicht, kein Spekulieren, ich will wissen, was war. Im Protokoll heißt es, die Art von Mundlos sei Ihnen gut in Erinnerung. Er habe politisch radikale und antijüdische Botschaften gut verpacken können.

Rocco E. Ja, Mundlos ist nicht dumm gewesen und er konnte sehr gut erklären im Gespräch.

Götzl Ich lese Ihnen noch mal das Protokoll vor: »Er hat da eine krasse Botschaft rübergebracht, dass man gegen die Juden viel härter vorgehen sollte, die hätten in unserer Gesellschaft nichts zu suchen; Mundlos hat das geschickt verharmlost, indem er dann einen passenden Judenwitz parat hatte.«

Rocco E. Das ist doch das, was ich sage, das kam witzig rüber. Da hat man sich keinen Kopf drüber gemacht.

(Der nächste Zeuge ist der BKA-Ermittler Falko H.)

Götzl Es geht uns um die Auswertung von Videodateien, die in Zwickau gefunden wurden.

Falko H. Ende Januar, Anfang Februar 2012 erreichte mich der Auftrag, in den elektronischen Asservaten der Frühlingsstraße und des Wohnmobils nach selbst geschnittenen Videos zu suchen. Hintergrund ist die Datei »Wette.cpt« – eine Wettvereinbarung zwischen Beate Zschäpe und Uwe Böhnhardt. Es ging darum, bis zum 1. Mai das Körperwunschgewicht wieder zu erreichen. Ein Bild, auf dem Beate und Uwe abgebildet sind, ist zu sehen. Und der Wetteinsatz: Wohnung putzen, Stube reinigen, aber auch 200 Mal Videoclips schneiden. Das war Anlass für die Frage, ob es sich auf das Bekennervideo bezogen haben könnte. Ich habe nach Videos geschaut, die erkennbar mit einem Videoschnittprogramm bearbeitet waren. Bildschnitte, Bildblenden, Texteinblendungen, Tonschnitte. Ich habe selbst geschnittene Videos gefunden. Allerdings ist nicht der Eindruck entstanden, dass mit der Datei »Wette.cpt« auf diese Bezug genommen wurde, sondern dass auf das Bekennervideo Bezug genommen sein könnte. Der Zeitstempel der Datei mit der Wette datiert auf den 24. 11. 2005. Das Bekennervideo wurde begonnen im Mai 2006. Auch die Anzahl der Schnitte passt zur Wette. Es sind dort ja 200 Schnitte genannt und wenn man sich das Bekennervideo ansieht, sieht man schon 94 klar erkennbare Bildschnitte. Wenn noch die Texteinblendungen, die grafischen Elemente und die Tonschnitte hinzukommen, sind es letztlich noch sehr viel mehr Schnitte als 94. Dann gibt es das Asservat »Drehbuch«. Dort gibt es eine Auflistung von Paulchen-Panther-Clips, die tatsächlich zum Teil im Bekennervideo verwendet wurden. Im Drehbuch heißen sie »Clips«. Zum Beispiel, sinngemäß: »Clip 1 Paulchen fährt mit dem Auto die Straße runter«, »Clip 2 Paulchen ist auf dem Roller unterwegs«. Das Wörtchen Clip taucht also sowohl in der Wette als auch mehrfach im Drehbuch für das Bekennervideo auf.

Verteidiger Stahl Wenn ich Ihnen vorhalte beispielsweise die Asservate 14 DVD-R, beschriftet mit »Dr. House«, CD 1 bis 7, sechs Folgen. Wenn ich Ihnen sage, da ist überall die Werbung rausgeschnitten. Wie bewerten Sie das?

Oberstaatsanwalt Weingarten Ich beanstande diese Frage. Es kommt nicht auf die Bewertung des Zeugen an, sondern auf die des Senats.

Oberstaatsanwältin Greger Ich hielte es für erforderlich, dass dem Zeugen das Asservat vorgelegt wird.

Verteidiger Stahl Ich kann nur sagen, da ist die Handschrift von Frau Zschäpe drauf.

(Die besagten DVDs mit Folgen der US-Krimiserie »Dr. House« waren handschriftlich beschriftet von Zschäpe.)

Götzl Welche weiteren Informationen haben Sie dazu, aus welchem Jahr stammen die Folgen?

Verteidiger Stahl Das weiß ich jetzt nicht. Aber wie kommt der Zeuge darauf, dass es nur die Wette und das Bekennervideo sein kann, für die geschnitten wurde?

(Der Zeuge verlässt den Saal.)

Verteidiger Stahl Eine kurze Erklärung nach Paragraf 257: Hoher Senat, der Zeuge H. hat hier tapfer versucht, aus der Vielzahl der Asservate die herauszufiltern, die die Version des Generalbundesanwalts stützen sollen, dass Beate Zschäpe an dem Bekennervideo mitgewirkt hat. Ein tragischer Fehler ist unterlaufen, dass man sich festgelegt hat auf nur zwei Objekte in den Asservaten. Ob das Schneiden von Videosequenzen für ein Gesamtvideo überhaupt als Strafe angesehen werden kann, ist auch eine Frage. Es muss doch jedem aufgehen, dass das Schneiden einen relativ hohen schöpferischen und fast künstlerischen Eigenanteil hat. Das ist keine Strafarbeit. Dagegen: Werbung herausschneiden ist viel plausibler, dass das der Wetteinsatz sein könnte.

(Beate Zschäpe spricht nach Ende der Verhandlung eine Weile mit Richterin Odersky, wechselt aber kein Wort mit ihren Anwälten.)

Tag 211

17. Juni 2015

Manfred Götzl, Richter. **Hans-Joachim M.**, 64, **Frank-Ulrich F.**, 72, ehemalige Mitarbeiter des Verfassungsschutzes Hessen. F. sagte auch am Tag 104 aus. **Michael H.**, 51, Beamter im Landesamt für Verfassungsschutz Hessen. **Beate Zschäpe**, Angeklagte. **Thomas Bliwier**, **Yavuz Narin**, Anwälte der Nebenklage.

(Beate Zschäpe betritt den Saal. Sie schaut ihre drei Verteidiger nicht an, spricht kein Wort mit ihnen. Psychiater Saß macht sich eifrig Notizen. Dann betritt der erste Zeuge den Saal.)

Götzl Es geht uns um die Ereignisse im Zusammenhang mit dem Tatgeschehen am 6. 4. 2006 in Kassel zum Nachteil Halit Yozgats. Von Interesse ist ein Telefonat, das zwischen Ihnen und Herrn Temme am 9. 5. 2006 geführt worden sein soll. Und es geht um die Frage, ob das Landesamt für Verfassungsschutz mit Herrn Temme die polizeilichen Ermittlungen gesteuert oder beeinflusst hat.

Hans-Joachim M. Ich weise nur allgemein darauf hin, dass wir die Maßnahmen der Polizei weder behindert noch gesteuert haben. Das Telefonat: An den Inhalt kann ich mich exakt nicht erinnern. Das ist keine Erinnerungslücke, die ich hier zur Schau stelle, das liegt über acht Jahre zurück.

(Weil Andreas Temme damals unter Mordverdacht stand, wurde sein Telefon von der Polizei abgehört. Das angesprochene Telefonat wird nun über Lautsprecher im Gerichtssaal vorgespielt. Temme sagt, er habe sich melden und fragen wollen, ob er etwas tun könne. Sein Vorgesetzter M. rät ihm, sich bei einem anderen Mitarbeiter des Landesamts für Verfassungsschutz, dem Geheimschutzbeauftragten Herrn Hess, zu melden und mit diesem zu »schwätzen«. Das sei »ein vernünftiger Gesprächspartner, mehr will ich dazu gar nicht sagen«. Dann spricht Temme die »dienstliche Erklärung« an, die er schreiben und in der er seinen Vorgesetzten schildern soll, was geschehen ist. Auch der folgende Abschnitt des Gesprächs wird über die Lautsprecher im Gericht vorgespielt.)

Temme Ich hab so was ja noch nie gehabt. Soll ich mich da kurz auf wirklich … auf die Vorwürfe beschränken oder das Ganze ausführlicher schildern?

Hans-Joachim M. Wer, wer hat Ihnen das aufgegeben?

Temme Das stand in dem Schreiben von Herrn Irrgang. *(Er meint den Chef des Landesamts für Verfassungsschutz.)* Mit der dienstlichen, also die dienstliche Erklärung, das stand in dem Schreiben von Herrn Irrgang, mit dem Verbot der Führung der Dienstgeschäfte.

Hans-Joachim M. Ach so, die vorläufige Suspendierung.

Temme Ja, ja.

Hans-Joachim M. Puh, oh, keine Ahnung, schwierig. Äh, ich, dienstliche Erklärung … *(längere Pause)* Schreiben Sie so, wie es war.

Temme Mhm. Ja.

Hans-Joachim M. Alles andere, alles andere da jetzt, für ein taktisches Geplänkel, denke ich mal, ist das, ist das kein Thema. Aber das wär zum Beispiel, ich will keinen falschen Rat geben, Herr Temme, ich bin weit davon entfernt, Sie weiter nach unten zu ziehen, gell? Das will ich mal deutlich dazu sagen.

Temme Mhm.

Hans-Joachim M. Für mich gibt's immer noch den Kollegen Temme und ich kann mir vieles nicht vorstellen, und deswegen sag ich, ich lauf nicht an Ihnen vorbei jetzt und guck Sie nicht mehr an, gell.

(Temme erklärt, dass auch ein alter Drogenrest bei ihm aus Bundeswehrzeiten gefunden worden sei. M. rät ihm, alles »ohne Wenn und Aber« darzustellen in der Erklärung.)

Hans-Joachim M. Schwätzen Sie doch mal mit dem Herrn Hess, gucken Sie doch mal, ob Sie an den rankommen. Ansonsten, kann ich nur sagen, würde ich das so schreiben, wie Sie das jetzt aufgreifen. Punkt für Punkt. Und halt darstellen.

Temme Mhm. Ja.

Hans-Joachim M. Und das weder aufzubauschen noch irgendwie aus falsch verstandener Zurückhaltung oder Scham irgendwas weglassen, also ich, ich würde die Fakten einfach darstellen. Und Sie haben bewiesen, dass Sie Berichte schreiben können. Dann werden Sie das auch sauber darstellen. Würde ich vorschlagen. *(Zum Schluss des Telefonats erkundigt sich M. nach Temmes Familie und wünscht ihm alles Gute. Damit endet die Einspielung des Telefonats im Gerichtssaal.)*

Götzl Was sagen Sie dazu?

Hans-Joachim M. Ich kann nur vielen Dank sagen, das Gespräch ist jetzt wieder da bei mir. Das war offensichtlich, als Herr Temme nicht mehr in Untersuchungshaft war. Er hat versucht, Kontakt aufzunehmen, wegen des Auftrags, eine dienstliche Erklärung zu den Umständen am Tatort zu schreiben. Ich habe versucht, für meinen Kollegen da zu sein. Sie mögen aber auch feststellen daran, dass ich ihn nicht beeinflusst habe. Ich wollte nicht laufende Ermittlungsverfahren tangieren durch Ratschläge von meiner Seite. Aber eine Aufgabe war es, für ihn da zu sein. Nicht diktieren, was er tun soll, aber die Möglichkeit zu eröffnen, mit dem Geheimschutzbeauftragten Kontakt zu nehmen. Ich bin also weit davon entfernt, ihm vorzugeben, was er denken und schreiben soll, auf der anderen Seite aber ihm ein Gesprächspartner zu bleiben im Hinblick auf seine private Situation. Private Dinge waren für den Vorgesetzten immer ein Thema.

Götzl Was war Ihre Funktion damals?

Hans-Joachim M. Ich war sein Abteilungsleiter im operativen Bereich.

Götzl Wie war Ihr Kenntnisstand zu Temmes Situation zu dem Zeitpunkt des Telefonats? Und welche Kenntnisse hatten Sie von den Vorwürfen?

Hans-Joachim M. Ich wusste, dass er sich in unmittelbarer Nähe zum Tatort aufgehalten hat. Dass er in einem Internetbüro gesurft hat. Und dass es nichts mit dem Dienst zu tun hatte, was seiner Frau nicht gefallen hat. (*Temme hatte sich im Internet in einem Flirtforum aufgehalten.*)

Anwalt Bliwier Ihr Untergebener war des Mordes beschuldigt. Welche Gespräche und mit wem haben zu diesem Thema stattgefunden?

Hans-Joachim M. Es gab eine Besprechung. Unser Amtsleiter hatte angeordnet zu prüfen, zu welchem Zeitpunkt Herr Temme wo gewesen ist. Ansonsten hat die Amtsleitung den Kontakt zur Polizei wahrgenommen. Bei solcher Brisanz muss das immer die Amtsleitung machen.

Anwalt Bliwier Was haben Sie damit gemeint, als Sie im Telefonat zu Temme sagten, Sie seien weit davon entfernt, ihn weiter nach unten zu ziehen?

Hans-Joachim M. Der Mitarbeiter und seine Familie waren in einer brisanten Situation. Mir war es wichtig, Ansprechpartner für ihn zu sein, wenn er das haben will. Ich habe ihm geraten, was er tun soll, und habe vermeiden wollen, Dinge in die Wege zu leiten, die eine Aufklärung zugunsten oder zulasten von Herrn Temme behindern könnten.

Anwalt Bliwier Hatten Sie Kenntnis, dass das Telefonat aufgezeichnet wird?

Hans-Joachim M. Hatte ich keine Kenntnis.

Anwalt Narin Ist Ihnen ein Schreiben Ihrer Kollegin Frau P. bekannt, eine Rundmail vom 24. 3. 2006 zur Česká-Mordserie, in der dazu aufgefordert wird, bei den Quellen nachzufragen, ob jemand etwas weiß?

Hans-Joachim M. (*überlegt*) Frau P. war meine unmittelbare Vertretung. An diese Rundmail mich jetzt zu erinnern, bin ich nicht in der Lage.

Anwalt Narin Können Sie mir sagen, ob Ihr Amt mal befasst war mit der Mordserie, bevor die Sache mit Temme aufflog?

Hans-Joachim M. Da habe ich eigene Erinnerungen, zu denen ich aber keine Stellungnahme heute abgebe.

Anwalt Narin Warum?

Hans-Joachim M. Weil sie mit der Sache nichts zu tun haben.

Anwalt Narin Ich bitte Sie trotzdem, diese Frage zu beantworten!

Hans-Joachim M. Da andere Behörden betroffen sind, berufe ich mich auf meine eingeschränkte Aussagegenehmigung.

Anwalt Narin Welche anderen Behörden? Können Sie diese nennen?

Hans-Joachim M. Um weiteren Spekulationen nicht Boden unter die Füße zu geben, werde ich das nicht tun.

(M. wird als Zeuge entlassen. Der Zeuge Frank-Ulrich F. betritt den Gerichtssaal, auch er ein ehemaliger Kollege von Andreas Temme.)

Götzl Es geht um Telefonate von Ihnen mit Herrn Temme und die Frage, ob das Landesamt für Verfassungsschutz Hessen Einfluss auf die polizeilichen Ermittlungen genommen hat. Was können Sie dazu sagen?

Frank-Ulrich F. Ich saß ja vor einem Jahr schon mal hier. Die Telefonate mit Herrn Temme habe ich vergessen.

(Ein von der Polizei abgehörtes und aufgezeichnetes Telefonat zwischen F. und Temme vom 2. 5. 2006 wird vorgespielt.)

Frank-Ulrich F. Dir geht's nicht gut, ne?

Temme Nee.

Frank-Ulrich F. Sehe ich, höre ich. Uns auch nicht, Andreas. Glaubst du?

Temme Ich weiß.

Frank-Ulrich F. Was kann ich dir helfen?

Temme Ich wollte mich nur mal melden.

Frank-Ulrich F. Das ist gut, Andreas. Du, da kann ich dich gleich noch mal was fragen, ehe du deinen Senf loswirst. Wie kriege ich den 650? Den führe ich jetzt weiter. *(Es geht um einen V-Mann, den Temme betreut hatte, und um Organisatorisches. Nach einer Weile kommt das Gespräch zurück auf die Ermittlungen gegen Temme.)*

Temme Ich habe Riesenmist gebaut in dienstlicher Hinsicht.

Frank-Ulrich F. Ach, dienstlich war es nicht so schlimm, glaub ich, dienstlich ist es nicht so schlimm.

Temme Ich hätte da nicht …

Frank-Ulrich F. Privat hätteste mal mit uns drüber reden müssen, deine Probleme. Das wäre vielleicht besser gewesen.

Temme Ja.

(Das Telefonat geht noch minutenlang weiter. Am Ende sagt F., Temme könne ihn jederzeit anrufen, und wünscht ihm alles Gute. Dann endet die Einspielung des Telefonats.)

Götzl Was sagen Sie dazu?

Frank-Ulrich F. Ich habe da rausgehört, was wir alle angenommen haben: dass er am falschen Zeitpunkt am falschen Platz war. Dass er vielleicht mit dem Ziel, einen guten Dienst zu machen, das verschwiegen hat, dass er dort war. Und er gedacht hat, vielleicht kriegen sie nichts raus. Ein Tötungsdelikt, einen Mord, hab ich ihm nie zugetraut, auch wenn die Polizei nach den Vernehmungen mir das anders dargestellt hatte. Aus ausländerfeindlichen Gründen schon gar nicht. Ich kannte ihn zwar nur seit zwei Jahren im Dienst, aber konnte mir schon ein Bild von ihm machen. Wir haben darüber gesprochen: Wenn er nun im Blickpunkt wäre von Journalisten, dann wäre seine Möglichkeit, im operativen Geschäft zu arbeiten, beendet. Dann ist deine Karriere beendet, habe ich ihm gesagt.

(Der nächste Zeuge ist ebenfalls Beamter des hessischen Verfassungsschutzes. Er war als Kollege mit Andreas Temme befreundet.)

Götzl Es geht um ein Telefonat von Ihnen mit Herrn Temme vom 28. April 2006. Was können Sie dazu sagen?

Michael H. Das Telefonat habe ich geführt, der Ton war rauh. Das lag daran, dass durch die personelle Bestückung in unserem Dezernat ich mich da benachteiligt gefühlt hab, deshalb war ich da etwas frustriert.

(Das Telefonat wird vorgespielt.)

Michael H. Was machst denn du für eine Scheiße?

Temme Äh.

Michael H. Ich will's gar nit wisse.

Temme Hör uff, ey.

Michael H. Wie geht's denn jetzt so? Ganz schön scheiße oder was?

Temme Ach ja, ich sag mal so, der erste Schock ist rum, und jetzt muss ich erst mal gucken, wie es … dass ich aus der großen Scheiße, dass das so langsam von mir verschwindet, und dann werde ich mich ums Aufräumen kümmern, was die Arbeit angeht. Ich sag's dir. An paar Ecken Scheiße gebaut und dann aber voll erwischt. Ei jei jei. Ich hab paar aufs Maul verdient, da stehe ich auch zu, aber der Rest, das war dann schon ziemlich heftig. Hast du die ganze Story so mitgekriegt?

Michael H. Na ja.

Temme In Einzelheiten?

Michael H. Nee. Eigentlich nit. Das war eben nur, was sie hier so erzählt haben. Was der Boss so gesagt hat. Dass eben der Typ in dem Café da umgedaddelt worden war. Und du wärst dann wahrscheinlich da raus und hättest dich irgendwie nicht bei der Bullerei gemeldet, und dann wären irgendwann sie auf den Trichter gekommen.

(So geht das Gespräch eine Weile hin, bis Michael H. noch einmal nachfragt.)

Michael H. Ja, aber hier, du warst in dem Internetcafe?

Temme Ja.

Michael H. Als sie den umgedaddelt haben?

Temme Entweder so rum und ich bin dann, hab beim Rausgehen nit gesehen, wie er da lag, weil der irgendwie, das haben sie mir ja auch erst, das kam ja dann auch erst so nach und nach, wirklich in den letzten Tagen dann so. Das muss nicht zwangsläufig so gewesen sein, dass ich ihn gesehen hätte. Beide Vorstellungen sind nicht besonders angenehm.

Michael H. Hmm.

Temme Wenn ich mir überlege, ich sitze da, und ein paar Meter vor mir passiert es und ich kriege es nit mit und spaziere dann anschließend dran vorbei raus, das ist also schon ziemlich heftig. Und die andere Möglichkeit, ich sitze da drin, spaziere da raus und anschließend passiert das da und ich …

Michael H. Hmm.

Temme Ist ja wirklich nur kleinste Zeiteinheiten, um die es da noch geht. Also es ist beides nit so gut, weil, es hätt genauso gut sein können, dass der Typ, der unterwegs war, gemeint hätte, ja hier, du hast da jetzt ein bisschen schlecht gesessen, irgendwas mitgekriegt, was du nit mitkriegen solltest. Jetzt müssen wir uns noch mit dir befassen. Ahh. Das war schon der Knaller. Dass ich da überhaupt nix drin zu suchen hatte und die ganzen anderen Umstände, das ist klar, das geht auf meine Kappe. Und das, was ich dafür auf die Hacke kriege, das ziehe ich mir auch an, das ist gar kein Thema. Nur mit dem eigentlichen Teil hab ich natürlich nix am Hut.

(Am Ende des Gesprächs zeigt sich Temme zuversichtlich, dass es umso besser für ihn sein werde, je mehr die Ermittler »abchecken«. Während die Aufzeichnung läuft, fällt dem Vor-

sitzenden Richter auf, dass Beate Zschäpe den Eindruck macht, als würde sie wegdämmern. Als die Einspielung des Telefonats endet,richtet er eine Frage an die Angeklagte.)

Götzl Sind Sie noch bei der Sache, Frau Zschäpe?

Zschäpe *(überrascht)* Ja.

Tag 212

23. Juni 2015

Manfred Götzl, Richter. **Falco K.**, 32, Finanzberater aus Chemnitz. **Alexander Hoffmann**, Anwalt der Nebenklage.

Götzl Es geht uns um einen Überfall auf einen Edeka-Markt in Chemnitz, Irkutsker Straße 1 am 18. Dezember 1998. Was haben Sie noch in Erinnerung?

Falco K. Also, wir standen vor dem Supermarkt, es war ein Freitag, ich habe auf Freunde gewartet, weil wir noch ins Kino gehen wollten. Wir standen vor dem Eingang und hatten uns unterhalten, und uns ist aufgefallen, dass sich zwei Personen direkt vor dem Eingang aufhielten. Fünf Minuten später kam ein Dritter rausgerannt und hatte was unterm Arm. Die sind um den Supermarkt rumgerannt, ich hab gedacht: Was machen die denn da? Ich bin hinterhergerannt, auf der anderen Seite haben die gesagt: »Bleib stehen!« Und auf mich geschossen drei Mal. Ich war wie erstarrt. Es waren drei Fahrzeuge oder zwei, und ich hab mich dahintergeschmissen, dass die mich nicht mehr gesehen haben.

Götzl Haben Sie beobachtet, was die Personen, die geflüchtet sind, gemacht haben?

Falco K. Draußen waren die zwei Personen, die als Erste gerannt sind. Der mit der Beute war die dritte Person.

Götzl Können Sie sagen, wie viele Schüsse abgegeben wurden?

Falco K. Drei. Ein Schuss ist am Kopf vorbei, das hört man. Macht »Pffffft«. So ein Zischen. Einer ist in Brusthöhe vorbei. Und ein dritter ist in die Wand. Bis vor ein paar Jahren war das Einschussloch noch zu sehen.

Götzl Sie waren 16 Jahre alt, wie groß waren Sie damals?

Falco K. Ich denke mal 1,85 Meter.

Götzl Und der Einschuss war in Brusthöhe?

Falco K. Ja, so 1,40 Meter vielleicht.

(Der Zeuge verlässt den Saal.)

Anwalt Hoffmann Die Aussage des Zeugen ist bedeutsam, weil sie die extreme Gewaltbereitschaft der Kernmitglieder des NSU bereits 1998, als sie sich relativ offen in Chemnitz bewegten, belegt. Der Überfall zeigt, dass die Untergetauchten von Anfang an zur Tötung von Menschen bereit waren. Dies kann den Unterstützern nicht verborgen geblieben sein.

(Pause.)

Götzl Die Situation ist die, dass Frau Zschäpe heute erhebliche Zahnbeschwerden hat und deshalb in Behandlung ist, die noch nicht abgeschlossen ist. Deshalb können wir nur am Vormittag verhandeln.

Tag 213

24. Juni 2015

Manfred Götzl, Richter. **Gerald Hess**, 70, ehemals Geheimschutzbeauftragter des Verfassungsschutzes in Hessen. **Thomas Bliwier**, Anwalt der Nebenklage.

(Die Zeugin Meral Keskin ist nicht erschienen, ihr Rechtsanwalt sagt, sie sei auf dem Weg zum Gericht zusammengebrochen.)

Götzl Frau Zschäpe, ich nehme an, die Zahnbehandlung ist gestern erfolgt, und es geht Ihnen wieder gut?

Zschäpe *(nickt)*

(Als Zeuge tritt der pensionierte hessische Beamte Gerald Hess auf. Wie an Tag 211 geht es wieder um den Mord in Kassel und den Verdacht, den die Polizei damals gegen den Verfassungsschutz-Mitarbeiter Andreas Temme hegte.)

Hess Ich war Geheimschutzbeauftragter des Landesamts für Verfassungsschutz, das heißt, für die personelle und materielle Sicherheit des LfV verantwortlich gewesen zu sein. Gleichzeitig hatte ich noch die Aufgabe des Dezernenten »Grundsatz«. Und in dieser kombinierten Funktion bin ich beauftragt worden, sozusagen die Poststelle für die Polizei Hessen zu sein. Dinge an die Polizei zu leiten. Und bezüglich der Arbeit des Herrn T. hatte ich nichts mitzureden. Nur in puncto Geheimschutzbeauftragter, er war sicherheitsüberprüft, das hat mich dann natürlich interessiert.

Götzl Wenn Sie T. sagen, meinen Sie Herrn Temme?

Hess Ja.

Götzl Hatten Sie in Bezug auf die Person Temmes eine spezielle Funktion?

Hess Die spezielle Funktion als Geheimschutzbeauftragter ist dann, wenn jemand mordverdächtig ist, die Sicherheitsüberprüfung. Er ist vom Dienst suspendiert worden. Damit war die Sache erst mal auf Eis gelegt. Wir sind ja keine Behörde, die neben der Polizei noch ermittelt. Man wartet erst mal ab, was die Polizei ermittelt, zu welcher Schlussfolgerung sie kommt. Wenn man das hat, dann hat man eine Grundlage bezüglich eines Disziplinarverfahrens oder weiterer Folgerungen bezüglich der Sicherheitsüberprüfung.

Götzl Worum ging es der Polizei? Welche Informationen wollte sie von Ihnen?

Hess Ich kann mich nur noch an einen größeren Komplex erinnern: Sie wollte zu jedem der Morde, die damals bekannt waren, wissen, ob Temme in der Nähe dieser Tatorte gewesen war oder nicht. Das haben wir dann aufgelistet und der Polizei zur Verfügung gestellt. Und sie wollte noch Quellen von uns befragen.

Götzl Gab es weitere polizeiliche Maßnahmen in Bezug auf Herrn Temme, von denen Sie zu dem Zeitpunkt Kenntnis hatten? Durchsuchungen vielleicht?

Hess Ja, in der Außenstelle des Landesamts für Verfassungsschutz und bei Herrn T. zu Hause.

Götzl Ich wäre dankbar, wenn Sie von Herrn Temme sprechen, nicht von Herrn T. Sonst muss ich nachfragen. Wissen Sie, was bei der Durchsuchung sichergestellt wurde?

Hess Auszüge aus »Mein Kampf«, die er mal in der Jugend abgeschrieben hat. Rauschmittel in geringer Menge, die er seit fünfzehn oder zehn Jahren in einer Kassette aufgehoben hatte. Ich meine, es wäre auch noch Munition gefunden worden.

Götzl Sie hatten den Begriff »Poststelle« verwendet. Welche Informationen sind von Ihnen an die Polizei gegeben worden?

Hess Also, das kann ich wieder nur allgemein beantworten. Die Anfragen der Polizei sind beantwortet worden, bis auf die Quellenbefragung, da gab's ja dann eine Meinungsverschiedenheit, wie das abzulaufen hat. Und ich kann mich erinnern an die Anwesenheiten an den Mordtatorten. Es gab dann noch eine dubiose Sache. Mit irgendeinem Parkschein. Der wohl von der Polizei falsch eingetütet wurde, der einen Verdacht eröffnete. Und dann hat sich herausgestellt, dass ein Missverständnis bei der Polizei vorlag.

Götzl Stichwort »Quellen« – waren Sie dafür zuständig?

Hess Nein, nein, nein. Im Endeffekt entscheidet so was der Minister. Ich hab natürlich eine Meinung dazu gehabt.

Götzl Welche?

Hess Der Verfassungsschutz ist eine Behörde, da gilt der Grundsatz der Verhältnismäßigkeit. Und wenn ein Mordvorwurf im Raum steht, gehen natürlich alle Sicherungen runter, dann geht es möglicherweise bis hin zur Quellenbefragung. Wenn aber der Verdacht am Schwinden ist, dann bleiben die Quellen natürlich bestehen, denn es geht ja immerhin um die Arbeitsfähigkeit des Landesamtes für Verfassungsschutz.

Götzl Wem gegenüber haben Sie diese Meinung geäußert?

Hess Dem Amtsleiter gegenüber. Und im Endeffekt wurden die Quellen ja auch befragt, aber indirekt. Die Fragen der Polizei gingen an uns und wir haben sie weitergeleitet. Und vorher hab ich mich auch noch informiert bei der Staatsanwaltschaft, wie es mit dem Verdacht aussieht.

Götzl Die sonstigen Auskünfte, die an die Polizei gegeben wurden: Wer hat das entschieden?

Hess Ich war nur die Poststelle. Die Entscheidungen treffen dann die zuständigen Stellen.

Götzl Wie kam es denn jetzt zu Ihrem Telefonat mit Herrn Temme am 9. 5. 2006?

(Das Telefonat wurde damals von der Polizei mitgeschnitten, weil Temmes Anschlüsse überwacht wurden.)

Hess Herr Temme hat versucht, mich zu erreichen, ich habe ihn zurückgerufen. Wir haben in der Zeit schon etliche Male telefoniert. Am Anfang ging es um seine dienstliche Erklärung, um Anfragen der Polizei. Im Endeffekt waren wir uns einig: Alles, was die Polizei haben will, kann sie haben. Ich sagte ihm: Versuch mal, dich mit der subjektiven Sache zurückzunehmen. Was ist denn objektiv passiert? Und ich habe vor der Gefahr gewarnt, wegen irgendwelcher Peinlichkeiten den bequemen Weg zu gehen und von der Wahrheit abzuweichen.

Götzl Was hatten Sie da im Auge?

Hess Das Flirten im Internet. Das gesteht man ja vielleicht nicht gern, wenn die Frau zu Hause in vier Wochen entbindet.

Götzl Worum ging es Ihnen bei dem Telefonat?

Hess Ihn dazu aufzufordern, die Wahrheit zu sagen. Bleib bei der Wahrheit und weiche nicht aus! Aber bitte unter Beachtung auch der anderen Vorschriften, die eben für einen Verfassungsschützer gelten.

(Nun wird das Telefonat von Hess und Temme vom 9. 5. 2006 im Gerichtssaal vorgespielt.)

Temme Hallo Herr Hess.

Hess Hallo Herr Temme, grüße Sie.

Temme Ich wollte mich bei Ihnen mal melden.

Hess Alles klar. Ja, keine einfache Situation für Sie.

Temme Nee, das stimmt.

Hess Ich sage ja jedem, eh, wenn der weiß, dass irgendwo so was passiert, bitte nicht vorbeifahren. Ja, wie sieht's bei Ihnen aus? Wie fühlen Sie sich?

Temme Ja so langsam geht's mir ein bisschen besser.

(Später im Telefonat kommen Hess und Temme auf die Ermittlungen im Mordfall Yozgat zu sprechen.)

Hess Hmh, also ich, gut, ich habe mit der Frau P. gesprochen, ich nehme an, die hat Sie ja dann auch kurz danach irgendwie kontaktiert oder man ist da ins Gespräch gekommen oder hat 'nen Kanal eröffnet, ehm, kann nur immer sagen, was ich grundsätzlich aber auch hier jedem sage bei der Arbeit: Also so nah wie möglich an der Wahrheit bleiben. Das kann ich Ihnen immer wieder nur sozusagen ans Herz legen, um Himmels willen nichts anderes. Wenn man was vielleicht nicht sagen möchte oder dann, dann würde ich das vielleicht auch artikulieren – also muss ich mir erst mal, möchte ich im Augenblick oder kann im Augenblick nicht oder wie auch immer, oder direkt sagen, was weiß ich, welche Gefühle man hat, dass es einem, was weiß ich, peinlich ist oder dies oder jenes, da müssen Sie mir noch ein bisschen Zeit lassen oder so. Aber ansonsten immer nahe dranbleiben. Ehm, von meiner Seite kann ich sagen, meine ich, schon auch auf Verständnis hinsichtlich Ihrer beruflichen Tätigkeiten, überhaupt unseres Amtes, auf der anderen Seite zu stoßen.

Temme Ja, den Eindruck hatte ich auch.

Hess Also gut, die wollen von uns auch so manches wissen, das kriegen sie auch alles, klar, denn nur dann können die möglichst schnell beurteilen, was an der Sache dran ist.

Temme Ja, das habe ich ja auch gesagt zur Frau Dr. P. und Herrn H., und jetzt auch zu Ihnen und aber auch bei der Polizei. Also was immer jemand von mir wissen will, was da nutzt oder was irgendwas erklärt, und immer fragen und ich werd das dann auch so, wie es war, dann entsprechend erzählen. So wie sie es vorhin gesagt haben, das Einzige, was Sinn macht, dass die ganze Sache dann irgendwann mal ein Ende findet, ist nur so darzustellen wie es ist. Also irgendwas da rumzureden oder anders zu machen hat überhaupt keinen Sinn.

(Das Gespräch geht noch eine Weile weiter, Hess ermuntert Temme dazu, das alles so aufzuschreiben in einer Erklärung, wie er es ihm erzählt hat. Dann endet die Einspielung des Telefonats im Gerichtssaal.)

Götzl Sie haben in dem Telefonat an einer Stelle gesagt: »Ich sage ja jedem: Wenn er weiß, dass irgendwo so etwas passiert, bitte nicht vorbeifahren.«

Hess Dieser Satz bedeutet: Wenn er gewusst hätte, welche Schwierigkeiten er sich da einhandelt durch den Besuch des Internetcafés, dann hätte er einen großen Bogen drum geschlagen. Eine, wenn Sie so wollen, etwas ironische Eröffnungsklausel. Man hätte auch sagen können: zur falschen Zeit am falschen Ort gewesen.

Götzl Worauf soll sich denn die Ironie beziehen?

Hess Wenn er im Vorhinein gewusst hätte, was sich alles abspielt nach dem Besuch, dann hätte er ihn nicht getätigt.

Götzl Sie sagten aber: »Ich sage jedem, wenn er weiß …«

Hess Ich hätte auch sagen können: Wie kann man nur so blöd sein, an einem Mordtatort vorbeizufahren! Tut mir leid, ich kann nichts anderes sagen. Das würde ich jedem sagen. Er hat sich ja enorme Schwierigkeiten eingehandelt, und ich würde das wahrscheinlich wieder jedem raten. Bitte sich nicht an einem Tatort aufhalten.

Götzl Die Frage ist: Wie soll der Betreffende das wissen? »Wenn er weiß« – das ist eine Präsensform, da ist nicht die Rede von der Vergangenheit.

Hess Ich kann nur sagen, wie ich es gemeint habe: Wenn er das vorher gewusst hätte, dann fährt man da nicht vorbei. Da er es aber nicht wusste, ist es eben so passiert.

Götzl Haben Sie infrage gestellt, dass er nichts von der Tötung mitbekommen habe?

Hess Nein, ich kann nur was infrage stellen, wenn mir Fakten vorliegen, dass er doch was mitbekommen hat. Bis heute habe ich das nicht infrage gestellt, weil mir in Erinnerung ist, dass die Polizei ein Zeitschema aufgestellt hat und gesagt hat: Könnte sein. Zwar alles sehr eng, aber könnte sich so abgespielt haben.

(Nun wird ein Telefonat von Hess und Temme vom 20. 6. 2006 vorgespielt. Hess erkundigt sich darin, wie es Temme geht, und fragt, ob er sich einen Anwalt genommen habe. Temme antwortet, der Anwalt habe geraten, die Ermittler erst mal ihre Arbeit machen zu lassen. Im Verlauf des Gesprächs berichtet Temme auch von einem Vorschlag der Polizei.)

Temme Und da haben die gesagt, es gäbe wohl, ich glaub in Mainz an der Uni und in Bayern so Programme oder so Möglichkeiten, dass man mithilfe von Psychologen so dieses Zeitgeschehen, um das es geht, aufarbeitet, um vielleicht ein paar mehr Fakten dazu zu bekommen, und da wollten die mit dem Staatsanwalt wohl beraten oder mit dem Leiter von den Ermittlungen, ob das infrage käme, ob die das für sinnvoll oder für brauchbar halten. Da hab ich aber bisher noch nichts von gehört.

Hess Na ja, na gut, das ist ja nur gut für alle Beteiligten.

(Wieder befragt Götzl den Zeugen Hess zu dem eingespielten Telefonat.)

Götzl Was gibt es aus Ihrer Sicht dazu zu sagen?

Hess Ja, er hat seine Bereitschaft erklärt, durch Hypnose oder so Dinge aus seinem Gehirn rauszuholen, an die man selbst nicht mehr rankommt. Das Gespräch deutet ja wieder darauf hin, dass er bereit war, möglichst alles zu tun, um den Sachverhalt aufzuklären.

Götzl Gab es denn Vorwürfe Ihnen gegenüber oder dem Amtsleiter Herrn Irrgang, dass Sie Herrn Temme Rückendeckung geben?

Hess Ich hab nur Vorwürfe der Polizei in Erinnerung, nach dem Muster: Wie kann so ein schlimmer Mensch überhaupt noch beim Verfassungsschutz arbeiten – also Behauptungen, keine Fakten. Darauf kann ich nicht bauen. Da muss man erst mal abwarten, was von den Behauptungen übrig bleibt. Meine Meinung war: Kommt ihr zu eurem Ergebnis, dann machen wir. Ich habe aber mitbekommen, dass Teile der Polizei unzufrieden waren.

Anwalt Bliwier Haben Sie damals sich so geäußert, dass der Verlust der Quellen des

Verfassungsschutzes infolge einer Befragung durch die Polizei das »größtmögliche Unglück« für das Landesamt wäre?

Hess Ja.

Anwalt Bliwier Und dass man die Arbeit des Geheimdienstes ja lahmlegen könne, indem man eine Leiche in die Nähe eines V-Manns oder V-Mann-Führers legen würde? Sind Sie da richtig wiedergegeben worden?

Hess Ja, das war eine theoretische Erörterung. Da kann einer einen ähnlichen Fall konstruieren. Eine Quelle irgendwo reinziehen, und da ist man dann blind. *(Er meint damit, dass der Geheimdienst auf diese Weise Informanten verlieren könnte.)* Und wenn dann der nächste Anschlag kommt, möchte ich nicht weiterdenken.

Anwalt Bliwier Wo war denn damals Raum für theoretische Überlegungen? Die Polizei wollte ja konkret die Quellen von Temme befragen.

Hess *(schweigt)*

Götzl Was war jetzt die Frage?

Anwalt Bliwier Der Zeuge antwortet nicht mehr darauf, das nehme ich zur Kenntnis.

Tag 214

30. Juni 2015

Manfred Götzl, Richter. **Beate Zschäpe**, Angeklagte. **Eva Schmidt-Temme**, 43, Ehefrau von Andreas Temme. **Andreas Temme**, 48, Beamter aus Hofgeismar, ehemaliger Mitarbeiter des hessischen Verfassungsschutzes. **Jochen Weingarten**, Vertreter der Bundesanwaltschaft. **Ismail Yozgat**, Vater von Halit Yozgat, des Mordopfers aus Kassel. **Yavuz Narin**, Anwalt der Nebenklage.

(Außerhalb der Hauptverhandlung hat das Gericht vier Tage zuvor den Antrag von Beate Zschäpe, die Bestellung von Anwältin Anja Sturm als Pflichtverteidigerin zu widerrufen, abgelehnt.)

Götzl Ich habe soeben ein Schreiben von Frau Zschäpe erhalten, das ich hier verlese: »Sehr geehrter Herr Vorsitzender, hiermit beantrage ich, die Befragung von weiteren Zeugen erst nach Beiordnung von Rechtsanwalt Grasel fortzuführen. Mit freundlichen Grüßen, Beate Zschäpe.«

(Er wendet sich an Zschäpe.)

Es ist natürlich die Situation so, dass Sie verteidigt sind. Sodass der Fortgang der Hauptverhandlung stattfinden kann und eigentlich keine Veranlassung besteht, die Befragung von weiteren Zeugen hintanzustellen. Wollen Sie dazu etwas sagen?

(Zschäpe schüttelt den Kopf.)

Götzl Soll der Antrag aufrechterhalten werden?

Zschäpe *(leise)* Ja.

(Das Gericht zieht sich zurück und erscheint nach kurzer Pause wieder im Gerichtssaal.)

Götzl Der Antrag der Angeklagten wird abgelehnt. Ein Anlass ist nicht ersichtlich. Die Angeklagte wird von drei Verteidigern vertreten.

(Nach der Befragung eines ersten Zeugen betritt die Zeugin Eva Schmidt-Temme den Gerichtssaal.)

Schmidt-Temme Ich war gerade in der Badewanne, hochschwanger, als mein Mann ins Bad kam und sagte, die Polizei sei da, er müsse mit nach Kassel. Als er am nächsten Tag zurückkam, hat er mir erzählt, dass er am Tag des Mordes an Halit Yozgat in dem Internetcafé gechattet hat und er mir das halt nicht sagen wollte.

Götzl Haben Sie auch darüber gesprochen, ob er von der Tötung des Herrn Yozgat etwas mitbekommen hat?

Schmidt-Temme Er hat mir gesagt, dass er nichts mitbekommen hat. Er hat auch keine Leiche gesehen. Er wäre sonst nicht gegangen.

Götzl Zum Thema Plastiktüte. Ist darüber zwischen Ihnen beiden gesprochen worden?

Schmidt-Temme Das Thema mit der Plastiktüte, das ist das, was ich wohl im Gespräch mit einer Freundin gesagt habe. Die Polizei hat damals bei ihm im Büro, bei uns und im Elternhaus nach einer Plastiktüte gesucht. Ich war außer mir, das kam mir so gering vor. Ich konnte nicht fassen, dass man nach einer Plastiktüte sucht. Ich habe mich dann unschön geäußert. Mein Mann hat mit mir niemals über eine Plastiktüte gesprochen.

(Ein Zeuge aus dem Internetcafé hatte damals angegeben, Temme habe eine Plastiktüte dabeigehabt, in der ein möglicherweise schwerer Gegenstand gewesen sei. Die Polizei vermutete damals zeitweise, es könnte sich um die Tatwaffe gehandelt haben.)

Götzl Wenn Sie sagen »niemals«: Haben Sie sich denn mit ihm über das Thema unterhalten?

Schmidt-Temme Ob er eine Plastiktüte dabeihatte? Er hat mir wohl gesagt, es wird nach einer Plastiktüte gesucht. Und dann hatten wir nicht wirklich ein Gespräch darüber, er hat mir wohl gesagt, er hatte keine. Aber das war kein Gespräch, an das ich mich erinnern könnte.

(Nun wird in Auszügen ein – mehr als zwei Stunden dauerndes – Telefonat eingespielt, das die Zeugin am 28. 4. 2006 mit ihrer Schwester geführt hat. Überwiegend geht es um private Themen, die mit den Ermittlungen nichts zu tun haben. Auch dieses Gespräch war damals von der Polizei abgehört worden.)

Schmidt-Temme Und dann fing er *(ihr Mann Andreas Temme)* an: Ich hab ja nicht und ich wollte nie und ich hätte ja nicht gesollt und trallala, und dann sag ich: Ich will gar nicht wissen, was du nicht hast und was du nicht wolltest, ich will wissen, was da gewesen ist. Warum? Warum bin ich in der Situation, warum sind wir in dieser Situation? Ja, und dann, weil ich das so gefragt hab, ich hätte ja auch genauso gut fragen können: Sag mal, was hast'n da gemacht? Ich hab dann gefragt, warum sind wir jetzt alle in dieser Situation? Warum ist das so? Warum können die dich verdächtigen? Warum bist du da gewesen? Gar nicht, ob er damit was zu tun hat. Das stand für mich ja sowieso außer Frage. Aber ich meine, sie konnten ihn ja nur verdächtigen, weil er da war. *(Sie spricht von dem Internetcafé, in dem der Mord geschah.)* Ich wollte halt nur wissen, warum er da war. Ja und dann, ja, und er weiß ja auch nicht, und er hat dann angefangen, immer mal wieder da reinzugucken und immer wieder, und nachher hatte das dann so einen Suchtcharakter, und er konnte dann gar nicht mehr anders, und er musste das immer wieder und immer öfter. *(Gemeint ist das Chatten in dem Flirtportal.)* Und ich sag, von wie oft reden wir denn? Ja, das war am Schluss jeden Tag.

Schwester O Gott.

Schmidt-Temme Ich sag: Ja, Schätzchen, und mir erzählst du dann irgendwie: Später komme ich nach Hause. Ich sag: Du hast unsere Zeit verplempert in so 'ner … weißte, es gibt ja auch in der Königsgalerie ein Internetcafé. Sag ich: Du hast unsere Zeit verplempert in so 'ner Asselbude in Kassel-Nord in der Holländischen Straße bei so 'nem Dreckstürken? Unsere Zeit? Was äh hallo? Wo er mir immer und immer wieder erzählt, wie widerlich da die Holländische Straße ist und Kassel-Nord, und was das für ein gefährliches Pflaster ist.

(Später im Gespräch geht es dann auch um die von Götzl angesprochene Plastiktüte.)

Schmidt-Temme Und dann ging's ja auch da drum, er hätte angeblich 'ne Plastiktüte gehabt.

Schwester Wieso?

Schmidt-Temme Ja, dieser Mensch, der ihn doch angeblich gesehen hat, hat doch gesehen, dass er 'ne Plastiktüte in der Hand hatte.

Schwester Ja, na und?

Schmidt-Temme Und ich hab dann zu ihm gesagt: Pass mal auf, ich kann das nicht leiden, wenn wir einkaufen oder wenn er einkaufen geht, der nimmt immer Plastiktüten.

Schwester Ätzend, ne?

Schmidt-Temme Das kann ich nicht haben, das sieht so assi aus. Ich hab dann schon ein paar Mal zu ihm gesagt: Weißte, Männer, die Plastiktüten tragen, sehen doof aus. Dann nimm 'nen Korb oder nimm 'nen Beutel oder was weiß der Kuckuck, nimm's lose in die Hand oder 'nen Karton. Aber bitte lauf nicht mit irgendwelchen Tüten durch die Gegend. Und nu hat er mir das dann erzählt mit dieser

Plastiktüte, dass die da dauernd drauf rumgeritten sind. Sag ich: Was hab ich dir gesagt – willste jetzt mal auf mich hören: Nimm keine Plastiktüte. Ich sag's noch, nimm keine Plastiktüte mit. Ich hab's doch gesagt, echt.

Schwester Sonst hätten sie gesagt, er wäre mit einem schwarzen Korb da gewesen.

Schmidt-Temme Dann hätt ich mir aber Gedanken gemacht. Dann hätt ich aber gewusst, dass da was dran ist, weißte. Ja, ich hab ja gesagt: Haste nicht gleich geantwortet: Ich darf keine Plastiktüte. Meine Frau hat's mir verboten? Ich war's nicht.

(Die Aufzeichnung des Gesprächs endet, Götzl setzt die Befragung fort.)

Götzl Was sagen Sie denn dazu?

Schmidt-Temme Ich bin ein bisschen erschrocken, was ich so gesprochen habe. Aber ich war voller Wut und Zorn, und auch verängstigt und hab so Sachen dahingesagt. Mit der Tüte, das habe ich verballhornt. Es wird eine Plastiktüte gesucht – ja, ich fand das so banal. Darum habe ich mich darüber so geäußert. Ich bin nicht stolz darauf, dass ich mich so scheußlich geäußert habe über türkische Menschen, das ist nicht meine Einstellung. Mein Mann hat nicht mit mir gesprochen, der war verstummt. Der andere Mensch am Telefon war meine Schwester. Ich konnte da ein bisschen Druck rauslassen. Eine andere Erklärung dafür habe ich nicht.

Anwalt Narin Können Sie sagen, wie die politische Einstellung Ihres Mannes damals und heute war?

Oberstaatsanwalt Weingarten Die politische Einstellung ist nur zu thematisieren, wenn sie von ausschlaggebender Bedeutung ist, das ist hier nicht zu erkennen.

Götzl Ich halte die Frage für zulässig, auch wegen der damals aufgefundenen Gegenstände. Ich sehe eine gewisse Relevanz.

Schmidt-Temme Er ist zu keiner Zeit irgendwie ausländerfeindlich gewesen. Ich kann Ihnen auch sagen, welche Partei er wählt, aber das möchte ich nicht.

Anwalt Narin Hat Ihr Mann Ihnen gegenüber mal klipp und klar gesagt, dass er die Tat gemacht oder nicht gemacht hat?

Schmidt-Temme Es stand nie im Raum. Ich bin mir gar nicht sicher, ob er das so ausgesprochen hat. Er brauchte das nicht zu sagen. Ich bin mir ganz sicher und würde, wie alle Ehefrauen der Welt, sagen: mein Mann nicht. Ich bin mir sicher, dass mein Mann kein Verbrecher ist. Woher ich das weiß? Weil ich mit ihm zusammenlebe.

(Nun tritt als Zeuge, wie schon mehrere Male im Prozess, Andreas Temme selbst auf.)

Götzl Es geht um die Frage, ob Sie eine Plastiktüte am 6. 4. 2006 ins Internetcafé mitgeführt haben. Es geht uns um Telefonate, die Sie geführt haben, und ob Mitarbeiter des Landesamts für Verfassungsschutz konkrete Kenntnisse von der Tat hatten.

Temme Von meiner Seite … ich habe vor meinem Besuch und bis zu dem Zeitpunkt, als ich das in der Zeitung erfuhr, keine Kenntnis gehabt, dass sich irgendwas dort ereignen sollte. Ich hatte auch keine Plastiktüte bei mir.

Anwalt Narin Am 19. 5. haben wir hier den Zeugen Bernd Tödter vernommen. Ich habe ihn gefragt, ob er Sie kenne. Er sagte, er kannte Sie. Er nannte auch Ihre Dienstanschrift, die Information stammte von Sturm-18-Mitgliedern. Haben Sie Mitglieder von Sturm 18 mal von Ihrer Tätigkeit unterrichtet?

Temme Mit Sicherheit nicht.

Anwalt Narin Haben Sie anderen von Ihrer beruflichen Tätigkeit erzählt?

Temme In meinem Bekanntenkreis kann es sein, man kann sein Leben nicht ganz verbergen.

Anwalt Narin Wussten Mitglieder von Sturm 18 und aus der rechten Szene von Ihrer beruflichen Tätigkeit?

Temme Die gehören eigentlich nicht zu meinem Bekanntenkreis.

Anwalt Narin Was heißt »eigentlich«?

Temme Sie gehören nicht zu meinem Bekanntenkreis.

(Der Zeuge verlässt den Saal. İsmail Yozgat, der Vater des Mordopfers aus Kassel, gibt eine Erklärung ab.)

İsmail Yozgat Sehr geehrter Herr Vorsitzender. Entweder hat Herr Temme meinen Sohn Halit getötet oder er hat gesehen, wie man ihn getötet hat. Ich bin 1,68 Meter groß, ich konnte aus einer Entfernung aus zwei Metern meinen Sohn Halit sehen. Ein Teil des Körpers meines Sohnes war zu sehen, warum konnte Herr Temme, der 1,86 Meter groß ist, ihn nicht sehen? Hinzu kommt, er musste eigentlich die Gebühr von 50 Cent für das Internet zahlen. Wie konnte er den Halit nicht sehen, der hinter dem Tisch lag? Halit war 1,70 groß, nur seine Beine lagen hinter dem Tisch. Dieser Mann – Herr Temme – lügt. Und wir wissen alle, dass dieser Mann lügt. Warum wollen Sie die Wahrheit nicht sehen? Ich beantrage eine Tatortbesichtigung durch den Senat. Wenn Sie die Tatortbesichtigung vornehmen, würden sie die Wahrheit besser einschätzen. Ich sage: Herr Temme erzählt nur Geschichten. Was er gesagt hat, hat mit der Wahrheit nichts zu tun. Entweder hat Herr Temme meinen Sohn Halit selbst getötet oder er hat diejenigen gesehen, die meinen Sohn getötet haben.

Tag 215

1. Juli 2015

Manfred Götzl, Richter. **Reiner Görlitz**, 63, Mitarbeiter des Verfassungsschutzes in Brandenburg und früher, Ende der Neunzigerjahre, V-Mann-Führer von Carsten Szczepanski alias »Piatto«. **Jochen Weingarten**, Vertreter der Bundesanwaltschaft. **Olaf Klemke**, **Wolfram Nahrath**, Verteidiger von Ralf Wohlleben. **Alexander Hoffmann**, **Yavuz Narin**, Anwälte der Nebenklage.

(Der Zeuge Reiner Görlitz, der immer noch für den Verfassungsschutz arbeitet, kommt offensichtlich verkleidet ins Gericht: Er trägt eine Perücke, darüber eine Kapuze, die er auch vor Gericht aufbehält.)

Götzl Welche Angaben haben Sie damals von Carsten Szczepanski bekommen?

Görlitz Die Informationen wurden im Rahmen von Treffen erhoben. Hierbei wurde umfangreiches Infomaterial aus der Rechtsextremisten-Szene angenommen. Darüber hinaus habe ich Einzelschilderungen zu Sachverhalten schriftlich verfasst und in Form einer Deckblattmeldung der Auswertung vorgelegt.

Götzl Und inhaltlich? Haben Sie Informationen bekommen, die Blood & Honour Sachsen betreffen, Jan Werner, die Flucht von Personen?

Görlitz Ja, er berichtete von drei sächsischen Skinheads, die sich nach Südafrika absetzen wollten, zwei männliche und eine weibliche Person. Und eine Antje Probst wollte ihre Personalien der weiblichen Person zur Verfügung stellen. Jan Werner sollte eine Waffe für einen Überfall besorgen, um Geld für die Reise nach Übersee zu bekommen.

Götzl Hier heißt es in einer Meldung: »Jan Werner soll damals den Auftrag gehabt haben, die drei Skinheads mit Waffen zu versorgen.« Was sagen Sie dazu?

Görlitz Ja, das ist mir so bekannt geworden, und ich habe es so aufgeschrieben.

Götzl Ist von Herrn Szczepanski auch eine Information gekommen, wie die Waffen finanziert werden sollen?

Görlitz Nein.

Götzl Weiter heißt es hier: »Gelder hierfür soll die B&H-Sektion Sachsen bereitgestellt haben. Nach der Entgegennahme der Waffen – noch vor der beabsichtigten Flucht nach Südafrika – soll das Trio einen weiteren Überfall planen, um mit dem Geld sofort Deutschland verlassen zu können. Antje Probst wolle der weiblichen Person des Trios ihren Pass zur Verfügung stellen.« Erinnern Sie sich daran?

Görlitz Nein. Das wird er so gesagt haben.

Götzl Weiter heißt es: »Probst und Werner sollen unabhängig voneinander und ohne Wissen des anderen für die drei tätig sein.« Gab es Erkenntnisse, ob Antje Probst und Jan Werner Kenntnisse von den Initiativen des jeweils anderen hatten?

Görlitz Soll wohl nicht so gewesen sein.

(Die Vernehmung verläuft sehr stockend. Der Zeuge ist wortkarg und antwortet auf viele Fragen, die Götzl ihm stellt, er könne sich nicht erinnern.)

Götzl Es gehört zur Pflicht eines Beamten, sich vorzubereiten, das wissen Sie! Sich damit auseinanderzusetzen und sich Gedanken zu machen, ist Ihnen das bekannt?

Görlitz Ist mir bekannt. Aber es war so umfangreich und ist so lange her.

Verteidiger Klemke Herr Görlitz, wie war der Gesamtanteil der Auslagen an den Ausgaben für Carsten Szczepanski?

Görlitz Weiß ich nicht mehr. Ich kann mich an konkrete Summen nicht mehr erinnern. Aufgrund seiner Mobilität fielen Kosten an, die erstattet wurden.

Verteidiger Klemke Wie umfangreich war das Material zu Ihrer Vorbereitung?

Görlitz Acht Leitzordner.

Verteidiger Klemke Das sind alles Akten, die zur Quelle Szczepanski gehören?

Görlitz Ja, inklusive der Treffvermerke.

Verteidiger Klemke Haben Sie Kenntnisse erlangt von Szczepanski, ob die drei Skinheads irgendwelche Aktionen vorgenommen haben, vor oder nach dem Untertauchen?

Görlitz Nein.

Verteidiger Klemke Auch nicht von anderen Quellen?

Görlitz Nein.

Verteidiger Klemke Da steht in Ihrer Meldung damals, dass das Trio einen *weiteren* Überfall machen will. War Ihnen da schon was bekannt?

Görlitz Nein.

Verteidiger Klemke Haben Sie da nachgefragt wegen strafbarer Handlungen bei Herrn Szczepanski?

Görlitz Herr Szczepanski hatte den Auftrag, weitere Informationen in Erfahrung zu bringen. Er hat den Auftrag erhalten: Bleib dran!

Verteidiger Klemke Ist da was gekommen?

Görlitz Nein.

Verteidiger Nahrath Die Informationen über die drei Skinheads, wurden die von Ihnen oder der Dienststelle weitergeleitet an die Ermittlungsbehörden?

Görlitz Es wurde verabredet, dass der Verfassungsschutz Thüringen und das LKA Thüringen informiert werden.

Verteidiger Nahrath Wer sollte informieren?
Görlitz Das war eine Besprechung, das ist alles nebulös.
Verteidiger Nahrath Sie waren auch dabei?
Görlitz Ja, ich war auch dabei. Kann mich aber nicht erinnern.
Verteidiger Nahrath War Herr Szczepanski noch in anderem Auftrag für das Amt unterwegs? Das Gründen von Kameradschaften zum Beispiel?
Görlitz Er hatte mehrere Aufträge.
Verteidiger Nahrath Welche?
Görlitz NPD, Kameradschaften, Musikszene.
Anwalt Hoffmann Von 1997 bis 2000 – gab es da Besonderheiten bei der Betreuung von Herrn Szczepanski?
Görlitz Was meinen Sie damit? Ich verstehe nicht, was Sie damit meinen.
Anwalt Hoffmann Wie war seine Lebenssituation?
Görlitz Er war 1997 in Haft, '98 hatte er Freigänge.
Anwalt Hoffmann Wie häufig?
Görlitz Das weiß ich nicht mehr.
Anwalt Hoffmann Auf welche Weise hat er in dieser Zeit Informationen beschafft?
Görlitz Durch Briefverkehr. Durch Besucher, wenn er Besuch bekam in der JVA. Im Rahmen seiner Freigänge hat er auch Veranstaltungen besucht.
Anwalt Hoffmann Haben Sie mit ihm ausgesucht, was für Veranstaltungen er besuchen sollte?
Görlitz Ja, in Absprache mit der Behörde hat er Aufträge erhalten.
Anwalt Hoffmann Haben Sie ihn gezielt in den Bereich Sachsen geschickt?
Görlitz Gezielt nicht, bei seinen Fahrten. Nur: Bleib dran. Da hat er den Auftrag bekommen, nach Sachsen zu fahren.
Anwalt Hoffmann Hat das Magazin »United Skins« eine Rolle gespielt?
Görlitz Sicherlich waren da auch Infos für die Auswertung enthalten.
Anwalt Hoffmann Haben Sie Kenntnis bekommen, bevor es gedruckt und vervielfältigt wurde oder danach?
Görlitz Danach.
Anwalt Hoffmann Sind Sie sicher?
Görlitz Ja.
Anwalt Hoffmann Am 13. Januar 2015 wurde Carsten Szczepanski hier gefragt, ob der Verfassungsschutz etwas über »United Skins« wusste: »Haben die das gesehen, bevor Sie das veröffentlicht haben?« Er sagte: »Ja.« Löst das bei Ihnen eine Erinnerung aus?
Görlitz Ich erinnere mich daran, dass es nach der Vervielfältigung war.
Anwalt Hoffmann Haben Sie mit ihm über Inhalte gesprochen, die in Ausgaben des Hefts reinkommen sollten?

Görlitz Nein.

Anwalt Hoffmann Wie sollte das Heft erstellt werden, wenn er doch in Haft war? Erinnerungen?

Görlitz Nein.

Anwalt Hoffmann Wissen Sie, ob er dieses Heft gemacht hat?

Görlitz *(schweigt länger)* Nein.

Anwalt Hoffmann Haben Sie von Carsten Szczepanski große Mengen an Magazinen erhalten?

Görlitz Ja.

Oberstaatsanwalt Weingarten Ich kann den Bezug zur Anklage nicht feststellen. Ich habe jetzt vielen Fragen zugehört. Die Führung eines V-Mannes mag den Fragesteller interessieren aus allerlei Gründen. Aber vor dem Hintergrund der Anklage kann ich es nicht nachvollziehen.

Anwalt Hoffmann Ich versuche zu erfahren, zu welchen Momenten noch Erinnerung da ist.

Waren Sie einmal dienstlich mit der sogenannten Česká-Mordserie befasst? Vor der Selbstenttarnung des NSU?

Görlitz Nein.

Anwalt Hoffmann Wer hat festgelegt, welche Aufträge Carsten Szczepanski erteilt werden?

Görlitz Die Auswertung. *(Er meint die Auswertungsabteilung beim Verfassungsschutz.)*

Anwalt Hoffmann Wurde Ihnen das telefonisch oder persönlich mitgeteilt?

Götzl Für was ist das bedeutend hier? Ich werde das beanstanden müssen, wenn das so weitergeht. Mir leuchtet es nicht mehr ein. Sie wollen einfach nur erfahren, was Sie interessiert. Das ist nicht Aufgabe der Hauptverhandlung.

(Eine kurze Diskussion entsteht.)

Götzl *(zu den Anwälten der Nebenklage)* Ich war nie kleinlich in diesen Sachen. Sie zwingen mich, das entsprechend zu beanstanden, wenn Sie das so betreiben wollen.

Anwalt Hoffmann Herr Vorsitzender, der Zeuge sagt willkürlich Nein. Es muss möglich sein, nachzufragen, was er erinnert.

Oberstaatsanwalt Weingarten Es ist nicht Aufgabe der Nebenklage, Mitarbeitern des Verfassungsschutzes Schulnoten zu erteilen. Es geht um einen Zusammenhang zum Verfahren.

(Pause.)

Anwalt Narin Herr Görlitz, haben Sie sich in Ihrer Dienststelle über die heutige Vernehmung unterhalten?

Görlitz Selbstverständlich, mit Vorgesetzten.

Anwalt Narin Wurde Ihnen Anweisung gegeben, wie Sie sich heute geben sollen?

Görlitz Nein.
Anwalt Narin Leiden Sie an einer Erkrankung, die Ihre Gedächtnisleistung beeinträchtigt?
(Der Zeuge schweigt.)
Anwalt Narin Haben Sie die Frage verstanden? Herr Zeuge? Möchten Sie bitte die Frage beantworten?
Görlitz Nein.
Anwalt Narin Also Sie leiden an keiner Erkrankung?
Götzl *(interveniert)* Sie wollen dem Zeugen zusetzen.
Anwalt Narin Nein, auf keinen Fall. Ich möchte nur alles klären.

Tag 216

7. Juli 2015

Manfred Götzl, Richter. **Herbert Diemer**, Vertreter der Bundesanwaltschaft. **Mathias Grasel**, Verteidiger von Beate Zschäpe.

(Der neue Pflichtverteidiger von Beate Zschäpe, Mathias Grasel, betritt zum ersten Mal den Gerichtssaal und unterhält sich mit dem Verteidiger Wolfgang Heer. Ein Justizbeamter bringt einen weiteren Stuhl und Grasel nimmt Platz. Zschäpe setzt sich neben Grasel, in die Mitte der Anklagebank. Anja Sturm setzt sich zu Wolfgang Heer, wo vorher Zschäpe saß. So sitzt Zschäpe nun zwischen Grasel und Wolfgang Stahl. Grasel ist am Vortag als zusätzlicher Pflichtverteidiger beigeordnet worden)
Götzl Es sind erschienen: die Angeklagten mit ihren Verteidigern. Heute zusätzlich mit Herrn Rechtsanwalt Grasel. Herr Rechtsanwalt Grasel, Sie hatten mir per Fax einen Antrag zukommen lassen. Soll er hier in der Hauptverhandlung gestellt werden?
Verteidiger Grasel Ja.
Götzl Dann verlese ich: »Ich beantrage, die Hauptverhandlung für einen Zeitraum von drei Wochen zu unterbrechen, um mir eine adäquate Einarbeitung und die Vorbereitung auf die laufende Beweisaufnahme zu ermöglichen.«
Götzl Stellungnahmen?
Bundesanwalt Diemer Ich halte es nicht für erforderlich, hier zu unterbrechen. Die Angeklagte ist durch drei Verteidiger zusätzlich verteidigt. Es ist nicht erforderlich, dass das Verfahren drei Wochen aufgehalten wird.
(Das Gericht zieht sich zurück und erscheint nach kurzer Beratung wieder im Verhandlungssaal.)

Götzl Dem Antrag wird mit der Maßgabe nachgekommen, dass die Sitzung bis zum 14. Juli unterbrochen wird und die Verhandlung am 22. Juli und am 30. Juli abgesetzt wird.

Tag 217

14. Juli 2015

Manfred Götzl, Richter. **Michele A.**, 31, Bürokauffrau, aus dem Vogtland. Sie arbeitet für einen Caravan-Verleih.

(Es geht um die Vermietung eines Wohnmobils am 14. Oktober 2011. Das Wohnmobil wurde am 25. 10. 2011 von den Mietern übernommen und später als das Fahrzeug identifiziert, in dem am 4. 11. 2011 die Leichen von Uwe Mundlos und Uwe Böhnhardt entdeckt wurden.)

Götzl Was haben Sie in Erinnerung?

Michele A. Nicht mehr so viel. Es war eine Vermietung wie jede andere. Ein Pärchen kam zu uns, sie wollten Urlaub machen. Ich haben ihnen die Wohmobile gezeigt und erklärt. Und dann einen Vertrag gemacht.

Götzl Bitte kommen Sie nach vorn. Sehen Sie sich diese Bilder an. Wurden Ihnen diese Bilder bei der Polizei vorgelegt?

Michele A. Ja, ich habe das Bild 2 und 8 erkannt. *(Die Bilder zeigen Uwe Böhnhardt und Beate Zschäpe.)* Bei der Übergabe des Wohnmobils am 25. Oktober 2011 sind die beiden Kunden in den Verkaufsraum mit einem Kind gekommen. Es war ein Kind dabei.

Götzl Können Sie etwas zur Größe des Kindes sagen oder sonst zum Aussehen?

Michele A. Ich habe mich nicht drauf konzentriert.

Götzl War es ein Mädchen oder ein Junge?

Michele A. Ein Mädchen. *(Es war den Ermittlern bekannt, dass Zschäpe und ihre Freunde regelmäßig Besuch bekamen von der Familie Eminger, die zwei Söhne hat. Aber von einem Mädchen war nichts bekannt.)*

Götzl Was hat das Kind gemacht?

Michele A. Das hat gespielt, da stand ein kleiner Wohnwagen im Verkaufsraum und da war definitiv Bewegung drin.

Götzl Sie sagten damals, Frau und Kind sind mit einem eigenen Fahrzeug weggefahren.

Michele A. Damals konnte ich mich noch gut dran erinnern. Jetzt nicht mehr.

Götzl Sind Sie von der Polizei wegen diesem Kind noch mal befragt worden?

Michele A. Ja, ich bin aus unserer Weihnachtsfeier rausgeholt worden wegen dem

Kind. Von zwei Beamten des BKA. Ich hatte schon was getrunken. Aber das war in dem Moment wohl egal.

Tag 218

15. Juli 2015

Manfred Götzl, Richter. **Jürgen B.**, 61, erwerbsunfähig, aus Chemnitz. **Mario Brehme**, 38, Pharmareferent aus Rudolstadt. **Jochen Weingarten**, Vertreter der Bundesanwaltschaft.

(Zunächst berichtet der Zeuge B. von der Zeit, als Beate Zschäpe, Uwe Mundlos und Uwe Böhnhardt in Chemnitz wohnten, in einem Haus in der Wolgograder Allee 76.)

Jürgen B. Frau Zschäpe ist mir zwei, drei Mal im Haus begegnet, weil meine Mutter da gewohnt hat. Sie ist von oben runtergekommen. Meine Mutter hat in der zweiten Etage gewohnt. Ich schätze mal, das müsste im Jahr 2000 gewesen sein. Ich bin jede Woche einmal zu meiner Mutter, da ist sie mir im Treppenhaus entgegengekommen. »Guten Tag«, mehr war da nicht. 1999 ist mein Vater gestorben im August. Ich kann mich nur erinnern, dass sich meine Mutter immer beschwert hat. Ich wollte mal hochgehen und schauen, was da los ist. Dann habe ich ihr aber geraten, lieber eine andere Wohnung zu nehmen.

Götzl Wie kamen Sie darauf, dass das Frau Zschäpe war?

Jürgen B. Erst, als die Fahndungsfotos im Fernsehen kamen. Die habe ich bei meiner Mutter im Haus gesehen! Die kenne ich. Da war meine Mutter schon im Pflegeheim. Die Polizei war im Pflegeheim und hinterließ eine Nachricht, ich sollte mich mal melden.

Götzl Was hat Ihre Mutter denn erzählt, weshalb sie sich beschwert hat über die anderen Mieter?

Jürgen B. Von oben kam Bier runter und Zigarettenkippen flogen runter und laute Lieder wurden gegrölt. Muss in der vierten Etage gewesen sein.

Götzl Was hat Ihnen Ihre Mutter noch erzählt?

Jürgen B. Dass sie das gehört hat, dass mehrere Männer auf dem Balkon standen, rumgegrölt und Bier runtergeschüttet haben.

Götzl War von Frauen auch die Rede?

Jürgen B. Ja, ja. So wie das meine Mutter mir erzählt hat, muss es wahrscheinlich mehrere Male Zusammenstöße gegeben haben im Haus. Sie hat sich beschwert und ist dann abgekanzelt worden.

Götzl Abgekanzelt?

Jürgen B. Die ist beschimpft worden, sie soll sich um ihr eigenes Zeug kümmern.

Götzl Hat sie berichtet, von wem sie beschimpft wurde?

Jürgen B. Ja, von der Frau Zschäpe.

Götzl Wie kommt jetzt die Zuordnung zu dem Namen?

Jürgen B. Sie sagte: die Frau, die du im Treppenhaus gesehen hast.

(Der nächste Zeuge ist Mario Brehme. Er war früher aktiv in der rechtsextremen Kameradschaft »Thüringer Heimatschutz«.)

Götzl Ihr Beruf?

Brehme Angestellter.

Götzl Das ist nur das Beschäftigungsverhältnis. Was ist Ihr Beruf?

Brehme Erlernter Beruf: Pharmareferent.

Götzl Ihre Adresse?

Brehme Wie in der Ladung.

Götzl Bitte schön die Adresse, was sollen die Mätzchen! Erst machen Sie Ärger beim Beruf und jetzt bei der Adresse.

Brehme Bitte die erste Frage.

Götzl Es geht nicht um die erste Frage, Sie sollen im Zusammenhang berichten.

Brehme Ich kenne Ralf Wohlleben, Beate Zschäpe, Uwe Böhnhardt und Uwe Mundlos seit Mitte der Neunzigerjahre. Uwe Böhnhardt ist mein Jahrgang, wir hatten einen guten Kontakt. Ich war auf der letzten Geburtstagsfeier von ihm vor seinem Verschwinden. Mit Mundlos verbindet mich, dass wir gleichzeitig das Abitur gemacht haben – er in Jena, ich in Rudolstadt. Beate Zschäpe kenne ich halt auch.

Götzl Was können Sie uns zu Herrn Wohlleben sagen?

Brehme Wohlleben war ein gleichberechtigtes Mitglied der Kameradschaft Jena. Später ist er zu einer demokratischen Partei gegangen, ich meine, es war die NPD. Ich war nicht so orientiert, da hat sich unser Werdegang getrennt.

Götzl Wie war es mit André Kapke?

Brehme Ihm kam eine zunehmende Bedeutung zu, ab 2001.

Götzl Was heißt das?

Brehme Formulieren Sie Ihre Frage um!

Götzl Ich formuliere meine Frage nicht um!

Brehme Die Straftaten wurden weniger, auch durch seine Richtungsvorgabe.

Götzl Können Sie mir das erläutern?

Brehme Der Staat hat einen ziemlich starken Verfolgungsdruck an den Tag gelegt und Jugendliche vor die Gerichte gezerrt. Kapke hat dafür gesorgt, dass weniger Jugendliche in diese Strickfallen traten.

Götzl Wie hat er das gemacht?

Brehme Er hat sie darauf hingewiesen.

Götzl Stichwort Thüringer Heimatschutz – wer stand dahinter?

Brehme Tino Brandt und ich.

Götzl Bestand der Thüringer Heimatschutz nur aus Brandt und Ihnen?

Brehme Nein, aber ich habe es nicht so mit Namen.

Götzl Noch mal, wer gehörte zum Thüringer Heimatschutz?

Brehme Das kann ich nicht mit letzter Gewissheit beantworten.

Götzl Dann beschreiben Sie mir doch mal Personen, die Sie in Erinnerung haben.

Brehme Legen Sie mir doch Fotos vor.

Götzl Das letzte Mal, dass ich nachfrage: Sind Ihnen Namen von Mitgliedern des Thüringer Heimatschutzes bekannt?

Brehme Da haben sich auch Personen zugerechnet, die ich oder Brandt nicht zugerechnet hätten.

Götzl Die Frage ist langsam schon, ob Sie meine Frage beantworten wollen oder nicht.

Brehme Wenn mir Namen einfallen, werde ich sie selbstständig beifügen.

Oberstaatsanwalt Weingarten Der Zeuge unterliegt einem Rechtsirrtum. Er glaubt, er dürfe nur bekunden, was er hundertprozentig weiß. Ich rege an, ihn darauf hinzuweisen, dass er nur seine Erinnerung wiedergeben muss und die ist naturgemäß unsicher.

Götzl Nein, das versteht er sehr gut. Ich hatte Sie gefragt, ob Sie mir Personen beschreiben können.

Brehme Letzten Endes nur Brandt. Er hat die Umstrukturierung der Anti-Antifa zum Thüringer Heimatschutz herbeigeführt. Es gab ja auch Stammtische, da waren auch mal 62 Leute da.

Götzl Dann müssten Sie ja jede Menge Namen im Kopf haben.

Brehme Nur Gesichter.

Götzl Wie war es denn mit Diskussionen über den Einsatz von Gewalt?

Brehme Das hatte damals untergeordnete Bedeutung. Es wurde diskutiert, welche Möglichkeiten die Polizei hatte, gegen meinungsfremde Personen vorzugehen.

Götzl Ich habe Sie nicht nach der Polizei gefragt.

Brehme Sie haben nach Gewalt gefragt. Das ist das Erste, was ich mit Gewalt assoziiere.

Götzl Wurde diskutiert, ob man zum Erreichen politischer Ziele Gewalt anwendet?

Brehme Zu welchem Ziel denn?

Götzl Welche hatten Sie denn?

Brehme Eine bessere Welt ohne Gewalt. Dafür brauchen wir keine Gewalt.

Götzl Sie äußerten in einer Vernehmung durch das BKA: »Ich meine, es gab im Spektrum Leute, die Gewalt gegenüber anderen Personen oder Dingen nicht abgeneigt waren.«

Brehme Das Wort Gewalt kam durch die vernehmenden Beamten hinein.

Götzl Haben Sie den Text durchgelesen und unterschrieben?

Brehme Durchgelesen ja. Ob ich unterschrieben habe, kann ich nicht sicher sagen. Ich habe die Rechtschreibfehler angestrichen.

Götzl Kommen Sie doch bitte nach vorne. Ist das Ihr Namenskürzel?

Brehme *(Geht zum Richterpult und mustert das Blatt, das Götzl ihm entgegenhält.)* Ja.

Götzl Was wissen Sie von der Flucht der drei?

Brehme Alle, mit denen man nach der Flucht gesprochen hat, sind davon ausgegangen, dass sie sich im Ausland aufhalten. Jahre später hieß es, dass Mundlos und Böhnhardt erschossen auf Kreta aufgefunden wurden. Wir sind davon ausgegangen, dass Beate zurückkommt, weil sie nichts zu erwarten hatte.

Götzl Wer ist wir?

Brehme Eine unbestimmte Personengruppe mit Zusammengehörigkeitsgefühl. Wir unterliegen nicht dem Individualismus der heutigen Gesellschaftsform.

Götzl Waren Sie mal in Südafrika?

Brehme Ja, im Sommer 1998.

Götzl Waren Sie alleine dort?

Brehme Nein, das Land war voll.

Götzl Solche Unverschämtheiten sollten Sie sich schenken.

Brehme Ich bin mit André Kapke hingeflogen.

Götzl Welche Personen haben Sie besucht?

Brehme Wir waren im Krüger-Nationalpark.

Götzl Ich frage Sie nach Personen und Sie kommen mir mit einem Ort. Haben Sie irgendwelche Probleme, die Frage präzise zu beantworten?

Brehme Ich versuche es doch die ganze Zeit.

Tag 219

20. Juli 2015

Manfred Götzl, Richter. **Anette Greger**, Vertreterin der Bundesanwaltschaft. **Mathias Grasel, Wolfgang Heer, Wolfgang Stahl, Anja Sturm.** Verteidiger von Beate Zschäpe. **Mehmet Daimagüler, Alexander Hoffmann, Edith Lunnebach**, Anwälte der Nebenklage.

Verteidiger Heer In der Strafsache gegen Frau Beate Zschäpe beantrage ich die Aufhebung meiner Bestellung. Mir ist bewusst, dass einem bestellten Verteidiger auch eine verfahrenssichernde Funktion zukommt. Ich habe mir diesen Schritt daher reiflich überlegt, damit es nicht möglicherweise zu einer Aussetzung des Verfahrens kommt und nicht die Gefahr besteht, dass die Hauptverhandlung gegen Frau Zschäpe nach 219 Hauptverhandlungstagen neu beginnen muss. Auch aus diesem Grund habe ich bisher von einem solchen Antrag Abstand genommen. Nach meiner Berufsauffassung steht aber im Vordergrund meine Funktion, dem Mandanten eine optimale Verteidigung zuteil werden zu lassen. Nunmehr bin ich zu der Überzeugung gelangt, dass dies unter den gegenwärtigen Bedingungen nicht mehr möglich ist. Ich habe Sie, Herr Vorsitzender, mehrfach davor gewarnt, dass solche Bedingungen eintreten werden und der ungestörte Fortgang des Verfahrens gefährdet sein wird. Diese Warnungen haben Sie in den Wind geschlagen. Aufgrund meiner anwaltlichen Verschwiegenheitsverpflichtung kann ich eine weitere Begründung nur gegenüber Frau Zschäpe abgeben.

Verteidiger Stahl Ich schließe mich dem Antrag an, insoweit es um meine Bestellung durch den Senat geht. Die Gründe des Kollegen teile ich in vollem Umfang.

Verteidigerin Sturm Ich beantrage ebenfalls, meine Bestellung durch den Senat aufzuheben. Die Gründe sind Frau Zschäpe bereits bekannt. Weiteres kann ich hier nicht bekannt geben, weil ich der Schweigepflicht unterliege.

Götzl Ja, gut, gut, eine wirkliche Begründung haben wir dann nicht gehört.

(Pause.)

Götzl Dann setzen wir fort. Zunächst noch mal eine Frage an Sie, Herr Rechtsanwalt Heer, Sie sagen, Sie hätten mich mehrfach gewarnt, dass solche Bedingungen eintreten. Ich würde Sie bitten mir zu sagen, wann und wie Sie gewarnt haben und welche Bedingungen Sie meinen, damit ich weiß, wovon wir sprechen.

Verteidiger Heer Ich denke, das wissen Sie, das wissen Sie ganz genau.

Götzl Ich möchte gerne wissen, was Sie meinen. Mir gegenüber sind Sie nicht verpflichtet, nichts zu sagen.

Verteidiger Heer Nein, es ist alles Erforderliche gesagt.

Götzl Ach, Herr Rechtsanwalt Heer. Sie haben es in vorwurfsvollem Ton gesagt, deshalb möchte ich wissen, was Sie damit meinen …

Verteidiger Heer *(unterbricht)* Genau so war es gemeint, es ist zutreffend.

Götzl Jetzt bin ich wieder am Sprechen! Die Form habe ich mitbekommen, mir geht es um den Inhalt. Darauf sind Sie nicht eingegangen.

Verteidiger Heer So ist es. Es ist alles Erforderliche in meinem Antrag gesagt.

Götzl Ich weiß auch nicht, was Sie mit »solchen Bedingungen« meinen, wenn Sie äußern, dass »solche Bedingungen eintreten«. Was muss ich mir darunter vorstellen? Es geht ja nicht darum, einen theatralischen Aspekt zu erzeugen. Es geht um Transparenz. Wenn Sie Punkte ansprechen, möchte ich wissen welche. *(Scharf)* Sie sind derjenige, der das auszuführen hat!

Verteidiger Heer Sie haben in dieser Hauptverhandlung ein beeindruckendes Gedächtnis unter Beweis gestellt. Mehr gibt es nicht dazu zu sagen.

Götzl Sie weigern sich, das mitzuteilen. Dann nehme ich das zur Kenntnis.

Verteidiger Heer Mehr gibt es nicht dazu zu sagen.

Oberstaatsanwältin Greger Hoher Senat, der Antrag der Verteidigung auf Widerruf der Bestellung ist zurückzuweisen. Voraussetzung wäre das Vorliegen von Umständen, die den Zweck der Verteidigung ernsthaft gefährden. Die Beiordnung ist insbesondere dann aufzuheben, wenn das zur effektiven Verteidigung erforderliche Vertrauensverhältnis zwischen Angeklagtem und Verteidiger in einer Weise erschüttert ist, dass eine Verteidigung objektiv unmöglich ist. Die Gründe sind von den Verteidigern substanziiert darzulegen. Dieser Pflicht sind die Verteidiger nicht nachgekommen.

Verteidiger Stahl Was Sie vortragen, das ist schon richtig. Problematisch ist nur, dass der Verteidiger als Organ der Rechtspflege in irgendeine Lage versetzt sein muss, um aus seiner Sicht Gründe zu benennen. Dass man sie nicht detailliert ausführen kann, ist klar, weil man sich sonst wegen der Verschwiegenheit strafbar macht. Wenn man anwaltlich aber versichert, unter Bezugnahme auf den Berufseid, dann ist das eine Information, die ein Gericht nicht einfach kalt an sich abperlen lassen kann.

Anwältin Lunnebach Angesichts dessen, worum es hier geht, finde ich das, was als Befindlichkeit von Frau Zschäpe diskutiert wird, als unwürdig. An die drei Kollegen gerichtet *(sie meint Heer, Stahl, Sturm)*: Sie können doch nicht glauben, dass mit Ihren Anträgen eine Entpflichtung erfolgt!

Anwalt Hoffmann Der Antrag muss abgelehnt werden, weil es eben nicht ausreicht, das Vorliegen der Voraussetzungen zu behaupten. Es ist überhaupt nichts dargelegt. Sie entziehen uns jede Möglichkeit, irgendwas zu überprüfen.

Verteidiger Grasel Ich darf im Namen meiner Mandantin mitteilen, dass dem Antrag ihrer bisherigen Pflichtverteidiger nicht entgegengetreten wird.

Götzl Nun verlese ich noch ein Schreiben von heute vonseiten Frau Zschäpes: »Sehr geehrter Herr Vorsitzender, hiermit beantrage ich, die Sitzordnung zu ändern.«

(Zschäpe verlangt, dass ihr neuer Anwalt Mathias Grasel links neben ihr und damit am nächsten zu Götzl Platz nehmen kann, dann rechts neben ihr die drei weiteren Pflichtverteidiger. Eine Kommunikation mit den drei Anwälten Heer, Stahl und Sturm gebe es nicht mehr. Zudem fordert sie, »so weit wie möglich« entfernt von dem Sachverständigen Professor Saß zu sitzen, der ein psychiatrisches Gutachten über sie erstellt.)

Anwalt Daimagüler Ich war kürzlich in der Türkei, und da ging es darum, wer den Angehörigen meiner Mandantin ermordet hat. Und jetzt sitze ich hier, und wir müssen hier über diesen Antrag sprechen. Ich finde das in höchstem Grade unwürdig.

(Das Gericht zieht sich zur Beratung über die Anträge von Heer, Stahl und Sturm zurück.)

Götzl Dann ergeht jetzt folgende Verfügung: Der Antrag der Rechtsanwälte Heer, Stahl und Sturm wird abgelehnt. Eine ausreichende Beurteilungsgrundlage, aufgrund derer der Vorsitzende eine nachhaltige Erschütterung des Vertrauens zwischen der Angeklagten und ihren Verteidigern feststellen könnte, ist nicht ersichtlich.

Tag 220

21. Juli 2015

Manfred Götzl, Richter. **Henning H.**, 47, selbstständig, aus Stadtroda. **Mathias Grasel**, **Wolfgang Heer**, Verteidiger von Beate Zschäpe.

Götzl Wir haben noch den Antrag von Frau Zschäpe zur Sitzordnung, über den wir noch entscheiden müssen. Gestern hatte ich Sie so verstanden *(schaut in Richtung von Wolfgang Heer)*: Es klebt keiner an seinem Platz.

(Heer nickt.)

Götzl Ist es nicht sinnvoll, dass Sie sich dann umsetzen? Warum können Sie sich dann nicht einigen? Ich hatte gedacht, Sie besprechen das untereinander. Ich regle das dann schon, wenn es sein muss. Bisher war das nicht notwendig.

Verteidiger Heer Ich hab das konkrete Problem, die Vorstellungen der Mandatin sind womöglich nicht aktuell wegen des Entbindungsantrags von Frau Zschäpe gegen mich vom heutigen Tage.

Götzl Das war außerhalb der Hauptverhandlung. *(Zschäpe hatte dem Gericht einen Antrag überreicht, in dem sie fordert, dass das Gericht Wolfgang Heer vom Mandat entbindet.)*

Verteidiger Heer Frau Zschäpe möge doch Stellung nehmen. Sie hatte doch die Sitzordnung beantragt: Grasel, Zschäpe, Heer, Stahl, Sturm. Ich weiß ja nicht, ob das jetzt noch aktuell ist …

Verteidiger Grasel Ich würde klarstellen, dass wir jetzt als Sitzordnung beantragen: Grasel, Zschäpe, Stahl, Heer, Sturm.

(Unter dem Gelächter des Publikums setzen sie sich sodann in die von Zschäpe gewünschte Reihenfolge. Als Zeuge tritt wenig später Henning H. auf, der in den 1990er-Jahren zur rechten Szene in Thüringen gehörte. Auf seinem kahlen Kopf ist ein Tattoo zu sehen.)

Götzl Sagt Ihnen das Stichwort Bombe am Theatervorplatz etwas? *(Im September 1997 war in Jena auf dem Theatervorplatz ein Koffer gefunden worden, angemalt mit einem Hakenkreuz. Im Koffer befand sich eine nicht zündfähige Sprengstoffkonstruktion.)*

Henning H. Was wollen Sie wissen? Ich habe dazu nichts zu sagen. Ich bin nicht involviert. Ich habe davon nur in den Vernehmungen gehört. Ich hatte 1996/97 für Silvester eine Bombe angefertigt, die sollte nur zu Silvester hochgehen. Hat nicht funktioniert. Zu betrunken oder was weiß ich. Die hatte ich dann in meiner Wohnung, die wurde dann aufgefunden. Das war etwa zeitgleich zu den Vorkommnissen. Da hatte man gedacht: Der H. hatte da ja mal eine Bombe. So bin ich in den Strudel mit reingeraten.

Götzl Ist damals gegen Sie im Hinblick auf die Bombe am Theater ermittelt worden?

Henning H. Ich wurde befragt dazu. Es wurde dann, was mein Verfahren angeht, eingestellt.

Götzl Zu dieser Bombe, die damals bei Ihnen gefunden wurde. Wie war die beschaffen?

Henning H. Die hab ich aus einer Fettpresse oder Luftpumpe gebaut und Schrauben oder Nägel mit reingebaut. Ich habe damals alle gewarnt, dass sie in Deckung gehen. Da sollte niemand zu Schaden kommen. Ich habe da was reingemischt, für einen schönen Knall, ich hab viel getrunken und kam auf solche Ideen. Was weiß ich, warum.

Götzl Inwiefern sollen Schrauben und Nägel denn den Druck erhöhen?

Henning H. Das ist ja lange her. Dummer Jungenstreich oder was weiß ich.

Götzl Hatten Sie Verbindungen nach Jena?

Henning H. Verbindungen? Ich kenne natürlich in Jena alle möglichen Leute. Es ist zehn oder 15 Kilometer entfernt.

Götzl Haben Sie sich in den Neunzigerjahren in der rechten Szene bewegt in Jena?

Henning H. Ja, ich war ein rechter Mitläufer, das ist richtig.

Götzl Wen kannten Sie denn in Jena?

Henning H. Da fällt mir jetzt direkt niemand ein.

Götzl Kennen Sie Frank Liebau? *(Es handelt sich um den damaligen Betreiber des Szene-Ladens Madley.)*

Henning H. Ja, den kenne ich. Wir haben damals zusammen Sport gemacht im Fitnessstudio. Da haben wir uns ständig gesehen, das ist richtig.

Götzl War er ein Freund von Ihnen?

Henning H. Ja.

Götzl Und heute?

Henning H. Ich sehe ihn ab und zu mal. Kleines Schwätzchen, das war's.

Götzl Haben Sie mal über dieses Verfahren hier gesprochen?

Henning H. Ich weiß nur, dass er zweimal hier unten war. Und dass ich auch geholt werde.

Götzl Wann hat er das gesagt?

Henning H. Ist schon lange her. Halbes Jahr oder so. Das war bekannt.

Götzl Sehen Sie, da wissen Sie und Herr Liebau mehr als ich.

Henning H. Hellseherische Fähigkeiten (*lacht*).
Götzl Hat er gesprochen, weswegen er hier war?
Henning H. Nicht weiter. Das wurde ja in den Zeitungen überall berichtet. Dass er angeblich mit Waffen gehandelt hat. Ich denke mal, das hat er nicht, sonst würde er nicht frei rumlaufen.

Tag 221

28. Juli 2015

Manfred Götzl, Richter. **Sandro Tauber**, 40, Mechatroniker, ausgewandert nach Kuwait. **Olaf Klemke, Nicole Schneiders**, Verteidiger von Ralf Wohlleben. **Eberhard Reinecke**, Anwalt der Nebenklage.

(Vier Tage zuvor, am 24. Juli, einem verhandlungsfreien Tag, hat Beate Zschäpe Strafanzeige gegen ihre Anwälte Wolfgang Heer, Wolfgang Stahl und Anja Sturm gestellt. Sie wirft ihnen Verletzung der anwaltlichen Verschwiegenheitspflicht vor. Die drei Anwälte weisen die Vorwürfe als haltlos zurück. Zu diesem Ergebnis wird auch die Staatsanwaltschaft kommen und nicht mal ein Ermittlungsverfahren eröffnen. Der Zeuge Sandro Tauber betritt den Saal. Er gehörte früher zur rechten Szene in Thüringen.)
Götzl Sie sagten, zwei Personen seien auf der Flucht gewesen. War da auch von Frau Zschäpe die Rede?
Tauber Ja, selbstverständlich ist davon die Rede gewesen. Für uns war das eine sehr ungewöhnliche Sache, weil wir Beate Zschäpe gut kannten. Wir haben es uns so erklärt, dass sie aus reiner Loyalität, Solidarität oder Abenteuerlust mit auf die Flucht gegangen ist.
Götzl Wie kommen Sie zu der Einschätzung?
Tauber Die beiden Uwes waren sehr freundschaftlich zusammen, und als die Nachricht mit der Bombenwerkstatt kam, die da aufgeflogen ist, sind wir nicht draufgekommen, dass Frau Zschäpe was damit zu tun hat. Ich glaube, die Sache ist ja auch nicht hundertprozentig ausermittelt. Ich habe meine Zweifel mit der Bombenwerkstatt. Es gab Provokateure, und viel wurde von der Polizei fingiert. Ich kann mich noch an Herrn Brandt erinnern, der wurde vorläufig festgenommen und ist zum Verhör zum LKA gekommen, und nach zwei Stunden bat er um ein Getränk. Da kam einer mit einer Cola-Büchse. Wenn Sie jetzt nicht aussagewillig sind und Sie mit der Bombenattrappe zu tun haben, dann hätten wir jetzt schon die Fingerabdrücke! Da haben sie die Cola-Dose eingeschweißt. Wurde aber nicht weiter verfolgt. Da hatte jemand Interesse, uns zu schaden. Muss

nicht der Staat gewesen sein, sondern falsche Flaggen-Aktionen von linksradikaler Seite. Vor der sogenannten Bombenwerkstatt gab es schon Fälle mit Koffern, die in der Innenstadt von Saalfeld verteilt wurden. Politischer Schwachsinn. Wir sehen keinen politischen Hintergrund. Kurz danach hieß es, die zwei Uwes seien damit in Zusammenhang gebracht worden.

Götzl Spekulationen interessieren mich weniger. Was hatten Sie für Informationen? Von wem?

Tauber Ganz konkret war die Cola-Büchsen-Geschichte, die kam von Herrn Brandt. Der Rest war Spekulation, da geb ich Ihnen recht.

Götzl Hatten Sie nach der Flucht mal Kontakt zu Mundlos, Böhnhardt oder Zschäpe?

Tauber Absolut keinen Kontakt.

Götzl Hatten Sie Informationen von anderen Personen darüber?

Tauber Mir ist noch eins in Erinnerung, kam auch wieder von Tino Brandt. Anfangs wurde noch spekuliert, wo könnten die sein? Wir dachten, die könnten sich nur im Ausland aufhalten. Dann heißt es auf einmal, die drei Flüchtigen seien in Kreta verunglückt. Oder getötet worden. Woher die Info stammte, weiß ich nicht. Mir hat das Herr Brandt mitgeteilt. Aber das Thema mit den dreien war so ein Tabuthema.

Götzl Warum?

Tauber Man wusste, dass wir durchwandert sind von Agenten und Provokateuren. Dieses Thema war definitiv ein Tabu, das absolute Misstrauen war der Grund. Gesetzt den Fall, ich hätte was gewusst, und die drei wären vielleicht gefasst worden, dann möchte ich auch nicht derjenige sein, auf den die Verdächtigungen fallen. Deswegen hat man zum Selbstschutz schon gar nichts wissen wollen.

Götzl Haben Sie sich mit Carsten Schultze über die Flüchtigen unterhalten?

Tauber Der Herr Schultze kam damals zu mir nach Hause und wollte mit mir sprechen. Telefone wurden weggelegt, weil es streng geheim war. Hinter meinem Haus war eine Bank, da hat er sich mir offenbart, dass er homosexuell ist. Sagte mir, dass er aussteigen möchte. Kurze Zeit später ist er ausgetreten, Amt niedergelegt, aus Kameradschaft gegangen, hat ihm keiner übel genommen. Wenn man immer hört, dass man nicht aussteigen kann, das ist natürlich nicht der Fall. Er ist nach Düsseldorf oder Köln gezogen, davor hat er noch seine Lehre gemacht, der Verfassungsschutz war interessiert an ihm. Sagte, Fahrzeuge verfolgten ihn, er sei doch ausgestiegen, was wollten die von ihm? Er fragte mich um Rat.

Götzl Ob er was zu den Flüchtigen gesagt hat, darauf sind Sie jetzt nicht eingegangen.

Tauber Das ist ja das Kuriose. Ich kann mich nicht erinnern, dass er das erwähnt hat.

Götzl War ein Kontakt zu den Flüchtigen von Schultze jemals Thema?

Tauber Ich weiß nur, dass er sich geoutet hat. Das war für mich der größere Schock. Zumal er ja auch ein Amtsträger war, eine wichtige Person in der Bewegung.

Götzl Was können Sie über Herrn Wohlleben berichten?

Tauber Ein sehr ruhiger besonnener, intelligenter Mensch, politisch, sehr politisch, fair, kann nur Positives über Herrn Wohlleben berichten. Organisationstalent. Guter Mann.

Verteidigerin Schneiders Welche Rolle spielte Herr Wohlleben vor und nach dem Untertauchen?

Tauber Er ist über die Jahre hinweg reifer geworden und hat sich zu seinem Familienleben hingezogen gefühlt. Ich weiß aber nicht, ob das im Zusammenhang mit den dreien stand. Er ist Familienmensch geworden. Er war noch aktiv in der Partei, da habe ich ihn des Öfteren gesehen.

Verteidigerin Schneiders Wie war das Thema Gewalt und Wohllebens Haltung dazu?

Tauber Gewalt wurde im Generellen von unserem Kreis komplett abgelehnt. Hat Ralf genauso gesehen wie ich. Gewalt war ein Thema, aber nicht zur Umsetzung der politischen Zwecke. Am Ende des Tages ging die Gewalt nicht von uns aus, sie kam von Linksextremen oder mitunter von der Polizei. Da hat man reagieren müssen. Gewalt war weder für den Ralf noch für die anderen eine Option.

Verteidiger Klemke Sie und Herr Wohlleben sollen gleiche Ziele und Träume verbunden haben. Welche waren das?

Tauber Der Nationalismusgedanke, die Souveränität der Völker, der Umstand, dass die BRD bis heute nicht souverän ist. Um die Souveränität Deutschlands wiederherzustellen, wollten wir was tun. Wohlleben und meine Wenigkeit haben auch das Geldsystem und die Zinspolitik infrage gestellt. Das war das Übel der letzten hundert Jahre.

Verteidiger Klemke Gab es noch weitere Themen?

Tauber Die Abtreibungsrate. Mehrere 100 000 Kinder, die im Jahr abgetrieben wurden. Und die demografische Katastrophe in Deutschland.

Verteidiger Klemke Spielten Ausländer- und Asylpolitik eine Rolle?

Tauber Aus heutiger Sicht würde man das natürlich thematisieren. Man rechnet heute mit 400 000 oder 500 000 Asylbewerbern.

Götzl Die heutige Sicht spielt hier keine Rolle!

Tauber Wir haben das damals auch zum Thema gemacht. Nicht der Asylbewerber ist das Problem, sondern die Regierung und das System der BRD, die das verursacht.

Verteidiger Klemke Gab es Überlegungen, das Problem gewaltsam zu lösen?

Tauber Nein, niemals. Das hat uns großen politischen Schaden eingebracht. Alle Gewaltaktionen, die damals und heute stattfinden, sind absolut kontraproduktiv.

Verteidiger Klemke Gab es Diskussionen, sich Waffen zu beschaffen?

Tauber Es gab immer Leute, die einem Waffen angeboten haben. Wir haben diese Leute als Provokateure oder Agenten gesehen. Das waren Zeitbomben im politischen Kampf.

Anwalt Reinecke Waren Sie mal Mitglied der NPD?

Tauber Ja, seit 1993 bis heute.

Anwalt Reinecke Haben Sie für die NPD für den Bundestag kandidiert?

Tauber Ja.

Tag 222

29. Juli 2015

Manfred Götzl, Richter. **Reiner Görlitz**, Beamter des Verfassungsschutzes in Brandenburg. Er wurde bereits am Tag 215 befragt. **Jürgen H.**, 58, Kriminalhauptkommissar beim Bundeskriminalamt Meckenheim. **Herbert Diemer, Jochen Weingarten**, Vertreter der Bundesanwaltschaft. **Wolfgang Heer**, Verteidiger von Beate Zschäpe. **Olaf Klemke, Wolfram Nahrath**,Verteidiger von Ralf Wohlleben. **Thomas Bliwier, Mehmet Daimagüler, Adnan Erdal, Yavuz Narin**, Anwälte der Nebenklage.

(Vor Verhandlungsbeginn wird bekannt, das die Staatsanwaltschaft München I die Strafanzeige von Beate Zschäpe gegen ihre Anwälte Anja Sturm, Wolfgang Heer und Wolfgang Stahl nicht weiterverfolgt. Die Staatsanwaltschaft kann keine strafbare Handlung feststellen, weswegen sie auch kein Ermittlungsverfahren einleitet. Vor Gericht erscheint erneut der Zeuge Reiner Görlitz maskiert, vermummt mit Kapuze. Er hat einen Anwalt als Zeugenbeistand dabei.)

Verteidiger Heer Ich nehme zur Kenntnis, dass der Zeuge verfremdet ist, ich kann nichts mehr erkennen von seinem Gesicht. Das ist nicht in Ordnung. Ich habe ein Problem mit Kapuze und Perücke, beides deckt seine mir zugewandte Gesichtshälfte vollständig ab.

Verteidiger Klemke Vielleicht könnte sich der Zeuge einen Zopf binden.

Götzl Nicht ins Lächerliche ziehen!

Verteidiger Klemke Nicht ich ziehe es ins Lächerliche, die Maskerade des Zeugen ist lächerlich.

Götzl (*zum Zeugen*): Schieben Sie halt Ihre Kapuze zurück.

Verteidiger Heer Ich beantrage, dass Sie den Zeugen auffordern, die Kapuze abzunehmen. Er hat ja noch eine Perücke darunter.

Anwalt Bliwier Ich schließe mich dem Antrag an. Die Maskerade ist unerträglich. Und der Zeuge soll zudem seine Unterlagen, die da liegen, dem Gericht aushändigen.

Götzl Wenn Sie sich die Aussagegenehmigung ansehen, steht da, dass sicherzustellen ist, dass der Zeuge nicht erkannt werden kann. (*Zum Zeugen*) Sind Sie bereit, die Unterlagen auszuhändigen?

Görlitz Nein.

Götzl Warum?

Görlitz Die habe ich mir zusammengestellt. (*Sein Zeugenbeistand erklärt, es handle sich um Verschlusssachen, die nicht öffentlich gemacht werden könnten.*)

Götzl Liegt eine Sperrerklärung vor? Dann überlassen Sie uns die Unterlagen, wir sagen Ihnen natürlich zu, dass die Unterlagen nicht eingesehen werden. Und Sie prüfen die Sperrerklärung und lassen sie uns zukommen.

Bundesanwalt Diemer Man muss doch begründen, warum er das herausgeben soll. Ich kann nicht einfach Behördenunterlagen einziehen, die Behörde muss die Möglichkeit haben, eine Sperrerklärung abzugeben.

Oberstaatsanwalt Weingarten Der Zeuge ist Beamter, er gibt an, das sind Unterlagen seiner Behörde. Er darf die nicht rausgeben. Die Beschlagnahme von Behördenunterlagen ist nicht möglich. Das sieht die Strafprozessordnung nicht vor.

Verteidiger Nahrath Wir wissen alle, dass in diesem Verfahren viele Unterlagen verschwunden sind. Ich habe Sorge, dass der Ordner nicht vollständig zurückkommt, wenn er nun eine halbe Stunde mitgenommen wird.

(Der Zeugenbeistand fragt, ob er jetzt etwa hier im Saal mit der Behörde telefonieren solle.)

Anwalt Erdal Der Aktenordner bleibt im Raum!

Götzl Mäßigen Sie sich! Befehlston ist hier nicht angemessen.

(Pause.)

Götzl Über die Sicherstellung der Kopien des Ordners besteht Einverständnis. Die Abgabe einer Sperrerklärung wird geprüft. Wir werden den Ordner sicherstellen und versiegeln. Und abwarten, was die Prüfung ergibt. Wir werden Sie erneut laden. Danke schön.

(Der nächste Zeuge, Jürgen H., betritt den Gerichtssaal.)

Jürgen H. Ich war schon in den ersten Tagen der NSU-Ermittlungen eingesetzt. Mir lagen Telefonnummern, Notizzettel und Bilddokumente vor. Elektronische Dateien waren Namens- und Adresssammlungen mit Bezug zu München, Dortmund und Nürnberg. Dabei ist mir aufgefallen, dass diese Dateien sehr systematisch angelegt waren. Zu München gab es 88 Datensätze, zu Dortmund 37 und zu Nürnberg sechs. Es waren Adressen von Personen, Mitglieder des Landtags, Parteibüro-Adressen, islamistische Vereinigungen, Adressen von jüdischen Einrichtungen, Waffenhandlungen. Hier wurde der Versuch unternommen,

Datensätze systematisch anzulegen für eine Verwendung vor dem Hintergrund der hier verhandelten Straftaten. Auch das Bundesverfassungsgericht war aufgeführt sowie Klaus-Dieter Fritsche, damals Vizepräsident des Bundesverfassungsschutzes. *(Später wurde Fritsche Geheimdienstkoordinator im Kanzleramt.)* Pfarrer, Kriminalbeamte, Kindergärten und – das konnte ich nicht so recht einschätzen – auch Friedhöfe.

Anwalt Daimagüler Die islamistischen Vereine, von denen Sie sprachen, haben Sie in Erinnerung welche Vereine da genannt wurden?

Jürgen H. Konkret nicht.

Götzl Ich habe verstanden: islamische Institutionen.

Anwalt Narin Auch ich habe »islamistisch« verstanden.

Jürgen H. Da habe ich mir keine Gedanken gemacht. Institutionen, die mit dem Islam in Kontakt standen.

Anwalt Daimagüler Zum Beispiel?

Jürgen H. Islamischer Kulturverein.

(Der Zeuge wird entlassen.)

Anwalt Daimagüler *(gibt eine Erklärung ab.)* Offensichtlich unterscheidet der Zeuge nicht zwischen »islamisch« und »islamistisch«. Das ist für einen muslimischen Anwalt schwer zu verdauen. Aus dem Vermerk ergibt sich, dass Personen auf der Liste nicht befragt wurden und dass auch die regionale Häufung nicht zur Besorgnis Anlass gegeben hat. Eine einfache Person hätte vielleicht Hinweise darauf geben können, ob es da lokale Tippgeber gegeben hat. Das ist nicht geschehen, insofern ist die Auswertung eine, die vor allem durch ihre Oberflächlichkeit besticht und durch diesen Zeugen auch demonstriert wurde.

Tag 223

3. August 2015

Peter Lang, Beisitzender Richter

(An diesem Tag werden verschiedene Schriftstücke aus den Akten verlesen.)

Richter Lang Thüringer Landesamt für Verfassungsschutz an das Bundeskriminalamt Meckenheim. Betreffzeile: Erkenntnisanfrage zu Wohlleben, Ralf. Bezug nehmend auf Ihre Erkenntnisanfrage vom 20. 11. 2011 teilt das Thüringer Landesamt für Verfassungsschutz (TLfV) ausweislich der Vorgangsakten mit: a) Welche Bedeutung hat Ralf Wohlleben aktuell in der rechten Szene von Thüringen? Welche Ämter hat er inne? Welchen Organisationen gehört er an? Wohlleben gehörte zu den Mit-

begründern und zum Führungskreis des ehemaligen »Thüringer Heimatschutzes« (THS). Am 24. 1. 1999 trat er in die NPD ein. Bereits am 27. 3. 1999 wurde er erstmals als Beisitzer und Schulungsleiter in den NPD-Landesvorstand gewählt. Mit Unterbrechungen blieb er bis zum 31. 5. 2008 im Landesvorstand. Vom 1. 7. 2006 bis 31. 5. 2008 hatte er die Funktion eines stellvertretenden NPD-Landesvorsitzenden inne. Zusätzlich war er mit Unterbrechungen von 1999 bis 2010 Vorsitzender des NPD-Kreisverbandes Jena/Saale-Holzland-Kreis. Seit Mitte März 2010 tritt er auf der Homepage des NPD-KV Jena/Saale-Holzland-Kreises nicht mehr als dessen Vorsitzender in Erscheinung. Ab 1999 war er außerdem JN-Mitglied. Zuletzt waren auch keine nennenswerten Aktivitäten von Wohlleben im Zusammenhang mit der NPD erkennbar, sodass die Vermutung naheliegt, dass er sich aus dieser zurückgezogen hat. Das operative Aufkommen des TLfV deutet darauf hin, dass Wohlleben aus der NPD ausgetreten sein könnte. Bereits seit vielen Jahren ist Wohlleben in der Neonaziszene aktiv und gilt seit Längerem als führendes Mitglied der Kameradschaftsszene in Jena. Neben zahlreichen Teilnahmen an einschlägigen Veranstaltungen tritt Wohlleben auch teilweise als deren Initiator sowie als Redner in Erscheinung. Darüber hinaus zählte Wohlleben zu den Mitbegründern der Hausgemeinschaft »Zu den Löwen« (auch »Braunes Haus« genannt) in Jena, wo er von 2002 bis 2006 mit Wohnsitz gemeldet war. Gemäß operativem Aufkommen des TLfV ist Wohlleben jedoch auch nach seinem Auszug regelmäßig in dem Objekt zugegen und um dessen Fortbestand/Wiederbeleben bemüht. In der Vergangenheit pflegte Wohlleben auch überregionale Szenekontakte.
(Weitere Berichte werden verlesen.)

Tag 224

4. August 2015

Patrick R., 42, Polizist aus der Schweiz.

(Die NSU-Ermittler haben versucht, den Weg der mutmaßlichen Mordwaffe, der Česká-Pistole, zu rekonstruieren, und sind so auf den Schweizer Staatsbürger Peter G. gestoßen. Ein Polizist soll nun über die Vernehmung der Ehefrau von G. sprechen.)

Patrick R. Frau G. wurde bereits am 20. oder 21. 1. 2012 einvernommen durch Kollegen. Am 24. 1. wurde die Einvernahme von einer Kollegin geleitet, ich war als Protokollführer dabei. Die Einvernahme fand statt nach der Entlassung des Ehemanns. Sie sagte, sie sei sich nicht ganz sicher mit den Zeitangaben, die sie bei der letzten Einvernahme angegeben hat. Sie wurde gefragt, ob sie mit ihrem Ehemann gesprochen habe über die Einvernahme. Sie sagte, dass er jetzt die Wahrheit gesagt habe. Dass er die Waffen entgegengenommen hat und sie an ihn zugestellt worden seien. Sie konnte nicht genau sagen, wie viele Waffen und wie viele Pakete es waren. Sie selbst hat die Waffen nicht gesehen. Sie wurde gefragt, ob sie nicht mehr wissen wollte zu dem Ganzen nach der ersten Einvernahme. Sie sagte: Nein, sie habe nicht mehr wissen wollen. Ihr wurde vorgehalten, um welche Waffe es ging und was damit verübt wurde. Sie hat bestätigt, dass ihr Mann das oder die Waffenpakete ungeöffnet an Herrn Müller weitergegeben habe. Sie verwendete Einzahl und Mehrzahl. Sie sagte, sie wisse nicht, ob es ein Paket oder mehrere waren.

(Das Gericht geht in die Sommerpause.)

Tag 225

2. September 2015

Manfred Götzl, Richter. **Kay S.**, 40, Vollzugsbeamter aus Jena. Er wurde bereits am Tag 202 vom Gericht befragt. **Herbert Diemer**, Vertreter der Bundesanwaltschaft. **Olaf Klemke**, Verteidiger von Ralf Wohlleben. **Seda Başay, Antonia von der Behrens, Yavuz Narin, Sebastian Scharmer**, Anwälte der Nebenklage.

Götzl Wir setzen Ihre Einvernahme fort. Haben Sie von sich aus noch was zu ergänzen zu Ihren bisherigen Aussagen?

Kay S. Nein.

Götzl Stichwort Puppentorso. Haben Sie damals Informationen bekommen über eine Bombe in einer Holzkiste in einem Stadion?

Kay S. Nein.

Götzl Informationen über Briefbombenattrappen?

Kay S. Nein.

Götzl Mir geht es nicht um Presseveröffentlichungen, nur um unmittelbare Informationen.

Kay S. Habe ich keine.

Götzl Haben Sie Informationen über einen Koffer, der auf dem Friedhof in Jena abgestellt wurde?

Kay S. Nein.

Verteidiger Klemke Haben Sie Feststellungen dahin getroffen, dass Ihre früheren Freunde Uwe Mundlos, Uwe Böhnhardt und Beate Zschäpe zu kaltblütigen Mördern geworden sind?

Kay S. Ich verstehe die Frage nicht.

Verteidiger Klemke Haben Sie solche Feststellungen getroffen?

Kay S. Ich kenne diese Menschen, aber ich kenne keinen Menschen, der zu so etwas fähig ist.

Verteidiger Klemke Sie wurden vom BKA gefragt, was Sie gedacht haben, als Ihre früheren Freunde Mundlos, Böhnhardt und Zschäpe zu kaltblütigen Mördern geworden sind?

Kay S. Ich habe dazu keine Feststellungen gemacht. Ich verstehe Ihre Frage nicht. Ich habe mich entschlossen, das zu sagen, was ich weiß. Ich weiß nichts von Morden, Sprengstoffanschlägen, Banküberfällen. Ich kann nur das sagen, was ich weiß.

Verteidiger Klemke Können Sie sich erinnern, dass diese Frage beim BKA gestellt worden ist?

Kay S. Nein, aus dem Stegreif weiß ich das nicht.

Verteidiger Klemke Sie sagten, Sie seien involviert gewesen in die Geldbeschaffung für die drei. Haben Sie da Eigeninitiative entwickelt oder kam jemand auf Sie zu?

Kay S. Kann ich mich nicht mehr erinnern.

Verteidiger Klemke Sie sagten, Sie hätten mit Herrn Wohlleben über Geld für die drei gesprochen? Wie oft?

Kay S. Das ist über zwanzig Jahre her. Da wurde maximal ein-, zweimal darüber gesprochen.

Verteidiger Klemke Sie sagten, Sie waren damals auf einer Party. Können Sie sich noch an die Rückfahrt erinnern?

Kay S. Nicht wirklich.

Verteidiger Klemke Wussten Sie, bevor Sie an die Autobahnbrücke kamen, dass die Fahrt dorthin gehen sollte? Sie sagten ja, man habe Ihnen dort Verkehrskegel in die Hand gedrückt.

Kay S. Den genauen Ort kannte ich nicht.

Verteidiger Klemke Als Sie erstmals in der Hauptverhandlung vernommen wurden, erwähnten Sie Herrn Brandt. Und sagten, so wie Brandt Leute kommandiert habe, sei das nicht gegangen. Können Sie da Beispiele nennen?

Kay S. Ich habe den zwei, drei Mal gesehen. Das Auftreten dieses Menschen war mir nicht sympathisch.

Verteidiger Klemke Aber Sie verwendeten den Ausdruck »kommandiert«.

Kay S. Ja, er hat die Leute hin- und hergeschickt.

Verteidiger Klemke Sie sagten, zur Aktion Puppentorso sei Ihnen gesagt worden: Die Linken machen so viel, wir müssen auch mal was machen, damit wir in die Medien kommen. Wer war das?

Kay S. Ich glaube, das war der Herr Mundlos. Ich denke, dass das so gewesen ist.

Verteidiger Klemke Warum denken Sie das?

Kay S. Weil das so gewesen ist.

Verteidiger Klemke Woran machen Sie das fest?

Kay S. An meiner Erinnerung, die ich noch im Hinterstübchen habe.

Verteidiger Klemke Wie lange wurden Sie damals vom BKA vernommen?

Kay S. Zwei bis drei Stunden.

Verteidiger Klemke Haben Sie sich mit Uwe Mundlos mal über die Trickfilmfigur Paulchen Panther unterhalten?

Kay S. Nein, aber ich weiß, dass er Fan davon war. Wir haben mal gemeinsam den Film gesehen, Anfang der Neunzigerjahre.

Verteidiger Klemke Wo?

Kay S. Ich denke, bei ihm zu Hause. Ich hatte kein Fernsehen. Da waren wir vielleicht sechzehn oder siebzehn, in dem Dreh.

Verteidiger Klemke Auf die Frage der Bundesanwaltschaft sagten Sie, mit Schwerverbrechen der Untergetauchten hätten Sie nicht gerechnet.

(Anwältin Edith Lunnebach beanstandet die Frage, zwischen ihr und Klemke entspinnt sich ein lautstarker Streit.)

Götzl *(zum Justizbediensteten an der Mikrofonanlage)* Schalten Sie bitte Herrn Rechtsanwalt Klemke ab, und Frau Lunnebach ebenfalls. Immer mit der Ruhe.

Verteidiger Klemke Ich verwahre mich gegen die Unterstellung der Frau Lunnebach, dass die Bundesanwaltschaft bei der Vernehmung der Zeugen beim BKA gar nicht zugegen gewesen ist.

Götzl Bitte formulieren Sie Ihre Frage noch mal, es ist ja doch einiges geschehen zwischendurch, und ich bin mir nicht sicher, ob der Zeuge sich noch an die Frage erinnert.

Verteidiger Klemke Warum sagten Sie, mit Schwerverbrechen hätten Sie nicht gerechnet. Hatten Sie einen Anhaltspunkt dafür?

Kay S. Nein, hatte ich nicht.

Anwalt Narin Herr S., Sie hatten gesagt, Sie seien bis 2004 als Verräter beschimpft worden und es hätte Morddrohungen gegeben. Rechte hätten Ihnen gesagt, Sie sollten aufpassen, dass Sie nicht mal in der Saale liegen. Wer war das?

Kay S. Das weiß ich nicht.

Anwalt Narin Sie hatten über Frau Zschäpe berichtet und gesagt, Sie wüssten, dass ihr Vater Rumäne sei.

Kay S. Ja, das war bekannt.

Anwalt Narin War das Thema in der Szene?

Kay S. Nein.

Anwalt Narin Sie sagten, für beide Uwes sei die Familie von Beate »Assis« gewesen. Und sie hätten das auch kundgetan und sie spüren lassen. Wie?

Kay S. Sie haben Spitzen losgelassen, gegen ihre Familie und ihren Cousin Stefan. Säufer und so.

Anwalt Narin Und warum wurden Mutter und Oma von Frau Zschäpe als »Assis« angesehen?

Kay S. Genauer Wortlaut geht nicht mehr, ich weiß nur noch, dass sie beschimpft worden sind. Das von Stefan wurde auf die ganze Familie übertragen. Das hat Frau Zschäpe sehr belastet.

Anwältin Başay Gegenstand der Anklage gegen Uwe Böhnhardt war damals nicht nur die Sache mit dem Puppentorso, sondern es ging auch um Volksverhetzung.

Kay S. Aha.

Anwältin Başay »Ali Drecksau«, kennen Sie das Lied? Ich würde Ihnen mal einen Vorhalt machen. Ich zitiere: »Ein Türke, der in Deutschland lebt und sagt, er ist auch hier geboren, den sehen wir schon als verloren. Er darf jetzt rennen oder flehen, er kann auch zu den Bullen gehen, doch helfen wird ihm alles nicht, denn wir zertreten sein Gesicht. Wer sagt, das wäre zu gemein, der soll es sehen, das Türkenschwein! Er plündert, raubt und wird dann frech, doch heut noch stirbt er – so ein Pech.« Bringen Sie das Lied in Verbindung mit Herrn Böhnhardt?

Kay S. Nein, das kenne ich nicht.

Verteidiger Klemke Die Verteidigung Wohlleben beantragt, den Zeugen zu vereidigen. Ich begründe das, wenn der Zeuge nicht zuhört.

Götzl *(zu S.)* Bitte nehmen Sie kurz draußen Platz.

Verteidiger Klemke Die Verteidigung Wohlleben hält die Vereidigung des Zeugen für geboten, um eine wahrheitsgemäße Aussage herbeizuführen. Er sollte seine Erinnerung noch mal kritisch überprüfen. Insbesondere zur Ansprache durch Herrn Wohlleben hat der Zeuge hier in der Hauptverhandlung andere Angaben gemacht als bei seiner Vernehmung beim BKA. In einem Punkt hat er offenkundig die Unwahrheit gesagt. Gerade weil der Zeuge im öffentlichen Dienst ist, unterstützt die Androhung der Vereidigung sein Erinnerungsvermögen.

Bundesanwalt Diemer Wir sehen es nicht so, gerade weil der Zeuge im öffentlichen Dienst ist, redet er nicht einfach daher und bemüht sich sichtlich. Der Eindruck ist nicht, dass der Zeuge bewusst falsche Aussagen macht.

Anwalt Scharmer Eine Vereidigung ist nicht erforderlich. Aber entgegen der Ansicht der Bundesanwaltschaft ist die Tatsache, dass der Zeuge im öffentlichen Dienst ist, kein Beleg für die Glaubhaftigkeit des Zeugen. Er hat sehr deutlich gemacht, wo er sich erinnert und wo nicht. Er hat sich auch selbst belastet. Ich sehe keinen Hinweis auf eine falsche Aussage. Wenn es einen konkreten Punkt gibt, möge Rechtsanwalt Klemke den benennen.

Verteidiger Klemke Er hat darüber unterschiedliche Angaben gemacht, von wem und wie oft er wegen Gelds für die Flüchtigen angesprochen worden ist. Und beim BKA sagte er, er lege eine Lebensbeichte ab, und gibt dann die Sache mit dem Puppentorso nicht an. Einfach vergessen. Da verstehe ich die Welt nicht mehr.

Götzl Der Zeuge bleibt unvereidigt.

Verteidiger Klemke Ich beanstande die Entscheidung des Vorsitzenden und werde noch eine weitere Begründung dazu abgeben. Ich kann die Verfügung des Herrn Vorsitzenden nicht nachvollziehen. Das Aussageverhalten des Zeugen gebietet eine Vereidigung. Er hat ein sehr taktisches Verhältnis zur Wahrheit. Er hat bereits beim Amtsgericht Jena eine Falschaussage gemacht, um sich und Herrn Böhnhardt zu decken. Er hat dann weiter beim BKA eine Falschaussage gemacht, als er die Sache mit dem Puppentorso hat wegfallen lassen. Und dann hier erneut. Er hat drei Mal falsch ausgesagt. Ein solcher Zeuge muss mit der Drohung der Vereidigung dazu angehalten werden, nur das anzugeben, was er noch in Erinnerung hat. Alle Belastungszeugen werden hier heiliggesprochen, dieser Eindruck drängt sich mir immer mehr auf. Es gibt massive Hinweise auf Unwahrheit. Was heißt hier, er hat sich selbst belastet? Sämtliche Vorwürfe gegen den Zeugen sind seit Jahr und Tag verjährt. Wer das als Geschmacksverstärker heranziehen will zur Würdigung der Aussage, geht fehl.

Bundesanwalt Diemer Wir bleiben bei unserer Stellungnahme.

Anwältin von der Behrens Es ist nicht zutreffend, dass der Zeuge drei Mal die Unwahrheit gesagt hat. Beim BKA ist er nie nach dem Puppentorso gefragt worden, obwohl er damit rechnete. Unverständlicherweise, muss man sagen. Er sagte damals: »Ich habe es einfach nicht gesagt, ich war froh, dass es vorbei war.« Richtig ist, dass die Straftaten verjährt sind, aber er ist besorgt, dass er den Job verliert, mit seinem Namen in der Presse mit der Straftat in Verbindung gebracht wird, sein soziales Umfeld verliert. Deswegen ist auch klar, dass er nichts gesagt hat, als die Frage nach dem Puppentorso beim BKA nicht kam. Dass er dann hier den Mut aufgebracht hat, das hier detailliert und konkret zu berichten, das ist ihm hoch anzurechnen. Das hat ihn jahrelang konkret belastet. Deswegen erinnert er das besser als anderes. Zu Wohlleben: Er hat gesagt, dass Herr Wohlleben bei der Puppentorso-Geschichte dabei war und dass er sich nicht mehr sicher ist, ob und wie oft er mit ihm über die Geldunterstützung für die drei geredet hat. Da gibt es keinen Raum für eine Falschaussage.

Verteidiger Klemke Ich muss die hellseherischen Fähigkeiten der Kollegin rühmen. Er hat doch gar nicht gesagt, dass er mit der Frage gerechnet hat. Woher will sie das wissen? Dieser Zeuge muss vereidigt werden, sonst ist das ein Freibrief für alle Belastungszeugen.

(Das Gericht zieht sich zur Beratung zurück und betritt dann wieder den Gerichtssaal.)

Götzl Nach geheimer Beratung ergeht folgender Beschluss: Der Zeuge bleibt unvereidigt. Zur Herbeiführung einer wahren Aussage ist die Vereidigung nur dann zulässig, wenn es Anhaltspunkte dafür gibt, dass eine Vereidigung den Zeugen dazu bringen würde, seine Erinnerung noch mehr zu erforschen. Tatsachen, die diese Auffassung rechtfertigen, gibt es nicht. Die Ansicht des Antragstellers, dass der Zeuge die Unwahrheit gesagt hat, ist kein Grund für die Vereidigung.

Tag 226

3. September 2015

Manfred Götzl, Richter. **Peter Lang, Michaela Odersky**, Beisitzende Richter. **Herbert Diemer**, Vertreter der Bundesanwaltschaft. **Wolfgang Heer, Wolfgang Stahl, Anja Sturm**, Verteidiger von Beate Zschäpe. **Olaf Klemke**, Verteidiger von Ralf Wohlleben.

Götzl Wir setzen fort im Verfahren. Der für heute geladene Zeuge Mario Brehme hat sich wegen Krankheit entschuldigt. Wir werden die Zeit nutzen für Verlesungen. Ich habe vor, das Wohnungsangebot der städtischen Wohnungsbaugesellschaft Jena an Frau Zschäpe verlesen zu lassen, dazu mehrere Briefe.

(Er liest eine Reihe von Nummern der Fundstellen vor. Die mitschreibenden Verteidiger haben Schwierigkeiten, seinem Tempo zu folgen.)

Verteidiger Stahl Ich bin Rechtsanwalt und kein Stenograf.

Götzl Das ist nicht angemessen, diese Wortwahl. Wir brauchen diesen Ton hier nicht.

Verteidiger Stahl Ich kann das nicht so schnell mitschreiben.

Götzl Dann bitten Sie mich doch, das zu wiederholen.

Verteidiger Heer Können Sie das nicht schriftlich übergeben?

Götzl Nein, ich lese das langsam vor.

Verteidiger Heer Ich widerspreche förmlich dieser Vorgehensweise und bitte die Fundstellen zu verschriften und dann um 45 Minuten Pause, damit wir das überprüfen können. Das ist ein Antrag.

Bundesanwalt Diemer Herr Rechtsanwalt Heer, ich weiß nicht, was Sie wollen. Der Richter sagt, was er verlesen will. Sie können doch mitschreiben, wir schreiben auch mit.

(Rechtsanwältin Lunnebach ruft etwas von hinten.)

Verteidiger Heer Frau Lunnebach, da sollten wir beide uns doch einmal einig sein.

Götzl Jetzt fangen wir halt noch mal an.

Verteidiger Heer Ich habe einen Antrag gestellt, und wenn Sie, Herr Vorsitzender,

dem nicht nachkommen, dann verlange ich eine Entscheidung des Senats. Es geht um ein faires Verfahren. Wir möchten hier vernünftig verteidigen, alle vier.
(Zschäpe lächelt spöttisch.)

Götzl Ich verlese das jetzt noch mal langsam.

Verteidiger Heer Das macht doch keinen Sinn.

Götzl Was Sinn macht, entscheide ich. Sie sind jetzt einfach nicht dran, Herr Heer.
(Götzl liest langsam die Nummern der Asservate vor, die er verlesen will. Es handelt sich um Briefe, die in der von Beate Zschäpe angemieteten Garage in Jena sichergestellt wurden.)

Götzl Es ist beabsichtigt, diese vier Briefe hier zu verlesen. Sie bekommen die Möglichkeit, sich das alles anzuschauen. Wie viel Pause brauchen Sie? Reicht eine halbe Stunde?

Verteidiger Heer Ja.

Götzl Dann unterbrechen wir bis 10.35 Uhr.
(Pause.)

Götzl Wir haben zwischenzeitlich auch das Originalasservat angefordert, es ist nur noch nicht hier. Wir haben Kopien.

Verteidiger Klemke Die Verteidigung von Herrn Wohlleben widerspricht der Verlesung der Kopie des Originals.

Götzl Wir lassen das Original gerade kommen.

Verteidiger Klemke Dann können wir ja die Verlesung aufschieben, bis das Original da ist.

Götzl Wenn Sie die Kopien in Zweifel ziehen …
(Klemke will ihn unterbrechen.)

Götzl Jetzt bin ich dran, heute herrscht eine gewisse Ungeduld.

Verteidiger Klemke Wenn Sie gerade so schön in Stimmung sind, beantragen wir, den Vorsitzenden *(also Götzl)* als Zeugen zu vernehmen, dass die Kopie mit dem Original übereinstimmt.

Götzl *(seufzt)* Stellungnahmen?

Bundesanwalt Diemer Bis wann kommt denn das Asservat?

Götzl In fünf Minuten, schätze ich mal.
(Gelächter im Saal. Pause.)

Götzl Mittlerweile ist der Ordner eingetroffen.

Verteidigerin Sturm Die Verteidigung Zschäpe widerspricht der Beweiserhebung, da es sich um Asservate aus der Durchsuchung der Garage in Jena handelt. Ich beziehe mich auf die Begründung vom Frühjahr diesen Jahres.

Verteidiger Klemke Wir schließen uns an.

Bundesanwalt Diemer Wir halten das für verwertbar und verlesbar.

Götzl Die Sitzung wird unterbrochen. Wir setzen um 12 Uhr fort.
(Pause.)

Götzl Der Widerspruch der Verteidigung Wohlleben gegen die Verlesung hat sich erledigt. Es ist nun beabsichtigt, die Originale zu verlesen. Des Weiteren ergeht folgender Beschluss: Die genannten Briefe werden verlesen. Die Verteidiger von Frau Zschäpe und Herrn Wohlleben widersprechen der Verlesung, weil ein Beweiserhebungs- und Beweisverwertungsverbot bestehe. Es gibt keinen Anspruch auf eine Bescheidung über den Widerspruch der Verwertung der Beweismittel bereits während der Hauptverhandlung. Das bleibt der Urteilsberatung vorbehalten.

(Götzl liest aus einem Brief von Uwe Mundlos vor. Er schrieb ihn im Herbst 1995. Darin berichtet Mundlos, dass in Weimar die KZ-Gedenkstätte Buchenwald geschändet wurde. Mundlos und Böhnhardt waren in nachgemachten SA-Uniformen über das Gelände marschiert und hatten sich ins Gästebuch eingetragen.)

Götzl *(liest vor)* »Dummerweise hatte man gleich in der Nähe Beate und ihren jetzigen Freund verhaftet. Beate und ihr Freund wurden vorgeladen. Er wurde über fünf Stunden verhört. Hauptpunkt waren bei ihm Laufverlängerungen, die man bei der Hausdurchsuchung fand. Man wollte ihn eigentlich noch am Abend dem Haftrichter vorführen. Da er ja auf verschärfter Bewährung draußen ist, ist die nicht gerade ein gutes Omen. Was man allen beiden sagte, war, dass sich bis jetzt häufig viele Kameraden in Rudolstadt am Mittwoch trafen und sie jetzt – wir eingeschlossen – eine Anzeige wegen Bildung von kriminellen Vereinigungen erhalten sollen. Man wird sehen, was wird. Am Abend nach Böhni seinem Verhör war dann eine Sache, die uns fast Kopf und Kragen gekostet hätte, aber Gott sei Dank hat ja Dumm öfter mal Glück. Wir wurden in der Nacht ›zufällig‹ von einem Streifenwagen in Jena angehalten. Danach wollten sie dann von allen die Ausweise und leuchteten das gesamte Auto ab. Am nächsten Tag kam dann das dicke Ei. Beate musste zum Verhör zum LKA, wo man sie gleich fragte, ob sie gestern Nacht schön kontrolliert worden wäre. Als sie daraufhin sagte, dass es doch nur eine ganz normale Verkehrskontrolle gewesen sei, kamen sie mit der Sprache raus. Sie erzählten ihr, dass für mein gutes Auto eine Jena-weite Fahndung lief und das Auto samt Insassen durchsucht werden sollte. Leider hatten die Bullen den Funkspruch nicht richtig gedeutet und dachten, nur die Personalien aufschreiben. Da hat man endlich mal von Bullen eine richtige Einschätzung über sich selbst gehört, denn sie sagten: ›Typisch Jenaer Polizei – total doof.‹ Ansonsten war es fast dasselbe wie bei Böhni, nur dass sie bei Beate wesentlich mehr Wissen, was sie über uns haben, gezeigt hatten. Also, es gab fast nichts, was sie nicht wussten, sodass man jetzt wirklich langsam an eine erhebliche Schwachstelle denken muss.«

(Richterin Odersky liest einen weiteren Brief vor, den Uwe Mundlos 1995 an drei Gesinnungsgenossen geschrieben hat.)

Richterin Odersky »Hallo Ihr drei! Schöne Grüße senden Euch mal wieder Eure Jenaer Kameraden. Da Ihr ja so lange nichts von Euch hören lassen habt, dachten wir uns, dass wir mal einen kleinen, kurzen Brief zu Euch schreiben, da wir das etwas dumme Gefühl haben, dass unsere Post nicht bis zu Euch durchgedrungen ist. (...) Da ich *(Uwe)* die Woche über in Ilmenau bin, ist es auch nicht ganz so einfach, mal spontan Kontakt mit meinen Kameraden in Jena aufzunehmen, sodass meist nur der Griff zum Telefon bleibt, welches ja bekanntlich etwas teuer (für einen Bafög-Bettler wie mich) ist. Na ja, kommt noch hinzu, dass in diesem Krummnasen-System überall der Rüssel reingesteckt wird, so dumm es klingt, sogar in die Telefonleitung passt das Ding rein. (...) Ich bin momentan etwas schockiert über die Entwicklung unseres nationalen Lagers. Denn egal, was anliegt, kaum sind mehr als 30 Mann versammelt, so kann man doch schon getrost davon ausgehen, dass ein Spitzel oder Angstanscheißer mit darunter ist (und leider gibt es dafür nicht mal eine wirksame Alternative, bis auf die, wo ich aber immer noch zweifel, ob sie uns wirklich zum Sieg führen kann, was da heißt, in kleinen autonomen Gruppen arbeiten).«

(Richter Peter Lang liest einen Brief von Torsten Schau vor, den der am 16. 11. 1995 an seine Freunde Uwe Mundlos, Uwe Böhnhardt und Beate Zschäpe geschrieben hat. Er beginnt mit »Heil Euch, Ihr Talbewohner«. Dann geht es um Erlebnisse in der Haft.)

Richter Lang »Die Zelle glich einem Insektarium. Kakerlaken und Ameisen ohne Ende, die Matratzen wurden wohl mit der Toilette verwechselt, die ganze Nacht das Geschrei und Gesänge von irgendwelchen Kameltreibern und dann noch 23 Stunden Einschluss am Tag. (...) Am Freitag darauf wollte man mir doch vollen Ernstes einen Türken mit auf die Zelle legen. Man warf diesen Plan dann aber über den Haufen, ein Schließer sagte wohl, dass es keine gute Idee wäre, mir solch einen Lumpen aufzudrängen. Zumal ich mir kurz vorneweg wieder meiner Kopfhaare entledigt hatte und die Aufschrift »Skinhead« von meinem T-Shirt entgegenleuchtete. Wäre aber bestimmt ein schöner Zeitvertreib gewesen. Oder?! (...) Unsere Sache wird stärker denn je unterdrückt, jedoch gibt es zurzeit auch die stärksten Aktivitäten, die sich gegen das jetzige System richten. Wie heißt es so schön: Wer Wind sät, wird Sturm ernten. Wir dürfen gerade jetzt nicht aufgeben, das will dieser Staat bloß. Dass sie jetzt mit ihren Strafen durchgreifen wollen, ist die Ohnmacht des Systems, es ist dem Zerfall nahe. Lasst Euch nicht von irgendwelchen WM-Zersetzern den Mut nehmen und Euch provozieren, dies ist von denen pure Absicht. Die Arbeit in kleinen autonomen Gruppen, wie du, Uwe, es schreibst, wird von vielen Kameraden geplant bzw. schon in die Realität umgesetzt. Es werden auch keine neuen Parteien mehr gegründet, man bildet Interessengruppen, die noch nicht verboten werden können. Falls Du/Ihr mal paar Adressen haben wollt, kein Problem, müsst das bloß schreiben. So, soll's für heute gewesen sein. Lasst euch nicht unterkriegen und haltet weiter die Fahnen nach oben. In diesem Sinne verbleibt mit heidnisch-germanischen Grüßen, Eurer Freund und Kamerad Torsten.

(Richter Götzl verliest anschließend ein Schreiben des Ilmenau-Kollegs vom 29. Januar 1998 an Uwe Mundlos vor.)

Götzl »Sehr geehrter Herr Mundlos, seit dem 16. 1. 98 versäumen Sie den gesamten Unterricht ohne ausreichende Entschuldigung. Ich ersuche Sie hiermit, dieses Verhalten umgehend abzustellen, sonst sehe ich mich gezwungen, das Schulverhältnis gemäß Paragraf 151 (2) der Thüringer Schulordnung zu beenden. Bitte sprechen Sie am 4. 2. 98 bei mir vor. Mit freundlichen Grüßen, Dr. G., Kollegleiterin«.

(Richter Lang liest ein Wohnungsangebot der Wohnungsbaugesellschaft Jena an Beate Zschäpe vor, für die Schomerusstraße 5, in der sie dann wohnte.)

Richter Lang »36,84 Quadratmeter, Preis 354 D-Mark, Mietbeginn 25. 1. 1997, ein Keller, ein Balkon. Kein Aufzug.«

Götzl Dann wird die Sitzung fortgesetzt am Dienstag, den 15. 9. 2015.

Tag 227

15. September 2015

Manfred Götzl, Richter. **Jürgen Zweigert**, 64, ehemaliger Mitarbeiter des Thüringer Verfassungsschutzes. Er war Führer des V-Manns Marcel Degner, der den Decknamen »Hagel« trug und vor Gericht leugnete, V-Mann gewesen zu sein. Dieser V-Mann soll einem der Anführer von Blood & Honour Sachsen, Thomas Starke, eine Spende für die drei Untergetauchten angeboten haben. Der hatte die Spende abgelehnt und erklärt, die drei würden »jobben«. **Herbert Diemer, Jochen Weingarten**, Vertreter der Bundesanwaltschaft. **Wolfgang Stahl**, Verteidiger von Beate Zschäpe. **Michael Kaiser**, Verteidiger von André Eminger. **Nicole Schneiders, Olaf Klemke, Wolfram Nahrath**, Verteidiger von Ralf Wohlleben. **Johannes Pausch**, Verteidiger von Carsten Schultze. **Antonia von der Behrens, Thomas Bliwier, Yavuz Narin, Sebastian Scharmer**, Anwälte der Nebenklage.

Götzl Dann kommen wir zur Fortsetzung der Hauptverhandlung. Wir haben für heute Herrn Zweigert als Zeugen geladen. Rufen Sie ihn bitte auf.

(Zweigert betritt den Gerichtssaal.)

Herr Zweigert, guten Morgen. Nehmen Sie bitte Platz. Sie sind als Zeuge verpflichtet, die Wahrheit zu berichten. Es geht uns um die Führung des V-Mannes mit dem Decknamen »Hagel«, von 1997 bis 2000, um Mitteilungen des V-Mannes an Sie. Mir wäre daran gelegen, dass Sie uns zunächst über die Führung des V-Mannes berichten. Wie das abgelaufen ist, die Häufigkeit. Was Sie in Erinnerung haben.

Zweigert Ich kann es nicht genau sagen, wann ich ihn übernommen habe, von Herrn Wießner, der ihn angeworben hat. Wir haben uns möglichst einmal die Woche getroffen, das ließ sich nicht immer durchführen. Wir haben uns regelmäßig getroffen. Am Anfang war das ein bisschen problematisch, er hat sich sehr zurückgehalten. Da musste erst eine Vertrauensbasis aufgebaut werden, dass er nicht vorgeführt wird. Dann hat er nach unserem Eindruck offen über die Verwicklungen, die er hatte, über die Veranstaltungen, die Personen berichtet. Seine Meldungen wurden von anderen V-Personen so bestätigt, das hat der Wahrheit entsprochen, er war eine zuverlässige Quelle gewesen.

Götzl Wie lange haben Sie ihn geführt?

Zweigert Bis ins Jahr 2000, wo er dann abgeschaltet wurde, weil er eigenmächtig gehandelt hatte. Es ging um das Verbot von Blood & Honour, wo er meinte, er müsste dagegen juristisch vorgehen, ohne sich mit uns abzusprechen. Deswegen haben wir ihn dann abgeschaltet.

Götzl Gehen wir noch mal zurück zum Zeitpunkt der Übernahme des V-Mannes durch Sie. Mit welchen Informationen wurde Ihnen der V-Mann übergeben?

Zweigert Als Mitglied von Blood & Honour, als Sektionschef von Thüringen oder wie das immer hieß. Er war Kassierer der Sektion Deutschland. Die Sektion Thüringen soll aus achtzehn Leuten bestanden haben, das waren aber wohl nur zehn, es haben sich immer neue Sektionen gebildet und die haben die Namen gewechselt. Andere haben aufgehört zu existieren. Das war alles undurchsichtig. Im Bereich Mitteldeutschland hatte er relativ guten Einfluss gehabt.

Götzl Was ist damit gemeint?

Zweigert Er hat sich stark engagiert, um die Blood-&-Honour-Bewegung am Leben zu erhalten. Da hat er sich intensivst eingesetzt.

Götzl Was haben Sie von ihm erwartet und was wurde umgesetzt?

Zweigert Dass er von Veranstaltungen, Konzerten, Treffen umfassend berichtet. Und das ist dann am Anfang zögerlich, aber später problemlos so geschehen. Er hat viel über andere Verbände außerhalb Thüringens bestätigt. An mich wurde nichts herangetragen, dass da etwas nicht den Tatsachen entsprochen hätte.

Götzl Was heißt anfangs zögerlich?

Zweigert Er musste merken, dass er von uns nicht gelinkt wird. Er hatte die Angst, dass das bekannt wird. Dass er für den Verfassungsschutz als Quelle tätig ist. Diese Angst musste erst mal weg sein. Dann hat er problemlos berichtet.

Götzl Können Sie uns sein Aussehen beschreiben?

Zweigert Er hatte den Spitznamen »Riese«, der nicht unbedingt zu seinem Äußeren passte. Er war ein typischer Skin, er war berufstätig, er war ganz normal gekleidet, zumindest wenn er auf Montage unterwegs war. Am Wochenende sah die Sache vermutlich anders aus, er hatte Glatze, er war wohl auch tätowiert, aber das konnte man nicht feststellen. Das hat er sich in seinem Beruf nicht anmerken lassen.

Götzl Die Treffen, die Sie angesprochen haben, wie lange haben die gedauert?

Zweigert Das hing davon ab, ob am Wochenende vorher was gewesen ist. Dann hat es länger gedauert. Er hat dann zu Personen was erzählt, hat Bilder mitgebracht. Wenn nichts weiter war am Wochenende, dann ging es kurz ab. Dann hat er nur berichtet, was eventuell ansteht. Vielleicht ein bis zwei Stunden.

Götzl Sie sagten, Sie hätten den V-Mann von Ihrem Kollegen übernommen. Haben weitere Personen den V-Mann betreut?

Zweigert Der Vertreter von mir war Herr Wießner, später kam der Kollege N. dazu, der hat ihn auch einige Male getroffen, im Vertretungsfall, wenn ich Urlaub hatte. Herr N. hatte rund zehn Treffen mit ihm und Herr Wießner einige Treffen mehr. Herr Wießner hatte das Treffen wahrgenommen, wo es um die drei Personen aus Jena ging.

Götzl Welche Unterlagen haben Sie eingesehen für die Vorbereitung?

Zweigert Meine Deckblattberichte, die ich selbst angefertigt habe. Die drei Personen wurden nicht von mir mit der Quelle besprochen. Da war nichts.

Götzl Wen meinen Sie?

Zweigert Die Frau Zschäpe, Herr Mundlos und Herr Böhnhardt.

Götzl Und Sie sagten, über die drei Personen haben Sie nichts gesprochen?

Zweigert In meinen Unterlagen war nichts. Herr Wießner wurde betraut mit der Aufgabe, dass er sich darum kümmert. Herr Wießner sollte sich um diese Geschichte ganz speziell kümmern. Wir sollten jede unserer Quellen fragen, ob die drei bekannt sind und ob Erkenntnisse vorliegen, wo sie sich aufhalten. Aber außer Tino Brandt gab es keine Quelle von mir, die die drei kannte.

Götzl Dass sich Herr Wießner um dieses Thema kümmert, welche Informationen haben Sie dazu?

Zweigert Das ist mittlerweile bekannt geworden, das habe ich damals nicht so wahrgenommen. So hoch angebunden war das Verschwinden der drei Personen nicht. Die Wertigkeit, die sie heute haben, hatten sie damals nicht. Das waren eben Angehörige der Kameradschaft Jena, die sich aus irgendeinem Grund abgesetzt haben. Warum, hat keiner so verstanden. So wurde uns das mitgeteilt. Ich hatte aus Jena aber keine Quelle, nur Tino Brandt, den ich vertretungsweise betreut habe.

Götzl Wie wurde das praktisch umgesetzt, dass sich Wießner um das Thema gekümmert hat?

Zweigert Ich habe meine Quellen betreut, gefragt, kennt ihr die, wisst ihr, wo die sind? Was im Bereich Jena gelaufen ist, das hat der Wießner gemacht. Ich unterstelle mal, er war durch den Präsidenten, Herrn Roewer, damit betraut. Der Zielfahnder vom LKA ist häufig bei uns rumgesprungen und hat sich immer mit Wießner getroffen.

Götzl Haben Sie sich mit Herrn Wießner mal darüber unterhalten?

Zweigert Nein.

Götzl Von welchem Zeitraum sprechen wir, als Hagel sagte, er kenne die drei Personen nicht?

Zweigert Als die drei weg waren, wurden wir alle angehalten, unsere Quellen zu fragen. Hagel sagte, er kennt aus Jena nur Wohlleben und Kapke. Andere waren ihm nicht bekannt.

Götzl Welche Information zu Herrn Wohlleben haben Sie von Hagel bekommen?

Zweigert Er sagte nur, er kennt ihn. Wie tief dieses Kennen ist, weiß ich nicht. Da muss ich passen.

Götzl Sie hatten den V-Mann Hagel als zuverlässig bezeichnet. Worauf stützen Sie das?

Zweigert Die Informationen, die er mir gegeben hat, gingen an die Auswertung. Und viele Geschichten, die außerhalb von Thüringen gespielt haben, gingen dann an andere Landesämter und ans Bundesamt. Von diesen Seiten wurde uns immer gesagt: Die Quelle berichtet wahrheitsgemäß. Zum Beispiel über Konzerte, wer teilgenommen hat. Oder über Strategietreffen von Blood & Honour. Das hat der Wahrheit immer entsprochen. Mir ist nie gesagt worden, da hat er falsch berichtet.

Götzl Wie sah es mit der Entlohnung der Quelle aus?

Zweigert Eine Entlohnung fand statt.

Götzl Und von wem erfolgte das?

Zweigert Der V-Mann-Führer hat bei jedem Treffen eine Entlohnung vorgenommen, eine Prämie gezahlt und die Auslagen erstattet.

Götzl In welcher Größenordnung?

Zweigert Die Prämien lagen um die 400, 500 D-Mark, die Auslagen waren unterschiedlich, was er eben an Aufwendungen hatte, Benzingeld, Eintritt, Spenden für irgendwas, das ist ihm erstattet worden.

Götzl Sie sagten, die Quelle sei im Jahr 2000 abgeschaltet worden. Wie war die Reaktion vonseiten des V-Mannes darauf?

Zweigert Das Verbotsverfahren gegen Blood & Honour ist durchgeführt worden, das hat ihm eben nicht gefallen. Da hatte er schon mal angesprochen, dass sie am Überlegen sind, wie Blood & Honour dann eventuell dagegen vorgehen kann. Das ist in dem Kreis verworfen worden, er hat eigenmächtig einen Anwalt kontaktiert und ist dagegen vorgegangen, ohne uns zu kontaktieren. Das war für uns der Anlass, die Zusammenarbeit zu beenden.

Götzl War auch die Folge einer Enttarnung Gesprächsthema?

Zweigert Am Anfang hat man über das Verhalten nach außen gesprochen, damit nichts bekannt wird, wie man sich verhält, wenn man sich trifft, nicht blind darauf losfahren, aussteigen und sagen: Da bin ich. Schon konspirativer. Er war auf Montage in den alten Bundesländern, hatte eine lange Anfahrt, hat sich relativ konspirativ verhalten. Er ist belehrt worden, dass er sich aus kriminellen Machenschaften raushalten soll. Falls er mit Polizei in Kontakt kommt, dass er auf keinen Fall die Zusammenarbeit mit dem Verfassungsschutz bekannt geben soll. Wir könnten ihm nicht helfen. Das hat er bis zuletzt durchgezogen. Offensichtlich. *(Zweigert lacht. Tatsächlich weigerte sich »Hagel«, also Marcel Degner, vor Gericht beharrlich, seine Arbeit für den Verfassungsschutz einzuräumen.)*

Götzl Hatten Sie danach noch Kontakt zu ihm?

Zweigert Nur zur Abschaltung.

Götzl Wie ist das abgelaufen?

Zweigert Er hat dafür sogar Verständnis aufgebracht, weil er eigenmächtig gehandelt hat. Hat die übliche Verschwiegenheitserklärung abgegeben. Ganz normal, wie eine Abschaltung eben erfolgt.

Götzl Hatten Sie danach noch mal Kontakt?

Zweigert Nein.

Götzl Ich habe noch mal eine Nachfrage wegen der Prämienzahlung: Wurde bei jedem Termin in dieser Größenordnung gezahlt?

Zweigert Ja.

Götzl Gab es eine Einstufung der Quelle in eine Kategorie?

Zweigert Ja, das hat aber die Auswertung gemacht.

Götzl Können Sie etwas dazu sagen, ob Akten, die Ihren V-Mann betrafen, zu einem Zeitpunkt vernichtet wurden?

Zweigert Das weiß ich nicht.

Götzl Da haben Sie keine Kenntnis darüber?

Zweigert Nein, das weiß ich nicht.

Götzl Bitte kommen Sie nach vorne, kennen Sie jemand auf diesen Lichtbildern? Schauen Sie sich das bitte in Ruhe an.

(Zweigert blättert durch die acht Bilder.)

Zweigert Nummer 6 ist Degner, die anderen kenne ich nicht.

Götzl Sind Sie sich sicher?

Zweigert Ja.

Verteidiger Kaiser Sie hatten berichtet, dass Spenden erstattet wurden. Hatte er ein Limit, wie viel er spenden durfte?

Zweigert Das kam selten vor, in einem Ort in Thüringen ist mal ein Rechter ums Leben gekommen, da haben sie Spenden gesammelt. Einmal war die Mutter von dem Mann auf einer Veranstaltung, da haben sie noch mal gesammelt. Das ist das Einzige, an was ich mich erinnern kann. Zweimal für die gleiche Person.

Verteidiger Kaiser In welcher Höhe war das?

Zweigert Einmal sind 800 Euro zusammengekommen, einmal 2000.

Verteidigerin Schneiders Haben Sie Erkenntnisse darüber, was der Beweggrund von Herrn Degner war, für den Verfassungsschutz tätig zu werden?

Zweigert Na gut, das kann ich aus dem Stegreif nicht sagen, eigentlich war das eine rein finanzielle Geschichte, denke ich mal.

Verteidigerin Schneiders Hatte der V-Mann bestimmte Aufgaben? Sollte er Einfluss nehmen?

Zweigert Nein, er sollte nur berichten, Einflussnahme ist von mir nicht erfolgt.

Verteidiger Klemke Als was hat Herr Degner gearbeitet?

Zweigert Er war Elektriker.

Verteidiger Klemke Gab es auch Auslagen für Veranstaltungen, die Herr Degner selbst organisiert hat?

Zweigert Für die Entlohnung von Bands, da gab es kein Geld von uns. Er hat nur den Veranstaltungsort ausgesucht.

Verteidiger Klemke Mir ging es um Blood-&-Honour-Veranstaltungen. Haben Sie Erkenntnisse, dass Veranstaltungen von Blood & Honour Brandenburg in Thüringen stattfanden?

Zweigert Es kam immer mal vor, dass Konzerte kurzfristig abgesagt und woanders abgehalten werden mussten.

Verteidiger Klemke Wie viele Konzerte hat Ihre Quelle durchgeführt?

Zweigert Das waren ganz wenige, in 97/98 ein oder zwei Mal. Eins in Weimar, und dann irgendwo an der Autobahn. Das war wenig.

Verteidiger Klemke Sie sagten, in der Szene hätte keiner verstanden, warum die drei untergetaucht sind.

Zweigert Das war so, das waren Mitglieder der Kameradschaft Jena. Man fand es interessant, dass sie von jetzt auf gleich verschwunden waren. Aber warum, konnte man nicht nachvollziehen. Das waren eigentlich keine Rädelsführer, das waren Mitläufer, so sein Eindruck.

Verteidiger Pausch Gab es eine Staffelung der Prämien nach Quantität oder Qualität?

Zweigert Ja, das fand schon statt. Hing davon ab, wie stark ihn das beansprucht hat, an Wochenenden oder längerfristig. Es sollte nicht dazu führen, dass er ein Festgehalt hat. Nicht jeden Monat 1000 Euro, er sollte Engagement zeigen. Fürs Nichtstun sollte es auch nichts geben.

Verteidiger Pausch Und das Kriterium der Qualität? Konnten Sie das vor Ort schon überprüfen?

Zweigert Nein, nur durch die Auswertung, das wurde dann im Nachhinein honoriert.

Verteidiger Nahrath Haben Sie Kenntnis, ob die Quelle Hagel nach ihrer Abschaltung von anderen Dienststellen übernommen wurde?

Zweigert Nein. Ich habe nur gehört, dass er der Telefonüberwachung durch das LKA Sachsen unterlegen ist. Ob sich da was ergeben hat, ist mir nicht bekannt.

Verteidigerin Schneiders Kannte er Jan Werner?

Zweigert Ja.

Verteidigerin Schneiders Thomas Starke?

Zweigert Ja.

Verteidigerin Schneiders Wie war der Kontakt?

Zweigert Das war eher eine lose Freundschaft. Sie haben sich auf Konzerten getroffen, aber nicht richtig gerne gemocht. Enge Kameradschaft war das bei Blood & Honour nicht gewesen. Und Sachsen war auch außen vor. Die haben sich nicht an allem beteiligt, was von Blood & Honour gemacht wurde.

Verteidigerin Schneiders Ich verstehe nicht, Sie müssen etwas ausführlicher werden.

Zweigert Die sollten halt an Konzerten teilnehmen, um Geld zu sammeln für Kameraden, die in Probleme kamen, das war für Prozesse gedacht und so. Die Sachsen haben sich da immer wieder gesperrt.

Anwalt Bliwier Sie haben tatsächlich ein Gespräch geführt, ob er etwas zu den drei Flüchtigen sagen kann? Und er hat gesagt, er würde sie gar nicht kennen?

Zweigert Ja.

Anwalt Bliwier Erinnern Sie sich an Ihre Vernehmung vor dem Untersuchungsausschuss des Thüringer Landtags?

Zweigert Was habe ich da gesagt?

Anwalt Bliwier Erinnern Sie sich noch?

Zweigert Das ist auch schon drei Jahre her.

Anwalt Bliwier Sie wurden damals gefragt, ob Sie auf die drei angesprochen wurden? Sie sagten damals Nein. Sollten Sie mal Ihre Quelle ansprechen?

Zweigert Wir wurden angehalten, unsere Quellen zu fragen.

Anwalt Bliwier Tja, das ist ein gewisser Widerspruch. Dass das ein Widerspruch ist, merkt ja nun jeder. Wie kriegen Sie das zusammen, dass Sie heute sagen, ich habe gesprochen mit der Quelle, und damals nicht.

Zweigert Ja, aber jetzt habe ich mich auch wieder belesen und damals nicht. Es war so, dass wir jede Quelle in diesem Bereich fragen sollten, und das war eben negativ.

Anwalt Bliwier Was haben Sie gelesen, was Ihre Erinnerung jetzt besser macht?

Zweigert Bei meinen Meldungen steht nichts drin, aber bei Herrn Wießner.

Anwalt Bliwier Erklären Sie mir, warum Sie heute genau das Gegenteil von dem sagen wie im Untersuchungsausschuss?

Zweigert Das kann ich Ihnen nicht sagen.

Anwalt Bliwier Und was ist die Wahrheit? Es kann doch nur eine Antwort stimmen.

Zweigert Das ist richtig. Das, was ich heute hier gesagt habe. Im Untersuchungsausschuss wurden so viele Fragen gestellt, da war das vielleicht missverständlich.

Anwalt Bliwier Irgendeine Erklärung können Sie mir nicht anführen dafür?

Zweigert Tut mir leid.

Anwältin von der Behrens Waren die Deckblattmeldungen Ihre hauseigenen oder sind es die, die ans Bundesamt für Verfassungsschutz weitergeleitet worden sind?

Zweigert Ein Set war ungeschwärzt, und ein Set, das gleiche, war geschwärzt, das bekamen wir vom BfV zurück.

Anwältin von der Behrens Warum haben Sie die Deckblattmeldungen damals vor Ihrer Aussage vor dem Untersuchungsausschuss nicht eingesehen?

Zweigert Das war alles konfus, es gab keinen Hinweis, dass wir uns vorbereiten sollten.

Anwältin von der Behrens Wussten Sie, dass es eine Auslobung von 3000 D-Mark gab, um die drei zu finden?

Verteidiger Stahl Es ist für die Tat- und Schuldfrage völlig irrelevant.

Götzl Können Sie es begründen? Kann der Zeuge hierbleiben, damit wir vorankommen?

Anwältin von der Behrens Ja, er kann hierbleiben. Mir geht es darum, wie wichtig war das Thema für das Landesamt? Aber dann bitte ich den Zeugen, den Saal zu verlassen.

(Stahl beanstandet auch diese Frage. Der Zeuge wird aus dem Saal geschickt.)

Anwältin von der Behrens Der Zeuge hat mehrfach bekundet, dass das Untertauchen des Trios kein großes Thema war. Dass es nicht die Brisanz wie heute hatte. Aber es gibt Anhaltspunkte, dass es hoch auf der Tagesordnung des Verfassungsschutzes und des Innenministeriums stand. Es gab in der Sendung »Kripo Live« die Ausstrahlung und Auslobung der Belohnung. Dieser ganze Komplex ist mir nicht plausibel. Ich glaube nicht, dass der Zeuge nicht mit Degner gesprochen hat und dass der nichts gesagt hat.

Verteidiger Stahl Ich beanstande die Frage, das geht alles am Gegenstand der Untersuchung vorbei und geht mehr um das Verschulden der Behörden. Das spielt doch keine Rolle, vielleicht doch, aber zumindest nicht für den Senat.

Götzl *(grinst)* Wenn doch, dann wäre es besser, die Beanstandung zurückzuziehen.

Anwalt Scharmer Die Einschätzung der drei als Mitläufer ist nicht nachvollziehbar, wenn sie untergetaucht sind und Bomben bei ihnen gefunden wurden.

Oberstaatsanwalt Weingarten Die Einschätzung von uns und von Frau Anwältin von der Behrens ist übereinstimmend, dass die Fahndung nach den Untergetauchten von großer Wichtigkeit war. Die beanstandete Frage lautet, ob der Zeuge wusste, dass 3000 D-Mark ausgelobt wurden. Diese Antwort kann nicht beitragen zur Klärung Ihrer Zweifel, Frau von der Behrens.

Verteidiger Stahl Ob das eine Brisanz damals hatte, kann nichts beitragen zur jetzigen Klärung. Wenn wir das Feld eröffnen, dann müssen wir andere Fragen auch als zulässig betrachten. Da verirren wir uns.

Verteidiger Kaiser Der Zeuge sagte, es sei seine persönliche Einschätzung, dass das nicht so hoch gehangen wurde. Und Wießner ist der Zuständige. Deswegen muss man das alles nicht weiter nachfragen.

(Pause)

Götzl Die Frage wird beanstandet. Es kommt ihr keine unmittelbare Bedeutung für die Tat- und Schuldfrage zu.

(Der Zeuge wird wieder in den Saal gerufen.)

Anwältin von der Behrens Sie sagten, Degner kenne nur Wohlleben und Kapke aus Jena? Wissen Sie das aus der Erinnerung?

Verteidiger Stahl Ich beanstande die Frage, ich sehe nur die Suche nach der Schuld des Landesamts.

Anwältin von der Behrens Es ist auffallend, warum sich der Zeuge daran erinnert, was er nicht berichtet hat, aber nicht daran, was er berichtet hat. Was heißt das, dass Degner nichts berichtet hat zu den dreien? Weil er nichts wusste, weil nicht gefragt wurde?

Götzl Vielleicht erzählen Sie einfach, wie das abgelaufen ist. Bevor wir hier lange diskutieren.

Zweigert Degner hatte keine Bezüge zu Jena. Wohlleben und Kapke nannte er. Für mich gab es keinen Grund nachzufragen, und die Auswertung hatte auch keine Nachfragen.

Anwältin von der Behrens: Ich glaube das einfach nicht, dass der Zeuge nichts von Jena wusste.

Verteidiger Stahl Kann sein, dass Sie nicht glauben, dass V-Mann Degner dem Zeugen nichts gesagt hat. Aber es ist doch nicht hilfreich, den Zeugen immer wieder zu fragen.

Anwalt Narin Waren auch mal rechtsterroristische Strukturen ein Thema mit Degner?

Zweigert Nein.

Anwalt Narin Gewalttätige Strukturen?

Zweigert Na ja, über die Auswüchse der Skinheads, bei übermäßigem Alkoholkonsum. Das schon, da hat er sich auch nicht daran beteiligt.

Anwalt Narin Der Chef von Blood & Honour Deutschland hat bekundet, dass sich in Franken eine Combat-18-Struktur entwickelt hat. Combat 18 ist genau die Handschrift des NSU.

Verteidiger Klemke Die wortreichen Erklärungen vermögen keinen Sachzusammenhang herzustellen. Ich wüsste nicht, dass es in England Tötungsreihen mit Schalldämpfer gab.

Anwalt Narin In England gab es Nagelbombenanschläge durch Combat 18, die dem in der Keupstraße entsprechen, und die Tötung politischer Gegner. In den »Turner Diaries« zum militanten Kampf wird auch das Annähern an den Tatort mit Fahrrädern beschrieben. Das hört die Bundesanwaltschaft nicht gern, weil sicher viele V-Leute in den Führungsstrukturen von Blood & Honour saßen.

Verteidiger Stahl Es kann doch nicht wahr sein, dass Sie hier internationale Verbindungen herbeifragen. Es geht nicht um Combat-18-affine Gruppen.

Bundesanwalt Diemer Ich muss den Argumenten der Verteidigung beipflichten. Fragen nach fiktiven Leuten in Franken gehören nicht zur Verhandlung.

Anwalt Narin Die Personen sind nicht fiktiv, sondern sehr konkret.

Bundesanwalt Diemer Es kann nicht darum gehen, ob es noch weitere Unterstützer gibt. Es geht um fünf Angeklagte. Wir können hier kein Ermittlungsverfahren führen. Das sieht das Gesetz so vor, das ist keine Erfindung des Generalbundesanwalts. Sie sollten sich darauf besinnen, dass Sie als Rechtsanwalt Organ der Rechtspflege sind, und sich an die Strafprozessordnung halten.

Anwalt Narin Und Sie sind gehalten, beim Rechtsterrorismus umfassend zu ermitteln.

Tag 228

16. September 2015

Manfred Götzl, Richter. **Tom T.**, 38, Stahl- und Betonbauer aus Marl, Mitbegründer der Kameradschaft Jena. **Herbert Diemer, Anette Greger**, Vertreter der Bundesanwaltschaft. **Seda Başay**, Anwältin der Nebenklage.

(Der Zeuge T. war schon mehrmals geladen, blieb aber zweimal unentschuldigt weg und war zweimal krank.)

Götzl Wir haben den Zeugen T. geladen. Bitte rufen Sie ihn auf. *(Der Zeuge kommt herein.)* Guten Morgen! Im fünften Anlauf hat das jetzt geklappt. Bitte erzählen

Sie von sich aus, ob und gegebenenfalls inwiefern Sie Beate Zschäpe, Uwe Mundlos und Uwe Böhnhardt kennen beziehungsweise gekannt haben?

Tom T. Ja, also, ich habe Mundlos und Zschäpe über eine Clique bei uns in Winzerla kennengelernt. Wohlleben und Gerlach habe ich dann im Winzerclub kennengelernt. Böhnhardt kannte ich schon ein paar Jahre früher.

Götzl Was können Sie uns zur Kameradschaft Jena sagen?

Tom T. Das war halt diese Gruppe. Wir wollten eigene Räumlichkeiten haben. Die Streetworker aus dem Winzerclub waren mehr die linksalternativen Typen und die sagten halt: Ihr könnt froh sein, dass ihr hier sein dürft. Das hat uns genervt. So wie die Linke die Häuser besetzt, so haben wir uns halt um Räumlichkeiten bemüht. Wie das ablief, kann ich nicht mehr genau sagen.

Götzl Wer gehörte zu dieser Gruppe?

Tom T. Kapke, Wohlleben, Böhnhardt, Mundlos, Gerlach, Apel glaub ich, und Friedel. Das war so die Gründerzeitgruppe.

Götzl Und wie war's mit Frau Zschäpe?

Tom T. Ja, klar, die auch.

Götzl Hatte die Gruppe Ziele?

Tom T. Wir waren schon politisch aktiv gewesen, Demos angemeldet, Infoveranstaltungen, Konzerte besucht. Kameradschaftsabend war wöchentlich. Finanziert hat man sich durch Beitragsgelder.

Götzl Welche Beträge wurden erhoben?

Tom T. Ich hing immer ein bisschen hinterher mit Bezahlen. Ich habe keine Ahnung mehr, wie hoch der Beitrag war.

Götzl Was sollte finanziert werden?

Tom T. Spuckis, diese kleinen Aufkleber, Flugblätter. Und um Demos zu besuchen, für Benzin und so.

Götzl Wie lang waren Sie dabei?

Tom T. Nur ein halbes Jahr, dann hatte sich das erledigt mit der KSJ *(Kameradschaft Jena)* und mir.

Götzl Warum?

Tom T. Mir war das ein zu dickes Regelwerk, ich habe mich anders orientiert. Ich hatte Probleme mit Pünktlichkeit, da war Alkoholverbot, ich war knapp über achtzehn, das war alles zu heavy für mich.

Götzl Von wem sind diese Vorgaben erfolgt?

Tom T. Das waren die Regeln so.

Götzl Welche Ziele haben Sie verfolgt? Worum ging es?

Tom T. Es ging um Ausländerproblematik, Jugendarbeitslosigkeit, man wurde hängengelassen, so hat man sich halt gefühlt damals. Da haben wir halt was getan.

Götzl Was ist mit Ausländerproblematik gemeint?

Tom T. Es ging darum, die Ausländer sind schuld, dass wir keine Arbeitsplätze kriegen. So ein Kram.

Götzl Kannten Sie irgendwelche Ausländer?

Tom T. Zu dem Zeitpunkt nicht.

Götzl Wie war Ihre persönliche Situation?

Tom T. Ich habe bei meinen Eltern gewohnt. Aufgrund der Anmeldung einer Demonstration bin ich zu Hause rausgeflogen.

Götzl Hatten Sie von Vorfällen mit Ausländern gehört?

Tom T. In der Diskothek, wenn die zu fünft oder zu sechst aufgetreten sind, haben sie die Frauen angemacht und rumgepöbelt. Die haben die Mädels von uns angemacht, obwohl sie gesehen haben, dass wir danebenstanden. Die haben sich aufgeführt, als würde ihnen der Laden gehören.

Götzl Was heißt Freundinnen angemacht?

Tom T. Wie man das halt macht, angequatscht, ans Gesäß gefasst, da gab es eine Auseinandersetzung zwischen uns.

Götzl Wie ist das verlaufen?

Tom T. Es gab eine Rangelei, und dann kam die Security.

Götzl Wo war das?

Tom T. Im Café »Daneben«, das ist eine Tanzbar in der Stadt.

Götzl Welche Rolle hatte wer in der Kameradschaft Jena? Welche Rolle hatten Sie? Wie war es mit Mundlos?

Tom T. Wir alle waren gleichwertige Mitglieder, als ich dabei war, war es noch in den Kinderschuhen. Wer eine Idee hatte, hat das vorgebracht, und dann wurde das, sage ich mal, demokratisch entschieden.

Götzl Zu den einzelnen Personen möchte ich nachfragen. Wie war es mit André Kapke?

Tom T. Der war ein engagierter Typ, wollte was bewegen. Bei Wohlleben war das ähnlich.

Götzl Uwe Mundlos?

Tom T. War halt so ein sehr redegewandter Typ. Mit dem konnte man auch mal so quatschen. Mit Böhnhardt hatte ich nicht so viel zu tun, hat auch nicht so viel geredet. Mit dem Apel war ich gut befreundet. War aber auch keiner, der sich in den Vordergrund geschoben hat.

Götzl Holger Gerlach?

Tom T. Zu Gerlach kann ich gar nichts groß sagen. Der konnte Musik gut besorgen, die man schlecht bekommen hat. Ja, das war vielleicht seine Aufgabe.

Götzl Und Frau Zschäpe?

Tom T. Die war dabei, aber sie ist mir politisch nicht so aufgefallen, war zwar Mitglied, kann mich aber nicht erinnern, dass sie da jetzt irgendwelche Parolen mitgeschrien.

Götzl Wie hat sie sich verhalten?

Tom T. Wie man sich halt als Freundin von jemandem verhält, immer zu Späßchen bereit, hat auch was gesagt, wenn ihr etwas nicht gepasst hat.

Götzl Noch mal zu Böhnhardt. Können Sie Näheres zu ihm sagen?

Tom T. Der Böhnhardt war nicht groß aufgefallen in der Gruppe. Hat sich Cola bestellt und hat mit Apel Karten gespielt. War so ein Spieler. War nicht unbedingt der Wortführer, war im Hintergrund. Hat immer gezockt, am Flipper, oder Karten gespielt.

Götzl Wie war Ihr Verhältnis?

Tom T. Wir waren nicht so dick. Es gibt Leute, da denkt man: Hey, das ist mein Mann! Aber mit Böhnhardt war das ein bisschen frostig. Wir haben früh gemerkt, dass wir nicht zusammenpassen.

Götzl Und Herr Wohlleben? Schildern Sie, wie er sich verhalten hat!

Tom T. Das war ein lockerer Typ, hatte immer gute Laune. War immer mit dabei, wenn wir sagen, fahren wir mal da und da hin. Sympathischer Kerl.

Götzl Waren Sie auch mit Frau Zschäpe befreundet?

Tom T. Als ich mit Mundlos enger zusammenhing, da war Mundlos mit Zschäpe liiert, da hatten wir öfter ein engeres Verhältnis. Wie das halt so ist, wenn ein Kumpel eine Freundin hat.

Götzl Welche Rolle hat Böhnhardt gespielt im Verhältnis zu Mundlos und Zschäpe?

Tom T. Mundlos und ich waren viel unterwegs, sind zelten gefahren, haben Konzerte und Freunde besucht. Wohlleben und Gerlach waren Schulkameraden, die sind zusammen aufgewachsen. Da ging die Freundschaft über die Kameradschaft hinaus. Da gehörte Böhnhardt auch hinzu. Die sind alle zusammen aufgewachsen.

Götzl Bei der Polizei haben Sie gesagt: »Mundlos konnte zum Beispiel Böhnhardt und Kapke nicht riechen, zumindest in der Anfangszeit war dies so.«

Tom T. Am Anfang ging das bei Mundlos und mir eher so in die Skinhead-Konzert-Richtung. Kapke und Wohlleben waren eher die politische Richtung. Da hat er nicht gleich gesagt: Hurra, schön, dass wir uns getroffen haben. Diese Bekanntschaft musste wachsen. Kapke und Wohlleben waren mehr die Scheitelträger, hat man früher bei uns gesagt.

Götzl Weiter heißt es hier: »Für Mundlos gehörte man nicht automatisch dazu, wenn man die Haare kurz geschnitten hatte, Springerstiefel und Bomberjacke trug.«

Tom T. Ja, genau.

Götzl Und weiter: »Für ihn war es wichtig, zu erkennen, dass derjenige eine eigene politische Meinung hatte und diese auch vertreten konnte.«

Tom T. Genau, und nicht bloß was nachquatscht. So geschichtliche Kenntnisse und solche Sachen. Da hat er ausgelotet, wie derjenige drauf ist.

Götzl Weiter heißt es: »Deshalb hat es bei Böhnhardt auch am längsten gedauert, bis er akzeptiert wurde.«

Tom T. Ja, das hat länger gedauert, bis da eine Freundschaft entwickelt wurde. Das ging über meine Zeit hinaus.

Götzl Dann ist als Ihre Antwort protokolliert: »Böhnhardt ist bei Diskussionen sehr schnell an seine Grenzen gestoßen und wurde dann unbequem.«

Tom T. Ja, wenn man dann nicht seine Meinung teilte, dann ist er zornig geworden.

Götzl Zu Uwe Mundlos sollen Sie gesagt haben: »Uwe Mundlos hatte eine sehr gute Allgemeinbildung, war intelligent und zudem zynisch.« Worauf bezieht sich zynisch?

Tom T. Er hat Sachen, die er ernst gemeint hat, spaßig verpackt. Die Sozialarbeiter haben geschluckt, wenn er Argumente vorgebracht hat.

Götzl Bei der Polizei haben Sie gesagt: »Ich glaube auch nicht, dass Mundlos diese Morde begangen hat. Bei Böhnhardt kann ich mir schon eher vorstellen, dass er in diese Richtung abgedriftet ist. Es passt zu seiner plumpen Art.« Was sagen Sie dazu?

Tom T. Ja, der ist immer gleich aggressiv geworden. Bevor diskutiert wurde, hat er lieber gleich gedroht. Bei einem Streit um Winterreifen war er mit dem Preis nicht einverstanden, da ist er gleich fuchtig geworden. Wenn du es mir nicht um den Preis gibst, dann raucht es hier.

Götzl Sie sagten auch, Sie hätten bei der Gründung der Kameradschaft Jena über die politische Zukunft diskutiert. Was heißt das?

Tom T. Wir haben halt diskutiert, wo wir hin wollen. Ein eigener Jugendclub, das war das größte Ziel.

Götzl Wollen Sie sagen, dass sich hinter dem Wort »politische Zukunft« ein Jugendclub verbirgt?

Tom T. Ja, ja, die Linken haben ja auch ihre besetzten Häuser bekommen.

Götzl Herr T., das kann ich mir sehr schlecht vorstellen. Sollte sich das darin erschöpfen? In der Gründung von Jugendclubs? Und welche politischen Ziele hatten Sie?

Tom T. Keine Ahnung, das weiß ich nicht mehr.

Götzl Sehr schwer vorstellbar. Waren Sie damals eigentlich in einer Band?

Tom T. Ja, als Sänger der Band »Vergeltung«, ein Jahr vielleicht.

Götzl Sie waren Sänger, es ging also um Texte. Welche Texte waren es?

Tom T. Na, über das Ausländer- und Drogenproblem. Über Skinheads an sich.

Götzl Wollen Sie mir wirklich sagen, Sie wüssten heute nicht mehr, welche politischen Ziele Sie damals verfolgt haben?

Tom T. *(seufzt)* So richtig nicht.

Götzl Haben sich Ihre politischen Ansichten im Laufe der Jahre geändert?

Tom T. Natürlich, ich habe damit nichts mehr zu tun.

Götzl Dann würde mich jetzt der Unterschied interessieren. Das setzt von der Logik her voraus, dass Sie wissen, was sie damals dachten.

Tom T. Ich habe kein Problem mit Ausländern. Das sind Sachen, die sind Geschichte. Hab ich nichts mehr mit zu tun. Die sind keine Feindbilder für mich.

Götzl Bei der Polizei haben Sie gesagt: »Unser Ziel war die Bekämpfung des Staates bis zum Umsturz, um wieder eine nationale und soziale Gesellschaftsform zu schaffen.«

Tom T. Dann wird das so gewesen sein, wenn ich das so gesagt habe. Weiß nicht mehr, wie das gemeint war.

Götzl Sie sollen auf die Frage, wie der Kampf geführt werden sollte, gesagt haben: »Es gab hin und wieder mal Diskussionen zur Bildung einer militanten Organisation, wenn man sich Videos aus Skandinavien angeschaut hat.« Was sagen Sie dazu?

Tom T. Das hat für uns niemals eine Rolle gespielt, wie es in den Videos gezeigt wurde. So militärisch, Schießübungen, Wehrsportübungen. Das war schon eine Spur zu hart dann.

Götzl Bei der Polizei haben Sie gesagt: Mundlos, Böhnhardt und Zschäpe hätten sich als elitäre Gruppe abgesondert.

Tom T. Ja, da hat man sie auf einmal nur noch zu dritt gesehen.

Götzl Haben sich die drei anders verhalten?

Tom T. Nein.

Götzl Ich lese Ihnen das Protokoll Ihrer polizeilichen Vernehmung vor: »Sie spielten sich auf wie die SA der Neuzeit.«

Tom T. Sie waren auch so gekleidet und sind in braunen Uniformen durch die Stadt spaziert. Es ist mal rausgekommen, dass ich auch mal gekifft hatte. Und da konnte ich mir einen Anschiss anhören. Sie verhielten sich ein bisschen wie die Szenepolizei.

Götzl Wer hat sich so verhalten?

Tom T. Mundlos kam zu mir. Ich sollte das sein lassen, dann würde man drüber hinwegsehen. Kiffen sei ein Punkerverhalten.

Götzl War Böhnhardt dabei?

Tom T. War immer dabei.

Götzl Zschäpe?

Tom T. Hing immer mit denen rum.

Götzl Sie haben über Uwe Mundlos gesagt, dass er seine politische Einstellung nie ändern würde.

Tom T. Ja, der Mann war von seiner Einstellung überzeugt. Wenn man den in zehn Jahren trifft, dann ist der immer noch so drauf. Das war keine Eintagsfliege.

Götzl Sie wurden bei der Polizei gefragt, an was Mundlos geglaubt habe. Und Sie antworteten: »Er war davon überzeugt, dass man den Nationalsozialismus wieder einführen könne. Rudolf Heß war sein großes Vorbild. Für ihn stand die Reinhaltung der Rasse im Vordergrund. Den Multikulti-Schmelztiegel in Deutschland hat er gehasst. Er hat auch nie einen Döner oder andere ausländische Spezialitäten gegessen. Die gleiche Einstellung hatten auch Ralf Wohlleben und André Kapke.«

Tom T. Ja, das habe ich gesagt. Inwiefern ist das jetzt wichtig, ob die ausländisches Essen essen?

Götzl Darüber diskutiere ich nicht mit Ihnen.

(Der Zeuge T.wird entlassen, muss aber erneut vor Gericht erscheinen. Die Nebenkläger verlangen anschließend, das Innenministerium Brandenburg möge die Akten zu Carsten Szczepanski herausgeben, der in der rechten Szene Sachsens als V-Mann gearbeitet hatte. Das hatte das Innenministerium in Potsdam, das den V-Mann geführt hatte, rundweg abgelehnt.)

Anwältin Başay Die Ablehnung ist willkürlich und rechtswidrig. Das Gericht möge sich bemühen, dass die Sperrerklärung vom Innenministerium Brandenburg aufgehoben wird. Alle Behörden sind verpflichtet, ihre Akten dem Strafgericht vorzulegen.

Bundesanwalt Diemer Die Sperrerklärung geht an der Sache und der geltenden Rechtslage vorbei, aber wegen der Beschränkung auf den Prozess sehen wir von weiteren Bemühungen des Senats ab.

(Ein Großteil der Nebenklagevertreter um die Anwälte Antonia von der Behrens und Sebastian Scharmer haben schon im Sommer den Antrag gestellt, die seinerzeit im Bundesamt für Verfassungsschutz vernichteten Akten zu einer V-Mann-Aktion in Thüringen für den NSU-Prozess heranzuziehen. Diese Akten waren im November 2011 widerrechtlich vernichtet worden, als bekannt wurde, dass rund um den NSU auch V-Männer im Einsatz waren. Zum Teil konnten die Akten aber wiederhergestellt werden – und die Anwälte der NSU-Opfer wollen erfahren, ob der Verfassungsschutz mehr über den NSU und seine Mordtaten wusste, als bisher bekannt ist. Die Anwälte hatten auch verlangt, den Beamten, der die Akten vernichtet hatte, vor Gericht zu hören. Die Bundesanwaltschaft tritt dem jedoch entgegen.)

Oberstaatsanwältin Greger Hohes Gericht, die gerichtliche Aufklärungspflicht erstreckt sich auf alle rechtlich erheblichen Tatsachen, das bedeutet aber nicht, dass jedes Detail der Vorgeschichte oder des Randgeschehens zu ermitteln ist. Es kommt darauf an, ob die Aufklärung den Tat- und Schuldvorwurf widerlegt, infrage stellt oder bestätigt. Der Tatrichter ist nicht zur ausufernden Aufklärung verpflichtet. Eine überschießende Aufklärung überschreitet den Zweck des Strafverfahrens.

Tag 229

22. September 2015

Manfred Götzl, Richter. **Jeanette P.**, 28 Jahre, Kriminalbeamtin beim BKA. Sie sagte auch an den Tagen 240, 272, 281, 295 und 325 aus. **Stefan K.**, 45, Kriminalbeamter beim BKA. **Olaf Klemke**, Verteidiger von Ralf Wohlleben. **Hardy Langer**, Anwalt der Nebenklage.

Götzl Es geht uns um die Auswertung des Asservates 2.12.701: eine Postkarte, auf der ein Elefant abgebildet ist. Was ist das Ergebnis der Ermittlungen?

Jeanette P. Ich hab da einen Ergänzungsvermerk zu geschrieben. Es ist eine Postkarte. Auf der Vorderseite ist ein Elefantenbaby abgebildet, handschriftlich wurde geschrieben: »Halloo«. Auf der Rückseite ist der Empfänger vermerkt und der Text. M. Dienelt, Polenzstraße 2 in Zwickau, ist der Empfänger. Der Text ist: »Viele liebe Grüße. Das Wetter ist schön. Tschüss.« Als Briefmarke ist eine 45-Cent-Briefmarke aufgeklebt, sie zeigt den Viktualienmarkt hier in München. Warum wir noch mal aufmerksam wurden: Weil das Trio den Namen »Dienelt« auch als Aliasnamen genutzt hat und weil der Poststempel unsere Aufmerksamkeit erregt hat. Der war zunächst nicht vollständig lesbar, die Kriminaltechnik hat den Stempel mit unterschiedlichen Filtern fotografiert, dann konnte man ihn lesen. Die Karte ist im Briefzentrum 44 abgestempelt worden. Ich habe bei der Post ermittelt. Am 21. 9. 2005 wurde die Karte abgestempelt, das Briefzentrum 44 liegt in Dortmund. Wir haben das in den Gesamtzusammenhang eingeordnet und festgestellt, dass es eine Wohnmobilanmietung gibt in Chemnitz auf den Namen Gerlach vom 19. bis 22. 9. 2005. Wir wussten vorher nicht, wofür: Urlaub oder Straftat.

Ein weiterer Punkt: Es gibt zwei Kartenausdrucke und eine Tabelle mit Adressen; der Plan zeigt den Großraum Dortmund, die Tabelle zeigt sechs Adressen in Dortmund mit Anmerkungen, wobei es sich augenscheinlich um Ausspähnotizen handelt, zum Beispiel: »gutes Objekt«. Diese Notizen sind am 22. 9. 2005 ausgedruckt worden. Man könnte das so werten, dass eine Ausspähreise nach Dortmund unternommen wurde. Wir haben die Schreibleistung auf dem Asservat untersuchen lassen, Uwe Böhnhardt ist mit hoher Wahrscheinlichkeit der Urheber der Schreibleistung auf der Postkarte. Und auf dieser Tabelle zu dem Kartenausdruck, da ist neben einer Adresse eine handschriftliche Notierung. Da konnte festgestellt werden, dass der Urheber mit leicht überwiegender Wahrscheinlichkeit der Uwe Mundlos ist. Daraus kann geschlussfolgert werden, dass Mundlos und Böhnhardt an der Ausspähungsreise beteiligt waren. Abweichend zu der ersten Auswertung muss nicht gesagt sein, dass die Karte wirklich an Matthias Dienelt geschickt wurde, sondern dass die Aliaspersonalie verwandt wurde.

Götzl Wo wurden die Asservate sichergestellt?

Jeanette P. Die wurden alle im Brandschutt in Zwickau sichergestellt.

(Eines der Asservate – die Karte von Dortmund – wird an den Wänden des Gerichtssaals gezeigt. Die Zeugin kommt nach vorne. Auch eine Abbildung der Postkarte mit dem Elefanten wird gezeigt.)

Verteidiger Klemke Wer hat denn die Schriftleistungen untersucht?

Jeanette P. Eine Sachverständige bei der Kriminaltechnik, den Namen weiß ich jetzt nicht.

Verteidiger Klemke Wissen Sie, in welcher Form das Material dem Sachverständigen dort vorgelegen hat?

Jeanette P. Ich habe das Asservat im Original zugeschickt.

Verteidiger Klemke Hat Ihnen selbst das Original-Asservat vorgelegen?

Jeanette P. Ich hatte es als Foto.

(Nach einem weiteren Zeugen folgt der Zeuge Stefan K.)

Götzl Herr K., es geht uns um Ermittlungen zu einem Asservat. Einem Parkschein. Was wurde da gemacht und mit welchem Ergebnis?

Stefan K. Wir haben den Beweisantrag der Nebenklage erhalten, es geht um einen Parkschein, der im Wohnmobil am 4. 11. 2011 in Eisenach sichergestellt wurde. Ausgestellt auf eine »Liebigstraße« für 18.43 Uhr. Im Antrag heißt es, es soll nachgewiesen werden, dass ein oder mehrere Mitglieder des Trios den Angeklagten Eminger in der Klinik besucht haben. Ich bin auf einen Vermerk gestoßen: Die Kollegen, die das Asservat zunächst ausgewertet hatten, waren zu dem Schluss gekommen, dass der Parkschein aus Zwickau stammen müsse. Ich habe mich dann mit der Anmietung des Wohnmobils beschäftigt. Da wurden ja mehrere Zeugen vernommen, sie haben angegeben, dass zwei Personen im Beisein eines Kindes am 15. 10. 2011 das Fahrzeug angemietet hätten, und anhand von Lichtbildern konnten Uwe Böhnhardt und Beate Zschäpe wiedererkannt werden. Ich habe mich mit den Krankenhausdaten des Herrn Eminger beschäftigt, er hatte am 17. 10. 2011 einen Arbeitsunfall bei der Verlegung von Solarmodulen, er wurde mit einem Rettungshubschrauber in die Uniklinik Leipzig geflogen. Ich habe dann Ermittlungen festgestellt aus dem Jahr 2013, da hat man die

Herkunft des Parkscheins zu verifizieren versucht und dazu Anfragen gestellt in sächsischen Großstädten. Als Ergebnis hat lediglich Leipzig mitgeteilt, dass dort ein Parkscheinautomat in einer »Liebigstraße« aufgestellt war. Dann konnte das aber im weiteren Verlauf nicht weiter bestätigt werden, weil die Parkendzeit – 18 Uhr – nicht mit dem Parkschein übereinstimmte, sodass wir erst mal nicht weiterkamen. Ich habe dann ermittelt, ob es mehrere Parkscheinautomaten in der Liebigstraße gab. Wir sind an die Stadtverwaltung herangetreten, der Zeuge dort hat uns mitgeteilt, dass der Automat am 25. 10. 2001 doch nicht die Parkendzeit 18 Uhr hatte, sondern schon im 24-Stunden-Betrieb lief. Er hat uns dazu noch eine Liste ausgehändigt. Wir haben den Parkscheinautomaten auch vor Ort aufgesucht. Der Automat 320 schließt direkt an die Uniklinik an, sodass nachvollziehbar ist, dass man dort parkt, wenn man jemanden in der Uniklinik besucht. Wir sind an die IKK Sachsen herangetreten, um feststellen zu können, wie lang der Herr Eminger im Krankenhaus aufhältig war. Sie teilte uns mit, dass er vom 17. bis 27. 10. 2011 in der Uniklinik Leipzig aufhältig war. Wir haben dann auch beim LKA Thüringen nachgefragt hinsichtlich der Auffindesituation des Parkscheins. Man teilte uns mit, dass der Schein in einem Ablagefach des Wohnmobils aufgefunden wurde. Wir haben auch Zeugengewinnungsmaßnahmen in der Uniklinik Leipzig durchgeführt – ob sich da jemand an einen Besuch bei Herrn Eminger erinnern könnte? Uns wurde mitgeteilt, dass sich keiner erinnern könnte. Wir haben auch einige Vernehmungen durchgeführt, aber noch nicht alle. Die, die wir erreicht haben, konnten sich nicht erinnern. Sie begründeten das meist damit, dass ziemlich viele Patienten durchgeschleust werden. Vor dem Hintergrund ist das nicht verwunderlich.

Zusammengefasst kann man sagen, dass die Anmietung des Wohnmobils am 25. 10. 2011 erfolgt ist, und gegen 18.43 Uhr wurde das Wohnmobil in Leipzig nahe der Uniklinik geparkt. Wir können nicht nachweisen, wer letztendlich den Herrn Eminger im Krankenhaus besucht hat.

Götzl Herr Rechtsanwalt Langer, Sie hatten den Beweisantrag zu diesem Parkschein gestellt. Ergeben sich da jetzt Konsequenzen?

Anwalt Langer Nein. Ich halte ihn für erledigt.

Tag 230

23. September 2015

Manfred Götzl, Richter. **Carsten Proff**, 42, Sachverständiger, Biologe und Experte für DNA-Analysen beim BKA.

Götzl Es geht uns um eine Reihe von Gutachten. Mir würde es zunächst darum gehen, welche Vergleichsmuster Sie hatten, die Methoden, die biostatistische Bewertung. Mich würde auch interessieren: Ihre Sachkunde, Ihre Tätigkeit als Sachverständiger. Erst dann möchte ich auf die einzelnen Spuren eingehen.

Proff Ich bin von Hause aus Biologe, habe auf Diplom studiert in Münster, dann war ich am Institut für Rechtsmedizin in Köln, habe promoviert und bis 2007 dort gearbeitet. Ich bin dann in ein Privatlabor gewechselt in Köln und dann 2011 zum BKA, habe dort die nochmalige Sachverständigen-Ausbildung absolviert, habe an einer Vielzahl von DNA-Gutachten gearbeitet, war zu Identifizierungseinsätzen in Thailand nach dem Tsunami. Ich habe mit Germanwings gearbeitet nach dem Absturz der Maschine. Ich habe eine umfangreiche Erfahrung auf dem Gebiet.

Götzl Das Stichwort wäre dann: die Untersuchungsmethoden. Vielleicht wäre es aber auch gut, wenn Sie zunächst auf die Vergleichspersonen, auf die Muster eingehen würden.

Proff Reden wir zunächst von den Angeklagten oder allen anderen auch? Ich lege einfach mal los. Die Muster von Uwe Mundlos und Uwe Böhnhardt wurden uns vom LKA Thüringen übermittelt am 7. 11. 2011. Das von Beate Zschäpe vom BKA in Form eines Meldebogens. Das Gleiche für das Muster von Holger Gerlach. Andere wurden bei uns erstellt. Die Vergleichsmuster der Opfer aus Baden-Württemberg wurden uns vom LKA Stuttgart übermittelt. Die Muster der berechtigten Spurenverursacher haben wir sukzessive ermittelt, so wie die Proben bei uns eingegangen sind.

Zur Methodik: Was wir im Labor machen, sind sehr gut standardisierte Verfahren. Der erste große Schritt ist die Spurensuche und -sicherung. Dabei werden die Asservate untersucht – ob sich sichtbare Anhaftungen daran finden. Wir hatten es hier vielfach mit möglichen Kontaktspuren – Berührungsvorgängen – zu tun. Dann werden die Asservate mit Wattetupfer abgerieben, zum Beispiel an Kleidungsstellen, die dichten Kontakt mit der Haut begründen. Die Abriebproben werden direkt in der Analyse eingesetzt. Dann gibt es Spurenträger, aus

denen wir Spuren ausschneiden, zum Beispiel bei Zigarettenkippen Teile des Filters oder Teile der Borsten bei Zahnbürsten. Dann gibt es Spurenträger wie Haare. Da wird das untere basale Ende abgeschnitten und in der Analyse eingesetzt. Der erste Schritt besteht darin, die DNA aus den Zellen herauszulösen. Dazu benutzt man geeignete Reagenzien. Da sind Enzyme drin, die Proteine auflösen. Die DNA wird an magnetische Partikel gebunden und dann später in Wasser gelöst. Die Analyse geht weiter, dafür werden kommerzielle Reagenzien benutzt. Was man macht, ist, dass man die Zielregion auf der DNA kopiert. Um sie dann auf einem Gerät sichtbar zu machen. Die kopierten Stücke sind unterschiedlich lang. Je länger die Stücke sind, desto langsamer wandern sie durch das Gerät. Die Fragmente sind markiert und werden von dem Gerät mithilfe eines Lasers angeregt und sichtbar gemacht. Man kann sich das vorstellen wie ein Peak, den man auf einem Herzmonitor sieht. Das Ganze wird final softwareseitig ausgewertet. So kommen wir am Ende zu den Zahlenwerten. Ich nenne ein Beispiel: 16 oder 14. Diese Zahlen bezeichnen die Anzahl von Wiederholungseinheiten auf der DNA. Die DNA besteht aus vier Bausteinen. Bei den Menschen unterscheiden sich die DNA-Abschnitte darin, dass sich die Einheiten unterschiedlich wiederholen. Hat man zwei identische Proben, würde man das gleiche Zahlenmuster erkennen. Wir haben 16 Merkmalssysteme, und man erhält so insgesamt 32 Zahlen, zusammen mit einem Marker für das Geschlecht bezeichnet man das als DNA-Profil. Die Zahlen bilden die Grundlage der Auswertung.
Ist in der Kürze natürlich ein bisschen komplex. Letztendlich ist es so, dass man die Ergebnisse in der Regel biostatistisch bewertet. Grundlage sind die Häufigkeiten der Merkmale in der Bevölkerung. Der einfachste Fall ist mit Sicherheit die vollständige Übereinstimmung eines DNA-Profils mit einer Vergleichsperson. Und eineiige Zwillinge lasen sich nicht voneinander unterscheiden, sie haben das gleiche DNA-Muster.
Jetzt ist es so, dass bei den Analysen früher mit fünf Merkmalen angefangen wurde, heute sind es 16. Kompliziert wird es, wenn die DNA keine gute Qualität hat und wir nicht in der Lage sind, alle 16 Merkmalssysteme in der Analyse sichtbar zu machen, wir also nur Teilmuster bekommen. DNA ist eine Substanz, die abgebaut wird, wenn sie länger unter schlechten Bedingungen gelagert wird, wenn sie Feuchtigkeit oder Wärme ausgesetzt war, Pilzbefall. Ein Beispiel sind verstorbene Personen, deren Gewebe schon verwest ist. Es verkompliziert sich dadurch, dass wir heute vielfach mit Spuren zu tun haben, die von mehreren Personen stammen. Sehr häufig hat man eine Mischung von schlechten Merkmalen. Man hat wenig DNA und von mehreren Personen. Dann kommt es zu komplexen Spurenbildern, zu Mischspuren. Deren Bewertung ist eingeschränkt. Ich hoffe, das war fürs Erste ein wenig Licht ins Dunkel.

Götzl Ich würde Sie bitten, den Begriff der Produktregel zu erläutern.

Proff Die Produktregel benutzen wir in den Berechnungen der Wahrscheinlichkeit auch bei den DNA-Analysen. Die Merkmale, die eine Person besitzt, bekommt sie vererbt. Wenn ich die Merkmale 14 und 16 besitze, kommt das eine von der Mutter und das andere vom Vater. Die Produktregel wird angewandt, wenn Ereignisse unabhängig voneinander sind. Wenn Sie zwei Würfel haben wie bei Monopoly, und Sie wollen die Wahrscheinlichkeit von zwei Sechsen wissen – da ist die Wahrscheinlichkeit für einen Würfel ein Sechstel, für den anderen auch ein Sechstel, und dann nehmen Sie das Produkt: also ein 36stel.

Götzl Ich denke, es ist sinnvoll, wenn wir jetzt nach den verschiedenen Gutachten vorgehen. Es geht in dem ersten um zwei Impfpässe, um einzelne Blätter, die untersucht wurden. Um Überweisungsträger.

Proff Ich sortiere mich kurz.

Götzl Nur immer mit der Ruhe, lassen Sie sich ruhig Zeit.

Proff In diesem Gutachten ging es um Vergleiche mit Mustern von Frau Zschäpe. Wir haben verschiedene Listen, wo Frau Zschäpe nicht auszuschließen ist. Ich habe auch biostatistische Berechnungen angestellt und auf Seite 3 des Gutachtens ist eine erste Liste, bei denen die Spuren aufgelistet wurden, bei denen ein vollständiges oder teilweises Muster festgestellt wurde, was jeweils mit Frau Zschäpes DNA-Muster übereinstimmt. Es gibt oft den Beisatz: neben geringen Beimengen. Die Sensitivität der Analyse ist sehr hoch, sodass man nahezu bei den meisten Spuren immer noch ein paar unspezifische Zusatzmerkmale findet. In der Regel sind es Merkmale, die kein wirkliches DNA-Muster ergeben, Peaks mit geringer Signalintensität. Es wurden die Spuren hier zusammengefasst und man kann für alle Werte berechnen, die klar zeigen, dass die DNA mit der von Frau Zschäpe übereinstimmt. Die erste Spur ist die Kontaktspur aus einem Impfpass. Es ist ein Teilmuster mit Beimengungen. Eine von 30 Billionen Personen kommt hier als Spurenverursacher in Betracht. Bei der zweiten Kontaktspur …

Götzl Moment, wir brauchen die Zahl der Übereinstimmungen!

Proff Das müsste ich raussuchen, das kann etwas dauern.

Götzl Dann würde ich jetzt eine Pause machen.

(Die Sitzung wird nach einigen Minuten fortgesetzt.)

Götzl Waren Sie erfolgreich?

Proff Ich war erfolgreich. Bei einer Spur fehlt mir leider ein Ausdruck, das muss ich nachreichen. Bei der Kontaktspur, von der wir gesprochen haben, handelt es sich um acht Merkmalssysteme von 16.

Götzl Aus dem inneren Bereich eines Impfpasses.

Proff Die nächste Spur ist die Kontaktspur D2 aus dem Impfpass. Dies ist ein Vollprofil mit allen sechzehn Merkmalen. Eine von 45 Quadrillionen Personen kommt da als Spurenverursacher in Betracht. Das Nächste ist die Spur D3. Hier handelt es sich um ein Teilmuster mit fünfzehn Merkmalssystemen. Die nächste Spur: Kontaktspuren auf der Vorderseite einer Faltinfopost der Deutschen Bahn. Ein Teilmuster mit zwölf übereinstimmenden Merkmalssystemen. Das Nächste: der Tragegurt eines Rucksacks – ein Vollprofil. Wieder die Häufigkeit eins zu 45 Quadrillionen.

(Weitere Spuren werden präsentiert, unter anderem von einem Reißverschluss, einer Brille, einer Handytasche. Es zeigen sich jeweils Übereinstimmungen mit dem DNA-Profil Zschäpes. Als Schlussfolgerung ist dem Gutachten zu entnehmen, dass praktisch kein Zweifel daran besteht, dass die Spuren von Frau Zschäpe oder einer eineiigen Zwillingsschwester hinterlassen wurden. Die Merkmale, heißt es in dem Gutachten, geben aber keinen Aufschluss darüber, wie die Spuren an diese Gegenstände gelangt sind.)

Götzl Dann kommen wir jetzt zu dem Gutachten vom 19. 6. 2012.

Proff Hier ging es um zwei spezielle Spuren. Eine PET-Flasche und ein Haar. Bei der Flasche wurde ein Abrieb von einem Gewinde und der Flaschenöffnung gefertigt. Das basale Ende des Haars wurde abgeschnitten und in die Analyse gegeben. Bei der Untersuchung der Flasche ergab sich eine Mischspur zweier Personen. Die Merkmale der Nebenkomponenten entsprechen dem Profil der Frau Zschäpe. Die Likelihood-Ratio-Berechnung hat ergeben für Frau Zschäpe einen Wert von eins zu 400 Trilliarden für die Hypothese, dass die Spur von Frau Zschäpe und Uwe Böhnhardt verursacht wurde. Die Hauptkomponente ist Uwe Böhnhardt. Er ist auch als Spurenleger für die Wahrscheinlichkeitsquotenberechnung eingegangen. Das ließe sich damit in Einklang bringen, dass beide Personen aus der Flasche getrunken haben. Das wäre eine mögliche Erklärung. Bei dem Haar ergab sich ein Teilmuster in insgesamt acht Merkmalssystemen. Es ergibt sich eine sehr hohe Wahrscheinlichkeit – das Merkmalsprofil kommt vor mit einer Wahrscheinlichkeit von eins zu 14 Millionen – für Frau Zschäpe als Spurenverursacherin des Haars.

Götzl Dann zum Gutachten vom 10. 1. 13. Es geht um die Untersuchung eines Schuhs.

Proff Eine Sekunde brauche ich noch.

Götzl Lassen Sie sich ruhig Zeit, kein Problem.

Proff Abriebe von einem Paar Lederhalbschuhen wurden untersucht. Bei einer Lasche des linken Schuhs stammen Anhaftungen mit sehr großer Wahrscheinlichkeit von Frau Susann Eminger. Wir haben hier einen Wert von eins zu 9,7 Trillionen. Bei der rechten Lasche gab es eine Mischspur, bei der Merkmale mit denen der Frau Zschäpe übereinstimmen, außerdem wieder übereinstimmende Merkmale mit Frau Eminger. Aber eine Berechnung war hier nicht möglich.

Götzl Das nächste Gutachten bitte.

Proff Dafür wurden verschiedene Abriebe untersucht, es geht um eine graue Trainingshose sowie zwei Zellstofftücher aus der Hose. Es wurden auch Haare von der Hose abgesammelt. Und Abriebe angefertigt von mutmaßlichen Blutantragungen an der Hose. Im unteren Bereich des linken Hosenbeins befanden sich bräunliche Anhaftungen, es konnte mit einem Test Blut nachgewiesen werden. Und es wurden insgesamt sechs Abriebe davon untersucht. Es ergab sich durchgängig ein vollständiges weibliches DNA-Muster, das mit den Merkmalen der Michèle Kiesewetter übereinstimmt – Merkmale, für die der Wahrscheinlichkeitswert eins zu 31 Billionen beträgt. Dann wurden Anhaftungen untersucht von den Tascheneingriffen der Hose. Es ergab sich eine Mischspur. Es fanden sich Merkmale des Uwe Mundlos, sodass dieser als Mitverursacher nicht ausgeschlossen werden konnte. Weitere Mischungen fanden sich am vorderen Bereich des rechten Hosenbeins, zum Teil mit Signalintensitäten an der Nachweisgrenze. Wiederum gab es Übereinstimmungen mit den Merkmalen von Uwe Mundlos. Alle übrigen Proben von der Hose führten zu nicht verwertbaren Spuren. Die abgesammelten Haare von der Hose wurden analysiert. Ein Haar von der Innenseite der Hose ergab Merkmale, die vollständig mit denen des Uwe Mundlos übereinstimmen. Ein weiteres Haar von der Hoseninnenseite ergab Merkmale von mutmaßlich zwei Spurenverursachern. Die Merkmale des Uwe Mundlos konnten nachgewiesen werden, für eine biostatistische Bewertung hat sich die Spur nicht geeignet. Uwe Mundlos kann nicht als Spurenleger ausgeschlossen werden. Dasselbe ergab sich bei einem dritten Haar. Bei einem vierten Haar konnte ein Teilmuster festgestellt werden, das keine Übereinstimmung mit den Vergleichspersonen aufwies. Bei den Zellstofftüchern, die aus den Taschen der Hose stammten, wurden Antragungen nachgewiesen, bei denen es sich nicht um Blut handelt. Es ergab sich ein vollständiges Muster, das mit dem von Uwe Mundlos übereinstimmt, sodass praktisch kein Zweifel besteht, dass sie von ihm stammen.
(Die Sitzung wird für eine Pause unterbrochen.)

Götzl Wir kommen zum Gutachten in Ordner 482, Blatt 8 folgende.

Proff Das war das erste Gutachten in der Sache. Es ging um die Analyse von verschiedenen Waffen sowie Patronen. Die Asservate waren nicht in allerbestem Zustand, zum Teil verrostet, zum Teil brandverändert. Es wurden Abriebe angefertigt, Haare abgesammelt. Zur Pumpgun: Hier zeigte sich zum einen ein vollständiges DNA-Muster, das mit dem des Uwe Böhnhardt übereinstimmt, dabei sprechen wir von dem Griffstück und anderen Teilen. *(Führt diese im Detail auf).* Daneben haben wir Mischungen, die im Wesentlichen erklärt werden können durch die Merkmale des Uwe Böhnhardt und des Uwe Mundlos. Es wurden Patronen untersucht. Bei allen untersuchten Bereichen konnte ein vollständiges Muster nachgewiesen werden, wie es Uwe Böhnhardt besitzt.

Götzl Das Nächste wäre eine Pumpgun Winchester.

Proff Hier konnten an verschiedenen Stellen jeweils wiederum Mischspuren festgestellt werden von zwei Personen. Die Werte zeigen sehr hohe Wahrscheinlichkeiten für Uwe Mundlos und Uwe Böhnhardt.

(Der Gutachter trägt im Detail weitere Ergebnisse vor. Auch an weiteren Waffen wurden Spuren, die auf Mundlos oder Böhnhardt hinweisen, gefunden.)

Götzl Dann kämen wir zu dem Gutachten in Band 641.

Proff Es wurden zwei Spuren untersucht, ein Schulterholster, das andere ein Gürtelholster. Wir haben eine Mischspur gefunden, die sich durch Merkmale erklären lässt, wie sie Uwe Mundlos und Uwe Böhnhardt hatten. Bei der nächsten Spur handelt es sich um den Griff eines Repetiergewehrs: ein schwaches Muster von mehreren Personen. Eine weitere Bewertung ist nicht sinnvoll. Die Verursacher sind unbekannt. Eine Handgranate: Da ergab sich für die Oberfläche eine Mischspur, die im Wesentlichen durch zwei Personen erklärt werden kann. Mit einer großen Sicherheit von eins zu 2,9 Trillionen deutet sie auf Uwe Böhnhardt und mit eins zu 620 Milliarden auf Uwe Mundlos. Am Zündring war eine Mischspur von mindestens drei Personen, aber für eine Berechnung war die Spur nicht geeignet. Dann wurden verschiedene Patronen ausgewertet. Dabei fand sich die Spur einer unbekannten Person; sie hatte eine unerwartet gute Qualität, sodass ich das als Hinweis werten will, dass es eine berechtigte Person war, aber es kann auch eine andere Person sein, solange diese Spur nicht zugeordnet ist.

(Der Gutachter trägt weitere Ergebnisse zu Asservaten vor, u. a. zu Briefumschlägen und DVDs mit dem NSU-Bekennervideo. An einer DVD-Hülle sowie an einem Stadtplan von Erfurt wurde das Muster von Uwe Mundlos gefunden. Auch an zwei schwarzen Sturmhauben wurden Spuren untersucht: die eine wurde offenbar von Mundlos getragen, die andere von Böhnhardt.)

Tag 231

24. September 2015

Manfred Götzl, Richter. **Carsten Proff**, Biologe, DNA-Experte beim BKA. **Wolfgang Stahl**, Verteidiger von Beate Zschäpe. **Walter Martinek**, Anwalt der Nebenklage.

Götzl Wir setzen fort die Anhörung des Sachverständigen. Guten Morgen, Herr Doktor Proff! Wir fahren fort auf Seite 37 des Gutachtens.

Proff Das wird wieder etwas komplizierter. Ich würde gern beginnen mit der Asservatennummer 1.4.102.0, Bund innen, eine Socke sowie weitere Socken. Bei all diesen Spuren ergab sich ein DNA-Muster, das mit dem der Beate Zschäpe übereinstimmt.

(Der Gutachter stellt Ergebnisse zu weiteren Gegenständen aus der Frühlingsstraße in Zwickau oder aus dem Wohnmobil vor, auf denen sich zum Teil Spuren befanden, die mit den DNA-Profilen von Uwe Mundlos, Uwe Böhnhardt oder Beate Zschäpe übereinstimmen. Analysiert wurden auch Zigarettenreste. Dabei fand sich das Muster einer unbekannten weiblichen Person.)

Götzl Damit wären die angeregten Spuren erledigt bis auf eine: Das betraf ein Gutachten vom LKA Thüringen – das wird später noch eingeführt. Sind noch Fragen an den Sachverständigen?

Anwalt Martinek Mir geht es um die Identifikation der Blutantragungen auf der Hose – das Blut, das der ermordeten Polizeibeamtin Michèle Kiesewetter zuzuordnen ist. Können Sie sagen, ob vorstellbar ist, dass die Hose gewaschen wurde?

Proff Soweit ich die Fotos in Erinnerung habe, sah die Hose nicht gewaschen aus. Die Antragungen waren dunkel und rötlich braun. Ich würde davon ausgehen, dass sie nicht gewaschen wurde. Die Qualität der DNA-Profile spricht auch dafür.

Verteidiger Stahl Eine Nachfrage zu gestern: Sie hatten erklärt, dass das Ergebnis Ihrer Untersuchung nichts darüber aussagt, wie eine Spur zustande gekommen ist. Können Sie etwas dazu sagen, inwieweit DNA-Spuren ubiquitär sind – insbesondere in einem Drei-Personen-Haushalt? Dass Objekte Spuren einer Person aufweisen, auch wenn diese Person nicht unmittelbar selbst mit dem Gegenstand in Kontakt gekommen ist?

Proff Das ist ein Problem, dem wir täglich ausgesetzt sind. Das ist verstärkt worden durch die erhöhte Sensitivität in der Analyse. Wenn mehrere Personen in einem Haushalt leben, wenn zum Beispiel Kleidung aufeinanderliegt, dann können auch so DNA-Spuren übertragen werden. Letztlich muss man für eine bestimmte Spur die Konstellation prüfen. Die Übertragung von DNA hängt von vielen Faktoren ab. Es hängt sehr ab von der Feuchtigkeit der übertragenen Substanz. Wenn ich – um ein extremes Beispiel zu nennen – eine blutgetränkte Hand habe und damit ein Glas anfasse und dann ein anderer das Glas anfasst und dann einen Tisch, ist die Wahrscheinlichkeit hoch, dass dort auf dem Tisch die DNA der ersten Person zu finden ist. Es gibt dazu auch Studien. Die Wahrscheinlichkeiten schwanken sehr stark, je nachdem wie man die Versuche macht und wie die Konstellation ist. Letztlich muss man davon ausgehen: Wenn drei Personen in einem Haushalt leben, kann auch DNA übertragen werden. Die Werte, die ich heute und gestern genannt habe, kann man nicht auf die Übertragung anwenden, nur auf die DNA.

Verteidiger Stahl Das habe ich soweit verstanden. Ergänzend: Wenn ich irgendeine

Spur habe, zum Beispiel mit einer Merkmalswahrscheinlichkeit von eins zu 45 Quadrillionen, unterliegt diese Wahrscheinlichkeit Einschränkungen?

Proff Der Wert bezieht sich ja nur auf die Häufigkeit des gefundenen Musters. Es ist aber schwer, im Nachhinein zu rekonstruieren, *wie* die DNA an einen Spurenträger gelangt ist.

Verteidiger Stahl Ich frage mich, was muss der Senat bei der Beweiswürdigung beachten …

Götzl Das ist unsere Sache – und nicht eine der Beurteilung des Sachverständigen!

Verteidiger Stahl Lassen Sie mich doch meine Frage zu Ende stellen!

Götzl Nein, da mischen Sie sich in einen Bereich ein, der unserer ist!

Verteidiger Stahl Nein, Sie müssen zuhören, wie die Frage lautet! Die Frage lautet: Was muss der Senat beachten hinsichtlich des Beweiswertes im Hinblick auf die Wahrscheinlichkeit aus sachverständiger Sicht?

Götzl Der Sachverständige sitzt nicht hier für die Frage, was wir beachten müssen. Wir können ja auch Sachkunde zu allem Möglichen haben, wozu Sie gar keine Vorstellung haben, Herr Stahl. Theoretisch.

Verteidiger Stahl Es geht mir – und ich will auch nicht in Ihre Domäne den Sachverständigen hineindrücken –, es geht mir darum, ob für den Senat aus sachverständiger Sicht noch Dinge zu beachten sind, die den Beweiswert der Wahrscheinlichkeit im Hinblick auf das Thema Ubiquität einschränken. Da kann er was zu sagen oder auch nicht. Ich würde es nur gern hören.

Proff Aus meiner Sicht habe ich dazu schon einiges gesagt. Ich habe darauf hingewiesen, dass sich die Werte nur auf die DNA beziehen, das Übrige habe ich Ihnen gerade erklärt. Man sollte im Hinterkopf haben: Wie ist die DNA dort hingekommen?

Verteidiger Stahl Danke schön.

(Der Zeuge verlässt den Saal.)

Verteidiger Stahl Ich möchte eine kurze Erklärung abgeben: Ich betrachte die Ergebnisse von DNA-Spuren-Untersuchungen sehr kritisch, und es wäre nicht das erste Mal, dass in diesem Verfahren etwas ganz mächtig aus dem Ruder geraten wäre. Der Sachverständige konnte nichts über die Aktivität eines Spurenverursachers sagen. Ich muss im Komplex Frühlingsstraße die Frage stellen, zu welchem Beweiswert soll das führen? Außer vielleicht, dass sich Beate Zschäpe in der Frühlingsstraße aufgehalten und dort gelebt hat.

Tag 232

29. September 2015

Manfred Götzl, Richter. **Arnt K.**, 47, Orthopäde aus Köln. **Oliver Peschel**, 51, Rechtsmediziner aus München. Er sagte auch an den Tagen 30, 37, 39, 120, 185, 246 und 265 aus. **Herbert Diemer**, Vertreter der Bundesanwaltschaft. **Wolfgang Heer**, Verteidiger von Beate Zschäpe. **Reinhard Schön**, **Ralph Willms**, Anwälte von Opfern aus der Kölner Keupstraße.

Götzl Gestern kam ein Anruf des Fundbüros Köln-Ehrenfeld. Auf der Straße wurde eine DVD mit der aktuellen Nachlieferung von Akten zum NSU-Prozess gefunden. Wer diese DVD vermisst, möge sich bitte beim Fundamt Köln-Ehrenfeld melden.

(Ungläubiges Lachen im Gerichtssaal, niemand meldet sich.)

Götzl Der Zeuge, Herr Ö., hat sich entschuldigt, er wird stationär behandelt. Die Zeugin Keskin ist nicht erschienen. Herr Rechtsanwalt Willms, wann hatten Sie zuletzt versucht, mit ihr Kontakt aufzunehmen?

Anwalt Willms Eigentlich die ganze Zeit.

Götzl Wann haben Sie konkret Kontakt aufgenommen?

Anwalt Willms Kurz vor der letzten Ladung, im Juni.

Götzl Sie vertreten doch die Nebenklage Keskin, Ihre Mandantin ist mehrfach als Zeugin geladen worden. Ich verstehe die ganze Situation nicht. Sie müssen doch das Verfahren betreiben. Wir müssen weiterkommen.

Anwalt Willms Herr Ö. teilte mir mit, dass sie im Krankenhaus liegt.

Götzl Aber Herr Ö. ist doch der Mandant von Herrn Rechtsanwalt Schön.

Anwalt Schön Nach meiner Information hat Herr Willms gar keinen Kontakt zu Frau Keskin, sondern zur Tochter. Sie hält sich nämlich in der Türkei auf.

Götzl Können Sie mir den Sachverhalt erklären?

Anwalt Willms Stimmt nicht. Ich habe mit Frau Keskin vor der letzten Ladung in der Wohnung von Herrn Ö. zusammengesessen. Dann hat mir Herr Ö. gesagt, sie liege im Krankenhaus und werde Ende des Jahres nach Deutschland kommen.

Götzl Sie müssen doch Kontakt zur Mandantschaft haben! Auch wenn sie im Krankenhaus liegt!

Anwalt Willms Ich habe nicht direkt mit Frau Keskin kommuniziert, sondern über Herrn Ö. Mir wurde gesagt, ich soll das mit dem Herrn Ö. regeln.

Götzl Herr Rechtsanwalt Schön, der Herrn Özer vertritt, schüttelt den Kopf. Entweder sorgen Sie jetzt in Kürze für Klarheit, Herr Rechtsanwalt Willms. Sonst müssen wir dem nachgehen. Und zwar mit Intensität *(Er schaut zu den Vertretern der Bundesanwaltschaft).* Es geht um die Abklärung des Sachverhaltes. Sie sind der Vertreter der Nebenklägerin und ich möchte, dass Sie mir die entsprechenden Informationen geben. Auch ob sie erreichbar ist oder nicht. Oder Sie geben mir die Telefonnummer, dann rufen wir sie direkt an mit Dolmetscher, um sie zu fragen, ob sie bereit ist, als Zeugin zu kommen. Sie hatten zugesagt, ein Attest zu den Akten zu reichen, haben es aber nicht gemacht. Es geht nicht, dass Sie uns hier hinhalten. Das sind jetzt ganz neue Informationen, dass sie Ende des Jahres nach Deutschland kommen will. Jetzt sagen Sie, im Juni habe es den letzten Kontakt gegeben. Unter welchen Umständen fand das Treffen im Juni statt?

Anwalt Willms Wir hatten uns zusammen getroffen mit Herrn Ö.

Götzl Ich würde solche Fragen normalerweise nicht stellen, aber das sind die Besonderheiten dieses Ablaufs. Sie haben sich an Zusagen nicht gehalten. Und hier taucht noch der Widerspruch zu den Angaben von Rechtsanwalt Schön auf. Das wirft einfach Fragen auf. Also ich bitte um eine ausführliche Darstellung des Sachverhalts bis morgen. Und ich bitte auch die Adressen und Telefonnummer der Tochter mitzuteilen, gegebenenfalls werden wir auf sie zurückgreifen als Zeugin. Dann kommen wir zum nächsten Zeugen.

(Der Zeuge Arnt K. tritt in den Gerichtssaal.)

Götzl Es geht um die Patientin Frau Meral Keskin, es geht um den Anschlag Keupstraße 2004. Lagen Verletzungen vor und wie ist die Behandlung erfolgt, wie lange hat sie gedauert?

Arnt K. Meine Erinnerung ist recht lückenhaft. Ich hatte Nachtdienst im Krankenhaus, Bereitschaftsdienst, war für die unfallchirurgische Erstversorgung zuständig. Man sagte uns, eine Explosion habe stattgefunden, es kam aber nur ein einziger Patient mit dem Rettungswagen. Der Patient war weiblich und wurde ambulant versorgt. Sie hatte mehrere Schnittwunden, am Körper, im Gesicht, am Ellbogen, im Nacken. Viele kleine Schnittwunden, die desinfiziert wurden. Die drei größeren Wunden wurden lokal betäubt und genäht und verbunden. Es gab eine sehr schmerzhafte Stelle im Gesicht am Jochbogen. Am gleichen Tag wurde die Patientin wieder entlassen. Ich meine, Angehörige waren anwesend, kann aber keine genaueren Angaben dazu machen.

Götzl Uns liegt ein Attest vor. Wissen Sie, wie die Patientin verletzt wurde?

Arnt K. Sie sagte, sie war in einem Barbierladen, sie habe eine zweimalige Explosion gehört, sie hatte eine Hörstörung am Anfang, im Krankenhaus aber nicht mehr.

(Er tritt an den Richtertisch und betrachtet das Attest.)

Götzl Ich lese aus dem Attest vor: drei Zentimeter lang klaffende Platzwunde am rechten Ellenbogen, ein Zentimeter Platzwunde im Nacken und ein Zentimeter an der Wange. *(Er wendet sich an Anwalt Willms.)* Herr Rechtsanwalt Willms, haben Sie Fragen?

(Anwalt Willms schüttelt den Kopf.)

Götzl Vielen Dank, dass Sie gekommen sind. Auf Wiedersehen.

(Der Zeuge K. verlässt den Saal, es folgt der Zeuge Peschel.)

Götzl Die Befragtung von Frau Keskin können wir dann natürlich heute nicht machen, aber um die Zeit zu nutzen, könnten wir über die Gefährdung von Falco K. beim Überfall auf den Edeka-Markt am 18. 12. 1998 sprechen. Herr Dr. Peschel, sind Sie bereit?

Peschel Ja, geben Sie mir fünf Minuten, um mich zu sammeln.

(Nach einer kurzen Pause werden Lichtbilder gezeigt, mit einem Einschuss in der Wand des Edeka-Marktes in Chemnitz, der am 18. Dezember 1998 überfallen wurde. Ein Polizist deutet auf den Einschuss, um die Größenverhältnisse deutlich zu machen. Der Schuss verfehlte den Zeugen Falco K., der die Täter verfolgte.)

Götzl Was können Sie zur Gefährdung von Herrn Falco K. sagen?

Peschel K. berichtete hier vor Gericht, es sei drei Mal geschossen worden, ein Schuss sei am Kopf vorbeigegangen, er habe das Zischen gehört. Einer sei an der Brust vorbei. Man habe dann einen Einschuss in der Wand in Brusthöhe gesehen. Er hat die Handfeuerwaffe beschrieben, 15 bis 20 Zentimeter, nichts Großes. Aber das wäre schon relativ groß. Die Entfernung zwischen ihm und dem Schützen hat er mit 20 Metern angeben. Er ist 185 Zentimeter groß. Er hat die Waffe als Pistole beschrieben. Er habe einen Knall gehört, lauter als ein Luftgewehr. Und es habe sich um tschechische Munition gehandelt, das habe ihm ein Polizist gesagt, um eine 6,35 Millimeter Browning. Das ist ein relativ kleines Kaliber, das in filigranen, kurzläufigen, gut zu verbergenden Pistolen verarbeitet wird. Die Geschossgeschwindigkeit liegt im Unterschallbereich, da ist es nachzuvollziehen, dass er ein lauteres Geräusch hörte als bei einem Luftgewehr. Ich habe keine eigenen Erfahrungen, Gott sei Dank war ich noch nicht in der Situation, dass ein Geschoss an mir vorbeigeflogen ist. Was man hören kann, sind Querschläger, wenn ein Geschoss irgendwo aufprallt und in eine andere Richtung weiterfliegt, dann hört man vielleicht ein Zischen. Die klassische Polizeimunition liegt bei 400, 500 Joule Energie. Die Waffe hat circa 70 Joule. Das reicht aus, um gravierende Verletzungen zu verursachen. Sie können einen 20 Zentimeter dicken Gelatineblock durchschießen. Das ist ballistische Gelatine, das ist nicht das, was auf der Erdbeertorte drauf ist. Orientiert sich an Körperwassergehalt und den Körperstrukturen. Bei Suiziden mit diesen Waffen sehen wir dabei tödliche Verletzungen. Es kommt zu Durchschüssen oder Steckschüssen. Es sind tief greifende Penetrationen möglich. Bei Hals und Luftröhre oder bei Herz und Lunge sind Steck- und Durchschüsse zu erwarten. Die Bekleidung, auch eine dickere Lederjacke, wird keinen

Schutz bieten. Sie führt zu einer reduzierten Eindringtiefe, aber auch dann ist mit tief greifenden Verletzungen des Herzens und der Lunge zu rechnen. Auch die Beckenschlagadern sind erreichbar für ein solches Pistolenprojektil. Auch bei einer Entfernung des Schützen von 20 Metern muss bei einem Treffer an Kopf, Hals, Brust, den Arm- und den Beingefäßen ohne Weiteres mit tödlichen Verletzungen gerechnet werden.

Götzl Dann sind wir mit Ihnen für heute zu Ende. Das Gericht hat noch einige Beschlüsse zu verkünden.

(Der Zeuge verlässt den Gerichtssaal.)

Götzl Die Anträge von Rechtsanwalt Heer vom 29. April 2013, Lichtbilder in Augenschein zu nehmen, die die unzureichende Sicht von der Besuchertribüne belegen, zudem, die Arbeitstische der Verteidigung weiter von der Richterbank wegzurücken und Vertreter der Bundesanwaltschaft als Zeugen zu hören, dass bereits zu einem frühen Zeitpunkt beabsichtigt war, beim OLG München Anklage zu erheben, werden abgelehnt.

Bei allen gestellten Anträgen handelt es sich nicht um Beweisanträge, weil sie sich nicht auf die Beweiserhebung über Schuld- und Straffolgefragen beziehen. Die Aufklärungspflicht des Gerichtes gebietet es nicht, die Lichtbilder in Augenschein zu nehmen. Den Richtern sind die baulichen Gegebenheiten im Gerichtssaal bekannt.

(Auch den Antrag, zu protokollieren, wie viele Besucher und Journalisten auf der Pressetribüne Platz haben und wann Bilder aus dem Saal an die Wand projiziert werden, lehnt Götzl ab.)

Verteidiger Heer Ich möchte das beanstanden und beantrage einen Gerichtsbeschluss.

Bundesanwalt Diemer Ich beantrage, dass das Gericht so beschließt, wie Sie es eben gerade begründet haben.

(Nach einer Pause bestätigt das Gericht die Entscheidung Götzls.)

Götzl Zudem ergeht weiterer Beschluss:

Die Anträge, den Zeugen Sebastian Seemann als Zeugen zum Beweis der Tatsachen zu hören,

1. dass der Zeuge jedenfalls vor seiner Inhaftierung Mitglied der Dortmunder Neonaziszene war und Mitglied der Oidoxie Streetfighting Crew, die als Schutztruppe für Neonazi-Konzerte unter anderem der Band Oidoxie fungierte,
2. dass der Zeuge in der Szene Kontakte zu Robin S. hielt,
3. dass der Zeuge in den Jahren 2006 und 2007 im Kontakt mit dem Innenministerium NRW, Abteilung Landesamt für Verfassungsschutz, stand und sich für dieses als V-Mann betätigte und seinem V-Mann-Führer täglich telefonisch berichtete,

4. dass sich die Mitglieder der Oidoxie Streetfighting Crew, die sich aus der Neonaziszene in Dortmund rekrutierte, am 18. 3. 2006 – und damit im unmittelbaren Vorfeld der Taten in Dortmund und Kassel am 4. beziehungsweise 6. 4. 2006 – zu einem Konzert der Band Oidoxie in Kassel befanden,
5. dass sich auf dem Konzert S. und Seemann mit Uwe Böhnhardt und Uwe Mundlos trafen,
6. dass Marko Gottschalk zusammen mit dem Zeugen um das Jahr 2006 und früher in Dortmund eine mindestens sieben Personen umfassende »Combat 18«-Zelle aufbaute, dass den Mitgliedern die »Turner-Tagebücher« als Anleitung für den Aufbau der Zelle ausgehändigt wurden; dass die Zelle sich Waffen aus Belgien besorgte, dass Schießübungen stattfanden und es in der Zelle Diskussionen und Pläne für Anschläge auf den politischen Gegner gab;
7. dass auch über diese Gruppe um Gottschalk hinaus die »Turner-Tagebücher« und das Zellenkonzept in der rechten Szene diskutiert wurden und dass die Ermordung von migrantischen Einzelhändlern ohne Bekennerschreiben für Kenner der »Turner-Tagebücher« die Handschrift von Anschlägen einer Neonazizelle trug;
8. dass der Zeuge und Marko Gottschalk über bundesweite Kontakte unter anderem nach Kassel, in den Osten Deutschlands und über internationale Kontakte unter anderem nach Belgien, zu der »Blood & Honour«-Sektion Flandern, nach Skandinavien, in die Schweiz und nach Österreich verfügten, dass sie über diese Kontakte Waffengeschäfte vermittelten und sie für den Aufbau der Combat-18-Zelle nutzen, werden abgelehnt, weil sie für die Entscheidung tatsächlich ohne Bedeutung sind.

Den Anträgen,
- Bilder beziehungsweise die Original-Asservate der umgebauten Schreckschusspistole Marke Bruni und der Pistole TOZ, TT33 dem Zeugen vorzulegen und ihn zu fragen, ob ihm bekannt ist, woher diese Waffen stammen,
- den Zeugen zu befragen, ob er Personen aus dem Unterstützerumfeld des NSU kennt, welchen Anteil er an dem Aufbau der Combat-18-Zelle hatte, ob Szeneangehörige aus Kassel Mitglieder in der Zelle waren, ob es richtig ist, dass die Combat-18-Zelle sich in zeitlicher Nähe zu dem Mord um Mehmet Kubaşık aufgelöst hat;
- den Zeugen zu befragen, ob er oder andere Mitglieder der »Combat 18«-Zelle vor dem 4. April 2006 den Kiosk in der Mallinckrodtstraße 190, 44137 Dortmund, oder Mehmet Kubaşık persönlich kannten und Informationen über den Kiosk als möglichen Tatort an Dritte weitergegeben haben,

wird nicht nachgekommen.

Die Gründe: Die Tatsachen, die bewiesen werden sollen, sind für die Entschei-

dung tatsächlich ohne Bedeutung. Der Senat hat die unter Beweis gestellten Tatsachen so, als seien sie erwiesen, in das bisherige Beweisergebnis eingestellt und prognostisch geprüft, ob hierdurch seine bisherige Überzeugung zu der von der Beweisbehauptung potenziell berührten Haupttatsache bzw. zum Beweiswert eines anderen Beweismittels in einer für den Schuldspruch oder Rechtsfolgenausspruch bedeutsamen Weise erschüttert würde.
Das hat der Senat aus folgenden Gründen verneint:
Die Beweistatsachen, die den Zeugen Seemann direkt betreffen, sowie die Tatsache der Anwesenheit von Mitgliedern der Oidoxie Streetfighting Crew auf einem Konzert wurden vom Senat als erwiesen unterstellt. Sie haben aber weder unmittelbar noch mittelbar einen Zusammenhang mit dem Schuldspruch und dem Rechtsfolgenausspruch bei der Angeklagten Zschäpe. Sie betreffen lediglich den Zeugen Seemann und Mitglieder der Oidoxie Streetfighting Crew. Eine Bedeutung dieser Umstände im Hinblick auf die Angeklagte Zschäpe oder die Verstorbenen Mundlos und Böhnhardt ist nicht ersichtlich.
Insbesondere dem Schluss der Antragsteller aus den Beweistatsachen, dass die beteiligten Verfassungsschutzämter über deren V-Männer Seemann und Benjamin G. über Informationen »aus dem Umfeld des NSU verfügten«, folgt der Senat nicht.
Aus dem Beweis ergäbe sich nur, dass sich die Oidoxie Streetfighting Crew circa zwei Wochen vor den Taten in Dortmund und Kassel auf einem Konzert in Kassel befand. Es kann dahinstehen, ob die beteiligten Landesämter für Verfassungsschutz hieraus die Information gewinnen konnten, dass die regionalen Szenen Dortmund und Kassel zueinander in Kontakt standen. Hieraus zieht der Senat aber keinen Schluss, der für den Schuld- und Rechtsfolgenausspruch der Angeklagten relevant wäre. Der bloße Kontakt der Szenen hat insoweit keinen indiziellen Wert im Hinblick auf die Taten und auf die Schuld- und Straffrage bei den Angeklagten.
(Mit ähnlichen Formulierungen weist das Gericht auch weitere Anträge ab, unter anderem den Antrag:– Nachermittlungen zum Einsatz der ermordeten Polizistin Michèle Kiesewetter zu tätigen, ob sie auf Demonstrationen gegen Rechtsradikale eingesetzt war und deshalb kein Zufallsopfer des NSU war, sondern persönlich getroffen werden sollte. Das Gericht erklärt, dafür gebe es keine Hinweise. Insgesamt lehnt Götzl an diesem Tag zwölf Anträge ab.)

Götzl Damit wären wir am Ende.

Tag 233

30. September 2015

Manfred Götzl, Richter. **Britta K.**, 32, **Ivar K.**, 31, **Paul L.**, 29, Kommissare beim Bundeskriminalamt Wiesbaden. **Jochen Weingarten**, Vertreter der Bundesanwaltschaft. **Wolfgang Stahl**, Verteidiger von Beate Zschäpe. **Olaf Klemke**, Verteidiger von Ralf Wohlleben. **Seda Başay, Antonia von der Behrens, Alexander Hoffmann, Edith Lunnebach, Yavuz Narin**, Anwälte der Nebenklage.

Götzl Uns interessieren Ihre Ermittlungen zu Patrick H., Taxifahrer aus Zwickau.

Britta K. Wir bekamen den Auftrag, uns die Taxizentrale in Zwickau genauer anzusehen, weil in den Asservaten die Telefonnummer der Taxizentrale gefunden wurde, die von Frau Zschäpe mehrfach genutzt worden sein soll. Es gab mehrere Fahrten von der Polenzstraße und von der Frühlingsstraße in Zwickau. Die letzte am 16. Juni 2011, um 5.30 Uhr, die Fahrt ging von der Frühlingsstraße zum Bahnhof. Der Fahrer war Herr H. Auftraggeber war ein Kunde namens Dienelt. Ursprünglich hat der Fahrer gesagt, die Fahrt sei am Nachmittag gewesen, dann hat er eingeräumt, es könnte auch am Morgen gewesen sein. Die Fahrt wurde um zwei Uhr morgens noch mal in Auftrag gegeben. Er hat die Mitfahrerin auf der Wahllichtbildvorlage identifiziert als Frau Zschäpe und hat auch Herrn Böhnhardt identifiziert und erzählt, dass er den schon mal gefahren hätte, ungefähr drei bis vier Wochen vorher.

Götzl Können Sie sich erinnern, ob der Taxifahrer Aussagen zu Kleidung und Aussehen von Frau Zschäpe gemacht hat?

Britta K. Sie hat neben ihm auf dem Beifahrersitz Platz genommen und hat telefoniert.

Götzl Zur Befindlichkeit, hat er da was gesagt?

Britta K. Er hat gesagt, sie habe relativ unfreundlich gewirkt.

Götzl Hat er berichtet, dass andere Personen zugestiegen seien?

Britta K. Nein.

Verteidiger Stahl Der Taxifahrer H. hat hier gesagt, er habe eine Frau gefahren und dann am Bahnhof einen Mann eingeladen.

Britta K. So hat er uns das nicht gesagt, sonst hätte ich das aufgeschrieben.

Verteidiger Stahl Haben Sie Herrn H. mit dem Namen Susann Dienelt konfrontiert?

Britta K. Nein, nicht dass ich mich daran erinnern könnte.

Verteidiger Stahl Wie kam es dazu, dass er sich an die Fahrt erinnern konnte?

Britta K. Wir haben ihn gefragt, ob er sich an die Fahrt von der Frühlingsstraße erinnern könne.

Verteidiger Stahl Hatten Sie eine Arbeitshypothese, wer sich hinter dem Namen Dienelt verbergen könnte?

Britta K. Mutmaßlich die Frau Zschäpe, das ist ihm aber nicht vorgehalten worden.

(Die Zeugin verlässt den Gerichtssaal.)

Verteidiger Stahl Erlauben Sie, dass ich eine Erklärung zur Zeugenbefragung abgebe: Hohes Gericht, nicht zum ersten Mal begegnet uns hier bei der Beweisaufnahme ein dilettantisches Vorgehen, das hier gerade auch wieder unter Beweis gestellt worden ist. Eine ordnungsgemäße Beweisführung und Dokumentation der Aussage ist sträflich vernachlässigt worden. Es stellt sich die Frage, warum das unterblieben ist. Herr H. hat hier etwas deutlich anderes ausgesagt als bei der Befragung, die Frau K. gemacht hat. Noch schlimmer ist, dass sie mit der Arbeitshypothese an die Befragung herangeht, es handele sich bei dem Fahrgast um Beate Zschäpe. Sie lässt sich vom Taxifahrer offensichtlich den Fahrgast nicht schildern, sondern hat gleich mit der Wahllichtbildvorlage angesetzt. Ein derart dilettantisches Vorgehen führt dazu, dass man Ergebnisse präsentiert bekommt, die von der Arbeitshypothese geleitet sind. Das heißt nicht, dass sie falsch sind, aber man muss sie mit großer Vorsicht genießen.

(Der Kollege von Polizeibeamtin K., Kommissar Ivar K., ist der nächste Zeuge.)

Verteidiger Stahl Sie haben gemeinsam mit Frau K. die Befragung von Patrick H. durchgeführt?

Ivar K. Ja.

Verteidiger Stahl Bei dem Namen des Auftraggebers Dienelt – hatten Sie da schon eine Arbeitshypothese?

Ivar K. Der Aliasnamen Susann Dienelt war schon bekannt, da sind wir davon ausgegangen, dass ein Fahrauftrag Dienelt mit Mundlos, Böhnhardt und Zschäpe in Verbindung steht. Es gab auch Bandaufzeichnungen in der Taxizentrale mit einer weiblichen Stimme, die sich als Dienelt meldet, da sind wir von Frau Zschäpe ausgegangen.

Verteidiger Stahl Als Sie den Zeugen H. zum ersten Mal befragt haben, welche These hatten Sie da?

Ivar K. Wir hatten die Arbeitshypothese, dass Frau Zschäpe mitgefahren ist. Wir haben zum Fahrauftrag vom 16.6. gefragt, Herr H. sagte, eine Frau, da gingen wir von Frau Zschäpe aus.

Verteidiger Stahl Hatten Sie zu dem Zeitpunkt schon die Stimmaufnahmen?

Ivar K. Nein, erst später.

Verteidiger Stahl Der Zeuge eiert rum.

Götzl Sie fragen häufig suggestiv, Herr Rechtsanwalt Stahl.

Verteidiger Stahl Ich muss doch Ausschlussfragen stellen, mir wird immer unterstellt, das sei kunstfehlerhaft. Wenn Ihnen die Fragen nicht passen, Herr Vorsitzender, grätschen Sie rein. So läuft das immer.

Götzl So läuft es nicht immer. Schauen Sie in Ihren Mitschriften nach. Wenn es etwas zu beanstanden gibt, dann beanstanden Sie das.

Verteidiger Stahl Sie sagen, das sei eine Suggestivfrage, ich sage, das ist eine Anschlussfrage. Ich mache jetzt weiter. Herr K., kennen Sie den Vermerk, den Ihre Kollegin Frau K. unterzeichnet hat?

Ivar K. Wir haben das gegengelesen, wenn wir was zusammen ermittelt haben.

Verteidiger Stahl Haben Sie daran mitgewirkt?

Ivar K. Nein.

(Plötzlich gibt es ein Stimmengewirr, es gibt auch Einwendungen von der Anklageseite.)

Götzl Keine Diskussionen zwischendurch!

Verteidiger Klemke Herr Weingarten hat zuerst gestört.

(Der Zeuge verlässt den Gerichtssaal.)

Verteidiger Stahl Ich möchte auch zu diesem Zeugen eine Erklärung abgeben: Ich will mich nicht wiederholen, es muss ja nicht falsch sein, was hier rausgekommen ist. Ich weiß es nicht. Mir fällt aber wiederholt auf, dass die Ermittlungsbeamten augenscheinlich nicht selten mit einer konkreten These in die Befragung gehen, statt offen zu fragen, ob es überhaupt eine Erinnerung an die Fahrt gibt, und sich die Personen beschreiben zu lassen. Es ist misslich, wenn in einem solchen Verfahren auf die Zeugen zugegangen wird und man schon erzählt, in welchem Verfahren man unterwegs ist, und zu sagen, man kenne die Beschuldigten aus der Presse – als stünde das Ermittlungsergebnis schon fest, das ist nicht schön. Es ist ein subjektives Gefühl von mir und meinen Anwaltskollegen zur Rechten, dass immer dann, wenn hier durch die Verteidigung aufgedeckt wird, wie dilettantisch Polizeibeamte vorgegangen sind, ein großer Tumult im Saal entsteht und Augen verdreht werden. Es ist doch gerade die Aufgabe in der Hauptverhandlung zu hinterfragen: Wie sicher ist denn alles, was da in den Akten steht? Ich verstehe das Rumoren nicht.

Götzl Wenn Sie mir sagen wollen, dass ich das nicht hinterfrage – wollen Sie diese Behauptung in dieser Form aufstellen? Ich will eine Antwort auf die Frage!

Verteidiger Stahl Wenn ich Sie gemeint hätte, Herr Vorsitzender, dann hätte ich das auch gesagt. Den Schneid habe ich. Sie sind nicht allein in meiner Kritik.

Götzl Aber Sie kritisieren mich. Für was? Das will ich jetzt wissen.

Verteidiger Stahl Seien Sie doch nicht beleidigt. Ich halte große Stücke auf Ihre Verhandlungsführung, das signalisiere ich doch oft.

Götzl Dann nennen Sie Ross und Reiter. Beziehen Sie sich auf diese Situation jetzt oder frühere?

Verteidiger Stahl Wir hatten die Diskussion doch häufiger. Ich will es dabei belassen.

Götzl Wenn Sie mich direkt ansprechen, Herr Rechtsanwalt Stahl, dann muss ich schon direkt nachfragen.

Verteidiger Stahl Herr Vorsitzender Richter am Oberlandesgericht Götzl, alles, was ich zu sagen hatte, habe ich gesagt. Es ist kein Geheimnis, dass wir schon öfter aneinandergeraten sind.

Götzl *(lacht)* Das gibt es in jedem Verfahren, alles andere wäre ungewöhnlich.

Verteidiger Stahl Ist doch nicht böse gemeint.

Anwältin Lunnebach Konzentrieren wir uns auf das, was heute Gegenstand der Beweisaufnahme war. Der Taxifahrer sagte den Polizisten, er habe nicht zwei, sondern nur eine Person gefahren. Es ist nicht eindeutig erwiesen, wer die Fahrt gemacht hat. Mehr ist nicht festzuhalten.

(Es folgt der Zeuge Paul L.)

Götzl Es geht uns um eine Fahrt mit der Zeugin Anja S. und um die Tätowierungen von André Eminger. Fangen wir mit dem ersten Punkt an.

Paul L. Am 26. 6. 2012 wurde Frau Anja S. vernommen in Chemnitz, sie war die ehemalige Freundin des Angeklagten Eminger, in der Zeit von 1997 bis 1998. Sie gab an, mit dem Angeklagten in eine Wohnung nahe des Südbahnhofs in Chemnitz gefahren zu sein, im Sommer/Herbst 1998, und dort habe sie die Angeklagte Zschäpe getroffen. Man habe Kaffee getrunken, geraucht, Belangloses geredet. Es seien noch zwei, drei Personen in der Wohnung gewesen, darunter Mandy Struck, aber nicht mit Sicherheit. Die Adresse der Wohnung konnte sie nicht genau benennen. Deswegen wurde eine Fahrt mit ihr gemacht. Es wurde die Altchemnitzer Straße angefahren und sie hat die Hausnummer 12 identifiziert als den Ort, wo sie damals war. Sie konnte das präzisieren, im zweiten oder dritten Obergeschoss. Sie sagte, sie wisse das, weil ein Freund später im gleichen Haus gewohnt habe. Im Anschluss daran sind wir an die Wolgograder Allee gefahren, weil auch dort eine Wohnung vermutlich von Mundlos, Böhnhardt und Zschäpe genutzt worden war. Die konnte die Zeugin nicht identifizieren.

Götzl Und die Tätowierungen?

Paul L. Am 30. November 2011 wurde der Beschuldigte Eminger in der JVA Frankfurt erkennungsdienstlich behandelt. Der Beschuldigte weigerte sich, von einigen Tätowierungen auf seinem Körper Fotos machen zu lassen. Wir haben uns entschieden, dass dennoch kein unmittelbarer Zwang angewandt wird. Er hat die Tätowierungen mit der Hand abgedeckt, von denen er meinte, sie wären strafrechtlich problematisch. Um den Angeklagten nicht noch stärker zu belasten, entschieden wir, dass Fotos von seinen Tätowierungen zur Akte genommen werden, die wir bei einer Hausdurchsuchung sichergestellt hatten: Eine Frontal-

Ablichtung, man sieht den SS-Totenkopf im Brustbereich und die Worte »Die Jew Die« auf dem Bauch. Ein weiteres Bild zeigt ihn im Strandkorb mit seinem Sohn, wo die Bauchpartie des Beschuldigten zu sehen ist. Und ein drittes Bild, das ihn mit seiner Frau Susann zeigt, wo die Tätowierung »Blut und Ehre« auf dem Arm sichtbar ist. Das hatte er auch abgedeckt.

Anwalt Hoffmann Sind es diese Bilder?

(Im Gericht wird nun ein Bild des Angeklagten Eminger in blau-weißer Badehose auf die Wand projiziert. Er sitzt mit seinem kleinen Sohn in einem weiß-blau gestreiften Strandkorb. Sein Körper ist über und über mit Tattoos bedeckt. Dann sieht man ein Bild André Emingers, wie er seine Frau Susann im Arm hält, auch sie stark tätowiert.)

Paul L. Ja, das sind die Bilder.

Anwältin von der Behrens *(Sie lässt weitere Fotos zeigen. Eine Tätowierung mit einer Lebensrune ist zu sehen.)* Haben Sie Ermittlungen zur Bedeutung der Tätowierung gemacht?

Paul L. Ja, ich habe die Runenschrift auf Emingers Körper übersetzt, das ist eine Lebensrune in seinem Nacken, dazu der Name Susann. Frau Susann Eminger hat eine ähnliche Rune mit dem Namen André im Nacken, das ist eine partnerschaftliche Tätowierung mit Bezug zum germanischen Glauben.

Anwältin von der Behrens Gibt es weitere Tätowierungen?

Paul L. Es gibt Bilder, die die Tätowierungen auf den Armen zeigen. Mit Runen. Wir haben das mit einem Runen-Alphabet übersetzt. Das Wort Stolz ist auf dem Arm zu lesen. Auf dem Bauch war es schwieriger, das zu entziffern. Aber man kann dann von rechts im Uhrzeigersinn den Satz lesen: »Du bist nichts, dein Volks ist alles.« Das ist ein Leitspruch aus dem NS-Regime.

Anwältin von der Behrens Haben Sie auch den Schriftzug WBE festgestellt? Für »Weisse Bruderschaft Erzgebirge«?

Paul L. Ja, WBE steht auf dem linken Oberarm, »Blut und Ehre« rechts.

Anwalt Narin Konnten Sie auch ermitteln, ob der SS-Totenkopf im Brustbereich einer besonderen Organisation als Logo dient?

Verteidiger Klemke Der Zeuge ist Zeuge und kein Sachverständiger.

Götzl Die Frage war sicher so gemeint, ob der Zeuge Ermittlungen dazu angestellt hat.

Paul L. Dazu wurden keine Ermittlungen angestellt.

(Nach einer Pause gibt die Anwältin Seda Başay im Namen mehrerer Nebenklageanwälte eine Erklärung zu den Ergebnissen der DNA-Analysen durch den Sachverständigen Proff vom 23. und 24. September 2015 ab.)

Anwältin Başay Die methodische Zuverlässigkeit der Ergebnisse der aufwendigen DNA-Untersuchungen in diesem Verfahren hat die Verteidigung nicht angegriffen. Auf welche methodischen oder sonstigen Probleme sich die Erklärung

der Verteidigung Zschäpe bezog, die DNA-Untersuchungen seien kritisch zu betrachten und es wäre nicht das erste Mal in diesem Verfahren, dass etwas ganz mächtig aus dem Ruder laufe, hat die Verteidigung nicht dargelegt, es war auch nicht ersichtlich. Die DNA-Untersuchungen haben aus Sicht der Nebenklage unter anderem folgende wesentliche Ergebnisse ergeben:
1. a) Die Mischspur auf einem im Brandschutt gefundenen Zeitungsartikel des Kölner Stadtanzeigers vom 23. 6. 2004, in der alle Merkmale der Angeklagten Zschäpe gefunden wurden, untermauert das bisherige Ergebnis der Beweisaufnahme, dass die Angeklagte Zschäpe Zugang zu dem zu den Taten und Opfern des NSU angelegten Zeitungsarchiv hatte und die Artikel mindestens auch angefasst hat, wenn sie nicht an dem Archiv selber mitgearbeitet hat, worauf zwei daktyloskopische Spuren auf anderen Zeitungsartikeln hinweisen.
b) An dem Gewinde einer Plastikflasche, die im Aufenthaltsraum des Wohnmobils sichergestellt worden ist, fand sich eine DNA-Mischspur, in der sowohl von Uwe Böhnhardt als auch von der Angeklagten Zschäpe Merkmale nachgewiesen werden konnten. Nach Angaben des Sachverständigen ist eine mögliche Erklärung hierfür, dass beide Personen aus der Flasche getrunken hätten. Die DNA der Angeklagten Zschäpe an der Flasche sowie an einem ebenfalls im Wohnmobil sichergestellten langen braunen Haar und an zwei Paar Socken belegt eindeutig, dass sich die Angeklagte Zschäpe dort in der Zeit nach der Anmietung und dem Raubüberfall am 4. November 2011 aufgehalten haben muss. Insbesondere weil die DNA jeweils an Stellen nachgewiesen wurde, an denen es äußerst unwahrscheinlich ist, dass es sich um eine zufällige Übertragung handelt. Insofern wird angeregt, den Zeugen Hartwig J. aus Eisenach zu hören, der sich erinnerte, Anfang der Woche vom 4. November 2011 bereits schon einmal in Stregda – ungefähr dort, wo auch das Wohnmobil am 4. November 2011 parkte – ein weißes Wohnmobil mit drei jungen Leuten gesehen zu haben, von denen eine Person eine Frau mit langen Haaren und gepflegter Erscheinung gewesen sein soll. Diese DNA-Nachweise lassen darauf schließen, dass die Angeklagte Zschäpe sich nicht nur längere Zeit im Wohnmobil aufgehalten hat, wie die Strümpfe zeigen, sondern sich möglicherweise auch im Wohnmobil befand, als die Pläne zum Raubüberfall und zum Fluchtweg ausgekundschaftet wurden.
2. Die DNA-Spuren zeigen den engen Umgang, den das Trio mit der Familie Eminger pflegte. Die Angabe des Sachverständigen, dass an den Schuhen, die die Angeklagte Zschäpe bei der Selbstgestellung am 8. November 2011 trug, an beiden Fersenschäften und den Schnürsenkeln jeweils die DNA der Beschuldigten Susann Eminger gesichert wurde, spricht dafür, dass die Angeklagte Zschäpe von Susann Eminger am 4. November 2011 Wechselkleidung bekommen hat, weil ihre eigene Kleidung mit Benzin verunreinigt war. Damit wird das Ergebnis

der bisherigen Beweisaufnahme bestätigt. Die Vernehmung des Sachverständigen Japes hatte bereits ergeben, dass an den Socken der Angeklagten Zschäpe, die sie am 8. November 2011 trug, geringe Mengen Ottokraftstoff nachgewiesen werden konnten. Da dieser Ottokraftstoff an den Schuhen fehlte, dafür aber die DNA von Susann Eminger vorhanden war, drängt sich auf, dass die Angeklagte Zschäpe von Susann Eminger neue Kleidung nach der Brandlegung erhalten hat.

3. Ein wichtiges Indiz für die Täterschaft von Uwe Mundlos hinsichtlich des Mordes an Michèle Kiesewetter ergibt sich aus den vielfältigen DNA-Spuren auf einer mit dem Blut von Michèle Kiesewetter bespritzten und anschließend nicht gewaschenen Jogginghose, die im sogenannten Katzenzimmer der Frühlingstraße gefunden wurde. Die DNA von Mundlos befand sich an mehreren Stellen auf der Hose, unter anderem an einem Taschentuch in der Hosentasche, bei dem eine zufällige Übertragung der DNA sehr unwahrscheinlich ist. Dieser Befund ergänzt die Angaben des Sachverständigen Prof. Dr. Wehner in der Hauptverhandlung zu dem Spurenbild des Blutes an der Hose, der zu dem Ergebnis kam, dass der Träger die Position des Schützen gehabt haben kann. Der Sachverständige Dr. Proff gab auch an, dass die Hose nach der Qualität der DNA und ihrem äußeren Erscheinungsbild nicht gewaschen worden sei. Einzige Erklärung hierfür ist, dass die Hose von dem Täter als Trophäe über all die Jahre aufbewahrt worden ist, genauso wie die aufgefundene Dienstwaffen und sonstigen Ausrüstungsgegenstände von Michèle Kiesewetter und ihres Kollegen Martin A.

4. Weiter bestätigen die DNA-Funde auch die bisherigen Hinweise auf ein Unterstützernetzwerk des NSU, das in die Vorbereitung der Taten des NSU eingebunden war.

a) An mindestens drei Waffen wurde DNA sichergestellt, die jeweils bisher nicht identifizierten Personen zuzuordnen ist: und zwar an der Trommel und dem Lauf des Revolvers, der im Aufenthaltsraum des Wohnmobils gefunden wurde, an dem Abzug der ebenfalls im Wohnmobil gefundenen Maschinenpistole Pleter 91. Dort wurde eine Mischspur von mindestens drei Personen festgestellt, wobei Mundlos und Böhnhardt als Mitverursacher nicht auszuschließen sind. Ferner wurden an der im Aufenthaltsraum des Wohnmobils sichergestellten Handgranate auch die Spuren von mindestens drei Personen gefunden, wobei Böhnhardt als Mitverursacher ebenfalls nicht ausgeschlossen werden kann.

b) Auf einer Vielzahl von Ausspähmaterial wurde jeweils die DNA von einer unbekannten Person gefunden. Diese Spuren stellen einen deutlichen Hinweis dar, dass zum einen weitere Personen in die Vorbereitung der Straftaten des NSU eingebunden waren, vor allem an der Ausspähung von Zielen beteiligt waren.

c) In dem vom Trio benutzten Keller in der Frühlingsstraße wurden 39 Zigarettenkippen der Marke Philip Morris sichergestellt, auf denen sämtlich die DNA einer unbekannten weiblichen Person nachgewiesen werden konnte.

5. Besonders bedeutend sind auch die Spuren, die fehlen: Der Umstand, dass der Sachverständige an den verschickten Bekennervideos des NSU und der Umschläge nur Spuren von berechtigten oder bisher noch unbekannten Personen gefunden hat, zeigt, dass der NSU sehr sorgfältig gearbeitet hat und es ihm gelungen ist, fast jede Form von Spurenverursachung auf diesen DVDs zu vermeiden. Nach der bisherigen Beweisaufnahme scheint dies nur nicht mehr beim Versenden vollständig gelungen zu sein, da auf der Rückseite des Briefumschlags, mit dem die Bekenner-DVD an die Lippische Landeszeitung geschickt wurde, ein Fingerabdruck der Angeklagten Zschäpe gefunden wurde.

Verteidiger Stahl Da die Verteidigung von Frau Zschäpe unmittelbar angesprochen wurde, würde ich gerne erwidern. Der Sachverständige selbst hat ausgeführt, dass die Untersuchung etwas über die Qualität der DNA-Spuren aussagt, aber nicht über die Aktivität – also wie sie dahin gekommen sind. Es ist schon mal etwas aus dem Ruder gelaufen, als es um DNA-Spuren ging. Ich erinnere an das Wattestäbchenphänomen und das Phantom von Heilbronn. *(Verteidiger Stahl spielt darauf an, dass damals eine Mitarbeiterin der Wattestäbchen-Produktionsfirma die Wattestäbchen mit ihrer DNA verunreinigt hatte, woraufhin jahrelang eine Täterin mit ihrer DNA bei zahlreichen Kriminalfällen verdächtigt wurde, darunter zeitweise auch bei dem Mord an Michèle Kiesewetter 2007 in Heilbronn.)* In dem Asservatenkomplex Frühlingsstraße haben wir, ich möchte es mal flapsig sagen, eine DNA-Müllhalde gefunden, also einen Schutthaufen, in dem Asservate gesichert wurden, eine solche Menge an Spuren gibt es selten. Drei Personen haben in dem Haushalt gewohnt und alle möglichen Dinge lagen in dem Haushalt übereinander. Deswegen zeigen die Spuren nicht ohne Weiteres, dass Frau Zschäpe dieses und jenes getan hat. Warum die Spur zeigen soll, dass Frau Zschäpe Zugang zum Zeitungsarchiv gehabt haben soll, verstehe ich nicht. Das zeigt gar nichts. Wie diese DNA-Spur dorthin kam und vor allem wann, das sagt die Spur nicht. Das muss der Senat bewerten. Obskur muss ich die Bewertung finden, dass Mischspuren den Schluss zulassen, dass eine dritte Person in Vorbereitung von Straftaten eingebunden war. Das krankt an der logischen Betrachtung des Beweiswertes von DNA-Spuren.

Tag 234

7. Oktober 2015

Manfred Götzl, Richter. **Mathias Grasel, Wolfgang Heer**, Verteidiger von Beate Zschäpe.

(Vor der Verhandlung hat sich der Verdacht bestätigt, dass etwas mit der Nebenklägerin »Meral Keskin« nicht stimmen könnte. Ihr Anwalt Ralph Willms legte sein Mandat nieder und erklärte, eine Frau Keskin existiere offenbar gar nicht. Er gab zu Protokoll, einem Betrug aufgesessen zu sein. In den Medien erschienen Berichte über das »Nebenklage-Phantom«. Die Vorwürfe richteten sich nicht nur gegen Willms, sondern auch gegen Atilla Ö., ein Opfer des Nagelbombenanschlags in Köln. Er habe Willms das Mandat für Keskin gegen eine Provision vermittelt und die Frau erfunden.)

Götzl *(schaut zu Wolfgang Heer)* Sie wollten einen prozessualen Antrag stellen?

Verteidiger Heer Frau Kollegin Sturm, der Kollege Stahl und ich stellen folgenden Prozessantrag: Zu Beginn des 232. Hauptverhandlungstages erkundigte sich der Vorsitzende bei Herrn Rechtsanwalt Willms, dem Vertreter der Nebenklägerin Meral Keskin, unter anderem danach, wann er zuletzt Kontakt zu seiner Mandantin gehabt und wann er zuletzt versucht habe, Kontakt zu seiner Mandantin aufzunehmen. Herr Rechtsanwalt Willms verwies auf eine schwere Erkrankung seiner Mandantin, worauf der Vorsitzende Herrn Rechtsanwalt Willms aufforderte, sich bis zum darauffolgenden Hauptverhandlungstag umfassend zu erklären. Ferner forderte der Vorsitzende Herrn Rechtsanwalt Willms auf, telefonischen Kontakt zu der Mandantin beziehungsweise zu deren Tochter aufzunehmen und sich dazu nach der vormittäglichen Pause zu äußern.

Der Vorsitzende teilte weder innerhalb noch außerhalb der Hauptverhandlung mit, ob und gegebenenfalls wie sich Herr Rechtsanwalt Willms zu den aufgeworfenen Fragen äußerte. Erst auf Antrag von Rechtsanwalt Heer vom 2. 10. 2015 übersandte die stellvertretende Senatsvorsitzende am 5. 10. 2015 einen Schriftsatz von Herrn Rechtsanwalt Willms vom 2. 10. 2015, der dem Vorsitzenden ausweislich seines handschriftlichen Vermerks an diesem Tag um 14.50 Uhr vorgelegt wurde und in dem Herr Rechtsanwalt Willms seine Entpflichtung beantragt und zur Begründung auf die »beigefügte Erklärung« Bezug nimmt. Als Anlage beigefügt sind eine von Herrn Rechtsanwalt Nickel namens und im Auftrag seines Mandanten, Herrn Rechtsanwalt Willms, abgegebene Presseerklärung sowie ein im Auftrag von Herrn Rechtsanwalt Willms an die Staatsanwaltschaft

Köln gerichteter Schriftsatz von Herrn Rechtsanwalt Nickel, mit dem gegen Herrn Atilla Ö. wegen Betruges Strafanzeige erstattet und Strafantrag gestellt wurde. Aus dieser dem Senat vorgelegten Strafanzeige geht hervor, dass Herrn Rechtsanwalt Willms das Mandat von Herrn Ö. vermittelt worden sei und Herr Rechtsanwalt Willms der Forderung von Herrn Ö. auf Zahlung einer Provision entsprochen habe. Herr Ö. habe erklärt, bei Frau Keskin handele es sich um eine langjährige Bekannte seiner Mutter, die bei dem Nagelbombenanschlag in der Keupstraße verletzt worden sei. Herrn Rechtsanwalt Willms sei ein Attest über die Verletzungen vorgelegt worden. Nachdem Frau Keskin auf mehrfache Ladung des Oberlandesgerichts nicht in der Hauptverhandlung erschienen sei, habe sich Herr Rechtsanwalt Willms bei Herrn Ö. um Klärung bemüht. Dieser habe zunächst mit »Ausflüchten« geantwortet, bevor ein persönliches Treffen zwischen Herrn Rechtsanwalt Willms und seiner Mandantin stattgefunden habe. In der beigefügten Presseerklärung von Herrn Rechtsanwalt Nickel heißt es, Recherchen von Herrn Rechtsanwalt Willms hätten ergeben, dass Frau Keskin wahrscheinlich überhaupt nicht existent sei und – bezüglich der vermuteten Fälschung des Attests: »Nähere Einzelheiten hierzu sind Herrn Rechtsanwalt Willms indes nicht bekannt, sollen aber weiteren Nebenklagevertretern mutmaßlich bekannt sein.« Bei dem von Herrn Rechtsanwalt Willms mit Schriftsatz vom 23.4.2013 vorgelegten Attest handele es sich um eine von Herrn Ö. überreichte Fotokopie. Dieses Attest ist – bis auf die fehlenden einleitenden Angaben – identisch mit demjenigen, das Herr Rechtsanwalt Schön am 16.1.2015 für Herrn Ö. vorgelegte, wobei oben »Fr. Meral Keskin« hinzugefügt wurde.
Herr Rechtsanwalt Willms hatte dem Senat mit Schreiben vom 23.4.2013 die Vertretung von Frau Keskin angezeigt sowie beantragt, die Nebenklage zuzulassen und ihn beizuordnen. Vorgetragen wurde, Frau Keskin sei bei einem Bombenanschlag am 9.6.2004 in der Keupstraße verletzt worden. Sie habe sich zum Zeitpunkt der Explosion vor der Eingangstüre eines Restaurants befunden und sei im Eduardus-Krankenhaus behandelt worden. Seine Mandantin sei seitens der Polizei Köln vernommen worden und habe die beigefügte Einladung des Bundespräsidenten erhalten. Beigefügt war das bereits erwähnte Attest sowie eine Einladung des Oberbürgermeisters der Landeshauptstadt München vom 19.3.2013 zu einem persönlichen Gespräch am 18.4.2013, gerichtet »An die Opferfamilien der rechtsextremen Mordserie«, nicht aber die erwähnte Einladung des Bundespräsidenten.
Der Generalbundesanwalt hatte mit Schreiben vom 26.3.2013 eine Überprüfung der Nebenklageberechtigung von Frau Keskin mittels Vernehmung ihrer Person und ihrer Begleiterin sowie durch Beiziehung der Dokumente über die ärztliche Behandlung angeregt, da sich aus den bisherigen Ermittlungen keine

Hinweise darauf ergeben hätten, dass Frau Keskin Verletzte der Tat vom 9. 6. 2004 war, und wies darauf hin, dass das vorgelegte Attest ohne nähere Feststellungen zu den Umständen der Behandlung für die Darlegung einer Nebenklageberechtigung nicht ausreiche. Soweit ersichtlich, wurde Frau Keskin – auch nach dem vorgenannten Hinweis des Generalbundesanwalts – nie von der Polizei vernommen.
Der Senat ließ die Nebenklage mit Beschluss vom 30. 4. 2013 zu und ordnete Frau Keskin Herrn Rechtsanwalt Willms bei. Die Nebenklageberechtigung von Frau Keskin wurde wie folgt begründet: »Die Antragstellerin ist nach ihren Ausführungen ein Opfer einer Tat nach Paragraf 395, Absatz eins, Nummer zwei Strafprozessordnung und gehört daher zu dem Personenkreis, der zur Anschlusserklärung berechtigt ist.«
Zur Vorbereitung etwaiger weiterer Prozessanträge beziehungsweise -gesuche wird Folgendes beantragt: Der Herr Vorsitzende möge sich dienstlich dazu äußern: 1. welches beziehungsweise welche Mitglieder des erkennenden Senats mit der Vorbereitung der Beschlussfassung betreffend die Nebenklage der Frau Keskin befasst war beziehungsweise waren; 2. ob er bereits vor der ersten Veröffentlichung in *»Spiegel Online«* beziehungsweise dem Antrag von Herrn Rechtsanwalt Willms vom 2. 10. 2015 über Erkenntnisse verfügte, dass das von Herrn Rechtsanwalt Willms vorgelegte Dokument gefälscht sein könnte; 3. ob Herr Rechtsanwalt Willms der Aufforderung des Vorsitzenden nachkam, sich am 232. Hauptverhandlungstag und am darauffolgenden Tag zu erklären und gegebenenfalls mit welchem Inhalt. Ferner wird beantragt, Herr Vorsitzender Richter am Oberlandesgericht Götzl, Herr Richter am Oberlandesgericht Dr. Lang und Herr Richter am Oberlandesgericht Kuchenbauer, die an dem Zulassungsbeschluss bezüglich der Nebenklage der Frau Keskin mitgewirkt haben, mögen sich dienstlich dazu äußern, 1. ob ihnen auffiel, dass in dem für Frau Keskin vorgelegten Dokument die Formularfelder betreffend die Angaben der Personalien des Patienten, der Krankenkasse, der Versichertennummer, der Vertragsarztnummer, der Diagnoseschlüssel sowie der Befunde und Therapie fehlten; 2. welchen der in dem Antrag von Herrn Rechtsanwalt Willms nebst Anlage dargelegten, einander jedoch ausschließenden Sachverhalte, nämlich einerseits, dass sich Frau Keskin zum Zeitpunkt der Explosion vor einem Restaurant befunden habe, und andererseits, sie sei während eines Barbierbesuches verletzt worden, der Entscheidung zugrunde gelegt wurde; 3. warum sie diese Diskrepanz sowie den Widerspruch zwischen dem Vortrag von Herrn Rechtsanwalt Willms hinsichtlich der seinem Antrag vom 23. 4. 2013 beigefügten Anlagen und den tatsächlich beigefügten Anlagen gegenüber Herrn Rechtsanwalt Willms nicht hinterfragten; 4. ob sie Recherchen hinsichtlich der Niederschrift der von Herrn

Rechtsanwalt Willms behaupteten Vernehmung von Frau Keskin durch das Polizeipräsidium Köln unternahmen und gegebenenfalls mit welchem Ergebnis; 5. weshalb sie die seitens des Generalbundesanwalts angeregten Nachermittlungen nicht vornehmen ließen.

Götzl *(gereizt)* Wann ist Ihnen, Herr Heer, denn diese Diskrepanz aufgefallen? Vielleicht können Sie sich dazu äußern!

Verteidiger Heer Es liegt nicht in unseren Aufgaben als Verteidiger, irgendetwas zu überprüfen. Sie sollten sich nicht aufregen. *(In Richtung der Nebenklage-Anwälte:)* Diese Aufklärung sollte im Interesse aller Beteiligten sein. Ich gehe davon aus, dass hier nur noch redliche Nebenkläger sitzen beziehungsweise deren Vertreter.

Bundesanwalt Diemer Ich sehe keine Rechtsgrundlage für die Anforderung einer dienstlichen Erklärung.

Verteidiger Heer Natürlich gibt es keine explizite Anspruchsgrundlage in der Strafprozessordnung. Wir leiten den Antrag her aus allgemeinen Verfahrensgrundsätzen wie dem des fairen Verfahrens. Wir möchten eine Aufklärung des Falls, um anschließend möglicherweise weiter prozessual zu reagieren.

Verteidiger Grasel Ich würde gerne eine kurze Unterbrechung beantragen, weil meine Mandantin keine Kenntnis von dem Antrag hatte.

Götzl Ist das zuteffend, Herr Rechtsanwalt Heer?

Verteidiger Heer Es gibt Bedingungen, unter denen eine vorherige Rücksprache schlicht nicht möglich ist. Wir haben Sie, Herr Vorsitzender, darauf hingewiesen.

Götzl Sie haben die Möglichkeit, mit Herrn Grasel direkt Kontakt aufzunehmen, warum nehmen Sie das nicht wahr?

Verteidiger Heer Na ja, wenn Sie diese Frage hier in den Raum stellen, ich hätte noch ganz andere Fragen. Ich weiß nur nicht, ob das hier der richtige Rahmen ist. Sie haben damals einen Unterbrechungsbeschluss gefasst zum Zwecke der Einarbeitung von Herrn Grasel und der internen Beratung der Verteidiger. Die interne Beratung hat nie stattgefunden – und an uns lag das nicht!

(Pause.)

Verteidiger Grasel Ich möchte feststellen, dass weder mir noch Frau Zschäpe der Antrag, den Herr Heer vorgetragen hat, zuvor bekannt war. Anscheinend wurde aber der Senat vorab über den Antrag in Kenntnis gesetzt. Zur Behauptung des Kollegen Heer, dass keine Abstimmung beziehungsweise Einarbeitung stattgefunden habe, möchte ich sagen, dass das unzutreffend ist. Es fand eine gemeinsame, knapp zweistündige Besprechung mit allen drei Kollegen in meiner Kanzlei statt. Auch in der Folgezeit wurde öfter über das Verfahren gesprochen. Im Übrigen möchte ich anmerken, dass ich die drei Kollegen fragte, ob sie mir ihre Mitschriften aushändigen könnten zur Hauptverhandlung. Der Bitte wurde jedoch nicht entsprochen.

Verteidiger Heer Ich erwidere, auch wenn das an Würdelosigkeit kaum noch zu überbieten ist: Selbstverständlich habe ich dem Kollegen Grasel nicht unterstellt, er habe sich nicht ins Verfahren eingearbeitet. Ich weiß ja nicht, wie er seine Zeit verbringt. Ich habe auch nicht gesagt, es hätte keine Abstimmung stattgefunden. Ich habe gesagt, dass dem Zweck des Unterbrechungsbeschlusses, dem Zweck einer vernünftigen Abstimmung und Inkenntnissetzung des Kollegen nicht entsprochen wurde. Und das lag nicht an uns. Mehr habe ich nicht gesagt.

Tag 235

8. Oktober 2015

Manfred Götzl, Richter. **Jochen Weingarten**, Vertreter der Bundesanwaltschaft. **Mathias Grasel, Wolfgang Heer**, Verteidiger von Beate Zschäpe. **Olaf Klemke, Wolfram Nahrath**, Verteidiger von Ralf Wohlleben. **Alexander Hoffmann, Hardy Langer, Eberhard Reincke, Sebastian Scharmer**, Anwälte der Nebenklage.

Verteidiger Nahrath Die Verteidigung Wohlleben hat einen Antrag zu stellen.
Götzl Worum geht es?
Verteidiger Nahrath Um die Problematik der Nebenklägerin Keskin. Um die Problematik Verteidigung Zschäpe. Es handelt sich um einen Aussetzungsantrag.
Götzl Dann stellen Sie ihn.
Verteidiger Nahrath Die Verteidigung Wohlleben schließt sich den am 7. 10. gestellten Prozessanträgen der Kollegen Heer, Sturm und Stahl an. Die Anträge sollen einen etwaigen weiteren prozessualen Antrag der Verteidigung Wohlleben vorbereiten – ob die Zulassung der Nebenklägerin Keskin gegebenenfalls einen Ablehnungsgrund darstellt. Die Verteidigung Wohlleben stellt außerdem Folgendes fest: Rechtsanwalt Grasel erklärte, dass der von Rechtsanwalt Heer verlesene Antrag mit ihm und seiner Mandantin nicht abgesprochen worden sei. Die Verteidigung Wohlleben zieht folgende Schlüsse: Die Rechtsanwälte Heer, Sturm und Stahl können die Angeklagte wegen der vollständig eingestellten Kommunikation mit der Mandantin nicht mehr effektiv verteidigen. Rechtsanwalt Grasel verfügt bis zum heutigen Tage nicht über die Mitschriften der alten Verhandlungstage. Die Angeklagte Zschäpe ist spätestens seit 20. 7. 2015 nicht mehr ordnungsgemäß verteidigt. Es ist nicht ersichtlich, dass sich dieser rechtswidrige Zustand in absehbarer Zeit verändert. Dies stellt einen Revisionsgrund dar. Auswirkungen auf den Angeklagten Wohlleben können nicht ausgeschlossen werden. Die Verteidigung Wohlleben beantragt: Die Hauptverhandlung wird

ausgesetzt. Der Senat sorgt für eine sachgerechte Verteidigung der Angeklagten Zschäpe. Und der Haftbefehl gegen den Angeklagten Wohlleben wird ausgesetzt.

Verteidiger Grasel Frau Zschäpe schließt sich dem Aussetzungsantrag an.

Verteidiger Heer Frau Sturm und ich geben zu dem von Herrn Rechtsanwalt Nahrath gestellten Antrag ausdrücklich keine Stellungnahme ab. *(Verteidiger Stahl ist nicht anwesend.)*

Götzl *(zu Heer)* Besteht denn ein Problem, Sitzungsniederschriften an Herrn Grasel zu übergeben?

Verteidiger Heer Selbstverständlich bin ich, und ich denke, ich kann auch für die Kollegen Sturm und Stahl sprechen, dazu bereit, zur Einarbeitung von Rechtsanwalt Grasel in den Verfahrensstoff beizutragen.

Götzl Besteht denn auch die Bereitschaft, entsprechend Unterlagen …

Verteidiger Heer Ich habe mir meine soeben abgegebene Erklärung genau überlegt!

Oberstaatsanwalt Weingarten Zur Frage des Bestehens einer ordnungsgemäßen Verteidigung der Angeklagten Beate Zschäpe hat sich die Bundesanwaltschaft schon mehrmals geäußert. Klar ist, dass die Verteidigung nicht beeinträchtigt ist dadurch, dass eine Angeklagte nicht mit den Verteidigern spricht, auch wenn dies suboptimal sein mag. Es kann nicht ins Belieben eines Angeklagten gestellt werden, einen Prozess zu torpedieren. Im Übrigen ist der Grad der Vorbereitung des Rechtsanwalts Grasel unbeachtlich, da die Angeklagte durch die Rechtsanwälte Stahl, Sturm und Heer adäquat verteidigt ist.

Verteidiger Klemke Es kann keine Rede davon sein, dass die Angeklagte Zschäpe von den Rechtsanwälten Heer, Stahl und Sturm adäquat verteidigt werde. Es findet keine Kommunikation zwischen ihnen und Frau Zschäpe mehr statt. Schlaglichtartig wurde dies erhellt durch die gestrige Erklärung durch Rechtsanwalt Grasel. Es kann keine Rede davon sein, dass es sich um einen einseitigen Kommunikationsbruch handelt. Für jedermann ist mit Händen zu greifen, dass das Vertrauensverhältnis nachhaltig zerrüttet ist. Auch Rechtsanwalt Grasel kann derzeit keine sachgerechte Verteidigung leisten.

Anwalt Langer Ich halte es für abwegig, zu verlangen, dass Sitzungsmitschriften von den Verteidigern herausgegeben werden. Ich würde meine unkommentierten Mitschriften auch niemandem geben. Ich weiß auch nicht, ob Herr Klemke vielleicht seine Mitschriften Herrn Grasel geben würde. Es gibt darauf doch keinen Anspruch.

Verteidiger Klemke Es mag ja sein, dass kein Rechtsanspruch darauf besteht, doch darauf kommt es nicht an. Es bleibt wegen der Weigerung bei dem Informationsdefizit. Und es dürfte jedem unbefangenen Beobachter einleuchten, dass es Unfug ist, dass nun ich meine Mitschriften Herrn Grasel geben sollte. Denn ich als

Verteidiger des Herrn Wohlleben habe alle Mitschriften aus diesem Blickwinkel gemacht, nicht aus dem eines Verteidigers von Frau Zschäpe.

Anwalt Hoffmann Es ist gut, dass Sie den Hinweis geben, dass Sie Herrn Wohlleben vertreten und nicht Frau Zschäpe. Das ist ja nicht immer so ganz ersichtlich. Wir hatten die Situation eines destruktiven Verhaltens der Frau Zschäpe. Es waren alles Kinkerlitzchen, eine Destruktion: Sie wollte alle drei Rechtsanwälte abschießen, dann kann es nicht weitergehen. Aber die Verteidiger Heer, Stahl und Sturm haben ja auch weiterhin Prozessaktivitäten entfaltet. Frau Zschäpe ist verteidigt!

Anwalt Scharmer Erstens: Die Kollegen Heer, Stahl und Sturm haben mehrfach ausgeführt, dass sie zur Kommunikation mit Frau Zschäpe bereit sind, schriftlich und mündlich. Deswegen liegt es rein an ihr, ob ihre Verteidigung in ihrem Sinne betrieben wird oder nicht. Zweitens: Wenn die Verteidigung Wohlleben ausführt, das Verfahren müsste ausgesetzt werden, weil ein anderer Angeklagter dadurch schlecht verteidigt sei, sehe ich dafür überhaupt keine Grundlage.

Anwalt Reinecke Es ist darüber hinaus daran zu erinnern, dass sich das Bundesverfassungsgericht mit den Prinzipien auseinandergesetzt hat, die insgesamt gewahrt werden müssen. In einem Fall setzt es sich mit dem Opferschutz auseinander. Eine Aussetzung des Verfahrens hieße, dass man in einem Jahr wieder hier sitzt, dass Zeugen erneut gehört werden müssten. Es heißt da aber beim Bundesverfassungsgericht, eine Neuauflage sei mit Nachteilen für den Opferschutz verbunden. Es könne mit einer Retraumatisierung einhergehen. Das ist inakzeptabel. Insofern sind die Belange von Frau Zschäpe zweitrangig gegenüber den sonstigen Belangen, die im Strafverfahren zu wahren sind.

Götzl Wir werden für heute die Hauptverhandlung unterbrechen und setzen am kommenden Dienstag fort.

Tag 236

13. Oktober 2015

Manfred Götzl, Richter. **Herbert Diemer, Jochen Weingarten,** Vertreter der Bundesanwaltschaft. **Olaf Klemke, Nicole Schneiders,** Verteidiger von Ralf Wohlleben.

Götzl Wir setzen im Verfahren fort. Nach geheimer Beratung ergeht folgender Beschluss: Die Anträge der Verteidigung von Herrn Wohlleben, die Hauptverhandlung auszusetzen und für eine sachgerechte Verteidigung der Angeklagten Beate Zschäpe zu sorgen sowie den Haftbefehl gegen Ralf Wohlleben auszusetzen, werden abgelehnt.

(Es folgt die Historie der Anträge auf Entpflichtung der Verteidiger von Zschäpe, die seit über einem Jahr gestellt werden: gegen Anja Sturm, gegen Wolfgang Heer, gegen alle drei Verteidiger. Und auch der Antrag der drei Verteidiger, das Gericht möge sie von dem Mandat befreien.)

Götzl Alle diese Anträge wurden abgelehnt. Das Gericht hat auf Antrag von Frau Zschäpe einen vierten Pflichtverteidiger bestellt. Seit 15. 7. 2015 nimmt Rechtsanwalt Grasel an der Hauptverhandlung teil. Der Antrag der Rechtsanwälte Heer, Stahl und Sturm, entpflichtet zu werden, wurde am gleichen Tag abgelehnt.

Am 7. 10. 2015 stellten die Verteidiger Heer, Stahl und Sturm in der Folge der nicht vorhandenen Nebenklägerin Meral Keskin Prozessanträge. Dann teilte Verteidiger Grasel mit, die Anträge seien nicht mit ihm und Frau Zschäpe abgestimmt gewesen. Verteidiger Grasel gab an, er habe sich eingearbeitet in die Akten und am 13. 7. 2015 eine Besprechung durchgeführt mit den Pflichtverteidigern Heer, Stahl und Sturm. Er habe Gespräche mit ihnen geführt an anderen Tagen, er habe zwar vereinzelt Informationen bekommen, aber nicht ihre Prozessmitschriften.

Am 8. 10. 2015 beantragte die Verteidigung von Ralf Wohlleben die Aussetzung des Verfahrens, weil die Angeklagte Zschäpe weder durch die Verteidiger Heer, Stahl und Sturm noch durch Verteidiger Grasel ordnungsgemäß verteidigt sei. Frau Zschäpe schloss sich dem Antrag Wohllebens an.

Das Gericht muss die Hauptverhandlung aussetzen, wenn das sachgerecht erscheint. Es hat die Pflicht, eine faire Verhandlung zu gewährleisten, und hat eine Fürsorgepflicht für die Angeklagten. In den Anträgen heißt es, Rechtsanwalt Grasel sei noch nicht in der Lage, die Verteidigung ordnungsgemäß zu führen. Die Angeklagte Zschäpe würde durch die Verteidiger Heer, Stahl und Sturm nach der eingestellten Kommunikation zwischen der Angeklagten und ihnen nicht mehr ordnungsgemäß verteidigt. Dies trifft nicht zu. Die Verteidiger Heer, Stahl und Sturm verteidigen die Angeklagte Zschäpe ordnungsgemäß. Es besteht deswegen kein Anlass, die Hauptverhandlung auszusetzen. Die Pflichtverteidiger Heer, Stahl und Sturm waren bereits im Ermittlungsverfahren für die Angeklagte tätig, kennen die Akten und sind eingearbeitet. Sie haben regelmäßig und aktiv an der Hauptverhandlung teilgenommen. Der Umstand, dass zwischen den Verteidigern Heer, Stahl und Sturm und Beate Zschäpe keine Kommunikation mehr stattfindet, hindert die Verteidigung nicht. Sie wird gleichwohl ordnungsgemäß geführt, das zeigt das Verhalten seit Sommer 2015. Die Verteidigung von Frau Zschäpe hat das Fragerecht wahrgenommen und hat prozessuale Anträge gestellt. Bis Mitte 2015 hat eine intensive Kommunikation zwischen Beate Zschäpe und ihren Pflichtverteidigern stattgefunden, ein großer Teil der Beweisaufnahme ist erfolgt, der Prozess ist weit fortgeschritten, es ist kein Umstand erkennbar, dass die Angeklagte nicht ordnungsgemäß verteidigt ist. Gegen eine Aussetzung des Prozesses spricht auch das Beschleunigungsgebot.

Ob die Angeklagte durch Rechtsanwalt Grasel ordnungsgemäß verteidigt wird, kann dahinstehen. Er hat jedenfalls erklärt, er habe sich intensiv in das Verfahren eingearbeitet. Die Rechtsanwälte Heer, Stahl und Sturm sind bereit, zu Grasels Einarbeitung beizutragen. Die Angeklagte Zschäpe ist somit ordnungsgemäß verteidigt.

Auch der Haftbefehl gegen den Angeklagten Wohlleben wird aufrechterhalten. Der Senat verweist dazu auf seinen Beschluss vom 22. 12. 2014. *(In dem Beschluss hatte der Senat erklärt, dass Wohlleben vermutlich mit einer hohen Strafe rechnen müsse und der Haftbefehl deshalb nicht ausgesetzt werden könne.)*

Verteidiger Klemke Wir beantragen eine Abschrift und eine Unterbrechung von 30 Minuten, um den Beschluss mit dem Mandanten zu beraten.

(Pause.)

Verteidigerin Schneiders Die Verteidigung Wohlleben erhebt folgende Gegenvorstellung zum Beschluss des Senats.

1. Der Beschluss des Senats beruht auf einer nur unvollständig gewürdigten Tatsachengrundlage. Der Senat lässt die Tatsache unbeachtet, dass die Verteidiger Heer, Stahl und Sturm in ihren Entpflichtungsanträgen vom 20. 7. 2015 dargetan haben, dass sie alle wegen der endgültigen und nachhaltigen Zerrüttung des Vertrauensverhältnisses zwischen ihnen und ihrer Mandantin zu einer sachgerechten Verteidigung objektiv nicht mehr in der Lage seien. Zitat von Rechtsanwalt Heer: »Nach meiner anwaltlichen Berufsauffassung steht aber nicht meine Mitwirkung zur Sicherung des Strafverfahrens im Vordergrund, sondern meine Funktion, dem Mandanten eine optimale Verteidigung zuteilwerden zu lassen. Dies ist unter den gegenwärtigen Bedingungen nicht mehr möglich.« Erklärung von Rechtsanwalt Stahl: »Ich versichere anwaltlich, dass schwergewichtige Gründe gegeben sind, die die Fortsetzung des Verteidigungsverhältnisses nicht mehr möglich machen.« Zitat Sturm: »In der jetzt eingetretenen Situation ist mir eine Verteidigung von Frau Zschäpe nicht mehr lege artis möglich.« Diese Erklärungen wurden bis heute nicht zurückgenommen.

2. Weiter blendet der Senat die Tatsache aus, dass die Angeklagte Zschäpe ihre drei Verteidiger mit einer Strafanzeige überzogen hat. Das findet noch nicht einmal Erwähnung in dem Beschluss.

3. Zudem ist es nicht ersichtlich, wie der Senat feststellen konnte, dass zwischen Frau Zschäpe und ihren Verteidigern Heer, Stahl und Sturm bis Mitte 2015 eine intensive Kommunikation stattfinden konnte.

4. Der Prozessantrag vom 7. 10. 2015 war nicht mit Frau Zschäpe abgestimmt

oder wurde ihr vorher zur Kenntnis gebracht. Das zeigt, dass die Kommunikation zwischen Frau Zschäpe und ihren Verteidigern Heer, Stahl und Sturm spätestens seit dem 20. 7. 2015 zum Ende gekommen ist.

5. Der Senat geht davon aus, dass die Verteidigung von den Rechtsanwälten Heer, Stahl und Sturm gleichwohl ordnungsgemäß geführt werde. Sie hätten ihr Fragerecht wahrgenommen und prozessuale Anträge gestellt. Darauf kommt es aber nicht an. Maßgeblich ist alleine, ob das Vertrauensverhältnis zwischen der Angeklagten Zschäpe und den Verteidigern Heer, Stahl und Sturm noch besteht oder endgültig und nachhaltig erschüttert ist. Davon ist auszugehen. Ist jedoch das Vertrauensverhältnis nachhaltig erschüttert, ist die Bestellung aufzuheben. Ein Angeklagter hat einen verfassungsrechtlichen Anspruch auf einen Rechtsanwalt seiner Wahl und seines Vertrauens. Der Senat kann sich darüber nicht mit dem Argument hinwegsetzen, dass rein formal, also nach außen hin, Verteidigungshandlungen stattfinden.

Götzl Stellungnahmen dazu?

Diemer Ich bitte, die Verhandlung fortzusetzen.

Götzl Dann legen wir eine Pause ein.

(Eine Zuhörerin aus dem Publikum ruft: »Nein!«)

Götzl *(zur Besuchertribüne)* Ich würde Sie dringend bitten, sich zurückzuhalten. Sie sind hier Zuhörer und stören nicht die Hauptverhandlung durch Zwischenrufe.

(Pause.)

Götzl Dann setzen wir fort.

Oberstaatsanwalt Weingarten In der gebotenen Kürze und Klarheit: Es kommt im jetzigen Verfahrensstand überhaupt nicht mehr darauf an, wer wann mit wem in der Verteidigung Zschäpe. Es ist völlig unerheblich. Aus dem Beschluss des Senats geht hervor, dass und warum die Verteidiger Heer, Stahl und Sturm verteidigungsfähig und verteidigungswillig sind. Nur darauf kommt es an. Um Ihr Stichwort von der rein formalen Verteidigung aufzugreifen, Frau Schneiders: Wir sehen hier bei fünf Angeklagten sehr unterschiedliche Aktivitätsprofile bei den jeweiligen Verteidigern. Und keiner zweifelt die ordnungsgemäße Verteidigung bei den Angeklagten an, deren Verteidiger weniger Aktivität entwickeln. Selbst eine definitive Störung des Verhältnisses zwischen Verteidiger und Mandant muss mitnichten zu einer Entpflichtung führen. Die Elemente, die störend wirken, sind abzuwägen gegen die Interessen einer rechtsstaatlich geordneten Durchführung des Prozesses. Und schließlich ist es schon zutreffend, dass der Angeklagte Wohlleben formal rügeberechtigt ist. Es ist nur so, dass die Rechtssphäre des Angeklagten Wohlleben überhaupt nicht betroffen ist durch mutmaßliche Störungen bei der Verteidigung von Frau Zschäpe. Wie auch?

Götzl Noch weitere Stellungnahmen? Nein. Wir werden für heute die Hauptverhandlung unterbrechen. Fortgesetzt wird morgen um 9.30 Uhr.

Tag 237

14. Oktober 2015

Manfred Götzl, Richter. **Mario Brehme**, 38, Pharmareferent aus Rudolstadt. Er war bereits an Verhandlungstag 218 geladen. **Stefan Böhmer**, Zeugenbeistand von Brehme. **Herbert Diemer, Jochen Weingarten**, Vertreter der Bundesanwaltschaft. **Mathias Grasel, Wolfgang Heer, Wolfgang Stahl**, Verteidiger von Beate Zschäpe. **Olaf Klemke, Wolfram Nahrath**, Verteidiger von Ralf Wohlleben. **Thomas Bliwier, Alexander Hoffmann, Hardy Langer, Edith Lunnebach, Yavuz Narin**, Anwälte der Nebenklage.

Götzl Das Gericht hat zunächst seinen Beschluss zur Gegenvorstellung der Verteidigung Wohlleben zu verkünden: Mit dem Beschluss des Gerichts vom 13. 10. 2015 hat es sein Bewenden. Es wurde von der Verteidigung Wohlleben kritisiert, dass der Senat in seinem Beschluss nicht vollständig gewürdigt hat, dass das Vertrauensverhältnis zwischen der Angeklagten Zschäpe und ihren Verteidigern Heer, Stahl und Sturm erschüttert ist und dass sie eine Strafanzeige gegen Heer, Stahl und Sturm gestellt hat, sowie dass die Verteidiger Heer, Stahl und Sturm sie am 8. 10. 2015 nicht über ihre Prozessanträge informiert haben. Nach erneuter Prüfung der Sach- und Rechtslage kann der Senat keine Umstände erkennen, die eine Abänderung des Beschlusses nötig machen. Eine sachgerechte Verteidigung von Frau Zschäpe ist gewährleistet.

Verteidiger Klemke Die Verteidigung des Herrn Wohlleben bittet darum, die Hauptverhandlung für eineinhalb Stunden zu unterbrechen, um einen unverzüglich zu stellenden Antrag formulieren zu können.

Götzl Dann machen wir Pause bis 11.45 Uhr.

(Pause.)

Verteidiger Klemke Der Angeklagte Wohlleben lehnt die Richter Götzl, Lang, Kuchenbauer, Odersky und Feistkorn wegen der Besorgnis der Befangenheit ab. Der Angeklagte Wohlleben stützt das Ablehnungsgesuch auf den heutigen Beschluss des Senats. Wegen des Beratungsgeheimnisses des Senats muss der Angeklagte davon ausgehen, dass alle abgelehnten Richter den Beschluss mitgetragen haben. Die Angeklagte Zschäpe hat Anspruch nicht auf irgendeine Verteidigung, sondern auf eine sachgerechte Verteidigung. Im Übrigen bewerten die abgelehnten Richter die von den Rechtsanwälten Heer, Stahl, Sturm vorgebrachten Gründe

zur Rücknahme der Bestellung als unsubstantiiert, sie blenden völlig aus, dass den Anwälten Heer, Stahl, Sturm eine weitergehende Begründung mangels Entbindung von der Verschwiegenheitspflicht nicht möglich gewesen ist. Sonst hätte Beate Zschäpe Anlass zu einer erneuten Strafanzeige.
Die abgelehnten Richter bewerten das Verhalten der drei Verteidiger in der Folgezeit dahin, dass diese im Sinne einer Verteidigung der Angeklagten agiert hätten. Ob dies zutrifft, kann nur eingeschätzt werden, wenn man das Verteidigungsziel und die Verteidigungsstrategie kennt. Da dies bei den abgelehnten Richtern nicht der Fall sein kann, handelt es sich dabei um eine Spekulation ohne jegliche Grundlage. Die abgelehnten Richter meinen, dass der Anzeige von Zschäpe gegen ihre Verteidiger Heer, Stahl und Sturm keine entscheidende Bedeutung zukomme, da das Vertrauensverhältnis zur Mandantin nicht berührt sei. Das ist offenkundig unrichtig. Ein Mandant, der Vertrauen zu seinen Verteidigern hat, würde diese unter keinen Umständen in laufender Hauptverhandlung anzeigen, weil dies die Effektivität der eigenen Verteidigung zerstört.
Der Verteidiger ist berufsrechtlich verpflichtet, den Mandanten über alle für den Fortgang der Sache wesentlichen Vorgänge und Maßnahmen unverzüglich zu unterrichten. Das Stellen von Prozessanträgen durch Heer, Stahl, Sturm stellt eine solche wesentliche Maßnahme dar. Richtig ist, dass der Verteidiger Beistand und nicht Vertreter des Angeklagten ist. Das enthebt ihn aber nicht von der Berufspflicht zur unverzüglichen Information des Mandanten. Mit keinem Wort gehen die Richter darauf ein, dass die mangelnde Information von Beate Zschäpe über die Antragstellung am 7. 10. 2015 offenbart, dass aufseiten von Heer, Stahl und Sturm keine Kommunikation mehr zu Zschäpe stattfindet.
Die Erwägungen der abgelehnten Richter sind abwegig und offensichtlich willkürlich. Sie wollen geltendes Recht, nämlich den Paragrafen 11 der Berufsordnung für Rechtsanwälte, stillschweigend suspendieren. Ein vernünftiger Angeklagter muss zu der Ansicht kommen, dass die abgelehnten Richter das Verfahren um jeden Preis fortführen wollen und ihm nicht mehr unparteilich und unvoreingenommen gegenüberstehen.
Die Verteidigung Wohlleben beantragt deshalb, die Namen der Richter, die an dem Beschluss mitgewirkt haben, namhaft zu machen und von ihnen dienstliche Äußerungen zu bekommen.

Götzl Zum Prozedere. Wir lassen jetzt Ablichtungen von dem Antrag fertigen und legen dann unsere Mittagspause ein.

Verteidiger Heer Da meinen Kollegen Sturm, Stahl und mir hier berufsrechtswidriges Handeln unterstellt wird von Anwalt Klemke, erkläre ich, dass ich sowohl Herrn Grasel als auch Frau Zschäpe vor der Antragstellung am Morgen des 7. 10. in Kenntnis gesetzt habe.

Anwalt Bliwier Ich habe selten einen so substanzlosen Antrag in der Hauptverhandlung hören dürfen. Alles, was vorgetragen wird, ergibt für den Angeklagten keine Antragsberechtigung. Das könnte allenfalls zu einer Antragsberechtigung für Frau Zschäpe führen. Wenn hier wieder darauf Bezug genommen wird, der Senat möge für eine ordnungsgemäße Verteidigung von Frau Zschäpe sorgen, macht das das Argument nicht besser. In welcher Weise würde sich eine geänderte Verteidigung von Zschäpe auf den Angeklagten Wohlleben auswirken? Es steht Wohlleben frei, wie er sich verteidigt. Er kann reden, Anträge stellen. Für ihn ist die Verteidigung von Frau Zschäpe vollkommen unerheblich. Mir drängt sich inzwischen der Eindruck auf, dass der Befangenheitsantrag nur gestellt wird zum Zwecke der Prozessverschleppung.

Verteidiger Heer Mir ist ein Fehler unterlaufen, ich habe den Antrag am 7. 10. verlesen und danach den schriftlichen Antrag übergeben an Rechtsanwalt Grasel und die Mandantin. Eine vorherige Information sieht die Berufsordnung nicht vor.

(Pause.)

Götzl Dann setzen wir fort.

Verteidiger Grasel Die Angeklagte Zschäpe schließt sich dem von Herrn Klemke gestellten Befangenheitsantrag an und macht sich dessen Begründung, soweit sie sich auf ihre Person bezieht, zu eigen.

Bundesanwalt Diemer Wir haben erhebliche Zweifel an der Zulässigkeit des Befangenheitsantrags. Die Verteidigung von Frau Zschäpe kann unter keinem Gesichtspunkt einen Grund für einen Befangenheitsantrag von Herrn Wohlleben bieten. Aber wegen der Revisionssicherheit würden wir dem Senat empfehlen, den Antrag dem dafür vorgesehenen Spruchkörper vorzulegen. Aber wegen der Prozessökonomie sollten wir im Verfahren fortfahren.

Anwalt Langer Der Befangenheitsantrag ist zurückzuweisen. Die Verteidigungssituation von Frau Zschäpe ist seit Monaten bekannt, deswegen ist der Antrag jetzt nicht unaufschiebbar. Durch einen Kunstgriff soll jetzt versucht werden, eine scheinbare Aktualität der scheinbaren Problematik zu konstruieren, um Senatsbeschlüsse herbeizuführen. Auch nach dem Senatsbeschluss hat die Verteidigung Wohlleben ohne Rüge weiterverhandelt. Was jetzt nicht aufschiebbar sein soll, bleibt das wohlgehütete Geheimnis der Verteidigung Wohlleben.

Anwalt Bliwier Ich möchte mich der Bundesanwaltschaft anschließen und beantrage, die Hauptverhandlung fortzusetzen.

(Kurzes Schweigen im Gerichtssaal.)

Götzl Dann wird der Antrag vorläufig zurückgestellt und wir kommen zum Zeugen Brehme.

(Der Zeuge Brehme betritt den Gerichtssaal, er wird begleitet von seinem Anwalt Stefan Böhmer.)

Götzl Danke für Ihre Geduld. Ich rufe Ihnen die Belehrungen in Erinnerung. Wollen Sie von sich aus etwas Ergänzendes zu Ihrer letzten Befragung sagen?
Brehme Wenn mir etwas einfällt, ergänze ich.
Götzl Dann gehe ich noch mal auf das Interview mit einem Journalisten ein.
Brehme Sie meinen das Nicht-Interview?
Götzl Ja, gibt es da noch was zu ergänzen?
(Schweigen.)
Götzl Das war eine Frage.
Brehme Ich hab überlegt.
(Götzl hält dem Zeugen eine Erkenntnismitteilung des Verfassungsschutzes vor. Darin heißt es, Ralf Wohlleben habe Mario Brehme, Tino Brandt und André Kapke am 27. 10. 2000 mitgeteilt, dass er von einem »Stern«-Journalisten aus Berlin angesprochen worden sei, ob er ein Interview mit den drei Flüchtigen aus Jena vermitteln könne. Er würde 50 000 bis 60 000 D-Mark zahlen.)
Götzl Was sagen Sie dazu?
Brehme Ja, das hat uns Wohlleben mitgeteilt.
(Götzl liest weiter die Meldung des Geheimdienstes vor, wonach Brehme das Angebot als unsicher und politisch gewagt abgelehnt habe.)
Brehme Ich denke, dass es so gewesen ist. Dass ich gegen eine Annahme des Angebots gewesen bin, weil mir das zu heikel erschien.
Götzl Können Sie das erklären?
Brehme Die Verfolgungsmaschinerie des Staates war so weit fortgeschritten, dass ein Verbot des Thüringer Heimatschutzes kurz bevorstand und wir keine weiteren Gründe dafür liefern wollten. Dann hätte ja die Presse das Innenministerium vorgeführt und somit Handlungsdruck erzeugt. Es war besser, keine schlafenden Hunde zu wecken.
Götzl Inwiefern hätte das Interview den Thüringer Heimatschutz berührt?
Brehme Allein deswegen, weil es zwischen Brandt und mir verhandelt wurde. Die Vermittlung eines Interviews ist nicht weiter schlimm, aber in dieser Situation war es zu heikel.
Götzl Wie sollte das Interview aussehen?
Brehme Das Interview sollten die Flüchtigen geben.
Götzl Sollten Sie oder Herr Brandt oder Herr Wohlleben auch auftreten?
Brehme Das stand nicht zur Debatte.
Götzl Aber inwieweit ist der Thüringer Heimatschutz betroffen, wenn Sie gar nicht auftreten und nur die Flüchtigen sprechen?
Brehme Allein dadurch, dass Brandt und ich darüber sprachen. Die Presse stellt auch Kausalzusammenhänge her, die nicht stimmen.
Götzl Wären Sie denn in Erscheinung getreten?

Brehme Nein, Herr Wohlleben war nur als Bote zuständig, um das Angebot zu überbringen und um es abzulehnen. Er hat dem Journalisten gesagt, dass es von uns besprochen werden muss. Wir wollten einfach keine Aufmerksamkeit erregen. Und das Interview hätte Aufmerksamkeit erregt. Wir hätten auch Blumen verteilen und das filmen können, vielleicht hätten sie uns trotzdem verboten.

Götzl War Herr Wohlleben im Thüringer Heimatschutz?

Brehme Das kann ich so nicht sagen.

Götzl In der Meldung steht: »Bei dem Gespräch habe Mario Brehme die Aktion als politisch sehr gefährlich für den THS bezeichnet, weil allein schon durch die Kontaktherstellung man dem Staat einen Verbotsgrund liefere.«

Brehme Das war doch sehr vorausschauend.

Götzl Mir geht es um Ihre Erinnerung, Ihr Wissen, nicht um die Bewertung.

Brehme Ich habe kein darüber hinausgehendes Wissen. Wohlleben agierte offensichtlich nur als Bote. Wohlleben war nicht an der Führung des Thüringer Heimatschutzes beteiligt. Er war weisungsgebunden.

Götzl Inwiefern war er weisungsgebunden?

Brehme Er konnte nicht Weisungen beschließen, er bekam Weisungen von Brandt und mir. Wie das später in seiner demokratischen Partei war, weiß ich nicht. *(Wohlleben war später Funktionär der rechtsextremistischen NPD.)* Wir hatten damals eine Hetzgebühr beschlossen für Journalisten. Wenn jemand ein Interview gibt, sollte er diese Hetzgebühr einfordern, weil ohnehin nur gehetzt wird über die nationale Szene. Wir wollten das einschränken, dass jeder aus der nationalen Szene ein Interview führt.

Götzl Wir hatten über die Flüchtigen gesprochen beim letzten Mal. Welche Möglichkeiten der Kontaktaufnahme hätten bestanden? Haben Sie überhaupt die Chance gesehen, Kontakt aufzunehmen?

Brehme Es ging bei der Diskussion nur um das Ob des Interviews, dann war Schluss.

Götzl Lassen wir es halt mal so stehen. Man muss sich doch mit dem Ob gar nicht beschäftigen, wenn gar keine Möglichkeit besteht, die drei zu erreichen.

Brehme So war aber die Reihenfolge: erst das Ob, dann das Wie.

Götzl Welche Rolle spielten die Flüchtigen in Bezug zum Thüringer Heimatschutz?

Brehme Zum Thüringer Heimatschutz haben sie direkt keine Rolle gespielt, sie befanden sich im Gesamtzusammenhang der nationalen Szene. Sie waren Flüchtlinge. Das hatten wir in der DDR so gelernt: Flüchtlingen soll man helfen. Wir haben sie auch immer wieder in Erinnerung gerufen, bei Sonnwendfeiern haben wir an sie erinnert.

Götzl Woher kam Ihre Weisungsbefugnis?

Brehme Die Kameraden nehmen Sie irgendwann einfach so wahr, Sie müssen das nötige Auftreten haben. Bei uns liefen die Informationen zusammen.

Götzl Zählte zu den Weisungsgebundenen auch Frau Zschäpe dazu?

Brehme Wir hätten es gerne gehabt, dass wir solchen Einfluss auf alle Kameraden gehabt hätten.

Götzl Wie war es mit Uwe Mundlos, Uwe Böhnhardt und Frau Zschäpe?

Brehme Wenn wir da was angesprochen haben und es wichtig war, haben sie es sicher umgesetzt.

Götzl Wie war es mit Holger Gerlach?

Brehme Den rechne ich der Szene weniger zu, eher eine Randerscheinung. Wir haben ihn nur kurzfristig mal zu einer Fete mitgenommen, weil ein anderer abgesprungen war.

Götzl Carsten Schultze?

Brehme Der kam später als ich, war jünger, mit dem hatte ich weniger zu tun.

Götzl Wie standen die Kameradschaft Jena und der Thüringer Heimatschutz zueinander?

Brehme Das waren freie Kameradschaften, die Mitglieder kamen so mit sechzehn und verließen sie wieder mit achtzehn. Sie waren parteipolitisch nicht gebunden, man unterstützte alle nationalen Parteien. Die Kameradschaften kamen und gingen wieder. Sie waren sehr führungsorientiert. Wenn eine Führung eine Ausbildung angenommen hat und nicht mehr vor Ort war, dann ist die Arbeit eingeschlafen. Wir haben dann das Konzept der goldenen Brücke gebaut: Wir wollten die Szene zur Bewegung machen. Die Kameraden konnten mit Ende zwanzig ohne Ansehensverlust wieder eintreten.

Götzl Haben Sie jemals mit Ralf Wohlleben über Gewalt zur Durchsetzung politischer Ziele gesprochen?

Brehme Kann ich mich nicht erinnern, da war Herr Wohlleben nicht so empfänglich. Er hat Gewalt immer abgelehnt.

Götzl Daraus würde ich entnehmen, dass Sie doch mit ihm gesprochen haben?

Brehme Nein, das kriegt man einfach mit. Andere Personen haben Gewalt befürwortet, Herr Wohlleben aber nicht. Deswegen habe ich gar nicht mit ihm darüber gesprochen.

Götzl Zum Verhältnis von Mundlos, Böhnhardt und Zschäpe untereinander hatten Sie gesagt, dass Frau Zschäpe auf Stammtischen gewesen sei, aber keine Entscheidungsträgerin. Dass sie das auch gar nicht wollte. Woher wissen Sie das?

Brehme Wir hatten auch Kameradinnen, die fragten, wie sie sich weiter einbringen könnten. Solche Äußerungen gab es von ihr nie.

Götzl Aber Sie haben heute einen Vorfall geschildert, als Frau Zschäpe eine Demonstration angemeldet hatte. Das war doch eine Initiative von Frau Zschäpe. Da sehe ich einen Gegensatz zu dem, was Sie das letzte Mal gesagt haben.

Brehme Sie hat sich bei uns nicht hervorgetan, sie war keine Entscheidungsträgerin. Sie hatte die Demo in Jena angemeldet. Sie müssen wissen, alle unsere Demonstrationen damals wurden verboten. Die letzte Demo, die ich angemeldet habe, gegen Demonstrationsverbote, wurde auch verboten.

Götzl Sie haben bei Ihrer letzten Vernehmung gesagt, Herr Wohlleben sei im Laufe der Jahre in eine verantwortungsvolle Position geraten. Mit der Enttarnung von Tino Brandt sei Wohlleben in eine verantwortungsvolle Position gelangt. Was meinten Sie damit?

Brehme Er wurde Stadtteilrat, vertritt die Bürger im Parlament, ich denke, das ist verantwortungsvoll. Als Brandt wegfiel 2001, hatte keiner mehr Vertrauen. Alle fragten sich: Wo sitzt noch ein VS-Spitzel? In das Machtvakuum traten andere Personen hinein, auch Wohlleben, aber nicht an vorderster Stelle. Es gab keine Person mehr, der alle vertraut haben und die auch bundesweit Ansehen hatte. Es hat kein geordnetes Vorgehen mehr gegeben, die einen sind in die NPD eingetreten, die anderen haben sich aus der Szene zurückgezogen.

Götzl Wer waren die anderen?

Brehme Mit Namen hab ich's nicht so.

Götzl Welche Rolle hat Herr Wohlleben gespielt?

Brehme Er ist in die demokratische Ebene gegangen, in die NPD.

Götzl Wie war das, als Tino Brandt wegfiel?

Brehme Erst mal ist der Thüringer Heimatschutz inaktiviert worden im Sommer 2001. 2004/2005 wurde er wieder aktiviert. Damals hatten wir jeden Landkreis am Tisch. Aber möglicherweise auch weitere VS-Spitzel.

Götzl Welche Rolle haben Sie da gespielt 2006?

Brehme Ich hab das organisatorisch wieder geleitet.

Götzl Und Blood & Honour?

Brehme Die haben versucht, bei uns Einfluss zu gewinnen. Aber Organisationen, die englische Namen haben, sind für uns nicht unterstützungsfähig. Der Thüringer Heimatschutz hat sich für den Umweltschutz und den Erhalt der deutschen Sprache eingesetzt.

Götzl Sagt Ihnen ein Spiel namens Pogromly was?

Brehme Ja, ich habe mich damals drüber aufgeregt. Ich habe mich über die Wortwahl aufgeregt. Eine unpraktische Wortwahl. Pogromly. Ich hätte noch ein O hinzugefügt. Sonst ist das schlecht auszusprechen. Ich habe es selbst gespielt. Im Sommer '98, mit einem Kameraden.

Götzl Woher hatte er das Spiel?

Brehme Ich denke, von Tino Brandt. Es war ein Probespiel. Wir haben es getestet, den Spielwert.

Götzl Von wem stammte es?

Brehme Da gab es keine Informationen. Es sollte im Verkauf 100 DM kosten und sei angeblich in Spanien produziert worden. Sagte Brandt.

Verteidiger Nahrath Sie sagten, dass Sie und Brandt der Thüringer Heimatschutz gewesen seien.

Brehme So ist es.

Verteidiger Nahrath Sie sagten, Sie seien weisungsgebunden gegenüber Brandt gewesen.

Brehme Ich habe ihn als Vorgesetzten betrachtet.

Verteidiger Nahrath Hat er Weisungen an Sie erteilt?

Brehme Sicherlich.

Verteidiger Nahrath Haben Sie über diesen Weg Informationen bekommen, ob die Sache mit den Bombenattrappen der rechten Szene zugeordnet wurde?

Brehme Das war doch über die Presse zugeordnet worden.

Verteidiger Nahrath Haben Ihnen diejenigen, die Ihnen Informationen gebracht haben, Informationen über Bombenattrappen gebracht?

Brehme Das hätte kommen können, war in diesem Fall nicht so.

Verteidiger Klemke Ist Ihnen bekannt geworden, dass gezielt Gewalt gegen Ausländer eingesetzt wurde?

Brehme Nein, habe ich nicht bekommen. Solche Informationen wären zu mir gekommen, es kamen aber keine.

Verteidiger Klemke Sagt Ihnen ein Spucki, ein Aufkleber mit der Aufschrift »Bratwurst statt Döner« was?

Brehme Ja, wir hatten mehrere Aufkleber in Schwarz-Gelb. Dazu zählt auch der genannte.

Verteidiger Klemke War das eine Eigenkreation?

Brehme Brandt hat das eingebracht, vielleicht haben die Franken das noch verwendet, aber ich denke, das ist eine Thüringer Erfindung.

Anwältin Lunnebach Herr Zeuge …

Brehme Nennen Sie Ihren Namen!

Anwältin Lunnebach Nicht in diesem Befehlston!

(Brehme steht auf und sieht sich im Saal um.)

Brehme Ich kann den Nebenklägern in die Augen sehen. Wenn Sie das nicht können …

Anwältin Lunnebach Wir sind hier nicht in einem Theatersaal, sondern im Gericht!

Götzl Herr Brehme, Sie halten sich jetzt zurück. Sie können Frau Anwältin Lunnebach hier auf den Projektionsflächen sehen.

Brehme *(schneidend, unbeirrt)* Wie heißen Sie?

Götzl Ich habe das jetzt mehrmals gesagt. Jetzt lassen Sie Frau Lunnebach bitte fragen.

Anwältin Lunnebach Was haben Sie sich jetzt aufgeschrieben?

Brehme Ihren Namen.

Anwältin Lunnebach Haben Sie seit dem Auffliegen des NSU Kontakt zu den Verteidigern von Herrn Wohlleben gehabt?

Brehme Ja.

Anwältin Lunnebach Welchen Kontakt hatten Sie zu Frau Schneiders?

Brehme Frau Schneiders ist mir aus dem Vorfeld bekannt, sie hat in Jena studiert. Ist mir aus Studentenjahren in Jena bekannt. Nach Auffliegen des sogenannten NSU habe ich sie, denke ich, einmal getroffen.

Anwältin Lunnebach Können Sie mir das schildern?

Brehme Wir hatten zunächst telefonisch Kontakt und haben uns dann getroffen.

Anwältin Lunnebach Haben Sie mit Frau Schneiders über den Prozess gesprochen?

Brehme Nein.

Anwältin Lunnebach Über was dann?

Brehme Über Kinder.

Anwältin Lunnebach Dann zu Herrn Klemke. Wie haben Sie den getroffen?

Brehme Der wurde mir bei einem persönlichen Gespräch vorgestellt.

Anwältin Lunnebach Wann war das ?

Brehme Ungefähr 2012.

Anwältin Lunnebach Und wo?

Brehme Eine Gastwirtschaft.

Anwältin Lunnebach Und da haben Sie über Kinder gesprochen?

Brehme Richtig.

Anwältin Lunnebach Und nicht über den Prozess?

Brehme Richtig.

Anwältin Lunnebach Und Herr Nahrath?

Brehme Ist mir namentlich bekannt von früher. Ihn habe ich so nicht getroffen, kann mich nicht daran erinnern.

Anwältin Lunnebach Sie haben heute zum Thüringer Heimatschutz gesagt, Sie und Brandt seien die Führung des THS gewesen. War Herr Wohlleben Mitglied des THS? Ich weiß, das ist eine Wiederholungsfrage.

Verteidiger Klemke Ich beanstande die Frage. Das ist eine Missachtung des Gerichts. Eine Wiederholungsfrage und auch noch angekündigt. Sie haben das in drei Jahren nicht gelernt!

Götzl Das wird zu Recht beanstandet.

Anwältin Lunnebach Sie sagten, Wohlleben sei weisungsgebunden gewesen. Gab es Personen, die weisungsgebunden waren und nicht Mitglieder des THS?

Brehme Mit Namen hab ich's nicht so.

Anwältin Lunnebach Sie sagten dann, es gab einfache Mitglieder des Thüringer Heimatschutzes ohne Verantwortung und ohne Einfluss. Wer war das?

Brehme Damals stand der Thüringer Heimatschutz vor einem Verbot. Als Brandt aufflog, stellte sich die Frage, ob ich der Einzige war, dem die Verbotsverfügung zugestellt werden konnte. Es gab keine Mitgliedsausweise, Listen, es war ein Netzwerk. Die verschiedenen Dienste haben dem THS bis zu 400 Mitglieder angedichtet.

Anwältin Lunnebach Sie sagten, es gab einfache Mitglieder. Was haben Sie damit gemeint?

Brehme Nicht jede Struktur erschloss sich jedem Mitglied.

Anwältin Lunnebach Sie sagen doch, es gab keine Mitglieder?

Brehme Ja, es war ein Netzwerk.

Anwalt Langer Zum Mitschreiben: Langer ist mein Name. Sie haben gesagt, 2004/2005 sei der THS wieder erwacht. Wer war da die Führung?

Brehme Ich habe das ins Leben gerufen und geleitet, koordiniert. Wir haben versucht, gauweit alle Vereinigungen und Zusammenschlüsse an einen Tisch zu holen.

Anwalt Langer Haben Sie für den neuen THS mal Erklärungen in der Öffentlichkeit abgegeben?

Brehme Nein.

Anwalt Langer Ich würde dem Zeugen gerne was vorhalten, eine E-Mail von Wohlleben an Brehme.

Verteidiger Klemke Ich beantrage, dass das zunächst dem Gericht übergeben und dann kontrolliert wird, ob das identisch ist, was da vorgehalten wird.

Anwalt Langer *(hält vor und verteilt dann den Text)* Es geht um eine Erklärung zu zehn Jahren Thüringer Heimatschutz im September 2004. Wohlleben kritisiert darin Brehme scharf. Wörtlich: »Wie dir vielleicht aufgefallen ist, haben wir deinen Artikel auch von der NPD-Hauptseite wieder entfernen lassen. Wir finden es eine ungehörige Frechheit, dass du als Einzelperson im Namen des Thüringer Heimatschutzes schreibst. Wir haben aus diesem Grund vor, eine Erklärung zu veröffentlichen, in welcher wir erst einmal festhalten wollen, dass du nicht im Namen des THS Erklärungen veröffentlichen darfst. Des Weiteren wollen wir veröffentlichen, dass du aufgrund deines destruktiven Verhaltens in THS-Kreisen nicht mehr erwünscht bist.«
Sie hatten gesagt, Sie hätten keine Erklärung abgegeben?

Brehme Das ist auch so.

Anwalt Langer Sie werden doch von den beiden gemaßregelt!

Brehme Das ist das, was ich damals mit Machtvakuum meinte.

Anwalt Narin Seit wann wussten Sie, dass Brandt ein V-Mann war?

Brehme Am 12. Mai 2001 habe ich das pressetechnisch erfahren, da stand es in der Zeitung und kam im Radio. Ich habe sofort Brandt kontaktiert, welche Pressehetze gegen ihn losgeht. Noch am selben Tag bin ich nach Rudolstadt gefahren und habe mich mit ihm getroffen. Er hat mir gegenüber jegliche Spitzeltätigkeit geleugnet. Erst am 18. Mai 2001 hat er mir das bestätigt. Bis dahin waren die Pressemitteilungen so erheblich, dass es weder Innenministerium noch Brandt leugnen konnten.

Anwalt Narin Wurde vor dem Datum schon mal darüber gesprochen, ob Brandt V-Mann sei?

Brehme Ja, es gab Jahre zuvor einen Artikel in einer Südthüringer Zeitung. *(Brehme dreht sich von Anwalt Narin weg und wendet sich dem Richter zu. Er steht auf.)* Das ist keine freiheitliche Befragung, ich kann den Fragesteller nicht sehen, er sitzt hinter mir. Dann bauen Sie den Gerichtssaal um, ist mir egal. (*Dann macht er weiter mit der Antwort.*) Das Thüringer Innenministerium hat allen Zeitungen bestellt, nicht zu berichten. Die Sicherheit des Freistaats sei in Gefahr. Dann wurde nicht mehr berichtet. Brandt hat das als reine Pressehetze abgetan.

Anwalt Narin Wurden Sie mal vom Militärischen Abschirmdienst MAD während der Bundeswehr angesprochen?

Brehme Angesprochen ist gut, ich wurde mehrere Stunden verhört. Ich tat zehn Monate Dienst bei der Flak, wollte den Wehrdienst verlängern bis zum Studienbeginn. Ich befand mich draußen im Felde auf Übung. In Traunstein. Da wurde mir gesagt, der Batteriechef möchte mich sprechen. Da saßen zwei Personen in Zivil. Erst gab es 20 Minuten Aufklärung über Aufgaben des MAD und in der restlichen Zeit ein Gespräch darüber, die Thüringer Szene zu erschließen. Ich habe gesagt, dass Brandt kein Angehöriger der Bundeswehr ist und deswegen nicht zum Aufgabenbereich des MAD gehört.

Anwalt Narin Waren Sie mal für den MAD oder den Verfassungsschutz tätig?

(Rechtsanwalt Böhmer tuschelt leise mit seinem Mandanten Brehme.)

Zeugenbeistand Böhmer Ich beanstande die Frage. Der Zeuge kann die Frage nicht beantworten.

Anwalt Narin Wenn er nicht Informant war, kann er die Frage beantworten.

(Zeugenbeistand Böhmer redet wieder lang mit Brehme.)

Oberstaatsanwalt Weingarten Wir wissen nicht, ob der Zeuge die Frage ohne Aussagegenehmigung beantworten kann. Es könnte auch sein, dass er keine braucht. Selbstverständlich ist die Frage zulässig, und wie er darauf antwortet, muss der Zeuge schon selber entscheiden.

Zeugenbeistand Böhmer *(zu Richter Götzl)* Wenn Sie mir zugehört hätten, hätten Sie gehört, dass ich aus den soeben genannten Gründen …

Götzl Sie müssen mich so nicht behandeln!

Zeugenbeistand Böhmer Man muss hier nicht alles so aufbauschen.

Götzl Ich bausche hier nichts auf, es geht um Höflichkeit! Darauf lege ich Wert!

Brehme *(wendet sich gespielt höflich an Anwalt Narin)* Danke für Ihre Frage. Eine sehr wertvolle Frage. Weil vielleicht noch weitere Fragen zu diesem Bereich kommen werden, bitte ich, Aussagegenehmigungen von allen Geheimdiensten der Republik einzuholen.

Verteidiger Stahl Ich muss jetzt hier mal dazwischengehen. Diese Bühne, die sich der Zeuge hier rausnimmt, stört mich persönlich.

Zeugenbeistand Böhmer Jetzt hat das Gericht darüber zu entscheiden.

Götzl So schnell sind wir nicht. Jetzt holen wir erst mal Stellungnahmen aller Verfahrensbeteiligten ein.

Anwalt Narin Ich halte die Frage weiterhin aufrecht.

Verteidiger Stahl Der Zeuge hat erkennbar einen diebischen Spaß daran, das Gericht vorzuführen. Das muss man unterbinden. Das kann nicht richtig sein, was der Zeuge sich hier herausnimmt.

Verteidiger Klemke Es geht nicht um diebische Freuden oder darum, jemanden zurechtzustutzen, es geht nur um die Zulässigkeit der Frage.

Götzl Ich habe den Zeugen so verstanden, dass er eine Aussagegenehmigung braucht.

Zeugenbeistand Böhmer Ich muss das richtigstellen. Der Zeuge hat nicht gesagt, dass er die Aussagegenehmigung braucht. Er kann die Frage nicht mit Ja oder Nein beantworten. Er kann sie überhaupt nicht beantworten – unter dem Gesichtspunkt einer möglichen Aussagegenehmigung.

Anwalt Hoffmann Der Zeuge will das Gericht ins Bockshorn jagen.

Verteidiger Klemke Das Gericht muss eine Aussagegenehmigung beantragen. Sonst führt das zu einem Beweiserhebungsverbot.

Zeugenbeistand Böhmer Zur Präzisierung: Wenn er sagt, er braucht eine Aussagegenehmigung, dann bestätigt er ja, dass er in staatlichen Diensten steht oder gestanden hat. Wenn er sie mit Nein beantwortet, kann es sein, dass er die Unwahrheit sagt. Diese Frage kann nicht beantwortet werden.

Götzl Na gut. Wir machen jetzt eine Pause.

(Nach einer kurzen Pause wird die Verhandlung fortgesetzt.)

Götzl *(zu Brehme)* Sie müssen noch mal als Zeuge hier erscheinen. Wir werden die Einvernahme jetzt unterbrechen. Den Termin werden wir abstimmen. Zum Prozedere: Morgen entfällt wegen des Ablehnungsgesuchs. Nächster Termin ist Dienstag, der 20. Oktober.

Tag 238

20. Oktober 2015

Manfred Götzl, Richter. **Gabriele Feistkorn, Peter Lang, Michaela Odersky,** Beisitzende Richter. **Achim S.**, 41, Kriminaloberkommissar beim BKA Wiesbaden. **Eberhard Reinecke,** Anwalt der Nebenklage.

(Ein anderer Senat des Oberlandesgerichts hat am Tag zuvor zwei Befangenheitsanträge von Ralf Wohlleben und Beate Zschäpe gegen die Richter abgelehnt. Die Verhandlung wird fortgesetzt. Der Zeuge S. betritt den Gerichtssaal.)

Götzl Es geht uns um die Auswertung von Videodateien auf verschiedenen Asservaten. Mich würde interessieren, worum es sich handelt und ob Sie Ermittlungen dazu angestellt haben. Später nehmen wir dann die Dateien auch in Augenschein.

Achim S. Ich war im Frühjahr 2012 beim Staatsschutz in Meckenheim eingesetzt. Die EDV-Asservate wurden aus der Brandwohnung in Zwickau geholt und aufbereitet. Es handelt sich um zwei Festplatten und ein Aufnahmegerät. Ich habe nur das Videomaterial angesehen und dokumentiert.

Es handelt sich um das Asservat EDV-15, ein Aufnahmegerät der Firma Conrad Elektronik. In dieses Gerät kann eine Festplatte eingeschoben und es können bis zu vier Kameras angeschlossen werden. Zudem wurden vier Kameras in der Frühlingsstraße sichergestellt, die dort angeschlossen waren.

Das Asservat EDV-02 ist eine Festplatte der Firma IBM von 20 Gigabit. Sie wurde im Brandschutt entdeckt. Alle Asservate wiesen Ruß- und Brandspuren auf. Die Anschlüsse waren leicht beschädigt. Die Kriminaltechnik hat die Daten aufgearbeitet. Von EDV-02 konnten Videodateien wiederhergestellt werden. Ich habe sie auf dem Festplattenrekorder angesehen und ausgewertet.

Die vier Videokameras waren in der Wohnung in der Frühlingsstraße angebracht: eine aus dem Fenster zur Frühlingsstraße, eine durch den Türspion der Wohnungstür und zwei Kameras zum rückwärtigen Hauseingang, aus dem Küchenfenster und aus dem sogenannten Katzenzimmer. Teilweise konnten Personenbewegungen nachvollzogen werden. Es war schwierig, Daten zu rekonstruieren. Man hat einen viergeteilten Bildschirm, mit den vier Kamerapositionen. Der Zeitstempel rechts unten gibt Datum und Uhrzeit an, aber es kann nicht überprüft werden, ob Zeit und Datum hundertprozentig korrekt sind. Angesichts der Licht- und Witterungsverhältnisse scheinen sie korrekt zu sein.

(Nun läuft das erste Video im Gerichtssaal.)

Achim S. Es ist hier Mittwoch, 29. 6. 2011. Uhrzeit 21.53 Uhr abends. Auf Kamera 1 sieht man durch den Spion in den Hausflur, der ist dunkel. Kamera 2 ist nicht aktiviert, Kamera 3 und 4 zeigen den Blick in den Hinterhof. Man sieht Rasen, Bäume, ein Auto. Das Licht geht an im Flur, Beate Zschäpe verlässt mit Wäschekorb die Wohnung und hängt im Garten Wäsche auf und unterhält sich mit jemandem mit Hund.

Götzl Dann wäre noch von Interesse das Video von Mittwoch, dem 26. 10. 2011. Können wir uns das anschauen?

(Auch dieses Video wird im Gerichtssaal vorgeführt.)

Achim S. Oben links im Dunklen sieht man, dass ein Wohnmobil vor dem Haus in der Frühlingsstraße 26 parkt. Es müsste aber noch eine Aufnahme bei Tageslicht geben. Es ist 18.15 Uhr abends am 26. Oktober 2011, da wird es auch dunkel um diese Jahreszeit. Da sieht man das Wohnmobil vor dem Anwesen stehen. Oben rechts betritt eine männliche Person die Wohnung. Man sieht sie auch im Treppenhaus. Bei der Person könnte es sich um Uwe Böhnhardt gehandelt haben. Unten rechts hat man gesehen, dass jemand mit einem Fahrrad am Haus ankam und das im Fahrradkeller abgestellt hat. Und dann nach oben in die Wohnung kam.

Götzl Kann man das Video schneller fahren?

Achim S. Es waren viele Stunden Videomaterial dabei, auf denen im Prinzip nichts passiert ist. Hier war zu sehen, dass jemand die Wohnung verlassen hat und mit dem Fahrrad weggefahren ist. Um 14.30 Uhr am 26. 10. 2011 verlässt ein Mann mit Mütze und Jacke die Wohnung und fährt mit dem Fahrrad weg.

Götzl Dann die nächste Sequenz.

Achim S. Es ist 18.51 Uhr am 26. 10. 2011. Herr Böhnhardt kommt durch den Hausflur in die Wohnung. Das Wohnmobil steht unter der Laterne vor dem Haus. Es gibt Aktivität vor dem Hauseingang, da wirft jemand was in die Mülltonne oder tut was in die Briefkästen. Mit Taschenlampe. Es ist kurz vor 19 Uhr. Herr Böhnhardt verlässt die Wohnung.

Götzl Dann das nächste Asservat EDV-08. Was lässt sich vorweg dazu sagen?

Achim S. Die Festplatte hat eine Größe von 80 Gigabit. Sie wurde in der Brandwohnung sichergestellt. Sie war optisch unversehrt. Auf der Festplatte sind Aufzeichnungen aus den Jahren 2010 und 2011.

Götzl Was lässt sich zu den Kameraeinstellungen sagen?

Achim S. Es sind wieder vier Kameras. Man sieht das an der nächsten Sequenz. *(Weitere Aufnahmen werden im Gericht vorgeführt.)* Im Hinterhof fährt ein dunkler Pkw vor, dem mehrere Personen entstiegen sind. Oben öffnet sich die Wohnungstür. Frau Zschäpe erhält Besuch von einer weiblichen Person mit zwei Kindern. Es ist der 8.3.2011, 16.44 Uhr. In wenigen Minuten wird dann auch Kamera 2 aktiviert. An der Innenseite der Scheibe, man sieht das, weil sich der Vorhang spiegelt. Auf Kamera 4 sieht man, dass sich Personen mit dem Fahrrad nähern. Vor dem Haus hält ein Taxi, zwei Personen sind zu sehen, die um das Haus herumgehen und bei Kamera 4 ins Bild kommen. Die beiden betreten das Haus mit dem Schlüssel. Es ist 16.58 Uhr und die beiden Personen sind offensichtlich Mundlos und Böhnhardt.

Um 17.14 Uhr öffnet sich die Wohnungstür. Frau Zschäpe legt was im Hausflur auf die Kommode, die Kinder bekommen offensichtlich die Schuhe angezogen. Böhnhardt schaut ihr zu. Die beiden Kinder und die beiden Frauen, es könnte sich um Beate Zschäpe und Susann Eminger handeln, insgesamt vier Personen, verlassen dann das Haus und steigen in den dunklen Wagen ein. Die beiden Kinder sitzen hinten, Frau Zschäpe auf dem Beifahrersitz und Frau Eminger fährt das Fahrzeug. Und um 17.18 Uhr verlässt das Fahrzeug den Hinterhof Richtung Veilchenweg. Das Kennzeichen war leider nicht zu erkennen, es könnte sich um einen schwarzen Ford Focus handeln.

Götzl Dann springen wir auf 18.25 Uhr.

Achim S. Der schwarze Wagen kommt zurück, über den Veilchenweg, rückwärts in den Hinterhof. Um 18.26 Uhr hält das Fahrzeug vor dem Hauseingang. Und die beiden Damen und die beiden Kinder steigen wieder aus. Eine geht zum Hauseingang, geht in die Wohnung und schließt sie auf. Die beiden Kinder spielen unten im Garten, die zweite Person bleibt unten bei den Kindern. Frau Zschäpe verlässt die Wohnung wieder und geht durch das Treppenhaus nach unten, zu der anderen Person und den Kindern. Um 18.30 Uhr öffnet sich oben die Wohnungstür, eine männliche Person legt etwas auf die Kommode im Flur, zieht sich die Schuhe an. Er geht auch in Richtung Garten.

Götzl Bitte auf 18.40 Uhr springen.

Achim S. Um 18.40 Uhr kehrt die Person wieder ins Haus zurück, sie wirft etwas auf den Boden, tritt darauf und wirft es in die Mülltonne. Beide Frauen und Kinder stehen unten am Fahrzeug. Der Mann geht wieder in die Wohnung. Die Frauen unterhalten sich noch, während die Kinder noch spielen. Dann werden um 18.42 Uhr die Kinder ins Auto gesetzt, eins steigt selbst ein. Verabschiedung, eine kurze Umarmung, dann betritt Frau Zschäpe wieder das Haus. Im Hausflur schleicht eine Katze herum, zu sehen auf Kamera 1.

Götzl Die nächste Sequenz bitte.

Achim S. Dann der 18.12.2010. Um 14.43 Uhr. Frau Zschäpe begrüßt eine männliche Person an der Wohnungstür. Es könnte Uwe Mundlos oder Uwe Böhnhardt sein. Draußen liegt Schnee. Um 15.09 Uhr nähert sich eine Person durch Schnee zu Fuß dem Hauseingang. Die Person klingelt unten, schaut nach oben,

nimmt etwas aus dem Briefkasten und steckt es wieder rein. Er kennt sich aus, schaut Richtung Kamera. Er scheint zu wissen, an welcher Wohnung er klingelt. Frau Zschäpe öffnet, es gibt eine Umarmung von Frau Zschäpe, sie begrüßt ihn. 17.32 Uhr. Zschäpe und der Besucher verlassen die Wohnung mit Leergut, Böhnhardt und Mundlos machen sauber, es wird gleich der Flur gekehrt. Frau Zschäpe und der männliche Besucher verlassen das Haus und entfernen sich Richtung Veilchenweg zu Fuß.
17.52 Uhr. Mittlerweile ist es dunkel. Das ist eine Bestätigung, dass die Zeitangaben korrekt sein könnten. Nun ist zu sehen, wie sich ein Fahrzeug langsam nähert. Es parkt vor der Frühlingsstraße 26. Personen kommen im Hinterhof ins Bild. Sie betreten das Haus und gehen in die Wohnung. Die Wohnungstür wird von innen geöffnet, der Besucher und Frau Zschäpe kommen zurück, sie haben eingekauft. Frau Zschäpe zieht sich die Schuhe aus an der Tür. Der Besucher verlässt nun mit einer männlichen Person die Wohnung. Und die beiden laufen um das Gebäude herum zum Fahrzeug. Offensichtlich wird der Einkauf aus dem Wagen genommen. Dann kommen die beiden wieder zurück und tragen die Einkäufe in die Wohnung. Sie gehen noch mal zum Auto und es wird wieder hochgetragen.
18.47 Uhr. Der Besucher verabschiedet sich. Noch ein Schwätzchen an der Tür mit dem Besucher. Der Besucher verlässt allein das Haus. Im Eingangsbereich wird wieder gekehrt.
(Man sieht zwei große, durchtrainierte Männer, die sich sehr ähnlich sehen und beide helle Kapuzenpullis tragen. Es handelt sich offensichtlich um Mundlos und Böhnhardt, der Besucher ist Matthias Dienelt, ein Freund der drei.)

Götzl Über welchen Zeitraum lag Videomaterial vor?

Achim S. Für die Zeit vom 22. 9. 2010 bis zum 27. 11. 2011.

Anwalt Reinecke Ging die Kamera automatisch an oder musste man den Schalter betätigen?

Achim S. Das kann ich nicht beantworten. Ich denke aber, dass da jemand die Kamera aktiviert haben muss.

Götzl Dann kann der Zeuge entlassen werden. Wir kommen zur Verlesung der Aussage von Michael von Dolsperg.
(Der gebürtige Michael See hat den Namen seiner Frau angenommen und war als V-Mann für den Verfassungsschutz tätig. An der Vernehmung nahm auch Oberstaatsanwalt Jochen Weingarten von der Bundesanwaltschaft teil. Zunächst liest Richterin Odersky aus dem Protokoll vor.)

Richterin Odersky Beginn 11 Uhr, Ende 19.20 Uhr. Vernehmung von Michael Doleisch von Dolsperg. Der Zeuge erklärt: Michael See, geboren am 4. 5. 1974 in Leinefelde. Wohnhaft in Schweden.

Werdegang: Ich bin im Jahr 1974 im heutigen Thüringen geboren. Mein vor wenigen Tagen verstorbener Vater war Fernmeldebauingenieur, meine Mutter Lehrerin. Ich besuchte nach der Grundschule die Polytechnische Oberschule, die ich nach der zehnten Klasse in Leinefelde abschloss. Im selben Jahr, 1990, begann ich eine Lehre zum Groß- und Außenhandelskaufmann. In diesem Jahr kam ich auch erstmals mit der rechen Szene in Berührung und zwar zu der Mitte der Neunzigerjahre verbotenen FAP. Die genannte Ausbildung absolvierte ich bis November 1991 im thüringischen Nordhausen. Im November 1991 musste ich die Ausbildung abbrechen, weil ich nach einem Körperverletzungsdelikt in Untersuchungshaft genommen worden war. Wegen dieser Körperverletzung wurde ich schließlich auch zu dreieinhalb Jahren Jugendstrafe verurteilt. Nach der Haftentlassung 1993 begann ich eine überbetriebliche Ausbildung zum Verkäufer, die ich 1995 mit gutem Ergebnis abgeschlossen habe. Bereits während der Haftzeit habe ich mich intensiv mit der nationalsozialistischen Ideologie befasst, insbesondere habe ich mich mit Primärquellen befasst. So habe ich Schriften von Alfred Rosenberg gelesen. »Mein Kampf« hatte ich bereits vor meiner Inhaftierung durchgearbeitet. Während meiner Ausbildung war ich weiter in der Szene aktiv mit einem Schwerpunkt im Bereich der Parteiarbeit (FAP), habe Kameradschaftsabende mit Thorsten Heise besucht, über den ich zu dieser Zeit bundesweit sehr gut in der Szene vernetzt war. Aktiv war ich ferner beim »Internationalen Hilfskomitee für nationale politische Verfolgte«. Dort war ich im Bereich der Gefangenenbetreuung tätig, etwa ab 1995 habe ich die Gefangenenbetreuung als Mitglied der HNG betrieben. Im Jahr 1994 bin ich als Anmelder eines »Rudolf-Heß-Marsches« für mehrere Tage in politischen Unterbindungsgewahrsam genommen worden. Da habe ich das erste Mal darüber nachgedacht, ob das der richtige Weg ist und ob das so weitergehen soll mit meinem Engagement in der rechten Szene. Als Konsequenz meiner Überlegungen habe ich nach meiner Entlassung einen Brief an das Bundesministerium des Innern geschrieben. Darin schilderte ich Ausstiegsgedanken und bat um ein Gespräch. Daraufhin bin ich im Spätherbst 1994 in Heiligenstadt von zwei Herren auf offener Straße angesprochen worden, die sich als Beamte des Bundesamts für Verfassungsschutz (BfV) zu erkennen gaben, mich zum Essen einluden und mir mitteilten, an einer Zusammenarbeit mit mir interessiert zu sein. Dies setze allerdings meine weitere Tätigkeit in der Szene voraus, an einem Aussteiger seien sie nicht interessiert. Nach einer von mir erbetenen Bedenkzeit habe ich mich schließlich etwa Ende 1994 für eine Zusammenarbeit entschieden und fortan über alle Strukturen, mit denen ich in Berührung stand, berichtet.

Meine spätere Frau habe ich 1994 auf einem Lager der Wiking-Jugend kennengelernt. Nachdem ich sie noch einmal auf einem Konzert in Schweden getroffen hatte, sind wir schließlich im Jahre 1998 ein Paar geworden und haben 1999 geheiratet. Unter anderem verband uns ein gemeinsames Interesse an Fragen der Natur und der Ökologie. Uns beiden war im Grunde schon damals klar, dass die rechte Szene für diesen Interessenschwerpunkt irgendwie nicht das richtige Umfeld ist.

Im Jahre 1999 war für mich auch klar geworden, dass ich ein neues Leben beginnen wollte, ohne rechte Szene und auch ohne das BfV. Einer der Gründe war, dass ich unbelastet in die Ehe gehen wollte. Meine Frau wusste von meiner V-Mann-Tätigkeit nämlich nichts. Ich habe mich bis zu meinem Gespräch mit dem »Spiegel« im Januar 2014 gegenüber dem BfV absolut loyal verhalten und an alle Regeln einer vertraulichen Zusammenarbeit gehalten. *(Ende Februar 2014 erschien im Nachrichtenmagazin »Der Spiegel« ein Beitrag über den ehemaligen V-Mann Michael von Dolsperg, in dem es hieß, die Mordserie des NSU hätte möglicherweise verhindert werden können, wenn der Verfassungsschutz seine Informationen ernst genommen hätte.)*

2001 haben meine Frau und ich uns einen Hof in Schweden gekauft und 2002 sind wir dorthin verzogen. Ich hatte einfach keine Lust mehr auf die Szene, wollte da raus und mich meinen Interessen an nachhaltiger Landwirtschaft, bäuerlicher Selbstversorgung und einem naturnahen Leben widmen. Durch den Wegzug nach Schweden ist der Kontakt zur Szene – wie von uns beabsichtigt – nahezu vollständig abgebrochen, nicht zuletzt deshalb, weil wir die ersten sechs Jahre ohne Strom und fließend Wasser lebten und daher nicht ohne Weiteres erreichbar waren. Auch der Kontakt zum BfV war im Jahre 2001 wegen meiner Umzugspläne abgebrochen, ohne dass eine förmliche Beendigung der Zusammenarbeit stattgefunden hatte.

Ich habe mir in Schweden einen kleinen Betrieb aufgebaut, den ich aktuell noch führe. Ein Schwerpunkt ist die Erledigung handwerklicher Arbeiten als Maler, Tischler und Zimmermann. Darüber hinaus habe ich mit meiner Frau – bis zu unserer Trennung vor eineinhalb Jahren gemeinsam – bäuerliche Selbstversorgung betrieben. Wir hatten Schafe, Enten, Gänse und Hühner. Außerdem gebe ich gelegentlich Kurse in alten Handwerkstechniken. Darüber hinaus hatte ich immer wieder junge Leute, meist Studenten aus aller Welt zu Gast, die mir halbtags unentgeltlich gegen Kost und Logie auf dem Hof geholfen haben.

Meine Situation heute beschreibe ich wie folgt: Nach meiner Enttarnung im Herbst 2012, die nach Auskunft des »Spiegel«-Reporters offenbar im Zusammenhang mit der Offenlegung von BfV-Akten an den NSU-Untersuchungsausschuss steht, habe ich Droh-SMS und -anrufe erhalten. Ich kann darüber hinaus noch von einer Bedrohung gegenüber meiner Ehefrau berichten am 28.12.2013 in der Nähe von Lagos in Portugal. Meine Frau war in Portugal, weil sie Kontakte zu Hippies pflegt. Zunächst wurde sie verbal bedroht. ln der Nacht wurde dann ihr Wohnmobil besprüht. Ich bringe diese Aktionen mit der Berichter-

stattung in dem ARD-Magazin »Fakt« in Verbindung. Zwei Tage später haben dann elf Personen versucht, meine Frau körperlich anzugreifen. Sie haben hierbei auch versucht, in das Wohnmobil meiner Frau gewaltsam einzudringen. Die Angreifer waren unterschiedlicher Nationalitäten. Eine Person kenne ich. Er heißt Felix M., er ist in der Antifa-Szene aktiv. Diese Person war laut Aussage meiner Frau der Anführer der Angreifer. Meine Frau hat diesen Vorgang nicht zur Anzeige gebracht. Sie hat dies jedoch mit Fotos dokumentiert.
Zu meiner politischen Einstellung kann ich heute sagen, dass ich mich keiner Partei zugehörig fühle, jede Form von Extremismus ablehne und einfach nur Bauer sein möchte.

(Nun liest Richterin Odersky Fragen und Antworten aus der Vernehmung von Dolsperg vor.)

FRAGE Unterhielten Sie Kontakte in den THS?

DOLSPERG Ich hatte losen Kontakt zu Brandt und Kapke, auch zu Patrick W., Corinna G. und zu Thomas Dienel. Den Brandt mochte ich nicht. Zwar würde ich auch nicht sagen wollen, dass mir der Kapke sympathisch gewesen wäre, aber mit dem ging es ganz gut. Ich habe den als ruhigen Zeitgenossen wahrgenommen.

FRAGE Wie häufig hatten Sie Kontakt zu Kapke?

DOLSPERG Gar nicht so oft. Ich habe den André bei Veranstaltungen und Ähnlichem insgesamt vielleicht 15 Mal getroffen. Ich denke, wir haben uns ab 1995 zunächst auf irgendwelchen Demos getroffen. Ich glaube, dass Kapke durchaus zu mir aufgeschaut hat. Mein Eindruck ist, dass er mich damals als Führungsperson zumindest der nordthüringischen Region wahrgenommen hat. Ich hatte meine Veranstaltungen im Griff und dann hatte ich auch noch diese Zeitschrift »Sonnenbanner«. Vielleicht hat ihm auch meine Abgrenzung zu Michael Kühnen gefallen oder der Kontakt zu Veteranen imponiert.

FRAGE Sagt Ihnen der Name Ralf Wohlleben etwas?

DOLSPERG Ja, den Namen kenne ich aus der Medienberichterstattung. Ich schließe auch nicht aus, dass der mal auf einer meiner Veranstaltungen war. Es lief so ab, dass ich mir einen möglichst interessanten Redner zu einem möglichst interessanten Thema gesucht habe, der den einleitenden Vortrag gehalten hat. Die Teilnehmer sind jedoch in aller Regel der Musik wegen zu solchen Veranstaltungen gekommen. Insofern hatte ich meist einen Barden mit Gitarre, der im Stil von Frank Rennecke auftrat, eingeladen. Für diese Veranstaltungen habe ich wegen des durchweg disziplinierten Ablaufes sogar Lob von der Polizei erhalten. So habe ich beispielsweise dafür gesorgt, dass ein augenfällig in unmittelbarer Nähe zum Veranstaltungshaus gelegenes Asylbewerberheim nicht zum Zielobjekt irgendwelcher Aktivitäten der Veranstaltungsteilnehmer wird.

FRAGE Sagten Ihnen vor 2011 die Namen Beate Zschäpe, Uwe Mundlos und Uwe Böhnhardt etwas?

DOLSPERG Nein.

FRAGE Sagte Ihnen denn damals das Abtauchen dreier Jenaer Aktivisten etwas?

DOLSPERG Ja, das schon. Ich hatte darüber in der »Thüringer Allgemeinen« gelesen. Herausragender Gegenstand von Gesprächen war das eigentlich nicht. Zwar gab es Gerüchte, dass es um Bombenbau ging. Aber andere Dinge wie der Verkehrsunfalltod zweier Szenenangehöriger haben mein Umfeld sehr viel mehr beschäftigt. Und dann kam der Anruf von André Kapke. Kapke sagte, die drei müssten weg. Er fragte, ob ich einen Platz wüsste, wo die hinkönnten. Und es müsste schnell gehen. Er hat mich auf meinem Festnetz angerufen. Ich bin mir da ziemlich sicher. Zu diesem Zeitpunkt müsste mein Anschluss auch überwacht worden sein. Ich habe nämlich mal eine entsprechende Benachrichtigung von einem Landeskriminalamt erhalten. Ich habe ihm dann gesagt, ich wüsste aus dem Stegreif nichts, aber wenn mir etwas einfällt, dann würde ich mich melden. Dann habe ich sofort über mein Mobiltelefon den Alex angerufen, meinen damaligen V-Mann-Führer des BfV, und gefragt, wie ich mich verhalten soll. Er hat gesagt, er rufe zurück.

FRAGE Kannte er die drei überhaupt?

DOLSPERG Mein V-Mann-Führer wusste sofort, um wen es bei den drei Flüchtigen geht. Das ist ein Rückschluss von mir, da er keine Nachfragen gestellt hat. Es war klar, um wen und was es ging. Alex hat noch am selben Tag zurückgerufen. Er hat mir nicht sofort gesagt, was zu tun ist. Er sagte, er melde sich. Ich hatte ihm alle Details über die Untergetauchten, die Kapke mir genannt hatte, übermittelt. Er hinterließ bei mir den Eindruck, er wisse um wen es geht. Als mich Alex später zurückrief, teilte er mir mit, dass ich für den Fall eines Rückrufes sagen soll, dass ich für die drei nichts habe. Kapke hat mich nie wieder darauf angesprochen. Ich meine, bin mir aber nicht sicher, dass Alex damals noch gesagt hat, da würden sich schon andere drum kümmern.

(Richterin Feistkorn fährt fort mit dem Verlesen des Vernehmungsprotokolls.)

FRAGE Können Sie das Telefonat mit Kapke zeitlich genauer konkretisieren?

DOLSPERG Ich meine, das muss Anfang 1998 gewesen sein. Alex sprach mich persönlich ein oder eineinhalb Jahre später darauf an, ich solle Infos über die drei beschaffen. Ich wies ihn darauf hin, dass er ein Jahr vorher weitere Maßnahmen zu den dreien durch mich abgelehnt hatte und dass sich andere darum kümmern würden. Ich habe ihm mitgeteilt, dass dies nicht so einfach wäre und ich sehr vorsichtig vorgehen müsste. Ob ich bei Kapke noch einmal nachgehört habe, weiß ich nicht mehr.

FRAGE Ist Ihnen bekannt, dass Teile Ihrer V-Mann-Akte beim BfV vernichtet worden sind?

DOLSPERG Ich habe das erst durch den »Spiegel« im September 2012 erfahren.

Von diesem ersten Gespräch ist mir vor allem in Erinnerung, dass er mich mit unglaublich vielen Details aus meiner Quellentätigkeit überwältigt hat. Nach dem Gespräch habe ich im Internet recherchiert und meinen Quellennamen in der »taz« gefunden.

FRAGE Haben Sie die Vernichtung Ihrer Akte gegenüber dem BfV in letzter Zeit angesprochen?

DOLSPERG Ja, ich habe das mit der Akte angesprochen und ich habe das Telefonat mit Alex, in dem es um die Anfrage von Kapke ging, auch angesprochen.

FRAGE Warum eigentlich?

DOLSPERG Weil ich es schlimm finde.

FRAGE Wie kam es zur erneuten Kontaktaufnahme mit dem BfV?

DOLSPERG Im September 2012 hatte mich, wie gesagt, der »Spiegel« angerufen und mich mit allen möglichen Sachen im Zusammenhang mit meiner früheren V-Mann-Tätigkeit konfrontiert. Der Anruf hat mich total schockiert. Nicht nur, dass meine Vergangenheit mich eingeholt hatte, sondern auch dass ich enttarnt war, war ein echter Schock für mich. Daher habe ich sofort beim BfV angerufen, den Sachverhalt geschildert und um Rückruf gebeten. Noch am selben Tag hat mich der Alex zurückgerufen. Er sagte, ich solle die Medien vom Hof jagen. Und ich hatte einige Fragen, die ich geklärt haben wollte. So hatte »Der Spiegel« gesagt, ich hätte bis 2003 fürs BfV gearbeitet, was definitiv nicht stimmen konnte. Er hat was von einem Auto im Wert von 15.000 D-Mark, das ich vom BfV bekommen haben soll, erzählt, was auch nicht stimmte. Ich fragte mich, woher er das hat. Bei der Gelegenheit will ich einmal klarstellen, dass ich vom »Spiegel« für das Gespräch weder Geld noch sonstige Vorteile verlangt oder erhalten habe. Nach dem Erscheinen des »Spiegel«-Artikels gingen bei mir zahllose weitere Anfragen von Medien ein. Lediglich einem Journalisten der Süddeutschen Zeitung habe ich am Telefon im Hintergrund ein paar Sätze verloren. Im Oktober 2012 ist es dann zu dem Treffen mit Alex gekommen, in Volkach. In einem Hotel bin ich dann in einen Tagungsraum geführt worden, in dem zwei weitere Männer des BfV saßen. Die erklärten mir zunächst, dass ich heute den Alex das letzte Mal gesehen hätte, ab jetzt seien sie meine einzigen Kontaktpartner. Ich habe erklärt, ich hätte in der Vergangenheit alle Regeln der Zusammenarbeit eingehalten, jetzt solle das BfV seine Verpflichtungen einlösen. Mir ist damals erklärt worden, die Zusicherung der Vertraulichkeit für mich als Quelle gelte unbedingt. Für den gänzlich unwahrscheinlichen Fall meiner Enttarnung würde für mich gesorgt werden. Man würde mir mit einer neuen Identität und beim Start in ein neues Leben helfen. Und genau darum ging es mir jetzt. Die BfV-Leute sagten: Jetzt warten wir erst einmal ab, ob »Der Spiegel« eine Geschichte über dich macht. Mir ist ferner erklärt worden, dass das BfV den »Spiegel«-Reporter

gebeten habe, nicht über mich zu berichten. Und dann war tatsächlich Ruhe bis September 2013. Da tauchten Leute des MDR-Magazins »Fakt« auf: Sind Sie Tarif? Kennen Sie André Kapke? Ich bin dann vom Hof weggefahren, doch die sind mir gefolgt. Die waren richtig aggressiv in ihrem Vorgehen. Nachdem die entsprechende Sendung dann tatsächlich am 3. Oktober 2013 ausgestrahlt worden war, kam es zu einem erneuten Treffen mit dem BfV. Ich bin zunächst nach Warnemünde zu einem Parkplatz gelotst worden und von dort in die Tiefgarage eines Hotels und von dort auf die örtliche Strandpromenade. Dort wurde ich dann von den beiden mir bereits bekannten Kontaktbeamten angesprochen. Die beiden Herren luden mich zu einer Hafenrundfahrt ein. Währenddessen wurde ich belehrt, welche Folgen eine Identitätsänderung mit sich bringt. So wurde mir dargelegt, dass ich alle freundschaftlichen und familiären Bezüge abbrechen müsste. Ich habe dargelegt, dass ich mit einem kurzfristigen Kontaktabbruch zu meiner Familie einverstanden wäre, aber ich mir das auf Dauer nicht vorstellen kann. Die BfV-Mitarbeiter sagten, dass sie sich um eine Abstimmung mit der schwedischen Sicherheitspolizei bemühen würden.
Das nächste Treffen sollte dann im November 2013 auf Fehmarn stattfinden. Zwei Tage vorher rief ich zur Terminbestätigung noch einmal an. Bei diesem Telefonat wurde mir mitgeteilt, dass das Treffen abgesagt werden müsse, weil ein Kollege erkrankt sei. Im Übrigen würde das mit dem Identitätswechsel auch nichts. Dies hätte die Amtsleitung des BfV abgelehnt, weil keine hinreichende Gefährdungslage vorliege. Zu diesem Zeitpunkt war ich bereits sehr erbost und auch schon laut geworden. Ich sagte denen, sie könnten sich ihre Auslagenerstattung in den Arsch schieben. Im Dezember 2013 habe ich dann noch einmal den »Spiegel« kontaktiert. Und dann kam im selben Monat der Anschlag auf meine Frau hinzu. Meine Überlegung war: Der Staat lässt dich hängen, was machst du jetzt? Ich habe dann im Januar 2014 meine Eltern über meine Quellentätigkeit informiert, denen die Kapke-Geschichte erzählt und dass meine Akte geschreddert wurde. Meine Eltern konnten mir keinen Rat geben. Schließlich habe ich mich mit dem »Spiegel« getroffen und ihm gesagt, dass ich glaube, den Grund zu kennen, warum meine Akte vernichtet worden ist. Ich habe alles erzählt. Am Donnerstag vor dem Erscheinen des »Spiegel« rief mich das BfV an und fragte, warum ich das BfV in die Pfanne haue. Weil ihr euch wie Arschlöcher verhalten habt, antwortete ich.

FRAGE Sind Ihnen jemals noch irgendwelche anderen Informationen über die drei Flüchtigen zugeflossen?

DOLSPERG Nein. Das Einzige waren Gerüchte, die drei seien im Ausland. Keinerlei relevante Informationen. Alles andere hätte ich auch sofort gemeldet.

FRAGE Haben Sie über die Anfrage von Kapke Dritten gegenüber berichtet?

Dolsperg Ich habe das einigen erzählt, nur weiß ich nicht mehr, wem im Einzelnen. Ich denke, ich habe es meiner damaligen Freundin und vermutlich dem Heise erzählt.

Frage Herr von Dolsperg, wenn man Ihrer Schilderung folgt, dann liegt der Schluss nicht fern, dass das BfV eine naheliegende Möglichkeit zur Ergreifung der drei Flüchtigen nicht genutzt hat – mit allen heute bekannten Folgen. Ist Ihnen klar, dass Ihre Aussage unter Umständen geeignet sein könnte, das damalige Verhalten des BfV erheblicher Kritik auszusetzen?

Dolsperg Ja, aber was soll ich tun? Ich habe kein Interesse daran, das BfV in die Pfanne zu hauen. Ich bin der Auffassung, es bedarf derartiger Behörden. Und dass damals ein schwerwiegender Fehler passiert ist, tja, das passiert, das konnte ja damals auch keiner absehen.

Frage Vielmehr drängt sich der Verdacht auf, dass es Ihnen genau darum ging, das BfV in die Pfanne zu hauen.

Dolsperg Sie haben recht, wenn Sie meinen, dass mein Gespräch mit dem »Spiegel« meinem ursprünglichen Ziel, Gefährdungen meiner Person abzuwenden, nicht unbedingt förderlich ist. Aber weiterhin zu schweigen, war für mich auch keine gangbare Variante. Mir ist die Brisanz meiner Aussage bewusst. Aber stellen Sie sich meine Lage vor. Die »Fakt«-Berichterstattung hat mir massiv geschadet, auch wirtschaftlich. Wer will schon bei einem Rechtsterroristen Handwerkskurse belegen oder auf dem Hof arbeiten?

Frage Also ist Ihr Gespräch mit dem »Spiegel« eine Retourkutsche für das Verhalten des BfV?

Dolsperg Also im Klartext: Hätte das BfV damals auf meinen Bericht über die Kapke-Anfrage richtig reagiert, dann gäbe es heute zwölf Tote weniger, nämlich die zehn Mordopfer des NSU und die beiden Männer, die sich selber umgebracht haben. Mein Hauptmotiv für das Interview war nicht Rache am BfV. Aber wenn man derart vom BfV abserviert wird, besteht auch kein Grund mehr, irgendetwas nicht zu sagen. Nun ist klar, dass ich damals meine Verpflichtung gegenüber dem Staat vorbehaltlos erfüllt habe und meine Informationen Schreckliches hätten verhindern können. Das ist die Wahrheit und die musste raus.

(Dem Zeugen wird eröffnet, dass die Vernehmer davon ausgehen, dass seine Aussage nicht auf der Wahrheit, sondern auf seinem Rachebedürfnis beruht. Es sei vor allem unwahrscheinlich, dass er und Kapke über einen Festnetzanschluss über das Untertauchen der drei geredet haben. Dann beendet Richterin Feistkorn die Verlesung des Vernehmungsprotokolls.)

Tag 239

21. Oktober 2015

Manfred Götzl, Richter. **Roberto T.**, 51, Kriminalhauptkommissar aus Jena. **Ellen B.**, 29, **Roman G.**, 34, Kriminalkommissare beim BKA Meckenheim. **Wolfgang Stahl**, Verteidiger von Beate Zschäpe. **Olaf Klemke, Wolfram Nahrath**, Verteidiger von Ralf Wohlleben.

Götzl Es geht uns um die Vernehmung von Frau W. am 24. Januar 2012. Wie hat sie sich verhalten?

(Die Rede ist von Juliane W., die mit Ralf Wohlleben liiert war und im Januar 1998, unmittelbar nach dem Untertauchen von Zschäpe, Böhnhardt und Mundlos, die Wohnungen von Beate Zschäpe und Uwe Mundlos aufsuchte.)

Roberto T. Der Kollege W. und meine Person wurden vom BKA beauftragt, Frau W. zu vernehmen. Ich habe ihr erklärt, warum sie da ist. Dass sie damals 1998 bei der Durchsuchung der Wohnung von Uwe Mundlos festgestellt worden ist. Frau W.hat gleich gesagt, sie kann sich eigentlich an nichts erinnern. Ich sagte ihr, wir gehen das ganz ruhig durch. Ich habe sie gefragt, ob sie Kontakt zu Herrn Mundlos, Herrn Böhnhardt und Frau Zschäpe hatte. Sie hat angegeben, sie habe 1997 Herrn Wohlleben kennengelernt, die anderen im Jugendclub, der Kontakt hat bis 1998 angehalten.

Verteidiger Nahrath Der Zeuge ist schlecht verständlich, das liegt an der Artikulation.

Götzl Bitte langsamer.

Roberto T. Sie hat dann gesagt, dass sie am Tag des Untertauchens in der Berufsschule war. Dorthin kam Uwe Böhnhardt, sie solle mitkommen, es könnte sein, dass der Ralf verhaftet wird. Sie habe sich in der Schule abgemeldet und sei mit Volker Henck, der vor der Schule im Auto wartete, nach Erfurt gefahren, wo Ralf Wohlleben in die Berufsschule ging. In Erfurt sei sie im Auto geblieben und Volker Henck in die Schule gegangen. Als er zurückkam, habe er gesagt, er hätte Wohlleben nicht angetroffen. Sie seien dann nach Jena gefahren. In der Prüssingstraße hat sie dann Ralf Wohlleben angetroffen. Er hätte gesagt, er müsse gleich weg, einiges erledigen. Sie sei dann mit Volker Henck in die Wohnung der Beate Zschäpe gefahren gegen 15 Uhr, um dort Sachen zu holen. Sie hatte wohl den Schlüssel für die Wohnung, woher, konnte sie nicht sagen. Sie hat Anziehsachen in einem blauen Müllbeutel geholt. Dann ist sie zur Wohnung des

Uwe Mundlos gefahren gegen 18 Uhr, die Polizei war schon da. Da konnte sie sich nicht mehr erinnern. Sie sagte, sie sei dann wieder weg, wisse aber nicht mehr, wie sie dann zu Wohlleben in die Prüssingstraße ist, ob mit der Straßenbahn oder dem Auto. In den Abendstunden kam Ralf Wohlleben und sagte, die drei müssen verschwinden, sie solle sich keine Sorgen machen. Sie sagte uns, sie wurde beauftragt, die Schlüssel zur Wohnung von Zschäpe wegzuschmeißen. Sie erzählte auch, sie sei vom Verfassungsschutz angesprochen worden, das hat sie von sich aus angesprochen. Die Frage war, wo die drei sind. Und sie erzählte, dass sie auch mehrmals Geld vom Verfassungsschutz bekommen hat. Sie sagte aber, sie wisse nicht, wo die drei sind. Sie habe Wohlleben darauf angesprochen, der wusste auch nichts. Wir fragten, ob sie wusste, dass die Bomben bauten. Nein. Ob es noch weitere Unterstützer gab. Sie sagte nur, dass sie Kontakt zu Henck, Wohlleben und Böhnhardt hatte. Wir fragten, ob sie Kontakte in die Szene hatte. Sie sagte, sie habe gar keine rechte Gesinnung, sondern war nur mit Wohlleben liiert. Im Dezember 1998 habe sie sich aus persönlichen Gründen von Wohlleben getrennt und sei zu ihrer Mutter gezogen. Die drei waren nie wieder ein Thema. Wir fragten, ob sie nach Untertauchen der drei noch Kontakt zu ihnen hatte. Sie verneinte. Wir haben sie damit konfrontiert, dass sie am 27. 1. 1998 mit einer Vollmacht bei der Polizei erschienen ist und den Schlüssel von Zschäpes Wohnung abholen wollte. Sie konnte nicht mehr sagen, wer ihr die Vollmacht gegeben hat. Wir sagten ihr, sie ist bei der Mutter von Uwe Mundlos am Arbeitsplatz erschienen – das verneinte sie.

(Der Zeuge holt tief Luft.)

Die Vernehmung war sehr schwer und hat sich lang hingezogen. Ihr Wissen war gering. Sie konnte sich an die wichtigen Dinge nicht erinnern. Es ist möglich, dass sie nach langer Zeit vieles nicht mehr weiß oder es ihr gerade nicht mehr einfällt. Mehr Informationen waren nicht möglich zu erreichen an dem Tag.

Verteidiger Klemke Herr T., Sie sagten, Sie seien vom BKA beauftragt worden, die Frau W. zu vernehmen. Bei welcher Dienststelle waren Sie damals?

Roberto T. In der KPI Jena, wir waren aber dem BKA unterstellt.

Verteidiger Klemke Sie sagten, seit 1988 sind Sie in der KPI Jena. Wo waren Sie Mitte/Ende der Neunzigerjahre?

Roberto T. In der Abteilung Staatsschutz.

Verteidiger Klemke Sagt Ihnen die Kameradschaft Jena was?

Roberto T. Das war 'ne lose Vereinigung, keine Partei, kein eingetragener Verein.

Verteidiger Klemke Was ist Ihnen über Aktivitäten der Kameradschaft Jena Mitte der Neunzigerjahre bekannt?

Roberto T. Die Sache mit der Puppe an der Autobahn. Und dass eine Bombe vor dem Theater gefunden wurde. Dass da ermittelt wurde.

Verteidiger Klemke Waren Sie auch mal beauftragt, im Zusammenhang mit dem sogenannten NSU-Komplex eine Treffwohnung zu ermitteln? In der Nähe des Jenaer Klinikums? Was haben Sie da für eine Erinnerung?

Roberto T. Ich weiß, dass wir da ermittelt haben. Aber genau weiß ich das jetzt nicht.

Verteidiger Klemke Haben Sie auch sogenannte Administrativmaßnahmen durchgeführt?

Roberto T. Was heißt das?

Verteidiger Klemke Zum Beispiel Durchsuchungen. Sagt Ihnen der Name Wohlleben was in Bezug zu Durchsuchungen?

Roberto T. Na, natürlich, da war ich auch dabei.

Verteidiger Klemke Und wie lief die Durchsuchung ab?

Roberto T. Die wurde durchs BKA geleitet, ich war da mit.

Verteidiger Klemke Was haben Sie da gemacht?

(T. denkt nach.)

Verteidiger Klemke Ist die Frage zu schwer?

Roberto T. Ich habe mit durchsucht, soweit ich das weiß.

Verteidiger Klemke Welche Erinnerung haben Sie daran?

Roberto T. Dass es frühmorgens war, Herr und Frau und auch die Kinder Wohlleben waren anwesend. Durch mehrere Personen wurde durchsucht.

Verteidiger Klemke Waren Sie an diesem Tag nur in der Wohnung von Herrn Wohlleben oder noch woanders?

Roberto T. Wir sind dann noch in die Jenaer Straße 25 gefahren zu den Garagen am Braunen Haus. Die wurden mit durchsucht.

Verteidiger Klemke Hieß das so? Stand das da drauf?

Roberto T. Nein, das war unser Begriff, weil sich da die Rechten getroffen haben.

(Die nächste Zeugin ist Ellen B.)

Ellen B. Im Wohnmobil wurden Stadtpläne gefunden von Erfurt, Arnstadt, Weimar, Altenburg. Es waren darauf Bankinstitute markiert, zudem wurden handschriftliche Notizen auf Unterlagen und auf Rückseiten Skizzen von Grundrissen gefunden. Ich habe damals die Auswertung vorgenommen. Die geschädigte Sparkasse in Arnstadt in der Goethestraße 30 war markiert und die Sparkasse in Eisenach am Nordplatz 30. Ich sollte Kontakt aufnehmen zu Banken, ob die Grundrisse zu den Banken passen. *(Das Gericht lässt Fotos von Asservaten auf zwei Leinwände projizieren.)* Auf der Vorderseite ist ein Auszug aus dem Stadtplan Altenburg zu erkennen, mit Markierung von Bankgesellschaften. Auf der Rückseite eine handschriftliche Skizze vom Grundriss der Bankfiliale, die Markierung des Geldautomaten, der Schalter, der Kasse, der Türen. Unten rechts die Öffnungszeiten von Montag bis Freitag. Auf dem Dokument befindet sich die Beschriftung »Arnstadt Top Gebäude«. In Arnstadt in der Goethestraße

30 wurde festgestellt, dass es sich um den Grundriss dieser Filiale handelt. Auch die Öffnungszeiten entsprachen den damaligen Öffnungszeiten. Es war alles markiert, was man vom Kundenbereich aus sehen kann.

(Sie geht weitere Pläne von Weimar, Eisenach, Erfurt, Arnstadt und Altenburg durch und erläutert einzelne Markierungen.)

Verteidiger Stahl Sie haben bei der Recherche auch Kontakt mit einzelnen Filialen aufgenommen und Ortsbegehungen durchgeführt. Haben Sie auch mit Mitarbeitern gesprochen, ob Erkenntnisse vorliegen, dass da jemand Ausspähungen vorgenommen hat?

Ellen B. Wir haben bei der Identifizierung von Grundrissen mit Filialleitern gesprochen und sie darauf angesprochen. Die Filialleiter konnten keine Angaben dazu machen.

Verteidiger Stahl Wissen Sie, woher die handschriftlichen Notizen kommen? Wer der Urheber ist?

Ellen B. Nein, damit war ich nicht befasst.

(Als nächster Zeuge tritt Roman G. auf. Auch er hat Asservate aus der Frühlingsstraße ausgewertet, die er nun im Gericht erläutert.)

Götzl Was war Ihr Aufgabenbereich?

Roman G. Zunächst mal war es so, dass in der Frühlingsstraße Asservate aufgefunden wurden. Zu München, Nürnberg und Zwickau wurde Kartenmaterial gefunden. Die Fotos davon wurden uns zur Verfügung gestellt. Wir haben das mit Google-Karten abgeglichen. Und wir haben einen Abgleich mit den elektronischen Adresslisten des NSU vorgenommen. Es gab auch ADAC-Faltpläne zu München und Nürnberg und Zwickau. Dazu eine Karte zu Zwickau, mit lauter Anzeigen, könnte man in einem Touristikbüro erhalten, Markierungen darauf, ein Kreuz – das ist die Frühlingsstraße 26. *(Die Asservate werden auf Leinwänden gezeigt.)* Hier oben ist die Straße der Einheit Nummer 98 markiert. Wir haben geschaut, warum das markiert wurde. Das ist eine Grünfläche. Genaue Erkenntnisse, was für eine interessante Örtlichkeit dort eventuell gewesen sein könnte, konnte man nicht erkennen mit Google. Hier oben hat eine Markierung Fragen aufgeworfen, eine diagonale Linie durch eine Grünfläche, direkt daneben ein Kreuz. In der Nähe ist das Gerichtsgebäude von Zwickau. Hier unten sieht man ganz klein die Fichtestraße eingekreist. Daneben ist ein Rasensportplatz mit einem Kreuz und ein P. Das ist eine Rasenfläche direkt am Strandbad Planitz. In der Fichtestraße war nur ein Fahrradgeschäft. Und die Rasenfläche ist als Abstellplatz für ein Fahrzeug vielleicht.

Götzl Dann das nächste Asservat.

Roman G. Das ist die Karte von Nürnberg, die Stadtteile Gostenhof, St. Johannis und St. Leonhard sind zu erkennen. Die Bilddatei fand sich auf einer DVD im

Brandschutt. Laut Zeitstempel wurde sie am 23. 5. 2005 erstellt. Blau markierte Punkte und Smileys mit Sonnenbrille drauf. Diese Punkte bezeichnen Objekte, die täterseitig zu Abklärungszwecken erfolgten. In der Färberstraße ist das Waffengeschäft Rabitsch und in der Dr.-Kurt-Schumacher-Straße der Frankonia Waffenhandel. In der Juvenellstraße 27 ist das Waffengeschäft Waffen Stark. Der Rathausplatz 2, da ist in der elektronischen Adressenliste des NSU die SPD-Stadtratsfraktion gespeichert. Auch die Grünen sind da gespeichert. Nur die CDU findet man nicht, die war aber in einer Excel-Tabelle vermerkt. Diese Datei wurde am 31. 12. 2004 erstellt.

Götzl Jetzt die nächsten 22 Blatt.

Roman G. Ein stark angekokelter ADAC-Stadtplan von München, er stammt von 2005. Türkische Vereinigungen sind dort eingezeichnet und muslimische Vereine. Im Norden, am Harthof. Eine Markierung fällt aus der Reihe, in Schwabing, mit dem handschriftlichen Vermerk »Berliner Straße, Schinkelstraße«. Was das genau meint, ist anhand von Satellitenaufnahmen nicht zu erkennen.

Götzl Im Bereich Bad Schachener Straße 14 oder Trappentreustraße 4 – waren da Markierungen? *(Es handelt sich um die beiden Tatorte der NSU-Morde in München.)*

Roman G. Es wurden Areale eingezeichnet, S1 bis S6, größere Ausschnitte. Es war 500 Meter entfernt von der Trappentreustraße 4 was eingezeichnet.

(Götzl legt noch mehr angekokelte Stadtpläne auf den Richtertisch. Diesmal von Nürnberg, Erlangen und Fürth.)

Roman G. Das stammt aus dem ADAC-Faltplan, der von 2002 bis 2005 aufgelegt wurde. Der Stadtplan von Nürnberg hat zahlreiche Markierungen. Kreuz mit Handschrift. Dort befindet sich das türkische Generalkonsulat. Direkt an der S-Bahnlinie ist ein Kreuz, dazu gibt es die Ausspähnotiz »Asylheim 2«. Im Westen, im Industriegebiet Sandreuth gibt es ein weiteres: »Asylheim 1«, dazu notiert: Keller offen, Tür ohne Schloss – als wenn die Person dort gewesen wäre und Untersuchungen durchgeführt hätte.

Ein Blatt Papier, da ist die Schlossstraße 64 erwähnt. Mit Schlossstraße 64 ist das Asylheim gemeint. Das hier unten war für uns herausragend: Scharrerstraße neben Post und Imbiss. Die exakte Beschreibung des späteren Tatorts. Ich gehe davon aus, dass das tatsächlich von den Tätern eingetragen wurde. Der Zeitstempel stammt vom 26. 5. 2005, relativ kurz vor dem tatsächlich stattgefundenen Mord. *(Der Mord geschah am 9. 6. 2005.)*

Verteidiger Stahl Ist Ihnen bekannt geworden, wer der Urheber der Notizen war?

Roman G. Schon, aber dafür bin ich nicht verantwortlich. Aus der Erinnerung weiß ich, dass die Handschrift Uwe Mundlos oder Uwe Böhnhardt gehörte.

Tag 240

22. Oktober 2015

Manfred Götzl, Richter. **Detlef K.**, 61, Kriminalhauptkommissar beim BKA Meckenheim, im Ruhestand. **Jeanette P.**, Kriminalkommisssarin beim BKA Meckenheim. Sie sagte auch an den Tagen 229, 272, 281, 295 und 325 aus. **Olaf Klemke**, Verteidiger von Ralf Wohlleben. **Mehmet Daimagüler, Marcel Matt, Sebastian Scharmer**, Anwälte der Nebenklage.

Götzl Es geht uns um die Auswertung von Kartenmaterial und Adressdateien.

Detlef K. Im Brandschutt in Zwickau wurde auch Adressenmaterial gefunden, eine DVD und ein USB-Stick. Dazu drei Blatt mit 19 Adressen aus Kiel. Es gibt einen Stadtplan von Kiel mit 19 Ziffern, alles handschriftlich. Auf den Plan wurden handschriftlich auch zwei Rechtecke gezeichnet, S1 und S2. S1 umfasst den Landtag und das Villenviertel, S2 das sind die Werften und das Wohngebiet der Arbeitnehmerschaft. Unser Ziel war es zu überprüfen, ob sich an den Stellen mit den Ziffern rechtsmotivierte Straftaten ereignet haben. Die Überprüfung verlief negativ. Es gab auch Pentagramme, die eingezeichnet und nicht definierbar waren. Pentagramme gab es schon im Orient, im arabischen Bereich, aber auch im US-amerikanischen Bereich, sie dienen zur Kennzeichnung von militärischen Fahrzeugen. Das war nicht klärbar. Bei den Adressen auf den Blättern handelte es sich um islamistische, türkische, auch Sinti- und Roma- und auch christliche Einrichtungen. Das hat mich etwas erstaunt, das gehört ja nicht so in das Zielspektrum von Rechtsradikalen. Dann kamen dazu Einrichtungen der CDU. Das hat mich schon etwas verwundert. Die Ergebnisse der daktyloskopischen und DNA-Untersuchung des LKA sind mir nicht bekannt.

Götzl Wir schauen uns die Asservate jetzt mal an. Ich bitte Sie, nach vorne zu kommen, Herr K.

Detlef K. Es steht da das Datum 4. 9. 2005 auf dem Ausdruck mit den Adressen. Wir haben darauf islamistische Kulturvereine …

Götzl Sie verwenden jetzt zum zweiten Mal das Wort islamistisch. Was meinen Sie damit?

Detlef K. Osmanisch, orientalisch. Wir haben also mehrere Einrichtungen unserer Mitbürger, die nicht zum deutschen Volke gehören.

(Auf der Zuschauerbank wird Unmut laut.)

Verteidiger Klemke *(wendet sich an Richter Götzl)* Es ist unerträglich, dass ich mir solche

Unmutsbekundungen von der Zuschauerbank anhören muss und Sie die Zuschauer nicht zur Ordnung rufen.

Götzl *(zu Klemke)* Ich habe gebeten, ruhig zu sein. Auch mit der entsprechenden Handbewegung. Das haben Sie vermutlich nicht gesehen.

Detlef K. Mein Ergebnis war: Diese Adressen waren nicht Zielobjekt rechtsextremistischen Handelns.

Anwalt Matt Sie haben nur Kartenmaterial ausgewertet oder auch Ortsbegehungen durchgeführt?

Detlef K. In der Eile wurde erst nur Kartenmaterial gesichtet. Es folgte keine Vor-Ort-Besichtigung.

Anwalt Daimagüler Sie sagten vorhin, dass diese Adressen nicht Zielobjekte rechtsextremistischen Handelns waren.

Detlef K. Ja, wir haben in den Datensystemen der Polizei abgeklärt, ob von 2005 bis 2011 dort rechtsextremistische Straftaten passiert sind, dort wurde nichts festgestellt.

Anwalt Daimagüler Wurde mit den Vereinen, den Vereinsvorsitzenden oder Betreibern der Einrichtungen mal gesprochen, dass sie auf der Liste stehen?

Detlef K. Darüber liegen mir keine Erkenntnisse vor. Weil ich danach wieder in meine Dienststelle zurückgeführt wurde. Es wäre zwar logisch, aber ich weiß es nicht.

Anwalt Daimagüler Wurden die Menschen mal informiert, dass sie auf der Liste waren?

Detlef K. Darüber kann ich keine Auskunft geben. Ich hatte nur diesen kleinen Part, die Schnellauswertung.

(Als nächste Zeugin erscheint Jeanette P. im Gerichtssaal.)

Götzl Dann setzen wir Ihre unterbrochene Befragung fort, Frau P. Es geht um Kartenmaterial und Asservate aus Chemnitz, Dortmund, Plauen, Münster, Ludwigsburg und Stuttgart. Mich würde die Vorgehensweise interessieren.

Jeanette P. Ich habe das Kartenmaterial zu Stuttgart und Dortmund ausgewertet. Das war so eine Ad-hoc-Aktion. Tagsüber haben wir an den Asservaten gesehen, dass es diese Markierungen gab. Dann wurden wir nachts noch mal reingerufen ins Amt, wir sollten schauen, ob es da eine Gefährdungslage gibt. Das war vom 30. 11. 2011 auf den 1. 12. 2011. Wir wussten nicht, ob es vielleicht noch ein weiteres NSU-Mitglied gibt, deswegen die Nachtschicht. Ich habe damals mit einem Kollegen zusammengearbeitet, der ist verstorben, deswegen soll ich seine Auswertung jetzt miterklären. Wir hatten das Material nicht im Original, sondern als Lichtbilder. Wir haben einen Abgleich mit Google Maps gemacht und mit der Zehntausender-Liste verglichen. Das ist eine Adresssammlung des NSU auf einer DVD, die das BKA auf Grundlage der Funde im Brandschutt zusammengestellt hat. Wir haben verglichen, ob es Überschneidungen gibt zwischen den Markierungen und den Adressen in der Sammlung. Dann ging das an die regionalen Einsatzkräfte, wo das vor Ort noch mal abgeklärt wurde. In Chemnitz habe ich mir die Örtlichkeiten auch vor Ort angeschaut. Ich habe den Bericht nachgereicht.

Götzl Dann schauen wir uns das an. Ich bitte Sie, nach vorne zu kommen.

Jeanette P. Wo es ersichtlich war, dass die Markierungen Banken waren, haben wir nicht noch mal nachgeschaut. Nur die Orte, die wir uns nicht erklären konnten. Unser Fazit nach unserer Reise nach Chemnitz: Wir können uns die Orte nach wie vor nicht erklären. *(Sie deutet auf Kreuze auf der Karte, die auch an zwei Wände im Gerichtssaal projiziert wird.)* Da ist ein großes Solarfeld, kein türkischer Imbiss oder etwas, was als Tatort infrage käme. Da ist eine Kleingartenanlage. Wir haben noch geschaut, ob es da ein Versteck gibt, aber da ist uns nichts aufgefallen. An der nächsten Stelle liegen ein Supermarkt, ein Baumarkt, ein Penny. Aber nichts, was uns aufgefallen wäre. *(Zeigt auf rote Markierungen.)* Was man hier auch super sehen kann: Es gibt Durchdruckspuren durch das Löschwasser. *(Deutet wieder auf ein Kreuz.)* Bei dieser Markierung habe ich mich auch gefragt, was das ist. Eine Geflügelfarm, die Frischei-GmbH. Das passt nicht in das Schema der Tatorte.
Bei Klaffenbach ist ein Örtchen markiert, da sind nur wenige Häuser. Diesen Punkt haben wir uns noch mal angekuckt, das ist eine Brauerei, gegenüber ein Sportplatz. Wir wissen nicht, was da markiert wurde. Das Gleiche gilt für Häuser rund um Chemnitz. Wir haben die Bewohner in den Häusern abgeklärt, ob es da einen Bezug zum NSU-Verfahren gibt. Gibt es nicht. Auch in diesem Gewerbegebiet gibt es eine Markierung. Ich wiederhole mich: Wir konnten es nicht klären, was damit gemeint sein könnte.
Hier bei Markersdorf ist eine Wohnstraße markiert, eine kleine Eisdiele. Wir wissen nicht, warum der Punkt markiert wurde. Da fällt auch sofort auf, wenn man etwas macht, was man nicht machen sollte. Ich habe eine Bananenschale in den Mülleimer eines Hauses geworfen, da wurde ich sofort ermahnt.
Hier der Eingang in eine Kleingartenanlage, ein Freizeitzentrum, ein Denkmal für die Gefallenen aus dem Zweiten Weltkrieg. An dem schwarzen Punkt hier liegt ein kleines unscheinbares Denkmal für einen Widerstandskämpfer aus dem Zweiten Weltkrieg, so ein 50 Zentimeter hoher Stein. Das kann vieles bedeuten.
Jetzt im Innenstadtbereich von Chemnitz. Der Punkt war interessant, das ist ein leer stehendes Geschäftsgebäude, wo noch die Schilder dran waren: Da konnte man früher auch Waffen kaufen, das war so ein Army-Shop.
Hier die Sandstraße 37 in Chemnitz, die Sparkassenfiliale dort existiert heute nicht mehr, die ist ein oder zwei Mal überfallen worden. Und da zeigt diese Linie vermutlich den Fluchtweg durch die Parkanlagen.

(Götzl reicht der Zeugin weitere Bilder, die sie erklären soll.)

Jeanette P. Wir haben uns insgesamt 22 Markierungen noch mal angeschaut. Hier eine Markierung auf dem Friedhof, das war zur Erinnerung an die Bombenopfer des Zweiten Weltkriegs. Bei einem Waffengeschäft haben wir dieses kleine Graffiti gefunden, »Schöner leben ohne Naziläden«, das ist ein Indiz, dass es sich mal um einen rechten Szeneladen gehandelt haben könnte. Aber die Personen aus dem Laden sind nicht im NSU-Verfahren aufgetaucht. Daneben ein Tattoo-Studio. Nichts springt einem direkt als möglicher Tatort ins Auge.

(Götzl reicht ihr Karten über Greifswald.)

Jeanette P. Das ist eine Karte, wie sie von Tourismusbüros gratis verteilt wird. Sie wurde ab dem Jahr 2002 ausgegeben. Sie zeigt die Stadt Greifswald. Mein Kollege konnte mit den Markierungen nicht so recht was anfangen, aber die regionalen Einsatzkräfte konnten das gut einschätzen. Das ist ein Einkaufszentrum und eine Sparkassenfiliale an der Rigaer Straße. Vom Einkaufszentrum haben Sie eine super Sicht auf die Sparkassenfiliale. Wir vermuten, dass das eine Ausspähmöglichkeit war.

(Götzl reicht ihr weitere Karten.)

Jeanette P. Das ist jetzt Ludwigsburg, das hat auch der Kollege ausgewertet. Eine Markierung in der Asperger Straße. Mehrere Objekte, die als potenzielle Tatorte in Betracht kämen: Es sind ein türkisches Restaurant und ein türkischer Verein in der Asperger Straße festgestellt worden.

Das ist Plauen. Da gab es einen Stadtplan und ein Straßenverzeichnis. Es gibt zehn Markierungen auf dem Stadtplan, neun davon Sparkassen.

Stuttgart. Dieses Asservat hat der Kollege ausgewertet. Es sind vier Ps auf der Karte zu sehen und ein Kreuz. Die Ps kennzeichnen Polizeidienststellen. Das wurde vor Ort überprüft. Das Kreuz könnte eine Firma sein, aber es wurden unterschiedliche Firmen ermittelt. Die Polizei in der Mönchhaldenstraße gab es nur bis 2004. Da kann man eine zeitliche Einordnung vornehmen, wann die Markierungen entstanden sind. Im Straßenverzeichnis sind die Tuchmachergasse, Kronenstraße, Werrastraße, Wilhelmsplatz markiert. Es hat sich herausgestellt, dass da auch Büros von Politikern waren.

Von Zwickau gibt es nur ein Straßenverzeichnis, da gibt es keinen Stadtplan dazu. In der Bahnhofsstraße 1 wurde ein Kreuz gesetzt, da ist ein Zahnarzt und eine Bank. Auch ein Fahrradladen wurde umkreist.

Das ist ein verbrannter Stadtplan von Dortmund. Neben dem Stadtplan gibt es noch sieben Kartenausdrucke von Dortmund. Bei meiner Vorbereitung für heute habe ich gesehen, dass nur sieben Markierungen ausgewertet wurden, tatsächlich sind es aber elf. In der der Ringofenstraße 15, Schüruferstraße 256, handschriftlich wurde da »Laden« notiert, mit einem Kreuz. Ein evangelischer Ausländerverein wurde markiert, ein islamischer Verein. Ein Abgeordnetenbüro von Marco Bülow von der SPD. Die Karl-Marx-Straße 22, das ist auch die Anschrift einer Landtagsabgeordneten, den Namen weiß ich nicht mehr, eine Frau mit Doppelnamen.

Götzl Dann noch diese acht Blatt.

Jeanette P. Das sind Karten von der Dortmunder Nordstadt, da ist ein türkisches Bildungszentrum eingezeichnet und vier oder sechs unterschiedliche Vereine oder Kulturzentren. Die Überschrift über der Karte war in Handschrift: »Wohngebiet wie Mülheim-Köln«. Offensichtlich ist das ein Verweis auf die Keupstraße in Köln, wo es dann zu dem Anschlag gekommen ist. Wir gehen davon aus, dass eine Ausspähungsreise nach Dortmund unternommen wurde. Der Ausdruck der Karten erfolgte laut Zeitstempel am 28. 3. 2006. Es gibt auch noch zwei Kartenausdrucke vom 3. 4. 2006, vom Vortag des Mordes an Mehmet Kubaşık, der am 4. April in Dortmund getötet wurde.
Auf den Ausdrucken sind auch zwei Adressen von der CDU. Eine Abgeordnete namens Tanja Brakensiek mit ihrem Landtagsbüro. Handschriftlich ist auch zu einer Markierung an der Kreuzung Uhland-/Goethestraße in Dortmund angegeben: »Gutes Objekt und geeigneter Inhaber«.

Anwalt Scharmer Sie sagten, es sei nicht klar gewesen, ob es noch ein weiteres Mitglied des NSU gab.

Jeanette P. Das war Spekulation, die Sorge von meinem Vorgesetzten. Ziel war, schnell einen Überblick zu bekommen, was ist alles markiert worden. Man wusste ja noch nichts.

Anwalt Scharmer Dann will ich noch zu Chemnitz kommen, wo Sie selbst waren. Haben Sie überprüft, ob das geeignete Parkplätze sind für ein Wohnmobil?

Jeanette P. Ja, das war das Ziel. Da konnte man zwar parken, aber in diesen kleinen Käffern fällt das total auf. Das wissen dann sofort zehn Nachbarn.

Anwalt Scharmer In Dortmund war ein P auf den Plan aufgezeichnet. Haben Sie da überprüft, ob da ein Parkplatz ist?

Jeanette P. Da war ich nicht selbst vor Ort. Dass das ein Parkplatz sein könnte, habe ich auch gedacht. Wir sind mit freiem Blick hingegangen, haben auch geschaut, ob da Blitzer sind oder Bushaltestellen.

Anwalt Scharmer Haben Sie ermittelt, wie viele Kennzeichnungen sich in direkter Nachbarschaft des Tatorts in der Mallinckrodtstraße befinden, wo Mehmet Kubaşık getötet wurde?

Jeanette P. Ja, ich glaube, ich habe da Meterangaben gemacht. Die Markierung in der Uhlandstraße ist 500 Meter entfernt, die in der Bachstraße 300 Meter, die in der Westhoffstraße 650 Meter zum Tatort. Ich wollte damit ausdrücken, dass derjenige, der die Markierungen gemacht hat, schon mal in diesem Gebiet war und sich das angeschaut hat.

Anwalt Scharmer Wissen Sie, ob ermittelt wurde, ob im September 2005 dort Personen wahrgenommen wurden an der Uhland-/Goethestraße?

Jeanette P. In jener Nacht zum 1. Dezember 2011 sind wir nicht eben mal nach Dortmund gefahren.

Anwalt Scharmer Waren dort andere Rechtsextremisten wohnhaft? Zum Beispiel Siegfried Borchardt alias SS-Siggi?

Jeanette P. Das weiß ich nicht.

Anwalt Scharmer Wer hat die Pläne beschriftet?

Jeanette P. Die Asservate wurden mit leicht überwiegender Wahrscheinlichkeit von Uwe Mundlos beschriftet.

(Die Zeugin verlässt den Gerichtssaal.)

Anwalt Daimagüler Wir haben die sogenannte Zehntausender-Liste, darunter 19 Adressen aus Kiel. Diese Liste ist eine der wenigen Möglichkeiten, das Denken, die Vorstellungen des untergetauchten Trios besser zu verstehen. Wenn man das als Maßstab nimmt, überrascht es, wie wenig mit diesen Listen gemacht worden ist. Dass der Zeuge vom Staatsschutz nicht zu unterscheiden weiß zwischen muslimisch und islamistisch und von osmanischen Zielen spricht, verblüfft. Aber dass nicht der Versuch unternommen worden ist, dass man sich nicht die Mühe gemacht hat, mit den betroffenen Personen zu sprechen, ob sie Kontakt hatten zu Neonazis, ob Neonazis in der Nachbarschaft wohnten, ob es Zwischenfälle gab, die nicht dokumentiert sind, das steht in völligem Kontrast zu dem, was die Polizei sagte: Dass alles, wirklich alles getan worden ist, um die Taten aufzuklären.

(Pause.)

Götzl Dann wäre noch eine Verfügung zu verkünden. Die Anträge, das Gericht möge dienstliche Äußerungen abgeben, wer mit dem Fall der Frau Keskin befasst war, ob die betreffenden Richter schon vor dem »Spiegel Online«-Bericht erkannt haben, dass die Anwaltsvollmacht gefälscht sein könnte, ob Herr Rechtsanwalt Willms sich erklärt hat und mit was, und der Antrag, die Richter Dr. Lang und Kuchenbauer mögen erklären, ob ihnen auffiel, dass auf dem Attest der Frau Keskin fast alles an Angaben fehlte und warum sie das nicht bei Rechtsanwalt Willms hinterfragten, werden abgelehnt. Weder für den Vorsitzenden noch für andere Richter besteht ein Anlass, dienstliche Erklärungen abzugeben. Es besteht kein Anspruch darauf. Der Grundsatz des fairen Verfahrens bedeutet nicht, dass die Richter ihre Motivation offenlegen müssen. Lediglich zur Information gibt das Gericht bekannt, dass Herr Rechtsanwalt Willms am 29.9.2015 am Rande der Hauptverhandlung erklärte, er werde sich erst am 2.10. äußern können. Dann gingen um 14.30 Uhr ein Telefax mit der Bitte um Entpflichtung vom Mandat, die Strafanzeige gegen Herrn Ö. und die Presseerklärung von Herrn Willms ein. Ein gerichtlicher Beschluss zum Eintritt in das Verfahren als Nebenkläger ist nicht erforderlich. Das hat nur Feststellungscharakter. Das Gericht prüft nur, ob der Nebenkläger anschlussfähig ist und zu den Verletzten gehört.

Tag 241

27. Oktober 2015

Manfred Götzl, Richter. **Frank L.**, 40, Kriminalhauptkommisar beim BKA. Er hat auch am Tag 17 ausgesagt. **Herbert Diemer**, Vertreter der Bundesanwaltschaft. **Wolfgang Stahl**, Verteidiger von Beate Zschäpe. **Nicole Schneiders**, Verteidigerin von Ralf Wohlleben. **Sebastian Scharmer**, Anwalt der Nebenklage.

(Zu Beginn des Verhandlungstages beanstanden Zschäpes Verteidiger Anja Sturm, Wolfgang Stahl und Wolfgang Heer die Verfügung von Richter Götzl vom Vortag zum Fall Meral Keskin und beantragen einen Senatsbeschluss. Nach einem ersten Zeugen betritt dann der BKA-Beamte Frank L. den Saal.)

Götzl Welche Ermittlungen haben Sie zu Meral Keskin durchgeführt?

Frank L. Wir erhielten den Auftrag am 2. 10. 2015 über die Bundesanwaltschaft, es ist ja noch nicht so lange her. Die Unterlagen beinhalteten eine Presseerklärung des Herrn Rechtsanwalts Nickel, der Herrn Rechtsanwalt Willms vertritt. Es war eine Strafanzeige gegen Atilla Ö. enthalten und ein Fragenkatalog einer Journalistin. Ich hatte am Freitag noch telefonischen Kontakt mit Herrn Nickel, wir haben um Lichtbilder gebeten. Sie wurden uns auf elektronischem Wege noch am 2. 10. übermittelt. Es sind Lichtbilder, die Frau Keskin angeblich kurz nach dem Anschlag in der Keupstraße zeigen sollen. Man sieht eine Augenverletzung, jedenfalls Verbandsmaterial über einem Auge. Ein zweites Bild soll sie zeigen, nachdem sie wieder genesen war. Die Lichtbilder waren für uns wichtig, weil in der Strafanzeige nicht wirklich zu entnehmen war, wann sie geboren ist. Es sollte eine ältere Dame sein. Eine Freundin der Mutter von Frau Ö. Diese ist Baujahr '41.

Die Lichtbilder sind angekommen, das scheinbare Alter der fotografierten Person war geboren circa Mitte der Fünfzigerjahre oder früher. Unsere Büroabklärung gliederte sich dann in mehrere Schritte. Wir haben begonnen, Einwohnermeldeamtsabfragen durchzuführen, und die angegebene Anschrift überprüft, da war aber keine Meral Keskin feststellbar. In ganz Köln gab es zwar vier Treffer, eine Dame mit dem Namen schied aber aus, weil Baujahr 1990. Außerdem gab

es drei weitere Treffer: Damen, die mal Keskin als Namen trugen, ihn aber durch Heirat oder Scheidung wieder abgegeben haben und die alle vom Alter her wieder weit von unserer Zielvorgabe entfernt waren. Wir haben auch keine Vernehmungen mit ihr gefunden. Sie stand auch auf keinen Opferlisten oder Behandlungslisten des Krankenhauses in Köln, in dem sie behandelt worden sein sollte. Es gab ja dieses Attest, das sich in den Akten befand, dass sie angeblich im Eduardus-Krankenhaus behandelt worden sein soll. Damit hatten wir die Büroabklärung abgeschlossen. Dann sind wir am 3.10.2015 nach Köln gefahren. Herr Rechtsanwalt Nickel teilte mir mit, dass Herr Willms nun doch nicht zur Verfügung steht für eine Befragung, wegen gesundheitlicher Probleme. Wir haben uns daraufhin entschlossen zu prüfen, ob nicht Sennur Ö., die Mutter von Atilla Ö., die Person ist, die auf den Lichtbildern war. Ein erster Verdacht ist schon in der Strafanzeige geäußert worden. Wir haben dann eine Ausländerzentralregister-Recherche gemacht, da fand sich ein Lichtbild von Frau Ö. Da lag, als wir die Bilder verglichen haben, der Verdacht nahe, dass mit hoher Wahrscheinlichkeit eine Personenidentität bestehen könnte. Wir haben uns zur Meldeadresse von Frau Ö. begeben. Sie wohnt an derselben Adresse wie Atilla Ö.
Wir sind also nach Köln gefahren, gegen 11.20 Uhr haben wir geklingelt, geöffnet hat ein junger Mann, ungefähr mein Alter, er hat sich als Atilla Ö. vorgestellt. Wir haben gefragt, ob wir reinkommen könnten, solche Dinge bespricht man nicht auf dem Flur. Er sagte, seine Mutter sei da, sie würde schlafen auf der Couch. Ich habe ihn gebeten, er möge sie wecken, damit sie nicht gleich erschrickt, wenn vier unbekannte Herren da stehen. Ich habe ihn aufgeklärt, weswegen wir da sind. Dass wir nicht da sind, um zu einem möglichen Betrug zu ermitteln, sondern dass es uns darum geht, die Existenz oder Nicht-Existenz der Frau Keskin festzustellen. Ich habe ihn belehrt. Herr Ö. wusste schon von den Vorwürfen gegen ihn. Er sagte mir auch, dass er Kontakt zu seinem Anwalt hatte, dem Herrn Schön. Und dass eine Besprechung mit ihm geplant sei.
Ich schlug vor, den Anwalt jetzt anzurufen. Herr Ö. hat den Kontakt zu Herrn Schön hergestellt. Er hat gesagt, er würde seinem Mandanten nicht empfehlen, jetzt eine zeugenschaftliche Aussage zu machen. Ich hab dann das Telefonat wieder an Herrn Ö. übergeben. Nach Beendigung habe ich noch mal persönlich an Herrn Ö. appelliert, ob er nicht doch bereit wäre, zumindest zu diesem Teilkomplex – Existenz der Frau Keskin – eine Aussage zu machen. Herr Ö. hat sich nach meinem Appell noch mal sichtlich aufgeregt über Herrn Willms und über die Presseberichterstattung, die seinen Namen in ein schlechtes Licht rücken würde. Ich habe ihn gefragt, was denn nun wäre, ob es Meral Keskin gäbe. Darauf sagte er: Nein, eine Meral Keskin gebe es nicht.

(Der Zeuge wird aufgefordert, an den Richtertisch zu treten. Lichtbilder in Farbe werden gezeigt von Sennur Ö. und der angeblichen Meral Keskin. Es ist zu erkennen, dass es sich um dieselbe Person handelt.)

Götzl Haben Sie mit Frau Ö. gesprochen?

Frank L. Nein, sie ist wohl schwerhörig und nur der türkischen Sprache mächtig. Wir haben von einer Kontaktaufnahme abgesehen.

Verteidiger Stahl Sie sagten, am Ende hätten Sie doch noch mal an Herrn Ö. appelliert auszusagen. Die Mitteilung von Rechtsanwalt Schön, dass sein Mandant nicht zeugenschaftlich befragt werden soll: War Ihnen das egal?

Frank L. Ich habe meinen Appell nicht so betrachtet, dass mit Herrn Ö. eine zeugenschaftliche Vernehmung durchgeführt wird.

Verteidiger Stahl Aber wieso Appell? Wie kommen Sie dazu? Es ist nicht das erste Mal, dass ich aufmerke, wie Sie ermitteln!

Frank L. Ich habe für den Zeugen zusammengefasst, wie die Lage aussieht. Er war nicht als Beschuldigter gefragt. Ich habe einfach noch mal an ihn appelliert.

Verteidiger Stahl Wie habe ich mir den Appell vorzustellen?

Frank L. Ich habe auf die besondere Bedeutung dieses Verfahrens verwiesen. Dass der Fortgang des NSU-Verfahrens Schaden nehmen könnte, wenn wir weiter im luftleeren Raum agieren müssten.

Verteidiger Stahl Haben Sie auch Folgen für Herrn Ö. oder seine Mutter angesprochen?

Frank L. In keinster Weise.

(Der Zeuge verlässt den Gerichtssaal.)

Verteidiger Stahl *(gibt eine Erklärung ab)* Es geht mir weniger um den Vorgang »Frau Keskin«, das ist ein spezieller Fall. Mir geht es um den Zeugen L. Ich kann nicht umhin, eine gewisse Parallele festzustellen zum 17. Prozesstag. Da hat er ausgesagt zu einem Besuch, den er gemacht hat bei Frau Zschäpe in der U-Haft. Er hat, ohne mit der Wimper zu zucken, strafprozessuale Rechte so ausgelegt, wie es ihm gefällt. Er interessiert sich offenbar gar nicht dafür, ob ein Zeuge schweigen will oder nicht.

Bundesanwalt Diemer Ich würde entgegen unserer Gewohnheit auf das eingehen, was Herr Stahl sagt. Es ist ein Unding, einen Beamten, der seine Pflicht tut, hier vorzuführen. Herr L. war nicht beauftragt, Betrugsermittlungen durchzuführen. Wenn er einen Wahrheitsappell an den Zeugen Ö. gerichtet hat, ist das überhaupt nicht zu beanstanden.

Verteidiger Stahl Das Schweigerecht ist zu akzeptieren von Ermittlungsbeamten!

Anwalt Scharmer *(gibt ebenfalls eine Erklärung ab)* Meral Keskin gibt es nicht. Das ist das Ergebnis der Ermittlungen. Das alles wirft kein gutes Licht auf die Anwaltschaft. Aber es kann nicht sein, dass es die berechtigten Interessen der Nebenkläger beeinträchtigt. Das mögliche Verhalten des Kollegen Willms darf keine Auswirkungen darauf haben, dass meine Mandantin Gamze Kubaşık ihre Interessen selbstbewusst wahrnimmt.

(Zum Schluss des Verhandlungstages lehnt Richter Götzl eine Reihe von Anträgen ab, unter anderem den Antrag von Zschäpes Verteidigern, den psychiatrischen Gutachter Professor Saß anzuhalten, er möge keine Eindrücke aus den Sitzungspausen und aus mitgehörten Gesprächen zwischen Zschäpe und ihren Anwälten für sein Gutachten verwenden. Götzl verweist darauf, Saß habe geäußert, dass er gar keine Gespräche habe mithören können. Im Übrigen habe der Sachverständige bei der Methodenwahl »weitgehend freie Hand«.

Zudem lehnt Götzl den Antrag ab, den hessischen Ministerpräsidenten Volker Bouffier, CDU, sowie den ehemaligen bayerischen Ministerpräsidenten und Innenminister Günther Beckstein, CSU, als Zeugen zu laden. Dies hatten die Anwälte der Familie Yozgat beantragt, um die Rolle und das Wissen der beiden Politiker bei den Ermittlungen zum Mord an Halit Yozgat in Kassel zu erhellen. Bouffier hatte damals als hessischer Innenminister nicht zugelassen, dass die Polizei die V-Männer des Verfassungsschutz-Beamten Andreas Temme selbst vernehmen konnte. Auch Beckstein hatte sich damals eingeschaltet und sich nach dem Stand der Ermittlungen erkundigt, da in Bayern das Hauptquartier der Sonderkommission ihren Sitz hatte, die mit der Česká-Mordserie befasst war. Sowohl Bouffier als auch Beckstein waren wegen der damaligen Ermittlungen bereits vor parlamentarischen Untersuchungsausschüssen aufgetreten. Richter Götzl führt aus, dass er eine Zeugenaussage der beiden Politiker vor Gericht nicht für erforderlich hält. Es sei nicht ersichtlich, wie davon die Schuldfrage im NSU-Prozess berührt werden könne.)

Tag 242

28. Oktober 2015

Antonia von der Behrens, **Anna Luczak**, Anwältinnen der Nebenklage.

(Von den Anwälten der Nebenkläger werden an diesem Tag umfangreiche Beweisanträge zu Holger Gerlach gestellt.)

Anwältin von der Behrens In der Strafsache gegen Zschäpe und andere hat der Angeklagte Gerlach in seiner Einlassung behauptet, der Prozess seiner Loslösung von der Naziszene habe bereits etwa 1999 nach seinem Umzug nach Hannover eingesetzt, 2004 sei er dann endgültig ausgestiegen. Die folgend genannten Beweismittel werden belegen, dass der Angeklagte noch mindestens bis in das Jahr 2002 aktiv Kontakte zu hochrangigen Nazifunktionären in Niedersachsen unterhielt, die seine Behauptung einer innerlichen Loslösung erheblich infrage stellen. Damit wird auch seine weitere Behauptung, kein Interesse an und keine Kenntnis von den Taten des NSU gehabt zu haben, erheblich infrage gestellt.

(Von der Behrens führt mehrere Hinweise auf, wonach Gerlach Kontakt zu der Neonazi-Größe Thorsten Heise hatte.)

Anwältin von der Behrens Thorsten Heise ist eine Leitfigur und ein Multifunktionär der militanten Neonaziszene, der bundesweit und international vernetzt ist und nach Einschätzung des BKA zu den bedeutendsten deutschen Neonazis gehört. Aufgrund seiner Stellung laufen bei ihm viele Kontakte und Informationen zusammen. Seine vielfältigen Kontakte in die Kameradschafts- und Skinheadszene, zu »Blood & Honour« und »Combat 18« sowie seine Affinität zu Waffen erklären, warum die direkten Unterstützer der untergetauchten Mundlos, Böhnhardt und Zschäpe ihn um Hilfe gebeten haben.

(Von Nebenklage-Anwälten werden weitere Anträge verlesen, mit denen unter anderem bewiesen werden soll, dass Gerlach noch bis 2011 Kontakte in die rechte Szene unterhielt. In einem Antrag geht es um Funde, die die Polizei machte, als sie im November 2011 Gerlachs Wohnung durchsuchte. Auf einer dort gefundenen Festplatte konnten drei gelöschte Cartoon-Bilder von Paulchen Panther wiederhergestellt werden. Die Anwälte möchten wissen, ob sich ermitteln lässt, wann diese Bilder heruntergeladen und wann sie gelöscht wurden. In ihrem Bekennervideo benutzten die NSU-Terroristen Auszüge aus Paulchen-Panther-Filmen.)

Anwältin Luczak Wenn die Beweisermittlung ergibt, dass die Speicherung zeitlich im Zusammenhang zum Beispiel mit einem der Treffen mit dem Trio steht und die Löschung unmittelbar nach der ersten polizeilichen Konfrontation des Angeklagten Gerlach mit der Nutzung seiner Personalien durch die »Bankräuber von Eisenach« steht, ist nachgewiesen, dass ihm viel mehr über den NSU bekannt war, als er heute zugibt.

(Gerlach und seine Anwälte verzichten auf eine Stellungnahme.)

Tag 243

10. November 2015

Manfred Götzl, Richter. **Herbert Diemer**, Vertreter der Bundesanwaltschaft.
Wolfgang Heer, Anja Sturm, Mathias Grasel, Verteidiger von Beate Zschäpe.
Olaf Klemke, Wolfram Nahrath, Nicole Schneiders, Verteidiger von Ralf Wohlleben.
Mehmet Daimagüler, Doris Dierbach, Anwälte der Nebenklage.

(Beate Zschäpe betritt beschwingt und lächelnd den Saal. Sie stellt sich zu ihrem Vertrauensverteidiger Mathias Grasel. Die beiden sprechen miteinander, wirken amüsiert und guter Stimmung. Zschäpes Verteidiger Wolfgang Heer, Wolfgang Stahl und Anja Sturm sitzen unbeteiligt daneben.)

Verteidiger Heer Ich bitte um das Wort.

Götzl Sie bekommen das Wort nachher. Ich will zunächst selbst Informationen anbringen.

Verteidiger Heer Ich beanstande, dass Sie mir nicht das Wort erteilen. Es geht nicht um Rechtsnachteile von uns, sondern von unserer Mandantin.

Götzl Mir geht es darum, etwas kundzutun.

Verteidiger Heer Ich beantrage erneut, dass Sie mir das Wort erteilen!

Götzl Nein, ich stelle das zurück. Sie bekommen das Wort nachher.

Bundesanwalt Diemer Selbstverständlich muss dem Verteidiger das Wort erteilt werden, aber nicht genau dann, wann er es will.

Verteidiger Heer Unsere Mandantin ist …

Götzl (*fällt Heer ins Wort*) Nein, Sie wollen jetzt das kundtun, was …

Verteidiger Heer Nein, ich missbrauche doch nicht mein Rederecht. Ich begründe nur meinen Antrag, das Wort zu erhalten. Die Worterteilung ist jetzt geboten, weil die Kollegen Sturm, Stahl und ich einen Antrag einbringen wollen im Sinne einer ordnungsgemäßen Verteidigung. Frau Zschäpe ist jetzt nicht ordnungsgemäß verteidigt. Ich weiß nicht, warum Sie sehenden Auges in einen Revisionsgrund rennen wollen. Ich möchte den Antrag einbringen, dass die Bestellung von mir und den Kollegen Sturm und Stahl als Pflichtverteidiger von Frau Zschäpe aufzuheben sind, bevor sie irgendetwas anderes tun.

Götzl Momentan wird Ihnen dafür das Wort nicht erteilt, das können Sie im Anschluss machen.

Verteidiger Heer Ich hab das beanstandet. Die Rechtsfolge ist, dass der Senat einen Beschluss dazu fasst.

Götzl Also das beantragen Sie? Soll dazu Stellung genommen werden?

Bundesanwalt Diemer Der Beschluss muss ja gar nicht sofort stattfinden. Ich kann Sie so gar nicht verstehen, Herr Rechtsanwalt Heer! So kenne ich Sie gar nicht! Das ist ja lächerlich.

Verteidiger Heer Zur Ihrer unsachlichen Anmerkung sage ich jetzt mal nichts. Auch Sie sollten doch kein Interesse daran haben, dass ein Revisionsgrund geschaffen wird. Unser Antrag ist der Länge nach überschaubar und er duldet aus unserer Sicht keinen Aufschub – und zwar im Interesse unserer Mandantin.

(Die Richter ziehen sich zur Beratung zurück und erscheinen dann wieder im Gerichtssaal.)

Götzl Dann ergeht nach geheimer Beratung folgender Beschluss. Die Verfügung des Vorsitzenden, Rechtsanwalt Heer das Wort nicht zu erteilen, wird bestätigt.

(Pause.)

Götzl Dann werden folgende Umstände mitgeteilt: Am 31.8.2015 rief mich Rechtsanwalt Borchert an und teilte mit, die Angeklagte Zschäpe hätte angedacht, sich in der Hauptverhandlung schriftlich zu äußern. Die Vorbereitung einer derartigen Erklärung würde aber einige Wochen dauern. Die Kanzlei werde sich, bevor die Erklärung tatsächlich vorliegen würde, nochmals bei mir melden. Auch die Mitverteidiger würden informiert werden. Am 30.9.2015 rief mich Rechtsanwalt Grasel an und teilte mit, dass die Erklärung vermutlich am 10.11.2015 abgegeben werden könne. Am 27.10.2015 fand am Rande der Hauptverhandlung ein Gespräch zwischen Rechtsanwalt Grasel und mir im Hinblick auf die angedachte Erklärung statt. Rechtsanwalt Grasel erklärte, der Termin am 10.11.2015 sei wohl nicht zu halten. Er denke, die Erklärung werde erst am 11.11.2015 oder am 12.11.2015 abgegeben werden können. Rechtsanwalt Grasel wurde von mir darauf angesprochen, dass ich beabsichtige, die Prozessbeteiligten vorab von der Abgabe einer Erklärung der Angeklagten zu informieren. Rechtsanwalt Grasel teilte mit, er werde mich deswegen am nächsten Tag nochmals ansprechen. Am 28.10.2015 teilte Rechtsanwalt Grasel mit, er sehe keine Notwendigkeit, die anderen Verfahrensbeteiligten vorab von der Abgabe einer Erklärung zu informieren. Ich wies darauf hin, dass ich mich, sobald ein Termin für die Abgabe einer Erklärung feststehe, aus Fairnessgesichtspunkten verpflichtet sehe, die anderen Prozessbeteiligten darüber zu informieren. Rechtsanwalt Grasel erklärte, die Kanzlei würde sich am 9.11.2015 bei mir melden, um mitzuteilen, wann die Erklärung definitiv abgegeben werden könne. Am 28.10.2015 sprach mich noch Rechtsanwalt Heer an und meinte, er habe mich mit Rechtsanwalt Grasel sprechen sehen. Es gebe Gerüchte über eine veränderte Situation. Er würde darum bitten, informiert zu werden. Ich habe Rechtsanwalt Heer an seinen Kollegen Rechtsanwalt Grasel verwiesen. Am 9.11.2015 – also gestern – rief mich Rechtsanwalt Borchert an und teilte mit, die Erklärung könne uber Rechtsanwalt Grasel nun am Mittwoch, den 11.11.2015, abgegeben werden. Die anderen drei Pflichtverteidiger seien bereits informiert. Gegen eine Vorabinformation der Verfahrensbeteiligten bestünden keine Einwände. Das zu Ihrer Information.

Anwalt Daimagüler Haben Sie Kenntnis darüber, ob Fragen zugelassen werden im Anschluss an die Erklärung von Frau Zschäpe?

Verteidiger Grasel Es werden Fragen des Senats im Anschluss beantwortet. Fragen der Nebenklage werden nicht beantwortet.

(Nun darf Verteidiger Heer seinen Antrag stellen.)

Verteidiger Heer Herr Vorsitzender, die Kollegen Anja Sturm, Wolfgang Stahl und ich beantragen erneut die Aufhebung unserer Bestellung als Pflichtverteidiger der Angeklagten Beate Zschäpe. Diverse Medien, namentlich »Spiegel Online« am 20.10.2015, hatten über Gerüchte berichtet, dass Herr Rechtsanwalt Grasel angeblich im November im Namen von Frau Zschäpe eine Erklärung vortragen werde. Ausgangspunkt dieser Gerüchte solle die Münchener Kanzlei Borchert sein, in der Herr Rechtsanwalt Grasel beschäftigt sei. »Spiegel Online« veröffentlichte am 9.11.2015 um 14.37 Uhr die Eilmeldung: »Beate Zschäpe will am Mittwoch umfassend aussagen«. In einem um 16.59 Uhr veröffentlichten Artikel heißt es: »Nach ›Spiegel Online‹-Informationen steht seit Wochen fest, dass Zschäpe ihr Schweigen brechen wird. Auch die Richter sollen seit Langem Bescheid wissen. Die Hauptangeklagte hatte ursprünglich vor, Ende Oktober auszusagen. Doch der Termin war kurzfristig wieder abgesagt worden.« Die Süddeutsche Zeitung berichtete am 9.11.2015 um 16.45 Uhr: »Beate Zschäpe will reden. An diesem Mittwoch, dem 244. Verhandlungstag im NSU-Prozess, soll es so weit sein. Das hat Zschäpes neuer Anwalt Mathias Grasel mitgeteilt. Er werde eine umfangreiche Einlassung machen, sagte er am Montag der ›Süddeutschen Zeitung‹. Es werde sowohl um die Person Zschäpes gehen als auch um die Sache, also um die Vorwürfe gegen seine Mandantin.«

Der Vorsitzende ging auf die Bitte um Informationserteilung im Falle der Abgabe einer Erklärung für die Mandantin nicht ein und ließ unsere Anfrage vom 30.10.2015 gänzlich unbeantwortet.

Indem der Senat uns jegliche Informationen über die ihm offensichtlich seit Längerem bekannte Absicht der Mandantin, die Verteidigungsstrategie grundlegend zu ändern, vorenthielt, hat er nicht nur die Verteidigung in unzulässiger Weise beschränkt. Das Gericht geht offenbar selbst von einem irreparabel zerrütteten Vertrauensverhältnis aus. Zudem stellt dieses Vorgehen auch eine Respektlosigkeit gegenüber uns als dem Gericht gleichrangige Organe der Rechtspflege und eine demonstrative Missachtung des Instituts der Verteidigung dar. Es mutete bereits befremdlich an, dass uns der Vorsitzende in die augenscheinlich verfahrensbezogene Besprechung des Senats mit Herrn Rechtsanwalt Grasel nicht einbezog. Zumindest war er verpflichtet, uns im Sinne der Gewährung rechtlichen Gehörs unaufgefordert über den Inhalt dieser Unterredung zu informieren. Keinesfalls durfte er uns diese Information vorenthalten. Dies gilt umso mehr, als der Senat innerhalb und außerhalb der Hauptverhandlung konkrete Anhaltspunkte dafür gewinnen konnte, dass eine direkte Kommunikation mit der Mandantin derzeit nicht stattfindet, und ferner dafür, dass wir in strategische Abstimmungen zwischen der Mandantin und Herrn Rechtsanwalt Grasel nicht eingebunden werden.

Der Vorsitzende kann nicht einerseits wiederholt betonen, Frau Zschäpe werde von uns ordnungsgemäß verteidigt, und wir hätten weiterhin »im Sinne einer Verteidigung der Angeklagten agiert« (Senatsbeschluss vom 14. 10. 2015) und uns andererseits über derartige Absprachen mit Herrn Rechtsanwalt Grasel im Unklaren lassen.

Wenn der Vorsitzende die Entscheidung trifft, die seit Beginn der Hauptverhandlung mitwirkenden Verteidiger nicht über verfahrensbezogene Erörterungen mit dem erst seit dem 7. 7. 2015 an der Hauptverhandlung teilnehmenden Verteidiger zu informieren, kann daraus nur der Schluss gezogen werden, dass selbst der Senat das Vertrauensverhältnis zwischen Frau Zschäpe und uns als irreparabel zerrüttet betrachtet. Anders ist es nicht zu erklären, dass wir auch auf mehrfache Nachfrage als gerichtlich verpflichtete Verteidiger nicht über die mit dem Senat offenbar schon seit Längerem besprochene grundlegende Kehrtwende des prozessualen Verhaltens von Frau Zschäpe in Kenntnis gesetzt wurden.

Eine Verteidigung im Sinne der Interessen unserer Mandantin wird uns künftig nicht mehr möglich sein, da wir befürchten müssten, dass jegliche prozessuale Aktivität, sei es die Befragung von Zeugen, die Abgabe von Erklärungen, das Anbringen von Anträgen und die Vornahme von Beanstandungen, einem uns möglicherweise nicht bekannten Verteidigungskonzept zuwiderliefe.

Aufgrund des Umstandes, dass der Senat im Zwischenverfahren die Mitwirkung dreier Verteidiger für erforderlich erachtete, die Verteidigung von Frau Zschäpe aber nunmehr faktisch auf nur einen Verteidiger verlagert hat, kann jedenfalls jetzt von einer ordnungsgemäßen Verteidigung keine Rede mehr sein. Die Verteidigung von Frau Zschäpe – als Institut – ist damit eingeschränkt und im Ergebnis erheblich behindert. Der mutmaßliche Willen von Frau Zschäpe, ihre Verteidigung künftig anders zu gestalten, ist zu respektieren. Gerade auch in Anbetracht der erheblichen Belastungen, die dieses Verfahren für Frau Zschäpe mit sich bringt, darf sie eine ihren Wünschen entsprechende und den Anforderungen an ein rechtsstaatliches Verfahren genügende Verteidigung erwarten. Unsere Bestellungen sind daher aufzuheben. Die Folgen für das Verfahren sind hinzunehmen.

Verteidigerin Sturm Wir möchten angesichts der von Ihnen, Herr Vorsitzender, heute Morgen endlich für notwendig erachteten Informationen unseren Antrag noch weiter begründen. Der Vorsitzende räumte ein, dass seit dem 31. 8. 2015 ein Kontakt zu einem Rechtsanwalt besteht, der laut Aktenlage nicht Verfahrensbeteiligter war. Nach unseren Informationen hat erst heute Herr Rechtsanwalt Borchert die Verteidigung gegenüber dem Gericht angezeigt. Es ist unklar, welche Funktion Rechtsanwalt Borchert zuvor zugekommen ist. Tatsache ist, dass der Vorsitzende seit dem 31.8.2015 ein geheimes In-camera-Verfahren geführt hat, ohne die Prozessbeteiligten und insbesondere ohne uns als Verteidiger zu informieren. Es scheint offenkundig an der Akte vorbei eine gesonderte Akte betreffend die Verteidigungsstrategie zu geben. Es ist davon auszugehen, dass der Vorsitzende die heutige Information bestimmt nicht allein aus seiner Erinnerung mitgeteilt hat. Das ist ein Verstoß gegen den Grundsatz der Aktenklarheit und der Aktenvollständigkeit. Selbst wenn sich der Vorsitzende unzulässigerweise auf seine Erinnerung verlassen hat, wäre er verpflichtet gewesen, uns unverzüglich über die gesamten Vorgänge zu informieren.

Verteidiger Klemke Die Verteidigung Wohlleben beantragt, die Hauptverhandlung für drei Stunden zu unterbrechen. Wir möchten ein Ablehnungsgesuch des Herrn Wohlleben gegen Senatsmitglieder formulieren.

(Pause)

Verteidigerin Schneiders Es wird ein etwas längerer Antrag: Der Angeklagte Wohlleben lehnt den Vorsitzenden Richter und alle Beisitzenden Richter wegen der Besorgnis der Befangenheit ab.

(Schneiders referiert ausführlich die Vorgänge, die Götzl und Heer bereits thematisiert hatten. Nach einer Weile setzt Verteidiger Nahrath fort, dann Verteidiger Klemke. Sie zitieren in voller Länge die verschiedenen Beschlüsse und Anträge der Vergangenheit zu der Krise in der Verteidigung von Beate Zschäpe. So vergeht viel Zeit. Dann kommt Klemke zum Schluss.)

Verteidiger Klemke Die abgelehnten Richter haben in erheblichem Maße ihre Fürsorgepflicht gegenüber der Angeklagten Zschäpe verletzt. Indem die abgelehnten Richter es zugelassen haben, dass die Angeklagte Zschäpe und Rechtsanwalt Grasel einerseits und die Rechtsanwälte Heer, Stahl und Sturm andererseits einander diametral entgegengesetzte Verteidigungsstrategien verfolgen, haben sie es hingenommen, dass die Verteidigung durch die Rechtsanwälte Heer, Stahl und Sturm vollig leer lief. Zugleich haben sie die Gefahr begründet, dass Verteidigungsaktivitäten der Rechtsanwälte Heer, Stahl und Sturm die geplante Einlassung der Angeklagten Zschäpe torpedieren konnten. Aus der Sicht des Angeklagten Wohlleben verfuhren die abgelehnten Richter in dieser Art und Weise, um eine Einlassung der Angeklagten Zschäpe um jeden Preis zu erlangen, auch um den der empfindlichen Storung oder gar Aufhebung ihrer Verteidigungsfähigkeit. Hieraus muss der Angeklagte Wohlleben den Schluss ziehen, dass den abgelehnten Richtern eine sachgerechte Verteidigung der Angeklagten Zschäpe wegen der angekündigten Einlassung vollig gleichgültig ist. Im Übrigen stellt sich die Verfahrensweise des Senats als eklatanter und willkürlicher Verstoß gegen das Fairnessgebot dar. Der Angeklagte Wohlleben muss befürchten, dass die abgelehnten Richter ähnliche Maßstäbe an seine eigene Verteidigung anlegen. Aus den dargestellten Gesamtumständen kann der Angeklagte Wohlleben nicht mehr davon ausgehen, dass die abgelehnten Richter ihm und seiner Sache unparteilich und unvoreingenommen gegenüberstehen.

Anwältin Dierbach Im Kern stützen die Verteidiger Heer, Stahl und Sturm ihren Antrag auf Entpflichtung auf den Umstand, dass der Vorsitzende sie nicht informiert habe. Die Verteidiger sind keine Vertreter der Angeklagten, sondern unabhängige Beistände. Die Angeklagte ist weder verpflichtet, mit ihren Verteidigern zu kommunizieren, noch diese in ihre Entscheidungen einzubeziehen. Eine Aufhebung der Beiordnung ist nicht geboten. Tatsachen, die eine Besorgnis der Befangenheit gegenüber dem Angeklagten Wohlleben darlegen könnten, sind nicht ersichtlich.

Bundesanwalt Diemer Der Vorsitzende hat auch nicht die Aufgabe, etwaige Kommunikationsdefizite in der Verteidigung auszugleichen.

Verteidiger Stahl Wir verkennen nicht, dass es möglich sein muss, als bestellter Pflichtverteidiger einen Mandanten zu verteidigen, der gänzlich den Kontakt ablehnt. Hier sieht die Sache allerdings anders aus: Wir drei, die Frau Zschäpe seit geraumer Zeit verteidigt haben, sind ja gegen unseren erklärten Willen weiterhin als bestellte Verteidiger tätig und darauf angewiesen, dass wir in diesem Verhältnis, das zum Gericht und nicht zur Mandantin besteht, geachtet werden vom Gericht als notwendige Verteidiger. Wenn es dann aber so ist, dass der Senat die drei Verteidiger mehr oder weniger kaltstellt und die Verteidigungsstrategie mit einem vierten, nicht eingearbeiteten Verteidiger erörtert und abstimmt, dann werden wir außen vor gehalten – und da nimmt er Einfluss. Das ist es, war wir rügen. Wir laufen Gefahr, in einer Art Blindflug prozessuale Maßnahmen zu ergreifen, die der Mandantin womöglich schaden.

Götzl Wir werden jetzt wie folgt verfahren. Wir unterbrechen die Hauptverhandlung und setzen am kommenden Dienstag fort.

(Zwei Tage später, am 12. November, erreicht den Senat ein Fax von Zschäpes Wahlverteidiger Borchert. Darin teilt Borchert mit, dass »aufgrund der augenblicklichen prozessualen Situation und aufgrund meines Urlaubs vom 17. 11 bis zum 6. 12. 2015« die Einlassung von Zschäpe »frühestens am 8. Dezember 2015« verlesen werden könne.)

Tag 244

19. November 2015

Manfred Götzl, Richter. **Jürgen K.**, 51, Polizeibeamter aus München. **Christian C.**, 46, Kriminalhauptkommissar beim Bundeskriminalamt. **Herbert Diemer, Anette Greger**, Vertreter der Bundesanwaltschaft. **Mathias Grasel, Wolfgang Heer, Andreas Lickleder, Wolfgang Stahl**, Verteidiger von Beate Zschäpe. **Olaf Klemke, Nicole Schneiders**, Verteidiger von Ralf Wohlleben.

Götzl Es geht uns um die Auswertung von Kartenmaterial. Bitte berichten Sie uns, inwiefern Sie befasst waren damit, mit welchem Kartenmaterial genau und welche Ergebnisse Ihre Ermittlungen hatten.

Jürgen K. Ich war von Januar bis März 2012 abgeordnet zum BKA zum Zwecke der Asservatenauswertung. Ich habe ein Asservat aus dem Schuttgut der Frühlingsstraße in Zwickau ausgewertet, eine DVD, die als Backup-Kopie zur Auswertung gekommen ist. Ich habe nicht das Original ausgewertet, sondern eine Kopie. Es ging um Datenbanktabellen, die dort abgelegt waren. Der übergeordnete Ordner heißt »Backup aktuell«. Es waren eine Menge Ordner vorhanden, 349 Ordner und 6392 Dateien. Ein Ordner war mit dem Wort »Killer« benannt. In diesem Ordner waren weitere Ordner und Unterordner mit einer Menge Datenbanktabellen und auch ein Stadtplanauszug vom Altstadtbereich Nürnberg. Die Karte war markiert mit zehn blauen Punkten und drei Smileys. Ich habe die zehn Punkte überprüft, an allen zehn Punkten befanden sich in unmittelbarer Nähe potenzielle Ziele, die auf einen rechtsextremistischen Hintergrund hindeuten können: ein Nachbarschaftshaus, in der Reichsstraße die DKP-Niederlassung, am Rathausplatz das SPD-Stammhaus, in anderen Straßen alles, was mit Flüchtlingen zu tun hat, mit Asylanten, mit Personen mit Migrationshintergrund. Ein Projekt für Flüchtlingskinder, eine Aufnahmeeinrichtung. Die Auswertung der Smileys hat ergeben, dass in der Juvenellstraße ein Waffenhändler ist, der war auf insgesamt acht Datenbanken des NSU verzeichnet. Eine Datenbank war mit dem Namen »Waffen« bezeichnet. Die anderen zwei Smileys waren rund um die Kurt-Schumacher-Straße, auch dort ums Eck gibt es einen Waffenladen. Ich habe eine aktuelle Karte mitgebracht.

(Der Zeuge tritt an das Richterpult, Götzl gibt ihm einen weiteren Stadtplanauszug von Nürnberg aus der Asservatensammlung.)

Jürgen K. Die Vorderseite war nicht so relevant, aber auf der Rückseite waren verschiedene mit Computerschrift geschriebene Objekte aufgezählt plus ein handgeschriebenes Objekt. Die Karte wurde am 23.5.2005 erstellt und die Adressenliste ein paar Tage später.

(Die Karte wird an die Wand projiziert. Handschriftlich ist darauf vermerkt: Scharrerstraße. Dort wurde am 9. Juni 2005 der Dönerbuden-Besitzer İsmail Yaşar ermordet.)

Jürgen K. Das war die Scharrerstraße. Ich glaub, das war ein Tatort.

(Der Zeuge Christian C. kommt in den Saal. Der Vertreter von Zschäpes Verteidigerin Anja Sturm, Andreas Lickleder, hebt die Hand.)

Götzl Dann warten Sie bitte noch mal draußen, Herr C.

Verteidiger Lickleder Wir beantragen, die Vernehmung des Zeugen C. nicht durchzuführen und auf einen späteren Zeitpunkt nach der angekündigten Abgabe einer Erklärung zur Person und Sache durch Frau Zschäpe zu verschieben. Unter Bezugnahme auf unseren Antrag zur Verteidigerbestellung erklären wir, dass eine ordnungsgemäße Verteidigung der Mandantin für uns nicht möglich ist, während der Zeuge C. zur Lage der Fingerspuren von Frau Zschäpe auf den Zeitungen Express und tz befragt wird. Folglich handelt es sich bei Herrn C. um einen ganz wesentlichen Zeugen für die Anklagehypothese. Die Bundesanwaltschaft wertet die Fingerspuren so, dass Frau Zschäpe Kenntnis hatte von den Zeitungsausschnitten. Die bisherige Verteidigungsstrategie von Frau Zschäpe könnte aber mit einer anderen Verteidigungsstrategie kollidieren. Durch eine Befragung des Zeugen C. durch uns als Verteidiger könnten der Mandantin Nachteile entstehen. Hilfsweise wird bereits jetzt der Verwertung der Aussage des Zeugen C. widersprochen.

Oberstaatsanwältin Greger Herr Vorsitzender, es gibt keinen Grund, die Zeugenvernehmung zu verschieben. Die Angeklagte ist ordnungsgemäß vereidigt. Es gibt keine Informationspflicht des Senats, der Senat hat auch keine gemeinsame Verteidigungsstrategie sicherzustellen. Die Verteidiger sind anwesend. Die Zeugenvernehmung kann stattfinden.

Verteidiger Grasel Ich beantrage eine Unterbrechung von fünf Minuten, um das mit der Mandantin zu besprechen.

(Nach einer kurzen Pause wird die Verhandlung fortgesetzt.)

Verteidiger Grasel Weder von Frau Zschäpe noch von mir gibt es Einwände gegen die Vernehmung des Zeugen C.

Verteidiger Klemke Die Verteidigung Wohlleben schließt sich dem Antrag der Rechtsanwälte Heer, Stahl und Lickleder an. Es kommt nicht auf die Informationsstände der Verteidigung an, wie die Bundesanwaltschaft meint. Uns zeigt sich die desolate Lage der Verteidigung von Frau Zschäpe ganz deutlich. Es geht um den fundamentalen Widerspruch zwischen zwei verschiedenen, sich diametral gegenüberstehenden Verteidigungsstrategien. Das Festhalten der einen Verteidiger daran, sich nicht zur Sache zu äußern, und der Ankündigung des anderen Verteidigers, dass Frau Zschäpe sich erklären wird, führt zu Verwerfungen, die belegen, dass das Vertrauensverhältnis von Frau Zschäpe und den Verteidigern Heer, Stahl und Sturm nachhaltig und endgültig zerrüttet ist. Auf der anderen Seite sehen wir, dass der Kollege Grasel nicht in der Lage sein dürfte, aus objektiven Gründen, Frau Zschäpe angemessen und sachgerecht zu verteidigen. Weil ihm 216 Verhandlungstage fehlen. Wir werden nicht müde, das erneut auf den Tisch zu bringen.

Götzl Die Verfügung des Vorsitzenden, die Vernehmung des Zeugen zum jetzigen Zeitpunkt anzuordnen, wird bestätigt. Der Zeuge soll Auskunft darüber geben, an welcher Position der Zeitungsartikel sich Fingerspuren finden. Es ist nicht ersichtlich, inwiefern sich eine Erklärung der Angeklagten Zschäpe auf das Verhalten der Verteidigung bei der Vernehmung des Zeugen auswirken könnte. Gegebenenfalls besteht die Möglichkeit, der Entlassung des Zeugen zu widersprechen. *(Auf die Verfügung des Vorsitzenden folgt nach einer Pause der Beschluss des Senats, den Zeugen trotzdem zu hören.)*

Götzl Es geht uns um zwei Asservate, Zeitungsartikel, uns würde die Lage von Fingerspuren darauf interessieren.

Christian C. Ich war hauptverantwortlich eingesetzt bei der Spurenbearbeitung der Asservate. Wir haben drei Spurensicherungsverfahren durchgeführt, beim dritten kamen die Spuren zum Vorschein. Am besten wäre es, wir würden uns das genau anschauen.

Götzl Dann kommen Sie nach vorn.

(Der Beamte zeigt Klarsichtfolien, in denen jeweils eine halbe Zeitungsseite der Münchner Tageszeitung tz und der Kölner Zeitung Express eingeschweißt sind. Auf der tz steht groß die Überschrift »Sie wollten Lutscher kaufen, und sahen den Todeskampf«, ein Bericht über Kinder, die den ermordeten Habil Kılıç in seinem Laden fanden. Der Express hat zahlreiche Bilder von Verletzten des Nagelbombenanschlags in der Keupstraße in Köln-Mülheim abgedruckt, dazu die Aussage eines Zeugen: »Ich habe den Täter gesehen.«)

Christian C. Das ist ein Bericht über den Nagelbombenanschlag in der Keupstraße in Mülheim. Die Fingerspur ist hier unten eingezeichnet. Am unteren Rand der Zeitung, rechts.

Götzl Welche Seite war das und von welchem Datum?

Christian C. Hier steht Seite 47 vom Kölner Express, vom Freitag, 11. Juni 2004.

Götzl Dann geht es um das nächste Asservat.

Christian C. Das ist die tz vom Donnerstag, dem 30. August 2001. Die Fingerspur liegt auf der Vorderseite des Blattes ganz oben. *(Er deutet auf die Rubrik »München«, die über der Seite steht).*

Götzl Dann packen wir es bitte wieder ein. Können Sie etwas zum Inhalt der Artikel sagen?

Christian C. Das war ein Artikel zur Tötung eines türkischen Ladenbesitzers.

Verteidiger Heer Wir widersprechen der Entlassung des Zeugen.

Verteidiger Stahl Aus unserer Sicht drängen sich mehrere Fragen auf, die wir stellen müssen, aber wir sehen uns im Moment gehindert, das zu tun.

(Der Zeuge wird für diesen Tag verabschiedet.)

Verteidigerin Schneiders Die Verteidigung von Ralf Wohlleben beantragt die Beiziehung der Tatortfotos, die vor Kurzem in der Polizeidienststelle Gotha gefunden wurden. Es handelt sich um Fotos, die von der Feuerwehr gemacht wurden. Nach einem MDR-Bericht heißt es, es seien verschollene Fotos wiederaufgetaucht. Verschwundene Bilder der Feuerwehr Eisenach seien bei einer Durchsuchung in der Polizeistation entdeckt worden, auch eine 400 Seiten starke Akte. Mehrere Beamte hätten in einer diskreten Aktion in den Räumen der Polizei Gotha gesucht, auf eine Anweisung hin, nach Material mit Bezug zum NSU-Komplex zu suchen. Die Ausschussvorsitzende des Thüringer Untersuchungsausschusses sagte dem MDR, es sei noch weiteres Material zu erwarten. Die Beiziehung dieser Akten und Fotos ist zur Aufklärung dringend geboten.

Bundesanwalt Diemer Wir würden den Antrag zunächst gerne prüfen.

Verteidiger Grasel Ich hatte gestern ja bereits per Telefax dasselbe beantragt. Deswegen schließe ich mich der ausführlicheren Begründung der Verteidigung Wohlleben an.

Verteidiger Stahl *(schaut erstaunt und fasst sich an die Stirn)* Ich weiß nicht, was der Kollege Grasel per Telefax beantragt hat, vielleicht kriegen wir das auch.

Götzl Es geht um die Beiziehung der gefundenen Akten. Dann wären wir für heute am Ende.

Tag 245

24. November 2015

Manfred Götzl, Richter. **Markus G.**, 45, Kriminalbeamter beim BKA Wiesbaden. **David K.**, 33, Kriminalbeamter beim BKA Berlin. **Jochen Weingarten**, Vertreter der Bundesanwaltschaft. **Wolfgang Heer**, Verteidiger von Beate Zschäpe.

(Der Befangenheitsantrag des Angeklagten Wohlleben gegen die Richter ist von einem anderen Strafsenat zurückgewiesen worden. Der Prozess kann wie geplant fortgesetzt werden.)

Götzl Es geht uns um die Auswertung von Asservaten, und zwar insbesondere um

Kartenmaterial. Mich würde zunächst interessieren, womit Sie beschäftigt waren.

Markus G. Meine Aufgabe war es, das Kartenmaterial und die Verzeichnisse zu sichten und zu vergleichen mit einer Liste der 10 000 – ein Verzeichnis von Personen, öffentlichen Einrichtungen, das in der Frühlingsstraße gefunden wurde – und auch zu vergleichen mit verfahrensrelevanten Tatörtlichkeiten. Wir haben die Asservate gesichtet, sie lagen in Bildform vor. Gestützt darauf haben wir zusammengebracht Karten- und Verzeichnismaterial. Das war überwiegend übereinstimmend. Meistens waren es Banken und Sparkassen. In der überwiegenden Zahl hatten wir keine Übereinstimmung mit verfahrensrelevanten Tatörtlichkeiten, aber zum Teil mit dieser Liste. In Stralsund zum Beispiel gab es eine Tatörtlichkeit, das betraf Banküberfälle.

Götzl Bitte kommen Sie nach vorne.

Markus G. Das hier ist Asservatenmaterial bezüglich Stuttgart. Da hatten wir einzelne Kennzeichnungen in Form einer Umkreisung von Straßen und Objekten. Das haben wir mit dieser Liste verglichen. Ich fange mal mit der Kronenstraße an. Die ist auf der Liste unterstrichen und markiert. In der Karte ist sie im Quadrat H 10. Da sehen wir die Einkreisung der Kronenstraße. Und daraufhin haben wir verglichen, was sich dort befinden sollte, das wurde an die Ermittler weitergegeben, die das ermitteln sollten.

Götzl Haben Sie da eine Rückkopplung erfahren?

Markus G. Nein. Wir waren lediglich zuständig für die Beschreibung. Das musste auch zügig gehen, weil man dachte, das könnten weitere Anschlagsorte sein.

Götzl *(ungeduldig)* Ich würde gerne jetzt noch mal die Abbildungen einzeln durchgehen.

(Der Zeuge zeigt die einzelnen Kartenausschnitte, teils mit Markierungen.)

Markus G. Hier handelt es sich um einen Kartenauszug von Eisenach. Es sind einzelne rote Fähnchen, rote Markierungen zu sehen. Was dort weiter ermittelt worden ist, kann ich nicht sagen. Ansonsten handelt es sich ausschließlich oder überwiegend um Banken, die hier aufgeführt sind. Die zweite Darstellung: Das müssten Asservate aus dem Wohnwagen sein. Wir haben hier eine handgezeichnete Skizze. Wie ein Grundriss. Interessant ist die Schubertstraße mit der Aufschrift »Polizei«. Im oberen Bereich des Blattes sieht man Abkürzungen von Wochentagen und Zeitangaben.

Götzl Dann Asservat 2.12.235-237.

Markus G. Hier haben wir eine Kartenübersicht von Göttingen, mit Ausdrucksdatum 2. 4. 2006. Das ist ein größerer Ausschnitt mit zwei eigens bezeichneten Bereichen S 1 und S 2. Da sind Sterne als Kennzeichnungen mit ausgedruckt. Zum Teil versehen mit handschriftlichen Ziffern, wie hier die 90, hier die 89. Wir haben einen handschriftlichen Zusatz: »MdL«. Und hier ein Zusatz: »Landst«, vermutlich »Landstraße«.

Götzl Dann Asservat 2.12.234.

Markus G. Zu sehen ist eine Adressliste. Als Ausdruckdatum 3. 4. 2006. Es handelt sich um Personen und Verbände, Vereine, wie hier zum Beispiel religiöse Gemeinschaften.

Götzl Asservat 2.9.23.2.

Markus G. Auch hier wie eben eine Liste mit Banken und Sparkassen – in Greifswald. Passend dazu ein Kartenausschnitt von Greifswald. Und in diesem Ausschnitt sind die hier aufgeführten Banken und Sparkassen zumindest straßentechnisch erfasst.

Götzl Dann Asservat 2.9.23.3.

Markus G. Hier handelt es sich um Kartenmaterial von Rostock. Bei näherer Ansicht sieht man, dass Banken aufgeführt sind.

Götzl Asservat 2.12.183.

Markus G. Hier geht es um Wohnwagen-Vermieter im Bereich Bad Klosterlausitz und Umgebung. Auch hier ein Kartenausdruck und dazugehörig der Ausdruck von Adressen. Auf der Übersichtskarte finden sich korrelierend die einzelnen Angaben auf der Karte.

Götzl Dann nehmen Sie bitte wieder Platz.

(Als nächster Zeuge wird der BKA-Ermittler David K. befragt.)

Götzl Es geht uns um die Auswertung von Asservaten. Um Kartenmaterial. Wie sind Sie vorgegangen?

David K. Das war am 1. Dezember 2011, also fast vier Jahre her. Da wurden mir und Kollegen Fotos von sichergestellten Computerausdrucken vorgelegt, die in der ausgebrannten Wohnung der Frau Zschäpe gefunden wurden. Ich hatte die Ausdrucke, die sich zu Münster, Kassel und Bielefeld zuordnen ließen. Das waren Kartenausdrucke. Im Detail weiß ich es nicht mehr genau, was alles auf den Karten dargestellt war. Ich habe aber meinen Vermerk geschrieben, und was ich dort geschrieben hab, war so, wie ich es gesehen habe. Woran ich mich genau erinnere: Es gab Adresslisten zu jeder Stadt, und diese Listen, die waren mit Zahlen handschriftlich versehen. Und die Adressen hatten wir abgeglichen mit einer Adressliste, die wohl auf einem USB-Stick zuvor gefunden wurde. Und da waren auch die gleichen Adressen zu finden, von Politikern, muslimischen Einrichtungen, auch Adressen, die jüdische oder christliche Einrichtungen betrafen. Die Ausdrucke selber wurden laut aufgedrucktem Datum am 3. und 4. April 2006 gedruckt. In dieser Zeit fanden zwei Morde statt, der eine in Kassel und der andere in Dortmund. Weshalb ich vermutet habe, dass es da einen Zusammenhang gab, dass man in die anderen Städte weiterreisen wollte.

Götzl Bitte kommen Sie nach vorne. Wir schauen uns jetzt Fotos an. Ordner 571, Asservat 2.12.247.

David K. Das ist die Adressliste zu Bielefeld. Und diese Adressen waren auch alle in der Datei, die da sichergestellt wurde von anderen Kollegen.

Götzl Jetzt die Asservate 2.12.248-252.

David K. Das ist auch alles Bielefeld. Hier sieht man, dass die Windelsbleicher Straße unterstrichen wurde und die Nummern 55 und 56 eingetragen wurden. Das entspricht den Adressen in der Liste. Auf dem nächsten Blatt sieht man einen weiteren Ausschnitt aus Bielefeld, mit markierten Nummern. Bei der Nummer 47 steht daneben »MdB«, was sich in der Adressliste mit einem Eintrag deckt: Prinzenstraße 14. Ob die Person tatsächlich MdB – Mitglied des Bundestags – war, ist mir jetzt nicht bekannt. Hier: Das ist eine Markierung zu einem Büro der CDU. Die nächste Seite: Da sieht man eine Markierung an der Universitätsstraße 25. In der Liste findet sich das auch: Ring Christlich Demokratischer Studenten, RCDS.

(Nach der Entlassung des Zeugen und einer Pause lehnt Götzl die Anträge von Wolfgang Heer, Wolfgang Stahl und Anja Sturm ab, von ihrem Mandat entbunden zu werden.)

Götzl Nach geheimer Beratung ergeht folgender Beschluss: Die Anträge, die jeweilige Bestellung der Rechtsanwälte Heer, Stahl und Sturm als Pflichtverteidiger zu widerrufen, werden abgelehnt. *(Götzl gibt noch einmal den gesamten bisherigen Verlauf zu diesem Themenkomplex wieder.)* Eine ordnungsgemäße Verteidigung ist durch die Antragsteller weiterhin möglich. Unterschiedliche Auffassungen über das Verteidigungskonzept begründen nicht ohne Weiteres die Notwendigkeit der Rücknahme einer Bestellung. Die Angeklagte hat die Abgabe einer Erklärung angekündigt. Die Antragsteller hatten genug Zeit, sich darauf einzustellen. Anhaltspunkte dafür, dass die Rechtsanwälte Heer, Stahl und Sturm zu einer Modifizierung ihrer Verteidigung persönlich oder fachlich nicht in der Lage wären, gibt es nicht. Bei der Gesamtschau kann von einer Unmöglichkeit einer ordnungsgemäßen Verteidigung keine Rede sein. Konkrete, hinreichende und nachgewiesene Anhaltspunkte, dass das Vertrauensverhältnis zwischen den Antragstellern und der Angeklagten Zschäpe so nachhaltig gestört ist, dass die sachgerechte Ausübung des Mandats unmöglich ist, sind nicht zu erkennen und wurden auch nicht vorgetragen. Ergänzend wird mitgeteilt, dass der Vorsitzende die Funktion von Rechtsanwalt Borchert in den Telefonaten mit dem Senat so aufgefasst hat, dass dieser Mitteilungen für Rechtsanwalt Grasel übermittelte.

Verteidiger Heer Welche Verfahrensposition hatte denn Rechtsanwalt Borchert nach Ihrer Meinung im August? Was ist das rechtlich? Sagen Sie mir das!

Götzl Soll das jetzt ein Antrag sein?

Verteidiger Heer Ich bitte Sie höflich.

Götzl Ich hatte es so verstanden, dass er Mitteilungen für Rechtsanwalt Grasel übermittelte.

Verteidiger Heer Was soll das denn sein? Ein Erklärungsbote?

(Götzl ignoriert den Einwurf.)

Götzl Dann ergeht nach geheimer Beratung folgender Beschluss, der Antrag auf Abgabe dienstlicher Stellungnahmen in Zusammenhang mit der Nebenklage Meral Keskin wird abgelehnt. Hierzu wird Folgendes mitgeteilt: Mir lagen vor der »Spiegel Online«-Veröffentlichung keine weiteren Erkenntnisse vor, die über den Akteninhalt hinausgehen. Die Beschlussfassung zur Nebenklage ist ausschließlich anhand der Aktenlage erfolgt. Der Entscheidungsvorgang unterliegt dem Beratungsgeheimnis der drei beteiligten Richter. Das Beratungsgeheimnis erstreckt sich auch auf geäußerte Meinungen und Diskussionen. Ob den Richtern Merkwürdigkeiten im Zusammenhang mit dem Attest auffielen und sie Widersprüche sahen oder nicht, unterliegt ebenfalls dem Beratungsgeheimnis.

Tag 246

25. November 2015

Manfred Götzl, Richter. **Christian P.**, 35, Kriminalbeamter beim BKA Meckenheim. **Peggy M.**, 34 , Kriminalbeamtin aus Hamburg. **Ellen G.**, Kriminalbeamtin beim BKA Meckenheim. **Wolfgang Stahl**, Verteidiger von Beate Zschäpe. **Holger Gerlach**, Angeklagter. **Stefan Hachmeister**, Verteidiger von Holger Gerlach. **Antonia von der Behrens**, Anwältin der Nebenklage.

Götzl Es geht uns um das Asservat 11.15 – ein Sony-Ericsson-Telefon. Uns würde interessieren, was Sie damit gemacht haben und die Ergebnisse Ihrer Auswertung.

Christian P. Ich war in der Asservatensachbearbeitung tätig, ich hatte die Aufgabe, die Gegenstände zu sichten und eine Grobauswertung vorzunehmen. Das Mobiltelefon wurde im Wohnobjekt des Herrn Gerlach gefunden in Lauenau. Das habe ich ausgewertet und über die Fachdienststelle die Daten auslesen lassen: Kontaktdaten, gewählte Rufnummern, empfangene Anrufe, Multimedia-Dateien. Bei den Kontaktdaten habe ich eine Anschlussinhaberfeststellung machen lassen zu jeder Telefonnummer und für mich relevante Namen in einem Vermerk zusammengefasst. Weiterhin habe ich die Multimedia-Inhalte gesichtet, habe relevante Dateien in einen Vermerk gefasst und weiterhin die gespeicherten SMS und MMS angeschaut. Das Ganze ging weiter an den Personensachbearbeiter.

Götzl Wenn Sie dann im Einzelnen darauf eingehen, bitte!

Christian P. Laut SIM-Identifizierung handelte es sich bei Holger Gerlach um den Anschlussinhaber der Telefonnummer. Ich habe die Kontaktdaten untersucht, es waren diverse Familienangehörige eingespeichert. Ich habe geprüft, ob das mit den Anschlussinhaberfeststellungen übereinstimmte. Dann habe ich die SMS durchgeschaut, eine Einladung eines »Bassi« zu einem Konzert Ende November in Mailand gab es da, es handelte sich um ein Rechtsrock-Konzert, das Hammerskin-Festival. Weiterhin wurde eine SMS empfangen von einem Peter L., darin hat er sich nach dem Wohlbefinden von dem Handybesitzer erkundigt, und der hat sinngemäß zurückgeschrieben, ein weiser Mann hat mal an die Rathauswand in Jena geschrieben, dass »nur Scheiße braun ist und Neger auch«. Diese SMS wurde am 2. 11. 2011 auf dem Handy empfangen. Am 5. 11. 2011 wurde eine SMS an das Handy geschickt, die aber nicht mehr angezeigt wurde, worin er den Handybesitzer gewarnt hat, dass die »Bullen« vor seiner Haustür stehen. Ich habe auf dem Handy bei der Durchsicht der Bilddateien diverses rechtes Bildmaterial gefunden, unter anderem Bilder mit der Reichskriegsflagge mit Hakenkreuz, dann Hakenkreuz und Reichsadler. Auf dem Handy waren diverse Audiodateien, teilweise handelte es sich um Witze und um Lieder von der Band »Gigi und die braunen Stadtmusikanten«, welche rechtsgerichtete Musik produzieren.

Götzl In Ihrem Vermerk heißt es: auch diverse Audiodateien der Band »Stahlgewitter«.

Christian P. Ja, genau.

Götzl Können Sie sich erinnern, ob bei den Kontakten der Name »Heise« eine Rolle gespielt hat?

Christian P. Kann ich mich nicht mehr erinnern. Wenn ja, habe ich es auf jeden Fall aufgeschrieben.

Götzl In der Anlage zu Ihrem Vermerk finden sich Listen. Dort steht als Eintrag »Heise« mit einer Mobilnummer.

Christian P. Wenn ich die da aufgeschrieben habe, war sie so in dem Telefonbuch gespeichert.

Verteidiger Hachmeister Wie sind Sie konkret vorgegangen? Haben Sie alle Audiodateien angehört?

Christian P. Ja. Ich habe sie angeklickt und angehört und das war's.

Verteidiger Hachmeister Und dann haben Sie »Gigi und die braunen Stadtmusikanten« gehört?

Christian P. Ja, das war als Datei auch so auf dem Handy drauf.

Verteidiger Hachmeister Können Sie sich erinnern, wie viele Audiodateien Sie angehört haben? Mehr als zehn?

Christian P. Kann ich nichts mehr zu sagen.

Verteidiger Hachmeister Haben Sie mal eine Audiodatei aus der Musikrichtung Techno gehört bei der Auswertung des Geräts?

Christian P. Das weiß ich nicht mehr, tut mir leid.

(Der Zeuge verlässt den Gerichtssaal.)

Verteidiger Stahl *(gibt eine Erklärung ab)* Die Vernehmung des Zeugen führt zu dem wenig überraschenden Ergebnis, dass die Angaben des Angeklagten Gerlach in dem Ermittlungsverfahren und in der hier in der Hauptverhandlung verlesenen Erklärung, jedenfalls was seine politische Haltung betrifft, wenig bis gar nicht glaubhaft waren. Fest steht: Es gibt eine Variantenbreite von verschiedenen Angaben in den verschiedenen Vernehmungen. Die wenigen überprüfbaren Angaben von Herrn Gerlach führen oftmals zu dem Ergebnis, dass sie nicht validiert werden können.

(Als Zeugin tritt die Polizeibeamtin Peggy M. in den Gerichtssaal.)

Götzl Es geht uns heute um die Auswertung des Asservats 11.2.1, es soll sich um eine Festplatte handeln. Inwiefern waren Sie damit befasst?

Peggy M. Ich war zum BKA ausgeliehen und in der Asservatenauswertung eingesetzt …

Götzl *(geht dazwischen und fährt Holger Gerlach an, der in einem Ohr einen Kopfhörer hat)* Herr Gerlach, hören Sie hier zufällig Musik? Weil Sie hier so fröhlich vor sich hin wippen!

Gerlach Nö.

Verteidiger Hachmeister Das Audiokabel ist an die Mikrofonanlage angeschlossen, damit er alles, was hier gesagt wird, besser verstehen kann. Wenn er wippt, heißt es nicht, dass er sich hier amüsieren würde.

Götzl Dann nehme ich das zurück.

Peggy M. *(fährt fort)* Wie gesagt, es handelt sich um eine Festplatte aus einem PC Tower. Ich habe mit einem Auswertetool gearbeitet. Alles Gespeicherte wurde gespiegelt und ich konnte darauf zugreifen. Ich habe alle Ordner angeschaut und darüber einen Vermerk gefertigt. Es waren hauptsächlich private Bilder auf dem Rechner. Es wurde nach Kontaktpersonen gesucht. Es wurden viele Personen in den Vermerk aufgenommen, die aus dem Umfeld von Herrn Gerlach zu suchen sind; und auch zu dem Zeitpunkt unbekannte Personen.

Götzl Sagt Ihnen das Stichwort »Pressefest 2004« etwas?

Peggy M. Ja, dazu habe ich auch mehrere Lichtbilder in den Vermerk aufgenommen, die Herrn Gerlach und andere Personen gezeigt haben. Es gab so ein Pressefest in Sachsen. *(Es geht um ein Fest einer NPD-Zeitung.)*

Götzl Und sonstige Inhalte?

Peggy M. Ich erinnere mich an eine Person, die öfter auf Lichtbildern wiedererkannt wurde: Alexander S., der tauchte immer wieder auf. *(Die Rede ist von einem langjährigen Freund Gerlachs, der auch am Tag 72 vor Gericht aussagte. Dessen Frau, Silvia S., hatte Gerlach ihre AOK-Karte überlassen.)* Da gab es mehrere Lichtbilder, auf denen auch weißes Pulver zu sehen war. Ich meine, da war ein Bild, wo Herr S. mit Herrn Gerlach mit einen Häufchen weißem Pulver fotografiert wurde.

Götzl Vielleicht werfen wir mal einen Blick auf die Bilder.

(Fotos werden an die Wände projiziert.)

Peggy M. Auf dem ersten Bild ist ein Tisch zu sehen. Ein Tablett ist zu sehen mit weißem Pulver. Und hier auf dem Bild deutet der Pfeil auf eine Plastiktüte. Auf diesen Lichtbildern sieht man Herrn Gerlach und zwei unbekannte Personen. Das hier sind wieder Kontaktpersonen, die mir zu diesem Zeitpunkt und auch jetzt noch unbekannt sind. Auf dem letzten Bild ist wiederum eine Plastiktüte zu erkennen mit weißem Pulver als Inhalt. Das sind die Bilder in der Küche mit Herrn S. und Herrn Gerlach. Dahinter eine Packung mit Zucker, der gerne benutzt wird, um Speed oder Kokain zu strecken.

Götzl Können Sie etwas zum Entstehungszeitpunkt der Bilder sagen?

Peggy M. Wenn es Zeitstempel gab, wurde das von mir dokumentiert, aber das war, soweit ich weiß, nicht bei allen der Fall. Das hier sind die Bilder vom Pressefest. Ich habe dazu eine Internetrecherche durchgeführt. Demnach war es in Sachsen.

Götzl Auf Blatt 161 heißt es: Am 7. 8. 2004 Pressefest der »Deutschen Stimme«. *(Es handelt sich um die Parteizeitung der NPD.)* Haben Sie Informationen dazu, ob Herr Gerlach die Bilder des Pressefestes hochgeladen hat?

Peggy M. Nein.

Anwältin von der Behrens Haben Sie auch Musik festgestellt?

Peggy M. Ja, da war viel Musik drauf. Überwiegend rechte Bands. Aber die Gesinnung von Herrn Gerlach stand ja fest. Deshalb wurde das nur kurz zusammengefasst.

Anwältin von der Behrens Da haben Sie diese Bandnamen im Vermerk aufgeschrieben: »Eisregen«, »Stahlgewitter«, »Commando Pernod«. Sind das die, die Sie gefunden haben?

Peggy M. Ja.

Anwältin von der Behrens War das nur eine Auswahl? Oder abschließend?

Peggy M. Das kann ich nicht mehr erinnern, ob das nur beispielhaft war.

Verteidiger Hachmeister Können Sie erinnern, wie umfangreich die Musiksammlung war?

Peggy M. Weiß ich nicht mehr.

Verteidiger Hachmeister Dann sage ich Ihnen aus Verteidigerwissen, dass es circa 10 bis 12 Gigabyte an Daten waren. Kommt Ihnen da eine Erinnerung?

Peggy M. Nein.

Verteidiger Hachmeister Sie sagten, der überwiegende Teil sei rechts konnotiert gewesen? Habe ich das richtig verstanden?

Peggy M. Da habe ich mich falsch ausgedrückt. Ich kann nicht sagen, in welchem Mengenverhältnis das war.

Verteidiger Hachmeister Wissen Sie denn, wer die Musik auf dem Rechner abgelegt hat?

Peggy M. Nein.

Verteidiger Stahl Sie sagten, die Gesinnung des Herrn Gerlach stand ja fest. Von welchem Zeitpunkt reden Sie da?

Peggy M. Das war Januar 2012. Da lagen ja schon einige Ermittlungen vor.

(Die Zeugin wird entlassen, die Kriminalbeamtin G. betritt den Saal.)

Götzl Es geht um Asservat 2.9.5, Teile einer Geburtsurkunde, sowie weitere Asservate mit Bezug zum Namen B.. *(Max-Florian B. hat den drei Untergetauchten 1998 in Chemnitz seine Wohnung als Unterschlupf zur Verfügung gestellt. Seinen Pass hat später Uwe Mundlos genutzt. Auch B. gehörte zur rechtsradikalen Szene.)*

Ellen G. Zunächst eine Vorbemerkung: In den Vermerken wird öfter der Terminus »Trio« verwendet, das gehörte damals zum Sprachgebrauch in der BAO. Ich werde das jetzt natürlich differenzierter darstellen, um welche Person es jeweils geht. Das Asservat 2.9.5 habe ich in Fotografie bekommen und gemeinsam mit 2.9.18.1 ausgewertet, sie sind weitgehend identisch. Es handelte sich dabei um Teile einer Geburtsurkunde, aufgefunden im Brandschutt in der Frühlingsstraße. Es wird vermutlich mal Din A4 gewesen sein, die Seiten sind teils abgerissen oder verkohlt. Auf der Vorderseite findet sich eine Geburtsurkunde der DDR von 1978, am 1. 2. 78 ausgestellt. Es wird beurkundet die Geburt von Max-Florian B. Da die linke untere Ecke fehlt, ist das Dienstsiegel nicht mehr zu erkennen. Auf der Rückseite befinden sich handschriftliche Eintragungen in blauer Farbe. Es handelt sich um Anschriften, die dort aufgeführt sind. Weiterhin befindet sich eine Ausweisnummer dort. Sie gehört zu einem Ausweis, der Max-Florian B. zuzuordnen ist. Auf dem Asservat 2.9.5 finden sich weitere Eintragungen. Auf der Vorderseite das Wort »Max«, gefolgt von einer Handynummer, die dem B. zuzuordnen ist. Er führt die Nummer seit dem Jahr 2000. Auf der Rückseite finden sich Angaben zur Lebensgefährtin des B. Und zu den Kindern. Noch ein Eintrag: »PIN«, gefolgt von einer Nummer. Dabei handelt es sich um existente PINs zu einem Konto bei der Commerzbank. Es sieht so aus, als würde auf der Rückseite ein detaillierter Lebenslauf gestanden haben, von jemandem, der versucht, sich diese Daten einzuprägen. Später hat eine Untersuchung ergeben, dass die

Handschrift mit leicht überwiegender Wahrscheinlichkeit von Uwe Mundlos stammt.

(Fotos von den Asservaten werden gezeigt.)

Ellen G. Wie es aussieht, lagen die beiden Asservate eng beieinander, und durch das Löschwasser ist die Schrift teilweise übertragen worden.

Götzl Dann kommen wir zu dem weiteren Themenbereich.

Ellen G. Ja, der zweite Vermerk aus dem Jahr 2012. Ich habe mir damals alle Asservate gesucht, die den Bezug zu Max-Florian B. hatten. Es ist eine Zusammenstellung von Erkenntnissen, die Kollegen gewonnen haben. Ich stelle die Asservate nach Themenbereichen vor: Zum einen das Ursprungsasservat, das ist der Reisepass. Er wurde am 7. 9. 1998 ausgestellt auf den Namen Max-Florian B., fünf Jahre gültig. Also bis 2003. Er zeigt das Bild des Uwe Mundlos. Das Lichtbild ist mit an Sicherheit grenzender Wahrscheinlichkeit ein Bild von Uwe Mundlos, das hat ein Gutachten festgestellt. B. hat in einer Vernehmung mitgeteilt, er habe Uwe Mundlos 1998 seinen Reisepass gegeben, damit dieser einen Pass beantragen konnte. Nach dem Reisepass-Antrag wurde der Pass am 7. 9. 98 beantragt unter Vorlage eines Personalausweises auf den Namen des Max-Florian B. Es ist ein echter Ausweis. B. hat damit auch später einen eigenen Ausweis neu beantragt. Es wurde auch eine Geburtsurkunde vorgelegt. In seinen Vernehmungen hat Herr B. dazu ausgesagt, dass er sich nicht erinnern könne, die Geburtsurkunde auch übergeben zu haben, aber er könne es nicht ausschließen. Der Abholer des Passes stimmte nicht mit dem Antragsteller überein. Er hat im Auftrag unterschrieben. Wir konnten nicht ermitteln, wer den Reisepass abgeholt hat. In den Archiven ist auch keine Vollmacht zu finden gewesen.
Der Reisepass diente als Legendierung für einige weitere Objekte. Zum Beispiel wurde im Wohnwagen eine Servicecard der Commerzbank auf den Namen Max B. gefunden, sie hatte eine Gültigkeit bis 2012. Ein Konto wurde mit dem Reisepass eröffnet. Und die auf dem Lebenslauf befindlichen Aufschriften »PIN« gehörten zu diesem Konto. Sowohl in der Frühlingsstraße in Zwickau wurden Schreiben der Bank gefunden, gerichtet an B., und aus den Jahren 2006 und 2011 sind auch Kontoauszüge gefunden worden in der Wohnung des B.. Er gab an, dass er Kenntnis hatte von diesem Konto, und auch 2009 mal ein Saldo ausgeglichen hat. Im Wohnmobil wurden zwei Bahncards gefunden. Eine hatte eine Gültigkeitsdauer 2010 bis 2011, sie trägt ein Lichtbild, das mit an Sicherheit grenzender Wahrscheinlichkeit gemäß Gutachten Uwe Mundlos zeigt. Die andere Karte ohne Lichtbild, das hatte die Bahn umgestellt, hatte Gültigkeit 2011 bis 2012. Sie wurde auch ausgestellt auf Max-Florian B. Bei der Deutschen Bahn wurden seit 2005 Bahncards geführt auf diesen Namen. In der Frühlingsstraße wurden verschiedene Schreiben der Bahn gefunden, auch Rechnungen zu eben

diesen Bahncards. Ein weiteres Asservat ist ein Einzahlungsbeleg aus dem Jahr 2004 über 50 Euro, Auftraggeber ein Max B. Empfänger: die Deutsche Bahn Personenverkehr. Es ist also möglich, dass es sich um die erste Bahncard handelt und im System der Bahn dann seit 2005 die Verlängerungen aufgeführt sind. Man kann leider keine Reisen nachvollziehen, die mit Bahncards durchgeführt werden.

Weiterhin wurde der Name B. für Wohnungsanmietungen genutzt. In der Frühlingsstraße fand sich ein Mietvertrag für die Heisenbergstraße in Zwickau auf den Namen B. Zu dieser Wohnung findet sich in der Frühlingsstraße auch ein Überweisungsträger für die Mietzahlung. In dieser Wohnung war Max-Florian B. nie wohnhaft. Sie wurde von Mundlos, Böhnhardt und Zschäpe genutzt. Weiterhin gefunden im Brandschutt wurden Lohn- und Gehaltsabrechnungen des Max-Florian B. von der Bauhütte Chemnitz und seinem späteren langjährigen Arbeitgeber: einem Steinmetz in Dresden. Es ist möglich, dass diese Gehaltsabrechnungen der Bonitätsdarstellung gedient haben.

Der Name B. wurde auch benutzt bei Urlauben. Es findet sich im Wohnmobil eine sogenannte Ostseecard der Insel Fehmarn. Das ist so eine Art Beleg dafür, dass Sie die Kurtaxe bezahlt haben. Damit bekommt man Ermäßigungen. Sie ist ausgestellt auf Max B.. Der Zeitraum ab dem 7.7.2011. In der Frühlingsstraße fand sich damit korrespondierend die Anmeldung für diese Ostseecard. Genau zu diesem Zeitpunkt waren Uwe Mundlos, Uwe Böhnhardt und Beate Zschäpe auf dem Campingplatz auf Fehmarn im Urlaub. Weiterhin in der Frühlingsstraße gefunden wurde eine Voranmeldung für einen geplanten Urlaub 2012 auf dem Campingplatz Regenbogen auf Rügen. Auch dafür wurde der Name Max B. benutzt. Insgesamt ergeben die Ermittlungen zu den Urlauben, dass seit 2003 der Name auch bei Buchungen benutzt worden ist.

Dann ein Bereich, den ich allgemeine Lebensgestaltung nennen möchte: Eine Vielzahl von Asservaten finden sich in der Frühlingsstraße, die Belege sind für Kaufhandlungen von Elektronik, Computerbedarf, Telefon, Kabelanschluss, Energieversorger. Zudem zwei Tierabgabeverträge für Katzen. Eine geschlossen mit dem Tierheim in Zwickau im Jahr 2002. Auf den Namen Max B.. Und im Jahr 2004 eine weitere Katze. Ein Übergabevertrag mit dem Namen Max B.

Insgesamt kann man feststellen, dass all diese Asservate belegen, dass der Name Max B. seit 1998 durchgehend bis 2011 als Alias-Personalie benutzt worden ist. Und alle Ermittlungen deuten darauf hin, dass diese Personalie genutzt worden ist durch Uwe Mundlos.

(Die Zeugin wird entlassen.)

Verteidiger Stahl Sehr erfreulich, wirklich sehr erfreulich ist es, dass Frau G. von sich aus klargestellt hat: Ja, das Wort »Trio« sei in den Sprachgebrauch gekommen und gedankenlos benutzt worden, und sie wolle versuchen, sich differenzierter auszudrücken. Das ist angemessen, dass das endlich mal versucht wird. Trotzdem habe ich den Eindruck, dass die von der Zeugin übernommenen Ergebnisse so ein bisschen in das Gesamtbild geflossen sind, was das BKA damals hatte.

Tag 247

26. November 2015

Manfred Götzl, Richter. **Peter Lang**, Beisitzender Richter.

(Eigentlich sollte der Zeuge Volker Henck erscheinen, um über die Jugend von Uwe Böhnhardt, Uwe Mundlos und Beate Zschäpe zu berichten.)

Götzl Es gibt Schwierigkeiten mit der Anreise des Zeugen. Er hatte eine Autopanne. Er ist jetzt wieder unterwegs. Ob er uns erreichen wird, weiß ich noch nicht. Dann werden wir die Zeit nutzen und mit Verlesungen fortfahren, gemäß einem Antrag von Frau Rechtsanwältin von der Behrens vom 203. Verhandlungstag.

(Götzl und Lang verlesen abwechselnd Beiträge in einem Fanzine der rechtsradikalen Blood-&-Honour-Bewegung an »Freunde und Kameraden«. Dazu gehört auch folgender Liedtext, den Richter Lang vorträgt.)

Richter Lang »Sie springen über alle Zäune, sie kommen im Kofferraum / sie kommen durch die Kanalisation, sie kommen in Trucks / sie schwimmen durch Flüsse, sie kommen in Booten / sie bringen ihre Kinder mit, auch ihre Ziegen / sie kommen durch Tunnel, sie kommen in Flugzeugen / sie kommen überall durch, versteckt in Zügen / vernichtet dieses Ungeziefer, sie sind wie Ratten / schließt die Tür zu Mexiko, denn wir woll'n es so / – Refrain – ay, ay, ay, die Bohnenfresser kommen über die Grenze / ay, ay, ay, wir alle versuchen Euch zu warnen / Wir gründen eine Armee, bewaffnen sie mit Panzern / stürmt die Tore zu Mexiko, stellt Fallen auf / Elektrifiziert die Zäune, lasst uns eine Mauer bauen / töte dir einen schmierigen spick , töte dir einen, tötet sie alle. / – Refrain – Wenn ich dir in die Augen sehe, will ich dir in den Kopf schießen / ich will all Eure schmierigen spick's sehen / ich will sie alle tot sehen / Tot, Tot, Tot, spickillya / Tötet die spick's auf der Straße / erschießt sie in ihren Autos, schlagt ihre schmierigen Köpfe ab / stich einen in einer Bar ab / Du weißt wir übernehmen die Kontrolle / schlagt einen mit 'nem Knüppel / schließt die Tür zu Mexiko / denn wir woll'n es so / – Refrain – löscht die Bohnenfresser aus.«

(Dann folgt ein Bericht über ein Rechtsrock-Konzert am 25. Mai 1996 in Zwickau.)

Richter Lang »Es musizierte Faustrecht Wahnsinnsansage, musikalisch völlig überzeugend. Weiterhin spielten Thors (Hammer!), Sturmtrupp, Spreegeschwader und ein Sammelsurium aus mehreren Bands mit einem genialen Mandy (Radikahl). In welcher genauen Reihenfolge kann ich nicht mehr bestimmen. Irgendwann kam noch mal Sturmtrupp, dann Elbsturm (oder umgekehrt) und ein Feierabendständchen der Allgäuer. Sollte ich eine Band vergessen haben, entschuldigt dieses!«

(Nun wird ein Aufsatz über politischen Widerstand verlesen.)

Richter Lang »Die alten Formen des politischen Aktivismus, wie zum Beispiel der Weg über Wahlen in das Parlament, das medienwirksame Auftreten von Fahnen schwenkenden Parteien oder das auf legaler Basis angestrebte Kaderprinzip sind überholt. Man muss sich nicht jeden Tag in Uniform schmeißen, »Sieg Heil« brüllend und Flugblätter um sich werfend durch die Gegend ziehen. Das nutzt natürlich unseren Gegnern. Man braucht auch nicht in seinen vier Wänden hocken und bei Kerzenschein auf den Umsturz warten. Gelingt es uns, mit Fantasie und Humor, aber auch mit der nötigen Entschlossenheit und Ernsthaftigkeit, eine nicht angreifbare, gut vernetzte Bewegung von unabhängig agierenden Gruppen zu werden, so wird uns das Schicksal den Sieg nicht versagen. Nur: Wir dürfen nicht auf einen eventuell irgendwann mal auftauchenden Führer warten, darauf, dass immer jemand kommt und sagt, was zu tun ist. Nein! Jeder ist dazu aufgerufen, etwas zu tun! Leaderless resistance ist die Devise! Zum Abschluss noch ein bemerkenswertes Zitat von Louis Beam, einem Führer des Ku-Klux-Klans: ›Die Patrioten von heute müssen sich auf den größten aller Kriege, den Rassenkrieg, vorbereiten, und dafür muss man geheime Strukturen schaffen und bereit sein, sein Leben zu opfern.‹«

(Das Gericht zieht sich für eine Pause zurück.)

Götzl Der Zeuge Henck ist bis jetzt nicht erschienen. Wir bekamen um 7.35 Uhr einen Anruf, er habe eine Panne und sei an einer Raststätte 40 Kilometer vor Nürnberg. Wir haben dort angerufen, es hieß, der Zeuge sei weitergefahren. Der Zeuge hat sich weder beim Senat noch bei der Geschäftsstelle gemeldet und ist über Handy nicht zu erreichen. Wir werden ihn auf den 2.12. umladen.

(Die Verhandlung am 2.12. fällt dann allerdings aus.)

Tag 248

8. Dezember 2015

Manfred Götzl, Richter. **Christian N.**, 38, Polizeibeamter vom LKA Baden-Württemberg. **Mathias Grasel**, Verteidiger von Beate Zschäpe. **Nicole Schneiders**, Verteidigerin von Ralf Wohlleben. **Mehmet Daimagüler**, Anwalt der Nebenklage.

(Die Verhandlung hat sich um zwei Wochen verzögert, weil der neue Wahlverteidiger von Beate Zschäpe, Hermann Borchert, einen lange geplanten Urlaub angetreten hatte.)

Götzl Ich gebe bekannt, dass Frau Zschäpe beantragt hat, ihr Herrn Rechtsanwalt Dr. Borchert als Pflichtverteidiger beizuordnen. Und zum Prozedere erst mal: Soll heute eine Einlassung seitens Frau Zschäpe erfolgen?

Verteidiger Grasel Die Einlassung ist für morgen vorgesehen.

Götzl *(wendet sich an Zschäpe)* Frau Zschäpe, wie geht es Ihnen? Gut?

(Zschäpe nickt.)

Götzl Ist von Ihnen aufseiten der Verteidigung Wohlleben eine Einlassung vorgesehen?

Verteidigerin Schneiders Eine Einlassung ist geplant, allerdings können wir noch keinen Termin nennen.

Götzl Was die Planung für diese Woche angeht: Morgen kann man davon ausgehen, so hab ich es verstanden, dass eine Erklärung von Frau Zschäpe erfolgt. Und für Wohlleben?

Verteidigerin Schneiders Diese Woche werden wir noch keine Erklärung abgeben.

Götzl *(Wendet sich an Grasel.)* Vielleicht noch die Nachfrage: Was Fragen anbelangt, wie soll das erfolgen?

Verteidiger Grasel Von meiner Seite wäre die Vorstellung, dass wir die Möglichkeit bekommen, dass wir einen schriftlichen Fragenkatalog des Senats bekommen, die wir dann schriftlich beantworten.

Götzl Also wird Frau Zschäpe keine Fragen selbst unmittelbar beantworten?

Verteidiger Grasel Nein, das würde ich übernehmen.

Götzl Und morgen sollen noch keine Fragen beantwortet werden?

Verteidiger Grasel Nein, ad hoc wäre das sicherlich nicht möglich.

Götzl Und was den Donnerstag anbelangt?

Verteidiger Grasel Ich denke, dass die Belastung nach der Einlassung einigermaßen groß sein wird, also dass wir froh wären, wenn der Donnerstag ausfällt und wir dann über das Wochenende die Fragen besprechen können.

Götzl Dann ist es sicherlich sinnvoll, den morgigen Tag erst mal abzuwarten. Dann bitte den Zeugen!

(Der Zeuge N. wird aufgerufen.)

Götzl Herr N., es geht uns um Auswertungen, die Sie bezüglich Bahncards durchgeführt haben. Bitte berichten Sie uns darüber.

Christian N. Am 8. 11. 2011 bin ich als Finanzermittler eingebunden worden, um die Hintergründe der Bahncards zu ermitteln, eine Bahncard für einen Herrn B. und eine für Herrn Eminger, die im Wohnmobil bei Mundlos und Böhnhardt gefunden wurden. Außerdem eine Bahncard auf den Namen Susann Eminger. Ich habe bei der Bahn Auskunft bekommen über die Ausstellungs- und Verlängerungsdaten. Ich habe auch Lichtbilder bekommen, auf denen man den Herrn Mundlos und Herrn Böhnhardt identifizieren konnte. Und auch zu Frau Eminger konnte man eine Karte herausfinden, zu der es ein Lichtbild von Frau Zschäpe gab.

Götzl Ihr Vermerk, da heißt es: Bahncard 25 für Max B., wohnhaft Frühlingsstraße 26 in Zwickau. Waren das die Daten, die Sie von der Bahn erfahren haben?

Christian N. Ich hab die Nummer und den Namen der Bahncard bekommen, die wurden von der Bahn bestätigt, und dazu dann die Adresse.

Tag 249

9. Dezember 2015

Manfred Götzl, Richter. **Anja Sturm, Wolfgang Heer, Wolfgang Stahl, Mathias Grasel**, Verteidiger von Beate Zschäpe. **Bernd Behnke, Sebastian Scharmer**, Anwälte der Nebenklage

(Beate Zschäpe dreht den Fotografen und Kameraleuten erstmals nicht mehr den Rücken zu. Sie setzt sich zwischen ihre Vertrauensverteidiger Mathias Grasel und Hermann Borchert und zeigt ihr Gesicht.)

Götzl Guten Morgen, nehmen Sie bitte Platz. Heute erstmals zugegen: Herr Rechtsanwalt Borchert, guten Tag. Für heute ist eine Erklärung der Angeklagten Zschäpe angekündigt. Ich bitte darum, Sie vorzutragen.

Verteidiger Grasel Sehr geehrter Herr Vorsitzender Richter am Oberlandesgericht Götzl, nach Beratung mit meinen zwei Verteidigern, Herrn Rechtsanwalt Mathias Grasel sowie Herrn Rechtsanwalt Dr. Hermann Borchert, gebe ich zur Anklageschrift des Generalbundesanwaltes beim Bundesgerichtshof vom 5. November 2012 folgende Stellungnahme ab:

I.

Ich wurde am 2. Januar 1975 als Beate Apel in Jena geboren. Meinen Vater, der wohl Rumäne war und »Botanic« hieß – wobei ich die Schreibweise dieses Namens der Ermittlungsakte entnommen habe –, habe ich nie kennengelernt. Meine Mutter Annerose Else heiratete am 30. 12. 1975 einen Herrn Trepte. Deshalb hieß ich ab Ende 1975 Beate Trepte. Nach weniger als zwei Jahren ließ sich meine Mutter von Herrn Trepte scheiden und heiratete kurz darauf Herrn Günther Zschäpe, sodass mein Name seit dieser Zeit Beate Zschäpe lautet. Mit etwa drei Jahren besuchte ich den örtlichen Kindergarten, wobei ich von Montag bis Freitag von meiner Oma Anneliese Apel betreut wurde. Die Wochenenden verbrachte ich bei meiner Mutter und bei Herrn Günther Zschäpe. 1981 wurde ich an der Otto-Grotewohl-Schule eingeschult. Nach der 4. Schulklasse besuchte ich anschließend die Johann-Wolfgang-von-Goethe-Schule.

1985 zog ich mit meiner Mutter in die Ernst-Zielinski-Straße 42 in Jena. Die Wohnung befand sich in einem neu erstellten Wohngebiet, einer sogenannten Plattenbau-Siedlung. Dort wohnte ich bis zum Jahr 1996.

Etwa 1988 hatte meine Mutter einen neuen Freund namens Peter, der sich drei bis vier Mal pro Woche in unserer Wohnung aufhielt. Zu dieser Zeit begannen die Alkoholprobleme meiner Mutter und es fanden zunehmend Auseinandersetzungen zwischen uns beiden statt. Die Streitigkeiten bezogen sich insbesondere auf ihren Alkoholkonsum sowie darauf, dass meine Mutter den Haushalt schleifen ließ – es sei denn, Peter war anwesend.

Zur Wendezeit 1989/1990 wurde meine Mutter arbeitslos und die Geldprobleme, die bis dahin sowieso schon bestanden, wurden immer größer. Ich erhielt von meiner Mutter so gut wie kein Geld, was dazu führte, dass ich mich innerhalb des Freundeskreises an kleineren Diebstählen beteiligte. Rückblickend kann ich sagen, dass ich zu dieser Zeit den Respekt vor meiner Mutter verloren hatte – ich hatte mir von ihr nichts mehr sagen lassen.

1991 machte ich meinen Hauptschulabschluss und nahm eine ABM-Stelle an, wobei ich monatlich 900 DM verdiente. 1992 begann ich schließlich meine Ausbildung zur Gärtnerin, die ich 1995 erfolgreich abschloss. Eine feste Arbeitsstelle als Gärtnerin fand ich nicht, sondern nahm erneut eine ABM-Stelle an. Ebenfalls zur Wendezeit 1989/1990 lernte ich Uwe Mundlos kennen. Er und ich wohnten in Jena im Wohngebiet »Winzerla«.

Wir trafen uns an einem Jugendtreff – einem Spielplatz –, welcher »Schnecke« genannt wurde – benannt nach einem Betonstein, der das Aussehen einer Schnecke hatte.

Noch im Jahr 1991, kurz nach meinem Hauptschulabschluss, zog Uwe Mundlos in unsere Wohnung in die Ernst-Zielinski-Straße 42 in Jena ein. Er stammte aus

gutem Elternhaus und hatte eine Lehre als Informatiker bzw. Datenverarbeitungskaufmann abgeschlossen. Wir verbrachten unsere Freizeit in einer Clique, die sich regelmäßig an der »Schnecke« traf. Wir hörten gemeinsam Lieder mit nationalistischem Inhalt und sangen – manchmal könnte es auch als grölen bezeichnet werden – diese Lieder auch nach.
Wesentlichen Beitrag dazu, dass ich mich auf diese Art der Freizeitgestaltung einließ, hatte mein Cousin Stefan Apel. Dieser trat nicht nur in entsprechender Kleidung auf (Bomberjacke, Frisur, etc.), sondern animierte auch zu verbalem Auftreten, das von rechtsgerichteten Jugendlichen erwartet wird.
An meinem 19. Geburtstag lernte ich Uwe Böhnhardt kennen, der mir auf meiner Geburtstagsparty von einer Freundin vorgestellt wurde. Ich verliebte mich in ihn, war aber zu diesem Zeitpunkt noch mit Uwe Mundlos zusammen. Auch als ich von meiner Freundin erfuhr, dass er bereits vielfach straffällig geworden und auch schon im Gefängnis war, änderte sich an meiner Liebe zu ihm nichts.
Uwe Mundlos begann seinen Dienst bei der Bundeswehr am 1. 4. 1994 und nach ein paar Monaten trennten wir uns und er zog aus meiner Wohnung aus, wobei es keinerlei Streit zwischen uns gab. Anschließend ging ich eine Beziehung mit Uwe Böhnhardt ein.
Schon als ich Uwe Böhnhardt kennenlernte, bestand seine Kleidung aus Bomberjacke sowie Springerstiefeln, sodass schon äußerlich unschwer zu erkennen war, welche politische Einstellung er hatte. Seine Einstellung zu Waffen konnte man schon damals daran erkennen, dass er eine Vielzahl an Waffen, wie etwa eine Armbrust, einen Morgenstern oder einen Nunchaku, an der Wand in meiner Wohnung aufgehängt hatte.
Mit Beginn unserer Freundschaft änderte sich mein Freundeskreis. Ich hatte nicht mehr so viel Kontakt zur Gruppe, die ich regelmäßig mit Uwe Mundlos an der »Schnecke« getroffen hatte, sondern wandte mich immer mehr Uwe Böhnhardts Freunden zu. Uwe Böhnhardts Freunde hatten eine intensivere nationalistische Einstellung als der Freundeskreis um Uwe Mundlos und traten auch entsprechend auf. Die Aktivitäten der Gruppe in politischer Hinsicht waren ausgeprägter. Es wurden nicht nur Lieder mit nationalistischem Inhalt gesungen bzw. gegrölt, sondern es erfolgten auch verschiedene Unternehmungen, wie zum Beispiel der Besuch von Konzerten, Stammtischen, Demonstrationen, Wehrmachtsausstellungen oder Sonnwendfeiern.
Die Clique um Uwe Böhnhardt, der ich mich nach dem Kennenlernen des Uwe Böhnhardt angeschlossen hatte, nannte sich »Kameradschaft Jena« und bestand aus vier bis fünf Personen. Es wurden kleine finanzielle Beiträge bezahlt, wobei Uwe Böhnhardt der Kassenwart war. Ich war kein Mitglied dieser Kamerad-

schaft und hatte auch keinen Beitrag bezahlt. Ich hatte mich auch nicht zugehörig gefühlt.

Aktiv wurde ich erst, nachdem Tino Brandt zu unserer Gruppe gestoßen war, womit sich unser Zusammenleben und Tun drastisch veränderte. Tino Brandt wurde für mich der Mittelpunkt aller Aktionen. Es gab nicht nur die »Kameradschaft Jena«, sondern es gab noch andere Gruppierungen. Tino Brandt hatte diese einzelnen Gruppierungen, die alle eine rechte Einstellung hatten, koordiniert. Er organisierte Zusammenkünfte, bei denen Rechtsauskünfte erteilt wurden, wie zum Beispiel das Verhalten bei einer Hausdurchsuchung oder einer Festnahme. Tino Brandt war diejenige Person, die Geld zur Verfügung stellte und somit unsere Aktivitäten erst ermöglichte. Er organisierte, dass wir beispielsweise am Rudolf-Heß-Gedenkmarsch oder am Sandro-Weigel-Gedenkmarsch oder an sonstigen rechtsgerichteten Demonstrationen teilnehmen konnten. Tino Brandt war derjenige, der die Initiative ergriff, sei es durch Ideen, sei es durch Geld, das er zur Verfügung stellte, oder durch Übergabe von Lesematerial mit nationalistischem Inhalt. Mit seinem Geld wurden Plakate geklebt, Aufkleber gefertigt, rechtes Propagandamaterial verteilt und die angesprochenen Reisen bezahlt. Man kann sagen, ohne Tino Brandt wären diese ganzen Unternehmungen nicht möglich gewesen.

Unser Einsatz – gemeint ist unsere Clique – wurde intensiver, ohne dass ich diesen Umstand allein auf das Tätigwerden des Tino Brandt zurückführen möchte. Dies lag unter anderem daran, dass wir negative Erfahrungen mit der örtlichen Polizei machten, welche Wut und Aggression in uns hervorriefen.

Als Beispiel möchte ich folgendes Erlebnis nennen: Uwe Mundlos, Uwe Böhnhardt und ich waren am 9. 11. 1996 (dem Datum der Reichspogromnacht) mit dem Auto des Uwe Böhnhardt unterwegs, dessen Kennzeichen polizeibekannt war. Wir wurden aufgehalten. Uwe Mundlos und Uwe Böhnhardt wurden aus dem Auto gezerrt und Uwe Böhnhardt wurde im wahrsten Sinne des Wortes »verdroschen«. Den Grund hatten wir darin vermutet, dass wir bekanntermaßen an rechten Demonstrationen teilgenommen hatten und wir auf den »Weg der Tugend« zurückgeführt werden sollten. Ich wurde in eine etwa 30 bis 40 Kilometer entfernte Polizeistation verbracht und anschließend mitten in der Nacht vor die Tür gesetzt mit dem Hinweis: »Sieh zu, wie du jetzt nach Hause kommst.«

Ich erinnere mich daran, dass unsere Aktionen in Form der Gedenkmärsche und unser Auftreten allgemein in der Presse verfälscht wiedergegeben wurde und die Dinge nicht so berichtet wurden, wie sie aus unserer Sicht stattgefunden hatten. Wir wollten deshalb durch gezielte Aktionen darauf aufmerksam machen, dass es einen politischen Gegenpol zu den Linken gibt, und wir wollten die Polizei und damit die Öffentlichkeit in Aufruhr versetzen, um damit Aufmerksamkeit zu erreichen. Aus dem »Katz-und-Maus-Spiel« mit der Polizei, beziehungsweise mit dem Verfassungsschutz, der hinter uns herfuhr und was wir spaßig fanden, wurde eine ernstere Angelegenheit, nachdem mehrere Hausdurchsuchungen stattgefunden hatten.

Zwischen April 1996 und Dezember 1997 initiierten Uwe Mundlos und Uwe Böhnhardt mehrere Aktionen, an denen ich teilweise beteiligt war. Es wurde nicht besprochen, dass damit ein bestimmtes Ziel erreicht werden soll – es sollte »etwas« passieren und es sollte darauf aufmerksam gemacht werden, dass die rechte Szene lebt. Mit der Verwendung von Bombenattrappen sollte die Aufmerksamkeit der Öffentlichkeit und die Ernsthaftigkeit unseres Tuns erhöht werden, jedoch ohne dass eine tatsächliche Gefahr für Leib und Leben besteht. Dies war jedenfalls meine Motivation und ich war davon ausgegangen, dass die beiden dies genauso sahen.

Uwe Mundlos und Uwe Böhnhardt kamen sodann auf die Idee »Puppentorso«. Die beiden hatten am 13. April 1996 an einer Autobahnbrücke über der Bundesautobahn 4 in der Nähe von Jena einen Puppentorso aufgehängt. Meiner Erinnerung nach sollte der Autobahnverkehr dadurch für Stunden unterbunden werden. Deshalb hatten Uwe Mundlos und Uwe Böhnhardt zusätzlich eine Bombenattrappe hergestellt und in der Nähe deponiert. Dadurch sollte erreicht werden, dass die Puppe länger hängen bleibt. Bei der Herstellung der Puppe war ich beteiligt, nicht jedoch bei der Herstellung der Bombenattrappe. Diese hatten Uwe Mundlos und Uwe Böhnhardt gebaut, wie sie mir berichteten.

Bei der Aktion an der Autobahnbrücke war ich nicht vor Ort, sondern befand mich auf einer Geburtstagsfeier. Dass ich in der Nähe in einem Pkw gewartet hätte – daran kann ich mich nicht erinnern. Rückblickend betrachte ich diese »Operation«, wie es beide nannten, als unsinnig. Es wurde nicht darauf aufmerksam gemacht, wer hinter der Aktion steht, sodass nicht ansatzweise eine Zielführung zu erkennen war – damals empfanden wir die Aktion jedoch als Erfolg.

Einige Tage später trennte sich Uwe Böhnhardt von mir, worunter ich sehr litt. Als Grund für die Trennung nannte er mir gegenüber, dass ich zu sehr klammern und ihm keine Luft lassen würde. In den folgenden Wochen war ich von beiden Uwes und der Clique getrennt, geradezu ausgeschlossen.

In den folgenden Wochen versuchte ich, mich wieder der Gruppe um Uwe Böhnhardt anzuschließen und Uwe Böhnhardt für mich zurückzugewinnen. Zu diesem Zweck mietete ich am 10. August 1996 die Garage Nummer 5 an der Kläranlage in Jena an. In der Vergangenheit hatten Uwe Mundlos, Uwe Böhnhardt und ich darüber gesprochen, dass man eine abgelegene Garage anmieten sollte, um dort beispielsweise Propagandamaterial zu deponieren. Das Anmieten der Garage war für mich ein voller Erfolg. Ich traf mich daraufhin wieder mit den beiden.

Die beiden brachten sodann Propagandamaterial und eine Vielzahl sonstiger Gegenstände, welche sie nicht zu Hause aufbewahren wollten, in der Garage unter. Sie befürchteten stets eine Hausdurchsuchung, sodass ihnen die Garage sehr gelegen kam. Beide deponierten darüber hinaus Schwarzpulver und TNT in der Garage. Von der Existenz des Schwarzpulvers habe ich etwa im Frühjahr/Sommer 1997 erfahren. Dass in der Garage auch TNT gelagert würde, wusste ich bis zu unserem Untertauchen am 26. 1. 1998 nicht.
Am 7. Oktober 1996 teilten mir beide mit, dass sie am Tag zuvor (das Datum entnehme ich der Anklageschrift, weil ich keine konkrete Erinnerung daran habe) am Sportstadion in Jena unter der Tribüne eine Holzkiste mit einer nicht funktionstüchtigen Bombenattrappe deponiert hätten. Als Grund für diese Aktion nannten sie, dass sie bei der Polizei etwas Panik verbreiten wollten. An dieser Aktion war ich, wie bereits geschildert, nicht beteiligt.
Am 30. Dezember 1996 sandte ich einen jeweils mit Schwarzpulver präparierten und nicht zündfähigen Brief, den Uwe Böhnhardt präpariert hatte, an die Stadtverwaltung der Stadt Jena sowie an die Thüringer Landeszeitung in Jena. An den Inhalt der beigefügten »Schreiben« kann ich mich heute nicht mehr erinnern. Wir wollten – aus unserer damaligen Sicht – gegen die verfälschende Berichterstattung in der Presse, wofür wir auch die Stadtverwaltung verantwortlich machten, protestieren. Ich ging damals davon aus, dass niemand durch den Brief verletzt werden kann.
Die nächste von Uwe Mundlos und Uwe Böhnhardt initiierte Aktion war das Abstellen der Kofferbombe auf dem Vorplatz des Theaterhauses in Jena. Ich war weder an der Vorbereitung noch an der Durchführung dieser Aktion beteiligt. Ich wusste von dieser Aktion, wobei ich heute nicht mehr sagen kann, ob sie mich vorher schon informierten oder erst danach. Ich habe nicht mitbekommen, wann und wo sie den Koffer gebaut hatten. Ich gehe davon aus, dass sie die Garage zu diesem Zweck benutzt hatten.
Die letzte Aktion vor unserem »Untertauchen« fand am 26. Dezember 1997 statt. Die beiden hatten mir berichtet, dass sie auf dem Nordfriedhof in Jena einen mit einem Hakenkreuz versehenen Koffer abgestellt hatten. An weitere Einzelheiten erinnere ich mich nicht mehr.
26. Januar 1998. An diesem Tag fand eine Hausdurchsuchung in der Wohnung des Uwe Böhnhardt statt. Ihm wurde der Durchsuchungsbeschluss vorgelegt. Uwe Böhnhardt erkannte, dass sich der Durchsuchungsbeschluss auch auf die von mir angemietete Garage bezog. Während der Hausdurchsuchung ließen ihn die anwesenden Polizeibeamten gehen und Uwe Böhnhardt fuhr mit seinem Auto davon. Er rief mich an und teilte mir mit, dass die Garage aufgeflogen sei. Er forderte mich wörtlich auf: »Fackel ab.« Ich weiß nicht mehr, warum ich ihm

nicht gesagt habe, dass er das doch selber machen könne, weil er mit seinem Auto schneller dort sei und ich zu Fuß hingehen müsse. Ich besorgte mir jedenfalls eine leere 0,7-Liter-Flasche und füllte diese an der Tankstelle mit Benzin. Mit der Flasche unterm Arm bin ich zur Garage gelaufen, um mithilfe des Benzins das dort gelagerte Propagandamaterial zu verbrennen.

Ganz in der Nähe der Garage sah ich mehrere Personen, die anscheinend ihr Auto reparierten.

Dieser Umstand hielt mich davon ab, das Benzin in der Garage auszuschütten und anzuzünden. Denn ich ging aus Erzählungen der beiden davon aus, dass sich eine Menge – wie viel genau wusste ich nicht – Schwarzpulver dort befindet und ich nicht abschätzen konnte, was wohl mit den in der Nähe befindlichen Personen passiert, wenn das Benzin brennt und mit dem Schwarzpulver in Berührung kommt. Das Schwarzpulver hatten Uwe Mundlos und Uwe Böhnhardt Silvesterknallern entnommen. Erst in diesem Augenblick war mir der Gedanke gekommen, dass das Schwarzpulver und damit die Garage explodieren könnten.

Nach dem Anmieten der Garage hatte ich diese nur ein paar Mal betreten und am 26. Januar keine Kenntnis von den im Bau befindlichen Rohrbomben und vom TNT – dies hatten mir Uwe Mundlos und Uwe Böhnhardt verschwiegen. Heute vermute ich, dass ich mich wohl selbst in die Luft gesprengt hätte, wenn ich das Benzin ausgeschüttet und angezündet hätte.

Unverrichteter Dinge begab ich mich in die Wohnung der Eltern des Volker Henck, wo ich mich mit Uwe Böhnhardt und Uwe Mundlos traf. Dort erfuhr ich, was alles in der Garage gelagert war, nämlich Schwarzpulver, TNT, Rohrbomben und Propagandamaterial.

Wir machten uns Gedanken darüber, wie es sein kann, dass in dem Durchsuchungsbeschluss, der auf Uwe Böhnhardt lautete, die von mir angemietete Garage aufgeführt sein kann. Wir stellten uns die Frage, wie sich der Durchsuchungsbeschluss auf eine Garage beziehen kann, mit der Uwe Böhnhardt eigentlich – nach außen hin – nichts zu tun hatte.

Mir war zu diesem Zeitpunkt klar, dass ich als Mieterin der Garage für den dort gelagerten Sprengstoff verantwortlich gemacht werden würde. Ich ging davon aus, dass ich für die zurückliegenden Aktionen und für den in der Garage gelagerten Sprengstoff eine mehrjährige Haftstrafe würde antreten müssen. Uwe Mundlos, Uwe Böhnhardt und ich beschlossen deshalb, dass wir das Ganze erst einmal aus der Ferne beobachten. Ich dachte nicht daran, dass dieser Zustand viele Jahre andauern würde.

Der Polizei stellen wollte ich mich nicht. Wie bereits angesprochen, hatte ich in der Vergangenheit nur negative Erfahrung mit der Polizei gemacht, wobei mir

jedes Mal verwehrt wurde, einen Anwalt hinzuzuziehen. Deshalb traute ich mich nicht, zumal ich davon ausging, dass ich sofort eingesperrt würde.
Wir sind dann nach Chemnitz zu Thomas Starke gefahren, der – wie mir Uwe Böhnhardt in der Wohnung des Volker Henck mitgeteilt hatte – den beiden das TNT geliefert hatte.
Über Thomas Starke fanden wir eine Unterkunft bei Thomas Rothe in der Friedrich-Viertel-Straße 85 in Chemnitz. Mitte Februar zogen wir dann in die Limbacherstraße 96 in Chemnitz, weil Thomas Rothe über die Sendung »Kripo live« von dem Auffinden des Sprengstoffes in der Garage erfahren hatte, ihm die Angelegenheit zu heiß wurde und er uns aufforderte, uns eine neue Bleibe zu suchen.
Ende August 1998 kamen wir in einem Ein-Zimmer-Appartement in der Altchemnitzer Straße 12 in Chemnitz unter. Die anschließenden Wohnungswechsel zur Wolgograder Allee 76 in Chemnitz, zur Heisenbergstraße 6 in Zwickau, zur Polenzstraße 2 in Zwickau sowie abschließend zur Frühlingsstraße 26 in Zwickau sind so, wie in der Anklageschrift auf den Seiten 146 ff. dargestellt, im zeitlichen Ablauf zutreffend.
II.
Ende des Jahres 1998 lebten wir bereits seit fast einem Jahr in der ständigen Angst, entdeckt zu werden. Außerdem war unser Geld aufgebraucht. Uwe Mundlos und Uwe Böhnhardt machten deshalb den Vorschlag, Geld mittels eines Raubüberfalles zu besorgen. Ich war damit einverstanden, weil auch ich keine Möglichkeit sah, legal und ohne Gefahr der Verhaftung an Geld zu kommen. Gleichzeitig hatte ich meine Überlegung in den Raum gestellt, mich der Polizei zu stellen – auch wenn dies die Trennung von den beiden bedeuten würde. Die zwei überzeugten mich, es nicht zu tun, und die Angst vor dem Eingesperrtwerden und meine Gefühle zu Uwe Böhnhardt hielten mich davon ab.
Bei dieser gemeinsamen Besprechung, es müsste Anfang Dezember 1998 gewesen sein, hatte ich auch zu bedenken gegeben, dass ich viel zu viel Angst hätte, mich aktiv an dem Raubüberfall zu beteiligen. Daraufhin wurde besprochen, dass die beiden »das Ding allein durchziehen«.
Am 18. Dezember 1998 überfielen Uwe Mundlos und Uwe Böhnhardt den Edeka-Markt in Chemnitz. Ich war weder an der Vorbereitung noch an der Durchführung dieses Überfalls beteiligt, habe aber insoweit davon profitiert, dass auch ich von dem erbeuteten Geld gelebt habe. Vor ihrer Rückkehr vom Edeka-Markt am 18. Dezember 1998 wusste ich nicht, dass sie genau diesen Markt überfallen und dass sie eine scharfe Pistole verwenden würden. Es war vorher nur die Rede von einer Schreckschusspistole und davon, dass beide Pfefferspray mitnehmen wollten.

Ich hatte nicht gewusst, wann und von wem sie sich eine scharfe Pistole besorgt hatten, und ich hatte auch nicht gewusst, was sie untereinander besprochen hatten. Sie wollten mich ganz bewusst raushalten, weil sie in mir eher eine Belastung als eine Hilfe sahen und weil sie mir aufgrund meiner geäußerten Bedenken, wie meiner Angst und meinen Gedanken, mich der Polizei zu stellen, in gewisser Weise misstraut hatten. Dies hatten sie mir zu einem späteren Zeitpunkt, wann genau weiß ich nicht mehr, deutlich zu verstehen gegeben.
An jenem Abend des 18. Dezember 1998 teilten sie mir mit, was geschehen war. Sie berichteten mir, dass sie einer Mitarbeiterin des Marktes eine Pistole »vor die Nase gehalten hätten«. Sie erzählten mir auch davon, dass sie einen Warnschuss in die Luft abgefeuert hatten, weil ihnen ein Kunde hinterhergerannt war.
Ich war entsetzt darüber, dass sie eine scharfe Waffe dabei- und auch benutzt hatten, von der ich nichts gewusst hatte. Meine Vorwürfe, dass nur eine Schreckschusspistole besprochen worden sei, wurden lapidar abgetan. Auch auf mehrfache Nachfrage, woher sie diese Pistole hatten, erhielt ich keine konkrete Antwort. Sie verwahrten diese Pistole anschließend in der Schublade des Schrankes – ich hatte sie nicht einmal in die Hand genommen.
Während der ersten Wochen des Jahres 1999 sprach ich mehrfach das Thema an, das Untertauchen abzubrechen. Uwe Mundlos und Uwe Böhnhardt lehnten dies jedoch kategorisch mit der Begründung ab, dass dies nach dem Überfall vom 18. 12. 1998 keine Überlegung mehr wert sei. Sie hatten damit abgeschlossen, in ein bürgerliches Leben zurückzukehren. Uwe Mundlos hatte sein Vorhaben, sich auf das Abitur am Ilmenau-Kolleg vorzubereiten, aufgegeben. Sie wollten »nicht in den Knast« und sie wollten sich nicht stellen. Ihre Einstellung war auch ihrer wiederholten Bemerkung zu entnehmen: »Wir haben es verkackt«, womit ihr gesamtes Leben gemeint war.
Für sie sollte das weitere Leben mit Überfällen finanziert werden, wobei sie an eine Auswanderung nach Südafrika dachten und dafür Geld besorgen wollten. Ich konnte mich mit diesem Gedanken nicht anfreunden und wandte mich deshalb am 7. März 1999 an Herrn Rechtsanwalt Dr. Hans Günter Eisenecker, der in der rechten Szene als hervorragender Rechtsanwalt bekannt war. Soweit ich mich erinnern kann, wurde er mir damals von Tino Brandt empfohlen. Ich vertraute ihm unsere Aktionen in den Jahren 1996/1997 und 1998 an. Ich berichtete ihm ebenfalls von der von mir angemieteten Garage nebst Inhalt sowie vom Überfall auf den Edeka-Markt am 18. Dezember 1998. Rechtsanwalt Eisenecker teilte mir mit, dass bei einem Raubüberfall unter Verwendung einer Waffe eine Mindeststrafe von fünf Jahren Freiheitsstrafe bestehe und dass ich insgesamt mit einer Freiheitsstrafe zwischen acht und zehn Jahren rechnen müsste.
Etwa Anfang November 1999 nahmen Uwe Mundlos und Uwe Böhnhardt tele-

fonischen Kontakt zu Tino Brandt auf. Zu diesem Zeitpunkt wussten wir natürlich nicht, dass er V-Mann des Verfassungsschutzes war. Die beiden wollten von ihm erfahren, ob er eine Unterkunft in Deutschland oder im Ausland vermitteln könne. Bei diesem Telefongespräch erwähnte Tino Brandt, dass für die beiden mindestens zehn Jahre Knast im Raum stehen würden. Beide informierten mich gleich nach dem Gespräch. Bis heute weiß ich nicht, aufgrund welcher Information oder Vermutung Tino Brandt diese Prognose mitteilte.

Nach diesem Telefongespräch suchte ich Herrn Rechtsanwalt Eisenecker erneut in seiner Kanzlei auf, und zwar noch im November 1999. Er teilte mir mit, dass es wohl sehr heftig werden würde. Mit dieser Information war mir klar, dass ich mich der Polizei nicht stellen konnte und dass ich weiterhin so werde leben müssen wie in den vergangenen zwei Jahren.

Vor dem erwähnten zweiten Gespräch mit Herrn Rechtsanwalt Eisenecker hatten Uwe Mundlos und Uwe Böhnhardt am 6. 10. 1999 die Post in der Barbarossastraße in Chemnitz und am 27. 10. 1999 die Post in der Limbacher Straße in Chemnitz überfallen. Weder an der Vorbereitung noch an der Durchführung dieser Raubüberfälle war ich beteiligt. Die beiden hatten mich erst nach der jeweiligen Durchführung informiert, dass sie beim Verlassen der Bank Tränengas aus einer Dose versprüht hätten, damit eine »Nebelwand« entsteht, um eine Verfolgung zu verhindern oder zumindest zu verzögern. Diese zwei weiteren Überfälle im Hinterkopf und die zweite Beratung des Rechtsanwalts Eisenecker noch im Ohr, war mir völlig klar, dass es kein Zurück mehr ins bürgerliche Leben gab. Meine Überlegungen waren, dass ich nicht nur für die Aktionen vor unserem Untertauchen, sondern auch für die drei Überfälle verurteilt werden würde – allein deshalb, weil ich mit den beiden in einer Wohnung im Verborgenen lebte. Man würde mir nicht glauben, dass ich an der Planung und Durchführung nicht beteiligt gewesen war.

Zwischen dem 28. 10. 1999 und dem 9. 9.2000 passierte nichts Erwähnenswertes, außer dass wir im Juli 2000 von der Wolgograder Allee 76 in Chemnitz in die Heisenbergstraße 6 in Zwickau umzogen und die Zeit mit Computerspielen und sehr viel Sport verbrachten. Der Umzug erfolgte aus Angst vor Entdeckung, ohne dass ein besonderer Grund bestanden hätte.

Am 30. 11. 2000 überfielen Uwe Mundlos und Uwe Böhnhardt die Post in der Johannes-Dick-Straße in Chemnitz. Erst kurz vor Verlassen der Wohnung informierten sie mich, dass sie »Geld besorgen« würden. An der Planung und Durchführung der Aktion war ich nicht beteiligt. Ich wusste nicht, ob sie die Pistole mitgenommen hatten, vermutete aber, dass sie sowohl die Pistole als auch Reizgas dabeihatten.

9. 9. 2000: Vor dem 9. September 2000 gab es zwischen mir und Uwe Mundlos

und Uwe Böhnhardt keinerlei Gespräche darüber, was an diesem Tag in Nürnberg passieren sollte.

Ich wusste von nichts. Ich hatte keinerlei Vorbereitungshandlungen mitbekommen. Wir waren nicht von morgens bis abends ständig zusammen. Uwe Mundlos und Uwe Böhnhardt verließen des Öfteren die Wohnung, ohne mir konkret mitzuteilen, wohin sie gingen und was sie vorhatten. Auch ich bin des Öfteren losgezogen, um Besorgungen zu machen oder einfach joggen zu gehen. Ich hatte weder eine Pistole der Marke Česká noch der Marke Bruni in der Wohnung gesehen. Ich hatte auch nicht mitbekommen, wann und wie sie sich diese besorgt hatten.

Als sie Anfang September 2000 fortfuhren, wusste ich nicht, was sie vorhatten. Ich hatte vermutet, dass sie einen Raubüberfall planten. Nach ihrer Rückkehr teilten sie mir nur lapidar mit, dass »nichts los gewesen sei«. Erst Mitte Dezember 2000, während der Adventszeit, erfuhr ich von den Geschehnissen am 9. 9. 2000. Ich weiß nicht, ob es an der Stimmung zur Weihnachtszeit lag, jedenfalls merkte ich an den Blicken des Uwe Mundlos, dass etwas nicht stimmte. Ich sprach ihn darauf an, was mit ihm los sei, und er berichtete mir, was rund drei Monate zuvor passiert war.

Ich war geschockt. Ich konnte nicht fassen, was die beiden getan hatten. Ich bin daraufhin regelrecht ausgeflippt. Ich wusste nicht, wie ich auf diese unfassbare Tat reagieren sollte. Auf meine massiven Vorwürfe, wie man so etwas tun könne, reagierte Uwe Mundlos lediglich dahingehend, dass »eh alles verkackt sei« und dass er es zum »knallenden Abschluss« bringen wolle. Was er damit meinte, erfuhr ich kurze Zeit später von Uwe Böhnhardt. Uwe Mundlos erwiderte, dass sie genau gewusst hätten, wie ich reagieren würde, und dass sie mir deshalb drei Monate lang nichts gesagt hätten. Ich konnte nicht glauben, was mir Uwe Mundlos erzählt hatte – schließlich wusste ich, dass Uwe Böhnhardt sein eigenes Blut nicht sehen konnte. Ich erinnere mich daran, dass er sich einmal mit einem Messer in den Finger geschnitten hatte und ihm dabei schwindelig wurde und er sich sogar hinsetzen musste, weil sein Kreislauf nicht mehr mitspielte.

Ich stellte Uwe Böhnhardt zur Rede. Dieser bestätigte mir den Geschehensablauf mit der gleichen Begründung, wie ich ihn zuvor von Uwe Mundlos erfahren hatte. Auf meine Frage, warum sie einen Menschen getötet hatten, erhielt ich keine klare Antwort. Es wurden Argumente vorgetragen wie: Perspektivlosigkeit, Gefängnis und insgesamt bestehende Frustration. Für mich waren dies keine nachvollziehbaren Erklärungen. Es wurde mit keinem Wort erklärt, dass der Mord politisch motiviert gewesen sei. Beide berichteten mit keinem Wort, dass Enver Şimşek deshalb sterben musste, weil er Ausländer war. Bis zum heutigen

Tag weiß ich die wahren Motive der beiden nicht, und ich schließe nicht aus, dass sie mir nicht die Wahrheit gesagt haben, was ihre wahren Motive waren. Gedanken, sich öffentlich zu dieser Tat zu bekennen oder sich damit zu brüsten oder damit öffentlich zu politisieren, wurden nicht mit einem Wort erwähnt.
Mit dem Umstand konfrontiert, dass ich nun auch in einen Mord verwickelt war, eröffnete ich den beiden, dass ich mich der Polizei stellen wolle. Angesichts der drohenden langjährigen Freiheitsstrafe wegen der Raubüberfälle war ich mir zwar nicht im Klaren, ob ich mich tatsächlich stellen würde, wollte den beiden aber klarmachen, dass ihr Handeln für mich inakzeptabel und unerträglich war.
Sie überraschten mich mit der Erklärung, dass sie sich in diesem Fall selbst töten wollten. Sie hätten miteinander besprochen und sich gegenseitig geschworen, sich niemals von der Polizei festnehmen zu lassen. Sie hätten sich geschworen, dass sich beide »die Kugel geben würden«. Sollte dies, aus welchen Gründen auch immer, misslingen, so sollte zunächst der eine den anderen und dann sich selbst erschießen. Wenn ich also zur Polizei gehen, die beiden dadurch entdeckt und ihre Verhaftung drohen würde, so wollten sie sich der Verhaftung auf diese Weise entziehen.
Ich stand vor einem für mich unlösbaren Problem: Sollte ich mich der Polizei stellen und die langjährige Haftstrafe in Kauf nehmen, so müsste ich wahrscheinlich den Tod der beiden einzigen Menschen, die mir neben meiner Oma lieb waren, auf mein Gewissen nehmen. Bei einer Veröffentlichung meines Bildes würden mich die Nachbarn erkennen und die beiden zwangsläufig in den Verdacht der Mittäterschaft geraten. Beide übten Druck auf mich aus, dass sie den Freitod wählen würden, wenn ich mich der Polizei stellen würde, weil ihre eigene Verhaftung sonst nur eine Frage der Zeit sein würde. Ich hätte ihren Aufenthaltsort zwar niemals verraten, aber ihren Worten war unmissverständlich zu entnehmen, dass sie mir zwar vertrauten, aber eben nicht zu 100 Prozent. Mir war bewusst, dass es nun für ein »Aussteigen« definitiv zu spät war – dafür sah ich keine Chance mehr. Ich wusste nicht, ob die beiden des Mordes überführt würden. In diesem Fall würde auch ich im Verdacht stehen, an der Tat beteiligt gewesen zu sein. Uwe Mundlos wollte mir zwar schriftlich bestätigen, dass ich mit der Sache nichts zu tun hatte – aber welchen Beweiswert sollte ein solches Schriftstück haben?
Nach diesem Gespräch kann ich die Stimmung unter uns nur als eisig beschreiben. Die beiden waren einige Tage vor dem Weihnachtsfest nicht in unserer Wohnung. Sie waren ohne Verabschiedung weggefahren und hatten mir nicht gesagt, was sie vorhatten. Das Weihnachtsfest wurde nicht gefeiert, es wurden keine Geschenke ausgetauscht und Silvester verbrachte ich alleine in der Woh-

nung. Auch mein Geburtstag am 2. Januar wurde nicht gefeiert und beide gratulierten mir nicht. In den folgenden Wochen wurde nur das Nötigste gesprochen. So erfuhr ich vom Bombenanschlag in der Probsteigasse in Köln erst, als ich sie nach Berichten in der Presse darauf ansprach, ob sie etwas damit zu tun hätten. Vor der heftigen Diskussion Mitte Dezember 2000 hatte ich mehrfach mitbekommen, dass die beiden über Köln sprachen.

Beide berichteten mir, dass sie die Aktion vor Weihnachten vorbereitet hätten. Uwe Böhnhardt habe die Bombe in seinem Zimmer gebaut, und nach unserer intensiven verbalen Auseinandersetzung hätten sie diese nach Köln verbracht. Es war Uwe Böhnhardt, der den Korb mit der Bombe im Geschäft deponierte, während Uwe Mundlos in Sichtweite vor dem Geschäft gewartet hatte.

Ich hatte vom Bau der Bombe nichts mitbekommen. Auf meine entsprechende Nachfrage erfuhr ich, dass sie arbeitsteilig tätig waren, wenn ich zum Joggen unterwegs war und sie wussten, dass ich erst einige Stunden später zurückkommen würde. Sie wollten die Aktion vor mir verheimlichen, weil sie keine Lust hatten, mit mir zu diskutieren.

Angesprochen darauf, was sie mit dieser aus meiner Sicht brutalen und willkürlichen Aktion erreichen wollten, erwiderten sie in abfälliger Weise, dass sie »Bock darauf gehabt hätten«. Es kam mir der Gedanke, wie gefühllos beide waren, und es kamen mir erstmals Zweifel, wie ich beiden gefühlsmäßig gegenüber stand. Die Kraft, mich zu trennen – insbesondere von Uwe Böhnhardt – und mich der Justiz zu stellen, hatte ich jedoch nicht.

Zum 1. Mai 2001 zogen wir in eine Vier-Zimmer-Wohnung in die Polenzstraße 2 in Zwickau um. Jeder hatte sein eigenes, abschließbares Zimmer, um ungestört sein zu können. Wir hatten vereinbart, dass jeder für Sauberkeit und Ordnung im eigenen Zimmer zu sorgen hatte.

Acht Monate in einem Zimmer »hausen«, wie in der Altchemnitzer Straße 12 in Chemnitz, war in unguter Erinnerung, sodass wir über die Zwei- und Drei-Zimmer-Wohnung in der Wolgograder Allee 76 in Chemnitz und in der Heisenbergstraße 6 in Zwickau nun so viel Platz fanden, dass sich jeder in seinem eigenen Zimmer ungestört aufhalten konnte. So kam es immer häufiger vor, dass wir uns nur zum Essen sahen und sich ansonsten jeder in seinem Zimmer aufhielt. Ich verbrachte die Zeit zum größten Teil mit Computerspielen.

Mit Blick auf die Tatvorwürfe vom 13. 6. 2001 sowie 27. 6. 2001 kann ich mich nur insoweit äußern, dass ich weder an irgendwelchen Vorbereitungshandlungen noch an den Ausführungen beteiligt war. Weder Uwe Mundlos noch Uwe Böhnhardt hatten mich zuvor informiert, was sie in Nürnberg und Hamburg vorhatten. Sie berichteten mir davon, nachdem sie am 5. 7. 2001 den Raubüberfall auf die Post in der Max-Planck-Straße in Zwickau verübt hatten. Sie hatten

mich vorher nicht informiert, um eine Auseinandersetzung beziehungsweise Diskussion mit mir zu vermeiden. Sie zeigten mir das Geld, welches sie am 5.7.2001 erbeutet hatten, und berichteten davon, dass sie Reizgas eingesetzt hätten.
Im Rahmen dieses Gespräches berichteten sie mir von ihren Mordtaten vom 13.6. und 27.6.2001. Ich war einfach nur sprachlos, fassungslos und war nicht in der Lage, auf ihre Ausführungen zu reagieren. Ich hatte nicht nach Details gefragt. Ich wollte es nicht hören. Ich fühlte mich wie betäubt. Ich hatte nicht für möglich gehalten, dass sie nach unserer Auseinandersetzung Mitte Dezember 2000 nochmals auf einen Menschen schießen würden.
Rückblickend betrachte ich meine Reaktion so, dass ich resigniert hatte. Mir wurde bewusst, dass ich mit zwei Männern zusammenlebte, denen ein Menschenleben nichts wert war. Meine Frage nach dem Warum wurde wiederum mit inhaltlosen Floskeln beantwortet. Diesmal äußerten sie sich auch in ausländerfeindlicher Richtung. Damals hatte ich nicht für möglich gehalten, dass die beiden die Hetzlieder, wie sie einst an der »Schnecke« gegrölt wurden, in die Tat umsetzen würden.
Meine Gefühle kann ich im Ganzen nur so beschreiben, dass ich mich einerseits von den Taten abgestoßen fühlte, mich nach wie vor zu Uwe Böhnhardt hingezogen fühlte, keine Chance für mich auf eine Rückkehr in das bürgerliche Leben sah und mich deshalb meinem Schicksal ergab, mit diesen beiden Männern weiterzuleben, trotz ihrer furchtbaren Taten. Ich musste für mich feststellen: Die beiden brauchten mich nicht, ich brauchte sie.
Meine Gefühle änderten sich auch dahingehend, dass, wenn sich die beiden ohne Erklärung für unbestimmte Zeit, beziehungsweise Tage, verabschiedeten, ich große Angst bekam, sie würden nicht mehr zurückkehren. Ich befand mich im Zwiespalt der Gefühle:
- den finanziellen Vorteil der Raubüberfälle hatte ich akzeptiert und von diesen profitiert,
- gegenüber Uwe Mundlos hegte ich enge freundschaftliche Gefühle und Uwe Böhnhardt liebte ich – die beiden waren meine Familie,
- die Mordtaten lehnte ich zutiefst ab – vor einer langjährigen Inhaftierung hatte ich Angst,
- vor der Nachricht, dass sich beide getötet hätten, hatte ich noch größere Angst.

Aus diesem emotionalen Dilemma fand ich keinen Ausweg und ließ die weiteren Geschehnisse auf mich zukommen.
Nach dem für mich schockierenden und deprimierenden Gespräch Anfang Juli 2001 (über die Taten vom 13.6.2001, 27.6.2001 und 5.7.2001) begingen Uwe Mundlos und Uwe Böhnhardt am 29.8.2001 den Mord an Habil Kılıç in Mün-

chen. Ich war weder an der Vorbereitung noch an der Durchführung dieser Tat beteiligt. Ich wusste nicht, dass sie nach München fuhren. Sie hatten mir gesagt – so meine ich mich heute zu erinnern –, dass sie nach einer Bank für einen weiteren Raubüberfall Ausschau halten würden.

Ich erinnere mich noch daran, wie ich von dem Mord an Habil Kılıç erfahren habe. Es war am 12. oder 13. September 2001, jedenfalls unmittelbar nach dem Terroranschlag auf das World Trade Center in New York. Uwe Böhnhardt und Uwe Mundlos hatten am 11. 9. 2001 den ganzen Tag die entsprechenden Fernsehberichte angesehen. Sie waren regelrecht begeistert von den Geschehnissen in den USA und applaudierten sogar. Wir diskutierten an den darauffolgenden Tagen darüber. Ich vertrat die Meinung, dass solche Aktionen unmenschlich seien. In diesem Zusammenhang brüsteten die beiden sich mir gegenüber mit dem Mord an Habil Kılıç, welchen sie rund zwei Wochen zuvor in München begangen hatten. Sie legten mir dabei einen Zeitungsausschnitt vor, in dem über ihre Tat berichtet wurde.

Meine Reaktion war wiederum Entsetzen. Es gab jedoch keine verbale, lautstarke Auseinandersetzung – wie Mitte Dezember 2000 –, sondern ein gegenseitiges Anschweigen. Diese Stimmung hielt einige Wochen an. Ich hatte den Gedanken, dass wir drei schließlich jede Nacht in der gleichen Wohnung verbringen müssten.

Bis September 2002 verbrachten wir die Zeit mit Sport und stundenlangem Computerspielen.

Am 25. 9. 2002 überfielen Uwe Mundlos und Uwe Böhnhardt die Sparkasse in der Karl-Marx-Straße in Zwickau. Ich war weder an der Vorbereitung noch an der Durchführung des Überfalls beteiligt. Ich kann mich nur daran erinnern, dass sie knapp 50 000 Euro erbeutet hatten. An den Raubüberfall vom 23. 9. 2003 habe ich keine Erinnerung. Ich gehe davon aus, dass sie mich weder über die Vorbereitung noch über die Durchführung informiert hatten. Sie berichteten niemals von einer Beute in Höhe von 435 Euro, so wie in der Anklage vorgeworfen wird – jedenfalls war ich nicht daran beteiligt.

Mit dem Mord vom 25. 2. 2004 an Yunus Turgut *(gemeint ist Mehmet Turgut)* in Rostock hatte ich nichts zu tun. Von irgendwelchen Vorbereitungshandlungen, wie dem Anmieten eines Wohnmobils, hatte ich nichts mitbekommen. Es war mir auch nichts davon bekannt, dass sich die beiden einen Schalldämpfer besorgt hatten, wie es in der Anklage zu lesen ist. Uwe Mundlos berichtete davon, dass er »in Rostock einen Türken erschossen« hätte. Details schilderte er nicht, er wiederholte nur mehrfach, dass »es wieder passiert sei«. Ich erinnere mich, dass ich auf beide stundenlang eingeredet hatte, mit dem Töten aufzuhören. Auch wollte ich die beiden nicht dadurch verlieren, dass sie von der Polizei erschossen werden oder sich gegenseitig erschießen würden. Gebetsmühlenartig erhielt ich zur Antwort, dass es nicht mehr passieren würde. Sie hielten ihr Wort nicht.

Drei Monate später überfielen Uwe Mundlos und Uwe Böhnhardt am 14. und 18. Mai 2004 die Sparkassen in der Albert-Schweitzer-Straße und in der Sandstraße in Chemnitz. Sie hatten mich zuvor darüber informiert, dass sie in Chemnitz »Geld besorgen« würden. Sie verwendeten diesen Ausdruck, wenn sie zu einem Überfall aufbrachen. Weder an der jeweiligen Vorbereitung noch an der jeweiligen Durchführung war ich beteiligt. Sie hatten mich nicht informiert, welches Objekt sie ausgekundschaftet hatten und was sie konkret geplant hatten. Sie kehrten einige Tage nach dem 18. Mai 2004 zurück, den genauen Zeitraum weiß ich nicht mehr, und breiteten die Beute von über 100 000 Euro vor mir aus. Das Geld wurde in der Wohnung an mehreren Stellen versteckt.

Am 9. Juni 2004 begingen Uwe Mundlos und Uwe Böhnhardt den Bombenanschlag in der Keupstraße in Köln. Ich war weder an den Vorbereitungshandlungen noch an der Tatausführung beteiligt. Beide hatten sich mit der Begründung verabschiedet, noch »etwas Geld zu besorgen«. Auf meinen Einwand, dass das in Chemnitz erbeutete Geld für Monate reiche, erwiderten sie mir nur, dass sie gerade »einen Lauf« hätten. Ich bin also davon ausgegangen, dass sie einen Raubüberfall begehen würden. Ich wusste nicht, dass sie nach Köln fahren wollten.

Nach ihrer Rückkehr berichteten sie mir davon, dass sie in Köln einen Bombenanschlag auf Türken verübt hatten. Sie berichteten keine Details, nur dass sie eine Nagelbombe zur Explosion gebracht hatten. Ich war einfach nur entsetzt und konnte diese Aktion nicht nachvollziehen. Ich verstand ihr Handeln auch deshalb nicht, weil es absolut sinnlos war. Beide begründeten ihr Tun damit, die türkische Bevölkerung in Köln in Angst und Schrecken versetzen zu wollen und – zum wiederholten Male – dass sie ihr »Leben verkackt« hätten.

Über die Zeitung hatte ich mich informiert, was passiert war. Mit den Schilderungen der beiden allein hatte ich mich nicht zufriedengegeben. Des Weiteren wurde im Fernsehen vom Anschlag berichtet und die mutmaßlichen Täter anhand von Bildern gezeigt. Ich war überzeugt, dass die beiden erkannt würden und unsere Verhaftung bevorstünde. Deshalb fuhren die beiden auf irgendeinen Campingplatz. Ich wollte nicht mitfahren. Ich wollte auf keinen Fall dabei sein, wenn sie sich töten, sollte die Polizei sie entdecken. Es passierte aber nichts.

Ab diesem Zeitpunkt vertraute ich den beiden nicht mehr, dass sie mir die Wahrheit über ihre Vorhaben berichteten. Trotzdem konnte ich mich nach wie vor nicht von den beiden lösen. Meine Gedanken waren immer wieder die gleichen: Angst vor einer langjährigen Haftstrafe, schuldig zu sein an ihrem gemeinsamen Tod und Uwe Böhnhardt nie wiederzusehen.

Deshalb war ich nicht in der Lage, Konsequenzen zu ziehen.
Im Verlauf der nächsten zwei Jahre dachte ich, dass nichts weiter passiert sei. Dies war aber ein Irrtum. Anfang Oktober 2006 beging Uwe Böhnhardt den Überfall auf die Sparkasse in der Kosmonautenstraße in Zwickau. Wir hatten kein Geld mehr – das Geld aus den Überfällen im Mai 2004 war verbraucht. Ich war an den Vorbereitungshandlungen und an der Tatausführung nicht beteiligt. Uwe Böhnhardt deutete zwar an, dass er in Zwickau etwas vorhätte, teilte jedoch keine Einzelheiten mit, insbesondere nicht sein Vorhaben, einen Überfall alleine zu begehen. Es war ganz in meinem Sinn, keine Einzelheiten zu erfahren, weil ich viel zu viel Angst hatte, dass etwas schiefgeht und mir Einzelheiten des Ablaufs durch den Kopf gingen. Wiederum hatte ich extreme Angst, dass ich ihn nicht wiedersehen würde.
Uwe Böhnhardt kehrte zurück und berichtete in Anwesenheit von Uwe Mundlos von dem »schiefgegangenen« Überfall, wie er es nannte. Er berichtete davon, dass er auf einen Mann geschossen habe, um zu entkommen. Die Mitteilung, dass er nichts erbeutet habe, erfolgte eher nebensächlich. Fast übergangslos erzählten Uwe Mundlos und Uwe Böhnhardt, dass sie Ende November 2005 einen weiteren erfolglosen Raubüberfall auf die Sparkasse in der Sandstraße in Chemnitz begangen hatten.
Damit nicht genug: Sie erzählten mir bei dieser Gelegenheit auch von den weiteren vier Morden, die sie am 9. 6. 2005 in der Scharrerstraße in Nürnberg, am 15. 6. 2005 in der Trappentreustraße in München, am 4. 4. 2006 in der Mallinckrodtstraße in Dortmund und am 6. 4. 2006 in der Holländischen Straße in Kassel begangen hatten. Sie berichteten nicht von den genauen Örtlichkeiten – diese kenne ich erst aus den Ermittlungsakten. Sie nannten auch keine Namen. Sie brüsteten sich vielmehr damit, dass sie »vier weitere Ausländer umgelegt« hätten.
Meine Reaktionen sind nur schwer zu beschreiben: Fassungslosigkeit, Entsetzen, das Gefühl der Machtlosigkeit. Ich war unglaublich enttäuscht darüber, dass sie erneut gemordet hatten.
Auch hatten sie mich erneut hintergangen, obwohl sie mir zuvor versprochen hatten, keinen Menschen mehr zu töten. Es war eine unendliche Leere in mir, anders kann ich es nicht beschreiben. Ich wusste nicht, wie es weitergehen würde. Ich konnte die weiteren Dinge nur noch geschehen lassen. Ich lebte weiterhin mit den beiden zusammen und nahm ihre Taten kaum mehr zur Kenntnis – wahrscheinlich war auch nur deshalb ein Zusammenleben ohne tägliche Konflikte überhaupt möglich. Eine Trennung von ihnen erschien mir nicht möglich. Ich hatte mit den Morden nichts zu tun – aber das würde mir wohl niemand glauben. Auch in Bezug auf das finanzielle Überleben war ich auf die beiden absolut angewiesen.

Während ihrer Abwesenheit spielte ich den ganzen Tag Computerspiele und trank zunehmend Sekt, etwa drei bis vier Flaschen am Tag, bis ich angetrunken war. Ich vernachlässigte unsere Katzen, was für mich völlig untypisch war.
Uwe Mundlos und Uwe Böhnhardt überfielen am 7. 11. 2006 und am 18. 1. 2007 die Sparkasse in der Kleinen Parower Straße in Stralsund. Ich war weder an den Vorbereitungen noch an den Ausführungen beteiligt. Sie informierten mich zwar, dass sie wieder »Geld besorgen« würden, teilten mir aber jeweils nicht mit, wann und wo sie was genau geplant hatten.
Die Beute von etwas mehr als einer viertel Million Euro beruhigte mich insofern, dass nun für lange Zeit nichts mehr passieren musste. Ich war mir jedoch nicht sicher, weil mich beide in der Vergangenheit oft angelogen hatten. Das Geld wurde in der Wohnung versteckt, wobei ich nicht sagen kann, wie viel jeweils in welchem Zimmer deponiert wurde.
Am 25. 4. 2007 ermordeten Uwe Mundlos und Uwe Böhnhardt die Polizistin Michèle Kiesewetter und verletzten den Polizisten Martin A. schwer. Sie hatten mich zuvor nicht darüber informiert, dass sie eine solche Tat begehen wollten. Sie hatten mich nicht einmal darüber informiert, dass sie wegfahren wollten. Als die beiden einige Tage später in die Wohnung zurückgekehrt waren, berichteten sie davon, dass sie zwei Polizisten ermordet hatten.
Ich war regelrecht ausgeflippt, hysterisch und ihnen gegenüber sogar handgreiflich geworden, wobei ich versucht hatte, sie zu schlagen. Nachdem ich wieder einen vernünftigen Gedanken fassen konnte, fragte ich nach dem Warum. Ich erhielt die unfassbare Antwort, dass es ihnen nur um die Pistolen der zwei Polizisten ging. Sie seien mit ihren Pistolen wegen häufiger Ladehemmungen unzufrieden gewesen. Das war der einzige Grund, warum erneut ein Mensch sterben musste. Ich war nur noch fassungslos – eine weitere Beschreibung meiner Gefühle ist mir nicht möglich. Ich hatte zwar in den Jahren zuvor Streitigkeiten zwischen den beiden mitbekommen, wer von beiden die besser funktionierende Pistole mitnehmen dürfe. Keiner von beiden ging ohne Pistole aus dem Haus. Ich hatte aber nicht im Traum daran gedacht, dass sie einen Menschen umbringen würden, damit jeder eine absolut funktionstüchtige Waffe bei sich hätte, bei der keine Ladehemmungen möglich waren.
Am nächsten Tag, als ich meine Gedanken wieder sortieren konnte, hielt ich ihnen vor: »Warum habt ihr die Waffen nicht in einem Waffengeschäft geraubt?« Als Antwort erhielt ich nur Ausflüchte.
Heute, mit einigen Jahren Abstand, muss ich mir wohl eingestehen, dass ich mit zwei Menschen zusammengelebt habe, die einerseits im täglichen Leben zuvorkommend, tierlieb, hilfsbereit und liebevoll waren und andererseits mit unvorstellbarer Gefühlskälte Menschen getötet hatten.

Zum 1. 4. 2008 zogen wir in die Frühlingsstraße 26 in Zwickau. Der Umzug erfolgte in der Absicht, uns abzuschotten. Wir lebten in der ständigen Angst, entdeckt zu werden, und glaubten uns diese Angst mit einem Umzug nehmen zu können. Uwe Mundlos und Uwe Böhnhardt sicherten die Wohnung in der Art und Weise, wie es in der Anklageschrift (Blatt 152 ff.) beschrieben ist. Ich selbst hatte mich an den Umbauten nicht beteiligt, weil ich handwerklich zu ungeschickt bin und mir in technischer Hinsicht das Wissen fehlte.
Beide erwähnten mehrfach, dass sie sich freischießen würden, sollten sie durch die Polizei entdeckt werden, oder, wenn dies nicht gelingen würde, dass sie sich durch Erschießen das Leben nehmen. Bei diesen Gesprächen über den Tod musste ich beiden mehrfach das »absolute Versprechen« geben: Sollten beide erschossen werden oder sollten sie sich selbst erschießen, um einer Verhaftung zuvorzukommen, so sollte ich die von Uwe Mundlos erstellten und versandfertig vorbereiteten DVDs in den Briefkasten stecken und versenden. Ich sollte die Wohnung in Brand setzen und ich sollte die Eltern des Uwe Mundlos und des Uwe Böhnhardt benachrichtigen. Uwe Mundlos wollte, dass alle Beweise im Zusammenhang mit ihren Taten vernichtet werden und der einzige Beweis ihres Tuns die DVD sei. Uwe Böhnhardt wollte, dass alle Beweise vernichtet werden, die Rückschlüsse auf unsere Lebensweise in den vergangenen Jahren zulassen würden.
Ich gab ihrem jeweiligen Drängen nach und gab ihnen wiederholt mein ausdrückliches Versprechen, ihre letzten Wünsche zu erfüllen. Beide wussten, dass ich ein Versprechen, welches ich einmal gegeben hatte, nicht brechen würde. Es wurde dabei niemals besprochen, wie ich die Wohnung in Brand setzen und dadurch die Beweismittel vernichten sollte. Zu diesen Beweismitteln zählten für mich beispielsweise die Waffen und die Festplatten der Computer. Die Existenz der Hose, auf der sich Blut der getöteten Polizeibeamtin Kiesewetter befand, war mir völlig unbekannt. Darüber, wie ich die Wohnung in Brand setzen sollte, hatte ich mir auch keine Gedanken gemacht beziehungsweise verdrängt, weil für mich der Gedanke unerträglich war, dass ich in diesem Fall sowohl Uwe Böhnhardt als auch Uwe Mundlos verloren hätte.
Vier Jahre passierte nichts, bis zum 7. 9. 2011. Uwe Mundlos und Uwe Böhnhardt überfielen an diesem Tag die Sparkasse in der Goethestraße in Arnstadt. Sie hatten mich dahingehend informiert, dass sie ein Wohnmobil anmieten und ein neues Objekt für einen Raubüberfall auskundschaften wollten. Wir hatten noch genug Geld, aber sie wollten an ihrem Vorhaben festhalten, weil zunehmend bargeldlos eingekauft wurde und die Banken deshalb immer weniger Bargeld vorrätig hatten. Informationen darüber, wann sie wo welches Objekt auskundschaften wollten, gaben sie mir nicht. Nach ihrer Rückkehr berichteten sie

vom Überfall und zeigten mir das erbeutete Geld, das sodann in der Wohnung versteckt wurde.

4. 11. 2011.

Am Freitag, den 4. 11. 2011, waren die beiden »überfällig«, nachdem sie am Wochenende zuvor losgezogen waren. Sie wollten ein Objekt für einen Raubüberfall auskundschaften und erwähnten, am Dienstag Geld besorgen zu wollen. Bei der Abholung des Wohnmobils am 25. 10. 2011, mit welchem sie losfuhren, war ich dabei, weil wir anschließend gemeinsam nach Leipzig fuhren. An diesem Freitag erfuhr ich über das Radio, dass in Thüringen ein Wohnmobil entdeckt worden sei, welches brennen würde, dass Schüsse gefallen seien und dass sich – so meine ich mich zu erinnern – zwei Leichen im Wohnmobil befinden würden.

Ich war mir sofort sicher, dass dieses Wohnmobil die beiden betraf und dass sie sich getötet hatten.

In gewisser Weise war eine unglaubliche Leere in mir. Es war der Tag gekommen, vor dem ich mich immer gefürchtet hatte – Uwe Böhnhardt und Uwe Mundlos werden nicht mehr zurückkommen. In diesem Augenblick hatte ich nur den einen Gedanken: ihren letzten Willen und mein Versprechen ihnen gegenüber zu erfüllen – nämlich die gemeinsame Wohnung »abzufackeln« und die DVDs zu verschicken. An den Anruf der Eltern dachte ich zunächst nicht. Wie schon beschrieben, sollte einerseits ihre persönliche Habe vernichtet werden, andererseits der Öffentlichkeit mitgeteilt werden, dass sie es waren, die die Morde begangen hatten. Ich werde später auf meine Vermutungen hinsichtlich des Inhalts der DVDs eingehen. Ich konnte nur noch an mein Versprechen den beiden gegenüber denken und begann damit, ihren letzten Willen in die Tat umzusetzen.

Im Abstellraum der Wohnung befand sich der Kanister, gefüllt mit Benzin, welchen Uwe Mundlos und Uwe Böhnhardt seit längerer Zeit dort deponiert hatten. Ursprünglich war das Benzin zum Befüllen des Außenborders seines Bootes gedacht. Bevor ich dieses Benzin verschüttete, begab ich mich zur Nachbarin, Frau Charlotte Erber, um sie zu warnen und zu veranlassen, das Haus zu verlassen. Ich hatte mir überlegt, ihr mitzuteilen, dass es in meiner Wohnung brenne und sie sofort das Haus verlassen müsse. Ich hätte sie notfalls auch mit sanfter Gewalt hinausbegleitet, falls sie uneinsichtig gewesen wäre und nicht hätte gehen wollen. Hätte sie sich gesträubt und wäre sie nicht mitgegangen, dann hätte ich mein Vorhaben abbrechen müssen. Was ich dann gemacht hätte, weiß ich nicht – das Abfackeln der Wohnung wäre schließlich nicht möglich gewesen.

Ich klingelte mehrfach an der Eingangstür, ohne dass sie die Tür öffnete. Ich klingelte auch bei den übrigen Bewohnern – ohne Reaktion, niemand war zu

Hause. Ich bemerkte, dass die Eingangstür nicht eingerastet war, und begab mich zur Wohnungstür der Frau Erber. Ich wartete geschätzte ein bis zwei Minuten und klopfte und klingelte mehrfach. Nachdem ich keine Geräusche vernahm und die Tür nicht geöffnet wurde, begab ich mich wieder in meine Wohnung. Ich setzte unsere zwei Katzen in ihren Korb, nahm eine Tasche, welche ich noch bei meiner Verhaftung bei mir hatte, legte zwei Flaschen Sekt und Schmerztabletten hinein und stellte alles auf den Flur.

An dieser Stelle weise ich den Vorwurf der Anklage, ich hätte billigend in Kauf genommen, dass die Handwerker durch die Brandlegung zu Tode kommen würden, mit Entschiedenheit zurück. Ich wusste, dass die beiden Handwerker seit Wochen im Dachgeschoss des Hauses Renovierungsarbeiten durchführen. Sie waren nahezu täglich im Haus und arbeiteten von morgens bis zum Nachmittag, wobei ab und zu auch nur einer von beiden anwesend war. Es war nicht zu überhören, wenn sie das Treppenhaus hinauf- oder hinuntergingen, weil die Treppenstufen beim Betreten sehr laut knarrten. Auch das Arbeiten der beiden war nicht zu überhören. Es wurden zum Beispiel Fliesen von den Wänden abgeschlagen. Oft konnte ich das sehr laute Radio vernehmen, insbesondere wenn nur einer von beiden anwesend war. Ich wusste, dass sie mit einem weißen Transporter zur Arbeit kamen, welchen sie vor dem Haus parkten. Dies konnte ich entweder am Monitor der installierten Überwachungsanlage oder beim Verlassen sowie beim Betreten des Hauses sehen, wenn ich zum Beispiel zum Einkaufen ging.

Am 4.11.2011 hatte ich am Vormittag mitbekommen, dass die beiden im Dachgeschoss arbeiten. Nach meinem Entschluss, die Wohnung in Brand zu setzen, nach meinem Klingeln bei Frau Erber und bevor ich das Benzin in der Wohnung verschüttete, ging ich im Treppenhaus ein paar Stufen nach oben und machte mich mit einem lauten »Hallo« bemerkbar. Es erfolgte keine Reaktion. Ich hörte weder Arbeitsgeräusche noch Musik und sah auch auf dem Monitor keinen Transporter, nachdem ich in mein Zimmer zurückgekehrt war. Ich war mir daher sicher, dass sich die zwei Handwerker nicht im Haus aufhielten.

Sodann nahm ich etwa die Hälfte der DVDs, welche sich versandfertig und frankiert verpackt im Abstellraum befanden, an mich und steckte diese in den Briefkasten, der sich vor dem Haus befand. Warum ich nur etwa die Hälfte der vorhandenen DVDs an mich nahm und in den Briefkasten steckte, kann ich heute nicht erklären – ich weiß es nicht.

Zur Wohnung zurückgekehrt, verschüttete ich das Benzin in allen Räumen der Wohnung.

Seit unserem Einzug in die Frühlingsstraße hatte ich mehrfach – mindestens fünf bis sechs Mal – bei Frau Erber geklingelt, weil ihr Fernseher einfach zu laut war. Dass der Fernseher meist lauter als Zimmerlautstärke war, hatte ich akzeptiert. Mein Zimmer befand sich an der Wandseite zum Wohnzimmer der Frau Erber. Ich bat Frau Erber jeweils, den Fernseher leiser zu stellen, was sie auch tat und sich entschuldigte. Jedes Mal hatte Frau Erber mein Klingeln trotz des lauten Fernsehers gehört und war innerhalb höchstens einer Minute an der Tür erschienen. Ich erinnere mich, dass ich zum letzten Mal etwa drei Wochen vor dem 4. 11. 2011 bei Frau Erber wegen des lauten Fernsehers vorgesprochen hatte.

Etwa ein halbes Jahr zuvor hatte ich Frau Erber einen an sie gerichteten Brief, der versehentlich in unseren Briefkasten eingeworfen worden war, an der Wohnungstür übergeben. Auch bei dieser Begebenheit hatte Frau Erber auf mein Klingeln in einer geschätzten Zeit von weniger als einer Minute geöffnet. Als drittes Beispiel möchte ich angeben, dass ich etwa Mitte September 2011 bei Frau Erber an der Haustür geklingelt hatte, um mit ihr zu besprechen, ob sich auch in ihrer Küche der Fußboden verzogen hatte. Sie öffnete nach kurzer Zeit, geschätzt nach einer halben bis einer Minute, und wir schauten uns den Boden ihrer Küche an – dieser war in Ordnung. Deshalb war ich mir absolut sicher, dass Frau Erber nicht zu Hause war. Ich hätte niemals eine 89-jährige Frau in Gefahr gebracht. Ich hatte und habe zu meiner Oma ein sehr inniges Verhältnis. Daher hätte ich den Gedanken nicht ertragen können, eine ältere Frau in solch eine Gefahr zu bringen.

Ich nahm mein Feuerzeug, entzündete dies und hielt die Flamme an das Benzin, das sich auf dem Boden verbreitet hatte. Das Benzin fing sofort Feuer und dieses schoss geradezu durch den gesamten Raum. Alles, was sich in der Wohnung befand, sollte verbrennen.

Ich bin mir des Widerspruches bewusst: Auf der einen Seite sollten die Beweise für das Tun und die Planung der beiden sowie ihr Leben in der gemeinsamen Wohnung vernichtet werden, während auf der anderen Seite durch das Versenden der DVDs ihr Tun publik gemacht werden sollte. Beide hatten mir damals das Versprechen abgenommen, die Wohnung aus den genannten Gründen in Brand zu setzen, sollten sie selbst nicht mehr dazu in der Lage sein. Allein mit diesem Gedanken hatte ich das Benzin entzündet. Ich selbst hatte nicht die Absicht, Beweise zu vernichten, die mich in strafrechtlicher Hinsicht belasten könnten. Dies war mir völlig egal. Bei entsprechender Absicht wäre es für mich ein Leichtes gewesen, die Waffen, welche nicht verbrennen können, an mich zu nehmen und gezielt zu entsorgen, etwa in einem Abfallcontainer, oder Papierdokumente separat zu verbrennen. Ich hatte nur die Gedanken: Ich war jetzt alleine, ich hatte alles verloren, ich musste ihren Letzten Willen erfüllen.

Ich schloss die Wohnungstür und rannte mit meinen beiden Katzen und meiner Tasche über der Schulter aus dem Haus. Vor dem Haus angekommen, hörte ich einen lauten Knall. Eine Passantin, die mir entgegenkam, fragte ich, ob sie auf meine Katzen aufpassen könne. Ich ging sodann zurück zum Haus und erkannte, dass dieses teilweise eingestürzt war. Ich war völlig konfus, weil ich nur damit gerechnet hatte, dass das Haus brennt. Ich erwiderte noch einer anderen Passantin, dass die Feuerwehr gerufen wäre, und begab mich zum Bahnhof.
Ich fuhr anschließend vier Tage lang mit dem Zug planlos kreuz und quer durch Deutschland, bis ich mich zu Rechtsanwalt Liebtrau in Jena begab. Mit diesem stellte ich mich anschließend der Polizei, nachdem ich dies telefonisch angekündigt und verlangt hatte, vorher noch mit meiner Oma sprechen zu können. Während der vier Tage und auch am 4. 11. 2011 selbst hatte ich kein Telefongespräch mit einem Mitarbeiter des Innenministeriums oder einer anderen Behörde geführt.
III.
Der Generalbundesanwalt wirft mir vor, ich hätte als gleichgeordnetes Mitglied an der Tätigkeit der Organisation NSU teilgenommen und aktiv deren Aufbau und Bestand gefördert. Ich hätte mit Uwe Mundlos und Uwe Böhnhardt arbeitsteilig ein spezielles Tatkonzept entwickelt, das Maßnahmen zur sicheren Abtarnung, Finanzierung und Bewaffnung der Gruppe sowie die Anmietung von Fahrzeugen zur Tatbegehung vorgesehen hätte, und ich hätte gleichberechtigt bei der Entscheidungsfindung und der jeweiligen Tatplanung mitgewirkt. Diese im Zusammenhang mit dem »NSU« erhobenen Vorwürfe entbehren einer sachlichen Grundlage und basieren offensichtlich nur auf den Vorstellungen und unzutreffenden Schlussfolgerungen, die aus bestimmten Indizien gezogen werden, auf welche ich nachfolgend näher eingehen möchte.
1. Der Begriff des NSU
Uwe Mundlos hatte sich diese drei Buchstaben einfallen lassen. Es muss etwa im Herbst 2001 gewesen sein, nachdem wir in die Polenzstraße 2 in Zwickau gezogen waren. Er kam auf die Idee, dem Magazin »Der Weisse Wolf« den Betrag von 1 000 DM zu spenden. Als ich dies mitbekam, stritt ich mich mit ihm heftig darüber. Ich war nicht damit einverstanden, weil ich meinte, dass wir sparsam leben müssen und das Geld aus dem Überfall vom 5. 7. 2001 nicht für solche Aktionen ausgeben sollten. Uwe Mundlos ließ sich jedoch nicht beirren. Er hatte über ein Synonym für den Absender nachgedacht.
Seine Überlegung war: Er war untergetaucht und befürwortete einen Großteil der Ideen des Nationalsozialismus. Diese zwei Begrifflichkeiten zusammengesetzt, ergaben die Abkürzung »NSU«. Der Begriff »NSU« diente folglich zum einen als Absender für seine Spendenaktion und zum anderen als Bezug für sei-

nen Begleittext. Weder der Text des Briefes noch die Abkürzung »NSU« waren mit mir abgesprochen. Es kann überhaupt keine Rede davon sein, dass ich ein Gründungsmitglied einer Vereinigung namens »NSU« gewesen sein soll. Eine solche Gründung hatte niemals stattgefunden. »NSU« war einzig und allein die Idee des Uwe Mundlos. In den vielen Jahren des Zusammenlebens hatten wir – also Uwe Mundlos, Uwe Böhnhardt und ich – niemals untereinander darüber gesprochen, dass wir drei Mitglieder einer nationalsozialistischen Untergrundbewegung seien, die »bei Unterordnung des Willens des Einzelnen unter den Willen der Gesamtheit, bei im Vorhinein gefasstem übergeordnetem Gruppenwillen und bei gemeinsamer politisch-ideologischer Grundhaltung gemeinsame Ziele verfolgen«, wie es der Generalbundesanwalt in seiner Anklageschrift unterstellt.

Ich habe mich weder damals noch heute als Mitglied einer solchen Bewegung gesehen.

»NSU« als »Vereinigung« betrachtet, hätte maximal aus zwei Personen bestehen können: Uwe Mundlos und Uwe Böhnhardt, wobei ich betone, dass sich Uwe Böhnhardt niemals einer anderen Person untergeordnet hätte.

Das Logo »NSU« nebst dem Begleitschreiben an das Magazin »Der Weisse Wolf« hatte ich damals am Computerbildschirm gesehen, aber nicht mitbekommen, wie Uwe Mundlos dieses Logo erstellt hatte. Wir hatten weder über den Inhalt des Schreibens noch über das Logo gesprochen oder gar diskutiert, weil ich absolut gegen diese Spendenaktion war.

Ich weise den Vorwurf der Anklage, ich sei ein Mitglied einer terroristischen Vereinigung namens »NSU« gewesen, zurück. Ich weise – aufgrund der vielfältigen Behauptungen nachfolgend auszugsweise – die Vorwürfe zurück, ich hätte mich mit Uwe Mundlos und Uwe Böhnhardt als »integraler Bestandteil zum Gesamtkonzept der Anschläge« zusammengeschlossen, um einerseits – aus der Illegalität heraus – durch Mord- und Sprengstoffanschläge nationalsozialistisch geprägte völkisch rassistische Vorstellungen von einem »Erhalt der deutschen Nation« zu verwirklichen und die Veränderung von Staat und Gesellschaft in diesem Sinne zu befördern, um durch Mordanschläge ausländische Mitbürger zum Wegzug zu veranlassen, dass sich Menschen mit Migrationshintergrund willkürlichen und systematisch wiederholten Angriffen ausgesetzt sehen und dadurch eingeschüchtert werden, um die politische und gesellschaftliche Situation in der Bundesrepublik Deutschland im Sinne der an die NS-Ideologie angelehnten Vorstellungen der »Vereinigung« zu ändern, um als elitäre Avantgarde eines um seiner selbst willen und ohne nachhaltige strategische Konzeption geführten terroristischen Vernichtungskampfes gegen den Staat in seiner bestehenden Form und seiner verfassungsmäßigen Ordnung aufzutreten, um rassistische und staatsfeindliche Vorstellungen durch die Begehung von Mordtaten umzusetzen, um in der Folge auf jede Form der öffentlichen Tatbekennung und damit zugleich auf einen »politischen« Kommunikationsprozess zu verzichten und um sich andererseits dreizehn Jahre lang nicht öffentlich zu den Taten zu bekennen, um »Fahndungsdruck zu vermeiden«.

Ich weise den Vorwurf zurück, dass ich mich mit den Mordtaten von Uwe Mundlos und Uwe Böhnhardt sowie ihrem »ideologischen Hintergrund« identifiziert hätte oder hätte identifizieren müssen, um einen »Aussteigereffekt« zu vermeiden. Insbesondere meine Gefühle zu Uwe Böhnhardt standen einem »Aussteigereffekt« entgegen, den der Generalbundesanwalt spekulativ in den Raum stellt.

2. Die DVDs

Den 15-minütigen »Bekennervideofilm« habe ich erstmals in der Hauptverhandlung gesehen.

Im Jahr 2000/2001 hatte ich aus Gesprächen zwischen Uwe Mundlos und Uwe Böhnhardt mitbekommen, dass Uwe Mundlos eine DVD über seine Raubüberfälle erstellen wollte. Am Computerbildschirm hatte ich das nicht gesehen und ich hatte ihn auch nicht konkret darauf angesprochen. Uwe Mundlos hielt sich oft stundenlang in seinem Zimmer auf und saß vor seinem Computer, wobei ich davon ausging, dass er spielte. Er hatte sich eine Vielzahl an Computerspielen besorgt.

Über die Jahre hinweg, ich schätze ab 2004/2005, als wir in der Polenzstraße in Zwickau wohnten, habe ich immer wieder einmal die Paulchen-Panther-Melodie aus dem Zimmer des Uwe Mundlos gehört, habe mir aber nie etwas dabei gedacht. Ich wusste, dass »Paulchen Panther« seine Lieblings-Zeichentrickserie war. Was er an seinem Computer genau gemacht hat, habe ich mir nicht zeigen lassen und es hat mich auch nicht interessiert.

Vielleicht zwei oder drei Mal, wenn ich sein Zimmer betrat, sah ich auf dem Computerbildschirm Ausschnitte aus dem Zeichentrickfilm, jedoch niemals die von ihm fotografierten Morde. Ansonsten sah ich immer nur seine Computerspiele. Etwa zum Jahreswechsel 2006/2007, als wir einen Wasserschaden in der Wohnung hatten, hatte ich ein Gespräch zwischen Uwe Mundlos und Uwe Böhnhardt mitbekommen, dass Uwe Mundlos »die Nase voll hatte«, dass der Film immer noch nicht fertig sei. Ich weiß aber aus Unterhaltungen, die wir drei in der Frühlingstraße führten, dass er auch noch zu dieser Zeit am Film arbeitete.

Den Inhalt der gegenständlichen DVDs – welche der Generalbundesanwalt einerseits als »Selbstbezichtigungs-DVD« des »NSU« und andererseits als letzten propagandistischen Akt des »NSU« bezeichnet – kannte ich nach wie vor nicht. Ich vermutete zwar, dass neben den Raubüberfällen auch die Morde, die mir

Uwe Mundlos und Uwe Böhnhardt geschildert hatten, Gegenstand des Films sein könnten – ich verdrängte jedoch diese Gedanken.
Der Vorwurf des Generalbundesanwaltes, ich hätte am Schneiden des Films mitgewirkt und dies ergebe sich aus der Wette »200 Mal Videoclips schneiden«, erfolgt zu Unrecht.
Uwe Böhnhardt und ich hatten gewettet, ob ich vor Antritt unseres Urlaubs sechs Kilogramm Gewicht abnehmen könne. Ich hatte behauptet, dass ich das schaffen würde. Im Falle meines Verlierens hätte ich 200 Videoclips auf unserem Festplattenrekorder schneiden müssen, im Falle seines Verlierens hätte er dies tun müssen. Den Wettschein hatte Uwe Mundlos am Computer entworfen und hergestellt.
Uwe Böhnhardt und ich hatten mit Vorliebe Fernsehserien am Fernseher angeschaut. Uwe Mundlos saß währenddessen immer vor seinem Computer. Uns beide hatten die jeweilige Wiederholung zu Beginn des Films, die Werbeeinblendungen während des Films und der Abspann nach dem Film genervt. Deshalb nahmen wir alle Filme und Serien, die wir anschauen wollten, auf der Festplatte unseres Rekorders auf, um mit der »Schnellvorlauftaste« die Passagen überspringen zu können. Uwe Böhnhardt hatte die Idee, diese Passagen herauszuschneiden, was mit der Fernbedienung problemlos möglich, aber extrem langweilig war. Deshalb der Wetteinsatz des Schneidens der Fernsehfilme – dies hatte nichts mit Schneiden eines Films am Computer zu tun – davon hatte und habe ich nicht die geringste Ahnung.
Abschließend kann ich zu den DVDs noch erklären, dass Uwe Mundlos diese Anfang des Jahres 2011 in Tüten verpackt und diese beschriftet hatte. Ich hatte ihn darauf angesprochen, nachdem ich die Tüten im Abstellraum gesehen hatte. Er erklärte, dass dies die DVDs seien, die ich im Fall der Fälle verschicken sollte.
3. Die Waffen
Ich hatte nicht eine einzige Waffe besorgt. Ich hatte ab und zu eine Pistole in den Schrank weggeräumt, wenn sie offen herumlag, weil ich dies nicht wollte. Ansonsten hatte ich die Waffen der beiden nicht angerührt. Mitte Dezember 2000 wusste ich, dass sie mit einer Pistole einen Menschen getötet hatten. Ich bestand darauf, dass sie ihre Pistolen in der Wohnung so deponieren, dass ich sie nicht sehen konnte. So legten sie diese zum Beispiel nicht einsehbar auf den Wohnzimmerschrank oder versteckten sie im Bettkasten.
Im Laufe der Jahre legten sie ihre Pistolen hin und wieder neben den Computerbildschirm auf den Tisch (Uwe Mundlos während des Spielens am Computer) oder sichtbar ins Regal. Ich gewöhnte mich daran, ab und zu eine herumliegende Pistole zu sehen. Akzeptiert hatte ich es nie und beide des Öfteren

aufgefordert, die Pistole wegzulegen – bis ich es vereinzelt auch selber machte. Im Laufe der Jahre hatten sie verschiedene Pistolen, wobei ich diese nicht unterscheiden konnte und es bis heute nicht kann. Die genaue Anzahl ist mir nicht bekannt. Im Jahr 2011 ging ich schätzungsweise von rund einem Dutzend Waffen aus. Am 4. 11. 2011 kam mir nicht der Gedanke, die Pistolen einzusammeln und sie gezielt zu entsorgen, zum Beispiel in einen Abfallcontainer. Ich hatte einfach keine Beziehung zu den Waffen und mir war es egal, ob sie letztlich jemand finden würde. Abschließend betone ich, dass ich bei keiner Lieferung/Übergabe einer Pistole beteiligt und auch nicht anwesend war.

4. Wohnmobile

Ich war nur bei einer einzigen Anmietung eines Wohnmobils, das bei einem Raubüberfall verwendet wurde, anwesend – wie bereits geschildert, am 25. 10. 2011, als wir nach Leipzig gefahren waren. Ich hatte niemals eine Rechnung für die Miete der Wohnmobile bezahlt. Ich hatte zwar des Öfteren ein Wohnmobil vor dem Haus stehen sehen, jedoch nie konkret nachgefragt, was sie damit vorhatten. Ich hatte nicht nachgefragt, weil ich Wohnmobile vor dem Haus immer mit dem Gedanken verband, dass Uwe Mundlos und Uwe Böhnhardt nicht zurückkehren. Die Wohnmobile, in denen wir unsere Urlaube verbrachten, hatten wir auf den jeweiligen Campingplätzen vor Ort angemietet. Wir waren mit der Bahn oder mit dem Auto dorthin gefahren.

5. Kassenwart

Es gab keine Zuständigkeit bei der Bezahlung der alltäglichen Kosten. Regelmäßige Ausgaben wie Lebensmittel, Kleidung und anderes wurden mal von dem einen, mal von dem anderen bezahlt. Die Miete zahlte meistens ich. Während der Urlaube habe meistens ich mich um das Geld gekümmert, weil ich am sparsamsten war. Die in der Anklageschrift angesprochenen 10 000 DM als angebliches Indiz für meine verwaltende Tätigkeit des erbeuteten Geldes hatte nicht ich, sondern Uwe Böhnhardt 1998 oder 1999 an Holger Gerlach übergeben, wobei ich grundsätzlich dagegen war, zum einen das Geld außer Haus und zum anderen dem spielsüchtigen Holger Gerlach zu übergeben.

6. Abtarnung

In der Anklageschrift ist wiederholt aufgeführt, ich hätte die »Abtarnung« der Abwesenheit von Uwe Mundlos und Uwe Böhnhardt während aller Tatbegehungen vorgenommen. Es ist richtig, dass ich im Laufe von dreizehn Jahren ein paar Mal – ich erinnere mich an zwei oder drei Begebenheiten – die Identität der beiden gegenüber Nachbarn geleugnet hatte, wenn diese mich auf die beiden und deren Tätigkeiten angesprochen hatten. Die Schlussfolgerung des Generalbundesanwaltes, ich sei deshalb mit den Morden der beiden einverstanden gewesen, weise ich zurück. Mein Handeln muss vor dem Hintergrund beleuchtet werden, dass nicht nur Uwe Mundlos und Uwe Böhnhardt, sondern auch ich auf der Flucht waren beziehungsweise in der Illegalität lebten. Deshalb lag es in meinem Interesse, dass Nachbarn hinsichtlich unserer Identität nicht misstrauisch wurden – das Argument der Abtarnung als Indiz dafür, ich sei Mittäterin der Mordtaten, geht deshalb fehl.

7. Rückzuggebiet

Uwe Mundlos und Uwe Böhnhardt kehrten oft tagelang nach ihren Taten nicht in unsere Wohnung zurück. Vielfach kamen sie zurück, duschten sich und fuhren sofort mit dem Fahrrad auf einen Campingplatz, weil sie sich in unserer Wohnung nicht sicher fühlten. Dies geschah auch nach unserem Umzug in die Frühlingsstraße im April 2008, obwohl sie diese Wohnung extra abgesichert hatten. Aus dem Schlagwort »Rückzuggebiet« auf angebliche Absichten meinerseits zu schließen, weise ich als unbegründet zurück.

IV.

Ich fühle mich moralisch schuldig, dass ich zehn Morde und zwei Bombenanschläge nicht verhindern konnte. Ich fühle mich moralisch schuldig, dass ich nicht in der Lage war, auf Uwe Mundlos und auf Uwe Böhnhardt entsprechend einzuwirken, unschuldige Menschen nicht zu verletzen und nicht zu töten. Ich hatte Angst davor, dass sich beide umbringen und dass ich mit ihnen meine Familie, allen voran Uwe Böhnhardt, verlieren würde. Ich fühle mich moralisch schuldig, dass bei fünfzehn Raubüberfällen die betroffenen Personen körperlichen und seelischen Schaden davongetragen haben – um selbst finanziell gesichert leben zu können. Ich wünschte, dass Tino Brandt früher aufgeflogen, wir noch vor dem Untertauchen verhaftet und die vielen Straftaten nicht passiert wären. Ich entschuldige mich aufrichtig bei allen Opfern und Angehörigen der Opfer der von Uwe Mundlos und Uwe Böhnhardt begangenen Straftaten.

V.

Ich werde Fragen der Mitglieder des Strafsenats nach Rücksprache mit meinen beiden Verteidigern Rechtsanwalt Grasel und Rechtsanwalt Dr. Borchert schriftlich beantworten.

Fragen der Vertreter der Bundesanwaltschaft und Fragen der anwaltlichen Vertreter der Nebenkläger werde ich nicht beantworten. Fragen des Sachverständigen Prof. Dr. Saß werden nicht beantwortet. Fragen der anwaltlichen Vertreter der Mitangeklagten Eminger, Gerlach, Wohlleben und Schultze werde ich nach Rücksprache mit meinen Verteidigern Rechtsanwalt Grasel und Rechtsanwalt Dr. Borchert schriftlich beantworten. Ansonsten äußere ich mich nicht in Bezug auf die gegenüber den Mitangeklagten Eminger, Gerlach, Wohlleben und Schultze erhobenen Vorwürfe.

Ich bin nicht auf alle Argumente eingegangen, die der Generalbundesanwalt in seiner Anklageschrift für seine Argumentation vorgetragen hat, ich sei an den Morden und anderem beteiligt und Mitglied einer terroristischen Vereinigung gewesen. Auf Nachfrage des Senats würde ich Fragen hinsichtlich weiterer Argumente schriftlich beantworten.

Beate Zschäpe

Götzl Die ganze Erklärung ist ja in der Ich-Form abgefasst. Deshalb die Frage: Ist das Ihre Erklärung, Frau Zschäpe?

(Zschäpe nickt.)

Verteidiger Grasel Ich habe noch einen Antrag zu stellen. Namens und im Auftrag meiner Mandantin beantrage ich, die jeweilige Bestellung von Rechtsanwalt Wolfgang Heer, Rechtsanwalt Wolfgang Stahl und Rechtsanwältin Anja Sturm als Pflichtverteidiger von Frau Zschäpe zu widerrufen. Das fehlende Vertrauen zwischen den drei Pflichtverteidigern und der Mandantin wird offenkundig aufgrund der sich konträr gegenüberstehenden Einstellung, eine Erklärung zur Anklageschrift abzugeben. Die Angeklagte Zschäpe hat sich heute erstmals zu den ihr vorgeworfenen Taten geäußert. Dies war ihr bislang durch die ihr auferlegte Verteidigungsstrategie der drei angesprochenen Pflichtverteidiger nicht möglich. Bereits anlässlich ihrer Festnahme im November 2011 hatte die Angeklagte geäußert, dass sie sich nicht gestellt habe, um dann nichts zu den Vorwürfen zu sagen. Dieses Vorhaben wurde jedoch aufgrund der anders lautenden Anweisung ihres damaligen Verteidigers Herrn Rechtsanwalt Heer und später auch durch die anderen beiden Rechtsanwälte Stahl und Sturm letztendlich blockiert, indem sie angewiesen wurde zu schweigen. Während die Angeklagte Zschäpe zunächst auf die fachliche Einschätzung ihrer drei Verteidiger vertraute und sich ihren Anweisungen fügte, musste sie mit zunehmendem Fortschritt des Verfahrens feststellen, dass sie der ihr auferlegten Verteidigungsstrategie des Schweigens nicht mehr vertraute. Es war ihr bislang nicht möglich aus eigener Kraft das Schweigen zu brechen und sich dadurch dem Willen ihrer Pflichtverteidiger entgegenzustellen, da sie ernsthaft befürchten musste, in der Konsequenz Pflichtverteidiger an ihrer Seite zu sehen, die sie nicht verteidigen. Erst nach Beratung durch die Rechtsanwälte JuDr. Borchert und Grasel war es der Angeklagten Zschäpe möglich, ihre Vorstellungen einer effektiven Verteidigung offen zu besprechen und letztendlich ihren bereits von Beginn an existenten Wunsch, Angaben zu den Vorwürfen zu machen, um insbesondere ihre Motive offenzulegen, auch tatsächlich umzusetzen. Es ist offensichtlich – insbesondere aufgrund der eigenen Entpflichtungsanträge der drei Pflichtverteidiger vom 20.7.2015 und vom 10.11.2015 – dass die drei betroffenen Pflichtverteidiger der Angeklagten Zschäpe keine andere als die von ihnen festgelegte Verteidigungsstrategie des Schweigens akzeptierten und akzeptieren. Dafür spricht auch die

Tatsache, dass die drei Pflichtverteidiger in einem gemeinsamen Schreiben an die Mandantin vom 15.6.2015 dieser mitgeteilt haben, dass die »Verteidigungsstrategie, keine Angaben zur Sache zu machen, alternativlos« sei und etwa die Abgabe einer Erklärung zur Sache von diesen als »prozessualer Selbstmord« betrachtet werde. Weiter heißt es in dem Schreiben: »Für eine solche Verteidigung stehen wir daher nicht zur Verfügung. In diesem Falle (also der Änderung der Verteidigungsstrategie) würden wir mit Ihnen einen Antrag an den Vorsitzenden abstimmen, unsere Bestellungen aufzuheben.« Diese ablehnende Einstellung bezüglich einer etwaigen Einlassung bekräftigten die drei Pflichtverteidiger zuletzt in ihrem Schreiben an Frau Zschäpe vom 5.11.2015 erneut. Darin heißt es: »Wir raten Ihnen daher dringend, die mit Ihnen vereinbarte grundlegende Verteidigungsstrategie, keinerlei Angaben zu machen, beizubehalten.« Wie bereits bekannt ist, waren die drei Pflichtverteidiger Heer, Stahl und Sturm tatsächlich nicht an der Erstellung der soeben verlesenen Einlassung beteiligt. Deren Inhalt haben sie – wie alle anderen Prozessbeteiligten auch – erst vor wenigen Minuten erfahren. Auch in die weitergehende Verteidigungsstrategie waren und sind Rechtsanwälte Heer, Stahl und Sturm nicht eingebunden. Allein dieser Umstand macht ihnen eine weitere Tätigkeit als Verteidiger von Frau Zschäpe faktisch unmöglich. Insbesondere können die drei bisherigen Pflichtverteidiger keine einzige Frage oder gar einen Beweisantrag stellen, da sie ernsthaft befürchten müssen, dass dieser für die nun gewählte Verteidigungsstrategie – die den dreien unbekannt ist – nachteilig sein könnte. Letztendlich beschränkt sich die Tätigkeit der drei bisherigen Pflichtverteidiger daher ab sofort nur noch auf die reine Anwesenheit. Es ist des Weiteren zu erwähnen, dass sich die Rechtsanwälte Heer, Stahl und Sturm bis zum heutigen Tage nicht dazu bereit erklären, dem Unterzeichner ihre Mitschriften hinsichtlich der zurückliegenden Hauptverhandlungstage zur Verfügung zu stellen. Auf Grund der Beiordnung zum 216. Verhandlungstag ist der Unterzeichner auf diese Informationen angewiesen, um auch im Hinblick auf die zurückliegende Beweisaufnahme sachgerecht verteidigen zu können. Stattdessen wurde dem Unterzeichner lediglich die Möglichkeit eingeräumt, sich mit gezielten Fragen zur bisherigen Beweisaufnahme schriftlich an die drei anderen Pflichtverteidiger zu wenden. Dies geschah beispielsweise mit Schreiben vom 13.10.2015, mit welchem der Unterzeichner um Mitteilung von Informationen unter anderem zur Aussage des Zeugen Tino Brandt im Rahmen der Hauptverhandlung gebeten hatte. Am 26.10.2015 – mithin 13 Tage später – erhielt der Unterzeichne eine schriftliche Antwort. Die Rechtsanwälte Heer, Stahl und Sturm berichten auf circa eineinhalb Seiten in indirekter Rede über die an vier Verhandlungstagen getätigten Aussagen des Zeugen Tino Brandt. Die Mitteilung enthält keinerlei wörtliche Zitate, stellt keine sogenannte Mitschrift dar und kann nur als unbrauchbar für die verteidigende Tätigkeit des Unterzeichners angesehen werden. Die Mitteilungen der drei Rechtsanwälte gipfeln in folgenden, wörtlich zitierten Bemerkungen, die aus Sicht der Angeklagten Zschäpe eine »maßlose Unverschämtheit« und einen absoluten Affront gegen ihre Person darstellen: »Sofern Sie weitere Auskünfte begehren, die sich aus dem Entwurf des Sitzungsprotokolls bzw. dessen Anlagen ergeben, wenden Sie sich bitte an den Senat. Über den konkreten Inhalt weiterer Beweiserhebungen wird Sie sicherlich auch die Mandantin informieren können.« Diesen rigorosen Absagen hinsichtlich einer Zusammenarbeit zwischen den Pflichtverteidigern Heer, Stahl und Sturm einerseits und der Mandantin und dem Unterzeichner andererseits ist nichts hinzuzufügen. Es bedarf keiner weiteren Erörterung, dass sich dieses unkooperative und unkollegiale Verhalten gegenüber dem Mitverteidiger und das damit zum Ausdruck kommende »bewusst schädigende« Verhalten gegen Frau Zschäpe richtet und damit offenkundig macht, wie zerrüttet das Verhältnis zwischen ihnen ist. Es ist nicht ein einziger Satz der soeben verlesenen Stellungnahme mit den drei Pflichtverteidigern abgesprochen worden, da bereits seit dem 7.7.2015 – und damit seit mehr als fünf Monaten – keinerlei Kommunikation zwischen der Mandantin und diesen mehr stattfindet. Dies betrifft nicht nur die Kommunikation innerhalb der Hauptverhandlung. Auch außerhalb der Hauptverhandlung findet seit dem 7.7.2015 keinerlei Kommunikation mehr zwischen Frau Zschäpe und den drei Pflichtverteidigern Heer, Stahl und Sturm statt. Vor dem Hintergrund der zuvor geschilderten Tatsachen und dem Umstand, dass die drei Pflichtverteidiger Heer, Stahl und Sturm sowohl am 20.7.2015 als auch zuletzt am 10.11.2015 bereits selbst den Widerruf ihrer jeweiligen Bestellung beantragt hatten, geht Frau Zschäpe davon aus, dass die drei Rechtsanwälte den soeben verlesenen Antrag befürworten werden.

Verteidiger Heer Ich werde dazu eine ausführliche Stellungnahme abgeben, weil doch Einiges geradezurücken ist. Ein bewusst schädigendes Verhalten zum Nachteil meiner Mandantin weise ich in aller Entschiedenheit zurück.

Verteidiger Stahl Auch ich möchte mir eine ausführlichere Stellungnahme vorbehalten, aber schon jetzt aufs Schärfste zurückweisen, dass meine Kollegen oder ich mich hier bewusst schädigend verhalten habe in Bezug auf die Mandantin.

Verteidigerin Sturm Ich muss ganz klar und nachdrücklich zurückweisen, dass wir in irgendeiner Weise bewusst schädigend agiert hätten.

Anwalt Behnke Es wird dabei bleiben, wie oft auch immer der Antrag auf Entpflichtung noch gestellt werden wird, er wird keinen Erfolg haben. Die Rechtsanwälte Heer, Stahl und Sturm werden, ob sie wollen oder nicht, bis zum Ende des Verfahrens durchhalten müssen.

Anwalt Scharmer Wenn ich es richtig verstehe, ist ein Argument, Frau Zschäpe habe sich gegenüber der Strategie ihrer Verteidiger nicht durchsetzen können. Das Gegenteil ist heute demonstriert worden. Zum einen durch die Verlesung und zum anderen dadurch, dass es Frau Zschäpes Entscheidung war, die Kommunikation einzustellen. Das Zweite ist, die Altverteidiger – ich nenne sie so, weil sie länger dabei sind, nicht weil sie älter wären – hätten Frau Zschäpe eine unangemessene Mitteilung überbracht, beispielsweise die Einlassung als »prozessualen Selbstmord« bezeichnet. Was möglich sein muss, ist seiner Mandantin mitzuteilen, wenn ein prozessuales Verhalten falsch oder sogar schädlich ist. Und diese Einschätzung lässt sich in der Tat heute wesentlich besser nachvollziehen als vorher.

Tag 250

15. Dezember 2015

Manfred Götzl, Richter. **Anette Greger**, Vertreterin der Bundesanwaltschaft. **Mathias Grasel**, Verteidiger von Beate Zschäpe. **Jacob Hösl**, Verteidiger von Carsten Schultze. **Sebastian Scharmer**, Anwalt der Nebenklage.

Götzl Frau Zschäpe, Sie hatten ja erklärt, dass Sie grundsätzlich bereit sind, Fragen zu beantworten. Mir geht es um Fragen zu Ihren persönlichen Verhältnissen. Es sind nur einige. Dann geht es auch zur Einlassung selbst. Auf Seite 32 Ihrer Erklärung haben Sie auf Ihren Alkoholkonsum abgestellt. Haben Sie vor dem Jahr 2006 Alkohol konsumiert, wie häufig und welche Mengen und wie war die Wirkung auf Sie?

Verteidiger Grasel Meine Mandantin fühlt sich nicht in der Lage, die Fragen des Senats unmittelbar und persönlich zu beantworten. Sie hat Sorge, dass sie angesichts der besonderen Umstände die Worte nicht so wählen kann, dass es nicht zu Missverständnissen kommen kann. Sie will die Fragen mit mir erörtern und dann durch mich verlesen lassen. Ihr ist bewusst, dass diese Vorgehensweise nicht üblich ist, aber deswegen ist sie nicht grundsätzlich nicht zulässig. Meine Mandantin will die Hauptverhandlung nicht in die Länge ziehen. Es ist ihr nach vier Jahren U-Haft nur nicht möglich, auf die Fragen sofort zu antworten. Ich weiß nicht, wie Sie das handhaben wollen, Herr Vorsitzender, sonst würde ich mir Ihre Fragen aufschreiben.

Götzl Dann schreiben Sie sich das bitte auf und sagen Sie mir, wie Sie das beantworten wollen.

(Götzl fängt an, dem Verteidiger von Beate Zschäpe Fragen zu diktieren. Am Ende werden es mehr als fünfzig.)

Götzl Erstens, die Frage Alkoholkonsum. Zweitens Drogenkonsum. Haben Sie Drogen konsumiert und gegebenenfalls wie häufig und welche Menge? Und wie war die Wirkung auf Sie? Soll das schriftlich beantwortet werden?

Verteidiger Grasel Die Fragen werden beantwortet werden.

Götzl Drittens. Sind Sie im Laufe Ihres Lebens ernsthaft erkrankt und in ärztlicher Behandlung gewesen? Hatten Sie Unfälle, psychische Probleme? Das wären die Fragen zu den persönlichen Verhältnissen. Dann geht es um die Erklärung selbst. Ich gehe das anhand Ihrer Erklärung durch. Auf Seite 4 oben, da wird von einer Clique gesprochen, die sich an »der Schnecke« in Jena traf. Wer gehörte dazu? Welche Wohnung haben Sie nach der Wohnung in der Ernst-Zielinski-Straße 42 bewohnt? Haben Sie dann in der Schomerusstraße 5 gewohnt? Welche politische Einstellung hatte Uwe Böhnhardt? Wie war seine Einstellung zu Waffen und Gewalt? Welche politische Einstellung hatte Uwe Mundlos? Wie war seine Einstellung zu Waffen und Gewaltanwendung? Auf Seite 5 Ihrer Einlassung steht: »Ich wandte mich immer mehr Uwe Böhnhardts Freunden zu.« Ich knüpfe jeweils an die Formulierungen an, die Sie verwendet haben. Wer waren Uwe Böhnhardts Freunde, denen Sie sich immer mehr zuwandten? Wer waren die vier bis fünf Personen, aus denen die Kameradschaft Jena bestand? Wann stieß Tino Brandt zu Ihrer Gruppe? Auf Seite 6 Ihrer Erklärung geht es mit Tino Brandt weiter. Welche weiteren Gruppierungen koordinierte Tino Bandt? Was meinen Sie mit der Formulierung: »Unser Einsatz wurde intensiver«? Auf den Seiten 7 und 10 haben Sie eine Formulierung verwendet, was meinen Sie damit? Es geht um »verfälschende Berichterstattung in der Presse«. Was meinen Sie damit? Thema Garage. Wer hatte Schlüssel zur Garage? Dann noch Fragen zur Seite 15. Auch hier anknüpfend an Ihre Formulierungen. Auf welche Art und Weise haben Uwe Böhnhardt und Uwe Mundlos Ihnen gegenüber deutlich zu verstehen gegeben, dass sie Ihnen in gewisser Weise misstraut haben? Was ist mit »in gewisser Weise« gemeint? Seite 16: Welche Vorstellungen hatten Mundlos und Böhnhardt bezüglich einer Auswanderung nach Südafrika? Sie haben einen Kontakt zu Rechtsanwalt Dr. Eisenecker angesprochen. Wie kam der Kontakt zustande? Wie sah der Kontakt aus? Wie erfolgte die telefonische Kontaktaufnahme mit Ihnen? Sie schreiben, er habe Ihnen einige Wochen später mitgeteilt. Zu Seite 19/20: Da geht es um die Formulierung. Was hat Ihnen Uwe Mundlos berichtet, was rund drei Monate zuvor passiert war? Noch zu Seite 20: Was haben Sie, Frau Zschäpe, von Uwe Böhnhardt erfahren, was Uwe Mundlos damit gemeint hat, es sei »eh alles verkackt« und er wolle es »zum knallenden Abschluss bringen«? Können Sie die vorgetragenen Argumente näher ausführen, die Sie schlagwortartig so beschrieben haben: Perspektivlosigkeit, Gefängnis, insgesamt bestehende Frustration? Seite 21: Wie sah die gezeigte Pistole aus? Ich würde Sie bitten, sie zu beschreiben. Seite 22: Woraus entnehmen Sie, dass Mundlos und Böhnhardt Ihnen zwar vertrauten, aber nicht zu 100 Prozent? Seite 23: Was sprachen Böhnhardt und Mundlos über Köln? Welche Umstände veranlassten Sie, bei Böhnhardt und Mundlos nachzufragen, ob sie etwas mit dem Bombenanschlag in der Kölner Probsteigasse zu tun hätten? Noch Seite 23 im dritten Absatz: Sie sagen, Mundlos und Böhnhardt waren arbeitsteilig gewesen, wenn Sie beim Joggen waren. Was bedeutet arbeitsteilig? Seite 25: Da sprechen Sie davon, dass Sie resigniert hätten. Was meinen Sie damit? Welche inhaltslosen Floskeln wurden von den beiden als Antwort auf Ihre Fragen nach dem Warum verwendet? Wie haben sich Mundlos und Böhnhardt in ausländerfeindlicher Richtung geäußert? Des Weiteren: Wie war der Inhalt der Hetzlieder, wie sie einst an der »Schnecke« gegrölt wurden? Seite 25 unten: Was meinen Sie mit der Feststellung: »die beiden brauchten mich nicht, ich brauchte sie«? Dann geht es mir um ein Gespräch auf Seite 28: Was heißt, dass Sie stundenlang auf beide eingeredet haben? Können Sie Einzelheiten des Gesprächs schildern? Seite 33: Sie fragten Uwe Böhnhardt und Uwe Mundlos: »Warum habt ihr die Waffen nicht in einem Waffengeschäft geraubt? Ich bekam nur Ausflüchte.« Welche Antworten bezeichneten Sie als Ausflüchte? Seite 34: Welche Beweise konkret hatten Mundlos und Böhnhardt angesprochen, die in der Frühlingsstraße vernichtet werden sollten? Seite 36: Wer war bei der Abholung des Wohnmobils am 25. 10. 2011 dabei? Wer fuhr nach Leipzig? Wie viele Personen? Was war der Zweck der Fahrt nach Leipzig? Über welchen Radiosender haben Sie erfahren, dass ein Wohnmobil entdeckt worden sei? Aufgrund welcher Umstände waren Sie sich sofort sicher, dass dieses Wohnmobil die beiden betraf und sie sich getötet hatten? Wie war der Tag, der 4. 11. 2011, bis dahin verlaufen? Ich möchte Sie fragen, ob Sie an diesem Tag telefonischen Kontakt zu Mundlos und Böhnhardt hatten? Seite 44: anknüpfend an eine Formulierung von Ihnen. Aufgrund welcher Umstände kommen Sie zu der Aussage, dass Uwe Böhnhardt sich niemals einer anderen Person untergeordnet hätte? Auf Seite 50 bezeichnen Sie Holger Gerlach als spielsüchtig. Welche Umstände und Einzelheiten sind Ihnen dazu bekannt?

(Soweit Götzls Fragen zur Erklärung Zschäpes.)

Dann hätte ich noch weitere Fragen an Sie: Wurden Sie nach Ihrer Flucht außer von Thomas Starke und Thomas Rothe noch von anderen Personen unterstützt? Wann? Von wem? Auf welche Art und Weise? Welche Rolle hatte André Kapke im Kontakt zu Ihnen und Uwe Mundlos und Uwe Böhnhardt? Hatten Sie Kontakt zu Susann Eminger? Ab wann? Wie häufig? Auf welche Art und Weise? Was wissen Sie über die Herkunft der Waffen in der Wohnung in der Frühlingsstraße? Wo haben Sie sich nach dem Inbrandsetzen der Wohnung im Einzelnen aufgehalten? Waren Sie in Eisenach? Was wissen Sie über die Herstellung und den Vertrieb des Spiels Pogromly? Dann eine Frage, ob Sie Informationen haben zu einem Anschlag in Nürnberg, bei dem eine Taschenlampe Verwendung gefunden hat? Welche Informationen haben Sie zur Auswahl der beiden Polizeibeamten als Opfer in Heilbronn?

Wie beschreiben Sie die Persönlichkeiten von Uwe Böhnhardt und Uwe Mundlos und ihr Verhalten Ihnen gegenüber und Dritten gegenüber? Wie war das persönliche Verhältnis unter Ihnen dreien? Und zwischen Ihnen und Böhnhardt und Ihnen und Mundlos? Und zwischen Mundlos und Böhnhardt? Hatten Sie nach Ihrer Flucht im Januar 1998 Kontakt zur Familie Böhnhardt? Kam es zu Treffen? Hatten Sie sowie Uwe Mundlos und Uwe Böhnhardt Bahncards und wofür benötigten Sie diese gegebenenfalls? Schließlich möchte ich Sie auch noch fragen, mit welchen Namen Sie drei sich untereinander angesprochen haben? Das wären die Fragen, die ich an Sie hätte. Wollen Sie was dazu sagen? Wollen Sie darauf eingehen?

Verteidiger Grasel Wir werden den Fragenkatalog in den nächsten Tagen abarbeiten. Ich fürchte, wir schaffen es nicht vor Weihnachten, sondern erst danach.

Götzl Gibt es noch weitere Fragen?

Oberstaatsanwältin Greger Wurden in den Jahren 1998 bis 2011 weitere Wohnungen benutzt? Wohnwägen? Lager? Wenn ja, welche? Hatten Sie oder Mundlos und Böhnhardt während des Untertauchens näheren Kontakt zu weiteren in der Hauptverhandlung noch nicht vernommenen Personen? Wenn ja, zu welchen? Welche Kenntnisse hatte Susann Eminger von den Taten?

Verteidiger Hösl Erinnern Sie sich an eine Begebenheit in einer Kaufhausgastronomie in Chemnitz, die Herr Schultze beschrieben hat? Erinnern Sie sich an frühere Treffen und können Sie die beschreiben, soweit Sie die erinnern? Haben Sie Erkenntnisse zu Herrn Schultze? Wie lief die Kommunikation von Ihnen nach Jena nach dem Untertauchen?

Anwalt Scharmer Es wird Fragen geben. Ich würde gerne erst die Antworten auf Ihre Fragen hören, Herr Vorsitzender, um dann daran anschließen zu können. Das Prozedere ist für alle nicht wirklich praktikabel.

(Eine ganze Reihe an Nebenklagevertretern schließt sich Anwalt Scharmer an, auch der Psychiatrische Sachverständige Henning Saß.)

Götzl *(zu Zschäpe und Grasel)* Habe ich das richtig verstanden? Heute werden keine Fragen beantwortet? *(Nicken.)* Ja? Dann wird die Sitzung unterbrochen.

Tag 251

16. Dezember 2015

Manfred Götzl, Richter. **Ralf Wohlleben**, 40, Angeklagter. **Wolfgang Heer**, Verteidiger von Beate Zschäpe. **Alexander Hoffmann**, Anwalt der Nebenklage.

(Auf der Zuschauertribüne haben mehrere bekannte Rechtsextremisten Platz genommen. Offenbar wissen sie, dass schon heute – überraschend für die meisten Verfahrensbeteiligten – Ralf Wohlleben seine Aussage machen wird. Auch Wohllebens Frau ist da, sie sitzt neben ihrem Mann und hält seine Hand. Ralf Wohlleben grüßt in Richtung Zuschauertribüne.)

Wohlleben *(trägt eine schriftliche Erklärung vor)* Ich habe den Weg der Verlesung einer schriftlichen Erklärung gewählt, da ich aufgrund der mehr als vierjährigen Haftzeit, von der ich eineinhalb Jahre in Isolationshaft verbrachte, mit erheblichen Konzentrationsschwierigkeiten zu kämpfen habe. Weiter habe ich Wortfindungsstörungen und stottere gelegentlich.

Sollten im Anschluss noch Fragen sein, bitte ich darum, mir diese in schriftlicher Form zukommen zu lassen. Ich werde diese dann nach bestem Wissen und Gewissen beantworten. Allerdings wird die Beantwortung nicht unmittelbar erfolgen. Beim Niederschreiben meiner Aussage ist mir aufgefallen, dass manche Dinge erst nach längerem Überlegen oder durch Einsicht in die Akten wieder in Erinnerung gerufen werden konnten.

Persönliche Verhältnisse. Geboren und aufgewachsen bin ich in Jena. Bis zu meinem Auszug im Jahr 1997 bewohnte ich zusammen mit meinen Eltern und meiner drei Jahre jüngeren Schwester eine Drei-Raum-Wohnung im Neubaugebiet Lobeda-Ost. Das Verhältnis zu meinen Eltern möchte ich als normal beschreiben, wobei ich die Erziehung mitunter als streng empfand, was im Jahr 1992 auch dazu führte, dass ich von zu Hause ausgerissen bin. In diesem Zusammenhang kam ich dann kurzzeitig in einem Jugendheim unter, wo mir besonders das eigene Zimmer und die Ausbildungsmöglichkeit als Tischler gefiel, was in mir den Wunsch reifen ließ, für längere Zeit in einer solchen Einrichtung zu verbleiben. In Absprache mit meinen Eltern und dem Jugendamt erreichte ich so, dass ich in ein Kinder- und Jugendheim nach Gera kam, wo ich dann bis 1993 in einer Wohngruppe mit Betreuern lebte. Danach zog ich wieder bei meinen Eltern ein, zu denen ich während meines Heimaufenthaltes weiterhin ein normales Verhältnis pflegte.

1997 bezog ich eine Altbauwohnung im Jenaer Stadtteil Göschwitz, aus der ich aufgrund einer geplanten Sanierungsmaßnahme 1999 ausziehen musste. In diesem Zusammenhang bekam ich ein Wohnungsangebot in Jena-Winzerla, welches ich auch annahm. Dort wohnte ich bis zu meinem Auszug 2002. Mein neuer Wohnsitz wurde dann die Jenaische Straße 25 im Jenaer Stadtteil Lobeda. Ich möchte in diesem Zusammenhang darauf hinweisen, dass der Begriff »Braunes Haus« nicht auf die Kreativität der Bewohner zurückzuführen ist, sondern vielmehr durch die politische Linke in Jena geprägt wurde. Die Bewohner, zu denen ich gehörte, bevorzugten den Namen »Wohn- und Schulungsobjekt Zu den Löwen«, in Anlehnung an die ehemals dort befindliche Gaststätte.
2002 lernte ich auch meine Frau Jacqueline kennen. 2004 bekamen wir unsere Tochter und im Jahr 2005 heirateten wir. In diesem Jahr zogen wir gemeinsam nach Jena-Winzerla. 2006 erblickte unsere zweite Tochter das Licht der Welt und 2008 wechselten wir dann in den Stadtteil Jena-Ost, wo wir bis zu meiner Festnahme wohnten.
Meine schulische Ausbildung absolvierte ich von 1981 auf der Polytechnischen Oberschule »Rosa Luxemburg« in Jena. 1990 besuchte ich dann die POS Julius Schaxel und 1991 die Fichte-Schule.
Nach verschiedenen Berufsvorbereitungsjahren und einer abgebrochenen Ausbildung zum Verkäufer fand ich dann erst mal Arbeit in einem Reinigungsunternehmen. Eine weitere Station in meinem Leben war dann neben einer einmonatigen ABM in der Jugendwerkstatt Jena eine überbetriebliche Ausbildung, die ich im Lager eines großen Möbelhauses in Rothenstein absolvieren konnte. Diese Lehre habe ich im Jahr 1998 erfolgreich abgeschlossen. Weil ich einer Übernahme in eine Filiale in einem anderen Bundesland nichts abgewinnen konnte, war ich unmittelbar danach wieder arbeitslos. Dies führte dazu, dass ich über eine Qualifizierungsmaßnahme eine Anstellung als Verkäufer in einem Teppichfachmarkt fand. Aufgrund betrieblicher Umstrukturierungen endete dieses Arbeitsverhältnis im Jahr 2000.
Ich hatte inzwischen ein gesteigertes Interesse für Computer entwickelt und versuchte deshalb, in diesem Bereich etwas zu finden. Dies stellte sich aber als nicht ganz einfach heraus. Aufgrund fehlender, belegbarer Vorkenntnisse brauchte es schon etwas Überzeugungsarbeit, bis mir das Arbeitsamt schließlich gestattete, an einem Eignungstest teilzunehmen. Mir gelang es, meine Eignung für die Fachinformatiker-Umschulung unter Beweis zu stellen. Im Jahr 2003 konnte ich diese Berufsausbildung erfolgreich abschließen.
Leider gelang es mir dann trotz vielseitiger Bemühungen nicht, eine entsprechende Anstellung zu finden, was auch mit meinen politischen Aktivitäten begründet wurde. So sagte mir ein Arbeitgeber, bei dem ich mein Praktikum er-

folgreich beendet hatte, kurz vor der Unterzeichnung des Arbeitsvertrages, dass sich sogenannte Linke bei einem Kunden von ihm gemeldet und auf meine Vita hingewiesen hätten. Er hätte zwar kein Problem mit meinen Ansichten, wolle aber seine Firma nicht in den Fokus vermeintlich antifaschistischer Aktivitäten lenken. Letztendlich nahm ich bis ins Jahr 2007 noch an mehreren Weiterbildungen teil, bis ich durch Zufall an einen Arbeitsplatz als Feinelektroniker kam, welchen ich bis zu meiner Festnahme behielt.

Politischer Werdegang. Ein Interesse an Politik bestand bei mir eigentlich seit frühster Jugend. Selbstverständlich waren die Entwicklungen in der damaligen DDR auch für mich prägend. So kann ich mich noch gut daran erinnern, dass ich damals zusammen mit meinen Freunden den Rücktritt von Erich Honecker am Radio verfolgt habe. Wir hofften, dass sich nun endlich etwas ändert und wir ein freies Leben führen könnten. Schließlich ging insbesondere die Ausreisewelle an niemandem spurlos vorbei. Ich hatte 1988 meine erste große Liebe gefunden, die dann aber Anfang 1989 mit ihren Eltern in den Westen zog.

Die gewünschten Veränderungen traten durch die Wende nicht ein. So kam es, dass auch ich mich, zusammen mit einigen meiner damaligen Freunde, an den Montagsdemonstrationen Ende 1989, die auch in Jena stattfanden, beteiligt habe. Nach dem Mauerfall und der damit verbundenen Wiedervereinigung von DDR und BRD versuchte man irgendwie mit den neuen Verhältnissen zurechtzukommen. Dazu gehörte aus meiner Sicht auch, dass man sich, meistens je nach Freundeskreis, einem politischen Lager zugehörig fühlte. Selbstredend war man hierbei noch weit entfernt von gefestigten politischen Ansichten. Da ich persönlich schon immer einen großen Nationalstolz verspürte, der ja integraler Bestandteil der DDR-Erziehung war, sah ich keinen Grund, diesen plötzlich abzulegen. Ganz im Gegenteil. Ich wunderte mich über frühere Freunde, die plötzlich die Meinung vertraten, dass jeder, der eine BRD-Fahne schwenkt, was ja beispielsweise bei einer Fußball-WM nichts Ungewöhnliches ist, deswegen ein Nazi sei. Da ich diesbezüglich gänzlich anderer Meinung war, ist es nicht verwunderlich, dass ich mich diesem Teil der Jugend zugehörig fühlte, der heute als rechts bezeichnet wird. Dies drückte sich aber nicht durch politische Aktionen aus, sondern vielmehr durch das Hören bestimmter Musik, wie den »Böhsen Onkelz« oder das Tragen bestimmter Kleidung.

Es muss wohl so 1992 oder 1993 gewesen sein, als auf dem Jenaer Marktplatz eine Wahlkampfveranstaltung einer nationalen Partei, es könnte die NPD oder die DNP gewesen sein, stattfand. Eher zufällig hatte ich damals davon erfahren. Also wartete ich auf dem Jenaer Markt. Als die Wahlkämpfer ankamen, aus ihrem Fahrzeug ausstiegen und sofort mit dem Aufbau begonnen hatten, versuchte ich, mich irgendwie mit einzubinden. Letztendlich durfte ich dann ein

Plakat hochhalten. Mich hat es damals beeindruckt, wie organisiert alles ablief. Ab 1994 begann ich schließlich, auch aufgrund meiner intensiven Freundschaft zu André Kapke, öfters Veranstaltungen zu besuchen. Neben einem Konzert und Stammtischen waren das ab 1995 auch Demonstrationen. Außerdem kam auch meine Mitgliedschaft in der Kameradschaft Jena hinzu. Die lokale Szene teilte sich damals mehr und mehr in Skins und Scheitels auf. Während für die Skins in erster Linie Musik, Spaß und Alkohol wichtig waren, war es bei den Scheitels mehr das Interesse an Politik. Ich selber sah mich als Scheitel und wurde auch als solcher wahrgenommen.
1999 gingen ja große Teile derer, die sich als Thüringer Heimatschutz verstanden, in die NPD. Dabei hatte der Thüringer Landesverband zur damaligen Zeit keinen guten Ruf, was insbesondere an verschiedenen umstrittenen Personen lag. Deshalb war ich auch verwundert, als plötzlich Tino Brandt vor mir stand, mir einen Mitgliedsantrag vor die Nase hielt und mir sinngemäß sagte: »Hier ausfüllen und unterschreiben. Kapke ist auch schon Mitglied.« Mir war natürlich klar, dass hier einem möglichen THS-Verbot entgegengewirkt werden sollte.
Es dauerte nicht lange, ich glaube wir hatten damals noch nicht einmal einen eigenen Kreisverband, da kam es schon zu neuen Landesvorstandswahlen und Brandt suchte händeringend Leute, die sich hierfür aufstellten. Auch auf mich hat er längere Zeit eingeredet und mir stellte sich nur die Frage, welche Aufgabe ich da übernehmen sollte, war ich doch schließlich bisher niemand, der irgendwelche Ämter oder Funktionen bekleidet hatte und sich Derartiges auch nicht zutraute. Schließlich meinte Brandt, ich könne doch als Landesschulungsleiter kandidieren, er würde mir im Bedarfsfall schon helfen. Ich willigte schließlich ein und wurde, zu meiner großen Überraschung, auch gewählt.
In Jena musste ja noch ein NPD Kreisverband gegründet werden und der erste Vorsitzende, den wir dort gewählt haben, war Carsten Schultze. Ich wurde sein Stellvertreter. Allerdings gab es nach seiner Wahl Stimmen, die bezweifelten, ob er aufgrund seines jungen Alters und der fehlenden Erfahrung in politischen Zusammenhängen der Richtige für ein solches Amt sei. Deshalb wurde ich gebeten, auch dieses Amt zu übernehmen, was ich letztendlich auch tat. Hierzu muss man vielleicht noch erwähnen, dass nicht jeder ein Interesse daran hatte, seinen Namen im Zusammenhang mit der NPD wiederzufinden. Arbeitsplatzverlust, Probleme in der Schule, beim Studium oder in der Lehre und Ähnliches wären noch die kleinsten möglichen Folgen gewesen und wurden dadurch vermieden. Es war also mitunter nicht immer ganz einfach, einen Vorstand zu wählen.
Auch ich hatte natürlich aufgrund eines Brandanschlages im Dezember 1998 vor meinem Wohnhaus Bedenken, allerdings war ich mir auch bewusst, dass

meine Tätigkeit im Landesvorstand so oder so den Fokus auf meine Person verschärft hätte, sodass es letztendlich auch egal war. Außerdem hatte ich nach sehr kurzer Zeit festgestellt, dass mir die Parteiarbeit liegt. Im Jahr 2000 wurde dann bekannt, dass der Ortsteil Winzerla einen Ortschaftsrat erhalten soll. Dies war für mich ein bisher völlig unbekanntes Gremium. Ich habe mich dann über die Arbeit eines Ortschaftsrates informiert und außerdem erfahren, dass die Hürden, an einer solchen Wahl teilzunehmen, relativ gering sind. Daraufhin habe ich für mich den Entschluss gefasst, an dieser Wahl teilzunehmen. Ich sah dies als gute Möglichkeit, sich mit kommunalpolitischer Parlamentsarbeit vertraut zu machen und außerdem an der Mitgestaltung des Stadtteils mitzuwirken. Trotz massiver Stimmungsmache linker Gruppen gegen meine Person wurde ich schließlich in den Ortschaftsrat gewählt.
Im Jahr 2001 wurde ich dann, kurz vor der Enttarnung von Tino Brandt, Pressesprecher der Thüringer NPD. Brandt erzählte uns ja anfänglich noch, dass die Vorwürfe gegen ihn, er würde für das Thüringer Landesamt für Verfassungsschutz arbeiten, nicht zuträfen. Und da er dieses Dementi schlecht selbst verbreiten wollte, wurde ich gebeten, seinen Posten zu übernehmen. Als Brandt dann endgültig enttarnt war und alle Ämter niedergelegt hatte, wurde ich gemäß der Satzung kommissarisch zum stellvertretenden Landesvorsitzenden berufen.
Nachdem ich im Jahr 2002 aus dem Ortschaftsrat Jena-Winzerla ausscheiden musste, weil ich meinen Hauptwohnsitz in den Stadtteil Alt-Lobeda verlegt hatte, kandierte ich dort im Jahr 2004 für den dortigen Ortschaftsrat. Auch hier gelang mir der Einzug, allerdings musste ich mein Mandat bereits ein Jahr später, aufgrund eines erneuten Wechsels des Wohnsitzes wieder abgeben.
Auch bei Bundes- und Landtagswahlen trat ich wiederholt als Kandidat in Erscheinung. Mitglied des Thüringer NPD-Landesvorstandes blieb ich bis ins Jahr 2008. Hierbei bekleidete ich als stellvertretender Landesvorsitzender oder als Beisitzer verschiedene Ämter.
Im Jahr 2010 entschied ich mich allein aus persönlichen Gründen zum Austritt aus der Partei. Dieser Austritt änderte jedoch nichts an meinen politischen Ansichten.
Zu den einzelnen Personen. Es ist meiner Auffassung nach natürlich immer schwierig, wenn man Menschen beurteilen muss. Zumal ich von mir auch nicht behaupten könnte, dass ich mit meiner Menschenkenntnis immer richtig lag. Dennoch möchte ich es mit wenigen Worten versuchen.
Holger Gerlach habe ich meiner Erinnerung nach, bereits vor der Wende gekannt. Wann und wo ich ihn genau kennenlernte, weiß ich allerdings nicht mehr. Dafür glaube ich mich relativ gut daran zu erinnern, dass ich Holger nach der Wende, es müsste so 1992 oder 1993 gewesen sein, wiedergetroffen habe

und wir danach den Kontakt aufrecht erhielten. Mit Holger Gerlach verband mich über einen größeren Zeitraum der starke Drang nach Glücksspielen. Hiermit ist insbesondere die Zockerei an Spielautomaten gemeint, welche meiner Meinung nach teilweise schon pathologische Züge hatte. Bei mir reduzierte sich das allerdings mit meiner ersten eigenen Wohnung und dem Geburtstagsgeschenk von Juliane W., einem eigenen Automaten. Holger hat mit diesem Problem noch länger und stärker gekämpft, wie er mir selbst einmal sagte.
Durch eine Umschulung außerhalb von Jena und seinem späteren Wegzug nach Hannover wurde unser Kontakt irgendwann zwangsläufig reduziert. Anfänglich fuhr ich ja noch ab und an nach Hannover, später war es dann so, dass wir uns nur noch sahen, wenn er mal in Jena war. Irgendwann, es muss nach der Geburt meiner zweiten Tochter gewesen sein, sagte mir Holger anlässlich eines Besuches bei seiner Schwester, dass er Drogen nimmt. Ab da suchte ich, der mit Drogen noch nie etwas am Hut hatte, gar keinen Kontakt mehr zu ihm.
Holger Gerlach habe ich als jemanden in Erinnerung, der durch seine Tollpatschigkeit aufgefallen ist. Sei es beim Go-Kart fahren, wo er, weil er Bremse und Gas gleichzeitig betätigte, Letzter wurde oder als Kartenleser während einer Urlaubsfahrt, wo er uns eine »blaue Straße« entlangschickte und Uwe Mundlos ihm dann sagte: »Mensch, das ist ein Fluss«.
Uwe Böhnhardt muss ich so 1992 kennengelernt haben. Müsste ich seinen Typ mit nur einem Wort beschreiben, fände ich »introvertiert« am passendsten. Dies wurde durch seinen doch recht trockenen Humor ergänzt. Zudem habe ich ihn als jemanden in Erinnerung, der sein Geld gerne für Militaria-Artikel ausgegeben hat und sich für Waffen und Geräte, von der Axt bis zur Zwille, begeistern konnte.
Wann ich Uwe Mundlos kennenlernte, weiß ich nicht mehr. Auch zum Wo könnte ich nur Vermutungen anstellen. Ihn habe ich als eine Art »Schwiegermuttis Liebling« in Erinnerung. Er war sehr humorvoll, sympathisch, redegewandt und ziemlich kontaktfreudig. Dabei war es völlig egal, wo man gerade war. Ob in einer Disko, auf einer Demo oder sogar im Polizeigewahrsam.
Auch bei Beate Zschäpe erinnere ich nicht mehr genau, wann und wo ich sie kennengelernt habe. Sie habe ich als jemanden in Erinnerung, mit dem man gut und lange reden konnte. Durch ihre Schlagfertigkeit, welche gerne gepaart mit viel Witz daherkam, wusste auch sie schnell Anschluss zu finden. Mit ihrer offenen und direkten Art war sie mir persönlich sehr sympathisch. So erinnere ich mich zum Beispiel an einige abendliche Gespräche, nicht inhaltlich, welche wir führten, nachdem der Winzerclub seine Türen für den jeweiligen Tag geschlossen hatte und es uns aber noch nicht nach Hause zog.
Carsten Schultze muss ich so 1997 oder 1998 kennengelernt haben. Eine genaue Erinnerung an die Kennlernsituation habe ich allerdings auch hier nicht. Dafür

weiß ich noch ziemlich genau, was ich ihm mal sagte, als wir uns irgendwann im Jahr 2005 oder 2006 zufällig in der Nähe der Jenaer Hauptpost getroffen haben. Ich setzte ihn davon in Kenntnis, dass uns meiner Meinung nach in Jena einer wie er fehlen würde. Jemand der selbstständig ist und junge Leute begeistern kann und mitzieht. Und genau das verbinde ich auch mit ihm. Er war in meinen Augen ein lustiger und sympathischer Typ, mit dem ich gerne meine Zeit verbracht habe. Wenn er mich zu seinen JN-Treffen eingeladen hat, die er regelmäßig veranstaltete, sah ich dort immer viele junge Leute sitzen, die ihm ihre volle Aufmerksamkeit schenkten und zu ihm aufblickten. Schultze fühlte sich, meiner Meinung nach, in dieser seiner Rolle sehr wohl.
Zur Kameradschaft Jena. Wann genau die Kameradschaft Jena gegründet wurde und wo diese Gründung stattgefunden hat, kann ich heute nicht mehr sagen. Ebenfalls habe ich keine Erinnerung mehr daran, wer die Idee zur Kameradschaftsgründung hatte und welche Personen daran beteiligt waren. Ich verbinde mit der Kameradschaft Jena jetzt auch nicht unbedingt bestimmte politische Forderungen, sondern würde sie eher als Zusammenschluss von Menschen beschreiben, deren kleinster gemeinsamer Nenner das positive Bekenntnis zu ihrer Heimat und zu ihrer Herkunft war. Ebenfalls kann ich mich nicht erinnern, dass wir großartige politische Diskussionen geführt hätten. Soweit ich es erinnere, ging es vielmehr um interne Dinge, wie Mitgliedsbeiträge oder die Teilnahme an diversen Veranstaltungen. Aber auch Diskussionen darum, ob während der Sitzungen geraucht oder getrunken werden darf, wurden geführt, was jetzt aber nicht bedeuten soll, dass man als Kameradschaft Jena ansonsten völlig unpolitisch war.
Bezüglich der Mitglieder sind mir folgende Namen in Erinnerung: André Kapke, Uwe Böhnhardt, Holger Gerlach und natürlich ich. Es gab aber noch mehr Mitglieder. Uwe Mundlos hat sich nach meiner Erinnerung erst später in die Kameradschaft eingebracht, allerdings weiß ich nicht, ob dies tatsächlich als Mitglied erfolgte. Beate Zschäpe habe ich ebenfalls nicht als Mitglied in Erinnerung. Wenn sie mal an Treffen teilgenommen hat, dann habe ich sie vielmehr als Begleiterin von Uwe Böhnhardt wahrgenommen.
Irgendwann sind die Aktivitäten der Kameradschaft Jena eingeschlafen, was sicherlich auch darauf zurückzuführen ist, dass man mehr und mehr unter dem Arbeitsnamen »Thüringer Heimatschutz – Sektion Jena« agierte. übrigens ein Gruppenname, der meiner Erinnerung nach auf Tino Brandt zurückzuführen ist. Es muss so 1998 oder 1999 gewesen sein, als dann aus der Kameradschaft Jena der Nationale Widerstand Jena geworden ist, wobei auch diese Namensgebung auf Tino Brandt zurückzuführen ist. Der Nationale Widerstand Jena wurde also nicht gegründet, sondern bestand vielmehr plötzlich.

Hier stelle ich klar, dass ich schon Mitte der Neunzigerjahre nichts gegen Ausländer, sondern etwas gegen die Politik hatte, die solche Zustände, das heißt, den massenhaften Zuzug von Ausländern nach Deutschland förderte. An einem Beispiel kann ich das festmachen. Ich kam Anfang der Neunzigerjahre nach Frankfurt am Main. Dort hatte ich den Eindruck, dass es dort schon ganze Stadtteile gibt, in welchen keine Deutschen mehr wohnen. So etwas wollte ich für meine Stadt nicht. Zwar kann ich die Gründe der Ausländer nach Deutschland zu kommen, das heißt, ein besseres Leben anzustreben, nachvollziehen. Ich hatte und habe jedoch die Befürchtung, dass der massenhafte Zuzug kulturfremder Ausländer und damit die Ghettoisierung sowie die Entstehung von Parallelgesellschaften zu sozialen Spannungen führt. Für mich waren und sind nicht die Ausländer der politische Gegner, sondern die Politik der etablierten Parteien, die solche Entwicklungen fördert.

Ausländer- bzw. Asylpolitik spielte in unserer politischen Arbeit eine untergeordnete Rolle. Es ging zunächst darum, dass nationale Positionen überhaupt erst einmal Gehör finden, also das mediale Totschweigen und die staatlichen Repressionen zu durchbrechen. Keine von uns angemeldete oder durchgeführte Demonstration befasste sich mit dem Thema Ausländer- oder Asylpolitik. Dasselbe galt auch für Plakate oder Aufkleber. Einzig der von Tino Brandt initiierte Aufkleber »Bratwurst statt Döner« war eine Ausnahme davon. Die einzige politische Aktion zum Thema Ausländerpolitik, die mir erinnerlich ist, war eine Unterschriftenaktion 1998 oder 1997 gegen die doppelte Staatsbürgerschaft. Diese Position vertrat damals übrigens auch die CDU/CSU.

Zum Thüringer Heimatschutz. Auch beim Thüringer Heimatschutz habe ich keine Erinnerung mehr daran, ab wann dieser genau bestand. Es ist auch tatsächlich nicht ganz einfach, genau zu definieren, was der THS letztendlich war. Denn im Endeffekt konnte jeder, der es wollte, unter diesem Namen agieren. Eine Mitgliedschaft oder Ähnliches gab es nicht. Was es gab, waren die Mittwochsstammtische, an denen jeder Interessierte teilnehmen konnte, und sogenannte Koordinierungstreffen für die verschiedenen Thüringer Gruppen.

Ich persönlich habe die Mittwochsstammtische als eine Art festen Anlaufpunkt in Erinnerung. Man wusste, dass man hier jede Woche hinfahren kann und auf Gleichgesinnte aus vielen Ecken Thüringens und darüber hinaus trifft. Politik spielte hierbei eine eher untergeordnete Rolle. Ich könnte mich beispielsweise nicht entsinnen, dass da mal irgendwer eine Rede gehalten hätte oder Ähnliches. Das wäre vermutlich aufgrund der Lautstärke, welche ich in Erinnerung habe, auch nur schwer möglich gewesen. Außerdem war es auch deshalb unsinnig, weil, zumindest von einigen Teilnehmern, teilweise im hohen Maße dem Alkohol zugesprochen wurde.

Was ich ebenfalls noch gut erinnere ist, dass man mir einmal zwei Reifen meines Pkws abgestochen hat, wobei ich zur Täterklientel nur Vermutungen anstellen könnte. Auf jeden Fall war ein ortsansässiger Kamerad, der den gleichen Pkw-Typ fuhr, sofort mit Ersatzreifen behilflich. Vorfälle dieser Art waren zu dieser Zeit keine Seltenheit und noch eher harmlos.
Die Sonntagstreffen, auf denen ich, der sich dem THS zugehörig fühlte, auch hin und wieder zugegen war, verliefen, anders als der Mittwochsstammtisch, in einer ruhigen Atmosphäre. Hierbei wurde zum Beispiel besprochen, ob und wenn ja, welche Gruppe welche Veranstaltung durchführt oder welche Veranstaltungen man personell unterstützt. Woran ich mich ebenfalls erinnere ist, dass rechtliche Schritte besprochen wurden. So unter anderem, als eine öffentliche Sonnenwendfeier auf dem Jenaer Jenzig, an der sich auch mehrere Personen aus dem THS-Umfeld beteiligten, durch massive Polizeikräfte gestürmt wurde und es zu unzähligen Ingewahrsamnahmen kam. Damals war es nicht nur für uns, sondern auch für die anderen anwesenden Gäste erschreckend, mit welcher Brutalität die eingesetzten Beamten vorgegangen sind, insbesondere auch deshalb, weil viele Familien mit ihren Kindern zu den Besuchern zählten und es überhaupt keinen Grund gab, derart einzuschreiten. Leider gehörten solche und ähnliche Vorfälle des öfteren zum Wochenenderlebnis.
Diese Sonntagstreffen waren auch immer wieder Ziel von Überfällen sogenannter Linker. So erinnere ich mich an einen Vorfall, als sich einige Teilnehmer vor der Lokalität aufhielten und plötzlich ein Auto mit hoher Geschwindigkeit auf den sich auf der Straße befindlichen Sven Rosemann zusteuerte. Dieser konnte nur durch einen Sprung auf die Motorhaube eines anderen Autos einen Zusammenstoß verhindern. Dann ist mir noch der überfall auf den Pkw des Sandro Tauber erinnerlich. Dieser befand sich damals zusammen mit seiner schwangeren Freundin auf der Anreise zu einem Sonntagstreffen. Hierbei wurde er, so berichtete er es damals, mitten auf einer Landstraße von mindestens einem Vermummten mit einem Morgenstern angegriffen und sein Auto beschädigt.
2002, zum Jahrhunderthochwasser, sind wir mit mehreren Personen in die betroffenen Gebiete gefahren, um zu helfen. Ich erinnere mich hier an die Städte Torgau und Jessen, wo wir über mehrere Tage verschiedene Tätigkeiten auf freiwilliger Basis übernahmen.
2005 gab es durch Mario Brehme dann Bemühungen, den Thüringer Heimatschutz mittels neuer Koordinierungstreffen zu reaktivieren. Da aber sowohl André Kapke als auch ich die Vermutung hatten, dass dies aufgrund älterer Bemühungen seitens des Staates schneller zu einem Verbot führen könne, als sich das alle Beteiligten vorstellen können, lehnten wir dieses Vorhaben ab und kommu-

nizierten dies auch. Hierbei wiesen wir auch darauf hin, dass ein mögliches Verbot dann auch Menschen betreffen könnte, die bereits in früheren Jahren dem THS zugerechnet wurden, und dazu zählten ja bekanntlich nicht nur André und ich.

Ich komme nun zu der Zeit vor dem Untertauchen *(er meint das Untertauchen von Zschäpe, Mundlos und Böhnhardt).*

Es muss meiner Meinung nach so Ende 1994, Anfang 1995 gewesen sein, als sich der Winzerclub zum regelmäßigen Treffpunkt für mich entwickelte. Meistens spielten wir, damit meine ich unter anderem Uwe Böhnhardt und Stefan Apel, Karten und bei diesen Kartenspielen habe ich auch das erste Mal bewusst Beate Zschäpe, damals wohl schon als Freundin von Uwe Böhnhardt, in Erinnerung. Uwe Mundlos habe ich auch im Winzerclub getroffen, wobei ich mich hier zu erinnern glaube, dass das eher selten unter der Woche war. Wie lange der Winzerclub letztendlich für mich regelmäßiger Anlaufpunkt war, weiß ich heute nicht mehr zu sagen, zumal ich auch nach dem Untertauchen von Uwe Böhnhardt, Uwe Mundlos und Beate Zschäpe noch ab und zu dort war.

Irgendwann, es muss so im Jahr 1996 gewesen sein, verbrachte ich einen Großteil meiner Freizeit im Stadtteil Lobeda-West. Dort wohnten ja unter anderem André Kapke und sein Bruder Christian. Es gab dort verschiedene Treffpunkte, welche von Wohnungen bis zu diversen Hauseingängen reichten. Außerdem bekam der Freundeskreis um Christian Kapke irgendwann einen Raum im Jugendclub Impuls zugewiesen. Dort lernte ich, so zumindest erinnere ich es, irgendwann Juliane W. kennen, mit der ich später eine Beziehung einging. In der Räumlichkeit des Jugendclubs schauten hin und wieder auch mal André Kapke und Uwe Böhnhardt vorbei, allerdings nicht regelmäßig. An Uwe Mundlos, Beate Zschäpe und Holger Gerlach erinnere ich mich hier nicht, was nicht heißen muss, dass diese nicht auch ab und an dort verkehrten. Es war zur damaligen Zeit auf jeden Fall so, dass wir uns nicht regelmäßig gesehen haben. Beate Zschäpe und Uwe Böhnhardt zum Beispiel verbrachten, so zumindest meine Erinnerung, viel Zeit bei Uwes Bruder. Ich selber hatte ja inzwischen auch eine Ausbildung in einem Möbelhaus begonnen. Dadurch waren Treffen meistens nur am Wochenende möglich, wobei ich allerdings auch Erinnerungen an Mittwochstreffen in Saalfeld-Gorndorf habe, zu denen zum Beispiel Uwe Mundlos aus Ilmenau anreiste. Aber auch hier gab es keine Regelmäßigkeit.

Zusammengefasst: Unabhängig von den Treffpunkten besuchten wir, damit meine ich insbesondere Beate Zschäpe, André Kapke, Holger Gerlach, Uwe Böhnhardt und Uwe Mundlos, verschiedene politische Veranstaltungen, wobei ich heute selbstverständlich nicht mehr weiß, ob immer alle genannten Personen dabei waren.

Was ich aufgrund der Bilder, welche durch die Medien gingen, auch erinnere, ist die Teilnahme am sogenannten Roeder-Prozess in Erfurt. Soweit ich es noch nachvollziehen kann, war Manfred Roeder wegen Sachbeschädigung angeklagt. Er soll Informationstafeln anlässlich der Wehrmachtsausstellung in Erfurt mit dem Wort »Lüge« versehen haben. Besondere Beachtung fand ja das Bild, auf welchem Uwe Böhnhardt schreiend zu sehen ist und ich hinter ihm laufe. Dazu muss man wissen, dass, während wir uns im Gerichtsgebäude befanden, linke Aktivisten das Auto von Uwe Mundlos beschädigt hatten. Somit konnten wir nicht gleich die Heimreise antreten und als wir uns schließlich auf den Weg zurück zum Gericht machten, um dort telefonisch eine Rückfahrmöglichkeit zu organisieren, wurden wir mittels Steinwürfen von sogenannten Antifas angegriffen. Böhnhardt hat sich daraufhin umgedreht und irgendwas in Richtung der Steineschmeißer gerufen.
1996 war ich zusammen mit Uwe Mundlos, Uwe Böhnhardt und Kay S. am Aufhängen des sogenannten Puppen-Torsos beteiligt. Beate Zschäpe ist nach meiner Erinnerung nicht dabei gewesen. Unsere damals bei der Polizei und vor Gericht gemachten Aussagen sind insoweit richtig, was den Aufenthalt bei der Geburtstagsfeier in Schwarzbach und die Heimfahrt betrifft. Soweit ich es erinnere, waren wir dann auch noch kurz bei Beate Zschäpe in der Wohnung und haben diese dann aber wieder verlassen. Beate blieb zu Hause. Wir sind dann mit dem PKW von Uwe Mundlos zu der Brücke gefahren. Ob die Puppe da schon im Auto lag oder ob die erst noch irgendwo geholt werden musste, weiß ich nicht mehr. Mein mir zugeteilter Tatbeitrag war das Schmierestehen und das Abhören des Polizeifunks. Mir ist heute nicht mehr erinnerlich, ob ich zum damaligen Zeitpunkt schon wusste, dass mit der Puppe auch eine Bombenattrappe verbunden werden soll. Meiner Erinnerung nach, war die Tat eine Reaktion auf eine Absichtserklärung verschiedener Jenaer Journalisten, welche angekündigt hatten, nicht mehr über Flugblätter und Ähnliches, die der rechten Szene zugeordnet wurden, berichten zu wollen. Durch die Puppe sollten sie quasi gezwungen werden, eine Berichterstattung zu betreiben. Der Besuch von Ignatz Bubis, dem damaligen Vorsitzenden des Zentralrates der Juden in der BRD, spielte dabei nach meiner Erinnerung übrigens keine Rolle.
Nach diesem Vorfall kam es zu einer Hausdurchsuchungswelle. Dabei wurden in einigen Fällen zum wiederholten Male Sachen beschlagnahmt, bei denen die eingesetzten Beamten bereits vorher wussten, dass diese wieder ausgehändigt werden müssen. Hiermit meine ich unter anderem Tonträger, Hefte oder Bücher, von denen jeweils nur ein Exemplar vorgefunden wurde. Um die Anzahl beschlagnahmter Gegenstände bei zukünftigen Hausdurchsuchungen so gering wie möglich zu halten, kam – so erinnere ich es – Uwe Böhnhardt auf die Idee,

eine Garage oder einen Garten zu mieten, in dem man dann solche Sachen, die sich sonst immer in den Asservatenverzeichnissen wiederfinden, lagert.
Ich muss dann auch mindestens einmal dort gewesen sein. Mir ist erinnerlich, dass wir die in diesem Garagenkomplex befindliche Auffahrbühne benutzten, um eine Reparatur am Fahrzeug von Uwe Böhnhardt durchzuführen. Hierbei holten wir Werkzeug aus einer Garage. Dort war aber nichts von dem zu sehen, was die Polizei dann 1998 dort gefunden haben will. Die Garage war aus meiner Sicht sogar so eingerichtet, dass man hätte sogar noch einen PKW unterstellen können. Mir sind dort weder Koffer noch irgendwelche anderen Gegenstände aufgefallen, die bei Straftaten Verwendung gefunden haben sollen. Aus meiner Sicht war das eine ganz normale Garage.
Für mich hat auch das sonstige Verhalten, insbesondere von Uwe Mundlos und Uwe Böhnhardt, nie Anlass dazu gegeben zu vermuten, dass diese im weiteren Verlauf ihres Lebens mal dazu fähig sein könnten, schwere Straftaten zu begehen, schon gar nicht gegen Ausländer, weil diese bei uns gar kein Thema waren. Was die Straftaten wie die Bombenattrappe im Stadion, auf dem Nordfriedhof oder die Briefbombenattrappen anbelangt, weiß ich nicht mehr, ob ich damals unmittelbar davon Kenntnis hatte. Es war auf jeden Fall nicht so, dass darüber gesprochen wurde, weil prinzipiell nicht über solche Sachen gesprochen wurde. In unseren Kreisen ging man ja davon aus, dass die Szene mit Spitzeln durchsetzt ist. Da ich zu keiner Zeit für einen staatlichen Dienst als Spitzel gearbeitet habe, habe ich auch nicht nachgefragt, um mich als solcher nicht verdächtig zu machen. Ich kann heute nicht mehr genau sagen, wann und wie ich davon erfahren habe. Vermutlich durch irgendwelche Medienveröffentlichungen.
Bezüglich der Bombenattrappe am Theaterhaus verhält es sich so, dass ich nicht mehr genau weiß, wann und von wem ich davon erfahren habe, dass das auf Uwe Böhnhardt und Uwe Mundlos zurückzuführen ist. Ich glaube, es wurde mir bei einem Treffen nach dem Untertauchen von einem der Uwes erzählt. Mir ist nur noch erinnerlich, dass mir irgendwann mal gesagt wurde, dass das TNT nur deshalb beigelegt wurde, um mehr Aufmerksamkeit zu provozieren. Irgendwie passte das aus damaliger Sicht auch zu den beiden Uwes, denn sie mochten es ja zu provozieren. Besonders deutlich wurde das vor dem Untertauchen auch dadurch, als zuerst Uwe Mundlos und später dann auch Uwe Böhnhardt plötzlich mit einer Art »braunen Uniform« unterwegs waren.
Ich hatte Kenntnis, dass die beiden Uwes die Puppe aufgehängt und die Bombenattrappe am Theater hingestellt haben. Nach meiner Auffassung handelte es sich um Provokationen, mit denen keine Menschen getötet oder verletzt werden sollten. Von daher kam ich auch nie auf den Gedanken, dass die beiden Uwes zu solchen Straftaten fähig sein könnten, wie sie hier angeklagt sind.

(Im Folgenden geht Wohlleben auf die Geschehnisse am 26. Januar 1998 ein, dem Tag der Flucht des Trios, nachdem die Polizei die Garage durchsucht und dort Sprengstoff gefunden hatte.)

Am 26. Januar 1998 kam es zu mehreren Durchsuchungsaktionen. Uwe Böhnhardt konnte in deren Verlauf ungehindert den Ort des Geschehens verlassen. Was er dann konkret gemacht hat, entzieht sich meiner Kenntnis. Mir ist auch nicht mehr erinnerlich, wer letztendlich zu mir kam, ob Uwe Böhnhardt, Uwe Mundlos oder vielleicht jemand ganz anderes, und mich fragte, ob man mein Auto, damals einen Peugeot 205, haben könne. Ich weiß nur noch, dass es darum ging, vorerst die Stadt zu verlassen. Sicherlich wurde mir auch von der Durchsuchung berichtet und auch davon, dass man vorhabe, erst mal zu verschwinden.

Bezüglich des von Juliane W. erinnerten Treffens zwischen Volker Henck, ihr und mir in meiner Wohnung habe ich keine Erinnerung. Ich weiß nur noch, dass wir die Nacht nicht zu Hause verbrachten, sondern bei Jürgen Helbig übernachteten. Dies aber nur deshalb, weil ich vermutete, dass es eventuell am Folgetag auch bei mir zu einer Hausdurchsuchung kommen könnte.

Was sich dann in den darauffolgenden Tagen abspielte, weiß ich auch nicht mehr. Ich erinnere mich nur noch, dass der Pkw von Mundlos plötzlich weg war. Dies war für mich natürlich mehr als ungünstig, denn sowohl für die Arbeit als auch für die Berufsschule war ich auf ein Auto angewiesen. Irgendwie muss ich das aber kompensiert haben. An Fahrten mit dem Vater von Uwe Mundlos erinnere ich mich jedenfalls nicht, ausschließen kann ich sie aber auch nicht.

Auch an den ersten telefonischen Kontakt und wie dieser zustande kam, habe ich keine Erinnerung. Ich weiß noch, dass es ein Telefonzellensystem gab. Dieses wurde bereits früher schon ab und an angewendet. Wer es entwickelt hat und wie sich das genau aufbaute, weiß ich heute nicht mehr. Es kam auf jeden Fall zu verschiedenen Telefonaten, allerdings könnte ich zu konkreten Inhalten nur Vermutungen anstellen. Genaue Erinnerungen habe ich nur noch daran, dass ich mehrmals die Mutter von Uwe Mundlos aufsuchen sollte, was ich auch tat. Mit welchen Anliegen ich an sie herantreten sollte, weiß ich aber nicht mehr. Ebenfalls erinnere ich mich noch, dass ich nicht nur mit Uwe Mundlos und Uwe Böhnhardt telefonierte, sondern anfangs auch mit einer unbekannten männlichen Person. An Telefonate mit Beate Zschäpe erinnere ich mich nicht. Auch mit welcher Regelmäßigkeit telefoniert wurde, weiß ich heute nicht mehr. Anfänglich war es auf alle Fälle so, dass immer beim aktuellen Telefonat der nächste Termin ausgemacht wurde. Später erhielt ich ja dann eine Funknummer, die ich zuerst anrufen musste und dann die Telefonnummer der Telefonzelle bekam.

Was ich auch noch erinnere ist, dass Jürgen Helbig eine Zeit lang seinen Telefonanschluss beziehungsweise seinen Anrufbeantworter zur Verfügung stellte, der dann auch für die Nachrichtenübermittlung genutzt wurde.
Telefonisch habe ich von den Uwes erfahren, dass mein Pkw mit einem Defekt liegengeblieben ist. Mir wurde auch mitgeteilt, wo das Auto steht und wo man den Schlüssel versteckt hat. Sie seien mit dem Auto in Hannover gewesen und wären fast von der Polizei geschnappt worden. Bei der Polizeikontrolle hat man sie jedenfalls laufen lassen. Danach hätten sie sich andere Kennzeichen besorgt. Mit Jürgen Helbig und mindestens einer weiteren Person bin ich zu dem angegebenen Ort gefahren. Dieser befand sich in Sachsen und lag nach meiner Erinnerung in der Nähe von Waldheim. äußerliche Schäden hatte es keine. Als ich das Auto holte, waren meine Kennzeichen nicht mehr am Fahrzeug. Meine Kennzeichen lagen im Auto. Der Schlüssel lag auf dem Hinterrad. Es ließ sich auch Starten. Allerdings schien ein Getriebedefekt vorzuliegen. Also haben wir erst mal ein Abschleppseil zum Einsatz gebracht und das Fahrzeug zu einer Tankstelle geschleppt. Zuvor haben wir jedoch meine Kennzeichen wieder angebracht.
Da das Abschleppen über Autobahnen verboten und mit einem Seil über Landstraße doch recht anstrengend ist, haben wir beschlossen, mein Auto an der Tankstelle stehen zu lassen und nach Jena zurückzufahren. Dort wollten wir beim ADAC eine Abschleppstange leihen und es einige Tage später damit probieren.
Wie es sich dann ergeben hat, dass Andreas Rachhausen mein Auto mit dem Hänger geholt hat, kann ich wieder nur vermuten. Auf jeden Fall hat er es geholt und es stand dann eine ganze Zeit defekt hinter meinem Haus. Geld für eine Reparatur hatte ich nicht.
Am 3. März 1998, dieses Datum konnte ich recherchieren, wurde das Auto von Sandro Tauber während einer Diskussionsveranstaltung im Hotel Esplanade in Jena zum Thema »Rechte Gewalt« von sogenannten Linken angezündet. Da der Pkw baugleich mit meinem Fahrzeug und nach dem Brandanschlag nur noch als Ersatzteilspender zu gebrauchen war, bot mir Sandro an, sich um die Reparatur zu kümmern. Hierzu buchte er einen Platz in einer Rudolstädter Mietwerkstatt. Zusammen mit Conny C. schleppte ich meinen Pkw nach Rudolstadt. Wir halfen dann auch bei den Arbeiten, welche sich nach meiner Erinnerung über mindestens zwei Tage hinzogen. Danach funktionierte mein Pkw wieder.
Es muss kurz nach dieser Reparatur gewesen sein, als ich das erste Mal mit meinem PKW Richtung Chemnitz gefahren bin, um mich mit Uwe Mundlos, Uwe Böhnhardt und Beate Zschäpe zu treffen. Den genauen Termin muss ich telefonisch ausgemacht haben. Ich weiß nicht mehr, ob das mit einem der beiden Uwes oder mit einer anderen Person war.

Auf jeden Fall war vorgegeben, dass ich in der Nähe einer Tankstelle kurz vor Chemnitz auf eine Person warte, die mich dann anspricht. Diese Person, ein Glatzkopf, kam dann auch. Er forderte mich auf, in seinen VW Polo einzusteigen, was ich auch tat. Auf der darauffolgenden Fahrt haben wir uns auch unterhalten, allerdings ist mir lediglich eine Bemerkung zu meinem Auto erinnerlich. Er sagte sinngemäß: »Dein Auto fährt ja wieder.« Wir haben dann – meiner Erinnerung nach – eine Altbauwohnung in Chemnitz aufgesucht und dort habe ich Uwe Mundlos, Uwe Böhnhardt und Beate Zschäpe das erste Mal nach ihrem Verschwinden wiedergesehen. Was genau gesprochen wurde, erinnere ich ebenso wenig wie den Zeitraum, den ich dort verbracht habe.
Was die Transporte von Jürgen Helbig anbelangt, habe ich ihn weder gefragt noch in irgendeiner Art und Weise gebeten, mir zu helfen. Die Telefonate gingen zunächst über Helbigs Telefonanschluss. Er bot dann seine Hilfe von sich aus an.
Nichtsdestotrotz kann ich mich kaum daran erinnern, was er transportiert hat. Ausschließen kann ich allerdings seine Vermutung, welche er nur aufgrund der Ermittlungen gegen mich und der damit verbundenen Berichterstattung hegt, dass es sich irgendwann mal um eine Waffe gehandelt hat. Die meisten Sachen, die damals für die drei bestimmt waren, kamen von Böhnhardts Eltern. Um was es sich dabei genau gehandelt hat, weiß ich nicht mehr. Auch ob ich von Frau Mundlos, die ich damals ebenso öfters aufsuchen sollte, etwas ausgehändigt bekam, weiß ich auch nicht mehr. Was ich aber erinnere, ist der Transport eines ZIP-Laufwerkes für Uwe Mundlos. Das ist mir allerdings nur deshalb in Erinnerung, weil er der Einzige war, den ich kannte, der ein solches Speichermedium besaß.
Bezüglich der sogenannten Pogromly-Spiele, ist es auch schwer, genaue Angaben zu machen. Selbst das Zwischenlager bei Jürgen Helbig ist mir nur deshalb erinnerlich, weil er es selber so angegeben hat. Ich weiß noch, dass Tino Brandt einen Großteil der Spiele aufgekauft hatte. Aber welche Stückzahlen das konkret waren, kann ich nicht sagen. Auch zu der Gesamtstückzahl der Spiele könnte ich nur spekulieren. Aber mehr als 20 waren es auf keinen Fall.
Ich hatte das Spiel vor dem Untertauchen der drei einmal gespielt. Mundlos hatte es an dem Abend mitgebracht. Es war auf jeden Fall in meiner Wohnung. Meine Freundin Juliane und Uwe Böhnhardt waren noch dabei. Allerdings fand ich das Spiel nicht sonderlich toll.
Irgendwann, es muss Anfang 1999 gewesen sein, kam es zu einem weiteren direkten Treffen zwischen Uwe Mundlos, Uwe Böhnhardt, Beate Zschäpe und mir. Diesmal waren keine weiteren Personen eingebunden. Mir wurde telefonisch im Vorfeld nicht nur Zeitpunkt und Ort genannt, sondern auch mehrfach,

dass ich aufpassen solle, nicht verfolgt zu werden. Mit welchem PKW ich dann damals letztendlich nach Chemnitz gefahren bin, weiß ich nicht mehr. Es war auf jeden Fall nicht mein eigener. Das Treffen sollte dazu dienen, dass ich von Beate Zschäpe eine Vollmacht für eine anwaltliche Vertretung bekomme. Ausschließen kann ich nicht, dass auch von Uwe Mundlos und Uwe Böhnhardt entsprechende Vollmachten übergeben wurden.
Vage erinnere ich noch, dass ich einmal bei Rechtsanwalt Thaut war. Dabei ging es um die Selbstgestellung von Böhnhardt. Es kann sein, dass Frau Böhnhardt mit dabei war. Ich weiß es aber nicht mehr sicher.
Bei diesem Treffen mit den dreien, welches in einem Park in der Nähe von einem Einkaufszentrum stattfand, gab es dann noch ein persönliches Gespräch zwischen Uwe Böhnhardt und mir. Hierbei äußerte er den Wunsch, dass ich mich nach einer scharfen Pistole umhören solle. Wenn es ginge mit Munition. Es sollte eine Pistole und kein Revolver sein. Als ich ihm entgegnete, dass ich mich mit solchen Dingen doch überhaupt nicht auskenne, sagte er sinngemäß, ich solle nur darauf achten, dass es ein deutsches Fabrikat ist. Wenn er sie nicht gebrauchen könne, würde er sie schon wieder verkaufen können. Auf meine Frage, wie das mit der Bezahlung laufen soll, meinte er nur, ich könnte, wenn ich was gefunden habe und Geld bräuchte, mal bei Tino Brandt anfragen. Natürlich habe ich mir auch Gedanken darüber gemacht, wozu er jetzt eine scharfe Waffe bräuchte. Ich fragte ihn auch. Böhnhardt hatte mir klar gemacht, dass er nicht mehr in Haft gehen würde und er sich eher selbst erschießen würde.
Ob mein Treffen mit Dr. Eisenecker vor oder nach der Übergabe der Vollmacht stattgefunden hat, kann ich nicht mehr sagen. Ich erinnere nur noch, dass ich mit Carsten Schultze nach Goldenbow gefahren bin. Hierfür haben wir meinen Pkw genutzt. Es gab dann ein kurzes Gespräch. Es ging darum, dass die drei wieder zurückkommen sollten.
Irgendwann übernahm dann Carsten Schultze die Telefonate. Wie es dazu kam, erinnere ich genauso wenig, wie das von ihm erwähnte Ansprechen durch André Kapke und mich. Auf jeden Fall muss es bei ihm schon so gewesen sein, dass er über eine Telefonzelle eine Funknummer angewählt hat. Wenn sich irgendwelche Neuerungen ergeben hatten, befand sich ein entsprechender Text mit genauen Instruktionen als Ansagetext auf dem Anrufbeantworter. Dazu gehörte dann zum Beispiel auch, ob ich bei eventuellen Telefonterminen dabei sein soll beziehungsweise muss. Irgendwann wurde der Kontakt dann nur noch über Funktelefone gehalten.
Welche Aufgaben konkret an wen vermittelt wurden, kann ich heute nicht mehr sagen, auch nicht, zu welcher Zeit das jeweils passierte. Es gab aber auf alle Fälle den Auftrag, in Beate Zschäpes Wohnung einzubrechen. Hierbei sollten per-

sönliche Unterlagen gesichert werden. Diesen Einbruch hat ja dann Carsten Schultze durchgeführt, und Jürgen Helbig stand Schmiere. Das hat mir Carsten Schultze erzählt. Einen Teil der Sachen haben Carsten Schultze und ich aussortiert und hinter der sogenannten Fliegerscheune vergraben. Den anderen Teil, der zu viel mitgenommen wurde und keine Relevanz hatte, haben wir mit einer Tasche in der Saale versenkt.
Des Weiteren gab es noch den Auftrag, ein Motorrad zu stehlen. Hierbei wurde der Typ vorgegeben, was mich vermuten ließ, dass die Teile des Motorrades verkauft werden sollen. Im weiteren Verlauf sollte das Motorrad irgendwo hin gebracht werden. Wohin, weiß ich nicht mehr. Ich weiß nur noch, dass ich zusammen mit Carsten Schultze, wie bestellt, ein Motorrad im Ortsteil Lobeda-West gestohlen habe. Weil es nicht ansprang, haben wir es vorerst in einem Gebüsch in der Nähe einer Autobahnbrücke versteckt. Später wollte ich entweder alleine oder zusammen mit Carsten Schultze nochmal zu dem Motorrad hin. Es war dann aber nicht mehr da.
Dann gab es immer wieder die Frage nach finanzieller Unterstützung. Auch eine mögliche Unterbringung im Ausland war ständig im Gespräch. Was Gelder anbelangt, kam kurz nach dem Untertauchen immer noch was zusammen. Aber im Laufe der Zeit reduzierte sich das fast auf null. Wie genau die Gelder dann immer zu den Untergetauchten kamen, kann ich heute nicht mehr mit Bestimmtheit sagen. Zu dem behaupteten Kredit, der bei einer Quellenmeldung von Tino Brandt auftaucht, kann ich nur sagen, dass ich zu der Zeit nicht kreditwürdig war, was sich auch aus der Finanzermittlung ergibt. Weitere Gelder in Bezug auf die drei habe ich nicht entgegengenommen. Nach meiner Erinnerung hatte dies André Kapke meist gemacht. Die Gelder aus dem Spieleverkauf hatten meiner Erinnerung nach Jürgen Helbig und André Kapke weitergeleitet. Aus Geldgeschichten habe ich mich immer rausgehalten, weil ich keinen Ärger wollte. Aus meiner Erfahrung in der Szene gab es wegen Geld immer wieder Streit. Es gab immer Gerede, man würde sich selbst bereichern. Das beste Beispiel ist der Vorfall, als André Kapke einmal Geld abhanden kam.
Auch in Bezug auf mögliche Verstecke im Ausland wurden selbstverständlich Aktivitäten entfaltet. Südafrika und Amerika waren im Gespräch. Dass Thorsten Heise als möglicher Ansprechpartner im Gespräch war, erinnere ich noch. Auch, dass Holger Gerlach sich hierbei um die Kontaktaufnahme bemühte, ist mir erinnerlich. Aber warum das letztendlich alles nicht geklappt hat, weiß ich nicht.
Dafür erinnere ich mich noch daran, dass ich für die Vermittlung von Telefonaten mit der Familie Böhnhardt und Tino Brandt zuständig war. Bei der Familie Böhnhardt warf ich hierfür Zettel in den Briefkasten, auf dem eine Telefon-

zelle und ein Zeitpunkt vermerkt war. Telefonische Kontakte zwischen Uwe Mundlos und dessen Eltern stellte ich nicht her. Hier übermittelte ich persönlich Nachrichten, zum Beispiel Grüße und dass es ihm gut gehe, an seine Mutter. Uwe Mundlos hatte die Befürchtung, dass sein Vater zur Polizei geht. Tino Brandt unterrichtete ich persönlich. Für den genauen Termin hatten wir einen Text ausgemacht – Buchbestellung, Datum und Uhrzeit-, der problemlos über sein Firmentelefon laufen konnte.

Woran ich ebenfalls eine Erinnerung habe, ist ein geplantes Treffen zwischen der Familie Böhnhardt und mir mit Uwe Böhnhardt. Aus diesem wurde aber nichts, weil die Bedenken bei Uwe Böhnhardt zu groß wurden. Ihm war das Risiko zu groß, weil er davon ausging, dass sowohl seine Eltern als auch ich überwacht werden.

Carsten Schultze erklärte irgendwann seinen Rückzug. Somit übernahm ich dann wieder, wenn auch beschränkt, den Kontakt. Hierfür nutzte ich ausschließlich Telefonzellen. Ich rief dann die mir damals bekannte Funknummer an und hörte den Anrufbeantworter ab. Viele direkte Gespräche gab es nicht. Dies änderte sich erst mit dem Auffliegen von Tino Brandt als Spitzel. Da gab es dann wieder Redebedarf und ich sagte einem der beiden Uwes auch, dass ich nicht derjenige sein möchte, der daran Schuld hat, dass die drei Geflüchteten gefunden werden. Da sich weder etwas wegen einer Rückkehr der drei über Verhandlungen mit Rechtsanwalt Dr. Eisenecker noch bezüglich einer Flucht ins Ausland tat, bat ich darum, den Kontakt zwischen uns einzustellen. Diesem Ansinnen wurde auch zugestimmt. Man wollte sich lediglich noch ein letztes Mal mit mir treffen.

Es war also kurz nach Brandts Enttarnung, als ich mit dem Zug nach Zwickau gefahren bin. Wer mich am Bahnhof abholte, weiß ich nicht mehr. Ich weiß nur noch, dass wir dann in einen Park in der Nähe des Bahnhofs gelaufen sind. Das beherrschende Thema bei diesem letzten Treffen war die V-Mann-Tätigkeit von Brandt. So wurde ich unter anderem gefragt, ob ich davon ausgehe, dass Brandt irgendwas zum Aufenthaltsort der drei verraten hätte. Dazu konnte ich nichts sagen, hielt es aber für gut möglich. Aus der Frage der beiden Uwes schloss ich, dass Brandt wusste, wo sie sich aufhalten. Ich war der Meinung, dass, wenn man sie hätte finden wollen, dies durch Brandt möglich gewesen wäre, spätestens nach dem direkten Telefonat zwischen Brandt und einem der zwei Uwes. Mir wurde dann noch gesagt, dass man derzeit überlege, dass sich Beate alleine stellt und die anderen beiden erst mal versteckt bleiben. Ansonsten erinnere ich keine weiteren Themen. Ich habe bei diesem letzten Treffen auch nichts darüber erfahren, wo sie jetzt wohnen.

Nun komme ich zu den Anklagevorwürfen. Die Bundesanwaltschaft wirft mir

in ihrer Anklageschrift vor, dass ich Uwe Böhnhardt, Uwe Mundlos und Beate Zschäpe bei der »Organisierung ihres Lebens im Untergrund behilflich war«. Dies soll ich als »steuernde Zentralfigur der gesamten Unterstützerszene« zumindest bis ins Jahr 2001 getan haben. Diese Behauptung ist unzutreffend und beruht auf Spekulationen. Dies zeigt auch die bisherige Beweisaufnahme. So sei in diesem Zusammenhang nur daran erinnert, dass mich keiner der sogenannten Chemnitzer Unterstützer persönlich kennt und kannte.
Sicherlich ist es zutreffend, dass ich durch meine Unterstützungshandlungen einen gewissen Beitrag geleistet habe, die insbesondere eine Flucht vereinfacht haben, zum Beispiel durch die Zurverfügungstellung meines Pkws. Allerdings ist es aus meiner Sicht garantiert nicht so, dass man, im Gesamtkontext betrachtet, hierdurch eine maßgebliche »Organisierung ihres Lebens im Untergrund« erkennen kann. Ich habe mir die verschiedenen Unterstützungsleistungen nicht selbst ausgedacht, sondern wurde hierum durch die Uwes gebeten. Es ist auch nicht so, dass ich sogenannte Mittelsmänner dazu aufgefordert habe, mir die Aufträge »stets vorzutragen«, sondern dass diese das von sich aus gemacht haben und auch nur deshalb, weil es von ihnen telefonisch von den Uwes so verlangt wurde. Hierbei erinnere ich nur an die Aussage von Carsten Schultze, der in seiner Vernehmung am 1. Februar 2012 unter anderem sagte, »dass es die allgemeine Stimmung bei Ralf Wohlleben und mir war, dass die drei hoffentlich nichts von uns wollten«. Das war auch meine Ansicht. Im Gegensatz zu Jürgen Helbig war Carsten Schultze jemand, der Anerkennung und Lob wollte und mir deshalb wahrscheinlich alles von sich aus bereitwillig erzählte.
Was die Waffenbeschaffung durch den Angeklagten Carsten Schultze anbelangt, erkläre ich Folgendes: Es hat mich stark verwundert, dass der Carsten Schultze so viele wichtige Details seiner Waffenbeschaffung offensichtlich vergessen hat. Insbesondere die Tatsache, dass ihm durch mich oder die beiden Uwes bekannt war, dass ich schon vor ihm den Auftrag hatte, eine Waffe zu beschaffen. Dies ergab sich aus einem früheren Telefonat.
Aufgrund der befürchteten Überwachung meiner Person und der daraus resultierenden möglichen Strafverfolgung wollte ich keine Waffe besorgen. Ich wollte auch nicht am Suizid von Uwe Böhnhardt schuld sein. Das sagte ich aber niemandem. Schließlich bekam Carsten Schultze den Auftrag durch Uwe Böhnhardt oder Uwe Mundlos. Dies wurde mir anlässlich eines Telefonats durch einen der beiden Uwes mitgeteilt. Daraufhin stellte ich die Gegenfrage, woher er denn eine Waffe besorgen solle, wenn ich schon keine besorgen könne. Darauf wurde mir entgegnet, dass Carsten Schultze es doch mal beim »Schultz im Madley« probieren könne.
Als mich also der Angeklagte Carsten Schultze fragte, wo er sich nach einer Waf-

fe erkundigen könne, versuchte ich nicht, wie die Bundesanwaltschaft mir in ihrer Anklageschrift vorwirft, »diesem Wunsch möglichst genau zu entsprechen«, sondern verwies ihn lediglich, ohne dass mir der Angeklagte Schultze nähere Details zur Waffenbestellung nannte, an den Andreas Schultz. Allerdings ging ich nicht davon aus, dass Carsten Schultze dort Erfolg haben könnte. Mir war nicht bekannt, dass man dort außer CDs und Szeneklamotten auch Waffen bekommen kann. Ich wurde nicht vermittelnd tätig oder erteilte in irgendeiner Form Aufträge.

Wenn mir die Bundesanwaltschaft weiterhin vorwirft, der Angeklagte Schultze hätte von mir 2 500 D-Mark zum Kauf der Waffe erhalten, weise ich dies zurück. Wie bereits die Finanzermittlungen, welche in meinem Fall ja auch bis in den angenommenen Tatzeitraum möglich waren, ergeben haben, war ich zur damaligen Zeit finanziell überhaupt nicht im Stande, eine derartige Summe aufzubringen. Hierfür spricht, dass Carsten Schultze selbst ausgesagt hat, das Geld für die Waffe von den beiden Uwes zurückerhalten zu haben. Das Geld hat er jedoch nicht an mich weitergeleitet. Dies spricht gegen die These der GBA. Ich gehe davon aus, dass das Geld von Tino Brandt kam. Uwe Böhnhardt hatte mir in Bezug auf das Geld für die Waffe ja gesagt, dass man zu Tino Brandt solle, wenn man Geld bräuchte.

Wenn die GBA davon ausgeht, dass die Waffe aus Spendengeldern finanziert wurde, so ist dies schlicht falsch. Denn solche Summen hatte ich weder im tatrelevanten Zeitraum, geschweige denn vorher zur Verfügung. Ganz im Gegenteil. Wenn Spenden eingegangen sind, wie zum Beispiel die 500 D-Mark von Tino Brandt im März 1999, wurden diese, weil die Gelder meiner Kenntnis nach ja dringend gebraucht wurden, immer gleich weitergeleitet. In diesem Fall per Überweisung von Carsten Schultze Anfang April 1999. Dies ergibt sich ja auch aus einer entsprechenden Meldung des Thüringer Verfassungsschutzes.

Was das »Verbringen der Waffe von Schultze« zu mir anbelangt, so habe ich folgende Erinnerung: Carsten Schultze hatte von mir keinen Auftrag, mir die Waffe zu zeigen, da ich mich mit Waffen überhaupt nicht auskenne. Außerdem hatte ich damals das permanente Gefühl, überwacht zu werden. Ich fühlte mich auch in meiner Wohnung überwacht. Ich ging davon aus, dass ich von dem gegenüberliegenden Schulgebäude aus sowohl akustisch als auch optisch überwacht werde. Deshalb war ich erschrocken, als Schultze plötzlich mit einer Waffe vor meiner Türe stand. Ich war auch verärgert, dass er eine Waffe mit zu mir gebracht hat. Ob wir überhaupt irgendwas gesprochen haben, weiß ich heute nicht mehr. Ich bin mir aber sicher, dass wir uns die Waffe wegen der befürchteten Überwachung im toten Winkel meiner Wohnung, dem Essbereich, angesehen haben. Ich weiß nicht mehr, wer die Waffe auspackte. Ich weiß noch ge-

nau, dass ich über den Schalldämpfer überrascht war. Aus reiner Neugier habe ich dann den Schalldämpfer genommen und ihn auf die Waffe aufgeschraubt. Ich habe mit Sicherheit nicht extra Handschuhe geholt. In meinen Augen war der Schalldämpfer ein einfaches Zubehörteil, so wie bei Schreckschusswaffen ein Leuchtkugelaufsatz, der mir von Silvester bekannt ist. Ich habe also auch zu keiner Zeit Überlegungen angestellt, wofür der eventuell eingesetzt werden könnte. Er war einfach da.
An die von Carsten Schultze geschilderte Situation, wonach ich mit einem Lächeln im Gesicht die Waffe auf ihn gerichtet hätte, habe ich keinerlei Erinnerung. Dafür kann ich mich aber noch an die Waffe, insbesondere an den Zustand mit aufgeschraubtem Schalldämpfer, erinnern. Und dabei wäre mir ein im Vergleich zur Pistole überproportional langer Schalldämpfer in Erinnerung. Das kann ich aber ausschließen. Der Schalldämpfer war definitiv kürzer als die Waffe und dicker als der Schalldämpfer, den ich in den Akten gesehen habe. Er war auch ziemlich schwer, ähnlich schwer wie die Waffe. An ein auffälliges Außengewinde bei der Pistole kann ich mich ebenfalls nicht erinnern. Die Pistole habe ich klobiger als die Česká in den Akten in Erinnerung.
Ich habe Carsten Schultze nicht beauftragt, die Waffe nach Chemnitz zu bringen und dort zu übergeben. Ich gehe davon aus, dass er das selbst mit den beiden Uwes ausgemacht hat. Eine Einbindung von mir wäre völlig unsinnig gewesen. Was ich ebenfalls in aller Deutlichkeit zurückweise, ist die Unterstellung der Bundesanwaltschaft, ich hätte bei der Beschaffung und Weiterleitung der Waffe damit gerechnet, dass damit ideologisch motivierte Tötungsdelikte begangen werden, und mir sei deren Begehung aufgrund meiner eigenen rechtsextremistischen Einstellung recht gewesen. Wie ich schon ausführte, ging ich davon aus, dass Uwe Böhnhardt die Waffe ausschließlich für sich wollte, um sich im Falle einer drohenden Festnahme selbst zu töten.
Egal wie man den Begriff »Rechtsextremismus« auch definieren will: Gewalt zur Durchsetzung politischer Ziele lehnte ich zu jeder Zeit und bis heute ab. Diese Haltung habe ich offen vertreten. Sie war damit im nationalen Lager bekannt. Sie hat sich bereits sowohl durch diverse Zeugenaussagen hier im Gerichtssaal, aber auch schon durch die Vernehmungen im Ermittlungsverfahren manifestiert.
Hierzu möchte ich folgende Beispiele anführen: André Kapke und ich wurden Ende 2007 von einer Horde sogenannten Antifaschisten vor dem Jenaer Rathaus brutal zusammengeschlagen. Wir wurden von etwa 15 bis 20 Vermummten zunächst mit Reizgas besprüht und sodann mit Knüppel niedergeschlagen. Als wir dann am Boden lagen, traten die Angreifer uns mehrfach gegen den Kopf und den Oberkörper. Der noch zu hörende Zeuge T. vom polizeilichen Staatsschutz

Jena, berichtete mir danach, eine Zeugin habe angegeben, dass sie dachte, ich sei totgeschlagen worden. Kapke und ich hatten zuvor an einer Sitzung des Jenaer Stadtrates teilgenommen und waren auf dem Weg nach Hause, als wir überfallen wurden. Die Täter wurden – wie immer – nicht ermittelt.
Weiter wurde im März 2008 mein Pkw vor meinem Wohnhaus angezündet. Meine Kinder sahen das brennende Auto sogar. In beiden Fällen haben sowohl Kapke als auch ich zum Gewaltverzicht aufgerufen.
Meine ablehnende Haltung gegenüber Gewalt umfasst erst recht die Begehung von Morden, egal, aus welcher Motivation heraus dies geschieht.
Ich ging zu jedem Zeitpunkt meiner Unterstützung davon aus, dass sich meine Freunde entweder den Behörden stellen oder die vermeintlich sichere Flucht ins Ausland antreten. An schwere Straftaten habe ich keine Gedanken verschwendet, weil ich diese weder für möglich gehalten habe noch damit gerechnet hätte, dass man sich in einer solchen Situation überhaupt einem zusätzlichen Fahndungsdruck beziehungsweise einem Entdeckungsrisiko aussetzt. Die drei wollten ja nicht geschnappt werden. Schon gar nicht Uwe Böhnhardt.
In Bezug auf die Erinnerungsleistung des Angeklagten Schultze erstaunt mich allerdings ein Fakt ganz extrem. Nämlich der, dass er völlig vergessen haben will, dass es im Nachgang an seine Waffenbeschaffung Beschwerden gab. Diese kamen von Uwe Böhnhardt, der monierte, dass die beschaffte Waffe überhaupt nicht funktionieren würde. Ich meine, er hat sie sogar als »Schrott« bezeichnet. Ich weiß nicht mehr, ob ich das von Carsten Schultze oder Uwe Böhnhardt gesagt bekam. Ich erinnere mich aber daran, dass Carsten Schultze mit Unverständnis auf diese Beschwerde reagierte und sinngemäß zu mir sagte: »Jetzt regen die sich auch noch auf?«
Ich komme zum Punkt Sonstiges. Ich habe die Turner Tagebücher nie gelesen, obwohl sie auf meiner Festplatte gefunden wurden. Ich habe sie zwar heruntergeladen, weiß aber nicht mehr wann und warum. Allerdings verwundert mich in diesem Zusammenhang, dass dem Fund einer derartigen Datei überhaupt so viel Beachtung geschenkt wird. Immerhin weist der Zeitstempel der Datei den 18.5.2005 auf, der mit der mir vorgeworfenen Tat nicht im Zusammenhang steht. Ich weise hier aber darauf hin, dass sich auf demselben Datenträger ein von mir selbst geschnittenes Video mit dem Titel »Xenophobie« befindet. Dieses Video befasst sich mit der Überfremdung unserer Gesellschaft. In diesem Video wird jegliche Art von Fremdenfeindlichkeit abgelehnt und es benennt als Urheber der Überfremdung und des Multikulturalismus den kapitalistischen Globalismus. Dieses Video stammt aus dem Jahr 2009.
(Wohlleben lässt das Video vorspielen. Es ist ein Propagandafilm, in dem Rechtsradikale ihre Thesen ausbreiten. Migranten werden darin als Opfer der »Globalisten« bezeichnet.

Ein »Volk ohne Identität« werde »zur leichten Beute des Großkapitals«. Man solle seine Wut auf das »ausbeuterische System« richten.)
Seinen Ursprung hat das Projekt im Fest der Völker. Dieses stand in den Jahren 2005 – 2008 unter folgendem Motto: Fest der Völker – Europa der Vaterländer. *(Er zitiert die Parole dort:)* »Wir Nationalisten sind keine Ausländerfeinde wie es die Presse gerne behauptet, wir achten jede Kultur und jeden Menschen, jedoch sind wir der Meinung, dass jeder Mensch und jede Kultur ihren angestammten Platz in dieser Welt hat, dieser muss auch von jedem respektiert werden.« *(Dann kommt er auf das Thema Waffen zu sprechen.)*
Waffenlieferung über Gerlach. Mit aller Deutlichkeit weise ich die Behauptung von Holger Gerlach zurück, dass ich ihm eine Pistole übergeben und ihn beauftragt hätte, diese zu den beiden Uwes zu bringen. Richtig ist lediglich, dass Holger Gerlach bei mir übernachtete, wenn er sich in Jena aufhielt.
Neben mir bat Uwe Böhnhardt auch Holger Gerlach, ihm eine Waffe zu besorgen. Dies erzählte mir entweder Holger Gerlach oder Uwe Böhnhardt. Ich hatte Gerlach irgendwann informiert, dass Carsten Schultze dem Uwe Böhnhardt über das Madley eine Waffe organisiert hatte. Deshalb ist es auch wenig verwunderlich, dass er in seiner Beschuldigtenvernehmung als meine angebliche Bezugsquelle Andreas Schultz nennt, dieser jedoch den Verkauf einer Waffe an mich kategorisch ausschließt. Ich habe den Verdacht, dass Holger Gerlach durch diese Lüge verschleiern will, von wem er die Waffe tatsächlich erhalten hat, die er nach eigenen Angaben nach Zwickau gebracht habe. Aus den Verfahrensakten ergeben sich ja mehrere mögliche weitere Bezugsquellen.
Wenn Holger Gerlach behauptet, ich hätte als Depot 10 000 D-Mark erhalten, so stimmt dies nicht. Ich habe nie einen Betrag in einer derartigen Höhe erhalten und kann auch ausschließen, dass ich dies vergessen habe. Eine solche Summe wäre mir definitiv in Erinnerung geblieben.
Bezüglich der von Holger Gerlach geschilderten Richtungsdiskussionen kann ich mich so überhaupt nicht erinnern. Eine Bewaffnung, die insbesondere dem eigenen Schutz dient, also aus Utensilien wie beispielsweise Abwehrspray, Schreckschusspistole und Ähnlichem besteht, war damals jedem selber überlassen. Darüber wurde, wenn überhaupt, ein Erfahrungsaustausch geführt. über scharfe Waffen und Sprengstoffe wurde nie geredet.
Im Bezug auf die durch André Kapke und mich begangene Verurteilung wegen gemeinschaftlich begangener Körperverletzung im minderschweren Fall in Tateinheit mit Nötigung möchte ich die damaligen Vorgänge nochmal aus meiner Sicht und meiner Erinnerung schildern. Ende des Jahres 1998 wurden neben dem Auto von Tino Brandt, welches vor meinem Wohnhaus parkte, auch das Fahrzeug des damaligen Republikaner-Vorsitzenden Wilhelm Tell und der Pkw

von Christian Kapke durch Linkskriminelle angezündet. Christian Kapke wurde wenige Tage nach diesem Brandanschlag in der Straßenbahn durch zwei jungen Frauen angesprochen, die ihn sinngemäß fragten, was denn seine neuen Schonbezüge machen würden. Da er diese erst kurz vor der Inbrandsetzung seines Fahrzeugs gekauft hatte, ging er davon aus, dass die beiden Damen sogenanntes Täterwissen haben und überredete sie irgendwie zu einem Treffen. Da natürlich die Gefahr bestand, dass die letztendlich getroffene Zusage zum Treffen ein Falle ist und es eventuell zu einem Überfall kommt, entschied er sich dazu, neben einem kameraüberwachten Treffpunkt, in diesem Fall eine Tankstelle, auch noch ein paar Bekannte im Hintergrund warten zu lassen. Außerdem sollte eine weibliche Begleitung, welche ja letztendlich von Jana A. übernommen wurde, die Gesprächsatmosphäre etwas lockern.
Wer dann schließlich alles im Umfeld wartete, weiß ich heute nicht mehr. Ich weiß nur, dass es gleich zu Beginn des Treffens zu Unstimmigkeiten unter den Damen gekommen sein muss und André Kapke und ich uns daraufhin spontan entschieden, nochmal das Gespräch zu suchen. Hierzu mussten wir mit meinem Pkw den vermuteten Weg der jungen Damen hinterherfahren und ihnen dann entgegenlaufen. An einer gut einsehbaren Stelle trafen wir dann auf die Beiden und André forderte sie mit lauter Stimme dazu auf, sich auszuweisen. Eine der beiden Damen wurde im weiteren Verlauf dann von André an einen Zaun gedrückt, allerdings habe ich keine Erinnerung mehr daran, warum dies erfolgte. Die Situation hat auch nicht lange angedauert und schnell fand man den Weg zurück auf ein normales Gesprächsniveau. Die Frage, ob sie wüssten, wer die Autos angezündet hat, verneinten beide Damen, und nach kurzer Verständigung darauf, dass man das angedachte Gespräch jetzt doch noch führt, sind wir mit ihnen wieder zurück in Richtung des ersten Treffpunkts gelaufen. Ich selber bin dann, weil es keine Notwendigkeit gab, diesem Gespräch beizuwohnen, zu meinem Auto gelaufen und hab am nächsten Tag erfahren, dass man noch bis tief in die Nacht in Winzerla an der Endhaltestelle, in dem damals dort befindlichen Holzhäuschen, gesessen hätte und es eine angeregte Gesprächsatmosphäre war, bei der sogar Bücher ausgetauscht wurden.
Irgendwann, es muss einige Wochen, wenn nicht sogar Monate, später gewesen sein, kam es dann zu einer Vorladung bei der Polizei, weil die beiden plötzlich Anzeige gegen André Kapke und eine unbekannte Person erstattet hatten. Ich selber war nur als Zeuge vorgeladen und habe dann auch, weil es aus meiner Sicht überhaupt keinen Grund für eine Anzeige gab, zugegeben, dass ich der sogenannte Unbekannte bin.
Die von Carsten Schultze aufgestellte Behauptung, es hätte mal ein Telefonat gegeben, welches ich nach dem Beenden mit dem Satz »Die haben jemanden an-

geschossen« zusammengefasst habe, hat es so nicht gegeben. Entweder zeigt Carsten Schultze starke Belastungstendenzen mir gegenüber oder er erinnert sich einfach nur völlig falsch. Das Gespräch habe ich meiner Erinnerung nach mit André Kapke oder Tino Brandt geführt. Hierbei ging es um den Südafrika-Urlaub von Mike S. und einem gewissen B., bei dem es zu einer oder mehreren Schussverletzungen gekommen sei. Die beiden sollen sich bei einer Schießübung selbst oder gegenseitig angeschossen haben. Dies erklärt auch die von Carsten Schultze geschilderte Reaktion von mir mit dem Lächeln im Sinne von »Die Idioten«.

Auch der von Carsten Schultze behauptete Vorfall, wonach ich angeblich jemand auf dem Kopf herumgesprungen wäre, zeigt deutlich, dass Carsten Schultze mich um jeden Preis belasten will. Einen solchen Vorfall hat es nämlich nie gegeben! Es fällt auf, dass Carsten Schultze zugibt, an einer Körperverletzung beteiligt gewesen zu sein, und gleichzeitig versucht, mich mit dieser Tat in Verbindung zu bringen. Genauso verhält es sich mit dem gerade thematisierten Telefonat. Auch hier fällt auf, dass Carsten Schultze zugibt, Kenntnis von einem Anschlag in Nürnberg erlangt zu haben, um mir im selben Atemzug zu unterstellen, ich hätte ihm von einem Schusswaffengebrauch der beiden Uwes erzählt.

(Im Folgenden geht Wohlleben diverse Personen durch und sagt, ob und inwiefern er sie kannte. Unter anderem nennt er die Folgenden.)

Frank Liebau. Kenne ich durch seinen ehemaligen Laden, das Madley. War aber keine freundschaftliche Beziehung. Mich hat an den Betreibern des Madley immer gestört, das diese zwar mit der sogenannten Szene Geld verdienen, aber das Geld nicht dahin zurückfließt. Habe schon alleine aus diesem Grund, nur ganz selten dort eingekauft.

Andreas Schultz. Kenne ich ebenfalls nur durch das Madley. Auch hier gab es kein freundschaftliches Verhältnis. Man hat sich lediglich gegrüßt, wenn man sich mal sah.

Enrico Theile. Kannte ich auch nur vom Sehen. Obwohl er zusammen mit mir an der POS »Rosa Luxemburg« war und nur wenige Meter von meinem Elternhaus entfernt wohnte, gab es zu ihm keinerlei Kontakt.

Nachfolgende Personen kannte ich bis zu diesem Verfahren nicht *(er zählt 27 Namen auf, darunter)*: André Eminger, Susann Eminger, Maik Eminger, Ralf Marschner.

Schlussworte: Wie alle anderen habe auch ich von dem Thema NSU erstmals im November 2011 aus den Medien erfahren. Unerklärlich ist mir, dass der Staat trotz beinahe lückenloser Überwachung und Durchsetzung der nationalen Szene mit Spitzeln angeblich nicht in der Lage gewesen sein soll, die drei nach ihrer Flucht aufzuspüren.

Ich bin nicht schuldig im Sinne der Anklage. Dennoch wird das Schicksal der Getöteten mein Gewissen belasten. Ich bin entsetzt darüber, dass Uwe Böhnhardt und Uwe Mundlos derart kaltblütig Menschen getötet haben sollen. Es war mir unvorstellbar, dass die beiden zu solchen Taten im Stande sein könnten. Eine Erklärung, warum sie es getan haben, kann ich bis heute nicht finden. Ich kann es kaum glauben und habe kein Verständnis dafür.

Ich war mit ihnen Ende der Neunzigerjahre befreundet. Nur deshalb habe ich sie bei ihrer Flucht unterstützt. Ich hätte es besser nicht getan. Wenn ich damals auch nur ansatzweise geahnt hätte, dass sie sich in eine solche Richtung entwickeln und einmal Menschen töten würden, so hätte ich ihnen schon beim Abtauchen nicht geholfen. Ich bedauere jede Gewalttat, durch die Menschen getötet oder verletzt werden. Den Angehörigen aller Opfer gilt mein Mitgefühl.

Götzl Mit der Befragung können wir natürlich heute noch nicht fortsetzen, Herr Wohlleben. Was für heute aber noch aussteht, das wäre die Stellungnahme zu dem Entbindungsantrag gegen die Rechtsanwälte Heer, Sturm und Stahl.

(Wolfgang Heer trägt eine Erklärung vor, in der er das Verhalten seines Kollegen Mathias Grasel kritisiert, dessen Vorwürfe vom vorherigen Verhandlungstag zurückweist und betont, er und seine Kollegen Sturm und Stahl hätten eine Aussage Zschäpes nicht blockiert und Grasel und Borchert sehr wohl ihre Unterstützung angeboten. Dem Antrag auf Aufhebung ihrer Bestellung als Pflichtverteidiger treten sie nicht entgegen.)

Verteidiger Heer Angesichts des Verhaltens von Rechtsanwalt Grasel sind einige korrigierende Anmerkungen angebracht. Von einem unkooperativen und unkollegialen Verhalten unsererseits und einem Boykott von Rechtsanwalt Grasel kann keine Rede sein. Der bereits zurückgewiesene Vorwurf eines bewusst schädigenden Verhaltens ist so absurd, dass er keines weiteren Kommentars bedarf. Solange unsere Bestellungen Bestand haben, kommen wir unseren Berufspflichten nach, Frau Zschäpe zu verteidigen. Dass dies nicht hinreichend effektiv möglich ist, haben wir bereits verdeutlicht.

Anwalt Hoffmann Eine Frage habe ich doch schon an Herrn Wohlleben. Es gibt eine Festplatte im Computer von Herrn Wohlleben, die vollständig verschlüsselt ist. Die Frage ist, ob er bereit ist, das Passwort herauszugeben.

Wohlleben Also, ich halte das nicht für sinnvoll, aus dem ganz einfachen Grund, weil die Daten auf der Festplatte identisch sein dürften mit den Daten auf der unverschlüsselten Festplatte.

Götzl Dann beginnen wir morgen mit der Befragung von Ihnen, Herr Wohlleben.

Wohlleben Ich hatte das mit den Verteidigern so vereinbart, das wir maximal die Sachen mit den persönlichen Verhältnissen machen und dann im neuen Jahr die sonstigen Sachen.

Götzl So können wir es auch handhaben.

Tag 252

17. Dezember 2015

Manfred Götzl, Richter. **Laura S.**, 30, Kriminalbeamtin beim BKA Meckenheim. **Hannes G.**, 28, Sachbearbeiter beim BKA Meckenheim. **Ralf Wohlleben**, Angeklagter. **Herbert Hedrich**, Verteidiger von André Eminger. **Bernd Behnke, Sebastian Scharmer,** Anwälte der Nebenklage.

Götzl Es geht uns um die Durchsuchung in Zwickau am 10. 4. 2013 bei Frau Susann Eminger, der Ehefrau des Angeklagten André Eminger.

Laura S. Ich war als Durchsuchungskraft eingeteilt. Im Wohnzimmer ist mir eine Porträtzeichnung aufgefallen, DIN-A4-groß, in dunkelbraunem Holzrahmen. Das Bild zeigt das Porträt zweier Männer, sie erinnerten mich an das Fahndungsbild von Uwe Mundlos und Uwe Böhnhardt. Wir baten darum, das Bild mitnehmen zu dürfen, was Herr Eminger vehement ablehnte. Wir machten dann ein Foto davon. Auf dem Bild waren ein Symbol und ein Schriftzug. Bei dem Symbol könnte es sich um eine Rune handeln, die Rune für Tod und das Sterbedatum. Beim Schriftzug handelt es sich um das Wort »unvergessen« in altdeutscher Schrift. Durch Kollegen ist mir bekannt geworden, dass sich Herr Eminger in der Haft mit Zeichnen befasst haben soll. Deswegen lag die Vermutung nah, dass er das selbst gefertigt hat.

(S. legt Fotos vor vom Wohnzimmer der Familie Eminger: ein großer Fernseher, über dem Fernseher der Platz für das Bild. Das Bild zeigt Mundlos und Böhnhardt, getrennt durch die Todesrune.)

Anwalt Scharmer Sie hatten erwogen, das Bild sicherzustellen. Was hat Herr Eminger dazu gesagt?

Laura S. Ich kann mich nicht an den genauen Wortlaut erinnern. Ich hatte das Bild von der Wand genommen. Ich kann mich an einen heftigen Ausbruch erinnern. Herr Eminger sagte, das sei nicht vom Durchsuchungsbeschluss erfasst und dass er nicht zustimmt.

(Nächster Zeuge ist Hannes G.)

Götzl Es geht uns um das Konto von André Eminger bei der Kreissparkasse Aue-Schwarzenberg.

Hannes G. Ich habe dazu Finanzermittlungen durchgeführt. Seit dem Jahr 2007 war Susann Eminger verfügungsberechtigt. Ich habe zwei Überweisungen an die DB Vertriebs GmbH festgestellt. Am 18. 6. 2010 und am 21. 6. 2010. Bei beiden

Überweisungen waren Ziffernfolgen angegeben: 7081. Das ist der Hinweis, dass es sich um die Bezahlung einer Bahncard handelt.

Götzl Um welchen Betrag ging es da?

Hannes G. Um 57 Euro.

Götzl Wann wurde das Konto eröffnet?

Hannes G. Schon vom 10. 5. 1994, da lag ein Foto von André Eminger zur Identifizierung vor.

Verteidiger Hedrich Konnten Sie feststellen, wie überwiesen wurde?

Hannes G. Es waren keine Onlineüberweisungen, sonst würde da eine TAN-Nummer stehen. Es wird am SB-Terminal oder per Überweisungsschein geschehen sein.

Anwalt Behnke Habe ich richtig verstanden, dass Susann Eminger die Kontovollmacht hatte?

Hannes G. Ja.

Anwalt Behnke Und weitere Personen?

Hannes G. Keine weiteren Personen.

(G. verlässt den Gerichtssaal.)

Götzl Wir kommen nun zu Ihnen, Herr Wohlleben. Sie hatten geschildert, dass das Verhältnis zu Ihren Eltern normal gewesen sei, und sprachen von strenger Erziehung. Was meinen Sie mit strenger Erziehung?

Wohlleben Ich durfte nur bis 18.30 Uhr draußen bleiben, sonst gab es Hausarrest, solche Sachen.

Götzl Sie haben berichtet, Sie seien ausgerissen. Warum?

Wohlleben Ich habe mich als Jugendlicher nicht frei genug gefühlt, weil meine Bewegungen außerhalb der Wohnung begrenzt waren. In der Clique mit Helbig und Böhnhardt haben wir dann gesagt, wir hauen von zu Hause ab. Jeder hatte eine andere Motivation. Wir waren vier Tage weg.

Götzl Mit wem?

Wohlleben Das war eine größere Gruppe. Wir sind nach Gera gefahren, haben zwei Autos gestohlen, sind nach Jena gefahren, haben Sachen in einem Bauwagen versteckt. Die Polizei wartete auf uns, weil ein anderer Jugendlicher uns verraten hat. Ich saß mit Böhnhardt im Auto, wir sind entkommen und sind bis nach Österreich gefahren. Dort haben wir das Auto in einem Steinbruch stehen gelassen. Die Polizei hat uns nach Deutschland zurückgebracht. Und dann bin ich ins Kinderheim gekommen.

Götzl Waren Ihre Eltern berufstätig?

Wohlleben Ja, meine Mutter war Feinmechanikerin und mein Vater Spritzlackierer.

Götzl Zu den Schulbesuchen. Da habe ich manches in Ihrer Erklärung nicht verstanden. Bitte wiederholen Sie, welche Schulen Sie besucht haben und mit welchem Abschluss Sie die Schule verlassen haben?

Wohlleben Ich weiß nicht, ich bin in der 9. Klasse sitzen geblieben, das wäre so was wie Realschule.

Götzl Warum haben Sie die Lehre als Verkäufer abgebrochen?

Wohlleben Man saß nur auf der Schulbank. Die Ausbildung hatte nichts mit dem Beruf zu tun. Das waren nur vier, fünf Monate maximal.

(Wohlleben spricht sehr souverän und unbefangen, ohne jegliche Nervosität.)

Wohlleben Ich habe dann eine Lehre als Handelsfachpacker gemacht, in einem SB-Möbelmarkt, vom 1.9.1996 bis 31.7.1998. Dann war ich Fachverkäufer in einem Teppichmarkt. Von 2001 bis 2003 habe ich eine Umschulung zum Fachinformatiker gemacht, danach mehrere Computer-Weiterbildungen, 2005 in Jena, 2007 in Gera. Seit dem 1.10.2007 habe ich im Fein- und Elektronik-Gerätebau GmbH in Jena gearbeitet.

Götzl Sie sagten, Sie hätten keine Anstellung bekommen wegen Ihrer politischen Aktivitäten. Können Sie das näher erklären?

Wohlleben Das hatte ich gestern eigentlich ausgeführt. Die Firma hieß TCI, ich hatte dort ein Praktikum gemacht, es sollte zu einer Übernahme kommen. Im Gästebuch des Opel-Hauses hieß es dann, ob sie wüssten, wer ihre Internetseite betreut. Und der Arbeitgeber sagte mir, er habe nichts gegen meine politische Einstellung, aber keine Lust, ins Fadenkreuz von vermeintlichen Antifaschisten zu geraten.

Götzl Wie ist das Verhältnis zu Ihrer Ehefrau?

Wohlleben Ich würde es als sehr gut bezeichnen. Sie unterstützt mich hier vor Gericht und besucht mich regelmäßig in der Haft.

Götzl Können Sie uns etwas zu Ihrem Alkoholkonsum sagen?

Wohlleben Ich trinke Alkohol, wenn ich Auto fahre, gar nicht. Mit gesetzterem Alter habe ich angefangen, jeden Abend ein Feierabendbierchen zu trinken.

Götzl Haben Sie mal Drogen konsumiert?

Wohlleben Niemals.

Götzl Hatten Sie ernsthafte Erkrankungen? Krankenhausaufhalte?

Wohlleben Ja, mal hier, mal dort, mal ein Kieferbruch.

Götzl Gab es psychische Probleme?

Wohlleben Nein, und wenn doch, sind sie bis jetzt nicht erkannt worden.

Götzl Dann würde ich nach der Weihnachtspause weiterfragen.

DAS VIERTE JAHR
2016

Tag 253

12. Januar 2016

Manfred Götzl, Richter. **Gabriele Feistkorn**, Beisitzende Richterin. **Anja Sturm**, Verteidigerin von Beate Zschäpe. **Olaf Klemke**, Verteidiger von Ralf Wohlleben.

Götzl Dann darf ich Sie alle zur ersten Sitzung im neuen Jahr begrüßen. Es ist eine Stellungnahme von Ihnen, Frau Zschäpe, zu den Entbindungsanträgen eingegangen. Wir kopieren das. Wir kommen heute zuerst zu den Feststellungen im Selbstleseverfahren und zu Verlesungen.

(Die Richter verlesen mehrere Gutachten, darunter auch ein Behördengutachten des BKA zu daktyloskopischen Spuren. Es geht um Fingerabdrücke auf der sogenannten »Geburtstagszeitung« für André Kapke. Seine Kameraden hatten ihm nach dem Untertauchen des Trios eine selbst gestaltete Zeitung mit rechtsextremen Inhalten geschenkt. Die Zeitung war bereits Thema an Tag 93.)

Richterin Feistkorn Bei der vergleichenden Untersuchung wurde festgestellt, dass die am 24.11.2011 in Jena letztmalig erkennungsdienstlich behandelte Person, geführt unter den Personalien Wohlleben, Ralf, geb. am 27.2.1975 in Jena, Spurenverursacher ist.

Verteidiger Klemke Zum einen ist festzuhalten, dass für mich dieses Gutachten per se keinerlei Beweiswert hat. Hier wird nur ein Ergebnis festgestellt. Weder ich noch der Senat, wenn er nicht über hellseherische Fähigkeiten verfügt, kann absehen, wie die Übereinstimmung festgestellt worden ist. Auch wenn es ein vernünftiges Gutachten wäre, würde sich zum anderen daraus überhaupt nichts ergeben. Mein Mandant hat bereits ausgesagt, dass er diese Geburtstagszeitung kennt. Er weiß aber nicht, ob er sie vorher oder nachdem Kapke sie erhalten hat, gesehen und wohl auch in Händen gehalten hat. Über die Urheberschaft sagt das nichts.

(Die Richter lesen weitere Gutachten vor. Nach einer Pause gibt Götzl zudem mehrere Beschlüsse bekannt, in denen die Richter Beweisanträge der Nebenkläger und die Ladung weiterer Zeugen ablehnen.)

Götzl Die Vernehmung des Zeugen Michael von Dolsperg wird abgelehnt, weil die Einvernahme nach pflichtgemäßem Ermessen zur Erfassung der Wahrheit nicht erforderlich ist. Der Senat hat die sichere Überzeugung gewonnen, dass durch eine Einvernahme keine bessere Sachaufklärung zu erwarten ist.

(Dolsperg war ein bundesweit bekannter Neonazi und zugleich V-Mann des Bundesamts

für Verfassungsschutz. Nach dem Entdecken des NSU im Jahr 2011 behauptete er, er sei 1998 nach dem Untertauchen des Trios von André Kapke gefragt worden, ob er die drei unterbringen könne. Angeblich erkundigte er sich beim Bundesamt, was er tun sollte. Dort habe man ihm abgeraten. Kapke hat die Darstellung Dolspergs bestritten, ebenso das Bundesamt. Dolsperg wurde von der Polizei vernommen. Richter Götzl sagt nun, es sei »lediglich hypothetischer und rein theoretischer Natur«, ob man die drei hätte festnehmen können, wenn Dolsperg und das Bundesamt damals anders gehandelt hätten. Die Aussage Dolspergs beim BKA wurde am Tag 238 verlesen.)

Tag 254

13. Januar 2016

Manfred Götzl, Richter. **Ralf Wohlleben**, Angeklagter. **Olaf Klemke**, Verteidiger von Ralf Wohlleben.

(Nach der Einlassung Wohllebens am Tag 251 beginnt nun die Befragung des Angeklagten durch den Richter.)

Götzl Vielleicht beginnen wir mit dem, was Sie zu Ihrem politischen Werdegang gesagt haben. Sie hatten angegeben, dass Sie zur Wendezeit auch an Montagsdemonstrationen in Jena beteiligt waren und sich Lagern angeschlossen hatten, ohne dass eine gefestigte Meinung dahinterstand. Was ist damit gemeint?

Wohlleben Ich habe den Eindruck gehabt, dass sich die Jugendlichen in zwei Lager aufteilen: solche, die sich zu ihrer Nationalität bekennen, und solche, die dem eher ablehnend gegenüberstehen. Es hing vom Wohngebiet ab. In Lobeda gab es viele Jugendliche, die sich als rechts bezeichnen würden, ohne gefestigten Hintergrund. Das hat sich geäußert darin, was man für Musik gehört hat, welche Klamotten man getragen hat. Ich hatte zu DDR-Zeiten Freunde, die sich nach der Wende dem linken Klientel angeschlossen haben. Als ich mich mit denen unterhielt, waren sie der Meinung, dass jeder, der eine Deutschlandfahne hatte, ein Nazi sei. Das war nicht meine Meinung.

Götzl Sie hatten geschildert, dass Sie 1992/93 an einer Wahlkampfveranstaltung einer nationalen Partei teilgenommen hätten und beeindruckt gewesen wären, wie gut das organisiert gewesen sei.

Wohlleben Es fährt ein VW-Bus vor, es springen Leute raus und bauen den Stand auf. Und es kommen Leute, die sich interessieren. Das war für mich schon beeindruckend. Ich hab mich gekümmert darum, dass ich ein Plakat halten kann. Es war mir wichtig zu zeigen, dass ich mich der Gruppe zugehörig fühle. Ich weiß nicht mehr, was auf dem Plakat stand. Es war ziemlich diszipliniert, mir hat es gefallen. Mir hat es gefallen, ich fand es gut.

Götzl Sie hatten gesagt, dass Sie Mitglied in der Kameradschaft Jena waren. Was bedeutet die Mitgliedschaft?

Wohlleben Das war das Zahlen des Mitgliedsbeitrags. Es gab keine Mitgliedsausweise. Man hat Kameradschaftsabende durchgeführt. Es war nicht großartig politisch. Es waren ein paar Jugendliche, die sich dem rechten Spektrum zugehörig fühlten. Wir haben ab und zu Flugblätter verteilt, aber was es genau war, weiß ich nicht mehr. Da wurden auch Diskussionen geführt, ob man während der Sitzung raucht oder trinkt. Wir waren der Meinung, dass man das nicht macht, weil der Alkohol die Zunge lockert und dann keine ordentliche Gesprächsatmosphäre mehr möglich ist.

Götzl Wie würden Sie Ihre Rolle in der Kameradschaft beschreiben?

Wohlleben Ich war einfaches Mitglied und würde mich nicht als Super-Organisationstalent beschreiben. Ich würde sagen, dass ich einfach damals dabei gewesen bin. Was ich noch erwähnen möchte: Dass wir uns als elitärer Kreis verstanden hätten, ist unzutreffend. Wir wollten mehr Qualität als einen riesengroßen Haufen wie die Rudolstädter. Deshalb haben wir gesagt, wir lassen nicht jeden Skin dazu.

Götzl Stichwort Enttarnung von Tino Brandt: Stellen Sie mir bitte dar, wie Ihr jeweiliger Kenntnisstand war.

Wohlleben V-Mann-Gerüchte über Brandt gab es die ganze Zeit, aber das ist im nationalen Lager keine Seltenheit. Das ist mir ja im Verfahren auch passiert. Ich gehe davon aus, bin mir aber nicht sicher, dass ich von Frank Schwerdt erfahren habe, dass da ein Artikel kursiert, dass Brandt V-Mann wäre.

Götzl Haben Sie denn mit Brandt mal über seine Enttarnung gesprochen und seine Tätigkeit?

Wohlleben Ich habe nach der Enttarnung gar keinen Kontakt mehr gesucht. Ich hab den Verrat gesehen, der war für mich unakzeptabel. Ich hatte kein Interesse dran, das irgendwie aufzuklären.

Götzl Sie hatten angegeben, dass Sie 2010 aus persönlichen Gründen aus der Partei ausgetreten seien. Welche waren es?

Wohlleben Die möchte ich nicht nennen.

Götzl Sie sind auf Holger Gerlach eingegangen: Sie hatten von Glücksspiel gesprochen, was Ihre Person anbelangt als auch was Holger Gerlach anbelangt. Können Sie Einzelheiten erzählen?

Wohlleben Die Intensität hängt ja damit zusammen, was man für Finanzmittel zur Verfügung hat. Bei Glücksspiel ist es ja so: dass man manchmal nur einmal im Monat zocken kann – dann, wenn man Geld bekommt. Ich hab mein Geld abgeholt und bin in die Spielothek gegangen, und das öfter mit Holger Gerlach zusammen, und es konnte dann sein, dass das Geld weg war. Meiner Meinung nach hat es pathologische Züge gehabt. Ich hab es dann geschafft, mich davon loszusagen.

Götzl Meinen Sie mit pathologisch sich oder auch Holger Gerlach?

Wohlleben Ich meine damit mich. Ich weiß aber, dass er auch Probleme hatte. Man hat die krankhafte Veranlagung, sein Geld von der Bank zu holen und es in kurzer Zeit an den Automaten zu verballern. Teilweise wirft man sein Geld ja in zehn Automaten, was noch unsinniger ist. Ich war noch keine 18 Jahre alt, da saß ich in einer Gaststätte, die hieß »Balkan«, ich hab ein Wasser oder eine Cola geholt und das Geld in den Automaten geworfen. Wenn ich mit Holger Gerlach spielen war und einer hat gewonnen, haben wir uns das Geld geteilt. Im Endeffekt war es egal. Wir haben es eh wieder verspielt. Es ist wie ein Zwang. Ich betrachte das schon als Krankheit. Als ich später eine eigene Wohnung hatte, hab ich das Geld dann anderweitig gebraucht.

Götzl Hat Holger Gerlach länger mit dem Problem gekämpft?

Wohlleben Nachdem er nach Hannover gezogen ist, hat er mich ja noch besucht, er hat dann davon erzählt. Er hat auch gefragt: Wollen wir noch schnell spielen gehen? Er ist dem schon noch länger nachgegangen.

Götzl Sie sprachen von einer Tollpatschigkeit Gerlachs. Sie brachten das Beispiel einer Landkarte, die er nicht richtig gedeutet habe. Können Sie es noch näher beschreiben?

Wohlleben Er war halt jemand, der in jedes Fettnäpfchen getreten ist. Jawoll, da hinten ist wieder eins – Arschbombe und rein!

Götzl In Bezug auf Uwe Böhnhardt hatten Sie gesagt, dass er ein Interesse für Waffen und Militaria hatte. Inwiefern Interesse?

Wohlleben Als ich ihn kennenlernte, ist er schon in Militärhosen rumgerannt. Da war er, glaube ich, nur Autodieb. Ich hab in Erinnerung, dass er in Waffensachen ein Interesse hatte. Es ging von der Axt bis zur Zwille, ich erinnere mich an einen Wurfanker. Ich war der falsche Ansprechpartner, weil ich mich für solche Sachen überhaupt nicht interessiert habe.

Götzl Vor dem Untertauchen: Hatte Uwe Böhnhardt denn eine scharfe Waffe?

Wohlleben Nein. Nicht, dass ich wüsste.

Götzl War das mal Thema?

Wohlleben Nie. Das mit der Bewaffnung war jedem selber überlassen. Zum Zwecke der Selbstverteidigung. Dass es damals die Überfälle von Linken gab, hatte ich ja erwähnt. Zum Zwecke der Selbstverteidigung. Aber es gab da keine große Diskussion. Wenn ich eine Pistole gesucht hätte, eine Schreckschusswaffe, dann hätte ich sicher Uwe Böhnhardt fragen können.

Götzl Hatten Sie selbst eine Waffe?

Wohlleben Nein. Außer, Sie rechnen das Luftgewehr bei meinem Opa dazu.

Götzl Wenn wir zu Frau Zschäpe kommen: Sie hatten sie als schlagfertig bezeichnet. Können Sie das näher ausführen?

Wohlleben Wenn zum Beispiel jemand ihr dumm gekommen ist, wusste sie, wie sie damit umgeht. Man konnte nicht hingehen: »Du bist 'ne blöde Kuh!« Sie hätte auf jeden Fall eine Antwort draufgehabt. Ich hatte bei ihr nie das Gefühl, dass sie was hinterm Berg hält. Sie hat es den Leuten direkt ins Gesicht gesagt, wenn sie jemanden nicht mochte.

Götzl Wie sind Beate Zschäpe, Uwe Böhnhardt und Uwe Mundlos miteinander umgegangen?

Wohlleben Schon freundschaftlich. Man muss es auch so sehen: der Freundeskreis, die drei, Gerlach, Kapke und ich, wir haben einen relativ schwarzen Humor gepflegt. Für Außenstehende war es relativ grenzwertig. Mir wurde gesagt, dass man mit mir ja nirgendwo hingehen könnte, weil ich überall meine Hautfetzen verliere, weil ich ja Neurodermitis habe. Es wurden solche Spitzen gemacht.

Götzl Noch einmal zu Tino Brandt: Könnten Sie näher ausführen, welche Gerüchte es gab über ihn?

Wohlleben Es gab immer wieder Gerüchte, es hat nicht nur Tino Brandt betroffen. Ich hab bei ihm auch keine genaue Erinnerung dran, wer das gesagt hat. Ich hab die Gerüchte nicht ernst genommen. Ich konnte mir das bei Brandt am wenigsten vorstellen. Bis zum Schluss hab ich das nicht geglaubt. Er war ja schon ziemlich engagiert, dass sich was bewegt innerhalb der nationalen Szene in Thüringen. Für mich gab es keinen Grund, warum der Verfassungsschutz das fördern sollte. Es würde ja einer Arbeitsbeschaffungsmaßnahme gleichkommen.

Götzl Sie hatten die Ziele des »Nationalen Widerstands« in Jena beschrieben: Das Volk stehe im Vordergrund. Was ist damit gemeint?

Wohlleben Ich lese noch mal vor: Bei all unseren Betrachtungen steht das Volk im Vordergrund. Unser Ziel ist es, unser Volk vor dem Verfall zu schützen. Wir bekennen uns zu jedem Teil der Geschichte.

Götzl Was ist mit dem zuletzt genannten Satz gemeint?

Wohlleben Dass ich mich nicht von einem Geschichtsteil abwende und meine, das muss jetzt verteufelt werden. Das ist ja die Wahrnehmung, die man macht: dass man unsere Geschichte auf zwölf Jahre reduziert und uns den NS-Staat anlastet und vergisst, dass es viele Hunderte und Tausende Jahre gibt davor.

Götzl Wie stehen Sie zu den zwölf Jahren?

Wohlleben Ich bin jemand, der sagt, ich reduziere die Geschichte nicht auf die zwölf Jahre, aber ich verherrliche sie auch nicht. Ich beschäftige mich damit, zwangsläufig, weil man immer wieder auf diese zwölf Jahre reduziert wird. Ich bin auch der Meinung, dass die Aufarbeitung dazu relativ einseitig verläuft.

Götzl Was meinen Sie damit?

Wohlleben Dass man immer nur schaut, welche Kriegsschuld der Deutsche hat, und nicht, welche Schuld der Amerikaner, der Engländer, der Pole, der Franzose trägt. Zum Beispiel, wenn man sich die Angriffe auf Dresden anschaut, wo man die Zahl der Opfer herunterlügt, von einer sechsstelligen Zahl auf eine fünfstellige. *(Pause.)* Bevor Sie fortfahren: Ich hab mir überlegt, doch was zu meinem Austritt aus der NPD zu sagen: Es hat den Hintergrund gehabt, dass ich die fehlende Solidarität kritisiert hatte. 2009 hat das Bauordnungsamt das Schulungsobjekt geschlossen und diesbezüglich hat uns die Partei nicht mehr geholfen. Das war der Grund, dass ich gesagt habe: Jetzt trete ich aus.

Götzl Sie hatten geschildert, sei seien gemeinsam im Urlaub gewesen mit Beate Zschäpe, Uwe Mundlos und Uwe Böhnhardt und auch Holger Gerlach. Wann war das und wo?

Wohlleben Ich gehe davon aus, dass es 1996 war in Ungarn, und davor waren wir ein paar Mal in der Tschechischen Republik. In dem Ort befand sich eine Diskothek, wo wir abends hingegangen sind. Ich erinnere zwei Reisen. Einmal war ein Silvesterabend, da war jemand aus Rostock zugegen.

Götzl Sie hatten das letzte Mal Angaben zum Puppentorso gemacht. Sie hatten gesagt, es sollte eine Reaktion auf die Journalisten sein, die nicht mehr über Flugblattaktionen der Rechten berichten wollten. Was war denn die Erwartung?

Wohlleben Es gab mal die Absichtserklärung Jenaer Journalisten: Wir ignorieren ab jetzt die Aktivitäten der Rechten. Meiner Meinung nach war das falsch. Wir hatten immer ein Flugblatt bei denen auch reingeschmissen. Für mich war es so eine Trotzreaktion: Wir machen eine Aktion, über die man auf jeden Fall berichten muss.

Götzl Wie kam es denn dazu, dass der Puppentorso aufgehängt wurde?

Wohlleben Daran hab ich keine Erinnerung mehr. Ich wurde gefragt, ob ich mitkomme. Erst habe ich Nein gesagt, dann habe ich am Ende eingewilligt. Einer der beiden Uwes muss mich angesprochen haben. Ich glaub, es war fertig geplant. Meine Aufgabe bestand nur darin, Schmiere zu stehen und, falls ein Alibi nötig werden sollte, dafür geradezustehen.

Götzl Wer ist in die Frage eines Alibis eingebunden gewesen?

Wohlleben Alle, die beteiligt waren. Frau Zschäpe, Herr S., Mundlos, Böhnhardt und ich. In dem Auto von Böhnhardts Eltern sind wir zu einer Geburtstagsfeier gefahren, dann nach Jena, waren kurz bei Frau Zschäpe und sind dann im Auto von Mundlos zu der Brücke gefahren. *(Kay S., ein Jugendfreund von Böhnhardt und Mundlos, wurde zu dem Vorfall am Tag 202 befragt.)*

Götzl Gab es einen Grund, warum Frau Zschäpe, wie Sie gesagt haben, nicht mitgefahren ist?

Wohlleben Weil es keinen Sinn gemacht hätte. Herr S. hat nur Hütchen aufgestellt. Das hätte zur Not auch ich noch übernehmen können. Ich stand mit dem Funkgerät da und hab geguckt, dass kein Auto kommt.

Götzl Herr S. hat gesagt, dass Sie am Aufstellen der Hütchen beteiligt gewesen seien auf der Brücke.

Wohlleben Nein, das hab ich so nicht in Erinnerung.

Götzl Was wissen Sie über die Garage, die Anmietung, über das, was dort gemacht wurde?

Wohlleben Meiner Erinnerung nach war sie eine Idee von Uwe Böhnhardt, dass man sich eine Garage besorgt, damit man bei Beschlagnahmungen keine Sachen verliert. Irgendwann hieß es, es gebe jetzt eine Garage, ob ich was zu verstecken hätte? Ich habe gesagt: Nein. Ich hab da keinen Sinn drin gesehen. Wer die Garage gemietet hat und wie es abgelaufen ist, weiß ich nicht. Ich weiß nur, dass ich mindestens einmal da war. Ich hab mal mit Uwe Böhnhardt irgendwann was unter seinem Auto gemacht, seinem Hyundai.

Götzl Stichwort Bombenattrappen.

Wohlleben Da war ganz wenig TNT drin, da hätte nichts passieren können. Es wurde gesagt, man solle TNT reinpacken, um größere Aufmerksamkeit zu erzielen.

Götzl Dann die Situation am 26.1.98: Mich würde interessieren, was Sie noch zur Abholung Ihres Autos sagen können?

Wohlleben Ich hab nur die Erinnerung, dass ich abends zu dem Helbig gefahren bin und wir dort geschlafen haben. *(Jürgen Helbig ist ein Jugendfreund von Böhnhardt und Mundlos. Er wurde am Tag 112 befragt.)* Ich weiß, dass ich in Erfurt in der Berufsschule war, irgendwann nach Jena gefahren bin und am nächsten Tag mit dem Pkw von Mundlos gefahren bin. Wie ich daran gekommen bin, hab ich keine Erinnerung. Gar nicht.

Götzl Wie ging es weiter?

Wohlleben Es gab das Telefonzellen-System. Ich vermute, dass mir jemand vor der Abreise der drei gesagt hat: Wir telefonieren dann und dann in Telefonzelle 4, zum Beispiel.

Götzl Wer war in dieses System eingeweiht?

Wohlleben Die politisch Aktiven, die auch zu Demonstrationen gefahren sind. Mundlos, Böhnhardt, Kapke und ich, und dann hört es schon wieder auf. Ich weiß es aber nicht.

Götzl Frau Zschäpe?

Wohlleben Hab ich keine Erinnerung daran, keine Ahnung.

Götzl Wie ging es am nächsten Tag nach der Übernachtung bei Herrn Helbig weiter?

Wohlleben Ich fuhr normal zur Schule, und irgendwann habe ich mit denen telefoniert. Ich erinnere mich nur noch, dass ich irgendwann nach Chemnitz gefahren bin. Ich weiß, dass ich bei Frau Mundlos war, versucht hab zu erklären, dass ihr Sohn erst mal nicht wiederkommt. Mit Frau Böhnhardt hab ich gesprochen, ich weiß nicht, ob jemand bei Beates Oma war. Vielleicht ich, das kann alles möglich sein. Ich weiß, dass irgendwann gesagt wurde: Die wollen ins Ausland. Dann wurde sich um Auslandskontakte bemüht. Ich weiß, dass ich am Anfang nicht nur mit Böhnhardt und Mundlos telefoniert habe, sondern dass da eine unbekannte Person dabei war. Der sagte, ich ruf im Auftrag von den Uwes oder den dreien an. Die brauchen noch das, das, das. Den kannte ich nicht.

Götzl Die Fahrt nach Chemnitz. Was war denn da vereinbart worden?

Wohlleben Hab ich auch relativ wenig Erinnerung. Was vorher vereinbart wurde, weiß ich nicht. Linker Hand lag die Autobahn, hab in der Tankstelle gewartet. Da kam ein Typ rein, ich bin zu ihm ins Auto – meiner Erinnerung nach ein VW Polo –, und dann sind wir nach Chemnitz in diese Altbauwohnung. Und es kam der Kommentar, dass mein Auto ja wieder fährt. Ich vermute, dass ich irgendwelche Sachen gebracht hab. Ich kann nur spekulieren.

Götzl Was wurde denn gesprochen? Wurde darüber gesprochen, wie es ihnen geht? Wurden Erwartungen an Sie herangetragen?

Wohlleben Ich hab keine Gespräche in Erinnerung, da kann ich wirklich nichts zu sagen.

Götzl Wie ging es denn dann weiter?

Wohlleben Irgendwann muss es gewechselt haben, dass dann Carsten Schultze den Telefonkontakt übernahm.

Götzl Wie viele persönliche Treffen gab es denn mit Ihnen und den dreien?

Wohlleben Drei Stück nach dem Untertauchen.

Götzl War mit Helbig mal die Rede davon, ob er eine Waffe zu den dreien transportiert?

Wohlleben Niemals. Woher soll die Waffe gekommen sein? Von Frau Böhnhardt? Das glaube ich nicht. Der Helbig hat immer die Sachen gefahren, die ich bei den Eltern eingesammelt habe. Ich weiß, dass es mal um ein ZIP-Laufwerk ging. Das wollte Mundlos wiederhaben. Das ist eine Erklärung für mich, dass sich Helbig daran erinnert, dass da was Hartes in der Tüte war. Der Wunsch nach einer Waffe wurde erst geäußert, als Helbig schon weg war.

Götzl Das erste Treffen von Ihnen mit den dreien nach dem Untertauchen – wann war das?

Wohlleben Das muss zwischen März und Mai 1998 gewesen sein, zwischen 3. März und 1. Mai. Den Glatzkopf, der mich abholte, hab ich dann auf der 1.-Mai-Demo in Leipzig wiedergesehen. Oder zumindest geglaubt, dass er es war. Ich hab ihn nicht angesprochen.

Götzl Zum zweiten Treffen: Anfang 1999, hatten Sie angegeben. Was war der Zweck?

Wohlleben Hatte ich Anfang 1999 gesagt? Es muss so gewesen sein, ja, ja. Es ging um die Übergabe von Vollmachten, es ging um Beate Zschäpe, ich kann aber nicht ausschließen, dass ich auch von Uwe Böhnhardt und Uwe Mundlos etwas bekommen habe. Es war ja in der Diskussion, dass man sich den Behörden stellt, dazu sollte das dienen.

Götzl War das im Vorfeld bereits besprochen?

Wohlleben Ich gehe davon aus, und ich gehe davon auch aus, dass ich irgendwelche Vollmachten dabei hatte, die unterschrieben wurden. Ich gehe davon aus, dass schon abgesprochen war, dass Beate Zschäpe von Dr. Eisenecker vertreten werden soll. Uwe Böhnhardt wird sich entschieden haben, weiter von Rechtsanwalt Thaut vertreten zu werden. Bei Uwe Mundlos weiß ich es nicht. Ich hab die Vollmacht von Zschäpe irgendwann zu Dr. Eisenecker gebracht, es ging dabei fast ausschließlich um die drei und nebenbei noch um eine Strafsache von mir.

Götzl Worum ging es bei den dreien?

Wohlleben Ich habe gefragt, ob er bereit ist, die Vertretung zu übernehmen und wie dann das alles gehandhabt wird.

Götzl Wie liefen das dritte Treffen und die Gespräche dabei ab?

Wohlleben Das fand in einem Park statt. Die Inhalte hab ich wieder nicht präsent. Es war nur der ungewöhnliche Wunsch von Herrn Böhnhardt nach einer Waffe.

Götzl Sie hatten angegeben, dass von einem deutschen Fabrikat die Rede gewesen wäre.

Wohlleben Ich hab ihm mitgeteilt, dass ich von solchen Sachen keine Ahnung hab. Er hat gesagt: Mach dir darüber keine Gedanken. Es sollte eine Pistole sein, kein Revolver. Und dass für den Fall, dass das Ding nichts taugt, dass es weiterverkauft wird zur Not.

Götzl Waren die andern beiden bei dem Gespräch zugegen?

Wohlleben Es war ein separat geführtes Gespräch, ich weiß, dass ich mit Uwe Böhnhardt allein stand. Das war nichts Außergewöhnliches. Man ist spazieren gegangen in dem Park. Ich hab auch mal allein mit Beate gesprochen.

Götzl Sie sagten, Uwe Böhnhardt habe gesagt, Sie sollten bei Tino Brandt nachfragen.

Wohlleben Er hat gesagt: Frag halt mal bei Brandt nach!

Götzl War denn von einem Betrag die Rede?

Wohlleben Ich vermute, dass es eingegrenzt war, aber wie weit, weiß ich nicht.

Götzl Ja, ist denn das Nachfragen bei Brandt von Ihrer Seite hinterfragt worden?

Wohlleben Ich wusste ja, dass Brandt über Geld verfügt. Es klang für mich logisch.

Im Laufe des Gesprächs sagte Uwe Böhnhardt, dass er sich nicht der Polizei stellen wird, sich lieber erschießen will.

Götzl Wie sind Sie verblieben?

Wohlleben Ich hab gesagt: Ich gucke, was sich machen lässt. Und dann war es so weit gut. Hinhalten war damals eine gängige Taktik bei mir.

Götzl Haben Sie denn was unternommen?

Wohlleben Nein.

Götzl Haben Sie mit Tino Brandt über eine Waffe gesprochen?

Wohlleben Nein. Mir war klar, ich will keine Waffe besorgen.

Götzl Sind Sie noch mal angesprochen worden auf das Thema Waffe?

Wohlleben Ja, telefonisch, deshalb meine ich auch, dass Carsten Schultze wusste, dass ich den Auftrag bekommen habe. Es wurde immer mal wieder nachgefragt, ob sich was ergeben hat. Und die Standardantwort war: Nein. Irgendwann kam Carsten Schultze und sagte mir, dass er auch den Auftrag hatte, eine Waffe zu besorgen. Einer der Uwes sagte, dann soll er es mal bei dem Schultz im Madley probieren. Carsten Schultze hat mich wahrscheinlich gefragt: Wie soll ich es machen? Da hab ich wahrscheinlich gesagt: Geh zum Schultz. Ich hab keine Erinnerung, dass ich detailliert Informationen bekommen hätte. Mir ist auch nicht erinnerlich, dass ich ihm Geld dafür gegeben haben soll. Ich hatte gar kein Geld dafür.

Götzl Haben Sie Kenntnisse, wie die Waffe finanziert wurde?

Wohlleben Nein, ich kann da nur vermuten.

Götzl Was ist Grundlage der Vermutung?

Wohlleben Das Ansprechen auf Tino Brandt von Böhnhardt. Und die Bitte von Rechtsanwalt Jauch, dass er Brandt als Zeugenbeistand beigeordnet wird, weil eventuell auch »Beihilfe« infrage kommt. *(Es ging um Beihilfe zu Mord.)*

Götzl Wie war die Situation, als Carsten Schultze mit der Waffe zu Ihnen kam?

Wohlleben Ich war nicht sehr erfreut, ich weiß nicht, wer sie letztendlich ausgepackt hat. Es war nicht, wie er sagt, im Arbeitszimmer. Ich meine, es war im Esszimmer. Ich war überrascht, dass ein Schalldämpfer dabei war, und dann hab ich den draufgeschraubt, um mal zu gucken, wie es aussieht.

Götzl War mal die Rede von einem Schalldämpfer vorher?

Wohlleben Nein. Das Ding war einfach dabei. Wie so ein Gimmick. Es war nichts, worüber ich mir Gedanken machte. Später hieß es, die Uwes hätten sich beschwert: Die Waffe sei Schrott. Es hieß, das Ding würde nichts taugen.

Götzl Hat Carsten Schultze gesagt, wie die Waffe bezahlt wurde?

Wohlleben Nein, ich habe da keine Erinnerung dran.

Götzl Hat er Ihnen berichtet, was er gemacht hat mit der Waffe?

Wohlleben Er sagte mir, er sei in Chemnitz gewesen. Da wird es wohl um die Waffe gegangen sein.

Götzl Inwiefern war das Besorgen von Waffen mit Holger Gerlach Thema?

Wohlleben Ich weiß, dass es hieß, auch Holger habe den Auftrag gehabt, eine Waffe zu besorgen. Ich kann das zeitlich nicht festmachen und nicht von wem.

Götzl Haben Sie denn Informationen, ob Holger Gerlach etwas unternommen hat, um eine Waffe zu besorgen?

Wohlleben Nein. Ich gehe davon aus, dass selten über Waffen gesprochen wurde, weil es ein unangenehmes Thema war.

(Pause.)

Verteidiger Klemke Wir bitten, die Vernehmung unseres Mandanten für heute abzubrechen. Er leidet seit der Mittagspause an Rücken- und Kopfschmerzen.

Götzl Na gut. Dann werden wir so verfahren.

Tag 255

14. Januar 2016

Manfred Götzl, Richter. **Ralf Wohlleben**, Angeklagter. **Olaf Klemke, Nicole Schneiders**, Verteidiger von Ralf Wohlleben. **Jacob Hösl**, Verteidiger von Carsten Schultze. **Alexander Hoffmann, Sebastian Scharmer**, Anwälte der Nebenklage.

(Die Befragung von Ralf Wohlleben wird fortgesetzt.)

Götzl Kommen wir noch einmal zu den Treffen von Ihnen mit den drei Untergetauchten. Sie hatten angegeben, dass Sie mal mit dem Zug nach Zwickau gefahren sind. Wann war das?

Wohlleben Das muss nach der Enttarnung von Tino Brandt gewesen sein, das war das bestimmende Thema. Ich meine, im April/Mai 2001 habe ich von der Enttarnung erfahren.

Götzl Was ist denn da gesprochen worden? War Beate Zschäpe anwesend?

Wohlleben Ja. Sie war mit anwesend. Zu den Gesprächen: Sie haben gefragt, ob Brandt etwas über den Aufenthalt gesagt habe, ich ging davon aus, dass er dazu keine Mitteilung an den Verfassungsschutz gemacht hat. Er hat sich ja als heiliger Samariter dargestellt, der das Geld vom Verfassungsschutz genommen und an die rechte Szene verteilt hat.

Götzl Was haben Sie denn zu Beate Zschäpe, Uwe Mundlos und Uwe Böhnhardt gesagt?

Wohlleben Ich vermute, dass ich gesagt habe, dass er sicher nichts gesagt hat, sonst hätten sie euch schon gekriegt. Aber das ist Spekulation, vielleicht vermische ich das mit der heutigen Sicht. Weil die gefragt haben, ob Brandt was gesagt hat, hielt ich es für möglich, dass Brandt Kenntnis hatte, wo die sich aufhalten. Es kann auch sein, dass ich mal Brandt gesagt habe, die sind in Chemnitz.

Götzl Welche Äußerungen kamen dazu von Frau Zschäpe, Mundlos oder Böhnhardt?

Wohlleben Ich kann dazu gar nichts sagen. Ich weiß, das Brandt Gesprächsthema war. Dass sie die Vermutung hatten, dass jemand weiß, wo sie sich aufhalten.

Götzl Ging es noch um andere Themen bei dem Treffen?

Wohlleben Ich erinnere keins. Es könnte sein, dass es noch mal um die weitere Gestaltung ihres Lebens gegangen ist. Dass da noch mal gesagt wurde, dass die zwei sich im Ausland abducken und Beate sich stellt.

Götzl Könnte es sein – oder erinnern Sie sich daran?

Wohlleben Es war immer wieder Gesprächsthema. Es kann auch am Telefon gewesen sein.

Götzl Ja, und welche Überlegungen wurden zu diesem Thema von den drei Personen angestellt?

Wohlleben Dass Beate Zschäpe sich stellt und die anderen beiden sich im Ausland versteckt halten.

Götzl Wie war denn der Stand gewesen zu dem Sich-Stellen? Gab es da Bemühungen?

Wohlleben Ich wusste ja, dass es die Bemühungen über Rechtsanwalt Eisenecker gab. Und das hat sich zerschlagen, weil er keine Akteneinsicht bekam. Und es wurde immer mal wieder das Thema thematisiert.

Götzl Ist denn über konkrete Länder gesprochen worden, was das Ausland angeht?

Wohlleben Südafrika und Amerika waren mal im Gespräch. Ich selber hab da keine Kontakte hin und hab mich nicht gekümmert. André Kapke war ja mal im Urlaub in Südafrika, und es ist gefragt worden, ob es Möglichkeiten gibt, die Leute da unterzubringen. Die gab es, aber es war wohl nicht möglich zu klären, wie sie da hinfahren können. Dann gab es Bemühungen über Thorsten Heise, ich hab da aber nicht weiter nachgefragt. *(Thorsten Heise ist ein Thüringer NPD-Funktionär und Neonazi.)*

Götzl Mir ist nicht klar, wie konkret die Pläne waren.

Wohlleben Es gab von Anfang an die Bemühungen. André Kapke ist deshalb auch mal nach Berlin gefahren. Wie konkret das alles war, weiß ich nicht. Ich hab dazu auch nicht das Interesse gehabt. Ich musste auch nicht alles wissen.

Götzl Wie ging in der Folge der Kontakt zwischen Ihnen und den dreien weiter?

Wohlleben In der Folge gab es keinen Kontakt, auch nicht telefonisch oder über andere Personen.

Götzl Wie kam es dazu, dass kein Kontakt mehr bestand?

Wohlleben Ich hab darum gebeten, dass ich rausgenommen werde. Dadurch, dass

Brandt aufgeflogen war und ich keine Lust hatte, den nächsten Spitzel an den Hacken zu haben. Und es wurde auch gesagt, das ist in Ordnung. Das machen wir so.

Götzl Was haben Sie bei den Kontakten über das Leben der drei Personen erfahren? Wovon lebten sie, wo lebten sie?

Wohlleben Muss ich ehrlich sagen, da kann ich nur spekulieren. Es hätte mich auch nicht interessiert, ich wollte ja so wenig wie möglich wissen. Es hätte mir auch nichts genützt, wenn sie gesagt hätten, sie wohnen in der und der Straße. Ich habe keine Erinnerung daran, dass ich Informationen diesbezüglich hatte.

Götzl Der dritte Besuch war ja in Zwickau. Haben Sie von einem Wechsel erfahren?

Wohlleben Ich hab gedacht, das sei eine Sicherheitsmaßnahme. Dieses Zwickau hab ich auch erst hier wieder auf den Fotos wiedererkannt. Ich werde das nicht hinterfragt haben.

Götzl Haben Sie sich darüber unterhalten, wovon sie leben?

Wohlleben Nein, da habe ich keine Nachfragen gestellt. Ich weiß, dass am Anfang über Geldnot geklagt wurde. Und dann war das kein Thema mehr. Die Nachfrage nach Geld kam einfach nicht mehr.

Götzl Welche Rolle hat André Kapke denn gespielt hinsichtlich der Unterstützung der drei?

Wohlleben Ich habe ihn nur am Anfang dabei erlebt. Es gab Telefonate am Anfang, und dann war er irgendwie raus.

Götzl Sie hatten angesprochen dieses Besorgen eines Motorrads. Sie hatten angegeben, dass der Typ vorgegeben war. Sie hätten ein solches auch gestohlen und abgestellt, und das sei dann weg gewesen. Mit wem haben Sie darüber gesprochen von den dreien?

Wohlleben Mit Uwe Böhnhardt.

Götzl Hat er gesagt, wofür das Motorrad gedacht war?

Wohlleben Es war ein gängiges DDR-Motorrad, das auch relativ leicht zu stehlen war. Ich hab damals spekuliert, dass er Ersatzteile verkaufen wollte, dass es der Geldbeschaffung dient. Ich hab nicht nachgefragt. Ich hab damals allgemein wenig nachgefragt. Man hätte sich nur verdächtig gemacht. Das handhabe ich noch heute so, dass ich wenig nachfrage.

Götzl Können Sie etwas zum Zusammentreffen der drei mit Mitgliedern der Familie Böhnhardt sagen?

Wohlleben Ich kann mich nur erinnern, dass ich einen Zettel bei den Eltern eingeworfen hab, dass sie sich an einer Telefonzelle einfinden sollen für ein Telefonat. Ich kann heute nicht mal mehr sagen, ob ich wusste, dass die Familie hingefahren ist und sich mit den dreien getroffen hat.

Götzl Sie sagten zum Thema Gewalt: Dass Sie Gewalt ablehnen und Ihre Auffassung im rechten Lager auch bekannt gewesen sei. Können Sie das erläutern?

Wohlleben Das sieht man ja hier auch in den Zeugenaussagen, das sagen doch alle, dass ich Gewalt abgelehnt habe. Wir haben die Leute dazu angehalten, auf Gewalt zu verzichten. Es gab ja immer wieder Leute, die erlebnisorientiert waren und dachten, sie würden bei uns eine neue Heimat finden, und die dann mehr Schaden angerichtet haben, als sie gutgemacht haben.

Götzl Stichwort Waffenlieferung von Holger Gerlach. Sie sagten, dass Sie den Verdacht haben, er wollte verschleiern, von wem er die Waffe erhalten hat. Was ist die Grundlage für den Verdacht?

Wohlleben Er muss sie ja von irgendwoher bekommen haben. Aber von mir, wie er behauptet, hat er sie definitiv nicht bekommen. Er versucht, seine Waffenlieferung mir in die Schuhe zu schieben.

Götzl Ich wollte Ihnen noch Vorhalte machen aus einer Erkenntniszusammenfassung des Bundeamts für Verfassungsschutz: Da heißt es, André Kapke habe im Juli 1998 geäußert, Wohlleben und andere hätten Kredite aufgenommen, um die Flüchtigen zu unterstützen. Die Frage ist, was Sie dazu sagen?

Wohlleben Ich wäre gar nicht kreditwürdig gewesen, ich habe eine Lehre gemacht und 410 Mark verdient und wäre nicht mal dispo-berechtigt gewesen.

Götzl Kredite würde auch beinhalten, wenn Sie irgendwie … Es muss nicht bei einem Kreditinstitut sein.

Wohlleben Nein, wie hätte ich das zurückzahlen sollen? Wäre nicht gegangen.

Götzl Laut einer Meldung von Tino Brandt soll er damals erfahren haben, dass die drei ihr Äußeres verändert hätten.

Wohlleben Daran hab ich überhaupt keine Erinnerung. Bei den Treffen habe ich keine großen Veränderungen festgestellt. Ich glaube, der Uwe Böhnhardt hatte einen Oberlippenbart, aber sonst nichts. Nichts Auffälliges.

Götzl Dann heißt es in einer anderen Mitteilung, es sei eine Spende von 500 D-Mark abgelehnt worden, weil die drei mittlerweile so viele »Sachen/Aktionen« gemacht hätten.

Wohlleben Wie man zu der Schlussfolgerung kommen kann, dass damit Banküberfälle gemeint waren, erklärt sich mir nicht. Ich wusste, dass die drei das Geld nicht mehr benötigten, aber von Sachen/Aktionen hab ich nicht in Erinnerung, dass ich so was gesagt haben soll. Ich weiß nicht, was das für Sachen und Aktionen sein sollen.

Verteidiger Hösl Sie sagten, Sie hätten innerlich abgelehnt, eine Waffe zu liefern, wegen der Gefahr eines Suizids von Uwe Böhnhardt. Weshalb haben Sie aber Carsten Schultze gesagt, er solle zu Andreas Schultz in den Laden Madley gehen wegen einer Waffe?

Wohlleben Weil ich davon ausging, dass er da keine kriegt. Wenn ich ihm gesagt hätte, du kümmerst dich nicht darum, da hätte ich dann befürchtet, dass Schultze den Uwes am Telefon sagt, Wohlleben will das nicht. Und dass es dann Ärger gibt. Aber das ist jetzt Spekulation.

Verteidiger Hösl Ist mir nicht nachvollziehbar, dass Sie einerseits selber keine weiteren Anstrengungen übernehmen, aber Herrn Schultze gegenüber so reagieren.

Wohlleben Ich ging ja nicht davon aus, dass es im Madley eine scharfe Waffe zu kaufen gibt.

Götzl Gibt es Fragen der Nebenkläger?

Verteidiger Klemke Unser Mandant wird keine Fragen des Rechtanwalts Hoffmann, Vertreter der Nebenklägerin Sağdiç, beantworten, weil wir es nicht so sehen, dass sie eine Nebenklageberechtigung hat. Frau Sağdiç befand sich bei dem Nagelbombenanschlag in einem Bereich in der Keupstraße, in dem sie tatsächlich nicht verletzt werden konnte. Wir gehen davon aus, dass keine Nebenklagebefugnis besteht.

Götzl Die Fragen der anderen werden beantwortet?

Verteidiger Klemke Ja.

Anwalt Hoffmann Ist Ihnen eine Person mit Spitznamen »Ebi« bekannt?

Verteidiger Klemke Offensichtlich hat hier jemand Probleme mit dem Gehör. Es gibt keine Veranlassung zu reagieren.

Anwalt Hoffmann Die nächste Frage wäre: Würden Sie das Passwort für die zweite Festplatte, die bei Ihnen gefunden wurde und die verschlüsselt ist, nennen?

(Wohlleben und Verteidiger Klemke schweigen.)

Anwalt Hoffmann Es ist eine zulässige Frage.

(Wohlleben und Verteidiger Klemke schweigen.)

Verteidigerin Schneiders Wir hatten schon mal gesagt, dass wir das nicht beantworten werden. Ihre Fragen werden nicht beantwortet werden.

Anwalt Hoffmann Es sind auf Datenträgern bei Ihnen zahlreiche Dateien gefunden worden, die verschlüsselt waren. Wären Sie bereit, die Passwörter zu nennen?

(Wohlleben und die Verteidiger Klemke und Schneiders schweigen.)

Anwalt Hoffmann Dann wollen wir es dabei belassen.

Anwalt Scharmer Meine Mandatin Gamze Kubaşık hätte viele Fragen an Ralf Wohlleben, ist aber überzeugt, dass sie nicht wahrheitsgemäß beantwortet werden würden. Sie empfindet seine Darstellung der rechten Szene als eine Art Friedensbewegung als Zumutung. Sie weiß, dass er das Recht hat zu lügen, aber er hat keinen Anspruch darauf, dass sie ihm glaubt.

Tag 256

20. Januar 2016

Manfred Götzl, Richter. **Gerwin Moldenhauer**, 42, Staatsanwalt aus Hamburg. Er vernahm im Auftrag des Generalbundesanwalts Carsten Schultze und Holger Gerlach und sagte auch am Tag 20 aus. **Jochen Weingarten**, Vertreter der Bundesanwaltschaft. **Wolfgang Stahl**, Verteidiger von Beate Zschäpe. **Stefan Hachmeister**, Verteidiger von Holger Gerlach. **Olaf Klemke**, Verteidiger von Ralf Wohlleben. **Jacob Hösl**, Verteidiger von Carsten Schultze.

Götzl Mit Ablauf des 19. Januar 2016 ist Richterin Feistkorn gemäß der Altersdienstregelung in die Freistellungsphase der Altersteilzeit eingetreten. Ersatzrichter Axel Kramer tritt in das Quorum ein. *(Nach zwei Jahren und neun Monaten Prozessdauer ist damit schon die zweite Richterin ausgeschieden. Im Sommer 2014 war schon Richterin Renate Fischer an den Bundesgerichtshof gewechselt. Aber immer noch gibt es einen Ersatzrichter, falls einer der regulären Richter krankheitsbedingt ausfällt.)*

Götzl *(zum Zeugen Moldenhauer gewandt)* Was können Sie zur Aussage und zum Aussageverhalten der Angeklagten Holger Gerlach und Carsten Schultze sagen?

Moldenhauer Ich fange mit Herrn Gerlach an, und da kann ich sagen, dass ohne die Angaben von Herrn Gerlach der dringende Tatverdacht gegen Herrn Wohlleben und später gegen Herrn Schultze nicht hätte begründet werden können. Die Aussage ist eine Conditio sine qua non. Bei der Vernehmung Ende November 2011, da hat Herr Gerlach erklärt, er habe eine Schusswaffe von Herrn Wohlleben bekommen und habe diese an Herrn Mundlos, Herrn Böhnhardt und Frau Zschäpe überbracht. In einer späteren Vernehmung hat Herr Gerlach dann Angaben gemacht zur Herkunft dieser Waffe. Und zwar soll Herr Wohlleben ihm gesagt haben, dass die Waffe aus dem Szeneladen Madley in Jena kommt, was für mich wesentlich war. Das hat Ermittlungsansätze geliefert. So sind wir auf Carsten Schultze gekommen, der gegenüber dem Ermittlungsrichter am BGH dann einen Waffentransport eingeräumt hat. Da kam mir Kommissar Zufall zu Hilfe, ich bin zunächst davon ausgegangen, dass es dieselbe Waffe ist, von der auch Herr Gerlach sprach. Herr Schultze aber sagte, es habe sich um eine Waffe mit Schalldämpfer gehandelt. Ich bin erst dann davon ausgegangen, dass es sich um zwei Waffen handelt. Ohne die Angaben von Herrn Gerlach hätte das nicht aufgeklärt werden können. Außerdem hat er Angaben zum Innenleben der Vereinigung NSU gemacht, mit den sogenannten Systemchecks. Das Wort »Systemchecks« fand ich sehr pfiffig, das hätte ich gar nicht besser formulieren können.

Götzl Setzen Sie bitte einfach fort.

Moldenhauer Über das Madley sind wir an den Inhaber gekommen, der Carsten Schultze anhand von Lichtbildern identifiziert hat. Dadurch erst konnte der dringende Tatverdacht gegen Carsten Schultze begründet werden. Herr Gerlach ist dann nach Zwickau geflogen worden, um seine Angaben zu überprüfen. Er hatte gesagt, er könne die Wohnung der drei zeigen, aber die Straße nicht benennen. Er hat dann einem Kollegen von der GSG 9 die Wohnung in der Polenzstraße gezeigt. Das waren werthaltige Angaben. Auch die Hinweise auf die Diskussion über eine Bewaffnung, darüber, was man macht. Da ging es um die Frage des Vorsatzes. Das war für uns sehr wichtig damals.

Götzl Dann kommen wir zum Angeklagten Carsten Schultze.

Moldenhauer Beim Angeklagten Schultze war ich bei seiner Vernehmung beim Ermittlungsrichter dabei, wo er den Transport einer Waffe mit Schalldämpfer geschildert hat und als eine Česká 83 erkannt hat. Das war ein Meilenstein für die Ermittlungen. Davor gab es schon Herkunftsermittlungen zu der Waffe, aber das war lückenhaft, man wusste nicht, wie die Waffe nach Deutschland gekommen ist und wer beteiligt war.

Verteidiger Hösl Haben Sie den Tag der Verhaftung des Herrn Schultze noch in Erinnerung?

Moldenhauer Das muss Ende Januar gewesen sein. Der Kollege Weingarten und ich waren beim Ermittlungsrichter beim BGH, das war für mich sehr eindrucksvoll, weil Herr Schultze gleich viele Angaben gemacht hat. Ich bin bis zu dem Zeitpunkt immer davon ausgegangen, dass es um eine einzige Waffe ging. Da schoss es mir in den Kopf, Mensch, der redet ja von einer anderen Waffe.

Verteidiger Hösl Aus meiner Erinnerung wollten Sie die Möglichkeiten einer Einlassung von Herrn Schultze besprechen, und ich sagte, dass Herr Schultze von vornherein aussagen wollte.

Moldenhauer Das ist eher unüblich, dass man mit uns redet beim Ermittlungsrichter. Das erinnere ich, dass er das aufklären wollte.

Verteidiger Hösl Erinnern Sie sich an die Dauer der Anhörung?

Moldenhauer Die ging bis in die Abendstunden.

Verteidiger Hösl Erinnern Sie sich, ob Interventionen von mir erfolgt sind oder ob Herr Schultze von sich heraus erzählt hat?

Moldenhauer Das kann ich nicht mehr genau sagen, ich war so auf den Inhalt fixiert. Es war wahnsinnig spannend. Ich glaube eher, dass Herr Schultze frei berichtet hat und Sie ihn nicht unterbrochen haben.

Verteidiger Hösl Erinnern Sie sich noch an weitere Sachverhalte, die Herr Schultze beim Ermittlungsrichter angegeben hat und die sich dann als zutreffend erwiesen haben?

Moldenhauer Er sprach von einer Scheune, wo Dinge verbuddelt waren. Dieses Depot ist gefunden worden. Und auch, wer beim Einbruch in die Wohnung von Frau Zschäpe dabei war, um Dinge für sie herauszuholen. Und dann zu der Art der Kontaktaufnahme mit den dreien.

Verteidiger Stahl Sie sagten, Herr Gerlach war eine wichtige Auskunftsperson. Was können Sie uns zur Aussagekonstanz von Herrn Gerlach berichten? Hat er den Beamten gegenüber auch mal die Unwahrheit gesagt?

Moldenhauer Er hatte mich auch angelogen, als es um die Genese der Ausweisdokumente für Mundlos, Böhnhardt und Zschäpe ging. Da sagte er, das stimme nicht, was er vorher gesagt habe. Ich habe versucht, Herrn Gerlach in einfachen Worten klarzumachen: Es bringt nichts, wenn er falsche Angaben macht, das wirkt sich für ihn nicht positiv aus. Er soll uns nicht anlügen, das bringt uns nicht weiter. Dann soll er lieber keine Angaben machen.

Verteidiger Stahl Haben Sie ihm gesagt, was Sie weiterbringt?

Moldenhauer Nein, das wusste ich ja nicht. Es kam peu à peu, er hat sich durchgerungen, ob er das sagt mit der Waffe. Das kam dann am Schluss hoch. Das war eine sehr bewegende Vernehmung.

Verteidiger Stahl In der Vernehmung findet sich eine kurze, aber prägnante Formulierung. Herr Gerlach sagt da: »Die drei haben die Waffe entgegengenommen und in meinem Beisein ausgepackt, und einer der Uwes hat die Waffe durchgeladen, deswegen muss ja Munition drin gewesen sein.« Das war doch wichtig?

Moldenhauer Ja.

Verteidiger Stahl Warum finde ich da keine Nachfrage?

Moldenhauer Das hat Herr Gerlach so erklärt und es ist so protokolliert worden. Das war alles, Gerlach ist zwölf Mal vernommen worden. Der Zeuge hat berichtet, Frau Zschäpe habe ihn vom Bahnhof abgeholt. Wir haben versucht, zwischen den drei Personen zu differenzieren.

Verteidger Stahl Ich lese in der Vernehmung ständig Fragen, wo nach den dreien gefragt wird. Hier: Haben Sie immer Kontakt zu den dreien gehabt? Bei der nächsten Frage: Kennen Sie weitere Personen, die die drei mit Personalien unterstützten? Gibt es einen Grund, warum Sie bei diesen Fragen immer nach den »dreien« gefragt haben und nicht sauber nach Uwe Mundlos, Uwe Böhnhardt und Beate Zschäpe getrennt haben? Sind Sie der Meinung, dass das eine sorgfältige Vernehmung war?

Oberstaatsanwalt Weingarten Ich habe es geahnt, Herr Vorsitzender. Ich muss die

Frage beanstanden. Auf die Wertung und Meinung von Zeugen kommt es nicht an. Ein Zeuge kann sagen, was er gedacht oder gefühlt hat, aber wie er sein damaliges Verhalten heute beurteilt, ist völlig unerheblich.

Verteidiger Stahl Mir ist klar, dass die Bundesanwaltschaft sofort auf den Beanstandungsknopf drückt. Die Frage ist zulässig, ob der Zeuge findet, dass die Befragung sorgfältig ist. Und zwar heute und damals. Ich erwarte, dass die Antwort ehrlich ist. Das sollte auch den Senat interessieren.

Götzl Uns interessiert hier alles, was passiert. Warum meinen Sie, dass Sie uns darauf hinweisen müssten, dass uns das interessiert?

Verteidiger Stahl Es sollte nicht nur ich an der Wahrheitsfindung interessiert sein.

Götzl *(erhebt die Stimme)* Habe ich das richtig verstanden, unterstellen Sie uns, dass wir daran nicht interessiert sind?

Verteidiger Stahl Sie fühlen sich sehr leicht angegriffen. Ich setze voraus, dass der Senat an der Wahrheitsfindung interessiert ist. Ich habe Ihnen nichts unterstellt. Ich habe Sie nicht kritisiert.

(Das Gericht zieht sich zur Entscheidung über die Zulässigkeit der Frage zurück.)

Götzl Nach geheimer Beratung ergeht der Beschluss: Die Frage von Herrn Rechtsanwalt Stahl wird als ungeeignet zurückgewiesen. Sie kann nicht zur Wahrheitsfindung beitragen. Es soll eine reine Bewertung des Zeugen erfragt werden.

Verteidiger Stahl *(schüttelt den Kopf)* Eine neue Frage. Warum haben Sie in der Vernehmung nicht differenzierend nachgefragt, um welche Personen es sich gehandelt hat, wenn es um die drei ging?

Moldenhauer Ich habe Herrn Gerlach nicht nach den dreien gefragt. Das hat Herr Gerlach gesagt. Herrn Gerlachs Worte waren »die drei«. Ein Aspekt seiner Aussage war zum Innenleben der Gruppe. Bei der Verwaltung der Finanzen hat Herr Gerlach nicht gesagt, dass die drei das Geld verwaltet haben, sondern dass Frau Zschäpe das Geld verwaltet hat.

Verteidiger Stahl Na gut.

Tag 257

21. Januar 2016

Manfred Götzl, Richter. **Harald D.**, 54, Kriminalhauptkommissar beim BKA Wiesbaden. Er sagte auch an Tag 270 aus. **Herbert Diemer**, Vertreter der Bundesanwaltschaft. **Hermann Borchert, Wolfgang Heer, Wolfgang Stahl**, Verteidiger von Beate Zschäpe. **Olaf Klemke, Wolfram Nahrath, Nicole Schneiders**, Verteidiger von Ralf Wohlleben. **Bernd Behnke**, Anwalt der Nebenklage.

Götzl Es geht uns um die Asservatenauswertung einer Festplatte EDV 11 und Erkenntnisse zum sogenannten NSU-Video, der Paulchen-Panther-DVD. Wie sind Sie vorgegangen?

Harald D. Wir haben uns das Video genauer angesehen und die 270 Gigabyte Videodateien, die wir im Computer in der Frühlingsstraße gefunden haben. Darauf, ob wir etwas über den Erstellungsprozess sagen können. Es ist uns gelungen, die Dateien anhand der Zeitstempel in eine Chronologie zu bringen. Wir waren in der Lage, den Erstellungsprozess des Paulchen-Panther-Videos zu rekonstruieren. Es gibt ein erstes Video vom 9. März 2001, eher eine Collage mit unterlegter Musik, bei dem das Manifest des NSU in Laufschrift von oben ins Bild träufelt. In dem Video sind Zeitungsausschnitte zu den Taten zu sehen. Und die Worte von Paulchen Panther: »Heute ist nicht alle Tage, wir kommen wieder, keine Frage.«

Verteidiger Heer Herr Vorsitzender, halten Sie den Zeugen an, dass er hier nicht wertet, sondern nur seine Beobachtungen wiedergibt.

Harald D. Am 27. Oktober 2001 brachte die Sendung »Aktenzeichen XY« einen Bericht über den Mord an Enver Şimşek in Nürnberg. Am 28. Oktober 2001 wurden auf dem Computer sieben Dateien erzeugt und zu einem Video zusammengeschnitten. Es beginnt wieder mit einer Schrift. Dieses Video ist im Oktober 2001 beendet worden. Im November 2001 gibt es dann eine Videodatei »Fackel« …

Verteidiger Nahrath Herr Vorsitzender …

Götzl Immer mit der Ruhe, Sie unterbrechen hier jetzt nicht.

Verteidiger Nahrath Darf ich ausreden?

Götzl Nein. Ich habe Ihnen nicht das Wort erteilt.

Verteidiger Nahrath Ich bin davon ausgegangen, dass wir im Zwiegespräch sind und ich nicht erneut ums Wort bitten muss.

Verteidiger Klemke Ich bitte um fünf Minuten Pause zur Beratung über prozessuale Maßnahmen.

(Nach einer kurzen Pause ergreift Verteidiger Klemke das Wort.)

Verteidiger Klemke Wir bitten um zwei Stunden Pause zur Formulierung eines Ablehnungsgesuchs.

(Götzl gewährt zwei Stunden Pause.)

Verteidiger Nahrath Der Angeklagte Wohlleben lehnt den Vorsitzenden Richter Götzl wegen Besorgnis der Befangenheit ab. In der heutigen Hauptverhandlung begann das Gericht, den Zeugen D. zu vernehmen. Der machte Aussagen zum Asservat EDV 11. Er stellte das Vorgehen des BKA dar. Er ließ Wertungen einfließen und machte eine Beweiswürdigung. Die Rechtsanwälte Heer und Stahl haben mehrfach angemerkt, dass der Zeuge anzuleiten sei, nur zu berichten. Der Vorsitzende Richter Götzl schien das aufzunehmen. Der Zeuge D. sagte, der NSU zeigte mit dem Video einen »ersten Befähigungsnachweis«. Rechtsanwalt Heer sagte, er möge nur Tatsachen berichten. Der Zeuge sagte: Okay. Der Vorsitzende kam dem prozessualen Begehren nicht nach.

(Verteidiger Nahrath schildert minutiös den Verlauf des Vormittages und erwähnt auch den vorangegangenen Tag, an dem Zschäpes Verteidiger Stahl mit dem Richter aneinandergeraten war. Nahrath erklärt, Stahl sei drei Mal barsch vom Richter unterbrochen worden.)

Verteidiger Nahrath Rechtliche Würdigung: Das prozessuale Verhalten des Vorsitzenden Richters lässt unseren Mandanten besorgen, dass der Vorsitzende Richter ihm und seiner Sache nicht unvoreingenommen und unparteiisch gegenübersteht. Der Versuch, die Wahrnehmung prozessualer Rechte von Beate Zschäpe und unseres Mandanten zu unterbinden, lässt befürchten, dass der Vorsitzende Richter nicht mehr fähig ist, eine unvoreingenommene Sachaufklärung zu verfolgen. Er lässt den Schluss zu, dass er persönlich über die Verteidigung von Ralf Wohlleben verärgert ist. Die Verteidigung wie die Richter sind jedoch gleichrangige Organe der Rechtspflege. Der Verteidigung Wohlleben drängt sich der Eindruck auf, dass die Wahrnehmung ihrer prozessualen Rechte einen bereits feststehenden Ablauf der Hauptverhandlung stört. Das stellt sich als Grundhaltung des abgelehnten Richters dar. Der Angeklagte Wohlleben sieht darin den Versuch der Behinderung seiner Verteidigung. Seine Verteidiger müssen ihre prozessualen Schritte erläutern und erklären können. Der Vorsitzende verhängt aber quasi einen Maulkorb, der einer Versagung rechtlichen Gehörs gleichkommt. Auch wenn der Vorsitzende Richter dann Erklärungen von Verteidigern zulässt, gibt er zu erkennen, dass ihm das nur als störend erscheint. Es wirkt wie ein Feigenblatt. Nicht nur bei Herrn Wohlleben muss bei einem solchen Verhalten der Eindruck entstehen, dass der Vorsitzende Richter persönliche Befindlichkeiten und Belange über die objektive Sachaufklärung stellt. In den Medien hat sich das Wort »abgötzeln« dafür geprägt.

Götzl Sie haben bis jetzt gearbeitet, ich denke, Sie brauchen jetzt eine Mittagspause. Wie lange?

Verteidiger Klemke Eine halbe Stunde.

Götzl Wir setzen um 14.15 Uhr fort.

(Um 14.15 Uhr fehlen die drei Wohlleben-Verteidiger. Das Gericht verlängert die Pause auf 14.30 Uhr. Um 14.20 Uhr sind die drei Verteidiger da, aber das Gericht erscheint erst um 14.30 Uhr.)

Verteidigerin Schneiders Herr Vorsitzender, bitte erteilen Sie mir das Wort für einen unverzüglich zu stellenden Antrag. Der Angeklagte Wohlleben lehnt die Beisitzende Richterin Odersky wegen Besorgnis der Befangenheit ab. Während der Verlesung des Ablehnungsgesuchs am heutigen Tage führte der Verteidiger Nahrath aus, dass Verteidiger und Gericht gleichrangige Organe der Rechtspflege sind. Während dieser Worte zog die Richterin Odersky den linken Mundwinkel hoch und lächelte geringschätzig. Das wurde von Rechtsanwältin Schneiders wahrgenommen. Sie informierte den Mandanten Wohlleben darüber, der zeigte sich befremdet. Eine solche Mimik in dieser Situation lässt nur den Schluss zu, dass die Richterin die Verteidiger nicht als gleichberechtigte Organe der Rechtspflege betrachtet. Das aber ist geltende Rechtsprechung. Das führt zur Besorgnis beim Angeklagten Wohlleben, dass die Richterin seinen Rechten mit Geringschätzung gegenübersteht. Das Recht auf Verteidigung ist das grundlegende Recht des Angeklagten. Sieht die Richterin die Verteidigung nicht als gleichberechtigt an, dann ist das Institut der Verteidigung in seinen Grundrechten beschädigt.

(Das Gericht zieht sich wiederum zurück und erscheint nach einer kurzen Pause wieder im Saal.)

Götzl Dann setzen wir fort.

Bundesanwalt Diemer Wir werden zu beiden Ablehnungsgesuchen schriftlich Stellung nehmen. Ich möchte aber schon jetzt in aller Öffentlichkeit sagen: Unmut ist, das hat meine dreißigjährige Erfahrung gezeigt, ein schlechter Ratgeber. Und um das handelt es sich hier: um eine prozessrechtlich verbrämte Unmutsäußerung der Verteidiger. Sie sind deshalb zurückzuweisen. Maßgebend für einen Befangenheitsantrag ist der Standpunkt eines vernünftigen Angeklagten und bei ruhiger Prüfung, so steht es im Kommentar. Es ist schlichtweg abwegig, eine Befangenheit des Vorsitzenden Richters anzunehmen. Er hat vollkommen zu Recht darauf hingewiesen, dass er derjenige ist, der das Wort erteilt. Das wissen wir seit 257 Tagen. Es kommt nicht darauf an, ob das Mikro von jemandem freigeschaltet ist. Wenn er energisch darauf hinweist, ist das legitim und richtig. Die

Vorfälle gestern sind etwas anderes, Herr Stahl, Sie grinsen zu Recht. Wenn Sie in spitzer Weise darauf hinweisen, dass das Gericht kein Interesse an der Wahrheitsfindung habe, dann ist das ungehörig. Der Vorsitzende Richter zeichnet sich durch vorbildliche Objektivität und größtmöglichen Willen und Interesse an der Aufklärung aus. Es ist nicht angängig, rhetorisch den Anschein zu erwecken, der Vorsitzende Richter könnte nicht interessiert sein. Und wenn flapsig zugespitzte Äußerungen wie das Wort »abgötzeln« aus der Presse herangezogen werden, dann fehlt es an Argumenten.

Verteidiger Stahl Ich sehe mich veranlasst klarzustellen: Ich habe am gestrigen Hauptverhandlungstag nicht und auch bislang nicht zum Ausdruck gebracht, dass ich glaube, dass der Senat oder Sie, Herr Vorsitzender, an der Wahrheitsfindung kein Interesse haben. Dagegen verwahre ich mich.

Anwalt Behnke Ich wollte mich den Worten von Dr. Diemer anschließen. Die Befangenheitsanträge sind ohne rechtlichen Belang, sie können nicht als Ersatz für eine sinnvolle Verteidigung herhalten. So kann man nicht wirksam verteidigen, immer irgendwelche Argumente an den Haaren herbeizuziehen, um den Prozess aufzuhalten oder ihm noch eine Wende zu geben. Was sollen die Opfer von so einem Befangenheitsantrag halten? Das ist ein Schlag ins Gesicht. Ich beantrage, beide Anträge zurückzuweisen. Kompliment gegenüber Herrn Richter Götzl.

Götzl Dann kommen wir zur Beantwortung der Fragen an die Angeklagte Beate Zschäpe. Sie wollten das vortragen, Herr Rechtsanwalt Borchert?

Verteidiger Borchert Ja. *(Er trägt nun die Antworten auf die Fragen des Gerichts im Namen seiner Mandantin Beate Zschäpe vor.)* Sehr geehrter Herr Vorsitzender Richter am Oberlandesgericht Götzl, nach Beratung mit meinen zwei Verteidigern, Herrn Rechtsanwalt Mathias Grasel und Herrn Rechtsanwalt Dr. Hermann Borchert, beantworte ich die von Ihnen am 15. Dezember 2015 gestellten Fragen wie folgt: *(Borchert zitiert jeweils die Frage des Richters, dann folgt die Antwort.)*

FRAGE 1 Sie sagten, Sie hätten Ihren Alkoholkonsum 2006 abgestellt. Wie häufig haben Sie zuvor Alkohol getrunken, in welcher Menge und welche Wirkung hatte der Alkohol auf Sie?

ANTWORT Entgegen der Fragestellung habe ich in meiner Einlassung nicht angegeben, dass ich meinen Alkoholkonsum im Jahr 2006 eingestellt hätte. Mit 15 Jahren begann ich unregelmäßig Sekt zu trinken. An den Wochenenden und an Abenden, wenn wir ab und zu Karten spielten, trank ich ungefähr zwei oder drei Gläser Sekt. Dies änderte sich, nachdem die Beziehung zu Uwe Böhnhardt beendet war. Bis zum Untertauchen im Jahr 1998 trank ich etwa jeden zweiten Tag eine Flasche Wein. Nach unserem Untertauchen hörte ich zunächst auf, Alkohol zu trinken. Erst nach unserem Umzug in die Polenzstraße in Zwickau begann ich wieder Wein und Sekt zu trinken, im Durchschnitt etwa jeden zweiten oder dritten Tag. Ich trank den Alkohol heimlich, weil sowohl Uwe Mundlos als auch Uwe Böhnhardt grundsätzlich gegen Alkohol eingestellt waren. Beide tranken grundsätzlich nur alkoholfreie Getränke, selten mal ein Bier, zum Beispiel im Urlaub beim Grillen. Ab Ende des Jahres 2006 begann ich regelmäßig Sekt zu trinken. Mein Konsum steigerte sich über die Jahre. Anfangs trank ich etwa eine Flasche pro Tag, zum Schluss zwei bis drei Flaschen über den Tag verteilt. Es gab aber zwischendurch auch Tage, an denen ich weniger oder gar keinen Alkohol getrunken habe. Ich trank den Sekt immer dann, wenn die beiden nicht zu Hause waren, weil sie nicht geduldet hätten, dass ich Alkohol trinke. Die leeren Flaschen hatte ich heimlich entsorgt.

Für mich waren die Tage nur mit dem Konsum von Sekt, den ich meist beim Aldi oder beim Penny gekauft hatte, erträglich. Wenn die beiden nicht anwesend, sondern für Tage unterwegs waren, trank ich so viel, dass ich angetrunken oder sogar betrunken war. Wenn beide anwesend waren, hatte ich in meinem Zimmer nur so viel getrunken, dass sie es nicht bemerkten. Es kam oft vor, dass jeder sich in seinem Zimmer aufhielt oder Sport machte, sodass man sich kaum über den Weg lief. Wenn beide unterwegs waren, kam es regelmäßig vor, dass ich betrunken war, so schlief ich zum Beispiel in meiner Kleidung ein. Während der Zeit in der Polenzstraße war ich regelmäßig etwa zweimal pro Woche angetrunken. Auch später in der Frühlingsstraße habe ich meine Trinkgewohnheiten fortgesetzt. Da dort jeder ein eigenes Zimmer hatte, das auch abschließbar war, war es für mich einfacher, dies vor den beiden zu verheimlichen.

Grundsätzlich kann man sagen, dass es sehr situationsabhängig war, wie viel Alkohol ich getrunken habe. Wenn ich alleine zu Hause war, trank ich mehr, ebenso wenn ich wieder von Straftaten der beiden erfahren hatte.

FRAGE 2 Haben Sie jemals Drogen konsumiert?

ANTWORT Nein, ich habe noch nie Drogen zu mir genommen.

FRAGE 3 Waren Sie in Ihrem Leben ernsthaft erkrankt und deswegen in ärztlicher Behandlung?

ANTWORT Ich war niemals ernsthaft erkrankt und deswegen in ärztlicher Behandlung. Ich hatte in meiner Jugend zwei gynäkologische Operationen. Während der Zeit in der Frühlingsstraße hatte ich einmal einen Fahrradunfall. Ich hatte mich deshalb jedoch nicht in ärztliche Behandlung begeben.

FRAGE 4 Sie haben eine Clique angesprochen, die sich in Ihrer Jugendzeit an einem Treffpunkt namens Schnecke in Jena traf. Wer gehörte zu der Clique dazu?

ANTWORT Mit Blick auf die Clique erinnere ich mich nur an die Vornamen: Falko, Mike, Corinna, Jens, Nicole. An weitere Namen kann ich mich nicht mehr erinnern. Natürlich war auch Uwe Mundlos dabei.

FRAGE 5 Welche Wohnung haben Sie nach der Wohnung in der Ernst-Zielinski-Straße 42 in Jena bewohnt?

ANTWORT Die Wohnung meiner Mutter war zwangsgeräumt worden und ich zog deshalb in die Wohnung der Eltern des Uwe Böhnhardt, soweit ich mich erinnere in der Richard-Zimmermann-Straße 11 in Jena. Danach habe ich ein paar Wochen bei meiner Oma gewohnt, anschließend in der Schomerusstraße, wo ich eine eigene Wohnung hatte.

FRAGE 6 Welche politische Einstellung hatte Uwe Böhnhardt? Wie war seine Einstellung zu Waffen und Gewalt?

ANTWORT Zum Zeitpunkt unseres Kennenlernens möchte ich die Einstellung des Uwe Böhnhardt wie folgt beschreiben: Er war dagegen, dass zu viele Ausländer in Deutschland leben und dadurch eine Überfremdung eintritt. Er war aber zum Beispiel auch gegen Linke und äußerte dies etwa mit dem Ausspruch »Rotfront verrecke«, an den ich mich in diesem Zusammenhang noch erinnere. In den ersten Jahren unseres Zusammenseins hatte er das »Dritte Reich« verherrlicht. Er verehrte jedoch nicht Hitler, sondern die Leistung der Soldaten im Zweiten Weltkrieg. Er leugnete auch nicht die Konzentrationslager, wohl aber deren Umfang und stellte dabei Vergleiche zu Glaubenskriegen und Vernichtung von Glaubensgegnern an, wobei er oft die Kreuzzüge als Beispiel nannte. Im Laufe der Jahre, insbesondere nachdem wir untergetaucht waren, wurden Gespräche politischer Art immer weniger. In den letzten Jahren haben wir praktisch gar nicht mehr über politische Themen oder über Ausländer gesprochen, wobei ich nicht unerwähnt lassen möchte, dass wir zum Essen oft Restaurants mit ausländischer Küche aufgesucht hatten.

Uwe Böhnhardt war ein Waffennarr. Wenn er irgendwelche Waffen sah, dann wollte er diese auch haben. Wenn er an einer Waffe kein Interesse mehr hatte, dann legte er sie irgendwo ab und besorgte sich neue. Ich habe nie mitbekommen, dass Uwe Böhnhardt mal eine Waffe entsorgt hätte. Er hat diese stattdessen bei Freunden, im Auto oder auch in meiner damaligen Wohnung an der Wand deponiert, da er diese nicht zu Hause in seinem Elternhaus aufbewahren durfte.

Uwe Böhnhardt war sehr reizbar und konnte regelrecht ausrasten. Ich habe zwar niemals gesehen, dass er eine andere Person zusammengeschlagen hätte, wohl aber, dass er sein Gegenüber während einer Diskussion gepackt und gewaltsam an die Wand gedrückt hatte. Wenn er sich »verarscht fühlte«, packte er sein Gegenüber und warf ihn auch zu Boden. Es war immer schnell klar, dass Uwe Böhnhardt es sehr ernst meinte, und der Streit war dann beendet, indem der andere nachgab. Es kam auch durchaus vor, dass Uwe Böhnhardt mir gegenüber handgreiflich geworden ist.

FRAGE 7 Welche politische Einstellung hatte Uwe Mundlos? Wie war seine Einstellung zu Waffen und Gewalt?

ANTWORT Uwe Mundlos hatte die gleiche politische Einstellung wie Uwe Böhnhardt. Uwe Mundlos war jedoch nicht so schnell gewaltbereit, wie ich es bei Uwe Böhnhardt beschrieben habe. Er ist nie in gleicher Art und Weise ausgerastet, wenn er provoziert wurde, weil ihm nicht so schnell die Argumente ausgingen wie Uwe Böhnhardt. Uwe Mundlos wurde stattdessen verbal beleidigend und zynisch. Uwe Mundlos hatte anfänglich nichts mit Waffen zu tun. Dies ergab sich erst später aufgrund seiner Freundschaft zu Uwe Böhnhardt, der wie zuvor beschrieben ein Waffennarr war. Waffen waren für Uwe Mundlos ein Mittel zum Zweck, beispielsweise als Druckmittel bei einem Raubüberfall. Er hatte später jederzeit eine Waffe bei sich – übrigens genauso wie Uwe Böhnhardt –, um sich auf jeden Fall einer Verhaftung entziehen zu können.

Dass er dazu bereit war, eine Schusswaffe gegen Menschen einzusetzen, ergibt sich bereits aus den angeklagten Taten. Ich hätte dies bei beiden nicht für möglich gehalten, bevor sie mir vom Mord an Enver Şimşek berichtet hatten. Vor diesem Geschehnis war immer nur die Rede davon, dass eine Waffe bei einem Raubüberfall als Druckmittel und zur Abschreckung dienen würde, wie ich bereits mit Blick auf den Überfall auf den Edeka-Markt am 18. Dezember 1998 berichtet hatte.

Im Übrigen belegen ihre brutalen und gefühlskalten Mordtaten, welche Einstellung Uwe Böhnhardt und Uwe Mundlos zu Waffen und Gewalt hatten. An dieser Stelle möchte ich nochmals betonen, dass ich deren Einstellung zu Waffen und Gewalt nicht geteilt habe und nach wie vor nicht teile – auch wenn ich damit einverstanden war, dass Raubüberfälle durchgeführt wurden, um an Geld zu gelangen. Die Gewaltanwendung, insbesondere die Mordtaten und Bombenanschläge, verurteile ich nach wie vor zutiefst.

FRAGE 8 Sie sagten, Sie hätten sich Uwe Böhnhardts Freunden immer stärker zugewandt. Wer waren diese Freunde?

ANTWORT Die Freunde des Uwe Böhnhardt waren Ralf Wohlleben, Holger Gerlach und André Kapke.

FRAGE 9 Wer waren die vier bis fünf Personen, aus denen die Kameradschaft Jena bestand?

ANTWORT Es waren Uwe Böhnhardt, Holger Gerlach, André Kapke, Ralf Wohlleben und Tom T. Uwe Mundlos und ich gehörten nicht dazu.

FRAGE 10 Wann stieß Tino Brandt zu der Gruppe?

ANTWORT Vermutlich am 10. September 1995 hatte ich Tino Brandt kennengelernt, das heißt, ich hatte mit ihm gesprochen. Ich meine mich deshalb an dieses Datum erinnern zu können, weil ich zu diesem Zeitpunkt die erste Hausdurchsuchung erleben musste. Nähere Angaben dazu, wann er genau zur Gruppe gestoßen ist, kann ich nach Ablauf von 20 Jahren nicht mehr machen.

FRAGE 11 Welche weiteren Gruppierungen koordinierte Tino Brandt?

ANTWORT Ich persönlich konnte Tino Brandt nicht leiden und hatte deshalb keinen engeren Kontakt zu ihm. Ich kann daher keine konkreten Gruppierungen benennen. Für mich war Tino Brandt damals eine zentrale Figur. Ich kann ihn nur so beschreiben, dass er »überall seine Finger im Spiel hatte«.

FRAGE 12 Was meinen Sie mit der Formulierung »unser Einsatz wurde intensiver«?

ANTWORT Mit der Formulierung »unser Einsatz wurde intensiver« meine ich zweierlei Dinge: Zum einen konnten wir vermehrt an Demonstrationen teilnehmen, weil uns Tino Brandt finanziell unterstützte, indem er beispielsweise das Benzingeld bezahlt hatte. Ich meine damit auch, dass unsere Aktivitäten häufiger wurden, wie zum Beispiel das Verteilen von Flugblättern und dergleichen. Tino Brandt stellte uns dafür entsprechendes Propagandamaterial zur Verfügung. Letztlich gipfelte dies dann im Zeitraum von April 1996 bis Dezember 1997 in Aktionen wie »Puppentorso« und »Briefbombenattrappe«.

FRAGE 13 Was meinen Sie mit der Formulierung »verfälschende Berichterstattung in der Presse«?

ANTWORT Damit meine ich, dass bei Ausschreitungen grundsätzlich nur über die rechte Szene geschrieben wurde und nie darüber, dass auch die linke Szene anwesend war und Gewalt angezettelt hatte. Bei Demonstrationen oder Ähnlichem wurden oft deutlich zu niedrige Teilnehmerzahlen angegeben und auch die Inhalte nicht korrekt wiedergegeben.

FRAGE 14 Zu der vor 1998 in Jena angemieteten Garage: Wer hatte einen Schlüssel zu dieser Garage?

ANTWORT Uwe Mundlos und Uwe Böhnhardt hatten jeweils einen Schlüssel zur Garage. Ich kann mich zwar nicht erinnern, aber ich persönlich muss ebenfalls Zugriff auf einen Schlüssel gehabt haben, sonst wäre ich am 26. Januar 1998 wohl nicht zur Garage gelaufen. Seit dem Anmieten der Garage war ich etwa drei bis vier Mal dort, jedoch – mit Ausnahme des 26. 01. 1998 – nie allein, sondern nur gemeinsam mit Uwe Böhnhardt. Dieser hatte jeweils die Garage geöffnet. Ob auch Uwe Mundlos mal mit mir bei der Garage war, weiß ich nicht mehr mit Sicherheit.

FRAGE 15 Auf welche Art und Weise haben Uwe Böhnhardt und Uwe Mundlos Ihnen deutlich zu verstehen gegeben, dass sie Ihnen in gewisser Weise misstraut haben? Was ist mit »in gewisser Weise« gemeint?

ANTWORT Uwe Böhnhardt hatte seine Erfahrungen und seine Einstellung zum Thema Gefängnis. Das Gefängnis war für ihn ein besonderes Thema, da er während seiner Inhaftierung dort massive körperliche Gewalt und sogar sexuellen

Missbrauch erlebt hatte. Er hatte mir direkt gesagt, dass er mich nicht einschätzen könne, wenn es um das Gefängnis ginge. Er sagte mir, er wisse nicht, wie ich reagieren würde, wenn ich eingesperrt sei. Er sagte mir, dass er mir zwar grundsätzlich vertraue, aber eben nicht zu einhundert Prozent für den Fall, dass ich eingesperrt würde. Er sagte mir, dass er nicht sicher sei, ob ich in diesem Fall nicht singen würde. Er sagte mir, dass er mich so einschätze, dass man mich psychisch mürbe machen könne. Als Beispiel nannte er in diesem Zusammenhang meine Angst, mich selbst aktiv an einem Raubüberfall zu beteiligen, wie es in einem gemeinsamen Gespräch Anfang Dezember 1998 besprochen worden war. Uwe Mundlos meinte, dass er der Polizei alles zutraue, selbst unlautere Vernehmungsmethoden. Deshalb könne er nicht hundertprozentig ausschließen, dass ich die beiden verraten würde, sollte ich verhaftet werden. Die Argumente waren also der Druck des Eingesperrtseins und die psychischen Vernehmungsmethoden der Polizei.

Dass die beiden sich bei einer Verhaftung sowieso umbringen würden und ihnen eh alles egal sei, war zu diesem Zeitpunkt noch kein Thema. Es war vielmehr noch vom Auswandern nach Südafrika die Rede.

Frage 16 Welche Vorstellungen hatten Mundlos und Böhnhardt von einer Auswanderung nach Südafrika?

Antwort Uwe Mundlos und Uwe Böhnhardt wollten Geld beschaffen und mit diesem Geld nach Südafrika auswandern. Sie wollten ein ganz normales, bürgerliches Leben in Südafrika aufbauen. Über Tino Brandt hatten sie Kontaktadressen in Südafrika erhalten. Ich wäre auf keinen Fall mitgegangen. Mit Südafrika verband ich eine fremde Sprache und ein für mich zu heißes Klima – ich hätte dort den Winter vermisst. Deshalb kam eine Auswanderung für mich nie infrage. Meine ablehnende Einstellung zum Auswandern nach Südafrika könnte übrigens auch ein Grund dafür gewesen sein, warum die beiden mir nicht zu einhundert Prozent vertrauten. Während der Diskussion über das Auswandern warf Uwe Mundlos mir einmal wörtlich vor: »Auf dich ist kein Verlass.« Ich widersprach heftig. Er sagte dann, dass er dies nicht so gemeint habe – überzeugend fand ich dies jedoch nicht.

Frage 17 Wie kam der Kontakt zu dem Rechtsanwalt Dr. Eisenecker zustande? Wie sah der Kontakt zu ihm aus? Wie erfolgte die telefonische Kontaktaufnahme seinerseits mit Ihnen?

Antwort Der Kontakt kam entweder über Ralf Wohlleben oder Carsten Schultze zustande. Ich weiß es heute nicht mehr genau. Carsten Schultze hatte mir die Vollmacht des Rechtsanwalts gegeben, die ich sodann unterschrieben hatte. Carsten Schultze und Ralf Wohlleben haben diese dann zu Rechtsanwalt Dr. Eisenecker gebracht.

Das Gespräch mit Rechtsanwalt Dr. Eisenecker kam auch deshalb zustande, da ich vorhatte, mich der Polizei zu stellen, wenn Uwe Böhnhardt und Uwe Mundlos tatsächlich nach Südafrika ausgewandert wären. Entweder Carsten Schultze oder Ralf Wohlleben hatten mir damals die Telefonnummer des Rechtsanwalts gegeben. Meiner Erinnerung nach hatte ich ihn zwei Mal angerufen und ich hatte ihn einmal getroffen, nicht jedoch in seiner Kanzlei, sondern in einer Gaststätte. Ich weiß heute nicht mehr, wo das genau war. Ich schließe aus, dass er mich angerufen hat. Ich hatte ihm mit Sicherheit keine Telefonnummer gegeben. Ich habe zwar keine genaue Erinnerung mehr, gehe aber davon aus, dass ich ihn angerufen hatte.

FRAGE 18 Was hat Mundlos im Dezember 2000 berichtet, das rund drei Monate zuvor passiert war?

ANTWORT Uwe Mundlos hatte mir berichtet, dass er und Uwe Böhnhardt im September einen Türken getötet hatten. Er erzählte, dass ihr Opfer ein Blumenhändler war, auf den sie beide geschossen hatten. Uwe Böhnhardt bestätigte, dass sie beide geschossen hatten. Meine schockierte Reaktion hierauf habe ich bereits in meiner Einlassung vom 9.12.2015 beschrieben. Ich fragte nicht nach Details – wie zum Beispiel danach, wie oft und wohin sie geschossen hatten, und kann daher zum Tathergang nichts Weiteres sagen. Auch die Tatsache, dass die beiden Enver Şimşek nach ihrer Tat auch noch fotografiert hatten, berichteten sie mir nicht.

FRAGE 19 Was haben Sie von Böhnhardt erfahren, was Mundlos mit der Äußerung meine, es sei »eh alles verkackt« und er wolle es »zum knallenden Abschluss bringen«?

ANTWORT Mit der Äußerung, es sei »eh alles verkackt« und er wolle es »zum knallenden Abschluss bringen« meinte Uwe Mundlos, dass für ihn eine Rückkehr ins bürgerliche Leben nicht mehr möglich war und dass er sich irgendwann erschießen würde. Uwe Mundlos sah für sich in beruflicher Hinsicht keine Perspektive mehr. Er wollte ursprünglich studieren, und dies war für ihn abgehakt. Der Ausspruch »eh alles verkackt« bezog sich also auf seine Einstellung zum bürgerlichen Leben und der »knallende Abschluss« auf seinen Suizid. Er verstand sein weiteres Leben so, dass er nichts mehr zu verlieren habe und dass er sich niemals verhaften lassen würde.

Uwe Mundlos war ein sehr freiheitsliebender Mensch, der sehr viel Zeit draußen mit Sport verbrachte. Wenn er im Winter aufgrund des Wetters mal drei Tage lang nicht nach draußen konnte, wurde er unausstehlich. Er brauchte diesen Ausgleich und war auch oft alleine stundenlang mit dem Fahrrad oder auch zu Fuß unterwegs, um sich sportlich zu betätigen. Auch im Urlaub legte er sehr viel Wert auf Sport, nämlich auf Surfen. Er war ein fanatischer Sportler. Deshalb war

Eingesperrtsein im Gefängnis für ihn eine Horrorvorstellung. Die gleiche Einstellung zum Gefängnis hatte übrigens auch Uwe Böhnhardt, der ebenfalls niemals dorthin zurückkehren wollte.

FRAGE 20 Können Sie die vorgetragenen Argumente näher ausführen: »Perspektivlosigkeit«, »Gefängnis«, »insgesamt bestehende Frustration«?

ANTWORT Diese Frage ist im Grunde schon größtenteils beantwortet. Mit Frustration meinten Uwe Mundlos und Uwe Böhnhardt, dass sie mit ihrem Leben nichts mehr anfangen konnten. Sie hatten weder eine berufliche noch eine familiäre Perspektive. Uwe Mundlos war auch darüber frustriert, dass sein Vater Professor war und dieser ihm in beruflicher Hinsicht alle Chancen hätte eröffnen können. Uwe Mundlos kannte sich sehr gut mit Computern aus und hätte auf diesem Gebiet sicherlich beruflich Karriere machen können. Dass dieser Weg nun verschlossen war, hat ihn wohl am meisten frustriert.

FRAGE 21 Wie sah die Pistole aus, die Mundlos und Böhnhardt Ihnen gezeigt hatten?

ANTWORT Die Pistole kann ich nicht mehr beschreiben. Es war eine Pistole, kein Revolver, und ich kann nicht einmal sagen, ob sie insgesamt schwarz war oder ob der Griff braun war. Auch anhand der Bilder in der Ermittlungsakte konnte ich die Waffe nicht wiedererkennen.

FRAGE 22 Worauf gründet Ihre Vermutung, dass am 28. Dezember 1998 eine andere Pistole verwendet wurde?

ANTWORT Die Vermutung meinerseits basiert darauf, dass ich mir einbilde, vor Augen zu haben, dass die am 28. Dezember 1998 verwendete Pistole etwas kleiner beziehungsweise kürzer war. Dies ist aber eine reine Vermutung und Spekulation. Wie ich schon dargelegt habe, kenne ich mich mit Pistolen nicht aus und die Vermutung könnte man auch als Bauchgefühl bezeichnen.

(Nach der Erklärung fragte Richter Götzl nach, ob es sich hier um einen Schreibfehler handelt. Borchert korrigierte das Datum auf den 18. Dezember 1998, an dem der Überfall auf den Edeka-Markt tatsächlich stattgefunden hatte.)

FRAGE 23 Woraus entnehmen Sie, dass Mundlos und Böhnhardt Ihnen zwar vertrauten, aber nicht zu 100 Prozent?

ANTWORT Diese Frage habe ich bereits unter Punkt 15 beantwortet.

FRAGE 24 Was sprachen Mundlos und Böhnhardt über Köln?

ANTWORT Details kann ich nicht schildern. Ich hatte nur ab und zu das Wort Köln verstanden. Ich hatte sie nie darauf angesprochen, ob sie in Köln etwas vorhatten.

FRAGE 25 Was veranlasste Sie, bei den beiden nachzufragen, ob sie etwas mit dem Bombenanschlag in der Probsteigasse zu tun hätten?

ANTWORT Ich hatte in der Zeitung von dem Bombenanschlag in Köln gelesen. Ich kann nicht mehr sagen, welche Zeitung es war. Nachdem ich Wochen zuvor mitbekommen hatte, dass sie über Köln sprachen, lag es für mich nahe, sie danach zu fragen. Einen anderen Grund gab es damals nicht.

FRAGE 26 Was bedeutet, die beiden seien »arbeitsteilig tätig gewesen«?

ANTWORT Die beiden erzählten mir, dass sie die Bombe gemeinsam gebaut hätten. Das meinte ich mit dem Wort arbeitsteilig. Wer genau was an der Bombe gemacht hatte, weiß ich nicht. Details hierzu nannten sie mir nicht und ich fragte sie auch nicht danach.

FRAGE 27 Sie sagten, Sie hätten »resigniert«. Was meinen Sie damit?

ANTWORT Ich meine damit, dass ich mit meiner Meinung nicht durchgekommen bin. Ich sah keine Möglichkeit, sie von ihrem weiteren Tun abzuhalten. Sie ließen sich von mir nicht beeinflussen und sie ließen sich auch nichts von mir sagen. Ich war machtlos und fühlte mich wie betäubt.

FRAGE 28 Welche »inhaltlosen Floskeln« wurden von den beiden auf die Fragen nach dem Warum verwendet?

ANTWORT Diese Frage kann ich nicht beantworten, weshalb ich in meiner Stellungnahme von inhaltslosen Floskeln gesprochen hatte. Ich kann mich an den Wortlaut nicht mehr erinnern. Ich weiß nur, dass sie für mich in keinster Weise überzeugend und auch nicht nachvollziehbar waren.

FRAGE 29 Wie äußerten sich die beiden in ausländerfeindlicher Richtung?

ANTWORT Ich erinnere mich noch daran, dass die beiden bei ihrem Bericht nicht einfach von einem Türken gesprochen haben, sondern sie benutzten abwertende Worte wie »Kanake« oder »Dreckstürke«. Bis zu ihrem Bericht vom Tod des Enver Şimşek hatte ich es nicht für möglich gehalten, dass die beiden einen Menschen töten könnten. Ich hatte ihre Taten als inakzeptabel verurteilt, was ich schon ausführlich dargelegt habe.

FRAGE 30 Wie war der Inhalt der Hetzlieder, wie sie einst an der »Schnecke« gegrölt wurden?

ANTWORT An die konkreten Inhalte der Lieder habe ich keine Erinnerung mehr. Immerhin ist das bereits circa 25 Jahre her. Ich erinnere mich nur noch daran, dass wir einen Kassettenrekorder dabeihatten und beispielsweise Lieder der Gruppen »Böhse Onkelz«, »Kraftschlag«, »Macht und Ehre« und von Frank Rennicke gehört haben. Nachdem ich Uwe Böhnhardt kennengelernt hatte, wurden vermehrt solche Lieder gehört. Diese hatte damals Holger Gerlach besorgt. Ich habe damals diese Lieder mitgesungen. Ich sehe jedoch einen großen Unterschied zwischen dem Singen rechter Lieder im damals jugendlichen Alter einerseits und dem Töten von Ausländern andererseits.

Nachdem wir in die Wohnung in der Heisenbergstraße in Zwickau gezogen waren, kann ich mich nicht erinnern, dass wir uns noch derartige Lieder angehört hätten.

FRAGE 31 Was meinen Sie mit der Formulierung: »die beiden brauchten mich nicht, ich brauchte sie«?

ANTWORT Diese Abhängigkeit von den beiden meine ich sowohl finanziell als auch emotional. Mit der finanziellen Abhängigkeit meine ich, dass ich das für das tägliche Leben notwendige Geld mittels eines Raubüberfalls selbst nicht hätte besorgen können. Ich brauchte sie also für mein tägliches Leben. Sie hingegen brauchten mich weder für die Planung noch für die Durchführung ihrer Straftaten – das gilt sowohl für die Raubüberfälle als auch für die Morde und Bombenanschläge.

Beide waren nicht nur dann unterwegs, wenn sie die Straftaten planten und durchführten, die Gegenstand der Anklage sind. Darüber hinaus waren beide in der Zeit zwischen 1999 und 2007 jährlich mindestens drei bis sechs Mal für jeweils ein bis zwei Wochen unterwegs, wobei sie mich nicht darüber informierten, was sie genau machten. Sie hatten mich nur informiert, ob sie mit dem Zug fahren und ihre Fahrräder und Zelte mitnehmen oder ob sie ein Auto anmieten. Noch viel mehr als finanziell war ich in emotionaler Hinsicht von Uwe Mundlos und Uwe Böhnhardt abhängig. Durch das Untertauchen riss der Kontakt zu meiner Familie ab und mein Leben änderte sich von einem Tag auf den anderen um 180 Grad. Mein bisheriges Leben existierte ab diesem Zeitpunkt nicht mehr und ich lebte isoliert. Uwe Mundlos und Uwe Böhnhardt wurden zu meiner Ersatzfamilie. Sie waren ab diesem Zeitpunkt meine einzigen emotionalen Bezugspersonen. Ich konnte mein Wissen bezüglich der Taten mit niemandem teilen. Niemand würde mir glauben, dass ich an den Morden und Sprengstoffanschlägen der beiden nicht beteiligt war. Mit zunehmendem Entdeckungsrisiko stieg zudem die Gefahr, dass sich die beiden umbringen. Aus diesem Dilemma fand ich über all die Jahre hinweg keinen Ausweg. Rückblickend hätte ich bereits zum Zeitpunkt des Untertauchens eine grundlegend andere Entscheidung treffen und mich stattdessen der Polizei stellen müssen.

Den Argumenten der Bundesanwaltschaft, ich sei Kassenwart und sowohl für die Abtarnung zuständig als auch für den Erhalt eines Rückzuggebietes verantwortlich gewesen, bin ich bereits in meiner Stellungnahme vom 9.12.2015 entgegengetreten.

FRAGE 32 Sie schildern ein Gespräch. Was heißt es, dass Sie stundenlang auf beide eingeredet hätten? Können Sie Einzelheiten schildern?

ANTWORT Mit stundenlang meine ich nicht, dass ich ununterbrochen eine Stunde oder Stunden geredet hätte. Ich meine damit, dass es mir vorkam wie stundenlang, als ich versucht hatte, die beiden davon abzubringen, erneut jemanden zu töten. Es gab Unterbrechungen, bevor ich das Thema erneut ansprach. Auf mein Einreden wurden mir Sprüche entgegengehalten wie: »Einer mehr macht auch nichts mehr« oder »Ein Ali weniger«. Meine Widersprüche wurden mit abwertenden Handbewegungen abgetan und ich habe dann irgendwann aufgegeben, Gegenargumente vorzutragen, dass ihr Handeln unmenschlich sei und zu nichts führe. Das Wort »stundenlang« ist hier also sinnbildlich zu verstehen.

FRAGE 33 Nach dem Mord von Heilbronn sagten die beiden, sie hätten die Polizisten überfallen, um an ihre Waffen zu kommen. Sie sagten, Sie hätten sie gefragt, warum sie die Waffen nicht in einem Waffengeschäft geraubt haben. Darauf seien nur Ausflüchte gekommen. Was bezeichnen Sie als »Ausflüchte« der beiden?

ANTWORT Sie behaupteten allen Ernstes, dass es einfacher sei, einen nichts ahnenden Polizisten zu überfallen als einen Waffenhändler. Für mich war das eine unglaubliche Ausrede. Ich glaube, dass die beiden mich angelogen haben, was ihre wahren Motive gewesen sind, und tatsächlich etwas anderes dahintersteckte. Für mich war die Tat unfassbar, und das Thema wurde bis zu ihrem Tod nicht mehr angesprochen.

FRAGE 34 Welche Beweise konkret hatten Mundlos und Böhnhardt in Hinblick auf die Vernichtung angesprochen?

ANTWORT Sowohl Uwe Mundlos als auch Uwe Böhnhardt sprachen die Beweise, die zu vernichten wären, nicht konkret an. Es ging ihnen um zwei Punkte: beide wollten nicht, dass bekannt wird, wie wir in den letzten Jahren gelebt hatten. Beide wollten des Weiteren nicht, dass bekannt wird, dass wir von André Eminger, Volker Henck, Matthias Dienelt, Max-Florian B., Gunter F., Carsten R. und Mandy Struck unterstützt wurden, worauf ich unter Frage 42 noch näher eingehen werde.

Es ging nicht darum, Beweise zu vernichten, die ihre Straftaten offenlegen würden – die DVDs, die ich verschicken sollte, belegen auch das Gegenteil.

FRAGE 35 Wer war bei der Abholung des Wohnmobils am 25. Oktober 2011 dabei, wer fuhr nach Leipzig und was war der Zweck der Fahrt?

ANTWORT Am 25. Oktober 2011 waren Uwe Böhnhardt, Susann Eminger, ihr Sohn und ich dabei. Der Zweck der Fahrt war der Besuch des André Eminger, der sich in Leipzig im Krankenhaus befand. André Eminger war während der Montage einer Solaranlage vom Dach eines Hauses gefallen und hatte sich dabei erheblich verletzt, weshalb er im Krankenhaus behandelt wurde.

FRAGE 36 Über welchen Radiosender haben Sie am 4. November 2011 erfahren, dass ein Wohnmobil entdeckt worden ist?

ANTWORT Ich weiß nicht mehr, welchen Radiosender ich am 4. November 2011 gehört hatte. Ich hatte grundsätzlich nie den gleichen Sender gehört, sondern jeweils den Sender gewählt, welcher die Musik brachte, die mir gefiel. Am 4. November 2011 hatte ich gezielt Nachrichten gehört, weil die beiden längst hätten zurück sein sollen und ich Angstgefühle hatte. Ich konnte mich des Gefühls nicht erwehren, dass etwas passiert und das eingetreten war, vor dem ich mich seit unserem Untertauchen immer gefürchtet hatte, nämlich dass die beiden nicht zurückkommen. Bei welchem Nachrichtensender ich damals die Nachricht gehört hatte, weiß ich heute nicht mehr.

FRAGE 37 Aufgrund welcher Umstände waren Sie sich sofort sicher, dass das Wohnmobil die beiden betraf und sie sich getötet hatten?

ANTWORT Die Nachricht im Radio war für mich so eindeutig, dass ich nicht den geringsten Zweifel hatte und absolut sicher war, dass es die beiden betraf. Wie gesagt, sie hätten längst zurück sein sollen und bei der Nachricht ging es um ein Wohnmobil. Es war entweder von Schüssen oder von einem Brand die Rede – genau weiß ich das heute nicht mehr. Die Nachricht hat mich jedenfalls absolut sicher gemacht.

FRAGE 38 Wie war der 4. November 2011 bis dahin verlaufen?

ANTWORT Am Abend des 3. November 2011 hatte ich bereits ziemlich viel Sekt getrunken und mich betrunken gefühlt, als ich zu Bett ging. An diesem Abend hatte ich schon das Gefühl, dass etwas nicht stimmte, weil die beiden noch nicht zurück waren. Ich hatte deshalb auch die ganze Nacht kaum geschlafen. Am Vormittag des 4. November 2011 hatte ich etwa eine Flasche Sekt getrunken. Ich war unruhig und kann nicht mehr sagen, was ich alles an dem Vormittag gemacht hatte. Ich war jedoch mit Sicherheit am Computer gesessen und habe Radio gehört, insbesondere die Nachrichten. Mehr ist eigentlich an dem ganzen Vormittag nicht passiert.

FRAGE 39 Hatten Sie an dem Tag telefonischen Kontakt zu Mundlos und Böhnhardt?

ANTWORT Am 4. November 2011 hatte ich keinerlei telefonischen Kontakt zu Uwe Mundlos und Uwe Böhnhardt. Die beiden sagten mir, dass ich sie nicht anrufen solle, wenn sie unterwegs waren.

FRAGE 40 Wie kommen Sie zur Aussage, dass sich Uwe Böhnhardt niemals einer anderen Person untergeordnet hätte?

ANTWORT Ich kannte Uwe Böhnhardt seit meinem 19. Geburtstag. Er hat immer das gemacht und nur das, was er wollte. Er hat sich während unserer gesamten Zeit niemals einer anderen Person untergeordnet, auch nicht Uwe Mundlos und erst recht nicht mir.

FRAGE 41 Sie bezeichnen Holger Gerlach als spielsüchtig. Welche Einzelheiten sind Ihnen dazu bekannt?

ANTWORT Ich hatte wiederholt beobachtet, dass er an mehreren Glückspielautomaten gleichzeitig spielte, wenn wir uns in einem Lokal aufhielten. Wenn wir in Gaststätten waren, so ist er meistens an Automaten gegangen und hat daran so lange gespielt, bis er kein Geld mehr hatte. Er war deshalb oft darüber frustriert, wie viel Geld er verloren hatte. Solange ich ihn kenne, hatte er immer mit Spielautomaten zu tun. Für mich spielte er nicht, weil er Spaß am Spiel hatte, sondern weil er einfach spielen musste.

FRAGE 42 Wurden Sie nach dem Untertauchen 1998 außer von Thomas Starke und Thomas Rothe von weiteren Personen unterstützt? Von wem, wann und auf welche Art und Weise?

ANTWORT Uwe Mundlos, Uwe Böhnhardt und ich wurden nach dem Untertauchen 1998 noch von André Eminger, Volker Henck und Matthias Dienelt, Max-Florian B., Gunter Frank F., Carsten R. und Mandy Struck unterstützt.

Zu André Eminger: Er hatte für uns die Wohnung in der Wolgograder Allee in Chemnitz angemietet. Wir hatten ihn zu der Zeit kennengelernt, als wir in der Limbacherstraße in Chemnitz gewohnt hatten. Wir trafen uns etwa ein bis zwei Mal pro Monat, wobei er uns beim Einkaufen geholfen hatte. Nach der Geburt seines ersten Sohnes im Jahre 2001 war der Kontakt nur noch sporadisch, etwa alle paar Monate einmal. Erst nach der Geburt des zweiten Kindes im Jahr 2006 wurde der Kontakt regelmäßiger. Wir trafen uns etwa zwei bis drei Mal im Monat, was daran lag, dass ich mich mit seiner Frau Susann Eminger angefreundet hatte. Ich hatte sie meistens in ihrer Wohnung besucht, ab und zu kam sie auch zu uns, zunächst in die Polenzstraße in Zwickau und ab 2008 in die Frühlingsstraße. In den Sommermonaten war der Kontakt regelmäßiger als im Winter, weil ich dann die Möglichkeit hatte, mit dem Fahrrad zu ihr zu fahren. Außerdem besorgte André Eminger zwei Bahncards, worauf ich unter Frage 53 noch eingehen werde.

Außerdem war André Eminger mit mir am 11.1.2007 bei der Polizei in Zwickau, als ich dort unter dem Namen Susann Eminger eine Zeugenaussage bezüglich des Wasserschadens in der Polenzstraße gemacht hatte. Er hatte mir zu diesem Zweck den Ausweis seiner Ehefrau mitgebracht, mit dem ich mich dann bei der Polizei ausgewiesen hatte.

Auch eine Krankenkassenkarte hatte André Eminger uns zur Verfügung gestellt. Sowohl Uwe Mundlos als auch Uwe Böhnhardt hatten beide diese Karte verwendet.

Letztmals hatte mir André Eminger am 4.11.2011 geholfen. Ich hatte ihn angerufen und darum gebeten, ob er mir Kleidung von Susann geben könne, weil ich total nach Benzin stinken würde. Er holte mich circa zehn bis fünfzehn Gehminuten von der Frühlingsstraße entfernt ab und wir fuhren zu ihm nach Hause, wo er mir die Kleidung gab, welche ich noch bei meiner Verhaftung trug.

Volker Henck: Mit ihm hatten wir, Uwe Mundlos, Uwe Böhnhardt und ich, uns unmittelbar am Tag des Untertauchens, wie bereits vorgetragen, getroffen. Er gab uns seinen Ausweis, einen Rucksack und einen Schlafsack. An dieser Stelle möchte ich noch einmal darauf eingehen, dass ich der Meinung war und eigentlich nach wie vor bin, dass das Treffen in der Wohnung seiner Eltern stattfand. Wenn die Wohnung nicht mehr bestand, so habe ich mich offensichtlich insoweit geirrt. Auch bei langem Nachdenken fällt mir nicht ein, welche Wohnung es ansonsten gewesen war. Ich bin mir aber sicher, dass wir uns in einer Wohnung getroffen hatten. Nach diesem Treffen in der Wohnung hatten wir keinen Kontakt mehr zu ihm.

Matthias Dienelt: Er hatte für uns die Wohnungen in der Polenzstraße und in der Frühlingsstraße angemietet. Der Kontakt zu ihm kam damals über André Eminger zustande.

Max-Florian B.: Er ließ uns in seiner Wohnung in der Limbacherstraße wohnen. Außerdem stellte er einen Reisepass für Uwe Mundlos zur Verfügung. Der Reisepass lautete auf den Namen des Herrn B., trug aber das Bild des Uwe Mundlos. Zudem eröffnete er extra ein Konto, über das wir verfügen konnten und beispielsweise die Mietzahlungen abwickelten. Unsere spätere Wohnung in der Heisenbergstraße wurde unter Vorlage des oben erwähnten Reisepasses angemietet.

Gunter Frank F.: Er stellte einen Reisepass für Uwe Böhnhardt zur Verfügung. Der Reisepass lautete auf den Namen des Herrn F., trug aber das Bild des Uwe Böhnhardt. Der Reisepass war für eine Auswanderung nach Südafrika gedacht.

Carsten R.: Er war es, der die Wohnung in der Altchemnitzerstraße für uns angemietet hatte.

Mandy Struck: Sie hatte mir ihre Krankenkassenkarte zur Verfügung gestellt, die ich auch benutzt hatte.

FRAGE 43 Welche Rolle hatte André Kapke im Kontakt zu Ihnen, Mundlos und Böhnhardt?

ANTWORT André Kapke war vor unserem Untertauchen ein guter Freund. Als ich Uwe Böhnhardt kennenlernte, war er bereits Mitglied der gemeinsamen Gruppe, die ich unter Frage 8 schon beschrieben habe.

Er hatte sich, so habe ich ihn in Erinnerung, immer gerne wichtiggemacht und pflegte den Kontakt zu Tino Brandt. Ich erinnere mich, dass er uns einmal in der Limbacherstraße besucht hatte – an weitere Besuche kann ich mich nicht erinnern.

André Kapke hatte die Pogromly-Spiele verkauft, worauf ich unter Punkt 47 eingehen werde. Es war noch im Jahr 1998, als wir erfuhren, dass er den Erlös aus dem Verkauf der Spiele behalten hatte. Nach der Übergabe der Spiele zum Verkauf gab es keinen Kontakt mehr zu ihm.

FRAGE 44 Hatten Sie Kontakt zu Susann Eminger? Wann, wie häufig, auf welche Art und Weise?

ANTWORT Susann Eminger hatte ich 2006 kennengelernt. Seit dieser Zeit hatten wir oft Kontakt, sie war meine Freundin. Wie bereits geschildert, hatte ich sie oft besucht. Im Sommer sahen wir uns öfter – ich schätze circa drei bis vier Mal monatlich –, weil ich sie mit dem Fahrrad besuchen konnte, im Winter entsprechend weniger. Wenn wir uns im Winter zwei, drei Wochen nicht gesehen hatten, telefonierten wir miteinander. Wir waren zum Beispiel auch mal gemeinsam im Kino oder bei der Komikerin Cindy aus Marzahn. Wir trafen uns beim Griechen in der Frühlingsstraße zum Essen und haben oft etwas mit ihren Kindern unternommen. Ich würde sagen, dass bei 95 Prozent unserer Treffen die Kinder dabei waren, wobei wir dann meistens auf den Spielplatz gingen. Diese Treffen mit den Kindern taten mir gut, weil ich selbst keine eigenen Kinder bekommen kann.

FRAGE 45 Was wissen Sie über die Herkunft der Waffen in der Wohnung in der Frühlingsstraße?

ANTWORT Wie bereits dargelegt, hatte ich nicht eine einzige Waffe besorgt. Deshalb weiß ich nur wenige Details, die mir Uwe Mundlos und Uwe Böhnhardt mitgeteilt hatten.

Heute weiß ich, dass mir Uwe Mundlos und Uwe Böhnhardt eine Vielzahl an Waffen nicht gezeigt und auch nicht davon berichtet hatten, die später im Brandschutt der Frühlingsstraße beziehungsweise im Wohnmobil gefunden wurden. Deshalb will ich nicht ausschließen, dass die beiden zum Zeitpunkt des ersten Raubüberfalls im Dezember 1998 bereits mehr als eine Waffe hatten.

Anfang November 2011 hatte ich etwa ein Dutzend Waffen in der Wohnung vermutet und war bei Durchsicht der Akten überrascht, um wie viele Waffen mehr es sich tatsächlich handelte. Da jeder von uns ein eigenes abschließbares Zimmer hatte, konnten die beiden die Waffen leicht vor mir verstecken. Ich hatte auch in ihrer Abwesenheit niemals die Schubladen oder Schränke in ihren Zimmern nach Waffen oder anderem durchsucht. Jeder hatte seine Privatsphäre, und diese wurde gegenseitig respektiert.

Wir hatten uns einmal mit Carsten Schultze in einem Café in einem Kaufhaus getroffen. Ich war jedoch nicht die ganze Zeit über anwesend. Während meiner Anwesenheit wurde dort keine Waffe übergeben. Erst im Rahmen des Prozesses habe ich erfahren, dass die Waffe im Anschluss an dieses Treffen in einem Abrisshaus übergeben worden sein soll. Beschreiben kann ich diese Waffe daher nicht.

Eine Waffe, an die ich eine Erinnerung habe, ist diejenige, die Holger Gerlach den beiden gebracht hatte. Bei dieser Übergabe war ich nicht dabei. Ich kann

nicht sagen, um welche Waffe es sich handelte. Ich weiß es nur aus den Erzählungen der beiden. Außerdem habe ich von Uwe Böhnhardt erfahren, dass eine weitere Pistole über Jan Werner geliefert worden sei. Ich meine mich daran zu erinnern, dass in diesem Zusammenhang auch von einem Schalldämpfer die Rede war. Beschwören kann ich dies aber heute nicht mehr.
Des Weiteren habe ich noch in Erinnerung, dass mir Uwe Mundlos im Jahr 2002 oder 2003 erzählt hatte, dass er eine Pumpgun bei einem »Hermann« in einem Spieleladen in Zwickau besorgt hatte. Heute weiß ich nach Durchsicht der Akte, dass es sich dabei um Hermann S. aus Zwickau handeln muss. Von mir darauf angesprochen, was er mit einer Pumpgun wolle, erzählte mir Uwe Mundlos, dass mit einer Pumpgun bei einem Raubüberfall mehr Eindruck geschunden werden könne. Ich weiß nicht, wo Uwe Mundlos diese Pumpgun in der Wohnung versteckt hatte. Ich habe sie in der Wohnung niemals gesehen.
In Bezug auf sonstige Waffen, die ich in der Wohnung gesehen hatte, kann ich keine konkreten Angaben machen. Ich hatte nicht nachgefragt, woher sie diese jeweils hatten, und ich konnte diese auch nicht unterscheiden. Ich kann daher nichts weiter über die Herkunft dieser Waffen sagen.

FRAGE 46 Wo haben Sie sich nach dem Inbrandsetzen der Wohnung im Einzelnen aufgehalten? Waren Sie in Eisenach?

ANTWORT Nein, ich war nicht in Eisenach. Ich bin vom 4.11. bis 8.11.2011 mit der Bahn quer durch Mittel- und Norddeutschland gefahren. Zunächst war ich in Glauchau und sodann in Chemnitz. Von dort rief ich die Eltern des Uwe Mundlos und des Uwe Böhnhardt an. Anschließend bin ich nach Leipzig gefahren, von dort nach Hannover, Gera und so weiter.
Während meiner Reise war ich eigentlich immer nur an den Hauptbahnhöfen oder in unmittelbarer Nähe. Es gab nur eine Ausnahme, und das war in Halle. Dort hatte ich mich in der Stadt einige Stunden aufgehalten. In Bremen war ich in einem Internetcafé am Bahnhof und habe dort Nachrichten recherchiert. Über Halle bin ich letztendlich in Jena gelandet, wo ich auf Anwaltssuche ging. Während dieser vier Tage hatte ich so gut wie nicht geschlafen und bin eigentlich kopflos von Bahnhof zu Bahnhof gefahren.

FRAGE 47 Was wissen Sie über Herstellung und Vertrieb des Spiels Pogromly?

ANTWORT Uwe Mundlos hatte dieses Spiel schon vor unserem Untertauchen erfunden, entwickelt und hergestellt. Er hatte dies alles in Eigenregie gemacht. Ich glaube, es gab zunächst nur ein einziges Spiel, das innerhalb unseres Freundeskreises hin und her gereicht wurde. Nach dem Untertauchen fertigten wir etwa zwanzig Exemplare dieses Spieles an, um damit Geld zu verdienen. Ich betone, dass Geld verdienen der einzige Grund war, dieses Spiel zu vertreiben. Uwe Mundlos, Uwe Böhnhardt und ich hatten die Spiele gemeinsam in der Wohnung in der Limbacherstraße hergestellt. André Kapke sollte sich um den Verkauf der Spiele kümmern und hat die Spiele zu diesem Zweck erhalten. Dabei war uns egal, an wen André Kapke die Spiele verkaufte. Das Geld aus dem Verkauf hatte er uns jedoch nicht übergeben. Uwe Böhnhardt war deswegen extrem sauer auf ihn, bezeichnete ihn als »Kameradenschwein« und hätte ihn nach seinen Worten krankenhausreif geschlagen, wenn er ihn erwischt hätte.

FRAGE 48 Haben Sie Informationen zu einem Anschlag in Nürnberg, bei dem eine Taschenlampe Verwendung gefunden hat?

ANTWORT In Bezug auf den Anschlag in Nürnberg habe ich keine Informationen.

FRAGE 49 Haben Sie zum Heilbronner Mord Informationen zur Auswahl der Polizeibeamten als Opfer?

ANTWORT Ich kann keine Ausführungen zur Auswahl der Polizeibeamten machen. Uwe Mundlos und Uwe Böhnhardt hatten mir so berichtet, wie ich es in meiner Einlassung vom 9.12.2015 bereits dargelegt habe.

FRAGE 50 Wie beschreiben Sie Persönlichkeit und Verhalten von Mundlos und Böhnhardt Ihnen und Dritten gegenüber?

ANTWORT Diese Frage ist in überschaubarem Umfang nicht zu beantworten. Uwe Mundlos kenne ich seit 1989/1990, Uwe Böhnhardt seit 1994. Unsere Unternehmungen bis zum 26.1.1998 waren von anderen Einflüssen geprägt als während unseres dreizehnjährigen Zusammenlebens. Die vielfältigen Lebenssituationen während der langen Zeit lassen nur schwerlich eine Beschreibung ihrer Persönlichkeit und ihres Verhaltens zu. Nur anhand konkreter Lebensumstände wäre ein Versuch der Beschreibung möglich, wobei ich jedoch meine, in psychologischer Hinsicht überfordert zu sein, diese Fragen sachgerecht zu beantworten.

Wir befanden uns oft in Extremsituationen, womit ich die Situationen nach den Straftaten – insbesondere nach den Morden – meine. Eine Beschreibung ihres Verhaltens zu diesen Zeitpunkten ist natürlich eine völlig andere, als wenn wir unser alltägliches Leben geführt hatten. Hier möchte ich beispielsweise die vier Jahre in der Frühlingsstraße aufgreifen, in denen keine Straftaten passiert sind. Außer in den Urlauben war unsere Zeit stets von Anspannung geprägt. Wenn wir uns in der Wohnung befanden und es an der Türe klingelte, so war es stets ich, die zur Tür gehen und nachschauen musste, wer geklingelt hatte. Für den Extremfall, dass nämlich die Polizei vor der Tür steht, hätten die beiden sich auf der Stelle erschossen. Vor diesem Hintergrund die Persönlichkeit und das Verhalten der beiden zu beschreiben, ist für mich nahezu unmöglich.

Die Schwierigkeit, die Persönlichkeit von Uwe Mundlos und Uwe Böhnhardt zu beschreiben, liegt in den Extremen, dass sie einerseits äußerst brutal waren – was angesichts ihrer Taten keiner näheren Beschreibung bedarf – andererseits auch liebevoll und zuvorkommend sein konnten, sowohl mir als auch den Katzen gegenüber. Diese guten Seiten des Uwe Böhnhardt waren der Grund, weshalb ich ihn geliebt hatte. Heute erkenne ich, dass ich seine schlechten Seiten verdrängt oder ignoriert hatte.

Vom Senat auf bestimmte Lebensumstände angesprochen, würde ich versuchen, eine weitergehende Beschreibung der Persönlichkeit und des Verhaltens abzugeben – was ich nicht schon in meiner Einlassung vom 9.12.2015 versucht habe.

FRAGE 51 Wie war das persönliche Verhältnis unter Ihnen dreien?

ANTWORT Das Verhältnis zwischen Uwe Böhnhardt und Uwe Mundlos würde ich so beschreiben, dass sie sehr, sehr gute Freunde waren, die sich blind vertrauten und aufeinander verlassen haben. Mein Verhältnis zu Uwe Mundlos würde ich so beschreiben, wie es zwischen Bruder und Schwester bestehen könnte, das heißt mehr als nur freundschaftlich. Das Verhältnis zu Uwe Böhnhardt beschreibe ich so, dass ich ihn geliebt habe.

FRAGE 52Hatten Sie nach Ihrer Flucht Kontakt zur Familie Böhnhardt? Kam es zu Treffen?

ANTWORT Es gab mit der Familie Böhnhardt insgesamt drei Treffen. Das erste war im Frühjahr 1999, das zweite im Jahr 2000 und das dritte schließlich im Jahr 2002. Die Mutter des Uwe Böhnhardt hat dazu bereits als Zeugin ausgesagt und ihre Angaben sind richtig.

FRAGE 53 Hatten Sie Bahncards? Wofür benötigten Sie diese?

ANTWORT Ab Sommer 2009 bis zu meiner Festnahme im November 2011 hatte ich immer eine Bahncard. Die Bahncards, die ein Foto von mir enthielten, hatte ich zum Fahren mit der Bahn benutzt und sie sollten auch dazu dienen, mich auszuweisen, sollte ich in eine Kontrolle geraten. Ich hatte mir gedacht, dass bei einer Kontrolle auf die Vorlage eines Personalausweises verzichtet wird, wenn ich diese Bahnkarte mit meinem Foto vorzeige. Meine Bahncard lautete auf Susann Eminger. Ich hatte diese über André Eminger erhalten. Eine zweite Bahncard lautete auf seinen Namen und wurde von Uwe Mundlos beziehungsweise Uwe Böhnhardt genutzt.

FRAGE 54 Mit welchen Namen haben Sie sich untereinander angesprochen?

ANTWORT Wir hatten uns so angesprochen, wie wir es auch im Urlaub immer machten. Uwe Mundlos und Uwe Böhnhardt sagten zu mir Liese oder Lieschen. Uwe Mundlos wurde Max und Uwe Böhnhardt wurde Gerry genannt.

Wie bereits in meiner Einlassung vom 9.12.2015 dargelegt, möchte ich die Fragen der Bundesanwaltschaft nicht beantworten. Gleiches gilt nach wie vor für Fragen der Nebenkläger und deren anwaltlichen Vertreter.

Götzl *(zu Zschäpe)* Sind das Ihre Antworten?

(Die Angeklagte Zschäpe nickt.)

Tag 258

2. Februar 2016

Manfred Götzl, Richter. **Hermann Borchert, Mathias Grasel,** Verteidiger von Beate Zschäpe. **Olaf Klemke,** Verteidiger von Ralf Wohlleben.

(Am Wochenende hat der neue Verteidiger von Beate Zschäpe, Mathias Grasel, einen Befangenheitsantrag seiner Mandantin gegen den Vorsitzenden Richter Manfred Götzl gestellt. Es geht wieder um das zerrüttete Vertrauensverhältnis zwischen Zschäpe und ihren drei bisherigen Verteidigern Heer, Stahl und Sturm, die sie loswerden will. Zschäpe wirft dem Richter vor, ein Vertrauensverhältnis festzustellen, wo keines sei. Seine Schlussfolgerung sei »nahezu willkürlich«. Heer, Stahl und Sturm seien »in keiner Weise in das aktuelle Verteidigungskonzept integriert«. Zudem mache Götzl der Angeklagten zum Vorwurf, dass sie sich der Kommunikation mit ihren drei bisherigen Anwälten verschließe. Das zeige überdeutlich die Einseitigkeit und Voreingenommenheit des Richters. Götzl verfügt, dass die Entscheidung über Zschäpes Ablehnungsgesuch vorläufig zurückgestellt wird.)

Verteidiger Borchert Ich will noch etwas ergänzen.

Götzl Bitte.

Verteidiger Borchert Sehr geehrter Herr Vorsitzender Richter Götzl, Vertrauen ist die Basis zwischen Mandantin und Verteidiger, egal ob Wahlverteidiger oder Pflichtverteidiger. Fehlt das Vertrauen oder ist das Vertrauen erheblich beschädigt, so ist eine Verteidigung mit Blick auf den Kern des Mandatsverhältnisses, nämlich die Frage, wie sich eine Mandantin zu einer von der Staatsanwaltschaft erhobenen Anklage verhält – Geständnis/Bestreiten –, nicht mehr möglich. Vertrauen bedeutet, keinen Zweifel am Rat des Verteidigers zu haben. Vertrauen bedeutet auch, eigene Bedenken zugunsten des juristischen Rates und zugunsten der Gerichtserfahrung des Verteidigers zurückzustellen. Fehlendes Vertrauen kann in einem Strafverfahren nur dadurch juristisch wirksam zum Ausdruck gebracht werden, dass dem Wahlverteidiger der Vertrag, der miteinander geschlossen wurde, gekündigt oder bei Gericht beantragt wird, die Pflichtverteidigung wieder aufzuheben.

So leicht die Beendigung des Wahlmandats ist, so schwer ist sie bei der Pflichtverteidigung, weil nicht die Angeklagte, sondern die Justiz der Vertragspartner ist – obwohl bei beiden Konstellationen das Vertrauen zwischen Angeklagter und Rechtsanwalt Grundlage der Zusammenarbeit sein muss.

Bei der Pflichtverteidigung entscheidet nicht mehr die Angeklagte, ob das »Mandatsverhältnis« wegen fehlenden Vertrauens gekündigt werden kann oder gekündigt werden muss, sondern der Richter als Organ der Justiz. Der Richter entscheidet über bestehendes oder nicht bestehendes Vertrauen, obwohl er an keinem Gespräch zwischen Angeklagter und Verteidiger teilgenommen hat und obwohl er nicht wissen kann, wie es im Kopf und im Herzen einer Angeklagten ausschaut, wenn diese darüber nachdenkt, ob sie dem beigeordneten Verteidiger vertraut oder noch vertrauen kann. Bestehendes oder nicht bestehendes Vertrauen kann der entscheidende Richter nur danach beurteilen, was er in der Verhandlung sieht, hört und was er anhand von Schriftsätzen zur Kenntnis nimmt.

Diese Gedanken zugrunde gelegt, kann sich der Unterfertigte und auch die Mandantin als besonnene und vernünftige Angeklagte des Eindrucks nicht erwehren, dass Sie, Herr Vorsitzender Richter Götzl, mit der Verfügung vom 27. Januar 2016 eine juristische Formulierungsakrobatik vorgenommen haben, um ein angeblich bestehendes Vertrauen zu begründen. Es soll ein Vertrauen begründet werden, das nicht zu begründen ist. Aus einer nicht tatsachengestützten Sicht der Angeklagten unterstellen Sie im Umkehrschluss ein bestehendes Vertrauen zwischen der Mandantin und ihren Pflichtverteidigern. Sie ignorieren schlichtweg die Fakten, die im Ablehnungsantrag vom 30.1.2016 aufgelistet sind, oder erkennen diese Fakten nicht als Tatsachen an. Ein solches Verhalten kann nicht mehr als unparteilich und unvoreingenommen angesehen werden – auch und gerade vor dem Hintergrund, dass es einzig und allein auf den Standpunkt einer vernünftigen und besonnenen Angeklagten ankommt und nicht darauf, ob Sie sich als unparteilich sehen oder es sind. Die Begriffe der Unparteilichkeit und Unvoreingenommenheit sind neben der Vertrauensfrage vor dem Hintergrund zu beleuchten, dass wegen des fehlenden oder nachhaltig erschütterten Vertrauensverhältnisses zu besorgen ist, dass die Pflichtverteidiger objektiv nicht (mehr) sachgerecht verteidigen können. Sie bejahen dies mit den Argumenten, die Pflichtverteidiger Heer, Stahl und Sturm hätten die Erklärungen der Mandantin zur Kenntnis nehmen, sich darauf einstellen und prozessuale Handlungen vornehmen können. Natürlich können sie das – was den Kern der Verteidigung wie Erklärungen zur Anklage und zur Person angeht, müssen sie jedoch untätig bleiben. Indem Sie einseitig die Schuld an diesem Umstand, den Sie wegen fehlender Informationen nicht beurteilen können, der Mandantin zuschreiben, geben Sie die nötige Unparteilichkeit auf. Jedem Prozessbeteiligten und objektiven Beobachter drängt sich der Gedanke geradezu auf, dass Sie Ihre Entscheidung getroffen haben, um den weiteren Ablauf der Verhandlung zu sichern. Bisherige 257 Verhandlungstage vor Augen ist dies zwar nachvollziehbar, für mich als Verteidiger fehlt jedoch das Verständnis, dass es auf Kosten des in jedem Strafverfahren so wichtigen Vertrauens geschieht. Vom Vorsitzenden

Richter des 2. Strafsenats beim Bundesgerichtshof, Thomas Fischer, wird eine solche Verfahrenssicherung als »leere Hülle« bezeichnet, die den Namen »Verteidigung« nicht verdient.

Wenn Vertrauen im Strafprozess nur noch eine zu vernachlässigende Rolle spielt, wenn Vertrauen auf einen Begriff reduziert wird, den ein Richter wegen angeblich fehlender Tatsachen vom Tisch fegen kann, so wird der Angeklagten der wichtigste Stützpfeiler im Strafprozess genommen – sich grundsätzlich vom Anwalt des Vertrauens verteidigen zu lassen. Meine notwendigerweise eingeschränkte Tätigkeit als Wahlverteidiger ändert im vorliegenden Fall daran nichts.

Verteidiger Klemke Der Angeklagte Wohlleben schließt sich dem Ablehnungsgesuch an.

Götzl Eine Entscheidung über das Ablehnungsgesuch des Angeklagten Wohlleben von heute wird vorläufig zurückgestellt. Wir beginnen mit den für heute vorgesehenen Verlesungen.

(Es werden eine ganze Reihe von Erkenntnismitteilungen des Bundesamts für Verfassungsschutz und des Thüringer, Sächsischen und Niedersächsischen Verfassungsschutzes verlesen. Sie betreffen Erkenntnisse zu Holger Gerlach, Ralf Wohlleben und ihre Kontakte zu den untergetauchten Zschäpe, Mundlos und Böhnhardt.

Die Richter lesen abwechselnd vor. So habe es während einer Party bei Wohlleben ein vertrauliches Gespräch über die drei Flüchtigen gegeben und Wohlleben habe die Quelle des Verfassungsschutzes – gemeint ist Tino Brandt – gebeten, mit dem Rechtsextremisten Thorsten Heise Kontakt aufzunehmen, um Auslandskontakte für die drei zu erkunden. Zudem habe Wohlleben bei einer NPD-Schulungsveranstaltung am 29.1.2000 bekannt, dass nur Carsten Schultze Kontakt zu den drei Untergetauchten halte und auch das nur im Notfall, um die drei nicht zu gefährden. Die drei wollten alsbald ins Ausland gebracht werden. Die Verfassungsschützer notierten am 10.4.2001 auch, dass Wohlleben gesagt habe, der Kontakt zu den Eltern Böhnhardt sei gestört, weil Holger Gerlach unbedacht geäußert habe, dass die drei sich lieber selbst erschießen würden, als sich zu stellen.

Ein Bericht des Verfassungsschutzes Thüringen betrifft eine Durchsuchung des Autos, in dem am 10.2.1996 Uwe Mundlos, Uwe Böhnhardt, Beate Zschäpe und Holger Gerlach angehalten wurden. Darin seien Sturmhauben, ein Faustkampfmesser, Handbeile, ein Wurfstern, Messer, ein Schulterholster für Pistolen, Gaspatronen und eine Abschussvorrichtung für eine Luftdruckpistole gefunden worden.

Eine weitere Mitteilung des Sächsischen Verfassungsschutzes betrifft André Eminger und seinen Bruder Maik. Beide seien in den Jahren 2000/2001 in Johanngeorgenstadt in einer rechten Kameradschaft namens Weisse Bruderschaft Erzgebirge gewesen. Sie habe 19 Mitglieder gehabt und sich 2001 aufgelöst. Eine Observation gegen Eminger brachte keine Ergebnisse.

Das Thüringer Landesamt für Verfassungsschutz notierte, dass Carsten Schultze von 1999 bis 2000 unmittelbare Kontaktperson des Trios gewesen sei. Schultze habe den Hinweisgeber – vermutlich Tino Brandt – aufgefordert, sein Handy auszuschalten, und ihm mitgeteilt, dass nicht mehr Wohlleben, sondern er den Kontakt zu den dreien halte, weil sich Wohlleben ständig beschattet und verwanzt fühlte. Von Wohlleben käme dann eine Kurznachricht mit Stichwort, dann gehe er zur Telefonzelle zum Telefonieren.

Der Verfassungsschutz erfährt auch, dass Schultze V-Mann Brandt bat, ob er bereit sei, ein Handy zu einem Familienmitglied der drei Untergetauchten zu bringen, weil Kontakt zu einem Elternteil gewünscht werde. Der Hinweisgeber habe sich dazu bereit erklärt, aber nicht kurzfristig, weil er auswärtig arbeite. In zeitlichem Zusammenhang dazu lag der 50. Geburtstag von Uwe Mundlos' Mutter.)

(Pause.)

Götzl *(zu Verteidiger Grasel)* Es würden sich noch weitere Fragen ergeben. Wie wollen wir es halten?

Verteidiger Grasel Das würden wir im selben Modus Operandi wie bisher beantworten.

(Wieder diktiert Richter Götzl dem Verteidiger von Beate Zschäpe eine Reihe Fragen, die Grasel im Namen seiner Mandantin am Tag 271 beantworten wird.)

Götzl Es sind auch noch Fragen von Rechtsanwalt Pausch und Hösl offen.

Verteidiger Grasel Die sind im Eifer des Gefechts durchgerutscht. Die werde ich dann im gleichen Zug wie Ihre Fragen behandeln.

Tag 259

4. Februar 2016

Manfred Götzl, Richter. **Ulrich S.**, 49, Polizeibeamter aus Dachau. **Pajam Rokni-Yazdi**, Verteidiger von Holger Gerlach. **Olaf Klemke**, **Nicole Schneiders**, Verteidiger von Ralf Wohlleben. **Antonia von der Behrens**, **Yavuz Narin**, **Sebastian Scharmer**, Anwälte der Nebenklage.

Anwältin von der Behrens Ich möchte eine Erklärung zu den Turner-Tagebüchern abgeben, die im Selbstleseverfahren in den Prozess eingeführt wurden.

(Diese Dateien wurden auf den Computern des Angeklagten André Eminger und des Angeklagten Ralf Wohlleben sichergestellt. Auf einer CD in der Frühlingsstraße wurden ebenfalls die Turner-Tagebücher gefunden.)

Anwältin von der Behrens Die »Turner-Diaries« sind von William Luther Pierce, dem Führer der neonazistischen US-amerikanischen »National Alliance«, im Jahr

1978 unter dem Pseudonym Andrew Macdonald geschrieben worden, um rassistische und antisemitische Ideen in einer niedrigschwelligen, leicht zu konsumierenden Weise zu propagieren. Im Zentrum des Romans steht der Untergrundkampf gegen das System, der mit der Ermordung von Schwarzen, Juden, Politikern und Verrätern in den eigenen Reihen beginnt und der in der Weltherrschaft der Weißen endet. Gewalt wird hier als Notwehrreaktion gegenüber einem System beschrieben, das die sogenannte weiße Rasse mittels liberaler Gesetzgebung und erzwungener Integration vernichten will.

Die Vernehmung der Kriminalkommissarin P. in der Hauptverhandlung vom 14. Oktober 2014 hat ergeben, dass die Turner-Tagebücher in deutscher Übersetzung auf einem Datenträger sowohl bei dem Angeklagten Eminger als auch bei dem Angeklagten Wohlleben sichergestellt worden sind. In dem von dem Angeklagten Eminger mit erstellten Fanzine der »Weissen Bruderschaft Erzgebirge« (WBE), »The Aryan Law and Order« Nummer zwei wird Werbung für die Turner-Tagebücher in der deutschen Übersetzung gemacht.

Auf einer in der Frühlingsstraße 26 sichergestellten CD wurden ebenfalls die Turner Tagebücher gefunden; die Ordnerstruktur der CD ist identisch mit bei dem Angeklagten Eminger gefundenen Dateien.

Der Angeklagte Wohlleben hat in seiner Einlassung vom 16. Dezember 2015 angegeben, er habe die Datei mit den »Turner-Tagebüchern« zwar heruntergeladen, wisse aber nicht, wann und warum, und habe den Roman nie gelesen. Diese Einlassung ist schon deshalb wenig glaubhaft, weil extra unter den Ordnern »Wolle«/»Eigene Dateien« ein Ordner »Die Turner-Tagebücher« angelegt war.

(Verteidiger Klemke greift sich an den Kopf.)

Anwältin von der Behrens Aber selbst wenn der Angeklagte Wohlleben die Tagebücher nicht gelesen haben sollte, muss er von den dort propagierten rassistischen und antisemitischen Ideen und der Vorstellung der Notwendigkeit des »Rassenkampfes« nach dem Konzept des »leaderless resistance« immer wieder gehört haben, da diese Allgemeingut in der militanten Neonaziszene waren. So gab etwa der Zeuge Carsten Szczepanski in der Hauptverhandlung auf die Frage des Vorsitzenden, ob er die Turner-Tagebücher gelesen hätte, an: »Das Buch ist mittlerweile uralt, es gibt es schon mehrere Jahrzehnte, es war immer schon Bestandteil der Szene, das ist immer wieder diskutiert worden, auch vom jüngeren Teil der Szene gelesen und diskutiert worden.« Und auf die Frage, ob in der Szene darüber gesprochen worden sei, ob man Waffen noch für »andere Handlungen, zum Beispiel Überfälle« einsetzen könne, sagte der Zeuge Szczepanski: »Ja, es gab aus den Vereinigten Staaten das Turner-Tagebuch, wo Szenen beschrieben werden, wie man durch Überfälle an Geld kommt, um damit an bessere Waffen zu kommen. Das war damals ›die‹ Lektüre. In dem Buch ging es um

Banküberfälle und das Typische, was man aus den Krimis kennt, Überfälle auf Geldtransporte.«

Die Tagebücher waren nicht nur »Bestandteil« der Szene, sondern dienten auch tatsächlich mehreren neonazistischen Anschlägen und Morden als Vorlage. So bezogen sich unter anderem David Copeland, der im April 1999 in London mehrere Nagelbomben zündete, oder Kay Diesner darauf, der im Februar 1997 einen Polizisten erschoss. Auch die Gründung der größten US-amerikanischen Terrororganisation »The Order«, die sich durch Überfälle finanziert, Geld an befreundete Organisationen verteilt, mit Schalldämpferwaffen gemordet und sich nicht zu ihren Taten bekannt hat, geht laut den Gründern der Organisation auf die Turner-Tagebücher zurück.

Auch zwischen dem NSU und den Turner-Tagebüchern gibt es viele Parallelen. Die ideologische Übereinstimmung zwischen dem NSU und der rassistischen und antisemitischen Zielrichtung der Turner-Tagebücher ergibt sich nicht nur aus dem NSU-Bekennervideo, sondern wird auch bereits in den Anfangsjahren vor dem Untertauchen manifest, zum Beispiel durch das »Pogromly«-Spiel. Auch zwischen der in den Turner-Tagebüchern beschriebenen namenlosen »Organisation« bestehen auffällige Parallelen hinsichtlich der Gestaltung des Lebens im Untergrund. Wichtiger noch sind jedoch die Parallelen hinsichtlich der Organisationsform als sogenannte Zelle, der Opferauswahl und der beabsichtigten Wirkung der Taten.

Der Roman beschreibt Untergrundeinheiten oder Zellen, bestehend aus meist vier bis acht Mitgliedern, Männer wie Frauen – wobei die Männer für die Gewalttaten zuständig sind, während Frauen meist in der Propaganda, der Beschaffung, der Deckung und der Tarnung agieren. In diesen Zellen komplementieren und bedingen sich die jeweiligen Funktionen ihrer einzelnen, wenigen Mitglieder bis zum gemeinsamen »Sieg« oder »Untergang«. Aufgabe der Untergrundeinheiten ist es, »das System durch direkte Aktionen zu vernichten«. In den Turner-Tagebüchern werden auch solche Logistikstraftaten zum Aufbau »der Organisation« beschrieben, wie sie der NSU in Form von Raubüberfällen begangen hat. Hinsichtlich der politischen Ziele »der Organisation« werden neben großen Zielen wie dem Pentagon auch Anschläge auf Kleingewerbetreibende beschrieben: »Ich glaube, die Orientalen haben in Maryland schon jedes Restaurant und jeden Wurststand in Besitz genommen. In unserer kleinen Vorort-Enklave haben wir wohl mindestens ein Dutzend Iraner erschossen, bis anderen bewusst wurde, was vor sich ging; doppelt so viele sind geflüchtet.«

Schließlich schildert der Roman die erstrebte psychologische Wirkung der Morde, die unabhängig davon eintritt, ob die Täter bekannt sind oder nicht: »Die

Willkür und Unberechenbarkeit sind wichtige Aspekte der Wirksamkeit.« Ziel sei es, die potenziellen Opfer zu verunsichern, weil diese nicht wissen könnten, wer die Täter seien und wer das nächste Opfer sein könne. Wenn sich damit auch das Szenario aus den Turner-Tagebüchern nicht eins zu eins als sogenannte Blaupause auf den NSU übertragen lässt, so finden sich doch so viele Elemente aus den Tagebüchern in der bisher bekannten Gestalt des NSU wieder, dass eine Bezugnahme auf die Turner-Tagebücher bei der Konzeption der Ziele des NSU und deren Umsetzung mehr als naheliegt.

Die Verbreitung der Grundgedanken der Turner-Tagebücher in der militanten Neonaziszene zeigt, dass deren Ideen und Konzepte allseits bekannt waren. Dies spricht sehr deutlich dafür, dass auch die hier Angeklagten diese Konzepte kannten und dass diese Konzepte aus den Tagebüchern eine der Grundlagen der Gewaltdiskussionen in der Szene waren – von denen etwa der Angeklagte Holger Gerlach in Bezug auf die Kameradschaft Jena oder der Zeuge Szczepanski in Bezug auf die größere Szene berichteten. Dies bedeutet wiederum, dass diejenigen, die das Trio beim Leben im Untergrund unterstützten, von den Überfällen Kenntnis hatten und Waffen besorgten, wussten, wozu diese dem Trio dienten. Zum anderen zeigt die Verbreitung der Turner-Tagebücher und ihrer Ideen auch, dass den Nachrichtendiensten deren Konzepte zu der Zeit, als der NSU die Morde und Anschläge beging, sehr wohl bekannt waren, und deswegen bei den Taten hätte erkannt werden können oder erkannt wurde, dass sie die Handschrift von Neonazis trugen.

Verteidigerin Schneiders Der Vortrag, dass der Angeklagte Ralf Wohlleben Kenntnis vom Inhalt der Turner-Tagebücher haben musste, weil er den Ordner angelegt hat, ist falsch. Es geht aus dem Asservat hervor, dass es kein eigener Ordner war, sondern ein Dokument. Der Vortrag ist falsch, die Schlussfolgerung erst recht.

Verteidiger Klemke Ich bin immer wieder erstaunt, wie man reine Fantasie und haltlose Spekulationen als Beweismittel verkaufen kann.

(Der Zeuge Ulrich S. tritt auf.)

Götzl Es geht uns um die Auswertung einer Festplatte.

(Die Festplatte wurde in dem Haus gefunden, in dem der Angeklagte Holger Gerlach mit seiner Lebensgefährtin und deren Tochter wohnt.)

Ulrich S. Ich sollte die Internethistorie der Festplatte auswerten. Sie war im PC-Tower in der Dachgeschosswohnung in Lauenau. Ich sollte untersuchen, ob der Internetverlauf eine Verbindung mit dem NSU-Komplex hat. Auf dem Mozilla Firefox waren über 26 000 Aufrufe verzeichnet. Beim Internet Explorer hat sich nichts Interessantes ergeben, interessanter war es bei Mozilla, dort waren an die hundert Lesezeichen, sogenannte Favoriten. Über zwanzig davon waren rechtem Gedankengut zuzuordnen. Überwiegend Online-Versandhäuser, wo man rechtes Propagandamaterial beziehen kann. Ein Favorit war die Seite von Blood & Honour weltweit. Das ist aber ohne Zeitstempel, es lässt sich nicht rekonstruieren, wann die angelegt wurden. Bei den Daten war noch interessant, dass sich die Nutzer für Geldanlagen interessiert haben. Es wurden diverse Bankinstitute aufgerufen. Am 4.11.2011 war der Banküberfall in Eisenach. Die Bild-Zeitung hat damals um 14.51 Uhr erstmals berichtet über Eisenach. Am 5.11.2001 hat der Nutzer die Daten eingegeben, mit denen er nach dem Banküberfall suchte. Herr Gerlach wurde dann am 13.11.2015 festgenommen.

Anwältin von der Behrens Können Sie sich noch an die einzelnen Lesezeichen erinnern? Das Lesezeichen www.shop-insidegera.de?

Ulrich S. Ja, das war der sogenannte Naziladen in Gera.

Anwältin von der Behrens www.MNV-Versand.de?

Ulrich S. Es gab über zwanzig solcher Versandhäuser unter den Lesezeichen.

Anwältin von der Behrens www.Skrewdriver88.de?

Ulrich S. Der Name ist mir in Erinnerung geblieben.

Anwältin von der Behrens www.Widerstandinfo.de?

Ulrich S. Ja, das ist kein Versandhaus, sondern eine Seite mit rechtem Gedankengut.

Anwältin von der Behrens www.spreegeschwader.com?

Ulrich S. Weiß ich nicht mehr.

Anwältin von der Behrens www.Aryanmusik.net?

Ulrich S. Ja, ein Tonträger-Versand.

Anwältin von der Behrens www.Kommandoskin.com?

Ulrich S. Ja, es war eine Seite mit »Skin« dabei.

Anwalt Scharmer Sie haben berichtet, von dem Computer aus sei am 5. 11. 2011 nach der »Explosion in Eisenach« gesucht worden. Gab es weitere Google-Suchen, die in diesen Zeitraum fallen?

Ulrich S. Ja, es gab noch einen Aufruf dazu, wie lange Einträge über Betäubungsmitteldelikte im Bundeszentralregister gespeichert bleiben. Und eine Suche über Xing nach Rechtsanwalt Stefan Hachmeister. *(Hachmeister vertritt den Angeklagten Gerlach im NSU-Prozess gemeinsam mit Verteidiger Rokni-Yazdi.)*

Verteidiger Rokni-Yazdi War festzustellen, wer die Lesezeichen angelegt hat?

Ulrich S. Es waren mehrere Personen im Haus, die Zugang zum Computer hatten, zwei Männer, die Lebensgefährtin von Herrn Gerlach und ihre Tochter.

Anwalt Scharmer Es ist wohl so gewesen, dass Herr Gerlach am 5.11.2012 nach dem Banküberfall in Eisenach gesucht hat und unmittelbar danach nach den ihn belastenden Einträgen und einem Verteidiger. Es lässt sich daraus schließen, dass sich Herr Gerlach sofort mit der Straftat in Eisenach in Verbindung gebracht sah.

Verteidiger Rokni-Yazdi Es gab mehrere Nutzer des Computers und es ist weit hergeholt, dass Herr Gerlach diese Suche gemacht hat.

Verteidigerin Schneiders Wir geben noch eine Erklärung zu den Erkenntnismitteilungen des Verfassungsschutzes vom letzten Verhandlungstag ab. Zum Angeklagten Carsten Schultze: Er war damals Kreisvorsitzender der NPD in Jena. Am 2.7.1999 wurde vorgeschlagen, dass er sich als JN-Landesverbandschef zur Wahl stellt. Er war Bundesvorstandsmitglied der Jungen Nationaldemokraten. Wir beantragen den damaligen JN-Bundesvorsitzenden Sascha Roßmüller als Zeugen zu vernehmen. Er wird die Angaben Schultzes widerlegen. Er wird widerlegen, dass Schultze damals in seiner persönlichen Entwicklung einem Jugendlichen gleichstand, und bekunden, dass Schultze auch an einem Sondertreffen der Szeneführer teilnahm.

(Einen Tag später lehnt Richter Götzl ab, Beate Zschäpe ihren Wahlverteidiger Hermann Borchert als fünften Pflichtverteidiger beizustellen. Die Bestellung des fünften Pflichtverteidigers sei nicht veranlasst, weil die Angeklagte bereits vier Pflichtverteidiger habe und dadurch »sachgerecht und entsprechend den Erfordernissen an ein faires Strafverfahren verteidigt« sei, heißt es in seiner Verfügung, die außerhalb der öffentlichen Hauptverhandlung bekannt wird. Auch für die Sicherung des bereits fast drei Jahre währenden Verfahrens sei es nicht erforderlich, einen fünften Pflichtverteidiger zu bestellen.)

Tag 260

16. Februar 2016

Manfred Götzl, Richter. **Jens L.**, 49, Berufskraftfahrer aus Greiz und früher Bandenmitglied in Jena. **Herbert Diemer, Jochen Weingarten**, Vertreter der Bundesanwaltschaft.

Götzl Was machen Sie beruflich?

Jens L. Berufskraftfahrer nach dem Knast. Meine Anschrift möchte ich nicht angeben, sonst kann ich es wieder bei »Spiegel Online« lesen.

Götzl Gut, das wäre jetzt kein Grund.

Jens L. Ich denke schon. Ich bin ja nicht umsonst umgezogen. Ich bin bestimmt kein Hampelmann und lasse mich nicht einschüchtern. Ich habe nicht vorgehabt, hierherzukommen. Sie haben mich herzitiert, nun muss man damit leben.

Götzl Haben Sie da Befürchtungen?

Jens L. Sie müssen es so sehen: Bis 2000 war ich Bandenmitglied, keine kleine Nummer. Sie werden mich dazu befragen und das wird vielen nicht schmecken, was ich dazu sagen kann. Letztlich spricht heutzutage kein Richter mehr das Urteil, sondern die Presse. Die Wahrheit will sowieso keiner mehr hören. Einige Bandenmitglieder sind aus dem Gefängnis wieder draußen. Und deswegen werde ich nichts sagen.

Götzl Jetzt sind wir noch bei dem Thema, ob Sie Ihre Adresse angeben. Soll dazu von Verfahrensbeteiligten Stellung genommen werden?

Bundesanwalt Diemer Nach Paragraf 68, Absatz 3 StPO kann man ihm gestatten, Angaben nur zu einer früheren Identität zu machen.

Götzl Herr L., könnten Sie uns denn die Geschäftsadresse nennen?

Jens L. Ja. *(Er nennt die Adresse eines Transportservice in Thüringen.)*

Götzl Vom Beweisthema geht es um Erkenntnisse zu den Angeklagten und zu Uwe Mundlos und Uwe Böhnhardt. Es geht uns noch um weitere Personen: Enrico Theile, Hans-Ulrich Müller, deren Umfeld, und insbesondere geht es um das Thema Waffen. Bitte!

Jens L. Wie fange ich an? Von 1992 bis 2000 waren wir eine der führenden Banden in Thüringen, das Gebiet erstreckte sich bis nach Zwickau und Chemnitz rüber. Im April 2000 wurden wir mit Sondereinsatzkommandos ausgehoben. Drogenhandel, Prostitution, Waffenbeschaffung war unser Gebiet. Ich habe in der Woche 100 000 Euro eingesammelt. Wir haben alle ein Gesamtstrafmaß von 9,5 Jahren gekriegt. Ich habe die Strafe in Tonna verbüßt, in Chemnitz und im Drecksloch Gera. Angeklagt war ich wegen 1,5 Tonnen Drogen, davon war ein Kilo übrig geblieben. Und ich habe 35 Fälle von Betrug eingeräumt. Von 1996 bis 2000 haben wir von Jena aus agiert, da hab ich auch gewohnt. Da waren Türkenbanden und Tschetschenen und Polen, es gab ja auch einen Toten und einen Schwerverletzten, damals haben wir eine Bewaffnung angestrebt. In Erfurt wurde jemand niedergestreckt. Ich selbst komme aus einer Soldatenfamilie, war in der Fremdenlegion. Für die Sicherheit der Bandenchefs war ich verantwortlich.

Von den Angeklagten kenne ich ihn, den Herrn in der Mitte *(zeigt auf Ralf Wohlleben)*, und den mit dem Vollbart, der wie ein Taliban aussieht *(zeigt auf André Eminger)*. Woher, weiß ich nicht mehr. Frau Zschäpe kenne ich nicht. Die Bewaffnung hatte das Ziel, das Vorrücken der ausländischen Banden aufzuhalten. Wir hatten mehrere Waffendepots angelegt, eines hab ich aufgelöst, das war bei mir hinterm Haus, da hatte ich Waffen gebunkert für die Zeit nach der Haftstrafe. Es war in Erwägung gezogen worden, die rechte Szene von Jena mit zu bewaffnen, weil die uns hätte unterstützen können. Nachdem wir im Gefängnis waren und aus dem Verkehr, da gab es ja gleich Tote wegen dem gestreckten Meth von ausländischen Banden. Jetzt wird das Verbrechen eben von Rumänen, Jugos und Türken kontrolliert. Und wie die mit ihren Mädchen umgehen … Naja.

Götzl Was soll ich mir denn unter den Waffen vorstellen, und wer hat da was gemacht?

Jens L. Ich möchte über einzelne Fälle nichts mehr erzählen, für mich ist das Thema eigentlich abgeschlossen. Ich bedauere den ganzen Mist hier. Sie *(er zeigt auf Zschäpe)* sagt, sie weiß von nichts, und wird trotzdem verurteilt. *(Pause.)* Ich konnte mich damals zudecken mit Pistolen. Die lagen unter meinem Kopfkissen. *(Er spricht nun sehr hastig.)* Ein Teil kam aus russischen Verbänden, aus Italien, aus der Schweiz.

Götzl Nur langsam jetzt. Gab es bestimmte Leute, mit denen Sie Kontakt hatten und von denen Sie Waffen beschafft haben?

Jens L. Ich war für die Verteidigung der Bande zuständig. Ich hab das damals schon alles ausgesagt. Ich kann hier, wenn Sie mich fragen, ob ich jemanden belasten könne … da sage ich Ihnen: Kann ich nicht! Fakt ist, dass wir damals genug Waffen hatten und es auch zum Schusswechsel gekommen ist in vielen Fällen. Wenn man sieht, wie viele Bandenmitglieder wir waren, können Sie auch meine Situation verstehen, warum ich hier nicht wie ein Märchenbuch plaudere. Die rechte Szene sollte bewaffnet werden, das war im Gespräch. Ob das geschehen ist, kann ich nicht sagen, solche Entscheidungen haben der Ron und der Gil selbst getroffen. *(Er spricht von den Zwillingsbrüdern Gil und Ron E., die mutmaßlichen Beschaffer von Waffen für Uwe Böhnhardt und Uwe Mundlos. Beide waren am Tag 278 vorgeladen, verweigerten aber die Aussage.)* Sinn und Zweck war, die ganzen Gruppen aufzuhalten, wir wollten nicht auch noch die Ausländer dazu haben. Es reichte schon, dass die vom Westen kamen.

Götzl Was ist da gesprochen worden?

Jens L. Das kann ich Ihnen nach 16 Jahren nicht mehr erzählen.

Götzl Mir geht es nicht um den Wortlaut, sondern um den Inhalt.

Jens L. Wir waren damals eine heranwachsende Bande. Und Treffen fanden jede Woche statt, es ging um die Geldaufteilung, jeder hat seinen Anteil gekriegt, es ging um Neuinvestitionen, und es wurden auch brisante Themen besprochen, wenn zum Beispiel jemand abgerollt werden sollte. Ich hatte vom Gil die Schusswesten im Auto, drei Stück. Bei mir hing die Kalaschnikow an der Tür. Die Polizei ist bei der Durchsuchung vorbeigelaufen. Es gab damals kein Verstecken. Wir haben auch keinen Strafzettel gekriegt. Das war eine andere Zeit, die Wendezeit war eine sehr unsichere Zeit. Ich selbst war bis '92 rechtsradikal, die aus dem Westen sind gekommen mit den dicken Autos und haben unsere Frauen gebumst. Mein Vater war Major und ist degradiert worden. Bis zu meiner Festnahme habe ich kein Hehl draus gemacht, meine Lebensphilosophie war: Die Macht kommt aus den Gewehrläufen.

Götzl Waren denn Waffen vorhanden, die man weitergeben konnte?

Jens L. Ja, ich hatte selber zwei, drei Kalaschnikows, Handgranaten und Handfeuerwaffen. Wir hatten vier Depots, die waren gut bestückt, wir haben damit gehandelt. Damals habe ich gerade mal 300 bezahlt für eine Kalaschnikow.

Götzl Ein Depot sei hinter Ihrem Haus gewesen. Und die anderen drei?

Jens L. Bei Gil am Haus, da war eins. Dann bei Gils Eltern oder der Großmutter. Wir waren in der Lage, uns zu bewaffnen und uns in zehn Minuten zu treffen. Es gab einen sogenannten Fahrer. Ich hatte auch einen Praktikanten für Laufdienste, für Botengänge.

Götzl Wie war es mit Ron E.?

Jens L. Die beiden Brüder waren separate Bandenführer. Wir haben uns nur zusammengeschlossen im Kriegsfall. Die Geschäftsabwicklung hat jeder selbst gemacht. Es gab eine Sicherheitsfirma in Zwickau. Wir hatten da auch mal einen Puff. Einfacher wäre es, wenn Sie die Akten nehmen.

Götzl Aber jetzt haben wir Sie da. Ich frage mal weiter …

Jens L. Ich würde gerne mal pullern gehen wollen.

Götzl Dann machen wir jetzt 20 Minuten Pause.

(Nach der Pause wird die Befragung des Zeugen fortgesetzt.)

Götzl Sie sagten, Waffen kamen aus russischen Beständen, aus der Schweiz und Italien. Wer hat die Waffen besorgt?

Jens L. Entweder Ron oder Gil, einmal hatte ich eine Fahrt nach Rumänien, im Hotel war ich, da hab ich mich mit dem Waffenhändler getroffen, das waren zwei Türken und ein Italiener oder Roma. Ich habe dann das einkaufen wollen, dann bin ich zum Auto und es hatte keine Reifen mehr dran. Ich hab so die Waffen nicht mitnehmen können, ich hab den Verkauf aufgeschoben. Ich hatte dann andere Probleme.

Götzl Waren Sie denn selbst bei Waffenverkäufen dabei?

Jens L. Zwischen Koks und Bumsen und Hotelleben war ich jeden Tag woanders. Ich hatte in der Woche viele Termine. Wir hatten das Motto: Transport ohne Fragen. Wir haben auch Kredite gemacht. Es kam immer ganz drauf an. Manchmal hab ich mir ein paar Gramm durch die Nase gezogen und einen blasen lassen und die Leibwächter haben alles für mich abgewickelt.

Götzl Wenn Sie sagen, Waffen kamen aus russischen Beständen. Wer steht dahinter?

Jens L. Ehemalige Soldaten und Offiziere. Die Verbindung zum Einzelnen beruht mehr aus DDR-Verbindungen. Ich muss dazu sagen, Herr Vorsitzender, ich möchte hier keine Namen nennen. Ich mache das wie Helmut Kohl. Die haben ja niemandem was getan. Was soll das jetzt noch bringen?

Götzl Um wie viele Leute ging es denn?

Jens L. Vier Offiziere, zwei kenne ich persönlich noch. Dann ein Hauptmann aus Sondershausen. Aber wenn wir gekauft haben, dann haben wir auch teilweise verkauft. Es war schon immer fair, dass wir bei Geschäften zusammen investiert haben. Ich war ja auch in Antwerpen und hab Diamanten gekauft.

Götzl Ging es um bestimmte Waffen?

Jens L. Wenn Sie auf die Cessna *(er meint offenbar die Česká-Pistole)* ansprechen, kann ich Ihnen sagen: In meinem Besitz befanden sich auch zwei. Aber das hat mit den Damen und Herren hier nichts zu tun, die habe ich 2002 verkauft.

Götzl Woher stammten die in Ihrem Besitz?

Jens L. Ich kann es nicht mit Sicherheit sagen, ich will auch keine Namen nennen.

Götzl Was haben Sie denn in Erinnerung dazu?

Jens L. Von der Schweiz auf jeden Fall nicht. Es kann sein, dass es von Aleksej war. Ich kann es Ihnen nicht mehr genau sagen. Ich hab so viel zu tun gehabt. Ich hab nur noch das Geld eingesammelt. Ich war ständig unterwegs.

Götzl Bei dem Thema Česká: Haben Sie die verkauft?

Jens L. Ich hab alles verkauft und habe einen Abschluss gefunden und hab gedacht, ich lebe jetzt in Ruhe.

Götzl Und wann wurden die weiterverkauft?

Jens L. Das war nach der U-Haft, ich kann Ihnen keinen Tag nennen. Das war zehn Tage nach meiner Haftentlassung. Im Jahr 2002 oder 2003.

Götzl An wen haben Sie die Česká-Waffen verkauft?

Jens L. Kann ich auch nicht mehr sagen. Ich glaube, es war an zwei Jugos. Den einen hab ich gekannt, weil ich als Legionär im Kosovo war.

Götzl Sie hatten noch die Schweiz und Italien angesprochen. Welche Personen waren diejenigen, von denen Waffen kamen?

Jens L. Ich kann Ihnen da nicht jeden einzelnen Namen sagen. Die aus Italien kamen, waren Italiener. Die waren über die Verbindung Nürnberg, Lauf, Gera. Jede unscheinbare Pizzeria, da waren Verkäufer von uns. Ich würde das auf vierzig Leute beziffern.

Götzl Und die Schweiz?

Jens L. Da waren es zwei, drei.

Götzl Wie hießen die?

Jens L. Kann ich aus dem Stegreif nicht mehr sagen.

Götzl Was wissen Sie über die drei Personen?

Jens L. Ich kann dazu nichts sagen, das sind normale Leute gewesen. Nicht jeder Waffenhändler sieht aus wie ein Verbrecher. So wie auch Rechtsanwälte genauso Sachen von uns gekauft haben. Und für mich sind Sie auch ein normaler Bürger. *(Er schaut den Richter an, Götzl muss schmunzeln.)*

Götzl Ich frage nach: Wo haben Sie die getroffen, wo kamen sie her? Was können Sie mir zu den Personen sagen?

Jens L. Wenn ich Auskünfte erteilen könnte, dann müssten Sie mich zum BND berufen. Es waren ganz normale Bürger, ich werde über diese Leute nichts Negatives sagen. Dieses Kapitel ist abgeschlossen. Ich werde hier niemanden an den Pranger stellen. Wenn jetzt durch diese Kacke hier versucht wird, jedem den Schwarzen Peter zuzuschieben, dem Osten, dann muss ich sagen: Der ganze Osten ist bewaffnet.

Götzl *(scharf)* Bedeutet es denn, dass Sie die Namen der Personen doch kennen und nicht nennen wollen?

Jens L. Die habe ich vergessen durch die Isolationshaft. Ich bringe auch vieles durcheinander. Frau Zschäpe ist verurteilt, egal was ist. Das macht die Presse.

Götzl Mir geht es um Sie jetzt!

Jens L. Ich weiß es nicht mehr.

Götzl Mir geht es darum, was Sie wissen. Das sind Sie verpflichtet, hier mitzuteilen.

Jens L. Ich hab die Wahrheit gesagt. Ich kann Ihnen die Namen nicht nennen, es ist zu viel Zeit vergangen.

Götzl Ich habe noch nicht verstanden: Wie wurde das abgewickelt mit den Leuten aus der Schweiz?

Jens L. Entweder hat man sich hier getroffen, Bereich Stuttgart, Mannheim. Gut, dann haben wir Mannheim weggelassen, weil man sich da in manche Viertel nicht mehr trauen kann. Es hat in einer Pizzeria stattgefunden oder in einem Puff in Erfurt. Es wurde individuell festgelegt. Ein Treffen war in Dresden bei der Frauenkirche. Vieles ist aktenkundig. Ich habe die Strafe verbüßt und ich habe Ihnen erzählt, was ich weiß. Sonst müsste ich lügen.

Götzl Ich will erfahren, was Sie wissen!

Jens L. Das habe ich Ihnen mitgeteilt. Damals haben wir mit allem gehandelt. Bei uns gab es tote Bandenmitglieder, die breite Palette. Vieles verdrängt man. Ich bin im Geld geschwommen, hab die schönsten Frauen gebumst.

Götzl Herr L., mir ging es auch um Uwe Mundlos und Uwe Böhnhardt. Kannten Sie die beiden?

Jens L. Ich bin mir da nicht ganz sicher. Ich glaub, ich hab sie mal in der »Wasserelse« gesehen (*damals ein Lokal in Jena*). Ich hatte Kontakt zu A. Böhnhardt, die war mit Uwe Böhnhardts Bruder verheiratet. Ich glaube, ich hab sie an der »Wasserelse« gesehen, das war unser Haupttreffpunkt. Das hat der Vereinigung gehört. Getarnt in einer Diskothek. Das war 1998 oder '97, '99. Mitte '99 bin ich nach Gera gezogen, da war ich für Gera der Ansprechpartner, Ron und Gil sind in Jena geblieben.

Götzl Kennen Sie Enrico Theile?

Jens L. Der Name ist mir geläufig, aber ich kann den Zusammenhang nicht mehr herstellen.

Götzl Hans-Ulrich Müller?

Jens L. Sagt mir auch was, aber wenn ich mehr sagen könnte, hätte ich das schon gemacht.

Götzl Was wissen Sie zu der Person?

Jens L. Entweder war die Person mal im Gespräch oder ich hab sie mal gesehen. Jena ist eine Kleinstadt, und die rechte Szene war mit uns verknüpft.

Götzl Welcher Zusammenhang bestand zwischen Herrn Müller und der rechten Szene?

Jens L. Ich meine das nur allgemein. Ich habe so viele Ganoven, gute Menschen, schlimme Menschen, ganz schlimme Menschen kennengelernt. Ich kann mir nicht jeden Einzelnen merken.

Götzl Woher kennen Sie Herrn Wohlleben?

Jens L. Ich weiß nicht woher. Sein Gesicht ist mir vertraut. Wenn Sie mich fragen, ob aus Presse, Funk und Fernsehen, kann ich das verneinen. Ich schaue das nicht.

Götzl Und Herr Eminger?

Jens L. Ich kann es Ihnen nicht sagen. Er kommt mir bekannt vor.

Götzl Haben Sie denn Informationen, ob Gil E. den Mundlos und den Böhnhardt kannte?

Jens L. Mindestens ist es ein Jahrgang.

Götzl Das ist keine Antwort.

Jens L. Wer Ron und Gil nicht kennt, dann ist es traurig, der hat nicht in Jena gelebt. Das geht bis hin zum Bundesnachrichtendienst. Selbst jeder Richter kennt die.

Götzl Die Frage ist, ob die beiden oder einer von ihnen Uwe Mundlos und Uwe Böhnhardt kannten und ob Sie konkrete Vorgänge dazu in Erinnerung haben.

Jens L. Sie bringen mich mit solchen Fragen in große Schwierigkeiten. Ich werde gar nichts gegen irgendwelche Bandenmitglieder aussagen. Ich werde das nicht tun! Damit ich dann nach Hause fahre und eine Kugel in den Kopf bekomme …

Götzl Sie müssen hier die Wahrheit sagen!

Jens L. Nicht, wenn ich mein Leben damit in Gefahr bringe. Ich hab Ihnen schon gesagt, dass ich in diese Richtung nichts sagen kann und nichts sagen werde. Was wollen Sie von mir hören?

Götzl Ob Sie Informationen dazu haben, ob Ron und Gil E. Uwe Mundlos und Uwe Böhnhardt kannten?

Jens L. Ich mache von meinem Aussageverweigerungsrecht Gebrauch.

Götzl So einfach geht es aber nicht.

Jens L. Ich würde mich selbst belasten, wenn ich es beantworten würde.

Götzl Begründet haben Sie es aber zunächst anders.

Jens L. Wenn ich so eine Angabe bestätigen würde, bringt mich das ja in eine Verbindung zur rechten Szene. Ich kann hier ohne Rechtsbeistand gar nichts sagen. Ich lasse mich nicht ohne Rechtsbeistand nötigen, solche Angaben zu machen. Ich kenne die Frau Zschäpe nicht. Beide haben in Jena gelebt, die Sie angesprochen haben. Jena ist eine Kleinstadt. Und damit erübrigt sich die Frage.

(Götzl unterbricht die Sitzung, dann wird kurz weiterverhandelt.)

Götzl Ich wollte mit den Verfahrensbeteiligten die Frage eines Rechtsbeistands erörtern.

Weingarten Nachdem der Zeuge sich offenbar nicht restlos im Klaren ist über den Geltungsbereich des Paragrafen 55 Strafprozessordnung und wir es mit einer komplexen Frage zu tun haben, halten wir eine Beiordnung für angezeigt.

(Götzl ruft den Zeugen wieder auf und kündigt ihm an, dass er einen Rechtsbeistand bekommen könne und dann zu einem neuen Termin erneut als Zeuge erscheinen müsse.)

Tag 261

17. Februar 2016

Manfred Götzl, Richter. **Nico R.**, 29, Tischler aus dem Erzgebirge. **Matthias W.**, 57, Arzt in Zwickau. **Danielle G.**, 50, Sparkassen-Angestellte aus Zwickau. **Olaf Klemke**, Verteidiger von Ralf Wohlleben. **Alexander Hoffmann**, Anwalt der Nebenklage.

Götzl Es geht um einen Überfall auf die Sparkasse in der Kosmonautenstraße 2 in Zwickau am 5. Oktober 2006. Was hat sich damals zugetragen?

Nico R. Kurz vor Mittag hat ein maskierter Mann die Sparkasse betreten mit vorgehaltener Pistole, er wollte in den Tresorraum. Er hat einer Kollegin mit einem Ventilator auf den Kopf geschlagen. Nachdem einige Kolleginnen die Flucht Richtung Pausenraum ergriffen haben, ist der Täter zur Tür, da muss es zu einem Handgerangel mit einem Kunden gekommen sein, wo schon ein erster Schuss fiel, der wohl in den Boden ging. Als der Täter zurückkam, lief er auf mich zu und sagte: »Wenn der Chef in drei Sekunden nicht da ist, knall ich dich ab!« Er hat sich dann einer Kollegin zugewandt und mir den Rücken zu – da hab ich versucht, ihn zu überwältigen. Er hat blind nach hinten geschossen und gesagt: »Bist du verrückt?« Dann hat er die Filiale verlassen.

Götzl Was ist mit Ihnen geschehen?

Nico R. Ich hab erst gedacht, dass es nur eine Schreckschusspistole war. Ich habe mir an den Bauch gegriffen und an den Rücken gefasst und hatte Blut in den Händen. Dann kann ich mich nicht an viel erinnern. Ein Kunde war glücklicherweise Arzt und hat mich in die stabile Seitenlage gelegt. Dann kam bald der Notarzt und hat mich mitgenommen. Die Milz musste entfernt werden, und ein Stück von der Wirbelsäule war abgesplittert. Ich war vierzehn Tage im Krankenhau, eine Woche auf der Intensivstation. Ich war dann immer wieder krankgeschrieben. Im Februar 2007 habe ich dann in der Sparkasse noch mal angefangen, war dann später aber wieder für ein Jahr arbeitsunfähig. Ich war ja noch im Ausbildungsverhältnis, ich hatte ja gerade erst angefangen, wo der Überfall passiert ist. Einen Körperschaden von zehn Prozent habe ich als anerkannte Unfallfolge. Ich war etwa von August 2008 bis August 2009 arbeitsunfähig geschrieben. Und zuvor halt immer sporadisch. Es waren hauptsächlich psychische Beschwerden, die auch körperliche nach sich gezogen haben. Abgeschlagenheit, Angstgefühle, auch Infektanfälligkeit durch die Entfernung der Milz. Im September 2009 habe ich mit der Umschulung zum Tischler angefangen.

Götzl Wie ging es weiter?

Nico R. Am Anfang war alles gut, aber da ist die OP-Narbe und es hat sich gezeigt, dass ich dauerhaft nicht so schwer heben kann wie gedacht. Ich habe eine Hebebeschränkung gekriegt für 20 Kilo, was für einen Tischler nicht förderlich ist. Ich habe eine Wiedereingliederung bekommen. Jetzt bin ich für eine Firma im Büro tätig.

Götzl Wie ist es heute?

Nico R. Man arrangiert sich. Hin und wieder sind Schmerzen da. Ich weiß ja nicht mehr, wie es anders ist. Die Bewegungsfähigkeit ist eingeschränkt. Aus dem Liegen aufstehen, ohne die Arme zu Hilfe zu nehmen, geht nicht. Ich war einige Zeit in psychologischer Betreuung, wo auch der Entschluss gereift ist, eine Umschulung anzutreten, um das Kapitel zu schließen. Das hat auch ganz gut funktioniert.

Götzl Und heute?

Nico R. Ich kann damit umgehen. Ich versuche einfach, das zu verdrängen. Ich weiß nicht mehr, wie es vorher war.

Götzl Zurück zu dem Ablauf: In welcher Situation haben Sie die Verletzung erlitten?

Nico R. Im Handgerangel mit dem Täter. Er stand mit dem Rücken zu mir. Ich bin auf ihn gesprungen. Er hat blindlings nach hinten geschossen, und in dem Augenblick habe ich losgelassen.

Götzl Und zur Situation vorher: Bevor die Kolleginnen zu dem Pausenraum gelaufen sind, können Sie da noch die Einzelheiten darlegen?

Nico R. Eine Kollegin wurde mit einem Ventilator angegriffen.

Götzl Hat jemand versucht, Alarm auszulösen?

Nico R. Alarm ist mehrfach ausgelöst worden, unter anderem von mir und von einer Kollegin.

Götzl Wie war die Situation, was die Kasse anbelangt?

Nico R. Die war zu. Den Schlüssel hätte der Filialleiter gehabt, ich weiß nicht, wo der war. Er war nicht greifbar. Und die Kasse wäre ohnehin zeitschlossgesichert gewesen. Die wäre nicht gleich aufgegangen.

(Nächster Zeuge ist der Allgemeinmediziner Matthias W.)

Matthias W. Ich war in der Schaltervorhalle, habe Kontoauszüge geholt. Aufgefallen ist mir ein junger Mann, der eine übergezogene Kapuze getragen hat. Ich habe die Sparkasse verlassen, stand vor dem Auto, ein Schuss fiel, ein Rentner rannte raus, rief: »Banküberfall!« Der mutmaßliche Täter lief raus und hat mit der Pistole drei Sekunden auf meinen Kopf gezielt. Ich bin dann rein, habe den Verletzten versorgt, Schmerztherapie, eine Infusion, was man so macht, und habe auf den Notarzt gewartet.

Götzl Können Sie den Täter beschreiben?

Matthias W. Das ist schwierig. Mittelgroß, schlank, Sweatshirt mit Kapuze, Sonnenbrille. Er hat leicht gelächelt, als er auf mich gezielt hat.

(Nun tritt die Sparkassen-Mitarbeiterin Danielle G. auf.)

Danielle G. Ich arbeite normalerweise auf der anderen Seite des Schalters. Ich hatte was rüberzubringen, da kam der Täter reingerannt und stürmte zu uns an den Schalter. Da hielten sich viele von den Kollegen auf. Er wirkte sehr aufgeregt und sprang herum, er hatte eine Maske auf und eine Pistole. Ich bin erstarrt. Er hat gebrüllt, hat einen Ventilator auf die Kollegin geschlagen. Ich kann mich nicht mehr genau erinnern, wie der Ablauf in den Tresor hinein war. Er kam wieder rausgerannt und hat an meine Stirn die Pistole gehalten. Er wirkte sehr brutal und aufgeregt, und ich habe gesagt: »Ist ja gut, ist ja gut.« Die anderen sind Richtung Küche gerannt, er hinterher. Ich habe hinten einen Schuss gehört. Und der Täter hat dann in den Bauch des Lehrlings geschossen, als er zurückkam. Meines Wissens hat er die Pistole bewusst an den Bauch gehalten. Er hat die Waffe rangehalten und ich hatte noch den Eindruck, dass er überlegt hat, und dann ging der Knall ab. Ich bin zum Nico gegangen und hab ihn gestreichelt und hab gesagt: »Halte durch!« In dem Moment kam der Dr. W. herein, und wir haben durch das Hemd den Durchschuss gesehen.

Götzl Sie sagten, Sie hätten hinten auch einen Schuss gehört. Können Sie dazu mehr sagen?

Danielle G. Der Schuss fand direkt an meinem Arbeitsplatz statt. Wir haben den Einschuss an dem Fußboden gesehen. Ein Kunde soll den Arm des Täters runtergedrückt haben, und in dem Moment soll der Schuss abgegangen sein.

Götzl Sie hatten geschildert, dass der Täter auf eine Kollegin mit einem Ventilator eingeschlagen hätte. Wer war das?

Danielle G. Die Frau R., er hat ihr ins Genick geschlagen. Und er hat gebrüllt. Wir haben gedacht, dass der Täter Drogen genommen hatte, weil er so schrie.

Götzl Wie waren die Folgen für Sie?

Danielle G. Wir hatten den nächsten Tag frei und haben uns anonym getroffen. Es war eine ganz schwere Zeit, aber wir müssen uns im Dienst ja immer beherrschen. Es hat sehr lange gedauert, bis man das verarbeitet hat. Ich habe nach fünf Jahren alle Unterlagen weggeschmissen, weil ich einen Schlussstrich ziehen wollte. *(Mit brüchiger Stimme)* Wenn man in so einem Beruf ist wie wir, hat man jeden Tag mit vielen Kunden zu tun, und wir wurden immer wieder auf dieses Thema hingewiesen. Ich kann kein Fernsehen mehr sehen, wo einer mit einer Maske läuft. Das geht gar nicht mehr. Ich hätte auch nicht gedacht, dass mich das heute noch so stark beeinflusst. *(Ein Justizbeamter reicht der Zeugin ein Taschentuch.)*

Götzl Zur Kassensituation, können Sie dazu was sagen?

Danielle G. Ich hatte einen Blackout und hatte große Angst, dass mich die Kollegin ruft, um den Tresor aufzumachen, weil mir die Nummer nicht eingefallen wäre. Ich glaube, das hat sie gewusst und mich förmlich beschützt.

Götzl Wissen Sie noch, wie die Waffe ausgesehen hat?

Danielle G. Vom Gefühl her habe ich das Bild, dass ich in so ein größeres Rohr reingeguckt habe.

(Die Zeugin wird entlassen. Nach einer Pause ergreift Anwalt Hoffmann das Wort. Er gibt eine Erklärung zur Aussage von Mario Brehme ab, der unter anderem am Tag 218 und 237 auftrat.)

Anwalt Hoffmann Mario Brehme hat sich angestrengt bemüht, alle bisher dagewesenen Nazi-Zeugen an Dreistigkeit zu übertreffen. Er hat ein klares Ziel verfolgt: die Angeklagten, vor allem Ralf Wohlleben, zu entlasten und als Nationalpazifisten darzustellen. Dem heute sich bürgerlich gebenden Brehme kam der nationalsozialistische Jargon leicht über die Lippen. Durch seine frappanten Erinnerungslücken wird deutlich, dass Brehme die Wahrheit verschweigt.

Verteidiger Klemke Ich bitte das Gericht, insbesondere Sie *(schaut Götzl an)*, in Zukunft auf Nebenklagevertreter so einzuwirken, dass sie etwas sachlicher vortragen. Wenn ich ständig Begriffe hören muss wie »Nazi-Zeugen«, erscheint mir das befremdlich.

Götzl Ich bitte um Sachlichkeit.

(Nun gibt Götzl noch mehrere Beschlüsse des Gerichts zu Beweisanträgen bekannt: Er lehnt es ab, weitere Zeugen zu laden und Akten heranzuziehen zu dem nordrhein-westfälischen V-Mann Johann H. Im Zusammenhang mit dem Anschlag auf den Laden in der Probsteigasse in Köln war im Verfassungsschutz eine optische Ähnlichkeit H.s mit einem von der Opferfamilie erstellten Phantombild erkannt worden. Das Gericht sieht darin aber keine Relevanz, zumal das Opfer später auf einer Lichtbildvorlage Johann H. als Täter ausgeschlossen habe.

Vom Gericht ebenfalls abgelehnt wird der Antrag, weitere Akten beizuziehen im Zusam-

menhang mit der Schredder-Aktion im Bundesamt für Verfassungsschutz. Dort wurden im November 2011, kurz nach Entdecken des NSU, Unterlagen über mehrere V-Männer aus der Thüringer Neonaziszene irregulär vernichtet. Zahlreiche Nebenkläger hatten zudem verlangt, den Beamten, der seinerzeit das Schreddern in Auftrag gab – Deckname im Amt »Lothar Lingen« –, als Zeugen zu befragen. Er war bereits vom Untersuchungsausschuss des Bundestags gehört worden und hat bestritten, dass das Schreddern dazu gedient habe, Erkenntnisse über den NSU zu vernichten. Richter Götzl lehnt die Ladung Lingens und das Beiziehen der teilweise rekonstruierten Akten ab.)

Götzl Durch die Anträge sind die Tatsachen unter Beweis gestellt, dass der Zeuge die Akten vernichten ließ, um von ihm vermutete oder ihm bekannte »Hinweise« den weiteren strafrechtlichen Ermittlungen zu entziehen. Diese Tatsachen haben aber weder Einfluss auf die Beurteilung des Beweiswerts eines anderen Beweismittels, noch haben sie Einfluss auf die Schuld- und/oder Straffrage bei den im vorliegenden Verfahren angeklagten Personen.

In der Hauptverhandlung wurde mehrfach der Verdacht verbalisiert, staatliche Stellen hätten durch ihr Handeln Straftaten, die den Angeklagten oder deren Umfeld zur Last gelegt würden, nicht verhindert. Auch in diesem Zusammenhang können die unter Beweis gestellten Tatsachen keine Grundlage für relevante Schlüsse des Senats sein. Die Vernichtung der Akten erfolgte nach der letzten Straftat der angeklagten Personen und kann daher nicht ursächlich dafür gewesen sein, dass eine vorher begangene Straftat nicht verhindert wurde. Im Übrigen gibt es keine Anhaltspunkte dafür, dass die Akten relevante Tatsachen enthalten haben und daher vernichtet wurden.

Tag 262

18. Februar 2016

Manfred Götzl, Richter. **Beate S.**, 57, **Sybille R.**, 52, Sparkassen-Mitarbeiterinnen aus Zwickau. **Herbert Diemer**, Vertreter der Bundesanwaltschaft. **Mathias Grasel**, Verteidiger von Beate Zschäpe. **Olaf Klemke**, Verteidiger von Ralf Wohlleben. **Hardy Langer**, Anwalt der Nebenklage.

(Anfang der Woche ist ein handschriftlicher Befangenheitsantrag von Beate Zschäpe als unbegründet zurückgewiesen worden. Sie hatte den Antrag außerhalb der Hauptverhandlung gestellt und darin Richter Götzl vorgeworfen, nicht auf ihr Interesse einzugehen, ein Vertrauensverhältnis zu ihren Verteidigern zu haben. Nun folgt, angestoßen von Ralf Wohllebens Anwälten, ein weiteres Ablehnungsgesuch gegen die Richter.)

Verteidiger Klemke Herr Vorsitzender, die Verteidigung von Ralf Wohlleben beantragt, die Hauptverhandlung für 90 Minuten zu unterbrechen, da wir ein Ablehnungsgesuch formulieren wollen.

Götzl Betreffend?

Verteidiger Klemke Betreffend sämtlicher erkennender Senatsmitglieder.

(Nach der 90-minütigen Pause wird die Verhandlung forgesetzt.)

Verteidiger Klemke Der Angeklagte Wohlleben lehnt den Vorsitzenden Richter Götzl, die Richter Dr. Lang, Kuchenbauer, Odersky und Kramer wegen Besorgnis der Befangenheit ab. Gestern verkündete der Senat einen Beschluss, in welchem er die Vernehmung des ehemaligen Verfassungsschutzbeamten mit dem Tarnnamen »Lothar Lingen« ablehnte. In der Begründung unter Punkt 4 heißt es unter anderem: »Die Vernichtung der Akten erfolgte nach der letzten Straftat der angeklagten Personen und kann daher nicht ursächlich dafür gewesen sein, dass eine vorher begangene Straftat nicht verhindert wurde.« Die Unterzeichner *(er meint sich und die beiden anderen Anwälte Wohllebens)* gingen zunächst davon aus, sich verhört zu haben. In der Formulierung kommt zum Ausdruck, dass die Richter jetzt schon der Ansicht sind, dass Ralf Wohlleben die ihm vorgeworfenen Taten begangen hat. Belegt ist nun, dass der Richter entgegenstehenden Beweisergebnissen nicht mehr offen ist. Er kann nicht mehr der vom Gesetz geforderte unvoreingenommene und unparteiliche Richter sein. Sonst hätte er eine Formulierung gewählt, die unzweideutig zum Ausdruck bringt, dass es sich nach wie vor um eine vorläufige Beweiswürdigung handelt. Ralf Wohlleben muss davon ausgehen, dass die Richter die Überzeugung haben, er habe die ihm vorgeworfenen Taten tatsächlich begangen.

Verteidiger Grasel Frau Zschäpe schließt sich dem Antrag an und macht sich die Begründung zu eigen.

Anwalt Langer Ich halte die Anträge für unbegründet, weil die zitierte Passage nicht losgelöst vom ganzen Absatz gelesen werden kann. Im Einleitungsabsatz heißt es: »Straftaten, die den Angeklagten zur Last gelegt werden«.

Bundesanwalt Diemer Ich rege an, die Hauptverhandlung fortzusetzen und die geladenen Zeugen zu vernehmen.

(Pause)

Götzl Die Entscheidung über die Ablehnungsgesuche wird vorläufig zurückgestellt.

Verteidiger Klemke Wir beanstanden diese Anordnung und beantragen einen Gerichtsbeschluss.

(Götzl unterbricht die Sitzung, dann kehren die Richter zurück in den Saal.)

Götzl Dann ergeht nach geheimer Beratung folgender Beschluss: Die Entscheidung über die Ablehnungsgesuche wird gemäß Paragraf 29, Absatz 2, Satz 1 Strafprozessordnung vorläufig zurückgestellt.

(Ein anderer Strafsenat des Oberlandesgericht wird nun darüber entscheiden, da in dem Befangenheitsantrag nicht nur Götzl, sondern auch alle seine Beisitzer abgelehnt wurden.)

Götzl Rufen Sie doch bitte die Zeugin S. auf!

(Die Zeugin Beate S. betritt den Gerichtssaal.)

Götzl Es geht um einen Überfall auf die Sparkasse in der Kosmonautenstraße in Zwickau am 5. Oktober 2006. Welche Beobachtungen wurden von Ihnen gemacht?

Beate S. Ein Mann mit Revolver kam hineingesprungen und hat geschrien, dass es ein Überfall ist. Der Täter ist um den Schreibtisch rum. Er war voll Adrenalin, war sehr aktiv, er ist zu einem Tisch, da stand eine schwere Vase. Die hat er durch den Raum geschmissen. Er stand vor mir und hat den Revolver vor mein Gesicht gehalten. Ich war wie paralysiert. Plötzlich hat er den Tischventilator in der Hand gehabt und mir drübergehauen. Ich habe den Arm hoch gerissen, den er dann getroffen hat. Es war ein Mann, jünger, er hatte unseren Dialekt.

(Anschließend sagt eine Kollegin aus der Sparkasse Zwickau aus.)

Sybille R. Der Täter hat mit einem Tischventilator auf uns eingeschlagen. Mir hat er auf den Kopf geschlagen. In dem Moment wurde mir bewusst, wenn wir jetzt nicht handeln, dreht er vielleicht ganz durch. Wir sind in die Kasse reingegangen. Er hat immer wieder geschrien: »Tresor auf!« Ich hab festgestellt, dass wir zu zweit den Tresor gar nicht öffnen können. Ich hab versucht, ihm das klarzumachen. Dass wir jemanden holen müssen. Aber man konnte mit ihm nicht reden. Ich habe gesagt: Ich hole den Chef. Hinten ist eine Tür zum Aufenthaltsraum, die stand Gott sei dank offen, da bin ich rein und hab die Tür hinter mir zugeschlagen. So hatte ich ihn dann los.

Tag 263

23. Februar 2016

Manfred Götzl, Richter. **Bernd K.**, 53, Kriminaltechniker aus Zwickau. **Andreas M.**, 52, Kriminalhauptkommissar beim BKA in Berlin. **Roland S.**, 63, Chirurg am Krankenhaus Zwickau. **Oliver Peschel**, 51, Rechtsmediziner aus München. **Wolfgang Stahl**, Verteidiger von Beate Zschäpe.

Bernd K. Ich bin Kriminaltechniker bei der Polizei Zwickau. Als ich zur Sparkasse an der Kosmonautenstraße kam, war schon alles abgesperrt, die verletzte Person war schon im Rettungswagen.

Götzl Bitte erläutern Sie uns die Lichtbilder, die vom Tatort angefertigt wurden.

Bernd K. *(blättert Fotos vom Überfall auf die Sparkasse durch)* Hier die automatische Schiebetüre, hier im Vorraum stehen Geldautomaten. Dann gelangt man in die Sparkasse, links ist der Servicebereich, rechts offene Beratungsräume, hier ein umgeworfener Kleiderständer, im hinteren Bereich haben wir ein Einschussloch im Teppich vorgefunden. Daneben ein Projektil. Ein Schuhabdruck auf einem umgeworfenen Informationsschild konnte gesichert werden. Auf dem Servicetresen liegt hier ein Handtuch mit blutigen Anhaftungen und ein Tischventilator, der aus der Steckdose gerissen wurde.

(Weitere Bilder der Überwachungskamera zeigen, wie der Auszubildende Nico R. mit erhobenen Händen vor Uwe Böhnhardt steht, wie sich Böhnhardt abwendet und der junge Mann versucht, ihn zu überwältigen, wie es zu einem Handgemenge kommt.)

Bernd K. Hier bedroht er den Azubi. Hier die Auseinandersetzung, hier, wie der Azubi schon am Boden lag. Auf der Fensterbank haben wir noch ein zweites Projektil gefunden. *(Es handelt sich um das Projektil, das den Bauch des Auszubildenden Nico R. durchdrungen hatte und auf der Fensterbank zu liegen kam.)*

(Der nächste Zeuge ist Kriminalhauptkommissar Andreas M.)

Götzl Es geht uns um den Überfall in der Kosmonautenstraße.

Andreas M. Meine Aufgabe war die Zusammenführung der Asservate aus dem Wohnmobil in Eisenach und aus der Frühlingsstraße in Zwickau mit den Ermittlungsakten von den Raubüberfallen. Wir haben die Bilder der Überwachungskameras verglichen mit den Asservaten. Die Besonderheit bei diesem Überfall in Zwickau war, dass der Täter zwei Schüsse abgegeben hat und die Projektile gefunden wurden. Im ausgebrannten Wohnmobil war ein Revolver dabei, Alfa-Proj Modell 3831, Kaliber 38 Spezial. Das Projektil aus der Sparkasse stimmte mit der Waffe überein. Wir haben Bekleidungsstücke verglichen, da gab es einen Treffer bei einer grünen Regenjacke aus der Frühlingsstraße. Die Jacke hatte der Täter am 5.10.2006 getragen. In der Jacke befand sich ein Durchschussloch mit Schmauchspuren und einer Verbrennung des Gewebes vom Mündungsfeuer – etwa an der Position, die mit dem Ablauf übereinstimmte, was der Täter mit dem Azubi R. gemacht hat. Auch ein dunkelblauer Rucksack, den der Täter bei dem Banküberfall dabeihatte, wurde in einer Abstellkammer in der Frühlingsstraße gefunden. Im Wohnmobil wurde zudem eine schwarze Sturmhaube sichergestellt, mit DNA-Spuren von Uwe Böhnhardt.

Das Besondere an dem Überfall in Zwickau war, dass es diesmal ein Einzeltäter war, sonst waren es immer zwei Täter. Wir konnten rückwirkend gut festlegen, wer auf den Überwachungsbildern Mundlos und wer Böhnhardt war. Der Täter in Zwickau hatte eine sehr unsichere Haltung der Pistole. Der Finger ist am Abzug, der Daumen ist aufgelegt am Hammer. Da kann einem die Waffe leicht aus der Hand fallen. Das war immer Uwe Böhnhardt, der die Waffe so gehalten hat.

Uwe Mundlos hält die Waffe richtig. Das konnten wir auf anderen Überwachungsbildern nachverfolgen.

Verteidiger Stahl Hatte die Waffe einen technischen Defekt?

Andreas M. Nein, Uwe Böhnhardt hat auch bei anderen Waffen immer diese Haltung benutzt. Wenn er beidhändig arbeiten wollte, zum Beispiel, wenn er mit der anderen Hand Angestellte misshandeln wollte, dann wollte er mit dieser Haltung offenbar verhindern, dass sich ungewollt ein Schuss löst.

(Der nächste Zeuge, Roland S., betritt den Gerichtssaal.)

Roland S. Ich habe die Notfalloperation durchgeführt wegen der Bauchschussverletzung von Nico R. Es gab Blutungen im Bauch, in der Bauchhöhle war etwa 1,1 Liter freies Blut. Die Hauptverletzung betraf die Milz und die Kapsel der Bauchspeicheldrüse. Es ist ein glücklicher Umstand, dass Magen und Darm nicht verletzt waren. Man versucht, die Milz bei jüngeren Menschen nicht zu entfernen, aber die Milz war am Ende der Operation schlecht durchblutet, deswegen haben wir sie doch noch entfernt. Es gab keine Komplikationen, nur eine leichte Entzündung der Bauchspeicheldrüse.

(Zuletzt nimmt der Rechtsmediziner Oliver Peschel Stellung zur Schussverletzung des Azubi Nico R.)

Peschel Wenn es zu einer Verletzung der Milzgefäße kommt, ist immer eine erhebliche Blutung zu erwarten. Die Gefäße dort sind von Bleistiftdicke, es tritt dann viel Blut aus. Wenn die Bauchspeicheldrüse verletzt wird, kann es passieren, dass Eiweißstoffe, die zur Verdauung dienen, in die freie Bauchhöhle gelangen und zu einer Selbstverdauung führen, auch das ist hier eingetreten. 1,1 Liter Blut trat dabei aus, das ist eine ganz erhebliche Menge. Danach ist häufig ein Kreislaufversagen zu beobachten. Auch hier war nach Einleitung der Narkose schon ein Blutmangel-Schock zu beobachten. Deswegen wurden vier Packungen Blutplasma gegeben, sonst kann es zu einem nicht mehr stillbaren Blutgerinnungsversagen kommen.

Die Entfernung der Milz wird als minderschwere Komplikation aufgefasst, weil dies keine unmittelbar lebensgefährlichen Folgen habe. Aber das ist nur eingeschränkt zutreffend. Die Milz ist nicht nur ein Blutspeicher, sondern hat auch eine wesentliche immunologische Funktion. Bei einem Milzverlust können erhebliche Komplikationen entstehen bis hin zu einer massiven Entzündungsreaktion des Körpers mit einer Sepsis, also der Überschwemmung des Körpers mit Bakterien. Es besteht dann eine hohe Letalität von 40 bis 50 Prozent. Das ist ein relevantes Risiko auch noch viele Jahre nach dem Verlust der Milz. Auch wenn seit der Tat zehn Jahre verstrichen sind, heißt das nicht, dass es nicht noch Komplikationen geben kann.

Tag 264

24. Februar 2016

Manfred Götzl, Richter. **Eberhard Opitz**, 57, Sachverständiger für Schusswaffen beim BKA Wiesbaden. **Jochen Weingarten**, Vertreter der Bundesanwaltschaft. **Nicole Schneiders**, Verteidigerin von Ralf Wohlleben. **Bernd Behnke, Eberhard Reinecke, Yavuz Narin**, Anwälte der Nebenklage.

(Richter Manfred Götzl will an diesem Tag die Waffen des NSU, die im Brandschutt der Wohnung in der Frühlingsstraße und im ausgebrannten Wohnmobil gefunden wurden, mit intakten, baugleichen Waffen des Bundeskriminalamts vergleichen. Vor dem Richtertisch wird ein großer gepolsterter Koffer mit Schusswaffen aufgeklappt. Keine zwei Meter von Zschäpe entfernt liegen ein Gewehr, zwei Maschinenpistolen und 17 Revolver und Pistolen.)

Götzl Es geht mir um die asservierten Waffen und die Vergleichswaffen. Beginnen wir mit der Pistole Radom.

Opitz *(legt die intakte Waffe auf den Richtertisch)* Das ist die Pistole Radom, Modell Vis 35, aus unserer Sammlung. Eine Selbstladepistole, 9 Millimeter Luger, mit Magazin im Griff. Das Magazin wird mit Patronen befüllt, wird wieder hineingesteckt, der Hahn ist gespannt. Somit ist die Waffe feuerbereit. Nach dem Schuss wird die Hülse ausgeworfen. Die Waffe ist so lange feuerbereit, bis das Magazin leer ist.

Götzl Und jetzt zeigen Sie uns bitte die asservierte Waffe.

Opitz Die asservierte Waffe habe ich nicht dabei. Die liegt nicht bei uns im BKA.

Götzl Aber das war abgesprochen und organisiert, dass das hergebracht wird. Wir machen zehn Minuten Pause.

(Nach einer kurzen Pause tritt das Gericht wieder zusammen.)

Götzl Es wurde versäumt, die asservierten Waffen in den Sitzungssaal zu schaffen. Das wird gerade nachgeholt.

(Weitere 30 Minuten Pause. Ein Aktenwagen wird hereingefahren, darauf gestapelt Pappkisten mit Pistolen, eine schwere Metallkiste. So viele Waffen waren noch nie in diesem Saal.)

Götzl Wir setzen die Anhörung des Sachverständigen fort. Mir geht es jetzt darum, die asservierte Waffe in Augenschein zu nehmen. Immer Vergleichswaffe und asservierte Waffe. Bitte schön.

Opitz Das ist das Asservat der Waffe Radom Vis Modell 35, es war in einem noch unansehnlicheren Zustand als jetzt. Das Magazin war in den Rahmen hineingedrückt, die Griffschalen haben gefehlt, alle Patronen haben umgesetzt *(er meint damit, dass sie explodiert sind.)* wegen der Wärmeentwicklung. Wir haben sie nur insoweit gereinigt, um sie wieder zur Funktion zu bringen, und die Waffe dann bei uns beschossen.

Götzl Dann die nächste Waffe.

Opitz Das ist die Pistole Erma, eine Gasalarmwaffe 8 Millimeter Knall. Eine Selbstladepistole, sie hat die gleiche Funktion wie eine scharfe Waffe, mit ihr kann man aber kein Geschoß verfeuern. Das entsprechende Asservat wäre hier. *(Er legt eine verkohlte, zerschmolzene Waffe auf den Richtertisch.)* Eigentlich ist hier gar nichts mehr zu retten, es war nicht möglich, sie in einen gebrauchsfähigen Zustand zurückzusetzen. Sie ist teilweise angeschmolzen und funktionsunfähig.

Götzl Bitte die nächste Waffe.

Opitz Eine Walther PP, 7,65 Millimeter Browning. Das Asservat dazu sieht nicht ganz so gut aus wie die Vergleichswaffe, ein bisschen angegriffen durch die Wärmeentwicklung. Auch diese Waffe wurde spurenschonend und nur so weit als nötig für die Funktion gereinigt und bei uns beschossen. *(Er legt die Waffe wieder in ihre Pappschachtel zurück, darauf steht: Handle with Care.)*

Opitz Ich habe hier zwei modellgleiche Pistolen der Marke Česká Modell 83, 7,65 Millimeter Browning. Beide Waffen sind mit Schalldämpfer versehen. Auch hier haben wir eine halb automatische Selbstladepistole, wobei die untere Waffe das Asservat ist. Durch Wärme im Bereich der Griffschalen ist das Asservat stark angegriffen, aufgewellt, angeschmolzen. *(Die Česká 83 war die Tatwaffe für neun der zehn Morde. Bei ihr ist der Schalldämpfer erheblich länger als die ganze Waffe.)*

Anwalt Langer Können Sie das abschrauben?

Opitz Ja. *(Er dreht den Schalldämpfer vom Gewinde der Waffe ab und wieder drauf. Dann verpackt er sie wieder in der Pappschachtel.)*

Götzl Machen wir weiter.

Opitz Hier eine Pistole Erma EP 552S Kaliber 22 Longrifle, in gutem Erhaltungszustand. Wenig angegriffen. Wieder eine halb automatische Selbstladepistole.

Götzl Ja.

Opitz Ein Revolver Kora eines tschechischen Herstellers. Kaliber 6 Millimeter Flobert. Einen solchen Revolver haben wir nicht in unserer Sammlung, ich habe deswegen einen eigentlich baugleichen Revolver des gleichen Herstellers mitgebracht. Die Funktion ist double action, das heißt: Ich kann durch Ziehen des Abzugs als auch durch Spannen des Hahns einen Schuss auslösen.

Götzl Die nächste Waffe, bitte.

Opitz Eine Pistole Česká Modell 82, Kaliber 9 Millimeter Makarow, eine Selbstladepistole, halb automatisch, in etwa baugleich mit der Česká 83, nur das Kaliber ist ein anderes. Sie ist in recht gutem Zustand, von der Hitze nach dem Brand so gut wie gar nicht angegriffen.

(Die Waffen sind jeweils mit Kabelbindern auf einer Pappunterlage fixiert.)

Opitz Hier haben wir eine russische Pistole, TOZ TT33, diese Waffe war sehr angegriffen und hat das Kaliber 7,62 Millimeter Tokarew. Sie wurde bei uns gereinigt. Das Magazin ist hier noch in der Waffe drin, ist ausgebeult, sämtliche Patronen haben sich umgesetzt durch die Wärmeentwicklung. Diese Waffe habe ich selbst bearbeitet, ich habe den Lauf genommen, den Verschluss und habe mir nicht die Mühe gemacht, das Magazin rauszunehmen. Habe aber den Abzug und den Lauf des Asservats in eine Vergleichswaffe eingebaut, sodass alle spurengebenden Teile zusammen waren.

Götzl Bitte schön.

Opitz Ein Revolver mit der Bezeichnung Chief Special, Combat 9 Millimeter, Smith & Wesson, höchstwahrscheinlich von der Firma Umarex, eine Gasalarmwaffe, Kaliber 9 Millimeter Knall. Es ist nicht möglich, daraus scharfe Geschosse zu verschießen. Sie hat wieder ein Double-action-System.

Dann ein Gewehr. Hier das Asservat Flobert, es sind noch Reste des Brandschutts drauf, der Griff ist abgeschnitten und der Lauf gekürzt. Es handelt sich um einen Einzellader, man muss die Patrone einlegen, spannen, schießen, nachladen.

Götzl Die Nächste.

Opitz Eine Maschinenpistole Česká mit einer klappbaren Stütze. Einzelfeuer und Dauerfeuer, das wird über den Abzug gesteuert. Das ist das baugleiche Asservat, verschmutzt durch Bauschutt oder Brandschutt.

Götzl Bitte.

Opitz Dann haben wir hier eine Pistole der italienischen Marke Bruni, 315 Auto, ursprünglich Kaliber 8 Millimeter, eine Gasalarmwaffe, eine halb automatische Pistole, mit Single-action-Mechanismus: Vor jedem Schuss, der verfeuert wird, muss der Hahn wieder gespannt werden. Sonst kann ich mit der Waffe nicht schießen. Das passiert aber automatisch, wenn das Magazin geladen ist, dann ziehe ich den Verschluss zurück, und dann ist der Hahn automatisch gespannt. Und bei jedem automatischen Repetieren ist der Hahn wieder gespannt. Der Gaslauf wurde entfernt und durch einen scharfen Lauf ersetzt mit dem Kaliber 6,35 Millimeter Browning.

(Götzl nickt dem Sachverständigen auffordernd zu.)

Opitz Hier haben wir eine Flinte, eine Vorderschaft-Repetierflinte im Kaliber 12, auffällig ist, dass der Lauf, der eigentlich länger ist, gekürzt ist bis auf die Länge des Magazins. Die Waffe hat einen Pistolengriff anstelle eines Schaftes.

Hier noch eine Vorderschaft-Repetierflinte Winchester Defender, auffällig hier auch der Lauf, er ist sehr kurz, vermutlich werksseitig so hergestellt, in Amerika werden solche Waffen als Verteidigungsgewehre mit so kurzen Läufen hergestellt. Was auffällig ist, der Abzugsbügel ist stark verschmolzen und der Abzugszüngel fehlt. Da wird der Zeigefinger daraufgelegt, um den Schuss auszulösen. Diese Waffe war mit geschmolzenem Kunststoff verklebt. Ich kann auch mit dem Rest, der sich noch in der Waffe befindet, eine Patrone auslösen und zünden. Das geht jetzt noch.

Götzl Die Nächste.

Opitz Ein Revolver der tschechischen Firma Alfa-Proj, Double-action-System Kaliber 38 spezial.

Dann eine verschmorte Pistole, Heckler & Koch, P 2000, die auch sehr stark durch Hitze angegriffen ist, am Griff und am Abzug. Aber sie ist nicht unbrauchbar, hier ist das vergleichbare Modell aus der Sammlung. Das würde so aussehen. *(Er legt die Pistole auf den Richtertisch. Die nächste Waffe ist eine Maschinenpistole.)*

Opitz Hier eine Maschinenpistole Pleter 91, nach unserem Wissen in Kroatien hergestellt, verschießt das Kaliber 9 Millimeter Luger. Sie hat Dauerfeuer, es gibt keine Möglichkeit, auf Einzelfeuer umzustellen. Auffällig hier vorne eine nickelfarbige Schraube. Der Lauf liegt frei, das ist eigentlich unüblich. Die Schraube dient dazu, einen Laufmantel oder einen Schalldämpfer an der Waffe zu befestigen. Das Vergleichsmodell hat einen Schalldämpfer fixiert. Wenn ich die Schraube löse, dann kann ich den Schalldämpfer herausschrauben. Die Waffe hat eine Schulterstütze.

Götzl Bitte die Nächste.

Opitz Ein Revolver mit einem Zeichen der Physikalisch-Technischen Bundesanstalt, eine Gasalarmwaffe. Das Original ist dieser Revolver hier, ein Flobert 6 Millimeter Knall. Ein Single-action-Revolver, der Hahn muss jedes Mal von Hand gespannt werden. Das Asservat ist bearbeitet. Der Revolver wurde in eine scharfe Waffe geändert.

Hier haben wir noch eine Heckler-&-Koch-Pistole, die zweite Pistole. In fast unversehrtem Zustand. Hat von der Wärmeentwicklung nicht viel abbekommen.

Und als Letzte noch die Pistole Česká, Modell 70, Kaliber 7,65 Browning. Eigentlich eine normale Selbstladepistole, wieder double action. Dann müssten jetzt eigentlich alle Waffen vorliegen.

Götzl Sollen Fragen gestellt werden?

Verteidigerin Schneiders Können Sie etwas zum Anlieferungszustand der Česká 83 sagen?

Opitz Das Wesentliche war bei der Česká 83, dass die Waffe fast vollständig von geschmolzenem, geschrumpftem Kunststoff umschlossen war. Die Vermutung war: eventuell eine Kunststofftüte, ein Einkaufsbeutel vielleicht.

Verteidigerin Schneiders Es ist augenfällig, dass die Česká nicht die minimalste Spur einer Plastikantragung mehr hat. Haben Sie die gereinigt?

Opitz Ich weiß nicht mehr, wann das von wem abgetragen wurde.

Anwalt Reinecke Ich bitte darum, das Foto der Česká aus den Akten vorzulegen, ob das der Zustand war, wie der Zeuge die Pistole bei der Einlieferung gesehen hat. *(Götzl zeigt Bilder der Česká mit der aufgedrehten Plastikfahne über dem Lauf.)*

Opitz An diese Aufnahmen kann ich mich erinnern. Das muss der Einlieferungszustand gewesen sein. Der Schalldämpfer war auch mit diesem Material verschmolzen.

Anwalt Behnke Handelte es sich bei den Waffen auch um Kriegswaffen?

Opitz Die Česká 26 und die Pleter 91 sind eindeutig zwei Maschinenpistolen, die würden unter das Kriegswaffenkontrollgesetz fallen.

Anwalt Narin Können Sie zu den Faustfeuerwaffen Radom Vis und der Tokarew eine Aussage treffen, ob diese Waffen als besonders unzuverlässig gelten?

Opitz Mir persönlich sind keine Unzuverlässigkeiten aufgefallen. Ich wüsste eigentlich nicht, dass sie besonders zuverlässig oder unzuverlässig wären.

Oberstaatsanwalt Weingarten Ich muss noch mal zur Pleter 91 insistieren. Nach meiner Erinnerung ist es so, dass die Vergleichswaffe und das Originalasservat sich durch die Anbringung der Schraube am Lauf unterscheiden. Sind beide Schraubsysteme werksseitig gefertigt worden?

Opitz Schwierige Frage. Bei der Pleter ist die Schraube nickelfarben, ein Schalldämpfer ist nicht vorhanden und ein Laufmantelauch nicht. Bei der nickelfarbenen Schraube könnte es sich um eine Schraube handeln, die den Lauf ohne Schalldämpfer oder Laufmantel arretiert, die müsste dann aber länger sein und etwas dicker. Ich kann allerdings nicht feststellen, ob die geändert wurde. Die Waffe wurde in Kroatien hergestellt, da sind die Produktionsmethoden nicht wie bei Heckler & Koch, wo jede Schraube der anderen gleicht. Für uns ist nicht festzustellen, ob da eine neue Schraube reingemacht wurde und zu welchem Zeitpunkt das erfolgt ist.

Götzl Gut. Sie können die Waffen jetzt gerne wieder mitnehmen.

Tag 265

25. Februar 2016

Manfred Götzl, Richter. **Werner G.**, 74, Rentner aus Chemnitz. **Katrin B.**, 51, Postbank-Mitarbeiterin aus Chemnitz., **Gisela B.**, 67, Rentnerin aus Chemnitz. **Herbert Diemer**, Vertreter der Bundesanwaltschaft. **Olaf Klemke**, Verteidiger von Ralf Wohlleben. **Eberhard Reinecke**, Anwalt der Nebenklage.

(Nachdem am Tag zuvor der Beschluss bekannt wurde, dass Ralf Wohlleben weiter in Untersuchungshaft bleiben muss und das Gericht seine Aussage vor Gericht für wenig glaubhaft hält, wird heute der nächste Befangenheitsantrag dieses Verfahrens gestellt.)

Verteidiger Klemke Der Angeklagte Wohlleben lehnt den Vorsitzenden Richter am Oberlandesgericht Götzl, de Richter am Oberlandesgericht Lang, den Richter am Oberlandesgericht Kuchenbauer, die Richterin am Oberlandesgericht Odersky und den Richter am Oberlandesgericht Kramer wegen Besorgnis der Befangenheit ab. Sachverhalt: Auf den Antrag des Angeklagten Wohlleben vom 18. 1. 2016, den Haftbefehl aufzuheben, hilfsweise außer Vollzug zu setzen, lehnte der Senat mit Beschluss vom 24. 2. 16 den Antrag ab und ordnete Haftfortdauer an. In dem Beschluss, Seite 9, heißt es: »Der dringende Tatverdacht wird auch unter Berücksichtigung der Einlassung des Angeklagten nicht erschüttert. Der Angeklagte hat während des gesamten Ermittlungsverfahrens und bis zum 251. Hauptverhandlungstag von seinem Recht Gebrauch gemacht, sich nicht einzulassen.« Weiter heißt es: »Der Haftgrund der Schwerkriminalität besteht fort.«

Rechtliche Würdigung: Die abgelehnten Richter haben den Umstand, dass sich der Angeklagte Wohlleben erst am 251. Hauptverhandlungstag zur Person und zur Sache geäußert hat, an den Anfang der Würdigung seiner Aussage gestellt. Zwar werten sie den Zeitpunkt nicht explizit, aber es ist nicht ersichtlich, weshalb sie ihn erwähnen, wenn er keinen Einfluss gehabt haben würde. Indem die abgelehnten Richter an vorderster Stelle ausführen, dieser habe sich erst am 251. Verhandlungstag eingelassen, verstoßen sie eklatant gegen den Grundsatz der Aussagefreiheit des Angeklagten. Dem Angeklagten steht es frei, ob und wenn ja wann er sich äußert. Nachteilige Schlüsse dürfen nicht daraus gezogen werden. Die Aussagefreiheit ist als Verfahrensrecht mit Verfassungsrang im gesamten Verfahren zu beachten. Der unbefangene Gebrauch des Schweigerechts wäre sonst nicht gewährleistet. Der Grundsatz »Nemo tenetur se ipsum accusare« genießt Verfassungsrang. Die Entscheidung der abgelehnten Richter ist willkürlich und offenkundig verfassungswidrig.

Bundesanwalt Diemer Ich rege an, die Verhandlung fortzusetzen und die Entscheidung über das Gesuch zurückzustellen.

Verteidiger Klemke Die Vorwürfe des Herrn Wohlleben sind sehr gravierend, sodass es für ihn nicht zumutbar ist, vor einer Entscheidung des Ablehnungsgesuchs weiter zu verhandeln.

Anwalt Reinecke Das Gesuch ist unbegründet, es basiert auf einer vorsätzlichen, bösartigen Falschinterpretation des Haftbeschlusses. In diesem werden die verschiedenen Merkmale durchgegangen, auch die Frage des dringenden Tatverdachts. Es wird schlicht und einfach mitgeteilt, wann eine Einlassung des Herrn Wohlleben erfolgt ist. Bei der Würdigung wird nicht darauf eingegangen, wann sich Herr Wohlleben eingelassen hat. Es wird ein Popanz aufgebaut.

(Pause)

Götzl Die Entscheidung über das Ablehnungsgesuch wird vorläufig zurückgestellt.

(Er verweist auf das Beschleunigungsgebot.)

Veteidiger Klemke Die Verteidigung Wohlleben beanstandet das und beantragt einen Gerichtsbeschluss.

(Nach einer Pause wird die Verhandlung fortgesetzt.)

Götzl Zunächst, Herr Rechtsanwalt Reinecke: Im Hinblick auf Ihre Wortwahl rufe ich Sie zur Sachlichkeit auf. Nun der Beschluss. Nach geheimer Beratung ergeht folgender Beschluss: Die Verfügung des Vorsitzenden wird bestätigt. Die Entscheidung über das Ablehnungsgesuch wird vorläufig zurückgestellt.

(Der Zeuge Werner G. wird aufgerufen.)

Götzl Es geht uns um einen Überfall auf die Postfiliale in der Limbacher Straße in Chemnitz am 27.10.1999. Haben Sie etwas davon mitbekommen?

Werner G. Von 1989 bis 2005 hatten wir ein Elektrofachgeschäft, Luftlinie ungefähr 70 Meter von dem Tatort entfernt. Ich hatte gerade nichts zu tun und zur Tür rausgeguckt, als ein helles Fahrzeug eine Notbremsung machte, ein Mann sprang raus. Ich schaute auf die andere Straßenseite, da rannte ein Mann, und ich sah eine Schusswaffe in der rechten Hand. Ob die echt war, kann ich nicht sagen. Ich sah dann ein Motorrad in der Einfahrt gegenüber dem Geschäft, auf einem Brachgelände stehen, und der Mann sprang auf, und die fuhren in das Gelände rein.

Götzl Zwei Personen?

Werner G. Einer saß schon auf dem Motorrad, der andere ist draufgesprungen.

(Nun sagt die Zeugin Katrin B. zum Überfall am 6.10.1999 auf die Post in der Barbarossastraße 71 in Chemnitz aus.)

Katrin B. Am späteren Nachmittag kamen zwei mit Helmen und Visier auf, beide waren gleich angezogen, graue Blousons an. Es ging ziemlich schnell, einer kam an den Schalter ran, hat auch einen Schuss losgelassen. Der eine stand neben mir, und das Geld hab ich in eine Plastiktüte reingeschmissen. So schnell wie sie da waren, waren sie auch wieder raus.

Götzl In welcher Situation hat der einen Schuss losgelassen?

Katrin B. Er stand da und es hat einfach Peng gemacht. Der eine hat die Waffe der Kollegin auch an den Kopf gehalten. Die Täter hatten eine normale Statur. Ich denke, es waren jüngere Personen.

Götzl Wie waren die Folgen für Sie?

Katrin B. Ich konnte dann praktisch auf keiner Filiale mehr arbeiten, wo nur zwei Personen waren. Ich habe mich versetzen lassen auf eine Filiale, wo es mehr Schalter gibt. Ich hab Panik geschoben, wenn einer reinkam mit einem Helm.

Götzl Wissen Sie noch, wie viel Geld erbeutet wurde?

Katrin B. Ich glaube, es waren 2000 D-Mark ungefähr.

(Es folgt Katrin B.s frühere Kollegin Gisela B.)

Gisela B. Viel kann ich nicht beitragen. Ich war in einem Hinterraum, und wie ich zurückkam, saß meine Kollegin da und ein Mann stand mit dem Rücken zu mir neben ihr am Schalter. Er hatte was Dunkelgrünes an wie eine Polizeiuniform. Ich hab noch gesagt: »Ei, wie sind denn Sie hereingekommen?« Weil ich nichts gehört hatte. Es kam nur ein Seitenblick, da hab ich gesehen, der hat ja einen Helm auf. Mir wurde bewusst, dass es sich um einen Überfall handelt. Ich sah auch die zweite Person vor dem Schalter stehen. Beide hatten einen Vollhelm mit Visier auf. Die Kollegin sagte, sie habe nichts mehr. Und ich bin langsam zu meinem Schalter gelaufen und hatte nur den Gedanken: Wie kommst du an den Alarmknopf? Der eine kam an mir vorbeigesaust, und dann waren beide verschwunden.

Tag 266

2. März 2016

Manfred Götzl, Richter. **Nadine F.**, 36, Entspannungspädagogin aus Berlin. **Reiner Görlitz**, Verfassungsschützer aus Brandenburg und früher V-Mann-Führer von Carsten Szczepanski alias »Piatto«. Er wurde auch an den Tagen 215 und 222 befragt. **Wolfgang Stahl**, Verteidiger von Beate Zschäpe. **Olaf Klemke, Wolfram Nahrath, Nicole Schneiders**, Verteidiger von Ralf Wohlleben. **Thomas Bliwier**, Anwalt der Nebenklage.

(Die Verhandlung am Vortag fiel aus, weil Mitglieder eines anderen Senats des Oberlandesgerichts noch nicht über den Befangenheitsantrag gegen Götzl und seine Kollegen entscheiden konnten. Nun wird der Prozess fortgesetzt. Wohllebens Befangenheitsantrag, dem sich Zschäpe angeschlossen hatte, wurde zurückgewiesen.)

Götzl Es geht um einen Überfall auf eine Postfiliale in der Max-Planck-Straße in Zwickau am 5. Juli 2001. Mich würde interessierten, inwiefern Sie betroffen waren.

Nadine F. Ich war in der Filiale mit einer Kollegin in der Mittagszeit, als zwei junge Männer, Anfang zwanzig hätte ich geschätzt, reinkamen. Die hatten eine Kapuze auf, Dreieckstuch und Pistole und haben so was gesagt wie: »Überfall! Geld her!« Ich hab es, glaube ich, am Anfang nicht richtig ernst genommen. Einer kam über den Schalter rüber, ich hatte die Pistole am Kopf, er hat mich aufgefordert, die Kasse aufzumachen. Das hab ich auch getan. Ich war perplex. Meine Kollegin kam, und der zweite junge Mann ist auf sie. Dann haben sie uns aufgefordert, in den Tresorraum zu gehen. Ich hab ziemlich lang noch mit denen diskutiert, meine Kollegin hatte aber Angst. Sie hat gezittert. Ich hab den Tresor aufgemacht. Sie sind dann raus, und ich konnte noch fix den Knopf von der Kamera und vom Alarm auslösen. Es war niemand anderes in der Filiale außer uns Angestellten.

Götzl Wie ging es Ihnen nach dem Überfall?

Nadine F. Ich war wie in einem Schockzustand. Eigentlich hatte ich am Anfang mehr Wut, vor dem Tresor hab ich das erste Mal realisiert: Wow, man weiß nicht, ob die nicht wirklich abdrücken würden. Ich hab dann den Job aufgegeben, weil ich nicht mehr in der Filiale arbeiten wollte. Ich hatte Angstzustände. *(Die Zeugin kommt nach vorne, es werden Fotos gezeigt.)*

Nadine F. Hier, das ist der Vorraum. Und hier war der Paketschalter. Gegenüber ging's rein. *(Sie stockt, als sie die Fotos sieht. Es fällt ihr schwer, darüber zu sprechen. Sie darf sich wieder hinsetzen.)*

Götzl Es heißt hier im Protokoll Ihrer Vernehmung bei der Polizei, der Täter reichte eine zusammengeknüllte Plastiktüte, weiß-rot.

Nadine F. An die Tüte kann ich mich nicht mehr erinnern.

Götzl Im Protokoll heißt es, dass der zweite Täter Kundschaft, die in die Post wollte, aufgefordert habe, zurückzugehen, und sie mit Tränengas besprühte.

Nadine F. *(überlegt)* Das ist mir nicht mehr so in Erinnerung.

Götzl Im Protokoll heißt es weiter, Sie schätzten, dass die Täter circa 60 000 D-Mark erbeutet hätten.

Nadine F. Ja.

(Nun soll erneut der frühere V-Mann-Führer des V-Manns »Piatto«, Reiner Görlitz, vom Verfassungsschutz Brandenburg vernommen werden. Um ihn hatte es ein Ringen mit dem Innenministerium von Brandenburg zu der Frage gegeben, ob er überhaupt als Zeuge aussagen muss und wie weit die Aussagegenehmigung vor Gericht reicht.)

Götzl Zum Zeugen Görlitz liegt uns vom 10.8.2015 eine ergänzende Aussagegenehmigung vom Innenministerium in Brandenburg vor. *(Er liest sie vor. Dann wird der Zeuge aufgerufen. Er erscheint in einem weiten, grauen Kapuzenpullover und nimmt die Kapuze nicht ab. Er trägt eine Brille und hat offensichtlich eine Perücke auf, mit langen Haaren. Neben ihm nimmt ein Anwalt als Zeugenbeistand Platz.)*

Götzl Es geht uns um das Handy von Carsten Szczepanski. Wann wurde es eingezogen und von wem?

Görlitz Ich habe dazu was vorbereitet, kann ich das vorlesen? *(Schaut in ein Papier.)*

Götzl *(laut)* Bitte legen Sie das zur Seite! Sie sind hier dazu da, uns Auskunft zu geben, und nicht, etwas vorzulesen!

Görlitz Das Handy wurde am 25.8.1998 gegen 16 Uhr von Herrn Szczepanski an mich übergeben.

Götzl Was soll die Antwort übrigens bedeuten, Sie hätten etwas vorbereitet?

Görlitz Da es 18 Jahre her ist, habe ich mich mit der Sache befasst und das zu Papier gebracht. Ich habe einen Treffvermerk gelesen.

Götzl Haben Sie einen Kaugummi im Mund? Das stört mich!

Görlitz *(nimmt ihn heraus)*

Verteidigerin Schneiders Ich möchte mich beschweren, dass der Zeuge vor sich immer noch Papierwerk hat. Kann er das zuklappen?

Götzl *(zum Zeugen)* Ja, machen Sie es bitte zu. Uns interessiert Ihre Erinnerung. Wir waren beim Thema Handy stehen geblieben. Was wissen Sie dazu?

Görlitz Ich weiß dazu, dass am 25.8.1998 zwei neue Handys in Potsdam mit unterschiedlichen Nummern erstanden wurden und dass das bis dato von Herrn Szczepanski benutzte Handy eingezogen wurde. Im Rahmen eines Treffens wurde der Austausch etwa gegen 16 Uhr in Potsdam vorgenommen.

Götzl Was ist mit dem Handy geschehen?

Görlitz Ist an Mitarbeiter der Verwaltung abgegeben worden inklusive SIM-Karte und üblicherweise dann vernichtet worden.

Götzl In diesem Fall auch?

Görlitz Auch in diesem Fall.

Götzl Ist das Handy ausgewertet worden?

Görlitz Nein, es soll nicht ausgewertet worden sein. Ich habe hinterher erfahren, von der Referatsleiterin, dass dieses Handy nicht ausgewertet wurde.

Götzl Gibt es von Ihnen selbst Ergänzungen anzubringen zu Ihren bisherigen Aussagen?

Görlitz Ergänzungen? Nein. Wozu?

Verteidiger Klemke Was heißt »hinterher«, wenn Sie sagen, Sie hätten hinterher erfahren, dass das Handy nicht ausgewertet wurde?

Görlitz *(überlegt, sein Rechtsbeistand spricht mit ihm)*

Verteidiger Klemke Hier wird souffliert! Ich bitte um eine Antwort, Sie eiern hier herum.

Görlitz Ich eiere nicht herum, ich überlege. Hinterher bedeutet … ich weiß jetzt nicht, wann hinterher. Nach dem Vorfall. Nach Abgabe.

Verteidiger Klemke Wollen Sie mich jetzt veräppeln? Es ist doch klar, dass sich meine Frage auf den Zeitpunkt bezogen hat, wann Sie das erfahren haben!

Görlitz Vor meiner Ladung habe ich das erfahren. Also letztes Jahr, 2015.

Verteidiger Klemke Wie ist es dazu gekommen?

Görlitz Mir wurde dieser Sachverhalt mitgeteilt, dass da eine SMS eingegangen sein soll: »Was ist mit den Bums?« Ich hatte darüber keinerlei Kenntnis.

Verteidiger Klemke Wie wurde Ihnen das mitgeteilt?

Görlitz Mündlich, von der Referatsleiterin: Frau Dr. W.

Verteidiger Klemke Wie ist es zu diesem Gespräch gekommen?

Görlitz Ich kann es Ihnen nicht mehr genau sagen, die Einzelheiten.

Verteidiger Klemke Haben Sie sie aufgesucht?

Görlitz Sie hat mich darüber informiert.

Verteidiger Klemke Damit ist meine Frage nicht beantwortet.

Görlitz Aus meiner Erinnerung heraus war es eine Mitteilung im Vorübergehen.

Verteidiger Klemke Wo denn?

Görlitz In ihrem Arbeitszimmer.

Verteidiger Klemke Ach?

Görlitz Ja, man sagt sich mal »Guten Morgen«.

Verteidiger Klemke Haben Sie eine Runde um Frau Dr. W. gedreht oder wie ist das Vorübergehen gelaufen?

Görlitz So wie üblicherweise ein Gespräch stattfindet. An die Einzelheiten kann ich mich nicht mehr erinnern.

Verteidiger Stahl Zu den Handys: Wissen Sie sonst nichts weiter über den Vorgang des Austauschs? Ich frage, weil Sie gesagt haben, Sie haben etwas vorbereitet …

Görlitz Ich kann es gerne vorlesen.

Götzl Können Sie es mir einfach geben?

(Der Zeuge händigt das Papier aus, es wird in einer Pause kopiert und an die Verfahrensbeteiligten verteilt.)

Verteidiger Stahl Wer hat dieses Schriftstück verfasst?

Görlitz Ich. Im letzten Jahr in in Vorbereitung auf die damalige Ladung.

Verteidiger Stahl Der Treffbericht, von dem da die Rede ist, den haben Sie vorher gelesen, nehme ich an? Was stand denn da noch drin?

Görlitz Da stand im Wesentlichen dieser Sachverhalt drin. Es ging auch um nachrichtendienstlich relevante Inhalte. Das habe ich wieder vergessen. Ich hab mich auf die Handy-Geschichte konzentriert.

Verteidiger Stahl Nun versuchen Sie mal, sich doch noch zu erinnern! Sie haben das vollständig vergessen, im Ernst?

Görlitz Ja, im Ernst.

Verteidiger Stahl Der Treffbericht befindet sich wo?

Görlitz In einer Akte.

Verteidiger Stahl Ach? Ich bitte Sie! Wo ist denn die Akte?

Görlitz In einem Regal in der Behörde.

Verteidiger Klemke Was war der Grund für den Austausch des Handys?

Görlitz Der Grund war, dass das Handy in einer Überwachungsmaßnahme auffiel als Handy des Innenministeriums.

Verteidiger Klemke Welche Behörde hatte die Überwachungsmaßnahme geschaltet?

Görlitz Das weiß ich nicht mehr.

Verteidiger Nahrath In welchem Laden haben Sie denn die beiden Handys gekauft in Potsdam?

Görlitz In der Zeppelinstraße in Potsdam.

Verteidiger Nahrath Warum wurden zwei gekauft?

Görlitz Eins für den Herrn Szczepanski und eins für mich.

Verteidiger Nahrath War Ihr Diensthandy denn auch aufgefallen im Rahmen einer Maßnahme?

Görlitz Ist mir nicht bekannt.

Verteidiger Nahrath Wer hat die Neubeschaffung angeordnet?

Görlitz Das war eine umfassende Maßnahme, das wurde von der Leitung entschieden.

Verteidiger Nahrath Haben Sie jemals gehört, dass Herr Szczepanski mit Waffen zu tun hatte?

Görlitz Nein.

Verteidiger Nahrath Waren die drei Untergetauchten mal Thema zwischen Ihnen?

Görlitz Ja.

Verteidiger Nahrath Vor oder nach Austausch des Handys?

Görlitz Ich kann mich nicht erinnern. *(Blättert wieder in seinen Unterlagen.)*

Verteidiger Nahrath Ich beantrage, dass die Unterlagen beschlagnahmt werden.

Götzl Können Sie uns die Unterlagen übergeben?

(Der Rechtsbeistand übergibt die Unterlagen dem Gericht.)

Verteidiger Nahrath Was hat Herr Szczepanski Ihnen denn über die drei Untergetauchten mitgeteilt?

Görlitz Er hat mir am 29.7.1997 ...

Götzl Jetzt machen Sie die Unterlagen bitte zu! Es geht uns um die Erinnerung.

Görlitz Er hat mir mitgeteilt, sofern ich mich erinnere, dass sich drei sächsische Skinheads nach Südafrika absetzen wollen.

Verteidiger Nahrath Hat er gesagt, woher er das weiß?

Görlitz Das kann ich im Einzelnen nicht sagen. Er hat mit Jan Werner und Antje Probst über das Thema gesprochen, so wie ich mich erinnere.

Verteidiger Nahrath Hat Ihnen Carsten Szczepanski irgendetwas von Waffen im Zusammenhang mit den Kontakten erzählt?

Görlitz Ja.

Verteidiger Nahrath Ging es um Schusswaffen?

Görlitz Möglicherweise. Ich kann mich daran nicht erinnern.

Verteidiger Klemke Hat Ihnen Herr Szczepanski von einem oder mehreren Gesprächen mit Antje Probst und Jan Werner berichtet, in denen es um Waffen ging?

Görlitz Ich erinnere mich an eins, unter Umständen.

Verteidiger Klemke Sind Sie da sicher?

Görlitz Nein, bin ich nicht.

Verteidigerin Schneiders War im Gespräch, wie die Waffenbeschaffung bezahlt werden sollte?

Görlitz Sofern ich erinnere, sollten da zum Beispiel Konzerte organisiert werden.

Verteidigerin Schneiders Kamen solche Meldungen öfter? Haben Sie so etwas schon öfters gehört?

Görlitz Nein, das war erstmalig.

Verteidigerin Schneiders Wie sind Sie mit der Information umgegangen?

Görlitz Ich hab es niedergeschrieben und es ist an die Auswertung weitergeleitet worden.

Verteidigerin Schneiders Gab es keine Anregung, auch die Polizei zu informieren?

Görlitz Das ist Sache der Auswertung.

Verteidigerin Schneiders Ist mit Frau Dr. W. darüber gesprochen worden, warum das Handy nicht ausgewertet wurde, das ausgetauscht wurde?

Görlitz Nein.

Anwalt Bliwier Haben Sie mit diesem Handy, als Sie es am 25. 8. 1998 bekommen haben, noch telefoniert?

Görlitz Nein.

Anwalt Bliwier Wie kommen Sie an die Vermerke und Unterlagen, mit denen Sie sich vorbereitet haben?

Görlitz Das ist mir kopiert worden.

Anwalt Bliwier Wer hat das gemacht?

Görlitz Das weiß ich nicht mehr. Ich habe diese Kopien in meinem Eingangsfach vorgefunden.

Anwalt Bliwier Sie hatten nicht nach den Unterlagen gefragt?

Görlitz Nein. Möglicherweise war das als Hintergrundinformation gedacht, aber ich habe nicht alles detailliert durchgelesen.

Anwalt Bliwier In Ihrem Ordner befinden sich umfangreiche Fragenkataloge, richtig?

Görlitz Kann sein.

Anwalt Bliwier Wer hat diese Fragenkataloge ausgearbeitet?

Görlitz Die habe ich mit meinem Zeugenbeistand zusammen besprochen.

Anwalt Bliwier Haben Sie das zu Papier gebracht?

Görlitz Nein. Die sind mir in Kopie so vorgelegt worden.

Anwalt Bliwier Wer hat Ihnen diese Fragenkataloge so vorgelegt?

Görlitz Mein Zeugenbeistand.

Anwalt Bliwier Hat es Rollenspiele zur Vorbereitung gegeben?

Görlitz Nein.

Verteidiger Nahrath Gab es nach dem Austausch des Handys von Herrn Szczepanski noch weitere Meldungen zu Jan Werner?

Görlitz Ich weiß es nicht, ich kann mich daran nicht erinnern.

Verteidiger Nahrath Ich habe durchaus Interesse an Erkenntnissen des Verfassungsschutzes Brandenburg auch über das Jahr 1998 hinaus. Ich möchte anregen, dass der Zeuge auch über 1998 hinaus eine Aussagegenehmigung zu dem Komplex Carsten Szczepanski, Jan Werner, Antje Probst erhält. Es geht um die Waffenbeschaffung. Wir haben von Frau Zschäpe gehört, dass wahrscheinlich Jan Werner eine Waffe für das Trio besorgt hat. Frau Zschäpes sagte, es sei von einem Schalldämpfer die Rede gewesen. Und wir haben die SMS mit dem »Bums«. Da geht es aus meiner Sicht um eine Schusswaffe, deswegen muss es doch auch im Aufklärungsinteresse des Senats sein, ob im Landesamt Informationen zu diesem Thema vorliegen. Daher widerspricht die Verteidigung Wohlleben der Entlassung des Zeugen.

Tag 267

3. März 2016

Manfred Götzl, Richter. **Katrin K.**, 45, **Jana A.**, 41, Mitarbeiterinnen der Sparkasse Chemnitz. **Jeanette S.**, 41, Krankenschwester aus Chemnitz. **Ulrike G.**, 41, Bankkauffrau aus Chemnitz. **Philipp Z.**, 27, Polizist aus Chemnitz. **Sven I.**, 38, Bankkaufmann aus Chemnitz. **Ute A.**, 54, Bankkaufrau aus Chemnitz.

Götzl Es geht um einen Überfall in Chemnitz auf eine Sparkasse in der Albert-Schweitzer-Straße 62 am 14.5.2004.Was haben Sie erlebt?

Katrin K. Ich stand am Schalter, zwei Männer kamen rein. Es war wie im Film. Sie wollten Geld haben. Ich bin mit in den Tresor gegangen, hab den geöffnet, hab Geld rausgegeben, bin wieder nach vorne gegangen. Da wollten sie noch mehr Geld haben, das ging aber nicht, weil das zeitschlossgesichert war. Sie drohten, ob wir wüssten, was passiert, wenn die Pumpgun losgeht? Eventuell sollten auch Geiseln genommen werden. Wir waren drei Mitarbeiter und eine Kundin. Meine Kollegin wurde geschlagen mit der Waffe. Irgendwann sind sie gegangen.

Götzl Waren beide bewaffnet?

Katrin K. Ja. Eine größere und eine kleinere Waffe hatten sie.

Götzl Die Person, mit der Sie zum Tresor gingen …

Katrin K. Das war der mit der kleineren Waffe. Ich hatte die am Kopf.

Götzl Was waren die Folgen für Sie?

Katrin K. Ich habe ein Trauma davongetragen, damit habe ich noch heute zu kämpfen. Dass man Angst immer hat, das Sicherheitsgefühl ist verschwunden. Wenn man Kinder hat, will man nur noch zu seinen Kindern und hat Angst, man sieht die nicht mehr. Ich wollte, dass es schnell vorbeigeht und ich meine Kinder wiedersehe. Das habe ich auch mehrfach gesagt damals.

Götzl Wie viel Geld wurde von den Tätern mitgenommen?

Katrin K. Circa 20 000 Euro. Mehr hatten wir nicht da.

Götzl Können Sie die Täter beschreiben?

Katrin K. Einer war größer als ich, einer kleiner. Sie waren vermummt.

Götzl Hier im Protokoll Ihrer Vernehmung damals ist auch davon die Rede, dass die Täter Reiseschecks mitnahmen. Vorhalt: »Nachdem ich den Tresor geöffnet habe, habe ich ihm mehrere Bündel Geld gegeben. Als er sagte, ob ich ihn verarschen will und das alles sei, habe ich ihm noch Reiseschecks gegeben.« Haben Sie noch eine Erinnerung daran?

Katrin K. Das stimmt, er hat mir nicht glauben wollen, dass das alles ist.

Götzl Im Protokoll heißt es, die Täter seien aggressiv geworden, ein Täter hätte Ihrer Kollegin mit dem Schaft einer Waffe ins Gesicht geschlagen.

Katrin K. Ja, dann wird es so gewesen sein.

Götzl Sie erwähnten vorhin das Thema Geiseln.

Katrin K. Ich weiß nur noch, dass damit gedroht wurde, Geiseln zu nehmen. Aber dazu ist es nicht gekommen.

Götzl Und hier steht: »Aus Wut wurde ein Bildschirm zerstört.«

Katrin K. Ja, das stimmt.

(Die nächste Zeugin ist Jana A., eine Kollegin von Katrin K.)

Jana A. Es war ein Freitag, und gegen Mittag standen zwei Männer in der Filiale. Einer hat mir eine Waffe entgegengehalten. Dann ging alles schnell. Im Eifer des Gefechts hat mir einer mit dem Gewehr auf den Kopf gehauen. Das habe ich gar nicht so registriert. War nur eine kleine Beule. Der Moment war schon schlimm für mich, ich war schwanger im dritten Monat. Aber Gott sei dank: Mein Kind ist auf der Welt, alles super, alles gut.

(Die nächste Zeugin ist Jeanette S., die den Überfall als Kundin miterlebte.)

Jeanette S. Ich war kurz vor zwölf in die Sparkasse eingetreten, wollte eine Einzahlung machen. Dann kam von hinten ein Mann rein und hielt eine Pistole in den Nacken und verlangte, dass ich mich mit dem Gesicht auf den Boden lege. Er hatte ein Basecap auf und ein Tuch vor dem Mund. Ich lag gefühlt 20 Minuten auf dem Boden. Einer der Täter hatte weiße Handschuhe an. Ich habe in Erinnerung, dass einer sagte, dass sie jemanden erschießen würden, wenn es nicht schnell genug geht. Ich gehe seitdem nie wieder zur Sparkasse, ich mache alles online.

(Jetzt geht es um einen weiteren Überfall, nur vier Tage später: am 18. Mai 2004 auf eine Sparkasse in der Sandstraße 37, ebenfalls in Chemnitz. Die erste Zeugin ist Ulrike G.)

Ulrike G. Es war ein Dienstagvormittag, zwei bewaffnete Männer sind reingestürmt, einer ist nach rechts hinten ins Beratungszimmer und hat »Überfall« gebrüllt. Der andere hat uns vorne am Tresen bedroht. Da war mein Chef, ich hab gerade einen Schülerpraktikanten eingewiesen. Wir sind in den Tresorraum, den Tresor habe ich geöffnet. Er war zu dem Zeitpunkt mit einem Schlüssel und einer Kombination gesichert. Ich hatte den Schlüssel. Sie haben nur die Scheine mitgenommen. Wir haben eine Weile diskutiert, weil dort die Rückseite vom Geldautomat sichtbar ist, aber wir haben da keinen Zugang.

Götzl Wie viel Geld ist erbeutet worden?

Ulrike G. Mindestens 70 000 Euro

Götzl Können Sie die Täter beschreiben?

Ulrike G. Maskiert, dunkel, mit Mundschutz und Basecap. Und einer hatte noch was an den Turnschuhen, ich weiß nicht mehr, was das war, irgendwas Markantes. Wobei ich bloß zu dem einen was sagen kann, der bei mir war und mir die Waffe unmittelbar vors Gesicht hielt beziehungsweise an die Seite.

(Der nächste Zeuge ist der Polizist Philipp Z., der zur Zeit des Überfalls als damals 15-Jähriger ein Schülerpraktikum in der Sparkasse absolvierte.)

Philipp Z. Gute Erinnerungen habe ich nicht mehr, ich war damals im Schülerpraktikum, ich war am Bedientresen. Es kamen Männer reingerannt, sie wollten, dass sich alle Kunden auf den Boden legen. Sie haben rumgeschrien. Einer hatte eine Pistole oder einen Revolver. Der andere hatte eine Langwaffe, eine Schrotflinte oder so. Ich habe gefragt, ob ich mich auch hinlegen soll. Ja, haben sie gesagt. Ich hatte Angst und wollte, dass es vorbei ist.

(Am 22.11.2005 wurde die Filiale in der Sandstraße erneut überfallen. Der nächste Zeuge, Sven I., hat beide Überfälle in der Filiale miterlebt.)

Sven I. Ich war damals Geschäftsstellenleiter, beim Überfall 2004 stand ich am Schalter und sah, dass zwei junge Männer mit Baseball-Käppi in die Filiale wollten. Dann standen sie da und forderten Geld. Der Tresor wurde geöffnet, ein Täter nahm das Geld mit, und die beiden verschwanden schnell wieder. Einer hatte eine Pumpgun, bei dem anderen kann ich mich nicht mehr erinnern.
Bei dem zweiten Überfall stand ich leider wieder am Schalter. Die Täter kamen rein und forderten wieder Geld. Wieder waren es zwei. Ich erinnere mich, dass der Schlüssel unter Zeitverschluss ist. Ich bin in den Tresorraum gegangen mit einem der Täter, der mich mit der Waffe bedrohte. Als es eingerastet war, fragte er: Was nun? Da sagte ich, dass es noch dauert, weil es ein Zeitschloss gibt. Ich habe dann später Alarm ausgelöst, der auch hörbar war. Einer der Täter drohte mit einer oder zwei Handgranaten, dass wir das Geld rausgeben sollten. Beide sind dann geflüchtet.

Götzl Ist ein Betrag erbeutet worden?

Sven I. Nein, gar nichts.

(Die nächste Zeugin ist Sven I.s frühere Kollegin Ute A.)

Ute A. Beim ersten Überfall war ich mit einem Kunden im Beratungsgespräch, die Tür wurde aufgerissen, ein maskierter Täter stand mit einer Waffe da. Ich sagte, dass im Beratungszimmer kein Geld vorhanden ist. Ich musste rüber ins Chefzimmer. Ich hab wieder gesagt, dass dort kein Geld ist. Ich wurde aufgefordert, mich mit erhobenen Händen hinzusetzen. Ich hab sechs Überfälle überlebt in meinem Leben, das war Überfall Nummer fünf.

Götzl Wie ging es Ihnen nach den Überfällen?

Ute A. Nach dem vierten Überfall hatte ich mich in psychologische Betreuung gegeben. Das war 1998. *(Die Zeugin erzählt von diesem Überfall, der nicht dem NSU zugeschrieben wird, und ringt um Fassung.)* Und Überfall Nummer drei war 1997. Es sind Dinge, die man sein Leben lang nicht vergisst. *(Die Zeugin kann kaum noch reden.)*

Götzl Haben Sie denn weitergearbeitet?

Ute A. Das war ja oberstes Gebot: Der Geschäftsbetrieb muss laufen. Das würde sich heute kein Mensch mehr antun.

Tag 268

8. März 2016

Manfred Götzl, Richter. **Tim E.**, 52, **Frank R.**, 47, **Eckardt K.**, 56, Kriminalkommissare aus Chemnitz. **Eberhard Reinecke**, Anwalt der Nebenklage.

Götzl Es geht uns um die Überfälle auf Postfilialen in Chemnitz am 6.10.1999 und am 27.10.1999 und die Überfälle auf Sparkassenfilialen in Chemnitz am 14.5.2004 und 18.5.2004.

Tim E. Eine Schülergruppe in der Nähe der Post in der Barbarossasstraße hat uns geholfen, die konnten sagen, wohin sich die Täter am 6.10.1999 entfernt hatten.

Götzl Und was konnte festgestellt werden?

Tim E. Wir sind damals davon ausgegangen, dass als Fluchtmittel ein Zweirad »Simson« aus DDR-Produktion verwendet wurde. Und dass die Täter in landwärtiger Richtung geflüchtet sind. Ein Zeuge sagte, da sind zwei raus und dann nach rechts.

Götzl Haben Sie Spuren feststellen können?

Tim E. Ja, es konnten Fußspuren gesichert werden, ich glaube, auf dem Schaltertresen, weil einer der Täter über den Schaltertresen gesprungen ist.

Götzl Sie sagten »ich glaube«. Vermutungen können wir uns sparen. Wenn Sie etwas wissen, dann sagen Sie es, wenn nicht, auch.

Tim E. Ich will auch nichts Falsches sagen. Ja, es sind Fußspuren gesichert worden.

Götzl Haben Sie Ermittlungen zur Höhe der Beute angestellt?

Tim E. Ja, es waren so um die 5000 D-Mark.

Götzl In Ihrem Vermerk steht, es waren 5787,59 D-Mark. Gehen wir zum Überfall auf die Post in der Limbacher Straße am 27.10.1999. Wie war es bei diesem Überfall mit der Beute?

Tim E. Die war bedeutend höher als in der Post in der Barbarossastraße, das waren so um die 60 000 D-Mark.

Götzl Im Schlussvermerk steht 62 822,70 D-Mark.

Tim E. Ja. Das wurde uns durch den Postfilialleiter mitgeteilt.

Götzl Konnte etwas zu den Fluchtumständen ermittelt werden?

Tim E. Ja, wir hatten da bessere Voraussetzungen als in der Barbarossastraße. Es gab Zeugen vor der Filiale, die sahen, wie die Täter auf ihr Fluchtfahrzeug gestiegen sind. Sie fuhren Richtung Stadt, über Bahnschienen, dort verlor sich zunächst die Spur. In einem Gebüsch wurde wenige Tage später ein Motorrad TS150 gefunden, aus DDR-Produktion, mit einem Feuerlöscher waren eventuelle Spuren vernichtet worden.

Götzl Bitte kommen Sie nach vorne. Es geht jetzt um die Überwachungsbilder. *(Er händigt dem Zeugen Bilder von den Überwachungskameras in der Postfiliale aus.)*

Tim E. Wir sehen hier, wie die beiden Tatverdächtigen die Filiale verlassen. Es ist deutlich zu erkennen, wie einer die Beute oder eine Waffe unterm Hemd im Hosenbund verstaut.

Götzl Dann kommen wir zum Überfall auf die Sparkassenfiliale in der Albert-Schweitzer-Straße.

Tim E. Das war um die Mittagszeit, die Täter waren mit einem Revolver und einer Pumpgun bewaffnet und haben circa 30 000 Euro erbeutet. Das Fluchtmittel waren zwei Mountainbikes. Wir konnten die Fluchtrichtung ein Stück verfolgen. Aber dann konnte die Fluchtroute nicht mehr konkretisiert werden.

Götzl Zur Beute ist hier vermerkt: Aus der Handkasse und dem Tresor entwendeten sie 33 175 Euro Bargeld. Und 4250 Euro in Reiseschecks.

Tim E. Ja, stimmt. Die Reiseschecks hatte ich vergessen.

Götzl Dann erklären Sie uns die Bilder der Überwachungskamera. *(Wieder legt er dem Zeugen Bilder vor.)*

Tim E. Man sieht hier die mitgeführte Waffe, die Pumpgun, es ist erkennbar, dass der erste Tatverdächtige mit einem Mundtuch maskiert war, dass er eine Brille trug und ein Basecap. Und er hat eine Tüte für die Beute, die gehörte zu einem Baumarkt, den es in Chemnitz nicht gib, aber in Zwickau. Hier ist der zweite Tatverdächtige, man sieht eine Frau mit erhobenen Händen, sie war von dem Tatverdächtigen vorher ins Gesicht geschlagen worden. Er trägt auch eine Brille, ein Tuch vor dem Gesicht, ein Basecap. Hier das Bild, auf dem der Verdächtige den Angestellten mit der Pumpgun bedroht. Der Tatverdächtige trägt weiße Handschuhe. Hier sieht man auch die Waffenhaltung des zweiten Täters, es liegt nahe, dass es sich um einen Linkshänder handelt.

Götzl Dann kämen wir noch zum Überfall auf die Sparkasse in der Sandstraße im Jahr 2004.

Tim E. Die Sparkasse befand sich in einem Behelfscontainer. Die Verdächtigen haben die Filiale betreten und die Angestellten bedroht. Sie haben zwei Mountainbikes benutzt, wie uns Zeugen beschrieben. Sie haben rund 70 000 Euro erbeutet, das Münzgeld blieb zurück. Die Flucht verlief über ein Wohngebiet, eine Gartenanlage bis zu einem Garagenkomplex, wo sich die Spur der Täter verlief.

Götzl Sie schreiben in Ihrem Vermerk, die Höhe der Beute habe 73 815 Euro ausgemacht.

Tim E. Ja, das ist genau die Schadenssumme, die uns die Sparkasse übermittelt hat.

Anwalt Reinecke Bei dem Überfall in der Limbacher Straße, war da was Besonderes? Wurde da die Tür verriegelt?

Tim E. Ja, das ist richtig. Da wurde ein Holzpflock von innen in die Tür geklemmt, um Kunden daran zu hindern, die Filiale zu betreten.

Anwalt Reinecke Ist da eine Spur darauf gefunden worden?

Tim E. Es war ein gepunkteter Abdruck. Wir haben ein Haar sichergestellt.

Anwalt Reinecke Ist das auf DNA-Spuren untersucht worden?

Tim E. Ja, das war nicht ganz einfach. Das war ja 1999, das Haar war ohne Wurzel, da ging das noch nicht.

Anwalt Reinecke In Ihrem Schlussbericht heißt es, dass die DNA-Untersuchung nicht gemacht wurde.

Tim E. Ich weiß, dass es später eine Untersuchung gab an diesem Haar.

(Es erscheint der nächste Zeuge, Frank R.)

Götzl Es geht uns um drei Überfälle in Chemnitz am 27.10.1999 und am 14.5.2004 und 18.5.2004.

Frank R. Bei dem Überfall am 27.10.1999 auf die Postfiliale in der Limbacher Straße ist einer der Täter über den mittleren Schalter gestiegen, weil da keine Scheibe war. Neben der Postfiliale ist eine Konditorei, da ist dieser Weg zum stillgelegten Gleiskörper dahinter. Dort wurde auch eine Reifenspur gesichert. Und eine Ecke weiter auf der anderen Seite der Gleise ist dann die später überfallene Bank.

Götzl Bleiben Sie gleich hier vorne, wir schauen uns noch Lichtbilder an.

Frank R. Hier sieht man Schuhspuren auf dem Tresen. Links geht es zum Tresorraum. Und hier sind wir an dem Gleiskörper hinter der Post. Da ist an den Gleisen eine Schuhspur gesichert worden. Und dann eine Eindruckspur von vermutlich einem Motorradreifen.

Götzl Dann kommen wir zum Überfall in der Sandstraße.

Frank R. Die Überraschung war groß, dass es gleich wieder zu einem Banküberfall gekommen ist. Wieder um die Mittagszeit. Nur vier Tage nach dem Überfall auf die Sparkassenfiliale in der Albert-Schweitzer-Straße. Durch Zeugenaussagen konnten wir die Flucht über eine Gartenanlage rekonstruieren, ein Gartenbesitzer sagte, die seien schon den gleichen Weg zur Filiale hingefahren. Auf dem Weg waren Poller. Man hätte die nicht verfolgen können, da kam ein Auto nicht durch, ein Fahrrad schon.

(Es folgt der Zeuge Eckardt K.)

Götzl Es geht uns um den Überfall auf die Bank in der Sandstraße am 22.11.2005 in Chemnitz.

Eckardt K. Wir haben das als Teil einer Serie von Überfällen angesehen, die seit 1999 im Raum Chemnitz stattgefunden haben. Anhand der Fotos von Überwachungskameras haben wir Vergleiche angestellt und sind zu dem Schluss gekommen, dass es wahrscheinlich die gleichen Täter sind, die auch die anderen Sparkassen und Postfilialen überfallen haben. Leider haben wir die Täter trotz umfangreicher Ermittlungen nicht ermitteln können.

Götzl Wurde Beute mitgenommen?

Eckardt K. Nein, es gab eine Zeitsicherung der Tresore. Die Täter sind ohne Beute geflüchtet. *(Er blättert durch eine Lichtbildmappe mit Bildern aus der Überwachungskamera vom Tatort.)* Hier eine Person mit einer Pumpgun in der Hand. Sie kommt auf den Tresen zu. Man sieht die Maskierung, die Jacke. Auf diesem ist der zweite Täter zu sehen, er hält einen kurzläufigen Revolver in der linken Hand. Ein Täter trägt eine helle Jacke, einer eine dunkle. Ein Täter trägt eine Einkaufstüte von Saturn mit der Aufschrift »Ich bin ins Netz gegangen«.

Tag 269

9. März 2016

Manfred Götzl, Richter. **Lutz H.**, 49, **Gerd S.**, 61, Kriminalhauptkommissare aus Gotha. **Carsten Schultze**, Angeklagter. **Michael Kaiser**, Verteidiger von André Eminger. **Olaf Klemke, Nicole Schneiders**, Verteidiger von Ralf Wohlleben. **Walter Martinek**, Anwalt der Nebenklage.

Lutz H. Wir sollten am Morgen des 5.11.2011 die Tatortarbeit am Wohnmobil übernehmen. An uns erging die Aufforderung, das Wohnmobil nach Tatmitteln abzusuchen, die mit dem Überfall in Eisenach zusammenhängen könnten, und im Führerhaus zu prüfen, wer als Fahrer infrage kommen könnte. Die verstorbenen Personen waren da bereits geborgen. Uns wurde gesagt, es seien zwei Pumpguns und die Dienstwaffen der Polizisten aus Heilbronn gefunden worden und ein Revolver, der sich auf einem Gasherd befunden haben soll. So wurde uns das Wohnmobil übergeben. Ich habe mich um die Spurensicherung im Führerhaus gekümmert. Der Kollege S. hat sich um den Wohnraum des Wohnmobils gekümmert, er hat eine Maschinenpistole gefunden, eine Pistole und einen Revolver und in einem Rucksack eine Handgranate. Es stellte sich heraus, dass es eine Übungshandgranate war. Diese Arbeit haben wir am 5. und 6.11. in Eisenach durchgeführt. Und am 20.11. kam die Tatortgruppe zu uns und hat die von uns sichergestellten Gegenstände dann übernommen. Am 24.11.2011 waren wir quasi raus.

Götzl Uns liegt eine Asservatenliste zum Wohnmobil vor. Da sind verschiedene Waffen aufgeführt. Da taucht Ihr Name auf in Bezug auf eine Maschinenpistole der Marke Pleter.

Lutz H. Der Kollege ist mit dieser Maschinenpistole aus dem Wohnmobil getreten und sagte, wir haben ein Problem, die Maschinenpistole habe eine Ladehemmung. Die Sicherheit ging vor, ich habe mit einem Sachverständigen für Schusswaffen telefoniert, und der hat mir erklärt, wie ich die Sicherheit an der Waffe wiederherstellen kann. Auch als der Kollege dann auch noch eine Handgranate gefunden hat, da habe ich die Garage räumen lassen. Da musste jemand her, der sich damit auskennt. Wir wollten kein Risiko eingehen. Als die Kollegen dann die Granate als Übungshandgranate identifiziert haben, haben wir weitergemacht.

Götzl Schauen Sie sich bitte diese Bilder an. *(Er zeigt ihm Fotos von Waffen.)*

Lutz H. Ja, das ist diese Maschinenpistole, wie sie der Kollege im Wohnraum des Wohnmobils gefunden hat.

Götzl Können Sie etwas zum genauen Fundort sagen?

Lutz H. Wenn man das Wohnmobil betritt, schaute man auf einen Tisch, links und rechts davon war eine Sitzbank, und auf der rechten Sitzbank hat sich die Maschinenpistole befunden.

Götzl Dann geht es noch um eine Pistole Browning. Ist das die Waffe? *(Er zeigt ein Foto einer recht verschmutzten Waffe.)*

Lutz H. Ja, das ist die Waffe, die der Kollege herausgebracht hat. Die hat er hinten auf einem Bett aufgefunden.

Götzl Sie sagten, es waren weitere Waffen bereits sichergestellt. Wo wurden die gefunden?

Lutz H. Das kann ich Ihnen nicht sagen, die waren schon raus.

Götzl Was haben Sie mit den Waffen gemacht?

Lutz H. Mit denen, die wir sichergestellt haben? Die sind ans LKA überstellt worden, per Kurier, damit die untersucht werden.

Verteidiger Klemke Können Sie mir das Abschleppunternehmen benennen, wo sich das Wohnmobil befand?

Lutz H. Das war die Firma Tautz in Eisenach.

Verteidiger Klemke Wo befand sich da das Wohnmobil?

Lutz H. In einer Abschlepphalle.

Verteidiger Klemke Wissen Sie etwas über die Verschlusssicherheit der Halle?

Lutz H. Als wir eingetroffen sind, waren die Kollegen der Tatortgruppe vor Ort. Und bis zum Abend des 5. November waren wir vor Ort. Als wir am Abend abgereist sind, kann ich Ihnen nicht sagen, ob das Objekt bewacht wurde. Wir haben vierzig Umzugskartons mit Gegenständen sichergestellt aus dem Wohnmobil.

Verteidigerin Schneiders Haben Sie Informationen dazu, ob beim Transport des Wohnmobils Dinge darin verrutscht sind oder dergleichen?

Lutz H. Nein.

Verteidigerin Schneiders Haben Sie Gespräche geführt, warum das Mobil dorthin befördert worden ist?

Lutz H. Das war die Entscheidung des Polizeiführers. Wir hatten darauf weder Einfluss noch haben wir darüber diskutiert. Wir mussten das als gegeben hinnehmen. Die Tatortgruppe hatte schon in der Nacht vom 4. auf den 5.11. dort in der Halle am Wohnmobil gearbeitet. Die waren schon am Fundort in Eisenach-Stregda vor Ort.

Verteidigerin Schneiders Sie haben die Fahrerkabine durchsucht, auch nach Hülsen und Projektilen?

Lutz H. Ich habe geschaut, habe aber auch was übersehen: ein Projektil-Teil, das wurde später gefunden.

Verteidigerin Schneiders Haben Sie die Sitzbezüge entfernt?

Lutz H. Nein.

Verteidigerin Schneiders Ist das nicht üblich?

Lutz H. Eigentlich schon.

Verteidigerin Schneiders Warum haben Sie das dann unterlassen?

Lutz H. Im Normalfall hätten wir am 6. oder 7. November da weitergemacht. Es ging um das Sicherstellen von Dingen aus dem Bankraub.

Verteidigerin Schneiders Sie hatten aber die Information, dass das Wohnmobil ein Tatort ist, dass zwei Leichen gefunden wurden. Selektiert man da nach Bankraub? Sichert man da nicht sämtliche Spuren?

Lutz H. Es gab die Weisung, dass wir nach Gegenständen aus dem Bankraub suchen sollen. Nach dem Bargeld. Durch das Auffinden der Waffen war eine Dynamik in der Tatortarbeit, da sagten wir: Fasern können wir immer noch sichern. Das Mobil steht ja da.

Anwalt Martinek Konnten Sie klären, worin die Ladehemmung bei der Maschinenpistole bestand?

Lutz H. Im Verschluss war ein Hülsenboden erkennbar. Ich hatte die Marke Pleter nie vorher gehört. Der Sachverständige hat mir gesagt, mit welchen Arbeitsschritten wir die Ladehemmung beseitigen konnten. Als Erstes sollte ich das Magazin entfernen, den Verschluss zurückziehen und dann die Patrone aus dem Verschluss nehmen.

Anwalt Martinek Wäre die Ladehemmung durch ein simples Durchladen beseitigt worden?

Lutz H. Das kann ich Ihnen nicht sagen. Ich bin kein Experte. Die Waffe war durch den Brand auch in Mitleidenschaft gezogen, sodass wir nicht ausschließen konnten, dass das auf normalem Wege nicht geht.

(Als nächster Zeuge tritt Gerd S. auf.)

Götzl Es geht uns um die Sicherstellung von Gegenständen im Wohnmobil in Eisenach. Wie lief das ab?

Gerd S. Am 4.11. war der Banküberfall, ein Freitag. Am Freitagabend wurde ich angerufen, dass wir am Samstag früh in Eisenach zu sein hätten. Wir sind informiert worden, dass Leichen geborgen worden sind. Und Waffen. Dass das Geld aber noch nicht gefunden worden ist. Und ob noch andere Waffen vorhanden sind. Mein Kollege und ich haben dann gesagt: Durchsuchen geht eigentlich nicht, wegen der Spurensicherung. Deswegen haben wir entschieden, die Gegenstände aus dem Wohnmobil einzeln zu sichern. Wir haben alles einzeln nummeriert, in Kartons verpackt und darin gelagert. Das haben wir dokumentiert. Das war auch noch nass vom Löschwasser. Wir haben eine Maschinenpistole gefunden auf der rechten Bank neben dem Tisch und eine Pistole auf dem oberen Bett im Wohnmobil. Und später in einem Rucksack eine Schreckschusspistole und eine Übungshandgranate. Und das Geld vom Banküberfall, das haben wir natürlich auch gefunden.

Götzl Wer hat die Bilddokumentation vorgenommen?

Gerd S. Das war ich, vornehmlich.

Götzl Dann schauen wir uns die Bilder an. Was können Sie zu diesem Bild sagen?

Gerd S. Das ist die Maschinenpistole, die auf dem rechten Sitz im Wohnwagen gelegen hat. In dieser Waffe hat eine Patrone geklemmt.

Götzl Was ist mit der Maschinenpistole geschehen?

Gerd S. Die Waffen sind raus aus dem Wohnwagen und gleich zum LKA gekommen. Den Klemmer haben wir nicht weggekriegt. Da musste erst das Magazin rausgenommen werden. Die Patrone, die wir rausgenommen haben, müsste danebenliegen. Ja, *(er zeigt das nächste Bild)* das ist die Patrone. Dann ist da der Schreckschussrevolver, der in dieser Tasche gesteckt hat. Und das ist die Pistole, die hinten auf dem oberen Bett gelegen hat. Das ist alles abgeholt worden, zum LKA und dann weiter zum BKA.

Verteidiger Kaiser Sind auch Fotos von der Auffindesituation der Waffen gemacht worden?

Gerd S. Ja, von der Maschinenpistole, wie sie auf dem Sitz liegt. Und von der Pistole auf dem Bett. Es wurde fotografiert, wo sie aufgefunden wurden.

Verteidiger Kaiser Ist darüber geredet worden, dass durch den Transport des Wohnmobils die Lage der Waffen verändert wurde?

Gerd S. Da konnte sich nicht viel verschieben, das war eingeklemmt. Die Maschinenpistole war mit Schutt bedeckt. Es ist unwahrscheinlich, dass da irgendwas rumgeflogen ist.

Verteidiger Kaiser Ist darüber geredet worden, dass die Ursprungssituation verändert wurde?

Gerd S. Nein, die Ursprungssituation haben wir nicht gesehen. Da haben Feuerwehr und LKA, nehme ich mal an, Bilder gemacht.

Verteidiger Klemke Wo befand sich der Rucksack?

Gerd S. Das weiß ich heute nicht mehr. Aber das ist alles dokumentiert. Die Granate hat, glaube ich, der Kollege H. aus dem Rucksack genommen.

Verteidiger Klemke Wissen Sie noch, was sonst noch drin war?

Gerd S. Es waren CDs drin. Und USB-Sticks.

(Der Zeuge wird entlassen.)

Verteidigerin Schneiders *(zu Götzl)* Der Zeuge hat gerade die Bilder der Feuerwehr angesprochen, wir hatten auch schon mal angeregt, die Bilder beizuziehen.

Götzl Wir haben vier Bilder der Feuerwehr von der Bundesanwaltschaft bekommen. Das können Sie sich dann anschauen.

(Pause.)

Götzl Wir kommen zu Ihnen, Herr Schultze.

Schultze *(räuspert sich)* Als Mario Brehme und Sandro Tauber da waren, sagte ich, dass ich noch was richtigstellen will. Und dann kam noch die Aussage von Ralf Wohlleben. Ich werde nur ein paar Punkte ansprechen, nicht alle. Es bleibt so, wie ich das gesagt habe.

Zum Thema NPD-Kreisvorsitzender: Nach meiner Erinnerung war ich das nicht. Ich habe in meiner Erinnerung nichts, wo ich was vorbereitet oder eine Kreisverbandssitzung geleitet habe. Das Erste, was ich mit dem Kreisverband in Erinnerung bringe, sind »Tops«, also Tagesordnungspunkte, Herr Wohlleben und ich haben uns über das Wort »Top« lustig gemacht. Das kannten wir vorher nicht. Und dann kam eine Antrag von der Verteidigung Wohlleben aus den Erkenntnismitteilungen des Verfassungsschutzes über mich, dass ich das gewesen wäre. Vier Zeilen später stand dann da aber, es ist nicht klar, ob er das gewesen ist oder ob ich das war.

Dann zum Jürgen Helbig und dem Einbruch in Beate Zschäpes Wohnung. Da hat Herr Wohlleben ja gesagt, das sei über mich gelaufen. Ich bin mir ziemlich sicher, dass ich die Handynummer von Herrn Helbig damals nicht hatte, sondern wir die Nummern erst während des Einbruchs ausgetauscht haben. Ich bin mir ziemlich sicher, dass Herr Wohlleben ihn mir zur Seite gestellt hat, dass der Schmiere stehen soll. Ich habe ihn nicht angesprochen, ob er einen Einbruch mitmacht. Ich hatte ihn aber im Vorhinein ein paarmal gesehen. Aber nicht in dem Zusammenhang.

Zum Thema, die Waffe wäre Schrott gewesen. Da habe ich keine Erinnerung dazu. Auch, was er angesprochen hat, ich hätte wissen müssen, dass es da eine erste Waffenbestellung gab: Das stimmt nicht. Da weiß ich nichts von. Auch nicht von Kontakten zur Familie Böhnhardt, dass da Zettel eingeworfen wurden oder dass es Treffen gab. Davon wusste ich nichts. Dass Herr Wohlleben die drei besucht hat, davon wusste ich auch nichts.
An was ich mich noch erinnere: Grundsätzlich wurde ich von Herrn Wohlleben und Herrn Kapke angesprochen mit der Bitte, dass ich die Botschaften hin- und herbringe und die Telefonkontakte zu den dreien übernehme. So war das bis zum Schluss. Und so hat es sich auch mit der Waffe verhalten. Die Geschichte, die er erzählt, ist Unsinn. Dass er mir nur einen Tipp gegeben habe. Die haben mir nie einen Auftrag gegeben, dass ich mir was überlegt habe. Auch das Geld für die Waffe habe ich von Herrn Wohlleben bekommen, da war kein Tino Brandt mit involviert.
(Unruhe bei Wohlleben und seinem Verteidiger Klemke. Wohlleben hatte erklärt, er habe kein Geld fur die Waffe an Schultze gegeben, vermutlich habe Tino Brandt die Waffe finanziert, der damals Anführer des Thüringer Heimatschutzes und V-Mann des Verfassungsschutzes war. Und er, Wohlleben, habe Schultze auch nur den Tipp gegeben, sich wegen einer Waffe an einen rechten Szeneladen zu wenden, weil er davon ausgegangen sei, dass es dort ohnehin keine Waffen gegeben hätte.)
Dann hat Wohlleben noch gesagt, ich hätte Busse angemietet oder den Auftrag gehabt von der Bundesführung. Ich hab einmal einen Bus angemietet. Wir wollten zu einer Demo am 1. Mai 1999 nach Bremen. Der Bus wurde uns in der Nacht davor beschlagnahmt. Ich habe dann mit Wohlleben telefoniert. Wir sind dann nach Gera gefahren und haben in der Innenstadt eine Spontandemo gemacht. Da wurden wir verhaftet und ich angeklagt wegen Organisierens von einer Spontandemo. Ich bin mit dem Strafbefehl zu Rechtsanwalt Jauch *(ein rechter Szeneanwalt)*. Er sagte, er denkt sich was aus. Wir sollten sagen, dass wir zur DGB-Veranstaltung wollten. Ich hab das dann so dargestellt. Ich wurde trotzdem verurteilt, zu 300 D-Mark an die Geraer Tafel.
Der Herr Tauber *(Sandro Tauber, damals Mitglied des Thüringer Heimatschutzes)* und Herr Brandt und Herr Wohlleben haben mich sehr bequatscht, dass ich den NPD-Vorsitzenden in Jena machen soll. Ich habe aber durchgehalten und es nicht gemacht. Das war eine kleine Revolution.
Zu Mario Ralf Brehme und Herrn Tauber: Ich glaube, bei Brehme gab es eine Situation, da wurde gefragt, wie er zu den dreien, Wohlleben, Gerlach und mir stand. Und es kam eine Frage zum Stammtisch Heilsberg und er hat gesagt, die waren gelegentlich da. Ich wollte nur sagen: Ich war mit den dreien nie beim Stammtisch in Heilsberg. Dann hat Tauber gesagt, er wäre viel mit mir unterwegs

gewesen, in Stuttgart und Dortmund. Das gab es nicht. Ich war nie in Stuttgart oder Dortmund mit Tauber. Ich weiß auf jeden Fall noch, dass Tauber, Brandt und Wohlleben mich sehr bequatscht haben, dass ich den Landesvorsitzenden machen soll. Ich habe aber durchgehalten und es nicht gemacht. Ich wurde dann Stellvertreter. Das war für mich schon eine kleine Revolution. So, das war es.

Tag 270

15. März 2016

Manfred Götzl, Richter. **Harald D.**, 54, Kriminalhauptkommissar beim BKA Wiesbaden. Er sagte auch an Tag 257 aus. **Jeanette A.**, 31, Kriminalbeamtin beim BKA Wiesbaden. Sie sagte auch am Tag 180 aus. **Wolfgang Stahl**, Verteidiger von Beate Zschäpe. **Doris Dierbach, Alexander Kienzle, Edith Lunnebach,** Anwälte der Nebenklage.

Götzl Es geht uns um Erkenntnisse zum sogenannten Bekennervideo. Mich würde interessieren, wann bei dem Asservat – EDV 11 – Aktivitäten festgestellt werden konnten anhand der Zeitstempel.

Harald D. Das Paulchen-Panther-Video fängt im Mai 2006 an. Es gab noch zwei Vorläuferversionen aus dem Jahre 2001. Im März 2001 gibt es ein erstes, altes Video, das eine collagenartige Darstellung ist, dann im Oktober 2001 eines, das schon eine filmische Darstellung von circa fünf Minuten umfasst. Dann wird im August 2004 eine Folge von Paulchen Panther aufgezeichnet und in eine Videodatei überspielt. Dann beginnt im Mai 2006 ein Erstellungsprozess. Altes Material aus den alten Videos wird mit eingearbeitet, und Dinge, die dazugehören, werden in Ordnern abgelegt. Man kann also sehen, dass 2006 mit der filmischen Aufarbeitung des Anschlags auf die Probsteigasse begonnen wird.

Verteidiger Stahl *(unterbricht und wendet sich an Götzl)* Ich wäre Ihnen dankbar, wenn Sie den Zeugen anhalten würden, dass er seine kriminalistischen Schlussfolgerungen erst einmal zurückstellt und einfach darstellt, was er gemacht hat.

Götzl Ja, mich interessiert zunächst, welche Zeitpunkte Sie festgestellt haben.

Harald D. Wir haben den Mai und den Juni 2006 als erste Phase für das Bearbeiten des Paulchen-Panther-Video ausgemacht. Dann eine Pause. Und im Februar und März 2007 wurde weiter intensiv an dem Video gearbeitet, da wurden circa zwei Drittel aller Dateien erstellt. Das bricht im März ab und setzt wieder im November 2007 ein, es gibt dann noch eine Bearbeitung am 3. 12. 2007 und im Januar 2008. Das sind die Bearbeitungszeiträume.

Götzl Gut, dann kommen wir zu dem, was Sie an Bearbeitungsschritten feststellen konnten.

Harald D. Im Mai und Juni 2006 beginnt die Darstellung der Probsteigasse. Der Einstieg beginnt damit, dass Paulchen Panther vor einem Rekrutierungsschild landet.

Götzl *(unterbricht)* Wie sind Sie denn vorgegangen? Die Inhalte können wir selbst anschauen.

Harald D. Wirhaben die Videodateien angeschaut und gesehen, dass zum Beispiel eine Aktion wie die Probsteigasse sich entwickelt. Es hatte den Arbeitsnamen »Köln1«. Man sieht, dass im Erstellungsprozess Elemente dazukamen oder später wieder Elemente rausgenommen wurden. Wir haben die Dateien chronologisch geordnet. Und so haben wir gesehen, wo sind Entscheidungen getroffen worden, eine Szene zu bearbeiten oder auch etwas, zum Beispiel eine Gedankenblase, wieder herauszunehmen. Bei den Dateien lag das Veränderungsdatum zeitlich vor dem Erstellungsdatum, was daran liegt, dass die Dateien wahrscheinlich auf einem uns nicht bekannten Rechner erstellt worden sind und dann auf die externe Festplatte EDV 11 überspielt worden sind. Das war übrigens im Februar 2007, da wurde diese externe Festplatte erzeugt. Da sind dann Erstellungsdaten erzeugt worden. Da sich in den Ordnern jedoch schon bearbeitete Dateien befanden, hatten diese noch das letzte Änderungsdatum. Das ist das wesentliche Datum, das zeigt, wann ist das letzte Mal etwas mit dieser Datei passiert. Im Mai und Juni 2006 sind eine Menge von Elementen drin, die später wieder rausgenommen werden, zum Bespiel ein Schild an einem Bauzaun: »Deutschland den Deutschen«. Oder eine Gedankenblase: »Der Ali muss weg«. Oder »Mitstreiter gesucht gegen die Kanackenflut«. Erst im Februar 2007 ging es weiter, das Ganze nimmt an Fahrt auf, die Szenen werden perfektioniert. Die Übergänge sind besser gemacht, teilweise wird viel Sorgfalt auf die Dinge verwandt. Im Februar findet auch diese Veränderung statt: Es waren am Anfang Totenköpfe und Runen am Ende der sogenannten »Deutschlandtour« zu sehen, und jetzt sind es stattdessen pinkfarbene Sternchen. Für die Szene, wo Paulchen Panther in dem U von »NSU« schaukelt, wurde ein Tag gebraucht. Im November 2007 finden noch einige kleine Veränderungen statt. Und es kommt die Abschlussfolie dazu, wo es um die Tat in Heilbronn geht. Hier findet auch die komplette Vertonung statt. Am 3.12.2007 und am 14. Januar 2008 erfolgen komplette Abspeicherungen, wobei die im Januar gegenüber der im Dezember unverändert ist.

Götzl Haben Sie sich mit der Zuverlässigkeit der Zeitstempel befasst?

Harald D. Ja, das war eine aufwendige Geschichte. Zeitstempel sind grundsätzlich manipulierbar. Wir haben uns das sehr genau angeguckt. Aber die Videos passen zum realen Geschehen. Zum Beispiel ist interessant, dass zunächst überhaupt nichts drin war, was mit Heilbronn zu tun hatte, im November 2007 ist Heilbronn dann eingearbeitet. Realweltlich ist das stimmig. Das war die eine Argumentationsschiene. Die andere waren Fernsehberichte, es gab zum Beispiel eine »Aktenzeichen XY«-Sendung von Mai 2005, die ist auf einer Datei von 2006 drauf. Ein weiterer Punkt: der Umstand, dass die Dateinamen unglaublich präzise sind, was Bearbeitungsstände betrifft. Die sind ungeheuer hilfreich. Zum Beispiel »Ali9 aktuell« ist tatsächlich neuer als »Ali 9«, die Ersteller haben das präzise benannt. Bei einem so komplexen Projekt wie diesem Video braucht man eine gewisse Ordnung. Das spiegelt sich auch in den Ordnern wider.

Anwältin Lunnebach Die Einfügung der Hand mit der Schusswaffe in der Probsteigasse-Szene – können Sie dazu etwas sagen?

Harald D. Da zieht ein Zug der Bereitschaftspolizei vorbei, das ist aus einem Fernsehbericht nach dem Anschlag. Da gehen Polizisten durchs Bild. Und am 5. Juno 2006 geht der Polizist in der Datei noch sozusagen unbeschadet vorbei. Am 7. Juno 2006 kommt eine Comicstrip-Hand hinein und schießt dem Polizisten in den Kopf. Das ist dann so im Video beibehalten worden.

(Die nächste Zeugin Jeanette A. arbeitet ebenfalls beim BKA und wertete verschiedene Asservate aus, die in der Frühlingsstraße sichergestellt wurden.)

Jeanette A. Das erste Asservat betrifft das sogenannte NSU-Archiv. Ich hab dazu eine Zusammenfassung verfasst. Das Archiv ist eine Sammlung von diversen Zeitungsartikeln. Es sind 75 Einzelnummern, insgesamt 68 Artikel sowie sieben Notizzettel, die Artikel stammten aus 14 Tageszeitungen, bei vier Artikeln war eine Zuordnung nicht möglich. 36 Artikel haben sich mit den sogenannten Česká-Morden befasst, der fünfte und der neunte Mord sind nicht thematisiert, drei Artikel sind mit der Probsteigasse befasst, zwanzig mit der Keupstraße. Neun Artikel waren verfahrensunrelevant. Kein Artikel war dabei zu dem Tötungsdelikt zum Nachteil von Frau Kiesewetter. Auf einigen Artikeln waren handschriftliche Notizen. Es konnten auf sieben Artikel insgesamt elf Fingerabdruckspuren gefunden werden, zwei konnten Frau Zschäpe zugeordnet werden. Das waren Artikel, die sich mit dem vierten Tötungsdelikt und mit der Keupstraße befasst haben. Die anderen Fingerabdrücke waren nicht auswertbar oder konnten nicht zugeordnet werden. An elf Artikeln wurden 16 DNA-Spuren gefunden, darunter eine Mischspur, wo nicht auszuschließen ist, dass Beate Zschäpe die Spurenverursacherin war. Dann fand sich noch auf einem Artikel ein Teilmuster, das der DNA von Uwe Mundlos entspricht. Schriftvergleiche zu den Notizen ergaben eine Urheberschaft mit leicht überwiegender Wahrscheinlichkeit von Uwe Mundlos. In der ersten Vorgängerversion des Bekennervideos wurden zwei Zeitungsartikel verwendet, das war ein Artikel zum ersten Mordfall und zum Anschlag in der Probsteigasse, im zweiten Video wurden acht Artikel eingeblendet.

Im Bekennervideo, in der Endversion, wurden ebenfalls acht Artikel eingeblendet. Auffallend ist: In der Endversion wurden nur zwei Artikel verwandt, die auch in der zweiten Vorgängerversion auftauchten.

Götzl Dann das nächste Asservat.

Jeanette A. Das war das sogenannte Drehbuch zum Paulchen-Panther-Video. Es waren insgesamt 49 karierte Seiten, vermutlich aus einem Spiralblock. 30 waren mit handschriftlichen Notizen versehen. Da waren unter anderem Notizen zu den Trickfilmfolgen, zu den Clips, Hinweise darauf, wie man die Darstellungen verwenden könnte. Des Weiteren Aufzeichnungen zu den Tatorten, Opferdaten. Die Asservate wurden kriminaltechnisch untersucht. Auf fünf Seiten konnten – im Vermerk steht falsch: auf vier – acht Fingerabdruckspuren gefunden werden, die entweder nicht geeignet oder nicht zuzuordnen waren. DNA-Material konnte auch gefunden werden, die Auswertung brachte keine Ergebnisse. Es wurden Schriftvergleiche durchgeführt. Nicht alle Seiten waren wegen des Löschwassers vom Brand aus der Frühlingsstraße und der Beschädigungen dafür geeignet. Im ersten Gutachten war das Ergebnis: Die Schriftleistungen ließen sich in zwei Komplexe einteilen, wahrscheinlich jeweils von einem Urheber. Mit leicht überwiegender Wahrscheinlichkeit war Uwe Mundlos der Urheber für Komplex 1. Komplex 2 ließ sich zunächst nicht zuordnen. Im zweiten Schriftgutachten war ebenfalls das Ergebnis, dass Komplex 1 wahrscheinlich Uwe Mundlos zuzuordnen ist. Im dritten Gutachten hatte man ergänzendes Material von Uwe Böhnhardt und kam zum Schluss, dass mit leicht überwiegender Wahrscheinlichkeit Uwe Böhnhardt als Urheber der Schreibleistungen von Komplex 2 war.

Götzl Und nun das dritte Asservat – 11.2.1. –, die Festplatte. *(Sie wurde bei Holger Gerlach sichergestellt.)*

Jeanette A. Das war eine Samsung-Festplatte, da habe ich mich mit Filecarving-Daten befasst, gelöschte und wiederhergestellte Daten. Es waren etwa 100 000 Dateien, die wiederhergestellt wurden. Dazu muss man sagen, dass die Darstellung keinen Schluss zulässt, wie die Daten ursprünglich gespeichert waren. Auf Partition 1 waren viele Bilddateien drin, Filme, auch pornografisches Material, und Bilddateien, die sich dem Bereich Onlineeinkauf zuordnen lassen. Neben den Fotoaufnahmen konnten auch diverse Kartenausschnitte von Mittel- und Norddeutschland festgestellt werden, und auch vom Ausland, Großbritannien. Darüber hinaus Daten mit rechtsgerichtetem Inhalt, Musik der Bands Landser und Kraftschlag. Auch Darstellungen von Paulchen Panther als Trickfigur.

Götzl Konnten Sie zu den Paulchen-Panther-Bildern feststellen, wann sie heruntergeladen und wann sie gelöscht wurden?

Jeanette A. Das konnten wir nicht feststellen.

Verteidiger Stahl Mir geht es um das von Ihnen so bezeichnete NSU-Archiv. Waren das denn lose Blätter oder gebündelt?

Jeanette A. Ich habe das anhand der Fotos ausgewertet. Da waren es lose Blätter, so stellt es sich mir anhand der Fotoaufnahmen dar. Wie die Auffindesituation war, kann ich nicht sagen. Ich habe ganze Zeitungsseiten gesehen, aber auch Artikel, die ausgeschnitten waren.

(Die Zeugin wird entlassen.)

Verteidiger Stahl *(gibt eine Erklärung ab)* Nach den Bekundungen der Zeugin ist es aus Sicht der Verteidigung schwierig nachzuvollziehen, wie der GBA den Schluss ziehen kann, dass Frau Zschäpe an der Erstellung des Archiv mitgewirkt haben soll. Ich rege an, dass man mal versucht festzustellen, auf welche Weise diese Zeitungsausschnitte oder -seiten im Brandschutt von wem wie gefunden wurden. Es spricht einiges dafür, dass, wenn Frau Zschäpe an der Erstellung eines Archivs mitgewirkt hätte, dass dann an mehreren Seiten daktyloskopische Spuren gefunden hätten werden müssen – und nicht lediglich an zwei, die auch keine Ausschnitte waren, sondern ganze Zeitungsseiten.

(Nun stellen Nebenklage-Anwälte zwei Beweisanträge – es geht um den Verfassungsschutz in Brandenburg und dessen V-Mann-Führer Reiner Görlitz, der zuletzt an Tag 266 vor Gericht aussagte.)

Anwältin Dierbach In der Strafsache gegen Beate Zschäpe und andere beantragen wir, Beweis zu erheben wie folgt: Das Landesamt für Verfassungsschutz Brandenburg hat im September 1998 die Ergreifung der per Haftbefehl gesuchten flüchtigen Zschäpe, Böhnhardt und Mundlos vereitelt, indem die für eine Ergreifung erforderlichen Informationen dem Landeskriminalamt Thüringen nicht zur Verfügung gestellt worden sind und somit das Landeskriminalamt Thüringen, obwohl dies beabsichtigt war, bei dem zuständigen Amtsgericht weder Anträge auf Telefonüberwachung noch auf sonstige strafprozessuale Maßnahmen beantragen konnte, sowie über den Umstand, dass durch dieses Verhalten des Landesamts Brandenburg die Ergreifung von Zschäpe, Böhnhardt und Mundlos verhindert wurde, weil das Landesamt für Verfassungsschutz Brandenburg den Quellenschutz über die Ergreifung der per Haftbefehl gesuchten Zschäpe, Böhnhardt und Mundlos gestellt hat. *(Die Anwältin zitiert aus Vermerken aus dem Jahr 1998, die zeigen sollen, dass der Verfassungsschutz sich damals dagegen sperrte, Hinweise einer Quelle über die drei Gesuchten von der Polizei entsprechend verwerten zu lassen.)* Die Beweiserhebung ist geboten, um aufzuklären, inwieweit staatliche Stellen durch ihr Verhalten die Mordserie des NSU erst möglich gemacht haben. Die Aufklärung ist für die Schuld- und Straffrage von Bedeutung.

(Es folgt ein weiterer Antrag.)

Anwalt Kienzle Der Zeuge Görlitz hat in der Hauptverhandlung falsch ausgesagt, um zu verschleiern, dass das Landesamt für Verfassungsschutz Brandenburg die Mordserie des NSU mit ermöglichte. Der Zeuge versuchte, durch falsche Angaben das Landesamt zu schützen. Er versuchte den Eindruck zu erwecken, das Landesamt oder dessen Quelle Carsten Szczepanski hätten weitergehende Informationen zu einer möglichen Waffenbeschaffung für die Untergetauchten durch den Zeugen Werner nicht erhalten. *(Kienzle beantragt, weitere Unterlagen des Verfassungsschutzes beizuziehen und zu verlesen. Es würde sich daraus ergeben, dass die Quelle Szczepanski ein Handy, auf dem am 25. 8. 1998 eine SMS von Jan Werner einging (mit dem Wortlaut: »Hallo, was ist mit den Bums?« – die Nebenkläger sehen darin eine Frage nach Waffen), entgegen den Angaben des Zeugen Görlitz behalten hat, als ihm am selben Tag ein neues Handy übergeben wurde.)* Es handelt sich bei den Angaben des Zeugen Görlitz um den Versuch, eine Unkenntnis des Landesamts für Verfassungsschutz Brandenburg und dessen Quelle von einer beabsichtigten Waffenbeschaffung für einen Raubüberfall des Trios zu dokumentieren.

(Der Anwalt beantragt, eine weitere Zeugin des Verfassungsschutzes zu laden. Mehrere Anwälte der Nebenklage schließen sich den Anträgen von Dierbach und Kienzle an.)

Tag 271

16. März 2016

Manfred Götzl, Richter. **Andrea S.**, 40, Mitarbeiterin der Spurensicherung des BKA Wiesbaden. **Thilo H.**, 45, Polizeibeamter aus Erfurt. **Jörg N.**, 37, Polizeibeamter aus Görlitz, 2011 noch Polizeischüler. **Jochen Weingarten**, Vertreter der Bundesanwaltschaft. **Hermann Borchert**, Verteidiger von Beate Zschäpe. **Michael Kaiser**, Verteidiger von André Eminger. **Olaf Klemke, Wolfram Nahrath, Nicole Schneiders**, Verteidiger von Ralf Wohlleben. **Bernd Behnke, Thomas Bliwier, Hardy Langer, Yavuz Narin**, Anwälte der Nebenklage.

Götzl Es geht uns um die Sicherstellung von Waffen im Bereich des Anwesens Frühlingsstraße.

Andrea S. Der Kollege H. und ich waren ein Asservierungsteam in Zwickau. Wir sind am 5.11.2011 eingetroffen, da waren bereits alle Asservate sichergestellt. Waffen und Munitionsteile waren in einem verschlossenen Kellerraum in der Polizeidirektion Zwickau. Eine Pistole befand sich in einem weißen Kunststoffeimer. Wir haben sie fotografiert und ihr eine Nummer gegeben und sie verpackt. Das war die Nummer 2.12.483.13.

Götzl Wurde Ihnen gesagt, wo die Waffe aufgefunden wurde?

Andrea S. Ja, alles, was in dem Eimer war, war der Nachsuche Brandschutt aus der Frühlingsstraße zuzuordnen. Wo sich die Waffe bei der Auffindung genau befunden hat, weiß ich nicht.

(Nach einem weiteren Zeugen folgt der Zeuge Thilo H.)

Götzl Es geht uns um die Sicherstellung von Waffen im Wohnmobil in Eisenach. Wie waren Sie damit befasst?

Thilo H. Wir haben am 4.11.2011 den ersten Angriff gefahren. Ich war in der Tatortgruppe des LKA Thüringen. Wir haben gegen 12 Uhr den Anruf bekommen, dass vermutlich Bankräuber in einem Wohnmobil in Eisenach-Stregda aufgefunden wurden. Die Tatortgruppe wurde angefordert. Ich und eine Kollegin sind dann zum Tatort gefahren. Wir haben eine erste Besichtigung des Wohnmobils von außen gemacht. Die Polizeiführung hat entschieden, dass das Wohnmobil abgeschleppt wird, ungefähr zehn Kilometer weit weg. Dann haben wir angefangen, dieses Wohnmobil zu bearbeiten. Ich sag jetzt mal, was sich uns da für ein Anblick geboten hat: Es waren zwei Personen im Wohnmobil, ein Großteil der Plastikdecke war auf den Boden gestürzt und hat die beiden Leichen bedeckt, die erste Leiche war stark bedeckt, die hintere Leiche zum Teil. Noch in Stregda habe ich eine Waffe im Nassbereich gesichert. Eine P2000, wie sich herausstellte, die Waffe eines Kollegen. Dann wurden noch zwei Pumpguns gesichert, eine war bedeckt von Herrn Böhnhardt und eine weitere lag weiter weg von Herrn Mundlos. Und ein Revolver lag auf der Spüle. Noch eine weitere Waffe, eine weitere P2000, die lag auf dem Tisch, mit Brandschutt bedeckt. Und rechts auf der Sitzbank lag noch eine MP. Bis auf die MP haben wir an dem Abend die Waffen alle gesichert. Das waren nicht alle Waffen. Am nächsten Tag haben die Kollegen aus Gotha übernommen und haben noch weitere Waffen gesichert. Das hat man auf den ersten Blick nicht gesehen, weil alles mit Brandschutt bedeckt war.

Götzl Kommen Sie bitte nach vorn. Wir wollen uns Lichtbilder anschauen und sie uns von Ihnen erläutern lassen. *(Er zeigt Bilder der Waffen und aus dem Inneren des Wohnmobils)*

Thilo H. Das ist eine der zwei Pumpguns, die wir gefunden haben. Das ist der Revolver, der links auf der Spüle lag. Das ist eine Heckler & Koch, die wir im Brandschutt gefunden haben. Hier sieht man den Tisch im Originalzustand, alles voll Brandschutt. Die Plaste von der Decke ist runtergekommen und hat sich verschmolzen mit der Waffe. Das ist die Nasszelle, die war relativ unbeeinflusst vom Brand, dort lag die erste Waffe, die wir vor Ort gesichert haben. Das war noch vor dem Abschleppen des Wohnmobils, damit die nicht verrutscht. Das war die einzige, die wir gleich gesehen haben.

Verteidigerin Schneiders Können Sie etwas dazu sagen, was die Gründe waren, dass das Abschleppen angeordnet wurde?

Thilo H. Zum Zeitpunkt, als wir das aufgefunden haben, war das ja ein Banküberfall. Da war Presse zu erwarten. Soweit ich weiß, wollte uns der Polizeiführer in Ruhe arbeiten lassen. Wir haben das ein bisschen anders gesehen.

Verteidigerin Schneiders Wie haben Sie das gesehen?

Thilo H. Es war ungewöhnlich.

Verteidigerin Schneiders Warum?

Thilo H. Normalerweise hätte man noch ein paar Sachen vor Ort machen sollen, machen müssen. Abmessen, Absuche und so.

Verteidigerin Schneiders Wurden noch Fotos gemacht?

Thilo H. Ja, von Frau M. von der Tatortgruppe Thüringen.

Verteidigerin Schneiders Wurden diese Fotos weitergereicht zu den Akten?

Thilo H. Davon gehe ich aus, wir haben nichts gehortet bei uns.

Verteidigerin Schneiders Hat auch die Feuerwehr Bilder gemacht?

Thilo H. Ich habe welche gesehen beim Untersuchungsausschuss Thüringen, drei, vier Stück. Die wurden gemacht, bevor wir vor Ort waren.

Verteidigerin Schneiders Wissen Sie, ob und wer vor Ihnen schon im Wohnmobil drin war?

Thilo H. Der Polizeiführer Herr M. Das ist mir bekannt. Das ist vom Hörensagen. Ich weiß nur, dass Herr M. schon drin war. Da war ein Batterieladegerät, er hat geguckt, ob das nicht ein Sprengsatz ist. Mehr kann ich nicht sagen.

Verteidigerin Schneiders Ist das eine übliche Vorgehensweise?

Thilo H. Grundsätzlich nicht. Also grundsätzlich ja. Es war eine Lage, wo erst mal jemand ins Wohnmobil reingucken musste, was los ist. Das war ja was Größeres. Es ist ungewöhnlich, dass der Polizeiführer selber reingeht.

Verteidigerin Schneiders Von wem wurde die Polizeiwaffe aufgefunden?

Thilo H. Die P2000 in der Nasszelle, die habe ich aufgefunden. Und sofort gesichert. Ich habe gesehen, dass das eine Polizeiwaffe ist. Das war so ungefähr um 14 Uhr, und um 16 Uhr und ein paar Minuten kam schon die Information, dass es die Waffe vom Kollegen aus Heilbronn ist. Da war das Fahrzeug schon abgeschleppt.

Verteidigerin Schneiders Haben Sie eine Einweisung von Herrn M. bekommen?

Thilo H. Wir haben eine bekommen, aber ich weiß nicht mehr, wie das war. Der Herr M. war dabei und ein Kollege, der die ersten Maßnahmen mitgeführt hat.

Verteidigerin Schneiders Sind durch den Abtransport Veränderungen im Wohnmobil entstanden?

Thilo H. Meine persönliche Meinung: eigentlich nicht. Es ist nicht auszuschließen. Aber es war durch Brand und Plaste alles fest. Es war eine Schuttmasse. Es kann sein, aber ich glaube es nicht. Vielleicht ist im Schrank was verrutscht.

Verteidigerin Schneiders War ersichtlich, dass etwas verrutscht ist?

Thilo H. Nein.

Verteidigerin Schneiders Wie kam es, dass Sie an dem einen Tag die Spuren sicherten und am nächsten Tag die Kollegen aus Gotha?

Thilo H. Das war eigentlich eine vernünftige Entscheidung. Wir haben uns um die Leichname gekümmert, die Waffen mussten gesichert werden. Die Gothaer sollten da weitermachen. Das wäre auch ein guter Plan gewesen. Aber die Kollegen aus Gotha, das war zu wenig Manpower für dieses große Wohnmobil.

Verteidiger Klemke Sie sagten, Sie hätten das anders gesehen als Herr M. War das Wohnmobil für Sie kein potenzieller Tatort?

Thilo H. Doch.

Verteidiger Klemke Darf denn an einem Tatort etwas verändert werden, bevor die Spurensicherung vorgenommen wurde?

Oberstaatsanwalt Weingarten *(unterbricht)* Wenn Rechtsanwalt Verteidiger Klemke Fragen zu Dienstvorschriften der Polizei und zu rechtlichen Vorschriften hat, sollte er jemand fragen, der davon Ahnung hat. Der Zeuge soll über seine Wahrnehmungen berichten.

Verteidiger Klemke Die Frage knüpft an den konkreten Einsatz des Zeugen an.

Götzl Ich halte die Frage für zulässig.

Thilo H. Grundsätzlich sollte nichts am Tatort verändert werden, bevor die Tatortgruppe da ist, aber weil es immer dauert, bis die Tatortgruppe da ist, fangen die Kollegen manchmal schon an.

Verteidiger Klemke Ich hatte nach Veränderungen am Tatort gefragt.

Thilo H. Als wir kamen, war das Wohnmobil schon eingepackt, da war schon Folie drum, als wir kamen, das war unglücklich. Aber es war die Entscheidung des Polizeiführers.

Verteidiger Klemke Inwiefern unglücklich?

Götzl *(zu Klemke)* Die Frage könnte als suggestiv verstanden werden.

Verteidiger Klemke Der Zeuge ist hinreichend kundig und wird suggestiven Einflüssen nicht erliegen. *(Wendet sich wieder an den Zeugen.)* War es ungewöhnlich, dass der Tatort selbst bewegt wurde?

Thilo H. Der Tatort war in dem Fahrzeug drin, dann ist es eigentlich schon üblich, dass das Fahrzeug abgeschleppt wird und in einem gesicherten Bereich bearbeitet wird.

Verteidiger Klemke Hielten Sie es für sachgerechter …

Götzl Na ja, das ist jetzt suggestiv.

Verteidiger Klemke Wir bewegen uns im Bereich der Sachkunde des Zeugen.

Thilo H. Grundsätzlich ist es besser, dass das Fahrzeug stehen bleibt und man dort anfängt. Man darf aber nicht vergessen: Das Fahrzeug hat gebrannt, die Feuerwehr hat gelöscht. Spurentechnisch ist so ein Brandtatort natürlich sehr, sehr schlecht.

Verteidiger Klemke Und dann macht man den noch schlechter?

Thilo H. Ich bin der Meinung, dass das Abschleppen im Wohnmobil nichts verändert hat.

Verteidiger Klemke Sind Sie gleich einmal durch das Wohnmobil marschiert oder sind Sie schrittweise vorgegangen?

Thilo H. Spurenschonend, wie sich das gehört. Ich habe mir einen Überblick verschafft. Da habe ich eine Pumpgun gesehen. Aber ob das die erste Waffe war, dafür würde ich jetzt meine Hand nicht ins Feuer legen.

Verteidiger Klemke Sie erwähnten eine P2000, die auf dem Tisch lag und mit Brandschutt bedeckt war. Wann haben Sie die entdeckt?

Thilo H. Das weiß ich nicht aus dem Kopf, müsste aber in der Spurenliste stehen.

Verteidiger Klemke Konnte die Waffe ohne Weiteres gesehen werden oder erst, als der Brandschutt entfernt wurde?

Thilo H. Ich glaube, das Griffstück ragte heraus. Aber die Waffe war schwarz und der Schutt war auch schwarz.

Verteidiger Kaiser Waren Sie dabei, als das Wohnmobil abgeschleppt wurde?

Thilo H. Ja.

Verteidiger Kaiser Wie wurde es abgeschleppt? Stand es schräg?

Thilo H. Ich weiß es nicht mehr hundertprozentig. Ich meine, es wurde hochgezogen, auf einen Abschleppwagen.

Verteidiger Nahrath Wissen Sie, wohin das Wohnmobil gebracht wurde?

Thilo H. Nach Eisenach zu einem Abschleppdienst in eine Lagerhalle.

Verteidiger Nahrath Nicht in einer polizeilichen Einrichtung?

Thilo H. Es stand in der Garage bei dem Abschleppdienst. Es wurde nach der Spurenbearbeitung der Kollegen aus Gotha zum LKA Thüringen geschleppt. Wir haben das Wohnmobil um ein Uhr morgens verlassen, es wurde bewacht, das ist üblich. Bis 5.11., zur Übergabe an die Gothaer.

Verteidiger Nahrath Hatten Sie einen Schlüssel zu der Halle?

Thilo H. Kann ich nicht mehr sagen.

Anwalt Langer Waren Sie auch drin in der Halle, als die Leichen noch drinlagen?

Thilo H. Ja.

Anwalt Langer Können Sie was zur Lage der Leichen sagen?

Thilo H. Die Lage war gleich, vor und nach dem Abschleppen.

Anwalt Behnke Wann hat das LKA die Tatortarbeit übernommen?

Thilo H. Sie können von eineinhalb bis zwei Stunden ausgehen, bis wir dort waren. Die Alarmierung war kurz nach zwölf Uhr.

Anwalt Narin Haben Sie mitbekommen, ob sich Herr M. vor Ort lautstark über Herrn Wießner *(ein Mitarbeiter des Verfassungsschutzes)* geäußert hat?

Thilo H. Nein.

Verteidiger Nahrath Sie sagten, Sie hätten sich sehr lange in dem Wohnmobil befunden? Haben Sie organisches Material gefunden, auf dem Boden, an den Wänden?

Thilo H. Ja.

Verteidiger Nahrath Konnten Sie erkennen, was das war?

Thilo H. Viel Hirnmasse und viel Blut.

Verteidiger Nahrath Im Umfeld beider Leichen?

Thilo H. Das Wohnmobil war nicht groß. Ich konnte nicht zuordnen, was zu wem gehört.

(Es folgt der Zeuge Jörg N.)

Götzl Es geht uns um die Sicherstellung von Waffen in der Frühlingsstraße. Inwiefern waren Sie damit befasst?

Jörg N. Ich war am 9. 11. 2011 dort eingesetzt. Ich hab zu diesem Zeitpunkt meine Ausbildung an der Polizeifachschule Chemnitz durchgeführt. Uns war noch nicht klar, was uns da erwartet. Es hieß nur, wir sind zur Suche eingesetzt. Gegen acht Uhr morgens waren wir in Zwickau. Wir wurden eingeteilt in drei Gruppen, die mit der Beräumung des Schutthaufens vor dem Brandhaus beauftragt waren. Das begann sofort. Wir sind nicht lange da rumgestanden. Im Laufe des Nachmittags wurde dann halt diese Česká von mir gefunden. Von dem ersten Stockwerk, das da runtergerissen wurde, lagen überall Bauschutt, Balken, Leitungsrohre. Da wurden noch mehrere andere Waffen gefunden an dem Tag durch andere Kollegen.

Götzl Wie sah die Česká aus?

Jörg N. Bevor ich sie ausgegraben habe, habe ich nur ein kleines Rohr gesehen. Dachte, das sei ein Leitungsrohr, daran habe ich dann gezogen, das war aber ein Schalldämpfer, und am anderen Ende hing diese Pistole. Die war nicht stark verrostet, auf ersten Eindruck hin brauchbar. Der Schalldämpfer war wie angebacken in einer Plastefolie. Er war mit der Waffe verschmolzen.

Götzl Was haben Sie mit der Waffe gemacht?

Jörg N. Erst mal abgelegt, ich war ein bisschen erschrocken. Dann habe ich einen Kollegen gerufen, der hat sie sich angeschaut, dann wurde sie zum Fahrzeug verbracht, in eine Tüte gelegt, und dann kam es in eine Kiste.

Götzl Können Sie zu den Bildern was sagen? *(Legt ihm Fotos der Česká vor, von der wie eine Fahne die geschmolzene Plastiktüte abragt.)*

Jörg N. Ja, das ist die Waffe, die ich gefunden habe.

Oberstaatsanwalt Weingarten Herr Zeuge, habe ich Sie falsch verstanden, dann korrigieren Sie mich. Gegen acht Uhr haben Sie begonnen. Wann haben Sie die Česká gefunden?

Jörg N. Nachmittags.

Oberstaatsanwalt Weingarten Wie haben Sie die Stunden zwischen Arbeitsbeginn und Finden der Waffe konkret verbracht?

Jörg N. Wir waren in drei Gruppen eingeteilt, Abräumung, Abtransport per Schubkarre, und eine Gruppe hat Pause gemacht oder bei schweren Sachen geholfen.

Oberstaatsanwalt Weingarten Haben Sie Werkzeuge benutzt?

Jörg N. Nein, nur Werkhandschuhe, darunter Gummihandschuhe.

Oberstaatsanwalt Weingarten Sie sagten, Sie hätten zunächst ein Rohr gesehen, das Sie für ein Leitungsrohr gehalten haben? Haben Sie das Rohrstück schon morgens wahrgenommen?

Jörg N. Nein, das war ziemlich tief im Schuttberg. Das war erst kurz vor Ende der Maßnahmen.

Oberstaatsanwalt Weingarten Wie sind Sie vorgegangen?

Jörg N. Die Gruppen waren sieben, acht Mann stark. Wir haben uns um den Schutthaufen rumgestellt und haben uns reingearbeitet in den Berg.

Oberstaatsanwalt Weingarten Wie viel Schutt haben Sie abgeräumt, bevor Sie das Rohr wahrgenommen haben?

Jörg N. Das war übermannshoch, über zwei Meter.

Verteidiger Nahrath Waren während der Arbeit weitere, andere Polizeikräfte vor Ort?

Jörg N. Ja, Beamte aus Sachsen. Brandursachsenermittler, auch ein Beamter aus Baden-Württemberg war zu sehen.

Verteidiger Nahrath Waren auch Kräfte in Zivil dabei? Vom LKA, vom BKA?

Jörg N. Habe ich nicht wahrgenommen.

Verteidiger Nahrath Wer war Ihr Einsatzleiter?

Jörg N. Herr B., Falk. Ein Lehrer aus der Polizeifachschule Chemnitz.

Verteidiger Nahrath War das praktische Ausbildung?

Jörg N. Nein.

Verteidiger Klemke Sie sagten, Sie hätten übermannshoch Schutt weggeräumt, bevor Sie die Waffe fanden?

Jörg N. Stimmt.

Verteidiger Klemke Wurde das Schuttwegräumen fotografisch dokumentiert?

Jörg N. Das kann ich Ihnen nicht mehr sagen.

Verteidigerin Schneiders Es gibt ein Lichtbild vom Brandschutt vor dem Haus. *(Das Gericht lässt es an die Wand projizieren, man sieht einen großen Brandschuttberg direkt vor dem zerstörten Haus in der Frühlingsstraße.)*

Jörg N. Die Waffe wurde im hinteren Bereich links gefunden. Wir haben den Berg von rechts abgetragen.

Verteidigerin Schneiders Können Sie etwas zur Sicherung des Tatorts sagen? Konnte da jeder rein oder nur berechtigte Personen wie Sie?

Jörg N. Der Bauzaun war aufgebaut, ob der Zaun in der Nacht bewacht war, kann ich nicht sagen. Es waren nur Polizisten innerhalb des Zauns.

Verteidigerin Schneiders Waren Presse, Anwohner, Nachbarn da?

Jörg N. Es waren Fotografen da, die am Zaun gestanden sind und versuchten, Fotos zu machen.

Verteidigerin Schneiders War Ihre Arbeitsstelle geschützt vor Einblicken?

Jörg N. Nein, man konnte durch den Bauzaun durchschauen.

Verteidigerin Schneiders Wem haben Sie die Waffe übergeben?

Jörg N. Ich war damals in der Ausbildung und habe den Fehler gemacht, den ich heute nicht mehr machen würde, und habe mir nicht aufgeschrieben, wann ich wem die Waffe übergeben habe. Ich habe auch nicht meinen Namen genannt.

Verteidigerin Schneiders Wie wurden Sie eingewiesen?

Jörg N. Nur, dass wir das beräumen sollten, mehr nicht.

Verteidigerin Schneiders Hat man Ihnen gesagt, dass sich da Waffen oder Sprengstoff drin befinden könnten?

Jörg N. Nein.

Verteidiger Nahrath Wo war Ihr Lehrer?

Jörg N. Er war außerhalb des Bauzauns, er hat am Bus gewartet, mit dem wir gekommen sind.

Verteidiger Nahrath Der hat nicht einen Stein da angefasst?

Jörg N. Der war der Zugführer und beobachtete das Ganze.

Verteidiger Nahrath Wissen Sie, ob es für solche Einsätze spezielle Trupps gibt?

Jörg N. Sie meinen, dass man nach dem Vorfall in der Frühlingsstraße, dass man da anders rangeht? Nein.

Verteidiger Nahrath War jemand in dem Team, der nicht in Ausbildung war?

Jörg N. Das war meine Klasse und zwei, drei Beamte als Brandursachenermittler.

Verteidiger Nahrath Haben Sie von denen Anweisungen bekommen?

Jörg N. Nein.

(Der Zeuge wird entlassen.)

Götzl Wir kämen dann zur Verteidigung von Frau Zschäpe und den Antworten auf die Fragen des Senats. Wer will den Part übernehmen? Sie, Herr Rechtsanwalt Borchert?

Verteidiger Borchert Hiermit beantworte ich die Fragen des Senats. *(Er liest im Namen von Beate Zschäpe jeweils die Fragen des Senats vor, dann folgen die Antworten.)*

FRAGE 1 Zum Alkoholkonsum. Was verstehen Sie unter den Begriffen »betrunken« und »angetrunken«?

ANTWORT Den Begriff »betrunken« verbinde ich mit einem »Filmriss«, wenn ich mich also am nächsten Tag nicht mehr erinnern kann, was in den letzten Stunden des Vortages geschehen ist. Außerdem verbinde ich mit dem Begriff »betrunken«, wenn ich nach dem Aufwachen nicht mehr weiß, wie ich ins Bett gekommen bin oder ob ich mir vor dem Zubettgehen die Zähne geputzt habe. Ich verbinde den Begriff »betrunken« außerdem damit, wenn ich mich wegen des übermäßigen Alkoholkonsums übergeben muss. Den Begriff »angetrunken« verbinde ich mit den Gefühlen, dass ich geselliger und redseliger bin und dass ich albern werde. Ich bezeichne meine Stimmung als eher lustig und ich beginne in diesem Zustand zu »quasseln«.

FRAGE 2 Wie waren die Situationen, als Uwe Böhnhardt Ihnen gegenüber handgreiflich wurde. Wann war das?

ANTWORT Vor unserem Untertauchen und zu Beginn unseres Untertauchens, also etwa Frühjahr 1998 bis Sommer 2001, kam es vor, dass Uwe Böhnhardt mir gegenüber handgreiflich wurde, das heißt er schlug mich, wenn ihm bei einer verbalen Auseinandersetzung die Argumente ausgingen. Mit der Zeit konnte ich einschätzen, wann es für mich besser ist, eine Diskussion zu beenden beziehungsweise nachzugeben, um eine Eskalation zu vermeiden. Verbal konnte sich Uwe Böhnhardt gegenüber Uwe Mundlos und auch gegenüber mir in Diskussionen nicht durchsetzen. Solche Situationen beendete er mir gegenüber mit Schlägen. Konkret erinnere ich mich beispielsweise an folgende Situationen: Es gab Streit wegen einer Pistole, die offen auf dem Tisch in der Wohnung herumlag, weil Uwe Böhnhardt sie dort hingelegt hatte. Ich wollte nicht, dass eine Waffe offen zugänglich in der Wohnung herumliegt. Uwe Böhnhardt war das egal und er beendete den lautstarken Streit mit Schlägen. Erwähnen möchte ich auch noch einen Streit, bei dem es um das Thema Internet ging. Dies war kurz nach dem Umzug nach Zwickau, also in der zweiten Jahreshälfte 2000. Sowohl Uwe Mundlos als auch ich wollten gerne einen Internetanschluss. Ich wollte den Anschluss, um im Internet surfen zu können. Uwe Böhnhardt war jedoch strikt dagegen, da er darin ein Sicherheitsrisiko sah. Er war stattdessen dafür, dass man besser in ein öffentliches Internetcafé gehen solle, was sowohl er als auch Uwe Mundlos in den späteren Jahren auch taten – ab wann genau weiß ich nicht mehr. Es kam wiederholt zum Streit zwischen uns, bis er mich erneut schlug, um das Thema zu beenden. Erst Jahre später, ich glaube in der Frühlingsstraße, konnte Uwe Mundlos ihn schließlich überzeugen und wir bekamen einen eigenen Internetanschluss. Zudem gab es einen weiteren heftigen Streit bezüglich der 10 000 D-Mark, die Holger Gerlach erhalten sollte. Ich war absolut dagegen, weil das Geld bei ihm nicht gut aufgehoben wäre, weil er damals bereits spielsüchtig war. Uwe Böhnhardt beendete die Diskussion erneut mit Schlägen und er übergab das Geld schließlich persönlich an Holger Gerlach. Das müsste meiner Erinnerung nach etwa im Jahr 2000 oder 2001 gewesen sein.

Frage 3 Haben Sie nähere Informationen zur massiven Gewalt und zum sexuellen Missbrauch, den Uwe Böhnhardt während seiner Inhaftierung erlebt hat?

Antwort Uwe Böhnhardt hatte mir von Gewalt und von sexuellem Missbrauch im Jahr 1995 berichtet. Mehrere Inhaftierte hatten ihm gegenüber Gewalt angewandt. Uwe Böhnhardt schilderte mir ein Vorkommnis, bei welchem massive Gewalt in sexueller Hinsicht ausgeübt wurde. Details möchte ich in aller Öffentlichkeit nicht schildern.

Frage 4 Zum Abend des 3. November 2011. Was bedeutet »ziemlich viel Sekt« konkret? Was meinen Sie mit »betrunken gefühlt«? Wann haben Sie mit dem Trinken begonnen, wann aufgehört?

Antwort Am 3. November trank ich über den Tag verteilt mindestens drei Flaschen Sekt. Ich fing gegen Mittag an zu trinken, und kurz vor dem Schlafengehen hörte ich auf, wobei mir eine genaue zeitliche Einordnung nicht mehr möglich ist. Ich fühlte mich betrunken, wie bereits unter Frage 1 geschildert. Als ich wohl gegen Mitternacht schwankend ins Bett ging, musste ich mich dabei immer wieder festhalten. Am nächsten Morgen konnte ich mich nicht mehr an alle Details des Vorabends erinnern.

Frage 5 Zum Vormittag des 4. November 2011. Von wann bis wann haben Sie getrunken? Wie war die Wirkung des Sekts?

Antwort Ich bin gegen acht Uhr morgens aufgestanden und habe circa eine Stunde später das erste Glas Sekt getrunken. Ich hatte nicht gefrühstückt. Gegen 11.30 Uhr hatte ich im Internet recherchiert und währenddessen Sekt getrunken. Ich denke, dass ich bis um etwa 14.30 Uhr eine Flasche Sekt getrunken hatte. Ich hatte jedoch keine Ausfallerscheinungen.

Frage 6 An welchen Umständen machen Sie fest, dass Herr Gerlach nicht spielte, weil er Spaß am Spiel hatte, sondern weil er einfach spielen musste?

Antwort Ich mache dies daran fest: dass er so lange spielte, bis er kein Geld mehr hatte, und anschließend frustriert und deprimiert war. Wenn er kein Bargeld mehr hatte, kam es vor, dass er zum nächsten Geldautomaten ging und Geld abhob, um weiterspielen zu können. Auch die Tatsache, dass er parallel an mehreren Automaten gleichzeitig spielte, spricht für mich dafür, dass er spielsüchtig war.

Frage 7 Zum Besuch André Kapkes in der Limbacher Straße. Wie kam es zu diesem Besuch? Erfolgte der Besuch zu einem bestimmten Zweck? Wie waren die Umstände des Besuchs?

Antwort Der Besuch von André Kapke in der Limbacher Straße muss ganz zu Beginn unseres Untertauchens gewesen sein. Ich weiß heute nicht mehr, ob sein Besuch einen bestimmten Grund hatte oder ob es nur ein Wiedersehen unter Freunden war. Ich hatte mich damals auf jeden Fall gefreut, ihn wiederzusehen, weil wir befreundet waren. Ich glaube, er hatte uns 500 D-Mark vorbeigebracht – mit Sicherheit kann ich dies jedoch nach der langen Zeit nicht mehr sagen. Nach diesem Besuch habe ich ihn nie wieder gesehen und ich meine, dass auch Uwe Mundlos und Uwe Böhnhardt ihm danach nicht mehr begegnet sind.

FRAGE 8 Zu André Eminger. Wie haben Sie André Eminger kennengelernt? Welche Information hatte André Eminger zu Ihrer Flucht und den Gründen für die Flucht? Welche Kenntnis hatte André Eminger zu Ihren Lebensumständen? Hatte er Kenntnis von den Raubüberfällen und Tötungsdelikten? Haben Sie André Eminger von den Ereignissen vom 4.11.2011 berichtet und gegebenenfalls was? An welchem Ort hat Sie André Eminger abgeholt?

ANTWORT Ich habe André Eminger während der Zeit in der Limbacher Straße – also zwischen Mitte Februar und Spätsommer 1998 – in Chemnitz kennengelernt. Max-Florian B. hatte diese Wohnung damals für uns angemietet. Entweder er oder Mandy Struck brachten André Eminger bei einem ihrer Besuche mit und stellten ihn uns vor. Später kam es dann wie gesagt dazu, dass André Eminger die Wohnung in der Wolgograder Allee in Chemnitz für uns angemietet hat. Zu diesem Zeitpunkt kannten weder Uwe Mundlos noch Uwe Böhnhardt oder ich seine Frau Susann. André Eminger wusste, dass Uwe Böhnhardt eine Haftstrafe anzutreten hatte, und er wusste auch, dass in der von mir angemieteten Garage in Jena Sprengstoff gefunden worden war. Das waren die ihm bekannten Gründe für unser Untertauchen. Nach der Anmietung der Wohnung in der Wolgograder Allee nahm der Kontakt zu ihm ab. Nach der Geburt seines ersten Kindes wurde der Kontakt noch seltener. In den Folgejahren kam es nur noch zu sporadischen Kontakten mit Uwe Böhnhardt, Uwe Mundlos und mir. Erst nach der Geburt seines zweiten Kindes im Sommer 2006 wurde unser Kontakt intensiver. Zu dieser Zeit lernte ich seine Frau Susann kennen und wir freundeten uns an. Ab Herbst 2006 haben mich Susann und die Kinder regelmäßig – das heißt im Durchschnitt circa einmal wöchentlich – besucht. Gelegentlich war auch André dabei. Wie bereits erwähnt, haben mir vor allem die Besuche mit den Kindern gutgetan, da diese für mich eine Art Ersatzkinder waren, da ich selbst keine Kinder bekommen konnte. Am 11.1.2007 begleitete mich André Eminger zur Polizei in Zwickau, wo ich unter Verwendung des Ausweises seiner Frau als Susann Eminger auftrat und eine Zeugenaussage machte. Den Ausweis seiner Frau hatte mir André Eminger mitgebracht. Nachdem wir von der Polizei nach Hause zurückgekehrt waren, fragte André Eminger, warum wir drei denn eigentlich nicht wieder in das bürgerliche Leben zurückkehren würden beziehungsweise wann wir das Untertauchen abbrechen würden. Bei diesem Gespräch waren dann auch Uwe Mundlos und Uwe Böhnhardt anwesend. André Eminger meinte, dass die Sache mit dem Sprengstoff in der Garage doch schon Jahre zurückliege und vermutlich bereits verjährt sei und dass auch die Haftstrafe, zu der Uwe Böhnhardt verurteilt worden war, doch auch irgendwann einmal verjährt sein müsse. Aufgrund seiner Hilfeleistungen in der Vergangenheit – nämlich die Anmietung der Wohnung, die logistische Unterstützung bei größeren Einkäufen von Lebensmitteln und zuletzt meine Begleitung zur Polizei vom selben Tag – vertrauten wir ihm nunmehr so weit, dass wir ihm von den zurückliegenden Raubüberfällen berichteten und dass dies der Grund sei, weshalb wir nicht einfach wiederauftauchen könnten. Von den Tötungsdelikten und Bombenanschlägen erfuhr er jedoch nichts. Nachdem ich am 4.11.2011 die Wohnung in der Frühlingsstraße in Brand gesetzt hatte, rief ich André Eminger an und bat ihn um ein Treffen. Wir vereinbarten als Treffpunkt den Ort eines Black-Metal-Konzerts, bei dem André Eminger einmal gewesen war. Es handelt sich dabei um die Kreuzung der Crimmitschauer Straße mit der Dieselstraße, circa zehn bis 15 Gehminuten von der Frühlingsstraße entfernt. Ich habe ihm dann erzählt, dass ich die Wohnung mit Benzin angezündet hätte, meine Kleidung deshalb stark nach Benzin roch und ich deshalb neue Kleidung benötigte. Er fragte mich, weshalb ich dies getan hätte. Ich berichtete ihm davon, dass Uwe Mundlos und Uwe Böhnhardt tot seien und dies ihr Letzter Wille gewesen sei, den ich ihnen erfüllt hätte. Wir fuhren dann gemeinsam in seine Wohnung, wo er mir frische Kleidung seiner Frau gab. Susann war zu diesem Zeitpunkt nicht zu Hause. Anschließend brachte mich André Eminger zum Bahnhof nach Chemnitz, nachdem in Glauchau kein Zug fuhr. Er fragte mich, was ich nun vorhätte, nämlich ob ich mich wie Uwe Mundlos und Uwe Böhnhardt auch umbringen wolle, mich der Polizei stellen oder flüchten würde. Da ich diese Frage selbst nicht genau beantworten konnte, blieb ich ihm eine Antwort schuldig. Wir verabschiedeten uns und ich ging in den Bahnhof. Das war das letzte Mal, dass ich André Eminger vor der Hauptverhandlung gesehen und gesprochen hatte.

FRAGE 9 Zu Susann Eminger. Welche Kenntnis hatte Susann Eminger von Ihren Lebensumständen? Hatte sie Kenntnis von den Raubüberfällen und Tötungsdelikten? Hatten Sie am 4.11.2011 Kontakt zu Susann Eminger?

ANTWORT Susann Eminger war – wie bereits oben erwähnt – etwa ab Herbst 2006 regelmäßig, das heißt, im Durchschnitt einmal wöchentlich, bei mir zu Hause, sodass sie dort natürlich sah, wie wir lebten. Sie kannte die Wohnung und auch mein Zimmer. Ich hatte darauf geachtet, dass bei ihren Besuchen keine Waffe offen herumlag, zumal sie fast immer ihre Kinder mitgebracht hatte. Ab dem Jahr 2007 wusste Susann Eminger, dass Uwe Mundlos und Uwe Böhnhardt Raubüberfälle begangen hatten und dass wir von dem erbeuteten Geld lebten. Nachdem André über die Raubüberfälle informiert worden war, sprach mich Susann natürlich darauf an und ich bestätigte ihr dies. Von den Bombenanschlägen und den Tötungsdelikten hatte ich Susann – ebenso wie ihrem Mann – nichts erzählt. Am 4.11.2011 hatte ich keinen Kontakt zu ihr.

FRAGE 10 Zur Waffe von Holger Gerlach. Haben Sie aus den Erzählungen der beiden nähere Umstände hinsichtlich des Besorgens, der Lieferung und des Verwendungszwecks der Waffe erfahren? Was wissen Sie über die zeitliche Einordnung des Vorgangs?

ANTWORT Eine zeitliche Eingrenzung des Vorganges fällt mir schwer. Ich erinnere mich noch daran, dass geplant war, dass Holger Gerlach über den Jahreswechsel 1999/2000 zu uns nach Chemnitz kommt und wir Silvester zusammen feiern wollten. Ich wartete am Bahnhof auf ihn, da er mit dem Zug anreisen wollte. Doch er kam nicht. Auch danach haben wir uns eine ganze Weile nicht getroffen. Ich schätze, es war dann im Sommer 2001, als wir ihn wiedergesehen hatten. Holger Gerlach besuchte uns in Zwickau. Ich holte ihn – wie auch bei seinen anderen Besuchen – am Bahnhof ab und wir gingen gemeinsam in die Wohnung in der Polenzstraße. Weitere Einzelheiten bezüglich des Besorgens, der Lieferung und des Verwendungszwecks der Waffe sind mir nicht bekannt.

FRAGE 11 Zur Waffe von Jan Werner. Wann haben Sie von Uwe Böhnhardt erfahren, dass eine weitere Pistole über Jan Werner geliefert worden sei? Haben Sie Näheres über die Umstände der Lieferung erfahren?

ANTWORT Eine genaue zeitliche Einordnung ist mir nach den vielen Jahren nicht möglich. Ich denke, es war zu Beginn unseres Untertauchens. Details hinsichtlich der Lieferung der Waffe oder zu deren Preis sind mir nicht bekannt. Weder

FRAGE 12 Bei welcher Gelegenheit und wann hatte Ihnen Carsten Schultze die Vollmacht des Rechtsanwalts Dr. Eisenecker gegeben?

ANTWORT Carsten Schultze hatte mir die Vollmacht in einem Kaufhaus in Chemnitz übergeben. Die diesbezüglichen Angaben des Carsten Schultze vom 5. Hauptverhandlungstag sind zutreffend.

FRAGE 13 Haben Ihnen Uwe Mundlos und Uwe Böhnhardt mitgeteilt, welchen Zweck sie mit der Versendung der DVDs verfolgten?

ANTWORT Sowohl Uwe Mundlos als auch Uwe Böhnhardt hatten mir zu keinem Zeitpunkt ihre Beweggründe hierfür näher erklärt. Es wurde nie erörtert, dass mit der Versendung und Veröffentlichung der DVDs politische Ziele erreicht werden sollen. Ich hatte auch nie konkret nachgefragt, weil wir dann über den Tod der beiden hätten sprechen müssen. Diese Gedanken – nämlich der Tod der beiden und mein weiteres Leben ohne sie – waren für mich unerträglich. Ich fragte deshalb nicht nach dem Warum oder Weshalb und verdrängte diese Vorstellungen. Rückblickend glaube ich, dass es Uwe Mundlos und Uwe Böhnhardt mit dem eigenen Tod vor Augen beruhigte, dass trotz ihres Todes einmal ihr Tun veröffentlicht werden würde.

FRAGE 14 Aufgrund welcher Umstände vermuteten Sie, dass auch die Morde Gegenstand des Films sein könnten? Was ist mit der Formulierung »Ich verdrängte jedoch diesen Gedanken« gemeint?

ANTWORT Im Jahr 2000/2001 hatte ich Gesprächen der beiden entnommen, dass Uwe Mundlos eine DVD über die Raubüberfälle erstellen wollte. Von mir darauf angesprochen, was er für einen Film mache, erhielt ich zur Antwort, dass er es selbst noch nicht genau wisse. Über die Jahre hinweg fragte ich nicht nach, was mit dem geplanten Film sei. Ich konnte auch nicht sehen, ob er am Film arbeitete oder ob er mit Computerspielen beschäftigt war, denn er saß regelmäßig stundenlang an seinem Computer, während Uwe Böhnhardt und ich am Fernseher Filme und Serien anschauten oder anderweitig beschäftigt waren. Erst als sie mich darauf ansprachen, dass ich nach ihrem Tod die DVDs versenden solle, hatte ich mir Gedanken darüber gemacht, dass nicht nur die Raubüberfälle Inhalt des Films sein könnten. Die Tatsache, dass Uwe Mundlos mich bei der Erstellung des Films nicht einbezogen und ihn mir auch nie gezeigt hatte, ließ mich vermuten, dass der Film auch das Töten von Menschen zum Inhalt haben könne. Sowohl Uwe Mundlos als auch Uwe Böhnhardt konnten davon ausgehen, dass es für mich unproblematischer gewesen wäre, mir einen Film anzusehen, der nur die Raubüberfälle zum Gegenstand gehabt hätte. Wenn aber der Tod eines Menschen darin gezeigt würde, hätte ich damit sehr wohl ein Problem gehabt. Heute vermute ich, dass sie sich nicht sicher waren, ob ich die DVDs nach ihrem Tod tatsächlich versendet hätte, wenn sie mir den Film gezeigt hätten. Ich hatte beide nie darauf angesprochen, ob meine Vermutungen zutreffen. Hätte ich das gemacht, so wäre ich mir sicher gewesen, dass es zu größeren Auseinandersetzungen gekommen wäre – möglicherweise nicht nur verbaler Art. Dies wollte ich vermeiden. Ich verdrängte folglich den Gedanken, dass auch das Töten von Menschen Gegenstand des Films sein könne. Mit der Beschreibung »Verdrängen des Gedankens« meine ich also, dass ich mich nicht weiter damit auseinandersetzen konnte, dass die beiden Menschen getötet hatten.

FRAGE 15 Wurde zwischen Ihnen und Uwe Mundlos und Uwe Böhnhardt besprochen, wie es mit Ihnen weitergehen sollte, falls die beiden Suizid begehen würden oder erschossen werden sollten? Haben Sie im Hinblick auf den Eintritt einer solchen Situation Überlegungen angestellt, gegebenenfalls welche?

ANTWORT Anfang Frühling 2008 – heute weiß ich nicht mehr, ob wir noch in der Polenzstraße oder schon in der Frühlingsstraße wohnten – unternahmen Uwe Mundlos und ich eine Fahrradtour. Uwe Mundlos sprach mich während dieser Tour darauf an, ob ich mich mit dem Gedanken anfreunden könne, mich im Falle einer Entdeckung umzubringen. Ich sagte ihm, dass ich mich nie erschießen würde. Er erwiderte, dass es auch andere Methoden gäbe. Er schlug mir vor, dass ich mich mit Kohlenmonoxid umbringen könne. Auch dies lehnte ich ab. Dass ich im Falle einer Entdeckung lieber in Haft gehen würde, als mich umzubringen, konnte er nicht verstehen. Seine Einstellung erschreckte mich. An weitere Gespräche über dieses Thema kann ich mich nicht erinnern. Alles, was mit dem Tod der beiden und den daraus resultierenden, möglichen Konsequenzen zusammenhing, wollte ich nicht wahrhaben. Ich habe auch nie ausführlich über meine eigene Zukunft nachgedacht. Natürlich ließen sich solche Gedanken nicht ganz ausschließen. Für mich kam jedoch ein Suizid nie infrage, eine weitere alleinige Flucht aber auch nicht. Es wäre für mich also nur die Haft übrig geblieben, mit der ich mich gedanklich aber nicht auseinandersetzen wollte.

FRAGE 16 Haben Sie vor oder anlässlich der Brandlegung Überlegungen angestellt, wie Sie im Anschluss daran weiter vorgehen werden, und gegebenenfalls welche Überlegungen?

ANTWORT Außer den groben Anweisungen von Uwe Mundlos und Uwe Böhnhardt, die Wohnung anzuzünden, die DVDs zu verschicken und ihre Eltern zu informieren, gab es keine weiteren Anweisungen der beiden. Vor der Brandlegung hatte ich nie darüber nachgedacht, wie ich im Ernstfall konkret vorgehen würde. Ich wollte mich mit diesem Gedanken nicht befassen und hoffte, dass diese Situation möglichst nie eintreten würde. Erst als ich erfahren hatte, dass Uwe Mundlos und Uwe Böhnhardt tot waren, begann ich damit, entsprechende Überlegungen anzustellen. Nachdem ich die Wohnung angezündet und mich anschließend mit André Eminger getroffen hatte und schließlich am Bahnhof in Chemnitz angekommen war, hatte ich zum ersten Mal aktiv über meine weiteren Möglichkeiten nachgedacht. Ein weiteres Leben wie in den letzten 13 Jahren kam für mich nicht infrage. Ich spielte mit dem Gedanken, mich ebenfalls umzubringen. Ich überlegte, mich vor einen Zug zu werfen. Diesen Gedanken verwarf ich jedoch wieder und stellte mich stattdessen vier Tage später der Polizei. Zuvor wollte ich unbedingt meine Oma noch einmal wiedersehen, wozu es aber nicht mehr kam.

FRAGE 17 Zum Thema Auswanderung. Wurde der Gedanke an eine Auswanderung ins Ausland zu irgendeinem Zeitpunkt aufgegeben, gegebenenfalls wann und aus welchen Gründen?

ANTWORT Ich meine mich zu erinnern, dass etwa Mitte 1998 – also relativ kurze Zeit nach dem Untertauchen – zum ersten Mal die Rede von Südafrika war. Konkreter wurde dies – soweit ich mich noch daran erinnern kann – aber erst Ende 1999. Zu diesem Zeitpunkt sprachen mich Uwe Mundlos und Uwe Böhnhardt mehrfach auf ihre Pläne an und fragten, ob ich mitkommen würde. Ich lehnte dies aus den bereits vorgetragenen Gründen ab. Beide kannten meine ablehnende Einstellung zum Auswandern und banden mich nicht in ihre Diskussionen ein. Sie wollten, dass ich nicht wisse, wohin sie innerhalb von Südafrika genau hinziehen würden, damit ich ihr Versteck auch nicht verraten könne. Die Argumente, warum die beiden mir insoweit misstrauten, habe ich bereits vorgetragen. Es war etwa zum Zeitpunkt des Umzugs nach Zwickau im Sommer des Jahres 2000, als der Auswanderungsgedanke von den beiden aufgegeben wurde. Heute weiß ich nicht mehr, ob sie mir damals Gründe für diese Entscheidung mitgeteilt hatten. Es wurde meiner Erinnerung nach nicht mehr über das Thema gesprochen.

FRAGE 18 Ende 1998 sei das Geld aufgebraucht gewesen. Über wie viel Geld hatten Sie verfügen können? Woher hatten Sie welche Beträge? Hatten Sie von André Kapke Geld bekommen, gegebenenfalls wie? Hatten Sie von Carsten Schultze Geld bekommen, gegebenenfalls wie?

ANTWORT Zum Zeitpunkt des Untertauchens hatten wir etwa 1 500 bis 2 000 D-Mark zur Verfügung. Das meiste Geld hatte Uwe Böhnhardt, weil er seinen Dispokredit ausgeschöpft hatte. Circa 300 D-Mark stammten von mir. Ganz genau weiß ich heute nicht mehr, über wie viel Geld wir tatsächlich verfügten. Ich weiß aber, dass wir sehr sparsam lebten. Holger Gerlach hatte uns kurz nach unserem Untertauchen, den genauen Tag weiß ich nicht mehr, 3 000 D-Mark gegeben, die Uwe Böhnhardt ihm später zurückzahlte. Auch die Mutter des Uwe Böhnhardt hatte uns zu Beginn unseres Untertauchens zweimal je 500 D-Mark zur Verfügung gestellt. Ich möchte betonen, dass ich mich heute konkret nicht mehr an die Zahlungen erinnern kann. Ich gehe jedoch davon aus, dass Frau Böhnhardt in der Hauptverhandlung die Wahrheit gesagt hat. An die Tatsache, dass sie uns Geld gegeben hat, erinnere ich mich, jedoch nicht an die genauen Beträge. Wie bereits unter Frage 7 ausgeführt, glaube ich mich daran zu erinnern, dass André Kapke uns bei seinem Besuch 500 D-Mark mitgebracht hat. Ich weiß nicht, ob uns Carsten Schultze damals Geld gegeben hat. Ausschließen möchte ich dies nicht, ich kann mich jedoch nicht konkret daran erinnern.

FRAGE 19 Von wem wurden welche Räume auf welche Art und Weise in der Wohnung in der Frühlingsstraße genutzt?

ANTWORT Ich lege eine Skizze bei. Jeder hatte sein eigenes Zimmer. Wohnzimmer, Küche und Bäder wurden gemeinsam genutzt.

Dann die Fragen der Verteidigung Schultze.

FRAGE 1 Wer veranlasste in der Zeit nach dem Untertauchen aus Ihrer Sicht den Telefonkontakt zwischen Carsten Schultze und dem sogenannten Trio? Wie wurde er hergestellt, wie häufig fand er statt und über welche Themen wurde gesprochen?

ANTWORT Ich habe nie länger mit Carsten Schultze gesprochen. Der einzige Kontakt zu ihm war in dem Café in dem Kaufhaus, als ich die Vollmacht für Herrn

Rechtsanwalt Dr. Eisenecker unterschrieben hatte. Die Telefonkontakte fanden ausschließlich mit Uwe Böhnhardt oder Uwe Mundlos statt, niemals mit mir. Ich wusste zwar, dass die drei miteinander telefonierten, ich wusste jedoch nicht, über was konkret gesprochen wurde. Mir ist bekannt, dass Uwe Mundlos und Uwe Böhnhardt Telefonnummern von Telefonzellen in Jena kannten, die angerufen werden konnten. Ob es auch umgekehrt so war, also dass auch Carsten Schultze Telefonnummern von Telefonzellen in Chemnitz kannte, weiß ich nicht. Ich habe vage in Erinnerung, dass bei den Telefonaten immer gleich der Termin für das nächste Telefonat vereinbart wurde. Zur Häufigkeit der Telefonate kann ich keine weiteren Angaben machen. Bezüglich der Themen, über die gesprochen wurde, erinnere ich mich noch daran, dass über das Thema Ausland gesprochen wurde und darüber, wohin Uwe Böhnhardt und Uwe Mundlos verschwinden könnten.

FRAGE 2 Erinnern Sie sich an Kontakte zwischen Carsten Schultze und Uwe Mundlos, Uwe Böhnhardt und Ihnen vor dem Untertauchen im Jahr 1998? Wie häufig kamen sie vor und aus welchem Anlass fanden sie statt?

ANTWORT Ich meine mich zu erinnern, dass ich vor dem Untertauchen einmal in der Wohnung des Carsten Schultze war. Zu den Kontakten zwischen Carsten Schultze und Uwe Mundlos beziehungsweise Uwe Böhnhardt kann ich nichts sagen. Ob und gegebenenfalls wie oft sie sich getroffen haben, ist mir nicht bekannt.

Götzl *(zu Zschäpe)* Sind das Ihre Antworten? *(Sie nickt.)* Dann nehmen wir diese Skizze auf Seite 12 der Antworten in Augenschein.

(Die Skizze wird an die Wand projiziert. Dabei stellt sich heraus, dass das bisher als Katzenzimmer bekannte Zimmer das gemeinsame Wohnzimmer war und Uwe Mundlos im sogenannten Sportzimmer mit Hantelbank und Laufband wohnte – zwischen den Zimmern von Beate Zschäpe und Uwe Böhnhardt.)

Tag 272

17. März 2016

Manfred Götzl, Richter. **Dirk W.**, 36, Bankkaufmann aus Chemnitz. **Jeanette P.**, Kriminalbeamtin beim BKA Meckenheim. Sie sagte auch an den Tagen 229, 240, 281, 295 und 325 aus. **Herbert Diemer, Jochen Weingarten**, Vertreter der Bundesanwaltschaft. **Mathias Grasel, Wolfgang Heer, Wolfgang Stahl**, Verteidiger von Beate Zschäpe. **Olaf Klemke, Wolfram Nahrath**, Verteidiger von Ralf Wohlleben. **Yavuz Narin**, Anwalt der Nebenklage.

Götzl Es geht uns um einen Überfall auf eine Sparkasse am 14. Mai 2004 in Chemnitz. Bitte berichten Sie uns, was sich zugetragen hat.

Dirk W. Es war kurz vor Mittag. Ich war zufällig vorne mit am Schalter und sah die beiden Täter zur Tür hereinstürmen, ich hab mich geduckt und den Alarm ausgelöst. Die Männer haben ständig geschrien, es war alles sehr brutal, meine Kollegin wurde geschlagen, mir wurde die Waffe an die Schläfe gehalten und gedroht. Es ging den Tätern nicht schnell genug. Als sie nicht genügend Geld bekommen haben, sind sie ausgerastet, haben einen Bildschirm eingeschlagen. Die eine Kollegin, die geschlagen wurde, war schwanger. Eine Kundin musste sich hinlegen. Eine Kollegin hat nur noch geschrien. Das war alles wie im Film.

Götzl Wie waren die Folgen des Überfalls für Sie?

Dirk W. Es war schon schlimm. Der Körper hat eine Selbstschutzreaktion gemacht, ich hab mir eingeredet, dass es Plastikwaffen sind. Was ich noch sagen kann: Es muss hochprofessionell vorbereitet gewesen sein, die Täter müssen Ortskenntnisse gehabt haben. Die Filiale ist sehr versteckt gewesen, und auch der Fluchtweg deutet darauf hin, dass es gut vorbereitet war. Der Fluchtweg ging über ein altes Bahngelände, was die Wenigsten kennen.

Götzl Woher haben Sie die Informationen über den Fluchtweg?

Dirk W. Ich glaube, das hatte ich über die Polizei.

Götzl Können Sie etwas zur Beute sagen?

Dirk W. Circa 30 000 Euro. Die Täter hatten einen Max-Bahr-Beutel dabei, damals gab es nur einen solchen Baumarkt in der Region, und der lag in Zwickau.

(Götzl entlässt den Zeugen.)

Dirk W. Darf ich noch was sagen? Es wurde sich ja bei den Angehörigen der Todesopfer auch von offizieller Seite entschuldigt. Aber bei den Opfern, die überlebt haben, wurde sich nicht entschuldigt für das Versagen der Behörden.

Verteidiger Stahl *(unterbricht und wendet sich an Götzl)* Bei allem gebührenden Respekt: Wir haben es doch bisher so gehandhabt, dass Sie bei allen Zeugen darauf geachtet haben, dass die Zeugen keine Erklärungen abgeben.

Götzl *(an den Zeugen)* Worauf wollen Sie hinaus?

Dirk W. Mir geht es darum, dass es auch mal eine Entschuldigung von offizieller Seite gibt für die Überlebenden.

Götzl Wen meinen Sie?

Dirk W. Der Herr Bundespräsident zum Beispiel oder Herr Lammert *(er meint den Bundestagspräsidenten).*

Verteidiger Heer *(zu Götzl)* Ich beantrage, dass Sie das unterbinden. Die Vernehmung ist ersichtlich beendet.

Oberstaatsanwalt Weingarten Also, Herr Rechtsanwalt Heer und Stahl: Ungeachtet dessen, dass die Vernehmung formal beendet war, war der Zeuge auch zu den Folgen der Tat gefragt worden. Und wenn er da ein Defizit empfindet, dann ist auch das eine Folge der Tat. Insoweit ist das auch zulässig.

Götzl Sind jetzt noch Fragen?

(Niemand meldet sich, der Zeuge geht. Es folgt die BKA-Beamtin Jeanette P.)

Götzl Es geht uns zunächst um Ermittlungen zu Radioberichten vom 4.11.2011.

Jeanette P. Hintergrund war die Aussage von Beate Zschäpe vom 9.12.2015 im Gericht – da hat sie gesagt, dass sie die Nachricht, dass in Eisenach ein brennendes Wohnmobil festgestellt wurde und zwei Leichen dort waren, dass sie diese Meldung aus dem Radio hat. Ich hab zunächst geschaut, ob in der Wohnung in Zwickau Radios sichergestellt worden sind, dann den Internetverlauf an einem Computer angeschaut und die Radioprogramme vom 4.11.2011. Zunächst zu den Radios: Wir haben einen Radiowecker sichergestellt. Er wurde in dem sogenannten Wohnzimmer sichergestellt. *(Die Ermittler haben das Zimmer Wohnzimmer genannt. Nach Zschäpes Angaben war es ihres.)* Auf Fotos habe ich ein weiteres Radio gesehen, das hing in der Küche, das wurde nicht sichergestellt. Am Radiowecker habe ich die Frequenzen abgeprüft, die ergaben keinen Sinn, aber es ist ja nicht gesagt, dass das die ursprünglich eingestellten Frequenzen waren. Dann hab ich mich auf EDV 01 um den Internetverlauf gekümmert, ein PC von Acer, der auch im Wohnzimmer, in Zschäpes Zimmer, stand. Hier wurde bereits festgestellt, dass mehrmals Internetseiten von Radioseiten angesurft wurden, bis 11.52 Uhr und dann noch einmal bis Viertel vor zwei etwa. Ich habe einen Techniker gebeten zu prüfen, ob gegebenenfalls Livestreams angehört wurden. Der Techniker hat einen sogenannten Flashcookie festgestellt um 13.30 Uhr des Senders mdr Info, der legt sich automatisch an, wenn man einen Livestream über einen Flashplayer öffnet. Ich hab dann bei mdr Info Anfragen gestellt, auch bei mdr Thüringen und mdr Jump. Zu den Ergebnissen: Ich hatte die Uhrzeit von

9 bis 15 Uhr abgefragt, weil danach das Haus ja schon gebrannt hat. Mdr Info hat eine Nachricht um 13.30 Uhr gesendet, aber da wurde nur über den Bankraub berichtet, die Nachricht zu dem Wohnmobil erfolgte erst um 15.30 Uhr und später. Bei mdr Thüringen und mdr Jump: Da liegen keine Meldungen mehr in den Archiven vor. Was noch recherchiert werden konnte, war aber, dass Nachrichten zu dem Wohnmobil später kamen, so um 15.50 Uhr und nach 18 Uhr, also auch nicht zu den relevanten Zeiten. Von MDR Thüringen hieß es, dass es frühestens um 13 Uhr eine Sendung über ein brennendes Wohnmobil und zwei Leichen gegeben haben kann.

Verteidiger Grasel Warum wurde das Küchenradio nicht sichergestellt, es wurde doch sonst alles Mögliche aus der Wohnung gesichert, sogar kleine Schrauben.

Jeanette P. Das weiß ich nicht.

Verteidiger Grasel Können Sie ausschließen, dass Frau Zschäpe die Nachricht aus dem Radio erhalten hat?

Anwalt Narin Ich beanstande die Frage, weil sie die Zeugin zu einer Spekulation auffordert.

Verteidiger Grasel In Ihrem Vermerk heißt es, es sei nicht auszuschließen, dass Frau Zschäpe die Nachricht über das Radio empfangen hat.

Jeanette P. Ich weiß es nicht.

Götzl Dann kommen wir zu einem zweiten Komplex. Es geht um eine DVD.

Jeanette P. Mehr oder weniger durch Zufall bin ich noch einmal auf dieses Asservat gestoßen, auf eine DVD-R. Dort sind Aufzeichnungen aus dem Fernsehen enthalten zum Nagelbombenanschlag in Köln. Mir ist aufgefallen, dass die Aufzeichnungen schon circa zwei Stunden nach der Tat beginnen, und ich habe mich gefragt, wer diese Aufnahmen getätigt haben könnte. Ich habe dann ermittelt. Ich war beim WDR in Köln. Wir haben im Archiv noch mal die Beiträge angeschaut, um festzustellen, wann genau die Beiträge ausgestrahlt wurden. Zwischen 16 und 18 Uhr ist es unmöglich, von Köln nach Zwickau in die Polenzstraße zu kommen *(um etwa 16 Uhr war der Anschlag in Köln)*. Bei den Berichterstattungen handelt es sich um Beiträge der Sender n-tv und WDR. Dass es in der Polenzstraße in Zwickau aufgenommen sein könnte, für diese Hypothese habe ich ermittelt, ob diese zwei Sender dort zu empfangen waren. Insgesamt sind es 27 Beiträge, es beginnt am 9.6.2004, der letzte Beitrag ist genau zwei Jahre älter, und es gab schon 2013 ein Gutachten, wo festgestellt wurde, dass die Aufnahmen mit einem analogen VHS-Gerät aufgenommen wurden. Das sieht man auch daran, dass die Bildqualität nicht gut ist. Bei der letzten Aufnahme von 2006 ist dieser Krisselstreifen nicht mehr da, das haben die Techniker bestätigt, dass das schon direkt mit einem DVD- oder Festplattenrekorder aufgenommen wurde. Insgesamt also 27 Beiträge, zwölf davon vom 9.6.2004. Das sind meist nur Minutenbeiträge vom WDR und n-tv. Sie wurden augenscheinlich manuell aufgenommen, denn wenn ein Senderwechsel erfolgt ist, fehlte beispielsweise der erste Satz der Anmoderation. Wenn man das vorher programmiert hätte, dann wären nicht diese Senderwechsel – insgesamt sieben Wechsel – so möglich gewesen. Es entstand für mich der Eindruck, dass jemand vor dem Gerät gesessen haben muss und die Sender gewechselt hat. Eine Mediathek gab es damals noch nicht. Der Bericht der Kriminaltechnik steht noch aus, man hat mir aber signalisiert, dass man das speziell nicht überprüfen kann. Auf der ersten Seite der DVD ist circa eine Stunde, auf der anderen sind circa 20 Minuten. Der WDR hat viele kleine Lokalsparten, und die Aufnahmen zeigen, dass sie aus dem Bereich Köln sind. WDR Fernsehen Köln. Hierzu wollte ich wissen, wie man dieses Programm empfangen konnte. Nach Auskunft des WDR war der normale WDR über Kabel zu empfangen ... *(Die Zeugin hält kurz inne und wendet sich an den Richter.)* Wollen Sie da alles wissen?

Götzl *(lächelt)* Ja.

Jeanette P. Für die Einspeisung der einzelnen Programme sind die einzelnen Kabelanbieter zuständig. Über das Internet wurde der WDR damals noch nicht ausgestrahlt und über Antenne in Zwickau auch nicht. Mich interessierte, wie man in der ehemaligen Wohnung des sogenannten Trios in der Polenzstraße welche Programme schauen konnte. Im Mietvertrag stand, dass der Anschluss für Breitbandkabel in den Nebenkosten enthalten war. Aber der Anbieter stand nicht da. Ich habe den heutigen Vermieter kontaktiert, er konnte noch Unterlagen finden, den ursprünglichen Vertrag mit dem Kabelanbieter. Im Jahr 2004 bestand ein Vertrag mit Bosch Breitbandnetze GmbH. Da habe ich auch angefragt. Die Firma gibt es so nicht mehr. Ich bin an den Nachfolger vom Nachfolger herangetreten, Telecolumbus. Sie hatten keine Daten mehr zu den alten Verträgen. Aber die Justiziarin hat mir mitgeteilt, dass der WDR immer zum Standardprogramm gehört habe, wie auch n-tv. Und wenn der WDR überregional ausgestrahlt wurde, dann sei WDR Köln ausgestrahlt worden. Mit der Information habe ich mich an die Landesanstalt für Medien gewandt. Der Kabelnetzanbieter, hieß es, musste nicht WDR und n-tv ausstrahlen, aber sie haben recherchiert, und danach hatte Bosch sowohl n-tv in der Senderliste als auch den WDR. Zusammengefasst: Die Frage war ja, wer hat es aufgenommen? Das kann ich so nicht beantworten. Ich bin aber zu dem Ergebnis gekommen, dass die Voraussetzungen in der Polenzstraße gegeben waren, die Berichte aufzunehmen.

Verteidiger Grasel Welche Voraussetzungen?

Jeanette P. Dass der Empfang der beiden Sender möglich war. Natürlich musste dort auch ein VHS-Gerät sein. Das ist mutmaßlich verbrannt. Es ist bekannt, dass später auch ein DVD-Recorder benutzt wurde.

Verteidiger Grasel Aber Sie können nicht mit Sicherheit sagen, dass ein VHS-Recorder vorhanden war?

Jeanette P. Wir haben keinen festgestellt. Aber es gab VHS-Kassetten, die gefunden wurden. Was den Schluss nahelegt, dass es auch einen Rekorder gab.

Verteidiger Grasel Zu dem Empfang der beiden Sender: In Ihrem Vermerk lese ich, dass mit hoher Wahrscheinlichkeit davon auszugehen sei, dass die beiden Sender empfangen wurden. Können Sie das in Prozent angeben?

Jeanette P. Nein, das kann ich nicht. Aber mir wurde ja gesagt, dass WDR Köln und n-tv zum Standardprogramm von Kabelanbietern gehörten.

Verteidiger Grasel Konnten Sie Feststellungen treffen, wo die Aufzeichnungen gemacht wurden? Ob in Köln, Zwickau, Hamburg oder woanders?

Jeanette P. Das Problem ist, wir haben ja die VHS-Kassette nicht. Dadurch, dass es überspielt wurde, haben wir da keine Hinweise darauf.

Verteidiger Grasel Demnach kämen noch andere Lokalitäten infrage?

Jeanette P. Theoretisch kann es überall gewesen sein.

(Die Zeugin wird entlassen.)

Verteidiger Grasel Die Zeugin berichtete über zwei Sachverhalte: die Radiosendungen und die DVD. Die Einlassung meiner Mandantin wurde nicht widerlegt. Allein die Tatsache, dass die technischen Voraussetzungen für einen Empfang der Sender gegeben waren, lässt den Rückschluss nicht zu, dass meine Mandantin es gewesen sein kann oder muss, die die Aufzeichnungen getätigt hat. Es ist vorstellbar, dass Uwe Mundlos und Uwe Böhnhardt die Aufzeichnungen nach dem Anschlag selbst in Köln allein oder mit einem Unterstützer getätigt haben. Oder andere Personen.

Anwalt Narin Die Zeugin hat auch angegeben, dass VHS-Kassetten in der Frühlingsstraße gefunden worden sind. Um diese ansehen zu können, braucht man einen Videorecorder, das haben Sie weggelassen, Herr Rechtsanwalt Grasel. Es spricht sehr viel dafür, dass Frau Zschäpe selbst diese Aufzeichnungen angefertigt hat. Sie hat ja auch gesagt gestern, dass André Eminger keine Kenntnisse von den Anschlägen gehabt habe.

(Wenig später soll eine weitere Kriminalbeamtin als Zeugin aussagen, doch Ralf Wohllebens Verteidiger Olaf Klemke interveniert. Es geht um ein T-Shirt mit dem Aufdruck »Eisenbahnromantik« und der stilisierten Zufahrt zum Konzentrationslager Auschwitz. Die Zeugin sollte darüber berichten, dass und wie dieses Shirt bei Wohlleben im Zuge einer Hausdurchsuchung Ende November 2011 gefunden wurde.)

Verteidiger Klemke Die Verteidigung Wohlleben widerspricht der geplanten Beweiserhebung durch die Vernehmung der Zeugin zum T-Shirt »Eisenbahnromantik«, das bei der Durchsuchung der Wohnung unseres Mandanten festgestellt worden sein soll. Wie dieser angebliche Fund hier nunmehr aus dem Hut gezaubert wird, betrifft die Anklage gegen unseren Mandanten nicht. Herrn Wohlleben werden Beihilfehandlungen im Jahr 1999 beziehungsweise 2000 vorgeworfen. Die Durchsuchung erfolge aber 2011. Selbst für den Fall, dass sich das T-Shirt im Besitz unseres Mandanten befunden hätte, würde dies weder belastbare Schlüsse auf die innere Tatseite noch auf die Gesinnung zulassen. Das Motiv auf dem T-Shirt lässt verschiedene Deutungen zu. Es ist auch kein Opfer der Mordserie mosaischen Glaubens. Die Bundesanwaltschaft versucht, aus sachfremden Erwägungen Stimmung gegen unseren Mandanten zu machen. Wir beantragen, das Verfahren gegen unseren Mandanten abzutrennen und die Hauptverhandlung zu unterbrechen. In den Prozessakten fehlen Unterlagen zu den Fotos der Durchsuchung. Die Akten sind unvollständig. Bundesanwaltschaft und BKA reichen nach Gutdünken vermeintlich belastendes Material zu den Gerichtsakten. Herrn Wohlleben ist vollständige Akteneinsicht zu gewähren und die Hauptverhandlung nach zwei Monaten fortzusetzen.

Bundesanwalt Diemer Aus unserer Sicht kann die Zeugin vernommen werden. Die Erhebung der Beweise ist nicht zu beanstanden. Die Frage ist, wie man das wertet, aber das ist eine Frage der Beweiswürdigung.

Oberstaatsanwalt Weingarten Der zentrale Anwurf, die Verfahrensakten seien unvollständig, greift nicht. Bei der gebotenen Befassung mit der Aktenlage wäre man unschwer darauf gestoßen, dass Fotos gemacht wurden. *(Er zitiert aus einer Akte.)* Der Hinweis auf ein T-Shirt mit der Aufschrift »Eisenbahnromantik« ergibt sich unschwer aus Sachaktenordner 550.8, dort Seite 224. Darunter befindet sich die Einschätzung, das Asservat wird zum jetzigen Zeitpunkt als nicht relevant eingestuft. Dem hätte die Verteidigung entnehmen können, dass es der Bundesanwaltschaft nicht darum geht, Stimmung gegen Herrn Wohlleben zu machen. Es ist aber der Angeklagte Wohlleben selber gewesen, der in seiner Einlassung tatferne ideologische Einstellungen präsentiert hat. *(Wohlleben hatte ein Video vorspielen lassen, in dem sich junge Rechte als national und gewaltfrei präsentieren.)* Unter diesen Umständen erscheint es der Bundesanwaltschaft sehr wohl relevant, hierzu dem Senat Erkenntnisse zur Verfügung zu stellen. Aus dem Umstand, dass wir nunmehr das T-Shirt für relevant halten, haben wir es jetzt zu den Sachakten gegeben.

Verteidiger Nahrath Wir beantragen eine Unterbrechung.

(Nach einer kurzen Pause wird die Verhandlung fortgesetzt.)

Verteidiger Klemke Ich möchte erwidern auf die Stellungnahme der Bundesanwaltschaft. Sie belegt, dass ja tatsächlich Material ferngehalten wird. Es kommt nicht darauf an, ob die Bundesanwaltschaft selektiert, was sie als verfahrensrelevant ansieht, sondern ob es im Verfahren gegen unseren Mandanten entstanden ist. Sie hat das alles vorzulegen nach dem Grundsatz der Aktenvollständigkeit. Wir wissen im Übrigen nicht, was da sonst noch beim Generalbundesanwalt oder beim BKA schlummert. Wir bestehen darauf, dass alles, was unseren Mandanten betrifft, zu den Akten gereicht wird, auch Fotografien.

Götzl Wir werden heute die Zeugin nicht vernehmen, wir wären für heute am Ende.

(Vier Tage später wird Beate Zschäpe den Richtern einen Brief schreiben: »Hiermit möchte ich mich ausdrücklich für das Verhalten der beiden Rechtsanwälte Heer und Stahl in der Hauptverhandlung am 17. 3. 16 entschuldigen. Ich beziehe mich dabei auf deren Verhalten im Rahmen der Vernehmung des Zeugen Dirk W. Ich habe mich in meiner Aussage vom 9. 12. 2015 ausdrücklich bei allen Opfern der von Uwe Böhnhardt und Uwe Mundlos begangenen Straftaten entschuldigt. Diese Entschuldigung hat auch die Mitarbeiter der Post- und Sparkassenfilialen, die Opfer der Raubüberfälle wurden, umfasst. Mir tut es leid, was diese Menschen erleben mussten und welche Folgen sie teilweise davongetragen haben – worüber ich mir zurzeit der Überfälle aus egoistischen Motiven heraus keine Gedanken gemacht habe. Es ist für mich nicht akzeptabel, wenn sich die beiden Anwälte derart unpassend gegenüber einem der Opfer verhalten. Ich möchte zum Ausdruck bringen, dass die formaljuristische Vorgehensweise weder mit mir abgesprochen wurde noch meinem Verständnis dafür entspricht, wie man einem Opfer eines Raubüberfalls gegenüber auftritt.«)

Tag 273

5. April 2016

Manfred Götzl, Richter. **Jochen Weingarten,** Vertreter der Bundesanwaltschaft. **Olaf Klemke, Nicole Schneiders,** Verteidiger von Ralf Wohlleben.

Götzl Zunächst zu den Anträgen der Verteidigung Wohlleben: Es ergeht folgender Beschluss: Die Anträge, das Verfahren erstens abzutrennen und das Verfahren zweitens auszusetzen, werden abgelehnt. Der Verteidigung steht weiterhin unbeschränkte Einsicht in die Akten zu.

(Der Richter trägt eine längere Begründung für die Ablehnung vor und legt dar, es habe keine Änderung in der Verfahrenslage gegeben, die eine Aussetzung erforderlich mache. Es treffe nicht zu, dass die Akten unvollständig seien. Zudem sei eine Trennung der verbundenen Verfahren nicht zweckmäßig, da dann Beweise doppelt erhoben werden müssten.)

Verteidigerin Schneiders Wir benötigen mindestens eine halbe Stunde zur internen Beratung.

(Nach der Pause wird die Verhandlung fortgesetzt.)

Verteidigerin Schneiders Wir erheben eine Gegenvorstellung: Entgegen dem Beschluss gewährt der Senat der Verteidigung eben nicht vollständige Akteneinsicht. Die Verteidigung hat in die elektronischen Dateien keine Einsicht erhalten. Der

Senat hätte Ausdrucke der auf den USB-Sticks befindlichen Dateien zu den Akten nehmen müssen. Es ist nicht Aufgabe der Verteidigung, sämtliche Aktenbestandteile darauf zu überprüfen, ob sich Dateien irgendwo versteckt befinden. Die Verteidigung hat bei dieser Sachlage erhebliche Zweifel an einer fairen Verfahrensführung durch das Gericht. Wir beantragen eine Unterbrechung für mindestens eine Woche, um Einsicht in die Dateien des USB-Sticks sowie die Fotos aus der erkennungsdienstlichen Behandlung unseres Mandanten zu erhalten.

Oberstaatsanwalt Weingarten Zu einer Abänderung des heute Morgen verkündeten Beschlusses besteht keinerlei Anlass. Die Fotos sind zur Akte genommen worden. Die in Rede stehenden USB-Sticks sind Beweisstücke, deren Einsichtnahme am Ort des amtlichen Gewahrsams zu erfolgen hat. Das Besichtigungsrecht der Verteidigung setzt ein aktives Verhalten der Verteidigung voraus. Bildhaft gesprochen ist es nicht Aufgabe des Senats, die Verteidigung zu den Beweisstücken zu tragen. Die Beweise waren im Übrigen hinreichend in den Akten dokumentiert. Die Schuld- und Rechtsfolgenrelevanz hat sich im Übrigen erst nach der Einlassung des Angeklagten Wohlleben ergeben.

Verteidiger Klemke Die Ausführungen des Generalbundesanwalts gehen fehl. Bereits insoweit hier argumentiert wird, dass die Beweisbedeutung erst später erkannt worden sei. Darauf kommt es nicht an. Im Übrigen handelt es sich nicht um ein Beweisstück im Sinne des Paragrafen 147 Strafprozessordnung. Es geht um elektronische Bilddateien.

Götzl Wir werden die Hauptverhandlung bis kommenden Dienstag unterbrechen. Ich hätte aber an Sie noch einige Fragen, Frau Zschäpe. Es sind nicht alle, die ich Ihnen noch stellen will, aber ein Teil. Wir werden den morgigen Termin absetzen. Aber zunächst mal die Fragen. *(Zschäpes Verteidiger Mathias Grasel schreibt sie mit.)*

Wie verlief der Kontakt von Ihnen und vonseiten Uwe Böhnhardts und von Uwe Mundlos zu Holger Gerlach nach Ihrem Untertauchen bis zu Ihrer Festnahme?

Dann: Hat Holger Gerlach von Ihrer Seite oder vonseiten Uwe Böhnhardts oder Uwe Mundlos' Informationen über die Taten bekommen?

Woher stammten die 10 000 D-Mark, die Sie in der Einlassung vom 16. 3. zu Frage 2 erwähnt haben und die danach Uwe Böhnhardt an Holger Gerlach übergeben hat?

Welche Informationen haben Sie, ob und gegebenenfalls inwiefern Holger Gerlach vonseiten Uwe Böhnhardts oder sonstiger Personen über die Herkunft des Geldes informiert wurde?

Dann: Fuhren Sie und/oder Uwe Böhnhardt und Uwe Mundlos nach dem Untertauchen 1998 nach Hannover zu Holger Gerlach?

Gab es sonstige Treffen mit Holger Gerlach? Gegebenenfalls wann und wo? Was war gegebenenfalls der Zweck derartiger Treffen mit Holger Gerlach? Könnten Sie bitte die in der sogenannten Wette verwendeten Begriffe »Killer« und »Cleaner« erläutern?
Und dann wegen des Alkoholkonsums: Was haben Sie am 4. 11. 2011 gewogen?

Tag 274

12. April 2016

Manfred Götzl, Richter. **Jens M.**, 53, Kriminaldirektor aus Chemnitz. **Sigrid P.**, 62, Hausfrau aus Zwickau. **Herbert Diemer**, Vertreter der Bundesanwaltschaft. **Olaf Klemke, Wolfram Nahrath, Nicole Schneiders**, Verteidiger von Ralf Wohlleben. **Bernd Behnke, Sebastian Scharmer, Peer Stolle**, Anwälte der Nebenklage.

(Zunächst geht es wie am vorhergehenden Prozesstag um die Anträge der Verteidiger von Ralf Wohlleben.)

Götzl Dann ergeht folgender Beschluss: Mit dem Beschluss vom 5. 4. 2016 hat es sein Bewenden. Nach erneuter Prüfung der Sach- und Rechtslage kann der Senat keine Umstände erkennen, die eine Abänderung des Beschlusses rechtfertigen würden. Das Recht der Akteneinsicht bezieht sich auf die dem Gericht vorliegenden oder ihm vorzulegenden Akten. Im vorliegenden Fall hatte die Verteidigung seit Abschluss der Ermittlungen die Möglichkeit, Einsicht in die vorliegenden Akten zu nehmen. Der Hinweis, die Akteneinsicht in die USB-Dateien sei nicht gewährt worden, verfängt nicht. Es ist festzuhalten, dass die Verteidigung lediglich einen Anspruch auf Einsicht in die Originalakten hat. Eine Übermittlung der elektronischen Dateien durch das Gericht ist lediglich als eine Art Service zu verstehen, auf die kein Anspruch besteht. Die USB-Sticks sind auch nicht in der Akte versteckt.

Verteidigerin Schneiders Wir benötigen zur internen Beratung eine halbstündige Unterbrechung.

(Nach der Pause ergreift Verteidiger Klemke das Wort.)

Verteidiger Klemke Die Verteidigung Wohlleben beantragt, die Hauptverhandlung für zwei Stunden zu unterbrechen, weil wir einen unverzüglich zu stellenden Antrag vorbereiten wollen.

(Nach der erneuten Unterbrechung der Sitzung stellt Wohlleben über seine Anwälte einen Befangenheitsantrag gegen sämtliche Richter des Senats.)

Verteidiger Nahrath Der Angeklagte Wohlleben hegt die Besorgnis der Befangenheit, weil die Richter die Anträge auf Abtrennung, Aussetzung des Verfahrens und umfassende Akteneinsicht mit objektiv willkürlichen Erwägungen abgelehnt haben.

(Der Anwalt referiert ausführlich den Streit um die Akten. Nach einer Weile übernimmt der Verteidiger Klemke, anschließend seine Kollegin Schneiders.)

Verteidigerin Schneiders Soweit die abgelehnten Richter von einer Art Service sprechen, sind diese Ausführungen völlig haltlos. Der Gesamtaktenbestand umfasst überschlägig mehr als 200 000 Blatt. Am Verfahren sind mehr als fünfzig Nebenklage-Vertreter beteiligt.

(Die Verteidiger argumentieren, eine Gewährung von Akteneinsicht durch elektronische Akten sei organisatorisch unumgänglich, es wäre gar nicht möglich, dass alle Verfahrensbeteiligte selbst in die Originalakten Einsicht nähmen und diese kopierten.)

Verteidigerin Schneiders Soweit die abgelehnten Richter ausführen, dass sie keine Garantie für Vollständigkeit geben können, kann dies vom Angeklagten nur als willkürliche Erwägung bewertet werden. Aus Sicht des Angeklagten Wohlleben haben die Richter erkannt, dass ihm keine vollständige Akteneinsicht gewährt wurde. Sonst wäre keine Unterbrechung der Hauptverhandlung von sechs Tagen gewährt worden. Dies war nicht nur ein Eingeständnis, dass keine Akteneinsicht gewährt wurde, sondern erfüllt auch eine kaschierende Alibifunktion. Offensichtlich haben die abgelehnten Richter die Akten selbst nicht vollständig erfasst. Beim Angeklagten Wohlleben ist der Eindruck entstanden, dass die abgelehnten Richter das Verfahren um jeden Preis durchziehen wollen.

Bundesanwalt Diemer Wir werden schriftlich Stellung nehmen. Ich meine, dass wir die Verhandlung zunächst fortsetzen sollten. Das ergibt sich aus dem Beschleunigungsgrundsatz. Es ergibt sich auch aus Überlegungen des Opferschutzes, hier ist ein Opfer eines Raubüberfalls geladen. Man sollte Verzögerungen dort vermeiden, wo sie vermeidbar sind. Ich meine, es ist unangebracht, die Zeugin unverrichteter Dinge wieder heimzuschicken.

Anwalt Behnke Ich bin auch dafür, dass das Verfahren fortgesetzt wird, auch im Interesse der Angeklagten Wohlleben und Zschäpe, die ja in Untersuchungshaft sind.

Götzl Die Entscheidung über das Ablehnungsgesuch wird vorläufig zurückgestellt.

(Nun wird der Chemnitzer Kriminalpolizist M. aufgerufen. Er berichtet über seine Ermittlungen zu einem Überfall auf eine Postfiliale in Zwickau am 5. Juli 2001.)

Jens M. Vorwiegend war ich mit den Ermittlungen im Chemnitzer Bereich beschäftigt, aber mit den Kollegen in Zwickau habe ich eng zusammengearbeitet. Wir hatten drei Überfälle von 1999 bis 2000, die wir denselben Tätern zugeschrieben haben. Nun kam am 5.7.2001 der Überfall in Zwickau dazu, es fiel uns nicht schwer, einen Zusammenhang zu der Serie zu sehen. Modus Operandi, Auftreten der Täter, Anzahl der Täter, Bekleidung, Maskierung, Schuhe sprachen dafür. Ich hatte die Fotos angefordert. Beide Täter handelten wie in dem Überfall in Chemnitz ein Jahr zuvor. Die Filialen waren damals nicht so gesichert wie heute.

(Im Gerichtssaal werden Fotos aus den Überwachungskameras der Postfiliale gezeigt.)

Jens M. Hier sieht man, dass einer der Täter die Glasscheibe am Tresen übersteigt. Man sieht auch beide Täter gut, die Tücher vor dem Gesicht. Die Täter haben dieselben Sportschuhe wie in Chemnitz getragen, zumindest optisch war das der Fall. Spätestens bei Betrachten der Überwachungsfotos war uns klar, es sind dieselben Täter.

(Die nächste Zeugin, Sigrid P., war damals Mitarbeiterin in der Postfiliale.)

Sigrid P. Es war ein schöner Sommertag. Auf einmal kamen zwei Männer und haben Geld gefordert. Wir haben erst versucht, das abzuwehren, und gesagt, unsere Chefin sei nicht da. Sie haben gesagt: Wir können auch anders! Ich musste vor an einen Schalter, ich hatte ziemlich Angst und habe dann das Geld rausgegeben. Und dann ist der Mann nach hinten in den Tresorraum. Ich stand am Schalter und wusste nicht, was ich machen sollte. Ich habe auf den Alarmknopf gedrückt. Dann kamen Kunden rein, da haben die Täter mit Pfefferspray gesprüht, man hat kaum noch Luft bekommen.

Götzl Wie waren die Folgen des Überfalls für Sie?

Sigrid P. Man hat schon Angst, wenn jemand reinkommt. Es war schon furchtbar, aber ich habe mich gefangen. Wir mussten das restliche Geld zählen, das noch da war, dann gab es einen Tag frei.

(Die Zeugin wird entlassen.)

Anwalt Scharmer Ich hätte noch einen Beweisantrag.

(In einer ARD-Dokumentation über den NSU war wenige Tage zuvor die Rolle des Rechtsextremisten Ralf Marschner thematisiert worden, der früher in Zwickau lebte und dort als V-Mann unter dem Decknamen »Primus« für das Bundesamt für Verfassungsschutz tätig war. Marschner führte zeitweise eine Baufirma in Zwickau. Der Film präsentierte einen Zeugen, der meinte, Uwe Mundlos als einen Mitarbeiter Marschners wiedererkannt zu haben. Der Zeuge war ein Bauleiter, für den Marschners Firma Aufträge ausführte. Angeblich arbeitete Mundlos unter seinem Tarnnamen Max-Forian B. für Marschner, legte die Dokumentation nahe.)

Anwalt Scharmer In der Strafsache gegen Zschäpe und andere wird mit den nachfolgenden Beweisanträgen dargelegt werden, dass der V-Mann Primus des Bundesamtes für Verfassungsschutz *(BfV)*, Ralf Marschner aus Zwickau, Uwe Mundlos, Uwe Böhnhardt und die Angeklagte Zschäpe und viele ihrer Unterstützer, wie den Angeklagten André Eminger, kannte, von ihrem Abtauchen in Sachsen wusste und Kenntnis vom Aufenthaltsort der drei in Zwickau hatte. Weiter wird nachgewiesen werden, dass diese Informationen unter anderem Ralf Marschner, dem BfV, dem LKA Thüringen und dem LKA Sachsen bekannt waren.

(Es folgen auf mehr als 20 Seiten Ausführungen, in denen entsprechende Indizien und Belege dargestellt werden. Der Antrag, den Scharmer zusammen mit weiteren Nebenklage-Anwälten stellt, fordert das Gericht dazu auf, Ralf Marschner als Zeugen zu laden. Er müsse dazu befragt werden, ob er Uwe Mundlos beschäftigt habe, und möglicherweise auch Beate Zschäpe. Der Antrag verweist auf Zeugen, die Zschäpe in Zwickau in einem von Marschners Szene-Läden gesehen haben wollen. Ein Freund und Mitarbeiter Marschners habe in Zwickau wenige Häuser von dem Trio entfernt in der Polenzstraße gewohnt, wo Beate Zschäpe und ihre Freunde lebten, bevor sie in die Frühlingsstraße zogen. Auf einem Marschner zugeordneten Computer sei zudem das Pink-Panther-Lied gefunden worden. Die entsprechende Musik der Zeichentrickserie war vom NSU für das Bekennervideo genutzt worden. Marschner habe regelmäßig Mietfahrzeuge angemietet, der Anmietzeitraum passe in einem Fall zu einem der NSU-Morde in München. Wichtige Akten über Marschner, der von 1992 bis 2002 V-Mann gewesen sei, seien bereits vernichtet worden, unter anderem dessen Personenakte, die der Verfassungsschutz bereits im Oktober 2010 vernichtet habe.)

Anwalt Stolle Eine Aktenvernichtung vor dem 4. November 2011 kann dazu gedient haben, erhaltene Erkenntnisse über Mundlos, Böhnhardt und Zschäpe gezielt zu vernichten, wenn schon immer bekannt war oder erkannt wurde, dass die Informationen in der Zukunft ein Problem darstellen könnten.

Tag 275

13. April 2016

Manfred Götzl, Richter. **Jens L.**, früheres Bandenmitglied aus Thüringen. Er war bereits an Tag 260 als Zeuge im Gericht. **Olaf Klemke**, Verteidiger von Ralf Wohlleben.

(Der Zeuge erscheint mit einem Rechtsanwalt als Zeugenbeistand.)

Götzl Dann setzen wir Ihre unterbrochene Vernehmung fort. Es geht uns um Waffenübergaben an Uwe Böhnhardt und Uwe Mundlos im Zeitraum vor dem 9.9.2000. Haben Sie dazu Informationen?

Jens L. Habe ich keine.

Götzl Können Sie etwas sagen zu Waffenübergaben betreffend eine Person namens Müller?

Jens L. Kann ich Ihnen nichts zu sagen. Ab August '99 war nichts mehr, keine Geschäfte. Da stand ständig die Polizei um mich rum. Bis aufs Kackklo.

Götzl Wann waren Sie in Haft?

Jens L. Am 4.4., um 9 Uhr 15, hat ein Sondereinsatzkommando mich festgenommen. Im Jahr 2000. Ich war nach der Untersuchungshaft kurz draußen. Und dann bis 2009 wieder rein. Ich glaube, Anfang des Jahres.

Götzl Was können Sie zur Person Enrico Theile sagen?

Jens L. Ist mir bekannt. Ich denke, er war dem Ron zuzuordnen. Ron war Zwickau, Gil hat Jena, Erfurt gemacht. Wir waren ja zwei verschiedene Banden, die nur im Kriegsfall zusammen agiert haben. Ich denke, Theile war Soldat.

Götzl Was bedeutet das?

Jens L. Soldat bedeutet Krieg. Von oben angewiesen. Wenn es Ärger gibt, dann trifft man sich und dann wird das ausgefochten. Der Staatsanwalt kann es besser schildern. Der hat sich viele Jahre Mühe gegeben.

Götzl Was können Sie denn konkret sagen zu Theile als Soldat?

Jens L. *(spricht kurz mit seinem Zeugenbeistand)* Ich kann Ihnen dazu keine Antwort geben.

Götzl Warum?

Jens L. Weil ich mich da selbst einer Straftat bezichtigen könnte, die nicht verjährt ist.

Götzl Hatte Theile etwas mit der Übergabe von Waffen an andere zu tun?

Jens L. Dazu kann ich auch nichts sagen.

Götzl Die Person Liebau?

Jens L. Sagt mir auch was, aber den Zusammenhang kann ich nicht herstellen. Der Name war öfter im Gespräch.

Götzl Gab es denn eine Person, der sie den Namen Müller zuordnen konnten?

Jens L. Ja, Marcel Müller, das war ein Bandenmitglied.

(Nun hält Götzl dem Zeugen Aussagen aus dessen früheren Vernehmungen bei der Polizei vor.)

Götzl Auf Frage zu Enrico Theile sagten Sie laut dem Protokoll: »Ja, den kenne ich. Der war ein sogenannter Mitläufer. Wie jeder andere auch, hatte der auch eine Pistole. Der Enrico Theile war ein sogenannter Soldat. Der wurde für gewisse Kriegseinsätze gebraucht, wenn es irgendwelche Probleme gab, wurde er mit herangezogen.«

Jens L. So hatte ich Ihnen das vor ein paar Minuten gerade erzählt..

Götzl In Bezug auf Theile: Können Sie etwas hinsichtlich der Lieferung von Waffen sagen an andere Personen?

Jens L. Da bin ich immer noch bei Paragraf 55. *(Der Paragraf der Strafprozessordnung, der Zeugen das Recht gibt, die Auskunft zu verweigern, wenn ansonsten Gefahr bestünde, sich selbst zu belasten.)*

Götzl Im Protokoll heißt es: »Ein Teil unserer Waffen kam auch aus der Schweiz.

Ich glaube, dass Gil und Ron auch ihre Waffen daher hatten. Auf welchem Weg die kamen, weiß ich nicht mehr. Es könnte was von Theile, M. oder Maxe B. gekommen sein.« Was sagen Sie dazu?

Jens L. Wenn ich das so gesagt hab, könnte es sein. Ich kann es mit Sicherheit nicht mehr sagen. Ich habe auch nicht vor, altes Eisen wieder hervorzuholen.

Götzl Das mag ja sein. Aber es können ja Sachen sein, die für das hiesige Verfahren von Bedeutung sind. Mich interessiert, was die Grundlage des »könnte« ist?

Jens L. Ich kann es nicht sagen, weil ich nicht in jede kleine Geschichte eingeweiht war.

Götzl Haben Sie Informationen darüber, ob Theile und Liebau sich kannten?

Jens L. Wenn ich »Informationen« höre, denke ich immer, ich bin ein Spitzel. Bin ich aber nicht. Ich kann Ihnen keine Informationen dazu geben.

Götzl Hier heißt es im Protokoll, Theile sei ein »Busenfreund« von Liebau, beide seien Hooligans gewesen.

Jens L. Wenn ich das so ausgesagt habe, war das so. Herr Vorsitzender, das ist alles 17 Jahre her!

Götzl Was ich Ihnen vorgelesen habe, ist aus einer Vernehmung, die erst ein Jahr her ist.

Jens L. Ja, aber ich bringe die zeitlichen Abläufe durcheinander. Ich werde mich nicht festlegen.

Götzl Können Sie sagen, ob Müller und Theile sich kannten?

Jens L. *(stöhnt)*

Götzl Sie sagen einfach, was Sie in Erinnerung haben!

Jens L. Ich habe nichts mehr drin außer Luft.

Götzl Hier heißt es in Ihrer Vernehmung auf die Frage, ob Theile Bezüge zu dem Müller hatte: Sie würden meinen, dass das Kumpels wären.

Jens L. Das kann so sein. Ich weiß nicht, warum Sie sich so auf den Theile fixieren.

Verteidiger Klemke Jetzt muss ich mal intervenieren. Der Zeuge hat vorhin auch einen anderen Müller genannt. Welcher ist denn gemeint?

(Das Gericht interessiert sich vor allem für den Schweizer Hans-Ulrich Müller, den die Ermittler im Verdacht haben, er könnte die Česká-Pistole über Theile nach Deutschland verkauft haben, wo sie schließlich beim NSU gelandet sein soll.)

Götzl Was verbinden Sie mit der Person Müller?

Jens L. Eigentlich den Marcel Müller.

Götzl Kennen Sie einen Müller aus der Schweiz?

Jens L. Ich weiß nicht, ob der Müller hieß. Aber wir hatten eine Person in der Schweiz.

(Nun werden dem Zeugen Lichtbilder gezeigt, und er soll jeweils sagen, ob er die Person kennt. Bei einem Foto des Schweizers Hans-Ulrich Müller merkt er auf.)

Jens L. Das hier könnte der Schweizer gewesen sein. Ich bin mir aber nicht sicher.

Götzl Bei der Polizei in der Vernehmung sagten Sie, Sie würden glauben, er habe etwas mit Waffen zu tun gehabt.

Jens L. Wenn ich das so gesagt habe, kann das so sein.

Götzl Was führte Sie dazu zu sagen, das könnte der Schweizer sein?

Jens L. Ich kann mich da auf nichts festlegen.

Götzl Sagt Ihnen der Name Hans-Ulrich etwas?

Ludwig Nein.

(Anschließend erklärt der Zeugenbeistand, sein Mandant berufe sich jetzt auf den Paragrafen 55 und werde nichts mehr dazu sagen.)

Tag 276

19. April 2016

Manfred Götzl, Richter. **Jochen Weingarten**, Vertreter der Bundesanwaltschaft. **Nicole Schneiders**, Verteidigerin von Ralf Wohlleben.

Götzl Dann fahren wir fort. Ich hatte noch Fragen an Sie, Frau Zschäpe. *(Er schaut sie und ihren Anwalt Mathias Grasel an. Der nickt.)*

Götzl Zunächst zu Ihrer Einlassung vom 9.12.2015, Seite 16: Wandten Sie sich mit dem Wissen von Uwe Mundlos und Uwe Böhnhardt an Rechtsanwalt Dr. Eisenecker? Wie verhielten sich die beiden gegebenenfalls dazu? Welche Erinnerung haben Sie an die Umstände einer Empfehlung von Rechtsanwalt Dr. Eisenecker durch Tino Brandt? *(Dr. Eisenecker ist im November 2003 gestorben. Davor hatte er die NPD vor dem Bundesverfassungsgericht im ersten NPD-Verbotsverfahren vertreten.)*

Dann zu Ihren Antworten vom 21.1.2016, Seite 9: Durch wen und auf welche Weise erfolgte die Kontaktaufnahme mit Ralf Wohlleben und Carsten Schultze, um Rechtsanwalt Dr. Eisenecker zu kontaktieren?

Zu den Seiten 28, 32, 35: Wer hat das erbeutete Geld an welcher Stelle in der Wohnung versteckt beziehungsweise aufbewahrt? Wer hatte auf das Geld Zugriff und auf welche Weise? Wie wurde im Übrigen mit dem Geld verfahren? Führten Uwe Mundlos und Uwe Böhnhardt bei ihrem Überfall am 4.11.2011 in Eisenach im Wohnmobil erbeutetes Geld aus früheren Überfällen mit sich? Gegebenenfalls in welcher Höhe und zu welchem Zweck?

Zu Ralf Wohlleben: Seit wann kennen Sie Ralf Wohlleben? Wie häufig und bei welchen Gelegenheiten hatten Sie gegebenenfalls Kontakt? Wie war gegebenenfalls Ihr Verhältnis zu ihm?

Zu Holger Gerlach: Seit wann kennen Sie Holger Gerlach? Wie häufig und bei welchen Gelegenheiten hatten Sie Kontakt zu ihm? Wie war ihr Verhältnis zu ihm? Bei welcher Gelegenheit und unter welchen Umständen erfolgte die Rückzahlung der von Holger Gerlach übergebenen 3000 D-Mark durch Uwe Böhnhardt? Haben Sie von Holger Gerlach eine Versichertenkarte für Arztbesuche erhalten? Haben Sie die gegebenenfalls genutzt?
Zur Einlassung vom 21.1.2016, Seite 7: Weswegen hielten Sie sich mit Uwe Böhnhardt in der in Jena angemieteten Garage auf? Welche Situation fanden Sie dort vor? Was befand sich in der Garage? Welche Informationen haben Sie zu Aufenthalten und/oder Aktivitäten von Uwe Böhnhardt und/oder Uwe Mundlos in dieser Garage? Wie häufig besuchte Sie Holger Gerlach in Zwickau? Wie waren die näheren Umstände dieser Besuche? Zu welchem Zwecke erfolgten sie? Wie lief der Besuch Holger Gerlachs im Sommer 2001 in der Wohnung in der Polenzstraße in Zwickau ab?
Waren Sie, Frau Zschäpe, Uwe Böhnhardt und Uwe Mundlos nach dem Untertauchen in Besitz eines Motorrads oder von Motorrädern und gegebenenfalls wann? Zu welchem Zweck wurde es/wurden sie gegebenenfalls verwendet? Kamen die Motorräder bei Straftaten zum Einsatz?
Das wären die Fragen, die von meiner Seite noch gestellt wurden. Gibt es noch Anmerkungen, Stellungnahmen?

(Es meldet sich niemand dazu.)

Oberstaatsanwalt Weingarten Sehr geehrter Herr Vorsitzender, Hoher Senat, ich gebe eine Stellungnahme der Bundesanwaltschaft zum Antrag der Verteidigung Wohlleben auf Akteneinsicht vom 13.4.2016 ab. Den Verteidigern steht Einsicht in die Originalakten zu. Ein Anspruch auf Zusendung in die Kanzleiräume besteht jedoch nicht. Die Verteidiger sind auf die Einsichtnahme am Gerichtsort zu verweisen. Es besteht kein Recht auf eine bestimmte Art und Weise der Ausgestaltung des Akteneinsichtsrechts. Die von den Antragstellern beantragte sukzessive Übersendung der Originalakten kommt nicht in Betracht. Dem stehen gewichtige Gründe entgegen. Der Gesamtaktenbestand umfasst deutlich mehr als 1000 Aktenordner und Aktenhefte. Eine Übersendung dieser Originalakten würde einen Sondertransport erfordern und die Überwachung der vollständigen Auslieferung der Akten vor Ort den Einsatz von geschulten Kräften. Das wäre mit erheblichen Kosten verbunden. Die Übersendung der Originalakten wäre zudem geeignet, die ordnungsgemäße Beweisaufnahme in der Hauptverhandlung zu gefährden, weil hier ein Rückgriff auf die Originalakten jederzeit möglich sein muss. Die Verteidiger teilen nicht mit, warum die Akteneinsicht nur in ihren Kanzleiräumen erfolgen soll. Ohne persönlichen Nachteil für die Verteidiger können sie auch am Gerichtsort Einsicht in die Akten nehmen. Bereits durch zügiges Durchblättern der Akten ist die Vollständigkeit der Akten unschwer zu überprüfen. Alle drei Verteidiger halten sich regelmäßig am Gerichtsort auf. Also ist diese Vorgehensweise auch zumutbar.

Verteidigerin Schneiders Wir würden darauf gerne erwidern, aber nicht am heutigen Tage.

Götzl Dann haben wir noch Erkenntnismitteilungen verschiedener Verfassungsschutzämter.

(Daraufhin verlesen die einzelnen Richter abwechselnd über Stunden hinweg die Informationen, die MAD, Bundesamt für Verfassungsschutz sowie Thüringer und Brandenburger Verfassungsschutz und der polizeiliche Staatsschutz über Beate Zschäpe hatten sowie über Uwe Mundlos, Uwe Böhnhardt, Ralf Wohlleben, Carsten Schultze und Holger Gerlach und ihre engsten Kameraden. All das wurde bereits durch Zeugen in den Prozess eingebracht. Es geht um Treffen mit Neonazis, Skinheadkonzerte, darum, dass Zschäpe und Böhnhardt vor ihrem Untertauchen ein Mahnmal für die Opfer des Faschismus mit rohen Eiern bewarfen und Zettel mit Beleidigungen auf die Kränze dort legten.

Allein der Thüringer Staatsschutz hatte schon bis Sommer 1997 folgende Erkenntnisse über Mundlos, Böhnhardt und Zschäpe:

6.8.94 Mundlos ist Teilnehmer an einem Treffen rechter Szeneangehöriger in 94315 Straubing (Bayern). Ca. 29 Personen hatten sich dort in einer Kiesgrube getroffen und teilweise rechtsextremistisches Liedgut abgespielt. Mundlos war mit seinem Pkw Ford, amtliches Kennzeichen J – AY 210 festgestellt worden.

13.8.94 Mundlos wurde im Zusammenhang mit Sicherungseinsatz, Todestag Rudolf Heß, in Chemnitz in Gewahrsam genommen. Anzeige gemäß § 86 a StGB. Es erfolgte die Durchsuchung der Wohnung. Auffinden von Musikkassetten und Propagandamaterial.

1.10.94 Mundlos wird angetroffen an der Aral-Tankstelle Jena, Stadtrodaer Straße, zeitgleich stehen dort Fahrzeuge von Wohlleben, Rosemann, K. und H.

25.3.95 Mundlos war Teilnehmer am Skinheadtreffen in Triptis, er wurde in Gewahrsam genommen.

15.4.95 Mundlos und weitere 13 Personen der rechten Szene aus Jena und Saalfeld-Rudolstadt (darunter Kapke, Wohlleben, Apel, Mundlos und Gerlach) treffen sich in Jena unterhalb der Lobdeburg.

3.5.95 Mundlos, Böhnhardt, Kapke und Zschäpe, Beate bringen im Stadtgebiet Jena ohne Genehmigung der Ordnungsbehörde Plakate mit folgendem Motto an: »8. Mai 1945 – 8. Mai 1995 Wir feiern nicht!! Schluß mit der Befreiungslüge!« Junge Nationaldemokraten, Brockenberg 5 a, 52223 Stollberg, an. Verstoß gemäß § 45 OWG in Verbindung mit § 1 Ordnungsbehördliche Verordnung liegt vor.

14.6.95 Mundlos, Brandt und weitere Personen der rechten Szene aus Saalfeld-Rudolstadt treffen sich in Saalfeld, Gaststätte »Am Weinberg«.

11.11.95 Gewahrsamsnahme des Mundlos wegen beabsichtigten Treffen in Lindig/Orlamünde.

10.2.96 Treffen mehrerer Personen der rechten Szene aus dem Raum Jena, Saalfeld-Rudolstadt an der Tankstelle in Gelmeroda (bei Rudolstadt). Unter anderem Kapke, Brehme, Gerlach, Wohlleben. Im Konvoi wurde nach Rudolstadt gefahren, zeitweilig wurden Fahnen aus den Fahrzeugen gehalten und Parolen gerufen wie »Freiheit für Deutschland«. EV gemäß 526 VersG, KPI Saalfeld eingeleitet.

9.3.96 Im Rahmen eines Polizeieinsatzes in Sonneberg erfolgt gegen Mundlos und weitere Personen der rechten Szene aus Jena Platzverweis. EV wegen Verstoß VersG und Verwenden von Kennzeichen gemäß 5 86 a StGB , KPI Saalfeld eingeleitet. Es wurde Gau-Abzeichen Thüringen getragen.

13.6.96 Mundlos ist Teilnehmer an einem konspirativ durchgeführten Treffen in Jena Alt-Lobeda, Gaststätte »Ratskeller«. Teilnehmer unter anderem Kapke, Böhnhardt und Wolfgang J. aus 37235 Lichtenau.

12.6.96 Gewahrsamsnahme des Mundlos als Teilnehmer an der Sonnenwendfeier in Jena, Auf dem Jenzig. Juni 96 EV wegen des Verdachts der Volksverhetzung gemäß S 130 StGB.

6.8.96 Mundlos und Böhnhardt verteilen mehrere Hundert Streuzettel mit dem Motto »Wir gedenken Rudolf Heß« u.ä.

10.8.96 Beschluss über Durchsuchung der Wohnung Mundlos durch AG Jena wegen des Verdachts des Verbreitens von Propagandamitteln.

17.8.96 Mundlos ist Teilnehmer zusammen mit Kapke, Böhnhardt und weiteren Personen an der Heß-Kundgebung/Aufmarsch in Worms.

11.10.96 Treffen mehrerer Personen der rechten Szene aus dem Raum Jena im Bereich Paul-Schneider- und Richard-Zimmermann-Straße. Unter anderem Kapke, Zschäpe, Gerlach und Wohlleben.

1.11.96 Mundlos besucht zusammen mit Kapke, Böhnhardt und anderen die Mahn- und Gedenkstätte »Buchenwald«. Mundlos und Böhnhardt tragen eine SA-ähnliche Uniform. Gegen Mundlos und die übrigen Personen wird Hausverbot erlassen.

9.11.96 »Reichskristallnacht« Mundlos, Böhnhardt, Gerlach und Zschäpe werden im Rahmen einer Verkehrskontrolle angehalten. Im Fahrzeug befinden sich diverse Gegenstände. Es erfolgte Gewahrsamsnahme und EV gegen Böhnhardt wegen Verstoß gegen das Waffengesetz eingeleitet.

23.11.96 Im »Studio-Life-Club« in Apolda findet ein Skinkonzert statt. Mundlos und Böhnhardt treten in uniformähnlicher Bekleidung in Erscheinung.

19.12.96 Mundlos empfängt Besuch von Böhnhardt in Cospeda, Hauselstrauchweg 3.

1.1.97 Mundlos und Böhnhardt dringen in das Objekt der Polizeidirektion Jena ein und registrieren dort die Kennzeichen der Polizeifahrzeuge. Bei der Festnahme leistet Mundlos Widerstand. EV wegen Hausfriedensbruch und Widerstand gegen Vollstreckungsbeamte.

6.1.97 Mundlos tritt als Anmelder und Veranstalter für eine geplante Kundgebung in Jena

in Erscheinung, Motto »Für eine schärfere Kontrolle der Polizei«. Die Versammlung wird durch die Stadt Jena nicht genehmigt. Überbringer der Anmeldung war Böhnhardt. Aufgrund von Durchsuchungsbeschlüssen erfolgt die Durchsuchung der Wohnung Mundlos. Hintergrund: Briefbombenattrappen an »Thüringer Landeszeitung«, Stadtverwaltung und Polizeidirektion Jena.
28.1.97 Mundlos und weitere 42 Personen sind Teilnehmer an einem Treffen rechtsgerichteter Jugendlicher in Jena, Paradiescafé.
19.7.97 Mundlos, Böhnhardt, Kapke und weitere Personen sind Teilnehmer am 1. Wikingertreffen in Heilsberg (Lkr. Saalfeld-Rudolstadt).
Auch Zschäpe war laut den Erkenntnismitteilungen der Dienste bei verschiedenen Gelegenheiten dabei. So im Herbst 1995, als sie mit Böhnhardt in Jena das Mahnmal für die Opfer des Faschismus mit Eiern bewarfen und auf die Kränze dort Zettel mit Beleidigungen legten. Der Thüringer Verfassungsschutz beobachtete auch, wie die Wohnung der Familie Böhnhardt renoviert wurde. Mundlos und Böhnhardt hätten sich konspirativ verhalten und Stahlrohre, Gummiringe und Brennspiritus in eine Garage gebracht. Und der Verfassungsschutz notierte auch groteske Gegebenheiten: So erschien am Tag der Flucht der drei während der Durchsuchung von Mundlos' Wohnung am 26.1.1998 die Freundin von Ralf Wohlleben mit einem Wohnungsschlüssel und sagte, sie wolle dort lesen und fernsehen. Der Verfassungsschutz konstatierte: In der Wohnung gab es weder Bücher noch Fernseher.
Über Zschäpe notierten die Verfassungsschützer, dass ihre Mutter alkoholkrank sein soll, deswegen sei die Großmutter die familiäre Bezugsperson. Beate Zschäpe sei mit Thomas Starke liiert gewesen. Es halte sich das Gerücht, dass Zschäpe sich stellen wolle. Antje Probst aus Chemnitz wird als Unterstützerin vermutet, auch Hinweise auf Waffenbeschaffungen haben die Geheimdienste.)

Tag 277

20. April 2016

Manfred Götzl, Richter. **Herbert Diemer**, Vertreter der Bundesanwaltschaft. **Alexander Hoffmann, Eberhard Reinecke, Sebastian Scharmer**, Anwälte der Nebenklage.

(Am Morgen wurde der Befangenheitsantrag der Verteidigung Wohlleben gegen das Gericht abgelehnt. Die Verhandlung wird fortgesetzt, nun geht es vor allem darum, ob ein ehemaliger V-Mann des Bundesverfassungsschutzes gehört werden soll – bei ihm haben Mundlos, Böhnhardt und Zschäpe angeblich gearbeitet.)

Bundesanwalt Diemer Wir geben eine Stellungnahme ab zum Antrag von Rechtsanwalt Scharmer, den Zeugen Ralf Marschner zu hören zum Beweis der Tatsache, dass Marschner Mundlos, Böhnhardt und Zschäpe kannte. Der Antrag ist abzulehnen. Der Zeuge lebt nach vorliegenden Erkenntnissen in der Schweiz, sodass eine Ladung im Ausland zu veranlassen wäre. Damit ist der Beweisantrag dann abzulehnen, wenn der Senat die sichere Überzeugung erlangt, dass durch die beantragte Einvernahme eine bessere Sachaufklärung nicht zu erwarten ist. Dabei ist zu berücksichtigen, dass die Ladung und Vernehmung eines Auslandszeugen zu einer erheblichen Verzögerung des Verfahrens führt. Der Antrag ist auch deshalb abzulehnen, weil die Tatsachen, die bewiesen werden sollen, für die Entscheidung über die Tat- und Schuldfrage der Angeklagten aus tatsächlichen Gründen ohne Bedeutung sind. Weder Kennverhältnisse allein noch das Wissen über bestimmte Sachverhalten lassen, schon gar nicht zwingend, darauf schließen, dass Marschner von den den Angeklagten vorgeworfenen Taten auch nur in irgendeiner Weise Kenntnis gehabt hat. Gleiches gilt für eine behauptete Beschäftigung von Uwe Mundlos in einer Zwickauer Baufirma von Marschner. Ein solcher Sachverhalt gäbe auch in Verbindung mit den weiteren Antragsbehauptungen selbst im Fall ihrer Erweislichkeit keinerlei Aufschluss darüber, ob und in welcher Weise die Angeklagten, der Zeuge oder andere Personen an den vorgeworfenen Taten subjektiv und objektiv beteiligt waren oder ob und welche Rechtsfolgen dafür in Betracht kommen könnten. Auch zu den unter Beweis gestellten Tatsachen zu einer möglichen Anmietung und Zurverfügungstellung von Fahrzeugen, einer möglichen Beschäftigung der Angeklagten Zschäpe in einem Laden von Marschner ist eine Vernehmung des Zeugen nicht geboten. Es handelt sich um Beweisermittlungsanträge. Marschner hat im Ermittlungsverfahren angegeben, Mundlos, Böhnhardt und Zschäpe nicht zu kennen. Weder aus der bisherigen Beweisaufnahme noch aus dem Vortrag der Antragsteller haben sich auch nur die entferntesten Hinweise darauf ergeben, dass Marschner Mundlos oder Böhnhardt Fahrzeuge zur Verfügung gestellt hat. Für eine Beschäftigung Zschäpes in einem von Marschners Läden liegen außer Gerüchten keine belastbaren Hinweise vor. Vermutungen, Hypothesen und Spekulationen lösen eine Aufklärungspflicht nicht aus. Umso weniger ist es auch unter verfahrensökonomischen Gesichtspunkten veranlasst, den Zeugen im Ausland zu laden. Es ist ohne jeden Zweifel legitim und verständlich, wenn Hinterbliebene der Opfer ergründen wollten, ob staatliche Behörden versagt haben. Eine Relevanz für dieses Strafverfahren im Rechtssinne entsteht daraus nicht. Solange keinerlei Hinweise auf eine strafrechtlich relevante Verstrickung von Angehörigen staatlicher Behörden vorliegen, berührt ein mögliches Versagen staatlicher Behörden den Gegenstand der parlamentarischen Untersuchungsausschüsse, nicht aber den Gegenstand der strafgerichtlichen Hauptverhandlung. Es liegen keinerlei Hinweise vor, dass staatlichen Behörden die hier angeklagten Straftaten bekannt waren und sie diese gewissermaßen unter ihren Augen geschehen ließen. Das wird auch von den Antragstellern nicht behauptet. Des Weiteren ist eine Aufklärung in Bezug auf etwaige weitere noch unbekannte Mitglieder und Straftaten des NSU oder etwaige noch unbekannte Unterstützer Gegenstand von Ermittlungsverfahren des GBA und ebenfalls nicht Gegenstand der hiesigen Hauptverhandlung.

Anwalt Scharmer Der GBA geht von einem Auslandszeugen aus. Im Jahr 2012 und 2013 haben Vernehmungen Marschners in der Schweiz stattgefunden. Ob sich der Zeuge aktuell in der Schweiz aufhält, entzieht sich unserer Kenntnis. Nicht umsonst haben wir die Ladung über das Bundesamt für Verfassungsschutz in Köln beantragt. Er ist kein Auslandszeuge. Soweit der GBA ausführt, dass es ohne Bedeutung sei, ob Marschner sich mit den dreien damals getroffen hat oder nicht, ist das nicht nachzuvollziehen. Wir haben hier eine ganze Reihe von Quartiermachern gehört, und es gibt ja auch den Anklagevorwurf, das Leben im Untergrund überhaupt erst möglich gemacht zu haben. Und dann einen zentralen Zeugen nicht zu hören, der eine Beschäftigung möglicherweise ermöglicht hat, das würde der bisherigen Verfahrensführung diametral widersprechen. Dass es sich allein um Gerüchte handelt, dass Zschäpe im Laden Marschners gearbeitet hat, dem widerspreche ich. Es gibt Zeugenaussagen vom 3.12.2012, wo ein Zeuge sagt, er habe Zschäpe wiedererkannt. Das sind keine Gerüchte, das ist eine Zeugenaussage.

Götzl Haben Sie die konkrete Adresse?

Anwalt Scharmer Wenn wir die hätten, hätten wir sie beigelegt. Wir gehen davon aus, dass der GBA sie hat und uns vorenthält.

Anwalt Hoffmann Die Stellungnahme von Bundesanwalt Diemer ist empörend. Der Generalbundesanwalt blockt und will damit den Verfassungsschutz schützen. Was wissen Sie? Was wollen Sie schützen? *(Er wendet sich direkt an Diemer.)* Wir drehen hier mit enormem Aufwand jeden Stein um, um zu erfahren: Wovon haben die drei gelebt? Wie lang kann das Geld aus den Überfällen gereicht haben? Es wird ausgerechnet, ob der Wasserverbrauch in den Wohnungen der drei ausgereicht hat. Und jetzt haben wir hier Zeugenaussagen und Hinweise, dass ganz normal gearbeitet wurde und sie Fahrzeuge zur Verfügung hatten. Und das in einer Situation, in der zentrale Fragen noch immer ungeklärt sind: Wie kam es zur Auswahl der Mordopfer? Mit welchen Fahrzeugen haben sich die Mörder zu den Tatorten bewegt? Und jetzt haben wir eine reelle Chance, dem näher zu kommen, und jetzt wird abgeblockt und gesagt, das spielt keine Rolle. Das spielt keine Rolle? Ich kann das nicht wirklich fassen. Mit der Ablehnung des Zeugen kündigt die Bundesanwaltschaft das Versprechen auf, das sie den Opfern gegeben hat: die Hintergründe der NSU-Morde aufzuklären.

Bundesanwalt Diemer Ich möchte aufs Schärfste zurückweisen, dass der Generalbundesanwalt irgendetwas blockt, irgendetwas zurückhält oder irgendjemand schützt. Wir haben alle verfahrensrelevanten Ergebnisse dem Senat vorgelegt. So war es und so wird es bleiben.

Anwalt Reinecke Wir haben eine neue Prozesssituation durch die Einlassung von Frau Zschäpe. Wenn Zschäpe tatsächlich bei Marschner gearbeitet hat, dann haben wir dazu von ihr nichts gehört. Das wäre dann ein wesentliches Indiz, dass sie nicht die Wahrheit gesagt hat.

(Im Anschluss verliest Götzl noch mehrere Beschlüsse, in denen er Beweisanträge der Nebenkläger ablehnt, vor allem, den Verfassungsschutzbeamten Lothar Lingen zu laden, der beim Bundesverfassungsschutz Akten über Thüringer V-Leute vernichten ließ. Das Gericht geht auf den Vorwurf ein, der Staat habe die Taten nicht verhindert. Es hält den Zeugen für bedeutungslos, da die Akten nach den Straftaten vernichtet wurden. Dann stellt Anwalt Eberhard Reinecke einen umfangreichen Beweisantrag, Bilder aus dem gemeinsamen Urlaub von Zschäpe, Mundlos und Böhnhardt im Jahr 2004 im Gerichtssaal zu betrachten – einem Urlaub sechs Wochen nach dem Anschlag auf die Keupstraße in Köln. Auf diesen Bildern sind Zschäpe, Mundlos und Böhnhardt beim Eisessen, Radfahren und im engen, vertrauten Zusammenleben auf dem Campingplatz zu sehen.)

Anwalt Reinecke Die Inaugenscheinseinnahme der Lichtbilder auf der CD »Urlaub 2004« wird ergeben, dass die Angeklagte Zschäpe, Uwe Böhnhardt und Uwe Mundlos nur sechs Wochen nach dem Anschlag in der Keupstraße einen unbeschwerten, fröhlichen und freundschaftlichen – nicht von Misstrauen geprägten – Urlaub verbracht haben. Begründung: Mit der beantragten Beweiserhebung kann die Einlassung der Angeklagten Zschäpe in wesentlichen Punkten widerlegt beziehungsweise erschüttert werden. Es wird sich daraus insbesondere ergeben, dass es keinerlei Anhaltspunkte für die von der Angeklagten behauptete Ablehnung der Mord- und Sprengstofftaten von Uwe Böhnhardt und Uwe Mundlos gab. Die Angeklagte hat in ihrer Einlassung zum Bombenanschlag in der Keupstraße unter anderem Folgendes ausgeführt: »Nach ihrer Rückkehr berichteten sie mir davon, dass sie in Köln einen Bombenanschlag auf Türken verübt hatten. Sie berichteten keine Details, nur dass sie eine Nagelbombe zur Explosion gebracht hatten. Ich war einfach nur entsetzt und konnte diese Aktion nicht nachvollziehen. Ich verstand ihr Handeln auch deshalb nicht, weil es absolut sinnlos war. Beide begründeten ihr Tun damit, die türkische Bevölkerung in Köln in Angst und Schrecken versetzen zu wollen und – zum wiederholten Male – dass sie ihr ›Leben verkackt‹ hätten.

Des Weiteren wurde im Fernsehen vom Anschlag berichtet und die mutmaßlichen Täter anhand von Bildern gezeigt. Ich war überzeugt, dass die beiden erkannt würden und unsere Verhaftung bevorstünde. Deshalb fuhren die beiden auf irgendeinen Campingplatz. Ich wollte nicht mitfahren. Ich wollte auf keinen

Fall dabei sein, wenn sie sich töten, sollte die Polizei sie entdecken. Es passierte aber nichts. Ab diesem Zeitpunkt vertraute ich den beiden nicht mehr, dass sie mir die Wahrheit über ihre Vorhaben berichteten.«

(Er fährt mit seinem Antrag fort.)

Anwalt Reinecke Mit den hier beantragten Beweiserhebungen wird diese Darstellung widerlegt werden. Die Augenscheinnahme der auf der CD »Urlaub 2004« gespeicherten Fotos wird einen Einblick in die Gemütshaltung des Trios geben. Man wird dort einen normalen, entspannten Urlaub sehen, der weder von der Angst geprägt war, durch die Veröffentlichung in Zeitungen entdeckt zu werden, noch geprägt von Entfremdung und Misstrauen, das angeblich nach der Einlassung der Angeklagten Zschäpe nach dem Anschlag in der Keupstraße eingetreten ist. Die Fotos belegen vielmehr das besonders innige Verhältnis der Angeklagten zu Uwe Böhnhardt bis hin zum Paarfoto vor der Kirche. Auch die angeblich so wichtige Wohnsituation, bei der man sich aus dem Weg ging und jeder sein eigenes Zimmer hatte, gab es in dem Urlaub nicht. Die Art des Zusammenlebens in dem Wohnwagen macht deutlich, dass es das Entsetzen der Angeklagten über den Anschlag in der Keupstraße nicht gegeben hat, eine emotionale Ablehnung des Bombenanschlages nicht existierte.

Die Behauptung der Angeklagten, sie sei davon überzeugt gewesen, dass aufgrund der Fahndungsaufrufe Mundlos und/oder Böhnhardt gefasst werden, wird durch diese Urlaubsfotos widerlegt. Die Angeklagte hätte Situationen meiden müssen, in denen es – wie sie angeblich befürchtete – zu einem Feuergefecht und/oder Selbstmord hätte kommen können, zum Beispiel bei einer Polizeikontrolle im Urlaub. Stattdessen bewegt sich das Trio völlig frei in der Öffentlichkeit, macht fast täglich Ausflüge und Stadtbummel. Dies legt nahe, dass es zum damaligen Zeitpunkt – entgegen der Behauptung der Angeklagten – gar keine Selbstmorddrohung von Uwe Mundlos und Uwe Böhnhardt gegeben hat. Dass die Angeklagte diesen Urlaub im Jahre 2004 nur sechs Wochen nach dem Bombenanschlag in der Keupstraße, den sie angeblich mit großem Entsetzen quittiert hat, als besonders gelungen und glücklich empfunden hat, wird auch daran deutlich, dass sie Fotos aus diesem Urlaub in die bereits in anderem Zusammenhang wiederholt erörterte »Wette« eingebaut hat. Insbesondere das Ziel dieser »Wette« macht den Gleichklang der Angeklagten mit Uwe Böhnhardt deutlich. Uwe Böhnhardt formulierte in der »Wette«, dass sein Gewicht am 1. Mai maximal 85 Kilo betragen wird, die Angeklagte Zschäpe formulierte: »Ich bin mir sicher, dass meine tolle Figur zum 1. Mai mit schlanken 62 Kilogramm absolut sommer- und strandtauglich sein wird.« Trotz ihres angeblichen Entsetzens über die Tat in Köln ist der Angeklagten Zschäpe offenbar nie der Gedanke gekommen, an diesem Urlaub nicht teilzunehmen.

Tag 278

21. April 2016

Manfred Götzl, Richter. **Ron E.**, 43, Autovermittler aus Jena. **Gil W.**, 43, Industriemechaniker, Zwillingsbruder von Ron E. **Ulrich Endres**, Zeugenbeistand der beiden Brüder. **Herbert Diemer, Jochen Weingarten**, Vertreter der Bundesanwaltschaft. **Mathias Grasel**, Verteidiger von Beate Zschäpe. **Nicole Schneiders**, Verteidigerin von Ralf Wohlleben.

(Ron E. und sein Zwillingsbruder Gil W. wurden auf Antrag der Verteidigung Wohlleben geladen, um zu zeigen, dass die Tatwaffe für die NSU-Morde auch aus einer anderen als der von den Ermittlern festgestellten Quelle kommen könnte – von den beiden Brüdern, die früher im Waffenhandel aktiv gewesen seien. Zunächst erscheint Ron E. im Gerichtssaal.)

Götzl Sie können die Aussage verweigern, wenn Sie oder ein naher Angehöriger sich damit der Gefahr der Strafverfolgung aussetzen würden. Es geht um Erkenntnisse zu Uwe Mundlos, Uwe Böhnhardt, Beate Zschäpe und anderen insbesondere im Hinblick auf die Beschaffung von Waffen.

Zeugenbeistand Endres Mein Mandant möchte umfassend von seinem Auskunftsverweigerungsrecht nach Paragraf 55 Strafprozessordnung Gebrauch machen.

Oberstaatsanwalt Weingarten Herr Vorsitzender, wir sind im Ergebnis der Auffassung, dass dem Zeugen ein umfassendes Auskunftsverweigerungsrecht zusteht. Wir haben es bei Ron E. mit jemandem zu tun, der in rechtsverjährter Zeit mit Waffenhandel beschäftigt gewesen ist. Der Zeuge Jens L. hat in seiner Einvernahme am 10.4.2015 bekundet, dass es zur damaligen Zeit ein Waffendepot in einem Brunnen beim Haus von Ron E. gegeben habe. Wegen eines möglicherweise nach wie vor existierenden Depots könnte das Delikt noch bestehen, sodass wir glauben, dass der Zeuge dazu keine Angaben machen muss und er zu Recht geltend macht, dass er derartige Fragen nicht beantworten muss.

Götzl Dann haben Sie vielen Dank, Herr E., hier bekommen Sie Ihre Entschädigung. Dann bitte Herrn W.

(Gil W. erscheint, er sieht exakt so aus wie sein Bruder.)

Zeugenbeistand Endres Ich habe extra gesagt, dass sie sich unterschiedlich anziehen sollen.

Götzl *(lacht)* Das ist gut. Ansonsten ist die Ähnlichkeit frappierend.

(W. macht ebenfalls von seinem Zeugnisverweigerungsrecht Gebrauch und wird sofort wieder entlassen.)

Götzl Gibt es noch Stellungnahmen?

Bundesanwalt Diemer Wir nehmen Stellung zum Antrag von Rechtsanwalt Reinecke, die Bilder aus dem Urlaub 2004 anzusehen. Wir treten diesem Antrag nicht entgegen. Auch wenn es sich im Antrag von Rechtsanwalt Reinecke um Wertungen und nicht um Tatsachenbehauptungen handelt, wonach ein fröhlicher, unbeschwerter Urlaub stattgefunden hat, kann davon ausgegangen werden, dass bei der Beweisaufnahme Tatsachen entstehen, die eine mögliche Wertung in die ein oder andere Richtung ermöglichen.

Verteidiger Grasel Die Anträge von Anwalt Reinecke, den Einzahlungsbeleg bezüglich Urlaub Holsteinische Schweiz einzusehen sowie die Vernehmung der Zeugen vom Campingplatz, sind abzulehnen. Für die Entscheidung sind sie ohne Bedeutung. Es ist nicht ersichtlich, dass die Anzahlung des Wohnwagens im März für die Tat- und Schuldfrage von Bedeutung wäre. Der Inaugenscheinnahme der Bilder wird nicht entgegengetreten, aber den im Beweisantrag aufgeführten Wertungen, dass es sich um einen fröhlichen, entspannten Urlaub gehandelt habe und meine Mandantin einträchtig mit Uwe Böhnhardt an der Spüle gestanden oder ihn bewundernd angesehen habe. Diese Beweiswürdigungen sollten dem Plädoyer vorbehalten bleiben. Aus den Lichtbildern können keine belastbaren Rückschlüsse auf die Gemütslage meiner Mandantin nach dem Bombenanschlag gezogen werden. Der Anschlag war sechs Wochen her. Und dass Uwe Böhnhardt seinen Kopf auf meine Mandantin gelegt hat, ist nicht erstaunlich, sondern deckt sich mit ihren Angaben. Frau Zschäpe hat mehrfach angegeben, dass sie Uwe Böhnhardt geliebt habe. Dazu passen die beschriebenen Lichtbilder.

(Dann erläutert Schneiders noch einmal ihren Antrag auf Akteneinsicht und Übersendung der Originalakten an die Kanzleien der Verteidigung Wohlleben.)

Verteidigerin Schneiders Die Einsichtnahme in die Akten am Ort der Hauptverhandlung ist für die Unterzeichner unzumutbar. Sie stellt ein wirtschaftliches Risiko dar, führt möglicherweise zum Vermögensverfall und dem Verfall der anwaltlichen Zulassung und damit zur Gefährdung des Verfahrens.

Tag 279

27. April 2016

Manfred Götzl, Richter. **Peter Lang**, Beisitzender Richter. **Mathias Grasel**, Verteidiger von Beate Zschäpe.

(Nach der Befragung einer Zeugin lässt Richter Götzl Gutachten verlesen, die das Kriminaltechnische Institut des Bundeskriminalamtes angefertigt hat.)

Richter Lang Zur Untersuchung wurde folgendes Schriftmaterial übersandt: X1 – Lebenslauf Gunter Frank F., X2 – Teile einer Geburtsurkunde Max-Florian B. mit handschriftlichen, textschriftlichen Schreibleistungen auf der Rückseite, X3 – Teile einer Geburtsurkunde Max-Florian B. mit handschriftlichen, textschriftlichen Schreibleistungen auf Vorder- und Rückseite.

(Nach dem Untertauchen hatte Uwe Böhnhardt zunächst einen Reisepass benutzt, der auf Gunter Frank F. ausgestellt war, einem Unterstützer aus der rechtsradikalen Szene in Chemnitz. F. hatte den Pass nach einigen Monaten zurückgefordert. Nach dem Brand in der Frühlingsstraße 26 im November 2011 hatten die Ermittler im Schutt auch mehrere Bahncards mit einem Foto von Uwe Böhnhardt gefunden, ausgestellt auf den Namen Gunter Frank F.. Uwe Mundlos wiederum hat die Identität von Max-Florian B. angenommen und auf dessen Namen Reisepass und Bahncard beantragt.)

Richter Lang Untersuchungsergebnis und Schlussfolgerungen: Die fraglichen Schriftzüge auf X1 (Lebenslauf F.) können mit an Sicherheit grenzender Wahrscheinlichkeit einem einzigen Schrifturheber zugewandt werden. Die fraglichen Schreibleistungen auf dem Lebenslauf B. und die Schriftzüge auf X1 sind mit sehr hoher Wahrscheinlichkeit nicht urheberidentisch.

Das übersandte Schriftmaterial wurde mit asservierten Schriftstücken der zentralen Handschriftensammlung des Bundeskriminalamtes verglichen. Dabei haben sich keine Anhaltspunkte für einen Urheberschaftszusammenhang zwischen den fraglichen Schriftzügen und Asservaten aus dem Bestand der zentralen Handschriftensammlung ergeben.

(In der zentralen Handschriftensammlung des BKA verwahrt die Behörde handschriftliche Briefe und Schriftstücke mit handschriftlichen Anmerkungen, die bei Straftaten aufgefallen sind – um die Schriften vergleichen und möglicherweise Querverbindungen zu anderen Straftaten finden zu können. Das ist zum Beispiel relevant bei Erpresserbriefen oder Bekennerschreiben. Ebenso war es für die Ermittler von Interesse, herauszufinden, ob die handschriftlichen Notizen auf den Dokumenten von F. und B., die wie alle in Hinterlassen-

schaften des NSU im Wohnmobil und in der Frühlingsstraße in Zwickau gefunden wurden, von Mundlos und Böhnhardt stammen könnten.)

Götzl Dann noch eine Nachfrage wegen der Fragen an die Verteidigung Zschäpe: Wann wollen Sie die Fragen beantworten?

Verteidiger Grasel Einen konkreten Termin kann ich nicht sagen, aber wir sind dabei und werden die Verhandlungspausen nutzen.

Tag 280

28. April 2016

Herbert Diemer, Vertreter der Bundesanwaltschaft. **Hermann Borchert,** Verteidiger von Beate Zschäpe. **Olaf Klemke,** Verteidiger von Ralf Wohlleben. **Bernd Behnke,** Anwalt der Nebenklage.

(Nach der Vernehmung eines Zeugen meldet sich Verteidiger Borchert zu Wort und beantragt Akteneinsicht in sämtliche dem Gericht vorliegenden Originalakten. Ihm sei vom Gericht am 11.11.2015 eine Festplatte übergeben worden.)

Verteidiger Borchert Ein Hinweis darauf, dass die elektronische Akte möglicherweise nicht vollständig mit den Originalakten übereinstimmt, wurde mir nicht gegeben. Der Begründung des Beschlusses vom 12.4.2016 entnehme ich nun, dass die Verteidigung nicht darauf vertrauen könne, dass die elektronische Akte der angesprochenen Festplatte alle Inhalte und vor allem auch Dateien der Originalakte umfasse.

(Götzl hatte am Tag 274 in einem Beschluss zu einem Antrag der Verteidigung Wohlleben erläutert, dass es nur eine Serviceleistung des Gerichts sei, wenn es regelmäßig Teile der Akten in elektronischer Form den Prozessbeteiligten zur Verfügung stelle. Dass dies nicht die vollständige Akte sei, sei für die Prozessbeteiligten problemlos zu erkennen. Die Verteidigung Wohlleben habe aber seit Abschluss der Ermittlungen die Möglichkeit gehabt, Einsicht in die Originalakte des Gerichts zu nehmen.)

Ich muss also davon ausgehen, dass der Aktenumfang der digitalen Akte auf der Festplatte nicht vollständig sein kann und ich als Verteidiger nicht darauf vertrauen darf. Ich muss in Erwägung ziehen, dass die Originalakten Fakten enthalten, die möglicherweise entlastende Umstände für meine Mandantin beinhalten, die mir bislang unbekannt sind. Vor diesem Hintergrund beantrage ich die Aussetzung des Verfahrens.

Es ist mir praktisch nicht möglich, in angemessener Zeit die Originalakten mit dem mir vorliegenden elektronischen Aktenbestand zu vergleichen. Ich kann

nicht 24 Stunden täglich das Mandat in vorliegender Sache bearbeiten, ich habe eine Vielzahl weiterer Mandate zu betreuen. Auch die Bearbeitung dieser Mandate hindert mich daran, während dieser Bearbeitungszeit Akteneinsicht in der Nymphenburger Straße 16 *(die Adresse des Gerichts)* zu nehmen, auch nicht um Mitternacht. Es entspricht allgemeiner Erfahrung, dass einem gewissen Schlafbedürfnis nachgegangen werden muss, um arbeitsfähig zu bleiben.
Realistisch betrachtet kann ich einen Aktenumfang von durchschnittlich zwei Leitz-Ordnern pro Arbeitstag bewältigen. Bei paralleler Sichtung zweier Seiten – analog und digital – kann realistisch davon ausgegangen werden, dass pro Minute fünf Seiten geprüft werden können, also pro Stunde 300 Seiten. Bei durchschnittlich 450 Seiten pro Ordner entspricht das zwei Ordnern pro Tag. Hochgerechnet auf 1000 Ordner errechnet sich eine Dauer von 100 Wochen, also knapp zwei Jahren, sodass realistisch gesehen die Akteneinsicht bis Januar 2017 nicht abgeschlossen werden kann.

Anwalt Behnke Zur Akteneinsicht: Laut Paragraf 147 StPO ist es Aufgabe der Verteidigung, Akteneinsicht zu nehmen, und zwar bei Gericht. Wenn der Senat Datensätze verschickt, ist das eine Serviceleistung des Gerichts. Ein Anspruch auf Vollständigkeit besteht nicht. Zur Arbeitsüberlastung: Auch das trifft nicht zu. Es sind hier eins, zwei, drei, vier, fünf Verteidiger, die sich das Mandat von Frau Zschäpe aufteilen. Bei einer Zusammenarbeit der Verteidiger sollte das möglich sein. Sollte die Angeklagte das nicht wollen, ist das allein ihrem Verhalten geschuldet. Der Antrag kann deshalb keinen Erfolg haben.

Verteidiger Klemke Ich habe noch nirgendwo im Gesetz eine Stelle gefunden, dass Anwälte in dieser Weise kooperieren müssen. Das ist schlicht falsch. Wir können uns der Argumentation des Kollegen Borchert nur anschließen.

Bundesanwalt Diemer Wenn der Verteidiger Borchert auf die Unzumutbarkeit der Akteneinsicht abstellt und utopische Zeiträume nennt, ist zu entgegnen, dass er, wenn er die Wahlverteidigung annimmt, seine Kanzlei so zu organisieren hat, dass er Einsicht in die Akten nehmen kann – insbesondere, wenn er zu einem sehr späten Zeitpunkt in so ein großes Verfahren eintritt. Der Antrag auf Aussetzung des Verfahrens ist abzulehnen.

Tag 281

10. Mai 2016

Manfred Götzl, Richter. **Peter Lang**, Beisitzender Richter. **Jeanette P.**, Kriminalkommissarin beim BKA Meckenheim. Sie sagte auch an den Tagen 229, 240, 272, 295 und 325 aus.

(Zunächst lehnt der Senat die Anträge von Verteidiger Borchert und Klemke ab, das Verfahren auszusetzen, damit sie alle dem Gericht vorliegenden Akten einsehen können.)

Götzl Die Anträge auf Aussetzung des Verfahrens konnten abgelehnt werden, weil es zu keiner veränderten Sachlage gekommen ist, in deren Folge die Aussetzung zur genügenden Vorbereitung der Verteidigung angemessen erschienen wäre. Eine Aussetzung des Verfahrens war im vorliegenden Fall nicht anzuordnen, weil es zu keiner Veränderung der Verfahrenslage im Sinne des Paragrafen 265 Absatz 4 Strafprozessordnung gekommen ist.

Die Antragsteller tragen zusammengefasst vor, die Verfahrenslage hätte sich ihnen mit Übergabe der Datenträger mit den Aktendateien so dargestellt, dass sie damit vollständige Akteneinsicht erhalten hätten. Hierauf hätten sie auch vertrauen dürfen. Diese Verfahrenslage hätte sich insoweit geändert, dass sie mit dem Beschluss vom 12.4.2016 und der Verfügung vom 25.4.2016 auf die mögliche Unvollständigkeit der digitalen Akten hingewiesen worden seien.

Eine Veränderung der Verfahrenslage ist darin nicht zu sehen, da die Antragsteller von Anfang an nicht auf die Vollständigkeit der überlassenen digitalisierten Akten vertrauen durften. Vonseiten des Senats wurde niemals ausdrücklich garantiert, dass die elektronisch überlassenen Datenträger die Originalakten vollständig abbilden würden. Durch die Übergabe einer Festplatte und die anschließende sukzessive Übergabe der weiteren Datenträger täuschte der Senat die Antragsteller auch nicht konkludent über die Vollständigkeit der elektronisch überlassenen Akte.

Wer hier, wie die Antragsteller, von einer Vollständigkeitsgarantie der auf Datenträgern überlassenen Akte durch den Senat ausgeht, müsste jedoch folgende Überlegung anstellen: Eine derartige Garantie des Senats kann vernünftigerweise nur dann angenommen werden, wenn der Senat vor Herausgabe der Datenträger die Vollständigkeit und Fehlerfreiheit aller Papierkopien und aller eingescannter Dateien und anschließend jeden einzelnen Datenträger auf Brenn- und Vervielfältigungsfehler überprüft hätte. Dass dies bei dem Umfang der Akten und der Anzahl der überlassenen Datenträger bei der Vielzahl der Prozessbeteiligten vom Senat objektiv nicht geleistet und von den Antragstellern auch nicht erwartet werden kann, ist offenkundig.

(Im Anschluss wird die Zeugin Jeanette P. aufgerufen. Sie berichtet, wie schon an Tag 272, wie Beate Zschäpe möglicherweise von Böhnhardts und Mundlos' Tod am 4.11.2011 erfahren hat.)

Jeanette P. Mir wurde bei meiner zweiten Nachfrage bestätigt, dass MDR Thüringen schon um 14 Uhr über den Leichenfund und die Explosion im Wohnmobil berichtet hatte. Dann habe ich noch Kontakt mit Antenne Thüringen aufgenommen, auch da wurde um 14 Uhr über den Leichenfund berichtet. Theoretisch könnte Frau Zschäpe über diese beiden Radiosender vom Tod von Uwe Böhnhardt und Uwe Mundlos erfahren haben. *(Sie habe auch den Internetverlauf von Beate Zschäpe untersucht, der zeigte, dass neun Radiosender angesurft worden seien. Es sei aus dem Verlauf aber nicht zu schließen, dass Zschäpe auf diesem Weg von dem Tod der beiden erfahren habe.)* Bereits vor 14 Uhr und danach wurde die Seite eines Tierheims besucht. Außerdem wurde nach einem Mittel gegen Übelkeit gegoogelt, nach dem Fernsehprogramm und nach Biofleisch in Zwickau.

(Anschließend wird ein Vermerk des Innenministeriums Brandenburg verlesen, in dem es um eine mögliche Observation des sächsischen Sektionschefs des rechtsradikalen Blood-&-Honour-Netzwerkes geht, Jan Werner. Quelle war seinerzeit der V-Mann des Verfassungsschutzes Brandenburg, Carsten Szczepanski alias Piatto.)

Richter Lang Am 17.9.1998 fand im Innenministerium des Landes Brandenburg eine Beratung zwischen Vertretern der Landesämter für Verfassungsschutz Thüringen, Sachsen und dem Innenministerium Brandenburg statt. Anlass für diese Beratung war ein Hinweis in einem Quellenbericht des Innenministeriums Brandenburg vom 14.9.1998: Jan Werner soll zurzeit den Auftrag haben, für die drei flüchtigen sächsischen – Anmerkung: gemeint sind aller Wahrscheinlichkeit nach die gesuchten Rechtsextremisten aus Thüringen, die im Zusammenhang mit den selbst gebauten Sprengkörpern gesucht werden – Skinheads Waffen zu beschaffen. Gelder für diese soll die B&H-Sektion Sachsen bereitgestellt haben. Nach Entgegennahme der Waffen, noch vor der beabsichtigten Flucht nach Südafrika, soll das Trio einen weiteren Überfall planen, um mit dem Geld sofort Deutschland verlassen zu können. Antje Probst wolle der weiblichen Person des Trios ihren Pass zur Verfügung stellen.

Probst und Werner sollen unabhängig voneinander und ohne Wissen des anderen für die drei tätig sein.

(Anschließend trägt Götzl einen Beschluss zu einem Antrag vor, den die Nebenklage-Anwältin Doris Dierbach am Tag 270 gestellt hat. Es geht um die Mitverantwortung staatlicher Stellen für Taten des NSU, weil – wie der gerade vorgetragene Vermerk gezeigt haben

soll – bereits im Herbst 1998 die Möglichkeit bestand, die drei zu verhaften, diese Möglichkeit aber nicht entschlossen verfolgt wurde, weil der Verfassungsschutz befürchtete, damit seine Quelle Piatto zu gefährden.)

Götzl Die Antragsteller verfolgen mit der angebotenen Beweiserhebung das Ziel, Tatsachen zu beweisen, die dem Gericht den Schluss ermöglichen sollen, die beteiligten Behörden hätten seit der Meldung der Quelle am 14.9.1998 jederzeit die Möglichkeit gehabt, eine Festnahme der Gesuchten zu ermöglichen. Hiervon sei von den Behörden allerdings aus Quellenschutzgründen abgesehen worden. Somit hätten die Behörden jedenfalls einen bewaffneten Raubüberfall, der von den verstorbenen Böhnhardt und Mundlos und der Angeklagten Zschäpe durchgeführt worden sein soll, nicht verhindert. Aus den unter Beweis gestellten und als erwiesen unterstellten Tatsachen zieht der Senat jedoch unter zusätzlicher Berücksichtigung des sonstigen Beweisergebnisses der Hauptverhandlung nicht den Schluss, dass »staatliche Mitverantwortung« an der Begehung von einer oder mehrerer angeklagter Taten bestünde.

Die unter Beweis gestellten Tatsachen belegen nicht, dass der Aufenthaltsort der Gesuchten bekannt oder feststellbar gewesen wäre. Zusätzliche Erkenntnisse, die belegen würden, dass direkt über die Quelle Szczepanski und/oder den Zeugen Jan Werner der Aufenthalt der gesuchten Personen hätte sicher ermittelt werden können, konnten nicht gewonnen werden. Anhaltspunkte, dass der Zeuge Szczepanski Kontakt zu den gesuchten Personen hatte, sind nicht vorhanden. Bei Jan Werner gibt es zwar Hinweise auf einen Kontakt zu den Gesuchten. Allerdings sind keine Anhaltspunkte dafür vorhanden, dass ihm der Aufenthaltsort der Gesuchten bekannt war und vor allem, dass er bereit gewesen wäre, sein Wissen den Behörden mitzuteilen.

Die Annahme der Antragsteller, eine Telefonüberwachung oder eine Observation der Zeugen Szczepanski und Werner würde indirekt zu Erkenntnissen führen, welche die Festnahme der gesuchten Personen ermöglicht hätte, ist rein spekulativ. Weder bei einer TKÜ-Maßnahme *(gemeint ist die Überwachung des Telefons)* noch bei einer Observation kann unterstellt werden, dass der Aufenthalt der gesuchten Personen feststellbar ist und dass, wenn der Aufenthalt ermittelt wurde, eine Festnahme gelingt. Selbst im Fall von überwachtem telefonischen Kontakt ist es nicht zwingend, dass damit der Aufenthalt der Gesuchten feststellbar ist. Es bestünde immer und im vorliegenden Fall sogar die naheliegende Möglichkeit, dass die Gesuchten aus einer öffentlichen Telefonzelle ihre Anrufe tätigten. Diese Art der telefonischen Kontaktaufnahme durch die Gesuchten wurde beispielsweise vom Angeklagten Wohlleben und dem Angeklagten Schultze insoweit glaubhaft berichtet. Die Feststellung des Standorts einer öffentlichen Telefonzelle wäre im Hinblick auf den Aufenthaltsort der Gesuchten ohne Bedeutung. Ähnliche Überlegungen gelten für mögliche Telefonate mit einem Mobiltelefon. Bei einem überwachten Gespräch der Gesuchten, das nicht in der genutzten Wohnung geführt wurde, könnte man nur den beweglichen Standort des Handys feststellen. Diese Information ist für die Durchführung einer Festnahme im Regelfall nicht ausreichend.

Eine Observation führt ebenfalls nicht zwingend zur Feststellung des Aufenthalts der Gesuchten. So besteht die Möglichkeit, dass im Observationszeitraum kein persönlicher Kontakt zwischen der überwachten Person und den gesuchten Personen stattfindet und somit die Observation aus diesem Grunde ohne Ergebnis bleibt. Ähnliches gilt dann, wenn die Observation der überwachten Person auffällt und sie erfolgreich besondere Vorkehrungen trifft, dass ihr nicht gefolgt werden kann. Weiter ist zu berücksichtigen, dass selbst für den Fall, dass eine Wohnung der gesuchten Personen ermittelt hätte werden können, das Gelingen einer Festnahmeaktion ebenfalls nicht zwingend feststeht. Beispielsweise können Vorsichtsmaßnahmen der Gesuchten, wie das Schaffen eines Fluchtwegs, oder das Auffallen polizeilicher Vorbereitungsmaßnahmen den Erfolg einer Festnahme vereiteln.

Vor diesem Hintergrund zieht der Senat in der Gesamtschau nicht den Schluss, die beteiligten Behörden hätten den Aufenthalt der gesuchten Personen ermitteln und die Festnahme veranlassen können. Somit ist das Verhalten der beteiligten Behördenmitarbeiter auch nicht kausal für eine möglicherweise später begangene Tat. Eine staatliche Mitverantwortung kann daher vom Senat nicht festgestellt werden.

Tag 282

11. Mai 2016

Manfred Götzl, Richter. **Mathias Grasel, Wolfgang Stahl**, Verteidiger von Beate Zschäpe.

(Nach der Verlesung mehrerer Schriftstücke lässt Götzl Fotos von der CD »Urlaub 2004« an zwei Wände im Gerichtssaal projizieren. Es handelt sich um einen gemeinsamen Urlaub von Zschäpe, Böhnhardt und Mundlos rund sechs Wochen nach dem Nagelbombenanschlag in der Kölner Keupstraße. Zschäpe hatte in ihrer Einlassung angegeben, die Stimmung zwischen den dreien sei danach eisig gewesen. Anwalt Eberhard Reinecke hatte am Tag 277 in einem Beweisantrag entgegnet, die Bilder von dem Urlaub zeichneten ein völlig konträres Bild. Die Aufnahmen werden gezeigt, Götzl nennt die zugehörigen Nummern.)

Götzl … Nummer 33, …, Nummer 44, …, Nummer 49, …

(Die Bilder zeigen das Wohnmobil auf dem Campingplatz, davor ein Klappstuhl und eine Liege, auf der Mundlos liegt. Das Trio unter einem Sonnenschirm am Campingtisch. Zschäpe und Böhnhardt in einer Kirche. Mundlos, Zschäpe und Böhnhardt in ihren Betten. Mundlos beim Joggen. Zschäpe mit einem Buch von John Grisham. Zschäpe und Böhnhardt beim Federballspielen.)

Götzl … Nummer 130. Das war's. Dazu Erklärungen?

Verteidiger Stahl Die Schlüsse, die der Antragsteller in seinem Beweisantrag gezogen hat, das sind keine zwingenden Schlüsse. Und da es – ich sage es mal flapsig – keinen Untergrundcampingplatz und keine Untergrundfußgängerzone gibt, zeigen die Bilder lediglich, dass hier Menschen unter falscher Identität gelebt haben.

Götzl Frau Zschäpe, Bild 21 und 23, wo Sie zu dritt zu sehen sind, wer hat die Fotos gefertigt?

Verteidiger Grasel Die Bilder wurden abwechselnd gefertigt, und wo alle drei zu sehen sind, wurden sie per Selbstauslöser aufgenommen. Und die Bilder, die aus weiterer Entfernung gefertigt wurden, da hat man Passanten gefragt.

Götzl Ist das so richtig, Frau Zschäpe?

(Zschäpe nickt. Im weiteren Verlauf der Verhandlung verliest Götzl einen Beschluss zur Frage, ob der frühere V-Mann des Bundesamtes für Verfassungsschutz, Ralf Marschner, vom Gericht befragt werden soll. Das hatten mehrere Nebenklage-Anwälte am Tag 274 beantragt.)

Götzl Die Beweisanträge auf Vernehmung des Zeugen Marschner konnten abgelehnt werden, weil die Vernehmung des Zeugen nach dem Ermessen des Gerichts zur Erforschung der Wahrheit nicht erforderlich ist. *(Da der Zeuge Marschner in der Schweiz lebt, gilt er als Auslandszeuge. Solche Zeugen kann das Gericht leichter ablehnen. Götzl erklärt, die Antragsteller gingen davon aus, dass dem Zeugen Marschner die untergetauchten Mundlos, Böhnhardt und Zschäpe bereits vor ihrem Verschwinden am 26.1.1998 persönlich bekannt waren.)* Weiter waren ihm, so die Beweisbehauptungen, der Umstand und der Grund des Verschwindens und die Gruppenzugehörigkeit von Unterstützern beim Untertauchen bekannt. Weiter soll bewiesen werden, dass der Zeuge Marschner Kenntnis davon hatte, dass Mundlos, Böhnhardt und Zschäpe im Jahr 2000 nach Zwickau umgezogen sind. All diese Umstände lassen jedoch einzeln oder in ihrer Gesamtheit keinen Schluss zur möglichen Schuld- und Straffrage bei den Angeklagten zu.

In das Wissen des Zeugen Marschner ist gestellt, dass er Uwe Mundlos in seiner Baufirma in Zwickau in den Jahren 2000 und 2001 unter der Aliasidentität Max-Florian B. beschäftigt hat. Der Umstand, dass Uwe Mundlos vom Zeugen unter einer falschen Identität in seiner Baufirma beschäftigt wurde, hat keinen erkennbaren Zusammenhang mit den angeklagten Taten.

Es soll bewiesen werden, dass der Zeuge Marschner seinen V-Mann-Führer sowohl über seine Kenntnisse zu Mundlos, Böhnhardt und Zschäpe als auch über seine Kenntnisse zu den Eminger-Brüdern informierte. Zusätzlich berichtete er über die Beschäftigung des Uwe Mundlos in seiner Firma in Zwickau. Der Umstand, dass Ralf Marschner seinem V-Mann-Führer über sein unter Beweis gestelltes Wissen berichtete, ist für sich genommen für eine mögliche Schuld- oder Rechtsfolgenfrage ohne Bedeutung. Der aus der Information folgende Umstand, dass der V-Mann-Führer und damit im Regelfall auch die zuständigen Stellen im BfV *(Abkürzung für Bundesamt für Verfassungsschutz)* hierüber informiert waren, lässt ebenfalls keinen direkten oder indirekten Zusammenhang mit den angeklagten Taten erkennen. Ein staatliches Mitverschulden an möglichen Taten der untergetauchten Personen ergibt sich hieraus nicht, da keine Umstände bekannt sind, dass staatliche Stellen im Jahr 2000/2001 von möglichen Straftaten der untergetauchten Personen bereits vor deren Begehung Kenntnis hatten. Zudem ist nicht erkennbar, wie staatliche Stellen an der Tatgenese an ihnen nicht bekannten Taten hätten mitwirken sollen.
Spekulativ bleibt auch die Annahme, staatliche Stellen hätten mit den vom Zeugen Marschner mitgeteilten Informationen die untergetauchten Personen festnehmen und damit mögliche Taten verhindern können. Anhaltspunkte für die von den Antragstellern in diesem Kontext vermutete Mitverantwortung staatlicher Stellen für die angeklagten Straftaten sind ebenfalls nicht erkennbar. Sie werden von den Antragstellern auch nicht benannt.
Die Antragsteller begehren die Befragung des Zeugen Marschner zur Frage der Anmietung und Zurverfügungstellung von Fahrzeugen an die Angeklagte Zschäpe oder Uwe Mundlos und/oder Uwe Böhnhardt. Die Aufklärungspflicht drängt jedoch nicht dazu, die diesbezügliche Befragung des Zeugen durchzuführen. Anhaltspunkte dafür, dass es zu derartigen Anmietungen von Fahrzeugen und der anschließenden Überlassung von Fahrzeugen gekommen ist, sind nicht vorhanden. Dies gilt auch dann, wenn zusätzlich die Beschäftigung von Uwe Mundlos und Beate Zschäpe durch den Zeugen Marschner als erwiesen unterstellt wird.
Die Antragsteller begehren weiter die Befragung des Zeugen Marschner zum sogenannten Pink-Panther-Lied und zu seinem Kenntnisstand zum sogenannten Bekennervideo. Auch in diesem Kontext ist nicht ersichtlich, welchen Aufklärungsgewinn die Befragung des Zeugen zu diesen Themenkomplexen für eine mögliche Schuld- und/oder Straffrage im Hinblick auf die angeklagten Taten und Personen erbringen sollte. Anhaltspunkte dafür, dass die Speicherung des Pink-Panther-Lieds auf dem Computer des Zeugen einen Zusammenhang mit dem hiesigen Verfahren hat, sind nicht vorhanden. Ebenso wenig gibt es Hin-

weise darauf, dass dem Zeugen Marschner das sogenannte Bekennervideo bereits vor November 2011 bekannt gewesen ist.

Tag 283

12. Mai 2016

Manfred Götzl, Richter. **Herbert Diemer**, Vertreter der Bundesanwaltschaft. **Hermann Borchert**, Verteidiger von Beate Zschäpe. **Eberhard Reinecke**, Anwalt der Nebenklage.

(Das Gericht betritt den Gerichtssaal und setzt sich und stellt die Präsenz der einzelnen Prozessbeteiligten fest. Da steht auf der Besuchertribüne ein kahlköpfiger, korpulenter Mann auf, der seit Beginn des Prozesses fast jeden Tag dort sitzt. Er ist ein Verehrer von Beate Zschäpe, der ihr auch Liebesbriefe in das Gefängnis schreibt.)

Besucher Ich würde gerne einen Antrag stellen.

Götzl Wir stellen jetzt die Präsenz fest und Sie nehmen bitte Platz.

(Der Besucher rennt wutentbrannt aus dem Saal. Zschäpe amüsiert sich, schüttelt den Kopf und tuschelt mit ihren Anwälten.)

Verteidiger Borchert Ich möchte eine Beschwerde einlegen.

Götzl Jetzt wollte ich aber die Antworten auf meine Fragen hören. Wenn Sie dazu nicht bereit sind, dann machen wir eben im Prozess weiter. Sie können Ihre Beschwerde auch im Anschluss noch vortragen.

Verteidiger Borchert Kein Einwand. Dann beantworte ich Ihre Fragen wie folgt: *(Er zitiert jeweils die Frage des Richters und verliest dann die Antworten.)*

Wie verlief der Kontakt von Ihnen und vonseiten Uwe Böhnhardts und von Uwe Mundlos zu Holger Gerlach nach Ihrem Untertauchen bis zu Ihrer Festnahme?

Im Jahre 1994 lernte ich Holger Gerlach über Uwe Böhnhardt kennen. Wir freundeten uns an. Bis Sommer 1997 trafen wir uns an den Wochenenden, weil Holger Gerlach in Seeligenstädt auf Fortbildung war. Nachdem Holger Gerlach 1997 nach Hannover verzogen war, trafen wir uns etwa alle drei Monate, wenn er nach Jena kam. Zum Jahreswechsel 1999/2000 wollte Holger Gerlach nach Chemnitz kommen, um mit uns gemeinsam Silvester zu feiern. Dies war telefonisch besprochen worden. Ich fuhr mit der Bahn zum Bahnhof nach Chemnitz; Holger Gerlach kam jedoch nicht. Als wir in die Wohnung in der Heisenbergstraße in Zwickau eingezogen waren (Juli 2000 bis Mai 2001), besuchte uns Holger Gerlach ein oder zwei Mal. Es war ein freundschaftliches Wiedersehen, ohne dass ein besonderer Grund vorgelegen hätte.

Nach unserem Einzug in die Polenzstraße in Zwickau trafen wir uns bis zum Jahr 2004 ein bis zwei Mal pro Jahr, entweder bei einem gemeinsamen Urlaub oder bei uns zu Hause. Zwischen 2005 und 2009 fanden nur noch Treffen zwischen Uwe Mundlos, Uwe Böhnhardt und Holger Gerlach statt. Es gab keinen gemeinsamen Urlaub mehr, und von Uwe Mundlos und Uwe Böhnhardt weiß ich, dass sie sich pro Jahr ein bis zwei Mal mit ihm getroffen hatten. Zwischen 2009 und November 2011 war ich etwa drei Mal bei Treffen zwischen Uwe Mundlos, Uwe Böhnhardt und Holger Gerlach dabei. Die Treffen fanden in Lauenau statt, wo Holger Gerlach mittlerweile wohnte. Die zwei letzten Treffen fanden im Frühjahr/Sommer 2011 statt. Der Grund der Treffen bestand darin, dass Uwe Böhnhardt einen neuen Reisepass brauchte. Der im Juni 2001 ausgestellte Reisepass verlor seine Gültigkeit. Deshalb fand im Frühjahr ein Treffen statt, um ein geeignetes Foto für den Reisepass zu fertigen. Im Sommer 2011 holte ich den Reisepass bei Holger Gerlach ab und übergab ihn an Uwe Böhnhardt, der krank war und mich darum gebeten hatte. Während unseres Aufenthaltes in der Frühlingsstraße hatte uns Holger Gerlach niemals besucht. Gegenüber Uwe Mundlos und Uwe Böhnhardt hatte er dies damit begründet, dass er eine Freundin kennengelernt habe und diese ihn voll und ganz »beanspruche«. Uwe Böhnhardt wollte den Kontakt zu Holger Gerlach aufrechterhalten. Er wollte sicher sein, dass mit den auf Holger Gerlach ausgestellten Ausweisen alles in Ordnung und ihm der Führerschein nicht entzogen worden ist. Er wollte dies nicht telefonisch regeln.

Hat Holger Gerlach von Ihrer Seite oder vonseiten Uwe Böhnhardts oder Uwe Mundlos' Informationen über die Taten bekommen?

Ich hatte Holger Gerlach weder von den Morden noch von den Bombenanschlägen erzählt. Ich wollte über dieses Thema nicht reden, nicht mit Uwe Böhnhardt und nicht mit Uwe Mundlos, und schon gar nicht mit Holger Gerlach, dem ich nicht vertraute, worauf ich bereits in meinen Erklärungen vom 9. Dezember 2015 und 16. März 2016 eingegangen bin.

Ich weiß nicht, ob Uwe Mundlos und/oder Uwe Böhnhardt ihm von den Mordtaten und von den Bombenanschlägen erzählt hatten. Er wusste jedoch, dass wir von Banküberfällen lebten. Uwe Mundlos und Uwe Böhnhardt hatten ihm etwa im Jahr 2000/2001 davon berichtet, nachdem Uwe Böhnhardt ihm 10 000 D-Mark zur Aufbewahrung gegeben hatte. Ich selbst war weder bei der Übergabe des Geldes noch bei den Gesprächen über Banküberfälle dabei. Beide hatten mir damals davon berichtet. Ich weiß noch genau, dass ich Uwe Mundlos und Uwe Böhnhardt Vorwürfe gemacht hatte, wie sie einem Spielsüchtigen 10 000 D-Mark anvertrauen konnten. Heute weiß ich nicht mehr, ob mir Uwe Böhnhardt und Uwe Mundlos damals gesagt hatten, von welchen konkreten Raubüberfäl-

len sie Holger Gerlach informiert hatten. In den folgenden Jahren sprachen wir nie wieder darüber, ob Uwe Mundlos und/oder Uwe Böhnhardt den Holger Gerlach über weitere Raubüberfälle informiert hatten.
Woher stammten die 10 000 D-Mark, die Sie in der Einlassung vom 16. 3. zu Frage 2 erwähnt haben und die danach Uwe Böhnhardt an Holger Gerlach übergeben hat?
Dieses Geld stammt aus einem Raubüberfall, wobei ich heute nicht weiß, aus welchem.
Welche Informationen haben Sie, ob und gegebenenfalls inwiefern Holger Gerlach vonseiten Uwe Böhnhardts oder sonstiger Personen über die Herkunft des Geldes informiert wurde?
Ich weiß nicht, in welchem Umfang und in welchen Einzelheiten Holger Gerlach durch Uwe Böhnhardt oder durch eine sonstige Person über die Herkunft des Geldes informiert wurde.
Fuhren Sie und/oder Uwe Böhnhardt und Uwe Mundlos nach dem Untertauchen 1998 nach Hannover zu Holger Gerlach?
Ein paar Wochen nach unserem Untertauchen wollten Uwe Mundlos, Uwe Böhnhardt und ich Holger Gerlach in seiner Wohnung in Hannover aufsuchen. Mit unserer Fahrt hatte es folgende Bewandtnis: Mithilfe des Thomas Starke waren wir in der Wohnung des Thomas Rothe in der Friedrich-Viertel-Straße 85 in Chemnitz untergekommen. Am 22. Februar 1998 (das Datum habe ich der Ermittlungsakte entnommen, weil ich keine konkrete Erinnerung daran habe) lief in der Sendung des MDR »Kripo Live« eine Fahndung nach uns dreien. Thomas Rothe hatte dies mitbekommen und wollte, dass wir alsbald aus der Wohnung ausziehen. Deshalb sind wir nach Hannover gefahren, um Holger Gerlach zu fragen, ob er uns eine Wohnung besorgen könne. Wir konnten ihn in seiner Wohnung nicht antreffen. In der Innenstadt von Hannover gerieten wir in eine Drogenkontrolle. Uwe Mundlos wies sich mit dem Ausweis des Volker Henck aus, den dieser ihm zuvor überlassen hatte. Darüber hinaus wurde das Kennzeichen des Pkw, mit welchem wir unterwegs waren, per Computerabfrage überprüft. Das Kennzeichen war gestohlen und wir befürchteten, dass wir nun verhaftet würden. Dies geschah jedoch nicht und wir konnten unbehelligt weiterfahren.
Gab es sonstige Treffen mit Holger Gerlach? Gegebenenfalls wann und wo? Was war gegebenenfalls der Zweck derartiger Treffen mit Holger Gerlach?
Diese Frage habe ich bereits beantwortet. Wenn Holger Gerlach in seiner Stellungnahme vom 6. Juni 2013 von »Systemchecks« spricht, so möchte ich dieser Einschätzung nicht widersprechen.
Könnten Sie bitte die in der sogenannten Wette verwendeten Begriffe »Killer« und »Cleaner« erläutern?

Uwe Mundlos und Uwe Böhnhardt haben die Begriffe »Killer« und »Cleaner« für sogenannte Ballerspiele im Rahmen von Computerspielen verwendet. Die zwei Begriffe stehen für »Spielernamen«, die man bei solchen Computerspielen eingeben muss. Unter diesen Namen hatten sie auch Spielstände abgespeichert.
Und dann wegen des Alkoholkonsums: Was haben Sie am 4.11.2011 gewogen?
Ich habe etwa zwischen 58 und 60 Kilogramm gewogen.
Wandten Sie sich mit dem Wissen von Uwe Mundlos und Uwe Böhnhardt an Rechtsanwalt Dr. Eisenecker? Wie verhielten sich die beiden gegebenenfalls dazu?
Sowohl Uwe Böhnhardt als auch Uwe Mundlos waren damit einverstanden, dass ich mich an Rechtsanwalt Dr. Eisenecker wandte. Die beiden wollten ebenfalls wissen, was sie im Falle einer Verurteilung zu erwarten hätten.
Welche Erinnerung haben Sie an die Umstände einer Empfehlung von Rechtsanwalt Dr. Eisenecker durch Tino Brandt?
Meiner Erinnerung nach bekam ich die Empfehlung nicht direkt von Tino Brandt, sondern Uwe Mundlos oder Uwe Böhnhardt hatte mir erzählt, dass Tino Brandt ihnen im Rahmen eines ihrer Telefonate Rechtsanwalt Dr. Eisenecker als bekannten Szeneanwalt empfohlen hätte. *(Rechtsanwalt Eisenecker ist im November 2003 gestorben. Davor hatte er die NPD vor dem Bundesverfassungsgericht im ersten NPD-Verbotsverfahren vertreten.)*
Durch wen und auf welche Weise erfolgte die Kontaktaufnahme mit Ralf Wohlleben und Carsten Schultze, um Rechtsanwalt Dr. Eisenecker zu kontaktieren?
Der Kontakt kam nicht über mich zustande, sondern über Uwe Mundlos und Uwe Böhnhardt während einer ihrer Telefongespräche mit Ralf Wohlleben oder Carsten Schultze. Heute habe ich keine genauere Erinnerung an die Kontaktaufnahme.
Wer hat das erbeutete Geld an welcher Stelle in der Wohnung versteckt beziehungsweise aufbewahrt?
Im Abstellraum befand sich eine Geldkassette. In dieser befanden sich in der Regel einige Tausend Euro, um die Anschaffungen des täglichen Lebens zu finanzieren. Wir bezahlten davon die Miete, Lebensmittel und so weiter. In meinem Zimmer hatte ich kein Geld aufbewahrt. Das Geld, das ich benötigte, entnahm ich der Geldkassette. Uwe Mundlos hatte Geld hinter seinem Schrank deponiert, Uwe Böhnhardt unter seinem Bettkasten. Am 4. November 2011 konnte ich mit viel Mühe den Bettkasten hochheben und wollte das von mir dort vermutete Geld mitnehmen, konnte jedoch keines finden, was ich heute meiner damaligen Hektik zuschreibe.
Wer hatte auf das Geld Zugriff und auf welche Weise?
In der Polenzstraße hatte jeder Zugriff auf das Geld, welches sich in der Couch

im Wohnzimmer befand. In der Frühlingsstraße hatte ich Zugriff auf die Geldkassette und bekam Geld von den beiden, wenn ich danach gefragt hatte. Entweder Uwe Mundlos oder Uwe Böhnhardt füllten die Geldkassette auf, sodass der Inhalt immer zwischen 5 000 Euro und 10 000 Euro betrug.
Wie wurde im Übrigen mit dem Geld verfahren?
Das Geld wurde für den täglichen Lebensbedarf, für die Urlaube und insbesondere für technische Anschaffungen wie Computer, Fernseher und so weiter verwendet.
Führten Uwe Mundlos und Uwe Böhnhardt bei ihrem Überfall am 4.11.2011 in Eisenach im Wohnmobil erbeutetes Geld aus früheren Überfällen mit sich? Gegebenenfalls in welcher Höhe und zu welchem Zweck?
Ich wusste nicht, wie viel Geld Uwe Mundlos und Uwe Böhnhardt am Wochenende vor dem 4. November 2011 mitgenommen hatten. Ich kann deshalb auch nicht sagen, zu welchem Zweck sie es mitgenommen hatten. Ich wusste zwar, dass sie immer Geld bei sich hatten, wenn sie das Haus verließen, wusste jedoch nicht, in welcher Höhe. Deshalb bin ich heute mehr als erstaunt darüber, dass im Wohnmobil 112 207,29 Euro gefunden wurden. Abzüglich der Beute vom gleichen Tag hatten sie vorher anscheinend etwa 40 000 Euro von zu Hause mitgenommen. Damals wusste ich nicht, dass sie einen solch hohen Betrag mitgenommen hatten, und ich kenne den Grund dafür nicht.
Zu Ralf Wohlleben: Seit wann kennen Sie Ralf Wohlleben? Wie häufig und bei welchen Gelegenheiten hatten Sie gegebenenfalls Kontakt? Wie war gegebenenfalls Ihr Verhältnis zu ihm?
Mit dem Kennenlernen des Uwe Böhnhardt hatte ich auch Ralf Wohlleben kennengelernt, weil diese miteinander befreundet waren. Zwischen 1994 und 1998 trafen wir uns anfangs sehr oft, auch ab und zu während der Woche, in der letzten Zeit bis 1998 dann etwas weniger, jeweils an den Wochenenden. Das Verhältnis würde ich als gut beziehungsweise freundschaftlich bezeichnen. Nach 1998 hatte ich ihn zwar noch zwei bis drei Mal gesehen, aber zu einem persönlichen Beisammensein kam es nicht mehr.
Zu Holger Gerlach: Seit wann kennen Sie Holger Gerlach? Wie häufig und bei welchen Gelegenheiten hatten Sie Kontakt zu ihm? Wie war Ihr Verhältnis zu ihm?
Gerlach lernte ich zur gleichen Zeit und unter den gleichen Umständen wie Ralf Wohlleben kennen, nämlich über Uwe Böhnhardt und dessen Clique. Meine Kontakte und mein Verhältnis zu ihm habe ich bereits dargestellt.
Bei welcher Gelegenheit und unter welchen Umständen erfolgte die Rückzahlung der von Holger Gerlach übergebenen 3000 D-Mark durch Uwe Böhnhardt?

Ich kann nicht mehr genau sagen, wann das Geld zurückgegeben wurde; ich vermute im Jahr 2000/2001, eher Mitte des Jahres 2001. Uwe Böhnhardt gab Holger Gerlach das Geld zurück. Ich war nicht dabei, sodass ich zu den Umständen nichts sagen kann.

Haben Sie von Holger Gerlach eine Versichertenkarte für Arztbesuche erhalten? Haben Sie die gegebenenfalls genutzt?

Holger Gerlach hatte mir etwa im Jahr 2006 eine Krankenversicherungskarte, ausgestellt auf den Namen Silvia R., besorgt. Uwe Mundlos und Uwe Böhnhardt hatten ihn mit der Begründung darum gebeten, dass es mir gesundheitlich sehr schlecht gehe. Mit dieser Krankenversicherungskarte hatte ich zwei bis drei Mal einen Zahnarzt aufgesucht.

Weswegen hielten Sie sich mit Uwe Böhnhardt in der in Jena angemieteten Garage auf? Welche Situation fanden Sie dort vor? Was befand sich in der Garage?

Ich war mit Uwe Böhnhardt geschätzte drei bis vier Mal an der Garage. Ich erinnere mich, dass Uwe Böhnhardt einmal sein Auto vor der Garage gewaschen hatte. Ich erinnere mich an ein weiteres Mal, dass er dort Werkzeug deponiert hatte und wir anschließend sofort wieder weiterfuhren. Wie bereits in meiner Stellungnahme vom 9. Dezember 2015 geschildert, sah ich die Garage als Aufbewahrungsort für Propagandamaterial, wobei ich ab Frühjahr/Sommer 1997 wusste, dass auch Schwarzpulver dort gelagert wurde. Heute habe ich kein Bild mehr vor Augen, wie es in der Garage damals ausgesehen hatte. Ich kann nicht mehr sagen, welche Gegenstände sich in der Garage befunden hatten.

Welche Informationen haben Sie zu Aufenthalten und/oder Aktivitäten von Uwe Böhnhardt und/oder Uwe Mundlos in dieser Garage?

Dazu kann ich nichts sagen, weil ich nie dabei war, wenn beide in der Garage waren. Sie haben mir auch nie gesagt, wann und zu welchem Zweck sie zur Garage fahren. Ich wusste jedoch nachträglich von beiden, dass sie in der Garage eine Holzkiste und eine Bombenattrappe gebaut hatten, die den Eindruck erwecken sollten, dass es sich um eine »Kofferbombe« handelt. Dies war Anfang Oktober 1996, wie ich bereits in meinen Ausführungen vom 9. Dezember 2015 dargelegt habe.

Wie häufig besuchte Sie Holger Gerlach in Zwickau? Wie waren die näheren Umstände dieser Besuche? Zu welchem Zwecke erfolgten sie?

Der jeweilige Grund der Besuche war, dass wir zusammen Doppelkopf gespielt hatten. Er kam entweder über ein verlängertes Wochenende oder von Mittwoch bis Sonntag, und während dieser Zeit spielten wir fast durchgehend Doppelkopf. Ich denke, dass uns Holger Gerlach etwa sieben bis acht Mal in Zwickau besucht hat.

Wie lief der Besuch Holger Gerlachs im Sommer 2001 in der Wohnung in der Polenzstraße in Zwickau ab?

Weitere Einzelheiten als diejenigen, die ich in meiner Stellungnahme vom 16.3.2016 dargelegt hatte, sind mir nicht bekannt und ich kann nichts weiter dazu sagen. Der Geschehensablauf, wie von Holger Gerlach in seiner Einlassung zur Sache vom 6.6.2013 dargestellt, entspricht zum Teil nicht den Tatsachen. Ich war bei der Übergabe der Waffe nicht dabei. Wenn Holger Gerlach davon spricht, wir drei hätten ihn für den Transport der Waffe benutzt, wir drei hätten ihn beschwichtigt und beruhigt und ihm zu verstehen gegeben, dass dies eine Ausnahme gewesen sei, und wir drei hätten uns bei ihm entschuldigt, so möchte ich betonen, dass ich bei einem solchen Gespräch ebenfalls nicht dabei war.

Waren Sie, Frau Zschäpe, Uwe Böhnhardt und Uwe Mundlos nach dem Untertauchen in Besitz eines Motorrads oder von Motorrädern und gegebenenfalls wann? Zu welchem Zweck wurde es/wurden sie gegebenenfalls verwendet? Kamen die Motorräder bei Straftaten zum Einsatz?

Ich weiß, dass Uwe Böhnhardt ganz zu Anfang unseres Untertauchens ein Moped gestohlen hatte. Nach seiner Erzählung hatte er es bei einem Überfall in Chemnitz benutzt. Vor dem Überfall hatte er das Moped irgendwo versteckt und nach dem Überfall entsorgt, wobei er mir nicht erzählt hatte wie. Abgesehen von diesem Überfall hatte Uwe Böhnhardt das Moped nicht benutzt, jedenfalls hatte er mir nicht davon berichtet. Ich habe dieses Moped niemals gesehen und ich weiß nur von dem einen Einsatz.

Götzl *(an Zschäpe gewandt)* Ist das Ihre Antwort? *(Sie nickt.)*

Götzl *(an Borchert gewandt)* Jetzt zu Ihrer Beschwerde.

Verteidiger Borchert Ich lege gegen die Verfügung des Senatsvorsitzenden zur Einsicht in die Originalakten Beschwerde ein. Sie ist zulässig und begründet, denn es ist das Recht auf Akteneinsicht betroffen, die Grundlage der Verteidigung ist. Der Vorsitzende des 6. Strafsenats hat Akteneinsicht in Form einer externen Festplatte gewährt. Ein Hinweis darauf, dass die darauf befindlichen Dateien die Originalakten nicht vollständig abbilden würden, erfolgte nicht. Mit dem Hinweis des Vorsitzenden Richters darauf, dass nicht garantiert werde, dass »die elektronisch überlassenen Datenträger die Originalakten vollständig abbilden« und dass der Verteidiger auf die Vollständigkeit auch nicht vertrauen könne, wird der Grundsatz der Aktenvollständigkeit und damit der Anspruch auf rechtliches Gehör verletzt.

Ein verständiger Richter muss davon ausgehen, dass der Verteidiger auf Aktenvollständigkeit vertraut und auch vertrauen darf, wenn ihm kein gegenteiliger richterlicher Hinweis erteilt wird – ansonsten liegt ein Verstoß gegen den Grundsatz des fairen Verfahrens vor!

Nicht die Verteidigung hat Sorge dafür zu tragen, dass vollständige Akteneinsicht durch Vermeidung von Kopier-, Scan- oder Brennfehlern gewährt wird, sondern der Strafsenat, der die Entscheidung über den Antrag der Verteidigung auf Akteneinsicht trifft. Wenn der Senat den Antrag auf Akteneinsicht dahingehend entscheidet, dass diesem Antrag in Form digitaler Dateien auf einer externen Festplatte entsprochen wird, so hat er Sorge zu tragen, dass die Akten in dieser Form vollständig sind, und er hat nicht das Recht, möglicherweise bestehende organisatorische Defizite seiner Mitarbeiter auf die Verteidigung zu verlagern. Die Akteneinsicht kann auch nicht mit zumutbarem Zeitaufwand nachgeholt werden. Jedem besonnenen und vernünftigen Richter sollte einleuchten, dass Hunderttausende Seiten nicht in einigen Monaten gesichtet werden können, selbst bei »nur« vergleichender und das Augenmerk auf Kopier-, Scan- oder Brennfehler gerichteten Leseweise. Die in der angegriffenen Entscheidung vorgetragene Sichtweise entbehrt jeder realistischen, praxisnahen Beurteilung. *(Borchert lässt sein Blatt sinken und fährt fort.)* Ich hätte gerne noch ein paar persönliche Worte gesagt. Weil in Ihrer Entscheidung, Herr Vorsitzender, das Wort Vertrauen auftaucht: Vertrauen ist ein ganz wesentlicher Punkt für eine optimale Verteidigung der Angeklagten. Der Senat sieht das etwas anders. Mir als Verteidiger wird gesagt, ich solle nicht auf die Vollständigkeit der Akten vertrauen. Das heißt im Umkehrschluss: Ich soll Misstrauen gegen die Handlungen des Richters hegen. Mir hat noch niemals ein Richter gesagt, dass ich Misstrauen hegen soll. Ich bin der Meinung, dass Misstrauen keine Grundlage für eine gemeinsame Verhandlung hier sein darf. *(Borchert klappt den Aktenkoffer zu. Nach der anschließenden Mittagspause kommt er nicht wieder.)*

Bundesanwalt Diemer Wir halten die Beschwerde für eindeutig unzulässig. Wir behalten uns eine schriftliche Stellungnahme vor.

Anwalt Reinecke Um das hier mal zu klären: Es geht nicht um Spurenakten, es geht nur um die schlichte Frage, ob die Scans, die wir bekommen haben, das abbilden, was das Gericht als Akten hat. Wir verhandeln seit drei Jahren und es kam kein einziges Mal zu einer Situation, wo der Vorsitzende aus einer Seite zitiert hat und hier jemand sagte: Huch, das ist eine Seite, die wir nicht kennen. Es gibt keinen Anhaltspunkt dafür, dass hier irgendwas fehlt. Es ist absurd zu meinen, der Richter gibt die Anweisung, die Akte vollständig zu scannen, und der Richter muss dann die Seiten auf Kopierfehler durchsehen. Hier wird eine Mücke zu einem riesigen Elefanten aufgeblasen.

(Dann wird noch das Protokoll der Vernehmung von Brigitte G. verlesen, Ehefrau des Schweizers Peter Anton G., der laut Anklage ein Päckchen mit der Česká bekommen haben und die Waffe weitergegeben haben soll. Die Frau gab an, nichts zu wissen, und zeigte sich schockiert, als ihr Mann festgenommen wurde.)

Tag 284

31. Mai 2016

Manfred Götzl, Richter. **Thomas S.**, 48, Kriminalhauptkommissar aus Hürth. **Kunibert W.**, 66, Campingplatzbesitzer aus Plön. **Stefanus E.**, 52, Kriminalhauptkommissar aus Paderborn. **Michael M.**, 47, Kriminalhauptkommissar beim BKA Meckenheim. **Anette Greger**, Vertreterin der Bundesanwaltschaft. **Eberhard Reinecke, Sebastian Scharmer**, Anwälte der Nebenklage.

Götzl Es geht um Ermittlungen zum Überfall am 5.7.2001 auf die Postfiliale in der Max-Planck-Straße in Zwickau und die Auswertung des Videomaterials der Überwachungskameras. Erzählen Sie bitte.

Thomas S. Die Filiale war mit Videokameras ausgestattet, die Aufnahmen haben wir verglichen mit Asservaten aus dem Brandschutt in der Frühlingsstraße und aus dem Wohnmobil. Wir konnten feststellen, dass beide Täter Dreieckstücher getragen haben, dunkel, mit weißen Ornamenten. Ein Täter hat auf den Überwachungsbildern eine Schusswaffe mit sich geführt, mit kurzem, freistehendem Lauf. So eine ähnliche Schusswaffe ist auch sichergestellt worden.

Götzl Uns liegt vor ein Ermittlungsbericht von Ihnen vom 2.2.2012. Ich wäre Ihnen dankbar, wenn Sie nach vorne kommen könnten. *(Fotos werden an die Wand projiziert.)*

Thomas S. Ja, hier sieht man das Dreieckstuch. *(Man sieht Bilder vom Überfall, die Täter tragen weiße Ganzkörperanzüge und Tücher vor dem Gesicht.)* Das ist eine Erma, glaube ich. *(Deutet auf das Foto mit dem Täter und der Schusswaffe.)* Hier einmal das blaue, einmal das schwarze Halstuch. Und das sind Vergrößerungen der Schusswaffe aus dem Wohnmobil. *(Die Waffe sieht angesengt und angeschmolzen aus.)*

Götzl Nehmen Sie bitte wieder Platz. Wie hoch war die Tatbeute?

Thomas S. Knapp 75 000 Euro. Das war aus den Kassenladen und den Tresoren und dem Bereich der Paketausgabe.

(Der Zeuge wird entlassen, der nächste Zeuge ist Kunibert W.)

Götzl Es geht uns um den Campingplatz auf der Musbergwiese in Ascheberg, um die Zeit von März 2004 bis Juli 2004.

Kunibert W. März bis Juli ist nicht richtig, im März war sicher keine Anfrage. Kann heute nicht mehr sagen, ob telefonisch oder schriftlich, da wir aber keine schriftlichen Unterlagen haben, gehe ich davon aus, dass die Reservierung telefonisch erfolgt ist. Dann sind im Juli drei Personen gekommen, eine Frau und zwei Männer. Ich habe ihnen einen Wohnwagen gezeigt. Der war schon etwas älter, relativ klein, 5,50 Meter. Die Personen sagten, sie wollten den nicht haben. Sie waren letztes Jahr auf einem Campingplatz, wo sie einen superneuen und großen Wagen hatten. Sie haben sich beratschlagt und sind dann nach zehn Minuten gefahren. Sie sagten, darin möchten sie nicht Urlaub machen.

Götzl Können Sie sich an das Aussehen der Personen erinnern?

Kunibert W. Nein, auch nicht an das Fahrzeug, mit dem sie da waren.

Götzl Wie kommen Sie auf die zwei Männer und eine Frau?

Kunibert W. Die haben sich im Kiosk gemeldet. Bin mit denen dann hochgegangen, 50 Meter bis zum Wohnwagen.

Götzl Sind Sie schon mal von der Polizei gefragt worden?

Kunibert W. Ja, die haben sämtliche Unterlagen mitgenommen. Aber wir haben nichts, die haben den Wohnwagen bestellt, aber wollten ihn nicht haben. Deswegen gibt es auch keine Anmeldeunterlagen von den Gästen.

Götzl Es gibt hier einen Beleg für eine Anzahlung von 100 Euro für die Anmietung.

Kunibert W. Ja, das ist bei uns eingegangen, auf der Raiffeisenbank Plön.

Oberstaatsanwältin Greger Haben Sie eine konkrete Erinnerung an die Kommunikation der drei untereinander?

Kunibert W. Nein, wenn Gäste nicht zufrieden sind, da stellt man sich nicht daneben. Die haben telefoniert.

Anwalt Scharmer Können Sie sich an Dialekt oder Sprachfärbung erinnern?

Kunibert W. Nein, absolut nicht.

Anwalt Scharmer Es gibt eine Aktennotiz der Polizei, wonach Sie gesagt haben: Drei Leute, die dem Dialekt nach aus der DDR gekommen sein dürften. Haben Sie daran eine Erinnerung?

Kunibert W. Nein.

(Als nächster Zeuge tritt Stefanus E., 52, Kriminalhauptkommissar aus Paderborn, auf.)

Götzl Es geht uns um den Aufenthalt von Beate Zschäpe, Uwe Mundlos und Uwe Böhnhardt auf Campingplätzen vom 9. Juni 2004 bis 20. Juli 2004. Was können Sie dazu sagen?

Stefanus E. In einer relativ frühen Phase der Ermittlungen wurde das Campingplatz-Konzept eingesetzt. Es wurde eine Liste mit den Alias-Personalien des Trios erstellt und mit den Meldedaten auf allen Campingplätzen abgeglichen. Bei Treffern sollte dann das BKA benachrichtigt werden. Nach dem Anschlag in Köln und dem Aufenthalt in Ascheberg an der Ostsee sind keine weiteren Campingplatzaufenthalte mehr festgestellt worden. Es gab eine Anmeldung und eine Überweisung von 100 Euro als Anzahlung. Die Überweisungsquittung wurde im Brandschutt der Frühlingsstraße aufgefunden. Sie war vom 15.3.2011. Davor war eine Fahrzeuganmietung, ein VW Golf Kombi vom 9.7. bis zum 9.8.2004 vorgesehen, das Auto wurde elf Tage vor Urlaubsbeginn angemietet. Über dieses Fahrzeug sind keine weiteren Aufenthalte auf Campingplätzen belegt worden.

Götzl In Ihrem Vermerk heißt es, dass es noch Nachmeldungen von Campingplätzen geben könnte. Sind die Daten denn jetzt vollständig? Auf welchem Stand sind die Ermittlungen?

Stefanus E. Die Ermittlungen sind federführend von mir geführt worden. Ich habe das auch später immer im Auge behalten. Mir ist nicht bekannt, dass im Nachhinein noch konkrete Aufenthalte für diesen Zeitraum gemeldet wurden.

(Der Zeuge wird entlassen. Es tritt der Zeuge Michael M. auf.)

Götzl Es geht uns um Fahrzeuganmietungen vom 9.6.2004 bis 20.7.2004. Welche Ergebnisse haben sich bei Ihren Ermittlungen ergeben?

Michael M. Ich war seinerzeit betraut mit der Auswertung der Fahrzeuganmietungen. Im Brandschutt der Frühlingsstraße wurden diverse Durchschläge von Fahrzeuganmietungen gefunden. Insgesamt gab es 65 Fahrzeuganmietungen von 2000 bis 2011. Ich habe die gegenübergestellt den Straftaten, die dem Trio zugerechnet werden, und den Urlaubsaufenthalten. Für den Zeitraum vom 9.6.2004 bis 20.7.2004 sind zwei Fahrzeuganmietungen vorhanden, eine vom 6.6.2004 bis 10.6.2004, ein VW Touran, Kennzeichen: Zwickau, EH-70. Damit wurden knapp 2000 Kilometer zurückgelegt. Das korrespondierte mit dem Nagelbombenanschlag in der Kölner Keupstraße. Der Wagen wurde angemeldet auf Holger Gerlach in Hannover. Für den zweiten Zeitraum für den 9.7. bis 9.8.2004 wurde ein VW Golf Variant angemietet, mit dem Kennzeichen Z-YP-34. Er war ebenfalls auf Holger Gerlach angemeldet. Damit wurden knapp 2400 Kilometer zurückgelegt. Der Wohnwagen auf dem Campingplatz Musbergwiese bei Plön wurde angemietet unter Max B., Polenzstraße 2, Zwickau.

(Der Zeuge wird entlassen.)

Götzl Herr Rechtsanwalt Reinecke, sie wollten noch eine Erklärung abgeben.

Reinecke Ich gebe zu den am 11. Mai 2016 in Augenschein genommenen Fotos aus dem Urlaub 2004 von Uwe Mundlos, Uwe Böhnhardt und Beate Zschäpe folgende Erklärung ab: Den Beweisantrag hatte ich damit begründet, dass die Bilder Rückschlüsse darauf zulassen, dass die Einlassung der Angeklagten Zschäpe vom 9.12.2015 nicht zutreffend ist. Herr Rechtsanwalt Stahl hat im Anschluss an die Inaugenscheinnahme erklärt, die in meinem Beweisantrag in der Begründung aufgeführten Schlussfolgerungen seien »nicht zwingend«. Dies räume ich ein, es ist aber für die Beweiswürdigung nicht entscheidend. Auch Rechtsanwalt Stahl sollte bekannt sein, dass es im Rahmen der Beweiswürdigung nicht darauf ankommt, ob Schlüsse zwingend sind, sondern nur darauf, ob sie möglich sind. Schlussfolgerungen müssen mehr sein als ein reiner Verdacht. In diesem Sinne sind die von mir gezogenen Schlussfolgerungen sicherlich erheblich naheliegender als harmlos erscheinende Erklärungsversuche, die sich ohnehin immer nur auf Einzelaspekte beziehen, nicht aber auf die Gesamtwürdigung der Fotos. Im Einzelnen:

1. Ich muss zunächst einräumen, dass in der Tat einiges dafür spricht, dass die Fotos, auf denen alle drei abgebildet sind, mit Selbstauslöser gefertigt wurden. Das Verhalten der drei ist allerdings nicht so, wie man es bei einer abgesprochenen Selbstauslöseraufnahme erwarten sollte. Die Angeklagte Zschäpe sitzt auf dem Beifahrersitz, von ihr sind nur Beine zu erkennen. Uwe Böhnhardt isst ein Brötchen und wendet sich ebenfalls nicht der Kamera zu. Nur Uwe Mundlos sieht in die Kamera. Man wird daraus schließen können, dass die Angeklagte Zschäpe und Uwe Böhnhardt nicht so begeistert von den Fotos waren, während Uwe Mundlos eher der Technikfreak war, der die Kamera ausprobieren wollte. Dies zugrunde gelegt, spricht dann allerdings vieles auch dafür, dass die übrigen Fotos, die wahrscheinlich zumeist Uwe Mundlos von der Angeklagten Zschäpe und Uwe Böhnhardt gefertigt hat, keine gestellten Fotos waren, sondern die jeweilige Situation ziemlich natürlich wiedergeben. Für das Aussageverhalten der Angeklagten Zschäpe ist in diesem Zusammenhang von Bedeutung, dass sie sich in der Lage sah, spontan auf die Frage des Vorsitzenden zu antworten, wer die Fotos gemacht habe, auf denen alle drei zu sehen sind *(es handelte sich um Selbstauslösefotos)*, dies spricht dafür, dass die Angeklagte offenbar in der Lage ist, spontan zu antworten, wenn sie den Eindruck hat, dass eine wahrheitsgemäße Aussage nützt.
2. Die Angeklagte Zschäpe hatte in ihrer Einlassung unter anderem behauptet: »Beide begründeten ihr Tun – zum wiederholten Male – unter anderem damit, dass sie ihr Leben verkackt hätten.« Die Fotos zeigen allerdings nicht perspektivlose junge Männer, die von sich selbst den Eindruck haben, dass sie ihr Leben »verkackt« haben. Sie genießen zum Beispiel auf Fotos 11 und 14 die Sonne, halten sich morgens mit Laufen fit (Fotos 65 und 66) und entdecken ihre Freude an Booten (Fotos 78–89 und 114). Auf Bild 117 ist ein wohl zwischenzeitlich erworbenes Gummiboot zu erkennen. Uwe Böhnhardt und Uwe Mundlos machen auf den Fotos doch eher den Eindruck junger Männer, die mit ihrem Leben hochzufrieden sind. So ergibt sich aus den Fotos auch nichts, was tatsächlich auf eine ernsthafte Selbstmordabsicht schließen ließe. Es ist schon zweifelhaft, ob Uwe Böhnhardt und Uwe Mundlos überhaupt Waffen mit in den Urlaub genommen haben. Zumindest bei den Fahrradtouren oder auch dem Bummel durch die Kieler Innenstadt hat man nicht den Eindruck, dass hier Waffen in Reichweite waren, mit denen Uwe Mundlos und Uwe

Böhnhardt sich für den Fall einer Polizeikontrolle verteidigen oder erschießen konnten.

3. Die Fotos belegen ein enges freundschaftliches Verhältnis der Angeklagten Zschäpe zu Uwe Mundlos und mit Uwe Böhnhardt ein liebevolles Verhältnis. Nun ist sicherlich die Schlussfolgerung naheliegend, dass dieses freundschaftliche und Liebesverhältnis auch auf gemeinsamen Zielen und Anschauungen beruhte. Es ist eher ausgeschlossen, dass sich jemand so verhält, der die Handlungen des Geliebten und seines Freundes zutiefst ablehnt und der zu diesem Zeitpunkt nicht zum ersten, sondern angeblich zum vierten Mal über die Mordtaten der beiden entsetzt war. Es geht also nicht einfach um die Frage, ob die Angeklagte in Uwe Böhnhardt verliebt war, sondern darum, welche Grundlage diese Partnerschaft hatte.
4. Die Fotos belegen auch, dass eine Angst vor Entdeckung bei den drei Urlaubern nicht existierte. Sie haben sich extensiv in der Öffentlichkeit bewegt, darunter auch Ausflüge in die gut besuchte Kieler Innenstadt (Fotos 106 bis 113). Wenn Rechtsanwalt Stahl erklärt hat, es gäbe nun einmal keine Untergrundcampingplätze, so steht das zum einen im Widerspruch zur Erklärung von Rechtsanwalt Grasel, der nach meinem Beweisantrag erklärte, Uwe Böhnhardt und Uwe Mundlos seien auf einem nicht registrierten Campingplatz gewesen. Vor allen Dingen aber widerspricht dies der Lebenserfahrung. Wer ernsthaft eine Entdeckung fürchtet, würde eher gar nicht in den Urlaub fahren, als sich so zu zeigen und dann auch noch bei verschiedenen Gelegenheiten (Anmeldung auf Campingplätzen, Mieten von Booten) Personalien angeben und eventuell Ausweispapiere zeigen zu müssen.

(Anschließend verkündet Götzl den Beschluss zu einem schon zwei Jahre alten Ablehnungsgesuch von Beate Zschäpe gegen den Langerichtsarzt Dr. Obergrießer vom 6. Mai 2014. Damals hatte Beate Zschäpe erklärt, ihr sei übel. Der Arzt sollte sie untersuchen. Sie erkundigte sich danach, ob er der Schweigepflicht unterliege. Als er erklärte, als Landgerichtsarzt tue er das nicht, habe sie eine Untersuchung verweigert. Erst in der Mittagspause habe er sie dann untersuchen können. Sie habe gesagt, ihr sei übel wegen einer Nachricht, die sie kurz vor Verhandlungsbeginn erhalten habe. Der Arzt hatte Zschäpe für verhandlungsfähig erklärt. Zschäpe hatte den Arzt über ihre Verteidiger wegen Besorgnis der Befangenheit abgelehnt. Götzl erklärte, die fachliche Durchführung der Untersuchung damals sei allein Sache des Sachverständigen gewesen. Der Sachverständige bewege sich im Bereich seiner Fachkunde.)

Umschlaggestaltung: Heidi Sorg und Christof Leistl
Satz: frese-werkstatt.de
Druck und Bindung: Pustet, Regensburg
ISBN 978-3-95614-095-2

RUDOLF AUGSTEIN STIFTUNG

Diese Publikation wurde mit Mitteln der
Rudolf Augstein Stiftung gefördert

VERLAG ANTJE
KUNSTMANN

Ramelsberger | Ramm | Schultz | Stadler

DER NSU-PROZESS

DAS PROTOKOLL

BAND 3
BEWEISAUFNAHME

Tage 285–374

Verlag Antje Kunstmann

Tag 285

1. Juni 2016

Manfred Götzl, Richter. **Ellen G.**, 46, Kriminalhauptkommissarin beim BKA in Meckenheim. **Herbert Diemer, Jochen Weingarten,** Vertreter der Bundesanwaltschaft. **Michael Kaiser,** Verteidiger von André Eminger.**Olaf Klemke, Nicole Schneiders,** Verteidiger von Ralf Wohlleben. **Jacob Hösl**, Verteidiger von Carsten Schultze.

Götzl Es geht uns um die Beschuldigtenvernehmung von Carsten Schultze vom 6. Februar 2012.

Ellen G. Herr Schultze wurde gegen 13 Uhr von der JVA Ossendorf zur Polizeiwache Köln-Ehrenfeld gebracht. Bei dem Gespräch waren Rechtsanwalt Hösl, Oberstaatsanwalt Weingarten, Kriminaloberkommissar K. und ich anwesend. Die Vernehmung dauerte von 13.20 Uhr bis 21.30 Uhr. Zwischendurch gab es Pausen, die Gelegenheit zu rauchen, es wurden Getränke und Essen angeboten. Die Vernehmung begann mit der Waffenvorlage, danach wurden einige Komplexe besprochen, die ich chronologisch kurz darstellen möchte: Es begann mit dem Einstieg des Herrn Schultze in die rechte Szene. Er beschrieb das relativ ausführlich. 1997 begann der Einstieg, im Lehrlingswohnheim habe er für einen Mitlehrling geschwärmt, der in der rechten Szene gewesen sei. Er habe versucht, eine Gesprächsbasis mit diesem Lehrling zu finden, und habe sich mit der rechten Szene beschäftigt und sei auf Veranstaltungen gegangen. 1997 habe er Christian Kapke näher kennengelernt, den er schon von früher, vom gemeinsamen Nachhilfeunterricht gekannt habe. Er habe dann Kontakt zu André Kapke und Tino Brandt bekommen. Ende 1998 sei er angesprochen worden durch Ralf Wohlleben und André Kapke, als Mittler und Kontaktperson für die Untergetauchten zu fungieren. Vor dem Abtauchen hätten ihn die Abgetauchten in seiner elterlichen Wohnung besucht, Kapke und Böhnhardt und Mundlos. Er selbst sei einmal in der Wohnung von Beate Zschäpe gewesen und habe Zschäpe kennengelernt. Ihm war auch noch eine Fahrt zu einer Demo in Weimar erinnerlich. Er sei bei Böhnhardt im Auto gesessen. Dann habe er Kontakt zu den Untergetauchten gehalten, über Telefonzellen, von dort habe er eine Handynummer angerufen. Die Mailbox habe sich dann gemeldet, darauf eine Nachricht, es sei alles ok. Oder wann er sich wieder melden sollte. Auch reale Personen seien am Handy gewesen, meist Mundlos und Böhnhardt gemeinsam. Die ersten Anrufe habe er erst mit Wohlleben gemacht, dann er allein. Es habe zehn bis fünfzehn Kontakte über die Telefonzellen gegeben. Dann sei das Verfahren geändert worden, er habe dann ein Handy mit Prepaidkarte angeschafft, auf den Namen einer Bekannten des Herrn Schultze. Die habe er angesprochen, sie habe die Karte dann für ihn beschafft. Handy und SIM-Karte hätten sich in seinem Zimmer befunden, Ende 1998 seien die Untergetauchten an ihn mit dem Wunsch herangetreten, er möge in die Wohnung von Frau Zschäpe einbrechen, um Ausweise und Unterlagen rauszuholen. Dem Wunsch sei er nach Rücksprache mit Ralf Wohlleben auch nachgekommen. Jürgen Helbig habe bei dem Einbruch Schmiere gestanden. Die Papiere aus der Wohnung habe er mit Wohlleben vergraben, den Rest vernichtet. 1999 oder 2000 sei der Wunsch an ihn herangetragen worden, dass eine Waffe beschafft werden soll. Deutsches Fabrikat, mit Munition, eine Faustfeuerwaffe. Mit dieser Nachricht sei er zu Ralf Wohlleben gegangen. Herr Wohlleben habe ihn zu Andreas Schultz geschickt in den Szeneladen Madley in Jena. Was er auch getan habe. Carsten Schultze sagte, es gab eine Abweichung von der Bestellung, eine tschechische und keine deutsche Waffe. Auch der Preis der Waffe sei genannt worden. Mit diesen Informationen sei er zu Wohlleben gegangen. Weiterhin geht er davon aus, dass er von Wohlleben das Geld für die Waffe bekommen hat. Er selbst habe kein Geld gehabt, er sei damals in der Lehre gewesen. Und er habe nur mit Wohlleben diese Sache besprochen. Beim dritten Treffen mit Schultz aus dem Madley sei die Waffe gegen Geld übergeben worden. Die Übergabe, sagte Schultze, sei vielleicht in einem Hauseingang erfolgt. Nachdem er das Vernehmungsprotokoll des Herrn Schultz gelesen hatte, wusste er wieder, dass er mit dem Auto seiner Mutter zu dem Treffen gefahren war und die Waffe im Auto übergeben wurde. Er habe das Paket übernommen, eine Waffe in einem Tuch und in einer Plastiktüte. Bei Wohlleben habe man die Waffe ausgepackt. Man sei erstaunt gewesen, dass ein Schalldämpfer dabei war. Wohlleben habe den Schalldämpfer auf die Waffe geschraubt. Er, Schultze, habe die Waffe zwei Wochen in seinem Zimmer aufbewahrt. Er habe nach Chemnitz fahren sollen, mit dem Zug. In einem Kaufhausrestaurant habe er sich mit Böhnhardt und Mundlos getroffen, später sei auch Frau Zschäpe dazugekommen. Sie hätten Vertretungsvollmachten für Rechtsanwalt Dr. Eisenecker unterzeichnet. Zschäpe habe die Gruppe wieder verlassen, dann sei er mit Mundlos und Böhnhardt in ein Abbruchhaus gegangen und habe die Waffe übergeben. Er habe eine Geldsumme bekommen, 500 Mark, für die Telefonkarte und falls mal etwas sei. Er habe das Geld bei sich aufbewahrt. Eine spätere Unterstützerhandlung sei noch der Wunsch der Untergetauchten nach einem Motorrad gewesen. Gemeinsam mit Wohlleben habe er dann ein Motorrad gestohlen, indem sie das Schloss mit einem Bolzenschneider durchschnitten. Das Fahrzeug hätten sie zunächst per Hand ein paar Hundert Meter

weitergeschoben, weil es nicht zu starten war. Als man es später holen wollte, sei es nicht mehr da gewesen. Das sei eine der letzten Unterstützungen gewesen, die er durchgeführt habe. Im August 2000 gab es eine Hausdurchsuchung bei ihm, die SIM-Karte für das Handy sei hinter einem Setzkasten versteckt gewesen und ist nicht gefunden worden. Er kam in neuntägigen Verhinderungsgewahrsam. Da begann dann sein Ausstieg. Herr Schultze wurde auch befragt, über sein Wissen über die Taten der drei. Er sagte, er ging davon aus, dass die drei Rohrbombenattrappen gelegt hätten. In der Szene sei erzählt worden, Böhnhardt habe noch eine Haftstrafe antreten müssen. Von TNT habe er erst später erfahren. Er wurde auch befragt, was er dachte, für was die Waffe verwendet werden soll. Da konnte er zunächst keine Angaben machen. Er habe sich keine Gedanken gemacht. Beim Ermittlungsrichter sagte er, er habe Bauchschmerzen gehabt, es sei ihm komisch vorgekommen. Er sagte dann, er habe den dreien vertraut, sie würden damit schon keinen Unsinn machen. Ihm wurde vorgehalten, dass das nicht glaubhaft sei. Er wusste von Taten vor dem Abtauchen und übergibt gleichzeitig die Waffe. Darauf weinte er recht lang. Auch danach blieb er dabei, dass er nicht wusste, wozu die Waffe war. Er wollte weiter aussagen.
Sein Verhalten während der Vernehmung machte den Eindruck, als befände er sich noch unter dem Eindruck der Maßnahme vom 1.2. *(Carsten Schultze wurde am 1.2.2012 festgenommen.)* Er war emotional berührt, weinte recht häufig. Es gab minutenlange Pausen nach den Fragen. Er versuchte, sich die Sachverhalte in Erinnerung zu rufen. Er sagte, er habe viele Jahre nicht darüber nachgedacht. Dadurch entstanden widersprüchliche Aussagen. Er fand erst in der Vernehmung die Erinnerung wieder. Wenn es um sein Wissen über die Strafbarkeit seiner Handlungen ging, war das problematisch. Man kann davon ausgehen, dass er wusste ...

Verteidiger Klemke *(zum Richter)* Herr Vorsitzender, Sie sollten mal langsam einschreiten und die Zeugin anhalten, keine Beweiswürdigung vorzunehmen.

Götzl *(zur Zeugin)* Ja, es geht darum, Tatsachen zu berichten.

Ellen G. Schultze war emotional berührt, aber bereit auszusagen.

Götzl Sie sagen, es gab minutenlange Pausen. Bei welchen Themen?

Ellen G. Bei dem Vorhalt, dass ihm nicht geglaubt werde, danach gab es eine sehr, sehr lange Pause.

Götzl Wie wurde die Vernehmung protokolliert?

Ellen G. Es war eine achtstündige Vernehmung, da gibt es kein Wortprotokoll, einige Fragen waren vorbereitet, andere wurden im Gespräch gestellt, der Kollege K. hat die Vernehmung getippt. Ich habe Notizen gemacht, damit wichtige Dinge nicht verloren gehen. Die Notizen sind vernichtet. Im Anschluss konnte der Beschuldigte die Aussage noch mal lesen, das hat auch sehr, sehr lange gedauert.

Götzl Ist die Aussage immer nach bestimmten Themen niedergelegt worden? Oder nach jeder Frage?

Ellen G. Da wird schon mitgetippt, wenn der Beschuldigte redet. Es wird versucht, die wesentlichen Punkte festzuhalten.

Götzl Es wurde nicht diktiert, sondern mitgeschrieben und mit Notizen abgeglichen?

Ellen G. Am Ende wird ein Ausdruck gemacht, dann hat der Beschuldigte das durchgelesen. Jede Seite wurde abgezeichnet durch den Beschuldigten.

Götzl Sie sagten jetzt: er schließe aus, er gehe davon aus. Sind diese Formulierungen ins Protokoll eingeflossen?

Ellen G. Es wird versucht, immer nah an den Formulierungen des Beschuldigten zu bleiben. Wenn er das so sagt, wird das auch so aufgenommen.

Götzl Mir geht es um einen Punkt noch mal. Die Angaben des Herrn Schultze zu Geld für die Waffe. Sie sagten, er sei davon ausgegangen, das Geld von Herrn Wohlleben bekommen zu haben. Haben Sie da noch nähere Erinnerungen?

Ellen G. Dass er sich nicht konkret an die Geldübergabe erinnern kann. Sondern dass er es daraus schließt, dass er das Geld selbst nicht hatte und Herr Wohlleben in dieser Sache sein Ansprechpartner war und sein einziger Ansprechpartner. Wir haben auch noch nach der Stückelung des Geldes und der Verpackung gefragt. Ob er sich erinnern kann. Er konnte sich aber nicht erinnern.

Götzl Wenn Herr Schultze sagt, er gehe davon aus oder das sei nur ein Rückschluss von ihm – hat er diese Formulierungen selbst gebraucht?

Ellen G. Ja, das ist schon das, was der Herr Schultze gesagt hat.

Götzl *(geht jetzt Punkt für Punkt noch mal das Protokoll durch. Er liest jeweils die Aussagen von Schultze vor und fragt dann Kommissarin G., ob es so war.)* »Ob es aus finanzieller Sicht eine gewisse Schmerzgrenze gab, weiß ich nicht mehr.« Und weiter: »Ich denke, dass ich zu Ralf Wohlleben gegangen bin und dort das Geld abgeholt habe.« Waren das seine Äußerungen?

Ellen G. Ja, das waren seine Äußerungen.

Götzl *(liest vor)* »Ich kann mich nicht mal mehr konkret erinnern, dass ich das Geld von Ralf Wohlleben bekommen habe.«

Ellen G. Ja, das ist richtig.

Götzl *(liest weiter aus dem Protokoll vor)* »Ich denke, ich würde mich erinnern, wenn das Geld in einem zugeklebten Umschlag war. Also war es vielleicht ein offener Umschlag oder es war in einer Tüte verpackt.« Diese Formulierungen: Ich denke, ich würde mich erinnern – sind die in dieser Form gebraucht worden?

Ellen G. Ja, die sind in dieser Form gebraucht worden.

Götzl Wie flüssig war die Vernehmung, wie hat er mit seinem Rechtsanwalt gesprochen?

Ellen G. Häufige Denkpausen, häufige Sprechpausen. Keine sehr flüssige Vernehmung. Geriet auch ins Stocken durch Unterbrechungen. Wir haben den Beschuldigten mit seinem Rechtsanwalt im Raum allein gelassen.

(Verteidiger Hösl schüttelt den Kopf.)

Oft waren die Antworten sehr detailreich, aber nicht zielgerichtet auf die Frage, sondern drum herum. Herr Schultze vermittelte das Gefühl, dass er sich versucht, die Situation ins Gedächtnis zu rufen, anhand von Wetter, Temperaturen, Kleidung.

Götzl Was war das genau?

Ellen G. Als es darum ging, wann der Einbruch stattfand, versuchte er einzugrenzen, wie er sich gefühlt hat, welche Kleidung er getragen hat, wann das gewesen sein könnte.

(Hösl lacht und schüttelt den Kopf.)

Götzl Hat er zur Häufigkeit der Kontakte zu Mundlos, Böhnhardt und Zschäpe Angaben gemacht?

Ellen G. Zu den vier persönlichen Kontakten vor dem Untertauchen kamen zehn bis fünfzehn Kontakte in der Telefonzelle und weniger als fünfzehn am Handy.

Götzl *(liest aus dem Protokoll)* »Ich weiß noch von dieser Sendung ›Kripo live‹. In der Szene hat sich jedenfalls verbreitet, dass die drei untergetaucht waren. Ich denke, ich habe das in der Szene gehört und daraufhin diese Sendung gesehen. Das Einzige, was man wusste, war, dass diese Personen untergetaucht waren. Aber Näheres, also warum und wie, war nicht bekannt. Bis mich Kapke und Wohlleben angesprochen hatten, hatte ich keine weiteren Informationen über das Trio erhalten.«

(Zschäpe schüttelt den Kopf.)

Götzl *(liest weiter vor)* »Ralf Wohlleben nahm mich mit zu den Telefonzellen, über die der Telefonkontakt zu den dreien bestand. Er war mehrmals dabei, es war nicht so, dass er mir das nur einmal gezeigt hat und ich das dann übernommen habe.«

(G. nickt.)

Götzl Was sagte er zu zeitlichen Abläufen?

Ellen G. Dass er angeworben wurde 1998. Die Ermittlungen haben ergeben, dass der Einbruch in die Wohnung von Frau Zschäpe im August 1998 stattfand. Er sagte auch noch, er habe im Rhythmus von zwei Wochen Telefonkontakte zu den dreien gehabt. Er sagte noch, dass mindestens einmal auch Frau Zschäpe am Telefon gewesen sei. Und dass er Mundlos und Böhnhardt nicht auseinanderhalten konnte.

Götzl *(liest vor)* »Ich hatte ein Handy besorgt, ich hatte das bezahlt, jedoch nicht aus meiner Kasse. Ich meine, das Geld wäre von Ralf Wohlleben gewesen.«

Ellen G. Tut mir leid, daran erinnere ich mich nicht.

Götzl *(liest vor)* »Ich denke, die Umstellung auf die Kommunikation per Handy ging vom Trio aus.« Das Wort Trio, war das die Formulierung von Herrn Schultze?

Ellen G. Kann sein, dass das unsere eigene Formulierung war.

Götzl Hier im Protokoll ist immer von Trio die Rede. Hat Herr Schultze diese Formulierung wirklich gebraucht?

Ellen G. Das kann ich tatsächlich im Detail nicht sagen.

Götzl Wurde eine Differenzierung zwischen den dreien vorgenommen?

Ellen G. Das ist in dieser Vernehmung nicht angesprochen worden.

Götzl *(liest vor)* »Ob das mit der Waffe Ende 1999 oder Anfang 2000 war, weiß ich aber nicht mehr. Das verorte ich deshalb zu diesem Zeitpunkt, weil das gegen Ende meiner Aktivitäten war und weil ich davon ausgehe, dass danach nichts mehr war.« Und weiter: »Im August 2000 hatte ich eine Hausdurchsuchung. Ich wurde da auch festgenommen im Rahmen der Planung einer Rudolf-Heß-Aktion. Dabei wurde die Handykarte nicht gefunden. Die war hinter einem kleinen Setzkasten versteckt.Ich war damals neun Tage in Haft, Vorbeugegewahrsam.«

Ellen G. Der Gewahrsam war für ihn ein Schlüsselerlebnis, für den Ausstieg. Auch das Verhalten seiner Kameraden damals.

Götzl Zum Geld noch. *(liest vor)* »Ich weiß noch, dass ich bei der Hausdurchsuchung noch Geld liegen hatte, das ich vom Trio bekommen hatte. Das wurde eine Zeit lang bei mir gelagert und das habe ich dann dem Ralf abgegeben, als ich ausgestiegen bin. Das waren circa 500 D-Mark.«

(G. nickt.)

Götzl Hier geht es um das Auto, in dem die Waffenübergabe stattgefunden haben soll. Gab es da noch zusätzliche Angaben von ihm?

Ellen G. Ja, er sagte, es war ein sehr aufgeräumtes Auto, ein Frauenauto, der Renault Clio seiner Mutter.

Götzl *(liest vor)* »Ich habe noch im Kopf, dass ich Schultz *(ist der Mitarbeiter des Szeneladens Madley)* sagte, dass mich der Wohlleben schickt. Ob er mir die Waffe auch so besorgt hätte, weiß ich nicht. Andreas Schultz hat jedenfalls nicht komisch reagiert, sondern einfach nur gesagt, dass er sich mal umhören würde. Das war nicht mit groß Rumdrucksen oder so.«

Ellen G. Ja.

Götzl *(liest vor)* »Aus unserem Gespräch heraus konnte Andreas Schultz nicht vermuten, dass die Waffe für die drei ist. Auch zum Zweck fragte er nicht. Ich denke schon, dass Andreas Schultz klar war, dass die Waffe nicht zu meiner privaten Verwendung war, sondern dass Wohlleben dahinterstand. Ob er mich nun als Mittelsmann wahrgenommen hat, dass ich für Wohlleben dorthin kam, oder ob er dachte, dass die Waffe für uns beide ist, kann ich nicht sagen.«

Verteidiger Klemke Sie schilderten zu Beginn Ihrer Aussage, dass der Herr Schultze von der JVA Köln-Ossendorf zur Polizeiwache Köln-Ehrenfeld gebracht wurde. Wie?

Ellen G. Er wurde in einem Dienstfahrzeug gebracht in Begleitung von Polizeibeamten.

Verteidiger Klemke Wer war dabei?

Ellen G. Da müsste ich bei meiner Dienststelle rückfragen, ob ich zu Sicherheitsvorkehrungen etwas sagen kann.

Verteidiger Klemke Ja, dann fragen Sie halt nach. Waren Sie bei dem Transport dabei?

Ellen G. Ich saß nicht in demselben Fahrzeug, aber ich war dabei.

Verteidiger Klemke War Herr K. im selben Fahrzeug?

Ellen G. Da würde ich gern Rücksprache mit meiner Dienststelle halten.

Verteidiger Klemke Ist der Transport des Herrn Schultze und das Fahrzeug, in dem Sie sich befanden, zeitgleich in der Polizeiwache angekommen?

Ellen G. Da würde ich gerne Rücksprache mit meiner Dienststelle halten.

Verteidiger Klemke Wann ist der Transport von Herrn Schultze angekommen?

Ellen G. Da würde ich gerne Rücksprache mit meiner Dienststelle halten.

Verteidiger Klemke Ich wüsste nicht, wie diese Frage Ihre Aussagegenehmigung überdehnen könnte. Ich beantrage, die Zeugin anzuhalten, die Fragen zu beantworten.

Götzl Vielleicht können Sie später mal anrufen bei Ihrer Dienststelle.

Verteidiger Klemke Ich bestehe auf der Antwort auf meine Frage. Wann der Transport ankommt, hat nichts mit Sicherheit zu tun.

Bundesanwalt Diemer Die Zeugin muss das beurteilen, ob sie Umstände und Namen benennt.

(Götzl legt 20 Minuten Pause ein, in denen Kommissarin G. ihre Dienststelle anruft.)

Ellen G. Ich darf dazu aussagen.

Verteidiger Klemke Wann kam der Transport an?

Ellen G. 30 Minuten vor Beginn der Vernehmung.

Verteidiger Klemke War Herr Schultze gefesselt?

Ellen G. Erinnere mich nicht mehr daran. Möglich. Ich meine: ja.

Verteidiger Klemke In welcher Art?

Ellen G. Wenn, dann Handfesseln. Fußfesseln würde ich ausschließen.

Verteidiger Klemke Der Herr Schultze, hatte der Zivilkleidung an oder Anstaltskleidung?

Ellen G. Anstaltskleidung, das wurde thematisiert, weil ihm als U-Häftling Privatkleidung zusteht.

Verteidiger Klemke Haben Sie mit ihm geredet?

Ellen G. Ja, über eine Fernsehsendung, die er gesehen hat. »Love Boat«.

Verteidiger Klemke Hat ihm die Sendung »Love Boat« gefallen?

Oberstaatsanwalt Weingarten Das ist doch eher eine Scherzfrage. Das tut nichts zur Sache.

Verteidiger Klemke Kann die Zeugin den Saal verlassen?

(Sie verlässt den Saal, dann redet Klemke weiter.)

Natürlich ist die Frage zur Sache gehörig. Es geht darum, welches Klima bei der Vernehmung herrschte. Sie, Herr Vorsitzender, haben das auch gefragt, aber nicht beantwortet bekommen.

Oberstaatsanwalt Weingarten *(atmet tief und hörbar durch)* Da die Erklärung nicht völlig fern des Rechts ist, nehme ich die Beschwerde zurück.

(Die Zeugin G. betritt wieder den Saal.)

Verteidiger Klemke Hat ihm die Sendung »Love Boat« gefallen?

Ellen G. Kann mich nicht erinnern, ob er gesagt hat, dass sie ihm gefallen hat.

Verteidiger Klemke Sie haben geschildert, es gab Rauchpausen, Essenspausen, Toilettenbesuch. Gab es da auch Formalien?

Ellen G. Welcher Art meinen Sie?

Verteidiger Klemke Eine wie immer geartete Belehrung.

Ellen G. Ich wüsste nicht, wie ich Herrn Schultze belehren sollte, wenn er auf die Toilette geht.

Verteidiger Klemke Sie verstehen mich aus Absicht falsch?

Ellen G. Nein.

Verteidiger Klemke Hat es eine Belehrung gegeben?

Ellen G. Die, die dort festgehalten wurde im Protokoll. Es wird abgefragt, ob er verwandt oder verschwägert ist mit Beschuldigten, dass er nicht verpflichtet ist, Aussagen zu machen, aber wenn, dann soll er die Wahrheit sagen.

Verteidiger Klemke Welche Fragen haben Sie gestellt?

Ellen G. Ob Herr Wohlleben beim Auspacken der Waffe Handschuhe trug.

Verteidiger Klemke Gab es Anhaltspunkte dafür?

Ellen G. Nein, es ging darum, ob man den Kontakt mit der Waffe bewusst vermeidet, dass man davon ausgeht, dass damit Straftaten begangen werden und man keine Spuren hinterlassen will, wenn sie der Polizei in die Hand fällt.

Verteidiger Klemke Warum haben Sie nicht offen gefragt, wie die Waffe ausgepackt wurde?

Ellen G. Das hat sich aus der Vernehmung ergeben, dass Herr Wohlleben die Waffe ausgepackt und den Schalldämpfer aufgeschraubt hatte.

Verteidiger Klemke Warum haben Sie nicht auch für Herrn Schultze nach der Verwendung von Handschuhen gefragt?

Ellen G. Meines Erachtens habe ich nach beiden gefragt.

Verteidiger Klemke Ist Ihnen erinnerlich, dass Herr Schultze sagte, dass Herr Wohlleben lächelnd mit der Waffe auf Herrn Schultze gezielt haben soll?

Ellen G. Das ist mir nicht erinnerlich.

Verteidiger Klemke Sie sagten, die ganze Vernehmung begann mit einer Waffenvorlage. Wie ging das vonstatten?

Ellen G. Es wurden mehrere Waffen mit oder ohne Schalldämpfer vorgelegt, auch eine Česká mit Schalldämpfer. Herr Schultze hatte die Gelegenheit, die Waffen zu betrachten und zu berühren. Um zu sehen, ob die Waffe, die er überbracht hatte, unter diesen Waffen war. Es war auch eine Maschinenpistole dabei.

Verteidiger Klemke Ist es üblicherweise so, dass man den Beschuldigten erst fragt und dann die Waffen vorlegt?

Oberstaatsanwalt Weingarten Das ist so nicht hinnehmbar, die Frage ist suggestiv, sie ist vor allem falsch. Da hat der Rechtsanwalt Klemke eine andere Vorstellung als Ermittlungsbeamte. Wir wollen kein Fachsymposium abhalten. Es ist von der jeweiligen Fallgestaltung abhängig, ob ich vor Vorlage von Waffen oder Bildern mir eine Beschreibung geben lasse. Ich muss mir nicht erklären lassen, wie seine Söhne aussehen, wenn ich Herrn Rechtsanwalt Klemke frage, welcher seiner drei Söhne die Mutter geschlagen hat.

Verteidiger Klemke Der Vergleich hinkt so, dass er schon schwerbeschädigt ist. Natürlich muss ich ähnliche Dinge vorstellen und nicht eine Maschinenpistole. Das ist kriminalistische Normalität. Die Zeugin hat selbst gesagt, die Waffen wurden ausgewählt wegen einer Beschreibung des Herrn Schultze. Dass das der Bundesanwaltschaft nicht in den Kram passt, weiß ich schon seit mehr als drei Jahren.

Götzl Jetzt machen wir erst mal 20 Minuten Pause.

(Nach der Pause setzt Klemke die Befragung der Zeugin fort.)

Verteidiger Klemke Sie sagten, Sie vermuteten, die Auswahl der Waffen, die Herrn Schultze vorgelegt wurden, beruhten auf einer Beschreibung der Waffen durch Herrn Schultze. Warum vermuteten Sie das?

Ellen G. Das war beim Ermittlungsrichter gesprochen worden, darum vermutete ich das.

(Klemke schüttelt den Kopf.)

Verteidiger Klemke Haben Sie selbst schon mal Wahllichtbildvorlagen vorgenommen?

Ellen G. Ja.

Verteidiger Klemke Wie sind Sie da vorgegangen?

Ellen G. Die Vorschriften sagen, dass die Person, die identifiziert werden soll, bei den Bildern dabei sein soll und andere, die der Person ähnlich sehen.

Verteidiger Klemke Also spielt eine vorherige Beschreibung gar keine Rolle?

Ellen G. Wenn ich eine existente Person habe …

Verteidiger Klemke Ich verstehe nicht. Nach welchen Kriterien wollen Sie dann beurteilen, ob die Identifizierung valide ist?

Oberstaatsanwalt Weingarten Es ist nicht Aufgabe der Zeugenbefragung, eine Fachprüfung der Zeugin vorzunehmen. Selbstverständlich ist die Frage von Bedeutung, nach welchen Kriterien die Wahlvorlage zu machen ist. Aber es geht nur darum, die Zeugin vorzuführen.

Verteidiger Klemke Es steht Ihnen nicht zu, in Anwesenheit der Zeugin eine solche Bewertung abzugeben. Damit vergiften Sie das Befragungsklima.

Götzl Das war keine Frage, sondern ein Vorwurf. *(Zur Zeugin:)* Bitte gehen Sie noch mal raus.

(Die Zeugin verlässt den Saal.)

Oberstaatsanwalt Weingarten Zweck der Lichtbildvorlagen war, ob jemand die Personen erkennt. Es ist nicht geboten, sich zuvor Beschreibungen geben zu lassen. Rechtsanwalt Klemke setzt die Zeugin aufs falsche Pferd. Die Frage ist suggestiv und fachlich nicht gerechtfertigt. Man muss sich nicht jede Person beschreiben lassen. Die Art der Befragung ist nicht korrekt.

Verteidiger Klemke Herr Oberstaatsanwalt Weingarten verwechselt Äpfel mit Birnen. Es geht nicht darum, ob jemand jemanden erkennt. Auch da schadet es nicht, eine Personenbeschreibung abzugeben, um zu prüfen, ob sich der Zeuge nicht irrt. Es geht darum, ob das sehr unsichere Wiedererkennen der angeblichen Tatwaffe nach ordentlichen Kriterien erfolgt ist. Sonst ist das Wiedererkennen vollkommen entwertet. Außer, man will sich das gewünschte Ergebnis nur bestätigen lassen.

Verteidiger Kaiser Man hatte die Tatwaffe, einer Beschreibung bedurfte es nicht, also hat man nur eine solche Auswahl vorgelegt, um sich die Tatwaffe bestätigen zu lassen.

Verteidiger Klemke Es gab nur noch eine Auswahl zwischen zwei Waffen. *(Er meint die Waffen, die einen Schalldämpfer hatten.)* Man wollte sich nur noch die Waffe bestätigen lassen. Daran krankt die ganze Waffenvorlage.

(Die Zeugin wird wieder in den Saal gerufen.)

Verteidiger Klemke Wie war das Verhalten der Vernehmenden gegenüber Schultze?

Ellen G. In keiner Weise besonders. Normal, sachlich.

Verteidiger Klemke Gab es mal unwillkürliche Bewegungen der Vernehmer auf der Tischplatte?

Ellen G. Meinen Sie, ob jemand mit der Hand auf den Tisch gehauen hat? Nein.

Verteidigerin Schneiders Ist Ihnen eine E-Mail nach der Vernehmung bekannt von Rechtsanwalt Pausch *(einer der beiden Verteidiger von Schultze)*?

Ellen G. Nein.

Verteidigerin Schneiders Ich halte Sie Ihnen vor: E-Mail vom 30.3.2012 an Herrn

Professor Leygraf *(er hat Schultze psychiatrisch begutachtet).* »Wir hatten nach Ihrem ersten Gespräch mit Herrn Schultze die Gelegenheit, mit ihm zu sprechen. Er berichtete, dass er besorgt sei, nicht alle Aspekte, die aus seiner Sicht wichtig seien, zum Ausdruck gebracht zu haben. Dies liege vor allem an ihm selbst, da er – auch aus Scham – dazu neige, zuerst Dinge zu berichten, die ihn in einem vermeintlich günstigen Licht oder sympathisch erscheinen lassen und erst in einem zweiten Impuls von – aus seiner Sicht – negativ besetzten Ereignissen und Gefühlen zu berichten. So sei es ihm auch schon bei der Vernehmung durch das BKA und Oberstaatsanwalt Weingarten gegangen.« Ist Ihnen aufgefallen, dass Herr Schultze sich in günstigem Licht zeigen wollte?

Ellen G. Ja, vor allem als es um die Übergabe der scharfen Schusswaffe ging. Deswegen wurde ihm das auch vorgehalten.

Verteidiger Kaiser Als langjährig erfahrene Kriminalbeamtin, hatten Sie den Eindruck, dass Herr Schultze die Erwartungshaltung der Vernehmenden bedienen wollte?

Götzl Sie setzen eine Erwartungshaltung voraus, die es vielleicht nicht gab.

Verteidiger Kaiser Es ist nicht das erste Mal, dass Beschuldigte Taten gestanden haben, nur weil sie es den Vernehmern recht machen wollten. Hatten Sie so einen Eindruck?

Ellen G. Nein.

Verteidiger Hösl Ich bin der Rechtsanwalt, über den schon ein paar Mal gesprochen wurde. Der bei der Vernehmung dabei war. Können Sie noch mal genau beschreiben, wann Herr Schultze geweint hat? Wann er mit mir geredet hat?

Ellen G. Die Unterredungen mit Ihnen sind alle im Protokoll festgelegt.

Verteidiger Hösl Wenn ich aus eigener Kenntnis vorhalte, dass Herr Schultze kein einziges Mal geweint hat bis auf die Stelle, die im Protokoll vermerkt ist.

Ellen G. Ich meine, dass ich ihm auch Taschentücher zur Verfügung gestellt habe und dass ich mehrmals Schluchzen vernommen und Tränen gesehen habe, an mehreren Stellen.

Verteidiger Hösl Es gab keine Unterbrechung zur Besprechung von Herrn Schultze mit mir. Die gab es nicht, bis auf die eine zum Schluss.

Ellen G. Aber es gab Unterbrechungen.

Verteidiger Hösl Es hat kein einziges Mal stattgefunden, dass wir Unterredungen führten.

Ellen G. Dann habe ich das falsch ausgedrückt.

Oberstaatsanwalt Weingarten Sie haben sich heute auf Befragung von Rechtsanwalt Klemke zur Belehrung von Herrn Schultze geäußert. *(Er verliest die akkurate Belehrungsformel, die auch im Protokoll niedergelegt ist. G. hatte das eher freihändig formuliert, dem Beschuldigten sei erklärt worden, seine Aussagen müssten wahr sein.)*

Ellen G. Das ist die, die gemacht worden ist, und nicht die, die ich erwähnt habe.

Verteidiger Klemke Sie haben auf mein Befragen erklärt, dass die Belehrung erteilt wurde und dass seine Aussagen wahr sein sollen.

Ellen G. Damit lag ich einigermaßen falsch.

Verteidiger Klemke Sind Sie auf den Inhalt dieser Belehrung angesprochen worden?

Ellen G. Von Ihnen.

Verteidiger Klemke Sonst, in den Pausen?

Ellen G. Nein.

Verteidiger Klemke Dann *muss* ich das so hinnehmen.

Oberstaatsanwalt Weingarten Unverschämtheit von Ihnen.

(Klemke lacht.)

Verteidiger Klemke Ich muss die erneute verbale Entgleisung von Oberstaatsanwalt Weingarten scharf zurückweisen. Die Frage ist zulässig. Es steht dem Herrn Oberstaatsanwalt in keinster Weise zu, so zu reagieren.

(Weingarten schüttelt den Kopf und macht eine resignative Handbewegung.)

Tag 286

2. Juni 2016

Manfred Götzl, Richter. **Bernd K.**, 45, **Thorsten W.**, 41, Kriminalkommissare beim BKA in Meckenheim. **Nicole Schneiders**, Verteidigerin von Ralf Wohlleben. **Seda Başay, Björn Elberling, Alexander Hoffmann, Jochen Kuhn**, Anwälte der Nebenklage.

Götzl Zu welchen Ergebnissen führten Ihre Ermittlungen über Einnahmen und Ausgaben von Herrn Wohlleben?

Bernd K. Man muss vorausschicken, dass für die Jahre 1999 bis 2000 nur rudimentäre Daten zur Verfügung standen, weil die Banken nur zehn Jahre lang die Transaktionen zur Verfügung stellen müssen. Die Commerzbank konnte uns noch mitteilen, dass Wohlleben ein Spar- und ein Girokonto hatte. Es war noch zu ermitteln, wann und in welcher Höhe Transaktionen getätigt wurden und ob es per Lastschrift, bar oder per Überweisung erfolgte. Aber der Empfänger war nicht mehr zu ermitteln. Es lagen auch nicht mehr Angaben über den Verwendungszweck vor. Ich habe grob abgesteckt, über welche Geldmittel Wohlleben verfügen konnte. Auf dem Sparkonto wurde im Juli 1999 ein Betrag von 1750 DM gutgeschrieben. Das ergab ein Guthaben von 1900 DM. Im Oktober 1999 wurden dann 900 Euro auf das Girokonto umgebucht und dann in mehreren Tranchen verbraucht. 1000

Euro verblieben auf dem Sparbuch bis Mai 2001. Erst dann wurden sie auf das Girokonto umgebucht und verwendet. Auf dem Girokonto waren mehr Transaktionen feststellbar. 1999 wurden rund 19 000 DM an Einkommen erzielt und wieder ausgegeben, im Jahr 2000 waren es 20 800 Mark, es wurde mehr ausgegeben als eingenommen wurde. Laut Lebenslauf war Wohlleben Anfang 1999 kurz arbeitslos, dann hatte er eine feste Arbeit im Einzelhandel von April 1999 bis Juni 2000. Danach war er wieder arbeitslos. Das hat sich in den Einnahmen widergespiegelt. Das, was reingekommen ist, wurde auch wieder ausgegeben. Am Monatsende war der Kontostand nahe null. Der Dispokredit war im Februar 2000 mit 2700 Mark im Soll. Dem standen Einnahmen im Monat von 1500 Mark gegenüber. Dann wurde das Soll im Laufe der Zeit wieder ausgeglichen. Es gab Monate, wo gar nichts abgehoben wurde. 1000 DM im Mai 1999 war die höchste Summe, die abgehoben wurde. Mein Schluss war, dass das Konto für seine privaten Zwecke genutzt wurde. Ich konnte nichts entdecken, was auf die Unterstützung oder eine kriminelle Handlung schließen ließe.

(Es folgt der Zeuge Thorsten W.)

Götzl Es geht uns um die Beschuldigtenvernehmung von Carsten Schultze am 12. November 2012.

Thorsten W. Am 12. November 2012 fand die Vernehmung beim BKA in Meckenheim statt, es waren anwesend der Kollege K. und ich, die Anwälte Pausch und Hösl. Die Vernehmung kam auf Initiative von Herrn Schultze zustande. Vor der Vernehmung hatte Schultze ein längeres Gespräch mit seinen Rechtsanwälten geführt, zwei Stunden. Dann wurde er belehrt. Er sagte, er habe ein Fernsehinterview mit den Eltern des Uwe Böhnhardt gesehen, dabei sei ihm eingefallen, dass er bei der Waffenübergabe einen Brief von Uwe Böhnhardt bekam, den er an die Eltern weiterleiten sollte. Zum Inhalt des Briefes könne er nichts sagen. Er habe ihn eingeworfen. Er habe auch noch in den Akten gelesen, dass die Mutter von Uwe Mundlos bei Rewe gearbeitet habe. Ihm sei eingefallen, dass er mit Wohlleben mal im Rewe unterwegs war und sie dort zufällig Frau Mundlos getroffen haben. Wohlleben sagte zu ihr, es gehe dem Sohn gut. Zur Waffenübergabe in Chemnitz sagte er noch, er habe einen Pullover getragen mit der Aufschrift ACAB *(Abkürzung für »All Cops are Bastards«)* und einem Comicmotiv, wo ein Glatzkopf einem Polizisten auf der Motorhaube eines Polizeiautos die Waffe an den Kopf hält. Das habe er im Madley-Szeneladen gekauft. Der Pullover habe farblich zur Hose gepasst. Einer der Uwes habe ihn aufgefordert, ihn auszuziehen. Er könne sich erinnern, dass er gefroren habe. Dann erzählte er noch, dass er nach seinem Ausstieg aus der Szene im Jahr 2001 mal bei Tino Brandt gewesen ist, zehn bis 15 Minuten. Brandt habe ihm seine Gay-Homepage gezeigt. Beide Rechtsanwälte wollten auch noch Fragen stellen dazu, wie tief die ideologische Verankerung von Herrn Schultze in der rechten Szene war. Schultze hat Beispiele aufgeführt: Bei Schulungsveranstaltungen sei man schnell zum gemütlichen Teil übergegangen, die Musik habe ihn geprägt, er habe keine Bücher gelesen. Er habe als JN-Stützpunktleiter die Schulungen vorbereitet und Schulungsbriefe ausgewertet, was man mit den Kiddies *(gemeint ist der rechte Nachwuchs)* reden sollte. Sein Rechtsanwalt hat noch gefragt, wann er welche Position in der NPD innehatte. Er war Ende 1999 Stützpunktleiter der JN *(Abkürzung für Junge Nationaldemokraten)* in Jena. Er war stellvertretender Vorsitzender im Kreisverband Jena. Im Februar 2000 wurde er in den Bundesvorstand der JN als stellvertretender Bundesgeschäftsführer gewählt. Er habe nur an einer Sitzung teilgenommen. Dann wurde er stellvertretender JN-Landesvorsitzender in Thüringen. Kapke und Brandt wollten, dass er Landesvorsitzender wird. Das habe er abgelehnt, weil er schon den Ausstieg aus der Szene im Hinterkopf hatte. Weil sonst der Ausstieg noch schwieriger werde. Er habe keine Vergütung oder Spesen für seine Tätigkeit bekommen.

Er hat eine Demo angemeldet, eine Gegendemo zu einer linken Demo. Die habe aber nicht stattgefunden. Zehn bis fünfzehn Mal habe er an Infoständen Handzettel verteilt. Er habe Nachwuchswerbung betrieben, die jungen Leute auf Partys angesprochen, über Freizeit, über Ideologie geredet. Das Wichtigste sei der gemütliche Teil gewesen, dabei zu sein, dazuzugehören. Er wurde auch gefragt, was das verbindende Gefühl gewesen wäre. Er sagte, er habe überall Leute gefunden, auf Demos und in anderen Städten. Er konnte gleich Leute anquatschen. Zu seinem Ausstieg sagte er, das sei eine unterbewusste Entwicklung gewesen, die sich immer stärker verstetigt habe. Es sei kritisch darüber geredet worden, warum er keine Freundin habe. Nach dem Vorbeugegewahrsam hätten ihn seine Eltern abgeholt, von Wohlleben sei er ausgelacht worden.

Von der Polizei kamen noch Fragen zum Gutachten von Professor Leygraf. Darin hatte er angegeben, an Sachbeschädigungen beteiligt gewesen zu sein: beim Einwerfen eines Fensters einer Dönerbude, beim Umschmeißen einer mobilen Dönerbude, dem Abreißen von PDS-Plakaten. Er sagte, das sei immer spontan erfolgt, aus einer Mischung aus Suff und gegen Ausländer.

Götzl Wie war das Verhalten des Herrn Schultze bei der Vernehmung?

Thorsten W. Ruhig und sachlich und bedächtig. Hat ja erzählt, was er erzählen wollte. Ich hatte nicht den Eindruck, dass das alles im Detail abgesprochen gewesen wäre. Hat immer noch überlegt.

Götzl Der Kontakt mit Tino Brandt, hat er das zeitlich eingeordnet?

Thorsten W. Das sei circa 2001 gewesen.

Götzl *(liest aus dem Protokoll vor, die Passage, in der Schultze über den Vorsitzendenposten der Jungen Nationaldemokraten aussagte)* »Es ging darum, Leute zu positionieren, damit man als Landesverband jemanden hat, der den Kopf hinhält. Es haben sich eher Leute geprügelt, um den Posten nicht zu bekommen.«

Thorsten W. Ja.

Verteidigerin Schneiders Wurde erläutert, ob er Bundesgeschäftsführer war oder im Bundesvorstand?

Thorsten W. Ich hatte den Eindruck, er war stellvertretender Bundesgeschäftsführer bei den JN.

Verteidigerin Schneiders Wo haben Sie das recherchiert?

Thorsten W. Bei Wikipedia und der Homepage von der JN. Ich habe geguckt, wer Bundesgeschäftsführer war.

Verteidigerin Schneiders Haben Sie den damaligen Vorsitzenden der JN, Sascha Roßmüller, befragt?

Thorsten W. Weiß ich nicht.

(Dann verlesen die Anwälte Alexander Hoffmann, Seda Başay, Björn Elberling und Stephan Kuhn vier umfangreiche Schriftsätze, die den Senat heftig kritisieren. Es geht darum, dass der Senat es abgelehnt hatte, weitere V-Leute aus der rechten Szene zu hören, darunter den V-Mann Ralf Marschner, der Mundlos und Zschäpe im Untergrund angeblich beschäftigt hatte. Das Gericht hatte es auch abgelehnt, weitere Akten des Verfassungsschutzes Brandenburg beizuziehen. Die Nebenkläger gehen davon aus, dass die Verfassungsschützer aus Sachsen, Thüringen und Brandenburg schon früh Hinweise hatten, wo sich das Trio nach dem Untertauchen aufhielt und auch, dass es sich Waffen beschaffen wollte. Die Nebenklagevertreter argumentieren, dass der Verfassungsschutz seine Informationen aber nicht an die Polizei gab, sondern die drei lieber überwachen und die Strukturen des Lebens und der Waffenbeschaffung im Untergrund erforschen wollte. In dem Schriftsatz machen die Anwälte auch deutlich, dass sie den V-Mann-Führer des V-Mannes Carsten Szczepanski, der als Zeuge aufgetreten war, für unglaubwürdig halten und davon ausgehen, dass die Ämter Informationen unterdrücken. Zudem verlangen sie, eine alte Strafakte von Marschner beizuziehen, weil der gemeinsam mit Susann Eminger, der Frau des Angeklagten André Eminger, eine Kneipe überfallen hatte und sich deswegen ein enges Kennverhältnis zwischen der Familie des Angeklagten André Eminger und dem V-Mann ergebe. Über den V-Mann müsse der Verfassungsschutz deutlich mehr Informationen über Eminger haben, als er bisher preisgegeben habe.)

Tag 287

7. Juni 2016

Manfred Götzl, Richter. **Tino Brandt**, 41, Gründer des Thüringer Heimatschutzes und Ex-V-Mann des Verfassungsschutzes. Er sagte auch an den Tagen 127, 128, 142 und 143 aus. **Herbert Diemer, Anette Greger, Jochen Weingarten**, Vertreter der Bundesanwaltschaft. **Wolfgang Stahl**, Verteidiger von Beate Zschäpe. **Olaf Klemke, Wolfram Nahrath, Nicole Schneiders**, Verteidiger von Ralf Wohlleben. **Johannes Pausch**, Verteidiger von Carsten Schultze. **Adnan Erdal, Yavuz Narin, Sebastian Scharmer, Reinhard Schön**, Anwälte der Nebenklage.

(Der Zeuge Brandt wird durch den Zellentrakt ins Gericht geführt. Er kommt direkt aus der JVA, wo er wegen Missbrauchs von Jugendlichen eine mehrjährige Haftstrafe absitzt.)

Götzl Zunächst Ihre Personalien.

Brandt Tino Brandt, geboren am 30.1.1975, momentan in der JVA, Einzelhandelskaufmann.

Götzl Es geht uns um die Frage der Übergabe von Geld an Carsten Schultze. Der Hintergrund wäre die Frage, ob das was mit Waffenerwerb zu tun hat. Hatten Sie mit Carsten Schultze Kontakt, als es um eine Geldübergabe ging? Hat das irgendwas mit Waffenerwerb zu tun?

Brandt Mit Carsten Schultze hatte ich seinerzeit viel Kontakt, das hatten wir auch schon bei der letzten Vernehmung gehabt. Momentan ist mir nicht erinnerlich, dass ich ihm Geld gegeben habe. Aber ausschließen kann ich das nicht. Es wurde ja sehr viel Geld vom Landesamt für Verfassungsschutz übergeben für alle möglichen Aktivitäten, auch zum Aufbau politischer Jugendgruppen. Vielleicht war da auch was dabei.

Götzl Haben Sie mit Carsten Schultze jemals über den Erwerb einer Waffe gesprochen?

Brandt Nein.

Götzl Ist die Frage der Finanzierung einer Waffe zwischen Ihnen und Carsten Schultze erörtert worden?

Brandt Waffen waren in meiner Umgebung nie ein Thema. Ich habe nie über Waffen oder ähnliches geredet.

Götzl Noch mal nachgefragt: Was haben Sie dazu in Erinnerung zur Geldübergabe?

Brandt An eine konkrete Geldübergabe kann ich mich gar nicht erinnern, kann es aber auch nicht ausschließen. Carsten Schultze sollte eine Jugendgruppe leiten, da kann ich mir vorstellen, dass er Geld bekommen hat. War ja viel Geld verteilt worden. Aber aus heutiger Sicht ist mir das nicht mehr erinnerlich.

Götzl Sie sagten: Waffen waren kein Thema. Können Sie mir das ausführen?

Brandt Ja, wir haben über Waffen nie geredet. Weder mit Ralf Wohlleben noch mit Carsten Schultze.

Götzl Hatten Sie Informationen darüber, dass Mundlos, Böhnhardt und Zschäpe im Besitz einer Waffe gewesen wären nach dem Untertauchen?

Brandt Nein, dazu hatte ich keine Kenntnisse.

(Götzl verliest die Aussagegenehmigung für Brandt durch das Landesamt für Verfassungsschutz Thüringen. Es ist eine unbeschränkte Aussagegenehmigung.)

Götzl Sind Ihnen im Rahmen der Tätigkeit für das Landesamt Informationen bekannt geworden über den Besitz einer Waffe, die Aushändigung oder Finanzierung für Mundlos, Böhnhardt und Zschäpe?

Brandt Dazu ist mir nichts bekannt.

Götzl Haben Sie vor dem Untertauchen mal über das Besorgen oder den Besitz von Waffen mit Mundlos, Böhnhardt und Zschäpe gesprochen?

Brandt Nein.

Götzl Wenn Geld weitergereicht wurde, wurde da über den Zweck geredet, wozu Mundlos, Böhnhardt und Zschäpe das brauchten?

Brandt Ja, das hatten wir ja schon besprochen. Um den Pass zu besorgen, um das pure Überleben, als sie abgetaucht sind.

Verteidiger Klemke Wenn mir noch richtig in Erinnerung ist, gaben Sie an, vom Verfassungsschutz 200 000 DM erhalten zu haben.

Brandt So habe ich das in der Zeitung gelesen. Ich gehe davon aus, dass die Zahl stimmt.

Verteidiger Klemke Können Sie abschätzen, wie viel Geld Sie davon weitergegeben haben? An Gruppen und einzelne Kameraden?

Brandt Unmengen an Geld ist für Strafbefehle nach Jena gegangen für Herrn Kapke, ich kann das nicht mehr einzeln nachvollziehen.

Verteidigerin Schneiders Als Sie das letzte Mal hier vernommen wurden, haben Sie da in der JVA mit Mithäftlingen gesprochen?

Brandt Ja, hatte ich. Kurz.

Verteidigerin Schneiders Haben Sie Häftlinge beim Hofgang getroffen? Einen Sönke P., Jahrgang '63? *(Sönke P. sagte am Tag 294 als Zeuge aus.)*

Brandt Sagt mir nichts. Kann schon sein, dass der älter gewesen ist als ich.

Verteidigerin Schneiders Es soll über Geld gesprochen worden sein?

Brandt Ist mir nicht erinnerlich. Der Artikel darüber wurde mir später am Telefon vorgelesen. Da ist viel Fantasie reingeflossen, der hat damit Geld verdient. Der

Wahrheitsgehalt war nicht sehr hoch. Ist ja schon wieder ein Jahr her. Das mit den Gesprächen über Geld war Unsinn, ich habe mich nicht mit ihm darüber unterhalten.

Verteidigerin Schneiders Haben Sie sich mit der Person über Geld für eine Waffenbeschaffung unterhalten?

Brandt Nein, da könnte ich gar nichts dazu sagen.

Verteidigerin Schneiders Ich halte Ihnen die Vernehmung von Sönke P. vor. *(Zitiert nun daraus.)* Wurde über die Herkunft der Česká geredet? P.: Das Geld sei für eine Sonderaktion gewesen. Über die Česká redete er nicht.

Brandt Da ging es um allgemeine Zeitungsartikel. Eigenes Wissen habe ich nicht eingebracht.

Verteidigerin Schneiders Eine Nachfrage noch zu dem JVA-Kontakt. Haben Sie einem dort Ihre Vorladung gegeben?

Brandt Das kann passiert sein.

Verteidigerin Schneiders Haben Sie mal Geld aufgewendet für Sonderaktionen?

Brandt Das sagt mir nichts. Vielleicht war der Pass gemeint.

Verteidigerin Schneiders Sind Sie von Herrn Schultze mal aufgefordert worden, Geld zu geben für eine Sonderaktion?

Brandt Ist mir nicht erinnerlich.

Verteidigerin Schneiders Haben Sie mit Ihrem Zeugenbeistand gesprochen über Geld für eine Waffenbeschaffung? Ich halte Ihnen das Schreiben Ihres Rechtsanwalts Jauch vor, in Bezug auf einen Bericht im Magazin Focus vom 19.3.2012. *(Sie zitiert aus dem Brief.)* »Insbesondere heißt es im Bericht, dass der Zeuge *(es handelt sich um Brandt)* erklärt habe, dass die Behörde ihn noch einmal beauftragt habe, durch eine Geldzuwendung Kontakt zu den Flüchtigen aufzubauen.« Können Sie sich die Formulierung »noch einmal« erklären?

Brandt Vielleicht wo ich mit Geld zu Wohlleben gefahren bin und er sagte, dass das nicht benötigt wird, weil schon andere Sachen passiert sind.

Verteidigerin Schneiders Wie oft haben Sie Geld bekommen vom Verfassungsschutz?

Brandt Das war relativ alltäglich. Ich hab kein Buch geführt über diese Geldsachen. Das war ein durchlaufender Posten. Es gab eine Geldübergabe direkt am Anfang, wo sie untergetaucht waren. Wie oft das war, was weitergegeben werden sollte, weiß ich jetzt nicht.

Verteidiger Pausch Sie sagten eben, Sie seien mit Geld zu Wohlleben gefahren. War das die Spende von 500 Mark?

Brandt Ja.

Verteidiger Pausch Gab es einen Grund, warum Sie das nicht überwiesen haben?

Brandt Generell haben wir das Geld nicht überwiesen. Das wäre dem Zweck nicht angemessen gewesen.

Verteidiger Nahrath Wenn Geld nicht überwiesen wurde, lag das daran, dass das unüblich war?

Brandt Nein, in der rechten Szene überweist man doch nicht solche Summen und sagt: Helft mal den drei Personen. Das wäre doch bei einer Rasterfahndung problematisch. Ich habe Bargeld in bar weitergegeben.

Verteidiger Nahrath Gab es dazu eine Anweisung vom Amt?

Brandt Das hat für die nicht infrage gestanden, dass ich das überweise. Die mussten das nicht präzisieren. Wenn ich Geld kriege, um Kontakt aufzunehmen, funktioniert das nur im persönlichen Gespräch.

Verteidiger Nahrath Haben Sie sich das selbst überlegt oder erörtert mit dem LfV *(es geht um das Landesamt für Verfassungsschutz Thüringen)*?

Brandt Egal, wie Sie die Frage formulieren, ich glaube, das wurde vorausgesetzt und nicht thematisiert.

Anwalt Schön Waren Sie mal in Frankreich bei einem Treffen mit französischen Neonazis?

Brandt Ich war ein paar Mal in Frankreich.

Anwalt Schön Ist es da auch zur Verbrennung des deutschen Grundgesetzes gekommen?

Verteidiger Stahl Ich beanstande die Frage. Was soll die Frage mit den angeklagten Personen zu tun haben?

Götzl Ich kann den Zusammenhang auch nicht erkennen.

Anwalt Schön Es gibt einen Film auf Arte, wo junge Frauen bei diesem Treffen Schießübungen gemacht haben. Und der Zeuge sagte, er hatte mit Gewalt und Waffen nichts zu tun.

Verteidiger Nahrath Ich rüge die Frage. Das ist keine Frage.

Verteidiger Stahl Ich hatte die Frage nach dem verbrannten Grundgesetz beanstandet.

Anwalt Schön Ich hatte nach Schießübungen gefragt. Ob es bei dem Treffen mit den Neonazis …

Verteidiger Klemke Allein der Begriff Neonazis ist unklar, was damit gemeint ist.

Anwalt Schön Können Sie sich alles auf Arte anschauen …

Verteidiger Klemke Ich bin nicht verpflichtet, Arte zu sehen.

Anwalt Schön Mir ging es darum, ob es bei dem Treffen mit Neonazis in Frankreich zu Waffeneinsatz gekommen ist.

(Klemke geht erneut dazwischen.)

Oberstaatsanwalt Weingarten Wir teilen die Bedenken zur Zulässigkeit der Frage, es handelt sich zumindest um eine sehr wertungsgetränkte Frage.

Götzl Ich würde empfehlen, die Frage anders zu formulieren.

Anwalt Schön Ob da bei den Treffen irgendwie Waffen benutzt wurden.

Brandt Das Treffen hat weit vor dem Untertauchen der drei stattgefunden. Es fanden Schießübungen mit der Kalaschnikow statt. Das hatte nichts mit Gesprächen über Waffenkäufe zu tun. Ich denke, das war 1994, bei einem Sonnwendfeuer.

Anwalt Narin Haben Sie Herrn Wohlleben vor Ihrer Enttarnung 2001 mitgeteilt, dass Sie als V-Mann tätig sind?

Brandt Explizit nicht, ob er das mitbekommen hat aufgrund des vielen Geldes, das ich zur Verfügung hatte, weiß ich nicht. Ich habe es ihm nicht direkt gesagt.

Anwalt Narin Haben Sie es ihm auf andere Weise mitgeteilt?

Brandt Auch nicht schriftlich.

Anwalt Narin Angedeutet?

Brandt Nicht angedeutet und ich habe auch keine Zeichensprache benutzt.

Anwalt Narin Anderen was gesagt davon?

Brandt Nicht erinnerlich.

Verteidiger Klemke Ich komme noch mal zurück auf ein Schreiben Ihres Zeugenbeistands. Darin heißt es, bei einer umfassenden Aussage könnte Ihnen der Vorwurf gemacht werden, dass Sie zur Beschaffung der Waffe beigetragen haben. Beruht das auf Ihren Informationen?

Brandt Ich denke, das ist ein allgemeines Schreiben, damit er mir als Zeugenbeistand beigeordnet wird, damit ich den Schutz bekomme, der mir zusteht.

Verteidiger Klemke Haben Sie über dieses Thema mit Ihrem Beistand gesprochen?

Brandt Es wurde allgemein erörtert, um welche Themen es vor Gericht gehen könnte. Und dass die Gefahr besteht, dass hier Sachen aufgewühlt werden, wo man plötzlich selbst Beschuldigter wird.

Verteidiger Klemke Haben Sie konkrete Anhaltspunkte dafür geliefert?

Brandt Wenn ich sie geliefert hätte, dann müsste ich mich ja nicht äußern. Dann würde ich mich strafbar machen.

Verteidiger Klemke Nein, nicht strafbar machen, Sie könnten sich der Strafverfolgung aussetzen.

Anwalt Erdal Würden Sie Ihren Anwalt von der Schweigepflicht entbinden?

Brandt Ich weiß nicht, in welchem Universum Sie leben. Nein.

Verteidigerin Schneiders Würden Sie Ihren Anwalt von der Schweigepflicht in diesem Punkt entbinden?

Brandt Ich habe nicht vor, meinen Beistand in irgendeinem Punkt zu entbinden.

(Der Auftritt von Tino Brandt im Sommer 2014 vor Gericht war der Anlass, warum sich Beate Zschäpe und ihre drei alten Verteidiger entfremdeten. Offenbar gefiel ihr nicht, dass die Anwälte keine Fragen an Brandt stellten. Aber nun stellt auch Zschäpes neuer Verteidiger Mathias Grasel keine einzige Frage an Brandt. Der Zeuge wird nach kurzer Zeit entlassen.

Dann macht die Bundesanwaltschaft deutlich, dass die Beweisaufnahme nach ihrer Auf-

fassung keine tragfähigen Beweise erbracht hat, die eine Verwicklung staatlicher Behörden in die Mordtaten des NSU belegen würden.)

Bundesanwalt Diemer Wir möchten uns zur Gegenvorstellung der Nebenklage zur Entscheidung des Senats über die Befragung des Ralf Marschner äußern. *(Marschner ist ein ehemaliger V-Mann des Verfassungsschutzes, der laut Zeugenangaben sowohl Beate Zschäpe als auch Uwe Mundlos beschäftigt hat, als sie schon im Untergrund waren. Mehrere Nebenklagevertreter hatten seine Befragung beantragt. Das Gericht hatte seine Ladung abgelehnt.)* Die Antragsteller erklärten, die Begründung des Senats zeige, dass die Ablehnung des Antrags nach jedem beliebigen Maßstab und um jeden Preis gewollt gewesen sei. Der Senat hat der Rechtslage umfassend und erschöpfend Rechnung getragen. Rechtliche Fehler sind nicht erkennbar. Wir beantragen, die Gegenvorstellung als unbegründet zurückzuweisen. Es gehört nicht unbedingt zum üblichen Repertoire und zum Tonfall vor Gericht, zu erklären, der Senat versteige sich zu Behauptungen. Mir scheint ein Hinweis geboten: Wenn der Senat eines Oberlandesgerichts eine Entscheidung trifft, dann versteigt er sich nicht und stellt keine Behauptungen auf. Diese Terminologie mag im politischen Raum eine Berechtigung haben, aber im Bereich der Rechtsprechung ist er despektierlich und diesem Senat gegenüber unangebracht und fachlich nicht gerechtfertigt. Die Nebenklage hat Missverständnisse gefördert, dass hier vor Gericht die gesamte Aufklärung stattfinden könnte. Alle Fragen, die der Fall NSU aufgeworfen hat, müssen politisch, gesellschaftlich und strafrechtlich gelöst und aufgearbeitet werden, aber in unterschiedlichen Institutionen. Hier vor Gericht findet eine strafrechtliche Aufarbeitung statt, gerichtet auf einen begrenzten Sachverhalt und einen begrenzten Personenkreis. Es gelten die Grundsätze, dass die Hauptverhandlung konzentriert und beschleunigt durchgeführt werden muss. Ungerechtfertigte Verzögerungen sind zu vermeiden, das ist ein rechtsstaatlicher Imperativ. Das als Mangel an Aufklärungswillen zu bezeichnen, ist unangemessen und aus fachlicher Sicht grober Unfug.

(Dann wendet sich Diemer auch noch gegen den Antrag, die alten Strafakten über eine Schlägerei in einem Wirtshaus beizuziehen, bei der die Frau des Angeklagten André Eminger, Susann, und der V-Mann Ralf Marschner einer Wirtin ins Gesicht geschlagen hatten. Daraus ergäbe sich nichts für den Umfang der Schuld von Eminger in Sachen NSU. Oberstaatsanwältin Greger äußert anschließend die Haltung der Bundesanwaltschaft zur Heranziehung von zerstörten und dann rekonstruierten Akten des Bundesamts für Verfassungsschutz, zur Zeugenvernehmung des dafür verantwortlichen Verfassungsschutzbeamten Lothar Lingen und weiteren Anträgen auf Vernehmung von Verfassungsschützern. Auch das hatten die Nebenkläger gefordert.)

Oberstaatsanwältin Greger Die Antragsteller stützen ihre Anträge auf ihr Interesse, ein mögliches staatliches Fehlverhalten bei der Fahndung nach den drei Untergetauchten zu dokumentieren. Sie argumentieren, die richtige Einschätzung der Erkenntnisse, die richtigen Fahndungsmaßnahmen und die rechtzeitige Festnahme der Untergetauchten hätten die Anschläge verhindert. Eine Aufklärungspflicht hinsichtlich der Akten und der rekonstruierten Aktenstücke gebietet die Aufklärungspflicht nicht. Das Bundesverfassungsgericht hat mehrfach entschieden, dass der Staat verpflichtet ist, jedes menschliche Leben zu schützen und vor rechtswidrigen Eingriffen anderer zu bewahren. Die wirksame Verfolgung von Gewaltverbrechen gehört dazu. Auch laut Europäischem Menschenrechtsgerichtshof (EGMR) erfordert die Pflicht des Staates, wirksame amtliche Ermittlungen anzustellen, wenn ein Mensch durch Gewalteinwirkung zu Tode gekommen ist. Ermittlungen müssen prompt, umfassend und gründlich sein. Die Aufklärungspflicht erstreckt sich auch darauf, ob es eine staatliche Provokation gab oder staatliche Stellen bewusst Delikte ermöglichten. Die damalige Erkenntnislage der Verfassungsschutzbehörden war Gegenstand einer aufwendigen Beweisaufnahme in den letzten Jahren. Nach dem bisherigen Stand der Ermittlungen und der Beweisaufnahme gibt es keine tragfähigen Anhaltspunkte dafür, dass die Ermittlungsbehörden oder die Verfassungsschutzbehörden jemals Kenntnis von den Anschlägen gehabt hätten. Ein Fehlverhalten in Zusammenhang mit der Fahndung ist ohne jede Bedeutung. Mögliche Fehler bei der Fahndung sind kein notwendiger Gegenstand der Aufklärungspflicht des Senats. Sie sind nicht geeignet, die Schuld der Angeklagten im Geringsten zu mindern.

(Auch den Antrag, Lothar Lingen zu hören, den Mann, der die Vernichtung der Akten über Rechtsradikale aus Thüringen in Auftrag gab, hält die Bundesanwaltschaft für verzichtbar, führt Greger aus.)

Die Aufklärungspflicht gebietet es nicht. Dass der Zeuge Wissen zum NSU haben soll, dafür wurden keine tragfähigen Anhaltspunkte mitgeteilt. Die Rechtsansicht der Antragsteller, dass allein das Vernichten der Akten einer Behörde zu einer Prüfungspflicht des Senats führt – im Sinne einer Super-Revisionsinstanz der Verfassungsschutzbehörden –, geht fehl.

Anwalt Scharmer *(zu Bundesanwalt Diemer)* Ich habe zur Kenntnis genommen, dass das Interesse meiner Mandantin Gamze Kubaşık, einen Zeugen zu hören, der Kontakt zu Mitgliedern des NSU hatte und etwas zum Innenverhältnis des NSU-Kerntrios sagen könnte und V-Mann war, dass Sie das als groben Unfug bezeichnen. Das werde ich Frau Kubaşık dann so mitteilen. Zu der Wirtshausschlägerei: Grundlage war, dass Ralf Marschner und die Verlobte von André Eminger am 20.4. einen sogenannten Führergeburtstag feiern wollten und das der Wirtin nicht genehm war. Es geht auch um die politische Einbindung.

(Wendet sich erneut an Bundesanwalt Diemer) Ja, Herr Dr. Diemer, es hat alles seinen

Platz. Es wäre alles viel einfacher, wenn Sie als Strafverfolgungsbehörde die anderen Beschuldigten im NSU-Komplex verfolgen würden. Bis heute gibt es keine Anklage, keine Akteneinsicht, keine Auskunft, wer vernommen wird.

Bundesanwalt Diemer Um eines klarzustellen: Ich habe nicht gesagt, dass es grober Unfug ist, einen Zeugen zu beantragen, der vielleicht etwas sagen könnte. Die Ablehnung eines Beweisbeschlusses als mangelnden Aufklärungswillen zu bezeichnen, ist grober Unfug.

Tag 288

8. Juni 2016

Manfred Götzl, Richter. **Norbert Leygraf**, 63, Direktor an der Universitätsklinik in Duisburg-Essen. **Timo K.**, 34, Kriminaloberkommissar beim BKA Meckenheim. **Anette Greger**, Vertreterin der Bundesanwaltschaft. **Olaf Klemke**, Verteidiger von Ralf Wohlleben.

(Gutachter Leygraf hat bereits am Tag 193 sein psychiatrisches Gutachten über den Angeklagten Carsten Schultze erstellt. Er beschrieb darin, dass Schultze zum Zeitpunkt, als er die Tatwaffe an den NSU übergeben hat, in seiner Entwicklung verzögert war und noch einem Jugendlichen gleichstand, obwohl er damals schon 20 Jahre alt war. Das bedeutet, dass für ihn Jugendstrafrecht gelten würde. Ein Jahr nach dem Gutachten nimmt er erneut Stellung und beantwortet dann die Nachfragen.)

Leygraf Nach außen kann Herr Schultze nicht jugendlich oder wenig verlässlich und impulsiv gewirkt haben, sonst hätte man ihm nicht wichtige Aufgaben übertragen. Der Bereich der Verantwortungsübernahme war schon ausgeprägt. In anderen Bereichen gab es eine deutlich zurückgebliebene Identitätsfindung. Das hat viele seiner damaligen Verhaltensweisen mitbestimmt.

Oberstaatsanwältin Greger Wie werten Sie die Aspekte, dass Herr Schultze sich unwohl fühlte vor größeren Menschenmengen, dass er Stolz empfunden hätte, wenn er Aufträge bekommen hätte von Herrn Wohlleben?

Leygraf Das könnte man auch in die Richtung interpretieren, dass es noch nicht ein richtig erwachsenes Verhalten war. Sich nicht wehren können gegen Dinge, die man eigentlich nicht möchte.

Oberstaatsanwältin Greger Spielt dafür die Größe einer Vereinigung eine Rolle?

Leygraf Das ist eine Frage von Angebot und Nachfrage. In einer Gruppierung, die keine Möglichkeit hat, intelligente Menschen zu rekrutieren, da ist man schnell wer.

Verteidiger Klemke Ja, Herr Dr. Leygraf, Blatt 22 der Akten, da haben Sie Herrn Schultze gefragt, dass es doch ausgeprägte ausländerfeindliche Parolen in der rechtsextremen Szene gegeben hätte. Was haben Sie ihm denn da konkret vorgehalten? Wussten Sie, welche ausländerfeindlichen Parolen in Jena gerufen wurden?

Leygraf Das war nicht auf Jena bezogen, weil mir das in Jena nicht bekannt war.

Verteidiger Klemke Woher wollen Sie dann wissen, dass in der Szene in Jena 1998/99 ausländerfeindliche Parolen gerufen wurden?

Leygraf Ich habe das auf die Szene allgemein bezogen. Herr Schultze hat auch nicht überrascht reagiert. Er hat gesagt, er habe sie sich schöngeredet.

Verteidiger Klemke Auf welche Parolen haben Sie denn abgestellt? Welche waren Ihnen bekannt?

Leygraf Da kann ich Ihnen jetzt keine konkrete Parole nennen.

Verteidiger Klemke Wie kommen Sie dann darauf, ihm diesen Vorhalt zu machen?

Leygraf Weil ich das, was ich der rechten Szene zuordne, mit Parolen wie »Ausländer raus« in Verbindung bringe.

Verteidiger Klemke Welche Gruppe meinten Sie denn?

Leygraf Keine konkrete Gruppierung in Jena, aber Menschen, die Plaketten kleben, die mir Herr Schultze gezeigt hat.

Verteidiger Klemke Sie meinen die mit dem schwarzen, farbigen Mann und der weißen Frau?

Leygraf Ja.

Verteidiger Klemke Hat Herr Schultze gesagt, wann und wo der den Aufkleber gesehen haben will?

Leygraf Nein.

Verteidiger Klemke Waren Sie mal 1998 auf einer Demonstration der rechten Szene?

Leygraf Nein.

Verteidiger Klemke Woher wissen Sie, dass dann dort solche Parolen gerufen wurden?

Leygraf Als Fernsehzuschauer.

Verteidiger Klemke Wo?

Leygraf Ich kann Ihnen nicht mehr sagen, wo ich was in welchem Programm gesehen habe.

Verteidiger Klemke Wie kommen Sie dann dazu, darauf abzustellen?

Leygraf Weil man manche Dinge global abspeichert, ohne es an bestimmten Szenen festzumachen.

Verteidiger Klemke Sie sagten, wenn es Konflikte mit den Eltern von Herrn Schultze gab, dann habe er laute rechtsradikale Musik gehört. Und laut angestellt, um zu provozieren. In Ihrem Gutachten steht aber nicht »rechtsradikale Musik«, sondern »seine Musik«. Haben Sie da nachgefragt?

Leygraf Das erschloss sich sehr genau. Ich habe mich mit ihm unterhalten über seine Musik, die Zillertaler – ich komme jetzt nicht auf den Namen *(Anmerkung: Es geht um die Zillertaler Türkenjäger)*, und Frank Rennicke war auch noch dabei. *(Anmerkung: Rennicke ist ein rechtsradikaler Liedermacher. Dann erwähnt Leygraf noch die Band Radikahl.)*

Verteidiger Klemke Haben Sie einen Titel von Radikahl mal selbst gehört? Oder den Text recherchiert?

Leygraf Nein.

Verteidiger Klemke Woher wissen Sie dann, dass es rechtsradikale Musik ist?

Leygraf Auch Herr Schultze, der diese Musik gehört hat, hat die Musik im Bereich rechte Musik eingeordnet. Tenor: Steh zu deinem Land, du bist wer, die anderen unterdrücken dich.

Verteidiger Klemke Was ist daran rechtsradikal?

Leygraf Ich hatte bei der Exploration von Herrn Schultze nicht die Absicht, zu klären, ob ein Lied nur rechts oder rechtsradikal ist. Es ging mir darum, abzuklären, ob er zu dem Zeitpunkt, an dem es um eine schwerwiegende Straftat geht, in seiner Entwicklung verzögert war. Ich wüsste nicht, warum ich mich da um Einordnungen auf einer Bandbreite von rechts zu rechtsradikal hätte länger festhalten müssen.

(Es folgt der Zeuge Timo K. vom BKA Meckenheim.)

Götzl Es geht uns um die Beschuldigtenvernehmung von Carsten Schultze am 15. Februar 2012 und am 2. Juli 2013. Gab es dabei Besonderheiten?

Timo K. Die Vernehmung vom 15.2.2012 war die dritte Vernehmung von Carsten Schultze nach der richterlichen und staatsanwaltschaftlichen Vernehmung. Wir haben begonnen mit dem Beschaffen einer Waffe. Haben ihm die Aussage von Andreas Schultz *(einem der Betreiber des rechten Szeneladens Madley in Jena)* vorgehalten, der sagte, es sei von Anfang an ein Schalldämpfer bestellt gewesen. Er liefere doch nicht mehr, als bestellt gewesen sei. Carsten Schultze sagte, er wisse das nicht mehr. Wenn das so gewesen wäre, dann müsste ihm das noch präsent sein. Beim ersten Besuch im Madley habe er die Waffe bestellt, beim zweiten Besuch wurde ihm gesagt, es sei ein tschechisches Modell. Und dann, es gäbe diese eine Waffe oder keine. Ein Schalldämpfer sei nicht bestellt gewesen. Wir fragten, ob das eine Erinnerungslücke ist oder er definitiv sagen kann, dass kein Schalldämpfer bestellt war? Er könne das ausschließen, sagte er. Wir hielten ihm die Diskrepanz seiner Aussagen vor, wenn es um Einbruch in Beate Zschäpes Wohnung ging und wenn es um Beschaffung der Waffe geht. Er hat dabei erzählt, dass er die Waffe Ralf Wohlleben gezeigt habe, und der habe dabei schwarze Handschuhe getragen. Er meine, er selbst habe keine Handschuhe getragen. Wir fragten, warum er keine Bedenken hatte bei der Übergabe der Waffe. Er habe Zschäpe, Mundlos und Böhnhardt nicht mehr zugetraut als Propagandadelikte. Er dachte, die würden sich ins Ausland absetzen. Und er wäre nicht auf die Idee gekommen, dass die schwerere Straftaten begehen. Wir fragten, ob 1,4 Kilo TNT, die in der Garage der drei waren, ob er das auch als Propagandadelikt angesehen habe. Da kenne er sich nicht aus. Er habe nicht versucht, die Info dazu zu verifizieren. Wohlleben habe gewusst, dass bei der Waffe ein Schalldämpfer dabei sein werde, Schultze habe alles mit ihm rückgekoppelt. Er war nur überrascht wegen der Länge des Schalldämpfers. Sie hätten das aber als Gimmick betrachtet, das halt dabei war, es wäre nicht darauf angekommen. Wenn Andreas Schultz gesagt hätte, er habe ein tschechisches Modell mit Schalldämpfer oder ein deutsches ohne, dann hätte er sich vermutlich für das deutsche Fabrikat entschieden.

Dann haben wir festgestellt, dass es eine zeitliche Koinzidenz zwischen dem ersten Mord am 9.9.2000 an Enver Şimşek in Nürnberg gibt und Schultzes Ausstieg aus der rechten Szene. Wir haben gefragt, ob es da einen Zusammenhang gibt. Ob sein Ausstieg dadurch bedingt war. Er sagte, nein, der Ausstieg sei durch einen Unterbindungsgewahrsam und die Reaktion der rechten Szene darauf gekommen. Sein Ausstieg hänge zusammen mit seiner inneren Entwicklung und dem Coming-out. Er habe einen Film gesehen: »Beautiful Thing«. Da habe er Tränen in den Augen gehabt und gewusst, dass er raus muss aus der Szene. Dass sich Homosexualität und rechte Szene ausschließt. Herr Wohlleben sagte ihm, ihn würde es ankotzen, wenn jemand über ihn sagen würde, dass er schwul ist. Das war auf Herrn Schultze gemünzt. Im Jahr 2001 war er auf der Loveparade, danach bekam er einen Brief, ob er Teil der schwulen Technoszene sein wolle. Und er dachte sich, genau das wolle er sein.

Dann haben wir noch eine Wahllichtbildvorlage gemacht. Er hat auf den Bildern Andreas Schultz und Frank Liebau *(Mitarbeiter und Besitzer im rechten Szeneladen Madley in Jena)* erkannt. Die habe er aus dem Madley gekannt. Und er hat einen Jürgen Helbig erkannt, der Schmiere gestanden habe bei seinem Einbruch in Zschäpes Wohnung.

Wir haben gefragt, wie es zum Ausstieg kam. Er hat von einem Unterbindungsgewahrsam von zehn Tagen im August 2000 gesprochen. Danach habe er die Füße still gehalten. Das war wie eine Hülle, die von ihm weggeplatzt sei. Er habe Scham gespürt, habe seine Vergangenheit allen offengelegt, die er kennenlernte, um zu zeigen, dass er damit nichts zu tun hat. Er sagte: Ich weiß, wer ich bin und dass ich so nicht bin. Ihn habe die Ästhetik angesprochen, auch erotisch, die Stiefel, die Kleidung. Er habe sich noch im Jahr 2006 oder 2007, als er längst ausgestiegen war, Springerstiefel bestellt und Lonsdale-T-Shirts und habe damit Fotos von sich gemacht, die Ästhetik habe er heiß gefunden. Er habe dann auch ein solches Foto von sich bei »Gay Romeo« eingestellt.

Wir haben gefragt, wie er zur NPD gekommen ist. Er sagte, es bestand die Gefahr, dass der Thüringer Heimatschutz verboten wird und sie deshalb rüberwechseln sollten zu den Jungen Nationaldemokraten *(die Jugendorganisation der NPD).* Gegen Ende 1999 wurde der JN-Stützpunkt in Jena gegründet und Carsten Schultze Stützpunktleiter mit zwei Stellvertretern und einem Schatzmeister. Es sei um den Spaßfaktor gegangen, Zelten, Wandern, Freizeit. Die Jugend für die Sache zu gewinnen.

Dann haben wir gefragt, ob er von Unterstützungshandlungen von Wohlleben wusste. Er sagte, außer den Dingen, in die er selbst involviert war, sei ihm nichts bekannt. Wir haben gefragt, wie das Binnenverhältnis zwischen Wohlleben und den dreien und sich selbst war. Er sagte, er habe sich immer nur als Mittler gesehen zwischen Wohlleben und den drei Untergetauchten. Jeder Auftrag, den er bekommen habe, habe die Einbindung von Ralf Wohlleben bedingt. Dann ging es noch um das Verhältnis von Wohlleben und den dreien: Wohlleben sei alles andere als erfreut gewesen, wenn die drei Untergetauchten wieder mit einem Wunsch an sie herangetreten seien. Wohlleben habe sich ihnen aber verpflichtet gefühlt, er wollte die wohl nicht hängen lassen. Zu Beate Zschäpe befragt, sagte er, er habe sie nur ein einziges Mal nach dem Untertauchen gesehen, im Kaufhaus in Chemnitz. Vor dem Untertauchen hätten sie allenfalls mal zwei Sätze gewechselt, er könne nichts über ihre politische Einstellung sagen, auch nicht über ihre Stellung in der Gruppe. Er habe bei Uwe Mundlos, Uwe Böhnhardt und Beate Zschäpe keine innere Hierarchie feststellen können.

Götzl Was ist Ihnen sonst am Aussageverhalten noch aufgefallen?

Timo K. Er hat immer sehr lange nachgedacht, sodass man nachgefragt hat: Kommt noch was? Er hat intensiv nachgedacht. Ansonsten hat er ganz normal ausgesagt.

Götzl Wie lange hat er nachgedacht?

Timo K. Da geht es um subjektives Zeitempfinden. Schon 30 Sekunden, Herr Hösl *(der Anwalt von Carsten Schultze)* hat auch schon mit einem Seitenblick zu Herrn Schultze hinübergeblickt. Sah so aus, als würde er sich auch fragen, wo die Antwort bleibt.

Götzl Hat er die Vernehmung noch mal durchgelesen?

Timo K. Ja, er hat auch handschriftliche Anmerkungen gemacht, vor allem da, wo Wohlleben sagte, ihn würde es ankotzen, wenn man über ihn sagen würde, er sei schwul. Da hat er angefügt, dass das auf ihn gemünzt war.

(Dann geht Götzl noch mal jeden einzelnen Satz der Vernehmung durch und lässt sie sich von Timo K. bestätigen. Es bestätigt sich dabei, dass der Zeuge die Vernehmung fast auswendig vorgetragen hat.)

Götzl Jetzt zur Vernehmung vom 2. Juli 2013.

Timo K. Das war eine Zeugenvernehmung im Verfahren gegen unbekannte Unterstützer des NSU und zum neu eingeleiteten Verfahren gegen Beate Zschäpe wegen Verdachts der Herbeiführung einer Sprengstoffexplosion. Rechtsanwalt Hösl war wieder dabei und Oberstaatsanwalt Weingarten. Schultze war aus der U-Haft entlassen und war im Zeugenschutz. Er wurde während einer Prozesswoche in München zur Vernehmung in eine Polizeiwache in München gebracht, es ging um drei Themenkomplexe: ein Sprengstoffanschlag in der Gaststätte »Sonnenschein« 1999 in Nürnberg, dann eine Schlägerei in Jena-Winzerla und ein Schusswaffengebrauch durch Mundlos und Böhnhardt. Er möge berichten, was er vor Gericht gesagt hat. Er erklärte, von der Taschenlampe habe er erfahren im Termin im Kaufhaus in Chemnitz, da saß er mit Mundlos und Böhnhardt am Tisch, und wie aus dem Zusammenhang gerissen, so poser-mäßig – so hat er es beschrieben – sagten sie, dass sie eine Taschenlampe abgestellt haben in Nürnberg, aber das habe nicht geklappt. Als Frau Zschäpe gekommen sei, da habe einer von den beiden »Psst« gesagt und man habe nicht weitergesprochen. Und danach, als Zschäpe weg war, sei man nicht auf das Thema zurückgekommen. Erst abends im Bett habe er darüber nachgedacht, dass es sich um einen Sprengstoffanschlag handeln könne. Er hatte keine weiteren Erkenntnisse. Er konnte den Zeitraum eingrenzen, wann das Gespräch stattgefunden hat. Es musste nach der Beschaffung der Waffe gewesen sein, weil er Ende März 2000 den Führerschein gemacht hatte und die Waffe mit dem Auto seiner Mutter abgeholt hatte. Also frühestens im März 2000. Ab dem 19. Mai 2000 habe er Vollzeit gearbeitet und das Treffen sei unter der Woche gewesen. Danach hätte er keine Gelegenheit mehr gehabt, so ein Treffen unter der Woche zu machen. Als er nach seiner Aussage vor Gericht in den Zeitungen vom Erfolg des Taschenlampenanschlags gelesen habe, sei er bestürzt gewesen. So weit zur Taschenlampe.

Dann die Schlägerei in Jena-Winzerla. Das ging so: Eines Abends seien sie von einer Kirmes in Stadtroda gekommen, ausgestiegen, da habe ein Jimmy gesagt, dass ihn jemand an der Straßenbahnhaltestelle als Scheiß-Nazi beschimpft habe. An der Endhaltestelle habe sich ein Sven K. den Ersten gegriffen und geschlagen. Einer sei weggelaufen und Wohlleben sei hinterher. Und er sei einem in den Rücken gesprungen, da habe einer gesagt, dass man das nicht macht. Und dann haben sie den Mann in ein Holzhäuschen gesteckt und das umgeworfen, herumgerollt und gegen die Tür getreten. Beim Weglaufen sei er wohl auch einem ins Gesicht getreten. In der Ostthüringer Zeitung habe er danach gelesen, dass jemand schwer verletzt wurde. So weit zur Schlägerei.

Und der dritte Sachverhalt war dann ein vermeintlicher Schusswaffengebrauch.

Das war, als Wohlleben mit dem Kontakthandy mit den Untergetauchten telefoniert habe. Nach dem Auflegen habe er gesagt: Die haben jemand angeschossen. Und meinte: aus Versehen. Oder: Die Idioten haben jemand angeschossen. Bei dem Gespräch sei Wohlleben eigens am Telefon gewünscht worden. Er, Schultze, habe nicht nachgefragt. Er habe sich gedacht: Hoffentlich nicht mit der Waffe, die er beschafft hatte. Dann war er von 11. bis 21.8.2000 in Unterbindungsgewahrsam. Und danach habe er die SIM-Karte für das Kontakthandy vernichtet in Absprache mit Wohlleben.

Götzl Mir geht es auch um Formulierungen.

(Götzl geht wieder die gesamte Vernehmung Satz für Satz durch und lässt sie sich vom Zeugen bestätigen. Dann wird der Zeuge entlassen, und die Verteidigung von Ralf Wohlleben beantragt, einen früheren Häftling zu vernehmen, mit dem sich der Zeuge Tino Brandt in der JVA München-Stadelheim unterhalten hat. Brandt soll ihm laut einem Zeitungsbericht gesagt haben, er habe das Geld, das er als V-Mann vom Thüringer Verfassungsschutz bekommen hat, auch dem NSU gegeben – für eine »Sonderaktion«. Zudem habe Brandt dem Mithäftling gesagt, er habe Mundlos, Böhnhardt und Zschäpe zwei Jahre nach dem Untertauchen aufgefordert, zum Thüringer Heimtatschutz zurückzukehren. Sie hätten geantwortet, sie hätten Besseres zu tun und es wäre Zeit für ernsthafte Rettungsmaßnahmen.)

Tag 289

15. Juni 2016

Manfred Götzl, Richter. **Michael T.**, 57, Polizeibeamter beim LKA Berlin. **Olaf Klemke, Nicole Schneiders**, Verteidiger von Ralf Wohlleben. **Antonia von der Behrens, Eberhard Reinecke**, Anwälte der Nebenklage.

Götzl Es geht uns um Erkenntnisse aus der Überwachung von Jan Werner durch das LKA Berlin in den Jahren 1998 bis 2001. Die Schlagwörter dazu sind: Waffen, Waffenbeschaffung, Kontakte zu Uwe Mundlos und Uwe Böhnhardt. Mich würde interessieren, was Sie dazu sagen können, wie Sie damit befasst waren.

Michael T. Ich war Leiter der EG *(Abkürzung für Ermittlungsgruppe)* Rechts und befasst mit dem Verfahren gegen die Band »Landser« im Auftrag der Bundesanwaltschaft. Wir haben die Telefonüberwachung mitgehört. Sie müssen sich das so vorstellen: Wir waren zwanzig bis fünfundzwanzig Kollegen, die für drei Monate abgeordnet waren. Ein Beamter hat eine Person abgehört. Die Auswertung erfolgte tagesaktuell, um immer reagieren zu können.

Götzl Was können Sie über Jan Werner sagen?

Michael T. Ihn haben wir in die Telefonüberwachung aufgenommen. Meine Kollegen hatten ganz schön Arbeit mit ihm, er hat pausenlos SMS geschrieben. Er muss ein wahrer Künstler gewesen sein. Er war ja als Kurierfahrer unterwegs, er muss blind die SMS geschrieben haben.

Götzl Waren Sie selbst mit der Auswertung befasst?

Michael T. Zu keiner Zeit. Ich habe vielleicht das ein oder andere relevante Gespräch gehört. Zum Anhören blieb mir keine Zeit. Wir hatten Fahrzeuge mit Abhörtechnik *(Wanzen)* ausgestattet. Wir haben Observationen bei vielen Personen durchgeführt. Da war viel zu tun. Das war eine Menge.

Götzl Was können Sie uns zu Jan Werner sagen?

Michael T. Jan Werner hatte den Auftrag der Band, die neue CD, die sich »Ran an den Feind« nannte, zu vermarkten.

Götzl Hat im Rahmen der Überwachung das Thema Waffeneinkauf, Waffenverkauf eine Rolle gespielt?

Michael T. Ganz ehrlich, wir haben uns nur um die rechtsextreme Musik gekümmert. Ich kann mich nicht erinnern, dass das Thema Waffen fiel. Wenn wir andere Hinweise aus der Überwachung hatten, dann haben wir sie an andere Dienststellen weitergegeben. Das war das Prozedere mit Erkenntnissen, die wir nicht verwerten konnten. Da wurden immer separate Verfahren eröffnet. Nur kann ich nicht für jeden Tag geradestehen, es gibt ja Urlaub und dienstfrei und ein Privatleben. Von meiner Seite kann ich aus der Erinnerung nichts dazu beitragen.

Götzl Sind Ihnen weitere Verfahren bekannt?

Michael T. In Bezug auf Jan Werner gar nicht. Die Bundesanwaltschaft wollte das Verfahren ziemlich schlank halten. Es sollte sich gegen die Band und das unmittelbare Umfeld richten. Insofern wurden die anderen Komplexe immer weggegeben.

Götzl Haben im Rahmen der Überwachung die Personen Uwe Böhnhardt und Uwe Mundlos eine Rolle gespielt?

Michael T. Ich kann mich an Einzelheiten nicht mehr erinnern.

Götzl Schusswaffen. Können Sie zu diesem Thema etwas sagen?

Michael T. Aus meiner Erinnerung schöpfend kann ich Ihnen leider nicht weiterhelfen.

Götzl Hat das Thema der Erlöse aus Konzerten eine Rolle gespielt?

Michael T. Ich will nichts durcheinanderbringen. Ich will es nicht ausschließen. Es waren ein paar Summen im Gespräch.

Götzl War es ein Thema, wofür die Erlöse verwendet wurden?

Michael T. Ich kann's Ihnen beim besten Willen nicht mehr sagen. Es ist schon lange her. Fünfzehn Jahre.

Verteidigerin Schneiders Sagt Ihnen der Begriff Combat 18 *(eine militante rechte Gruppierung aus Großbritannien)* etwas?

Michael T. Ich habe davon gelesen.

Verteidigerin Schneiders Haben Combat 18 und das Verfahren »Landser« etwas miteinander zu tun?

Michael T. Dazu kann ich auch nichts mehr sagen. Wir haben uns auf die Band »Landser« fokussiert.

Verteidigerin Schneiders Sagt Ihnen das Heft »White Supremacy« etwas?

Michael T. Da klingelt bei mir nichts. Ich weiß nicht mehr, ob ich so was jemals in der Hand gehalten habe.

Verteidigerin Schneiders Wer war denn für Jan Werner zuständig, was die Telefonüberwachung angeht?

Michael T. Wir haben alle drei Monate neue Kollegen bekommen. Wer Jan Werner gehabt hat, kann ich aus meiner Erinnerung nicht sagen.

Verteidigerin Schneiders Können Sie etwas sagen zum Thema »Turner-Tagebücher«?

Michael T. Nein.

Verteidigerin Schneiders Sagt Ihnen der Name Ian Stuart Donaldson etwas?

Michael T. Ich denke, er muss etwas mit rechter Musik zu tun haben. Ich krieg's aber nicht zusammen. *(Ian Stuart Donaldson war Mitbegründer von Blood & Honour in England und Chef der Rechtsrockband »Skrewdriver«.)*

Verteidigerin Schneiders Können Sie etwas dazu sagen, ob die Erlöse *(der Musik-CD der Band »Landser«)* für Personen auf der Flucht verwendet wurden?

Michael T. Dazu kann ich Ihnen nichts sagen.

Verteidigerin Schneiders Ist Ihnen etwas bekannt, ob Jan Werner auf der Suche nach Waffen war?

Michael T. Da ist mir nichts erinnerlich.

Verteidigerin Schneiders Können Sie sich erinnern, ob im Falle Jan Werner ein Verfahren eingeleitet oder nach Sachsen weitergegeben wurde?

Michael T. Nein, tut mir leid.

Verteidiger Klemke Erfolgte die Zuordnung eines Beamten zu einem Abgehörten im LKA Berlin auf Zuruf oder gab es einen schriftlichen Ermittlungsplan?

Michael T. Einen Ermittlungsplan gab es nicht. Eher auf Zuruf. Auch in Abhängigkeit, wer gerade da war.

Anwältin von der Behrens Haben Sie Thomas Starke als Informant angeworben? *(Thomas Starke war Mitbegründer von Blood & Honour Sachsen und zeitweise Geliebter von Beate Zschäpe.)*

Michael T. Ich kann mich nicht erinnern.

Anwalt Reinecke Ist Ihnen im Rahmen der Ermittlungstätigkeit der EG Rechts denn mal eine Rohrbombe untergekommen?

Michael T. Ich habe mit diversen Rohrbomben zu tun gehabt. Ob sie in der Zeit der EG Rechts Ermittlungsgegenstand waren, kann ich nicht mehr sagen.

Verteidigerin Schneiders Hatten Sie im Laufe der Ermittlungen mit dem Thema Schusswaffen zu tun?

Michael T. Ich weiß, wir haben in Sachsen mit durchsucht. Die Ergebnisse sind mir nicht mehr präsent.

(Der Zeuge wird entlassen. Am Ende der Verhandlung stellt Verteidiger Klemke einen Befangenheitsantrag gegen den Psychiatrischen Sachverständigen Norbert Leygraf. Er habe in Bezug auf die rechtsextreme Szene in Jena von »ausgeprägt ausländerfeindlichen Parolen« gesprochen, ohne dafür Belege genannt zu haben. Er habe damit Vorurteile und Klischees kritiklos übernommen.)

Tag 290

16. Juni 2016

Manfred Götzl, Richter. **Reiner Görlitz**, 63, Oberamtsrat des Brandenburgischen Verfassungsschutzes. Er sagte auch an den Tagen 215, 222 und 266 aus. **Wolfgang Stahl**, Verteidiger von Beate Zschäpe. **Olaf Klemke, Nicole Schneiders**, Verteidiger von Ralf Wohlleben. **Antonia von der Behrens, Thomas Bliwier**, Anwälte der Nebenklage.

(Zum wiederholten Mal wird der Beamte des Brandenburgischen Verfassungsschutzes Reiner Görlitz gehört, der Führer des V-Mannes Carsten Szczepanski alias »Piatto« war. Görlitz erscheint vor Gericht jedes Mal in einer Verkleidung, die verhindern soll, dass er erkannt wird. Diesmal trägt er einen hellgrauen Kapuzenpulli mit hochgezogener Kapuze. Es geht darum, ob sein V-Mann von Waffen für den NSU wusste.)

Verteidiger Klemke Haben Sie im Zusammenhang mit der V-Person »Piatto« Kenntnis von Rohrbomben?

Görlitz »Piatto« hat im Zusammenhang mit Nick Greger über Rohrbomben berichtet.

Verteidiger Klemke Und was hat er berichtet?

Görlitz Es war Anfang April 2000. Da soll Greger auf einem Kameradschaftstreffens erzählt haben, dass er Rohrbomben teste. Er wollte zusammen mit Kameraden diese Rohrbomben testen.

Verteidiger Klemke Die Rohrbombe soll Nick Greger gebastelt haben?

Görlitz Er erzählte, dass er Rohrbomben teste und diese mit Kameraden zur Explosion bringen will.

Verteidiger Klemke Haben Sie etwas mit dieser Information angefangen?

Görlitz Ich habe sie an die Auswertung weitergeleitet. Die war sehr interessiert an Erkenntnissen zu Nick Greger, da er bei seiner Haftentlassung 1999 gegenüber Mitgefangenen geäußert haben soll, dass er beabsichtige, eine jüdische Synagoge in Dresden in die Luft zu jagen. Es war Aufgabe, ein besonderes Auge auf Herrn Greger zu werfen.

Verteidiger Klemke Was war das für eine Kameradschaft?

Görlitz Es war eine Zeit, als sich viele Kameradschaften bildeten. Das waren unorganisierte Skinheads, die sich organisierten.

Verteidiger Klemke Unorganisierte Skinheads, die sich organisierten? Bisschen erklärungsbedürftig.

Görlitz Es waren Skinheads, die versuchten, Gleichgesinnte um sich zu scharen.

Verteidiger Klemke Hatte »Piatto« von Ihnen den Auftrag erhalten, sich besonders um Informationen zu Greger zu bemühen?

Görlitz Er hatte den Auftrag, seine Kontakte zu Greger zu intensivieren. Weil er erklärt haben soll, dass er in Dresden eine Synagoge in die Luft jagen will.

Verteidiger Klemke Haben Sie Kenntnis darüber, dass Herr Szczepanski *(Klarname von »Piatto«)* selbst in den Rohrbombenbau involviert war?

Görlitz Nein.

Verteidiger Klemke Hat »Piatto« Mitteilung gemacht, ob Greger Waffen besorgt hat?

Görlitz Er hat zweimal berichtet. Einmal von der Rohrbombengeschichte im April 2000. Und dann noch einmal im März. Da hat Greger erzählt, dass er Waffen, Panzerminen in Sachsen versteckt habe.

Verteidiger Klemke Was konkret für Waffen?

Görlitz Das wurde nicht konkretisiert.

Verteidigerin Schneiders Haben Sie Erkenntnisse zur Waffenbeschaffung in Sachsen?

Görlitz Nein.

Verteidigerin Schneiders Können Sie etwas sagen, ob Carsten Szczepanski Kontakte nach Sachsen hatte zum Ehepaar Probst?

Görlitz Keine intensiveren Kontakte.

Verteidiger Schneiders Haben Sie Erkenntnisse zu Waffenbeschaffungen durch die Eheleute Probst?

Görlitz Ich habe keine Erkenntnisse.

(Während der weiteren Befragung durch Nebenklagevertreter Bliwier kommt es zu einem Disput zwischen Götzl und Bliwier über die Art der Befragung. Der Zeuge wird kurz aus dem Saal geschickt.)

Anwalt Bliwier Ich habe erhebliche Zweifel, ob der Zeuge die Wahrheit sagt. Es ist nicht vorstellbar, dass der Zeuge Görlitz als V-Mann-Führer nach dem verfassungsschutz-internen Bekanntwerden der Information vom 19. September 1998, dass Jan Werner den drei Untergetauchten Waffen beschaffen sollte, keine weiteren Informationen zu diesem Thema erhalten hat.

(Die Befragung des Zeugen geht weiter, bleibt aber unergiebig. Der Zeuge wird entlassen. Anwältin Antonia von der Behrens stellt einen Antrag, zwei Zeugen zu laden, die das Fanzine »Der Weisse Wolf« herausgaben und im Jahr 2002 einen Brief des NSU und eine Spende über 2500 Euro bekamen.)

Anwältin von der Behrens Der Zeuge Torsten W. gab in seiner polizeilichen Vernehmung an, den NSU-Brief, dem ein 500-Euro-Schein beigelegt war, im Jahr 2002 erhalten zu haben Der Zeuge David Petereit *(NPD-Landtagsabgeordneter in Mecklenburg-Vorpommern)* wollte sich in seiner polizeilichen Vernehmung nicht daran erinnern, ob er den Brief mit einer Geldspende erhalten hatte. Allerdings wurde der NSU-Brief, adressiert an den »Weissen Wolf«, bei der Durchsuchung bei dem Zeugen Petereit sichergestellt. Mit dem Verschicken des Briefes hatte der NSU nach vier Morden und zwei Bombenanschlägen den Schritt gemacht, sich und seine Ziele in der Szene in einer neuen Form mit einer größeren Reichweite bekannt zu machen und so um weitere Unterstützer zu werben. Da die beiden Zeugen bekunden können, dass der NSU-Brief tatsächlich verschickt wurde und sie auch in der Anklage als Zeugen benannt sind, gehen die Antragsteller davon aus, dass ihre Ladung auch ohne einen Beweisantrag erfolgen wird. Im Hinblick auf die erwartete Ladung des Zeugen Petereit wird bereits jetzt beantragt: die Deckblattmeldung des Verfassungsschutzes von Mecklenburg-Vorpommern vom 9. April 2002 beizuziehen und in der Hauptverhandlung zu verlesen zum Beweis der Tatsache, dass es in den Dokumenten heißt, dass nach Informationen des V-Mannes bei dem Fanzine »Der Weisse Wolf« eine anonyme Spende in Höhe von 2 500 Euro eingegangen ist und dass dieser Spende ein Brief, in dem es sinngemäß hieß: »Macht weiter so, das Geld ist bei Euch gut aufgehoben!«, beigefügt war. Weiter wird beantragt, den Erstauswerter des Bundesamtes für Verfassungsschutz, der das Heft »Weisser Wolf Nr. 18« aus dem Jahr 2002 ausgewertet hat, über das BfV zu laden und zum Beweis der Tatsache zu hören, dass durch den Zeugen die Information des V-Mannes des Verfassungsschutzes Mecklenburg-Vorpommern zu der Spende an den »Weissen Wolf« und die Grüße an den NSU mit dem Zusatz »Es hat Früchte getragen« in dem Heft Nr. 18 des »Weissen Wolfs« im Herbst 2002 dahingehend ausgewertet worden sind, dass eine sich NSU nennende rechte Vereinigung über erhebliche Geldmittel verfügt und diese der Szene zur Verfügung stellt und dass aufgrund dieser Erkenntnisse die Auswertungsabteilung den Auftrag an die Beschaffung des BfV und an den Verfassungsschutz Mecklenburg-Vorpommern gegeben hat, mit nachrichtendienstlichen Mitteln abzuklären, welche weiteren Erkenntnisse es zu der Spende und dem Absender gibt, wer hinter dieser Vereinigung steht und aus welchen Quellen die Personen über die erheblichen Geldmittel verfügen.

Tag 291

28. Juni 2016

Manfred Götzl, Richter. **Christian C.**, 46, Polizeibeamter beim BKA Wiesbaden, Allgemeine Tatortarbeit. Er sagte auch an Tag 244 aus.
Wolfgang Stahl, Verteidiger von Beate Zschäpe.

Götzl Wir haben Sie ja bereits gehört zu zwei Asservaten. Ich würde gerne die Asservate nochmals in Augenschein nehmen.
(Der Zeuge kommt nach vorne zum Richtertisch. Es wird eine Seite der Münchner Boulevardzeitung tz vom 30. August 2001 gezeigt, auf der über den Mord an Habil Kılıç in München vom Vortag berichtet wird.)

Christian C. Die Fingerspur liegt hier. *(Er deutet auf den Titelkopf der Seite und das Wort »München«.)*

Verteidiger Stahl Wo genau befindet sie sich da? *(Er geht auch zum Richtertisch, der Zeuge deutet erneut auf den Fingerabdruck.)* Ich habe das jetzt in Augenschein genommen. Ist dort von Ihnen etwas gemacht worden?

Christian C. Wir haben sie sichtbar gemacht.

Verteidiger Stahl Haben Sie eine Erinnerung daran, ob es auf demselben Asservat weitere Fingerspuren gegeben hat?

Christian C. Soweit ich weiß, war es nur diese eine Fingerspur.

Verteidiger Stahl Können Sie erkennen, um welchen Finger es sich bei der Spur handelt?

Christian C. Die Auswertung erfolgt in der entsprechenden Fachabteilung. Meine Aufgabe als Spurensicherung ist es, die Spur sichtbar zu machen.

Verteidiger Stahl Dann interessiert mich noch, in welchem Zustand Sie das Asservat übergeben bekamen.

Christian C. Das war am Anfang eine ganze Sammlung von Zeitungsartikeln.

Verteidiger Stahl Und in welchem Zustand ist Ihnen das Asservat übergeben worden?

Christian C. So, wie es jetzt auch aussieht. Es war brandbeschädigt, sonst hat sich nicht viel verändert. Die Zeitungen waren trocken, so wie sie da liegen.

Verteidiger Stahl Wie sind die Zeitungen angeliefert worden, in was für einem Behältnis?

Christian C. In einer Asservatentüte. Was für eine Tüte, das kann ich nicht mehr sagen.

Verteidiger Stahl Ist ja keine Schande.

Christian C. Das kann ich nicht mehr sagen, ob in einer Papiertüte oder in Kunststoff.

(Es wird eine zweite Zeitungsseite in Augenschein genommen, eine Seite aus dem Kölner »Express« vom 11. Juni 2004 über den Bombenanschlag in der Keupstraße vom 9. Juni 2004.)

Christian C. *(er dreht die Zeitungsseite um)* Hier unten eingezeichnet ist die relevante Fingerspur, um die es geht.

Verteidiger Stahl Auch hier meine Frage: Haben Sie Kenntnis davon, ob weitere daktyloskopische Spuren auf dieser Seite festgestellt wurden?

Christian C. Auf dem Asservat nur die eine.

Verteidiger Stahl Keine einzige andere? Ich frage nicht nur nach verwertbaren Spuren und auch nicht speziell nach Spuren von Frau Zschäpe.

Christian C. Nee, da waren keine anderen.

Verteidiger Stahl In welchem Zustand haben Sie dieses Asservat bekommen?

Christian C. Auch zusammen mit den anderen Zeitungsartikeln in einer Asservatentüte.

Verteidiger Stahl Waren bei den Asservaten noch irgendwelche Zettel mit Nummern dabei?

Christian C. Da waren so kleine Notizzettel mit handschriftlichen Nummern drauf.

Verteidiger Stahl Lagen die lose in der Tüte mit drin?

Christian C. Die waren in der Tüte mit drin.

Verteidiger Stahl Wurden Verbindungen zwischen den Zetteln und den Zeitungsseiten hergestellt?

Christian C. Meines Wissens nach nicht.

Verteidiger Stahl Also ich habe keine Fragen mehr.

(Richter Götzl gibt bekannt, dass der weitere für diesen Tag vorgesehene Zeuge Sönke P., der behauptet hat, er habe sich in der JVA München länger mit Tino Brandt unterhalten, nicht geladen werden konnte, weil er sich nicht mehr in der angeschriebenen Klinik in Schwabing aufhält. Man bemühe sich, eine aktuelle, ladungsfähige Anschrift zu ermitteln. Dann nimmt das Gericht erneut eine Vorläuferversion des NSU-Bekennervideos in Augenschein. Es geht um einen Abgleich zwischen Zeitungsartikeln, die in dem Video gezeigt werden, und den vorhin besprochenen Zeitungsseiten, die im Brandschutt der Frühlingsstraße gefunden wurden.)

Tag 292

29. Juni 2016

Manfred Götzl, Richter. **Marcel Degner**, 40, ehemaliger V-Mann des Thüringer Verfassungsschutzes. Er wurde auch an den Tagen 191, 207, 300 und 309 befragt. **Dietmar Rudloff**, Zeugenbeistand von Marcel Degner.

(Nach den ersten Vernehmungen des Zeugen Degner an den Tagen 191 und 207 hat die Staatsanwaltschaft München ein Ermittlungsverfahren wegen des Verdachts der uneidlichen Falschaussage gegen ihn eingeleitet und nur vorläufig eingestellt.)

Rudloff Der Zeuge sieht sich einer schwierigen Situation gegenüber. Es besteht die Gefahr, dass er seine Rechte allein nicht ausüben kann. Mein Mandant ist vollkommen verunsichert und verängstigt. *(Der Anwalt beantragt deshalb, vom Gericht als Zeugenbeistand beigeordnet zu werden. Das Gericht gibt dem Antrag statt.)*

Götzl Herr Degner, gibt es aus Ihrer Sicht ergänzende Angaben zu dem, was bisher berichtet wurde?

Degner Nein.

Götzl Haben Sie für den Verfassungsschutz als V-Mann gearbeitet?

Degner Diese Aussage muss ich verweigern.

Götzl Wollen Sie sich auf Paragraf 55 *(der Strafprozessordnung, wonach sich niemand durch seine Aussage der Strafverfolgung aussetzen muss)* berufen?

Degner Ja.

(Es entspinnt sich eine Diskussion, ob der Zeuge Degner nach seiner letzten Vernehmung entlassen wurde oder nicht. Nach Beratung des Gerichts erklärt Götzl, dass der Zeuge beim letzten Mal nicht entlassen worden sei. Das bedeutet, dass der Zeuge bisherige Aussagen aus den letzten Vernehmungen noch korrigieren könnte, was eventuell Auswirkungen auf das Ermittlungsverfahren gegen ihn hat. Götzl bietet dem Zeugen an, die Vernehmung zu unterbrechen und ihn zu einem späteren Zeitpunkt erneut zu laden, damit er sich mit seinem Anwalt darauf vorbereiten kann. Zeuge und Anwalt nehmen das Angebot an. Neuer Termin für die Vernehmung ist der 20. Juli 2016. Götzl verliest einen weiteren Beschluss: Der von der Nebenklage gewünschte Zeuge Ralf Marschner, der angeblich Beate Zschäpe und Uwe Mundlos im Untergrund in seinen Betrieben beschäftigt hat, wird nicht geladen. Anwalt Reinecke beantragt, ein auf einer CD entdecktes Urlaubsfoto in Augenschein zu nehmen. Es soll das Trio Mundlos, Böhnhardt und Zschäpe im Sommer 2006 im Urlaub mit dem Mitangeklagten Holger Gerlach zeigen. Damit wäre belegt, dass Zschäpe entgegen ihrer Aussage auch im Jahr 2006 noch persönlich Kontakt zu Gerlach gehabt habe.)

Tag 293

30. Juni 2016

Manfred Götzl, Richter. **Timo K.**, 34, Polizeibeamter vom BKA Meckenheim. Er sagte auch an den Tagen 162 und 288 aus. **Olaf Klemke, Nicole Schneiders**, Verteidiger von Ralf Wohlleben.

Götzl Herr K., guten Morgen. Dann setzen wir Ihre Einvernahme fort. Haben Sie noch Erinnerungen zum Führerschein des Herrn Schultze?

Timo K. Ich meine, wir haben das schon mal besprochen. Ich muss ehrlich sagen, dass ich jetzt nicht ganz vorbereitet bin. Das Datum der Führerscheinausstellung stand im Einklang mit den Angaben von Herrn Schultze.

(Carsten Schultze hatte die Übergabe der Waffe an Mundlos und Böhnhardt in einen zeitlichen Zusammenhang mit seinem Führerschein gebracht. Seinen Führerschein hat er am 3. April 2000 bekommen. Danach habe er die Waffe besorgt. Der erste Mord geschah im September 2000. Es ist also ein weiteres Indiz, dass Schultze den beiden tatsächlich die Mordwaffe gebracht hat.)

Verteidiger Klemke Haben Sie eine Erinnerung daran, ob es in in der Vernehmung durch den Ermittlungsrichter am BGH auch um das Geld für den Erwerb der Waffe ging?

Timo K. Ehrlich gesagt nicht. Ich meine, es ging darum, aber ich kann Ihnen die Details nicht nennen.

Verteidiger Klemke Wissen Sie noch, ob Herr Schultze konkrete Angaben gemacht hat?

Timo K. Da fehlt mir die Erinnerung an diese Vernehmung.

Verteidiger Klemke Haben Sie sämtliche Vernehmungen des Carsten Schultze vorbereitet? Gab es so etwas wie einen Vernehmungsplan?

Timo K. Ja.

(Wie schon oft geht es im Folgenden darum, warum Carsten Schultze im BKA ganz bestimmte Waffen vorgelegt wurden, unter denen er dann die Mordwaffe Česká als die Waffe erkannte, die er im Auftrag von Ralf Wohlleben für Zschäpe, Mundlos und Böhnhardt besorgt hat.)

Verteidiger Klemke Warum haben Sie eine sukzessive Waffenvorlage nicht in Betracht gezogen?

Timo K. Im Endeffekt haben wir uns auf die Kriminaltechnik verlassen, dass die uns eine vernünftige Auswahl vorlegen. Dass wir alles auf einmal hingelegt haben, war keine Überlegung, die wir zuvor erörtert hätten.

Verteidigerin Schneiders Gab es am Rande der Vernehmungen Gespräche mit Herrn Schultze?

Timo K. Ja.

Verteidigerin Schneiders Über was wurde geredet?

Timo K. Es kann nur Small Talk gewesen sein. Dass man jemanden fragt, der in U-Haft sitzt: Wie geht's? Klar tauscht man in der Zigarettenpause ein paar Worte. Ich rauche zwar selber nicht, aber ich war mal dabei.

(Der Zeuge wird entlassen. Anwältin Antonia von der Behrens stellt einen Antrag im Namen einiger weiterer Nebenklägervertreter, einen Mitarbeiter des Bundesamtes für Verfassungsschutz mit dem Tarnnamen Sebastian Egerton als Zeugen zu laden. Von der Behrens bezieht sich auf die Aussage Egertons vor dem ersten Untersuchungsausschuss des Bundestages, wo er bestritt, vor der Selbstenttarnung des NSU von dieser Gruppe gehört zu haben. Von der Behrens hält dies für unglaubwürdig. Egerton habe das Neonazi-Magazin »Weisser Wolf« im Jahr 2002 ausgewertet. Darin ist ein Gruß der Redaktion abgedruckt: »Vielen Dank an den NSU, es hat Früchte getragen.« Die Bundesanwaltschaft widerspricht der Ladung Egertons, da er für die Beweisaufnahme nicht relevant sei.)

Tag 294

5. Juli 2016

Manfred Götzl, Richter. **Bert W.**, 38, Kriminaltechniker beim BKA Wiesbaden. **Sönke P.**, 53, Frührentner aus München. **Jochen Weingarten**, Vertreter der Bundesanwaltschaft. **Olaf Klemke, Nicole Schneiders**, Verteidiger von Ralf Wohlleben.

Götzl Es geht uns um ein Gutachten zur Sichtbarmachung der Waffennummer auf der Česká 83.

Bert W. Die Waffe wurde mir am 14.11.2011 übergeben. An zwei Stellen war die Seriennummer entfernt, am Verschluss und am Lauf im Bereich des Patronenlagers. Die Entfernung war durch Schleifen erfolgt. Ich habe die Waffe fein abgeschliffen und poliert und dann ein metallografisches Ätzverfahren angewandt. Dadurch wurde die Nummer 034678 wieder sichtbar.

Götzl Können Sie das Verfahren etwas erläutern?

Bert W. Die Waffe wird wie gesagt sehr fein angeschliffen und poliert. Dann wird sie mit einem Ätzmittel bearbeitet, darin sind Säuren, aber auch Metallsalze enthalten. Diese Mittel greifen die Bereiche an, wo das Metall beeinflusst wurde. Dadurch wird auf der Metalloberfläche ein Kontrast sichtbar, den wir dann fotografieren.

Verteidigerin Schneiders Wie wird die Waffennummer auf eine Waffe aufgebracht?

Bert W. Das wird meistens geprägt, geht aber auch mit einem Laser. Hier wurde vermutlich geprägt.

Verteidigerin Schneiders Wieso vermutlich?

Bert W. Na ja, ich war ja bei der Herstellung nicht dabei. Aber die Sichtbarmachung deutet darauf hin. Bei geprägten Waffennummern funktioniert sie besser, weil die Gefügebeeinflussung beim Prägen tiefer ist. Bei einem Laser ist sie nicht so tief, das bedeutet für uns schlechtere Chancen, das wieder sichtbar zu machen. *(Der Zeuge verlässt den Gerichtssaal, es folgt der Zeuge P., der im Sommer 2014 Tino Brandt in der JVA München-Stadelheim kennenlernte und sich mit ihm auch unterhielt.)*

Götzl Es geht uns um Ihr Gespräch mit Tino Brandt in der JVA München-Stadelheim. Ich würde Sie bitten, von sich aus zu berichten.

Sönke P. Ich war in der JVA Stadelheim im Krankenbereich wegen kleinen Frechheiten. Ich war in einer Gemeinschaftszelle, wir waren zu sechst. Schräg gegenüber in einer Dreierzelle war der Herr Tino Brandt. Den habe ich erkannt, man kennt den ja aus den Medien, der war ja kein unbekanntes Gesicht. Ich habe ihn begrüßt und mich mit ihm unterhalten. Gegen Mittag war Hofgang. Wir sind gemeinsam in den Hof gegangen. Und vor dem Altbau, vor dem Volleyballplatz, haben wir uns auf einen Mauervorsprung gesetzt. Ich habe ihm Fragen gestellt, aber er hat auch von sich aus erzählt. Ich habe mir noch am selben Tag eine Aktennotiz gemacht, weil ich das brisant fand, und habe die Notiz dann an Sie ausgereicht, an die Staatsanwaltschaft. Am Anfang hat er erzählt, dass sein Vater zu Informationszwecken in Russland gewesen sei, dort habe er sich eine Hepatitisinfektion zugezogen. Durch seinen Vater habe er gewusst, wie sich die Symptome äußerten. Er ging zum Hausarzt, klagte über die Symptome und wurde von dem dann krankgeschrieben, was seiner Aussage nach dazu führte, dass er hier nicht aussagen musste. *(Tatsächlich hatte sich die Aussage von Tino Brandt unter anderem wegen einer Krankschreibung immer wieder verzögert.)* Er fand das irgendwie ganz lustig, weil ein Verhandlungstag wohl über 100 000 Euro kostet. Er fand das eher amüsant. Ja dann haben wir so gesprochen, wie man zu solchen An- und Einsichten kommt, wie sich das verhält. Er hat erzählt, dass Herr Böhnhardt, Herr Mundlos und Frau Zschäpe wohl früher beim Thüringer Heimatschutz gewesen sind und er schon nach zwei Jahren die drei aufgefordert hat, zurück zum Thüringer Heimatschutz zu kommen. Was sie ablehnten, weil sie nach seiner Aussage Wichtigeres zu tun hätten. Dann hat er erzählt, dass er in Coburg in einem rechtspopulistischen Buchverlag arbeitete, Nation und Europa. Und auf seinem Diensttelefon sei er angerufen worden, hätte Nummern von Telefonzellen bekommen und Uhrzeiten und hätte in der Mittagspause oder anschließend von einer anderen Telefonzelle diese Zelle angerufen. Es ging darum, den dreien Geld zu übergeben.

Ich habe ihn gefragt, woher er das Geld für seine Arbeit beim Thüringer Heimatschutz hatte. Er meinte, da habe es konspirative Treffen mit dem Verfassungsschutz gegeben, im Café oder Restaurant. Er nannte das Märchenstunde, man konnte erzählen, was man wollte. Anschließend gab es Geld im Umschlag, das er mit dem Namen »Otto« quittierte. Er sagte, er hätte auch mit »Micky Maus« oder »Dagobert« unterschreiben können, das hätte eh niemanden interessiert. Er hat sich über das Gericht amüsiert. Dass er die Faschingsveranstaltung hier nicht so ernst nehmen würde. Als ich den Tino Brandt das erste Mal gesehen habe, machte er auf mich einen schüchternen, einsamen, fast ängstlichen Eindruck. Ich kann natürlich nichts über den Wahrheitsgehalt sagen, ich fand es nur so interessant und brisant, dass ich mir alles aufgeschrieben habe.

Götzl Wie lange hat das Gespräch gedauert?

Sönke P. Ich habe ihn erst morgens kurz in seiner Zelle gesprochen und dann mittags beim Hofgang. So eine Stunde lang.

Götzl Wie kamen Sie an seine Ladung für das OLG München? *(Der Zeuge hatte auch die Ladung von Tino Brandt für den NSU-Prozess mitgeschickt, als er die Staatsanwaltschaft über sein Gespräch mit Brandt informiert hatte.)*

Sönke P. Ich hab ihn ein bisschen gelockt. Ich hab ja auch kurze Haare, was aber nichts mit meiner politischen Einstellung zu tun hat. Also sah er in mir wohl einen Gleichgesinnten. Ich hab ihm gesagt, da gibt es eine Kneipe, das »Tumult«, da würde man sich sehr über so eine Trophäe freuen. Von meiner Familie mütterlicherseits hat nur mein Großvater überlebt, er war erst in Sachsenhausen, dann in Neuengamme. Ich wollte wissen, wie solche Leute denken.

Götzl Aber warum hatte die Ladung für Sie so eine Bedeutung?

Sönke P. Na ja, nachdem er mir das alles erzählt hatte, dachte ich, ich muss jetzt auch irgendwie nachweisen, dass ich diesen Kontakt hatte.

Götzl Was genau hat Sie denn interessiert, was wollten Sie von Brandt wissen?

Sönke P. Das mit der Geldübergabe zum Beispiel. Ich wusste ja vorher gar nicht, dass man von Telefonzelle zu Telefonzelle telefonieren kann. Er hat erzählt, dass er nach dem Gespräch drei Kameraden losgeschickt hat, damit das Geld sicher ankommt.

Götzl Hat er Näheres gesagt zu den drei Kameraden?

Sönke P. Nur dass der eine zuverlässig war, die anderen weniger. Offenbar ist das Geld von einem Boten überhaupt nicht angekommen.

Götzl Kalendermäßig, wann war denn das Gespräch?

Sönke P. Am 17. Juni 2014. Der Hofgang war von 13 bis 14 Uhr. Es war knalleheiß an dem Tag.

Götzl Sie hatten gesagt, er hätte Beate Zschäpe, Uwe Böhnhardt und Uwe Mundlos aufgefordert, nach zwei Jahren wieder zurückzukehren in den Thüringer Heimatschutz. Was meinte er mit den zwei Jahren?

Sönke P. Hat er nicht gesagt. Er hat nur gesagt, dass der Thüringer Heimatschutz durch den Austritt der Zwickauer Zelle nicht mehr so schlagkräftig sei.

Götzl Hat er das wörtlich so gesagt?

Sönke P. Ja. Ich weiß jetzt nicht, ob es wortwörtlich war, aber er hat geäußert, dass der THS *(Abkürzung für Thüringer Heimatschutz)* damit zersplittert sei.

Götzl Wann haben Sie die Gesprächsnotiz gemacht?

Sönke P. Am selben Tag, direkt nach dem Hofgang.

Götzl Wie ging es weiter mit der Notiz?

Sönke P. Ich habe sie nach meiner Entlassung an die Staatsanwaltschaft geleitet.

Götzl Wann war die Entlassung?

Sönke P. Mitte oder Ende August 2014.

Götzl Haben Sie nach der Entlassung mit jemandem über diese Notiz gesprochen?

Sönke P. Nur mit meiner Lebenspartnerin und meinem Anwalt. Und mit dem Michi, den Nachnamen kenne ich nicht. Der saß wegen Spielschulden.

Götzl Nach dem Eingangsstempel sind Ihre Unterlagen am 21.12.2014 eingegangen. Wieso haben Sie sie erst im Dezember geschickt?

Sönke P. Weil meine Lebenspartnerin und mein Anwalt meinten: Das ist gefährlich, das sind Leute, mit denen ist nicht zu spaßen, die finden dich. Ich habe dann länger überlegt und mich entschlossen, es doch zu schicken.

Götzl Sie wurden daraufhin von der Polizei vernommen. Wann war das?

Sönke P. Ein paar Tage nach der Ladung.

Götzl Im Protokoll steht der 23.2.2015. Dort sagten Sie aus, Sie hätten die Notiz abends angefertigt. Aber Sie sagten gerade, Sie hätten nach dem Hofgang alles aufgeschrieben.

Sönke P. Na ja, nach dem Abendessen. Hofgang war bis zwei, danach Einschluss, um halb drei gab es Abendessen.

Götzl Am 7. April 2015 haben Sie eine Notiz an das Oberlandesgericht geschickt, wo Sie schreiben: »Ich kann mich nicht erinnern, ich hab einen an der Klatsche.« Warum?

Sönke P. Da hatte ich Panik. Weil meine Frau insistiert hat: Mach das nicht, die finden dich, die finden jeden.

Götzl Aber was wollten Sie mit dem Schreiben bezwecken?

Sönke P. Meiner Furcht Ausdruck verleihen. Ich hatte einen schweren Unfall 1998, da war der Frontalkortex betroffen. Seitdem ist es so, wenn mir jemand etwas sagt, was mir Angst macht, dann setzt sich diese Angst fest. Das hat aber nichts mit meinen intellektuellen Fähigkeiten zu tun. Die sind noch voll vorhanden.

Götzl Aber was wollten Sie damit erreichen, dass Sie schrieben, Sie könnten sich an nichts erinnern?

Sönke P. Meine Lebenspartnerin sagte, ich solle schreiben, dass ich mich an nichts erinnern kann. Ihr Vater war einer der Chefs im KZ Sachsenhausen. Sie hatte Angst, dass ihre Anonymität durch meine Aussage in Gefahr kommen könnte, und hat deswegen Druck auf mich gemacht.

Oberstaatsanwalt Weingarten Waren Sie schon mal als Zuschauer im NSU-Verfahren?

Sönke P. Ja, einmal. Am Anfang.

Oberstaatsanwalt Weingarten Haben Sie sich ansonsten über das Verfahren informiert?

Sönke P. Nein.

Oberstaatsanwalt Weingarten In der polizeilichen Vernehmung haben Sie angegeben: »Da ich selbst schon im NSU-Prozess als Zuschauer war und mich für diese Geschichte interessierte, habe ich Tino Brandt in der JVA erkannt.« Was heißt interessiert? Haben Sie das Verfahren in der Zeitung verfolgt?

Sönke P. Nein.

Oberstaatsanwalt Weingarten Und im Fernsehen?

Sönke P. Gelegentlich. Da war mal eine Sendung im Fernsehen, da lief er mit der Fahne herum. Da fiel mir das Babyface auf. Deshalb habe ich ihn wiedererkannt.

Götzl Herr P., Sie haben auf die Frage, ob Sie sich über das Verfahren informiert hätten, mit Nein geantwortet. In der polizeilichen Vernehmung haben Sie angegeben, dass Sie sich informiert haben.

Sönke P. Ja, wenn mal was dazu in der Zeitung stand. Wir lesen nur die tz am Wochenende.

Verteidigerin Schneiders War die Anwesenheit des Anwalts von Tino Brandt vor Gericht hier Thema Ihres Gesprächs?

Sönke P. Er hat ihn erwähnt, ja. Und dass er hier einen Anwalt haben wollte, aber das vom Gericht abgelehnt wurde.

Verteidigerin Schneiders Laut Ihrer Erinnerung sagte er: »Diese Vaterlandsverräter können doch nicht ernsthaft erwarten, dass ich ohne Zeugenbeistand überhaupt irgendwas sage.«

Sönke P. Ja, das waren seine Worte.

Verteidigerin Schneiders Weiter soll er gesagt haben: »Die Fragen des Richters Götzl konnte ich nicht beantworten. Ich sagte, dass ich mich nicht erinnern kann. Ich bin doch kein Kameradenschwein. Natürlich könnte ich die Fragen beantworten, aber das müssen die mir erstmal beweisen.«

Sönke P. Ja, das hat er wortwörtlich so gesagt.

(Der Zeuge wird entlassen. Verteidiger Klemke gibt eine Erklärung zur Vernehmung des Angeklagten Carsten Schultze durch die BKA-Beamten Ellen G. und Timo K. ab, die an den Tagen 285 beziehungsweise 164, 288 und 293 aussagten. Carsten Schultze belastet Klemkes Mandanten Ralf Wohlleben schwer, deswegen versucht der Verteidiger, die Glaubwürdigkeit von Schultze zu erschüttern.)

Verteidiger Klemke Es ist zu konstatieren, dass Herr Schultze mit einer einzigen Ausnahme mit Samthandschuhen angefasst worden ist. Die Ausnahme ist die Frage des doppelten Gehilfenvorsatzes, hier haben der Beamte K. und Oberstaatsanwalt Weingarten Herrn Schultze vehement darauf hingewiesen, dass sie ihm nicht glauben, wenn er angibt, keine Kenntnis gehabt zu haben, wofür die Waffe *(es geht um die Česká, mit der neun Morde begangen wurden)* bestimmt gewesen sei, denn er hätte ja Kenntnis gehabt, dass in der von Frau Zschäpe angemieteten Garage TNT gefunden wurde. Das war das einzige Mal, dass die Beamten versucht haben, Widersprüche seiner Angaben zu hinterfragen. Dass Herr Schultze ansonsten mit Samthandschuhen angefasst wurde, wundert mich nicht, weil Herr Schultze sehr beflissentlich bereit war, die Erwartungen zu erfüllen, die offenkundig von den Vernehmungsbeamten an ihn herangetragen wurden. Im Übrigen ist es auch so, dass die Aussagen von vornherein dazu dienen sollten, die Hypothese zu bestätigen, dass unser Mandant involviert sei in die Waffenbeschaffung. Von daher waren die Beamten nur allzu bereit, alles kritiklos hinzunehmen, was Herr Schultze zum Besten gab. Hier ein paar Beispiele. Bei der Vernehmung durch das BKA am 6. 2. 2012 hat Herr Schultze angegeben, dass er erst nach dem Erwerb der Waffe, bei seinem Besuch bei Herrn Wohlleben festgestellt habe, dass da ein Schalldämpfer dabei gewesen sei. Neun Tage später hat Herr Schultze ausgesagt, dass der Zeuge Andreas Schultz *(der Verkäufer der Waffe im rechten Szeneladen Madley in Jena)* ihm bereits beim zweiten der drei Besuche, also vor der Übergabe der Waffe, gesagt habe, dass es nur eine osteuropäische Waffe gebe und die habe einen Schalldämpfer. Das hat nicht etwa dazu geführt, dass da mal nachgefragt wird. Nein, das wird einfach so hingenommen, Hauptsache es passt. Ein weiterer Widerspruch. Am 6. 2. 2012 sagt Herr Schultze, es könne sein, dass Herr Wohlleben dabei gewesen sei, als er das erste Mal zu Andreas Schultz ins Madley gegangen sei. In derselben Vernehmung sagt Herr Schultze dann später, dass Wohlleben ihm gesagt habe, er solle doch zum Andreas Schultz ins Madley gehen. Da wird nicht nachgefragt, warum denn der Herr Wohlleben den Herrn Schultze ins Madley schickt, wenn er selbst dabei ist. Nein, denn die Aussage ist gut, die belastet so schön den Herrn Wohlleben, da wird nicht nachgefragt. Genauso mit dem Geld für die Waffe. Daran hat Herr Schultze nicht mal eine konkrete Erinnerung. Auch das wird nicht hinterfragt, nicht überprüft. Denn bei einer Überprüfung hätte sich schnell ergeben, dass Herr Wohlleben wohl kaum über dieses Geld verfügt haben kann. Im Übrigen stimmt es schon nicht, dass Herr Schultze ausschließlich mit Herrn Wohlleben wegen des Trios Kontakt hatte. Die Kollegin Schneiders hat die Deckblattmeldung des Verfassungsschutzes bereits zitiert, derzufolge es wiederholt Gespräche zwischen Tino Brandt und Herrn Schultze über das Trio gegeben hat. Aber die Beamten nehmen die Aussage einfach entgegen, ohne mal das Gehirn einzuschalten, hätte ich fast gesagt, aber ich verkneife es mir. Passt ja alles so schön. Dann die Handschuhe. Herr Schultze hat diese Handschuhe beim Ermittlungsrichter überhaupt nicht erwähnt. Erst bei der suggestiven Befragung am 06.02.2012 sagt Herr Schultze, es sei möglich, dass Herr Wohlleben Handschuhe getragen habe. Am 15. 2. 2012 behauptet Herr Schultze dann ganz klar und fest, dass Herr Wohlleben schwarze Lederhandschuhe getragen habe. Aus einer möglichen Erinnerung wird plötzlich eine konkrete Erinnerung. Wie aus einem Gangsterfilm: Lederhandschuhe, schwarz. Fehlt eigentlich nur noch der Trenchcoat. Das wird alles nicht hinterfragt, es passt ja so schön auf die Schiene, auf der der Zug schon rollt. Das ist die Quintessenz aus den Aussagen der Zeugen G. und K., das zieht sich durch die ganze Hauptverhandlung und wir fürchten auch, bis ins Urteil.

Tag 295

6. Juli 2016

Manfred Götzl, Richter. **Hermann Borchert, Mathias Grasel, Wolfgang Stahl**, Verteidiger von Beate Zschäpe. **Jacob Hösl, Johannes Pausch**, Verteidiger von Carsten Schultze. **Seda Başay, Bernd Behnke, Antonia von der Behrens, Fenna Busmann, Elisa Catic-Redemann, Adnan Erdal, Alexander Hoffmann, Hardy Langer, Edith Lunnebach, Anna Luczak, Walter Martinek, Yavuz Narin, Sebastian Scharmer, Reinhard Schön, Sabine Singer, Peer Stolle**, Anwälte der Nebenklage. **Henning Saß**, psychiatrischer Gutachter.

(Jeanette P. berichtet zunächst von ihren Nachermittlungen zur Frage, ob man im Juni 2004 in Zwickau wirklich die Sendungen des Regionalprogramms WDR Köln empfangen konnte. Direkt nach dem Nagelbombenanschlag in der Kölner Keupstraße am 9. Juni 2004 waren Sendungen des WDR Köln mitgeschnitten worden. Teile dieser Aufnahmen waren für das Bekennervideo verwendet worden. Zschäpe hatte durch ihre Anwälte erklären lassen, sie habe von der Arbeit am Bekennervideo nichts mitbekommen. Die Kommissarin kam zu dem Ergebnis, dass im Jahr 2004 die regionalen Sendungen des WDR Köln auch in Zwickau im Kabel zu empfangen waren – ein möglicher Hinweis darauf, dass dort jemand die Sendung mitgeschnitten hat. Und die Möglichkeit, den Schluss zu ziehen, dass das Beate Zschäpe war, die dann von den geplanten Attentaten gewusst hätte. Sie selbst bestreitet das.)

Götzl Dann kommen wir zu weiteren Fragen vonseiten der Verfahrensbeteiligten an Frau Zschäpe. Können wir es so handhaben, dass die Fragen gestellt und von

Ihnen *(er nickt in Richtung der Verteidigung von Beate Zschäpe)* dann aufgeschrieben werden?

Verteidiger Borchert Aber es ist vorauszusehen, dass die Fragen wohl nicht beantwortet werden.

(Zschäpe will ausschließlich Fragen der Richter beantworten. Trotzdem stellen die Verteidiger der Mitangeklagten, die Nebenklagevertreter und auch der Gerichtspsychiater in der Folge insgesamt Hunderte von Fragen an sie.)

Verteidiger Pausch Ich hätte Fragen zur Auswertung eines Funktelefons, gefunden in der Frühlingsstraße 26. Dort sind SMS gesichert worden. Es geht um die Frage, ob Frau Zschäpe weiß, von wem diese SMS stammen. »Von Ebi ist nichts mehr zu hören! Seit Wochen hat man nichts mehr gehört. Sonst gibt's nichts Neues! Meld mich die Woche nochmal.« Vom 25. 8. 2000, 14.48 Uhr. Und: »Er hat mir gesagt, dass er 21 Uhr anruft, wenn er es schafft!« Vom 3.9.2000, 2 Uhr. Und; »Mir ist es ist zur Zeit nicht möglich, mit euch zu sprechen wegen NPD-, gestern B&H-, und bald THS-Verbot! Ich gehe davon aus, dass ich überwacht werde! Meld mich! Ralf« Vom 15. 9. 2000, 14.56 Uhr. Weiß Frau Zschäpe, von wem diese SMS stammen? Kennen Sie Nico E.? Wissen Sie, ob Uwe Mundlos oder Uwe Böhnhardt ihn kannten? Gab es nach dem Untertauchen Kontakte zu ihm, in welcher Art und in welcher Beteiligung? Für welchen Zweck waren die Vertretungsvollmachten, die Sie im Kaufhaus in Chemnitz unterschrieben haben – wo Sie doch mit Rechtsanwalt Eisenecker schon 1999 Kontakt hatten?

Götzl Werden die Fragen sofort beantwortet?

Borchert Mit Sicherheit nicht.

(Dann folgen die Nebenklagevertreter. Es dauert Stunden, bis sie all ihre Fragen an die Angeklagte Zschäpe gestellt haben.)

Anwalt Scharmer Wissen Sie, warum und wie Enver Şimşek, Abdurrahim Özüdoğru, Süleyman Taşköprü, Habil Kılıç, Mehmet Turgut, İsmail Yaşar, Theodoros Boulgarides, Mehmet Kubaşık, Halit Yozgat und Michèle Kiesewetter als Mordopfer ausgesucht wurden?

Waren Sie, Uwe Mundlos und/oder Uwe Böhnhardt vor oder nach dem Untertauchen in den Städten, die Tatorte der Morde und Anschläge waren? Also in Nürnberg, Köln, München, Hamburg, Rostock, Dortmund oder Kassel? Wenn ja, an welchen Orten, zu welchen Gelegenheiten waren Sie dort und mit welchen Personen hatten Sie dort Kontakt?

Götzl *(zu Scharmer)* Sie müssen langsamer reden, sonst können die Fragen nicht mitgeschrieben werden.

Anwalt Scharmer Haben Uwe Mundlos und/oder Uwe Böhnhardt Ihnen auch über andere Morde und/oder Anschläge so präzise Angaben gemacht wie über den Anschlag in der Probsteigasse in Köln *(gemeint ist der Anschlag im Januar 2001 auf*

eine iranischstämmige Familie, die dort einen Lebensmittelladen betrieb)? Also wer die Bombe gelegt beziehungsweise geschossen hat und wer aufgepasst hat? Wenn ja, was haben die beiden Ihnen gesagt? Wenn nein, ist Ihnen bekannt, warum Ihnen nur in Bezug auf die Probsteigasse diese Information nach Ihrer Einlassung mitgeteilt wurde?
Woher wissen Sie, Frau Zschäpe, wie Sie es in der Einlassung vom 9. Dezember 2015 angeben, dass Uwe Mundlos »die Morde« fotografiert hat? Welche der »Morde« hat er fotografiert? Wo wurden die Fotos gespeichert oder entwickelt? Haben Sie die Fotos vor dem 4.11.2011 gesehen? Was war Ihnen über den Zweck der Aufnahmen bekannt?
Wo wurden die Karten und Adresslisten von Personen und Einrichtungen in verschiedenen Städten Deutschlands in den Wohnungen in der Polenzstraße 2 und in der Frühlingsstraße 26 aufbewahrt? Wozu dienten nach Ihrer Kenntnis die Karten und Adresslisten?
Ich würde gerne einen Vorhalt machen. Da geht es mir um Fotos. Können wir das kurz einblenden? *(Es werden Fotos von türkischen Imbissen an die Wand projiziert.)* Waren Sie dabei, als die – laut Zeitstempel am 25. Juni 2003 gegen Mittag – in Stuttgart gemachten Fotos, auf denen unter anderem türkische Imbisse zu sehen sind, aufgenommen wurden? *(Dann wird ein Foto an die Wand geworfen, das Zschäpe und Böhnhardt in kurzen Hosen auf einem Sofa zeigt.)* Wo ist das Bild, das Sie in einer Wohnung zeigt und laut Zeitstempel am 26. Juni 2003 um 18.21 Uhr aufgenommen wurde, aufgenommen worden? Wer ist mit Ihnen zusammen auf dem Bild zu sehen? *(Es handelt sich klar erkennbar um Uwe Böhnhardt. Anwalt Scharmer versucht mit den beiden Bildern, die kurz nacheinander aufgenommen wurden, zu belegen, dass Beate Zschäpe bei den Ausspähfahrten ihrer Freunde dabei war.)*
Zur Einlassung vom 9. Dezember 2015: Mit welchem Fahrzeug fuhren Uwe Mundlos und Uwe Böhnhardt Anfang September 2000, also vor dem Mord an Enver Şimşek, fort? Woher stammte das Fahrzeug? Wie lange blieben sie abwesend?
Was meinen Sie damit, dass Sie nach den Schilderungen der beiden über den Mord an Enver Şimşek nun selbst »in einen Mord verwickelt« waren?
Zur Frage/Antwort Nummer 18 vom 21. Januar 2016: Haben Ihnen Uwe Böhnhardt und/oder Uwe Mundlos gesagt, warum sie den ersten Mord in Nürnberg begangen haben? Haben Sie die beiden vor dem Mord an Enver Şimşek über Nürnberg oder über Personen aus Nürnberg sprechen hören und wenn ja, was?
Mit welchen Fahrzeugen, das heißt Typ, Farbe et cetera, waren Uwe Mundlos und Uwe Böhnhardt jeweils zu dem Mord an Abdurrahim Özüdoğru am 13. Juni 2001, an Süleyman Taşköprü am 27. Juni 2001 und an Habil Kılıç am 29. August 2001 aufgebrochen? Woher stammten jeweils diese Fahrzeuge?

Laut den Ermittlungen hatte Uwe Böhnhardt unter dem Aliasnamen Holger Gerlach um die Tatzeit des Mordes an İsmail Yaşar herum einen Kleinwagen, einen Skoda Octavia, angemietet. Woher stammte der schwarze Van mit Schiebetür, in den mutmaßlich Uwe Mundlos und Uwe Böhnhardt am 9. Juni 2005, also am Tattag des Mordes an İsmail Yaşar, laut des Zeugen M. ihre Fahrräder verluden?
Dann geht es mir noch um einen Vorhalt zum Anschlag in der Keupstraße. Können wir das einblenden? Es ist die Abbildung eines Fahrrades. *(Götzl holt das Bild aus den Akten, es ist ein silberfarbenes Damenfahrrad.)* Haben Sie vor dem 9. Juni 2004 ein Fahrrad der Marke Cyco bei Uwe Mundlos und/oder Uwe Böhnhardt gesehen? Wenn ja, haben Sie die beiden nach dem Zweck des Damenfahrrades gefragt und was wurde Ihnen gegebenenfalls geantwortet?
Für wen war die Postkarte mit dem Foto eines Elefanten und der handschriftlichen Eintragung »Hallo 00« bestimmt, die an »M. Dienelt Polenz Str. 2 08060 Zwickau« adressiert ist und die am 21.9.2005 in Dortmund abgestempelt worden ist? *(Verteidiger Grasel schreibt mit, Verteidiger Borchert nicht.)*
Waren Sie vom 19.9. bis zum 22.9.2005 oder um diese Zeit herum in Dortmund? Waren nach Ihrer Kenntnis Uwe Mundlos und Uwe Böhnhardt in dieser oder um diese Zeit herum in Dortmund? Wenn ja, was haben Sie dort gemacht beziehungsweise was wurde Ihnen berichtet, was die beiden dort gemacht haben?
War Dortmund Gesprächsthema nach dem Untertauchen zwischen Uwe Mundlos und Uwe Böhnhardt und/oder Ihnen und wurde nach dem Untertauchen einmal über die Stadt Dortmund gesprochen, wenn ja, was wurde gesprochen?
Seit wann kennen Sie Robin S.? Wie ist er Ihnen bekannt geworden? *(S. ist ein rechtsradikaler Gewalttäter, mit dem Zschäpe eine Brieffreundschaft begonnen hatte.)*
Ist Ihnen bekannt, und wenn ja, seit wann, dass Sebastian Seemann V-Mann war? Wie ist Ihnen dieser Umstand bekannt geworden?
Rechtsanwalt Grasel wird in einem Artikel der taz vom 10. März 2016 über die Mitschnitte der Fernsehberichterstattung zu dem Bombenanschlag in der Keupstraße in direkter und indirekter Rede wie folgt zitiert: »Die Interpretation, dass seine Mandantin die Videomitschnitte machte, sei ›nicht zwingend‹, sagte er am Donnerstag der taz. ›Es gibt eine Vielzahl anderer Möglichkeiten.‹ So hätten auch mögliche Unterstützer aus NRW oder der Zwickauer Mitangeklagte André Eminger die Aufzeichnungen gemacht und später an Mundlos und Böhnhardt übergeben haben können.« Welche Unterstützer in NRW hatten Sie, Uwe Mundlos und/oder Uwe Böhnhardt? Warum kann nach diesen Ausführungen auch André Eminger die Mitschnitte gemacht haben, wenn er laut Ihren Angaben nichts von dem Anschlag gewusst haben soll?

War es nach dem Mord an Halit Yozgat zwischen Uwe Mundlos, Uwe Böhnhardt und Ihnen ein Gesprächsthema, dass sich ein Angehöriger des Verfassungsschutzes im unmittelbaren zeitlichen Zusammenhang zur Tat am Tatort aufgehalten hat? Wenn ja, was war Inhalt diesbezüglicher Gespräche?
Haben Sie Kenntnis von dem Grund, warum Uwe Mundlos und Uwe Böhnhardt nach dem Mord an Halit Yozgat, jedenfalls soweit bekannt, nicht mehr mit der Česká getötet haben sollen?
Haben Sie Kenntnis von weiteren Taten insbesondere Tötungsdelikte, Sprengstoffanschläge, Raubüberfälle, die nicht in der Anklageschrift aufgeführt sind, an deren Begehung Sie, Uwe Mundlos und/oder Uwe Böhnhardt beteiligt waren? Wenn ja, welche Taten waren dies, wer war daran beteiligt, was können Sie dazu im Einzelnen sagen?

Götzl Dann machen wir jetzt 20 Minuten Pause.

(Nach der Pause setzt Anwältin Lunnebach mit ihren Fragen fort.)

Anwältin Lunnebach In Ihrer Einlassung vom 9.12.2015 gaben Sie an, dass Uwe Mundlos 1991 bei Ihnen in die Ernst-Zielinski-Straße 42 einzog. Wie lange wohnte Uwe Mundlos bei Ihnen unter dieser Adresse?
Sie sprechen in der Einlassung davon, einen politischen Gegenpol setzen, die Polizei und die Öffentlichkeit in Aufruhr versetzen zu wollen. Was meinen Sie inhaltlich damit?

Verteidiger Grasel Langsamer, sonst schaffe ich das nicht.

Anwältin Lunnebach Ab wann begann das von Ihnen sogenannte Katz-und-Maus-Spiel mit dem Verfassungsschutz und dem Staatsschutz? Wie regelmäßig kam es vor, dass Sie beziehungsweise die Mitglieder der Kameradschaft Jena oder des THS durch Observationskräfte des Verfassungsschutzes oder Staatsschutzes verfolgt wurden? Gab es von Ihnen beziehungsweise der Kameradschaft Jena Gegenmaßnahmen und wenn ja, was für welche? Sie sagen, dass die Sache nach mehreren Hausdurchsuchungen »eine ernste Angelegenheit« wurde? Was hat sich dadurch für Sie geändert?
Sie gaben an, dass Sie die Aktion mit dem Puppentorso als Erfolg gewertet haben. Was war aus damaliger Sicht der Erfolg des Aufhängens der Puppe mit der Bombenattrappe? Was sollte durch das Aufhängen der Puppe inhaltlich dargestellt werden? *(Es geht um eine Aktion mit einem Puppentorso, auf dem ein Judenstern aufgenäht war. Er wurde an einem Strick an einer Autobahnbrücke aufgehängt, als der damalige Vorsitzende des Zentralrats der Juden in Deutschland, Ignatz Bubis, in Weimar war.)*
Sie gaben an, Sie hätten die Garage angemietet. Wie lief die Anmietung der Garage im Einzelnen ab? Wie sind Sie auf die Garage aufmerksam geworden? Wo fand die Mietvertragsunterzeichnung statt und wer war dort anwesend? *(Gemeint ist die Garage in Jena, in der Material zum Bombenbau und TNT gefunden wurden.)*

Haben Sie, nachdem sich Uwe Böhnhardt von Ihnen trennte, später noch einmal eine Beziehung mit Uwe Böhnhardt oder mit Uwe Mundlos geführt? Wenn ja, von wann bis wann und mit wem?

Gegen wie viel Uhr trafen Sie am 26. Januar 1998 in der Wohnung von Volker Henck mit Uwe Mundlos und Uwe Böhnhardt zusammen, um das weitere Vorgehen zu besprechen? Und wie lange blieben sie ungefähr gemeinsam in der Wohnung? *(Gemeint ist der Zeitraum direkt nach dem Fund der Bombenwerkstatt und nach dem Untertauchen des Trios.)*

Wo und wann haben Sie Thomas Müller, geborener Starke, kennengelernt? Hatten Sie mit ihm eine Beziehung und wenn ja, von wann bis wann? Wenn ja, wie verbreitet war die Information über Ihre Beziehung in der Szene und welche Personen haben Sie über Thomas Starke kennengelernt?

Seit wann kannten Sie, Uwe Mundlos und/oder Uwe Böhnhardt Thomas Rothe? Hat Uwe Mundlos später, nachdem Sie zu dritt bei Thomas Rothe ausgezogen waren, bei Thomas Rothe für mehrere Wochen alleine gewohnt? Hat Uwe Mundlos Thomas Rothe seinen alten Computer überlassen und ihm gezeigt, wie man am Computer layouten kann?

Wie viele Telefongespräche haben Sie, Uwe Mundlos und/oder Uwe Böhnhardt seit dem Untertauchen mit Tino Brandt geführt und wann waren diese Telefongespräche beziehungsweise in welchen Zeiträumen fanden die Gespräche statt? Haben Sie, Uwe Mundlos und/oder Uwe Böhnhardt Tino Brandt nach dem Untertauchen persönlich getroffen? Wenn ja, wann und wo?

Was war der konkrete Anlass für den Umzug von Chemnitz nach Zwickau im Juli 2000, nachdem Sie beziehungsweise Uwe Mundlos und Uwe Böhnhardt nach den Raubüberfällen nicht entdeckt worden waren?

Wer wohnte in welchem Zimmer in der Wohnung in der Heisenbergstraße in Zwickau, wo war das Wohnzimmer?

Warum haben Sie, Uwe Mundlos und/oder Böhnhardt die Treffen mit den Eltern Böhnhardt nach dem letzten Treffen im Jahr 2002 abgebrochen?

Wie lange waren Sie im Jahr 2000 in der Regel joggen und wo haben Sie gejoggt, hatten Sie eine feste Joggingstrecke?

Über welche Zeitungen beziehungsweise Zeitschriften haben Sie sich über den Anschlag in der Probsteigasse informiert? Was haben Sie in diesen gelesen? Wieso kamen Sie auf den Gedanken, dass die beiden hinter dem Anschlag stecken könnten?

Verteidiger Grasel Bitte langsamer, ich kann einiges, aber nicht Steno.

Anwältin Lunnebach Entschuldigung. Dann noch langsamer. Was haben Sie darüber erfahren, wie Uwe Mundlos und Uwe Böhnhardt die Bombe nach Köln verbracht haben? Haben Sie erfahren, wie die beiden nach Köln gekommen sind?

Wie lange waren die beiden vor Weihnachten des Jahres 2000 abwesend? Warum glaubten Sie, Uwe Mundlos und/oder Uwe Böhnhardt, in der Frühlingsstraße 26 sicherer zu sein als in der Polenzstraße 2?
Warum wollten Uwe Böhnhardt beziehungsweise Uwe Böhnhardt und Uwe Mundlos nicht, dass Rückschlüsse auf Ihre gemeinsame Lebensweise in den letzten Jahren möglich sein sollten?
Sie gaben an, Uwe Mundlos und Uwe Böhnhardt seien nach den Taten nur zum Duschen nach Hause gekommen und aus Sicherheitsgründen auf Campingplätze gefahren. Auf welche Campingplätze beziehungsweise an welche Orte fuhren Uwe Mundlos und Uwe Böhnhardt? Warum sind Sie nicht mit ihnen gefahren? Haben Sie sich in der Zeit zur Sicherheit an einem anderen Ort aufgehalten, wenn nein, warum nicht?

Götzl Sind weitere Fragen?

Anwältin von der Behrens Ich habe Fragen zu den Antworten auf die Fragen des Vorsitzenden, die am 21. Januar 2016 gegeben wurden: Sie gaben an, es sei Anfang Dezember 1998 zwischen Ihnen besprochen worden, dass Sie sich aktiv an dem Raubüberfall auf den Edeka-Markt beteiligen sollten. Welche Rolle hatten Uwe Mundlos und Uwe Böhnhardt für Sie für den Raubüberfall auf den Edeka-Markt im Dezember 1998 vorgesehen? Was sollten Sie dort machen?
Sie gaben an, Rechtsanwalt Dr. Eisenecker nicht in seinem Büro, sondern in einer Gaststätte getroffen zu haben. In welcher Stadt beziehungsweise in welchem Ort war die Gaststätte, in der Sie Dr. Eisenecker getroffen haben? In welcher Region lag sie und wie sind Sie dahin gekommen? War bei dem Gespräch außer Ihnen beiden noch jemand anwesend? Ist das Datum, das auf der Vollmacht für Dr. Eisenecker steht, auch das Datum, an dem Sie die Vollmacht unterschrieben haben?
Sie gaben an, Uwe Mundlos und Uwe Böhnhardt seien nach Ihrer Ansicht – wegen ihrer familiären und beruflichen Perspektivlosigkeit durch das Untertauchen – frustriert gewesen. Welche Zukunftspläne hatten Uwe Mundlos, Uwe Böhnhardt und Sie in Bezug auf Beruf und Familie vor dem 26. Januar 1998 gehabt? Was haben Sie unternommen, um diese Ziele zu erreichen?
Sie sagen, dass Uwe Mundlos und Uwe Böhnhardt zwischen 1999 bis 2007 jährlich drei bis sechs Mal für längere Zeit unterwegs waren. Wann war die letzte dieser Fahrten und wissen Sie, warum die beiden mit den Fahrten nach dem Jahr 2007 aufgehört haben?
Haben Sie André Eminger am Tag des Wasserschadens in der Polenzstr. 2, also am 7. Januar 2007, getroffen? Und wenn ja, von wann bis wann? Haben Sie, Uwe Mundlos und/oder Uwe Böhnhardt an dem Tag mit André Eminger oder seiner Frau telefoniert?

Haben Sie André Eminger, als er Ihnen am 4. November 2011 saubere Wäsche von seiner Frau gab, Geld oder andere Gegenstände übergeben? Wenn ja, was und wofür?
Sie gaben an, dass Ihnen Volker Henck seinen Ausweis gab am 28.1.1998. Was ist mit dem Personalausweis von Volker Henck nach seinem Gebrauch geschehen? Hat auch Ralf Wohlleben seinen Personalausweis zur Verfügung gestellt und wenn ja, wer hat ihn für welchen Zeitraum benutzt und was ist anschließend mit diesem geschehen?
Sie haben auf Nachfragen des Gerichts einige Unterstützer aufgezählt. Ist diese Liste der Unterstützer vollzählig, wenn nein, von welchen weiteren Personen aus Thüringen, Sachsen und anderen Bundesländern wurden Sie, Uwe Mundlos und/oder Uwe Böhnhardt nach dem Untertauchen unterstützt?
Sie sagten, dass eine weitere Pistole über Jan Werner geliefert worden sein soll. Sind Ihnen Tatsachen bekannt, die erklären, warum Jan Werner, durch das Magazin »Der Spiegel« mit Ihrer Aussage konfrontiert, sagte, Ihre Angaben seien »vollkommen verrückt«, er habe nie eine Waffe besessen, geschweige denn eine an Sie, Uwe Mundlos und/oder Uwe Böhnhardt weitergegeben?
Sie gaben an, dass Böhnhardt eine Pumpgun gekauft hat. Haben Sie für den Laden PowerGames in Zwickau eine Kundenkarte auf den Namen Lisa Mohl besessen? Wenn ja, zu welchem Zweck haben Sie den Laden aufgesucht und wie häufig haben Sie das getan? Waren Sie mit Mundlos und Böhnhardt zusammen in dem Laden?
Sie gaben an, dass Sie nach dem Brand in der Frühlingsstraße kopflos von Bahnhof zu Bahnhof gefahren sind. Wollten Sie in den Orten, zu denen Sie zwischen dem 4. und 8. November 2011 gefahren sind, Personen treffen oder haben Sie Personen getroffen? Wenn ja, wen und mit welchem Zweck? Haben Sie an diesen Orten Geld oder andere Gegenstände hinterlegt oder versteckt? Wenn ja, wo und was?
Dann noch Fragen zu den Antworten auf die Fragen des Vorsitzenden am 16. März 2016. Sie gaben an, dass Sie Internetcafés aufgesucht hätten, bis Sie selbst einen Internetanschluss hatten. Welche Internetcafés haben Uwe Mundlos und Uwe Böhnhardt in Chemnitz und Zwickau und/oder an anderen Orten zum Surfen im Internet aufgesucht?
Sie sagten, Sie seien dagegen gewesen, dass Holger Gerlach 10 000 DM zur Aufbewahrung erhielt, da er spielsüchtig gewesen sei. Aus welchem Grund wollte Uwe Böhnhardt ihm trotz dieses Umstandes das Geld geben?
Sie gaben an, dass Sie, Uwe Mundlos und Uwe Böhnhardt André Eminger von den Raubüberfällen erzählt haben und Sie ihm am 4. November vom Selbstmord von Böhnhardt und Mundlos erzählt haben. Wie war die Reaktion von

André Eminger, als Sie ihm von den Raubstraftaten berichtet haben? Wie war die Reaktion von André Eminger, als Sie ihm von dem Selbstmord von Uwe Mundlos und Uwe Böhnhardt berichtet haben? Wie häufig und wann haben Sie am 4. November 2011 mit André Eminger telefoniert und was haben Sie jeweils besprochen? Waren Sie nach 15.00 Uhr am 4. November 2011 am oder um den Platz der Völkerfreundschaft in Zwickau? Wenn ja, waren Sie zusammen mit André Eminger dort?

Sie gaben in Ihrer Antwort auf Frage 8 an: »Wir fuhren dann gemeinsam in seine Wohnung, wo er« – also André Eminger – »mir frische Kleidung seiner Frau gab. Susann war zu diesem Zeitpunkt nicht zu Hause. Anschließend brachte mich André Eminger zum Bahnhof nach Chemnitz, nachdem in Glauchau kein Zug fuhr.« Um wie viel Uhr waren Sie ungefähr in der Wohnung von André Eminger? Warum wurden Sie zum Bahnhof nach Chemnitz gebracht, das heißt: Was hatte das mit dem Umstand zu tun, dass in Glauchau kein Zug fuhr? Wann und wie sind Sie von Chemnitz nach Glauchau gefahren? Wann und warum haben Sie aus Glauchau heraus mit André oder Susann Eminger am 4. beziehungsweise 5. November 2011 telefonisch kommuniziert? Hatten Sie, Uwe Mundlos und/oder Böhnhardt in Glauchau eine weitere Wohnung oder weitere Kontaktpersonen? Wo haben Sie sich in Glauchau aufgehalten?

Haben Sie sich am 4. November 2011 gegen 18.00 Uhr in einem Radius von 500 Metern um die Trillerstraße 10 in Zwickau herum aufgehalten? Wenn ja, was wollten Sie dort? Wollten Sie insbesondere jemanden dort treffen und wenn ja wen, waren sie dort alleine oder mit jemandem zusammen? Wo sind Sie anschließend hingegangen? Was haben Sie mit Ihrem Mobiltelefon gemacht?

Haben Sie Spenden oder den Verkaufserlös aus dem sogenannten Pogromly-Spiel erhalten und wenn ja wie? Welche Spenden, außer den von André Kapke überbrachten 500 DM, erreichten Sie, Uwe Mundlos und/oder Uwe Böhnhardt aus der Szene und auf welchem Wege erhielten Sie das Geld?

Anwältin Başay Meine Fragen beziehen sich auf die Antworten auf die Fragen des Vorsitzenden vom 5. April 2016 und am 12. Mai 2016. Sie gaben an, Sie seien ein paar Wochen nach dem Untertauchen zu Holger Gerlach mit einem gestohlenen Auto nach Hannover gefahren. Mit welchem Auto (Typ, Fahrzeughalter) sind Sie, Uwe Mundlos und Uwe Böhnhardt nach Hannover gefahren? Was haben Sie mit dem Auto nach der Rückkehr aus Hannover gemacht? Woher hatten Sie, Uwe Mundlos und/oder Uwe Böhnhardt die falschen Kennzeichen für das Auto?

Sie gaben an, dass es in der Frühlingsstraße 26 eine Geldkassette, die stets mit mehreren Tausend Euro gefüllt gewesen sei, gegeben hätte. Haben Sie Geld aus der Geldkassette genommen, als Sie am 4. November 2011 das Haus verließen, wenn nein, warum nicht?

Sie gaben an, Uwe Böhnhardt hätte Geld hinter seinem Schrank verwahrt. Haben Sie von diesem Geld am 4. November 2011 genommen, als Sie das Haus verließen, wenn nein, warum nicht? Haben Sie von einem anderen Ort in der Wohnung Geld mitgenommen, als Sie die Wohnung am 4. November 2011 verließen? Wenn Sie Geld mit aus dem Haus genommen haben, welche Summe war dies und welche Stückelung hatte das Geld?

Sie sagen, dass Uwe Mundlos und Uwe Böhnhardt immer Geld bei sich hatten, wenn sie das Haus verließen. Wie groß war die Summe, die beide im Schnitt bei sich hatten? Was war der Grund, dass sie solch eine Summe stets mit sich herumtrugen?

Haben Sie auch von Susann Eminger eine Krankenkassenkarte erhalten und mit dieser Ärzte aufgesucht und sich behandeln lassen, wenn ja, wann und bei welchen Ärzten war das?

Dann zu der Einlassung des Angeklagten Wohlleben. Ralf Wohlleben hat angegeben, dass er sich im Jahr 2002 bei einer Tankstelle mit den dreien treffen wollte. Dort sei ein Glatzkopf gewesen, der ihn zu dem Treffen mit Ihnen gebracht hat. Wer war der »Glatzkopf«, der nach der Einlassung des Angeklagten Wohlleben diesen im Jahr 1998 zu dem ersten Treffen mit Ihnen in Chemnitz gebracht hat? In welcher Wohnung haben Sie gewohnt, als Ralf Wohlleben Sie das erste Mal besucht hat?

Herr Wohlleben hat angegeben, dass Spenden immer sofort weitergeleitet wurden, zum Beispiel über Carsten Schultze. Hat der Angeklagte Schultze Ihnen Spendengelder auf ein Konto überwiesen und wenn ja, auf welches Konto? Wurde zum Beispiel ein Konto auf den Namen von Carsten R. für Überweisungen von Spendengeldern genutzt?

Zu der Zeit vor dem Untertauchen: Gehörte zu den politischen Aktivitäten, die Sie entfalteten, auch einmal ein Besuch auf der auf dem Gut von Jürgen Rieger in Hetendorf veranstalteten Schulung »Hetendorfer Tagungswoche«? Wenn ja, wann und mit wem waren Sie dort? Haben Sie dort Personen kennengelernt, mit denen Sie noch nach dem Untertauchen Kontakt hatten? Wenn ja, welche?

Gehörte zu den Konzerten, die Sie besuchten, auch das Konzert am 8. November 1997 in Heilsberg, bei dem unter anderem die Gruppen »Kampfzone« aus Coburg und die »Rabauken« aus Dortmund spielten? Oder das Konzert am 27. Dezember 1997 in Heilsberg, auf dem die Bands »Oidoxie« und »Zensur« gespielt haben? Wenn ja, haben Sie, Uwe Mundlos und/oder Uwe Böhnhardt dort Personen aus Dortmund oder dem sonstigen NRW kennengelernt, wenn ja welche?

Hat es weitere Bomben beziehungsweise Bombenattrappen gegeben, an deren Herstellung und/oder deren Ablegen Sie, Uwe Mundlos, Uwe Böhnhardt und/ oder eine andere Person, die Sie kannten, beteiligt waren? Waren zum Beispiel Sie oder eine Person, die Sie kannten, an dem Aufhängen beziehungsweise Anzünden einer Puppe in Jena am 15. November 1995 beteiligt? Waren zum Beispiel Sie oder eine Person, die Sie kannten, an dem Ablegen einer Bombenattrappe im Jahr 1994 in einem Hochhaus in Jena-Lobeda, in das Flüchtlinge einziehen sollten, beteiligt? Wenn ja, schildern Sie bitte Einzelheiten.

Welche Personen aus der rechten Szene in Thüringen und Sachsen wussten, wer für die Bombenattrappen, auf die Sie in Ihrer Einlassung Bezug nehmen, verantwortlich gewesen ist?

Waren Sie, Uwe Mundlos, Uwe Böhnhardt und/oder andere Angehörige der KSJ *(Abkürzung für Kameradschaft Jena)* oder des THS *(Abkürzung für Thüringer Heimatschutz)* bei einem Vortrag von Ignatz Bubis in Jena? Wer hat die Fotos von der Veranstaltung gemacht und für welchen Zweck wurden diese gemacht? Wenn ja, haben Sie oder andere der aufgezählten Personen Ignatz Bubis anschließend zu einer Diskussionsveranstaltung mit rechten Jugendlichen nach Jena eingeladen? Wenn ja, was war der Zweck der Einladung?

Herr Vorsitzender, ich würde gerne die Bilder vorhalten aus den Akten. 230 bis 232. *(Es sind Fotos vom Vortrag von Ignatz Bubis, er steht vor einer Holzwand und spricht. Die Bilder sind aus dem Raumhintergrund aufgenommen.)*

Welche Kontakte hatten Sie, Uwe Mundlos, Uwe Böhnhardt oder andere Mitglieder der KSJ zu Angehörigen der rechten Szene aus den westlichen Bundesländern? Haben Sie Erkenntnisse darüber, dass »Altnazis« aus dem Westen Ihnen bekannte Angehörige der rechten Szene aus Thüringen, insbesondere dem Umfeld des THS, auch finanziell unterstützten? Gehörte die KSJ beziehungsweise deren Mitglieder auch zu denen, die unterstützt wurden?

Hatten Sie, Uwe Mundlos und/oder Uwe Böhnhardt persönlichen Kontakt zu Personen aus der rechten Szene in Zwickau? Wer ist die Frau, die wohl mit Ihnen zusammen die Fahne auf einer Demonstration am 24. Januar 1998 in Dresden hält? *(Es wird ein Foto mit einer großen Flagge gezeigt, die Zschäpe und eine junge Frau tragen.)*

Anwalt Stolle Dann würde ich gleich weitermachen. Seit wann wusste Uwe Böhnhardt, dass die gegen ihn verhängte Freiheitsstrafe von zwei Jahren und drei Monaten rechtskräftig war und vollstreckt werden würde? Was hatte Uwe Böhnhardt Ihres Wissens nach für den Fall seiner Ladung zum Strafantritt geplant?

Wer hat Uwe Mundlos von der Durchsuchung der Garage am 26. Januar 1998 verständigt? Wo war Uwe Mundlos zu dem Zeitpunkt der Durchsuchung und wie kam er nach Jena beziehungsweise in die Wohnung von Volker Henck?

Götzl Sie sind einfach zu schnell. Bitte wiederholen Sie die Frage.

(Stolle wiederholt und fährt dann mit seinen Fragen fort.)

Anwalt Stolle Hat Uwe Böhnhardt sein Handy nach dem Untertauchen weiter benutzt? Wenn nein, was ist mit dem Handy geschehen?

Wissen Sie, was am 5. Februar 1998 geschehen sein soll, dem Tag, auf den sich das Lied von Christian Kapkes Band »Eichenlaub« mit dem Titel »5. Februar« bezieht? *(Es handelt sich um ein Lied, das die drei Untergetauchten feiert. Da aber das Untertauchen am 26. Januar erfolgte, ist der Titel irreführend.)*

Sind Sie, Uwe Mundlos und/oder Uwe Böhnhardt zwischen dem 26. Januar 1998 und dem 8. November 2011 noch einmal nach Jena zurückgekehrt? Wenn ja, wann war dies und wer wurde dort besucht?

Was war der Zweck des Einbruchs in Ihre alte Wohnung in Jena, mit dem die Angeklagten Wohlleben und Schultze durch Sie, Uwe Mundlos und/oder Uwe Böhnhardt beauftragt worden sein sollen?

Haben Sie, Uwe Mundlos und/oder Uwe Böhnhardt nach dem Untertauchen Rechtsanwalt Jauch getroffen und/oder eine Vollmacht für ihn unterschrieben? Wenn nein, haben Sie nach dem Untertauchen für einen anderen Rechtsanwalt, außer Dr. Eisenecker oder für eine Rechtsanwältin eine Vollmacht unterschrieben? Wenn ja, für welchen beziehungsweise welche?

Haben Sie, Uwe Mundlos und/oder Uwe Böhnhardt gewusst, wann hinsichtlich der Straftaten, die sich aus dem in der Garage gefundenen Sprengstoff und den Rohrbomben ergeben haben, Verjährung eintritt? Haben Sie gewusst, wann Vollstreckungsverjährung hinsichtlich der gegen Uwe Böhnhardt verhängten Freiheitsstrafe eintritt? Wenn ja, wie haben Sie dies erfahren?

Wie viele Telefonzellen wurden von Ihnen, Uwe Mundlos und/oder Uwe Böhnhardt in Chemnitz für die Kommunikation mit Unterstützern benutzt? Wo befanden sich diese Zellen?

Wie viele Treffpunkte gab es für Treffen mit Unterstützern während Ihrer Zeit nach dem Abtauchen, wo waren diese Treffpunkte, waren diese Treffpunkte codiert und wenn ja wie?

Welche Person oder Personen haben – außer Uwe Mundlos und Uwe Böhnhardt – Jürgen Helbig nach dem Untertauchen in Bezug auf Unterstützungshandlungen im Untergrund angerufen?

Waren Sie, Uwe Mundlos und/oder Uwe Böhnhardt am 11. April 1998 in der Schweiz? Wenn ja, hat einer von Ihnen an dem Tag Jürgen Helbig angerufen und eine Nachricht auf dem Anrufbeantworter für »Ralf« bezüglich eines Treffens hinterlassen? Wenn nein, wissen Sie, wer derjenige ist, der aus der Schweiz an dem Tag bei Jürgen Helbig angerufen hat?

Wissen Sie, welche Person Jürgen Helbig in Zwickau getroffen hat und dort für

Sie, Uwe Mundlos und/oder Uwe Böhnhardt Gegenstände von Jürgen Helbig übernommen hat?
Haben Sie, Uwe Mundlos und/oder Uwe Böhnhardt zu irgendeiner Zeit in der Cranachstr. 8 in Chemnitz gewohnt? Wenn nein, haben Sie Kenntnis über den Zweck dieser Wohnung?
Haben Sie, Uwe Mundlos und/oder Uwe Böhnhardt Jan Werner Geld aus dem Überfall auf den Edeka-Markt in Chemnitz gegeben und wenn ja wie viel und zu welchem Zweck?
Hatten Sie Kenntnis davon, dass Jan Werner und Thomas Starke in dem Landser-Verfahren ausgesagt haben? Wenn ja, gab es darüber Gespräche zwischen Mundlos, Böhnhardt und Ihnen und wenn ja, welche Schlussfolgerungen haben Sie aus dieser Tatsache für Ihr Leben im Untergrund und Ihre Sicherheit gezogen?
Hat Uwe Mundlos nach dem Untertauchen Thomas Starke auch alleine in Chemnitz in dessen Wohnung besucht?
Wie und von wem haben Sie die jeweils aktuellen Informationen zu Mandy Struck, wie Telefonnummer und Adresse, wie sie auf den zwei Notizzetteln, den Asservaten Nr. 2.12.350 und Nr. 2.12.349, notiert sind, erhalten? *(Die Fotos der Notizzettel werden an die Wand projiziert.)*
Dann bitte noch das Bild des kahl geschorenen Mannes. *(Er sieht aus wie Böhnhardt.)* Erkennen Sie die Person auf dem Foto, das bei einer Observation des sächsischen Landesamtes für Verfassungsschutz am 6.5.2000 in Chemnitz gemacht wurde? Ist die Person Uwe Böhnhardt?
Welche Namen benutzten Sie, Uwe Mundlos und Uwe Böhnhardt in Ihrer Zeit in Chemnitz nach außen hin? Seit wann benutzten Sie den Namen »Liese«? Haben Sie weitere Alias-Personalien genutzt?

Götzl Sind weitere Fragen? *(Vielfältiges Bejahen und Nicken. Die Verhandlung wird nach der Mittagspause fortgesetzt.)*

Anwalt Hoffmann Mit welchen Personen aus der rechten Szene hatten Sie nach Ihrem Umzug nach Zwickau Kontakt und wer hat Sie, Uwe Mundlos und/oder Uwe Böhnhardt, außer André und Susann Eminger, in Ihren dortigen Wohnungen besucht?
Auf welche Art und Weise und gegebenenfalls mit wessen Hilfe haben Sie die Wohnungen in der Heisenbergstraße, in der Polenzstraße und in der Frühlingsstraße in Zwickau gefunden?
Hatte Matthias Dienelt eine Telefonnummer, unter der er Sie, Uwe Mundlos und/oder Uwe Böhnhardt erreichen konnte und wenn ja welche? *(Unter dem Namen Dienelt hatten die drei die Wohnungen angemietet. Der Lastwagenfahrer übernachtete hin und wieder bei ihnen.)*

Wie häufig, wann, wie und wo hatten Sie, Uwe Mundlos und/oder Uwe Böhnhardt Kontakt mit Maik Eminger? Hat Maik Eminger Sie in der Wohnung in der Frühlingsstraße besucht und wenn ja zu welchem Zweck? *(Maik Eminger ist der Zwillingsbruder von André Eminger und ebenfalls in der rechten Szene aktiv.)*
Hat Maik Eminger in der Wohnung in der Frühlingsstraße Matthias Dienelt oder andere Personen tätowiert?
In der Frühlingsstraße 26 wurde im Brandschutt ein Fahrplan der Deutschen Bahn für die Strecke Zwickau–Dresden gefunden. Sind Sie, Uwe Mundlos und/oder Uwe Böhnhardt diese Strecke häufiger gefahren, wenn ja wohin und zu wem sind Sie gefahren?
Kennen Sie beziehungsweise kannten Uwe Mundlos und/oder Uwe Böhnhardt Marcel C. aus Zwickau und wenn ja woher? Können Sie sagen, wie gut Sie ihn gegebenenfalls kannten und wie häufig Sie sich getroffen haben? Hatten Nachbarn oder Personen aus der Nachbarschaft der Frühlingsstraße 26 Ihre Telefonnummer? Wenn ja, wer?
Gab es eine zweite oder dritte Wohnung, die Sie, Uwe Mundlos und/oder Uwe Böhnhardt neben der Wohnung in der Frühlingsstraße 26 genutzt haben? Wenn ja, wo war die Wohnung/waren die Wohnungen?
Woher stammten beziehungsweise von wem hatten Sie die in der Frühlingsstraße 26 gefundenen Bundespersonalausweise von Bärbel B., Michael F., Sascha G. und Ralph H.? Haben Sie, Uwe Mundlos oder Uwe Böhnhardt diese genutzt? Wenn nein, wofür waren diese bestimmt?
Woher beziehungsweise von wem stammte die in der Frühlingsstraße 26 gefundene Krankenkassenkarte von Maik S.? Haben Uwe Mundlos oder Uwe Böhnhardt diese genutzt?
In der Frühlingsstraße 26 wurde ein Handy gefunden mit der SIM-Karte mit der Telefonnummer »01627000587«. Dort konnten Verbindungen zu folgenden Nummern festgestellt werden, dessen Inhaber nicht identifiziert worden sind: »4915223970xxx«, »4915223055xxx«, »4915223035xxx«, »491623905xxx«, »491745798xxx«, »4915203187xxx«. Können Sie sagen, welche Personen diese Telefonnummern benutzt haben?
Haben Sie, Uwe Mundlos und/oder Uwe Böhnhardt mit Unterstützern außer über Telefone und das Telefonzellensystem über andere elektronische Kommunikationswege kommuniziert, wie zum Beispiel über Skype, Instant Messenger oder TeamSpeak?
Wann und wie haben Sie, Uwe Mundlos und/oder Uwe Böhnhardt nach der Währungsumstellung das erste Mal Euroscheine erhalten? Haben Sie Geld umgetauscht, wenn ja, wann und welche Summen?

Anwältin Singer Wussten Sie, warum die Keupstraße ausgewählt wurde, ob noch andere Helfer vor Ort waren, warum zweimal in Köln Anschläge verübt wurden? Wussten Sie, wann und wo der Fahrradkoffer gekauft wurde, in dem sich die Bombe befand? Wissen Sie, wo die Bombe gebaut wurde, wo das Material dafür gekauft wurde? Haben Sie nachgefragt, mit welchem Fahrzeug Uwe Böhnhardt und Uwe Mundlos nach Köln gefahren sind? Wann sind sie losgefahren, unmittelbar vor dem 9. Juni 2004? Wie und wann sind sie zurückgekommen, mit welchem Fahrzeug, unmittelbar nach dem Anschlag oder später? Haben sie mitgeteilt, wo sie übernachtet haben? Ob sie bei Freunden waren, Umwege genommen haben oder unmittelbar nach Hause zu Ihnen in die Wohnung gefahren sind? Abschließend möchte ich wissen, ob Sie in der Vergangenheit entweder allein oder mit den Uwes in Köln waren oder in Bonn-Niederkassel und ob sie dort jemals gemeinsam in einem Fahrradladen waren. Und ob sie sich umgeschaut und etwas gekauft haben. Nach dem Anschlag hätten Sie sich in einer Zeitung informiert, haben Sie uns mitgeteilt. In welcher Zeitung?

Anwalt Behnke Guten Tag, Frau Zschäpe. Waren Sie mal Mitglied in einer DDR-Jugendorganisation? Bei den Jungen Pionieren oder der FDJ oder der Gesellschaft für Sport und Technik? Wenn ja, hatten Sie dort Kontakt mit Waffen und wurden Sie an Waffen ausgebildet?

Anwältin Luczak Waren Sie, Uwe Mundlos und/oder Uwe Böhnhardt außer in Chemnitz und in Zwickau zeitweise auch in einer weiteren Stadt untergekommen? Hielten Sie sich insbesondere längere Zeit in Rostock oder in einer anderen Stadt in Norddeutschland auf? Falls nein, war ein Aufenthalt im Norden Deutschlands zu irgendeiner Zeit nach dem Untertauchen geplant gewesen und falls ja, welche Personen wussten davon?

Waren Sie im Sommer 1998 in Ungarn? Wenn ja, welche Ausweise beziehungsweise Pässe haben Sie, Uwe Mundlos und/oder Uwe Böhnhardt für die Reise benutzt? Haben Sie aus Ungarn Torsten Schau eine Postkarte geschrieben, in der es sinngemäß hieß: »Du wirst ja erfahren haben, was mit uns derzeit los ist. Wir werden uns jetzt längere Zeit nicht mehr sehen. Grüße von Beate und den beiden Uwes«.

Waren Sie am 7. Mai 2000 in Berlin? Wenn ja, mit wem waren Sie zusammen dort und was war der Zweck des Besuches?

Wann waren Sie, Uwe Mundlos und/oder Uwe Böhnhardt das letzte Mal zu Besuch in Ludwigsburg?

Haben Sie, Uwe Mundlos und/oder Uwe Böhnhardt die auf dem Asservat USB HDD Seagate 320 GB in dem Unterordner »Schweden« gespeicherten Videos des Gedenkmarschs für Rudolf Heß in Kolding/Dänemark, mit dem Zeitstempel 20. August 2005 aufgenommen? Wenn nein, wissen Sie, von wem die Aufnahmen stammen?

Wer ist der Besuch aus Dänemark oder Schweden, den Sie, Uwe Mundlos und/oder Uwe Böhnhardt anlässlich eines Fehmarn-Urlaubs im Jahr 2009 oder 2010 treffen wollten? Diesen Besuch wollten Sie zunächst aus Puttgarden abholen und haben ihn dann in Kiel getroffen?

Welche Frau war in der Zeit zwischen 2009 und 2011 mit einem circa zwölf Jahre alten Jungen und einem circa sieben Jahre alten Mädchen mit längeren/schulterlangen, dunkelblonden bis hellbraunen Haaren mit Ihnen in der »Taverne« in der Frühlingsstraße 26? Wer waren die Kinder?

Welches sechs bis acht Jahre alte Kind hat Sie Anfang 2011 zur Tierarztpraxis Zönnchen begleitet?

Welches Mädchen oder welcher Junge war bei der Anmietung des Wohnmobils am 25. Oktober 2011 dabei?

Welchem Kind gehörten die rosa Kindersandalen Größe 33, die in dem Wohnmobil gefunden worden sind?

Gab es Überlegungen zwischen Ihnen, Uwe Mundlos und/oder Uwe Böhnhardt sowie Ralf Wohlleben, im Juli 2011 zeitgleich Urlaub auf Fehmarn zu machen?

(Nun wird ein Jahreskalender des Müller-Markts an die Wand projiziert.)

Anwältin Luczak Was bedeuten die folgenden handschriftlichen Eintragungen in dem in der Frühlingsstraße 26 gefundenen Kalender für das Jahr 2011:

- »11 Uhr« in der Spalte für den 6. April 2011,
- »Anruf am Mo 14.00–15.00 Uhr« in der Spalte für die Tage 17. und 18.5.2011,
- drei Kreuze in der Spalte für den 19. Mai 2011,
- das Scherensymbol versehen mit dem Zusatz »möglich« in der Spalte für den 19. Oktober 2011,
- »bis min« in der Spalte für den 1. November 2011 und »bis max« in der Spalte am 4. November 2011? *(Am 4. November surfte Zschäpe im Internet nach Polizeimeldungen, die die Verspätung ihrer Freunde erklären könnten.)*

Anwalt Narin Frau Zschäpe, guten Tag. Haben Sie nach Ihrer Festnahme sinngemäß gesagt, Sie hätten sich nicht gestellt, um nicht auszusagen? Wurde danach die Frage einer Kronzeugenregelung mit Ihnen besprochen? Haben Sie konkrete Forderungen gestellt? Wären Sie bereit, auch erst nach Rechtskraft eines Urteils hier, vor einem Untersuchungsausschuss zu sprechen?

Götzl Diese Frage beanstande ich.

Anwalt Narin Dann streiche ich sie.

Haben Uwe Böhnhardt und Uwe Mundlos Beziehungen zu Frauen oder Männern geführt? Sind daraus Kinder hervorgegangen?

Sie sagten, nach dem Mord an der Polizistin Kiesewetter seien Sie hysterisch gewesen und hätten versucht, die Uwes zu schlagen. Haben Sie auch nach den

Morden an den anderen Opfern derart heftig reagiert? Falls nein, warum nicht? Haben Sie die Morde an den Personen anders bewertet? Wenn ja, inwiefern? Sie sagten, Sie hätten gemeinsam Lieder mit nationalistischem Inhalt gehört, und Sie sagten, damals hätten Sie es nicht für möglich gehalten, dass die beiden die Hetzlieder in die Tat umsetzen würden. Welche Liedtexte und Bands meinten Sie damit? Bitte schildern Sie Ihre und der Uwes Einstellung zu Türken, zu Griechen und zu Juden, Frau Zschäpe.
Hatten Sie und die Uwes weitere Einnahmen als aus den bekannten Überfällen? Sind Sie einer Beschäftigung nachgegangen? Um welche Tätigkeit handelte es sich? Wo, bei wem, mit wem? Waren Sie auch für Security-Firmen tätig?
Hatten Sie Kontakt zu sogenannten Rockern oder anderen kriminellen Gruppierungen?
Waren Sie 2010 beim Strafprozess gegen die Bandidos in Erfurt als Zuschauerin anwesend? Wenn ja, warum? Haben Sie am Rande des Verfahrens Rechtsanwalt Zahner um dessen Visitenkarte gebeten?
Hatten Sie Kontakt zu Antje und Michael Probst und Ralf Marschner? *(Er nennt noch mehrere Namen.)* Haben diese Personen Sie unterstützt?
Hatten Sie Kontakt zu Polizeibeamten oder Nachrichtendiensten?
Kannten Sie Andreas Temme oder kannten Uwe Mundlos und Uwe Böhnhardt Temme?
Wir haben Markierungen auf Kartenmaterial besichtigt. Können Sie sagen, für was die Markierungen standen? Wussten Sie, dass kirchliche und soziale Einrichtungen ausspioniert wurden? Waren auch Depots für Waffen und Sprengstoff eingezeichnet?
Warum wurden im Jahr 2011 die Vorsichtsmaßnahmen erhöht in der Frühlingsstraße? Hatten Sie da bestimmte Sorgen?
Am Ende des letzten Bildes der Bekenner-DVD werden Paulchens neue Streiche angekündigt. Gibt es eine neue DVD? Ist sie noch irgendwo verwahrt?
Haben Sie dem Szene-Fanzine »Der Weisse Wolf« Geldmittel zukommen lassen? Hat sich Uwe Böhnhardt nach dem Untertauchen tätowieren lassen? Hat die Tätowierung Maik Eminger vorgenommen?
Dann hätte ich Fragen zum 4. November 2011 und danach. Haben Sie am 4. November 2011 um circa 12.11 Uhr die Mailbox Ihres Mobiltelefons abgehört? Wenn ja, wer hat dort eine Nachricht hinterlassen, und mit welchem Inhalt?
Haben Sie vor Ihrer Flucht den Tresor in Ihrer Wohnung in der Frühlingsstraße geöffnet? Wenn ja, warum haben Sie das getan? Haben Sie etwas entnommen, wenn ja, was, und was haben Sie damit gemacht?
Laut den Ermittlungen waren nur noch rund 1800 Euro in der Wohnung in der Frühlingsstraße. Haben Sie nach dem Verlassen der Wohnung in der Frühlings-

straße 26 Bargeld versteckt und/oder dritten Personen Bargeld gegeben? Gibt es noch ein Depot oder Depots mit Bargeld und/oder gegebenenfalls anderen Gegenständen?
Haben Sie sich von Ihrer ehemaligen Nachbarin Heike K. aus der Polenzstraße 2 wenige Tage vor dem 4. November 2011 sehr viel intensiver als sonst verabschiedet? Warum?
Haben Sie Ende Oktober 2011 oder am 2. oder 3. November 2011 bei einer Hundepension in Langenbernsdorf angerufen und gefragt, ob Sie dort Ihre zwei Katzen für längere Zeit unterbringen können?
Waren Sie kurz vor dem Raubüberfall am 4. November 2011 in Eisenach?
Frau Zschäpe, Ist Ihnen bekannt, warum Uwe Mundlos und Uwe Böhnhardt einen Stapel der Bekenner-DVDs bei sich in dem Wohnmobil hatten?
Jetzt folgen Fragen zum Verfassungsschutz. Wurden Sie, Uwe Mundlos und/oder Uwe Böhnhardt zu irgendeiner Zeit von einem Nachrichtendienst oder dem polizeilichen Staatsschutz angesprochen und wenn ja, von wem, mit welchem Ziel, und wie haben Sie, Uwe Mundlos und/oder Uwe Böhnhardt darauf reagiert?
Wurden nach Ihrem Wissen Ralf Wohlleben oder Holger Gerlach einmal von einem Nachrichtendienst oder dem polizeilichen Staatsschutz angesprochen und wenn ja, von wem, mit welchem Ziel, und wie haben Sie darauf reagiert? Wurden nach Ihrem Wissen andere als die genannten Personen aus Ihrem Umfeld von einem Nachrichtendienst oder dem polizeilichen Staatsschutz angesprochen, ob Sie mit diesen zusammenarbeiten? Wenn ja, mit welchem Ergebnis?
Wen vermutete Uwe Mundlos als V-Mann in der Szene in Jena beziehungsweise in Thüringen? Haben Sie Kenntnis davon, ob Personen aus der rechten Szene in Chemnitz, Zwickau und Umgebung, mit denen Sie Kontakt hatten, von einem Nachrichtendienst oder dem polizeilichen Staatsschutz angesprochen worden waren? Wenn ja, welche Personen waren das?
Vermuteten Sie, Uwe Mundlos und/oder Uwe Böhnhardt bei Personen aus Chemnitz, Zwickau und Umgebung, mit denen Sie Kontakt hatten, dass diese Informationen an einen Nachrichtendienst oder den polizeilichen Staatsschutz weitergeben? Wenn ja, von welchen Personen, auf welcher Basis?
Wie haben Sie von der Enttarnung des Tino Brandt erfahren? Was wurde diesbezüglich mit Ralf Wohlleben und/oder anderen Personen besprochen?
Haben Sie, Uwe Mundlos und/oder Uwe Böhnhardt vor dem 4. November 2011 von der Enttarnung der V-Leute Carsten Szczepanski, Thomas Dienel, Marcel Degner und Mirko Hesse erfahren, wenn ja, wann und wie? Haben Sie anschließend etwas unternommen, um weitere Informationen einzuholen oder sich zu schützen? Wie und wann haben Sie, Uwe Mundlos und Uwe Böhnhardt von

dem Ausstieg Carsten Schultzes Ende 2000 beziehungsweise Anfang 2001 aus der rechten Szene erfahren? Haben Sie, Uwe Mundlos oder Uwe Böhnhardt anschließend etwas zu Ihrem gemeinsamen Schutz unternommen? Wenn ja, was? Wenn nein, warum nicht?

Wurden Sie zu irgendeinem Zeitpunkt nach Ihrer Inhaftierung von Mitarbeitern eines Nachrichtendienstes aufgesucht? Wenn ja, was wollten diese und was haben diese mit Ihnen gesprochen? Wurden Ihre Verteidiger von Mitarbeitern eines Nachrichtendienstes kontaktiert? Wenn ja, von wem, kennen Sie den Inhalt der entsprechenden Kommunikation?

Haben Sie die Rechte für eine Autobiografie, ein Exklusivinterview oder einen ähnlichen Text verkauft? Wenn ja, für welche Summe? Wenn nein, beabsichtigen Sie Entsprechendes? *(Verteidiger Borchert lächelt.)*

Anwalt Langer Als Sie auf Geheiß von Uwe Böhnhardt am 26.1.1998 die Garage abfackeln sollten, erklärten Sie, Sie hätten Benzin in einer Flasche von einer Tankstelle geholt. Wie haben Sie an einer Tankstelle eine 0,7-Liter-Flasche betankt? An welcher Tankstelle soll dies erfolgt sein? Gab es dort keine Probleme wegen einer Mindestabnahmemenge? Gab es dort keine Probleme wegen des untauglichen Gefahrgutbehälters? Sie sagten, dass Sie die Flasche mit Benzin nicht gebraucht haben. Wo ist diese verblieben? Wie hat Uwe Böhnhardt darauf reagiert, dass Sie sein »Fackel ab« ignoriert haben?

Was war der konkrete Auftrag an Rechtsanwalt Dr. Eisenecker? Sie führen aus, es sei »die Akteneinsicht abgelehnt« worden – zu welchem konkreten Vorgang sollte Rechtsanwalt Dr. Eisenecker eine Akteneinsicht erwirken? Sie erwähnen eine Besprechung mit Dr. Eisenecker am 7.3.1999, dann eine weitere im November 1999. Es heißt dabei, dass Sie ihn »erneut in seiner Kanzlei aufgesucht« hätten. An anderer Stelle sagen Sie, Sie hätten ihn »zweimal angerufen und einmal getroffen, nicht jedoch in seiner Kanzlei, sondern in einer Gaststätte«. Was ist nun zutreffend?

Dr. Eisenecker soll Ihnen im November 1999 mitgeteilt haben, dass es »wohl sehr heftig werden würde«, nachdem Sie ihm auch von den ersten drei Banküberfällen berichtet haben. Hat er Ihnen gesagt, inwiefern zu diesem Zeitpunkt davon auszugehen war, dass diese Banküberfälle, die Uwe Mundlos und Uwe Böhnhardt begangen haben sollen, seitens der Strafverfolgungsorgane auch Uwe Mundlos und Uwe Böhnhardt zugeordnet werden konnten? Hat er erläutert, wieso dies dann für Sie »sehr heftig« werden würde?

Zur zeitlichen Abfolge: Sie sagen, Sie hätten Dr. Eisenecker am 7.3.1999 erstmals gesprochen, dieser hätte für Sie eine Akteneinsicht versucht und Ihnen »einige Wochen später« mitgeteilt, dass diese abgelehnt worden sei. Im November 1999 hätten Sie ihn »erneut« in seiner Kanzlei aufgesucht. An anderer Stelle

sprechen Sie davon, dass Carsten Schultze Ihnen die Vollmacht des Rechtsanwaltes Dr. Eisenecker gegeben habe, die Sie unterschrieben hätten und die dann zu Dr. Eisenecker gebracht worden sei. Zur Einlassung des Mitangeklagten Carsten Schultze vom fünften Hauptverhandlungstag sagen Sie, dass diese zutreffend ist. Sie beschreiben das Treffen mit Carsten Schultze in einem Café eines Kaufhauses in Chemnitz als das einzige mit ihm nach dem Untertauchen.
Carsten Schultze hat das Treffen in dem Café in dem Kaufhaus in Chemnitz – bei dem Vollmachtsunterzeichnung und anschließend die Waffenübergabe stattfanden – auf »Ende März, Anfang April 2000« eingeordnet. Für diese Einordnung hat er als objektiven Anhaltspunkt den Erwerb seines Führerscheines im Frühjahr 2000 benannt, da er erst anschließend die Waffe mit dem Pkw seiner Mutter abgeholt habe. Der Führerschein soll ihm laut eines Vermerks des BKA am 3.4.2000 ausgehändigt worden sein. Eine Vollmacht für Dr. Eisenecker, die erst im oder nach Frühjahr 2000 unterzeichnet wurde, konnte dieser nicht im Verlaufe der ersten Jahreshälfte 1999 und wiederholend im November 1999 für eine Akteneinsicht nutzen. Bitte erklären Sie diesen Widerspruch beziehungsweise stellen Sie den zeitlichen Ablauf richtig.
Zu den Geschehnissen am 9.9.2000 *(Mord an dem Blumenhändler Enver Şimşek)*: Haben Uwe Mundlos und Uwe Böhnhardt Ihnen gesagt, nach welchen Kriterien sie die ermordete Person ausgewählt haben? Haben Sie danach gefragt?
Sie führen aus: »Sie zeigten mir die Pistole, die sie am 9.9.2000 verwendet haben.«
Haben Mundlos und Böhnhardt Ihnen in diesem Zusammenhang einen Schalldämpfer gezeigt? Haben sie nicht erwähnt, dass sie zwei verschiedene Waffen eingesetzt haben?
Sie sagten, Sie könnten die Pistole anhand der Ermittlungsakten nicht näher beschreiben. Da die Česká und die Bruni bereits von der Größe deutlich voneinander abweichen, werden Sie nochmals gebeten mitzuteilen, ob Sie hinsichtlich der Größe einordnen können, ob eine dieser beiden Waffen Ihnen gezeigt wurde oder ob Sie eine dieser beiden Waffen ausschließen können.
Hatten Mundlos und Böhnhardt in den Jahren 2000 und 2001 Fotoapparate in Besitz? Handelte es sich um analoge (mit Fotofilm) oder digitale (mit Speicherkarte) Kameras? Können Sie Angaben zu Firma/Typ des Gerätes/der Geräte machen?
Wo verblieben diese Fotoapparate?
Sie schildern ein Gespräch zwischen Ihnen und Uwe Mundlos und Uwe Böhnhardt im Nachgang zu dem Raubüberfall vom 5.7.2001 und bleiben dabei abstrakt: »Im Rahmen dieses Gespräches berichteten Sie mir von Ihren Mordtaten vom 13.6. und 27.6.2001«.

Was konkret sagten Ihnen Mundlos und Böhnhardt zum Ablauf der Geschehnisse vom 13.6. und vom 27.6.2001? Wurde Ihnen mitgeteilt, wer am 13.6.2001 und wer am 27.6.2001 die Schüsse auf das jeweilige Opfer abgab? Haben Mundlos und Böhnhardt Ihnen gesagt, nach welchen Kriterien sie die beiden ermordeten Personen jeweils ausgewählt haben?
Sie führten – zeitlich bezogen auf die Zeit nach dem zweiten und dritten Mord, von denen Sie Anfang Juli nach dem 5.7.2001 erfuhren – aus: »Mir wurde bewusst, dass ich mit zwei Männern zusammenlebte, denen ein Menschenleben nichts wert war … Diesmal äußerten sie sich auch in ausländerfeindlicher Richtung.« Und: »Meine Gefühle änderten sich dahingehend, dass, wenn sich die beiden ohne Erklärung für unbestimmte Zeit beziehungsweise Tage verabschiedeten, ich große Angst bekam, sie würden nicht mehr zurückkehren.« Sie erklärten, dass »nicht einfach von einem Türken gesprochen worden sei«, sondern abwertende Bezeichnungen wie »Kanake« oder »Dreckstürke« verwandt wurden. Dachten Sie auch daran, dass Mundlos und Böhnhardt – jedenfalls Anfang Juli, nach dem 5.7.2001 – in solchen Abwesenheitszeiten weitere gleichartige Tötungen, insbesondere an Personen mit türkischer Herkunft, vornehmen würden?
Wann hat Uwe Mundlos Ihnen vom Mord vom 25.2.2004 in Rostock berichtet? Hat Mundlos Ihnen davon berichtet, ob er allein oder mit Uwe Böhnhardt am Tatort war?
Hat Ihnen Mundlos außer »in Rostock einen Türken erschossen zu haben« und, dass »es wieder passiert sei« noch etwas zu diesem Ereignis mitgeteilt? Was konkret? Hat Uwe Böhnhardt Ihnen zu diesem Ereignis etwas mitgeteilt? Was konkret?
Sie erklärten: »Uwe Mundlos wollte, dass alle Beweise im Zusammenhang mit ihren Taten vernichtet werden und der einzige Beweis ihres Tuns die DVD sei.« Sind Sie nicht tatsächlich davon ausgegangen, dass die Morde und Anschläge als Bestandteil »des Tuns« von Mundlos und Böhnhardt mit verarbeitet wurden?
Sie führten aus: »Es ging nicht darum, Beweise zu vernichten, die ihre Straftaten offenlegen würden – die DVDs, die ich verschicken sollte, belegen auch das Gegenteil.« Das Verschicken der DVDs belegt nicht das Gegenteil, da in diesem »Bekennervideo« kein Bekenntnis von den Personen Mundlos und Böhnhardt ersichtlich ist, sondern nur eines des bis dahin unbekannten NSU. Bitte nehmen Sie zu diesem Widerspruch Stellung.
War vor dem Ende am 4.11.2011 in Gesprächen zwischen Ihnen und Mundlos und Böhnhardt einmal die Rede davon, die DVDs zu verschicken?
Zum Verschütten des Benzins am 4.11.2011: In welcher Reihenfolge der Räume sind Sie beim Verschütten des Benzins vorgegangen? Wie lange dauerte der Vorgang vom letzten Klingeln an der Wohnung Erber bis zum Anzünden der von

Ihnen genutzten Wohnung (nach Rückkehr in Ihre Wohnung und dem zwischenzeitlichen Verschütten des Benzins)? Wo genau befanden Sie sich, als Sie den Brand mit Ihrem Feuerzeug in Gang setzten? Bitte zeichnen Sie diesen Standort in Ihre Skizze der Wohnung ein.
Raubüberfall in Gotha: Kannten Sie das Objekt, das für den Raubüberfall ausgekundschaftet werden sollte? Zur Sparkasse in Gotha, Humboldtstraße 86, gab es nach Aktenlage und Beweisaufnahme detaillierte Ausspähungen, und im Wohnmobil wurde eine Quittung vom 2.11.2011, 9.56 Uhr, für den Kaufland, Bürgeraue 2 in Gotha – circa 800 Meter Fußweg von der Sparkasse entfernt –, gefunden. Haben Sie von Uwe Mundlos und Uwe Böhnhardt Informationen, dass konkret geplant war, die Sparkasse in Gotha am 2.11. beziehungsweise in der ersten Novemberwoche 2011 auszurauben? Wissen Sie, warum Mundlos und Böhnhardt davon abgesehen haben, vor dem 4.11.2011 *(an dem eigentlich ursprünglich das Wohnmobil beim Vermieter wieder abgegeben werden sollte)* einen Raubüberfall durchzuführen? Hatten Sie nach dem Aufbruch von Mundlos und Böhnhardt am Wochenende vor dem 4.11.2011 nochmals Kontakt und wann und was wurde dabei besprochen? Hatten Sie am 4.11.2011 anderen als telefonischen Kontakt zu Mundlos und Böhnhardt? Zum Beispiel SMS/E-Mail?
Bei der Abholung des Wohnmobils am 25.10.2011 waren Sie anwesend. Der ursprüngliche Rückgabezeitpunkt des Wohnmobils war laut Vertrag für den 4.11.2011, 12.00 Uhr, in Schreiersgrün vorgesehen. War Ihnen dies bekannt? Wussten Sie, dass das Wohnmobil am 3.11.2011 bis zum 7.11.2011 oder auch um eine ganze Woche verlängert worden sein soll? Gegebenenfalls: Woher wussten Sie das? Wie sollten Mundlos und Böhnhardt nach der Rückgabe des Wohnmobils von Schreiersgrün wieder wegkommen?
Zum Kanister mit Benzin aus dem Abstellraum in der Frühlingsstraße. Wann hatten Mundlos und Böhnhardt nach dem Untertauchen im Januar 1998 Zugriff auf ein Boot gehabt, insbesondere wann zuletzt vor dem 4.11.2011? Sie sprechen bei Kanister und Benzin davon, dass Mundlos und Böhnhardt dieses deponiert hätten, beim Außenborder sprechen Sie in der Einzahl – wem gehörte(n) nun Boot und Außenborder? Wo lagerte dieses Boot? Wann war das Benzin, welches laut Ihrer Einlassung für den Außenborder des Bootes gedacht war, in den Kanister gefüllt worden und wo befand sich der Kanister seit diesem Zeitpunkt?
Ergänzend dazu: Aus dem Kontext Ihrer Einlassung ist zu entnehmen, dass der »letzte Wille« von Mundlos und Böhnhardt gewesen sei, »die gemeinsame Wohnung abzufackeln«, und Sie dieses »Versprechen den beiden gegenüber« gegeben hätten. Wann genau haben Sie dieses Versprechen abgegeben? Was wurde im Detail für einen solchen Fall zwischen Ihnen und Mundlos und Böhnhardt

abgestimmt? Gegebenenfalls: Wie sollte die Realisierung dieses Versprechens in der von Ihnen zuvor genutzten Wohnung in der Polenzstraße 2 durchgeführt werden?
Haben Sie in der Zeit vom 4.11.2011 bis zur Festnahme am 8.11.2011 – außer den Anrufen bei den Eltern von Mundlos und Böhnhardt – Telefonate geführt? Mit wem?
Was war der jeweilige Inhalt? Am 4.11.2011, 12.11 Uhr, soll mit der Mobilfunktelefonnummer 0162/7000587, die Sie genutzt haben sollen, eine 51-Sekunden-Verbindung zur Mailbox dieser Nummer bestanden haben. Die Nachricht/-en soll/-en auf der Mailbox gelöscht worden sein. Wer war/waren die Person/en, die Nachricht/en aufgesprochen hatten? Welchen Inhaltes war/waren diese Nachricht/-en? Haben Sie diese Nachricht/-en gelöscht?
Am 5.11.2011 soll das Mobiltelefon mit der Nummer 0162/7000587 angerufen worden sein und sich dort eine männliche Stimme gemeldet haben. Wer war diese Person und wie kam diese in den Besitz des Mobilfunktelefons? Als Sie sich der Polizei am 8.11.2011 stellten, sollen Sie kein Mobiltelefon bei sich gehabt haben. Haben Sie zwischen dem 4.11.2011, 15.30 Uhr, und 8.11.2011, Ihrer Festnahme, ein Mobiltelefon genutzt? Gegebenenfalls: Woher hatten Sie dieses? Wo verblieb dieses Telefongerät nebst SIM-Karte? Was für ein Gerätetyp war dieses Mobiltelefon? Wo verblieb das Telefongerät nebst SIM-Karte, welches mit der Telefonnummer 0162/7000587 betrieben wurde? Was für ein Gerätetyp war dieses Mobiltelefon?
Zu »200 Videoclips auf unserem Festplattenrekorder schneiden«: In der Wette ist davon die Rede, dass es um »200 Mal Videoclips schneiden« ging. Sollten etwa 200 Filme komplett geschnitten/bereinigt oder sollten aus verschiedenen Filmen insgesamt 200 Stellen (Werbung, Vor-/Abspann) herausgelöscht werden? In welchem Zeitraum sollte dies geschehen? Wurde dieses »Videoclips schneiden« auch außerhalb der Wette gemacht? Konnten beziehungsweise machten dies alle drei Personen? Wurden die (geschnittenen/bereinigten) Filme dann nach dem Ansehen gelöscht oder aufbewahrt?
Welches Gerät (Festplattenrekorder) wurde dazu verwendet? Können Sie die Firma, den Typ benennen?

(Dann stellt der Anwalt noch viele Fragen zu Videorekordern, dem Tatort in Rostock, in Heilbronn und wird dabei sehr ausführlich.)

Verteidiger Stahl Diese ständig enthaltenen Zwischenplädoyers kann sich der Kollege doch sparen.

Anwalt Langer Ich versuche das doch nur ein wenig klarer zu machen. Also, trifft das zu? Waren Mundlos und Böhnhardt schon vor der Tat in Heilbronn und waren Sie bei den Besuchen dabei?

Götzl Noch Fragen?

Anwältin Catic-Redemann Ich habe noch 35 Fragen gemeinsam mit dem Kollegen Schön.

1. In Ihrer Einlassung räumen Sie ein, an der Herstellung eines »Puppentorsos« für eine Aktion am 13. April 1996 beteiligt gewesen zu sein. Warum wurde an diesem Puppentorso ein Davidstern und ein Schild mit der Aufschrift »Jude« angebracht?
2. Am Wochenende vor Ihrem Untertauchen sollen Fotos Ihre Beteiligung an einer Demonstration in Dresden gegen die Wehrmachtsausstellung zeigen. Welche Fahne tragen Sie dort und warum? Mit wem sind Sie zusammen nach Dresden gefahren, wen erkennen Sie auf den Fotos wieder? Wer ist die weibliche Person, die neben Ihnen die Fahne trägt? An der Seite der Demonstration, neben Ihnen, wird ein Transparent mit der Aufschrift »Nationalismus – Eine Idee sucht Handelnde« getragen. Wer hat sich dieses Transparent ausgedacht, wer hat es hergestellt und wer hat es getragen?
3. Nach Ihrer Darstellung haben Sie am 26.1.1998 die Aufforderung von Uwe Böhnhardt »Fackel ab« *(Anmerkung: der Garage, in der die Bomben gebaut wurden)* im Endeffekt nicht befolgt. Gab es anschließend Diskussionen darüber mit den beiden Uwes, mit welchem Inhalt? Wurden Ihnen Vorwürfe gemacht?
4. Haben Sie und/oder Uwe Böhnhardt/Uwe Mundlos nach dem Untertauchen ihr Äußeres verändert und wenn ja, wie?
5. Nach Ihrer Behauptung wollten Uwe Mundlos und Uwe Böhnhardt Ende 1999 nach Südafrika, Sie selbst wollten Deutschland aber auf keinen Fall verlassen. Sie behaupten weiter, Sie hätten Ende 2000, nachdem Sie von dem Mord an Enver Şimşek erfahren haben, überlegt, sich der Polizei zu stellen. Uwe Böhnhardt und Uwe Mundlos sollen mit einer Selbsttötung gedroht haben. Haben Sie in dieser Situation mit den beiden die Möglichkeit erörtert, dass diese nunmehr – wie bereits Ende 1999 geplant – nach Südafrika auswandern sollten und Sie sich sodann der Polizei stellen?
6. Wie sind Sie oder Böhnhardt oder Mundlos an den Ausweis des Herrn Ralph H. gekommen, welchen Kontakt hatten Sie zu ihm, wusste er, dass auf seinen Namen Bestellungen getätigt und eine Wohnung angemietet wurde?
7. Trifft es zu, dass Thomas Rothe Sie sowohl in Wohnungen in Chemnitz wie in Wohnungen in Zwickau besucht hat? Wenn ja, in welchen der Wohnungen? Hatten Sie und Uwe Mundlos und Uwe Böhnhardt keine Angst, dass Herr Rothe Ihren Aufenthaltsort verraten könnte? Weshalb waren Sie sicher, dass Herr Rothe Ihren Aufenthaltsort nicht verraten würde?
8. Haben Sie sich regelmäßig über das politische Geschehen informiert und wenn, aus welchen Quellen, haben Sie regelmäßig eine Zeitung (welche) gelesen und/

oder regelmäßig Nachrichtensendungen im Radio gehört oder im Fernsehen gesehen (welche)?

9. Haben Sie mit Uwe Böhnhardt und/oder Uwe Mundlos regelmäßig (wie oft pro Woche oder Monat) Fernsehabende veranstaltet, welche Sendungen/Serien haben Sie dabei gesehen? Gab es hier Unterschiede während der Zeit in der Polenzstraße und der Zeit in der Frühlingsstraße?
10. Haben Ihnen Uwe Böhnhardt und/oder Uwe Mundlos häufiger Zeitungsartikel gezeigt, in denen von deren Taten berichtet wurde?
11. Sie erklären, dass Mundlos und Böhnhardt nach der Rückkehr vom Bombenanschlag in der Keupstraße keine Details berichteten. Sie hätten sich deshalb über die Zeitung informiert. Hatten Sie zuvor versucht, von Mundlos und Böhnhardt Details zu erfahren? Welche? Was erfuhren Sie aus der Zeitung, was Sie nicht schon vorher von Mundlos und Böhnhardt erfahren hatten? Woher hatten Sie Zeitungen? Haben Sie diese täglich gekauft? Was geschah mit den Zeitungen, nachdem Sie diese gelesen hatten? Haben Sie die Zeitungen Böhnhardt und Mundlos gezeigt/gegeben? Haben Sie ab dem 9.6.2004 Fernsehsendungen zum Anschlag gesehen?
12. Als Ihnen – nach Ihrer Darstellung – am 5. oder 6.10.2006 – nach dem gescheiterten Überfall auf die Bank in der Kosmonautenstraße in Zwickau – Böhnhardt davon und Mundlos und Böhnhardt von weiteren vier Morden erzählten, haben Sie sich mit den Erklärungen zufriedengegeben oder haben Sie sich dann selbstständig zu dem Banküberfall Zeitungen besorgt und zu den Morden im Internet recherchiert? Mit welchem Ergebnis?
13. Haben Uwe Böhnhardt und/oder Uwe Mundlos als Grund für die von ihnen verübten Morde (auch) erklärt, dass sie dies zur Erhaltung der deutschen Nation getan hätten, dass es notwendig sei, Ausländer zu töten, um die deutsche Nation zu erhalten?
14. Zu den in der Frühlingsstraße aufgefundenen Videoaufzeichnungen zum Bombenanschlag in der Keupstraße soll sich Ihr Verteidiger, Herr Grasel, nicht nur gegenüber der »taz«, sondern auch gegenüber dem Berliner »Tagesspiegel« geäußert haben. Er soll dabei ausweislich des beigefügten Artikels erklärt haben: »Denkbar sei auch, Mundlos und Böhnhardt hätten in Köln nach der Tat bei einem Freund die Sendungen aufgenommen.« Wissen Sie, ob Uwe Böhnhardt und/oder Uwe Mundlos in Köln einen Freund/Freundin hatten und wie heißt der/die?
15. Wissen Sie etwas dazu, warum André Eminger am 8.6.2004 *(einen Tag vor dem Anschlag in der Keupstraße)* in Euskirchen war und was er dort gemacht hat?
16. Nach Ihrer Behauptung hatten Ihnen Uwe Mundlos und Uwe Böhnhardt immer wieder – erstmals Ende 2000 – erklärt, dass diese sich selbst töten würden,

falls sie durch die Polizei festgenommen werden sollten. Welche Verhaltensregeln hatten Sie für den Fall besprochen, dass es auf einer gemeinsamen Fahrt von ihnen allen dreien (zum Beispiel im Urlaub) zu einer polizeilichen Überprüfung oder gar zu einer Festnahme käme? Hatten Sie immer Waffen dabei?

17. Auf Seite 34 Ihrer Einlassung behaupten Sie: »Bei diesen Gesprächen über den Tod musste ich beiden mehrfach das ›absolute Versprechen‹ geben: Sollten beide erschossen werden oder sollten sie sich selbst erschießen, um einer Verhaftung zuvorzukommen, so sollte ich die von Uwe Mundlos erstellten und versandfertig vorbereiteten DVDs in den Briefkasten stecken und versenden. Ich sollte die Wohnung in Brand setzen und ich sollte die Eltern des Uwe Mundlos und des Uwe Böhnhardt benachrichtigen.« Zeitlich ordnen Sie diese Gespräche in den Zeitraum nach Umzug in die Frühlingsstraße, also Mitte 2008 ein. Die erstmalige Selbstmorddrohung behaupten Sie hingegen bereits für das Ende 2000. Welche Verabredung bestand im Zeitraum zwischen 2000 und 2008 für den Fall, dass Böhnhardt und Mundlos erschossen wurden und/oder Selbstmord begangen hätten?
Sollten Sie dann auch eine Wohnung anzünden und/oder irgendwas verschicken?

18. In Ihrer Einlassung vom 9.12.2015 haben Sie erklärt, Sie hätten das Haus nicht angezündet, wenn Sie gewusst hätten, dass Frau Erber zu Hause war und diese nicht mit Ihnen das Haus verlassen hätte. Als Sie Böhnhardt und Mundlos das »absolute Versprechen« gaben, die Wohnung in Brand zu setzen, haben Sie da Böhnhardt und Mundlos erklärt, dass das für Sie nicht in Betracht käme, wenn dadurch andere Menschen gefährdet würden? Falls ja, wie haben Mundlos und Böhnhardt darauf reagiert? Wurde in diesem Zusammenhang auch die Frage besprochen, ob man Ihrem Versprechen trauen könne, wo Sie doch gegen die Anweisung Böhnhardts 1998 die Garage nicht »abgefackelt« hatten, weil dort Menschen in der Nähe waren?

Anwalt Schön Ich mache dann weiter.

19. Am 21.1.2016 erklären Sie: »Wenn wir uns in der Wohnung befanden und es an der Tür klingelte, so war es stets ich, die zur Tür gehen und nachschauen musste, wer geklingelt hatte. Für den Extremfall, dass nämlich die Polizei vor der Tür steht, hätten die beiden sich auf der Stelle erschossen.« Warum mussten Sie an die Tür, obwohl Überwachungskameras existierten? Gab es irgendeine Verabredung, was Sie rufen sollten, damit sich Uwe Mundlos und Uwe Böhnhardt erschießen? Hatten diese jeweils eine einsatzbereite Waffe in ihrem Zimmer herumliegen? Was war für den Fall verabredet, dass Uwe Mundlos und/oder Uwe Böhnhardt zum Zeitpunkt des Auftauchens der Polizei nicht zu Hause waren?

20. Nach Ihrer Antwort vom 16.3.2016 auf die Frage 19 des Vorsitzenden hatten Sie das neben der Küche liegende Zimmer benutzt, das in der Skizze des BKA als

»Wohnzimmer – Brandbereich E« bezeichnet wird. In diesem von Ihnen bewohnten Zimmer war die einzige Überwachungskamera installiert, die den Bereich der Frühlingsstraße erfassen sollte. Auf dem PC-Arbeitsplatz unter Ihrem Hochbett befand sich neben dem PC auch eine Festplatte mit Mitschnitten der Überwachungskamera. Welche Rolle hatten Sie bei der Benutzung und Speicherung der Bilder der Überwachungskamera?

21. Ein Teil des von Ihnen gegebenen Versprechens sollte sein, die »versandfertig vorbereiteten DVDs in den Briefkasten zu stecken«. Dies Versprechen gaben Sie nach Ihrer Darstellung etwa 2008. Später erklären Sie: »Abschließend kann ich zu den DVDs noch erklären, dass Uwe Mundlos diese Anfang des Jahres 2011 in Tüten verpackt und diese beschriftet hatte. Ich hatte ihn darauf angesprochen, nachdem ich die Tüten im Abstellraum gesehen hatte. Er erklärte, dass dies die DVDs seien, die ich im Fall der Fälle verschicken sollte.« Welche DVDs sollten Sie vor 2011 verschicken, wenn Sie dieses »absolute Versprechen« schon 2008 gegeben hatten, oder worauf bezog sich dieser Teil des »absoluten Versprechens« vor 2011?
22. Zur DVD erklären Sie weiter: »Uwe Mundlos wollte, dass alle Beweise im Zusammenhang mit ihren Taten vernichtet werden und der einzige Beweis Ihres Tuns die DVD sei.« Ich halte Ihnen vor, dass es für den Einsatz der DVD als Beweismittel ausreichend gewesen wäre, ein Exemplar an eine Polizeidienststelle oder Staatsanwaltschaft zu senden. Warum sollten Sie, wollten Sie und haben Sie eine Vielzahl von DVDs an eine Vielzahl von Anschriften – allerdings weder an eine Polizeidienststelle noch an eine Staatsanwaltschaft – versandt? Wie sollte nach Meinung von Mundlos aus dem Inhalt der CD auf konkrete Täter geschlossen werden?
23. Nach Ihrer Darstellung vom 16.3.2016 zu Frage 19 wurde der in Skizzen des BKA als »Katzenzimmer« bezeichnete Raum von Ihnen dreien gemeinsam als Wohnraum benutzt. In diesem Raum, den Sie alle gemeinsam benutzten, befanden sich eine Vielzahl von Ausdrucken von Adressen und handschriftlichen Aufzeichnungen zu Adressen. Zu welchem Zweck wurden diese Adresslisten angelegt?
24. In Ihrem Zimmer wurde unter einem Hochbett ein PC-Arbeitsplatz gefunden, von dem ein ASUS-PC-Tower sichergestellt wurde. Auf diesem Tower wurden unter dem 21.8.2011 Google-Suchanfragen »Bungalow Eisenach« und »Bungalow Arnstadt« ausgeführt. Welchen Hintergrund hatten diese auf Ihrem PC durchgeführten Suchanfragen?
25. Nachdem Sie vom 9.7. bis 15.8.2011 mit dem Fahrzeug VW T5 Caravelle Urlaub gemacht haben, wurde dasselbe Fahrzeug noch einmal für den Zeitraum vom 21.8. bis 26.8.2011 angemietet. Zu welchem Zweck?
26. Wie viel Geld haben Sie durchschnittlich im Monat verbraucht ohne Berück-

sichtigung besonderer Ausgaben wie Urlaub, Anmietung von Fahrzeugen und größere Anschaffungen?

27. Sie berichten davon, dass Ihnen Uwe Mundlos und Uwe Böhnhardt nach dem Banküberfall vom 2.7.2001 die Beute gezeigt haben. Nach den bisherigen Feststellungen soll es sich dabei um 74700 DM gehandelt haben. Wie viel DM hatten Sie davon noch am 31.12.2001, wie haben Sie die (Rest-)Beute in Euro umgewechselt, wer hat Ihnen dabei geholfen?
28. In Ihren Antworten vom 16.3.2016 auf Fragen des Vorsitzenden haben Sie zu Frage 8 mitgeteilt, dass Sie nach dem 11.1.2007 André Eminger von den Raubüberfällen erzählt hätten. Was hatten Sie vor diesem Datum André und Susann Eminger erzählt, wovon Sie Ihren Lebensunterhalt bestreiten?
29. Sie behaupten, anlässlich der Diskussion um den späteren Banküberfall in Arnstadt im September 2011 hätten Sie den anderen beiden erklärt, sie hätten »noch genug Geld«. Wie viel Geld hatten Sie zu diesem Zeitpunkt noch? Wie viel Geld hatten Sie mit, als Sie am 4.11.2011 die Wohnung verlassen haben, und was haben Sie mit diesem Geld gemacht?
30. Nach Angaben verschiedener Zeugen sollte das Wohnmobil im Oktober 2011 von der Firma K. ursprünglich vor dem 25.10. angemietet werden. Was wissen Sie über die Gründe, warum das Fahrzeug ursprünglich früher angemietet werden sollte? Warum erfolgte dann die Anmietung erst zum 25.10.2011?
31. Nach der Auswertung des BKA fand auf Ihrem Rechner im Zeitraum zwischen dem 25.10. und 28.10.2011 sowie zwischen dem 31.10. und 3.11.2011 keinerlei Aktivität statt. Wo haben Sie sich zu diesem Zeitpunkt aufgehalten und/oder warum wurde für diese Zeiträume keine Benutzung des in Ihrem Zimmer stehenden Rechners registriert?
32. In Ihrer Erklärung vom 9.12.2015 teilen Sie zum Morgen des 4.11.2011 mit, dass Uwe Böhnhardt und Uwe Mundlos »überfällig« gewesen seien. Warum waren die beiden »überfällig«, obwohl Uwe Böhnhardt und Uwe Mundlos am 3.11. die Anmietung des Wohnmobils zunächst bis zum 7.11. verlängert hatten?
33. Der vom BKA rekonstruierte Internetverlauf auf Ihrem Computer ist Ihnen bekannt. Wie ordnen Sie zeitlich die Radiomitteilung, der Sie den Tod von Uwe Böhnhardt und Uwe Mundlos entnommen haben wollen, in diesen Internetverlauf ein, das heißt, welche Suchanfragen haben Sie vor und welche Suchanfragen nach der genannten Radiomeldung vorgenommen?
34. Auf Ihrem PC wurde nach Feststellungen des BKA das erste Benutzerkonto am 14.4.2011 angelegt. Es befanden sich Auszüge von Google Maps und Google Earth betreffend das Jüdische Krankenhaus in Berlin auf Ihrem PC. Wann und zu welchem Zweck wurden entsprechende Suchanfragen gestartet und entsprechende Kartenausschnitte heruntergeladen?

35. In Ihrer Erklärung vom 9.12.2015 teilten Sie mit, Uwe Mundlos und Uwe Böhnhardt hätten Ihnen als Grund für den Mord an Enver Şimşek erklärt, sie wollten die Sache zu einem »knallenden Abschluss« bringen. In Ihrer Mitteilung vom 21.1.2016 haben Sie den »knallenden Abschluss« auf die Selbstmordabsichten von Uwe Böhnhardt und Uwe Mundlos bezogen. Suchten diese den Selbstmord und »wollten« ihn? Haben Uwe Mundlos und/oder Uwe Böhnhardt häufiger von einem »knallenden Abschluss« gesprochen? Haben Sie und/oder Uwe Mundlos und/oder Uwe Böhnhardt nach dem Anschlag von Anders Breivik im Juli 2011 über einen »knallenden Abschluss« gesprochen?

Anwältin Busmann Falls Sie Kenntnis von einer oder von mehreren Fahrten von Uwe Mundlos und/oder Uwe Böhnhardt nach Hamburg im Jahr 2001 oder davor hatten: Von wie vielen Fahrten nach Hamburg wissen Sie? Was war der Grund für diese Fahrten oder für diese Fahrt, die Mundlos und Böhnhardt Ihnen gegenüber angegeben haben? Wie lange waren Mundlos und Böhnhardt weg? Wissen Sie, wie Böhnhardt und Mundlos im Sommer 2001 nach Hamburg gefahren sind? Haben die beiden von weiteren Personen im Zusammenhang mit dieser Fahrt nach Hamburg berichtet? Wenn ja, von welchen Personen und in welchem Zusammenhang? Als Sie das erste Mal vom Mord an Enver Şimşek erfuhren, sagen Sie in Ihrer Einlassung, Uwe Mundlos habe Ihnen von diesem Mord erzählt. War Uwe Böhnhardt bei dem Gespräch dabei? Wenn Sie in Ihrer Einlassung schildern, dass es immer wieder Schweigen zwischen Ihnen dreien gegeben habe, nachdem Sie von Mordtaten erfahren haben, haben sich diese Situationen wieder aufgelöst oder entspannt? Falls ja, erinnern Sie sich an Details, wie man wieder begann, miteinander zu sprechen nach andauerndem Schweigen? Schildern Sie bitte Details der Annäherung, sofern eine solche stattgefunden hat.

Hatten Sie Angst vor Uwe Böhnhardt und/oder Uwe Mundlos?

Sie schreiben in Ihrer Einlassung: »Uwe Mundlos wollte, dass alle Beweise im Zusammenhang mit ihren Taten vernichtet werden und der einzige Beweis ihres Tuns die DVD sei. Uwe Böhnhardt wollte, dass alle Beweise vernichtet werden, die Rückschlüsse auf unsere Lebensweise in den vergangenen Jahren zulassen würden.« Haben die beiden Ihnen das so gesagt? Wie genau war die Wortwahl? Haben Sie darauf etwas erwidert? Falls ja, was haben Sie gesagt?

Als Sie am 25.10.2011 gemeinsam mit Mundlos und Böhnhardt das Wohnmobil abholten und dann mit ihnen nach Leipzig fuhren, taten Sie das im Glauben, die beiden würden einen weiteren Überfall mit diesem Wohnmobil begehen? Kam Ihnen der Gedanke, dass ein weiterer Mord begangen werden könnte? Falls nein, warum nicht?

Wie erfuhr Uwe Mundlos davon, dass Sie mit Uwe Böhnhardt liiert waren? Wie reagierte er darauf?

Und schließlich: Wie waren jeweils die Reaktionen des Uwe Mundlos auf die körperlichen Misshandlungen, die von Uwe Böhnhardt gegen Sie gerichtet wurden?

Anwalt Martinek Gab es beispielsweise während der Urlaubsaufenthalte ein Gespräch, wie man einen solchen Campingwagen in Brand setzen oder sprengen könnte? Wie ist Ihre persönliche Einstellung gegenüber Polizeibeamten? Und wie war die Einstellung von Mundlos und Böhnhardt dazu?

Anwalt Erdal Eine einzige Frage: Was wissen Sie über 1. Andreas Temme *(Mitarbeiter des Verfassungsschutzes in Kassel, der am Tatort war, als Halit Yozgat erschossen wurde)*, 2. Ralf Marschner *(ehemaliger V-Mann des Verfassungsschutzes, bei dem Mundlos und Zschäpe angeblich gearbeitet haben sollen)*, 3. Thomas Richter alias V-Mann Corelli? *(Dann stellt auch noch der Psychiatrische Sachverständige Henning Saß seine Fragen.)*

Saß Frau Zschäpe, ich habe Fragen zu sieben Bereichen. Zum Gesundheitsbereich: Sie haben gesagt, dass Sie keine schweren Erkrankungen durchgemacht haben. Bezieht sich das auch auf den psychischen Bereich? Zum Alkoholkonsum: Gab es längere Zeiten der Karenz, wo Sie nicht getrunken haben? Gab es in diesen Zeiten Beschwerden im Sinne von Entzugserscheinungen? Wie war der Alkoholkonsum in den Urlauben? Und gab es Besonderheiten nach der Verhaftung? Sind Sie da medikamentös behandelt worden? Zu Medikamenten: Haben Sie Schmerz-, Schlaf- oder Beruhigungsmittel genommen? Wenn ja, weswegen und welche Medikamente waren das? Wie hoch war die Dosierung? Woher haben Sie die Medikamente bezogen? Zu den sozialen Beziehungen zu Mundlos und Böhnhardt: Welches waren wichtige Inhalte der Beziehung – Gesprächsthemen, gemeinsame Interessen, Konfliktfelder? Welche Änderungen haben sich in den Beziehungen im Laufe der Zeit ergeben? Dann zur geistigen Betätigung: Was haben Sie gern gelesen? Welche Art von Filmen haben Sie gern gesehen? Haben sich diese Interessen auf geistigem Gebiet im Laufe der Jahre geändert? Wenn ja, wie? Nun zum Thema Bezugspersonen: Gab es wichtige Bezugspersonen in der Zeit, in der Sie im Verborgenen gelebt haben? Wenn ja, was waren wichtige Themen des Austauschs? Und als Siebtes: In Ihrer Erklärung vom 9.12.2015 findet sich die Angabe: »Aus diesem emotionalen Dilemma fand ich keinen Ausweg.« Haben Sie sich mit irgendjemandem über dieses Dilemma ausgetauscht? Was waren Ihre Überlegungen zu diesem Dilemma?

Götzl *(zu Zschäpes Verteidigern)* Wie wollen Sie es handhaben?

Verteidiger Borchert Wir werden besprechen, ob wir die Fragen beantworten. Das wird Monate in Anspruch nehmen. Ich kann nicht jeden Tag mit ihr sprechen. Ich kann nicht jeden Tag über Stunden mit ihr sprechen.
Das braucht viel Zeit. *(Am Rande der Verhandlung erklärte Borchert, dass er bereit wäre zu antworten, wenn sich das Gericht einige der Fragen zu eigen machen würde.)*

Götzl Der morgige Verhandlungstag ist abgesagt. Wir fahren fort Dienstag, 12. Juli.

Tag 296

12. Juli 2016

Manfred Götzl, Richter.

(Götzl lässt zunächst mehrere Schriftstücke verlesen. Dann lehnt der Senat Beweisanträge vom 91., 92., 93. und 106. Verhandlungstag zur Rolle des hessischen Verfassungsschützers Andreas Temme ab, der am Tatort war, als die NSU-Mörder den 21 Jahre alten Halit Yozgat in Kassel töteten. Temme beteuerte, dass er vom Mord an Halit Yozgat im Internetcafé nichts mitbekommen und das hinterm Tresen liegende sterbende Opfer nicht bemerkt habe, obwohl er drei Mal an dem Tisch vorbeigegangen war. Dass ein Verfassungsschützer am Tatort war, hatte den Verdacht befördert, dass der Staat von der NSU-Mordserie wusste.)

Götzl Die Antragsteller verfolgen, so legt der Senat ihre Anträge aus, das Ziel, zu belegen, dass die Angaben des Zeugen Temme unglaubhaft sind. Eine Bestätigung der unter Beweis gestellten Tatsachen würde aber nicht dazu führen, dass der Senat die Angaben des Zeugen Temme in der Hauptverhandlung als unglaubhaft und unvollständig ansehen würde. Der Senat würde folglich auch nicht die mögliche Beteiligung der Angeklagten Zschäpe, Wohlleben und Schultze an den ihnen vorgeworfenen Taten oder die möglichen Rechtsfolgenfragen hieran angepasst anders beurteilen. Die Angaben des Zeugen Temme in der Hauptverhandlung sind nach vorläufiger Würdigung glaubhaft:

1. Inhaltlich führte der Zeuge zur Tat zulasten Halit Yozgats aus, er habe sich am Tattag, dem 6.4.2006, in dem Internetcafé des Opfers aufgehalten. Er habe sich nur einige Minuten dort aufgehalten. Er dürfte dort kurz vor 17.00 Uhr angekommen sein. Das Opfer habe ihm einen Internetplatz im hinteren Raum des Cafés zugewiesen. Von dort aus habe man den vorderen Raum, wo sich der Tresen und der Arbeitsplatz des Opfers befunden haben, nicht sehen können. Er habe lediglich kurze Zeit auf dem Kontaktportal nach für ihn eingegangenen Nachrichten gesucht und habe, soweit erinnerlich, auch etwas geschrieben. Dann habe er seinen Platz wieder verlassen und habe im vorderen Raum die Nutzungsgebühr entrichten wollen. Er habe das Opfer aber dort nicht gesehen. Er habe die Räume des Cafés verlassen und sei auf die Straße hinausgegangen. Auch dort habe er den Inhaber nicht gesehen. Er sei dann nochmals zurück durch den vorderen Raum in den hinteren Internetraum gegangen. Auch dort habe er den Inhaber nicht gesehen. Er sei dann zurück in den vorderen Raum

und habe auf dem Tresen 50 Cent als Bezahlung für die Internetnutzung abgelegt. Er habe auch dabei das Opfer nicht gesehen.

2. Diese Angaben sind glaubhaft. Dies gilt auch dann, wenn die unter Beweis gestellten Tatsachen, die der Senat insgesamt als seien sie erwiesen unterstellt, in die Glaubhaftigkeitsprüfung eingestellt werden:

a. Der Zeuge Temme wurde am 1.10.13, am 3.12.13, am 29.1.14, am 12.3.14, am 15.4.14 und am 30.6.15 in der Hauptverhandlung vernommen, sodass der Senat einen umfassenden persönlichen Eindruck von dem Zeugen gewinnen konnte. Der Zeuge Temme schilderte dabei sachlich, nachvollziehbar und plausibel seine Wahrnehmungen im Zusammenhang mit der Tat vom 6.4.2006 in Kassel. Er unterschied dabei ausdrücklich und penibel zwischen Umständen, an die er noch eine sichere eigene Erinnerung hatte, und solchen Umständen, die ihm nur aufgrund von Informationen aus den Medien beziehungsweise aufgrund seiner zahlreichen Vorvernehmungen noch präsent waren. Bei seiner Schilderung räumte er unumwunden auch Fehler im eigenen Verhalten ein, die er plausibel und nachvollziehbar erklärte. So führte er aus, sein größtes Versagen im Tatzusammenhang habe darin bestanden, dass er sich nicht als Zeuge gemeldet habe, obwohl er im zeitlichen Zusammenhang mit der Tat am Tatort anwesend gewesen sei. Er habe schlicht Angst davor gehabt, sich als Zeuge zu erkennen zu geben, da dann sein Aufenthalt am Tatort offenbar geworden wäre. Dies habe er sowohl aus privaten als auch aus dienstlichen Gründen vermeiden wollen. Er habe am Tatort, einem Internetcafé, in dem Kontaktportal »Love.de« nach an ihn gerichteten Nachrichten gesucht. Er habe vermeiden wollen, dass dies seine Ehefrau erfahren würde. Das Internetcafé habe sich zudem in der Nähe eines vom Verfassungsschutz überwachten Objekts befunden. Er sei davon ausgegangen, dass er sich als V-Mann-Führer dort nicht hätte aufhalten sollen.

b. Die Angaben des Zeugen Temme stimmen hinsichtlich wesentlicher Details überein mit den Angaben weiterer zur Tat gehörter Zeugen. Hierdurch wird die Einordnung seiner Angaben als glaubhaft zusätzlich gestützt:

i. So wird der Umstand, dass der Zeuge Temme am Tattag am Tatort-Café nur kurze Zeit das Internet nutzte, bestätigt durch die Angaben der Zeugen Abu T. und Kriminalhauptkommissar B.: Der Zeuge Abu T. führte in der Hauptverhandlung glaubhaft zum Zeugen Temme aus, dieser habe sich am Tattag im hinteren Internetraum des Cafés an einen Computer gesetzt. Temme habe sich kurz im Internetraum aufgehalten und sei dann wieder gegangen. Der Polizeibeamte B. führte glaubhaft aus, die Ermittlungen an der Internetanlage des Cafés Yozgat hätten ergeben, dass sich der Zeuge Temme am Tattag lediglich von 16.51 Uhr bis 17.01 Uhr dort ins Internet eingeloggt habe.

ii. Der Zeuge Temme gab an, er habe beim Hinausgehen aus dem Café eine 50-

Cent-Münze als Bezahlung auf den Tresen gelegt. Der Umstand, dass sich eine 50-Cent-Münze auf dem Tresen befand, wird bestätigt durch die in der Hauptverhandlung in Augenschein genommenen Lichtbilder vom Tatort, die in der Hauptverhandlung glaubhaft vom Erkennungsdienstbeamten I. erläutert worden sind.

c. Die Glaubhaftigkeit der Angaben des Zeugen Temme wird nicht durch andere in der Beweisaufnahme thematisierte Umstände und auch nicht durch die unter Beweis gestellten Tatsachen, die als erwiesen unterstellt werden, erschüttert oder beseitigt:

i. Zweifel an der Glaubhaftigkeit der Angaben des Zeugen Temme ergeben sich nicht aus dem Umstand, dass der Zeuge die oder den Täter bei der Tatausführung nicht gesehen hat.

1. Nach den glaubhaften Ausführungen des Polizeibeamten B. war der Zeuge Temme im Zeitraum von 16.51 Uhr bis 17.01 Uhr im Internet eingeloggt. Der Polizeibeamte B. berichtete weiter, eine durchgeführte Rekonstruktion der verschiedenen Tätigkeiten des Zeugen Temme nach dem Ausloggen, also sein Gang zur Straße durch den vorderen Raum und zurück in den hinteren Raum und wieder hinaus durch den vorderen Raum auf die Straße zu seinem Auto, habe ergeben, dass dafür Zeit im Bereich von knapp über einer Minute benötigt würde. Somit hätte der Zeuge Temme das Café etwa um 17.02 Uhr endgültig verlassen. Der Zeuge S. habe sein letztes Telefonat um 17.03 Uhr beendet. Dieser habe dann die von ihm genutzte Telefonzelle verlassen und sei dann kurz darauf auf den Vater des Opfers getroffen. Letzterer habe unmittelbar danach das Opfer entdeckt.

2. Die Tat wurde nach Überzeugung des Senats begangen, als der Zeuge Temme im Internet eingeloggt war. Im Zeitraum von 16.51 Uhr bis 17.01 Uhr saß der Zeuge Temme eingeloggt im hinteren Internetraum, von wo aus er die Vorgänge im vorderen Telefonraum – dem unmittelbaren Tatort – nicht beobachten konnte.

a. Die Feststellung des Tatzeitraums ergibt sich aus den glaubhaften Angaben des Zeugen Hamadi S., die von den Vernehmungsbeamten KHK R., KHK G. und KHK W. glaubhaft in der Hauptverhandlung berichtet wurden. Dabei war sich der Senat bewusst, dass die Angaben mit besonderer Vorsicht zu würdigen waren, da sie lediglich durch Zeugen vom Hörensagen eingeführt werden konnten. Hamadi S. habe danach ausgeführt, er habe am Tattag in dem Café telefoniert. Er wisse nicht mehr wann, aber zu Beginn seiner Telefonate habe er zwei bis drei Knallgeräusche gehört. Diese hätten sich angehört wie das Platzen eines Luftballons. Circa zehn bis 15 Sekunden nach den Geräuschen habe er aus den Augenwinkeln heraus eine Person in Richtung Ausgang des Cafés verschwinden sehen. Er habe danach seine Telefonate fortgeführt, und nach Beendigung der

Gespräche habe er die Telefonzelle verlassen, aber das Opfer nicht mehr gesehen. Er habe kurz vergeblich nach dem Opfer gesucht. Dabei sei er auch nach hinten in den Internetraum gegangen. Dann habe der Vater des Opfers das Internetcafé betreten und habe das Opfer tot hinter dem Tresen gefunden. Der Zeuge KHK B. führte in diesem Zusammenhang glaubhaft aus, seine Ermittlungen hätten ergeben, dass der Zeuge Hamadi S. in dem Café von 16.54 Uhr bis 17.03 Uhr telefoniert habe.

b. Die optischen und akustischen Wahrnehmungen des Zeugen ordnet der Senat unmittelbar tatbezogen ein. Die abgegebenen Schüsse nahm der Zeuge als Knallgeräusche wahr. Zusätzlich sah er einen Täter, als sich dieser vom Tatort entfernte.

c. Aus den Geräuschwahrnehmungen des Zeugen Hamadi S. und seinen optischen Wahrnehmungen jeweils in der Telefonzelle schließt der Senat, dass das Opfer jedenfalls nach 16.54 Uhr erschossen wurde. Der Zeuge Hamadi S. gab an, er habe die Geräusche zu Beginn seiner Telefonate gehört und nach den Wahrnehmungen noch weitertelefoniert: Aus der Wendung »zu Beginn seiner Telefonate« schließt der Senat, dass der Zeuge die Geräusche um 16.54 oder danach, aber jedenfalls mehr als zwei Minuten vor der Beendigung seiner Telefonate um 17.03 Uhr gehört hat und dass damit auch die Tat jedenfalls vor 17.01 Uhr begangen worden ist. Der Zeuge Temme verließ seinen Internetplatz um 17.01 Uhr und demnach erst nach der Tatausführung.

ii. Zweifel an der Glaubhaftigkeit der Angaben des Zeugen Temme ergeben sich nicht aus dem Umstand, dass der Zeuge das Opfer beim Hinausgehen aus dem Internetcafé nicht gesehen hat:

1. Die fehlende Wahrnehmung des Opfers durch den Zeugen Temme ist nach Ansicht des Senats aus folgenden Umständen plausibel und nachvollziehbar:

a. Der Zeuge Temme hat glaubhaft ausgeführt, er habe nach dem Opfer in beiden Räumen des Cafés und vor dem Café auf der Straße gesucht, um seine Internetnutzung zu bezahlen. Das hinter dem Tresen liegende Opfer habe er nicht gesehen.

b. Der Zeuge Hamadi S., dessen glaubhafte Angaben durch die bereits genannten Vernehmungsbeamten in die Hauptverhandlung eingeführt wurden, gab an, er sei von seiner Telefonzelle im vorderen Raum einmal durch den Vorraum in den hinteren Raum des Cafés gegangen und dann von dort wieder zurück in den vorderen Raum und habe dort dann auf Fensterhöhe gewartet. Dann habe der Vater des Opfers das Café durch die Eingangstür betreten. Erst nachdem der Vater des Opfers das Opfer hinter dem Tresen gefunden habe, habe auch er Halit Yozgat dort bemerkt. Der Zeuge Hamadi S. ging demnach auf dem Weg zum hinteren Raum und auf dem Weg in den Vorraum zweimal an dem Tresen, hinter dem das getötete Opfer lag, vorbei, ohne dieses zu bemerken.

2. Aus den Angaben des Zeugen Hamadi S. schließt der Senat, das Opfer habe nach der Tat derart hinter dem Tresen gelegen, dass es beim Vorbeigehen nicht in jedem Fall bemerkt werden musste. Zudem berücksichtigte der Senat, dass der Zeuge Temme das Opfer in den Räumen suchte und es für ihn keine Veranlassung gab, hinter den Tresen nach unten auf den Boden zu blicken. Gleiches gilt für die Situation der Geldablage auf dem Tresen. Aus diesen Gründen kommt dem Umstand, dass der Zeuge Temme aufgrund seiner Körpergröße einen für die Wahrnehmung des am Boden liegenden Opfers geeigneteren Blickwinkel hatte als der kleinere Zeuge Hamadi S., keine Bedeutung mehr zu.

iii. Zweifel an der Glaubhaftigkeit der Angaben des Zeugen Temme ergeben sich nicht aus den Angaben der Zeugen E. und KOK T. Aus deren Angaben ergibt sich nicht, dass dem Zeugen Temme bereits vor der Presseveröffentlichung bekannt war, dass die in Kassel zur Tat zulasten von Halit Yozgat verwendete Waffe bereits bei mehreren Taten im gesamten Bundesgebiet eingesetzt worden war:

1. Die Zeugin E. gab in diesem Zusammenhang glaubhaft an, sie habe in Erinnerung, dass sie mit ihrem Kollegen Temme am Montag nach der Tat in Kassel, also am 10.4.2006, am Vormittag ein Gespräch geführt habe. Ihr Vorgesetzter habe sie vorher gebeten, Herrn Temme damit zu beauftragen, vom PP Nordhessen weitere Informationen zu der Tat einzuholen. Diesen Auftrag habe sie bei dem Gespräch an den Zeugen Temme weitergegeben. Bei dem Gespräch hätten sie auch zur Tat spekuliert, z.B. ob es sich um eine Tat mit Drogenhintergrund gehandelt habe. Ihr Kollege Temme habe angesprochen, dass es sich bei dem Täter um den bundesweit tätigen Serientäter gehandelt haben könne. Ob er Letzteres allerdings bei dem Gespräch am Vormittag gesagt habe oder erst, als er vom PP Nordhessen am Nachmittag wieder in die Dienststelle zurückgekehrt sei, wisse sie nicht.

2. Der Zeuge KHK T. führte in der Hauptverhandlung glaubhaft aus, er habe zusammen mit dem inzwischen verstorbenen Kollegen F. Frau E. am 2.5.2006 befragt. Sie hätten kein förmliches Vernehmungsprotokoll aufgenommen, sondern das Ergebnis der Befragung in Vermerkform niedergelegt. Allerdings hätten sie sich während der Befragung von Frau E. handschriftlich Notizen gemacht. Frau E. hätte ihnen erläutert, dass ihr der Zeuge Temme u.a. am Montag, den 10.4.2006, gesagt habe, der Mord habe offensichtlich keinen regionalen Bezug, da die Waffe bereits bei mehreren Taten im gesamten Bundesgebiet eingesetzt worden sei. Sie hätten Frau E. nicht gefragt, ob sie an diesem Tag mit Herrn Temme nach dessen Besuch beim PP Nordhessen nochmals gesprochen habe. Er gehe jedoch nicht davon aus. Dies schließe er daraus, weil die Tat zulasten des Opfers Halit Yozgat nach den Ermittlungen des verstorbenen Kollegen F. durch

den Zeugen Temme im PP Nordhessen an diesem Tag gar nicht angesprochen worden sei.

3. Aus diesen Angaben zieht der Senat nicht den Schluss, dass die Zeugin E. am Montag, den 10.4.2006, mit dem Zeugen Temme nur einmal, und zwar am Vormittag gesprochen hat.

a. Die Zeugin E. konnte sich nicht mehr daran erinnern, ob sie an diesem Tag mit dem Zeugen Temme ausschließlich am Vormittag oder zusätzlich auch noch am Nachmittag gesprochen hat. Der Zeuge KHK T. schloss lediglich darauf, dass es nur ein Gespräch am Vormittag gegeben habe. Die Umstände, die ihn diesen Schluss ziehen ließen, rechtfertigen nach Ansicht des Senats diesen Schluss jedoch nicht. Dass nach den Ausführungen des Zeugen T. die gegenständliche Tat im PP Nordhessen nicht Gesprächsgegenstand war, sagt nichts darüber aus, ob der Zeuge Temme nicht noch am Nachmittag in seiner Dienststelle mit seiner Kollegin E. nochmals gesprochen hat, zumal in der Außenstelle Kassel zu diesem Zeitpunkt nur sechs Personen tätig waren.

b. Damit besteht auch die Möglichkeit, dass der Zeuge Temme von der mehrmaligen Verwendung der Tatwaffe nach der Veröffentlichung dieses Umstands aus den Medien (z.B. Internet) erfahren hat und dies seiner Kollegin E. erst am Nachmittag berichtet hat. Der Zeuge Temme gab hierzu an, er könne sich nicht mehr daran erinnern, wann und woher er die Information zur Tatwaffe erhalten habe.

iv. Zweifel an der Glaubhaftigkeit der Angaben des Zeugen Temme ergeben sich nicht aus dem Umstand, dass ihm vom Zeugen H. im Telefonat vom 9.5.2006 der Ratschlag gegeben wurde, Temme solle bei seinen Angaben »nah an der Wahrheit« bleiben:

1. Die Antragsteller vermuten, der Rat von Herrn H., der Zeuge Temme solle nur »nah an der Wahrheit« bleiben, bedeute, er solle nicht vollständig die Wahrheit sagen.

2. Der Senat hat das Telefonat vom 9.5.2006 durch Abspielen in Augenschein genommen. Der Zeuge H. hat dem Zeugen Temme im Telefonat den Rat gegeben, nah an der Wahrheit zu bleiben. Der Zeuge Temme hat nach Überzeugung des Senats jedoch gleichwohl zu allen Sachverhalten in der Hauptverhandlung die Wahrheit gesagt und nicht nur »nahe an der Wahrheit« berichtet. Anhaltspunkte dafür, dass der Zeuge Temme in der Hauptverhandlung Details verschwiegen oder Sachverhalte unzutreffend beziehungsweise lückenhaft dargestellt hat, sind nicht vorhanden. Der Zeuge H. hat in der Hauptverhandlung glaubhaft angegeben, den gegenständlichen Rat gebe er als Geheimschutzbeauftragter regelmäßig, da er für die Einhaltung der Verschlusssachenanweisung zuständig sei. Mit der Wendung habe er lediglich auf diese Regelungen hinweisen wollen.

v. Zweifel an der Glaubhaftigkeit der Angaben des Zeugen Temme ergeben sich nicht aus den am 91. Verhandlungstag unter Beweis gestellten Tatsachen:

1. Die unter Beweis gestellten Tatsachen betreffen zusammengefasst den Verdacht der Antragsteller, dass Mitarbeiter des Verfassungsschutzes dem Zeugen Temme ihn betreffende Ermittlungsinhalte und Absprachen mitgeteilt haben und dass er vom Landesamt hinsichtlich seines weiteren Vorgehens im Ermittlungsverfahren beraten wurde.
2. Der Senat hat diese Umstände als erwiesen unterstellt. Diese Umstände deuten allerdings nicht darauf hin, dass der Zeuge Temme deshalb in der Hauptverhandlung die Unwahrheit gesagt hätte. Sie stellen deshalb auch keine Grundlage dar, aufgrund derer der Senat Schlüsse ziehen würde, welche die Glaubhaftigkeit der Angaben des Zeugen Temme infrage stellen.

vi. Zweifel an der Glaubhaftigkeit der Angaben des Zeugen Temme ergeben sich auch nicht aus den Einlassungen der Angeklagten Zschäpe und Wohlleben in der Hauptverhandlung. Aus den Aussagen ergeben sich keinerlei Hinweise darauf, dass der Zeuge Temme und/oder eine Verfassungsschutzbehörde in die Tat zulasten von Halit Yozgat in welcher Form auch immer verwickelt sein könnten.

vii. Der Senat hat sodann nochmals in einer zusammenfassenden Würdigung alle hier und in anderen Anträgen in diesem Zusammenhang unter Beweis gestellten Tatsachen gemeinsam als erwiesen angesehen und vor diesem Hintergrund die Glaubhaftigkeit der Angaben des Zeugen Temme nochmals einer Prüfung unterzogen. Auch bei dieser Gesamtbetrachtung ergeben sich keine Umstände, die den Senat an der Glaubhaftigkeit der Angaben des Zeugen Temme zweifeln lassen.

Tag 297

13. Juli 2016

Manfred Götzl, Richter. **David Petereit**, 35, NPD-Landtagsabgeordneter in Mecklenburg-Vorpommern. **Antonia von der Behrens, Hardy Langer, Edith Lunnebach, Alexander Hoffmann**, Anwälte der Nebenklage.

Götzl Ja, Herr Petereit, es geht uns um die Herausgabe des »Weissen Wolfes«. Es geht uns um den sogenannten NSU-Brief, um die Frage, inwieweit sich der »Weisse Wolf« mit dem Thema NSU beschäftigt hat.

Petereit Ja, ich weiß ja, warum ich hier bin. Es geht um diese Grußbotschaft an den

NSU aus dem Heft Nummer 18 des »Weissen Wolfes«, der zu diesem Zeitpunkt von mir herausgegeben wurde. Was ich entgegen irgendwelcher Presseverlautbarungen auch nie bestritten habe. Ich weiß nicht mehr genau, ab wann ich den »Weissen Wolf« herausgegeben habe. Das lässt sich aber einfach nachvollziehen. Bei der Durchsuchung durch das Bundeskriminalamt bei mir wurde ja ein Brief gefunden mit dem Absender NSU. An diesen Brief konnte ich mich zum damaligen Zeitpunkt nicht erinnern, ich kann mich auch heute nicht an diesen Brief erinnern. Hätte ich es gewusst, dass es so einen Brief gibt, dann wären sicherlich zwei Möglichkeiten entstanden. Die eine wäre: »Hallo, ich habe hier einen Brief!« Die andere wäre, das Ding einfach wegzuschmeißen, weil natürlich niemand bei klarem Verstand in so einen Zusammenhang gerückt werden möchte.

Götzl Sie haben von einem Grußwort gesprochen. Wie sind die Hintergründe? Wie kam es dazu?

Petereit Auf Seite 2 oder 3 des Heftes befindet sich ein Text, der irgendwie lautet: Es hat Früchte getragen, vielen Dank, der Kampf geht weiter, Smiley. Aufgrund dessen wurde bei mir durchsucht. Ich weiß nicht mehr, warum der Text da drin ist. Ich weiß es ehrlich nicht mehr.

Götzl Haben Sie eine Erinnerung, an welcher Stelle dieser Text aufgenommen wurde?

Petereit Erinnerung ist gut. Es ging ja durch die Presse. Seite 2 oder Seite 3 muss es gewesen sein, da irgendwo in der Mitte. Hätten Sie mich das vor drei Jahren gefragt, ich hätte Ihnen gar nichts dazu sagen können.

Götzl Was können Sie zur Entstehung dieser Nummer 18 sagen? Wie kam es dazu, dass dieser Rundbrief verfasst wurde? Von wem stammen die Beiträge?

Petereit Ja, also. Das Heft wurde ja ursprünglich herausgegeben als Rundbrief an Kameraden und Freunde, es war nie als Publikation gedacht. Ich weiß gar nicht, ob es in der Ausgabe ein Impressum gibt. Es gab einen Haufen Rückmeldungen. Irgendwann kam das Internet dazu. Es gab keine Redaktion, die sich besprochen hat, um den Text herzustellen, das habe ich allein gemacht, nach Feierabend. Es war eine Möglichkeit der Eigendarstellung.

Götzl Dieses Vorwort, von wem wurde das gemacht?

Petereit Ich denke, von mir.

Götzl Haben Sie damals ein Pseudonym verwendet?

Petereit Ja.

Götzl Welches?

Petereit Eihwaz.

Götzl Wenn Sie so freundlich sind und nach vorne kommen. *(Petereit betrachtet am Richtertisch den »Weissen Wolf«.)* Welche dieser Textstellen stammen von Ihnen?

Petereit Ich kann über dieses Heft, über alle Hefte, nichts mehr mit Konkretheit sagen. Ich kann nur vermuten. Ich gehe davon aus, dass ich das alles da reingesetzt habe. Wie die Entscheidung kam, dass da Sachen veröffentlicht wurden, kann ich Ihnen nicht mehr sagen.

Götzl Nehmen Sie bitte wieder Platz. Wenn wir beim Inhaltlichen mal bleiben, bei diesem Text »Vielen Dank an den NSU, es hat Früchte getragen ;-) Der Kampf geht weiter ...«. Was verbinden Sie jetzt inhaltlich mit diesem Text?

Petereit Was die Zeitungen schreiben?

Götzl Nein, Sie. Die Zeitung interessiert mich nicht.

Petereit Ich habe da überhaupt keine Erinnerung. Fragen Sie mich mal nach anderen Ausgaben. Es ist so lange her. Meine Erinnerung ist gegen null, was solche Sachen angeht.

Götzl Ich habe Sie vorhin so verstanden, dass das, was auf dieser Seite steht, von Ihnen stammt.

Petereit Ich gehe davon aus, ja. Nach meiner Erinnerung ja.

Götzl Was verbinden Sie denn mit dem Text? Sagt er Ihnen irgendwas? Gibt es da einen Zusammenhang mit Ereignissen?

Petereit Nein.

Götzl »Vielen Dank an den NSU« – wer dankt dem NSU wofür?

Petereit Genau, darauf kann ich Ihnen keine Antwort geben, weil ich es nicht weiß.

Götzl »Es hat Früchte getragen« – was bedeutet »es«, was bedeutet »Früchte getragen«? Sie haben das Heft herausgegeben!

Petereit Genau, ich habe das Heft aber nicht letzte Woche herausgegeben, sondern vor zehn Jahren oder länger.

Götzl »Der Kampf geht weiter« – was bedeutet das?

Petereit Wenn ich es auslegen müsste: Alles, nur nichts Strafrechtliches. Das ist ein üblicher Sprachgebrauch in der politischen Auseinandersetzung. In rechten Kreisen sehr üblich. Aber das finden Sie auch bei der SPD.

Götzl Sie hatten diese Ordner angesprochen, die bei der Durchsuchung aufgefunden wurden, in denen auch dieser Brief enthalten war. Was ist denn in diesem Ordner von Ihnen aufbewahrt worden?

Petereit Alles, was mit dem Heft zu tun hatte. Da waren Rechnungen, Rechtsgutachten, Artikel.

Götzl Wann haben Sie denn das letzte Mal den Inhalt in diesem Ordner angeschaut?

Petereit Als das BKA da war.

Götzl Haben Sie als Herausgeber des »Weissen Wolfes« die Spenden bekommen?

Petereit Ja. Es gab Geld von Leuten, die das Heft bezogen haben. Das waren Unkostenbeiträge in unterschiedlichen Höhen.

Götzl In welcher Größenordnung?

Petereit Es gab regelmäßig Briefe, die von der Post wieder verschlossen wurden, weil sie zurückgegangen sind. Weil Leute Hartgeld aufgeklebt haben auf Papier.

Götzl Meine Frage ist leider noch nicht beantwortet. In welcher Größenordnung waren diese Beiträge?

Petereit Ich bin mir gar nicht mehr sicher. Es sind sicher mal 100 Euro oder mehr gekommen. Wenn einer hundert Hefte genommen hat oder zweihundert, dann sind bestimmt 150 Euro gekommen.

Götzl Sind denn mal Beträge in höheren Größenordnungen gekommen? 1000? 2000?

Petereit Ne, das wüsste ich. Wenn da vierstellige Beträge gekommen wären, dann könnte ich mich erinnern.

Götzl Jetzt liegt uns ein Behördenzeugnis vor vom Innenministerium von Mecklenburg-Vorpommern. *(Götzl hält dem Zeugen das Papier vor: Demnach ist 2002 beim »Weissen Wolf« eine anonyme Spende in Höhe von 2500 Euro eingegangen.)*

Petereit Ich schließe das aus. Wenn ich so viel Geld bekommen hätte, wüsste ich es. Das schließe ich für mich aus. An so was kann ich mich nicht erinnern.

Götzl Der Appell an Sie, ich habe Sie ja auch belehrt: Sie sind zur Wahrheit verpflichtet. Sie müssen die Wahrheit sagen und dürfen auch nichts verschweigen.

Petereit Das ist mir bewusst. Ich kann Ihnen doch nicht sagen, was sie vermutlich hören wollen. Meine Erinnerung geht gegen null.

Götzl Der Begriff NSU. Wann sind Sie das erste Mal damit konfrontiert worden?

Petereit Auf dem Parteitag. Da hatte die NPD einen Bundesparteitag in Neuruppin. Da stand in den Zeitungen: Wohnmobil abgebrannt, Terrorzelle NSU. Da habe ich eine relativ genaue Erinnerung daran.

Götzl Zur Frage der Herausgeberschaft. Ab wann haben Sie den »Weissen Wolf« herausgegeben?

Petereit Ich kann Ihnen das weder von der Jahreszahl noch von der Ausgabe her sagen.

Götzl Dieses Pseudonym Eihwaz, was hat es damit auf sich?

Petereit Das ist die Bezeichnung einer Rune.

Götzl Welche Bedeutung hat die Rune?

Petereit Ich weiß es nicht mehr. Ich denke mal, ich habe mir eine ausgesucht, die ich gut fand, einfach so. *(Die Rune steht für das besonders harte Holz der Eibe.)*

Götzl Noch mal zurück zu dem Punkt Geld, das Sie als Herausgeber des »Weissen Wolfes« bekommen haben. Ich habe Sie so verstanden, dass Unkostenbeiträge geleistet wurden. Gab es denn sonst irgendwelche Spenden für sonstige Zwecke?

Petereit Nein. Keine, woran ich mich erinnern kann.

Götzl Für Werbung?

Petereit Doch, jetzt wo Sie's ansprechen. Für Werbung wurde auch manchmal Geld bezahlt, stimmt. Das waren eher kleine Beträge, 25 Mark oder Euro.

Götzl Was ist mit dem Geld geschehen?

Petereit Das habe ich beiseitegelegt und den Druck des nächsten Heftes finanziert.

Götzl Wie wurde das Geld übergeben?

Petereit In der Regel kam es per Post, denke ich.

Götzl Hat denn außer Ihnen bei der Zusammenstellung der Ausgaben jemand daran gearbeitet?

Petereit Nach meiner Erinnerung nicht. Ich schließe es aus, nein. Entschieden habe ich. Bitten durfte jeder, der wollte: Hier, ein toller Text, bitte nehmt ihn mit rein!

Götzl Kennen Sie denn einen der Angeklagten?

Petereit Ich bin mir ziemlich sicher, dass ich mal Ralf Wohlleben getroffen habe. Aber ich wüsste weder wann noch wo, noch in welchem Zusammenhang. Die politischen Aktivisten sind doch überschaubar. Ich denke, dass wir uns irgendwann mal begegnet sind.

Götzl Kennen Sie Frau Zschäpe?

Petereit Nö. Herrn Eminger, da kenne ich den Bruder.

Götzl Was ist mit Herrn Gerlach?

Petereit Nein.

Götzl Herrn Schultze?

Petereit Nein.

Götzl Kannten Sie Uwe Mundlos und Uwe Böhnhardt persönlich?

Petereit Nein.

Götzl Die Nummer 18, wann ist die erschienen?

Petereit 2000. 2001. Ich kann es nicht genau sagen. Möglicherweise steht auf der ersten Seite ein Datum. Ich meine, auf dem Deckblatt standen Zahlen.

Götzl Hatten Sie, was den »Weissen Wolf« angeht, auch eine Homepage?

Petereit Irgendwann gab es da mal eine Internetseite. Ich kann Ihnen nicht sagen, wann es losging mit der Internetseite, auf welchem Server die lag.

Götzl Können Sie sagen, ob es auf der Homepage vom »Weissen Wolf« mal einen Spendenaufruf gab?

Petereit Das kann ich nicht sagen, aber auch nicht ausschließen.

Götzl Sind Fragen?

Anwältin Lunnebach Noch mal zurück zur Erstellung des »Weissen Wolfs«, als Sie die Verantwortung hatten: Sie haben gesagt, es gab keine Redaktion, Sie haben es alleine nach Feierabend gemacht. Wie haben Sie das ganz konkret gemacht?

Petereit Ich habe gelesen, die Sachen, die mir zur Verfügung standen, habe die dann gewichtet und sortiert und zusammengestellt.

Anwältin Lunnebach Haben Sie Schnipsel zusammengeklebt?

Petereit Ich habe es am Computer erstellt.

Anwältin Lunnebach Wie haben Sie es am Computer erstellt?

Petereit Mittels Maus und Tastatur.

Anwältin Lunnebach Hatten Sie denn eine Entscheidungsmöglichkeit, was Sie publizieren?

Petereit Ja natürlich.

(Anwältin von der Behrens lässt dem Zeugen eine Seite aus dem »Weissen Wolf« vorlegen und fragt, ob das seine Handschrift ist, die auf der Seite zu sehen ist.)

Petereit Es sind zwei Handschriften zu sehen. Wenn eine meine Handschrift ist, dann die Postfach-Anschrift.

Anwältin von der Behrens Um die geht es mir. Sind Sie sich unsicher?

Petereit Ja, weiß ich auch nicht mehr.

Anwältin von der Behrens Erkennen Sie Ihre Handschrift wieder?

Petereit Es sieht aus wie meine Handschrift.

Anwältin von der Behrens Ab wann, durch wen haben Sie das Heft rechtlich prüfen lassen?

Petereit Ab wann weiß ich nicht mehr genau. Es ist durch einen Anwalt geschehen.

Anwältin von der Behrens Was haben Sie für so ein Gutachten gezahlt?

Petereit Weiß ich nicht mehr. 100 Euro? Mark? Ich weiß es nicht mehr.

Anwältin von der Behrens Aus welchem Geld haben Sie das Rechtsgutachten bezahlt?

Petereit Das kann ich Ihnen heute nicht mehr sagen. Ich weiß das nicht.

Anwältin von der Behrens Erinnern Sie sich an einen Autor mit dem Namen Max, der in einem der Hefte geschrieben hat? *(Uwe Mundlos nannte sich im Untergrund Max.)*

Petereit Nein.

(Anwältin von der Behrens hält dem Zeugen einen Artikel aus Heft 19 des »Weissen Wolfes« vor.)

Petereit Moment, irgendwann gab es mal einen Max. Das war, glaube ich, ein Artikel zu nordischer Mythologie. Der kam per E-Mail.

Anwalt Hoffmann Herr Petereit, mit welchem Layoutprogramm haben Sie den »Weissen Wolf« produziert?

Petereit Das kann ich Ihnen nicht mehr genau sagen, ich vermute Word für Microsoft.

Anwalt Hoffmann Auf was für einem Computer haben Sie das gemacht? Ihrem eigenen?

Petereit Ja.

Anwalt Hoffmann Haben Sie den Computer noch?

Petereit Nein.

Anwalt Hoffmann Haben Sie Sicherungen vorgenommen? Back-ups?

Petereit Ob ich heute noch Daten habe?

Anwalt Hoffmann Ja.

Petereit Nein.

Anwalt Hoffmann Haben Sie das Heft bei einer Druckerei drucken lassen?

Petereit Später ja. Anfänglich ausgedruckt und kopiert.

Anwalt Hoffmann Von Ihnen selbst?

Petereit Nein.

Anwalt Hoffmann Sondern?

Petereit Von anderen.

Anwalt Hoffmann Bedeutet das, dass Sie eine Dienstleistung in Anspruch genommen haben?

Petereit Nein.

Anwalt Hoffmann Oder dass weitere Personen an der Produktion beteiligt waren?

Petereit Ich hatte keinen eigenen Kopierer, ich habe das irgendwo hingegeben zum Kopieren.

Anwalt Hoffmann Welche Druckerei war das?

Petereit Muss ich das beantworten?

Götzl Ja.

Petereit Ich möchte es nicht beantworten.

(Es beginnt zum wiederholten Male eine Diskussion, ob die Frage zulässig ist. Das Gericht zieht sich zur Beratung zurück, dann wird die Verhandlung fortgesetzt.)

Götzl Dann ergeht nach geheimer Beratung folgender Beschluss. Die Frage ist zulässig.

Petereit Das war die Druckerei am Thorsberg.

Anwalt Hoffmann Haben Sie mehrere Postfächer gehabt oder nur dieses eine?

Petereit Ich habe für den »Weissen Wolf« nur dieses eine Postfach gehabt, was hier immer genannt wird.

Anwalt Hoffmann Haben nur Sie alleine Zugriff auf dieses Postfach gehabt?

Petereit Das weiß ich nicht mehr genau. Kann sein, dass das Postfach auch für andere Sachen genutzt wurde und dass jemand anderes auch einen Schlüssel hatte.

Anwalt Hoffmann Wer könnte das gewesen sein?

Petereit Irgendjemand aus meinem Umfeld. Keine Ahnung.

Anwalt Hoffmann Können Sie mir sagen, wer im Jahr 2002 noch Zugriff auf dieses Postfach hatte?

Petereit Nein, kann ich nicht. Nach meiner Erinnerung niemand.

Anwalt Hoffmann Ich muss noch mal nachfragen. Waren das zu einem anderen Zeitpunkt andere Leute, die dieses Postfach mitgenutzt haben?

Petereit Das ist möglicherweise so, das weiß ich aber nicht mehr. Ich habe da keine Erinnerung mehr.

Anwalt Hoffmann Auf welcher Erinnerung beruht denn Ihre Aussage von gerade eben, dass möglicherweise auch andere Personen dieses Postfach genutzt haben?

Petereit Ich verstehe Ihre Frage nicht. Ich habe gesagt, dass ich das nicht ausschließen kann. Ich kann mich aber an keine Vorgänge erinnern. Das weiß ich nicht mehr. Keine Ahnung.

Anwalt Hoffmann Ihr Kennverhältnis zu Maik Eminger. Sie haben vorhin gesagt, Sie kennen ihn. Woher?

Petereit Den kenne ich von irgendwelchen Veranstaltungen. In Brandenburg, da trifft man sich halt ab und an auf irgendwelchen einschlägigen Veranstaltungen. Wo genau, das kann ich Ihnen nicht sagen.

Anwalt Hoffmann Haben Sie mit Herrn Maik Eminger bei diesen Treffen Unterhaltungen geführt?

Petereit Da, wo ich mich konkret daran erinnern kann, haben wir uns auch unterhalten.

Anwalt Hoffmann Duzen Sie sich?

Petereit Ja, das ist so üblich.

Anwalt Hoffmann Können Sie sich erinnern, ob vor der Übernahme des »Weissen Wolfes« durch Sie das Thema bewaffneter Kampf und Combat 18 Thema im Heft war?

Petereit Ich weiß es nicht, möchte es aber auch nicht ausschließen.

Anwalt Langer Sie haben gesagt, dass Sie die Ausgabe 18 des »Weissen Wolfes« am Computer selbst verfasst haben und auch den Text innerhalb der Balken »Vielen Dank an den NSU, es hat Früchte getragen …« so geschrieben haben. Wie war es Ihnen möglich, den richtigen Artikel für *den* NSU zu wählen, wenn man gar nicht wissen kann, was der NSU ist. Woher wussten Sie, dass die Abkürzung NSU einer männlichen Anrede bedurfte?

Petereit Ich habe gesagt, ich habe dieses Heft allein erstellt. Ich habe auch gesagt, dass ich keine Erinnerung daran habe, wie der Satz an diese Stelle kommt und wie sich der Rest dieses Heftes zusammensetzt. Und ich dementsprechend auch nicht sagen kann, warum ich wusste, welcher Artikel es gewesen ist. Daran habe ich keine Erinnerung. Genauso wenig wie ich mich daran erinnern kann, was die Abkürzung heißt.

Tag 298

14. Juli 2016

Manfred Götzl, Richter. **Markus L.**, 48, Kriminalhauptkommissar beim BKA, zuständig für Daktyloskopie.

(Die Verteidiger von Ralf Wohlleben stellen den Antrag, Akten des Generalbundesanwalts beizuziehen, der gegen diverse weitere Unterstützer des NSU ermittelt, sowie den Antrag, Protokolle der Telefonüberwachung aus dem Verfahren gegen die 2003 als kriminelle Vereinigung verurteilte Rechtsrockband »Landser« beizuziehen. Zudem solle die V-Mann-Akte des Rechtsextremisten Ralf Marschner vom Verfassungsschutz beigezogen werden, um zu beweisen, dass der Verfassungsschutz den Aufenthaltsort des NSU-Trios gekannt habe. Bei Marschner sollen Uwe Mundlos und Beate Zschäpe zeitweise gearbeitet haben. Dann wird der Zeuge aufgerufen.)

Götzl Es geht uns um die Untersuchungen von daktyloskopischen Spuren. *(Gemeint sind die Fingerabdrücke von Beate Zschäpe auf Zeitungsseiten der Münchner Boulevardzeitung tz und des Kölner Express.)* Ich würde Sie bitten, dass Sie uns Ihre Untersuchungen vorstellen.

(Der Zeuge erläutert die Methodik und erklärt anhand des Vergleichs der gefundenen Spuren auf den Zeitungsseiten und der Fingerabdrücke, die von Beate Zschäpe genommen wurden, dass diese identisch seien.)

Markus L. Ich kann also sagen, dass die beiden Fingerabdrücke von Frau Zschäpe verursacht wurden.

Götzl Können Sie zur Frage der Übertragung daktyloskopischer Spuren etwas sagen? *(Die Verteidigung von Beate Zschäpe hatte erklärt, es könne beim engen Zusammenleben in einer Wohngemeinschaft auch zur Übertragung von Fingerabdruckspuren von einem Gegenstand auf den anderen kommen.)*

Markus L. Ich hatte noch nie so einen Fall und habe auch unter Kollegen keinen gefunden, der einen Fall der Übertragung Papier-auf-Papier hatte. Die Ausnahme wäre ein Deckblatt einer Illustrierten: Wenn ich da ein stark saugendes Papier drauflege, da könnte es zu einer Spurenübertragung kommen. Aber dann wäre die Spur ja seitenverkehrt. Und hier ist keine Spur seitenverkehrt gewesen.

Tag 299

19. Juli 2016

Manfred Götzl, Richter. **Peter Lang, Michaela Odersky**, Beisitzende Richter.
Andreas D., 48, Kriminalhauptkommissar beim BKA Meckenheim.
Olaf Klemke, Nicole Schneiders, Verteidiger von Ralf Wohlleben.
Björn Elberling, Marcel Matt, Anwälte der Nebenklage.

Götzl Was ist Ihre Aufgabe beim BKA?

Andreas D. Ich arbeite in der Computerforensik.

Götzl Es geht uns um eine Festplatte. Und noch eine zweite Festplatte. Und um eine CD-Rom mit Fotos. Sie waren mit diesen Asservaten befasst. Was haben Sie unternommen und mit welchen Ergebnissen? Beginnen wir mit dem Asservat, der Festplatte, 24.1.3.1.2. *(Es handelt sich um den Computer von Ralf Wohlleben.)*

Andreas D. Ich habe den Auftrag gehabt, zwei Dateien mit Pfad und Zeitstempel zu dokumentieren. Eine Datei war dreimal vorhanden. Sie hieß: Wir über uns. Zudem gab es eine Datei mit den Namen: Gästebucheintrag. Zur ersten Datei: Sie war dreimal vorhanden, die Zeitstempel belegen, dass das Datum nicht das Erstelldatum, sondern lediglich ein Kopierdatum ist. Die im Antrag genannte Datei hat einen Zeitstempel vom 21.7.2005, ein Änderungsdatum vom 23.3.2001 und ein Zugriffsdatum vom 22.11.2007. Sobald man eine Datei kopiert, bekommt man ein neues Erstelldatum. Das Datum, das dem Erstelldatum wohl am nächsten kommt, ist das Änderungsdatum 23.3.2001. Bei der anderen Datei »Gästebucheintrag« ist der 9.2.2010 auch nur das Kopierdatum. Als einziges relevantes Datum bleibt also beim »Wir über uns«-Dokument der 22.11.2001.

Götzl Dann das nächste Asservat.

Andreas D. Es ging darum, wann die letzte Benutzung der Festplatte stattgefunden hat. Ich habe alle Dateien nach dem Erstelldatum und dem Änderungsdatum sortiert. Die letzte Benutzung fand am 3.11.2011 um 21.17 Uhr statt. Ich habe mir dafür die Chat-Log-Datei angesehen, die geht aus dem Windows-Taskplaner hervor. Der letzte Eintrag ist der 3.11.2011, 21.17 Uhr. Ich habe mir auch die System-Events angeguckt. Auch das letzte Runterfahren des Computers fand um 21.17 Uhr statt. Alles deutet darauf hin, dass am 3.11.2011 um 21.17 Uhr der Computer letztmalig benutzt wurde.

Götzl Dann kommen wir zum nächsten Asservat.

Andreas D. Eine CD-ROM mit Fotos darauf. Ich hatte den Auftrag, die Dateien zu sortieren und Zeitstempel zu finden. Es handelt sich um jpg-Bilder. Ich habe alle exportiert und eine Liste gemacht. Das war aus dem Juli 2004.

Götzl Die Liste beginnt mit dem 20. 7. 2004 und das Ende der Liste ist der 6. 8. 2004. Zutreffend?

Andreas D. Ja.

Götzl Die Frage betrifft alle Asservate. Sind sie durch Ihre Untersuchung unverändert?

Andreas D. Ja.

Verteidigerin Schneiders Haben Sie auf der ersten Festplatte andere Dateien auch auf die Zeitstempel überprüft? Waren das die einzigen Dateien, die abgeändert wurden?

Andreas D. Das habe ich nicht weiter überprüft.

Verteidigerin Schneiders Dann erübrigen sich die weiteren Fragen. Leider.

(Der Zeuge wird entlassen.)

Verteidigerin Schneiders *(gibt eine Erklärung zum Zeugen ab)* Leider hat sich der Sachverständige nicht die Mühe gemacht, andere Dateien auf dem Computer unseres Mandanten zu überprüfen. Er wäre darauf gestoßen, dass an diesem Tag eine Vielzahl von Dateien mit einem Zeitstempel von 19.10 Uhr bis 19.15 Uhr kopiert wurde. Das eigentliche Erstelldatum lag vermutlich deutlich früher als am 23. 3. 2001.

(Nun werden die Inhalte von Wohllebens Chats in seinem Gästebuch verlesen. Es handelt sich um eine Antwort auf eine Mail, in der ein Martin fragt, warum es so viele schwarze Schafe unter den Rechten gebe und ob man ein zweites Mal ein Desaster für Deutschland wolle.)

Richter Lang Gästebuch-Log. »Hallo Martin! Erst einmal Entschuldigung für die Wartezeit, aber auch ich habe nicht jeden Tag Zeit für einen Besuch im Weltnetz. *(So wird in rechten Kreisen haufig das Internet genannt.)* Wir hatten bis jetzt leider noch nicht die Möglichkeit, uns an der Regierung zu beteiligen. Solange dies nicht geschehen ist, gibt es auch kein zweites Mal. Zu deiner Bemerkung, dass es in unseren Reihen zu viele schwarze Schafe geben soll: Woher willst du wissen, dass alle ›schwarzen Schafe‹ aus unseren Reihen sind? Kannst du das belegen oder Beispiele dafür nennen? Bedenke aber bitte, dass wir ein Kreisverband sind und nicht auf jede Stadt beziehungsweise jedes Dorf Einfluss haben. Du schreibst: ›Viele sind einfach nur Mitläufer denen Deutschland scheißegal ist.‹ Ob ihnen Deutschland scheißegal ist oder ihr ganzes Leben, das kannst auch du nicht beurteilen. Was haben sie denn in dieser verlogenen Gesellschaft auch zu erwarten? Allerdings muss sich irgendjemand um diese Leute kümmern. Die Stadt beziehungsweise das Jugendamt wird es nicht tun, also müssen wir es versuchen. ›Das ist schon komisch, wenn 14- bis 18-jährige Rechte an Haltestellen stehen und Bier trinken und andere Personen anmotzen, Sieg Heil schreien, schöne Vorbilder!‹, schreibst du. Genau das sollte nicht passieren und deshalb kümmern auch wir uns verstärkt um Jugendliche, versuchen ihnen einen Sinn fürs Leben mit auf den Weg zu geben und manch einem helfen wir auch dabei, eine Lehrstelle beziehungsweise einen Arbeitsplatz zu finden. ›Und wenn man sie fragt, was sie von Hitlerdeutschland wissen, dann kommt keine Antwort oder sie sagen: Halt's Maul!› Was wissen sie denn auch von Hitlerdeutschland, so ein Unwort? Das, was ihnen in der Schule oder durch die Medien beigebracht wird. Das Deutschland noch über 60 Jahre nach Kriegsbeginn für Opfer bezahlen muss! Ich hab auch keine Lust, immer auf solche sinnlosen Fragen zu antworten. Frag sie doch lieber, wie sie sich ihre Zukunft vorstellen. Du schreibst: ›Solange die NPD und sonstige rechte Parteien ihren extremen Ausländerhass und ihre teils sehr fragwürdigen Mitglieder nicht in den Griff bekommt, sehe ich schwarz.‹ Was für einen Ausländerhass? Ich bin Nationalist. Und Nationalist bedeutet nichts anderes, als sein Heimatland zu lieben und andere Völker zu ehren. Wenn man etwas gegen die Überfremdung tut, heißt das nicht, dass man Ausländer hasst. Was meinst du denn mit fragwürdigen Mitgliedern? Schau dich aber bitte auch in anderen Parteien genau um und frage dich, was dort für Mitglieder sind. ›Deutschland ist ein freies Land und das soll es auch bleiben«, schreibst du. Deutschland ist kein freies Land. Deutschland ist seit 1945 in Besatzerhand. Was meinst du, warum wir nur ein Grundgesetz haben und keine Verfassung? ›Ich finde es auch komisch, wenn rechte Demos mit linken Interessen geschmückt werden, zum Beispiel kein Kriegseinsatz, Globalisierung und so weiter. Das sind doch eure ›Feinde‹, aber ihr habt auf einmal die gleichen Slogans, komisch!‹, meinst du. Wer ist unser Feind? Wer sagt uns, wer unser Feind ist? Jedenfalls sind meine Feinde nicht Leute, die gegen Kriegseinsätze, gegen Globalisierung, gegen Castor-Transporte oder Ähnliches auf die Straße gehen. Jeder Mensch hat ein Recht auf seine persönliche Freiheit und dieses Recht möchte ich niemandem einschränken und genauso möchte ich es nicht eingeschränkt bekommen. Ich hoffe, deine Fragen wenigstens ansatzweise beantwortet zu haben und verbleibe mit freundlichen Grüßen, Ralf.«

Richterin Odersky *(liest aus der Datei »Wir über uns« vor)* Wir über uns, wer wir sind. Wir, das sind nationale Jugendliche aus Jena, die sich entweder in Parteien, Organisationen oder freien Kameradschaften organisieren! In Jena sind zur Zeit folgende Parteien beziehungsweise Organisationen aktiv: Die NPD ist mit einem Kreisverband vertreten, deren Jugendorganisation JN *(Junge Nationaldemokraten)* ebenfalls einen Stützpunkt in der Saalestadt vorweisen kann. Desweiteren sei noch der Thüringer Heimatschutz »Sektion Jena« zu erwähnen, der den größten Teil der Sympathisanten verzeichnen kann. Der Nationale Widerstand Jena möchte auf diesem Wege betonen, dass er jegliche Art von Gewalt zur Durchsetzung politischer Interessen entschieden ablehnt. Bei all unseren Betrachtungen steht das Volk im Vordergrund. Von ihm leiten sich alle Denkansätze ab. Wir haben es uns zur Aufgabe gemacht, die Kultur unseres Volkes zu erhalten. Wir versuchen, alte Bräuche und Sitten wieder aufleben zu lassen. Unser Ziel ist es, unsere Kultur vor weiteren Zerfall zu schützen. Wir fühlen uns tief mit unseren Ahnen verwurzelt und sehen es daher als unsere Pflicht an, sie zu ehren und ihre Traditionen weiterleben zu lassen. Wir bekennen uns zu jedem Teil unserer Geschichte. Wir nehmen sie als gegeben hin und versuchen keinesfalls, uns von ihr abzuwenden. Wir möchten ausdrücklich betonen, dass wir unser Volk niemals über ein anderes stellen. Jedes Volk und somit jede Kultur hat sich in Jahrhunderten entwickelt und ist somit schützenswert. Für ein Europa der Vaterländer!

Anwalt Elberling *(beantragt, ein Dokument zu verlesen, die Internetseite des Thüringer Heimatschutzes)* Darin heißt es: »Wir sind systemkritisch und -feindlich und bekennen uns zum nationalen Sozialismus, zum Kampf gegen die Herrschaft des Kapitals und die menschlich-moralische Ausbeutung durch dieses. Die Errichtung einer multikulturellen Gesellschaft ist eines der größten Verbrechen, was an der Menschheit verübt wurde und wird. Das ist die systematische Ausrottung kultureller Identitäten und somit ganzer Völker. Der einzige Träger des Nutzens ist das Großkapital, welches durch die Entwurzelung universell einsetzbare Arbeitsmaschinen heranzüchtet. Dies gilt es mit allen Mitteln zu bekämpfen.«
Sowie: »Die nordische Seele ist in uns verhaftet und führt uns der Sonne entgegen.«
(Elberling beantragt, einen Verfassungsschützer aus Erfurt zu laden, der bestätigen soll, dass dieses Dokument am 22. 5. 2000 auf der vom Thüringer Heimatschutz betriebenen Internetseite unter www.thueringerheimatschutz.de abrufbar war. Der Text habe die Selbstdarstellung des THS kurz nach der Übergabe der Tatwaffe an Mundlos, Böhnhardt und Zschäpe umrissen. Dann geht es noch einmal um die Zeugenaussage des NPD-Kaders David Petereit, der einige Zeit das Neonazi-Magazin »Der Weisse Wolf« herausgegeben hat. Er war am 297. Tag als Zeuge vor Gericht. Dem »Weissen Wolf« hatte der NSU aus dem Untergrund eine Spende zukommen lassen. Petereit hatte unter dem Namen Eihwaz geschrieben.)

Anwalt Matt Der Zeuge Petereit hatte erklärt, er habe sich die Eihwaz-Rune angeblich zufällig ausgesucht. Ich möchte nur einen Hinweis auf die Bedeutung und den Hintergrund der Rune geben, die Petereit auch als Unterschrift unter einen Gruß an den NSU setzte. Eihwaz bedeutet: Der Kampf geht weiter.

Verteidiger Klemke Wir sind alle hier im Saal keine Runenforscher. Ich kann damit nichts anfangen, die übergroße Zahl der Beteiligten ebenfalls nicht.

Tag 300

20. Juli 2016

Manfred Götzl, Richter. **Marcel Degner**, 40, alias »Hagel«, früherer V-Mann des Thüringer Verfassungsschutzes. Er sagte auch an den Tagen 191, 207, 292 und 309 aus. **Dietmar Rudloff**, sein Zeugenbeistand aus Gera. **Herbert Diemer, Jochen Weingarten**, Vertreter der Bundesanwaltschaft. **Wolfgang Heer**, Verteidiger von Beate Zschäpe. **Olaf Klemke**, Verteidiger von Ralf Wohlleben. **Seda Başay, Alexander Hoffmann, Eberhard Reinecke**, Anwälte der Nebenklage.

Götzl Herr Degner, haben Sie für den Thüringer Verfassungsschutz gearbeitet?

Degner Die Angaben möchte ich revidieren und möchte die Aussage darüber verweigern.

Oberstaatsanwalt Weingarten Das ist in sich widersprüchlich. Wollen Sie die Aussage verweigern oder nicht?

Degner Ja, ich möchte dazu keine Angaben machen.

Götzl Also Sie revidieren Ihre Aussage, aber wollen dazu keine Angaben machen?

Degner Ja.

Oberstaatsanwalt Weingarten Herr Zeuge, ich habe das jetzt nicht verstanden. Wenn Sie sagen »Ich will meine Angaben revidieren«, wollen Sie damit zum Ausdruck bringen, dass Sie damit Ihre Angaben beim letzten Mal zum Status als nachrichtendienstlicher Mitarbeiter revidieren wollen?

Degner Ja, und dazu will ich keine Aussagen machen.

Oberstaatsanwalt Weingarten Sie können keine Aussagen ungeschehen machen. Sie können nur sagen: »Ich mache keine Angaben« oder »Ich revidiere meine Angaben«. Das wäre aber eine Angabe zur Sache. Haben Sie jetzt eine Angabe zur Sache gemacht, indem Sie die Angaben zurücknehmen, oder berufen Sie sich auf ihr Auskunftsverweigerungsrecht?

Degner Ja.

Götzl Ja, ersteres oder letzteres?

Oberstaatsanwalt Weingarten Herr Zeuge, ich habe zwei Fragen gestellt.

Degner Ich habe das jetzt nicht richtig verstanden.

(Es geht nun lange um die Frage, ob der Zeuge aussagen muss. In seiner Vernehmung etwa ein Jahr zuvor hatte er erklärt, er sei kein V-Mann gewesen, obwohl das mehrere Beamte des Verfassungsschutzes bestätigt hatten. Damit würde er sich einer Falschaussage schuldig

machen, er könnte sich jetzt korrigieren. Doch er macht weiter widersprüchliche Angaben und wird darin von seinem Zeugenbeistand bestärkt.)

Anwalt Reinecke Der Zeugenbeistand treibt den Zeugen doch in ein Verfahren wegen Falschaussage hinein.

Verteidiger Heer Ich rege an, die Bestellung von Rechtsanwalt Rudloff als Zeugenbeistand aufzuheben und einen neuen Zeugenbeistand beizuordnen, weil dem Zweck der Beiordnung offensichtlich nicht entsprochen werden kann.

Bundesanwalt Diemer Wir nehmen die Anregung von Herrn Rechtsanwalt Heer auf.

Verteidiger Klemke Der Zweck des Zeugenbeistands ist nicht erfüllt, deshalb sollte der Zeugenbeistand entpflichtet werden.

Degner Das lehne ich ab.

Zeugenbeistand Rudloff Der Zeuge hat mich als Beistand gewählt.

Götzl Wir werden unterbrechen. Über den Widerruf und die eventuelle Bestellung eines neuen Zeugenbeistands wird außerhalb der Hauptverhandlung entschieden werden. *(Zum Zeugen Degner:)* Danke schön. Wiedersehen.

(Der Zeuge verlässt den Gerichtssaal.)

Götzl Dann stehen noch Erklärungen zum Zeugen Petereit an. *(Der NPD-Landtagsabgeordnete David Petereit aus Mecklenburg-Vorpommern hatte am Tag 297 ausgesagt.)*

Anwalt Hoffmann Der Zeuge Petereit räumt nur das ein, was nicht zu leugnen war, nämlich, dass der NSU-Brief bei ihm persönlich gefunden wurde. Zu allen anderen Umständen wie dem Erhalt des Geldes täuschte der Zeuge in so großem Umfang Erinnerungslücken vor, dass sie völlig unglaubhaft sind. Wenn es ihm nützlich erschien, konnte er sich sehr wohl an Einzelheiten der Erstellung des Heftes erinnern und auch daran, dass er auch mal einen bestimmten Beitrag abgelehnt hatte. Die Angaben des Zeugen, er habe keine größere Geldspende erhalten, sind nicht glaubhaft. Ein V-Mann des Landesamtes hat berichtet, dass 2500 Euro beim »Weissen Wolf« eingegangen sind. Diese Meldung passt zu dem NSU-Brief, in dem es heißt, diese Unterstützung ziehe keinerlei Verpflichtungen nach sich. Der Zeuge will seine Partei, die NPD, schützen. Es ist deutlich, dass seit dem Jahr 2002 bei ihm Kenntnis darüber bestand, dass eine Gruppe namens NSU mit terroristischer Ausrichtung bestand.

Götzl Gibt es Anträge?

Anwalt Reinecke Ich habe noch einen Beweisantrag. Es wird beantragt, den Polizeibeamten A. zu seiner Auswertung des Asservates 24.1.3.1., Computer Revoltec des Angeklagten Wohlleben, zu vernehmen. Der Zeuge wird darlegen, dass sich auf dem Asservat mehr als 650 000 Dateien befinden und darunter auch eine Vielzahl, die Rückschlüsse auf die ausländerfeindliche Haltung des Angeklagten Wohlleben zulassen. So ist dort ein Text gespeichert mit dem Titel »Zukunft statt Globalisierung – Kapitalismuskritik von rechts«. Der Zeuge wird bestätigen, dass der Nutzer des Rechners diesen Text tatsächlich durchgesehen und an verschiedenen Stellen gelbe Markierungen angebracht hat, und dass es zum Thema Ausländer im Rahmen dieses Textes unter anderem heißt: »Um sich einen Platz in der neuen Gesellschaft zu erkämpfen, greifen die Zuwanderer zur Waffe des Verdrängungswettbewerbs. Sie besetzen das Einwanderungsland nicht mit Panzerwagen, sondern mit Kinderwagen. Die Einwanderer verwandeln sich aus ›Schutzflehenden‹ und ›Bittstellern‹ in Zivilokkupanten. Indem sie ›gleiche Rechte‹ fordern, bestreiten sie den Einheimischen ihr Hausrecht und begehen eine in Menschenrechts-Formen gekleidete Aggression. Wo Einwanderer den beruflichen Anforderungen der Industriegesellschaft nicht gewachsen sind, erobern sie ihren Anteil am Sozialprodukt mit kriminellen Methoden. Große Mengen von Einwanderern sind Raumstörer und Raumschmarotzer.«

(Dann zählt Reinecke noch die Musikstücke auf, die auf dem Computer gefunden wurden. Es ist ein Kompendium rechtsradikaler Szenemusik.)

Folgende Musik der rechten Szene sind auf dem Computer gespeichert: B&H Thüringen, Bollwerk – Unsere Stunde, Brutale Haie – Doitschtum, Commando Pernod – Es gibt nur ein Land, Endstufe, Oigenik – Demo-CD, Faustrecht – Blut, Schweiß und Tränen, Foierstoß – Vorwärts im Sturm, Frank Rennicke, Freikorps Raritäten, Frontalkraft – Wir bekennen uns, HKL – Der unbekannte Soldat, Kommando Freisler, Kraftschlag – Die wilden Jahre, Landser – Republik der Strolche, Landser – Rock gegen oben, Legion of Thor – The 4. Crusade, Legion Ost – Ohne Worte, Lokalmatadore, Lunikoff-Verschwörung – Niemals auf Knien, Noie Werte life, Noie Werte – Kraft für Deutschland, NPD Schulhof-CD, Oithanasie – Jetzt oder nie, Spreegeschwader – Gefangene im System, Stahlgewitter – Das eiserne Gebet, Steiner – Schütze dein Land, Steiner – Für Volk und Vaterland, Störkraft – Mann für Mann, Stuka – Zeit zum Handeln, Sturmtrupp – Die letzten Patrioten, Volkszorn – Stiefel auf Asphalt. Afrikakorps – Knallharte Volksmusik, Arische Jugend – Von Trotz und Treue, Blood and Honour – Voices of Solidarity – Volume 2, Blutstahl – Volk wach auf, Blutzeugen – Bound of Glory (diverse Alben), Braune Brüder – Land ohne Freiheit, Gigi & Die braunen Stadtmusikanten – Braun ist Trumpf, Hassgesang – Generation die sich wehrt, Indiziert – Das riecht nach Ärger, Jungsturm – Bis der Schatten ist verbrannt, Lunikoff – Heilfroh, Onkelz\Mülla-Milch, Noie Werte – Unplugged, Skrewdriver – History vol. 1 bis vol. 9, Skrewdriver – Songs to remember.

Der Angeklagte Wohlleben hatte beantragt, zwei auf der bei ihm sichergestellten Festplatte gespeicherte Dateien zu verlesen. Der Angeklagte meint damit beweisen zu können, dass er nicht ausländerfeindlich war und ist. Allerdings befinden sich insgesamt mehr als 650 000 Dateien auf diesem Datenträger. Wenn der Angeklagte Wohlleben selbst die dort gespeicherten Dateien für authentisch hält, so ist es allerdings nicht ausreichend, wenn lediglich zwei ausgesuchte Dateien zur Kenntnis genommen werden. Mindestens genauso wichtig sind dann weitere auf dem Rechner gespeicherte Dateien, aus denen sich dann ein anderes Bild des Angeklagten Wohlleben ergibt.

(Dann zitiert Reinecke aus einem Urteil des Kriminalgerichts Moabit zum Text des »Afrikalieds« und des Liedes »Nigger« der verbotenen Band »Landser«.)

In dem Lied Nr. 9, »Nigger«, werden dunkelhäutige Menschen als Untermenschen, als »negrides Gesocks und stinkende Kaffer« u.ä. diskriminiert. Die Zuhörer werden zur Gewaltanwendung ermuntert. »Aber nicht mehr lange, dann seid Ihr dran. Dann gibt's auch hier den Ku-Klux-Klan. Wenn in der Nacht die Kreuze brennen, dann könnt Ihr stinkenden Kaffer um euer Leben rennen. Nigger, Nigger, raus aus unserem Land.«

Verteidiger Klemke Der Antrag ist unzulässig, da Rechtsanwalt Reinecke bezüglich der unserem Mandanten vorgeworfenen Taten nicht zur Nebenklage zugelassen ist. *(Ralf Wohlleben ist angeklagt, an der Beschaffung der Tatwaffe für die Česká-Morde beteiligt gewesen zu sein, nicht aber, etwas mit dem Sprengstoffanschlag in der Kölner Keupstraße zu tun zu haben.)*

Anwältin Başay Ich sehe das völlig anders als Rechtsanwalt Klemke. Und schließe mich ausdrücklich diesem Antrag an. *(Ihr schließen sich weitere Anwälte an, die Familien der Opfer der Mordserie vertreten.)*

Tag 301

21. Juli 2016

Manfred Götzl, Richter. **Christian Kapke**, 36, Angestellter bei einer Softwarefirma in Jena, Bruder von André Kapke. Er sagte auch an Tag 180 aus. **Sven K.**, 33, freiberuflicher Musiker in Jena. **Carsten Schultze**, Angeklagter. **Jochen Weingarten**, Vertreter der Bundesanwaltschaft. **Mathias Grasel**, Verteidiger von Beate Zschäpe. **Olaf Klemke, Nicole Schneiders**, Verteidiger von Ralf Wohlleben. **Jacob Hösl**, Verteidiger von Carsten Schultze. **Seda Başay, Edith Lunnebach, Yavuz Narin**, Anwälte der Nebenklage.

Götzl Es geht uns um eine Schlägerei an einer Straßenbahnhaltestelle in Jena Ende der Neunzigerjahre. Was können Sie sagen?

Kapke Ich kann mich daran nicht erinnern, ich bin dazu gefragt worden, ich gehe davon aus, dass ich nicht beteiligt war.

Götzl Haben Sie irgendwelche Schlägereien in der Zeit erlebt?

Kapke In der Nähe vom Winzerclub, da gab es immer wieder Auseinandersetzungen und Schlägereien. Mir ist nur eine einzige bekannt aus diesem Club, das würde ich 1996 einordnen. Das war im Club. Das war eine alkoholgetriebene Schlägerei unter den Jugendlichen, kam häufig vor.

Götzl Kennen Sie die Örtlichkeit, die Endhaltestelle in Jena?

Kapke Das ist 100 Meter entfernt. Ich kenne die. Eine Wendehaltestelle, schmucklos. Alte Beton-Zweckwartehäuschen, in der Mitte eine Grasfläche.

Götzl Gab es ein Holzhäuschen?

Kapke Kann ich mich nicht erinnern.

Götzl Haben Sie was über eine Schlägerei dort erfahren in dieser Zeit?

Kapke Im Allgemeinen habe ich ein gutes Erinnerungsvermögen, da habe ich nichts davon gehört.

Verteidiger Klemke Der Vorsitzende hat Sie nach einer Schlägerei an der Straßenbahnhaltestelle gefragt. Da soll neben Ihnen noch Ralf Wohlleben, ein S., ein B. und noch jemand mit Spitznamen Torte gewesen sein. Sagt Ihnen das was?

Verteidiger Hösl Das ist so nicht gesagt worden. Carsten Schultze hat nur gesagt, möglicherweise war Christian Kapke dabei.

Verteidiger Klemke Dann formuliere ich die Frage um. Da sollen möglicherweise Sie dabei gewesen sein. Und S., B. und Torte und Ralf Wohlleben. Sagt Ihnen das was?

Kapke Ich kann mich daran null erinnern, kann ich für mich ausschließen, die Namen sagen mir was. B. und S. haben in einer Band gespielt.

Verteidiger Klemke Wer ist Torte?

Kapke War auch Mitglied in einer Band. Der heißt Sven K.

Verteidiger Klemke Sie sagten, Sie können sich nicht erinnern, jetzt können Sie es ausschließen?

Kapke Ja, das kann ich für mich ausschließen.

Anwalt Narin Ist Ihnen überhaupt eine körperliche Auseinandersetzung bekannt, an der Herr Wohlleben beteiligt war?

Kapke Spontan kann ich mich an keine erinnern.

Anwalt Narin Auch nicht ein Vorfall mit zwei Frauen als Geschädigte?

Kapke Ja, der ist mir bekannt. Mir ist bekannt, dass Herr Schultze, Herr Wohlleben und mein Bruder beteiligt waren.

Anwalt Narin Wissen Sie noch, wie Herr Wohlleben beteiligt war?

Kapke Da verschwimmt jetzt meine Erinnerung mit Presseberichterstattung. Wohl dass Wohlleben den Frauen aufgelauert hat und versucht wurde, deren Personaldokumente zu bekommen.

Verteidiger Klemke Der Vorfall mit den beiden Damen. Woher stammt Ihre Kenntnis?

Kapke Ich war bei dem Vorfall nicht dabei. Ich hatte mich mit den zwei Frauen vorher getroffen. Später am Abend hat es dann den Vorfall gegeben, wo es dann auch Gewalt gegeben hat.

Verteidiger Klemke Was haben Sie konkret erfahren? Waren Sie während der gesamten Gerichtsverhandlung da?

Kapke Nein, ich war Zeuge, war nur einen Tag da.

Verteidiger Klemke Also, woher stammte die Information?

Kapke Aus der Presseberichterstattung und mit Herrn Schultze habe ich telefoniert an diesem Abend. Und mich mit den Frauen noch mal getroffen. In irgendeiner Gaststätte.

(Der Zeuge wird entlassen.)

Anwalt Narin Ich möchte zur Einvernahme des Zeugen erklären, dass er sich nicht an eine gewaltsame Auseinandersetzung erinnern konnte. Und sich erst auf Vorhalt dann wieder erinnert. Er hat offenbar doch nicht so ein gutes Erinnerungsvermögen wie er selbst dachte.

Verteidiger Klemke Ich möchte darauf hinweisen, dass die konkrete Erinnerung wiederkam an den Vorfall mit den beiden Damen, sogar, dass er sich zweimal an diesem Tag mit den Damen getroffen hat, auch nach dem tätlichen Angriff, was ja sehr originell ist. Ich habe diese Probleme mit dem Erinnerungsvermögen des Zeugen in keinster Weise. Aber: Er kann sich überhaupt nicht an eine Schlägerei erinnern.

Götzl Dann möchte ich bei Frau Zschäpe nachfragen, bezüglich der Beantwortung der Fragen des Sachverständigen.

Verteidiger Grasel Es ist nach wie vor noch nicht abschließend besprochen. Die Zeit hat bisher nicht ausgereicht. Ich vermute, dass wir nicht vor der Sommerpause dazu kommen werden.

Oberstaatsanwalt Weingarten Welchen Jahres?

Verteidiger Grasel Diesen Jahres.

(Es erscheint der Zeuge Sven K., Spitzname »Torte«.)

Götzl Es geht uns um Erkenntnisse zu einer Schlägerei, Ende der Neunzigerjahre. Was können Sie dazu sagen?

Sven K. Ich hab von der Schlägerei erst so richtig bei der Polizei erfahren. Ist sehr lange her. Ich hab auch schon gesagt, dass es sehr gut sein kann, dass es so eine Schlägerei gab. Ich kann mich nicht im Detail erinnern. Ist aber nicht ausgeschlossen, dass ich daran beteiligt war, weil, na ja. Die Beamten erzählten, dass es im Zug einer Party war, das klang schon alles plausibel.

Götzl Haben Sie sich an der Endhaltestelle aufgehalten?

Sven K. Die Bilder von der Endhaltestelle habe ich im Kopf. Aber eine Auseinandersetzung? Ich kann nicht sagen ja, kann nicht sagen nein.

Götzl Welche Umstände sind es, die zu ja und nein führen?

Sven K. Ich bin mir halt nicht sicher, das ist eine Zeit, die ich aus meinem Kopf kriegen möchte, die ich verdrängt habe, da war Drogenkonsum dazwischen. Echt schwer, sich daran zu erinnern. Ich war halt jung, verwirrt, hatte viele Aggressionen in mir, sicher kam es da zu Konflikten, ja.

Götzl Waren Sie mal mit Herrn Schultze zusammen bei einer Auseinandersetzung?

Sven K. Ich hatte viel mit Herrn Schultze zu tun. Wir wohnten gegenüber, nachdem ich ausgestiegen war aus der Szene und er auch, hatten wir engeren Kontakt. Ich habe mich oft mit ihm zusammen aufgehalten Ende der Neunziger. Dann hatten wir lange keinen Kontakt und dann wieder intensiver, so ab 2007.

Götzl Kennen Sie die Angeklagten?

Sven K. Frau Zschäpe nur vom Hörensagen. Mit Herrn Wohlleben habe ich in einem Haus gewohnt, daher kannten wir uns. Wir haben uns getroffen, man hatte ja damals die gleiche Meinung vertreten. Die rechte Meinung damals.

Götzl Haben Sie Uwe Mundlos, Uwe Böhnhardt und Beate Zschäpe namentlich gekannt?

Sven K. Man hat von ihnen gehört in der Szene. Dass die auf der Flucht waren. Das war irgendwie einprägsam.

Götzl Können Sie das näher erklären?

Sven K. Von wem weiß ich nicht mehr, da hat man einfach drüber gesprochen. Ich hatte von Bombenattrappen auf dem Theatervorplatz in Jena erfahren. Ich hab eher so dummerweise zu denen aufgeschaut, ja krass, was die gemacht haben. Jeder hat darüber gesprochen. War bekannt, dass die das gemacht hatten und auf der Flucht waren.

Götzl Haben Sie zum Beispiel mit Herrn Schultze darüber gesprochen?

Sven K. Mit Sicherheit, wie mit jedem anderen auch. Eine Zeit lang war das schon Thema. Mit Carsten war ich zu der Zeit befreundet.

Götzl Wussten Sie, dass Schultze in Kontakt mit den dreien war?

Sven K. Nein, das habe ich erst aus den Medien später erfahren. Diese NSU-Morde, da habe ich das noch gar nicht in Verbindung gebracht, dann erst habe ich das mit Carsten erfahren.

Götzl Wann ordnen Sie die Flucht zeitlich ein?

Sven K. Ende der Neunziger. Es gab dann noch die Sache, dass ich Schmiere gestanden hätte, als Carsten bei Frau Zschäpe eingebrochen hat.

Götzl Was war denn da?

Sven K. Ist echt schwer, sich daran zu erinnern. Ich bin mit Carsten um die Häuser gezogen. Wenn er mich gefragt hat, habe ich bestimmt Ja gesagt, wenn es darum ging, wo einzubrechen.

Götzl Sind Sie irgendwann mal Schmiere gestanden?

Sven K. Ich kann nicht Nein sagen, ich kann auch nicht Ja sagen.

Götzl Was bedeutet diese Formulierung?

Sven K. Ich hab nichts in Erinnerung. Ich finde es plausibel.

Götzl Können Sie denn sagen, ob Sie mit Herrn Wohlleben über die drei Flüchtigen gesprochen haben?

Sven K. Sicherlich auch, aber nicht im Speziellen. Es war irgendwie Thema in dieser Szene.

Götzl Hatten Sie einen Spitznamen?

Sven K. Ja, Torte.

Götzl Wie kam es zum Ausstieg von Carsten Schultze aus der rechten Szene?

Sven K. Ich bin mir nicht sicher, ob sein Coming-out zeitgleich kam oder vorher. Wird schon damit zu tun haben.

Götzl Wie war es bei Ihnen?

Sven K. Ich habe mit Drogen angefangen, das war nicht mehr vereinbar mit der rechten Szene. Ich habe einfach ein bisschen nachgedacht, dass das halt nicht geht.

Götzl Da muss ich schon nachfragen. Worüber haben Sie nachgedacht?

Sven K. Über die politische Einstellung. Ich habe nicht zwei Tage nachgedacht und bin dann ausgestiegen, das war ein Prozess, dass die extreme Einstellung menschenverachtend ist. Das war nicht mehr vereinbar für mich. Zuvor war ich engstirnig in der Szene. Gehört sich nicht für einen Rechten, dass er Drogen konsumiert. Ich habe mich immer mehr zurückgezogen. Ich hatte kein Schild um: »Ich nehme jetzt Drogen und steig deswegen aus.« Ich kann mich erinnern, dass ich mit meiner Band gegen rechts gespielt habe und dann tatsächlich Herrn Wohlleben getroffen habe und da kam dann eine Spitze. Aber es kam keiner zu mir und sagte, du darfst nicht aussteigen.

Götzl Wann sind Sie ausgestiegen?

Sven K. 2001, 2002.

Götzl Uns liegt das Protokoll vor von Ihrer Vernehmung beim BKA. Ich zitiere daraus. »Frage: Können Sie sich an Begebenheiten erinnern, wo Carsten Schultze oder Ralf Wohlleben explizit über die drei gesprochen haben? Antwort: Ich weiß es nicht. Natürlich kam es auch von Wohlleben, dass man ab und an von denen gehört hat. Frage: Wusste man, dass Wohlleben schon mehr seine Finger da drin im Spiel hatte? Antwort: Man hat es schon vermutet. Aber gewusst hat man es nicht. Seine Arroganz hat einen schon merken lassen, dass er da was wusste.« Was sagen Sie dazu?

Sven K. Er stand auf der Leiter höher als ich und auch höher als Carsten. Es war schon ein hierarchisches Konstrukt. Ich weiß nicht, ob Arroganz das richtige Wort ist.

Götzl Was meinen Sie dann?

Sven K. Man hat gemerkt, dass man nicht auf der gleichen Stufe der Hierarchieleiter ist. Keine Ahnung.

Götzl In der Vernehmung steht auch, dass Herr Schultze bei einem Gespräch mit Herrn Wohlleben sagte, er sei in die Wohnung von Beate Zschäpe eingebrochen und Torte habe dabei Schmiere gestanden. Was können Sie dazu sagen?

Sven K. Ich kann mich an diesen Sachverhalt nicht erinnern, habe es aber auch nicht ausgeschlossen. Ich kann mich nicht erinnern, dass da eingebrochen wurde. Keine Ahnung.

Götzl Im Protokoll Ihrer Vernehmung steht: »Es kann schon sein, dass Carsten gemeint hat, ich solle mal Schmiere stehen.«

Sven K. Ja, ich schließ nicht aus, dass, wenn er mich gefragt hätte, dass ich da gesagt hätte, ja. Vielleicht hat er auch gesagt, ich muss da was kucken in der Wohnung.

Götzl Hatten Sie Kenntnis davon, wo Frau Zschäpe damals wohnte?

Sven K. Das war auch in Winzerla.

Götzl Kannten Sie das Gebäude?

Sven K. Nicht wirklich, es wurde darauf hingewiesen, da hat die gewohnt.

Götzl Weiter im Protokoll: »Dort in der Nähe der Wohnung hat Carsten, glaube ich, gesagt, ich solle hier stehenbleiben und Schmiere stehen.«

Sven K. Ach, dann auf einmal konnte ich mich da erinnern? Wenn das da so steht, werde ich das wohl so gesagt haben.

Götzl Weiter heißt es hier: »Ich kann mich aber nicht erinnern, dass er gesagt habe, er wolle in die Wohnung der Zschäpe einsteigen. Er hat mich da schon in etwas mit reingerissen. Das finde ich schon krass.«

Sven K. Ja, ist schon krass.

Götzl Vorhalt: »Hat Ihnen Carsten Schultze im Vorfeld berichtet, was er vorhatte? Antwort: Nein. Die Aktion war ziemlich spontan gewesen. Wir waren da in der Nähe und dann kam das wie ein Überfall. Ich weiß noch, dass es schiefgegangen ist.«

Sven K. Das klingt ja so, als könnte ich mich dran erinnern. Aber ich kann das gerade nicht erinnern.

Götzl Vorhalt: »Das Doofe ist, dass damals jeder was damit zu tun haben wollte. Es war anscheinend von ihm schon vorher geplant. Wir hatten uns vorher getroffen und sind damals ganz normal dort langgelaufen. Als wir dort in der Nähe waren, hatte er mir gesagt, dass ich dort Schmiere stehen sollte. Ich wusste dann schon, dass das das Haus der Zschäpe war. Ich glaube mich noch daran erinnern zu können, dass es schief gegangen ist.«

Sven K. Ich kann mich nicht direkt erinnern, tut mir leid. Und ich verstehe gerade auch nicht, wieso die Aussage da so steht. Ich versteh's auch nicht.

Götzl Haben Sie in Erinnerung, ob Sie Ihre Aussage durchgelesen und unterschrieben haben?

Sven K. Ich denke schon, da muss man doch unterschreiben.

Götzl Wir legen jetzt erstmal unsere Mittagspause ein.

(Die Hauptverhandlung wird für eine Stunde unterbrochen.)

Götzl Gibt es von Ihrer Seite noch irgendwelche Ergänzungen?

Sven K. Ja auf jeden Fall. Ich hatte jetzt eine Stunde Zeit, um das alles mal setzen zu lassen. Mir sind ein paar Sachen klar geworden. Das mit dem Einbruch: Ich kann mich derzeit nicht daran erinnern, ja oder nein kann ich nicht sagen. Ich weiß, dass diese Aussage von Carsten kommt. Und das ist schon plausibel. Ich kann mich nur ganz schwer erinnern an diese Zeit. Und na klar, da wurde auch getuschelt über die drei in der Szene, dass sie auf der Flucht waren. Ich hatte auch irgendwann mal das Wort Afrika gehört, aber das war ja nun nicht so. Wenn es wirklich so war, dass Carsten diese Waffe besorgt hat … Ich finde es einfach so traurig für sein Leben, weil er eigentlich nicht so ein Mensch ist. Ich sagte, dass ich froh bin, dass ich da nicht so drin hänge. Das hätte damals jedem passieren können, man hat damals total unüberlegten Blödsinn gemacht und dann ist das Leben versaut. Und dass ich glücklich bin, dass ich nichts weiß.

Götzl Was meinen Sie damit, dass Herr Schultze eigentlich nicht so ein Mensch sei?

Sven K. Das ist kein böser Mensch. Ich habe ihn in der Zeit nach dem Outen besser kennengelernt und das ist kein böser Mensch. Es geht ja hier um was, was grausam ist. Ihm traue ich das nicht zu. Ich traue ihm auch nicht zu, dass er wusste, wenn das so war, dass was passiert.

Götzl Waren Sie mal an einer Schlägerei beteiligt?

Sven K. Wahrscheinlich Endhaltestelle Winzerla.

Götzl Wahrscheinlich?

Sven K. Ich kann mich halt nicht dran erinnern. Ich war schon vor der Skinheadszene ein ziemlich aggressiver Junge und war in jede Keilerei schon in der Schule verwickelt. Ich war bestimmt mal in ein Handgemenge verwickelt. Es kam aber niemals, jedenfalls nicht, dass ich wüsste, zu irgendwelchen großen Ausschreitungen. Als ich das jetzt mit der Endhaltestelle gehört habe, da wurde mir auch richtig schlecht. Ich kann das mit meinem jetzigen Wesen null vereinbaren irgendwie.

Götzl Zu Herrn Wohlleben hatten Sie berichtet, das er auf Sie zugekommen wäre und eine Spitze fallen gelassen habe. War das ein Konzert gegen rechts?

Sven K. Da war ich schon lange ausgestiegen, das muss so 2003 oder 2004 gewesen sein, und ich habe ihn einfach getroffen. Und da kam dann halt so eine Spitze wie: Vergiss deine Wurzeln nicht. Aber es war nicht so, dass jemand auf mich gewartet hat und mir Prügel angedroht hat, weil ich ausgestiegen bin. Ich hatte mit den Leuten ja zum Glück eh nichts mehr zu tun. Er wird das nicht für gut geheißen haben, ist ja klar. Er war halt immer noch aktiv in der rechten Szene.

Götzl Im Protokoll heißt es: »Bedroht hat mich Wohlleben nicht. Er hatte immer so eine bestimmte, aber pseudo-freundliche Art.« Haben Sie das so gesagt?

Sven K. Ich würd's wahrscheinlich jetzt genauso wieder formulieren. Ich kann es nicht so richtig beschreiben. Ich habe ihn wahrscheinlich nicht als allernettesten Menschen auf Erden empfunden.

Götzl Im Protokoll heißt es: »Was können Sie uns zu Ralf Wohlleben berichten? Bitte versuchen Sie ihn zu beschreiben. Antwort: Als Mensch war er mir sehr unangenehm. Er hat es, glaube ich, sehr genossen eine Führungsrolle einzunehmen, zu delegieren.«

Sven K. Das kommt schon fast so hin. Ich habe ihn nie als allerliebsten Menschen empfunden.

Götzl Beschreiben Sie ihn doch mal.

Sven K. Wir waren halt in einer Clique oder Bande, rechte Clique halt. Da war er halt immer jemand, vor dem ich Respekt hatte, nicht auf menschlicher Ebene, sondern auf hierarchischer Ebene. Eingeschüchtert will ich auch nicht sagen. Ich war halt jünger und unerfahrener. Vielleicht eine Person, zu der man irgendwie aufschauen kann. Aber wie gesagt, rein menschlich nicht so sehr. Ich sage auch nicht, dass es ein übelst grausamer Mensch war, der den ganzen Tag um sich geschlagen hat. Er hat immer so was Verschmitztes gehabt, so ein verschmitztes Grinsen. Ich bin da nie durchgedrungen, was das wirklich für ein Mensch ist.

Götzl Vorhalt aus dem Protokoll: »Ich schätze ihn nicht als Schlägertyp ein. Er delegiert gerne. Aufgrund des jetzigen Medienwissens ist es schwierig, ihn einzuschätzen. Ich glaube aber schon, dass er alles mit Hintergedanken macht und berechnend ist, mehr so eine Machtperson. Aber das ist schon schwierig, da ich ihn nicht leiden kann.«

Sven K. Ja, kein Schlägertyp, auch nicht von der Statur her und ich habe ihn auch nicht erlebt so. Das meine ich auch mit verschmitzt, er ist ein cleverer Typ, und dass er viel mit Kalkül macht. Ich schätze ihn so ein, dass er ein intelligenter, kalkulierender Mensch ist, aber das ist nur meine persönliche Einschätzung.

Götzl Waren Sie mal auf einer Kirmes in Stadtroda?

Sven K. Kann mich nicht erinnern.

Götzl Vorhalt aus einer Vernehmung von Carsten Schultze: »Wir sind nachts in Winzerla angekommen, im Jugendclub, der hieß damals noch Winzerclub. Wir kamen von der Kirmes in Stadtroda, ich meine mit zwei Autos. Wir sind ausgestiegen, da kam dann schon der Jimmy, den Nachnamen kenne ich nicht. Der sagte, ich wurde gerade an der Haltestelle als Scheißnazi beschimpft. Und als er das erzählte, sind auf einmal alle los. Und ich sehe, dass rechts der Sven K. angefangen hat, auf einen einzuschlagen, und der andere ist losgerannt und dem ist der Wohlleben hinterhergerannt.«

Sven K. Das wurde mir schon mal vorgelesen. Ich kann mich nicht erinnern, aber ich würde es auch nicht verneinen. *(Er schweigt einen Moment.)* Es ist nicht schön, so was zu hören über sich selbst.

Götzl Kommt Ihnen da irgendeine Erinnerung?

Sven K. Ich habe da keine Erinnerung daran. Aber ich schließe es nicht aus, dass es passiert ist. Wie soll ich das noch sagen?

Verteidiger Klemke Ja, Herr K., Sie erwähnten heftigen Drogenkonsum. Was außer Cannabis nahmen Sie noch?

Sven K. Pilze, chemikalische Drogen, Pep und Speed hieß das früher. Auch Kokain.

Verteidiger Klemke Was heißt heftiger Drogenkonsum?

Sven K. Ich habe über Jahre ziemlich stark Drogen konsumiert und mich dann selbst in Therapie begeben.

Verteidiger Klemke Was war der Grund dafür?

Sven K. Es wurde eine psychosomatische Störung aufgrund der Drogen diagnostiziert. Angstzustände, Herzrasen. Ich habe erst den kalten Entzug probiert, dann mich in eine Suchtklinik begeben, wurde dort therapiert. Auslöser war ein heftiger Angstzustand.

Verteidiger Klemke Haben Sie mal für Carsten Schultze den Begriff Führungspersönlichkeit verwendet?

Sven K. Bestimmt, war er ja auch. Es gab viele, die zu ihm aufgeschaut haben. Er hat die Aufgaben verteilt. Er war auch in der JN *(Abkürzung für Junge Nationaldemokraten, die Jugendorganisation der NPD).*

Verteidiger Klemke Sind Ihnen die Bilder von der Auseinandersetzung selbst gekommen?

Sven K. Nein, sonst würde ich ja sagen, dass ich mich erinnern kann.

Anwältin Lunnebach Ich beanstande das. Er hat das schon mehrfach verneint.

Verteidiger Klemke Das ist ja wie zu DDR-Zeiten. Sie beanstanden das, was ich gefragt habe. Das ist ein wasserklarer Versuch, die Vernehmung zu torpedieren.

Anwältin Lunnebach Er hat schon mehrfach gesagt, dass er sich nicht erinnern kann. Ich nehme aus pragmatischen Gründen die Beanstandung zurück.

Verteidigerin Schneiders Haben Sie noch Erinnerung an Themen, über die Sie sich mit Herrn Wohlleben unterhalten haben?

Sven K. Da hab ich keine Erinnerung.

Verteidigerin Schneiders Wie war Ihre politische Einstellung?

Sven K. Ja, das ist eine gute Frage. Ich würde das als nationalistisch bezeichnen, schwer zu sagen, ich kann damit überhaupt nichts mehr anfangen. Ich kann nicht sagen, was mich damals geritten hat, in der Richtung zu denken.

Verteidigerin Schneiders Sie sagten, Herr Schultze habe sich reingehangen. Was meinen Sie damit?

Sven K. Dass er aktiv war.

Verteidiger Klemke Was haben Sie mit nationalistisch gemeint?

Sven K. Ich war verblendet und blöd im Kopf. Mein Geisteszustand war nicht so in Ordnung wie heute..

Verteidiger Klemke Ich habe nicht nach Ihrem Geisteszustand gefragt, sondern nach Inhalten. Was war damals der Inhalt Ihrer Anschauung?

Sven K. Ich weiß es nicht. Kann ich die Frage beanstanden?

Götzl Ich halte sie für zulässig.

Sven K. Dann muss ich darüber nachdenken. Ich kann es gerade nicht sagen.

Götzl Warum sagten Sie nicht sozialistisch, sondern nationalistisch? Sie haben den Ausdruck selbst gewählt, das hat Ihnen niemand in den Mund gelegt.

Sven K. Man wollte das System verändern und hat geglaubt, dass die Demokratie so nicht funktioniert, sondern nur mit einer nationalistisch orientierten Partei. Ich war nicht ausländerfeindlich, ich hätte mich auch nicht daran beteiligt, ein Asylheim anzuzünden. Hab halt irgendwo Halt gesucht und gefunden in dieser breit gefächerten Anschauung. Da geht es ja nicht nur um: Deutschland den Deutschen. Ich bin politisch nicht der Aktivste. Auch damals nicht.

Schultze Hallo Sven!

Sven K. Hallo.

Schultze Gab es zwischen Wohlleben und mir eine Hierarchie?

Sven K. Ich denke, Ralf stand eine Stufe höher als du. Allein schon wegen dem Alter und den Erfahrungen.

Schultze Kannst du dich an eine Dorfschlägerei auf einer Kirmes erinnern, wo B. sich um eine Mütze mit der Zahl 88 drauf geprügelt hat?

Sven K. Nein.

Schultze Zu meinem Coming-out – hast du da Wahrnehmungen gemacht in der Szene, wie die reagiert haben?

Sven K. Nicht wirklich, ich war nicht mehr so stark drin.

Anwältin Başay Herr K., kennen Sie auch Herrn André Kapke?

Sven K. Ja. Aus der rechten Szene.

Anwältin Başay Sind Sie mal mit Kapke nach Coburg gefahren?

Sven K. Nicht wirklich. Weiß ich nicht mehr.

Anwältin Başay Ich halte Ihnen mal vor: »Der Betreiber des Verlags Peter Dehoust wurde von Kapke und K. am 4. bis 5.8.1998 aufgesucht. Grund für die Fahrten nach Coburg war die Übergabe von 1800 D-Mark von Dehoust. Die Geldübergabe kam am 5.8.1998 zustande. Ermittlungen zufolge sollte das Geld zur Beschaffung von Reisepässen für die drei flüchtigen Rechtsextremisten verwendet werden« Haben Sie noch eine Erinnerung daran?

Sven K. Nein.

Anwältin Başay Wissen Sie, ob es um Reisepässe ging?

Sven K. Nein.

Anwältin Başay Können Sie sich in Zusammenhang mit Herrn Kapke daran erinnern, ob es um Unterschlagung von Geld ging?

Sven K. Nein.

Anwältin Başay Hier steht weiter: »Kapke habe sich aus persönlichen Gründen auch aus der Kameradschaft Jena zurückgezogen. Gegenüber THS-Kameraden beklage er sich, dass Wohlleben nur noch gegen ihn hetze und Lügen über ihn verbreite. Der Vorwurf von Wohlleben, er habe Spendengelder für die drei unterschlagen, stimme nicht. Er habe zum Beispiel 2500 D-Mark an einen Passfälscher gezahlt, der das Geld genommen, aber keine Pässe geliefert habe. Dies nehme jetzt Wohlleben zum Anlass, ihn fertig zu machen. So hätten Carsten Schultze, Jana A. und Torte bereits alle Kontakte zu ihm abgebrochen.« Erinnern Sie sich?

Sven K. Nein.

Tag 302

26. Juli 2016

Manfred Götzl, Richter. **Torsten Wabra**, 33, früherer Herausgeber des rechtsradikalen Szene-Blättchens »Fahnenträger«. Er sagte auch am Tag 308 aus. **Egbert Gueinzius**, sein Zeugenbeistand. **Jochen Weingarten**, Vertreter der Bundesanwaltschaft.

Götzl Es geht uns darum, ob Sie mal einen sogenannten NSU-Brief bekommen haben.

Wabra Ich habe einen Brief gekriegt, da waren 500 Euro drin und ein Schreiben, und das war's. Ich würde sagen, es war 2002. Ein DIN-A4-Blatt, mit Text auf einer Seite. Auf der anderen Seite ein Bild.

Götzl Was sind die Umstände, dass Sie sagen: 2002?

Wabra Weil damals die Euroumstellung war. Es war halt ein 500-Euroschein, das war recht neu.

Götzl An wen adressiert?

Wabra Ich hab damals so eine Zeitschrift gehabt, dafür hatte ich ein eigenes Postfach in Wolfen, da dran war das adressiert.

Götzl Welche Zeitschrift?

Wabra »Fahnenträger« hieß die.

Götzl Was war das?

Wabra Das war so eine kleine Zeitschrift. Erscheinungshäufigkeit war einmal im Jahr. Es ging um Musik, künstlerische Sachen.

Götzl Wer hat an der Zeitschrift neben Ihnen gearbeitet?

Wabra Freunde von mir. Die haben dann mal einen kleinen Artikel oder so geschrieben.

Götzl War in dem Brief etwas gestanden im Hinblick auf die 500 Euro?

Wabra Da standen keine Forderungen drin. An den Inhalt kann ich mich nicht erinnern. Der Absender war nicht der richtige Absender. Und wenn der Empfänger den Brief nicht kriegt, soll halt der Absender das Geld behalten. Das stand da.

Götzl Wer war da angegeben als Absender?

Wabra Kann ich mich nicht genau erinnern, irgendein Verlag.

Götzl Zum Inhalt des Schreibens?

Wabra Kann ich mich nicht mehr erinnern.

Götzl Was haben Sie mit dem Geld gemacht?

Wabra Erst mal eine ganze Weile verwahrt, um nicht in eine Verantwortung genommen zu werden. Es kam mir schon komisch vor, ich wusste nicht, von wem es ist. Ich habe es erst mal eine ganze Weile aufgehoben.

Götzl Und dann?

Wabra Nach ein paar Jahren hab ich es halt ausgegeben.

Götzl Haben Sie Recherchen angestellt, woher das Geld kommt?

Wabra *(schüttelt den Kopf)*

Götzl Hat sich aus dem Schreiben ergeben, was der Zweck ist der Übersendung des Geldes?

Wabra Nein. Da kann ich mich nicht dran erinnern.

Götzl Sie sagten, Ihre Zeitschrift erschien einmal im Jahr. Welche Verbreitung bestand?

Wabra Die Auflage war etwa 300 Exemplare. Verbreitung war im privaten Bereich. Und es wurden Bestellungen über das Postfach getätigt. Das Postfach war ja für jeden anschreibbar. Ansonsten im regionalen Bereich.

Götzl Wie lange haben Sie die Zeitschrift herausgegeben?

Wabra Bin ich mir nicht mehr ganz sicher. Ich glaube, 2002.

Götzl Heißt das bis 2002? Sie sagen mir jetzt nur eine Jahreszahl.

Wabra Ich habe 2002 das Heft eingestellt. 2007 und 2008 habe ich noch mal zwei Ausgaben veröffentlicht.

Götzl Hat denn der Begriff NSU in Zusammenhang mit dem Brief eine Rolle gespielt? Ich hatte Sie ja gefragt nach einem sogenannten NSU-Brief.

Wabra Na, ich kann mich erinnern, dass da was stand. Aber nicht mehr genau an den Wortlaut.

Götzl Was ist mit »was« gemeint?

Wabra *(schweigt)*
Götzl Was ist aus dem Schreiben geworden?
Wabra Das hab ich vernichtet.
Götzl Wann?
Wabra Das kann ich nicht mehr sagen.
Götzl Ungefähr?
Wabra Bestimmt kurze Zeit später.
Götzl Wer waren die Freunde, die Ihnen Artikel zur Verfügung gestellt haben?
Wabra Das kann ich nicht mehr sagen, das ist zu lange her.
Götzl Kannten Sie Uwe Böhnhardt, Uwe Mundlos?
Wabra Nein.
Götzl Frau Zschäpe?
Wabra Nein.
Götzl Sonst einen der Angeklagten?
Wabra Nein.
Götzl Haben Sie das erhaltene Schreiben irgendjemandem gezeigt?
Wabra Da kann ich mich nicht mehr erinnern.
Götzl Oder mit jemandem darüber gesprochen?
Wabra Da kann ich mich nicht mehr erinnern.
Götzl Sind Sie mal im Hinblick auf diese Themen von der Polizei befragt worden?
Wabra Vor vier Jahren.
Götzl Was wissen Sie denn noch davon?
Wabra Ich wurde befragt und das war's.
Götzl Im Protokoll Ihrer Vernehmung steht, dass es ein brauner Umschlag gewesen sein soll, in dem der Brief sich befand. Es heißt hier, der Absender war der Nation Europa Verlag.
Wabra Ich weiß das nicht mehr so genau.
Götzl Hier heißt es, die eine Seite des Briefs sei Text gewesen, auf der anderen Seite das NSU-Logo.
Wabra Die Vernehmung ist vier Jahre her. Ich kann mich da jetzt nicht mehr hundertprozentig erinnern.
Götzl Im Protokoll steht, Sie hätten sich im Freundeskreis Gedanken gemacht, wer so viel Geld spenden könnte.
Wabra Ja, was soll ich dazu sagen? Es kann sein, dass ich mich mit jemandem darüber unterhalten habe.
Götzl Haben Sie das NSU-Logo denn 2011 wiedererkannt?
Wabra Ja, vielleicht. Ich kann mich nicht mehr erinnern.

(Nach einer Pause konfrontiert Götzl den Zeugen weiter mit dem Protokoll aus der polizeilichen Vernehmung und einem Telefonat mit einem Beamten. Der Zeuge wiederholt im-

mer wieder, er könne sich nicht mehr so genau erinnern. Ihm wird auch der sogenannte NSU-Brief vorgelegt. Eine entsprechende Datei wurde auf einem Datenträger in der Wohnung des Trios gefunden. Der Zeuge bestätigt, dass dies der Brief gewesen sei, den er damals erhalten habe. Über Details wisse er aber nichts mehr.)

Götzl Es heißt hier in dem Vermerk, Sie hätten den NSU-Brief auch Ihrer Mutter gezeigt.

Wabra Ja, vielleicht habe ich das nur gesagt, um Ruhe zu haben vor dem Druck. Da ist mir vielleicht was rausgerutscht, was ich nicht sagen wollte. Der Beamte hat mich bedrängt, Namen zu sagen.

Oberstaatsanwalt Weingarten Wenn ich mir angucke, was Sie hier gesagt haben, da scheint es mir so zu sein, dass Ihre Erinnerung bei der Polizei deutlich präziser war als heute. Haben Sie eine Erklärung dafür?

Wabra Es ist ja schon eine Weile her. Ich weiß nicht, warum das so ist, wie Sie das beschrieben haben.

Oberstaatsanwalt Weingarten Bei der polizeilichen Vernehmung lag der Erhalt des Briefes zehn Jahre zurück, da hatten Sie noch Erinnerung an den Briefumschlag. Jetzt haben Sie gar keine Erinnerung mehr. Hat sich etwas zugetragen, was diesen Erinnerungsverlust verursacht hat?

Wabra Ich habe da keine Erklärung für.

Oberstaatsanwalt Weingarten Haben Sie in den letzten Jahren Unfälle gehabt, Betäubungsmittel genommen, übermäßig Alkohol?

Wabra Nein.

Oberstaatsanwalt Weingarten Ich frage es ganz offen: Haben Sie heute Erinnerungslücken vorgetäuscht?

Wabra Nein.

Oberstaatsanwalt Weingarten Der Vorsitzende hat Sie gefragt, ob in dem Gespräch mit dem Beamten auch von Ihrer Mutter die Rede war. Da sei Ihnen vielleicht was rausgerutscht, was Sie vielleicht nicht sagen wollten. Hatten Sie denn die Absicht, die Wahrheit zu sagen?

Wabra Ja klar.

Oberstaatsanwalt Weingarten Wie erklärt sich dann, dass Ihnen da vielleicht etwas rausgerutscht sei?

Wabra Das bezog sich auf meine Mutter. Der Polizist wollte Namen. Dass ich meine Mutter gesagt habe, war vielleicht, dass ich einfach nur einen Namen genannt habe.

Oberstaatsanwalt Weingarten Wollten Sie die Wahrheit sagen? Haben Sie die Unwahrheit sagen wollen? Oder etwas, damit Ruhe ist?

(Nun interveniert der Zeugenbeistand und verkündet, sein Mandant werde das nicht beantworten. Das sei eine Fangfrage. Götzl zeigt dafür kein Verständnis – und lässt eine Pause einlegen. Anschließend setzt Weingarten seine scharfe Befragung fort.)

Oberstaatsanwalt Weingarten Wären Sie mal so nett, die Freunde zu benennen aus dem Jahr 2002, an die Sie sich noch erinnern können?

Wabra Kann ich mich nicht erinnern.

Oberstaatsanwalt Weingarten An keine Freunde.

Wabra Ja doch …

Oberstaatsanwalt Weingarten Können Sie die mal bitte aufzählen?

Wabra Verstehe ich nicht. Ich habe viele Freunde. Soll ich die jetzt alle aufzählen?

Oberstaatsanwalt Weingarten Ja.

Wabra Nee, möchte ich nicht.

Oberstaatsanwalt Weingarten Wollen Sie die Antwort verweigern oder beanstanden Sie die Frage?

(Der Zeugenbeistand flüstert dem Zeugen etwas zu.)

Oberstaatsanwalt Weingarten *(laut)* Hat Ihnen Ihr Zeugenbeistand gerade gesagt: Sie wissen nicht, wer 2002 Ihre Freunde waren? Sie stehen unter Wahrheitspflicht.

Wabra Er hat gesagt, dass ich nicht mehr weiß, wer meine Freunde waren.

Götzl *(an Gueinzius)* Ich weise Sie darauf hin, dass es völlig unzulässig ist, wie Sie sich als Zeugenbeistand verhalten!

(Nach einer weiteren Pause beantragt die Bundesanwaltschaft, den Vorfall zu protokollieren, wegen Anstiftung zu einer uneidlichen Falschaussage gegen den Zeugenbeistand vorzugehen und ihn von der weiteren Verhandlung auszuschließen. Nun entspinnt sich eine längere Diskussion, in der mehrere andere Prozessbeteiligte angeben, ob und was sie gehört haben. Der Zeugenbeistand rechtfertigt sich und weist die Vorwürfe zurück. Er habe seinem Mandanten nur geraten, es zu sagen, wenn er etwas nicht wisse. Am Ende stellt das Gericht zwar keine Straftat fest, weil nicht klar sei, was genau der Anwalt geäußert habe. Jedoch wird dieser vom weiteren Verfahren ausgeschlossen. Der Zeuge soll einen neuen Zeugenbeistand suchen – und muss an einem anderen Tag erneut erscheinen.)

Tag 303

27. Juli 2016

Manfred Götzl, Richter. **Elisabeth P.**, 50, Kriminalhauptkommissarin beim BKA in Wiesbaden.

(Es geht um Fotos, die auf Dateien in Zschäpes Wohnung in Zwickau gefunden wurden. Die Bilder, die aus dem Jahr 2006 stammen sollen, zeigen Zschäpe, Uwe Mundlos und Uwe Böhnhardt offenbar während eines Urlaubs an der Ostsee. Auf einem Bild ist auch ein Mann mit Sonnenbrille zu sehen.)

Elisabeth P. Der Untersuchungsauftrag im April 2012 bezog sich auf den Vergleich einer Aufnahme eines Gesichts mit einer erkennungsdienstlichen Aufnahme des Holger Gerlach. Zum Allgemeinen: Die Identitätsfeststellung beruht auf Grundsätzen der Biologie. Die individuellen anatomischen Merkmale des Kopfs und Gesichtsbereichs werden im Einzelnen benannt und beschrieben. Man kann auch Personen identifizieren, wenn zwischen den Aufnahmen eine längere Zeitspanne liegt. Zur Methodik selber: Die Untersuchungen erstrecken sich auf einen allgemeinen und auf einen Detailvergleich. Für den allgemeinen Vergleich ordnet man eine Person in Bezug auf grobe Strukturen von Weitem ein. Beim Detailvergleich geht man näher heran, als ob man heranzoomt, und schaut die einzelnen anatomischen Merkmale näher an. Das führt zu einer Wahrscheinlichkeitsaussage. Wir unterscheiden: wahrscheinlich, mit hoher Wahrscheinlichkeit und mit an Sicherheit grenzender Wahrscheinlichkeit. Wir machen keine Prozentangaben. Voraussetzung ist, dass man Merkmale erkennen kann und sie vergleichen kann. Die Qualität des Bildmaterials ist entscheidend. Damit sind wir bei den Störfaktoren. Das kann den Vergleich erschweren oder unmöglich machen. Wir unterscheiden: die internen Störfaktoren, die von der Person ausgehen, zum Beispiel Alterung, Schminken, Mimik, Maskierungen. Und dann die externen Störfaktoren. Das sind die, die von der Kamera ausgehen, die Lichtverhältnisse, die Speicherung. Sollten die Störfaktoren dazu führen, dass man keine detaillierten Vergleiche durchführen kann, wird nur der allgemeine Vergleich durchgeführt, und es gibt dann nur eine tendenzielle Aussage. »Es kann nicht ausgeschlossen werden« oder »es deutet darauf hin« – das sind dann die tendenziellen Aussagen. In dem vorliegenden Fall war als Störfaktor nur gegeben die Verdeckung der Augen durch eine Sonnenbrille. Wir können ansonsten sehr gut einzelne Gesichtsmerkmale herausarbeiten.

(Die Zeugin tritt an den Richtertisch, erklärt an Bildtafeln ihre Untersuchung. Man sieht, an die Gerichtswand projiziert, einen Mann mit Kappe und Sonnenbrille, dann im Vergleich Fotos von Holger Gerlach, die von der Polizei gemacht wurden.)

Das eine Bild zeigt eine fast gleiche Perspektive wie die Aufnahme der unbekannten männlichen Person. Für den Vergleich habe ich dann jeweils Ausschnitte gegenübergestellt. *(Man sieht Pfeile und Nummern, die in die Fotos eingezeichnet sind.)* Es wurden folgende Merkmale festgestellt: Zunächst die ovalen Gesichtsumrissformen. Ich habe die Form des Gesichts genommen. Das Gesicht verjüngt sich nach unten zum Kinn hin. Wir haben zwei Stirnfurchen, die kann ich auch bei Holger Gerlach auf der Aufnahme sehen. Wir haben nach außen ansteigende Augenbrauen. Der Nasenrücken der unbekannten Person ist kaum von der Wangenpartie abgesetzt. Auch das kann ich hier bei Herrn Gerlach wiederfinden. Es gibt eine Besonderheit vom Nasenrücken zur Nasenspitzenregion.

Wir haben die vollen rundlichen Nasenflügel, vollfleischig, mit deutlichen unteren Ansätzen. Wir haben eine horizontale Besonderheit neben dem rechten Nasenflügel. Eine schwach ausgeprägte Nasenrinne. Wir haben zwei punktförmige Besonderheiten im Lippenbereich, das sieht man auch bei der Aufnahme bei Herrn Gerlach auf dem Bild sehr gut. Die Mundwinkel sind leicht betont, andeutungsweise schon Furchen. Es gibt eine dunkle Besonderheit im Bereich der rechten Hautunterlippe. Eine halbrunde Besonderheit auf der linken Wange. Ich würde sie als Narbe deuten, habe aber offengelassen, ob es tatsächlich eine ist. Der Hals ist mittelbreit mit wenig ausgeprägter Kehlkopfregion, was für einen Mann schon eher wieder ungewöhnlich ist.

(Die Sachverständige zählt noch weitere Merkmale und insgesamt 26 Übereinstimmungen auf.)

Aufgrund der Vielzahl der beschriebenen Besonderheiten bin ich auf weitere Merkmale nicht eingegangen. Die Ohren wirken bei der unbekannten Person näher anliegend, aber diese Abweichungen lassen sich durch den Aufnahmewinkel erklären. Wir kamen zu dem Ergebnis, dass es sich aufgrund der Übereinstimmungen mit an Sicherheit grenzender Wahrscheinlichkeit um Holger Gerlach handelt. Dieses Ergebnis bedeutet, dass allenfalls ein Vergleich mit einem etwaigen Zwillingsbruder diese Ähnlichkeit erklären könnte.

Tag 304

1. August 2016

Manfred Götzl, Richter. **Mathias Grasel, Wolfgang Heer,** Verteidiger von Beate Zschäpe. **Seda Başay, Alexander Hoffmann, Sebastian Scharmer,** Anwälte der Nebenklage.

(Ein geladener Zeuge ist unentschuldigt nicht erschienen.)

Verteidiger Heer Ich bitte um das Wort für eine andere Sache. Wir beanstanden folgende, am 295. Hauptverhandlungstag durch Vertreter der Nebenkläger an unsere Mandantin gerichtete Fragen und beantragen, diese als ungeeignet beziehungsweise als nicht zur Sache gehörend zurückzuweisen: Fragen von Rechtsanwalt Scharmer: Seit wann kennen Sie Robin S.? *(S. ist der Brieffreund von Zschäpe, Mitglied der rechten Szene und hat bei einem Überfall einen Ausländer schwer verletzt.)* Wie ist er Ihnen bekannt geworden? – Nicht zur Sache gehörend. Ist Ihnen bekannt, und wenn ja, seit wann, dass Sebastian Seemann V-Mann war? Gegebenenfalls, wie ist Ihnen dies bekannt geworden? – Nicht zur Sache gehörend.

(Viele weitere Fragen werden beanstandet, die von Zschäpe oder deren Verteidigung bisher

nicht beantwortet wurden, darunter auch die Frage, ob Beate Zschäpe Rechte an einer Autobiografie verkauft oder entsprechende Pläne habe.)

Aus Anlass der beanstandeten Fragen, die sich nicht mehr im Rahmen des Prozessstoffes bewegen, sei noch einmal daran erinnert, dass das Ziel des Strafverfahrens darin besteht, die Wahrheit über das Vorliegen einer behaupteten oder für möglich gehaltenen Straftat zu ermitteln und den Täter einer gesetzlichen Rechtsfolge zuzuführen. Gemäß Paragraf 155 Absatz 1 StPO erstreckt sich die gerichtliche Untersuchung und Entscheidung nur auf die in der Klage bezeichnete Tat und auf die durch die Klage beschuldigten Personen. Paragraf 264 StPO beschränkt den Gegenstand der Urteilsfindung auf den in der Anklage bezeichneten Lebenssachverhalt, wie er sich nach dem Ergebnis der Verhandlung darstellt.

Die Aufklärungspflicht hat sich auf alle Tatsachen zu erstrecken, die für die Beurteilung der angeklagten Tat – wenn auch nur mittelbar – von Bedeutung sind. Eine überschießende Aufklärung überschreitet aber grundsätzlich den Zweck des Strafverfahrens. Zu beachten ist ferner der dem Rechtsstaatsprinzip entspringende Grundsatz der Beschleunigung, der in besonderem Maße für Haftsachen gilt.

Anwalt Hoffmann Ich möchte sofort erwidern: Diese Beanstandungen, insbesondere unter dem Verweis auf das Beschleunigungsgebot, empfinde ich als anmaßend und ungeheuerlich. Es ist das Verhalten der Angeklagten Zschäpe und ihrer Verteidigung, das zu unglaublicher Verzögerung führt. Wir hätten alle Fragen schon im Dezember erledigen können. Ich habe Verständnis für das Gericht, dass es nicht die Türe zumacht, aber die zeitliche Verzögerung, die sich ergibt – auch jetzt –, ist eine, die durch die schriftliche Form der Einlassung von Frau Zschäpe entsteht. Es wäre auch angemessen gewesen, die Beanstandungen bereits vorzunehmen, als die Fragen gestellt worden sind. Und: Die Beanstandung muss begründet werden, nicht die Frage.

Anwalt Scharmer Wir haben ein etwas ungewöhnliches Prozedere, was die Einlassung von Frau Zschäpe betrifft. Sie lässt sich ja nicht frei ein, sondern man reicht Fragen ein. Das macht es schwierig, Fragen, die aufeinander aufbauen, zu stellen.

Anwältin Başay Ich hab inhaltlich nichts Vernünftiges gehört, warum meine Fragen nicht zulässig sein sollen.

(Weitere Nebenklagevertreter nehmen Stellung.)

Verteidiger Heer Die Fragen wurden am 295. Hauptverhandlungstag gestellt, heute haben wir den 304. Verhandlungstag, ich glaube nicht, dass Sie, Herr Rechtsanwalt Hoffmann, sagen können, dass wir mit den Beanstandungen ewig gewartet haben. Wir haben das zu dritt sehr sorgfältig geprüft. Wir neigen insgesamt nicht zu Schnellschüssen. Wir sind auch grundsätzlich bereit, einzelne Beanstandungen zurückzunehmen, wenn die Erklärungen überzeugen.

(Die Sitzung wird unterbrochen, dann ergreift Verteidiger Grasel das Wort.)

Verteidiger Grasel *(gibt eine Erklärung zum Ergebnis der Sachverständigen vom Vortag – Tag 303 – ab, wonach auf Urlaubsfotos von Mundlos, Böhnhardt und Zschäpe aus dem Jahr 2006 unzweifelhaft Holger Gerlach zu sehen ist)* Meine Mandantin hat in ihren Antworten vom 16.5.2016 angegeben, dass es keine gemeinsamen Urlaube zwischen 2005 und 2009 mit Holger Gerlach gab. Das entspricht nach wie vor ihrer Erinnerung. Aufgrund der Lichtbilder ist aber davon auszugehen, dass Holger Gerlach 2006 am Urlaubsort anwesend war. Es kann sich dabei nur um einen Tagesbesuch des Herrn Gerlach handeln, an den sich Frau Zschäpe nicht mehr erinnert.

Tag 305

2. August 2016

Manfred Götzl, Richter. **Klaus K.**, 64, Kriminalhauptkommissar aus Jena im Ruhestand. **Herbert Diemer**, Vertreter der Bundesanwaltschaft

Götzl Es geht uns um Herrn Wohlleben und Erkenntnisse zu ihm in der Vergangenheit, als Sie noch aktiv waren im Polizeidienst. Inwiefern waren Sie mit ihm befasst, was haben Sie zu seinen Ansichten und Aktivitäten mitbekommen, auch zur Kameradschaft Jena und dem Thüringer Heimatschutz?

Klaus K. Ich bin seit 1990 zuständiger Leiter des Staatsschutzes in Jena gewesen bis zum Ausscheiden 2012. Ich hatte dann dienstlichen Kontakt zu Herrn Wohlleben und zu allen anderen Beschuldigten, die hier im Raum stehen. Meine Mitarbeiter hatten den direkten Kontakt, in einzelnen Vernehmungen, wobei es auch mal vorgekommen sein kann, dass ich Herrn Wohlleben persönlich vernommen habe, als Zeugen oder Beschuldigten. Nach meiner Erinnerung ist mir 1996 bekannt geworden, dass er in diese Szene hineingehört. In der Folgezeit, wo er sich mehr engagiert hat in der Kameradschaft, da hat er auch Infostände mitorganisiert. Straftaten waren da noch nicht bei ihm. Später entwickelten sich Verbindungen zwischen Herrn Wohlleben und Herrn Schwerdt, damals im Bundesvorstand der NPD. Herr Wohlleben hat angefangen, den Kreisverband Jena der NPD aufzubauen und zu führen, erst als stellvertretender Vorsitzender, dann als aktiver Vorsitzender. Richtig aktiv wurde er in der NPD, glaube ich, 1999, in dem Sinne, dass er Funktionsträger war.

Götzl Können Sie das näher ausführen?

Klaus K. Ich hatte den Eindruck, es gab Bestrebungen der NPD, Einfluss in Thüringen zu gewinnen und insbesondere im Umfeld Jena. Herr Wohlleben wurde aktiv, hat versucht, weitere Mitglieder zu werben und alles in strukturierte Bahnen zu bringen. Später war er Pressesprecher im Landesvorstand und stellvertretender Landesvorsitzender. Er hat sich in den Ortschaftsrat in Jena-Winzerla und später in Alt-Lobeda wählen lassen. Er hat sich dort wohl relativ engagiert eingebracht im Hinblick auf Bürgerprobleme. Später kam es dann möglicherweise zu Zerwürfnissen, es wird kolportiert, dass es um Führungsansprüche in der NPD ging. Es gab persönliche Animositäten, Wohlleben ist dann, glaube ich, 2009 aus der NPD ausgeschieden, zumindest als aktives Funktionsmitglied. Im Kreisverband Jena hat seine Ehefrau mitgearbeitet, sie war meines Wissens als Kassenwart eingesetzt. Ich hatte als Zahl etwa zwanzig eingeschriebene Mitglieder im Kreisverband Jena. Es war immer das Bestreben von Herrn Wohlleben gewesen, viele Mitglieder zu werben, vor allem im Jugendbereich. Man versuchte das über die Schiene von Konzertveranstaltungen, die teilweise konspirativ vorbereitet worden sind.

Götzl Wie war es mit der Kameradschaft Jena?

Klaus K. Ich bin der Meinung, das war eher eine Geschichte um André Kapke herum. Sicherlich ist dann Herr Wohlleben irgendwann dazugestoßen. Ich hatte nicht den Eindruck, dass Herr Wohlleben sich im Sinne von militanten Äußerungen hervortun würde. Nach meiner Auffassung hat er sich immer im Hintergrund gehalten und war clever genug, sich nicht auf solche Dinge einzulassen. Ich kann mich nicht erinnern, dass Herr Wohlleben mal Äußerungen im Sinne von Volksverhetzung von sich gegeben hätte.

Götzl Welche Rolle spielte Herr Wohlleben beim sogenannten Fest der Völker 2005?

Klaus K. Er war zumindest Mitorganisator.

Götzl Inwiefern waren Sie mit Frau Zschäpe befasst?

Klaus K. Ich kannte sie dienstlich, sie war ja auch mehrmals zu Vernehmungen auf der Dienststelle.

Götzl Und Uwe Böhnhardt und Uwe Mundlos?

Klaus K. Die waren natürlich hinlänglich bekannt. Sie waren immer, wenn Straftaten im Raum waren, in der Nähe oder mit dabei. Es gab eindeutige Hinweise, dass bestimmte Straftaten aus diesem Umfeld kamen. Unser Verdacht war: Wir haben hier einen harten Kern, es ist eine abgeschottete Gruppe. Man hat auch gemerkt, dass sie sich sehr konspirativ verhalten haben. Herrn Wohlleben ist mal hinterhergefahren worden, und kurz vor der Ampel fährt er trotzdem noch los, um den Verfolger abzuschütteln. Man hat sich immer schon verfolgt gefühlt. In Befragungen machten sie keine Angaben zur Sache mehr.

Götzl Wer war der harte Kern?

Klaus K. Mundlos, Böhnhardt, Gerlach, Kapke, Wohlleben, Frau Zschäpe. Die waren relativ eng verbunden, und das war für uns die gefährliche Gruppe.

Götzl Was ist damit gemeint?

Klaus K. Dass die Straftatenintensität zugenommen hat. Die Militanz nimmt zu, das war für uns das Zeichen.

(Nach weiterer Befragung des Zeugen unter anderem durch die Verteidigung von Wohlleben wird der Zeuge entlassen. Im Anschluss begründen zahlreiche Nebenklagevertreter, warum ihre Fragen an Zschäpe zulässig seien. Am Tag zuvor hatten Zschäpes Verteidiger Heer, Stahl und Sturm zahlreiche Fragen beanstandet.)

Bundesanwalt Diemer Hoher Senat, unbeschadet der Frage, ob die Beanstandungen zulässig sind, halten wir nach reiflicher Überlegung die Beanstandungen jedenfalls für unbegründet. Im vorliegenden Fall verweigert die Angeklagte Zschäpe eine unmittelbare Frage-Antwort-Situation in der Hauptverhandlung und ist nur bereit, auf einen schriftlich verfassten Katalog von Fragen nach geraumer Überlegungsfrist einen schriftlich verfassten Antwortkatalog vorzulegen. Wenn der Angeklagten diese Verfahrensweise zugestanden werden muss, weil anders eine optimale Aufklärung nicht möglich ist, muss es auch zulässig sein, Fragen bis in den Grenzbereich dessen zu stellen, was eine Aufklärung als möglich erscheinen lässt. Und selbst wenn eine einzelne Frage für sich gesehen zunächst vielleicht ungeeignet erscheint oder keinen erkennbar direkten Bezug zum Untersuchungsgegenstand aufweist, kann sie in Abhängigkeit von den Antworten auf die übrigen Fragen durchaus relevant werden, so dass sie, wenn sie heute zurückgewiesen würde, später erneut gestellt werden müsste. Dies würde zu einer Endlosschleife der Befragung und damit zu einer nicht mehr vertretbaren Verzögerung der Hauptverhandlung führen. Es dürfen daher nicht nur großzügige Maßstäbe angelegt, sondern auch im Zweifel Fragen eher zugelassen werden. Hinzu kommt, dass es der anwaltschaftlich ausgiebig beratenen Angeklagten unbenommen bleibt, bei der Bearbeitung des Fragenkatalogs im Einzelfall eine von ihr als ungeeignet oder sachfremd eingeschätzte Frage gegebenenfalls mit entsprechender Begründung unbeantwortet zu lassen.

Tag 306

31. August 2016

Manfred Götzl, Richter. **Konstantin Kuchenbauer, Peter Lang**, Beisitzende Richter.

(Mehrere Schriftstücke werden verlesen, darunter eine Erkenntniszusammenstellung des Thüringer Landesamts für Verfassungsschutz vom 26.7.1999 zum Angeklagten Ralf Wohlleben.)

Richter Kuchenbauer Ralf Wohlleben, geboren am 27.2.1975 in Jena, ledig, deutscher Staatsangehöriger. Arbeitsstelle: seit April 1999 Teppichverkäufer in einem Fachmarkt in Jena, vor dem 1.4.1999 arbeitslos. Wohlleben ist seit 1995 als Aktivist der Anti-Antifa-Ostthüringen (Thüringer Heimatschutz, THS) bekannt und wird als einer der Hauptaktivisten der rechten Thüringer Szene angesehen. In der Vergangenheit unterhielt W. enge Kontakte zu bekannten Rechtsextremisten in Thüringen, vor allem aus dem Umfeld der rechten Szene Jenas, aber auch zu Personen anderer Bundesländer. W. trat als Teilnehmer verschiedenster Veranstaltungen der rechten Szene in Thüringen auf. Seit 1996 engagierte sich der THS-Aktivist W. zunehmend in der Nationaldemokratischen Partei Deutschlands, in der er im Januar 1999 Mitglied wurde. In der Sektion Jena des THS fungiert er bei Aufmärschen als Trommler.

Im Februar 1998 waren offensichtlich die sich auf der Flucht befindlichen Mundlos, Böhnhardt und Zschäpe mit dem Wagen des W. unterwegs. W. könnte heute noch den Kontakt zu den Untergetauchten halten.

Götzl *(unterbricht)* In der Staatsanwaltschaft München I findet gerade ein Probealarm statt. Das gilt aber nicht für unseren Bereich. Das nur als Hinweis für die Besucher: Sie müssen sich keine Sorgen machen.

Richter Kuchenbauer *(fährt fort)* Gegen W. wurde schon mehrfach strafrechtlich ermittelt. Beispiele: Am 14.11.1998 wurde der Betroffene vorläufig in Gewahrsam genommen, als er und weitere Personen der rechten Szene die Landesfeier zum Volkstrauertag in Jena störten. Am 1.5.1999 wurde W. ein Platzverweis für das Land Bremen ausgesprochen, nachdem das Demonstrationsverbot für die angemeldete NPD-Demonstration am 1.5.1999 in Bremen rechtskräftig geworden war. W., weitere Mitglieder der NPD und des THS versuchten die Anreise zur verbotenen NPD-Demonstration durchzuführen, als der angemietete Bus von der Polizei gestoppt wurde. Noch am selben Tag wurden W. und weitere 56 Personen wegen Teilnahme an einer nicht angemeldeten Demonstration von NPD-Mitgliedern und Sympathisanten in Gera vorläufig festgenommen.

Götzl Dann setzen wir fort mit weiteren Verlesungen.

(Richter Lang verliest ein Behördengutachten zu einer Heckler-&-Koch-Pistole, die am 4.11.2011 im abgebrannten Wohnmobil von Uwe Böhnhardt und Uwe Mundlos aufgefunden wurde.)

Richter Lang Gegenstand der Untersuchung: eine Pistole Heckler & Koch P 2000, Nummer 116-010514, Kaliber 9 Millimeter Luger, mit einem Magazin und 14 Patronen Kaliber 9 Millimeter Luger. Bei der Pistole handelt es sich um einen mechanisch verriegelten Rückstoßlader mit beweglich gelagertem Lauf, verdecktem Schlagstück (Hahn), einem sogenannten Double-action-only-Abzugsystem sowie einem 90 Millimeter langen Polygonlauf. Die Munitionszufuhr erfolgt aus einem im Griffstück untergebrachten Magazin mit einer Kapazität von 13 Patronen Kaliber 9 Millimeter Luger. Die eingesandte Waffe war äußerlich verschmutzt, ist jedoch ihrem Alter entsprechend gut erhalten. Defekte oder funktionelle Änderungen gegenüber dem Originalzustand konnten nicht festgestellt werden. Die Waffe war offensichtlich nicht direkt dem Brand im Wohnmobil ausgesetzt. Die Selbstladepistole funktionierte hier einwandfrei. Die vergleichenden Untersuchungen mit der zentralen Tatmunitionssammlung ergaben keine Anhaltspunkte dafür, dass die Waffe zu einer im Schusswaffenerkennungsdienst erfassten Straftat verwendet wurde.

(Götzl verliest einen weiteren Vermerk zu einer Maschinenpistole im Wohnmobil, in der sich eine Patrone verklemmt hatte.)

Götzl Kriminalinspektion Gotha, 25.11.2011. Aktenvermerk zur Auffindesituation der Maschinenpistole im Wohnmobil. Die Maschinenpistole lag auf der rechten Sitzbank gegenüber der Zugangstür zum Wohnmobil. Das Magazin war eingeführt. Eine Patrone steckte quer verklemmt zwischen Verschluss und Lauf im Auswurffenster. Der Patronenboden zeigte nach außen und das Geschoss nach innen. Der Lauf war frei. Die verklemmte Patrone wurde von Kriminalhauptkommissar H. und Unterzeichner entnommen.

(Weitere Vermerke zu Waffenfunden werden verlesen. Schließlich verkündet Götzl einen Beschluss zu Beweisanträgen, die Anwälte der Nebenklage an den Tagen 290 und 293 gestellt hatten. Es ging darum, einen Mitarbeiter des Verfassungsschutzes mit dem Namen Sebastian Egerton als Zeugen zu laden. Götzl lehnt die Anträge ab, weil sie für die Entscheidung ohne Bedeutung seien.)

Götzl Die von den Antragstellern unter Beweis gestellten Tatsachen würden, als erwiesen unterstellt, zusammengefasst belegen, dass der Zeuge die Deckblattmeldung aus Mecklenburg-Vorpommern und die Grüße an den NSU in Heft 18 des »Weissen Wolfes« im Herbst 2002 dahingehend auswertete, dass eine sich NSU

nennende rechte Vereinigung über erhebliche Geldmittel verfügt und diese der Szene zur Verfügung stellt. Weiter würde belegt werden, dass die nachrichtendienstlichen Beschaffungsabteilungen beauftragt worden sind, abzuklären, welche Erkenntnisse es zur Spende und zum Absender gibt, wer hinter dieser Vereinigung steht und aus welchen Quellen die Personen über die erheblichen Geldmittel verfügen.
Für eine mögliche Schuld- und/oder Rechtsfolgenfrage bei den angeklagten Personen ist es allerdings irrelevant, ob der Zeuge, ein Mitarbeiter des Bundesamts für Verfassungsschutz, im Herbst 2002 die in den Anträgen bezeichneten Schlussfolgerungen zog.
Entsprechendes gilt für den als erwiesen unterstellten Umstand, dass die Auswertungsabteilung des Bundesamtes für Verfassungsschutz die nachrichtendienstlichen Beschaffungsabteilungen des Bundesamtes und des Verfassungsschutzes Mecklenburg-Vorpommern beauftragt habe, abzuklären, welche Erkenntnisse es zur Spende und zum Absender gebe, wer hinter dieser Vereinigung stehe und aus welchen Quellen die Personen über die erheblichen Geldmittel verfügten.
Die Antragsteller tragen dazu nicht vor, unter welchen Aspekten die als erwiesen unterstellten Umstände für die Schuld- und/oder Rechtsfolgefrage von Bedeutung sein können.
Die Aufklärungspflicht in diesem Verfahren erfordert es nicht, nachrichtendienstliche Maßnahmen und Erkenntnisse ohne erkennbaren Zusammenhang mit den angeklagten Taten aufzuklären.

Tag 307

1. September 2016

Manfred Götzl, Richter. **Christoph S.**, 31, Kriminaloberkommissar beim BKA, Meckenheim **Mirko S.**, 34, Industriemechaniker aus Chemnitz. **Jochen Weingarten**, Vertreter der Bundesanwaltschaft. **Wolfgang Stahl**, Verteidiger von Beate Zschäpe. **Olaf Klemke, Nicole Schneiders**, Verteidiger von Ralf Wohlleben. **Michael Kaiser**, Verteidiger von André Eminger. **Seda Başay, Björn Elberling, Yavuz Narin, Sebastian Scharmer**, Anwälte der Nebenklage.

(Am Morgen teilt die Justizpressestelle mit, dass der Verkauf von belegten Broten und Süßigkeiten im Sicherheitsbereich nach mehr als drei Jahren eingestellt wird. Die angebotenen Waren seien von Besuchern »gehäuft ohne Bezahlung« entnommen worden, es sei ein Scha-

den von mehreren Tausend Euro entstanden. Für die Brote musste Geld in ein Körbchen geworfen werden. Das hat nicht funktioniert.
Der erste Zeuge ist Kriminaloberkommissar S. Er hat sich bei allen Landeskriminalämtern nach ungeklärten Straftaten mit Waffen erkundigt, die möglicherweise vom NSU begangen wurden.)

Götzl Es geht uns um Erkenntnisse über ungeklärte Straftaten mit Schusswaffengebrauch. Sie sollen Erkenntnismitteilungen der Landeskriminalämter angefordert haben im Zeitraum 26.1.1998 bis Mitte August 2000. Vielleicht stellen Sie es zunächst von sich aus dar.

Christoph S. Ausgangspunkt war eine Aussage von Herrn Schultze in der Hauptverhandlung, dass er von Herrn Wohlleben erfahren habe, dass Mundlos und Böhnhardt jemanden angeschossen hätten, im Jahr 2000. Im Nachgang wurde Herr Schultze nochmal vernommen. Da konkretisierte er, dass das Gespräch mit Herrn Wohlleben zwischen Übergabe der Česká Anfang 2000 und seinem Unterbindungsgewahrsam am 11.8.2000 stattfand. Ich habe dann alle Landeskriminalämter angefragt, alle ungeklärten Straftaten mit Schusswaffengebrauch zwischen 26.1.1998 und 11.8.2000 ausfindig zu machen. Von einigen LKAs gab es Fehlanzeigen. Bayern, Baden-Württemberg, Hessen, NRW, Sachsen-Anhalt und Berlin schilderten Sachverhalte und übermittelten Sachverhaltsdarstellungen. Diese habe ich mir angesehen und bewertet, ob sie auf den von Herrn Schultze geschilderten Sachverhalt zutreffen können. Meine Kriterien waren: Tatörtlichkeit, Opfer, Zeugenbeschreibung der Täter, Waffensysteme. Insgesamt wurden etwa 80 Fälle übermittelt. Es gab auch Fälle, wo kein Aktenmaterial mehr vorhanden war, das betraf insbesondere Baden-Württemberg. Im Ergebnis muss man sagen, dass anhand der genannten Kriterien diese Sachverhalte eher nicht dem von Herrn Schultze genannten Sachverhalt zuzuordnen waren. Daher konnten wir dieser Aussage keine neue Straftat zuordnen.

Götzl Können Sie Näheres zu Ihren Kriterien sagen?

Christoph S. Ausgehend von den bekannten Straftaten auf ausländische Kleingewerbetreibende und die Nationalität der Opfer, dann die bekannten Waffensysteme, die in der Frühlingsstraße und in Eisenach gefunden wurden. Soweit ich mich erinnere, war von den 80 Fällen lediglich ein Sachverhalt ein Mord an einem Kioskbesitzer, der aber anhand der Sachverhaltsdarstellung nicht zutreffen konnte. Da widersprach die Vorgehensweise dem Modus Operandi, den wir festgestellt hatten.

Götzl Es liegen mehrere Vermerke von Ihnen vor. Unter dem 11.2.2014 ist vermerkt, dass die Landeskriminalämter Thüringen, Sachsen, Schleswig-Holstein, Hamburg, Bremen, Rheinland- Pfalz, Mecklenburg-Vorpommern, Saarland gemeldet haben, dass einem solchen Sachverhalt in ihrem Bundesland keine

Straftat zugeordnet werden konnte. Haben Sie dazu nähere Informationen bekommen?

Christoph S. In genau dieser Form kam diese Mitteilung, darüber hinaus gab es keine Erkenntnisse.

Götzl Inwiefern haben Sie den Ablauf der Taten als Ausschlusskriterium zugrundegelegt?

Christoph S. Es gab Fälle, wo das Opfer noch durch Täter angesprochen wurde oder sich hinlegen und gewisse Handlungen ausführen musste, das widersprach dem Muster bei den anderen Straftaten.

Götzl Da muss ich nochmal nachfragen: Als Vergleich haben Sie nur die Tötungsdelikte zugrunde gelegt?

Christoph S. Hauptsächlich Tötungsdelikte, aber auch andere Straftaten. Nach meiner Erinnerung waren unter den 80 Taten ein oder zwei Raubüberfälle auf Banken.

Götzl Gab es denn irgendwelche Unterlagen, die noch zu einem späteren Zeitpunkt eingegangen sind? Unsere Vermerke stammen ja aus dem Jahr 2014.

Christoph S. Nein, es gibt nichts über diesen Zeitraum hinaus. Danach wurden keine neuen Erkenntnisse mehr zugeliefert.

Götzl Das LKA Sachsen-Anhalt hat einem Vermerk zufolge 245 Vorgänge gefiltert. Übrig seien 47 Vorgänge geblieben, davon seien 12 Vorgänge nicht mehr verfügbar gewesen. Was heißt »nicht mehr verfügbar«?

Christoph S. Aufgrund datenschutzrechtlicher Bestimmungen mussten Vorgänge gelöscht werden, glaube ich. Zum Teil fehlte jeglicher Sachverhalt und war nicht mehr zu erheben. Das betraf auch sechs Fälle aus Baden-Württemberg.

Götzl Und bei den anderen Landeskriminalämtern?

Christopf S. Da habe ich keine Kenntnis, dass es dort ähnliche Fälle gab. Das hätten die wahrscheinlich auch rückgemeldet.

Götzl Laut Vermerk gab es drei weitere Fälle, bei denen der Vorgang bereits vernichtet war, zum Beispiel eine räuberische Erpressung in Magdeburg. Haben Sie denn vom Polizeipräsidium Berlin alle Unterlagen bekommen?

Christoph S. Wir haben zusammenfassende Vermerke von einer Kollegin mit eigener Bewertung bekommen.

Götzl In dem Vermerk heißt es: »Eine Antwort der Staatsanwaltschaft Berlin steht noch aus, sollten von dort Sachverhalte mitgeteilt werden, wird zeitnah nachberichtet.«

Christoph S. Entsprechende Nachricht gab es danach aber dann nicht mehr.

Anwalt Elberling Herr S., wenn man sich die Unterlagen anguckt, da wird aus Baden-Württemberg versuchter schwerer Raub und dergleichen genannt, das LKA Berlin nennt nur vollendete Tötungsdelikte, eines wohl in Zusammenhang mit

Raub. Haben Sie da mal bei den Landeskriminalämtern nachgefragt, ob die jeweils die gleichen Kriterien angewendet haben zur Auswahl der Delikte?

Christoph S. Nein, wir haben die Verantwortung bei den Landeskriminalämtern belassen und keine Kriterien zur Auswahl vorgegeben.

Anwalt Elberling Haben Sie selbst noch weitere Recherchen unternommen?

Christoph S. Nein, wir haben uns auf die Antworten der Landeskriminalämter beschränkt.

Anwalt Scharmer Berlin teilt acht vollendete Morde mit. Ihre Grundthese war aber doch, jemand wurde angeschossen. Haben Sie da mal nachgefragt zum Beispiel nach nicht vollendeten Morden?

Christoph S. In der Ursprungsanfrage waren solche Delikte auch gefasst.

Anwalt Scharmer Aber Berlin teilt acht vollendete Morde mit, haben Sie da mal nachgefragt?

Christoph S. Nein, nachgefragt haben wir da nicht.

(Der Zeuge wird entlassen.)

Anwalt Elberling Das BKA hat keine Straftat gefunden, die dem Gespräch, von dem Carsten Schultze berichtet hat, entsprechen würde. Das heißt angesichts der angewendeten Methode aber ganz bestimmt nicht, dass eine solche Tat nicht stattgefunden hat. Die Landeskriminalämter haben die Anfrage offensichtlich sehr unterschiedlich verstanden. Dass hier sehr leicht eine Straftat durchs Raster hätte fallen können, liegt auf der Hand.

Verteidiger Klemke Ich rege an, dass der Senat die Bundesanwaltschaft ersucht, insoweit Ermittlungen nach einheitlichen und sachgerechten Kriterien anzustrengen und die nicht dem freien Ermessen der Landeskriminalämter anheim zu stellen.

(Anschließend geht es um eine Schlägerei in Jena, von der der Angeklagte Carsten Schultze vor Gericht berichtet hat. Er hatte erklärt, bei dem Überfall auf zwei Jugendliche seien er selbst und der Angeklagte Ralf Wohlleben dabei gewesen. Der streitet das ab.)

Götzl Es geht um eine Schlägerei an einer Straßenbahnhaltestelle in Jena-Winzerla. Wie erinnern Sie sich daran?

Mirko S. Ich kann mich an so eine Schlägerei nicht erinnern. Bin dort groß geworden in dem Wohngebiet, hatten dort unseren Proberaum.

Götzl Haben Sie irgendeine Auseinandersetzung dort gesehen oder davon gehört?

Mirko S. Nein, unser Proberaum war ja auf der anderen Seite vom Jugendclub.

Götzl Kennen Sie eine Person namens K.?

Mirko S. Ja, das war unser Schlagzeuger.

Götzl Wenn Sie sagen »unser Schlagzeuger«: Wie hieß die Band?

Mirko S. Blutstein.

Götzl Hatten Sie einen Spitznamen?
Mirko S. Ja, Barney.
Götzl Sagt Ihnen der Name S. etwas?
Mirko S. Ja, der war auch Schlagzeuger in einer Band in dem Proberaum.
Götzl Und sein weiterer Name?
Mirko S. Frank W.
Götzl Kannten W. und K. auch Carsten Schultze?
Mirko S. Mit Sicherheit, ja.
Götzl Woher dieser Schluss?
Mirko S. War alles ein Wohngebiet.
Götzl Wissen Sie, wo Wohlleben damals wohnte?
Mirko S. Auch in Winzerla. Wo genau, kann ich nicht sagen.
Götzl Sagt Ihnen eine Kirmes in Stadtroda etwas und haben Sie so was mal besucht?
Mirko S. Ja, war immer mal unterwegs zur Kirmes.
Götzl Waren Sie mit Herrn Schultze mal dort?
Mirko S. Kann ich mich nicht erinnern.
Götzl Hatten Sie mal einen Streit um ein Basecap in Stadtroda? *(Schultze hatte angegeben, dass Mirko S. sich auf einer Kirmes bei Stadtroda um ein Basecap geschlagen hatte, danach seien sie in Jena über zwei Jugendliche hergefallen.)*
Mirko S. Nein.
Götzl Waren Sie überhaupt mal an Auseinandersetzungen und Schlägereien beteiligt?
Mirko S. *(leise)* Kam schon vor, aber ich kann nicht sagen wann und wie. Da haben wir halt getrunken, und da kam es schon mal vor, dass man sich auf einem Dorffest prügelt.
Götzl Können Sie ein Beispiel oder Einzelheiten nennen?
Mirko S. Nein. *(Kurze Pause.)* Ich habe mich mal in einer Diskothek geprügelt in Zimmern.
Götzl Wie kam es dazu?
Mirko S. Betrunken. Jugendlich. Dumm.
Götzl Wie häufig ist so was vorgekommen?
Mirko S. Ein-, zweimal.
Götzl Von welcher Zeit sprechen Sie da.
Mirko S. ’98, ’99.
Götzl Wissen Sie, wer noch bei solchen Auseinandersetzungen dabei war?
Mirko S. Der Geschädigte und ich. Und die Security. Die haben uns dann getrennt.
Götzl Sagt Ihnen der Name Jimmy etwas?
Mirko S. Ja.

Götzl Um welche Person handelt es sich?

Mirko S. Auch aus unserem Wohngebiet.

Götzl Wir haben eine Aussage von Herrn Carsten Schultze vom 2.7.2013, vielleicht können Sie dazu etwas sagen. Da heißt es: »Wir sind nachts in Winzerla angekommen, im Jugendclub, der hieß damals noch Winzerclub. Wir kamen von der Kirmes in Stadtroda, ich meine mit zwei Autos. Wir sind ausgestiegen, da kam dann schon der Jimmy, den Nachnamen kenne ich nicht. Der sagte, ich wurde gerade an der Haltestelle als Scheißnazi beschimpft.« Können Sie sich daran erinnern?

Mirko S. Nein.

Götzl Weiter heißt es: »Die Haltestelle ist 100 oder 200 Meter entfernt, er kam von da. Und als er das erzählte, sind auf einmal alle los. Ich sehe, dass rechts der Sven K. angefangen hat auf einen einzuschlagen und der andere ist losgerannt und dem ist der Wohlleben hinterhergerannt.« Haben Sie das in Erinnerung?

Mirko S. Nein.

Götzl Weiter heißt es in der Aussage: »Was ich weiß ist, dass der S. einen am Arm gepackt und in den Mittelpunkt des Wendekreises gezogen hat.«

Mirko S. Das stimmt so, das geht so um die Kurve herum *(malt mit einem Finger einen Bogen in die Luft).*

Götzl »In der Mitte des Platzes ist so ein Holzhaus und auf dem Weg dahin bin ich einem in den Rücken gesprungen und da sagte der S., dass man das nicht macht.«

Mirko S. Dazu kann ich nichts sagen.

Götzl Ich lese den Ablauf mal vor, vielleicht kommt dann Ihre Erinnerung. »Der, den S. dahin gezogen hat, wurde in das Holzhäuschen gesteckt und alle haben in Richtung des Eingangs geschlagen und getreten.« Gab es mal so einen Vorfall?

Mirko S. Nein.

Götzl Ich lese Ihnen das mal vor: »Ich erinnere mich, dass der Mirko S. dabei war.« Also, was sagen Sie?

Mirko S. Ich kann mich daran nicht erinnern.

Götzl Auch das lese ich noch mal vor: »Wir waren vorher bei der Kirmes, dort hat sich der Mirko S. schon mit einem Rechten geprügelt, weil er dessen 88-Basecap haben wollte. Das hat er sich da erprügelt.«

Mirko S. Kann mich an nichts erinnern. Ich habe viel getrunken an den Wochenenden.

Götzl Was bedeutet viel?

Mirko S. Zehn, zwölf Bier, Schnaps, Mischgetränke.

Götzl Auch das will ich Ihnen noch mal vorhalten. Aussage von Herrn Schultze: »Auch der Mirko war dabei, bei der Schlägerei vermutlich auch hundertprozentig.«

Mirko S. Da kann ich nichts dazu sagen.

Verteidigerin Schneiders Der Wendekreis: Können Sie die Örtlichkeit genauer beschreiben?

Mirko S. Das war wie schon gesagt: Der Wendekreis und in der Mitte ein Häuschen, wo es früher Fahrkarten gab.

Verteidigerin Schneiders Wie groß war dieses Häuschen?

Mirko S. Fünf mal fünf Meter vielleicht.

Verteidigerin Schneiders Und um was für eine Bauweise handelt es sich?

Mirko S. Aus Beton.

Verteidigerin Schneiders Gab es da ein Holzhäuschen?

Mirko S. Nein.

Anwalt Narin Waren Sie schon mal als Zuschauer in diesem Prozess?

Mirko S. Einmal, ja.

Anwalt Narin Sie erklärten, Wohlleben sei immer ehrlich.

Mirko S. Ja.

Anwalt Narin Und haben Sie sich mit ihm über Politik unterhalten?

Mirko S. Nee, sondern über normale Sachen. Habe mich weniger für Politik interessiert, ich habe mich mehr für Musik interessiert.

Anwalt Narin Was war seine politische Einstellung?

Mirko S. Er war sehr aktiv, hat Feste veranstaltet und Rechtsschulungen gegeben.

Anwalt Narin Sie sprechen von Rechtsschulungen. Was wurde da besprochen?

Mirko S. Das war ein Gesprächskreis, da wurde darüber geredet, wie man sich bei Polizeikontrollen verhält. Man konnte Fragen stellen.

Anwalt Narin Hat Herr Wohlleben die Fragen beantwortet?

Mirko S. Nein, alle, war ein Gesprächskreis.

Anwalt Narin Wer war am Gesprächskreis beteiligt?

Mirko S. Wohlleben.

Anwalt Narin Wer noch?

Verteidigerin Schneiders Ich beanstande die Frage. Ich kann da keinen Zusammenhang zur Tat- und Schuldfrage sehen.

Oberstaatsanwalt Weingarten Man kann sicher nicht sagen, dass die politische Weltanschauung von Herrn Wohlleben in diesem Verfahren gänzlich ohne Bedeutung wäre.

Verteidiger Klemke Für gewöhnlich unterscheidet man zwischen Politik und Recht, in diesem Land wohl nicht mehr!

Götzl *(zu Anwalt Narin)* Bitte straffen Sie die Fragen.

Anwalt Narin Die Frage hat sich an die Antwort angeschlossen und der Zeuge ist bislang sehr einsilbig.

Verteidiger Klemke Die Beanstandung der Frage bezog sich auf den Personenkreis bei der Rechtsschulung.

Anwalt Narin Dazu gibt es etwas zu sagen, aber dazu müsste der Zeuge kurz aus dem Saal gehen.

Götzl Der Zeuge bitte kurz den Saal verlassen. *(Der Zeuge verlässt den Saal, Götzl wendet sich Narin zu.)* Warum müssen wir jetzt denn diese Handhabung machen, muss das denn sein?

Anwalt Narin Das tue ich ja auch nicht gerne. Der Zeuge ist offensichtlich nicht gewillt, offen zu antworten. Die Namen der anderen Mitglieder der Schulungen könnten Aufschluss darüber geben, welche Art von Rechtsschulungen es damals gab: ob sie politisch konnotiert waren.

Verteidiger Klemke Herr Rechtsanwalt Narin hätte sich ja auch nach weiteren Themen erkundigen können. So, wie er fragt, ist es völliger Unfug. Ich weiß auch nicht, was Herr Narin meint, wenn er nach »Mitgliedern« der Schulung fragt.

Anwalt Narin Ich meinte Teilnehmer, Entschuldigung.

Verteidiger Stahl Es ist verfahrensbekannt, dass Herr Wohlleben politisch tätig war. Soll das noch mal alles erfragt werden? Da könnte man mit dem Zeugen auch drei Tage zusammensitzen. Der Schuldzusammenhang ist bei diesem Fragenkreis unklar.

Verteidiger Kaiser Der Einwand des Kollegen Stahl ist sehr vernünftig. Zur politischen Einstellung des Angeklagten Wohlleben gibt es doch schon Aussagen von weitaus kompetenteren Zeugen. Es gibt doch niemanden, der ansatzweise behaupten will, dass Herr Wohlleben links wäre.

(Der Angeklagte Wohlleben lacht.)

Anwalt Narin Wenn er sich erinnert, wer teilgenommen hat, kann er sich vielleicht besser an die anderen Begebenheiten erinnern.

Verteidiger Stahl Es ist für die Tat- und Schuldfrage völlig belanglos, welche Rechtsschulung da stattgefunden hat. Herr Rechtsanwalt Narin bleibt mit seinen Fragen an der allgemeinen Oberfläche und will die rechte Szene beleuchten.

Götzl Wir kommen in den Zustand einer allgemeinen Diskussion. Ich erteile hier das Wort. Wir machen jetzt eh erst Mittagspause. Die Frage ist nur, ob wir in der Mittagspause nur das Essen einnehmen oder dazu noch entscheiden, ob wir die Frage beanstanden oder nicht.

Anwalt Narin Ich will Ihnen die Mittagspause nicht vermiesen und stelle die Frage zurück.

(Seine Fragen zielen darauf ab, dass die Verteidigerin von Ralf Wohlleben, Nicole Schneiders, in ihrer Studienzeit in Jena Ralf Wohlleben kennengelernt und wiederholt Rechtsschulungen für die rechte Szene gegeben hat, zum Beispiel wie man sich bei Durchsuchungen durch die Polizei verhält. Die Befragung des Zeugen wird nach der Pause fortgesetzt.)

Anwältin Başay Wann war Ihr letzter Kontakt zu Herrn Wohlleben?

Mirko S. 2010 vielleicht.

Anwältin Başay In welchem Zusammenhang?

Mirko S. Vielleicht bei einem Bier.

Anwältin Başay Barney, ist das bei Facebook Ihr Name?

Mirko S. Ja, war mein Name.

Anwältin Başay *(zitiert aus Chatverläufen zwischen »Barney« und Wohlleben vom 24.11.2011)* Barny: »Ging allet jut?« Wohlleben: »Hab halt keine Rechner mehr und auch mein Telefon ist vorerst weg.« Barney: »Sinnlose Scheiße.« *(Başay wendet sich an Mirko S.)* Sie haben gerade gesagt, dass Sie zuletzt 2010 Kontakt zu Herrn Wohlleben hatten.

(Mirko S. schweigt.)

Anwältin Başay Sagt Ihnen die E-Mailadresse Barney88@web.de etwas?

Mirko S. Ja, das ist meine.

Anwältin Başay Von diesem Account gab es am 22.11.2011 folgende Chat-Kommunikation mit Ralf Wohlleben alias wolle2@hotmail.com: Mirko S. »Hast du Schwierigkeiten jetzt? Oder alles entspannt?« Wohlleben: »Ich bin Verdächtiger, jeden Tag Presse vor der Tür, langsam nervt es.« Mirko S.: »Ekelhaft. Was werfen sie dir denn vor?« Wohlleben: »Unterstützung einer terroristischen.« Mirko S.: »Aber gibt ja nüscht. Außer regem Kontakt, telefonische …«

Anwältin Başay *(wendet sich an Mirko S.)* Was sagen Sie dazu?

Mirko S. Kann schon sein.

Anwältin Başay Waren Sie mit Herrn Wohlleben befreundet?

Mirko S. Ja, ein freundschaftliches Verhältnis hatten wir schon.

Anwältin Başay Haben Sie jetzt noch Kontakt?

Mirko S. Wir schreiben Briefe.

Anwältin Başay Kennen Sie Frau Schneiders?

Mirko S. Flüchtig. Aus den Medien.

Anwalt Narin Heißt Ihr Facebook-Konto: Barnhold Svenson?

Mirko S. Ja. *(Das Bild des Facebook-Profils wird eingeblendet, auch die anderen Facebook-Seiten, die dort mit einem »Like« versehen wurden.)*

Anwalt Narin Sie haben auch Rechtsanwältin Schneiders geliked. Warum?

Mirko S. Warum sollte ich das nicht tun?

Anwalt Narin Hat das mit Wohlleben zu tun?

Mirko S. Nein.

Anwalt Narin Warum haben Sie das geliked?

Mirko S. Warum nicht?

Anwalt Narin Liken sie alles?

Mirko S. Ja.

Tag 308

13. September 2016

Manfred Götzl, Richter. **Torsten Wabra**, der früher die rechtsradikale Postille »Fahnenträger« herausgab und bereits am Tag 302 als Zeuge aussagte. Er erscheint mit einem neuen Zeugenbeistand. **Jochen Weingarten**, Vertreter der Bundesanwaltschaft. **Mathias Grasel**, Verteidiger von Beate Zschäpe. **Carsten Ilius**, Anwalt der Nebenklage.

Götzl Wir waren stehen geblieben bei der Befragung des Zeugen durch die Bundesanwaltschaft.

Oberstaatsanwalt Weingarten *(an den Zeugen)* Sie hatten nicht mehr meine Frage beantworten können, mit wem Sie im Herausgabezeitraum des »Fahnenträgers« befreundet waren.

Wabra An wen ich mich erinnern kann, ist der David K. und meine jetzige Partnerin. Mit Sebastian R. war ich bis Mitte 2002 in einer Ausbildung, und mein damaliger Bekanntenkreis war ansonsten eine lose Clique. Ich kann mich nur noch an Vornamen und Spitznamen erinnern.

Oberstaatsanwalt Weingarten Waren der David oder der Sebastian Autoren von Beiträgen für den »Fahnenträger«?

Wabra Nein.

Oberstaatsanwalt Weingarten Haben Sie eine Erklärung dafür, dass Sie sich ausgerechnet an die Freunde nicht erinnern können, die Ihnen damals Artikel zugeliefert haben?

Wabra Das war eine lose Clique, und letztlich habe ich ja einen Großteil selber gemacht.

Anwalt Ilius Haben Sie im Heft mal Anzeigen veröffentlicht?

Wabra Möglich.

Anwalt Ilius Wie haben Sie den Kontakt zu den Anzeigenpartnern hergestellt?

Wabra Das weiß ich nicht mehr.

Anwalt Ilius Haben Sie mal eine Anzeige für den »Weissen Wolf« veröffentlicht? *(Eine andere Neonazi-Postille, die auch einmal eine Spende des NSU bekommen haben soll und in der 2002 ein kryptischer Dank an den NSU stand.)*

Wabra Möglich.

Anwalt Illius *(hält ihm aus den Akten eine solche Annonce des »Weissen Wolfs« im »Fahnenträger« vor)* Sie erinnern sich nicht?

Wabra Nein.

(Der Zeuge wird entlassen. Dann verkündet Götzl einen umfangreichen Beschluss. Damit reagiert das Gericht auf die an Tag 304 erfolgte Beanstandung von etwa 40 Fragekomplexen durch Zschäpes Verteidiger. Die Fragen gehörten zu den über 300 Fragen, die Vertreter der Nebenklage an Tag 295 formuliert und an Zschäpe gerichtet hatten. Antworten wurden von Zschäpe noch nicht gegeben. Götzl erklärt insgesamt 14 der beanstandeten Fragen für zulässig, unter anderem nach einem Brieffreund Zschäpes, mit dem sie sich während der Untersuchungshaft schrieb, und danach, ob sie Rechte für eine Autobiografie verkauft habe oder dies plane. Insgesamt 25 Fragekomplexe weist Götzl dagegen als unzulässig zurück, teils weil sie zu allgemein oder suggestiv formuliert seien, teils weil sie zur Sache nichts beitragen könnten. Unter den zurückgewiesenen Fragen sind unter anderem jene zu Kontakten mit Rockern und mit Mitgliedern der rechten Szene in Westdeutschland.)

Götzl *(an Zschäpes Verteidiger)* Wie wollen Sie weiter verfahren hinsichtlich einer Einlassung von Frau Zschäpe?

Verteidiger Grasel Ich könnte sie morgen verlesen.

Tag 309

14. September 2016

Manfred Götzl, Richter. **Marcel Degner**, früher ein führender Neonazi in Thüringen und damals laut Angaben des Verfassungsschutzes als V-Mann tätig. Er sagte auch an den Tagen 191, 207, 292 und 300 aus und wird an diesem Tag von Rechtsanwalt Markus Meißner als Zeugenbeistand begleitet. **Herbert Diemer, Jochen Weingarten**, Vertreter der Bundesanwaltschaft. **Hermann Borchert, Mathias Grasel, Wolfgang Stahl**, Verteidiger von Beate Zschäpe. **Michael Kaiser**, Verteidiger von André Eminger. **Olaf Klemke**, Verteidiger von Ralf Wohlleben. **Antonia von der Behrens, Mehmet Daimagüler, Alexander Hoffmann, Sebastian Scharmer**, Anwälte der Nebenklage.

(Am Tag 300 kam es zum Eklat vor Gericht, weil der Zeuge keine Aussage machen wollte und sich widersprach. Daraufhin forderten mehrere Anwälte die Entlassung seines Zeugenbeistands. An diesem Tag erscheint der Zeuge mit einem neuen Zeugenbeistand.)

Götzl Herr Degner, ich rufe Ihnen in Erinnerung die erteilte Belehrung, am 20.7.2016 hatten wir uns zuletzt gesehen. Die Staatsanwaltschaft München I hat ein Ermittlungsverfahren gegen Sie eingeleitet wegen uneidlicher Falschaussage. Es wurde vorläufig eingestellt. Das Verfahren kam in Gang aufgrund einer Anzeige der Bundesanwaltschaft im Hinblick auf Ihre Angaben vom 20.5.2016 und dem Termin davor. Am 20.5.2016 wurden Sie hier als Zeuge nicht entlassen. Es wurde damals Ihrer Entlassung widersprochen, das bedeutet: Aus Sicht des Senats ist Ihre Aussage damals nicht abgeschlossen. Es wäre eine Korrektur, sofern falsche Angaben von Ihnen gemacht wurden, noch möglich.

(Der Zeuge bespricht sich mit seinem Anwalt.)

Götzl Gibt es denn von Ihnen etwas zu ergänzen zu Ihren bisherigen Aussagen?

Degner Nein.

Götzl Dann will ich trotzdem nachfragen: Sie haben am 20. Juli von einer Korrektur Ihrer Angaben gesprochen. Wollen Sie etwas korrigieren?

Degner Nein.

Götzl Haben Sie zu irgendeinem Zeitpunkt Informationen an den Verfassungsschutz weitergeleitet?

Degner Aufgrund meines laufenden Verfahrens möchte ich dazu nichts sagen.

Anwalt Scharmer Ich sehe kein Auskunftsverweigerungsrecht. Ich halte an meinem damaligen Antrag fest, deswegen ein Ordnungsgeld zu verhängen.

Oberstaatsanwalt Weingarten Nach unserer Einschätzung muss er wegen des laufenden Verfahrens die Frage nicht beantworten.

Anwalt Scharmer Aber dieses Verfahren beruht offensichtlich auf einer falschen Tatsachengrundlage. Der Zeuge ist hier in der Hauptverhandlung nicht entlassen worden. Es kann nicht jedes unberechtigte Verfahren dazu führen, dass man sich auf Paragraf 55 berufen kann. *(Der Paragraf regelt das Auskunftsverweigerungsrecht, das besteht, wenn sich ein Zeuge durch Aussagen dem Risiko aussetzt, selbst strafrechtlich verfolgt zu werden.)*

Oberstaatsanwalt Weingarten Die Staatsanwaltschaft München ist in der Frage der Beendigung des Verfahrens des Herrn Degner frei. Insofern ist das Verfahren anhängig.

(Die Diskussion geht eine Weile weiter, nach einer Pause verkündet Götzl den Beschluss des Senats, dass der Antrag auf Ordnungsmaßnahmen gegen den Zeugen abgelehnt wird. Der Zeuge habe seine Aussage nicht ohne gesetzliche Grundlage verweigert. Der Zeuge wird entlassen.)

Anwältin von der Behrens *(gibt eine Erklärung ab)* Wir haben hier einen Zeugen vor uns gehabt, der einer der wichtigsten Zeugen des Verfahrens hätte sein können. Er war hochrangiger Neonazi-Aktivist in Thüringen, er hat große Teile der Neonazi-Szene in Deutschland gekannt und gesteuert. Er gab Hinweise auf den möglichen Aufenthaltsort des Trios und das Unterstützerumfeld. Wir haben aber gesehen: Das Aussageverhalten des Zeugen macht es unmöglich, ihn weiter zu befragen.

Verteidiger Kaiser *(interveniert)* Das ist keine Erklärung zur Aussage des Zeugen mehr!

Götzl Entschuldigung, zum Aussageverhalten kann doch eine Erklärung abgegeben werden!

Verteidiger Kaiser Es darf doch keine Rolle spielen, was er hier hätte sagen *können*.

Götzl Es geht nicht darum, wie Sie es würdigen würden, Frau Rechtsanwältin von der Behrens gibt die Erklärung ab.

Verteidiger Kaiser Die hat sich doch im Rahmen des Erklärungsrechts zu halten!

Götzl Sie müssen doch den Zeugen im Gesamtkontext würdigen können.

Verteidiger Kaiser Dann könnte man ja auch immer sagen, was ein Zeuge noch alles sagen hätte können.

Götzl Sie haben doch noch gar nicht gehört, was Frau von der Behrens alles sagen will.

Anwältin von der Behrens *(setzt fort)* Die weitere Befragung des Zeugen hätte keinen Sinn gemacht, seine Aussage, er habe nicht für den Verfassungsschutz gearbeitet, wurde durch andere Zeugen widerlegt. Wir haben das Problem, dass die Akten des Verfassungsschutzes zu dem Zeugen vernichtet worden sind. Ein offensichtlich lügender Zeuge kann nicht weiter befragt werden.

Götzl Dann kämen wir zu den Angaben von Ihnen, Frau Zschäpe.

(Nun trägt Zschäpes Verteidiger Mathias Grasel die schriftlich vorbereitete Erklärung seiner Mandantin vor.)

Verteidiger Grasel Die Fragen der Verteidigung des Angeklagten Schultze beantworte ich wie folgt. Frage: Kennen Sie Andreas Schultz? Kannten Uwe Mundlos oder Uwe Böhnhardt Andreas Schultz? Antwort: Ich kenne Andreas Schultz als Inhaber eines Bekleidungsgeschäftes in Jena. Ich habe in seinem Geschäft ein- oder zweimal eingekauft. Ein darüber hinausgehender Kontakt bestand nicht. Meines Wissens waren Uwe Mundlos und Uwe Böhnhardt ebenfalls nur Kunden des Andreas Schultz und hatten über Einkäufe in dessen Geschäft hinaus keinen Kontakt zu ihm.

(Anschließend geht es um eine SMS. Zschäpe lässt erklären, sie wisse nicht, von wem sie stamme. Sie kenne die Person Nico E. vom Namen her und vermute, dass Mundlos und Böhnhardt diese Person flüchtig gekannt hätten. Ihres Wissens habe es nach dem Untertauchen zu Nico E. keine Kontakte gegeben. Zudem lässt sie auf Fragen zu einer Anwaltsvollmacht, die sie nach dem Untertauchen erteilt haben soll, erklären, dass ihr die genauen zeitlichen Abläufe nicht mehr präsent seien.)

Die Fragen der anwaltlichen Vertreter der Nebenkläger beantworte ich nicht. Sollte der Senat eine oder mehrere Fragen der Nebenklage für entscheidungserheblich halten, sich diese zu eigen machen wollen und mir stellen, so werde ich diese beantworten. Die Fragen des Sachverständigen Herrn Professor Dr. Saß beantworte ich nicht.

Götzl Sind das Ihre Angaben, Frau Zschäpe, die Herr Grasel verlesen hat?

Zschäpe *(nickt)*

(Nun wird ein Brief zum Thema, den Zschäpe im Jahr 2013 vor Beginn der Hauptver-

handlung und aus der Untersuchungshaft heraus an einen zu dem Zeitpunkt ebenfalls inhaftierten Rechtsextremisten geschrieben hat.)

Anwalt Hoffmann *(stellt Beweisantrag)* Es wird beantragt, den von der Angeklagten Zschäpe geschriebenen Brief an Robin S. zu verlesen, zu dem Beweis der Tatsache, dass es – im Gegensatz zu dem Bild, welches sie in ihrer Einlassung von sich zu zeichnen versucht, wonach sie sich Uwe Mundlos und Uwe Böhnhardt habe unterordnen müssen und keinen Einfluss auf diese und die Taten des NSU gehabt habe – in dem Brief unter anderem heißt: »In guter Regelmäßigkeit wird mir hier eine Dauermedikation mit Antidepressiva oder sonst was für'n Psychokram angeboten. Aber eigentlich trifft das Wort aufgedrängt eher zu. Der Traum eines jeden Menschen, der einen Realitätsverlust vorzieht. Lustig ist, dass ich keinerlei Anzeichen für eine derartige Einnahme aufweise. Keinen Nervenzusammenbruch, keinerlei Tränen, keine depressiven Aussagen – nix. Davon abgesehen würd' ich ums Verreckenwillen keinen der hier Anwesenden daran teilhaben lassen. Das würd ich im stillen Kämmerlein mit mir selbst …«

Verteidiger Stahl *(unterbricht)* Ich kenne den Rest nicht, ich möchte der Verlesung aber widersprechen.

Anwalt Hoffmann Mitten im Beweisantrag ist eine Unterbrechung nicht zulässig.

Verteidiger Stahl Bei dem Schriftstück handelt es sich um höchstpersönliche Post von Frau Zschäpe, die hier unter Vorwegnahme der Zulässigkeit des Antrags verlesen werden soll. Wir gehen davon aus, dass das nicht zulässig ist. Zumindest müsste dann die Öffentlichkeit zunächst einmal ausgeschlossen werden, um die Persönlichkeitsrechte der Mandantin zu wahren.

Anwalt Hoffmann Der Brief ist Bestandteil der Akte.

Verteidiger Klemke Ich beantrage, die Öffentlichkeit auszuschließen für die Stellung des Beweisantrags.

Verteidiger Borchert Ich rüge die Verlesung des Briefs in Form eines Beweisantrags als unzulässig.

Verteidiger Stahl Wir beantragen für die Dauer der weiteren oder erneuten Verlesung des Beweisantrags die Öffentlichkeit auszuschließen, soweit aus dem Brief zitiert wird oder auf seinen Inhalt Bezug genommen wird. Der Brief wurde nicht vom Senat beschlagnahmt, sondern gelangte aufgrund einer unzulässigen Weiterleitung der JVA an eine Verfassungsschutzbehörde ohne prozessuale Rechtsgrundlage und unter Verletzung des Briefgeheimnisses zu den Akten. Die Preisgabe des Inhalts würde zu einer irreparablen Missachtung der Persönlichkeitsrechte der Frau Zschäpe führen.

Verteidiger Grasel Ich schließe mich dem Antrag ausdrücklich an.

Bundesanwalt Diemer Zunächst sollte die Öffentlichkeit für die Verhandlung über den Ausschluss der Öffentlichkeit ausgeschlossen werden.

Anwalt Hoffmann Jede Beweisaufnahme in Strafverfahren greift in Persönlichkeitsrechte von Angeklagten ein. Die Jugend, das Aufwachsen und so weiter müssen wir aufklären. Es ist also immer eine Abwägung, die gemacht werden muss. Einerseits haben wir das Bild, das Frau Zschäpe zeichnet …

Götzl Momentan geht es aber um eine Frage davor. Wir werden noch mal unterbrechen und befinden müssen, ob für die Verhandlung über die Frage des Ausschlusses der Öffentlichkeit die Öffentlichkeit ausgeschlossen werden muss *(schmunzelt).*

(Nach einer kurzen Pause wird die Verhandlung fortgesetzt.)

Götzl Dann ergeht nach geheimer Beratung folgender Beschluss.: Für die Verhandlung über den Ausschluss der Öffentlichkeit wird die Öffentlichkeit ausgeschlossen.

(Die Verhandlung wird ohne Publikum und ohne Presse fortgesetzt. Nach gut 45 Minuten dürfen sie wieder in den Gerichtssaal.)

Oberstaatsanwalt Weingarten Herr Vorsitzender, wir würden aus dem Stegreif ungern zur Rechtmäßigkeit des Vorgangs Stellung nehmen. Ich meine aber, dass die Verlesung des Beweisantrags in dieser Hauptverhandlung möglich sein muss.

Verteidiger Stahl Ich meine, der Verstoß fängt bereits in der JVA an. Ohne einen richterlichen Beschluss können Kopien eines Briefes nicht angefertigt werden. Die Kopie des Briefes muss vernichtet werden und darf nicht zum Gegenstand weiterer Erörterung gemacht werden.

Verteidiger Grasel Frau Zschäpe hatte bereits wegen Verletzung des Briefgeheimnisses Anzeige erstattet. Die Staatsanwaltschaft sagte, es könne nicht ermittelt werden, wer für die Herausgabe verantwortlich ist.

Verteidiger Klemke Alles, was die JVA gemacht hat, ist von A bis Z rechtswidrig. In Paragraf 23 des Justizvollzugsgesetzes NRW sind Voraussetzungen beschrieben für das Anhalten von Briefen – und es ist fragwürdig, ob diese überhaupt gegeben waren. Hier ist die private Lebensgestaltung der Frau Zschäpe betroffen, weil sie in dem Briefkontakt Einblicke in ihr Seelenleben gestattet.

Oberstaatsanwalt Weingarten Man kann das nur schwer unkommentiert hinnehmen: Wenn man nach Ermächtigungsgrundlagen sucht im nachrichtendienstlichen Kontext, dann ist es hilfreich, das Verfassungsschutzgesetz des Landes NRW zurate zu ziehen. Da finden sich auch Befugnisse für Behörden, die nicht nachrichtendienstlicher Natur sind. Die Rechtslage ist komplex, Herr Rechtsanwalt Klemke. Im Übrigen weist die Kollegin Greger darauf hin, dass die Weiterleitung nicht die Anhaltung eines Briefes darstellt.

Anwalt Hoffmann Man wird dazu kommen, dass hier keine Straftaten vorliegen und man den Brief verwerten darf. Es ist der Verteidigung gelungen, das Gericht aufs Glatteis zu führen. Es gibt kein Recht, mich zu hindern, einen Beweisantrag zu stellen.

Anwalt Scharmer Ein Brief aus der U-Haft wird an einen Strafgefangenen in einer anderen JVA geschickt. Da kann doch keiner davon ausgehen, dass der Brief nicht geöffnet wird. Grundlage ist das Strafvollzugsgesetz des Bundes gewesen, denn das von NRW war da noch gar nicht in Kraft getreten. Die JVA durfte den Brief öffnen.

Verteidiger Stahl Die Ausführungen des Kollegen Hoffmann möchte ich erwidern: Der Verteidigung der Frau Zschäpe und mir zu unterstellen, mir sei es gelungen, den Senat aufs Glatteis zu führen, empfinde ich als Frechheit. Als Frechheit! Es war nicht die Absicht, hier irgendjemanden aufs Glatteis zu führen, sondern zu verhindern, dass eine möglicherweise rechtmäßig nicht zulässige Behandlung von geschützten Inhalten erfolgt. Das trifft Sie berufsrechtlich. Halten Sie sich an sachliche Kritik!

Verteidiger Klemke Herr Scharmer versucht ja auch, den Sachverhalt zu vernebeln. Der Paragraf des Bundesgesetzes ist wortgleich mit dem des Landes NRW. Und es ist kein Freibrief dafür, einen Brief weiterzugeben.

(Die Auflösung des Streits um Hoffmanns Beweisantrag wird vertagt. Nun kommt Götzl noch einmal zurück auf die kurze, von Grasel verlesene Erklärung Zschäpes.)

Götzl Noch eine Frage an Sie, Frau Zschäpe, beziehungsweise Ihre Verteidiger: Mir geht es um die Formulierung: »Die Fragen des Sachverständigen Professor Dr. Saß beantworte ich nicht.« Bezieht sich das nur auf die Person des Sachverständigen oder auch auf den Inhalt?

Verteidiger Grasel Der Senat möchte einen Teil der Fragen übernehmen? Wenn Sie es für entscheidungserheblich halten, dann werden wir darauf eingehen. Es steckt keine böse Absicht hinter der Formulierung.

Götzl Wenn wir hier Fragen dazu stellen, dann würden Sie antworten?

Verteidiger Grasel Wenn der Senat noch zu einzelnen Punkten Fragen hat, stehen wir zur Verfügung.

Götzl Ginge das auch kurzfristig?

Verteidiger Grasel Das kommt auf die Frage an.

Anwalt Daimagüler Wenn es hieß, dass Fragen der Vertreter der Nebenkläger nicht beantwortet werden, gilt das auch für die Nebenkläger selbst? Meine Mandantin hätte Fragen an Frau Zschäpe.

Verteidiger Grasel Das gilt sowohl für die Vertreter als auch für die Nebenkläger persönlich.

Tag 310

20. September 2016

Manfred Götzl, Richter. **Mathias Grasel**, Verteidiger von Beate Zschäpe.

(Der Nebenklage-Anwalt Thomas Bliwier stellt einen Beweisantrag, in dem es erneut um den Mord in Kassel und die Rolle des Verfassungsschutzbeamten Andreas Temme geht. Das Gericht hatte die Aussagen Temmes in einem Beschluss am Tag 296 für glaubwürdig erklärt, nun bohrt Bliwier noch einmal nach. Er verlangt, einen Sachverständigen darstellen zu lassen, ob Temme die Schüsse in dem Internetcafé, im dem der Mord geschah und Temme als Kunde war, hätte hören müssen. Bliwier geht davon aus, dass Temme entgegen seinen Beteuerungen den Mord mitbekam. Dann ergreift Götzl das Wort.)

Götzl Es geht mir jetzt noch um Fragen an Sie, Frau Zschäpe: Und zwar zunächst zur Einlassung vom 21.1.16, da geht es um Erkrankungen: Bezieht sich das auch auf den psychischen Bereich?
Dann: Gab es längere Zeiten, in denen Sie keinen Alkohol getrunken haben, gegebenenfalls: Kam es zu Entzugserscheinungen oder sonstigen Beschwerden? Wie war der Alkoholkonsum im Urlaub? Wie war die Situation nach der Verhaftung? Wurden Sie medikamentös behandelt? *(Götzl blickt die Verteidigung von Zschäpe an.)* Soll sogleich geantwortet werden?

Verteidiger Grasel Wir werden das außerhalb der Hauptverhandlung besprechen und später antworten.

Götzl Dann zum Thema Medikamente: Haben Sie jemals Schlaf-, Schmerz- und Betäubungsmittel genommen? Wenn ja, welche, wie oft? In welcher Dosierung, woher bezogen? Dann zum Zusammenleben mit Uwe Böhnhardt und Uwe Mundlos: Was waren Gemeinsamkeiten, was waren übereinstimmende Themen, gab es Konfliktfelder, gegebenenfalls welche? Welche Gesprächsthemen gab es? Kam es in diesem Bereich im Laufe der Zeit zu Veränderungen? Haben Sie gerne gelesen, gegebenenfalls welcher Art war Ihre Lektüre? Welche TV-Serien und Filme haben Sie angesehen? Haben sich Ihre Interessen im Laufe der Jahre verändert? Gab es in Ihrem Leben wichtige Bezugs- und Kontaktpersonen? Wer waren diese gegebenenfalls? Beschreiben Sie gegebenenfalls das Verhältnis zu diesen Personen näher. Dann anknüpfend an die Einlassung vom 9.12.2015: Haben Sie mit jemandem über das geschilderte »emotionale Dilemma« gesprochen? Sind Ihnen Kriterien für die Auswahl der Opfer der Tötungsdelikte von Uwe Mundlos und Uwe Böhnhardt bekannt, gegebenenfalls welche?

Gab es neben den in der Hauptverhandlung angesprochenen Wohnungen weitere Wohnungen, die Sie, Uwe Mundlos und Uwe Böhnhardt genutzt haben? Haben Sie vor dem 11. Januar 2007 André Eminger und/oder Susann Eminger erzählt, wovon Sie beziehungsweise Uwe Mundlos und Uwe Böhnhardt Ihren Lebensunterhalt bestritten haben?
Führten Uwe Mundlos und Uwe Böhnhardt Exemplare der von Uwe Mundlos vorbereiteten DVDs bei den Fahrten zu den von den beiden Ihnen gegenüber geschilderten Taten mit sich? Kennen Sie gegebenenfalls Gründe hierfür?
Des Weiteren zur Einlassung vom 21.1.2016: Was ist konkret Anfang Dezember 1998 in dem geschilderten Gespräch über Ihre aktive Beteiligung an einem Raubüberfall gesprochen worden?
Dann anknüpfend zu der Einlassung vom 9.12.2015: Von wem und bei welcher Gelegenheit erfuhren Sie, dass Uwe Mundlos die Morde fotografiert hatte? Was meinen Sie mit der Formulierung, dass Sie nun auch in einen Mord verwickelt wären? Dann: Kennen Sie das Motiv beziehungsweise die Motive von Uwe Mundlos, weswegen er mit Ihnen und Uwe Böhnhardt am 26.1.1998 »untergetaucht« ist?
Dann zur Einlassung vom 16.3.2016: War Uwe Mundlos bei Handgreiflichkeiten Uwe Böhnhardts Ihnen gegenüber zugegen? Wie hat Uwe Mundlos sich dabei verhalten? Gab es Überlegungen beziehungsweise Gespräche von Ihnen mit Uwe Böhnhardt und Uwe Mundlos, wie Sie und diese sich im Falle einer Entdeckung in der Wohnung in der Frühlingsstraße durch die Polizei verhalten wollten?
Ich hätte eine Bitte: Können denn die Angaben zum Thema Alkohol möglichst bald beantwortet werden? Wir haben ja für Donnerstag den Sachverständigen Dr. Peschel geladen.

Verteidiger Grasel Ja, das können wir vorziehen.

Tag 311

21. September 2016

Manfred Götzl, Richter. **Peter Lang**, Beisitzender Richter. **Christoph S.**, 31, Kriminaloberkommissar beim BKA Meckenheim. **Anette Greger**, Vertreterin der Bundesanwaltschaft. **Mathias Grasel, Wolfgang Stahl**, Verteidiger von Beate Zschäpe. **Antonia von der Behrens**, Anwältin der Nebenklage.

Götzl Es geht uns um die Auswertung der Funkzellen betreffend die Frühlingsstraße 26 in Zwickau.

Christoph S. Nach dem Brand am 4.11.2011 wurden sämtliche Verkehrsdaten erhoben für diesen Tag in der Zeit von 8 Uhr bis 17 Uhr. Aus den Daten der Netzbetreiber konnte aus Daten von Vodafone für die Zeit von 9.41 Uhr bis 10.37 Uhr durchgängig das Mobiltelefon festgestellt werden, das dem Angeklagten Eminger zuzuordnen ist. Er nutzte mit dem Mobiltelefon das Internet. Es war in zwei Funkzellen eingeloggt, die die Frühlingsstraße versorgten. Beide Funkzellenmasten sind etwa fünf bis 5,5 Kilometer vom damaligen Wohnort des Angeklagten Eminger entfernt. Kurz vor Nutzung des Internet kam eine SMS von der besagten Rufnummer an eine Handynummer. Deren Nutzerin war Emingers Frau.

Anwältin von der Behrens Es gibt einen Vermerk des BKA, da heißt es, die Funkzellendaten hätten von 30.7.2011 bis 8.11.2011 dem BKA vorgelegen. Ist Ihnen das bekannt?

Christoph S. Es kann sein, dass die Daten angefragt wurden, aber ich kann mir nicht vorstellen, dass die Daten so weit zurückliegend vorliegen.

(Der Zeuge wird entlassen.)

Anwältin von der Behrens Auffällig ist, dass um 10.34 Uhr Beate Zschäpe nach bisherigen Auswertungen angefangen hat, das Internet zu nutzen, und André Eminger um 10.37 Uhr sich wegbewegt hat aus der Funkzelle. Das ist ein Hinweis darauf, dass sich Eminger zuvor bei Zschäpe aufgehalten haben könnte.

(Dann geht es wieder um den Streit über einen Beweisantrag der Nebenkläger, die an Tag 309 begonnen hatten, aus einem Brief zu zitieren, den Beate Zschäpe im Jahr 2013 aus der Untersuchungshaft heraus an den Neonazi Robin S. geschrieben hatte.)

Oberstaatsanwältin Greger Es bestehen keine rechtlichen Bedenken, den Inhalt des Briefes als Beweismittel zu verwerten. Anhaltspunkte, dass die Informationserhebung oder Weitergabe rechtsfehlerhaft erfolgte, sind nicht ersichtlich. Die Überwachung des Schriftverkehrs war zulässig, wenn sie aus Gründen der Sicherheit oder Aufrechterhaltung der Ordnung erforderlich war. Robin S. war in der Neonazi-Szene in Dortmund aktiv gewesen, er befand sich im offenen Vollzug. Der Angeklagten Zschäpe liegt unter anderem zur Last, als Mitglied einer terroristischen Vereinigung an einem Mordanschlag in Dortmund beteiligt gewesen zu sein. Bei dieser Sachlage ist die Beurteilung der Anstaltsleitung nicht zu beanstanden. Die Abklärung, ob der Briefwechsel ein vorangegangenes Kennverhältnis belegt, stellt geradezu eine Kernaufgabe der Verfassungsschutz-Behörde dar. *(Die Leitung der Justizvollzugsanstalt Bielefeld, in der S. in Haft war, hatte den Brief an den Verfassungsschutz weitergeleitet.)* Die Unterrichtung erfolgte deshalb auf Grundlage des Verfassungsschutzgesetzes. Die mögliche Beweisbedeutung für das Verfahren erschließt sich aus den möglichen Rückschlüssen auf die Persönlichkeit der Angeklagten, ihre Gesinnung, ihre Fähigkeit zu Manipulation und Selbstbehauptung. Die Inhalte des Schreibens betreffen auch nicht den Kernbereich der privaten Lebensgestaltung. Weder ist die Intimsphäre der Angeklagten betroffen, noch handelt es sich um tagebuchähnliche Aufzeichnungen. Die Angeklagte hat das Schreiben bewusst in Kenntnis der gerichtlichen Briefkontrolle verfasst. Die Verlesung und Verwertung des Inhalts sind uneingeschränkt zulässig.

Verteidiger Stahl Entgegen der Auffassung des Generalbundesanwalts ist die Ablichtung des in Rede stehenden Briefes nicht rechtsförmig zu den Akten gelangt. Der Inhalt fällt unter das grundgesetzlich geschützte Briefgeheimnis. Das Originalschreiben wurde zum Zeitpunkt seiner Versendung im Rahmen der in diesem Strafverfahren angeordneten Überwachung des Schriftverkehrs gerichtlich kontrolliert. Das Schreiben wurde seitens des Gerichts zum damaligen Zeitpunkt aber nicht als relevant für das vorliegende Verfahren beschlagnahmt oder Kopien hiervon angefertigt. Der von Frau Zschäpe verfasste Brief unterlag demnach weiterhin dem Briefgeheimnis. Aus Gründen der Sicherheit oder Ordnung der Anstalt ist eine Überwachung zur Gefahrenabwehr zwar zulässig. Insgesamt kommt eine Überwachung des Schriftwechsels aus Sicherheitsgründen aber nur im geschlossenen Vollzug infrage. Es haben sich aus dem dann gesichteten Inhalt des Briefes auch zweifelsohne keine Anhaltspunkte für eine Gefahr für die Sicherheit und Ordnung der Anstalt ergeben. Eine Befugnis zur Anfertigung von Kopien des Schreibens war unter diesem Gesichtspunkt für den Leiter der Anstalt keinesfalls begründet. Da die Ablichtung überhaupt nicht existieren dürfte, ist sie aus der Akte zu entfernen und zu vernichten.

Verteidiger Grasel Ich verzichte zur Vermeidung von Wiederholungen auf Verlesung der eigenen Stellungnahme und schließe mich den Ausführungen an.

(Nach einer Pause werden Beweisanträge gestellt, unter anderem einer der Verteidigung Wohllebens, die beantragt, eine Schweizer Polizeichefin als Zeugin zu laden, die bezeugen werde, dass der Beschaffungsweg der Tatwaffe Česká 83 nicht eindeutig habe ermittelt werden können. Der Nebenklage-Anwalt Hardy Langer wiederum stellt den Antrag, Akten beizuziehen und einen Zeugen zu laden, zu einem Vorfall vom 14. Juni 2000 in Chemnitz. Ausweislich eines von Langer recherchierten Zeitungsartikels wurde an dem Tag ein Bauarbeiter in Chemnitz verletzt, weil ihn jemand mit einem Luftdruckgewehr und Diabolo-Munition beschossen hatte. Ort und Zeitpunkt legen für Langer nahe, dass der Täter Uwe Böhnhardt gewesen sein könnte. Das BKA hatte bereits vergeblich nach einer Tat gesucht, die auf eine Aussage des Angeklagten Carsten Schultze passen könnte, wonach ihm Ralf Wohlleben, vermutlich im Laufe des Jahres 2000, berichtet habe, die Untergetauchten hätten jemanden angeschossen.

Anschließend werden Aktenstücke verlesen, unter anderem eine im Internet publizierte Selbstdarstellung des »Thüringer Heimatschutzes« (THS) aus dem Jahr 2000.)

Richter Lang *(liest vor)* »Der Thüringer Heimatschutz. Wer wir sind und was wir wollen:

Wir sind keine Partei und keine religiöse Gemeinschaft. Wir sind eine Alternative zu verschiedensten patriotischen Parteien. Wir haben es uns zur Aufgabe gemacht, unsere kulturelle Identität zu pflegen, zu bewahren und zu schützen. Der THS bezeichnet sich weder als ›rechts‹ noch als ›links‹. Wir sind systemkritisch und -feindlich und bekennen uns zum nationalen Sozialismus, zum Kampf gegen die Herrschaft des Kapitals und die menschlich-moralische Ausbeutung durch dieses.
Der Grundsatz des THS ist es, Vorurteilen vermeintlich andersdenkender politischer Lager nicht mit Hass, sondern mit Argumentation und Konversation zu begegnen.
Solidarität mit allen Staaten, Personengruppen und Einzelpersonen, die sich der imperialistischen Bevormundung durch die USA und ihrer Vasallen erwehren, ist ideelle Grundlage und selbstverständlich. Wir positionieren uns ausdrücklich gegen jede Art von Egalitarismus, denn jede Kultur ist es wert, erhalten zu werden. Die Errichtung einer multikulturellen Gesellschaft ist eines der größten Verbrechen, was an der Menschheit verübt wurde und wird. Das ist die systematische Ausrottung kultureller Identitäten und somit ganzer Völker. Der einzige Träger des Nutzens ist das Großkapital, welches durch die Entwurzelung universell einsetzbare Arbeitsmaschinen heranzüchtet. Dies gilt es mit allen Mitteln zu bekämpfen!«

(Dann wird ein weiteres rechtsextremes Manifest verlesen, in dem von einem angeblichen »Volkstod« die Rede ist, den es abzuwenden gelte. In Augenschein nimmt das Gericht dann den Aufdruck eines Feuerzeugs, das der Angeklagte Ralf Wohlleben bei sich trug, als er im Dezember 2011 festgenommen wurde. Darauf ist zu lesen: »Volkstod stoppen!«)

Tag 312

22. September 2016

Manfred Götzl, Richter. **Oliver Peschel**, 52, Professor der Rechtsmedizin in München. Er sagte auch an den Tagen 30, 37, 39, 120, 185, 232, 246 und 263 aus. **Mathias Grasel**, Verteidiger von Beate Zschäpe. **Olaf Klemke**, Verteidiger von Ralf Wohlleben. **Hardy Langer**, Anwalt der Nebenklage.

(Der Sachverständige Peschel soll ein Gutachten zur Alkoholisierung Zschäpes am 4.11.2011, als sie die Wohnung in Zwickau in Brand setzte, vorstellen. Zu Beginn trägt Richter Götzl vor, was Zeugen zu diesem Tag berichtet hatten und was Zschäpe in ihren bisherigen Erklärungen zum Thema Alkohol angegeben hatte. Anschließend trägt Zschäpes

Verteidiger eine neue Erklärung seiner Mandantin vor, in der sie Fragen Götzls von Tag 310 zum Alkoholkonsum beantwortet.)

Verteidiger Grasel *(liest Zschäpes Erklärung vor)* Es gab Zeiten, in denen ich keinen Alkohol getrunken habe, etwa in der Anfangszeit des Untertauchens. Erst nach dem Umzug in die Polenzstraße *(in Zwickau)* begann ich wieder regelmäßig Wein und Sekt zu trinken, aber nicht täglich, sondern circa jeden zweiten oder dritten Tag. Etwa ab Ende des Jahres 2006 steigerte sich dieser zuvor gelegentliche Alkoholkonsum dann, wobei es auch dann immer wieder Zeiten gab, in denen ich weniger beziehungsweise gar keinen Alkohol getrunken habe. Diese Abstinenzzeiten waren von unterschiedlicher Dauer – von ein paar Wochen bis hin zu ein bis zwei Monaten. Der Konsum steigerte sich insbesondere dann, wenn Uwe Mundlos und Uwe Böhnhardt unterwegs waren. Ich hatte nie Entzugserscheinungen oder andere Beschwerden, wenn ich keinen Alkohol getrunken habe. Im Urlaub habe ich auch Alkohol getrunken, etwa wenn man abends zum Abendessen oder Karten spielen zusammensaß. Allerdings habe ich dort keine Unmengen Alkohol getrunken, da es sonst Ärger mit Uwe Mundlos und Uwe Böhnhardt gegeben hätte, da die beiden das nicht toleriert haben. Mehr als zwei bis drei Flaschen Sekt beziehungsweise Wein, verteilt über den gesamten Tag, habe ich dort nicht getrunken. Nach meiner Verhaftung habe ich keinen Alkohol mehr getrunken und auch keine Entzugserscheinungen oder sonstige Beschwerden erlebt. Ich wurde deswegen auch nicht medikamentös behandelt.

Götzl Sind das Ihre Angaben, Frau Zschäpe?

(Zschäpe nickt. Dann wird der Sachverständige gebeten, sein Gutachten vorzustellen.)

Peschel Ich würde diese Angaben nehmen für meine Berechnungen: Es war angegeben für den 3.11.2011 ab mittags mindestens drei Flaschen Sekt *(Peschel bezieht sich hier und im Folgenden auf frühere Erklärungen Zschäpes)*. Ich würde einen Trinkbeginn gegen zwölf Uhr unterstellen, Trinkende gegen Mitternacht, Trinkmenge drei Flaschen Sekt mit jeweils 0,75 Liter, Volumenprozent bei 12 Prozent. Ich würde ein Körpergewicht von Frau Zschäpe von 58 kg unterstellen. Dann würde ich für den 4.11.2011 einen Trinkbeginn gegen neun Uhr unterstellen und Restblutalkoholkonzentration vom Vortag. Dann den Konsum einer Flasche Sekt und einen Vorfallszeitpunkt gegen 15 Uhr. *(Er meint die Brandstiftung.)*

Götzl Werden alternative Berechnungen gewünscht?

Anwalt Langer In den Akten ist im »Personenbericht« für Frau Zschäpe das Personengewicht 63 Kilogramm angegeben. Würde sich dadurch signifikant was ändern?

Götzl Dann bitte ich um eine entsprechende Berechnung auch dafür.

(Der Sachverständige rechnet und stellt seine Rechnung dann vor.)

Peschel Drei Flaschen Sekt, das entspricht 216 Gramm Alkohol. Bei der Berechnung der Blutalkoholkonzentration wird zunächst eine theoretische Maximal-

Blutalkoholkonzentration errechnet, dann das Resorptionsdefizit abgezogen und der stündliche Abbau berücksichtigt. Ich berechne eine Spannbreite. Wenn wir davon ausgehen, dass 216 Gramm Alkohol aufgenommen wurden, dann ergibt das bei 58 Kilogramm Körpergewicht 6,21 Promille. Dann nach Abzug des Resorptionsdefizits und des stündlichen Abbaus verbleiben 5,59 Promille. Wenn man davon dann für zwölf Uhr bis 24 Uhr weiter den Abbau abzieht, dann sind es um 24 Uhr maximale 4,39 Promille. Wahrscheinlich sind 3,71 Promille und minimal 1,94 Promille. Der nächste Tag, Trinkbeginn 9 Uhr. Es bleiben vom Vortag je nach Kalkulation maximal 3,49 Promille und ein wahrscheinlicher Wert von 1,82. Bei hohem stündlichen Abbauwert würden es am Morgen 0,14 Promille sein. Es folgt dann am 4.11.2011 der Konsum von einer Flasche Sekt ab 9 Uhr. Das entspricht 72 Gramm Alkohol. Für 15 Uhr errechnet sich der Wert von mindestens 0,38 Promille, ein wahrscheinlicher Wert von 2,58 Promille und ein maximaler Wert von 4,76 Promille.

Bei 63 Kilogramm Körpergewicht wären es mindestens 0,13 Promille; wahrscheinlich 2,04 Promille und maximal 4,17 Promille. Man mag sich fragen, warum diese Werte so weit auseinanderliegen. Das liegt daran, dass es zu einer vielfachen Begünstigung oder Beungünstigung kommen kann. Zur Frage der Wirkung: Da liegen mir die Berichte der Zeugen und der eigenen Angaben von Frau Zschäpe für den 4.11.2011 vor. Offensichtlich liegt eine differenzierte und detaillierte Erinnerung für den 4.11. mit sehr differenzierten Handlungsweisen vor, Ausfallerscheinungen haben nach Angaben von Frau Zschäpe nicht bestanden. Das deckt sich vollständig mit den Zeugenangaben. Aus rechtsmedizinischer Sicht bedeutet das, dass zum Vorfallszeitpunkt keine relevante Beeinträchtigung der physischen oder kognitiven Leistungsfähigkeit bestand.

(Der Sachverständige wird entlassen. Nach einer Pause wird zunächst der Streit der Vortage um den Brief fortgesetzt, den Zschäpe aus der Untersuchungshaft an einen Neonazi geschickt hatte. Zschäpes Verteidigerin Anja Sturm bezeichnet eine etwaige Beschlagnahme des Briefs, die Götzl als Möglichkeit genannt hatte, als rechtswidrig. Dies würde, so Sturm, Zschäpe in ihren Grundrechten verletzen. Entgegen der Auffassung der Bundesanwaltschaft würden die Inhalte des Briefes sehr wohl einen tagebuchartigen Charakter haben und den Intimbereich berühren. Eine Beschlagnahme des Briefes habe daher zu unterbleiben und die Kopie sei zu vernichten. Am Schluss verkündet Götzl, dass ein Befangenheitsantrag des Angeklagten Wohlleben gegen den Gutachter Leygraf zurückgewiesen werde. Anschließend stellen Wohllebens Anwälte in dessen Namen einen weiteren Befangenheitsantrag, diesmal gegen Götzl und seine Richterkollegen.)

Tag 313

29. September 2016

Manfred Götzl, Richter. **Beate Zschäpe**, Angeklagte. **Hermann Borchert**, Verteidiger von Beate Zschäpe. **Sebastian Scharmer**, Anwalt der Nebenklage.

Götzl *(zur Verteidigung von Beate Zschäpe gewandt)* Wir hatten angesprochen, dass heute gegebenenfalls Angaben erfolgen sollen.

Verteidiger Borchert Ich werde die Stellungnahme der Mandantin verlesen. *(Dann beginnt er mit den Antworten und nennt jeweils die Frage des Gerichts, auf die sich die Antworten beziehen.)*

Die Fragen vom 20.9. beantworte ich wie folgt. Und zwar zunächst zur Einlassung vom 21.1.2016, da geht es um Erkrankungen: Bezieht sich das auch auf den psychischen Bereich?

Ja, das bezieht sich auch auf den psychischen Bereich.

Dann zum Thema Medikamente: Haben Sie jemals Schlaf-, Schmerz und Betäubungsmittel genommen. Wenn ja, welche, wie oft? In welcher Dosierung, woher bezogen?

Ich habe lediglich im Bedarfsfall Ibuprofen gegen Kopfschmerzen bezogen, rezeptfrei aus der Apotheke. Weitere Medikamente habe ich nicht genommen.

Dann zum Zusammenleben mit Uwe Böhnhardt und Uwe Mundlos: Was waren Gemeinsamkeiten, was waren übereinstimmende Themen, gab es Konfliktfelder, gegebenenfalls welche? Welche Gesprächsthemen gab es? Kam es in diesem Bereich im Laufe der Zeit zu Veränderungen?

Bis zum 26. Januar 1998 waren mit Uwe Mundlos Gemeinsamkeiten: Treffen mit Freunden und Musik hören. Politische Themen haben damals noch keine Rolle gespielt. Konfliktfelder kann ich keine benennen. Meine Gemeinsamkeiten mit Uwe Böhnhardt waren ebenfalls Treffen mit Freunden, Musik hören und Karten spielen. Als wir André Kapke, Holger Gerlach und Ralf Wohlleben kennenlernten, kamen politische Aktivitäten dazu, wir sind auf Demonstrationen gefahren und verteilten Flugblätter. Als Konfliktfeld kann ich nur den Umstand bezeichnen, dass ich mich an Uwe Böhnhardt geklammert habe, was zur vorübergehenden Trennung führte. Wenn wir alleine waren, hatten wir die üblichen Gesprächsthemen, die verliebte Pärchen miteinander haben. Über politische Themen haben wir uns alleine nie unterhalten. Über Politik haben wir uns natürlich mit Blick auf die Demonstrationen unterhalten. Wäre das Gesprächsthema linke Politik gewesen, hätten wir uns darüber unterhalten, in Jena war das Gesprächsthema grundsätzlich nur rechte Politik, sodass wir uns auch nur darüber unterhalten haben.

Nach dem 26.1.1998 *(nach dem Untertauchen der drei)* waren unsere Gemeinsamkeiten sportliche Aktivitäten wie beispielsweise Wandern, Joggen und Fahrradtouren. Wir spielten auch gerne Gesellschaftsspiele wie »Risiko« oder »Die Siedler von Catan«. Gemeinsam mit Uwe Böhnhardt schaute ich mir gerne Filme oder Serien im Fernsehen an, worauf ich bei der Beantwortung der nächsten Frage noch näher eingehen werde. Ein weiteres wichtiges Thema waren unsere beiden Katzen, die uns allen sehr am Herzen lagen. Gespräche über politische Themen waren nicht an der Tagesordnung, sondern wurden lediglich bei aktuellen weltpolitischen Ereignissen, beispielsweise Irak-Krieg oder 11. September, geführt. Gespräche über unsere weitere Zukunft wurden geradezu verdrängt und vermieden. Gemeinsame Gespräche über die verfahrensgegenständlichen Raubüberfälle wurden zwischen uns nicht geführt. Wenn die Bemerkung von einem der beiden fiel, dass man sich wieder wegen Geld umschauen müsse, so war mir klar, dass die beiden einen erneuten Raubüberfall planten. An den Planungen selbst wurde ich nie beteiligt. Besonders betonen muss ich nicht, dass sie mich von den Planungen der von ihnen verübten Morde ausgeschlossen hatten und ich wohl davon ausgehen sollte, dass sie einen erneuten Raubüberfall planten. Als Konfliktfelder zwischen uns dreien möchte ich insbesondere die von den beiden verübten Mordtaten bezeichnen. Als weitere Konfliktfelder würde ich die Streitigkeiten bezüglich der Internetnutzung, der herumliegenden Schusswaffen, sowie die 10 000 D-Mark, die an Holger Gerlach übergeben wurden, nennen. Konfliktfelder waren bei uns nicht die Kleinigkeiten des täglichen Lebens, wie die sinnbildlich offene Zahnpastatube, weil wir uns in der räumlichen Enge der jeweiligen Wohnung disziplinieren und arrangieren mussten. Möglicherweise könnte man als Konfliktfeld bezeichnen, dass Uwe Mundlos darauf bestand sich sportlich extrem betätigen zu können und er insoweit keine Kompromisse einging. Er bestand auf eine Wohnung in der Nähe eines Waldes, um dort joggen zu können, und ein Zimmer von ausreichender Größe für diverse Fitnessgeräte. Ein weiteres Konfliktfeld war das Rauchen und das Trinken von Alkohol meinerseits. Auch wenn ich mich zu lange mit den Nachbarn unterhalten hatte, wurde das von den beiden nicht gern gesehen. Insgesamt haben wir versucht aufkeimende Konfliktsituationen zu vermeiden, in dem wir uns jeweils in unser eigenes Zimmer zurückgezogen haben. Mit Blick auf die angesprochenen Veränderungen kann ich sagen, dass im Laufe der Zeit die gemeinsamen Aktivitäten immer weniger wurden. Unser Zusammenleben würde ich als monoton bezeichnen.

Haben Sie gerne gelesen, gegebenenfalls welche Art war Ihre Lektüre? Welche

TV-Serien und Filme haben Sie angesehen? Haben sich Ihre Interessen im Laufe der Jahre verändert?
Ich habe schon immer gerne und viel gelesen. Das Spektrum umfasste Fantasy-Romane, Krimis und Tatsachenromane. Als Beispiele kann ich nennen: »Der Herr der Ringe«, »Harry Potter«, »Die dunkle Turm«-Saga von Stephen King und John-Grisham-Romane. Folgende TV-Serien habe ich gerne angesehen: »Castle«, »Bones«, »Alias«, »Desperate Housewives«, »Monk«, »Malcolm Mittendrin« und zahlreiche mehr. Zu meinen Lieblingsfilmen gehören Filme mit Robert DeNiro, die Dan-Brown-Reihe, »Fluch der Karibik«, »Miss Marple«, »Der kleine Lord«, »Der Herr der Ringe« und Marvel-Comic-Verfilmungen. Im Laufe der Zeit habe ich weniger Filme und mehr Serien gesehen, da diese kürzer waren. Auch bei den Büchern habe ich zunehmend kürzere Romane bevorzugt, da mir immer mehr Ruhe und Konzentration fehlten.
Gab es in Ihrem Leben wichtige Bezugs- und Kontaktpersonen? Wer waren diese gegebenenfalls? Bitte beschreiben Sie das Verhältnis zu diesen Personen näher.
Meine Großmutter, Uwe Böhnhardt und Uwe Mundlos waren in meinem Leben die wichtigsten Bezugspersonen. Vor dem Untertauchen waren Ralf Wohlleben und André Kapke zwei gute Freunde. Meine Oma habe ich geliebt und liebe sie immer noch. Sie war immer für mich da, ich konnte mich immer auf sie verlassen und sie hat mich niemals angelogen. Das Verhältnis zu Ralf Wohlleben damals würde ich als eng freundschaftlich bezeichnen. André Kapke war immer humorvoll und lustig – ich war deshalb gerne mit ihm zusammen. Susann Eminger war ab 2006 für mich eine gute Freundin. Ich verbrachte gerne Zeit mit ihr und ihren Kindern. Persönliche Themen über unser Zusammenleben oder Dinge, die mich belasteten, wurden von mir nie angesprochen.
Dann anknüpfend an die Einlassung vom 9.12.2015: Haben Sie mit jemandem über das geschilderte »emotionale Dilemma« gesprochen?
Ich habe mit niemandem über das von mir beschriebene »emotionale Dilemma« gesprochen, mit wem auch? Sind Ihnen Kriterien für die Auswahl der Opfer der Tötungsdelikte von Uwe Mundlos und Uwe Böhnhardt bekannt, gegebenenfalls welche? Konkrete Kriterien für die Auswahl der Opfer der Tötungsdelikte sind mir nicht bekannt. Ab wann genau weiß ich nicht mehr, aber natürlich hatte ich mir Gedanken gemacht, dass ihre Taten einen ausländerfeindlichen Hintergrund haben, und ich hatte ihnen auch entsprechende Vorhalte gemacht – nur konkrete und ehrliche Antworten hatte ich nicht erhalten. Nach den Gründen ihres Tuns hatte ich nicht weiter nachgehakt, weil für mich die Tatsache, dass sie einen Menschen getötet hatten, das für mich Unfassbare war. Für mich war das Töten eines Menschen das Erschreckende und nicht der Umstand, ob es sich dabei um einen Ausländer oder um einen Deutschen handelt.

Gab es neben den in der Hauptverhandlung angesprochen Wohnungen weitere Wohnungen, die Sie, Uwe Böhnhardt und Uwe Mundlos genutzt haben?
Nein, es gab keine weiteren Wohnungen.
Haben Sie vor dem 11. Januar 2007 André Eminger und/oder Susann Eminger erzählt, wovon Sie beziehungsweise Uwe Mundlos und Uwe Böhnhardt Ihren Lebensunterhalt bestritten haben?
Nein, vor dem 11. Januar 2007 wussten weder André noch Susann Eminger meines Wissens nach, wovon wir unseren Lebensunterhalt bestritten haben.
Dann zu Ihrer Einlassung vom 9.12.2015: Führten Uwe Mundlos und Uwe Böhnhardt Exemplare der von Uwe Mundlos erstellten und versandfertig vorbereiteten DVDs bei den Fahrten zu den Taten mit sich? Kennen Sie gegebenenfalls die Gründe hierfür?
Mir war nicht bekannt, dass Uwe Mundlos und Uwe Böhnhardt bei ihren Fahrten versandfertig vorbereitete DVDs mit sich führten. Dies habe ich erst bei Durchsicht der Ermittlungsakten zur Kenntnis genommen und war zum wiederholten Male überrascht, wie ich im Unklaren gelassen und damit quasi angelogen worden war.
Zur Ihrer Einlassung vom 21.1.2016: Was ist konkret Anfang Dezember 1998 in dem geschilderten Gespräch über Ihre aktive Beteiligung an einem Raubüberfall gesprochen worden?
Aufgrund der Tatsache, dass unsere finanziellen Reserven beinahe aufgebraucht waren, brachten die beiden den Vorschlag ein, dass man Geld mittels eines Raubüberfalles beschaffen könnte. Es wurde nicht konkret besprochen, welche Aufgabe ich hätte übernehmen sollen, weil ich eine Beteiligung meinerseits sofort mit der Begründung abgelehnt hatte, viel zu viel Angst dafür zu haben. Damit war das Thema beendet, dass ich mich in irgendeiner Form aktiv beteilige.
Zu Ihrer Einlassung vom 9.12.2015: Von wem und bei welcher Gelegenheit erfuhren Sie, dass Uwe Mundlos die Morde fotografiert hatte?
Ich habe von niemandem erfahren, dass Uwe Mundlos die Morde fotografiert habe. Die von mir gewählte Formulierung beruht auf einer Vermutung meinerseits. Uwe Mundlos hatte während unserer Urlaube meistens fotografiert, auch war er der Technikfreak von uns dreien und deshalb hatte ich gemutmaßt, dass er derjenige war, der die Morde fotografiert hatte.
Zu Ihrer Einlassung vom 9.12.2015: Was meinen Sie mit der Formulierung, dass sie nun auch »in einen Mord verwickelt« wären?
Ich meine damit zweierlei: Zum einen hatte ich auf Grund der Schilderung der beiden Kenntnis von dem Mord und war somit in die Geschehnisse als Zeugin verwickelt und zum anderen lebte ich mit den beiden in engsten räumlichen Verhältnissen, sodass man allein aus diesem Grund auf eine Mittäterschaft mei-

nerseits hätte schließen können. Dass diese Überlegung nicht abwegig ist, kann man der Anklageschrift sowie der einseitigen Berichterstattung in den Medien entnehmen, die mich durch die Bezeichnung als Mörderin versucht haben vorzuverurteilen, wovor selbst ein Vertreter der Nebenklage in der Hauptverhandlung nicht zurückschreckte.

Kennen Sie das Motiv, die Motive von Uwe Mundlos, weswegen er mit Ihnen und Uwe Böhnhardt am 26. 1. 1998 untergetaucht ist?

Sein Motiv für das gemeinsame Untertauchen war ähnlich wie bei mir. Wir wollten das weitere Geschehen zunächst einmal aus der Ferne beobachten. Uwe Mundlos hatte viele private Unterlagen in der Garage gelagert. Auf dem dort gelagerten Propagandamaterial waren seine Fingerabdrücke, sodass auch er sich im Fokus der Ermittlungen sah und Zeit vergehen lassen wollte. Natürlich hatte auch er nicht im Sinn, über viele Jahre hinweg im Untergrund zu leben. Er wollte noch sein Abitur machen und anschließend Informatik studieren. Hierfür hatte er einige Schulbücher mitgenommen, um für die Abschlussprüfungen zu lernen. Wann zuletzt über seine Absicht zu studieren gesprochen wurde, weiß ich heute nicht mehr.

Zu Ihrer Einlassung vom 16. 3. 2016: War Uwe Mundlos bei Handgreiflichkeiten Uwe Böhnhardts Ihnen gegenüber zugegen? Wie hat er sich dabei verhalten?

Uwe Mundlos war bei zwei Handgreiflichkeiten anwesend. Er hat nicht einfach zugeschaut, sondern ist auf Uwe Böhnhardt los, um mich zu verteidigen. Zwischen beiden entwickelte sich jeweils eine heftige Prügelei, die ich nicht näher beschreiben möchte.

Gab es Überlegungen beziehungsweise Gespräche von Ihnen mit Uwe Böhnhardt und/oder Uwe Mundlos wie Sie, Uwe Böhnhardt und Uwe Mundlos sich im Falle einer Entdeckung durch die Polizei in der Wohnung in der Frühlingsstraße verhalten?

Die beiden hätten sich in einem solchen Fall erschossen. Es war nicht abgesprochen, wie ich mich in einem solchen Fall verhalten sollte. Ich hätte mich sicherlich nicht selbst erschossen, sondern hätte mich verhaften lassen. Gedanken darüber, ob die Wohnung noch in Brand hätte gesetzt und die DVDs hätten verschickt werden sollen, gab es nicht. Die Überlegungen, die Wohnung in Brand zu setzen und die DVDs zu verschicken, bezogen sich nur auf den Fall, dass ich alleine zu Hause bin und den beiden auswärts etwas zugestoßen wäre.

Frau Zschäpe möchte nun selbst etwas sagen.

Zschäpe *(ergreift zum ersten Mal nach dreieinhalb Jahren das Wort. Ihre Stimme ist fest, mit leichtem Thüringer Einschlag.)* Es ist mir ein Anliegen, das Folgende mitzuteilen. In der damaligen Zeit, als ich Uwe Mundlos und Uwe Böhnhardt kennengelernt hatte, identifizierte ich mich durchaus mit Teilen des nationalistischen Gedankenguts. Im Laufe der Zeit, in den Jahren des Untertauchens wurden diese Themen wie zum Beispiel die Angst vor Überfremdung jedoch zunehmend unwichtiger für mich. Heute hege ich keine Sympathien mehr für nationalistisches Gedankengut. Ich bin der Auffassung, dass Gewalt niemals ein Mittel zur Durchsetzung politischer Ziele sein sollte. Heute beurteile ich Menschen nicht nach ihrer Herkunft oder politischen Einstellung, sondern nach ihrem Benehmen. Ich verurteile das, was Uwe Böhnhardt und Uwe Mundlos den Opfern und deren Familien angetan haben, und bedauere mein eigenes Fehlverhalten, wie ich es in meinen bisherigen Stellungnahmen zum Ausdruck gebracht habe. *(Sie legt das Blatt zurück, von dem sie die Erklärung abgelesen hat.)*

Anwalt Scharmer Ich möchte noch einmal ausdrücklich fragen, ob sich an der Einstellung von Frau Zschäpe, keine Fragen der Nebenkläger zu beantworten, etwas geändert hat?

Verteidiger Borchert An dieser Einstellung hat sich nichts verändert, Herr Kollege.

(Dann gibt es noch drei Anträge der Nebenklage. Zum einen soll ein rechtsradikales Blatt namens »Voice of Zwickau« verlesen werden, in dem laut einem linguistischen Gutachten des BKA Uwe Mundlos einen Beitrag verfasst hat, in dem er von »multikulturellem Schwachsinn« redet und erklärt, dass Ausländer und Asylanten ihre Wohnungen selbst abbrennen. Die »Voice of Zwickau« gab Ralf Marschner heraus, ein V-Mann des Verfassungsschutzes. Das Gutachten ist bis zu diesem Zeitpunkt nicht in den Ermittlungsakten.

Außerdem wird Beweisantrag gestellt, einen alten Freund von Zschäpe, Mundlos und Böhnhardt zu hören, der ihnen im Untergrund geholfen haben soll. Der Mann wurde bereits vom Militärischen Abschirmdienst vernommen. Die Vernehmungsmitschriften sollen verlesen werden.

Schließlich wird beantragt, einen Polizisten zu hören, der am 21. Juni 1997 bei der Zufahrtskontrolle zur »7. Hetendorfer Tagungswoche« der »Artgemeinschaft – Germanische Glaubens-Gemeinschaft wesensgemäßer Lebensgestaltung« ein Auto kontrollierte, in dem auch Beate Zschäpe saß. Und es soll ein Verfassungsschützer gehört werden, der bestätigt, dass die ideologischen Konstanten dieser Tagungswochen Rassismus und Fremdenfeindlichkeit, Revisionismus sowie völkischer Kollektivismus, der Parallelen zum Nationalsozialismus aufwies, waren.

Dann lehnt Richter Götzl mehrere Anträge der Nebenkläger ab, unter anderem den, ein Foto in Augenschein zu nehmen, auf dem beim von Ralf Wohlleben organisierten »Fest der Völker« mehrere Männer mit Waffen-SS-Uniformen zu sehen sind. Das sei für die Entscheidung ohne Bedeutung.)

Tag 314

6. Oktober 2016

Anette Greger, Vertreterin der Bundesanwaltschaft. **Wolfgang Stahl**, Verteidiger von Beate Zschäpe. **Yavuz Narin**, Anwalt der Nebenklage.

(Der Verteidiger Andreas Lickleder, der heute Beate Zschäpes Verteidigerin Anja Sturm vertritt, trägt zu Beginn vor, warum er und seine Kollegen der Verlesung von Schreiben widersprechen, mit denen sich Zschäpe an das Gericht gewandt hatte. Es geht um Briefe, mit denen Zschäpe erfolglos darauf gedrungen hatte, Anja Sturm, Wolfgang Heer und Wolfgang Stahl als Verteidiger abzuberufen. Anschließend entgegnet die Bundesanwaltschaft.)

Oberstaatsanwältin Greger Sämtliche Schriftstücke, die die Angeklagte an den Senat oder dessen Vorsitzenden gerichtet hat, stellen Urkunden dar, die uneingeschränkt in die Hauptverhandlung eingeführt werden können, soweit sie als Beweismittel in Betracht kommen. Es besteht kein Anlass, sie von der gerichtlichen Aufklärungspflicht auszunehmen.

Verteidiger Stahl Aus meiner Sicht ist die Rechtsauffassung von Oberstaatsanwältin Greger zur Geheimhaltung der Kommunikation von Verteidigern mit ihren Mandanten exklusiv. Das Gesetz hat bedauerlicherweise einem Angeklagten zur Auflage gemacht, wenn er sein Verhältnis zu als Pflichtverteidigern bestellten Verteidigern ändern will, dass er sich damit an den erkennenden Richter wenden muss. Deswegen sind das Kernbereiche der Verteidigungskorrespondenz, die er hier gezwungen ist, dem erkennenden Richter zu offenbaren.

(Anschließend stellt Yavuz Narin, Anwalt der Familie des in München ermordeten Theodoros Boulgarides, einen neuen Antrag.

Anwalt Narin Ich beantrage, Frank G. als Zeugen zu vernehmen. Dieser wird bekunden, dass er am 7.5.2000 als Polizeiangestellter im Objektschutz für den Postendienst an der Synagoge Rykestraße in Berlin eingeteilt war und hierbei im sogenannten Sicherheitsbereich, wenige Meter neben dem Haupteingang der Synagoge, die Angeklagte Zschäpe, den Uwe Mundlos und zwei weitere Personen dabei beobachtete, wie diese sich mit Kartenmaterial beschäftigten. Dass er am selben Tag gegen 16 Uhr am Rande einer Wachablösung die Angeklagte Beate Zschäpe und den Uwe Mundlos erneut dabei beobachtete, wie diese sich zu Fuß in Richtung der Synagoge bewegten. Begründung: Ziel des Beweisantrags ist es, den Nachweis zu führen, dass die Angeklagte Zschäpe bereits zum damaligen Zeitpunkt an der Ausspähung und Bestimmung von potenziellen Anschlagszielen des NSU mitwirkte. Die Angeklagte identifizierte sich mithin noch vor der Begehung des ersten Mordes an Enver Şimşek mit den völkischen, antisemitischen und rassistischen Überzeugungen der Gruppierung und war gewillt, ihre Überzeugung, die sie in ihrer Einlassung vom 29.9.2016 als »nationalistisches Gedankengut« verniedlichte, durch terroristische Gewalttaten umzusetzen. Bei der Synagoge Rykestraße handelt es sich um das größte jüdische Gotteshaus Deutschlands. In unmittelbarer Nähe befindet sich der jüdische Friedhof Schönhauser Allee. Die im Spiel »Pogromly« verwendeten Darstellungen und Formulierungen wie »Du hattest auf ein Judengrab gekackt. Leider hattest Du Dir hierbei eine Infektion zugezogen. Arztkosten: 1000 RM« oder »Gehe zum nächsten KZ, um die gefangenen Juden abzugeben« zeigen, dass die Ersteller die Vernichtung jüdischer Menschen verherrlichten und selbst vor der Totenruhe keinen Halt machten. Die Angeklagte Beate Zschäpe räumte in ihrer Erklärung vom 21.1.2016 ein, dass Uwe Mundlos, Uwe Böhnhardt und sie das »Pogromly« genannte »Spiel« gemeinsam hergestellt hatten. Die Angeklagte räumte in ihrer schriftlichen Erklärung vom 9.12.2015 außerdem ein, dass sie bereits 1996 an der Herstellung eines Puppentorsos beteiligt war, der im Brust- und Rückenbereich mit einem Davidstern und der Aufschrift »Jude« versehen war und eine Schlinge um den Hals trug. Ferner ließ die Angeklagte am 9.12.2015 erklären, sie habe durch das Versenden von Briefbombenattrappen am 30.12.1996 gegen die verfälschende Berichterstattung in den Medien protestieren wollen, erinnere sich aber nicht mehr an den Inhalt der beigefügten Schreiben. Eines der Begleitschreiben ging bei der KPI-Jena ein und lautete: »Mit Bombenstimmung in das Kampfjahr 97. Auge um Auge, Zahn um Zahn. Dieses Jahr kommt Bubis dran!« Auch wurden in der Frühlingsstraße brandbeschädigte Festplatten beziehungsweise Videokassetten mit antisemitischer Propaganda sichergestellt, etwa ein Wahlwerbeplakat der NSDAP mit der Aufschrift »Die Juden sind unser Unglück« oder der nationalsozialistische Propagandafilm »Der ewige Jude«.

In den Verfahrensakten findet sich lediglich eine Vernehmung des Zeugen Frank G. durch das LKA Berlin vom 8.5.2000. Dieser war demzufolge am 7.5.2000 in der Zeit von 7 bis 19 Uhr für den Objektschutz im Bereich des Abschnitts 77, Posten Synagoge, Rykestr. 53 eingesetzt. Zwischen 13 und 14 Uhr hatte er Postendienst im sogenannten Sicherheitsbereich vor der Synagoge. Etwa 15 bis 20 Meter von der Synagoge entfernt fiel dem Zeugen im Außenbereich der Gaststätte Wasserturm, rechts vom Eingang, die Beate Zschäpe auf. Als der Zeuge die Zschäpe ansah, erwiderte diese mit einem »giftigen Blick«. Hierbei nahm er auch die Begleiter der Zschäpe, nämlich den Uwe Mundlos, eine weitere männliche sowie eine weibliche Person mit zwei Kindern wahr. Die Per-

sonen saßen an einem Tisch und waren mit einem Stadtplan oder einer Landkarte beschäftigt.
Gegen 13.45 Uhr verließ die Personengruppe die Gaststätte in Richtung der Wörther Straße, lief also auch am Eingang der Synagoge vorbei. Kurz vor 16 Uhr stand der Zeuge mit dem Streifenwagen vor dem Abschnitt 77 in der Immanuelkirchstraße. Als er im Auto saß und wartete, beobachtete er die Beate Zschäpe und den Uwe Mundlos, diesmal ohne Begleitung weiterer Personen. Am selben Abend sah der Zeuge den in der Sendung Kripo Live ausgestrahlten Fahndungsaufruf zu den Untergetauchten Mundlos, Böhnhardt und Zschäpe. Der Zeuge erkannte sofort Zschäpe als die Person wieder, die er zuvor an der Synagoge beobachtet hatte. Auch den Mundlos erkannte der Zeuge wieder, gab allerdings an, dass dieser anders als auf dem Fahndungsbild einen Kinnbart und etwas längere Haare getragen habe. Der Zeuge wandte sich umgehend telefonisch an das LKA und wurde am folgenden Tag, das heißt am 8.5.2000, vom LKA Berlin vernommen. Im Rahmen der Vernehmung schilderte der Zeuge seine Wahrnehmungen sehr präzise und beschrieb die beobachteten Personen äußerst detailliert. Auch erkannte er Zschäpe und Mundlos im Rahmen einer Wahllichtbildvorlage wieder. Gerade auch die Schilderung des Zeugen, die Person, die er als Uwe Mundlos identifiziert hatte, habe einen Kinnbart getragen, deckt sich mit den Erkenntnissen aus dem hiesigen Verfahren. Dies ergibt sich sowohl aus zahlreichen Aussagen von Beschuldigten und Zeugen als auch aus den in der Hauptverhandlung bereits in Augenschein genommenen Lichtbildern des Uwe Mundlos.
In einem Vermerk des BKA vom 24.4.2012 wird argumentiert, dass im Zeitraum von 1999 bis 2011 politisch motivierte Straftaten im Zusammenhang mit der betroffenen Synagoge nicht festgestellt worden seien. In der Frühlingsstraße sei lediglich die Anschrift der Jüdischen Gemeinde Berlin auf einer asservierten Adressliste verzeichnet, ohne dass entsprechende Straftaten dem NSU zugeordnet werden könnten. Dies ändert allerdings nichts an der Erforderlichkeit der beantragten Beweiserhebung. Tatsächlich ist die Synagoge in der Rykestraße sowohl durch die Polizei Berlin als auch durch einen eigenen Sicherheitsdienst der Jüdischen Gemeinde Berlin nach außen sichtbar gut geschützt. Auch die geografische Lage und Architektur des Gebäudes sowie die beiderseits vom Haupteingang der Synagoge deutlich sichtbar angebrachten Überwachungskameras ließen Anschläge auf das Gotteshaus beziehungsweise den benachbarten Friedhof äußerst riskant erscheinen. Aus den bekannten Aufzeichnungen zu ausgespähten pozentiellen Angriffszielen des NSU ist ersichtlich, dass durch die Täter eine sorgfältige Risikoabwägung durchgeführt wurde. Letztlich dürfte es der Feigheit von Zschäpe, Mundlos und Böhnhardt geschuldet sein, dass sich deren

Mord- oder Sprengstoffanschläge nur gegen wehrlose Menschen richteten. Die Synagoge Rykestraße dürfte dank der oben bezeichneten Umstände und Sicherheitsmaßnahmen als Anschlagsziel ausgeschieden sein.
Die Beweiserhebung wird ergeben, dass die Vorgehensweise des NSU der Angeklagten Zschäpe nicht nur bekannt war, sondern deren Aktionen von Anfang an auch unter ihrer aktiven Mitwirkung erfolgten und von dieser mitgetragen wurden.

(Dann verkündet Götzl umfangreiche Beschlüsse, mit denen er mehrere Beweisanträge ablehnt. Darunter ein Antrag, der sich auf den Neonazi Ralf Marschner richtet, der früher in Zwickau lebte und dort als V-Mann mit dem Decknamen »Primus« tätig war. Mittlerweile lebt er in der Schweiz. Es gibt die Aussage eines Zeugen, der nicht vom Gericht gehört wurde, derzufolge Uwe Mundlos seinerzeit für Marschners Baufirma gearbeitet haben soll – zu einem Zeitpunkt, als Mundlos bereits untergetaucht war. Zudem wollten Nebenklagevertreter Hinweisen nachgehen, Marschner könnte beauftragt gewesen sein, dem NSU Waffen zu besorgen. Götzl sagt, eine Mitarbeit von Mundlos bei Marschner würde keine weiteren Schlüsse zulassen. Es sei auch lediglich »spekulativ«, dass das Bundesamt für Verfassungsschutz durch »Primus« den Aufenthaltsort des untergetauchten Trios erfahren haben könnte. Selbst wenn dies so gewesen wäre, so Götzl, so würde dies nicht zu einer Schuldminderung im hiesigen Verfahren führen.)

Tag 315

12. Oktober 2016

Manfred Götzl, Richter. **Mario S.**, 54, Masseur und medizinischer Bademeister, ehemaliger Ortsteilbürgermeister von Jena-Winzerla. **Anette Greger**, Vertreterin der Bundesanwaltschaft. **Mathias Grasel, Wolfgang Heer, Wolfgang Stahl**, Verteidiger von Beate Zschäpe. **Olaf Klemke, Nicole Schneiders**, Verteidiger von Ralf Wohlleben. **Jacob Hösl**, Verteidiger von Carsten Schultze. **Hardy Langer, Edith Lunnebach**, Anwälte der Nebenklage.

(Erneut geht es um eine Schlägerei, die laut den Angaben des Angeklagten Carsten Schultze unter Beteiligung von Ralf Wohlleben Ende der Neunzigerjahre an der Straßenbahn-Endhaltestelle in Jena-Winzerla stattgefunden haben soll.)

Götzl Es geht uns um die örtlichen Verhältnisse an der Straßenbahnendhaltestelle in Jena-Winzerla im Zeitraum 1998 bis 2000. Ob sich dort ein Holzhäuschen befunden hat?

Mario S. Als ich die Vorladung bekam, musste ich erst mal lange überlegen. Das

Einzige, was da aus Holz steht, ist eine Imbissbude, die nennt sich »Grand Canyon«.

Götzl Inwiefern kennen Sie sich dort aus?

Mario S. Ich wohne in Winzerla, und dadurch, dass man ab und zu mit der Straßenbahn fährt, kennt man diese Hütte. Ich hab da mal ein Eis am Stiel gekauft.

Götzl Sie sind hereingeführt worden, Sie haben ja auch einen Blindenhund dabei. Ich muss Sie deshalb fragen: Sind Sie blind?

Mario S. Ich bin nicht schwarzblind, die Lichter sehe ich noch. Zur damaligen Zeit konnte ich auch noch wesentlich besser sehen. So ab 2003 wurde es schlechter.

Götzl Es geht mir noch um genauere Informationen, wir müssen das verbal bewältigen, ich kann Ihnen ja keine Skizze zeigen. Bitte schildern Sie uns, wo Sie welche Gebäude verorten.

Mario S. Das »Grand Canyon« ist an der Rudolstädter Straße. Als Erstes kommt eine Tankstelle, dann ein Autohaus, dann ist die Endhaltestelle, da ist das »Grand Canyon«. Gegenüber sind die Stadtwerke. Mehr ist da nicht.

Götzl Wie groß ist diese Imbissbude?

Mario S. Nicht größer als ein Gartenhaus, das man im Baumarkt kriegt.

Götzl Sonstige Gebäude aus Holz in diesem Bereich?

Mario S. Ich habe überlegt, wo noch so etwas gestanden haben könnte. Aber da ist nichts.

Götzl Der Bereich der Wendeschleife: Sonstige Gebäude in diesem Bereich?

Mario S. Da sind dann nur noch die Garagen aus Betonplatten, die an der anderen Seite der Straßenbahn sind. Etwas weiter oben ist der Jugendklub.

Oberstaatsanwältin Greger Gab es in diesem Bereich einen Kinderspielplatz?

Mario S. Oberhalb vom Jugendklub, der ist da auch noch.

Oberstaatsanwältin Greger Gab es ein Wartehäuschen?

Mario S. An der Straßenbahn ja, das ist aus Beton.

Oberstaatsanwältin Greger Wie weit ist die Entfernung des Spielplatzes zur Haltestelle?

Mario S. Etwa 200 bis 250 Meter.

Verteidiger Klemke Warum würden Sie das »Grand Canyon« nicht als Holzhütte bezeichnen?

Mario S. Das ist aus Holz, aber im Baumarkt kriegt man das als »Blockhaus«. Wenn Sie es möchten, können Sie es gern als Holzhaus bezeichnen.

Verteidiger Klemke Kann man die Hütte einfach mal so umstoßen?

Mario S. Oh nein, glaube ich nicht. Habe ich noch nicht probiert. Aber das ist da fest eingelassen.

Verteidiger Klemke Kennen Sie Ralf Wohlleben?

Mario S. Ja, er war von 2000 bis 2002, so genau weiß ich es nicht mehr, bei mir im Ortschaftsrat.

Verteidiger Klemke Hatten Sie viel mit ihm zu tun?

Mario S. Schon hin und wieder. Man hat sich nicht täglich gesehen. Wenn er was hatte, kam er zu mir. Mein Büro stand ja offen.

Verteidiger Klemke Wie war die Zusammenarbeit mit ihm?

Mario S. Der Ortsbeirat hat parteilos zu funktionieren, daran hat auch Herr Wohlleben sich gehalten.

Verteidiger Klemke Er hat keine Parteiarbeit gemacht?

Mario S. Nein, das hätte ich niemandem erlaubt. Da hätte ich ihm auf die Finger gehauen.

Verteidiger Klemke Wie schätzen Sie seine Persönlichkeit ein?

Mario S. Im Rahmen meiner Zusammenarbeit mit ihm kann ich nichts Negatives sagen. Er hat ordnungsgemäß mitgearbeitet, da kamen keine doofen Sprüche oder so was.

Verteidiger Klemke Haben Sie sonst noch Einblicke in seine Persönlichkeit gewonnen?

Mario S. Nein.

Verteidiger Klemke War er aufbrausend oder so etwas?

Mario S. Nein, so was gab es nie. Er war auch gelegentlich Patient bei mir in der Praxis, fällt mir ein.

Verteidiger Hösl Nach unseren Informationen soll eine Gartenbaufirma in der Mitte der Wendeschleife ihren Sitz haben oder einen Lagerplatz.

Mario S. Das Einzige, was ich weiß, dass die Bahn da ein Häuschen hat.

Verteidiger Hösl Unser Mandant Carsten Schultze hat einen Vorfall beschrieben, wo es darum ging, dass Personen geschlagen worden sind. Da hat er gesagt in seiner Vernehmung: »In der Mitte des Platzes ist so ein Holzhaus. Auf dem Weg dahin bin ich einem in den Rücken gesprungen … Das Häuschen wurde dann noch herumgerollt.«

Mario S. Ich überlege die ganzen Tage, ob da ein Häuschen gestanden haben könnte. Ich habe auch einen Streetworker gefragt, er konnte sich auch nicht erinnern.

Verteidigerin Schneiders Wer war denn der Streetworker?

Mario S. Das ist »Kaktus«, also der Herr G.

Verteidigerin Schneiders Haben Sie sich mit Herrn Wohlleben mal über politische Dinge unterhalten?

Mario S. Nein, haben wir nicht.

Anwältin Lunnebach Hatten Sie vor der heutigen Anhörung Kontakt zu den Verteidigern von Herrn Wohlleben?

Mario S. Nein.

Anwalt Langer *(hat einen Luftbildplan der fraglichen Örtlichkeit aus 1997 und 2000 dabei; eine der Aufnahmen wird an die Wand projiziert)* Da ist ein Haus parallel zur Haltestelle.

Ein Gebäude in L-Form. Da ist ein Platz, der fast die Mitte der Wendeschleife ausmacht. Können Sie die Örtlichkeit so bestätigen? Haben Sie da etwas einsehen können an der Haltestelle?

Mario S. Dass da das Gebäude in L-Form steht – keine Ahnung.

(Der Zeuge wird entlassen. Nun greift Götzl das Thema eines Beweisantrags von Tag 314 auf.)

Götzl An Sie, Frau Zschäpe, noch eine Frage: Haben Sie sich am 7.5.2000 in Berlin aufgehalten? Sind Sie gegebenenfalls in Begleitung weiterer Personen gewesen? Wenn ja, mit welchen? Wo haben Sie sich gegebenenfalls aufgehalten? Wie waren gegebenenfalls die näheren Umstände des Aufenthalts?

Verteidiger Grasel Wir werden das in Ruhe besprechen und dann nach der bewährten Methode hier verlesen.

(Dann trägt Zschäpes Verteidigerin Anja Sturm eine Replik zu einer Stellungnahme der Bundesanwaltschaft vor, in der es um die vom Gericht erwogene Verlesung von Schreiben geht, die Zschäpe an die Richter geschrieben hatte, um eine Abberufung ihrer Anwälte zu erreichen. Nach Ansicht Sturms und ihrer ebenfalls betroffenen Kollegen Wolfgang Heer und Wolfgang Stahl würde eine Verlesung die Rechte der Mandantin verletzen.)

Verteidiger Stahl Zu dem Verfahrenskomplex Beschlagnahme eines Briefes an Robin S. *(den in den vergangenen Verhandlungstagen wiederholt angesprochenen rechtsradikalen Brieffreund von Beate Zschäpe)* fällt mir bei Durchsicht der Nachlieferungen des Senats zu meinem Befremden auf, dass, obgleich dem Senat bekannt war, dass wir der Verwertbarkeit des Briefes widersprochen haben, Sie, Herr Vorsitzender, am 22.9.16 ein Schreiben von Herrn Robin S. erhalten haben aufgrund einer Anfrage, die Sie gestellt haben. Sie haben das weitergeleitet an Herrn Grasel, aber nicht an uns. Wir sind hier im Blindflug unterwegs! Das verwundert mich schon.

Götzl Herr Grasel hat uns angeschrieben und uns um Übersendung gebeten.

Verteidiger Stahl Das ist ja nicht der einzige Verteidiger von Frau Zschäpe, nicht wahr? Ich fühle mich ein wenig behindert in der Verteidigertätigkeit.

Verteidiger Heer Sie erinnern sich, dass wir einmal ausgeführt haben, dass Sie uns hier offensichtlich als Statisten betrachten, die nur dazu da sind, das Verfahren zu sichern? Natürlich müssen Sie uns auf den gleichen Kenntnisstand setzen wie Herrn Grasel!

Götzl Noch weitere Erklärungen?

Verteidiger Heer Wir hätten schon gerne eine Äußerung von Ihnen dazu!

Götzl Sie haben doch den Ablauf gehört.

Verteidiger Heer Dann beantragen wir förmlich eine dienstliche Äußerung von Ihnen dazu.

Tag 316

13. Oktober 2016

Manfred Götzl, Richter. **Erwin Sadorf**, 54, Schriftsachverständiger des Bayerischen Landeskriminalamts. **Olaf Klemke, Nicole Schneiders**, Verteidiger von Ralf Wohlleben. **Bernd Behnke, Alexander Hoffmann**, Anwälte der Nebenklage.

(Der Zeuge Marcel Degner hatte mehrmals vor Gericht bestritten, in den Neunzigerjahren als V-Mann des Verfassungsschutzes die rechte Szene ausgeforscht zu haben. Er steht damit im Widerspruch zur Aktenlage und zu den Aussagen maßgeblicher Beamter. Das Gericht hat in der Sache ein Schriftgutachten anfertigen lassen, das nun vorgestellt wird.)

Götzl Es geht um ein Schriftgutachten. Bitte erläutern Sie uns Ihr Gutachten.

Sadorf Das habe ich am 6. Oktober 2016 erstellt. Das Original möchte ich hiermit übergeben. Es ging um die Frage, ob die Unterschrift von Marcel Degner unter einer Erklärung vom 7.1.1999 des Landesamts für Verfassungsschutz Thüringen echt ist oder gefälscht, ob sie tatsächlich von Marcel Degner herrührt. 39 Vergleichsunterschriften waren das Vergleichsmaterial, von Nachteil war, dass diese von 2004 bis 2016 stammen. Insofern gab es keine Zeitgerechtigkeit. Es ergaben sich folgende Befunde: Schriftvergleichend ergaben sich weitgehende Übereinstimmungen. Es ergaben sich keine Merkmale, die auf Fälschungen hinweisen würden. Die fragliche Unterschrift war nicht sehr komplex, sodass sie nicht absolut fälschungssicher ist, allerdings insgesamt ergibt sich eine Aussage, die in Richtung Echtheit weist. Die Art und Wertigkeit der Befunde sprechen dafür, dass die Unterschrift mit überwiegender Wahrscheinlichkeit echt ist.

Götzl Können Sie einzelne Merkmale noch erläutern?

Sadorf *(kommt nach vorne, eine Unterschrift wird an die Wand projiziert)* Die Unterschrift war relativ durchgehend gefertigt, in einem Zug. Die Strichsicherheit war nicht sehr hoch, aber es gibt keine Befunde dafür, dass jemand nachahmend das gemacht hat, es handelt sich um eine relativ natürliche Schrift. Zum Vergleich *(weitere Unterschriftsproben werden gezeigt)*: Man sieht das »M« mit einem langen Anstrich, aber ohne Vorschwungschleife. Man findet gleichartige »e«. Hinsichtlich des »D«: Es hat relativ früh eine Krümmung, in den Vergleichsproben ist die Krümmung etwas später, der Bogen nicht ganz so breit. Das »g« wiederum hat eine kleine Schleife, aber man sieht, dass die späteren Unterschriften etwas weniger formbetont sind. Eine Formauflösung, dennoch kann man das Muster noch erkennen. Insgesamt also durchaus die fraglichen Merkmale innerhalb der

Variationsbreite. Die Abweichungen sind erklärbar als individuelle Auslenkungen, die Befundlücken könnten geschlossen werden, wenn man noch weitere, frühere Vergleichsunterschriften hätte.

Götzl Bitte schildern Sie uns noch Ihre Ausbildung.

Sadorf Ich habe in Mannheim Psychologie studiert, dann habe ich am Institut für Handschriftenvergleiche mitgearbeitet. Anschließend bin ich ins Bayerische LKA, seit 1994 bin ich dort. Ich habe mehr als 3000 Gutachten erstellt.

(Der Zeuge wird entlassen.)

Götzl Noch zum gestrigen Tag: Es ist so, dass das Gericht seit Beginn Akteneinsicht gewährt als Service durch Übergabe von CDs. Am 13.9.2016 wurde allen Verfahrensbeteiligten erneut entsprechend Einsicht gewährt. Rechtsanwalt Grasel beantragte mit Schreiben vom 23.9.2016 eine gesonderte Akteneinsicht durch Übersendung der Stellungnahme von Robin S. Diesem wurde per Fax entsprochen. Die Rechtsanwälte Stahl, Sturm und Heer haben keine derartige gesonderte Akteneinsicht beantragt in diesem Zeitraum. Am 12.10.16 wurde ihnen erneut Akteneinsicht durch Übergabe eines Datenträgers gewährt. Es wurde ihnen zur Kenntnis gebracht, bevor zu dem Komplex entschieden wurde. Sie haben natürlich die Möglichkeit, noch Stellung zu nehmen.

(Nach einer kurzen Pause wird die Verhandlung fortgesetzt.)

Verteidiger Klemke *(gibt eine Erklärung zum Zeugen S. vom Vortag ab)* Auch diese Aussage war ein weiterer Sargnagel in der Fantasiegeschichte des Carsten Schultze. Herr S. hat unmissverständlich bekundet, dass im Bereich der Endhaltestelle kein Holzhäuschen gestanden hat, das hätte umgeworfen werden können.

(Wohllebens Verteidiger beantragen, zu diesem Themenkomplex weitere Zeugen zu laden. Dann wechseln sie das Thema.)

Verteidigerin Schneiders Die Verteidigung des Herrn Wohlleben stellt fest, dass der Senat es für nötig hielt, Asservate von der Durchsuchung des Herrn Wohlleben in Augenschein zu nehmen und zu verlesen.

(Unter den bei Wohllebens Festnahme beschlagnahmten Gegenständen befand sich auch ein Aufkleber, der unterstellte, der Hitler-Stellvertreter Rudolf Heß sei ermordet worden. Heß beging 1987 im Kriegsverbrechergefängnis Berlin-Tegel Suizid.)

Verteidigerin Schneiders Offensichtlich erachtet der Senat die Umstände und die Bewertung des Todes von Rudolf Heß als Mord für die Tat- und Schuldfrage als beweiserheblich. Die Verteidigung besorgt, dass der Senat die Behauptung, Rudolf Heß sei ermordet worden, als vermeintliche Propagandabehauptung ohne Tatsachengrundlage zum Nachteil unseres Mandanten bewertet. Die nachfolgend beantragte Beweiserhebung wird indes ergeben, dass sich der Schluss aufdrängt, dass Rudolf Heß ermordet wurde. Zur Bewertung des Inhalts des in Augenschein genommenen und verlesenen Aufklebers ist dies seitens des Senats aufzuklären.

(Die Verteidiger beantragen, einen Krankenpfleger von Rudolf Heß – Abdallah Melaouhi – als Zeugen zu vernehmen. Er ist Autor eines Buches über Heß, das in rechtsextremistischen Kreisen populär ist, weil es die Mordthese stützen soll.)

Anwalt Hoffmann Der Antrag ist zurückzuweisen. Es ist bezeichnend, dass die Verteidigung Wohlleben uns hier Propaganda präsentiert, wie sie von den schlimmsten Nazi-Zeitungen verbreitet wird.

Anwalt Behnke Der Antrag ist zurückzuweisen, weil er mit der Sache, die hier verhandelt wird, nichts zu tun hat.

(Nach einer weiteren Pause verliest Götzl einen Beschluss, demzufolge das Gericht einen Antrag ablehnt, sämtliche Verfahrensakten beizuziehen, die der Generalbundesanwalt im NSU-Komplex führt – auch die Akten zu den parallel zum Prozess laufenden Ermittlungen gegen Unbekannt, also zu möglichen noch nicht bekannten Unterstützern oder Mitgliedern des NSU. Wohllebens Verteidiger beantragen eine längere Unterbrechung. Die Pause wird bis zum späten Nachmittag verlängert. Für eine Verzögerung sorgt, dass für den Angeklagten André Eminger nur noch eine Vertreterin der Verteidigung anwesend ist. Richter Götzl reicht das offenbar nicht – er lässt Verteidiger Kaiser, der schon am Flughafen ist, zurück in den Saal beordern. Anschließend verliest Wohllebens Verteidiger Klemke einen umfangreichen Befangenheitsantrag gegen sämtliche Richter des 6. Strafsenats. Grund ist der zuvor von Götzl verlesene Beschluss.)

Verteidiger Klemke Die abgelehnten Richter haben die Aktenlage nur selektiv und ergebnisorientiert berücksichtigt. Sie haben objektiv willkürlich entschieden.

Tag 317

26. Oktober 2016

Manfred Götzl, Richter. **Peter Lang**, Beisitzender Richter, **Frank G.**, 66, Rentner, er hat im Mai 2000 als Angestellter der Polizei die Synagoge an der Rykestraße in Berlin-Prenzlauer Berg bewacht. **Jochen Weingarten**, Vertreter der Bundesanwaltschaft. **Hermann Borchert, Mathias Grasel, Wolfgang Heer**, Verteidiger von Beate Zschäpe. **Olaf Klemke**, Verteidiger von Ralf Wohlleben. **Bernd Behnke, Mehmet Daimagüler, Hardy Langer, Sebastian Scharmer**, Anwälte der Nebenklage.

(Es geht wieder um die mutmaßliche Ausspähung einer Synagoge in der Rykestraße in Berlin durch Beate Zschäpe, Uwe Mundlos und Uwe Böhnhardt am 7. Mai 2000, die Anwalt Narin am Tag 314 angesprochen hatte.)

Götzl Frage an Sie, Frau Zschäpe, sollen denn die Fragen zu Berlin beantwortet werden?

Verteidiger Grasel Ja. *(Grasel beginnt die Antworten vorzulesen.)* Die Fragen des Senats vom 12. Oktober 2016 beantworte ich wie folgt. Ob ich mich am 7. Mai 2000 in Berlin aufgehalten habe, kann ich heute nicht mehr sagen. Ich erinnere mich, dass Uwe Mundlos, Uwe Böhnhardt und ich zwei Jahre nach unserem Untertauchen, etwa im Frühjahr oder Sommer 2000, in Berlin waren. Ich meine mich zu erinnern, dass es vor dem Umzug in die Heisenbergstraße in Zwickau war. Es gab keinen besonderen Grund für die Reise, außer, dass wir mal aus Chemnitz rauskommen wollten, das heißt, dass wir ein Wochenende in der Großstadt Berlin verbringen wollten. Wir sind an einem Wochenende mit dem Zug nach Berlin gefahren. Dort übernachteten wir in einer Pension, deren Namen ich beim besten Willen nicht mehr weiß. Ich erinnere mich daran, dass wir die meiste Zeit in der Innenstadt waren, und dort erinnere ich mich insbesondere an das KaDeWe, weil ich ein solches Kaufhaus noch nicht erlebt hatte. Wir waren auch am Alexanderplatz und am Brandenburger Tor. Wir sind tagsüber ab und zu in ein Café gegangen, wobei mir eine Gaststätte namens »Wasserturm« unbekannt ist. Ich hatte mit Uwe Mundlos und Uwe Böhnhardt zu keinem Zeitpunkt eine Synagoge aufgesucht oder, wie es der Vertreter der Nebenklage formuliert, ausgespäht. Ich kenne keine Synagoge in Berlin. Meine beiden Verteidiger hatten mir Bilder gezeigt, die die Rykestraße in Berlin und den Eingangsbereich zum Innenhof der Synagoge zeigen – ich kann mich an diese Örtlichkeit nicht erinnern.

Götzl Wir kommen dann zu dem Zeugen G. Nehmen Sie bitte Platz. Guten Morgen! Es geht uns um Mai 2000, ob Sie irgendwelche Beobachtungen während Ihrer Tätigkeit als Polizeiangestellter in Berlin im Bereich einer Synagoge gemacht haben. Erzählen Sie doch einfach mal.

Frank G. Naja gut, das ist 16 Jahre her. Ich hatte Tagdienst, bin Streife gelaufen vor der Synagoge. Wir mussten ja nicht nur die Synagoge selbst beobachten, sondern auch das Umfeld. Da sind mir drei junge Leute in einer benachbarten Kneipe aufgefallen, eine junge attraktive Frau mit zwei jungen Männern. Die junge Frau passte nicht zum Publikum, das dort sonst verkehrte, von ihrem Aussehen und der Kleidung her. Ein paar Tage später haben wir die Sendung »Kripo Live« geguckt. Das LKA Thüringen hat mit Bildern nach drei Personen gefahndet. Und da habe ich die junge Frau wiedererkannt. Ich habe dort angerufen und musste dann Hals über Kopf zum LKA Berlin, um eine Aussage zu machen. Auf einem Foto habe ich die junge Frau wiedererkannt. Bei den jungen Männern musste ich passen. Ich meine, den einen Mann in der Immanuelkirchstraße wiedergesehen zu haben. Also mehr kann ich dazu nicht mehr sagen.

Götzl Welche Erinnerungen haben Sie heute an die Frau?

Frank G. Sie hatte schwarzes, ziemlich langes, wallendes Haar, eine ziemlich schlanke Figur.

Götzl Was ist damit gemeint: Die junge Frau passte nicht so recht zum Publikum, das dort sonst verkehrte?

Frank G. Dass sie etwas zu elegant gekleidet war. Denn dort verkehrten in der Regel Studenten, und die waren anders gekleidet.

Götzl Was können Sie zur Kleidung der Frau sagen?

Frank G. Einen dunklen Rock hat sie angehabt und eine ziemlich farbige Bluse.

Götzl Was können Sie denn zum Aussehen der anderen sagen?

Frank G. Junge Männer, ziemlich groß, beide haben einen sehr kurzen Haarschnitt gehabt. Der eine, möchte ich sagen, fast schon Glatze.

Götzl Diese von Ihnen angesprochene Kneipe, wie weit ist die von der Synagoge entfernt?

Frank G. Vielleicht 20 Meter.

Götzl Und wo waren die Frau und die Männer genau?

Frank G. Sie saßen draußen in der Nähe vom Eingangsbereich der Kneipe.

Götzl Sie hatten geschildert, dass Sie von der Polizei damals vernommen worden sind. Sind Sie denn seitdem noch mal befragt worden?

Frank G. Nein, leider nicht. Sonst hätte ich heute noch mehr Erinnerungen daran.

Götzl Wie muss ich mir Ihre Tätigkeit vorstellen? Was haben Sie gemacht im Bereich der Synagoge?

Frank G. Hauptsächlich patroullieren und kontrollieren im Sicherheitsbereich. Achtgeben, dass keine Autos abgestellt werden im Sicherheitsbereich. Umfeld beobachten. Einschreiten, wenn es irgendwelche Vorfälle gegeben hat. Die hat es auch mehrmals gegeben.

Götzl Sind Sie an dem Lokal vorbeigekommen?

Frank G. Ja, an dem Lokal bin ich ständig vorbeigekommen. Es lag im Sicherheitsbereich. Das habe ich mehrmals passiert.

Götzl Ich lese Ihnen einfach noch mal vor, was hier im Vernehmungsprotokoll vom 8. Mai 2000 steht: »Kurz nach 13 Uhr fiel mir rechterseits der Eingangstür vor dem Restaurant eine Frau auf, welche für meinen Geschmack sehr gut aussah und im Stile der Sechzigerjahre gekleidet war.«

Frank G. Ja, das war aufgrund der sehr bunten Bluse gewesen. Ich bin ja selber in der Zeit aufgewachsen. Und da kann man das schon damit vergleichen.

Götzl *(liest weiter vor)* »Dementsprechend habe ich die Frau auch angeschaut, worauf diese das mit einem giftigen Blick erwiderte.«

Frank G. Daran kann ich mich jetzt nicht erinnern.

Götzl Hier ist noch von einer weiteren weiblichen Person die Rede.

Frank G. Also das weiß ich nicht mehr.

Götzl *(liest weiter)* »Alle vier saßen an einem Tisch. Die Personen waren während meiner Wahrnehmung mit einem Stadtplan oder einer Landkarte beschäftigt.« Haben Sie an so etwas eine Erinnerung?

Frank G. Ich sagte ja, ich habe nie wieder was davon gehört, und da habe ich das alles vergessen.

Götzl Nach Ihrer Erinnerung waren es drei Personen. Gab es noch irgendwelche Personen, die Sie denen zuordnen würden?

Frank G. Nee, da war nichts mehr.

Götzl Hier im Protokoll heißt es: »Des Weiteren konnte ich noch zwei Kinder, das eine circa zwei Jahre und das andere circa drei oder vier Jahre alt, wahrnehmen. Diese spielten in der Nähe des Tisches.«

Frank G. So genau weiß ich das nicht mehr.

Götzl Haben Sie denn am selben Tag die Personen noch mal wiedergesehen?

Frank G. Nee.

Götzl Hier heißt es auf Blatt 255: »Kurz vor 16 Uhr stand ich mit dem Streifenwagen in der Immanuelkirchstraße. Als ich im Auto saß und wartete, kamen die erste und die zweite von mir beschriebene Person am Streifenwagen vorbeigelaufen.« Laut Protokoll also am selben Tag.

Frank G. Das kann natürlich auch sein.

Götzl Bei dieser Sendung, die Sie gesehen haben, worum ging es denn da?

Frank G. Eine kleinere Ausgabe von »Aktenzeichen XY ungelöst« würde ich mal sagen. Vom MDR. Wenn ich mich noch recht dran erinnere, ging es um einen Raubüberfall.

Götzl Vorhalt: »Kurz vor 20 Uhr am gestrigen Abend schaute ich dann Fernsehen. Auf dem MDR lief die Sendung ›Kripo Live‹ (…) Als ich ins Wohnzimmer kam, wurden gerade Fahndungsfotos von drei Personen im Zusammenhang mit rechtsgerichteten Straftaten dargestellt.«

Frank G. Ja, das ist natürlich möglich, dass es damals noch am gleichen Abend passiert ist. Deswegen wahrscheinlich auch das Wiedererkennen.

Götzl Fragen an den Zeugen?

Verteidiger Borchert Konnte man von dem Restaurant aus die Synagoge sehen?

Frank G. Direkt war sie nicht zu sehen. Sie ist eingebettet in Wohnhäuser. Ein direkter Blick war nicht möglich.

Verteidiger Borchert Gab es am Eingangsbereich Videokameras damals?

Frank G. Zur damaligen Zeit gab es dort keine Videokameras.

Verteidiger Borchert Waren Sie als Sicherheitsperson erkennbar, oder waren Sie in Zivil?

Frank G. Nein, wir waren in Uniform, die uns als Angehöriger des Zentralen Objektschutzes auswies.

Verteidiger Borchert Die Dame, die Sie beschrieben haben, hatte die eine Brille auf?

Frank G. Nein, die hatte keine Brille auf.

Anwalt Scharmer Zur örtlichen Situation: Das Haus in der Rykestraße mit Eingang zur Synagoge, ist das die Nummer 53 gewesen?

Frank G. Ja. Im Vorderhaus war eine Schule, im Hof die Synagoge.

Anwalt Scharmer Ich kenne die Örtlichkeit gut, weil mein Büro da ist. Konnte man vom Vorbereich des Cafés auf den Sicherheitsbereich schauen?

Frank G. Auf diesen Vorplatz konnte man schauen.

Götzl Dann darf ich mich bedanken. Danke schön. Auf Wiedersehen.

(Der Zeuge verlässt den Gerichtssaal.)

Anwalt Daimagüler Der Zeuge hat bekundet, dass der Eingangsbereich der Synagoge gesichert war. Dass Polizeibeamte sichtbar dort zum Objektschutz eingesetzt waren. Dass der Objektschutz vom Eingangsbereich einsehbar war. Dass seine Beobachtung im Mai 2000 stattgefunden hat. Im September 2000 gab es den ersten bekannten Mord des NSU an Enver Şimşek in Nürnberg. Da drängt sich für mich der Eindruck auf, dass die Synagoge durchaus ausgespäht und dabei festgestellt wurde, dass die Synagoge gesichert und geschützt ist, und der Entschluss gefasst wurde, sich nach weichen, ungeschützten Zielen umzuschauen.

Götzl Ich hätte dann noch vier Fragen an Sie, Frau Zschäpe. Verfügen Sie über Informationen über Peggy Knobloch, die Sie nicht aus den Medien haben? Wer nutzte den PC, der laut Kriminalhauptmeister Lenk unter dem Hochbett im Brandbereich E in Ihrer Wohnung aufgefunden wurde? Befanden sich auf der Festplatte des PC Bilder von Kindern und Jugendlichen? Und welche Informationen haben Sie gegebenenfalls zu diesen Bildern? Können Sie dazu Angaben machen?

Verteidiger Borchert Die Antworten werden schriftlich erfolgen, Herr Vorsitzender.

Götzl Sollen noch Stellungnahmen zum Beweisantrag, Stichwort Heß, erfolgen?

Oberstaatsanwalt Weingarten Herr Vorsitzender, der Beweisantrag von der Verteidigung Wohlleben, gerichtet auf die Einvernahme des Zeugen Abdallah Melaouhi *(der letzte Krankenpfleger von Hitler-Stellvertreter Rudolf Heß)*, ist nach unserer Auffassung abzulehnen wegen Bedeutungslosigkeit aus tatsächlichen Gründen. Der Erhellung der Todesumstände des Rudolf Heß kommt in diesem Verfahren tatsächlich keine Bedeutung zu. Der Angeklagte Wohlleben meint offensichtlich, Heß wurde ermordet. Der propagandistische Gehalt dieser Aussage besteht unabhängig von den tatsächlichen Todesumständen. Das Mordmotiv ist gängiges Propagandamotiv der rechtsextremen Szene.

Götzl Dann kommt zur Verlesung Kopien zweier Artikel aus der »Freien Presse« vom 15. Juni 2000, Seite 2, und Seite 15, Lokalseite Chemnitz, die dem Beweisantrag von Rechtsanwalt Langer als Anlage beigefügt sind. *(Es geht um den Hinweis* *des Angeklagten Carsten Schultze, Wohlleben habe ihm berichtet, Mundlos oder Böhnhardt hätten am Telefon gesagt, sie hätten jemanden angeschossen. Es geht also um die Glaubhaftigkeit der Angaben von Schultze. Rechtsanwalt Langer wurde fündig.)*

Verteidiger Klemke Ich beanstande die Verlesung dieser Kopien. Erstmal ist festzustellen, ob diese Kopien dem Original entsprechen.

Anwalt Langer Gegebenenfalls kann ich bezeugen, dass ich in der Universitätsbibliothek Jena die Originale eingesehen habe. Ich habe auch Farbfotos von den Originalen gemacht. Die kann ich auch einreichen.

Götzl Ich verstehe das so, dass Sie sich als Zeuge anbieten, Herr Rechtsanwalt Langer? *(Götzl lacht.)*

Anwalt Langer Entschuldigung, ich habe Universitätsbibliothek Jena gesagt, die »Freie Presse« ist aber in der Bibliothek in Berlin.

Verteidiger Klemke Ich habe mich eben gefragt, ob wir schon bei der Vernehmung des Kollegen Langer sind, aber ich habe mich wohl geirrt.

Oberstaatsanwalt Weingarten Die beabsichtigte Verlesung der Kopien ist nicht unzulässig. Ein entsprechender Beweiswert – und da hat der Kollege Klemke recht – kommt der Verlesung am Ende nur zu, wenn im Strengbeweis festgestellt ist, dass es sich um eine Kopie des Originals handelt. Was aber der Absicht nicht entgegensteht, die Kopie jetzt zu verlesen.

Verteidiger Klemke Dann möge Herr Langer eben später vernommen werden, das ist mir gleich.

Götzl Dann kommen wir zur Verlesung von Seite 2, »Freie Presse«, Sachsen, 15. Juni 2000.

Richter Lang *(liest vor)* Auf der linken Seite, unten links; »Luftgewehrschuss auf Arbeiter. Chemnitz. Ein 23-jähriger Arbeiter ist in Chemnitz mit einem Luftgewehr beschossen worden. Laut Polizei führte der Mann Reinigungsarbeiten auf einer Baustelle aus, als er plötzlich einen Schmerz im rechten Unterarm spürte. Ein Arzt entfernte aus dem Arm einen Diabolo.«

Götzl Dann kommt zur Verlesung, Seite 15, Lokalseite Chemnitz, 15. Juni 2000.

Richter Lang *(liest weiter vor)* »Auf Bauarbeiter wurde geschossen. Auf einen Bauarbeiter in der Wolgograder Allee wurde gestern gegen 10.15 Uhr mit einer Luftdruckwaffe geschossen. Der Arbeiter, der mit Kehren beschäftigt war, verspürte einen Schmerz im rechten Unterarm. Der Arzt entfernte ihm ein Diabolo. Die Polizei bittet Zeugen um Hinweise.«

Götzl Mir geht es noch um eine organisatorische Frage. Das betrifft Sie, Herr Rechtsanwalt Heer, Herr Rechtsanwalt Stahl und Frau Rechtsanwältin Sturm. Es geht um den Termin am 10. November 2016. Da wurde mir mitgeteilt, dass Sie nur bis 13 Uhr an der Hauptverhandlung teilnehmen können. Hat sich das geklärt?

Verteidiger Heer Das hat nach wie vor Bestand.

Götzl Dann weise ich darauf hin, dass die Termine im Februar an alle versandt wurden. Weder Anwalt Heer noch Anwalt Stahl oder Anwältin Sturm teilten mit, dass sie verhindert seien. Am 19. 10. wies ich darauf hin, dass ich darum gebeten habe, dass wenigstens einer am ganzen Hauptverhandlungstag anwesend sein könne und dass bis 13 Uhr nicht ausreicht. Einer der Anwälte muss anwesend sein, um die rechtmäßige Verteidigung sicherzustellen. Der Termin ist seit Februar bekannt. Ich kann das in dieser Form nicht genehmigen. Der Termin war abgesprochen, und zwar mit Ihnen allen dreien. Es ist nicht ersichtlich, warum Sie diesen Termin nicht wahrnehmen können.

Verteidiger Heer Gehen Sie davon aus, dass wir wahrheitsgemäß auf Ihre Fragen antworten. Es gibt selbstverständlich einen Verhinderungsgrund.

Götzl Den Verhinderungsgrund teilen Sie uns nicht mit?

Verteidiger Heer Herr Vorsitzender, wir sind verhindert. Wir haben alles Erforderliche dazu mitgeteilt, und zwar so frühzeitig wie nötig.

Götzl Gibt es einen Verhinderungsgrund, den Sie uns mitteilen können?

Verteidiger Heer Selbstverständlich gibt es einen Verhinderungsgrund. Herr Weingarten, Sie schütteln den Kopf. Ich halte das nicht für angemessen. Es gibt einen Verhinderungsgrund, selbstverständlich, sonst würden wir ja keine entsprechende Mitteilung machen.

Götzl Sie sind Pflichtverteidiger, der Termin ist vereinbart und Sie sind an diesem Termin geladen.

Verteidiger Heer Wir werden bis 13 Uhr teilnehmen.

Götzl Der Termin ist für den gesamten Tag vereinbart.

Oberstaatsanwalt Weingarten Die Teilverteidigung der Angeklagten Zschäpe übersieht, dass die Mitteilung nicht ausreicht, um die tatsächliche Verhinderung darzulegen. Es ist zum Beispiel ein Unterschied, ob es um ärztliche Termine oder um Fortbildungstermine in Davos geht. Deswegen müssen Sie das mitteilen, damit der Vorsitzende das prüfen kann.

Verteidiger Klemke Oberstaatsanwalt Weingarten übersieht seinerseits, dass die Teilverteidigung – ein schönes Wort übrigens – von Frau Zschäpe nicht unbedingt mitteilen muss, warum sie verhindert ist, wenn dies der anwaltlichen Verschwiegenheitspflicht unterliegt. Es ist im Übrigen nicht einzusehen, warum Frau Zschäpe nicht durch ihren Wahlverteidiger und ihren zusätzlichen Pflichtverteidiger verteidigt werden kann, da ja ohnehin keine Kommunikation mehr zwischen den drei Pflichtverteidigern und ihrer Mandantin stattfindet. Das ist doch keine effektive Verteidigung, das ist doch alles nur ein Deckmäntelchen, was hier läuft.

Anwalt Behnke Aus der Praxis gesprochen: Wenn geladen ist, dann gilt die Ladung. Ich selbst kenne es von mir, es geht selten gut, sich zu entschuldigen. Es geht nur, wenn es um einen unaufschiebbaren Termin geht, um einen medizinischen Eingriff zum Beispiel. Oder die Verteidigung will heiraten.

(Vernichtender Blick von Rechtsanwältin Sturm.)

Anwalt Daimagüler Ich würde noch gern einen kurzen Antrag stellen.

(Daimagüler beantragt, die Akten der Staatsanwaltschaft Bayreuth zum Fall Peggy beizuziehen. Es bestehe der Verdacht, dass Zschäpe, Mundlos und Böhnhardt ihren Lebensunterhalt nach ihrem Untertauchen nicht nur durch Raubüberfälle und den Verkauf des menschenverachtenden und selbstgebastelten Brettspiels »Pogromly« verdienten, sondern auch durch den Vertrieb von Kinderpornografie. In der Woche davor war bekannt geworden, dass dicht neben dem Skelett der im Jahr 2001 ermordeten neunjährigen Peggy im Thüringer Wald eine DNA-Spur von Uwe Böhnhardt gefunden worden war.)

Götzl Stellungnahme?

Verteidiger Klemke Wir werden natürlich eingehend Stellung nehmen, sobald uns der Antrag schriftlich vorliegt. Übrigens, die Peggy hieß Knobloch, nicht Knoblauch. Aber dabei handelt es sich ja nur um ein deutsches Opfer.

Götzl Hier steht Peggy Knobloch.

Verteidiger Klemke Ich habe zehn Mal Knoblauch gehört.

Anwalt Daimagüler Dann hören Sie genauer zu. Ich habe Knobloch gesagt.

(Nebenklagevertreter Yavuz Narin und Antonia von der Behrens beantragen im Anschluss, eine Frau namens Annett W. als Zeugin zu laden, bei der es sich um die blonde Frau handeln könnte, die mit ihren Kindern mit Zschäpe damals in Berlin im Café neben der Synagoge saß. Annett W. sei eine Bekannte des sächsischen Rechtsradikalen Jan Werner, der sich damals ebenfalls in Berlin aufgehalten haben soll und als Vertrauter aus dem Umfeld der mutmaßlichen NSU-Terroristen gilt.)

Tag 318

27. Oktober 2016

Manfred Götzl, Richter. **Peter Lang, Michaela Odersky**, Beisitzende Richter. **Steffen G.**, 43, Geschäftsführer der Jenaer Nahverkehrsbetriebe. **Hardy Langer**, 49, Rechtsanwalt in Berlin, eigentlich Vertreter der Nebenklage, an diesem Tag als Zeuge im Gericht. **Jochen Weingarten**, Vertreter der Bundesanwaltschaft. **Olaf Klemke**, Verteidiger von Ralf Wohlleben.

(Es geht zum wiederholten Mal um eine Schlägerei an der Straßenbahn-Endhaltestelle in Jena-Winzerla Ende der Neunzigerjahre, bei der nach Angaben von Carsten Schultze auch Ralf Wohlleben beteiligt gewesen sein soll. Wohlleben bestreitet das.)

Götzl Herr G., guten Morgen! Sie sollen heute als Zeuge vernommen werden. Es geht um den Bereich der Wendeschleife an der Straßenbahn-Endhaltestelle in Jena-Winzerla Ende der Neunzigerjahre.

Steffen G. Ich bin erst seit Dezember 2014 Geschäftsführer des Jenaer Nahverkehrs. Zu der Zeit kann ich nichts sagen.

Götzl Kennen Sie die Örtlichkeit?

Steffen G. Ich habe mein halbes Leben in Jena verbracht, deswegen ist mir die Wendeschleife bekannt. Wie jedem anderen Jenaer auch.

Götzl Erinnern Sie sich, jetzt mal unabhängig von Ihrer Geschäftsführertätigkeit, ob sich dort ein Holzhäuschen befunden hat?

Steffen G. Ich habe im Archiv des Jenaer Nahverkehrs nachschauen lassen. Es ist mir nicht gelungen, ein Holzhäuschen in irgendeiner Art festzustellen.

Götzl Wären Sie so nett und würden an den Richtertisch kommen, dass Sie uns die Örtlichkeit mal erklären? *(Der Richter zeigt dem Zeugen ein Luftbild der Wendeschleife.)*

Steffen G. Das ist die Wendeschleife in Winzerla mit den Gleisanlagen. Der Gebäudekomplex in der Mitte der Wendeschleife ist ein Stahlbetonbau. Hier auf dem Nachbargrundstück befindet sich der Imbiss, der ist aber nicht im Besitz des Jenaer Nahverkehrs.

Götzl Haben Sie irgendwelche Informationen über irgendeine körperliche Auseinandersetzung in den Jahren 1998 oder 1999?

Steffen G. Nein. Ich habe Leute, die schon seit damals im Jenaer Nahverkehr beschäftigt sind, gefragt: Dazu gibt es keinerlei Informationen. Auch nichts in Bezug auf ein Holzhäuschen.

(Der Zeuge verlässt den Saal.)

Götzl Dann Herr Rechtsanwalt Langer. Bitte nehmen Sie Platz! Sie sollen heute als Zeuge gehört werden. Es geht zunächst um den Artikel aus der OTZ *(Abkürzung für Ostthüringer Zeitung)*.

Langer Also, ich bin am 29. und 30. August in Jena in der Thüringer Landesbibliothek gewesen. Dort habe ich mir die OTZ aus den Jahren 1998 und 1999 angeschaut. Ich habe immer das Titelblatt und die Seiten Thüringen und Jena und Umgebung durchgesehen. Dann bin ich auf besagten Artikel *(über eine Schlägerei in Jena-Winzerla)* gestoßen.

Götzl Gab es zu dem Artikel in der OTZ einen Vorbericht?

Langer Das ist mir auch aufgefallen, dass da auf einen Vorbericht verwiesen ist. Ich habe die Zeitungen zwischen dem 13. bis zum 29. Juli zweimal komplett durchgeblättert. Aber ich habe nichts gefunden. Ich habe auch bei der OTZ angerufen, aber sie archivieren nicht einmal ihre eigenen Zeitungen.

Verteidiger Klemke Was war Ihre Motivation, diese Erzählung des Carsten Schultze nachzuprüfen und nachzuforschen, ob es zu dem Zeitpunkt zu einer tätlichen Auseinandersetzung gekommen ist?

Oberstaatsanwalt Weingarten Diese Frage beanstande ich. Sie ist schlicht nicht zur Sache gehörig. Die Motivation ist gänzlich unerheblich. Die Frage ist provokativ.

Verteidiger Klemke Die Frage ist natürlich nicht provokativ. Ich halte die Frage schon für zur Sache gehörig. Es ist schon interessant, wenn ein Vertreter der Nebenklage versucht, die Glaubwürdigkeit eines Angeklagten zu stützen.

Götzl Soll die Beanstandung aufrechterhalten werden?

Oberstaatsanwalt Weingarten Ich halte einen Beschluss des Senats nicht für erforderlich. *(Das bedeutet: Weingarten verlangt keinen förmlichen Beschluss über die Zulässigkeit seiner Beanstandung und zieht sie zurück.)*

Langer Ich stehe der Aussage des Herrn Schultze weiterhin kritisch gegenüber. Aber ich sehe, dass sich Anhaltspunkte, die er genannt hat, bestätigt haben.

Götzl Vielen Dank, Herr Langer.

(Das Gericht verliest auf Antrag von Nebenklagevertreter Hardy Langer vom 31. August 2016 den Artikel aus der Ostthüringer Zeitung vom 29. Juli 1998.)

Richter Lang »Noch immer keine Spur von den Schlägertypen. Die Polizei sucht weiter Zeugen, die Hinweise zur Körperverletzung vom 12. Juli geben können. Gegen 2.45 Uhr wurden an der Straßenbahnhaltestelle Winzerla zwei junge Männer von sieben bis acht anderen jungen Männern angegriffen und zum Teil schwer verletzt. Einer musste mehrere Tage in der Klinik verbringen. Nach Aussagen der Geschädigten waren die Täter circa 180 cm groß, kurz geschoren und mit Bomberjacken bekleidet. Einer war sehr kräftig.«

(Dann geht es um die Herkunft der Tatwaffe Česká 83. Die Pistole mit Schalldämpfer soll über die Schweizer Mittelsmänner Peter Anton G. und Hans-Ulrich Müller aus der Schweiz nach Jena gekommen sein.)

Götzl Es kommt zur Verlesung: Ermittlungsrapport von Ursula H., Leiterin des Dezernats Leib und Leben der Kantonspolizei Bern, vom 10. August 2012. Sachaktenordner 600, Blatt 1161 bis 1180.

Richter Lang *(Der Beisitzende Richter Lang beginnt, den Bericht vorzulesen)* »Die Tatwaffe der erwähnten Mordserie konnte im Brandschutt des Domizils der Tatverdächtigten in Zwickau sichergestellt werden. Bei der Tatwaffe handelt es sich um eine Pistole der Marke Česká, Modell 83, mit Schalldämpfer, Waffennummer 034 678. Diese Waffe wurde zusammen mit einer anderen Pistole der Marke Česká, Modell 83, am 11. April 1996 von der Firma Schläfli & Zbinden per Post an Herrn G. Peter Anton zugestellt. Herr G. bestritt, bei der Firma Schläfli & Zbinden jemals Waffen gekauft zu haben beziehungsweise im Besitz von Pistolen der Marke Česká gewesen zu sein. Erwiesen war jedoch, dass Herr G. zwei Waffenerwerbsscheine erhalten hatte. Der Waffenerwerbsschein 1996/86/87 erlaubte ihm den

Erwerb von zwei Faustfeuerwaffen. Dieser wurde für den Kauf der beiden Pistolen der Marke Česká, darunter die Tatwaffe, eingesetzt. Herr G. gab damals an, dass ihm die Waffenerwerbsscheine vermutlich gestohlen worden seien.
Die Aussagen von Herrn G. ließen von Anfang an Zweifel aufkommen. Am Sonntag, 22. Januar 2012, berichtigte G. seine Aussagen. Er gab nun an, die Waffenerwerbsscheine in seinem Namen für Müller Hans-Ulrich beantragt zu haben. Auf Frage habe Herr Müller ihm erklärt, dass er die Waffen in Deutschland verkaufen werde. Für gewisse Kreise sei es schwierig, zu Waffen zu kommen. Herr Müller habe ihm dann geraten, keine weiteren Fragen mehr zu stellen. Nach erfolgter Hausdurchsuchung in seinem Domizil im Jahr 2009 und später, als die beiden für die ›Döner-Morde‹ Verdächtigten in Deutschland tot aufgefunden worden seien, hätten sie wieder darüber gesprochen. Herr Müller habe ihm bestätigt, dass er kurz nach der Übernahme der Waffen diese in Deutschland verkauft habe.«

Richterin Odersky *(Die Beisitzende Richterin Odersky liest weiter aus dem Ermittlungsrapport vor.)* »Am 17. Januar 1997 erfolgte im Domizil von Müller Hans-Ulrich eine Hausdurchsuchung. Es wurden dabei unter anderem Faust- und Handfeuerwaffen, Munition und Waffenzubehör sichergestellt. Die beiden Pistolen Česká und die Pistole Ruger, welche per Versand an Herrn G. und von dort weiter an Herrn Müller geliefert worden sein sollen, befanden sich damals nicht bei den sichergestellten Waffen. Im Weiteren wurde auch Adressenmaterial sichergestellt, worin unter anderem der Name Enrico Theile, Jena, ersichtlich war. Aus der aktiven Telefonkontrolle ergab sich, dass Herr Müller und Herr Theile nach wie vor in Kontakt stehen. Gestützt auf den Festnahmebefehl des zuständigen Staatsanwaltes wurde Müller Hans-Ulrich am Dienstag, 7. Februar 2012, nach seinem Ferienaufenthalt in Thailand bei der Einreise in die Schweiz vorläufig festgenommen. Auf Frage gab Herr Müller an, er habe seit circa 1985 bis ungefähr ins Jahr 2000 verschiedentlich Waffen gekauft, eingetauscht und verkauft. Namen von Käufern nannte er keine. Nach Deutschland habe er jedoch keine Waffen verkauft. Kontakte zu rechtsextremen Kreisen in der Schweiz oder in Deutschland verneinte er. Auch bei den weiteren Einvernahmen durch den Staatsanwalt und die Polizei blieb Herr Müller bei seinen Aussagen, nie eine Waffe oder Waffenerwerbsscheine von Herrn G. erhalten zu haben.«

Götzl *(liest weiter)* »Schlussbemerkungen: Trotz umfangreicher Ermittlungen fehlen die Beweise, dass Müller Hans-Ulrich jemals im Besitz der Pistole der Marke Česká, Modell 83, Nr. 034 678, mit welcher in Deutschland die ›Döner-Morde‹ begangen worden sind, war. Seine Aussagen stehen im Widerspruch zu den Aussagen von G., Peter Anton. Bei Herrn G. entstand der Eindruck, dass er über mehrere Jahre versucht hatte, seinen Freund, Müller, Hans-Ulrich, zu schützen. Herr Müller war von 1991 bis 1996 in D-Apolda (ehemalige DDR) wohnhaft und hat sich dort ein Umfeld aufgebaut. Am 9. Januar 1997 war er durch das Amtsgericht Jena wegen Drohung und illegalem Waffenimport verurteilt worden. Während dieser Zeit stand der Tatverdächtigte nachweislich in Kontakt mit den Zwillingsbrüdern Ron E. und Gil W. Im Oktober 1999 leitete das LKA Thüringen ein umfangreiches Ermittlungsverfahren gegen die beiden Brüder wegen Bildung einer kriminellen Organisation ein. Herr Müller stand schon damals in Verdacht, die Organisation mit Waffen versorgt zu haben. Während des Prozesses im Jahre 2001 soll unter anderem Theile Enrico die Außensicherung des Gerichtsgebäudes ausgekundschaftet haben. Herr Theile und Herr Müller stehen noch heute in engem Kontakt. Die Verbindung des Tatverdächtigen in das kriminelle Milieu der Region D-Jena ist somit erhärtet. Konkrete Waffenlieferungen konnten Herrn Müller jedoch bis heute nicht nachgewiesen werden. Ein direkter Kontakt zu den Tatverdächtigen der ›Döner-Morde‹ in Deutschland wurde weder bei Herrn Müller noch bei Herrn G. festgestellt. Auch ist bei beiden keine Verbindung in rechtsextreme Kreise erkennbar. Dezernat Leib und Leben, Unterschrift: Ursula H., Dezernatschefin.«

(Nach der Mittagspause schließt sich die Verteidigung des Angeklagten Ralf Wohlleben dem Antrag von Nebenklagevertreter Mehmet Daimagüler vom Vortag an, die Akten zum Fall Peggy der Staatsanwaltschaft Bayreuth beizuziehen. Kurz zuvor war bekannt geworden, dass die DNA von Uwe Böhnhardt möglicherweise durch eine Polizeipanne an den Fundort der ermordeten Peggy gelangt sein könnte. Im Anschluss verkündet Götzl den Beschluss des Senats, den Antrag der Verteidigung Wohlleben abzulehnen, Ursula H. von der Kantonspolizei Bern als Zeugin zu laden. Die Verteidigung von Wohlleben reagiert mit einem Befangenheitsantrag gegen den Senat.)

Tag 319

8. November 2016

Manfred Götzl, Richter. **Martin K.**, 36, Physiotherapeut, wurde am 12. Juli 1998 Opfer eines Neonazi-Angriffs an der Straßenbahn-Endhaltestelle in Jena-Winzerla. **Carsten Schultze**, Angeklagter. **Anette Greger**, Vertreterin der Bundesanwaltschaft. **Olaf Klemke**, Verteidiger von Ralf Wohlleben. **Johannes Pausch**, Verteidiger von Carsten Schultze.

Oberstaatsanwältin Greger Wir nehmen Stellung zu dem Antrag von Rechtsanwalt Daimagüler und Rechtsanwältin Başay vom 26. Oktober 2016. Der Antrag auf

Beiziehung der Ermittlungsakten zum Fall Peggy Knobloch der Staatsanwaltschaft Bayreuth und der Soko Peggy ist abzulehnen. Dem Antrag auf Akteneinsicht ist ebenfalls nicht nachzukommen. Begründung: Die allgemeine Aufklärungspflicht gebietet die Beiziehung dieser Akten nicht. Sie wären beizuziehen, wenn zu erwarten wäre, dass der Inhalt der Akten zur Aufklärung der hier angeklagten Taten konkret beitragen könnte. Das ist nach aktuellem Erkenntnisstand nicht der Fall. Es ist derzeit kein konkreter Aufklärungsgewinn zu erwarten. Das Ermittlungsverfahren im Fall Peggy Knobloch richtet sich gegen unbekannte Täter. Es besteht zwar ein möglicher Personenzusammenhang, da an einem Stoffstück am Ablageort der Leiche DNA des Verstorbenen Uwe Böhnhardt festgestellt worden ist. Die Ermittlungen zu dieser Spur stehen allerdings noch am Anfang. Eine Kontamination der Spur ist zum jetzigen Zeitpunkt ebenfalls nicht ausgeschlossen. Auch der Verweis der Antragsteller auf Tino Brandt trägt nicht. Denn nach bislang erfolgter Beweisaufnahme gibt es keine Hinweise, dass eine oder mehrere der untergetauchten Personen über Telefonate hinaus mit Tino Brandt näheren persönlichen Kontakt gehalten hätten. Auch der Verweis auf den Mordfall Bernd Beckmann *(in Jena wurde 1993 der neunjährige Schüler ermordet)* trägt nicht, weil es keine Anhaltspunkte dafür gibt, dass sich dazu Hinweise in den Akten der Staatsanwaltschaft Bayreuth fänden. Es gibt auch keine Anhaltspunkte, dass sich in den Akten Hinweise auf eine Finanzierung des Lebensunterhalts der drei Untergetauchten oder Hinweise auf ein mögliches Schreiben von Uwe Böhnhardt an die Mutter von Peggy Knobloch fänden. Dass sich die drei ihren Unterhalt möglicherweise auch durch Kinderpornografie finanzierten, ist reine Spekulation. Dafür gibt es keinerlei tragfähige Grundlage. Es gibt auch keine Anhaltspunkte dafür, dass sich Hinweise dazu in den Akten der Staatsanwaltschaft Bayreuth finden.

Götzl Dann rufen Sie doch bitte den Zeugen auf. Herr K., bitte kommen Sie nach vorne, nehmen Sie bitte Platz. Es geht uns um einen Vorfall aus dem Jahr 1998 im Bereich der Endhaltestelle an der Rudolstädter Straße in Jena-Winzerla. Erzählen Sie uns bitte, was sich damals zugetragen hat.

Martin K. Ich stand mit einem weiteren Opfer an der Endhaltestelle. Wir haben eine geraucht und geredet und wären dann jeder seines Weges gegangen. So aus dem Nichts heraus kam eine Gruppe von jungen Männern auf uns zu. Schon ein bisschen aggressiv. Sie haben gebrüllt. Es flogen auch Flaschen. Dann ging es ganz schnell. Wir wurden zu Boden gestoßen. Mein Begleiter, glaube ich, von zwei Menschen. Den Angreifer, der mich zu Boden geworfen hat, konnte ich abschütteln. Ich wollte dann flüchten. Da habe ich auf dem Fußweg eine weitere Person gesehen, die die Arme ausgestreckt hat, da wusste ich, da komm ich nicht weiter. Ich bin einfach querfeldein gelaufen. Ich hatte keinen Plan wohin. Dann bin ich an einer Wurzel oder so hängen geblieben. Dann lag ich da. Dann ging das Ganze los: Fußtritte, Beschimpfungen. Dann bin ich hochgezogen worden. Dann sollte ich meinen Begleiter rufen, weil der auch noch drankommen sollte. Was ich noch weiß, dass ich dann in so ein Spielplatzholzhäuschen gesteckt wurde. Dann war es vorbei. Darf ich vielleicht ein Wasser haben? Ich habe plötzlich einen ganz trockenen Mund.

(Eine Justizbeamtin bringt dem Zeugen Wasser.)

Götzl Sie erwähnten einen Begleiter. Wer war das?

Martin K. W., Björn. Er wohnte dort in der Nähe. Der konnte nach Hause flüchten und hat dann wahrscheinlich auch die Polizei gerufen.

Götzl Wie ging es weiter?

Martin K. Ich wurde in dieses kleine Häuschen verfrachtet und bin weiter attackiert worden. Dann war es vorbei. Ich habe mich da rausgeschlängelt, bin dann zur Rudolstädter Straße gelaufen, da kam mir der zweite Geschädigte entgegen – und dann auch schon der Notarztwagen.

Götzl Haben Sie Verletzungen davongetragen?

Martin K. Ja, ich hatte einen Nasenbeinbruch, der chirurgisch gerichtet werden musste. Ich lag eine gute Woche in der Klinik.

Götzl Sonstige Verletzungen?

Martin K. Nichts Dramatisches. Prellungen, blaue Flecke.

Götzl Waren weitere Personen anwesend?

Martin K. Ich meine, dass da ein Taxi gestanden hätte.

Götzl Gibt es ein Ereignis, das dem Vorfall vorausgegangen war?

Martin K. Wir haben gescherzt und bestimmt ein bisschen laut und auffällig geredet. Aber dass wir jetzt irgendjemanden angesprochen hätten, weiß ich beim besten Willen nicht.

Götzl Können Sie die Gruppe etwas näher beschreiben?

Martin K. Schätzungsweise sechs Personen. Aber ich habe nicht durchgezählt. Es ging halt schnell. Von der Optik her waren es schon Nazi-Skinheads. Bomberjacke, Armeehosen, kurze Haare, Springerstiefel.

Götzl Können Sie noch sagen, wer Sie als Erstes angegriffen hat?

Martin K. Es war eine kräftigere, dickere Person. Aber Gesichter oder Erkennungsmerkmale habe ich nicht wahrnehmen können. Dafür ging es zu schnell.

Götzl Was war mit Ihrem Begleiter?

Martin K. Wir standen zunächst ziemlich dicht beieinander. Ich habe aus dem Augenwinkel gesehen, dass er von zwei Männern angegangen wurde. Ich habe dann nur gemerkt, wie der kräftige Mensch auf mir lag und ich gedacht habe: Ich habe keine Chance.

Götzl Wissen Sie, ob Herr W. durch den Vorfall verletzt worden ist?

Martin K. Sicherlich auch Blutergüsse. Aber er war nicht in stationärer Behandlung. Wir haben nicht so viel über den Vorfall gesprochen, weil ich nicht darüber reden mag.

Götzl Zu welcher Uhrzeit ereignete sich der Vorfall?

Martin K. Es war Nacht, zwei oder drei Uhr. Es war im Juli, während der Fußball-WM. Das weiß ich noch, weil ich das Endspiel damals im Krankenhaus gesehen habe.

Götzl Wie alt waren Sie damals?

Martin K. Siebzehn.

Götzl Wie ging es weiter, als Sie im Holzhäuschen waren?

Martin K. Ich weiß nur, dass ich dann da drin lag. Und dann … dann … dann war es vorbei. Nach mehreren Tritten und mehreren Faustschlägen.

Götzl Haben die Tritte und Schläge Sie getroffen?

Martin K. Ja, die Tritte haben mich getroffen, überall am Körper. Ich habe nur gedacht: Krass, die treten mit Stiefeln auf dich ein.

Götzl Wo wurden Sie denn überall getroffen?

Martin K. Ich denke, überall. Ich habe da andere Gedanken gehabt, als das zu analysieren. Ich habe mit den Händen meinen Kopf geschützt, instinktiv.

Götzl Wurden Sie damals von der Polizei vernommen?

Martin K. Ich musste so 14 Tage später nach Jena-Lobeda zur Polizeiwache. Der Beamte hat das als Schlägerei aufgefasst. Ich hatte auch keine Kraft zu sagen, dass ich es mehr als Überfall oder so bezeichnen würde.

Götzl Konnte jemand als Täter ermittelt werden?

Martin K. Meiner Meinung nach nein. Ich habe damals nie wieder was davon gehört.

Götzl Sind Ihnen damals irgendwelche Lichtbilder gezeigt worden?

Martin K. Nein. Ich musste auch kein Phantombild machen, was man halt so denkt, was passiert.

Götzl Wie waren die Folgen für Sie?

Martin K. Es fällt mir schwer, hier zu sein. Ich habe die ganzen Bilder jetzt wieder im Kopf. Na ja, es geht mir nicht gut. Auch danach war ich nicht unbedingt der selbstbewussteste Mensch. Ich habe heute noch Probleme, wenn ich abends unterwegs bin. Und wenn ich auf betrunkene, grölende Männergruppen treffe, gehen bei mir die Alarmsignale an.

Götzl Sind Ihnen bei Ihrer Vernehmung durch das BKA am 19. Oktober 2016 Lichtbilder gezeigt worden?

Martin K. Ja.

Götzl Haben Sie darauf jemanden erkannt?

Martin K. Nein.

Götzl Sagt Ihnen der Name Wohlleben etwas?

Martin K. Der Name und das Gesicht sagen mir natürlich schon etwas. Auch durch diesen Prozess. Und Jena ist nicht so groß. Da ist der Name natürlich ein Begriff.

Götzl In Bezug worauf?

Martin K. Bezogen auf diesen Prozess. Der interessiert mich schon ein wenig.

Götzl Sagt Ihnen der Name Carsten Schultze etwas?

Martin K. Nein.

Götzl In dem Protokoll Ihrer Vernehmung heißt es zu Wohlleben: »Ob der damals dabei gewesen ist, kann ich beim besten Willen nicht sagen.«

Martin K. Ja.

Götzl Sagt Ihnen »Winzerclub« etwas?

Martin K. Der Name sagt mir was. Ich war nie da. Der Winzerclub lag in unmittelbarer Nähe des Wendekreises. Vielleicht 100 Meter entfernt.

Götzl Kommen Sie doch bitte mal nach vorne. Uns liegen Lichtbilder aus Ihren Krankenunterlagen vor.

(Der Richter lässt Fotos auf die Leinwände im Saal projizieren. Sie zeigen das malträtierte Gesicht von Martin K.: Seine Nase ist offenkundig gebrochen, sein rechtes Auge zugeschwollen.)

Martin K. Ja, ich sehe gezeichnet aus.

Götzl Ihr Auge war auch betroffen?

Martin K. Ja, aber die Nase war das Gravierendere.

Götzl Nehmen Sie bitte wieder Platz. Gab es denn für den Winzerclub noch eine andere Bezeichnung?

Martin K. Der hieß, glaube ich, später Hugo.

Götzl In Ihrer Vernehmung heißt es: »Auf einmal kam aus der Richtung Hugo eine Gruppe grölender Nazis auf uns zugelaufen.«

Martin K. Ja, aus Richtung Hugo. Ob direkt aus dem Hugo, das kann ich natürlich nicht sagen.

Götzl Haben Sie verstanden, was die Angreifer gesprochen haben?

Martin K. »Ihr seid selber dran schuld. Ihr lernt es auch nie.« An so einen Satz kann ich mich erinnern.

Götzl Sind Fragen an den Zeugen?

Verteidiger Klemke Sie schilderten mindestens sechs Angreifer, die Sie mit Frisur und Kleidung beschrieben. Ist Ihnen noch etwas aufgefallen?

Martin K. Bomberjacken, Armyhosen. Aber an Details kann ich mich nicht erinnern. Der Dickere, Kräftigere kam auf mich zu und stieß mich zu Boden.

Verteidiger Klemke Der Dickere, Kräftigere sagen Sie heute. Wissen Sie noch, wie Sie ihn damals beim BKA beschrieben?

Martin K. Ich glaube, ich habe Walross gesagt. So fühlte ich mich, als ich unter ihm lag.

Verteidiger Klemke Sie meinen von der Masse her, jetzt nicht aufgrund der konkreten Gestalt?

Martin K. Ich kann natürlich keinen Vergleich ziehen, weil ich noch nicht unter einem Walross lag.

Verteidiger Klemke Im Zusammenhang mit diesem bedauerlichen Vorfall, wie oft hatten Sie Kontakt mit der Polizei?

Martin K. Direkt danach, am selben Abend. Und dann eigentlich nur einmal, 14 Tage später, als ich in Lobeda das Protokoll unterschreiben musste. Und dann vor ungefähr drei Wochen beim BKA.

Verteidiger Klemke Wie viele Telefonate gab es mit dem BKA?

Martin K. Zwei oder drei.

Verteidiger Klemke Zwei oder drei?

Martin K. Eines, dass ich aussagen muss. Dann eines mit dem betreffenden Beamten, der mich befragt hat. Der hat nach der Vernehmung dann noch mal angerufen zwecks Entbindung der Schweigepflicht des Klinikums.

Verteidiger Klemke Was ist bei dem ersten Telefonat erörtert worden?

Martin K. Dass das BKA in dieser Sache auf mich aufmerksam geworden ist und demnächst eine Vorladung kommt. Dass ich aussagen soll. Reine Information.

Verteidiger Klemke Und beim zweiten Telefonat?

Martin K. Da hat mich der Beamte angerufen, dass eine schriftliche Vorladung kommt und dass ich in diesem Verfahren aussagen soll. Und dass es Hinweise gibt, dass ich als Zeuge wichtig wäre. So etwas in der Art.

Verteidiger Klemke In einem Aktenvermerk des BKA heißt es zum Inhalt eines Telefonats am 12. Oktober: Sie bestätigten, tatsächlich Opfer eines gewalttätigen Übergriffs einer Gruppe Nazis geworden zu sein.

Martin K. Ich habe bestätigt, dass es da was gab. Ich habe auch gesagt, dass es interessant ist, dass nach diesem langen Zeitraum etwas kommt. Ich habe auch gesagt, dass ich mit der damaligen Polizeiarbeit nicht so zufrieden war. Ich wollte auch ein bisschen was erzählen zu dem Vorfall, da hat er gesagt, das werde dann mit den Beamten geklärt.

Verteidiger Klemke Wissen Sie, ob es damals Presseberichterstattung gegeben hat?

Martin K. Es gab eine Berichterstattung, die mir auch der BKA-Beamte gezeigt hat. Ein paar Zeilen. Meine Mutter hatte mir den Zeitungsausschnitt damals auch gezeigt.

Verteidiger Klemke Haben Sie die Berichterstattung über das Verfahren hier verfolgt?

Martin K. Ja. Ich habe mir auch ein Buch von Stefan Aust ausgeliehen.

Verteidiger Klemke Heimatschutz?

Martin K. Nee, ich glaube, irgendwas mit NSU-Komplex.

Verteidiger Klemke Haben Sie es auch gelesen?

Martin K. Ja, ich habe es gelesen.

Verteidiger Klemke Haben Sie mal die Aussage des Herrn Schultze mitbekommen?

Martin K. Von wem?

Verteidiger Klemke Von Herrn Schultze.

Martin K. Beim BKA wurde mir eine Schilderung des Vorfalls im Wortlaut vorgelesen, aber ein Name wurde nicht erwähnt.

Verteidiger Pausch Wir haben keine Fragen, aber Herr Schultze möchte etwas sagen.

Schultze Guten Tag, Herr K. Ich wollte Ihnen sagen, dass mir sehr leidtut, was damals passiert ist. Ich war damals dabei. Ich habe mitgemacht, und dafür wollte ich mich entschuldigen. Danke. *(Er weint und wischt sich mit einem Taschentuch über die Augen.)*

Tag 320

9. November 2016

Manfred Götzl, Richter. **Nico E.**, 39, Küchenleiter aus Eisenberg in Thüringen. **Jochen Weingarten**, Vertreter der Bundesanwaltschaft. **Wolfgang Heer**, Verteidiger von Beate Zschäpe. **Olaf Klemke**, Verteidiger von Ralf Wohlleben. **Johannes Pausch**, Verteidiger von Carsten Schultze. **Seda Başay, Alexander Hoffmann, Edith Lunnebach**, Anwälte der Nebenklage.

Götzl Der Zeuge E. wird erst um 10 Uhr in München und, ich schätze, um Viertel nach hier sein können. Sind Anträge vorgesehen für heute? *(Schweigen.)* Keine. Dann wäre die Frage, ob Einwände bestehen, das Gutachten des Sachverständigen Herrn Professor Saß nächste Woche zu hören.

Verteidiger Heer Ja! Es wird noch etwas dauern, bis wir sein vorläufiges Gutachten geprüft und bewertet haben.

Götzl Können Sie eine Prognose abgeben?

Verteidiger Heer Nein, heute nicht.

(Das Gericht unterbricht die Hauptverhandlung, nach einer Pause wird sie fortgesetzt.)

Götzl Zu Ihrer Information: Der Zeuge hat sich komplett verfahren. Er befindet sich jetzt am Frankfurter Ring. Wir haben ihm gesagt, dass er sich ein Taxi nehmen soll. Herr Hoffmann?

Anwalt Hoffmann Ich bin etwas irritiert, dass darüber diskutiert wird, das Sachverständigengutachten zu hören, bevor über die Verwertbarkeit des Briefes von

Frau Zschäpe an Robin S. entschieden ist, dessen Inhalt sich ja auf das Gutachten auswirken kann.

Götzl Ja, ja. Wir ziehen jetzt die Mittagspause vor.

(Nach einer weiteren Pause wird die Verhandlung mit der Befragung des Zeugen fortgesetzt.)

Götzl Es geht uns um Kontakte zu Uwe Böhnhardt, Uwe Mundlos, Beate Zschäpe und Ralf Wohlleben. Und hier insbesondere in der Zeit nach dem 26. Januar 1998. Was können Sie uns denn dazu sagen?

Nico E. Das ist schon so ewig her. Wir waren gut befreundet. Dann haben wir uns aus den Augen verloren.

Götzl Können Sie uns schildern, wann Sie die genannten Personen kennengelernt haben?

Nico E. Das war ungefähr 1997 oder 1996, da habe ich den Ralf kennengelernt. Das war auf einer Gartenparty, glaube ich. Dann haben wir uns öfter getroffen, zum Schnattern, Bierchen trinken. Das Übliche. Also sporadisch.

Götzl Wie war es mit Uwe Böhnhardt?

Nico E. Wie gesagt, hin und wieder getroffen, geschnattert.

Götzl Wann haben Sie ihn kennengelernt?

Nico E. Auch ungefähr in dem Zeitraum, 1996, 1997.

Götzl Und Uwe Mundlos?

Nico E. Den habe ich öfter mal im Winzerclub getroffen, bei Feiern zum Beispiel.

Götzl Wie häufig haben Sie sich gesehen?

Nico E. Ein, zwei, drei Mal die Woche. Am Wochenende meist. Mal öfter, mal weniger.

Götzl Was können Sie zu Frau Zschäpe sagen?

Nico E. Das war damals die Freundin von Uwe Böhnhardt.

Götzl Welchen Zeitraum meinen Sie?

Nico E. Mal waren sie zusammen, mal waren sie nicht zusammen. Hat mich auch nicht interessiert. Wo ich sie kennengelernt habe, waren sie noch nicht zusammen. Ach, so genau kann ich das nicht mehr sagen.

Götzl Wie lange war Frau Zschäpe mit Herrn Böhnhardt zusammen?

Nico E. Keine Ahnung. Hat mich auch nicht interessiert.

Götzl Wie lange hatten Sie zu den betreffenden Personen Kontakt?

Nico E. Bevor sie dann auf der Flucht waren. Das habe ich erst aus den Medien erfahren.

Götzl Was haben Sie aus den Medien erfahren?

Nico E. Das war ein »Bild«-Artikel. Gesucht werden: Uwe Böhnhardt und Uwe Mundlos.

Götzl Wann hatten Sie zuletzt Kontakt zu Frau Zschäpe?

Nico E. Das ist schon sehr lange her. 2000? 2001? 1999? Was weiß ich.

Götzl Bei welcher Gelegenheit?

Nico E. Wo wir uns auf der Straße getroffen und mal Hallo gesagt haben.

Götzl Haben Sie die Situation noch in Erinnerung?

Nico E. Wie gesagt, das ist schon so lange her.

Götzl Sind Uwe Böhnhardt und Uwe Mundlos alleine gesucht worden? Oder noch weitere Personen?

Nico E. Die waren nur alle beide abgedruckt, mit einem Bild.

Götzl Und wann war das gewesen?

Nico E. Hmmm, mal überlegen. Wann war ich aus der Armee raus? So 2001, 2002 rum. Wie gesagt, es ist sehr lange her.

Götzl Wann war Ihr letzter Kontakt zu Herrn Wohlleben?

Nico E. Das war spontan. Da war ich in Jena, habe meine Mutter besucht. Ist aber auch schon sehr lange her. Müsste ich raten: 2005, 2004.

Götzl Wie häufig hatten Sie Kontakt zu Herrn Wohlleben?

Nico E. Wir hatten ja mal eine kurze Zeit zusammengewohnt. Und dann hat sich das alles im Sand verlaufen.

Götzl Gibt es einen Grund, warum Sie Wohlleben zuletzt 2004, 2005 getroffen haben?

Nico E. Ich hatte zu dem Zeitpunkt Familie. Da habe ich mich halt um meine Familie gekümmert. Meine damalige Lebensgefährtin hatte ein Kind bekommen, und ich habe mich um das Kind gekümmert.

Götzl Wie war Ihr Verhältnis zu Uwe Mundlos, Uwe Böhnhardt und Frau Zschäpe?

Nico E. Wir waren gut befreundet.

Götzl War denn Frau Zschäpe nach Ihrem Kenntnisstand auch mal nicht erreichbar oder auf der Flucht?

Nico E. Davon habe ich keine Ahnung. Aus den Medien habe ich erfahren, dass sie mit auf der Flucht war.

Götzl Wann haben Sie das erfahren?

Nico E. Das ist sehr lange her.

Götzl Grob?

Nico E. 2005, 6, 7?

Götzl Und wieso, weshalb, warum sie auf der Flucht ist, dazu haben Sie nichts erfahren?

Nico E. Nö, hat mich ja nicht interessiert. Mir ist nur zugetragen worden, dass Uwe und Uwe auf der Flucht sind. Wer da jetzt mitgelaufen ist, da hatte ich keine Ahnung von.

Götzl Wie war der Kontakt zwischen Herrn Wohlleben und Uwe Böhnhardt, Uwe Mundlos und Beate Zschäpe?

Nico E. Wie bei uns allen: freundschaftlich. Man hat sich mal getroffen, mal Bierchen getrunken, hat mal gefeiert zusammen, mal zusammen getanzt, Musik gehört.

Götzl Nachdem Uwe Mundlos und Uwe Böhnhardt verschwunden waren, haben Sie mit Wohlleben mal darüber gesprochen?

Nico E. Nö.

Götzl Sie sagen, Sie waren alle miteinander befreundet. Dann verschwinden zwei. Und dann ist das kein Gesprächsthema?

Nico E. Wenn Sie eine Frau im Nacken haben, die einkaufen will und drängelt, dann bestimmt nicht.

Götzl Haben Sie Frau Zschäpe nach dem Verschwinden von Uwe Mundlos und Uwe Böhnhardt noch mal getroffen?

Nico E. Nein.

Götzl Haben Sie nach dem Verschwinden telefonischen Kontakt zu Uwe Böhnhardt und Uwe Mundlos gehabt?

Nico E. Nein.

Götzl Hatten Sie mit Frau Zschäpe telefonischen Kontakt nach dem Verschwinden?

Nico E. Nein. Ich hatte auch nicht ihre Nummer.

Götzl Haben Sie mal Handys an Freunde gegeben?

Nico E. Selbstverständlich. Mal 'ne Woche: »Hier, nimm mit!« Waren meistens Prepaidhandys.

Götzl Wissen Sie noch an wen?

Nico E. Boa, nee, das waren so viele. Man hat ja gerne gegeben. Man hat ja Freunden geholfen, wo man nur konnte.

Götzl Haben Sie Ihr Handy auch mal an Herrn Wohlleben weitergegeben?

Nico E. Bestimmt. Wann das aber genau war, keine Ahnung.

Götzl Wann haben Sie bei ihm gewohnt?

Nico E. Pfff. Wann war denn das? 1999, 2000, so ungefähr? Da hat er noch in Jena-Göschwitz gewohnt. Da hat er mir mal Unterschlupf gegeben.

Götzl Unterschlupf?

Nico E. Da war ich gerade in Trennung. Da hat er gesagt, dann kommst du halt zu mir.

Götzl Erinnern Sie, Herrn Wohlleben ein Handy gegeben zu haben?

Nico E. Er hatte mich mal gefragt, ob er mal mein Handy benutzen darf. Ja, von mir aus. Ich habe mir da auch keinen Kopf gemacht. Man fragt da ja auch nicht nach. Kann ja sein, dass er seine Mutti anrufen wollte.

Götzl Haben Sie damals auch mal nur eine SIM-Karte weitergereicht?

Nico E. Bestimmt. SIM-Karten wurden ja damals weitergereicht wie Sand am Meer. Ich hatte damals zwei, drei, vier gehabt. Man hat damals nicht so nachgedacht. Man hat es gerne gegeben.

Götzl Sind Sie mal vom Militärischen Abschirmdienst, MAD, befragt worden?

Nico E. Zweimal. Ich wollte Zeitsoldat auf acht Jahre werden. Bin dann angeschwärzt worden und wurde deshalb nach vier Jahren entlassen, weil ich angeblich nicht mehr tragbar war.

Götzl Haben Sie noch eine Erinnerung an das Gespräch?

Nico E. Die haben mir irgendwelche Fragen gestellt. Woher ich den Tino Brandt kenne. Woher ich den Herrn Wohlleben kenne. Welche Musik ich höre. Welche politische Einstellung ich habe. Das Übliche eben.

Götzl Was haben Sie über Wohlleben gesagt?

Nico E. Dass ich ihn gut kenne, dass er halt ein Freund ist.

Götzl Haben Sie damals wahrheitsgemäße Angaben gemacht?

Nico E. Selbstverständlich.

Götzl Uns liegt ein Bericht vom 16. Mai 2000 über ein Gespräch des MADs mit Ihnen vor. Darin heißt es auf Seite 5: »Den Ralf Wohlleben kenne er« – also Sie, Herr E. – »etwa ab der fünften Schulklasse. Seine und Wohllebens Mutter hätten sich damals häufig getroffen, wodurch er und Wohlleben auch zusammen gewesen seien.« Sie haben heute geschildert, Sie hätten Herrn Wohlleben erst 1996 oder 1997 kennengelernt.

Nico E. Ralfs Eltern kennen meine Eltern mit Sicherheit nicht. Ich war da bei der Befragung auch sehr aufgeregt.

Götzl Weiter heißt es hier: »Für ihn sei Wohlleben eine Art Cousin, auch wenn kein Verwandtschaftsverhältnis bestehe.«

Nico E. Ja, wie gesagt, wir waren sehr eng befreundet. Er war wie ein Bruder für mich.

Götzl *(liest weiter vor)* »Anfang 1993 habe er auf der Geburtstagsparty des Wohlleben unter anderem den Kapke, André, Mundlos und Böhnhardt kennengelernt.«

Nico E. Dann war es halt '93.

Götzl Weiter heißt es: »Man könne dies als seinen Einstieg in die rechte Szene bezeichnen. In dieser Gruppe bekam er Anerkennung.«

Nico E. Oh, danke! *(Der Zeuge grinst den Angeklagten Wohlleben an, Wohlleben grinst zurück.)* Nee, Freunde hatte ich auch vorher genug.

Götzl Ja, haben Sie das so dem MAD gegenüber angegeben?

Nico E. Das mit der Anerkennung bestimmt nicht. Ich wollte einfach nur die Verlängerung als Zeitsoldat haben. Da habe ich denen nur erzählt, was sie gerne hören wollten.

Götzl *(liest weiter vor)* »Als Anführer hätten sich Wohlleben und Kapke hervorgetan.«

Nico E. Ich sage mal, André, das war halt ein pummeliger, dicker Mann. Der hat eine große Fresse gehabt.

Götzl *(liest vor)* »Wohlleben sei seiner Meinung nach von der Gruppe als Anführer anerkannt worden. Den Kapke habe die Gruppe nur belächelt.«

Nico E. Nicht als Anführer, aber Ralf war mehr geachtet als André.

Götzl Kennen Sie Tino Brandt?

Nico E. Brandt hatte mich damals ja angeschwärzt, die Ratte. Deswegen habe ich die acht Jahre Bundeswehrzeit nicht gekriegt.

Götzl Haben Sie mal für Herrn Wohlleben ein Postfach auf Ihren Namen eingerichtet?

Nico E. Nicht nur eines, zwei.

Götzl Wann war das?

Nico E. 1998, 1999, 1997?

Götzl Hier in dem Bericht ist die Rede davon, dass Sie im Auftrag von Wohlleben im September 1995 in Jena ein Postfach angelegt haben: »Unter dieser Anschrift sollten Verfassungsschutzberichte vom Thüringer Landesamt für Verfassungsschutz angefordert werden.«

Nico E. Ja, das stimmt. Man wollte sich ja belesen.

Götzl *(liest weiter aus dem MAD-Bericht über E. vor.)* »Bedingt durch die Trennung im Februar/März 1999 von seiner damaligen Freundin sei er aus der gemeinsamen Wohnung ausgezogen. Um nicht wieder bei seinen Eltern wohnen zu müssen, habe er für die Dauer von einem Monat bei Wohlleben gewohnt, wobei sich dies auf die Wochenenden beschränkt habe, da er unter der Woche am Dienstort in der Kaserne wohne. Die Wochenenden bei Wohlleben seien mit Partys und Frustsaufen verbracht worden.«

Nico E. Ja, das war, als ich dann beim Ralf eingezogen bin.

Götzl Der Befragungsbericht des MAD stammt von Mai 2000. Wie war zu der Zeit Ihr Kontakt zu Wohlleben?

Nico E. Wie gesagt: Am Wochenende, wenn ich von der Armee nach Hause gekommen bin.

Götzl Zu der Zeit hatten Sie Kontakt zu ihm?

Nico E. Zu Ralf? Ja.

Götzl Auf Seite 7 des Berichts steht: »Seitdem er mit seiner jetzigen Verlobten zusammen sei, halte er sich nur noch bei ihr auf. Im Sommer 1999 habe er Wohlleben zuletzt gesehen. Damals habe Wohlleben als Teppichverkäufer gearbeitet.«

Nico E. Wie gesagt, wir haben uns sehr sporadisch gesehen, mal auf ein Bierchen getroffen.

Götzl Ich halte Ihnen weiter vor: »Aufgrund seiner heutigen Lebenssituation habe er keinen Kontakt mehr zu Wohlleben.« Das ist schon ein Unterschied zu dem, was Sie uns heute sagen.

Nico E. Weil ich unbedingt die Verlängerung bei der Bundeswehr wollte.

Götzl Haben Sie Informationen zu Briefbombenattrappen, die Ende Dezember 1996 an die Polizeidirektion Jena, die Lokalredaktionen der Thüringer Landeszeitung und die Stadtverwaltung Jena gingen? Ist Ihnen dazu etwas bekannt?

Nico E. Das Einzige, was ich weiß: Es gab mal so eine Stoffpuppe an einer Autobahnbrücke. Da musste ich zur Vernehmung.

Götzl Hatten Sie dazu weitere Kenntnisse?

Nico E. Gar nichts.

Oberstaatsanwalt Weingarten Nur noch mal zur Klarstellung. Wenn ich Ihnen vorhalte, dass Uwe Mundlos und Uwe Böhnhardt, jedenfalls nach meiner Kenntnis, am 26. Januar 1998 untergetaucht sind. Haben Sie sich nach Januar 1998 jemals mit Herrn Wohlleben über das Untertauchen von Uwe Mundlos und Uwe Böhnhardt unterhalten? Sie stehen unter strafbewehrter Wahrheitspflicht, Herr E..

Nico E. Meines Erachtens nein.

Oberstaatsanwalt Weingarten Auch nicht an den Wochenenden, an denen Sie bei Herrn Wohlleben übernachtet haben?

Nico E. Ich wollte es nicht wissen. Da wurde nie ein Wort darüber verloren.

Anwältin Lunnebach Gehörten Sie vor 1998 selbst der rechten Szene an?

Nico E. Ja.

Anwältin Lunnebach Waren Sie nur trinken mit rechten Genossen? Oder nahmen Sie auch an politischen Aktivitäten teil?

Nico E. Trinken, viel trinken. Und auch mal 'ne Demo.

Anwältin Lunnebach Auch mal 'ne Kreuzverbrennung?

Nico E. Da gibt es ein Foto, ja. Das weiß ich. Da bin ich gefesselt bei einer Kreuzverbrennung. *(Zschäpe hat dieses Foto im August 1996 bei einer Vernehmung durch das LKA Thüringen beschrieben: »Auf Bild 9 erkenne ich jetzt einwandfrei den Nico E., der von Uwe Böhnhardt aus Spaß gefesselt wird. Das war zu einer der Feten mit brennendem Kreuz.«)*

Anwältin Lunnebach Haben Sie nach dem Untertauchen der beiden Uwes mit Wohlleben über die Frage gesprochen, warum die beiden untergetaucht sind?

Nico E. Nee. Es ging mich damals nichts an. Und gut ist. Was ich nicht weiß, macht mich nicht heiß.

Anwältin Başay Im Brandschutt in der Zwickauer Frühlingsstraße wurde ein Handy gefunden, auf dem am 25. August um 14.48 Uhr eine SMS eingegangen ist, die ich Ihnen gerne vorhalten möchte: »Von Ebi ist nichts mehr zu hören! Seit Wochen hat man nichts mehr gehört. Sonst gibt's nichts Neues. Meld' mich die

Woche noch mal!« Es kamen noch mehr SMS von derselben Nummer, eine endet mit: »Meld' mich! Ralf« Sagt Ihnen das was?

Nico E. Es gab noch andere, die Ebi genannt wurden. Ich bin mir keiner Schuld bewusst. Ich hatte ja nur sporadischen Kontakt zu Wohlleben.

Verteidiger Klemke Es ist nicht erwiesen, dass die SMS von Herrn Wohlleben ist.

Verteidiger Pausch Kennen Sie Enrico Theile? *(Freund von Mundlos, Böhnhardt und Zschäpe aus der rechten Szene Jenas.)*

Nico E. Nee.

Verteidiger Pausch Jürgen Länger?

Nico E. Kenne ich nicht.

Verteidiger Klemke Ich beanstande die Frage. Es ist nicht ersichtlich, inwiefern das Kennverhältnis des Zeugen zu Herrn Länger irgendwie zur Sache gehörig ist.

Götzl Das sehe ich jetzt nicht so.

Verteidiger Klemke Dann beantrage ich einen Gerichtsbeschluss!

Nico E. Also mir sagen die Namen nichts.

Verteidiger Pausch Andreas Schultz?

Verteidiger Klemke Sie beantworten die Frage nicht, Herr Zeuge! Ich beanstande die Frage.

(Das Gericht unterbricht für 15 Minuten, dann wird die Verhandlung fortgesetzt.)

Götzl Nach Beschluss des Senats ist die Frage zulässig.

Verteidiger Pausch Kennen Sie Andreas Schultz *(Mitarbeiter im rechten Jenaer Szeneladen Madley)*?

Nico E. Sagt mir nichts.

Verteidiger Pausch Das Madley?

Nico E. Nö.

Tag 321

16. November 2016

Manfred Götzl, Richter. **Herbert Diemer**, Vertreter der Bundesanwaltschaft. **Nicole Schneiders**, Verteidigerin von Ralf Wohlleben. **Alexander Hoffmann, Alexander Kienzle, Sebastian Scharmer,** Anwälte der Nebenklage.

(Anwalt Kienzle verliest einen Beweisantrag. Die Nebenklagevertreter Alexander Kienzle, Thomas Bliwier, Doris Dierbach und Bilsat Top wollen beweisen, dass Reiner Görlitz, Mitarbeiter des Verfassungsschutzes Brandenburg, vor Gericht gelogen hat. Görlitz war V-Mann-Führer von Carsten Szczepanski, Tarnname Piatto. Auf Piattos Handy ging am

25. August 1998 um 19.21 Uhr eine SMS von dem mutmaßlichen NSU-Unterstützer Jan Werner ein: »Hallo, was ist mit dem Bums?« Die Opferanwälte lesen »Bums« als Umschreibung für eine Waffe. Es geht also um die Frage, ob V-Mann Piatto in eine Waffenbeschaffung für die mutmaßlichen NSU-Terroristen involviert war. Vor Gericht sagte Piatto, er habe die SMS nie erhalten. Auch sein V-Mann-Führer Görlitz hatte vor Gericht gesagt, die SMS habe niemanden erreicht, da Piatto am selben Tag schon gegen 16 Uhr sein altes gegen ein neues Handy eingetauscht und das alte Handy abgeschaltet habe. Die Opferanwälte glauben das nicht. Sie verweisen auf einen als geheim eingestuften Vermerk des Verfassungsschutzes und auf die Handyabrechnung, auf der Verbindungen noch nach 16 Uhr vermerkt seien. Sie verweisen auch auf eine angebliche SMS-Kommunikation zwischen Jan Werner und Carsten Szczepanski wenige Tage später. Piatto habe dafür sein neues Handy genutzt. Es sei zur Tarnung auf den Namen Dieter Borchert angemeldet gewesen. Die Nebenklagevertreter werten dies als bewusste Irreführung der Polizei durch den Verfassungsschutz. Das LKA Thüringen hatte Jan Werner damals überwacht und stieß dabei auch auf den Namen Dieter Borchert. Dass sich dahinter Carsten Szczepanski alias Piatto verbarg, sollen die Ermittler nicht gewusst haben.)

Anwalt Kienzle *(liest vor)* »Bislang wurde seitens des Ministeriums des Innern Brandenburg – gestützt auch auf die Angaben des Zeugen Görlitz – die Legende gebildet, dass der dortige Verfassungsschutz keine Kenntnis von einer mit der Waffenbeschaffung für das Trio im Zusammenhang stehenden SMS des Jan Werner an die Quelle haben konnte. Die Angaben des Zeugen Görlitz sind falsch.

Der Vermerk *(über das Treffen zwischen Piatto und seinem V-Mann-Führer)* spricht dafür, dass der Zeuge Görlitz und der Zeuge Szczepanski bis 20 Uhr ununterbrochen zusammen waren und der Zeuge Görlitz deshalb die SMS zur Kenntnis genommen haben muss. Es wird sich aus der Beweiserhebung zudem ergeben, dass die Quelle des brandenburgischen Verfassungsschutzes unmittelbar nach der SMS ein persönliches Treffen mit dem Jan Werner vereinbarte. Dies geschah indes nicht mehr über die für die Polizei zuordbare Rufnummer des alten, sondern die einem Dieter Borchert zuzuschreibende Rufnummer des neuen Anschlusses. Just im Zeitpunkt der Verdichtung etwaiger Bemühungen, über eine Quelle des Verfassungsschutzes eine Waffenbeschaffung zu organisieren, wurde die Polizei mit der Legendierung des Anschlussinhabers als Dieter Borchert gezielt in die Irre geführt.«

(Die Nebenklagevertreter beantragen unter anderem die Beiziehung des Geheimvermerks und der Handyrechnung. Und sie beantragen, beides vor Gericht vorzulesen.)

Verteidigerin Schneiders Die Verteidigung Wohlleben schließt sich diesem Antrag an.

(Richter Götzl verliest danach einen Beschluss. Das Gericht will Inhalte von Dateien vorlesen, die auf einer Festplatte des Angeklagten Wohlleben gefunden wurden und Rückschlüsse auf seine politische Einstellung ermöglichen. Wohllebens Verteidigung hatte der Verlesung widersprochen.)

Verteidigerin Schneiders Wir beantragen eine Unterbrechung zur Abfassung eines Ablehnungsgesuchs. *(Das bedeutet: Die Verteidigung will einen Befangenheitsantrag gegen das Gericht stellen.)*

Götzl Eines muss ich noch abklären. Herr Rechtsanwalt Kienzle, der Vermerk, auf den Sie sich in Ihrem Antrag beziehen, trägt die Aufschrift ›geheim‹. Was bedeutet das, dass dieser Vermerk als geheim eingestuft ist?

Anwalt Kienzle Weitere Stellungnahmen sollen nicht erfolgen.

Götzl Sie legen hier einen womöglich als geheim eingestuften Vermerk vor und wollen dazu dann keine Stellungnahme abgeben? *(Erheiterung im Saal, auch bei Götzl.)* Ist Ihnen nicht bekannt, ob der Vermerk als geheim eingestuft ist oder nicht?

Anwalt Kienzle Herr Vorsitzender, ich möchte dazu keine weitergehende Stellungnahme abgeben.

Götzl Dann können wir den Vermerk natürlich nicht kopieren. Na gut. Es muss jetzt erst mal geklärt werden, ob das geheim ist oder nicht. Die Hauptverhandlung wird bis 14 Uhr unterbrochen.

(Nach der Unterbrechung stellt die Verteidigung Wohlleben einen Befangenheitsantrag gegen den Senat.)

Bundesanwalt Diemer Ich möchte mich dafür aussprechen, das Gesuch des Angeklagten Wohlleben auch vor dem Hintergrund einer möglichen Verfahrensverschleppung zu prüfen und dennoch morgen fortzusetzen, um eine weitere Verzögerung der Hauptverhandlung zu verhindern.

Anwalt Scharmer Ich schließe mich dem Generalbundesanwalt ausdrücklich an. Es geht der Verteidigung Wohlleben allem Anschein nach um eine Verschleppung.

Tag 322

17. November 2016

Manfred Götzl, Richter. **Björn W.**, 35, Systemadministrator aus Jena, wurde im Juli 1998 Opfer eines Neonazi-Angriffs in Jena-Winzerla. **Ralf Wohlleben, Carsten Schultze**, Angeklagte. **Herbert Diemer**, Vertreter der Bundesanwaltschaft. **Olaf Klemke, Wolfram Nahrath, Nicole Schneiders**, Verteidiger von Ralf Wohlleben.

Götzl Die Entscheidung über das Ablehnungsgesuch des Angeklagten Wohlleben vom gestrigen Hauptverhandlungstag wird vorläufig zurückgestellt und die Hauptverhandlung unter Berücksichtigung des Beschleunigungsgrundsatzes fortgesetzt.

Verteidiger Klemke Wir bitten um Unterbrechung, damit sich die Verteidigung Wohlleben beraten kann.

(Nach einer kurzen Pause wird die Verhandlung fortgesetzt.)

Verteidiger Klemke Herr Vorsitzender, die Verteidigung des Angeklagten Wohlleben beanstandet Ihre Anordnung. Wir wussten nicht, ob wir bei Ihrer Begründung weinen, lachen oder schreien sollen. Wir betrachten Ihre Begründung als schlechten Witz. Grundlage des Ablehnungsgesuchs des Herrn Wohlleben vom gestrigen Hauptverhandlungstag ist die geplante Verlesung von Ermittlungsberichten, die sich auf Dateien *(auf einer Festplatte von Wohlleben)* beziehen, die sachlich gar nichts mit dem Tatvorwurf zu tun haben. Deswegen hat der Herr Wohlleben aus gutem Grund ein Ablehnungsgesuch angebracht und gerügt, dass die abgelehnten Richter gegen das Beschleunigungsgebot verstoßen. Mit Verlaub, wenigstens im letzten halben Jahr hatten wir überhaupt nicht den Eindruck, dass mit dem nötigen Beschleunigungsgebot verhandelt wird. Da stößt jetzt die Begründung, der Beschleunigungsgrundsatz geböte es, hier fortzufahren, bei uns auf völliges Unverständnis. Gerade weil unser Mandant seit fünf Jahren in Untersuchungshaft sitzt und hier derart trödelig verhandelt wird, halte ich dies für einen schlechten Witz.

Götzl Soll Stellung genommen werden?

Bundesanwalt Diemer Ich halte die vorgetragenen Begründungen für eine Unmutsäußerung und vermag Ihnen keine sachliche Grundlage zuzumessen.

(Die Verhandlung wird erneut unterbrochen, dann wieder fortgesetzt.)

Götzl Es ergeht nach geheimer Beratung folgender Beschluss: Die Entscheidung über das Ablehnungsgesuch wird zurückgestellt. Dem Beschleunigungsgrundsatz kommt besondere Bedeutung zu, weil sich die Angeklagten Zschäpe und Wohlleben bereits seit fünf Jahren in Untersuchungshaft befinden.

Verteidiger Klemke Wir beantragen eine Abschrift und bitten um Unterbrechung.

(Die Hauptverhandlung wird wieder unterbrochen, dann ergreift Verteidiger Klemke nochmals das Wort.)

Verteidiger Klemke Herr Wohlleben lehnt sämtliche Richter des Senats wegen der Besorgnis der Befangenheit ab. *(Es folgt eine längere Begründung.)*

Bundesanwalt Diemer Ich spreche mich nachdrücklich dafür aus, den Zeugen W. jetzt zu vernehmen und die Hauptverhandlung fortzusetzen.

Verteidiger Klemke Der Angeklagte Wohlleben tritt dem ausdrücklich entgegen.

(Die Hauptverhandlung wird noch mehrmals unterbrochen, dann verkündet Götzl einen Beschluss.)

Götzl Es ergeht nach geheimer Beratung folgender Beschluss: Die Verfügung, die Hauptverhandlung so lange fortzusetzen, bis die Entscheidung über das Ablehnungsgesuch erfolgt ist, wird bestätigt. Eine Fortsetzung der Hauptverhandlung ist sachgerecht.

Verteidiger Nahrath Die Verteidigung Wohlleben beantragt eine Abschrift und eine halbe Stunde Unterbrechung zur Beratung.

(Die Hauptverhandlung wird wieder unterbrochen.)

Verteidigerin Schneiders Grundsätzlich hat der Angeklagte Wohlleben hinreichend Anlass, die Befangenheit der Senatsmitglieder zu besorgen. Gleichwohl verzichtet der Angeklagte Wohlleben in diesem Fall auf eine erneute Ablehnung.

Götzl Dann rufen Sie doch bitte den Zeugen auf. *(Der Zeuge tritt ein.)* Herr W., ich darf Sie begrüßen, nehmen Sie bitte Platz! Es tut mir leid, dass Sie so lange warten mussten. Es geht uns um einen Vorfall, der sich im Juli 1998 im Bereich der Wendeschleife in Jena-Winzerla zugetragen haben soll. Was können Sie uns dazu sagen?

Björn W. Ich war mit einem Freund, Martin K., unterwegs. Wir zwei sind aus dem Auto von einem Kumpel ausgestiegen, haben noch eine geraucht und wollten dann einfach heim. Es war so zwischen 24 und 2 Uhr nachts. Dann kamen aus Richtung des Hugo, einem Jugendclub ein Stück weiter weg, vier bis fünf Leute auf uns zu. Es war ein bisschen komisch, weil die wirklich komplett still waren. Als sie etwa auf unserer Höhe waren, fragte einer, ob jemand von uns etwas gesagt hätte. Nein, hatten wir nicht. Und dann ging's los. Ich konnte weglaufen, nach Hause, mein Freund lief leider in die falsche Richtung. Ich lief schnell hoch, rief die Polizei, lief wieder runter und suchte nach meinem Freund, der mir dann auch stark blutend entgegenkam. Er war sichtlich desorientiert. Es hat dann relativ lange gedauert, bis die Polizei da war. Der Krankenwagen war schneller.

Götzl Welche Verletzungen hatte Ihr Freund?

Björn W. Seine Nase war ziemlich verbogen. Er hat stark aus der Nase geblutet. Ein Auge war leicht geschwollen. Am nächsten Tag habe ich ihn im Krankenhaus besucht, da war das Auge noch stärker geschwollen.

Götzl Können Sie die vier bis fünf Leute beschreiben?

Björn W. Sie trugen Bomberjacke und die üblichen Sachen, die man als Nazis damals getragen hat. Kurze Haare hatten sie alle. Ich habe einen Schlag abgekriegt, dann bin ich losgerannt. Mein Freund ist leider in die falsche Richtung gelaufen.

Götzl Sind Sie in diesem Jahr mal vom Bundeskriminalamt vernommen worden?

Björn W. Ja, vor drei oder vier Wochen.

Götzl Wurden Ihnen Lichtbilder gezeigt?

Björn W. Ja. Ich habe auf den Fotos einen erkannt, Wohlleben. Ich könnte jetzt aber nicht sagen, dass er damals dabei war. Er könnte mir genauso gut aus der Presse bekannt gewesen sein.

Verteidiger Klemke Sind Sie bei dem Vorfall mal gestrauchelt?

Björn W. Nee.

Verteidiger Klemke Sie waren also die ganze Zeit auf den Beinen?

Björn W. Ja.

Verteidiger Klemke Ihnen ist auch niemand auf dem Kopf oder im Gesicht herumgesprungen?

Björn W. Nein.

Verteidiger Klemke Waren Sie verletzt?

Björn W. Ich hatte leichte Schürfwunden, aber keinerlei Verletzungen, die behandelt werden mussten.

Schultze Herr W., guten Tag.

Björn W. Hallo.

Schultze Ich war damals auch dabei. Ich wollte mich bei Ihnen dafür entschuldigen. Es tut mir leid.

Björn W. Okay.

Götzl Vielen Dank, Herr W., auf Wiedersehen!

Wohlleben Ich möchte eine kurze Erklärung abgeben. Ich habe bereits in meiner Einlassung im Dezember 2015 gesagt, dass es einen solchen Vorfall, wie von Carsten Schultze geschildert, wonach ich angeblich jemandem auf dem Kopf herumgesprungen wäre, nie gegeben hat. Ich war an einer Schlägerei nicht beteiligt. Sechs Monate nach dem Untertauchen der drei *(gemeint sind Beate Zschäpe, Uwe Böhnhardt und Uwe Mundlos)* war ich vielmehr darauf bedacht, dass ich polizeilich nicht auffalle, da ich in Kontakt zu den dreien stand.

Tag 323

22. November 2016

Manfred Götzl, Richter. **Axel Kramer, Peter Lang, Michaela Odersky,** Beisitzende Richter. **Mathias Grasel**, Verteidiger von Beate Zschäpe. **Olaf Klemke**, Verteidiger von Ralf Wohlleben.

Götzl Dann kommen wir zur Verlesung der Vermerke und Untersuchungsberichte des BKA.

Richterin Odersky *(beginnt vorzulesen)* Mit Datum vom 28. 7. 2016 bat Oberstaatsanwältin beim BGH Greger unter Bezugnahme auf den Auftrag des Vorsitzenden des 6. Strafsenats um Nachermittlungen zu Asservat 24.1.3.1. Bei dem Asservat handelt es sich um einen Rechner der Marke Revoltec, der im Rahmen der Durchsuchung bei Ralf Wohlleben am 24.11.2011 sichergestellt wurde. Zum Zeitpunkt der Sicherstellung waren in dem Rechner zwei Festplatten verbaut, von denen jedoch nur eine ausgelesen werden konnte.

(Odersky liest vor, dass das BKA u.a. zwei Dokumente auf der Festplatte gefunden hat.)

Die Dokumente »heft.pdf« beziehungsweise »21-40 Durchsicht.pdf« enthalten die nachstehenden Textpassagen: »Die Politik einer volksgemeinschaftlich ausgerichteten Rechten ist geprägt von der Sorge um die Gesamtexistenz eines Volkes. Dies gilt insbesondere heute für das deutsche Volk, dessen Existenz durch die gezielte Masseneinschleusung Millionen Fremder auf eine nie gekannte Weise gefährdet ist. Um sich einen Platz in der neuen Gesellschaft zu erkämpfen, greifen die Zuwanderer zur Waffe des Verdrängungswettbewerbs. Sie besetzen das Einwanderungsland nicht mit Panzerwagen, sondern mit Kinderwagen. Große Mengen von Einwanderern sind Raumstörer und Raumschmarotzer. Das traurige Endergebnis der ethnischen Mobilität sind bedauernswerte Mischlinge, die beziehungslos zwischen allen Völkern, Rassen und Kulturen stehen. Das fehlende Identitätsgefühl führt zum sogenannten Borderline-Syndrom. Mit diesem Begriff beschreibt die Psychologie gravierende Persönlichkeitsstörungen durch Identitätsverlust. Als Merkmale gelten: Unberechenbarkeit des Verhaltens, unkontrollierte Wutausbrüche, gestörte zwischenmenschliche Beziehungen, Charakter- und Hemmungslosigkeit, Willensschwäche, Zerstörungswut bis hin zur Selbstzerstörung durch Drogen und/oder Selbstmord.«

(Dann lesen die Beisitzenden Richter Lang und Kramer die Namen der Musikstücke vor, die auf Wohllebens Festplatte gespeichert waren.)

Richter Lang B&H Thüringen, Bollwerk – Unsere Stunde, Brutale Haie – Doitschtum, Commando Pernod – Es gibt nur ein Land, HKL – Der unbekannte Soldat, Endstufe – Reenes, wir lieben euch, Eugenik – Demo-CD, Faustrecht – Blut, Schweiß und Tränen, Foierstoß – Vorwärts im Sturm, Frank Rennicke (11 Alben), Freikorps Raritäten, Frontalkraft – Wir bekennen uns, Kommando Freisler, Legion of Thor – The 4th Crusade, Legion Ost – Ohne Worte, Lokalmatadore (5 Alben), Lunikoff-Verschwörung – Niemals auf Knien, Noie Werte – Live, Noie Werte – Kraft für Deutschland, NPD – Schulhof-CD, Oithanasie – Jetzt oder nie, Landser – Republik der Strolche, Landser – Rock gegen oben, Spreegeschwader – Gefangene im System, Stahlgewitter – Das eiserne Gebet, Steiner – Schütze dein Land, Steiner – Für Volk und Vaterland, Stuka – Zeit zum Handeln, Sturmtrupp – Die letzten Patrioten, Volkszorn – Stiefel auf Asphalt. Kraftschlag – Die wilden Jahre, Störkraft – Mann für Mann.

Richter Kramer Afrikachor – Knallharte Volksmusik, Blutstahl – Volk, wach auf, Bound for Glory – Behold the Iron Cross, Indiziert – Das riecht nach Ärger, Noie Werte – Unplugged, Screwdriver – History Volume 1 bis 9, Screwdriver – Songs to remember, Lunikoff – Heilfroh, Jungsturm – Bis der Schatten ist verbannt, Gigi & Die braunen Stadtmusikanten – Braun ist Trumpf, Braune Brüder – Land ohne Freiheit, Blood & Honour – Voices of Solidarity Volume 2, Arische Jugend – Von Trotz und Treue, Hassgesang – Generation, die sich wehrt, Blutzeugen, Bound for Glory – Feed the Machine, Onkelz – Mülla Milch, Landser – Afrika Lied, Landser – Nigger, Afrikakorps – Ohne die Türken, Afrikakorps – Türkennutte, Afrikakorps – Schrei nach Hiebe, Afrikakorps – Islamisten Vieh, Afrikakorps – Vertreiben, verbrennen, fertig, Kommando Freisler – Der Ku Klux Klan, Kommando Freisler – Judenschwein, Kommando Freisler – Türken raus.

Götzl Gibt es Erklärungen? Keine. Eine Frage an Sie, Frau Zschäpe. Wann werden Sie die gestellten Fragen beantworten?

Verteidiger Grasel Ich gehe davon aus, dass das nächste oder übernächste Woche passieren kann.

Götzl Gibt es noch Anträge zum Gutachten des Sachverständigen?

Verteidiger Grasel Von uns kommt eine ergänzende Stellungnahme zum Gutachten. In zwei Wochen.

Götzl Eine ergänzende Stellungnahme?

Verteidiger Grasel Genau.

Tag 324

23. November 2016

Manfred Götzl, Richter. **Jens S.**, 53, Kriminalhauptkommissar beim LKA Berlin, vernahm am 8. Mai 2000 den Wachmann Frank G., der angegeben hatte, Beate Zschäpe und Uwe Böhnhardt einen Tag zuvor vor der Synagoge in der Berliner Rykestraße gesehen zu haben. Frank G. sagte am Tag 317 aus. **Mathias Grasel, Anja Sturm**, Verteidiger von Beate Zschäpe. **Olaf Klemke, Wolfram Nahrath, Nicole Schneiders**, Verteidiger von Ralf Wohlleben. **Hardy Langer, Sebastian Scharmer**, Anwälte der Nebenklage.

Götzl Es geht um die Vernehmung des Zeugen G. am 8. Mai 2000. Mich würde interessieren, was Sie zur Vernehmungssituation und zum Inhalt der Vernehmung sagen können.

Jens S. Ich muss ehrlich gestehen, dass ich bis zum Tag meiner Ladung keinerlei Gedanken mehr an diese Geschichte hatte. Ich habe mich eingelesen, um die Erinnerung wiederzuholen. Das ist immerhin 16 Jahre her. Ich kann mich schon an den Wachangestellten erinnern, auch ganz grob an die Vernehmungssituation. Und ich meine mich zu erinnern, dass er sehr sicher war. Ihm war die Sache sehr wichtig, und er war sich in den Personen sicher.

Götzl Was können Sie zu seinen Angaben sagen?

Jens S. Es war so, dass der Herr G. einen Tag vorher eine Wahrnehmung hatte an der Synagoge in der Rykestraße, die er mir im Einzelnen geschildert hat. Und im Ergebnis dessen wurden ihm Lichtbilder vorgelegt. Drei verschiedene Lichtbildvorlagen à sechs Fotos. Er erkannte zwei hier Beschuldigte wohl wieder.

Götzl Sie sagten, er erkannte zwei hier Beschuldigte wohl wieder?

Jens S. Frau Zschäpe und Herrn Böhnhardt, glaube ich.

Götzl Was erinnern Sie noch?

Jens S. Ich habe nachgelesen, dass er gegen 13 Uhr die Wahrnehmung hatte. Es sollen ja wohl vier Personen plus Kinder gewesen sein. Gegen 13.45 Uhr sollen sie den Bereich der Synagoge wieder verlassen haben. Er hatte dann noch geschildert, dass er die Personengruppe später noch mal gesehen haben will. Da kann ich mich nicht an die Uhrzeit erinnern.

Götzl Sie haben von Personengruppe und Kindern gesprochen. Was haben Sie dazu in Erinnerung?

Jens S. Nach meiner Erinnerung: vier erwachsene Personen, zwei Männer und zwei Frauen, und eine mir nicht erinnerliche Anzahl von Kindern. Ich meine, es waren zwei Kinder.

Götzl Herr S., kommen Sie bitte einmal nach vorne. Schauen Sie, haben Sie eine Erinnerung, ob diese Lichtbilder damals gezeigt wurden? *(Götzl zeigt dem Zeugen ein Blatt mit sechs Fotos von sechs verschiedenen Frauen. Das Bild Nummer drei zeigt Beate Zschäpe.)*

Jens S. Genau. Und da hat er zweifelsfrei die Nummer drei erkannt.

(Götzl legt ihm die sechs Fotos von Männern vor. Bild Nummer fünf zeigt Uwe Mundlos.)

Jens S. Die Nummer fünf hat er damals wiedererkannt, meine ich. Ich bin mir aber nicht ganz sicher.

Götzl Hat Herr G. die Personen näher beschrieben, die er wahrgenommen hat?

Jens S. Er hat Frau Zschäpe beschrieben. Hintergrund war ja, dass er sie als Frau attraktiv fand. Und das führte dazu, dass er sie beobachtet hat. Er hat sie beschreiben können, ich meine mich zu erinnern, auch von der Kleidung her. Aber es vermischt sich, was ich erinnere und was ich gelesen habe.

Götzl Können Sie sagen, ob zu den weiteren Personen damals Beschreibungen abgegeben wurden?

Jens S. Ich weiß es nicht.

Götzl Hat denn Herr G. noch etwas dazu gesagt, wie es zu der Vernehmung kam?

Jens S. Er hat gesagt, dass er abends im Fernsehen einen Fahndungsaufruf gesehen hat und sich sehr sicher war, dass die Personen zum Teil von ihm in der Rykestraße wahrgenommen wurden. Ich meine, er hat noch am selben Abend beim LKA Thüringen angerufen. Am nächsten Tag war er dann bei uns zur Vernehmung. Er trat sehr sicher auf, auf alle Fälle.

Verteidigerin Sturm Sie hatten angegeben, dass der Zeuge sich sehr, sehr sicher war in Bezug auf das Wiedererkennen. Haben Sie ihn gefragt, woran er das festmacht?

Jens S. Kann ich in Bezug auf eigene Erinnerungen nicht sagen. Weiß ich nicht.

Verteidigerin Sturm Fragen Sie bei Lichtbildvorlagen üblicherweise nach, woran ein Zeuge ein Wiedererkennen festmacht?

Jens S. Wenn ich das gefragt hätte, würde es im Protokoll stehen. Aber ich kann Ihnen jetzt und heute nichts mehr dazu sagen.

Verteidigerin Sturm Wissen Sie, wo das Bild herkam?

Jens S. Da kann ich Ihnen nichts zu sagen.

Verteidigerin Sturm Wissen Sie, ob es dasselbe Lichtbild war, das zuvor im Fahndungsaufruf im Fernsehen gezeigt worden war?

Jens S. Weiß ich nicht.

Verteidigerin Sturm Der Zeuge G. gab Ihrem Protokoll zufolge an, dass die Frau, die er gesehen hat, schwarze, glatt gekämmte Haare trug. Frau Zschäpe trägt auf dem Foto der Lichtbildvorlage eher eine lockige Haarmähne. Haben Sie angesichts dieses Widerspruchs nachgefragt?

Jens S. Kann ich mich nicht erinnern.

(Der Zeuge verlässt den Saal.)

Verteidigerin Sturm Die Aussage des Zeugen Jens S. hat vor allem Probleme in Wiedererkennungsfällen deutlich gemacht, die im Nachhinein nicht mehr zu lösen sind. Objektiv lässt sich feststellen, dass die Beschreibung, die der Zeuge G. damals abgab, mit dem Lichtbild nichts gemein hatte. Auch hier in der Hauptverhandlung trat der Zeuge G. mit der absolut sicheren Überzeugung auf, dass seine Vernehmung erst ein oder zwei Wochen später und nicht am nächsten Tag erfolgt ist. Die Aussage des Zeugen gibt absolut nichts Belastbares her, was in dieser Hauptverhandlung verwertbar sein kann.

Verteidiger Klemke Eine Erklärung zum Zeugen W. *(Björn W., eines der beiden Opfer der Neonazi-Attacke im Juli 1998 in Jena-Winzerla, sagte am Tag 322 aus)*: Der Zeuge hat nicht ausgesagt, dass er in irgendeiner Weise körperlich angegangen wurde, ihm auf Kopf oder Gesicht rumgesprungen worden sei, sondern, dass er ziemlich unbehelligt zur Wohnung gelaufen ist und dort die Polizei gerufen hat. Das, was hier angeblich von Herr Wohlleben dem Herrn Schultze berichtet worden sein soll, nämlich, dass Herr Wohlleben einer Person auf Kopf oder Gesicht herumgesprungen sein soll, hat sich objektiv in keinster Weise bestätigen lassen. Insofern wirft das ein Licht auf die Aussagen des Herrn Schultze. Sie besteht teilweise aus Resten einer Erinnerung und teilweise aus Spekulationen oder Erfindungen. Danke.

Anwalt Langer Dazu möchte ich gerne kurz erwidern. Der Zeuge Schultze hat ja ausgesagt, dass er von Herrn Wohlleben eine Aussage bekommen hat. Insofern gibt es dort keine Widersprüche, es ist allenfalls ungeklärt. Herr Schultze hat nicht gesagt, er habe irgendetwas gesehen. Insofern kann man nicht zu dem Ergebnis kommen, dass Herr Schultze Herrn Wohlleben falsch belastet.

Verteidigerin Schneiders Ich möchte darauf hinweisen, dass es sich nicht um einen Zeugen Schultze, sondern um einen Angeklagten handelt.

Verteidiger Klemke Der Zeuge W. hatte angegeben, dass er den Namen Wohlleben mit einer Person verbinden konnte. Es waren nur vier oder fünf Angreifer. Dass Herr Wohlleben dabei gewesen sein soll, hat er nach eigenen Angaben nicht erkannt, nicht gesehen, nicht wahrgenommen. Das allein reicht schon aus, um erhebliche Zweifel an den Aussagen des Herrn Schultze zu begründen.

Götzl Noch weitere Bemerkungen? Keine. Dann eine Nachfrage an Sie, Herr Grasel, und Sie, Frau Zschäpe. Planen Sie, die Fragen des Senats nächste Woche zu beantworten?

Verteidiger Grasel Ich hätte es für sinnvoll gehalten, die Fragen und die Stellungnahme zum vorläufigen Gutachten zu verbinden.

Götzl Der zeitliche Zusammenhang ist mir gestern nicht klar geworden.

Verteidiger Grasel Rechnen Sie mal mit zwei Wochen, circa. Also nicht nächste Woche.

Götzl Sind noch Anträge vorgesehen? *(Er blickt in die Runde.)* Keine.

Verteidiger Nahrath Doch. In der Strafsache gegen Herrn Ralf Wohlleben beantragt die Verteidigung, Herrn Dr. Olaf Rose als Sachverständigen zum Beweis zu vernehmen, dass 1. Reichsminister Rudolf Heß am 10. Mai 1941 im Auftrag des Reichskanzlers des Deutschen Reiches, Adolf Hitler, in seiner Funktion als dessen Stellvertreter nach Großbritannien flog, um der britischen Regierung einen von Adolf Hitler stammenden Friedensplan mit dem Ziel zu unterbreiten, den Krieg zwischen dem Deutschen Reich und dem Vereinigten Königreich von Großbritannien und Nordirland zu beenden, 2. er nach seiner Landung mit dem Fallschirm in der Nähe von Glasgow in Gefangenschaft genommen wurde, 3. die britische Regierung unter Führung des Premierministers Winston Churchill jegliche Verhandlungen mit Rudolf Heß über einen Friedensschluss zwischen dem Deutschen Reich und dem Vereinigten Königreich verweigerte, 4. er vor dem Siegermachtstribunal in Nürnberg wegen Verschwörung, Verbrechen gegen den Frieden, Kriegsverbrechen und Verbrechen gegen die Menschlichkeit angeklagt, jedoch lediglich wegen Verschwörung und Verbrechens gegen den Frieden verurteilt wurde und 5. er bis zu seinem Tode am 17. August 1987 die Freiheit nicht wiedererlangte.

Begründung: Offensichtlich erachtet der Senat das Auffinden von Gegenständen mit Bezug auf die Person Rudolf Heß bei Herrn Wohlleben für die Schuld- und Straffrage als beweiserheblich. Die Verteidigung besorgt, dass der Senat das Auffinden solcher Gegenstände insbesondere im Rahmen der Beurteilung der inneren Tatseite zum Nachteil unseres Mandanten bewerten könnte. Gerade wegen der unter Beweis gestellten Friedensbemühungen, seiner 46-jährigen Haft, lange Zeit davon in Einzelhaft, und wegen der währenddessen gezeigten Haltung, genießt Rudolf Heß in der sogenannten rechten Szene Anerkennung.

Dr. Olaf Rose studierte Geschichte und Germanistik an der Ruhr-Universität Bochum. Er veröffentlichte zum Beispiel 1986 einen Artikel über die Sowjetunion in einem Sammelband der Westberliner Elefanten Press, zu dem prominente linke Autoren wie Jürgen Kuczynski, Georg Fülberth, Stephan Hermlin und andere beitrugen. Olaf Rose promovierte 1992 an der Helmut-Schmidt-Universität der Bundeswehr in Hamburg.

Götzl Gibt es dazu heute schon Stellungnahmen?

Anwalt Scharmer Das ist ein reiner Propagandaantrag. Der Antrag ist selbstverständlich abzulehnen. Der Antrag zeigt, worum es der Verteidigung Wohlleben geht, wenn sie den NPD-Parteivorstand Olaf Rose hier als Sachverständigen hören will.

Tag 325

29. November 2016

Manfred Götzl, Richter. **Jeanette P.**, Kriminaloberkommissarin beim BKA Meckenheim. Sie sagte auch an den Tagen 220, 229, 240, 272, 281 und 295 aus. **Jochen Weingarten**, Vertreter der Bundesanwaltschaft. **Olaf Klemke, Nicole Schneiders**, Verteidiger von Ralf Wohlleben. **Eberhard Reinecke**, Anwalt der Nebenklage.

Götzl Frau P., guten Morgen, bitte nehmen Sie Platz. Sie sollen heute erneut als Zeugin befragt werden. Es geht uns um zweierlei Themen. Zum einen um die im Beweisantrag von Rechtsanwalt Reinecke genannte Datei »Türken raus!« und was sich auf dieser Datei befindet. Zum anderen geht es um das Bearbeiten und Schneiden von Videoclips und Ihre Ermittlungen aufgrund eines Ermittlungsantrags des Herrn Rechtsanwalt Langer. Bitte erläutern Sie uns das Ergebnis Ihrer Ermittlungen!

Jeanette P. Es geht um das Lied »Türken raus«. Sie hatten gebeten, dass ich Angaben zur Tonqualität mache. Ich habe das Lied auf DVD mitgebracht. Das Lied ist von den »Böhsen Onkelz«. Es ist Teil eines Bootlegs aus dem Jahr 1981. Ein Bootleg ist eine nicht autorisierte Tonaufnahme. Das hört man auch, die Tonqualität ist sehr schlecht. Das Lied war recht skandalös. Auf der Internetseite hat die Band es selbst als »Weidnerschen Wutausbruch« bezeichnet, Stephan Weidner heißt eines der Bandmitglieder. Ja, und so hört sich das auch an. Es ist ein Gekreische. Wollen Sie das Lied hören?

Götzl Dann hören wir uns das mal an. Wie lange dauert das?

Jeanette P. Etwa zwei Minuten.

(Im Saal ertönt das Lied. Die Qualität ist sehr schlecht. Zu verstehen ist: »Türken raus, Türken raus, alle Türken müssen raus. Türken raus, Türken raus, Türken raus, raus, raus.« Auch derbe Schimpfworte sind zu hören.)

Götzl Dann kommen wir zum nächsten Thema.

Jeanette P. Die eigentlichen Ermittlungen hat mein Kollege, Falko H., gemacht. Ich habe eigentlich nur einen Korrekturvermerk zu seinen Ermittlungen geschrieben. Grundlage seiner Ermittlungen war die Aussage von Frau Zschäpe vom 9. Dezember 2015. Darin weist sie den Vorwurf zurück, sie hätte am Schneiden der NSU-Bekennervideos mitgewirkt und dass sich das aus ihrer Wette mit Uwe Böhnhardt ergibt. Aus der gefundenen Datei »Wette.cpf« geht als Wetteinsatz »200 Mal Videoclips schneiden« hervor. Unsere Hypothese war, dass es um das Schneiden von Videoclips für die NSU-Bekennervideos ging. Frau Zschäpe hatte in ihrer Einlassung aber angegeben, dass sich das auf Fernsehserien bezieht. Weil sie Serien lieber ohne Werbung anschauen, hätten sie die Werbung rausgeschnitten. Mein Kollege hat sich die Asservate noch mal angeschaut. Ob es Videos mit Serien ohne Werbung gibt. Er hat fünf DVDs gefunden, die auch einen zeitlichen Bezug zu dieser Wette hatten. Wir kamen zu dem Schluss, dass es möglich ist, dass sich die Wette tatsächlich auf das Rausschneiden von Werbeblöcken bezieht. Dann hat uns Rechtsanwalt Langer darauf aufmerksam gemacht, dass es sich bei den fünf DVDs um DVD-Rs handelt, die man mit einem DVD-Rekorder nicht hätte schneiden können. Ausgehend von dieser Feststellung nahmen wir neue Ermittlungen bei Panasonic vor. Wir waren zunächst davon ausgegangen, dass alle DVDs mit hoher Wahrscheinlichkeit mit einem Brenner der Marke Panasonic, Verkaufsname DVD-Videorekorder DMR-E55, gebrannt worden waren. Jetzt hatten wir die Idee, dass der DVD-Brenner auch in anderen Panasonic-Modellen eingebaut wird, zum Beispiel in Festplattenrekorder, wie es auch Frau Zschäpe in ihrer Aussage gesagt hat. Zusammenfassend haben die Ermittlungen ergeben, dass wir DVD-Rs mit Fernsehserien ohne Werbung gefunden haben, was nicht mit einem DVD-Rekorder gemacht worden sein konnte. Es besteht die Möglichkeit, dass die Werbung mit einem anderen Gerät ausgeschnitten wurde, möglicherweise mit einem Festplattenrekorder. Die Filme könnten dann mit einem Scartkabel auf DVD gebrannt worden sein.

Verteidiger Klemke Frau P., noch mal zu der Audiodatei »Türken raus«, die wir eben hören durften. Wo befand die sich genau?

Jeanette P. Herr Wohlleben hatte zwei Festplatten im Rechner, nur eine davon konnten wir auslesen. Die Datei befand sich im Verzeichnis »Musik« und dann »Böhse Onkelz«.

Verteidiger Klemke Bei diesem Dateiordner »Böhse Onkelz«, waren da Unterdateien?

Jeanette P. Da war das komplette Bootleg »Mülla-Milch«. Und eine Datei hieß »Türken raus«.

Verteidiger Klemke Gab es noch andere Dateien?

Jeanette P. Das hat mein Kollege, Andreas D., bearbeitet. Da war halt viel Musik. Ich habe nur die Dateien rausgesucht, die vom Rechtsanwalt Reinecke verlangt wurden.

Verteidiger Klemke Sagt Ihnen das was, dass es 36 Unterordner mit Alben von den »Böhsen Onkelz« gibt?

Jeanette P. Das kann sein, ja. Das war ein Lied von vielen.

Götzl Dann wird die Zeugin entlassen.

Jeanette P. Wollen Sie die CD mit dem Lied behalten?

Götzl Ja, danke schön.

(Die Zeugin verlässt den Gerichtssaal.)

Götzl Sie wollen einen Beweisantrag stellen, Herr Reinecke?

Anwalt Reinecke Es wird beantragt, die beigefügte Presseerklärung der Rechtsanwältin Schneiders sowie Ihrer Kollegen Klemke und Nahrath aus dem November 2015 zu verlesen. Die Verlesung wird ergeben, dass die Verteidiger des Angeklagten Wohlleben in dieser Presseerklärung mit dem Titel »Der Wahrheit eine Gasse« unter anderem ausführen: »Herr Wohlleben ist seinen Idealen und politischen Überzeugungen treu geblieben und wird dies auch in Zukunft bleiben«. Begründung: Der Angeklagte Wohlleben hat im Zusammenhang mit einem anderen Beweisantrag geltend gemacht, dass sich Rückschlüsse aus seinen Auffassungen in den Jahren 2004 bis 2009 auf seine Auffassungen im Jahre 1999 bis 2000 nicht ziehen ließen. Nach der Darstellung seiner eigenen Rechtsanwälte ist Herr Wohlleben allerdings seinen politischen Überzeugungen treu geblieben, woraus sich zwanglos ein Indiz dafür ergibt, dass auch Auffassungen des Herrn Wohlleben aus den Jahren 2004 bis 2009 Rückschlüsse auf seine früheren Überzeugungen zulassen.

Verteidigerin Schneiders Wir werden später dazu Stellung nehmen.

Oberstaatsanwalt Weingarten Wir beantragen, den Beweisantrag abzulehnen, da er aus tatsächlichen Gründen ohne Bedeutung ist. Es handelt sich einzig und allein um eine Presseerklärung der Verteidiger, solange Herr Wohlleben sie sich nicht explizit zu eigen macht und sie nicht ausdrücklich vom Mandanten legitimiert ist.

Götzl Soll dann zu dem Beweisantrag der Verteidigung Wohlleben vom letzten Termin Stellung genommen werden? *(Die Verteidigung von Ralf Wohlleben hatte beantragt, ein Mitglied des NPD-Vorstands als Sachverständigen dazu zu hören, dass der Stellvertreter Hitlers, Rudolf Heß, 1941 mit dem Willen nach Großbritannien geflogen war, Friedensverhandlungen zu führen.)*

Oberstaatsanwalt Weingarten Ja. Ich beantrage, den Antrag auf die Einvernahme des als Sachverständigen bezeichneten Dr. Olaf Rose aus Pirna abzulehnen, weil die Beweiserhebung wegen Offenkundigkeit überflüssig ist. Im Übrigen ist der Antrag wegen Bedeutungslosigkeit aus tatsächlichen Gründen abzulehnen. Unter den behaupteten Umständen der Flugreise des Herrn Rudolf Heß im Frühjahr 1941 ist weder ein unmittelbarer noch ein mittelbarer Zusammenhang zur Schuld- und Straffrage bezüglich des Angeklagten Wohlleben ersichtlich. Es ist schlicht nicht nachvollziehbar, wie die Frage, ob der sogenannte Stellvertreter Hitlers mit oder ohne Vertretungsvollmacht nach Großbritannien geflogen ist, mit der Schuld oder Unschuld des Herrn Wohlleben in Sachzusammenhang stehen könnte. Da das Prozessverhalten der Verteidigung Wohlleben bisher keinen Anlass zu der Annahme gab, dass sie nur versehentlich mit abwegigen Beweisanträgen zu verteidigen sucht, ist in diesem Antrag erneut der Versuch der Prozessverschleppung zu sehen.

Tag 326

30. November 2016

Manfred Götzl, Richter. **Frank G.**, 66, Rentner aus Berlin, ehemaliger Wachmann einer Berliner Synagoge, der angegeben hat, Beate Zschäpe im Mai 2000 vor der Synagoge in der Rykestraße gesehen zu haben. Er sagte auch an Tag 317 aus. **Wolfgang Stahl**, Verteidiger von Beate Zschäpe. **Olaf Klemke**, Verteidiger von Ralf Wohlleben. **Eberhard Reinecke**, Anwalt der Nebenklage.

Götzl Herr G., guten Morgen, wir wollen Sie heute noch einmal als Zeugen hören. Es geht noch einmal um das Thema Objektschutz im Bereich der Rykestraße in Berlin. Haben Sie gegenüber der letzten Vernehmung noch etwas zu ergänzen?

Frank G. Ich habe zu Hause noch mal mit meiner Frau gesprochen, und da haben wir festgestellt: Ich hatte mich zeitmäßig etwas verschätzt. Es war der gleiche Tag, als ich in Thüringen *(beim Landeskriminalamt)* angerufen habe. Und ich musste auch gleich am nächsten Tag zur Vernehmung *(ins Landeskriminalamt Ber-*

lin). Da hatte ich mich etwas verschätzt. Meine Frau wusste es noch ziemlich gut, muss ich sagen. Und sie hat gesagt: Der Richter hat recht gehabt, das war am gleichen Tag. Ich habe die Sendung *(»Kripo Live« mit dem Fahndungsaufruf nach Beate Zschäpe, Uwe Mundlos und Uwe Böhnhardt)* noch am gleichen Tag geschaut *(gemeint ist der Tag seiner Beobachtung vor der Synagoge im Mai 2000).*

Götzl Können Sie sich daran erinnern, dass ich Ihnen das letzte Mal Lichtbilder gezeigt habe?

Frank G. Ja, das ist richtig.

Götzl Gibt es dazu irgendwas zu ergänzen?

Frank G. Zu ergänzen nicht, aber das waren nicht die gleichen Bilder wie bei der Vernehmung in Berlin. Das erinnere ich noch. Die sehen anders aus.

(Götzl legt ihm wie schon beim vorherigen Mal drei verschiedene Blätter mit je sechs Fotos von sechs verschiedenen Personen vor. Unter den Fotos ist auf einem Blatt ein Bild von Beate Zschäpe, auf dem zweiten eines von Uwe Böhnhardt und auf dem dritten eines von Uwe Mundlos. Götzl liest die im Protokoll vermerkte Kennnummer der Fotovorlagen vor. Sie sind identisch mit den Kennnummern auf den Blättern, die Götzl an diesem Tag dem Zeugen zeigt. Es handelt sich offensichtlich um dieselben Fotovorlagen, die dem Zeugen auch vom LKA Berlin vorgelegt wurden. Der Zeuge bleibt skeptisch.)

Frank G. Mir wurden damals auch drei Vorlagen gezeigt. Aber es waren meines Erachtens mehr Personen auf diesen DIN-A4-Blättern als auf denen, die Sie mir gezeigt haben.

Götzl *(legt dem Zeugen die im Vernehmungsprotokoll vermerkte Wahllichtbildvorlage Nummer 7906 vor und zitiert aus dem Protokoll)* »Wahllichtbildvorlage 7906. Hier erkenne ich die von mir als Erste beschriebene Person unter Bild Nummer drei wieder. *(Es handelt sich um Beate Zschäpe.)* Diese Person wirkt im Original etwas gepflegter als auf dem Bild der Wahllichtbildvorlage und trägt glatte, lange, über die Schultern reichende Haare.« Haben Sie dieses Blatt schon mal gesehen?

Frank G. Nee, dieses Blatt habe ich auch noch nicht gesehen. Das waren andere Blätter.

(Götzl unterbricht die Verhandlung für zehn Minuten, dann wird fortgesetzt.)

Götzl Kommen Sie bitte noch einmal nach vorne, Herr G. Wir haben hier eine neue Vorlage, eine bessere Kopie. *(Götzl zeigt sie ihm.)*

Frank G. Ja, das könnte sein. Da ist die Qualität wesentlich besser, aber meines Erachtens waren es mehr Fotos. Nicht sechs, sondern neun vielleicht.

Götzl Dann nehmen Sie bitte Platz. Sind noch Fragen? Keine. Ja, dann ist vorgesehen nach Paragraf 253 Strafprozessordnung, Absatz 1, zu verlesen das Datum auf der ersten Seite des Protokolls sowie den dritten und den letzten Satz.

Verteidiger Stahl Wir widersprechen Ihrer Anordnung der Verlesung nach Paragraf 253, Absatz 1. Wir sehen die Voraussetzungen nicht als gegeben an. Nach der Kommentierung ist es ja so, dass die Verlesung in dieser Form nur Ultima Ratio sein soll, wenn die Vernehmung des Zeugen in der Hauptverhandlung gescheitert ist. Wir sind der Meinung, dass der Zeuge durchaus etwas bekundet hat. Ein Scheitern der Erhebung ist aus unserer Sicht nicht gegeben.

Götzl Ich kann Ihnen einfach mal sagen, was die Aspekte wären, um die es uns geht. Uns geht es noch um den Namen des Restaurants. Der Zeuge hatte geltend gemacht, dass er keine Erinnerung daran habe. Dann geht es uns um die Dauer des Aufenthaltes der beobachteten Personen. Auch dazu sagte der Zeuge, er habe keine Erinnerung mehr daran. Dann geht es uns um die Reaktion der Frau auf seine Beobachtung, um eine weitere weibliche Person und zwei Kinder und um die Beobachtung des Hantierens mit einem Stadtplan. Auch hierzu hat der Zeuge angegeben, keine Erinnerung gehabt zu haben.

Verteidiger Stahl Angesichts dieser Erläuterungen nehmen wir den Widerspruch zurück.

Götzl Ich lese das mal vor und würde Sie bitten, Herr G., dass Sie gegebenenfalls ergänzen. *(Er liest aus dem Protokoll vor.)* »Etwa 15 bis 20 Meter von der Synagoge entfernt, an der Ecke Rykestraße/Knaackstraße, befindet sich das Restaurant Wasserturm.«

Frank G. Das stimmt so weit alles.

Götzl *(liest weiter vor)* »In der Zeit zwischen 13 und 14 Uhr waren fast alle Plätze besetzt. Innerhalb dieser Stunde bin ich öfters, ich denke mehrere Dutzend Male, an diesem Restaurant vorbeigelaufen. Dabei schaue ich mir auch die Personen an, welche dort sitzen. Kurz nach 13 Uhr fiel mir rechterseits der Eingangstür vor dem Restaurant eine Frau auf, welche für meinen Geschmack sehr gut aussah und im Stile der Sechzigerjahre gekleidet war. Dementsprechend habe ich die Frau auch angeschaut, worauf diese das mit einem giftigen Blick erwiderte. Zu dieser Zeit nahm ich auch die beiden männlichen Begleiter dieser Frau und eine weitere weibliche Person wahr. Alle vier saßen an einem Tisch. Die Personen waren während meiner Wahrnehmung mit einem Stadtplan oder einer Landkarte beschäftigt. Des Weiteren konnte ich noch zwei Kinder, das eine circa zwei Jahre und das andere circa drei oder vier Jahre alt, wahrnehmen. Diese spielten in der Nähe des Tisches. Gegen 13.45 Uhr hat die komplette Personengruppe das Restaurant verlassen und ist in Richtung Wörther Straße davongegangen. Dabei wurden die beiden Kinder von der anderen Frau an den Händen geführt.« Gibt es dazu noch etwas zu ergänzen?

Frank G. Da ist das Erinnerungsvermögen nicht mehr so genau da.

Verteidiger Stahl Es ist tatsächlich so, dass wir etwas irritiert sind. Nach unserer Wahrnehmung ist es zum ersten Mal in diesem Verfahren, dass Sie nach 253, Absatz 1, verlesen. Dann fragen Sie aber dennoch den Zeugen, ob er dazu was sagen kann. Das ist irritierend für uns.

Götzl Aber so sieht es die Rechtsprechung vor.

Verteidiger Stahl Es ist ja nicht verboten, was Sie machen, aber es irritiert uns.

(Richter Götzl verliest weitere Auszüge aus der Vernehmung. Zschäpes Verteidiger Wolfgang Stahl, Wolfgang Heer und Anja Sturm stecken immer wieder die Köpfe zusammen und besprechen sich. Paragraf 253, Absatz eins, besagt: »Erklärt ein Zeuge oder Sachverständiger, dass er sich einer Tatsache nicht mehr erinnere, so kann der hierauf bezügliche Teil des Protokolls über seine frühere Vernehmung zur Unterstützung seines Gedächtnisses verlesen werden.«)

Götzl Sind an den Zeugen noch Fragen? Keine. Herr G., vielen Dank. Auf Wiedersehen!

(Der Zeuge verlässt den Saal.)

Verteidiger Stahl Wir behalten uns eine Erklärung vor.

Verteidiger Klemke Die Verteidigung Wohlleben beantragt, Kevin Russell in der Hauptverhandlung zu vernehmen. Der Zeuge wird nach Einsicht bekunden, dass auf der Festplatte unseres Mandanten in 589 Dateien sämtliche Alben der »Böhsen Onkelz« abgespeichert sind. Der Zeuge war und ist Leadsänger der »Böhsen Onkelz«. Begründung: Unser Mandant besitzt die gesamte Diskografie der Band. Einer einzelnen Datei kommt nicht einmal schwache indizielle Bedeutung zu. Das Lied »Türken raus« ist eines von mehr als fünfhundert gespeicherten Liedern. Für den Fall, dass der Senat es ablehnt, Herrn Russell als Zeugen zu hören, wird beantragt, sämtliche Dateien durch Abspielen in Augenschein zu nehmen. Danke.

Anwalt Reinecke Wenn wir davon ausgehen, dass Menschen sich freiwillig Lieder auf ihren Rechner speichern, dann können wir das auch bewerten. Das Lied »Türken raus« war über viele Jahre eine Hymne in der rechten Szene. Mir ist das Lied erstmals im Prozess um den Brandanschlag in Solingen begegnet. *(Bei dem rassistisch motivierten Anschlag im nordrhein-westfälischen Solingen starben 1993 fünf türkischstämmige Menschen.)* Es ist wenig überzeugend, so zu tun, dass der Angeklagte dieses Lied sozusagen aus Vollständigkeitswahn auf seinen Computer geladen hat. Glücklicherweise kann man nicht sagen, dass so ein Lied ohne Weiteres dazu führt, dass jemand mutmaßlichen Rechtsterroristen eine Waffe besorgt. Aber man kann sagen, dass eine solche Ideologie, wie sie in dem Lied zum Ausdruck kommt, sicherlich dabei hilft, es zu tun. Die Behauptung der Verteidigung, dass ihr Mandant eigentlich ein Friedenskämpfer sei und der Gewalt abgeschworen habe, scheint mir in der Tat widerlegt, auch durch das gestern abgespielte Musikstück. Nun zum heutigen Beweisantrag der Wohlleben-Verteidigung: Die unter Beweis gestellte Tatsache kann ohne Weiteres als wahr unterstellt werden. Dafür reicht ein Blick auf die Dateien. Dafür muss man niemand anderen mehr vernehmen.

Tag 327

1. Dezember 2016

Manfred Götzl, Richter. **Falko H.**, 42, Kriminalhauptkommissar beim BKA, Meckenheim. Er sagte auch am Tag 210 aus. **Herbert Diemer**, Vertreter der Bundesanwaltschaft. **Mathias Grasel, Wolfgang Heer, Wolfgang Stahl**, Verteidiger von Beate Zschäpe. **Wolfram Nahrath, Nicole Schneiders**, Verteidiger von Ralf Wohlleben. **Bernd Behnke, Hardy Langer, Sebastian Scharmer**, Anwälte der Nebenklage.

Götzl Für heute haben wir zunächst den Zeugen H. vom BKA geladen. Es geht uns um Ermittlungen im Zusammenhang mit dem Schneiden von Videoclips im Zusammenhang mit der Einlassung von Frau Zschäpe in diesem Verfahren. Herr H., was können Sie uns zu Ihren Ermittlungen sagen?

Falko H. Vielleicht zur Einleitung: Ich beziehe mich auf meinen Zeugenauftritt im Juni 2015 hier in der Hauptverhandlung. Es geht um die Wette von Frau Zschäpe und Herrn Böhnhardt, ihr Wunschkörpergewicht zu erreichen. Im Falle des Nichterreichens haben sie diverse Wetteinsätze formuliert, banale Dinge wie Putzen und 200 Videoclips schneiden. Wir hatten die Hypothese, dass sich das Schneiden auf das sogenannte NSU-Bekennervideo bezieht. Frau Zschäpe sagte in ihrer Einlassung hingegen, dass es um das Herausschneiden von Werbung aus Fernsehserien gegangen sei. Wir haben dann vom Generalbundesanwalt den Auftrag bekommen, in den Asservaten nach Hinweisen zu suchen, ob sich die Aussage von Frau Zschäpe verifizieren lässt, dass sie an einem Videorekorder mittels Fernbedienung diese Schnitte hätte vornehmen können. Ich habe Datenträger gesucht, die in zeitlicher Nähe zu der Wette vom 24.11.2005 liegen. Ich habe fünf Datenträger gefunden. Alle haben den Zeitstempel 2006. Ich habe sie mir angeschaut, ob da kommerzielle TV-Serien drauf sind und ob Werbung rausgeschnitten wurde. Die Datenträger enthalten Folgen der TV-Serien »Malcolm mittendrin«, »Grey's Anatomy« und »Five days to Midnight«. Alle sind in privaten Sendeanstalten ausgestrahlt worden, was ein Hinweis darauf ist, dass dort tatsächlich Werbung gelaufen sein müsste. Ein Hinweis war auch das TV-Sender-Logo am oberen Bildschirmrand. Alle Serien starteten exakt mit dem ersten Bild, und auch am Ende gab es nicht noch Werbung oder einen Spot. Alle Datenträger sind vom Typ DVD-R. Und wie Herr Rechtsanwalt Langer richtigerweise feststellte, können auf DVD-Rs selbst keine Teile mehr rausgeschnitten werden. Da war mein Vermerk schlicht falsch. Wir haben dann die Datenträger einer kriminaltechnischen Untersuchung unterzogen und einen Brennertyp festgestellt, der in ein Endgerät von Panasonic eingebaut ist, in den Panasonic DVD-Videorekorder DMR-E55. Unterm Strich ist mein Fazit, dass die technischen Voraussetzungen in der WG vorgelegen haben, solche DVDs zu erstellen. Wie letztlich die fertig geschnittene Serie auf die DVD-R gelangt ist, haben wir nicht nachgewiesen.

Götzl Haben Sie überprüft, ob ein entsprechendes Gerät sichergestellt worden ist?

Falko H. Einen DMR-E55 haben wir nicht festgestellt. Wir haben ein Nachfolgegerät, DMR-EH595, festgestellt. Das ist ein Festplattenrekorder.

Götzl War das Nachfolgegerät im Jahr 2006 schon auf dem Markt?

Falko H. Nein.

Anwalt Langer Eine Frage zur Klarstellung: Gab es in dem Panasonic DMR-E55 eine Festplatte?

Falko H. Nein.

Anwalt Langer Gibt es Anhaltspunkte, seit wann das Nachfolgegerät im Haushalt gewesen sein könnte?

Falko H. Mir fällt die Antwort gerade nicht ein.

Anwalt Langer Kann es sein, dass Sie zu diesem Gerät eine Rechnung gefunden haben?

Falko H. In der Tat.

Anwalt Langer Trifft es zu, dass der Kaufbeleg aus dem Jahr 2010 ist?

Falko H. Ja.

(Der Zeuge wird entlassen. Es folgt der Auftritt eines zweiten Zeugen zu diesem Thema, Thomas W., 58, Kriminalhauptkommissar beim BKA Wiesbaden. Er bestätigt die Aussage des Zeugen Falko H. und ergänzt technische Details. Dann verlässt er den Saal.)

Götzl Herr Rechtsanwalt Grasel teilte mit, dass Frau Zschäpe am kommenden Donnerstag ergänzende Angaben machen wird. Zudem teile ich mit, dass der Sachverständige, Herr Professor Dr. Saß, am 20./21. Dezember gehört werden soll. Ich würde Sie bitten, dass Sie sich darauf einstellen.

Verteidiger Heer Die Anhörung des Sachverständigen bedarf bei uns dreien *(er meint seine Kollegen Anja Sturm und Wolfgang Stahl, die alten Verteidiger von Beate Zschäpe)* noch weitere eingehende Vorbereitungen, sodass die Gutachtenerstattung aus unserer Sicht in diesem Jahr nicht mehr in Betracht kommt.

Anwalt Scharmer Das Gutachten liegt nun knapp einen Monat vor und ist nach Aktenlage erstellt, die der Verteidigung Zschäpe bekannt ist. Ich sehe überhaupt gar keinen Grund, damit abzuwarten. Der 20. und 21. Dezember ist auch erst in drei Wochen. Ich bin entrüstet, das muss ich wirklich sagen.

Verteidiger Stahl Das kann man so nicht im Raum stehen lassen. Das Gutachten ist relativ umfangreich. Das nimmt einige Zeit in Anspruch, sich damit auseinanderzusetzen. Wir werden das bis zum 20. Dezember nicht schaffen.

Götzl Dann schlage ich vor, den 6. und 7. Dezember abzusetzen, damit Sie Gelegenheit haben, sich damit zu befassen.

Verteidiger Stahl Es ist so, dass das einfache Absetzen des 6. und 7. Dezembers keine Abhilfe schafft. Ich würde es Ihnen gerne kurz erläutern, müsste mich vorher aber mit meinen Kollegen besprechen, in welchem Umfang.

Anwalt Behnke Ich halte das Vorgehen des Senats für richtig. Es sei denn, es ist richtig, was kolportiert wird, dass die Verteidigung plant, noch ein Gegengutachten eines anderen Psychiaters erstellen zu lassen.

Götzl Wenn wir beim Organisatorischen sind: Wenn im größeren Umfang noch weitere Beweisanträge vorgesehen sind, würde ich bitten, diese gesammelt und möglichst zügig und möglichst schnell zu stellen.

Verteidigerin Schneiders Ich hätte einen Antrag. Die Verteidigung Wohlleben beantragt, den Haftbefehl gegen unseren Mandanten aufzuheben oder außer Vollzug zu setzen. Es bestehen nach wie vor erhebliche Zweifel an der Schuld unseres Mandanten. All die Zweifel an der Täterschaft unseres Mandanten kann der Senat nicht ausräumen, allenfalls wie bisher ignorieren. Herr Wohlleben sitzt seit einem halben Jahrzehnt in Untersuchungshaft. Seit mindestens einem halben Jahr wird das Verfahren nicht mehr beschleunigt geführt. Der Beschleunigungsgrundsatz ist verletzt und die Dauer der Untersuchungshaft nicht mehr verhältnismäßig.

(Wohllebens Verteidigerin Schneiders trägt vor, dass der Angeklagte André Eminger nicht in Untersuchungshaft sitze, da er mutmaßlich nicht gewusst habe, wozu die Bahncards gedient hätten, die er den drei Untergetauchten überlassen habe. Dabei sei er ab Mai 2009 »eng und lange« mit Beate Zschäpe, Uwe Mundlos und Uwe Böhnhardt befreundet gewesen. Der Angeklagte Holger Gerlach wiederum soll eine Waffe übergeben haben, »aber laut BGH nicht in der Annahme, dass damit Morde verübt würden«, weswegen auch Gerlach nicht in Untersuchungshaft sitze.)

Es ist nicht einsichtig, warum Herr Wohlleben als Einziger Kenntnisse der Mordpläne gehabt haben soll, während Herr Gerlach und Herr Eminger davon nichts gewusst haben können. Zu berücksichtigen sind insbesondere auch die Angaben von Frau Zschäpe. Auch Frau Zschäpe gab an, dass sie nur im Nachhinein von den Taten erfahren und auch sie niemals mit solchen Taten der beiden gerechnet habe. Herr Wohlleben verfügt über gefestigte soziale Bindungen in Deutschland und über einen festen Wohnsitz. Er ist nicht als Haupttäter angeklagt, sondern wegen einer Beihilfehandlung im Jahr 2000. Selbst wenn Herr Wohlleben verurteilt wird, gibt es keine Fluchtanreize. Es besteht enger Kontakt zu seiner Frau und zu den zehn- und zwölfjährigen Töchtern. Herrn Wohlleben steht sogar

Arbeit in Aussicht. Sie wurde ihm während eines Haftbesuchs verbindlich zugesagt. Eine Verdunklungsgefahr ist nicht einmal ansatzweise ersichtlich. Nach alledem ist der Haftbefehl gegen unseren Mandanten aufzuheben.

(Nach der Mittagspause wird die Verhandlung fortgesetzt.)

Verteidiger Heer Ich gebe für die Kollegin Sturm, den Kollegen Stahl und mich folgende Erklärung ab: Die Absetzung zweier Hauptverhandlungstermine ist für uns nicht zielführend, weil wir uns in der Tat zur Auseinandersetzung mit dem Gutachten externer fachkundiger Unterstützung bedienen, die abschließend in diesem Monat nicht mehr zu erlangen ist. Das Gutachten des Sachverständigen Professor Dr. Saß ist ein ganz zentraler Aspekt in der Beweisaufnahme. Soweit Sie, Herr Vorsitzender, jetzt auf eine Beschleunigung des Verfahrens drängen, gebe ich zu bedenken, dass wir uns Wochen, wenn nicht Monate mit der Existenz oder Nicht-Existenz eines Holzhäuschens beschäftigt haben. Es ist für uns kein Grund ersichtlich, jetzt bezüglich des Gutachtens von Professor Dr. Saß derart – ich sage es mal flapsig – aufs Gaspedal zu treten. Eine Anhörung des Sachverständigen vor Abschluss unserer internen Vorbereitung wäre eine Behinderung der Verteidigung in einem wesentlichen Punkt.

Bundesanwalt Diemer Das Gutachten ist seit vier Wochen in der Welt. Seit vier Wochen besteht die Möglichkeit, sich damit auseinanderzusetzen. Am 20./21. Dezember sind es dann acht Wochen. Da meine ich schon, dass es durchaus möglich ist, dass die Verteidigung sich in der geeigneten Weise mit dem Gutachten auseinandersetzt. Externe private Gutachter müssen sich dann eben nach den Vorgaben des Senats richten.

Götzl Ich hatte sogar daran gedacht, den Sachverständigen früher zu hören. Er war aber verhindert. Ich wüsste auch nicht, was dagegen spricht. Sie vergeben sich ja nichts, selbst wenn Sie ihn dann gehört haben. Sie können auch im Anschluss noch Anträge stellen, und auch Fragen.

Verteidiger Nahrath Die Verteidigung Wohlleben beantragt, ein aussagepsychologisches Gutachten in Auftrag zu geben, das ergeben wird, dass die Angaben des Angeklagten Carsten Schultze nicht erlebnisfundiert sind.

(Nahrath zitiert umfangreich aus dem Gutachten eines Psychoanalytikers, bei dem Carsten Schultze seit 2009 in Behandlung ist. Nahrath erwähnt detailliert Carsten Schultzes Schwierigkeiten während seines Coming-outs, sein Verhältnis zu Mutter und Vater, seinen Reizdarm und einen »Schuldkomplex«, unter dem Carsten Schultze leiden soll. Das Fazit der Verteidigung: Carsten Schultzes belastende Angaben gegenüber Ralf Wohlleben entsprächen nicht der Wahrheit.)

Anwalt Behnke Ich bin leicht irritiert, dass die Verteidigung Wohlleben erst auf den Beschleunigungsgrundsatz pocht und dann völlig nutzlos einen Beweisantrag stellt, der keine Aussicht auf Erfolg haben kann.

Verteidigerin Schneiders Herr Kollege, man muss sich auch nicht bei allem zu Wort melden.

Anwalt Behnke Man muss auch nicht immer Anträge stellen, die dann hinterher immer abgelehnt werden.

Anwalt Langer Ich gebe folgende Erklärung zur Vernehmung der Zeugin Kriminaloberkommissarin P. vom 29.11.2016 ab: Die Aussage der Zeugin belegt, dass die Einlassung der Angeklagten Beate Zschäpe zum Komplex der Wette vom 24.11.2005 unplausibel ist und der Wetteinsatz von »200 Videoclips schneiden« keineswegs mit dem Herausschneiden von Teilen aufgenommener TV-Serien auf einer Festplatte eines Videorekorders erklärt werden kann. Die Zeugin P. hat bestätigt, dass die untersuchten DVD-R keine Filmsequenzen enthalten, die auf diesen Medien selbst geschnitten wurden, da dies technisch nicht möglich ist. Sie berichtete weiter, dass die Signatur auf den DVD-R mit einem DVD-Laufwerk des Gerätes Panasonic DVD-Videorekorder DMR-E55 erstellt wurden. Somit wurden diese DVD-R alle mit einem Gerät Panasonic DMR-E55 (ohne Festplatte) erstellt. Die Angaben der Zeugin P. wurden im Detail durch die Bekundungen der Zeugen H. und W. vom BKA bestätigt. Dieses Beweisergebnis erlaubt die Schlussfolgerung, dass es nach wie vor keinen einzigen Beleg dafür gibt, dass die Angeklagte Beate Zschäpe oder ihr Wettpartner Uwe Böhnhardt in der Zeit 2005/06 oder den Folgejahren Filme auf einer Festplatte eines Videorekorders aufgenommen und dann Teile davon herausgeschnitten hätten. Dies ist auch fernliegend. Für die Existenz eines solchen Festplattenvideorekorders im Haushalt der drei untergetauchten Personen vor 2010, also um den Zeitpunkt der Wette herum, gibt es keinerlei Hinweise. Die Angeklagte hat in ihrer schriftlich verlesenen Einlassung an zwei Stellen ausdrücklich auf »unseren Festplattenrekorder« beziehungsweise auf Aufnahmen »auf der Festplatte unseres Rekorders« verwiesen. Schließlich darf das Gericht auch aus der Tatsache, dass die Angeklagte Beate Zschäpe explizit keine Fragen zu dieser Thematik beantwortet, die Schlussfolgerung ziehen, dass die Wette sich nicht auf das Herausschneiden von Werbung bezog, sondern auf Vor- und Zuarbeiten von Teilabschnitten für das später erstellte sogenannte Bekennervideo.

Verteidiger Grasel Man kann es auch unnötig kompliziert machen. Frau Zschäpe hat angegeben, »200 Videoclips Schneiden« bezieht sich darauf, Werbung aus Fernsehserien rauszuschneiden, und nicht auf das sogenannte Bekennervideo. Es ist erstaunlich, mit welchem Einsatz Herr Rechtsanwalt Langer versucht, die Einlassung meiner Mandantin zu widerlegen. Es ist ihm nicht ansatzweise gelungen.

(Am Ende des Verhandlungstages lehnt der Senat die Anträge der Verteidigung von Ralf Wohlleben ab, den letzten Krankenpfleger von Rudolf Heß als Zeugen und den NPD-Par-

teifunktionär Olaf Rose als Sachverständigen vor Gericht zu hören. Schließlich verkündet Richter Götzl, dass die Verhandlungstage am 6. und 7. Dezember ausfallen und die Verhandlung am 8. Dezember fortgesetzt wird.)

Tag 328

8. Dezember 2016

Manfred Götzl, Richter. **Anette Greger**, Vertreterin der Bundesanwaltschaft. **Hermann Borchert, Mathias Grasel, Wolfgang Heer, Wolfgang Stahl, Anja Sturm**, Verteidiger von Beate Zschäpe. **Jacob Hösl**, Verteidiger von Carsten Schultze.

Götzl Herr Rechtsanwalt Borchert ist heute zugegen. Frau Zschäpe, Sie hatten angekündigt, sich heute ergänzend einzulassen. Soll das erfolgen?

Verteidiger Borchert Zunächst zu der Stellungnahme meiner Mandantin zu Fragen des Senats. *(Borchert liest die Stellungnahme im Namen Zschäpes vor.)* Die Fragen des Senats vom 26. Oktober beantworte ich wie folgt. *(Borchert zitiert jeweils die Frage des Richters und gibt dann darauf die Antwort.)* »Verfügen Sie über Informationen über Peggy Knobloch, die Sie nicht aus den Medien haben?« Antwort: Nein. »Wer nutzte den PC, der unter dem Hochbett im Brandbereich E in Ihrer Wohnung aufgefunden wurde?« Antwort: Der PC wurde sowohl von Uwe Mundlos und Uwe Böhnhardt als auch von mir genutzt. Jeder von uns hatte darauf Zugriff. »Befanden sich auf der Festplatte des PCs Bilder von Kindern und Jugendlichen? Und welche Informationen haben Sie gegebenenfalls zu diesen Bildern?« Antwort: Erst durch die Akteneinsicht habe ich festgestellt, dass sich auf der Festplatte Bilder von Kindern und Jugendlichen befinden. Weitergehende Informationen zu diesen Bildern habe ich daher nicht. Uwe Mundlos hatte diesen Rechner selbst zusammengebaut, so dass ich vermute, dass es sich bei der sichergestellten Festplatte um eine gebrauchte, von ihm gekaufte Festplatte handelt. Er hatte regelmäßig in An- und Verkaufsläden Computerzubehör erworben und diese in den Rechner eingebaut.

Verteidiger Grasel Die angekündigte Stellungnahme zum Gutachten von Herrn Professor Saß wird im Hinblick auf die externe Expertise, angekündigt von den Kollegen Heer, Stahl und Sturm, vorerst zurückgestellt.

(Der Psychiatrische Gutachter Saß hat ein vorläufiges Gutachten zur Schuldfähigkeit von Beate Zschäpe erarbeitet und darin festgestellt, dass für sie möglicherweise sogar die Sicherungsverwahrung infrage kommt, sie also möglicherweise für immer hinter Gittern bleiben muss. Das Gutachten soll am 20. und 21. Dezember im Gericht vorgestellt werden.

Die Verteidiger Heer, Stahl und Sturm wollen dazu eine kritische Gegenmeinung einholen.)

Götzl Dann kommen wir zu Stellungnahmen zum Antrag der Verteidigung Wohlleben hinsichtlich eines aussagepsychologischen Gutachtens.

Oberstaatsanwältin Greger Hoher Senat, Herr Vorsitzender, zu den Anträgen der Verteidiger des Angeklagten Wohlleben auf die Vernehmung eines Sachverständigen zum Beweis der Tatsachen, dass bestimmte Angaben des Mitangeklagten Carsten Schultze nicht erlebnisfundiert sind, und zur Aussagefähigkeit des Herrn Schultze, gebe ich folgende Stellungnahme ab. Die Anträge sind sämtlich abzulehnen. Die Anträge auf Einholung eines Gutachtens sind abzulehnen, weil das Gericht selbst die erforderliche Sachkunde besitzt. Der Antrag auf Beiziehung und Verlesung von Behandlungsunterlagen ist abzulehnen, weil die allgemeine Aufklärungspflicht sie nicht gebietet. Die Beurteilung des Beweiswertes eines Beweismittels ist Kern richterlicher Tätigkeit und kann nicht auf einen Sachverständigen übertragen werden. Die Glaubhaftigkeit einer Aussage hat allein der Richter zu würdigen. Die besondere Sachkunde eines Psychiaters wird dann benötigt, wenn ein Zeuge an einer geistigen Krankheit leidet. Grundsätzlich kann und muss der Tatrichter die Glaubhaftigkeit von Zeugenaussagen in der Regel ohne sachverständige Hilfe beurteilen. Für den Tatrichter gilt der Grundsatz freier Beweiswürdigung. Bei einer sorgfältigen und umfassenden Beweiswürdigung ist nicht ausgeschlossen, einer Person teilweise zu glauben und teilweise nicht. Weder in der Person des Herrn Schultze noch in seinem Aussageverhalten liegen Gründe für die Hinzuziehung eines aussagepsychologischen Gutachtens. Es liegen keine Anhaltspunkte vor, dass der Mitangeklagte Schultze an einer psychischen Störung leidet, die sich maßgeblich auf seine Aussagetüchtigkeit auswirken könnte. Es gibt keinen Anlass, seiner Aussage-Kompetenz zu misstrauen. Die Bedenken des Angeklagten Wohlleben, die vom Mitangeklagten Schultze geäußerten Vorgänge lägen bereits längere Zeit zurück, wodurch Einflüsse durch Nachinformationen und suggestive Einflüsse auf die Erinnerungen nicht auszuschließen seien, sind sämtlich nicht geeignet, die eigene Sachkunde der Tatrichter infrage zu stellen. Die Verteidigung gab weiter an, Herr Schultze habe von Konflikten mit seinem Vater wegen der Zugehörigkeit des Herrn Schultze zur rechten Szene und wegen seiner sexuellen Identität berichtet. Die Konflikte hätten sich psychosomatisch geäußert und zu Verdauungsbeschwerden geführt. Herr Schultze begab sich in psychoanalytische Behandlung, wodurch die Symptome abgeklungen seien. Die Verteidigung des Herrn Wohlleben sieht den Angeklagten Schultze in einen Schuldkomplex verstrickt und anfällig für suggestive Einwirkungen. Die Befürchtung der Verteidigung Wohlleben, dass sich Herr Schultze während seiner Einlassungen in einem psychischen Ausnahmezustand bis hin zum Verlust der Aussagefähigkeit befunden habe, findet in seiner Aussagegenese keinen Rückhalt. Im Gegenteil: In seiner hochkomplexen, logisch konsistenten Aussage, die Herr Schultze über mehrere Jahre in unterschiedlichen Befragungssituationen aufrecht hielt, traten keine nennenswerten Brüche oder Widersprüche auf. Sein bildungsadäquates Ausdrucksvermögen, seine Schilderung von Ereignissen und Emotionen und seine Fähigkeit zu Selbstreflexion zeigen ebenfalls keine Auffälligkeiten und keinerlei Hinweise auf neurotische Störungen. Auch ohne die Hinzuziehung eines weiteren Sachverständigen wird es dem erkennenden Gericht möglich sein, sich mit all diesen Umständen mit der eigenen Sachkunde auseinanderzusetzen.

(Ein Zuhörer klatscht Beifall. Er war schon zuvor aufgefallen, als er sich erst auf mehrfache Aufforderung der Justizbeamten hinsetzte.)

Götzl Würden Sie sofort ruhig sein! Was fällt Ihnen ein! Sie sind hier Zuhörer, da haben Sie sich entsprechend zu verhalten! Gibt es Erklärungen zu der Stellungnahme des Generalbundesanwalts?

Verteidiger Hösl Wir hatten eine Stellungnahme vorbereitet, aber die Stellungnahme des Generalbundesanwalts ist so umfangreich und umfassend, dass wir da nicht mithalten können. Wir können uns nur in vollem Umfang anschließen.

(Im Saal wurde am Morgen eine Verfügung des Vorsitzenden Richters verteilt, wonach er einen Brief von Beate Zschäpe an ihren Brieffreund Robin S. beschlagnahmt.)

Verteidigerin Sturm *(zu Götzl und seinen Richterkollegen)* Wir haben Ihre Verfügung zur Kenntnis genommen, dass Sie beabsichtigen, den Brief unserer Mandantin an Herrn S. in die Hauptverhandlung einzuführen. Wir widersprechen bereits jetzt der Beweiserhebung an sich. Aus unserer Sicht besteht nicht nur ein Beweisverwertungsverbot, sondern schon ein Beweiserhebungsverbot aufgrund der Persönlichkeitsrechte unserer Mandantin.

(Es handelt sich um einen Brief, den Zschäpe im März 2013 an den damals in der JVA Bielefeld inhaftierten Robin S. geschrieben hat. S. war damals wegen schwerer räuberischer Erpressung im Gefängnis und bis zu seiner Verhaftung in der Dortmunder Neonazi-Szene aktiv. Die Verteidigung hatte der Beschlagnahme des Briefes zuvor widersprochen. Der Senat stellt hingegen fest: »Die Beschlagnahme und eine mögliche Einführung des Briefinhalts in die Hauptverhandlung sind durch ein überwiegendes Interesse der Allgemeinheit an einer effektiven Strafverfolgung und an der gerichtlichen Wahrheitsfindung gerechtfertigt, das das allgemeine Persönlichkeitsrecht der Angeklagten Zschäpe und des Briefempfängers S. überwiegt.« Zschäpes Angaben komme »eine potenzielle Beweisbedeutung zu, da sie Rückschlüsse auf die Persönlichkeit der Angeklagten, insbesondere zu ihrem Selbstverständnis, ihrer Selbstständigkeit und zu ihrem Verhältnis zu Dritten ermöglichen können. Das kann für die Bewertung einer möglichen Mitwirkung der Angeklagten an den ihr in der Anklage des Generalbundesanwalts zur Last gelegten Taten potenziell von Bedeutung sein.« Weiter heißt

es: »Der Brief ist eine zusätzliche mögliche Erkenntnisquelle, die von der Angeklagten selbst herrührt. Er ist potenziell geeignet, die Einlassung der Angeklagten in der Hauptverhandlung hinsichtlich ihrer Persönlichkeit zu überprüfen.«)

Götzl Einen Punkt möchte ich noch mal ansprechen, Herr Stahl. Sie hatten erklärt, dass das Gutachten des Sachverständigen Saß sehr umfangreich sei, Sie drei Tage die Woche hier seien und Sie es deshalb nicht schaffen würden, sich auf die Anhörung des Sachverständigen vorzubereiten. So hatte ich Sie verstanden.

Verteidiger Stahl Da haben Sie mich missverstanden. Oder ich mag mich missverständlich ausgedrückt haben.

Götzl Haben Sie das jetzt so geäußert oder nicht?

Verteidiger Stahl Da habe ich keine Erinnerung dran. Ob ich das in diesem Wortlaut so geäußert habe, kann ich nicht mehr sagen. Der Kollege Heer hat doch im Anschluss ganz deutlich für uns alle drei erklärt, was wir meinten.

Götzl Unsere Reaktion war, dass wir die Termine am 6. und 7. Dezember abgesetzt haben.

Verteidiger Stahl Und wir hatten deutlich gemacht, dass dies aus unserer Sicht überhaupt nicht behilflich ist, diese beiden Termine abzusetzen, weil wir darauf angewiesen sind, dass noch eine fachliche Expertise eingeholt wird.

Götzl Das ist eine andere Frage. Zunächst geht es mir darum, ob Sie Zeit hatten, sich auf die Anhörung des Sachverständigen vorzubereiten.

Verteidiger Stahl Dann ist das missverständlich gewesen. Es bezog sich nicht auf unsere fehlende Zeit, sondern darauf, dass wir noch warten müssen.

Götzl Warten womit?

Verteidiger Stahl *(seufzt)* Herr Vorsitzender, ich versuche, es Ihnen noch mal zu erklären. Wir haben uns sofort mit dem Gutachten befasst, in der uns zur Verfügung stehenden Zeit. Hinzu kommt, dass wir warten müssen, bis wir entsprechende fachliche Expertise gefunden haben. Das braucht Zeit. Das hatte der Kollege Heer bereits erklärt. So schwer ist das doch nicht.

Götzl *(lächelt)* Ich habe alle Äußerungen noch im Kopf.

Verteidiger Heer Offensichtlich nicht. Ich habe meine Erklärung damit eingeleitet, dass ich mich ausdrücklich auch im Namen der Kollegen Stahl und Sturm äußere. Wenn Sie Herrn Stahl künstlich missverstehen wollen, tun Sie das. Aber es ist nicht zielführend.

Verteidiger Stahl Ich habe das doch mitunterzeichnet! Warum ist denn das jetzt von Ihrem Interesse?

Götzl Ich wollte einfach noch mal Klarheit haben in Hinblick auf Ihre Äußerungen.

Verteidiger Stahl Ich bitte Sie! Wir haben uns in der Tat gefragt, ob wir zu Ihrer Terminabsetzung noch was sagen wollen, weil wir den Eindruck hatten, dass Sie uns ganz bewusst missverstehen wollten.

Verteidigerin Sturm Ich habe die Äußerungen des Kollegen Stahl mitgeschrieben. In der Reihenfolge war es genau so: Sie hatten vorgeschlagen, den 6. und 7. Dezember abzusetzen, und Kollege Stahl sagte, damit sei es nicht getan, denn das Gutachten liege uns da noch nicht vor. Von uns ist ganz klar kommuniziert worden, dass uns durch das Absetzen der Termine nicht mit einer Minute geholfen wäre.

Götzl Es bleibt aber trotzdem die Frage der Vorbereitung der Anwälte und die Frage der Zielführung. Das sind zweierlei Stiefel. Ich kenne die konkreten Umstände nicht, wie Sie außerhalb der Verhandlung Beweisanträge vorbereiten.

Verteidiger Stahl Was unsere Tätigkeit betrifft: Wir sind seit Längerem fertig. Worauf wir warten, ist die Antwort auf verschiedenste Fragen, die fachliche Expertise benötigt. Wenn die vorliegt, benötigen wir noch ein bisschen Zeit. Also wir sind fertig. An uns liegt es nicht.

Götzl Sie sind also fertig? Sie haben das Gutachten durchgearbeitet?

Verteidiger Stahl Ja.

Verteidigerin Sturm Damit nicht ein erneutes Missverständnis entsteht: Wir sind zum Teil fertig, da uns nämlich ein Teil zur Vorbereitung fehlt. Unsere Fragen speisen sich aus eigenem Wissen und Fachwissen einer externen Person. Ich möchte nicht in irgendeiner Verfügung lesen, dass der Anhörung des Sachverständigen am 20. und 21. Dezember nichts entgegenstünde. Dem ist nicht so.

Götzl Nun gut.

(Am Ende des Verhandlungstages lehnt der Senat den Antrag der Verteidigung Wohlleben ab, den Sänger der »Böhsen Onkelz«, Kevin Russell, als Zeugen dafür zu hören, dass Ralf Wohlleben alle Alben der Band auf seinem Computer gespeichert hat. Der Senat lehnt auch den Antrag ab, dass sämtliche Lieder der »Böhsen Onkelz« vor Gericht vorgespielt werden. Beides sei für die Schuld- und Rechtsfolgenfrage ohne Bedeutung.)

Tag 329

13. Dezember 2016

Manfred Götzl, Richter. **Herbert Diemer**, Vertreter der Bundesanwaltschaft. **Nicole Schneiders**, Verteidigerin von Ralf Wohlleben. **Alexander Kienzle**, Anwalt der Nebenklage.

(Außerhalb der Hauptverhandlung ist bekannt geworden, dass die Großmutter von Beate Zschäpe gestorben ist. Vor Gericht kommt dies aber nicht zur Sprache.)

Götzl Wir haben den Zeugen Sch. geladen. Guten Morgen, nehmen Sie bitte Platz. Es geht um Ermittlungen anknüpfend an einen Artikel aus der »Freien Presse«

aus dem Jahr 2000. Berichten Sie uns bitte, welche Ermittlungen Sie durchgeführt haben.

(Nebenklagevertreter Hardy Langer hatte in der Chemnitzer Tageszeitung »Freie Presse« einen Hinweis auf eine weitere, bisher unbekannte Tat des NSU gefunden. Der Angeklagte Carsten Schultze hatte im Sommer 2013 ausgesagt, der Mitangeklagte Ralf Wohlleben habe ihm erzählt, Mundlos und Böhnhardt hätten »jemanden angeschossen«. Das Bundeskriminalamt hatte keine Straftat gefunden, die zu den Angaben passen könnte. Opferanwalt Langer hatte im Archiv der »Freien Presse« einen Artikel vom 15. Juni 2000 entdeckt, in dem davon berichtet wird, dass einen Tag zuvor ein Bauarbeiter an der Wolgrograder Allee in Chemnitz mit einem Luftgewehr beschossen worden war. Der Mann erlitt eine Schussverletzung am Unterarm. In derselben Straße lebten zur Tatzeit Mundlos, Böhnhardt und Zschäpe. Der Zeuge, Kriminaloberkommissar Christoph Sch., berichtet nun vor Gericht von seinen Bemühungen, Hintergründe und Zeugen der Tat zu ermitteln. Er sagt, dass Anfragen unter anderem bei der Zeitung, bei der Berufsfeuerwehr, bei Krankenhäusern und verschiedenen Unternehmen zu keinem konkreten Ergebnis geführt haben. Er erwähnt allerdings, dass sich zwei Mitarbeiter einer Firma vage an einen solchen Vorgang erinnert haben. Dann wird der Zeuge entlassen.)

Götzl Frau Rechtsanwältin Schneiders, Sie wollten ergänzend Stellung nehmen zu Ihrem beantragten aussagepsychologischen Gutachten?

Verteidigerin Schneiders Das werden wir schriftlich machen. Es ist noch nicht fertig.

Götzl Herr Rechtsanwalt Kienzle, es sollte auch von Ihnen noch eine Stellungnahme geben?

Anwalt Kienzle Hat sich erledigt.

Götzl Dann kommen wir zu einer Stellungnahme des Generalbundesanwalts.

Bundesanwalt Diemer Da hätten wir gerne bis morgen Zeit.

Götzl *(wirkt ungehalten)* Ich appelliere jetzt schon an die Verfahrensbeteiligten! Ohne Stellungnahmen können wir nicht weitermachen. Ich habe es bereits dringend gemacht. Können Sie denn die Stellungnahme bis morgen vorbereiten?

Bundesanwalt Diemer Wir könnten es auch heute noch machen.

(Im Anschluss verkündet Richter Götzl den Beschluss des Senats, den Inhalt des Briefes von Beate Zschäpe an Robin S. im sogenannten Selbstleseverfahren einzuführen. Das bedeutet, dass der Brief nicht in öffentlicher Hauptverhandlung vorgelesen wird, Psychiater Henning Saß ihn aber dennoch für sein Gutachten über Zschäpe verwenden kann.)

Götzl Dann kommt zur Verlesung folgender Beschluss. Den Anträgen, die Akten der Staatsanwaltschaft Bayreuth zum Fall Peggy Knobloch beizuziehen, wird nicht nachgekommen.

(Die Nebenklagevertreter Mehmet Daimagüler und Seda Başay hatten beantragt, die Akten zum Mordfall Peggy zum NSU-Verfahren beizuziehen, nachdem bekannt geworden war, dass sich eine DNA-Spur von Uwe Böhnhardt an einem Stofffetzen am Fundort der

Leiche von Peggy fand und Peggys Mutter einen rechtsextremen Brief erhalten haben soll, in dem ihr Übertritt zum Islam thematisiert wurde. Die Anwälte hatten auch auf eine mögliche Verbindung zu kinderpornografischen Bildern auf einem Computer der mutmaßlichen NSU-Terroristen hingewiesen. Zschäpe hatte am vorangegangenen Verhandlungstag erklärt, sie wisse nichts über Peggy. Sie behauptete auch, dass Mundlos die Festplatte gebraucht gekauft hätte, womit sie andeuten wollte, die kinderpornografischen Bilder seien von einem Unbekannten auf der Festplatte gespeichert worden.)

Götzl Aufgrund der bloßen Existenz einer DNA-Spur können keine belastbaren Schlüsse gezogen werden. Der von den Antragstellern geäußerte Verdacht, Zschäpe, Mundlos und Böhnhardt hätten ihren Unterhalt möglicherweise auch durch Kinderpornografie finanziert, ist reine Spekulation. In der Frühlingsstraße 26 in Zwickau konnte ein Computer sichergestellt werden, auf dem Vorschaubilder gespeichert waren, die nach der Wertung der Antragsteller den Verdacht nahelegen, den sexuellen Missbrauch von Kindern darzustellen. Weder zur Motivation der Speicherung dieser Bilder auf dem Computer noch zum Zeitpunkt der Speicherung lassen sich Feststellungen treffen. Auch die Angaben der Angeklagten Zschäpe sind nicht geeignet, die Beiziehung der Akten nahezulegen. Zusammenfassend ist nicht ersichtlich, dass der Inhalt der Verfahrensakten im Fall Peggy Knobloch zur Aufklärung der hier angeklagten Taten konkret beitragen könnte.

Tag 330

14. Dezember 2016

Manfred Götzl, Richter. **Heike B.**, 43, Krankenschwester aus Berlin. **Axel Manthei**, 58, Sachverständiger für Waffentechnik beim LKA Bayern. **Wolfram Nahrath**, Verteidiger von Ralf Wohlleben. **Antonia von der Behrens, Yavuz Narin**, Anwälte der Nebenklage.

(Es geht um die Beobachtung eines Wachmanns, der sich sicher ist, dass er am 7. Mai 2000 Beate Zschäpe und wahrscheinlich Uwe Mundlos mit einer blonden Frau, einem weiteren Mann und zwei Kindern längere Zeit im Außenbereich des Restaurants »Wasserturm« in unmittelbarer Nähe der Synagoge in der Rykestraße in Berlin beobachtet hat. Sie hätten mit Plänen hantiert. Nebenklagevertreter haben den Verdacht, dass die NSU-Terroristen die Synagoge als Anschlagsziel ausgespäht haben.)

Götzl Wir haben die Zeugin B. geladen.

Anwalt Narin Herr Vorsitzender, bevor Sie die Zeugin hereinrufen: Ich würde zur

Zeugin B. gerne den Generalbundesanwalt fragen, ob irgendwelche Erkenntnismitteilungen vorliegen.

Götzl Die Unterlagen, die wir bekommen haben, haben wir Ihnen zugeleitet. Dann rufen wir bitte die Zeugin auf! *(Die Zeugin betritt den Saal.)* Frau B., guten Tag! Es geht uns um Erkenntnisse zu Beate Zschäpe und Uwe Mundlos und hier insbesondere darum, ob es ein Treffen am 7. Mai 2000 im Restaurant »Wasserturm« in Berlin gab. Kennen Sie Frau Zschäpe und Herrn Mundlos?

Heike B. Nein, die kenne ich nicht.

Götzl Bitte erzählen Sie zunächst von sich aus, ob es gegebenenfalls ein Treffen gegeben hat, ob Sie mal Kontakt hatten zu Frau Zschäpe.

Heike B. *(unterbricht Götzl)* Die Person habe ich in der Zeitschrift erstmals gesehen. Ich kann mich nicht erinnern, dass ich sie mal getroffen habe. An das Restaurant kann ich mich auch nicht erinnern. Ich weiß nicht, wie das Restaurant aussieht.

Götzl Kennen Sie irgendeinen der Angeklagten?

Heike B. Nein.

Götzl Wissen Sie, gegen wen hier verhandelt wird?

Heike B. Beate Zschäpe und noch welche.

Götzl Kennen Sie Namen anderer Angeklagter?

Heike B. Ich bin nicht gut mit Namen.

Götzl Sagt Ihnen der Name Wohlleben etwas?

Heike B. Wie bitte?

Götzl Wohlleben.

Heike B. Nein.

Götzl Kennen Sie eine Person namens Uwe Böhnhardt?

Bendix Nein.

Götzl Uwe Mundlos?

Heike B. Nein.

Götzl Wie ist es mit Schultze, sagt Ihnen der Name etwas?

Heike B. Keine Ahnung, weiß ich nicht.

Götzl André Eminger?

Heike B. Nein.

Götzl Gerlach?

Heike B. Nein.

Götzl Jetzt noch mal nachgefragt: Der Bereich Rykestraße in Berlin, ist Ihnen der ein Begriff?

Heike B. Ist mir nicht bekannt. Ich kann mich nicht erinnern, dass ich dort mal war.

Götzl Und ein Lokal mit Namen »Wasserturm«?

Heike B. Der Name stand in dem Schreiben drin, das ich von Ihnen bekommen habe. Ich habe mir wirklich Gedanken gemacht. Ich kenne das nicht.

Götzl Zu Ihrer familiären Situation. Wie viele Kinder haben Sie?

Heike B. Vier.

Götzl Haben Sie eine Schwester?

Heike B. Ja.

Götzl Wie heißt Ihre Schwester?

Heike B. Annett W.

Götzl Wie sah im Jahr 2000 Ihr Kontakt zu Ihrer Schwester aus?

Heike B. Damals habe ich noch in Sachsen gewohnt und habe sie immer mal besucht in Berlin.

Götzl Wie häufig waren die Besuche in Berlin in der damaligen Zeit?

Heike B. Vielleicht alle 14 Tage, alle drei Wochen.

Götzl Wie war damals, im Jahr 2000, die persönliche Situation Ihrer Schwester?

Heike B. Zwei Kinder und alleinstehend.

Götzl Kannten Sie Freunde Ihrer Schwester?

Heike B. Ein paar Kontakte hat man immer mal so. Aber Namen …

Götzl Was bedeutet jetzt die Formulierung »ein paar Kontakte hat man immer mal so«? Wie soll ich das verstehen?

Heike B. Dass immer mal jemand vorgestellt wurde. Aber das war einmal und dann war gut.

Götzl Können Sie uns namentlich einen Freund Ihrer Schwester nennen?

Heike B. Das war ja alles nur kurz.

Götzl Sind Ihnen da noch irgendwelche Personen namentlich in Erinnerung?

Heike B. Nein.

Götzl Ihre Schwester, wie alt ist die?

Heike B. So alt wie ich. Wir sind Zwillinge.

Götzl Wie war damals die Situation, wenn Sie Ihre Schwester besucht haben? Haben Sie sie alleine besucht?

Heike B. Ich war mal alleine, mal mit den Kindern.

Götzl Bitte, sind Sie so nett und kommen mal nach vorne. Schauen Sie sich bitte die Fotos an.

(Der Richter zeigt der Zeugin Schwarz-Weiß-Kopien von vier Fotos. Die Fotos zeigen Jan Werner, den ehemaligen Anführer der Neonazi-Gruppe »Blood & Honour Sachsen«, der im Verdacht steht, auf der Suche nach einer Waffe für den NSU gewesen zu sein. Auf den Fotos steht Werner neben der blonden Zeugin B. und ihrer Zwillingsschwester, die auf den Fotos schwarzes Haar hat. Die Zeugin B. trägt auf den Bildern ein Kind auf dem Arm.)

Heike B. Ich habe keine Ahnung, wo das ist und wer das ist. Weiß ich nicht. Das ist meine Schwester, ja. Und das hier bin ich.

Götzl Und das Kind?

Heike B. Ich glaube, das ist der Sohn von meiner Schwester. Oder? Ich weiß jetzt nicht, ob das mein Sohn ist, mein mittlerer. Der war auch so blond. Aber das ist so unscharf, das Bild.

Götzl Und was können Sie zu der männlichen Person sagen?

Heike B. Völlig unbekannt. Einmal gesehen und dann nie wieder.

Götzl Was bedeutet die Formulierung: Einmal gesehen?

Heike B. Na, da auf dem Bild. Und da kann ich mich nicht mal erinnern, wo das war. Einmal gesehen.

Götzl Können Sie zum Entstehungszeitpunkt der Fotos etwas sagen?

Heike B. Ich weiß nicht, wann das war oder wo.

Götzl Können Sie anhand des Aussehens irgendwelche Einordnungen machen?

(Die Zeugin schüttelt den Kopf.)

Götzl Anhand des Alters Ihres Kindes?

Heike B. Der wird ja kein Jahr gewesen sein.

Götzl Sie sagten, Sie hätten Frau Zschäpe erstmals in der Zeitung gesehen. Wann ordnen Sie das zeitlich ein?

Heike B. Als es losging hier mit dem Prozess.

Götzl Können Sie das ungefähr zeitlich einordnen?

Heike B. Nee.

Götzl Sagt Ihnen der Name Mirko Hesse etwas? *(Hesse war einer der führenden Köpfe der rechtsradikalen Hammerskins.)*

Heike B. Ja. War eine Bekanntschaft von meiner Schwester.

Götzl Kannten Sie ihn auch?

Heike B. Ein, zwei Mal gesehen.

Götzl Und Mandy F.?

Heike B. Ja, sie war eine Freundin meiner Schwester.

Götzl Uns liegt ein Vernehmungsprotokoll Ihrer Schwester vor. Darin heißt es: »Den Jan Werner habe ich auf Konzerten kennengelernt über die Mandy F., die damals die Freundin von Mirko Hesse war.« Noch mal nachgefragt, ist Ihnen gegenüber jemals der Name Jan Werner gefallen?

Heike B. Nein.

Götzl Sind Fragen vonseiten des Senats? Vonseiten der Nebenklage? Herr Rechtsanwalt Narin.

Anwalt Narin Seit wann leben Sie in Berlin?

Heike B. Ich bin im Dezember 2001 nach Berlin gezogen.

Anwalt Narin Kennen Sie Personen, die in der rechten Szene sind?

Heike B. Nur Stephan Lange und meine Schwester.

Anwalt Narin Und Mirko Hesse?

Heike B. Stimmt.

Anwalt Narin Hatte Stephan Lange einen Spitznamen?

Heike B. Ja. Pinocchio.

Anwalt Narin Sagt Ihnen »Blood & Honour« etwas?

Heike B. Meine Schwester hat davon mal etwas erzählt.

Anwalt Narin Was denn?

Heike B. Dass er da irgendwas macht. Hat mich nicht interessiert.

Anwalt Narin Und Hammerskins?

Heike B. Nicht unbedingt. Ich weiß nicht mehr, ob meine Schwester und Herr Lange da mal Besuch hatten.

Anwalt Narin Waren Sie selbst mal in der rechten Szene?

Heike B. Nein.

Anwalt Narin Haben Sie mit jemandem über Ihren Zeugenauftritt hier gesprochen?

Heike B. Meine Schwester hat gesagt, dass Sie zu einer Aussage war. Sie hat nur gesagt, dass es wieder um damals ging.

Anwalt Narin Damals?

Heike B. Wo sie mit Stephan Lange zusammen war und so. Na mit der rechten Szene und so.

Anwalt Narin Wurde über den Inhalt der Aussage gesprochen?

Heike B. Sie hat nur gesagt, dass es ihr leidtut, dass ich jetzt hierher muss. Sie hat gesagt, sie hat Fotos gesehen von uns. Das war's. Gar nichts weiter.

Anwalt Narin Wann hat das Gespräch denn stattgefunden?

Heike B. Vor Kurzem.

Anwalt Narin Es kann ja nicht mehr als eine Woche her gewesen sein.

Heike B. Dann wird es so gewesen sein.

Anwältin von der Behrens Sie sagten, Ihre Schwester habe über ihre Vernehmung gesagt, es sei »wieder um damals« gegangen. Wieder?

Heike B. Sie hatte da schon mal, vor zehn Jahren, wegen irgendwas aussagen müssen. Auch wegen dem. Es geht immer um ihre Vergangenheit.

Anwältin von der Behrens Können Sie sagen, mit wem Ihre Schwester eine Beziehung hatte, nach der Beziehung zum Kindesvater?

Heike B. Nein, ich kenne nicht alle Beziehungen. Ich kenne nur einen, mit dem sie eine langjährige Beziehung hatte, zehn Jahre.

Anwältin von der Behrens Wer war das?

Heike B. René B.

Anwältin von der Behrens Herr Vorsitzender, wenn Sie der Zeugin bitte noch einmal die Fotos vorlegen würden. Sehe ich das richtig, dass Ihre Schwester darauf kurze, dunkle Haare trägt?

Heike B. Ich sehe hier Zöpfe.

Anwältin von der Behrens Das habe ich nicht erkennen können. Ist das die natürliche Haarfarbe ihrer Schwester?

Heike B. Nein.

Anwältin von der Behrens Wie lange hatte sie dunkle Haare?

Heike B. Keine Ahnung. Sie hatte lange schwarze Haare, dann ist sie mal auf blond gegangen.

Anwältin von der Behrens Frau B., Ihre Handynummer, wie lange haben Sie sie schon?

Heike B. Ein paar Jahre? Zwei, drei, vier Jahre?

(Die Zeugin wird entlassen.)

Anwalt Narin Ich möchte eine kurze Erklärung abgeben. Ich bin der Auffassung, dass wir die Zeugin nicht ordentlich vernehmen konnten, weil wir von der Bundesanwaltschaft nicht ordentlich informiert worden sind. Unüblicherweise wurde diese Zeugin auch nicht vorab vernommen. Ich finde diese Vorgehensweise nicht in Ordnung.

Anwältin von der Behrens Auch von mir eine Erklärung zu der Aussage der Zeugin B. Erst sagt sie, dass sie keine Freunde ihrer Schwester kennt. Dann kommt heraus, dass Stephan Lange, der frühere Chef von »Blood & Honour Deutschland«, der Vater der Kinder ihrer Schwester ist. Dann nennt die Zeugin exakt die Namen, die auch ihre Schwester in ihrer Aussage genannt hat. Offensichtlich sagt sie nicht die ganze Wahrheit. Das Problem ist, dass wir nur die Fotos vom 3. Juni 2000 haben, auf denen sie in Berlin zu sehen ist. Das passt zusammen mit der Beobachtung des Wachmanns vom 7. Mai 2000. Aber wir wissen es nicht genau. Was wir wissen, ist, dass das sächsische Landesamt für Verfassungsschutz festgestellt hat, dass Jan Werner am 7. Mai 2000 in Berlin war und mehrfach telefonischen Kontakt zu einer Frau mit Kindern hatte. Es gab einen Nachermittlungsauftrag. Das Landesamt für Verfassungsschutz hat nur die Bilder geschickt. Es gab keine Angaben, mit wem Jan Werner telefoniert hat und wer die weibliche Bekannte mit Kindern ist. Deswegen ist die Frage: Warum hat das Landesamt für Verfassungsschutz das nicht mitgeteilt? Gibt es keine Akten mehr? Oder teilt es nicht alles mit, was sich aus den Akten ergibt?

(Der nächste Zeuge wird aufgerufen.)

Götzl Dann kommen wir zum Sachverständigen Herrn Manthei. Guten Morgen!

Manthei Guten Morgen!

Götzl Es ging uns um das Gewicht der Waffe Česká 83 und um das Gewicht des Schalldämpfers.

Manthei Ich habe diese Waffe erhalten und mit einer Eichwaage gewogen. Die Waffe hat gerundet ein Gewicht von 772 Gramm, der Schalldämpfer ein Gewicht von 236 Gramm.

Götzl Wie hat die Waffe ausgesehen?

Manthei Als ich sie erhalten habe, war der Schalldämpfer aufgeschraubt. Die Griffschalen der Waffe wirkten thermisch belastet, also etwas verbogen. Das Magazin befand sich in der Waffe. Ich habe die Waffe mit dem Magazin gewogen, dem leeren Magazin.

(Der Zeuge verlässt den Saal.)

Götzl Soll von der Verteidigung Wohlleben noch ergänzend Stellung genommen werden zu dem Antrag auf Einholung eines aussagepsychologischen Gutachtens?

Verteidiger Nahrath Wir wollen kurz auf die Stellungnahme der Bundesanwaltschaft erwidern.

(Die Vertreter der Bundesanwaltschaft hatten gefordert, den Antrag der Verteidigung von Ralf Wohlleben, ein aussagepsychologisches Gutachten über den Angeklagten Carsten Schultze erstellen zu lassen, abzulehnen. Die Begründung der Bundesanwaltschaft lautete unter anderem, dass es keine Anhaltspunkte gebe, dass Schultze an einer psychischen Störung leidet, die sich auf seine Aussagetüchtigkeit auswirken könnte.)

Verteidiger Nahrath Nach fünf Jahren Verfahrensdauer ist der Angeklagte Schultze immer noch mit Personenschützern unterwegs, anders als die Angeklagten Eminger und Gerlach. Herr Schultze fühlt sich offenbar verfolgt. Das deutet auf eine Persönlichkeitsstörung hin. Es liegen zudem Anhaltspunkte für einen Verdrängungsmechanismus mit Krankheitswert bei Herrn Schultze vor.

(Verteidiger Nahrath referiert über Schultzes »homosexuelles Ich«, das dieser in seiner Zeit in der rechten Szene abgespalten habe. Laut Nahrath deute dies auf »schizoide Aspekte seiner Persönlichkeit« hin. Nahrath sagt auch, dass belegt sei, dass Schultze an »Realitätsverlust und Wahrnehmungsstörungen« leide.)

Götzl Dann werden wir den morgigen Termin absetzen. Für nächste Woche ist vorgesehen, den Sachverständigen Professor Saß zu hören.

Tag 331

20. Dezember 2016

Manfred Götzl, Richter. **Herbert Diemer, Jochen Weingarten,** Vertreter der Bundesanwaltschaft. **Wolfgang Heer, Wolfgang Stahl, Anja Sturm,** Verteidiger von Beate Zschäpe. **Thomas Bliwier, Alexander Hoffmann, Eberhard Reinecke, Sebastian Scharmer,** Anwälte der Nebenklage.

Götzl Guten Morgen! Wir setzen die Hauptverhandlung fort.

Anwalt Hoffmann In der Strafsache gegen Zschäpe und andere wird folgende Erklärung zur durchgeführten Beweisaufnahme zur Kopie des Briefes der Angeklagten Beate Zschäpe an Robin S. abgegeben. In ihrer Einlassung stellte sich die Angeklagte Zschäpe als eine schwache, unselbstständige, von Böhnhardt und Mundlos abhängige Person dar. Sie versucht damit zu erklären, warum sie trotz ihrer angeblichen Ablehnung der Taten diese nicht verhindert und sich nicht von Böhnhardt und Mundlos getrennt hat. In dem Brief zeichnet die Angeklagte Zschäpe demgegenüber von sich das Bild einer selbstbewussten, selbstbestimmten und bis zur Überheblichkeit von sich selbst überzeugten Frau, der es sehr wichtig ist, Kontrolle beziehungsweise Macht auszuüben. Die Angeklagte zeigt in dem Brief, dass sie sich auch Männern gegenüber keinesfalls unterordnet: »Aber wie gesagt, ich nehm Dich, wie Du bist … Seh Dich als meinen kleinen Gockel und gut. Aber bei den ›Bravo‹ lesenden, leichtgläubigen Mädels solltest Du die Reißleine ziehen.«

Verteidigerin Sturm *(unterbricht Hoffmann)* Der Kollege Hoffmann beabsichtigt offenbar, aus dem Brief zu zitieren. Dies ist aus unserer Sicht definitiv nicht zulässig, weil es die Persönlichkeitsrechte unserer Mandantin betrifft. Falls Kollege Hoffmann weitere Zitate haben sollte, beantrage ich, die Öffentlichkeit für die Dauer der Verlesung der Zitate von der Hauptverhandlung auszuschließen.

Anwalt Hoffmann Ja, ich habe mehrere Zitate.

Verteidigerin Sturm Ich beantrage ferner, bereits für die Dauer der Beratung über den Antrag, die Öffentlichkeit auszuschließen, die Öffentlichkeit auszuschließen.

Götzl Gibt es dazu Stellungnahmen?

Bundesanwalt Diemer Über den Ausschluss der Öffentlichkeit müsste meiner Meinung nach unter Ausschluss der Öffentlichkeit verhandelt werden.

(Die Hauptverhandlung wird unterbrochen.)

Götzl Ich verkünde folgenden Beschluss: Für die Verhandlung über den Ausschluss der Öffentlichkeit wird die Öffentlichkeit ausgeschlossen.

(Die Zuschauer und Journalisten müssen den Saal verlassen. Anwalt Hoffmann verzichtet während der nicht-öffentlichen Verhandlung auf die Verlesung seiner Erklärung.)

Götzl Dann kommen wir zur Anhörung des Sachverständigen. Die Verteidigung der Angeklagten Zschäpe möchte einen Antrag vorbringen?

Verteidiger Heer Als Verteidiger von Frau Zschäpe beantragen wir, den Psychiatrischen Sachverständigen Professor Dr. Saß wegen der in dem vorläufigen Gutachten zum Ausdruck kommenden fachlichen Ungeeignetheit von seiner Verpflichtung zur Erstattung des Gutachtens zu entbinden. Hilfsweise wird beantragt, ein methodenkritisches Sachverständigengutachten einzuholen zum Beweis der Tatsache, dass das Vorgutachten nicht den anerkannten wissenschaftlichen Standards für ein forensisch-psychiatrisches und kriminalprognostisches Sachverständigengutachten genügt. Wir regen an, Herrn Professor Dr. Pedro Faustmann, Ruhr-Universität Bochum, als Sachverständigen zu bestellen.

Professor Dr. Saß hat in seinem schriftlichen Vorgutachten zu der Frage des Vorliegens der Voraussetzungen einer Unterbringung in der Sicherungsverwahrung, zu dem Zustand von Frau Zschäpe sowie zu den Behandlungsaussichten Stellung genommen, obwohl eine Exploration von Frau Zschäpe nicht erfolgt ist. Damit genügt dieses Vorgutachten nicht den Mindeststandards für ein forensisch-psychiatrisches Gutachten, weil der Sachverständige über keinen genügenden psychischen Befund, sondern lediglich über ein Gemenge aus psychischen Befindlichkeiten verfügt, die zudem noch von seiner subjektiven Wertung geprägt sind. Ein berufsethisch ordnungsgemäßes Vorgehen hätte den Sachverständigen dazu veranlasst, die Begutachtung von Frau Zschäpe abzubrechen und bei dem Vorsitzenden um seine Entbindung zu ersuchen, da nach den Standards seiner Wissenschaft für die psychiatrische Begutachtung eine solche ohne unmittelbare psychische Befunderhebung nicht in Betracht kommen kann.

Das schriftliche Vorgutachten weist weitere schwere methodische Fehler auf, da Befunde und Schlussfolgerungen fachlich nicht nachvollziehbar und begründet sind.

Auf Seite 78 wird von »augenscheinlich sachlichem Interesse« der Angeklagten geschrieben, mit dem sie die Prozesstage verfolge. Aus der reinen Beobachtung kann nicht geschlossen werden, ob das Interesse der Angeklagten sachlich oder anderer Natur ist.

Auf Seite 79 und auch noch einmal auf Seite 97 wird beschrieben, wie Frau Zschäpe bei gesenktem Kopf die Haare in das Gesicht fallen. Hier wird den Haaren die »Funktion eines abschirmenden Vorhanges« zugeschrieben. Auch diese Attribution entspricht einer subjektiven Wertung und Interpretation. Alternative lebenspraktische Möglichkeiten kämen ebenso in Betracht, wie zum Beispiel ein nicht vorhandenes Haargummi.

(Im Saal wird gelacht.)

Verteidiger Heer Ich wüsste nicht, was es hier zu lachen gibt. *(Er fährt fort.)* Auf Seite 163 des Gutachtens werden die Informationen zur Persönlichkeit von Frau Zschäpe aus psychiatrischer Sicht so zusammengefasst, dass im Vordergrund die deutlichen dissozialen beziehungsweise antisozialen Tendenzen stehen, eine Neigung zum Externalisieren, Verdrängen und Abspalten, aber auch zu manipulativem Verhalten, ferner egozentrische und auf Wirkung bedachte Züge, schließlich Mängel in der Gemütshaftigkeit und Empathie. Es wird dazu weiter ausgeführt, dass dem nicht entgegenstehe, dass Frau Zschäpe durchaus auch als freundlich, sozial gewandt, fürsorglich und angenehm im Kontakt geschildert wurde, wie sich auch im Prozessverlauf manche Züge mit charmantem Umgang und einer gut angepassten Fassade beobachten ließen. Es wird festgehalten, dass die Persönlichkeit der Angeklagten keine so abnormen Züge aufweise, dass von

einer Persönlichkeitsstörung im Sinne der psychiatrischen Klassifikationssysteme zu sprechen wäre.
Es ist methodenkritisch zu fragen, ob und inwiefern überhaupt ein Sachverständiger aus dem Fachgebiet der Psychiatrie und forensischen Psychiatrie zur Beantwortung der Frage der Voraussetzungen einer Unterbringung in der Sicherungsverwahrung infrage kommt, wenn keine psychiatrisch zu klassifizierende Störung vorliegt.
Bereits jetzt widersprechen wir unter Bezugnahme auf die vorherigen Ausführungen der Verwertung sowohl des Vorgutachtens als auch des endgültigen Gutachtens des Sachverständigen Professor Dr. Saß.
(Die Verteidiger hatten dem Senat ein methodenjuristisches Gutachten des Bochumer Psychiaters Pedro Faustmann überreicht.)

Götzl Soll sogleich Stellung bezogen werden?

Bundesanwalt Diemer Herr Vorsitzender, wir werden zu den einzelnen Punkten des Antrags gegebenenfalls zum geeigneten Zeitpunkt Stellung nehmen. Vorab: Eine aufrichtige und ausgiebige Öffnung der Angeklagten hätte die Möglichkeiten der Begutachtung selbstverständlich erweitert. Aber es ist nicht ausgeschlossen, sich ohne Exploration ein Bild von der Angeklagten zu verschaffen. Dies ist eine Situation, mit der ein geeigneter Gutachter umgehen muss und umgehen kann. Professor Dr. Saß ist ein allseits angesehener Gutachter. Es besteht keinerlei Zweifel an seiner Integrität. Es ist kein Grund ersichtlich, den Angeklagten von seiner Verpflichtung zur Erstattung des Gutachtens zu entbinden.
(Lachen im Saal.)

Bundesanwalt Diemer *(korrigiert sich, weil er irrtümlich »Angeklagter« statt »Sachverständiger« gesagt hat)* Ich meine: Es ist kein Grund ersichtlich, den Sachverständigen von seiner Verpflichtung zu entbinden. Es ist auch nicht nötig, ihm einen Aufpasser zur Seite zu stellen. Das Manko der fehlenden Exploration ist auch dem Gutachter bekannt. Deswegen spreche ich mich dafür aus, das Gutachten jetzt oder zumindest noch in dieser Woche zu hören.

Anwalt Scharmer Es ist ja durchaus in Ordnung, wenn man als Verteidigung eine absolute Mindermeinung vertritt. Doch zu sagen, ohne Exploration kann es keine Begutachtung geben und ohne Begutachtung keine Sicherungsverwahrung, würde faktisch bedeuten, die Sicherungsverwahrung abzuschaffen. Denn wer würde sich dann noch explorieren lassen? Man kann diese Ansicht vertreten. Man müsste sich dann aber mit der herrschenden Meinung auseinandersetzen und ausführen, warum man dieser nicht folgt. Darüber hinaus trägt jede Verhaltensbeobachtung immer eine subjektive Wertung in sich. Das spricht nicht gegen die Erstattung des Gutachtens. Natürlich ist eine Begutachtung ohne Exploration sehr viel kritischer zu bewerten als eine mit. Aus Beschleunigungsgründen sollten wir jetzt aber weitermachen.

Verteidigerin Sturm Es wundert doch sehr, wenn hier von Herrn Dr. Diemer gesagt wird, es werde zum geeigneten Zeitpunkt Stellung genommen, ohne den geeigneten Zeitpunkt zu benennen. Wenn nicht jetzt, nach Vorliegen des schriftlichen Gutachtens, wann soll dann die Methodenkritik diskutiert werden? Darüber hinaus ist die nicht erfolgte Exploration nicht das einzige Thema, das wir anführen. Es werden andere erhebliche Mängel benannt. Zum Kollegen Scharmer: Wenn die forensische Psychiatrie nicht in der Lage ist, ohne Exploration eine entsprechende Prognose zu stellen, dann ist ein Psychologe oder ein Kriminologe eventuell besser geeignet, eine solche Prognose vorzunehmen. Es ist populistisch zu sagen: Dann hätten wir keine Sicherungsverwahrung mehr. Ich würde anregen, dass man sich mit unseren Argumenten vielleicht doch mal näher befasst.

Anwalt Scharmer Wenn mir jetzt schon Populismus vorgeworfen wird, muss ich mich dazu äußern. Der von Ihnen als Referenz angeführte Professor Faustmann erstellt selbst Aktengutachten ohne Exploration und vertritt sie in Verfahren. Wenn ein Sachverständiger Wertungen vornimmt, dann müssen Sie ihn fragen, auf welcher Grundlage er das tut. Und wenn Sie finden, dass sein Vorgehen nicht richtig ist, dann bewerten Sie dies in Ihrem Plädoyer.

Anwalt Reinecke Ich habe die Stellungnahme von Professor Faustmann mal überflogen. Er hat nichts dazu geschrieben, dass für ein Prognosegutachten ein Kriminologe oder ein Psychologe zu holen ist. Er schreibt auch nicht, dass ohne Exploration keine Begutachtung möglich ist. Ihr grundlegender Angriff schlägt sich in seiner Stellungnahme nicht nieder. Außer methodenkritischer Anmerkungen, die Sie auch selbst vornehmen können, steht er aus meiner Sicht für nichts. Deswegen müssen wir auch nicht auf ihn warten.

Verteidigerin Sturm Es geht um die Erhebung und Bewertung der Befundtatsachen. Das ist der schwerwiegende Mangel des Vorgutachtens. Und darauf bezieht sich Professor Faustmann selbstverständlich.

Verteidiger Stahl Der Bundesgerichtshof sagt ganz klar: Wenn es methodenkritische Aspekte gibt, die das Gericht nicht selbst lösen kann, dann ist sehr naheliegend, wenn nicht zwingend, einen weiteren Sachverständigen heranzuziehen.

Anwalt Bliwier Das schriftliche Gutachten ist ein vorläufiges Gutachten, und das maßgebliche Gutachten ist das mündliche Gutachten. Wie wollen Sie denn jetzt den Senat veranlassen, ein methodenkritisches Gutachten einzuholen über etwas, das in der Hauptverhandlung noch gar nicht eingeführt ist?

Götzl Wir werden über den Antrag beraten. Die Hauptverhandlung wird unterbrochen.

Tag 332

21. Dezember 2016

Manfred Götzl, Richter. **Anette Greger**, Vertreterin der Bundesanwaltschaft. **Hermann Borchert, Wolfgang Heer, Wolfgang Stahl**, Verteidiger von Beate Zschäpe.

Götzl Wir setzen im Verfahren fort. Nach geheimer Beratung ergeht folgender Beschluss: Die Anträge der Verteidigung der Angeklagten Zschäpe, den Sachverständigen Professor Dr. Saß wegen der in dem vorläufigen Gutachten zum Ausdruck kommenden fachlichen Ungeeignetheit von seiner Verpflichtung zur Erstattung des Gutachtens zu entbinden, werden abgelehnt. Die hilfsweise gestellten Anträge, ein methodenkritisches Gutachten einzuholen zum Beweis der Tatsache, dass das Vorgutachten nicht den anerkannten wissenschaftlichen Standards genügt, und Herrn Professor Dr. Pedro Faustmann als Sachverständigen zu bestellen, werden abgelehnt, weil die unter Beweis gestellten Tatsachen für die Entscheidung tatsächlich ohne Bedeutung sind.
Eine Entbindung des Sachverständigen Professor Dr. Saß kommt nicht in Betracht. Eine Entbindung ist nur dann möglich, wenn alle Prozessbeteiligten damit einverstanden sind. Dies ist im vorliegenden Fall nicht gegeben, weil sich sowohl der Generalbundesanwalt als auch einige Nebenklagevertreter gegen die Entbindung ausgesprochen haben. Die Aufklärungspflicht drängt zur Vernehmung des Sachverständigen Professor Dr. Saß. Im vorliegenden Verfahren liegt lediglich ein schriftliches Vorgutachten vor. Das schriftliche Gutachten dient nur als Hilfsmittel. Allein der Inhalt des mündlichen Gutachtens ist dem Urteil zugrunde zu legen. Ein schriftliches Vorgutachten ist hilfreich, aber nicht vorgeschrieben. Ob dieses an Mängeln leidet, ist für die Entscheidung ohne Bedeutung. Es kommt nur auf die mündliche Fassung an. Auch der Hinweis auf die fehlende Exploration zeigt keinen bereits jetzt erkennbaren Mangel auf. Die Verteidiger der Angeklagten Zschäpe können derzeit keinen Beweisantrag stellen, weil sie die Tatsachen noch nicht kennen. Bei den Anträgen handelt es sich um Beweisermittlungsanträge. Die Aufklärungspflicht drängt nicht dazu, diesen nachzukommen.

Verteidiger Heer Frau Sturm, Herr Stahl und ich beantragen eine Unterbrechung der Verhandlung für mindestens 40 Minuten zur internen Erörterung, ob ein Ablehnungsgesuch angebracht ist.

(Die Verhandlung wird unterbrochen, nach der Pause ergreift Verteidiger Heer das Wort.)

Verteidiger Heer Herr Vorsitzender, die Kollegen Sturm, Stahl und ich beantragen, die Hauptverhandlung bis 13.15 Uhr zu unterbrechen, um ein Ablehnungsgesuch gegen sämtliche Mitglieder des Senats zu formulieren.

Götzl Gut, 15 Uhr hatten Sie gesagt? Dann unterbrechen wir bis 15 Uhr.

(Der Richter wird durch Murren im Saal unterbrochen.)

Verteidiger Heer Nein, bis 13.15 Uhr!

Götzl *(lacht)* Dann wird die Hauptverhandlung bis 13.15 Uhr unterbrochen.

(Es folgt eine Pause, die verlängert wird bis 14.15 Uhr.)

Götzl Herr Rechtsanwalt Stahl, bitte.

Verteidiger Stahl In der Strafsache gegen Frau Beate Zschäpe lehnen wir im Interesse von Frau Zschäpe Herrn Vorsitzenden Richter am Oberlandesgericht Götzl, Frau Richterin am Oberlandesgericht Odersky, Herrn Richter am Oberlandesgericht Dr. Lang, Herrn Richter am Oberlandesgericht Dr. Kuchenbauer und Herrn Richter am Oberlandesgericht Kramer wegen Besorgnis der Befangenheit ab. Am gestrigen Hauptverhandlungstag beantragten die Unterzeichner, den Sachverständigen Professor Dr. Saß wegen fachlicher Ungeeignetheit seines vorläufigen Gutachtens von seiner Verpflichtung zur Erstattung des Gutachtens zu entbinden, hilfsweise ein methodenkritisches Sachverständigengutachten einzuholen zum Beweis der Tatsache, dass das Vorgutachten nicht den anerkannten wissenschaftlichen Standards für ein forensisch-psychiatrisches und kriminalprognostisches Gutachten genügt.

Die abgelehnten Richter vermitteln den Eindruck der Befangenheit, da die am 331. Hauptverhandlungstag gestellten Anträge mit völlig abwegigen und nicht nur den Anschein der Willkür erweckenden Begründungen abgelehnt wurden. Zudem wird die Verteidigung in einem wesentlichen Punkt bewusst behindert. Dies ergibt sich für jeden vernünftig denkenden Angeklagten aus dem Umstand, dass der Senat in der konkreten Verfahrenssituation die umfangreich und fundiert begründeten Anträge der Verteidigung in kürzester Zeit mit einer an einen Kunstgriff anmutenden Begründung vollständig abgelehnt hat. Die Annahme des Senats, dass es für die Entscheidung ohne Bedeutung sei, wenn das vorbereitende schriftliche Gutachten an Mängeln leidet, da es lediglich auf die mündliche Fassung des noch zu erstattenden Gutachtens ankomme, ist unzutreffend. Je komplexer die gutachterliche Frage ist, desto mehr muss sich der Tatrichter gedrängt sehen, die Problematik vorab in einem schriftlichen Gutachten darstellen zu lassen. Mit anderen Worten: Wenn der Tatrichter ein vorbereitendes schriftliches Gutachten anfordert, ist dieses auch von Bedeutung. Weist dann aber das seitens des Gerichts in Auftrag gegebene vorbereitende Gutachten eklatante Mängel auf, ist es geradezu zynisch, die Behauptung aufzustellen, dies spiele für die Bewertung der fachlichen Eignung des Gutachters keine Rolle.

Die abgelehnten Richter vermitteln den Eindruck, dass sie eine schnelle Sacherledigung mit dem Fokus auf eine Verurteilung einer objektiven Würdigung des Beweisstoffes unter Berücksichtigung des legitimen Verteidigungsinteresses der Angeklagten vorziehen. Die abgelehnten Richter haben durch ihr Verhalten insgesamt deutlich gemacht, dass sie eine schnelle Verfahrensweise im Sinne eines raschen Durchmarsches im Hinblick auf die eigenen Verhandlungsziele beziehungsweise -planung einer verfahrenskonformen Vorgehensweise vorziehen.

Verteidiger Borchert Ich bitte um 20 Minuten Pause, um mit meiner Mandantin zu besprechen, ob sie sich diesem Antrag anschließt.

Götzl Ich wollte ohnehin fragen, ob Frau Zschäpe den Antrag selbst stellen will. Dieser Antrag wurde ja »im Interesse« und nicht »im Namen von Frau Zschäpe« gestellt. *(Pause.)*

Verteidiger Borchert Ich gebe für die Mandantin folgende Erklärung ab: »Nach Kenntnisnahme des Ablehnungsgesuchs und nach Rücksprache mit meinen Verteidigern, Herrn Borchert und Herrn Grasel, lehne ich die an der Entscheidung beteiligten Richter, Herrn Vorsitzenden Richter am Oberlandesgericht Götzl, Frau Richterin am Oberlandesgericht Odersky, Herrn Richter am Oberlandesgericht Dr. Lang, Herrn Richter am Oberlandesgericht Dr. Kuchenbauer und Herrn Richter am Oberlandesgericht Kramer, aus den dargelegten Gründen wegen der Besorgnis der Befangenheit ab.«

Götzl Sollen Stellungnahmen erfolgen?

Oberstaatsanwältin Greger Herr Vorsitzender, hoher Senat, ich beantrage die Ablehnung der Richter als unzulässig zu verwerfen, da die Ablehnung der Richter verspätet erfolgt ist. Die Ablehnung eines Richters in der Hauptverhandlung ist unverzüglich geltend zu machen. Selbstverständlich ist der Angeklagten eine Überlegungsfrist einzuräumen, aber hier besteht ein Sonderfall. Der Beschluss, auf den die Ablehnungsgründe gestützt werden, wurde etwa um 10.02 Uhr verkündet. Dann gab es bis 14.15 Uhr Pausen und Besprechungen, auch mit der Angeklagten. Gegen 14.15 Uhr wurde von den Verteidigern der Antrag auf Ablehnung der Richter im Interesse der Angeklagten gestellt. Wenn die Angeklagte dann erst nach einer weiteren Unterbrechung und einer weiteren Beratung ein neues Ablehnungsgesuch stellt, ist dieses Gesuch rechtlich erst zum jetzigen Zeitpunkt gestellt und damit nicht mehr unverzüglich, sondern verspätet.

Verteidiger Borchert Die Begründung weise ich als geradezu abwegig zurück.

Verteidiger Heer Wir drei weisen darauf hin, dass es durchaus die Auffassung gibt, dass ein Ablehnungsgesuch auch im Interesse eines Mandanten gestellt werden kann. Jeder weiß, dass dies einer Sondersituation geschuldet ist, die jedem bekannt ist und hier nicht ausgeführt werden muss.

Götzl Wir werden dann für heute die Hauptverhandlung unterbrechen. Wir setzen fort am Dienstag, 10. Januar 2017, um 9.30 Uhr.

DAS FÜNFTE JAHR

2017

Tag 333

10. Januar 2017

Manfred Götzl, Richter. **Carsten B.**, 40, Polizist aus Oldenburg. Er kontrollierte 1997 in dem kleinen Ort Hetendorf ein Auto, in dem auch Beate Zschäpe saß. **Herbert Diemer**, Vertreter der Bundesanwaltschaft. **Hermann Borchert, Mathias Grasel, Wolfgang Heer, Anja Sturm**, Verteidiger von Beate Zschäpe.

Götzl Es geht uns um eine Situation 1997, die Zufahrtskontrolle zur Hetendorfer Tagungswoche. Am 21. Juni soll das gewesen sein.

Carsten B. Das ist korrekt, ich war damals Angehöriger der Bereitschaftspolizei in Niedersachsen. Ich war mehrmals in Hetendorf eingesetzt, ein kleines Dorf in der Südheide, zwischen Soltau und Celle. Dort hatte damals ein öffentlich bekannter Rechtsanwalt *(Jürgen Rieger, ein Neonazi, der 2009 starb)* ein kleines landwirtschaftliches Anwesen und führte dort rechtsmotivierte Veranstaltungen durch.

Götzl Haben Sie Erinnerung an die Personen, die Sie kontrolliert haben?

Carsten B. Nicht detailliert, ich wusste, dass es den Einsatz gab. Aber nichts mehr zu den Personen. *(Der Beamte bezieht sich auf seinen Vermerk, den er damals geschrieben hat, in dem er als kontrollierte Personen Beate Zschäpe, André Kapke und noch einen rechten Kameraden der beiden nennt. Er wird ohne weiteren Erkenntnisgewinn entlassen.)*

Götzl Wir würden dann zu Ihnen, Herr Professor Saß, kommen.

Verteidiger Borchert Bitte schön, es ist noch eine Erklärung unserer Mandantin vorgesehen, und die Kollegen *(er deutet auf die Verteidiger Heer, Stahl und Sturm)* haben mich gebeten, dass wir das noch besprechen können. Ich bitte deswegen um fünf Minuten Pause.

Götzl Dann gibt es fünf Minuten Pause.

(Nach kurzer Pause wird die Verhandlung fortgesetzt.)

Götzl *(zu Borchert)* Jetzt sind Sie dran.

Verteidiger Borchert Wir werden eine Stellungnahme verlesen, zuvor möchte die Kollegin Sturm einen Antrag verlesen.

Verteidigerin Sturm *(Sie verliest einen Antrag, wonach der psychiatrische Sachverständige Saß alle Beobachtungen von Zschäpe aus seinem Gutachten heraushalten soll, die er während der Hauptverhandlung und in den Pausen gemacht hat. Der Richter möge ihn auch bedeutend mehr anleiten, was er zu tun und zu lassen habe. Eine Totalbeobachtung der Mandantin verletze die Menschenwürde. Sturm verweist auf das methodenkritische Gutachten des Bochu-*

mer Psychiaters Pedro Faustmann, das die Verteidiger am 18. Dezember 2016 dem Senat überreicht hatten.) Mit Schreiben vom 29.11.2012 beauftragte der Vorsitzende den Sachverständigen Professor Dr. Saß mit der Erstellung eines vorbereitenden schriftlichen Gutachtens über den Zustand der Angeschuldigten Zschäpe und die Behandlungsaussichten. Am 312. Hauptverhandlungstag, 22.9.2016, erweiterte der Vorsitzende den Auftrag des Sachverständigen dahingehend, in Bezug auf die Frage der Alkoholisierung auch zu der Frage der Schuldfähigkeit sowie einer Unterbringung gemäß Paragraf 64 StGB in seinem Gutachten Stellung zu nehmen. Unter dem 25.3.2013 sowie unter dem 20.10.2016 überreichte der Sachverständige jeweils ein vorläufiges schriftliches Gutachten. Eine darüber hinausgehende Leitung des Sachverständigen fand nicht statt, obwohl dies erforderlich gewesen wäre. Der Vorsitzende hatte ausschließlich in der Hauptverhandlung festgestellt, der Sachverständige wisse selbst, was er seinem Gutachten zugrunde legen darf. Der Vorsitzende lehnte unsere bisherigen Anträge im Sinne des Paragrafen 78 StPO mit rechtsfehlerhaften Begründungen ab. Bereits am 26.11.2013, dem 60. Hauptverhandlungstag, hatten wir unter anderem beantragt, den Sachverständigen gemäß Paragraf 78 StPO zu leiten, seinem Gutachten keine Feststellungen zugrunde zu legen, die er anhand von Gesprächen der Mandantin mit ihren Verteidigern innerhalb und außerhalb der Hauptverhandlung sowie durch Inaugenscheinnahme der Mandantin in Sitzungspausen erlangt. Am 19.5.2015, dem 206. Hauptverhandlungstag, beantragten wir unter anderem erneut, den Sachverständigen gemäß Paragraf 78 StPO dahingehend zu leiten, seine Anwesenheit in der Hauptverhandlung auf solche Beweiserhebungen zu beschränken, bei denen Beweistatsachen zu einem unmittelbaren Verhalten von Frau Zschäpe zu erwarten sind und seinem Gutachten keine Feststellungen zugrunde zu legen, die er anhand von Gesprächen und sonstigen Interaktionen der Mandantin mit ihren Verteidigern innerhalb und außerhalb der Hauptverhandlung sowie durch Inaugenscheinnahme der Mandantin in Sitzungspausen erlangt. Mündlich wurde der in dem Antrag enthaltene Sachvortrag noch dahingehend ergänzt, dass kurz vor Beginn der Hauptverhandlung um 9.49 Uhr, nachdem Frau Zschäpe bereits im Saal erschienen war und mit ihren Verteidigern Gespräche führte, der Sachverständige das Kommunikationsverhalten jedenfalls beobachtete, sich Notizen auf seinen augenscheinlich verfahrensgegenständlichen Unterlagen fertigte und anschließend wieder in Richtung unserer Mandantin und ihrer Verteidigung blickte.

(Während Sturm weiter vorliest, wirkt Zschäpe unruhig. Sie fragt immer wieder ihren Verteidiger Borchert.)

Verteidiger Heer Wir haben hier noch einen kurzen dreiseitigen Antrag. Frau Sturm, Herr Stahl und ich beantragen die Erstattung des Gutachtens durch den psychiatrischen Sachverständigen Professor Dr. Saß sowie die anschließende Befragung durch den Senat und die übrigen Verfahrensbeteiligten vollständig akustisch aufzuzeichnen und anschließend zu verschriften. *(Heer schaut zur Bundesanwaltschaft hinüber und sagt zu Oberstaatsanwalt Weingarten:)* Das könnte auch Ihnen helfen, Herr Weingarten.

Begründung: Bei der Erstattung des forensisch-psychiatrischen und kriminalprognostischen Sachverständigengutachtens handelt es sich um einen der zentralen Aspekte der Beweisaufnahme. Diesem Gutachten kommt für die Entscheidung des Senats auf den angesichts der Ausführungen in der Anklageschrift zu erwartenden Antrag des Generalbundesanwalts auf Anordnung der Sicherungsverwahrung als drastischste aller freiheitsentziehenden Maßnahmen eine wesentliche Bedeutung zu. Wir sind nicht nur für die effektive Ausübung des Fragerechts auf eine exakte Dokumentation angewiesen. Es ist beabsichtigt, den von uns bereits hinzugezogenen Sachverständigen Professor Dr. Faustmann mit der Erstattung eines Gutachtens zu beauftragen, das sich in methodischer Hinsicht mit dem letztlich maßgeblichen in der Hauptverhandlung erstatteten Gutachten des Sachverständigen Professor Dr. Saß auseinandersetzen wird. Da Herr Professor Dr. Faustmann am heutigen Hauptverhandlungstag verhindert ist, sind ihm die Anknüpfungstatsachen valide zu vermitteln, was bestmöglich über ein aus einer Aufzeichnung gewonnenes Wortprotokoll erfolgen kann. Eine wörtliche Mitschrift ist uns selbst nicht möglich, da keiner der Unterzeichner über eine ausreichende Geschwindigkeit im Tastschreiben verfügt und – selbst wenn – während einer ganztägigen Mitschrift der Ausführungen des Sachverständigen und Fragen von Prozessbeteiligten die gebotene Konzentration auf den Vortrag nicht zu gewährleisten ist. Auf diese Weise werden auch Diskussionen mit den weiteren Verfahrensbeteiligten über den Inhalt und die Art und Weise der Vermittlung der Anknüpfungstatsachen an den Sachverständigen Professor Dr. Faustmann obsolet. Der zusätzliche technische Aufwand für die akustische Aufzeichnung ist sehr gering, da die ohnehin ständig betriebene leistungsstarke Mikrofonanlage problemlos mit einem Datenträger gekoppelt werden kann.

Der Senat hatte unseren am 3. Hauptverhandlungstag gestellten Antrag auf Aufzeichnung der gesamten Hauptverhandlung, hilfsweise der wesentlichen Teile der Beweisaufnahme, unter Vornahme einer Interessenabwägung zwischen der Wahrung der Persönlichkeitsrechte der Verfahrensbeteiligten und der Pflicht des Gerichts, die Wahrheit zu erforschen, abgelehnt. Dabei hatte er auf die Gefahr von verfahrensfremden Auswirkungen hingewiesen, die die Aussage von Auskunftspersonen und ihren Beweiswert beeinträchtigen können, da das Besprechen eines Tonbandes bei vielen Betroffenen eine Hemmung auslöse, frei und unbefangen zu reden, sodass die Aufzeichnung einer Aussage dazu führen könnte, dass diese nicht frei und unbelastet erfolge und damit die Wahrheitsfindung gefährdet sei. Diese Umstände können bei dem Sachverständigen Professor Dr. Saß nicht herangezogen werden, weil es sich bei ihm um einen forensisch außerordentlich erfahrenen Sachverständigen handelt und folglich nicht zu befürchten steht, dass die Aufzeichnung seine Unbefangenheit bei seinen gutachterlichen Ausführungen tangieren könnte.

Verteidiger Borchert Herr Grasel wird die Stellungnahme unserer Mandantin nun verlesen.

Verteidiger Grasel Zum vorläufigen Gutachten des Herrn Professor Dr. Saß möchte ich Folgendes mitteilen:

1. Beginnen möchte ich mit dem 1. Hauptverhandlungstag, dem 6. Mai 2013. Ich wurde in den Sitzungssaal geführt, und Dutzende Reporter standen mit ihren Kameras wie eine Wand vor mir. Leider musste ich feststellen, dass keiner meiner drei Anwälte anwesend war. Ich war desorientiert und fühlte mich alleingelassen. Ein Polizeibeamter zeigte mir den mir zugewiesenen Platz und ich drehte mich instinktiv um. Ich bin bis heute fest davon überzeugt, dass ich ohne diese Reflexhandlung den ersten Prozesstag nervlich nicht durchgehalten hätte. Allein daraus ergab sich das im Gutachten angesprochene »Ritual«. Mit der Zeit wurde es zu etwas Vertrautem, was mir eine gewisse Sicherheit gab. Erst ab Dezember 2015 gelang es mir, den »Schutzraum dieses Rituals« zu verlassen und mich somit offener zu zeigen. Das Gefühl, mich offensiver gegen die mir zur Last gelegten Vorwürfe wehren zu können, gab mir die Kraft, diesen für mich großen Schritt zu tun. Endlich hatte die zermürbende Schweigestrategie mit all den daraus resultierenden internen Unstimmigkeiten ein Ende gefunden. Mit meinen beiden neuen Verteidigern und der geänderten Verteidigungsstrategie fühlte ich mich endlich in meinem Sinne verteidigt. Wie bekannt, hatten mir die Rechtsanwälte Stahl, Heer und Sturm dringend angeraten, sowohl gegenüber dem Senat als auch gegenüber allen weiteren Prozessbeteiligten jegliche Gemütsregungen, ja sogar jeden Blickkontakt zu vermeiden, damit keine Rückschlüsse in Bezug auf die erhobenen Anklagevorwürfe gezogen werden können. Ich war deshalb von Anfang an bemüht, so wenig wie möglich Gefühlsregungen zu zeigen, wohl wissend, dass jede Gefühlsregung von der Öffentlichkeit und einigen Vertretern der Nebenklage bewusst oder unbewusst falsch dargestellt oder gedeutet werden würde. Auch aus Angst vor einer dauerhaften Prozessunfähigkeit habe ich versucht und werde ich auch weiterhin versuchen, hier einen öffentlichen Zusammenbruch zu verhindern, da es in diesem Prozess in erster Linie nicht um mein Seelenleben gehen sollte. Keinem Zeugen konnte ich deshalb meine wahren Gefühle zeigen. Beim Ansehen der Videos und Fotos versuchte

ich alle Gemütsregungen zu unterbinden – was mir sehr, sehr schwer fiel und worauf ich noch detailliert eingehen werde.

2. Ich möchte betonen, dass ich zu jahrelangen gleichbleibenden Gemütsbewegungen nicht in der Lage bin. Natürlich kann es sein, dass ich über den langen Zeitraum hinweg ab und zu den Eindruck des Gelangweilten und Desinteressierten vermittelt habe. Ich möchte dieses Verhalten jedoch lediglich auf solche Verfahrensthemen beschränkt wissen, die mich nicht unmittelbar betrafen oder auf Verlesungen von Schriftstücken, die mir durch vorherige Lektüre bereits bekannt waren. In der Regel habe ich mich nicht hinter den Laptop zurückgezogen, sondern versucht, Zeugenaussagen, verlesene Urkunden etcetera anhand des mir auf dem Laptop zur Verfügung stehenden Akteninhalts zu verifizieren oder zu rekonstruieren. Ich möchte an dieser Stelle auch darauf hinweisen, dass sich auf dem Laptop ausschließlich die elektronischen Verfahrensakten und Nachlieferungen und keine anderweitigen, zur Ablenkung geeignete Programme oder Ähnliches befinden. Wenn der Eindruck des gelangweilten Rückzugs auf den Laptop gewonnen wurde, so ist dieser Eindruck schlichtweg falsch. Das im vorläufigen Gutachten angesprochene und immer wieder erwähnte Selbstbewusstsein in Alltagssituationen Dritten gegenüber hatte nichts mit dem nötig gewesenen, aber offensichtlich nicht vorhandenen Durchsetzungsvermögen gegenüber den beiden Uwes – insbesondere gegenüber Uwe Böhnhardt – zu tun.

Das Verbergen und Unterdrücken von Gefühlsregungen jeglicher Art musste ich mir schon in den Jahren des Untertauchens angewöhnen, um einerseits nicht aufzufallen und um andererseits die damalige Lebenssituation überhaupt ertragen zu können. Ich war damals in einem Kreislauf von Isolation, Angst und Resignation gefangen, die in einer totalen Verdrängung der Wirklichkeit und einer Verleugnung meiner selbst mündete. Um mich daraus zu befreien, fehlte mir aus bereits mehrfach beschriebenen Gründen die Kraft. Der Eindruck jetziger fehlender Betroffenheit ist falsch. Wenn ich den Eindruck fehlenden Leidens oder fehlender Bedrücktheit vermittelt habe, so ist dieser Eindruck damit zu erklären, dass ich mich auf anwaltlichen Rat hin so verhalten habe. Es wurde von mir erwartet, dass ich mich so verhalte, und ich habe mich so verhalten – immer vor Augen, dass ich aufgrund falsch verstandener Mimik oder Gestik für etwas verurteilt werden könnte, was ich nicht zu verantworten habe. Eine betont kontrollierte Ausstrahlung wurde so für mich – wie schon das Ritual des Umdrehens – ein Rückzugsort einer vermeintlichen Sicherheit.

Manche Zeugen oder andere eingebrachte Beweismittel gingen mir sehr nahe, aber ich war und bin mir bewusst, dass es sich hier um einen medienwirksamen, öffentlichen Prozess handelt, in dem jede meiner Gefühlsregungen von der

Presse bewusst oder unbedacht fehlinterpretiert werden könnten. Auch deshalb habe ich mich, dem anwaltlichen Rat folgend, konsequent betont gleichgültig verhalten, obwohl es mir – je nach Begebenheit – schwerfiel.
Ich möchte hierzu einige Beispiele anführen: Zunächst einmal der Tag, an dem sich die Mutter des Halit Yozgat an mich gewandt hatte. Ihren Appell von Frau zu Frau habe ich noch heute vor Augen und werde ihn niemals vergessen. Ich konnte ihr keine Antwort auf ihre Fragen geben und ich hatte mich gezwungen, regungslos zu bleiben, obwohl meine Gefühle völlig andere waren.
Ich möchte auch auf den Prozesstag eingehen, an welchem erstmals das Paulchen-Panther-Video beziehungsweise Vorgängerversionen gezeigt wurden. An diesem Tag sah ich diese Filme zum ersten Mal. Die Filme wurden unangekündigt nach einer Sitzungspause gezeigt – Herr Professor Saß war nicht anwesend – und ich hatte keine Ahnung, was auf mich zukam. Vor Beginn der Hauptverhandlung hatte ich mit den Rechtsanwälten Stahl, Heer und Sturm zu keinem Zeitpunkt diese Videos angesehen und diese auch nicht besprochen. Ich hatte natürlich anhand der Anklageschrift Kenntnis von den Videos, den Gedanken jedoch verdrängt, mir diese anzuschauen. Zu Beginn des Films erfolgte ein Knall wie von einem Schuss und ich erschrak zutiefst. Nachdem ich den Film gesehen hatte, kann ich meine ersten Gefühle nur so beschreiben, dass ich nicht glauben konnte, was ich gesehen hatte. Ich war wie versteinert, durch den Wind, und dennoch zwang ich mich erneut, keinerlei Gefühlsregungen zu zeigen. Es ist etwas völlig anderes, ein Ereignis erzählt zu bekommen, als sich die Geschehnisse auf einem Video anzusehen. Bilder bringen es näher, machen alles realer. Ich hatte ihr Tun verdrängt – wie bereits beschrieben aus Angst, dass sie sich umbringen, aus Angst vor einer langen Inhaftierung und aus blinder Liebe zu Uwe Böhnhardt. Nun gab es kein Verdrängen mehr, sondern ich war unmittelbar mit dem Geschehen konfrontiert und gezwungen, mir nichts anmerken zu lassen: Wenn ich äußerlich beschrieben werde als ohne Zeichen von Bedrücktheit, Leiden oder Betroffenheit, so war und ist mein Inneres das genaue Gegenteil.
Im Rückblick auf die vergangenen Prozesstage bewundere ich die Haltung mancher Zeugen, deren Aussagen auch für mich zum Teil sehr einschneidende Erlebnisse waren, weil mir bei den jeweiligen Aussagen der Umfang und die Auswirkungen der von Uwe Böhnhardt und Uwe Mundlos begangenen Taten auf die Angehörigen der Opfer, auf die Überlebenden der Bombenanschläge und auf die Menschen, die uns vertraut hatten, voll bewusst wurden.
Ich möchte an dieser Stelle nochmals darauf hinweisen, dass jedes Wort meiner Einlassung, meine Entschuldigung, mein aufrichtiges Bedauern und meine Distanzierung von der sogenannten rechten Szene von mir absolut ernst gemeint

sind. Es ist das Ergebnis mehrjährigen Auseinandersetzens mit dem Geschehenen – insbesondere während des laufenden Prozesses –, dem Eingestehen des eigenen Fehlverhaltens und dem festen Willen, für dieses Fehlverhalten Verantwortung zu übernehmen. All dies mündete in die von mir am 29.9.2016 selbst verlesene Distanzierung.

Ich beschreibe hier sehr offen meine Emotionen mit der Gewissheit, dass sie von einer Vielzahl der Prozessbeteiligten und von der Presse als Lüge, Heuchelei und vieles mehr bezeichnet werden – aber es sind meine wahren Gefühle.

3. Ich hatte in meiner Einlassung vom 9.12.2015 angegeben, dass ich – nachdem ich vom Bombenanschlag in der Kölner Keupstraße erfahren hatte – entsetzt war und ihr Handeln nicht nachvollziehen konnte. Ich hatte auch angegeben, dass ich den beiden nicht mehr vertraute, dass sie mir die Wahrheit über ihre Vorhaben sagen. Circa sechs bis sieben Wochen später waren wir zu dritt gemeinsam im Urlaub. Die entsprechenden Urlaubsbilder wurden bereits in Augenschein genommen. Sofern hierdurch der Eindruck entsteht, dass wir einen völlig unbeschwerten Urlaub verbracht hätten, möchte ich dazu Folgendes sagen: Zu dieser Zeit lebten wir bereits seit etwa 6,5 Jahren gemeinsam im Verborgenen. Wir hatten uns mit dieser Situation arrangiert und ich hatte mich daran gewöhnt, mich nach außen hin unauffällig zu verhalten, selbst wenn es mir innerlich schlecht ging.

Wie ich bereits ausführlich versucht habe zu erklären, sah ich für mich keine Möglichkeit, mich von den beiden zu trennen und mich der Polizei zu stellen. Deshalb sah ich mich während des Urlaubs gezwungen, mich unauffällig zu verhalten und keinen Streit vom Zaun zu brechen, wodurch wir hätten auffallen können. Also verhielt ich mich, wie von den zahlreichen Zeugen beschrieben: nämlich ruhig, unauffällig, nett, freundlich, hilfsbereit, unterhaltsam und auch im Umgang mit Uwe Böhnhardt und Uwe Mundlos harmonisch. Über die Jahre des Untertauchens hatte ich mir dies angeeignet. Wie es innerlich in mir aussah und mit welcher Gewissenslast ich mich auseinanderzusetzen hatte, ließ ich mir nicht anmerken.

Natürlich war mir durch den Kopf gegangen, nicht mit in Urlaub zu fahren, aber meine Gefühle gegenüber Uwe Böhnhardt überwogen und ein alleine Zurückbleiben konnte ich gedanklich nicht ertragen. Es versteht sich von selbst, dass auf den Urlaubsbildern keine Streitereien oder Ähnliches abgebildet sind. Wer fotografiert sich schon während eines Streits? Wir hatten versucht, das Beste aus der Situation zu machen, und hatten den Urlaub – der für mich eine dringend benötigte Abwechslung und einen Tapetenwechsel darstellte – so gut es ging miteinander verbracht. Aus dem Eindruck, der sich für Außenstehende ergibt, zu schlussfolgern, dass mich die Taten der beiden, von denen ich vor dem Urlaub Kenntnis erlangt hatte, innerlich unberührt gelassen hätten, ist unzutreffend. Dies möchte ich hiermit richtigstellen.

4. Die Tatsache, dass Fragen der Nebenklägervertreter von mir nicht beantwortet werden, ist keinesfalls als Missachtung gegenüber den Opfern und den Angehörigen der Opfer zu verstehen. Die unzähligen Fragen der anwaltlichen Vertreter der Nebenklage werden aus folgenden Gründen nicht beantwortet: Alle prozessrelevanten Fragen habe ich mit meiner Einlassung vom 9.12.2015 und den folgenden Stellungnahmen beantwortet. Aufgrund des bisherigen Prozessverhaltens einzelner anwaltlicher Vertreter der Nebenklage gehe ich davon aus, dass auf die bisher gestellten Fragen weitere Fragen in gleicher Anzahl gestellt würden, weil ich deren Erwartungen aus eigener Unkenntnis nicht erfüllen kann. Schließlich bin ich der Meinung, dass viele der gestellten Fragen eher in einem Untersuchungsausschuss und nicht in einem Strafprozess gestellt werden sollten.
   Die Art der Formulierung meiner Antworten ist natürlich mit den beiden Verteidigern meines Vertrauens abgesprochen. Der Presse – die mich schon vor Prozessbeginn ohne Kenntnis näherer Umstände als »Nazi-Mörder-Braut« beziehungsweise als »Teufel« darstellte – ist zu entnehmen, dass jedes meiner Worte auf die Goldwaage gelegt wird. Ich gehe davon aus, dass viele Prozessbeteiligte einen ähnlichen Maßstab anlegen. Die lang andauernde Untersuchungshaft und die damit für mich verbundenen Erschöpfungserscheinungen, zunehmende Konzentrationsprobleme sowie Kopfschmerzen und Magenbeschwerden sind ein Grund, die Unterstützung der Anwälte bei den Ausformulierungen in Anspruch zu nehmen. Dies alles betrachtet, verstehe ich die gutachterliche Stellungnahme zu der Art und Weise meiner bisherigen Ausführungen nicht, wenn Rückschlüsse auf meinen Charakter daraus gezogen werden, dass ich eben diesen anwaltlich nüchternen Formulierungen vertraue, um jedes Missverständnis zu vermeiden.

Götzl *(zu Zschäpe)* Sind das Ihre Angaben? *(Sie nickt.)* Gibt es Stellungnahmen zu den Anträgen der Verteidigung von Frau Zschäpe?

Bundesanwalt Diemer In den beiden Anträgen haben sich doch einige neue Dinge ergeben, zu denen wir uns gern fundiert äußern würden. Dazu brauchen wir schon den Nachmittag Zeit. Und dadurch, dass sich Frau Zschäpe eingelassen hat, braucht auch der Herr Gutachter Saß eine gewisse Zeit, um das in sein Gutachten einzuarbeiten. Deswegen würde das zu keinerlei Verzögerung führen.

Götzl Würden Sie dann morgen Ihre Stellungnahme abgeben?

Bundesanwalt Diemer Ja, morgen.

Tag 334

11. Januar 2017

Manfred Götzl, Richter. **Norbert Leygraf**, 63, psychiatrischer Sachverständiger. Er sagte auch am Tag 288 aus. **Anette Greger, Jochen Weingarten**, Vertreter der Bundesanwaltschaft. **Wolfgang Stahl**, Verteidiger von Beate Zschäpe. **Olaf Klemke, Nicole Schneiders**, Verteidiger von Ralf Wohlleben.

Götzl Wir kommen zunächst zu Ihnen, Herr Professor Leygraf. Es geht mir um ergänzende Fragen zur Begutachtung des Herrn Schultze.

(Die Verteidigung des Angeklagten Ralf Wohlleben hatte beantragt, Carsten Schultze erneut psychiatrisch begutachten zu lassen, und nahegelegt, Schultze leide womöglich unter einer Persönlichkeitsstörung, weswegen der Wahrheitsgehalt seiner Aussagen infrage stehe. Schultze hatte in seiner Aussage vor allem Wohlleben belastet.)

Götzl Was können Sie über Erkrankungen in der Familie des Herrn Schultze berichten?

Leygraf Es gibt in der nahen und weiteren Familie des Herrn Schultze mehrere Personen, die seinen Angaben nach unter einer psychischen Störung gelitten haben. Weil Herr Schultze selbst völlig unverdächtig ist, was das Vorhandensein einer psychischen Störung angeht, und weil Angehörige ja auch Persönlichkeitsrechte haben, muss man das hier nicht vertiefen, habe ich gedacht.

Götzl In der Hauptverhandlung ist eine paranoide Persönlichkeitsstörung angesprochen worden, weil sich Herr Schultze immer noch von Personenschützern bewachen lässt. Gibt es irgendeinen Anhaltspunkt für das Vorliegen einer paranoiden Persönlichkeitsstörung bei Herrn Schultze?

Leygraf Nein, es gibt keine Anhaltspunkte für eine Persönlichkeitsstörung insgesamt, erst recht nicht für eine paranoide. Herr Schultze ist ein ängstlicher, zurückhaltender, wenig selbstbewusster, etwas geltungsbedürftiger Mensch. Paranoide Menschen sind ausgesprochen selbstbewusst und rechthaberisch. Sie nehmen sich selbst extrem wichtig, wittern in allem und jedem Verschwörungen. Sie neigen nicht dazu, sich bei Konflikten ängstlich zurückzuziehen, sondern gehen Konflikten aktiv entgegen. Da ist er völlig unverdächtig.

Götzl Dann wurden in der Hauptverhandlung schizoide Aspekte angesprochen. Liegen bei Herrn Schultze solche Aspekte vor?

Leygraf Auch das ist eine spezielle Form einer Persönlichkeitsstörung. Das sind Menschen, die jedem zwischenmenschlichen Kontakt aus dem Weg gehen, keinerlei Gefühle nach außen zeigen, sehr wenig Wert auf Sexualität legen und sehr zurückgezogen leben. Auch das hat mit Herrn Schultze nichts zu tun.

Götzl Gibt es noch Fragen?

Verteidiger Klemke Wie war denn die Situation des Herrn Schultze zum Zeitpunkt Ihrer Exploration?

Leygraf Er war in Untersuchungshaft.

Verteidiger Klemke Gab es Anzeichen dafür, dass diese Lebenssituation Auswirkungen auf seine Psyche hatte?

Leygraf Er war relativ ernst. Er war in einer seiner Situation adäquaten Verfassung. In der Situation eines Menschen, der wegen einer Tat, die lange her war, aus seinem Leben herausgerissen wurde.

Verteidiger Klemke Was heißt adäquat? Sie hatten ihn als zurückhaltenden, ängstlichen Menschen beschrieben.

Leygraf In seiner Gesamtpersönlichkeit ist er eher zurückhaltend und ängstlich. In dieser Situation war er eher sehr ernst. Und das fand ich adäquat.

Verteidiger Klemke Ihr Gutachtenauftrag war ausschließlich die Einschätzung des Entwicklungsstandes des Herrn Schultze zum Tatzeitpunkt. Ist das korrekt?

Leygraf Ja.

Verteidiger Klemke Haben Sie ihn auch gezielt exploriert in Hinblick auf eine Persönlichkeitsstörung?

Leygraf Ich habe mich durchaus mit der Frage einer Persönlichkeitsstörung gezielt auseinandergesetzt.

Verteidiger Klemke Erfolgte dies nur im Rahmen der Exploration oder auch durch andere diagnostische Verfahren?

Leygraf Dies erfolgte im Rahmen der Exploration. Das Entscheidende ist die Exploration: Wie tritt jemand in der Exploration auf? Wie beschreibt er sein bisheriges Leben? Es gibt Persönlichkeitstestverfahren, die aber auch nichts anderes als Selbstbeschreibungen sind. Es sind Instrumente, die in der Regel nicht über das hinausgehen, was man auch in einer Exploration erheben kann.

Verteidiger Klemke Wie war das Antwortverhalten des Herrn Schultze?

Leygraf Das hatte ich hier schon beschrieben: Er hatte sehr häufige Latenzen zwischen Frage und Antwort, in denen nicht ganz klar war, ob er tatsächlich in sich ging und nachdachte oder ob er überlegte, was für ihn vielleicht die günstigste Antwort wäre.

Verteidiger Klemke Also konnten Sie nicht entscheiden, ob seine Angaben seinen Erinnerungen entsprachen oder ob er dies nur vorgab?

Leygraf Ich habe gar nicht versucht, dies zu entscheiden, weil das gar nicht meine Aufgabe ist.

Verteidiger Klemke Hat die Frage der Tat keine Rolle gespielt?

Leygraf Sicher, darauf bin ich hier auch eingegangen. Aber es ist nicht meine Aufgabe, ob die Angaben des Herrn Schultze realitätsbasiert sind oder nicht. Ich habe in meinem Gutachten versucht, für Außenstehende nachvollziehbar zu machen, wie die Exploration verlaufen ist. Was man letztlich daraus schließen kann, ist nicht meine Aufgabe.

Verteidigerin Schneiders Professor Leygraf, kann ein Verteidiger Einfluss auf eine Exploration nehmen, etwa indem er seinem Mandanten Tipps gibt?

Leygraf Dass Verteidiger das Aussageverhalten beeinflussen können, ist mir nicht ganz neu.

Verteidigerin Schneiders Merkt man so etwas nicht mit Ihrer langjährigen Erfahrung?

Leygraf Wenn Verteidiger Einfluss nehmen, tun sie das gemeinhin nicht im Beisein des Gutachters.

Verteidigerin Schneiders Natürlich nicht. Aber nicht jeder Mandant nimmt die Tipps an. Ist Ihnen da bei Herrn Schultze irgendwas aufgefallen?

Leygraf Nein. Das Einzige, was in diesem Zusammenhang erwähnenswert ist, ist eine Mail von der Verteidigung nach der Exploration, dass Herr Schultze im Nachhinein den Eindruck gehabt hätte, er hätte bestimmte Dinge etwas beschönigend dargestellt. Man bat mich darum, gezielter nachzufragen, damit man auf eine andere Ebene kommen könne.

Verteidigerin Schneiders Dann sind Sie sogar direkt von der Verteidigung darauf aufmerksam gemacht worden, dass man mit Herrn Schultze etwas besprochen hat! Hat das Einfluss genommen auf Ihre Einschätzung von Herrn Schultze?

Leygraf Weniger. Mein Eindruck war schon selber, dass er Schwierigkeiten hat, zu Dingen zu stehen, an denen er beteiligt war.

Verteidigerin Schneiders Sie beschrieben in Ihrem Gutachten das mangelnde Selbstbewusstsein des Herrn Schultze, das Nicht-Aufbegehren gegen den sehr dominanten Vater, aber auch ein Ereignis mit der Antifa in Düsseldorf, die von Herrn Schultze Telefonnummern und Informationen *(von Mitgliedern der rechten Szene)* verlangte. Er weigerte sich, Namen zu nennen, und hat sich behauptet. Wie bewerten Sie das?

Leygraf Ja, ich habe die Geschichte mit der Antifa noch relativ gut im Kopf. Er hat sich durchaus selbstkritisch über sein früheres Verhalten geäußert, sich aber geweigert, Namen zu nennen. Mit der Begründung, dass er dort noch Familienangehörige hat, die er nicht gefährden will.

Verteidigerin Schneiders Fürchtete er denn eine Gefährdung?

Leygraf Er sah sie zumindest. Ob es objektiv eine Gefährdung gab oder nicht, kann ich nicht beurteilen.

Verteidiger Klemke In Ihrem Gutachten haben Sie sich ausschließlich auf die Angaben des Herrn Schultze gestützt. Ob er aber tatsächlich Erinnerungen vorgetragen hat oder sein Antwortverhalten taktisch geprägt war, haben Sie nicht hinterfragt. Das habe ich richtig verstanden?

Leygraf Das haben Sie richtig verstanden.

Verteidiger Klemke Toll, danke.

Verteidigerin Schneiders Sind Sie bei der Exploration von der Schuld von Herrn Schultze ausgegangen?

Leygraf Schuld ist ein Begriff, der in der Psychiatrie unbekannt ist. Sie meinen Täterschaft. Ich gehe in meinen Gutachten generell hypothetisch von der Täterschaft aus, weil mein Gutachten sonst völlig irrelevant wäre.

Götzl Gibt es weitere Fragen?

Verteidiger Klemke Weitere Fragen nicht, aber die Verteidigung des Angeklagten Wohlleben widerspricht der Entlassung des sachverständigen Zeugen. Wir beantragen, dass der Senat dem Sachverständigen Anknüpfungstatsachen an die Hand geben möge, die er unbedingt für die Einschätzung der Persönlichkeitsreife des Herrn Schultze benötigt: 1. durch Zurverfügungstellung aller Vernehmungsprotokolle aller ehemaligen Weggefährten und Kameraden des Herrn Schultze zum tatrelevanten Zeitpunkt und 2. das Gleiche zu derartigen Zeugen in der Hauptverhandlung. Begründung: Wie wir heute gehört haben, fußt das Gutachten auf den Angaben, die Carsten Schultze in den Explorationsgesprächen getätigt hat. Der Sachverständige hat nicht nachgeprüft, ob diese Angaben auf tatsächlichen Erinnerungen basieren, ob sie auf Fehlerinnerungen beruhen oder ob sie aus rein taktischen Überlegungen heraus gemacht worden sind. Der Sachverständige beschreibt Herrn Schultze als ängstlichen, zurückhaltenden Menschen. Wir haben in der Hauptverhandlung Christian M., ehemals Kapke, und Christina S. als Zeugen gehört. Beide haben Carsten Schultze ganz anders geschildert. Deshalb hat der Senat den Gutachter anzuleiten. Wir beantragen, dass der Senat den Sachverständigen dazu anhält, sein Gutachten zu überarbeiten.

Götzl Soll dazu Stellung genommen werden?

Oberstaatsanwältin Greger Wir halten den Entlassungswiderspruch für nicht gerechtfertigt. Der Sachverständige hat ausgeführt, auf welcher Grundlage er zu seiner Bewertung gekommen ist. Die Frage der Reifeverzögerung kann er durchaus auf Grundlage der Informationen von Herrn Schultze treffen.

Götzl Wir werden Ihre Vernehmung für heute unterbrechen, Herr Professor Leygraf. Sie werden erneut geladen. Vielen Dank!

(Leygraf verlässt den Saal.)

Götzl Dann würden wir zu den Stellungnahmen zu den Anträgen der Verteidigung Zschäpe kommen. *(Zschäpes Verteidiger Heer, Stahl und Sturm hatten beantragt, der Sachverständige Saß dürfe sich nicht auf Beobachtungen von Zschäpe im Gericht beziehen,* *und sie wollen Saß' Vortrag auf Tonband aufnehmen, weil ihr Gegengutachter keine Zeit hat, ins Gericht zu kommen.)*

Oberstaatsanwältin Greger Herr Vorsitzender, hoher Senat, zu dem Antrag der Verteidigung der Angeklagten Zschäpe auf Leitung des Sachverständigen, Professor Saß, gebe ich folgende Stellungnahme ab: Der Antrag ist abzulehnen. Der Richter hat Sorge zu tragen, dass der Sachverständige die wissenschaftlichen Mindeststandards einhält. Auch Belehrungen über rechtliche Vorgaben können notwendig sein. Aber es muss dem pflichtgemäßen Ermessen des Sachverständigen überlassen bleiben, auf welchem Wege und auf welchen Grundlagen er sein Gutachten erarbeitet. Die von der Verteidigung gewünschten Belehrungen und Vorgaben sind allesamt nicht geboten. Der Sachverständige hat darüber hinaus das Recht, Wahrnehmungen zu machen. Diese Wahrnehmungen umfassen auch das Verhalten der Angeklagten. Die Beobachtung der Angeklagten in der Hauptverhandlung durch den Sachverständigen verstößt nicht gegen geltendes Recht. Die Gefahr, dass die Angeklagte in unzulässigerweise zum Objekt degradiert würde, besteht nicht. Die Angeklagte ist das Objekt der Begutachtung. Sie muss es hinnehmen, dass ihr Verhalten begutachtet wird. Die Angeklagte hat keinen Anspruch, im Sitzungssaal unbeobachtet zu agieren, sofern ihr die Möglichkeit eingeräumt wird, sich mit ihren Anwälten zur Beratung zurückzuziehen und am Platz ungehört zu besprechen. Der Grundsatz nemo tenetur ist nicht tangiert. *(»Nemo tenetur se ipsum accusare« heißt der römische Grundsatz, der besagt, dass sich niemand selbst anklagen muss und deswegen das Recht zu schweigen hat.)* Der Angeklagten steht ihr Verhalten frei. Es wird kein staatlicher Zwang auf sie ausgeübt. Jedem Angeklagten ist zuzumuten, sich der öffentlichen Hauptverhandlung und damit auch der öffentlichen Beobachtung zu stellen. Da die Angeklagte es bisher abgelehnt hat, sich der Exploration durch den Gutachter zu stellen, verstößt es nicht gegen den Verhältnismäßigkeitsgrundsatz, wenn sich der Sachverständige darauf einlässt, sich Informationen auch mittels Beobachtung der Angeklagten in der Hauptverhandlung zu beschaffen.

Oberstaatsanwalt Weingarten Den Anträgen der Verteidigung der Angeklagten Zschäpe, die Anhörung des Sachverständigen vollständig akustisch aufzuzeichnen und anschließend zu verschriftlichen, wird sämtlich entgegengetreten. Ein solcher Anspruch auf vollständige Aufzeichnung und Verschriftlichung ist weder dem Gesetz noch den allgemeinen Grundsätzen zu entnehmen. Gleichwohl ist eine solche Anordnung nicht von vornherein ausgeschlossen, sondern liegt für verfahrensinterne Zwecke im Ermessen des Vorsitzenden. Im vorliegenden Fall besteht dafür jedoch kein Anlass. Es kommt bei der Gutachtenerstattung allein auf den materiellen Inhalt der Ausführungen an, nicht auf den exakten Wortlaut. Eine Tonaufzeichnung ist auch nicht Voraussetzung für eine effektive Verteidigung der Angeklagten Zschäpe. Es ist nicht ersichtlich, warum die eigenen schriftlichen Aufzeichnungen der Verteidigung nicht ausreichen sollen. Soweit die Verteidigung beabsichtigt, einen eigenen Sachverständigen mit der Erstellung eines methodenkritischen Gutachtens zu beauftragen, können die erforderlichen Anknüpfungstatsachen unproblematisch übermittelt werden. Insoweit ist nicht erkennbar, inwiefern der exakte Wortlaut dafür besser geeignet sein soll als eine gewissenhafte inhaltliche Mitschrift. Es ist der Verteidigung zudem unbenommen, sich eines berufsmäßigen Tastschreibers oder eines Stenografen zu bedienen. Der Privatgutachter hat auch die Möglichkeit, der Gutachtenerstattung beizuwohnen, damit er persönlich Kenntnis nehmen kann. Eine Audioaufnahme könnte zudem den sachverständigen Zeugen beeinflussen. Auch Professor Saß hat das Recht, sein Gutachten frei von verfahrensfremden Belastungen zu erstatten. Den Sachverständigen könnte besorgen, dass seine Gutachtenerstattung in verkürzter oder entstellter Form veröffentlicht wird. Diese Besorgnis wiegt umso schwerer, als dass bereits die Anklageschrift und Briefe in pflichtwidriger Weise einer breiten Öffentlichkeit bekannt geworden sind. Es kann darüber hinaus sein, dass Professor Saß sein Einverständnis für eine Aufzeichnung erklärt, obwohl er eine Mentalreservation dagegen hat.

Verteidiger Stahl Ich bin ehrlich gesagt entsetzt. Uns ist klar, dass es keinen Rechtsanspruch auf eine Tonaufzeichnung gibt. Aber dass Sie sich hier wie die Gralshüter der fehlenden Dokumentation und Reproduzierbarkeit der Hauptverhandlung gerieren, verstehe ich nicht. Dass Sie hier vortragen, wir hätten nicht dargelegt, warum wir auf eine wortgetreue Aufzeichnung angewiesen sind, ist doch zynisch. Wir haben sehr genau ausgeführt, dass beabsichtigt ist, diese Informationen dem bereits beauftragten Gutachter Faustmann vorzulegen, damit er das von Herrn Saß erstattete Gutachten so bewerten kann, als wäre er dabei gewesen. Das muss doch reichen! Ich verstehe nicht, warum man hier alle möglichen Gründe anführt, dass das auf gar keinen Fall geht. Das ist fast unseriös. Im Jahr 2017 gilt im Übrigen Folgendes: Nicht ohne Grund gibt es Bestrebungen, eine Reform der Strafprozessordnung durchzuführen. Die bestehenden Vorschriften zur Dokumentation einer Hauptverhandlung stammen aus einer Zeit, in der noch einiges anders war. Und eines muss ich auch noch loswerden. Darauf zu verweisen, dass wir ja professionelle Tastschreiber beauftragen können, ist nicht Ihr Ernst! Ein Stenograf kostet pro Tag 3000 Euro Minimum, eigentlich 4000 Euro. Und es müssen immer zwei sein, die wechseln sich ab. Das macht 8000 Euro pro Tag. Das möchte ich sehen, was passiert, wenn ich das beim Senat beantrage! *(Richter Götzl lächelt.)* Und dass wir diese Aufzeichnung dann in den Händen hätten, das stört Sie nicht. Aber eine Aufzeichnung durch technische Mittel, die keinen Cent kosten würden, das stört Sie. Ganz im Ernst: Es schadet doch niemandem. Ich kann wirklich nicht erkennen, was dagegen spricht.

Verteidigerin Schneiders Mein Mandant hat mir mitgeteilt, dass er den ganzen Tag schon Kopfschmerzen hat. Im Verlauf der Hauptverhandlung haben sie sich weiter gesteigert, sodass er der Hauptverhandlung nicht mehr folgen kann.

Götzl Dann werden wir für heute unterbrechen.

Tag 335

12. Januar 2017

Manfred Götzl, Richter. **Jochen Weingarten**, Vertreter der Bundesanwaltschaft. **Anja Sturm, Wolfgang Heer, Wolfgang Stahl**, Verteidiger von Beate Zschäpe. **Michael Kaiser**, Verteidiger von André Eminger.

Verteidigerin Sturm In der Strafsache gegen Frau Zschäpe ist auf die Stellungnahme des Generalbundesanwalts zu unserem Antrag, den Sachverständigen zu leiten, folgende Erwiderung veranlasst:

Sofern der Generalbundesanwalt darauf abstellt, der Sachverständige dürfe eigene Beobachtungen von Frau Zschäpe im Gerichtssaal seinem Gutachten zugrunde legen, weil er auch durch eigene Ermittlungen selbst weitere Tatsachen feststellen kann, ist dies schlicht falsch. Dem Sachverständigen ist es gerade nicht gestattet, eigene Vernehmungen vorzunehmen und insoweit eigenständig Feststellungen zu treffen. Demnach kann es angezeigt sein, ihn über die rechtlichen Grenzen der Zulässigkeit bestimmter Untersuchungstests zu belehren. Vorliegend geht es um die rechtlich nicht zulässige Untersuchungsmethode der Dauerbeobachtung im Gerichtssaal.

Eine Verwertbarkeit des beobachteten Verhaltens zwischen Frau Zschäpe und ihren Verteidigern begründet der Generalbundesanwalt damit, dass der Angeklagten ihr Verhalten freisteht und sie sich auf die – auch nicht ununterbrochene – Anwesenheit des Sachverständigen einrichten kann. Diese Auffassung verkennt, dass es einem wachen Menschen schlicht unmöglich ist, sich nicht zu verhalten. Wenn Frau Zschäpe also mit regungslosem Gesicht geradeaus oder auf ihr Notebook schaut, stellt dies ebenso ein Verhalten dar wie ein Gespräch mit einem ihrer Verteidiger. Ein Angeklagter ist gezwungen, an der Hauptverhandlung teilzunehmen; er darf nicht schlafen. Darüber hinaus liegt ein Fall einer notwendigen Verteidigung vor, das heißt, einem Angeklagten wird ein Verteidiger bestellt ungeachtet der Frage, ob er dies überhaupt will. Pflichtverteidigung ist immer auch Zwangsverteidigung. Wenn einem Angeklagten also auferlegt wird, einen Verteidiger zu haben, dürfen aus seinem Verhalten gegenüber diesem Verteidiger keinerlei Schlüsse gezogen werden. Folglich steht es Frau Zschäpe gerade nicht frei, sich nicht zu den inzwischen von ihr abgelehnten Verteidigern zu verhalten, da diese anwesend sein müssen und – wie bereits ausgeführt – Frau Zschäpe sich nicht nicht verhalten kann.

Verteidiger Heer In der Strafsache gegen Frau Zschäpe erwidern die Kollegin Sturm, Kollege Stahl und ich nochmals auf die Stellungnahme des Generalbundesanwalts zu unserem Antrag, die Erstattung des Gutachtens durch Professor Saß sowie die anschließende Befragung vollständig akustisch aufzuzeichnen und anschließend zu verschriften. Entgegen den Ausführungen des Generalbundesanwalts haben wir durchaus nachvollziehbare Gründe für die gebotene Aufzeichnung dargelegt. Nämlich vor allem, dass dem Sachverständigen Professor Faustmann in optimaler Weise die Anknüpfungstatsachen für die Erstattung eines methodenkritischen Gutachtens zu vermitteln sind. Bei der Bewertung des methodischen Vorgehens des Professor Saß wird es auch auf Nuancen und eine in der Verwendung von Fachbegriffen möglichst hohe Richtigkeitsgewähr ankommen. Eine solche Qualität der Dokumentation ist den Verteidigern aus dargelegten Gründen nicht möglich.

Auch der Hinweis des Generalbundesanwalts, der von uns hinzugezogene Sachverständige könne der allgemeinen Öffentlichkeit beiwohnen, geht schon deshalb fehl, weil ein Zugang aufgrund der stark begrenzten Kapazität des Sitzungssaals nicht sicher gewährleistet wäre. Ferner teilen wir mit, dass Professor Faustmann im Januar vollständig verhindert ist, an der Hauptverhandlung teilzunehmen, und auch ansonsten terminlich stark gebunden ist, sodass eine Selbstladung daher bislang nicht erfolgen konnte.

Richtigerweise weist der Generalbundesanwalt in seiner Stellungnahme zudem darauf hin, Herr Professor Saß sei eine gestandene Persönlichkeit, woran sicherlich kein ernstlicher Zweifel zu hegen ist. Realitätsfern erscheint, der Sachverständige könne sich zu einer Zustimmung zur Aufzeichnung gewissermaßen genötigt sehen. Es zeichnet eine gestandene Persönlichkeit aus, Entscheidungen gerade nicht ausschließlich auf der Grundlage von Erwartungen Dritter zu treffen.

Der Bundesgerichtshof stellt in einer bereits im Jahr 1964 ergangenen Entscheidung ausdrücklich heraus, dass es – anders als bei einer Aufnahme mit einer Fernsehkamera – bei einer Tonbandaufnahme zu keiner belästigenden Einwirkung komme, die den Sachverständigen psychisch beeinflusst, da »für den modernen Menschen die Begegnung mit technischen Gerätschaften etwas Vertrautes und Gewohntes geworden« sei und ihre Betätigung ihn jedenfalls dann so gut wie unberührt lasse, wenn sie seine Person nicht besonders beansprucht und sein Einverständnis vorliegt.

Die seit jeher von Vertretern der Justiz gegen eine Aufzeichnung eingewandten Umstände vermögen nicht zu überzeugen. Im vorliegenden Fall auch deshalb nicht, weil Antragsgegenstand lediglich die Aufnahme der Ausführungen eines Sachverständigen ist. Eine von vielen Richtern nur hinter vorgehaltener Hand befürchtete gesteigerte Kontrolle ihrer Tätigkeit ist per se kein tragfähiger Einwand. Hilfsweise beantragen wir, der Vorsitzende möge anordnen, dass sämtliche Ausführungen von Professor Saß durch einen berufsmäßigen Tastschreiber oder einen Stenografen vollständig niedergeschrieben werden und der Verteidigung die Verschriftung zu übergeben beziehungsweise den Antragstellern zu ermöglichen, zu der Anhörung von Professor Saß einen berufsmäßigen Tastschreiber oder einen Stenografen hinzuzuziehen und festzustellen, dass die entsprechenden Aufwendungen erforderlich sind.

Götzl Soll dazu Stellung genommen werden?

Oberstaatsanwalt Weingarten Es besteht aus bereits genannten Gründen kein Anlass, dass das Gericht anordnet, die Ausführungen des Sachverständigen durch einen berufsmäßigen Tastschreiber oder einen Stenografen vollständig niederschreiben zu lassen. Der Verteidigung steht es frei, auf eigene Kosten einen berufsmäßigen Tastschreiber oder Stenografen zu beauftragen.

(Die Hauptverhandlung wird für zweieinhalb Stunden unterbrochen.)

Götzl Dann kommen wir noch zu Hinweisen. Bei Herrn Professor Saß handelt es sich um einen erfahrenen Sachverständigen, der die Anforderungen an ein Prognose- und Schuldfähigkeitsgutachten kennt. Auch Professor Faustmann bezog sich ja mehrfach auf Arbeiten von Professor Saß. Gleichwohl sollen folgende Hinweise zu den Anforderungen an Prognose- und Schuldfähigkeitsgutachten erfolgen: Der Sachverständige hat sich bei der Gutachtenerstattung methodischer Mittel des aktuellen wissenschaftlichen Kenntnisstandes zu bedienen. Wenn mehrere anerkannte Verfahren existieren, steht die Auswahl in seinem pflichtgemäßen Ermessen. Auf folgende Anforderungen hinsichtlich Prognose- und Schuldfähigkeitsgutachten wird hingewiesen: eindeutiges Kenntlichmachen der interpretierenden und kommentierenden Äußerungen und deren Trennung von der Wiedergabe der Informationen und Befunde; Trennung von gesichertem medizinischen, psychiatrischen, psychopathologischen und psychologischen Wissen und subjektiver Meinungen oder Vermutungen des Gutachters …

Verteidigerin Sturm Herr Vorsitzender, ich würde Sie bitten, uns …

Götzl Warum unterbrechen Sie mich?

Verteidigerin Sturm … entweder eine Leseabschrift oder Ihre handschriftlichen Notizen zur Verfügung zu stellen.

Götzl Nein. Meine handschriftlichen Notizen? Also bitte schön!

Verteidigerin Sturm Dann beantrage ich gleichwohl, Ihre Hinweise zu Protokoll zu nehmen und uns hiervon eine Abschrift zur Verfügung zu stellen.

Götzl Ich mache es langsam, Sie müssen dann halt mitschreiben.

Verteidigerin Sturm Das ist ein Antrag, Herr Vorsitzender!

Götzl Es sind ja keine komplizierten Formulierungen. Sie können auch nachfragen. Ich kann es auch gerne wiederholen, wenn etwas unklar ist.

(Die Verteidiger Heer, Stahl und Sturm stecken die Köpfe zusammen und beraten sich.)

Verteidiger Heer Herr Vorsitzender, wir beantragen eine Entscheidung des Senats. Ihre Hinweise sind offensichtlich eine Reaktion auf unseren Antrag, den Sachverständigen anzuleiten. Dies hat für uns eine ganz erhebliche Bedeutung auch für etwaige prozessuale Reaktionen. In Betracht kommen etwa eine Gegenvorstellung, ein sonstiger prozessualer Antrag oder auch ein Ablehnungsantrag gegen Sie.

Götzl Ich verstehe nicht, wieso ein Ablehnungsantrag in Betracht kommt, wenn ich beginne, Ihrem Antrag auf Anleitung zu entsprechen. Aber gut.

(Die Verteidiger Heer, Stahl und Sturm beraten sich erneut.)

Verteidiger Stahl Herr Vorsitzender, der Umstand, dass Sie unserem Antrag, den Sachverständigen zu leiten, offenbar in Teilen nachkommen, ist für die Verteidigung sehr wichtig. Damit wir später nachprüfen können, ob Professor Saß den Hinweisen auch tatsächlich nachgekommen ist, wäre es sinnvoll, dass wir das so akkurat wie möglich hätten.

Verteidiger Heer Ganz unjuristisch gesagt: Ich frage mich, warum versperren Sie sich so?

Götzl Ich versperre mich nicht. Aber normalerweise haben wir hier kein schriftliches Verfahren, sondern eine mündliche Hauptverhandlung.

Verteidiger Heer Herr Vorsitzender, wir waren so freundlich, all unsere prozessualen Aktivitäten in Hinblick auf Herrn Professor Saß schriftlich zur Verfügung zu stellen.

Götzl Mag ja sein. Das führt ja aber nicht dazu, dass alle anderen, insbesondere ich, verpflichtet sind, alles schriftlich mitzuteilen, auch wenn es für Sie einfacher oder bequemer wäre.

Verteidiger Heer Der Antrag ist gestellt.

Götzl Soll dazu Stellung genommen werden?

Verteidiger Kaiser Herr Vorsitzender, diese Diskussion ist doch erst entstanden, als Sie anfingen, Ihre Anleitung zu verlesen, und Sie dabei immer schneller wurden, sodass man nicht mehr mitschreiben konnte. Vielleicht können wir uns einfach darauf einigen, dass Sie langsamer vorlesen.

Verteidiger Heer Kollege Kaiser hat recht bezüglich des Ausgangspunktes der Diskussion. Allerdings bleiben wir bei unserem Antrag, dass wir das schriftlich haben möchten, auch wenn Sie es ganz, ganz langsam vorlesen.

Götzl Dann wird die Hauptverhandlung unterbrochen.

(Nach der Pause verkündet Götzl einen Beschluss.)

Götzl Dann ergeht nach geheimer Beratung folgender Beschluss: Die Verfügung des Vorsitzenden, nach der er es ablehnte, die Hinweise an den Sachverständigen schriftlich vorzulegen, wird bestätigt. Hinweise können auch mündlich erteilt werden. Die Hinweise liegen nicht schriftlich vor. Der Vorsitzende hat angeboten, seine Hinweise in einem Tempo vorzutragen, das ein Mitschreiben ermöglicht.

Verteidiger Heer Kollegin Sturm, Kollege Stahl und ich beantragen eine Abschrift des Beschlusses und die Unterbrechung der Hauptverhandlung, um zu beraten, ob ein Ablehnungsgesuch angebracht ist.

(Die Hauptverhandlung wird wiederum unterbrochen.)

Verteidiger Stahl Wir sind zu dem Ergebnis gekommen, dass ein Ablehnungsgesuch keine Berechtigung hat.

Götzl Ich werde die Hinweise sehr langsam verlesen. *(Götzl wendet sich an Verteidiger Olaf Klemke.)* Herr Rechtsanwalt Klemke, ich hoffe, Sie haben einfach vergessen, die Robe anzulegen.

(Götzl lacht. Klemke zieht seine Robe an.) Also noch mal die Hinweise. Der Sachverständige hat sich bei der Gutachtenerstattung methodischer Mittel des aktuellen wissenschaftlichen Kenntnisstandes zu bedienen. Wenn mehrere anerkannte Verfahren existieren, steht die Auswahl in seinem pflichtgemäßen Ermessen. Auf folgende Anforderungen hinsichtlich Prognose- und Schuldfähigkeitsgutachten wird hingewiesen: eindeutiges Kenntlichmachen der interpretierenden und kommentierenden Äußerungen und deren Trennung von der Wiedergabe der Informationen und Befunde; Trennung von gesichertem medizinischen, psychiatrischen, psychopathologischen und psychologischen Wissen und subjektiver Meinungen oder Vermutungen des Gutachters. Im Übrigen wird auf die Mindestanforderungen für Prognose- und Schuldfähigkeitsgutachten verwiesen, die die Arbeitsgruppen am Bundesgerichtshof entwickelt haben. Der Sachverständige hat sich bei seiner Tätigkeit im Bereich seiner fachlichen Kompetenz zu bewegen.

(Im Anschluss verliest Götzl einen Beschluss.) Den Anträgen der Verteidigung der Angeklagten Zschäpe, den Sachverständigen Professor Saß zu leiten, wird mit der Maßgabe entsprochen, dass der Sachverständige seinem Gutachten ausschließlich Anknüpfungstatsachen aus dem Inbegriff der Hauptverhandlung zugrunde zu legen hat, wobei er eigene Beobachtungen der Angeklagten während und außerhalb der Hauptverhandlung in seinem Gutachten alternativ zum einen zu-

grunde zu legen und zum anderen außer Acht lassen soll. Sofern die Anträge auch so zu verstehen sein sollten, dass gleichzeitig beantragt werde, der Sachverständige solle sein Gutachten ausschließlich unter Außerachtlassung eigener Beobachtungen erstatten, waren die Anträge abzulehnen. Die Verteidiger vertreten die Auffassung, die diesbezüglichen Wahrnehmungen des Sachverständigen seien unverwertbar. Die Prüfung der Frage, ob ein Verwertungsverbot vorliegt, ist der Urteilsberatung vorbehalten. Daher drängt die Aufklärungspflicht, das Gutachten alternativ auch mit der Berücksichtigung der genannten Wahrnehmungen erstellen zu lassen.

(Der Richter wendet sich an Gutachter Saß.)

Götzl Herr Professor Saß, Sie werden sich darauf einstellen müssen. Wir werden daher die Hauptverhandlung unterbrechen und dann am nächsten Dienstag fortsetzen.

Tag 336

17. Januar 2017

Manfred Götzl, Richter. **Jochen Weingarten**, Vertreter der Bundesanwaltschaft. **Wolfgang Heer, Anja Sturm**, Verteidiger von Beate Zschäpe. **Olaf Klemke**, Verteidiger von Ralf Wohlleben. **Henning Saß**, psychiatrischer Gutachter.

(Zunächst verkündet Richter Götzl einen Beschluss, mit dem er die Anträge der Zschäpe-Verteidiger Heer, Stahl und Sturm ablehnt. Sie hatten gefordert, die Aussage des psychiatrischen Gutachters Henning Saß entweder auf Tonband aufzunehmen oder hilfsweise Stenografen bezahlt zu bekommen, die die Aussage mitschreiben. Die Verteidiger von Zschäpe möchten die Aussage einem Gegengutachter zugänglich machen, der dann Kritik an Saß' Gutachten anbringen soll.)

Götzl Aus der Pflicht des Gerichts, die Wahrheit zu ermitteln, ergibt sich, dass es Zeugen und andere Auskunftspersonen, zu denen auch die Sachverständigen zählen, keinen verfahrensfremden Einwirkungen aussetzen darf, die deren Angaben beeinflussen und beeinträchtigen können. Das Besprechen eines Tonbandes löst bei vielen Betroffenen eine Hemmung aus, frei und unbefangen zu reden. Die Aufzeichnung einer mündlichen Erklärung auf einem Tonträger eröffnet zudem die Möglichkeit, das gesprochene Wort immer wieder abzuhören, zu analysieren und zu überprüfen.

Es besteht bei dieser Sachlage die Gefahr, dass Aussagen und Erklärungen auch bei einer möglichen Einwilligung des betroffenen Sachverständigen und seiner subjektiven Einschätzung, keine Einwände gegen die Aufnahme zu haben und durch die Aufnahme auch nicht beeinträchtigt zu sein, nicht frei und unbelastet erfolgen, sodass ihr sachlicher Inhalt falsch gewichtet wird. Diese Einschätzung des Senats beruht auf den in dem vorliegenden Verfahren bestehenden Besonderheiten. Die ohnehin aufgrund der Vielzahl der Verfahrensbeteiligten und des nicht unerheblichen Interesses der Öffentlichkeit und der Medien an dem vorliegenden Verfahren bestehende besondere psychische Belastung aller Verfahrensbeteiligten und damit auch des Sachverständigen Professor Dr. Saß wird durch die beantragte Aufzeichnung seines mündlich zu erstattenden Gutachtens in verfahrensfremder Art und Weise verstärkt. Dass eine derartige Folge bei dem forensisch außerordentlich erfahrenen Sachverständigen nicht zu befürchten wäre, ist für das vorliegende Verfahren eine reine Spekulation der Antragsteller. Auch eine mögliche Zustimmung des Sachverständigen zu den Tonaufnahmen kann auch vor dem Hintergrund der Persönlichkeit des Sachverständigen von der Befürchtung getragen sein, er setze sich bei Verweigerung der Einwilligung dem Verdacht aus, seine Ausführungen seien nicht hieb- und stichfest.

(Götzl erklärt, für die Information des Gegengutachters der Verteidigung reichten die Mitschriften der Verteidiger, immerhin gebe es davon mehrere. Und die Verteidiger könnten ihre Mitschriften vergleichen und ergänzen. Das Gericht habe keine Bedenken, wenn die Verteidigung einen Stenografen hinzuziehe. Bezahlen aber will das Gericht nicht dafür.)

Götzl Der Sachverständige wird vom Gericht angehalten, langsam und deutlich vorzutragen.

(Die Verteidigung reagiert mit einer Gegenvorstellung und erklärt, das Gericht möge Saß fragen, ob er schon vor dem Oberlandesgericht Düsseldorf Gutachten erstellt habe, denn dort wird die Verhandlung für gerichtsinterne Zwecke regelmäßig aufgenommen – und Saß sei das dann ja gewöhnt.)

Oberstaatsanwalt Weingarten Wir sind der Auffassung, dass die tragenden Argumente hinlänglich ausgetauscht sind. Der Beschluss des Senats ist richtig und ausgewogen. Nur ein Hinweis zum OLG Düsseldorf: Der Sachverhalt unterscheidet sich ganz erheblich von dem Prozess hier, es handelt sich um eine justizinterne Aufzeichnung, sie geht nicht an die Verfahrensbeteiligten und auch nicht an externe Sachverständige.

(Das Gericht legt erneut eine Pause ein.)

Götzl Nach geheimer Beratung ergeht folgender Beschluss. *(Götzl lehnt erneut die Anträge der Verteidigung ab.)* Ob der Sachverständige schon Erfahrungen mit einer Tonbandaufnahme am OLG Düsseldorf hat, ist für das hiesige Verfahren unbedeutend. Dann kommen wir zu Ihnen, Herr Professor Dr. Saß. Zunächst Ihre Personalien.

Saß Henning Saß, 72, Professor für Psychiatrie, Psychotherapie und forensische Psychiatrie an der Universitätsklinik Aachen.

Götzl Bitte erläutern Sie uns das Gutachten langsam. Es geht uns um drei Aspekte. Die Voraussetzungen für die Anwendung des Paragrafen 66 Strafprozessordnung *(dabei geht es um eine Unterbringung in der Sicherungsverwahrung)*, also um den Hang und die Gefährlichkeitsprognose für die Angeklagte Zschäpe. Dann um die Schuldfähigkeit oder die Einschränkung oder Aufhebung der Schuldfähigkeit durch eine Alkoholisierung. Und dann noch um eine Unterbringung in einer Entziehungsanstalt.

Saß Mein vorläufiges Gutachten datiert auf den 27.10.2016. Inzwischen sind angesichts der seitherigen Entwicklung im Verfahren erhebliche Erweiterungen und Änderungen erfolgt, etwa hinsichtlich des zwischenzeitlich eingeführten Briefes der Frau Zschäpe an Robin S. Weitere neue Aspekte waren die Aussagen von Zeugen, in denen es um einen möglichen Berlinbesuch und die Synagoge ging, ferner die Aussage des Polizeibeamten B. zur Fahrt nach Hetendorf am 21.6.1997.

(Saß geht zunächst auf die Kritik der Verteidigung an seinen Methoden ein, insbesondere, dass er kein valides Gutachten erstellen könne, weil Zschäpe sich geweigert hat, mit ihm zu sprechen. Dieses Verfahren nennt man Exploration.)

Saß An Materialien stütze ich mich auf Beobachtungen an der weit überwiegenden Zahl der Hauptverhandlungstage. Dabei beschränke ich mich auf Anknüpfungstatsachen aus der Hauptverhandlung. Wegen des Austausches, den es hierzu gegeben hat, werde ich mich, was eigene Beobachtungen der Angeklagten angeht, beschränken auf Wahrnehmungen innerhalb der Hauptverhandlung und damit alternativ umgehen. Das heißt, ich werde sie zum einen zugrundelegen, zum anderen außer Acht lassen. Bewertungsverbote werde ich beachten und auf Hinweise dazu reagieren. Soweit Hauptverhandlungstermine versäumt wurden, stütze ich mich auf die Unterrichtungen durch den Vorsitzenden. Mir standen zudem die Akten zur Verfügung bis zur letzten Nachlieferung, die ich heute bekommen habe. Auch für den psychiatrischen Gutachter liegt die Besonderheit dieses Verfahrens in der langen Verfahrensdauer und der großen Fülle des Materials.

Von der Angeklagten beziehungsweise ihrer damaligen Verteidigung war vor Beginn der Hauptverhandlung die Mitwirkung an einer Exploration schriftlich abgelehnt worden. Daran hat sich auch im späteren Verfahren und nach der Erweiterung ihrer Verteidigung nichts geändert. Deshalb besitzen im vorliegenden Fall die Wahrnehmungen des Sachverständigen während der Teilnahme an der Hauptverhandlung eine besondere Bedeutung. Ein psychiatrisches Untersuchungsgespräch mit einem Wechselspiel von gezielten Explorationsfragen und unmittelbar darauf gegebenen Antworten stellt selbstverständlich die beste Basis für eine Begutachtung dar. Allerdings ist es im forensischen Kontext und gerade bei Verfahren, in denen die Frage einer Sicherungsverwahrung aufgeworfen wird, keineswegs ungewöhnlich, dass eine Mitwirkung der betroffenen Person nicht erfolgt und deshalb das Gutachten auf den Informationen aus der Hauptverhandlung beruht. In einer solchen Situation muss ein forensischer Psychiater sich die Frage stellen, ob die vorhandenen Informationen eine Stellungnahme zu den im Gutachtensauftrag formulierten Fragen möglich machen. Meines Erachtens ist das im vorliegenden Fall gegeben. Es liegt sogar sehr viel Material vor, das in der Hauptverhandlung zu gewinnen war. Es erscheint deshalb tendenziös und irreführend, von einem ferndiagnostischen Gutachten zu sprechen, wie es im Schriftsatz der Verteidigung heißt. Auch Experten, die sich kritisch dazu äußern, erstatten ihr Gutachten ohne Exploration, wenn es nicht anders geht, so zum Beispiel Professor Hermann Witter bei Ulrike Meinhof *(gemeint ist die RAF-Terroristin)*. Mir ist kein anerkannter Sachverständiger bekannt, der Gutachten ablehnt, wenn die Exploration fehlt, weil der Proband die Mitwirkung verweigert hat.

(Sodann erklärt Saß Fachbegriffe aus der Psychiatrie. Er erklärt, wie er vorgeht, dass er die Körpersprache mit einbezieht, den beruflichen und persönlichen Werdegang, und dass seine Bewertung eine subjektive ist, allerdings gespeist von jahrzehntelanger Erfahrung.)

Saß Seelisches Leben spielt sich im Subjektiven ab, das gilt auch für seine Beurteilung. Insofern werden bei der Beschreibung und Bewertung seelischer Phänomene in weiten Bereichen keine unumstößlichen Fakten behauptet, sondern es wird ein Verstehenshintergrund vorgestellt. Und der Empfänger mag entscheiden, ob das Vorgetragene überzeugt. Subjektive Bewertungen sind ein Gebot der Transparenz. Der Prüfstein ist, ob sie Plausibilität aufweisen. Man mag bedauern, dass in der forensischen Psychiatrie kaum experimentelle Verfahren zur Verfügung stehen, aber das entspricht in unserem Bereich der Natur des Gegenstands. Unbeschadet dessen unterliegen die Erhebung eines psychischen Befundes, seine Interpretation und die diagnostische Bewertung den Regeln eines wissenschaftlichenVorgehens. Zusätzlich lassen sich in geeigneten Fällen standardisierte Untersuchungsinstrumente zur Einschätzung von Gefährlichkeit und Rückfallrisiken einsetzen Allerdings beruhen diese auf statistisch an bestimmten Gruppen gewonnenen Wahrscheinlichkeitsaussagen und erlauben deshalb nur begrenzt Aussagen für einzelne Individuen. Im Falle von Frau Zschäpe kommen weitere Gesichtspunkte hinzu. Im Vordergrund steht das Problem der Repräsentativität. Die üblichen Prognoseinstrumente stützen sich ganz überwiegend auf Untersuchungen an männlichen Straftätern mit aktiver Gewalt- und/oder Sexualdelinquenz. Empirische Untersuchungen darüber, ob solche Instrumente auch bei Frauen künftige Delinquenz vorhersagen können, haben bislang heterogene Ergebnisse erbracht. Schließlich, und das erscheint hier besonders wichtig, mangelt es an Untersuchungen über die Tauglichkeit standardisierter Untersuchungsinstrumente für den speziellen Problemkreis politisch-ideologisch motivierter Straftaten.

Verteidigerin Sturm Es tut mir leid, dass ich hier kurz stören muss. Es ist mir tatsachlich schlicht unmöglich …

Götzl Herr Professor Saß soll langsamer sprechen? Okay.

Verteidigerin Sturm Und können wir bald eine Pause machen, da es höchst anstrengend ist?

Saß In zwei bis drei Minuten ist der methodologische Vorspann zu Ende. Da könnte man vielleicht eine Pause machen. Und ich bemühe mich, langsamer zu sprechen. *(Er setzt fort.)* Wegen der skizzierten Besonderheiten dieses Falles muss auf den Einsatz von standardisierten Prognoseinstrumenten und eine gewichtete Aufsummierung oder gar Angabe numerischer Rückfallwahrscheinlichkeiten verzichtet werden. Anstelle dessen beruhen die folgenden Ausführungen auf einem klinisch-idiographischen Beurteilungskonzept, das die Gegebenheiten des Einzelfalles in den Fokus nimmt. Wichtige Bereiche dabei sind eine erklärende Rekonstruktion der biographischen Vorgeschichte, die Beschreibung der Persönlichkeit mit ihren Besonderheiten, Stärken und Schwächen sowie die Entwicklung der sozialen Orientierungen. Ferner geht es um die Rekonstruktion der delinquenten Vorgeschichte und ihre Einbettung in die jeweiligen biografischen Zusammenhänge, um die Entwicklung von Handlungsbereitschaften, Werthaltungen und kriminogenen Bedürfnissen zu ergründen. Üblicherweise wird auch eine Tatanalyse von der Genese der Tatentscheidung bis zum Nachtatverhalten angestrebt. Schließlich sind die seitherigen Entwicklungen und das gegenwärtige Persönlichkeitsbild zu berücksichtigen. So wird es auch ganz ähnlich in den Mindestanforderungen für Prognosegutachten formuliert.

(Nach einer kurzen Pause fährt Saß mit seinem Gutachten fort.)

Saß Was die medizinische Anamnese der Probandin angeht, so haben sich weder aus den Akten noch aus den Erhebungen in der Hauptverhandlung mit zahlreichen Zeugen, die Frau Zschäpe früher gekannt haben, irgendwelche Hinweise für wesentliche Gesundheitsstörungen ergeben. Bestätigt wurde dies durch die Antworten, die Frau Zschäpe im Jahre 2016 auf entsprechende Fragen des Senates gegeben hat. Danach hat sie auch nach eigener Einschätzung früher keine erheblichen körperlichen oder psychischen Erkrankungen durchgemacht. Psychiatrischerseits gibt es keine Hinweise darauf, dass Frau Zschäpe je an einer relevanten psychischen Störung gelitten hätte, etwa im Sinne einer schizophrenen oder bipolaren Psychose, einer Neigung zu depressiven Verstimmungen oder zu

Angst- und Zwangssymptomen. Dass es gelegentlich unter lebenssituativen Belastungen sowie insbesondere als Reaktion auf den Tod der beiden Lebenspartner und den Verlust der bisher gewohnten Existenz mit den Ereignissen vom 4.11.2011 zu passageren suizidalen Gedanken gekommen sei, erscheint zwanglos einfühlbar und spricht nicht für eine erhöhte Disposition zu psychischen Erkrankungen. Ebenso soll es keinerlei Drogenkonsum und keinen Missbrauch von Medikamenten gegeben haben.

Auch für eine klinisch bedeutsame Störung der Impulskontrolle haben sich weder aus früheren Informationen noch aus den Zeugenschilderungen oder den Wahrnehmungen in der Hauptverhandlung belastbare Anhaltspunkte ergeben. Zwar soll es in der zweiten Hälfte der 1990er-Jahre einige Vorfälle gegeben haben, bei denen es zu Tätlichkeiten beziehungsweise Gewaltanwendung gekommen sei, etwa bei einer Auseinandersetzung in einer Diskothek oder bei dem Vorfall mit der Zeugin H. *(Zschäpe soll die junge Frau in der Straßenbahn angestarrt und dann grundlos zu Boden gestoßen haben.)* Unter Berücksichtigung auch der Angaben des Zeugen Stefan Apel, Cousin von Frau Zschäpe und damals eng mit ihr in familiär-freundschaftlichem Kontakt, dürfte es sich eher um szenetypische Rohheiten gehandelt haben, zumal seinerzeit körperliche Auseinandersetzungen zwischen den verschiedenen Gruppen rechts und links orientierter Jugendlicher häufig vorgekommen seien. Insofern ist dieses Verhalten nicht als Hinweis auf eine psychische Störung anzusehen, eher sind das Hinweise auf Temperament und Energie, wie sie auch in dem Brief an Robin S. deutlich werden, wo sie auch von Wutanfällen schreibt.

Einzugehen ist jedoch auf die Möglichkeit eines problematischen Alkoholkonsums. Dieser wurde allerdings in diesem langen Verfahren erstmals in der Erklärung von Frau Zschäpe am 9.12.2015 thematisiert. Vor Prozessbeginn und bis dahin hatte es weder aus Zeugenschilderungen noch im sonstigen Inhalt des Verfahrens Hinweise auf Alkoholprobleme gegeben. Auch in der Hauptverhandlung wurden von den Zeugen, die die Zeit vor dem Untertauchen beschrieben haben, weder ein kontinuierlicher Alkoholkonsum noch auffällige Zustände von Trunkenheit berichtet. Ebenso lassen die Schilderungen der verschiedenen Zeugen über den Zeitraum nach dem Untertauchen keine Verdachtsmomente für ein Suchtgeschehen erkennen. Diesbezügliche Angaben der verschiedenen Urlaubsbekannten waren gänzlich unauffällig, wie ja auch Frau Zschäpe selbst berichtet hat, während der Urlaube keinen größeren Konsum betrieben zu haben. Hausnachbarn aus den letzten Jahren in der Frühlingsstraße schilderten ein übliches Mittrinken beim geselligen Zusammensein im Keller oder beim Grillen. Zuweilen habe sie, so der Hausmeister, auch mal mehr getrunken, wobei es einmal eineinhalb Flaschen Wein gewesen seien und sie da-

nach betrunken nach oben gegangen sei. Als auffällig wurde dieser Konsum offenbar nicht bewertet in dieser Umgebung.
Frau Zschäpe selbst hat in ihren Erklärungen zum Alkohol ausgeführt, dass sie bis zum Untertauchen im Jahr 1998 etwa jeden zweiten Tag eine Flasche Wein getrunken habe, danach habe sie dies eingestellt. Später habe sie nach dem Umzug in die Polenzstraße wieder begonnen, Wein und Sekt zu trinken, dies im Durchschnitt jeden zweiten Tag und heimlich, weil die beiden Partner grundsätzlich gegen Alkohol eingestellt gewesen seien. Ab Ende 2006 habe sie begonnen, regelmäßig Sekt zu trinken, was sich über die Jahre gesteigert habe. Zum Schluss seien es zwei bis drei Flaschen über den Tag verteilt gewesen. Für frühere Jahre hatte sie auch mal drei bis vier Flaschen pro Tag genannt. Allerdings habe es auch Tage gegeben, an denen sie weniger oder gar keinen Alkohol konsumiert habe. Bevorzugt habe sie getrunken, wenn die beiden Männer nicht zu Hause gewesen seien, während sie bei deren Anwesenheit nur in ihrem Zimmer und nur so viel getrunken habe, dass es nicht bemerkt worden sei. Während der Zeit in der Polenzstraße sei sie regelmäßig etwa zweimal pro Woche angetrunken gewesen, später habe sie in der Frühlingsstraße ihre Trinkgewohnheiten fortgesetzt. Allerdings sei es sehr situationsabhängig gewesen, wie viel Alkohol sie getrunken habe, zum Beispiel, wenn sie von Straftaten der beiden Männer erfahren habe. Wenn sie allein zu Hause gewesen sei, habe sie mehr getrunken, ebenso, wenn sie wieder von Straftaten der beiden erfahren habe. Weiter gab Frau Zschäpe auf entsprechende Fragen in der Hauptverhandlung an, sie habe bei keiner Gelegenheit Entzugserscheinungen gehabt, auch sei sie bei Einlieferung in die Haft nicht medikamentös behandelt worden.
Zur Biografie: Für den biografischen Abriss habe ich auch die Zeugenschilderungen von Stefan Apel herangezogen, der als Cousin von Frau Zschäpe nahe dran war, und die Aussagen der Elternpaare Böhnhardt und Mundlos. Und auch das, was sie selbst am 9.12.2015 gesagt hat. Im Schriftsatz der Verteidigung wurde die psychopathologische und psychiatrisierende Sichtweise auf Frau Zschäpe angegriffen. Es handelt sich dabei um ein grundlegendes Fehlverständnis der Psychiatrie. Psychopathologie ist nicht der Begriff für eine psychische Störung oder Erkrankung. Psychopathologie stellt vielmehr die Lehre von der Erkennung, Beschreibung und Ordnung abnormer seelischer Phänomene dar. Dies geschieht vor dem Hintergrund der Kenntnis des gesamten Seelenlebens in seinen gesunden wie in seinen gestörten Formen. Es ist also falsch zu sagen, der Psychiater könne nur über Krankes sprechen, er kann auch etwas zur normalen Entwicklung der Persönlichkeit sagen.
Frau Zschäpe hat in ihrer Erklärung ihren komplizierten Lebensgang nachgezeichnet, beginnend mit der Geburt am 2. Januar 1975 durch die unverheiratete

Mutter in Jena, wobei der Vater wohl Rumäne gewesen sei. Ende 1975 sei die Mutter die Ehe mit einem Herrn T. eingegangen, die allerdings nach zwei Jahren wieder geschieden worden sei. Sodann habe sie durch die erneute Heirat der Mutter den Namen Zschäpe erlangt, den sie auch beibehalten habe, als die Mutter sich Jahre später getrennt und einen neuen Partner gefunden habe, der sich etwa ab 1988 einige Male pro Woche in der Wohnung von Mutter und Tochter aufgehalten habe. Damals hätten allerdings auch Alkoholprobleme der Mutter begonnen, die zunehmend zu Auseinandersetzungen geführt hätten. Zur Wendezeit 1989/90 seien die Schwierigkeiten der Mutter größer geworden, die Angeklagte habe von ihr keinerlei Geldmittel mehr bekommen und zu dieser Zeit den Respekt vor ihr verloren.

Eingeflochten in diese Darstellung wurde von Frau Zschäpe mit einer kleinen Bemerkung, dass sie wegen der Geldknappheit damals begonnen habe, sich innerhalb des Freundeskreises an kleineren Diebstählen zu beteiligen. Hier sieht es für den psychiatrischen Beobachter so aus, als zeige sich zum ersten Mal eine gewisse Tendenz von Frau Zschäpe, die Verantwortlichkeit für auftretende Probleme und eigenes Verhalten wie auch Fehlverhalten anderen Personen oder äußeren Umständen zuzuordnen. Es ist eine Tendenz zum Externalisieren und Bagatellisieren erkennbar. Das ist eine Einschätzung durch den Untersucher. Ob sie plausibel ist, ist der Einschätzung des Adressaten überlassen. *(Mit Adressat ist das Gericht gemeint, das dieses Gutachten bestellt hat.)*

Bei allen Belastungen durch das Verhalten der Mutter und ihre unstete Lebensführung bildete die Beziehung zur Großmutter Apel einen deutlich positiveren Aspekt. Dies ergibt sich nicht nur aus den Schilderungen des Zeugen Apel, sondern auch Frau Zschäpe selbst hat bei mehreren Gelegenheiten ihre enge emotionale Bindung an die Großmutter deutlich gemacht. Sie bezeichnete sich als Omakind, betonte ihre Liebe zur Oma, ihre Sorgen um deren Gesundheit, wollte sich für das, was alles geschehen sei, bei ihr entschuldigen und ließ anklingen, wie viel ein Verlust der Großmutter für sie bedeuten würde. Im Brief an Robin S. drückt sie aus, der Tod der Großmutter könne Anlass sein, doch eine Medikation zu akzeptieren, obwohl sie das sonst ablehnt. Wenn der Brief verwertet werden kann, unterstützt er das, was ich über das Verhältnis zur Großmutter gesagt habe. Wenn man den Brief weglässt, wird es dadurch nicht fraglich.

Ein ähnliches Gewicht wie die Beziehung zur Großmutter habe nur die Beziehung zu den beiden Uwes besessen, die sie als ihre Familie bezeichnete und deren möglicher Verlust für sie in der Zeit des Untertauchens ebenfalls mit großen Befürchtungen verbunden gewesen sei. Dagegen scheint die Beziehung zur Mutter weitgehend durch Enttäuschung, Ablehnung und Desinteresse gekennzeich-

net zu sein, wobei es wohl zumindest in der Vergangenheit auch Züge einer gewissen Rigorosität und Unversöhnlichkeit gegeben hat.
Für die Entwicklung von Selbstbewusstsein und Ich-Identität dürften die genannten Bedingungen bei dem jungen Mädchen und der Heranwachsenden eine gewisse Belastung bedeutet haben. Ähnliches scheint auch in den Angaben der Zeugin Böhnhardt auf, wonach die junge Freundin ihres Sohnes über den Vater nie habe sprechen wollen und in Bezug auf die Mutter Sorgen wegen ihrer finanziellen Rückstände und des Verlustes ihrer Wohnung gehabt habe. Beate Zschäpe habe sich dessen geschämt und nicht gern darüber geredet, auch habe sie zur Großmutter nicht gewollt, weil diese Sorgen um den kranken Großvater gehabt habe. Auf Bitten des Sohnes habe sie dann für eine Zeit lang bei Familie Böhnhardt einziehen dürfen.
Zu den wunden Punkten in der eigenen Herkunftsfamilie gehörte ferner, dass es wegen der Alkoholprobleme bei ihrem Cousin Stefan Apel sowie bei ihrer Mutter durchaus Kritik aus ihrem Freundeskreis gegeben habe. So soll laut Herrn Apel Uwe Mundlos ihn als »Assi« beleidigt haben, wie auch der Zeuge S. von Schwierigkeiten zwischen Beate Zschäpe und den beiden Uwes in Zusammenhang mit ihrer Familie berichtet hat. Böhnhardt und Mundlos hätten diese ebenfalls als »Assis« bezeichnet, worüber Frau Zschäpe traurig gewesen sei. Auch soll es laut den Angaben des Zeugen H. negative Äußerungen von Uwe Böhnhardt über »Mischkinder« mit jugoslawischen oder bulgarischen Elternteilen gegeben haben, was für Beate Zschäpe mit ihrem rumänischen Vater vermutlich nicht einfach war.
Schulischer Werdegang: Ihre Intelligenz liegt wohl im Durchschnittsbereich, das zeigen auch die befriedigenden Noten beim Schulabschluss und der Gärtnerausbildung. Der im Grunde erfolglose berufliche Werdegang von Frau Zschäpe zur damaligen Zeit könnte ein Indiz für Unsicherheit, Identitätsprobleme und Fehlen langfristiger Ziele sein, doch muss berücksichtigt werden, dass viele junge Leute in ihrem damaligen Umfeld unter den Bedingungen der Wendezeit und der damit verbundenen Umbrüche sich in einer ähnlichen Situation befunden haben. Frau Böhnhardt teilte mit, dass Frau Zschäpe traurig gewesen sei, weil es mit dem Wunsch, Kindergärtnerin zu werden, nicht geklappt habe. Allerdings habe sie die Lehre als Gärtnerin mit einer gewissen Zufriedenheit absolviert und erfolgreich abgeschlossen. Anschließend habe sie, so Frau Böhnhardt, leider keine Arbeit gefunden und habe sich eventuell später als Floristin weiterbilden wollen. Es schloss sich aber, abgesehen von ABM-Zeiten, keine geregelte Arbeitstätigkeit mehr an.
Frau Zschäpe hat sich in ihrer Selbstdarstellung ähnlich geäußert, wobei allerdings aus psychiatrischer Sicht auffällt, wie nüchtern, sachlich, emotionsarm

und unpersönlich ihre Schilderung ausfiel. Über Ziele, Wünsche, Hoffnungen und Träume, über tiefer gehende Gemütsbewegungen, langfristige Ziele und Wertvorstellungen war, sieht man vom noch zu erörternden Komplex rechten und nationalistischen Gedankengutes ab, weder aus ihren eigenen Erklärungen noch aus den Angaben von Zeugen beim Versuch entsprechender Fragen etwas zu erfahren. Die wenigen Anhaltspunkte ergeben ein karges, intellektuell anspruchsloses Bild von Bildung und geistigen Interessen, auch bei den Freizeitbeschäftigungen, auch in der späteren Phase im Untergrund.

Aber es gibt keinen Hinweis auf gravierende soziale Belastungen oder eine psychische Gestörtheit, vielmehr entsprach dies einer in ihrem Umgangskreis durchaus geläufigen Situation. Auch Frau Böhnhardt hat keine psychischen Auffälligkeiten berichtet, sondern beschrieb die Beate Zschäpe, die sie als Freundin ihres Sohnes geschätzt habe, trotz der familiären Probleme als eine normale, selbstständige junge Frau mit gesundem Selbstbewusstsein.

Was die Sozialkontakte von Beate Zschäpe angeht, so hat der Zeuge Stefan Apel in der Hauptverhandlung angegeben, in der Kindheit seien Beate und er wie Geschwister gewesen, gelegentlich habe es gemeinsame Familienurlaube gegeben. Die Cousine sei zwar immer bei der Großmutter gewesen, habe aber auch den Kontakt zu seinem Opa und seinen Eltern gesucht. Später sei sie, so seine Diktion, eine hübsche Frau gewesen, gut bestückt und beliebt in der ganzen Szene. Er schilderte sie als gesellig, sie sei gern weggegangen und immer lustig gewesen, habe viel gelacht, sei auch auf die Leute zugegangen und sei ein offener und selbstbewusster Mensch gewesen. Gern sei sie auf Partys gegangen, zum Beispiel im Jugendtreff »Winzerklub«. Sie habe stets mehr Männerfreundschaften gehabt und sei im Umgang robuster gewesen als normale Frauen. Hiermit korrespondiert die spätere Angabe von Frau Zschäpe gegenüber einer Urlaubsbekanntschaft, dass sie schon immer besser mit Männern als mit Frauen ausgekommen sei.

Mit deutlich negativeren Zügen wurde die jugendliche Frau Zschäpe dagegen vom Zeugen H. geschildert, einem früheren Freund von Uwe Mundlos, der allerdings keinen Hehl daraus machte, dass man sich gegenseitig nicht gemocht habe. Auf der einen Seite bezeichnete er sie als freundlich und selbstbewusst im direkten Kontakt, ein anerkanntes Mitglied der Gruppe, auch lustig und amüsant. Auf der anderen Seite charakterisierte er sie auch als »ordinär«, womit gemeint sei, sie sei laut und gewöhnlich gewesen, habe Kraftausdrücke gebraucht. Weiter beschrieb er sie als nicht dumm, nicht gutgläubig und als ein vernunftbegabtes Wesen. Auch habe sie einen unterschwellig aggressiven Eindruck gemacht.

Ähnlich kritisch waren die Angaben des Zeugen R., ebenfalls in der Jugend ein guter Freund des Uwe Mundlos, der offenbar dessen Beziehung mit Beate Zschäpe sehr skeptisch beurteilte. Dieser Zeuge äußerte sich negativ zum Bildungsstand, dem sprachlichen Ausdruck und dem nach seiner Diktion vulgären Auftreten von Beate Zschäpe, sodass ihm unklar sei, wie Mundlos es später mit ihr gemeinsam im Untergrund habe aushalten können. Ferner beschrieb er sie als sehr selbstbewusst in der Gruppe, sie habe nicht den Eindruck gemacht, dass sie sich etwas gefallen lasse, habe sich schon ordentlich durchgesetzt. Auch hätten der damalige Freund der jungen Frau und Frau Zschäpe damals extrem geklaut, unter anderem Dinge, die sie gar nicht gebraucht hätten, etwa Klamotten von den Vietnamesen. Die Rede ist auch von Kellereinbrüchen mit Diebstahl von Alkohol, um damit Partys zu veranstalten. Die Art, wie Herr R. etwa die gemeinsam von Beate Zschäpe und ihrem Freund begangenen Zigarettendiebstähle bei Vietnamesen schildert, deutet auf beginnende dissoziale Tendenzen zur damaligen Zeit. In ähnliche Richtungen gehen Beschreibungen anderer Zeugen, die sich in der Hauptverhandlung zu Eigenschaften und Verhalten von Frau Zschäpe geäußert haben. So beschrieb der Zeuge Christian Kapke sie als relativ heiter, in seinen Augen nicht besonders intelligent, aber mit einer gewissen Bauernschläue. Auf diesen Begriff soll Frau Zschäpe übrigens, als er später von einer Beamtin in der JVA Köln verwandt worden sei, laut Angaben des Zeugen B. erbost und verärgert reagiert haben. Beim Zeugen Christian Kapke fanden sich auch Äußerungen zu politischen und gesellschaftlichen Einstellungen. Der ideologische Kopf sei damals Herr Mundlos gewesen, Frau Zschäpe habe er wahrgenommen als eine selbstbewusste Frau, aber in ideologischer Hinsicht eine Mitläuferin. Das Trio sei rechtsradikal, nationalistisch und antisemitisch gewesen mit einer Verherrlichung des »Dritten Reiches«, der Waffen-SS und der SA.

Götzl Bei der Aussage des Zeugen B. gibt es einen Verwertungsvorbehalt.

Saß B. ist kein zentraler Punkt meines Gutachtens. *(Dann fährt er im Gutachten fort.)* Für den Zeugen André Kapke, der nach seinen Angaben Frau Zschäpe als netten Menschen kennengelernt und geschätzt habe, sei Politik damals ein tragendes Thema gewesen. Zu den Hauptthemen habe sie ihre Meinung gehabt, sie habe diese kundtun und gut artikulieren können, welchen Standpunkt sie habe. Als wesentliche Grundstimmung unter den Jugendlichen damals schilderte er, man sei gegen die Ausländer gewesen und nicht einverstanden mit deren Zuzug. Die Zeugin J. beschrieb ein exklusives Verhältnis unter den drei Personen, die als »die drei« bezeichnet worden seien und die sie als verschworene Gemeinschaft wahrgenommen habe. Aus Sicht dieser Zeugin war Frau Zschäpe in Kontakt und Verhalten aufgeschlossen, eine sehr selbstbewusste Person, freundlich und auch witzig, mit imponierendem Selbstvertrauen. Sie sei auch an politischen Aktionen interessiert gewesen, es sei ihr nicht nur um Musik und Spaß gegangen. Sie habe ein Selbstverständnis gehabt, wie man es sich als junges Mädchen wünschte, habe Dinge klären, selbstverständlich auf Leute zugehen und sich ausdrücken können, sagen, was sie gewollt habe, mit einer aufrechten Art. In Bezug auf Partnerschaften scheint Frau Zschäpe nach Aussage ihres Cousins, aber auch mehrerer anderer Zeugen eine recht kontaktfreudige junge Frau gewesen zu sein. Im Brief an Robin S. macht sie selbst eine Anmerkung, sie sei eine Frau mit unrühmlichen Erfahrungswerten. Falls der Brief nicht zu verwerten ist, ist das nur eine Ergänzung. Über den ersten Freund äußerte der Cousin, dieser sei eine Jugendliebe von Beate Zschäpe gewesen. Danach habe es dann die Beziehung zu Uwe Mundlos und Uwe Böhnhardt gegeben, wobei der Cousin vermutete, wahrscheinlich habe ihre Art die Männer zusammengehalten, sie habe die Jungen »im Griff« gehabt. Auch dies würde, wenn die Beobachtung zutraf, für Stärke und Selbstbewusstsein der jungen Frau im Kontakt nach außen und gegenüber männlichen Partnern sprechen. Weitere Informationen zum Partnerschaftsbereich finden sich in den Schilderungen der Zeugen R., H. und Starke sowie den eigenen Erklärungen der Frau Zschäpe während des Verfahrens. Daraus lassen sich vier Beziehungen rekonstruieren, wobei allerdings Herr Matthias R., mit dem es zu vielfältigen Eigentums- und ansatzweise wohl auch Raubdelikten gekommen sein soll, von Frau Zschäpe nicht erwähnt wurde. Von April 1996 bis April 1997 habe es, was von Frau Zschäpe ebenfalls nicht thematisiert wurde, eine Beziehung zu Herrn Starke in Chemnitz gegeben. Allerdings hätten in dieser Zeit die freundschaftlichen Beziehungen zu den beiden früheren Partnern Uwe Mundlos und Uwe Böhnhardt angedauert, auch hätten diese sie sogar zuweilen bei ihren Besuchen bei Herrn Starke begleitet. Er meinte dazu, sie habe nur die beiden Uwes im Kopf gehabt, die ihrerseits nicht eifersüchtig gewesen seien. Beate Zschäpe sei »rechts« gewesen, aber kein szenetypisches Mädchen, nicht gewalttätig. Gern habe sie politische Gespräche geführt.

Etwa zur Wendezeit 1989/90, also auch zur Zeit der stärkeren Probleme mit der Mutter, habe Frau Zschäpe nach ihrer Darstellung Uwe Mundlos kennengelernt und sei mit ihm in die Wohnung gezogen, in der sie damals zusammen mit ihrer Mutter gelebt habe. Die Zeugin Ilona Mundlos schilderte Beate Zschäpe als kumpelhaft und hilfsbereit, auf der anderen Seite aber auch als egoistisch. Der Sohn habe sie vergöttert. Etwa 1995, während der Bundeswehrzeit von Uwe Mundlos, sei die Beziehung zu Ende gegangen.

Interessanterweise betonte Frau Zschäpe in ihrer Erklärung, dass Uwe Mundlos aus einem guten Elternhaus gestammt und eine Lehre als Datenverarbeitungskaufmann abgeschlossen habe. Dies korrespondiert mit einer Bemerkung, die sie gegenüber dem Kriminalbeamten am Abend ihrer Festnahme bei der Kripo in Zwickau gemacht haben soll, dass nämlich die beiden Uwes im Gegensatz zu ihr ein behütetes Elternhaus gehabt hätten und ihr unklar sei, warum die beiden sich so entwickelt hätten. Hier klingen noch einmal ähnliche Themen sozialen Ansehens und eigener Defizite an wie bei den von Frau Böhnhardt berichteten Schamgefühlen wegen ihrer Familie und bei den von Herrn Apel berichteten Herabsetzungen ihrer Familie.

Im Übrigen wird in der Erklärung der Frau Zschäpe vom 9.12.2015 die Beziehung zu Uwe Mundlos recht kühl und unpersönlich geschildert. Auch ihr Verhältnis zu Uwe Böhnhardt, das sie an einigen Stellen als Liebe bezeichnet, wurde von ihr ansonsten nicht in tieferer, differenzierter oder gefühlsbezogener Weise geschildert. Sie sprach von blinder Liebe, ein Ausdruck, der mir recht floskelhaft und pauschal erscheint. Blinde Liebe besteht normalerweise nicht über Jahrzehnte. Blinde Liebe steht auch im Gegensatz zu Zeugenschilderungen aus dem Urlaub, wo nur einmal ein engeres Verhältnis zu »Gerry« beobachtet worden sei. Ingesamt bleibt aus meiner Sicht bei der Intensität und der Kontinuität der Beziehung zu Uwe Böhnhardt vieles offen. Kennengelernt habe sie ihn am 2.1.1994, ihrem 19. Geburtstag. Die Schilderungen des Uwe Böhnhardt durch Frau Zschäpe erscheinen durchaus ambivalent, wobei zum einen ihre feste Bindung an ihn beschrieben wurde, andererseits charakterisierte sie ihn auch als aggressiv, jähzornig und zu Tätlichkeiten neigend. Sein Freundeskreis habe eine intensivere nationalistische Einstellung gehabt, auch seien dort die politischen Aktivitäten intensiver gewesen.

Bemerkenswert erscheinen die Ausführungen von Frau Zschäpe in der Erklärung vom Dezember 2015 über ihre Absicht bei der Anmietung der Garage an der Kläranlage in Jena im August 1996. Dies sei von ihr, als Uwe Böhnhardt sich wegen ihres »Klammerns« getrennt habe, als eine Maßnahme geplant gewesen, um den verlorenen Kontakt zu den beiden Uwes und insbesondere zu Uwe Böhnhardt wieder herzustellen. Ein solches Verhalten kann für ihre starke Bindung an Uwe Böhnhardt sprechen. Möglich erscheint aber auch, dass es sich um eine Kaschierung anderer Beweggründe durch die Konstruktion einer mehr oder weniger plausiblen Version gehandelt hat.

(Pause)

Götzl Ich würde Sie nochmal bitten, etwas langsamer zu sprechen.

Saß Jawohl. Ich komme nun zur politisch-ideologischen Entwicklung.

Für die politisch-ideologische Entwicklung von Frau Zschäpe besaßen offenbar die Beziehungen zu Uwe Mundlos und Uwe Böhnhardt mit ihren jeweiligen Freundeskreisen besondere Bedeutung. Damit war der Kontakt zu einer Szene verbunden, deren vorherrschende Haltungen und Überzeugungen von der Angeklagten mit dem Ausdruck »nationalistisches Gedankengut« wohl etwas euphemistisch umschrieben worden ist. Nimmt man die Darstellungen anderer Zeugen, die in die Hauptverhandlung eingebrachten Berichte, Vermerke, Urteilsfeststellungen und Abbildungen hinzu, so hat es sich wohl doch um deutlich rechtsradikal ausgerichtete Kreise gehandelt, in denen es nicht nur um Musikkonzerte und Demonstrationen ging, sondern auch um politische Agitation, militante Auseinandersetzungen und ideologisch motivierte Aktionen. Genannt seien die in der Hauptverhandlung reichhaltig thematisierten Vorgänge, zum Beispiel der Puppentorso, Bombenattrappen, Rudolf-Heß-Märsche, ausfälliges Benehmen beim Besuch im Konzentrationslager Buchenwald, nationalsozialistische Symbole, das Mitführen von Schlag- und Stichwaffen, dazu andere Waffen. Frau Zschäpe selbst sprach in wohl etwas verharmlosender Weise davon, man habe ein »Katz-und-Maus-Spiel« mit der Polizei und dem Verfassungsschutz betrieben, um die Öffentlichkeit in Aufruhr zu versetzen. Auch habe man Aufmerksamkeit dafür herstellen wollen, dass es einen politischen Gegenpol zu den Linken gebe.

Die zunehmende Handlungsbereitschaft und der Aufbau potenter Organisationen wurden von Frau Zschäpe in ihren Erklärungen ganz wesentlich mit dem Einfluss von Tino Brandt begründet. Die Kameradschaft Jena sei erst aktiv geworden, nachdem Tino Brandt zu ihrer Gruppe gestoßen sei, ihr Zusammenleben habe sich grundlegend geändert, er sei der Mittelpunkt aller Aktionen gewesen, habe Geld zur Verfügung gestellt, organisiert, Initiativen ergriffen und Propagandamaterial mit nationalistischem Inhalt beschafft. Wenn Frau Zschäpe formulierte, man könne sagen, ohne Tino Brandt wären diese ganzen Unternehmungen nicht möglich gewesen, so findet sich hier erneut die Tendenz, auf eine Außenverursachung hinzuweisen.

Persönliche Anteile an den potenziell gefährlicheren Aktionen, die nach und nach geplant und durchgeführt wurden, hat Frau Zschäpe weitgehend im Dunklen gelassen. Sie räumte lediglich ein, im Dezember 1996 verschiedene von Uwe Böhnhardt mit Schwarzpulver präparierte, jedoch nicht zündfähige Briefe an einige Adressaten in Jena geschickt zu haben. Bei anderen von Uwe Mundlos und Uwe Böhnhardt initiierten Aktionen zwischen April 1996 und Dezember 1997 sei sie zwar teilweise beteiligt gewesen, jedoch habe man lediglich die Aufmerksamkeit in der Öffentlichkeit erhöhen wollen, ohne dass eine tatsächliche Gefahr für Leib und Leben bestehen sollte. Beim Vorfall mit dem Puppentorso, der auf eine Idee von Uwe Böhnhardt und Uwe Mundlos zurückgegangen sei, habe sie sich zwar an der Herstellung der Puppe beteiligt, nicht jedoch der Bombenattrappe. Insgesamt klangen auch bei diesen Angaben von Frau Zschäpe Neigungen zur Verharmlosung und zur Verlegung der Verantwortlichkeit nach außen an. Im Einzelnen ist hinzuweisen etwa auf die Darstellung der frühen Diebstähle und der Aktionen ab Mitte der Neunziger Jahre, auf die Waffen in der Wohnung, die auf Böhnhardt zurückgegangen seien, auf das Anmieten der Garage und das Wissen um deren Inhalte und auf die Rolle Tino Brandts.

Entwicklung im Untergrund: An Zeugenschilderungen aus der Zeit im Untergrund gibt es zunächst die Gruppe der Personen, die freundschaftlich, kameradschaftlich oder durch Szenezugehörigkeit mit den drei Untergetauchten verbunden und mehr oder weniger zu Unterstützungshandlungen bereit gewesen waren. Allerdings erschien bei der Mehrzahl der sogenannten Szenezeugen, die möglicherweise über Kontakte in dieser Zeit hätten reden können, das Auskunftsverhalten ungemein zurückhaltend.

Zum Verhältnis der drei untergetauchten Personen untereinander hieß es in den in die Hauptverhandlung eingebrachten Vernehmungen des Herrn Gerlach, dass die beiden Uwes oben gewesen seien und gleichberechtigt, wobei er allerdings Frau Zschäpe ebenfalls als gleichberechtigt bezeichnete, ferner als durchsetzungsstark, kein Typ, der sich unterordnen würde. Sie habe genauso viel zu sagen gehabt wie jeder andere in der Gruppe, auch nannte er eine Episode, bei der Frau Zschäpe im Bus eine Punkerin, die »blöd geguckt« habe, geschlagen haben soll. Sie habe sich den beiden Uwes gegenüber wie eine Ehefrau benommen, nur für zwei Männer. Nach seinem Eindruck handelte es sich um ein sehr harmonisches Verhältnis, obwohl aus der Anfangszeit in Chemnitz auch eine Episode mit Spannungen zwischen den Männern berichtet wurde, die so groß gewesen seien, dass Herr Mundlos schon zu einem Messer gegriffen habe und sie aufeinander hätten losgehen wollen. Daraufhin sei Herr Mundlos vorübergehend in eine eigene Wohnung gezogen, doch hätten sie aufgrund der Fluchtsituation beschlossen, wieder zusammenzuleben.

Dieser Vorfall bietet einen der ganz wenigen Anhaltspunkte dafür, dass es bei den drei Personen in der Zeit des Lebens im Untergrund auch einmal Streit und Auseinandersetzungen gegeben habe. Ansonsten wurde von allen Zeugen bei der Charakterisierung des Verhältnisses untereinander stets von Harmonie, Freundlichkeit und kameradschaftlichem Umgang gesprochen. Demgegenüber hieß es in den Ausführungen von Frau Zschäpe, dass es etwa zwischen Frühjahr 1998 und Sommer 2001 wiederholt zu Tätlichkeiten durch Uwe Böhnhardt gekommen sei, der sie geschlagen habe, wenn ihm bei einer verbalen Auseinandersetzung die Argumente ausgegangen seien. Konkret benannt wurden Streitigkeiten wegen des Herumliegens einer Pistole, wegen des von ihr gewünschten Internetzuganges sowie wegen der Überlassung von 10000 DM an Holger Gerlach, was sie wegen dessen damaliger Spielsucht missbilligt habe. In einer späteren Antwort führte Frau Zschäpe schriftlich aus, dass bei zwei der Handgreiflichkeiten Uwe Mundlos dabei gewesen und auf Uwe Böhnhardt losgegangen sei, um sie zu verteidigen, was zu einer heftigen Prügelei der beiden Männer ge-

führt habe. Sie vermied es aber, näher darauf einzugehen. Über Tätlichkeiten, die in Zusammenhang mit den verfahrensgegenständlichen Ereignissen stehen, berichtete Frau Zschäpe nicht. Zu erwähnen ist in diesem Zusammenhang auch die Angabe des Kriminalbeamten P. aus Jena, wonach sie bei ihrer Verhaftung am Abend des 8.11.2011 in Hinblick auf die beiden Uwes erklärt habe, dass sie zu nichts gezwungen worden sei.
Die Zeugin Mandy Struck, seinerzeit Freundin des Unterschlupf gewährenden Herrn B., berichtete über das Zusammenleben der drei Personen im Frühjahr 1998 in Chemnitz, also in der ersten Zeit nach dem Untertauchen. Das Mädchen, das dabei gewesen sei, also wohl Frau Zschäpe, sei sehr sympathisch gewesen, mit sehr lockerer Art, auf einen zuzugehen, sehr freundlich und sehr aufgeschlossen. Mit Ausnahme einer Episode, als Frau Zschäpe Bauchkrämpfe gehabt habe und von ihr mit einer AOK-Karte versorgt worden sei, wurden keine Besonderheiten geschildert. Ein intensiverer zwischenmenschlicher Kontakt wurde offenbar vermieden, vielmehr habe die Frau sich auf den Versuch der Zeugin, mit ihr über eine Beziehungskrise mit Max B. zu reden, nicht einlassen wollen.
Weitere Informationen über die Dreiergruppe stammen von Urlaubsbekanntschaften bei den verschiedenen Campingreisen nach Norddeutschland in den Jahren zwischen 2007 und 2011. Die Zeugenaussagen liefen darauf hinaus, dass die drei Personen bei den jeweils mehrwöchigen Urlauben sehr nett, freundlich und harmonisch miteinander umgegangen seien. Gegenüber den jeweiligen Nachbarn auf den Campingplätzen verhielten sie sich offenbar freundlich, hilfsbereit, gesellig, unterhaltsam und insgesamt ohne irgendwelche Auffälligkeiten. Die drei Personen erschienen als ein Team, bei dem keinerlei größere Streitigkeiten erkennbar gewesen seien, abgesehen vielleicht von kleinen Plänkeleien, etwa über die Anschaffung von Surfausrüstung.
Ähnliche Schilderungen lieferten die Hausmitbewohner in der Polenzstraße 2 in Zwickau, die in den Jahren von 2001 bis 2008 bewohnt worden sein soll. Auch hier wurde übereinstimmend ein insgesamt unauffälliges Verhalten der drei Personen geschildert. Dabei erschien Frau Zschäpe ihren Nachbarn nicht nur als kontaktfreudig, unkompliziert und unbefangen, sondern sie sei auch gegenüber sozial oder finanziell schwächeren Personen hilfsbereit und unterstützend gewesen, etwa wenn sie der Familie K. durch Einkauf von Lebensmitteln und Süßigkeiten für die Kinder geholfen habe. Ihre Stimmung sei eigentlich immer fröhlich gewesen, auch habe sie damals gesünder ausgesehen als jetzt. Über Privates habe sie wenig gesprochen. In der Wohnung sei nur sie gewesen und gelegentlich sei ein Wohnmobil vor der Tür gestanden. Ärger, Reibereien und Verstimmungen habe es nicht gegeben, erwähnt wurde lediglich eine Episode mit

Kritik an Frau K. Auffällige Alkoholisierungen wurden nicht geschildert. Die drei Personen hätten in ihrer Etage in der Frühlingsstraße nicht nur zwei Wohnungen zusammengelegt und umgebaut, sondern sich auch den Keller ausgebaut. Neue Eingangstüren hätten sie auf eigene Kosten beschafft. Frau Zschäpe habe dazu gesagt, sie habe ein wenig Angst, wenn sie allein sei. Zu den Männern hieß es, sie seien sehr zurückhaltend gewesen. Beate Zschäpe habe stets freundlich gegrüßt, sich manchmal auch unterhalten, etwa über die Katzen. Die Männer hätten dagegen kaum gesprochen.

Offenbar ist in all den Jahren ein Muster des wohl freundlichen, aber doch vorsichtig-zurückhaltenden und persönliche Verwicklungen meidenden Kontaktes beibehalten worden. Dabei konnten sich die drei Personen beziehungsweise die zumeist den Kontakt pflegende Frau Zschäpe mit großer Konsequenz und ohne größere Patzer an die Regeln eines Lebens unter falschen Namen halten. Hinsichtlich der wahren Interessen und Aktivitäten wurden, soweit erkennbar, erfolgreich die Gebote der Heimlichkeit, des Verbergens, des Verschleierns und des Täuschens eingehalten.

Wenige Bemerkungen zu den verfahrensgegenständlichen Vorwürfen: Es gibt hierzu Ausführungen von Frau Zschäpe selbst, die nach langem Schweigen in der Hauptverhandlung mit der Erklärung vom 9.12.2015 einsetzten und in verschiedenen Antwortserien auf vom Gericht gestellte Fragen fortgesetzt wurden. Dabei muss es zunächst offenbleiben, wie diese Selbstdarstellungen und ihr Wahrheitsgehalt einzuschätzen sind. In ihren schriftlichen Erklärungen beziehungsweise Antworten hat Frau Zschäpe durchgängig die zentrale Rolle der Verstorbenen sowohl für das Untertauchen in das 13-jährige Leben im Verborgenen wie auch für sämtliche Straftaten betont. Ferner verwies Frau Zschäpe auf ihre emotionale und finanzielle Abhängigkeit von den Partnern. Wiederholten Überlegungen von ihr, dieses Leben durch Sich-Stellen zu beenden, hätten die beiden Uwes ab Ende des Jahres 2000 Suiziddrohungen entgegengehalten. Vor allem hob sie hervor, an der Vorbereitung, Planung und Durchführung der verschiedenen Aktionen nicht beteiligt gewesen zu sein. Sie räumte lediglich eine Teilhabe am finanziellen Nutzen der Raubüberfälle ein sowie die schließliche Brandlegung am Ende dieser Periode, wobei sie aber auch in diesem Zusammenhang stark darauf abhob, dass dies der Erfüllung von Wünschen beziehungsweise einem Auftrag der Verstorbenen entsprochen habe.

Nach der Darstellung von Frau Zschäpe in der Erklärung vom 9.12.2015 habe sie auf die Mitteilung insbesondere des ersten Tötungsdelikts und später dann auch der weiteren Fälle mit Erschrecken, Entsetzen, Unverständnis und Ablehnung reagiert. Die damit verbundene Verstimmung im Verhältnis zu den beiden Uwes habe sowohl das Weihnachts- und das Silvesterfest 2000 sowie ihren

Geburtstag am 2. 1. 2001 überschattet, auch sei es nicht zu Geschenken und Gratulationen gekommen. Ihrer Absicht, sich nun, da sie in einen Mord verwickelt sei, der Polizei zu stellen, hätten die beiden Partner entgegengehalten, sich dann zu erschießen.

Im Laufe der Zeit, als die Partner ihr Verhalten fortgesetzt und das gegebene Versprechen auf Beendigung des Tötens nicht eingehalten hätten, sei es bei ihr immer mehr zu einem resignierten Rückzug gekommen. Sie meinte dazu, sie sei einfach nur sprachlos und fassungslos gewesen, habe nicht reagieren können und sich wie betäubt gefühlt. Wenn sie weiterhin formulierte: »Ich wollte es nicht hören«, so könnte dies, das Zutreffen unterstellt, auf Verdrängungsversuche und den Wunsch hindeuten, sich den von ihr angegebenen Belastungen durch Nichtwissen zu entziehen. Ähnlich soll sie zum Zeugen B. gesagt haben, sie sei ein Meister im Verdrängen. Laut dem Zeugen L. soll sie sich allerdings auch als einen Faktenmenschen bezeichnet haben.

Viel wird in der Beurteilung davon abhängen, wie die Äußerungen der Angeklagten hinsichtlich der Tatbeiträge der einzelnen Personen in der Dreiergruppe einzuschätzen sind. Frau Zschäpe hat zwar erklärt, dass sie mit heftiger Ablehnung reagiert habe, wenn sie, stets nachträglich, von den Tötungen erfahren habe. Dabei ist zu berücksichtigen, dass diese Erklärungen, mit einer kleinen Ausnahme, nur schriftlich vorliegen. Allerdings wirken ihre Formulierungen für den psychiatrischen Leser hierzu recht formal und unpersönlich. Im Vordergrund stehen die eigene Situation, die Kritik am Verhalten der Partner, die Verantwortungszuschiebung und die sorgfältige Beschreibung von Umständen, die, wenn sie zugrunde gelegt werden, eine entlastende Funktion hätten. Weniger entsteht dagegen der Eindruck einer authentischen Auseinandersetzung mit den abgelaufenen Geschehnissen, mit den Empfindungen der von den Taten betroffenen Personen und ihrer Angehörigen sowie den Konsequenzen für deren Leben. Insofern gibt es aus psychopathologischer Perspektive Hinweise für egozentrische, wenig empathische und externalisierende Züge.

Dann zur Entwicklung des Verhaltens seit der Verhaftung.

Götzl *(an die Verteidiger Heer und Sturm)* Geht es mit dem Mitschreiben?

Verteidiger Heer Es funktioniert nicht.

Götzl Aber Frau Sturm hat genickt.

Verteidigerin Sturm An der Geschwindigkeit des Sachverständigen liegt es nicht.

Verteidiger Heer Wir geben morgen eine Erklärung dazu ab.

Götzl Was funktioniert nicht?

Verteidiger Heer Wir hatten auf die Schwierigkeiten hingewiesen. Jetzt treten sie zutage. Wenn Sie etwas Substanzielles wissen wollen, müssen Sie jetzt 20 Minuten Pause machen, dann formulieren wir was.

Götzl Dann machen wir 20 Minuten Pause.

(Nach der Pause gibt Verteidiger Heer seine Erklärung ab.)

Verteidiger Heer Die von uns in dem Antrag auf Aufzeichnung der Ausführungen des Sachverständigen Dr. Saß mehrfach erwähnten Umstände, die uns besorgen ließen, dass die gedankliche Verarbeitung und das effektive Mitschreiben gleichzeitig nicht möglich seien, traten nun zutage. Im Gegensatz zu Richtern und Bundesanwaltschaft befinden wir uns in der Situation, einem nicht anwesenden Gutachter das vollständig und valide vermitteln zu müssen. Obwohl wir uns bemühen, die Ausführungen möglichst wörtlich mitzuschreiben, zeigt eine erste Durchsicht der Aufzeichnungen zahlreiche Auslassungen und Unklarheiten bei psychiatrischen Fachbegriffen. So werden sich einem Außenstehenden die Anknüpfungstatsachen nicht sicher vermitteln lassen. Durch die Komplexität des Vortrags sind Unsicherheiten der Mitschrift auch nicht sofort erkennbar. Wir bitten den Senat, einen akzeptablen Weg zu finden, das mündliche Gutachten einem anderen Sachverständigen zur Kenntnis zu bringen.

Verteidiger Klemke Unser Mandant Wohlleben ist sehr abgespannt und hat Konzentrationsmängel.

Götzl Dann kommen wir zum Ende. Wir unterbrechen Ihre Anhörung, Herr Professor Saß.

Tag 337

18. Januar 2017

Manfred Götzl, Richter. **Herbert Diemer, Jochen Weingarten**, Vertreter der Bundesanwaltschaft. **Wolfgang Heer, Wolfgang Stahl, Anja Sturm**, Verteidiger von Beate Zschäpe. **Bernd Behnke, Doris Dierbach, Eberhard Reinecke, Sebastian Scharmer**, Anwälte der Nebenklage. **Henning Saß**, psychiatrischer Gutachter.

Götzl Wir waren stehen geblieben bei der Anhörung des Sachverständigen Professor Dr. Saß. *(Er wendet sich an Verteidigerin Sturm).* Falls Lücken in Ihren Mitschriften bestehen, wollen Sie die nicht gleich durch Nachfrage beim Sachverständigen schließen?

Verteidiger Heer Der Inhalt unserer Mitschriften ist nicht geeignet, dem von uns zugezogenen Sachverständigen Dr. Faustmann die Anknüpfungspunkte für ein methodenkritisches Gutachten zu vermitteln. Dr. Faustmann hat uns mitgeteilt, er brauche detaillierte Mitschriften. Wir haben es versucht, es funktioniert nicht. Wir wiederholen daher unsere Anträge.

Götzl Das ist leider nicht sehr substanziiert. Mir ging es darum, die Möglichkeit zu geben, nachzufragen.

Verteidiger Heer Wir sind schlicht nicht in der Lage, dass wir so protokollieren können, dass wir alles mitkriegen. Wir können das nicht jemandem so vermitteln, der hier nicht sitzt. Das Problem besteht nicht allein darin, dass wir Lücken markiert haben. Ich bin nicht in der Lage, mitzuschreiben und gleichzeitig den Inhalt zu erfassen und dann nachzufragen. Deswegen wird passieren, was wir angekündigt haben.

Götzl Mir ist nicht klar, wo jetzt die Schwierigkeiten liegen sollen.

Verteidiger Stahl Die Schwierigkeiten liegen darin, dass Ihr Vorschlag, als erfahrener Verteidiger könne man das schon zusammenfassen, so nicht funktioniert. Wir sehen uns nicht in der Lage, das wortgetreu mitzuschreiben. Wenn Sie sagen, stellen Sie die Fragen, wo Sie Auslassungen entdeckt haben, das ist geradezu geschickt.

Götzl Darum geht es nicht.

Verteidiger Stahl Ich bin noch nicht fertig. Ein entscheidender Aspekt fällt unter den Tisch. Nämlich, dass der Verteidiger verpflichtet ist, den Ausführungen des Sachverständigen zu folgen, und nicht hier den stenografischen Dienst zu leisten.

Bundesanwalt Diemer Letztlich beklagen sich die Verteidiger Heer, Stahl und Sturm über die Auswirkungen der Rechtslage, die durch die Entscheidung des Senats geschaffen wurde. Irgendwann muss man sich auch mal mit Dingen abfinden, die entschieden worden sind.

Anwalt Scharmer Ich kann das durchaus verstehen, dass man am liebsten ein Wortprotokoll hätte von dem, was hier gesagt wird. Es gehört zum Standardrepertoire von Verteidigern, der Vernehmung des Sachverständigen zu folgen. Sie haben Dr. Faustmann als Verteidigungshelfer in Anspruch genommen. Sie müssen das dann auch organisiert bekommen. Ich kann nicht nachvollziehen, dass Dr. Faustmann eine wörtliche Mitschrift braucht. Wir müssen jetzt auch mal vorankommen.

Anwalt Reinecke Die Verteidiger tun so, als wüssten Sie nicht, wo der Ansatz für Methodenkritik liegt. Es dürfte kein Problem sein, sich bei den Punkten von Professor Saß zu konzentrieren, die dafür wichtig sind. So zu tun, als könne man nicht erahnen, was wichtig ist, ist falsch.

Verteidigerin Sturm *(wendet sich an die Bundesanwaltschaft)* Herr Dr. Diemer, Sie haben recht, dass wir mit faktischen Folgen des Beschlusses zu kämpfen haben. Wir haben uns redlich bemüht, es ist nicht vernünftig gelungen. Das ist eine neue Tatsache, die vom Senat neu zu berücksichtigen und zu bescheiden ist. Und an den Kollegen Scharmer: Sie sind, soweit ich weiß, Mitglied im Vorstand der Berliner

Strafverteidigervereinigung. Das berührt mich persönlich, seit vielen Jahren gehen die Bestrebungen der Strafverteidiger dahin, die Protokollierung der Hauptverhandlung zu erreichen. Dass Sie jetzt hier dagegen reden, anstatt das zu nutzen, um den Gesetzgeber dazu zu bringen, das zu ändern …

Anwalt Scharmer Das ist mir jetzt ganz lieb zu antworten. Ich habe gesagt, ich würde mir ein Wortprotokoll wünschen. Ich fände auch eine Rechtsänderung gut, ich stehe da voll dahinter. Je höher die Strafandrohung ist, desto weniger wird protokolliert. Übrigens bin ich seit drei Jahren nicht mehr im Vorstand. Das ändert aber nichts an meiner Rechtsauffassung. Stellen Sie Ihr eigenes Licht nicht unter den Scheffel. Das lernt man doch als Verteidiger, den Umgang mit Sachverständigen. Dafür braucht man doch kein Wortprotokoll.

Anwalt Behnke Wir versuchen seit sechs Wochen, den Sachverständigen Faustmann hierher zu kriegen. Das lässt sich mit meinem Rechtsverständnis nicht erklären, dass man das nicht organisieren kann.

Anwältin Dierbach Wenn ich die Verteidigung richtig verstanden habe, geht es darum, jemandem, der bislang nicht Verfahrensbeteiligter ist, den Verfahrensgang nahezubringen. Herr Faustmann soll ein methodenkritisches Gutachten machen, das kann jeder forensische Psychiater mit entsprechender Ausbildung. Denn auch Herr Faustmann hat Frau Zschäpe ja nicht exploriert. Wenn die Verteidigung einen Sachverständigen beauftragt hat, der für dieses Verfahren offensichtlich keine Zeit hat, ist das ein Problem der Auswahl. Dann kann das nicht dazu führen, dass das Verfahren so beschwert wird, wie es sich die Verteidigung wünscht.

Verteidiger Stahl Also, sich bei so vielen erfahrenen Rechtsanwälten hinzustellen und zu sagen: Das ist das Problem der Verteidigung, wenn sie so einen Gutachter auswählt! Wann findet man denn überhaupt einen Sachverständigen, der sich bereit erklärt, sich einzubringen. Der mal sagt: Das, was der Kollege gemacht hat, klingt nicht so ganz perfekt. Natürlich sind Gutachter schwer beschäftigt.

(Die Hauptverhandlung wird unterbrochen. Die Diskussionen gehen nach der Pause noch weiter. Dann, nach einer weiteren Unterbrechung der Verhandlung, kann der Sachverständige Saß mit dem Vortrag seines Gutachtens fortsetzen.)

Götzl Dann setzen wir fort mit Ihrer Anhörung.

Saß Ja. Ich würde jetzt fortsetzen mit der Entwicklung der Persönlichkeit seit der Verhaftung. In ihrer Erklärung vom 9.12.2015 schilderte Frau Zschäpe, wie sie nach dem Tod der Partner, der angeblich für eine Entdeckungssituation vorgeplant gewesen sei, die Wohnung in der Frühlingsstraße durch die Brandexplosion zerstört habe. Dies sei nach Darstellung von Frau Zschäpe ebenfalls so besprochen gewesen. Das Ende des Lebens im Untergrund habe bei aller Erschütterung auch eine gewisse Erleichterung gebracht. Als sie die DVDs versandt habe, deren Inhalt ihr nach ihren Angaben nicht bekannt gewesen sei, habe sie frühere Zusagen an die Partner erfüllt, ebenso wie bei der telefonischen Benachrichtigung der beiden Mütter am 5.11.2011.

Götzl Herr Heer weist daraufhin, dass er Schwierigkeiten mit dem Mitschreiben hat.

Verteidiger Heer *(sagt etwas ohne Mikrofon)*

Götzl Was soll denn das? Das steht Ihnen nicht zu, den Sachverständigen zu belehren.

Verteidiger Heer Sie haben mich ganz offensichtlich falsch verstanden. Es geht viel zu schnell. Das habe ich Herrn Weingarten gesagt.

Götzl Sie müssen jetzt nicht mit Herrn Weingarten diskutieren.

Verteidiger Heer Es gab auch keine Diskussion.

Verteidiger Stahl Schon das erste Mal, wenn wir erbitten, den Text zu wiederholen, geht das Verdrehen der Augen los. Ich habe auch Frau Kollegin Lunnebach gesehen, die zur Decke schaute.

Götzl Ich habe alles getan, was zu machen ist. Und dann hat sich Herr Heer an Herrn Weingarten gewandt und das ist nicht vorgesehen!

Verteidiger Stahl Es geht nicht, dass ein Vertreter der Bundesanwaltschaft die Augen verdreht. Uns wird damit auf der subkutanen Ebene untergeschoben, das Verfahren zu verzögern.

Götzl Dann machen wir einfach weiter, so verzögern wir das Verfahren am allerwenigsten.

Verteidiger Heer Das funktioniert so nicht.

Götzl Ich schreibe auch mit. Was machbar ist, muss auch machbar sein.

Saß Mein Vortragstempo ist etwa halb so schnell, wie ich es sonst bei der Erstattung mache. Also die Versendung der DVDs, hat sie gesagt, der Inhalt sei ihr nicht bekannt gewesen. Damit habe sie eine frühere Zusage an ihre Partner erfüllt, das Gleiche gilt für die telefonische Benachrichtigung der beiden Mütter am 5.11.2011. Dann ist nach ziellosem Umherirren in der Bundesrepublik die Selbstgestellung am 8.11.2011 erfolgt, die auch eine Abkehr vom erwogenen Suizid dargestellt habe. Initiale Vorstellungen, Angaben zu machen und Rechenschaft abzulegen, dies auch, wie sie gesagt haben soll, vor der Großmutter, wurden nicht umgesetzt. Am Anfang soll es noch ein gewisses Schwanken in der Aussagefrage gegeben haben, wie es von frühen Kontakten einiger Kriminalbeamter mit Frau Zschäpe berichtet wird. Dann aber folgte eine über lange Zeit konsequent durchgehaltene Schweigestrategie, die ihr von der Verteidigung anempfohlen worden sei.

Dass dies der Angeklagten während der ersten Prozessphase auch bemerkens-

wert gut gelungen ist, lässt sich aus Ausdrucksverhalten und ihrer Interaktion während der Hauptverhandlung entnehmen. Ich sage noch mal: Die Beobachtung beschränkt sich auf die Interaktion innerhalb der Hauptverhandlung.
Insgesamt haben die Wahrnehmungen keine besonderen Auffälligkeiten oder gar Hinweise für Störungen ergeben. Vorherrschend war der Eindruck, wie sehr sie um Selbstkontrolle und sachlich-kühles Verhalten bemüht war, während über Gefühlsregungen, tiefere Empfindungen und inneres Erleben nahezu nichts offenbar wurde. Es gab allerdings auch immer wieder Passagen mit einer gewissen Lockerheit und Erheiterung bei entsprechenden Gelegenheiten. Eine durchgängige Bedrücktheit durch die Gesamtsituation ließ sich nicht beobachten. All dies spricht – das ist wieder Interpretation – für ein breites Repertoire von situativ angepassten, kontrollierten und variierenden Verhaltensweisen.
Offen blieb für den Beobachter, ob die von Frau Zschäpe konsequent durchgehaltene Selbstbeherrschung, die sicher auch mit Anstrengung und Anspannung verbunden war, tatsächlich nur auf das Befolgen ihr gegebener Ratschläge zurückgeht. Hingewiesen sei etwa auf ihre vom Zeugen B. angegebenen Äußerungen, so einen Fall wie ihren habe es noch nie gegeben, sowie ferner, es interessiere sie sehr, was andere über sie dächten. Hiermit korrespondiert ihr Verhalten in der Hauptverhandlung. Offenbar hatte Frau Zschäpe das Ziel, sich nach außen beherrscht zu geben und so die Situation zu kontrollieren, was zu dem Eindruck von Unpersönlichkeit und fehlender Gemüthaftigkeit beitragen kann.
Ein starkes Bestreben, das Bild, das von ihr entsteht, genau zu kontrollieren, taucht in fast wörtlicher Formulierung auch im Brief an Robin S. auf.
Andere Facetten ihrer Persönlichkeit wurden im Prozessverlauf am Umgang mit den fünf Verteidigern deutlich. Dabei ist dieser Komplex, wenn ich richtig sehe, noch mal gesondert zu betrachten. Auch darauf werde ich alternativ eingehen. Die in den Akten enthaltenen Schreiben der Angeklagten sind nicht eingeführt, also habe ich sie auch nicht berücksichtigt. Auch ohne Kenntnis der inhaltlichen Aspekte ließ sich beobachten, dass über viele Monate die von Frau Zschäpe ausgehenden Interaktionen mit den anfänglichen Verteidigern nicht nur sachlich-kooperativ, sondern darüber hinaus auch betont freundlich und zuweilen geradezu heiter waren. Sollte es, wie es im weiteren Verlauf der Hauptverhandlung anklang, auch in den schriftlichen Erklärungen von Frau Zschäpe an das Gericht, schon damals im Hintergrund Meinungsverschiedenheiten über Verteidigungsstrategie und Aussageverhalten gegeben haben, so wären diese über lange Zeit gut verborgen geblieben. Das Ausmaß an Anspannung für Frau Zschäpe kam im Frühjahr 2014 eher indirekt zum Vorschein mit möglicherweise als psychovegetativ einzuordnenden Schwankungen im gesundheitlichen

Befinden, was zu einer psychiatrischen Untersuchung führte und für einige Monate auch zu einer reduzierten Frequenz der Verhandlungstage. Man wird insoweit von einer Belastungsreaktion sprechen können.
Erstmals nach außen zutage trat eine profunde Erschütterung der bisherigen Verhältnisse mit der Mitteilung der Angeklagten vom 16.7.2014, sie habe kein Vertrauen mehr in die Verteidigung. Danach haben sich allerdings teilweise die früheren Verhältnisse wieder eingestellt – zumindest nach außen. Erneut wurden Mitte 2015 für alle Verfahrensbeteiligten im Gerichtssaal massive Spannungen und Konflikte erkennbar, was schließlich in mehr oder weniger offen in der Hauptverhandlung ausgetragene Auseinandersetzungen mündete, in denen es um Fragen des Vertrauensverlusts, der Entpflichtung und des Wechsels von Verteidigern ging. Bemerkenswert an diesen streitigen Abläufen erschien, erneut abgesehen von inhaltlichen Aspekten, mit welcher Vehemenz, Entschlossenheit und Konsequenz sie aufseiten der Angeklagten geführt wurden, was auch mehrfach Thema von Erörterungen in der Hauptverhandlung war, bis hin zu heftigen Vorwürfen, der Strafanzeige und dem wiederholten Durchsetzen von ihr gewünschter Sitzordnungen zur auch räumlichen Distanzierung von der initialen Verteidigergruppe.
Es gab dann allerdings, als in der zweiten Jahreshälfte von 2015 die Änderungen in der Verteidigerkonstellation eingetreten waren und ein Aufgeben der Schweigestrategie angedeutet wurde, keine wesentlichen Änderungen des Verhaltens in der Hauptverhandlung. Es war zwar deutlich zu beobachten, wie es mit den neuen Vertrauensverteidigern zu einer Entlastung, einer Zufriedenheit und einer Stabilisierung in der psychischen Verfassung von Frau Zschäpe kam, sodass man regelrecht den Eindruck gewinnen konnte, dass die Auseinandersetzungen und das Verwirklichen ihrer Vorstellungen ihr einen psychischen Aufschwung gegeben haben. Auch dies hat Frau Zschäpe in ihrer Erklärung bestätigt. Dennoch blieb es unverändert bei ihrem Bemühen um ein sehr beherrschtes Ausdrucksverhalten, ohne dass etwa empathische Reaktionen auf potenziell bewegende Zeugenaussagen erkennbar wurden. Dies hat sich auch noch im Jahre 2016 fortgesetzt, also nachdem mit der Erklärung vom Dezember 2015 die Verteidigungslinie geändert worden war.
Aus psychopathologischer Perspektive von Interesse sind die skizzierten Vorgänge, weil sie Rückschlüsse auf Fähigkeiten und Bereitschaft der Frau Zschäpe zum Vertreten und Durchsetzen der eigenen Position zulassen, zur kämpferischen Selbstbehauptung, zu einer nahezu feindselig durchgehaltenen Beharrlichkeit und zum erfolgreichen Durchstehen massiver zwischenmenschlicher Konfliktlagen. Setzt man dieses Verhalten in Beziehung zu den nach Angaben von Frau Zschäpe entstandenen Differenzen mit den beiden Uwes, etwa in Hin-

blick auf das Sich-Stellen und vor allem auf die Tötungshandlungen, so bleibt die Frage, wie plausibel die Schilderungen von Frau Zschäpe sind, wenn sie sich für die damalige Zeit als abhängig und quasi ohnmächtig resignierend beschreibt.

Auch aus den Beobachtungen etwa der langjährigen Wohnungsnachbarn oder der vielen zum Teil durchaus intensiven Urlaubsbekanntschaften entstand nicht das Bild, das Frau Zschäpe von sich selbst zeichnete, nämlich dass sie sich ab Ende des Jahres 2000 durchgängig in einer emotionalen Bedrücktheit, in einer Konfliktsituation und in einer Lage befunden hätte, die sie subjektiv geradezu als ausweglos darstellt. Sollte eine mit den Tötungshandlungen verbundene Gewissenslast in einem Ausmaß vorhanden gewesen sein, wie sie es in ihren Erklärungen angab, so wäre dies schwerlich mit den Eindrücken zu vereinbaren, die ihr Verhalten in der damaligen Zeit auf die verschiedenen Zeugen gemacht hat.

Sicherlich ist dabei, wenn man die Beobachtungen in der Hauptverhandlung heranziehen darf, zu berücksichtigen, dass inzwischen eine ganze Reihe von Jahren vergangen ist und Weiterentwicklungen in der Persönlichkeit der Angeklagten stattgefunden haben können. Allerdings sind die heutigen Beobachtungen von Selbstbehauptungswillen, sozialer Kompetenz und Durchsetzungsstärke im Verfahrensablauf keineswegs neu, sondern sie entsprechen genau dem, wie Frau Zschäpe von vielen Zeugen schon für die Zeit vor dem Untertauchen sowie während der Jahre im Untergrund geschildert worden ist.

Schließlich ist in Ergänzung auch noch auf den zwischenzeitlich in die Verhandlung eingeführten Brief an Robin S. vom 2.3.2013 einzugehen. 26 handschriftliche Seiten und Zeichnungen. Auch bei diesem Brief bin ich mir bewusst, dass er möglicherweise außer Acht zu lassen ist, und werde das berücksichtigen. Hinsichtlich der Form zeigt der Brief, dass sich Frau Zschäpe um einen lockeren, interessanten, unterhaltsamen Stil bemüht, mit Andeutungen spielend, mit sarkastischen, schillernden, recht kritikfreudigen Formulierungen. Dabei gibt es Wortwitz und fantasievolle Bilder sowie ein Streben nach ungewöhnlicher Wortwahl, die Aufmerksamkeit erregen soll. Beispiele: »Du Gott der Wortfindungskunst, auf Krawall gebürstet, Sonnenscheinchen, Schokoschnäuzchen.« Einfallsreich gestaltet erscheint auch eine lustige Anekdote, wo sie von der Einzelzelle über das Einzelstück bis zum Einzeller und der Amöbe kommt.

Psychopathologisch von Interesse sind einige Passagen, in denen sie deutliche Stimmungsschwankungen erwähnt, an anderer Stelle werden auch Wutanfälle erwähnt. Recht ausführlich geht Frau Zschäpe auf die Medikamentenfrage ein. *(Es geht in dem Brief darum, ob sie Antidepressiva nehmen soll, die ihr in der Haft angebo-*

ten werden.) Deutlich wird ein starker Wunsch nach Kontrolle, abzulesen an Formulierungen von ihr: Sie wolle sich nichts aufdrängen lassen, keinen Realitätsverlust erleiden. Aber auch ein Bemühen um Beherrschung, etwa wenn es heißt, sie würde bei eventueller Depressivität »ums Verrecken willen« keinen daran teilhaben lassen. Käme es jedoch zur Einnahme von Medikamenten, so sähe sie das als Verlust der Selbstachtung an. Energische, kämpferische, durchsetzungsstarke Eigenschaften von Frau Zschäpe werden auch deutlich in dieser Passage: »Die dreiste Person hat es gewagt, mich um Abgabe zu bitten. Das hat sie kein weiteres Mal getan.« Abgabe bezieht sich auf Medikamente. Erkennbar werden im Brief ein hoher perfektionistischer Anspruch an sich selbst sowie das Streben nach Autonomie, so etwa als sie über die Vernehmungssituation und die Rolle des Anwalts schreibt, dass sie sich besser selbst verteidigt hätte. Sie schreibt: Dann hätte sie diesen Karren zwar gründlich gegen die Wand gefahren, wäre aber wenigstens die Fahrerin gewesen. Dies sind ähnliche Themen, wie sie später im Prozess während der Verteidigerkrise virulent gewesen sein mögen. Beispiel für einen gewissen Witz ist wohl die ironische Bemerkung, im Anschluss an das Zerreißen von Geschriebenem, auch sie könne »schreddern«. *(Mehrere Akten, die im Zusammenhang mit V-Leuten aus Thüringen standen, wurden im Bundesamt für Verfassungsschutz geschreddert, das erregte Anfang 2012 die Öffentlichkeit.)* Andere Äußerungen betreffen die Empathiefrage, wobei der Eindruck entsteht, dass es in bestimmten Situationen durchaus Empathie gibt, aber auch die Fähigkeit, diese abzuschalten oder zu kontrollieren. Im Verhältnis zu Männern gibt sie sich überlegen, wenn sie den jüngeren Briefpartner als ihren »kleinen Gockel« bezeichnet, und an anderer Stelle nennt sie sich »die Emanze Beate«. Sie schätzt ehrgeizige Männer, bei einem Mann törne es sie ab, wenn er alles wolle, aber nichts könne, und am schlimmsten, nichts dagegen tue. Resümierend erweist sich die Autorin des Briefes als sprachkompetent, durchaus intelligent und um Witz und Originalität bemüht. Deutlich wird auch, dass sie im zwischenmenschlichen Bereich erfahren ist, mit zuweilen gut nachvollziehbaren Einschätzungen von ihr selbst und ihrer Umwelt. Ferner gibt es Hinweise auf emotionale Labilität, Verstimmbarkeit und Impulsivität. Andererseits betont sie auch ihr Bemühen um Beherrschung, Kontrolle und Autonomie und das Sichwehren gegen Fremdbestimmung. In ihrer Selbstdarstellung erscheint sie als selbstbewusst, autark, stolz, unbeugsam, auch schreibt sie sich Zuverlässigkeit und Fairness gegenüber echten Freunden zu. Erkennbar wird eine Tendenz zu Dominanz, Härte, Durchsetzungskraft und Diskussionsfreude. Deutlich wird ein Spielen mit Rollen, eine Freude daran, ein interessantes, schillerndes Bild von sich zu zeichnen. Dagegen gibt es keine Hinweise auf eine psychische Erkrankung oder gar Störungen der Realitätskontrolle. Es gibt auch keine Hinweise auf eine massive Persönlichkeitsstörung. Das aus dem Schreiben entstehende Bild spricht gegen die Hypothese einer schwachen, abhängigen, fremdbestimmten, sich resignierend unterordnenden Person. Hinweise auf Brüche in der Entwicklung, persönliche Erschütterung oder innere Umkehr lassen sich dem Brief nicht entnehmen, allerdings ist zu berücksichtigen, dass der Brief vor dem Prozess und im Wissen um mögliche Kontrolle der Post verfasst wurde. Würde man den Brief weglassen, ergäbe sich kein gänzlich anderes Bild. Vielmehr entspricht das Schreiben der Charakterisierung der Persönlichkeit, wie sie sich aus den Zeugenschilderungen und aus den Beobachtungen in der Hauptverhandlung ergibt. Von daher reiht sich der Brief schlüssig und ergänzend in die übrigen Informationen ein. Das spricht für die Kontinuität der wesentlichen Persönlichkeitszüge von Beginn der Berichtszeit Mitte der 90er-Jahre bis in die Gegenwart.

(Nach einer Pause fragt Verteidiger Stahl, ob Psychiater Saß bereit wäre, der Verteidigung seine schriftliche Ausarbeitung zur Verfügung zu stellen.)

Saß Ja, ich wäre dazu bereit.

Götzl Ja, das wäre schon eine Erleichterung.

Saß Ich habe die Materialien vorgetragen und komme jetzt zur Beurteilung. Zunächst zum Alkohol. Auf medizinischem Gebiet ist festzustellen, dass bei der Angeklagten Anhaltspunkte für körperliche oder psychische Erkrankungen, die Relevanz für die dem Sachverständigen gestellten Fragen hätten, nicht vorliegen. Auch habe es keine Probleme mit Drogen oder Medikamenten gegeben. Die von Frau Zschäpe erstmals am 9.12.2015 vorgebrachten Trinkgewohnheiten ergeben das Bild eines langjährigen, gewohnheitsmäßigen Alkoholkonsums mit teilweise auch Zügen eines Missbrauches. Dieser war allerdings nicht kontinuierlich, sondern konnte in der Intensität je nach den situativen Gegebenheiten schwanken und ließ auch Zeiten geringen Konsums oder der Karenz zu, ohne dass es zu Entzugserscheinungen kam. Wenn Frau Zschäpe angibt, dass es bei Belastungen durch Konflikte oder Sorgen zu vermehrtem Trinken gekommen sei, so würde man dabei von einem sogenannten Erleichterungstrinken sprechen. Zwar soll es zeitweise mehrmals wöchentlich zu abendlicher Trunkenheit gekommen sein, sodass sie gelegentlich am Morgen keine Erinnerung gehabt habe. Schwerere, kontinuierlich auftretende Ausfälle im körperlichen oder geistigen Leistungsvermögen fehlen aber ebenso wie Hinweise für eine sogenannte Persönlichkeitsdepravation, wie sie durch alkoholtoxische Schädigungen von Gehirn und Psyche eintreten kann.

Diagnostisch hat es sich bei der Angeklagten am ehesten um einen schädlichen Gebrauch von Alkohol gehandelt, obwohl das Kriterium einer tatsächlichen Schädigung der psychischen oder physischen Gesundheit nicht gesichert ist. Für die forensischen Fragestellungen bedeutet das geschilderte Trinkverhalten, dass keine suchtartige Alkoholkrankheit vorgelegen hat. Daraus folgen angesichts der Art der angeschuldigten Delikte und ihrer langen zeitlichen Erstreckung keine überdauernden Beeinträchtigungen in Hinblick auf die Frage der Schuldfähigkeit durch den Alkohol.

Auch hinsichtlich der aktuellen Situation der Brandlegung am 4.11.2011 ergeben sich aus psychiatrischer Sicht, dies in völliger Übereinstimmung mit dem Rechtsmediziner, der hier gehört wurde, keine relevanten Beeinträchtigungen der physischen oder kognitiven Leistungsfähigkeit. Dabei sind weniger die errechenbaren Blutalkoholkonzentrationen, die sich auf angegebene Trinkmengen stützen müssen und großen Unsicherheiten unterliegen, von Bedeutung als vielmehr die psychopathologisch verwertbaren Befundtatsachen. Dazu muss man sagen: Die eigenen Angaben von Frau Zschäpe und die Zeugenschilderungen enthalten keine Verdachtsmomente für wesentliche trunkenheitsbedingte Ausfallserscheinungen zur Vorfallszeit, vielmehr war das Verhalten offenbar geordnet, motorisch koordiniert und gedanklich umsichtig. Bemerkenswert sind vor allem die von Frau Zschäpe geschilderten Überlegungen und Vorsichtsmaßnahmen mit einer sehr differenzierten Prüfung und Beurteilung der Situation, womit sie nach ihren Angaben Gefährdungen der Frau Erber und der Arbeiter im Hause habe vermeiden wollen. Dies passt nicht zu einer stärkeren Berauschung mit relevanter Beeinträchtigung der kognitiven oder voluntativen Funktionen, also des Erkennens und der Willensbildung. So viel zum Alkohol.

Dann würde ich mit der Persönlichkeit weitermachen. Da psychische Krankheiten, eine belangvolle Alkoholsucht oder ein aktueller Rausch nach den vorliegenden Informationen nicht vorhanden waren, besitzt für die forensische Beurteilung vor allem die Einschätzung der Persönlichkeit Gewicht. Ich stütze mich zunächst nur auf Feststellungen in der Hauptverhandlung, ohne meine Beobachtungen in der Hauptverhandlung: Insgesamt ergibt sich, dass Frau Zschäpe als Kind unter relativ schwierigen, aber keineswegs massiv gestörten oder traumatisierenden Bedingungen aufgewachsen ist. Zwar gab es aufseiten der Mutter Unstetigkeit und soziale Probleme, doch verschafften die Familie Apel und die Großmutter so etwas wie einen familiären Rückhalt. Somit erschien auch ihre Persönlichkeit, selbst wenn es bei dem jungen Mädchen innerlich manche Spannungen und Defizite im Identitätsgefühl gegeben haben mag, später zunehmend selbstbewusst, kräftig und burschikos, dabei vor allem auf einen Umgang mit männlichen Partnern und auf die Durchsetzung einer gleichberechtigten Stellung ausgerichtet.

Dass nach dem Absolvieren der Hauptschule eine Lehre zur Gärtnerin abgeschlossen wurde, spricht ebenfalls gegen erhebliche Defizite in der Persönlichkeit, dies sowohl hinsichtlich Intelligenz wie auch Leistungsvermögen, Frustrationstoleranz und Durchhaltefähigkeit. Allerdings begannen dann Entwicklungen, die zunehmend in Dissozialität und Delinquenz führten.

Möglicherweise trug dazu bei, dass damals, wie verschiedene Zeugen anschaulich berichteten, in der auslaufenden DDR-Zeit, Autoritäten an Bedeutung verloren hatten, der Einfluss durch Schule, Lehrer oder Ausbilder schwand und staatliche Instanzen, Polizei und Gerichte in schlechtem Ansehen standen. Westliche Musik mit Protestcharakter, spezielle Untergrundgruppen besaßen große Attraktivität. Hinzu kamen jugendtypische Phänomene, also Freude an Protest, Kritik an der Obrigkeit, verbindende Gemeinschaftserlebnisse bei Konzerten, Tanzveranstaltungen, Grillabenden. Offenbar wuchs bei den jungen Leuten in der Jenaer Szene und vor allem in der verschworenen Gemeinschaft von Uwe Mundlos, Uwe Böhnhardt und Beate Zschäpe die Bereitschaft zu politischen Aktionen und schließlich auch zu gewalttätigem Vorgehen. Verschworene Gemeinschaft ist eine Einschätzung von mir, aber durch viele Zeugenaussagen gut getragen.

Im Dreierkreis mit den beiden Uwes blieben offenbar die dissozialen Tendenzen von Frau Zschäpe bestehen, allerdings betrafen sie nicht mehr den Eigentumsbereich wie mit ihrem ersten Partner, sie standen nun in einem politisch-ideologischen Zusammenhang. Sie selbst sprach in diesem Zusammenhang von nationalistischem Gedankengut. Dieser Begriff erscheint jedoch deutlich verharmlosend, da es sich nach den Erhebungen in der Hauptverhandlung durchaus um rechtsradikale, ausländerfeindliche und antisemitische Ideologien gehandelt hat. Eingebettet in eine starke rechte Szene in Jena-Winzerla festigte sich offenbar die stabile Dreiergemeinschaft mit hoher Solidarität und Loyalität, aber auch mit einer zunehmenden Ausrichtung auf antisoziale Aktionen einschließlich Gewalthandlungen.

Dabei hob Frau Zschäpe in ihrer Selbstdarstellung vor allem auf die Bedeutung äußerer Umstände ab. Beispiele sind negative Erlebnisse mit Polizei, Presse und Behörden, die sie in ihrer damaligen Protesthaltung bestärkt und zu weiteren Aktionen veranlasst hätten, auch der Hinweis, dass Stefan Apel sie zu ihrem Verhalten in rechtsgerichteten Jugendgruppen animiert habe, sodann die Zuschreibung von Waffen und NS-Symbolen in ihrer Wohnung an Uwe Böhnhardt, ferner das angebliche Verschweigen von brisanten Stoffen in der von ihr gemieteten Garage durch die beiden Uwes und vor allem die Betonung der Rolle von Tino Brandt für die damaligen politischen Entwicklungen. Es zeigt sich eine Neigung zum Externalisieren und Bagatellisieren. Ihre eigene Rolle schildert sie eher als untergeordnet.

Zeugenschilderungen dagegen aus der Zeit ab Mitte der 1990er-Jahre charakte-

risieren sie zwar als freundlich, aufgeschlossen, unkompliziert, burschikos, gesellig und humorvoll, aber eben auch als selbstbewusst, mit gleichberechtigter Position in der Dreiergruppe, politisch interessiert und in der Lage, ihre Meinung zu vertreten, keineswegs deutlich angepasst im Schlepptau der jungen Männer. Sämtliche Informationen aus der damaligen Zeit laufen darauf hinaus, dass sie durchaus ein energisches, wehrhaftes, eigenständiges und anerkanntes Mitglied in der rechten Szene war. Verwiesen sei auch auf die verlesenen oder in Augenschein genommenen Informationen etwa über die Ausstattung des Zimmers von Frau Zschäpe in der Schomerusstraße in Jena, über das Verfahren in Gera oder die Feststellungen anlässlich Demonstrationen und Fahrzeugdurchsuchungen sowie auch auf die Schilderung der Zeugin J. zur Waffe »Wally« und einiger Zeugen mit Hinweisen für Aggressivität und Tätlichkeiten.
Ebenfalls deutlich wurde aus den Zeugenschilderungen, dass Frau Zschäpe offenbar während des Doppellebens nach dem Untertauchen die Fertigkeiten im Einnehmen von Alias-Rollen weitgehend perfektioniert hat. Das Aufrechterhalten einer Legende über viele Jahre, wie etwa in der Polenzstraße, in der Frühlingsstraße und bei den wiederholten Camping-Urlauben, wo man ja Wochen in relativ enger Gemeinschaft verbrachte, spricht für Disziplin, Raffinesse, eine extrem hohe Fähigkeit zu Camouflage, aber eben auch eine gute Abspaltungsfähigkeit. Das sind Bewertungen, die sich auf Informationen stützen.
Fasst man also die in den vorangegangenen Abschnitten enthaltenen Informationen zur Persönlichkeit von Frau Zschäpe aus psychiatrischer Sicht zusammen, so stehen im Vordergrund die deutlichen dissozialen beziehungsweise antisozialen Tendenzen, eine Neigung zum Externalisieren, Verdrängen und Abspalten, aber auch zu dominantem und manipulativem Verhalten, ferner egozentrische und auf Wirkung bedachte Züge, schließlich ein Mangel in der Gemüthaftigkeit und Empathie. Dem steht nicht entgegen, dass Frau Zschäpe durchaus auch als freundlich, sozial gewandt, fürsorglich und angenehm im Kontakt geschildert wurde, so wie sich auch im Prozessverlauf manche Züge mit charmantem Umgang und einer gut angepassten Fassade gezeigt haben.
Jetzt kommt eine Bemerkung zur Leitung durch den Senat. Lasse ich alle aus der Beobachtung der Angeklagten gewonnenen Aspekte weg, so ergibt sich keine grundsätzlich andere Bewertung der Persönlichkeit. Denn die Bewertung wird wesentlich von den Zeugenschilderungen getragen.
Zur Erklärung von Frau Zschäpe vom 10. Januar 2017 zu ihrem Verhalten: Darin wird meine Bewertung teilweise bestätigt, teilweise gibt es Unterschiede, wenn sie ihre Schwäche und Abhängigkeit von ihren Partnern herausstellt. Dass dies in Diskrepanz zu den Zeugenschilderungen steht, wurde schon erwähnt.

Jetzt würde ich zur Schuldfähigkeit kommen. Hinsichtlich der psychopathologischen Voraussetzungen der Paragrafen 20 und 21 Strafgesetzbuch *(die Paragrafen definieren fehlende und verminderte Schuldfähigkeit wegen einer krankhaften seelischen oder anderen Störung)* haben sich aus der gesamten Hauptverhandlung keine Hinweise für das Vorliegen einer krankhaften seelischen Störung, einer tief greifenden Bewusstseinsstörung oder des Schwachsinnes ergeben. Der betriebene Alkoholkonsum hat sicherlich zumindest zeitweise das Ausmaß eines schädlichen Gebrauches erreicht. Aber er zeigt keine Abhängigkeitserkrankung, die nicht mehr steuerbar gewesen wäre. Auch beim Delikt vom 4.11.2011 hat, wie sich psychiatrischerseits in Übereinstimmung mit der rechtsmedizinischen Beurteilung feststellen lässt, keine Berauschung in einem für die Schuldfähigkeit relevanten Ausmaß vorgelegen.
All die genannten Aussagen gelten auch bei Außerachtlassung der Beobachtung der Angeklagten in der Hauptverhandlung, weil sie ganz wesentlich auf Zeugenschilderungen begründet sind.
Die Persönlichkeit der Angeklagten weist nach den Zeugenschilderungen in ihrer Entwicklung keine so abnormen Züge auf, dass von einer Persönlichkeitsstörung im Sinne der psychiatrischen Klassifikationssysteme zu sprechen wäre. Selbst wenn man, was mangels Explorationsmöglichkeit derzeit nicht zu verifizieren ist, zur Annahme einer Persönlichkeitsstörung käme, so ist doch insgesamt nicht zu erkennen, dass die vorliegenden Eigenschaften die geistig-seelischen Funktionen von Frau Zschäpe in einer ähnlichen Weise beeinträchtigen, wie es bei krankhaften seelischen Störungen mit forensischer Relevanz der Fall ist. Bloßes dissoziales beziehungsweise antisoziales Verhalten genügt nicht für die Annahme einer Persönlichkeitsstörung mit Auswirkungen auf die Verantwortlichkeit.
Gleiches gilt für das Vorliegen intensiver politisch-ideologischer Überzeugungen. Auch das reicht nicht für die Annahme einer Persönlichkeitsstörung.
Diese Diskussion ist geführt worden bei fanatischen Tätern. Solche Täter nehmen sich das Recht, anders als es den Regeln entspricht, über Gut und Böse zu urteilen und zu handeln. Das berührt aber die Verantwortlichkeit für die Taten nicht. Sollte man abweichend von dieser Einschätzung die Hypothese zugrunde legen, Frau Zschäpe sei eine schwache Person, dann wäre auch dabei keine so starke Deformierung der Person zu konstatieren, dass von einer klinisch oder forensisch relevanten Persönlichkeitsstörung zu sprechen wäre.
Die bei Frau Zschäpe zu beobachtenden Persönlichkeitsmerkmale lassen sich deskriptiv fassen als eine akzentuierte Persönlichkeit mit antisozialen sowie histrionischen Zügen. Dabei wird aus psychiatrischer Sicht keinesfalls das Ausmaß einer sogenannten »schweren anderen seelischen Abartigkeit« erreicht.

Für die Schuldfähigkeitsfrage spielen die genannten Persönlichkeitszüge keine wesentliche Rolle. Die Persönlichkeitsmerkmale von Frau Zschäpe ließen sich auch ohne Beobachtung aus den Beschreibungen der Zeugen herauskristallisieren.
Nun zur Gefährlichkeit und zum Hang. Aus psychiatrischer Sicht äußert sich der Hang als eine progrediente Entwicklung zu aktiver Delinquenz, die auf dissozialem Verhalten und der Identifikation mit einem kriminellen Lebensstil beruht. Hangtäter ist danach eine Person mit einer stabilen und persönlichkeitsgebundenen Bereitschaft, aktiv oder Tatanreizen folgend kriminell zu handeln. In anderen Beschreibungen aus der psychiatrischen Literatur wird der Hang als fest eingewurzelte Neigung und eingeschliffener innerer Zustand bezeichnet. Dabei ist die Aufgabe des psychiatrischen Gutachters darauf beschränkt, die Persönlichkeitsmerkmale einer Person darzustellen, die für eine Beurteilung ihres Hanges und der ihr zu stellenden Gefährlichkeitsprognose bedeutsam sind. Es ist zu unterscheiden zwischen der Beschreibung durch den Psychiater und der Feststellung des Gerichts. Das macht nicht der Psychiater.
Hierzu kann die Orientierung an Kriterien erfolgen, die Eingang in Lehr- beziehungsweise Handbücher des Faches gefunden haben.
Im konkreten Fall von Frau Zschäpe muss die Befassung mit der Hangfrage in alternativer Form erfolgen. In einem ersten Szenario soll von den Erklärungen der Angeklagten ausgegangen werden. Danach habe sie von den Raubüberfällen zwar gewusst und profitiert, doch seien die übrigen Delikte jeweils ohne ihr Vorwissen und entgegen ihrer entschiedenen Ablehnung verübt worden, die sie gegenüber den beiden Partnern wiederholt und massiv zum Ausdruck gebracht habe. Eigene Täterschaft bestehe lediglich für die Brandlegung, die allerdings auch auf die Wünsche der beiden Uwes und ihnen gegebene Versprechen zurückgehe. Diesen Angaben zufolge hätte Frau Zschäpe zwar im Untergrund mit den Männern mehr oder weniger eng zusammengelebt und ihnen einen häuslichen Rahmen sowie einen familienähnlichen Rückhalt verschafft, doch werden eine aktive Mitwirkung an Willensbildung, Planung und Durchführung negiert. Vielmehr wäre sie ohne viel eigenes Mittun aus der Entwicklung der Verhältnisse in Jena in der damaligen Zeit vor dem Untertauchen und aus der engen Dreierkonstellation mit den beiden Partnern heraus in ein 13 Jahre währendes Leben mit Illegalität und Straftaten geraten.
In einer solchen Konstellation wäre der Anteil der von ihr ausgehenden kriminellen Energie im Vergleich zu den beiden Partnern deutlich geringer. Insbesondere die gravierendsten Delikte, also die Tötungshandlungen und die Sprengstoffattentate, wären danach nicht mit den eigenen Intentionen und Werthaltungen in Übereinstimmung gewesen, sondern hätten in diametralem

Gegensatz dazu gestanden. Dies soll – so die Schilderung – auch einen zeitweisen Rückzug in der Beziehung, eine gewisse Entfremdung und darüber hinaus eine Suche nach Erleichterung durch das Trinken von Alkohol zur Folge gehabt haben. In Einklang mit einer solchen Sehweise stünde die Verurteilung der Taten in ihren jetzigen Erklärungen vor Gericht und die Angabe von Frau Zschäpe, eine moralische Schuld zu übernehmen.

Sollte die skizzierte Position emotionaler Abhängigkeit und eines mehr oder weniger passiven Duldens, wie sie Frau Zschäpe in ihrer Selbstdarstellung gibt, im Großen und Ganzen zutreffen, so ist auch in diesem Fall dann eine beträchtliche Nähe zu Regelverstößen und Straftaten zu erkennen, wie im biografischen Abriss dargestellt. Folgte man ihrer Darstellung der Rollenverteilung im Dreierverhältnis, so erschiene die eigenständige kriminelle Energie aus psychiatrischer Sicht nicht als so gravierend, dass eine dauerhafte, tief in ihre Persönlichkeit eingeschliffene Disposition zur Begehung gefährlicher Taten gesichert wäre.

Die Plausibilität dieses Szenarios zu beurteilen ist nicht Aufgabe des Sachverständigen, doch lassen sich einige Gesichtspunkte aus psychopathologischer Sicht nennen. Die sukzessive in verschiedenen Prozess-Stadien erfolgten Erklärungen der Frau Zschäpe sind dadurch gekennzeichnet, dass sie überwiegend nach langer Vorbereitungszeit von den Verteidigern verlesen und nur einmal in knapper, recht unpersönlich wirkender Form ganz am Ende selbst vorgetragen wurden. Zu einer unmittelbaren, persönlichen Beantwortung von Fragen in der Hauptverhandlung kam es nicht.

Sicherlich ist hierbei zu berücksichtigen, dass Frau Zschäpe nach ihren Angaben von ihren Verteidigern zu Beginn des Prozesses aufgefordert gewesen sei, Schweigen zu üben. Unklar erscheint, warum nach dem Einsetzen der neuen Verteidigungsstrategie die überaus kontrollierte Haltung beibehalten wurde. Nicht ganz plausibel erscheint auch in der Erklärung vom Januar, dass dies geschah, um einen öffentlichen Zusammenbruch zu vermeiden. Sie machte zu diesem Zeitpunkt einen stabilen, belastbaren Eindruck – anders als in manchen früheren Krisenzeiten.

Aus der Zeit der Konflikte um die Verteidigung erscheint aus psychopathologischer Sicht von Bedeutung, dass Frau Zschäpe in solchen Situationen nicht unbedingt passiv verharrte, sondern sich wehrte, durchsetzungswillig war und ein entschiedenes, zuweilen fast feindselig anmutendes Verhalten zeigte. Auch war sie in der Lage, ihr energisches Vorgehen bis zu dem von ihr erwünschten Erfolg durchzuhalten. Natürlich lässt sich diese Situation nicht ohne Weiteres gleichsetzen mit ihrer Stellung in der Zeit im Untergrund gegenüber den damaligen Lebenspartnern, auch ist sicherlich die Möglichkeit einer gewissen Weiterentwicklung der Persönlichkeit zu berücksichtigen. Dennoch stimmen die Beobachtungen während des Prozesses kaum damit überein, wie Frau Zschäpe sich selbst charakterisiert hat. Lässt man die Verteidigerfrage außer Acht, dann wird die Argumentationslinie etwas weniger dicht, aber die Einschätzung bleibt wegen der übrigen Informationen erhalten.

Hinzuweisen ist nämlich auf die zahlreichen Zeugenschilderungen aus der Zeit vor dem Untertauchen über die Persönlichkeit von Frau Zschäpe, ihre Position in der Gruppe, ihr Selbstbewusstsein und ihre Eigenständigkeit, auch was politische Meinungen angeht. Dies spricht eher gegen die Annahme, dass sie sich über eine sehr lange Periode entgegen ihrer eigenen Auffassung in einer so wichtigen und dramatischen Frage wie dem Begehen einer Serie von Tötungshandlungen dem Willen der beiden Lebenspartner gebeugt hätte. Ebenso deutet das durch Nachbarn und Urlaubsbekannte gezeichnete Bild vom Zusammenleben der Gruppe während der Zeit im Untergrund nicht darauf hin, dass sie resignierend ein Leben geführt hätte, das den eigenen Intentionen widerspricht. Stattdessen erschien sie auch diesen Zeugen gegenüber überwiegend als freundlich, aktiv, unterhaltsam, im Einklang mit der Gruppe, selbstbewusst, gleichberechtigt und keineswegs wie ein Mensch, der durch Gewissenslasten niedergedrückt wäre. Die dort beschriebene Unbefangenheit ihres Auftretens spricht gegen eine Situation des Unwohlseins, der Unfreiwilligkeit und der inneren Konflikte.

Psychologisch nicht stimmig erscheint auch die Darstellung, wonach die Partner ihre Situation und die Zukunftsaussichten durchgängig als desolat angesehen hätten, sie nannte das: »das Leben verkackt«. Dies wäre schwerlich in Einklang zu bringen mit den offenbar lebhaften, wohlgelaunten und umfangreichen Urlaubsaktivitäten über viele Jahre, dem sportlichen Engagement mit Fitnessbemühungen, Surfen, Radlerhobby, Motorboot fahren und anderem mehr. In diese Richtung gehen auch die Eindrücke, die sich aus den Urlaubsfotos ergeben. Frau Zschäpe hat dazu gesagt, sie habe dringend einen Tapetenwechsel benötigt. Das kann die Diskrepanz nicht beseitigen. Zudem fanden wohl auch weitere Urlaubs- und sonstige Planungen statt, zum Beispiel hinsichtlich finanzieller Reserven wegen einer Umstellung des Geldverkehrs im Bankenwesen. Danach hätte es durchaus eine in die Zukunft gerichtete Intentionalität gegeben.

Als letzter Gesichtspunkt sei auf das Ausdrucksverhalten eingegangen, wie es sich in der Hauptverhandlung beobachten ließ. Dabei fanden sich bei Frau Zschäpe keine Hinweise, die deutlich für eine Authentizität der Erklärungen sprechen könnten, die Anzeichen einer persönlichen Betroffenheit, eines Mitschwingens, einer spürbaren Anteilnahme an Zeugenaussagen gezeigt hätten, die teilweise stark berührenden Charakter trugen. Auch dieses Verhalten unterstützt die vorgenannten Gesichtspunkte. Beim Weglassen dieser Beobachtungen tritt keine grundsätzliche Änderung in der Einschätzung ein.

In einem zweiten Szenario wäre im Großen und Ganzen von der Darstellung der Anklageschrift auszugehen *(wonach Zschäpe voll hinter den Taten stand, den Männern die Tarnung bot und gleichberechtigtes Mitglied der Terrorgruppe NSU war).* Darin wird das Zusammenwirken der drei Personen während der Zeit im Untergrund völlig anders geschildert als bei Frau Zschäpe. Danach müsste davon ausgegangen werden, dass sie im Wesentlichen über die Vorgänge informiert und aktiv in Planungen und Vorbereitungen einbezogen gewesen wäre, bis hin möglicherweise auch zu den Nachbereitungen, wie der aufwendigen, über Jahre gehenden Herstellung des sogenannten Bekennervideos. Es wäre dann von einer deutlich höheren Übereinstimmung der Frau Zschäpe mit den beiden Partnern auszugehen, ferner wohl auch von einer Akzeptanz und einem Mittragen des ideologischen Begründungsrahmens für die Taten aus fremdenfeindlichem, rassistischem und nationalistischem Gedankengut. Wäre das zu unterstellen, dann wäre von einer ganz anderen kriminellen Energie zu sprechen, da es sich nicht mehr nur um ein widerwilliges Mitläufertum aus emotionaler Abhängigkeit gehandelt hätte, sondern um ein partnerschaftliches Zusammenwirken mit zwar unterschiedlichen Funktionen, aber dennoch einem mehr oder weniger einheitlichen Handlungswillen.

In diesem Fall wären aus forensisch-psychiatrischer und kriminalprognostischer Sicht wichtige Anhaltspunkte dafür gegeben, dass es sich bei der Angeklagten tatsächlich um einen tief eingeschliffenen inneren Zustand mit entsprechenden Verhaltensdispositionen gehandelt hat. Anhaltspunkte für diese Version wären die lange Vorgeschichte mit unterschiedlicher Delinquenz schon in den Jahren vor dem Untertauchen, die zunehmende Ausrichtung auf ein sogenanntes nationalistisches Gedankengut, die frühe Bereitschaft zu militanten rechtsradikalen Aktionen und eine allmähliche Hinwendung zu gewaltsamem Vorgehen, die Beteiligung an der Herstellung des Pogromly-Spieles mit seinen menschenverachtenden Inhalten, sodann der lange Zeitraum einer engen Gemeinschaft im Untergrund mit einer, wie es die Anklageschrift anführt, Vielzahl schwerer Delikte, die massiv gegen die Normen menschlichen Zusammenlebens verstießen und insbesondere sich über die natürliche Tötungshemmung hinwegsetzten, auch wenn eine eventuelle Beteiligung der Angeklagten nur in mittelbarer Weise geschehen sei.

Zudem müsste bei dieser Version konstatiert werden, dass sich auch in der Zeit danach kaum Hinweise für eine Erschütterung über das Geschehen, für eine Abkehr von einer rechten Szene und das damit verbundene Denken sowie eine fundamentale Änderung von Überzeugungen und Einstellungen finden lassen.

Zwar gab es die Erklärungen und die knappe Äußerung von Frau Zschäpe in der Hauptverhandlung, doch wurde auf einige Gesichtspunkte zu Authentizität und Gewicht dieser Bekundungen hingewiesen. Aus ihnen lässt sich angesichts des skizzierten Persönlichkeitsbildes meines Erachtens nicht überzeugend ableiten, dass eine grundlegende Änderung von inneren Einstellungen und Verhaltensdispositionen eingetreten ist.

An dieser Stelle sollen kurz die Hang-Kriterien erörtert werden. *(Saß erläutert neun verschiedene Kriterien für einen Hang, von der Tendenz, eigene Schuld anderen zuzuschieben, bis zum Fehlen der Reue und der Integration in eine delinquente Subkultur.)* Resümierend ergibt sich auch bei diesen Kriterien ein hohes Überwiegen der Aspekte, die für einen Hang sprechen.

Ferner kann beim heutigen Kenntnisstand über die Persönlichkeit nicht festgestellt werden, dass ein grundlegender Wandel in Haltungen und Überzeugungen eingetreten ist. Vielmehr müsste mit überwiegender Wahrscheinlichkeit davon ausgegangen werden, dass bei entsprechenden Möglichkeiten eine Fortführung ähnlicher Verhaltensweisen angestrebt wird. Die äußeren Bedingungen in der Gesellschaft haben sich nicht so weit geändert, dass so etwas nicht mehr möglich wäre, vielmehr dürfte es weiterhin eine potenzielle Unterstützerszene für rechtsradikale und insbesondere fremdenfeindliche Gesinnungsdelikte geben.

Man könnte überlegen, ob der Wegfall der Dreierkonstellation bedeuten könnte, dass die Risiken nicht mehr bestehen – das wäre nur anzunehmen, wenn man von Szenario eins ausgeht und man Frau Zschäpe nur als abhängige Person sieht. Wenn dagegen Gleichberechtigung, einverständiges Zusammenwirken und gemeinsamer Handlungswille zugrunde zu legen wären, dann bleibt es auch ohne die Partner, falls die Einstellungen fortbestehen, beim hohen Risiko für weitere Handlungen ähnlicher Richtung und Art, da in geeigneter Umgebung vergleichbare Konstellationen erneut eintreten können. Ich gehe natürlich vom jetzigen Zustand von Frau Zschäpe aus.

Zu den Behandlungsaussichten. Je nach der Entscheidung des Gerichtes wird sich möglicherweise die Frage nach den Behandlungsaussichten stellen. Sie steht vor dem Hintergrund, dass in den letzten Jahren als Folge der Auseinandersetzungen um die Sicherungsverwahrung und durch die Urteile des Europäischen Gerichtshofes für Menschenrechte sowie des Bundesverfassungsgerichtes die therapeutischen Aspekte einer derartigen Maßregel generell stark in den Vordergrund gerückt worden sind. Im konkreten Fall von Frau Zschäpe kann allerdings zurzeit noch wenig über die Behandlungsaussichten gesagt werden, da sie nicht persönlich untersucht und hinsichtlich ihrer aktuellen Einstellungen, ihrer emotionalen Bewertung und ihrer künftigen Absichten befragt werden konnte.

Dennoch ergeben sich einige vorläufige Aspekte zum biografischen Werdegang und zur Persönlichkeit.
Ich habe bei der Biografie auf die Belastung durch die unsichere Herkunft und daraus resultierende mögliche Identitätsprobleme hingewiesen. Der Anschluss an Jugendcliquen mit Dissozialität sowie später an Uwe Mundlos und Uwe Böhnhardt dürfte in das sogenannte nationalistische Gedankengut und danach zur Einbettung in Gruppierungen geführt haben, die zunehmend politisch-ideologisch radikalisiert wurden, zum Schluss bestand offenbar die Bereitschaft, über die Teilnahme an Demonstrationen, Konzerten und symbolischen Protestaktionen hinaus auch zu Gewalthandlungen überzugehen. Das beruht auf Szenario 2. Hinzu kommen die Anlasstaten während der Zeit im Untergrund. Käme es zur Maßregel *(wird auch als Sicherungsverwahrung bezeichnet)*, müsste versucht werden, das biografische Material und die Straftaten in gesprächstherapeutischen Aktivitäten mit der Probandin aufzuarbeiten, um nach und nach einen Verstehenshintergrund zu erarbeiten, der dann Ausgangspunkt für Veränderungen in Einstellungen und Verhalten werden kann. Hierbei wäre sicherlich von einem langjährigen Geschehen auszugehen, das zudem sehr stark von ihrer Motivation zur Mitarbeit abhängt und davon, ob und in welcher Geschwindigkeit Frau Zschäpe bereit ist, sich von bisherigen politisch-ideologischen Vorstellungen zu lösen, sofern diese noch vorhanden sein sollten. Begünstigend für einen derartigen Entwicklungsprozess wären sicherlich die recht gute Intelligenz, die Energie, das Verbalisierungsvermögen und eine soziale Kompetenz, die sich aus vielen früheren Schilderungen ihres Kontaktverhaltens und auch aus manchen der jetzt erstellten Erklärungen ergibt, falls unterstellt werden kann, dass diese im Wesentlichen von ihr selbst verfasst sind.
Diesen potenziell die Behandlungsaussichten fördernden Faktoren steht entgegen, dass es viele Jahre in einer engen und weitgehend solidarischen Gemeinschaft mit politisch-ideologisch fixierten Vorstellungen und daraus resultierenden Verhaltensweisen gegeben haben soll. Erfahrungsgemäß sind solche Prägungen, die dann schon in der Heranwachsendenzeit begonnen und fast zwei Jahrzehnte angedauert hätten, tief in der Persönlichkeit verankert. Deshalb erfordert ihre allmähliche Umgestaltung erhebliche Zeit, seelische Kraft, Frustrationstoleranz und Durchhaltewillen. Eine Erschwernis könnte es auch bedeuten, dass es bei milieutherapeutischen Behandlungsformen und Gruppenaktivitäten wohl kaum weibliche Insassen mit einem vergleichbaren Hintergrund hinsichtlich Entwicklung, Einstellungen und Delikttyp geben dürfte. Dennoch: Von vorneherein aussichtslos erschienen solche Bemühungen allerdings nicht.
Abschließend zu den Fragen des Gerichts: Hinsichtlich der Schuldfähigkeit ha-

ben sich keine Hinweise für das Vorliegen der psychopathologischen Voraussetzungen der Paragrafen 20 und 21 Strafgesetzbuch *(aufgehobene oder verminderte Schuldfähigkeit)* ergeben. Hinsichtlich des Alkohols hat sich keine Abhängigkeit von der Schwere eines Hanges ergeben. Deshalb erübrigen sich Äußerungen zur Unterbringung in einer Entziehungsklinik.
Gesichtspunkte zur Unterbringung in der Sicherungsverwahrung wurden beschrieben und in alternativer Form diskutiert. Hierauf kann auf Fragen hin weiter eingegangen werden.

Götzl Gut, dann darf ich mich bedanken. Dann machen wir nächste Woche weiter mit der Befragung von Herrn Professor Saß. Morgen kommt erst mal Professor Leygraf.

Tag 338

19. Januar 2017

Manfred Götzl, Richter. **Norbert Leygraf**, psychiatrischer Gutachter aus Bochum. Er sagte auch an den Tagen 288, 334 und 340 aus. **Nicole Schneiders**, Verteidigerin von Ralf Wohlleben.

(Das Gericht setzt die Anhörung des Gutachters Norbert Leygraf von der Universität Bochum fort. Er hat bereits am 334. Verhandlungstag zusätzliche Fragen des Gerichts beantwortet. Götzl fasst über mehr als zwei Stunden alle Zeugenaussagen des Prozesses zusammen, die sich mit Carsten Schultze befasst hatten, von seinem Freund bei der Düsseldorfer Aidshilfe bis zu einer jungen Frau aus der rechten Szene in Jena, sowie die Aussagen von Ralf Wohlleben und Carsten Schultze selbst. Götzl geht sehr ins Detail. Außerdem überlässt er Leygraf Erkenntnismitteilungen des Verfassungsschutzes.)

Verteidigerin Schneiders Ich müsste meine Mitschriften überprüfen, ob wir da noch Ergänzungsbedarf sehen. Das könnten wir erst bis nächste Woche bewerkstelligen.

Götzl Dann sollten wir das so machen. Dann kommen wir heute zunächst mal nicht weiter.

(Gutachter Leygraf wird erneut für die nächste Woche geladen.)

Tag 339

24. Januar 2017

Manfred Götzl, Richter. **Beate Zschäpe**, Angeklagte. **Anette Greger, Jochen Weingarten**, Vertreter der Bundesanwaltschaft. **Hermann Borchert, Mathias Grasel, Wolfgang Stahl, Anja Sturm**, Verteidiger von Beate Zschäpe. **Ralf Wohlleben**, Angeklagter. **Bernd Behnke, Yavuz Narin, Sebastian Scharmer**, Anwälte der Nebenklage. **Henning Saß**, psychiatrischer Gutachter.

Götzl Dann kommen wir nun zu der Befragung des Sachverständigen Professor Dr. Saß.

Oberstaatsanwältin Greger Herr Professor Saß, ich wüsste gern, ob Sie Anhaltspunkte dafür gefunden haben, dass ein Affektzustand bei der Angeklagten Zschäpe vorgelegen hat, insbesondere bei der Brandlegung am 4. November 2011.

Saß Wir haben da ja die ausführlichen Angaben mit guter Erinnerung von Frau Zschäpe selbst, was sie sich im Vorfeld der Brandlegung überlegt hat und wie sie vorgegangen ist. Das spricht entschieden gegen die Annahme einer hochgradigen affektiven Erregung, die in die Nähe einer tief greifenden Bewusstseinsstörung geführt hätte. Hinzu kommen die Zeugen, die keinen psychischen Ausnahmezustand beschrieben haben. Von daher sind keinerlei Anhaltspunkte für eine Affektstörung vorhanden.

Verteidiger Borchert In Ihrem vorläufigen Gutachten beschäftigten Sie sich auf über zwanzig Seiten mit dem Verhalten meiner Mandantin in der Hauptverhandlung. Warum?

Saß Weil eine Exploration nicht möglich war, musste versucht werden, andere Anknüpfungspunkte zu gewinnen, aus denen sich Hinweise etwa auf psychische Störungen hätten ergeben können.

Verteidiger Borchert Sie verwenden weit über hundert verschiedene Adjektive. Wieder meine Frage: Warum? Sie kommen zu dem Schluss, dass Frau Zschäpe weitgehend emotionslos auf ihrem Stuhl gesessen habe. Wie ist es dann möglich, weit über hundert Adjektive zu finden? Warum machen Sie das?

Saß Die Einschätzung, dass Frau Zschäpe emotionslos dagesessen hat, charakterisiert nicht das gesamte Verhalten während der Hauptverhandlung in den dreidreiviertel Jahren.

Verteidiger Borchert Sondern?

Saß Ich habe ja beschrieben, welche Wahrnehmungen ich gemacht habe.

Verteidiger Borchert Auf Seite 13 Ihrer schriftlichen Ausführungen Ihres endgültigen Gutachtens, die Sie uns freundlicherweise zur Verfügung gestellt haben, heißt es: »Hier sieht es für den psychiatrischen Beobachter so aus, als zeige sich zum ersten Mal eine gewisse Tendenz von Frau Zschäpe, die Verantwortlichkeit für auftretende Probleme und eigenes Verhalten wie auch Fehlverhalten anderen Personen oder äußeren Umständen zuzuordnen.« Wieso? Wieso gibt sie eigene Verantwortung an Dritte ab? Woraus folgern Sie das? Frau Zschäpe hat eindeutig Stellung genommen und sich diesbezüglich auch schuldig erklärt. In welchem Punkt schiebt sie die Verantwortung von sich weg?

Saß Etwa bei den kleineren Diebstählen, die in ihrer Darstellung unmittelbar an die Tatsache angeknüpft werden, dass sie von der Mutter keinerlei Geldmittel mehr bekommen hat. Dazu habe ich gesagt: Hier tritt erstmals die Tendenz in Erscheinung, Verantwortung anderen zuzuordnen.

Verteidiger Borchert Habe ich Sie richtig verstanden, dass Frau Zschäpe ihrer Mutter für die Diebstähle die Schuld gegeben haben soll? Das hat sie nie behauptet.

Saß Zum einen habe ich überhaupt nicht von Schuld gesprochen. Und zum anderen habe ich einfach eine denkbare Interpretation genannt für den Sachverhalt, dass die kleineren Diebstähle und die Angabe, dass die Mutter kein Geld gegeben hat, in engeren Zusammenhang genannt wurden.

Verteidiger Borchert Gibt es noch andere Interpretationsmöglichkeiten?

Saß Es gibt zu vielen Dingen, die ich ausgeführt habe, auch andere Interpretationsmöglichkeiten. Ich habe an anderer Stelle ja auch ausgeführt, dass ich keine unumstößlichen Fakten, sondern Interpretationen darstelle.

Verteidiger Borchert Auf Seite 16 Ihres Gutachtens führen Sie über meine Mandantin aus: »Aus psychiatrischer Sicht« falle auf, »wie nüchtern, sachlich, emotionsarm und unpersönlich ihre schriftliche Schilderung wirkte«. Von welcher schriftlichen Schilderung gehen Sie da aus?

Saß Im Grunde gehe ich von allen aus, die in schriftlicher Form vorgelegt wurden, und auch von der einen kurzen, die mündlich vorgetragen wurde.

Verteidiger Borchert Frau Zschäpe hatte sich doch bei den Opfern und den Angehörigen entschuldigt. Was hätten Sie denn erwartet, in welcher Form es hätte geschehen sollen?

Saß Ich weiß nicht, ob es hier um meine Erwartungen geht. Man kann sich sicher ein breiteres Spektrum von emotionaler Begleitung einer Aussage vorstellen.

Verteidiger Borchert Haben Sie berücksichtigt, dass diese Formulierungen von Anwälten stammen? Und dass eine sachliche, nüchterne Formulierung unterm Strich Missverständnisse vermeiden sollte?

Saß Ich habe ausgeführt, dass es aus psychiatrischer Sicht emotionsarm und nüchtern wirkt. Dass ihre Verteidiger die Worte gewählt haben, ist mir nicht bekannt.

Verteidiger Borchert Ich habe die Erklärungen doch vorgetragen.

Saß Frau Zschäpe hat sie sich zu eigen gemacht. Insofern sind es ihre Erklärungen.

Verteidiger Borchert Welche Schlussfolgerungen können Sie denn ziehen, wenn die Formulierungen auf Rat ihrer Anwälte erfolgt sind?

Saß Einen Rückschluss kann ich nicht ziehen. Ich kann nur sagen, dass das, was hier bekannt wurde, so wirkt, wie es dort steht.

Verteidiger Borchert Auf Seite 17 führen Sie aus, was der Zeuge Stefan Apel zu den Sozialkontakten von Frau Zschäpe angegeben hat. Ist denn das, was der Zeuge Apel ausgesagt hat, übertragbar auf die Zeit im Untergrund?

Saß Das weiß ich nicht. Er beschreibt Verhaltensweisen. Ob die im Untergrund stattgefunden haben, ist mir nicht bekannt, ob Frau Zschäpe etwa auf Partys gegangen ist und so weiter. Bei den geschilderten Persönlichkeitseigenschaften gehe ich davon aus, dass sich die auch später nicht grundsätzlich geändert haben. Grundzüge der Persönlichkeit bleiben nach aller Erfahrung ab dem frühen Erwachsenenalter relativ stabil.

Verteidiger Borchert Stimmen Sie mir zu, dass ein Leben in Freiheit mit einem Leben im Untergrund nicht vergleichbar ist? Sie hat sich im Untergrund verstellt – nicht nur den Mitbewohnern in den verschiedenen Häusern gegenüber, sondern auch gegenüber den Urlaubsbekanntschaften. Kann man also ihr Verhalten in Freiheit übertragen auf ihr Verhalten im Untergrund?

Saß In meinen Ausführungen war, glaube ich, nichts darüber enthalten, dass es vor der Zeit im Untergrund zu Verstellungen gekommen wäre.

Verteidiger Borchert Sprich: Stefan Apel hat keine Aussagen über Frau Zschäpes Leben im Untergrund gemacht?

Saß Sie haben vielleicht wahrgenommen, dass sich die Aussagen von Herrn Apel im Abschnitt Biografie befinden. Stefan Apel ist vor allem wichtig für die Jugendzeit von Frau Zschäpe.

Verteidiger Borchert Haben Sie die Aussage des Zeugen Patrick K. zur Kenntnis genommen?

Saß Ich weiß nicht, auf welche Äußerung Sie jetzt anspielen.

Verteidiger Borchert In seiner polizeilichen Vernehmung heißt es, einmal soll Frau Zschäpe dem Zeugen Patrick K. geraten haben, Zitat, »dass ich nicht in die rechte Szene abrutschen soll. Sie selber wäre schon mit einem Bein im Knast gewesen.«

Saß Ja, ich erinnere mich an die Passage.

Verteidiger Borchert Warum haben Sie die Äußerung in Bezug auf Frau Zschäpes Einstellung zur rechten Szene nicht berücksichtigt?

Saß Es geht Ihnen um die Frage, ob eine innere Distanzierung stattgefunden hat, nehme ich an. Das zu beurteilen, ist eigentlich in Gänze nicht meine Sache. Diese Äußerung halte ich auch für kein belastbares Indiz dafür, dass mit der rechten Szene gebrochen wurde.

Verteidiger Borchert Das beantwortet meine Frage nicht: Warum haben Sie die Äußerung nicht berücksichtigt?

Saß Ich habe versucht, die Dinge zu berücksichtigen, die für meine Beurteilung von Bedeutung sind. Sie haben durchaus recht, man könnte diese Szene anführen als Beleg, dass sie mit der rechten Szene gebrochen hat. Aber so habe ich das nicht eingeschätzt. Wenn ich es als gewichtiges Indiz für einen Bruch mit der rechten Szene befunden hätte, hätte ich es erwähnt.

Verteidiger Borchert Das erklären Sie bitte näher! Frau Zschäpe sagte: »Halte dich von der rechten Szene fern.« Und das ist für Sie ohne Bedeutung?

Saß Ich habe das schon ausgeführt. Ich habe es nicht als belastbaren Hinweis dafür gesehen, dass Frau Zschäpe mit der rechten Szene gebrochen hat. Unter anderem deswegen, weil sie ja ein Leben geführt hat, in dem sie nicht mit der rechten Szene gebrochen hat.

Verteidiger Borchert Auf Blatt 21 Ihrer Ausführungen heißt es: »Im Übrigen wird in der Erklärung der Frau Zschäpe vom 9.12.2015 die Beziehung zu Uwe Mundlos meines Erachtens recht kühl und unpersönlich abgehandelt. Auch ihr Verhältnis zu Uwe Böhnhardt, das sie an einigen Stellen als Liebe bezeichnete, wurde von ihr ansonsten nicht in tieferer, differenzierter oder gefühlsbetonter Weise geschildert. Der Ausdruck ›blinde Liebe‹ in der Erklärung vom 10.1.2017 wirkt recht floskelhaft und pauschal. ›Blinde Liebe‹ besteht in der Regel nicht über Jahrzehnte.« Welche Formulierung hätten Sie als Sachverständiger denn erwartet in Bezug auf Uwe Mundlos und Uwe Böhnhardt? Frau Zschäpe ist ja keine Literaturkritikerin.

Anwalt Narin Die Frage, welche Formulierung der Sachverständige erwartet hätte, um eine sicherere Erklärung zu schustern als die, die die Verteidigung offenbar mit Frau Zschäpe erarbeitet hat, beanstande ich.

Verteidiger Borchert Die Formulierung »geschustert« weise ich als unsachlich zurück. Hier wird nicht geschustert, Herr Kollege!

Götzl Die Frage ist beanstandet. Stellungnahmen?

Oberstaatsanwalt Weingarten Selbstverständlich hat der Sachverständige jetzt keine Liebeserklärung abzugeben, die Frau Zschäpe hätte formulieren können. Formulierungsvorschläge für Liebeserklärungen abzugeben ist nicht die Aufgabe des Sachverständigen. Wenn die Frage aber lautet, und so interpretiere ich es, wie der Sachverständige zu seinen Schlussfolgerungen kommt, dann ist sie zulässig.

Götzl Wollen Sie, Herr Rechtsanwalt Borchert, die Frage so stellen, wie sie vonseiten der Bundesanwaltschaft interpretiert wurde?

Verteidiger Borchert So ist es gemeint.

Saß Ich möchte darauf hinweisen, dass es von Frau Zschäpe nicht nur die Formulierungen in ihren Einlassungen gibt, die ich als recht kühl und unpersönlich bezeichnet habe, sondern dass es in ihrem Brief an Robin S. auch ganz andere Formulierungen gibt. Es ist offenbar kein Problem des Formulierungsvermögens, sondern möglicherweise der Kontrolliertheit entweder von ihr selbst oder von den Verteidigern. Frau Zschäpe kann sich auch anders ausdrücken, das zeigt der Brief an Robin S.

Verteidiger Borchert Dann zu dem Brief an Robin S. Ist Ihnen bekannt, dass Formulierungen in dem Brief und die Zeichnung von Frau Zschäpe aus einer Karte stammen, die man dem Internet entnehmen kann?

Götzl Der Brief war nicht Gegenstand in der Hauptverhandlung. Und jetzt soll sich der Sachverständige dazu äußern?

Verteidiger Borchert Ich gebe Ihnen recht. Daher gebe ich jetzt die Erklärung ab, dass die Mandantin die vom Sachverständigen in seinem Gutachten zitierten Worte einem Vordruck aus dem Internet entnommen hat. Die Worte »Schreibgerät«, »Zeit und Muße«, »schmerzlicher Schluss«, »Sonnenscheinchen« und »Schokoschnäuzchen« stammen von einer Karte, die dem Internet zu entnehmen ist. Und die Zeichnung wurde ebenfalls von dieser Karte abgezeichnet.

Verteidiger Grasel Es geht um die Zeichnung einer Ente, die mit einer Feder den Brief schreibt.

Götzl Ist das so zutreffend, Frau Zschäpe?

Angeklagte Zschäpe *(greift zum Mikrofon und nickt nicht bloß, wie sie es gewöhnlich tut, sondern beantwortet spontan die Frage des Richters.)* Die Worte, die der Sachverständige aufzählt, sind nicht meine eigenen. Die sind nicht von mir.

Anwalt Scharmer Dann würde ich schon die Rückfrage stellen wollen, woher Frau Zschäpe in der U-Haft Internetzugang hat.

Verteidiger Stahl Ich beantrage, die Hauptverhandlung für fünf bis zehn Minuten zu unterbrechen. Die Kollegin Sturm, der Kollege Heer und ich haben dringenden Beratungsbedarf.

(Die Hauptverhandlung wird unterbrochen.)

Götzl Soll von Ihrer Seite noch etwas ergänzt werden, Stichwort: Nutzung des Internets?

Verteidiger Borchert Frau Zschäpe hat natürlich keinen Internetzugang. Ich habe auch nicht behauptet, dass Frau Zschäpe die Zeichnung aus dem Internet heruntergeladen hat. Sie wurde ihr ganz normal als Postkarte zugeschickt.

Götzl Dann geht es weiter mit der Befragung von Professor Saß.

Verteidiger Borchert Herr Professor Saß, noch mal zur Seite 21: »Der Ausdruck ›blinde Liebe‹ in der Erklärung vom 10.1.2017 wirkt recht floskelhaft und pauschal.

›Blinde Liebe‹ besteht in der Regel nicht über Jahrzehnte.« Gibt es wissenschaftliche Erkenntnisse dahin gehend, dass blinde Liebe in der Regel nicht über Jahrzehnte besteht?

Saß *(zögert kurz)* Ich überlege gerade, welche Disziplin für Liebesforschung zuständig ist. Der Ausdruck »blinde Liebe« legt ja nahe, dass a) Liebe und b) Blindheit besteht, also eine Einschränkung in der kritischen Realitätswahrnehmung. Meine Aussage soll dahin gehen, dass Zeiten von intensiver Verliebtheit, in der die kritische Realitätswahrnehmung eingeschränkt ist, in der Regel nicht über Jahrzehnte andauern. Damit meine ich in diesem Fall vom Zeitpunkt des Kennenlernens des Herrn Böhnhardt bis 2011.

Verteidiger Borchert Sie sagen »in der Regel«, beruht das auf eigener Lebenserfahrung?

Saß Das stützt sich auf psychiatrische und therapeutische Berufserfahrung. Ich habe auch eigene Erfahrung. Die lasse ich hier aber nicht einfließen.

Verteidiger Borchert Gibt es auch andere Interpretationsmöglichkeiten?

Saß Denkmöglich wäre das, Herr Borchert. *(Denkmöglich – diesen Begriff benützen Juristen, wenn sie etwas für unwahrscheinlich, aber gerade noch für denkbar halten.)*

Verteidiger Borchert Auf Seite 21 heißt es auch: »Insgesamt bleibt hinsichtlich der Intensität und Kontinuität der Beziehung zwischen Frau Zschäpe und Herrn Böhnhardt über die Jahre vieles offen.« Was meinen Sie mit »vieles offen«?

Saß Ich meine die Informationsdichte darüber, wie Frau Zschäpe mit ihren Partnern zusammengelebt hat et cetera. Die Informationsdichte ist nicht sehr groß. Die Urlaubsbekanntschaften haben keine ganz enge Beziehung zwischen Beate Zschäpe und Uwe Böhnhardt geschildert. Auch von den Wohnungsnachbarn wurde nicht wahrgenommen, dass man ständig zusammen war. Es wurde auch nicht wahrgenommen, dass zu einem der Partner eine ganz enge Beziehung bestanden hat. Eine Exploration hätte eine bessere Informationsgrundlage geboten.

Verteidiger Borchert Sie stellen fest, dass Frau Zschäpes Schilderungen über Herrn Böhnhardt »ambivalent« seien, »wobei zum einen ihre feste Bindung an ihn beschrieben wurde, andererseits charakterisierte sie ihn auch als aggressiv, jähzornig und zu Tätlichkeiten neigend«. Ist dies denn ungewöhnlich? Oder kommt dies zwischenmenschlich gesehen häufiger vor?

Saß Ich würde sagen, das kommt immer mal vor.

Verteidiger Borchert Ich frage nur, weil Sie das besonders hervorheben.

Saß Ich hebe das nicht besonders hervor. Ich konstatiere das. Und auch das weist übrigens darauf hin, dass die Bezeichnung »blinde Liebe« nicht geeignet ist, die Beziehung von Frau Zschäpe zu Herrn Böhnhardt zu charakterisieren.

Verteidiger Borchert Auf Seite 21, vorletzter Absatz, halten Sie fest: »Bemerkenswert erscheinen die Ausführungen von Frau Zschäpe in der Erklärung vom Dezember 2015 über ihre Absicht bei der Anmietung der Garage in Jena im August

1996. Dies sei von ihr, als Uwe Böhnhardt sich wegen ihres ›Klammerns‹ getrennt habe, als eine Maßnahme geplant gewesen, um den verlorenen Kontakt zu den beiden Uwes und insbesondere zu Uwe Böhnhardt wieder herzustellen. Ein solches Verhalten kann für ihre starke Bindung an Uwe Böhnhardt sprechen. Möglich erscheint aber auch, dass es sich um eine Kaschierung anderer Beweggründe durch die Konstruktion einer mehr oder weniger plausiblen Version gehandelt hat.« Was meinen Sie damit?

Saß Das ist genauso gemeint, wie es ausgedrückt ist. Es erscheinen mir auch andere Beweggründe möglich.

Verteidiger Borchert Sie gehen auch auf die Formulierung »nationalistisches Gedankengut« ein, die Frau Zschäpe gewählt hat. Im Vergleich zu rechtsradikalem Gedankengut, ist das ähnlich oder gleich?

Saß In meinem Verständnis wäre eine Reihe denkbar: national, nationalistisch, rechtsradikal.

Verteidiger Borchert Nationalistisch als Teil rechtsradikalen Gedankenguts, nur abgemilderter?

Saß Rechtsradikales Gedankengut ist noch radikaler. Der Ausdruck »nationalistisch« schien mir etwas euphemistisch.

Verteidiger Borchert Haben Sie das wissenschaftlichen Ausführungen entnommen?

Saß Es ist eine Einschätzung, die keinen Anspruch auf politologische Wissenschaftlichkeit erhebt.

Verteidiger Borchert Nun zum Thema Außenverursachung. Auf Seite 22, unten, schreiben Sie: »Wenn Frau Zschäpe formulierte, man könne sagen, ohne Tino Brandt *(der Gründer des rechtsradikalen Thüringer Heimatschutzes und V-Mann des Thüringer Verfassungsschutzes)* wären diese ganzen Unternehmungen nicht möglich gewesen, so findet sich hier erneut die Tendenz, auf eine Außenverursachung hinzuweisen.« Wie meinen Sie das?

Saß Eigentlich so, wie es da steht. Die Tendenz habe ich ja an verschiedenen Beispielen erläutert: die kleineren Diebstähle im Zusammenhang mit kein Geld von der Mutter; den Schmuck an den Wänden der Wohnung, der von Uwe Böhnhardt stamme; die genannten Gründe für die Anmietung der Garage.

Verteidiger Borchert Das hat nichts mit Verantwortlichkeit zu tun?

Saß Ich habe jetzt nicht ganz mitgekriegt, was Sie mich fragen wollen.

Verteidiger Borchert Bezogen auf Tino Brandt, sagte Frau Zschäpe, ohne sein Geld wären viele Aktionen, Plakatierungen und dergleichen nicht möglich gewesen. Unterstellen Sie, dass das so war?

Saß Das zu beurteilen, ist eigentlich nicht meine Aufgabe. Aber ich gehe schon davon aus, dass da was dran ist.

Verteidiger Borchert Sie führten weiterhin aus: »Persönliche Anteile an den potenziell gefährlicheren Aktionen, die nach und nach geplant und durchgeführt wurden, hat Frau Zschäpe weitgehend im Dunklen gelassen.« Sind Ihnen denn weitere Aktionen bekannt?

Saß Es sind ja weitere Aktionen hier im Verfahren behandelt worden. Frau Zschäpe hat sich dazu ja nicht weiter geäußert. Bis auf das, dass sie einräumte, 1996 verschiedene mit Schwarzpulver präparierte Briefe in Jena verschickt zu haben.

Oberstaatsanwalt Weingarten Auf derselben Seite führt Herr Professor Saß aus, auf welche Aktionen er rekurriert und wie er Frau Zschäpes Beteiligungsform jeweils einschätzt. Dort ist alles erörtert.

Saß Spontan fällt mir jetzt der Koffer mit Hakenkreuz auf dem Theatervorplatz in Jena ein und der Puppentorso an der Autobahnbrücke, zeitlich zusammenhängend mit einem Besuch von Herrn Bubis in Weimar *(Ignatz Bubis, damaliger Vorsitzender des Zentralrats der Juden).*

Verteidiger Borchert Sie erwähnen dann erneut »Neigungen zur Verharmlosung und zur Verlegung der Verantwortlichkeit nach außen« bei Frau Zschäpe. Frau Zschäpe hat sich aber doch in der Hauptverhandlung eingelassen. Sie hat sich geäußert und ihre Beteiligung dargestellt. Inwiefern hat sie ihren Beitrag verharmlost?

Saß Wir haben uns doch schon darüber unterhalten, worauf ich das Nachaußenschieben und Verharmlosen stütze.

Verteidiger Borchert Nicht abschließend.

Saß Was heißt nicht abschließend? Die Beispiele, die ich noch im Kopf habe, habe ich genannt.

Verteidiger Borchert Auf Seite 28 resümieren Sie hinsichtlich des Lebens im Untergrund: »Hinsichtlich der wahren Interessen und Aktivitäten wurden, soweit erkennbar, erfolgreich die Gebote der Heimlichkeit, des Verbergens, des Verschleierns und des Täuschens eingehalten.« Kann man daraus auf den Charakter von Frau Zschäpe schließen?

Saß Ich meine, ja.

Verteidiger Borchert Ist das unter den Umständen, dass man im Untergrund lebt, aus psychiatrischer Sicht ein normales Verhalten?

Saß Für Menschen, die sich in dieser Situation befinden, ist es sicherlich das Verhalten, um das sich Menschen in solchen Situationen bemühen. Es ging mir um die sehr gute Fähigkeit, mit so großem Erfolg und über so lange Zeit, ohne große Pannen, die Täuschung aufrechtzuerhalten.

Verteidiger Borchert Auf Seite 30 führen Sie aus, dass Frau Zschäpe auf der einen Seite in der Lage sei zu verdrängen und auf der anderen Seite ein Faktenmensch sei. Ist das ein Widerspruch in Ihren Augen?

Saß Ich habe gesagt, dass sie zu dem Herrn B. *(BKA-Beamter, der sich während eines Gefangenentransports lange mit Zschäpe unterhielt)* gesagt haben soll, sie sei ein Meister im Verdrängen, und sich laut Herrn L. *(auch ein BKA-Beamter)* als Faktenmensch bezeichnet haben soll.

Verteidiger Borchert Ist das ein Widerspruch?

Saß Nein, ein absoluter Widerspruch ist es nicht, wenn Sie wollen, dann können Sie da den Begriff der Ambivalenz heranziehen. Verschiedene Eigenschaften in einer Person sind durchaus nicht ungewöhnlich.

Verteidiger Borchert Sie tragen wiederholt vor und erneut auf Seite 31: Frau Zschäpes Formulierungen wirkten »recht formal und unpersönlich. Ganz im Vordergrund stünden ihre eigene Situation, die Kritik am Verhalten der Partner, die Verantwortungszuschiebung nach außen und die sorgfältige Beschreibung von Umständen, die, wenn sie zugrunde gelegt werden, eine entlastende Funktion hätten. Weniger entsteht dagegen der Eindruck einer authentischen Auseinandersetzung mit den abgelaufenen Geschehnissen, mit den Empfindungen der von den Taten betroffenen Personen und ihrer Angehörigen sowie den Konsequenzen für deren Leben.« Aus welchen Fakten schlussfolgern Sie, dass nicht der Eindruck einer authentischen Auseinandersetzung vorliegt?

Saß Daraus, dass im Vordergrund dieses Unpersönliche und Formale stand, während Anzeichen für eine authentische Auseinandersetzung, eine Erschütterung, inneres Aufgewühltsein oder Betroffenheit fehlten.

Verteidiger Borchert Wenn ich Ihnen sage, dass die Begriffe »unpersönlich« und »formal« Ausdruck anwaltlicher Beratung waren, würde sich dann etwas an Ihrer Beurteilung ändern?

Saß Sie meinen, wenn ich das Formale und Unpersönliche den Anwälten zurechne?

Verteidiger Borchert Ja.

Saß Dann würde ich immer noch feststellen, dass fehlt, was fehlt: emotionale Bewegtheit, Erschütterung, Betroffenheit.

Verteidiger Borchert Berücksichtigen Sie dabei, dass die Mandantin angehalten wurde, keine Betroffenheit, Erschütterung und emotionale Bewegtheit zu zeigen? *(Borchert spielt auf die Strategie der Pflichtverteidiger Heer, Sturm und Stahl an, mit denen sich Zschäpe im Laufe des Prozesses überwarf.)*

Saß Ja, damit habe ich mich auseinandergesetzt. Aber die Erklärung: »Ich habe mich auf Verteidigeranweisung so verhalten«, reicht nicht aus, um das als formal und unpersönlich beschriebene Verhalten zu erläutern.

Verteidiger Borchert Berücksichtigen Sie auch, dass, nachdem Frau Zschäpe zwei neue Anwälte hatte *(er meint Anwalt Grasel und sich selbst)*, die Mordvorwürfe nicht mehr verhandelt wurden?

Saß Ja, das habe ich berücksichtigt. Es ist ja aber auch zu dem Zeitpunkt noch um

Straftaten gegangen, bei denen es sehr gefährlich zugegangen ist. Etwa die Banküberfälle, bei denen geschossen wurde.

Verteidiger Borchert Frau Zschäpe hat sich ja mit einer schriftlichen Erklärung an die Betroffenen gewandt. Welchen Wert messen Sie dieser Erklärung zu?

Saß Ich habe mehrfach meinen Eindruck von den schriftlichen Erklärungen geschildert: formal und unpersönlich. Hinweise auf eine intensive, authentisch wirkende Auseinandersetzung waren nicht zu gewinnen.

Verteidiger Borchert Mal eine allgemeine Frage: Ist es überhaupt möglich, durch Sätze innere Bewegtheit darzustellen, ohne den umgekehrten Effekt bei Presse und Nebenklagevertretern hervorzurufen?

Saß Wenn der Brief an Robin S. nicht gänzlich aus dem Internet kommt, lässt dieser ja durchaus plastische Formulierungen und Emotionalität erkennen. Ich kann nur sagen, was fehlt.

Verteidiger Borchert Auf Seite 32 stellen Sie fest: »Vorherrschend war der Eindruck, wie sehr die Angeklagte um Selbstkontrolle und sachlich-kühles Verhalten bemüht war, während über Gefühlsregungen, tiefere Empfindungen und inneres Erleben nahezu nichts offenbar wurde. Es gab allerdings auch immer wieder Passagen mit einer gewissen Lockerheit und Erheiterung bei entsprechenden Gelegenheiten. Eine durchgängige Bedrücktheit durch die Gesamtsituation ließ sich hingegen nicht beobachten.« Woran machen Sie eine durchgängige Bedrücktheit fest?

Saß Ich habe ja schon etwas zur Psychomotorik gesagt. Eine Bedrücktheit, eine Niedergeschlagenheit lässt sich für den geschulten Beobachter an der Mimik, Gestik, dem Gesichtsausdruck, der Körperhaltung erkennen. Ja, ist so, Herr Stahl! *(Verteidiger Stahl hat offenbar zweifelnd geguckt.)*

Verteidiger Borchert Und woran machen Sie das »durchgängig« fest?

Saß Es gab ja durchaus Änderungen. In Zeiten, in denen es Frau Zschäpe nicht so gut ging, vor allem in der Zeit der Auseinandersetzung über die Verteidigeranweisung des Schweigens, war die Anspannung in der Psychomotorik auch zu erkennen. Es gab Zeichen von Feindseligkeit, Abwehr, Anspannung und Ärger. Das sind Eindrücke, die sich aus der Psychomotorik ergeben. Die Psychomotorik ist ein ganz wesentlicher Informationskanal in der zwischenmenschlichen Kommunikation. Ich habe durchaus wechselnde Gefühlsregungen registriert. Anspannung habe ich vor allem in der Zeit der sogenannten Verteidigerkrise beobachtet. Einen sehr angespannten Zustand meine ich auch erkannt zu haben, an dem Tag, wo die Mutter kurz hier war.

Verteidiger Borchert Sie machen auch Ausführungen in Zusammenhang mit dem Verteidigerwechsel und erwähnen dort: »Bemerkenswert an diesen streitigen Abläufen erschien, mit welcher Vehemenz, Entschlossenheit und Konsequenz sie aufseiten der Angeklagten geführt wurden.« Ist Ihnen bekannt, unter welchen Voraussetzungen ein Wechsel der Pflichtverteidiger überhaupt möglich ist?

Saß Ja, ich war ja hier anwesend.

Verteidiger Borchert Dann haben Sie sicher auch zur Kenntnis genommen, dass die Hürde für einen Verteidigerwechsel sehr hoch ist. Und dass schon relativ hohe Vehemenz nötig ist, um ...

Anwalt Behnke *(unterbricht ihn)* Die Frage ist nicht korrekt. Es gab keinen Pflichtverteidigerwechsel.

Verteidiger Borchert Ich meine, einen angestrebten Verteidigerwechsel.

Saß Dass die Hürde hoch ist, meine ich, der Hauptverhandlung entnommen zu haben. Aber ich verstehe die Frage jetzt nicht ganz. Soll damit gemeint sein, dass das von Frau Zschäpe gezeigte Verhalten absichtlich gezeigt worden ist?

Verteidiger Borchert Ich meine nicht, dass sie sich diesbezüglich verstellt hätte. Im Zusammenhang mit dem angestrebten Verteidigerwechsel stellen Sie fest: »Dennoch blieb es in dieser Zeit unverändert bei ihrem Bemühen um ein sehr beherrschtes Ausdrucksverhalten, ohne dass etwa empathische Reaktionen auf potenziell bewegende Zeugenaussagen erkennbar wurden.« Welche Aussagen meinen Sie?

Saß Eine konkrete Aussage aus dem Kopf zu nennen ist mir jetzt nicht möglich. Ich meine zum Beispiel die Ängste und Sorgen, die von Opferangehörigen geschildert worden sind.

Verteidiger Borchert Aber konkrete Zeugen können Sie nicht benennen?

Saß Extemporieren kann ich keine konkreten.

Verteidiger Borchert Haben Sie im Rahmen Ihrer Beobachtungen in der Hauptverhandlung und anhand von Zeugenaussagen Kenntnisse gewonnen, in welchem Rahmen Uwe Böhnhardt und Uwe Mundlos Frau Zschäpe gegenüber dominant waren?

Saß Frau Zschäpe hat ja geschildert, dass durch Uwe Böhnhardt Tätlichkeiten gegen sie ausgeübt wurden. Dass sie ansonsten von den beiden Partnern in dominanter Weise bestimmt wurde, an eine solche Beobachtung aus der Hauptverhandlung kann ich mich jetzt nicht erinnern.

Verteidiger Borchert Sie hat zum Beispiel die Geschichte mit den 10000 D-Mark genannt, die an einen Spielsüchtigen abgegeben wurden.

Saß Ja, das war ja eine der Begebenheiten, wo es zu Tätlichkeiten gekommen sein soll.

Verteidiger Borchert Oder am 4.11.2011. Da waren die beiden vor dem Überfall im Besitz von 40000 Euro, wovon Frau Zschäpe nichts wusste. Sie war überrascht, das hatte sie in der Hauptverhandlung kundgetan.

Saß Dass das ein Zeichen von Dominanz der beiden gegenüber Frau Zschäpe ist, auf diesen Gedanken bin ich noch nicht gekommen. Ich kann da jetzt auch überhaupt nichts zu sagen. Tut mir leid. Da fällt mir jetzt kein psychiatrischer Aspekt zu ein.

Verteidiger Borchert Haben Sie überhaupt Feststellungen machen können, inwieweit die zwei dominant gegenüber Frau Zschäpe waren?

Saß Mir fallen zwei Aspekte ein – das Rauchen und das Döner-Essen –, wo eine gewisse Missbilligung durch die anderen ausgedrückt worden sein soll. Das sehe ich aber im Hinblick auf die Dominanzfrage und im Hinblick auf das, worum es geht, also die Taten, von untergeordneter Bedeutung.

Verteidiger Borchert Inwiefern untergeordnet, wenn es darum geht, dass die beiden hinter ihrem Rücken alles ausgekundschaftet und in die Tat umgesetzt haben?

Saß Daraus geht eher hervor, wie die Kommunikation unter den dreien war und wer wem was mitgeteilt hat.

Verteidiger Borchert Das ist keine Frage der Dominanz?

Saß Dominanz bedeutet dominieren, Herr sein, bestimmen, was getan wird. Falls es so sein sollte, dass die Taten ohne ihr Wissen stattfanden, dann hat das nicht unbedingt etwas mit Dominanz zu tun, sondern mit Einweihen oder Nicht-Einweihen.

Verteidiger Borchert Sie schildern auf Blatt 37, da geht es wohl um den Brief an Robin S.: »Andere Äußerungen betreffen die Empathiefrage, wobei der Eindruck entsteht, dass es in bestimmten Situationen durchaus Empathie gibt.« Worauf spielen Sie da an?

Saß Damit ist die Briefstelle gemeint, wo es darum geht, dass ihr Gänsehaut über den Körper läuft, wenn ihr jemand etwas Schlimmes berichtet. Übrigens, selbst wenn einige Worte aus dem Brief aus dem Internet stammen sollten, dann wäre dies nur ein Bruchteil des Briefes und änderte nichts an meiner Einschätzung. Sie müssten mir vielleicht sagen, wie viel aus dem Internet stammt. Ich habe es bisher so verstanden, dass es nur um die Enten-Zeichnung geht und um das »Schokoschnäuzchen« und »Sonnenscheinchen«.

Verteidiger Borchert Sie führen weiter aus: »Das aus dem Schreiben entstehende Bild spricht gegen die Hypothese einer schwachen, abhängigen, fremdbestimmten und sich resignierend unterordnenden Person.« Wenn Sie von der Hypothese einer schwachen Person ausgehen, welchen Zeitpunkt meinen Sie?

Saß Das bezieht sich im Grunde auf den wesentlichen Komplex in diesem Verfahren, nämlich auf die Tötungshandlungen und die Sprengstoffdelikte. Das waren ja alles Handlungen, von denen Frau Zschäpe sagt, dass sie damit nicht einverstanden war.

Verteidiger Borchert Gleich der nächste Satz lautet: »Hinweise für Brüche in der Entwicklung, eine persönliche Erschütterung oder eine innere Umkehr lassen sich daraus nicht entnehmen.« Was meinen Sie damit?

Saß Im Grunde das Einverständnis zu rechtsradikalen Gewalthandlungen.

Verteidiger Borchert Meinen Sie das immer noch? Auch vor dem Hintergrund der Aussage des Herrn Patrick K.?

Saß Das habe ich schon gesagt: Die Aussage ist kein belastbarer Hinweis für eine innere Umkehr. Man muss bei dieser Aussage gegenüber Herrn Patrick K. den Kontext berücksichtigen. Frau Zschäpe lebte offenbar im Untergrund mit Rechtsradikalen zusammen in einem Haus, wo von diesem Rechtsradikalen nichts bekannt werden soll. Man kann das auch so verstehen.

Verteidiger Borchert Haben Sie auch die schriftlichen Äußerungen von Frau Zschäpe zu ihrer politischen Gesinnung berücksichtigt?

Saß Ich habe es ja gegenübergestellt. Auf der einen Seite gibt es die Angaben, dass sie dies missbilligt und Menschen nicht nach ihrer Nationalität, sondern nach ihrem Benehmen beurteile. Auf der anderen Seite sind die 13 Jahre dagegenzuhalten, in denen sie mit Uwe Mundlos und Uwe Böhnhardt im Untergrund zusammenlebte. Aber ich räume ein, wenn man völlig davon ausgeht, dass das stimmt, was Frau Zschäpe erklärt hat, dann würde das eine Umkehr bedeuten. Das zu entscheiden, ist allerdings keine psychiatrische Aufgabe.

Verteidiger Borchert Auf Seite 38 stellen Sie »eine Kontinuität der wesentlichen Persönlichkeitszüge vom Beginn der Berichtszeit Mitte der 1990er-Jahre bis in die Gegenwart« fest. Meinen Sie da auch die Zeit zwischen 2007 und 2011?

Saß Der Brief ist ja wohl im März 2013 entstanden. Ich meine die Zeit von Mitte der 1990er-Jahre, aus der es zum Beispiel die Angaben von Stefan Apel gibt, bis zu diesem Briefzeitpunkt.

Verteidiger Borchert Und wenn man den Brief weglässt?

(Oberstaatsanwalt Weingarten fasst sich an den Kopf.)

Saß Meine Persönlichkeitseinschätzung verliert nicht den Boden, wenn der Brief weggelassen wird. Er ist dafür nicht entscheidend.

Verteidiger Borchert Sie schreiben Frau Zschäpe eine »gute Abspaltungsfähigkeit« zu. Was verstehen Sie darunter?

Saß Ich meine damit die Fähigkeit, belastende Dinge zur Seite zu legen und sich davon ein bisschen frei zu machen. Zumindest nach außen hin.

Verteidiger Borchert Können Sie dafür Beispiele nennen?

Saß Im Grunde das gesamte Leben im Untergrund. Dass sie offenbar lockere, freie, lebendige und liebenswürdige Begegnungen mit Personen hatte, setzt eine gute Fähigkeit zum Abspalten voraus. Eine extrem hohe Fähigkeit zu Camouflage, was die Alias-Existenz angeht.

Verteidiger Borchert Könnte diese Fähigkeit auch der Grund dafür sein, dass sie in der Lage war, mit Uwe Mundlos und Uwe Böhnhardt zusammenzuleben, im Wissen um die Taten?

Saß Dass das eine Art und Weise ist, mit der Situation umzugehen, könnte man schon sagen. Wenn man denn davon ausgeht, dass sie damit nicht einverstanden war und eine ohnmächtig resignierende und fremdbestimmte Person war.

Verteidiger Borchert Auf Blatt 47 heißt es bei Ihnen: »Unklar erscheint, warum nach dem Entschluss, sich nunmehr zu erklären und auf Fragen zu antworten, weiterhin durchgängig eine überaus kontrollierte Haltung beibehalten wurde. Psychologisch plausibel wäre es durchaus auch gewesen, wenn in diesem Prozessstadium die von ihr angegebenen Regungen von Abscheu, moralischer Verurteilung und Schuldgefühl einen persönlichen Ausdruck im Verhalten gefunden hätten.« Können Sie ein Beispiel dafür geben, durch welchen Ausdruck im Verhalten sie das hätte plausibel machen können?

Saß Sowohl für die schriftlichen als auch für die mündlichen Erklärungen hätte es intensivere, differenziertere emotionale Ausdrucksformen gegeben, wie sie zum Beispiel auch in dem Brief an Robin S. zum Ausdruck kommen. So etwas kann Frau Zschäpe offenbar.

Verteidiger Borchert Haben Sie in Erwägung gezogen, wie sich eine gesteigerte emotionale Ausdrucksweise gegenüber den Nebenklägern und der Presse ausgewirkt hätte?

Saß Ja, das ist ja auch in ihrer schriftlichen Erklärung thematisiert. Man muss dann aber doch die Relation bedenken, die zwischen den vorgeworfenen Handlungen auf der einen Seite und dem Medienecho auf der anderen Seite bestehen. Ich bleibe dabei: Abscheu und Ähnliches hätte sich auch in einem persönlicheren Ausdruck im Sprechen oder im Schreiben finden können. Meine Aufgabe ist es, auf die Frage einzugehen, ob es Anhaltspunkte für eine Änderung ihrer Haltung gibt. Und die habe ich nicht gesehen.

Verteidiger Borchert Haben Sie dabei berücksichtigt, dass Frau Zschäpe bestreitet, an den Taten beteiligt gewesen zu sein, und sie die Schuld dafür nicht auf sich nehmen kann?

Saß Ja.

Verteidiger Borchert Dann weiter auf Seite 48: »Psychologisch nicht ohne Weiteres stimmig erscheint die Darstellung, wonach die Partner ihre Situation und die Zukunftsaussichten durchgängig als desolat angesehen hätten (›das Leben verkackt‹).« Den Spruch hat ja Uwe Mundlos von sich gegeben, ganz zu Anfang ihres Untertauchens. Das ist später nie wieder formuliert worden. Sie sprechen von durchgängig. Wie kann ich das verstehen?

Anwalt Narin Der Vorhalt ist falsch. Die Formulierung findet sich zwei weitere Male in der Einlassung von Frau Zschäpe von Dezember 2015, auf Seite 20 und auf

Seite 29. Auf Seite 29 heißt es dort: »Beide begründeten ihr Tun damit, die türkische Bevölkerung in Köln in Angst und Schrecken versetzen zu wollen, und – zum wiederholten Male – dass sie ihr ›Leben verkackt‹ hätten.«

Verteidiger Borchert Dann nehme ich den Vorhalt zurück. Dennoch: Was meinen Sie mit »durchgängig desolat«?

Saß Ich habe ja gesagt, dass ich das bezweifele, dass Uwe Mundlos und Uwe Böhnhardt ihre Situation durchgängig als desolat angesehen hätten. Da es nicht in Einklang zu bringen ist mit dem, was sonst über ihr Verhalten geschildert wurde. Dabei bleibe ich auch.

Verteidiger Borchert Ein letzter Vorhalt, auf Blatt 49 steht: »Dabei fanden sich nach psychiatrischem Eindruck keine Hinweise, die deutlich für eine Authentizität ihrer Erklärungen sprechen können. Gemeint sind etwa Anzeichen einer persönlichen Betroffenheit, eines gefühlsmäßigen Mitschwingens und einer spürbaren Anteilnahme an den Aussagen der Zeugen in entsprechenden Situationen in der Hauptverhandlung, die zeitweise durchaus einen emotional stark berührenden Charakter trugen.« Warum ist gefühlsmäßiges Mitschwingen wichtig für ihre Authentizität? Provozierend gefragt: Hätte sie sich theatralisch verhalten sollen?

Saß Sie möchten mich doch nicht provozieren, Herr Borchert. Dass ein Verhalten oder eine Aussage überzeugender wirkt, wenn es von dazu passenden Gefühlsregungen begleitet wird, entspricht nicht nur psychiatrischer, sondern auch allgemeiner Lebenserfahrung. Die wesentliche Frage ist: Gibt es Anzeichen dafür, dass es bei Frau Zschäpe ein inneres Ablehnen, ein Nichteinverstandensein mit den wesentlichen Handlungen in der Zeit im Untergrund gegeben hat? Und da sage ich: Hinweise dafür, die das authentisch belegen, haben sich aus der Verhaltensbeobachtung nicht ersehen lassen.

Verteidiger Borchert Schließt dies das Gegenteil aus?

Saß Das schließt das Gegenteil nicht aus.

Götzl Dann beenden wir für heute die Befragung des Sachverständigen.

Tag 340

25. Januar 2017

Manfred Götzl, Richter. **Klaus K.**, 58, Polizist aus Jena. **Herbert Diemer, Jochen Weingarten**, Vertreter der Bundesanwaltschaft. **Wolfgang Heer, Anja Sturm**, Verteidiger von Beate Zschäpe. **Olaf Klemke**, Verteidiger von Ralf Wohlleben. **Mehmet Daimagüler, Alexander Hoffmann**, Anwälte der Nebenklage. **Norbert Leygraf**, psychiatrischer Gutachter aus Bochum. **Henning Saß**, psychiatrischer Gutachter.

Götzl Es geht uns um Erkenntnisse zu den Ansichten und Aktivitäten von Ralf Wohlleben hinsichtlich Ausländer- beziehungsweise Asylpolitik.

Klaus K. Ich war von 1992 bis 2001 beim Staatsschutz in Jena tätig. Hauptsächlich habe ich mit Propagandadelikten zu tun gehabt, Körperverletzungsdelikte waren nicht mein Part. Herr Wohlleben selber ist mir vom Ansehen bekannt. Wir haben uns gegrüßt, anstandshalber. Ausländerfeindliche Äußerungen sind mir jetzt nicht bekannt.

Götzl Haben Sie ihn mal vernommen?

Klaus K. Als Beschuldigten nicht. Möglicherweise als Zeugen. Ich erinnere mich an eine kurze Begegnung im Rahmen einer Veranstaltungsabsicherung. Das war eine Konzertveranstaltung der NPD. Da kam Herr Wohlleben mit Herrn Voigt *(Udo Voigt, früherer NPD-Vorsitzender)* auf uns zu und sagte zu ihm: »Das ist der Herr K. vom Staatsschutz, der passt auf, dass uns nichts passiert.«

Götzl Wann war das?

Klaus K. Ich würde sagen, Mitte der 1990er-Jahre. Es hat gewittert in der Nacht, aber das bringt uns nicht weiter. Die rechte Szene hat immer mal Musikveranstaltungen gemacht. Im Einzelnen weiß ich nicht mehr, wer da aufgetreten ist.

Anwalt Hoffmann Waren Sie auf dem Konzert auch zuständig für die Überwachung der Texte? Ob da verfassungsfeindliche, volksverhetzende Texte zu hören waren?

Klaus K. Nein, das war damals noch gar nicht so üblich.

Anwalt Hoffmann Das ist gar nicht geschehen? Das wurde gar nicht überwacht?

Klaus K. Nein.

Anwalt Hoffmann Haben Sie eine Erinnerung an fremdenfeindliche Texte?

Klaus K. Nein.

(Der Zeuge verlässt den Saal.)

Anwalt Hoffmann Ich beantrage, den Brief der Angeklagten Zschäpe an Robin S. in Augenschein zu nehmen. Frau Zschäpe selbst hat gestern auf Briefinhalte und grafische Elemente Bezug genommen, die in irgendeiner Form aus dem Internet stammen sollen. Ich bin deshalb der Meinung, dass der Brief hier in Augenschein genommen werden muss. Ich bitte die Verteidigung oder die Angeklagte selbst, deutlich zu machen, welches grafische Element sie angeblich aus dem Internet kopiert hat.

Götzl Es ging um die Ente, wenn Sie sich erinnern, Herr Hoffmann.

Anwalt Hoffmann Ja, aber die Ente wird erst durch Inaugenscheinnahme eingeführt.

Bundesanwalt Diemer Wir haben nichts dagegen, die Ente in Augenschein zu nehmen.

Verteidigerin Sturm Wir treten dem entgegen. Es geht um die Persönlichkeitsrechte von Frau Zschäpe. Sollte das Gericht den Brief dennoch in Augenschein nehmen, beantragen wir den Ausschluss der Öffentlichkeit. Wir beantragen darüber hinaus, schon während der Beratung über den Ausschluss der Öffentlichkeit die Öffentlichkeit auszuschließen.

Götzl Kommen wir zunächst zur weiteren Befragung von Herrn Professor Saß.

Verteidigerin Sturm Herr Professor Saß, zunächst zum Beginn Ihrer Gutachtertätigkeit im hiesigen Verfahren. Können Sie uns bitte sagen, welche Kontakte es wann mit wem gab?

Saß Das ist lange her. Wenn ich es richtig erinnere, gab es ein Telefonat mit dem Vorsitzenden Richter, ob ich grundsätzlich bereit und in der Lage sei, in diesem Verfahren als Gutachter tätig zu sein. Danach kam dann die schriftliche Beauftragung.

Verteidigerin Sturm Was war damit gemeint, ob Sie grundsätzlich in der Lage seien?

Saß Zeitlich. Es war ja abzusehen, dass es ein großes Verfahren werden würde.

Verteidigerin Sturm Wie sind Sie nach der förmlichen Beauftragung vorgegangen?

Saß In habe in verschiedenen Sendungen die Akten bekommen. Und dann habe ich versucht, mich da einzuarbeiten.

Verteidigerin Sturm Wie sind Sie dabei vorgegangen?

Saß Ich habe sie gelesen.

Verteidigerin Sturm Haben Sie sämtliche Aktenbestandteile gelesen?

Saß Nicht Blatt für Blatt. Wie generell in anderen großen Verfahren habe ich …

Verteidigerin Sturm *(unterbricht ihn)* Wenn ich Sie da gleich unterbrechen …

Saß *(unterbricht sie)* Vielleicht darf ich meinen Satz zu Ende führen.

Verteidigerin Sturm Nein.

Götzl Doch.

Verteidigerin Sturm Ich beanstande dieses Vorgehen, Herr Vorsitzender, Sie stören mich in meiner Befragung!

Götzl Jeder, der hier gefragt wird, darf antworten und seinen Satz zu Ende führen.

Verteidigerin Sturm Herr Vorsitzender, der Sachverständige wurde nicht sofort von mir unterbrochen!

Götzl Doch!

Verteidigerin Sturm *(zunehmend gereizt)* Nein. Jetzt bin ich dran! Und ich bitte darum, mich nicht zu stören!

(Verteidigerin und Richter liefern sich ein längeres Wortgefecht.)

Verteidigerin Sturm Ich bitte um eine Unterbrechung der Hauptverhandlung, damit ich mich neu konzentrieren kann.

Götzl Na gut.

(Die Hauptverhandlung wird unterbrochen, dann fortgesetzt.)

Verteidigerin Sturm Herr Professor Saß, zu Ihrer Vorgehensweise, Sie hatten gesagt, Ihnen seien die Akten zugesandt worden und Sie hätten begonnen, die Akten zu lesen.

Saß Ich habe versucht, das für mich Bedeutsame besonders intensiv zu lesen.

Verteidigerin Sturm Wissen Sie noch, welche Themenbereiche dies waren?

Saß Ich kann Ihnen die Chronologie meines Aktenstudiums nicht rekonstruieren. Es war ein großes Konvolut. Ich habe mich da allmählich hineingelesen.

Verteidigerin Sturm Haben Sie sich Notizen gemacht?

Saß Ja.

Verteidigerin Sturm Haben Sie Hypothesen gebildet?

Saß Hypothesengeleitetes Vorgehen wird mehr in der experimentellen Wissenschaft gemacht. Das forensisch-psychiatrische Herangehen ist ein anderes.

Verteidigerin Sturm Wie stellt sich dieses dar?

Saß Man versucht, über den Probanden oder die Probandin und auch aus Zeugenaussagen so viel wie möglich an Informationen zu gewinnen: zur Biografie, zum Werdegang, zur schulischen und beruflichen Entwicklung, zur Entwicklung der Delinquenz, zur Delinquenz, zur Entwicklung seither. Man versucht, sich ein Bild über die Beziehungen zu machen, die Kontakte, die Kontaktfähigkeit. Wenn es um die Schuldfähigkeit geht, versucht man, sehr sorgfältig auf Hinweise auf psychische Störungen zu achten.

Verteidigerin Sturm Wie sind Sie bei Ihrem Prognosegutachten, der Gefährlichkeitsprognose, vorgegangen?

Saß Die Materialsammlung ist eigentlich die gleiche. Dinge, auf die man achtet, sind insbesondere die Entwicklung von dissozialen Tendenzen, der Beginn von Regelverletzungen, auch im Zusammenhang mit dem sozialen Gefüge.

Verteidigerin Sturm Der Begriff Tendenz, ist das eine Annahme oder ein Verdacht auf irgendetwas? Oder ist das schon eine Tatsache, die Sie feststellen?

Saß Wenn ich von Tendenzen spreche, meine ich Neigungen, Dispositionen. Es kann sich zum Beispiel eine Tendenz zum Reizbaren zeigen.

(Sturm versteht die Andeutung und lächelt.)

Verteidigerin Sturm Gab es noch weitere Telefonate mit dem Vorsitzenden Richter?

Saß Es hat bis zum heutigen Tage sehr wenige Telefonate gegeben. Wenn bei mir Verhinderungen absehbar waren, habe ich Telefonate mit Frau Richterin am Oberlandesgericht Odersky geführt und einige Male auch mit dem Vorsitzenden.

Verteidigerin Sturm Ging es jeweils nur um Ihre Abwesenheit oder auch um das Beweisprogramm?

Saß Es ging um meine Abwesenheit. Gelegentlich habe ich Frau Odersky gefragt, ob es vertretbar sei, wenn ich an einem Tag fehle.

Verteidigerin Sturm Haben Sie noch andere Verfahren gehabt?

Saß Es sind in den dreidreiviertel Jahren vielleicht acht oder zehn Verfahren gewesen, mit denen ich befasst war.

Verteidigerin Sturm Sie sagten, Sie hätten mit Frau Odersky gesprochen, ob es vertretbar sei, dass Sie fehlen. Anhand welcher Kriterien wurde entschieden, dass es vertretbar sei?

Saß Im Wesentlichen ging es darum, ob Sachen erörtert werden, die für den psychiatrischen Sachverständigen von Belang sind. Nach einem Verhandlungstag oder während einer Unterbrechung bin ich gelegentlich nach vorne gegangen und habe gesagt, dann und dann besteht ein Problem. Und dann wurde in der Regel gesagt, dass es geht, dass ich fehle.

Verteidigerin Sturm Hatten Sie sich vor Beginn der Hauptverhandlung Gedanken gemacht, an wie vielen Tagen Sie an der Hauptverhandlung teilnehmen wollten?

Saß Na ja, das Ganze ist ja ein Prozess. Auch die Länge hat sich ja entwickelt. Mehr als ich das gedacht hätte. Mir war klar, dass ich nicht an jedem Tag anwesend sein kann. Ich wollte aber doch ein umfassendes Bild gewinnen. Deswegen war es mir wichtig, an deutlich mehr als der Hälfte der Verhandlungstage anwesend zu sein.

Verteidigerin Sturm Gab es Tage, wo Ihr Erscheinen aus Ihrer Sicht entbehrlich war?

Saß Ja, wenn es etwa um kriminalistische Spurengeschichten oder technische Dinge ging.

Verteidigerin Sturm Ich frage deshalb, weil Sie bei der Anhörung des Brandsachverständigen auch jeweils ganztägig zugegen waren. Warum?

Saß Die Beschaffenheit und Aufteilung der Wohnung, die Sicherungsmaßnahmen, auch die Dinge, die über die Brandlegung zu erfahren waren, waren für mich bedeutsam.

Verteidigerin Sturm Stand für Sie auch das Verhalten von Frau Zschäpe von Anfang an im Fokus?

Saß Ja.

Verteidigerin Sturm Können Sie schildern, wie Sie dabei vorgegangen sind? Gab es ein Konzept?

Saß Das habe ich in meinen methodischen Vorbemerkungen geschildert.

Verteidigerin Sturm Woran haben Sie sich orientiert? Wann haben Sie Frau Zschäpe beobachtet? Wann sind Sie der Beweisführung gefolgt?

Saß Ich habe versucht, so viel wie möglich mitzubekommen.

Verteidigerin Sturm Haben Sie dabei Notizen gemacht?

Saß Ja.

Verteidigerin Sturm Wie sahen die aus?

Saß Handschriftlich. Schlecht geschrieben, aber für mich lesbar.

Verteidigerin Sturm Und was haben Sie notiert?

Saß Was mir aus forensisch-psychiatrischer Perspektive bedeutsam erschien: eine Hinwendung, ein vermeintliches Desinteresse, ein gewisser Rückzug aus der aktuellen Beobachtung der Hauptverhandlung. Solche Aspekte.

Verteidigerin Sturm Wären Sie bereit, Ihre Notizen zur Verfügung zu stellen?

Saß Nein, das sind meine persönlichen Aufzeichnungen.

Verteidigerin Sturm Der Kollege Borchert hatte Sie gestern schon nach einzelnen Beobachtungen gefragt. Ihre Antwort lautete sinngemäß: Sie könnten diese nicht aus dem Stegreif reproduzieren.

Saß Rechtsanwalt Borchert hat gestern an einer Stelle die Antwort bekommen, dass ich mich da konkret nicht erinnern kann. Inzwischen ist mir die Erinnerung gekommen. 2016 wurde eine junge Frau in der Hauptverhandlung gehört, die Opfer eines der Sparkassenüberfälle geworden war. Sie hat recht eindrücklich geschildert, wie sie an ihre Kinder gedacht hat und Angst hatte, sie nicht wiederzusehen. Da habe ich beobachtet, dass eine emotionale Beteiligung, ein Mitschwingen an Gefühlsregung bei Frau Zschäpe nicht da war. Das war nur ein Beispiel.

Verteidigerin Sturm Ich möchte Sie bitten, von Tag eins an zu referieren, welche Beobachtungen Sie konkret bei Frau Zschäpe gemacht und wie Sie das bewertet haben. Das ist sonst für uns nicht nachvollziehbar. Das verstehen Sie.

Saß Ich kann Ihnen das nicht von Tag eins bis Tag 340 extemporieren.

Verteidigerin Sturm Warum nicht?

Saß Ich habe gesagt, nicht extemporieren, damit meine ich, nicht aus dem Kopf sagen.

Verteidigerin Sturm Dann bitte ich, die Hauptverhandlung zu unterbrechen, damit der Sachverständige die Zeit bekommt, sich darauf vorzubereiten.

Götzl Wir machen jetzt jedenfalls mal eine Pause.

(Die Hauptverhandlung wird erneut unterbrochen.)

Verteidigerin Sturm Ich hatte Sie gefragt, Herr Professor Saß, welche Beobachtungen von Ihnen ab Tag eins getätigt wurden.

Saß Meine Aufzeichnungen liegen mir nicht vor. Was mir vorliegt, ist eine Darstellung mir wichtig erscheinender Beobachtungen.

Verteidigerin Sturm Sind Ihre Notizen noch vorhanden?

Saß Meine Notizen sind noch vorhanden.

Verteidigerin Sturm Herr Vorsitzender, ich bitte Sie, die Befragung des Sachverständigen an dieser Stelle zu unterbrechen und Herrn Professor Saß Gelegenheit zu geben, seine Notizen beizuziehen.

Götzl Wenn ich Sie richtig verstanden habe, Herr Professor Saß, dann haben Sie die Notizen nicht dabei.

Saß So ist es.

Götzl Sind unabhängig davon Fragen?

Verteidigerin Sturm Wir haben selbstverständlich noch zahlreiche Fragen, die sich aber daran anschließen.

Götzl Sie haben jetzt also keine weiteren Fragen?

Verteidigerin Sturm Doch.

Götzl Dann bitte.

Verteidigerin Sturm Ich werde jetzt nicht mein Fragekonzept über den Haufen werfen, weil der Sachverständige unvorbereitet ist.

Saß Ich betrachte mich nicht als unvorbereitet.

Verteidigerin Sturm Herr Professor Saß, erinnern Sie sich noch, was Sie am ersten Hauptverhandlungstag zu Ihren Wahrnehmungen und Beobachtungen dokumentiert haben?

Saß Im Detail nicht.

Verteidigerin Sturm Was erinnern Sie denn noch?

Saß Dass es eine recht angespannte, aufgeregte Atmosphäre war, die auch der Angeklagten anzumerken war.

Verteidigerin Sturm An was konkret machen Sie das fest?

Saß Da beziehe ich mich auf meine gestrigen Ausführungen: an der Mimik, der Gestik.

Verteidigerin Sturm Das habe ich verstanden. Dann schildern Sie doch einfach mal, was Sie da beobachtet haben?

Saß Die Details kann ich Ihnen jetzt nicht referieren. Wir haben 340 Hauptverhandlungstage gehabt.

Verteidigerin Sturm Was haben Sie sich darüber hinaus zum ersten Hauptverhandlungstag notiert?

Saß Ich sehe mich jetzt nicht in der Lage, meine umfangreichen Notizen zu reproduzieren.

Verteidigerin Sturm Dafür haben Sie mein vollstes Verständnis. Ich möchte nur gerne am ersten Hauptverhandlungstag anfangen.

Götzl Wenn Sie ein entsprechendes Fragekonzept haben, muss es doch möglich sein, zunächst Fragen zu einem anderen Komplex zu stellen.

Verteidigerin Sturm Herr Vorsitzender, ich habe Ihnen erläutert, dass mein Konzept auf diese Punkte aufbaut.

Götzl Gut, dann nehme ich das so hin. Dann gebe ich das Fragerecht weiter.

Verteidiger Heer Um Missverständnissen vorzubeugen: Weitere Fragen können von der Verteidigung Zschäpe jetzt nicht gestellt werden, sind aber natürlich vorhanden.

Götzl Herr Professor Saß, ich würde gerne morgen fortsetzen, wenn es geht.

Saß Meine umfangreichen, handschriftlichen Notizen befinden sich in Aachen. Das sind bis zum heutigen Tag 773 Seiten.

Götzl Dann müssen wir einfach schauen, wann der nächste Termin möglich ist.

Oberstaatsanwalt Weingarten Es ist nach Auffassung der Bundesanwaltschaft ausdrücklich vom Fragerecht der Verteidigung nicht umfasst, einen Sachverständigen gleichsam mit Hausaufgaben nach Hause zu schicken, um Fragen zu beantworten, die er gegenwärtig nicht beantworten kann. Die Frage ist also, ob der Vorsitzende nach den Bedürfnissen des Senats – und ausschließlich darum geht es – dem Sachverständigen den Auftrag gibt, seine handschriftlichen Notizen zurate zu ziehen. Unserer Auffassung nach ist das nicht geboten. Der Senat ist in der Lage, die Belastbarkeit und Nachvollziehbarkeit der Einschätzungen des Sachverständigen, die er aufgrund eigener Beobachtungen getätigt hat, zu bewerten. Es kann nicht darum gehen, die 340 Hauptverhandlungstage kleinteilig mit dem Sachverständigen durchzugehen.

Verteidigerin Sturm Herr Vorsitzender, diese Auffassung ist meines Erachtens unzutreffend. Der Senat muss sich mit dem Gutachten auseinandersetzen. Dafür muss er es nachvollziehen können. Das ist bei einer Globalbeobachtung nicht möglich.

Götzl Na gut. Vielleicht ist es doch ganz gut, Herr Professor Saß, wenn Sie morgen erscheinen. Wir würden Ihre Anhörung dann fortsetzen.

Verteidiger Heer Wir widersprechen einer Vernehmung des Sachverständigen durch den Vorsitzenden, solange die Befragung durch uns nicht abgeschlossen ist.

Götzl *(seufzt)* Soll dazu Stellung genommen werden?

Oberstaatsanwalt Weingarten Die Befragung des Sachverständigen durch die Verteidigung der Angeklagten Zschäpe ist nicht unterbrochen. Die Anwälte Sturm und Heer haben erklärt, keine Fragen mehr zu haben.

(Vehementes Kopfschütteln von Sturm und Heer)

Verteidiger Heer Wir haben unmissverständlich erklärt, dass wir derzeit keine Fragen stellen können.

Götzl Dann kämen wir nun zu Ihnen, Herr Rechtsanwalt Klemke.

Verteidiger Klemke In der Strafsache gegen Herrn Ralf Wohlleben beantragt die

Verteidigung, einen Sachverständigen für Demografie zum Beweis dafür zu vernehmen, dass 1. das deutsche Volk aufgrund Geburtenrückgangs seit 1970 stetig weniger deutsche Nachkommen hervorbringt, 2. das deutsche Volk wegen Geburtenrückgangs im Durchschnitt immer älter wird und seit 1970 die Zahl der deutschen Frauen im gebärfähigen und die Zahl der deutschen Männer im zeugungsfähigen Alter stetig zurückgeht, 3. das deutsche Volk jährlich mindestens 150000 Deutsche durch Auswanderung verliert, 4. aufgrund der Tatsachen unter Ziffer 1. bis Ziffer 3. und dem massenhaften Einwandern Nichtdeutscher in das Gebiet der Bundesrepublik Deutschland das deutsche Volk in seiner bisherigen Identität im Jahre 2050 eine Minderheit gegenüber den Nichtdeutschen sein wird und durch eine dieser Identität nicht mehr entsprechenden Bevölkerung mehrheitlich abgelöst wird, wenn diese Entwicklungen ihren Verlauf nehmen und nicht gestoppt werden, 5. jedermann aufgrund dieser Entwicklungen vom »drohenden Volkstod« des deutschen Volkes sprechen und den Endpunkt dieser Entwicklungen als »Volkstod« bezeichnen kann.

(Unruhe kommt auf. Zahlreiche Nebenklagevertreter verlassen aus Protest den Saal.)

Verteidiger Klemke *(fährt fort)* Begründung: Der Senat hielt es für erforderlich, Erkenntnisse zu den Ansichten, Äußerungen und Aktivitäten von Ralf Wohlleben hinsichtlich der Ausländer- beziehungsweise Asylpolitik und zu Straftaten von Angehörigen der rechten Szene, insbesondere der Kameradschaft Jena oder des Thüringer Heimatschutzes gegenüber Ausländern zu erheben. Weil es auch um Ansichten und Äußerungen des Herrn Wohlleben ging, ist es erforderlich geworden aufzuklären, was sich hinter dem Begriff »Volkstod« verbirgt, den es zu »stoppen« gelte, wie dies als Begriffspaar auf dem bei Herrn Wohlleben sichergestellten und in der Hauptverhandlung in Augenschein genommenen weißen Feuerzeug aufgedruckt war.

Sich für den Erhalt seines Volkes einzusetzen, ist nicht nur verfassungsrechtlich garantiert, sondern erlaubt es auch, sich gegen das allmähliche Verschwinden seines Volkes und sich dabei auch gegen einen massenhaften Zuzug von Nichtdeutschen zu wenden. Dies ist weder rassistisch, auch nicht institutionell rassistisch, was immer diese politischen Totschlagbegriffe auch beinhalten mögen, sondern folgt zwanglos einer verfassungsgemäßen Pflicht zur Identitätswahrung. Alle Bestrebungen, die bisherige Identität des deutschen Volkes ändern oder beseitigen zu wollen, stellen sich damit als verfassungswidrig dar. Diesen Bestrebungen im Sinne der Identitätswahrung entgegenzutreten, ist also vom Grundgesetz gedeckt. Dem Grunde nach ist die Pflicht zur Identitätswahrung sogar einer der zentralen Normbefehle des Grundgesetzes überhaupt. Anderenfalls wäre sein Rang als Verfassung für den Souverän »Deutsches Volk« ernstlich in Zweifel zu ziehen.

Keiner der zuletzt gehörten Zeugen hat Herrn Wohlleben das Propagieren ausländerfeindlicher Ansichten nachgesagt. Auch von Strafverfahren mit ausländerfeindlichem Hintergrund gegen Herrn Wohlleben haben diese Zeugen nicht berichtet. Aus der Parole »Volkstod stoppen« kann nach alledem nicht auf eine ausländerfeindliche Einstellung des Herrn Wohlleben geschlossen werden, schon gar nicht auf einen auf Tötung von Ausländern gerichteten Hass.

Götzl Stellungnahmen?

Anwalt Daimagüler Wenn sich der Angeklagte Wohlleben das zu eigen macht, was Herr Klemke eben vorgetragen hat, sind jegliche Zweifel an seiner ideologischen Ausrichtung ausgeräumt. Er will damit sagen, dass Menschen, die hier geboren sind, die Kinder haben, die Enkel haben, dass die keine Deutschen sind. Hier wird das rassistische, zutiefst menschenverachtende Denken sehr, sehr deutlich. Es ist Nazi-Jargon. Schon die Nazis schwadronierten vom Überlebenskampf des deutschen Volkes. Das führt dazu, dass ein İsmail Yaşar, ein Abdurrahim Özüdoğru, ein Enver Şimşek *(Opfer des NSU)*, die hier Jahrzehnte lebten, nicht dazugehören und nie dazugehören können nach dieser rassistischen Ideologie und in letzter Konsequenz getötet werden können.

(Im Anschluss wird die Anhörung von Professor Norbert Leygraf, psychiatrischer Gutachter aus Bochum, fortgesetzt, er hat Carsten Schultze begutachtet. Es geht um die Frage der Persönlichkeitsreife zum Zeitpunkt der Übergabe einer Waffe an Mundlos und Böhnhardt. Schultze war damals 20 Jahre alt, womit er juristisch als Heranwachsender gilt, der je nach Reifegrad nach Erwachsenen- oder Jugendstrafrecht zu verurteilen wäre. Götzl hatte Gutachter Leygraf am 338. Verhandlungstag Zeugenaussagen zusammengefasst. Leygraf bleibt dabei, was er schon zuvor gesagt hatte.)

Götzl Dann wären wir für heute am Ende.

Tag 341

26. Januar 2017

Manfred Götzl, Richter. **Jens K.** 51, Polizist aus Jena. **Herbert Diemer, Jochen Weingarten**, Vertreter der Bundesanwaltschaft. **Wolfgang Heer, Wolfgang Stahl, Anja Sturm**, Verteidiger von Beate Zschäpe. **Olaf Klemke, Nicole Schneiders**, Verteidiger von Ralf Wohlleben. **Björn Elberling, Sebastian Scharmer**, Anwälte der Nebenklage. **Henning Saß**, psychiatrischer Gutachter.

(Noch bevor die Sitzung eröffnet ist, wird ein Schreiben von Richter Götzl an alle Prozessbeteiligten bekannt, in dem er anfragt, ob sie sich »höchst vorsorglich« Termine bis Januar

2018 freihalten können. Eigentlich sehen viele Prozessteilnehmer die Beweisaufnahme schon am Ende. Doch vorerst tritt wieder ein neuer Zeuge auf.)

Jens K. Ich war seit April '94 im Staatsschutz der KPI Jena tätig, bis Oktober 1997. Sechs Monate war ich in der Soko Rex im LKA *(Sonderkommission zur Bekämpfung des Rechtsextremismus)*. Ab 1994 bildete sich im Raum Jena die Kameradschaft Jena, der Anführer war André Kapke. Mir bekannte Mitglieder der Kameradschaft waren Uwe Böhnhardt, Uwe Mundlos, Stefan Apel, die Frau Zschäpe und viele andere. Ab '94 fiel die Kameradschaft dadurch auf, dass vorwiegend Propagandastraftaten erfolgten. Wilde Plakatierungen zu Rudolf Heß, Spruchbänder, eine Puppe über der Autobahn mit einer Bombenattrappe wurde aufgehängt. Straftaten gegenüber ausländischen Mitbürgern sind mir aus diesem Zeitraum nicht bekannt. Weder von der Kameradschaft noch von Herrn Wohlleben. Zu Herrn Wohlleben hatte ich keinen Kontakt, Wohlleben war bei uns Chefsache. *(Wohlleben grinst.)*

Götzl Haben Sie in Ihrer Tätigkeit Informationen zu Herrn Wohlleben und zu seinen politischen Ansichten gewonnen?

Jens K. Zu Äußerungen von ihm zur Ausländer- und Asylpolitik habe ich keinerlei Kenntnis. Ich kenne Wohlleben als »Papierlage«, also Mitteilungen vom Ordnungsamt, wenn er als Anmelder von Demonstrationen auftrat. Zum Beispiel das »Fest der Völker«, dort trafen sich Gleichgesinnte.

Verteidigerin Schneiders Was heißt Papierlage?

Jens K. Wenn andere Behörden die Behörde in Kenntnis setzen.

Verteidiger Klemke Sie erwähnten Plakate an einer Brücke. Was war da der Ermittlungsgegenstand?

Jens K. Es wurden Plakate mit Heß und mit der Doppel-Sieg-Rune aufgehangen.

Verteidiger Klemke Ist da ein Tatverdächtiger ermittelt worden?

Jens K. Nein.

Verteidiger Klemke Sie können nicht sagen, ob das etwas mit der Kameradschaft Jena zu tun hatte?

Jens K. Nein, allerdings wurde ein Jahr später an derselben Brücke der Puppentorso aufgehangen. Und da führten die Ermittlungen zur Kameradschaft Jena.

Anwalt Scharmer Wissen Sie, ob es einen Grund gab, dass nur der Chef sich um Wohlleben kümmerte?

Jens K. Das war mein Chef, der hat mir keine Rechenschaft zu geben.

Anwalt Scharmer Gab es auch andere, die so behandelt wurden?

Jens K. Soviel ich weiß nicht.

(Der Zeuge wird entlassen.)

Verteidiger Klemke *(gibt Erklärung ab)* Auch dieser Zeuge vom Staatsschutz konnte keinerlei Angaben machen wegen irgendwelcher Straftaten gegenüber Asylbewerbern oder anderen Ausländern von Herrn Wohlleben oder der Kameradschaft Jena. Das reiht sich ein in die Aussagen aller Staatsschutzbeamten. Kein einziger konnte über ausländerfeindliche Straftaten berichten. Danke.

Götzl Dann kommen wir zu Herrn Professor Saß.

Verteidiger Heer Ist das jetzt die Entscheidung zu unserem Antrag?

(Es kommt zu einem kurzen Geplänkel, dann unterbricht der Senat die Verhandlung und verkündet danach einen Beschluss.)

Götzl Die Entscheidung des Vorsitzenden, Professor Saß zu vernehmen, obwohl die Befragung durch die Verteidiger Heer, Stahl und Sturm noch nicht abgeschlossen ist, wird bestätigt. Der Verteidiger hat das Recht, Fragen an den Sachverständigen zu stellen. Der BGH führt aus, dass das Recht, eine einmal begonnene Zeugenbefragung fortzusetzen, nicht besteht. Das bestimmt allein der Vorsitzende. Ein Rechtsverlust für die Verteidigung tritt nicht ein, da ihr das Fragerecht zu einem späteren Zeitpunkt wieder übertragen wird.

(Der Richter begründet dies weiter, anschließend wendet er sich an den Sachverständigen).

Ich möchte zur Entwicklung der Persönlichkeit von Frau Zschäpe seit der Verhaftung nachfragen. Sie erklären in Ihrem Gutachten, dass sie immer um Selbstkontrolle und sachlich-kühles Verhalten bemüht war. Immer wieder Passagen mit Lockerheit und Heiterkeit seien zu sehen gewesen, eine durchgängige Bedrücktheit ließe sich nicht beobachten. Auf welche einzelnen Beobachtungen wird hier abgestellt?

Saß Das ist eine zusammenfassende Beurteilung, wobei das leitende Kriterium war: Was ist von Bedeutung für die Beantwortung der Gutachtenfragen? Was könnte die Hypothese stützen oder dagegensprechen, dass eine psychische Krankheit vorlag?

Götzl Können Sie uns die konkreten Beobachtungen noch genauer vorstellen?

Saß Was die Wahrnehmungen vom Verhalten der Angeklagten im Verlaufe der vielen Verhandlungstage angeht, so gibt es auf der einen Seite einige recht konstante Beobachtungen, andererseits haben sich aber im mehrjährigen Gang der Geschehnisse auch manche deutlichen Veränderungen ergeben. Generell lässt sich feststellen, dass gröbere Auffälligkeiten, die Hinweis auf ernstere psychische Störungen sein könnten, im Ausdrucksverhalten nicht zu beobachten waren. So gab es keine Anhaltspunkte für eine fehlende allgemeine Orientiertheit, ein situationsinadäquates Verhalten, unkontrollierte und überschießende Reaktionen im Sinne einer Unbeherrschtheit oder Erregung, auch zeigten sich keine deutlichen Anzeichen für eine massive depressive Verstimmung mit Verlust der Schwingungsfähigkeit, Verlangsamung der Motorik oder Aktivitätsverlust. Allerdings gab es im beobachtbaren Zustand während der rund dreieinhalb Jahre seit Prozessbeginn durchaus manche Schwankungen, auf die noch eingegangen wird.

Verteidiger Heer Man wundert sich, dass die Frage nicht beantwortet wird.

Saß Ich beantworte die Frage, vielleicht nicht in der von Ihnen gewünschten Form. Ich entwickle das als Sachverständiger und stütze mich auf meine Angaben im vorläufigen Gutachten. Ich antworte mit dem, was hier steht.

Verteidiger Stahl Das geht aber nicht.

(Götzl lässt Saß weiterreden.)

Saß Nach Einnehmen ihres Platzes bei Eintritt des Senates wirkte Frau Zschäpe am ersten Tag sehr wach, sehr aufmerksam und konzentriert, dabei zeitweise mit ihrem Laptop beschäftigt. Die Aussagen des Mitangeklagten Schultze in den ersten Prozesstagen verfolgte sie aufmerksam, mit augenscheinlich sachlichem Interesse, aber ohne weitere erkennbare Regungen. Häufig war im Verlauf eines Verhandlungsvor- oder -nachmittages zu beobachten, dass initial Aufmerksamkeit und Interesse etwas stärker waren, während dann nach vielleicht zehn bis 20 oder 30 Minuten insofern eine Änderung eintrat, als die Angeklagte etwas weniger interessiert und aufmerksam erschien oder auch gelangweilt und in andere Gedanken abschweifend wirkte. Oft wandte Frau Zschäpe sich dann dem Laptop zu, mit dem sie sich mehr oder weniger konzentriert beschäftigte. Allerdings konnte gelegentlich auch der Eindruck entstehen, dass die Hinwendung zum Laptop mit einem gewissen Rückzug aus schwierigen Passagen der Verhandlung einherging, etwa bei Zeugenbefragungen mit möglicherweise emotional belastendem Inhalt. Verstärkend zu einem solchen Verhalten trat oft eine gesenkte Kopfhaltung hinzu, bei der die langen Haare das Gesicht verbargen und quasi die Funktion eines abschirmenden Vorhanges erhielten. Zur damaligen Zeit wurde auch ein etwas größerer Bildschirm auf der Verteidigerbank als Blickschutz gegenüber dem Saal genutzt. Insofern war das Verhalten von Frau Zschäpe bestimmt von einem Wechsel zwischen teils aufmerksam interessierter Teilnahme und einem mehr oder weniger intensiven Rückzug. Im weiteren Verlauf des Prozesses kam es dann immer häufiger auch zu einem Abgleiten in eine eher distante, teilnahmslos und gelangweilt wirkende Haltung.

Was das Verhalten der Angeklagten gegenüber der Gruppe der zunächst drei Pflichtverteidiger anging, so entstand bald nach Beginn der mehrjährigen Hauptverhandlung der Eindruck eines recht entspannten, lockeren und vertrauensvollen Umganges miteinander. Dies konnte sich steigern zu lebhaftem, manchmal geradezu heiter und scherzend wirkendem Austausch, mit einer frischen, lebendigen, auf Kontakt ausgerichteten Psychomotorik. Allerdings gab es auch deutliche Veränderungen. Wie wechselhaft das Verhalten der Angeklagten im Verlaufe eines Verhandlungstages sein konnte, sei an einem Beispiel vom 24. Juni 2013 rekapituliert. Zunächst erschien Frau Zschäpe locker, mit ihren Anwälten in fast charmant erscheinender Weise scherzend. Das Stellen von Beweisanträgen

durch die Nebenklage schien sie aufmerksam und interessiert zu verfolgen. Eine nachfolgende Zeugenvernehmung von Polizisten beachtete die Angeklagte dagegen kaum noch, vielmehr beschäftigte sie sich konzentriert mit ihrem Laptop und blickte nur selten hoch. Als später Aufnahmen der Leiche eines Tatopfers projiziert wurden, wirkte sie auf mich im Vergleich zur Verfassung am Beginn dieses Tages etwas angespannt und dysphorisch, das heißt, missgestimmt. Die Bilder schaute sie nicht an, vielmehr schien sie sich abzulenken mit Betrachten des Bildschirmes ihres Laptops. Bei der späteren Vorführung von Vorläuferversionen des Videos »Paulchen Panther« erschien sie zunächst gleichmütig, dann ansatzweise ernst und betroffen, im Weiteren dann aber auch resigniert, etwas gedrückt oder unsicher, in Gedanken versunken. Bei Eintritt einer Verhandlungspause strebte sie rasch hinaus und wirkte dabei verstimmt und erschöpft. Als in einer späteren Passage eine Nachbarin des Getöteten von einem Nebenkläger gefragt wurde, ob die von ihr damals beobachtete Frau Ähnlichkeit mit der Angeklagten habe, kam es im Saal zu allgemeiner Bewegung und leichter Heiterkeit. Frau Zschäpe hob in dieser Passage munter wirkend den Kopf, lachte, blickte umher, erschien aufgeräumt und keineswegs betroffen oder erschrocken. Im weiteren Verlauf von Zeugenaussagen zu diesem Fall schaute sie dann oft etwas angestrengt und verbissen wirkend, sie wirkte missgestimmt, ging aber auch rasch wieder in einen vertraut und freundlich wirkenden Umgang mit den Verteidigern über. Das wäre ein Beispiel dafür, wie ich das registriert habe.
Eine ähnliche Variabilität des Verhaltens ließ sich beispielsweise am 26.6.2013 wahrnehmen. Bei der Zeugenaussage eines Hausverwalters aus der Frühlingsstraße erschien die Angeklagte aufmerksam, innerlich beteiligt, zuweilen etwas versonnen, dann wieder im Austausch mit ihrem Verteidiger. Auch die weitere Schilderung des Zustandes der Wohnung schien sie mit Interesse zu hören, dabei wirkte das auf mich gelegentlich zustimmend lächelnd. Als später über den Keller gesprochen wurde, machte sie dazu Kommentare zu ihren Verteidigern, wobei sie durchaus heiter wirkte, sich dann aber beherrschte und wieder ihren Unterlagen zuwandte. Als es später zu einer kurzen Episode mit Unruhe im Saal durch einen Kurzschluss an einem Ladegerät kam, reagierte sie lebhaft, sprach mit einem Mitangeklagten und tauschte sich animiert mit einem ihrer Verteidiger sowie einem Polizisten und einer Polizistin aus. Dabei erschien sie lebhaft, kontaktfreudig, agil, guter Dinge, geradezu scherzend. Als im weiteren Verlauf ein Zeuge, der sie damals gesehen hatte, den Ausdruck »hübsche Frau« benutzte, reagierte sie sichtlich erheitert. Hier wird beschrieben, worauf ich meine Einschätzung zu ihrer emotionalen Variabilität stütze. Mit den beiden männlichen Verteidigern erschien sie im Umgang vertraut, auch etwas burschikos, selbstbewusst und freundlich. Als im weiteren Verlauf des Tages ein

Zeuge mit den Namen der beiden Uwes nicht zurechtkam, zeigte sie lebhafte Heiterkeit. Etwas später an diesem Tage kam es dann allerdings zur Mitteilung durch einen Verteidiger, sie sei nicht mehr in der Lage, der Verhandlung konzentriert zu folgen.

(Anwältin Sturm hebt den Arm, um den Sachverständigen zu bremsen, damit sie besser mitschreiben kann. Oberstaatsanwalt Weingarten seufzt.)

Verteidiger Heer Mich stören die Reaktionen der Bundesanwaltschaft. Wir verteidigen hier. Wir machen unseren Job, machen Sie Ihren.

Oberstaatsanwalt Weingarten Es kann nicht angehen, dass der Sachverständige hier sein Gutachten in der Geschwindigkeit eines Grundschuldiktats erstatten muss. Die ständigen Interventionen stören den Sachverständigen und die Beteiligten. *(Er wendet sich an Richter Götzl.)* Sie kommen der Verteidigung bis an die Grenzen des Möglichen entgegen. Der Gesetzgeber hat die Mündlichkeit der Hauptverhandlung verankert. Mitschriften sind dann schwierig, das ist so seit Beginn der Bundesrepublik. Wir sind nicht in der Grundschule.

Verteidiger Heer Sie haben den Senatsbeschluss auf unsere Anträge vergessen. Lesen Sie das bitte nach. *(Das Gericht hatte Saß angehalten, sehr langsam zu sprechen.)*

Verteidiger Stahl Sie stört es offenbar, wenn wir genau das machen, was der Senat uns aufgegeben hat, dass wir auf Langsamkeit und Wiederholung drängen. Wir haben berechtigte Anträge auf eine Tonbandaufnahme gestellt, das wurde abgelehnt. Wir nehmen das hin. Und Sie regen sich weiter auf.

Götzl Das führt uns nicht weiter.

Saß *(fährt fort)* Stärkere Zeichen von Bedrücktheit, Leiden oder Betroffenheit durch das Verfahren und die darin behandelten Themen waren nicht zu verzeichnen. Zeugenaussagen wurden teils mit Interesse, teils auch mit Nachdenklichkeit verfolgt, häufiger aber kam es nach 20 bis 30 Minuten zu einem relativ raschen Schwinden des initialen Interesses und zu einem Rückzug auf die Beschäftigung mit dem Laptop.

Zu einer nachhaltigen Trübung der psychischen Verfassung kam es auch bei emotional bewegenden Zeugenaussagen nicht in einer von außen erkennbaren Weise. Als etwa am 11.7.2013 Zeugen im Falle eines Mordopfers gehört wurden, erschien sie zwar zeitweise ernst, dann aber um Distanz bemüht und auf den Bildschirm gerichtet. Die Ehefrau des Getöteten betrachtete die Angeklagte mit einer gewissen Nachdenklichkeit, allerdings wurde die insgesamt offensichtlich gute Stimmung an diesem Tag davon nicht nachhaltig getrübt. Bei Eintritt einer Zwischenpause unterhielt Frau Zschäpe sich angeregt plaudernd mit ihren Anwälten.

Verteidigerin Sturm Herr Vorsitzender, bitte leiten Sie den Sachverständigen an, dass er die Beobachtungen in den Verhandlungspausen weglassen soll.

Saß Wenn Sie mein vorläufiges Gutachten vor sich haben, sehen Sie, dass ich das bereits getan habe. *(In seinem Gutachten steht noch der Nachsatz: Zschäpe verließ dann lachend den Saal. Dies hat er nun nicht erwähnt.)*

Saß *(fährt fort)* Am 17.7.2013 war zu beobachten, dass Frau Zschäpe eine Bilderschau aus der letzten Wohnung in der Frühlingsstraße in Zwickau mit Interesse betrachtete, ohne erkennbare Belastung oder Niedergedrücktheit. Auch am 30.7.2013 bei einem weiteren Zeugenbericht über die Frühlingsstraße schienen angenehme Erinnerungen aufzutauchen, etwa als von der älteren Mitbewohnerin und »Oma« gesprochen wurde, die immer aus dem Fenster rausgucke. Emotional-affektiv locker und schwingungsfähig zeigte sie sich auch, als ein Nebenklägervertreter über das Prozessverhalten der Angeklagten äußerte, sie befinde sich auf dem Holzweg. Dies wurde mit einem etwas ironisch-amüsiert wirkenden Lächeln quittiert.

Wiederholt wurde registriert, dass auch bei emotional gewichtigen Themen in der Hauptverhandlung äußerlich keine Reaktionen der Angeklagten etwa im Sinne von Betroffenheit oder Bedrücktheit erkennbar waren. Dies zeigte sich auch am 31.7.2013, als es um das rechtsmedizinische Gutachten zur Obduktion eines Tatopfers ging sowie weitere Zeugenaussagen in diesem Fall. Die Aussagen wurden augenscheinlich mit kühl-sachlichem Interesse und ohne erkennbare Bewegtheit verfolgt. Zuweilen erfolgte der Rückzug in die Beschäftigung mit dem Laptop. In der Folge gab es eine lebhafte, offenbar mit einer gewissen Heiterkeit verbundene Konversation zwischen der Angeklagten und den beiden Verteidigern.

Auch am nächsten Tag, dem 1.8.2013, als es um ein weiteres Tatopfer ging, verfolgte Frau Zschäpe die Verhandlung teils aufmerksam, teils etwas versonnen. Mit ihren Verteidigern gab es einen eher scherzend wirkenden Austausch. Die energische Befragung eines Zeugen durch eine Vertreterin der Nebenklage wurde ebenfalls mit Interesse verfolgt. Dagegen erschien Frau Zschäpe dann am 6.8.2013, als es um ein weiteres Tatopfer in Nürnberg ging, eher distant, gedanklich etwas abwesend und desinteressiert, dabei emotional unberührt. Einige Zeit später wirkte sie eher abweisend, dysphorisch, missgestimmt, schaute vor sich hin oder in die Ferne.

Der Eindruck im September 2013 nach Ende der Sommerpause war im Wesentlichen unverändert. Von einer anfänglichen Befangenheit war nichts mehr zu spüren. Frau Zschäpe erschien insgesamt flott und agil, dabei routiniert-sicher, was die prozessualen Abläufe anging. Als am 5.9.2013 ein Überwachungsvideo aus der Keupstraße mit jungen Männern gezeigt wurde, die Fahrräder durch die Straße schieben und nach der Detonation darauf wegfahren, schaute sie interessiert, ernst und konzentriert wirkend zu, um am Ende ein spöttisch-distanzierend wirkendes Lächeln zu zeigen. *(An dieser Stelle schüttelt Zschäpe kritisch den Kopf.)* In den folgenden Verhandlungsterminen überwog der Eindruck von Sicherheit, recht guter Gestimmtheit und eines sachlichen, zuweilen lebhaften und gelegentlich scherzenden Austausches mit den Verteidigern. An Tagen, wo es um Tatopfer beziehungsweise Aussagen von Angehörigen ging, war sie zuweilen ernst, dies aber jeweils nur kurz und überwiegend eher unbetroffen wirkend. In der Regel erschien sie nach wenigen Minuten wieder angeregt oder auch heiter. Als am 2.10.2013 die Mutter eines Getöteten sich mit großer Bewegung »von Frau zu Frau« an die Angeklagte wandte und appellierte, sie möge sprechen, schaute Frau Zschäpe ernst und aufmerksam zuhörend zur Zeugin, wirkte aber auch etwas unangenehm berührt und abwehrend. Sie wandte sich nach ein bis zwei Minuten wieder dem Laptop zu.

Beim kurzen Auftritt der Mutter von Frau Zschäpe am 27.11.2013 entstand aus der Beobachtung der Eindruck, dass Frau Zschäpe innerlich hoch angespannt war, ohne dass es darüber hinaus zu einer äußerlich erkennbaren Reaktion kam.

Die Sachverständigengutachten im Januar 2014 über den Brand in der Frühlingsstraße oder auch über die getötete Polizistin wurden von der Angeklagten aufmerksam und interessiert angehört, wobei sie eher sachlich-distanziert wirkte, nicht aber betroffen. Der Bericht eines Zeugen über die Bergung der Leichen von Uwe Böhnhardt und Uwe Mundlos aus dem Wohnwagen nach den Ereignissen am 4.11.2011 wurde ohne erkennbare Regung verfolgt. Kurz danach konnte Frau Zschäpe in eine allgemeine, lebhafte Heiterkeit einstimmen, die sich im Saal angesichts einer etwas umständlichen Verlesung ausbreitete.

Die Vernehmung des Zeugen Böhnhardt, Vater des verstorbenen Uwe Böhnhardt, am 23.1.2014, verfolgte die Angeklagte äußerlich ruhig wirkend, dabei mit einer sachlich-gelassenen Attitüde am Laptop arbeitend. Zeitweise schaute sie aufmerksam hoch, um dann im weiteren Verlauf etwas ernster und sinnierend zu werden, wobei sich ein etwas ablehnender Zug um den Mund einstellte. *(Zschäpe redet intensiv mit ihrem Verteidiger Grasel.)* Bei einer anrührenden Passage, als der Zeuge über den Tod des Sohnes Peter im Jahr 1988 berichtete, schien eine leichte emotionale Bewegung aufzukommen, verbunden mit einer etwas düster-dysphorischen Mimik.

Den Vernehmungen von Bekannten aus dem Umfeld in der Zeit vor dem Untertauchen, etwa Mandy Struck, die Zeugen H., R. oder Juliane W., schien die Angeklagte zuweilen aufmerksam und ernst zu folgen, zuweilen wirkte sie aber auch kritisch oder ablehnend, insbesondere, wenn negative Äußerungen über sie gemacht wurden, wobei es auch zu etwas abfällig wirkenden Kommentaren zum Verteidiger kam.

Bei der Aussage der Zeugin Mandy Struck am 26. und 27.2.2014 erschien Frau

Zschäpe aufmerksam, ernst und interessiert. Als die Zeugin äußerte, sie möchte gerne aussagen, obwohl offenbar auch die Möglichkeit der Verweigerung bestanden hätte, hatte ich den Eindruck, dass eine abweisende und ärgerliche Mimik auftauchte. Die nachfolgenden Schilderungen über die Zeit im Frühjahr 1998 wurden, so schien es, nachdenklich und sinnend verfolgt. Der Eindruck einer Unzufriedenheit und eines Ärgers über das ausgiebige Aussageverhalten der Zeugin setzte sich auch in deren Vernehmung vom 27.2.2014 fort.

Im Frühjahr 2014 gab es offenbar einige Befindlichkeitsstörungen bei Frau Zschäpe. So wurde, als am 2.4.2014 der Zeuge Starke befragt wurde, über Kopfschmerzen geklagt, die schon am Vortag, als ebenfalls Herr Starke befragt worden war, begonnen hätten. Am 3.4.2014 anlässlich der Zeugenaussage von Frau Mundlos, Mutter des Uwe Mundlos, wirkte die Angeklagte aufmerksam und gefasst, sie schien die Rekapitulierung dieser biografisch bedeutsamen Epoche recht gleichmütig aufzunehmen. Ohne erkennbare Betroffenheit unterhielt sie sich mit ihrem Anwalt. Auch bei Schilderung des Anrufes mit der Todesnachricht am 5.11.2011 verhielt Frau Zschäpe sich beherrscht, wirkte aber angespannt.

Am 6.5.2014, dem Jahrestag des Prozessbeginns am 6.5.2013, erschien Frau Zschäpe äußerlich gefasst, doch wurde nach zehn Minuten von ihrer Verteidigung die Unterbrechung der Hauptverhandlung aus gesundheitlichen Gründen gewünscht. Die Rede war von Übelkeit, sodass sie nicht in der Lage sei, der Hauptverhandlung zu folgen. Im nächsten Termin am 8.5.2014 wurde ebenfalls gleich zu Beginn durch einen der Verteidiger angegeben, es bestünden Übelkeit, Magenschmerzen und starke Kopfschmerzen, sodass sie sich nicht in der Lage sehe, der Hauptverhandlung mit der nötigen Aufmerksamkeit und Konzentration zu folgen.

Bei Fortsetzung der Verhandlung am 19.5.2014 sah die Probandin wieder besser aus und erschien lebhafter, mit mehr Energie. Im Verlauf einer zähen Zeugenvernehmung wandte sie sich intensiv ihrem Laptop zu, wobei sie sich kühl und unbeteiligt gab. Im späteren Verlauf, als der Zeuge Angaben über Uwe Böhnhardt machte, wirkte sie müde, resigniert, überdrüssig und verstimmt. Etwas wacher und interessierter wurde sie, als der Zeuge von einem Verteidiger des Herrn Wohlleben intensiv befragt wurde. Dabei zeigte sie in meiner Wahrnehmung ein etwas abschätzig wirkendes Lächeln.

An den folgenden Verhandlungstagen erschien das Verhalten von Frau Zschäpe weitgehend wieder wie früher. Während des rechtsmedizinischen Berichtes am 21.5.2014 über die Obduktion von Uwe B. und Uwe M. erschien sie blass und ernst. Dem Gutachter hörte Frau Zschäpe anfangs aufmerksam zu, doch zog sie nach etwa 15 Minuten ihre Zuwendung zurück und wandte sich ihrem Laptop zu. In den Stunden danach erschien sie recht unbefangen, interessiert

und gelegentlich lächelnd, sodass äußerlich keine tiefere, nachhaltige Erschütterung durch das rechtsmedizinische Gutachten zu erkennen war. An den weiteren Tagen erschien Frau Zschäpe zumeist bei Beginn der Verhandlung stimmungsmäßig ausgeglichen, dabei durchaus straff, aufmerksam und interessiert, wobei es wiederholt dazu kam, dass sie sich nach etwa einer halben Stunde wieder dem Laptop zuwandte und den Eindruck machte, als ziehe sie sich auf diese Weise aus der aktiven Verfolgung der Verhandlung zurück. Der Kontakt zu den Verteidigern erschien sachlich-interessiert, zuweilen auch mit lebhafteren oder amüsierten Passagen. Anhaltspunkte für eine depressive Verstimmung waren aus dem Ausdrucksverhalten in dieser Zeit nicht zu entnehmen.
Bei den Vernehmungen des Szenezeugen Tino Brandt am 15. und 16.7.2014 erschien die Angeklagte interessiert und aufmerksam, insbesondere bei Passagen, wo es um ihre politische Haltung ging, etwa das Germanentum. Am 16.7.2014 vormittags wurde der Zeuge durch alle drei Pflichtverteidiger abwechselnd befragt, wobei Frau Zschäpe gelegentlich etwas ungehalten wirkte. Nach der Mittagspause wurde der Neubeginn zweimal verschoben. Sodann gab der Vorsitzende bekannt, in der Mittagspause habe ein Justizbeamter mitgeteilt, Frau Zschäpe habe ihn gebeten zu sagen, dass sie kein Vertrauen mehr in ihre Verteidiger habe. Auf entsprechende Nachfrage des Vorsitzenden, ob dies zutreffe, nickte Frau Zschäpe zustimmend. Ich habe mir notiert: Dabei wirkte sie ernst, gefasst, aber offenbar doch auch bewegt und leicht erschüttert, sodass man den Eindruck haben konnte, sie sei dem Weinen nahe.
Bei Fortsetzung der Hauptverhandlung am 22.7.2014 erschien die Angeklagte blass, angespannt und dysphorisch verstimmt, den Blick recht starr geradeaus gerichtet. Zwischenzeitlich war es um Fragen der Entpflichtung und möglicher neuer Verteidiger gegangen. Es wurde eine Zeugin vernommen, die anlässlich der Fehmarn-Urlaube die drei Personen Beate Zschäpe, Uwe Mundlos und Uwe Böhnhardt kennengelernt hatte. Dabei erschien die junge Frau emotional sehr berührt und weinte. Auf gelegentliche Versuche der Zeugin, Blickkontakt zu Frau Zschäpe aufzunehmen, reagierte diese verhalten lächelnd. Zu den Anwälten wurde nur ein sehr knapper Kontakt aufgenommen, der sich weitgehend auf einen der Anwälte konzentrierte. In der Verhandlung am 23.7.2014 war dieser *(gemeint ist Wolfgang Stahl)* ebenfalls der bevorzugte Partner im Kontakt, wobei jedoch insgesamt der Eindruck eines deutlich distanzierten, förmlichen, kühlen Verhältnisses bestand, ganz ohne die früher häufig zu beobachtende Lebhaftigkeit in der Zuwendung und zuweilen auch Herzlichkeit.
In den folgenden Verhandlungstagen kam es zwischen der Angeklagten und ihren Verteidigern zu einer leichten Annäherung an die früheren Umgangsformen, doch blieb das Verhalten von Frau Zschäpe, obwohl es etwas freundlicher wurde,

betont sachlich und war insgesamt deutlich distanzierter als früher. Immerhin gab es verbalen Austausch mit allen drei Personen der Verteidigergruppe. Auch war die Schwingungsfähigkeit wieder deutlich besser, etwa wenn die Angeklagte gelöst-heiter sich der Amüsiertheit im Saal anschloss, als ein Zeuge einen abwertenden Begriff für Polizisten benutzte. Bei der Verabschiedung der Verhandlungsteilnehmer durch den Vorsitzenden in die Sommerpause sandte die Angeklagte ein freundlich-verbindlich wirkendes Lächeln in Richtung des Senates.
Nach Fortsetzung der Termine im September 2014 erschien der Kontakt zwischen der Angeklagten und ihren Verteidigern wieder lebhafter, ungezwungener und freundlicher. Bei gelegentlichen amüsanten Vorkommnissen wie etwa einem überraschenden Piepton im Laptop eines Vertreters des Generalbundesanwalts konnte sie in unbeschwerte Heiterkeit einstimmen. In der Folgezeit verhielt sie sich im Kontakt zu den Verteidigern sachlich, aber doch im Vergleich zur Anfangsphase des Prozesses deutlich kühler, auch wirkte sie zuweilen dysphorisch, etwas müde und weniger konzentriert, dies mehr nachmittags als am Vormittag. Im Oktober kehrte zuweilen der ironisch-scherzende Kommunikationsstil im Umgang mit ihren zwei männlichen Verteidigern zurück, doch erschien das Verhalten gegenüber der Rechtsanwältin förmlicher und distanzierter. Auch dies milderte sich allerdings im Laufe der weiteren Verhandlungstermine etwas ab, sodass im Dezember 2014 der Umgang mit der Verteidigergruppe wieder überwiegend freundlich, verbindlich und sachlich erschien. Befragungen von Zeugen etwa durch Herrn Rechtsanwalt Stahl folgte sie aufmerksam und zeigte nonverbal ein differenziertes Mienenspiel mit zwar diskretem, aber nuancierten Reagieren.
Im Januar 2015 ließ sich weiterhin, wie schon in früherer Zeit, beobachten, dass zu Verhandlungsbeginn oder bei einem neuen Zeugen beziehungsweise Sachverständigen zunächst eine sachlich-interessierte Zuwendung bestand, doch flaute die Aufmerksamkeit häufig nach vielleicht zehn bis 15 Minuten ab und es erfolgte eine Hinwendung zum Laptop. Zuweilen wurden die Ausführungen sehr aufmerksam und interessiert verfolgt, etwa am 13.1.2015, als es um technische Details der Bombe am Tatort Keupstraße ging. In den folgenden Wochen blieb es beim Wechsel zwischen Tagen mit einem freundlichen, souveränen und aufgeräumt wirkenden Verhalten einerseits und andererseits Tagen mit blassem Aussehen, ernster, eher missmutiger oder lustloser Mimik andererseits.
Nach Ausfall dreier Termine wegen Erkrankung der Angeklagten im Februar 2015 erschien sie Anfang März blass und wirkte etwas angegriffen. Der Vernehmung des Zeugen Kapke am 4.3.2015 folgte sie aufmerksam mit einem zeitweise skeptischen, Distanzierung andeutenden Lächeln. Deutlich unwillig und zeitweise ärgerlich reagierte sie auf einige Passagen in der Vernehmung des Zeu-

gen Andreas R. am 12.3.2015, zum Beispiel als dieser negative Charakterisierungen über ihr Verhalten in früherer Zeit abgab, sie als vulgär bezeichnete und über Klauen sprach. Sie erschien im Ausdrucksverhalten wach, kritisch, ironisch, manchmal auch aufgebracht, wobei sie gelegentlich ihre Ablehnung durch Kopfschütteln zeigte und später eine überdrüssige Mimik bot, als nerve sie dies alles.

Im Frühjahr 2015 wurde dann für mehrere Monate unter Hinweis auf die gesundheitlichen Belastungen durch das Verfahren nur an zwei statt drei Tagen pro Woche verhandelt. Wesentliche Veränderungen ergaben sich im Verhalten der Angeklagten in den folgenden Monaten nicht. Gelegentlich kam es zu lebendigen, schwingenden, wohlgelaunten Reaktionen, etwa als eine Nachmittagssitzung wegen Nichterscheinens eines Zeugen ausfiel. Der Kontakt zu der Gruppe der Verteidiger wirkte wieder etwas unbeschwerter, war allerdings eher geschäftsmäßig als freundlich-zugewandt, wobei es offenbar Unterschiede in der Behandlung der drei Personen gab. Immer mal entstand auch der Eindruck von Verstimmungen, bis Ende Mai 2015 die Umgangsformen deutlich kühler wurden und es zu einer Änderung der Sitzordnung insofern kam. *(Zschäpe setzte sich demonstrativ von Anwältin Sturm weg und saß dann zwischen den männlichen Verteidigern Stahl und Heer.)*

Am 10.6.2015 erschien Frau Zschäpe im Aussehen etwas blass und deutlich angespannt, als die Verhandlung mit einer Verspätung begonnen wurde. Als Folge eines Entbindungsantrages der Angeklagten im Hinblick auf Frau Rechtsanwältin Sturm kam es zu mehreren Unterbrechungen wegen Gesprächsbedarfs. Der Verteidigerin gegenüber verhielt die Angeklagte sich im nonverbalen Ausdruck ausgesprochen abweisend, kühl und nahezu feindselig. Dabei machte sie keineswegs einen eingeschüchterten, gedrückten oder leidenden Eindruck, vielmehr wirkte sie sicher und entschlossen.

Allerdings war dann in der Verhandlung vom 17.6.2015 auch zu registrieren, dass Frau Zschäpe blass, angespannt und belastet wirkte. Im weiteren Verlauf zeigte Frau Zschäpe während der Zeugenvernehmungen ein eisig-ablehnend wirkendes Verhalten mit deutlicher Abkehr von den Verteidigern. Es entstand der Eindruck einer massiven atmosphärischen Verstimmung zwischen den beteiligten Personen, wobei Frau Zschäpe zwischendurch auch eine gewisse Mitgenommenheit durch den offensichtlichen Konflikt erkennen ließ. Bei Verhandlungsende am 17.6.2015 wirkte sie erschöpft und angestrengt.

Am 23.6.2015 hatte sich die atmosphärische Verstimmung nicht gebessert. In der Zwischenzeit waren Auseinandersetzungen durch schriftliche Äußerungen von Frau Zschäpe einerseits und der Verteidigergruppe andererseits geführt worden, in denen es um Vertrauensverlust, Schweigen unter Druckausübung und andere von Frau Zschäpe geäußerte Vorwürfe ging. Die Ausführungen von

Frau Zschäpe ließen sie durchaus als stark, durchsetzungswillig, kämpferisch und auch manipulativ erscheinen,

Verteidiger Stahl Hier geht es nicht um das Verhalten von Frau Zschäpe, sondern um schriftliche Äußerungen.

Saß Dann lasse ich das weg. *(Er fährt fort.)* Auch am 23.6.2015 verhielt Frau Zschäpe sich kühl und ohne Beachtung der Verteidigergruppe. Sie wirkte blass und zeigte einen etwas mürrisch-feindseligen, aber entschlossenen Gesichtsausdruck. Überwiegend versenkte sie sich in ihr Laptop.

Am 24.6.2015 blieb es bei einem weitgehenden Ignorieren der Verteidigergruppe, trotz Versuchen der Kontaktaufnahme von deren Seite. Ansonsten erschien Frau Zschäpe im Allgemeinzustand etwas wohler.

Die Demonstration des zerfallenen Verhältnisses dauerte auch am 30.6.2015 an. Auf einen insistierend wirkenden Kontaktversuch durch einen der Anwälte reagierte Frau Zschäpe nicht beziehungsweise kurz und abweisend. Auch am 1.7.2015 gab es lediglich einmal einen kurzen, betont kühl und sachlich ohne näheren Blickkontakt gehaltenen Austausch mit einem der Verteidiger. Ansonsten schaute Frau Zschäpe ohne erkennbaren Ausdruck in die Ferne beziehungsweise ins Leere, dabei ein leichtes, indifferentes Lächeln zeigend. Später gab es durchaus ein stimmungsmäßiges Mitschwingen bei angedeutet amüsanten Situationen im Saal oder auch bei einer kontroversen Passage zwischen einem Nebenklägervertreter und dem Vorsitzenden.

Als am 20.7.2015 die drei Pflichtverteidiger Anträge auf Entbindung stellten, zeigte Frau Zschäpe ein leichtes Lächeln, das ironisch wirken konnte, auch strahlte sie einen zufriedenen, in sich ruhenden Eindruck aus, ohne in irgendeiner Weise betroffen oder beunruhigt zu wirken. Ausdruckslos nahm sie die Mitteilung des Vorsitzenden hin, wonach erwogen werde, einen Rechtsanwalt aus München als vierten Pflichtverteidiger zu bestellen.

Im Zuge weiterer Anträge in der Entpflichtungsfrage gab es am 21.7.2015 erneut Auseinandersetzungen um die Sitzordnung, wobei Frau Zschäpe sich mit ihren Vorstellungen durchsetzte und anschließend in ihrem Ausdrucksverhalten eine gewisse Genugtuung über den erreichten Ausgang erkennen ließ. Aus der betont freundlichen Verabschiedung von Herrn Rechtsanwalt Kaiser *(Verteidiger von André Eminger)*, neben dem sie zwischenzeitlich eine Zeit lang gesessen hatte, entstand der Eindruck, dass sie auf sozialen Kontakt ausgerichtet ist und dabei durchaus gesellige und kommunikative Fähigkeiten einsetzen kann. Andererseits blieb es bei demonstrativer Kontaktverweigerung mit den ursprünglichen Verteidigern.

Auch in der Verhandlung am 28.7.2015 entstand bei der gesundheitlich nunmehr wieder wohl aussehenden, gut gelaunt und zufrieden wirkenden Angeklagten

der Eindruck, dass die Aktivitäten und Erfolge in der Auseinandersetzung mit der ursprünglichen Verteidergruppe sie durchaus belebt und bestärkt hatten. In der Folgezeit blieb es bei der zumeist strikten Nichtbeachtung der ursprünglichen Pflichtverteidiger durch die Angeklagte, während sie zu dem von ihr gewählten Pflichtverteidiger einen ausgesprochen freundlichen, lebhaften Gesprächskontakt hielt, der manchmal geradezu animiert und mit Sympathiegefühlen verbunden erschien.
Nach der Sommerpause 2015 nahm die Angeklagte von den drei Verteidigern der Anfangszeit keinerlei Notiz, während das Verhalten gegenüber Herrn Rechtsanwalt Grasel weiterhin lebhaft und vertraut erschien. In der Folgezeit wurde wieder über weite Strecken ein unbestimmt und nichtssagend gehaltener Gesichtsausdruck eingehalten. Gelegentlich konnte die Angeklagte aber durchaus bei aufgelockerten oder amüsanten Situationen im Saal mit guter Schwingungsfähigkeit reagieren.
Sie erschien insgesamt in stabiler psychischer Verfassung mit überwiegend guter Laune und einer völligen Überwindung der im Frühjahr 2015 aufgetretenen Verstimmung. Zu diesem Eindruck trug auch bei, dass die Angeklagte recht differenziert, feinfühlig und nuanciert auf unterschiedliche Zeugen und ihre Aussagen reagieren konnte, etwa wenn sie am 16.9.2015 beim Bericht über das Hinterherhinken eines Zeugen mit seinen Beitragszahlungen für die Kameradschaft Jena ein sympathie- und verständnisvoll erscheinendes Lächeln zeigte. Dagegen wurde am gleichen Verhandlungstag ein Versuch von Herrn Rechtsanwalt Stahl zur Ansprache mit brüsker Abwendung sowie ostentativer Zuwendung zu Herrn Rechtsanwalt Grasel *(ihr neuer, zusätzlicher Verteidiger)* quittiert.
Ansonsten wurde von Frau Zschäpe in den Terminen überwiegend ein freundlich-interessiertes, recht entspanntes Verhalten gezeigt. Gelegentlich entstand der Eindruck von kontaktsuchenden und affirmativen Zügen. Wenn es zu Anträgen oder Verlesung von Erklärungen im Rahmen der Konflikte mit den ursprünglichen Verteidigern oder Erklärungen des neuen Verteidigers Grasel kam, drückte sich in Mimik und Gestik von Frau Zschäpe die Solidarisierung mit dem gewählten Pflichtverteidiger aus. Aufmerksam und mit einem etwas skeptischen Lächeln verfolgte sie gelegentliche, teilweise lang anhaltende Debatten der Juristen um prozedurale Fragen, wobei sie manchmal zustimmend nickte, manchmal ostentativ die Stirn runzelte.
Im Rahmen weiterer Auseinandersetzungen um die Verteidigerfrage am 14.10.2015 reagierte die Angeklagte auf eine Aussage eines der ursprünglichen Verteidiger mit einer nur mühsam unterdrückten, deutlich empörten Reaktion. Bei Fortführung der Auseinandersetzungen und weiteren Antragsaktivitäten schien Frau Zschäpe dies mit Interesse zu verfolgen und sich dabei sichtlich

wohlzufühlen. Im Übrigen war das Verhalten bei den weiteren Verhandlungstagen ruhig, sachlich, geschäftsmäßig, nach außen unberührt, dies auch bei potenziell heiklen Themen wie der Erwähnung der Leichenbergung am 4.11.2011 im Termin vom 20.10.2015.
Zeitweise tauchte die Angeklagte dann wieder überwiegend ab in Aktivitäten am Laptop, dies auch bei Vorführung eines Videos, um sich aber dann doch mit Kommentaren an ihren Verteidiger zu wenden. Zuweilen gab es ein heftigeres Argumentieren der Angeklagten mit ihrem Anwalt, so etwa am 22.10.2015, als es um Kartenmaterial im Brandschutt der Frühlingsstraße ging. Frau Zschäpe schien zu insistieren, dabei wirkte sie unzufrieden und gleichzeitig um Durchsetzung bemüht, mit einem leicht grollenden Ausdruck in der Gesichtsmimik und hartnäckigem Nachlegen. Später bei Heiterkeit im Saal lachte sie gelöst mit und blickte Anteil nehmend umher.
Zu einer gewissen Zunahme der Dynamik im Verfahren kam es im November 2015, da eine Aussage von Frau Zschäpe angekündigt wurde. Als in diesem Zusammenhang am 10.11.2015 von der Gruppe der ursprünglichen Verteidiger erneut eine Aufhebung der Bestellung beantragt wurde, zeigte sie im Ausdrucksverhalten wiederum eine feindselig wirkende Ablehnung und ein ostentatives, abfällig anmutendes Lächeln. Auf Versuche der Ansprache durch einen der Verteidiger aus der initialen Gruppe reagierte sie mehrfach durch Abwenden und Verbergen des Gesichtes hinter den langen Haaren. Auch in den folgenden Terminen blieb es bei diesen Verhaltensmustern gegenüber den ursprünglichen Verteidigern einerseits und Herrn Rechtsanwalt Grasel andererseits. Dabei war ihr Kontakt zu Letzterem unverändert lebhaft und freundlich-animiert. Im Übrigen wirkte Frau Zschäpe, etwa wenn sie Schriftsätze studierte, locker, sicher und selbstbewusst, keineswegs befangen, niedergedrückt oder belastet. Einer Zeugenaussage an diesem Tag folgte sie anfangs mit gewissem Interesse, um nach kurzer Zeit sich wieder in ihr Laptop zu versenken. Zwischendurch gab es kurzes, scherzhaftes Austauschen mit ihrem Rechtsanwalt oder auch eine sichtliche Freude an gelungenen Formulierungen im Schlagabtausch zwischen den Juristen, etwa wenn der Vertreter der Bundesanwaltschaft von der Dritteinschätzung einer Dritteinschätzung sprach und sie in die allgemeine Heiterkeit einstimmte. Dagegen zeigte sie, als einer der ursprünglichen Verteidiger mit dem Vorsitzenden debattierte, einen ablehnend wirkenden Gesichtsausdruck.
Mit dem mehrfach angekündigten beziehungsweise verschobenen Verlesen der Aussage der Angeklagten durch den neu hinzugekommenen Wahlverteidiger Dr. Borchert am 9.12.2015 hatte sich erneut die Sitzordnung in der ersten Reihe der für die Angeklagten vorgesehenen Bänke geändert. Im weiteren Verlauf nahm die gewisse Hochstimmung der Angeklagten, die sich mit den Ereignissen Mit-

te Dezember 2015 und der damit einhergehenden Steigerung der allgemeinen Aufmerksamkeit eingestellt zu haben schien, dann aber wieder ab. Es blieb aber bei der sehr positiv wirkenden Zuwendung zu Rechtsanwalt Grasel und auch zum gelegentlich anwesenden Herrn Rechtsanwalt Dr. Borchert, doch wirkte ihre Haltung ihm gegenüber deutlich förmlicher als gegenüber dem jüngeren Kollegen. Bei den Terminen im Verlauf des Jahres 2016 setzte sich die freundliche, vertrauensvoll erscheinende und offensichtlich von Sympathie getragene Haltung gegenüber Herrn Rechtsanwalt Grasel und, wenn er erschien, Herrn Rechtsanwalt Dr. Borchert fort. Überwiegend folgte Frau Zschäpe den Zeugenaussagen oder auch den zunehmenden Verlesungen sachlich-interessiert, dabei wirkte sie freundlich und aufgeräumt. Als in einem Termin ein Zeuge vom Vorsitzenden aufgefordert wurde, seinen Kaugummi aus dem Mund zu nehmen, erschien sie höchst amüsiert. Bei anderen Gelegenheiten, wenn etwa Tatzeugen von den Sparkassenüberfällen gehört wurden, die teilweise über massive Traumatisierungen berichteten und emotional sehr bewegt waren, schaute Frau Zschäpe zumeist in andere Richtung oder zog sich zum Laptop zurück, dabei wirkte sie manchmal etwas müde und abwesend. Eigentümlich erschien ihr Verhalten etwa bei der Schilderung einer Zeugin am 3.3.2016, die offenbar noch immer erheblich unter den Ereignissen beim Überfall aus dem Jahre 2004 litt und in diesem Zusammenhang über Kinder und die Angst sprach, dass man diese nicht mehr sehe. Frau Zschäpe wirkte dabei unberührt und wandte sich kurz darauf mit einem Scherz dem neben ihr sitzenden Verteidiger zu.

Als es am 9.3.2016 um die Sicherstellung der Waffen im Wohnmobil in Zwickau am 4.11.2011 ging, schien die Angeklagte durchaus sachlich-interessiert, ohne aber ansonsten eine emotionale Bewegung etwa im Sinne von Bedrückung zu zeigen. Auch als am 15.3.2016 das NSU-Archiv Thema war, zeigte sie kurzzeitig Interesse, um sich sodann über das Laptop zu beugen, wobei die herunterfallenden Haare wie so oft wie ein Vorhang wirkten. Im Umgang mit Herrn Rechtsanwalt Grasel wirkte sie ruhig, sicher, gelöst und entspannt. Ähnlich, nur etwas förmlicher gestaltete sich der Austausch mit Herrn Rechtsanwalt Dr. Borchert. Als dieser die ausgearbeiteten Antworten vortrug, las sie interessiert und konzentriert den Text mit.

Als es am 21.4.2016 um das Thema einer Wette und den Antrag eines Nebenklägervertreters ging, Urlaubsfotos vom Sommer 2004 aus der Zeit einige Wochen nach dem Anschlag in der Keupstraße zu zeigen, folgte Frau Zschäpe dem Geschehen kühl, sachlich, aufmerksam und professionell wirkend. Dabei erschien sie bei potenziell amüsanten Episoden durchaus schwingungsfähig und reagibel. Anlässlich der Verlesung von Erkenntnismitteilungen zu Tino Brandt erfolgte eine Hinwendung mit Blickwechsel zu dem Mitangeklagten Wohlleben.

Auch an den folgenden Verhandlungstagen überwog der Eindruck eines ruhigen, selbstsicheren und relativ entspannten Verhaltens. Teils wurden die Abläufe wach und interessiert verfolgt, teils kam es bei offensichtlichem Erlahmen der Anteilnahme zur Hinwendung auf den Laptop.
Nachfolgend blieb es bei der ruhigen, sachlichen, routinierten und interessierten Haltung. Manchmal kam es im Verlauf längerer Verlesungen vor, dass die Aufmerksamkeit offensichtlich erlosch oder sogar ein leichtes Dösen einsetzte. Gelegentlich führte eine Zeugenvernehmung auch zu einer gewissen Unzufriedenheit oder einem Ärger, was sich in lebhafterem Austausch mit Herrn Rechtsanwalt Grasel ausdrückte, so etwa am 10.5.2016 bei Anträgen eines Nebenklagevertreters, den sie mit etwas abschätzig wirkender Mimik quittierte. Ähnlich war es am 2.8.2016, als ein Zeuge vom Staatsschutz in Jena Angaben machte. Bei der anschließenden, länger hingezogenen Befragung des Zeugen durch Nebenkläger erschien sie dann eher gelangweilt, lustlos und etwas übellaunig.
Nach Beendigung der Sommerpause erschien Frau Zschäpe im Termin vom 31.8.2016 äußerlich recht wohl aussehend. Verteilt worden war ein Schriftsatz des Generalbundesanwalts zu ungeklärten, nicht zuzuordnenden Tötungsdelikten im verfahrensrelevanten Zeitraum. Frau Zschäpe schien dies mit sachlichem Interesse, aber ohne nach außen erkennbare Bewegung zu studieren. Als im Saal wegen der Ankündigung eines Probealarms im Gebäude Heiterkeit und Unruhe aufkamen, stimmte sie in die allgemeine Belustigung ein und sandte ein Lächeln in Richtung der Bank des Senates. Später verhielt sie sich wieder recht distanziert und beschäftigte sich mit ihrem Laptop.
Auch am 13.9.2016 erschien sie in guter Verfassung, dabei sicher, routiniert und mit sachlich-freundlichem Kontakt zu Herrn Rechtsanwalt Grasel. In Zusammenhang mit einem Antrag des Herrn Rechtsanwalt Reinecke zum Suzuki-Außenbordmotor im Keller der Frühlingsstraße erschien sie etwas missgestimmt, aber beherrscht. Das Gesicht wurde hinter der Hand verborgen. Als es um die Zulassung von Fragen der Nebenklage an die Angeklagte ging, hielt sie mit unbewegt wirkendem Gesicht den Blick recht starr auf das Laptop gerichtet.
In der Verhandlung vom 20.9.2016 antwortet die Angeklagte auf entsprechende Nachfrage des Vorsitzenden wegen einer Erkältung, es gehe. Sie erschien dabei um Kooperation bemüht, sachlich und ernst. Der Verlesung der vom Senat übernommenen Fragen des Sachverständigen zu früheren Erkrankungen, zum Alkoholkonsum und zu Lebensgewohnheiten in früheren Jahren folgte sie äußerlich unbewegt. Als am 22.9.2016 vom Rechtsmediziner ein Gutachten zur Frage der Alkoholisierung am 4.11.2011 vorgetragen wurde, hörte die Ange-

klagte offensichtlich aufmerksam und mit Interesse zu, ohne dass ansonsten Gemütsregungen zum Ausdruck kamen.

Am 29.9.2016 erschien die Angeklagte äußerlich unverändert, außer dass noch Resterscheinungen der offensichtlich im Abklingen begriffenen Erkältung erkennbar waren. Die von Herrn Rechtsanwalt Dr. Borchert verlesene Erklärung mit Antworten auf die zuletzt vom Vorsitzenden gestellten Fragen, darunter diejenigen des Sachverständigen, verfolgte sie durch aufmerksames Mitlesen des Textes. Dabei erschien sie sachlich interessiert, ohne jedoch eine persönliche Regung zu zeigen. Als dann zur allgemeinen Überraschung eine vorher nicht angekündigte persönliche Stellungnahme von Frau Zschäpe selbst verlesen wurde, verhielt sie sich dabei äußerlich beherrscht, doch entstand der Eindruck einer gewissen inneren Anspannung und Nervosität. Die Stimme wirkte etwas gepresst, auch wurde der Text gleichförmig und ohne eine Akzentsetzung in Mimik, Gestik oder Modulation der Stimme recht rasch vorgelesen, ohne dass Gemütsbewegungen und eine emotionale Beteiligung zum Ausdruck kamen. Insofern erschien der Vortrag recht glatt und unpersönlich. Hinterher schien eine gewisse Entspannung einzutreten, als sie ein erleichtert wirkendes Lächeln mit den links und rechts von ihr sitzenden Verteidigern ihres Vertrauens austauschte. Den weiteren Gang der Verhandlung, in dem es auch um weitere Beweisanträge ging, verfolgte sie aufmerksam und interessiert, wobei sie gelegentlich durch Gesichtsausdruck und Heben der Augenbrauen eine gewisse Kritik anklingen ließ, etwa als es um mögliche Verlesung von einigen ihrer früheren Briefe ging.

(Nach der Mittagspause wird die Verhandlung fortgesetzt.)

Götzl Mir geht es noch um die Seite 43 der Verschriftung Ihres Gutachtens. Könnten Sie bitte auf die »gut angepasste Fassade« eingehen, die Sie bei der Angeklagten sehen. Und auf was das beruht?

Saß Wenn die Verteidigerproblematik über lange Zeit bestanden hat, dann ist sie lange nicht zum Ausdruck gekommen. Die Probleme wurden hinter business as usual und angepasstem Verhalten verborgen.

Götzl Haben Sie uns alle Beobachtungen geschildert, die relevant waren?

Saß Ja, wenn man mehr macht, würde es nur zu Wiederholungen kommen.

Götzl Hat die im Brief an Robin S. abgebildete Ente eine Relevanz für Ihr Gutachten?

Saß Die Ente eigentlich nicht, aber die Frage, wie viel aus dem Brief aus dem Internet stammt.

Götzl Wir werden Ihre Anhörung unterbrechen und bitten Sie, am 7. Februar wieder zu erscheinen.

Bundesanwalt Diemer Ich habe hier noch eine Erwiderung auf den Antrag der Verteidigung Wohlleben *(einen Demografie-Wissenschaftler zu hören, der erklären soll, dass* *der Neonazi-Spruch »Volkstod stoppen« wissenschaftlich begründet ist).* Prozessual ist der Antrag als Beweisantrag zu bewerten. Er darf abgelehnt werden, denn die Tatsachen haben keinerlei Auswirkungen auf die Entscheidung des Gerichts. Die behaupteten Tatsachen der Dezimierung oder des Aussterbens des deutschen Volkes geben keinerlei Hinweis auf die tatsächliche Motivation des Angeklagten Wohlleben und auf die angeklagte Tat. Das Feuerzeug mit dem Aufdruck »Volkstod stoppen« wurde erst Ende 2011 bei Wohlleben beschlagnahmt und lässt deshalb keine Rückschlüsse auf seine Motivation im Jahr 2000 zu *(als Wohlleben beim Beschaffen der Mordwaffe des NSU mitgeholfen haben soll).* Abgesehen davon, liefert die Aufschrift auf dem Feuerzeug auch keine Hinweise, ob im Jahr 2000 bei Wohlleben extremistisches Gedankengut vorgelegen hat.

Anwalt Scharmer Das Beweisziel der Verteidigung Wohlleben ist die Relativierung und Verharmlosung des Begriffs »Volkstod«. Dazu wird die Rechtsprechung des Bundesverfassungsgerichts aus dem Kontext gerissen und missbraucht. Das Urteil des Bundesverfassungsgerichts zum NPD-Verbotsverfahren hat die NPD zwar nicht verboten, aber die Ziele der NPD als eindeutig verfassungswidrig bezeichnet. In dem Urteil hat sich das Gericht ausdrücklich auch mit der NPD-Parole zum angeblichen Volkstod auseinandergesetzt.

(Die Verteidigung von Ralf Wohlleben lehnt nun erneut den Gutachter Norbert Leygraf als befangen ab. Leygraf bescheinigte dem Angeklagten Carsten Schultze, der Wohlleben schwer belastet hatte, zur Tatzeit noch die Reife eines Jugendlichen gehabt zu haben.)

Tag 342

31. Januar 2017

Manfred Götzl, Richter. **Peter Lang**, Beisitzender Richter.

(Das Gericht verliest mehrere Dokumente. Darunter ist der Vermerk eines Polizisten, der am 21. Juni 1997 die Insassen eines Autos kontrolliert hat, die auf dem Weg zu einer Neonazi-Tagung im niedersächsischen Hetendorf auf dem Gelände des rechtsextremen Anwalts Jürgen Rieger waren. Im Auto saßen Beate Zschäpe, André Kapke und zwei weitere Personen. Uwe Mundlos und Uwe Böhnhardt waren nicht dabei.)

Götzl Wir kommen nun zur Verlesung eines Vermerks vom 19. Dezember 2016. Sachaktenordner 657, Blatt 23184 bis 23188.

Richter Lang *(liest den Vermerk vor)* Bundeskriminalamt. Meckenheim, 19. Dezember 2016. EG Trio. Vermerk. Betreff: Ermittlungsauftrag des Vorsitzenden des 6.

Strafsenats des Oberlandesgerichts München vom 6.12.2016. Hintergrund: Im Zusammenhang mit den Beweisanträgen von Rechtsanwalt Narin und Rechtsanwältin von der Behrens vom 317. Hauptverhandlungstag wurde seitens des Vorsitzenden Richters darum ersucht, das Asservat 2.12.709.1.4 *(eine Daten-DVD aus dem Brandschutt der Frühlingsstraße, auf der zahlreiche Dateien gespeichert sind)* im Hinblick auf möglicherweise weitere erwähnte Synagogen auszuwerten. Ermittlungen: Das Asservat wurde nach weiteren Adressdaten durchsucht. Das Hauptaugenmerk wurde auf Synagogen gelegt. Hinzukommend wurden sämtliche jüdische Einrichtungen in die Auswertung mit einbezogen. Im Ergebnis führte die Auswertung zu 233 jüdischen und israelischen Einrichtungen deutschlandweit. Diese sind der angehängten Excel-Tabelle zu entnehmen. Bei der Auswertung kam es zu diversen Adressgleichheiten, welche darin begründet sind, dass zum Beispiel mehrere jüdische Institutionen an derselben Adresse ihren Sitz haben. Die im Hauptverfahren erwähnte jüdische Gemeinde zu Berlin, ansässig in der Rykestraße, nebst ihrer dortigen Synagoge, ist in dieser Liste aufgeführt.

(Richter Lang liest im Wechsel mit Richterkollegen sämtliche 233 Zeilen der Tabelle vor. Die Einträge sind nach Städten alphabetisch sortiert, von Aachen bis Würzburg. Die Tabelle enthält Adressen von Synagogen, jüdischen Krankenhäusern, jüdischen Kindertagesstätten, jüdischen Schulen, jüdischen Friedhöfen, jüdischen Bildungs- und Begegnungsstätten. Darunter: die jüdische Gemeinde an der Berliner Rykestraße. Ein Polizist, der die Synagoge im Jahr 2000 bewacht hat, ist überzeugt, Beate Zschäpe im Mai 2000 wahrscheinlich mit Uwe Mundlos und in Begleitung einer weiteren Frau, eines weiteren Mannes und zweier Kinder in einem Café vor der Synagoge gesehen zu haben. Nebenklagevertreter hegen den Verdacht, dass die NSU-Terroristen die Synagoge als mögliches Anschlagsziel ausgespäht haben. Nach der Mittagspause verliest Richter Götzl mehrere Beschlüsse, mit denen der Senat Beweisanträge von Nebenklagevertretern und Verteidigern ablehnt.)

Götzl Nach geheimer Beratung ergeht folgender Beschluss: Der Antrag, den Tatort Holländische Straße 82 in Kassel in Augenschein zu nehmen, wird abgelehnt. Der Augenschein ist nicht erforderlich, weil die Aufklärungspflicht nicht zur Inaugenscheinnahme vor Ort drängt. In der Hauptverhandlung wurden zahlreiche Lichtbilder vom Tatort in Augenschein genommen, zusätzlich ein Video, das bei der Rekonstruktion der von Andreas Temme zurückgelegten Wege aufgezeichnet wurde *(Temme war Mitarbeiter des hessischen Verfassungsschutzes und war mutmaßlich während des Mordes an Halit Yozgat am Tatort)*. Es wurden Skizzen des Internetcafés in Augenschein genommen, ergänzend beschrieben Zeugen den Tatort. Eine zusätzliche gerichtliche Inaugenscheinnahme des Tatorts verspricht keine weitere Aufklärung.

(Der Senat lehnt es auch ab, die von Zschäpe gezeichnete Ente in ihrem Brief von März 2013 an den damals inhaftierten Neonazi Robin S. in Augenschein zu nehmen.)

Tag 343

7. Februar 2017

Manfred Götzl, Richter. **Herbert Diemer, Jochen Weingarten**, Vertreter der Bundesanwaltschaft. **Wolfgang Heer, Wolfgang Stahl, Anja Sturm**, Verteidiger von Beate Zschäpe. **Henning Saß**, psychiatrischer Gutachter.

Götzl Wir setzen mit Ihrer Befragung fort, Herr Professor Saß. Mir geht es noch um Beobachtungen am Rande der Hauptverhandlung. Vielleicht können wir auf die einzelnen Beobachtungen eingehen, die Sie in Ihrem vorläufigen Gutachten aufgeführt haben.

Saß Ich hatte ja, als ich die Beobachtungen vorgetragen habe, die Dinge außer Acht gelassen, die am Rande oder außerhalb der Hauptverhandlung waren. Im Grunde sind da keine wesentlichen Zusatzinformationen erhalten. Sie betreffen das Verhalten von Frau Zschäpe beim Betreten des Saals, die Situation mit den Fotografen, das Zuwenden des Rückens in der ersten Prozesshälfte. Das ist ja auch alles von Frau Zschäpe erklärt worden. Das erscheint mir glaubhaft, zumindest für das initiale Verhalten. *(Er liest aus seinem Vorgutachten vor.)* In den ersten Tagen der Hauptverhandlung im Mai 2013 erschien Frau Zschäpe, wie es der Situation eines derart gewichtigen, von Öffentlichkeitsinteresse intensiv begleiteten Geschehens entspricht, eher ernst, still, in der Motorik gehemmt und etwas befangen. Deutlich wurde von Beginn an ein ausgeprägtes Bemühen um Beherrschung. Gleich am ersten Tag betrat sie den Saal mit einem gewissen Eintrittsritual, das bis in den Dezember 2015 durchgehalten wurde. Sie ging mit raschen Schritten zu ihrem Platz und kehrte recht ostentativ dem Pulk von Fotografen den Rücken zu, die Arme vor der Brust verschränkt, von ihren Verteidigern umrahmt und gegen Blicke von den Seiten abgeschirmt. Nach Einnehmen ihres Platzes bei Eintritt des Senates wirkte sie wach, sehr aufmerksam und konzentriert, dabei zeitweise mit ihrem Laptop beschäftigt.

Das bis zum Dezember 2015 konsequent durchgehaltene Eintrittsritual mit Abwendung von den Pressevertretern und etwas demonstrativ wirkendem Austausch mit den danebenstehenden Verteidigern wirkte weniger als Ausdruck von Beklemmung, Scheu oder Befangenheit, vielmehr entstand der Eindruck von einem bestimmten und gezielten Verhalten. Ähnlich war es übrigens nach dem Wandel der Eintrittsgewohnheiten seit dem Termin mit der Verlesung der Aussage am 9. 12. 2015. Nun erschien die Angeklagte an den Tagen, an denen zu

Verhandlungsbeginn Foto- und Filmaufnahmen mit Blitzlichtgewitter erfolgten, in einer betont offen-zugewandten, selbstsicheren Haltung und mit einem routinierten Lächeln, wie es bei Personen geläufig ist, die an öffentliche Auftritte und das damit verbundene Interesse gewöhnt sind. Auch an den Tagen ohne Presse wurde nun beim Betreten des Saales ein betontes Lächeln gezeigt.
Am 16.7.2014 wurde nach der Mittagspause die Fortsetzung der Hauptverhandlung zweimal verschoben. Sodann gab der Vorsitzende zur allgemeinen Überraschung bekannt, in der Mittagspause habe ein Justizbeamter mitgeteilt, Frau Zschäpe habe ihn gebeten zu sagen, dass sie kein Vertrauen mehr in ihre Verteidiger habe. Auf entsprechende Nachfrage des Vorsitzenden, ob dies zutreffe, nickte Frau Z. *(Saß sagt immer wieder Frau Z. statt Zschäpe)* zustimmend. Dabei wirkte sie ernst, gefasst, aber offenbar doch auch bewegt und leicht erschüttert, sodass man den Eindruck haben konnte, sie sei dem Weinen nahe. Am Ende verabschiedete sie sich mit einem auffällig knappen Handschlag von den drei ebenfalls sichtlich überraschten und betroffenen Verteidigern, mit denen ansonsten von ihr kein Wort gewechselt wurde.
Am 17.6.2015 *(als Zschäpe trotz ihrer Ablehnung weiterhin von ihren Verteidigern vertreten wurde, weil das Gericht sie nicht aus der Pflicht entlassen hatte)* wurde bei ihrem Eintritt in den Saal in eklatantem Unterschied zu früher keinerlei Kontakt zu den Anwälten aufgenommen. Frau Z. blieb vielmehr demonstrativ stehen und wartete auf den Senat, während die Anwälte sich nach kurzem, unschlüssig wirkenden Warten vorübergehend setzten. Bei Pausen verließ sie wort- und grußlos mit mürrischem Ausdruck den Saal. Es entstand der Eindruck einer massiven atmosphärischen Verstimmung zwischen den beteiligten Personen, wobei Frau Z. zwischendurch auch eine gewisse Mitgenommenheit durch den offensichtlichen Konflikt erkennen ließ. Bei Verhandlungsende am 17.6.2015 wirkte sie erschöpft und angestrengt. Wort- und grußlos mit mürrischem Gesichtsausdruck verließ sie den Saal.
Am 24.6.2015 blieb es bei einem weitgehenden Ignorieren der Verteidigergruppe, trotz Versuchen der Kontaktaufnahme von deren Seite. Zu Beginn der Mittagspause gab es einen lebhaften verbalen Austausch mit einer Richterin mit Lächeln und freundlicher Zuwendung, aber unter konsequentem Nichtbeachten der Verteidiger, die am Rande der Szene standen.
Die Demonstration des zerfallenen Verhältnisses dauerte auch am 30.6.2015 an. So blieb die Angeklagte vor Verhandlungsbeginn weiterhin in auffälliger Weise stehen, während die Verteidiger sich setzten. Früher hatte es hier stets ein gemeinsames Verhalten gegeben.
Als am 7.7.2015 erstmals Herr Rechtsanwalt Grasel *(der neue, zusätzliche Anwalt von Zschäpe)* anwesend war, war dies mit einem erneuten Platzwechsel der Ange-

klagten verbunden. Die bisherigen drei Pflichtverteidiger schienen durch Nichtbeachtung gestraft zu werden, während der Kontakt zum neuen Verteidiger nur anfangs etwas befangen erschien, doch zeigte sich bald ein gutes Einverständnis mit lebhaftem Gespräch, wobei Frau Zschäpe lächelte und gelöster wirkte. Gegenüber den ursprünglichen Verteidigern blieb es bei konsequenter Kontaktvermeidung, die atmosphärisch den Charakter einer eisigen Ablehnung trug.
Nach der Sommerpause 2015 wirkte die Angeklagte erholt und zeigte ein verbindlich-freundliches Lächeln beim Eintritt des Gerichtes. Von den drei Verteidigern der Anfangszeit nahm sie keinerlei Notiz, während das Verhalten gegenüber Herrn Grasel weiterhin lebhaft und vertraut erschien. Auch zu einzelnen Personen aus der Riege der JVA-Beamten, die im Saal Dienst taten, nahm sie einen gut gelaunten, freundlich lächelnden Kontakt auf.
Mit dem Verlesen der Aussage der Angeklagten durch den neu hinzugekommenen Wahlverteidiger Dr. Borchert am 9.12.2015 bot Frau Zschäpe von nun an nicht mehr das frühere Eintrittsritual mit dem Zukehren des Rückens gegenüber der Presse, sondern zeigte ein freies und offenes Eintreten in den Saal mit einem routinierten Lächeln. All das sind Verhaltensbeschreibungen, die für die Beurteilung nicht entscheidend sind, aber ins Gesamtbild passen.

Götzl Können Sie uns etwas zu Ihrer wissenschaftlichen Vorgehensweise sagen, soweit es um die Prognose geht?

Saß Ich habe zum einen die Frage der Anwendbarkeit standardisierter Untersuchungsinstrumente diskutiert. Gängige Verfahren wären etwa das VRAG *(Violence Risk Appraisal Guide)* oder die PCL-R *(Psychopathy Checklist Revised)*. In meinen Augen begegnen uns in diesem Fall zwei wichtige Probleme: 1. Diese Instrumente betreffen Gruppenaussagen und sind für den Einzelfall nur begrenzt aussagefähig …

Verteidiger Heer *(unterbricht ihn)* Das funktioniert nicht.

Götzl Was funktioniert nicht?

Verteidiger Heer Die Anfertigung der eigenen Mitschrift. Ich hatte jetzt dreimal darum gebeten, der Sachverständige möge langsamer sprechen. Aber er wird sofort wieder schneller.

Götzl Aber auf jedes einzelne Wort kommt es auch nicht an, denke ich.

Verteidiger Heer Wir sind da anderer Auffassung. Wir beabsichtigen, so wörtlich wie möglich mitzuschreiben.

Saß *(fährt fort)* Diese Instrumente betreffen Gruppenaussagen. Wenn es zum Beispiel heißt, die Rückfallwahrscheinlichkeit liegt bei 60 Prozent, dann heißt das: Von 100 Personen sind 60 rückfallgefährdet und 40 sind es nicht. Und es ist außerordentlich schwierig zu sagen, zu welcher Gruppe die Probandin gehört. Das andere Problem betrifft die Repräsentativität. Die üblichen Prognoseinstrumente stammen vor allem aus dem angloamerikanischen Sprach- und Kulturraum. Die soziokulturellen Verhältnisse sind dort ganz anders als in Deutschland. Und sie sind noch mal ganz anders, als sie es in der zerfallenen DDR gewesen sind. Sie sind auch zumeist an männlichen Straftätern entwickelt, bevorzugt mit Gewalt- und Sexualdelinquenz. Ob sie sich auch zur Vorhersage bei Frauen eignen, ist nicht zuverlässig entschieden. Es gibt daran erhebliche Zweifel. Hinzu kommt, dass es bei Frau Zschäpe nicht um diese Delinquenztypen geht. Hier würde es, wenn die Anklagevorwürfe zutreffen, um politisch-ideologisch motivierte Straftaten, also um Gesinnungstaten, gehen. Und mir sind keine Instrumente bekannt, die dieses Delikt im Blick haben.

Verteidiger Heer Herr Vorsitzender, es funktioniert nicht!

Götzl Frau Sturm, haben Sie auch das Problem?

Verteidigerin Sturm Ja.

Saß Mir sind keine Instrumente bekannt, die dieses Delikt im Blick haben. Deswegen habe ich darauf verzichtet, diese Instrumente anzuwenden. Stattdessen habe ich ein Vorgehen gewählt, wie es in der forensisch-psychiatrischen Begutachtung bei der Kriminalprognose üblich und auch gut eingeführt ist. Dabei geht es um den Versuch einer erklärenden Rekonstruktion der biografischen Vorgeschichte. Es geht darum, die Entwicklung der Persönlichkeit mit ihren Besonderheiten nachzuvollziehen, ihre Stärken und Schwächen zu beschreiben. Ferner geht es um eine Rekonstruktion der delinquenten Vorgeschichte und ihre Einbettung in die jeweiligen biografischen Zusammenhänge. Üblicherweise wird auch eine Tatanalyse von der Genese der Tatentscheidung bis zum Nachtatverhalten angestrebt. Schließlich sind die seitherigen Entwicklungen und das gegenwärtige Persönlichkeitsbild zu berücksichtigen. Bei der endgültigen Prognose ist also nicht nur die Vorgeschichte, sondern auch das Nachtatverhalten zu berücksichtigen. Das ist das klassische Vorgehen. Natürlich berücksichtigt man dabei auch die allgemeinen kriminalprognostischen und kriminologischen Gesichtspunkte: In welchem Alter begann die Delinquenz? Wie hoch ist die Frequenz der Delikte? Sind es Einzel- oder Gruppendelikte? Gab es Bewährungszeiten oder Gefängnisstrafen? Und weil die Frage nach dem Hang und der Sicherungsverwahrung eine schwierige und umstrittene ist, habe ich in meinem Gutachten zusätzlich Kriterien herangezogen, die in der Literatur seit 2004 – von dem Kollegen Habermeyer und mir – eingeführt sind. *(Als Kriterien für einen Hang zu Straftaten nennt Saß in seinem schriftlichen Gutachten unter anderem: eine zustimmende Haltung zur Delinquenz; eine Schuldzuweisung nach außen; die Integration in eine kriminelle Subkultur; das Vorliegen psychopathischer Persönlichkeitsmerkmale wie das Fehlen von Reue, Schuldgefühlen und Scham.)* Ich möchte noch einmal ausdrücklich betonen: Es ist nicht die Aufgabe des forensischen Psychiaters, über den Hang eine definitive Aussage zu machen, geschweige denn sich über die Angemessenheit von Sicherungsverwahrung zu äußern. Der Sachverständige hat dem Gericht Sachverhalte zu schildern, anhand derer das Gericht über die Hangfrage entscheiden kann.

Verteidigerin Sturm Herr Professor Saß, ich würde nun gerne dort weitermachen, wo wir das letzte Mal aufgehört hatten. Es ging um den ersten Hauptverhandlungstag. Können Sie nun wiedergeben, was Sie an jenem Tag notiert haben?

Saß Ich habe mir Notizen gemacht, die im Gutachten zum Teil verwertet wurden und zum Teil nicht, weil sie mir nicht zentral erschienen.

Verteidigerin Sturm Was haben Sie sich denn zum ersten Hauptverhandlungstag notiert?

Saß Ich möchte hier eigentlich nicht die Gesamtheit meiner Notizen referieren. Es sind für mich Arbeitsnotizen. Sie enthalten Gedanken, Hypothesen und Überlegungen, die nicht für andere bestimmt sind. Die Beobachtungen von Frau Zschäpe, die für die Beantwortung der Gutachtensfragen erforderlich sind, habe ich geschildert. Ich habe dann, weil ich danach gefragt worden bin, die Beobachtungen noch mal in der umfangreicheren Form referiert. Aber ich sehe mich nicht in der Lage und bin eigentlich auch nicht gewillt, alles, was ich im Verlauf der fast vier Jahre mal erwogen, mal gedacht, mal ins Unreine aufgeschrieben habe, hier vorzutragen.

Verteidigerin Sturm Es geht darum, nachzuvollziehen, was aus Ihrer Sicht erheblich war und was nicht. Insofern halte ich meine Frage für zulässig und bitte darum, sie zu beantworten.

Saß Ja, da haben wir einen Dissens. Da müsste mir das Gericht sagen, wie ich mich zu verhalten habe.

Verteidigerin Sturm Herr Vorsitzender, würden Sie den Sachverständigen bitte anleiten, dass er die Fragen zu beantworten hat?

Götzl Was genau ist denn die Frage?

Verteidigerin Sturm Was er am ersten Hauptverhandlungstag für erheblich gehalten und notiert hat.

Saß Da weise ich auf Seite 77 meines Vorgutachtens hin, wie ich es hier vorgetragen habe.

Verteidigerin Sturm Herr Vorsitzender, letztes Mal hat der Sachverständige gesagt, er könne sich nicht an jeden einzelnen Hauptverhandlungstag erinnern und habe seine Notizen nicht dabei. Diese befänden sich in Aachen. Herr Professor Saß, was haben Sie sich am ersten Hauptverhandlungstag notiert?

Götzl Das ist eine Wiederholungsfrage, die zu beanstanden ist. Er hat auf Seite 77 seines Vorgutachtens verwiesen.

Verteidigerin Sturm Die Frage, was sich der Sachverständige am ersten Hauptverhandlungstag handschriftlich an Beobachtungen und Bewertungen notiert hat, ist nicht beantwortet worden.

Saß Ich muss mich jetzt vielleicht auch wiederholen: Ich weiß nicht, ob ich hier meine sämtlichen Notizen zu referieren habe.

Verteidigerin Sturm Ich halte die Frage aufrecht. Die Frage ist nicht beantwortet. Haben Sie am ersten Hauptverhandlungstag Notizen angefertigt?

Saß Ja.

Verteidigerin Sturm Wo befinden sich die Notizen?

Saß In meinem Arbeitszimmer.

Verteidiger Heer Das ist ja unglaublich!

Verteidigerin Sturm Ich bitte um eine Unterbrechung der Hauptverhandlung für 20 Minuten.

Götzl Zu welchem Zweck?

Verteidigerin Sturm Der Sachverständige ist offensichtlich nicht bereit, über seine Notizen zu sprechen. Er hat sie nicht einmal mitgebracht. Insofern möchte ich mit meinen Kollegen das weitere Vorgehen besprechen.

(Die Hauptverhandlung wird unterbrochen.)

Verteidiger Stahl Es ist beim letzten Mal ganz klar kommuniziert worden, dass wir noch eine Menge Fragen an den Sachverständigen haben, die er nicht beantworten kann, weil er nicht ordnungsgemäß vorbereitet ist. Zu einer ordnungsgemäßen Vorbereitung gehört, Unterlagen mitzubringen, wenn sie benötigt werden. Und er benötigt sie, um zu einzelnen Tagen etwas zu sagen. Und nun können wir unser Fragekonzept wieder nicht fortführen, weil der Sachverständige seine Unterlagen immer noch in Aachen hat. Ich bin darüber ehrlich gesagt bass erstaunt. Wir sind wieder exakt am selben Punkt wie beim letzten Mal. Wir können unsere Fragen nicht fortführen, weil der Sachverständige verkündet, er sei nicht willig, seine Notizen mitzubringen. Das finde ich ehrlich gesagt ein starkes Stück.

Götzl Soll ein Antrag gestellt werden, was diese Unterlagen anbelangt?

Verteidiger Heer Dann beantragen wir, dass Sie den Sachverständigen anleiten, seine handschriftlichen Unterlagen zum Gerichtsort zu bringen, damit wir die Befragung fortsetzen können.

Bundesanwalt Diemer Kommt da noch eine Begründung?

Verteidiger Stahl Die Begründung lautet: Ohne seine Notizen kann er diese Fragen nicht beantworten. Und jetzt hat er sie wieder in Aachen gelassen. Da könnte man aus der Hose springen!

(Ein Zuhörer lacht laut auf.)

Götzl *(zum Zuhörer)* Was soll das? Wir machen das hier in aller Sachlichkeit. Herr Rechtsanwalt Stahl, »aus der Hose springen« ist nicht sachlich.

Oberstaatsanwalt Weingarten Ich beantrage, den Antrag abzulehnen. Es ist weder ausgeführt noch sonst ersichtlich, welches nicht geschilderte Verhalten der Angeklagten von Bedeutung sein könnte.

Verteidiger Stahl Die Ausführungen von Oberstaatsanwalt Weingarten gehen an der Sache vorbei. Der Sachverständige selbst teilt mit, dass er nur anhand seiner Notizen in der Lage ist, Antworten zum ersten Hauptverhandlungstag zu geben. Daraus ergibt sich denklogisch, dass er seine Unterlagen bei sich haben muss, um die Fragen zu beantworten. Dass er die Notizen in seinem Arbeitszimmer gelassen hat, kommt einer Verweigerung gleich. Sie ist zusätzlich belegt durch seine Äußerung, er sei nicht willens, hier aus seinen Notizen vorzutragen. Wenn er sich aber weigert, ist er durch den Vorsitzenden anzuleiten. Eigentlich eine Selbstverständlichkeit. Denn unsere Fragen sind zweifellos zulässig.

(Die Hauptverhandlung wird unterbrochen.)

Götzl Die Anträge der Verteidigung werden abgelehnt. Der Sachverständige führte aus, dass er die Beobachtungen, die für die Beantwortung der Gutachtenfragen relevant seien, in der Hauptverhandlung geschildert habe. Die Aufklärungspflicht drängt daher nicht dazu, ihn anzuleiten, seine handschriftlichen Notizen zum Gerichtsort zu bringen.

Verteidigerin Sturm Wir beanstanden die Verfügung und beantragen einen Gerichtsbeschluss. Der Sachverständige ist nicht gewillt, seine Notizen zur Beantwortung unserer Fragen heranzuziehen. Damit ist es der Verteidigung unmöglich, die Methodik des Sachverständigen nachzuvollziehen. Dies betrifft die Ausübung des effektiven Fragerechts der Verteidigung.

Tag 344

8. Februar 2017

Manfred Götzl, Richter. **Wolfgang Heer**, Verteidiger von Beate Zschäpe. **Olaf Klemke**, Verteidiger von Ralf Wohlleben. **Hardy Langer**, Anwalt der Nebenklage.

Götzl Es ergeht nach geheimer Beratung folgender Beschluss: Die Verfügung des Vorsitzenden, mit der er die Anträge der Verteidigung ablehnte, Professor Saß zu leiten, seine handschriftlich gefertigten Notizen zum Gerichtsort zu bringen, wird bestätigt.

Verteidiger Heer Frau Sturm, Herr Stahl und ich erheben gegen den Beschluss Gegenvorstellung. Ferner beantragen wir, 1. die Befragung des Sachverständigen zu unterbrechen; 2. den Sachverständigen aufzufordern, seine handschriftlichen

Notizen, die sich in seinem Arbeitszimmer in Aachen befinden, dem Gericht vorzulegen oder andernfalls deren Beschlagnahme anzuordnen. Dass sich der Sachverständige mittlerweile beharrlich weigert, auch nur Auskünfte zu den von ihm verfassten Notizen zu erteilen, bietet nunmehr Veranlassung, nicht nur einzelne Beobachtungen im Wege der Befragung des Sachverständigen in die Hauptverhandlung einzuführen, sondern die Unterlagen selbst einzusehen. Dabei ist auch von Bedeutung, anhand der schriftlichen Anmerkungen nachvollziehen zu können, wie die Entwicklung der Hypothesenbildung erfolgte.

Götzl Stellungnahmen?

Anwalt Langer Die Notizen sind für die Beurteilung des Gutachtens und für die Möglichkeit der Verteidigung, Fragen zu stellen, überflüssig, weil die Verteidigung durchgängig in der Hauptverhandlung zugegen war. Die Verteidiger können also ersehen, welche Verhaltensweisen von Frau Zschäpe von dem Sachverständigen in seinem Gutachten verwertet wurden und welche nicht. Dies ergibt sich aus seinem Gutachten und aus den Beobachtungen der Verteidigung. Es kommt daher nicht darauf an, ob der Sachverständige bereit ist, seine Notizen vorzulegen.

Verteidiger Klemke Es geht ja nicht um irgendwelche Beobachtungen, die jeder machen konnte, sondern um die Beobachtungen, die Herr Professor Saß in seiner Eigenschaft als psychiatrischer Sachverständiger gemacht hat. Seine Beobachtungen sind ja der Ersatz der Exploration. Bei seinen Beobachtungen handelt es sich also um Befundtatsachen. Der Sachverständige nimmt ja selbst für sich in Anspruch, die Mimik und Gestik von Frau Zschäpe zu bewerten. Dann muss er auch die Grundlage seiner Bewertung offenlegen. Und der Sachverständige sagt selbst, dass selektiv Teile seiner Beobachtungen in sein Gutachten eingeflossen sind und andere nicht. Da ist die Überprüfung, ob die Selektion auch sachgerecht vorgenommen wurde, natürlich unabdingbar. Ohne Einblick in seine Unterlagen wird das schlichtweg nicht gehen. Bei den Notizen des Sachverständigen handelt es sich um Arbeitsunterlagen. Darauf hat die Verteidigung natürlich einen Anspruch.

Verteidiger Heer Ich füge hinzu: Ich hatte Frau Zschäpe sicherlich nicht durchgängig im Blick. Ich habe sicherlich häufiger zu Ihnen geguckt, Herr Vorsitzender, als zu der Mandantin.

Götzl Wir werden die Anträge beraten und setzen dann morgen fort.

Tag 345

9. Februar 2017

Manfred Götzl, Richter. **Jochen Weingarten**, Vertreter der Bundesanwaltschaft. **Wolfgang Heer, Wolfgang Stahl, Anja Sturm**, Verteidiger von Beate Zschäpe. **Henning Saß**, psychiatrischer Gutachter.

Götzl Der Antrag, den Sachverständigen Herrn Professor Saß aufzufordern, dem Gericht seine handschriftlichen Notizen vorzulegen oder andernfalls deren Beschlagnahme anzuordnen, wird abgelehnt.

Verteidiger Heer Frau Sturm, Herr Stahl und ich beantragen, die Hauptverhandlung bis 14.30 Uhr zur Fertigung eines Ablehnungsgesuches gegen sämtliche Mitglieder des erkennenden Senats zu unterbrechen.

Götzl Frau Zschäpe, ist das von Ihnen getragen?

(Beate Zschäpe schüttelt den Kopf. Ihre Antwort ist nicht zu verstehen.)

Götzl *(wiederholt offenbar Zschäpes Antwort)* Sie wissen von nichts? *(Götzl wendet sich Verteidiger Heer zu.)* Ich gedenke nicht, die Hauptverhandlung für zweieinhalb Stunden zu unterbrechen für die Fertigung eines Ablehnungsgesuches, das die Angeklagte nicht trägt.

Verteidiger Heer Sie, Herr Vorsitzender, haben uns trotz diverser Anträge von Frau Zschäpe und uns in diesem Verfahren belassen. Sie halten unsere Mitwirkung für notwendig und erforderlich. Wir ziehen daraus den Schluss, dass wir im Interesse von Frau Zschäpe auch alle Möglichkeiten nutzen können, die die Strafprozessordnung vorsieht.

Oberstaatsanwalt Weingarten Ein Befangenheitsgesuch lediglich im Interesse, also ausdrücklich nicht im Namen der Angeklagten, ist unzulässig. Und da Herr Rechtsanwalt Heer offenbar ein unzulässiges Ablehnungsgesuch stellen will, verbietet sich eine Unterbrechung bis 14.30 Uhr.

(Die Hauptverhandlung wird für eine Stunde unterbrochen. Kurz bevor es weitergeht, betritt Zschäpes Wahlverteidiger Hermann Borchert den Saal. Offenbar ist er von Verteidiger Mathias Grasel zu Hilfe geholt worden.)

Götzl *(lachend)* Ich begrüße Herrn Rechtsanwalt Borchert. Bitte, Herr Rechtsanwalt Heer.

Verteidiger Heer Es ist alles Erforderliche gesagt.

Götzl Hat sich etwas geändert, Frau Zschäpe?

(Beate Zschäpe schüttelt den Kopf.)

Götzl Verfügung: Der Antrag der Verteidigung, die Hauptverhandlung bis 14.30 Uhr zu unterbrechen, um ein offensichtlich unzulässiges Ablehnungsgesuch zu formulieren, wird abgelehnt. Eine Verkürzung der Rechte der Angeklagten erfolgt dadurch nicht.

Verteidiger Heer Ich beanstande Ihre Verfügung.

(Eine Verfügung erfolgt allein durch den Vorsitzenden Richter. Wird eine Verfügung beanstandet, erfolgt ein Beschluss des gesamten Senats. So auch in diesem Fall. Alle Richter des Senats bestätigen die Verfügung des Vorsitzenden, dass die Verteidiger Heer, Stahl und Sturm keine Gelegenheit bekommen, einen Ablehnungsantrag zu formulieren, den Zschäpe selbst gar nicht will.)

Götzl Dann setzen wir mit Ihrer Anhörung fort, Herr Professor Saß. Wir waren stehen geblieben bei der Befragung durch Sie, Frau Rechtsanwältin Sturm.

Verteidigerin Sturm Dann komme ich zurück auf Ihre Beobachtungen. Erinnern Sie sich noch daran, was Sie zum ersten Hauptverhandlungstag notiert hatten?

Saß Im Detail nicht. Ich verweise auf meine Ausführungen in der vorbereitenden Stellungnahme.

Verteidigerin Sturm Mich interessiert einfach, woran Sie sich jetzt erinnern können.

Götzl Die Frage war schon gestellt. Das ist eine Wiederholungsfrage.

Verteidigerin Sturm Erinnern Sie sich noch, welche Wahrnehmungen Sie am zweiten Hauptverhandlungstag gemacht haben?

Saß Im Detail nicht.

Verteidigerin Sturm In Ihrem Gutachten haben Sie ausgeführt, dass Frau Zschäpe die Angaben des Mitangeklagten Carsten Schultze »mit augenscheinlich sachlichem Interesse« verfolgt habe. Woran haben Sie das festgemacht?

Saß Ich kann es nicht mehr exakt reproduzieren. Allgemein kann ich sagen, die Formulierung bedeutet: aufmerksames Hinschauen, ein Gesichtsausdruck mit wechselnder Mimik, der Eindruck, als ob das Gesagte verfolgt wurde und sich im Mienenspiel niederschlug.

Verteidigerin Sturm Haben Sie notiert, dass Frau Zschäpe zu Herrn Schultze hingeschaut hat?

Saß Das kann ich nicht beantworten, weil ich so detailliert meine Notizen nicht im Kopf habe. Normalerweise schreibe ich, wenn jemand aufmerksam ist, nicht »Hinwenden und Augenaufreißen«, sondern »aufmerksam«. Ich halte es für unwahrscheinlich, dass ich die Einzelbeobachtungen notiert habe.

Verteidigerin Sturm Ist die Mimik bei jeder Person gleich?

Saß Nein.

Verteidigerin Sturm Wovon hängt sie ab?

Saß Von der jeweiligen Person. Unter anderem vom Alter, von der Persönlichkeit, der Vorerfahrung, von bewusstem Kontrollbemühen, von Ängsten. Es gibt eine Fülle von Einflussfaktoren.

Verteidigerin Sturm Lässt sich von der Mimik auf ein Gefühl schließen?

Saß In gewisser Weise schon. Natürlich muss man vorsichtig sein, wenn man die Psychomotorik seines Gegenübers beobachtet und daraus Rückschlüsse zieht. In einer Exploration stelle ich üblicherweise Rückfragen. »Oh, das wirkt so, als seien Sie traurig.« So in der Art. Es gibt Menschen, bei denen man vieles schon am Gesicht ablesen kann, und bei anderen ist das anders.

Verteidigerin Sturm Haben Sie entsprechende Fragen an die Angeklagte gestellt?

Oberstaatsanwalt Weingarten Das ist eine ungeeignete Frage. Die Antwort liegt für jeden offenkundig auf der Hand.

Saß Ich habe kein einziges Mal eine verbale Kommunikation mit Frau Zschäpe gehabt. Am ersten Verhandlungstag habe ich ihr die Hand gegeben. Ich habe ihr gesagt, dass wir nun lange miteinander zu tun hätten und ich gehört habe, dass sie für eine Exploration nicht bereit sei. Ich habe sie gefragt, ob es dabei bleibe. Sie hat Ja gesagt. Als ich ihr die Hand gab, gab es einen etwas erstaunten Blick von Frau Zschäpe, wenn ich das richtig in Erinnerung habe. Und damit war die Kommunikation zu Ende. Darüber hinaus habe ich keine weiteren Fragen an Frau Zschäpe gestellt, im Sinne von: »Sie wirken erstaunt, ist der Eindruck richtig?« Wie Sie ja sehr gut wissen, habe ich das nicht getan. Sich zu vergewissern, ob der Eindruck zutrifft oder täuscht, ist bei dem von der Verteidigung gewählten Antwortverfahren mit wochenlanger Verzögerung nicht das, was ich mit Rückkopplung eines Gesichtsausdrucks meine.

Verteidiger Stahl Herr Professor Saß, mir geht es um das Thema Prognose. Ich würde von Ihnen gerne ganz grundsätzlich die Kriterien erklärt bekommen. Wie kommen die zustande?

Saß Sie sind das Ergebnis jahrelanger Erfahrungen. Aus drei Quellen sind diese Kriterien herausdestilliert worden: aus eigenen Erfahrungen, aus den Erfahrungen des Herrn Habermeyer *(Professor Elmar Habermeyer)* und aus der Literatur.

Verteidiger Stahl Sie haben die Kriterien selber mitentwickelt?

Saß Ja.

Verteidiger Stahl Sie haben selber Untersuchungen gemacht?

Saß Anhand eigener Erfahrungen an Fällen mit Sicherungsverwahrten. Herr Habermeyer war mein Schüler. Er hat seine Habilitationsschrift zum Thema Sicherungsverwahrung gemacht.

Verteidiger Stahl Gibt es Validitätsuntersuchungen zu diesen Kriterien?

Saß Validität in Bezug auf was?

Verteidiger Stahl Darauf, dass ein Hang anhand der Kriterien festgestellt werden kann.

Saß Zum einen lege ich sehr großen Wert darauf, dass nicht der Gutachter einen Hang feststellt, sondern das Gericht …

Verteidiger Stahl Sie haben es doch selber Hangkriterien genannt!

Saß Ein Gutachter hat die im Werdegang, in der Persönlichkeit, in den Taten liegenden Aspekte zusammenzutragen und das dem Gericht zu präsentieren. Dann mag das Gericht den Schluss ziehen, dass ein Hang vorliegt oder nicht.

Verteidiger Stahl Ich zitiere aus Ihrem Manuskript: »An dieser Stelle sollen die Hangkriterien auf der Grundlage der vorgetragenen Einschätzungen und Befunde erörtert werden.« Sie listen dann neun Kriterien auf und sagen dann auf der Folgeseite: »Resümierend ergibt sich also auch bei Zugrundelegung dieser Kriterien ein hohes Überwiegen solcher Aspekte, die für das Vorliegen eines Hanges sprechen.« Meine Frage: Gibt es valides Material, dass bei Menschen, die diese Kriterien vermeintlich erfüllen, tatsächlich ein Hang vorliegt?

Saß *(nestelt an seinem Mikrofon herum, bis der Schaumstoffüberzug abfällt. Mit Mühe bekommt er ihn wieder drauf.)* Wenn die Kriterien vorliegen, hat das Gericht die Hangfrage zu bejahen oder nicht …

Verteidiger Stahl Herr Saß, ich will wissen, ob es funktioniert!

Saß Hang ist ein juristisches Konstrukt! Ich sage etwas über die Voraussetzungen, die es ermöglichen, die Hangfrage mit Ja oder Nein zu beantworten.

Verteidiger Stahl Sie weichen meiner Frage aus.

Saß Nein, ich weiche nicht aus. Untersuchungen über Jahrzehnte gibt es nicht.

Verteidiger Stahl Wie wurden die Kriterien dann entwickelt?

Saß Anhand meiner jahrzehntelangen Erfahrungen als Gutachter und anhand der Literatur.

Verteidiger Stahl Auf wie vielen Fällen beruhen Ihre Erfahrungen?

Saß Vielleicht fünfzig.

Verteidiger Stahl Fünfzig. Ich nehme an, Herr Habermeyer hatte auch etwa fünfzig eigene Fälle? Also insgesamt dann rund hundert Fälle?

Saß Ja. Sicherungsverwahrung ist kein sehr häufiges Thema.

Verteidiger Stahl Wie häufig kam es denn bei den hundert Fällen tatsächlich zur Sicherungsverwahrung?

Saß Das kann ich höchstens grob sagen. Vielleicht die Hälfte.

Verteidiger Stahl Habe ich Sie richtig verstanden, dass aus diesen Erfahrungen dann diese Kriterien entstanden sind?

Saß Ja. Sie sind das Destillat von Erfahrungen.

Verteidiger Stahl Kommen Sie mit dem vermeintlichen Vorliegen oder Nicht-Vorliegen der Kriterien dann zu einer sicheren Überzeugung, dass ein Angeklagter rückfällig wird oder nicht?

Saß Das kommt darauf an.

Verteidiger Stahl Worauf?

Saß Auf den Fall.

Verteidiger Stahl Gibt es da irgendeine Skalierung? Wahrscheinlichkeitsaussagen?

Saß Ist mir nicht bekannt.

Verteidiger Stahl Hat das mit den Kriterien außer Herr Habermeyer und Ihnen noch jemand anderes probiert?

Saß Ich nehme an, dass die Kriterien Eingang in Lehrbücher gefunden haben, das zeugt von einer gewissen Akzeptanz.

Verteidiger Stahl Dann zu den Kriterien selbst. Was ist unter dem ersten Kriterium – »eine zustimmende, ich-syntone Haltung zur Delinquenz« – zu verstehen?

Saß Es gibt Delikte, die sozusagen aus Versehen oder aus einer momentanen Aufwallung heraus entstehen. Dann gibt es Delikte, die von dem Täter sozusagen als legitime Handlung angesehen werden.

Verteidiger Stahl Von welchem Zeitpunkt sprechen Sie dabei? Von heute, dem Tatzeitpunkt oder von dem Zeitpunkt einer möglichen Haftentlassung?

Saß Ich bin bisher davon ausgegangen, dass der Gutachter die gegenwärtige Verfassung zu beurteilen hat. *(Bundesanwalt Herbert Diemer nickt.)* Nach meiner Kenntnis wurde es so auch in dem Paragrafen 66 Strafgesetzbuch aufgenommen.

Verteidiger Stahl Damit sagen Sie, dass bei Frau Zschäpe auch heute noch ein Hang vorliegt?

Saß Ich sage, wenn man von Szenario 2 ausgeht *(das heißt, wenn die Anklagevorwürfe zutreffen)*, ist das zu bejahen.

Verteidiger Stahl Woran machen Sie fest, dass Frau Zschäpe heute eine zustimmende Haltung zur Delinquenz aufweist?

Saß Verlässliche, belastbare Anhaltspunkte dafür, dass es zu einer Änderung gekommen ist, sind für mich nicht deutlich geworden.

Verteidiger Stahl Haben Sie etwas festgestellt, das dieses Kriterium bejaht?

Saß *(lacht)* Nein. Es ist nicht so, dass Frau Zschäpe gesagt hat: »Ja, ich bin immer noch überzeugt und will das so weitermachen.«

Verteidiger Stahl Eine Haltung kann sich ändern, haben Sie gesagt?

Saß Ja.

Verteidiger Stahl Wenn Sie sagen, dass Sie keine Anhaltspunkte beobachtet haben, dass eine solche Haltung aufgegeben wurde, welche Anhaltspunkte müssten das denn sein?

Saß Ich habe gesagt, dass es keine belastbaren, authentischen Hinweise gibt.

Verteidiger Stahl Was kann denn festgestellt oder nicht festgestellt werden?

Saß Ich habe das ausführlich behandelt: die Art der Reaktionen in der Hauptverhandlung, das Fehlen authentischer Reaktionen auf Zeugen, wo man emotionale Erschütterung hätte erwarten können und so weiter. Es hat ja geheißen, dass diese Beherrschung und das Ausbleiben von Reaktionen angeblich auf Verteidiger-Rat geschehen sind. Doch dieser Rat gilt seit Dezember 2015 nicht mehr, als Frau Zschäpe Angaben gemacht hat und die Strategie geändert wurde. Aber auch danach ist es beim weitgehenden Ausbleiben von authentisch erscheinenden Reaktionen geblieben.

Verteidiger Stahl Das war aber nicht Gegenstand meiner Frage. Ich wollte von Ihnen wissen, welche Hinweise es geben kann, dass eine zustimmende Haltung zur Delinquenz aufgegeben wurde.

Saß Die Frage habe ich beantwortet: Anzeichen von Erschütterung, von Betroffenheit, Äußerung von Mitgefühl. Letzteres wurde zwar geäußert, ist mir aber recht papieren erschienen. Von Rechtsanwalt Borchert haben wir darüber hinaus gehört, dass diese Äußerungen weitgehend von den Anwälten stammten.

Verteidiger Stahl Handelt es sich bei der Abwesenheit von authentischen Reaktionen nicht um sozial adäquates Verhalten eines Angeklagten in einem Gerichtsprozess? Denn grundsätzlich ist das Verhalten, das Frau Zschäpe an den Tag gelegt hat, doch nicht allzu unterschiedlich zum Verhalten der anderen Angeklagten.

Saß Das Verhalten von Herrn Schultze ist deutlich anders.

Verteidiger Stahl Hat er nicht auch mal gelangweilt auf seinen Laptop geguckt?

Saß Anders als bei Herrn Schultze habe ich bei Frau Zschäpe keine emotionale Erschütterung gesehen.

Verteidiger Stahl Die Erschütterung setzen Sie also voraus?

Saß Ich setze gar nichts voraus.

(Wenig später beendet der Richter den Verhandlungstag, weil Beate Zschäpe angibt, unter Kopfschmerzen zu leiden.)

Tag 346

14. Februar 2017

Manfred Götzl, Richter. **Jochen Weingarten**, Vertreter der Bundesanwaltschaft. **Hermann Borchert**, **Wolfgang Stahl**, **Anja Sturm**, Verteidiger von Beate Zschäpe. **Sebastian Scharmer**, Anwalt der Nebenklage. **Henning Saß**, psychiatrischer Gutachter.

Verteidiger Stahl Herr Professor Saß, Sie hatten ausgeführt, dass die Hangkriterien von Ihnen und Ihrem Schüler entwickelt wurden und jeder von Ihnen als empirische Erfahrungswerte etwa fünfzig Begutachtungen zugrunde gelegt hat. Ich bitte Sie, das jetzt nicht als Provokation aufzufassen: Sind Sie der Auffassung, dass diese Kriterien wissenschaftlichen Standards entsprechen?

Saß Ja, das tun sie. Sie sind gewonnen aus der wissenschaftlichen Analyse von Fällen und der Literatur. Da steckt eine Empirie dahinter.

Verteidiger Stahl Es sind Ihre persönlichen Erfahrungen, die dort eingeflossen sind?

Saß Natürlich, die Psychiatrie ist eine Erfahrungswissenschaft.

Verteidiger Stahl Der Begriff der Reliabilität, sagt Ihnen der etwas?

Saß *(klingt etwas sauer)* Ist die Frage ernst gemeint?

Verteidiger Stahl Der Begriff ist hier durchaus zu hinterfragen.

Götzl Was ist die Frage? Was ist der Bezugspunkt?

Verteidiger Stahl Wie kann man sichergehen, dass bei der Anwendung Ihrer Kriterien Ergebnisse zustande kommen, die unabhängig von der Person des Wissenschaftlers sind?

Saß Die Ergebnisse kommen nicht unabhängig von der Person des Sachverständigen zustande.

Verteidiger Stahl Das Ergebnis kann doch niemand außer Ihnen nachvollziehen!

Saß Ich bitte Sie, solche Bewertungen wegzulassen! Die Kriterien haben Eingang in Fachbücher gefunden. Sie werden also keineswegs so eklektisch wahrgenommen, wie Sie es hier darzustellen versuchen.

Verteidiger Stahl Kommen wir zu Ihrem zweiten Kriterium, »eine Schuldzuweisung nach außen, etwa zu Opfern, Außenstehenden und Umweltbedingungen«. Sie stellen fest: »Auch dies wäre, bedenkt man die dargestellte Externalisierungstendenz, zu bejahen«. Die Externalisierungstendenz, die Sie bei Frau Zschäpe festgestellt haben wollen, aus welchen Gründen sind Sie der Meinung, dass man das auch auf die Delinquenz übertragen kann?

Saß Die Externalisierungstendenz ist von mir mit zahlreichen Beispielen belegt worden. Frau Zschäpe hat gesagt, dass sie die Tötungs- und Sprengstoffdelikte nicht mitgetragen und nicht gewollt hat, sondern die Verantwortung ganz bei Uwe Mundlos und Uwe Böhnhardt gesehen hat. Das wäre im Szenario 2 *(das heißt, wenn die Anklagevorwürfe zutreffen)* eine Verschiebung nach außen. Auch die Brandstiftung stellt sie als Wunsch der Verstorbenen dar. Auch da wird die Verursachung außen gesehen und die eigene Urheberschaft, wenn es sie gegeben hat, negiert.

Verteidiger Stahl Haben Sie auch in der Hauptverhandlung solche Externalisierungstendenzen beobachtet?

Saß In den schriftlichen Angaben von Frau Zschäpe ist durchaus eine gewisse Tendenz zu sehen, die wesentliche Verursachung für die schwersten Vorkommnisse bei anderen und nicht bei sich selbst zu sehen.

Verteidiger Stahl In Ihrem Resümee heißt es: »Darüber hinaus kann beim heutigen

Kenntnisstand über die Persönlichkeit nicht festgestellt werden, dass bei Frau Zschäpe ein grundlegender Wandel in Haltungen und Überzeugungen eingetreten ist. Für eine solche Veränderung fehlen vielmehr belastbare Anhaltspunkte. Deshalb müsste meines Erachtens mit überwiegender Wahrscheinlichkeit davon ausgegangen werden, dass bei entsprechenden Möglichkeiten eine Fortführung ähnlicher Verhaltensweisen angestrebt wird.« Von welchen konkreten Möglichkeiten gehen Sie da aus?

Saß Es geht dabei zum Beispiel um die Frage, ob es eine Umgebung gibt, aus der heraus Straftaten mit rechtsradikal ausgerichtetem Hintergrund begangen werden können.

Verteidiger Stahl Wie meinen Sie das konkret?

Saß So, wie ich es gesagt habe. Die Möglichkeit eines Zusammenwirkens in einer Gruppe, in der rechtsradikales Gedankengut eine Rolle spielt.

Verteidiger Stahl Drei Personen, Anfang zwanzig, leben im Untergrund irgendwie zusammen. *(Er meint Beate Zschäpe, Uwe Mundlos und Uwe Böhnhardt.)* Diese Möglichkeit gibt es erneut?

Saß Da möchte ich auf den letzten Absatz auf derselben Seite verweisen. *(Dort steht, dass Saß bei Zschäpe im Falle eines Schuldspruches auch nach dem Tod von Mundlos und Böhnhardt »ein hohes Risiko für weitere Handlungen ähnlicher Art« sieht, »da in geeigneter Umgebung vergleichbare Konstellationen erneut eintreten können«.)*

Verteidiger Stahl Es heißt dort, »dass bei entsprechenden Möglichkeiten eine Fortführung ähnlicher Verhaltensweisen angestrebt wird«. Welche entsprechenden Möglichkeiten? Frau Zschäpe wird nie wieder Anfang zwanzig sein und nie wieder in einer entsprechenden Gemeinschaft leben.

Saß Natürlich kann ich jetzt keine ganz konkrete Situation konstruieren. Aber dass es rechtsradikale Kreise gibt, in denen es auch zu Aktionen kommt, das ist ja nicht fernliegend. Ich weiß nicht, was Sie da von mir hören möchten.

Verteidiger Stahl Was können Sie zur Repräsentativität der von Ihnen und Ihrem Kollegen ausgewählten Fälle sagen, aus denen Sie Ihre Hangkriterien entwickelt haben?

Saß Erstens, dass Frauen unter den Fällen, in denen es um Sicherungsverwahrung geht, eine verschwindend kleine Rolle spielen. Zweitens, dass auch sogenannte Gesinnungstaten sehr selten sind.

Verteidiger Stahl Das war die Antwort?

Saß Ja.

Verteidiger Stahl Also sind die Fälle nicht repräsentativ – oder wie soll ich das verstehen?

Saß Es handelt sich hierbei nicht um ein standardisiertes Untersuchungsinstrument.

Verteidigerin Sturm Wie viele weibliche Personen haben Sie für Prognosegutachten insgesamt untersucht?

Saß Unter zehn, würde ich mal sagen. Weil es extrem selten ist.

Verteidigerin Sturm Und wie viele Probanden losgelöst vom Geschlecht, bei denen es um politisch motivierte Straftaten ging?

Saß Größenordnung acht.

Verteidigerin Sturm Gab es eine Schnittmenge von Frauen und politisch motivierten Straftaten?

Saß Ja. Vielleicht drei Frauen. Es waren damals Prognosegutachten zu Fällen aus der RAF-Zeit.

Verteidigerin Sturm Wann haben Sie die erstellt?

Saß Anfang der 1990er-Jahre. In jüngster Zeit habe ich Männer im Zusammenhang mit der ISIS-Thematik begutachtet. *(Er meint islamistische Terroristen.)*

Verteidigerin Sturm Sind Ihnen Untersuchungen zur Delinquenzentwicklung bei Frauen im zunehmenden Alter bekannt?

Saß Mir sind keine derartigen Studien bekannt. Bekannt ist, dass bei Männern die Delinquenz im Alter abnimmt. Ich sehe keine Gründe, warum das bei Frauen anders sein sollte.

Verteidigerin Sturm In einer Exploration, welche konkreten Fragen hätten Sie Frau Zschäpe gestellt?

Götzl Das ist eine hypothetische Frage.

Verteidigerin Sturm Eine Prognose ist auch hypothetisch.

Saß Das ist schwer zu sagen, weil ich nicht weiß, wie der Gang der Exploration gewesen wäre. Natürlich frage ich so etwas wie: Wie war es mit Krankheiten? Wie war das Verhältnis zur Mutter? Haben Sie den Kindergarten besucht? Dann Fragen zur Delinquenz vor dem Untertauchen. Kam es einmal oder mehrmals vor? Wann hat es begonnen? Wie wurde es durchgeführt? Allein oder in Gruppen? Wie war die Reaktion des Umfelds? Wurde es entdeckt? Wurde es bestraft? Hat sich das Verhalten daraufhin geändert?

Verteidigerin Sturm Warum haben Sie diese Fragen nicht gestellt?

Saß Angesichts der Situation in der Hauptverhandlung und angesichts der Art, wie mit meinen Fragen umgegangen wurde – das schriftliche Einreichungsprozedere und das monatelange Warten auf Antworten –, habe ich es nicht für sachdienlich und Erfolg versprechend gehalten.

Verteidigerin Sturm Warum wäre es nicht sachdienlich gewesen?

Saß Mit diesem Prozedere erschien es mir nicht möglich, die Exploration nachzuholen. Es hieß ja auch, Fragen des Sachverständigen würden überhaupt nicht beantwortet. Letztlich hat das Gericht einige meiner Fragen übernommen, aber auf diese Art und Weise eine Delinquenz-Anamnese zu erheben, halte ich nicht für möglich.

Verteidigerin Sturm Auf Seite 16 schreiben Sie: »Über Ziele, Wünsche, Hoffnungen und Träume, über tiefer gehende Gemütsbewegungen, langfristige Ziele und Wertvorstellungen war weder aus ihren eigenen Erklärungen noch aus den Angaben von Zeugen beim Versuch entsprechender Fragen etwas zu erfahren.« Weshalb haben Sie diese konkreten Fragen nicht an Frau Zschäpe gerichtet?

Saß Es kommt mir ein bisschen paradox vor: Zunächst wird die Exploration verweigert, dann erklärt, dass Fragen des Sachverständigen nicht beantwortet werden, nun fragen Sie, warum ich dies und dies und dies nicht gefragt habe.

Verteidigerin Sturm Wäre es nicht relevant, was Frau Zschäpe in ihrem Leben noch für Pläne hätte?

Saß Langfristige Wertvorstellungen und Ähnliches lassen sich auf diese Art meiner Auffassung nach nicht sachdienlich behandeln. Dies setzt eine Interaktion im Gespräch voraus.

Götzl *(zu Zschäpes Verteidigern)* Frau Zschäpe könnte sich im Übrigen auch jederzeit selbst dazu noch äußern.

Verteidiger Borchert Herr Professor Saß, Sie beschrieben das Verhalten der Mandantin als nüchtern, sachlich, emotionslos und dergleichen. Ich möchte noch einmal die Erklärung der Mandantin vom 9.12.2015 vorlesen und fragen, ob es bei Ihrer Beurteilung bleibt. »Ich fühle mich moralisch schuldig, dass ich zehn Morde und zwei Bombenanschläge nicht verhindern konnte. Ich fühle mich moralisch schuldig, dass ich nicht in der Lage war, auf Uwe Mundlos und auf Uwe Böhnhardt entsprechend einzuwirken, unschuldige Menschen nicht zu verletzen und nicht zu töten. Ich hatte Angst davor, dass sich beide umbringen und dass ich mit ihnen meine Familie, allen voran Uwe Böhnhardt, verlieren würde. Ich fühle mich moralisch schuldig, dass bei fünfzehn Raubüberfällen die betroffenen Personen körperlichen und seelischen Schaden davongetragen haben, um selbst finanziell gesichert leben zu können. Ich wünschte, dass Tino Brandt früher aufgeflogen, wir vor dem Untertauchen verhaftet und die vielen Straftaten nicht passiert wären. Ich entschuldige mich aufrichtig bei allen Opfern und Angehörigen der Opfer der von Uwe Mundlos und Uwe Böhnhardt begangenen Straftaten.« Später, am 29.9.2016, sagte die Mandantin selbst: »Ich verurteile das, was Uwe Böhnhardt und Uwe Mundlos ihren Opfern und deren Familien angetan haben, sowie mein eigenes Fehlverhalten.« Vor dem Hintergrund dieser Vorhalte, kann man nach wie vor bei Frau Zschäpe von »Mängeln in der Gemüthaftigkeit und Empathie« ausgehen, wie Sie es in Ihrem Gutachten tun?

Saß Sie selbst haben ja darauf hingewiesen, dass für den sprachlichen Ausdruck weitgehend die Verteidigung federführend gewesen ist. Daher stellt sich die Frage der Authentizität.

Verteidiger Borchert Die Mandantin hat sich selbst bei der Polizei gestellt. Ich vermisse jegliche Äußerungen dazu in Ihrem Gutachten. Sie hat sich gestellt. Spricht das nicht dafür, dass sie sich der Verantwortung für zurückliegende Taten stellt und dass sie von der rechten Szene getrennt ist? Sie ist dort nicht untergetaucht, diese Möglichkeit hätte ja bestanden.

Saß Man könnte das so sehen, dass das Stellen bedeutet, dass sie sich ihrer Verantwortung stellt, ja. Das sehe ich auch so. Dass das gleichzeitig eine Distanzierung von der rechten Szene bedeutet, kann ich so nicht erkennen.

Verteidiger Borchert Sie können diesen Schluss nicht daraus ziehen, dass sie nicht bei ihren damaligen Freunden untergetaucht ist?

Götzl Das ist schwierig, wenn Sie von dem Sachverständigen eine Beweiswürdigung verlangen.

Verteidiger Borchert Gut. Dann eine andere Frage. Ist für den Sachverständigen von Bedeutung, wann die Mandantin sich geäußert hat?

Saß Es ist schon von Bedeutung, wann und unter welchen Umständen Äußerungen kommen. Das spielt bei der Frage, wie viel Gewicht die Aussage hat, auch für den Gutachter eine Rolle.

Verteidiger Borchert Man kann innerhalb einer Aussage aber gar nicht alles sagen. Deshalb hat Frau Zschäpe ja nach und nach sämtliche Fragen beantwortet.

Anwalt Scharmer Das ist falsch. Sie hat nicht sämtliche Fragen beantwortet.

Verteidiger Borchert Ihre nicht, da gebe ich Ihnen recht.

Saß Meine auch nicht.

Verteidiger Borchert Haben Sie für Ihr Gutachten die Gefangenenakte beigezogen, um zu erfahren, wie Frau Zschäpe sich in den letzten fünf Jahren in der Untersuchungshaft verhalten hat?

Saß Nein.

Verteidiger Borchert Hat das einen bestimmten Grund?

Saß Es ist an sich nicht üblich, während eines Strafverfahrens die Gefangenenpersonalakten beizuziehen.

Götzl *(an Verteidiger Borchert gewandt)* Gibt es Anhaltspunkte, die für die Gutachtensfragen von Bedeutung sind, die sich aus der Gefangenenakte und dem Verhalten von Frau Zschäpe in der JVA ergeben?

Verteidiger Borchert Es wird ein Beweisantrag zu dem Thema vorbereitet. Herr Professor Saß, ist für Sie für Ihr Gutachten von Interesse, wie Frau Zschäpe sich in den letzten fünf Jahren in der Untersuchungshaft verhalten hat?

Saß Wenn in der Gefangenenpersonalakte solche Informationen drin sind, dann ist es von Interesse.

Verteidiger Borchert Und wenn eine Bedienstete aus der JVA hier als Zeugin aussagt? Ist das auch von Interesse?

Saß Verneinen tue ich das nicht.

Verteidiger Borchert Gut, Frage beantwortet. Nun möchte ich dem Sachverständigen einen Vorhalt aus dem Gutachten von Herrn Professor Nedopil vom 4.3.2015 machen. Auf Seite 14 unten heißt es: »Die Belastungen, denen Frau Zschäpe ausgesetzt ist, so nachvollziehbar sie auch sein mögen, dürften für die meisten Menschen über längere Zeiträume nur schwer ertragbar sein und zu psychischen und psychosomatischen Reaktionsbildungen führen. Diese Reaktionsbildungen beeinträchtigen die weitere Belastungsfähigkeit und führen üblicherweise zu einem Kreislauf, in welchem sich Belastungen und psychophysische Erschöpfung gegenseitig verstärken, was letztendlich zu einer Zunahme der Symptomatik führt.« Ist Ihnen das im Detail bekannt?

Saß Ja.

Anwalt Scharmer Also, ich kann die Frage nicht beanstanden und auch nicht prüfen, da das Gutachten von Professor Nedopil nicht Bestandteil der Akten ist. Wir konnten es bisher nur auf der Geschäftsstelle einsehen. Wenn nun daraus vorgehalten wird, müssten wir das Gutachten während der Verhandlung zur Verfügung haben. Anders als Herr Professor Saß hat Professor Nedopil Frau Zschäpe ja immerhin exploriert.

Götzl Das stellt kein Problem dar, das Gutachten zu kopieren und zur Verfügung zu stellen. Wie umfangreich ist es?

Verteidiger Borchert 17 Seiten.

(Die Hauptverhandlung wird für eine Kopierpause unterbrochen.)

Verteidiger Borchert Nach dem Vorhalt aus dem Nedopil-Gutachten habe ich die Frage an den Sachverständigen, ob er dies bei seiner Feststellung berücksichtigt hat, dass bei Frau Zschäpe die Empathie fehle.

Saß Ja. Ich habe es in meinem Gutachten auch kenntlich gemacht. Ich formulierte es als eine »Periode mit vermehrten Beschwerden, am ehesten psychovegetativer Art, im Frühjahr 2014, die wohl als Reaktion auf prozessbedingte Belastungen anzusehen sind«.

Verteidiger Borchert Haben Sie auch berücksichtigt, dass aus Sicht einer Angeklagten ein emotionales Auftreten in Bezug auf Zeugenvernehmungen so gewertet werden könnte, dass ein Geständnis abgelegt wird?

Saß An eine solche Schlussfolgerung habe ich nicht gedacht, nein.

Verteidiger Borchert Können Sie sich daran erinnern, dass Sie es in anderen Strafverfahren erlebt haben, dass ein Angeklagter sehr emotional reagiert hat und das Gericht das dann als Bestätigung für einen Schuldvorwurf gewertet hat?

Saß Nein, daran kann ich mich nicht erinnern.

Anwalt Scharmer In dem Gutachten von Professor Nedopil findet sich auf Seite 5 auch folgende Passage: »In Bezug auf die Hauptverhandlung berichtete sie, dass sie zunächst gedacht habe, dass sie es einfach so schaffe. Sie habe geglaubt, dass sie das Schweigen durchhalten und die Fassade aufrechterhalten könne. Im Gerichtssaal gehe es aber zu ›wie in einem Kriegsgebiet‹. Die Vorwürfe und Zermürbungstaktiken der Nebenklage, die Zeitverzögerungen, die Kränkungen und Beleidigungen, die Vergeudung von Zeit auf Nebenkriegsschauplätzen würden sie zunehmend zermürben.« Wäre dies für Ihre Einschätzung relevant?

Saß Das ist etwas, was die Einschätzung unterstützt. Es wird deutlich, dass das Verfahren eine Belastung für Frau Zschäpe darstellt. Es wird nicht ausgeführt, dass die Belastung im Gegenstand des Verfahrens liegt, sondern im Verhalten der Nebenklagevertreter. Es hätte ja auch sein können, dass die Vergegenwärtigung der Taten als Belastung erscheint. Betroffenheit über das Leid der Opfer oder irgendetwas anderes, was sich auf die Tatvorwürfe bezieht, wird von ihr nicht genannt.

Anwalt Scharmer Auf Seite 5 im Nedopil-Gutachten gibt es den Satz: »Zunehmend falle es ihr auch schwerer, unbeweglich im Gerichtssaal zu verbleiben oder sich hinter dem Laptop zu verstecken, um sich abzulenken.« Ist diese Einschätzung für Sie von Relevanz?

Saß Ja, das wäre eine Frage zum Verhalten, die man stellen würde. Und hier hat sie es beantwortet. Hier hat sie bestätigt, was ich vermutet habe.

Anwalt Scharmer Danke.

Verteidiger Borchert Wenn Sie zitieren, dann bitte vollständig: »Dies falle insbesondere dann schwer, wenn Bekannte aus früheren Zeiten über sie reden würden und sie nicht in der Lage sei, etwas richtigzustellen oder zu erklären, dass sich etwas geändert habe.«

Götzl Noch eine organisatorische Frage an Sie, Herr Rechtsanwalt Borchert. Wann können wir in etwa mit Ihrem Beweisantrag rechnen?

Verteidiger Borchert Spätestens morgen früh.

Tag 347

15. Februar 2017

Manfred Götzl, Richter. **Hermann Borchert, Wolfgang Heer**, Verteidiger von Beate Zschäpe. **Sebastian Scharmer**, Anwalt der Nebenklage. **Henning Saß**, psychiatrischer Gutachter.

Götzl Rechtsanwalt Borchert hat dem Gericht mitgeteilt, dass sich der Beweisantrag auf nächste Woche verzögern wird. Herr Rechtsanwalt Borchert, wird sich in dem Antrag auf die Gefangenenakte von Frau Zschäpe bezogen werden?

Verteidiger Borchert Der Beweisantrag wird sich nicht auf die Gefangenenakte berufen. Ich sehe das Erfordernis nicht. Aber wenn der Senat … *(Borchert beendet seinen Satz nicht und Götzl ignoriert ihn.)*

Götzl Gibt es weitere Fragen an den Sachverständigen Herrn Professor Saß?

Verteidiger Heer Kollegin Sturm, Kollege Stahl und ich haben im Moment keine weiteren Fragen an den Sachverständigen. Wir müssten zunächst hören, wie der Beweisantrag ausschaut.

Anwalt Scharmer Herr Professor Saß, ich habe eine Frage. Wenn man unterstellte, dass sich Frau Zschäpe in den letzten fünf Jahren in U-Haft vollkommen beanstandungsfrei geführt hat, würde das etwas an den Ergebnissen Ihrer Begutachtung ändern?

Saß Es wäre eine interessante Information. Grundsätzlich wäre aber zu berücksichtigen, dass sich bei Frau Zschäpe über die vielen Jahre im Untergrund die Haltung sehr tief eingeschliffen haben dürfte, sich bedeckt zu halten und einen unauffälligen Eindruck zu machen. Diesen Aspekt müsste man sicherlich bei der Bewertung berücksichtigen.

Götzl Nachfrage bei Ihnen, Herr Rechtsanwalt Borchert, wäre der ins Auge gefasste Zeuge oder die ins Auge gefasste Zeugin kurzfristig beibringbar?

Verteidiger Borchert Ja, ja.

(Am Ende dieses Tages verkündet Götzl noch den Beschluss des Senats, dass der Antrag der Verteidigung Wohlleben vom 340. Prozesstag abgelehnt wird. Es war beantragt worden, einen Sachverständigen für Demografie zu laden. Für die Entscheidung des Gerichts seien die unter Beweis gestellten Tatsachen ohne Bedeutung.)

Tag 348

16. Februar 2017

(Ein früherer Mitarbeiter des Thüringer Verfassungsschutzes, der heute als Richter am Sozialgericht Gotha arbeitet, soll als Zeuge etwas zum Neonazi-Treffen »Hetendorfer Tagungswoche« im niedersächsischen Hetendorf sagen. Im Juni 1997 hatte Beate Zschäpe an dem Treffen auf dem Gelände des bundesweit einflussreichen Rechtsextremisten Jürgen Rieger teilgenommen. Die Befragung des Zeugen dauert nur wenige Minuten, weil er keine Erinnerung mehr an seine Arbeit zum Thema hat.

Außerdem verkündet der Senat den Beschluss, dass der Befangenheitsantrag von Ralf Wohlleben gegen den Psychiater Norbert Leygraf abgelehnt wird. Leygraf hat den Mitangeklagten Carsten Schultze begutachtet. Dieser hat in seinen umfangreichen Aussagen Wohlleben schwer belastet.

Außerhalb der Hauptverhandlung wird bekannt, dass Beate Zschäpe mit dem Psychiater Joachim Bauer aus Freiburg sprechen möchte. Ihr Verteidiger Mathias Grasel hat bei Gericht eine Dauerbesuchserlaubnis für Bauer beantragt. In Grasels Schreiben an den Richter heißt es: »Frau Zschäpe möchte vor dem Hintergrund des – in meinen Augen wenig belastbaren – Gutachtens des gerichtlich bestellten Sachverständigen Herrn Professor Saß mit einem qualifizierten Arzt sprechen, sich eine zweite, wissenschaftlich fundierte Meinung einholen und sich gegebenenfalls von diesem auch explorieren lassen.«)

Tag 349

21. Februar 2017

Manfred Götzl, Richter. **Manfred B.**, 58, Sozialarbeiter der Jugendgerichtshilfe Düsseldorf. **Mathias Grasel, Wolfgang Heer**, Verteidiger von Beate Zschäpe. **Eberhard Reinecke**, Anwalt der Nebenklage.

Götzl Wir kämen zunächst zu dem angekündigten Beweisantrag.

(Zschäpes Verteidiger Borchert und Grasel hatten angekündigt, den Antrag stellen zu wollen, dass eine Justizvollzugsbeamtin im NSU-Prozess über Beate Zschäpes Verhalten in der Untersuchungshaft aussagen soll.)

Verteidiger Grasel Der Antrag konnte aus organisatorischen Gründen noch nicht fertiggestellt werden, tut mir leid.

Götzl Was heißt hier aus organisatorischen Gründen? Gut, das ist Ihre Sache. Soll er denn überhaupt gestellt werden? Wenn nicht, könnten wir die Befragung des psychiatrischen Sachverständigen Saß fortsetzen. Sonst führt es automatisch zu einer Verzögerung.

Verteidiger Grasel Das ist mir durchaus bewusst. Allerdings bedarf es noch einer Abklärung.

Götzl Wir hängen mit dem geplanten Programm nun etwas in der Luft.

Verteidiger Grasel Das ist mir bewusst.

Götzl Wir werden jetzt mal für zehn Minuten unterbrechen.

(Pause.)

Götzl Dann wird bekannt gegeben, dass wir für morgen Frau Hauck von der JVA als Zeugin geladen haben, zum Thema: Das Verhalten von Frau Zschäpe in der Haft.

Verteidiger Heer Wer ist denn das?

Götzl Die zuständige Abteilungsleiterin der JVA München.

(Nun sagt Manfred B. von der Jugendgerichtshilfe Düsseldorf aus. Er soll eine Beurteilung

des Reifegrads des Angeklagten Carsten Schultze zum Tatzeitpunkt abgeben. Schultze war 20 Jahre alt, als er laut seinem Geständnis die Mordwaffe des NSU an Uwe Mundlos und Uwe Böhnhardt lieferte. Damit gilt Schultze zum Tatzeitpunkt als Heranwachsender. Je nach seiner damaligen Reife kann er nach Jugend- oder nach Erwachsenenstrafrecht verurteilt werden.)

Manfred B. Ich habe den Herrn Schultze 13 Jahre nach der Tat gesprochen. Ich habe mir angeschaut, welche Lebensplanung der Herr Schultze hatte. Er geht aus sexuellen Motiven und aus einer Protesthaltung heraus in die rechte Szene. Erst lässt er sich treiben, dann ist er sehr zielstrebig, versucht, viele Kontakte aufzubauen, wird sehr aktiv. Er zahlt dafür einen hohen Preis, weil die Kontakte mit zunehmendem Maß die Verleugnung eigener Gefühle und Bedürfnisse nach sich ziehen. Er hat sehr lange gebraucht, seine sexuelle Identität zu finden. Erst im Jahr 2000 beginnt er, mit dem Lösen aus der rechten Szene sein Leben neu zu planen. Deswegen gehe ich davon aus, dass das, was davor gelaufen ist, keine Lebensplanung war, die wirklich eine realistische Grundlage hatte.

Mit 17, 18 Jahren versucht er, gegenüber den Eltern verstärkt Eigenständigkeit zu demonstrieren, indem er eine politische Einstellung vertritt, die weder Vater noch Mutter gefallen. Das ist eine normale Entwicklung: Grenzen austesten und in Widerspruch zu den Eltern gehen. Das ist altersentsprechend gelaufen bei ihm. Im Umgang mit Gleichaltrigen und Freunden sieht es da etwas schwieriger aus. Er kriegt schon mit, dass er durch seine Reaktionen anders eingeschätzt wird als andere in der Klasse. Er hat mir zu verstehen gegeben, dass er damals nicht vor Selbstbewusstsein gestrotzt hat. Als Antwort auf die Frage von Professor Leygraf, warum er sich der rechten Szene angeschlossen hat, sagte er: Ja, mehr sein wollen. In der Schule sei er immer so weit unten gewesen. Für mich ist schwer zu beurteilen, ob Herr Schultze damals seinen Alltag altersgerecht bewältigt hat. Es ist unklar, wie er damals körperlich entwickelt war, wie er gesprochen hat.

Er scheint von 1997 bis 2000 sehr zielgerichtet an einer politischen Karriere gearbeitet zu haben. Er selber bezeichnete sich als kommunikativ, zugänglich und aufgeschlossen. Aus manchen Äußerungen spricht jedoch ein übersteigertes Geltungsbedürfnis. Dies trifft man häufig bei Menschen an, deren Selbstbewusstsein nicht so ausgeprägt ist. Und es spricht nicht für die Reife eines erwachsenen Menschen. Als Mitglied der rechten Szene habe er positives Feedback bekommen. »Man war ja dann auch wer«, hat er mir gesagt. Und dass es schon ein tolles Gefühl gewesen sei, wenn ein Polizeiauto neben einem angehalten habe und es dann hieß: »Guten Tag, Herr Schultze.« Mir gegenüber sagte er, er habe sich geschmeichelt gefühlt, dass er Telefonkontakt zu Mundlos und Böhnhardt halten sollte. »Ich hatte das Gefühl, dass ich da was Tolles gemacht

habe«, sagte er. Das ist gemeint mit: da übersteigert jemand sein Selbstwertgefühl.
Seine Eigenständigkeit gegenüber Peers *(Gleichaltrigen)* blieb unklar. Es gibt Hinweise, dass er sich an älteren Kameraden orientiert hat. Er hat Aufträge entgegengenommen, zum Beispiel ein Motorrad zu stehlen, Dokumente aus der Wohnung von Frau Zschäpe zu holen. Ein Hinweis ist auch, dass Uwe Mundlos und Uwe Böhnhardt ihn »Kleener« genannt haben sollen. Herr Schultze hat mehrere politische Ämter bekleidet und gegenüber Jüngeren Verantwortung übernommen. Das ist nur mit eigenständigem, überzeugendem Auftreten zu erreichen, sonst wäre er nicht in diese Ämter gewählt worden.
Zwischen dem 13. und 21. Lebensjahr treten in der psychosexuellen Entwicklung Verzögerungen und Beeinträchtigungen zutage. Die psychosexuelle Entwicklung ist eine elementare Entwicklungsaufgabe in der Adoleszenz für einen jungen Menschen. Diese Zeit prägt die Jugendzeit und das Erwachsenwerden ganz entscheidend. Das Verleugnen der eigenen Homosexualität, das So-tun-als-ob-Leben dürfte sich auch auf andere Lebensbereiche ausgewirkt haben, auf die Freizeit, auf das Arbeitsfeld. Über Jahre war Carsten Schultze auf der Suche nach seiner sexuellen Identität, bis er im November 2000 sein spätes Coming-out hatte. Bis dahin fehlten partnerschaftliche Beziehungen ganz. Sein weiterer Werdegang erweckt den Anschein, als ob jemand ein neues Leben beginnt und Reifungsprozesse stattfanden, die bislang blockiert waren.
Nach der Gesamtwürdigung seiner Persönlichkeit gehe ich davon aus, dass Herr Schultze zum Tatzeitpunkt in seiner sittlichen, geistigen und seelischen Reife noch einem Jugendlichen gleichstand.
(Der Zeuge verlässt den Saal.)

Götzl Gibt es noch Anträge oder Erklärungen?

Anwalt Reinecke Ich beantrage, folgende Zeugen zu vernehmen: Chris M., Leiter der Unternehmenskommunikation der dpa *(Deutsche Presse-Agentur)*, Lars F., zu laden über die Freie Presse Chemnitz, und Michael T., Geschäftsführer der Mediengruppe Thüringen Verlag GmbH, zu laden über die Thüringer Allgemeine. Die Beweiserhebung wird ergeben, dass die dpa im Jahre 2001 über den Bombenanschlag in der Probsteigasse *(in Köln)* nicht berichtet hat. Die Beweiserhebung wird weiter ergeben, dass auf dieser Grundlage auch in Sachsen und Thüringen verbreitete Lokalzeitungen, wie insbesondere die Freie Presse und die Thüringer Allgemeine mit ihren jeweiligen Lokalausgaben und -ablegern im Jahre 2001 nicht über den Anschlag in der Probsteigasse berichtet haben. Begründung: Durch die Beweiserhebung wird an einem weiteren Punkt deutlich, dass die Angeklagte Zschäpe in ihrer Einlassung nicht die Wahrheit gesagt hat. Die Angeklagte hat sich zu ihrer Kenntnis über den Anschlag in der Probsteigasse am 9. 12. 2015 wie folgt eingelassen: »In den folgenden Wochen wurde nur das Nötigste gesprochen. So erfuhr ich vom Bombenanschlag in der Probsteigasse in Köln erst, als ich sie *(Mundlos und Böhnhardt)* nach Berichten in der Presse darauf ansprach, ob sie etwas damit zu tun hätten. Vor der heftigen Diskussion Mitte Dezember 2000 hatte ich mehrfach mitbekommen, dass die beiden über Köln sprachen. Beide berichteten mir, dass sie die Aktion vor Weihnachten vorbereitet hätten. Uwe Böhnhardt habe die Bombe in seinem Zimmer gebaut, und nach unserer intensiven verbalen Auseinandersetzung hätten sie diese nach Köln verbracht. Es war Uwe Böhnhardt, der den Korb mit der Bombe im Geschäft deponierte, während Uwe Mundlos in Sichtweite vor dem Geschäft gewartet hatte.« Nach dieser Behauptung will die Angeklagte also durch mehrere Berichte »in der Presse« von dem Anschlag erfahren haben. Tatsächlich wurde aber – abgesehen von Zeitungen in Köln und Umgebung – über diesen Bombenanschlag gar nicht berichtet. In einer Mail vom 17. 2. 2017 teilte der Zeuge M. dem Unterzeichner dazu bedauernd mit: »Wir haben damals direkt nach der Explosion nicht über den Anschlag berichtet. Der Grund klingt in den Ohren der Opfer vielleicht etwas zynisch, aber für die bundesweite Berichterstattung war der Vorfall einfach nicht relevant genug. Zumal die Hintergründe der Tat ja völlig unklar waren.« Aufgrund der Beweiserhebung wird sich also herausstellen, dass die Angeklagte nicht aus »Berichten in der Presse« auf die Probsteigasse aufmerksam geworden sein kann. Das Eingeständnis der Angeklagten Zschäpe, dass sie vom Bombenanschlag in der Probsteigasse wusste, erlaubt daher nur den Rückschluss, dass sie von vornherein in die Anschlagspläne eingeweiht war, sie nicht aus der Presse, sondern unmittelbar von Mundlos und Böhnhardt von dem Anschlag erfahren hatte, ohne dass sie diese gefragt hat.

(An einem späteren Prozesstag – dem 351. – wird das Gericht den Beweisantrag von Nebenklagevertreter Reinecke ablehnen.)

Tag 350

22. Februar 2017

Manfred Götzl, Richter. **Mariona Hauck**, 46, Regierungsdirektorin, stellvertretende Anstaltsleiterin der JVA München-Stadelheim. **Herbert Diemer**, Vertreter der Bundesanwaltschaft. **Mathias Grasel, Wolfgang Heer, Wolfgang Stahl, Anja Sturm**, Verteidiger von Beate Zschäpe. **Thomas Bliwier, Mehmet Daimagüler, Adnan Erdal, Yavuz Narin, Sebastian Scharmer**, Anwälte der Nebenklage. **Henning Saß**, psychiatrischer Gutachter.

Götzl Es geht uns um das Verhalten von Frau Zschäpe in der JVA in München. *(Er verliest die Aussagegenehmigung der Beamtin, sie ist ohne Einschränkungen.)*

Götzl Berichten Sie von sich aus, was Sie mitteilen können.

Hauck Frau Zschäpe ist seit März 2013 in München, ihre vollzugliche Führung ist unauffällig, keinerlei disziplinarische Auffälligkeiten in der ganzen Zeit. Sie ist freundlich, korrekt, höflich. Auf der Station ist sie gut integriert und im Anstaltsablauf auch. Das ist im Großen und Ganzen, was ich berichten kann. Besonderheiten gab es keine.

Götzl Hatten Sie auch persönlich Kontakt zu Frau Zschäpe?

Hauck Ja, mehrmals, als es um vollzugliche Angelegenheiten ging. Mir gegenüber war sie immer höflich im Kontakt, immer sachlich. Ein Beispiel: Einmal ging es um den Hofgang und um Sportmöglichkeiten. Frau Zschäpe spielt gern Volleyball, es standen nicht genug Bälle zur Verfügung, da haben wir nachgebessert. Wir kontrollieren den Haftraum, die Übersichtlichkeit muss gewahrt sein, es dürfen nicht zu viele private Gegenstände im Haftraum sein, da hat man zweimal miteinander gesprochen. Frau Zschäpe ist lang inhaftiert, länger als andere, da sammeln sich mehr Gegenstände an.

Götzl Was war das Ziel dieses Gespräches?

Hauck Das Ziel war, dass sie ihre Haftraumhabe reduziert.

Götzl Wie hat sie reagiert?

Hauck Sie hat ihre Argumente vorgebracht. Wir haben uns geeinigt, sie hat reduziert. Dann war die Übersichtlichkeit wieder gewahrt.

Götzl Welche Argumente hat sie vorgebracht?

Hauck Das ist schon eine Sondersituation, wir sind eine Anstalt für U-Haft und kurze Haft. Vier Jahre sind eher ungewöhnlich. In der JVA Straubing ist es üblich, dass umfangreiche Habe im Haftraum ist. *(In der bayerischen Justizvollzugsan-*

stalt Straubing sitzen Gefangene mit langen Haftstrafen.) Wir kontrollieren sehr oft die Hafträume, auch bei Frau Zschäpe. Deswegen muss es für uns natürlich möglich sein, in angemessener Zeit den Haftraum zu kontrollieren. Wir haben immer eine einvernehmliche Lösung gefunden.

Götzl Welche Argumente kamen von Frau Zschäpe?

Hauck Frau Zschäpe zeichnet gern, bastelt gern, sie versendet die Dinge. Aber dann hat sie reduziert.

Götzl Wie muss ich mir den Gesprächsverlauf vorstellen?

Hauck Wir setzen uns dann schon durch. Einvernehmlich ist das nicht. Die Dienstleitung und ich sprechen mit der Gefangenen, wir tragen vor, was wir gerne hätten. Die Gefangene darf ihre Argumente vortragen. Alternativ, wenn die Gefangene nicht einlenkt, dann ist das ein Disziplinargrund.

Götzl Hat Frau Zschäpe Ihre Argumente akzeptiert?

Hauck Sie akzeptiert die Entscheidung. Viele Gefangene können unseren Argumenten nicht folgen, aber unsere Entscheidungen werden dann akzeptiert.

Götzl Hat sie noch etwas dagegen vorgebracht?

Hauck Nein.

Götzl Sie hatten Hofgang und Sport angesprochen. Welche Angebote bietet die JVA für Frau Zschäpe?

Hauck Frau Zschäpe nimmt am normalen Anstaltsalltag teil, der Sport ist kein Extra-Angebot, das ist beim Hofgang. Am Hofgang nimmt sie teil. Es gibt zwei andere Gefangene, von denen sie grundsätzlich getrennt gehalten werden soll. Wenn die nicht kommen, dann kann sie auch an Konzerten oder Lesungen teilnehmen.

Götzl Nimmt sie die Angebote wahr?

Hauck Zum Teil. Am Weihnachtsgottesdienst hat sie 2015 teilgenommen, auch an der Bastelgruppe.

Götzl Wurden Wünsche an Sie herangetragen, die abgelehnt wurden?

Hauck Ja, es gab immer wieder solche Anträge. Einmal wurde ein Antrag zur Umbuchung von Geld abgelehnt.

Götzl Gab es Vorkommnisse wie Streit, Auseinandersetzungen?

Hauck Nein, da weiß ich von nichts über Streit mit Mitgefangenen. Es gab einen Fall, da haben Mitgefangene berichtet, dass eine andere Gefangene hinter Frau Zschäpe ausgespuckt habe. Frau Zschäpe hat uns das berichtet. Diese Gefangene wurde auf eine andere Abteilung im Haus verlegt, um Unverträglichkeiten vorzubeugen.

Götzl Wie war das Verhalten von Frau Zschäpe zu anderen Gefangenen?

Hauck Unauffällig, sie pflegt Kontakt zu mehreren Gefangenen mit ganz unterschiedlichem Hintergrund.

Götzl Können Sie ihre Rolle beschreiben?

Hauck Natürlich hat sie aufgrund der langen Haftdauer – sie ist die am längsten inhaftierte Gefangene – eine Prominenz in der Anstalt, eine Sonderstellung.

Götzl Hat Sie mal über ihre Situation etwas geschildert oder haben Sie nur über Anträge geredet?

Hauck Wir haben gesprochen, dass die Haftsituation zum Teil belastend ist, dass auch die Termine bei Gericht zum Teil belastend sind. Wir haben Gespräche mit Seelsorgern und Psychologen angeboten.

Götzl Hat sie das Angebot angenommen?

Hauck Soweit ich weiß nein. Außer kurzen Gesprächen.

Götzl Gibt es sonstige Angebote der JVA an Frau Zschäpe? Beschäftigungen, Weiterbildungen?

Hauck Sie hat keine Arbeitserlaubnis, also kann sie auch nicht arbeiten. Das geht nicht. Sie nimmt Freizeitangebote wahr.

Anwalt Scharmer Können Sie uns sagen, ob Frau Zschäpe Besuch erhält?

Hauck Ja, von Angehörigen. Und von einer weiteren Person.

Anwalt Scharmer Wer ist die weitere Person?

Hauck Das ist, denke ich, eine Frage des Datenschutzes.

Anwalt Scharmer Es geht hier darum, ob sie sich von der rechten Szene gelöst hat. Ich halte die Frage aufrecht.

Götzl Ich halte die Frage für zulässig.

Hauck Das war die Frau K., soweit ich erinnere Desiree mit Vornamen.

Anwalt Scharmer Kennen Sie den Hintergrund dieser Frau?

Hauck Nein. *(Offenbar handelt es sich um eine ehemalige Mitgefangene von Zschäpe.)*

Anwalt Scharmer Ist Ihnen etwas bekannt geworden über Poststücke bei Frau Zschäpe? Die Symbole der rechten Szene enthalten?

Hauck Da ist mir nichts bekannt. Die Postkontrolle erfolgt nicht über die Haftanstalt.

Anwalt Scharmer Können Sie uns etwas über die finanziellen Verhältnisse von Frau Zschäpe sagen?

Verteidiger Grasel Diese Frage beanstande ich.

Anwalt Scharmer Die finanziellen Verhältnisse spielen immer eine Rolle, wenn es um die Persönlichkeit des Angeklagten geht. Außerdem geht es hier um Tatvorwürfe, die abstrakt dafür geeignet wären, Adhäsionsanträge zu stellen. *(Das bedeutet, dass die Hinterbliebenen der NSU-Opfer Anträge auf Entschädigung stellen könnten – falls Zschäpe Geld hat.)*

Götzl *(wendet sich an die Zeugin Hauck)* Die Aussagegenehmigung liegt vor, warum sollte die Frage nicht zulässig sein?

Hauck Sie bekommt regelmäßig Einzahlungen von außen, von nahen Angehörigen und einer dritten Person. Unterschiedlich hoch, mal 100, mal 200 Euro.

Anwalt Scharmer Wer ist die dritte Person?

Hauck Die dritte Person kenne ich auch nicht. Wollen Sie den Namen wissen?

Anwalt Scharmer Ja.

Hauck K., Enrico.

Anwalt Scharmer Können Sie etwas dazu sagen, ob Frau Zschäpe mit besonderen Kleidungsstücken aufgefallen ist?

Hauck Sie darf private Kleidung tragen, sie ist nicht aufgefallen.

Anwalt Scharmer Hat Sie Military-Bekleidung getragen?

Hauck Nein, ist uns nicht aufgefallen.

Anwalt Scharmer Wer sind die Bediensteten auf der Station, wo Frau Zschäpe ist, die den engsten Kontakt mit ihr haben?

Hauck *(Ihr Handy klingelt, sie macht es aus.)* Die Kolleginnen E. und S. Die sind auch im Dienst. Und die Sozialarbeiterin Frau von H.

Anwalt Scharmer Können Sie uns Auskunft geben, ob Frau Zschäpe Medien bekommt, die rechte Publikationen enthalten?

Hauck Soviel ich weiß nicht.

Anwalt Narin Frau Zschäpe hat dem Gutachter Professor Nedopil am 4. März 2015 gesagt, sie habe eine Einzelzelle der Oberklasse, die sie als gut und angemessen empfinde. Was versteht man darunter?

Hauck Sie hat einen ganz normalen Haftraum, Bett, Tisch, Stuhl, abgetrennte Toilettenkabine und ein Schrank und ein kleines Regal.

Anwalt Erdal Gab es Beschwerden von Mithäftlingen über Zschäpe?

Hauck Nein.

Anwalt Erdal Haben Sie von einer Mehl-Attacke gehört?

Hauck Ja, im April 2016, da war Frau Zschäpe aber nicht beteiligt. Gefangene haben Mehl, Zucker und Wasser von oben in den nächsten darunterliegenden Haftraum geschüttet.

Anwalt Erdal Eine Journalistin hat damals in der JVA eingesessen und berichtete über Zschäpe. Wissen Sie was darüber?

Hauck Die Dame aus dem Artikel in der »Zeit« war bei uns in Haft.

Anwalt Erdal Haben Sie den Zeitungsartikel dieser Dame gelesen? Dort wurde Frau Zschäpe als Königin von Stadelheim bezeichnet?

Hauck Ja, den Artikel haben wir gelesen.

Saß Hat es tiefere Gespräche, Gedankenaustausch zwischen Ihnen und Frau Zschäpe gegeben?

Hauck Nein.

(Die Zeugin verlässt den Saal.)

Anwalt Daimagüler Wenn man die Rolle von Frau Zschäpe verstehen will, die sie spielt – wobei das Wort »spielt« eine doppelte Bedeutung hat …

Götzl Bitte geben Sie eine Erklärung zur Zeugin ab, nicht allgemein.

Anwalt Daimagüler Wenn ich fortfahren dürfte …

Götzl *(erregt)* Nein. Ich hatte nicht den Eindruck, dass Sie eine Erklärung zur Zeugin abgeben wollen.

Anwalt Daimagüler *(ebenfalls mit erhobener Stimme)* Dann müssen Sie die Geduld haben, einen Satz anzuhören. Ich bitte Sie, die Emotionalität zugunsten der Sachlichkeit einzutauschen.

Götzl Ich bin sachlich. Ich bin auch jetzt sachlich. Ich würde Sie bitten, das auch zu bleiben.

Anwalt Daimagüler Die Zeugin hat hier beschrieben, dass Frau Zschäpe als Insassin der JVA relativ unauffällig ist. Ich glaube nicht, dass diese Beschreibung uns im Verfahren bei der Bewertung wirklich weiterhilft. In der Anklageschrift heißt es, sie habe im NSU-Trio die Rolle einer kommunikativen Außendarstellerin eingenommen. Sie tut genau das, sie verhält sich unauffällig. Tino Brandt hat sie als bauernschlau beschrieben, das passt sehr gut.

Anwalt Bliwier Die Aussage der Zeugin hat ergeben, dass sie sich von Enrico K. finanzieren lässt. Wir haben eben nachgeschaut. Dieser Mann sieht sich als Vorsitzender einer Initiative »Freiheit für Bea«. Er vergleicht auf Facebook und Twitter dieses Verfahren hier mit den Volksgerichtsverfahren. Er nennt den Prozess hier ein Lügenverfahren, er spricht von Lügenpresse. Wenn das so zutrifft, dann kann alles, was Frau Zschäpe zu ihrer Abkehr von der rechten Szene gesagt hat, vergessen werden. Das müsste von Amts wegen aufgeklärt werden.

Verteidiger Stahl Das ist absolut unfair. Sie verfügt in der JVA nicht über einen Internetanschluss. Sie kann das nicht nachprüfen. So geht es nicht.

Anwalt Bliwier Das muss man aufklären, sie nimmt Geld entgegen von jemandem, von dem sie nicht weiß, wer er ist. Wenn sie das weiß, dann kann alles vergessen werden, was sie über fehlende Einbindung in die rechte Szene gesagt hat.

Anwalt Narin *(stellt einen Antrag, um zu beweisen, dass Zschäpe am Schneiden des Bekennervideos beteiligt war. Es geht um ein Stück Papier, das im Brandschutt der Frühlingsstraße gefunden wurde und eine Art Drehbuch für den Film enthielt. Zudem um den Begriff des Wortes »Clip« und ob es einen Filmausschnitt bezeichnet.)* Die Angeklagte Beate Zschäpe, Uwe Mundlos und Uwe Böhnhardt haben unter der Bezeichnung »Clip« nichts anderes verstanden als die nach allgemeinem Sprachgebrauch geläufige Definition des Wortes, nämlich eine kurze Filmsequenz. Die Mitglieder des NSU bezeichneten im sogenannten Drehbuch eben solche kurze Sequenzen von jeweils weniger als einer Minute Länge aus der Zeichentrickserie »Paulchen Panther« als »Clips«, die für eine spätere Verwendung im NSU-Propagandavideo in Betracht kamen oder tatsächlich darin verarbeitet wurden. Mit der detaillierten, handschriftlichen Anleitung, die notwendige Bearbeitungsvorgänge beim

Schneiden der »Clips« Schritt für Schritt erklärt, sollten auch technisch nicht versierte Anwender in die Lage versetzt werden, mit entsprechender Software derartige Videosequenzen zu schneiden.

(Der Anwalt erläutert, dass Zschäpe bestritten hat, am Schneiden des NSU-Videos beteiligt gewesen zu sein. Angeblich sei es bei einer dokumentierten Wette mit Böhnhardt, bei der als Wetteinsatz das Schneiden von Videoclips vereinbart worden war, nur darum gegangen, unerwünschte Passagen wie Werbeeinblendungen oder Wiederholungen aus Fernsehserien zu entfernen. Vom Schneiden für einen Film wie das NSU-Video habe sie keine Ahnung. Yavuz Narin hält dem nun unter anderem entgegen, dass sich im sogenannten Drehbuch für den NSU-Film, also in der Wohnung gefundenen Notizen zum Erstellen des Films, eine detaillierte Anleitung zum Schneiden von Videoclips befunden habe. Die sei offensichtlich für Personen bestimmt gewesen sei, die vom Schneiden eines Films am Computer keine Ahnung hätten.)

Verteidigerin Sturm Ich beantrage, den Antrag wegen Bedeutungslosigkeit abzulehnen. Wenn man nicht ohnehin wüsste, dass der Antragsteller Jurist ist, dann wüsste man es jetzt, weil er um die Bedeutung jedes einzelnen Worts ringt. Die Beschreibung des Vorgangs, wie man Werbeclips ausschneidet, kann als wahr unterstellt werden. Mal wieder soll hier Tabula rasa gemacht werden: Mundlos war es nicht, also müssen es Zschäpe oder Böhnhardt gewesen sein. Weil Böhnhardt nicht auf der Anklagebank sitzt, muss es also Zschäpe sein. Weil sie es gekonnt haben muss, muss sie es auch gemacht haben. Das verfängt hinten und vorne nicht.

Anwalt Narin Mir geht es nicht darum, dass sie es geschnitten haben muss. Sie wurde in die Lage versetzt, die Clips zu schneiden, um den Wetteinsatz zu erfüllen.

Götzl Dann kommen wir zum Sachverständigen Professor Saß. Zunächst würde es darum gehen, auf die Informationen einzugehen, die wir über die Zeugin Hauck erhalten haben

Saß Ich habe in meinem mündlichen Gutachten und auch bei meiner Befragung ausgeführt, dass es zu den besonderen Fähigkeiten von Frau Zschäpe gehört, dass sie sich sehr kontrolliert und beherrscht der Situation anpassen kann. Sie hat viele Jahre im Untergrund verbracht, die ohne größere Panne verlaufen sind, zumindest ist nichts darüber bekannt geworden. Ich hatte von Camouflage gesprochen, von Verstellung. Das ist über viele Jahre mit Erfolg gemacht worden, es gibt keinen Grund anzunehmen, dass diese Fähigkeit nicht mehr besteht. Dass Frau Zschäpe nicht auffällig geworden ist in der JVA, überrascht nicht. In meinen Augen ist das auch nicht geeignet, um eine grundsätzliche Wandlung ihrer inneren Einstellungen und die Abkehr von früheren Einstellungen zu begründen.

Götzl Noch Fragen?

Verteidiger Heer Im Moment nicht, das Bedürfnis nach neuen Fragen kann sich aber entwickeln, wenn es zu einer Exploration kommen sollte. *(Die beiden neuen Verteidiger von Zschäpe, Borchert und Grasel, hatten angekündigt, Zschäpe werde sich »gegebenenfalls« von dem Psychotherapeuten Joachim Bauer aus Freiburg intensiv befragen lassen. Der Fachausdruck dafür ist Exploration.)*

Anwalt Scharmer *(wendet sich an Gutachter Saß)* Wir haben Frau Hauck gehört, als Abteilungsleiterin hat sie nicht oft Kontakt mit Frau Zschäpe. Es gibt aber auch Stationsbedienstete und Sozialarbeiter. Wäre es für Ihre Begutachtung relevant, von diesen Zeuginnen zu erfahren, wie sich Frau Zschäpe im alltäglichen Umgang verhält?

Saß Von Berichten über den alltäglichen Umgang verspreche ich mir keine Erkenntnisse, wichtig wäre, ob es Personen gibt, mit denen tiefer gehend über ihre Einstellungen gesprochen wurde.

Götzl Noch Fragen? *(Keiner meldet sich.)* Wir würden jetzt die Vernehmung von Professor Saß abschließen.

Verteidiger Heer Die Problematik besteht darin, dass wir drei es auch nicht beurteilen können. *(Heer deutet auf sich und seine Kollegen Sturm und Stahl, mit denen Zschäpe nicht mehr spricht und die deswegen auch nicht wissen, was Zschäpes neue Verteidiger Borchert und Grasel vorhaben.)*

Götzl *(hebt hilflos die Schultern)* Tja.

Verteidiger Heer Da haben wir etwas gemeinsam.

Götzl Sind dann noch Fragen? Dann bleibt der Sachverständige unvereidigt. Ich nehme an, der Sachverständige kann entlassen werden?

(Geraune auf der Verteidigerbank, aber kein Antrag, keine Frage.)

Götzl Dann darf ich mich sehr herzlich bedanken, Professor Saß.

Verteidiger Heer Wir widersprechen der Verwertbarkeit des psychiatrischen Gutachtens von Professor Saß. Wir werden das ausführlich begründen. Dafür benötigen wir eine erhebliche Zeit.

Götzl Was heißt das?

Verteidiger Heer Das kann ich nicht sagen.

Götzl Das ist sehr unbestimmt. Das kann ich nicht einordnen. Eine erhebliche Zeit lässt alles Mögliche zu. Und eine 257er-Erklärung ist in der Regel sofort abzugeben. Der Erklärungsgeber kann nicht bestimmen, wie lange er sich dafür Zeit nimmt. *(Eine Erklärung nach Paragraf 257 Strafprozessordnung können die Prozessbeteiligten direkt nach der Aussage eines Zeugen geben, um dessen Aussage zu bewerten.)*

Verteidiger Heer Ich gebe zu bedenken, dass Sie bei anderen Beweiserhebungen sehr großzügig sind. *(Götzl hat den Prozessbeteiligten immer wieder mehrere Tage Zeit gelassen, um eine solche 257er-Erklärung abzugeben.)*

Götzl Es kommt dabei auch auf das Verfahrensstadium an, was noch ansteht.

Verteidiger Heer Wir werden uns am nächsten Verhandlungstag zur benötigten Zeit erklären.

Verteidiger Stahl Wir wollen ja nicht herumtaktieren. Wir werden das sichten müssen und können nicht sagen, wie viele Stunden wir brauchen.

Götzl Noch Erklärungen?

Bundesanwalt Diemer Wir treten dem Beweisantrag von Rechtsanwalt Narin nicht entgegen. *(Er lächelt dem Anwalt zu. Es ist selten vorgekommen, dass die Bundesanwaltschaft einen Beweisantrag der Nebenklage unterstützt.)*

Tag 351

7. März 2017

Manfred Götzl, Richter. **Peter Lang**, Beisitzender Richter. **Herbert Diemer**, Vertreter der Bundesanwaltschaft. **Wolfgang Heer,** Verteidiger von Beate Zschäpe. **Olaf Klemke, Nicole Schneiders**, Verteidiger von Ralf Wohlleben.

(Götzl nimmt den am 350. Prozesstag gestellten Antrag des Nebenklagevertreters Yavuz Narin auf und lässt Ablichtungen von angeschmorten karierten Papierseiten mit handschriftlichen Notizen an zwei Wände des Saals projizieren. Es handelt sich um eine Art Drehbuch für den NSU-Bekennerfilm. Richter Lang liest es vor. Das sogenannte Drehbuch lag im Brandschutt der Wohnung in Zwickau. Es enthält sekundengenaue, akribische Notizen und auch eine Schritt-für-Schritt-Anleitung zum Bearbeiten einzelner Szenen der Zeichentrickserie »Der rosarote Panther«. Auch die Namen von neun der zehn Mordopfer des NSU samt Geburts- und Todestag sind vermerkt.)

Richter Lang *(liest aus dem Drehbuch vor, soweit die durch den Brand und das Löschwasser beeinträchtigten Aufzeichnungen noch lesbar sind.)*

Clip 19: Paul kommt aus dem Wald ins Bild gelaufen (eventuell für Anfang).

Clip 20: Paul zieht mit Magnet Polizisten aus. Paul flüchtet vor Polizei – hängt sich mit Magnet ans Flugzeug.

Clip 21: Paul zeigt, dass er eine Idee hat. Paul versteckt sich hinter Baum. Hütte explodiert. Gute Stelle, wo Augen zuklappen. Paul lädt das Gewehr und schießt. Paul wird bejubelt. Paul geht zum Bauzaun und sieht rüber (für Bombe).

Clip 16: Paul maskiert sich und schleicht rum (für Köln 2). Paul wirft Dynamitstangen. Paul schleicht sich wieder weg (für Köln 2). Explosion. Paul schießt mit Pistole. Sehr zufrieden weg. Paul sucht in Truhe Gewehr raus. Krankenwagen fährt weg (lässt sich auch gut ausschneiden).

Clip 8: schöne Explosion.

Clip 10: mehrfach schießende Polizisten.

(Richter Lang liest zahlreiche weitere Notizen aus dem Drehbuch vor. Nebenklagevertreter Narin war aufgefallen, dass einzelne »Paulchen Panther«-Szenen in dem Drehbuch als »Clips« bezeichnet werden. Dieses Wort findet sich auch in der schriftlich formulierten Wette von Zschäpe und Böhnhardt. Die beiden hatten gewettet, in einer bestimmten Zeit ihr Gewicht zu reduzieren. Der Verlierer sollte »200 Videoclips schneiden«. Zschäpe bestreitet, dass es dabei um den Bekennerfilm ging.

Götzl verliest anschließend mehrere Beschlüsse, mit denen Beweisanträge von Nebenklagevertretern und der Verteidigung von Ralf Wohlleben abgelehnt werden. Die Richter lehnen es unter anderem ab, einen Kriminalbeamten aus Jena als Zeugen zu hören, der bekunden soll, dass Wohlleben nie Straftaten gegen Ausländer verübt hat.)

Götzl Die Anträge werden abgelehnt, weil sie für die Entscheidungsfindung tatsächlich ohne Bedeutung sind. Das Fehlen von Straftaten gegen Ausländer kann vielerlei Gründe haben. Es sagt auch nichts über die Einstellung des Angeklagten Wohlleben aus.

Verteidigerin Schneiders Die Verteidigung Wohlleben beantragt eine Abschrift und eine Unterbrechung der Verhandlung zur internen Prüfung.

Götzl Es kommen noch weitere Beschlüsse. Sie werden keinen Rechtsverlust erleiden. *(Das heißt, die Verteidiger haben auch hinterher noch die Möglichkeit, gegebenenfalls auf die ablehnenden Beschlüsse zu reagieren.*

Die Richter lehnen es sodann ab, diverse ärztliche Unterlagen über den Angeklagten Carsten Schultze zu verlesen, der Wohlleben schwer belastet, und einen Psychiater mit einem Gutachten über Schultzes Aussagetüchtigkeit zu beauftragen, wie es die Wohlleben-Verteidigung beantragt hatte.)

Götzl Dem Antrag auf Einholung eines psychiatrischen Gutachtens zur Aussagetüchtigkeit des Angeklagten Schultze wird nicht nachgekommen. Das Gericht besitzt selbst die erforderliche Sachkunde. Für eine Einschränkung oder sogar teilweisen Verlust der Aussagetüchtigkeit sind keinerlei Anhaltspunkte vorhanden. Der Senat darf sich die für die Beurteilung der Glaubhaftigkeit der Angaben des Angeklagten Schultze notwendige Sachkunde durchaus zutrauen.

Verteidigerin Schneiders Auch hiervon beantragen wir eine Abschrift und eine Unterbrechung der Verhandlung.

Götzl Es kommen noch zwei Verfügungen. Verfügung: Es wird festgestellt, dass aus Sicht des Senats keine Anträge der Prozessbeteiligten mehr zu entscheiden sind, da diesen entweder nachgegangen worden ist oder sie abschlägig verbeschieden worden sind.

Verfügung: Es ergeht sodann Fristsetzung für den Fall, dass noch weitere Beweisanträge gestellt werden sollen.

1. Die Hauptverhandlung gegen die Angeklagten dauert nunmehr seit über 350

Hauptverhandlungstagen an. Die Verteidigung der Angeklagten und die Nebenklägervertreter haben im Laufe der Hauptverhandlung zahlreiche Beweisanträge gestellt.

2. Im Hauptverhandlungstermin vom 1.2.2016 wurden die Prozessbeteiligten vom Vorsitzenden aufgefordert, für den Fall, dass noch die Stellung weiterer Beweisanträge beabsichtigt sei, diese gesammelt und zeitnah zu stellen. Seitdem wurden in den Hauptverhandlungsterminen vom 8.12.2016, vom 20.12.2016, vom 24.1.2017, vom 25.1.2017, vom 26.1.2017, vom 16.2.2017, vom 21.2.2017 und vom 22.2.2017 jeweils weitere Anträge zur Beweiserhebung gestellt. Vor diesem Hintergrund ist eine Fristsetzung für die Stellung von Beweisanträgen zur Erreichung einer beschleunigten und stringenten weiteren Beweisaufnahme sachgerecht.
3. Es wird für die Stellung von Beweisanträgen eine Frist bis zum 14.3.2017 gesetzt. Die Frist zur Stellung von weiteren Beweisanträgen wurde mit einer Woche trotz des Umfangs des Verfahrens ausreichend bemessen.
4. Die Prozessbeteiligten werden zusätzlich gebeten, eventuelle Anträge bereits vorab per Fax bei Gericht einzureichen, sodass vonseiten des Gerichts versucht werden kann, hierauf eventuell nötige Beweiserhebungen vorzubereiten und damit zeitnah durchführen zu können.
5. Die Verfahrensbeteiligten werden zusätzlich darauf hingewiesen, dass eine Ablehnung der Beweisanträge, die nach Fristablauf gestellt wurden, wegen Verschleppungsabsicht bei Vorliegen der weiteren Voraussetzungen möglich ist.
6. Im Falle einer Antragsstellung nach Fristablauf hat der Antragsteller die Gründe für die späte Antragstellung substanziiert darzulegen. Das Gericht kann, wenn nach dessen Überzeugung kein nachvollziehbarer Anlass für die verfristete Antragstellung besteht, grundsätzlich davon ausgehen, dass der Antrag nichts anderes als die Verzögerung des Verfahrens bezweckt, falls nicht die Aufklärungspflicht gleichwohl zur Beweiserhebung drängt.

Verteidiger Heer Frau Sturm und ich beantragen, die Hauptverhandlung für mindestens 30 Minuten zur internen Beratung zu unterbrechen.

Verteidigerin Schneiders Wir benötigen insgesamt drei Stunden zur internen Beratung.

(Die Verhandlung wird für gut drei Stunden unterbrochen.)

Verteidiger Klemke Herr Vorsitzender, wir benötigen weitere Zeit, um Ihre umfangreichen Beschlüsse und Verfügungen zu besprechen. Wir stellen den Antrag, die Hauptverhandlung bis morgen, 13 Uhr, zu unterbrechen.

Bundesanwalt Diemer Ich sehe nicht ein, warum die Hauptverhandlung bis morgen, 13 Uhr, unterbrochen werden soll.

Götzl Können Sie das darlegen, Herr Rechtsanwalt Klemke?

Verteidiger Klemke Die Beschlüsse des Senats waren umfangreich, mit einem Begründungsumfang von zum Teil 24 Seiten. Wir müssen uns zur Vorbereitung auf etwaige prozessuale Anträge mit der Prozessgeschichte befassen. Das braucht seine Zeit. Es ist uns nicht zuzumuten, heute bis 24 Uhr und morgen ab 6 Uhr zu arbeiten. Es ist hier wohl angezeigt, weiträumig zu unterbrechen – insbesondere im Hinblick auf Ihre Fristsetzung bis nächsten Dienstag.

Götzl Die Hauptverhandlung wird bis morgen, 13 Uhr, unterbrochen.

Tag 352

8. März 2017

Manfred Götzl, Richter. **Jochen Weingarten**, Vertreter der Bundesanwaltschaft. **Wolfgang Heer**, Verteidiger von Beate Zschäpe. **Olaf Klemke, Nicole Schneiders**, Verteidiger von Ralf Wohlleben.

(Vor Beginn der Verhandlung geben der Leiter der Soko »Peggy« und die Staatsanwaltschaft Bayreuth auf einer gemeinsamen Pressekonferenz in Bayreuth bekannt, dass es sich bei der DNA-Spur von Uwe Böhnhardt am Fundort der Leiche von Peggy Knobloch um eine »Trugspur« handelt. Böhnhardt habe nichts mit dem Tod des Mädchens zu tun. Die Nachricht, dass am Fundort von Peggy die DNA von Böhnhardt entdeckt worden sei, hatte zu heftigen Erschütterungen und auch zu Fragen des Gerichts an Beate Zschäpe geführt. Sie hatte im Herbst 2016 erklärt, sie habe dazu keine erklärenden Informationen. Nun stellte sich heraus, dass die Thüringer Polizei verunreinigtes Messgerät an den Fundort der Leiche gebracht hatte – ein winziges Teil von Böhnhardts Kopfhörer aus dem ausgebrannten Wohnmobil von Eisenach wurde von der Polizei an den anderen Tatort verschleppt. Eine weitere Polizei-Panne.)

Götzl Dann wird zunächst mitgeteilt, dass im Hinblick auf die Fristsetzungsverfügung eine Änderung der Fristsetzung erfolgen wird. *(Götzl hatte am Vortag verfügt, dass Beweisanträge nur noch bis zum 14. März gestellt werden können.*
Als Erster lässt Zschäpes Verteidiger Heer sein Mikrofon blinken und signalisiert damit Redebedarf, wenig später blinkt auch das Mikrofon von Wohllebens Verteidigerin Schneiders.)

Götzl Herr Rechtsanwalt Heer?

Verteidiger Heer Ich lasse der Kollegin Schneiders den Vortritt.

Verteidigerin Schneiders Zum Weltfrauentag, ne?

(Schneiders beginnt, im Namen ihres Mandanten Wohlleben einen umfangreichen Ablehnungsantrag gegen alle Mitglieder des Senats vorzulesen. Schneiders und ihre Kollegen Nahrath und Klemke zitieren in dem Antrag seitenlang eigene Beweisanträge und ablehnende Beschlüsse des Senats. Die Verlesung dauert rund eine Stunde.)

Verteidiger Klemke Der Senat hat bei Herrn Wohlleben den verheerenden Eindruck entstehen lassen, dass es nur noch darum geht, ihn schnellstmöglich zu verurteilen. Dieser Eindruck ergibt sich erst recht aus der gestern verlesenen Verfügung des Vorsitzenden *(er meint Götzls Frist von einer Woche für letzte Beweisanträge).* Die Fristsetzung verstößt von vornherein gegen das Gesetz. Die Frist ist eklatant zu kurz gesetzt. Das gesamte Verhalten des Vorsitzenden ist auf eine reine Überrumpelungstaktik zurückzuführen.

(Der Senat setzt die Hauptverhandlung trotz Ablehnungsantrag fort.)

Verteidiger Heer Ich würde gerne eine kurze Erklärung abgeben.

Götzl Worauf soll sich Ihre Erklärung beziehen?

Verteidiger Heer Wenn Sie gestatten, würde ich sie einfach abgeben, dann weiß jeder im Saal, worum es geht. Frau Zschäpe beabsichtigt, Sie wegen Besorgnis der Befangenheit abzulehnen. Die internen Beratungen haben eine erhebliche Zeit in Anspruch genommen. Die Fertigstellung des Antrags konnte heute vor Verhandlungsbeginn nicht beendet werden. Wir beantragen, uns hierfür bis morgen Gelegenheit zu geben, und fordern zudem, nicht vor 11 Uhr mit der Hauptverhandlung zu beginnen.

Verteidigerin Schneiders Ich habe noch eine Beanstandung. Wir beanstanden Ihre gestrigen Verfügungen als unzulässig. Zur Begründung beziehen wir uns auf unseren Ablehnungsantrag.

Oberstaatsanwalt Weingarten Wir halten die angegriffene Verfügung für zulässig und richtig, werden dazu aber noch dezidiert inhaltlich Stellung nehmen.

Tag 353

9. März 2017

Manfred Götzl, Richter. **Wolfgang Heer, Anja Sturm**, Verteidiger von Beate Zschäpe. **Michael Kaiser**, Verteidiger von André Eminger. **Olaf Klemke, Nicole Schneiders**, Verteidiger von Ralf Wohlleben. **Mehmet Daimagüler, Walter Martinek**, Anwälte der Nebenklage.

Verteidiger Heer Frau Zschäpe lehnt den Herrn Vorsitzenden Richter am Oberlandesgericht Götzl wegen Besorgnis der Befangenheit ab. Zudem beanstanden wir die am 351. Hauptverhandlungstag verkündeten Verfügungen des Vorsitzenden als unzulässig. *(Heer wendet sich in dem 25 Seiten langen Befangenheitsantrag gegen die Verfügung Götzls, alle Anträge bis zum 14. März zu stellen, danach gestellte Anträge könnten als Prozessverschleppung angesehen werden. Er moniert, dass nach einem fast vier*

Jahre dauernden Prozess nun plötzlich eine sehr kurze Frist von nur einer Woche gestellt werde. Heer und seine Kollegin Anja Sturm rechnen Götzl vor, dass er im Jahr 2016 insgesamt 28 Verhandlungstage habe ausfallen lassen, zum großen Teil ohne Begründung, und im Jahr 2017 schon drei Verhandlungstage. Außerdem stehe noch der Besuch des von ihren Kollegen angefragten Psychologen Joachim Bauer bei Beate Zschäpe in der Haft an, dem sie möglicherweise Rede und Antwort stehen will.)

Verteidiger Heer Die Verfügung des abgelehnten Vorsitzenden ist nicht nur unzulässig, sondern auch völlig abwegig und den Anschein von Willkür erweckend. Es kann unterstellt werden, dass dem sehr erfahrenen abgelehnten Vorsitzenden die gesamte Rechtsprechung sowie auch die einschlägige Kommentarliteratur zu der Frage der Zulässigkeit einer solchen Fristsetzung bekannt sind. Dass der abgelehnte Vorsitzende beziehungsweise der Senat insgesamt mit der Strafprozessordnung umzugehen vermögen, unterliegt keinem vernünftigen Zweifel. Zu keinem Zeitpunkt gab das Antragsverhalten Prozessbeteiligter Anlass, auch nur im Entferntesten eine Verschleppungsabsicht anzunehmen, geschweige denn eine »überschießend offensive Verteidigung« zu vermuten. Frau Zschäpe muss daher schon deshalb die Besorgnis hegen, der abgelehnte Vorsitzende sei ihr gegenüber nicht mehr unparteilich und neutral. Vor allem ergibt sich dies aus der Fristsetzung von lediglich einer Woche, für die ein sachlicher Grund nicht besteht, sodass diese folglich nicht nur fehlerhaft, sondern unter keinem denkbaren Aspekt rechtlich vertretbar ist und sich daher der Schluss aufdrängt, dass sie auf sachfremden Erwägungen beruht. *(Heer verweist auf das Bundesverfassungsgericht, das bei langen Prozessen auch eine längere Frist für die letzten Anträge vorsieht. Heer und Sturm haben daraus für den NSU-Prozess eine Frist von 40 Tagen errechnet.)*

Frau Zschäpe muss daher zwangsläufig besorgen, dass der Vorsitzende ihre Verfahrensrechte missachtet und auch bei der Urteilsfindung nicht neutral und unparteilich agieren wird. Der Hinweis des abgelehnten Vorsitzenden, die Fristsetzung sei zur Erreichung einer beschleunigten und stringenten weiteren Beweisaufnahme geboten, verfängt auch deshalb nicht, weil dies maßgeblich auf ihn zurückzuführen ist. Er führt die Beweisaufnahme bereits seit Langem nicht mehr mit der erforderlichen Beschleunigung. Zudem wurden zahlreiche Hauptverhandlungstermine aufgrund seiner unzureichenden Verhandlungsplanung und sonstiger, nicht unmittelbar verfahrensbezogener Umstände abgesetzt. Von einer vorausschauenden Verhandlungsplanung kann in weiten Teilen der Hauptverhandlung keine Rede sein.

Der Vorsitzende verdeutlichte mit seinen Verfügungen, die Verteidigungsinteressen aller Angeklagten in willkürlicher Weise seinen eigenen Zielen unterzuordnen und dadurch die grundgesetzlich und einfachgesetzlich verankerten Prozessmaximen zu verletzen. Das Ankündigen eines Durchpeitschens par excellence lässt ihn aus der Sicht von Frau Zschäpe befangen erscheinen.

Verteidigerin Schneiders Herr Wohlleben macht sich die eben gehörte Begründung für sein eigenes Ablehnungsgesuch zu eigen.

Verteidiger Kaiser Der Angeklagte Eminger schließt sich dem Ablehnungsgesuch von Frau Zschäpe an.

Götzl Trotz des erfolgten Ablehnungsgesuchs wird die Verhandlung wegen des Beschleunigungsgebots fortgesetzt.

(Es folgen mehrere Anträge der Verteidiger auf Unterbrechung der Verhandlung, die Richter Götzl allesamt zurückweist. Der Senat bestätigt die Verfügung Götzls, fortzufahren.)

Verteidiger Klemke Die Verteidigung Wohlleben beantragt dienstliche Erklärungen des Vorsitzenden Richters und der anderen Senatsmitglieder, ob sie seit 1.12.2016 eine Kommunikation mit dem Vorsitzenden des 3. Strafsenats beim Bundesgerichtshof hatten, und wenn ja, welchen Inhalt die Kommunikation hat. Dieser Antrag drängt sich auf. Die Verteidigung Wohlleben stellte am 1.12.2016 einen erneuten Haftprüfungsantrag, das Beschwerdeverfahren ist derzeit beim Bundesgerichtshof anhängig. *(Wohlleben ist seit mehr als fünf Jahren in Untersuchungshaft. Die Verteidigung hat offenbar die Vorstellung, dass Götzl den NSU-Prozess plötzlich so schnell wie möglich beenden will, weil der BGH wegen der langen U-Haft angeblich Druck macht.)*

Verteidigerin Schneiders Die Verteidigung Wohlleben beantragt, der Senat möge folgende Ermittlungen vornehmen lassen. *(Es folgt ein Antrag, mögliche FBI-Agenten zu befragen, die möglicherweise am Tatort des Mordes an der Polizistin Michèle Kiesewetter im April 2007 in Heilbronn waren und möglicherweise Wahrnehmungen zu der Tat gemacht haben könnten. Schneiders bezieht sich auf die Angaben eines Zivilmitarbeiters der US-Streitkräfte, der vor dem NSU-Untersuchungsausschuss des baden-württembergischen Landtags erklärt hatte, er habe zwei Agenten belauscht, wonach sie an dem Tag eine Geheimdienstoperation gegen Islamisten hätten abbrechen müssen. Der Mann hatte in einer Mail an das Bundeskriminalamt von einem »üblen Bauchgefühl« berichtet. Schneiders beantragt, die Namen der Agenten beim FBI in Washington ausfindig zu machen und sie zu vernehmen.)*

Anwalt Daimagüler Im Frühjahr 2012 hatte das Bundeskriminalamt auf der Grundlage von Medienberichterstattung Kontakt zum FBI aufgenommen. Das FBI hat am 15. Oktober 2012, soweit ich mich erinnere, Stellung dazu genommen. Es hat erklärt, dass im Frühjahr 2007 keine operativen Vorgänge stattgefunden haben und am 25.4.2007, dem Tattag, keine FBI-Beamten am Ort waren. Jetzt zu versuchen, die Namen der Agenten herauszubekommen, wird zu nichts führen. Die Gerüchte haben sich als Gerüchte erwiesen. Dass jetzt solche Anträge kommen, die relativ wortreich, aber substanzarm sind, ist für mich als rechtsmissbräuchliche Prozessverschleppung zu sehen.

Anwalt Martinek Ich schließe mich im Namen meines Mandanten *(des schwer verletzten Kollegen von Michèle Kiesewetter)* dem Beweisermittlungsantrag der Verteidigung Wohlleben ausdrücklich an.

Verteidigerin Schneiders *(zu Daimagüler)* Ich weiß nicht, wie ich es nett formulieren soll. Alle Ehre, dass Sie die Medien so stringent verfolgen, aber Sie verkennen, dass der Sachverhalt noch nicht ins Verfahren eingeführt worden ist.

Anwalt Daimagüler Ich versuche nicht, es nett zu formulieren. Ich finde, dass man nach vier Jahren nicht jedem Unfugsantrag nachkommen muss.

Verteidigerin Schneiders Ich bitte den Senat, Herrn Daimagüler anzuhalten, das Sachlichkeitsgebot zu wahren.

Anwalt Daimagüler Grober Unfugsantrag.

Verteidiger Klemke Wir bitten um eine Pause von 20 Minuten zur Beratung.

(Nach 40 Minuten Pause wird die Verhandlung fortgesetzt.)

Götzl Herr Dr. Daimagüler, ich rufe Sie nachdrücklich zur Ordnung und auch zur Sachlichkeit auf.

(Dann fährt er fort.)

Götzl Ohne dass eine Rechtspflicht zur Abgabe einer dienstlichen Erklärung erkennbar wäre, erkläre ich für mich und die anderen Senatsmitglieder: Kein Mitglied hatte eine Kommunikation mit dem Vorsitzenden des 3. Senats beim BGH.

Tag 354

29. März 2017

Manfred Götzl, Richter. **Herbert Diemer**, **Anette Greger**, Vertreter der Bundesanwaltschaft. **Wolfgang Heer**, Verteidiger von Beate Zschäpe. **Olaf Klemke**, **Nicole Schneiders**, Verteidiger von Ralf Wohlleben. **Antonia von der Behrens**, Anwältin der Nebenklage.

(Nach fast dreiwöchiger Unterbrechung wird der NSU-Prozess fortgesetzt. In der Verhandlungspause hatte das Zerwürfnis zwischen Zschäpes beiden Verteidiger-Teams für Wirbel gesorgt. Zschäpe hatte am 24.3.2017 in einem Brief an Richter Götzl mehrere Befangenheitsanträge zurückgenommen, die die Verteidiger Heer, Stahl und Sturm in ihrem Namen gestellt hatten. Übrig blieb ein Ablehnungsantrag von Zschäpe gegen Götzl. Zschäpe hatte in ihrem Brief mitgeteilt, die Befangenheitsanträge seien ohne ihr Wissen gestellt worden. Heer, Stahl und Sturm widersprachen in einem Schreiben vom 26.3.2017 an das Gericht dem Vorwurf, sie hätten ohne Absprache gehandelt. In ihrem Schreiben legten sie die Kom-

munikation mit Zschäpes weiterem Verteidiger Mathias Grasel offen. Nach Darstellung von Heer, Stahl und Sturm hatte Zschäpe entweder doch ihre Zustimmung zu den Anträgen gegeben und behauptete nun wahrheitswidrig das Gegenteil – oder Grasel hatte erklärt, Zschäpe sei mit den Anträgen einverstanden, ohne sie tatsächlich gefragt zu haben. Die Verteidiger Hermann Borchert und Grasel warfen den Verteidigern Heer, Stahl und Sturm daraufhin am 27.3.2017 vor, durch die Wiedergabe von Gesprächsinhalten zwischen Grasel und ihnen die anwaltschaftliche Schweigepflicht verletzt zu haben. Als Konsequenz aus dem Vorgang haben Heer, Stahl und Sturm am 26.3.2017 ihre Abberufung als Zschäpes Pflichtverteidiger beantragt, zum wiederholten Mal. Bisher hat das Gericht diesem Wunsch nie nachgegeben.

Vor Beginn der Verhandlung wird der Beschluss des Senats im Saal an die Prozessbeteiligten verteilt, mit dem das Ablehnungsgesuch von Zschäpe und mehrere Ablehnungsanträge von Wohlleben als unbegründet zurückgewiesen wurden.)

Götzl Dann setzen wir die Hauptverhandlung fort.

Verteidiger Heer Die Kollegin Sturm, der Kollege Stahl und ich beantragen, die Hauptverhandlung bis 10.50 Uhr zu unterbrechen.

Götzl Ich bitte das einfach zurückzustellen. Sie kommen sehr schnell zu Wort. Es geht zunächst darum, noch einen Beschluss zu verkünden. Sie werden keinen Rechtsverlust erleiden. *(Götzl verliest den Beschluss.)* Das Ablehnungsgesuch des Angeklagten Eminger wird als unzulässig verworfen. Gründe: Die Angeklagte Zschäpe lehnte am 9.3.2017 den Vorsitzenden Richter wegen Besorgnis der Befangenheit ab. Der Generalbundesanwalt führte aus, dass der Antrag des Angeklagten Eminger verspätet erfolgt sei. Das Ablehnungsgesuch des Angeklagten Eminger war als unzulässig zu verwerfen. Im Ablehnungsgesuch wurden keine Tatsachen angegeben und glaubhaft gemacht, aus denen sich die Rechtzeitigkeit ergab. Mir geht es jetzt noch um Stellungnahmen zum Beweisantrag der Verteidigung des Angeklagten Wohlleben, Stichwort FBI-Agenten, Heilbronn.

(Die Verteidigung Wohlleben hatte am vorherigen Verhandlungstag beantragt, mögliche FBI-Agenten zu ermitteln und zu befragen, die womöglich am Tatort des Mordes an der Polizistin Michèle Kiesewetter im April 2007 in Heilbronn waren und Wahrnehmungen gemacht haben könnten.)

Oberstaatsanwältin Greger Hoher Senat, Herr Vorsitzender, dem Beweisermittlungsantrag der Verteidigung des Angeklagten Wohlleben vom 9.3.2017 ist nicht nachzugehen. Tragfähige Anhaltspunkte dafür, dass Augenzeugen, insbesondere FBI-Agenten, den Anschlag in Heilbronn wahrgenommen hätten und sachdienliche Informationen geben könnten, haben die breit angelegten Ermittlungen nicht erbracht. *(Sie übergibt dem Senat Schreiben von US-Behörden.)*

Götzl Wir werden das kopieren.

Verteidiger Heer Die Kollegin Sturm, der Kollege Stahl und ich beantragen, die

Hauptverhandlung bis 10.50 Uhr zu unterbrechen, um Ihren vor Verhandlungsbeginn verteilten Beschluss zur Kenntnis zu nehmen.

(Die Verhandlung wird unterbrochen.)

Verteidiger Klemke Herr Vorsitzender, die Verteidigung Wohlleben beantragt, die Hauptverhandlung bis morgen, 9.30 Uhr, zu unterbrechen, um ein Ablehnungsgesuch gegen Richter Kuchenbauer, Richerin Odersky und Richter Prechsl zu formulieren.

Bundesanwalt Diemer Angesichts der Tageszeit wäre es noch möglich, heute fortzusetzen und ein Ablehnungsgesuch aufzusetzen.

Verteidiger Klemke Wollen Sie uns unterstützen, Herr Dr. Diemer? Oder wie soll ich das jetzt verstehen? Es ist nicht sehr wahrscheinlich, dass wir es heute noch schaffen werden. Es ist den anderen Prozessbeteiligten auch nicht zuzumuten, bis in die Nachtstunden zu warten.

Götzl Vielleicht stellen wir das zunächst noch zurück, Sie erleiden dadurch natürlich keinen Rechtsverlust.

(Der Richter verliest ein von der Bundesanwaltschaft übergebenes Schreiben aus der US-Botschaft in Berlin, wonach das FBI in Deutschland »zu keiner Zeit« ohne Abstimmung mit deutschen Behörden aktiv gewesen sei. Zur Zeit des Mordes an Michèle Kiesewetter habe es keine geheime Aktion des FBI in Deutschland gegeben.)

Anwältin von der Behrens Wir hätten noch einen kurzen Beweisantrag. In der Strafsache gegen Beate Zschäpe und andere ist bereits Beweis erhoben worden zu rassistischen und antisemitischen Straftaten, die aus dem Kreis der hier Angeklagten sowie Uwe Mundlos und Uwe Böhnhardt begangen wurden. Zwei Straftaten sind indes noch nicht näher zum Gegenstand der Beweisaufnahme gemacht worden: So berichtete ein Zeuge, der Kriminalhauptkommissar K., in der Hauptverhandlung von einer »ersten« im Stadtgebiet Jena gefundenen Puppe mit einem Davidstern. Diese Tat war auch in der Vernehmung des Uwe Böhnhardt am 20.6.1996 im Verfahren wegen der an der Autobahnbrücke aufgehängten Puppe Thema, wo dieser angab, er wisse von der ersten Tat, aber damit habe er »auch nichts zu tun«. Zudem war ein versuchter Anschlag auf ein Heim für Bürgerkriegsflüchtlinge thematisiert worden. Hierzu hatte etwa der Zeuge René S. unter Schilderung von Einzelheiten in einer polizeilichen Vernehmung angegeben, nach seiner Erinnerung handele es sich um eine Tat aus dem Jahr 1994, in die Uwe Böhnhardt verwickelt gewesen sei und von der André Kapke ihm berichtet habe. Jedoch hatte etwa der Zeuge K., ehemaliger Staatsschutzermittler bei der Kriminalpolizeiinspektion Jena, in der Hauptverhandlung angegeben, ihm sei eine solche Tat nicht bekannt. Insoweit konnten nunmehr folgende Informationen ermittelt werden: Am 9. November 1995 – am Jahrestag der antisemitischen Pogrome des Jahres 1938 – wurde eine Puppe mit einem Davidstern an einem Rohr der Stadtwerke Jena aufgehängt gefunden. Der Verdacht richtete sich damals gegen die Mitglieder der Kameradschaft Jena. Zudem wurde am 10. November 1995 – also nur einen Tag nach dem Aufhängen der ersten Puppe – in einem Wohnheim für bosnische Bürgerkriegsflüchtlinge in Jena ein mit einem Selbstlaborat gefüllter Sprengkörper aufgefunden. Insofern wurde seitens der Staatsanwaltschaft Gera ein Ermittlungsverfahren wegen des Verdachts eines Sprengstoffdelikts eingeleitet. Es wird beantragt, sämtliche noch vorhandenen Akten beizuziehen.

Tag 355

30. März 2017

Manfred Götzl, Richter. **Herbert Diemer**, Vertreter der Bundesanwaltschaft. **Hermann Borchert**, **Mathias Grasel**, Verteidiger von Beate Zschäpe. **Bernd Behnke**, **Doris Dierbach**, Anwälte der Nebenklage.

Verteidiger Grasel Wenn Sie es gestatten, Herr Vorsitzender, dann würde ich gerne unseren Beweisantrag verlesen. *(Er liest vor.)* Wir beantragen zum Beweis der Tatsache, dass bei sämtlichen angeklagten Tatzeitpunkten bei Frau Zschäpe eine schwere dependente Persönlichkeitsstörung in einem solchen Ausmaß vorgelegen hat, dass die Voraussetzungen des in Paragraf 20 Strafgesetzbuch *(in diesem Paragraf ist die Schuldunfähigkeit geregelt)* genannten vierten Eingangsmerkmals der schweren anderen seelischen Abartigkeit jeweils erfüllt waren, mit der Folge, dass auch die Voraussetzungen des Paragraf 21 Strafgesetzbuch *(das heißt, der verminderten Schuldfähigkeit)* zu bejahen sind, ein Sachverständigengutachten einzuholen und Herrn Professor Dr. Joachim Bauer von der Universitätsklinik Freiburg, Klinik für Psychosomatische Medizin und Psychotherapie, als Sachverständigen zu bestellen.
Begründung: Frau Zschäpe hat sich am 27.2.2017 sowie am 1.3.2017, 2.3.2017 und 15.3.2017 in insgesamt sechs Gesprächen mit einem zeitlichen Umfang von circa zwölf Stunden von Herrn Professor Dr. Bauer explorieren lassen. Im Rahmen der Exploration hat Frau Zschäpe zusätzliche Angaben zu ihrem persönlichen Werdegang gemacht, die in ihren bisherigen Stellungnahmen noch nicht vorgetragen wurden, so zum Beispiel Einzelheiten über das Zusammenleben mit ihrer Mutter und weitere Einzelheiten über ihr Verhältnis zu und dem Zusammenleben mit Uwe Böhnhardt. Der Sachverständige wird aufgrund der umfassenden Exploration Angaben dazu machen, dass bei Frau

Zschäpe eine schwere dependente Persönlichkeitsstörung vorgelegen hat, welche bei zusätzlicher Betrachtung von fortgesetzten schweren körperlichen Misshandlungen durch Uwe Böhnhardt, welche bislang noch nicht in ihren Stellungnahmen erwähnt wurden, das positive Vorliegen der Voraussetzungen des Paragraf 21 Strafgesetzbuch *(also einer verminderten Schuldfähigkeit)* als gegeben erscheinen lassen. Herr Professor Dr. Bauer hat ein 48-seitiges schriftliches Gutachten verfasst, welches im Anschluss an die Gutachtenserstattung zu den Akten gereicht werden kann. Frau Zschäpe wird Herrn Professor Dr. Bauer von seiner ärztlichen Schweigepflicht entbinden, sodass dieser sich sachverständig zur Frage der Schuldfähigkeit wird äußern können. Eine frühere Antragstellung war uns nicht möglich, da uns das von Herrn Professor Dr. Bauer erstattete Gutachten erst seit dem 20. 3. 2017 vorliegt.

Götzl Herr Rechtsanwalt Grasel, Sie haben mich heute Morgen angerufen, dass Herr Professor Bauer am nächsten Donnerstag zur Verfügung stehen könnte?

Verteidiger Grasel Das ist richtig. Er könnte am Donnerstag ganztägig hier in München sein.

Götzl Gibt es einen Grund, warum das schriftliche Gutachten, das Ihnen seit dem 20. 3. 2017 vorliegt, den Prozessbeteiligten nicht zur Verfügung stehen soll?

Verteidiger Grasel Schlicht und ergreifend deshalb, dass man nicht in der Zeitung davon liest, bevor es hier erstattet worden ist.

Verteidiger Borchert Auch aus Gründen, die von der Schweigepflicht umfasst sind.

Götzl *(lachend)* Die Frage bezog sich auf eine mögliche Vorbereitung auf die Anhörung durch die Vorlage des schriftlichen Gutachtens.

Verteidiger Borchert Es ist uns nicht möglich, Ihnen das Gutachten vorab schriftlich zur Verfügung zu stellen.

Götzl Soll zu dem Antrag Stellung genommen werden?

Anwältin Dierbach Ich meine, dass der Antrag abzulehnen ist, weil das Gegenteil der behaupteten Tatsache bereits erwiesen ist. Professor Bauer ist noch nicht einmal forensischer Psychiater. Frau Zschäpe hätte es freigestanden, das, was sie Herrn Bauer berichtet haben soll, auch hier zu berichten. Herr Bauer war in der Hauptverhandlung nicht anwesend. Was auch immer Frau Zschäpe ihm erzählt haben mag, kann er mit dem Ergebnis der Hauptverhandlung nicht in Relation setzen.

Verteidiger Grasel Es darf nicht verkannt werden, dass Professor Bauer zwölf Stunden Exploration mit meiner Mandantin betrieben hat. Professor Bauer ist Facharzt für Psychiatrie und Psychotherapie. Ihm entsprechende Kenntnisse und Fähigkeiten abzusprechen halte ich für gewagt.

Anwältin Dierbach Er ist kein forensischer Psychiater, das ist der entscheidende Punkt. Er mag als sachverständiger Zeuge über den Inhalt seiner Exploration vernommen werden, sodass Professor Saß sein Gutachten ergänzen kann. Das ist aber etwas völlig anderes als eine weitere Gutachtenserstattung.

Anwalt Behnke Ich schließe mich ausdrücklich den Ausführungen von Kollegin Dierbach an und möchte zu bedenken geben, ob Frau Zschäpe sich über die Folgen einer Zuerkennung des Paragrafen 21 Strafgesetzbuch im Klaren ist und darüber entsprechend belehrt wurde.

(Hintergrund dieser Äußerung ist: Zschäpe könnte dann statt im Gefängnis womöglich in der Psychiatrie landen.)

Verteidiger Borchert Herr Kollege, mit Verlaub, das geht Sie schlichtweg nichts an, inwieweit ich die Mandantin insoweit beraten habe.

(Es folgt der am Vortag angekündigte Ablehnungsantrag des Angeklagten Wohlleben gegen Richter Kuchenbauer, Richterin Odersky und Richter Prechsl. Auch dieser Befangenheitsantrag bezieht sich auf die Verfügung von Richter Götzl, mit der er eine Frist von einer Woche für weitere Beweisanträge gesetzt hatte. Eine Frist, die längst nicht mehr gilt. Götzl hat bereits eine Friständerung angekündigt, sie allerdings noch nicht vollzogen.)

Tag 356

5. April 2017

Manfred Götzl, Richter. **Anette Greger**, Vertreterin der Bundesanwaltschaft. **Thomas Bliwier**, Anwalt der Nebenklage.

(Am Vortag hatte das Gericht bekannt gegeben, dass die Psychiater Joachim Bauer und Henning Saß an diesem Tag nicht, wie geplant, in der Hauptverhandlung erscheinen werden. Der Grund: Zschäpe hat Bauer nicht von der Schweigepflicht entbunden, weil das Gericht ihn nur als Zeugen und nicht, wie von der Verteidigung beantragt, als Sachverständigen geladen hatte. Zschäpes Verteidiger Grasel und Borchert wollen Bauer nun selbst als Sachverständigen laden.)

Götzl Gibt es Stellungnahmen zum Antrag von Rechtsanwalt Grasel auf Einholung eines Sachverständigengutachtens?

Oberstaatsanwältin Greger Hoher Senat, Herr Vorsitzender, der Antrag auf Einholung eines weiteren Sachverständigengutachtens ist abzulehnen. Behauptet wird nun, dass die Angeklagte Zschäpe zu den Tatzeitpunkten unter einem psychisch abnormen Zustand gelitten hätte. Die Frage der Schuldfähigkeit der Angeklagten war bereits Gegenstand des psychiatrischen Gutachtens von Professor Dr. Saß. Der Sachverständige ist in seinem Gutachten klar, eindeutig und sicher zu dem Ergebnis gekommen, dass keine Anhaltspunkte vorliegen, dass die Angeklagte an einem relevanten Persönlichkeitsdefekt leidet. Professor Saß verfügt über eine weit überdurchschnittliche forensische Erfahrung. Es gibt keine Zweifel an seiner Kompetenz. Er hat bei der Begutachtung anerkannte wissenschaftliche Kriterien zugrunde gelegt, die er im Übrigen zum Teil selbst mitentwickelt hat. Der Sachverständige konnte für seine Begutachtung auf ein verlässliches und reichhaltiges Material zurückgreifen: auf die Beobachtung der Angeklagten über mehrere Jahre in der Hauptverhandlung, auf die Aussagen von Zeugen und auf umfangreiches Aktenmaterial. Substanziierte Einwände gegen das Gutachten hat die Angeklagte Zschäpe nicht eingebracht. Sie sind auch nicht in den methodenkritischen Ausführungen von Professor Faustmann *(dem Psychiater, den die Verteidiger Heer, Stahl und Sturm beauftragt hatten)* enthalten. Sämtliche vorgetragenen Einwände wurden von Professor Saß entkräftet. Dass Professor Bauer über überlegene Forschungsmittel verfügen könnte, wurde nicht vorgetragen. Daran ändert auch die Bereitschaft der Angeklagten Zschäpe nichts, mit ihm zwölf Stunden lang zu reden. Die Exploration entzieht den Tatsachen, von denen Professor Saß ausgeht, nicht die Grundlage. Die Angeklagte kann durch die Verweigerung der Untersuchung durch Professor Saß auch nicht einen anderen Sachverständigen erzwingen. Da die Angaben der Angeklagten gegenüber Herrn Bauer die Erkenntnislage des Senats jedoch erweitern könnte, wäre Professor Bauer unter Anwesenheit von Psychiater Saß als Zeuge zu vernehmen, sobald er von Frau Zschäpe von der Schweigepflicht entbunden würde und sofern er nicht, von der Verteidigung geladen, als präsenter Sachverständiger auftritt.

Anwalt Bliwier Ich habe noch eine Ankündigung. Es geht um eine Studie zu Herrn Temme von der Londoner Forschergruppe Forensic Architecture um Professor Eyal Weizman. *(Der frühere Verfassungsschützer Andreas Temme war am Tatort, als Halit Yozgat am 6. April 2006 in seinem Internetcafé in Kassel erschossen wurde. Temme behauptet, von dem Mord nichts mitbekommen zu haben. Daran gibt es Zweifel. Das Gericht hat hingegen bereits mitgeteilt, dass es Temme glaubt.)* Mit Unmengen von Daten hat die Forschergruppe nun den Gegenbeweis angetreten. Dieses Institut hat versucht, wissenschaftlich nachzuvollziehen, welchen Blickpunkt Temme im Internetcafé gehabt haben mag. Die Ergebnisse sind in einem Video festgehalten. Das Institut ist wissenschaftlich unabhängig und über jeden Zweifel erhaben. Uns liegt das Video vor. Es geht maßgeblich um das Sichtfeld von Herrn Temme. Die Ergebnisse der Studie sind so eindrucksvoll, dass ich denke, dass der Senat möglicherweise seinen Standpunkt zur Glaubhaftigkeit Temmes überdenkt. Ich bitte den Senat, den 10. Mai für Professor Weizman zu reservieren. *(Die Anwälte der Familie Yozgat haben den Professor gebeten, nach München zu kommen.)*

Götzl Sie müssten natürlich für alles sorgen, was damit in Zusammenhang steht, gegebenenfalls auch, sofern es um sprachliche Aspekte geht. *(Götzl meint damit, dass die Anwälte gegebenenfalls auch für einen Dolmetscher sorgen müssten, wenn Professor Weizman vor Gericht auftreten soll.)*

Tag 357

6. April 2017

Manfred Götzl, Richter. **Herbert Diemer**, Vertreter der Bundesanwaltschaft. **Wolfram Nahrath, Nicole Schneiders**, Verteidiger von Ralf Wohlleben.

(Die Verteidigung von Wohlleben beantragt, das Gericht möge mehrere Zeugen laden, die Ralf Wohlleben kennen.)

Verteidiger Nahrath Die Beweiserhebung dient der Entlastung des Angeklagten. Die Zeugen kannten Herrn Wohlleben, sie pflegten teilweise über mehrere Jahre hinweg ein enges freundschaftliches Verhältnis zu unserem Mandanten. Sie werden bezeugen, dass Herr Wohlleben sich niemals ausländerfeindlich äußerte oder eine ausländerfeindliche Haltung zeigte.

(Verteidigerin Schneiders beantragt im Anschluss zudem, Mike W., Polizist und Onkel der in Heilbronn getöteten Polizistin Michèle Kiesewetter, als Zeugen zu laden. Ein Kollege soll ihm schon 2007 mitgeteilt haben, dass es einen Zusammenhang zwischen dem Mord an Kiesewetter und den »Türkenmorden« geben könnte.)

Verteidigerin Schneiders *(liest aus dem Protokoll einer Vernehmung von Mike W. vom 3. Mai 2007 vor)* »Aufgrund meiner Berufserfahrung muss ich sagen, dass es für mich aussieht wie aus dem Bereich der organisierten Kriminalität und dort im Bereich russisch oder georgisch. Das entnehme ich dem skrupellosen Vorgehen. Meiner Meinung nach besteht auch aufgrund der verwendeten Kaliber und der Pistolen, die ich aus den Medien kenne, ein Zusammenhang mit den bundesweiten Türkenmorden. Soviel ich weiß, soll auch ein Fahrradfahrer bei den Türkenmorden eine Rolle spielen. Ich sage nicht, dass ein Zusammenhang besteht. Ein Kollege hat mich nur angesprochen, dass ein Zusammenhang bestehen könnte.« *(Schneiders beendet das Zitat der Zeugenaussage und fährt fort.)* Es ist nicht auszuschließen, dass der Zeuge über Insiderwissen verfügt. Durch den Hinweis auf einen Täterkreis aus Osteuropa bestehen auch Zweifel an der Täterschaft von Uwe Mundlos und Uwe Böhnhardt.

(Sowohl Mike W. als auch der Kollege, der ihn damals angesprochen hatte, sagten bereits vor dem NSU-Untersuchungsausschuss des Thüringer Landtags aus. Sie betonten, dass es sich damals lediglich um Spekulationen gehandelt habe. Anders als von Mike W. damals

vermutet, wurde die Polizistin Michèle Kiesewetter auch nicht mit derselben Waffe ermordet wie die neun Migranten. An einem späteren Prozesstag – dem 361. – wird das Gericht den Beweisantrag von Wohllebens Verteidigern schließlich ablehnen.)

Götzl Gibt es weitere Anträge, Erklärungen oder Stellungnahmen?

Bundesanwalt Diemer Zur Ankündigung der Vertreter der Familie Yozgat, Professor Dr. Eyal Weizman im Zusammenhang mit der Rolle des Zeugen Temme bei dem Mord an Halit Yozgat unmittelbar als Sachverständigen zu laden, bemerke ich rein vorsorglich, dass ich eine unmittelbare Ladung von Auskunftspersonen durch Nebenkläger für unzulässig halte. Seit der Neugestaltung des Nebenklagerechts durch die Opferschutzreformgesetze von 1986 und 2009 sieht die Strafprozessordnung für den Nebenkläger keine entsprechende Befugnis mehr vor.

Tag 358

25. April 2017

Manfred Götzl, Richter. **Herbert Diemer**, **Jochen Weingarten**, Vertreter der Bundesanwaltschaft. **Anja Sturm**, Verteidigerin von Beate Zschäpe. **Doris Dierbach**, Anwältin der Nebenklage.

(Die Verteidigung Wohlleben hatte beantragt, acht Zeugen vor Gericht anzuhören, darunter Freunde von Wohlleben. Sie sollten als sogenannte Leumundszeugen bekunden, dass der Angeklagte sich niemals ausländerfeindlich geäußert, eine ausländerfeindliche Haltung gezeigt oder mit der Möglichkeit gerechnet habe, dass Uwe Mundlos und Uwe Böhnhardt Morde begehen könnten.)

Oberstaatsanwalt Weingarten Was andere Personen gewusst, gewollt oder geschlussfolgert haben, ist belanglos und ohne jede Aussagekraft. Der Angeklagte Wohlleben selbst hat sich dahingehend eingelassen, die Schalldämpferwaffe zusammen mit dem Angeklagten Carsten Schultze besorgt zu haben. Objektiv hatte er also sehr wohl etwas mit diesen Taten zu tun. Er war eben doch an der Lieferung der Schalldämpferpistole beteiligt und hat dies nach außen verheimlicht. Es kommt allein darauf an, was die Angeklagten gedacht haben, nicht, was Dritte gedacht haben, wenn sich der Angeklagte ihnen gegenüber als friedvoll und friedliebend geäußert hat.

(Nun nimmt Weingarten auch noch Stellung zum Antrag von Wohllebens Verteidigern, den Onkel der in Heilbronn ermordeten Polizistin als Zeugen zu laden.)

Der Antrag ist wegen Bedeutungslosigkeit abzulehnen. Nach bisherigem Beweisergebnis steht die Täterschaft Uwe Mundlos' und Uwe Böhnhardts bei der Ermordung der Michèle Kiesewetter außer Zweifel. In der Frühlingsstraße wurde die Jogginghose mit Blut von Michèle Kiesewetter gefunden. Die Pistolen, mit denen auf die Polizisten geschossen wurde, sowie der Großteil der den beiden Polizisten entwendeten Ausrüstungsgegenstände wurden im Brandschutt *(der Frühlingsstraße in Zwickau)* sichergestellt. Uwe Böhnhardt und Uwe Mundlos führten die Dienstwaffen von Michèle Kiesewetter und Martin A. im November 2011 bei der Fahrt zu ihrer letzten Tat in dem von ihnen genutzten Wohnmobil mit sich. Auf einem im Brandschutt sichergestellten Datenträger sind unter dem Dateinamen »Aktion Polizeipistole« Fotos der Dienstwaffe des Martin A. abgespeichert. Ein Polizistenmord ist auch im Selbstbezichtigungsvideo thematisiert. Die Sequenz, in der Paulchen einem Polizisten in den Kopf schießt, ist bereits 2006 in den Film eingearbeitet worden. In einer anderen Sequenz prangt zentral, einer Trophäe gleich, über allem die Dienstwaffe von Martin A. Spekulationen über russische oder georgische Täter aus der Organisierten Kriminalität tragen nichts zur gerichtlichen Erhellung bei. Es handelt sich um kryptisch-nebulöse Fehldeutungen der Antragssteller.

(An einem späteren Prozesstag – dem 361. – wird das Gericht den Beweisantrag von Wohllebens Verteidigern ablehnen.)

Götzl Dann zu einem Schreiben der Nebenklagevertreter Bliwier, Dierbach und Kienzle. Es geht um das Selbstladungsrecht der Nebenklage. *(Die Anwälte, die die Familie des in Kassel getöteten Halit Yozgat vertreten, hatten angekündigt, Professor Eyal Weizman aus London als Sachverständigen zu laden. Weizman und sein Team kommen in einer Studie zu dem Ergebnis: Der ehemalige hessische Verfassungsschutzmitarbeiter Andreas Temme muss die Leiche gesehen und die Schüsse gehört haben, als am 6. April 2006 Halit Yozgat ermordet wurde. Die Bundesanwaltschaft meint, die Nebenklagevertreter hätten nicht das Recht dazu, selbst einen Sachverständigen zu laden. Die Anwälte Bliwier, Dierbach und Kienzle hatten den Senat deshalb schriftlich um ein Signal gebeten, ob die Richter Professor Weizman anhören würden, wenn sie ihn nach München brächten.)*

Anwältin Dierbach Wir haben uns der Hoffnung hingegeben, der Senat möge angesichts der Kosten, die so eine Art von Ladung auslöst, doch bitte eine Vorabeinschätzung abgeben. Es kann ja in niemandes Interesse sein, jemanden aus London einfliegen zu lassen, der dann hier nicht vernommen wird.

Bundesanwalt Diemer Es geht einfach auf Risiko dessen, der diese Prozessmöglichkeit ergreifen will. Es wird sich dann zeigen, ob es zulässig ist oder nicht.

Anwältin Dierbach Wir spielen doch hier nicht Lotto! Das ist doch eine ernsthafte Verhandlung hier. Hier haben wir eine Situation, die eine besondere ist. Ich weiß jetzt nicht, in wessen Sinne es sein soll, Herrn Professor Weizman aus London einfliegen zu lassen, der dann hier nicht gehört wird.

(Das Gericht aber äußert sich nicht zu den Erfolgsaussichten des Antrags. Im Anschluss ver-

liest der Richter weitere Beschlüsse des Senats. Es werden Anträge der Verteidigung Wohlleben und der Nebenklage abgelehnt.)

Götzl Dann ergeht nach geheimer Beratung folgender Beschluss: Die Verfügung, Beweisanträge zügig und gesammelt zu stellen, wird bestätigt. Des Weiteren ergeht folgende Verfügung: In Abänderung der Verfügung vom 7.3.2017 wird den Verfahrensbeteiligten eine Frist für die Stellung von Beweisanträgen bis zum 17. Mai 2017 gesetzt. Sind denn für heute weitere Anträge vorgesehen?

Verteidigerin Sturm In der Strafsache gegen Frau Beate Zschäpe beantragen wir, Herrn Professor Dr. Pedro Faustmann, Ruhr-Universität Bochum, Medizinische Fakultät, Institut für Anatomie, Abteilung für Neuroanatomie und molekulare Hirnforschung, als von uns selbst geladenen Sachverständigen zum Beweis nachfolgender Tatsachen anzuhören: Das von dem Sachverständigen Professor Dr. Saß in der Hauptverhandlung erstattete Gutachten einschließlich seiner Ausführungen auf die Vernehmung durch den Vorsitzenden und seiner Antworten auf die Befragung der Prozessbeteiligten genügt nicht den anerkannten wissenschaftlichen Standards für ein forensisch-psychiatrisches und kriminalprognostisches Sachverständigengutachten. *(Sturm nimmt im Weiteren das Gutachten von Faustmann vorweg, indem sie es nahezu eins zu eins in ihrem Beweisantrag wiedergibt. Faustmann wird es zwei Tage später selbst vortragen. Sturm liest und liest. Mittlerweile ist sie auf Seite 14 von insgesamt 28 Seiten angelangt.)*

Götzl Frau Rechtsanwältin Sturm, Entschuldigung, dass ich unterbreche. Herr Gerlach, Sie sind noch voll bei der Sache?

(Der Angeklagte Holger Gerlach war offensichtlich eingenickt. Er schreckt hoch, Sturm liest weiter.)

Tag 359

26. April 2017

Manfred Götzl, Richter. **Herbert Diemer**, **Anette Greger**, Vertreter der Bundesanwaltschaft. **Wolfgang Heer, Wolfgang Stahl, Anja Sturm,** Verteidiger von Beate Zschäpe. **Detlef Kolloge**, Anwalt der Nebenklage.

(Gerichtspsychiater Henning Saß betritt den Saal. Vier Plätze sind dort für Sachverständige vorgesehen. Saß nimmt sie alle in Beschlag. Auf den ersten Stuhl legt er seinen Schirm und seinen Mantel, auf den Tisch vor dem zweiten legt er seinen Laptop. Auf den restlichen beiden Plätzen breitet er seine Unterlagen aus. Dann verlässt Saß den Saal. In Begleitung von Verteidigerin Anja Sturm kommt wenig später Professor Pedro Faustmann herein. Im

Auftrag der Verteidigung soll er an diesem Tag das Gutachten von Saß über Beate Zschäpe kritisieren. Faustmann wirft Saß vor, wissenschaftlich nicht sauber gearbeitet zu haben. Nun bleibt Faustmann ratlos vor den belegten Plätzen stehen. Nach einigen Minuten kommt Saß hinzu, begrüßt Faustmann und räumt ihm einen Stuhl frei.)

Götzl Dann kommen wir zunächst zu Stellungnahmen zum Antrag der Verteidigung der Angeklagten Zschäpe.

(Oberstaatsanwältin Greger meldet sich zu Wort. Nonverbal signalisiert sie dem Richter, dass sie ihre Stellungnahme zur Anhörung von Professor Faustmann nur handschriftlich notiert hat und nicht vorhat, sie dem Gericht und den Prozessbeteiligten schriftlich zur Verfügung zu stellen.)

Oberstaatsanwältin Greger *(beginnt vorzulesen)* Herr Vorsitzender, hoher Senat, der Antrag vom gestrigen Tage stellt keinen Beweisantrag im Sinne des Paragrafen 244, Absatz 3, und des Paragrafen 245, Absatz 2, Strafprozessordnung dar. Die Anhörung des Sachverständigen ist daher nicht nach Paragraf 245, Absatz 2, geboten. Ein Beweisantrag ist das in der Hauptverhandlung vorgebrachte ernsthafte Verlangen, über eine die Schuld- oder Rechtsfolgenfrage betreffende Behauptung durch bestimmte Beweismittel Beweis zu erheben. Eine bestimmte Beweistatsache zur Schuld- oder Rechtsfolgenfrage behaupten die Antragsteller jedoch nicht. Sie beschränken sich vielmehr auf eine Bewertung, die der Sachverständige vornehmen soll. Nämlich ob das von Professor Saß bereits erstattete Gutachten den anerkannten wissenschaftlichen Standards genügt, ohne dass sich der weitere Sachverständige zur Schuld- und Rechtsfolgenfrage verhalten soll. Der Antrag ist somit nach dem Maßstab eines Beweisermittlungsantrags zu verbescheiden.

Die allgemeine Aufklärungspflicht des Senats gebietet die beantragte Beweiserhebung ebenfalls nicht. Denn die Antragsteller zeigen in ihren Ausführungen weder Kompetenzdefizite des Gutachters auf, noch gibt ihr Vortrag Anlass, Bedenken an der methodischen Integrität des Sachverständigen zu entwickeln.

(Greger führt dies noch länger aus, bis sie unterbrochen wird.)

Verteidigerin Sturm Entschuldigen Sie, aber wir sind nicht in der Lage mitzuschreiben.

Oberstaatsanwältin Greger Ich spreche leiser, äh, langsamer. *(Greger lacht, Sturm und andere im Saal lachen auch. Greger liest weiter vor und kommt zum Fazit.)* Tragfähige Anhaltspunkte dafür, dass die Beweisfragen des Senats vom Gutachter unzulänglich beantwortet worden wären, sind nicht ersichtlich. Nach alledem darf sich der Senat die Beurteilung, ob der Sachverständige Professor Saß die anerkannten wissenschaftlichen Standards eingehalten hat, auch ohne die Anhörung von Professor Faustmann selbst zutrauen.

Verteidiger Heer Herr Vorsitzender, ich verstehe es einfach nicht. Jeder Prozessbeteiligte überreicht hier die Verschriftlichung seiner Ausführungen. Ich verstehe einfach nicht, warum die Vertreter des Generalbundesanwalts dies verweigern. Um es deutlich zu sagen: Ich halte ihr Verhalten für grob unfair. Ich beantrage, dass Sie, Herr Vorsitzender, die Vertreter des Generalbundesanwalts bitten, eine schriftliche Ausführung zu überreichen. Im Anschluss daran beantragen wir eine weitere Unterbrechung der Hauptverhandlung für das Verfassen einer Erwiderung.

Oberstaatsanwältin Greger Also bislang ist es lediglich handschriftlich fixiert.

Bundesanwalt Diemer Wenn Sie möchten, dann würden wir es abtippen. Aber das dauert.

Götzl Wir waren auch in der Lage mitzuschreiben, insofern verstehe ich die Aufregung und auch den Ton nicht, Herr Rechtsanwalt Heer.

Verteidiger Heer Ich verstehe nicht, warum die Vertreter des Generalbundesanwalts zu Papier und Kugelschreiber greifen. Sie sind doch mit EDV ausgestattet!

Bundesanwalt Diemer Dieses Theater! Das ist unerträglich! Es geht auch nicht an, dass Sie, Frau Rechtsanwältin Sturm, die Kollegin Greger unterbrechen. Das sind Schikanen der Personen, die hier vortragen. Sie haben still zu schweigen und zu warten, bis sie fertig ist!

Verteidigerin Sturm Selbstverständlich melde ich mich unverzüglich zu Wort, wenn wir uns nicht in der Lage sehen, Frau Zschäpe angemessen zu verteidigen! Und das ist der Fall, wenn Sie zu schnell vortragen. Geradezu unerhört ist es, das Vorgehen der Verteidigung als Schikane zu bezeichnen. Ich weise den Vorwurf aufs Schärfste zurück.

Verteidiger Stahl Der Punkt ist doch der: Mal stellen Sie Ihre Ausführungen schriftlich zur Verfügung, mal nicht. Ist die Materie etwas heikler, dann geben Sie es nicht schriftlich aus der Hand. So ist unser Eindruck. Der Eindruck kann ja falsch sein. Aber hier geht es jetzt ja nicht um eine Dose Katzenfutter. Es geht um Ihre Stellungnahme, mit der wir uns befassen wollen und an der Sie sicher sehr lange gearbeitet haben.

Götzl Wie viel Zeit brauchen Sie?

Verteidiger Heer Wir möchten auf die Stellungnahme erwidern. Denn wir sind natürlich nicht der Auffassung, dass wir keinen ordnungsgemäßen Beweisantrag gestellt haben.

Verteidiger Stahl Herr Vorsitzender, wenn Sie signalisierten, dass Sie Professor Faustmann ohnehin hören möchten, dann könnten wir uns eine stundenlange Unterbrechung sparen.

Götzl Ich hatte sowieso vor, die Hauptverhandlung zu unterbrechen. Wie viel Zeit brauchen Sie?

Verteidiger Heer Ich habe den Eindruck, Sie wollen sich vor einer Entscheidung drücken.

Götzl Es besteht kein Anspruch auf eine schriftliche Stellungnahme. Die Bundesanwaltschaft ist bereit, sie schriftlich zu überreichen, braucht dafür aber Zeit. Sie wollen eine Unterbrechung. Wie lange?

Verteidiger Heer Für mich war das nicht eindeutig, dass wir es schriftlich erhalten. Wenn es so ist, dann freue ich mich.

Bundesanwalt Diemer Das muss noch getippt werden.

Verteidiger Heer Dann beantragen wir, eineinhalb Stunden Zeit ab Erhalt der schriftlichen Stellungnahme.

Bundesanwalt Diemer Wenn wir es verschriftlichen sollen, dann schaffen wir das nicht vor morgen früh.

Verteidiger Heer Herr Dr. Diemer, warum wir bis morgen früh warten müssen, ist mir ein Rätsel. Frau Greger hat ein Laptop. Das, was Sie gerade machen, ist Prozessverschleppung.

Götzl Um es klar zu sagen, man kann es verschriftlichen, man muss es nicht. Ich war in der Lage mitzuschreiben. Es geht letztlich um einen Service, der Ihnen zuteilwird, auf den Sie aber keinen Anspruch haben. Deswegen müssen Sie die Beteiligten jetzt nicht dermaßen angreifen! Jetzt machen wir erst mal zehn Minuten Pause.

(Nach einer kurzen Pause wird die Verhandlung fortgesetzt.)

Götzl Die Bundesanwaltschaft benötigt etwa zwei Stunden Zeit für die Verschriftlichung. Die Verteidigung der Angeklagten Zschäpe benötigt nach Erhalt etwa eineinhalb Stunden. Dann wird die Hauptverhandlung bis 14.30 Uhr unterbrochen.

Anwalt Kolloge Vielleicht sparen wir uns die stundenlange Unterbrechung und einigen uns darauf, Professor Faustmann einfach zu hören.

Verteidiger Stahl Ich muss sagen, lieber Kollege Kolloge, das ist ein sehr vernünftiger Vorschlag. Es würde das Verfahren in erheblicher Weise beschleunigen.

(Für fast vier Stunden wird die Verhandlung unterbrochen. Um 14.30 Uhr wird die Pause um eine weitere Dreiviertelstunde verlängert.)

Verteidiger Heer In der Strafsache gegen Frau Zschäpe erwidern wir auf die Stellungnahme des Generalbundesanwalts zu unserem Beweisantrag auf Einvernahme des Sachverständigen Professor Faustmann: Bei dem Antrag handelt es sich um einen Beweisantrag im Sinne des Paragrafen 245 Absatz 2 Strafprozessordnung. Der Generalbundesanwalt maßt sich eine dem Sachverständigen Professor Dr. Faustmann überlegene Sachkunde an und stellt die lediglich globale und durch nichts belegte Behauptung auf, das angegriffene Gutachten sei lege artis erstellt. Für die ordnungsgemäße Sachaufklärung ist es zwingend geboten, Zweifel an der Vorgehensweise und damit an der Sachkunde des Sachverständigen durch die beantragte Beweiserhebung aufzuklären. Selbst wenn es sich nicht um einen förmlichen Beweisantrag handeln sollte, wäre der Senat gehalten, Professor Faustmann anzuhören, denn aus dessen Gutachten ergeben sich zahlreiche, konkret benannte Umstände, dass das Gutachten des Sachverständigen Professor Saß in methodischer Hinsicht mängelbehaftet ist. Anstatt die zeitlich überschaubare Anhörung des Sachverständigen Professor Faustmann vorzunehmen, setzt sich der erkennende Senat ohne Not dem Risiko der Aufhebung seines Urteils und dem Erfordernis der Durchführung einer erneuten Hauptverhandlung aus. Es ist aus unserer Sicht völlig unverständlich, warum sich der Generalbundesanwalt der Schaffung einer möglichst breiten Beurteilungsgrundlage verschließt und dies offensichtlich auch der erkennende Senat beabsichtigt.

(Am Ende verliest Götzl den Beschluss des Senats, mit dem die Verfügung des Vorsitzenden Richters bestätigt wird, den Verfahrensbeteiligten noch bis zum 17. Mai 2017 Zeit für Beweisanträge zu geben. Das Gericht stellt fest, dass auch nach Fristablauf noch Anträge gestellt, diese dann vom Gericht allerdings leichter abgelehnt werden können. Im Namen des Senats betont Götzl nicht zum ersten Mal, dass das Gericht das Beweisprogramm für erledigt hält. Die Richter sehen bei der Verteidigung von Ralf Wohlleben und Beate Zschäpe »Anzeichen für Verschleppungsabsicht«. So habe sich zuletzt bei mehreren Anträgen die Frage gestellt, warum sie nicht schon viel früher kamen.)

Tag 360

27. April 2017

Manfred Götzl, Richter. **Pedro Faustmann**, 57, Psychiater und methodenkritischer Gutachter. Er wird auch an Tag 362 aussagen. **Herbert Diemer**, Vertreter der Bundesanwaltschaft. **Wolfgang Heer**, Verteidiger von Beate Zschäpe.

(Richter Götzl stellt zunächst, wie an jedem Verhandlungstag, die Präsenz der Verfahrensbeteiligten fest. Dann überrascht er alle Anwesenden damit, dass er Professor Pedro Faustmann aufruft und bittet, auf dem Zeugenstuhl Platz zu nehmen. Faustmann wurde nicht vom Gericht, sondern von den Zschäpe-Verteidigern Wolfgang Heer, Wolfgang Stahl und Anja Sturm als Sachverständiger geladen. Die drei Anwälte schauen so überrascht wie erfreut.)

Götzl Dann würde ich Sie bitten, Herr Professor Dr. Faustmann, hier vorne Platz zu nehmen. Ich belehre Sie zunächst, dass Sie heute als Sachverständiger vernommen werden sollen. Ich würde Sie bitten, Ihr Gutachten zu erstatten.

Faustmann Ich habe ein Gutachten erstattet aus methodenkritischer Sicht im Hinblick auf das hier im Verfahren erstattete Gutachten von Professor Saß. Ich denke, einleitend muss ich sagen, was mit Methodenkritik gemeint ist. Dies beinhaltet einerseits, dass man sich mit den Forschungsmethoden auseinandersetzt, die angewandt worden sind. Man problematisiert sie und schaut, ob sich Mängel finden. Es geht darüber hinaus auch darum zu hinterfragen, mit welcher theoretischen Vorannahme an ein Untersuchungsobjekt herangegangen wurde beziehungsweise in welcher Form die Fragestellung bearbeitet wurde. Ich werde nun auf das, was Professor Saß hier vorgetragen hat, Schritt für Schritt Bezug nehmen.

(Faustmann bezieht sich bei seinen Ausführungen im Wesentlichen auf das schriftliche Manuskript des mündlichen Gutachtens von Saß. Faustmann spricht sehr ruhig. Es wirkt, als spräche er frei, dabei liest er sein Gutachten überwiegend ab.)

Faustmann Unter Vorbemerkungen zur Methodik wird von Professor Saß festgehalten, dass die Gutachtensthematik in diesem Verfahren gemäß den Hinweisen des Senats die psychopathologischen Voraussetzungen für die Fragen der Schuldfähigkeit *(von Beate Zschäpe)*, eine eventuelle Unterbringung in einer Entziehungsanstalt und eine eventuelle Unterbringung in der Sicherungsverwahrung sind.

(Nun geht Faustmann anhand von mehr als zwanzig Textstellen auf angebliche Ungenauigkeiten oder fehlende Trennschärfe bei den Einschätzungen des Psychiaters Saß ein. Immer wieder moniert er, Saß äußere sich zu allgemein und man könne seine Beurteilungen nicht operationalisieren. Insbesondere an drei Punkten hakt Faustmann ein.)

Es wird von Professor Saß auf die besondere Bedeutung äußerer Aspekte des individuellen Verhaltens und der beobachtbaren Interaktion mit anderen Personen in der Hauptverhandlung verwiesen. Er führt aus, dass von besonderem Interesse dabei die Psychomotorik sei. Professor Saß teilt mit, es werde davon ausgegangen, dass die Psychomotorik das Resultat einer Integration von psychischen und motorischen Funktionen darstelle, weshalb sich psychische Sachverhalte mehr oder weniger auch im Bewegungsspiel widerspiegelten.

Methodenkritisch ist festzuhalten: Es liegen keine operationalen Kriterien vor, auf die sich Beobachtungen und deren Bedeutungszuschreibungen wissenschaftlich begründen und nachvollziehen lassen. Der alleinige Verweis auf jahrzehntelange Erfahrung macht die wissenschaftliche Grundlage nicht deutlich. Mimik, Gestik und Motorik bei psychischen Erkrankungen und Störungen fallen qualitativ bereits durch erhebliche Abweichungen auf und sind einer nach psychopathologischen Kriterien psychischen Befundung zugänglich. Anders verhält es sich bei Mimik, Gestik und Motorik im Spektrum des psychisch gesunden Menschen. Die Beurteilung hier ist im wissenschaftlichen Sinne den Fachgebieten der differenziellen Psychologie, medizinischen Psychologie und klinischen Psychologie zuzuschreiben.

Unter dem einleitenden Satz »zurück zur Biografie von Frau Zschäpe« folgen des Weiteren zunächst chronologische Abhandlungen und Fakten zur Lebensgeschichte. Es wird mit Hinweis auf eine in diese Darstellung von Frau Zschäpe eingeflochtene kleine Bemerkung, »dass sie wegen der Geldknappheit damals begonnen habe, sich innerhalb des Freundeskreises an kleineren Diebstählen zu beteiligen«, ausgeführt, dass es hier für den psychiatrischen Beobachter so aussähe, als zeige sich zum ersten Mal eine gewisse Tendenz von Frau Zschäpe, die Verantwortlichkeit für auftretende Probleme und eigenes Verhalten wie auch Fehlverhalten anderen Personen oder Umständen zuzuordnen. Professor Saß stellt fest: »Im Übrigen gibt es hinsichtlich der ›kleineren Diebstähle‹ offenbar auch eine deutliche Tendenz zum Bagatellisieren, also zum Herabspielen der damaligen Handlungen durch Frau Zschäpe (…)« Professor Saß führt aus, dass es sich beim Externalisieren und Bagatellisieren nicht um objektiv messbare Befunde handele, sondern um eine Einschätzung durch den Untersucher. Zitat: »Ob sie plausibel ist, wird damit ausdrücklich der Beurteilung des Lesers oder Adressaten des Gutachtens überlassen«.
Methodenkritisch ist festzuhalten: Wenn man zugrunde legt, dass es bei Anwendung eines idiografischen Wissenschaftsmodells weniger um die Auflistung vorgegebener Einzelmerkmale und Regeln geht, sondern darum, den komplexen Prozess der Urteilsbildung durch methodische Vorgaben zu systematisieren, um ihn auf eine wissenschaftlich kontrollierbare Grundlage zu heben und nachvollziehbar zu machen, so entzieht sich Professor Saß diesem wissenschaftlichen Auftrag, wenn er darauf hinweist, dass die Plausibilität seiner Einschätzung als Untersucher ausdrücklich der Beurteilung des Lesers oder Adressaten des Gutachtens überlassen wird.
(Beate Zschäpe hört offensichtlich konzentriert zu und blickt Faustmann während seines Vortrags an. Manchmal liest sie seine Ausführungen mit. Sie liegen schriftlich vor ihr).
Es ist nicht richtig, dass es sich »beim Externalisieren und Bagatellisieren nicht um objektiv messbare Befunde handelt«. In der Psychologie ist durch Operationalisierung und Prüfung der Testgütekriterien auch die objektive Messung von Externalisieren und/oder Bagatellisieren möglich.
Methodenkritisch ist zudem anzumerken: Wenn aus der Erlebens- und Verhaltensweise einer Person auf eine Eigenschaft geschlossen wird, dann muss dies im wissenschaftlichen Sinne als zu prüfende Hypothese formuliert werden. Das heißt, es muss geprüft werden, ob die hier von Professor Saß auf der Basis der genannten Anknüpfungen geleistete Schlussfolgerung im Verlauf durch weitere Erlebens- und Verhaltensbeobachtungen oder Feststellungen gestützt oder verworfen werden muss. *(Faustmann ist zunehmend heiser.)*

Götzl 15 Minuten Pause, damit sich die Stimme etwas erholt?

Faustmann Gerne.

(In der Pause redet Beate Zschäpe auf ihren Wahlverteidiger Hermann Borchert ein. Sie gestikuliert, tippt auf eine Passage von Faustmanns schriftlichen Ausführungen.)

Götzl Dann setzen wir fort.

Faustmann Auf Seite 22 im letzten Absatz, unten, letzte Zeile, findet sich der Satz: »Wenn Frau Zschäpe formulierte, man könne sagen, ohne Tino Brandt wären diese ganzen Unternehmungen nicht möglich gewesen, so findet sich hier erneut die Tendenz, auf eine Außenverursachung hinzuweisen.« Methodenkritisch ist festzuhalten: Diese Formulierung ist im wissenschaftlichen Sinne nicht hypothesengeleitet, sondern für sich tendenziell, also das Ergebnis vorwegnehmend. Sie knüpft inhaltlich an der Formulierung auf Seite 13, untere Hälfte, an, wo zu lesen ist: »Hier sieht es für den psychiatrischen Beobachter so aus, als zeige sich zum ersten Mal eine gewisse Tendenz von Frau Zschäpe, die Verantwortlichkeit für auftretende Probleme und eigenes Verhalten wie auch Fehlverhalten anderen Personen oder äußeren Umständen zuzuordnen«. Es wird vom Sachverständigen Professor Saß außer Acht gelassen, dass es faktisch so hätte sein können, dass ohne Tino Brandt diese ganzen Unternehmungen nicht möglich gewesen wären.

Unter »1.2.5 Zur Entwicklung der Angeklagten seit der Verhaftung« teilt Professor Saß mit, dass sich »keine besonderen Auffälligkeiten oder gar Hinweise für Störungen ergeben« hätten. Es wird auf ein breites Repertoire von situativ angepassten, kontrollierten und variierenden Verhaltensweisen verwiesen. Es wird unter anderem ausgeführt: »Aus psychopathologischer Perspektive von Interesse sind die skizzierten Beobachtungen aus der Prozesszeit, weil sie Rückschlüsse erlauben auf die Fähigkeit und Bereitschaft von Frau Zschäpe zum Vertreten und Durchsetzen der eigenen Position, zur kämpferischen Selbstbehauptung, zu einer nahezu feindselig durchgehaltenen Beharrlichkeit und zum erfolgreichen Durchstehen massiver zwischenmenschlicher Konfliktlagen. Setzt man dieses Verhalten in Beziehung zu den Angaben der Frau Zschäpe über die Differenzen mit den beiden Uwes, etwa in Hinblick auf das Sich-Stellen und vor allem auf die Tötungshandlungen, so bleibt die Frage, wie plausibel die Schilderungen von Frau Zschäpe sind, wenn sie sich für die damalige Zeit als abhängig und quasi ohnmächtig resignierend beschreibt.« Zitatende.

Es wird zudem darauf verwiesen, dass aus den Beobachtungen der langjährigen Wohnungsnachbarn und den Urlaubsbekanntschaften keinesfalls ein Bild entstanden sei, »wie es«, so Professor Saß, »Frau Zschäpe von sich selbst gezeichnet hat, nämlich dass sie sich ab Ende des Jahres 2000 durchgängig in einer emotionalen Bedrücktheit, in einer Konfliktsituation und in einer Lage, die sie subjektiv geradezu als ausweglos darstellt, befunden hätte«. Methodenkritisch wird von Professor Saß selbst auf Seite 35, dritter Absatz, auf den möglichen Einwand hingewiesen, dass inzwischen eine ganze Reihe von Jahren vergangen ist und Weiterentwicklungen in der Persönlichkeit der Angeklagten stattgefunden haben können. Auf der anderen Seite werden die heutigen Beobachtungen von Selbstbehauptungswillen, sozialer Kompetenz und Durchsetzungsstärke als von vielen Zeugen schon für die Zeit vor dem Untertauchen sowie während der Jahre im Untergrund berichtet. Methodenkritisch ist anzumerken, dass aus Diskrepanzen zwischen Selbst- und Fremdbild nicht ausschließlich auf eine fehlende Plausibilität des Selbstbildes zu schließen ist, sondern auch auf eine fehlende Plausibilität des Fremdbildes geschlossen werden kann. Dann wären die Verhaltensweisen der Frau Zschäpe im Kontakt zu anderen – etwa zu Nachbarn, Urlaubsbekannten – als Ausdruck manifester Abwehr- und Kompensationsmechanismen der Selbststabilisierung zu werten. Mit dem Ziel, nach außen hin eigene merkliche Defizite nicht zu zeigen.

(Nach gut eineinhalb Stunden beendet Faustmann die Erstattung seines Gutachtens.)

Götzl Vielen Dank, Herr Professor Dr. Faustmann. Könnten Sie uns zu Ihrer Ausbildung weitere Ausführungen machen?

Faustmann Ich habe Medizin studiert an der Universität Essen mit Wahlfach Neurologie. Parallel habe ich Psychologie studiert. *(Faustmann erklärt, dass er keinen Abschluss in Psychologie hat, weil es die Möglichkeit eines Doppelstudiums Psychologie und Medizin damals nicht gegeben habe. Faustmann berichtet von seiner klinisch-psychiatrischen Arbeit in Essen, seiner Promotion im Bereich Neuroanatomie, seiner gutachterlichen Tätigkeit seit 1986 und seiner Habilitation in Neurologie. Dann kam ein Wechsel an die Universitätsklinik in Bochum. 2001 hat er eine etwa dreijährige Weiterbildung zum forensischen Psychiater absolviert und 2004 das entsprechende Zertifikat erhalten. Er ist Mitglied einer Prüfungskommission zur medizinischen Gutachterausbildung.)*

Götzl Können Sie etwas zur Anzahl der von Ihnen erstellten Gutachten sagen?

Faustmann Ich schätze, dass ich in der Gesamtzahl bereits 2500 Gutachten erstellt habe, Schuldfähigkeitsgutachten, neurologische Gutachten, Prognosegutachten. Ich habe in den letzten 15 bis 20 Jahren im Bereich Schuldfähigkeit Gutachten vor dem Landgericht Wuppertal, dem Landgericht Hagen, dem Landgericht Krefeld, Düsseldorf, Essen und Köln erstattet. Für die JVA Werl habe ich als Sachverständiger Prognosegutachten im Bereich Sicherungsverwahrung erstellt. Ich würde mal schätzen, dass ich zwischen 30 und 40 Gutachten zur Prognose erstellt habe. Die Anzahl der Gutachten zur Schuldfähigkeit kann ich nicht überblicken. Im Hinblick auf die Methodenlehre bin ich seit über 20 Jahren trainiert. Ich hatte jetzt auch ein Verfahren der nachträglichen Sicherungsverwahrung vor dem Landgericht Wuppertal. Ein sehr komplexer Fall im Hinblick auf Paragraf 66 Strafgesetzbuch. *(In diesem Paragrafen geht es um die*

Sicherungsverwahrung.) Die von mir zu beurteilenden 66er-Kandidaten haben überwiegend schwere Sexualstraftaten begangen. Es geht da um sexuellen Sadismus, aber auch um schwere räuberische Erpressungsdelikte und Tötungsdelikte. Ich habe beim 66 nie den Fall einer Frau bearbeitet. Das kommt einfach zu selten vor.

Götzl Wir werden an diesem Punkt Ihre Anhörung unterbrechen und am 16. Mai weitermachen. Dann darf ich mich für heute bei Ihnen bedanken.

Verteidiger Heer Bevor wir es vergessen, die Kollegin Sturm, der Kollege Stahl und ich beantragen, das Gericht möge anordnen, Herrn Professor Faustmann die gesetzlich vorgesehene Entschädigung aus der Staatskasse zu gewähren, weil seine Ausführungen zur Aufklärung dienlich waren.

Götzl Stellungnahmen dazu?

Bundesanwalt Diemer Nicht sofort.

Götzl Dann setzen wir fort am kommenden Mittwoch.

Tag 361

3. Mai 2017

Manfred Götzl, Richter. **Joachim Bauer**, 65, psychiatrischer Gutachter. Professor für Psychiatrie und Psychosomatik, Freiburg. Er wird auch an Tag 364 aussagen. **Herbert Diemer**, Bundesanwalt. **Mathias Grasel, Wolfgang Heer,** Verteidiger von Beate Zschäpe.

Götzl Als Sachverständige sind erschienen: Professor Saß und Professor Bauer.

Verteidiger Grasel Wir beantragen, Professor Joachim Bauer als Sachverständigen zu vernehmen, zum Beweis der Tatsache, dass bei Frau Zschäpe bei sämtlichen angeklagten Tatzeitpunkten eine schwere dependente Persönlichkeitsstörung in einem solchen Ausmaß vorgelegen hat, dass die Voraussetzungen des Paragrafen 21 Strafgesetzbuch *(also der verminderten Schuldfähigkeit)* zu bejahen sind. Frau Zschäpe wird Professor Bauer von seiner Schweigepflicht entbinden.

Götzl Ist es zutreffend, Frau Zschäpe, dass Sie Professor Bauer von seiner Schweigepflicht entbinden? *(Zschäpe nickt.)* Herr Professor Bauer, dann bitte ich Sie, hier Platz zu nehmen. Ich belehre Sie, dass Sie Ihr Gutachten unparteiisch nach bestem Wissen und Gewissen erstatten müssen.

(Der Richter fragt Bauers Personalien ab.)

Bauer Dr. Joachim Bauer, 65, Facharzt für Innere Medizin, Facharzt für Psychiatrie und Psychotherapie, Facharzt für Psychosomatische Medizin. Ich bin habilitiert für das Fach Psychiatrie und für das Fach Innere Medizin. Ich war bis 31. März 2017 Leiter des Gutachtenbereichs an der Klinik für Psychosomatische Medizin und Psychotherapie am Universitätsklinikum Freiburg. Seit April bin ich emeritiert.

Götzl Zum Organisatorischen noch. Wir haben uns ja für heute auf Ihr Gutachten nicht vorbereiten können. Uns liegen keinerlei Unterlagen vor. Rechtsanwalt Grasel hat es angesprochen, dass es ein 57 Seiten starkes Gutachten gibt, das der Verteidigung und Frau Zschäpe vorliegt. Sind Sie bereit, es vorweg zu übergeben?

Bauer Ich würde es gern erst vortragen, dann übergeben.

Götzl Gibt es einen Grund dafür, es nicht vorab zu übergeben?

Bauer Nein.

Götzl Das heißt, wir konzentrieren uns jetzt dann, um 60 Seiten mitzuschreiben, und dann übergeben Sie uns das. Was ist der Sinn und Zweck dieser Übung?

Bauer Herr Vorsitzender, wenn Sie vorziehen, es zu haben, dann würde ich mich dem natürlich beugen.

Götzl Das würde ich vorziehen.

(Verteidiger Grasel überreicht dem Gericht das Gutachten. Die Verhandlung wird zum Kopieren unterbrochen, die Kopien an die Verhandlungsteilnehmer verteilt. Nach einer Stunde wird die Verhandlung fortgesetzt.)

Götzl Dann würde ich Sie bitten, Herr Professor Bauer.

Bauer Ja, vielen Dank. Das vorliegende Gutachten basiert auf insgesamt sieben Sitzungen mit jeweils zwei Stunden. Die Gespräche erfolgten am 27. Februar, 1. März, 2. März, 15. März und am 12. April 2017. Dem Gutachter vorliegend waren die Anklageschrift, die umfangreiche schriftliche Stellungnahme der Frau Zschäpe vom 9. 12. 2015, ihre schriftlichen Antworten auf Fragen des Senats und weiterer Prozessbeteiligter. Weiterhin eingesehen wurden die Vernehmungsprotokolle von Frau Annerose Zschäpe, der Mutter der Angeklagten, von der Mutter von Uwe Böhnhardt und von drei ehemaligen Nachbarinnen aus der Polenzstraße 2 in Zwickau. Eingesehen wurden auch Protokolle der Befragungen von Frau Brigitte Böhnhardt und einer Nachbarin vor dem Senat hier. Mir lagen zudem die Gutachten des Kollegen Professor Nedopil sowie die beiden Gutachten des geschätzten Kollegen Professor Saß sowie das Gutachten von Professor Faustmann vor. Schließlich wurde die Abschrift eines Briefes von Frau Zschäpe an Robin S. zur Kenntnis genommen. *(Der Neonazi saß unter anderem wegen gefährlicher Körperverletzung in Bielefeld im Gefängnis, als Zschäpe ihm im März 2013 schrieb.)* Die genannten Unterlagen waren von den Anwälten Grasel und Borchert zur Verfügung gestellt worden. Die Angaben der Mutter Zschäpes waren unverzichtbar, um wichtige Informationen über die Umstände zu erhalten, unter denen Beate Zschäpe aufwuchs. Die im Weiteren vorgenommene Beschränkung auf die Aussagen von Frau Böhnhardt und der ehemaligen Nachbarinnen Frau H., Frau J. und Frau K. ist dadurch begründet, dass diese Frauen Beate Zschäpe über einen längeren Zeitraum im Alltag erlebt haben und – soweit erkennbar – weder in die rechtsradikale Gedankenwelt noch in die Straftaten verwickelt waren. Zunächst nun zu den biografischen Angaben von Frau Zschäpe.

(Bauer liest in rasantem Tempo Zschäpes Angaben über ihre Kindheit und Schulzeit vor. Die Prozessbeteiligten, auch Zschäpe, lesen mit.)

Frau Zschäpe wurde am 2. Januar 1975 geboren. Ihre Mutter sei in ihrer Zeit als Zahnmedizin-Studentin in Rumänien mit einem dortigen Kommilitonen mit ihr schwanger geworden. Ihre Mutter habe sie alleinstehend in Jena, dem Herkunftsort der Mutter, zur Welt gebracht. Ihren leiblichen Vater habe sie nie getroffen, von seiner Identität erst im Alter zwischen zwölf und 14 Jahren erfahren. Sie wisse, dass ihre Mutter und sie zunächst bei den Großeltern mütterlicherseits gewohnt hätten. Nach der Heirat der Mutter mit Gunder T. im Dezember 1975 seien sie mit Herrn T. zusammengezogen. Nach der Trennung der beiden sind sie zu den Großeltern zurückgekehrt. Die Trennung war '76, die Scheidung dann '77.

Frau Zschäpe berichtete, der Opa, er sei 1996 verstorben, habe »klare Regeln, eine klare Linie« gehabt, berichtete Frau Zschäpe. »Bei ihm hatte man pünktlich und arbeitsam zu sein«, sagte sie. Die Oma sei im Dezember 2016 verstorben. Sie sei sehr liebevoll und »zwischen allen ausgleichend« gewesen. Beide Großeltern habe sie »sehr gemocht«. Ihre Mutter, die sie vor allem in späterer Zeit als »inkonsequent und ohne klare Linie« erlebt habe, sei in ihrer Vorschulzeit nach eigener Erinnerung für sie »eigentlich nicht da gewesen«. Auf Nachfrage äußerte Frau Zschäpe: An die Großeltern habe sie viele Alltagserinnerungen, »zu meiner Mutter fällt mir gar nichts ein«. Da herrsche in ihrem Gedächtnis eine »große Leere, wie ein Loch«.

An Günter Zschäpe, den nächsten Partner ihrer Mutter, kann sich Frau Zschäpe nicht erinnern. Er habe einen Bungalow an einem See gehabt. Dort habe sie in einem Gehege Frischlinge füttern dürfen. Zitat: »Ich hatte schon immer eine große Tierliebe, bis heute«. Nach der Trennung der beiden im Jahr 1979 sei die Mutter nach Jena zurückgekehrt. Beate Zschäpe habe von nun an mit der Mutter in einer sehr kleinen Einzimmerwohnung gelebt.

Gefragt zu ihrem Lebensgefühl als Kind, sagte Frau Zschäpe, sie sei ein »lebhaftes Kind« gewesen. Sie habe viel gespielt, sei auf Bäume geklettert, habe immer offene Knie gehabt. Sie habe guten Kontakt zu anderen Kindern gehabt. Auf die Frage, ob es als Kind manchmal Gefühle von Einsamkeit gegeben habe, berichtete sie: »Ich habe immer den Schweinchen im Gehege meine Probleme erzählt.«

Abends sei sie in den Zeiten, als sie bei ihrer Mutter gelebt habe, »immer alleine ins Bett gegangen«. Geschlafen habe sie nicht immer gut, teilweise musste das Licht angelassen werden. Sie habe jedoch schon früh – Zitat – »gelernt, sich zusammenzunehmen, eine fröhliche Haltung zu zeigen«.

Die Beziehung zur Mutter, mit der sie bis 1985, also bis zu ihrem zehnten Lebensjahr in der sehr kleinen Wohnung gelebt habe, sei »manchmal etwas schwierig« gewesen. Sie habe die Jahre der Schulzeit als Schlüsselkind gelebt, zu Hause – Zitat – »oft kein Frühstück bekommen« und dieses sich dann von ihren Schulkameradinnen erbettelt. Ich muss sagen, das habe ich der Angeklagten alles aus der Nase gezogen, das hat sie mir nicht so einfach präsentiert. Das waren alles Dinge, die von mir angesprochen werden mussten.

Mittagessen habe es in der Schule gegeben. Zum Abendessen befragt, sagte Frau Zschäpe: »Ich kann mich nicht erinnern, mit der Mutter jemals zu Abend gegessen zu haben, mit den Großeltern: ja.« Frau Zschäpe sagte, es belaste sie, von dieser Zeit zu sprechen. Zitat: »Ich möchte immer Harmonie haben.«

Während der Untersuchungsgespräche hat Frau Zschäpe zu keiner Zeit versucht, belastende Aspekte ihrer Herkunftsfamilie beziehungsweise ihre Herkunftsmilieus mit den ihr vorgeworfenen Delikten in einen Ursachenzusammenhang zu bringen. Im Gegenteil. Die Bewertung ihrer Kindheit zielte insbesondere auf eine Schonung ihrer Mutter ab – das lag ihr sehr am Herzen –, der sie, wie sie ausdrücklich betonte, nicht wehtun wolle.

Die häusliche Situation habe sich etwas verbessert, als sie 1985 als Zehnjährige mit ihrer Mutter in eine Dreizimmerwohnung in einer Plattenbausiedlung im Stadtteil Jena-Winzerla umgezogen sei. Die Mutter habe damals ein Alkoholproblem gehabt und versucht, dies auch vor der Tochter zu verdecken, zum Beispiel dadurch, dass sie den Rotwein in Teetassen gefüllt habe. Oft sei die Mutter volltrunken irgendwo in der Wohnung gelegen, manchmal in ihrem Erbrochenen. Das möchte ich noch mal deutlich machen: Auch diese Angaben musste ich Frau Zschäpe aus der Nase ziehen. Das wurde gegen ihren Widerstand eruiert. Nicht dass ich das suggeriert hätte: Ich habe gefragt, wie das Alltagsleben war, und dann nachgefragt. Sie hat mich sogar gefragt, ob man das mit der Mutter im Gutachten nicht weglassen könne. Weiter sagte Frau Zschäpe: »Ich konnte keine Freundinnen mit nach Hause nehmen, meine Mutter war so eine Art Risikofaktor.« Es sei vorgekommen, dass eine Freundin versehentlich die Tür zum Schlafzimmer geöffnet habe, wo die Mutter am Boden lag. Die häusliche Situation habe dazu geführt, dass gegenüber der Mutter – Zitat – »irgendwann kein Respekt mehr da gewesen« sei. Frau Zschäpe berichtete, sie habe sich damals für ihr häusliches Milieu »extrem geschämt«. »Die ganze Familienproblematik wurde aber totgeschwiegen.« Die Mutter habe über Sachen, die schwierig sind, nie

gerne gesprochen. Auch außerhalb der Familie habe Frau Zschäpe mit niemandem über die Probleme reden können.
Zu Gleichaltrigen habe Beate Zschäpe gute Kontakte gehabt. Sie sagte: »Viele kamen zu mir, wenn sie Probleme hatten, ich habe mich gerne um andere gekümmert.« Sie habe sich gut an die Wünsche und Bedürfnisse anderer anpassen können. Zitat: »Wenn drei Leute sagen: Ich würde lieber Gulasch essen. Dann sage ich nicht: Ich möchte lieber eine Roulade.«
(Bauer hat sich in seiner bisherigen Darstellung von Zschäpes ersten Lebensjahren auf ihre eigenen Angaben bezogen. Nun bezieht er sich auf die Angaben ihrer Mutter. Er nennt dies eine »fremdanamnestische Einfügung«.)
An dieser Stelle des Gutachtens wird eine kurze fremdanamnestische Einfügung vorgenommen anhand der Angaben der Mutter, da die tatsächlichen Bedingungen, unter denen Beate Zschäpe die ersten Lebensjahre verbrachte, dramatischer waren, als dies in den Erinnerungen der Angeklagten zum Ausdruck kommt.
Aus den Angaben der Mutter bei ihrer polizeilichen Vernehmung ergibt sich, dass die Mutter nach der Geburt von Beate Zschäpe ihr Studium in Rumänien fortsetzte. Beate Zschäpe kam nach der Geburt Anfang Januar bis Mitte 1975 zu den Großeltern, wo die Oma das Kind versorgt habe. Ab Mitte 1975 habe der Säugling dann bei Gunder T., einem Jugendfreund der Mutter aus Jena, gelebt. Diesen Jugendfreund habe sie Ende 1975 geheiratet. Da die Mutter jedoch erst 1976, nach Beendigung ihres Studiums, nach Jena zurückkehrte, ergibt sich die Frage, wie der Säugling zwischen Mitte 1975 und der Rückkehr der Mutter im Jahre 1976 von diesem Herrn, der, soweit man vermuten muss, alleinstehend war, versorgt wurde. Angesichts dessen, was heute über die Spätfolgen frühkindlicher Vernachlässigung bekannt ist, wird hier jeder psychiatrische Experte oder jede Expertin hellhörig.
Die Mutter trennte sich Ende 1976 von Herrn T., was noch mal retrograd die Frage aufwirft: Da kann die Betreuung nicht so optimal gewesen sein, würde man als Fachmann die Frage erst mal in den Raum stellen. Das muss natürlich besorgt machen. Die Mutter lebte jetzt mit ihrer kleinen Tochter wieder bei den Großeltern. Die Mutter lernte nun Günter Zschäpe kennen, den sie 1978 heiratete und zu dem sie ohne ihre Tochter nach Camburg *(in Thüringen)* zog. Beate Zschäpe blieb in Jena, besuchte eine Krippe und wurde von der Oma versorgt. Ein Jahr später trennte sich die Mutter von Herrn Zschäpe, kehrte nach Jena zurück und bezog eine – Zitat – »Einraumwohnung mit Schlafnische«, so die Mutter, in der sie mit ihrer Tochter bis 1985 gewohnt habe. Beate Zschäpe erlebte also in den ersten knapp fünf Lebensjahren fünf bedeutsame Wechsel der Betreuungssituation. Das ist ein hochsignifikantes Faktum. Wenn Sie das noch weiter ausgebreitet und bestätigt haben wollen, könnten Sie zum Beispiel mal

den Professor Brisch hier in München befragen, der sich mit solchen Bindungsrisiken auskennt und dessen ganzes wissenschaftliches Werk darin besteht, Bindungsstörungen in den ersten Lebensjahren auszumachen und welche Spätfolgen das im weiteren Leben hat, wie das hier quasi lehrbuchtypisch der Fall ist. Zu den Spätfolgen werden wir im Weiteren noch kommen. *(Bauer liest weiter aus seinem Gutachten vor.)*
Nachfolgend soll nun wieder mit Beate Zschäpes eigenen Darstellungen fortgefahren werden. Ihren ersten Freund, Matthias R., der auch ihr erster Sexualpartner gewesen sei, habe Beate Zschäpe im Alter von etwa 14 bis 15 Jahren kennengelernt. Er sei mehrere Jahre älter, laut Frau Zschäpe »vielleicht etwa 20 Jahre alt« und arbeitslos gewesen. Er habe von Diebstählen gelebt. Ihr eigenes Mitwirken an Diebstählen habe sich, wie sie es formuliert hat, »im Schlepptau« dieses Freundes entwickelt. Zitat: »Er war ein versierter Dieb.« Sie habe sich ihm angeschlossen.
Herr R. sei ihr gegenüber als »Kavalier« aufgetreten. Er sei zum Beispiel mit geklauten Geschenken – Frau Zschäpe erwähnte Aluminium-Luftballons in Herzform – zur Pause im Schulhof ihrer Schule aufgetreten. Das habe nicht nur sie selbst, sondern auch ihre Schulfreundinnen beeindruckt. Er habe zeitweise bei ihr in der Wohnung gewohnt. Als Fußnote sei vermerkt, dass der zeitweise Einzug eines deutlich älteren Freundes zur damals 15-jährigen Beate Zschäpe den wenig Halt gebenden familiären Hintergrund der jugendlichen Beate Zschäpe deutlich werden lässt.
Uwe Mundlos wurde ihr nächster Freund und Liebhaber. Sie kannte ihn schon vorher aus der Wohngebietsclique. Sie sei in der 10. Klasse gewesen, also etwa 15 bis 16 Jahre alt. Er sei einige Wochen später, noch während ihrer Schulzeit, in ihre Wohnung eingezogen. Sie habe möglichst viel mit ihm zusammen sein wollen, sei ungern alleine gewesen. Er sei – Zitat Frau Zschäpe – »lustig und eloquent« gewesen und in der Clique mit Späßchen und Sarkasmus »rausgestochen«. Er habe sie politisch beeinflusst. Ideologisch sei Uwe Mundlos für ihr damaliges Empfinden – Zitat – »teilweise schon ganz schön deftig« gewesen, obwohl nach ihren Angaben »das ganze Wohngebiet in diese Richtung« gegangen sei. Man habe ständig rechtsradikale Musik gehört, etwa »Böhse Onkelz« oder »Macht und Ehre«.
Zitat Frau Zschäpe: »Wir haben uns über den Zustrom von Ausländern aufgeregt, obwohl wir in Jena gar kein Problem damit hatten.« Dass sie in Jena kein Problem mit Ausländern hatten, kam jetzt nicht von mir, das hat Frau Zschäpe von sich aus so dargestellt. Man wusste halt, sagte sie, wie es in den alten Bundesländern ist und dass man diesen Zustand nicht haben wollte. Daraus habe sich – Zitat – »Frustration und Ausländerfeindlichkeit« ergeben.

Nach ihrem Schulabschluss habe sie Kindergärtnerin werden wollen – Zitat –, »etwas mit Menschen machen« wollen. Zitat: »Ich zeichne gerne, singe gerne und habe Kinder schon immer gemocht.« Sie habe mehrere Bewerbungen abgeschickt, die alle abgelehnt worden seien. Dann habe sie eine Gärtnerlehre begonnen und auch abgeschlossen. Die Lehre habe aber nicht gehalten, was sie sich versprochen habe. Die Vorstellung war, schöne Sträuße zu binden, aber tatsächlich sei sie mit Feldarbeit und Arbeit in den Gewächshäusern beschäftigt gewesen. Der Kontakt zu den Arbeitskollegen sei gut gewesen.
Uwe Böhnhardt, ihren nächsten Freund und Partner, lernte Frau Zschäpe am 2. Januar 1994, ihrem 19. Geburtstag, kennen. Obwohl Uwe Böhnhardt, geboren am 1. Oktober 1977, jünger als Frau Zschäpe war, habe er ein – Zitat – »dominantes Auftreten« gehabt, von dem – Zitat – »Wirkung« ausgegangen sei. Anders als Uwe Mundlos sei er nicht gesprächig gewesen, sondern habe »beobachtet«. An ihn sei »schwer heranzukommen« gewesen. Sie habe sich in ihn verliebt. Beeindruckt habe sie, dass er »geradlinig« gewesen sei. »Er hatte eine strikte Vorstellung, wie eine Freundschaft laufen soll: Loyalität, Ehrlichkeit, Verlässlichkeit«, berichtete Frau Zschäpe. Uwe Böhnhardt und sein Freundeskreis, die sogenannte Kameradschaft Jena, seien »radikaler als Uwe Mundlos« gewesen. »Man sah schon an seinem Outfit, wozu er sich bekannte«, auch das wieder ein Zitat. »Er hatte immer ein Messer oder eine Schreckschusspistole dabei.«
Als Fußnote sei erwähnt, dass Frau Zschäpe zur persönlichen Vorgeschichte von Uwe Böhnhardt berichtete, dass er vor ihrem Kennenlernen eine Jugendhaftstrafe abgesessen habe. Weil die Jugendhaftanstalt belegt gewesen sei, sei er in einen Erwachsenen-Trakt gekommen. Und dort sei er, wie er ihr 1995 anvertraut habe, von Mitgefangenen sexuell schwer misshandelt worden. Das nur am Rande.
Uwe Mundlos, ihr bisheriger Freund, und Beate Zschäpe hätten sich »im Guten getrennt«, kurz nachdem er im April 1994 zur Bundeswehr gegangen sei. Uwe Mundlos sei aus der Wohnung von Beate Zschäpe und ihrer Mutter ausgezogen. Stattdessen sei nun Uwe Böhnhardt häufiger Gast gewesen. Sie habe am liebsten ständig mit ihm zusammen sein wollen und ein Alleinsein nur schlecht ertragen.
Nachdem Uwe Mundlos 1995 von der Bundeswehr zurückgekehrt sei, sei es Schritt für Schritt zur Bildung einer freundschaftlichen Clique und zu gemeinsamen rechtsradikalen politischen Aktionen gekommen, unter anderem am 13. April 1996 zu der mit dem Puppentorso durchgeführten Aktion an einer Autobahnbrücke.
Wenige Tage nach der schlimmen Puppentorso-Aktion sprach Uwe Böhnhardt gegenüber Beate Zschäpe die Trennung aus. Er habe dies damit begründet, dass

sie zu sehr »klammere«. Auf Nachfrage erläuterte Frau Zschäpe: »Wir waren, das war vor allem mein Wunsch, jeden Tag zusammen. Ich habe ihm keine Luft mehr gelassen. Ich wollte ständig mit ihm zusammen sein. Ich konnte nicht anders. Wenn ich alleine war, bekam ich oft Panik.«

Frau Zschäpe wollte die von Uwe Böhnhardt ausgesprochene Trennung nicht vertiefen. Sie zeigte eine dem Gutachter verdächtig anmutende Abwehrreaktion und ließ sich erst auf geduldiges Nachfragen etwas näher zu dem Thema ein. Die Trennung sei für sie »ein Rieseneinschnitt« gewesen, sagte sie, »eines der schlimmsten Ereignisse überhaupt, als ob mir die Luft weggeblieben wäre«. Das ist wieder hochsignifikant, dass sie da in Panik geriet und quasi in eine Lebenskrise. Zitat: »Ich habe nicht mehr denken können. Ich war total hilflos, als ob es im Leben nicht weitergehen würde. Ich hatte Heulkrämpfe. Ich lief ihm sogar in der Öffentlichkeit heulend hinterher.«

Frau Zschäpe schien in diesem Moment der Exploration dem Weinen nahe zu sein. Ich sagte ihr, sie dürfe weinen, wenn ihr danach sei, worauf sie antwortete: »Ich habe Angst, die Schleusen zu öffnen, Angst, dass, wenn die Schleusen erst einmal auf sind, ich mich davon nicht mehr erhole, dass ich dann zusammenbreche.«

Ich fragte sie, wann sie das Wegschließen von Gefühlen gelernt habe. Ihre Antwort: »In den Jahren, in denen ich mit meiner Mutter zusammenlebte.« Sie habe sich damals oft geschämt. Aufkommende Gefühle der Scham habe sie »ausblenden« gelernt. Schon in ihrer Schulzeit habe sie gelernt, in zwei Ebenen zu leben: Einerseits habe sie sich oft schlecht gefühlt oder geschämt, andererseits habe sie gelernt, sich zusammenzunehmen und eine fröhliche Haltung zu zeigen. Später, in den schwierigen Jahren mit Uwe Mundlos und Uwe Böhnhardt, habe ihr das extreme, stundenlange Joggen und Fahrradfahren geholfen, unangenehme innere Gefühle und Gedanken auszublenden.

Nachdem sich Uwe Böhnhardt von ihr getrennt hatte, habe sie, nur um Uwe Böhnhardts Zuwendung zurückzugewinnen, einem ihr bekannten Vorhaben Böhnhardts entsprechend, im August 1996 eine Garage angemietet. Dies sei zwar mit Blick auf das von ihr verfolgte Ziel der Zurückgewinnung von Uwe Böhnhardt ein »voller Erfolg« gewesen, Zitat: »Es wurde in der Beziehung mit Uwe Böhnhardt aber nie mehr so wie früher. Ab jetzt hatte ich immer Angst, er könnte mich wieder verlassen. Es lief jetzt nur noch so, wie er wollte.« Sie habe jetzt zum Beispiel Außenbeziehungen, die er geführt habe, in Kauf nehmen müssen.

Auf die Frage, warum es ihr so schwergefallen sei, über ihre Reaktion auf die Trennung mit mir zu reden, äußerte Frau Zschäpe, ihr Leiden an der Trennung passe nicht zu ihrem nach außen gezeigten Selbstbild. Es gebe zwei Ebenen in ihr, eine tiefe innere Verwundbarkeit und eine nach außen gezeigte Stärke und

Unverwundbarkeit. Dieses Schema habe sie bereits in ihren Kinderjahren entwickelt. Das ist ganz interessant, ihre Reaktion, dass sie da, um die Trennung rückgängig zu machen, proaktiv wurde. Das ist ein typisches, auch wissenschaftlich oft erwähntes Verhaltensmuster. Dass diese Leute durchaus aktiv werden können, wenn die dependente Beziehung in Gefahr ist, um sie zu retten. Da gibt es eine große Literaturliste mit vielen Fallbeispielen dazu.

Frau Zschäpe wohnte 1996 weiterhin mit ihrer Mutter in Jena-Winzerla. Zum »endgültigen Bruch« sei es gekommen, als es für Beate Zschäpe völlig unerwartet im Sommer 1996 zur Räumung der Wohnung gekommen sei, nachdem die Mutter die Mietzahlungen nicht mehr geleistet habe. Die Räumung der Wohnung war, so Frau Zschäpe, »der Cut« in ihrer Beziehung zur Mutter. Frau Zschäpe war es jedoch wichtig, sofort hinzuzufügen, dass sie ihre Mutter aus heutiger Sicht nicht verurteile und inzwischen eine bessere Beziehung zu ihr habe.

Nach der Räumung kamen Frau Zschäpe und ihre Mutter kurzfristig bei der Oma unter. Von Spätsommer bis Ende 1996 zog Beate Zschäpe in die Wohnung der Familie Böhnhardt. Sie habe die Mutter Böhnhardt sehr gemocht, sagte Frau Zschäpe. Es falle ihr daher schwer, heute etwas Negatives über Uwe Böhnhardt zu sagen. Sie wolle sie nicht belasten oder verletzen. 1997 konnte Frau Zschäpe schließlich eine eigene Wohnung in Jena beziehen.

(Beate Zschäpe liest immer noch konzentriert im Gutachten mit. Auch Professor Saß liest mit und macht sich hin und wieder Notizen.)

Ich komme nun zu dem Punkt »Misshandlungen von Frau Zschäpe durch Uwe Böhnhardt«. Die Frage, ob Uwe Böhnhardt ihr gegenüber Gewalt angewandt habe, wurde nicht von Frau Zschäpe, sondern vom Gutachter angesprochen. Die eingesehenen Unterlagen enthielten diskrete Hinweise in diese Richtung. Hellhörig machen musste jeden psychiatrischen Experten oder jede Expertin auch der Hinweis der Zeugin Sindy H. auf mögliche sexuelle Nötigung oder sexuelle Gewalt.

Es fiel Frau Zschäpe erkennbar schwer, sich auf dieses Thema einzulassen, wobei sie Wert darauf legte zu betonen: »Ich hätte dieses Thema niemals reingebracht.« Auf Nachfrage nach dem Grund nannte Frau Zschäpe »Scham«. Außerdem wolle sie das Geschehene »nicht immer noch einmal erleben«. Ihr sei auch wichtig, den Eltern Böhnhardt durch eine Schilderung des gewalttätigen Sohnes Uwe nicht wehzutun. Zitat: Körperliche Gewalt gab es nicht nur in den drei Jahren zwischen 1998 und 2001, Gewalt gegen sie sei auch in den Jahren davor und danach eingesetzt worden.

Die Jahre 1998 bis 2001 seien – Zitat – »die schlimmste Zeit« gewesen. Aber auch in den Jahren danach habe es zahlreiche weitere heftige Misshandlungen durch

Uwe Böhnhardt gegeben. Frau Zschäpe unterbrach bei der Exploration dieses Themas mehrfach und wollte das Thema immer wieder vorzeitig beenden.
Wenn Uwe Böhnhardt gewalttätig geworden sei, habe er sie meistens mehrfach heftig ins Gesicht geschlagen, auch geboxt. Einmal sei sie zu Boden gegangen, habe dann Tritte gegen den Bauch erhalten und sich erbrochen. Sie habe nach vielen dieser Vorfälle an Gesicht und Körper Hämatome gehabt und habe tagelang das Haus nicht verlassen, um keine Nachfragen und Untersuchungen zu riskieren. Einmal habe sie den Eindruck gehabt, ihr rechter Kieferknochen sei gebrochen. Weitere erlittene Gewaltakte waren, dass ihr Uwe Böhnhardt einmal, als Frau Zschäpe das Zimmer verlassen wollte, von hinten zwischen die Schulterblätter getreten habe. Also so karateartig. Uwe Böhnhardt war sehr sportlich. »Mir blieb die Luft weg«, sagte sie. Ein anderes Mal habe er sie gewürgt. »Ich hatte Todesangst«, sagte Frau Zschäpe. Wieder ein anderes Mal habe sie einen heftigen Schlag auf ein Ohr erhalten und auf dieser Seite »eineinhalb Tage gar nicht mehr gehört«. Sehr oft sei sie von Uwe Böhnhardt gegen den Hinterkopf geschlagen worden.
Der Gutachter konfrontierte Frau Zschäpe mit den Hinweisen einer ehemaligen Nachbarin auf mögliche sexuelle Übergriffe. *(Die Nachbarin hatte vor Gericht ausgesagt, dass Zschäpe mal erwähnt habe, »dass es auch mal zu unfreiwilligem Geschlechtsverkehr kommt, sie das eigentlich nicht möchte«. Es soll dabei auch um Uwe Mundlos gegangen sein.)* Frau Zschäpe tat die Nachfrage des Gutachters, wie diese Aussage zu werten sei, ungewöhnlich schnell und ohne weitere Erläuterung ab. Da sei nichts dran. Im Gutachter entstand dabei allerdings weniger der Eindruck einer überzeugenden Verneinung als vielmehr das Gefühl, dass Frau Zschäpe vor allem eine weitere Thematisierung vermeiden wollte.
Auf die Frage, wie oft sich heftige Gewaltszenen wie die beschriebenen in der »schlimmsten« Zeit zwischen 1998 und 2001 ereignet haben, sagte sie, geschätzt etwa sechs Mal im Jahr. In der Anfangsphase sei Uwe Mundlos ein- oder zweimal dazwischengegangen. Einmal habe sich zwischen Uwe Böhnhardt und ihm eine heftige Schlägerei mit einem Hammer und einem Holzstück, einer Art Prügel, entwickelt. Zitat Frau Zschäpe: »Ich dachte, die erschlagen sich.« Uwe Mundlos sei daraufhin für einige Zeit zu einem Herrn Rothe gezogen. *(Thomas Rothe hatte Zschäpe, Mundlos und Böhnhardt bereits kurz nach ihrem Untertauchen geholfen, in dem er sie bei sich in Chemnitz wohnen ließ.)*
Anlässe für die Gewalthandlungen Uwe Böhnhardts seien meist banal gewesen. Verbale Auseinandersetzungen über Anschaffungen. Oder wenn Uwe Böhnhardt nicht einverstanden gewesen sei, dass sie das Haus verlasse. Oder wenn sie etwas getrunken habe. Oder einfach, wenn er ihr verbal nichts mehr habe entgegensetzen können.

Ich fragte sie, wie sie auf die Angriffe von Uwe Böhnhardt reagiert habe. Zitat: »Anfangs gab es Gegenwehr, manchmal habe ich geschrien, dass er aufhören soll. Weinen war auch 'ne Phase.« Noch mal ein Zitat: »Ich habe mich dann auch einmal ins Bad eingeschlossen«, woraufhin Uwe Böhnhardt versucht habe, die Tür aufzutreten. Später sei sie zunehmend »reaktionslos« geworden. Zitat: »Es gab bei mir eine Abstumpfung.« Zitat: »Manchmal kamen die Schmerzen nur noch mit Verzögerung.« Zitat: »Es gab Situationen, wo ich nur noch dachte: Lass es vorbei sein, lass es vorbei sein.«

Von den Anwälten erfuhr der Gutachter, dass Frau Zschäpe ihnen gesagt habe, dass sie auch dem Gutachter gegenüber nicht alles habe offenbaren können, was ihr an Gewalt widerfahren sei. Gefragt nach dem Grund – ich habe versucht, da nachzuexplorieren –, sagte Frau Zschäpe: »Das ist ein Nochmal-Durchleben. Das tut einfach weh.« Frau Zschäpe tat sich mit der Exploration dieses Teils ihrer Vorgeschichte sehr schwer. Die zuvor aufgeräumte Stimmung wurde dann jeweils durch eine angestrengt-gequält-bedrückte Stimmung abgelöst. Ihr zuvor flüssiger, zeitweise sprudelnder Redefluss wurde beim Reden über die erlittenen Misshandlungen zäh stockend. Dieser Wechsel vollzog sich als Übergang und nicht etwa so, als hätte Frau Zschäpe zwei Verhaltensvarianten zur Verfügung gehabt, die sie nach Bedarf auf Knopfdruck aktivieren könnte. Hinweise auf eine manipulative Instrumentalisierung des Themas fanden sich nicht. Hätte eine solche Absicht bestanden, hätte Frau Zschäpe das Thema relativ risikolos ausbreiten können – was sie nicht tat.

In der fünften Sitzung berichtete Frau Zschäpe, die gesamte Exploration sei für sie anstrengend gewesen, die Gespräche hätten sie aufgewühlt, sie habe schlechter geschlafen. Andere Inhaftierte seien auf sie zugekommen und hätten sie gefragt: »Geht's dir nicht gut?« An keiner Stelle der Exploration machte Frau Zschäpe den Versuch, die ihr angetane Gewalt als Entschuldigung für die ihr vorgeworfenen Straftaten darzustellen.

(Bauer weicht an dieser Stelle von seinem schriftlichen Gutachten ab. Er habe Gespräche mit traumatisierten muslimischen Frauen geführt, die im bosnischen Bürgerkrieg vergewaltigt worden seien. Er wolle Zschäpes Hemmungen über mögliche sexuelle Nötigung durch Böhnhardt oder Mundlos nicht mit dem Leid dieser Frauen vergleichen, sagt er – um es letztlich doch zu tun. Es gibt daraufhin Unmutsäußerungen im Saal.)

Ich will Frau Zschäpe jetzt nicht mit Traumapatienten vergleichen, die ich in meiner langen ärztlichen Laufbahn gesehen habe. Aber dieses Vermeiden, über Gewalterfahrungen zu sprechen, ist kontraintuitiv und nur für Fachleute verständlich. Es gehört aber zum gesicherten wissenschaftlichen Boden der Traumapsychiatrie, dass Menschen, insbesondere Frauen, die körperlich schwere Gewalt erfahren haben, nicht darüber sprechen wollen. Ich habe in meiner eigenen

Laufbahn nach dem Balkankrieg sehr, sehr viele misshandelte, sexuell schwer missbrauchte Musliminnen aus Bosnien und Serbien behandelt und auch verteidigt gegen die Gefahr der Abschiebung in Freiburg – wir hatten damals ein Netzwerk aus Psychotherapeuten und Psychiatern, die zum Teil am Rande der Legalität geholfen haben. Alle Kollegen, die Erfahrung mit Traumatisierten haben, kennen genau dieses Muster, was mir hier auch bei Frau Zschäpe begegnet ist, wobei ich Frau Zschäpe nicht mit diesen Opfern vergleichen will. Es geht darum: Was ist typisch bei Frauen, die schwere Gewalt erlebt haben? Sie wollen nicht darüber sprechen, weil es eben ein Wiedererleben ist. Das ist in Lehrbüchern nachzulesen und nicht etwa meine persönliche Meinung.

Ich komme nun zu den Angaben von Frau Zschäpe zu den ihr vorgeworfenen, schlimmen Delikten. Frau Zschäpe machte dazu bereitwillig Angaben. Das Zeitbudget von 14 Stunden machte eine Konzentration auf einige besonders bedeutsam erscheinende Aspekte notwendig. Eine Exploration zu allen Aspekten der vorgeworfenen zahlreichen Straftaten war wegen des begrenzten Zeitbudgets nicht leistbar, aber ich habe natürlich mit ihr schon die wichtigen Dinge besprochen.

Zur Entwicklung im Vorfeld: Frau Zschäpe berichtete, sie sei vom martialischen Auftreten des Uwe Böhnhardt und seiner »Kameradschaft Jena« und auch von den kompromisslosen ideologischen Inhalten beeindruckt gewesen. Vor diesem Hintergrund seien die von der Dreiergruppe im Vorfeld des Untertauchens durchgeführten Aktionen aus ihrem damaligen Erleben heraus weitgehend in ihrem Sinne gewesen und von ihr, soweit sie davon gewusst habe, unterstützt worden. Belastungsfähige Hinweise auf eine politisch führende oder treibende Rolle von Frau Zschäpe sucht man allerdings vergeblich. Die Mutter von Uwe Böhnhardt sagte bei ihrer Vernehmung am 24.1.2012 über Beate Zschäpe, ich darf zitieren: »Sie war kontaktfreudig, aufgeschlossen und ein nettes Mädchen. Dass sie ein tragendes Mitglied dieser Gruppierung gewesen sein soll, ist für mich unvorstellbar.« Frau Zschäpe selbst erzählte von dieser Phase ihres Lebens spontan, redselig und flüssig. An keiner Stelle der Explorationsgespräche versuchte sie, ihr damaliges junges Alter und ihre seinerzeitige Unerfahrenheit als Entschuldigung für die späteren, ihr zur Last gelegten Straftaten darzustellen. Also dieses primitive banale Schema: Es ging mir so schlecht, deswegen musste ich Verbrecher werden. Davon war nicht die Spur die Rede von ihrer Seite.

Der Entschluss der Dreiergruppe, sich dem polizeilichen Zugriff Ende Januar 1998 durch Untertauchen zu entziehen, sei vor allem aus Angst vor zu erwartenden Haftstrafen gefasst worden. Der Schritt in den Untergrund habe für Frau Zschäpe aber noch eine weitere – und das ist wieder eine psychopathologische Einschätzung von mir – besondere Bedeutung gehabt: Seit der vorübergehenden Beendigung

der Partnerschaft im April 1996 von Uwe Böhnhardt habe sie ständige Angst gehabt, er könne sich nochmals von ihr trennen. Der Entschluss zum gemeinsamen Untertauchen – und das ist jetzt signifikant – habe diese Angst massiv vermindert. Sie habe das Gefühl gehabt, ich zitiere: »Jetzt habe ich ihn, jetzt ist er mit mir zusammen.« Zitat: »Wir waren jetzt auf Gedeih und Verderb aneinandergekettet.« Grotesk, aber so war die psychische Realität von Frau Zschäpe.
Jetzt zur Reaktion auf die schlimmen Geschichten, auf die ganz schlimmen Dinge, die dann passiert sind, zunächst die Reaktion von Frau Zschäpe auf den ersten Mord: Vom ersten Mord an Enver Şimşek am 9. September 2000 in Nürnberg habe sie – wie von allen weiteren Mordtaten – erst im Nachhinein erfahren. Sie habe Mitte Dezember 2000 mit Uwe Mundlos in einem Wäldchen einen Spaziergang gemacht. Zitat: »Er hat sich irgendwie anders verhalten als normal. Ich habe ihn gefragt, ob es ihm nicht so gut gehe, darauf rückte er dann 'raus.« Er habe ihr von dem Mord erzählt. Auf die Frage nach ihrer Reaktion sagte sie: »Mundlos hatte oft einen sehr sarkastischen Humor, ich habe es erst einmal nicht geglaubt.« Also sie dachte, der macht einen Scherz. Als ihr klar geworden sei, dass es kein Scherz gewesen sei, »konnte ich erst einmal gar nichts denken. Mir was bewusst, dass da etwas ganz Schlimmes, etwas Unfassbares passiert ist.« Es sei dann zu Hause zu einer heftigen Auseinandersetzung zwischen ihr einerseits und Uwe Böhnhardt und Uwe Mundlos andererseits gekommen. »Schlussendlich sind wir so verblieben: Uwe Böhnhardt und Uwe Mundlos machen das nicht noch mal.« Die Stimmung zwischen ihnen sei von nun an oft »eisig« gewesen. Zitat Frau Zschäpe: »Zwischen uns war der Wurm drin, seit die Morde passiert sind. Ich bin oft morgens schon weg, um mich den ganzen Tag draußen irgendwie zu beschäftigen. Aber abends kam man auf Gedeih und Verderb halt wieder zusammen.«
Was die zahlreichen Überfälle betrifft, so wiederholte Frau Zschäpe die Auskunft aus ihrer Stellungnahme vom 9.12.2015, sie sei mit diesen der Geldbeschaffung dienenden Delikten, allerdings nicht mit dem Einsatz einer Schusswaffe, so hat sie es mir gegenüber dargestellt, einverstanden gewesen. Sie habe sich aber nicht an konkreten Tatvorbereitungen, erst recht nicht an der Durchführung der Überfälle beteiligt. Dem wäre sie nervlich nicht gewachsen gewesen. Im Gegensatz zu den Überfällen habe sie jeden der Morde entschieden abgelehnt. Sie sei jedes Mal schockiert, aufgebracht und entsetzt gewesen und habe dies den beiden auch deutlich zurückgemeldet.
Am 13. Juni und 27. Juni 2001 verübten die beiden Männer zwei weitere Morde. Die Reaktion von Frau Zschäpe darauf wurde noch mal psychisch exploriert. Zitat: »In die Situation, als sie mir das im Juli 2001 erzählten, da bin ich, wegen der Zusage nach Nürnberg, das keine weiteren Morde passieren sollten, eiskalt reingelaufen.« Ich zitiere weiter: »Ich war zu keiner Gefühlsregung fähig. Ich konn-

te weder schreien noch heulen. Es war wie nach einem Schlag. Ich war wie stillgelegt.« Uwe Mundlos und Uwe Böhnhardt hätten »mehrfach versprochen«, nicht wieder zu töten. Zitat: »Irgendwann habe ich dann aufgehört zu diskutieren. Ich habe gemerkt, dass meine Argumente gegen das Töten von den beiden nicht mehr gehört wurden.«

Ich fragte sie, wie sie diese Situation habe ertragen können. Antwort: »Der Alkohol war hilfreich.« Außerdem sei sie oft stundenlang Fahrrad gefahren oder joggen gegangen. »Das körperliche Ausgepowert-Sein war hilfreich für mich, um die Situation besser zu ertragen.«

Spezifisch exploriert wurde von mir dann noch mal die Reaktion von Frau Zschäpe auf den letzten Mord am 25. April 2007. Trotz ihrer mittlerweile eingetretenen resignativen inneren Situation innerhalb der Dreiergruppe habe Frau Zschäpe nach dem Mord an der Polizeibeamtin Michèle Kiesewetter noch einmal besonders heftig reagiert. Sie erinnere sich, dass sie auch von diesem Mord erst im Nachhinein erfahren habe, dies sei im Wohnzimmer gewesen. Frau Zschäpe sagte: »Das fand ich wieder einmal unfassbar. Ich hatte beiden ja so oft gesagt, dass ich dagegen bin. Die Begründung, dass sie nur die Waffe haben wollten, hat mich total fassungslos gemacht.« *(Zschäpe hatte bereits zuvor schriftlich erklärt, dass Mundlos und Böhnhardt ihr erzählt hätten, sie hätten Polizeiwaffen haben wollen und deshalb in Heilbronn den Mordanschlag auf die Polizisten Kiesewetter und Martin A. verübt. Kiesewetters Kollege hat die Schüsse schwer verletzt überlebt. Bauer zitiert weiter Zschäpe.)* »Ich habe die Tür zugemacht, habe den Fernseher laut gestellt und habe sie angeschrien, ob sie völlig spinnen, das sprengt doch jetzt alle Dimensionen.«

Auf die Frage nach der Reaktion von Uwe Mundlos und Uwe Böhnhardt sagte sie: »Ich kann nicht sagen, dass sie das groß gejuckt hat. Sie waren gleichgültig: Wir lassen sie wieder mal reden. Aber sie wussten, wie mir das zusetzt.«

Schließlich wurde vom Gutachter exploriert, wie zu erklären sei, dass die Mordserie ab 2007 bis zum Auffliegen der Dreiergruppe 2011 nicht fortgesetzt worden sei. Das ist mir aufgefallen und ich wollte dazu Auskunft haben. Darauf antwortete Frau Zschäpe, Zitat: »Ich dachte, ob sie mir vielleicht nichts mehr erzählen. Ich wollte lieber nicht nachfragen, sonst kriege ich entweder doch nichts erzählt oder ich bekomme wieder viele Taten auf einmal präsentiert.«

Jetzt noch zum Ende der Dreiergruppe: Vom Tod der beiden Uwes habe sie, so Frau Zschäpe, aus dem Radio erfahren. Sie sei einerseits erleichtert gewesen, habe andererseits eine – Zitat –»totale Leere in mir« gespürt, »wie innerlich tot, wie eine Schockstarre«. Sie habe großen Stress gefühlt und das Gefühl gehabt, jetzt »wie ein Roboter« zu handeln. Zitat: »Als ich wieder denken konnte, war meine Kalkulation: entweder mich stellen oder mir selbst etwas antun.« Dann

habe sie »nur Aufgaben abgehakt: Häkchen, Häkchen, Häkchen«. Zu diesen Aufgaben habe nicht nur gezählt, dass sie die Eltern der Uwes informieren musste. Eines von zwei »absoluten Versprechen«, so formulierte es Frau Zschäpe, sei gewesen, »dass ich nicht ohne Absprache aussteige«. Ein zweites Versprechen betraf eine größere Zahl von versandfertig abgepackten Bekenner-DVDs. Von deren Existenz habe sie zwar gewusst, an deren Herstellung sei sie aber nicht beteiligt gewesen und deren Inhalt habe sie im Gerichtssaal nach eigener Darstellung das erste Mal gesehen. Warum sie laut Anklageschrift nur etwa die Hälfte der DVDs versandt habe, konnte Frau Zschäpe nicht erklären. Sie habe sich das selbst auch gefragt, sagte sie. Auf die Frage, ob dieses Verhalten ihre Ambivalenz gegenüber Uwe Mundlos und Uwe Böhnhardt symbolisiere, reagierte sie wie ertappt. Sie war da überrascht über diese Deutung. Zitat: »Vielleicht war das so ein kleines bisschen, dass ich mich wenigstens in einem Rest dagegenstellen wollte.«
Nach ihrem ziellosen – Zitat jetzt wieder – »kreuz und quer durch die Republik fahren« befragt, äußerte Frau Zschäpe, sie sei vier Tage und Nächte ohne Unterbrechung und ohne Körperpflege mit der Bahn gefahren. Sie habe erwogen, sich zu suizidieren, indem sie sich vor einen Zug werfen würde. Als sie sich schließlich gestellt habe, »war es eine Befreiung, obwohl ich jetzt in Haft war«, sagte sie. Das Gefühl, jetzt »nur noch für mich selbst verantwortlich« zu sein, habe sie erleichtert. Paradoxerweise erlebe sie bis heute, wenn sie nachts in der Haftanstalt aufwache, das beruhigende Gefühl, Zitat: »Du bist im Gefängnis.« Zitat noch mal: »Ich hatte davor eine viel schlimmer eingesperrte Situation.« An anderer Stelle äußerte sie: »Wie irre, dass ich in der Anfangszeit meiner Haft morgens im Gefängnis aufgewacht bin und erleichtert war. Ich habe im Gefängnis ein Stück Freiheit zurückgewonnen.«
Jetzt komme ich zum Punkt »Einzeldarstellung und zeitliche Zuordnung der körperlichen Misshandlungen von Frau Zschäpe durch Uwe Böhnhardt«.
(Bauer berichtet, dass Zschäpe die einzelnen Attacken von Böhnhardt nicht konkret datieren konnte. Sie habe nur sagen können, dass die heftigsten Gewaltausbrüche in den Jahren 1998 bis 2001 gewesen seien. Bauer sagt, er selbst habe dann die Idee gehabt, die verschiedenen Wohnungen, in denen Zschäpe, Böhnhardt und Mundlos nach ihrem Untertauchen lebten, »als zeitliche Orientierungshilfe« heranzuziehen. Anhand der Anklageschrift listete Bauer offenbar die einzelnen Wohnungen in Chemnitz und Zwickau chronologisch auf. Auf nicht näher genannte Art klärten Bauer und Zschäpe dann, wo was geschehen sein soll. So habe Zschäpe zum Beispiel angegeben, dass Böhnhardt ihr in der Wohnung in der Altchemnitzer Straße in Chemnitz von hinten zwischen die Schulterblätter getreten habe. In der nächsten Wohnung, in der Wolgograder Allee in Chemnitz, sei sie nach Schlägen ins Gesicht hingefallen. Böhnhardt habe gegen ihren Bauch getreten, woraufhin sie sich erbro-

chen habe. Auch die Prügelei zwischen Mundlos und Böhnhardt habe sich dort ereignet. In der nächsten Wohnung, in der Heisenbergstraße in Zwickau, habe Böhnhardt sie gewürgt.)

Ich fahre fort mit Frau Zschäpes Angaben zum Erleben und Verhalten in der Prozess-Situation. Zum Eindruck der Empathielosigkeit: Auf den Vorhalt, manche hätten ihr Verhalten im Gericht bei der Wiedergabe des den Opfern und deren Angehörigen zugefügten Leids als nicht anteilnehmend erlebt, antwortete Frau Zschäpe bedrückt und gequält, es sei für sie – Zitat – »unbeschreiblich anstrengend«, mit dem angerichteten Leid konfrontiert zu sein. Zitat: »Wenn ich mich in das alles reingefühlt hätte, dann könnte ich jetzt nicht mehr hier sitzen und leben. Dann käme es zu meinem öffentlichen Zusammenbruch. Das wäre für mich ein Horror. Ich habe Angst, dass ich mich dann nicht mehr erholen würde, dass ich psychisch so einen Schlag bekommen und nur noch liegen könnte. Vielleicht könnte ich dann nur noch Schluss machen.«

Ich fragte sie, warum es dann immer wieder dazu komme, dass sie im Prozess ein wenig scherze oder lächle. Zitat: »Ich überspiele vieles mit Fröhlichkeit. Ich habe immer versucht, schlechte Gefühle wegzudrücken, wegzuschieben. Jetzt da so gestaffelt und mit einem Male ranzugehen, ist für mich ganz schwierig. Ich will selber so stark sein, alles im Griff haben, das ist bei mir das Problem.«

Dann habe ich sie gefragt: Wie haben die Schilderungen der Mordopfer auf Sie gewirkt? »Ich habe versucht, es nicht an mich herankommen zu lassen.« Warum? »Ich glaube, dass ich dann zusammengebrochen wäre, dass ich vielleicht mit einem Schlag durchdrehe. Das ist meine durchgängige Angst. Ich fand das ganz schlimm, wenn dann über mich gesagt wurde, das wäre respektlos.«

Jetzt zur Frage Aufmerksamkeitsabbrüche und Abwesenheitszustände. Bei der Lektüre des Gutachtens des geschätzten Kollegen Saß fallen an mehreren Stellen Hinweise auf, dass sich Frau Zschäpe in den Verhandlungssitzungen irgendwann hinter ihr Laptop oder ihre herabfallenden Haare zurückziehe oder teilnahmslos in die Ferne schaue. Auch dieses Verhalten wurde verschiedentlich als Desinteresse oder Missachtung interpretiert. Frau Zschäpe wurde vom Untersucher, also von mir, auch mit dieser Wahrnehmung freundlich konfrontiert. Darauf antwortete sie: »Ich habe oft die Kraft nicht mehr, weiter zuhören zu können. Ich habe vieles nur teilweise wahrnehmen können, weil sich in mir ein innerer Schutzschild aufbaut. Dann merke ich oft erst hinterher, da habe ich einiges gar nicht mitbekommen.« Ich frage sie dann, warum das passiere. Antwort: »Wenn zu viele Eindrücke kommen und ich mit dem Verarbeiten nicht hinterherkomme, dann merke ich, dass ich abschalte, das geht automatisch.« Das ist wichtig, dass es automatisch geht, also aus fachdidaktischer Sicht ist das eine wichtige Auskunft. Zitat weiter: »Ich bekomme dann auch nicht mehr mit, wie lange das ist. Erst hinterher sagen mir dann Dritte, dass ein ganzer Beweisantrag verlesen wurde.« Diese Ausführungen wurden durch ihre Anwälte bestätigt. Was Frau Zschäpe hier schildert, ist das lehrbuchtypische Bild eines dissoziativen Abwehrmechanismus.

Zur Frage des Schweigens vor Gericht: Es geht um die Frage, warum sich Frau Zschäpe im Gerichtssaal nicht selbst äußert und sich nicht explorieren ließ. Frau Zschäpe schilderte, dass sie die Strategie ihrer ersten drei Pflichtverteidiger, sich nicht zu äußern, immer schlechter habe durchhalten können. Viele Aussagen über sich anhören zu müssen, die sie als vollständig falsch empfunden habe, ohne widersprechen zu können, sei für sie zunehmend unerträglich geworden. Die Situation habe sich für sie aber zu einem Dilemma entwickelt, da sie sich dem Selbst-Auftreten im Prozess nicht gewachsen fühle. Als sie am 29.9.2016 eine kurze Erklärung verlesen habe, in der sie sich von den Taten distanzierte und ihr Fehlverhalten eingestand, da hat sie dazu gesagt: »Da habe ich meinen Puls bis in die Ohren gehört.« In der von ihr als überwiegend feindselig erlebten Gerichtsatmosphäre gänzlich frei zu sprechen, scheint Frau Zschäpe daher tatsächlich zu überfordern. Die Prozess-Atmosphäre belaste sie enorm. Sie erwähnte auch das Beobachtet-Werden durch den geschätzten Kollegen Saß: »Ich fühlte mich ein bisschen wie ein Tier im Zoo.«

Dass sich Frau Zschäpe der Gerichtsatmosphäre nicht gewachsen fühlt, erscheint dem Gutachter glaubhaft. Hinter der vordergründig aufgeräumt und selbstbewusst erscheinenden Verhaltensfassade gibt es bei Frau Zschäpe eine verborgene, überaus selbstunsichere zweite Seite. Manchmal, so Frau Zschäpe, würde sie sich am liebsten den gesamten Prozess ersparen und sagen: »Schickt mir einfach das Urteil zu!« Andererseits äußerte sie den Wunsch: »Ich möchte den Prozess durchstehen, um diesen Abschluss für mich zu haben.«

(Nun führt Bauer seinen Befund aus.)

Die insgesamt sieben Untersuchungsgespräche mit Frau Zschäpe fanden unüberwacht, in einem kleinen fensterlosen, hell beleuchteten Raum mit einem Tisch und sich gegenüberstehenden Stühlen statt. Frau Zschäpe erschien zu allen Terminen pünktlich und gepflegt, sie hatte Trainingskleidung an und trug die Haare gebunden.

Sie sehen jetzt, dass ich zwei Psychopathologien erstellt habe. Das erschien mir sinnvoll. Einmal ging es um die Kernfragen, einmal um das Sozialverhalten.

Ich darf mit der Psychopathologie I, also dem Psychiatrischen Befund im engeren Sinne beginnen: Hinsichtlich des Antriebs war bei Frau Zschäpe ein etwas jugendhaft-schwungvolles Auftreten zu beobachten, das nicht übertrieben wirkte. Frau Zschäpes Art zu sprechen war spontan, in einer kindhaft wirkenden Weise gesprächig und zielte auf die Herstellung eines guten Kontaktes. Sowohl das Ich-Bewusstsein als auch die Wahrnehmung waren frei von psychoseverdächtigen Beeinträchtigungen. Es beeindruckte eine vordergründig lebendige Ich-Vitalität, die aber unversehens kollabierte, wenn der Gutachter das Gespräch auf belastende Themen lenkte.

Inhaltlich waren keine Hinweise auf verstecktes Misstrauen, auf ein hintergründiges Kalkül oder auf manipulative Absichten spürbar. Frau Zschäpe neigte eher zu einer kindhaft-naiven Offenheit. Sie wich gerne auf Themen aus, die ihr persönlich nicht zu nahe gehen. Wenn schmerzhafte oder sensible Themen angesteuert wurden, verlangsamten sich Denken und Sprechen und wirkten gequält.

Jetzt zur Psychopathologie zweiter Teil, Sozialverhalten, Abwehrmechanismen und Persönlichkeitsauffälligkeiten: Die biografische Anamnese und die psychiatrischen Befunde lassen drei Problembereiche erkennen: 1. eine durch überstarkes Anklammerungs- und Abhängigkeitsverhalten abgewehrte tiefe Angst vor Bindungsverlust und Einsamkeit, 2. eine durch Verleugnungen und Verdrängung abgewehrte tiefe Scham mit subjektivem Minderwertigkeitsempfinden sowie 3. eine durch Erfahrungen von jahrelanger körperlicher Misshandlung und extremen Stress gebahnte Neigung zur Dissoziation.

Der bedeutsamste Aspekt für die Entwicklung des delinquenten Verhaltens ist die unter Punkt 1 genannte Entwicklung, die bei Frau Zschäpe in eine ausgeprägte dependente Persönlichkeitsstörung mündete.

In der Biografie von Frau Zschäpe stechen – zunächst mit Matthias R., dann mit Uwe Mundlos und schließlich mit Uwe Böhnhardt – mehrere aufeinanderfolgende Abhängigkeitsbeziehungen heraus, für die Frau Zschäpe nicht nur auf eine eigenständige Persönlichkeitsentwicklung verzichtet hat, sondern für die sie im Falle von Uwe Böhnhardt darüber hinaus schwere Nachteile in Kauf zu nehmen bereit war.

(Saß macht sich Notizen, während Bauer erläutert, warum Zschäpe mit Matthias R., Mundlos und Böhnhardt seiner Ansicht nach keine gleichberechtigten Beziehungen führte, sondern sich jeweils in einem Abhängigkeitsverhältnis befand. Dass Zschäpe Ende 1996, Anfang 1997 für einige Monate mit Thomas Starke, einst Funktionär von »Blood & Honour« Sachsen, liiert war, erwähnt Bauer nicht. Möglicherweise weiß er davon nichts, da es in den Unterlagen, die ihm vorlagen, nicht stand.)

Kennzeichnend für den Abhängigkeitscharakter der Beziehung zu Matthias R. war nicht nur der beachtliche Altersunterschied, sondern auch, dass Beate Zschäpe für sich das zentrale Element übernahm, das den damaligen Lebensstil von Herrn R. ausmachte, nämlich vom Stehlen zu leben. Frau Zschäpe führte in der Exploration nicht etwa an, dass sie aus Not gestohlen habe, sondern dass sie »im Fahrwasser« des Freundes mitgeklaut habe.

Nach dem Wechsel der Freundschaft zu Uwe Mundlos wiederholte sich die

Übernahme von Merkmalen des Partners. In der Beziehung zu Uwe Mundlos kam es nunmehr zu einem Einschwenken von Frau Zschäpe in dessen rechtsradikale politische Denkweisen. Zwar seien rechtsorientierte und fremdenfeindliche Denkweisen in der gesamten Jugendclique der Siedlung »Zeitgeist« gewesen, wie es Frau Zschäpe formulierte. Uwe Mundlos habe aber »rausgestochen«. Damit erfüllte er die Kriterien, die es der damals etwa 15- bis 16-jährigen Beate Zschäpe ermöglichten, erneut ins Fahrwasser eines anderen Menschen einzuschwenken und dessen Leben zu einem Teil des ihren zu machen. In der Beziehung habe sie Wert auf möglichst ständige Nähe gelegt und das Alleinesein vermieden.

In der Beziehung der inzwischen 19-jährigen Beate Zschäpe zu Uwe Böhnhardt verschärfte sich das dependente Beziehungsmuster noch. Das im Vergleich zu Uwe Mundlos deutlich schärfere und radikalere Merkmalsprofil von Uwe Böhnhardt machte ihn für Frau Zschäpe zu einem noch interessanteren Zielobjekt für ihre dependenten Bedürfnisse. Tatsächlich scheint Frau Zschäpe viele Merkmale von Uwe Böhnhardt für sich übernommen zu haben, nicht nur äußere Symbole wie das Waffentragen, sondern auch hinsichtlich der ideologischen Orientierung, wie sich an der Mitwirkung bei politischen Aktionen wie der Puppentorso-Aktion und der Herstellung des Pogromly-Spiels ablesen lässt. Mit der Schreckschusspistole habe sie Uwe Böhnhardt positiv beeindruckt. Das Pogromly-Spiel, das Frau Zschäpe jetzt spontan als »höchst menschenverachtend« bezeichnete, sei ein Produkt »typisch Mundlos« gewesen. Die ausgeprägte Abhängigkeit von Frau Zschäpe zu Uwe Böhnhardt zeigte sich aber auch unabhängig von ideologischen Dingen: Frau Zschäpe wollte mit Uwe Böhnhardt – Zitat – »jeden Tag zusammen« sein. Wenn sie alleine gewesen sei, habe sie »Panik« erlebt, »seine Abwesenheit hat mich zerfressen«.

Das in den Beziehungen von Frau Zschäpe zunächst zu Uwe Mundlos, dann aber vor allem in der Beziehung zu Uwe Böhnhardt zum Ausdruck kommende Abhängigkeitsmuster erfüllt die Kriterien einer sogenannten abhängigen oder dependenten Persönlichkeitsstörung, ICD10 F60.7 *(ICD ist die Abkürzung für »International Statistical Classification of Diseases and Related Health Problems«, ein Katalog medizinischer Diagnosen, den die Weltgesundheitsorganisation WHO herausgibt. Unter dem Punkt F60.7 ist dort definiert, was die Wissenschaft unter einer dependenten Persönlichkeitsstörung versteht.)*

Persönlichkeitsstörungen sind qua definitionem überdauernde Muster des Erlebens und Verhaltens, die deutlich von den Erwartungen der Kultur des Betroffenen abweichen und sowohl bei den Betroffenen selbst als auch im sozialen Umfeld der Betroffenen zu Leidensdruck führen. Bei den Betroffenen führt eine Persönlichkeitsstörung meistens zu einem hohen Maß an Stress und gravierenden Störungen in zwischenmenschlichen Beziehungen, und meist auch zu einer gewichtigen Beeinträchtigung der allgemeinen Lebensführung. In der Psychiatrie werden verschiedene Arten der Persönlichkeitsstörung unterschieden. Theodore Millon, das ist ein sehr wichtiger Mann auf dem Gebiet der Entwicklung des Konzeptes der Persönlichkeitsstörung, von der Harvard Universität, er war eine sehr maßgebliche Figur in der American Psychiatric Association, also Theodore Millon von der Harvard Universität – das ist aber jetzt schon ein bisschen historisch, aus den Achtzigerjahren – formulierte, ich darf jetzt Millon zitieren: »Abhängige Persönlichkeiten unterscheiden sich von allen anderen Mustern durch ihr ausgeprägtes Bedürfnis nach sozialer Zuwendung und das Bestreben, im Einklang mit den Bedürfnissen anderer zu leben. Abhängige fühlen sich paralysiert und verloren, wenn sie alleine sind. Sie klammern sich an Personen, die ihnen Halt und Unterstützung geben.« Jetzt kommt ein sehr – man möchte fast sagen – schöner Satz, weil der so das Ding auf einen Punkt bringt, ich zitiere immer noch Millon: »Das Gravitationszentrum einer dependenten Persönlichkeit liegt in dem eines anderen Menschen, nicht in ihm selbst.« Ende des Zitats. Als in unserer Zeit bedeutendster Forscher – vielleicht sollte man es nicht so absolut sagen, aber er gehört zu den herausragenden Leuten, die sich momentan über abhängige Persönlichkeitsstörung wissenschaftlich äußern – gilt Robert Bornstein von der Adelphi-Universität in Garden City, das ist im Staat New York. Ähnlich wie Millon sieht Bornstein im Zentrum einer abhängigen Persönlichkeitsstörung eine – ich zitiere Bornstein – »Tendenz, sich auf andere Menschen zu stützen, um Versorgung und Schutz zu erhalten, geführt und unterstützt zu werden, auch dann, wenn ein autonomes Funktionieren für die Betroffenen im Prinzip durchaus möglich wäre von den äußeren Umständen her«. Ich habe Ihnen in den Fußnoten die maßgeblichen, meist sehr zeitgenössischen Arbeiten hier zitiert. Also das ist nicht, um nur den Platz zu füllen und den wissenschaftlichen Anschein zu erwecken, sondern das sind die signifikanten Arbeiten, die sich dazu momentan zitieren lassen.

Daran gehindert, autonom zu funktionieren, werden abhängige Persönlichkeiten jedoch durch ein hohes Maß an Angst, verlassen zu werden. Jugendliche mit abhängiger Persönlichkeit zeigen ein übertrieben hohes Maß an Abhängigkeit von der Peergroup. Die Abhängigkeit kann auch auf den Liebespartner gerichtet sein. In Partnerschaften haben abhängige Persönlichkeiten ein erhöhtes Risiko, Gewalt zu erleiden – das ist auch in der wissenschaftlichen Literatur niedergelegt als Erfahrungswert. Vor diesem Hintergrund wird deutlich, warum von Persönlichkeitsstörung betroffene Personen auch ein wissenschaftlich belegtes, erhöhtes Risiko für den schädlichen Gebrauch von Alkohol haben. Ich habe Ihnen dazu jeweils die Literatur unten zitiert.

Besonders deutlich sichtbar wurde das pathologische Abhängigkeitsmuster bei Frau Zschäpe, als Uwe Böhnhardt sich im April 1996 von ihr trennte in dem Sinne, dass er die intime Partnerschaft zwischen den beiden für beendet erklärte, dass sie zu sehr klammere. Für Frau Zschäpe sei dies das schlimmste Erlebnis überhaupt gewesen, Zitat: »Ich habe nicht mehr denken können, ich war total hilflos.« Sie habe sich gefühlt – Zitat –, »als ob mir die Luft weggeblieben wäre, als ob es im Leben nicht mehr weitergehen würde«. Indem sie versuchte, durch die Anmietung der Garage die verloren gegangene Zuwendung von Uwe Böhnhardt zurückzugewinnen, zeigte sich bei Frau Zschäpe ein weiterer wichtiger Akt der Persönlichkeitsstörung, der oft übersehen wird, weshalb Robert Bornstein wiederholt darauf hingewiesen hat. Nämlich: Abhängige Persönlichkeitsstörungen verhalten sich nicht nur submissiv, sondern können überaus aktiv und energisch werden, wenn es darum geht, die Beziehung zu jenen Menschen, von denen sie abhängig sind, zu verteidigen. Das ist ein sehr wichtiger Punkt, deshalb habe ich Ihnen das Zitat von Bornstein hier auch gegeben, um ihnen zu zeigen, dass das hier nicht von mir handgestrickt ist, sondern dass das state of the art ist in der Wissenschaft: »Dependent people may be submissive in certain contexts but are quite assertive, sometimes even downright agressive, in others when important relationships are threatened.«

Menschen mit dependenter Persönlichkeitsstörung sind also keineswegs nur passive, nur ihrem Unterstützer oder Vormund ergebene Wesen, sondern zeigen dann, wenn es um die Rettung ihrer gefährdeten Abhängigkeitsbeziehung geht, oft erstaunliche Aktivität bis hin zur Delinquenz. Ich habe Ihnen da auch Literatur von genau solchen Fällen angehängt, die natürlich auch immer mitgeteilt werden, wenn irgendwo in Amerika oder bei uns jemand auffällt mit einer massiven krankhaften dependenten Persönlichkeitsstörung und dann plötzlich in einem delinquenten Kontext auffällt, dann ist das natürlich wichtig, dass die scientific community diese Fälle auch erfährt, weil wir dann immer sozusagen zusätzlich etwas lernen über diese Störungsbilder. Und deswegen habe ich Ihnen noch mal gezeigt, dass es darüber eine Literatur gibt, dass in den Teilen Frau Zschäpe nicht allein auf weiter Flur steht.

Frühe soziale Erfahrungen mit relevanten Bezugspersonen hinterlassen in jedem Menschen ein Bindungsmuster, das nennt man in der wissenschaftlichen Literatur attachement style. Die moderne Bindungsforschung unterscheidet zwischen einem sogenannten sicheren Bindungsmuster und drei Varianten eines sogenannten unsicheren Bindungsmusters, darunter das sogenannte ängstlich-unsichere Bindungsmuster, das sich ausbilden kann, wenn die Versorgung und Unterstützung durch Bezugspersonen in den ersten Lebensjahren inkon-

sistent war. Das ist wissenschaftlich belegt, also nicht irgendwie Schmusekurs-Psychologie, das ist Science!
Menschen mit einem ängstlichen Bindungsmuster sind besonders sensibel gegenüber Zurückweisung. Sie erleben bei drohenden oder tatsächlichen Trennungen ein besonders hohes Maß an Stress. Damit ist auch die Situation von Frau Zschäpe beschrieben.
Als Kind wurde sie in den ersten Lebensjahren mehrfach zwischen den Großeltern, der Mutter und mehreren Stiefvätern hin- und hergereicht. In späteren Jahren war sie pädagogisch unterversorgt. Mehrfache Abbrüche und wiederholte Wechsel der Betreuungspersonen und -stationen in den ersten Lebensjahren führten zur Herausbildung einer ständigen Angst um den Erhalt und um die Beständigkeit von tragenden Beziehungen zu schützenden Bezugspersonen. Diese Konstellation muss nicht, kann aber sehr leicht zu einer dependenten Persönlichkeitsstörung führen. Bei Frau Zschäpe ist die Entwicklung einer abhängigen Persönlichkeitsstörung aus einem früh angelegten ängstlich-unsicheren Bindungsmuster evident.
Als sich Uwe Böhnhardt, Uwe Mundlos und Beate Zschäpe dazu entschlossen, unterzutauchen, schnappte für Frau Zschäpe sozusagen eine Falle zu. Frau Zschäpe freute sich zunächst insgeheim, dass Uwe Böhnhardt und sie nun – Zitat – »auf Gedeih und Verderb aneinandergekettet waren«. Erst nach und nach wurde ihr deutlich, dass sie sich in Wirklichkeit in einer üblen Falle beziehungsweise Schicksalsgemeinschaft befand. Dies dürfte ihr spätestens dann deutlich geworden sein, als die Misshandlungen durch Uwe Böhnhardt an Schwere zunahmen und zu einer Dauererfahrung wurden. Frau Zschäpe unternahm offensichtlich Versuche, ihrer Falle zu entkommen. Den wiederholt vorgetragenen Vorschlag, sich zu stellen, lehnten Uwe Mundlos und Uwe Böhnhardt jedoch ab und drohten, sich eher zu suizidieren, als sich festnehmen zu lassen.
Nachdem Böhnhardt und Mundlos im September 2000 ihren ersten Mord begangen hatten, befand sich Frau Zschäpe in einer Art verschärfter Geiselhaft: Ihr dürfte klar gewesen sein, dass sie im Falle einer Festnahme mit zur Rechenschaft gezogen werden würde. Zu einem Weggang aus eigenem Entschluss fühlte sie sich aufgrund ihrer schweren psychischen Dependenz offenbar nicht in der Lage. Frau Zschäpe erfüllt alle wesentlichen Kriterien, welche die Internationale Klassifikation psychischer Störungen ICD-10 für die dependente Persönlichkeitsstörung definiert.
Nun zu dem Punkt »Abgewehrte Scham- und Minderwertigkeitsgefühle«: Aus der Exploration von Frau Zschäpe lässt sich entnehmen, dass sich Schamgefühle und subjektive Gefühle der Minderwertigkeit bereits in jenen Jahren bei ihr eingenistet haben, in denen sie das Gefühl hatte, sich für ihre Mutter und viel-

leicht auch für den fehlenden Vater schämen zu müssen. Anhaltende Scham ist besonders für Kinder und Jugendliche ein unerträglicher Affekt.
Eine Möglichkeit der Scham-Abwehr besteht darin, die Tatsachen, welche die Scham ausgelöst haben, beherzt zu verleugnen und kontraphobisch ins Gegenteil zu gehen und eine aufgeräumte, selbstbewusste und zuweilen gut gelaunte Fassade zu pflegen. Auch aus der Tatsache, dass ein Kind im dunklen Keller pfeift, lässt sich nicht der Schluss ziehen, dass es fröhlich ist. Eine kontraphobisch abgewehrte Scham-Problematik führt dazu, dass sich in einem Menschen zwei psychische Wirklichkeiten bilden: eine nach außen gezeigte Haltung der Aufgeräumtheit, des In-Kontrolle-Seins und eine darunter liegende seelische Wirklichkeit, in der tief sitzende Gefühle des Verwundet-Seins und die verdrängte Scham ihren Sitz haben.
Das Anliegen, die Kontrolle über ihre Gefühle nicht zu verlieren, war in der Exploration ein von Frau Zschäpe wiederholt geäußertes Thema. Zitat: »Ich will stark sein, alles im Griff haben.« Die Angst, dass sie den Halt verliere, wenn sie zum Beispiel im Gerichtssaal die Schleusen ihrer Gefühlsregungen öffne, habe sie auch gezwungen, sich gegenüber dem unsagbaren Leid der Opfer und Angehörigen abzuschotten. Dies und nur dies sei der Grund, warum sie im Gerichtssaal manchmal schlimme Situationen mit einem Lächeln oder einem Scherz überspiele. Den Verdacht, sie wolle damit den Opfern den Respekt versagen, empfinde sie als bedrückendes Missverständnis.
Ein weiterer Scham auslösender Umstand ist der erst angesichts der jetzigen Exploration sichtbar gewordene volle Umfang der jahrelangen körperlichen Misshandlungen. Alle von demütigenden körperlichen oder sexuellen Misshandlungen betroffenen Personen empfinden Scham. Es war Scham, die Frau Zschäpe dazu veranlasste, nach außen einen aufgeräumten statt irgendwie bedrückten Eindruck zu machen.
Ich komme nun zur durch Gewalt und extremen Stress gebahnten Dissoziation oder Abspaltung. Frau Zschäpe wurde vom Untersucher auf die Abbrüche ihrer Aufmerksamkeit im Gerichtssaal angesprochen, die auch im Gutachten von Professor Saß wiederholt Erwähnung finden und Beobachter vermuten ließen, sie sei respektlos. Dazu äußerte Frau Zschäpe: »Wenn zu viele Informationen und Eindrücke kommen und ich mit dem Verarbeiten nicht mehr hinterherkomme, dann merke ich, dass ich abschalte, das geht automatisch.« Sie verlasse in diesen Momenten das Hier und Jetzt. Ich fragte sie: Wo sind Sie dann? Antwort: »Ich habe dann keinen anderen Ort.« Sie wisse also nicht, wo ihre Aufmerksamkeit dann sei. »Ich bin hinterher oft erstaunt, wie lange es gewesen ist.« Herausgeholt aus derartigen Absenzen werde sie, »wenn zum Beispiel plötzlich eine Brüllerei im Gerichtssaal ist«, so Frau Zschäpe.

Was Frau Zschäpe hier beschreibt, ist die lehrbuchtypische Wiedergabe einer Dissoziation. Die Dissoziation ist ein Abwehrmechanismus, der in der milden Form des Gedankenwanderns oder des Tagträumens bei allen Menschen anzutreffen ist. Eine ausgeprägte, oft nur wenig oder gar nicht kontrollierte Tendenz zur Dissoziation findet sich bei Menschen, die extremem Stress oder Misshandlungen ausgesetzt waren oder sind. Personen, die zu vermehrter Dissoziation neigen, spalten Gefühlserlebnisse ab, wenn eine äußere Situation zu belastend ist oder wenn innere Gedanken oder Gefühlsinhalte, die ins Bewusstsein drängen, zu schmerzhaft sind.

Ich komme nun zur Zusammenfassung und Beurteilung. Zunächst zur Frage der Glaubwürdigkeit von Frau Zschäpe: Im Falle des gegen Frau Zschäpe geführten Gerichtsverfahrens müssen Taten bewertet werden, bei denen ohne jede Frage schwer psychopathische Täter zu Werke gegangen sind. Und da Frau Zschäpe über einen Zeitraum von etwa 15 Jahren eine von drei Personen war, die eine miteinander verbundene Dreiergruppe bildeten, aus der heraus die Taten begangen wurden, liegt der Verdacht nahe, dass bei Frau Zschäpe eine psychopathische Persönlichkeitsstörung vorliegen könnte. Der Umgang mit Psychopathen stellt für Psychiater und Juristen eine besondere Herausforderung dar. Denn viele psychopathische Personen sind in der Lage, sich ihrer Umwelt mit oberflächlichem Charme zu präsentieren, mit dem sie ihr Gegenüber täuschen und manipulieren. Vor diesem Hintergrund ist die Glaubhaftigkeit der Einlassungen, die Frau Zschäpe gegenüber mir, dem Gutachter, machte, einer Prüfung zu unterziehen. Mit Blick auf die Gesamtbewertung ist dabei von zentraler Bedeutung, wie glaubwürdig ihre Einlassungen zu den körperlichen Misshandlungen sind.

An keiner Stelle der gesamten Exploration spielte Frau Zschäpe darauf an, dass die ihr widerfahrenen Misshandlungen mit Blick auf das Gerichtsverfahren irgendwie vorteilhaft sein könnten. Eher im Gegenteil. Der Verzicht auf eine Instrumentalisierung und auch der von Frau Zschäpe preisgegebene Detailreichtum spricht sehr stark gegen den Verdacht, die Misshandlungen seien von Frau Zschäpe erfunden oder übertrieben dargestellt worden. Der Gutachter vermutet eher, dass tatsächlich noch weitere schwere Übergriffe stattgefunden haben.

Im Gutachten von Professor Saß taucht wiederholt der Hinweis auf, Frau Zschäpe zeige eine Tendenz, ihre Kindheitsbiografie entlastend ins Spiel zu bringen oder Verantwortung auf andere abzuschieben. Dies kann vonseiten des hier unterzeichnenden Untersuchers – ich kann das nicht bestätigen. Ein solcher Eindruck drängt sich weder bei der unvoreingenommenen Lektüre der großen schriftlichen Stellungnahme von Frau Zschäpe noch im Verlauf der Explorationen auf. Am Rande bemerkt sei, dass sich Frau Zschäpe über die Probleme, die

sie mit der Mutter hatte, nicht nur in einer der Mutter gegenüber respektvollen Sprache äußerte, sondern dass sie gegenüber dem Gutachter explizit darauf bedacht war zu betonen, dass sie ihrer Mutter aus heutiger Sicht keine Vorwürfe mache. Dieses ewige Schonen der Mutter, das ging mir schon fast auf den Keks. Ich darf hier noch fortfahren: Gegenüber dem Untersucher verzichtete sie auf jede Selbstdarstellung als Opfer.
Vor diesem Gesamthintergrund hält der Gutachter die Darstellungen von Frau Zschäpe insgesamt in hohem Maße für glaubwürdig. Ein Bemühen, gegenüber dem Gutachter eine gute Figur zu machen, war nicht spürbar, in keinster Weise. Der Diskurs war ganz stark sach- und arbeitsbetont. Ein Aspekt, der Frau Zschäpe weit mehr beschäftigte, war ihre Angst, mit den vielen von ihr preisgegebenen persönlichen Details aus ihrem Leben noch mehr als bisher als Objekt öffentlich vorgeführt und seziert zu werden.
Ich komme zur diagnostischen Einschätzung. Aus psychiatrischer Sicht liegt bei Frau Beate Zschäpe eine schwere dependente Persönlichkeitsstörung vor. Klinische Hinweise auf eine Psychopathie oder dissoziale Persönlichkeitsstörung fanden sich jetzt nicht. Auch unter Zugrundelegung der Psychopathie-Checklist PCL-R, also der revidierten Form von Robert Hare, dessen Arbeiten hier natürlich eine ganz große Rolle spielen und dessen Werk ich sehr gut kenne, sind bei Frau Zschäpe die Mindestkriterien einer Psychopathie nicht gegeben.
Jetzt zur Frage der Schuldfähigkeit: Eine Verminderung der Schuldfähigkeit nach Paragraf 21 Strafgesetzbuch kann nur in Betracht gezogen werden, wenn eine zugrunde liegende psychische Störung in einer konkreten Tatsituation entweder zu einer Störung der Einsichtsfähigkeit oder der Steuerungsfähigkeit geführt hat. Die Einsichtsfähigkeit beinhaltet das Vermögen, das Unrecht einer Handlung zu erkennen. Die Einsichtsfähigkeit von Frau Zschäpe war und ist nach Überzeugung des Gutachters zu keinem Zeitpunkt infrage gestellt. Frau Zschäpe war nach eigener Darstellung über jedes der begangenen Tötungsdelikte empört und hat, wie sie versichert, jeweils nachdrücklich versucht, Böhnhardt und Mundlos davon abzubringen, weitere Morde zu begehen. Analog ist daraus zu schließen, dass für Frau Zschäpe einsichtig war, dass auch Raubüberfälle und ähnliche Delikte Unrecht sind. Soweit zur Einsichtsfähigkeit.
Die Steuerungsfähigkeit betrifft die Frage, ob und inwieweit Frau Zschäpe in der Lage war, gemäß ihrer Einsichtsfähigkeit zu handeln. Hier ergab sich für Frau Zschäpe aufgrund ihrer dependenten Persönlichkeitsstörung ein schwerwiegender Konflikt. Das in Frau Zschäpe wirksame und von ihr nicht beeinflussbare dependente Schema hat ihr Denken und Fühlen dahingehend eingeengt, dass sie tief überzeugt war, ohne die jeweils engste Bezugsperson nicht leben zu können. Hinzu kam die weitere Einengung ihrer Handlungsfreiheitsgrade durch die ihr

von Uwe Böhnhardt zugefügten körperlichen Misshandlungen sowie durch ihre finanzielle Abhängigkeit.
Frau Zschäpe war über den gesamten Zeitraum von 1996 bis 2011 einem extrem starken inneren und äußeren Druck ausgesetzt, wodurch ihre Fähigkeit, sich von der Rechtspflicht zu gebotenem Handeln motivieren zu lassen, deutlich vermindert war. Die Voraussetzungen für den Paragraf 21 Strafgesetzbuch sind daher gegeben. *(Das bedeutet, der Gutachter attestiert ihr eine verminderte Schuldfähigkeit, was sich in einer geringeren Strafe niederschlagen könnte).*
Ich darf zum Schluss noch zur Prognose kommen: Aus dem Vorliegen einer dependenten Persönlichkeitsstörung per se ergibt sich kein signifikant erhöhtes Risiko für das Begehen einer Straftat. Ein solches Risiko ergibt sich in der Regel dann, wenn eine dependente Person an eine signifikante Hauptbezugsperson gerät, die ihrerseits ein delinquentes Verhaltensmuster zeigt oder von der dependenten Person verlangt, eine gravierende Straftat zu begehen. Die Gefahr der Wiederholung einer Konstellation, wie sie bei Frau Zschäpe vorgelegen hat, erscheint gering. Sie wäre nur dann gegeben, wenn Frau Zschäpe es zulassen würde, dass zu Delinquenz neigende Leitfiguren, insbesondere rechtsradikale Personen, an sie herantreten und sie eine solche Person als Bezugsperson wählen würde.
Frau Zschäpe hat dem Gutachter gegenüber geäußert, dass ihr Versuche politisch Rechtsgesinnter, an sie heranzutreten, sehr unangenehm waren und sind. Sie wolle sich vom rechten Milieu und von politischer Tätigkeit insgesamt abwenden. *(Auf die Brieffreundschaft Zschäpes mit dem rechtsradikalen Straftäter Robin S. geht Bauer nicht ein.)*
Damit ist als Nächstes die Frage eines Hanges zu prüfen, also ob bei Frau Zschäpe eine fest eingewurzelte Neigung besteht, von sich aus weitere erhebliche Straftaten zu begehen. Bei Zugrundelegung derjenigen Sachverhalte, die Gegenstand der Exploration waren, sind bei Frau Zschäpe die Voraussetzungen des Hanges zu verneinen. Nur wenn man den Sachverhalt der Anklageschrift als gegeben zugrunde legt, wird ein Hang im Sinne des Paragrafen 66 Strafgesetzbuch und somit eine ungünstige Prognose zu bejahen sein. Diese Annahme wird durch das Gutachten, das ich Ihnen vorlege, nicht gestützt.
Entscheidend wird sein, ob Frau Zschäpe eine persönliche Nachreifung gelingt. Frau Zschäpe war etwa 14 oder 15 Jahre alt, als sie in das Umfeld der rechtsradikalen Verführer geriet. Die heute 42-Jährige hat inzwischen offensichtlich erkannt, dass ein Nachreifeprozess möglich und nötig ist. Auf die Frage, wie ihr Leben sinnvoll weitergehen könne, antwortete Frau Zschäpe: »Ich habe in der Haftanstalt eine innere Entwicklung gemacht, dass ich mich innerlich noch mehr von dem trenne, was die beiden damals gemacht haben. Meine Wertun-

gen sind verändert. Ich habe mich auch durch die Hauptverhandlung verändert. Ich bin damals in einen Strudel hineingekommen, das kann man echt so sagen.«

Auf die Frage, welches Leben sie sich für später einmal vorstelle, antwortete Frau Zschäpe spontan und ohne nachzudenken, das kam wie aus der Pistole geschossen: »Ein ganz normales, einfaches Leben!« Beruflich habe sie an Tierpflegerin gedacht.

(Der Gutachter Joachim Bauer beendet seine Ausführungen mit dem Hinweis, dass Zschäpe im Falle einer Haftentlassung möglicherweise damit überfordert wäre und Unterstützung bräuchte, sollte sie »gegen ihren Willen zur Adresse von unerbetenen Verehrern und sonstigen Irregeleiteten aus ihrem früheren politischen Umfeld« werden.)

Ich bedanke mich für Ihr Zuhören.

Götzl Sie hatten in Ihrem Gutachten auf die polizeiliche Aussage von Beate Zschäpes Mutter abgestellt. Sind Sie nicht darauf hingewiesen worden, dass diese von ihrem Zeugnisverweigerungsrecht Gebrauch gemacht hat und es auch verneint hat, ihr Einverständnis zur Verwendung des Vernehmungsprotokolls zu geben?

Bauer Ich habe nach dem Protokoll ihrer Vernehmung gefragt und es wurde mir von der Verteidigung geschickt. Dass sie ein Verwendungsverbot ihrer polizeilichen Vernehmungsaussagen ausgesprochen habe, war mir nicht bekannt. Ich bin sehr froh, dass ich diese Vernehmung hatte. Das sind ja hoch wichtige Angaben. Frühe Bindungserfahrungen sind hochgradig prädiktiv für spätere Persönlichkeitsstörungen.

Götzl Wir werden Sie noch zu einem weiteren Termin benötigen. Das wäre am 18. Mai, Herr Professor Bauer. Dann darf ich mich für heute bedanken. Es ist eine ganze Menge Material, mit dem ich mich erst noch auseinandersetzen will, bevor ich die Befragung fortsetze.

Tag 362

16. Mai 2017

Manfred Götzl, Richter. **Pedro Faustmann**, 57, Psychiater und methodenkritischer Gutachter. Er hat bereits an Tag 360 ausgsagt. **Herbert Diemer**, Vertreter der Bundesanwaltschaft. **Wolfgang Heer, Wolfgang Stahl**, Verteidiger von Beate Zschäpe. **Sebastian Scharmer, Angela Wierig**, Anwälte der Nebenklage. **Henning Saß**, psychiatrischer Gutachter.

Götzl Wir setzen fort mit Ihrer Anhörung, Herr Professor Faustmann.

(Der Richter lässt sich von dem Sachverständigen noch einmal detailliert dessen Kritik an dem Gutachten von Gerichtspsychiater Hennig Saß erklären. Götzl geht Seite für Seite Faustmanns Gutachten durch, hinterfragt einzelne Worte, hakt nach. Faustmann kritisiert unter anderem, dass Saß' Gutachten nicht den anerkannten wissenschaftlichen Standards genüge. Saß sei auch nicht der Richtige, um Zschäpe zu begutachten. Saß ist Psychiater. Für Faustmann sind Psychiater für psychisch kranke, nicht für gesunde Menschen zuständig. Saß hält Zschäpe für gesund und voll schuldfähig. Götzl hinterfragt Faustmanns Gutachten hartnäckig. Faustmann bleibt ruhig. Auch als Götzl und Zschäpes Verteidiger Heer ein lautstarkes Wortgefecht darüber führen, wer wen nicht ausreden lässt. Zwischendurch haut Götzl mit der Faust auf den Richtertisch.)

Verteidiger Heer Ich beantrage, dass Sie den Sachverständigen aussprechen lassen.

Götzl Ich lass ihn doch aussprechen.

Verteidiger Heer Fallen Sie mir nicht ins Wort.

Götzl Ich war dran und Sie nicht.

Verteidiger Heer Ich beantrage das Wort, wenn ich es für richtig halte.

Götzl Jetzt mischen Sie sich schon wieder ein.

Verteidiger Heer Sie fallen mir seit vier Jahren ins Wort!

Götzl Sie müssen nicht unverschämt werden! Mir geht es um eine sachliche Atmosphäre.

Verteidiger Heer Warum schreien Sie? Lassen Sie doch diese Gefühlsausbrüche! Das ist eine Zumutung. Es hat Ihnen schlicht nicht gepasst, was der Sachverständige gesagt hat. Gewöhnen Sie sich doch mal Höflichkeit gegenüber anderen Verfahrensbeteiligten an.

Götzl Das ist eine Unverschämtheit! Ich bin höflich.

Verteidiger Heer Das sagen Sie.

Bundesanwalt Diemer Hier findet ein hochgeistiges Fachgespräch zwischen zwei

Fachleuten statt. Professor Faustmann macht nicht den Eindruck, als wäre er untergebuttert. Das ist lächerlich.

Verteidiger Stahl Zugegeben mögen die Formulierungen des Kollegen Heer etwas zugespitzt gewesen sein. Aber hier findet kein Fachgespräch statt. Der Vorsitzende Götzl ist kein Fachmann in diesem Thema. Hier ist der Eindruck entstanden, dass der Vorsitzende massiv für das Gutachten von Professor Saß streitet. Da kann man schon was sagen von unserer Bank aus, wir sind nämlich Verteidiger.

Götzl Herr Professor Faustmann, haben Sie das Gefühl gehabt, dass ich Sie unterbrochen habe?

Faustmann Ich bin geduldig.

Verteidiger Heer *(zu Götzl)* Sie versuchen, Ihren Fehler mit einer plumpen Frage an den Sachverständigen zu kaschieren. Das ist plump und primitiv.

(Faustmann stellt sich weiter den Fragen des Gerichts. Es geht zum Beispiel um den möglichen Hang von Zschäpe, auch in Zukunft Straftaten zu begehen. Für Juristen ist die Beantwortung dieser Frage wichtig, um eine Prognose über die weitere Gefährlichkeit eines Straftäters abzugeben. Sollte das Gericht zu der Überzeugung gelangen, dass Zschäpe Mittäterin bei den NSU-Verbrechen war, dann stellt sich die Frage, ob von ihr noch immer eine Gefahr ausgeht. Saß bejaht das. Faustmann kritisiert nicht das Ergebnis, sondern Saß' Weg dorthin. Saß nimmt in seinem Gutachten Bezug auf Hang-Kriterien, die er gemeinsam mit einem Kollegen entwickelt hat. Saß und sein Kollege beziehen sich bei einem dieser Kriterien laut Faustmann auf eine sogenannte Psychopathie-Checkliste, die der kanadische Psychologe Robert Hare entwickelt hat. Faustmanns Kritik: Saß sage nicht, welche der mittlerweile mindestens drei Versionen dieser Liste er meint. Und selbst wenn Saß dies täte, könne er sich aus der Checkliste nicht einfach drei Merkmale herauspicken und alle anderen außer Acht lassen.)

Götzl Wenn ich Professor Saß richtig verstanden habe, dann hat er gar keine Checkliste zugrunde gelegt.

Faustmann Ja, aber eines seiner elf Hang-Kriterien ist das Kriterium »Psychopathy« nach Hare. Damit wird impliziert, dass man sich an den von Hare publizierten Kriterien orientiert. Professor Saß beschränkt sich in seinem Gutachten nun auf die Nennung von drei psychopathischen Persönlichkeitsmerkmalen: das Fehlen von Reue, das Fehlen von Schuldgefühlen und das Fehlen von Scham. Sie können aber nicht nach Belieben einzelne Merkmale herauspicken. Hinzu kommt das Problem, dass die Checkliste nicht für Frauen validiert ist *(das heißt, auf ihre Gültigkeit hin überprüft und anwendbar)*.

Götzl Professor Saß hat sie deswegen auch nicht angewendet.

Faustmann Dann kann ich auch nicht einzelne Merkmale rausziehen und mich auf den Begriff der Psychopathie beziehen.

Verteidiger Stahl Zusammenfassend: Das Gutachten Ihres Sachverständigen-Kollegen Professor Saß weist methodische Mängel auf. Wozu führt das bei der Frage, ob das Gutachten vom Gericht belastbar verwertet werden kann oder nicht?

Faustmann Es ist nicht meine Aufgabe, zu beurteilen, ob und wie es verwertet werden kann. Ich sehe die Methodenkritik als Hilfe, um auf mögliche Schwierigkeiten in der Interpretation hinzuweisen.

Götzl Gibt es weitere Fragen?

Anwältin Wierig Wenn ein Fall nicht passt und ich kein Instrument habe, dann …

Faustmann … dann wird es schwierig.

Anwältin Wierig Ist es dann nicht sinnvoll, einzelne Teile eines Untersuchungsinstruments zu nehmen? Ich kann doch einzelne Erkenntnisse anwenden.

Faustmann Sie können alles machen. Aber Sie können dafür dann nicht den Begriff Psychopathie verwenden. Ein Testverfahren ist ein geschlossenes System. Wenn ich ein Testverfahren mit zehn Merkmalen habe, das zur Bewertung von Apfelsorten entwickelt worden ist, kann ich nicht drei Merkmale rausnehmen und eine Birne beurteilen.

Anwältin Wierig Wenn ich kein Verfahren für meine Birne habe, dann muss ich in solchen Fällen sagen: Es geht einfach nicht?

Faustmann Ja.

Anwältin Wierig Sie sagen, es gibt keine Untersuchungsmethoden für Birnen. Ich habe aber eine Birne. Wäre es dann nicht vernünftig, mit allem, was ich über Obst weiß, auf die Birne zu schließen?

Faustmann Nein, das geht nicht.

Anwältin Wierig Was geht denn? Ich höre immer nur, was nicht geht. Und dann würfele ich?

Faustmann Nein. Dann kann ich keine wissenschaftlich begründete Stellungnahme abgeben. Das muss ich dann sagen. Der Wissenschaftler kann sich nicht an den Bedürfnissen des Rezipienten orientieren, der eine Antwort hören will. Ich muss dann sagen: Ich kann die Frage nicht beantworten, ich kann es nicht sagen.

Götzl Gibt es weitere Fragen? Herr Professor Saß.

Saß Es ist ja jetzt sehr lange über mein Gutachten geredet worden. An vielen Stellen gäbe es etwas richtigzustellen. Ich habe eine Stellungnahme vorbereitet, die das abdecken würde.

Götzl Es geht darum, ob Sie Fragen an Herrn Professor Faustmann haben.

Saß Nein, Fragen habe ich nicht. Ich würde auf meine Stellungnahme verweisen.

Götzl Sind sonst noch Fragen an Herrn Professor Faustmann? Keine? Dann: Danke schön.

Verteidiger Stahl Ich würde gerne eine Erklärung dazu abgeben, wie Sie sich hier gezeigt haben, Herr Vorsitzender. Nahezu jede Frage, die Sie an den Sachverständigen gerichtet haben, hatte den Anschein, als wollten Sie Herrn Professor Faustmann bloßstellen, als hätte er keine Ahnung von dem, was er sagt. Ich bin ehrlich gesagt entsetzt.

Götzl Weitere Erklärungen?

Anwalt Scharmer Was Herr Professor Faustmann gemacht hat, mag wissenschaftlich interessant und nachvollziehbar sein. Aber was mich stört, ist, dass nicht unterschieden wurde zwischen der Minderansicht von Professor Faustmann und der breit vertretenen Meinung der Wissenschaft bei der Gefahrenprognose. Prognosen werden auch erstellt bei Probanden, die keine Persönlichkeitsstörung haben. Das ist die Regel. Und sie werden fast immer von forensischen Psychiatern erstellt. Fast alle renommierten Wissenschaftler sind anderer Meinung als Herr Professor Faustmann. Diese Auseinandersetzung habe ich hier komplett vermissen müssen.

Tag 363

17. Mai 2017

Manfred Götzl, Richter. **Herbert Diemer**, Vertreter der Bundesanwaltschaft. **Mathias Grasel, Wolfgang Heer, Wolfgang Stahl, Anja Sturm,** Verteidiger von Beate Zschäpe. **Nicole Schneiders,** Verteidigerin von Ralf Wohlleben. **Antonia von der Behrens,** Vertreterin der Nebenklage.

(An diesem Tag läuft die Frist des Senats für Beweisanträge ab. Anträge können zwar auch nach Ablauf der Frist gestellt werden, das Gericht kann sie dann jedoch leichter ablehnen.)

Götzl Herr Grasel, Sie hatten angekündigt, dass Sie einen Beweisantrag stellen wollen.

(Grasel wartet darauf, dass sein Mikrofon freigeschaltet wird. Heer geht dazwischen.)

Verteidiger Heer Das geht so nicht.

Götzl Was geht so nicht?

Verteidiger Stahl Wann hat denn der Kollege Grasel wem gegenüber angekündigt, dass er einen Beweisantrag stellen will?

Götzl *(lächelt)* Ich weiß es auch erst seit heute Morgen.

Verteidiger Grasel Ich habe es gestern Nachmittag an den Senat gefaxt.

Verteidiger Stahl *(spitz)* Danke.

Verteidiger Grasel *(spitz)* Gerne.

(Grasel beantragt, das Protokoll der Aussage von Zschäpes Mutter zu verlesen. Diese hatte im November 2011 bei der Polizei ausgesagt, kurz nachdem sich ihre Tochter gestellt hatte.

Grasel will mit dem Antrag einen Makel in dem psychiatrischen Gutachten beheben, das der Freiburger Professor Joachim Bauer im Auftrag der Verteidiger Grasel und Hermann Borchert erstellt hat. Bauer hatte in seinem Gutachten die Aussage der Mutter verwendet, obwohl sie sie nicht freigegeben hatte. Auch im Prozess hatte Zschäpes Mutter 2013 die Aussage verweigert. Richter Götzl verliest im Anschluss an Grasels Antrag das entsprechende Schreiben der Mutter, in dem sie nun der Verwendung ihrer Aussage im Prozess zustimmt.)

Götzl Einen Punkt möchte ich ansprechen. Im letzten Absatz ist die Frage einer persönlichen Vernehmung angesprochen. Frau Zschäpe bittet darum, auf sie zu verzichten. Da stellt sich die Frage, ob man sie nicht trotzdem laden muss.

Bundesanwalt Diemer Aus der Erklärung geht nicht hervor, ob sie hier die Aussage verweigert. Dann müsste sie geladen werden.

Verteidiger Grasel Ich kann zumindest bekannt geben, dass sie sich im Saal auf ihr Zeugnisverweigerungsrecht berufen will. Das hat sie mir gegenüber telefonisch erklärt.

Götzl Gibt es denn weitere Beweisanträge?

(Die Verteidigung von Ralf Wohlleben beantragt unter anderem, eine Ex-Freundin von Jan Werner – einem Chemnitzer Neonazi und mutmaßlichem NSU-Helfer – als Zeugin zu hören. Wohlleben ist wegen Beihilfe zum Mord in neun Fällen angeklagt, weil er zusammen mit Carsten Schultze die Tatwaffe für Böhnhardt und Mundlos besorgt haben soll. Mit ihrem Antrag suggerieren Wohllebens Anwälte, dass es Jan Werner war, der die Pistole mit Schalldämpfer beschafft haben soll. Die Ex-Freundin soll unter anderem Auskunft über Auslandskontakte von Werner geben. Werner hat bestritten, eine Waffe beschafft und etwas mit dem NSU zu tun gehabt zu haben.)

Verteidigerin Schneiders Es ist immer noch nicht zweifelsfrei geklärt, wie die Waffe zu Uwe Mundlos und Uwe Böhnhardt kam. Die Spur der Tatwaffe verliert sich in der Schweiz. Auch Frau Zschäpe hat ausgesagt, dass Jan Werner möglicherweise eine Waffe mit Schalldämpfer geliefert haben soll.

(Im nächsten Antrag bezieht sich Schneiders auf Medienberichte vom Vortag, in denen davon berichtet wird, dass der ehemalige Chef von »Blood & Honour« Deutschland, Stephan Lange, langjähriger V-Mann des Bundesamtes für Verfassungsschutz gewesen sei. Wohllebens Verteidigerin beantragt, sämtliche Akten beizuziehen.)

Stephan Lange wurde bereits als Zeuge in der Hauptverhandlung vernommen *(das war an Tag 201)*, verschwieg hier aber seine Tätigkeit für das Bundesamt für Verfassungsschutz. Die Beharrlichkeit des Generalbundesanwalts und des Senats, alles daranzusetzen, diese extreme Nähe staatlich gesteuerter Quellen zu den NSU-Mitgliedern zu verschweigen, macht deutlich, dass es sich hier um kein faires Verfahren handelt.

Götzl Sollen weitere Beweisanträge gestellt werden?

Verteidigerin Sturm In der Strafsache gegen Beate Zschäpe beantragen die Kollegen Heer, Stahl und ich, ein weiteres Sachverständigengutachten über den Zustand von Frau Zschäpe und die Behandlungsaussichten einzuholen.

(Zschäpes Verteidiger reagieren damit auf die Kritik des von ihnen beauftragten Psychiaters Pedro Faustmann an dem Gutachten des Gerichtspsychiaters Henning Saß.

Götzl Weitere Beweisanträge?

(Nebenklagevertreterin Antonia von der Behrens meldet sich zu Wort. Es kommt zu dem seltenen Fall, dass sich die Verteidiger von Wohlleben und die Nebenklage einig sind. Auch im Antrag der Anwältin von der Behrens geht es um Stephan Lange.)

Anwältin von der Behrens Am 28. April 2015 gab Stephan Lange in der Hauptverhandlung an, bis zum März 2000 »Divisionschef« von »Blood & Honour« Deutschland gewesen zu sein. Auf Frage der Nebenklage sagte er, zu keinem Zeitpunkt von einer Verfassungsschutzbehörde angesprochen worden zu sein oder Informationen weitergeleitet zu haben. Demgegenüber berichtete die ARD gestern, dass er V-Mann gewesen sei. In einem nachfolgenden Bericht des »Tagesspiegels« wird ergänzt, dass das Bundesamt für Verfassungsschutz eingeräumt hat, Stephan Lange als V-Mann geführt zu haben. Insoweit hat der Zeuge in der Hauptverhandlung also falsch ausgesagt.

(Auch die Nebenklagevertreter beantragen, sämtliche Akten beizuziehen, die Informationen des mutmaßlichen V-Mannes über Zschäpe, Mundlos und Böhnhardt enthalten könnten. Sie beantragen zudem, die V-Mann-Führer als Zeugen zu hören.)

Tag 364

18. Mai 2017

Manfred Götzl, Richter. **Joachim Bauer**, 65, psychiatrischer Gutachter. Professor für Psychiatrie und Psychosomatik, Freiburg. Er stellte am Tag 361 sein Gutachten zur Hauptangeklagten Beate Zschäpe vor. **Anette Greger, Jochen Weingarten,** Vertreter der Bundesanwaltschaft. **Mathias Grasel**, Verteidiger von Beate Zschäpe. **Olaf Klemke,** Verteidiger von Ralf Wohlleben. **Hardy Langer, Edith Lunnebach, Marcel Matt, Yavuz Narin, Eberhard Reinecke, Sebastian Scharmer,** Anwälte der Nebenklage. **Henning Saß**, psychiatrischer Gutachter.

(Am Morgen wird eine Aktennotiz der Justizvollzugsanstalt Stadelheim bekannt, wonach der Freiburger Psychiater Joachim Bauer bei seinem Besuch Beate Zschäpe Pralinen mitbringen wollte. Das wurde von der zuständigen Justizbeamtin unterbunden. Richter Götzl lehnt eine Anregung der Nebenklagevertreterin Doris Dierbach ab, den Methodenkritiker

Pedro Faustmann auch bei der weiteren Anhörung des Psychiaters Bauer zu laden. Das sei nicht erforderlich.)

Götzl Dann kommen wir zu Ihnen, Herr Professor Bauer. Ich würde Sie bitten, hier vorne Platz zu nehmen. Gibt es noch Ergänzungen von Ihrer Seite zu Ihrem Gutachten?

Bauer Nein, erst mal nicht.

Götzl Es geht mir um die Seite 3 Ihres Gutachtens, wie lautete Ihr Auftrag und zu welchen Fragen sollten Sie Stellung nehmen?

Bauer Als ich von den beiden Anwälten *(Mathias Grasel und Hermann Borchert)* von Frau Zschäpe kontaktiert wurde, stand eigentlich nicht sofort die Frage eines Gutachtens im Raum, sondern eher ein ärztliches Gespräch. Es war nicht sicher, ob ich so weit Zugang zu ihr bekomme, dass ich exploratives Material von ihr erhalte. Sie war dann bereit, mir Auskünfte zu geben. Als sich dann zeigte, dass doch eine ganze Reihe verfahrensrelevanter Informationen auf dem Tisch lagen, vor allem die körperlichen Misshandlungen durch Böhnhardt, wurde ich im zweiten Schritt gebeten, eine gesamtpsychiatrische Einschätzung vorzunehmen. Es gab keine Beauftragung in dem Sinne: Nehmen Sie Stellung zu erstens, zweitens, drittens. Es war dann von mir implizit so verstanden worden, dass zu Fragen Stellung genommen werden sollte, die der wirklich geschätzte Kollege Saß, das ist keine Floskel von mir, angesprochen hatte. Also: Wie gefährlich ist die Angeklagte in Zukunft? Besteht ein Hang oder bestehen Gründe, die Maßregel vorzuschlagen? Ich halte es nicht für ergiebig, Hahnenkämpfe auszuführen, ich habe keine Lust verspürt, das Gutachten des Kollegen Saß anzugreifen. Dafür gibt es auch überhaupt keinen Grund. Der Kollege Saß hatte nicht die Möglichkeit, mit Frau Zschäpe zu sprechen. Die Schuld liegt nicht bei ihm. Es war ja nicht vorgesehen, dass sich die Angeklagte äußert. Die Grundlage, auf der Professor Saß sein Gutachten erstellt hat, war eine völlig andere als die Grundlage, auf der ich mein Gutachten erstellen konnte. Ich konnte direkt ad fontes *(an der Quelle)* explorieren. Das war ein gutes Stück Arbeit und ist doch in weiten Teilen gelungen. Ein Gutachten ist nur dann aussagekräftig, wenn es möglich ist, die Begutachtete wirklich ausgiebig zu explorieren, um über die Körpersprache hinaus Material zu bekommen. Wie äußert sie sich? Wie bietet sie Material an? Was wird verweigert? Was wird umgangen?

Götzl Jetzt hatten Sie auf Seite 3 Ihres Gutachtens die Gesprächstermine mit Frau Zschäpe angegeben: 27. Februar, 1. März, 2. März, 15. März und 12. April 2017. Haben Sie Frau Zschäpe danach noch mal besucht?

Bauer Ja, direkt nachdem ich hier gesprochen habe, am 3. Mai, habe ich die Gelegenheit wahrgenommen, um zu fragen, ob ich Frau Zschäpe noch mal sprechen könne. Wir haben dann noch einmal zwei Stunden lang gesprochen.

Götzl Was hat sich dabei ergeben?

Bauer Ich habe mir Notizen gemacht. Ich habe sie am 4. Mai ein weiteres Mal exploriert. Ich habe die Frage angesprochen, dass sie von dritten Personen manchmal als selbstbewusst und in anderen Situationen als ängstlich und zurückhaltend wahrgenommen wurde. Hier im Gericht sind hoch qualifizierte Juristen, aber für sie ist es manchmal schwierig, dass Personen so unterschiedlich wirken können. Es sind eben keine psychiatrischen Fachleute. *(Unmut bei Heer, Stahl und Sturm.)* Vor allem durch Hausnachbarn in der Polenzstraße in Zwickau wird Frau Zschäpe als ängstlich beschrieben, als jemand, die am liebsten bei jeder kleinen Sache ihren Freund fragen wollte. Die zweite Frage war, warum es ihr möglich war zu protestieren, wenn Uwe Mundlos und Uwe Böhnhardt ihr von weiteren Morden berichteten, wenn sie doch Gewalt befürchten musste. Frau Zschäpe schilderte ja, und das erscheint mir sehr glaubwürdig, dass sie über Jahre körperlich schwer misshandelt wurde. Wenn die beiden Männer zurückkamen und sagten, es ist wieder ein Mord passiert, dann hat sie jedes Mal massiv protestiert und ihr Entsetzen entgegengesetzt. Meine Frage war: Wäre das nicht eine Situation gewesen, die Böhnhardt als Provokation auffassen und darauf mit Gewalt hätte reagieren können? Das wollte ich noch mal fragen. Und drittens, warum sie das Trio nicht verlassen hat, die ganzen Jahre.

Götzl Und was hat Frau Zschäpe dazu gesagt?

Bauer Da würde ich gerne meine Aufzeichnungen zu Hilfe nehmen.

Götzl Vielleicht könnten Sie das Manuskript dazu übergeben. *(Es gibt eine Kopierpause, in dieser geht Bauer zur Anklagebank und begrüßt Zschäpe mit Handschlag. Sie lächelt.)*

Bauer Die erste Frage war, warum sie von Nachbarn in der Polenzstraße als ängstlich und eher submissiv wahrgenommen wurde. Sie sagte, sie sei von ihrem Wesen her eigentlich offen, es sei ihr in ihrem bisherigen Leben immer wieder möglich gewesen, ausgelassen und fröhlich und auch frech zu sein. Vor allem in der Jugendclique, aber später nur noch, wenn sie sich nicht bedroht gefühlt habe von Uwe Böhnhardt oder Angst hatte, von ihm verlassen zu werden. Wenn Uwe Böhnhardt da war, sei sie immer vorsichtig gewesen. Sie hatte chronische Angst, dass er sie verlassen könnte. Beim Grillen sei bei ihr Entspannung eingetreten. Da sei sie sicher gewesen, dass er nichts dagegen hatte. Es ist kein Widerspruch, dass Zeugen sie als ausgelassen erlebt haben und sie dennoch eine dependente Struktur hatte. Das sind einfach zwei Seiten. Es gibt Äußerungen des Zeugen Stefan Apel *(der Cousin von Zschäpe, mit dem sie aufgewachsen ist. Er hatte gesagt, sie habe ihre Jungs im Griff gehabt und sich nichts gefallen lassen)*. Das sind natürlich Wertungen, Beobachtungen, die von einem Laien gemacht wurden, ohne psychologischen Sachverstand. Während ich eine direkte Exploration machen konnte. Er hat sie überwiegend innerhalb der Clique erlebt. Das ist eine ganz andere Situation.

Die zweite Frage war: Wie ging das, zu protestieren, wenn Uwe Mundlos und Uwe Böhnhardt von weiteren Tötungen berichteten, ohne die Angst, dass Böhnhardt ihren Protest wieder mit Gewalt beantworten wird? Zu dieser Frage, wie sie es sich erlauben konnte, zu protestieren, äußerte Frau Zschäpe: Tatsächlich sei ihr vorgebrachter heftiger Protest sehr spontan gewesen. Sie habe über eventuelle Reaktionen nicht nachgedacht. Das sei wie ein Reflexschreien gewesen. Auf die Frage, warum es dabei in keinem Fall zu Gewalt gekommen ist, sagte sie: Vielleicht wussten die, dass ich recht hatte. Böhnhardt hätte auch nicht gewagt, sie in Beisein von Mundlos anzugreifen. Es war da zu einer heftigen Schlägerei gekommen.

Die nächste Frage war, warum sie das Trio nicht habe verlassen können, trotz der von ihr abgelehnten Mordtaten. Sie antwortete, einer von zwei Hauptgründen sei gewesen: Angst vor der Trennung von Böhnhardt. Für den Erhalt der Beziehung hätte ich alles zurückgestellt, sagte sie. Das ist lehrbuchtypisch für eine dependente Persönlichkeitsstörung. Der andere Grund sei die wiederholte Drohung der beiden Männer gewesen, sich in diesem Fall zu suizidieren. Sie habe keinen Zweifel daran gehabt, dass sie das ernst meinten. Sie wollte nicht schuld sein am Tod der beiden.

Götzl Ich hatte Sie gefragt, ob es von Ihrer Seite noch Ergänzungen zu Ihrem Gutachten gebe, da sagten Sie Nein. Und nun haben sie doch …

Bauer Meine Überzeugung ist, dass das Gutachten, das ich Ihnen vorgelegt habe, ein erschöpfendes und auch ein sehr gutes Gutachten ist, wenn ich das sagen kann. Ich habe das auch zwei Kollegen vorgelegt, die das bestätigt haben. Ich wollte nicht noch mal mit einer großen Erklärung einsteigen.

Götzl Es geht um die Grundlage Ihres Gutachtens. Wenn ich jetzt nicht nachgefragt hätte, dann hätten Sie uns diese Explorationsergebnisse nicht mitgeteilt?

Bauer Nein, nein. Das hätte ich eingespielt. Ich war überzeugt, dass das im Lauf der Befragung zur Sprache kommen würde. In der Zwischenzeit kenne ich den Vorsitzenden ja etwas, da habe ich antizipiert, dass Sie sicher danach fragen.

Götzl Ich muss noch mal nachfragen: Gab es noch einen weiteren Besuch bei Frau Zschäpe?

Bauer Nein.

Götzl Sie nennen Ihr Gutachten ein fachpsychiatrisch-psychosomatisches Gutachten. Können Sie uns das erläutern?

Bauer Darüber könnte man streiten. Frau Zschäpe hatte wiederholt psychosomatische Beschwerden in der Haft. Es gab keinen organisch fassbaren Befund, sie hatte kolikartige Bauchschmerzen, Kopfschmerzen. Ich hätte es auch fachpsychiatrisches Gutachten nennen können. Da bitte ich, das nicht zu hoch zu hängen.

Götzl Wenn wir zur Seite 4 kommen. Warum nehmen Sie die Beschränkung auf bestimmte Zeugen vor?

Bauer Den Input für das Gutachten konnte ich nicht endlos ausweiten. Ich habe deswegen eine Selektion vorgenommen, die berücksichtigten Zeuginnen waren Personen, die nicht in die rechtsradikale Szene verwickelt waren. Die mussten sich nicht verteidigen für Verwicklungen. Sie konnten sich sine ira et studio äußern *(wörtlich: ohne Zorn und Eifer, also sachlich und unvoreingenommen)*. Deswegen habe ich die Hausnachbarschaft in der Polenzstraße genommen. Sie hatten kein Interesse, Frau Zschäpe zu belasten oder sie zu verteidigen. Frau Böhnhardt war mir besonders wichtig, weil sie Frau Zschäpe über sehr viele Wochen im Alltag hautnah erlebt hat. Ich hatte bei anderen Aussagen den Eindruck, dass es sich um subjektive Wertungen handelt, die zudem nicht sehr fundiert sind. Einige Zeugen widersprechen sich, die einen sagen, sie war nicht politisch und nett, andere sagen, sie sei frech und vulgär gewesen. Wesentlich für mich war die Exploration und nicht die Zeugenaussagen.

Götzl Sie hatten das letzte Mal ergänzt, dass im Gutachten von Professor Saß viele Zeugen berücksichtigt wurden. Und sie wollten das reduzieren. Was war damit gemeint?

Bauer Ich bin schon vorbereitet, ich habe mich schon mit den Zeugen befasst, aber sie nicht so hoch gewichtet. Wenn Stefan Apel *(der Cousin von Zschäpe)* sagt, Frau Zschäpe war robuster im Umgang als andere Frauen, das scheint mir nicht gerade eine verwertbare Aussage. Das könnte am Stammtisch fallen. Oder wenn er sagt: Sie hatte die Männer im Griff. Er ist zwar der Cousin von Frau Zschäpe, aber er hat sie immer nur in der Clique erlebt. Da prahlt man mehr in der Clique. Gerade die in der Clique spielen sich in den Vordergrund, die nicht so ein Selbstbewusstsein haben. Und Apel sagte selbst, er sei stark mit Alkohol zugange gewesen. Dann sagt Apel auch, was später passiert ist, war sicher nicht die Idee meiner Cousine. Da kommt wieder ein ganz anderer Ton rein. Das kommt von einem, der wirklich keine Fachkunde hat. Der Bruder von Böhnhardt sagte, er habe gehofft, Frau Zschäpe hole seinen Bruder Uwe aus der rechtsradikalen Szene raus. Tino Brandt äußerte sich, sie sei ruhiger, zurückhaltend gewesen, nicht im Vordergrund, und sie habe keine eigenen politischen Ideen gehabt. Brandt hatte ich nicht auf der Agenda, weil er schon stark in der rechten Szene war. Herr H. *(ein früherer Freund von Uwe Mundlos)* hat Zschäpe auch nur in der Gruppe erlebt. Er sagte, sie sei selbstbewusst gewesen, kein Mensch, der in der Gruppe herumgeschubst wurde, und eher nicht politisch. Die Dependenz von Zschäpe war schon bei der Freundschaft mit Mundlos da. H. sagt, sie habe geklammert. Das heißt Clinching in der Fachliteratur. Das können Sie nachlesen.

Götzl Auf Seite 9 Ihres Gutachtens haben Sie geschrieben, es habe fünf bedeutsame Wechsel der Betreuungssituation für Frau Zschäpe gegeben. Welche sind damit gemeint?

Bauer Übrigens, Sie hatten ja die Frage aufgeworfen, ob das Vernehmungsprotokoll der Mutter verwendet werden darf. Inzwischen hat die Mutter von Frau Zschäpe das ja freigegeben. Da bin ich jetzt natürlich schon erleichtert. Beate Zschäpe war nach der Geburt erst mal einige Tage mit ihrer Mutter zusammen *(er zählt mit den Fingern nach)*, dann kam sie zur Großmutter, dann mit sechs Monaten von der Großmutter zu Herrn T., einem Jugendfreund der Mutter. Die Mutter kam zurück und dann lebten sie zu dritt in der Wohnung, das ist der dritte Wechsel des Settings. Dann kam es zur Trennung von Herrn T. Sie trennt sich nach so kurzer Zeit von einem Mann, dem sie zuvor ihr Kind anvertraut hat. Das wirft Fragen auf. Dann zog Beate Zschäpe mit der Mutter zur Oma, das ist das vierte Setting. Dann beginnt die Mutter eine Beziehung zu Herrn Zschäpe und zieht zu ihm nach Camburg. Das ist der fünfte Wechsel. Nach der Trennung von Herrn Zschäpe lebte sie mit dem Kind in einer Einzimmerwohnung. Es sind mindestens fünf signifikante Wechsel des Settings. Das ist hochrelevant für die Entwicklung einer Persönlichkeit. Die frühkindliche Phase war geprägt durch Unzuverlässigkeit, Inkonsistenz. Ein Grundvertrauen kann da nicht entstehen. Das begründet auch die Abhängigkeit später und die Angst um die soziale Anbindung. Diese Einschätzung ist nicht handgestrickt, sondern state of the art der modernen Bindungsforschung, und zwar international.

Götzl Auf Seite 11, da geht es mir um die Fußnote 4, sie schreiben von Berichten von Frau Zschäpe zum behinderten Bruder von Uwe Mundlos. Was hat Sie Ihnen da noch berichtet?

Bauer Sie hat berichtet, die Familie Mundlos sei eine nette Familie gewesen, vor allem die Mutter. Dass es einen Bruder gab, der im Rollstuhl saß aufgrund einer Lähmung. Der Junge musste speziell versorgt werden, der war aber Teil der Jugendclique, war mit integriert. Er musste hoch- und runtergetragen werden, das Haus war ohne Lift. Es gab Ärger, dass es dem Vater nicht gelungen ist, eine andere Wohnung zu besorgen. Das hat zu großem Ärger über den Staat in der Familie geführt.

Götzl Seite 14. Fußnote 8. Hat Ihnen Frau Zschäpe dazu was berichtet?

Bauer Ja, da wurde sie aber wortkarg. Das war schwierig zu explorieren. Sie hat gesagt, Uwe Böhnhardt habe eine Haftstrafe verbüßt und es sei Schlimmes dort geschehen. Sie wollte mir das nicht sagen. Sie sagte, mit Blick auf die Mutter Böhnhardt, sie wolle nicht. Aber gnadenlos wie Gutachter nun mal sind oder sein wollen, habe ich sie gebeten, sich noch mehr zu äußern. Sie sagte mir, er sei von Mitgefangenen penetriert worden.

Götzl Hier steht: Die Familie war belastet durch den Tod eines älteren Bruders. Können Sie dazu etwas sagen?

Bauer Ja, das hat sie mir berichtet. Sie sagte, Uwe Böhnhardt war belastet durch den Tod des Bruders. Es sei nie aufgeklärt worden. Es schien mir nicht meine Aufgabe zu sein, dem investigativ auf den Grund zu gehen. Mir war wichtig, was der Partner an psychologischem Gepäck mitgebracht hat.

Götzl Sie schreiben, laut Zschäpe hätte Uwe Böhnhardt dies »wahnsinnig mitgenommen«.

Bauer Ja, da wird so ein bisschen sichtbar, wie aus diesem jungen Mann ein Psychopath wurde. Er wurde nicht als Psychopath geboren.

Götzl Was ist ein Psychopath für Sie?

Bauer Ein Mensch ohne Empathie, der den Schmerz anderer nicht mitfühlen kann. Durch diesen Mechanismus sind nicht-psychopathische Menschen daran gehindert, anderen extrem grausame Dinge anzutun. Menschen in Reihe zu ermorden – das ist sehr verdächtig für das Handlungsmuster eines psychopathischen Menschen. Und wir wissen, dass schwere Traumatisierungen die Entwicklung einer psychopathischen Persönlichkeit begünstigen.

Götzl Haben Sie alle Angaben von Frau Zschäpe mitgeteilt?

Bauer Ja, das ist vollständig. Ich habe auch noch handschriftliche Aufzeichnungen. Ich habe ihren Tonfall gehört, ihre Körpersprache beobachtet, dazwischen habe ich protokolliert. Ich habe nichts weggelassen.

Götzl Es findet sich Ihre Äußerung hier, wonach das Zeitbudget von 14 Stunden die Konzentration auf besonders bedeutsame Aspekte notwendig machte. Was meinen Sie denn damit?

Bauer Das, was in der Anklage genannt wurde, zehn Morde, 15 Raubüberfälle, Sprengstoffanschläge, das war zu viel. Ich habe mich auf den ersten Mordfall bezogen. Ein erster Mord ist etwas Besonderes. Dann noch auf den zweiten Mord und auf den letzten Mordfall an der Polizistin und ihrem schwer verletzten Kollegen. Ich hätte keine Hemmungen gehabt, auch noch die anderen Morde durchzuexplorieren. Für mich war es nicht selbstverständlich, mit Frau Zschäpe zu sprechen. Im privaten Umfeld wurde ich beraten, es nicht zu tun. Ich hielt es aber für wichtig, das zu tun. Ich sagte, ich möchte den Auftrag übernehmen, aber ich will dafür kein Honorar, ich bin wirtschaftlich unabhängig. Ich möchte nichts schreiben müssen, was Erwartungen meiner mich beauftragenden Anwälte entsprechen müsste. Wenn es Ihnen ein Anliegen ist, dass ich auch die weiteren Mordtaten exploriere, wäre ich dazu bereit. Ich habe alle Taten voll auf meinem persönlichen Wahrnehmungsschirm gehabt. Davon, dass nicht alle exploriert wurden, ist nicht abzuleiten, dass andere Morde von mir als weniger wichtig angesehen wurden, in keinster Weise.

Götzl Seite 26, zweiter Absatz. Was hat Ihnen Frau Zschäpe dazu konkret gesagt?

Bauer Sie sprechen jetzt von dem Tag, an dem die beiden sich suizidiert haben. Ich hab's nicht weiter exploriert, als was da steht. Das war auch Gegenstand der Verhandlung hier. Ich habe mich nicht berufen gefühlt, zu erforschen, was sie da im Einzelnen gemacht hat. Sie hat es mir nicht erzählt. Ich habe sie nicht gefragt.

Götzl Machen wir einen Sprung, Seite 46. Zur Glaubwürdigkeit von Frau Zschäpe. War denn die Prüfung der Glaubwürdigkeit von Frau Zschäpe der Auftrag vonseiten der Verteidiger?

Bauer Nein, das ist eine Aufgabe, die ich mir selbst gestellt habe. Das gehört unbedingt dazu. Sich zur Schuldfähigkeit zu äußern geht nur, wenn vorher geprüft wurde, ob die Angaben glaubwürdig sind. Da versuche ich eben, deutlich zu machen, dass Frau Zschäpe in den Explorationen nicht versucht hat, bei mir eine gute Figur zu machen oder sich als Opfer darzustellen. Sie hat an keiner Stelle ein strategisches Momentum eingebracht. Sie hat auch nichts eingebracht, um mich irgendwie zu beflirten oder zu bezirzen. Es war eine knochentrockene Gesprächsatmosphäre. Das hat sie auch stark belastet. Es hätte viele Zeichen gegeben, um zu erkennen, wenn sie mich manipuliert hätte. Ich bin seit 35 Jahren Arzt. Jeder Patient hat manchmal Gründe, etwas nicht zu sagen, auch aus Scham. Es gehört zu den Qualitäten eines guten Arztes und guten Psychiaters, sich darin zu schulen, die Zeichen zu erkennen, wenn ein Patient Anstalten macht, Dinge zu verschweigen oder wegzulassen, um den Explorateur zu manipulieren. Solche Zeichen kennt jeder, der zwei Jahrzehnte und länger im Geschäft der Psychiatrie ist. Diese Zeichen waren in keinster Weise für mich wahrzunehmen.

Götzl Was sind das für Zeichen?

Bauer Sie spüren einfach, ob etwas aus der Trickkiste geholt wird. Es sind feine Unterschiede in der Darbietung, die da auftreten. Die Übergriffe von Böhnhardt hätte sie ja von sich aus anbringen können, im Sinne von Pluspunkten. Das war nicht der Fall. Sie hat mir die Gewalttaten durch Böhnhardt gar nicht angeboten. Das kam extrem zäh. Ich musste aufhören, dass ich ihr nichts suggeriere. Ich habe offene Fragen gestellt. Sie hat das zögerlich und quälend langsam berichtet. Sie sagte, als sie mit Böhnhardt und Mundlos in die Dreizimmerwohnung umgezogen war, da gingen die Gewalttaten zurück. Das hätte sie ja nicht berichten müssen. Es waren viele Zeichen für mich spürbar, dass da niemand mit mir spricht, der die Absicht hat, mich aufs Glatteis zu führen.

Götzl Sie schreiben in Ihrem Gutachten, es handele sich um Taten, »bei denen ohne jede Frage schwer psychopathische Täter zu Werke gegangen sind«. Die Formulierung »ohne jede Frage« wirft auf jeden Fall Fragen auf. Aufgrund welcher Umstände nehmen Sie das an?

Bauer Ich habe das als normaler Bürger in überregionalen Zeitungen verfolgt. Ich wusste, dass die Täter an Menschen herangetreten sind, zu denen sie keine Beziehung hatten, und Erschießungen vorgenommen haben. Mit gefühlloser Konsequenz und Eiseskälte, das ist typisch für Menschen, denen jede Empathie abhandengekommen ist. Der Mensch, den ich töte, wird nicht als Mensch gesehen, sondern als Mittel, um irgendwelche Zwecke zu erreichen, in diesem Fall: Schrecken zu verbreiten. Deswegen war die Einschätzung, dass es sich um psychopathische Täter handelt, nicht weit hergeholt.

Götzl Seite 48 unten. Zum Thema Misshandlung. Sie schreiben, Sie hätten ihr »die Bedeutung dieses Themas« vermittelt. Was meinen Sie damit?

Bauer Es ist ganz entscheidend, ob in dieser Beziehung Gewalt passiert ist. Das ist von ganz großer Bedeutung. Das Vorkommen von Gewalt in einer Beziehung hat höchstes Gewicht. Ich habe deutlich gemacht: Das Thema muss auf den Tisch. Wir müssen darüber sprechen.

Götzl Wie erfolgte dieses Nachfragen?

Bauer Was ist passiert? Offene Fragen, das ist ganz wichtig. Es wäre ja höchst unprofessionell, ihr etwas vorzugeben. Der Variantenreichtum, dass ihr Gehör versagte, dass sie auf dem Boden lag und er nachgetreten hat, der Tritt zwischen die Schulterblätter, das kam in einer Art und Weise, dass es mir extrem unwahrscheinlich erschien, dass das frei erfunden wurde.

Götzl Könnten Sie noch berichten, was in der Nachexploration besprochen wurde?

Bauer Ja, nach den zwei, drei Explorationen, wo über Gewalt gesprochen wurde, habe ich gefragt, ob ich darüber mit ihren Anwälten sprechen darf. Sie hat das dann freigegeben. Die Anwälte sagten mir, sie hätten nur in Ansätzen davon gewusst. Ihr war nicht angenehm, dass das so rauskam, das zeige, dass sie ihren Anwälten nicht ganz vertraue. Sie sagte ihren Anwälten auch, sie habe mir nicht alles sagen können. Das überraschte mich nicht, den Eindruck hatte ich ohnehin. Vielleicht sollte man Menschen, die im Geschäft der Traumatisierung nicht zu Hause sind, sagen, dass Menschen, die Gewalt erleben, nicht dazu neigen, es von sich aus vorzutragen und mit Larmoyanz darüber zu reden. Das ist ein schwerer Irrtum. Sie können darüber nicht sprechen. Zum einen weil sie ganz starke Scham erleben. Zum anderen weil ein Darüberreden meist zu einem starken Wiedererleben führt. Ich habe sehr viel Erfahrung mit traumatisierten Frauen aus dem Balkankrieg, die schwere Gewalt, Vergewaltigungen erlebt haben, und die wir versorgt haben.

Götzl Auf Seite 50 sprechen Sie von hochpathologischen Merkmalen für eine dependente Persönlichkeitsstörung. Welche meinen Sie?

Bauer Ich würde Sie gerne einladen, auf die vorhin kopierten Seiten auf Seite 33 zu gehen. Es geht um die Orientierung an Peers, sie hatte ja kein Zuhause. Sie verbrachte fast ihre gesamte Freizeit in der Jugendclique. Es gab keine Pausen zwischen den Beziehungen, in denen sie Single war. Die Beziehungen gingen nahtlos ineinander über. Dieser Umstand gehört zu den typischen Merkmalen von Personen mit dependenten Persönlichkeitsstörungen. Sie war gegen jedes Töten von Menschen, aber unfähig, die Gruppe zu verlassen. Das leuchtet auch Laien ein, dass das ein pathologisches Geschehen war. Das Verhalten von Frau Zschäpe ist nur durch ihre Abhängigkeitsstörung zu erklären. Auch das Verhalten von ihr nach dem Tod ihrer Freunde, als sie die CDs *(mit dem Bekennervideo)* versandte und die Wohnung anzündete.

Götzl Auf Seite 41 schreiben Sie, Zschäpe erfülle alle wesentlichen Kriterien, die die dependente Persönlichkeitsstörung kennzeichnen. Welche Kriterien erfüllt sie?

Bauer Eigentlich alle. Gerade auch die Ermunterung an andere, Entscheidungen für das eigene Leben zu treffen.

Götzl Können Sie das genauer ausführen?

Bauer Mit ihrem ersten Freund hat sie mitgestohlen. Als die Beziehung beendet war, war auch das Thema Stehlen beendet. Dann hat sie den Lebensstil der anderen mitgelebt. Mit Böhnhardt kommt sie voll in das Fahrwasser ihrer beiden Freunde. Ihr ist Unterordnung ein eigenes Bedürfnis. Sie sagte, Böhnhardt hat immer seine Bedürfnisse durchgesetzt. Wenn sie allein in den illegalen Wohnungen war und die Männer gingen weg, über mehrere Wochen, das war nicht in ihrem Sinne. Sie wollte ja nicht alleine sein. Auch den Protest gegen die Tötungen hat sie nicht konsequent durchgesetzt und das so stehen lassen. Welche eigenen Ansprüche konnte sie durchsetzen? Vielleicht das gelegentliche Urlaubmachen. Aber sonst? Was macht man so als junge Frau Anfang 20, um die Weichen für das Leben zu stellen? Sie konnte sich kein eigenes Leben vorstellen. Die Männer wollten auch nicht, dass sie die Wohnung verließ. Aus meiner Sicht sind alle Kriterien für eine dependente Persönlichkeitsstörung erfüllt.

Götzl Gibt es allgemeine Kriterien einer Persönlichkeitsstörung, die erfüllt sein müssen?

Bauer Ja, die Muster zeigen sich schon in der Adoleszenz. Sie sind hier gegeben.

Götzl Können Sie das noch ausführen?

Bauer Wenn Frau Zschäpe eine kalt berechnende Frau gewesen wäre, warum hätte sie panisch vier Tage in der Bundesrepublik herumfahren sollen. *(Zschäpe war nach dem Tod ihrer Freunde und dem Brand in ihrer Wohnung vier Tage lang quer mit der Bahn durch Deutschland gefahren.)* Dann hätte sie gesagt, das muss ich allein fortsetzen, der Kampf geht weiter, hätte sich an Gesinnungsfreunde gewandt, sie ist aber in den Zustand der Paralyse geraten. Reist ohne Ziel herum, überlegt sich, ob sie sich vor einen Zug wirft. Und war dann erleichtert, als sie in einem Regime war, wo ihr vorgegeben wird, was sie machen soll, in der Haft. Sie fühlte sich wie befreit. Das ist alles widersprüchlich, aber verständlich, wenn man zugrunde legt, dass sie eine schwere Persönlichkeitsstörung hat.

Götzl Wirkt sich die Dependenz nicht auf den Erhalt einer Beziehung aus?

Bauer Das dependente Muster ist ein inneres Muster, es geht über den Tod der beiden noch weiter. Es gibt Karikaturen, wo ein Auto auf den Abgrund zurast, und die Betroffenen in dem Wägelchen merken erst nach einiger Zeit, dass sie den Abgrund unter sich haben. Zschäpe hat sich unbewusst Personen gesucht, die zu ihrem dependenten Muster passen. Damit das Leben ausgehalten werden kann.

Götzl Ich meinte den Wechsel der Beziehung, der Wechsel von Mundlos auf Böhnhardt.

Bauer Da müsste ich nachexplorieren. Ich kann sagen, was ich vermute. Sie wusste, dass Mundlos zur Bundeswehr geht. Und dass es zu einer Abschiedssituation kommt. Böhnhardt war in ihr Leben getreten. Sie fand ihn attraktiver. So war der Wechsel problemlos möglich. Er hat keine Krise erzeugt. Damit Sie sehen, dass ich nicht fabuliere, weil mir nichts Besseres einfällt: Man hat Versuche gemacht mit dependenten Personen. Diese Menschen versuchen immer, ihre Umgebung zu beeindrucken.

Götzl Zu Seite 54, Herr Professor Bauer. Da heißt es: »Hinzu kam die weitere Einengung ihrer Handlungsfreiheitsgrade durch die ihr von Uwe Böhnhardt zugefügten körperlichen Misshandlungen sowie durch ihre finanzielle Abhängigkeit.« Was meinen Sie damit?

Bauer Sie hatte nur ein eingeschränktes Bewegungsrecht in den illegalen Wohnungen. Sie stand unter Kuratel. Es gab Regeln, die nicht gebrochen werden durften. Sie durfte nicht gehen, ohne vorher Bescheid zu geben.

(Der Mitangeklagte Carsten Schultze schüttelt den Kopf.)

Götzl Seite 55. Sie schreiben da: »Nur wenn man von der Anklageschrift ausgeht, wird eine fest eingewurzelte Neigung, erhebliche Rechtsbrüche zu begehen, und damit ein Hang im Sinne des Paragrafen 66 Strafgesetzbuch und somit eine ungünstige Prognose bei Frau Zschäpe zu bejahen sein. Diese Annahme wird durch das Gutachten nicht gestützt.« Was meinen Sie damit?

Bauer Diese Morddelikte sind gegen ihren Willen passiert. Aus der Exploration ist glaubhaft deutlich geworden, dass Frau Zschäpe nicht nur nicht die treibende Kraft war, sondern in der Tat damit überhaupt nicht einverstanden war. Dass sie die Morde begehen wollte, wäre schon mal zu verneinen. Und eine Neigung zu anderen Straftaten? Mit den Raubüberfällen war sie einverstanden, weil sie ja davon hätten leben müssen, nicht aus Vergnügen. Das ist eine sehr pragmatische Begründung. Ich habe in keiner Weise einen Hinweis gefunden, dass es Vergnügen oder eingeübte Gewohnheit war, deshalb gibt es im Umkehrschluss für die Begehung von Raubtaten keine Disposition im Sinne eines Hanges.

Götzl Können Sie noch etwas zu Ihrer forensischen Sachverständigen-Tätigkeit sagen?

Bauer Ich habe mich zu keinem Zeitpunkt aufgeplustert. Ich bin kein spezialisierter forensischer Psychiater. Ich bin ein, wie ich mir einbilde, ein sehr, sehr guter und breit ausgebildeter Psychiater und Psychosomatiker. Mich haben Körper-Seele-Aktionen immer sehr interessiert, ich war zehn Jahre in der Akutpsychiatrie, Oberarzt auf der Abteilung für Persönlichkeitsstörungen, hatte Patientinnen mit Borderline-Störungen. Dann habe ich eine Ambulanz in der Akutpsychiatrie geleitet. Ende der Neunzigerjahre habe ich sehr viel mit traumatisierten Frauen vom Balkan gearbeitet. Dann bin ich ins Psychosomatische gewechselt. Für eine Kanzlei in Zürich habe ich knapp zehn Delinquenten untersucht und Expertisen für die Verteidiger erstellt. Es ging darum, hinter die Kulissen zu blicken.

Götzl Dann bedanke ich mich.

Oberstaatsanwältin Greger Haben Sie die Angeklagte gefragt, welche Beziehung sie zu Mundlos während des Untertauchens hatte?

Bauer Ich verstehe Ihre Frage. Ich habe sie gefragt, was die kryptischen Hinweise der Zeugin Sindy H. bedeuten. Diese hat angedeutet, dass Zschäpe neben der Intimbeziehung mit Böhnhardt auch genötigt wurde, sich mit Mundlos einzulassen. Ich habe Frau Zschäpe gefragt, was bedeutet diese Aussage? Frau Zschäpe wollte dieses Thema nicht vertiefen. Ich habe nachgesetzt. Es ist wichtig, das zu wissen. Sie sagte, da sei nichts gewesen. Aber mein Eindruck war, dass sie darüber nicht reden wollte oder konnte.

Oberstaatsanwältin Greger Das war der sexuelle Aspekt. Haben Sie die Frage gestellt, welche Beziehung Frau Zschäpe zu Herrn Mundlos außerhalb einer sexuellen Beziehung hatte?

Bauer Da muss ich nachdenken. Die beiden Männer waren sehr häufig weg. Eine Beziehung konnte nur gelebt werden, wenn sie da waren. Sie hat mit Mundlos Fahrradtouren gemacht und die Mitteilung der ersten Mordtat bei einem Spaziergang mit Mundlos erfahren. Ich kann nur zwischen den Zeilen lesen: Mein Eindruck war, die etwas vertrauensvollere Beziehung hatte sie zu Mundlos. Die Beziehung zu Böhnhardt war durch Rauheit und Härte geprägt.

Oberstaatsanwältin Greger Haben Sie die Frage gestellt, wie das Alltagsverhalten der drei war, wenn sie zusammen waren?

Bauer Also, Frau Zschäpe hat in der Zeit, wo sie alleine war, Trost bei ihren Katzen gesucht, die ihr den sozialen Kontakt ersetzt haben. Sie hatte auch Kontakt zu den Nachbarinnen, ein täglicher Gesprächskontakt. Wie der Alltagskontakt zwischen den dreien war? *(Er denkt nach.)* Sie sprach davon, dass die Stimmung nach der Mitteilung des ersten Mordes »eisig« war. Sie hat sich dann oft entzogen und ist stundenlang Fahrrad gefahren. Eine Herzlichkeit eines Miteinanders war nicht abzulesen. Durch Zeugenaussagen aus den Urlauben vermittelte sich nicht der Eindruck eines herzlichen Miteinanders.

Oberstaatsanwältin Greger Die nächste Frage wäre gewesen, wie die Urlaube abliefen. Wie da Entscheidungen abliefen.

Bauer Das habe ich nicht exploriert.

Oberstaatsanwältin Greger Haben Sie Fragen nach anderen Beziehungen außerhalb von Matthias R., Mundlos und Böhnhardt gestellt?

Bauer Habe ich nicht gestellt. Es habe einen Flirt gegeben in der Zeit, in der sich Böhnhardt von ihr getrennt hatte, in den zehn Wochen. Sie habe da viel Alkohol getrunken, da gab es eine kurze Beziehung mit einem anderen Mann, sagte sie. *(Gemeint ist offenbar Thomas Starke, führendes Mitglied der rechtsradikalen Chemnitzer Blood & Honour-Gruppe, der dem Trio später auch beim Untertauchen half.)* Das wäre nichts Prägendes für sie gewesen, sagte sie. Eine Lückenfüllung in der Einsamkeitsphase.

Oberstaatsanwältin Greger Haben Sie gefragt, wie sich diese Beziehung mit dem Herrn, dessen Namen Sie nicht wissen, abgespielt hat?

Bauer Sie hat mir erzählt, dass diese Beziehung keine große Valenz für sie hatte. Deswegen habe ich sie hier auch nicht erwähnt. Er habe sich mehr von ihr erhofft, als sie geben wollte.

Oberstaatsanwältin Greger Haben Sie gefragt, ob die Angeklagte Eigeninitiative in der Gruppe ausgeübt hat?

Bauer Ja, da habe ich nachgefragt, ob sie Impulse hatte, das Trio zu verlassen. Den Kontakt mit Dr. Eisenecker Anfang der Nullerjahre, diese Initiative sei von ihr gekommen. *(Zschäpe hatte sich mit dem NPD-Anwalt Eisenecker getroffen, um zu erfahren, welche Haftstrafen drohen würden, wenn sie sich nun stellten.)*

Oberstaatsanwältin Greger Wir haben ein langes Zusammenleben im Untergrund. Haben Sie nachgefragt, welche Aktivitäten Frau Zschäpe für die Gruppe entwickelt hat?

Bauer Nein, ich habe vieles nicht gefragt, was man sinnvollerweise hätte fragen sollen oder müssen. *(Bauer verweist immer wieder auf die eingeschränkte Zeit, die er für die Gespräche mit Zschäpe hatte.)*

Oberstaatsanwältin Greger Haben Sie Fragen zu einer Flucht ins Ausland gestellt?

Bauer Ja, ich habe gefragt, wie sie sich vorgestellt hat, wie das mal enden soll. Sie sagte: Die Jungs wollten nach Südafrika gehen. Sie wollte nicht.

Oberstaatsanwältin Greger Wie fügt sich das in das Persönlichkeitsbild ein?

Bauer Ja, gut, sie hat gesagt, sie will das nicht. Aber die standen ja nicht schon mit gepackten Koffern da. Die Gespräche dazu waren weit antizipatorisch. Die Frage ist, was sie gemacht hätte, wenn die Männer wirklich weggegangen wären. Mit Sicherheit hätte sie sich dann dafür entschieden, Uwe Böhnhardt nicht zu verlassen.

Oberstaatsanwältin Greger Das ist Ihre Interpretation. Haben Sie nachgefragt?

Bauer Nein.

Oberstaatsanwältin Greger Schuldfähigkeit im strafrechtlichen Sinne setzt immer an den Tatvorwürfen an. Von welchem konkreten Verhalten sind Sie bei der Beurteilung der Schuldfähigkeit ausgegangen?

Bauer Die Unterstützung von Morden. Der Vorwurf war, sie hätte das Trio als terroristische Vereinigung unterstützt. *(Die Anklageschrift wirft ihr Mittäterschaft vor und nicht nur Unterstützung.)* Da hat die Exploration ergeben, dass sie die Taten nicht unterstützt hat. Sie war nicht einverstanden, trotzdem war sie im Boot mit den dreien. Aus der Gruppe heraus haben die beiden die Mordtaten begangen. Ich habe beleuchtet, warum Frau Zschäpe sich nicht rechtskonform verhalten konnte. Ich war mir jetzt nicht der einzelnen Paragrafen bewusst, das ist Ihr Geschäft und nicht meines.

Oberstaatsanwältin Greger Dann haben Sie mich vielleicht missverstanden. Sie müssen als Psychiater immer an einem konkreten Verhalten ansetzen, um eine Schuldfähigkeit zu untersuchen. Sie sagten Unterstützung einer terroristischen Vereinigung. An welchem konkreten Verhalten setzen Sie an?

Bauer Ich will Sie nicht provozieren, aber an welchem konkreten Verhalten hat denn Gutachter Saß angesetzt?

Oberstaatsanwältin Greger Versuchen Sie bitte meine Fragen zu beantworten.

Bauer Helfen Sie mir auf die Sprünge.

Oberstaatsanwältin Greger Ich fürchte, so läuft eine Gutachtenserstattung in der Hauptverhandlung nicht ab. Sie kommen zum Ergebnis, Frau Zschäpe sei nur eingeschränkt schuldfähig, und können mir nicht sagen, von welchem konkreten Verhalten Sie ausgehen.

Bauer Sie konnte nicht weg. Sie konnte da nicht raus.

Götzl Fragen der Verteidigung? *(Die Verteidger haben keine Fragen. Es folgen Fragen der Nebenklagevertreter.)*

Anwalt Scharmer Wer hat die Auswahl der Akten getroffen, die Sie zur Verfügung hatten?

Bauer Die Auswahl hat Herr Rechtsanwalt Grasel getroffen. Ich habe aktiv nachgefragt nach weiteren Unterlagen.

Anwalt Scharmer Wann haben Sie das? Vor oder nach Ihrer letzten Gutachtenserstattung im Prozess?

Bauer Nach der Gutachtenerstattung. *(Bauer wendet sich plötzlich an Zschäpes Verteidiger Grasel, der wortlos in der Bank sitzt.)* Herr Grasel, können Sie mir helfen?

Anwalt Scharmer Ich frage jetzt Sie und nicht Herrn Grasel, so funktioniert das hier nicht.

Bauer Ich gebe Ihnen natürlich vollständig Auskunft. Ja, ich habe nach den Zeugenaussagen gefragt, die ich bisher nicht berücksichtigt hatte. Zeugen, die bisher nicht berücksichtigt wurden, die aber Aussagen gemacht haben.

Anwalt Scharmer Welche waren das? Sie hatten Herrn H. erwähnt. Gab es da noch mehr?

Bauer *(liest von einer Liste ab)* Die Unterlagen von Stefan Apel *(Cousin von Zschäpe)*, Jan Böhnhardt *(älterer Bruder von Uwe Böhnhardt)*, Tino Brandt *(Anführer des Thüringer Heimatschutzes und V-Mann des Verfassungsschutzes)*, die Einlassung von Holger Gerlach *(Mitangeklagter)*, die Aussagen von Jana J., Ilona Mundlos *(Mutter von Uwe Mundlos)* und Andreas R. *(früherer Freund von Mundlos)*.

Anwalt Scharmer Haben Sie von den Verteidigern Unterlagen bekommen von der polizeilichen Vernehmung oder Mitschriften aus der Hauptverhandlung? Welche haben Sie da bekommen?

Bauer Beides, wenn vorhanden.

Anwalt Scharmer Die Auswahl dieser Unterlagen, kam die von den Anwälten, oder sagten Sie, Sie wollen diese Unterlagen?

Bauer Ich wollte von allen Zeugen die Unterlagen, die Aussagen über die Persönlichkeit von Frau Zschäpe gemacht haben.

Anwalt Scharmer Und die Auswahl hat dann Herr Grasel gemacht?

Bauer Ja.

Anwalt Scharmer Waren das die gesamten Unterlagen, die Sie erhalten haben?

Bauer Nein.

Anwalt Scharmer Sagt Ihnen Thomas Starke etwas?

Bauer Ja, da hat mir Herr Grasel noch eine zusätzliche Beschuldigtenvernehmung gegeben.

Anwalt Scharmer Warum haben Sie das gerade nicht gesagt?

Bauer Das war nur ein einseitiges Blatt, ich hatte die Liste mit Zeugenaussagen schon vorher fertig. Das war ein Versehen.

Anwalt Scharmer Kennen Sie die Mindestanforderungen für Schuldfähigkeitsgutachten nach Boetticher, Nedopil, Bosinski und Saß? *(Das sind Koryphäen der forensischen Psychiatrie in Deutschland.)*

Bauer Ich kenne die Anforderungen, wie sie in Lehrbüchern niedergelegt sind.

Anwalt Scharmer Das war nicht meine Frage. Kennen Sie die Mindestanforderungen für Prognosegutachten?

Bauer Nein, die kenne ich nicht.

Anwalt Scharmer Dann erübrigen sich dazu auch Fragen. Haben Sie Frau Zschäpe gefragt, ob sie auch selbst Gewalt angewandt hat?

Bauer Ja, sie hat mir davon erzählt. *(Er korrigiert sich.)* Nein, das habe ich in den Unterlagen gelesen.

Anwalt Scharmer Mich interessiert nicht, was in den Unterlagen steht. Haben Sie Frau Zschäpe gefragt, und wenn ja, was hat sie gesagt?

Bauer Ich muss zu meiner Entschuldigung sagen, dass ich immer sortieren muss zwischen den vielen Daten. Nein, ich habe Frau Zschäpe nicht gefragt, ob sie mal tätlich war.

Anwalt Scharmer Haben Sie gefragt, wie sie sich zu ihren weiteren Verteidigern verhalten hat? Stichwort Strafanzeige. *(Zschäpe hatte gegen ihre drei ungeliebten Alt-Verteidiger Strafanzeige gestellt, die mangels Straftat nicht verfolgt wurde.)*

Bauer Nein.

Anwalt Scharmer Wir haben heute Morgen einen Vermerk bekommen von der JVA München. Die JVA teilt mit, Sie hätten versucht, Pralinen hineinzubringen. Ist das zutreffend?

Bauer Ja.

Anwalt Scharmer Was war damit bezweckt?

Bauer Es war eine völlig unschuldige Geste der Humanität. Ich bitte Sie, das nicht zu interpretieren.

Anwalt Scharmer Haben Sie versucht, die Pralinen zu verbergen?

Bauer Nein, in keiner Weise. Das ist unschön, dass das so dargestellt wird.

Anwalt Scharmer Gab es noch andere Gesten der Humanität?

Bauer Nein, gar nicht.

Anwältin Lunnebach Wann ist das Arzt-Patienten-Gespräch in eine andere Form umgewandelt worden?

Bauer Nach der dritten Exploration hatte ich eine ergiebige Lage zur Gewalt von Böhnhardt gegenüber Frau Zschäpe. Dann haben mich die Anwälte gebeten, am 3. März, ein Gutachten zu erstellen.

Anwältin Lunnebach Ein Arzt-Patienten-Verhältnis ist doch etwas Spezielles, getragen von Empathie, der Arzt versucht, etwas für den Patienten zu tun. Wie beschreiben Sie so ein Gespräch?

Bauer Das ist keine freundschaftliche Beziehung, sondern eine professionelle Beziehung, wo gesundheitliche Fragen geklärt werden.

Anwältin Lunnebach Hat der psychiatrische Sachverständige eine andere Funktion als ein Arzt?

Bauer Es ist ja kein Behandlungsauftrag ergangen. Es hat sich keine Arzt-Patienten-Bindung ausgebildet. An meiner professionellen und distanzierten Haltung gegenüber Frau Zschäpe hat sich nichts verändert.

Anwältin Lunnebach Ein Sachverständiger, der mal Arzt war, wird nicht mehr als Sachverständiger bestellt, zumindest nicht in NRW. Hatten Sie da keine Bedenken?

Bauer Nein, ich wüsste nicht, ich habe mich nicht auf die Seite von Frau Zschäpe gestellt. Auch die ersten drei Gespräche waren Explorationsgespräche.

Anwältin Lunnebach Ist Ihr Gutachten denn ein forensisches Prognosegutachten?

Bauer Ich habe den Anwälten gesagt, ich würde dringend darum bitten, dass das Gericht mich als Gutachter beauftragt. Dass dann die Fragen präzise gestellt werden können. Es wurde versucht und ist nicht gelungen. Das Gericht wollte mich ja nur als Zeugen laden. Als Zeuge wollte ich aber auf keinen Fall aussagen. Auch Frau Zschäpe wollte nicht, dass ich als Zeuge zur Verfügung stehe.

Anwältin Lunnebach Sie haben gesagt, dass Sie mal als Assistenzarzt fünf oder sechs forensische Gutachten unter Anleitung gemacht haben. Ich will Ihnen nicht zu nahe treten, aber das muss Anfang der Achtziger gewesen sein?

Bauer Ja.

Anwältin Lunnebach Waren Sie mal damit befasst, Glaubwürdigkeitsgutachten zu verfassen?

Bauer Nein.

Anwältin Lunnebach Wissen Sie, welche Anforderungen an ein Glaubwürdigkeitsgutachten gestellt werden?

Bauer Da müsste ich mich noch mal belesen. Ich weiß nicht, was Sie meinen.

Anwältin Lunnebach Sie nehmen Stellung zur Glaubwürdigkeit von Frau Zschäpe. Sie sagen, dass die Angaben von Frau Zschäpe glaubwürdig sind.

Bauer Das ist Teil der Kompetenz des Psychiaters.

Anwältin Lunnebach Sagen Ihnen die Stichworte Nullhypothese und Realkennzeichen etwas?

Verteidiger Klemke Ich beanstande die Befragung von Frau Lunnebach. Denn das ist kein Glaubwürdigkeitsgutachten.

Oberstaatsanwalt Weingarten Herr Klemke hat kein Recht, die Frage zu beanstanden, nachdem sich der Sachverständige ausführlich zur Glaubwürdigkeit geäußert hat. Frau Lunnebachs Frage zielt ersichtlich auf die Sachkunde ab.

Verteidiger Klemke Der Schwerpunkt bezieht sich …

Anwältin Lunnebach Ich würde gern ins Gespräch mit dem Herrn Sachverständigen kommen und nicht mit Herrn Klemke. *(Sie wendet sich wieder an den Sachverständigen.)* Herr Bauer, Sie haben gesagt, es sei glaubwürdig, dass Körperverletzungen von Böhnhardt gegenüber Zschäpe stattgefunden haben. An keinem Punkt wird erwähnt, wann und wo sie stattgefunden hatten, welche Vorgeschichte sie hatten.

Verteidiger Klemke Da wird nicht gefragt, sondern festgestellt. Was soll das?

Anwältin Lunnebach Abwertende Äußerungen akzeptiere ich nicht mehr. Ich frage den Sachverständigen, ob er mehr erfahren hat als das, was wir im Gutachten gelesen haben, ob er Details erfahren hat zu den Körperverletzungen.

Bauer Ja, ich habe Details erfahren. Und genau nachgefragt, wann sich welche Tätlichkeiten ereignet haben und wie lange sie gedauert haben. Aber Frau Zschäpe hat sich wegen des langen Zeitraums nicht mehr selbst an jede einzelne Tätlichkeit erinnert. Ich habe dann Wohnorte als Erinnerungsanker benutzt. Es ist nichts weggelassen worden.

Anwältin Lunnebach Also alles, was da ist, ist drin. Haben Sie mitgeschrieben?

Bauer Handschriftlich, ja. Aber meine Notizen werde ich nicht zur Verfügung stellen.

Anwältin Lunnebach Sie hatten kein Tonband dabei?

Bauer Nein, das hätte die Explorationsbereitschaft beeinträchtigt.

Anwältin Lunnebach Sie hatte nichts gesagt zu Tätlichkeiten vorher, warum?

Bauer Wegen Scham und Angst, es wiedererleben zu müssen.

Anwältin Lunnebach Hatte sie die Scham auch vor ihren Anwälten?

Bauer Ja, oft ist es leichter, Auskunft gegenüber Fremden zu geben.

Anwältin Lunnebach Das stimmt in allgemeiner Form. Ob das auch bei Frau Zschäpe stimmt, darüber werden wir uns nicht einigen.

Verteidiger Klemke Dauernd diese sinnlosen Kommentare …

Anwältin Lunnebach Reißen Sie sich mal zusammen, Herr Klemke! *(zu Bauer)* Sie haben registriert, dass in der Einlassung von Frau Zschäpe vor Gericht nichts von Gewalt gesagt wurde?

Verteidiger Grasel Es wurde sehr wohl von Gewalt gesprochen. Und zwar in den weiteren Einlassungen.

Anwältin Lunnebach In der ersten zusammenhängenden Sachdarstellung war nichts drin.

Bauer Das habe ich mir nicht auswendig gemerkt. Allenfalls war andeutungsweise von Gewalterfahrungen die Rede.

Anwältin Lunnebach Warum sie gegen die Morde protestieren konnte trotz der Gewalterfahrungen, das haben Sie berichtet. Es sei spontan gewesen und sie habe über die Reaktion der Männer nicht nachgedacht. In der schriftlichen Einlassung hat Frau Zschäpe gesagt, von dem Anschlag in der Probsteigasse in Köln habe sie in den Medien erfahren und ihrerseits nachgefragt, ob die beiden beteiligt gewesen waren. Widerspricht das einer Angst, da könnte Herr Böhnhardt jetzt ausflippen?

Götzl Die Frage ist mir nicht klar. *(Er verordnet zehn Minuten Pause, dann wird die Verhandlung fortgesetzt.)*

Anwältin Lunnebach Wieso konnte Frau Zschäpe so heftig bei Böhnhardt protestieren, wenn sie vor ihm doch Angst hatte? Sie sagten, es sei ein reflexartiges Schreien gewesen. Da war keine Überlegung, ob sie Angst hatte. Im Fall Probsteigasse hat Frau Zschäpe aber erklärt, sie habe nachgefragt. Da hat sie nicht reflexartig reagiert.

Verteidiger Klemke Ich beanstande diese Frage. Hier werden Äpfel mit Birnen verglichen. Der Sachverständige hat gesagt, dass er sich nur auf den Mord bezogen hat. Bei der Probsteigasse handelt es sich nicht um einen Mord.

Anwältin Lunnebach Das ist Unsinn. Mir geht es darum zu erfragen, warum jemand von sich aus nachfragt: Wart ihr das?

Bauer Ich habe nicht nachgefragt, ob sie da nicht auch Angst hatte vor Böhnhardt. Ich habe gefragt, wo ihr das von den beiden mitgeteilt worden ist.

Anwältin Lunnebach Kennen Sie die Akten aus den Jahren 1996 bis '98, wo sich Frau Zschäpe gegenüber der Polizei eingelassen hat?

Bauer Nein, die standen mir nicht zur Verfügung.

Anwältin Lunnebach Bei der Sache mit dem Puppentorso sagte sie, sie habe damit nichts zu tun. Und ihre Freunde auch nicht. *(Zschäpe hat damals falsche Angaben gemacht, Böhnhardt wurde deswegen freigesprochen.)* Spricht das für die Glaubhaftigkeit von Frau Zschäpe?

(Wieder unterbricht Verteidiger Klemke, es entbrennt ein Streit über die Länge der Fragen. Lunnebachs Frage wird nicht mehr beantwortet.)

Anwalt Narin Sie sprachen von einer medial transportierten Vorverurteilung von Frau Zschäpe. Was meinen Sie damit?

Bauer In den Medien wird ein Stereotyp wiedergegeben, das eigentlich in jeder Darstellung, die Frau Zschäpe gibt, nur unlautere Absichten sieht. Wenn sie etwas abstreitet, verleugnet sie, und wenn sie sich auf mich einlässt, manipuliert sie mich.

Anwalt Narin Welche Vorstellung hatten Sie von Frau Zschäpe vor dem Auftrag?

Bauer Überhaupt keine.

Anwalt Narin Sie sagten doch, Sie hätten über die Medien Anteil genommen.

Bauer Über die Taten habe ich mich schon informiert, die widersprechen bis ins Herz hinein meinen tiefsten Überzeugungen. Ich habe mir überlegt, ob ich die Exploration von Frau Zschäpe übernehme, und dann habe ich sie übernommen.

Anwalt Narin Haben Sie in Erfahrung gebracht, warum man gerade Sie ausgewählt hat?

Bauer Ich hab Bücher geschrieben. Da müssen Sie die Anwälte fragen.

Anwalt Narin Haben Sie exploriert, welche Bücher Frau Zschäpe gelesen hat?

Bauer Nein.

Anwalt Narin Warum nicht?

Bauer Ich habe es nicht getan.

Anwalt Langer Sie haben als Symptom für die Persönlichkeitsstörung genannt, dass immer eine Art Leitfigur gebraucht wird, der sich der Abhängige dann anpasst. Haben Sie mal Frau Zschäpe gefragt, ob sich ihr Verhalten in Bezug auf Diebstähle änderte?

Bauer Nein, das habe ich nicht getan. Der Vorwurf Diebstahl tauchte nur auf, als sie mit Herrn R. zusammen war.

Anwalt Langer Würde es Ihre Ansichten ändern, wenn es danach auch Diebstähle gegeben hätte?

Bauer Ich würde erst mal versuchen zu erfragen, in welchem Zusammenhang das passiert war.

Anwalt Langer Ein halbes Jahr nach dem Kennenlernen von Mundlos gibt es eine Verurteilung von Zschäpe wegen Diebstahls. Hat Ihnen die Verteidigung Fotos von den Urlauben der drei zur Verfügung gestellt?

Bauer Nein.

Anwalt Langer Sind Ihnen die Fragen der Nebenkläger zu Zschäpes Erklärung bekannt? *(Gemeint sind die Fragen, die von den Nebenklagevertretern am Tag 295 gestellt und von Zschäpe nicht beantwortet wurden.)*

Bauer Nein.

Anwalt Langer Hat Zschäpe Ihnen ihre konkreten Argumente gegen das Töten mitgeteilt?

Bauer Sie habe jedes Mal massiv protestiert, sagte sie.

Anwalt Langer Hat Frau Zschäpe Ihnen denn mal gesagt, dass sie davon ausging, dass die beiden Uwes weiter solche Morde begehen werden?

Bauer Ja, sie hat gesagt, es muss wohl eine längere Diskussion gewesen sein. Sie hätten sich geeinigt, dass so etwas nicht mehr passieren darf. Sie war entsetzt, dass diese Absprache gebrochen wurde.

Anwalt Langer Ich zitiere aus der ersten Erklärung von Frau Zschäpe: »Mir wurde bewusst, dass ich mit zwei Menschen zusammenlebte, denen ein Menschenleben nichts wert war.« Hat sie damit gerechnet, dass wieder Morde geschehen könnten?

Bauer So habe ich das nicht gefragt, sondern, ob sie denn gewusst habe, wenn sie wieder loszogen, was dann passiere. Sie sagte, sie habe nicht gewusst, ob sie zelten gehen oder eine Radtour machen oder ein neues Delikt begehen. Sie habe keine Auskünfte bekommen, immer nur »Wischiwaschi«.

Anwalt Matt War der Anschlag in der Keupstraße Thema Ihrer Exploration?

Bauer Nein.

Anwalt Matt Lagen Beschreibungen von Urlauben vor?

Bauer Nur die aus dem Gutachten des Kollegen Saß.

Anwalt Reinecke Haben Sie die Einlassung von Frau Zschäpe, wo sie sagt, ich habe gelernt, mich zu verstellen?

Bauer Ja.

Anwalt Reinecke Hat Sie Frau Zschäpe mal gefragt, wie das Gericht und wir ihre Glaubwürdigkeit beurteilen sollen, wenn sie nicht mit uns spricht?

Bauer Ja, Frau Zschäpe hat mir erzählt, dass sie sich durch die Situation vor Gericht komplett überfordert fühlt. Sie hat mir erzählt, dass es eine Extremsituation für sie war, als sie hier einen kleinen Text vorgetragen hat. Sie hat ihren Puls bis in die Ohren gehört.

Anwalt Reinecke Aber dann muss es ihr ja nachvollziehbar sein, dass nur Sie und wenige andere ihr glauben.

Bauer Ich habe oft gedacht, wie wichtig es wäre, wenn der Vorsitzende Richter allein mit ihr sprechen könnte, in einem Setting, das die sozialphobischen Komponenten bei Frau Zschäpe weniger aktiviert. Ich glaube, wenn, dann wäre es am ehesten unter vier Augen möglich, Zugang zu ihr zu finden.

Anwalt Reinecke Sie sprechen in Ihrem Gutachten von verschärfter Geiselhaft, in der sich Zschäpe befunden habe. Was ist für Sie die Geiselhaft und was war daran verschärft?

Bauer Sie konnte subjektiv aus der Situation nicht entkommen.

Anwalt Reinecke Warum sagte sie nicht: Sollen sich lieber die beiden Männer umbringen als dass sie wieder andere umbringen?

Bauer Ja sicher, es war eine völlig falsche und verrückte Entscheidung von ihr.

Anwalt Reinecke Haben Sie mit ihr darüber geredet, warum sie sich so entschieden hat?

Bauer Sie wollte ja keine Morde. Sie habe sich nicht verantwortlich gefühlt in voller Weise. Ich habe gefragt, ob ihr bewusst sei, dass auch bei Überfällen Menschen traumatisiert worden seien. Da sagte sie, dass sie das auch belaste, aber bei den Morden fühlte sie sich nicht verantwortlich.

Anwalt Reinecke Was wissen Sie konkret, wie Frau Zschäpe in den ersten drei Jahren ihres Lebens betreut wurde? Gehen Sie davon aus, dass sie von Herrn T. *(dem damaligen Mann ihrer Mutter)* 24 Stunden am Tag betreut wurde?

Bauer Das weiß ich nicht.

Anwalt Reinecke Wissen Sie, ob die Großmutter die durchgängige Bezugsperson war?

Bauer Frau Zschäpe hat mir dargestellt, dass die Großmutter immer da war.

Anwalt Reinecke Wissen Sie, ob Beate Zschäpe wie 80 Prozent der Kleinkinder in der DDR tagsüber in der Kinderkrippe war?

Bauer Ja, das taucht auf, aber ich weiß nicht wann.

Anwalt Reinecke Gibt es außer den Angaben von Frau Zschäpe irgendetwas, was die gewalttätigen Übergriffe von Böhnhardt bestätigt?

Bauer Ja, die Aussage von Sindy H. andeutungsweise. Sie sagte, dass große Angst geherrscht habe.

Anwalt Reinecke Wohnung Heisenbergstraße. Haben Sie gefragt, warum Frau Zschäpe ein eigenes Zimmer haben wollte, wenn sie doch immer mit Böhnhardt zusammen sein wollte?

Bauer Sie sagte nur, wenn man sich aus dem Weg gehen wollte, gab es drei Räume.

Anwalt Reinecke Es gab nur einen dritten, gefangenen Raum *(er meint, ein Durchgangszimmer)*. Am 4.11.2011 sei sie kreuz und quer durch Deutschland gefahren. Wo und auf welchem Bahnhof war sie? Was hat sie da getan?

Bauer Das hätte ich auch gern gewusst. Sie sagte, sie sei völlig ziellos gefahren. Sie hat mir auch nichts gesagt, ob sie Leute getroffen hat.

Anwalt Reinecke Hat sie gesagt, ob sie Geld mithatte?

Bauer Ich habe gefragt, ob sie nicht erwogen habe, das ungesetzliche Treiben auf eigenen Plan fortzusetzen. Ich wollte prüfen, ob hangartige Impulse da sind. Und sie sagte, sie sei außerstande gewesen, das zu machen. Über Geld hat sie mir nichts gesagt.

Anwalt Reinecke Sie sagten, Frau Zschäpe habe sich nicht exkulpieren wollen. Wenn Sie nun einmal davon ausgehen, dass die Anklage zutreffend ist und sie die Mordtaten doch wollte, ziehen Sie in Erwägung, dass dann ihre Angaben geradezu strotzen vor Exkulpierung?

Bauer Ja, dann ja. Aber ich kann das nicht gegenchecken, das ist Aufgabe des Gerichts. In der Abfolge meiner logischen Schlüsse habe ich wahrgenommen, dass Frau Zschäpe viele Möglichkeiten nicht wahrgenommen hat, sich als Opfer darzustellen. Deswegen kann ihre Glaubwürdigkeit angenommen werden. Sie wollte ihre Mutter schonen. Sie bemüht sich um die Restoration des beschädigten Verhältnisses zur Mutter.

Saß Ich möchte fragen zur Frequenz und Intensität der Beziehung zu Herrn Böhnhardt.

Bauer Ich habe die Auskunft erhalten, dass die beiden Männer immer lange Zeit abwesend waren. Wie der Kontakt im Alltag war, das habe ich nicht gefragt.

Saß Meine Frage steht vor dem Hintergrund, dass sie auf der einen Seite von Dominanz und Kontrolle der Männer spricht und auf der anderen Seite sagt, dass sie oft nicht da waren.

Bauer Zschäpe hat in Bezug auf Böhnhardt von hochgradiger Willkür gesprochen. Es gab Situationen, wo sie rausgehen wollte und er das nicht wollte. Aus einer Laune heraus. Sie konnte durchaus das Haus auch allein verlassen. Es gab kein generelles Verbot.

Saß Gab es über die Zeit eine Entwicklung dieser Beziehung?

Bauer Das Zerwürfnis über die Mordtaten, immer wieder, hat die Beziehung eisig werden lassen. Es sei eine Abkühlung eingetreten.

Saß Ist der Begriff »eisig« konkretisiert worden?

Bauer Weniger sprechen und Rückzug voneinander. Dass sie ihnen aus dem Weg gegangen ist. Sie hat das exzessive Sportbetreiben dazu benutzt, um sich eine Absenz zu verschaffen aus schmerzlichen Gedanken.

Saß Aber von Absenzen hat sie Ihnen nichts erzählt?

Bauer Nein, nur, dass sie stundenlang Sport gemacht hat.

(Die Befragung endet.)

Anwalt Reinecke Ich wollte eine Erklärung zum Gutachten von Professor Dr. Bauer abgeben. Hier haben wir jemanden, der meint, er habe eine ausgesprochen gute Menschenkenntnis. Und er meint, dass er ohne Kenntnis des Prozesses den Aussagen von Frau Zschäpe Glauben schenken kann. Das ist nichts anderes als ein Leumundszeugnis, dem man ein professorales Mäntelchen umgehängt hat. Für den Strafprozess bedeutet das, dass Angeklagte demnächst nur noch schriftliche Erklärungen abgeben und dann erscheint jemand und bestätigt die Glaubwürdigkeit. Das ist ein Rückfall des aufgeklärten Strafprozesses ins Schamanentum, wo ein weiser Seher weiß, was mit dem Angeklagten los ist. Dagegen muss man sich auch aus ganz grundsätzlichen Gründen wehren.

Götzl Professor Saß wird sein Gutachten unter Berücksichtigung der Erläuterungen von Dr. Faustmann und Dr. Bauer ergänzen. Es obliegt dann dem Senat, die Gutachten zu würdigen.

Tag 365

24. Mai 2017

Manfred Götzl, Richter. **Annerose Zschäpe,** 64, Mutter von Beate Zschäpe. Sie war auch am Tag 61 als Zeugin geladen. **André P.**, 51, Polizist aus Zwickau. Er war auch an den Tagen 17 und 142 aufgetreten. **Wolfgang Stahl**, Verteidiger von Beate Zschäpe. **Olaf Klemke,** Verteidiger von Ralf Wohlleben. **Doris Dierbach, Sebastian Scharmer,** Anwälte der Nebenklage.

(Beate Zschäpes Mutter Annerose wird in den Saal gerufen. Beate Zschäpe schaut ihre Mutter offen und aufmerksam an. Annerose Zschäpe war schon einmal aufgetreten. Damals, am 27. November 2013, hatte sie die Aussage verweigert. Und sie hat auch der Verwertung ihrer Aussage widersprochen, die sie beim BKA gemacht hatte. Der von der Verteidigung beauftragte Psychiater Joachim Bauer hatte diese Aussage dennoch für sein Gutachten verwendet. Um diesen Fehler zu korrigieren, ist die Mutter nun bereit, ihre damaligen Angaben beim BKA zur Verwendung freizugeben. Sie hatte darum gebeten, dafür nicht erneut im Prozess auftreten zu müssen. Das Gericht ist ihrer Bitte nicht nachgekommen.)

Götzl Frau Zschäpe, guten Morgen! Bitte nehmen Sie Platz. Was machen Sie beruflich?

Zschäpe Ich arbeite jetzt als Pflegehelferin.

Götzl Als Mutter der Angeklagten haben Sie ein Zeugnisverweigerungsrecht. Wollen Sie Angaben machen oder nicht?

Zschäpe Nein, ich möchte von meinem Recht Gebrauch machen.

Götzl Sind Sie mit der Einführung und Verwertung Ihrer Angaben gegenüber dem Bundeskriminalamt einverstanden?

Zschäpe Ja.

Götzl Sind dann noch Fragen an die Zeugin? Nein? Vielen Dank, Frau Zschäpe. Auf Wiedersehen!

(Herein kommt der Zwickauer Polizist André P.)

Götzl Es geht uns um die Vernehmung von Frau Annerose Zschäpe am 15.11.2011. Mich würde interessieren, wie die Situation damals war, was sie angegeben, wie sie sich verhalten hat.

André P. Ich bin am 15.11. mit dem Kollegen L. vom BKA, der die Vernehmung geführt hat, und einer Kollegin vom LKA in die Wohnung der Mutter von Frau Zschäpe. Wir haben die Vernehmung da in der Wohnstube durchgeführt.

Götzl Was hat sie denn angegeben?

André P. Sie hat berichtet, dass sie nach dem Abitur für fünf Jahre zum Studium der Zahnmedizin nach Rumänien gegangen ist. Dort ist sie schwanger geworden und hat 1975 Beate zur Welt gebracht. Der rumänische Vater hat sich auch im weiteren Leben nicht für seine Vaterschaft interessiert. Beate ist die erste Zeit in Jena von ihrer Großmutter betreut worden, weil die Frau Zschäpe ihr Studium in Rumänien fortsetzen und beenden wollte. Das Studium endete 1976. 1975 hat sie einen Herrn T. geheiratet, das war ein Jugendfreund. Und dieser Herr T. hat sich dann in Jena bis zum Abschluss des Studiums um Beate gekümmert. Auch als die Mutter nach dem Studium zurückkam, hat er sich um sie und Beate gekümmert. Trotzdem hat sich Frau Zschäpe noch 1976 scheiden lassen. Sie sind dann nach Jena in die Wohnung der Oma von Beate Zschäpe gezogen. Danach lernte Frau Zschäpe dann Herrn Zschäpe kennen, hat diesen geheiratet und sich wieder scheiden lassen. Sie hat mit ihm in Camburg gewohnt *(einer Ortschaft 20 Kilometer von Jena entfernt)*. Da Beate Zschäpe noch ein Kleinkind gewesen ist, war sie unter der Woche in einer Kindertagesstätte in Jena und bei der Oma, und am Wochenende war sie in Camburg bei ihrer Mutter und Herrn Zschäpe. Wann diese Ehe geschieden wurde, kann ich jetzt nicht mehr sagen. Dann zog Frau Zschäpe mit Beate in eine Einraumwohnung nach Jena. Dann sind sie innerhalb von Jena in eine größere Wohnung gezogen, dort haben sie bis 1997 gewohnt. Beate Zschäpe ist dann ausgezogen und in ihre erste eigene Wohnung gezogen. 1996, als der Vater von Frau Zschäpe, also der Opa von Beate Zschäpe, gestorben ist, hat die Mutter es vorgezogen, näher zur Wohnung ihrer Mutter zu ziehen. Sie ist dann direkt bei der Mutter eingezogen, in die Wohnung, in der letztlich auch die Vernehmung stattgefunden hat. Zwischenzeitlich hat Frau Zschäpe noch einen Freund gehabt, mit dem hat sie nicht in einer Wohnung gelebt. Sie erwähnte, dass es Probleme zwischen diesem Freund und Beate gegeben hat. Das war grob der Werdegang. Frau Zschäpe konnte ihren Beruf als Zahnärztin wegen verschiedener Allergien nicht ausüben, hat sie gesagt. Sie hat dann in der Buchhaltung bei Zeiss gearbeitet und nebenbei ein Fernstudium zum Ingenieurökonom gemacht. 1991 ist sie arbeitslos geworden und hat in dieser Zeit Probleme bekommen. Sie hat sich nicht arbeitslos gemeldet. Kann man verstehen, dass sie da etwas abgerutscht ist. Das war's.

Götzl Hat sie gesagt, in welcher Verfassung sie ist?

André P. Während der Vernehmung? Da spielte natürlich schon Aufregung eine Rolle. Das kann ich jetzt aber auch nur aus dem Protokoll rauslesen. Dort steht, dass die Großmutter zunächst noch anwesend und sehr aufgeregt war. Ich denke, dass auch die Mutter sehr emotional und aufgeregt gewesen ist.

Götzl Auf Blatt 3 des Protokolls steht als Anmerkung: »Frau Zschäpe bringt um 12.41 Uhr ihre Mutter zur Nachbarin, weil diese unter Herzproblemen leidet und sie alles zu sehr aufregt.« Hat denn Frau Zschäpe auch Angaben zum Verhältnis zu ihrer Tochter gemacht?

André P. Ja. Wir haben sie natürlich auch zum Werdegang, zur Kindheit und Jugend von Beate Zschäpe gefragt. Sie hat gesagt, dass Beate eine sehr gute Schülerin gewesen ist, ein aufgeschlossenes, nettes Mädchen. Dass sie viele Schulfreundinnen hatte und wusste, was sie will, und nicht leicht zu beeinflussen war. Sie hat als Beispiel gebracht, dass Beate in der vierten Klasse in einer Fechtgruppe war und wegen Krankheit längere Zeit nicht fechten konnte. Dann wurde die Trainingsgruppe aufgelöst und Beate sollte woanders fechten. Das hat sie abgelehnt.
Nach dem Schulabschluss mit guten Noten wollte Beate Zschäpe den Beruf der Kindergärtnerin lernen, was ihr aber verwehrt blieb. Warum, weiß ich nicht. Sie hat dann eine Lehre zum Gartenbau angetreten. Das war 1990/91, so in dem Bereich. Und in dieser Zeit ist dann auch der Uwe Mundlos in ihr Leben getreten. Er muss dann auch oft bei ihr gewesen sein. Die Mutter beschreibt ihn als höflichen und korrekten, anständigen jungen Mann, der Manieren hatte, der auch mal Blumen mitgebracht hat und auch sehr intelligent war. Sie hat sich aber mit ihm nicht auf Diskussionen eingelassen. Er war sehr gut geschult im Agitieren, hat sie gesagt. Und dass seine Einstellung ihrer linken Weltanschauung widersprach. Beate Zschäpe hat sich mit ihm verlobt. Die Verlobung wurde später gelöst. Das stand sicher im Zusammenhang mit dem Auftreten von Uwe Böhnhardt. Das wurde so nicht gesagt, ich denke einfach, dass es in dem Zusammenhang stand. Trotzdem haben die drei immer noch gemeinsam Dinge unternommen. Sie sagte, dass die beiden jungen Männer auch der Kleidung nach

Rechte waren, Neonazis. Sie liefen mit Springerstiefeln rum. Ihre Tochter habe sich zu keiner Zeit so gekleidet, dass sie diesem Spektrum rein äußerlich zuzuordnen gewesen wäre. Sie soll sich auch zurückgehalten haben, was irgendwelche politischen Äußerungen betraf.

1996 kam es zur Durchsuchung der Wohnung von Frau Zschäpe. Zu diesem Zeitpunkt sei ihr bewusst geworden, dass die beiden Männer und ihre Tochter Neonazis sind. Ihr schlechtes Verhältnis zueinander begründete sie nicht nur mit verschiedenen politischen Anschauungen. Sie sagte auch, dass auch sie Anteil daran hatte.

Dann kam es 1998 dazu, dass die drei untergetaucht sind. Dazu hat sie gesagt, dass Uwe Böhnhardt wohl die Möglichkeit hatte, Beate Zschäpe und Uwe Mundlos zu benachrichtigen, und dass sie dann gemeinsam untergetaucht sind. Vor diesem Untertauchen hat die Beate ihre Großmutter noch einmal kurz besucht und dabei einen kleineren Geldbetrag erbeten und auch erhalten. Während der ganzen Zeit des Untertauchens hat Frau Zschäpe keinen Kontakt zu ihrer Tochter gehabt. Frau Mundlos und sie hatten sich versprochen, sich gegenseitig zu benachrichtigen, wenn es Erkenntnisse zum Aufenthaltsort gibt. Zu Familie Böhnhardt hatte sie keinen Kontakt. Die Wohnung von Beate Zschäpe wurde ein Jahr später aufgelöst und das Inventar der Wohnung wohl an die Helfer verteilt. Persönliche Unterlagen, Fotos, Ausweise hat die Mutter weder in der Wohnung der Großmutter noch in der Wohnung von Beate gefunden. Nach dem Untertauchen seien noch einmal zwei junge Frauen bei ihr und der Großmutter gewesen. Sie hätten gesagt, sie würden noch Geld von Beate bekommen. Sie haben dann wohl auch Geld bekommen, genau weiß ich das nicht mehr.

Götzl Sie haben vorhin vom schlechten Verhältnis zwischen Mutter und Tochter gesprochen. Gab es da eine zeitliche Einordnung?

André P. Ich bin sicher, dass es in der Zeit war, als Frau Zschäpe arbeitslos wurde. Etwa 1991.

Götzl Im Protokoll steht dazu: »Ende '91 wurde ich gekündigt. Da ging unser Drama los.«

André P. Ich denke, das hat sie dann auch genauso gesagt.

Götzl Wann hat sie wieder Arbeit gefunden?

André P. Das hat sie auch gesagt. Ich weiß es aber jetzt nicht mehr.

Götzl Im Vernehmungsprotokoll heißt es: »Erst 1996 habe ich wieder eine neue Anstellung als Lohnbuchhalterin gefunden, bei ReFIT, die sich mit der Vermittlung von Arbeitslosen in ABM-Stellen beschäftigten. Dort habe ich nur bis 1998 gearbeitet. Dies hing mit dem Verschwinden meiner Tochter zusammen. Nach dem Verschwinden meiner Tochter 1998 bin ich dann irgendwann zu meiner Mutter gezogen. Seitdem lebe ich mit ihr zusammen, kümmere mich um sie. Im

Januar 2011 habe ich mich bei der Arbeitsagentur in Jena gemeldet, die haben mir gleich einen Ein-Euro-Job vermittelt. Danach absolvierte ich einen 14-tägigen Computerkurs. Dadurch hatte ich wieder Hoffnung gewonnen, ins Berufsleben zurückzukehren, von 1998 bis 2011 lebte ich ja nur von der Rente meiner Mutter. Nach den Ereignissen mit Beate muss ich mich jetzt erst mal vorrangig um meine Mutter kümmern, da sie die ganze Angelegenheit auch gesundheitlich sehr mitnimmt.« Waren das die Angaben?

André P. Das waren die Angaben.

Götzl Sie hatten gesagt, die Mutter habe angegeben, Beate sei die erste Zeit von der Großmutter betreut worden. Hat sie dazu zeitliche Angaben gemacht?

André P. Nein.

Götzl Vorhalt: »Also meine Tochter ist 1975 geboren. Da habe ich ja noch studiert. Deshalb hat sie das erste halbe Jahr hier bei ihren Großeltern gelebt, da ich zurück zum Studium nach Rumänien musste.«

André P. Nach meiner Erinnerung muss sich dann aber auch dieser Herr T. – möglicherweise Ende 1975 – mit um die Beate gekümmert haben. Genau weiß ich das aber nicht mehr.

Götzl Im Protokoll heißt es: »Beate lebte zeitweise, von Mitte 1975 bis Ende 1976, bei Herrn T. Als ich das Studium 1976 beendet hatte, kam ich zurück nach Jena. Ich ließ mich scheiden und Beate und ich wohnten erst mal bei meinen Eltern. Dann lernte ich einen Mann namens Zschäpe kennen und heiratete neu. Mit diesem zog ich dann nach Camburg. Beate blieb in dieser Zeit die Woche über weiterhin bei ihren Großeltern, weil sie hier in Jena die Kinderkrippe besuchte. Dass sie nur am Wochenende da war, hing auch damit zusammen, dass wir in Camburg bei meinen Schwiegereltern wohnten.« Hat sie zur Scheidung von Herrn Zschäpe zeitliche Angaben gemacht?

André P. Das kann ich Ihnen jetzt nicht sagen.

Götzl Vorhalt: »1979 wurden wir geschieden.« Hat die Zeugin etwas dazu gesagt, wo sie gewohnt hat?

André P. Alles innerhalb von Jena. Die genauen Stadtteile kann ich Ihnen nicht sagen.

Götzl Hier heißt es: »Durch meinen Vater kam ich an eine Stelle in der Ökonomieabteilung bei Zeiss in Göschwitz. Ich bekam eine Einraumwohnung mit Schlafnische und zog mit Beate nach Jena-Lobeda. Dort lebten wir von 1979 bis Anfang 1985. Dann bekam ich eine Dreiraumwohnung in Jena-Winzerla in der Zielinski-Straße. Dort lebten wir zu zweit bis 1997.«

André P. Wenn es dort steht, dann hat sie es so gesagt.

Götzl Diese eigene Wohnung von Beate Zschäpe, hat sie gesagt, wann und wo das war?

André P. Daran kann ich mich nicht erinnern.

Götzl Vorhalt: »Beate zog 1997 in ihre erste eigene Wohnung in der Schomerusstraße in Jena-Winzerla. Ich zog ebenfalls aus und suchte mir eine eigene Wohnung. Da mein Vater aber 1996 verstorben war und ich gern näher bei meiner Mutter sein wollte, zog ich in eine Wohnung im Norden von Jena. Etwa im Jahr 2000, genau kann ich mich nicht mehr erinnern, bin ich dann zu meiner Mutter in die Wohnung gezogen.« Weiter heißt es hier: »Frage: Können Sie noch einmal genauer schildern, wie das Zerwürfnis mit Beate zustande kam? Antwort: Begonnen hat alles mit meiner Arbeitslosigkeit. Wie ich bereits erklärt habe, habe ich mich zu dieser Zeit richtig hängen lassen. Ich habe mich nicht arbeitslos gemeldet und habe immer irgendwie auf ein Wunder gehofft.«

André P. Beate hat sich wohl sehr darüber geärgert, dass ihre Mutter kein Arbeitslosengeld beantragt hat. Es gab da bestimmt viele Felder zwischen Mutter und Tochter, wo man sich hat reiben können.

Götzl Im Protokoll heißt es: »Die allgemein schlechte Situation wurde auch noch durch das schlechte Verhältnis von Beate und meinem damaligen Freund, mit dem ich allerdings nicht zusammengelebt habe, belastet. So gab eins das andere, da gab es viele Faktoren, was genau das Auslösende in diesem Moment war, weiß ich eigentlich gar nicht mehr.«

André P. Ja, die Mutter hat in der Vernehmung gesagt, dass auch sie ihren Beitrag daran hat, dass das Verhältnis so schlecht war. Sie hat es also nicht nur Beate in die Schuhe geschoben.

Götzl Vorhalt: »Das schlechte Verhältnis beruhte beidseitig, das Verhältnis war sehr verhärtet. Als Beispiel kann ich nennen, dass Beate mich nie in ihre erste eigene Wohnung einlud, so wie man es eigentlich tut. Ich für meinen Teil habe aber auch nie gefragt und darum gebeten, es lag an uns beiden. Die politische Einstellung meiner Tochter war nicht der ausschlaggebende, jedoch ein sehr bedeutender Grund für unser Zerwürfnis. Meine Familie und ich tendieren politisch eher in die linke Richtung.« Ist etwas zu dem Zeitpunkt des Kennenlernens von Uwe Mundlos gesagt worden?

André P. Wie gesagt etwa 1991/1992. Sie sagte, dass er auch schon ein Fahrzeug geführt und Beate gelegentlich zur Ausbildung gefahren hat.

Götzl Hier steht: »An Uwe Mundlos kann ich mich noch gut erinnern, ihn mochte ich gern, er war sehr hilfsbereit. Auffallend an ihm war seine sehr schnelle Sprechweise.«

André P. Daran kann ich mich noch gut erinnern, dass er schnell und ohne Unterlass geredet haben soll. Das ist mir noch in Erinnerung, dass ich damals dachte, wenn er eine so besondere Sprechweise hatte, könnte ich daran bei weiteren Vernehmungen erkennen, ob jemand ihn wirklich kannte.

Götzl Welche Angaben hat die Zeugin zu Uwe Böhnhardt gemacht?

André P. Er muss das genaue Gegenteil gewesen sein: verschlossen und zurückhaltend. Ich kann mich erinnern, dass sie erzählt hat, dass er bei Besuchen über seine Springerstiefel irgendwelche OP-Überzieher zog, um den Boden nicht dreckig zu machen. Trotz seiner Verschlossenheit und Zurückhaltung muss er höflich gewesen sein.

Götzl Im Protokoll heißt es: »Irgendwann tauchte sie dann mit dem Uwe Böhnhardt auf. Er war eher ein ruhiger, verschlossener junger Herr. Obwohl sie und Uwe Mundlos sich entlobten, blieb der Kontakt zwischen ihr und Uwe Mundlos weiterhin bestehen. Sie haben zu dritt viel gemeinsam unternommen, was genau weiß ich jedoch nicht. Die beiden Jungs machten auf mich einen sehr ordentlichen Eindruck. Sie tranken kaum Alkohol, achteten darauf, dass ihre Springerstiefel immer geputzt sind. Ich kann mich daran erinnern, dass Uwe Böhnhardt sich OP-Überzieher für die Schuhe mitbrachte, um diese nicht ausziehen zu müssen. Uwe Mundlos brachte meiner Mutter immer mal Blumen mit.«

André P. Ja.

Götzl Sie hatten zur Durchsuchung der Wohnung schon Angaben gemacht. Ich halte Ihnen weiter aus der Vernehmung von Frau Zschäpe vor: »1996, ich wollte früh zur Arbeit, gab es eine Durchsuchung bei uns zu Hause. Da ist es mir erstmals richtig bewusst geworden, dass sie wirklich ernsthaft diese politische Richtung eingeschlagen haben, sich in der Neonaziszene bewegen. Aber zu diesem Zeitpunkt war schon irgendwie alles zu spät, ich bin gar nicht mehr an sie rangekommen, unser Vertrauen war weg.«

André P. Sie sagte, dass sich das Verhältnis leicht gebessert hat, nachdem Beate eine eigene Wohnung hatte.

Götzl Noch mal ein Vorhalt zu den Angaben der Zeugin zum Verhalten von Beate Zschäpe: »Beate war eigentlich ein liebes, nettes Mädchen. Sie hat sich immer mal Überraschungen überlegt oder Gedanken gemacht, wie sie jemandem eine Freude machen kann. Sie war eigentlich immer beliebt, hatte viele Freundinnen in der Schulzeit, die sind auch immer gern zu uns gekommen. Sie war keine schlechte Schülerin, aber sie hätte besser sein können. In der Schule zeigte sie sich selbstbewusst. Ich würde nicht sagen, dass sie leicht beeinflussbar war. Aber wenn sie sich von etwas überzeugt hat, dann vertrat sie diese Sache auch konsequent.« Machte Frau Zschäpe Angaben zu Beate Zschäpes Umgang mit Geld?

André P. Ja, sie war sehr sparsam und konnte mit Geld gut umgehen. Frau Zschäpe habe beim Ausräumen ihrer Wohnung gesehen, dass Beate mit Nudeln und Konserven bevorratet gewesen ist.

Götzl Hier ist als Frage notiert: »Hat sie in der Vergangenheit Ihnen gegenüber rechtsextremistische oder ausländerfeindliche Äußerungen getroffen, konnte man an Beates Kleidung ihre Zugehörigkeit zur rechten Szene erkennen?« Erinnern Sie sich an ihre Antwort?

André P. Das habe ich schon gesagt, dass an ihrer Kleidung und auch sonst nicht zu erkennen war, dass Beate Zschäpe eine rechte Gesinnung hat.

Götzl Hier heißt es als Antwort: »Irgendwelche ausländerfeindlichen oder rechtsextremen Äußerungen hat sie mir gegenüber nicht getätigt. Sie hat im Allgemeinen nicht mehr viel von ihrem Leben mit mir geteilt. Ich hatte den Eindruck, dass sich Uwe Mundlos eher mit seiner Ideologie hervorgetan hat. Er hat versucht, mich von der Richtigkeit seiner Weltanschauung zu überzeugen. Solche Diskussionen wollte ich aber auch mit ihm nicht führen, da er so geschult war in seiner Argumentation, dass ich nichts entgegenhalten konnte. Bei den Gesprächen ging es um die Verehrung der Großväter, die im Krieg gekämpft haben, um die Richtigkeit des Dritten Reiches. Meine Tochter hat sich an solchen Gesprächen nicht beteiligt, sagte kein Wort. Uwe Böhnhardt sagte im Allgemeinen gar nichts.«

André P. Ja, so hat sie es gesagt.

Götzl Hat sie Angaben zu Beate Zschäpes leiblichem Vater gemacht?

André P. Sie hat den Namen des Vaters genannt und gesagt, dass er in Westdeutschland Zahnarzt wäre und den Namen seiner Frau angenommen hätte.

Götzl Vorhalt: »Er hat später eine Studienkollegin von mir geheiratet, wohnte erst bei Dresden. Beide sind dann in die BRD ausgereist. Er nahm dann den Familiennamen seiner Ehefrau an und arbeitete als Zahnarzt in Hagen. Mir ist bekannt, dass er bereits im Jahr 2000 verstorben ist. Er hat nie die Vaterschaft anerkannt.«

André P. Ja.

Götzl Ist von ihr irgendetwas dazu gesagt worden, wie sich Beate Zschäpe zu ihrem leiblichen Vater verhalten hat?

André P. Wenn ich mich recht erinnere, hatte Beate Zschäpe wenig oder kein Interesse, ihren leiblichen Vater kennenzulernen. Ich erinnere mich, dass sie erzürnt gewesen sein soll, dass ihre Mutter keine Unterhaltszahlungen eingefordert hat.

Götzl Vorhalt: »Beate wusste nur, dass ihr leiblicher Vater aus Rumänien stammt, für die genauen Personalien hat sie sich nicht interessiert, weil sich ihr Vater auch nicht für sie interessierte. Mir persönlich nahm sie übel, dass ich mich nicht um Unterhaltszahlungen gekümmert habe. Frage: Haben Sie danach noch einmal geheiratet beziehungsweise haben Sie wieder in einer festen Beziehung zu einem Mann gelebt, der dann die Rolle des Stiefvaters für Beate einnahm?«

André P. Wenn ich mich recht erinnere, hat sie gesagt, dass keiner dieser Männer die Vaterrolle übernommen hätte.

Götzl Ist sie gefragt worden, ob Beate Zschäpe Geschwister hat?

André P. Sie hat keine Geschwister.

Götzl Im Protokoll heißt es hierzu: »Ihr leiblicher Vater hat zwei Kinder, aber die kenne ich nicht.«

André P. Sie hatte auch keinen Führerschein. Ich meine, sie sagte, Uwe Mundlos hatte einen. Wie es bei Uwe Böhnhardt war, erinnere ich nicht mehr.

Götzl Vorhalt: »Uwe Mundlos hatte einen Pkw-Führerschein, wie ich bereits ausführte, hat er meine Tochter manchmal zur Ausbildung gefahren. Sein Vater hatte ihm damals einen Gebrauchtwagen finanziert. Von Uwe Böhnhardt ist mir von der Mutter bekannt, dass er einen Auto-Spleen hatte. Uwe Böhnhardt hat schon mit zwölf oder 13 Jahren Autos geknackt, um diese zu fahren. Ob das Auswirkungen auf seinen Führerschein hat, weiß ich nicht, auch ob er jemals einen Führerschein gemacht hat, weiß ich nicht.«

André P. Ja, das hat sie gesagt.

Götzl Ist von Ihrer Seite nach dem letzten Kontakt der Mutter mit Beate Zschäpe gefragt worden?

André P. Sie hat gesagt, dass nach dem Untertauchen kein persönlicher Kontakt mehr zustande kam. Sie habe sich mit Frau Mundlos darüber verständigt, dass sie sich austauschen, wenn jemand etwas erfährt.

Götzl Wann hat Beate Zschäpe die Mutter letztmalig kontaktiert?

André P. Sie hat das irgendwie an einem Familienfest festgemacht.

Götzl Laut Protokoll sagte die Zeugin: »Wir haben uns garantiert am 2. Januar 1998 gesprochen oder gehört, da Beate an diesem Tag Geburtstag hat. Genau kann ich das aber nicht mehr sagen. Am 22., 23. oder 24. Januar, es war an einem Freitag, ist sie untergetaucht. *(Tatsächlich ist sie am Montag, dem 26. Januar 1998, untergetaucht.)* Es war aber vor dem 27. Januar, weil es da eine Silberhochzeit in der Familie gab.« Hat die Zeugin Angaben zum Kontakt von Beate Zschäpe zu anderen Familienmitgliedern gemacht?

André P. Sie soll guten Kontakt zum Bruder von Frau Zschäpe gehabt haben und zum Sohn des Bruders, zu Stefan Apel. Er ist im gleichen Alter wie Beate, lebte auch in Jena, würde jetzt aber auf Mallorca leben.

Götzl Vorhalt: »Frage: Haben sich nach dem Untertauchen von Beate Freunde oder andere Personen bei Ihnen gemeldet, die sich nach Ihrer Tochter erkundigt haben? Antwort: Einige Tage nachdem Beate untergetaucht war, kam ein gleichaltriges Mädchen mit dunklen Haaren und sagte, dass Beate noch Schulden bei ihr hätte. Meine Mutter fragte nach dem Betrag und gab ihr das Geld. Wie viel Geld das war, weiß ich nicht. Später tauchte dieses Mädchen noch mal mit einem anderen blonden, großen, schlanken Mädchen bei mir auf und wollte auch noch mal Geld haben. Sie gab an, dass sie das Geld an Beate übergeben wolle, sie wollten sich irgendwo treffen. Ich hab ihr aber kein Geld gegeben. Sie sagte außerdem, dass sie einen Schlüssel für Beates Wohnung habe, den Briefkasten leeren und noch Sachen aus der Wohnung holen würde.«

André P. Ja, das hat sie gesagt.

Götzl Sie hatten vorhin noch erwähnt, dass Beate Zschäpe noch mal Kontakt zur Großmutter gehabt hat. Hat Frau Zschäpe dazu Näheres angegeben?

André P. Nein, nur dass sie vor ihrem Verschwinden noch mal bei der Großmutter war und nach Geld gefragt hat. Die Großmutter hätte ihr auch etwas Geld gegeben.

Götzl Hier heißt es: »Dass Beate untergetaucht war, wusste ich, weil sie kurz vorher noch einmal bei meiner Mutter war und nach Geld fragte. Sie sagte, dass sie verfolgt würden und erst mal untertauchen müssten. Bei Uwe Böhnhardt würde eine Durchsuchung stattfinden, er konnte aber kurz mit seinem Handy auf die Toilette verschwinden und ihr Bescheid sagen. Beate informierte dann wiederum Uwe Mundlos in Ilmenau. Ich war der Meinung, er hätte dort studiert, in der Zeitung habe ich jedoch jetzt gelesen, dass er dort sein Abitur gemacht hätte.« Hat die Mutter Angaben zu besonderen Kenntnissen oder Fähigkeiten der drei gemacht?

André P. Sie sagte, dass Beate technisch eher nicht so beschlagen sei, eher mal ein Buch gelesen habe.

Götzl Hier ist dann noch die Frage vermerkt: »Gab es aus Ihrer Sicht ein Ereignis, welches zur Radikalisierung von Beate, Uwe Mundlos und Uwe Böhnhardt geführt haben könnte?« Erinnern Sie, was Frau Zschäpe dazu angegeben hat?

André P. Es war so, dass Frau Zschäpe beschrieben hat, dass Beate ihr erzählt hat, dass die drei einmal festgenommen wurden und einer der Uwes mal Schläge von der Polizei bekommen hat und dass das ein einschneidendes Erlebnis für sie gewesen wäre. Sie hätte in diesem Zusammenhang gesagt, dass sie sich nicht noch mal festnehmen lassen würde.

Götzl Als Antwort ist im Protokoll vermerkt: »Ich kann mich an eine Erzählung meiner Tochter erinnern. Sie erzählte damals, dass die drei mit dem Auto unterwegs gewesen sind. Sie wurden von der Polizei angehalten und aus dem Auto gezerrt und auf die Straße geknallt. Dann wurden sie festgenommen und auch über das Wochenende in Gewahrsam behalten. Dort wäre wohl der Uwe – welcher Uwe weiß ich nicht mehr – zur Toilette gegangen und sei blutig wiedergekommen. Die Polizisten meinten, er wäre hingefallen, das glaubte sie jedoch nicht. Auf diesen Anlass hin sagte sie mir, dass sie sich nie wieder festnehmen lassen würde. Das Ganze war für Beate ein großer Schock, vielleicht war es für sie ein Auslöser. Da Beate den Ort und die Zeit nicht erwähnte, kann ich darüber nichts sagen.« Haben Sie nach sonstigen Personen gefragt?

André P. Uns waren bis zu diesem Zeitpunkt mehrere Namen bekannt, unter denen

Beate Zschäpe aufgetreten ist. Nach diesen Namen wurde in der Vernehmung gefragt. Frau Zschäpe konnte dazu keine Angaben machen.

(Der Zeuge wird entlassen und verlässt den Saal.)

Götzl Dann kommen wir zu dem von Ihnen angekündigten Antrag, Frau Rechtsanwältin Dierbach.

Anwältin Dierbach In dem Strafverfahren gegen Beate Zschäpe und andere lehnen die Nebenkläger und Nebenklägerinnen Serife Yozgat, Emel Karagöz, Zeliha Kılıçaslan, Meliha Karabulut, Ayşe und lsmail Yozgat *(es sind die vier Schwestern und die Eltern des in Kassel ermordeten Halit Yozgat)* den von der Verteidigung zur Frage der Schuldfähigkeit der Angeklagten Zschäpe geladenen Sachverständigen Professor Bauer wegen Besorgnis der Befangenheit ab.

Dem Ablehnungsgesuch liegt folgender Sachverhalt zugrunde: Der abgelehnte Sachverständige hat sich unter seiner E-Mail-Anschrift an die Mediengruppe »WeltN24« gewandt. Diese E-Mail hat folgenden Wortlaut: »Haben Sie Interesse an einem exklusiven Beitrag für die Welt über Beate Zschäpe und die derzeitige Situation im Münchner NSU-Prozess? Ich habe im Auftrag der Verteidiger über die Hauptangeklagte Beate Zschäpe ein Gutachten erstellt, das einigen nicht passt, weil es aufgedeckt hat, dass die Angeklagte jahrelang körperlicher Gewalt ausgesetzt war und eine schwere psychische Störung hat. Da ich das Gutachten am 3. Mai in der öffentlichen Sitzung vor dem Senat vorgetragen habe, darf ich es Ihnen attachieren. Es ist ein Stück Literatur darüber, wie man in den neuen Bundesländern nach der Wiedervereinigung Rechtsextremisten heranwachsen ließ (wenn Sie es nicht interessiert, einfach löschen). Das Stereotyp, dass Frau Zschäpe das nackte Böse in einem weiblichen Körper ist, darf nicht beschädigt werden. Eine Hexenverbrennung soll ja schließlich Spaß machen. Daher wird jeder, der das Stereotyp infrage stellt, von Süddeutscher Zeitung und Spiegel angegriffen und weggeschossen. Falls Sie Interesse an einem Beitrag haben, erbitte ich Rückmeldung. Freundliche Grüße, Joachim Bauer.«

Die Mail datiert vom 21.5.2017. Als Anhang hat der abgelehnte Sachverständige sein schriftliches Gutachten beigefügt, wie in der Mail angekündigt.

(Beate Zschäpe hört aufmerksam zu. Als Anwältin Dierbach vorliest, dass Psychiater Bauer sein Gutachten per Mail verschickt hat, schüttelt sie überrascht den Kopf.)

Begründetheit des Gesuchs: Der abgelehnte Sachverständige ist offensichtlich aufgrund dieses Verhaltens befangen. Er setzt die Hauptverhandlung mit einer »Hexenverbrennung« gleich. Der Sachverständige spricht davon, er werde »weggeschossen«. Der abgelehnte Sachverständige diffamiert in seiner Mail alle Prozessbeteiligten, die sein Gutachten kritisch hinterfragt haben. Der abgelehnte Sachverständige hat auf Befragung verschiedener Nebenklägervertreter erklärt, er könne zu den Mindestanforderungen an ein forensisches Gutachten zur Schuldfähigkeit nichts sagen.

Der Sachverständige hat sich sogar im Rahmen seiner Befragung in der Hauptverhandlung zu der Äußerung hinreißen lassen, dass die Angeklagte Zschäpe an den Morden unschuldig sei, weil sie diese nicht gewollt habe, und auch keine terroristische Vereinigung habe unterstützen wollen, und damit die Grenzen seines Auftrages nicht nur weit überschritten, sondern geradezu verletzt.

Abgesehen davon, dass die Einschätzung des Gutachtens als »Stück Literatur darüber, wie man in den neuen Bundesländern nach der Wiedervereinigung Rechtsextremisten heranwachsen ließ«, auf ein gehöriges Maß an Selbstüberschätzung hindeutet, da sich das Gutachten zu dieser gesellschaftspolitischen Frage überhaupt nicht verhält, macht die E-Mail von Professor Bauer deutlich, dass er sich offenkundig als »Retter« der Angeklagten Zschäpe vor einer öffentlichen »Hexenverbrennung« sieht, die »Spaß machen« soll, von ihm aber zu verhindern ist. Damit verkennt der abgelehnte Sachverständige in offenkundiger Weise nicht nur die Funktion des Strafprozesses, sondern auch seine eigene Rolle als Gehilfe des Gerichts.

Dieser Sachverständige hat offenkundig jede professionelle Distanz verloren. Die Befangenheit ist offenkundig.

Verteidiger Klemke Wir hätten einen Antrag zu stellen. Die Verteidigung des Herrn Wohlleben beantragt, einen psychiatrischen Sachverständigen zu vernehmen. Dieser wird aussagen, dass Uwe Mundlos und Uwe Böhnhardt die Morde verübten, weil sie jeder für sich an einer psychopathischen Persönlichkeitsstörung litten. Er wird weiter aussagen, dass für Dritte diese Persönlichkeitsstörung und die damit verbundene Gefahr der Begehung schwerster Straftaten nicht erkennbar war, weil Psychopathen zu betrügerisch manipulativem Verhalten neigen.

(Die Verteidigung begründet den Inhalt und den Zeitpunkt ihres Antrags mit den Ausführungen des Sachverständigen Bauer wenige Tage zuvor. Bauer hatte gesagt, dass bei den Taten »ohne jede Frage schwer psychopathische Täter zu Werke gegangen« seien. Daraus könnte aus Sicht der Verteidigung Wohlleben folgen, dass ihr Mandant die Gefährlichkeit von Mundlos und Böhnhardt gar nicht hatte erkennen können.)

Anwalt Scharmer Bei der Frage, ob für Herrn Wohlleben erkennbar gewesen ist, dass Uwe Mundlos und Uwe Böhnhardt Morde begehen, geht es um innerpsychische Tatsachen. Ein Sachverständiger ist dafür ein ungeeignetes Beweismittel. Ganz unabhängig davon stützt sich der Antrag auf die Ausführungen von Professor Bauer, auf dessen Gutachten man nun wirklich gar nichts stützen kann. Er kennt ja nicht mal die Mindeststandards. Sich darauf zu stützen finde ich schon ziemlich gewagt.

Tag 366

30. Mai 2017

Manfred Götzl, Richter. **Herbert Diemer**, Vertreter der Bundesanwaltschaft. **Wolfgang Heer, Wolfgang Stahl, Anja Sturm**, Verteidiger von Beate Zschäpe. **Nicole Schneiders,** Verteidigerin von Ralf Wohlleben. **Thomas Bliwier, Doris Dierbach, Eberhard Reinecke, Sebastian Scharmer,** Anwälte der Nebenklage. **Henning Saß**, psychiatrischer Gutachter.

Verteidiger Heer Wir beantragen, den Sachverständigen Professor Saß dahingehend zu leiten, sein ergänzendes Gutachten ausschließlich nach Maßgabe des Gutachtenauftrags zu erstatten und jegliche Weiterungen zu unterlassen. Auf unseren Antrag hin wurde uns gestern ein ergänzendes Manuskript des Sachverständigen Saß zur Verfügung gestellt. Es handelt sich primär um eine kritische Würdigung der Gutachten von Professor Faustmann und Professor Bauer, im Stile der Korrektur einer Examensklausur. Damit entfernt sich der Sachverständige Saß meilenweit von seinem Gutachtenauftrag.

(Die Sitzung wird nach einer Pause fortgesetzt.)

Götzl Der Antrag, den Sachverständigen zu leiten, wird abgelehnt.

Verteidiger Heer Wir beantragen einen Senatsbeschluss. Es kann nicht sein, dass Professor Saß quasi als Sachverständiger über sich selbst agiert und selbst darüber befindet, ob sein eigenes Gutachten sachgerecht erstellt wurde oder nicht.

(Die Sitzung wird erneut unterbrochen.)

Götzl Nach geheimer Beratung erfolgt folgender Beschluss: Die Verfügung, den Sachverständigen nicht anzuleiten, wird bestätigt. Gründe: Es ist sachgerecht, dass Professor Saß zu beiden Gutachten gehört wird.

Verteidiger Heer Wir beantragen eine Unterbrechung, um über das weitere Vorgehen zu beraten.

Götzl Ich wüsste nicht, aus welchem Grund. Anträge können ohne Rechtsverlust auch zu einem späteren Zeitpunkt gestellt werden.

Verteidiger Heer Dann ist ja das Kind in den Brunnen gefallen, weil das Gutachten dann ja schon erstattet ist.

Bundesanwalt Diemer Es gibt keinen Grund für eine Unterbrechung zum jetzigen Zeitpunkt.

(Die Verhandlung wird wieder unterbrochen.)

Götzl Es ergeht folgende Verfügung: Der Antrag auf sofortige Unterbrechung wird abgelehnt. Herr Professor Saß, ich würde Sie bitten, hier vorne Platz zu nehmen. Dann bitte ich Sie um Ergänzung Ihres Gutachtens.

Saß Mein Gutachten ergänze ich unter Berücksichtigung der Ausführungen in den Gutachten von Professor Faustmann und Professor Bauer einschließlich der neu eingeführten Angaben der Mutter von Frau Zschäpe. Erstens: Zum Gutachten von Herrn Professor Faustmann.

(Faustmann hatte etliche methodische Mängel in Saß' Gutachten moniert. Saß lässt sich von der Kritik nicht beirren. Er wischt sie Seite für Seite beiseite.)

Zusammengefasst: Das von mir erstattete Gutachten beruht auf dem Kanon der forensisch-psychiatrischen Methoden, wie sie in Lehr- und Handbüchern, in wissenschaftlichen Publikationen wie auch in den Mindestanforderungen für Schuldfähigkeits- und Prognosegutachten dargelegt sind. Im vorliegenden Fall geht es neben der Frage einer psychischen Erkrankung im engeren Sinne auch um eine Persönlichkeitsbeurteilung, etwa hinsichtlich der Möglichkeit einer abhängigen Persönlichkeitsstörung, auf die ich später noch ausführlich eingehen werde, ferner um die Fragen nach einer Alkoholabhängigkeit beziehungsweise einer aktuellen Intoxikation zu einer bestimmten Zeit. All dies sind klinisch-psychiatrisch und forensisch-psychiatrisch zu bearbeitende Aufgabenstellungen. Natürlich geht es dabei auch um die Übergänge zwischen gestörtem, weniger gestörtem und ungestörtem Seelenleben. Das zu beurteilen gehört zum Kerngebiet der forensischen Psychiatrie. Abwegig erscheint die Ansicht, beim Fehlen von psychischer Krankheit sei auf die weitere forensisch-psychiatrische Einschätzung zu verzichten und die Beantwortung der Fragestellung an einen Kriminologen oder Psychologen zu delegieren. Dies geht an der Realität der forensischen Begutachtungspraxis vorbei. Es könnten weitere Einzelaspekte erörtert werden, was jedoch in ausufernde methodologische Spezialdebatten führen und von den Gutachtensfragen ablenken würde. Zentral erscheint es mir, bei den Aussagen im Gutachten auch Grenzen und Unsicherheiten aufzuzeigen. Das stellt meines Erachtens keinen Mangel im Sinne von Unwissenschaftlichkeit dar.

Auch bei nochmaliger kritischer Durcharbeitung ergeben sich daher keine Änderungen an den Einschätzungen in meinem Gutachten.

Nun zum Gutachten von Herrn Professor Bauer. Dessen Ausführungen besitzen insofern auch für mein Gutachten Bedeutung, als bislang keine Exploration der Probandin vorgelegen hatte *(gemeint ist, dass Bauer mit Zschäpe sprechen konnte, während sie das Gespräch mit Saß verweigert hatte).* Von daher bestand die Möglichkeit, zusätzliche Erkenntnisse zur inneren Erlebensseite und den Motivationshintergründen des Verhaltens zu gewinnen. Insbesondere hat Professor Bauer die Möglichkeit noch einmal vertieft erörtert, dass es sich bei Frau Zschäpe um eine schwache, instabile, abhängige Persönlichkeit handeln könnte. Allerdings war das Vorgehen von Professor Bauer offensichtlich nicht gestützt auf die speziellen Kenntnisse und Erfahrungen in der forensischen Psychiatrie, auch fehlte die Berücksichtigung der einschlägigen forensischen Literatur in unserem Sprachraum sowie der Mindestanforderungen für Begutachtungen.

(Bauers Schlussfolgerungen, Zschäpe leide an einer abhängigen Persönlichkeitsstörung, weswegen sie im Tatzeitraum vermindert schuldfähig gewesen sei, bezeichnet Saß als »weitgehend spekulative, an bestimmte Vorannahmen gebundene Vermutungen und Interpretationen«. Bauer vermische in seinem Gutachten Beobachtungen, Interpretationen und Hypothesen.)

Zusammengefasst erscheinen die Aussagen und Wertungen zu Schuldfähigkeit und Prognose im von der Verteidigung beauftragten Gutachten nicht durch das Gesamt der vorliegenden Informationen gedeckt. Selbst wenn man die Angaben von Frau Zschäpe in der Exploration im vollen Umfang für zutreffend hielte, wäre das angegebene Verhaltensmuster in der speziellen Beziehung zu Herrn Böhnhardt *(Zschäpe soll Bauer gesagt haben, dass Böhnhardt sie über Jahre körperlich misshandelt hat)* nicht als Beleg dafür geeignet, dass eine dependente Persönlichkeitsstörung vorgelegen hat. Zu berücksichtigen sind in diesem Zusammenhang auch gute soziale Kompetenzen und manipulative Fähigkeiten von Frau Zschäpe. Darüber hinaus fehlt im Gutachten von Herrn Professor Bauer eine differenzierte Begründung für die globale Feststellung einer erheblichen Beeinträchtigung beziehungsweise deutlichen Verminderung der Steuerungsfähigkeit für alle vorgeworfenen Taten. Immerhin haben die einzelnen Komplexe ja deutliche Unterschiede aufgewiesen, auch haben die Geschehnisse sich über einen Zeitraum von vielen Jahren erstreckt.

Auch zur Biografie von Frau Zschäpe enthält das Gutachten von Herrn Professor Bauer keine gänzlich neuen Gesichtspunkte. Schwierige Familienverhältnisse und sogenannte wunde Punkte in der Biografie wurden auch im eigenen Gutachten berücksichtigt. Herr Professor Bauer hat speziell hierzu auf fünf bedeutsame Wechsel in der kindlichen Betreuungssituation hingewiesen. Allerdings ist auch zu bemerken, dass die Mutter für die Zeit danach kein irgendwie gestörtes, im sozialen Kontakt gehemmtes, traumatisiert wirkendes Mädchen schildert. Vielmehr sei Beate Zschäpe eine gute Schülerin gewesen, ein aufgeschlossenes, liebes Mädchen, beliebt und mit vielen Freundinnen, die auch nach Hause gekommen seien. Für Selbstbewusstsein und energischen Willen spricht auch die Episode, wie sie sich beim Fechtunterricht gegen einen Gruppenwechsel behauptet haben soll. Leicht beeinflussbar, so die Mutter, sei sie nicht gewesen, vielmehr habe sie, wenn sie überzeugt gewesen sei, ihre Sache konsequent vertreten.

Erinnert sei in diesem Zusammenhang auch an Durchsetzungswillen und Durchsetzungsfähigkeit, die sich nicht nur im Verhalten während des Prozesses

gezeigt haben, sondern beispielsweise auch in ihrer Selbstdarstellung im Brief an Robin S. *(ein inhaftierter Neonazi).* Insgesamt bieten die Informationen über Frau Zschäpe seit der Heranwachsenden-Zeit keine Bestätigung dafür, dass es sich um eine labile, selbstunsichere, willensschwache, in Entschlussbildung und Handlungssteuerung unsichere Persönlichkeit gehandelt hat.
Im Übrigen muss ergänzend zu den von Herrn Professor Bauer herausgestellten Belastungen in der Kindheit auch berücksichtigt werden, dass immerhin eine dauerhafte, positiv erlebte und tragfähige Beziehung zur Großmutter vorlag, die offenbar lebenslang angehalten hat. Auch stellte die Betreuung in einer Kinderkrippe beziehungsweise im Kindergarten angesichts der damals geläufigen Lebensformen in der DDR sicherlich keine ungewöhnliche Situation dar.
Aus den dargelegten Gründen bleibt es meines Erachtens auch unter Berücksichtigung der Explorationsergebnisse von Herrn Professor Bauer bei den Darstellungen und Schlussfolgerungen, wie ich sie in alternativer Form in meinem Gutachten vorgetragen habe.

Götzl Können Sie uns noch etwas über Ihre Ausbildung berichten?

Saß Ich habe am Uni-Klinikum Heidelberg studiert und legte Gewicht auf die forensische Ausbildung. 1987 habe ich über Persönlichkeitsstörungen habilitiert, infolgedessen wurde ich auf den Lehrstuhl für forensische Psychiatrie in München berufen. Hier war ich von 1987 bis 1990. Dann habe ich in Aachen den Lehrstuhl für allgemeine Psychiatrie übernommen. Ich habe seit 35 Jahren sehr intensiv forensisch-psychiatrisch gearbeitet, viele Bücher veröffentlicht und an Symposien teilgenommen. Außerdem habe ich die Standardwerke für die operationalisierte Diagnostik in der Psychiatrie erarbeitet und an Handbüchern mitgearbeitet. Ich habe bis in die Gegenwart intensiv forensisch gearbeitet.

Götzl Können Sie die Anzahl Ihrer Gutachten abschätzen?

Saß Das fällt mir schwer. Ich denke mal, die großen Gutachten, eigene oder mitverantwortete, liegen bei 30 bis 35 im Jahr. Früher waren es etwas mehr, jetzt sind es etwas weniger. Seit 1980 habe ich rund 1000 große Gutachten erstellt, kleinere für Betreuungen sind da nicht mitgezählt. Der Kollege Faustmann hat für sich eine deutlich höhere Zahl angegeben, das kann man nur bewundern.

Götzl Sind noch Fragen an den Sachverständigen?

Verteidiger Heer Wir bitten um eine Unterbrechung bis zum nächsten Verhandlungstag, wir müssen uns auf die Befragung vorbereiten.

Götzl Das Gutachten von Herrn Professor Saß lag seit gestern vor. Es erscheint mir nicht plausibel, dass Sie jetzt keine Fragen stellen können.

Verteidiger Heer Das können Sie doch gar nicht beurteilen.

Götzl Das kann ich schon, von meiner eigenen Vorbereitung her.

Verteidiger Heer Wir sind gerade nicht in der Lage, Fragen zu stellen. Gerne am nächsten Hauptverhandlungstag.

Verteidiger Stahl Ergänzend: Ich saß am gestrigen Tag nicht vor dem Fax und wartete auf Dinge von Professor Saß. Ich war unterwegs. Das Fax hat mich erst am Abend erreicht. Da kann nicht erwartet werden, dass wir das heute schon alles fertig vorbereitet haben. Das finde ich nicht korrekt.

Bundesanwalt Diemer Ich meine, der Antrag müsste abgelehnt werden. Wir haben das Gutachten auch gestern erst bekommen, wir saßen auch nicht vor dem Faxgerät und wir haben es auch durchgearbeitet. Wenn man sich konzentriert und anstrengt, kann man schon Fragen stellen.

Verteidiger Stahl Das sehe ich jetzt nicht so. Wir sind nicht für dieses Verfahren freigestellt. Wobei ich das nicht so genau weiß, bei Ihnen, Herr Diemer. Gestern war es bei mir so, dass ich auf Reisen war. Ich akzeptiere den Hinweis nicht, dass, wenn man sich konzentriert, das schon geht. Das steht Ihnen nicht zu.

Anwalt Scharmer Die Verteidigung hat das Gutachten in ihrem Antrag heute ausführlich zitiert und gleichzeitig sagt sie, wir kennen das gar nicht.

Verteidiger Stahl Da hat der Kollege Scharmer nicht zugehört. Keiner hat gesagt, dass wir das nicht kennen. Es geht darum, ob wir Fragen dazu stellen können.

Verteidiger Heer Ich für mich versichere anwaltlich, dass ich den Antrag gestern bis spät in die Abendstunden hinein bearbeitet habe. Fragen dazu konnten zwischen uns dreien *(den Verteidigern Stahl, Heer und Sturm)* noch nicht abgestimmt werden.

Götzl Professor Saß steht morgen und übermorgen nicht zur Verfügung. Zu Ihnen, Herr Stahl, wann haben Sie das Gutachten bekommen?

Verteidiger Stahl Ich finde es zuvorkommend von mir, dass ich unterwegs Ihre Faxe empfange.

Götzl Sie haben beantragt, das Gutachten zu bekommen. Wir haben das so schnell wie möglich erledigt. Warum Sie sich darüber echauffieren, verstehe ich nicht.

Verteidiger Stahl Ich echauffiere mich nicht.

Götzl Dann sind wir uns einig. Ich habe veranlasst, dass das Gutachten um halb elf bei Ihnen ist. Wenn es erst später bei Ihnen …

Verteidigerin Schneiders Sie haben nicht zugehört.

Götzl *(zu Schneiders)* Sie haben das Gutachten ja gar nicht angefordert. Ich knüpfe an das an, was Herr Stahl gesagt hat.

Anwalt Reinecke Ich kenne keinen Paragrafen in der Strafprozessordnung, wonach es den Verteidigern freisteht, wann sie Fragen stellen. So außergewöhnlich ist das Gutachten nicht und eine Verschiebung der Befragung des Sachverständigen erscheint mir nicht sinnvoll zu sein.

Verteidigerin Sturm Ich möchte auf Pöbeleien gar nicht eingehen. Sie, Herr Vorsitzender, haben auf unsere Frage, was für die Verhandlungstage morgen und übermorgen geplant ist, gesagt: Schau'n wir mal. Wir sind davon ausgegangen, dass Sie in Betracht ziehen, dass die Gutachtenerstattung heute nicht fertig werden würde. Wenn Sie schon wussten, dass der Sachverständige morgen und übermorgen nicht kann, dann frage ich mich, warum wir dann für diese Termine geladen sind. Wir haben auch noch andere Verfahren und manche von uns müssen sich um die familiäre Betreuung kümmern. Wir wollen Transparenz im Verfahren.

Götzl Wir haben doch Programm. Wir werden jetzt zwei Stunden Pause machen.

Verteidiger Stahl Wir wollen Professor Faustmann einbeziehen, um die methodenkritischen Aspekte zu erörtern und um zu erörtern, ob es noch etwas zu fragen gibt. Das kriegen wir in zwei Stunden nicht hin.

Anwalt Bliwier Es ist schon erstaunlich, dass die Verteidiger Heer, Stahl und Sturm erst versucht haben zu verhindern, dass der Sachverständige seine Stellungnahme abgibt. Und jetzt sieht man sich nicht in der Lage, Fragen zu stellen. In zwei Stunden muss das möglich sein, alles andere halte ich für Prozessverschleppung. Ich plädiere dafür, die Verhandlung zügig fortzusetzen.

Verteidiger Heer Um es klar zu sagen: Wir betreiben keine Prozessverschleppung. Ich rufe in Erinnerung, Herr Vorsitzender, dass Sie keine Fragen im Anschluss an Professor Faustmann gestellt haben und sagten, Sie müssten sich vorbereiten. Uns geht es um Waffengleichheit im Strafprozess. Wir wollen ein Fragekonzept erstellen.

(Nun stellt die Verteidigung von Wohlleben einen Antrag, einen weiteren psychiatrischen Sachverständigen zu hören – und zwar zu einer möglichen Persönlichkeitsstörung der Zschäpe-Gefährten Uwe Mundlos und Uwe Böhnhardt.)

Anwältin Dierbach Der Antrag der Verteidigung Wohlleben ist zurückzuweisen wegen völliger Ungeeignetheit. Es wurde bereits mehrfach dargelegt, wie schwierig die Begutachtung von schweigenden Angeklagten ist. Die Begutachtung von Toten dürfte die Schwierigkeiten der Begutachtung von Schweigenden bei Weitem übersteigen. Wie daraus dann Schlüsse auf Herrn Wohlleben gezogen werden sollen, bleibt völlig im Dunklen.

(Die Sitzung wird nach einer weiteren Pause fortgesetzt.)

Götzl Gibt es Fragen an Professor Saß?

Verteidiger Heer Es hat sich nichts geändert. Frau Sturm hat vergeblich versucht, Professor Faustmann zu erreichen.

Götzl Entschuldigen Sie, dass ich mich wundere. Der Sachverständige Professor Saß ist ja gerade dafür da, die notwendige Sachkunde zu vermitteln. Erklären Sie es mir!

Verteidiger Heer Es geht um die Erarbeitung eines Fragekonzeptes, das haben wir bereits vorgetragen, Herr Vorsitzender.

Götzl Wir hatten eine Unterbrechung von zwei Stunden – und da ist es nicht möglich, jetzt irgendeine Frage zu stellen?

Verteidiger Heer Auch das hatten wir schon. Wir drehen uns im Kreis.

Götzl Ich befrage einen Sachverständigen immer ohne einen anderen Sachverständigen. Sind von weiteren Verfahrensbeteiligten Fragen?

Anwalt Bliwier Ich stelle den Antrag, den Sachverständigen jetzt zu entlassen. Jetzt ist der Punkt gekommen, Professor Saß mit Dank zu entlassen. Die Verteidiger haben keinen Anspruch auf weitere Verzögerung.

Bundesanwalt Diemer Ich sehe das auch so.

Verteidiger Heer Wir würden der Entlassung natürlich widersprechen.

(Richter Götzl unterbricht die Sitzung erneut.)

Götzl *(seufzend)* Dann erwarten wir das angekündigte Fragekonzept der Verteidigung für den 29.6.2017.

(Der Richter setzt die weitere Befragung des Sachverständigen Saß auf den 29. Juni fest, den ersten Tag, an dem Saß wieder verfügbar ist. Dazwischen liegen vier Wochen. Dann verliest Götzl Beschlüsse des Senats, mit denen Beweisanträge der Verteidigung des Angeklagten Ralf Wohlleben abgelehnt werden. Unter anderem sieht das Gericht keine Notwendigkeit, die Ex-Freundin von Jan Werner als Zeugin zu hören. Werner war Anführer des sächsischen Ablegers der Neonazi-Organisation »Blood & Honour«.)

Tag 367

31. Mai 2017

Manfred Götzl, Richter. **Wolfgang Heer,** Verteidiger von Beate Zschäpe. **Wolfram Nahrath, Nicole Schneiders**, Verteidiger von Ralf Wohlleben.

Verteidiger Heer Die Kollegin Sturm, der Kollege Stahl und ich schließen uns dem Beweisantrag der Verteidigung des Angeklagten Wohlleben bezüglich einer Sachverständigenanhörung an, wonach Uwe Böhnhardt und Uwe Mundlos an einer schweren dissozialen Persönlichkeitsstörung litten.

Götzl Gibt es ansonsten noch Anträge?

Verteidigerin Schneiders In der Strafsache gegen Herrn Wohlleben lehnt Herr Wohlleben den Vorsitzenden Richter am Oberlandesgericht Götzl, Richter Lang, Richter Kuchenbauer, Richterin Odersky und Richter Kramer wegen Besorgnis der Befangenheit ab.

(Hintergrund des sogenannten Ablehnungsgesuchs sind die Beschlüsse des Senats am vorigen Prozesstag, mit denen die fünf Richter Beweisanträge der Verteidigung des Angeklagten Wohlleben abgelehnt hatten. Es ging unter anderem um den Weg der Mordwaffe aus der Schweiz zu Uwe Mundlos und Uwe Böhnhardt.)

Verteidiger Nahrath Die abgelehnten Richter zeigen mit ihrem Beschluss überdeutlich, dass sie sich in der Schuldfrage endgültig festgelegt haben. Mit keinem Wort setzen sich die abgelehnten Richter damit auseinander, dass alle Zwischenglieder bestritten, an der Weitergabe der Waffe beteiligt gewesen zu sein. Der Beschluss zeigt, dass die Richter nicht bereit sind, ihre Annahme kritisch zu überprüfen, und das Urteil über Herrn Wohlleben schon endgültig zu seinen Lasten feststeht. Der seitens der Verteidigung dargestellte Weg der Tatwaffe mittels Jan Werner ist weitaus naheliegender als der Weg über das Madley *(ein rechter Szeneladen)* in Jena. Ein Richter, der nicht mehr bereit ist, seine bereits gewonnene Überzeugung zu überprüfen, ist nicht mehr unparteiischer Richter im Sinne des Gesetzes.

Tag 368

20. Juni 2017

Manfred Götzl, Richter. **Beate Zschäpe**, Angeklagte. **Mathias Grasel**, Verteidiger von Beate Zschäpe. **Herbert Diemer, Anette Greger**, Vertreter der Bundesanwaltschaft. **Doris Dierbach, Eberhard Reinecke**, Anwälte der Nebenklage.

Anwalt Reinecke Es wird beantragt, den Grundriss der von Frau Zschäpe, Uwe Mundlos und Uwe Böhnhardt bewohnten Wohnung in der Heisenbergstraße 6 in Zwickau in Augenschein zu nehmen. Dies wird ergeben, dass die Wohnung aus drei Zimmern, Küche, Flur und Bad bestand und es sich bei einem der drei Zimmer um ein Durchgangszimmer zur Küche gehandelt hat. In ihrer Einlassung vom 9.12.2015 hat Frau Zschäpe zunächst nur mittelbar die Behauptung aufgestellt, dass Böhnhardt ein eigenes Zimmer gehabt habe, in dem er die Bombe für den Anschlag in der Kölner Probsteigasse gebaut habe. Gegenüber dem Sachverständigen Bauer hat die Angeklagte sodann explizit behauptet, dass jeder sein eigenes Zimmer gehabt habe. Die Beweiserhebung wird ergeben, dass diese Äußerung nicht stimmen kann, da der größte Raum ein Durchgangszimmer war. Wäre dies für eine der drei Personen das eigene Zimmer gewesen, hätte jeder zu beliebiger Tages- und Nachtzeit durch dieses Zimmer gemusst, wenn er in die Küche wollte.

Bundesanwalt Diemer Wir treten dem Antrag nicht entgegen.

Götzl Dann geht es nun zunächst um den Ablehnungsantrag der Nebenkläger gegen Professor Bauer. Seine Stellungnahme liegt ja inzwischen vor. *(Götzl beginnt Bauers Stellungnahme vorzulesen.)* »Der Vorwurf der Befangenheit wird von mir zurückgewiesen, ich halte mich nicht für befangen. Ich bin an die Begutachtung der Angeklagten Frau Zschäpe mit der für eine Sachverständigentätigkeit erforderlichen Unvoreingenommenheit herangetreten und habe diese Neutralität auch während der Erstellung und Erstattung meines Gutachtens zu keiner Zeit aufgegeben. Zutreffend ist, dass ich am 21.5.2017 die besagte E-Mail *(an den stellvertretenden Chefredakteur der Zeitung »Die Welt«)* verfasst habe. Die Mail wurde unter dem Eindruck massiver und unsachlicher Angriffe in den Medien auf meine Person verfasst. Nachfolgend nehme ich Stellung zu den einzelnen Punkten aus dem gegen mich gerichteten Befangenheitsantrag der Nebenkläger.

Die im Befangenheitsantrag aufgestellte Behauptung, ich hätte die Hauptverhandlung gegen Frau Zschäpe mit einer ›Hexenverbrennung‹ gleichgesetzt, ist unrichtig. Aus dem Kontext meiner Mail ergibt sich eindeutig, dass sich der Begriff Hexenverbrennung auf die Begleitung des Prozesses in den Medien bezieht, nämlich auf den Eifer, mit dem von Medienseite an dem Stereotyp festgehalten wurde und wird, dass für die Angeklagte keine entlastenden Aspekte berücksichtigt werden dürften, und von Medienseite bereits vor Beginn und dann vor allem während meiner Gutachtertätigkeit persönliche Angriffe auf meine Person gestartet wurden. Auf Letzteres bezieht sich die in meiner Mail stehende Formulierung, dass Personen, die einen differenzierten Blick auf Frau Zschäpe werfen, ›weggeschossen‹ werden. Eine im Befangenheitsantrag behauptete Diffamierung aller Prozessbeteiligter ist durch meine E-Mail nicht erfolgt. Weder der Senat noch die Nebenklage wurde von mir angegriffen. Die Behauptung, ich hätte auf Befragung verschiedener Nebenklagevertreter erklärt, ich ›könne zu den Mindestanforderungen an ein forensisches Gutachten zur Schuldfähigkeit nichts sagen‹, ist unrichtig. Tatsächlich entspricht mein Gutachten den in der Fachliteratur festgelegten Standards.

Die im Antrag auf Befangenheit aufgestellte Behauptung, ich hätte mich im Rahmen meiner Befragung in der Hauptverhandlung ›zu der Äußerung hinreißen lassen, dass die Angeklagte Zschäpe an den Morden unschuldig sei, weil sie diese nicht gewollt habe‹, ist unwahr und eine schwerwiegende Falschdarstellung. Eine derartige Aussage wurde von mir nirgendwo und zu keinem Zeitpunkt gemacht. Eine solche Aussage würde außerdem in keiner Weise meine Auffassung wiedergeben. Richtig ist, dass ich darauf hingewiesen habe, dass die Angeklagte sich aus ihrer Perspektive aus den genannten Gründen an den Morden unschuldig fühlt.

Die im Befangenheitsantrag zum Ausdruck gebrachte Unterstellung, ich sähe mich als ›Retter‹ der Angeklagten, ist unzutreffend. Dass ein differenzierter Blick auf die Angeklagte zu einer solchen Unterstellung führt und medial multipliziert wird, macht den eifernden Charakter der Auseinandersetzungen in den Medien deutlich, der in meiner Mail mit dem Begriff der Hexenverbrennung in zugegebenermaßen übertriebener, überspitzter Form beschrieben werden sollte. Das im Ablehnungsantrag zitierte, von mir in meiner E-Mail angeführte ›Stereotyp des nackten Bösen‹ bezog sich auf die eifernde mediale Begleitung meiner Gutachtertätigkeit und darauf, dass von Medienseite mehrfach unterstellt wurde, Frau Zschäpe habe nichts als Manipulation im Sinn, und ich sei als in Jahrzehnten erfahrener Psychiater so naiv, mich von Frau Zschäpe manipulieren zu lassen. Zusammenfassend sollte durch meine Stellungnahme deutlich werden, dass meine Mail nicht geeignet ist, meine gutachterliche Unabhängigkeit als Gutachter von Frau Beate Zschäpe infrage zu stellen. Gezeichnet Professor Dr. med. Joachim Bauer.«
Gibt es Stellungnahmen zum Ablehnungsgesuch gegen Professor Bauer?

Oberstaatsanwältin Greger Der Ablehnungsantrag der Nebenkläger gegen den Sachverständigen Professor Bauer ist zulässig und begründet. Nicht von Belang ist, ob der Sachverständige selbst sich befangen fühlt. Bei der gebotenen Gesamtwürdigung aller Umstände erscheint im vorliegenden Fall ein Misstrauen gegen die Unparteilichkeit von Professor Bauer gerechtfertigt. Der Eindruck der Antragsteller, der abgelehnte Sachverständige habe sein Gutachten nicht objektiv und unparteilich, sondern ergebnisorientiert und interessengeleitet erstattet, ist nachvollziehbar.
Schon bei der Erläuterung seiner methodischen Herangehensweise war der Anschein einer interessengeleiteten Herangehensweise des Sachverständigen nicht mehr von der Hand zu weisen. Seinen Ausführungen zufolge hat er sich bei der Wahl der Anknüpfungstatsachen auf eine von den Verteidigern getroffene Vorauswahl bestimmter Zeugenaussagen beschränkt. Die inhaltliche Auswertung der Zeugenaussagen hat er an dem von ihm angenommenen Befund einer dependenten Persönlichkeitsstörung orientiert. Nicht unberücksichtigt kann ferner bleiben, dass er anlässlich seines letzten Explorationsgesprächs entgegen der im Vollzug der Untersuchungshaft geltenden Regelungen der Angeklagten Pralinen überreichen wollte. Nach der Erstattung des Gutachtens hat der Sachverständige den Eindruck fehlender Neutralität weiter verfestigt. *(Greger verweist auf Bauers E-Mail an die Zeitung »Die Welt«.)* Indem der Sachverständige dem Journalisten ungefragt eine weitergehende Publizierung über die Person der Angeklagten offeriert hat und einen geschichtlichen Kontext zu einer nach Durchführung eines Inquisitionsverfahrens zu vollstreckenden Hinrichtungsstrafe

hergestellt hat, ist auch für einen verständigen Verfahrensbeteiligten der Eindruck gerechtfertigt, dass der Sachverständige das Gutachten gerade nicht frei von einer erheblichen inneren Beteiligung, sondern vielmehr ergebnisorientiert gefertigt hat. Nach der dienstlichen Stellungnahme des Gutachters besteht ein berechtigter Anlass für die Annahme, dass der Sachverständige mit der Veröffentlichung des Gutachtens von vornherein der von ihm besorgten Vorverurteilung der Angeklagten Zschäpe in den Medien entgegentreten wollte. Die Vermutung der Antragssteller, dass der Gutachter seine Rolle als Sachverständiger im Prozess noch während des laufenden Verfahrens für eigene Zwecke öffentlichkeitswirksam zu nutzen suchte, ist nach alledem nachvollziehbar. Daher ist auch die dienstliche Stellungnahme des Gutachters, in der er seine Kompetenz und seine Sachlichkeit beteuert, nicht geeignet, die von den Antragsstellern besorgte innere Voreingenommenheit auszuräumen. Zumal er in der dienstlichen Äußerung seine Ausführungen in der Hauptverhandlung im Ordnungspunkt II.7 in unzutreffender Weise dargestellt hat. *(Unter Punkt II.7 hat Bauer festgehalten, er hätte nie gesagt, dass Zschäpe an den Morden unschuldig sei, weil sie diese nicht gewollt habe.)*

Anwalt Reinecke Ich schließe mich diesen Ausführungen an. Ergänzend stelle ich fest, dass es sich nicht nur bei dem Begriff »Hexenverbrennung« um eine sprachliche Entgleisung handelte, sondern auch bei seiner Formulierung einer »verschärften Geiselhaft«, in der sich Frau Zschäpe befunden haben soll. Auch diese Wortwahl belegt die völlig einseitige Betrachtungsweise von Professor Bauer. Ich erinnere an die Urlaubsbilder von Frau Zschäpe, Uwe Mundlos und Uwe Böhnhardt. Es gibt sicher nicht wenige Geiseln, die sich freuen würden, so eine Situation wie auf den Fotos abgebildet zu erleben. Auch sein Vergleich mit vergewaltigten Frauen im Jugoslawienkrieg war völlig verfehlt. Der Sachverständige meint offenbar, er habe endgültig festgestellt, dass Beate Zschäpe in der von ihr geschilderten Weise behandelt wurde. Er verkennt, dass es außer den Angaben von Frau Zschäpe nichts gibt, was dies auch nur im Ansatz belegt.

Anwältin Dierbach Der Versuch von Professor Bauer, seine in der Hauptverhandlung getätigten Äußerungen dadurch zu relativieren, dass er behauptet, sie gar nicht getätigt zu haben, begründet die Besorgnis der Befangenheit noch zusätzlich, da es sich dabei um eine falsche dienstliche Äußerung handelt. Der Sachverständige ist bei der Erstattung seines Gutachtens offenkundig primär von der Sorge um seinen Ruf geleitet. Wenn die Sorge eines Sachverständigen darüber, wie sein Gutachten in der Öffentlichkeit ankommt, so groß ist, dann sollte er den Gutachtenauftrag nicht annehmen. Oder er muss sich von derartigen Befürchtungen frei machen. Professor Bauer ist dazu offenbar nicht in der Lage. Er ist vor allem an dem Interesse an seiner Person orientiert, nicht an dem Objekt seiner Gutachtenerstattung.

Verteidiger Grasel *(Er schweigt während der langen Diskussion zum Fall Bauer. Auch Stellung zu dem Ablehnungsantrag gegen den von ihm beauftragten Gutachter nimmt er nicht.)* Zum Beweisantrag des Kollegen Reinecke. Was der Grundriss nicht wiedergibt, ist, dass ein Zimmer durch eine Trennwand unterteilt war und so aus der Dreizimmerwohnung eine Vierzimmerwohnung gemacht wurde. Zimmer 1 *(das Zimmer, durch das die Küche zu erreichen ist)* wurde als gemeinsames Wohn- und Esszimmer genutzt. Im Zimmer 2 wurde eine Wand mit Tür eingezogen, dort bewohnte Frau Zschäpe das vordere Zimmer und Uwe Böhnhardt das dahinterliegende. Uwe Mundlos bewohnte das größere eigenständige Zimmer.

Götzl Ist das so zutreffend, Frau Zschäpe?

Angeklagte Zschäpe Ja.

(Der Richter lässt den Grundriss auf die Leinwände im Saal projizieren. Er zeigt eine Dreizimmerwohnung: zwei separate Zimmer und ein Durchgangszimmer zur Küche.)

Anwalt Reinecke Die Erklärung der Angeklagten Zschäpe kommt etwas überraschend. Ich werde prüfen, ob sich in den Akten irgendein Hinweis auf eine nachträglich eingebaute Trennwand finden lässt.

Tag 369

21. Juni 2017

Manfred Götzl, Richter. **Jochen Weingarten**, Vertreter der Bundesanwaltschaft. **Wolfgang Heer**, Verteidiger von Beate Zschäpe. **Olaf Klemke**, Verteidiger von Ralf Wohlleben. **Elisa Catic-Redemann**, Anwältin der Nebenklage.

(Der Verhandlungstag beginnt erst nach 13 Uhr. Um 13.10 Uhr betritt Beate Zschäpe den Saal. Dass sie wenige Stunden zuvor während ihres Gefangenentransportes bei einem Auffahrunfall eine leichte Gehirnerschütterung erlitten haben soll, ist ihr nicht anzumerken. Der Wagen war gegen 11.25 Uhr auf dem Weg zum Gericht mit dem vorausfahrenden Begleitfahrzeug kollidiert. Ein Konvoi mit mehreren Fahrzeugen bringt Zschäpe Prozesstag um Prozesstag mit hoher Geschwindigkeit, Blaulicht und Martinshorn von der Justizvollzugsanstalt Stadelheim zum Gericht und wieder zurück. Die Straßen, die der Konvoi passiert, werden jeweils kurzfristig für alle anderen Verkehrsteilnehmer gesperrt. An diesem Tag soll eine Frau die Sperrung nicht mitbekommen haben und an einer Fußgängerampel über die Nymphenburger Straße gelaufen sein, als die insgesamt fünf Fahrzeuge heranrasten. Das erste Auto machte eine Vollbremsung, das zweite, in dem Zschäpe saß, fuhr auf. Die Angeklagte und ein Polizeibeamter verletzten sich leicht. Der Verhandlungstag startet dennoch wie geplant. Vor Gericht findet der Vorfall keine Erwähnung.)

Verteidiger Klemke Wir nehmen zu den Ausführungen des Generalbundesanwalts von gestern wie folgt Stellung.

(Die Verteidigung von Ralf Wohlleben hatte beantragt, ein psychiatrisches Gutachten über Uwe Böhnhardt und Uwe Mundlos erstellen zu lassen. Das Gutachten soll beweisen, dass die beiden Männer unter einer psychopathischen Persönlichkeitsstörung litten. Deswegen habe auch Ralf Wohlleben nicht erkennen können, dass Mundlos und Böhnhardt planten, schwerste Straftaten zu begehen. Die Bundesanwaltschaft hat dem Antrag am Vortag widersprochen. Wohllebens Anwälte reagieren darauf.)

Die Ausführungen des Generalbundesanwalts gehen schon vom Ansatz her fehl. Laut Anklage verübten Uwe Böhnhardt und Uwe Mundlos die sogenannte Česká-Serie aufgrund ihres Ausländerhasses. Der Generalbundesanwalt lässt völlig außer Acht, dass das Mordmerkmal der Mordlust näher liegt als dasjenige der sonstigen niederen Beweggründe. Und dass die Wurzel dieser Mordlust die dissoziale Störung von Mundlos und Böhnhardt ist, in der eine krankhafte Freude an der Vernichtung menschlichen Lebens zum Ausdruck kommt, mit dem Bedürfnis nach einem gesteigerten Kick von Tat zu Tat.

Böhnhardt und Mundlos brauchten die Mordtaten, um aus ihnen Befriedigung zu erzielen. Sie brauchten den Nervenkitzel, das Gefühl, Herren über Leben und Tod zu sein. Sie machten auch Fotos von ihren Opfern. Der Generalbundesanwalt beachtet nicht hinreichend, dass diese Fotos Trophäen der Taten darstellten, an denen sie sich immer wieder neu ergötzen konnten. Das Sammeln von Trophäen gilt in der Wissenschaft als Ausdruck einer dissozialen Störung bei Serienmördern.

Oder der »Paulchen Panther«-Film: Er ist nicht nur makaber und menschenverachtend, Böhnhardt und Mundlos haben damit auch ihre Opfer entmenschlicht. Dieses Fehlen jeder Empathie ist idealtypisch für Psychopathen. Durch das Video konnten Mundlos und Böhnhardt die Morde immer wieder aufs Neue erleben und sich daran berauschen.

Bei Uwe Böhnhardt sind in Kindheit und Jugend zwei traumatisierende Erlebnisse bekannt: Sein Bruder ist tödlich verunglückt, was nie vollständig geklärt worden ist. Und wie Beate Zschäpe gegenüber Professor Bauer angab, wurde er in der Haft schwer sexuell missbraucht. Diese traumatischen Erlebnisse haben die Entwicklung von Böhnhardt zum Psychopathen ausgelöst oder zumindest gefördert. Bei Uwe Mundlos galt die Aufmerksamkeit der Mutter dem behinderten Bruder, was von Mundlos als Kränkung empfunden worden sein wird, ebenso wie die Tatsache, dass Beate Zschäpe ihn zurückgewiesen hat. Das alles machte auch Mundlos zum Psychopathen.

Der Senat wird dies ohne sachverständige Hilfe nicht bewerten können. Wir beantragen daher, einen Sachverständigen zum Beweis der Tatsachen zu vernehmen, dass 1. Uwe Mundlos und Uwe Böhnhardt an einer psychopathischen Persönlichkeitsstörung litten, 2. sie aufgrund dessen die Česká-Serie begingen, 3. sie sich gegenüber Dritten manipulativ und betrügerisch verhielten und 4. Dritte daher nicht erkennen konnten, dass sie schwerste Straftaten begehen.

Verteidiger Heer Frau Sturm und ich machen uns die soeben erfolgte Erwiderung zu eigen.

Oberstaatsanwalt Weingarten Nur kurz und zur Klarstellung: Die Schlussfolgerung, dass die Gefahr für Dritte nicht erkennbar ist, kann nicht in den Sachverstand des Gutachters gestellt werden.

Götzl Sollen weitere Anträge gestellt werden?

Anwältin Catic-Redemann Auch in Vertretung für den Kollegen Reinecke wird beantragt, 1. die Vereinbarung eines Mietabschlags für die Wohnung Heisenbergstraße in Zwickau *(in der Zschäpe, Mundlos und Böhnhardt von Juli 2000 bis Mai 2001 lebten)* zu verlesen, 2. die damalige Vermieterin Nadine L. sowie Gunter F. als Zeugen zu vernehmen. Die Beweiserhebung wird ergeben, dass es in der Wohnung keinerlei Spuren gegeben hat, die auf eine vorübergehend eingebaute feste Zwischenwand mit Tür hinweisen. Der Zeuge F. wird darüber hinaus aus eigener Kenntnis bestätigen, dass es in der Wohnung keine Trennwand gegeben hat. Begründung: Die Relevanz der Beweiserhebung ergibt sich aus Zschäpes Behauptung. *(dass sie in der Wohnung angeblich eine Trennwand eingebaut hätten, sodass Böhnhardt, Mundlos und Zschäpe jeweils ein eigenes Zimmer gehabt hätten und Zschäpe von Böhnhardts Bau einer Bombe nichts mitbekommen hätte).* Die Behauptung der Angeklagten wird mit der Beweiserhebung widerlegt.

(Nun verwirft der Senat noch Anträge der Wohlleben-Verteidigung und mehrerer Nebenklagevertreter zum früheren Deutschland-Chef der rechtsextremen Organisation »Blood & Honour«, Stephan Lange. Nach Medienberichten soll dieser jahrelang als V-Mann für das Berliner Landeskriminalamt und das Bundesamt für Verfassungsschutz gearbeitet haben. Das Gericht hält es nicht für erforderlich, sich mit dem Mann zu befassen. Es sei unklar, ob er tatsächlich V-Person gewesen sei. Und falls es so war, sei auch nicht bekannt, ob er den Behörden Informationen über den NSU gegeben habe.)

Tag 370

29. Juni 2017

Manfred Götzl, Richter. **Mathias Grasel, Wolfgang Heer,** Verteidiger von Beate Zschäpe. **Nicole Schneiders,** Verteidigerin von Ralf Wohlleben. **Hardy Langer,** Anwalt der Nebenklage.

Götzl Wir setzen heute mit der Anhörung von Professor Saß fort. Bitte, Herr Professor Saß. Sind noch Fragen an den Sachverständigen?

Verteidiger Heer Wir hatten ja bereits vorgestern per Telefax mitgeteilt, keine weiteren Fragen zu haben. Wir wollten Ihnen damit auch die Möglichkeit geben, den Sachverständigen abzulehnen. *(Lachen im Saal.)* Pardon, ich meinte: abzuladen.

Götzl Sind ansonsten Fragen? Keine. Dann bleibt der Sachverständige unvereidigt. Dann darf ich mich bedanken, Herr Professor Saß. Danke schön. Auf Wiedersehen.

(Saß verlässt nicht den Saal, sondern geht zurück an seinen Platz.)

Götzl Sollen Erklärungen abgegeben werden?

Verteidiger Heer *(liest vor)* Wir geben zu der Stellungnahme des Sachverständigen Professor Saß, soweit er sich darin zu dem Gutachten des Sachverständigen Professor Faustmann verhält, folgende Erklärung ab: Nachdem sich Professor Saß fundierter und schwerwiegender Kritik an der Methodik seines forensisch-psychiatrischen Gutachtens ausgesetzt sah, erschöpfen sich seine Ausführungen in einer trotzig anmutenden, jedoch Substanz vermissenden Stellungnahme. Entgegen ihrer Einleitung stellt diese Stellungnahme keine wirkliche Ergänzung seines Gutachtens dar. Professor Saß konstatiert oberflächlich, seine Einschätzungen würden »aufrechterhalten«, »aus den Ausführungen von Professor Faustmann ergeben sich keine neuen Gesichtspunkte«, er »vermag in der angeführten Kritik kein Argument zu entdecken«. Dass Professor Saß die Auffassung eines anerkannten Fachkollegen in unsachlicher Weise als »abwegig« qualifiziert, anstatt sich mit dieser angemessen zu befassen, verdeutlicht, dass er sich offensichtlich persönlich angegriffen fühlt. Eine solche Haltung sollte einem derart erfahrenen Sachverständigen fremd sein.

(Saß hört zu, wie Verteidiger Heer nun stichpunktartig Faustmanns Kritik an seinem Gutachten wiederholt.)

Verteidiger Heer *(kommt zum Ende)* Da das ergänzende Gutachten von Professor Saß die Methodenkritik von Professor Faustmann nicht zu entkräften geeignet ist, haben wir uns dazu entschlossen, keine weiteren Fragen an ihn zu stellen.

Götzl Gibt es weitere Erklärungen zum Sachverständigen? Keine. Dann ergeht folgende Verfügung. *(Der Richter gibt den Verteidigern Heer, Stahl und Sturm bis zum 5. Juli 2017 Gelegenheit, ihren Antrag, ein weiteres Gutachten über Zschäpes Persönlichkeit einzuholen, näher zu begründen. Götzl macht in diesem Zusammenhang erneut deutlich, dass er die Beweisaufnahme gern beenden und die Plädoyers beginnen lassen möchte.)* Die Hauptverhandlung befindet sich nach derzeitigem Stand in der Endphase. Das gerichtlich vorgesehene Beweisprogramm ist weitgehend erledigt. *(Götzl stellt fest, dass die Beweisaufnahme seit geraumer Zeit durch die zahlreichen Anträge der Prozessbeteiligten bestimmt wird. Dies führe auch immer wieder zum Ausfall einzelner Verhandlungstage.)* Sind denn für heute irgendwelche Anträge vorgesehen?

(Wohllebens Verteidigung und die Anwälte der Familie von Halit Yozgat versuchen erneut, mit jeweils eigenen Beweisanträgen das Verhalten des früheren hessischen Verfassungsschutz-Mitarbeiters Andreas Temme im NSU-Prozess zu thematisieren und ihn der Lüge zu überführen.)

Anwalt Langer Ich hätte noch eine Anregung. Es wird angeregt, der Senat möge vor den Vernehmungen am 5. Juli von Frau L. *(Vermieterin der Wohnung von Zschäpe, Mundlos und Böhnhardt in der Zwickauer Heisenbergstraße)* und Herrn F. *(sein Name taucht im Zusammenhang mit der Wohnungsübergabe auf)* an die Angeklagte Beate Zschäpe folgende Fragen richten: Welcher Wohnraum in der Heisenbergstraße 6 in Zwickau wurde durch eine Trennwand geteilt? Wo genau verlief die Trennwand? An welcher Stelle befand sich die Tür in der Trennwand? Wer nutzte welches Zimmer? Wurde die Trennwand nach Ende des Mietverhältnisses entfernt? Gründe: Die Befragung ist sinnvoll, um den geladenen Zeugen sachgerechte Fragen stellen zu können. Frau Zschäpe hat bisher ausrichten lassen, Fragen der Nebenklägervertreter nicht zu beantworten, aber Fragen des Senats. Hintergrund sind die unbestimmten Angaben der Angeklagten über ihren Verteidiger Grasel, dass eines der Zimmer durch eine Trennwand unterteilt gewesen und somit aus der Drei- eine Vierzimmerwohnung geworden wäre.

(Nun lehnt das Gericht den Beweisantrag der Wohlleben-Verteidigung ab, mehrere Mitglieder der rechten Szene als Zeugen zu laden, die bekunden sollten, dass Wohlleben eine friedvolle und friedliebende Person sei und Gewalt zur Durchsetzung politischer Ziele stets abgelehnt habe. Derartige Bekundungen seien »für die Entscheidung tatsächlich ohne Bedeutung«, teilt Götzl mit. Ein Angeklagter, der sich nach außen unauffällig und harmlos verhielt, könne sich ja bloß verstellt und seine wirkliche Haltung für sich behalten haben. Wohlleben selbst habe ja bereits gesagt, dass er anderen auch nicht erzählt habe, dass er noch Kontakt zu Zschäpe, Mundlos und Böhnhardt hatte, als sie schon untergetaucht waren.)

Verteidigerin Schneiders Wir beantragen eine Unterbrechung der Hauptverhandlung zur internen Beratung.

(Die Hauptverhandlung wird unterbrochen.)

Götzl Zu den von Rechtsanwalt Langer gestellten Fragen: Sollen die Fragen beantwortet werden, Frau Zschäpe?

Verteidiger Grasel Es bleibt bei der bislang kommunizierten Vorgehensweise, dass Fragen der Nebenklagevertreter von Frau Zschäpe nicht beantwortet werden.

Götzl Ja, gut, ich würde die Fragen dann auch selbst stellen.

Verteidiger Grasel Dann werden wir das in Ruhe besprechen und uns nächste Woche gegebenenfalls dazu verhalten.

Götzl *(seufzt)* Dann warten wir das einfach ab. Dann ergeht nach geheimer Beratung folgender Beschluss: Die Anträge, einen psychiatrischen Sachverständigen zum Beweis der Tatsachen zu vernehmen, dass Uwe Mundlos und Uwe Böhnhardt an einer psychopathischen Persönlichkeitsstörung litten, sie aufgrund dieser Persönlichkeitsstörung die Morde begingen und sich gegenüber Dritten betrügerisch-manipulativ verhielten, was bei diesen zur Vermittlung eines Eindrucks von Normalität und Harmlosigkeit führte, sodass für Dritte nicht erkennbar war, dass Mundlos und Böhnhardt in der Lage waren, schwerste Straftaten zu begehen, werden abgelehnt.

Verteidigerin Schneiders Die Verteidigung des Herrn Wohlleben beantragt eine zweieinhalbstündige Unterbrechung für die Abfassung eines Ablehnungsgesuchs.

(Es folgt eine dreistündige Pause.)

Verteidigerin Schneiders Herr Wohlleben lehnt den Vorsitzenden Richter am Oberlandesgericht Götzl, die Richter am Oberlandesgericht Kuchenbauer, Lang und Kramer sowie die Richterin am Oberlandesgericht Odersky wegen Besorgnis der Befangenheit ab. *(Schneiders trägt vor, dass die Richter den Antrag auf Einholung eines Gutachtens über Mundlos und Böhnhardt aus Wohllebens Sicht »mit willkürlichen Überlegungen« abgelehnt und ihren Beweisantrag in Teilen »absichtlich« missverstanden hätten.)* Die abgelehnten Richter stehen Herrn Wohlleben nicht mehr unvoreingenommen gegenüber.

Götzl Dann wird die Hauptverhandlung unterbrochen.

Tag 371

5. Juli 2017

Manfred Götzl, Richter. **Nadine L.**, 36, Kauffrau bei einer Wohnungsgesellschaft in Zwickau. **Gunter F.**, 39, Metallbauer, Chemnitz. **Jochen Weingarten**, Vertreter der Bundesanwaltschaft. **Mathias Grasel, Anja Sturm**, Verteidiger von Beate Zschäpe. **Thomas Bliwier, Eberhard Reinecke, Sebastian Scharmer**, Anwälte der Nebenklage.

Götzl Trotz des Ablehnungsgesuchs der Verteidigung Wohlleben gegen den Senat ist es angezeigt und sachgerecht, im Verfahren fortzufahren, weil die Zeugen geladen sind und auch wegen des Beschleunigungsgrundsatzes. *(Richtet sich an Zschäpe.)* Werden die Fragen des Senats beantwortet?

Verteidiger Grasel Ja, die Fragen des Senats vom 29.6.2017 beantworte ich wie folgt. *(Er liest jeweils die Fragen vor und dann gleich Zschäpes Antwort.)* Welcher Wohnraum in der Heisenbergstraße 6 in Zwickau war mit einer Trennwand versehen worden? Nach meiner Erinnerung war die Trennwand nicht mit der in der Frühlingsstraße vergleichbar. Sie bestand aus dünnen Paneelen und war in dem als Zimmer 3 bezeichneten Raum angebracht. Wo genau verlief diese Trennwand und an welcher Stelle konnte der abgetrennte Teil betreten werden? Die Trennwand teilte den als Zimmer 3 bezeichneten Raum horizontal etwa in der Mitte, zur Veranschaulichung habe ich die Trennwand in den Grundriss der Wohnung mit roter Farbe eingezeichnet. Die Durchgangstüre zum abgetrennten Teil des Zimmers befand sich meines Wissens auf der rechten Seite. Auch dies habe ich im Grundriss markiert. Wer nutzte damals welches Zimmer beziehungsweise welchen Zimmerbereich als Schlafstelle? Uwe Mundlos bewohnte den als Zimmer 2 bezeichneten Raum, Uwe Böhnhardt und ich teilten uns den als Zimmer 3 bezeichneten Raum, der mittig geteilt wurde. In der vorderen Hälfte wohnte ich, Uwe Böhnhardt bewohnte den abgetrennten Bereich des Zimmers. Auch das habe ich im Grundriss vermerkt. Der als Zimmer 1 bezeichnete Raum diente als Wohn- und Esszimmer. Wurde die Trennwand nach Ende des Mietverhältnisses entfernt? Ja, da wir vor der Errichtung der Trennwand keine Erlaubnis des Vermieters eingeholt hatten, mussten wir diese beim Auszug auch wieder vollständig entfernen.

Götzl *(zu Zschäpe)* Ist das so zutreffend?

Zschäpe Ja.

Götzl *(zu Zschäpe)* Ist das Ihre Erklärung?

(Zschäpe nickt.)

Götzl Wir nehmen jetzt die Grundriss-Skizze in Augenschein. *(Auf den Leinwänden im Gerichtssaal erscheint der Grundriss einer Wohnung mit drei Zimmern. Nummer 1 ist ein Durchgangszimmer. Im zweiten, größeren Zimmer 2 hat angeblich Mundlos gewohnt, das kleinere Zimmer 3 haben sich angeblich Böhnhardt und Zschäpe geteilt. Und es soll zusätzlich noch durch eine Paneelwand unterteilt gewesen sein. Dann tritt die Zeugin Nadine L. in den Saal.)*

Götzl Es geht uns um die Wohnung Zwickau, Heisenbergstraße 6, Erdgeschoss. Es geht um den Zustand der Wohnung am 23. 5. 2001. *(Da zogen Mundlos, Böhnhardt und Zschäpe wieder aus.)* Was können Sie dazu sagen?

Nadine L. Gar nichts. Ich kann mich nicht mehr an diese Wohnung und an irgendwelche Leute erinnern. Es ist 16 Jahre her. Ich mache täglich Übergaben. Es war nichts Auffälliges, dass da noch ein Gedanken dran wäre.

Götzl Haben Sie für die Vorbereitung Unterlagen eingesehen?

Nadine L. Nein, da gibt es nichts mehr bei uns.

Götzl Kommen Sie bitte nach vorne. Das ist ein Abnahmeprotokoll.

Nadine L. Solche Protokolle sind mir bekannt. Die fülle ich tagtäglich aus. Das ist meine Handschrift. Und das ist meine Unterschrift.

Götzl Können Sie etwas dazu sagen, ob Umbauten stattgefunden haben während der Mietzeit?

Nadine L. Keine Ahnung, das weiß ich nicht.

Anwalt Reinecke Sie haben das Abnahmeprotokoll gesehen. Wie ist das, wenn Sie Beschädigungen feststellen, schreiben Sie das hin?

Nadine L. Ja.

Anwalt Reinecke Hier steht, der Fußboden ist abgewohnt. Ist das eine Beschädigung?

Nadine L. Nein, das ist keine Beschädigung.

Anwalt Reinecke Ein Loch im Boden oder Dübellöcher in der Decke hätten Sie vermerkt?

Nadine L. Das hätten wir im Protokoll aufgenommen.

Anwalt Reinecke Wie viele Heizkörper waren in den Zimmern, einer oder mehrere?

Nadine L. Im Wohnzimmer waren ein bis zwei, im Schlafzimmer je einer.

Anwalt Reinecke In den kleinen Zimmern war immer nur einer?

Nadine L. Ja. Die sind unterm Fenster angebracht.

Götzl Dann bedanken wir uns.

(Es erscheint der Zeuge Gunter F. Er ist über und über tätowiert. Er war bereits einmal als Zeuge im Prozess. F.s Name taucht auf Unterlagen zur Wohnungsabnahme zum Ende des Mietverhältnisses auf.)

Götzl Es geht um den Zustand einer Wohnung in der Heisenbergstraße 6, die von

Mundlos, Böhnhardt und Frau Zschäpe bewohnt worden sein soll im Jahr 2000/2001. Was können Sie dazu sagen?

Gunter F. Gar nichts.

Götzl Wenn Sie das so sagen, was bedeutet das?

Gunter F. Ich hatte schon lange keinen Kontakt mehr zu einem der dreien gehabt. Deswegen kann ich nichts dazu sagen.

Götzl Waren Sie jemals in der Heisenbergstraße 6?

Gunter F. Nein.

Götzl Haben Sie Kenntnis, ob Frau Zschäpe, Mundlos und Böhnhardt in dem angegebenen Zeitraum dort gewohnt haben?

Gunter F. Nein.

Götzl Sie haben in Ihrer letzten Vernehmung angegeben, Sie hätten Kontakt zu den dreien gehabt. Waren Sie mal damit befasst, den Schlüssel zu übernehmen, um sich im Zusammenhang mit der Wohnung um irgendetwas zu kümmern?

Gunter F. Nein.

Götzl Wann hatten Sie den letzten Kontakt zu Mundlos, Böhnhardt und Zschäpe?

Gunter F. Ich würde sagen Ende '98. Geschätzt.

Götzl Welches Ereignis verbinden Sie damit?

Gunter F. Ich habe anfangs mitgeholfen, ihnen die erste Wohnung zu besorgen, und habe ihnen meinen Pass gegeben. Den habe ich mir dann ein halbes, dreiviertel Jahr später wieder aushändigen lassen. Dann habe ich den Kontakt abgebrochen.

(Der Zeuge wird entlassen. Dann sieht sich das Gericht noch den Grundriss mit den Maßen der Zimmer an.)

Götzl Das wurde heute Morgen von der Bundesanwaltschaft übergeben. Der Grundriss gibt für das Zimmer 1 *(das Durchgangszimmer, das laut Zschäpe als gemeinsames Wohn- und Esszimmer diente)* 18,3 Quadratmeter an, für das Bad 3,1 Quadratmeter, für Zimmer 2 *(in dem Mundlos gewohnt haben soll)* 13,0 Quadratmeter und für Zimmer 3 *(das sich Zschäpe und Böhnhardt geteilt haben sollen)* 9,5 Quadratmeter.

Anwalt Scharmer Das Zimmer 3 mit 9,5 Quadratmetern hätte dann nur noch 4,75 Quadratmeter große Teilräume, abzüglich des Platzes, den die Türen beanspruchen und den die Paneelen selbst einnehmen. Das ist für die Einschätzung der Glaubwürdigkeit von Frau Zschäpe durchaus von Bedeutung.

Anwalt Bliwier Nach diesen Angaben hätte Frau Zschäpe in einem fensterlosen Raum gewohnt. Da kann man sich überlegen, wie glaubhaft das ist.

Verteidiger Grasel Bedenken Sie, dass die aktuelle Haftzelle meiner Mandantin 6,25 Quadratmeter bemisst und auch noch ein Waschabteil inkludiert ist.

(Anschließend beantragt Anwalt Bliwier, einen namentlich nicht bekannten V-Mann-Führer des Verfassungsschutzes zu laden. Diesem Beamten habe ein Informant berichtet, dass es 1999 in der Neonaziszene eine Struktur gegeben habe, die sich Nationalsozialistische Un-

tergrundkämpfer Deutschlands genannt habe. Der Beamte habe das zu den Akten genommen und der Auswertung der Behörde zugeleitet. Das war durch eine Berichterstattung in der Frankfurter Rundschau vom 28. Juni 2017 bekannt geworden.)

Anwalt Bliwier Die Beweiserhebung ist von Relevanz, sie betrifft unmittelbar die Begründung des NSU. *(Bliwier erklärt, die Bundesanwaltschaft gebe an, dass sich die Terrorzelle von 2001 an den Namen Nationalsozialistischer Untergrund gegeben habe. Durch den Quellenbericht aber sei erkennbar, dass dieser Name schon 1999 genutzt wurde. Und Bliwier geht davon aus, dass dann auch persönlich mit der Gruppe bekannte Personen wie Ralf Wohlleben wissen mussten, dass sich die Untergetauchten als NSU-Kämpfer bezeichneten.)*

Oberstaatsanwalt Weingarten Ich beantrage, den Antrag abzulehnen. Die Benennung des Zeugen genügt nicht den Anforderungen an einen Beweisantrag. Diese Mindestanforderung wird verfehlt, indem Sie ihn nicht identifizieren können. Kolportage-Berichte über angebliche Erkenntnisse eines Nachrichtendienstes belegen nicht, dass die Auskünfte des V-Mannes beim LfV Hessen auch wirklich vorliegen. Es ist völlig unerheblich, ob jemand 1999 Auskünfte zu Nationalsozialistischen Untergrundkämpfern gemacht hat. Die Gruppenbezeichnungen weichen deutlich voneinander ab. Nur die Bezugnahme auf den Nationalsozialismus ist ihnen gemeinsam. Dem aber wohnt in der rechtsextremen Szene keinerlei Exklusivität inne. Der Schluss, dass es sich bei dieser Gruppe um den NSU handeln müsse, kann nur als verwegen bezeichnet werden. Auch ist dem Bericht nicht zu entnehmen, dass sich diese Gruppierung in Sachsen gebildet habe, wo sich Mundlos, Böhnhardt und Zschäpe aufhielten. Kühn ist insbesondere der Hinweis auf den Angeklagten Wohlleben. Dass dem Angeklagten Wohlleben die Bildung einer solchen Gruppierung geläufig sein könnte, ist eine bloße Mutmaßung, auf die die Annahme eines Gehilfenvorsatzes bei Mord in neun Fällen nicht gestützt werden kann. Auch deswegen ist die Beiziehung der Akten des Landesamts für Verfassungsschutz Hessen, die dort vielleicht vorliegen, nicht von der Aufklärungspflicht des Gerichts umfasst. Im Antrag wurde zudem nur fragmentarisch aus der Frankfurter Rundschau zitiert. *(Weingarten liest aus dem Artikel vor.)* »Die Aktenprüfung in der Behörde erbrachte, so heißt es in dem Bericht, ›keine Bezüge zu den Rechtsterroristen des NSU und ihren Straf- und Gewalttaten‹«.

Anwalt Bliwier Wir können nichts dafür, wenn Nachrichtendienste ihre Erkenntnisse so lange zurückhalten. Wenn wir die Informationen jetzt bekommen, ist das jetzt der richtige Zeitpunkt. Wir haben vielfach Beweis erhoben über das Wirken von V-Leuten rund um den NSU. Wir haben zu Hessen bisher nichts gehört. Das Landesamt für Verfassungsschutz Hessen war mit einer Quelle in diesen Kreisen. Die Akten stehen uns nicht zur Verfügung, obwohl alle wissen, dass es die Akten gibt. Wir können nicht konkreter werden.

(Dann meldet sich die Zschäpe-Verteidigerin Sturm zu Wort.)

Verteidigerin Sturm Herr Vorsitzender, Kollege Heer, Kollege Stahl und ich erwidern in Ergänzung unserer Ausführungen auf die Stellungnahme des Generalbundesanwalts zu unserem Antrag auf Einholung eines weiteren Sachverständigengutachtens über den Zustand von Frau Zschäpe und die Behandlungsaussichten. Die erneute Begutachtung ist anzuordnen, weil das Gutachten des Sachverständigen Professor Saß ungeeignet ist und unter zahlreichen Mängeln leidet. Zur Vermittlung der Sachkunde an den insoweit nicht hinreichend kompetenten Senat ist es unbrauchbar. Als Gehilfe des Richters ist Professor Saß in dieser Sache nicht hinreichend qualifiziert, weil ihm die insoweit erforderlichen Sachkenntnisse auf den Gebieten anderer Wissenschaften fehlen. *(Die Verteidigung folgt ihrem Gutachter Faustmann in der Einschätzung, dass die Begutachtung der psychisch gesunden Zschäpe ein Psychologe oder Kriminologe vornehmen müsste, nicht aber ein Psychiater wie Saß.)* Professor Saß räumte die gravierenden methodischen Fehler in seiner Gutachtenerstattung durch seine ergänzende Stellungnahme nicht aus. Eine pflichtgemäße Ermessensausübung zwingt den Vorsitzenden, ein weiteres Sachverständigengutachten einzuholen.

Tag 372

11. Juli 2017

Manfred Götzl, Richter. **Peter Lang**, Beisitzender Richter. **Edith Gebhart**, 54, Sachverständige für Mikrospuren beim LKA Bayern. **Anette Greger**, Vertreterin der Bundesanwaltschaft. **Mathias Grasel**, Verteidiger von Beate Zschäpe. **Olaf Klemke**, Verteidiger von Ralf Wohlleben.

(Ralf Wohllebens Befangenheitsantrag gegen sämtliche Richter des Senats wurde abgelehnt, der Prozess kann weitergehen. Außerhalb der Hauptverhandlung hat sich einige Tage zuvor Zschäpes Verteidiger Mathias Grasel erstmals zu einem anderen Befangenheitsantrag geäußert. Grasel faxte dem Gericht eine Stellungnahme zum Ablehnungsgesuch der Familie von Halit Yozgat gegen Zschäpes Gutachter Joachim Bauer. Darin schreibt Grasel: »Dass sich die überspitzte Bezeichnung ›Hexenverbrennung‹ nicht auf das Strafverfahren, sondern auf die mediale Berichterstattung über dieses Verfahren bezieht, ergibt sich bereits aus dem Kontext der Äußerung. Eine ›Diffamierung aller Prozessbeteiligten‹ ist darin nicht zu erkennen. Vielmehr erscheint es nachvollziehbar, dass sich der Sachverständige gegen unwahre Behauptungen und falsche Darstellungen in der Presseberichterstattung zur Wehr setzt. Der Befangenheitsantrag erweist sich daher im Ergebnis als unbegründet.«

Zunächst betritt Edith Gebhart den Gerichtssaal. Das Gericht hat sie auf Antrag der Verteidigung von Ralf Wohlleben als Sachverständige geladen. Es geht um den Mord an Halit Yozgat in Kassel. Am Tatort war der Verfassungsschutzmitarbeiter Andreas Temme, der erklärt, er habe nichts mitbekommen vom Mord. Es geht um eine Schmauchspur, die an einem Handschuh von Temme, der sich in der Wohnung seiner Eltern befand, gefunden wurde. Die Zusammensetzung des Schmauchs passt zu der Munition, wie sie die Firma Sellier & Bellot herstellt und wie sie bei den Schüssen auf Halit Yozgat verwendet wurde. Munition dieses Herstellers haben auch die NSU-Terroristen bei ihren Morden verwendet.)

Götzl Frau Dr. Gebhart, guten Morgen! Es geht uns um die Frage, welche Aussagekraft Schmauchpartikel, die bestimmte Leitelemente aufweisen, in diesem Fall die Leitelemente Blei, Barium, Zinn und Antimon, im Hinblick auf den Munitionshersteller haben.

Gebhart Um das Ergebnis vorwegzunehmen: Die Aussagekraft ist sehr begrenzt. Ich bin auf mindestens zehn Munitionshersteller gestoßen, bei denen diese Zusammensetzung gefunden wurde. Das zeigt schon, dass die Aussagekraft bezüglich des Munitionsherstellers sehr, sehr begrenzt ist. Anhand der Schmauchpartikel allein kann ich keinen Rückschluss auf den Munitionshersteller ziehen.

Götzl War unter den zehn Munitionsherstellern auch Sellier & Bellot dabei?

Gebhart Die Zusammensetzung haben wir bei dem Hersteller auch gefunden, ja.

Götzl Sind noch Fragen?

Verteidiger Klemke Von welchem Spurenträger stammen die Partikel? Von der Waffe selbst und den Hülsen, wenn ich Sie richtig verstanden habe. Gibt es noch weitere?

Gebhart Da muss ich weiter ausholen. Partikel schlagen sich in der Umgebung der Schussabgabe nieder, das bezeichnet man als Schmauch. Die Partikel können von der Munition stammen, es kann auch Material vom Projektil dabei sein und natürlich von der Waffe selbst. Es können auch Partikel von früherer Munition der Waffe mit ausgestoßen werden. Wir nennen das den Memory-Effekt.

Verteidiger Klemke Kann das Material auch von einem Schalldämpfer stammen?

Gebhart Eigentlich kann ich dazu nichts sagen. Ich weiß nicht, ob von einem Schalldämpfer Material nach außen dringt oder nicht. Was da zu erwarten ist, sollte besser von einem Waffentechniker beantwortet werden.

Oberstaatsanwältin Greger Angenommen, ein Schießender trägt über Jahre hinweg immer Handschuhe. Und er benutzt wechselnde Munition. Und Sie bekommen Abstriche dieser Handschuhe. Können Sie den Schmauch dann einzelnen Schussvorgängen zuordnen?

Gebhart Wir können feststellen, ob die Partikel von mehr als einer Quelle stammen. Weiter würde ich nicht gehen. Das Alter eines Schmauchpartikels kann ich nicht bestimmen. Ich kann nicht sagen, ob sich das Material gestern oder im Laufe der Jahre angesammelt hat.

Götzl Vielen Dank, auf Wiedersehen. *(Die Sachverständige verlässt den Saal.)* Dann kommt das Behördengutachten des BKA vom 26. 1. 2007 zur teilweisen Verlesung.

Richter Lang *(liest das Gutachten vor und anschließend dessen Resümee)* »Schlussfolgerung: Aus den auf einzelnen Asservaten gefundenen wenigen Schmauchpartikeln der Zusammensetzung Blei, Barium und Antimon lassen sich insbesondere aufgrund der Tatsache, dass der Tatverdächtige Andreas Temme laut ermittelnder Dienststelle Waffenbesitzer ist und Schießübungen auf Schießanlagen durchgeführt hat, keine Rückschlüsse auf eine eventuelle Schussabgabe oder Waffentransport im Rahmen des Tötungsdelikts zum Nachteil von Halit Yozgat am 6. 4. 2006 in Kassel ziehen. Schmauchpartikel können neben einer Schussabgabe auch durch Waffenreinigung und -handhabung, durch Kontakt mit Objekten, die von Schmauchpartikeln kontaminiert wurden, oder durch Aufenthalt auf einer Schießanlage übertragen werden. Nur die untersuchten grauen Lederhandschuhe aus der Wohnung der Eltern weisen eine größere Anzahl schmauchtypischer Partikel auf, wie sie bei der Verfeuerung bleihaltiger Anzündsätze verschiedener Hersteller entstehen. Nur ein einziger Partikel wies die für Munition des Herstellers Sellier & Bellot typische Zusammensetzung Blei, Barium, Antimon und Zinn auf. Die beobachtete Verteilung bleihaltiger Schmauchpartikel auf den Handschuhen lässt keinerlei direkte Rückschlüsse über die Art der Antragung (Schussabgabe, Waffenreinigung etc.) zu, sodass auch die Schussspurenuntersuchung dieser Handschuhe, insbesondere vor dem Hintergrund der Sportschützentätigkeit des Andreas Temme und dem Vorhandensein von Schmauchpartikeln unterschiedlicher Munitionstype keine schlüssigen Hinweise auf eine Tatbeteiligung ergeben.«

Götzl Gibt es denn Anträge für heute? Keine. Dann ergeht nach geheimer Beratung folgender Beschluss. *(Der Senat lehnt nun Anträge der Nebenklagevertreter zum Mord in Kassel und zur Rolle von Andreas Temme ab. Es geht um eine Dienstmail, die Temme vor dem Mord an Halit Yozgat offenbar erhalten hat. In der Mail werden Mitarbeiter des hessischen Verfassungsschutzes auf die Česká-Mordserie hingewiesen und gebeten, sich unter ihren Informanten umzuhören, ob diese irgendetwas wissen. Temme hat vor Gericht angegeben, sich an eine solche Mail nicht zu erinnern. Die Anwälte der Familie Yozgat haben jedoch ein Dokument gefunden, auf dem Temme einen Ausdruck der Mail mit seinem Kürzel abgezeichnet hat. Das Gericht will der Sache trotzdem nicht nachgehen. Götzl verweist auf einen früheren Beschluss, in dem sich der Senat »bereits ausführlich damit auseinandergesetzt hat, dass und warum das Gericht den Zeugen Temme für glaubwürdig hält«.*

Das Gericht lehnt dann auch die Anträge der Nebenklage ab, sich mit einer Organisation namens »Nationalsozialistische Untergrundkämpfer Deutschlands« zu befassen. Der Senat sieht keinen Zusammenhang zum »Nationalsozialistischen Untergrund«, NSU. Die beiden Namen ließen nicht den Schluss zu, dass damit dasselbe gemeint ist. Die »umfangreiche Beweisaufnahme« habe keine Anhaltspunkte dafür ergeben.

Der Senat lehnt auch die Beweisanträge zu Beate Zschäpes Besuch eines Skinheadkonzerts im Jahr 1996 in Chemnitz ab, auf dem auch hessische Neonazis waren. Dass Zschäpe solche Konzerte besucht hat, sei schon bewiesen. Darüber hinaus komme ein Kontakt zu hessischen Neonazis zehn Jahre vor der Tat an Halit Yozgat »keinerlei Bedeutung im Hinblick auf die angeklagten Taten zu«. Es fehle jeglicher Hinweis darauf, dass der Kontakt zu diesen Neonazis irgendeinen Einfluss auf die Tatortauswahl zehn Jahre später gehabt hätte.
Schließlich nimmt Götzl Stellung zum Antrag, den Gutachter Bauer wegen Befangenheit abzulehnen.)

Götzl Dann ergeht nach geheimer Beratung folgender Beschluss. Der Antrag auf Ablehnung des Sachverständigen Professor Bauer wegen Besorgnis der Befangenheit wird für begründet erklärt. Gründe: Eine Befangenheit des abgelehnten Sachverständigen ist zu besorgen, da berechtigte Zweifel an der Unvoreingenommenheit des abgelehnten Sachverständigen gegenüber der Angeklagten Zschäpe vorliegen.
Aus der Sicht eines vernünftigen Nebenklägers erscheint aufgrund des Inhalts der E-Mail vom 21. Mai 2017 Misstrauen in die Unparteilichkeit des abgelehnten Sachverständigen gegenüber der Angeklagten Zschäpe gerechtfertigt. In der E-Mail an den stellvertretenden Chefredakteur der Zeitung »Die Welt« bietet der abgelehnte Sachverständige an, einen exklusiven Beitrag über Beate Zschäpe und die derzeitige Situation im Münchner NSU-Prozess zu schreiben. Aus dem Inhalt der E-Mail ergibt sich, dass der Sachverständige das Verfahren gegen die Angeklagte Zschäpe als ›Hexenverbrennung‹ qualifiziert.
Unter Hexenverfolgung und Hexenverbrennung wird allgemein ein willkürliches Verfahren verstanden, welches zur Verurteilung unschuldiger Angeklagter führt, wobei das häufig gefällte Todesurteil dann unter reger Teilnahme der Öffentlichkeit meist durch Verbrennen vollstreckt wird. Durch die Verwendung des Begriffs »Hexenverbrennung« macht der abgelehnte Sachverständige deutlich, dass er das gesamte Verfahren gegen die Angeklagte Zschäpe in diesem Sinne bewerte und dass insbesondere ein massiver Schuldspruch bereits feststehe. Aus der Tatsache, dass er in diesem Zusammenhang einer Zeitung einen exklusiven Beitrag über Beate Zschäpe und die derzeitige Situation im Münchner NSU-Prozess anbietet, folgt der Schluss, dass der abgelehnte Sachverständige die Angeklagte mit diesem Artikel vor der »Hexenverbrennung« in Schutz nehmen will. Bei einem vernünftigen Nebenkläger entsteht bei dieser Sachlage aber dann der Eindruck, der abgelehnte Sachverständige stehe der Angeklagten Zschäpe nicht unparteiisch und unvoreingenommen gegenüber.

Verteidiger Grasel Ich beantrage eine Abschrift des Beschlusses und eine einstündige Unterbrechung der Hauptverhandlung zur Beratung.

(Die Verhandlung wird für eine Pause unterbrochen. Der Psychiater Bauer lässt in dieser

Zeit von einer Kommunikationsagentur ein »Pressestatement« verschicken. Zschäpes Verteidigung erhält die Mail nicht. Bauer schreibt unter anderem: »Auf der Grundlage langjähriger und umfassender Erfahrung als Arzt, Psychiater und Wissenschaftler habe ich auf Basis von insgesamt 16 Stunden Gesprächen mit der Angeklagten Beate Zschäpe ein Gutachten erstellt. Darin habe ich eine schwere dependente Persönlichkeitsstörung bei Frau Zschäpe diagnostiziert. Das Gutachten ist nach professionellen Standards erstellt worden. Die Diagnose ist das Ergebnis einer fundierten gutachterlichen Arbeitsweise. Die mir unterstellte Befangenheit in meiner Tätigkeit als Gutachter von Beate Zschäpe weise ich mit Nachdruck zurück. Die in meinem Gutachten enthaltenen Sachverhalte und Erkenntnisse halte ich für einen Beitrag mit erheblicher Verfahrensrelevanz für die richterliche Entscheidungsfindung. Dazu zählen die teilweise traumatisierenden Bedingungen, unter denen Frau Zschäpe aufwuchs, sowie ihr später von Uwe Böhnhardt über Jahre hinweg zugefügten schweren körperlichen Misshandlungen. Forensisch spezialisierte Psychiater sind nicht gefeit vor Fehleinschätzungen, vor allem dann, wenn sie mit den Probanden nicht sprechen können. So geschehen bei dem Erstgutachten über Frau Zschäpe. Ein Umstand, den ich aus fachlich-wissenschaftlicher Sicht für eine substanzielle Einschränkung der Beurteilungsfähigkeit halte. Gerade hier kann die forensische Spezialisierung zu problematischen Einengungen führen und das diagnostische Gesichtsfeld eines Psychiaters verengen: ›Für einen Hammer ist die ganze Welt ein Nagel.‹ Begutachtungen in anderen Fällen – zum Beispiel im Falle von Gustl Mollath – haben gezeigt, dass erfahrene, aber nicht forensisch spezialisierte Psychiater richtige Einschätzungen liefern können. Im Zusammenhang mit meiner Bestellung als Gutachter war ich zum Teil massiven und erkennbar absichtsvollen Versuchen ausgesetzt, mich fachlich zu diskreditieren – von Anfang an und noch bevor ich überhaupt tätig geworden bin. Dies begann mit gezielten Aktivitäten einzelner Medien in meinem beruflichen Umfeld an der Universitätsklinik in Freiburg. Mit unvoreingenommener, professioneller und legitimer journalistischer Recherche hatte das nicht viel zu tun. Die Reihe der zum Teil offen diffamierenden Falschbehauptungen und Unterstellungen ist zu lang, um sie hier noch einmal zu wiederholen. Zu keinem Zeitpunkt habe ich mir eine persönliche Meinung über die Schuld von Frau Zschäpe gebildet. Die Schuldfrage kann allein durch das Gericht beantwortet werden. Davon abzugrenzen ist die in meinem Gutachten sorgfältig erörterte Frage der Schuldfähigkeit. Dieses Kapitel meiner gutachterlichen Tätigkeit im Fall Zschäpe ist für mich hiermit abgeschlossen. Ich bin nach wie vor überzeugt davon, mit dem Gutachten über Beate Zschäpe einen Beitrag von erheblicher Verfahrensrelevanz geleistet zu haben, unvoreingenommen und frei von jeglicher persönlicher Befangenheit.« Nach einer Stunde geht der Prozess weiter.)

Götzl Dann wird die Hauptverhandlung unterbrochen und am Dienstag, 18. Juli, fortgesetzt. Die Verhandlungstermine morgen und übermorgen werden abgesetzt.

Tag 373

18. Juli 2017

Manfred Götzl, Richter. **Herbert Diemer**, Vertreter der Bundesanwaltschaft. **Wolfgang Heer, Mathias Grasel**, Verteidiger von Beate Zschäpe. **Michael Kaiser**, Verteidiger von André Eminger. **Stefan Hachmeister**, Verteidiger von Holger Gerlach. **Olaf Klemke, Nicole Schneiders**, Verteidigerin von Ralf Wohlleben. **Johannes Pausch**, Verteidiger von Carsten Schultze. **Seda Başay, Bernd Behnke, Alexander Hoffmann, Eberhard Reinecke, Sebastian Scharmer**, Anwälte der Nebenklage.

Götzl Da wir uns in der Schlussphase befinden, würde mich interessieren, ob die Vertreter des Generalbundesanwalts auf die Schlussvorträge vorbereitet wären. Die Plädoyers werden ja in der Reihenfolge Bundesanwaltschaft, Nebenkläger, Verteidiger erfolgen.

Bundesanwalt Diemer Wir können morgen beginnen.

Götzl Können Sie einschätzen, wie lange der Schlussvortrag dauern würde?

Diemer Wir haben es mal überschlagen. Ich denke, dass wir so 22 Stunden brauchen. Wobei wir das nicht mit der uns üblichen Pünktlichkeit sagen können. Es ist ein Richtwert.

Götzl Sie hatten sich noch zu Wort gemeldet, Herr Rechtsanwalt Heer?

Verteidiger Heer Frau Sturm, Herr Stahl und ich beantragen, die Schlussvorträge des Generalbundesanwalts akustisch aufzuzeichnen. Hilfsweise beantragen wir, uns zu gestatten, die Schlussvorträge des Generalbundesanwalts zur ausschließlich internen Verwendung selbst aufzuzeichnen.

Die beantragte Aufzeichnung dient dem Zweck der optimalen Vorbereitung auf unsere eigenen Schlussvorträge. Uns ist bewusst, dass die Aufzeichnung der Plädoyers von Verfahrensbeteiligten in der forensischen Praxis bisher kaum vorgekommen sein dürfte. Indes bietet dieses Verfahren eine Vielzahl an Besonderheiten, die im Rahmen der Ermessensentscheidung des Vorsitzenden Berücksichtigung finden müssen.

Die gegen fünf Angeklagte geführte Hauptverhandlung hat mit über 370 Tagen eine außergewöhnliche Dauer. Es wurden mehr als 800 Zeugen und Sachverständige vernommen. Mehrere Angeklagte haben sich ausführlich zur Sache erklärt. Schon aufgrund der in die Hauptverhandlung eingeführten Beweise werden die Schlussvorträge des Generalbundesanwalts besonders umfangreich sein. Hinzu kommt, dass die materiell-rechtliche Bewertung der gegen Frau Zschäpe erhobenen Tatvorwürfe der mittäterschaftlichen Beteiligung an einer Vielzahl schwerwiegender Delikte außerordentlich komplex ist. Der Tatbestand der Bildung terroristischer Vereinigungen ist ebenfalls besonders komplex.

Anders als bei der Erstattung des Gutachtens des Sachverständigen Professor Saß wird es auch nicht möglich sein, dass der Vorsitzende – und erst recht nicht wir – den jeweils sprechenden Sitzungsvertreter des Generalbundesanwalts dazu anhält, langsamer vorzutragen oder sogar seine Ausführungen zu wiederholen, um eine eigene Protokollierung hinreichend valide vorzunehmen.

Nicht ernsthaft kann eingewandt werden, dass die Unbefangenheit der Sitzungsvertreter aufgrund der Aufzeichnung tangiert wäre.

Es handelt sich bei den Sitzungsvertretern um besonders erfahrene und auch im Umgang mit der Medienöffentlichkeit besonders qualifizierte Staatsanwälte. Eine Verstärkung einer psychischen Belastung bestünde infolge einer Aufzeichnung folglich nicht. Die Wahrung der Persönlichkeitsrechte der Sitzungsvertreter des Generalbundesanwalts kann unserem Antrag nicht entgegengehalten werden, denn der objektive Gehalt ihrer Ausführungen steht derart im Zentrum, dass die Persönlichkeit des Sprechenden vollends dahinter zurücktritt.

Letztlich folgt aus der gerichtlichen Fürsorgepflicht gegenüber Frau Zschäpe, dem Antrag zu entsprechen.

Eine Mitschrift und anschließende Verschriftung der Schlussvorträge durch einen Stenotypisten ist derart kostenintensiv – unsere Erkundigungen haben einen Stundensatz von 500 Euro ergeben, wobei aufgrund der konzentrationsmäßig gebotenen Belastung in aller Regel jedenfalls zwei Kräfte zu beauftragen sind, dass eine Beauftragung durch uns nicht in Betracht kommt.

Verteidiger Grasel Ich schließe mich dem Antrag an.

Verteidigerin Schneiders Die Verteidigung des Herrn Wohlleben schließt sich auch an.

Verteidiger Kaiser Die Verteidigung von Herrn Eminger auch.

Verteidiger Pausch Die Verteidigung von Herrn Schultze auch.

Verteidiger Hachmeister Die Verteidigung von Herrn Gerlach auch.

Götzl Sind sonst noch irgendwelche Anträge oder Erklärungen vorgesehen?

Verteidigerin Schneiders Wir haben noch einen Antrag.

(Die Verteidigung des Angeklagten Wohlleben beantragt zum wiederholten Male, ihren Mandanten aus der Untersuchungshaft zu entlassen. Wohlleben ist seit fünf Jahren und acht Monaten in U-Haft, dies sei »unverhältnismäßig«. Wegen des Vorwurfs der Beihilfe zum Mord sei »noch nie« ein Angeklagter so lange in Untersuchungshaft gewesen. Die Dauer stelle einen Verstoß gegen die europäische Menschenrechtskonvention dar.)

Götzl Soll sogleich Stellung genommen werden? *(Bundesanwalt Diemer schüttelt den Kopf.)* Und zu dem weiteren Antrag?

Bundesanwalt Diemer Zum Antrag auf akustische Aufzeichnung unseres Schlussvortrags: Wir treten dem Antrag der Rechtsanwälte Heer, Stahl und Sturm entgegen. Dass dies ein besonderes Verfahren ist, ist eine seltsame Argumentation, als würde die Strafprozessordnung deshalb nicht gelten. Rechtsanwalt Heer sagt, er würde sich verbürgen, dass der Mittschnitt nicht in die Öffentlichkeit dringt. Wenn der Verteidigung ein Mitschnitt gestattet würde, dann müsste dies auch allen anderen gestattet werden. Dann wäre damit zu rechnen, dass es innerhalb kürzester Zeit an die Öffentlichkeit dringt, verzerrt dargestellt wird und Sätze aus dem Zusammenhang gerissen werden. Wir drei sind Menschen und keine Rechtsroboter. Auch wir haben unsere Schwächen. Uns ist nicht daran gelegen, dass Versprecher und grammatikalische Fehler in die Öffentlichkeit kommen. Das haben wir nicht verdient, dass das dann ausgeschlachtet wird. Abgesehen davon, ist es auch überhaupt nicht nötig, dass es aufgenommen wird. Wir verkünden keine Neuigkeiten. Wir setzen das zueinander in Beziehung, was hier in vier Jahren verhandelt wurde. Es ist auch deswegen nicht nötig, weil wir keine Menschen vom anderen Stern sind. Wir sind Juristen wie die drei Verteidiger auch. Ich denke, dass wir mit gleichen Waffen kämpfen. Die Verteidiger müssen sich einfach bemühen mitzuschreiben, wie auch die Richter mitschreiben. Wenn die Rechtsanwälte Heer und Sturm das nicht so schnell können, dann ist das ihr Problem. Dann müssen sie sich eben einen professionellen Tastschreiber oder Stenotypisten mitbringen.

Verteidiger Heer Niemand von uns dreien hat behauptet, dass die Strafprozessordnung in diesem Verfahren nicht gilt. Letztlich ist unser Antrag auch vor dem Hintergrund eines fachlichen Respekts vor Ihnen dreien zu sehen.

(Die Sitzung wird unterbrochen, anschließend verkündet Richter Götzl einen Beschluss.)

Götzl Den Anträgen auf Einholung eines weiteren Sachverständigengutachtens über den Zustand von Frau Zschäpe und die Behandlungsaussichten sowie der anschließenden Vernehmung des Sachverständigen in der Hauptverhandlung wird nicht nachgekommen.

(Das Gericht begründet sehr umfangreich und detailliert, warum es keinen weiteren Gutachter beauftragt. In dem Beschluss heißt es unter anderem, dass die fachliche Kompetenz des vom Gericht beauftragten psychiatrischen Gutachters Henning Saß »unzweifelhaft« und dessen Gutachten über Zschäpe »widerspruchsfrei« sei. Methodische Fehler seien »nicht zu erkennen«.)

Verteidiger Heer Frau Sturm, Herr Stahl und ich beantragen, die Hauptverhandlung für heute zu unterbrechen, um Frau Zschäpe Gelegenheit zu geben, sich hinsichtlich des weiteren prozessualen Vorgehens beraten zu lassen.

Bundesanwalt Diemer Ich meine, dass eine Unterbrechung von einer Stunde ausreicht, um sich darüber klar zu werden. Denn wenn das so weitergeht, können wir vor der Sommerpause nicht mehr zum Ende der Beweisaufnahme kommen.

Verteidiger Heer Es kann jetzt nicht um einen schnellen Durchmarsch am Ende gehen. Frau Zschäpe muss die Gelegenheit bekommen, sich zu überlegen, wie sie auf den Beschluss reagieren will. Das braucht ein wenig Zeit. Ich bin davon überzeugt, dass auch der Senat viele Stunden lang an seinem Beschluss gesessen hat.

Götzl Wir machen jetzt erst mal die Mittagspause.

(Die Hauptverhandlung wird für eine Stunde unterbrochen.)

Verteidiger Grasel Trotz größter Anstrengung war es mir nicht möglich, den Beschluss in Gänze zu erfassen. Ich bitte um Unterbrechung für eine weitere Stunde.

Götzl Gut, dann setzen wir in einer Stunde fort.

(Die Hauptverhandlung wird für eine weitere Stunde unterbrochen. Nach der Pause herrscht Schweigen. Der erwartete Befangenheitsantrag von Zschäpe gegen die Richter kommt nicht. Er kann nur ausdrücklich in ihrem Namen gestellt werden. Da Zschäpe nicht mehr mit Heer, Stahl und Sturm spricht, könnte der Befangenheitsantrag also nur von Grasel formuliert werden. Alle Blicke ruhen auf Grasel und Zschäpe. Beide sagen nichts.)

Götzl Ein Befangenheitsgesuch soll von Ihrer Seite nicht gestellt werden, Frau Zschäpe?

(Zschäpe schüttelt den Kopf.)

Dann kommen noch die Auskünfte aus dem Bundeszentralregister zur Verlesung.

(Der Richter trägt vor, dass weder Zschäpe noch die vier Mitangeklagten Eintragungen im Bundeszentralregister haben. Auch nicht André Eminger. Der war zwar vor ein paar Wochen im Frühsommer 2017 wegen eines tätlichen Angriffs auf einen Jugendlichen verurteilt worden, hatte aber Berufung eingelegt. Über diese ist noch nicht entschieden. Somit gelten alle Angeklagten als nicht vorbestraft.)

Götzl Dann wird noch festgestellt, dass Gespräche im Hinblick auf eine Verständigung zu keinem Zeitpunkt stattgefunden haben. *(Damit bekräftigt das Gericht, dass es keinen Deal abgeschlossen hat.)* Dann würden wir morgen zu den Schlussvorträgen kommen. *(Der Richter blickt zu Bundesanwalt Diemer. Diemer nickt.)*

Anwalt Reinecke Im Namen der Kollegen, die nicht da sind, möchte ich bitten, erst nächste Woche mit den Schlussvorträgen zu beginnen. Ich gehe davon aus, dass eine Vielzahl von Kollegen, die diese Woche nicht in München sind, das Plädoyer der Bundesanwaltschaft hören wollen.

Götzl Es war doch erkennbar, welche Anträge noch offen sind. Oder nicht?

(Gemurre von Nebenklagevertretern und einigen Verteidigern.)

Anwältin Başay Ich müsste auch die Möglichkeit haben, meine Mandanten darüber zu informieren, dass morgen die Plädoyers beginnen.

Bundesanwalt Diemer Es hat seit Wochen festgestanden, dass es schnell gehen kann.

Anwalt Scharmer Unsere Mandanten leben zum Teil nicht in Deutschland. Sie müssen zumindest die Chance haben, zu den Plädoyers anzureisen.

Anwalt Behnke Eine ganz andere Frage: Die Entscheidung über den Antrag auf Aufzeichnung des Plädoyers der Bundesanwaltschaft steht noch aus. Wann wird denn darüber entschieden?

Götzl Bevor die Plädoyer beginnen, wird über den Antrag entschieden.

Verteidiger Klemke Es besteht überhaupt kein Anlass, morgen nicht mit den Plädoyers zu beginnen. Ihre Mandantschaft hätte sich darauf einstellen können.

Anwalt Hoffmann Es ist für die Nebenklägerinnen und Nebenkläger natürlich nicht planbar gewesen, wann die Plädoyers sind. Natürlich war bekannt, dass es jetzt irgendwann so weit ist. Aber deswegen kann man sich ja nicht vier Wochen im Voraus alles freihalten.

Götzl Dann machen wir jetzt noch mal eine Pause.

(Die Hauptverhandlung wird für zehn Minuten unterbrochen.)

Götzl Wir tragen dem Rechnung und beginnen morgen erst um 13 Uhr.

Verteidiger Klemke Die Verteidigung von Herrn Wohlleben kann das überhaupt nicht akzeptieren. Wir verweisen auf den Beschleunigungsgrundsatz. Es ist überhaupt nicht klar, ob irgendwelche Nebenkläger anreisen möchten.

Bundesanwalt Diemer Vielleicht kann sich die Verteidigung Wohlleben einmal zu einem Kompromiss bereit erklären. Es sind drei Stunden.

Verteidiger Klemke Wissen Sie, unser Mandant muss sich seit fünf Jahren und acht Monaten kompromissbereit zeigen.

Anwalt Narin Es ist sehr bemerkenswert, dass die Verteidigung Wohlleben, die durch zum Teil absurde Anträge nicht gerade zur Beschleunigung des Prozesses beigetragen hat, jetzt nicht mal wegen dieser drei Stunden Rücksicht nehmen kann.

Verteidiger Klemke Es ist bemerkenswert, dass gerade von Ihnen der Vorwurf der Verschleppung kommt.

Götzl Welche Nebenkläger wollen denn anreisen?

Anwältin Başay Ich habe in der Pause zwei meiner Mandanten erreicht. Wenn sie Urlaub bekommen, werden sie morgen anreisen.

Anwalt Narin Meine Mandanten wollen auch kommen. Sie bemühen sich bei ihrem Arbeitgeber um eine Freistellung.

Götzl Dann werden wir als Kompromiss morgen um 11 Uhr beginnen. Dann schließe ich jetzt die Beweisaufnahme.

Tag 374

19. Juli 2017

Manfred Götzl, Richter. **Herbert Diemer**, Vertreter der Bundesanwaltschaft. **Mathias Grasel, Wolfgang Heer**, Verteidiger von Beate Zschäpe. **Stefan Hachmeister**, Verteidiger von Holger Gerlach. **Olaf Klemke, Nicole Schneiders**, Verteidiger von Ralf Wohlleben.

Götzl Dann ergeht nach geheimer Beratung folgender Beschluss: Die Anträge 1. die Schlussvorträge des Generalbundesanwalts akustisch aufzuzeichnen und 2. hilfsweise selbst aufzuzeichnen, werden abgelehnt.
(Der Senat begründet die Ablehnung unter anderem damit, dass durch eine Aufzeichnung in die Persönlichkeitsrechte der Vertreter der Bundesanwaltschaft eingegriffen würde. Es könne ihnen auch nicht zugemutet werden, wenn »sogenannte Verzögerungs- oder Verlegenheitslaute« aufgezeichnet und die Aufnahmen möglicherweise in die Öffentlichkeit gelangen. Die Verteidigung habe »keinen Anspruch« auf eine Aufzeichnung. Sie seien »allesamt erfahrene Verteidiger und Volljuristen« und seien es »von Berufs wegen gewohnt, auch mündlichen Vortrag schnell und richtig zu erfassen, zu strukturieren und zusammengefasst schriftlich niederzulegen«. Das »Anfertigen von Mitschriften in der Hauptverhandlung« gehöre »zum Berufsbild des forensisch tätigen Juristen«.)

Verteidiger Klemke Der Angeklagte Wohlleben erhebt Gegenvorstellung. Eine Aufzeichnung stellt keinen Eingriff in die Persönlichkeitsrechte dar. Vorliegend geht es um die Aufnahme der Schlussvorträge der Sitzungsvertreter des Generalbundesanwalts. Das Persönlichkeitsrecht dient dem Bürger als Schutz vor dem Staat. Die Sitzungsvertreter des Generalbundesanwalts sind Vertreter des Staates und damit keine Grundrechtsträger, deshalb kommt es auf ihr Einverständnis nicht an. Peinliche Versprecher könnten zudem vorher gelöscht werden. Außerdem sind den Sitzungsvertretern in vier Jahren Prozess keine peinlichen Versprecher unterlaufen. Die angeblich drohenden Nachteile sind gegen die Rechte der Angeklagten abzuwägen. Der Angeklagte hat die Schlussvorträge selbst zu verstehen. Der Hinweis auf die forensische Erfahrung geht fehl, weil er nur an die Verteidiger gerichtet ist. Der Angeklagte hat erst durch das Aufzeichnen der Schlussvorträge die Möglichkeit, diese in Gänze zu erfassen. Seine Fürsorgepflicht gegenüber den Angeklagten beachtet der Senat überhaupt nicht. Die Vertreter des Generalbundesanwalts werden schriftlich fixierte Schlussvorträge verlesen. Es wird daher hilfsweise beantragt, der Verteidigung die Manuskripte der Schlussvorträge in Kopie zur Verfügung zu stellen. Des Weiteren wird hilfsweise beantragt, die Verteidigung in die Lage zu versetzen, selbst einen Stenotypisten zu beauftragen und die Kosten dafür als notwendige Kosten der Verteidigung anzuerkennen.

Verteidiger Grasel Frau Zschäpe, Herr Rechtsanwalt Borchert und ich schließen uns an. Frau Zschäpe teilte mir mit, dass auch sie sich nicht in der Lage sieht, 22 Stunden lang dem Schlussplädoyer des Generalbundesanwalts konzentriert zu folgen.

Bundesanwalt Diemer Zunächst widersprechen wir der Auffassung von Rechtsanwalt Klemke, dass wir drei hier keine Persönlichkeitsrechte hätten, also gleichsam rechtlose Gesellen wären. Dann: Es sind insgesamt 22 Stunden, vielleicht sind es auch 23 Stunden, aber sie werden nicht am Stück gehalten, sondern an geeigneten Stellen sicherlich unterbrochen. Der Strafprozess basiert auf dem Mündlichkeitsprinzip. Es ist nicht Aufgabe der Vertreter des Generalbundesanwalts, ihr Plädoyer an jeglichem Verstehenshorizont anzupassen. Zudem bin in davon überzeugt, dass die Angeklagten auch so gut verstehen werden, was wir sagen. Ich möchte noch mal auf die Missbrauchsgefahr zurückkommen. Ich bin davon überzeugt, dass die Tonaufnahme binnen kürzester Zeit im Internet stehen würden. Das ist an sich nichts Schlimmes, wenn es in Gänze rezipiert würde, dann könnte sich nämlich jeder ein objektives Bild machen. Stattdessen wird jeder Berichterstatter irgendein Zitat aus dem Mitschnitt verwenden.

Verteidigerin Schneiders Ich möchte erneut darauf hinweisen, dass Herr Wohlleben durch die enorme Haftdauer enorme Schwierigkeiten mit seiner Konzentrations- und Merkfähigkeit hat. Und im Übrigen: Dass Sie unvollständig zitiert werden, das kann Ihnen auch ohne Mitschnitt passieren. Das ist allgemeines Lebensrisiko.

Verteidiger Klemke Natürlich ist es nicht abwegig, gegen Vertreter des Staates ganz andere Maßstäbe anzuwenden. Dr. Diemer ist auch mit keinem Wort darauf eingegangen, dass die Plädoyers verlesen werden und mit peinlichen Fehlern also nur mit sehr geringer Wahrscheinlichkeit zu rechnen ist.

Verteidiger Hachmeister Uns ist schon klar, dass die Plädoyers nicht 22 Stunden am Stück gehalten werden. Aber der Punkt ist ein anderer. Mein Mandant hat sinngemäß gesagt: Was der Generalbundesanwalt ausgearbeitet hat, ist gestochen, wenn ich einen Satz notiere, verpasse ich drei weitere. Berücksichtigung finden muss nicht nur die Kompetenz des Verteidigers, sondern auch die des Angeklagten selbst. Die Gefahr der Verletzung von Persönlichkeitsrechten ist abzuwägen gegen die Gefahr, dass der Angeklagte dem Schlussvortrag nicht folgen kann.

Bundesanwalt Diemer Zum Antrag der Manuskriptherausgabe: Dem treten wir ausdrücklich entgegen. Es handelt sich um persönliche Notizen. Das ist hier kein

Stuhlkreis, Herr Hachmeister! Hier gilt die Strafprozessordnung! Und die sieht es einfach nicht vor.

Verteidiger Heer Wir schließen uns den Ausführungen des Kollegen Hachmeister an. Es sind auch keine privaten Notizen, sondern dienstliche Notizen. Sie sind hier nicht zum Privatvergnügen!

Umschlaggestaltung: Heidi Sorg und Christof Leistl
Satz: frese-werkstatt.de
Druck und Bindung: Pustet, Regensburg
ISBN 978-3-95614-095-2

RUDOLF AUGSTEIN STIFTUNG

Diese Publikation wurde mit Mitteln der
Rudolf Augstein Stiftung gefördert

VERLAG ANTJE
KUNSTMANN

Ramelsberger | Ramm | Schultz | Stadler

DER NSU-PROZESS
DAS PROTOKOLL

BAND 4
PLÄDOYERS + URTEIL

Tage 375–438

Verlag Antje Kunstmann

Tag 375

25. Juli 2017

Manfred Götzl, Richter. **Herbert Diemer, Anette Greger**, Vertreter der Bundesanwaltschaft. **Mathias Grasel, Wolfgang Heer**, Verteidiger von Beate Zschäpe. **Olaf Klemke, Wolfram Nahrath**, Verteidiger von Ralf Wohlleben.

(Der Senat lehnt nach der Gegenvorstellung mehrerer Verteidiger an Tag 374 erneut ab, das Plädoyer der Bundesanwaltschaft elektronisch oder durch einen Stenotypisten aufzeichnen zu lassen. Er lehnt auch ab, die Kosten zu übernehmen, sollten die Verteidiger selbst einen Stenotypisten engagieren, um das Plädoyer aufzuzeichnen. Er verweist auf das Prinzip der mündlichen Verhandlung, das im deutschen Strafprozess herrsche. Würde tatsächlich eine Aufzeichnung vorgenommen, sei zu befürchten, dass sie auch an die Öffentlichkeit gelange, damit wären die Persönlichkeitsrechte der Bundesanwälte verletzt. Auch die Befürchtung der Verteidiger, die Angeklagten seien als juristische Laien ohne Aufzeichnung nicht in der Lage, den Plädoyers zu folgen, weisen die Richter zurück. Ihnen stünden ja Verteidiger zur Seite, um ihre Verfahrensrechte zu wahren.)

Verteidiger Heer Wir beantragen die Übergabe einer Abschrift des Beschlusses und eine Unterbrechung zur internen Beratung.

(Nach einer fast zweistündigen Pause wird die Verhandlung fortgesetzt.)

Götzl Anträge? *(Schaut auf die Verteidigerbank.)* Keine. *(Zu Diemer)* Dann kommen wir zu Ihrem Vortrag.

Bundesanwalt Diemer Ich müsste noch meine Notizen holen, die sind nämlich oben.

(Gelächter im Saal.)

Götzl Dann unterbrechen wir bis zwölf Uhr.

(Bundesanwalt Diemer holt seine Notizen für sein Plädoyer aus seinem Dienstzimmer, dann wird die Verhandlung fortgesetzt.)

Dann setzen wir fort, Herr Bundesanwalt Dr. Diemer bitte.

Bundesanwalt Diemer Hoher Senat, die Beweisaufnahme ist nach 377 Verhandlungstagen *(tatsächlich sind es 375 Tage)* und vier Jahren zum Abschluss gekommen. Eine Beweisaufnahme, die das politische und mediale Interesse nicht immer befriedigen konnte. Nicht immer deshalb, weil die rechtsstaatlichen Vorschriften der Strafprozessordnung dem Grenzen setzte. Rechtsstaatliche Grenzen, die dazu verpflichteten, das strafrechtlich Wesentliche vom strafrechtlich Unwesentlichen zu trennen. So ist es schlicht und einfach unzutreffend, wenn immer noch kolportiert wird, der NSU-Prozess habe die Aufgabe nur teilweise erfüllt, denn er habe mögliche Fehler staatlicher Behörden nicht aufgeklärt. Oder er habe im Umfeld des NSU einen wie auch immer strukturierten weiteren Unterstützerkreis nicht weiter durchleuchtet. Mögliche Fehler staatlicher Behörden aufzuklären, ist eine Aufgabe der politischen Gremien. Ein strafprozessualer Aufklärungsansatz kommt erst dann in Betracht, wenn Anhaltspunkte für ein strafbares Verhalten von Personen vorliegen. Anhaltspunkte für eine strafrechtliche Verstrickung von Angehörigen staatlicher Stellen sind im Ermittlungsverfahren nicht aufgetreten. Wären sie aufgetreten, wären sie in gesetzlich vorgesehener Weise aufgeklärt worden.

Die Aufklärung eines weiteren Unterstützerumfelds, also die Ermittlung möglicher weiterer strafbarer Unterstützer des NSU, ist bei entsprechenden Anhaltspunkten Aufgabe weiterer Ermittlungen. Sie konnte nicht Aufgabe dieses Strafprozesses sein, denn der Gegenstand dieses Strafprozesses war von Rechts wegen durch die zur Anklage gebrachten Personen und Taten vorgegeben. Diese klaren Strukturen müssen in einem Rechtsstaat eingehalten werden, dieser Senat und der Generalbundesanwalt haben sie eingehalten. Anderes zu behaupten verunsichert die Opfer, verunsichert die Bevölkerung.

Bezogen auf den strafprozessualen Gegenstand der Hauptverhandlung, nämlich die angeklagten Taten und den Umfang der Schuld der Angeklagten, ist die Beweisaufnahme jedoch ihrer systemrelevanten Bedeutung für die Rechtspflege, aber auch der menschlichen, gesellschaftlichen und historischen Bedeutung dieses Strafprozesses in jeder Hinsicht gerecht geworden. Sie war in ihrem Ausmaß, ihrer Gründlichkeit und ihrer Gewissenhaftigkeit das adäquate Pendant nicht nur zu dem ungeheuer komplizierten Verfahrensstoff, sondern auch zu den heftigsten und infamsten Terroranschlägen in der Bundesrepublik Deutschland seit den linksextremistischen Mordanschlägen der RAF. Diese umfassende Beweisaufnahme hat die Anklage des Generalbundesanwalts hinsichtlich aller fünf Angeklagter in objektiver und subjektiver Hinsicht in allen wesentlichen Punkten bestätigt.

Danach hat die Angeklagte Zschäpe als Mitgründerin und Mitglied einer terroristischen Vereinigung, die sich Nationalsozialistischer Untergrund oder NSU nannte, als Mittäterin zusammen mit den früheren Komplizen Uwe Böhnhardt und Uwe Mundlos in der Zeit zwischen 1998 und 2011 neun Menschen türkischer oder griechischer Herkunft ermordet und einen tödlichen Anschlag auf zwei Polizeibeamte begangen, bei dem eine Beamtin ums Leben kam und ihr Kollege aufs Schwerste verletzt wurde. Die Angeklagte Zschäpe hat als Mittäterin weiterhin in tödlicher Absicht einen Bombenanschlag auf das Ladengeschäft einer iranischen Familie in der Kölner Altstadt verübt und dabei eine junge Frau auf das Schwerste verletzt, sowie als Mittäterin eine Nagelbombe von großer

Sprengkraft in einer Wohnstraße in Köln zur Explosion gebracht, um möglichst viele Menschen türkischer Herkunft zu töten, und dabei 23 Personen zum Teil schwer verletzt. Diese Mordanschläge hat sie gemeinsam mit ihren Mittätern auf einer DVD auf zynische, volksverhetzende Weise dargestellt und dabei die Opfer entehrt und verhöhnt.
Zur Finanzierung des Lebensunterhalts im Untergrund hat die Angeklagte Zschäpe darüber hinaus gemeinsam mit Böhnhardt und Mundlos ebenfalls als Mittäterin besonders schwere Überfälle auf einen Supermarkt und 14 Geldinstitute verübt, bei denen Böhnhardt und Mundlos jeweils schwer bewaffnet waren, in zwei Fällen auch in tödlicher Absicht auf einen Menschen schossen, und bei denen sie insgesamt 615 000 Euro erbeuteten. Schließlich hat Beate Zschäpe nach dem letzten Banküberfall am 4. November 2011 zur Verdeckung all dieser Straftaten das zuletzt bewohnte Haus in der Frühlingsstraße in Zwickau in Brand gesetzt. Dabei rechnete sie mit der Möglichkeit, dass Menschen, die sich eines solchen Angriffs auf ihr Leben nicht versehen hatten, zu Tode kommen könnten, und hat dies billigend in Kauf genommen.
In dieser Hauptverhandlung wurde auch aufgeklärt, warum all diese Menschen aus anderen Ländern und eine junge Polizistin sterben mussten, warum dem Polizeibeamten Martin A. in den Kopf geschossen wurde, warum M. M. mit einem Sprengsatz so schwer verletzt wurde, dass sie fast ums Leben gekommen wäre *(er bezieht sich auf den Anschlag in der Kölner Probsteigasse)*, und warum die Nagelbombe in der Kölner Keupstraße explodieren und so viele Menschen schwer verletzen musste. Das Motiv all dieser Verbrechen war rechtsextremistische Ideologie, der Wahn von einem ausländerfreien Land, und die Intention, dieses freie, friedliche, freundliche Land, in dem wir leben, in seinen Grundfesten zu erschüttern, um einem widerwärtigen Naziregime den Boden zu bereiten.
Der 38-jährige Enver Şimşek, der 49-jährige Abdurrahim Özüdoğru, der 31-jährige Süleyman Taşköprü, der 38-jährige Habil Kiliç, der 25-jährige Yunus Turgut *(Bundesanwalt Diemer nennt irrtümlich den Namen des Bruders, tatsächlich wurde Mehmet Turgut ermordet. Die Verwirrung geht darauf zurück, dass ein türkischer Beamter bei der Ausstellung der Ausweise für die Brüder Yunus und Mehmet Turgut wohl ihre Namen verwechselte. Das ermittelte ein Rostocker Polizist. Der Fehler wurde nie korrigiert. Und so starb Mehmet in Rostock unter dem behördlich registrierten Namen Yunus. Auch in der Anklageschrift wird Mehmet Turgut Yunus genannt. Und so nennt Diemer Mehmet in seinem Plädoyer immer noch Yunus.)*, der 50-jährige İsmail Yaşar, der 39-jährige Mehmet Kubaşık, der 21-jährige Halit Yozgat und der 41-jährige Theodoros Boulgarides wurden von Beate Zschäpe und ihren Komplizen hingerichtet, weil sie ausländischer Herkunft waren und in den Augen ihrer Mörder in Deutschland nichts zu suchen hatten. Weil andere Menschen davon abgeschreckt werden

sollten, nach Deutschland zu kommen, weil Bürger ausländischer Herkunft in Deutschland so verunsichert werden sollten, dass sie das Land verlassen. Diese Menschen wurden nicht aufgrund irgendeiner eigenen kriminologischen oder soziologischen Vorbelastung oder als Folge eines eigenen Verhaltens zum Opfer, sie wurden Opfer als willkürlich herausgegriffene Angehörige ihrer Bevölkerungsgruppe, nur dies bestimmte die Auswahl des Opfers, nicht die Opferpersönlichkeit als solche. Allein aus diesen Gründen explodierten auch die Bomben bei Familie M. und vor dem türkischen Friseurgeschäft in der Keupstraße in Köln.

Auch die 22-jährige Polizeimeisterin Michèle Kiesewetter ist den Terroristen nicht aufgrund irgendeiner eigenen Vorbelastung oder ihres Vorlebens zum Opfer gefallen. Abseits von haltlosen Spekulationen in der Öffentlichkeit im Zusammenhang mit der Herkunft, dem sozialen und beruflichen Umfeld, den Familienangehörigen oder mit dem Privatleben haben die tatsächlichen Feststellungen dieser Hauptverhandlung ein eindeutiges Ergebnis erbracht. Auch Kiesewetter sollte sterben als Repräsentantin der von den Extremisten verhassten Polizei und damit des Staates. Genau das Gleiche gilt für ihren Kollegen, den damals 24-jährigen Polizeimeister Martin A., der diesen Mordanschlag mit einem Höchstmaß an Glück überlebte. Der Anschlag auf die beiden Polizeibeamten war ein Angriff gegen unseren Staat, seine Vertreter und Symbole. Die Auswahl der Personen selbst geschah auch hier willkürlich. Alle anderen Spekulationen selbst ernannter Experten, die auch heute noch so tun, als hätte es diese Beweisaufnahme vor dem Oberlandesgericht München nie gegeben, sind wie Irrlichter, sind wie Fliegengesumme in den Ohren.

Die Täter, das werden wir im Ergebnis der Beweisaufnahme darlegen, waren Uwe Böhnhardt, Uwe Mundlos und Beate Zschäpe. Sie waren es, die als sogenannter NSU das Land mit diesem Terror überzogen und dieses Unheil angerichtet haben. Sie waren es, die all diese angeklagten Straftaten begingen, in Mittäterschaft als Mitglieder einer terroristischen Vereinigung, unterstützt von den anderen vier Angeklagten hier in diesem Saal. Auch für diese vier Personen hat sich der angeklagte Sachverhalt, wie wir ebenfalls darlegen werden, in der Beweisaufnahme in allen wesentlichen Punkten bestätigt.

Die überlebenden Täter und ihre Unterstützer und Gehilfen sitzen also hier auf den Bänken, sie heißen Beate Zschäpe, André Eminger, Holger Gerlach, Ralf Wohlleben und Carsten Schultze.

Ich erlaube mir hier, Herr Vorsitzender, das Wort zunächst an Oberstaatsanwältin am Bundesgerichtshof, Anette Greger, zur Würdigung der Beweise im Zusammenhang mit der Angeklagten Zschäpe und der terroristischen Vereinigung NSU, und anschließend an Oberstaatsanwalt Weingarten zur Würdigung der Beweise im Zusammenhang mit den vier weiteren Angeklagten und zur Beschaffung der Mordwaffe Česká zu übergeben. Danach würde ich zur Frage der Rechtsfolgen sprechen.

Oberstaatsanwältin Greger Hoher Senat, Herr Vorsitzender. Ich werde meinen Teil des Plädoyers in zwei Teile gliedern. Der erste Teil wird kurz auf die Einlassung von Beate Zschäpe eingehen, es folgt die Vorgeschichte und die Periode der Gründung der Vereinigung. Danach werde ich Ausführungen zur Struktur der Vereinigung und zur mitgliedschaftlichen Betätigung der Angeklagten Zschäpe in der Vereinigung machen. In diesem Komplex werde ich darlegen, wie zwei erfolglose Narzissten, die gern erfolgreich sein wollten, und die Tochter zweier Zahnärzte 13 Jahre lang das Land terrorisierten und keiner vor ihnen sicher war. Kein Migrant, kein Polizeibeamter und auch kein Angestellter oder Kunde einer Bank oder eines Marktes. Im zweiten Teil werde ich auf die einzelnen Straftaten im Einzelnen eingehen.

Zur Einlassung der Angeklagten Beate Zschäpe: Die Angeklagte hat am 249. Hauptverhandlungstag in einer vom Verteidiger verlesenen und nach der Aussage der Verteidiger weitgehend von diesen vorformulierten Erklärung jede Art der Beteiligung und Form der Verantwortung von sich gewiesen. *(Greger referiert zunächst die Einlassung Zschäpes.)*

Die Angeklagte zeichnet das Bild zweier psychopathischer Gewalttäter, die die Mordanschläge aus persönlicher Frustration verübt haben. Auch sie selbst sei wiederholt der Gewalt von Böhnhardt ausgesetzt gewesen. In einer an die Opfer gerichteten persönlich vorgetragenen Entschuldigung hat sie keine persönliche Verantwortung übernommen. Im weiteren Verlauf des Prozesses hat sie eine spontane tatbezogene Auskunft zu Fragen des Senats durchweg abgelehnt. So bleiben Widersprüche zu den belastenden Angaben der Mitangeklagten offen. Der Auseinandersetzung mit wichtigen Beweismitteln verweigert sich die Angeklagte nach wie vor. Den Fragen der Opfer und Hinterbliebenen hat sie sich nicht gestellt. Eine derartige Strategie eines adaptierten Teilschweigens scheint für die Überzeugungsbildung eines Strafsenats nur bedingt geeignet.

Setzt man sich mit der Einlassung der Angeklagten inhaltlich auseinander, lassen die offensichtlichen Divergenzen zu belastbaren Beweismitteln nur eindeutig schuldindizielle Schlüsse zu. Die Angeklagte zeichnet ein Bild von sich und der Dreiergruppe, wie es nach der Beweisaufnahme nicht zutreffen kann. Böhnhardt und Mundlos verübten von 1999 bis 2007 insgesamt 13 hinterhältige Mordanschläge. Bei der Begehung der 15 bewaffneten Raubüberfälle zögerten sie nicht einen Moment, auf wehrlose Zeugen Schüsse abzugeben. Ihren Gesinnungsgenossen Schultze und Wohlleben gegenüber haben sich Böhnhardt und Mundlos mit ihren Taten gebrüstet. Die Vorstellung, dass Böhnhardt und

Mundlos eine angeblich vermehrt dem Alkohol zusprechende Angeklagte Zschäpe 13 Jahre lang in ihrem Umfeld geduldet, wenngleich isoliert hätten, wirkt mit Blick auf das enorme Entdeckungsrisiko nicht gerade überzeugend. Es stellt sich nach der Einlassung der Angeklagten Zschäpe die Frage: Wie oft kann eigentlich die rechtsextremistische Gesinnungsgenossin Zschäpe, die vor dem gemeinsamen Untertauchen rechtsextremistische Straftaten verübt hat, von den rechtsextremistischen Anschlägen nach dem Untertauchen überrascht und enttäuscht sein – nachdem sie sich, was sie gänzlich verschweigt, in Richtungsdiskussionen vor dem Untertauchen für den bewaffneten Kampf ausgesprochen hat, und nachdem sie, was sie ebenfalls ausspart, nach dem Untertauchen stolz zusammen mit Böhnhardt und Mundlos das rechtsextremistische üble Hetzspiel Pogromly gebastelt hatte.
Wie passen die Kosenamen Killer und Cleaner im Wetteinsatz dazu? Wie fügt sich in dieses Bild, dass sie wenige Tage nach dem Anschlag in der Keupstraße in Kenntnis der erschütternden Tat bestens gelaunt mit den beiden Uwes in den Urlaub fährt?
Die Beweisaufnahme hat umfassende, in sich stimmige und belastbare Erkenntnisse zu dem Zusammenleben der drei Personen im Untergrund ergeben. Danach verband die Angeklagte mit Böhnhardt und Mundlos ein vertrautes und über Jahre hinweg exklusives Verhältnis, in dem sich die Angeklagte Zschäpe gut aufgehoben fühlte. Die spontane Aussage der Angeklagten bei ihrer Verhaftung, die beiden Uwes wären ihre Familie gewesen, beschreibt diese Beziehung treffend und auch zutreffend.
Der Mitangeklagte Carsten Schultze hat glaubhaft bekundet, wie die beiden Uwes, die er vorher nicht persönlich kannte und bei dieser Gelegenheit das erste Mal traf, ihm gegenüber als Außenstehendem mit einem Sprengstoffdelikt prahlten. Bei der Waffenübergabe berichteten sie stolz über einen letztlich misslungenen Anschlag in Nürnberg. Einer von ihnen warnte dann: »Psst, Beate kommt.« Die Annahme, die Warnung habe einer nicht Eingeweihten gegolten, wäre angesichts des mehrjährigen engen Zusammenlebens der drei Personen und der gemeinsamen Vorerfahrungen mit Sprengstoffdelikten mehr als naiv. Vielmehr passt die beschriebene Angeberei perfekt auf die narzisstische Persönlichkeit von Böhnhardt und Mundlos. Und die beschriebene Warnung passt perfekt zu der Persönlichkeit der Angeklagten Zschäpe, die offensichtlich die Macht und Position hatte, die anderen Gruppenmitglieder durch ihr bloßes Erscheinen zur Eingeschworenheit und Vertraulichkeit zurückzurufen.
Oder wie es ihr Cousin, der Zeuge Stefan Apel, kurz und knapp formuliert hat: Sie hatte die beiden Männer im Griff. Der Versuch, sich zu entschuldigen, die Verantwortlichkeit abzuschütteln, musste angesichts der Flut an sichergestellten

Beweismitteln und der Aussage der Mitangeklagten demnach kläglich scheitern. Vertan bleibt die historisch einmalige Chance für die Opfer und ihre Angehörigen, dass ihre Fragen von der Angeklagten beantwortet würden.
(Nun führt Greger aus, welche Ziele der NSU verfolgt habe und wie das untergetauchte Trio arbeitsteilig vorgegangen sei.)
Die Angeklagte Beate Zschäpe fungierte als Tarnkappe. Sie sicherte den Unterschlupf der Gruppe und gewährleistete die bestmögliche und ungestörte Begehung der Anschläge. Sie verschleierte die Abwesenheiten der Männer, dokumentierte die Taten und begleitete sie aus der Wohnung heraus. Im Falle von Nachfragen der Nachbarn oblag es ihr, aus der Situation heraus Alibis zu ersinnen.

Verteidiger Grasel Frau Zschäpe kann in der Geschwindigkeit nicht folgen. Vielleicht noch mal bei Tarnkappe ansetzen.

Oberstaatsanwältin Greger *(zu Götzl)* Damit habe ich kein Problem. *(Greger wiederholt den entsprechenden Teil ihres Vortrags.)* Daneben war die Angeklagte mit der Archivierung der Taten und mit der Erstellung der letztlich von ihr persönlich veröffentlichten Bekenner-DVD befasst. Sie verfügte über ein gehöriges Mitspracherecht bei den gemeinsamen Finanzen, war der Kassenwart der Gruppe und durfte über die Gelder der Gruppe verfügen. Eingebunden war sie auch bei den Entscheidungen zu Aufenthaltsorten der Gruppe, bei der Legendierung von Böhnhardt und Mundlos, der Anmietung von Wohnungen und Mietfahrzeugen, der Beschaffung von SIM-Karten, Mobiltelefonen, Ausweispapieren und Waffen. Innerhalb der Gruppe fand ein uneingeschränkter Wissensaustausch statt.
Alle drei Personen verband ein starkes Gefühl der Zusammengehörigkeit, der Überlegenheit und der Fremdenfeindlichkeit. Die Angeklagte wollte um jeden Preis, dass Mundlos und Böhnhardt die Taten unentdeckt begehen und fortführen konnten und danach stets unversehrt zu ihr zurückkehrten.
Die Beweisaufnahme hat ergeben, dass sich die Angeklagte zwar nicht eigenhändig an der Ausführung der Taten beteiligt hat. Sie war aber gleichberechtigtes Mitglied in der Untergrundzelle NSU und sie war in die Organisation und Logistik der Taten arbeitsteilig eingebunden. Sie tarnte das System NSU ab. Auf diese Weise wirkte sie auch an der Ausführung der Taten mit. Ihre Rolle stellt sich in der rechtlichen Bewertung als ebenso essenziell für jede einzelne Tat dar wie die der beiden männlichen Gruppenmitglieder. Weder die Anschläge noch die Überfälle hätten ohne das Zutun der Angeklagten in dieser Form stattfinden und gelingen können. Die Angeklagte war der entscheidende Stabilitätsfaktor der Gruppe. Ihre Rolle im Hintergrund entspricht nicht nur dem ideologischen Geschlechterbild in der rechten Szene. Bereits in den Jahren 1996 bis 1998 hielt sich die Angeklagte bei den gemeinsam verübten Straftaten in Jena von den Tatorten fern und sicherte ab.

Noch nach der Auflösung der Vereinigung setzte die Angeklagte Zschäpe alles daran, Beweismittel zu vernichten, und setzte nun eigenhändig weitere Menschenleben aufs Spiel. Anschließend ließ sie lieber ihre beiden Katzen auf der Straße zurück, als auf eine Veröffentlichung des gemeinsamen Lebenswerkes zu verzichten.

(Ausführlich geht Greger nun auf die persönliche Entwicklung Zschäpes und ihrer Freunde ein. Nach der Mittagspause ergreift einer der Anwälte Ralf Wohllebens das Wort.)

Verteidiger Nahrath Mein Mandant hat mitgeteilt, dass er schon nach dem ersten Block in der Mitte nicht mehr mitkam. Er ist schon jetzt mit dem Mitschreiben überfordert und nicht mehr in der Lage, dem zu folgen. Er kann auch in Pausen in der Zelle keine Ruhe finden, da ist es stickig, eng, es ist laut, schlechte Luft, Neonlicht, Schlachthausatmosphäre, er kann dort nicht, wie es vorgesehen ist, Ruhe und neue Kraft fassen.

Götzl Dann werden wir unterbrechen, den Landgerichtsarzt holen und ihn bitten, dass er Sie untersucht, Herr Wohlleben.

(Die Hauptverhandlung wird für gut eine Stunde unterbrochen.)

Herr von Oefele hat Sie, Herr Wohlleben, im Beisein von Rechtsanwalt Klemke gesehen. Sie hätten, Herr Wohlleben, gesagt, dass Sie im Laufe des Tages in der Zelle keine Ruhe gefunden hätten. In der Nacht hätten Sie nicht gut geschlafen, beim Aufstehen sei Ihnen schwindelig gewesen. Jetzt seien Sie wieder in der Lage, dem Verfahren zu folgen. Ihr Vorschlag und der von Rechtsanwalt Klemke sei gewesen, die Blöcke nicht zu groß sein zu lassen und Pausen einzulegen. Ist das so zutreffend?

Verteidiger Klemke Der Vorschlag mit den Blöcken kam von Herrn von Oefele, nicht von uns. Er hatte nur größere Blöcke vorgeschlagen.

Götzl Hm. Im Kontakt mit dem Sachverständigen sei Ralf Wohlleben klar und orientiert gewesen. Man habe sich mit ihm sachgerecht unterhalten können. Von Ihnen, Herr Rechtsanwalt Klemke, sei der Vorschlag gekommen, Blöcke in der Größenordnung von 45 Minuten zu machen. So können wir gern verfahren.

Oberstaatsanwältin Greger *(setzt fort. Sie geht auf das Brettspiel Pogromly ein, dann wieder auf die Gruppenstruktur des Trios.)* Böhnhardt, Mundlos und Zschäpe sonderten sich in ihrer rassistischen Gedankenwelt zunehmend als elitäre Gruppe aus der rechten Szene ab, die sie weitgehend als zu unpolitisch empfanden. *(Greger zitiert mehrere Zeugen, anschließend charakterisiert sie Zschäpe als willensstarke Person. Dies hätten auch Zschäpes Freunde so gesehen.)* In einem Brief von Mundlos, der am 26. Januar 1998 in der Garage in Jena sichergestellt worden ist, das Asservat 59.61, und der in der Hauptverhandlung auch verlesen worden ist, macht Uwe Mundlos daraus keinen Hehl. Ich zitiere: »Beate hat mir deswegen auch schon Anschisse verpasst.«

Die Beweisaufnahme hat auch ergeben, dass die Angeklagte Zschäpe selbst körperliche Gewalt ausgeübt hat, dass sie selbst mit einer Druckluftwaffe bewaffnet war und dass sie selbst rechtsextremistische Straftaten begangen hat und sich ausdrücklich für Gewaltausübung für politische Zwecke ausgesprochen hat.

(Nachdem Greger diese Punkte näher ausgeführt und einzelne Straftaten, die in der Beweisaufnahme eine Rolle spielten, genannt hat, geht sie auf die von Zschäpe angemietete Garage in Jena ein. Die Garage wurde 1998 von der Polizei durchsucht. Die Beamten fanden dort Sprengstoff und Nazi-Propagandamaterial.)

Alle drei Personen, also auch die Angeklagte Zschäpe, verband bereits vor dem Untertauchen die Bereitschaft, Sprengstoff zur Einschüchterung Andersdenkender einzusetzen, die Verachtung von Juden, der Hass auf Türken, die Neigung, den Staat zu provozieren, der Hang, bewaffnet aufzutreten, und die völkische Frömmelei. Eine Antwort, wann und weshalb die Angeklagte nach dem gemeinsamen Untertauchen von der Billigung ideologisch geprägter Gewalttaten abgerückt sein könnte, bleibt die Angeklagte in sämtlichen Einlassungen schuldig.

Hoher Senat, ich habe eben die Vorgeschichte dargestellt, jetzt geht es mir darum, die Gründung der Vereinigung NSU vorzustellen und auszuführen. Es ist davon auszugehen, dass die drei den Entschluss, sich zu bewaffnen und auf Dauer eine terroristische Zelle im Untergrund zu bilden, im zweiten Halbjahr 1998 in Chemnitz fassten, als sich abzeichnete, dass die Spenden, die Zuwendungen und die Bereitschaft zu sonstigen Unterstützungsleistungen vonseiten der rechten Szene und des persönlichen Umfelds auf Dauer ein Leben im Untergrund nicht nachhaltig sichern würde können. Andererseits verfestigte sich die gemeinsame Überzeugung, weder ins Ausland zu flüchten noch sich den Strafverfolgungsbehörden zu stellen. Die Gründung der Vereinigung ist nicht taggenau zu bestimmen. *(Greger geht auf die in der Beweisaufnahme thematisierten Aussagen und Vorkommnisse ein, unter anderem auf den Überfall auf einen Edeka-Markt im Dezember 1998.)*

Nach dem Ergebnis der Beweisaufnahme war der NSU von Gründung bis zur Auflösung am 4. November 2011 als kleine Zelle konzipiert. Sie bestand durchgängig ausschließlich aus den drei Personen Böhnhardt, Mundlos und Zschäpe. Die drei Gruppenmitglieder lebten zusammen im Untergrund, sie agierten arbeitsteilig. Nach außen traten alle drei Personen ausschließlich unter Aliasnamen auf, auch untereinander verwendeten sie konsequent Tarnnamen. Die Gruppe finanzierte sich selbst, auf Unterstützer griff die Gruppe nur partiell zurück. Wobei anfangs jedoch, wie der NSU-Brief belegt, auch der Aufbau eines anonymen Netzwerkes nicht ausgeschlossen worden ist.

Zur Persönlichkeit der Angeklagten Zschäpe hat die Beweisaufnahme erbracht: Die Angeklagte wurde vor dem Untertauchen von Zeugen aus ihrem Umfeld als starke Persönlichkeit wahrgenommen. Es stellt sich nach der Einlassung der Angeklagten und nach der Zeugenaussage von Professor Bauer die Frage, ob die Beweisaufnahme Anhaltspunkte dafür ergeben hat, dass die Angeklagte nach dem Untertauchen innerhalb der Gruppe von Böhnhardt und Mundlos ausgegrenzt, von Entscheidungen ausgenommen worden wäre oder sich gar zu einer abhängigen Persönlichkeit entwickelt hätte. Die Antwort nach der Beweisaufnahme lautet: Nein. Zahlreiche Zeugen schildern, insbesondere der Mitangeklagte Holger Gerlach, dass die Angeklagte auch nach dem Untertauchen stets vermochte, innerhalb der Dreiergruppe ihre Position zu vertreten, und dass ihr ein Mitspracherecht zukam, sodass sie ohne Zweifel an allen relevanten Entscheidungsprozessen teilgenommen hat. *(Greger referiert entsprechende Hinweise und Zeugenaussagen.)*
Nach der Beweisaufnahme ist auch davon auszugehen, dass die Angeklagte nach dem Untertauchen mit keinem der Männer eine exklusive Beziehung führte. Zwar haben einige Zeugen aus ihrer damaligen Nachbarschaft ausgesagt, die Angeklagte habe behauptet, einer ihrer Mitbewohner sei ihr Freund, der andere der Bruder. Diese Fiktion war jedoch im konservativen Umfeld der Nachbarn allein der Legendierung geschuldet. Schon die Aufteilung der Zimmer in den verschiedenen Wohnungen spricht gegen eine Paarbeziehung.
In prozessualen Angelegenheiten seit Mai 2013 zeigte sich die Angeklagte durchgehend bestimmend, selbstbewusst und durchsetzungsstark. Zu erwähnen ist, wie vehement sie tagesabhängig die Sitzordnung der Verteidiger und selbst der des Angeklagten Eminger vorgeschlagen und durchgesetzt hat. Wie konsequent sie unbequeme Zeugen fixiert hat und mit welcher Energie und Ausdauer sie ihren Bannstrahl gegen ihre drei sogenannten Altverteidiger gerichtet hat, als diese sich ihrem Willen nicht mehr unterordnen wollten. Auch in der Haftanstalt in München ist sie selbstbewusst und standfest aufgetreten.
In der Hauptverhandlung ergaben sich keine tragfähigen Anhaltspunkte dafür, dass sich die Angeklagte Zschäpe, wie von ihr behauptet, nach dem Untertauchen vom rechten Gedankengut distanziert hätte. Die Angeklagte hatte in ihrer Wohnung Zugriff auf eine Vielzahl von rechten Schriften. Auch das lange Zusammenleben mit zwei überzeugten, rechtsextremistischen Mördern und ihr Engagement, das sie am 4. und 5.11.2011 gezeigt hat, sprechen eindeutig gegen einen Gesinnungswandel. Wenn die Angeklagte Beate Zschäpe dem Zeugen Patrick K. *(ein früherer junger Nachbar von Zschäpe)* auch einmal geraten haben soll, nicht in die rechte Szene abzurutschen, ist dies nur konsequent, da die drei Untergetauchten selbst ab 2000 den Kontakt in die rechte Szene mieden und sich

angepasst verhielten, beispielsweise auch griechische Restaurants aufsuchten. Hinzu kommt, dass das Entdeckungsrisiko für die gesamte Gruppe durch eine extremistische Betätigung des Wohnungsnachbarn zugenommen hätte, die Warnung also auch der Sicherheit der Gruppe diente.

Die Gruppe selbst war staatsfeindlich ausgerichtet. Die Angeklagten Zschäpe, Gerlach und Wohlleben verhalten sich zu den politischen Zielen der Gruppe verschwommen. Nach dem Ergebnis der Beweisaufnahme töteten Böhnhardt und Mundlos unbeschadet ihrer psychopathischen Züge nicht aus Mordlust und auch nicht gelegenheitshalber aus Frustration. Böhnhardt und Mundlos sahen sich nicht als Kriminelle. Sie töteten im Namen des Nationalsozialistischen Untergrunds. Der NSU hat sein Wirken ausdrücklich unter ein politisches Motto gestellt. Dies zeigt nicht nur die Namensgebung. Die Bezeichnung, die seit dem Jahr 2001 unverändert geblieben ist, stellt unmissverständlich den Bezug zum historischen Nationalsozialismus her.

Auch der Vorgehensweise der Gruppe kommt eine starke Aussagekraft zu. Die Taten waren ganz und gar nicht das Zufallsprodukt, das die Angeklagte Zschäpe behauptet. Durch die Verwendung ein und derselben Schusswaffe sollten diese Taten in der Öffentlichkeit als serienmäßige Hinrichtungen wahrgenommen werden. Die Anschläge wurden bereits ab der ersten Erschießung von der Gruppe dokumentiert und nummeriert. Das Konzept sah auch vor, durch Sprengstoffanschläge wiederholt eine größere Anzahl von Opfern zu treffen. In beiden Fällen sollte zunächst keine Bekennung zu den einzelnen Taten erfolgen. Dadurch sollten die Bevölkerungsteile mit Migrationshintergrund massiv verunsichert werden. Bürger, die nach dem Verständnis der Gruppe nicht der deutschen Nation angehörten, sollten das Vertrauen zum Staat und in die Polizei verlieren und zum Wegzug veranlasst werden. Innerhalb der betroffenen Bevölkerungsteile sollte sich Misstrauen ausbreiten. Die wahren Hintergründe sollten erst im Bekennervideo dargelegt werden.

Im Bekennervideo »Paulchen Panther« bekundet der NSU: »Solange sich keine grundlegenden Änderungen in der Politik, Presse und Meinungsfreiheit vollziehen, werden die Aktivitäten weitergeführt. Taten statt Worte.« Der NSU wollte demnach mit seinen Taten zum Erhalt der deutschen Nation beitragen. Warum die Serie der Anschläge im Jahre 2007 endete, konnte nicht festgestellt werden. Bislang jedenfalls wurden keine weiteren Anschläge ermittelt. Das Konzept sah schließlich auch vor, im Falle einer Entdeckung, wie in den »Turner-Tagebüchern« beschrieben, die Kommandozentrale zu sprengen.

Die Recherche der Angeklagten im Internet und ihr gezieltes strukturelles Vorgehen am 4. und 5.11.2011 belegen, welche Abreden es für den Fall eines Fehlschlagens einer Tat gab und dass die Angeklagte Zschäpe in genau diesem Fall verantwortlich war, ohne Rücksicht auf die Mitbewohner die Wohnung in die Luft zu jagen. Dass die Angeklagte Zschäpe nach ihrer Brandlegung nichts als ihre Katzen und die zahlreichen Exemplare der Bekenner-DVD aus der Wohnung rettete, belegt den Stellenwert, den die Bekennung für sie einnahm.

Tag 376

26. Juli 2017

Anette Greger, Vertreterin der Bundesanwaltschaft. **Wolfgang Heer**, Verteidiger von Beate Zschäpe.

Oberstaatsanwältin Greger Hoher Senat, ich stelle dar, welche Erkenntnisse die Beweisaufnahme zum Innenleben der Vereinigung erbracht hat. Dass die Untergrundzelle die Mordanschläge so effektiv und lange Zeit unentdeckt begehen konnte, lag nicht zuletzt an dem engen Zusammenhalt und Zusammenspiel der drei Mitglieder.

Böhnhardt und Mundlos waren kein psychopathisches Duo, das neben der Angeklagten herlebte und hin und wieder in mörderische Exzesse verfiel. Alle drei Personen fügten ihr Handeln und ihr Verhalten in ein großes Ganzes ein. Das gemeinsame Zusammenleben war über die Jahre darauf ausgerichtet, die Anschläge sicher und effektiv zu begehen. Alle drei Personen sicherten gemeinsam Böhnhardt und Mundlos bestmöglich ab. Alle drei Mitglieder schweißte ein unbedingtes Vertrauen zueinander zusammen. Die Handlungen aller drei Personen zeigen sich ineinander verwoben. Jedem kamen bestimmte Aufgaben im Dienste der gemeinsamen Sache zu.

Die Angeklagte Zschäpe trat im Geschäftsverkehr als harmlose Hausfrau auf. Sie beschaffte für die Gruppe SIM-Karten und Mobiltelefone, die allen Mitgliedern zur Verfügung standen. Sie sorgte für sichere Ausweise. Uwe Böhnhardt übernahm ab 2004 die Aufgabe, Wohnmobile und Fahrzeuge anzumieten. Gemeinsam verschafften sich Böhnhardt, Mundlos und Zschäpe eine Vielzahl von Schusswaffen, dazu Munition und Sprengstoff. Und in den Kellerräumen fanden in Kenntnis der Angeklagten Zschäpe Schießübungen statt.

Das Herzstück der Gruppe war ihre Wohnung. Ihrem Wohnungsumfeld spielten die drei Personen unter Aliasnamen die Schimäre des ganz normalen Lebens vor. Das Innere der genutzten Mietwohnungen wurde zunehmend baulich gesichert. Der Außenbereich der zuletzt genutzten Wohnung wurde mit Kameras zuletzt komplett überwacht. In der Unterkunft wurde die gesamte Logistik der

Gruppe, also Waffen, Sprengstoffe, Papiere, Daten, Kommunikationsmittel, das Zeitungsarchiv und auch Beute gelagert.

Die Asservatenlage, wie sie nach dem Brand in Zwickau von den Ermittlungsbehörden vorgefunden wurde, belegt eine sehr enge vertrauensvolle Bindung der drei Personen. Demnach lagen Waffen und Beute und Bekenner-DVD offen zugänglich in der Wohnung, die Computer wurden unverschlüsselt betrieben und standen allen Mitgliedern zur Verfügung. Die Kommunikationsmittel wurden ebenfalls gemeinsam ohne feste Zuordnung von den drei Gruppenmitgliedern wechselnd benutzt.

Die Gruppe verfügte am 4. November 2011 über zwei Computer. Der Hauptcomputer befand sich im Zimmer der Angeklagten. Er stand unter dem Hochbett der Angeklagten Zschäpe. Dort war ein PC-Arbeitsplatz eingerichtet. Nach der Einlassung der Angeklagten Zschäpe, die sich insoweit mit dem Ergebnis der Ermittlungen deckt, arbeiteten alle drei Personen mit dem Gerät.

Für sich selbst spricht, bedenkt man die Behauptung der Angeklagten Zschäpe, sie sei von Böhnhardt und Mundlos gemobbt worden, der Aufstellort des Hauptcomputers im Zimmer der Angeklagten. Bezeichnenderweise wies das Gerät als Zugangskennung das Kennwort Liese auf, die Nutzer lauteten Liese und PC. Das Laptop Marke Acer wurde im Wohnmobil in Eisenach sichergestellt. Nach der Aussage der Urlaubsbekanntschaft J.S. gehörte es der Angeklagten Zschäpe, wurde jedoch während der Urlaube auch viel von Böhnhardt und Mundlos genützt. Dieses Notebook wurde bei den Überfällen mitgeführt, so auch während der letzten Fahrt zum Bankraub in Eisenach. Die Angeklagte überließ es Böhnhardt und Mundlos für deren mobile Kommunikation.

Die Gruppe verfügte über mehrere SIM-Karten und Mobiltelefone. Nach der Beweisaufnahme ist davon auszugehen, dass die SIM-Karten der Gruppe ausschließlich von der Angeklagten Zschäpe beschafft und dann von den Mitgliedern gemeinsam genutzt wurden. Im Brandschutt der Wohnung wurden insgesamt sechs Mobiltelefone gefunden. Im Wohnmobil in Eisenach wurde ein weiteres Mobilfunkgerät sichergestellt. Zudem verfügte die Angeklagte Zschäpe über ein Handy, das sie kurz nach ihrer Flucht aus der Frühlingsstraße noch nutzte, dessen Verbleib ungeklärt ist. Damit sind der Zelle insgesamt acht Handys und mehrere SIM-Karten zuzuordnen. *(Greger geht zunächst ausführlicher auf die Beschaffung der Telefone ein und kommt schließlich auf die Wohnungen des Trios zu sprechen.)* Sämtliche Verstecke der Gruppe hatte die Gruppe gemeinsam beschafft und gemeinsam genutzt. Verlesen wurden die sichergestellten Mietverträge nebst Anlagen und Kündigung. Diese Unterlagen wurden im Wege der Verlesung in die Hauptverhandlung eingeführt.

Verteidiger Heer Ich möchte nicht unhöflich sein, aber ich bitte Sie, etwas langsamer zu sprechen. Ich möchte zumindest in der Lage sein, die Namen der Zeugen mitzuschreiben und das ist mir in dieser Geschwindigkeit nicht möglich.

Oberstaatsanwältin Greger *(wiederholt ihre letzten Sätze und fährt fort)* Nach dem Untertauchen fanden die drei Untergetauchten zunächst Unterschlupf für etwa drei Wochen bis Februar 1998 bei dem Zeugen Rothe in Chemnitz in der Friedrich-Viertel-Straße. *(Greger geht nacheinander alle in der Beweisaufnahme behandelten Wohnungen des Trios in Chemnitz und Zwickau durch.)* Am 1. April 2008 erfolgte der Umzug in die Frühlingsstraße 26 in Zwickau. Die drei Bewohner trafen in dieser Wohnung umfassende Absicherungsmaßnahmen. So überwachten sie die gesamte Umgebung der Wohnung mit versteckten Videokameras. Vier getarnte Kameras wurden sichergestellt. Die Gruppe ließ den Eingangsbereich der Wohnung mit verstärkten Eingangstüren versehen. Auch die Kellerräume wurden speziell gesichert.

Alle drei Personen wechselten nach dem Untertauchen ihre Namen. Sie traten fortan nur noch unter Aliasnamen auf. Auch untereinander sprachen sie sich nur noch mit den Tarnnamen Gerry, Max und Liese an.

Nach dem gemeinsamen Plan aller drei Gruppenmitglieder fuhren ausschließlich Böhnhardt und Mundlos zu den Anschlagsorten. Die drei Zellenmitglieder arbeiteten zusammen, als es darum ging, Böhnhardt und Mundlos mit verlässlichen Personalpapieren auszustatten und die Verlässlichkeit der Papiere immer wieder zu überprüfen. Auch hier ist augenscheinlich, wie die drei Gruppenmitglieder sich untereinander koordinierten und wie es der Angeklagten Zschäpe von 1998 bis 2011 darauf ankam, Uwe Böhnhardt und Uwe Mundlos sorgfältigst abzusichern.

Das Auftreten unter Aliasnamen und die Verwendung von Tarnpapieren räumt die Angeklagte Zschäpe ein. Bereits bei ihrer Festnahme am 8. November 2011 wies die Angeklagte den Zeugen P. *(gemeint ist der Zwickauer Polizist André P., er sagte an den Tagen 17, 142 und 365 aus)* darauf hin, sie würde nicht mehr auf ihren Rufnamen Beate reagieren. Ihre eigene Rolle bei der Legendierung von Böhnhardt und Mundlos spart sie in ihrer Einlassung jedoch wieder aus. *(Greger geht detailliert auf die Aliasnamen ein.)* Für die Angeklagte Zschäpe hat die Gruppe kein passendes Tarnpapier zur generellen Nutzung beschafft. Gleichwohl trat sie in ihrem Umfeld unter verschiedenen Identitäten auf und entwickelte sich im Laufe der Zeit zu einer Meisterin im Verschleiern.

Anfang des Jahres 2011 sprachen die Angeklagte Zschäpe, Böhnhardt und Mundlos den Angeklagten Holger Gerlach darauf an, ihnen einen Pass zur Verfügung zu stellen. Um eine größtmögliche Ähnlichkeit mit Böhnhardt zu schaffen, schnitt Uwe Böhnhardt kurzerhand dem Angeklagten Gerlach für die Fertigung der Passfotos eigens die Haare und setzte ihm eine Brille auf. Die An-

geklagte Zschäpe ging anschließend mit Holger Gerlach in ein Fotostudio, um sicherzustellen, dass dort die erforderlichen Passbilder angefertigt wurden und Holger Gerlach sich dem Ganzen nicht entziehen konnte.
Entgegen den Angaben des Mitangeklagten Gerlach war es die Angeklagte Zschäpe, die am 16. Juni 2011 den neuen Reisepass alleine in Niedersachsen bei Holger Gerlach abgeholt hat. Die Reise der Angeklagten Zschäpe mit dem Zug nach Haste, Niedersachsen, und die Abholung des Reisepasses konnten anhand des verlesenen Browserverlaufs vom 14. Juni 2011, der Aussage von Polizeibeamten und der Aussage des Taxifahrers, der ebenfalls ermittelt wurde, nachvollzogen werden. *(Die entsprechenden Befragungen fanden am Tag 233 statt.)*
Dass der Mitangeklagte Gerlach insoweit die Rolle der Angeklagten Zschäpe geschönt hat, ist wohl mit einem Versuch, das einzig noch lebende Mitglied der Gruppe weitestgehend zu entlasten, zu erklären. An den im Übrigen durch weitere Beweismittel vielfach bestätigten konstanten Angaben des Mitangeklagten Holger Gerlach ändert diese punktuelle Beschönigung nichts. Belastungstendenzen gegenüber der Angeklagten Zschäpe können dem Mitangeklagten Holger Gerlach jedenfalls nicht vorgeworfen werden.
Dass die Angeklagte Zschäpe selbst ihre Fahrt nach Niedersachsen in ihrer Teileinlassung komplett ausgespart hat, zeigt wieder ihre selektive Bereitschaft, sich mit belastendem Beweismaterial auseinanderzusetzen.
Die Gruppe hat auch Systemchecks ausgeführt. Der Begriff Systemcheck stammt vom Mitangeklagten Gerlach und ist sehr treffend. Er bezeichnet schlagwortartig die Sicherungsmaßnahmen, die alle drei Mitglieder eingeführt hatten, um die Legitimationspapiere für Böhnhardt und Mundlos bestmöglichst abzusichern. *(Nachdem Greger dies ausgeführt hat, geht sie auf die Waffenfunde ein.)*
Neben der sicheren Legendierung spielte die Bewaffnung eine ganz wichtige Rolle in der Gruppe. Die Angeklagte hat in ihrer Einlassung eingeräumt, dass Böhnhardt und Mundlos in Besitz zahlreicher Schusswaffen gewesen wären. Sie selbst habe damit nichts zu tun gehabt und habe selbst darauf gedrungen, dass die Waffen aufgeräumt worden seien. Die Beweisaufnahme zu dem Komplex Bewaffnung hat ein etwas anderes Bild ergeben.
Uwe Böhnhardt war bereits als Jugendlicher extrem waffenaffin. Auch die Angeklagte Zschäpe hatte sich bereits vor dem Untertauchen mit einer CO_2-Pistole bewaffnet, was sie in ihrer Einlassung verschweigt. Dass sich die Angeklagte Zschäpe bereits eine geraume Zeit vor dem Untertauchen, wie von Holger Gerlach geschildert, ernsthaft und ausdrücklich für einen Einsatz von Waffen im politischen Kampf ausgesprochen hat, verhehlt sie.
Bereits kurz nach ihrem Untertauchen hatten sie zu dritt den Zeugen Jan Werner beauftragt, ihnen eine scharfe Waffe zu besorgen. Auch der Mitangeklagte

Wohlleben wurde nach dem Untertauchen, wie er selbst einräumt, von Böhnhardt und Mundlos nachhaltig angegangen, Schusswaffen zu besorgen. Dass alle drei untergetauchten Personen die Beschaffung von Waffen zu ihrem gemeinsamen Anliegen gemacht haben, zeigen die Umstände der Waffenlieferung Gerlachs. An der Übergabe der Schusswaffe war die Angeklagte Zschäpe nicht unmaßgeblich eingebunden. Holger Gerlach war damals eigens mit der Bahn nach Zwickau gereist. Die Angeklagte Zschäpe holte ihn am Bahnhof ab und geleitete ihn zu der Wohnung in der Polenzstraße. In der Wohnung wurde die Waffe in Anwesenheit der Angeklagten Zschäpe ausgepackt und unter den Augen der Anwesenden durchgeladen. Die Angeklagte war keineswegs überrascht, im Gegenteil. Der Angeklagte Holger Gerlach erinnerte sich, dass es nicht zuletzt die Angeklagte Zschäpe war, die ihn ob seiner eigenen Aufregung wegen des Waffentransports besänftigt hat.

Zwölf Schusswaffen lagen zum Teil geladen und zugriffsbereit in der Wohnung in Zwickau, als die Angeklagte den Brand gelegt hat. Das ergab sich aus der Zeugenaussage des Brandermittlers, den in Augenschein genommenen Lichtbildern und den Ausführungen des Waffensachverständigen. Zwei scharfe Waffen lagen auf dem Fußboden, eine Schreckschusswaffe in dem offen stehenden Wandtresor. Mit der Einlassung der Angeklagten Zschäpe, die Waffen in der Wohnung hätten sie gestört und sie hätte sie immer aufgeräumt, ist dies nicht ganz in Einklang zu bringen. Denn Böhnhardt und Mundlos hatten sich zu diesem Zeitpunkt bereits seit geraumer Zeit zu einem Raubüberfall aufgemacht. Weitere acht Schusswaffen führten Böhnhardt und Mundlos im Wohnmobil in Eisenach bei sich.

Besorgniserregend ist ein weiterer Fund aus der Frühlingsstraße: Die Gruppe hatte einen in einer Holzkiste abgetarnten Schussapparat konstruiert, in der die sichergestellte Maschinenpistole Pleter mit Schalldämpfer versteckt werden konnte. Die Apparatur war ausgestattet mit einer Laserzielvorrichtung, die es ermöglichen sollte, in der Öffentlichkeit und gleichwohl unbemerkt eine Salve von Schüssen abzugeben.

Die Beschaffung der einzelnen Waffen, Munition und Sprengstoffe konnte nicht im Einzelnen nachvollzogen werden. Weitgehend aufgeklärt wurde der Weg der Schalldämpferwaffe Česká, die von den Mitangeklagten Wohlleben und Schultze geliefert wurde. Eine weitere Waffe, die jedoch nicht identifiziert werden konnte, wurde von dem Mitangeklagten Gerlach überbracht. Über das Computerspielgeschäft Power Games vom Zeugen J. erwarb Uwe Böhnhardt laut glaubhafter Angaben des Angeklagten Holger Gerlach wohl mehrere Waffen, unter anderem im Jahr 2002 oder 2003 eine Pumpgun.

(Nach einer Pause thematisiert Greger die Bedeutung der Wohnung des Trios als Rückzugs-

raum für den NSU. Zschäpe habe die Nachbarn mit harmlosen Geschichten zu Beruf und Beziehung der drei bedient. Das Trio habe eine gemeinsame Kasse geführt, die maßgeblich von Zschäpe verwaltet worden sei. Für die Verbrechen des NSU und zum Ausspähen der Tatorte seien Fahrzeuge angemietet worden; dabei habe Zschäpe ebenfalls eine Rolle gespielt. Dann geht sie genauer auf die Vorbereitung der Straftaten ein.)

Hoher Senat, die Taten, die die Gruppe verübt hat, wurden nicht plötzlich, zufällig, unvorbereitet vorgenommen. Die Taten wurden sehr gut vorbereitet und die Gruppe hat umfangreiche Ausspähmaßnahmen über die Jahre hinweg durchgezogen. Die Gruppe hat mit ihren Straftaten jahrelang die Bevölkerung terrorisiert. Dass dabei jeder in ihren Fokus geraten konnte, zeigt das sichergestellte Ausspähungsmaterial. Institutionen, politische Funktionsträger und potenzielle Anschlags- und Überfallsziele hat die Gruppe bundesweit ausgespäht und dann katalogisiert. Ein besonderes Augenmerk hat die Gruppe auf türkische und islamische Institutionen und auch auf Asyleinrichtungen gerichtet.

Zuletzt verfügte die Gruppe über einen riesigen Datenbestand von etwa 90 000 elektronischen Datensätzen und eine Sammlung von über 10 000 Namen und Objekten. Die Gruppe hatte mindestens 28 Adresslisten elektronisch erstellt.

(Greger geht auf einzelne Anschläge und dazu passende Funde ein.)

In einer brandbeschädigten Straßenkarte von München sind insgesamt 16 Örtlichkeiten gekennzeichnet, darunter einige unter Angabe einer Nummer. Die nummerierten Einträge korrespondieren mit entsprechenden Daten in den sichergestellten elektronischen Adresslisten. In der Frühlingsstraße gefundene Routenplanerausdrucke belegen einen engen zeitlichen Zusammenhang zwischen Erstellung dieses Ausspähmaterials und dem Mord an Theodoros Boulgarides in München am 15. Juni 2005. Am 5. Juni 2005 – also zehn Tage vor der Tat – druckten die Mitglieder des NSU eine computererstellte Liste mit Adressen in München aus.

Die Adressen markierten sie in einer am selben Tag erstellten Übersichtskarte sowie sechs Detailkarten mit Sternen. Die Detailkarte S6 wurde am 12. Juni 2005, also drei Tage vor der Tat ausgedruckt. Die Adressliste wurde von Böhnhardt und Mundlos mit Kommentaren wie »Hinterhof«, »sehr gute Lage«, »Zugang im Garten«, »komplett türkisches Eckhaus«, »Döner« und »Änderungsschneiderei« versehen, was intensive Beobachtungen vor Ort belegt. Einen Tag später, am 13. Juni 2005, mieteten sie ein Wohnmobil an und begaben sich auf den Weg.

(Greger thematisiert solche Zusammenhänge auch für andere Anschläge und Überfälle und sagt schließlich:) Einen Nachweis, dass die Angeklagte Zschäpe bei den tatrelevanten Ausspähungen selbst mit anwesend war, hat die Beweisaufnahme nicht erbracht. Nach der Aussage des Zeugen G. *(der Zeuge Frank G. sagte an den Tagen 317*

und 326 aus) ist zwar davon auszugehen, dass sie im Mai 2000 Böhnhardt und Mundlos begleitet hat, als diese sich in der Nähe der jüdischen Synagoge in der Rykestraße in Berlin aufhielten. Ein entsprechender Aufenthalt in Berlin in diesem Zeitraum wird von der Angeklagten selbst auch nicht in Abrede gestellt. Nach der Schilderung des Zeugen G. war die Angeklagte Zschäpe jedoch damals von ihrer äußeren Erscheinung derart auffällig, dass er sie als uniformierter Wachmann anstarrte und die Angeklagte das auch bemerkt hat.

Es ist davon auszugehen, dass nicht zuletzt auch wegen genau dieser optischen Auffälligkeit der Angeklagten Zschäpe die Gruppe davon Abstand genommen hat, zu dritt Ausspähungen oder Anschläge vorzunehmen. Dem entspricht, dass die handschriftlichen Anmerkungen auf dem Ausspähmaterial nach den Schriftgutachten, soweit möglich, Böhnhardt und Mundlos zuzuordnen sind. Die Angeklagte hatte währenddessen die Abwesenheiten von Böhnhardt und Mundlos zu verschleiern.

Tag 377

27. Juli 2017

Anette Greger, Vertreterin der Bundesanwaltschaft.

Oberstaatsanwältin Greger Hoher Senat, heute möchte ich darlegen, was wir nach der Beweisaufnahme zu den politischen Hintergründen der Taten wissen. Die Gruppierung hat sich getreu ihres Leitmotivs »Taten statt Worte« konsequent bis zu ihrer Auflösung zu keinem der Anschläge bekannt. Gleichwohl hat sie eine Bekennung zu diesen Taten bereits vor der Begehung der ersten Česká-Tat in Nürnberg geplant. Über die Jahre hinweg hat sie das Bekenntnis durchgängig bearbeitet und unter ihrem Namen firmiert.

Dass die Angeklagte Zschäpe von dem internen Diskussionsprozess, wie er mit den sichergestellten Dateien auch belegt ist, aufgrund der gemeinschaftlichen Nutzung der Räume und der technischen Geräte jahrelang nichts bemerkt haben will, ist fernliegend. Noch absurder ist die Einlassung der Angeklagten, sie wäre beim Versand der Selbstbezichtigung von einem Bezug zu den Banküberfällen ausgegangen und habe den Gedanken, dass das Töten von Menschen Gegenstand des Films sein könnte, verdrängt. Vergegenwärtigt man sich die reiche Sammlung von Medienberichten zu den Anschlägen in der Wohnung, nicht aber zu den Banküberfällen, deren Kenntnis auch die Angeklagte nicht bestreitet, vergegenwärtigt man sich auch ihr Engagement, die Videos auf ihrer Flucht in ihrer gespannten Situation nach dem Wohnungsbrand auf jeden Fall zu veröffentlichen, und vergegenwärtigt man sich dann auch noch die Adressaten auf den Umschlägen, hat sich auch die Einlassung der Angeklagten Zschäpe als unzutreffend erwiesen, die Anschläge seien ohne Konzept erfolgt, jedenfalls ohne für sie erkennbares Konzept. Tatsächlich plante die Gruppe von vornherein eine Anschlagsserie gegen Migranten, denn bereits die erste Česká-Tat in Nürnberg hat die Gruppe aufwendig dokumentiert.

Zum einen haben die Mitglieder bereits im September 2000 ihr sogenanntes Zeitungsarchiv angelegt. Darin sammelten sie numerisch geordnet die Medienberichte zu ihren Verbrechen. Jedenfalls von den ersten drei Hinrichtungen fertigten sie zudem von ihren niedergeschossenen Opfern Beweisfotos und speicherten sie ab. Nach der Beweisaufnahme ist davon auszugehen, dass es vornehmlich die Angeklagte war, die das Archiv führte und für die Dokumentation der Taten sofort nach der Tatbegehung verantwortlich war. Auf den durch den Wohnungsbrand und den Löschvorgang stark in Mitleidenschaft gezogenen Zeitungsausschnitten waren nur von einem einzigen Wohnungsbewohner Spuren zu sichern – und zwar die der Angeklagten Zschäpe. Die entsprechenden Gutachten wurden in der Hauptverhandlung verlesen. *(Nach weiteren Indizien geht Greger auf die Bekennervideos ein.)*

Schließlich war die Angeklagte Zschäpe auch mit der Erstellung der Paulchen-Panther-Bekenner-DVD befasst, wie die Datei wette.cpt belegt. Danach schloss die Angeklagte Zschäpe alias Liese mit Böhnhardt und Mundlos unter der Verwendung derer Computerspiel-Nicknames Killer und Cleaner eine Wette im Zusammenhang mit der Reduzierung von Körpergewicht ab. Als Wetteinsatz vereinbarte sie »200 Mal Videoclips schneiden«. Die Wette lief ab zum 1. Mai 2006. Die gewählte Begrifflichkeit, die Quantifizierung der Schnitte, deren hohe Anzahl und die Übereinstimmung der Ausdrucksweise in der sichergestellten Handlungsanweisung für das Video, dem sogenannten Drehbuch, sprechen dafür, dass sich der Wetteinsatz auf das Paulchen-Panther-Video bezogen hat.

Die drei Versionen von Bekennervideos wurden in der Hauptverhandlung in Augenschein genommen. Allen drei Bekennungen ist unmissverständlich zu entnehmen, dass mit einer Fortsetzung der Taten zu rechnen ist. *(Greger referiert ausführlich Erkenntnisse aus der Beweisaufnahme zu den Videos.)*

Weitere sechs separate DVDs mit Aufdruck »Frühling NSU DVD 1« mit dem Bekennervideo wurden in einem Rucksack im Wohnmobil Eisenach sichergestellt, dazu noch drei USB-Sticks mit entsprechenden Dateien und der Möglichkeit zur weiteren Vervielfältigung. Nach der Auflösung der Gruppe versandte die Angeklagte Zschäpe 16 Exemplare dieser DVD während ihrer Flucht an politische, religiöse und kulturelle Einrichtungen sowie an Presseunternehmen.

Als Uwe Mundlos und Uwe Böhnhardt nach dem Raubüberfall in Eisenach entdeckt wurden, feuerten sie noch aus einer Maschinenpistole auf die sich zu Fuß nähernden Polizeibeamten. Als sie gewahr wurden, dass ein Entkommen nicht mehr möglich sein würde, setzten sie das Wohnmobil in Brand und töteten sich selbst. Mit dem Tod dieser beiden Personen am 4. November 2011 war die terroristische Vereinigung NSU aufgelöst.

Die Beweiswürdigung hat somit ergeben: Die Angeklagte Zschäpe war eines der drei Gründungsmitglieder der terroristischen Vereinigung NSU. Sie war schon aufgrund ihres selbstbewussten Wesens keine bloße Mitläuferin. Sie war auch nicht etwa durch staatlichen Verfolgungsdruck zu einem dauerhaften Leben im Untergrund gezwungen worden. Eine Selbstgestellung wäre unproblematisch möglich gewesen, da bis Dezember 1998 keine schwerwiegenden Straftaten begangen worden waren. Die Angeklagte entschloss sich freiwillig und ganz bewusst für ein Leben im Untergrund. Die Angeklagte entschloss sich für ihren Weg in den Terror.

So ist es auch zu erklären, dass der Angeklagten bei ihrer Festnahme die Aussage wichtig war, sie sei zu nichts gezwungen worden. Wenn Böhnhardt und Mundlos tatsächlich mit einer Ausreise nach Südafrika liebäugelten, war sie ausschlaggebend, dass die beiden Männer sich nicht auf den Weg gemacht haben, sondern ihr unseliges Wirken aufnahmen. Die Angeklagte gehörte der nur aus ihr und ihren beiden Gesinnungsgenossen bestehenden Gruppe 13 Jahre lang bis zu deren Auflösung an. Sie wusste genau um die Struktur und die Zwecksetzung des NSU.

Bei einem solch abgeschotteten Zusammenleben in der gemeinsamen Wohnung über einen derart langen Zeitraum können nur alle drei Mitglieder an der internen Willensbildung beteiligt gewesen sein und die in der Gruppe gefassten Entschlüsse jeweils gekannt und mitgetragen haben. Hinzu kommt, dass die Angeklagte, Böhnhardt und Mundlos bei ihrer abgeschotteten Lebensführung unter falschem Namen und der Verschleierung ihrer Lebensumstände in hohem Maße aufeinander angewiesen waren, weil jeder Fehler eines Einzelnen zur Aufdeckung der Vereinigung, damit zum Ende der verbrecherischen Mission und zur Strafverfolgung führen konnte. Deshalb waren die einzelnen Mordanschläge nur möglich, wenn sie unter den drei Vereinigungsmitgliedern vorher abgesprochen und ideologisch von jedem Mitglied mitgetragen waren. Um unentdeckt zu bleiben und das verbrecherische Wirken über Jahre hinweg fortsetzen zu können, war es unerlässlich, dass der Aufenthalt der unmittelbar Tatausführenden durch die Angeklagte professionell, sicher und für Böhnhardt und Mundlos verlässlich abgetarnt und zugleich ein Rückzugsraum gesichert war. Demzufolge können die in Vollziehung des strategischen Tatkonzepts des NSU

von den drei Mitgliedern geleisteten Beiträge auch hinsichtlich jedes einzelnen Anschlags nur als Teil einer gemeinschaftlich gewollten und gemeinschaftlich begangenen Tat und als bewusster Beitrag zur Tötungsserie aufgefasst werden.
Wie wichtig der Angeklagten Zschäpe die Vereinigung NSU noch nach dem Tod der beiden Mitstreiter war, wie sehr es ihr darauf ankam, die Opfer auch nach Auflösung der Vereinigung zu treffen und öffentlich zu verhöhnen und zugleich aber auch auf den politischen Hintergrund der Taten aufmerksam zu machen, zeigt ihr Bemühen um die Versendung möglichst vieler Bekenner-DVDs.
Hoher Senat, die Angeklagte hatte im November 2011 die Wahl, das Ende der Vereinigung zu akzeptieren und für sich selbst einen Schlussstrich zu ziehen. Was machte sie? Sie versandte das Video, sie versandte die Fotos der Ermordeten in ihrem Blut und die Botschaft ihrer Verachtung an das türkische Generalkonsulat in München, die Ali-Paşha-Moschee in Hamburg, den deutsch-türkischen Kulturverein und beispielsweise die Islamische Union.
Ich komme jetzt zu den einzelnen Anschlägen, die ich würdigen werde, und beginne mit den sogenannten Česká-Morden. Meine Überschrift lautet: Verblendung.
Nach dem gemeinsamen Willen von Böhnhardt, Mundlos und der Angeklagten Zschäpe sollten in Deutschland keine Bürger südeuropäischer Abstammung leben. Vor allem Menschen türkischer Herkunft galten ihnen bereits vor ihrem Untertauchen 1998 als minderwertig. Diese Menschen, die sie abfällig als »Ali« bezeichneten, hatten nach der Überzeugung der drei Untergetauchten hier kein Lebensrecht. Sie waren zu eliminieren.
Die Tötung sollte mittels einer Serie von Hinrichtungen von nach Gutdünken ausgewählten Opfern erfolgen. Die Mordanschläge sollten im Umfeld der Opfer als eine deutliche Warnung an die Migranten aufgefasst werden. Vertrieben werden sollten gezielt die Menschen, die sich hier bereits eine Existenz aufgebaut hatten. Alle Taten richteten sich gegen Unternehmer und wurden während der üblichen Ladenöffnungszeiten begangen. Die Mordanschläge trafen – worauf es den Tätern auch ganz gezielt ankam – die Opfer arg- und wehrlos, völlig überraschend, in einer Alltagssituation, in der die Opfer nicht mit einem Angriff der ihnen unbekannten und unmaskiert auftretenden Täter rechneten, und in der Situation, in der die Opfer den Angreifern nichts entgegensetzen konnten.
Böhnhardt und Mundlos schossen ihren ausgewählten Opfern stets aus kürzester Entfernung in der Regel mehrfach in den Kopf und flüchteten anschließend. Bei allen Taten verwendeten sie bewusst als Signatur der Taten dieselbe Pistole Marke Česká, Modell 83, Kaliber 7,65 Millimeter, die mit einem Schalldämpfer versehen war. Bei zwei Taten schossen beide Täter auf ihr Opfer. Dabei verwendeten sie eine zur scharfen Schusswaffe umgebaute Schreckschusspistole Marke

Bruni, Modell 315, Auto, Kaliber 6,35 Millimeter. Beide Tatwaffen wurden sichergestellt. Die Tötungen als solche wurden von der Angeklagten eingeräumt. *(Nun geht Oberstaatsanwältin Greger im Detail auf jeden der einzelnen Anschläge ein und schildert die jeweiligen Umstände. Zum neunten Mordfall äußert sich Greger auch zu dem Verdacht, der Verfassungsschutz-Mitarbeiter Andreas Temme könnte in die Tat verwickelt gewesen sein. Sie sagt, eine Verantwortung im Sinne einer Beteiligung Temmes an der Tatbegehung sei nach der Beweisaufnahme auszuschließen. Sodann spricht sie über die Rolle Zschäpes und über etwaige weitere Mittäter.)*

Die Angeklagte Zschäpe war bei keiner der Taten selbst am Tatort. Sie war jedoch als drittes Gruppenmitglied an den Taten beteiligt. Ihrer Einlassung, sie habe von den Taten jeweils erst im Nachhinein erfahren, ist vor dem Hintergrund der Beweisaufnahme nicht zu folgen. Eine Existenz von rechten Hintermännern an den Tatorten, die einige Rechtsanwälte ihren Mandanten offensichtlich versprochen hatten, hat sich bislang weder in den seit sechs Jahren laufenden Ermittlungen und der Hinweisbearbeitung noch in der etwa 360-tägigen Beweisaufnahme, wo wieder jedem Hinweis darauf nachgegangen wurde – und ich erinnere an die dramaturgische Inszenierung der Zeugin A. *(sie sagte an Tag 40 aus, sie habe von ihrer Wohnung in Dortmund aus Zschäpe und ihre Freunde gesehen. Es stellte sich jedoch heraus, dass ihre Aussage offenbar nicht zutraf.)* –, noch in den breit angelegten Beweiserhebungen der zahlreichen Untersuchungsausschüsse bewahrheitet.

(Anschließend geht Greger auf die zwei Sprengstoffanschläge in Köln ein. Die Täterschaft des NSU sei nach der Beweisaufnahme erwiesen. Anschließend geht es um den Mord in Heilbronn.)

Hoher Senat, nicht nur Erschießungen mit der Česká-Waffe und Sprengstoffanschläge hat die Gruppe verübt, sondern sie richtete sich auch gegen die Polizei. Ein Jahr nach dem letzten Anschlag der Česká-Serie und zu einem Zeitpunkt, als die sogenannte Deutschlandtour im Zeichentrickfilm »Paulchen Panther« bereits fertiggestellt war, verübte die Gruppe am 25. April 2007 ein Attentat auf zwei Polizeibeamte in Heilbronn.

Es gibt eine Vorgeschichte. Die Polizei war bereits vor dem Untertauchen von Böhnhardt, Mundlos und Beate Zschäpe in deren Fokus gerückt, als die Angeklagte Zschäpe Drohbriefe mit Bombenattrappen an die Polizeidirektion Jena versandt hat und Böhnhardt und Mundlos provokativ auf dem Gelände der Polizei in Jena Zivilfahrzeuge der Polizei ausforschten. Im Untergrund nahm dann, wie sich der sichergestellten Materialsammlung der Gruppe entnehmen lässt, die Ausspähung von staatlichen Funktionsträgern durchaus einen breiten Raum ein.

Spätestens im Frühsommer 2006 hat sich die Gruppe konkret mit der Idee einer

Hinrichtung von Polizeibeamten mittels Kopfschuss beschäftigt und eine entsprechende Abbildung in das Bekennervideo, und zwar in die Videoszene zum Sprengstoffanschlag vom 19. Januar 2001 in Köln, eingefügt. Bei den sogenannten Česká-Taten ist die zunehmende Provokation des Staates, verbunden mit dem Erleben eines Machtgefühls, ebenfalls festzustellen. So wählte der NSU zunehmend Tatorte, die sich in ausgesuchter räumlicher Nähe zu Polizeidienststellen befanden. Es lag somit im Kalkül der Gruppe, der Gesellschaft mittels der Auswahl der Tatorte die Schutzlosigkeit der angegriffenen Bevölkerungsgruppe und die Machtlosigkeit des Sicherheitsapparats vor Augen zu führen.
Im April 2007 setzten die Mitglieder des NSU ein unmissverständliches Zeichen und griffen die Sicherheitsbehörden unmittelbar an. Bei dem Anschlag in Heilbronn handelte es sich um die letzte bekannt gewordene ideologische Tat der Gruppe. Der Anschlag ist dem NSU zweifelsfrei zuordenbar.
(Greger referiert diverse Indizien für die Täterschaft des NSU, unter anderem eine Blutspur des Mordopfers Kiesewetter an einer Uwe Mundlos zugeordneten Jogginghose. Im Anschluss geht Greger auf den Wohnungsbrand in Zwickau ein und zieht ihr Fazit.)
Die geschilderten Auswirkungen der Brandlegung und der Explosion waren der Angeklagten Zschäpe bewusst. Um selbst unbehelligt fliehen und um Spuren und Beweismittel für ihre Straftaten beseitigen zu können, fand sich die Angeklagte damit ab, dass drei Menschen, die sich zum Zeitpunkt der Brandlegung keines Angriffs versahen *(gemeint sind die betagte Nachbarin von Zschäpe und zwei Handwerker, die das Haus gerade zum Kaffeetrinken beim Bäcker gegenüber verlassen hatten)*, durch die Flammen und/oder die Rauchgase möglicherweise zu Tode kommen würden. Anhaltspunkte, dass die Angeklagte im Zustand des Affekts gehandelt haben könnte, wurden in der Beweisaufnahme nicht gewonnen. Die Angeklagte handelte vielmehr, wie die Abläufe belegen, besonnen und zielstrebig.

Tag 378

31. Juli 2017

Jochen Weingarten, Vertreter der Bundesanwaltschaft.

Oberstaatsanwalt Weingarten Hoher Senat, sehr geehrte Damen und Herren Verfahrensbeteiligte, mir kommt an dieser Stelle zunächst die Aufgabe zu, mich den beiden Angeklagten Ralf Wohlleben und Carsten Schultze zuzuwenden. Beide standen ebenso wie André Eminger und Holger Gerlach in der öffentlichen Wahrnehmung dieses Verfahrens ein Stück weit im Schatten der Angeklagten

Zschäpe. Die Wahrnehmung der Bundesanwaltschaft indes wird durch den öffentlichen Schattenwurf nicht beeinträchtigt. Jeder dieser vier Angeklagten kann sich sicher sein, dass wir seinem Fall, seinen prozessualen Interessen dieselbe Ernsthaftigkeit haben zukommen lassen wie allen anderen Angeklagten auch. Den Angeklagten André Eminger und Holger Gerlach werde ich mich erst nach der Sommerpause zuwenden können.

Der Anklagevorwurf gegen Herrn Ralf Wohlleben und Carsten Schultze – nämlich Beihilfe zu neun Fällen des Mordes – hat sich durch die Beweisaufnahme in vollem Umfang bestätigt.

Ralf Wohlleben half den untergetauchten Zschäpe, Böhnhardt und Mundlos seit dem Tag ihres Untertauchens bis ins Frühjahr 2000 hinein ganz selbstverständlich bei Flucht, Untergrund und Verwirklichung ihrer terroristischen Ziele. Dies tat er in vielfältiger Weise, in maßgeblicher Weise.

(Weingarten schildert Wohlleben zunächst als steuernde Zentralfigur der Unterstützerszene, später geht er detailliert auf den Vorwurf ein, Wohlleben habe für den NSU die Česká-Pistole organisiert. Schultze habe Wohlleben geholfen und dem NSU die Waffe überbracht.)

Die Angeklagten Wohlleben und Schultze haben die Česká in dem Bewusstsein an den NSU geliefert, dass Beate Zschäpe, Uwe Mundlos und Uwe Böhnhardt von rechtsextremistischen und dem historischen Nationalsozialismus entlehnten ideologischen Überzeugungen und einem abgrundtiefen Hass gegen Staat und Gesellschaft im Allgemeinen und gegen Juden, Linke und in Deutschland lebenden Migranten im Besonderen durchdrungen waren. Beide erkannten die Möglichkeit, dass die Waffe genutzt werden würde, um Menschen zu erschießen, um auf diese Weise für etwas zu kämpfen, was Böhnhardt, Mundlos und Zschäpe unter einer rassisch-völkischen Reinerhaltung des deutschen Volkes verstanden. Die Angeklagten Ralf Wohlleben und Carsten Schultze erfüllten den Waffenbeschaffungsauftrag der drei gleichwohl, weil sie sich den Untergetauchten aufgrund ihrer eigenen nationalsozialistischen Überzeugung im wahrsten Sinne des Wortes unbedingt verpflichtet fühlten.

(Die Ausführungen des Oberstaatsanwalts gehen über Stunden und rekapitulieren die Beweisaufnahme zur Tatwaffe und deren Lieferkette. Die Bundesanwaltschaft hält es demnach für erwiesen, dass die Česká-Pistole über mehrere Mittelsmänner aus der Schweiz nach Jena und schließlich zum NSU gelangte.)

Die Bundesanwaltschaft nimmt dem Angeklagten Schultze ohne jeden Zweifel ab, dass er grundsätzlich nach bestem Wissen und Gewissen an der rückhaltlosen Aufklärung der Verbrechen des NSU und der eigenen Tatbeteiligung sowie der Tatbeteiligung anderer Personen interessiert ist. Es sind keinerlei Anhaltspunkte dafür ersichtlich, dass die Einlassung des Angeklagten Carsten Schultze darüber hinaus in objektiver Hinsicht in irgendeiner Weise interessengeleitet gewesen wäre, weder im Hinblick auf einen möglichst schonungsvollen Umgang mit der objektiven Bedeutung seiner eigenen Rolle; noch und schon gar nicht können in seiner Person überschießende Belastungstendenzen gegen Dritte festgestellt werden.

Und man muss es klipp und klar sagen: Ohne seine Aussagebereitschaft wären nach Lage der Dinge weder er noch Ralf Wohlleben Angeklagte dieses Verfahrens. Und der Weg der Česká 83 von der Schweiz bis in den Brandschutt hätte nicht aufgeklärt werden können.

Sosehr der Angeklagte Schultze bemüht und weitgehend in der Lage war, seine objektive Mitverantwortung für die Beschaffung der Waffe rückhaltlos und ohne Schonung der eigenen Person darzustellen, so inkompetent war er in der schonungslosen Darstellung seiner subjektiven Verantwortung. Zwar deutete er an mehreren Stellen an, wie hoch er das Risiko eines tödlichen Einsatzes der Waffe in Wirklichkeit eingeschätzt hat. Er war aber zu einer rückhaltlosen Offenbarung seines damaligen Vorstellungsbildes und seiner Motivation nicht bereit oder nicht in der Lage.

Hier liegt die Schwäche der Angaben des Angeklagten Schultze. Sobald es um sein eigenes Risikowissen, um die konkrete Beschaffung der Waffe ging, hat der Angeklagte Schultze sich gerade nicht schonungslos offenbart und nicht rückhaltlos an der Aufklärung mitgewirkt.

Ganz wichtig: Dem Angeklagten Schultze ist, wie noch zu zeigen sein wird, eine Tendenz zur wahrheitswidrigen externalisierenden Belastung Dritter, also zu einer nicht tatsachengestützten Verschiebung von Verantwortung, etwa und gerade auf den Angeklagten Wohlleben zum Zwecke eigener Selbstentlastung, nicht anzulasten. Die bekannten kritischen Aspekte betreffen alle allein sein subjektives Selbstentlastungsbedürfnis. Ihnen wohnt keinerlei Fremdbelastungstendenz inne.

Die Bundesanwaltschaft ist entgegen der beharrlichen Schilderung des Angeklagten Schultze davon überzeugt, dass Uwe Böhnhardt und Uwe Mundlos bei dem Telefonat mit dem Angeklagten Schultze von vornherein und ausdrücklich die Beschaffung einer Schalldämpferpistole verlangt haben und der Angeklagte Schultze diesen Wunsch auch genauso an den Zeugen Schultz *(gemeint ist Andreas Schultz, der Mitinhaber des Jenaer Szeneladens Madley)* weitergetragen hat. Gerade das Verlangen nach einer Schalldämpferpistole entspricht der Zwecksetzung des NSU und damit der damaligen Interessenlage der Angeklagten Zschäpe sowie der verstorbenen Böhnhardt und Mundlos.

Tag 379

1. August 2017

Jochen Weingarten, Vertreter der Bundesanwaltschaft.

(Oberstaatsanwalt Weingarten bewertet zunächst ausführlich die Rolle und die Einlassungen des Angeklagten Carsten Schultze. Sodann wendet er sich Ralf Wohlleben zu.)

Oberstaatsanwalt Weingarten Die eigentlich maßgebliche Rolle bei dieser Waffenlieferung hatte der Angeklagte Wohlleben inne. Er allein entschied darüber, ob überhaupt Bemühungen zur Beschaffung einer Schalldämpferpistole für Böhnhardt und Mundlos entfaltet werden; er allein entschied, bei wem der Angeklagte Schultze in dieser Angelegenheit vorzusprechen habe. Und er allein sorgte für die Finanzierung des Kaufpreises dieser Waffe. *(Dies führt Weingarten detailliert aus und wendet sich schließlich direkt an Wohlleben.)* Die Vorstellung, Herr Wohlleben, Ihnen könnte das Ausmaß des ideologisch motivierten Gewaltpotenzials der drei Untergetauchten entgangen sein, ist nicht zuletzt deshalb abseitig, weil Sie auch die internen Strategiediskussionen innerhalb der Kameradschaft erlebt haben. Die Diskussion darüber wäre nicht abgerissen, sagte der Angeklagte Gerlach. Die Frage der Bewaffnung sei immer wieder ein Thema gewesen. Die Angaben des Angeklagten Gerlach sind uneingeschränkt glaubhaft.

Der Angeklagte Wohlleben war über die aggressive, politisch-ideologische Haltung von Böhnhardt, Mundlos und der Angeklagten Zschäpe im Bilde. In dieser Situation verlangen Böhnhardt und Mundlos von den Angeklagten Wohlleben und Schultze nicht nur eine scharfe Pistole mit Munition, was schon für sich genommen für sich gesprochen hätte, sondern auch noch eine Pistole mit Schalldämpfer mit Munition, und zwar mit viel Munition, möglichst viel Munition. Anders ist nämlich nicht zu erklären, dass der Angeklagte Schultze um die fünfzig Patronen bestellte und erhielt.

Zweifelt irgendjemand in diesem Saal wirklich daran, dass der Angeklagte Wohlleben wie angeklagt zumindest die Möglichkeit als nicht fernliegend in Erwägung gezogen hat – und das ist schon vornehm formuliert –, dass die untergetauchten drei in welcher Personenkonstellation auch immer mit dieser Schalldämpferpistole aus ideologischen Gründen Menschen töten könnten? Wer fanatischen Rechtsextremisten im Untergrund schon nur eine Schusswaffe liefert, der weiß genau, was er tut. Er geht bewusst das naheliegende Risiko ein, dass von dieser Schusswaffe zu politisch motivierten Zwecken auch tödlicher

Gebrauch gemacht wird. Und er weiß auch, dass er das Risiko nicht beherrschen und das künftige Verhalten der Pistolenbesitzer nicht steuern kann.

(Nach weiteren Ausführungen zur Rolle Wohllebens wendet sich Weingarten wieder dem Angeklagten Schultze zu.)

Im Hinblick auf die kognitiven und voluntativen Hintergründe des Gehilfenbeitrags des Angeklagten Schultze bei Beschaffung der späteren Tatwaffe Česká 83 stellt sich die Sachlage nach der Beweisaufnahme etwas anders dar als beim Angeklagten Wohlleben. Eine ganze Reihe von Gesichtspunkten, die beim Angeklagten Wohlleben dafür sprechen, dass er das Risiko der späteren Ermordung von neun in Deutschland lebenden Migranten insbesondere sehr genau einzuschätzen wusste, geraten hinsichtlich des Angeklagten Schultze in Wegfall. Dafür treten andere Gesichtspunkte hinzu.

Der Angeklagte Schultze hat sich sowohl im Ermittlungsverfahren und bei seiner Exploration als auch in der Hauptverhandlung mehrfach zu seinen Vorstellungen über die Zweckbestimmung der ihm abverlangten Schalldämpferwaffe geäußert. Er hat sich zusammengefasst dahin eingelassen, dass er sich nach dem Zwecke der angeforderten Schusswaffe weder bei Böhnhardt oder Mundlos erkundigt noch eine mögliche Zweckbestimmung mit dem Angeklagten Wohlleben erörtert habe. Zwar habe er die Sache, so wörtlich, »komisch« – gemeint wohl im Sinne von merkwürdig – gefunden. Auch habe er deswegen im übertragenen Sinne, so wörtlich, »Bauchschmerzen« gehabt. Schließlich sei der Wunsch nach einer Waffe ja nicht normal. In welchen Überlegungen sich die sogenannten Bauchschmerzen geäußert hätten, könne er aber nicht mehr konkret sagen. Letztlich aber habe er, so wörtlich, »für sich entschieden«, dass mit der Waffe, wiederum wörtlich, »nichts Schlimmes passieren« werde. Er sei damals tief in die rechte Szene verstrickt gewesen, habe keine Freunde außerhalb der Szene gehabt und sei deswegen dem Wunsch nach einer Waffe ohne Weiteres nachgekommen. Er habe den dreien vertraut, dass die mit der Waffe, so wörtlich, »keinen Unsinn machen«. Das sei so ein, so wörtlich, »Vertrauensding« gewesen.

In der Hauptverhandlung äußerte der Angeklagte Schultze erstmals, er habe vermutet, dass die Waffe für Geldbeschaffungen bestimmt gewesen sein könnte, und zwar für Banküberfälle. Das sei seine Befürchtung gewesen. Es sei aber auch möglich, dass ihm dieser Gedanke erst nach der Waffenübergabe gekommen sei, als er das Bargeld von Böhnhardt und Mundlos erhalten habe. Keinesfalls hätte er gedacht, dass die Waffe tatsächlich zum Einsatz kommen würde.

Zu seinem Motiv, also zu der Frage, aus welchem Grunde er sich überhaupt auf die Beschaffung einer Schusswaffe mit Munition eingelassen habe, äußerte der Angeklagte Schultze, er sei irgendwie hörig gewesen. Er habe durch die Einbin-

dung in die Unterstützerszene aber auch das Gefühl, so wörtlich, »ich bin wer« gehabt. Er habe diese Einbindung, so wörtlich, als »Aufstieg« empfunden.
Ich habe bereits darauf hingewiesen, dass der Angeklagte Schultze in diesem Verfahren Schwierigkeiten mit einer wirklich unverstellten Introspektion hat. In seiner Innenbetrachtung neigt er zu massiven Bagatellisierungen. Gleichwohl offenbart er zwei ganz wesentliche Punkte: Zum einen die Bauchschmerzen, die ihm die Bestellung und Lieferung der Waffe bereitet haben, zum anderen, dass er sich in einem ganz bewussten, gedanklichen Akt entschieden hat, seine Bedenken zu ignorieren, seine Hemmungen zu überwinden und die Waffe gleichwohl zu liefern.
Deutlicher als mit den Formulierungen »habe mich entschieden, dass nichts Schlimmes passieren wird« und »Bauchschmerzen und schlechtes Gefühl bei der Sache« –, deutlicher als mit diesen Formulierungen konnte er die Bewusstheit seiner Entscheidung nicht ausdrücken, die Česká 83 trotz eines glasklar erkannten Risikos beschafft und übergeben zu haben. Mit dieser Einlassung hat der Angeklagte Schultze es selbst ausgeschlossen, die Übergabe der Waffe in gänzlicher Naivität und völliger Gedankenlosigkeit vollzogen zu haben. Vielmehr hat er, wenn auch etwas verklausuliert, eingeräumt, die Verwendung der gelieferten Schalldämpferpistole zur Begehung von Straftaten und angesichts der unmissverständlichen Zweckbestimmung eines Schalldämpfers auch deren potenziell tödliche Verwendung ins Kalkül gezogen zu haben. Dabei erkannte er konkret die Möglichkeit, dass Böhnhardt und Mundlos mit der von ihm übergebenen Waffe aus ideologischen Gründen Morde an ihren Feinden, seien es sogenannte Linke, seien es Juden, Repräsentanten des Staates oder seien es Menschen nichtdeutscher Herkunft, begehen würden. Allerdings sind dem Angeklagten Schultze eine ganze Reihe von Wissensumständen nicht nachzuweisen wie beim Angeklagten Wohlleben.
Es beginnt damit, dass der Angeklagte Schultze zu Böhnhardt, Mundlos und der Angeklagten Zschäpe vor deren Untertauchen nur eine recht oberflächliche Bekanntschaft unterhalten hatte, die nur wenige Aufeinandertreffen umfasste. Im Gegensatz zum Angeklagten Wohlleben verfügte der Angeklagte Schultze auch über keine intimen Kenntnisse der Vorgänge in der von der Angeklagten Zschäpe angemieteten Garage. Auch ist der Angeklagte Schultze anders als der Angeklagte Wohlleben nach Übernahme seiner Unterstützungstätigkeit gegenüber Dritten nicht mit Bemerkungen in Erscheinung getreten, die ein relevantes Sonderwissen über Absichten von Böhnhardt, Mundlos und der Angeklagten Zschäpe offenbart hätten.
Auf der anderen Seite ist die Bundesanwaltschaft aber davon überzeugt, dass der Angeklagte Schultze nicht zuletzt bereits durch seine Involvierung in die rechte

Szene Jenas schon bei Übernahme des Telefonkontakts zu Böhnhardt und Mundlos sehr genau wusste, dass es sich bei den drei Untergetauchten um besonders radikal agierende Repräsentanten des rechtsextremistischen Lagers handelte, die extrem ausländerfeindlich und antisemitisch eingestellt waren und im Verborgenen Straftaten planten, vorbereiteten und ausführten und deshalb als besonders exponierte Figuren der örtlichen Szene galten.

Dafür, dass es dem Angeklagten Schultze nicht bewusst geworden sein sollte, dass der spezielle operative Zweck der Waffe hochwahrscheinlich ein tödlicher war, gibt es keinerlei Anhaltspunkte. Vor allem erfuhr der Angeklagte Schultze ganz konkret und unmissverständlich durch Böhnhardt und Mundlos selbst, dass diese bereits Mordversuche begangen hatten.

Die beiden eröffneten ihm noch vor der Waffenübergabe beim Kaffeetrinken, »ganz spektakulär«, wie der Angeklagte Schultze sich ausdrückte, dass sie in Nürnberg in einem Laden eine Taschenlampe abgestellt hätten, die Sache habe aber nicht geklappt. Dieser Bericht stellt die zweite Zündstufe der Eskalation des Risikowissens des Angeklagten Schultze dar.

(Das Plädoyer wird unterbrochen, das Gericht legt eine vierwöchige Sommerpause ein.)

Tag 380

31. August 2017

Manfred Götzl, Richter. **Jochen Weingarten**, Vertreter der Bundesanwaltschaft.

Oberstaatsanwalt Weingarten Sehr geehrter Herr Vorsitzender, hoher Senat …

(Er wird von Rufen aus dem Publikum unterbrochen: »Wir klagen an die Bundesanwaltschaft, Herbert Diemer, Anette Greger, Jochen Weingärtner, wegen der Missachtung der Betroffenen, wegen der Fortführung des institutionellen Rassismus!« Mit dem letzten Namen in der Aufzählung ist Jochen Weingarten gemeint)

Götzl *(zur Zuschauertribüne gerichtet)* Seien Sie ruhig! Wir unterbrechen mal kurz.

(Das Gericht verlässt den Saal. Es werden von der Zuschauertribüne Papierschnipsel in den Saal geworfen mit den Namen der »Angeklagten des NSU-Tribunals«. Dann verlassen die Demonstranten den Saal. Das Gericht kehrt zurück.)

Götzl Also, zunächst der Hinweis an die Zuhörer, dass solche Zwischenrufe und Zurufe nicht hingenommen werden. Wer durch Beifalls- oder Missfallensbekundungen oder auf andere Weise die Hauptverhandlung stört, wird unverzüglich aus dem Sitzungssaal geführt. Bei ungebührlichem Verhalten ist es auch möglich, dass Ordnungsmittel verhängt werden. Also bitte stören Sie die

Hauptverhandlung nicht. Die störenden Zuhörer haben von sich aus den Saal verlassen, wurde mir mitgeteilt, sodass wir fortsetzen können.

Oberstaatsanwalt Weingarten Zunächst rufe ich die Darstellung vor der Sommerpause in Erinnerung: Wir hatten uns bereits umfassend geäußert zur Angeklagten Zschäpe, mit Ausnahme der angeklagten Banküberfälle, das folgt noch, sowie zu den Angeklagten Wohlleben und Schultze. Ich werde mich jetzt dem Angeklagten Eminger zuwenden.

Nach dem Ergebnis der Beweisaufnahme ist auch der Angeklagte Eminger vollumfänglich der angeklagten Taten überführt. *(Weingarten führt diverse belastende Indizien auf, unter anderem zur Anmietung von Wohnmobilen und zur Beschaffung von Bahncards für die Untergetauchten.)*

Die Bundesanwaltschaft ist überzeugt, dass der Angeklagte Eminger nicht nur die Umstände kannte, aus denen abzuleiten war, dass Böhnhardt, Mundlos und die Angeklagte Zschäpe eine terroristische Vereinigung gebildet hatten und zumindest rechtsextremistisch motivierte Sprengstoffanschläge und Banküberfälle begehen wollten, sondern dass er darüber hinaus positiv davon wusste, dass sich die drei zu derartigen Zwecken auf Dauer verbunden hatten. Das unterscheidet ihn von den Angeklagten Wohlleben, Schultze und Gerlach. Zwar stehen auch diese Angeklagten, insbesondere der Angeklagte Wohlleben, an der Grenze zwischen direktem und bedingtem Vorsatz – aber nur beim Angeklagten Eminger sind wir davon überzeugt, dass ihm klipp und klar von den drei NSU-Mitgliedern mitgeteilt worden war, was die drei bezwecken und wie sie diese Zwecke umsetzen wollen. Nur hier können wir den Wissenstransfer belegen.

Wir gehen davon aus, dass dem Angeklagten Eminger klar kommuniziert worden ist: Wir sind entschlossen, Ausländer, insbesondere Menschen türkischer Abstammung, zu ermorden, und wir wollen diese Taten und unseren Lebensunterhalt durch Banküberfälle finanzieren. Die drei hatten mit dem Angeklagten Eminger den Modus Operandi besprochen und auch besprochen, wie man mit einem Scheitern umzugehen gedenke. Das heißt aber nicht, dass nachzuweisen wäre, dass der Angeklagte Eminger in konkrete Tatplanungen involviert worden wäre oder man ihm jedes einzelne Delikt im Vornhinein avisiert hätte. Auch wenn man sehr deutlich die Frage stellen kann, ob vielleicht die vierte Paulchen-Panther-Figur im Video für Sie, Herr Eminger, steht. *(Eminger grinst.)*

In der Sache nicht stimmig ist bereits die Behauptung der Angeklagten Zschäpe, der Angeklagte Eminger habe sich erst nach der Vernehmung vom 11. Januar 2007 erkundigt, aus welchem Grund die drei eigentlich immer noch im Untergrund leben würden und nicht längst in die Legalität zurückgekehrt seien. Jetzt mal im Ernst: Man kann es nicht glauben und man ist daher bei strafprozessualer Würdigung auch nicht berechtigt zu glauben, dass der Angeklagte Eminger von 1998 bis 2007 über neun Jahre hinweg neben Böhnhardt, Mundlos und der Angeklagten Zschäpe hertrottet, sich regelmäßig mit ihnen trifft, sie mit anderen Namen anspricht als früher, deren Tarnlegenden kennt, keinen je arbeiten sieht, sie aber aber andererseits bei der Aufrechterhaltung eines auskömmlichen Lebensstils wahrnimmt und deren teils kostspielige Geschenke annimmt, aber nie, nie, nie fragt: »Wovon lebt ihr eigentlich, warum im Untergrund, und was macht ihr eigentlich den ganzen Tag lang?« Man kann das nicht glauben, dass er keine Ahnung hat, was die drei den ganzen Tag, den ganzen Monat, all die ganzen Jahre so treiben, und auch nicht fragt. Man kann das nicht glauben, dass er das alles neun Jahre lang kommentar- und fraglos hinnimmt, dann aber, nach neun Jahren, platzt es aus ihm heraus: »Wieso lebt ihr eigentlich noch im Untergrund? Und: Wovon lebt ihr eigentlich?« Nach neun Jahren einer engen freundschaftlichen Beziehung platzt es aus ihm heraus; das kann und muss man nicht glauben.

(Lachen im Saal.)

Die Singularität der Beziehung zwischen dem Angeklagten Eminger und seiner Ehefrau zu Böhnhardt, Mundlos und der Angeklagten Zschäpe ergibt sich nicht nur aus der Dauer, Treffhäufigkeit, aus teuren Geschenken, Krankenbesuchen und Krankenkassenkartenüberlassungen, sondern vor allem aus dem qualitativen Näheverhältnis der Beteiligten. Dieses qualifizierte Näheverhältnis wird insbesondere belegt durch die Abläufe des 4. November 2011, des letzten Tages des NSU. Auffällig sind auch hier die lückenhaften Schutzangaben der Angeklagten Zschäpe. Sie behauptet, sie habe erst nach der Inbrandsetzung des Hauses den Angeklagten Eminger angerufen und ihn um ein Treffen gebeten. Als Treffpunkt habe man eine von ihr aus in zehn bis 15 Minuten fußläufig erreichbare Straßenkreuzung vereinbart. Erst dort, so versuchte die Angeklagte Zschäpe glauben zu machen, habe sie dem Angeklagten Eminger erzählt, dass sie die Wohnung angezündet habe, wegen des Benzingeruchs neue Kleidung benötige, und erst auf Rückfrage habe sie erläutert, dass die beiden Uwes tot seien und sie mit der Brandlegung deren letzten Willen erfüllt habe. Sodann sei man in die Wohnung der Eheleute Eminger gefahren, wo ihr der Angeklagte Eminger in Abwesenheit seiner Ehefrau Kleidung der Ehefrau überlassen habe. Selbst nach dieser Einlassung, der allerdings in entscheidenden Punkten nicht gefolgt werden kann, sind diese Abläufe ein Beleg für das enge Vertrauensverhältnis und für die enge Anbindung des Angeklagten Eminger an den NSU.

Hierzu kommt, dass diese Sachverhaltsschilderung unvollständig und unglaubhaft ist. Sie soll allein und erneut dem Schutz des schweigenden Angeklagten Eminger dienen, dem sich die Angeklagte Zschäpe ersichtlich immer noch verpflichtet führt. Es ist bereits gänzlich unplausibel, dass der Angeklagte Eminger

erst bei dem Treffen im Auto erfuhr, worum es der Angeklagten Zschäpe bei ihrem Wunsch nach einem Treffen eigentlich ging. Diese würde voraussetzen, dass der Angeklagte Eminger bei dem vorhergehenden Telefonat, bei dem die Angeklagte Zschäpe ihn nach der Explosion der Wohnung zu einem Treffen einbestellte, bereit gewesen wäre, ohne Nachfrage vorbehaltlos, gleichsam stante pede, die Angeklagte Zschäpe abzuholen. Der Angeklagte Eminger war aber ja nun nicht der Dienstbote der Angeklagten Zschäpe.
Vielmehr steht nach der Beweisaufnahme fest, dass der Angeklagte Eminger als enger Freund und eingeweihte Vertrauensperson bei der Entgegennahme des Telefonats am Nachmittag des 4. November 2011 zweierlei bereits wusste: Erstens, dass Böhnhardt und Mundlos für diesen Tag einen Banküberfall geplant hatten, und zweitens, was im Falle eines gescheiterten Raubüberfalls folgen würde, nämlich deren Selbsttötung und die Sprengung der Terrorzentrale Frühlingsstraße 26.
Der Angeklagte Eminger ist ein ausgewiesener Rechtsextremist mit explizit nationalsozialistischer Weltanschauung. Wie seine Tätowierungen, die wir durch Lichtbilder in Augenschein genommen haben, zeigen, verheimlichte auch der Angeklagte Eminger seine Weltanschauung nicht. Er befand sich damit ideologisch in völligem Gleichklang mit Mundlos und Böhnhardt, die in SA-Uniformen im ehemaligen Konzentrationslager Buchenwald auftraten, und er befand sich in völliger Übereinstimmung mit der Angeklagten Zschäpe, die an der Herstellung des ideologisch ebenfalls unmissverständlichen Pogromly-Spiels beteiligt war, mit dem Böhnhardt, Mundlos und die Angeklagte Zschäpe die paraindustrielle Vernichtung der europäischen Juden zur Zeit des Dritten Reichs zu verherrlichen suchten. Seine Bauchtätowierung »Stirb, Jude, Stirb« ist ein hochrelevanter Gesichtspunkt. Weil diese das eintätowierte Bekenntnis zum Völkermord an den europäischen Juden ist und weil sich dieses Bekenntnis als absolutes politisches Extremum darstellt, offenbart allein der offenherzige Umgang des Angeklagten Eminger mit diesem Bekenntnis zweierlei: Neben dem vollständigen politisch-ideologischen Gleichklang zwischen ihm und den NSU-Mitgliedern offenbart es auch den operativen Handlungsanspruch des Angeklagten Eminger. »Die, Jew, die« ist ja nicht nur der unfromme Wunsch eines Antisemiten, die Juden mögen an irgendeiner Seuche dahinsterben, sondern es ist zugleich auch Programm, es ist auch der deutliche Hinweis, dass der Träger einer solchen Buchstabenhetze bereit ist, sich an der Realisierung dieses Todeswunsches aktiv zu beteiligen.
Es gibt ein Geständnis des Angeklagten Eminger, kein Geständnis bei der Bundesanwaltschaft, dem Senat oder – ich sehe Unruhe – auch nicht beim Verfassungsschutz. Kein Geständnis vermittels seiner eigenen Worte, ich sehe ein

Geständnis durch schlüssiges Verhalten. Eine geständnisgleiche Wohnzimmerwandgestaltung.

Die Zeugin S. *(sie sagte am Tag 252 aus)* bekundete ihre Wahrnehmungen zu der am 10. April 2013 gegen die gesondert Verfolgte Susan Eminger gerichtete Durchsuchung in der Wohnung der Familie Eminger in Zwickau. Bei dieser Durchsuchung war der Zeugin an prominenter Stelle der Wohnung, im Wohnzimmer oberhalb des Fernsehers und unterhalb von Fotos zweier Söhne der Emingers, eine gerahmte Porträtzeichnung zweier Männerköpfe mit einem in altdeutscher Schriftart gehaltenen Wort sowie einem weißen Symbol aufgefallen. Fotos der Auffindesituation sowie der Zeichnung selbst sind in der Hauptverhandlung in Anwesenheit der Zeugin S. in Augenschein genommen worden. Diese Zeichnung, von der wir nicht sicher wissen, wer sie erstellt hat, zeigt, ersichtlich für alle Verfahrensbeteiligten erkennbar, Uwe Böhnhardt und Uwe Mundlos. Das weiße Symbol ist eine Rune, die für den Tod steht. Das Wort vermochte die Zeugin als das altdeutsche Wort für »unvergessen« zu transkribieren. Die Zeugin berichtete ferner, der Angeklagte Eminger habe der Sicherstellung des Bildes sehr heftig widersprochen. Allein der Befund, dass der Angeklagte Eminger an hervorgehobener Stelle oberhalb des Fernsehers und unterhalb von Fotos seiner Kinder dieses Erinnerungsstück an Böhnhardt und Mundlos mit dem Zusatz »unvergessen« duldete, spricht deutlich dafür, dass er von Böhnhardt, Mundlos und der Angeklagten Zschäpe bei der Begehung der ihm zur Last gelegten Taten nicht als vorsatzloses, vom tatsächlichen Sinn und Zweck seiner Hilfeleistungen getäuschtes oder nur im Unklaren gelassenes Tatwerkzeug, gar als ahnungsloser Mordgehilfe einer terroristischen Vereinigung missbraucht worden ist. Dieser Befund belegt vielmehr, dass der Angeklagte Eminger sich stets im Klaren war, welchen Zwecken seine Handlungen zu dienen bestimmt waren, nämlich der Begehung von Mordanschlägen, Raubüberfällen und der Unterstützung einer terroristischen Vereinigung.

Zwar hat sich der Angeklagte Eminger – was sein gutes Recht ist – zur Sache nicht eingelassen. Aber es wäre doch dann nicht zu erwarten gewesen, dass er gleich ein selbst gezeichnetes Portrait von Böhnhardt und Mundlos in seinem Wohnraum duldet und wenn, dann wäre zumindest zu erwarten gewesen, dass ein im Sinne der Anklage Unschuldiger statt »unvergessen« eher »unverzeihlich« darauf hätte schreiben lassen. Stattdessen offenbart die Platzierung der Unvergessen-Zeichnung – noch unmittelbar vor der Hauptverhandlung – eine derart starke emotionale Verbundenheit mit den verstorbenen Böhnhardt und Mundlos in einer Weise, wie sie Familienangehörigen vorbehalten bleibt – oder eben ganz, ganz engen Freunden und Vertrauenspersonen.

Tag 381

1. September 2017

Anette Greger, Jochen Weingarten, Vertreter der Bundesanwaltschaft.

Oberstaatsanwalt Weingarten *(Er spricht über die Rolle des Angeklagten Holger Gerlach. Dieser habe erkennen müssen, dass die von ihm unterstützten Untergetauchten auch Tötungsdelikte planten.)* Die entgegenstehende Einlassung des Angeklagten Gerlach, der dieses Risiko nicht gesehen haben will, stellt nichts als eine reine Schutzbehauptung dar. Das bewusste Bemühen, die Erkenntnis der konkreten Gefahr, dass die drei Untergetauchten ideologisch motivierte Morde begehen könnten, aus seinem Bewusstsein auszublenden, war der untaugliche Versuch eines Selbstbetruges. Die Erkenntnis, was sie wohl tun würden, verdrängte er absichtlich und unterstützte sie dennoch, vornehmlich aus persönlicher Verbundenheit und weil er nicht Nein sagen konnte und weil ihm jedenfalls die Freundschaft zu den dreien wichtiger war als das Leben von Ausländern.

(Nun übernimmt wieder die Oberstaatsanwältin Greger.)

Oberstaatsanwältin Greger Herr Vorsitzender, hoher Senat, ich lade Sie jetzt zu einem Themawechsel ein. Die Gruppe finanzierte das Leben im Untergrund mit bewaffneten Raubüberfällen. Die Einlassung der Angeklagten Zschäpe, sie sei in die Begehung der Taten nicht eingebunden gewesen, sie habe lediglich davon profitiert, ist durch die Beweisaufnahme widerlegt.

Die Beweisaufnahme hat ergeben, dass die Angeklagte Zschäpe sowie Uwe Mundlos und Uwe Böhnhardt von Dezember 1998 bis zum 4. November 2011 im bewussten und gewollten Zusammenwirken 15 bewaffnete Raubüberfälle begingen. Sie erbeuteten 609 000 Euro. Bis auf eine Ausnahme traten Böhnhardt und Mundlos gemeinsam auf. Zum gemeinsamen Tatplan gehörte es, die mitgeführten Schusswaffen, die bis auf einen Schreckschussrevolver stets mit scharfer Munition geladen waren, bei Bedarf auch einzusetzen. Dabei waren sich alle drei Beteiligten im Klaren darüber, dass es zu Verletzungen Dritter kommen und ein Schusswaffeneinsatz auch tödliche Folgen haben kann. Und sie nahmen dies billigend in Kauf. Die Angeklagte Zschäpe war in die Absprachen jeweils einbezogen; ihr kam die Aufgabe zu, die Wohnungen zu sichern und die Reisebewegungen ihrer Komplizen zu legendieren.

(Greger geht im Detail auf jeden einzelnen Überfall ein. Dann kommt sie zur rechtlichen Würdigung der Rolle der Angeklagten Zschäpe.)

Herr Vorsitzender, es stellt sich die Frage, wie das Verhalten der einzelnen Angeklagten strafrechtlich zu würdigen ist. Das Verhalten der Angeklagten Zschäpe im Zusammenhang mit der Gründung und der Mitgliedschaft in der Organisation NSU erfüllt strafrechtlich den Tatbestand der Bildung einer terroristischen Vereinigung nach Paragraf 129a Absatz 1 Nummer 1, Absatz 2 Nummer 2 StGB *(Abkürzung für Strafgesetzbuch)* in der Fassung vom 22.12.2003. Die Gruppe NSU war strukturiert, auf Dauer angelegt, freiwillig und bestand aus drei Personen. Die Angeklagte Zschäpe hielt sich bei den Taten des NSU stets im Hintergrund. Dennoch, die Angeklagte handelte hinsichtlich sämtlicher von Böhnhardt und Mundlos für den NSU begangener Taten als Mittäterin im Sinne von Paragraf 25 Absatz 2 StGB.

Die Angeklagte Zschäpe leistete ihre Tatbeiträge eigeninitiativ mit dem Willen zur Tatherrschaft. Für die Frage, ob die Angeklagte als Mittäterin handelte, ist die von Böhnhardt, Mundlos und Zschäpe gebildete Zelle, der NSU, nicht mit einer mitgliederstarken Vereinigung und auch nicht mit einem aus einer Vereinigung für den Einzelfall abgespaltenen Kommando vergleichbar. Die Angeklagte Zschäpe bildete ein Drittel eines verschworenen Triumvirats, das von Anfang 1998 bis November 2011 anfänglich auf kleinstem Raum zusammenlebte und dessen drei Teile aufgrund des abgeschotteten Systems auf Gedeih und Verderb aufeinander angewiesen waren.

Oberstaatsanwalt Weingarten Ausgangspunkt der strafrechtlichen Prüfung des Verhaltens der Angeklagten Wohlleben und Schultze ist zunächst das Vorliegen beihilfefähiger Haupttaten. Diese sind gegeben. Wie die Kollegin Greger ausgeführt hat, handelte es sich bei den Tötungen der Česká-Serie um neun Morde, bei denen jeweils das tatbezogene Mordmerkmal der Heimtücke sowie das täterbezogene Mordmerkmal des sonstigen niedrigen Beweggrundes im Sinne des Paragraf 211 StGB verwirklicht worden ist. Zu diesen Morden haben die Angeklagten Wohlleben und Schultze gemeinschaftliche Beihilfe im Sinne des Paragrafen 27 geleistet. *(Weingarten führt dies nun im Detail aus.)*

Dann komme ich zur rechtlichen Würdigung hinsichtlich des Angeklagten Eminger: Die Anmietung des für den Raub am 30. November 2000 verwendeten Wohnmobils stellt sich für den Angeklagten Eminger analog zur Bewertung der Haupttat nicht nur als Beihilfe zum einfachen Raub, sondern als Beihilfe zum schweren Raub und zur besonders schweren räuberischen Erpressung, gemäß den Paragrafen 249, 253, 250 Absatz 2 Nummer 1, Nummer 2 in Verbindung mit Paragraf 27 Absatz 1 StGB, dar, weil er von der prinzipiell beabsichtigten Verwendung von Schusswaffen wusste und damit rechnete. Soweit dieser Tatbeitrag des Angeklagten Eminger in der Anklageschrift lediglich als Beihilfe zum einfachen Raub gewürdigt worden ist, beantrage ich, den Angeklagten Eminger gemäß Paragraf 265 Absatz 1 StPO *(Abkürzung für Strafprozessordnung)* auf diese Veränderung des rechtlichen Gesichtspunktes hinzuweisen.

Die Anmietung für und die anschließende Überlassung des am 19. Dezember 2000 gemieteten Wohnmobils, das eingesetzt wurde zur Ablage des am 19. Januar 2001 detonierten Sprengsatzes im Lebensmittelgeschäft der Familie M., an die NSU-Mitglieder stellt sich für den Angeklagten Eminger ebenfalls analog zur Haupttat als Beihilfe zum versuchten Mord und tateinheitlich als Beihilfe zur Herbeiführung einer Sprengstoffexplosion, gemäß den Paragrafen 211, 308 Absatz 1 und 2, und 27 StGB, dar. Er nahm mit der Inkaufnahme des Tatmittels Sprengstoff zugleich auch eine heimtückische Begehung in Kauf. Zudem handelte er selbst aus niedrigen Beweggründen aus Paragraf 211 Absatz 1, 1. Gruppe StGB, da er sich an dieser Tat maßgeblich wegen der eigenen rassistischen Einstellung und Befürwortung der Tötung von Repräsentanzopfern beteiligte. Für eine Strafrahmenverschiebung gemäß Paragraf 28 Absatz 2 StGB ist damit aus zweierlei Gründen kein Raum.

Bleibt noch die Bewertung der weiteren Unterstützungshandlungen: Die Zeugenaussage vom 11. Januar 2007 und die Bestellung und Übergabe der Bahnkarten im Jahr 2009 und den Folgejahren stellt sich jeweils als Unterstützung einer terroristischen Vereinigung im Sinne des Paragraf 129a StGB in der bis 29. Juli 2016 gültigen Fassung dar.

Ich beginne noch kurz mit den Ausführungen zu dem Angeklagten Holger Gerlach: Strafrechtlich stellt sich das Verhalten des Angeklagten Gerlach als Unterstützung einer terroristischen Vereinigung in drei Fällen gemäß den Paragrafen 129a Absatz 1 Nummer 1, Absatz 2 Nummer 2 und 53 StGB dar. Anders als der Angeklagte Eminger hat der Angeklagte Gerlach nie mit den NSU-Mitgliedern über die Zwecke der Vereinigung klartextlich gesprochen. Er ist nie ausdrücklich eingeweiht worden, was der NSU konkret vorhat und tut und wie er es tut. Damit bleibt es hinsichtlich des Angeklagten Gerlach bei der mit der Anklage vorgenommenen rechtlichen Würdigung seines Verhaltens.

Tag 382

12. September 2017

Manfred Götzl, Richter. **Herbert Diemer**, Vertreter der Bundesanwaltschaft. **Michael Kaiser**, Verteidiger von André Eminger. **Yavuz Narin**, Anwalt der Nebenklage.

Götzl An den Angeklagten Eminger ergeht entsprechend dem Antrag der Bundesanwaltschaft folgender rechtlicher Hinweis gemäß Paragraf 265 StPO: Es wird darauf hingewiesen, dass statt der rechtlichen Würdigung in der Anklageschrift hinsichtlich des Anschlags in der Probsteigasse und der beiden Überfälle folgende Würdigung in Betracht kommt: Beihilfe zu versuchtem gemeinschaftlichen Mord in Tateinheit mit der Herbeiführung einer schweren gemeinschaftlichen Sprengstoffexplosion und Beihilfe zu besonders schwerem gemeinschaftlichen Raub und der besonders schweren gemeinschaftlichen Erpressung und Beihilfe zu besonders schwerem gemeinschaftlichen Raub. Wenn dann keine weiteren Anträge sind, schließe ich die Beweisaufnahme erneut und erteile der Bundesanwaltschaft das Wort.

Bundesanwalt Diemer Hoher Senat, nach diesem kurzen Wiedereintritt in die Beweisaufnahme setze ich unser Plädoyer fort. Ich komme zu den Rechtsfolgen, die das strafbare Verhalten nach sich ziehen muss aus Sicht der Bundesanwaltschaft. Zur Angeklagten Zschäpe: Die Angeklagte, hoher Senat, ist für ihr Verhalten in vollem Umfang strafrechtlich verantwortlich. Die Voraussetzungen einer Schuldunfähigkeit oder verminderten Schuldfähigkeit nach den Paragrafen 20, 21 des Strafgesetzbuches liegen bei der Angeklagten Zschäpe nicht vor. *(Diemer bezieht sich auf das Gutachten des psychiatrischen Sachverständigen Professor Saß.)* Die dem entgegenstehenden Angaben des Psychiaters Professor Dr. Bauer, der bei der Angeklagten eine dependente Persönlichkeit festgestellt haben will, sind schon aufgrund seiner festgestellten Befangenheit unbeachtlich.

Vor diesem Hintergrund hat die Angeklagte Zschäpe für den Mord, für jeden Mord, für den Mord an Enver Şimşek, an Abdurrahim Özüdoğru, an Süleyman Taşköprü, an Habil Kiliç, an Yunus Turgut *(Bundesanwalt Diemer nennt wiederum irrtümlich den Namen des Bruders, tatsächlich wurde Mehmet Turgut ermordet)*, an İsmail Yaşar, an Mehmet Kubaşık, Halit Yozgat und Theodoros Boulgarides sowie für den Mord an der Polizeibeamtin Michèle Kiesewetter und für den versuchten Mord an ihrem Kollegen Martin A. jeweils eine lebenslange Freiheitsstrafe verwirkt.

Die Angeklagte hat auch für den Anschlag auf die Probsteigasse eine lebenslange Freiheitsstrafe verwirkt.
Die Angeklagte Zschäpe hat auch wegen des Sprengstoffanschlags in der Keupstraße in Köln eine lebenslange Freiheitsstrafe verwirkt.
Zu den räuberischen Überfällen: Hierbei geht es um die räuberischen Überfälle auf einen Edeka-Markt und 14 Geldinstitute zwischen dem 18. Dezember 1998 und dem 4. November 2011. Für diese Straftaten hat die Angeklagte bis auf einen Fall eine zeitige Freiheitsstrafe verwirkt. *(Diemer zählt die 15 Überfälle auf und plädiert jeweils für Freiheitsstrafen zwischen sechs und neun Jahren, und in einem Fall, den Überfall auf die Sparkasse Zwickau am 5. 10. 2006, für lebenslänglich.)*
Auf die Höhe strafschärfend auswirken muss sich für alle Delikte bis zur Auflösung des NSU, dass die jeweiligen Delikte rechtlich mit den Verbrechen der Mitgliedschaft in einer terroristischen Vereinigung zusammentreffen.
Von besonderem strafschärfenden Gewicht sind auch generalpräventive Gesichtspunkte, hier insbesondere der Strafzweck, die Rechtsordnung durchzusetzen und damit auch die Rechtstreue der Bevölkerung zu stärken.
Mit der Inbrandsetzung der Wohnung am 4. November 2011 in der Frühlingsstraße in Zwickau hat die Angeklagte Zschäpe Verbrechen der besonders schweren Brandstiftung und der Herbeiführung einer besonders schweren Sprengstoffexplosion in Tateinheit mit dreifach versuchtem Mord begangen. Deshalb ist auch hier beim Strafrahmen zu entscheiden, ob hinsichtlich der im Versuchsstadium stecken gebliebenen Mordtaten ausnahmsweise von einem herabgesetzten Strafrahmen ausgegangen werden kann. Einen bei dieser Abwägung zugunsten der Angeklagten sprechenden Gesichtspunkt, hoher Senat, vermag ich allenfalls darin zu erkennen, dass sie nach weit fortgeschrittener Hauptverhandlung ihren Verteidiger geständige Angaben verlesen ließ – dies allerdings nur insoweit, als sie es war, die das Haus in Brand setzte, wohl wissend allerdings, dass dieser Umstand angesichts der objektiven Faktenlage schlechterdings nicht mehr zu leugnen war. Sie hat zudem mit ihren Angaben die Schlussfolgerung des Generalbundesanwalts bestätigt, dass es sich bei der Brandstiftung um ein für den worst case vorher vereinbartes Szenario handelte, das mag ihr auch zugutegehalten werden. Dass sie versucht hat, die gebrechliche Nachbarin Charlotte Erber zu warnen, ist durch die Beweisaufnahme widerlegt. Im Übrigen hat die Angeklagte mit den weiter verlesenen Angaben lediglich erklärt, was sie zu dieser Brandstiftung veranlasst hat. Wirklich bereut hat sie diese aber nicht. Ein solcher gewichtiger innerer Umstand kann ihr daher bei der Strafrahmenwahl auch nicht zugutegehalten werden.
Ganz entscheidend ins Gewicht fällt demgegenüber, dass die Angeklagte schon in den vielen Jahren davor Menschenleben ihrem Willen opferte oder Men-

schenleben ihr gleichgültig waren, wenn sie ihren ideologischen oder wirtschaftlichen Interessen im Wege waren. Es spricht schon für sich, hoher Senat, dass die Angeklagte noch ihre Katzen erfolgreich in Sicherheit brachte, die alte Dame neben sich aber ihrem Schicksal überließ. Damit hat die Angeklagte Zschäpe auch mit der Inbrandsetzung am 4. November 2011 eine lebenslange Freiheitsstrafe verwirkt.

Zur Gesamtfreiheitsstrafe: Aus diesen 14 zeitlichen Freiheitsstrafen zwischen sechs und neun Jahren und den 14 lebenslangen Freiheitsstrafen ist eine einzige Gesamtstrafe zu bilden. Diese kann nach dem Gesetz, Paragraf 54 Absatz 1 Satz 1 StGB, nur eine lebenslange Freiheitsstrafe sein.

Bei der Angeklagten Zschäpe ist zu entscheiden, ob insgesamt die besondere Schwere der Schuld festzustellen ist. Das ist der Fall, wenn Umstände von besonderem Gewicht vorliegen, aufgrund derer das Tatbild so stark von den erfahrungsgemäß vorkommenden Mordfällen abweicht, dass die Aussetzung nach 15 Jahren auch bei dann günstiger Sozialprognose unangemessen wäre.

Zu dieser Gesamtwürdigung gehört es, auf die Gesichtspunkte aufmerksam zu machen, die das Verhalten der Angeklagten insgesamt betrachtet in einem milderen Licht erscheinen lassen. So hat die Angeklagte Stellungnahmen ihrer Verteidiger verlesen lassen, wonach sie die moralische Schuld für die ideologisch motivierten Mordtaten übernehme und ihr die Opfer auch leidtäten. Diesen Obersätzen entsprechen die weiteren Ausführungen in diesen Schriftsätzen aber nicht. Reue, vor allem gegenüber den Opfern ihrer ideologischen Verbohrtheit, oder eine innere Umkehr, die im Nachhinein für eine mildere Bestrafung wichtig gewesen wären, sind all diesen Schriftsätzen nicht zu entnehmen.

Auch die von einigen Vertretern der Opfer dieser schweren Strafaten zugunsten der Angeklagten thematisierte Mitverantwortung staatlicher Behörden lässt die Schuld der Angeklagten nicht in einem milderen Licht erscheinen, denn außer Theorien, Behauptungen und Spekulationen haben sich zu keinem Zeitpunkt tatsächliche Anhaltspunkte für eine solche strafrechtlich relevante Verstrickung von Angehörigen staatlicher Behörden ergeben. Die Angeklagte trägt also ihre eigene Schuld; sie kann nichts auf andere schieben.

Selbst unter Berücksichtigung der eingangs vorgetragenen besonderen Umstände des Strafverfahrens fehlen somit durchgreifende Gesichtspunkte für eine mildere Einschätzung der Schuld. Auf der anderen Seite hat die Angeklagte fast schon massenhaft Verbrechen gegen das Leben anderer Menschen begangen. Allein die ideologisch motivierten Anschläge summieren sich auf zehn vollendete Morde und 34 Fälle des versuchten Mordes; hinzu kommen 15 Raubüberfälle, die schwer bewaffnet durchgeführt wurden und in zwei Fällen ebenfalls mit versuchtem Mord einhergingen.

Das Leben der Angeklagten definierte sich über 13 Jahre durch Terror, Raub und Mord – bei ungetrübtem Bewusstsein und meist bei vollem Verstand. Sie hat das Sicherheitsgefühl der Menschen in diesem Land in außergewöhnlich schwerwiegender Weise erschüttert und dem Staat übermäßig großen Schaden beigefügt. Blickt man jetzt noch auf das Paulchen-Panther-Video, in dem die Mörder ihre Opfer in zynischer Weise in einer Art humoristischen Persiflage verhöhnen und verspotten, und darauf, dass die Angeklagte dieses Video nach dem Inferno in der Frühlingsstraße an ideologisch einschlägige Adressen verteilte, so offenbart sich in der Person der Angeklagten Beate Zschäpe, hoher Senat, ein Abgrund an Menschen- und Staatsfeindlichkeit, der es unumgänglich macht, im Urteil die Schwere der Schuld festzustellen.

Zur Frage der Sicherungsverwahrung: Die Angeklagte Zschäpe hat – das sind die formalen Voraussetzungen – vollendet und versucht 14 Morde begangen. Nimmt man allein die ideologisch motivierten Morde – auf die wird es ankommen –, so zählen allein für diese zwölf einzelne lebenslange Freiheitsstrafen. Damit liegen die formalen Voraussetzungen der Sicherheitsverwahrung nach allen geltenden Fassungen des Paragrafs 66 Absatz 3 StGB vor.

Das Gleiche gilt aber auch für deren materiellen Voraussetzungen. So hat der Sachverständige Professor Dr. Saß ausgeführt, dass aus forensisch-psychiatrischer Sicht schon durch das langjährige massive strafbare Verhalten und die Persönlichkeit der Angeklagten ein Hang zu gleich gelagerten Straftaten indiziert ist. Unter Berücksichtigung all dieser Umstände und bei Gesamtschau aller Feststellungen einschließlich der gutachtlichen Äußerungen von Professor Dr. Saß muss somit davon ausgegangen werden, dass bei der Angeklagten Zschäpe eine fest eingewurzelte und intensive Neigung zu ideologisch motivierten, schweren Gewaltdelikten vorliegt, die auf charakterlichen Anlagen und früh begonnener und stets fortgesetzter Übung beruht, und damit ein Hang zu ideologischen Gewaltverbrechen besteht und die Angeklagte aufgrund dessen jedenfalls zum Zeitpunkt der Verurteilung für die Allgemeinheit gefährlich ist.

Die in der rechtsextremen-rassistischen Szene magischen 14 words besagen: »Wir müssen die Existenz unseres Volkes und die Zukunft für die weißen Kinder sichern« – es braucht bei der Symbolik beim NSU nicht viel, um sich vorzustellen, dass diese Zahl 14 mit weiteren Morden vollends erfüllt werden sollte. Nach alldem muss ich davon ausgehen, dass der rechtsextremistische Terrorismus für die Angeklagte Zschäpe noch nicht mit ihrer Verurteilung erledigt ist, und halte daher unter Abwägung aller dafür maßgeblichen Gesichtspunkte zum jetzigen Zeitpunkt die Anordnung der Sicherungsverwahrung nicht nur für zulässig und geboten, sondern geradezu für unerlässlich, um sicherzustellen, dass für die Angeklagte ausreichend Zeit zur Läuterung bleibt, und um die Allge-

meinheit und diesen Staat vor weiteren ideologischen Gewaltverbrechen dieser Frau zu schützen.
Zum Angeklagten Wohlleben: Der Angeklagte Wohlleben ist wegen eines Verbrechens der Beihilfe zum neunfachen Mord zu bestrafen. Das sind die Fälle, in denen unschuldige Menschen heimtückisch mit der Česká 83 hingerichtet wurden, weil sie ausländischer Herkunft waren. Unter Berücksichtigung aller für und gegen den Angeklagten sprechenden Umstände halte ich eine Freiheitsstrafe von zwölf Jahren für tat- und schuldangemessen.
Der Angeklagte Carsten Schultze ist ebenfalls der Beihilfe zum Mord in neun Fällen schuldig. Zugunsten des Angeklagten müssen allerdings seine Aufklärungshilfe und sein eigenes Schuldeingeständnis bewertet werden. So hat Carsten Schultze mit der geständigen Einlassung im Ermittlungsverfahren zur Aufklärung insgesamt und insbesondere durch seine Angaben zum Schalldämpfer entscheidend zur Aufklärung des strafbaren Verhaltens von Ralf Wohlleben beigetragen. Ohne Carsten Schultze hätte die Anklage nicht wie geschehen erhoben werden können. Unter Berücksichtigung aller Umstände halte ich eine Jugendstrafe von drei Jahren für tat- und schuldangemessen.
Zum Angeklagten Holger Gerlach: Er hat sich dreier tatmehrheitlich zusammentreffender Vergehen der Unterstützung einer terroristischen Vereinigung schuldig gemacht, indem er dem Mitglied des NSU Uwe Böhnhardt im Frühjahr 2004 einen auf seine eigenen Personalien ausgestellten Führerschein und eine ebensolche ADAC-Mitgliedskarte verschaffte, indem er der Angeklagten Zschäpe im Jahr 2006 die AOK-Karte einer anderen Person zur Benutzung besorgte und indem er für Uwe Böhnhardt in der ersten Hälfte des Jahres 2011 einen mit seinen Personalien versehenen Reisepass beschaffte. Der Angeklagte hat zu einem recht frühen Zeitpunkt im Ermittlungsverfahren freiwillig entscheidende Beiträge zur Aufklärung von Herkunft und Beschaffung der Tatwaffe Česká geliefert. Unter Berücksichtigung dieser Umstände erscheint eine Gesamtfreiheitsstrafe von fünf Jahren erforderlich, aber auch ausreichend.
Für den Angeklagten André Eminger halte ich eine Gesamtfreiheitsstrafe von zwölf Jahren für tat- und schuldangemessen.
Ein Wort zur Vergleichbarkeit der Bestrafungen des Angeklagten Eminger und des Angeklagten Wohlleben, für die wir jeweils eine zwölfjährige Freiheitsstrafe für angezeigt halten. Der Angeklagte Wohlleben hat mit der Beschaffung der Mordwaffe Česká und des Schalldämpfers an der Ermordung von neun Menschen mitgewirkt. Seine Straftat wirkt, obwohl sie aus einer Handlung besteht, von den Folgen schwer. Dem Angeklagten Eminger können fünf Unterstützungshandlungen nachgewiesen werden, in einem Fall hat er, wenn auch bedingt vorsätzlich, an einem versuchten Mord mitgeholfen. Diese Unterstützung er-

streckt sich auf die gesamte Zeit des Bestehens der terroristischen Vereinigung. Sie war wesentlich und für das gesamte unheilvolle Werk der terroristischen Vereinigung NSU unverzichtbar. Die Tatbeiträge und die strafwürdige Bedeutung der Angeklagten Eminger und Wohlleben sind daher im Ergebnis vergleichbar.
Ich beantrage, gegen die Angeklagten das Urteil mit folgendem Inhalt zu sprechen: Die Angeklagte Zschäpe ist schuldig des Mordes in zehn Fällen, in einem Fall rechtlich zusammentreffend mit versuchtem Mord und gefährlicher Körperverletzung, eines versuchten Mordes in 32 Fällen in Tateinheit mit gefährlicher Körperverletzung in 23 Fällen in Tateinheit mit Herbeiführen einer schweren Sprengstoffexplosion, eines weiteren versuchten Mordes mit Herbeiführung einer schweren Sprengstoffexplosion, eines versuchten Mordes in Tateinheit mit versuchtem besonders schweren Raub, eines versuchten Mordes mit besonders schwerer räuberischer Erpressung und mit versuchtem Raub mit Todesfolge, zweier Fälle der besonders schweren räuberischen Erpressung weiterer zehn Fälle des besonders schweren Raubs, in vier Fällen rechtlich zusammentreffend mit besonders schwerer räuberischer Erpressung sowie eines versuchten besonders schweren Raubes; in allen Fällen jeweils rechtlich zusammentreffend mit Mitgliedschaft in einer terroristischen Vereinigung, sowie eines weiteren Verbrechens der Mitgliedschaft in einer terroristischen Vereinigung und einer besonders schweren Brandstiftung in Tateinheit mit Herbeiführung einer Sprengstoffexplosion, in Tateinheit mit versuchter Brandstiftung mit Todesfolge und versuchtem Mord in drei Fällen, gemäß Paragraf 129 a Absatz 1 Nummer 1, Absatz 2 Nummer 2, Paragrafen 211, 224 Absatz 1 Nummer 2 bis 5, Paragrafen 249, 250 Absatz 2 Nummer 1, Nummer 2 in Verbindung mit Absatz 1 Nummer 2, Absatz 2 Nummer 3b, Paragrafen 251, 253, 255, 306a Absatz 1 Nummer 1, Absatz 3, Paragraf 306b Absatz 2 Nummer 2, Paragrafen 306c, 308 Absatz 2, Paragrafen 22, 23, 25 Absatz 2, Paragrafen 52 und 53 StGB.
Die Angeklagten Wohlleben und Schultze sind jeweils schuldig der Beihilfe zu neun Fällen des Mordes gemäß Paragrafen 211 und 27 StGB.
Der Angeklagte Gerlach ist schuldig der Unterstützung einer terroristischen Vereinigung in drei Fällen gemäß Paragraf 129a Absatz1 1 Nummer 1, Absatz 2 Nummer 2, Absatz 5, Paragraf 53 StGB in der bis zum 29. Juli 2016 gültigen Fassung.
Der Angeklagte Eminger ist schuldig der Beihilfe zum versuchten Mord in Tateinheit mit Beihilfe zur Herbeiführung einer Sprengstoffexplosion, der Beihilfe zum besonders schweren Raub in Tateinheit mit Beihilfe zur besonders schweren räuberischen Erpressung, der Beihilfe zum besonders schweren Raub, sowie der Unterstützung einer terroristischen Vereinigung, gemäß Paragraf 129a Absatz 1 Nummer 1, Absatz 2 Nummer Absatz 5 Satz 1 StGB in der bis zum 29. Juli

2016 gültigen Fassung. Paragraf 211 Absatz 2, Paragrafen 249, 253, 255, Paragraf 208 Absatz 1 und 2, Paragrafen 22, 23 Absatz 1, Paragraf 25 Absatz 2, Paragrafen 27, 52, 53 StGB.
Es werden deshalb verurteilt: Die Angeklagte Zschäpe unter Feststellung der besonderen Schwere der Schuld zu einer lebenslangen Freiheitsstrafe als Gesamtstrafe; die Sicherungsverwahrung wird angeordnet.
Der Angeklagte Wohlleben zu einer Gesamtfreiheitsstrafe von zwölf Jahren.
Der Angeklagte Schultze zu einer Jugendstrafe von drei Jahren.
Der Angeklagte Gerlach zu einer Gesamtfreiheitsstrafe von fünf Jahren. Die Fähigkeit, öffentliche Ämter zu bekleiden und Rechte aus öffentlichen Wahlen zu erlangen, wird ihm für die Dauer von drei Jahren aberkannt.
Der Angeklagte Eminger zu einer Gesamtfreiheitsstrafe von zwölf Jahren.
Schließlich beantrage ich, gegen den Angeklagten André Eminger Haftbefehl zu erlassen und diesen Angeklagten in Untersuchungshaft zu bringen. Nach dem Ergebnis der Hauptverhandlung besteht der dringende Verdacht, dass der Angeklagte Eminger die ihm zur Last gelegten Straftaten begangen hat. Mit der Beihilfe zum versuchten Mord und der Herbeiführung einer Sprengstoffexplosion bestehen gesetzliche Haftgründe nach Paragraf 112 Absatz 3 StPO. Es ist anzunehmen, dass das weitere Verfahren gegen diesen Angeklagten auf das Höchste gefährdet ist, wenn er nicht in Untersuchungshaft genommen wird. Zwar war er an allen Hauptverhandlungstagen in den letzten vier Jahren pünktlich anwesend; jedoch wurde er heute erstmals mit der realen Möglichkeit einer sehr hohen Freiheitsstrafe als Rechtsfolge seiner Straftaten konfrontiert. Dies lässt ernsthaft befürchten, dass er sich trotz einer durchaus vorhandenen familiären Bindung dem weiteren Strafverfahren durch Flucht entzieht.

Götzl Vielen Dank, Herr Dr. Diemer. Im Hinblick auf den zuletzt gestellten Antrag werden wir uns mit diesem als Erstes beschäftigen müssen. Wollen Sie dazu Stellung nehmen?

Verteidiger Kaiser Ich halte den Erlass eines Haftbefehls nicht für dringend notwendig. Wie Dr. Diemer schon gesagt hat, ist er hier ja regelmäßig erschienen. Zudem bestehen soziale Bindungen, er hat drei Kinder und ist verheiratet.

Anwalt Narin Ich denke, die Anordnung ist bei André Eminger unumgänglich, zumal er sich in den vergangenen Jahren stets eingebettet hat in ein Netzwerk von Neonazis, von denen manche hier sogar im Sitzungssaal anwesend sind und durch merkwürdige Gesten die Unterstützung des André Eminger signalisieren. Es handelt sich um Personen, die vor dem Gerichtssaal regelmäßig ihre enge Verbundenheit mit ihm demonstriert haben, die ihm Unterschlupf bieten und auf verschiedenen Veranstaltungen bundes- und auch europaweit mit ihm verkehren. Insbesondere die Verbindungen nach Osteuropa ins Neonazi-Netz gebieten es, zur Sicherung des Verfahrens dem Antrag der Bundesanwaltschaft stattzugeben.

Götzl Die Frage des Haftbefehls muss beraten werden. Um eine Entfernung des Angeklagten Eminger aus dem Sitzungssaal zu verhindern, wird dessen Bewachung im Sitzungssaal durch die Vorführungsbeamten angeordnet. Ihnen wird verboten, den Sitzplatzbereich zu verlassen. Sie können sich auch mit Ihrem Anwalt zur Beratung zurückziehen.

Verteidiger Kaiser Es geht dem Herrn Eminger in erster Linie ums Rauchen.

Götzl Da müssen Sie sich jetzt einfach mal gedulden.

(Die Richter verlassen den Saal, um zu beraten, der Angeklagte Eminger wird an seinem Platz von mehreren Justizbeamten umstellt. Unter Ausschluss der Öffentlichkeit verkündet das Gericht am folgenden Tag den Haftbefehl gegen André Eminger. Am Tag zuvor war er bereits direkt aus dem Gerichtssaal in Gewahrsam genommen worden. Wie die Bundesanwaltschaft sehen auch die Richter bei Eminger Fluchtgefahr. Es wird in der Folge zu erheblichen Verzögerungen im NSU-Prozess kommen, da der nun inhaftierte André Eminger auf seinen Haftbefehl mit einer Serie von Ablehnungsanträgen gegen das Gericht reagiert.)

Tag 383

4. Oktober 2017

Manfred Götzl, Richter. **Michael Kaiser,** Verteidiger von André Eminger.

(Am 13. September 2017, einen Tag nach der letzten Sitzung des Gerichts, erließen die Richter Haftbefehl gegen André Eminger. Erstmals wurde die Öffentlichkeit dabei von der gesamten Verhandlung ausgeschlossen. Dem Vernehmen nach kam es zu einem Disput zwischen Richter Manfred Götzl und Emingers Verteidiger Michael Kaiser. Dieser soll sich erfolglos bemüht haben, die Verlesung aller 28 Seiten des Haftbefehls zu verhindern. Von den fünf Angeklagten sind nun nur noch Carsten Schultze und Holger Gerlach in Freiheit. Beate Zschäpe und Ralf Wohlleben befinden sich schon seit November 2011 in Untersuchungshaft.
Am 14. September wurde den Prozessbeteiligten dann mitgeteilt, Eminger habe außerhalb der Hauptverhandlung einen Befangenheitsantrag gegen den Senat gestellt. Eminger stellte in der Folge noch zwei weitere Befangenheitsanträge, einen nur gegen Götzl und einen gegen den Ergänzungsrichter Peter Prechsl. Auch von Wohlleben kamen zwei Ablehnungsgesuche. Der Prozess wurde für drei Wochen unterbrochen.
Zu Beginn des Sitzungstages 383 wurde noch nicht über alle Befangenheitsanträge entschieden. Der Prozess darf nach der Strafprozessordnung aber in der Regel nicht länger als drei Wochen unterbrochen werden, deshalb setzt Götzl zunächst fort.)

Götzl Es ergeht folgende Verfügung: Die Hauptverhandlung wird innerhalb der zeitlichen Grenzen des Paragrafen 29 Absatz 2 Satz 1 Strafprozessordnung solange fortgesetzt, bis eine Entscheidung über die anhängigen Ablehnungsgesuche ohne Verzögerung der Hauptverhandlung möglich ist. Die Fortsetzung der Hauptverhandlung ist sachgerecht. Für die Fortsetzung der Hauptverhandlung spricht der Beschleunigungsgrundsatz in Haftsachen.

Verteidiger Kaiser Herr Vorsitzender, ich weiß nicht, ob es Ihnen entgangen ist: Ich habe heute um 8.30 Uhr per Fax ein weiteres Ablehnungsgesuch gegen den gesamten Senat angebracht. Deswegen wundert es mich, dass Sie die Sitzung heute überhaupt eröffnen.

Verteidiger Klemke Wir beantragen, eine Unterbrechung von 20 Minuten, um uns mit unserem Mandanten zu besprechen.

Götzl Im Hinblick worauf?

Verteidiger Klemke Im Hinblick darauf, ob und wenn ja wie wir auf Ihre Verfügung reagieren.

(Götzl unterbricht die Verhandlung. In der Pause überreicht André Eminger einer Justizbeamtin ein handbeschriebenes Blatt.)

Götzl *(wiederholt seine Verfügung und gibt bekannt, dass zwei neue Ablehnungsgesuche eingegangen sind, eines von Eminger, eines von Ralf Wohlleben. Damit gibt es nun sechs offene Befangenheitsanträge.)* Dann ergehen Hinweise …

Verteidiger Kaiser *(unterbricht)* Ich beanstande, dass die Hauptverhandlung überhaupt fortgesetzt wird. Ich beantrage einen Gerichtsbeschluss.

(Nach einer Unterbrechung wiederholt Götzl seine Verfügung erneut und gibt bekannt, dass noch zwei Befangenheitsanträge gestellt wurden – mittlerweile sind es also acht. Wohllebens und Emingers Verteidiger beanstanden die Verfügung. Nach einer Unterbrechung verkündet Götzl den Beschluss des Senats.)

Götzl Dann ergeht nach geheimer Beratung folgender Beschluss: Die Verfügung wird bestätigt.

(Der Richter erteilt nun mehrere sogenannte rechtliche Hinweise an die Angeklagten. Es geht zum Beispiel darum, dass Holger Gerlach im Falle einer Verurteilung die bürgerlichen Ehrenrechte aberkannt werden können und bei Beate Zschäpe eine besondere Schuldschwere in Betracht komme. Nach einigem Hin und Her, wie es im Prozess weitergehen soll, gibt Götzl bekannt, dass die nächsten vier geplanten Termine abgesetzt werden.)

Tag 384

24. Oktober 2017

Manfred Götzl, Richter. **Michael Kaiser,** Verteidiger von André Eminger.

Götzl Dann wird mitgeteilt, dass die Ablehnungsgesuche des Angeklagten André Eminger als unbegründet zurückgewiesen worden sind.

(Nach einer Diskussion, ob zunächst die Beschlüsse ausgehändigt werden können, wird die Verhandlung unterbrochen und die Prozessbeteiligten erhalten Kopien. Anschließend kündigt Götzl an, Auszüge aus einem BKA-Bericht vorlesen zu lassen. Es geht um eine Hausdurchsuchung am 24.11.2011 bei dem Bruder von André Eminger; der Angeklagte wurde dort auf dem Sofa angetroffen. Über die Verlesung entbrennt ein Streit, Götzl setzt sie durch. Er lässt auch Fotos zeigen, auf denen das Schlafsofa zu sehen ist, auf dem André Eminger lag, zudem eine Tüte mit 3835 Euro, die sich unter dem Sofa befand. Die Herkunft des Geldes ist unklar.)

Verteidiger Kaiser Ich widerspreche der Verwertung der verlesenen Schriftstücke.

Götzl Noch zu den Beschlüssen zu den Befangenheitsanträgen: Herr Kaiser, hatten Sie Gelegenheit, davon Kenntnis zu nehmen?

Verteidiger Kaiser Ich schon, aber der Angeklagte Eminger hat es nicht geschafft, weil es ihm an der nötigen Konzentration mangelt. Er ist seit einem Monat inhaftiert, das hinterlässt Spuren. Er braucht etwas länger. Herr Eminger hätte gerne eine Frist bis morgen.

Götzl Wir machen heute gerne eine längere Pause.

Verteidiger Kaiser Mein Mandant braucht Ruhe und Zeit, um die juristischen Sätze zu verstehen. Die Bedingungen dafür sind in seiner Zelle besser als hier im Gerichtssaal. *(Gelächter im Saal.)* In seiner Zelle hat er zumindest frische Luft.

Götzl Ich habe schon Interesse daran, dass es hier beschleunigt weitergeht.

Verteidiger Kaiser Herr Eminger sagt, er schafft das nicht. Er muss jeden Satz drei, vier Mal lesen. Es ist sehr juristisch und für einen Laien sehr viel schwieriger zu verstehen.

(Götzl geht darauf ein und lässt an dem Tag nicht weiter verhandeln.)

Tag 385

25. Oktober 2017

Manfred Götzl, Richter. **Anette Greger**, Vertreterin der Bundesanwaltschaft. **Eberhard Reinecke**, Anwalt der Nebenklage.

(Emingers Verteidiger Herbert Hedrich kündigt einen weiteren Befangenheitsantrag an, der außerhalb der Hauptverhandlung gestellt wird. Zum Ausformulieren benötige er Zeit. Der Richter gewährt sie, zunächst allerdings geht es um einen Antrag der Nebenklage.)

Anwalt Reinecke Ich beantrage, Herrn Klaus A., Jena, als Zeugen zu vernehmen. Der Zeuge wird bestätigen, dass die Angeklagte Zschäpe am 10.8.1996 bei ihm zusammen mit einer männlichen Person erschien, die sich als ihr Freund ausgab. Es kam zum Abschluss des Mietvertrages über die Garage Nummer fünf im Garagenkomplex »An der Kläranlage« in Zwickau. Die Beweiserhebung ist relevant, weil damit die Einlassung der Angeklagten in einem weiteren Punkt widerlegt wird. Diese hatte die Anmietung so dargestellt, dass sie auf Eigeninitiative die Garage angemietet und sodann Böhnhardt und Mundlos mit der erfolgten Anmietung überrascht habe. Eindeutig behauptete die Angeklagte, sie habe sich erst nach der Anmietung wieder mit Uwe Mundlos und Uwe Böhnhardt getroffen. Von einer männlichen Person, die bei der Anmietung anwesend war, hat sie nie berichtet. Legt man die Beweisbehauptung zugrunde, spricht nichts dafür, dass die Angeklagte im Sinne einer Abhängigkeit und zum Zwecke des Zurückgewinnens von Uwe Böhnhardt die Garage angemietet hat, sondern dass sie bereits vor der Anmietung der Garage mit Uwe Böhnhardt wieder zusammen war und die Anmietung auf einem gemeinsamen Plan beruhte. Dies ist auch ein Indiz dafür, dass die Angeklagte es bereits zu diesem Zeitpunkt übernommen hatte, die Aktivitäten der Gruppe nach außen abzutarnen.

Oberstaatsanwältin Greger Der Antrag ist lange nach Ablauf der Frist für Beweisanträge gestellt worden. Nach höchstrichterlicher Rechtsprechung ist dies ein Indiz für eine Verschleppungsabsicht. Die Einlassung von Frau Zschäpe liegt mittlerweile zwei Jahre zurück. Vorrangig liegt als weiterer Ablehnungsgrund für diesen Antrag vor, dass die unter Beweis gestellte Tatsache für die Entscheidung tatsächlich ohne Bedeutung ist. Die Rückschlüsse, die sich der Antragsteller verspricht, sind schon durch andere Beweismittel hinreichend verlässlich zu ziehen.

Anwalt Reinecke Ich bin durchaus der Meinung, dass dieser Beweisantrag zusätzlichen Beweiswert hat. Und für mich ist es ganz besonders ernst gemeint, endlich zu den Plädoyers zu kommen.

Götzl Der Termin morgen wird abgesetzt und die Hauptverhandlung fortgesetzt am 9.11.

Tag 386

9. November 2017

Anette Greger, Vertreterin der Bundesanwaltschaft.

(Die Nebenkläger können immer noch nicht mit ihren Plädoyers beginnen. Es gibt eine Auseinandersetzung um einen rechtlichen Hinweis, den Götzl am 383. Tag erteilt hatte. Er hatte Beate Zschäpe darauf hingewiesen, dass neben den in der Anklageschrift genannten Fällen der Mitgliedschaft in einer terroristischen Vereinigung ein weiterer Fall in »Tatmehrheit« in Betracht komme. Zschäpes Verteidiger verlangen zu wissen, worum es konkret gehe, und und stellten am 384. Verhandlungstag einen entsprechenden Antrag. Die Bundesanwaltschaft reagiert darauf nun mit einer Stellungnahme, die von Oberstaatsanwältin Greger verlesen wird.)

Oberstaatsanwältin Greger Der Antrag *(der Verteidigung)* lässt aus Sicht der Bundesanwaltschaft eine Verkennung der prozessualen Lage besorgen. Deshalb sind folgende Ausführungen veranlasst: Aus Sicht der Bundesanwaltschaft hat die Beweisaufnahme insbesondere die Beteiligung der Angeklagten Zschäpe an der Anmietung und Kündigung der Wohnungen, der Legendierung und Absicherung sowie der Verwaltung der finanziellen und sachlichen Mittel der Gruppe aufgehellt und darüber hinaus die folgenden neuen Umstände ergeben: das Sprengstoffdelikt am 23. Juni 1999 in Nürnberg; die Beschaffung der SIM-Karte über Sandy N., Beatrix J., Janine S., Susann E. und Anett F.; die Erstellung der Videoaufnahme der Fernsehberichterstattung über den Sprengstoffanschlag in der Kölner Keupstraße im Juni 2004; die Bezahlung des Angeklagten Eminger im Juni 2011 (Disneyland); die Abholung des Reisepasses des Angeklagten Gerlach am 16. Juni 2011. Diese Sachverhaltsergänzungen vermögen die Angeklagte im Übrigen auch nicht zu überraschen. Sie konnte diese bereits aus dem Gang der Hauptverhandlung, insbesondere aus den Zeugenladungen, den diesen zugrunde liegenden jeweiligen Beweisthemen, den Inhalten der Beweisaufnahme wie auch aus ihrer eigenen Befragung durch den Vorsitzenden ersehen. Für eine konkretisierende Feststellung, welches konkrete Verhalten als mittäterschaftli-

che Beteiligung an den angeklagten Gewalttaten und welches Verhalten im Einzelnen als mitgliedschaftliche Beteiligung an einer terroristischen Vereinigung zu werten ist, ist im rechtlichen Hinweis kein Raum. Diese Zuordnung und die verbindliche rechtliche Bewertung bleiben der Urteilsberatung vorbehalten.
(Nach einer Pause erteilt Götzl einen knappen Hinweis zu seinem rechtlichen Hinweis an Zschäpe vom 383. Verhandlungstag. Alle Tathandlungen, die in Betracht kämen, seien »im Sachzusammenhang in der Anklageschrift thematisiert«. Kopfschütteln bei Zschäpes Verteidiger Anja Sturm und Wolfgang Heer. Götzl beendet den Verhandlungstag zur Mittagszeit.)

Tag 387

15. November 2017

Manfred Götzl, Richter. **Herbert Diemer**, Vertreter der Bundesanwaltschaft. **Wolfgang Heer**, Verteidiger von Beate Zschäpe. **Nicole Schneiders**, Verteidigerin von Ralf Wohlleben. **Mehmet Daimagüler, Edith Lunnebach, Sebastian Scharmer**, Anwälte der Nebenklage.

(Zunächst setzen Zschäpes Verteidiger den Streit um den aus ihrer Sicht unzureichenden rechtlichen Hinweis an ihre Mandantin fort. Das Gericht sieht keinen Anlass, etwas zu ändern. Die schon seit einiger Zeit erwarteten Plädoyers der Nebenkläger können beginnen.)

Götzl *(wendet sich an Edith Lunnebach, die den Anfang machen soll)* Wären Sie denn vorbereitet?

Anwältin Lunnebach Ja.

Götzl Ich bitte Sie, hier vorne ans Pult zu kommen. *(Dort, wo sonst die Zeugen sitzen, ist jetzt ein Stehpult aufgebaut, an dem die Nebenklagevertreter ihre Plädoyers halten sollen. Edith Lunnebach macht sich bereit. Sie vertritt Familie M. aus der Probsteigasse in Köln. Im Laden der Familie, die Wurzeln im Iran hat, deponierte der NSU eine Bombe.)*

Anwältin Lunnebach Wir als Nebenklagevertreter waren in diesem Prozess immer ein wenig Störenfried. Gefühlt stand dann die gesamte Nebenklageriege am Pranger, nach dem Motto »Ach, die schon wieder«. Herr Bundesanwalt Dr. Diemer: Der von Ihnen in dem Zusammenhang verwandte Begriff »Fliegengesumme« zeigt genau diese Denkweise, die ehrlichen Bemühungen der Geschädigten und ihrer Vertreter zu diskreditieren. Dafür habe ich kein Verständnis.
In Ihren Ausführungen haben Sie als Vertreter der Bundesanwaltschaft ja durchaus nicht wenige Fakten bewertet und benutzt, die auf der Grundlage von Anträgen der Nebenklage eingebracht worden sind. Dennoch haben Sie sich gegen

annähernd alle Anträge aus unseren Reihen gewehrt. Warum diese selbstgerechte Haltung während der Hauptverhandlung? In der Rückbetrachtung des NSU-Prozesses werden Sie sich in der Rolle des Bremsers wiederfinden. Sie greifen die Nebenkläger direkt mit der höhnischen Bemerkung an, einige von uns hätten den Opfern wohl einen weiteren Täter versprochen. Damit erheben Sie sich über die Not der Geschädigten, die glaubhafte Antworten zu der Frage erhalten wollen, wie sie und warum sie als Opfer ausgesucht wurden und welche weiteren Täter noch unbehelligt unterwegs sind.

Am 19. Januar 2001 gegen sieben Uhr hatte die damals 19-jährige Tochter des Inhabers des Lebensmittelgeschäfts in der Probsteigasse, wie jeden Morgen vor dem Schulbesuch, zusammen mit ihrer jüngeren Schwester ihren Eltern vor der Öffnung des Geschäfts geholfen. Sie befand sich im Büroraum des Geschäfts, wo sie für einen kurzen Moment die in dem abgestellten Korb befindliche Geschenkdose öffnete und wieder verschloss. Als sie sich im Anschluss daran nach einem Spiegel bückte, um sich zu schminken, explodierte die Dose und führte zu den erheblichen Verletzungen, deren Narben sowohl in physischer als auch in psychischer Sicht bis heute nicht verheilt sind.

Es ist davon auszugehen, dass der Geschenkkorb mit der potenziell tödlichen Fracht einige Tage vor Weihnachten des Jahres 2000 in dem kleinen Geschäft, welches noch unter dem Namen des deutschen Vorbesitzers firmierte, abgestellt wurde. Die Probsteigasse ist eine schmale Einbahnstraße. Auch mir als Kölnerin war diese Straße, wie den meisten in Köln Ansässigen, nicht bekannt. Dass dieser Tatort von Nicht-Ortskundigen ausspioniert gewesen sein könnte, ist völlig ausgeschlossen. Objektive Erkenntnisse dazu, wer den Geschenkkorb abgestellt hat, gibt es meines Erachtens nicht.

(Die Anwältin kritisiert diverse Ermittlungsfehler der Polizei, dazu zählt sie auch die Vernichtung von Asservaten im Jahr 2006.)

Kann denn jemand ernsthaft diese Anzahl von Fehlleistungen als zufallsbedingt ansehen? Wir – die Familie M. und ihre Anwältinnen – sehen uns dazu außerstande. Es ist bis heute nicht gelungen, Kontakte der Angeklagten oder der Unterstützergruppe um den NSU zu den potenziellen weiteren rechtsextremistischen Tätern in Köln aufzudecken. Wie aber, wenn nicht mithilfe von in die tödliche Gedankenwelt des NSU eingeweihten Mittätern aus dem Kölner Raum, soll denn die Tatortauswahl stattgefunden haben?

Muss man dann nicht Zweifel an der Täterschaft des NSU haben? Kann man den Erklärungen der Angeklagten Zschäpe Glauben schenken, die die Schuld an dem Sprengstoffanschlag ihren verstorbenen »Kameraden« Uwe Mundlos und Uwe Böhnhardt zuschreibt? Auch wenn ich nicht davon ausgehe, dass es einer der verstorbenen Mitglieder des NSU gewesen ist, der die Sprengfalle abgestellt hat, gehe ich davon aus, dass es tatsächlich der NSU gewesen ist, der den Anschlag verübt hat. Da sowohl in der ersten Vorläuferversion der DVD-Bekennung aus dem März 2001 bereits der Sprengstoffanschlag mit dem Satz »M. M. weiß nun, wie ernst uns die Erhaltung der deutschen Nation ist« erwähnt ist und sich dies in der zweiten Vorläuferversion von vermutlich Oktober 2001 mit geringfügigen Abweichungen wiederholt, ist es aus meiner Sicht ausgeschlossen, dass andere Täter sich dieses menschenverachtenden Bekennerschreibens bedient hätten. Aus unserer Sicht gibt es nur eine Erklärung: Ein in den Tatplan eingeweihter und mit Ortskenntnissen in Köln versehener unerkannter Mittäter aus den Reihen des NSU muss den Anschlagsort ausgesucht haben und die Sprengfalle deponiert haben.

Nun zur Frage, ob die verschiedenen Erklärungen der Angeklagten Zschäpe glaubhaft sind und dadurch die Feststellung, der NSU habe als terroristische Vereinigung aus mehreren Personen bestanden, widerlegt ist. Wenn es nur um eine juristische Bewertung der Einlassungen der Angeklagten Zschäpe geht, könnte man es einfach so zusammenfassen: Si tacuisses! *(Lateinisch für: Hättest du nur geschwiegen!)*

Dieses menschenverachtende Rührstück, das die Angeklagte geboten hat, zeigt eine moralische Einstellung, die fest in ihrer Persönlichkeit verankert sein muss. Diese Einstellung zeigt sich unter anderem daran, was die Angeklagte Zschäpe zum Ausdruck bringt, als ihr die dritten oder vierten Morde durch ihre beiden »Kameraden« gestanden wurden. Sie resümiert: »Meine Reaktionen sind nur schwer zu beschreiben: Fassungslosigkeit, Entsetzen, das Gefühl der Machtlosigkeit. Ich war unglaublich enttäuscht darüber, dass sie erneut gemordet hatten. Auch hatten sie mich erneut hintergangen, obwohl sie mir zuvor versprochen hatten, keinen Menschen mehr zu töten.« Auch wenn später noch formale Erklärungen der Distanzierung von den Taten erfolgten, müssen die Familie M. und ich davon ausgehen, dass diese selbstbespiegelnde Weinerlichkeit ihr moralisches Innenleben zum Ausdruck bringt. Und wir können nur hoffen, dass Sie, Frau Zschäpe, irgendwann das Ausmaß der Verbrechen, an denen Sie beteiligt waren, begreifen werden und Ihre tatsächliche Schuld spüren.

(Die Anwältin geht nun auf einen geheimen Mitarbeiter des nordrhein-westfälischen Verfassungsschutzes ein, der wegen einer angeblichen Ähnlichkeit mit einem nach dem Anschlag in der Probsteigasse angefertigten Phantombild unter Verdacht geraten war. Die NSU-Ermittler halten ihn jedoch für unschuldig. Lunnebach kritisiert, es sei nicht richtig gegen den Mann ermittelt worden, und der Verfassungsschutz habe eine »schützende Hand« über ihn gehalten.)

Wir stellen uns schlicht die Frage, wieso, auch nach November 2011 noch, nicht alle damals geführten V-Leute, V-Mann-Führer und Personen aus der rechten

Szene dazu vernommen worden sind, ob Erkenntnisse zum Täterkreis des Anschlages auf die Familie M. vorhanden sind oder waren. Die Familie M. wird auch nach einem Urteil in diesem Verfahren mit der Vorstellung weiterleben müssen, dass unbekannte Täter, die sie einmal aufgesucht haben, als ständige Gefahr im Hintergrund lauern.

Zum Schluss ein Appell an den Senat: Lassen Sie sich durch Plädoyers beeindrucken? Ich weiß es nicht. Was ich und meine Mandanten erwarten: Seien Sie unbequem! Lassen Sie in die Urteilsbegründung die Tatsache der Vertuschung und Geheimniskrämerei der Verfassungsschutzbehörden genauso einfließen wie das Entsetzen darüber, dass aufgrund der Fehler in den damaligen Ermittlungen eine Verbrechensserie entstehen konnte und zugelassen wurde, die das Erstarken der neonazistischen Angriffe in den Neunzigerjahre fortsetzte!

Götzl Vielen Dank, Frau Rechtsanwältin Lunnebach.

(Pause. Anschließend hält Mehmet Daimagüler sein Plädoyer. Er vertritt Angehörige der Nürnberger Mordopfer İsmail Yaşar und Abdurrahim Özüdoğru).

Anwalt Daimagüler Am Morgen des 9. Juni 2005 stand İsmail Yaşar hinter seinem Tresen. Ohne jede Warnung schoss man ihm zuerst in den Kopf und anschließend mehrmals in die Brust. İsmail Yaşar hinterließ einen zur Tatzeit 15-jährigen Sohn und eine 22-jährige Tochter. In der Nähe des Tatortes befindet sich eine Schule. Viele Kinder hatten Süßigkeiten bei dem immer freundlichen und herzlichen Herrn gekauft. In den Tagen nach dem Mord hinterlassen viele Kinder rührende kleine Briefe in kritzeliger Schrift, Kerzen und Blumen am Tatort. Ich vertrete zudem die älteren Geschwister von Abdurrahim Özüdoğru. Abdurrahim Özüdoğru war 49 Jahre alt, als er am 13. Juni 2001 hingerichtet wurde. Er stammt aus einem kleinen Dorf in der Nähe der Stadt Bursa und war als Maschinenbaustudent nach Deutschland gekommen. Nach seinem Studium arbeitete er bei der Firma Diehl in Nürnberg. Außerdem betrieb er eine Änderungsschneiderei. An das Ladengeschäft schloss sich seine Wohnung an. Sein ganzer Stolz galt der Tochter. Sie war der Mittelpunkt seines Lebens. In den Polizeiakten findet sich ein Foto seiner Küche. Man sieht, dass am Kühlschrank bunte Magnetbuchstaben kleben. Kunterbunt bilden sie den Namen seines Kindes.

Um dieses Verfahren aus der Sicht meiner Mandantschaft bewerten zu können, müssen wir zunächst über die Erwartungen und Hoffnungen dieser Menschen sprechen. Hier könnte ich eine Reihe von Aspekten aufführen, aber am Ende kann ich alle diese Aspekte in einem Wort zusammenfassen: Warum? Dieses Warum ist das, was meine Mandanten beschäftigt, was sie bewegt und ihnen in der Nacht den Schlaf raubt. Warum musste unser Bruder sterben? Warum durfte mein Vater nicht leben? Warum wurde ausgerechnet er zum Tode verurteilt? Warum hat der Staat uns nicht geschützt? Warum hat er uns beschuldigt? Meine Mandanten sinnen nicht nach Rache oder möglichst harten Strafen für die Angeklagten. Meine Mandanten wollen verstehen. Die Frage nach dem Warum beherrscht seit über einem Jahrzehnt unerbittlich ihr Denken, Fühlen und Handeln.

Meistens werden diese Menschen »Opferangehörige« genannt. Aber dieses Wort kann nicht ansatzweise die Situation beschreiben, in der sie sich befinden. Die Hinterbliebenen der NSU-Mordopfer sind nicht lediglich »Opferangehörige«. Sie sind Überlebende des NSU. Aus dem Nichts, so schien es, kam der Tod zu ihnen. Der geliebte Mensch wurde ihnen genommen. Dann sagte ihnen der Staat, dass dieser Mensch es nicht verdient habe, wirklich betrauert zu werden, weil er selbst ein Verbrecher sei, der seinen Tod selbst verursacht habe. Im nächsten Schritt waren es dann diese Überlebenden selbst, die in das Fadenkreuz staatlicher Verdächtigung gerieten. Weder die Toten noch die Lebenden durften Opfer sein. Freunde, Nachbarn, ja die eigenen Familien wandten sich von ihnen ab und verurteilten sie zu einem Jahrzehnt sozialer Isolation. Diese Strafe wurde gnadenlos vollstreckt.

War es realistisch, eine Antwort auf dieses »Warum?« zu erwarten? Ist es überhaupt strafprozessual zulässig, eine solche Erwartungshaltung zu haben? Nach Meinung der Bundesanwaltschaft geht es in diesem Verfahren um einen ganz eng gefassten Aufklärungsbereich: so eng wie möglich und nur so weit, wie unbedingt nötig, um zu einer Verurteilung zu kommen. Aber keinen Millimeter mehr. Stimmen, die die These des Generalbundesanwalts von einer isolierten Zelle in Zweifel ziehen, werden als »Fliegengesumme« diffamiert. Meine Mandantinnen und Mandanten haben aber berechtigte Zweifel. Ich hätte mir gewünscht, dass Sie, verehrter Herr Dr. Diemer, diese Zweifel und diese Menschen ernst nehmen. Ich hätte mir gewünscht, dass Sie diesen Menschen mit Respekt und nicht mit Hochmut begegnen.

Meine Mandantschaft hat nach der Ermordung ihrer Liebsten einen Staat erlebt, der sie nicht als gleichberechtigte Menschen behandelte. Sie waren einem Staat voller Hochmut und voller Vorurteile ausgesetzt. Sie haben es mit Polizeibeamten zu tun gehabt, die nicht hören wollten, wenn sie die Unschuld der Ermordeten und ihre eigene Unschuld beteuerten. Sie haben einen Staat erlebt, der ihre Stimme nur als »Fliegengesumme« wahrnahm: störend, lästig, überflüssig, irrelevant. Was haben wir eigentlich vom NSU gelernt, wenn die oberste Strafverfolgungsbehörde dieses Landes mit einer solchen Wortwahl jene Menschen abtut, die eine andere Sicht auf den NSU-Komplex haben?

Ich glaube mit Haut und Haar an unsere Verfassungsordnung. Unsere Verfassungsordnung kann sich mit Recht in der Welt sehen lassen. Genauso glaube ich an diesen Rechtsstaat, an unseren Rechtsstaat. Ich weiß aber auch, es gibt keinen

Rechtsstaat ohne Makel. Was den in sich ruhenden Rechtsstaat ausmacht, ist nicht seine Makellosigkeit, sondern seine Bereitschaft zum selbstkritischen Umgang mit seinen Makeln.

»Als Bundeskanzlerin der Bundesrepublik Deutschland verspreche ich Ihnen: Wir tun alles, um die Morde aufzuklären und die Helfershelfer und Hintermänner aufzudecken und alle Täter ihrer gerechten Strafe zuzuführen. Daran arbeiten alle zuständigen Behörden in Bund und Ländern mit Hochdruck.« Es war eine beeindruckende Ansprache, die unsere Bundeskanzlerin Angela Merkel am 23. Februar 2012 vor den und für die Angehörigen jener Menschen hielt, deren Liebsten mutmaßlich von NSU-Mördern aus dem Leben gerissen wurden. Meine Mandantschaft schöpfte nach dieser Rede Hoffnung. Hoffnung darauf, dass das »Warum« endlich eine Antwort finden würde.

Nun kann es diesem Gericht herzlich egal sein, was die Bundeskanzlerin verspricht oder nicht verspricht. Das Gericht ist frei und unabhängig, und das ist auch gut so. Man sollte aber meinen, dass der Bundesanwaltschaft ein Versprechen der Bundeskanzlerin der Bundesrepublik Deutschland nicht egal ist. Natürlich muss sich die Bundesanwaltschaft im Rahmen des Strafrechts bewegen. Aber sie sollte nicht so tun, als gäben das Gesetz und die Rechtsprechung nicht einen großen Ermessensspielraum für die Beantwortung der Frage, was zu einem Prozess gehört und was nicht.

Herr Bundesanwalt Dr. Diemer behauptete hier, die Menschen würden verunsichert, wenn man die These von einer isolierten Zelle öffentlich infrage ziehe. Mit dieser Aussage stellen Sie geradezu grotesk die Realität auf den Kopf. Es sind ganz andere Dinge, die meine Mandantinnen und Mandanten, aber auch viele Menschen außerhalb dieses Gerichtssaals verunsichern. Sie sind verunsichert, wenn die Bundeskanzlerin dieses Landes volle Aufklärung verspricht und stattdessen landauf, landab bei Verfassungsschutzbehörden Hunderte von Akten vernichtet werden, ohne dass auch nur ein einziger Beamter dafür bestraft wird. Sie sind verunsichert, weil Nazis als Zeugen in diesem Saal erschienen und von Anwälten begleitet wurden, die von Verfassungsschutzbehörden bezahlt wurden, und die Bundesanwaltschaft hier erklärte, dies sei in bester Ordnung. Sehen so die deutschen Behörden aus, die im Merkel'schen Sinne »mit Hochdruck« an der Aufklärung arbeiten?

Wenn die Bundeskanzlerin versprach: »Wir tun alles, um die Morde aufzuklären und die Helfershelfer und Hintermänner aufzudecken …«, dann möchte ich die Vertreter der Bundesanwaltschaft fragen: Haben Sie wirklich alles getan, um die Morde aufzuklären und die Helfershelfer und Hintermänner aufzudecken? Lassen Sie mich ein konkretes Beispiel nennen: In der Zwickauer Frühlingsstraße wurden Listen mit Hunderten potenzieller Anschlagsziele gefunden.

Diese befanden sich auf der Festplatte des Computers im Ordner »Killer«, der 146 Listen mit circa 10 000 Namen und Adressen beinhaltete. Ich habe mir diese Liste beim Bundeskriminalamt in Meckenheim angeschaut und mich gefragt: Wie kommt man auf diese Auswahl? Es überrascht nicht, dass sich Personen des öffentlichen Lebens wie Claudia Roth oder Cem Özdemir auf dieser Liste befinden. Warum aber steht ein Landarzt für Allgemeinmedizin darauf? Warum ein Staatsanwalt aus meiner Heimatstadt Siegen?
Ich wurde am Landgericht Siegen ausgebildet. Ich verbrachte drei Monate als Referendar bei der Staatsanwaltschaft Siegen. Dennoch kannte ich diesen Staatsanwalt nicht. Ich habe versucht, ihn zu googeln. Gefunden habe ich nur eine nichtssagende Meldung über ein recht uninteressantes Verfahren vor Jahren. Sonst nichts. Daher noch einmal die Frage: Warum trachteten Nazi-Mörder aus dem 400 Kilometer entfernten Zwickau diesem Mann nach dem Leben? Wenn selbst ich als gebürtiger Siegener diesen Namen nicht kenne, wie kommt er auf das Radar von Mundlos, Böhnhardt und Zschäpe?
Während ich mir die Liste beim BKA anschaute, war ein Beamter anwesend. Ob denn die Menschen auf der Liste informiert worden seien, habe ich gefragt. Soweit er wisse, so die Antwort, seien nur die Prominenten in Kenntnis gesetzt worden.
Die Bundesanwaltschaft suggeriert eine Scheinsicherheit. Die Sicherheit, alles ermittelt zu haben und alles zu wissen.
Meinen Mandanten war schon zu Beginn des Prozesses klar, dass dieses Verfahren nicht die Antwort auf alle Fragen bringen würde. Aber die Antwort auf die Frage nach dem Warum, darauf haben sie bis zuletzt vergebens gehofft. Es sind drei große Fragenkomplexe, die bis zum heutigen Tage unzureichend oder gar nicht beantwortet wurden: Wie groß war oder ist der NSU wirklich? Welche Rolle haben Verfassungsschutzbehörden und andere Geheimdienste gespielt? Wie groß ist das Problem des institutionellen Rassismus in deutschen Sicherheitsbehörden, der es einem türkischen Mordopfer nicht erlaubte, ein Opfer zu sein?
(Daimagüler erläutert seine Rechtsauffassung, wonach die Aufklärungspflicht des Staates sehr weit zu fassen sei.)
Meine Kritik an der Arbeit der Bundesanwaltschaft ist oft harsch. Ich habe mir diese Kritik nicht leicht gemacht. Meine Kritik an der Behörde und meine Wertschätzung für die handelnden Akteure ist kein Widerspruch: Die Generalbundesanwaltschaft ist eine politische Institution und unterliegt mitunter politischen Zwängen und Vorgaben. Natürlich, sie handelt im Rahmen der Strafprozessordnung. Diese gibt aber an vielen Stellen Raum für Ermessensentscheidungen. Man kann dieses Ermessen so oder so ausüben. Es kann

im Interesse einer umfassenden Aufklärung ausgeübt werden – oder eingeschränkt im Sinne einer Staatsräson. Die Bundesanwaltschaft hat sich leider für das Letztere entschieden.

Warum meine Mandanten der Trio-These der Bundesanwaltschaft nicht folgen können, wird schon durch die Tatsache deutlich, dass wir hier eine ganze Reihe von Zeugen gehört haben, die nach dem Untertauchen nicht nur im Kontakt zum sogenannten Trio standen, sondern es zum Teil auch tatkräftig unterstützt haben. Insgesamt waren es mindestens 24 Personen. Sie haben Wohnungen angemietet und Ausweispapiere zur Verfügung gestellt. Sie haben Nachrichten übermittelt und Geldmittel beschafft. Ihre Namen und Taten sind bekannt. Zum Teil mögen diese Taten verjährt sein, aber sie entziehen der These der abgeschotteten Zelle jede Grundlage.

Nein, Böhnhardt, Mundlos und Zschäpe waren weder isoliert noch eine Dreier-Zelle, sondern der Kern eines deutschlandweiten Netzwerkes von Nationalsozialisten und Rassisten. Ganz ihrer Selbstbeschreibung in ihrem Bekennervideo entsprechend: »Der NSU ist ein Netzwerk von Kameraden mit dem Grundsatz: Taten statt Worte.« Doch die Bundesanwaltschaft hat sich festgelegt – und schließt damit an ein altbekanntes Muster deutscher Sicherheitsbehörden im Umgang mit rechten Straftaten an: Wann immer rechtsextremer Hass in Gewalt umschlägt, wann immer aus rassistischen Motiven Anschläge verübt werden, muss es sich um das Werk eines Einzeltäters oder nur weniger isolierter Personen gehandelt haben. Terroristische rechtsextreme Strukturen darf es im post-nationalsozialistischen Deutschland nicht geben. Und dort, wo Einzeltäter zugeschlagen haben, werden rassistische Tatmotive und politische Hintergründe regelmäßig heruntergespielt oder bestritten. Ich möchte nur an die Ermittlungen zum Oktoberfestattentat 1980 erinnern. Die paramilitärische »Wehrsportgruppe Hoffmann« wurde jahrelang als eine Art Pfadfinder für Erwachsene verharmlost. Über 30 Jahre ließen sich die Behörden von ihrer Einzeltäterthese nicht abbringen.

Verteidiger Heer Ich beantrage, den Nebenklagevertreter darüber aufzuklären, was Gegenstand eines Plädoyers ist. Ich bitte, Herrn Dr. Daimagüler daran zu erinnern, nur zur Beweisaufnahme zu sprechen und dazu, was für eine Urteilsfindung von Bedeutung ist. Es geht hier nicht darum, Anklage gegen die Anklagebehörde und gegen den deutschen Staat insgesamt zu erheben. Das gehört hier nicht hin.

Götzl *(wendet sich an Daimagüler)* Herr Dr. Daimagüler, es ist nicht ersichtlich, aber sollten Sie ausführliche Erläuterungen zum Oktoberfestattentat geplant haben, wäre der Einwand gerechtfertigt.

Anwalt Daimagüler Der BGH hat sich geäußert, dass es ausreicht, wenn der Vortrag mittelbar den Verfahrensgegenstand behandelt. Der Schlussvortrag darf nicht willkürlich sein. Natürlich ist der Gegenstand der Hauptverhandlung hier eingebettet in den Zusammenhang.

Verteidiger Heer Ich beantrage, Ausführungen zum Oktoberfestanschlag nicht zuzulassen.

Verteidigerin Schneiders Ich kann mich den Ausführungen des Kollegen Heer nur anschließen.

Anwalt Scharmer Ich halte es für den Gipfel an Respektlosigkeit, Herrn Dr. Daimagüler mit derartigen Ausführungen zu unterbrechen.

Bundesanwalt Diemer Die Grenzen, die der Gesetzgeber für den Schlussvortrag zieht, sind tatsächlich weit. Ich sehe im Moment nicht, dass diese Grenzen überschritten sind, nur weil er das Wort »Oktoberfest« in den Mund nimmt.

Anwalt Daimagüler Ich spreche hier für meine Mandantschaft. Sie werden das aushalten müssen, dass hier die Sicht der Opfer, der Überlebenden des NSU ungefiltert vorgetragen wird. Sie werden diese Stimmen nicht zum Schweigen bringen.

Verteidiger Heer Ich will hier keine Stimme zum Schweigen bringen, um Gottes willen. Solange es um den Gegenstand der Hauptverhandlung geht.

Götzl Es ist nicht vorherzusehen, was von Herrn Dr. Daimagüler vorgebracht wird. Deswegen ist ein Entzug des Wortes nicht veranlasst.

Verteidiger Heer Das Oktoberfest ist nicht Gegenstand der Anklage.

Götzl Das ist Konsens, vielleicht setzen wir jetzt fort.

(Als Daimagüler dazu anhebt, auch über einen Anschlag auf ein Flüchtlingsheim in Lübeck zu sprechen, wird er erneut von Verteidiger Heer unterbrochen und der Streit entbrennt von Neuem. Heer verlangt einen Senatsbeschluss. Nach einer Unterbrechung verkündet Götzl die Entscheidung.)

Götzl Der Antrag, Herrn Dr. Daimagüler im Hinblick auf einen Anschlag auf ein Flüchtlingsheim in Lübeck das Wort zu entziehen, wird abgelehnt. Den Schwerpunkt seines Schlussvortrags darf der Verfahrensbeteiligte selbst auswählen, es ist ihm möglichst großer Freiraum zu geben.

Anwalt Daimagüler *(setzt fort)* In der Nacht zum 18. Januar 1996 wurde in der Lübecker Hafenstraße ein Flüchtlingsheim in Brand gesetzt. Drei Erwachsene und sieben Kinder beziehungsweise Jugendliche erstickten und verbrannten. Auch dieses Verbrechen wurde nie aufgeklärt, und zu Recht wurden die Ermittlungen von Anfang an von Kritik begleitet. *(Der Anwalt führt dies aus und kommt zu einem Fazit.)* Nicht zu übersehen sind Parallelen zu dem Verfahren hier: tote Migranten, ein Opfer, das beschuldigt wurde, mangelnder Ermittlungswillen in Richtung rassistisch-politisch motivierter Tat und die Verwicklung von V-Leuten. Der grausame Mord an zehn Menschen bleibt ungesühnt. Er bleibt ungesühnt, weil der Staat seine Hauptaufgaben nicht gemacht hat: Menschen zu schützen

und, wenn dies ihm nicht gelungen ist, das Geschehene aufzuklären. Die Wahrheit ist, dass ein Opfer, das migrantisch ist, das eine andere Hautfarbe hat, das keinen deutschen Pass besitzt, es schwerer hat als Angehörige der Mehrheitsgesellschaft, als Opfer anerkannt zu werden.
Die Bundesanwaltschaft wollte auch vermeiden, dass über die Verstrickung der Verfassungsschutzbehörden in den NSU-Komplex gesprochen wird. Das wurde schon deutlich an der Anzahl von V-Leuten, die in der Anklageschrift fehlten, obwohl sie wichtige Zeugen hätten sein können. Die lückenlose Aufklärung des Geschehenen muss das Ziel jedes Verfahrens sein. Dies gilt aber insbesondere in einem Verfahren, in dem der Staat selbst im Verdacht steht, Morde nicht nur nicht verhindert, sondern sie zumindest durch Untätigkeit befördert zu haben: Es geht auch darum, ein Staatsversagen, von dem in politischen Reden so oft die Rede ist, für die Zukunft zu verhindern. Wie aber will man glaubwürdig für die Zukunft etwas verhindern, wenn man das in der Vergangenheit Geschehene verschweigt?
Warum tut sich der Staat so schwer damit zuzugeben, dass bis zum heutigen Tage viele Dinge ungeklärt sind? Weil die Frage nach der wahren Größe des NSU unweigerlich zur nächsten großen Frage führt? Vielleicht, weil Teile des Staatsapparates doch mehr wissen, als sie zugeben? Eines muss jedem heute klar sein: Einige deutsche Verfassungsschutzbehörden sind nicht Teil der Lösung, sondern Teil des Problems.
Ganz konkret stellt sich die Frage, ob ein Mitglied des NSU-Trios – zeitweise – für eines der 19 Geheimdienstämter oder für eine der 17 polizeilichen Staatsschutzabteilungen in Deutschland als V-Mann oder V-Frau gearbeitet hat. Es ist auch alles andere als ausgeschlossen, dass V-Personen im direkten Umfeld des Trios platziert waren.
Nun weiß ich, dass auch in der Neonaziszene behauptet wird, nicht die Angeklagten oder die beiden Uwes hätten die Taten begangen, sondern unbekannte Dritte. Wichtig ist mir deswegen: Auch wenn ich von weiteren Tätern oder Helfern spreche, so zweifle ich doch nicht an der Schuld der Angeklagten oder an der Schuld, die Mundlos und Böhnhardt zu Lebzeiten auf sich geladen haben. Die Mitschuld Dritter entschuldigt weder die Angeklagten noch Mundlos und Böhnhardt. Sie wirft bloß die Frage auf, warum die Anklagebank mit nur fünf Angeklagten so dürftig besetzt ist.

Tag 388

16. November 2017

Manfred Götzl, Richter. **Jochen Weingarten**, Vertreter der Bundesanwaltschaft. **Wolfgang Heer**, Verteidiger von Beate Zschäpe. **Mehmet Daimagüler, Sebastian Scharmer**, Anwälte der Nebenklage.

(Mehmet Daimagüler tritt ans Stehpult und setzt sein Plädoyer fort.)

Anwalt Daimagüler Wer vom NSU sprechen will, darf zum Rassismus nicht schweigen. Rassismus – schon das Wort allein führt zu Abwehrreaktionen beim Gegenüber. Sobald dieses Wort fällt, wird umgehend abgestritten, relativiert, beschwichtigt. Die Zurückweisung erfolgt reflexhaft. Größer wird die vermeintliche Provokation nur noch, wenn derjenige, der es wagt, das Thema anzusprechen, nicht in das homogene Bild deutscher Identität passt.

Verteidiger Heer Ich muss erneut beanstanden. Das ist eine politische Rede, die im Einzelnen ihre Berechtigung haben mag, aber nicht in diesem Gerichtssaal.

Anwalt Scharmer Mal abgesehen davon, dass ich das erneut als völlig unangebrachte Störung des Schlussvortrags ansehe: Dass Rassismus in diesem Verfahren eine Rolle spielt, haben Sie mitbekommen, oder?

Oberstaatsanwalt Weingarten Was Herr Dr. Daimagüler tut, ist zulässig. Er zeigt sich nicht einverstanden damit, was Inbegriff der Hauptverhandlung geworden ist. Und er begründet jetzt, warum der Inhalt der Hauptverhandlung sich nicht mit seinen Vorstellungen und denen seiner Mandanten deckt. Das ist zulässig.

Verteidiger Heer Das ist eine politische Rede. Es geht hier nicht um Rassismus im Allgemeinen, es geht um konkrete Taten und deren Aufklärung.

(Es entbrennt ein längerer Streit darum, was in einem Plädoyer statthaft ist. Götzl verkündet schließlich einen Gerichtsbeschluss, wonach Daimagüler weiterhin über Rassismus sprechen darf. Zschäpes Verteidiger erheben eine Gegenvorstellung, das Gericht bleibt jedoch bei seiner Position.)

Anwalt Daimagüler *(setzt fort)* Wir müssen aufhören, Rassismus als eine Unterform neo-nationalsozialistischer Ideologie – beschränkt auf Glatzenträger mit Reichskriegsflagge – zu begreifen. Stattdessen müssen wir ihn endlich als gesamtgesellschaftliche Bedingung erkennen, die es Rechtsextremisten ermöglicht, in unserer Gesellschaft Fuß zu fassen. Rassismus betrifft uns alle. Ob wir wollen oder nicht. Rassismus strukturiert die Gesellschaft – prägt uns, die wir in ihr aufwachsen. Wir leben in einer Gesellschaft, die unterscheidet. Zwischen Menschen, die dazugehören – und den Nicht-Dazugehörigen.

Die Opfer des NSU wurden umgebracht, weil sie dem völkischen Identitätsbild der Nation nicht entsprachen. Die NSU-Mitglieder haben gemordet, weil sie Gedanken zu Ende gedacht und sich selbst als Vollstrecker einer schweigenden vermeintlichen Mehrheit gesehen haben.

Das Wissen um die Hintergründe der Morde war in der Gesellschaft vorhanden. Es wurde bloß nicht gehört. Es war ja bloß das Gesumme von Fliegen. Ein Land, dem es kaum möglich ist, über Alltagsrassismus zu sprechen, wird auch zur institutionellen Diskriminierung schweigen. Doch zu welchem Preis? Schaut man auf das Behördenversagen rund um den NSU-Komplex, so muss man sich eingestehen, dass der institutionelle Rassismus mit hoher Wahrscheinlichkeit Menschenleben gekostet hat.

Institutioneller Rassismus – das bedeutet: Institutionen übernehmen rassistische Zuordnungen, aus denen sich für die so markierten Menschen systematische Benachteiligungen ergeben. Institutioneller Rassismus bedeutet nicht, dass alle oder die Mehrheit der Personen, die in entsprechenden Institutionen arbeiten, persönlich rassistische Ziele verfolgen. Der Rassismus ist stattdessen oft in Routinen, Vorschriften und Regelungen eingewoben, welche diese Diskriminierung erzeugen, ohne dass es den Beteiligten zwangsläufig auffallen muss. Somit ist institutioneller Rassismus das kollektive Versagen einer Institution, die Menschen aufgrund ihrer Hautfarbe, Kultur oder ethnischen Herkunft unfair behandelt. Die Ausgegrenzten unter uns wissen genau, wovon ich spreche. Die vielen Male, bei denen man ohne Grund von der Polizei angehalten wird und sich fragt, was man falsch gemacht hat und was man überhaupt noch tun kann, um dazuzugehören. Die NSU-Opfer und die Überlebenden des NSU waren dem institutionellen Rassismus gnadenlos ausgesetzt.

Seit dem Bekanntwerden des NSU wird den Verfassungsschutzbehörden vorgeworfen, sie seien »auf dem rechten Auge blind« gewesen. Ich teile diese Einschätzung nicht. Der Verfassungsschutz verfügte über V-Leute in so ziemlich allen relevanten Nazi-Bewegungen der Neunzigerjahre. Die Behörden haben deren Aktivitäten mitfinanziert, auf Ausrichtung und Strategie Einfluss genommen und zentrale Nazi-Kader vor der Strafverfolgung geschützt. Rechtsextremistische Strukturen bestanden zu wesentlichen Teilen aus von der Bundesrepublik Deutschland bezahlten V-Leuten. Teilweise hätte es sie ohne die Unterstützung durch die Verfassungsschutzbehörden und die damit einhergehende öffentlich-rechtliche Alimentierung gar nicht gegeben. Der V-Mann Tino Brandt alias »Otto« ist ein besonders eindrückliches Beispiel für die Verstrickungen von Verfassungsschutz und militanter Neonaziszene. Er ist Beispiel einer V-Mann-Praxis, die nicht dazu beigetragen hat, die Terroristen zu stoppen, sondern diese gefördert hat. Brandt war eine Top-Quelle des Verfassungsschutzes und zugleich Top-Unterstützer von Zschäpe, Mundlos und Böhnhardt.

Alleine die bloße Vorstellung, dass mit staatlichem Geld die Česká *(die Mordwaffe des NSU)* gekauft worden sein könnte, sollte eigentlich Anlass sein, nicht nur über die Art und Weise nachzudenken, wie hier unsere Verfassung geschützt werden soll, sondern für einen Aufschrei im ganzen Land zu sorgen. Es geschieht aber nichts dergleichen. Vielleicht sind wir schon so zynisch geworden, dass wir alles hinnehmen.

Götzl Herr Wohlleben, Herr Rechtsanwalt Klemke teilte mit, Sie hätten Kopfschmerzen? *(Der Angeklagte Wohlleben nickt.)* Dann wird die Hauptverhandlung für heute unterbrochen.

Tag 389

21. November 2017

Manfred Götzl, Richter. **Herbert Diemer, Jochen Weingarten**, Vertreter der Bundesanwaltschaft. **Wolfgang Stahl**, Verteidiger von Beate Zschäpe. **Michael Kaiser**, Verteidiger von André Eminger. **Olaf Klemke, Nicole Schneiders**, Verteidiger von Ralf Wohlleben. **Elif Kubaşık**, Nebenklägerin, Witwe von Mehmet Kubaşık. **Mehmet Daimagüler, Alexander Hoffmann, Carsten Ilius, Sebastian Scharmer**, Anwälte der Nebenklage.

Anwalt Daimagüler *(setzt sein Plädoyer fort und geht zunächst darauf ein, wie die Familien der Opfer durch die Ermittlungen stigmatisiert worden seien. Dann spricht er über die Schuld der Angeklagten. Anders als die Anklage geht er unter Verweis auf eine Zeugin, die Beate Zschäpe gesehen haben will, davon aus, dass Zschäpe beim Mord an İsmail Yaşar mit zum Tatort gereist ist.)*

Die Beweiserhebung steht im deutlichen Widerspruch zu der Einlassung der Angeklagten Zschäpe. So hat sie vorgetragen, zwar die Česká-Schusswaffe gesehen zu haben inklusive des Schalldämpfers. Sie habe aber geglaubt, dass die Waffe für einen Suizid geplant gewesen sei. Die Männer hätten die feste Absicht gehabt, sich im Falle der Festnahme umzubringen. Dies ist aber nicht plausibel. Denn zu welchem Zweck brauchte man in diesem Fall einen Schalldämpfer? Waren Mundlos und Böhnhardt ganz besonders rücksichtsvoll und wollten vermeiden, beim Selbstmord die Nachbarn zu erschrecken? Nein. Ein Schalldämpfer ist ein Schalldämpfer ist ein Schalldämpfer.

Es dürfte einmalig in der deutschen Rechtsgeschichte sein, dass eine Angeklagte die Fragen des Gerichts entgegennimmt, um sie dann viele Wochen später schriftlich zu beantworten. Die Nachfragen, die sich daraus ergaben, wurden wiederum notiert und erneut Wochen später verlesen, und zwar nicht von der Angeklagten, sondern von ihrem Verteidiger. Was ist der Wert einer so zustande gekommenen Aussage? Null.

In ihrer Einlassung erklärte Beate Zschäpe, dass sie sich mittlerweile vom »nationalistischen« Gedankengut distanziere. »Nationalistisches« Gedankengut? Nationalismus ist nicht strafbar. Otto von Bismarck war wahrscheinlich auch Nationalist. Frau Zschäpe war aber nicht bloß eine Nationalistin. Sie war und ist eine Nationalsozialistin und Rassistin. Beate Zschäpe wollte sich im Prozess als Opfer präsentieren. Als Opfer der Umstände. Ein Opfer ihrer Liebe zu den Uwes, insbesondere zu Böhnhardt. Sie wollte immer anders, aber sie durfte nie. Frau Zschäpe, Sie sind keine Frau, die sich beherrschen lässt! Sie sind keine Frau, die sich von anderen sagen lässt, was sie zu tun und zu lassen hat.

Sie, Frau Zschäpe, bitten um Verzeihung. Gleichzeitig haben Sie sich aber beharrlich geweigert, auch nur eine einzige Frage Ihrer Opfer zu beantworten. Was ist eine solche Reue wert? Die einzige Reue, die etwas bedeutet, die einzige Reue, die auch meinen Mandantinnen und Mandanten helfen könnte, wäre die tätige Reue. So bleibt Ihre Entschuldigung, Frau Zschäpe, bloßes Gerede von einer Angeklagten, die einer harten Strafe entkommen will.

Im Namen und im Auftrag der fünf Geschwister von Abdurrahim Özüdoğru und der einzigen Tochter von İsmail Yaşar erkläre ich: »Wir nehmen Ihre Entschuldigung nicht an. Wir verzeihen Ihnen nicht. Wir verzeihen Ihnen nicht den Mord an unserem Bruder. Wir verzeihen Ihnen nicht den Mord an meinem Vater. Wir verzeihen Ihnen nicht die Lügen, die Sie uns hier aufgetischt haben. Wenn Sie aber irgendwann bereit sind, sich Ihrer Vergangenheit zu stellen, wenn Sie wirklich bereit sind, ohne jede Schminke in den Spiegel zu blicken, wenn Sie bereit sind, uns zu helfen, abzuschließen, dann schreiben Sie uns. Dann, aber auch nur dann, können wir Ihnen vergeben, dann werden wir Ihnen vielleicht vergeben.«

(Daimagüler schlägt eine Pause vor, bevor er auf den Angeklagten Eminger eingehen werde. Nach der Pause ergreift jedoch zunächst Emingers Verteidiger das Wort.)

Verteidiger Kaiser Herr Vorsitzender, ich beanstande, dass Sie Herrn Daimagüler nunmehr das Wort geben, damit er sich zu Herrn Eminger äußern kann. Ich meine, dass das nicht von seiner Zulassung als Nebenklagevertreter umfasst ist.

Götzl Es kommt auf seine Ausführungen an. Deswegen denke ich, dass wir das einfach abwarten müssen.

Verteidiger Kaiser Herr Vorsitzender, ich verstehe es so, dass er sich zu Herrn Eminger so ausführlich äußern will, wie er sich zu Frau Zschäpe geäußert hat. Und dann ist das unzulässig.

Verteidiger Klemke Herrn Eminger wird keine Tat zum Nachteil von İsmail Yazar und Abdurrahim Özüdoğru vorgeworfen, insofern ist es unzulässig.

Anwalt Daimagüler Ich habe zu Herrn Eminger und Herrn Wohlleben zusammen eine halbe Seite zu meiner persönlichen Einschätzung der Beweisaufnahme. Und ich werde auch einen Antrag zum Strafmaß stellen.

Götzl *(an Daimagüler gewandt)* Bei Herrn Eminger geht es um die Anmietung von Wohnmobilen, eine Identitätsverschleierung gegenüber der Polizei und um Bahncards. Und Ihre Nebenklagebefugnis bezieht sich auf die Taten zum Nachteil von İsmail Yazar und Abdurrahim Özüdoğru.

Anwalt Daimagüler Das hindert mich aber nicht daran, in meinem Plädoyer auch dazu Ausführungen zu machen. Ich wüsste nicht, welche Rechtsprechung mich daran hindern soll, dazu Stellung zu nehmen.

Bundesanwalt Diemer Ich würde den Rahmen hier weit auslegen.

Anwalt Scharmer Man könnte sich rechtlich über die Frage streiten, ob das Recht besteht bezüglich Herrn Eminger, einen konkreten Strafantrag zu stellen. Aber unter der Klammerwirkung der terroristischen Vereinigung und dem Unterstützernetzwerk, zu dem Herr Eminger gehört, ist es völlig zulässig, auch über ihn zu sprechen.

Anwalt Daimagüler Herr Vorsitzender, es macht Sinn, das einfach zu entscheiden. Wenn es um den konkreten Antrag der Strafhöhe geht: Darauf kann ich auch verzichten, daran hänge ich nicht.

Götzl Die Situation ist die: Für einen Strafantrag, denke ich, ist der unmittelbare Zusammenhang nicht gegeben. Sofern es aber um die terroristische Vereinigung geht, wäre ein mittelbarer Zusammenhang vorhanden.

Verteidiger Klemke Bei allem Respekt, Herr Vorsitzender, dann wäre es auch zulässig, dass jeder Nebenklagevertreter hier zu jedem Bankraub Ausführungen macht. Sie müssen hier konsequent sein. Wenn Sie das zulassen, dann öffnen Sie hier Schleusen. Ich denke nicht, wie die Bundesanwaltschaft – Pardon: der Generalbundesanwalt – meint, dass der Rahmen hier weit ausgelegt werden darf. Spätestens dann, wenn Keupstraßen-Nebenkläger über unseren Mandanten sprechen wollen, haben wir erneut das Problem – in verschärfter Form.

Verteidigerin Schneiders Es geht um den Beschleunigungsgrundsatz. Insbesondere im Hinblick auf unseren Mandanten, der sich in diesen Tagen bereits seit sechs Jahren in Untersuchungshaft befindet. Wehret den Anfängen.

Anwalt Hoffmann *(lacht empört auf)* Entschuldigung, aber der Ausdruck »Wehret den Anfängen« ist zurückzuweisen – und das von einer ehemals aktiven Neonazistin. Das ist eine Unverschämtheit!

(Große Unruhe unter den Verteidigern von Wohlleben.)

Verteidiger Klemke *(blafft Hoffmann an)* Und das von Leuten, die zum linksextremen Spektrum eine nicht ganz so große Distanz haben.

Verteidigerin Schneiders Ich beantrage, die Äußerung von Herrn Hoffmann zu Protokoll zu nehmen, gemäß Paragraf 184 Satz 1 GVG. *(An der entsprechenden Stelle des Gerichtsverfassungsgesetzes heißt es: Wird eine Straftat in der Sitzung begangen, so hat das Gericht den Tatbestand festzustellen und der zuständigen Behörde das darüber aufgenommene Protokoll mitzuteilen. Schneiders sieht in Hoffmanns Bemerkung offenbar eine Beleidigung.)*

Oberstaatsanwalt Weingarten Herr Rechtsanwalt Scharmer hat den rechtlich korrekten Ansatzpunkt genannt. Das Recht auf einen Strafantrag hat Dr. Daimagüler nicht. Das hat er aber auch nicht oder jedenfalls nicht mehr vor. Aus meiner Sicht ist ihm nicht präventiv das Wort zu entziehen. Zu der Bemerkung von Rechtsanwalt Hoffmann an Frau Rechtsanwältin Schneiders. Offenbar ist da Unruhe aufgekommen. Vielleicht als Appell, Herr Hoffmann könnte vielleicht das Adjektiv ›neonazistisch‹ weglassen und konkretisieren, was er da im Kopf hatte.

Verteidigerin Schneiders Auch wenn Oberstaatsanwalt Weingarten versucht, Herrn Hoffmann zu helfen, es straflos zu formulieren. Er hat kein Adjektiv, sondern ein Substantiv verwendet.

Verteidiger Kaiser Zur Klarstellung: Wenn Herr Weingarten meint, dass wir beabsichtigen, dass Herrn Dr. Daimagüler das Wort entzogen wird, dann irrt er. Es soll ihm auf keinen Fall das Wort entzogen werden. Er soll sich darauf beschränken, zu den Taten zu plädieren, bei denen er anschlussberechtigt ist.

Verteidiger Stahl Ich bin wirklich ein bisschen erstaunt. Was Sie, Herr Oberstaatsanwalt Weingarten, hier machen, ist fast eine verbotene Rechtsberatung.

Anwalt Hoffmann Der Protokollierungsantrag wäre eigentlich abzulehnen, weil die Äußerung »ehemals aktive Neonazistin« eine Meinungsäußerung mit Tatsachenkern ist. Gleichwohl habe ich überhaupt nichts dagegen, wenn das protokolliert wird. Mit viel Freude werde ich das alles belegen. Das soll uns jetzt hier nicht weiter blockieren.

(Nach einer Pause geht Richter Götzl kurz auf die Anträge ein.)

Götzl Gemäß Paragraf 183 Satz 1 GVG wird zu Protokoll genommen: Am 21.11.2017 kam es in der Hauptverhandlung zu folgendem Wortwechsel: Rechtsanwältin Schneiders machte Ausführungen, dass Dr. Daimagüler zu einem bestimmten Themenkomplex keine Ausführungen machen dürfe. Sie wies sodann auf den Beschleunigungsgrundsatz in Haftsachen hin und sagte: »Wehret den Anfängen.« Daraufhin lachte Rechtsanwalt Hoffmann laut auf und sagte, die Formulierung »Wehret den Anfängen« sei zurückzuweisen – »und das von einer ehemals aktiven Neonazistin«.

Dann werden die Anträge, Dr. Daimagüler insoweit das Wort zu entziehen, als dass er angekündigt hat, sich zum Angeklagten Eminger zu äußern, abgelehnt. Ausführungen zur Strafzumessung und zur Strafhöfe sind nach Angaben von Rechtsanwalt Daimagüler nicht beabsichtigt.

(Daimagüler setzt seinen Schlussvortrag fort. Er halte es für erwiesen, dass André Eminger nicht nur Helfer gewesen sei, sondern Mittäter. Er sei ein gleichberechtigtes Mitglied des NSU gewesen. Über Carsten Schultze sagt der Anwalt, dieser habe sich als einziger Angeklagter kooperativ gezeigt.)

Anwalt Daimagüler Meine Mandanten sinnen nicht nach Rache. Vielmehr glauben sie, dass jedem Menschen das Recht auf eine zweite Chance im Leben zusteht. Deswegen lese ich für meine Mandantin Dilek Özcan folgende Erklärung vor: »Herr Schultze, Sie haben dabei geholfen, dass mein Vater, İsmail Yaşar, nicht mehr am Leben ist. Es fällt mir schwer, nicht zornig zu sein. Ich will aber nicht mehr zornig sein. Ich will nicht mehr mit Wut zu Bett gehen und mit Wut aufwachen. Mein Anwalt hat mir berichtet, dass Sie als Einziger der Angeklagten Ihre Schuld eingeräumt haben. Er hat mir auch berichtet, dass Sie als Einziger unter den Angeklagten hingeschaut haben, wenn die Bilder der Toten an die Wand gespielt wurden, und dass Ihre Augen dabei vor Entsetzen ganz weit waren. Ich vergebe Ihnen. Ich nehme Ihre Entschuldigung an. Ich will aber auch, dass Sie Ihre Schuld abtragen. Sprechen Sie mit jungen Menschen. Gehen Sie zu Ihnen und erzählen Sie Ihre Geschichte. Warnen Sie sie vor dem Hass der Nazis und vor dem Unheil, das diese Menschen anrichten. Dann werden Sie vielleicht eines Tages so weit sein, dass Sie auch sich selbst verzeihen können.«

Auch meine anderen Mandantinnen und Mandanten, die Geschwister von Abdurrahim Özüdoğru, haben ihm verziehen. Ich beantrage für den Angeklagten Schultze eine Haftstrafe, die zur Bewährung ausgesetzt wird. *(Carsten Schultze ist den Tränen nahe.)*

Ziel und Aufgabe eines Strafverfahrens ist die Wiederherstellung des Rechtsfriedens. Hat dieses zu Ende gehende Strafverfahren den Rechtsfrieden wiederhergestellt oder wenigstens gefördert? Ich möchte die Antwort vorwegnehmen: Nein. Meine Mandantinnen und Mandanten sind nicht naiv. Sie haben gehofft, aber nicht erwartet, dass in diesem Prozess die Wahrheit und nichts als die Wahrheit das Licht der Welt erblicken würde. Aber wir haben erwartet, dass dieser Senat das gesamte Tatgeschehen, inklusive der Vorgeschichte und der staatlichen Rolle, zur Sprache bringt und aufklärt. Das hat er nicht getan. Zahlreiche Beweisanträge der Nebenklage lehnte das Gericht ab. Zeugen wurden nicht geladen, Akten nicht beigezogen, und das immer wieder. Das Resultat dieser Vermeidungsstrategie wirft einen tiefen Schatten auf dieses Verfahren.

Wie konnte es passieren, dass unter den Augen des Staates eine kriminelle Naziszene entstehen konnte, oder konnte sie zum Teil entstehen, gerade weil es unter den Augen des Staates passierte? Das sind Fragen, die nicht nur die Opferangehörigen interessieren sollte. Im Gegenteil: Gerade in diesen Tagen sind dies Fragen, die für uns alle in diesem Land wichtig sind. Bei Bertolt Brechts »Der gute Mensch von Sezuan« heißt es am Schluss: »Wir stehen selbst enttäuscht und sehn betroffen / Den Vorhang zu und alle Fragen offen.« Hier müsste es richtigerweise heißen: noch viele Fragen offen. Ja, der Vorhang in diesem Verfahren fällt. Aber die Suche nach Antworten wird weitergehen.

(Es folgt die Stellungnahme der Nebenklägerin Elif Kubaşık, anschließend plädiert ihr Anwalt Carsten Ilius.)

Elif Kubaşık Ich möchte Sie mit Liebe und Respekt begrüßen. Mein Name ist Elif Kubaşık. Ich bin Kurdin, Alevitin, Dortmunderin, deutsche Staatsangehörige. Im Jahr 1991 sind mein Mann Mehmet, unsere Tochter Gamze und ich als Flüchtlinge nach Deutschland gekommen und haben politisches Asyl erhalten. Mein Mann Mehmet wurde am 4. April 2006 von der Terrororganisation NSU ermordet.

Mehmet und ich haben uns sehr geliebt und daraufhin geheiratet. Er war sehr liebevoll. Er war sehr besorgt um seine Familie. Er war sehr vernarrt in seine Kinder. Er hatte eine sehr enge Beziehung zu seiner Tochter Gamze. Jeder Mensch, ob klein oder groß, ob jung oder alt, mochte ihn. All die guten Dinge fallen mir ein, wenn ich an ihn denke. Was für ein Mensch er war, wie schön er war, als Mensch. Was für ein Vater er war. Mein Herz ist mit Mehmet begraben. Ich glaube, die Stärke, die ich heute zeigen kann, kommt einfach von der Beziehung mit ihm. Ich glaube, das Vertrauen und die Sicherheit, die er mir gegeben hat, haben mich stark gemacht.

Zu diesem Prozess zu kommen, war niemals leicht für mich. Heute ist es auch nicht leicht für mich, diese Leute zu sehen. Das auszuhalten, ist nicht leicht. Ich war immer wieder krank, nachdem ich hier war. Besonders schwer ist es für mich, den Anblick dieser Frau auszuhalten *(sie meint Beate Zschäpe)*. Ekelhaft, einfach ekelhaft war ihre Aussage. Es ist alles Lüge, was sie sagte. Sogar die Form, wie sie sich entschuldigt hat, war so, als würde sie uns beleidigen. Man hatte das Gefühl, sie macht sich lustig über uns.

Aber auch der Tag, an dem die Polizisten aus Dortmund ausgesagt haben, war ein schlimmer Tag für mich. Zu hören, welchen Beweisen sie überhaupt nicht nachgegangen sind, welche Beweise sie sich überhaupt nicht angeschaut haben. Ich will, dass die Angeklagten verurteilt werden, dass sie ihre verdiente Strafe bekommen. Aber für mich wäre weitere Aufklärung auch sehr wichtig gewesen. Hier im Prozess sind meine Fragen nicht beantwortet worden. Warum Mehmet? Warum Dortmund? Gab es Helfer in Dortmund? Sehe ich sie vielleicht heute immer noch? Es gibt so viele Nazis in Dortmund. Und für mich ist es so wichtig: Was wusste der Staat? Vieles davon blieb unbeantwortet. Frau Merkel hat ihr Versprechen von 2012 nicht gehalten.

Aber eines möchte ich noch sagen: Die, die diese Taten begangen haben, sollen nicht denken, weil sie neun Leben ausgelöscht haben, dass wir dieses Land verlassen werden. Ich lebe in diesem Land, ich gehöre zu diesem Land. Ich habe zwei Kinder in diesem Land zur Welt gebracht, und mein Enkel ist hier zur Welt gekommen. Wir sind Teil dieses Landes. Und wir werden hier weiterleben.

Götzl Vielen Dank, Frau Kubaşık. Bitte, Herr Rechtsanwalt Ilius.

Anwalt Ilius Nach dem Mord an Mehmet Kubaşık am 4. April 2006 geschah in Dortmund genau das, was an den anderen Tatorten vorher auch geschehen war: Es wurde im Umfeld der Familie ermittelt. Als Herr Bundesanwalt Dr. Diemer in seinem Plädoyer von Deutschland als diesem freien, freundlichen Land sprach, in dem wir leben, das der NSU durch seine Taten aufgrund der rechtsextremistischen Ideologie, dem Wahn von einem ausländerfreien Land, erschüttern wollte, um einem widerwärtigen Naziregime den Boden zu bereiten, sprach er dabei sicher nicht für die Angehörigen und anderen Betroffenen der Taten des NSU. Denn für diese stellte sich nach den Morden und Anschlägen dieses Land vielmehr als feindselig dar. Polizeibehörden und Staatsanwaltschaften ermittelten gegen sie anstatt gegen die Nazis, und sie wurden gesellschaftlich in der Folge dieser Ermittlungen isoliert.

(Als Ilius auf mehrere Anschläge aus den Neunzigerjahren eingeht, wird er unterbrochen.)

Verteidiger Stahl Der Kollege führt hier den Stoff aus anderen Verfahren ein. Ich weiß nicht, ob dort zu Unrecht Motive ausgeschlossen, ob zu Unrecht Personen angeklagt wurden. Ich weiß das alles nicht. Ich weiß nur, dass dieses Verfahren fair zu sein hat. Ich bitte Sie, Herr Vorsitzender, den Herrn Nebenklagevertreter anzuleiten, dies zu unterlassen.

Anwalt Ilius Ich rahme das ein, was in Dortmund ermittelt und nicht ermittelt wurde.

Verteidiger Stahl Wenn Ihnen das wichtig gewesen wäre, hätten Sie darauf gerichtete Beweisanträge stellen können. Dann hätten wir feststellen können, ob das richtig ist. So ist es unzulässig. Und ich appelliere an Sie: Lassen Sie das!

(Es entbrennt ein längerer Streit. Nach einer Unterbrechung entscheidet Götzl, dass die Ausführungen von Ilius zulässig sind.)

Anwalt Ilius Angelika Lex, unsere am 9. Dezember 2015 verstorbene Kollegin, hatte bereits vor Verfahrensbeginn in einer Rede die Einstellung der Ermittlungsbehörden treffend zusammengefasst. Sie vertrat in diesem Verfahren Yvonne Boulgarides, die Witwe von Theodoros Boulgarides. Angelika Lex machte deutlich, dass die Angehörigen der Mordopfer und Verletzten »als Beteiligte an kriminellen Machenschaften gesehen wurden, die angeblich in organisierte Kriminalität, in Banden und Rauschgiftgeschäfte, in Prostitution verstrickt waren. Nur weil im rassistischen Weltbild dieser Ermittler schlicht nicht vorkam, dass Menschen nicht-deutscher Herkunft Opfer rassistischer Gewalt werden.« Obwohl schnell klar war, dass es keine Anhaltspunkte für ein an der Person Mehmet Kubaşık anknüpfendes Motiv gab, richteten sich auch die Ermittlungen der Dortmunder Polizei mit fatalen Folgen über Monate hinweg gegen die Familie. So unverständlich diese Ermittlungen waren, die Kubaşıks zeigten – wie die anderen betroffenen Familien auch – sehr große Kooperationsbereitschaft. Umso absurder war die Behauptung, die Ermittler würden angeblich bei den Familien auf eine »Mauer des Schweigens« stoßen.

Elif Kubaşık hat in den ersten Jahren nach dem Mord nur am frühen Morgen eingekauft, heimlich, um keinem Bekannten auf der Straße zu begegnen. Darüber hinaus sorgten die falsch ausgerichteten Ermittlungen auch dafür, dass Elif Kubaşık kein Vertrauen mehr in den deutschen Staat, insbesondere die Polizei, hat. Sie sagt, dass Deutschland immer noch ihr Land ist, aber dass sie sich hier einfach nicht mehr so sicher fühlt.

(Ilius rekapituliert die Ermittlungen und das jahrelange Ignorieren eines rassistischen Tathintergrunds, Götzl unterbricht das Plädoyer und lässt Ralf Wohllebens Verteidigerin einen Antrag stellen.)

Verteidigerin Schneiders Es wird beantragt, dass der Senat auf den Generalbundesanwalt einwirkt, dass Oberstaatsanwalt beim Bundesgerichtshof Weingarten durch einen anderen Staatsanwalt ersetzt wird. *(Sie begründet dies damit, dass Weingarten in einem Streit um die auf sie gemünzte Bezeichnung »ehemals aktive Neonazistin« gesagt habe, der Nebenklagevertreter Alexander Hoffmann, der dies geäußert hatte, brauche seine Bemerkung nur umzuformulieren. Weingarten habe Partei für den Nebenkläger ergriffen.)*

Der Generalbundesanwalt und seine Sitzungsvertreter haben sich neutral zu verhalten. Der Vorfall stellt den Gipfel dar, weswegen ein Antrag auf Ablehnung des Oberstaatsanwalts Weingarten zu stellen ist. Er hat sich bereits mehrfach Antifa-Jargon bedient.

Tag 390

22. November 2017

Gamze Kubaşık, Nebenklägerin, Tochter von Mehmet Kubaşık. **Carsten Ilius, Sebastian Scharmer**, Anwälte der Nebenklage.

(Das Gericht lehnt den Antrag von Wohllebens Verteidigung ab, darauf hinzuwirken, Oberstaatsanwalt Weingarten abzulösen. Es wertet dessen Verhalten nicht als Parteinahme für einen Nebenklagevertreter. Carsten Illius setzt sein Plädoyer fort.)

Anwalt Ilius Hätte die Mordkommission in Richtung der Naziszene in Dortmund ermittelt, wäre sie unschwer auf die Existenz einer militanten Blood & Honour/ Combat 18-Szene gestoßen. *(Ilius stellt die Dortmunder Naziszene dar und kommt speziell auf eine Person zu sprechen.)* Siegfried Borchardt war jahrelang die zentrale Figur der Dortmunder Naziszene. Er wohnte zum Zeitpunkt des Mordes an Mehmet Kubaşık in derselben Straße, an der auch dessen Kiosk lag, in der Mallinckrodtstraße. Das BKA stellte bei einer Auswertung der in der Zwickauer Frühlingsstraße gefundenen Gegenstände auch eine Munitionspackung mit der handschriftlichen Notierung »Siggi« fest. Es handelte sich um eine stark brandgeschädigte Verpackung des Munitionsherstellers »Sellier & Bellot«. Diese Munition ist auch bei Česká-Morden eingesetzt worden. Auf Vorder- und Rückseite befand sich jeweils die Aufschrift »Siggi«. Die beiden Buchstaben gg wurden als Sieg-Runen, dem Emblem der SS dargestellt. Dies kann nur als Hinweis auf den Spitznamen von Siegfried Borchardt, SS-Siggi, unter dem er bundesweit bekannt war, verstanden werden. Das BKA fragte beim Verfassungsschutz NRW nach. Borchardts Wohnadresse wurde mitgeteilt, weitere Ermittlungen sind aus den uns zur Verfügung stehenden Akten aber nicht ersichtlich.

Nach unserem Wissen waren die Ermittlungen zum Mord auch nach dem 4. November 2011 nur auf die Täterschaft von Mundlos, Böhnhardt und Zschäpe ausgerichtet, nicht auf mögliche Unterstützer an den Tatorten. Dabei erkennt die Bundesanwaltschaft zum Beispiel bei den Ermittlungen der Herkunft der Waffen und Munition ganz offensichtlich selbst die großen Lücken an und bleibt trotzdem bei der Behauptung, es habe keine wissenden Unterstützer oder weitere Mitglieder des NSU – außer vielleicht Eminger – gegeben. Die Ermittlungen in Richtung Neonaziszene Dortmund wären auch deshalb angezeigt gewesen, weil der NSU auffällig viele Ausspähnotizen zu Dortmund angelegt hat. Entsprechend zahlreiche Notizen sind sonst nur zu München und Nürnberg vorhanden.

Die Verantwortung Zschäpes und der vier weiteren Angeklagten hat sich auch nach unserer Auffassung hier im Verfahren entsprechend der Anklage erwiesen. Auch Elif Kubaşık möchte, dass die strafrechtliche Verantwortung der Angeklagten gerichtlich festgestellt und sie entsprechend verurteilt werden. Aber die Verleugnung staatlicher Verantwortung nimmt Elif Kubaşık das Gefühl, gerade auch in diesem Verfahren in ihrem Leid als Mensch und als Rechtssubjekt ernst genommen zu werden.

(Nun plädiert der Nebenklage-Anwalt Sebastian Scharmer.)

Anwalt Scharmer Hoher Senat, ich spreche hier für Gamze Kubaşık. Ihr Vater, Mehmet Kubaşık, wurde von Uwe Mundlos und Uwe Böhnhardt hinterhältig erschossen. Wir werden in diesem Verfahren am Ende fünf Angeklagte verurteilt sehen – und das zu Recht. Welche weiteren Unterstützer es an welchen Tatorten gegeben hat, bleibt weitestgehend ungeklärt. Zahlreiche auch meiner Versuche, dieses aufzuklären, sind an der Blockadehaltung des Generalbundesanwaltes gescheitert. Nur was die Bundesanwaltschaft offenlegen will, wird dem Oberlandesgericht und den Verfahrensbeteiligten vorgelegt. Der Rest verschwindet in anderen Ermittlungsverfahren, in die meine Mandantin und ich keine Akteneinsicht bekommen. *(Scharmer erläutert die Bedeutung und die Rechte der Nebenklage. Er beklagt, Versuche, das Handeln des Verfassungsschutzes aufzuklären, seien blockiert worden.)* Dass die Sache stinkt, kann jeder riechen, auch wenn man nicht genau sagen kann, woher und warum. Wir wollten es herausfinden und sind dabei an vielen Punkten gescheitert. Der Gestank indes bleibt.

Die Bundesanwaltschaft verwaltet die Akten und sortiert nach eigenem Gusto, was zur hiesigen Verfahrensakte gereicht wird oder was in dem Aktengrab des sogenannten Unbekannt-Verfahrens in wahrscheinlich ewiger Unkenntnis der Nachwelt versinken wird. Es wäre auch ehrlich zu sagen, dass es massive und konkrete Anhaltspunkte dafür gibt, dass es im Rahmen eines Unterstützernetzwerkes eine ganze Reihe von V-Personen gegeben hat, es für dieses Gericht aber nicht darauf ankam, ob diese V-Personen Informationen über Mundlos, Böhnhardt und Zschäpe gesammelt und an Behörden weitergegeben haben. Um zu verdeutlichen, welches Netzwerk allein an V-Personen im Umfeld des NSU tätig war, will ich anhand von Schaubildern erklären, was die Beweisaufnahme ergeben hat und was durch Beweisanträge letztlich erfolglos versucht wurde, in dieses Verfahren einzuführen. *(Scharmer lässt Schaubilder an zwei Wände projizieren.)*

Schaubild 1: Hier sehen wir den NSU aus Sicht des Generalbundesanwaltes: eine isolierte Gruppe von allein drei Mitgliedern. *(Das Schaubild zeigt in der Mitte drei schematische Figuren mit den Namen Böhnhardt, Zschäpe und Mundlos. Sie sind eingekreist. Mit jedem weiteren Schaubild kommen weitere schematische Figuren mit den Namen von V-Leuten hinzu. Sie sind mit Pfeilen verbunden.)*

Schaubild 2: Hier nun aus Sicht des Generalbundesanwaltes das einzig anklagewürdige Unterstützerumfeld des NSU, bestehend aus Ralf Wohlleben, Carsten Schultze, Holger Gerlach und André Eminger. Schaubild 3: Schon nicht mehr in dieses Bild passt der Zeuge Tino Brandt. Er war Mitbegründer des Thüringer Heimatschutzes, in dem auch die Sektion Jena integriert gewesen ist. Brandt war Vordenker und Propagandist der Gruppe. Ob ohne ihn eine derartige gewaltbereite Radikalisierung der Gruppe denkbar gewesen wäre, weiß ich nicht. Jedenfalls hatte Tino Brandt auch durch seine tatkräftige finanzielle Unterstützung einen nicht unerheblichen Anteil daran. Brandt war V-Mann des Thüringer Landesamtes für Verfassungsschutz.
Schaubild 4: Neben Tino Brandt muss man auch die Rolle des Zeugen Kai Dalek in den Fokus nehmen. Er sprach davon, dass der Thüringer Heimatschutz sich wie eine »Krake« auch nach Bayern ausgedehnt habe. Die Gruppe sei sehr militant und radikal gewesen. Folgt man dem Zeugen, hat der Verfassungsschutz die Szene, aus der der NSU stammt, nicht nur überwacht. Er saß in der Person von Kai Dalek selbst in entscheidender Position mit am Tisch. Schaubild 5: Hinzu kommt die Gewährsperson »Tarif«. Er ist entgegen unseren Anträgen nicht als Zeuge in der Hauptverhandlung gehört worden. Schaubild 6: Auch die Rolle des Zeugen Tibor R. als V-Person mit dem Decknamen »Tristan« ist bemerkenswert. Er arbeitete für das Thüringer Landesamt für Verfassungsschutz. Der Zeuge wurde hier nicht gehört. Schaubild 7: Hinzu kommt die Rolle des inzwischen verstorbenen Thomas Dienel als V-Mann »Küche« des Thüringer Landesamtes für Verfassungsschutz. Schaubild 8: Der V-Mann Thomas Starke alias »VP 562« des Landeskriminalamtes Berlin: Ihm kam bei der Unterstützung von Mundlos, Böhnhardt und Zschäpe eine Schlüsselrolle zu. Er hat sich auf sein Auskunftsverweigerungsrecht berufen. Insofern konnte allein die polizeiliche Vernehmung hier eingeführt werden. Schaubild 9: Ebenfalls in einer Schlüsselrolle ist der V-Mann Ralf Marschner alias VP »Primus« des Bundesamtes für Verfassungsschutz zu sehen, den wir hier – entgegen unseren mehrfachen Versuchen – ebenfalls leider nicht als Zeugen vernommen haben. Wir haben in diesem Verfahren fast alle Urlaubsbekanntschaften von Zschäpe, Mundlos und Böhnhardt vernommen, selbst zu der Frage, welche Freizeitaktivitäten von wem jeweils initiiert worden sind. Bis hin zum Bratwurstkauf. Da hätten sich doch die Fragen nach dem in Zwickau sicherlich stadtbekanntesten Neonazi und nach dessen Kontakt zu den NSU-Mitgliedern mehr als aufgedrängt. Schaubild 10: Ähnlich ungeklärt wird die Frage zu den Kontakten und der Kenntnislage des V-Manns mit dem Decknamen »Corelli« des Bundesamts für Verfassungsschutz bleiben. Denn er ist kurz vor seiner geplanten weiteren Zeugenbefragung durch das BKA vermeintlich an einer bis dahin unbekannten Diabetes-Erkrankung

verstorben. Schaubild 11: Auch die Rolle des V-Manns Marcel Degner alias »VP 2100« des Thüringer Landesamtes für Verfassungsschutz konnte hier nur ein Stück weit aufgeklärt werden. Schaubild 12: Von entscheidender Bedeutung war auch die Rolle des Zeugen Carsten Szczepanski alias V-Mann »Piatto« des Brandenburger Verfassungsschutzes. Er hatte schon frühzeitig Hinweise zur Bewaffnung, zum Aufenthaltsort und zur Unterstützung von Zschäpe, Mundlos und Böhnhardt durch Blood-&-Honour-Aktivisten gegeben.

Nun bitte Schaubild 13: In diesem Verfahren weiter nicht aufgeklärt werden konnten die Angaben von mindestens neun V-Personen aus dem Umfeld des Thüringer Heimatschutzes. Die Akten des Bundesamtes für Verfassungsschutz zu mindestens fünf dieser V-Leute wurden auf Anweisung des Zeugen mit dem Tarnnamen »Lothar Lingen« geschreddert. Wir haben in diesem Prozess mit großem Engagement darum gekämpft, dass »Lothar Lingen« hier vernommen wird. Schaubild 14: Nicht zuletzt sei auch auf unsere Aufklärungsbemühungen hinsichtlich des mutmaßlich unter dem Decknamen »Nias« geführten V-Mannes Stephan Lange hingewiesen. Schaubild 15: Letztlich ist zu einer ganzen weiteren Reihe von V-Personen hier durch uns kein Beweisantrag mehr gestellt worden, obgleich der Untersuchungsausschuss des Bundestages in der letzten Legislaturperiode ausgeführt hat, dass er von über 30 V-Personen im Umfeld von Mundlos, Böhnhardt und Zschäpe ausgeht. Wenn man zusammennimmt, welche Informanten und V-Personen im Rahmen dieses Verfahrens in Stellungnahmen, Beweisanträgen sowie auch durch Thematisierung der Erkenntnisse der Untersuchungsausschüsse eine Rolle gespielt haben, so kommt man zumindest noch auf 13 weitere Quellen, deren Informationen hier nicht ausreichend ermittelt werden konnten. *(Das letzte Schaubild zeigt nach wie vor in der Mitte Böhnhardt, Zschäpe und Mundlos, nun sind sie umgeben von sehr vielen V-Leuten.)* Wer angesichts allein dieses Netzwerkes von V-Personen glauben will, dass es sich um eine abgeschottete, auch im Rahmen der rechten Szene autark agierende Terrorzelle gehandelt hat, der mag das tun. Realistisch ist das nicht.

Letztlich bleiben Gamze Kubaşık ein Appell und zwei Hoffnungen. Der Appell richtet sich zunächst an den Senat. Dieses Verfahren, hoher Senat, kann keinen Schlussstrich unter den gesamten NSU-Komplex bedeuten. Die Geschichtsschreibung, wie sie die Generalbundesanwaltschaft gern hätte, verbunden mit einem Persilschein für Polizei, Verfassungsschutz und nicht zuletzt für den Generalbundesanwalt selbst, kann es von Ihnen nicht geben. Eine Hoffnung bleibt, dass ein Mitarbeiter oder eine Mitarbeiterin mit Gewissen – etwa beim Bundesamt für Verfassungsschutz – aufdeckt, warum geschreddert, warum vertuscht, warum gelogen wurde. Jemand, der ungeachtet der Konsequenzen aufklärt, was das Bundesamt vor und nach Begehung der Morde und Anschläge wusste. Eine weitere und letzte Hoffnung auf Aufklärung könnte die Angeklagte Zschäpe bieten. Sie könnte sagen, wer involviert war, wer Bescheid wusste, geholfen und unterstützt hat.

Warum sollte die Angeklagte Zschäpe das tun? Nun, wenn es hier zu einer anklagegemäßen Verurteilung kommt, ist die einzig denkbare, nach dem Gesetz gegebene Strafe eine lebenslange Gesamtfreiheitsstrafe. Wenn das so kommt, wird Frau Zschäpe spätestens nach Rechtskraft des Urteils verstehen müssen, dass ihre Strategie oder gegebenenfalls die ihrer neueren Anwälte, zu versuchen, sich mit strategisch verfassten Formulierungen aus der Verantwortung zu ziehen, gescheitert ist. Es wird nach etwa 13 Jahren Gesamtvollzug der lebenslangen Freiheitsstrafe ein weiteres gerichtliches Verfahren hier vor diesem Gericht geben, in dem es dann um die Frage der Feststellung der Mindestverbüßungsdauer der lebenslangen Freiheitsstrafe gehen wird – also um den Zeitpunkt, an dem die Angeklagte das erste Mal versuchen können wird, eine Bewährungsentlassung zu erwirken. Eine solche Mindestverbüßungsdauer kann zwischen 15, 20, 25 oder auch 30 Jahre und höher liegen. Wie viele Jahre es letztlich werden, hängt dann auch davon ab, wie sich die Angeklagte Zschäpe vor und nach ihrer Verurteilung verhält.

Frau Kubaşık würde sich selbst dafür bei dem dann entscheidenden Gericht einsetzen, dass die Mittäterin des Mordes an ihrem Vater insgesamt vielleicht weniger von ihrer lebenslangen Freiheitsstrafe verbüßen muss, wenn sie alle weiteren beteiligten Unterstützer, Beihelfer oder gar Mittäter offenbart, wenn sie sich ernsthaft von den Taten distanziert und dies durch ihre rückhaltlose Mitarbeit zur Aufklärung demonstriert. Überlegen Sie es sich gut, Frau Zschäpe.

Gamze Kubaşık Vor über vier Jahren habe ich gehofft, dass alle, die mit dem Mord an meinem Vater zu tun haben, auch verurteilt werden und ihre gerechte Strafe bekommen. Heute weiß ich immer noch nicht, wer außer den Angeklagten alles noch beteiligt war. Ich weiß auch nicht, warum ausgerechnet mein Vater ausgewählt wurde. Ich weiß auch bis heute nicht, wer in Dortmund geholfen hat oder wer unseren Kiosk vor dem Mord ausspioniert hat. Auch verstehe ich bis heute nicht, warum diese Menschen nicht gestoppt worden sind. Man kannte sie doch und wusste, wo sie sind. Das Einzige, was ich nach dem Prozess weiß, ist, dass diese fünf Menschen hier schuldig sind.

Holger Gerlach: Ich glaube, dass er wusste, was Mundlos, Böhnhardt und Zschäpe 13 Jahre lang gemacht haben. Er ist kein Trottel, der nur alten Freunden helfen wollte. Ich glaube, er wusste genau, was die vorhatten, und er wollte das auch so. Ich finde gut, dass er hier überhaupt etwas gesagt hat. Ob ich das glaube, ist eine andere Sache. Er hat meiner Meinung nach versucht, sich hier gutzureden. Das hat nicht funktioniert. Weil er denen geholfen hat, ist er mit Schuld am Tod meines Vaters. Er hätte die drei auch verpfeifen können. Er sollte sich klarmachen, dass auch er dafür verantwortlich ist, dass ich meinen Vater verloren habe und dass meine Geschwister ohne Vater aufwachsen mussten.

André Eminger: Ich habe keinen Zweifel, dass er ganz eng mit dabei war. Er war so eng mit diesen drei Leuten, dass er gewusst hat, was die machen, dass die Morde begehen. Wie er heute hier sitzt, bin ich auch davon überzeugt, dass er an seiner Nazi-Einstellung nichts geändert hat. Er ist für mich der Schlimmste von allen Helfern des NSU. Ich glaube außerdem, dass er nicht nur Unterstützer war, sondern eigentlich mit denen auf einer Stufe.

Carsten Schultze: Er ist der Einzige, dem ich hier persönlich abnehme, dass es ihm leidtut, was passiert ist. Er war damals noch sehr jung. Er hat geholfen, die Wahrheit zu finden. Auch wenn ich glaube, dass er seine Nazi-Einstellung von früher hier nicht schonungslos und offen erzählt hat, bin ich bereit, seine Entschuldigung anzunehmen und seine ehrliche Reue anzuerkennen. *(Carsten Schultze sackt auf der Anklagebank zusammen und bricht in Tränen aus. Ihm ist große Erleichterung anzusehen.)*

Ralf Wohlleben: Er ist dafür verantwortlich, dass der NSU eine Waffe mit Schalldämpfer bekommen hat. Mit dieser Waffe wurde mein Vater ermordet. Er war Helfer der ersten Stunde für diejenigen, die diese ganzen Menschen umgebracht haben. Mein Vater und die anderen haben ihm überhaupt nichts getan. Er kannte sie gar nicht. Ich verstehe die ganze Nazi-Ideologie nicht. Sie ergibt gar keinen Sinn. Wohlleben ist schlau und gefährlich. Er war der, der alles mitorganisiert hat. Wie er sich in diesem Prozess hier verhalten hat, zeigt mir, dass er an seiner Einstellung nichts geändert hat.

Beate Zschäpe: Sie ist für mich genauso schuldig wie diejenigen, die mit eigener Hand auf meinen Vater geschossen haben. Sie hat alles mitgeplant. Was ich bis heute nicht verstehe, ist, warum sie dann nicht auch zu ihren Taten steht. Das finde ich feige. Sie hat doch selbst dieses Video verschickt. Ich bin mir sicher, dass sie es auch kannte und wollte, dass wir Familien noch einmal darunter leiden. Wenn sie das wollte, warum sagt sie es nicht? Ich glaube kein Wort von dem, was ihre Anwälte für sie vorgelesen haben. Es ergibt keinen Sinn und war auch total unpersönlich. Wenn ich höre, dass sie das Haus in Zwickau angezündet hat, wo beinahe drei Menschen ums Leben gekommen wären, und nur ihre Katzen retten wollte, zeigt mir das, was für eine Persönlichkeit sie hat. Wenn sie sich wirklich für die Morde schämen würde, warum hilft sie uns dann nicht? Warum beantwortet sie uns all unsere Fragen nicht?

Frau Zschäpe, wenn Ihnen wirklich irgendwann leidtut, was passiert ist, dann antworten Sie! Das geht auch dann noch, wenn dieser Prozess hier vorbei ist. Ich habe immer noch so viele Fragen, auf die ich keine Antworten bekommen habe.

Daran sind auch die Ankläger hier schuld. Frau Merkel hat mir persönlich versprochen, dass alles unternommen wird, die Taten vollständig aufzuklären. An die Bundesanwaltschaft: Sie haben vielleicht viel dafür getan, dass diese fünf hier verurteilt werden. Aber was ist mit den ganzen anderen? Ich glaube nicht daran, dass Sie noch irgendwann jemand anderes anklagen. Für Sie ist die Sache doch hier abgeschlossen, und ich muss mit quälenden Fragen weiterleben. Ich hatte am Anfang so viel Hoffnung, dass endlich Gewissheit kommt, dass es eine Sicherheit gibt. Diese Hoffnung gibt es nicht mehr. Wir werden wahrscheinlich nie zur Ruhe kommen. Sie haben das Versprechen gebrochen!

Tag 391

23. November 2017

Peer Stolle, Anwalt der Nebenklage.

Anwalt Stolle *(vertritt einen Sohn des ermordeten Mehmet Kubaşık)* Der NSU und die von ihm begangenen Taten sind Folge einer gesellschaftlichen Situation, die man in den 1990er-Jahren in Ostdeutschland und speziell in Thüringen vorfand. Sie sind Folge der Zeit, in der Mundlos, Böhnhardt, Zschäpe, Wohlleben und Gerlach ihre Jugend verbrachten; einer Zeit, die hochpolitisch war, in der aber nicht nur massenhaft die Forderung nach Demokratie, Freiheit und Gerechtigkeit erhoben wurde, sondern es gleichzeitig zu einer seit dem Ende des Zweiten Weltkrieges auf deutschem Boden bis dahin nicht da gewesenen rassistischen und nationalistischen Stimmung kam.

Allerdings: Eine extrem rechte Jugendszene und eine entsprechende gesellschaftliche Stimmung – dies allein lässt keinen Rechtsterrorismus wie den NSU entstehen. Für das Entstehen einer engen Vertrauensbeziehung in einem kleinen Kreis von Personen über einen Zeitraum von 15 bis 16 Jahren – davon 13 Jahre unter den Bedingungen der Illegalität –, dazu braucht es auch ideologische Festigkeit und Entschlossenheit. Dazu braucht es weiter eines Netzwerkes, auf das man zählen kann. Und man benötigt entsprechende Konzepte, die man vorher in der Szene mit den Kameraden diskutiert hat.

Es bedarf ferner einer gemeinsamen und verbindenden Ideologie, die sich nicht auf eine diffuse Ablehnung von sogenannten Ausländern reduziert, sondern einer Ideologie, die es ernst meint mit – ich zitiere den sogenannten NSU-Brief – der »energischen Bekämpfung der Feinde des deutschen Volkes«. Es bedarf auch des Wissens, dass man den Kampf für die »Reinhaltung der deutschen Nation« und für die Schaffung einer am historischen Nationalsozialismus angelehnten Gesellschaftsordnung nicht alleine führt. Und schließlich bedarf es staatlicher Sicherheitsbehörden, die den von der Szene ausgehenden Gefahren nicht adäquat begegnen, sondern vielmehr ihre schützende Hand über sie halten.

Anfang der 1990er-Jahre, das war die Zeit, in der Uwe Mundlos, Uwe Böhnhardt und die Angeklagten Beate Zschäpe, Ralf Wohlleben und Holger Gerlach aufwuchsen. Es war die Zeit ihrer Jugend und gleichzeitig die Zeit tiefgreifender gesellschaftlicher Umbrüche. Ehemalige Autoritäten gab es nicht mehr, oder sie hatten zumindest erheblich an Bedeutung verloren. Es war die Zeit, in der sich ein Gesellschaftssystem auflöste. Es waren aber nicht die sozialen Umstände, die die hier Angeklagten und die Verstorbenen Mundlos und Böhnhardt dazu brachten, sich der rechten Szene anzuschließen. Von einem wendebedingten Gefühl oder einer Erfahrung der sozialen Degradierung oder Deklassierung: dazu haben wir hier von und zu keinem der Angeklagten etwas gehört. Für eine solche Erklärung wären auch die Biografien zu unterschiedlich. Sie oder ihre Familien waren nicht diejenigen, die herkömmlich als »Wendeverlierer« bezeichnet worden sind.

Auf der einen Seite Mundlos: Der Professoren-Sohn vertrat schon während der Schulzeit in der DDR rechte Positionen, verfolgte aber noch bis zum Abtauchen einen sehr geregelten Ausbildungsweg. Und auf der anderen Seite Böhnhardt, der trotz Unterstützung seiner Familie schon Schwierigkeiten hatte, überhaupt einen Schulabschluss zu erreichen. Auch Zschäpes Probleme mit ihrer Mutter bestanden ganz unabhängig von den Zeitläufen. Dass Zschäpe keine Lehre zu Ende führte, hat auch die Angeklagte selbst, die gern die Verantwortlichkeit bei anderen sucht, nicht mit den wirtschaftlichen Verhältnissen der damaligen Zeit erklärt. Verbindendes Glied der Biografien ist die frühe Zugehörigkeit zu einer sich rechts verstehenden Jugendclique. Warum sich so viele damals rechten Jugendcliquen anschlossen, hat viel mit dem politischen Klima zu tun. Es war die Zeit der Suche, der Neuorientierung und des Ausprobierens. Gerahmt wurde diese Zeit durch schwarz-rot-goldene Fahnenmeere auf den Montagsdemonstrationen; der Abänderung der Parole »Wir sind das Volk« in »Wir sind ein Volk«; durch eine Zunahme von Alltagsdiskursen, die von rassistischen Positionen und nationalem Überlegenheitsdenken geprägt waren, und von xenophoben Einstellungen, die auch in der medialen und politischen Öffentlichkeit Resonanz fanden.

Fast täglich wurde irgendwo auf dem Gebiet der ehemaligen DDR jemand aus einer rassistischen und/oder extrem rechten Motivation heraus zusammengeschlagen, ein Jugendclub oder ein alternatives Wohnprojekt oder ein Flüchtlingsheim angegriffen. Allein in den Jahren 1990 bis 1994 sind laut Recherchen des *Tagesspiegels* und der *Zeit* 59 Menschen durch rechtsextreme Gewalt ums Leben gekommen. Diese Stimmung wurde fast vollständig in diesem Verfahren ausgeblendet. Stattdessen wurde sich mit wenigen, scheinbaren Einzelfällen von körperlichen Angriffen auseinandergesetzt. Die Angeklagten wissen, von welcher Stimmung ich hier rede. Sie haben sie selber miterlebt und selber mitgeschaffen.

Ob man sich dieser Jugendbewegung zugehörig fühlte oder nicht – das war trotz allem eine ganz persönliche Entscheidung. Wer sich damals der rechten Szene anschloss, wusste um die brennenden Flüchtlingsheime und die vielen Toten, die die Szene zu verantworten hatte; der oder die hatte somit Kenntnis von den mörderischen Folgen einer rassistischen Ideologie.

Zentraler Bezugspunkt für diese rechten Cliquen, in denen die hier Angeklagten und die Verstorbenen Mundlos und Böhnhardt ihre Jugendjahre verbrachten, war der sich in kommunaler Hand befindliche Winzerclub in Jena-Winzerla. Er war Anlauf- und Kristallisationspunkt für rechte Jugendliche. Hier traf man sich, hier konnte man sich frei bewegen; Grenzen wurden nicht gesetzt – weder von Sozialarbeitern noch von der Polizei.

Der Thüringer Heimatschutz diente als Dachverband der Kameradschaften in Thüringen. Er war ein Katalysator bei der Radikalisierung der Thüringer Neonaziszene. Mangelnder Fahndungsdruck, offen gezeigte Zustimmung aus der Bevölkerung und die Erfahrung, durch Gewalt mit zu einer Änderung des Grundrechtes auf Asyl im Jahre 1993 beigetragen zu haben: Solche Erfahrungen und Erfolge lassen eine Szene selbstbewusster werden.

(Anwalt Stolle geht nun auf die Sektion Jena des Thüringer Heimatschutzes ein.) In der Kameradschaft Jena fanden Richtungsdiskussionen statt, in denen es auch um die Option des bewaffneten Kampfes ging. Zschäpe, Mundlos und Böhnhardt waren Gründungsmitglieder der Kameradschaft Jena. Sie wurden – so haben es hier verschiedene Zeugen berichtet – damals als Autorität wahrgenommen. Die drei traten oft zusammen auf, aber nicht nur. Zschäpe war keine Mitläuferin oder ein Anhängsel der beiden Uwes. So meldete sie beispielsweise zusammen mit dem Angeklagten Wohlleben in Jena eine rechte »Anti-EU«-Demonstration an.

Es ist in diesem Saal in den letzten viereinhalb Jahren viel gelogen worden. Von Zeugen, die versucht haben, ihre Einbindung in die rechte Szene und die dort virulente Ideologie zu relativieren. Trotz dieser Lügen und Relativierungen ergab die Beweisaufnahme ein klares Bild über die Ideologie der Mitglieder der damaligen rechten Szene in Thüringen und speziell in Jena. Die Mitglieder des Thüringer Heimatschutzes waren Verfechter einer völkischen Rassenideologie und Anhänger einer nach dem historischen Vorbild zu schaffenden nationalsozialistischen Gesellschaftsordnung. Es blieb nicht bei extrem rechten und rassistischen Einstellungen. Es ging auch um die Umsetzung der eigenen Weltanschauung. Das Zellenkonzept, das der NSU auf perfide und mörderische Weise in die Praxis umsetzte, war fester Bestandteil der Diskussionen. »Taten statt Worte«: So lautete der Leitspruch des NSU. Die Umsetzung dieser Programmatik erfolgte nicht erst nach dem Abtauchen von Böhnhardt, Mundlos und Zschäpe. Erste Propagandataten der Sektion Jena sind bereits aus dem Jahr 1995 bekannt. *(Stolle führt eine Reihe von Taten auf.)* »Taten statt Worte« – nach diesem Motto wurde offensichtlich in Jena schon seit 1995 gehandelt, schon vor dem Abtauchen von Böhnhardt, Mundlos und Zschäpe. Vor dem Hintergrund der geschilderten Beweislage sehen wir – spätestens mit der Anmietung der Garage – die Tatbestandsmerkmale der Bildung einer Vereinigung nach Paragraf 129 des Strafgesetzbuches als bewiesen an.

Wir gehen nicht davon aus, dass zu diesem Vorläufer des NSU lediglich Böhnhardt, Mundlos und Zschäpe gehörten, sondern dass sich dieser aus den Mitgliedern der Sektion Jena zusammensetzte. Auch nach dem Abtauchen sind es – neben den Mitgliedern der Blood-&-Honour-Sektion in Chemnitz – die Mitglieder der Sektion Jena, die von den Abgetauchten wegen Unterstützung kontaktiert wurden. Das Verhältnis blieb eng. Und die Bereitschaft zu helfen groß. Diese Erkenntnisse lassen den Schluss zu: Die Vereinigung, die später zum NSU wurde, wurde bereits in Jena gegründet, und nicht nur von Böhnhardt, Mundlos und Zschäpe, sondern sie war identisch mit der Sektion Jena des Thüringer Heimatschutzes.

Der NSU kann nicht ohne den Thüringer Heimatschutz verstanden werden. Ich zitiere den Leitspruch des THS: »Die Errichtung einer multikulturellen Gesellschaft ist eines der größten Verbrechen, was an der Menschheit verübt wurde und wird. Das ist die systematische Ausrottung kultureller Identitäten und somit ganzer Völker.« So hieß es auf der Homepage. Wer seine Programmatik so umschreibt, wer die Ausrottung eines Volkes herbeihalluziniert, dem er sich selbst zugehörig fühlt, der bezieht zwangsläufig alle Mittel ein, um das angeblich bedrohte Überleben des eigenen Volkes zu sichern.

(Stolle hat sein Plädoyer beendet. Ein Gerichtsarzt berichtet, er habe in einer Pause den Angeklagten Eminger untersucht. Dieser zeige Anzeichen einer Migräneattacke. Die Verhandlung wird an diesem Tag nicht fortgesetzt.)

Tag 392

28. November 2017

Manfred Götzl, Richter. **Herbert Diemer, Jochen Weingarten**, Vertreter der Bundesanwaltschaft. **Michael Kaiser,** Verteidiger von André Eminger. **Olaf Klemke,** Verteidiger von Ralf Wohlleben. **Muhammet Ayazgün, Arif S.**, Nebenkläger, Opfer des Bombenanschlags in der Kölner Keupstraße. **Björn Elberling, Berthold Fresenius, Alexander Hoffmann, Stephan Kuhn, Sebastian Scharmer, Peer Stolle,** Anwälte der Nebenklage.

Anwalt Kuhn *(er vertritt eines der Opfer aus der Kölner Keupstraße)* Am 9. Juni 2004 explodierte in der Kölner Keupstraße ein mit circa 5,5 Kilogramm Schwarzpulver und um die 800 Zimmermannsnägeln von zehn Zentimeter Länge befüllter Sprengsatz. Mindestens 23 Menschen wurden, teilweise schwer, verletzt.

Ich persönlich glaube, dass der Angeklagte Eminger in die Tatplanung eingeweiht war und der Angeklagte Wohlleben zumindest in den Monaten nach der Tat von diesem Werk des NSU erfuhr. Ich schließe dies aus der Anwesenheit Emingers in Euskirchen in der Nacht vor dem Anschlag sowie aus dem Ebay-Verkauf Wohllebens, bei welchem er einige Monate nach der Tat Elektroteile desselben Modellflugzeugherstellers, wie sie bei dem Bau des Sprengsatzes Verwendung fanden, als »nagelneu« feilbot – meines Erachtens Ausdruck des menschenverachtenden Humors Wohllebens, wie er bereits in der Geburtstagszeitung für André Kapke seinen Ausdruck fand. Doch richtigerweise wird man diesen beiden Angeklagten nach der hiesigen Beweisaufnahme in Bezug auf den Anschlag eine Beteiligung nicht nachweisen können. Einen Grenzfall stellt der Angeklagte Gerlach dar. Eine objektive Förderung des Anschlags in der Keupstraße liegt in dem Zurverfügungstellen der zur Anmietung des Tatfahrzeugs notwendigen Identitätspapiere unzweifelhaft vor. Letztlich dürfte maßgeblich sein, ob der Senat zu der Überzeugung gelangt, Gerlach sei davon ausgegangen, Mundlos, Zschäpe und Böhnhardt hätten zu diesem Zeitpunkt über weitere Identifikationspapiere verfügt, die zur Anmietung der Fahrzeuge geeignet waren. Sollte eine solche Vorstellung Gerlachs nicht bestanden haben, dürfte sich seine Risikoeinschätzung derart konkretisiert haben, dass der subjektive Tatbestand der Beihilfe erfüllt ist.

(Kuhn geht nun ausführlich auf das Verhalten der Sicherheitsbehörden bei den Ermittlungen in der Keupstraße ein und zieht ein Fazit.)

Die Art und Weise der Ermittlungen zum Nagelbombenanschlag stellt ein eindrückliches Beispiel von institutionellem Rassismus dar. Aufgrund ihrer Herkunft, wegen tatsächlicher oder vermeintlicher kultureller Unterschiede und hierauf gegründeter Vorurteile wurden die Menschen aus der Keupstraße zweimal verletzt. Für die erste Bombe, das hat die Beweisaufnahme gezeigt, trägt die Verantwortung der NSU. Für die zweite trägt sie der deutsche Staat.

(Es folgt Anwalt Fresenius, der Muhammet Ayazgün, ein weiteres Opfer des Nagelbombenanschlags in der Keupstraße in Köln, vertritt. Er beginnt mit einer sogenannten Vorbemerkung, wie sich die fünf Angeklagten den Nebenklägern darstellten.)

Anwalt Fresenius Beate Zschäpe, deren Einlassung eine Beleidigung der Intelligenz aller Prozessbeteiligten ist. Ralf Wohlleben, dessen Verteidiger vom Volkstod schwadronierten. Holger Gerlach, der sich dem Zeugenschutz entzog, weil er weiß, dass ihm von Neonazis nichts droht. André Eminger, dessen eigener Verteidiger ihn als Idiot bezeichnet. Und schließlich der therapieerfahrene Angeklagte Carsten Schultze, der sich bis heute dem öffentlichen Eingeständnis verweigert, als Rassist unterwegs gewesen zu sein.

(Fresenius spricht dann über die Folgen der Ermittlungen gegen die Menschen in der Keupstraße. Sie hätten ein Klima der Verdächtigungen, des Misstrauens, der Angst unter den Menschen in der Keupstraße erzeugt.)

Die Tatsache, dass die Vertreter des Generalbundesanwalts die durch die Behörden erfolgte Verletzung der Persönlichkeitsrechte zahlreicher Opfer nicht einmal ansprechen, kann auf meinen Mandanten nur deprimierend wirken. Dies lässt ihn daran zweifeln, dass sich die dargelegten staatlichen Übergriffe in Zukunft nicht wiederholen können.

(Muhammet Ayazgün ergreift nun selbst das Wort. Er sagt, seit mehr als 20 Jahren sei die Keupstraße sein Lebensmittelpunkt, er betreibe dort ein Café. Am Tag des Anschlags habe er Glück gehabt, ein Nagel sei knapp über seinen Kopf in ein Regenrohr geschossen.)

Ayazgün Die Anwälte der Nebenklage haben viele Anträge gestellt, die meisten wurden abgelehnt. Warum wird staatliche Verantwortung nicht übernommen? Warum gibt es hier immer noch ein Tabu? Der Druck auf uns in der Keupstraße durch die Polizei – die, wie wir heute wissen, auch zahlreiche V-Leute zu uns schickte, um uns konspirativ auszuforschen – hielt jahrelang an. Ich bin von der Polizei nie als Geschädigter befragt worden – warum, ist mir bis heute nicht klar. Ich habe mich aber auch selber nie an die Polizei gewandt. Ich hatte einfach Angst. Ich hatte Angst, von der Polizei als Täter behandelt zu werden.

Mir wurde berichtet, was die Bundesanwaltschaft plädiert hat. Da wurde von Anschlägen auf »den Staat« berichtet, dass der NSU den deutschen Staat bekämpft hätte, dann wurde wiederholt erklärt, staatliche Stellen hätten mit dem NSU nichts zu tun gehabt. Davon, was wir Opfer nach den Anschlägen der Neonazis durch die staatlichen Organe, durch die Polizei, erleiden mussten, davon wird immer noch nicht gesprochen.

Rassismus stellt eine Krankheit dar. Ich bin Kurde aus der Türkei. Ich weiß, wie es ist, wenn ein Mensch nur nach seiner Volkszugehörigkeit behandelt wird. Ich glaube, die Ärzte dieser Krankheit sind wir hier. Diese Ärzte müssen diese Krankheit behandeln, damit sie sich nicht weiter ausbreitet. Ich fühle mich in Deutschland nicht fremd. Ich fühle mich als Deutscher aus der Türkei. Ich bedanke mich beim hohen Gericht. Gerechtigkeit, Gerechtigkeit, Gerechtigkeit!

Götzl Herr Rechtsanwalt Hoffmann, wie lange werden Sie plädieren?

Anwalt Hoffmann Zunächst möchte mein Mandant ein paar Worte sagen.

Arif S. *(auch er ist ein Geschädigter aus der Keupstraße)* Als Erstes wünsche ich allen im Saal einen guten Morgen, außer dieser Mörderin. Dass nach der Bombe weder der Bürgermeister noch ein hochrangiger Polizist in die Keupstraße kamen, dass die Betroffenen sich selbst überlassen wurden, führte uns vor Augen, wie stark der Rassismus in diesem Land geworden war. Die Keupstraße ist eine Straße in Köln, sie ist ein Ort, der zu Köln gehört, eine Straße dieses Staates. Aus diesem Grund hat der Staat sich um uns zu kümmern.

Es gab zahllose Tage, an denen ich nachts im Bett schreiend aufwachte. Solange die wahren Täter nicht gefasst sind, werden meine Ängste weiterbestehen.

Götzl Herr S., Sie sagten, Sie wünschen allen einen guten Morgen außer dieser Mörderin. Ich rufe Sie zur Sachlichkeit auf.

(Nach einer Pause ergreift Anwalt Kaiser das Wort.)

Verteidiger Kaiser Herr Vorsitzender, der Herr Rechtsanwalt Fresenius hat vorhin gesagt, ich hätte meinen Mandanten als Idioten bezeichnet. *(Gelächter unter den Prozessbesuchern.)*

Götzl *(in Richtung Besuchertribüne)* Bitte unterlassen Sie das!

Verteidiger Kaiser *(fährt fort)* Damit hat Herr Fresenius augenscheinlich aus dem nicht-öffentlichen Haftverkündungstermin zitiert. Ich habe das so nicht gesagt. Das ist aus dem Zusammenhang gerissen und nicht so gemeint gewesen. Jetzt habe ich das Problem: Wenn ich das klarstellen möchte, müsste auch ich aus dem nicht-öffentlichen Haftverkündungstermin zitieren. Und da ich meine Verschwiegenheitsverpflichtung nicht brechen will, kann ich das nur in nicht-öffentlicher Sitzung tun. Ich beantrage daher den Ausschluss der Öffentlichkeit.

Götzl Soll dazu Stellung genommen werden?

Oberstaatsanwalt Weingarten Herr Vorsitzender, ich habe Verständnis dafür, dass ein Richtigstellungsbedarf bestehen mag. Indes besteht aus unserer Sicht kein Anspruch darauf, dass Verfahrensbeteiligte unmittelbar im Anschluss eines Schlussvortrags eines anderen Prozessbeteiligten eine Richtigstellung vornehmen. Gegebenenfalls ist der Schlussvortrag des Verteidigers Kaiser der richtige Ort dafür.

Verteidiger Kaiser Das Pikante ist ja nicht nur, dass ich meinen Mandanten beleidigt haben soll, sondern dass dies in nicht-öffentlicher Hauptverhandlung geschehen sein soll. Ich sage es noch einmal: Das ist nicht geschehen. Und dass hier aus einer nicht-öffentlichen Hauptverhandlung zitiert wird, das sollte doch die Staatsanwaltschaft interessieren. Es besteht der Anfangsverdacht einer Verschwiegenheitsverletzung.

Anwalt Elberling Meiner Ansicht nach ist es rechtlich nicht unzulässig, aus einem nicht-öffentlichen Termin zu zitieren.

Verteidiger Kaiser Wenn Sie, Herr Vorsitzender, das auch so sehen und mir jetzt gesagt wird: »Sie können das tun, ohne strafrechtliche Konsequenzen zu befürchten«, dann …

Götzl … selbst wenn, hätten Sie das Problem, dass das ein Staatsanwalt anders sehen könnte. Also ich bin hier nicht das Problem. *(Götzl lacht.)*

Bundesanwalt Diemer Ich sehe eine Voraussetzung für einen Ausschluss der Öffentlichkeit nicht als gegeben an. Wenn Sie meinen, die Äußerung von Herrn Rechtsanwalt Fresenius sei strafrechtlich zu verfolgen, dann stellen Sie Anzeige wegen übler Nachrede, Verleumdung et cetera.

Verteidiger Kaiser Ich hatte schon gesagt, dass es zwei Dinge sind, die ich beachtenswert finde. Erstens die Unterstellung, ich hätte meinen Mandanten mit dem Wort Idiot beleidigt. Zweitens, dass hier in einem Plädoyer aus einer nicht-öffentlichen Hauptverhandlung zitiert wird. Wenn Sie, Herr Dr. Diemer, meinen, ich dürfte das hier richtigstellen, ohne strafrechtliche Konsequenzen zu fürchten, dann könnte ich das tun.

(Die Sitzung wird unterbrochen.)

Götzl Nach geheimer Beratung ergeht folgender Beschluss. Der Antrag von Rechtsanwalt Kaiser, die Öffentlichkeit auszuschließen, um ihm in nicht-öffentlicher Verhandlung die Gelegenheit zu geben, zu einer Äußerung von Rechtsanwalt Fresenius in dessen Schlussvortrag Stellung zu nehmen, wird abgelehnt. Gründe: Grundsätzlich ist ein Ausschluss der Öffentlichkeit möglich, wenn eine Gefährdung der öffentlichen Ordnung zu besorgen ist. Dieser Ausschließungsgrund kann vorliegen, wenn geheimhaltungsbedürftige Umstände erörtert werden müssen. Dies ist im vorliegenden Fall nicht gegeben. An einen geheimhaltungsbedürftigen Umstand wäre allenfalls dann zu denken, ohne dass der Senat dies hier entscheiden müsste, wenn der Verteidiger Rechtsanwalt Kaiser die vorgebrachte Äußerung über den Angeklagten Eminger im nicht-öffentlichen Termin zur Haftbefehlseröffnung gemacht hätte. Schon dies kann aber nicht festgestellt werden: Rechtsanwalt Fresenius hat die vorgebrachte Äußerung lediglich einem Verteidiger des Angeklagten Eminger zugeschrieben. Es kommen damit sowohl Rechtsanwalt Kaiser als auch Rechtsanwalt Hedrich in Betracht. Rechtsanwalt Hedrich hat aber am Termin zur Haftbefehlseröffnung gar nicht teilgenommen, sodass im Hinblick auf eine mögliche Äußerung von Rechtsanwalt Hedrich nicht in Betracht kommt, dass diese in nicht-öffentlicher Verhandlung gefallen ist. Zudem hat Rechtsanwalt Fresenius weder erwähnt noch angedeutet, bei welcher Gelegenheit, also in öffentlicher oder nicht-öffentlicher Verhandlung oder auch außerhalb der Verhandlung, die Äußerung gefallen sein soll.

Verteidiger Kaiser Ich bitte die Hauptverhandlung zu unterbrechen, um ein Ablehnungsgesuch formulieren zu können. Ich habe das Problem, dass ich aufgrund Ihres Beschlusses auch Rücksprache mit Herrn Hedrich halten muss und nicht weiß, wann ich ihn erreichen kann. Und anschließend muss ich noch Rücksprache mit Herrn Eminger halten.

Götzl Können Sie mir noch erläutern, warum eine Rücksprache mit Herrn Hedrich notwendig ist?

Verteidiger Kaiser Na ja, ich nehme Bezug auf Ihren letzten Absatz im Beschluss. Ich kann mir zwar nicht vorstellen, dass er eine solche Äußerung getätigt hat, gegenüber wem auch immer. Aber das werden Sie wohl verstehen, dass ich da Besprechungsbedarf mit Herrn Hedrich habe. Im letzten Absatz wird unterstellt, dass ich oder der Kollege Hedrich den Angeklagten Eminger in öffentlicher oder nicht-öffentlicher Hauptverhandlung möglicherweise als Idioten bezeichnet haben. Und wenn das Gericht unterstellt, dass wir ihn beleidigt haben könnten, ist die Besorgnis der Befangenheit doch wohl nachvollziehbar.

Bundesanwalt Diemer Es ist nicht nachvollziehbar, warum sich Herr Kaiser mit Herrn Hedrich besprechen muss. Der Beschluss ist da. Nun muss entschieden werden, ob ein Befangenheitsantrag gestellt wird oder nicht.

Verteidiger Kaiser Er ist immerhin Mit- und Erstverteidiger von Herrn Eminger. Es könnte ja auch sein, dass er ihm einen Befangenheitsantrag ausredet.

Anwalt Stolle Herr Kaiser hat eben deutlich gemacht, dass offensichtlich überhaupt kein Entschluss des Angeklagten Eminger vorliegt, einen Befangenheitsantrag zu stellen.

Anwalt Scharmer Entweder gibt es jetzt einen Befangenheitsantrag oder es gibt keinen, dann können wir weitermachen.

Verteidiger Kaiser Herr Eminger hat mir als Reaktion auf den Beschluss gesagt: »Das ist ja ungehörig, da müssen wir einen Ablehner machen!« Er wünscht auch die Rücksprache mit Herrn Hedrich. Bitte, was soll ich noch mehr sagen?

Götzl Ist es nicht so, dass mit Ihnen und Herrn Eminger auch abgesprochen ist, dass Herr Hedrich heute nicht anwesend ist?

Verteidiger Kaiser Sagen wir so: Er hat uns informiert, dass er abwesend sein wird.

Götzl Sagen wir so: Er ist geladen. Haben Sie versucht, ihn zu erreichen?

Verteidiger Kaiser Wenn Sie fünf Minuten unterbrechen, versuche ich es gerne.

(Kaiser, Heer und Sturm stecken die Köpfe zusammen.)

Götzl Was ist jetzt wieder los? Soll ich unterbrechen, damit Sie sich mit Rechtsanwalt Heer und Rechtsanwältin Sturm beraten können?

(Die Sitzung wird erneut unterbrochen.)

Verteidiger Kaiser Ich kann mitteilen, dass ich den Kollegen Hedrich erreichen konnte. Herr Eminger ist nun der Meinung, dass er von einem Ablehnungsgesuch Abstand nimmt. Herr Hedrich und ich beantragen jedoch die Protokollierung des Passus, sein Verteidiger habe Herrn Eminger einen Idioten genannt oder als Idioten bezeichnet. Da weiß ich jetzt den genauen Wortlaut nicht mehr.

Anwalt Elberling Der Antrag ist abzulehnen. Zu sagen, er habe ihn an dem genannten Termin als nützlichen Idioten bezeichnet, ist zulässig und nicht strafbar.

Verteidiger Kaiser Jetzt zitiert der Kollege wieder aus der nicht-öffentlichen Hauptverhandlung und hat noch ein Adjektiv hinzugefügt! Selbstverständlich habe ich das Wort Idiot in den Mund genommen, aber in einem anderen Zusammenhang.

Anwalt Scharmer Dass Herr Kaiser die Protokollierung für etwas beantragt, was er im Wortlaut nicht mehr kennt, ist insofern schon unzulässig.

Verteidiger Klemke Der Kollege Kaiser hat gerade ausgeführt, dass Herr Fresenius äußerte, der Verteidiger habe seinen Mandanten als Idioten bezeichnet oder einen Idioten genannt. Das ist ausreichend. Gegen den Protokollierungsantrag ist nichts, aber auch gar nichts einzuwenden.

(Die Sitzung wird wieder unterbrochen.)

Götzl Es wird nach Paragraf 183 GVG protokolliert: Am 28.11.2017 wurde Herrn Rechtsanwalt Fresenius das Wort zum Schlussvortrag erteilt. Er begann mit einer Vorbemerkung. Er machte Anmerkungen zu den Angeklagten Zschäpe, Gerlach und Wohlleben. Dann zum Angeklagten Eminger: Der Angeklagte Eminger, den sein Verteidiger als Idiot bezeichnet hat. Es folgten weitere kurze Anmerkungen zum Angeklagten Eminger und Bemerkungen zum Angeklagten Schultze.

Tag 393

29. November 2017

Antonia von der Behrens, Anwältin der Nebenklage.

Anwältin von der Behrens *(sie vertritt einen Sohn von Mehmet Kubaşık)* Folgendes sei vorab deutlich gesagt: Die Aufbauarbeit des Verfassungsschutzes in der rechten Szene und das bisher bekannte staatliche Mitverschulden vermindern für uns keineswegs die Schuld der hier Angeklagten. Sie bedeuten für uns nicht, dass die Neonaziszene nicht auch ohne diese Unterstützung militant gewesen wäre.

Ich komme zu meinem ersten Teil, in dem ich versuchen werde, das Ausmaß des Netzwerks und des staatlichen Mitverschuldens aufscheinen zu lassen. Bereits unmittelbar nach der Wende hatte der Verfassungsschutz das Gefahrenpotenzial der rechten Szene in Ostdeutschland erkannt und begonnen, in dieser Szene V-Männer einzusetzen. Diese leisteten allerdings faktisch wichtige Struktur- und Aufbauarbeit. *(Die Anwältin erläutert dies anhand einzelner V-Leute, wie Tino Brandt, und geht auf die Aktionen der Kameradschaft Jena ein.)*

Im Jahr 1996 fand die Umformung der Sektion Jena des THS zu einer mindestens kriminellen Vereinigung statt, aus der später der NSU hervorgehen sollte. Der ideologische Kern für die weitere Radikalisierung der Sektion Jena, die von der Drohung mit Gewalt zur Vorbereitung terroristischer Taten überging, ist ein von Vernichtungswillen getragener völkischer Rassismus und Antisemitismus, das Ziel war die Schaffung einer am historischen Nationalsozialismus angelehnten Staats- und Gesellschaftsordnung. Dafür wurde innerhalb der neonazistischen Szene in Musik, in Fanzines und Propagandafilmen geworben. Die Frage der Umsetzung dieser Ideologie wurde in der Szene Mitte der 1990er-Jahre breit diskutiert, insbesondere ging es um die Notwendigkeit von Bewaffnung und um eigene Terrorkonzepte, wie die von Combat 18, dem terroristischen Arm von Blood & Honour. Es ist bekannt, dass diese Auseinandersetzung in der Sektion Jena zu sogenannten Richtungsdiskussionen führte, die Bewaffnung und konkrete politische Gewalt zum Thema hatten. Als in diesen Diskussionen entschieden wurde, sich mit Schusswaffen für politische Gewaltaktionen auszurüsten, waren hieran nicht nur die Mitglieder der Sektion beteiligt, sondern laut Gerlach auch Tino Brandt. *(Holger Gerlach schüttelt den Kopf. Er wirkt empört und redet auf seinen Verteidiger ein.)*

In einer einige Jahre später gefallenen Bemerkung Brandts gegenüber dem Neonazi Thorsten Heise bezeichnet Brandt den THS als den legalen Arm einer Terrorbewegung. Mit der »Terrorbewegung« meinte Brandt dabei die Sektion Jena. Damit hat er zutreffend das damalige Verhältnis und Selbstverständnis von THS und Kameradschaft Jena beschrieben. Auf diese Entwicklung hat die Führung des THS, also auch Brandt, mit der systematischen Professionalisierung und Radikalisierung des THS von Anfang an hingearbeitet.

Die in den Richtungsdiskussionen gefällte Entscheidung für eine Bewaffnung der Sektion Jena des Thüringer Heimatzschutzes (THS) wurde ab Frühsommer 1996 umgesetzt, indem unter anderem die logistischen Voraussetzungen für das Begehen politischer Gewalttaten geschaffen wurden. Hierfür wurde von der Sektion Jena im Sommer 1996 eine Garage gesucht, um dort Bombenattrappen und echte Sprengkörper bauen zu können. Es wurde die Garage an der Kläranlage gefunden und von Zschäpe angemietet. Die terroristischen Tendenzen des THS waren den Sicherheitsbehörden bekannt. Der THS und die Kameradschaft Jena wurden durch das LfV Thüringen *(Landesamt für Verfassungsschutz)* und durch den Staatsschutz des LKA Thüringen in erheblichem Ausmaß überwacht. Allerdings wurde das Erstarken und Treiben des THS beziehungsweise der Sektion Jena trotz des vorhandenen Instrumentariums nicht wesentlich behindert. Die Behörden wollten offenbar nur informiert sein. Die Dichte der Observationen, die Nähe des V-Mannes Brandt und die Existenz weiterer V-Männer im oder um den THS lassen nur den Schluss zu, dass die Garage dem thüringischen Verfassungsschutz bereits lange vor deren »offiziellem Auffinden« im November 1997 bekannt war und dieses Wissen nicht an das LKA weitergeleitet wurde.

Wahrscheinlich ist auch, dass das Bundesamt für Verfassungsschutz und das LfV Thüringen von der Lieferung des TNT an Mundlos Kenntnis hatten. In die Beschaffung des Sprengstoffs waren drei sächsische Blood-&-Honour-Mitglieder aus Chemnitz involviert. Das Bundesamt für Verfassungsschutz hatte seit 1992 mit Ralf Marschner einen V-Mann im benachbarten Zwickau. Dieser kannte die Sprengstofflieferanten und wurde im Frühjahr 1998 explizit von seinem V-Mann-Führer gefragt, ob er von einem der Chemnitzer wisse, dass dieser Sprengstoff beschaffen könne. Diese Nachfrage lässt nur den Schluss zu, dass das Bundesamt durch einen anderen V-Mann von der Sprengstoffbeschaffung wusste.

(Nach weiteren Ausführungen kommt Anwältin von der Behrens zu den Ermittlungen während der Zeit des Untertauchens von Zschäpe, Böhnhardt und Mundlos.)

Uwe Böhnhardt war am 16. Oktober 1997 in zweiter Instanz vom Landgericht Gera unter anderem wegen Volksverhetzung zu einer Jugendstrafe von zwei Jahren und drei Monaten ohne Bewährung verurteilt worden. Dieses Urteil wurde am 10. Dezember 1997 rechtskräftig. Nach Angaben der Zeugin Brigitte Böhnhardt erwartete ihr Sohn ab Weihnachten 1997 die Ladung zum Strafantritt.

Mehrere Zeugen bekundeten, Böhnhardt habe wegen Misshandlungen während einer früheren Haft gesagt, er würde keinesfalls noch einmal ins Gefängnis gehen. Diese Umstände lassen in der Zusammenschau nur den Schluss zu, dass Böhnhardt zu keinem Zeitpunkt beabsichtigte, seine Jugendstrafe anzutreten. Vielmehr plante er, sich durch Abtauchen zu entziehen. Auch Mundlos sah sich aufgrund der Vorbereitungen für die Sprengstoffanschläge und seiner Beteiligung an den vorausgegangenen Taten als sehr gefährdet an und plante deshalb, mit Böhnhardt abzutauchen. Wann die damals perspektivlose Zschäpe den Entschluss fasste, sich den beiden anzuschließen, ist nicht bekannt.
Die bedingungslose Unterstützung der drei Abgetauchten durch die in Jena verbliebenen Sektionsmitglieder ist ein weiterer Hinweis darauf, dass es eine gemeinsame Entscheidung war, dass Angehörige der Sektion aus der Illegalität heraus mit Bomben und Waffen gezielt politische Gewalt ausüben sollten.
Im Zuge der Intensivierung der Ermittlungen begann das LKA Thüringen im Oktober 1997 auch nach der Garage zu suchen, über die Böhnhardt schon eineinhalb Jahre zuvor an seinem überwachten Telefon gesprochen hatte. Der Staatsschutz bat das LfV Thüringen, die Observation von Böhnhardt zu übernehmen. Bereits am zweiten Tag der Observation des LfV Thüringen, am 26. November 1997, will das Amt Mundlos und Böhnhardt erstmals dabei beobachtet haben, wie sie die Garage betreten haben. Das Auffinden dieser Garage wurde dem LKA jedoch offiziell erst am 8. Januar 1998 in Form eines Vermerks mitgeteilt. Weder für die Verspätung der Mitteilung noch für die Einstufung dieses Vermerks als vertraulich, die zur Folge hatte, dass er nicht gerichtsverwertbar war, sind bislang befriedigende Erklärungen gefunden worden. In der schließlich geöffneten Garage wurden mehrere funktions-, nur noch nicht zündfähige Rohrbomben sichergestellt. Es dauerte sechs Stunden, bis die Fahndung nach Mundlos, Böhnhardt und Zschäpe eingeleitet wurde und ihre Wohnungen durchsucht wurden. Während dieser sechs Stunden konnten die drei und die übrigen Mitglieder der Sektion Jena die Pläne für das Abtauchen umsetzen.
Das LfV Thüringen, die Staatsanwaltschaft Gera und das LKA Thüringen haben eine Festnahme von Böhnhardt vor oder während der Garagendurchsuchung aktiv behindert. Die Gründe dafür konnten weder unmittelbar nach der fehlgeschlagenen Polizeiaktion noch 15 Jahre später aufgeklärt werden. Es ist nach wie vor vollkommen unklar, ob das Handeln der beteiligten Akteure intendiert war, ob es gar abgesprochen war oder ob es sich einfach nur um ein Zusammentreffen unglücklicher Umstände handelt. Die erstaunliche Kumulation der irregulären Verhaltensweisen im Zusammenhang mit der Durchsuchung legt allerdings nahe, dass zumindest das Untertauchen von Böhnhardt einkalkuliert war.

Für diese Einschätzung spricht auch, dass es keinerlei Vorbereitung für den Fall gab, dass genau das in der Garage gefunden wird, was das LKA dort suchte, nämlich Sprengstoff und die Rohrbombenwerkstatt.
Mundlos, Böhnhardt und Zschäpe begaben sich nach der Garagendurchsuchung nach Chemnitz. In den 1990er-Jahren hatte sich in Chemnitz eine der größten und bedeutendsten Neonazi- und Skinheadszenen Deutschlands entwickelt. *(Die Anwältin beschreibt in Details, wie die Unterstützer in Chemnitz und Jena den Abgetauchten halfen, und kommt zu einem Fazit.)* Die drei führten kein Leben im Untergrund, sondern waren höchstens abgetaucht: Sie hielten sich in einer nur 100 Kilometer entfernten Stadt in einem ihnen ideologisch und freundschaftlich verbundenen, von Sicherheitsbehörden gut überwachten Neonazi-Netzwerk auf und beachteten dabei nur einige Vorsichtsmaßnahmen.
Aufgrund des Charakters der Sektion Jena und der bereits vor der Durchsuchung bestehenden Pläne zum Abtauchen kann davon ausgegangen werden, dass spätestens seit dem Abtauchen der drei die kriminelle Vereinigung Sektion Jena zu einer terroristischen Vereinigung wurde.
Es ist nicht bekannt, wann der konkrete Plan entwickelt wurde, sich als Tatorte westdeutsche Städte mit einem hohen Migrantenanteil auszusuchen und zusätzlich zu den Anschlägen männliche Mitglieder der von ihnen aus rassistischen Gründen bestimmten Gruppe mit immer derselben Waffe hinzurichten. Das Ziel der Hinrichtungen wie der Anschläge war dasselbe: Neben der konkreten Ermordung einzelner Mitglieder der von ihnen definierten Gruppe ging es der Vereinigung um die öffentlichkeitswirksame Einschüchterung und letztendlich Vertreibung insbesondere türkeistämmiger Menschen aus Deutschland. Möglicherweise wurde auch dieser Plan schon in Jena diskutiert, denn die Richtungsdiskussionen drehten sich um die Bewaffnung mit scharfen Schusswaffen und nicht »nur« um Bomben. Diese konkrete Ausrichtung der Vereinigung – Anschläge und Morde in westdeutschen Städten auf türkeistämmige Menschen – stand aber spätestens im Juni 1999 fest, als die Vereinigung den ersten diesem Konzept entsprechenden Sprengstoffanschlag verübte.
Nicht nur der Aufenthaltsort, sondern auch die Umstände des Abtauchens waren den Sicherheitsbehörden weitgehend bekannt. Nachdem die Haftbefehle mit Verzögerung am 28. Januar 1998 erlassen worden waren, wurde die Fahndung vom LKA Thüringen wenig später intensiv aufgenommen. Das LfV Thüringen war – regelwidrig – ebenfalls maßgeblich an der Suche beteiligt: Zentrale Erkenntnisse des Landesamts waren der Aufenthalt der drei in Chemnitz sowie die Identität der wichtigsten Unterstützer. Der Umgang mit relevanten Informationen lässt nur den Schluss zu, dass es nicht im Interesse des LfV Thüringen und wohl auch nicht im Interesse des Staatsschutzes des LKA lag, dass die Ziel-

fahndung des LKA die drei Gesuchten wirklich findet beziehungsweise dass ihr festgestellter Aufenthaltsort aktenkundig wird.

Das LfV Thüringen und der Staatsschutz des LKA Thüringen behinderten die Zielfahndung bei dem Versuch, die drei Abgetauchten ausfindig zu machen – und zwar gezielt und nachhaltig. Nur wenige Tage nach der Garagendurchsuchung kam es zu einer rechts- und sachwidrigen Aufgabenverteilung zwischen dem LKA und dem LfV Thüringen bezüglich der Suche nach den drei Abgetauchten: Obwohl das Landesamt als Verfassungsschutz keine Strafverfolgungskompetenz hat, war es in die polizeiliche Suche eingebunden. Die »Drilling« genannte Operation des LfV Thüringen wurde faktisch von Norbert Wießner geleitet. Der Informationsfluss gestaltete sich allerdings sehr einseitig: Während die Zielfahndung ihre Erkenntnisse an den Verfassungsschutz weiterleitete, übermittelte der Verfassungsschutz die insbesondere von Brandt und Degner generierten Erkenntnisse über den Verbleib der drei Abgetauchten nur zu einem Bruchteil an die Zielfahndung. Es kam sogar zu regelrechter Desinformation auch anderer Verfassungsschutz- oder Polizeibehörden. Das LfV Thüringen verbreitete unter anderem, die drei seien auf dem Weg in die USA oder befänden sich in Norddeutschland. Zu keiner dieser an andere Sicherheitsbehörden weitergeleiteten Behauptungen des LfV Thüringen gibt es einen Aktenrückhalt, der die Herkunft der angeblichen Information erklären würde. Auch der Staatsschutz des LKA trug dazu bei, dass die Zielfahndung der eigenen Behörde nicht mit den für eine Zielfahndung nötigen Informationen ausgestattet wurde. Ein Beispiel hierfür ist der Umgang mit der Adressliste von Mundlos, die zusammen mit dem umfangreichen Briefwechsel mit inhaftierten Chemnitzer Neonazis bei der Garagendurchsuchung sichergestellt worden war. Diese Adressliste wurde ebenso wie der Briefverkehr offiziell nie ausgewertet. Sie wurde auch nicht an die Zielfahndung weitergegeben.

Wie beim LfV Thüringen mit der Operation »Drilling« muss es auch beim Bundesamt für Verfassungsschutz Maßnahmen oder sogar Operationen zum Auffinden und Überwachen von Mundlos, Böhnhardt und Zschäpe gegeben haben. Das Bundesamt hat die Planungen von politischen Gewalttaten durch die Sektion Jena von Anfang an ernst genommen. Nach dem Abtauchen der drei bearbeitete es den Fall zutreffend in der für Rechtsterrorismus zuständigen Abteilung II2F und führte dort die zu den dreien eingehenden Meldungen zusammen. Auch wurde dem LfV Thüringen in erheblichem Umfang bei der Fahndung Amtshilfe geleistet. Es gab mehrere V-Männer des BfV mit direktem Kontakt zu den Chemnitzer Unterstützern. Bei der Fülle von Erkenntnisquellen ist es nicht vorstellbar, dass keine originären Informationen zu den dreien und ihren Unterstützern im Bundesamt angefallen sein sollen.

Um das Konzept des NSU, rassistische Morde durch Anschläge zu begehen, umzusetzen, verschafften sich seine Mitglieder irgendwann in der Zeit vor Juni 1999 Zugang zu größeren Mengen Schwarzpulver und fanden einen Ort, um dort Bomben zu bauen. Am 23. Juni 1999 platzierte der NSU eine in einer Taschenlampe versteckte Rohrbombe in der Gaststätte »Sonnenschein« in Nürnberg. Die Bombe verletzte dort den türkeistämmigen Betreiber, der nur mit Glück überlebte. Dies ist der erste bekannte Anschlag des NSU.

Es ist kein Zufall, dass Nürnberg als Tatort ausgewählt wurde. Vielmehr spricht alles dafür, dass Neonazis aus Nürnberg den NSU auf den konkreten Anschlagsort aufmerksam gemacht haben. Der Verletzte hatte die Gaststätte »Sonnenschein« etwa drei Monate vor dem Anschlag übernommen, und erst seit dieser Zeit verkehrten dort ganz überwiegend türkeistämmige Gäste, was Personen ohne Ortskenntnisse nicht wissen konnten und was von außen auch nicht erkennbar war.

Die drei und ihr Umfeld hatten Kontakt zu solchen Ortskundigen in Nürnberg. Unter anderem hatten sie zu dem ursprünglich aus Gera stammenden Neonazi Jens H., der zur Tatzeit im Nachbarhaus der Gaststätte wohnte, Kontakt. Er stand auf der Garagenadressliste von Mundlos.

Gute Kontakte nach Nürnberg hatten auch der gesamte THS und insbesondere die Sektion Jena. Speziell Mundlos stand ab Mitte der 1990er-Jahre in Kontakt mit dem Nürnberger Matthias F.. Dieser war eine zentrale Figur der militanten fränkischen Neonaziszene und ab Ende 1999 Herausgeber des Neonazi-Magazins »Der Landser«. Der Freund von F. und ehemalige Herausgeber des Landers, Andreas K., wohnte zur Tatzeit in fußläufiger Nähe zur Gaststätte »Sonnenschein«.

Wenn man sich vor Augen führt, wie offen und aktiv Mundlos, Böhnhardt und Zschäpe nach ihrem Abtauchen Teil der Chemnitzer Szene waren und wie groß gleichzeitig das Ausmaß der Überwachung der zahlreichen Chemnitzer Unterstützer und Kontaktpersonen durch die Sicherheitsbehörden war, ist es unter keinen Umständen nachvollziehbar, dass angeblich von keiner Behörde der konkrete Aufenthaltsort der drei festgestellt wurde. Noch vor der Begehung des ersten Mordes an Enver Şimşek wäre den Strafverfolgungsbehörden eine Festnahme der drei mit den verfügbaren Informationen möglich gewesen.

Es ist nicht vorstellbar, dass die mit erheblichem logistischen Aufwand verbundene Beschaffung und Lieferung der Česká 83 *(die Mordwaffe)* sowie die Wohnungssuche und der Umzug nach Zwickau dem Verfassungsschutz verborgen geblieben sind. Bei welcher Behörde welche Erkenntnisse angefallen sind, wurde allerdings nicht aktenkundig gemacht, beziehungsweise wurden die Akten bis heute nicht bekannt.

Nach dem Umzug nach Zwickau begann der NSU unmittelbar, die Planung der

rassistischen Mordserie voranzutreiben. Wenn nicht schon 1999, dann spätestens jetzt entschieden die Mitglieder des NSU, dass sie sich in Form eines Videos später zu den Morden bekennen würden. Sie suchten als Tatort erneut Nürnberg aus. Der Tatort ihres ersten Mordes, des Mordes an Enver Şimşek, lag an einer Stelle, an die Ortsunkundige nicht zufällig geraten. Allerdings war Mitgliedern der Nürnberger Neonaziszene der Blumenstand bekannt. Die intensive Überwachung des sächsischen Unterstützernetzwerkes dauerte auch im zweiten Halbjahr 2000, zum Zeitpunkt des ersten Mordes des NSU, an. Spätestens seit der Versendung des sogenannten NSU-Briefs im Jahr 2002 war dem Bundesamt für Verfassungsschutz und dem Landesamt Mecklenburg-Vorpommern die Existenz einer Organisation namens NSU bekannt, die Zugang zu illegalen Geldquellen hatte und hohe Summen zur Weiterführung ihres Kampfes verteilte. Ob die Verfassungsschutzbehörden von den einzelnen Anschlägen und Morden Kenntnis hatten, ist nicht bekannt. Ab dem Jahr 2002 nehmen das aktenkundige Wissen über den NSU und die Tätigkeiten und Kenntnisse des Verfassungsschutzes erheblich ab.
Nach der Inbrandsetzung der Wohnung am 4. November 2011 will Beate Zschäpe während der vier Tage bis zur Gestellung in Jena ziellos durch Deutschland gefahren sein. Es ist lebensfremd, anzunehmen, Zschäpe, die in einer Extremsituation in der Lage war, kaltblütig den Plan der Brandlegung und die Versendung der Bekennervideos umzusetzen, sei plötzlich kopflos geworden und habe sich durch Deutschland treiben lassen. Es ist nicht vorstellbar, dass die Unterstützer nicht auf den Fall einer etwaigen Enttarnung vorbereitet waren und dass es keine Absprachen über die Verteilung von Geldern gab. Dafür, dass Zschäpes Fahrt genau diesem Zweck diente, spricht auch, dass weder bei ihr noch in der Frühlingsstraße nennenswerte Geldbeträge gefunden wurden.
Außerdem gibt es Hinweise auf eine weitere Unterkunft des NSU in Glauchau, wo sich Zschäpe aktenkundig mehrfach und zuletzt in den frühen Morgenstunden des 5. November 2011 aufhielt. Die durch Zeugenaussagen und die Zugtickets bekannte Route führte Zschäpe nicht nach Nürnberg. Gleichwohl wurde bei den Nürnberger Nachrichten im Zeitraum bis zum 8. November 2011 eine Bekenner-DVD in einem offenen, nicht frankierten Umschlag direkt in den Briefkasten eingeworfen.
Die aufgeführten Indizien lassen nur den Schluss zu, dass das Netzwerk des NSU groß und bundesweit war und dass von einem abgeschottet heimlich agierenden Trio ebenso wenig die Rede sein kann wie davon, dass die Verfassungsschutzbehörden keine Kenntnisse über Ursprung und Existenz der Gruppierung NSU hatten. Was wir nicht beantworten können, ist das Motiv für das dargestellte Handeln der Sicherheitsbehörden.

Tag 394

5. Dezember 2017

Manfred Götzl, Richter. **Jochen Weingarten**, Vertreter der Bundesanwaltschaft. **Wolfgang Heer**, Verteidiger von Beate Zschäpe. **Antonia von der Behrens, Björn Elberling, Alexander Hoffmann**, Anwälte der Nebenklage.

Anwältin von der Behrens Im zweiten Teil meines Plädoyers gehe ich der Frage nach, welche Akteure mit welchen Mitteln nach der Selbstenttarnung des NSU die Aufklärung des staatlichen Mitverschuldens und des weiteren NSU-Netzwerkes be- und verhindert haben.

In der Folge der Selbstenttarnung des NSU am 4. November 2011 wurde die Existenz des NSU der Öffentlichkeit bekannt. Bereits sieben Tage später wurden nicht nur im Bundesamt für Verfassungsschutz erste Akten vernichtet. Generalbundesanwaltschaft und BKA legten bereits fest, nach welcher Maßgabe die Ermittlungen laufen sollten. Symptomatisch hierfür ist die Benennung der zuständigen Ermittlungseinheit des BKA als »BAO Trio« und nicht als »BAO NSU«. Von dieser frühen Festlegung auf das Verständnis des NSU als »abgeschottetes Trio« rückte der GBA *(Generalbundesanwalt)* auch in den folgenden Jahren nicht ab. In einem schnellen Prozess sollte das Kapitel NSU-Aufklärung abgeschlossen werden.

Je größer der NSU und je größer das wissende Netzwerk an Unterstützern war, desto unglaubwürdiger wird die These von der Unkenntnis der Verfassungsschutzbehörden und desto größer wird gleichzeitig die Mitschuld, die staatliche Stellen trifft. Mehr noch: Die These vom abgeschottet agierenden Trio verschleiert die tatsächliche Gefährlichkeit und das Ausmaß militanter Nazi-Strukturen in Deutschland.

Die Verfassungsschutzbehörden haben auch nach dem 4. November 2011 relevantes Wissen zum NSU-Komplex zurückgehalten. Sie haben Unterlagen vernichtet. Als Zeugen auftretende Verfassungsschützer und V-Männer haben relevantes Wissen zurückgehalten oder sogar die Unwahrheit gesagt. Von der Vielzahl der Aktenvernichtungen zielte die Operation »Konfetti« im Bundesamt für Verfassungsschutz (BfV) am offensichtlichsten auf die Vernichtung von Beweismitteln. Nur eine Woche nach der Selbstenttarnung des NSU wurden im Bundesamt die Akten von sieben thüringischen V-Leuten in einem irregulären Verfahren geschreddert. Warum genau die Akten vernichtet worden sind, wissen wir bis heute nicht.

Auch der GBA ist dafür verantwortlich, dass die Nebenkläger bis heute auf so viele ihrer Fragen keine Antworten haben. Insbesondere auf den folgenden drei Ebenen hat der GBA die Aufklärung behindert: 1. Der GBA hat sich frühzeitig auf die These vom NSU als abgeschottetes Trio festgelegt. Er hat gezielt relevante Kontaktpersonen aus der Neonaziszene aus den Ermittlungen ausgespart beziehungsweise geschont. 2. Der GBA hat relevante Ermittlungsergebnisse dem Gericht und den Verfahrensbeteiligten vorenthalten. Ermittlungshandlungen wurden gezielt in anderen Verfahren vorgenommen. 3. Der GBA hat gezielt die Rolle des Verfassungsschutzes, insbesondere die der V-Leute, aus der Anklage und aus den Ermittlungen herausgehalten beziehungsweise entsprechende Ermittlungen hierzu faktisch geheim gehalten.
Augenfällig ist auch die Art und Weise, wie bestimmte Neonazis in den Zeugenvernehmungen geschont wurden. Ein eklatantes Beispiel stellt der Fall des thüringischen Hammerskins Thomas Gerlach dar. Mandy Struck hatte angegeben, die einzige Person, die ihr hinsichtlich der Weitergabe ihrer Daten an die drei Abgetauchten einfalle, sei ihr Exfreund Thomas Gerlach. Bei diesen Daten handelte es sich um zwei in der Frühlingsstraße sichergestellte Notizzettel, auf denen ihre aktuelle Adresse und Handynummer notiert waren. Obwohl das BKA bereits im Dezember 2011 umfangreiche Informationen zu Thomas Gerlach zusammengetragen hatte und er als eine mögliche Zentralfigur der Unterstützer galt, wurde er erst eineinhalb Jahre nach Strucks Aussage vernommen. In dieser im Mai 2013 direkt durch den GBA durchgeführten Vernehmung wurden seine äußerst vagen, einen Kontakt zu den drei Abgetauchten leugnenden Angaben nicht hinterfragt. Es schien geradezu Zweck der direkten Vernehmung durch Oberstaatsanwalt Weingarten zu sein, den Zeugen zu schonen.
Der GBA hat die Aufklärungsbemühungen der Vertreter der Nebenklage im Verfahren kontinuierlich erschwert. So beanstandete er regelmäßig Befragungen von Nebenklagevertretern zur Einbindung von Zeugen in organisierte Neonazi-Strukturen und zu deren Ideologie. Beispielhaft seien hier die Vorgänge am 95. Hauptverhandlungstag bei der Befragung des Zeugen und Wohnungsgebers Carsten R. angeführt. Der Zeuge gab auf die Frage aus der Nebenklage, ob es ihn nicht interessiert habe, warum die drei, denen er eine Wohnung besorgen sollte, gesucht würden, an: »Mir war es egal, ob sie Schokoriegel geklaut oder jemanden umgebracht haben.« Die anschließende Frage, welche Gedanken er sich gemacht habe, als er 2011 erfuhr, dass die drei tatsächlich Morde begangen hätten, beanstandete Bundesanwalt Dr. Diemer mit den Worten: »Wir sind hier nicht das Jüngste Gericht, es ist nicht Aufgabe des Zeugen, sich für Einstellungen, die er damals hatte, zu rechtfertigen.« Wenn die Bundesanwaltschaft meint,

sich schützend vor offensichtlich mauernde Neonazi-Zeugen stellen zu müssen, stellt dies eine gravierende Behinderung der Aufklärung dar.

Die These vom abgeschottet agierenden Trio wurde nicht im Rahmen der Ermittlungen überprüft, vielmehr war sie das Argument, Ermittlungen erst gar nicht anzustellen und Anträgen und Fragen aus der Nebenklage entgegenzutreten. Der Generalbundesanwalt hat mit seiner Fokussierung auf den NSU als »Trio« nicht nur das Netzwerk der Mitwisser ausgeblendet, sondern auch die Rolle der Verfassungsschutzbehörden und der V-Personen im NSU-Komplex.

(Nach weiteren Vorwürfen gegen die Vertreter des Generalbundesanwalts und längeren Zitaten aus Akten unterbricht Zschäpes Verteidiger die Nebenklage-Anwältin.)

Verteidiger Heer Es kann nicht angehen, dass Sie das zulassen, Herr Vorsitzender, dass hier groß und breit aus den Akten vorgelesen wird. So langsam sehe ich mich auch veranlasst, die Vertreter des Generalbundesanwalts Greger und Weingarten einzuladen, auf dieser Seite des Saales Platz zu nehmen. *(Er meint die Seite, auf der die Angeklagten sitzen.)* Es geht nicht um eine Anklage gegen den Staat. Es geht darum, was ist in der Hauptverhandlung passiert, nicht um das, was außerhalb der Verhandlung passiert ist.

Oberstaatsanwalt Weingarten Frau von der Behrens moniert die Ausgestaltung der Hauptverhandlung. Das hat auch Appellcharakter an das Gericht, das halte ich für zulässig.

Anwalt Hoffmann Die Altverteidigung von Frau Zschäpe verwechselt was. Sie verteidigen nicht die Ehre der Ermittlungsbehörden. Sie sollen eigentlich die Frau Zschäpe verteidigen.

Götzl Ich denke, dass sich das im Zulässigen bewegt *(gemeint sind die Ausführungen der Anwältin von der Behrens).*

Verteidiger Heer Ich halte Ihre Auffassung für rechtsfehlerhaft und beantrage eine Entscheidung des Spruchkörpers.

(Nach einer Unterbrechung verkündet Götzl den Beschluss, dass die Äußerungen der Anwältin von der Behrens zulässig sind.)

Anwältin von der Behrens *(setzt fort)* Der GBA hat nicht, wie er behauptet, jeden Stein umgedreht, sondern er hat wider besseres Wissen viele »Steine« liegen gelassen. Wie viele Unterstützer und Zeugen er geschont hat, weil sie V-Personen waren oder sind, werden wir möglicherweise nie wissen. Welche Rolle hat in diesem kollusiven Zusammenwirken von Verfassungsschutz und Generalbundesanwalt der Senat des Oberlandesgerichts München gespielt? Der Senat hat sich – mit einigen wichtigen Ausnahmen – an die engen Vorgaben der Anklage gehalten und dem Aufklärungsanspruch der Nebenkläger auch nicht zur Geltung verholfen. Entgegen der Anklage hat der Senat gleichwohl dem Thema Ideologie im Verhältnis zur Anklage einen sehr viel größeren Raum gegeben. Das Gericht hat mit seinem engen Verständnis von der Aufklärungspflicht auch den Verfassungsschutz geschützt. Zwar wurden – zum Teil auf Anträge aus der Nebenklage hin – weit mehr V-Männer und V-Mann-Führer als Zeugen durch den Senat geladen, als dies nach dem Konzept des GBA vorgesehen war. Doch geschah dies nur dann, wenn aktenkundig war, dass diese V-Männer und ihre V-Mann-Führer über konkretes Wissen zu den Angeklagten und dem NSU verfügten.

Nach dem Willen des GBA sollen die Mandanten einfach auf sein Wort vertrauen, es hätten sich keine relevanten Informationen ergeben, es hätte keine Helfer und Mitwisser in Dortmund gegeben und die im Jahr des Mordes bestehende, bewaffnete C18-Zelle in Dortmund hätte keinen Kontakt zum NSU gehabt. Es gibt jedoch keine Grundlage für das vom GBA eingeforderte Vertrauen.

Der GBA sollte wenigstens offensiv eingestehen, dass er eine weitere Aufklärung des Netzwerks und des Wissens der Verfassungsschutzbehörden scheut, weil dadurch aus seiner Sicht das Staatswohl gefährdet werden könnte. Dieses Verhalten des GBA verunsichert. Dessen Abschirmen von unangenehmen Erkenntnissen über die Größe des NSU-Netzwerks und das staatliche Mitverschulden lässt Verschwörungstheorien entstehen.

Das hiesige Verfahren hat nicht die nötige Aufklärung erbracht. Dieser Umstand ist zu kritisieren, aber nicht überraschend. Die Machtverhältnisse zwischen unseren Mandanten und uns auf der einen und den Sicherheitsbehörden auf der anderen Seite sind zu ungleich. Die Aufklärung von Verbrechen mit staatlicher Verstrickung braucht Jahrzehnte, wenn sie denn jemals gelingt. Sie braucht eine aktive, die Geschädigten und die Forderung nach Aufklärung nicht vergessende Öffentlichkeit, sich diesen verpflichtet fühlende Parlamentarier, Journalisten und Anwälte. Sie braucht Whistleblower aus dem System oder das Aufbrechen von Interessengegensätzen im Sicherheitsapparat. Die Forderung nach Aufklärung darf mit dem Ende dieses Verfahrens nicht verstummen und sich von den der Staatsräson geschuldeten Widrigkeiten nicht beirren lassen.

(Es spricht nun Björn Elberling, der ein Opfer des Bombenanschlags in der Kölner Keupstraße sowie ein Opfer des Raubüberfalls auf einen Edeka-Markt in Chemnitz vertritt.)

Anwalt Elberling In meinem Plädoyer soll es um die Raubtaten des NSU gehen, insbesondere den Raubüberfall auf den Edeka-Markt in Chemnitz am 18.12.1998 und den versuchten Mord an meinem damals 16-jährigen Mandanten. Er hatte das große Glück, dass die Schüsse, die Böhnhardt, Mundlos und der unbekannte dritte Täter auf ihn abgaben, ihn verfehlten, er also körperlich unverletzt blieb. Die Beweisaufnahme hat ergeben, dass Böhnhardt und Mundlos bei ihren Raubtaten mit äußerster Brutalität vorgingen. Sie begingen bei den Rauben auch zwei Mordversuche: Sie schossen mehrfach auf meinen Mandanten, der Zeuge des Raubes geworden und ihnen hinterhergelaufen war. Dabei schossen sie nicht etwa in die Luft, sondern bewusst und gezielt auf seinen Kopf und Oberkörper. Und am 5.10.2006, beim Überfall auf die Sparkassenfiliale in der Zwickauer Kosmonautenstraße, schoss Uwe Böhnhardt dem Azubi Nico R., der den Überfall verhindern wollte, aus nächster Nähe in den Bauch.

Der Überfall auf den Edeka-Markt war die erste bekannte Tat der NSU-Mitglieder nach dem Untertauchen von Böhnhardt, Mundlos und Zschäpe. Ob er tatsächlich die erste Tat war, lässt sich wohl nicht mehr aufklären. Deckblattmeldungen vom V-Mann Szczepanski aus dem Sommer 1998, in denen von einem »weiteren« Überfall die Rede ist, sprechen für vorherige Taten. Mundlos und Böhnhardt wurden bei dem Überfall auf den Edeka-Markt vor Ort von einem Mitglied der Szene unterstützt. Das ergibt sich aus den Angaben meines Mandanten, der, selbst vor dem Markt stehend, insgesamt drei Täter beobachtete, die vor dem Markt standen beziehungsweise aus dem Markt gelaufen kamen. Nach dem Überfall und dem versuchten Mord an meinem Mandanten kann keinem der Unterstützer der Untergetauchten mehr verborgen geblieben sein, dass Böhnhardt, Mundlos und Zschäpe über scharfe Waffen verfügten und bereit waren, diese selbst bei Logistikstraftaten in tödlicher Weise einzusetzen.

(Nun führt der Anwalt aus, dass und warum er die frühere Chemnitzer Neonazi-Größe Jan Werner als Beschaffer der Tatwaffe für den Raubüberfall im Verdacht habe. Akteneinsicht in die Ermittlungen des Generalbundesanwalts gegen Werner sei ihm verwehrt worden.)

Dieser Stillstand der Ermittlungen, verbunden mit der dreisten Blockadehaltung der Bundesanwaltschaft, ist für mich Ausdruck und Folge der bewussten Engführung der Ermittlungen durch die Bundesanwaltschaft. *(Elberling geht nun darauf ein, dass sein Mandant erst spät als Geschädigter ermittelt wurde.)* Erst nach einem Beweisantrag von Eberhard Reinecke und einer Bitte des Vorsitzenden begann das BKA mit ernst zu nehmenden Ermittlungen, um den Geschädigten des Raubüberfalls ausfindig zu machen. Erst nach einer erneuten Bitte des Vorsitzenden wurde mein Mandant endlich am 20.4.2015, zweieinhalb Jahre nach Anklageerhebung, als der Geschädigte des angeklagten versuchten Mordes ermittelt. Fazit: Selbst bei der Aufklärung der Frage, wer denn das Opfer eines hier angeklagten Mordversuchs war, musste das BKA zum Jagen getragen werden.

(Es folgt Anwalt Hoffmann, der zwei Opfer aus der Keupstraße in Köln vertritt. Zunächst erläutert er, wie er die Nebenklageberechtigung erhielt und wie anerkannt wurde, dass nicht nur unmittelbar körperlich Geschädigte von dem NSU-Terror betroffen gewesen seien.)

Anwalt Hoffmann Es war Terror im eigentlichen und ursprünglichen Sinne des Wortes. Er richtete sich gegen alle Menschen, die in der Keupstraße lebten, arbeiteten, diese besuchten. Er war eine Hassbotschaft an alle, die in dem von völkischem Wahn geprägten Denken des NSU kein Lebensrecht in Deutschland haben sollen. Mit dem Antrag auf Aufhebung der Zulassung der Nebenklage wollte die Verteidigung Zschäpe durch eine öffentlichkeitswirksame Demütigung einer Nebenklägerin die terroristische Dimension in Abrede stellen und ein Bild der sich angeblich unberechtigt in den Prozess drängenden Nebenkläger entstehen lassen. Als Nebeneffekt sollten die Nebenklagevertreter eingeschüchtert werden. All dies ist gescheitert, wie die gesamte Strategie der Verteidigung Zschäpe.

Die Auseinandersetzung mit der Ideologie der NSU-Mitglieder ist eine Auseinandersetzung mit einer Wahnvorstellung: der Vorstellung, es gäbe »Rassen«, es gäbe ethnisch definierbare Völker und die Kultur einer Bevölkerung sei mit der Zugehörigkeit zu einer »Rasse« verknüpft. Diese völlige Verweigerung einer aufgeklärten, an naturwissenschaftlichen Erkenntnissen und humanistischen Werten ausgerichteten Weltsicht ist ein besonderes Merkmal nationalsozialistischer und rassistischer Ideologie.

Indem der NSU seine Morde vornehmlich gegen aus der Türkei stammende Menschen richtete und dabei einkalkulierte, dass der bestehende institutionelle Rassismus die Opfer zu Tätern machen und eine Aufklärung ohne Selbstbekennung nicht erfolgen würde, wurde das Vertrauen von Menschen mit Migrationshintergrund in den deutschen Staat in nie da gewesener Weise angegriffen. Die Spaltung der Gesellschaft entspricht zu 100 Prozent der Ideologie aller bekannten Mitglieder und Unterstützer des NSU. Diese Tatmotivation findet sich in den Propagandaschriften sowohl des Netzwerkes um den Thüringer Heimatschutz, bei Blood & Honour, Emingers »Weisser Bruderschaft Erzgebirge«, in der Propaganda der Hammerskins, der NPD, die das Ganze als »Europa der Vaterländer« verkauft, aber auch in Höckes und Gaulands AfD, die zurzeit die deutsche Gesellschaft nach rechts treibt.

Tag 395

6. Dezember 2017

Manfred Götzl, Richter. **Ayşe und İsmail Yozgat**, Mutter und Vater des ermordeten Halit Yozgat. **Önder Bogazkaya, Doris Dierbach, Alexander Kienzle, Kiriakos Sfartkidis, Isaak Sidiropoulos, Turan Ünlüçay**, Anwälte der Nebenklage.

Anwältin Dierbach *(Sie vertritt die Familie des in Kassel ermordeten Halit Yozgat.)* Was hätte dieses Verfahren nicht alles an Erkenntnisgewinn bringen können! Wir sind am Ende eines historischen Verfahrens, eines der umfangreichsten Verfahren in der Geschichte der Bundesrepublik und eines derjenigen Verfahren, die über die unmittelbaren Schuldfeststellungen hinaus von hoher gesellschaftspolitischer Bedeutung sind.

Immer wieder wurde betont, dass die Nebenklage die Arbeit von Untersuchungsausschüssen in den Strafprozess verlagern wolle – eine Nebelkerze, die zum Teil auch von Medien dankbar aufgenommen wurde und doch nur verschleiert, dass man behördlicherseits einer umfassenden Aufklärung entgegentrat. Zur Aufklärung von Straftaten gehört eben gerade nicht nur das, was unmittelbar für eine Verurteilung der auf der Anklagebank Sitzenden benötigt wird. Zur Aufklärung gehört vielmehr, dass ein Lebenssachverhalt umfassend und materiell zutreffend aufgeklärt wird. Tatsächlich aber ist eine solche den Sachverhalt erschöpfende Aufklärung hier nicht erfolgt.

Wir wissen bis heute nicht, warum gerade Halit Yozgat ermordet wurde. Natürlich war das ein rassistischer Mord, aber wie kamen Mundlos und Böhnhardt gerade auf das Internetcafé in der Holländischen Straße in Kassel? Wieso wussten sie, dass Halit Yozgat sich entgegen der ursprünglichen Planung der Familie zum Zeitpunkt seiner Ermordung noch im Internetcafé aufhielt, obwohl er längst weg sein wollte nach Ablösung durch seinen Vater? Vielleicht kam der Hinweis, dass sich dieser junge Mann entgegen seiner eigentlichen Planung am 6.4.2006 um 17 Uhr immer noch im Internetcafé befand, gerade aus eben jenem Internetcafé.

Die Unterstellung der Bundesanwaltschaft, die Auswahl der Opfer sei Zufall, stellt doch entweder eine Kapitulation oder eine faule Ausrede dar: Für alle Opfer gilt, dass es keine Verbindung zwischen den Tätern und ihren Opfern gegeben hat. Gleichwohl wurden diese Opfer ausgesucht. Jemand muss die Tatorte ausgekundschaftet haben. Jemand muss in die Städte gefahren sein und nach po-

tenziell geeigneten Opfern gesucht haben. Das alles soll ohne lokale Unterstützer erfolgt sein?
Ja, die Angeklagten werden entsprechend den Anträgen der Bundesanwaltschaft zu verurteilen sein. Gleichwohl kann sich hier niemand hinstellen und ernsthaft behaupten, die Taten seien vollumfänglich aufgeklärt. Die Bundesanwaltschaft meint, im Zufall ihren Rettungsring gefunden zu haben. Tatsächlich ist dies vollkommen abwegig: Das sogenannte Trio zeichnete sich durch eine so gute Logistik aus, dass es sich über mehr als ein Jahrzehnt unentdeckt im Untergrund bewegen konnte, und zwar nicht nur im Sinne eines Versteckens, sondern darüber hinaus zum Zwecke der Begehung schwerster Straftaten in praktisch so gut wie jeder Region in der Bundesrepublik. Ausgerechnet die Auskundschaftung der Morde, der mit Abstand schwersten begangenen Straftaten, sollte dieses mörderische Trio hinsichtlich Tatort, Tatzeit und Opferauswahl dem Zufall überlassen haben? Nichts liegt ferner. Vielmehr kapituliert man offenkundig vor der Schwierigkeit der Ermittlungen, deren Ursache auch und gerade in den Verfassungsschutzämtern liegt. Stattdessen deckte die Bundesanwaltschaft die Verdeckungsbemühungen der Verfassungsschutzämter nach Kräften und erschwerte auf diese Weise selbst die Aufklärung. Sie sah sich nicht dazu in der Lage, auch nur ein kritisches Wort über die Aktenvernichtungen zu verlieren.
Ich vertrete die schlicht anmutende Auffassung, dass man Akten, aus denen sich für staatliche Organe nichts Problematisches ergibt, auch nicht vernichten muss. Wenn man also derartige Aktenvernichtungen anordnet und durchführen lässt, wird das Gründe haben, und zwar solche, die offenbar unter allen Umständen verdeckt werden müssen. Das allein hätte schon Ermittlungen des Generalbundesanwalts nach sich ziehen können. Tat es aber nicht.
Dass uns hier Zeugen aus dem rechtsradikalen Milieu nach Strich und Faden belogen und in den Bereich des Demenziellen gehende Erinnerungsschwächen behauptet haben, ohne dass die Bundesanwaltschaft hier auch nur ein einziges Mal eingeschritten wäre, und zwar weder in der Hauptverhandlung noch – soweit bekannt – außerhalb durch die Veranlassung von Ermittlungsverfahren gegen diese Zeugen, spricht ebenfalls nicht für ein umfassendes, sondern vielmehr für ein äußerst eingeschränktes Aufklärungsinteresse.
(Nun geht Dierbach auf den Mord in Kassel ein.)
Aus unserer Sicht ist von einer Täterschaft der toten Terroristen Böhnhardt und Mundlos sowie Beate Zschäpes auszugehen. Der junge Halit, geliebter einziger Sohn und geliebter, geradezu vergötterter Bruder von vier Schwestern, besuchte die Schule, um einen höheren Schulabschluss zu erreichen, und trug daneben zum Lebensunterhalt der Familie dadurch bei, dass er im Internetcafé der Fa-

milie arbeitete. Halit musste, wie die meisten anderen Opfer auch, sterben, weil er ein junger Mann mit türkischen Wurzeln war. Halit sprach – wie seine Schwestern auch – akzentfreies Deutsch, er war ein Kasseler Junge wie Tausende andere auch. Er unterschied sich von manchen dieser Jungen dadurch, dass seine Eltern sich auf der Suche nach einem guten Leben für ihre Kinder in Deutschland niedergelassen hatten. In Deutschland, dessen demokratischen Strukturen sie vertrauten, dessen inneren Frieden und dessen innere Sicherheit sie schätzten, sahen diese Eltern für sich und ihre Kinder, die alle hier geboren wurden, Chancen für eine gute Zukunft.

Sie hatten nicht damit gerechnet, ausgerechnet durch Menschen gefährdet zu sein, die ihr eigenes Leben in keiner Weise auf die Reihe bekommen, die zu faul und vielleicht zu unbegabt waren für eine vernünftige Schul- und Berufsausbildung, die eine völlig absurde Überlegenheit ihrer selbst gegenüber anderen Menschen daraus ableiten, dass sie selbst »deutsche« Wurzeln haben, was für die Angeklagte Zschäpe noch nicht einmal stimmt.

Der Verfassungsschutz, der dazu berufen wäre, diese unsere außerordentlich schützenswerte Verfassung zu schützen, hat diese stattdessen beschädigt: Er hat V-Leute bezahlt, deren Vergütung mehr oder weniger unmittelbar dem NSU zugeflossen ist, wie uns Tino Brandt berichtet hat. Er hat dazu beigetragen, dass der NSU finanzielle Vorteile erhielt, und zwar in ganz erheblicher Höhe. Dieser Prozess hat erneut deutlich gemacht, dass der Einsatz von V-Leuten ein Pakt mit dem Teufel ist.

Kontakt zu jenen zwielichtigen Figuren halten dann Beamte wie Andreas Temme. Er hat uns hier nach meiner festen Überzeugung belogen. Er hat nicht nur uns, sondern von Beginn der Ermittlungen an auch die Ermittler belogen, und er konnte das tun, weil er volle Rückendeckung durch seine Behörde hatte. Ein Verfassungsschutz, in der ein Vorgesetzter seinem Mitarbeiter mit den Worten, er solle so dicht an der Wahrheit bleiben wie eben möglich, quasi eine ausdrückliche Erlaubnis zur Lüge, zur Falschaussage und damit zu einer Straftat gibt. Ein Verfassungsschutz, der die Auffassung vertritt, dass die Geheimnistuerei um seine windigen V-Leute wichtiger ist als der Schutz des Lebens von Staatsbürgern.

Andreas Temme befand sich zum Zeitpunkt des Mordes im Internetcafé. Er chattete in einem Flirtportal mit einer Frau, während seine hochschwangere Ehefrau zum gleichen Zeitpunkt zu Hause auf die Geburt ihres Kindes wartete. Er will die mit mehreren Schüssen erfolgte Ermordung Halit Yozgats nicht wahrgenommen haben. Er will auch den sterbenden Halit Yozgat, der zu dem Zeitpunkt tot auf dem Boden hinter seinem Schreibtisch gelegen hat, nicht gesehen haben, als er Geld auf eben jenen Schreibtisch gelegt haben will. Er will auch den umgefallenen Schreibtischstuhl nicht gesehen haben. Der Senat war der Auffassung, diesen Bekundungen Glauben schenken zu wollen.

Im hiesigen Verfahren hat die Bundesanwaltschaft sich der Auseinandersetzung mit dem Problem Temme entzogen, indem sie seine Angaben für irrelevant erklärt hat. Der Senat hat diesen Weg nicht gehen wollen, er hat sich dazu entschieden, Temme für glaubwürdig und seine Angaben für glaubhaft zu erklären. Der Senat war hierzu nicht gezwungen, er hätte zum Beispiel unserem Beweisantrag nachgehen können, der die Schallrekonstruktion während der Tat zum Inhalt hatte. Wäre der Senat dem nachgegangen, so hätte sich herausgestellt, dass es unter Berücksichtigung der räumlichen Gegebenheiten im Internetcafé vollkommen ausgeschlossen war, die Schüsse nicht wahrzunehmen, wenn man zum Zeitpunkt der Schussabgabe im Café war.

Übrig bleibt nach diesem langen Verfahren die Erkenntnis, dass eine Aufklärung der hier verhandelten Straftaten nicht vollständig gelungen ist und dass diese Aufklärungsdefizite ihren Grund zu einem Großteil darin haben, dass der Verfassungsschutz bis heute seine Erkenntnisse nicht vollständig offenlegt. Übrig bleibt auch die Erkenntnis, dass dieser Sachverhalt von der Bundesanwaltschaft mit keinem Wort erwähnt, geschweige denn kritisch gewürdigt wird, sondern so getan wird, als habe das gar keine relevante Rolle in diesem Verfahren gespielt. Das, meine Damen und Herren, ist ein Armutszeugnis.

(Es folgt Anwalt Kienzle, der ebenfalls die Familie von Halit Yozgat vertritt.)

Anwalt Kienzle Dass der Generalbundesanwalt in seinem Schlussvortrag die Überzeugung vorgibt, eine Mitverantwortung staatlicher Behörden habe es nicht gegeben, es hätten sich außer Theorien keine Anhaltspunkte für eine strafrechtlich relevante Verstrickung staatlicher Stellen gegeben, spricht den Zielen des Strafprozesses rechtsstaatlicher Prägung Hohn. Der Mord an Halit Yozgat ist aus unserer Sicht eben nicht nur der letzte Mord in der dem NSU zuzuordnenden rassistisch motivierten Mordserie. Er ist zugleich letzter Beleg für Umstände, ohne die das Morden des NSU nicht denkbar war: die Verstrickung der Verfassungsschutzbehörden und deren Bemühen, vor und nach der Selbstenttarnung des NSU eigene Beiträge und Versäumnisse im Zusammenhang mit der Mordserie zu verschleiern.

Schon für das Jahr 1998 waren Vorgänge festzustellen, die auf eine unmittelbare, auch im strafrechtlichen Sinne beihilfenahe Beteiligung staatlicher Stellen am Beginn der Straftatenserie des NSU, behördliche Kenntnisse und deren Verschleierung gegenüber den Ermittlungsbehörden und damit Ermittlungs- und Strafvereitelungen durch den Verfassungsschutz hinweisen. Es geht dabei um die geplante Waffenbeschaffung für den NSU durch den Zeugen Jan Werner unter Vermittlung des brandenburgischen V-Manns Carsten Szczepanski im Jahre

1998. Die Ermittlungsbehörden standen damit schon 1998 kurz davor, Straftatbegehungen durch den NSU verhindern zu können. Die strafprozessualen Maßnahmen scheiterten aber daran, dass der brandenburgische Verfassungsschutz sich unter Verweis auf den Quellenschutz weigerte, die entsprechende Schriftlage herauszugeben.

Das Landesamt für Verfassungsschutz Hessen leistete in der Zeit nach dem Mord an Halit Yozgat wesentliche Beiträge dazu, dass die Tat bis heute nicht weitgehender aufgeklärt werden konnte. Man blockierte die Ermittlungen der Polizei durch fehlende Kooperation, durch fehlende Freigabe der Vernehmung von weiteren Quellen Temmes, durch Nichtvorlage eigener Aktenbestände und nicht zuletzt durch hochmütige Amtsräson. Diese äußerte sich insbesondere in der Aussage des Geheimschutzbeauftragten gegenüber der Polizei, man werde lediglich für Mordermittlungen nicht das gesamte Amt in seiner Aufgabenwahrnehmung behindern. Aus Sicht der Familie Yozgat leidet ein bevorstehendes Urteil des Senats bereits jetzt daran, dass die Aufklärungsmöglichkeiten durch den Senat nicht ausgeschöpft wurden und auch das Landesamt für Verfassungsschutz Hessen sich mit seiner Verschleierungstaktik letztlich durchsetzen konnte.

(Nach einer Pause ergreift Ayşe Yozgat das Wort, die Mutter des ermordeten Halit Yozgat.)

Ayşe Yozgat Im Namen Allahs, zunächst möchte ich Frau Zschäpe herzlichen Glückwunsch sagen. Zunächst haben die Uwes für Ihren Unterhalt gesorgt, jetzt wird der Staat für Sie sorgen. Sie sind gut davongekommen. Frau Zschäpe, können Sie einschlafen, wenn Sie Ihren Kopf auf das Kissen legen? Ich kann auch nach elf Jahren nicht einschlafen, denn ich vermisse meinen Sohn so sehr. Was haben Sie dadurch erreicht?

Sehr geehrter Herr Vorsitzender, hohes Gericht, Sie waren meine letzte Hoffnung. Aber ich sehe, dass bei Ihnen auch kein Ergebnis herauskommt. Sie haben wie Bienen gearbeitet, aber keinen Honig produziert. Es gibt kein Ergebnis.

Es wird der Tag kommen, an dem Allah alles aufklären wird. Ausgenommen die Schuldigen, bedanke ich mich bei den hier Anwesenden. Und ich wünsche den Schuldigen hier, bei Allah, dass sie Menschen werden und dass sie ihre Straftaten zugeben.

(Nun spricht Halit Yozgats Vater.)

İsmail Yozgat Im Namen Allahs, sehr geehrter Herr Vorsitzender, hohes Gericht, wir sind anlässlich der Ermordung von Halit hierhergekommen. Da sind zwei Schuldige: Der eine ist Temme, der andere Innenminister Bouffier *(der damalige hessische Innenminister und spätere Ministerpräsident Volker Bouffier).* Ich habe Ihnen mehrmals gesagt, es sollte eine Ortsbesichtigung des Internetcafés geben, in dem Halit ermordet wurde. Ich kenne den Grund nicht, aber ich habe darauf seit zwei

Jahren keine Antwort bekommen. Ich bin davon überzeugt, dass Sie die Straftaten drei Personen zuschieben und das Verfahren abschließen werden. Den beiden Uwes und der dritten Person hier, die nicht spricht. Welche Rechnung machen Sie? Wen alles möchten Sie hier entlasten?
Mein einziger, 21-jähriger Sohn starb in meinen Armen. Bereits zum Zeitpunkt seiner Ermordung sagte ich, dass Ausländerfeinde meinen Sohn ermordet haben, aber niemand hat mir geglaubt. Wenn Sie keine Ortsbesichtigung im Internetladen vornehmen, werde ich das Urteil nicht anerkennen, das Sie verkünden werden. Warum hören Sie nicht auf uns? Sie glauben dem Film des Agenten Temme, der nach seinen Wünschen gedreht wurde.
Sehr geehrter Herr Vorsitzender, mein Sohn hat sein Leben in meinen Armen verloren. Ich zeige Ihnen einen Weg, aber Sie hören nicht auf uns. Unsere einzige Ansicht ist: Temme hat unseren Sohn ermordet oder ließ unseren Sohn ermorden. Warum klagen sie den Temme nicht an, sehr geehrter Vorsitzender? Hohes Gericht, Sie wissen alle, dass Temme lügt.
Im Jahr 2011 versprach die Bundeskanzlerin Frau Merkel, dass alles aufgeklärt wird. Wir haben noch nichts gesehen, wir haben noch nichts gehört. Das Einzige, was wir gehört haben, ist, dass Akten geschreddert und Beweismittel vernichtet wurden und Temme durch Bouffier in Schutz genommen wird.
Als Anmerkung möchte ich Folgendes sagen: Als mein Sohn ermordet wurde, schrieb ich einen Brief an Bouffier: »Sehr geehrter Herr Präsident, darf ich mit Ihnen ein Gespräch über die Ermordung meines Sohnes führen?« *(İsmail Yozgats Stimme bricht.)* Er schrieb mir, dass er kein Gespräch mit mir führen will. Die Entscheidung überlasse ich Ihnen, dem ganzen deutschen Volk: Darf ein Präsident einem Mann wie mir, der seinen Sohn verloren hat, so eine Antwort schreiben?
Hohes Gericht, so wie ich es sehe, können Sie unser Leiden nicht verstehen. Ich wünsche es Ihnen zwar nicht, aber wenn Ihr Sohn dem Temme zum Opfer fallen sollte, dann könnten Sie unser Leiden verstehen. Ich wiederhole es noch einmal: Wenn keine Ortsbesichtigung im Internetladen gemacht wird, werde ich Ihr Urteil nicht anerkennen. Denn bei einer Ortsbesichtigung werden Sie verstehen, dass Temme gelogen hat. Vielen Dank, das Sie mir zugehört haben. *(Applaus von der Besuchertribüne.)*

Götzl *(zur Besuchertribüne)* Seien Sie bitte ruhig, sonst muss ich Sie aus dem Gerichtssaal verweisen!
(Die Sitzung wird für eine Pause unterbrochen, danach greift Richter Götzl noch einmal den Vortrag von İsmail Yozgat auf.)
Ich wollte noch einen Punkt klären. Herr Yozgat ist jetzt nicht mehr anwesend. Er hat den Antrag auf Einnahme des Augenscheins angesprochen *(gemeint ist die*

Besichtigung des Internetcafés in Kassel). Ich wollte klären, ob er über unsere Entscheidung denn nicht informiert worden ist? Wir haben über den Antrag entschieden.

Anwalt Kienzle Er weiß Bescheid, dass über den Antrag entschieden wurde.

Götzl Er hat gesagt, er hat bisher keine Antwort bekommen.

Anwalt Kienzle Ja, er weiß Bescheid. Das war auch keine Neustellung des Antrags.

(Nun plädiert Turan Ünlüçay, der Angehörige des ermordeten Mehmet Kubaşık vertritt.)

Anwalt Ünlüçay Ich möchte zunächst eine Erklärung von Frau Emis Süyür, der Schwester des Herrn Mehmet Kubaşık, verlesen: »An das OLG München, mein Name ist Emis Süyür. Ich bin die zweitälteste Schwester von Mehmet Kubaşık. Ich bekam zunächst die Nachricht von meiner Mutter, dass auf Mehmet mit einer Waffe geschossen wurde und er verletzt sei. Ich rief dann bei Mehmet zu Hause an und erfuhr, dass er bereits tot sei. Ich konnte es nicht glauben. Für mich war eine Welt zusammengebrochen. Ich denke, dass diesen Schmerz auch nur die anderen Opferangehörigen nachempfinden können. Wir waren ratlos. Mein Bruder war ein sehr liebevoller Mensch. Er hatte niemandem was angetan. Er hatte keine Feinde. Er lebte nur für seine Familie. Es wurde vieles gesagt, mal hieß es, es sei die Mafia, mal hieß es, es sei die PKK. Dadurch vertieften sich unser Schmerz und unsere Trauer. Nachdem mein Bruder nach Deutschland auswanderte, kam er erst nach 18 Jahren wieder in die Türkei. Beim zweiten Mal wurde uns sein Leichnam übergeben.

Mit meinem Bruder zusammen wurden neun Menschen mit Migrationshintergrund getötet. Was haben diese Leute damit erreicht? Was hat es Deutschland gebracht? Durch diese Morde haben die Nazis Deutschland geschadet und Leid bei den Opfern und ihren Angehörigen ausgelöst, mehr nicht. In Deutschland leben noch immer Hunderttausende Migranten und werden auch weiterhin friedlich dort leben. Es gibt keinen Tag, an dem meine Mutter nicht über den Mehmet spricht. Ich habe meinen Bruder verloren.

Ich konnte zwei Mal persönlich an der Hauptverhandlung in München teilnehmen. Ich hoffe, dass diese Frau, diese Mörderin, die Höchststrafe bekommt. Jedoch wird uns das nicht ausreichen. Ich habe auch weiterhin die Erwartung, dass die Taten und vor allem das staatliche Fehlverhalten vollumfänglich aufgeklärt werden. Wir haben die Befürchtung, dass die Ermittlungen mit der Bestrafung der Angeklagten aufhören.

Meinen Bruder haben sie in noch so jungen Jahren von uns genommen. Seine Kinder und seine Frau erfuhren großes Leid. Ich hoffe, dass das Gericht für Gerechtigkeit sorgt und diese Mörderin bestraft. Hochachtungsvoll, Emis Süyür«

Hoher Senat, der Eindruck, den man in der Hauptverhandlung von den Ermittlungsbeamten im Mordfall Kubaşık hatte, war der, dass sie sich keinerlei Fehler bewusst waren. Sie wirkten von den Fragen der Nebenklagevertreter sichtlich genervt. Dies lässt für die Zukunft befürchten, dass sich in einem ähnlichen Fall die identischen Ermittlungsmuster wiederholen könnten.

(Es folgt Anwalt Sfartkidis, der einen Bruder von Mehmet Kubaşık vertritt.)

Anwalt Sfartkidis Nicht nur die Erklärungen der Angeklagten Zschäpe sind von Taktik geprägt, sondern auch das ganze Verhalten vor und während des Prozesses. Nur aufgrund der erdrückenden Beweislage hat sich die Angeklagte Zschäpe dazu entschlossen, eine Erklärung abzugeben. Sie hat sich wohl gedacht, dass sie mit einer Erklärung ihre Beteiligung an den Morden und an den Bombenanschlägen aus der Welt schaffen könne. Dabei hat sie als Mittel nicht etwa ein von Reue geprägtes Geständnis gewählt. Vielmehr hat sie eine ihr bekannte und in ihren Augen bewährte Methode gewählt: Täuschen, Tarnen, Verharmlosen, Ablenken. Beate Zschäpe soll gemäß ihrer Erklärung vom Mord an Mehmet Kubaşık Anfang Oktober 2006 erfahren haben. Sie soll fassungslos, entsetzt und mit einem Gefühl von Machtlosigkeit reagiert haben. Wie kann jemand, der fassungslos und entsetzt ist, nur wenige Monate später mit denselben Leuten einen mehrwöchigen Sommerurlaub verbringen? Dies lässt sich auch nur dadurch erklären, dass sie sich mit den Straftaten identifiziert hat.

Wie eine Distanzierung der Angeklagten Zschäpe erfolgt, hat sie eindrucksvoll im Umgang mit ihren Verteidigern Frau Sturm, Herrn Heer und Herrn Stahl gezeigt. Sie hat Strafanzeigen gestellt, Prozessanträge auf Entpflichtung selbst verfasst und geschrieben. Diesen Elan hat die Angeklagte Zschäpe im Kampf gegen ihre drei Verteidiger an den Tag gelegt. Dieselbe Energie vermag sie jedoch nicht in Bezug auf die Distanzierung von der rechten Szene oder auf die Benennung von Personen aus dem Umfeld des NSU aufzuwenden. Hier hüllt sie sich weiter in Schweigen. Aus einem einfachen Grund: Sie hat sich nicht distanziert.

Beate Zschäpe hat bekundet, dass sie ein Faktenmensch sei. Hier sind nun die Fakten, welche die Beweisaufnahme in Bezug auf die Angeklagte ergeben hat: kein Geständnis, keine Reue, keine ernst gemeinte Entschuldigung, keine Unrechtseinsicht, keine Abkehr von der Ideologie, keine Abkehr von den Taten.

(Nun plädiert Anwalt Sidiropoulos. Er vertritt eine weitere Schwester von Mehmet Kubaşık.)

Anwalt Sidiropoulos Für meine Mandantin stellt sich seit dem Mord an ihrem Bruder jeden Tag erneut die Frage: Warum gerade er? Wie konnte dies in einem Land wie Deutschland bloß passieren?

Sie haben großes Unheil angerichtet, Frau Zschäpe, und das wissen Sie. Und dennoch bereuen Sie es nicht, zumindest haben Sie es bislang nicht gezeigt. Stattdessen beteuern Sie trotz der erdrückenden Beweise und Indizien Ihre Unschuld und glauben, die Opfer durch Einräumung einer moralischen Schuld besänftigen oder täuschen zu können. Sie sollten sich darüber im Klaren sein, dass Sie dadurch die Angehörigen der Opfer verhöhnen, wie Sie es auch mit den Opfern selbst in dem Bekennervideo taten. Ihre Entschuldigung nimmt meine Mandantin daher keineswegs an.

Frau Zschäpe, zeigen auch Sie Menschlichkeit! Helfen Sie, das Leid der Opfer und der Angehörigen zu lindern, und eröffnen Sie ihnen zumindest die Möglichkeit, wieder ein halbwegs normales Leben führen zu können. Nehmen Sie sich ein Beispiel am Mitangeklagten Schultze. Er ist kein Verräter. Nein, er ist ein Mensch mit Rückgrat, der zu seinen Taten und zu seiner Schuld steht, mit allen daraus resultierenden Konsequenzen. Ich appelliere insoweit an alle Angeklagten: Machen Sie reinen Tisch! Geben Sie Ihr ganzes Wissen preis!

Abschließend möchte ich eine persönliche Erklärung meiner Mandantin verlesen, die im Ausland lebt und deshalb heute nicht persönlich erscheinen konnte:

»Ich bin Günay, die Schwester von Mehmet Kubaşık. Ich weiß nicht, wie es bei Ihnen in Deutschland ist, aber bei uns wird die älteste Tochter als zweite Mutter angesehen. Mehmet war für mich deshalb sowohl Bruder als auch Sohn. Wir haben in der Türkei zu siebt in einer Einzimmerwohnung gelebt. Mein Bruder und ich sind dann irgendwann ausgewandert – ich nach Frankreich, er nach Deutschland. Er hatte es anfangs sehr schwer, aber er fand seinen Platz in der deutschen Gesellschaft und konnte sich vollständig integrieren. Aufgrund des Asylverfahrens konnten wir uns am Anfang nicht gegenseitig besuchen. Nach vielen Jahren war es jedoch so weit, er konnte wieder in die Türkei kommen. Meine Familie und ich freuten uns sehr darauf. Nach 18 Jahren konnte mein Bruder erstmals wieder sein Heimatland besuchen. Es war für uns wie ein Fest. Dieses schöne Wiedersehen in der Türkei kam uns jedoch viel zu kurz vor. Als wir uns wieder verabschieden mussten, versprach uns Mehmet, fortan regelmäßig in die Türkei zu kommen. Hierzu kam es jedoch nicht. Er kam nicht mehr lebend zurück. Stattdessen kam sein Leichnam.

Mir fällt es schwer, in Worte zu fassen, was ich gefühlt habe, als ich hörte, dass mein Bruder ermordet wurde. Es ist einfach unbeschreiblich, was ich in diesem Moment erlebt habe. Das Gefühl würde ich nicht mal meinem größten Feind wünschen. Den Schmerz in mir kann man auch nach so vielen Jahren nicht in Worte fassen. Mein liebster Bruder wurde ermordet. Diesen Schmerz werde ich mit ins Grab nehmen. Alle Familienangehörigen werden dies. Mein Bruder wurde mit nur 39 Jahren als liebevoller Ehemann und Vater von drei Kindern ermordet. Wir wurden dazu verdammt, ein Leben lang zu leiden. Auch wenn wir manchmal lachen, kehrt die Erinnerung an die Ermordung meines Bruders zurück, und die Trauer überkommt uns wieder.

Ich frage mich immer wieder: Aus welchem Grund haben die meinen Bruder und viele andere Menschen ermordet und verletzt? Warum? Warum nur? Es heißt: aus Rassismus. Aber warum nur dieser Rassismus? Was bringt dieser Hass? Welchen Nutzen hat er für die Menschheit? Das Leben ist vergänglich, das Leben ist viel zu kurz! Leben und leben lassen – so sollte es doch sein! Warum tut man anderen Menschen nur Böses? Ich werde das bis an mein Lebensende nicht verstehen.

Rassismus ist nach dem Mord an meinem Bruder noch sinnloser geworden. Mit dem Tod meines geliebten Bruders ist auch ein Teil von uns mit ihm gegangen. Nichts wird jemals so sein, wie es war. Die Trauer sitzt tief. Zu groß ist die Sehnsucht nach ihm. Zu viele Fragen sind offengeblieben.

Erst nach Jahren war ich wieder in der Lage, ein Bild von meinem Bruder anzusehen. Ich brachte es einfach nicht übers Herz. Meine Eltern können es immer noch nicht. Der Schmerz ist für sie unerträglich. Als mein Bruder begraben wurde, ist mein Vater aus seiner tiefsten Trauer in das Grab gestiegen und sagte: ›Begrabt lieber mich! Ich hätte sterben sollen! Warum musste mein Sohn nur sterben.‹ Es war schrecklich, es war unerträglich, dieses traurige Szenario mitanzusehen.

Das tagelange Warten in der Ferne auf den Leichnam meines Bruders war unerträglich. Es ist nicht in Worte zu fassen, einen geliebten Menschen kurz vor dem Begräbnis ein letztes Mal anschauen zu müssen und in der Reihe darauf zu warten, um ihn ein letztes Mal zu küssen.

Wir werden ihn nie wiedersehen, wir werden nie wieder seine Stimme hören. Meine Mutter hat bei seiner Beerdigung unendlich viel geweint. Als sie dann eine Weile regungslos dalag, dachten wir, sie sei vom vielen Weinen erschöpft. Aber dem war nicht so, sie hatte einen Herzinfarkt erlitten. Auch dies mitanzusehen, war ein großer Schock, unter dem wir zu leiden hatten.

Außer den Familien der NSU-Mordopfer wird sich wohl kaum einer nur annähernd vorstellen können, wie sich die Ehefrau meines Bruders und seine Kinder gefühlt haben müssen. Was sie seit dem Mord bis heute durchleiden müssen. Welche Anstrengungen sie unternommen haben, den Mord an Mehmet vollständig aufzuklären. Als ich versucht habe, diese Worte niederzuschreiben, bin ich vor Kummer fast gestorben. All diese bösen Erinnerungen kamen wieder in mir auf.

Hoher Senat, bitte bestrafen Sie die Angeklagten angemessen, aber stellen Sie in Ihrem Urteil auch fest, dass es weitere Beteiligte gegeben haben muss, die an den Morden mitgewirkt haben, auch wenn sie hier noch nicht angeklagt wurden. Auch diese Täter und Gehilfen müssen irgendwann für die schrecklichen Morde und Mordanschläge bestraft werden.

Mein geliebter Mehmet war nicht der Erste und wird auch nicht der Letzte sein, der dem krankhaften Rassismus zum Opfer gefallen ist. Dieser Rassismus und dieser Hass muss mit aller Härte bekämpft und bestraft werden.
Die ganze Welt schaut gespannt auf dieses Verfahren und auf das Urteil. Ich hoffe deshalb, dass Sie die Angeklagten angemessen bestrafen werden. Ich danke Ihnen für Ihre Aufmerksamkeit. Hochachtungsvoll Günay Kubaşık«

(Es folgt Anwalt Bogazkaya. Er vertritt eine weitere Schwester von Mehmet Kubaşık.)

Anwalt Bogazkaya Ich möchte mein Plädoyer dazu nutzen, um einige persönliche Worte meiner Mandantin, welche nicht erscheinen konnte, zu verlesen:
»Mein Bruder Mehmet war zwei Jahre älter als ich. Er hat in jungen Jahren geheiratet und hatte eine Tochter und zwei Söhne. Als seine Tochter sechs Monate alt war, musste er zum Militär. Aufgrund von diversen Schwierigkeiten hat er danach die Türkei verlassen und ist in die Bundesrepublik Deutschland eingereist, wo er Asyl beantragt hat. Hier wollte er auch bleiben. In Deutschland sind seine beiden Söhne auf die Welt gekommen. Wir wussten, dass er dort glücklich war. Es ist mir unbegreiflich, wie in einem derart wichtigen europäischen Land, welches die Menschenrechte als überragendes Gut betrachtet, diese Mordserie passieren konnte. Wie konnten diese Menschen mit ihrer rassistischen Ideologie, über all die Jahre, nach all den Morden, den Sicherheitsbehörden nicht auffallen?
Unsere Väter, Mütter und Geschwister haben damals ihre Heimat verlassen, um in Deutschland zu arbeiten. Sowohl für die, die in der Türkei blieben, als auch für die, die auswanderten, wurde Deutschland zu einer zweiten Heimat, einem neuen Zuhause. Wir vertrauten und glaubten fest daran, dass unsere Lieben in Deutschland gleichwertige schützenswerte Bürger waren, dass die Werte des deutschen Grundgesetzes für alle Bürger gelten. Dieses seit meiner Kindheit fest bestehende Vertrauen und der Glaube daran wurden durch die vorliegenden unfassbaren Geschehnisse erschüttert und führen bei mir zu folgendem Schluss: Während wir Euch immer vertraut und geachtet haben, habt Ihr uns wohl nie als gleichwertig betrachtet, ja sogar die Taten als ›Dönermorde‹ bezeichnet.
Nicht nur diejenigen, die diese Morde eigenhändig begangen haben, sind schuldig, sondern auch die, die während dieser Morde still waren oder eine umfassende Aufklärung der Taten verhindern wollen. Sie sind genauso schuldig wie diejenigen, die den Abzug der Waffe selbst gedrückt haben.
Zum Abschluss möchte ich sagen: Es mildert nicht meinen Schmerz, wenn die Personen auf der Anklagebank im Einzelnen besonders hohe Strafen bekommen, solange die ganze Wahrheit, die Frage nach dem Warum, die Frage nach den rechten Strukturen und der Rolle der Sicherheitsbehörden unbeantwortet bleibt. Ich frage daher konkret: Wo war der Staat, mit all seinen hochentwickel-

ten Sicherheitsbehörden, all seinen Polizisten und den Staatsanwälten, während diese Mordserie immer wieder neue Opfer forderte?«
Ich möchte an die Worte meiner Mandantin anschließen: Vielleicht war die hohe Anforderung an diesen Prozess, umfassende Aufklärung herbeizuführen, von Beginn an nicht umzusetzen, insbesondere wenn diejenigen, die diese Fragen beantworten könnten, bis zuletzt schweigen oder gar lügen. Trotzdem war dieser Prozess nicht nutzlos oder überflüssig. Im Gegenteil, dieser Prozess war wichtig. Er hat zum einen noch mehr Fragen aufgeworfen und zum anderen einige Punkte offensichtlich gemacht: Auch meiner Ansicht nach kann die Behauptung, dass der NSU ein isoliertes Trio war, nicht aufrechterhalten werden. Es hätte zumindest den Schmerz der Angehörigen gemildert, wenn mit klaren Worten gesagt worden wäre: Wir haben ein Problem mit institutionellem Rassismus. Wir entschuldigen uns. Wir werden alles tun, damit sich das in Zukunft nicht wiederholt. – Deswegen darf das Ende dieses Prozesses nicht das Ende der gesellschaftlichen Aufarbeitung sein.

Tag 396

12. Dezember 2017

Manfred Götzl, Richter. **Andreas Thiel, Gül Pinar, Angela Wierig, Tobias Westkamp**, Anwälte der Nebenklage.

Anwalt Thiel *(vertritt Angehörige des in Hamburg ermordeten Süleyman Taşköprü. Er geht in seinem Plädoyer darauf ein, dass die Mörder das Opfer nach der Hinrichtung noch fotografierten und die Aufnahme im NSU-Bekennervideo zu sehen ist.)* Den Sterbenden fotografieren: Das ist wie ein Trophäenbild des Großwildjägers, der sich am Tod seiner Beute erfreut. Und dieses Bild hat die Angeklagte Beate Zschäpe als Vermächtnis des NSU, als Vermächtnis ihrer beiden Männer, als Vermächtnis für sämtliche Gruppenmitglieder medial – deutschlandweit und inzwischen weltweit – verbreitet. Welch ein menschenverachtendes Werk, welch unfassbare Zumutung und welch ein Schmerz für unsere Mandanten! Der Senat wird bei der Urteilsfindung ein solches Vorgehen mitbewerten. Die Menschen, denen ich davon berichte, sind entsetzt und beschämt, dass so etwas hier in Deutschland, in Hamburg geschehen ist. Anders der Angeklagte Eminger, der die Schützen mit einem Bild an seiner Wohnzimmerwand ehrt und huldigt.
Wie es den Geschwistern des Ermordeten geht und was die Nebenkläger denken, teile ich Ihnen, hoher Senat, durch deren eigene Zitate mit:

»Ich sage nur eins dazu, das war das Schlimmste, was mir in meinem Leben passiert ist. Danach wurde ich zu einem ganz anderen Mensch. Ich war damals noch 20 Jahre alt. Die Welt ist für mich zusammengebrochen …«

»Den Laden haben wir geschlossen. Selbst wenn man dort Gold verdienen würde, würde ich ihn nie mehr betreten.«

»Für meine Eltern ist eine Welt zusammengebrochen. Sie existieren eigentlich nur noch. Sie leben nicht. Mein Vater ist, wenn er in der Türkei ist, jeden Tag am Grab meines Bruders. Wir Geschwister glauben, dass sie eigentlich nur noch da sind, weil es uns gibt.«

»Der Tod meines Bruders hat unser Leben komplett geändert. Es war eine sehr schwere Zeit für uns und ist es immer noch. Wir fühlen uns nicht mehr vollständig seit meines Bruders Tod. Wir mussten alle darunter leiden.«

»Nach den ganzen Vorwürfen oder Spekulationen war es ein Schock für mich, als ich das mit dem NSU gehört habe. Bis dahin war es mir gar nicht so richtig bewusst, wie viele Menschen gegen Ausländer sind und wie unberechenbar diese Menschen auch sein können. Das hat mich tief getroffen und enttäuscht.«

»Die ganzen Anschuldigungen und dass die Familie verdächtigt wurde, war sehr schwierig für meine Eltern und für uns. Mein Vater war von Anfang an der Meinung oder hatte den Verdacht, dass es Neonazis/Ausländerfeinde waren.«

Hoher Senat, ich schließe mit dem Wunsch und den Worten der Nebenklägerin Aynur Koyuncu: »Wir wollen, dass die Angeklagten ihre gerechte Strafe bekommen. Wir möchten einfach, dass mein Bruder in Frieden ruht, und das Ganze endlich abschließen. Die Angst, dass solche Morde wiederholt werden könnten, wird auch für immer bleiben. Das ist eigentlich das Schlimmste. Meine Eltern sind als Gastarbeiter hierhergekommen. Ich bin hier geboren und groß geworden. Ich kenne nichts anderes. Deutschland ist meine Heimat, ich arbeite hier, ich habe meine Familie hier, ich zahle Steuern. Und was machen die?«

Anwältin Pinar *(Sie vertritt eine Schwester von Süleyman Taşköprü.)* Süleyman war nicht nur der geliebte Bruder und Sohn der Familie, sondern ein beliebter Altonaer Jung – so wie diejenigen in dem Viertel, in dem er gelebt hat und sterben musste, benannt werden, die einfach dazugehören. Heute noch treffe ich auf Menschen, die ihn gekannt und geschätzt haben. Unserer Mandantschaft war es von Anfang an wichtig, dass die hier Angeklagten verurteilt werden, und zwar zu den höchstmöglichen Strafen. Sie wollten es unterbunden wissen, dass hier vonseiten ihrer Vertreter irgendetwas getan oder beantragt werden würde, was möglicherweise die Schuld dieser Angeklagten schmälern könnte. Das bedeutet nicht, dass meine Mandantin nicht auch Fragen hat, die ihr auf der Seele brennen, die sie gerne beantwortet hätte. Die dringendste ist: Warum Süleyman Taşköprü? Wurde er von seinen Mördern ausgesucht, so wie die Ermittlungsbehörden glauben, weil sein Laden in der Nähe einer Autobahnauffahrt war, oder gab es vielleicht doch einen Helfer in Hamburg? Ich gehe davon aus, dass die terroristische Vereinigung mehr Unterstützer und Helfer hatte, als durch die Anklage angenommen.

(Die Anwältin wendet sich direkt an die Richter.) Ich bitte Sie in Ihrer Schlussberatung um eines: zu überlegen, wie wichtig das schriftliche Urteil für die künftige gesellschaftliche Auseinandersetzung und die kriminalistische Aufklärung des NSU sein wird. Bereits das Wörtchen »jedenfalls« könnte den Nebenklägern bei der Findung von Antworten hilfreich sein. Ich ersuche Sie festzustellen, dass der NSU jedenfalls aus Uwe Mundlos, Uwe Böhnhardt und Beate Zschäpe bestanden hat. Das würde andere mögliche Mitglieder jedenfalls nicht ausschließen.

Götzl Vielen Dank. Frau Rechtsanwältin Wierig, bitte schön.

Anwältin Wierig *(Sie vertritt eine andere Schwester von Süleyman Taşköprü.)* Zu Uwe Böhnhardt und Uwe Mundlos hat die Bundesanwaltschaft gesagt, es seien keine psychopathischen Mörder gewesen. Hierzu habe ich eine andere Meinung. Fakt ist, dass bereits das erste Mordopfer fotografiert wurde. Wobei sich die Frage stellt, ob zu diesem Zeitpunkt das Foto ausschließlich gemacht wurde, um im Bekennervideo eine Rolle zu spielen. Oder ob es Uwe Mundlos und Uwe Böhnhardt wichtig war, diesen Moment als eine Art Trophäe zu konservieren, wie es sich auch bei der letzten Tat in Heilbronn manifestierte. Dass keine weiteren offensichtlichen Trophäen gefunden wurden, spricht nicht unbedingt gegen die Annahme des generellen Trophäen-Nehmens über die Fotos der Opfer hinaus. Dieser Umstand ließe sich unschwer damit erklären, dass Alltagsgegenstände im Brandschutt in der Frühlingsstraße nicht als solche mit Vorbesitzern erkennbar gewesen wären. Zu den weiteren Kriterien, die eine psychopathische Persönlichkeit ausmachen, haben wir in der Hauptverhandlung genügend Fakten erörtert. Es liegt im Auge des Betrachters, ob man diese Annahme teilen möchte. Was für diese Annahme spricht, ist die Tatsache, dass damit der fehlende Kitt im Beziehungsgeflecht zwischen Beate Zschäpe, Uwe Mundlos und Uwe Böhnhardt gefunden wäre.

Sollten Uwe Böhnhardt und Uwe Mundlos in erster Linie psychopathische Killer und Cleaner gewesen sein, so hat Beate Zschäpe deren mörderischen Neigungen die moralische Zuflucht des politischen Kampfes geboten. Und insofern betrachte ich nicht Ralf Wohlleben als das »Mastermind« des NSU – das Gehirn der Truppe war Beate Zschäpe. Die Frau mit der Botschaft. Ralf Wohlleben ist nun der, bei dem die Beweisaufnahme viele Fragen aufgeworfen hat. Und offenbar bin ich nicht alleine mit meiner Ungewissheit, denn die Bundesanwaltschaft selber nimmt einmal von ihm an, er habe mit unbedingter Gewalt im politischen Kampf gerechnet und sie befürwortet, um dann zu konstatieren, er

habe den Marsch durch die Institutionen gewollt. Im Gegensatz zum Angeklagten Eminger – der sei für den Lösungsansatz durch Gewaltausübung gewesen.
Ralf Wohlleben sitzt aus einem einzigen Grund auf der Anklagebank. Und diesen Grund hat Carsten Schultze unsicher identifiziert, wobei er sich das Objekt seiner Identifizierung *(die Pistole Česká 83, mit der neun Menschen erschossen wurden)* vorher – Zitat – »bestimmt 100 Mal« im Internet angesehen hat. Ich wage die Behauptung, dass eine so unsichere Angabe mit der allen Beteiligten bekannten Fülle an unglücklichen Umständen – Stichwort: trügerisches Gedächtnis – in fast jedem anderen Verfahren als unzureichend für eine Beweisführung eingestuft worden wäre. Die Bundesanwaltschaft flankt elegant über die Schwierigkeiten der Beweisführung, indem sie die unsichere Identifizierung der Česká 83 durch Carsten Schultze gerade dafür heranzieht, das dies für die Wahrhaftigkeit der Angabe spricht. Und führt aus, »man müsste im Gegenteil skeptisch sein, wenn eine eindeutige Identifizierung stattgefunden hätte«. Dieses Argument überzeugt mich nicht. Ich kann mir kein Szenario vorstellen, in dem Carsten Schultze sicher, klar, unmissverständlich und eindeutig und sofort auf die Česká 83 gezeigt hätte und die Reaktion »Skepsis« gewesen wäre. Weshalb auch der Umkehrschluss nicht gilt.
Und hinsichtlich des hier von mehreren Seiten vorgetragenen Arguments, eine Waffe mit Schalldämpfer sei dem einzigen Zweck gewidmet, Menschen zu töten: Das ist ein Scheinargument. Es gibt keinen solchen Erfahrungssatz. Wer sich einmal die Mühe macht, die Begriffe »Banküberfall« und »Schalldämpferwaffe« zu googeln, wird feststellen, dass die Verwendung einer Schalldämpferwaffe bei Banküberfällen durchaus üblich ist. Was auch Sinn ergibt. Wenn ein Warnschuss in die Decke abgegeben wird, soll schließlich nicht das ganze Viertel mitbekommen, dass gerade ein Überfall stattfindet. Und auf diesem wackeligen Fundament der Waffenidentifizierung und eines Erfahrungssatzes, den es nicht gibt, beruht der Antrag der Bundesanwaltschaft, Herrn Wohlleben zu einer Freiheitsstrafe von zwölf Jahren zu verurteilen.
Ich frage mich, ob auch der Bundesanwaltschaft bewusst war, auf welcher Basis sie ihren Beweis führte. Jedenfalls ist mir noch die Stimme von Oberstaatsanwalt Weingarten im Ohr, der in den Saal rief: »Wer wagt es da, noch etwas anderes zu denken.« Ich möchte Ihnen dazu sagen, dass ich es unter keinen Umständen für ein Wagnis halte, zu denken. Ich halte es eher für gewagt, nicht zu denken. Und vor Gericht nicht zu denken, sollte sich grundsätzlich verbieten. Insbesondere, wenn ein Verfahren so mit Emotionen befrachtet ist wie dieses. Da sind nicht nur die Taten selber, die schlicht nur als pervers bezeichnet werden können; da ist in tragender Rolle das emotional belastende Moment des Nazi-Themas.

Das »Dritte Reich« ist seit fast drei Generationen Geschichte. Der Vorwurf aber, der Deutsche trage den Nationalsozialismus gleich einer Erbsünde ab Geburt in sich, ist überaus lebendig. Und offenbar manchmal auch zutreffend. Und bei jenen, wo er nicht zutreffend ist, herrscht oft eine tief verwurzelte, manchmal geradezu hysterische Furcht, sich diesem Vorwurf auszusetzen. Weshalb – so habe ich den Eindruck – es im Umgang mit Rechtsaußen des Öfteren an der Sachlichkeit fehlt. Vor Gericht aber bedarf es ständiger und sorgfältiger Abwägung, welche Vorwürfe emotional geprägt und welche auf leidenschaftslos betrachteten Fakten basieren. Wenn eine Gesellschaft daran gemessen werden kann, wie sie mit den Schwächsten umgeht, dann kann ein Rechtsstaat daran gemessen werden, wie er mit dem politischen Gegner umgeht.
Mutet es merkwürdig an, wenn die Anwältin einer Hinterbliebenen Sachlichkeit anmahnt? Und nicht die Emotionalität schildert? Wie es hier so häufig geschehen ist. Das wäre nur dann anzunehmen, wenn es meiner Mandantin um Rache ginge. Doch darum geht es ihr nicht. Rache ist nichts, was ihr in ihrem Schmerz hilft. Mit Emotionen hat meine Mandantin genug zu kämpfen. Was ihr helfen würde, wäre, die Wahrheit zu erfahren. Um es klar auszusprechen: Für meine Mandantin kann es hier kein gerechtes Urteil geben. Denn vieles, was ihr angetan wurde, ist überhaupt nicht justiziabel. Natürlich ist da zunächst der Verlust ihres Bruders: Eine Lücke wurde in ihr Leben gerissen, die sich nie wieder schließen wird. Und dann kam das Bekennervideo – und das, Frau Oberstaatsanwältin beim Bundesgerichtshof Greger, war kein Stich ins Herz; da wurde ein Brustkorb gewaltsam geöffnet und das arme pumpende Herz herausgerissen, auf den Boden geworfen, bespuckt und mit Doc Martens darauf herumgesprungen. Die unfassbare Botschaft, dass Süleyman ermordet wurde, weil er türkischer Abstammung war; im Leben meiner Mandantin spielte die ethnische Herkunft nie auch nur die geringste Rolle. Sie hat ihren Sohn dazu erzogen, auf die Frage, ob er Deutscher oder Türke sei, zu antworten: Ich bin ein Mensch.
Ich frage mich, ob all diesen wohlmeinenden Menschen, die im Lauf dieses Verfahrens immer wieder den institutionellen Rassismus in seinen verschiedenen Ausprägungen und Erscheinungsformen angeprangert haben, bewusst war, was sie angerichtet haben. Natürlich gab es Ermittlungspannen. Die passieren immer, wenn ermittelt wird. Weil Menschen ermitteln. Mit all ihren Eitelkeiten, Unzulänglichkeiten und manchmal auch schlichter Dummheit. Nur sollte man nie Bösartigkeit unterstellen, wenn Dummheit, Eitelkeit oder Unzulänglichkeit als Erklärung ausreichen. Ich möchte nur kurz an die Episode erinnern, als ein Polizeibeamter auf die Wohnung stieß, in der Hanns Martin Schleyer gefangen gehalten wurde *(von RAF-Terroristen im Jahr 1977)*. Der Hinweis, die Wohnung sei von einer Ausweisbeschafferin der RAF angemietet worden, wurde von der hö-

heren Dienststelle schlicht nicht zur Kenntnis genommen. Warum nicht, wurde nie abschließend geklärt. Allerdings findet sich unter den diversen Erklärungsversuchen für diese entsetzliche Ermittlungspanne, die den Tod eines Menschen zur direkten Folge hatte, nicht ein einziges Mal der Grund des institutionellen Rassismus. *(Wierig bezieht sich anschließend noch auf den Fall des CDU-Politikers Uwe Barschel und den des islamistischen Attentäters Anis Amri.)*

Ist denn niemandem, der diesen Vorwurf erhoben hat, bewusst, dass damit die Hassbotschaft des NSU perpetuiert und konsolidiert wird? Dass diese Vorwürfe bedeuten: Der NSU war nur die Speerspitze; der den Weg der Gewalt gewählt hatte, aber dessen Art zu denken in Deutschland weit verbreitet ist? Ausgerechnet bei der Polizei und den Ermittlungsbehörden weit verbreitet ist? Also gerade bei den Institutionen, von denen man sich Schutz vor der Gewalt erhofft? In diesem Zusammenhang erlauben Sie mir noch einen Gedanken: Ich kann mir nicht über alle Ermittlungsbeamte ein Urteil bilden. Jedenfalls aber über die Hamburger kann ich das. Weil ich Kontakt zu ihnen hatte. Und ich weiß, wie unendlich schwer die Vorwürfe des institutionellen Rassismus sie getroffen haben.

Ich weiß – wie Sie auch und wie jeder Polizeibeamte –, dass bei Tötungsdelikten der Täter meist im unmittelbaren Umfeld des Opfers zu finden ist. Insofern ist es überaus folgerichtig, im Umfeld des Opfers den Täter zu vermuten. Das ist kein institutioneller Rassismus, das sind Erfahrungssätze der Kriminologie. Ich weiß auch, dass die Ermittlungen in Hamburg in wirklich jede Richtung geführt wurden. Allein, es fehlten die Anhaltspunkte für eine heiße Spur in Richtung NSU. Was damit zusammenhängen mag, dass eine Tötungsserie wie die des NSU eben erstmals in Deutschland passiert ist. Und das gilt auch für die ersten Verdachtsmomente der Profiler – dort wurde ein rechtsextremer Hintergrund vermutet. Nur, auch dort: keine heiße Spur.

Hinsichtlich der weiteren Kritik, es sei nicht öffentlich bekannt gemacht worden, dass Deutschland von einer rassistisch motivierten Mordserie heimgesucht wird. Stellen Sie sich bitte das Szenario vor: In der damalig bereits aufgeheizten Stimmung wird auf n-tv eine Pressekonferenz angekündigt. Sodann tritt ein Ermittler vor die Mikrofone und gibt kund, dass Migranten, die ein Kleingewerbe betreiben, offenbar im Fokus rassistisch motivierter Mordtaten stehen. Es seien bereits mehrere Taten bekannt, von den Tätern fehlt jede Spur, weitere Opfer sind zu befürchten. Falls jemand weiterführende Hinweise habe, möge er die unten eingeblendete Nummer anrufen, könne sich aber auch an jedes Polizeirevier wenden.

Ich denke nicht, dass ein solches Vorgehen zu ernst zu nehmenden Hinweisen geführt hätte. Ich bin mir aber sicher, dass Teile Hamburgs gebrannt hätten.

Und ich halte die Möglichkeit von Ausschreitungen, Straßenschlachten und eventuell auch Toten für wahrscheinlich. Jedenfalls hätte ich nicht die Verantwortung übernehmen wollen, dieses Pulverfass zu zünden.
Zielführende Hinweise hätte ich noch am ehesten durch Informationen aus dem Umfeld des NSU erwartet. Um aber solche Information zu bekommen, musste man – zwingend – den Weg über V-Leute wählen. Auch dieses Vorgehen wurde zum Vorwurf gemacht.
In diesem Zusammenhang gestatten Sie mir ein kurzes Wort zum viel beschworenen »Netzwerk«. Frei nach Benjamin Franklin: Selbstverständlich können drei Menschen ein Geheimnis bewahren. Wenn zwei von ihnen tot sind. Das hier dargestellte vermutete Unterstützer-Netzwerk des NSU hätte aus mehr Personen bestanden als ein dörflicher Männergesangsverein: Wenn so viele Personen von einem so monströsen Geheimnis wissen, halte ich es für ausgeschlossen, dass dieses Geheimnis über zehn Jahre lang durch sämtliche Alkoholabstürze, Bettgeflüster, persönliche Feindschaften oder schlicht durch die Möglichkeit, durch einen Deal der Strafverfolgung zu entgehen, gewahrt worden wäre. Ganz abgesehen von diesem altmodischen Gewissen, dass man Nazis generell abspricht, das aber bei dem einen oder anderen vielleicht doch zum Tragen gekommen wäre. Denn prinzipiell gegen jemanden etwas zu haben, ist etwas ganz anderes, als zu goutieren, dass diesem Jemand ins Gesicht geschossen wird.
Nach vier Jahren Verhandlung kann man, insbesondere durch die mediale Aufarbeitung des Prozesses, den Eindruck gewinnen, der NSU war lediglich durch den privaten und institutionellen Rassismus möglich. Was gewiss unzutreffend ist: Der NSU war möglich, weil ein höchst unglückliches Schicksal drei Menschen zusammengeführt hat, deren Wut, deren Hass, deren antisoziale Persönlichkeiten Mord und Terror über Deutschland brachten. Mit dem Ziel, Migranten die Botschaft zu vermitteln, dass Deutschland nicht ihre Heimat sei. Dass sie in Deutschland *persona non grata* seien. Unter diesem Aspekt war der NSU überaus erfolgreich. Die Botschaft an die Migranten, sie seien ihres Lebens nicht mehr sicher, ist zu meinem tiefsten Bedauern nicht mit dem NSU gestorben. Und diesmal sind es keine rechtsextremen Terroristen, die vermitteln, Deutschland sorge sich nur um die Deutschen, sondern es sind Anwälte und Journalisten. Ich kann im Namen meiner Mandantin nur appellieren, auch in der wohlmeinendsten Berichterstattung nicht die Herkunft eines Menschen als Erklärungsversuch heranzuziehen, wenn die Erklärungen fehlen. Das wäre auch das, was sich meine Mandantin für die Zukunft wünscht. Als Mensch wahrgenommen zu werden. Nicht als Opfer. Ihren Schmerz nicht von Menschen benutzen zu lassen, die ihre eigenen Ziele durchsetzen wollen und sich dabei anmaßen, für meine Mandantin zu sprechen.

(Wierigs Mandantin erklärt später außerhalb der Hauptverhandlung, sie fühle sich von ihrer Anwältin hintergangen. Sie beantragt, Wierig von dem Mandat zu entbinden und für den Rest des Verfahrens von der Nebenklage-Anwältin Gül Pinar vertreten zu werden. Nach einem Streit zwischen den Anwältinnen zieht sich die Nebenklägerin zurück. So scheidet Anwältin Wierig im Januar 2018 aus dem Verfahren aus.)

Anwalt Westkamp *(Er vertritt Sandro D'Alauro, der beim Bombenanschlag in der Kölner Keupstraße schwer verletzt wurde.)* Es war ein Anschlag auf Migranten, auf das türkische Leben in der Keupstraße, ein Anschlag auf die freie, offene Gesellschaft. *(Westkamp wendet sich direkt an seinen Mandanten.)* Herr D'Alauro, Sie sind dort geboren, aufgewachsen und haben auch danach Köln nie verlassen. Sie wissen, dass das Ziel des NSU, die Beseitigung einer pluralistischen, freien Gesellschaft, in Köln, nicht nur, aber auch in der Keupstraße, fundamental gescheitert ist. Ich hoffe, Sie schaffen das, diesen Misserfolg als Trost aufzufassen.

Tag 397

13. Dezember 2017

Alexander Hoffmann, Walter Martinek, Stefan Gärtner,
Anwälte der Nebenklage.

(Alexander Hoffmann setzt sein Plädoyer vom 394. Verhandlungstag fort. Er skizziert zunächst ausführlich die Ideologie und das Netzwerk von Blood & Honour.)

Anwalt Hoffmann Die Jenaer Sektion des Thüringer Heimatschutzes kannte ausweislich des in der Garage gefundenen Blood-&-Honour-Magazins die Strategie des »leaderless resistance« bereits vor dem Schritt Böhnhardts, Mundlos' und Zschäpes in die Illegalität.

Wenn »leaderless resistance« die vom NSU und seinem Netzwerk beinahe prototypisch umgesetzte Strategie für den imaginierten »Racial Holy War« war, die auch von den sächsischen Unterstützern propagiert wurde, so lässt sich das politische Ziel kaum treffender ausdrücken als durch die in der Blood-&-Honour-Bewegung omnipräsente Parole »14 Words«, die sich, wie vom Generalbundesanwalt dargestellt, auch in dem widerlichen Selbstbekenntnis-Video des NSU wiederfindet. 14 Words steht bei den Blood-&-Honour-Divisionen für den Slogan: »We must secure the existence of our people and a future for white children«, auf Deutsch: »Wir müssen die Existenz unseres Volkes und eine Zukunft für weiße Kinder sichern.«

Politisch wie ideologisch bestand eine völlige Übereinstimmung zwischen den durch die Diskussion im Thüringer Heimatschutz geprägten Mitgliedern der Sektion Jena und den eher subkulturell geprägten Blood-&-Honour-Mitgliedern, was den bewaffneten Kampf für den Erhalt ihres herbeihalluzinierten deutschen Volkes betraf. Kein Wunder, dass ohne das geringste Zögern unmittelbare Unterstützung erfolgte, die bis heute anhält, wie wir am Prozessverhalten der Blood-&-Honour-Mitglieder hier in der Hauptverhandlung gesehen haben.

(Hoffmann geht auf Ralf Wohlleben ein. Dessen Positionen und die von ihm mitgetragene »Volkstodkampagne« würden passen zur vom THS und von Blood & Honour propagierten Ideologie, nach der ein Tod der Deutschen nur durch Notwehr verhindert werden könne.)

In seiner Erklärung in der Hauptverhandlung hat der Angeklagte Ralf Wohlleben sich explizit auf einen ethnischen Volksbegriff gestützt. Er beklagt die »Zerstörung ethnischer und kultureller Eigenarten«. Er behauptet, er und seine Kameraden seien keine Ausländerfeinde, sie würden jede Kultur und jeden Menschen achten, jedoch seien sie der Meinung, dass jeder Mensch und jede Kultur ihren angestammten Platz in dieser Welt hat. Dieser müsse auch von jedem respektiert werden. Diese angebliche »Achtung« ist allerdings tatsächlich eine Drohung, lebensbedrohend und von Vernichtungswillen getragen. Auch wenn Ralf Wohlleben nicht nachgewiesen werden kann, dass er persönlich bei den einzelnen Morden und Anschlägen beteiligt war, er hat ideologisch alles getan, damit seine Kameraden mit reinem Gewissen die unter dem Namen NSU begangenen Verbrechen begehen konnten.

(Es folgt das Plädoyer von Anwältin Sabine Singer. Sie vertritt Hasan Yildirim, ein Opfer des Bombenanschlags in der Kölner Keupstraße. Er ist der Bruder des Inhabers des Friseursalons, vor dem die Bombe detonierte, und arbeitete dort als Friseur. Auch sie berichtet von den Folgen der Ermittlungen gegen die Opfer. Sie sagt: »Auch nach mehr als vier Jahren Prozess wissen die Yildirims noch immer nicht, warum ihr Geschäft ausgewählt wurde.« Im Anschluss plädiert Anwalt Martinek. Er vertritt den Polizisten Martin A., der den Mordanschlag von Heilbronn schwer verletzt überlebte.)

Anwalt Martinek Es grenzt an ein Wunder, dass mein Mandant an seinen Verletzungen nicht nur nicht gestorben ist, sondern dass die moderne Medizin eines ermöglicht hat: Martin A. kann heute ein weitgehend normales und in jedem Fall lebenswertes Leben führen. Selbstverständlich blieb die schwere Kopfverletzung nicht ohne Folgen. Es gibt Beeinträchtigungen. Die physische Leistungsfähigkeit meines Mandanten wird nie wieder so sein, wie sie vor dessen Verletzung war. Die Unsicherheit auch im Hinblick auf seine berufliche Zukunft ist ein – in Anführungszeichen zu sehender – »ständiger Begleiter«. Genauso selbstverständlich ist es, dass die psychischen Folgen und Spätfolgen auch im privaten Lebensbereich nie völlig verschwinden werden. Aber: Mein Mandant führt auch privat ein normales Leben, das er weitestgehend zufrieden, um nicht zu sagen: glücklich, verbringt. Dazu gehört auch, dass er gerade nicht die Öffentlichkeit sucht und durchaus dankbar dafür ist, dass dies von den Medien so akzeptiert wurde und wird.

Was den Ablauf bei der Tat selbst angeht, so kann ich den Ausführungen der Bundesanwaltschaft zum Kerngeschehen nichts hinzufügen. Nicht verhehlen möchte ich, dass die Nichtberücksichtigung einer Reihe von Zeugenaussagen, die eine Beteiligung mehrerer Personen nahelegen, einen schalen Nachgeschmack bei mir hinterlässt.

Der Leiter der Ermittlungen äußerte damals auch öffentlich, dass insgesamt fünf Zeugen von mehreren Tätern – oder besser: auffälligen Personen – berichtet hatten. Diese sollen sich unmittelbar nach dem Mordanschlag nicht gemeinsam, aber alle in die gleiche Richtung abgesetzt haben und dann jeweils durch gezielt zu diesem Zweck anfahrende Pkw aufgenommen worden sein. Aus der damaligen Sicht des Ermittlungsführers waren diese Aussagen absolut glaubhaft. Nach Bekanntwerden des Bekennervideos war dann allerdings davon nicht mehr die Rede. Im Rahmen einer Tatortbegehung mit den Vertretern des Untersuchungsausschusses Baden-Württemberg, Jahre später und während des hier laufenden Verfahrens, meinte derselbe Beamte jetzt darauf hinweisen zu müssen, wie unsicher diese Zeugenwahrnehmungen gewesen wären.

An der Täterschaft von Uwe Mundlos und Uwe Böhnhardt kann aufgrund der objektiv vorhandenen Beweise und Indizien keinerlei Zweifel bestehen – unabhängig von der Frage, ob es weitere Beteiligte vor Ort gab oder nicht. 1. Das von Uwe Böhnhardt und Uwe Mundlos angemietete Wohnmobil war zur Tatzeit im Raum Heilbronn. Es wurde gut 20 Minuten nach dem rekonstruierten Tatzeitpunkt, aus Richtung Innenstadt Heilbronn kommend, bei einer Verkehrskontrolle registriert. 2. Die beim Mordanschlag entwendeten Dienstwaffen der beiden Opfer wurden im ausgebrannten Wohnmobil in Eisenach, zusammen mit den beiden toten männlichen Mitgliedern des Trios, aufgefunden. 3. Die zweifelsfrei identifizierten Tatwaffen wurden in der ausgebrannten Wohnung in der Frühlingsstraße beziehungsweise im nach draußen verbrachten Brandschutt aufgefunden. Das Gleiche gilt für weitere, bei dem Mordanschlag geraubte Gegenstände der beiden Opfer. 4. Die in der Wohnung in der Frühlingsstraße aufgefundene Hose des Uwe Mundlos wies Blutantragungen der ermordeten Michèle Kiesewetter auf. 5. Im Bekennervideo wurde die Täterschaft durch die Täter selbst eindeutig bestätigt und bewusst dokumentiert. 6. Schließlich die Aussage der Angeklagten Beate Zschäpe selbst: Diese bestätigt ausdrücklich, dass die beiden Uwes ihr gegenüber die Tat eingeräumt und damit begründet haben, dass sie neue und gut brauchbare Schusswaffen benötigt hätten.

Wie mein Mandant bereits im Rahmen seiner Vernehmung als Zeuge hier ausgeführt hat, ist es ihm auch ein Anliegen zu erfahren, warum auf seine Kollegin und ihn geschossen worden ist. Die von der Bundesanwaltschaft im Rahmen der Anklage und insbesondere jetzt im Rahmen der Schlussvorträge gemachten Ausführungen zum Motiv überzeugen nicht. Die Verwendung einer anderen Waffe als der Pistole Česká kann für mich nur so verstanden werden, dass ein Zusammenhang mit der bis dahin begangenen Mordserie verschleiert wurde. In keinem Fall aber konnte damit im Sinne einer Provokation des Staates oder der Sicherheitsbehörden agiert werden.

Weder gibt es Anhaltspunkte dafür, dass jemand wissen konnte, wann und ob überhaupt dort auf der Theresienwiese ein Polizeiwagen für eine Mittagspause geparkt würde, noch gibt es irgendeine Erklärung dafür, warum im Hinblick auf diese rein spekulative Annahme der Mietzeitraum für ein bereits für einen kürzeren Zeitraum angemietetes Wohnmobil ausgerechnet bis zu dem Tag verlängert wurde, an dem dann der Anschlag tatsächlich erfolgte. Wer sich diesen Tatort einmal angesehen hat, kann eigentlich nicht davon ausgehen, dass sich jemand diesen von allen Seiten einsehbaren und rege von Spaziergängern besuchten Platz überhaupt als Tatort für einen Mord im Frühling zur Mittagszeit aussuchen könnte.

Zu Recht weist die Bundesanwaltschaft darauf hin, dass es keinerlei belastbare Hinweise darauf gibt, dass die beiden Polizeibeamten gezielt, also in Bezug auf Eigenschaften in ihrer Person, ausgesucht worden wären. Der Umkehrschluss kann dann aber eben auch nicht dahingehend gezogen werden, dass es sich um Zufallsopfer im Rahmen einer ansonsten genauso geplanten Aktion gehandelt haben könnte. Vielmehr fehlt es an jeglichem Indiz dafür, dass für diesen Tag und zu diesem Zeitpunkt die Ermordung von zwei Polizeibeamten überhaupt im Voraus geplant gewesen wäre. Dann liegt es auf der Hand, dass die Verlängerung des Mietzeitraums für das Wohnmobil aus einem anderen, uns allen völlig unbekannten Motiv heraus erfolgte. Es ist aus meiner Sicht wahrscheinlicher, dass sich die beiden Täter aus einem anderen Grund zum Tatzeitpunkt am Tatort aufgehalten haben. Als dann wirklich rein zufällig zwei Polizeibeamte dort auftauchten, war dies für deren Vorhaben möglicherweise so störend, dass die Täter sich gezwungen sahen, diese zu beseitigen. Es ist kein Widerspruch, wenn sie dabei, sozusagen zusätzlich, eine sich zufällig ergebende Chance, an Waffen heranzukommen, gesehen und dies sofort umgesetzt haben. Dies ist zugegebenermaßen ebenfalls spekulativ. Die Betonung liegt aber auf »ebenfalls«.

Martin A. legt Wert auf die Feststellung, dass er volles Vertrauen in das Gericht legt.

(Nun plädiert Anwalt Gärtner. Er vertritt die Mutter der ermordeten Polizistin Michèle Kiesewetter.)

Anwalt Gärtner Frau Kiesewetter litt und leidet bis heute unter den Qualen, welche ihr der Tod ihrer Tochter bereitet hat. Nach der Beweisaufnahme steht fest, dass es Uwe Mundlos war, der an jenem Frühlingstag im April 2007 zumindest gemeinsam mit Uwe Böhnhardt in Heilbronn weilte und Michèle Kiesewetter mit einem gezielten Kopfschuss aus unmittelbarer Nähe brutal, kaltblütig und heimtückisch ermordet hat. Der Wunsch von Frau Kiesewetter, zu erfahren, wer ihre Tochter auf dem Gewissen hat, hat sich nach über zehn Jahren endlich erfüllt.
An der Mittäterschaft Beate Zschäpes bestehen keinerlei Zweifel. Ohne absolute Billigung des Tuns von Mundlos und Böhnhardt halten wir es für ausgeschlossen, dass es Beate Zschäpe gelungen wäre, die Mordtaten zu verdrängen und sich ihr kleinbürgerliches Familien-Ersatzidyll mit den beiden zu erhalten. Ungezwungen Hand in Hand mit einem rassistischen und unberechenbar cholerischen Killer wie Uwe Böhnhardt geht man nur dann, wenn man dies will.
Die gegebenen Antworten auf die Frage nach dem Motiv für die Tat – das steht auch am Ende des Prozesses für Frau Kiesewetter noch auf wackeligen Beinen. Die Ausführungen zum Motiv im Plädoyer des Generalbundesanwalts sind zwar schlüssig und nachvollziehbar, jedoch bleiben Zweifel an der These des Angriffs auf Polizeibeamte als Repräsentanten des Staates. Zwingend ist diese Interpretation der Beweisergebnisse nicht. Warum fährt man von Zwickau nach Heilbronn? War Beate Zschäpe vielleicht dabei? Gab es weitere Helfer? Warum ist man auf den Punkt genau auf der Theresienwiese? Und warum fährt man nach der Tat in Richtung Oberstenfeld, obwohl dies nicht der direkte Weg zurück nach Zwickau gewesen wäre? Diese Fragen könnte uns nur Beate Zschäpe beantworten. Frau Zschäpe, Sie haben nach wie vor die Chance, Ihr Schweigen zu brechen!
Wichtig ist für Frau Kiesewetter, dass die Beweisaufnahme keinerlei Anhaltspunkte dafür ergeben hat, dass die Ermordung ihrer Tochter in irgendeiner Form mit persönlichen, wirtschaftlichen oder sonstigen Verbindungen mit den Tätern in Zusammenhang steht. Michèle Kiesewetter und Martin A. sind willkürliche Zufallsopfer. *(Nun nimmt Gärtner zur Arbeit der Behörden Stellung.)* Auch wenn in jedem einzelnen Fall noch so berechtigte Kritik an den Ermittlungsbehörden oder Ermittlungsmethoden zu üben ist, sollte man doch dieses Verfahren nicht zur Bühne für eine Gesamtabrechnung mit dem Staat und seinen Institutionen machen. Auch ein rassistischer Generalverdacht gegenüber den Behörden ist falsch. Es besteht sonst ernsthaft die Gefahr, dass dieses Verfahren und vor allem dessen Ergebnis in den Augen der Öffentlichkeit abgewertet wird. Dies wäre ein fatales Zeichen und eine Schwächung des Rechtsstaates. Dabei zeigt doch gerade dieses seit knapp 400 Verhandlungstagen laufende Verfahren, dass der Rechtsstaat stark genug ist, solche »Jahrhundertverfahren« zu führen.

Schließlich kann man weder dem Generalbundesanwalt noch dem Senat vorwerfen, er hätte sich nicht ausgiebig und sehr ernsthaft mit der kritisierten V-Mann-Problematik oder der Aufklärung von Strukturen und Netzwerken beschäftigt. Genau diese Fragen haben im Rahmen der Hauptverhandlung einen sehr breiten Raum erhalten. Ich halte in Abstimmung mit unserer Mandantin dieses Verfahren für eine große Leistung des Rechtsstaats. Es ist dem Senat und seinem Vorsitzenden gelungen, dieses riesige Verfahren bis heute souverän und ungefährdet bis in die Plädoyers geführt zu haben.
Lassen Sie mich zum Schluss noch einmal auf Michèle Kiesewetter zurückkommen. Sie war – wie die Angeklagte Beate Zschäpe auch – ein Kind der DDR. Sie hat aber, im Gegensatz zu Ihnen, Frau Zschäpe, das klare Ziel verfolgt, aus ihrem Leben etwas zu machen. Das eigene Glück selbst in die Hand zu nehmen. Dem Leben einen Sinn zu geben. Nicht Beate Zschäpe, Uwe Mundlos und Uwe Böhnhardt stehen für das Bild Thüringens. Michèle Kiesewetter ist mit ihrer Art, ihrer Einsatzbereitschaft, ihrem Mut und dem unbeirrbaren Glauben an das Gute im Menschen die Botschafterin Thüringens gewesen.

Tag 398

14. Dezember 2017

Manfred Götzl, Richter. **Wolfgang Stahl**, Verteidiger von Beate Zschäpe. **Mustafa Kaplan, Eberhard Reinecke**, Anwälte der Nebenklage.

Anwalt Reinecke *(Er vertritt Opfer des Nagelbombenanschlags in der Keupstraße in Köln.)* Ich werde nun den größten Teil des vom Kollegen Schön und mir ausgearbeiteten Plädoyers halten. Vorab will ich betonen, dass ich die Ausführungen der Vertreter der Bundesanwaltschaft dort teile, wo sie die Tatbeteiligungen der Angeklagten dargelegt haben.
Die Bundesanwaltschaft wird sich in Zukunft daran messen lassen müssen, welche weiteren Unterstützer sie anklagt. Nicht nur ich, sondern sicherlich alle Nebenkläger wären froh, wenn die Bundesanwaltschaft unsere Vermutung, dass keine weiteren Verfahren folgen werden, Lügen straft. Ein Maßstab für den immer wieder behaupteten Willen der Bundesanwaltschaft, tatsächlich das Umfeld des NSU strafrechtlich zu verfolgen, wird daher auch die Frage sein, wie weit sie sich dafür engagiert, dass die Zeugen, die uns hier teilweise nach Strich und Faden belogen haben, einer strafrechtlichen Verurteilung zugeführt werden. *(Reinecke führt Beispiele von Zeugen aus der Hauptverhandlung auf. Dann geht er darauf ein,*

dass sich Zschäpe nur schriftlich zur Sache äußerte und viele Fragen nicht beantwortet hat.)
Zusammengefasst: Irgendein nachvollziehbarer Grund dafür, dass Frau Zschäpe die Fragen der Nebenklagevertreter nicht beantwortet hat, ist nicht erkennbar. Erkennbar ist die Angst davor, sich selbst in Widersprüche zu verstricken. Die Art der Einlassung der Angeklagten Zschäpe kann zum einen keinerlei Glaubwürdigkeit in Anspruch nehmen, weil die Angeklagte sich jeglicher persönlicher Überprüfung der Glaubwürdigkeit entzieht. Zum anderen ist sie als Teilschweigen zu werten.

Die Schilderung der Reaktion auf die Offenbarung des ersten Mordes ist in keiner Weise authentisch. Man stelle sich auch nur einen Moment eine reale Szene vor, in der die Angeklagte tatsächlich zum ersten Mal erfährt, dass ihre Mitbewohner einen Menschen getötet haben, was sie angeblich vollständig ablehnt. Dies wäre – wenn es denn so gewesen wäre – eine extreme existenzielle Krise. Von Frau Zschäpe hingegen heißt es auf Seite 20 ihrer Einlassung vom 9.12.2015, dass sie geschockt war, es nicht fassen konnte und weiter: »Ich bin daraufhin regelrecht ausgeflippt.« Was das nun allerdings konkret heißt, schildert die Angeklagte nicht. Man kann bekanntlich aus Freude, aus Ärger oder anderen Gefühlen ausflippen. Man kann schreien, um sich schlagen, Gegenstände um sich werfen oder Ähnliches. So wie die Angeklagte das schildert, ist das völlig nichtssagend.

Die mangelnde Authentizität deckt sich mit der Unfähigkeit der Angeklagten, in einem persönlichen Dialog Fragen zu beantworten. Offensichtlich ist ihr und ihren jetzigen Vertrauensverteidigern klar, dass Frau Zschäpe eine mündliche Befragung nicht durchstehen kann. Authentisch kann der Lügner nur sein, wenn er weitestgehend eine zutreffende und auch authentische Schilderung abgibt und lediglich an bestimmten neuralgischen Punkten das wahre Geschehen verändert. Frau Zschäpe hingegen stand vor der Aufgabe, fast 14 Jahre im Untergrund umzulügen. Das wirkliche vertraute Zusammenleben, in dem natürlich niemand Geheimnisse vor jemand anders hatte, durfte sie aus prozesstaktischen Gründen nicht authentisch schildern. Es ist aber nur wenigen Menschen gegeben, fiktive Sachverhalte so zu schildern, dass für Leser tatsächlich ein Bild vor Augen entsteht. Das sind dann regelmäßig hervorragende Werke der Literatur. Damit hier keine Missverständnisse auftauchen: Ich will nicht sagen, dass Frau Zschäpe besser nach dem Rat ihrer ursprünglichen Verteidiger geschwiegen hätte. Glücklicherweise ist es so, dass auch schweigende Angeklagte verurteilt werden können, und Frau Zschäpe hatte nach dem Verlauf der Hauptverhandlung – anders als ihre damaligen Verteidiger – die realistische Einschätzung, dass ihr das Schweigen nichts nutzt. Insofern war nachvollziehbar, dass die Angeklagte den Drang hatte, etwas zu sagen. Die Alternative zum Schweigen ist aber nicht die verlogene Einlassung.

(Reinecke untersucht die Angaben Zschäpes zu den Medienberichten über die NSU-Taten; diese Angaben seien nicht plausibel.) Bei den Zeitungen stellt sich die Frage: Wie ist das Trio in den Besitz der Zeitungsartikel gekommen? Diese Frage haben sich offensichtlich auch einige Polizeibeamten im BKA gestellt. Für den Bombenanschlag in der Keupstraße ist zumindest überprüft worden, dass grundsätzlich die Zeitungsartikel, die in der Frühlingsstraße gefunden wurden, am Bahnhof in Zwickau zu erwerben waren. Schon diese Ermittlungen sind allerdings auf halber Strecke stehen geblieben. Es gibt bekanntlich von jeder Zeitung, soweit sie bundesweit vertrieben wird, verschiedene Ausgaben. Wenn man das Deckblatt des Kölner Express oder ganzseitige Artikel sieht, gibt es dabei Codierungen, aus denen ersichtlich ist, ob es sich um die bundesweite Ausgabe handelt oder die Lokalausgabe. Unsere Überprüfung – das BKA hat das nach der uns vorliegenden Akte nicht überprüft – hat hier ergeben, dass tatsächlich im Zeitungsarchiv in der Frühlingsstraße sowohl hinsichtlich der Probsteigasse wie hinsichtlich der Keupstraße die bundesweite Ausgabe aufgefunden worden ist, soweit dies an einzelnen Seiten nachvollziehbar war. Für die übrigen Taten ist dies bisher nicht untersucht wurden. Bemerkenswert ist der Artikel mit der Asservaten-Nummer 44 unter der Überschrift »Killer kam immer am helllichten Tag zu den Opfern«. Dieser wurde von einem Journalisten namens Lorenz B. verfasst, und zwar offenbar einige Zeit nach dem Mord. Herr B. war damals und ist noch heute bei den Nürnberger Nachrichten beschäftigt, sodass auch hier der Frage nachzugehen ist, wie kommt das Trio an einen Artikel aus den Nürnberger Nachrichten, der sich mit einem Mord in München befasst? So weit war auch das BKA gekommen und hat festgestellt: »Eine Internetrecherche ergab, dass Lorenz B. für die Zeitung Nürnberger Nachrichten arbeitet. Demnach könnte der Artikel in dieser Zeitung veröffentlicht worden sein. Ein Erscheinungsdatum ist nicht erkennbar.« Was kann man tun, wenn das nicht erkennbar ist? Man könnte den Journalisten einfach mal anrufen, wie ich das getan habe. Schon nach zehn Minuten erhielt ich die schriftliche Mitteilung, dass der Artikel erst am 10.11.2001, also zweieinhalb Monate nach der Tat, erschienen ist.

Verteidiger Stahl *(unterbricht Reinecke)* Herr Vorsitzender, der Nebenklagevertreter führt gerade Dinge aus, die im Verfahren nicht eingeführt wurden.

Götzl *(lacht)* Ich sehe das jetzt als Anregung, dem gegebenenfalls nachzukommen.

Verteidiger Stahl Es ist der missbräuchliche Versuch, innerhalb des Schlussvortrages verfahrensfremden Stoff einzuführen. Das geht so nicht. Wenn ein Angeklagter sich verteidigen will, muss er wissen, wogegen.

(Nach einer Unterbrechung verkündet Götzl einen Beschluss, wonach das Gericht die Ausführungen Reineckes für zulässig hält.)

Anwalt Reinecke Also: Schon nach zehn Minuten erhielt ich die schriftliche Mitteilung, dass der Artikel erst am 10.11.2001, also zweieinhalb Monate nach der Tat, erschienen ist, und die telefonische Auskunft, dass die Nürnberger Nachrichten weder im Jahre 2001 noch heute in Zwickau vertrieben werden. Ob letztere Auskunft zutrifft oder der angebliche Vertrieb am Bahnhof, wie es in der Akte behauptet wird, ist letztlich egal. Es ergibt sich also die Frage: Wie kommt ein Zeitungsartikel, der mehr als zwei Monate nach der Tat in einer Zeitung erschienen ist, die – wenn überhaupt – nur an einer Stelle in Zwickau verbreitet wird, in das Zeitungsarchiv des NSU? Die naheliegende, wenn natürlich auch nicht zwingende Antwort ist, dass es zumindest Helfer des NSU in Nürnberg gegeben hat. Alternativ: Sollen wir wirklich glauben, dass die Angeklagte Zschäpe Tag für Tag über zweieinhalb Monate zum Bahnhof gegangen ist, um herauszufinden, ob in den Nürnberger Nachrichten ein für das Archiv wichtiger Artikel erschienen ist? Die Nürnberger Nachrichten haben im Übrigen auch eine »Paulchen-Panter«-DVD erhalten, und dazu heißt es in den Ermittlungsakten: »sehr wahrscheinlich keine Zustellung durch Deutsche Post«. Ich glaube nicht, dass ich hier weiter ausführen müsste, was es für die Trio-Theorie der Bundesanwaltschaft bedeutet, wenn tatsächlich am 8.11. oder 9.11.2011 ein Bote die DVD zu den Nürnberger Nachrichten gebracht hat. Zusammenfassend: Wenn man, wie die Bundesanwaltschaft für sich in Anspruch nimmt, ergebnisoffen ermittelt, so müsste zum Zeitungsarchiv vollständig geklärt werden: Wann und in welcher Zeitung sind die einzelnen Artikel erschienen? Waren diese Artikel in Zwickau erhältlich und wo? Wie nah lagen sie an den Taten? Es könnte sein, dass dann doch noch mehr als Fliegengesumme herauskommt.

(Reinecke thematisiert nun das enge Verhältnis der Abgetauchten zur Familie Eminger und führt etliche Beispiele dafür auf.) Zusammengefasst: Frau Zschäpe ist durchaus zu Empathie und Rücksichtnahme fähig, aber nicht gegenüber den Opfern, sondern nur gegenüber der Familie Eminger. Da behauptet Frau Zschäpe allen Ernstes, sie hege heute keine Sympathien mehr für nationalistisches Gedankengut, findet aber kein einziges Wort auch nur der politischen Distanzierung von André Eminger, der als lebende nationalsozialistische Litfaßsäule herumläuft. Und so stehen wir am Ende des Prozesses in einer Situation, wo an sich jeder hier im Raum weiß, dass die extrem enge Beziehung zwischen Familie Eminger und dem Trio mit Sicherheit auch Kenntnis und Unterstützung der Mordtaten beinhaltete, allerdings lässt sich zurzeit ein Beweis der Unterstützung – abgesehen von dem Anschlag in der Probsteigasse – nicht führen.

(Reinecke wird sein Plädoyer am nächsten Tag fortsetzen, zunächst kommt Mustafa Kaplan an die Reihe. Er vertritt ein weiteres Opfer des Anschlags in der Kölner Keupstraße.)

Anwalt Kaplan Es kann meiner Meinung nach keine vernünftigen Zweifel am Ergebnis dieses Strafverfahrens geben: Die Angeklagten sind der angeklagten Ta-

ten schuldig. An die Adresse der Angeklagten: Unschuldige Menschen hinzurichten, ist keine politische Handlung. Es ist ein Verbrechen.
Es wurden in diesem Verfahren viele Fragen gestellt: Haben die Verfassungsschutzbehörden weggeschaut oder womöglich sogar selbst ihre Finger mit im Spiel gehabt? Hat Bundeskanzlerin Merkel ihr Versprechen gebrochen? Hat der Staat versagt? Nach meiner Überzeugung hat ein Strafverfahren zu klären, ob die individuelle Schuld von individuellen Angeklagten mit strafprozessualen Mitteln nachgewiesen werden kann. Die Nebenkläger haben das Recht, emotional zu reagieren. Sie dürfen vieles schwarz-weiß sehen. Sie haben auch das Recht, Aufklärung im weitesten Sinne einzufordern. Für Rechtsanwälte hingegen muss ein anderer Maßstab gelten. Sie sind Organe der Rechtspflege. Sie sollten wissen: Ein Strafverfahren kann niemals, niemals der Aufarbeitung staatlichen Versagens dienen. Bitte nicht falsch verstehen: Der Frage, ob etwa Verfassungsschutzbehörden weggeschaut haben oder ihre Finger im Spiel hatten, muss unbedingt nachgegangen werden. Aber nicht in diesem Strafverfahren. Dies kann nur in Untersuchungsausschüssen, in anderen Gremien, gesellschaftlichen Gruppen oder den Medien erfolgen. Von einem Rechtsanwalt kann man schon erwarten, seinen Mandanten den Unterschied zwischen einem Strafverfahren und einem Untersuchungsausschuss zu erklären. Der Senat hat seine Aufgabe erledigt. Die Angeklagten sind zu verurteilen. Die politische Aufklärung ist eine gesellschaftliche Aufgabe, und die steht noch aus. Gibt es einen institutionellen Rassismus, der die Aufklärung verhindert hat? Es gibt viele Anhaltspunkte dafür, dies zu bejahen. Aber diese Frage ist nicht juristisch zu klären.
Mein Eindruck ist, dass es unter den Nebenklagevertretern überwiegend ein sehr professionelles Verhältnis gibt. Allerdings kann man aktuell schon die Frage stellen, ob es sinnvoll ist, ein Plädoyer als Buch herauszugeben, bevor hier das letzte Opfer gehört, bevor das letzte Plädoyer gehalten, bevor das Urteil gefallen ist. Rechtzeitig vor dem Weihnachtsgeschäft. *(Kaplan bezieht sich damit auf Mehmet Daimagüler, der sein Plädoyer als Buch herausgegeben hat. Er stellte es unmittelbar nach Ende seines Plädoyers am Tag 389 vor.)* Herr Vorsitzender, mit welcher Akribie Sie dieses Verfahren geführt haben, ist ein Lehrstück in Sachen Rechtsstaatlichkeit.

Tag 399

19. Dezember 2017

Manfred Götzl, Richter. **Eberhard Reinecke**, Anwalt der Nebenklage.

Götzl Wir setzen heute fort mit Ihrem Plädoyer, Herr Rechtsanwalt Reinecke. Bitte schön.

Anwalt Reinecke Zunächst muss ich einige Worte zu den Ausführungen von Rechtsanwalt Kaplan sagen, die hier so nicht stehen bleiben können. Wenn der Mandant den Auftrag erteilt, im vorliegenden Verfahren möglichst umfassend für eine Aufklärung auch der Tätigkeit des Verfassungsschutzes zu sorgen, dann habe ich nicht in intellektueller Überheblichkeit dem Mandanten zu erklären, dass das alles nicht geht. Den Unterschied zwischen einem Strafverfahren und einem Untersuchungsausschuss kennen viele Kollegen der Nebenklage schon deswegen, weil sie – im Gegensatz zu Rechtsanwalt Kaplan – in den Ausschüssen waren und Ergebnisse aus den Ausschüssen in das Strafverfahren getragen haben. Sie wissen auch – auch dies wohl im Unterschied zu Rechtsanwalt Kaplan –, dass allerdings der Mandant hier und nur hier und in keinem Untersuchungsausschuss die Möglichkeit hat, selbst auf den Gang und den Umfang der Aufklärung Einfluss zu nehmen. Wenn ich aber in diesem Verfahren gar keinen Einfluss nehmen will, dann muss ich aufpassen, ob nicht recht schnell aus einem unabhängigen Organ der Rechtspflege ein untätiges Organ der Rechtspflege wird.

Ich komme zum letzten Teil des Plädoyers, in dem ich mich den Tatbekennungen des NSU widmen möchte. Im NDR-Film »Die Nazi-Morde« sagt Semiya Şimşek *(die Tochter des in Nürnberg ermordeten Enver Şimşek)* zu den neun Morden mit derselben Pistole und zu der Behauptung, dass es keine Tatbekennungen gegeben habe: »Es waren neun Opfer mit Migrationshintergrund, das ist doch schon mal eine Botschaft. Und es war am Arbeitsort von denen, das ist doch auch schon mal eine Botschaft. Und es gibt keinerlei Verbindung zwischen den Familien, das ist auch schon einmal eine Botschaft.« Nach meiner Auffassung hatte der NSU ursprünglich durchaus Tatbekennungen vorgesehen, später hat er sich durch die Taten selbst bekannt. *(Reinecke geht nun auf den sogenannten NSU-Brief ein, der an Neonazi-Zeitschriften verschickt wurde.)* Das Ziel dieses Briefes ist ziemlich klar: Es sollten weitere Personen für den NSU gewonnen werden, und diese, wie auch die bisher schon dem NSU zugehörigen Personen, sollen sich untereinander über rechtsradikale Fanzines, das Internet und Zeitungen verständigen. Der Brief wurde zwar nicht in den Zeitungen veröffentlicht, wie weit er aber unter der Hand verbreitet wurde, wissen wir nicht. Was in den bisherigen Bewertungen des NSU-Briefes überhaupt nicht berücksichtigt wurde, ist der enge zeitliche und inhaltliche Zusammenhang zwischen dem Brief und dem zweiten Bekennervideo. Dieses wird im Verfahren als »Vorläuferversion« des Paulchen-Panther-Videos bezeichnet. Dadurch wird der Blick auf die wirkliche Funktion verstellt. Es handelt sich um ein in sich abgeschlossenes, wenn auch durchaus um weitere Taten erweiterbares Video. Die Erstellung des Videos erfolgte im Oktober 2001, die letzte Bearbeitung des NSU-Briefes im Februar 2002. Vergleicht man die einleitende schriftliche Botschaft des Videos mit der einleitenden Botschaft des Paulchen-Panther-Videos, so werden die unterschiedlichen Adressaten deutlich. Im Paulchen-Panther-Video heißt es zu Beginn: »Der Nationalsozialistische Untergrund ist ein Netzwerk von Kameraden mit den Grundsatz ›Taten statt Worte‹.« Das ist eine Kurzfassung der Selbstvorstellung aus dem NSU-Brief. Im zweiten Video hingegen wird nicht erklärt, wer oder was der NSU ist. Dort heißt es vielmehr sofort: »Der Nationalsozialistische Untergrund wird nicht durch viele Worte auf sich aufmerksam machen, sondern durch Taten.« Dies macht deutlich, dass dieses Video sich an einen Personenkreis richtete, dem nicht mehr erklärt werden musste, dass es den NSU gibt und was der NSU ist. Das waren die Empfänger oder Leser des NSU-Briefes – wenn er veröffentlicht worden wäre –, in dem ausdrücklich erklärt war, was der NSU ist.

Für das Trio war klar, dass der NSU-Brief nicht irgendwo im Papierkorb landet, sondern dass zumindest einzelne der Publikationen den Brief veröffentlichen. Sie erwarteten dann eine Diskussion über ihr Konzept des NSU. Aus meiner Sicht spricht alles dafür, dass in einer solchen Diskussion, in der es auch um die Frage gegangen wäre, was man denn eigentlich als Untergrundkämpfer tun kann, das 2001 erstellte Bekennervideo in größerem Umfang bekannt gemacht worden wäre. Nach allem, was wir wissen, war die Verbreitung des NSU-Briefes und deshalb wahrscheinlich auch dieses frühen Bekennervideos gering. Das Trio musste registrieren, dass bereits der erste Teil ihres Planes, nämlich die Veröffentlichung des NSU-Briefes in rechtsradikalen Organen, nicht stattgefunden hat und damit auch keine Diskussion über ihr Konzept des Untergrundes. Das mag sie hart getroffen haben, sodass ich den Zeitablauf von zweieinhalb Jahren zwischen dem Mord an Habil Kılıç – dem letzten auf dem frühen Bekennervideo verherrlichten Mord – und den Anschlägen im Jahre 2004 nicht für einen Zufall halte.

Der NSU hätte das Bekennervideo fortschreiben können, entschied sich aber of-

fensichtlich angesichts der Tatsache, dass selbst nach dem neunten Mord die Sicherheitsbehörden in Deutschland immer noch nicht den Zusammenhang und die Hinweise auf einen rechtsradikalen Untergrund verstanden hatten, eher dafür, ein neues Video zu erstellen, das nicht aus einer offen aggressiven und direkten Rechtfertigung der Mordtaten bestehen sollte, sondern das mit dem Mittel der scheinbaren Ironie auf Beifall in der Szene hoffte, bei gleichzeitiger Verächtlichmachung der Opfer. Gleichzeitig macht sich das Video über den Staat lustig, der den Zusammenhang zwischen der rechten Szene und den Mordtaten nicht erkannt hat. Die Konzeption der DVD spricht dafür, dass sie nicht irgendwann isoliert verschickt werden sollte, sondern eher im Zusammenhang mit einer Aktion. Das Paulchen-Panther-Video war kein Abschiedsvideo, das erst nach dem Tod von Uwe Mundlos und Uwe Böhnhardt verschickt werden sollte, wie Frau Zschäpe behauptet. Das ergibt sich bereits aus der Ankündigung einer zweiten DVD.
Da die Videos eingetütet waren, spricht einiges dafür, dass der NSU eine weitere, vielleicht große Tat plante, in deren Zusammenhang das Video verschickt werden sollte. Auf dem Rechner wurde eine Karte von Google Maps für das jüdische Krankenhaus in Berlin gefunden, die nach April 2011 heruntergeladen sein musste, weil der Computer erst im April 2011 eingerichtet worden war. Es kann also durchaus sein, dass durch den Selbstmord der beiden Uwes ein geplanter größerer Terroranschlag verhindert wurde.

(Der Angeklagte Eminger klagt über Kopfschmerzen, die Hauptverhandlung wird an diesem Tag nicht weitergeführt.)

Tag 400

20. Dezember 2017

Manfred Götzl, Richter. **Aziz Sariyar, Hardy Langer**, Anwälte der Nebenklage.

(Zunächst beanstandet die Verteidigung des Angeklagten Wohlleben die Sitzungsleitung von Richter Götzl. Dieser habe Ausführungen der Nebenklagevertreter zu den Strafanträgen nicht unterbunden. Es entbrennt ein Disput über die Rechte der Nebenklage, dann kann Hardy Langer sein Plädoyer halten. Er vertritt zwei Schwestern des in Rostock ermordeten Mehmet Turgut.)

Anwalt Langer Die Auswahl Rostocks als Tatort ist aus meiner Sicht eine Besonderheit. Während die acht anderen Tatorte im ehemaligen Westen Deutschlands liegen, ist mit Rostock der einzige Tatort eines Mordes im ehemaligen Ostteil

Deutschlands zu verzeichnen. Ich gehe davon aus, dass dies kein Zufall ist. Während die anderen Mordtaten zwar auch nach einem relativen Zufallsprinzip geschahen, wurden dafür im ehemaligen Westteil liegende Städte offenbar gezielt deshalb ausgewählt, weil es dort jeweils eine größere türkische Gemeinschaft gab. Anders in Rostock.

Der Tatort in Rostock-Toitenwinkel, Neudierkower Weg 2, ist selbst für in Rostock Wohnende weit abgelegen. Es gab weder in diesem Stadtbezirk noch in Rostock eine größere türkische Gemeinschaft. In Rostock gab es 2004 bei knapp 200 000 Einwohnern gerade einmal 6745 Ausländer und nur 260 Menschen mit türkischer Staatsangehörigkeit, so das Statistische Jahrbuch. Zwar gab es auch zu Rostock Ausspähdaten, jedoch passten diese nicht ansatzweise zum späteren Tatort und enthielten überdies keinen Bezug zu türkischen Geschäften oder Einrichtungen. Diese Ausspähdaten auf Karten oder Ausdrucken betrafen ersichtlich Banken und Sparkassen, auch räumlich weit entfernt vom Stadtteil Rostock-Toitenwinkel. Mecklenburg-Vorpommern ist das einzige Bundesland, in dem der NSU Menschen ermordete und auch Banküberfälle beging.

Hier gibt es offensichtlich einen anderen Bezug, das persönliche Wissen um den Tatort aus früherer Zeit von mindestens einer der drei untergetauchten Personen, die das NSU-Trio bildeten. Eine, einer oder mehrere der drei hat oder haben den Dönerimbiss von früher her persönlich wahrgenommen. Den Dönerimbiss gab es dort seit Beginn der 1990er-Jahre. Dieser am Rande eines Plattenbauviertels frei stehende und vereinzelte Dönerimbiss muss als so prägnant störend empfunden worden sein, dass die drei Mitglieder des NSU dafür sogar Abweichungen von der sonstigen Art der relativen Zufallsauswahl ihrer Opfer in Städten mit großen türkischen Gemeinschaften in Kauf nahmen. Maßgeblich für einen persönlichen Bezug erscheinen mir hier zwei Aspekte: Zum einen hatte Uwe Böhnhardt dorthin einen verwandtschaftlichen Bezug. Knapp einen Kilometer vom Tatort entfernt wohnte seit 1991 seine Cousine, die er dort auch besucht hat. Zum anderen wohnte seit März/April 1994 bis Ende der 1990er-Jahre eine Person im unmittelbaren Umfeld des späteren Tatortes, die auf der hier eingesehenen, am 26. 1. 1998 sichergestellten sogenannten Garagenliste von Uwe Mundlos notiert worden war. Diese Person räumte in einer Vernehmung beim BKA ein, mit allen dreien 1994/95 in Rostock Silvester gefeiert zu haben.

Weiterhin gab es Besonderheiten im konkreten Ablauf der Mordtat. Es ist der einzige Fall, der in einem Wintermonat stattfand. Es ist der einzige Fall der neun Morde, bei dem nicht der Geschäftsinhaber selbst getötet wurde. Und während in den anderen Fällen der Česká-Mordserie Uwe Böhnhardt und Uwe Mundlos dem jeweils in seinem Geschäft stehenden Opfer sofort in den Kopf schossen, er-

gibt sich am Tatort in Rostock ein deutlich davon abweichendes Bild. Offensichtlich wurde Mehmet Turgut zunächst gezwungen, sich auf den Boden zu legen. Dort wurde er kaltblütig mit drei Schüssen hingerichtet, wobei ein weiterer Schuss das Opfer verfehlte. Eine konkrete Erklärung für diese Abweichungen im Modus Operandi könnte allein Beate Zschäpe mitteilen. Warum Mehmet Turgut? Dass er am 25. 2. 2004 das Opfer des Mord-Trios geworden ist, liegt aus meiner Sicht an einem zufälligen Umstand, den ein Außenstehender nicht kennen konnte. Einen Tag zuvor versprach Mehmet Turgut dem Betreiber des Imbisses, am Tattag früh den Kiosk vorzubereiten, denn der Betreiber würde selbst etwas später kommen, weil er noch Einkäufe im Großmarkt tätigen wollte. Nun hätte man sich doch nur die Frage stellen müssen, warum wählt der Täter Geschäftsorte aus, richtet seine Morde aber gerade nicht unbedingt gegen den Geschäftsinhaber, sondern gegen den, den er gerade dort antrifft. Insbesondere wenn – wie hier – ein so kurzfristiger Personenwechsel stattfand, dass der Täter dies nicht wissen konnte. Angesichts der Tatsache, dass auch die ersten vier Opfer einen türkischstämmigen Hintergrund hatten und hier ein erkennbares Zufallsopfer mit demselben Merkmal gegeben war, wäre es zur These eines fremdenfeindlichen Motivs kein sehr weiter Weg.
Wer war Mehmet Turgut? Für seine Mutter und seinen Vater war er der Stolz: der älteste Sohn. Für meine Mandantinnen war er immer der große Bruder. Auch Mehmet Turgut liebte seine Familie über alles. Mehmet Turgut war ein guter Sohn und ein beliebter und geschätzter Bruder. Er war nach Deutschland gekommen, um hier den Versuch zu machen, sein Glück zu finden. Schnell erkannte er, dass das Leben in Deutschland für ihn nicht einfach war. Bei Bekannten kam er jeweils kurze Zeit unter. Bei einem Bekannten seines Vaters half er zuletzt in dessen Dönerimbiss aus. Dies wurde ihm zum Verhängnis.
Der Familie ist es wichtig, dass ihr Sohn und Bruder nicht nur als anonymer »Bestandteil« der Česká-Mordserie in Erinnerung bleibt, sondern als der von ihnen geliebte Mensch.
Ich erlaube mir einige Worte zum Senat: Ich habe großen Respekt vor dem Vorsitzenden, der mit dem heutigen Tag 400 Verhandlungstage hoch konzentriert geleitet hat, der eine außergewöhnliche Kenntnis des Aktenstoffes offenbart hat, der eine fast stoische Geduld gegenüber vielen durchaus auch zulässigen Störmanövern der Verteidigungen gezeigt hat. Er leitete die Verhandlung mit großer Umsicht und tritt jedem Verfahrensbeteiligten professionell und freundlich gegenüber. Mir erschien der Vorsitzende gegenüber Zeugen, die offenkundig stärker an der Wahrheit vorbeigingen, und einigen, fast freistilartigen Anträgen der Verteidigungen zu großzügig, aber das Ergebnis der bisher übervorsichtig geleiteten Hauptverhandlung wird ihm später wohl recht geben.

Ein hoher Druck lastet auf dem Senat. Besonders in dreierlei Hinsicht. Zuerst die Erwartungen der Opfer: Sie erwarten nicht nur eine angemessene Verurteilung der Täter, sie wünschen auch Ausführungen im Urteil, die der historischen und politischen Dimension des Verfahrens gerecht werden, die auch deutlich machen, dass gerade die strafprozessualen Beschränkungen keinen Schlusspunkt für die Aufklärung der Verbrechen und ihre Hintergründe darstellen können. Danach die Erwartungen der breiten Öffentlichkeit. Ich nehme es vorweg: Diese kann und wird der Senat nicht erfüllen. Denn es gibt sie ja gar nicht, die »breite Öffentlichkeit«. Es gibt nur viele Einzelpersonen, die auch mit einem völlig unterschiedlichen Kenntnisstand zur NSU-Problematik ausgestattet sind. An letzter Stelle, aber keineswegs letztrangig: die Erwartungen der Angeklagten auf ein faires Verfahren. Das sage ich nicht nur so hin. Denn trotz des langen Verfahrens müssen die Angeklagten davon ausgehen dürfen, dass der Senat bis zum letzten Schlusswort der Angeklagten die Sache ergebnisoffen hält.
(Langer wendet sich nun den einzelnen Angeklagten zu und richtet schließlich einen Appell an Beate Zschäpe.) Frau Zschäpe, Sie sind eine sehr starke Person. Sie machen genau das, was Sie wollen, Sie lassen sich nichts vormachen. Sie sind kein Blättchen im Winde, das andere hin- und herpusten. Das war auch in der Zeit des Untergrunds von 1998 bis 2011 so. Das glaube ich deshalb, weil hier nur eine ganz starke Person, die sich seit über sechs Jahren in Untersuchungshaft befindet, nunmehr 400 Verhandlungstage mit disziplinierter Fassade aushält. Aber eine starke Person bedeutet lediglich Kraft und Wille. Das Entscheidende, damit eine starke Person auch eine starke Persönlichkeit wird, ist das Vorhandensein einer Seele. Ohne Seele werden Kraft und Wille zum Selbstzweck. Frau Zschäpe, bedenken Sie: Das Gericht schließt aus dieser Kraft und aus dieser Willensstärke möglicherweise auf eine besondere Gefährlichkeit Ihrer Person. Und Sie geben den Mitgliedern des Senats keine Chance, irgendetwas Authentisches hinter Ihrer Fassade zu erkennen. Um dem Gericht und den Nebenklägern zu zeigen, dass Sie eine Seele haben, dass Sie ansatzweise versuchen wollen, das Leid der Opfer und der Angehörigen zu begreifen, müssten Sie sich vorbehaltlos zu Ihrer Rolle in Ihrem früheren Leben bekennen, offen und nachvollziehbar darüber berichten, zeigen, wie Sie heute darüber denken. Dafür bedarf es keiner anwaltlichen Strategie oder taktisch abgezirkelter – hastig verlesener – Erklärungen. Zumal Sie selbst ahnen dürften: Die Zeit der anwaltlichen Strategie und Taktik ist in Ihrem Fall vorbei. Mit Ihren ersteren drei Verteidigern haben Sie eine Schweigestrategie betrieben, die möglicherweise objektiv von der damaligen Situation her gesehen sinnvoll gewesen sein mag. Das kann ich nicht beurteilen, weil mir dazu das Wissen fehlt, das Sie diesen Verteidigern mitgeteilt haben. Weiter sehe ich, dass Sie Ihre Situation mit Ihren neuen Verteidigern

und dem Wechsel in der Strategie keineswegs verbessert haben: Reden, ohne etwas zu sagen, ohne etwas aufzuklären. Gedrechselte Aussagen um das herum, was bereits offen zutage lag. Das Abschieben der alleinigen Verantwortung auf die, die nicht mehr widersprechen können. Und das Schlüpfen in eine bequeme Opferrolle.

Wohin also hat Sie nun Ihre bisherige Gesamtstrategie in diesem Verfahren gebracht? Dahin, dass die Generalbundesanwaltschaft das maximale Programm gegen Sie beantragt hat. Das Strafgesetzbuch dieses Landes hat nicht mehr zu bieten: lebenslang, besondere Schwere der Schuld, Sicherheitsverwahrung. Es ist naheliegend, dass das Gericht dem folgen wird. Sie sind nun an dem Punkt, an dem Ihnen kein Anwalt mehr helfen kann! Sie können sich nur noch selbst helfen. Frau Zschäpe, haben Sie den Mut, brechen Sie alle strategischen und taktischen Brücken hinter sich ab! Begeben Sie sich auf den Weg der Einsicht und erkennen Sie: Ihr Leben ist nicht am 4.11.2011 zum Albtraum geworden, sondern an diesem Tag endete der Albtraum für Sie. Nutzen Sie das einzige Ihnen noch verbleibende wirksame prozessuale Gestaltungsmittel: Sagen Sie umfassend und wahrheitsgemäß aus!

Götzl Vielen Dank, Herr Rechtsanwalt Langer. Herr Rechtsanwalt Sariyar, bitte schön.

Anwalt Sariyar Hohes Gericht, verehrter Senat, meine Damen und Herren! Ich vertrete und spreche heute für die Geschwister und Mutter des Herrn Ismail Yaşar, der am 9. Juni 2005 in Nurnberg ermordet wurde. Sie leben allesamt in der Türkei. Die nach dem Mord eingesetzten Ermittlungsbeamten haben meine Mandantschaft in der Türkei aufgesucht und befragt. Auch die Familie Yaşar musste die Erfahrungen machen, dass die Beamten Nachfragen, ob nicht doch eine ausländerfeindliche Tat in Betracht kommen könnte, nicht hören wollten. Vielmehr zielte die Befragung durch die Beamten immer wieder darauf ab zu klären, ob Herr Yaşar und meine Mandanten in kriminelle Machenschaften, Drogengeschäfte oder Schutzgelderpressungen verwickelt waren oder der verbotenen PKK nahestehen. Grundsätzlich sind Ermittlungen im Umfeld des Opfers nicht zu beanstanden; sie sind jedoch zu beanstanden, wenn sie sich nur auf eine Richtung beschränken und Vorverurteilungen der Opfer und ihrer Familien erfolgen.

Ob diese einseitigen Ermittlungen, das Verhalten der Beamten und auch zum Teil ihre Aussagen hier in der Hauptverhandlung auf rassistische und ausländerfeindliche Vorurteile zurückzuführen sind, möchten wir nicht grundsätzlich bejahen, jedoch kann das auch nicht per se in Abrede gestellt werden. Wir sind der Ansicht, dass dieses Thema nicht im Rahmen dieses Prozesses geklärt werden kann und geklärt werden sollte.

Die Bundesanwaltschaft geht davon aus, dass hinter den Morden kein organisiertes Netzwerk an mehreren Orten Deutschlands besteht und spricht von einem Triumvirat bestehend aus Zschäpe, Böhnhardt und Mundlos. Dieser Annahme können wir nicht folgen. Es muss weitere Unterstützer und Informanten gegeben haben. Diesem Geflecht von Helfern, Unterstützern und Mitwissern sind die Ermittler nicht ernsthaft und hinreichend nachgegangen. Von diesen Ermittlungen hatte sich jedoch meine Mandantschaft Antworten erhofft.
Zum Abschluss möchte ich eine von meiner Mandantschaft verfasste und von mir ins Deutsche übersetzte Erklärung vorlesen: »Verehrte Richter, verehrte Anwesende, wir sind froh, dass die Täter und Unterstützer dieser abscheulichen und unmenschlichen Taten gefasst wurden und vor Gericht stehen. Unsere Hoffnung zu erfahren, warum unser Ismail ausgesucht wurde und sterben musste, hat dieser Prozess nicht erfüllt. Aufklärung wird es nicht geben. Jetzt geht es nur noch darum, dass die Täter die Strafen bekommen, die das Gesetz in Deutschland vorsieht. Es war wichtig, dass der Name unseres Sohnes und Bruders reingewaschen wurde und erwiesen ist, dass Ismail in keine kriminellen Geschäfte verwickelt war. Wir haben nie an Ismail und seinem Charakter gezweifelt, auch wenn die Beamten aus Deutschland uns einreden wollten, unser Ismail sei in illegale Geschäfte verwickelt gewesen. Warum man uns Ismail nach seinem Tod noch schlecht machen wollte, können wir bis heute nicht verstehen. Aber ist es überhaupt möglich, dass Geschehene zu erklären und zu verstehen?«

Tag 401

21. Dezember 2017

Manfred Götzl, Richter. **Ferhat Tikbaş**, **Bernd Behnke**, Anwälte der Nebenklage.

Anwalt Tikbaş *(Er vertritt eine Tochter des in Nürnberg ermordeten Abdurrahim Özüdoğru.)*
Die Bundesanwaltschaft hat es geschafft, innerhalb einer sehr kurzen Zeit eine umfassende Anklage von knapp 500 Seiten auf die Beine zu bringen, und alles ist hier im Rahmen der Hauptverhandlung bestätigt worden. Dies muss erst mal geleistet werden. Diese umfassende Arbeit mündet in den hier gestellten möglichen Maximalanträgen. Das Gericht wird entsprechend urteilen, da bin ich mir sicher.
Ich schließe mein Plädoyer mit den Worten meiner Mandantin Frau Tülin Özüdoğru: »Mein Vater lebte bereits 29 Jahre in Deutschland, als diese Tat passierte. Ein junger Mann, der aufgrund seiner guten schulischen Leistungen ein Stipen-

dium für ein Studium in Deutschland erhielt und so 1972 an der Universität Erlangen das Studieren begann. Ein Mann, der seine gesamte Jugend hier in Deutschland verbracht und viele deutsche Freunde hatte, ein Mann, der mit der deutschen Kultur und ihren Menschen zusammengeschmolzen war.
Ich empfinde Verachtung, Wut und Ekel für die Täter. Unschuldige Menschen wurden regelrecht hingerichtet. Deshalb können sich alle Täter Heucheleien wie Entschuldigungsversuche sparen. Die Menschen sind nicht dumm. Die Familien wurden emotional, finanziell und gesellschaftlich ruiniert. Viele Angehörige kämpfen bis heute noch mit den Folgen dieser Taten und vor allem: Diese Taten waren nicht nur ein Angriff auf die Opfer selbst, sondern auch auf das, was 98 Prozent der in Deutschland lebenden Menschen glauben. Sie waren ein Angriff auf die demokratischen Grundwerte Deutschlands, ein Angriff auf die Menschenwürde, ein Angriff auf das friedliche Miteinander, ein Angriff auf Deutschland selbst.
Das Ziel, die Gesellschaft auseinanderzudividieren, das haben sie allerdings deutlich verfehlt. Und sie haben es auch nicht geschafft, Menschen wie mich aus diesem Land herauszuekeln. Im Gegenteil, jetzt sind wir alle, sowohl Deutsche als auch ausländische Mitbürger, die in diesem Land ihre Lebenszeit verbringen, sensibilisierter denn je. Es ist mein Heimatland. Ich bin eine deutsche junge Frau mit ausländischen Wurzeln, die in diesem Land geboren ist, und fremd fühlt sich hier schon längst niemand mehr. Wir sind die Jugend, die Gesellschaft, die den Weg der Charakterstarken wählten, und bemühen uns, für Menschen und dieses Land nützlich zu sein, anstatt durch Hass und primitive Gefühle uns lenken zu lassen.
Ich sage ganz deutlich: Es ist wichtiger denn je, die Augen vor Tatsachen nicht mehr zu verschließen. Das am Ende dieser Verhandlung erlassene Urteil für die einzelnen Täter und der Umgang mit dieser gesamten Situation sollten wichtige Zeichen für unsere Gesellschaft setzen. Ich erwarte, ja, ich fordere als eine betroffene Angehörige das Höchstmaß an Strafe für alle Täter. Ich erwarte, dass Ihr Urteil ein klares Zeichen für das Miteinander dieser Gesellschaft setzt und nicht für das Nebeneinander.
Es ist ein Schatten auf Deutschland gefallen. Es ist die Aufgabe von allen zuständigen Behörden und Institutionen, diesen Schatten wegzuwischen und den Familien inneren Frieden zu schenken. Leider bin ich auch, wie die anderen Opferangehörigen, der Meinung, dass dies nicht ausreichend geschehen ist. Die lückenlose Aufklärung der Hintergründe wurde nicht wie versprochen erfüllt.
Vor allem in diesem Punkt richten sich meine Worte nicht nur an die Gerichtsverhandlung, sondern auch an *alle* zuständigen Behörden und Institutionen. Ich meine, dass das Gewissen ein guter Wegweiser ist. Wir haben gut genug und deutlich mitbekommen, was Verdrängung und Verharmlosung der Tatsachen für Fol-

gen hat. Früher oder später fliegt alles auf, und am Ende schadet es den ganzen Institutionen und Behörden und ganz Deutschland, denn sie verlieren das Vertrauen der Menschen in Deutschland. Und Vertrauen ist das, was einem Land Stabilität verleiht. Ich bedanke mich für Ihre Aufmerksamkeit. Tülin Özüdoğru«

(Es folgt Anwalt Behnke. Er vertritt einen Bruder des in Rostock ermordeten Mehmet Turgut. In seinem Plädoyer nennt er noch einmal die Namen aller Ermordeten und schildert ausführlich die Umstände des Mordes an Mehmet Turgut.)

Anwalt Behnke Hätte man die Täter damals ermittelt und gestellt, dann wären weitere fünf Morde und weitere schwere andere Straftaten verhindert worden. Der Rechtsstaat hat damals keine ordnungsgemäße Arbeit geleistet. Aber der Bundesanwaltschaft hier den Vorwurf zu machen, sie habe nicht umfangreich genug ermittelt und dies möglicherweise sogar bewusst getan, ist nicht haltbar. Ein solcher Vorwurf rückt die Behörde in ein strafrechtlich relevantes Feld; selbst die Behauptung eines solchen Fehlverhaltens könnte ebenfalls einen strafrechtlichen Gehalt haben. Was nicht zu belegen ist, sollte auch nicht behauptet werden.

Es gibt in Deutschland auch keinen strukturellen oder behördlichen Rassismus. Wer so etwas behauptet, der stiftet wider besseren Wissens Unfrieden und verunsichert nicht nur die Angehörigen der Opfer, sondern auch eine große Zahl an Menschen, die aufmerksam diesen Prozess verfolgen, und läuft auch in Richtung des Zieles, das der NSU verfolgt hat: Verunsicherung der Menschen, die zu uns gekommen sind und Schutz suchen. Ich wäre mit so einer Behauptung sehr vorsichtig.

Der deutsche Strafprozess ist ein Täterprozess. Gegebenenfalls politisch zu wertende Fragen unterliegen nicht dieser Gerichtsbarkeit. In der Geschichte unseres Landes gab es leider viele Beispiele dafür, dass politische Fragen in Strafgerichtsverfahren zu extremen Verwerfungen geführt haben. Ein Rückfall in diese Phase ist einem Rechtsstaat nicht nur abträglich, sondern unmöglich, er verbietet sich auch nach der Dogmatik des Strafrechts. Die Schuld der Angeklagten ist zu ergründen, und Versuche, die gesellschaftlichen Umstände für die Straftaten – struktureller Rassismus oder so etwas – mitverantwortlich zu machen, müssen im Interesse der Opfer und ihrer Familien insoweit unterbleiben. Die Justiz stellt als Judikative das Gericht, welches im Rahmen der Rechtsordnung entscheidet. Die Justiz stellt nicht das Jüngste Gericht. *(Er bezieht sich auf einen wiederholt kritisierten Ausspruch von Bundesanwalt Diemer, der am Tag 95 sagte: »Wir sind nicht das Jüngste Gericht.«)*

Die Aufarbeitung möglicher Fehler von Ermittlungsbehörden, möglicher Fehler im politischen Raum oder an anderen Stellen ist dort zu klären. Ein sich daraus ergebender möglicher Schadensersatzanspruch der Opfer und der Familien der Opfer ist dann Sache der Zivilgerichtsbarkeit. Auch der Hinweis auf das Versprechen der Bundeskanzlerin dahingehend, die Aufklärung der Mordserie umfänglich und ohne Rücksicht auf Personen und Ämter zu betreiben, gehört nicht hierher. Es war eine politisch verfasste Rede und ein Versprechen der amtierenden Kanzlerin und richtete sich nicht an den 6. Strafsenat des Bayerischen Oberlandesgerichts, sondern an alle politischen Gremien in unserem Land. Eine unmittelbare Verbindung mit dem hier stattfindenden Strafprozess besteht nicht. Eine Weisungsbefugnis der Kanzlerin gegenüber dem Strafsenat gibt es nicht und darf es nach unserer Rechtsordnung auch nicht geben.

Es wäre nach meiner Auffassung sogar die Pflicht der beteiligten Nebenklagevertreter, die Familien der Mordopfer und die anderen Geschädigten darüber aufzuklären, dass weder die Bundesanwaltschaft den Prozessstoff beliebig ausweiten darf, noch der Strafsenat über die der Anklage zugrunde liegenden Vorwürfe hinaus tätig werden darf. Unklare Informationen in dieser Problematik können nach meiner Auffassung nicht helfen und auch nicht zur Verarbeitung der Schmerzen beitragen, sondern sie sind geeignet, die Leidenszeit zu verlängern.

(Es folgen die Plädoyers von Anwältin Hilka Link, die den Sohn von Ismail Yaşar vertritt, der in Nürnberg ermordet wurde. Danach sprechen Anwältin Monika Müller-Laschet und Anwalt Marcel Matt, beide vertreten Opfer des Anschlags in der Kölner Keupstraße.)

Götzl Wenn dann keine weiteren Anträge oder Erklärungen mehr sind heute *(blickt in die Runde)* Dann schließen wir für dieses Jahr die Hauptverhandlung und setzen fort im neuen Jahr. Wir setzen fort am 9. Januar. 9.30 Uhr.

Tag 402

9. Januar 2018

Manfred Götzl, Richter. **Michael Kaiser**, Verteidiger von André Eminger. **Nicole Schneiders**, Verteidigerin von Ralf Wohlleben. **Markus Goldbach, Seda Başay**, Anwälte der Nebenklage,

(Sohn und Witwe von Enver Şimşek sind im Saal, ebenso die Töchter und die Witwe von Theodoros Boulgarides.)

Götzl Guten Morgen! Wir setzen fort mit unserer ersten Sitzung im neuen Jahr, ich darf Sie begrüßen. Herr Wohlleben, Sie haben uns mitgeteilt, dass Sie Rückenprobleme haben. Frau Schneiders, wollten Sie dazu noch etwas vortragen?

Verteidigerin Schneiders Nein, wir wollten ankündigen, dass wir heute noch einen Beweisantrag vorstellen wollen.

Götzl Herr Wohlleben, Sie melden sich bitte, wenn Sie eine Pause brauchen. Sie haben ja jetzt ein Medikament bekommen. Sie sagen bitte Bescheid, wenn Sie eine Pause brauchen. Gut, dann würden wir zunächst zu Ihrem Schlussvortrag kommen, Herr Rechtsanwalt Goldbach.

Anwalt Goldbach *(Er vertritt den Nebenkläger Javuz S., ein Opfer des Nagelbombenanschlags in der Kölner Keupstraße)* Meine Mandanten haben gesagt, dass es sie sehr belastet, dass die Angeklagte Zschäpe über den ganzen Prozess hinweg keine echte Reue zeigt und nicht auf die Geschädigten der Anschläge zugeht. Dies ist bedauerlich und aus Sicht meiner Mandanten gar nicht so sehr dem Wunsch der Person Zschäpe geschuldet, sondern der taktischen Vorgabe ihrer neuen Verteidigung. Die Angeklagte Zschäpe – und das halte ich für nachvollziehbar – hat im Laufe des Prozesses eingesehen, dass die Taktik des Schweigens nur zu einer Verurteilung führen kann.

Und man konnte auch sehen, wie erleichtert die Angeklagte war, als sie sich kurz vor ihrer Einlassung erstmals nicht weiter vor den Fotografen wegdrehte. Was müssen ihr ihre neuen Verteidiger versprochen haben!

Frau Zschäpe hat sich mit ihrer Einlassung in die Hände von Anwälten begeben, die vollkommen blind für die Herausforderungen waren, die sich in diesem Verfahren gestellt haben. Ich kann mir vorstellen, wie man ihr versprochen hat, dass sie nach dieser Einlassung freigesprochen würde, weil niemand diese Einlassung widerlegen könne. Und dass ihre früheren – aus meiner Sicht: sehr guten – Verteidiger nur nicht auf diesen einfachen Ausweg gekommen seien.

Aber wenn ihre neuen Verteidiger hier gewesen wären und die Familien der Ermordeten gehört hätten, dann hätten sie sicherlich noch einmal darüber nachgedacht, ob man ein paar Gläschen Sekt als Entschuldigung für diese Taten angeben kann. Haben diese Verteidiger wenigstens ihre Briefe gelesen, die hier beschlagnahmt wurden? Haben sie gewusst, mit wem sich ihre Mandantin da so vertraut ausgetauscht hat? Dass sie ausgerechnet wieder die Nähe zu einem Rechtsradikalen gesucht hat, der wie auch die beiden Uwes mehrfach mit einer Pistole auf einen Ausländer geschossen hat?

So jemand wie Frau Zschäpe ist keine starke Persönlichkeit. So jemand wie Frau Zschäpe ist nicht willensstark.

Die Angeklagte Zschäpe hat es nicht geschafft, ihren Altverteidigern einen Strategiewechsel vorzugeben. Sie hat sich lediglich mit Frau Sturm einmal angeschrien und dann wieder gekuscht. Erst als sie ihren neuen Verteidiger gefunden hat, hatte sie genug Rückhalt, um sich von ihren Altverteidigern zu trennen. Die Briefe und Anzeigen gegen die alten Verteidiger haben ihr die neuen Verteidiger diktiert, da bin ich mir sicher.

Und so jemand wie Frau Zschäpe soll nun den Mut oder die Initiative haben, sich auch von den neuen Anwälten zu trennen und eine eigene Einlassung abzugeben? Und Fragen zu beantworten?

Hohes Gericht, verehrte Anwesende, dazu ist die Angeklagte doch gar nicht in der Lage. Hierauf zu warten ist vergebliche Mühe.

Frei war die Angeklagte Zschäpe nur in der Zeit zwischen dem 4. und 8. November 2011. Und was hat sie gemacht? Sie ist kreuz und quer durch Deutschland gereist, ohne ersichtliches Ziel. Sie hat kein Geld aus der Wohnung mitgenommen und keine Waffen. Sie hat sich nach nur vier Tagen gestellt und ich glaube, sie war ganz froh, dass man ihr nun wieder die Entscheidungen für ihre Handlungen abgenommen hatte.

Dies ist es, wie ich die Angeklagte Zschäpe sehe. Ich bin davon überzeugt, dass sie das rechtsextreme Gedankengut von Mundlos und Böhnhardt geteilt hat. Wir wissen aus der Beweisaufnahme, dass auch sie sich für einen bewaffneten Kampf ausgesprochen hat, und natürlich war sie auch in die Planung der einzelnen Anschläge und der Herstellung des Bekennervideos eingebunden. Und vergessen wir nicht, dass sie auch mit zu möglichen Tatorten gereist ist.

Was auch immer in den Jahren im Untergrund genau passierte, weiß allein die Angeklagte Zschäpe. Sie hat die ursprüngliche Strategie des Schweigens verlassen, zu der sie nun nicht mehr zurückkann. Diese Einlassung kann ihr nun zu ihrem Nachteil ausgelegt werden.

War die Angeklagte Zschäpe deshalb Mittäterin? Oder leistete sie nur Beihilfe? Direkt in die Tatbegehung war die Angeklagte wohl nicht eingebunden. Dass die Angeklagte eine normale Fassade vortäuschte, war nicht allein auf die Zeit der Anschläge beschränkt, sondern dies war eine Notwendigkeit, die seit dem Moment des Untertauchens bestand. Deshalb wird man eine Mittäterschaft schon sehr genau begründen müssen.

Die Angeklagte Zschäpe zeigt nach außen keinen Fanatismus und keine tiefen inneren Überzeugungen. Sie lächelt die Fotografen an und hält es für möglich, dass sie trotz ihrer Vergangenheit als sympathisch wahrgenommen wird. Sie, die sich als Kind an verschiedene »Eltern« angepasst hat und nach der Wende an ein neues System und eine neue Ideologie, die sich an das Leben im Untergrund angepasst hat, sie versucht sich auch hier im Gerichtssaal anzupassen. Es ist bedauerlich, dass die Angeklagte Zschäpe an diese neuen Verteidiger geraten ist, die ihre eigene Einlassung noch zusätzlich unkenntlich gemacht haben.

Was bleibt, ist der Eindruck einer fehlenden eigenen Persönlichkeit der Angeklagten Zschäpe. Sie zeigt eine ins Extreme überdehnte Anpassungsfähigkeit ohne eigenen Kern und ohne eigene moralische Maßstäbe. Sie lächelt in die Kameras, so, als ob sie mit ihrer eigenen Lebensgeschichte nichts zu tun hat. So, als ob es eine andere Person gewesen ist, die da mit den Mördern Mundlos und Böhnhardt zusammengelebt hat. Und vielleicht ist es gerade diese innere Leere, die die Angeklagte Zschäpe als so monströs erscheinen lässt.

Götzl Vielen Dank, Herr Rechtsanwalt Goldbach. Dann Frau Rechtsanwältin Başay. Bitte schön.

Anwältin Başay Hoher Senat, sehr geehrter Herr Vorsitzender, Familie Şimşek, verehrte Anwesende. Ich halte mein Plädoyer für die gesamte Familie Şimşek und deren anwaltliche Vertreter. Enver Şimşek war das erste bekannte Mordopfer des NSU.

Ich werde im Folgenden, nach den persönlichen Verhältnissen des Verstorbenen, überwiegend die Ermittlungstätigkeit der Polizei und deren Auswirkungen auf die Familie darstellen.

Ich werde darstellen, wie drastisch die Ermittlungen gegen die Familie waren und wie Ermittlungsansätze nicht verfolgt wurden, die in die richtige Richtung gingen. Ich darf darauf hinweisen, dass Familie Şimşek bis heute auf eine Entschuldigung der Polizei Nürnberg wartet. Wahrscheinlich sind diese noch heute der Meinung, dass sie eigentlich nur übliche und ihrer Ansicht nach immer noch richtige Ermittlungsmuster abgearbeitet haben.

Abschließend stelle ich dar, wie gerade die Tatorte in Nürnberg deutlich zeigen, dass es sehr viel wahrscheinlicher ist, dass es Unterstützer und Tippgeber vor Ort gab, als wie die Bundesanwaltschaft zu behaupten, das angeblich extrem abgeschottete Trio hätte alles allein ausgespäht.

1992 fing Enver Şimşek mit dem Blumenhandel an. Enver Şimşek hat Blumen gemocht und hat diese Leidenschaft zu seinem Beruf gemacht. Zunächst hatte er in Würzburg einen mobilen Blumenstand. Er kaufte von einem Blumenhändler die Blumen und verkaufte sie an den Wochenenden an diesem Stand weiter.

Er war ein Mann, der immer alles selber machen wollte. Er war sehr ehrgeizig. Nicht umsonst hatte er seine Eltern und seine Geschwister und sein geliebtes Dorf hinter sich gelassen. Er wollte etwas aus seinem Leben machen. Und so kam es, dass er später anfing, die Blumen in Holland auf dem Markt selbst einzukaufen. Er begleitete dafür einen Blumenhändler an eine Blumenbörse, damit er das selbst auch lernen konnte. Anschließend nahm er ein Darlehen auf und kaufte sich einen Lkw mit einem Kühler. Er fuhr – nachdem er gelernt hatte, wie das alles ablief – montags abends immer selbst nach Holland, um in der Nacht beziehungsweise in den frühen Morgenstunden in einem großen Blumenmarkt mitzubieten. Er hat sodann eine große Lagerhalle in Schlüchtern angemietet und hat die in Holland gekauften Blumen dort zu Sträußen binden lassen. Später hat er zusätzlich ein Blumengeschäft in Schlüchtern betrieben.

Er hat dann die in seinem Lager gefertigten Blumensträuße an Verkaufsstände geliefert, aber er war auch selber vor Ort an seinen Blumenständen in Nürnberg und Würzburg. Seine Frau und er selbst haben an den mobilen Blumenständen zumeist samstags und sonntags verkauft.

Dies ging so über Jahre. Es war eine Sieben-Tage-Arbeitswoche.
Es wurde körperlich für ihn und seine Frau immer anstrengender. Für Privates blieb kaum noch Zeit. Er hatte ein inniges Verhältnis zu seinen Kindern. Er wollte mehr Zeit mit ihnen verbringen.
So fasste Enver Şimşek im Jahre 2000 die Absicht, den Blumenhandel in Deutschland langsam aufzugeben und mit seiner Familie in die Türkei zurückzukehren. Er wollte in seine Heimat zurück.
Ein einfaches Haus hatte er für sich und seine Familie in dem Dorf gebaut, wo er geboren und aufgewachsen war, mit Blick auf die Berge in einer wunderschönen Landschaft, an einem Ort, wo jeder jeden kennt.
Sie hätten ihn nicht umbringen müssen, um den Erhalt der deutschen Nation zu sichern. Er wäre ohnehin zurückgekehrt. Auch sein Leichnam ist nicht hiergeblieben, sondern liegt in seinem Dorf unweit des Hauses, das er gebaut hatte und wo er leben wollte.
Er wäre stolz auf seine Kinder und seine drei Enkelkinder gewesen, hätte er die Möglichkeit gehabt, sie heute zu sehen. Stolz darauf, was aus ihnen geworden ist. Im Gegensatz zu ihm, der sein ganzes Leben mit den Händen gearbeitet hat, haben seine Kinder studiert. Das hätte ihm unglaublich viel bedeutet. Deswegen war er aus seinem Dorf Salur nach Deutschland gekommen.
Der Tod eines Menschen, meine Damen und Herren, ist ein Eingriff im Leben der Verbliebenen.
Haben Sie schon mal einen geliebten Menschen verloren? Sicher haben Sie das. Es geht jedem von uns so. Jeder von uns weiß, wie schmerzhaft der Verlust eines Menschen sein kann.
Wissen Sie, wie der Mensch aussieht, wenn er acht Schussverletzungen hat, davon fünf im Kopf?
Elf Jahre und zwei Monate hat es gedauert, meine Damen und Herren, bis die Familie erfahren hat, wer für den Tod von Enver Şimşek verantwortlich war. Elf Jahre und zwei Monate sind eine lange Zeit.
Die Entscheidung, den Vater und Ehemann in der Türkei zu beerdigen, war richtig. Sie können in Deutschland noch nicht mal eine Gedenktafel an dem Ort anbringen, wo er zu Tode gekommen ist, ohne dass diese immer wieder mit Hakenkreuzen beschriftet wird, so wie es bei der Gedenktafel für Enver Şimşek in Nürnberg zuletzt immer wieder der Fall war.
(Nun spricht Başay über die Vorgänge am 9.9.2000, dem Tag, an dem Enver Şimşek ermordet wurde.)
Es ist der 9.9.2000 gegen 13 Uhr, als auf Enver Şimşek, als er sich in seinem Transporter befindet, neun Schüsse abgegeben werden. Von diesen neun Schüssen treffen Enver Şimşek acht. Ein Schuss verfehlt Herrn Şimşek trotz des Um-

standes, dass auf ihn aus unmittelbarer Nähe geschossen wurde. Fest steht, dass die Täter gezielt auf den Kopf geschossen haben.
Anschließend machen die Täter zumindest ein Foto von Enver Şimşek, wie er schwer verletzt auf dem Boden seines Transporters liegt. Ein Foto, welches später im Paulchen-Panther-Video auftaucht.
Zwei Stunden lag Enver Şimşek schwer verletzt, bewegungsunfähig und allein im Transporter. Ob er noch mitbekommen hat, dass die Täter ein Foto von ihm machen?
Die Kopfverletzungen waren laut den Angaben des Dr. Seidl in der Hauptverhandlung am 23.7.2013 schwerwiegend. Enver Şimşek stirbt zwei Tage nach dem Anschlag am 11.9.2000 gegen zwölf Uhr in einem Krankenhaus in Nürnberg.
Zum Zeitpunkt seines Todes war Enver Şimşek 38, seine Frau Adile Şimşek 36, seine Tochter Semiya 14 und sein Sohn Abdul Kerim 13 Jahre alt.
Zunächst denkt Frau Şimşek, dass ihr Mann einen Unfall hatte. Wer sollte ihren Mann auch erschießen? Nach mehreren Anläufen, ihr zu erklären, dass auf ihren Mann geschossen wurde, realisiert sie den Sachverhalt. Die Polizei teilt ihr weiter mit, dass ihr Mann wahrscheinlich nicht überleben wird. Im gleichen Atemzug wird ihr mitgeteilt: »Nein, Sie müssen ihn nicht besuchen.«
Ja, warum auch den sterbenden Mann besuchen wollen, meine Damen und Herren? Würden Sie nicht Abschied nehmen wollen? Und sofort ans Krankenbett eilen? Würden Sie nicht denken, das kann nicht sein, da muss ein Irrtum vorliegen? Würden Sie nicht hoffen? Darauf hoffen, dass eine Verwechslung vorliegt, und wenn nicht, dass die Verletzungen nicht so schlimm sind, dass er überleben wird? Es wird schon nicht so schlimm sein. Das ist das, was Frau Şimşek in diesem Augenblick dachte. Und sie macht in diesem Moment genau das, was wir alle machen würden: Sie fährt zu ihrem Mann.
In der Nacht zum 10.9.2000 erreicht sie das Krankenhaus in Nürnberg. Wiederum einige Stunden später – nach einer schlaflosen Nacht – wird sie zur Vernehmung zur Polizeistation nach Nürnberg gebracht. Mit dem Ableben ihres Mannes ist jederzeit zu rechnen. Sie kann nicht bei ihm im Krankenhaus sein, sondern wird auf der Polizeistation vernommen. Eine Befragung von Frau Şimşek im Krankenhaus wird seitens der Polizei gar nicht erst in Betracht gezogen.
An dieser Stelle sei angemerkt, dass sich die Polizei nach dem Mord an Michèle Kiesewetter so verhielt, wie es unter den Umständen nur angemessen und richtig ist: Sie suchten die Mutter von Frau Kiesewetter mit einem örtlichen Seelsorger, einer Pastorin, auf, um ihr die Todesnachricht zu übermitteln, und wartete mit der Vernehmung zehn Tage, die dann bei ihr zu Hause durchgeführt wurde.

(Im Folgenden spricht Anwältin Başay über die Ermittlungen der Polizei.)
Die Ermittlungen und Fragen der Polizei im familiären Umfeld und im näheren Bekanntenkreis nach Drogengeschäften und außerehelichen Beziehungen haben die Familie sehr belastet. Soweit hier vereinzelt vorgetragen wurde, dass es ganz normal ist, dass im Umfeld der Familie ermittelt wird, darf hierzu ausgeführt werden, dass sich dagegen keiner gewandt hat. Das Problem war, dass man einfach nicht damit aufgehört hat.
Auch hier im Verfahren haben wir zur Verteidigung der Polizeiarbeit immer wieder gehört, es sei nicht nach Neonazis als Tätern gesucht worden, weil es keinen Hinweis auf ein rechtes Motiv gab. Aber genauso gab es keinen Hinweis darauf, dass Enver Şimşek seiner Frau untreu geworden war und diese zwei Auftragskiller zu ihm geschickt hatte. Und trotzdem wurde dieser Ermittlungsansatz mit viel Energie und schrecklichen Folgen für die Familie von der Polizei verfolgt.
Der Umstand, dass sich der Polizeiapparat bei allen Opfern vorstellen konnte, dass diese Kontakte zur organisierten Kriminalität haben oder dass ihre Frauen sie aus Eifersucht töten ließen, aber ein rassistisches Motiv nicht für möglich hielten beziehungsweise dieses nicht verfolgten, hat mit der Herkunft der Opfer zu tun. Vorurteile beherrschten die Polizeiapparate so, dass sie nur die Ermittlungsansätze in Richtung organisierte Kriminalität verfolgten und ein rassistisches Motiv für sie nicht denkbar war.
Dies sagt nichts über die Motive der einzelnen ermittelnden Beamten aus. Vielmehr zeigt sich der Rassismus in Abläufen, Einstellungen und Verhaltensweisen, die durch unbewusste Vorurteile, Nichtwissen, Gedankenlosigkeit und rassistische Stereotype zu Diskriminierung führen und Menschen benachteiligen.
Und natürlich haben die Morde, insbesondere nachdem klar wurde, wer die Morde begangen hatte, dazu geführt, dass migrantische Bevölkerungsgruppen in diesem Land verunsichert sind und sich nicht geschützt fühlen. Insoweit war der NSU erfolgreich.
95 Prozent der Menschen, die in diesem Raum sitzen, werden nie Opfer eines rassistischen Anschlages sein. Sie werden nie in die Situation kommen, dass das Haus, die Wohnung, in dem sie mit ihrer Familie und ihren Kindern leben, in dem sie sich geschützt und zu Hause fühlen, in Brand gesteckt wird. Sie werden nicht in die Situation kommen, den Namen auf ihrem Briefkasten oder der Klingel zu entfernen, damit von außen nicht erkannt wird, dass hier eine ausländische Familie wohnt.
95 Prozent der Menschen, die in diesem Raum sitzen, werden nie in die Situation kommen, dass man ihnen oder ihren Angehörigen an ihrem Arbeitsplatz – während sie arbeiten – in den Kopf schießt, weil sie Ausländer sind.

95 Prozent der Menschen, die in diesem Raum sitzen, werden auch nie verstehen, was es heißt, wenn die Polizeibeamten dieses Landes nicht in der Lage sind, sie unabhängig von ihrer Herkunft zu schützen. Und nicht nur das, sie verdächtigen, selbst schuld an ihrem Tod zu haben. Deswegen können sie auch nicht begreifen, was solche Taten mit Menschen anstellen.

(Nach einer Pause ergreift Götzl kurz das Wort.)

Götzl Wir können heute leider nicht fortsetzen, im Hinblick auf die Rückenschmerzen des Herrn Wohlleben. Dann wird die Hauptverhandlung heute unterbrochen.

Tag 403

10. Januar 2018

Manfred Götzl, Richter. **Konrad von Oefele**, 63, Leiter des gerichtsärztlichen Dienstes am OLG München. **Abdul Kerim Şimşek**, 30, Sohn von Enver Şimşek, dem ersten Mordopfer des NSU. **Seda Başay**, Vertreterin der Nebenklage.

(Sohn und Witwe von Enver Şimşek sind auch heute im Saal, ebenso die Töchter und die Witwe von Theodoros Boulgarides.)

Götzl Guten Morgen! Wir werden zunächst Sie, Herr Dr. von Oefele, hören. Es geht um die Verhandlungsfähigkeit des Herrn Wohlleben.

von Oefele Ich habe gestern Nachmittag und heute früh Herrn Ralf Wohlleben gesehen und mit ihm die Situation besprochen und auch eine kleine Untersuchung durchgeführt. Er gibt an, Rückenschmerzen zu haben, die ins linke Bein ausstrahlen. Er habe Schwierigkeiten, länger zu sitzen oder zu stehen, aufgrund dann auftretender Schmerzen. Gestern ist er mit Ibuprofen behandelt worden, auch in der JVA. Man hat ihm Ibuprofen-Tabletten ausgehändigt, die er drei Mal täglich und auch zwischendurch nehmen kann. Es besteht eine typische Bandscheibenproblematik im Bereich der Lendenwirbelsäule.

Aus gerichtsärztlicher Sicht besteht eine gewisse Beeinträchtigung, aber man kann nicht sagen, dass überhaupt keine Möglichkeit besteht, der Hauptverhandlung zu folgen, sagen wir: bis Mittag. Heute besteht in der JVA die Möglichkeit einer orthopädischen Untersuchung, wenn er am frühen Nachmittag da ist. Das würde ich empfehlen. Dann bekommt man noch einen Facharztbefund und eine Prognose. Es ist davon auszugehen, dass die Verhandlungsfähigkeit bis Mittag noch gegeben ist und sich die Beschwerden dann steigern, wenn man die ganze Zeit sitzt.

Götzl Vielen Dank. Wir würden dann natürlich so verfahren, dass Herr Wohlleben dem Orthopäden vorgestellt werden kann, dass wir also bis etwa Mittag verhandeln würden. Frau Rechtsanwältin Başay, dann würde ich Sie bitten, Ihr Plädoyer fortzusetzen.

(Başay setzt ihr Plädoyer fort, dann ergreift einer ihrer Mandanten das Wort: Abdul Kerim Şimşek, der Sohn des Mordopfers Enver Şimşek.)

Şimşek Hoher Senat, mein Name ist Abdul Kerim Şimşek. Ich bin der Sohn von Enver Şimşek. Ich war 13 Jahre alt, als mein Vater umgebracht wurde.

Ich kann mich sehr gut an den 9. September 2000 erinnern. Ich befand mich damals im Internat in Saarbrücken. Am 10. September 2000 um sechs Uhr morgens weckte mich mein Lehrer und sagte, dass ich mit dem Zug nach Nürnberg fahren müsse und dort von Verwandten abgeholt werde. Ich hatte ein mulmiges Gefühl, rief zu Hause an, aber erreichte niemanden. Ich wurde am Bahnhof von meinem Onkel abgeholt und er sagte, dass mein Vater im Krankenhaus sei.

Als ich vor dem Krankenhaus ankam, sah ich viele Verwandte und meine Mutter, die geweint hat.

Als ich auf sie zuging, merkte ich, dass sie nicht ansprechbar war, und meine Schwester war bei ihr. Ich spürte, dass etwas Furchtbares passiert war. Ich fragte gleich nach meinem Vater. Niemand sagte mir etwas Näheres, nur dass er auf der Intensivstation lag. Ich durfte meinen Vater stundenlang nicht sehen.

Als wir, meine Mutter, meine Schwester und ich, endlich zu ihm durften, war das ein schrecklicher Anblick. Ich bemerkte als Erstes, dass sein linkes Auge zerfetzt war. Je näher ich mich ihm näherte, bemerkte ich drei blutverschmierte Löcher in seinem Gesicht und weitere an seiner Brust.

Automatisch hatte ich diese gezählt. Ich glaube, ich hatte damals sechs Löcher gezählt. Ich werde das nie vergessen.

Mir war klar, dass mein Vater nicht mehr derselbe sein würde und er trotz Hoffnung wahrscheinlich sterben wird. Meine Mutter hat die Hand meines Vaters gehalten, fiel heulend auf die Knie und ist zusammengebrochen. Auf einmal fingen die an meinem Vater angeschlossenen Maschinen an zu piepen. Die Krankenschwester eilte herbei und drängte uns raus. Das war das letzte Mal, dass ich meinen Vater lebend gesehen habe. Wir warteten den ganzen Tag im Krankenhaus und meine Mutter war nicht ansprechbar.

Dadurch, dass mein Vater noch lebte, hatten wir Angst, weil wir dachten, dass die Täter noch mal kommen würden, um die Tat zu Ende zu bringen. Ich wollte nicht weg. Ich wollte meinen Vater schützen. *(Abdul Kerim Şimşek ringt mit den Tränen.)*

Irgendwann kam der Arzt zu meiner Schwester und mir und sagte, dass die Überlebenschancen sehr gering seien. Mein Vater starb am nächsten Tag.

Wir brachten den Leichnam meines Vaters in die Türkei, um ihn zu beerdigen. Als Sohn hatte ich die Pflicht, meinen Vater zu Grabe zu tragen. Ich musste ihn mit anderen Verwandten ins Grab legen. Bei uns gibt es keinen Sarg, sondern nur ein weißes Leinentuch, wo der Verstorbene eingewickelt wird. Beim Niederlegen meines Vaters bemerkte ich, dass sich das Leinentuch am Hinterkopf, wo die Schussverletzung war, rot verfärbte. Bis zu diesem Zeitpunkt hatte ich nicht geweint. Als ich die Erde auf ihn schüttete, konnte ich nicht mehr. In dem Augenblick hatte ich verstanden, dass ich meinen Vater nie wieder sehen werde.
Zurück in Deutschland war nichts mehr so wie früher. Meine Mutter hat immer geweint und hatte, wie wir heute wissen, schwere Depressionen, sie konnte sich nicht um mich und meine Schwester kümmern. Mein Vater war ein sehr geselliger Mensch, der in seiner Freizeit viel mit uns unternommen hat. Mit seinem Tod hörte unser gesellschaftliches Leben auf.
Die finanziellen Mittel waren nach dem Tod meines Vaters sehr eingeschränkt und ich versuchte, meiner Mutter nicht mehr zur Last zu fallen. Ich habe nie meine Gefühle gezeigt und es fällt mir auch jetzt sehr schwer, dies alles zu sagen, während meine Mutter heute da ist. Aber ich war ja damals selbst noch ein Kind.
(Er weint. Mit brüchiger Stimme fährt er fort.)
Bis zur Aufdeckung des NSU habe ich niemandem erzählt, dass mein Vater umgebracht wurde.
Obwohl ich sicher war, dass mein Vater kein Krimineller war, habe ich versucht, die Ermordung meines Vaters geheim zu halten. Es klingt absurd, aber ich war erleichtert, als ich hörte, dass mein Vater von Nazis umgebracht wurde und so seine Unschuld bewiesen wurde. Die Heimlichtuerei konnte endlich aufhören.
Ich bin heute selbst Vater einer zweijährigen Tochter. Und heute ist mir klar, dass er nicht nur mir und meiner Schwester, sondern auch meinem Kind weggenommen wurde. Ihr werde ich, wenn die Zeit kommt, erzählen müssen, dass ihr Opa nur aufgrund seiner Herkunft von Nazis umgebracht wurde.
Es gab viele Augenblicke in meinem Leben, in denen ich meinen Vater sehr vermisst und gebraucht habe. Mein Vater wäre heute 56 Jahre alt. Wir könnten noch so vieles teilen und unternehmen. Dies alles wurde uns genommen.
Auch ich hätte viele Fragen an die Angeklagten gehabt. *(Er weint und ruft in den Saal:)* Warum mein Vater? Wie krank ist es, einen Menschen nur aufgrund seiner Herkunft oder Hautfarbe mit acht Schüssen zu töten? Was hat mein Vater Ihnen getan? Können Sie überhaupt verstehen, was es für uns heißt, dass er nur deswegen ermordet wurde, weil er ein Türke ist? Können Sie verstehen, was es für uns heißt, im Bekennervideo den Vater blutend auf dem Boden zu sehen und zu wissen, dass er dort stundenlang hilflos lag?

Wenigstens einer der Angeklagten hat hier umfassende Angaben gemacht und sich aus meiner Sicht aufrichtig entschuldigt. Herr Schultze, wir nehmen Ihre Entschuldigung an. *(Carsten Schultze bricht auf der Anklagebank in Tränen aus.)*
Ich möchte, dass alle anderen, die an der Ermordung meines Vaters schuld sind, zur Verantwortung gezogen und in höchstem Maße bestraft werden.

Tag 404

11. Januar 2018

Manfred Götzl, Richter. **Olaf Klemke**, Verteidiger von Ralf Wohlleben. **Herbert Diemer**, Vertreter der Bundesanwaltschaft.

Götzl Guten Morgen! Herr Rechtsanwalt Klemke, bitte schön. Ich wollte auch Herrn Wohlleben bitten, zu seinem Befinden ein paar Worte zu sagen.

Verteidiger Klemke Ja, genau darum geht es. Wir beantragen, die Öffentlichkeit bei der Erörterung des Gesundheitszustandes unseres Mandanten auszuschließen. Wir beantragen zudem, die Öffentlichkeit bereits während der Verhandlung über den Ausschluss auszuschließen.

(Der Richter sucht den Blick von Bundesanwalt Diemer. Der macht genervt eine resignierende Geste. Nach kurzer Erörterung zieht sich das Gericht zurück, um den Antrag zu beraten.)

Götzl Dann ergeht nach geheimer Beratung folgender Beschluss. Für die Verhandlung über den Ausschluss der Öffentlichkeit wird die Öffentlichkeit ausgeschlossen.

(Die Öffentlichkeit – also Journalisten und Zuhörer – verlassen den Saal. Draußen teilt ein Justizbeamter etwas später mit, dass die Verhandlung bis zwölf Uhr unterbrochen ist und es danach in nicht öffentlicher Sitzung weitergehen soll. Gegen kurz vor zwölf Uhr heißt es dann jedoch, die Öffentlichkeit dürfe doch wieder in den Saal.)

Götzl Wir werden heute im Hinblick auf die gesundheitlichen Beschwerden des Angeklagten Wohlleben die Verhandlung nicht fortsetzen. Die Verteidigung des Herrn Wohlleben hat einen Beweisantrag zu den Akten gereicht, der am nächsten Verhandlungstag gestellt werden soll. Er liegt für die Prozessbeteiligten in Kopie aus. Dann wird die Hauptverhandlung unterbrochen.

Tag 405

23. Januar 2018

Manfred Götzl, Richter. **Olaf Klemke, Wolfram Nahrath, Nicole Schneiders,** Verteidiger von Ralf Wohlleben. **Anette Greger**, Vertreterin der Bundesanwaltschaft. **Hardy Langer**, Anwalt der Nebenklage.

(Die Schwester von Süleyman Taşköprü, dem Hamburger Mordopfer des NSU, ist auf eigenen Wunsch nicht mehr Nebenklägerin im NSU-Prozess. Nach einem Zerwürfnis mit ihrer Anwältin Angela Wierig aufgrund ihres Plädoyers am Tag 396 hat Aysen Taşköprü am Vortag per Fax an den Senat ihre Anschlusserklärung zur Nebenklage zurückgenommen. Damit ist Anwältin Wierig aus dem Verfahren ausgeschieden. Nach Angaben des Oberlandesgerichts sind aktuell nun noch 94 Nebenkläger mit 59 Nebenklagevertretern am Prozess beteiligt. An diesem Tag sind keine Nebenkläger und 41 Opferanwälte im Saal.)

Götzl Frau Rechtsanwältin Schneiders, Herr Rechtsanwalt Klemke, Herr Rechtsanwalt Nahrath, Sie hatten die Stellung eines Beweisantrags angekündigt. Bitte schön.

Verteidigerin Schneiders *(liest vor)* In der Strafsache gegen Herrn Ralf Wohlleben beantragt die Verteidigung, zum Beweis der Tatsache, 1. dass Jug P. die Tatwaffe Česká 83 mit der Waffennummer 034678 aus der Schweiz besorgte und 2. die Waffe über Sven Rosemann an Mundlos und Böhnhardt geliefert oder von diesen bei Sven Rosemann abgeholt wurde, die Vernehmung der Zeugen Jug P. und Sven Rosemann. Ferner wird die Beiziehung der Verfahrensakten des vom Landeskriminalamt Baden-Württemberg geführten Strukturermittlungsverfahrens gegen Jug P. sowie Akteneinsicht in diese Verfahrensakten beantragt.

(Die Verteidigung von Wohlleben begründet den Antrag damit, die Beweiserhebung werde ergeben, dass der von der Generalbundesanwaltschaft beschriebene Weg der Tatwaffe Česká 83 nicht zutreffend sei und die Anklage gegen Ralf Wohlleben keinen Bestand mehr habe. Sven Rosemann und Uwe Böhnhardt kannten sich seit ihrer Haft 1993 in der JVA Hohenleuben.)

Götzl Soll Stellung genommen werden vonseiten der Bundesanwaltschaft?

Oberstaatsanwältin Greger Ja. Hoher Senat, Herr Vorsitzender, die Anträge sind abzulehnen. Es handelt sich sowohl bei den beiden Anträgen auf Zeugenbeweis wie auch bei dem Antrag auf Beiziehung von Akten um Beweisermittlungsanträge, denen mangels zu erwartendem Erkenntnisgewinn nicht nachzukommen ist. *(Greger führt im Folgenden aus, dass sich die angeführten Beweise »aufgrund der gesi-*

cherten bisherigen Beweisaufnahme als haltlos« erwiesen. Die Verteidigung habe den Antrag »ins Blaue hinein« gestellt und nicht weiter ausgeführt, wie Jug P. und Sven Rosemann 1996 in Besitz der Tatwaffe gekommen seien und wie die Übergabe an Böhnhardt und Mundlos abgelaufen sei. Außerdem beanstandet Greger, dass der Antrag nicht schon während der Beweisaufnahme bis zum 17. Mai 2017 gestellt wurde. Deshalb beantragt sie, die Anträge auch »wegen Verschleppungsabsicht zurückzuweisen«.)

Götzl Weitere Stellungnahmen?

Anwalt Langer Es ist offenkundig, dass der Antrag auf die Zeugenvernehmungen nicht das von den Antragstellern mitgeteilte Beweisergebnis erbringen wird. Denn es ist fernliegend, dass der Zeuge P. und der Zeuge Rosemann die unter Beweis gestellten Behauptungen bestätigen werden. Ersterer soll die hier relevante Tatwaffe Česká 83 mit Schalldämpferaufsatz »aus der Schweiz besorgt« und sich dabei die Waffennummer 034678 besonders eingeprägt haben. Zweiterer soll sich diese Waffennummer ebenso genau eingeprägt haben, bevor er die Waffe Uwe Mundlos und Uwe Böhnhardt habe zukommen lassen.

Gleiches gilt zu dem mutmaßlichen Verfahren mit 2017er Aktenzeichen des LKA Baden-Württemberg gegen den Zeugen P., zu dem die Antragsteller forsch ins Blaue hinein vermuten, dieses habe mit Ermittlungen zur Herkunft der Tatwaffe Česká 83 aus der Zeit bis zum Jahre 2000 zu tun.

Zweck dieser Anträge ist offenbar entweder eine Verzögerung des Verfahrens, oder es soll versucht werden, aus einer Ablehnung dieser Anträge weitere Rechte auf anderer Ebene herzuleiten: Ablehnungsgesuch, Verfahrensrüge im Revisionsverfahren.

Bestünde der wirkliche Zweck im Interesse am Nachgehen dieser Anträge in Bezug auf die Zeugen P. und Rosemann, wären diese von den Antragstellern bereits am ersten Hauptverhandlungstag gestellt worden, da alle in diesem Antrag relevanten Bezüge zu den benannten Zeugen bereits zum damaligen Zeitpunkt bekannt waren. Insbesondere bei einem in U-Haft befindlichen Angeklagten ist nicht recht erkennbar, warum die Antragsteller mehr als viereinhalb Jahre abwarten, um sich jetzt auf die Vernehmung der beiden genannten Zeugen zu stützen, also sich auf längst bekannte Umstände zu berufen.

Tag 406

24. Januar 2018

Manfred Götzl, Richter. **Wolfram Nahrath**, Verteidiger von Ralf Wohlleben.

Götzl Wir setzen fort. *(Er schaut zu Wohllebens Verteidigern.)* Sie wollten heute eine ergänzende Stellungnahme abgeben? *(Nahrath nickt.)* Herr Rechtsanwalt Nahrath, bitte schön.

Verteidiger Nahrath Sowohl der Generalbundesanwalt als auch Rechtsanwalt Langer vertreten die Rechtsauffassung, dass ein Beweisantrag ins Blaue hinein gestellt sei, wenn die unter Beweis gestellten Tatsachen aufgrund der »gesicherten bisherigen Beweisaufnahme offensichtlich unwahrscheinlich« seien. Diese Ansicht beschränkt die grundlegende Aufgabe des Strafverfahrens, die Wahrheit zu ermitteln unter Berufung auf die Verfahrensbeschleunigung, in dem sie die Messlatte für die Zulässigkeit von Beweisanträgen in olympische Höhen legt. In concreto will der Generalbundesanwalt der Verteidigung die Chance abschneiden, einen alternativen zu dem von ihm als erwiesen angesehenen Weg, auf dem die Tatwaffe zu Mundlos und Böhnhardt gelangt sein soll, unter Beweis zu stellen.

Die bisherige Beweisaufnahme hat jedoch den Weg der Tatwaffe zu Uwe Mundlos und Uwe Böhnhardt nicht mit dem Maß an Sicherheit bewiesen, der keine vernünftigen Zweifel aufkommen lässt. Die Schlussfolgerung der Bundesanwaltschaft, es habe sich bei der vom Angeklagten Schultze besorgten Waffe um die Tatwaffe Česká 83 gehandelt, ist nicht mehr als eine nicht mit der erforderlichen Sicherheit bewiesene Theorie. Noch spekulativer ist der von der Bundesanwaltschaft angenommene Weg der Tatwaffe aus der Schweiz an Mundlos und Böhnhardt.

Der von uns im Beweisantrag aufgezeigte alternative Beschaffungsweg der Tatwaffe Česká 83 liegt deshalb mindestens genauso nahe, wenn nicht sogar näher. Die beiden Zeugen R. und P. werden als Waffenbeschaffer der Tatwaffe Česká 83 Angaben zum Erwerb der Uwe Mundlos und Uwe Böhnhardt machen können, wie auch zu ihren Beweggründen.

Die Bundesanwaltschaft und Herr Rechtsanwalt Langer lassen den Freiheitsanspruch Herrn Wohllebens völlig außer Betracht. Der Beweisantrag betrifft den Kern der Anklage gegen Herrn Wohlleben. Herr Wohlleben befindet sich seit fast sechs Jahren und zwei Monaten in Untersuchungshaft. Ihm droht Freiheitsstrafe bis zu 15 Jahren. Er hat einen Anspruch darauf, dass das Verfahren bis zum Schluss ergebnisoffen geführt wird. Dies beinhaltet auch, dass bis zum Schluss der Hauptverhandlung potenziell entlastende Beweiserhebungen möglich sind. Eine gewisse Verfahrensverzögerung ist der Wahrung der Unschuldsvermutung immanent.

Es wird klargestellt, dass die Benennung der Waffennummer der Tatwaffe in dem Antrag nur zur Klarstellung dessen angeführt wurde, dass es sich um die Tatwaffe handelt. Die Verteidigung geht nicht davon aus, dass sich die Zeugen an eine Waffennummer erinnern, wobei nicht ausgeschlossen ist, dass die Zeugen an der Entfernung der Waffennummer beteiligt waren. Im Übrigen sei darauf hingewiesen, dass auch der Angeklagte Schultze sich an eine konkrete Waffennummer ebenso wenig erinnerte wie der Zeuge Andreas Schultz.

Tag 407

30. Januar 2018

Manfred Götzl, Richter. **Nicole Schneiders**, Verteidigerin von Ralf Wohlleben.

Götzl Dann ergeht nach geheimer Beratung folgender Beschluss: Die Anträge, die Zeugen Jug P. und Sven Rosemann zum Beiweis der Tatsachen zu vernehmen, 1. dass Jup P. eine Česká 83 aus der Schweiz besorgte und 2. die Waffe über Sven Rosemann an Mundlos und Böhnhardt geliefert oder von diesen bei Sven Rosemann abgeholt wurde, werden abgelehnt, weil die unter Beweis gestellten Tatsachen für die Entscheidung tatsächlich ohne Bedeutung sind. Den Anträgen, die Verfahrensakten des vom Landeskriminalamt Baden-Württemberg geführten Strukturermittlungsverfahrens gegen Jug P. beizuziehen sowie Akteneinsicht zu gewähren, wird nicht nachgekommen.

Verteidigerin Schneiders Die Verteidigung des Herrn Wohlleben beantragt eine Unterbrechung der Hauptverhandlung bis morgen, 9.30 Uhr, für eine Gegenvorstellung, die erhoben werden soll.

Götzl Dann wird die Hauptverhandlung bis morgen unterbrochen.

Tag 408

31. Januar 2018

[redacted]fred Götzl, Richter. **Nicole Schneiders**, Verteidigerin von Ralf Wohlleben.

Göt[redacted]u Rechtsanwältin Schneiders, Sie hatten eine Gegenvorstellung angekün-d[redacted]tte schön.

Ve[redacted]**in Schneiders** Die Verteidigung des Herrn Wohlleben erhebt folgende Ge-[redacted]nv[redacted]tellung. 1. Die Verteidigung erlaubt sich den Hinweis, dass der Senat [redacted]en [redacted]eisantrag hinsichtlich der Beweistatsache fehlerhaft ausgelegt hat. Wir [redacted]atte[redacted]ie Vernehmung der Zeugen Sven Rosemann und Jug P. zum Beweis der Tatsa[redacted] beantragt, dass Jug P. die Tatwaffe Česká 83 aus der Schweiz besorgte und d[redacted]Waffe über Sven Rosemann an Mundlos und Böhnhardt geliefert hat oder v[redacted]diesen bei Sven Rosemann abgeholt wurde. In unserer Klarstellung zur Waffen[redacted]mmer teilten wir mit, dass die Waffennummer nur zur Verdeut-li[redacted]ng[redacted]nte, dass es sich dabei um die Tatwaffe handelte. Das bedeutet nicht, da[redacted]wir[redacted]nsichtlich dieser Beweistatsache irgendwelche Abstriche gemacht ha-be[redacted]Der[redacted]weisantrag bezieht sich auf den Kern der gegen Herrn Wohlleben er-hob[redacted]en[redacted]klage.

Tag 409

1. Februar 2018

Manfred G[redacted]chter. **Wolfgang Heer**, Verteidiger von Beate Zschäpe. **Olaf Klemke**, [redacted]**icole Schneiders**, Verteidiger von Ralf Wohlleben.

(Verteidiger[redacted]*m fehlt in dieser Verhandlungswoche. Andreas Lickleder vertritt sie.)*

Götzl Herr Re[redacted]nwalt Heer, bitte schön.

Verteidiger Hee[redacted]r Lickleder und ich schließen uns den von der Verteidigung Wohlleben g[redacted]lten Anträgen auf Einvernahme der Zeugen Sven Rosemann und Jug P. un[redacted]f Beiziehung der Akten des LKA Baden-Württemberg an. Wir schließen uns[redacted]nso der Erwiderung der Verteidiger der Angeklagten Wohlleben auf die Stellungnahmen des Generalbundesanwalts und Rechtsanwalts Langer an. Wir schließen uns zusätzlich den Anträgen auf Einvernahme des Zeugen

H. sowie sämtlichem Vortrag der Verteidiger des Angeklagten Wohlleben auf Nachfragen des Vorsitzenden an. Wir schließen uns zudem der Gegenvorstellung vom 408. Hauptverhandlungstag an. *(Heer nennt nur Lickleder und sich als Antragsteller. Stahl, der neben den beiden sitzt, erwähnt er nicht. Götzl unterbricht die Sitzung für eine Pause und verliest anschließend einen Beschluss.)*

Götzl Es ergeht nach geheimer Beratung folgender Beschluss: Der Beschluss des Senats vom 30.1.2018 gilt im Hinblick auf die am 1.2.2018 erklärten Anschlüsse durch Rechtsanwalt Heer und Rechtsanwalt Lickleder entsprechend.

Auf die Gegenvorstellungen gegen den Beschluss des Senats vom 30.1.2018 wird den Anträgen, die Zeugen Jug P. und Sven Rosemann zum Beweis der Tatsachen zu vernehmen, dass Jug P. die Tatwaffe Česká 83 aus der Schweiz besorgte und die Waffe über Sven Rosemann an Mundlos und Böhnhardt geliefert oder von diesen bei Sven Rosemann abgeholt wurde, nicht nachgekommen, weil die Amtsaufklärungspflicht nicht dazu drängt.

(Götzl begründet die Ablehnung unter anderem damit, dass die gestellten Anträge keine Anhaltspunkte geliefert hätten, dass Jug P. und Sven Rosemann tatsächlich »Umgang« mit der von Böhnhardt und Mundlos verwendeten Tatwaffe Česká 83 hatten.)

Verteidigerin Schneiders Wir beantragen eine Unterbrechung der Hauptverhandlung zur Anbringung eines Ablehnungsgesuchs.

(Die Sitzung wird für eine Stunde unterbrochen.)

Götzl Dann bitte schön, Herr Rechtsanwalt Klemke.

Verteidiger Klemke Der Angeklagte Wohlleben lehnt Herrn Vorsitzenden Richter am Oberlandesgericht Götzl, Frau Richterin am Oberlandesgericht Odersky, Herrn Richter am Oberlandesgericht Dr. Lang, Herrn Richter am Oberlandesgericht Dr. Kuchenbauer und Herrn Richter am Oberlandesgericht Kramer wegen Besorgnis der Befangenheit ab.

Die abgelehnten Richter machen überdeutlich, dass sie sich bereits festgelegt haben, dass die Tatwaffe über Carsten Schultze an Uwe Böhnhardt und Uwe Mundlos gelangte, und sie der festen und unerschütterlichen Überzeugung sind, dass der Weg der Tatwaffe bereits feststeht.

Die Tatrichter müssen jedoch bis zur Urteilsverkündung ergebnisoffen sein. Stattdessen haben die abgelehnten Richter eine unverrückbare Haltung eingenommen und sind nicht mehr die unparteiischen Richter, die das Gesetz voraussetzt.

Tag 410

7. Februar 2018

Manfred Götzl, Richter. **Jochen Weingarten**, Vertreter der Bundesanwaltschaft. **Mathias Grasel, Wolfgang Heer,** Verteidiger von Beate Zschäpe. **Michael Kaiser,** Verteidiger von André Eminger. **Stefan Hachmeister**, Verteidiger von Holger Gerlach. **Olaf Klemke,** Verteidiger von Ralf Wohlleben. **Jacob Hösl,** Verteidiger von Carsten Schultze. **Adnan Erdal, Barbara Kaniuka, Manuel Reiger,** Anwälte der Nebenklage.

(Am Vortag ist die Verhandlung ausgefallen. Grund war das Ablehnungsgesuch von Ralf Wohlleben gegen die Richter des Senats. Die Entscheidung über den Befangenheitsantrag liegt vor dem Saal für die Prozessbeteiligten aus. Die Besorgnis der Befangenheit wurde als unbegründet angesehen, der Antrag zurückgewiesen.)

Götzl Wir setzen fort. Dann ergeht nach geheimer Beratung folgender Beschluss: Die Beanstandungen der Sitzungsleitung des Vorsitzenden im Rahmen der Schlussvorträge der Nebenklagevertreter Rechtsanwalt Schön und Reinecke werden als unzulässig zurückgewiesen. *(Schön und Reinecke vertreten mehrere Opfer des Anschlags in der Kölner Keupstraße. In ihren Plädoyers hatten sie sich den Strafanträgen der Bundesanwaltschaft gegen Zschäpe, Wohlleben, Eminger und Gerlach angeschlossen, für Carsten Schultze beantragten sie eine geringere Strafe. Die Verteidiger von Zschäpe und Eminger monierten daraufhin, dass Götzl sie gewähren ließ, obwohl sie sich nur zu Zschäpe hätten äußern dürfen, weil den anderen vier Angeklagten keine Vorwürfe im Zusammenhang mit dem Keupstraßen-Anschlag gemacht werden.)*

Im vorliegenden Fall kam es durch den Vorsitzenden weder zu einem Unterbinden von Äußerung noch zu einer Rüge des im Schlussvortrag dargestellten Inhalts. Es liegt hier mangels Tätigwerden des Vorsitzenden eine schlichte Untätigkeit des Vorsitzenden vor. Eine derartige Untätigkeit ist, auch wenn sie bewusst geschieht, einer Beanstandung grundsätzlich entzogen.

Gibt es Stellungnahmen? Erklärungen? *(Er blickt sich um.)* Keine. Dann schließe ich die Beweisaufnahme und würde zunächst der Bundesanwaltschaft und den Nebenklägern und Nebenklagevertretern erneut das Wort erteilen. Zunächst die Bundesanwaltschaft.

(Weil nach den ersten Plädoyers wieder in die Beweisaufnahme eingetreten worden war, müssen diejenigen, die bereits plädiert hatten, Gelegenheit bekommen, noch mal zu plädieren.)

Oberstaatsanwalt Weingarten Herr Vorsitzender, hoher Senat, ich wiederhole die gestellten Schlussanträge des Generalbundesanwalts sowie die diese Anträge tragenden Begründungen.

Götzl Vielen Dank. Sollen vonseiten der Nebenklagevertreter ergänzende Ausführungen oder Wiederholungen erfolgen? *(Er schaut in die Reihen der Nebenklagevertreter.)* Keine. Dann wäre von der Reihenfolge her als Nächstes Herr Rechtsanwalt Mohammed beziehungsweise Herr Rechtsanwalt Reiger dran?

Anwalt Reiger Ich vertrete den Kollegen Mohammed, und ich wäre auch bereit zu plädieren.

Götzl Bitte schön.

Anwalt Reiger *(Rechtsanwalt Khubaib-Ali Mohammeds Mandant, George Ismail P., ist Opfer des Anschlags in der Kölner Keupstraße im Juni 2004.)* George Ismail P. befand sich in der Todeszone der Bombe. Er wurde in Aleppo in Syrien geboren und als Christ getauft. Er wurde wegen seiner Religion verfolgt und entschloss sich zur Flucht nach Deutschland. Er fand in Köln eine neue Heimat. Bis zum 9.6.2004 fühlte er sich hier erstmals in seinem Leben sicher. *(Reiger spricht über die Besonderheit des NSU-Prozesses. Es sei in der Hauptverhandlung immer wieder zur Sprache gekommen, dass es nur um die Schuld- und Rechtsfolgenfrage im Hinblick auf die Angeklagten gehe. Aber in Wirklichkeit sei es um viel mehr gegangen: auch um »die Rolle der Ermittlungsbehörden gegenüber Opfern rechter Gewalt« und um »das Auge, mit dem Ermittler Migranten betrachten«. Fünf Jahre Prozess hätten den Verdacht einer staatlichen Verstrickung in den NSU-Komplex nicht ausräumen können. »Nein, er drängt sich geradezu auf.«)*

Götzl Vielen Dank. Herr Rechtsanwalt Erdal, dann würde ich Sie bitten.

Anwalt Erdal *(Erdal vertritt ein Opfer des Bombenanschlags in der Kölner Keupstraße. Er tritt ans Rednerpult.)* Wir schließen uns den Ausführungen der Bundesanwaltschaft an. Mehr nicht.

Götzl Dann bedanke ich mich, Herr Rechtsanwalt Erdal. Frau Rechtsanwältin Kaniuka, dann kämen wir zu Ihnen. Bitte.

Anwältin Kaniuka Hoher Senat, meine Damen und Herren, wir stehen kurz vor dem Ende der Plädoyers der Nebenklagevertreter und -vertreterinnen. Und inzwischen ist der Spielraum, noch etwas zu sagen, was Ihnen nicht schon hinlänglich bekannt vorkommen wird, ziemlich eng geworden.

Ich vertrete die Nebenklage Kılıç. Und meine Themen werden keine neuen sein: Es wird unter anderem darum gehen, was dieser vierte Mord der Serie, die auf das Konto des NSU geht, bei den Hinterbliebenen angerichtet und wie sich ihr Leben verändert hat. In erster Linie durch den Verlust eines nahestehenden Menschen, aber auch durch die polizeilichen Ermittlungen, durch jahrelange Ungewissheit über die Mörder und deren Motive, und durch Reaktionen und Ängste, die das Verbrechen bei den Angehörigen selbst und in ihrem Umfeld

hervorgerufen hat. Und ich bin mir durchaus bewusst, dass dabei sehr schnell der Eindruck entstehen mag, das doch alles schon zu kennen.
Auf den ersten Blick mag das auch stimmen. Aber in Wahrheit sind es keine Wiederholungen. Und zwar deshalb nicht, weil wir hier von singulären Schicksalen reden. Jeder einzelne Nebenkläger, den die Morde oder Sprengstoffanschläge des NSU getroffen haben, hat seine eigene Geschichte.
Sprechen wir also von Habil Kılıç, dem ersten der beiden Münchner Opfer der Česká-Serie. Ich vertrete seine Tochter, die nicht möchte, dass ihr vollständiger Name hier genannt wird.
Meine Mandantin gehört zu den Hinterbliebenen unter den Nebenklägern, die sich immer bewusst im Hintergrund gehalten und die jede Öffentlichkeit gemieden haben. Sie ist auch kein einziges Mal in diesem Sitzungssaal gewesen, um die Hauptverhandlung persönlich zu verfolgen. Und sie wird auch, das kann ich an dieser Stelle schon sagen, als Nebenklägerin selbst keine Ausführungen machen.
Ihr Vater Habil Kılıç wurde am 29. August 2001 im Obst- und Gemüsegeschäft »Frischmarkt« in der Bad-Schachener-Straße 14 in München-Ramersdorf erschossen. Den Laden hatten seine Frau und er etwa ein Jahr zuvor eröffnet, nachdem sie schon länger überlegt hatten, sich mit einem eigenen Geschäft selbstständig zu machen. Sie hatten damals schon in der Bad-Schachener-Straße 12 gewohnt, und als im Jahr 2000 genau im Nebenhaus Ladenräume frei geworden waren, hatten sie zugegriffen und den Schritt gewagt. Beide hatten bis dahin eine Festanstellung gehabt, Frau Kılıç in einem Bekleidungsgeschäft, ihr Mann in der Münchner Großmarkthalle, mit einem Nebenjob in einer Reinigungsfirma. Klar war gewesen, dass einer von ihnen den Arbeitsplatz für den Laden aufgeben würde. Am Ende war es Frau Kılıç gewesen, die gekündigt hatte. Herr Kılıç hatte den Nebenjob aufgegeben, um im Laden mithelfen zu können.
Zur Finanzierung des Geschäfts hatte das Ehepaar einen Kredit aufgenommen. Das Risiko war ihnen überschaubar vorgekommen, weil das regelmäßige Gehalt von Herrn Kılıç ja gesichert schien. Es war von vornherein klar gewesen, dass so ein eigenes Geschäft viel Arbeit bedeuten würde, aber das hatte sie nicht abgeschreckt. Sich etwas aufzubauen, auf eigenen Füßen zu stehen, unabhängig zu sein, auch etwas zu wagen – darum ist es ihnen gegangen, und das ist ihnen den Einsatz wert gewesen. Eine Einstellung, die sie offensichtlich mit anderen Opfern der Česká-Serie geteilt haben.
Der neue Alltag nach der Geschäftseröffnung hat so ausgesehen, dass Herr Kılıç von Montag bis Freitag ab drei, halb vier morgens auf dem Großmarkt gearbeitet hat, derweil seine Frau ab neun Uhr im Laden gestanden hat. Nach der Arbeit hat er um die Mittagszeit frische Waren vorbeigebracht und sich dann ein

paar Stunden hingelegt. Am späten Nachmittag oder frühen Abend ist er wieder in den Laden gekommen, um seine Frau zu entlasten und ihr beim Aufräumen und Saubermachen zu helfen. Mit der Wohnung im Nebenhaus sind die Wege kurz und die Grenzen zwischen Arbeit und Privatleben fließend gewesen.
Wenn die Tochter, also meine Mandantin, mittags aus der Schule kam, hat sie oft in einem Raum hinter dem eigentlichen Laden gesessen und dort ihre Hausaufgaben gemacht. Das Geschäft wurde eine Art erweitertes Zuhause.
Herr Kılıç war Jahrgang 1961 und stammte aus einem Dorf an der türkischen Schwarzmeerküste. Seine spätere Frau, die schon seit 1968 in Deutschland lebt, hatte er in den 80er-Jahren im Urlaub in der Türkei kennengelernt. 1985 hatten sie geheiratet, Herr Kılıç zog später nach München nach. 1989 kam die Tochter auf die Welt. Auch nach der Geburt blieb Frau Kılıç weiter berufstätig. Deshalb war es vor allem Herr Kılıç, der sich in den ersten drei Jahren zu Hause um das Kind gekümmert hat. Nicht zuletzt wegen der intensiven Betreuung in den ersten Lebensjahren bestand zwischen Vater und Tochter eine sehr enge Bindung.
Es war ein ganz normales und unspektakuläres Leben mit den üblichen Höhen und Tiefen, das Habil Kılıç mit seiner Familie geführt hat. Als es am 29. August 2001 ausgelöscht wurde, war er gerade einmal 38 Jahre alt.
Meine Mandantin war ein Kind, 12 Jahre alt, als ihr durch den Mord der Vater genommen wurde. Zur Tatzeit waren in Bayern Schulferien, und sie war am 18. August mit ihrer Mutter für zwei Wochen in Urlaub gefahren. Herr Kılıç war daheimgeblieben, damit der Laden nicht geschlossen werden musste. Dafür hatte er bei seiner Firma extra Urlaub genommen. Angestellte hatten sie ja keine, dafür warf das Geschäft nicht genug ab.
Es war ihm auch ganz recht, in München zu bleiben, weil er nicht mehr gerne verreiste, nachdem er zwei Jahre zuvor im Urlaub ein schweres Erdbeben miterlebt hatte. Zu Hause in München – grausame Ironie – hat er sich sicher gefühlt.
Der letzte Kontakt zwischen Vater und Tochter war ein Telefonat am Morgen seines Todes.
Die Schwiegermutter und eine Schwägerin von Herrn Kılıç wohnen hier in München. Von den Angehörigen waren sie es, die am Tattag zuerst von seiner Ermordung erfuhren. Sie riefen die Ehefrau in der Türkei an, sagten ihr jedoch erst mal nur, sie solle schnellstmöglich mit der Tochter nach Hause kommen, ihr Mann habe einen Unfall gehabt und liege im Krankenhaus. Dass er tot war, in ihrem Geschäft erschossen, erfuhr sie erst, als sie am nächsten Tag am Münchner Flughafen ankam. Von dort führte der erste Weg zur Polizei, die die völlig am Boden zerstörte Frau schon für eine Vernehmung erwartete. Es sollte nicht die einzige bleiben.
Die polizeilichen Ermittlungen im Mordfall Kılıç sind nach dem gleichen Sche-

ma abgelaufen wie in anderen Fällen der Česká-Serie auch. Man hatte ein Tötungsdelikt, bei dem erst einmal konkrete Hinweise auf den oder die Täter gefehlt haben. Das kommt öfter vor, und dass die Polizei in einem solchen Fall beim Umfeld des Opfers ansetzt und dieses abklärt, daran gibt es gewiss nicht das Geringste auszusetzen. Aber darum geht es hier gar nicht.

Es geht vielmehr darum, dass die Ermittler sich von Anfang an festgelegt hatten. Nämlich darauf, dass Anlass und Motiv der Tat nur in Verstrickungen des Opfers selbst in irgendwelche kriminellen Machenschaften zu finden sein könnten. Die Arbeitshypothese war, dass es im Leben von Habil Kılıç eine dunkle Seite – so ist es formuliert worden – gegeben haben müsse, über die der Fall zu lösen sei. Und dann hat man sich konsequent und ohne groß nach links und rechts zu gucken auf die Suche nach einem dunklen Punkt gemacht. Im Angebot waren illegales Glücksspiel, Prostitution, Schutzgelderpressungen, organisierte Kriminalität, Graue Wölfe und PKK, und – wie zuvor schon bei den Ermittlungen im Mordfall Enver Şimşek – Drogenhandel. Noch 2006 hat man Herrn Kılıç unterstellt, in BtM-Geschäfte mit Verbindungen nach Holland verwickelt gewesen zu sein; logisches Tatmotiv: Drogenschulden. Vor diesem Hintergrund sind selbst Bankkonten der damals 17-jährigen Tochter überprüft worden. Aber egal, wie hartnäckig man auch gesucht hat – gefunden hat man nichts. Wie auch: Die dunkle, kriminelle Seite im Leben von Herrn Kılıç hat es schlichtweg nicht gegeben.

Derweil haben die Täter des NSU ungestört weiter gemordet.

Herr Kılıç war ein völlig unauffälliger Familienvater, von Freunden und Kollegen gemocht und geschätzt, ein freundlicher Mann, redlich, hilfsbereit, lebensfroh, fleißig und gleichzeitig ebenso wenig perfekt wie jeder andere auch. Er hat nicht sterben müssen, weil er in kriminellen Kreisen unterwegs gewesen wäre oder sich auf illegale Geschäfte eingelassen hätte. Nein, erschossen wurde er allein deswegen, weil er Türke war.

Auf die Idee, dass er dem mörderischen Ausländerhass von Rechtsextremisten zum Opfer gefallen sein könnte, sind die Ermittler damals nicht einmal ansatzweise gekommen. Diese Möglichkeit ist für sie undenkbar gewesen – nur so ist die Äußerung des Zeugen W. zu verstehen, der als damaliger Ermittlungsleiter bei seiner Vernehmung in der Hauptverhandlung am 11.7.2013 betont hat, man habe »in alle denkbaren Richtungen ermittelt«.

An dieser Stelle könnte der Einwand kommen, dass man im Nachhinein bekanntlich immer schlauer ist und der damalige Kenntnisstand ein anderer war als heute; und dass es deshalb heute leichtfällt, Kritik an den Behörden und ihrer damaligen Vorgehensweise zu üben. Aber der Einwand greift nicht, denn die Ermittlungen waren nicht erst in der Rückschau einseitig ausgerichtet.

Tatsache ist, dass zum Zeitpunkt des Mordes an Herrn Kılıç bereits drei andere Männer mit derselben Tatwaffe ermordet worden waren, was auch den Ermittlern in München schnell bekannt war. Vier tote Männer, eine Waffe – dass man bei dieser Ausgangslage nach Verbindungen zwischen den Opfern sucht, um einen roten Faden zu finden, ist naheliegend und in keiner Weise zu beanstanden. Was aber durchaus zu beanstanden ist, ist der Umstand, dass auch hier wieder eine Art Tunnelblick eingesetzt hat. Gesucht hat die Polizei den roten Faden nämlich wiederum allein in etwaigen gemeinsamen Verbindungen der Opfer zum Drogenmilieu oder zur organisierten Kriminalität. Dabei hat es doch ganz offensichtliche Gemeinsamkeiten gegeben, nach denen man gar nicht lang hat suchen müssen – vier Männer mittleren Alters, die allesamt aus der Türkei stammten, im Kleingewerbebereich selbstständig tätig waren und am helllichten Tag am Arbeitsplatz im Stil einer Hinrichtung in den Kopf geschossen wurden. Hätte da wirklich nicht mal der Gedanke kommen müssen, dass diese Gemeinsamkeiten auf ein rassistisches Motiv hindeuten könnten, auf einen Täter aus der rechten Ecke?

Eine irgendwie geartete »Unschuldsvermutung« hat für Herrn Kılıç und seine Angehörigen während der erfolglosen Ermittlungen nicht gegolten. Oder um es mit den Worten seiner Witwe am 11.7.2013 hier in der Hauptverhandlung zu sagen: »Die Polizei hat uns öfter gerufen, sie haben uns wie Verdächtige behandelt, jahrelang. Die haben auch nicht gewusst, wie das war. Sie haben rechts und links ein Foto von mir gemacht und mir ein Schild umgehängt und Fingerabdrücke genommen. Sie wollten von uns eine Erklärung, was war.«

Aber nicht nur von den Ermittlungsbehörden haben sie und der Rest der Familie sich in der schlimmsten Phase ihres Lebens im Stich gelassen gefühlt. Eine rätselhafte Mordserie – da wurde auch in den Medien über mögliche Täter und Tatmotive und eventuelle kriminelle Verstrickungen des Opfers selbst gemutmaßt. Vorurteile gegen die Mordopfer haben sich damals hartnäckig gehalten; man hat einfach nicht so richtig glauben wollen, dass sie nicht doch irgendwie »schuld« an ihrem gewaltsamen Tod sein sollten. Geschont worden sind die Opfer der »Döner-Morde«, wie sie damals respektlos genannt wurden, wahrhaftig nicht, und das haben auch ihre Hinterbliebenen abbekommen. Die Schwiegermutter von Habil Kılıç hat ebenfalls am 11.7.2013 als Zeugin geschildert, es sei von Drogenbanden und Mörderfamilie die Rede gewesen. Niemand habe etwas mit einer Mörderfamilie zu tun haben wollen. Nicht am Arbeitsplatz, nicht in der Schule.

Das hat auch meine Mandantin damals zu spüren bekommen. Wie geht eine Zwölfjährige, die gerade unter für sie unbegreiflichen Umständen ihren Vater verloren hat, damit um, wenn in der Schule geredet wird, er sei ein Drogen-

händler oder bei der Mafia gewesen? Der Schulleiterin wäre es ohnehin am liebsten gewesen, wenn das Kind die Schule ganz verlassen hätte, ein entsprechendes Ansinnen hat sie damals ganz offen an die Mutter herangetragen. Es hieß, man müsse die übrigen Schüler schützen und an deren Sicherheit denken.
Man muss sich mal in die Situation des Kindes und seiner Mutter versetzen: Aus der unauffälligen, normalen und völlig harmlosen Mitschülerin vor den Ferien war ein paar Wochen später ein vermeintliches Sicherheitsrisiko geworden, zu dem man sie kurzerhand auf der Grundlage von Gerüchten und Spekulationen erklärt hatte. Wenn jemand Schutz und Unterstützung gebraucht hätte, dann sie selbst.
Kein Zweifel: Für das Mädchen ist damals jedenfalls jeder Gedanke an eine unbeschwerte Kindheit und Jugend von heute auf morgen vorbei gewesen: Der Vater tot, von Unbekannten erschossen, in den Räumen, in denen sie zuvor fast täglich unbefangen und selbstverständlich ein und aus gegangen war. Wenn eine solche Gewalttat in das Leben eines Kindes einbricht, dann ist das der Stoff, aus dem Albträume gemacht sind. Kinder genießen das Privileg, darauf vertrauen zu dürfen, dass die Eltern Schlimmes von ihnen fernhalten, dass sie stark sind, dass sie die Dinge in Ordnung bringen, dass sie Erklärungen haben. Frau Kılıç hat erlebt, dass ihr Vater nicht einmal sich selbst hat schützen können, dass ihre Mutter keine Erklärungen gehabt hat, dass sie gar nichts hat in Ordnung bringen können, sondern selbst am Ende war, überfordert von der Situation und überwältigt von der Trauer um den verstorbenen Mann. Sie hat erleben müssen, dass man sich in der Schule, in der Nachbarschaft, in den Medien abfällig über ihren Vater geäußert hat und dass sie selbst schief angeguckt wurde.
Hinzu kam die Angst. Die unbestimmte Angst, der unbekannte Mörder könnte zurückkommen und ihr auch noch die Mutter nehmen. Sie hat Dinge gesehen, die sie nicht hätte sehen sollen, wie den blutverschmierten Tatort oder die Wohnung mit den deutlichen Zeichen von Spurensicherung und Durchsuchung, bei der auch ein Drogenspürhund zum Einsatz gekommen war. Lauter Bilder, die im Kopf bleiben. Die Angst machen. Und die jedes Grundvertrauen zerstören.
Nach dem Tod von Herrn Kılıç hat seine Frau den Laden aufgeben müssen; es war ihr unmöglich, sich dort noch mal hinter die Verkaufstheke zu stellen. »Ich hab das nicht mehr ausgehalten mit dem Blutbad«, hat sie als Zeugin hier in der Hauptverhandlung gesagt. Also hat sie jemanden suchen müssen, der den Laden möglichst schnell übernimmt, weil natürlich die Miete weiterlief. Vorher hat sie den freigegebenen Tatort aber noch eigenhändig geputzt und das Blut vom Boden gewischt, zusammen mit ihrer Mutter und ihrer Schwester. Dass das die Aufgabe professioneller Tatortreiniger ist, hat sie erst danach erfahren. Für deren Einsatz kam dann auch noch umgehend eine Rechnung. In einer auch fi-

nanziell schwierigen Situation, denn der Kredit für die Geschäftsgründung musste ja zurückgezahlt werden, und Frau Kılıç stand erst einmal ohne Arbeit da. Auch in die Wohnung in der Bad Schachener Straße sind Mutter und Tochter nicht mehr zurückgekehrt. Der Gedanke, tagtäglich an dem Geschäft vorbeigehen zu müssen und weiter in der Wohnung im Nebenhaus zu wohnen, war unerträglich für sie.

Zehn Jahre hat es gedauert, bis nach dem 4.11.2011 klar wurde, wer für den Mord an Habil Kılıç verantwortlich war.

Es gibt nach wie vor eine Reihe von Unbekannten in diesem Verfahren. Dazu zählt auch ein etwaiges Unterstützerumfeld des NSU über die Mitangeklagten Eminger, Wohlleben, Gerlach und Schultze hinaus. Haben Mundlos, Böhnhardt und Frau Zschäpe Helfer vor Ort gehabt? Wer waren diese Personen? Und welche Rolle haben sie gegebenenfalls bei der Auswahl und Ausspähung von Opfern und Tatorten gespielt? Wo ist die Verbindung zu Herrn Kılıç?

Man kann über all das endlos spekulieren, ohne je zu wissen, wie nahe man der Wahrheit dabei tatsächlich kommt. Jedenfalls solange die Angeklagte Zschäpe, die Aufschluss darüber geben könnte, vorgibt, nichts zu wissen.

Auf dem Bekennervideo, für dessen Verbreitung sie nach dem Tod von Mundlos und Böhnhardt zuverlässig gesorgt hat, rühmt sich der NSU auch des Mordes an Habil Kılıç. Schon in der zweiten Vorgängerversion des Videos war ein Zeitungsartikel aus der Münchner tz vom 30.8.01 eingespielt, in dem über die Tat in der Bad-Schachener-Straße berichtet wurde. Es ist einer von zwei Zeitungsausschnitten aus dem Archiv in der Frühlingsstraße, auf denen Fingerspuren der Angeklagten Zschäpe gefunden worden sind. Zu deren Versuch, in ihrer schriftlichen Einlassung eine Erklärung für diesen kompromittierenden Fingerabdruck zu konstruieren, hat sich bereits der Kollege Reinecke geäußert. Anlässlich einer kontroversen Diskussion über die Anschläge vom 11. September sollen sich Böhnhardt und Mundlos ihr gegenüber mit dem Mord an Habil Kılıç »gebrüstet« haben – so hat sie es formuliert. »Gebrüstet« – will heißen: damit geprahlt, geprotzt, angegeben.

Was sie da hat vortragen lassen, hat hinten und vorne keinen Sinn. Warum sollten Mundlos und Böhnhardt ihr gegenüber mit einer weiteren Tat geprahlt haben, wo sie doch angeblich bereits mit schockierter Ablehnung, Ausflippen und massiven Vorwürfen auf die Offenbarung früherer Morde ihrer beiden Gefährten reagiert haben will. Sie hat uns wissen lassen, die beiden hätten ihr den Mord an Enver Şimşek bewusst drei Monate lang verschwiegen, weil sie genau eine solche Reaktion befürchtet hätten und diese hätten vermeiden wollen. Und dann gehen sie hin und geben ihr gegenüber mit dem Mord an Herrn Kılıç an, obwohl sie doch wissen, dass bei ihr jedes Brüsten, Protzen und Prahlen von vornherein

völlig verfehlt ist und sie von ihr statt Anerkennung nur Vorwürfe und Stress zu erwarten haben?
Und damit nicht genug: Gleichsam zur Abrundung oder zum Ausräumen gar nicht erst geäußerter Zweifel sollen sie dieser Frau, die nie nach Details gefragt hat, auch gleich noch einen Zeitungsausschnitt mit einem Bericht über den Mord an Herrn Kılıç präsentiert haben. Eine völlig krude Geschichte, die uns glauben machen soll, dass just bei dieser Gelegenheit der missliche Fingerabdruck auf den gewissermaßen aufgedrängten Zeitungsbericht geraten sein muss. Eine Zumutung – wie so vieles, was die Angeklagte uns hier nach wochenlangem Feilen an Einlassungen und Antworten in einer nichtssagenden Einlassung aufgetischt hat, wie sie steriler und inhaltsleerer, über Strecken hinweg banaler nicht hätte sein können. Eine Geschichte allerdings auch, die sich schneller zerpflücken lässt als sie gezimmert wurde, wie der Kollege Reinecke demonstriert hat.
Würde die Geschichte der Angeklagten Zschäpe stimmen und wäre sie tatsächlich der Mensch, als der sie sich darzustellen versucht hat, dann wäre kaum vorstellbar, dass sie die monströsen Taten von Uwe Mundlos und Uwe Böhnhardt ertragen, dass sie die Situation ausgehalten hätte. Dann hätte es ihr gegraut vor den beiden, die an den Tagen, an denen es mal wieder so weit war, morgens zum Töten aufgestanden sind. Dann hätte sie nicht noch jahrelang mit ihnen leben können, in einer vor Waffen starrenden Wohnung, Wetten über das Erreichen urlaubstauglicher Körpermaße mit ihnen abschließen, unbeschwert mit ihnen Urlaub machen und sie umsorgen können.
Frau Zschäpe hat das alles gekonnt, und zwar deshalb, weil die Taten von Mundlos und Böhnhardt auch ihre Taten waren. Jede einzelne. Auch der Mord an Habil Kılıç. Von ihr gewollt, mitgeplant und mitbegangen.
Auch ich bin überzeugt davon, dass Frau Zschäpe die Antworten auf die Fragen, die viele Nebenkläger bis heute quälen, kennt und sie ihnen bewusst verweigert. Vielleicht als Teil einer Verteidigungsstrategie, von der sie noch immer hofft, dass sie aufgehen wird. Vielleicht hat man ihr vermittelt, mit ihrer Erklärung habe man dem Senat eine harte Nuss zu knacken gegeben; ihre Einlassung sei etwas, woran er »nicht vorbeikommen werde« oder wie auch immer so etwas formuliert wird. Man wird sehen.
Vielleicht geht es hier aber auch einfach nur um Macht. Böhnhardt, Mundlos und die Angeklagte Zschäpe haben sich über Jahre hinweg die denkbar größte Macht angemaßt, indem sie über Leben und Tod von Menschen entschieden haben. Und dann in den Medien verfolgen können, wie die Ermittlungsbehörden im Dunkel getappt sind und sich von ihnen in die Irre haben führen lassen. Wie sich die von ihnen beabsichtigte Unsicherheit breitgemacht hat. Und wie obendrein ihre Opfer durch die Richtung der Ermittlungen in Misskredit geraten

sind. Alles ihr Werk, das sie mit der Herstellung des Videos zusätzlich ausgekostet haben.

Lange Zeit so viel Macht in einem ansonsten leeren Dasein, das sie mit geliehenen Identitäten und auf Kosten anderer geführt haben, und dann ist auf einmal nichts mehr davon übrig. Außer dem kümmerlichen Rest, Dinge zu wissen, die andere nicht wissen, aber so gerne erfahren würden; Hinterbliebene bitten zu lassen, zappeln zu lassen; sie nicht von der Ungewissheit zu erlösen. So lange es geht noch ein kleines bisschen Macht auszuüben – vielleicht, Frau Zschäpe, steckt das – oder zumindest auch das – hinter Ihrem Verhalten in diesem Prozess.

Wenn ja, dann geht dieser Bodensatz an vermeintlicher Macht bei meiner Mandantin jedenfalls ins Leere. Sie, Frau Zschäpe, haben ihr mit dem Mord an ihrem Vater großes Leid zugefügt, das ihr Leben geprägt hat. Aber ich kenne Frau Kılıç als eine starke Persönlichkeit, deren Seelenfrieden nicht davon abhängt, ob Sie am Ende vielleicht doch noch einen Schritt in Richtung der Nebenkläger tun, so wünschenswert das auch wäre. Trotz der Steine, die Sie ihr in jungen Jahren in den Weg gelegt haben, und allen Schwierigkeiten zum Trotz hat sie erfolgreich ihren Weg gemacht und ihren Platz gefunden. Sie lässt sich nicht vertreiben, ebenso wenig wie ihre Mutter. Beide gehören hierher. Ebenso wie Herr Kılıç hierher gehört hat.

Götzl Vielen Dank, Frau Rechtsanwältin Kaniuka.

Verteidiger Heer Wir würden nach Abschluss der Schlussvorträge der Nebenklage eine Unterbrechung der Hauptverhandlung gemäß der in Paragraf 229 StPO genannten Frist beantragen. *(Damit kündigt Heer an, dass er eine maximal mögliche Pause fordern will. Denn der Paragraf regelt die »Höchstdauer einer Unterbrechung«, entweder drei Wochen oder – wenn zuvor an zehn Tagen verhandelt wurde – vier Wochen.)*

Götzl Aus welchem Grund?

Verteidiger Heer Um unseren Schlussvortrag vorzubereiten, angesichts des ganz erheblichen Verfahrensstoffes und aus vielen anderen Gründen.

Verteidiger Klemke Wir schließen uns an.

Verteidiger Hösl Aus unserer Sicht ist keine Unterbrechung notwendig.

Verteidiger Grasel Ich schließe mich dem Antrag ebenfalls an.

Verteidiger Kaiser Rechtsanwalt Borchert hatte meiner Erinnerung nach beantragt, als Letzter plädieren zu dürfen. Insofern ist es vielleicht sinnvoll, dass Sie, Herr Vorsitzender, klären, in welcher Reihenfolge plädiert werden soll.

Götzl Ich halte es auch für sinnvoll, wenn die Verteidigung Zschäpe mit ihrem Schlussvortrag beginnt.

Verteidiger Hachmeister Unter der Annahme, dass es so erfolgen wird, ist eine Unterbrechung für uns nicht notwendig.

(Nach Ende des Verhandlungstages übergibt Rechtsanwalt Erdal dem Gericht einen Antrag. Darin fordert er im Namen seines muslimischen Mandanten, das Holzkreuz an der Wand des Gerichtssaals zur Urteilsverkündung abzuhängen. Das Kreuz stelle für diesen eine unzumutbare Belastung dar. Schon zu Beginn des Prozesses im Mai 2013 hatte Erdal beantragt, das Kreuz aus dem Saal zu entfernen. Damals zog er seinen Antrag jedoch nach wenigen Tagen zurück.)

Tag 411

8. Februar 2018

Manfred Götzl, Richter. **Mathias Grasel, Wolfgang Heer, Wolfgang Stahl**, Verteidiger von Beate Zschäpe. **Herbert Hedrich**, Verteidiger von André Eminger. **Stefan Hachmeister**, Verteidiger von Holger Gerlach. **Olaf Klemke, Wolfram Nahrath**, Verteidiger von Ralf Wohlleben. **Jacob Hösl**, Verteidiger von Carsten Schultze. **Yvonne Boulgarides**, Witwe von Theodoros Boulgarides. **Serkan Alkan, Yavuz Narin**, Anwälte der Nebenklage.

(Im Saal sind auch die Witwe und die beiden Töchter des Mordopfers Theodoros Boulgarides, Yvonne, Mandy und Michalina Boulgarides.)

Götzl Guten Morgen! Herr Rechtsanwalt Alkan, Sie wären jetzt der Nächste mit Ihrem Schlussvortrag. Bitte schön.

Anwalt Alkan *(Er vertritt Ertan T., Opfer des Nagelbombenattenats in Köln.)* Hoher Senat, sehr geehrte Vertreter der Bundesanwaltschaft, sehr geehrte Kolleginnen und Kollegen. Wir können sicherlich ohne Zweifel bekunden, einen Jahrhundertprozess zum Abschluss gebracht zu haben.

Es macht hier aus meiner Sicht wenig Sinn, noch mal die vielen richtigen Punkte, die durch die Mehrheit unserer Kolleginnen und Kollegen im Rahmen ihrer Plädoyers vorgetragen worden sind, zu wiederholen. Insoweit möchte ich das Augenmerk auf einige wenige Punkte legen, welche uns im Rahmen dieses langen Prozesses in Erinnerung geblieben sind.

Da gab es eine Vielzahl von Zeugen aus dem Umfeld der hier Angeklagten. Es gab einen roten Faden bei der Vernehmung dieser Zeugen, der sich durch sämtliche Vernehmungen durchzog. Die Aussagen waren geprägt von einer Art verfahrensangepasster Generalamnesie, sodass sich schon fast die Frage stellte, ob diese Personen, ob des Umstandes, dass man aus dem offensichtlich gleichen Spektrum stammt, an einer Krankheit leiden, von der offensichtlich hauptsächlich dieser Personenkreis betroffen ist. Es war sicherlich für jeden im Saal spür-

bar, ja gar greifbar, dass Fragen zur eigenen Ideologie und zu den Angeklagten recht karg und oftmals lächerlich anmutend beantwortet worden sind.
Aber genau diese Feststellung ist bei Straftaten, die eine extremistische Ideologie zum Hintergrund haben, besonders typisch für rechtsextremistische Personen. Während oftmals bei Verfahren gegen linksgerichtete Terroristen oder Salafisten die Zeugen und Angeklagten zu ihren Positionen ohne Weiteres stehen und nicht auf die Idee kämen, ihre festen Ideologien – sei es auch mit einer Lüge – zu verraten, war dies bei den hier gehörten Zeugen offensichtlich völlig unproblematisch möglich. Plötzlich hat man gar nichts gegen Ausländer beziehungsweise dies ist überhaupt nicht dominierend. Man interessiert sich vielmehr für den Naturschutz, und das Höchste der Gefühle ist ein Slogan wie »Bockwurst statt Döner«. Es war zum Teil unerträglich, den offensichtlichen Lügen der Zeugen in diesem Verfahren kommentarlos zu lauschen.
Selbstverständlich ging es insbesondere den Angeklagten Zschäpe, Eminger und auch Wohlleben doch darum, dass man den Ausländer, der in Deutschland bereits in der dritten beziehungsweise vierten Generation lebt und mit dem Heimatland seiner Eltern beziehungsweise Großeltern meist nur noch zur Verbringung des Urlaubs zu tun hat, hier nicht haben will. Den Prototyp des Ausländers hat man offensichtlich in dem Türken gesehen, den es zu bekämpfen galt. Und wenn man unter sich gewesen ist, wurden die Dinge sicherlich genau so artikuliert, wie man es auch gesehen hat. »Der Türke muss weg.« So in der harmlosen Version und ähnlich wird es gewesen sein, und dies wird auch die dominierende Thematik gewesen sein.
In genau dieses Schema hat sich auch die Einlassung der Hauptangeklagten gereiht. Sie hat hier ein Einlassungsverhalten an den Tag gelegt, das von hier aus weder aus juristischen noch aus tatsächlichen Gesichtspunkten nachvollziehbar gewesen ist. Was sollte mit der mehr schlecht als recht durchgeführten Einlassung erreicht werden?
Dies wird sicherlich das Geheimnis der Initiatoren bleiben. Will man Farbe bekennen und Tabula rasa machen, dann stellt sich die Frage, warum man nicht die Fragen der Prozessbeteiligten beziehungsweise zumindest des Gerichts ad hoc beantwortet?
Nur der Angeklagte Schultze hat vorgemacht, wie man es machen muss, damit die Einlassung überhaupt seinen Namen verdient und glaubhaft die Reue zum Vorschein kommt. Bereits bei Ankündigung der Einlassung darauf hinzuweisen, dass Fragen der Nebenklage nicht beantwortet werden, nimmt in einem derartigen Verfahren der Einlassung jegliche Qualität.
Sieht man nicht, dass es gerade und hauptsächlich um die Opfer der Taten geht? Man kann nur sagen, dass hier offensichtlich überhaupt keine Empathie und

auch kein Gespür bei der Einlassung vorgelegen haben. Andernfalls hätte man sich für diesen Weg unter keinen Umständen entscheiden dürfen.
Frau Zschäpe, sehen Sie nicht, dass bei objektiver Betrachtung Ihr gesamtes Einlassungsverhalten nicht genutzt, sondern nur geschadet hat? Sie allein sind die Person, die tatsächlich hätte dafür sorgen können, dass Fragezeichen aus den Köpfen der Opfer und Hinterbliebenen verschwinden. Sie haben diese Chance über die Dauer von nahezu fünf Jahren ungenutzt verstreichen lassen.
Es wird Ihnen noch die Möglichkeit des letzten Wortes eingeräumt werden. Vielleicht gehen Sie mal in sich und denken über die Worte und Ihr Einlassungsverhalten nach. Die Hoffnung stirbt bekanntlich zuletzt.

Götzl Vielen Dank, Herr Rechtsanwalt Alkan. Herr Rechtsanwalt Narin, dann würden wir zu Ihrem Schlussvortrag kommen. Bitte schön.
(Nicht Anwalt Narin, sondern seine Mandantin Yvonne Boulgarides, die Witwe von Theodoros Boulgarides, erhebt sich von ihrem Platz und beginnt zu sprechen.)

Yvonne Boulgarides Ich bin Yvonne Boulgarides. Theo Boulgarides, mein Ehemann und Vater meiner Töchter, Mandy und Michalina, wurde am 15.6.2005 auf brutale Art und Weise hingerichtet.
Vor einigen Jahren hielt ich in München eine Rede, die ich mit einem Zitat von Albert Einstein beendete: »Man soll nie aufhören zu fragen.« All die Opfer haben nicht aufgehört zu fragen, jedoch ist uns die angeblich »lückenlose Aufklärung« so viele Antworten schuldig geblieben.
Bis heute möchte ich wissen, warum das Ansehen meiner Familie in der Öffentlichkeit derart demontiert wurde. Hat man uns in die Täterrolle gedrängt, um unsere unangenehmen Fragen zum Verstummen zu bringen? Oder befanden sich die Behörden tatsächlich auf einem, für mich nicht nachvollziehbaren, Irrweg? Wie kam es, dass so viele an den Ermittlungen beteiligte Zeugen bei ihren Vernehmungen von einem epidemieartigen Gedächtnisverlust befallen wurden? Wieso erhielten V-Männer und Mitarbeiter der Sicherheitsbehörden nicht proaktiv eine umfassende Aussagegenehmigung? Wieso wurden und werden diese Leute, die ganz offensichtlich bei der Ausübung ihrer Pflicht kläglich versagt haben, geschützt? Warum wurde dieser Schutz nicht den Opfern und ihren Familien zuteil? Wie viele Opfer wären uns erspart geblieben, wenn die beauftragten Staatsorgane ihre Arbeit ehrenhaft und pflichtbewusst erledigt hätten? Warum wurden trotz laufender Ermittlungen immer wieder Tausende von Aktenseiten geschreddert? Warum wurden zahlreiche V-Personen und mutmaßliche NSU-Unterstützer bis heute nicht angemessen vernommen? Wo sind all die, die durch ihr fahrlässiges oder vorsätzliches Handeln diese Verbrechen ermöglicht haben? Warum haben sie keine Konsequenzen zu befürchten? Warum werden sie sogar, wie Lothar Lingen, der vorsätzlich Akten vernichtet hat, aktiv vor Strafverfolgung geschützt?

Es wäre die Aufgabe der entsprechenden Staatsorgane gewesen, der Wahrheitsfindung zu dienen. Leider muss ich an dieser Stelle von einem kompletten Organversagen sprechen. All die zum Teil absurden Auf- und Erklärungsversuche haben uns mit noch mehr Fragen, Misstrauen und Ungewissheit zurückgelassen.

Ich werde oft gefragt, wie ich diesem Prozess gegenüberstehe. Er ähnelt für mich einem oberflächlichen Hausputz. Um der Gründlichkeit genüge zu tun, hätte man die Teppiche aufheben müssen, unter welche bereits so vieles gekehrt wurde. Dieses Gericht hat sicherlich versucht, im Rahmen der gesetzlichen Möglichkeiten, zur Aufklärung beizutragen. Das auch nach Prozessende unter diesen Teppichen noch Schmutz liegen wird, ist den Traditionslinien einer paranoiden, menschenverachtenden Ideologie geschuldet. Einer Ideologie, die in diesem Land lediglich Tod und Leid hervorgebracht hat. Die Chance auf einen Bruch mit diesen Traditionslinien haben die Verantwortlichen durch die Verhinderung einer umfassenden Aufklärung verpasst.

Es ist mir an dieser Stelle ein Anliegen, auf einen außergewöhnlichen Menschen zu sprechen zu kommen. Er ist uns in den letzten Jahren nicht nur ein guter Freund, sondern auch Teil unserer Familie geworden. Auf eine für uns bemerkenswert selbstlose Weise hat er nicht aufgehört Recherchen voranzutreiben und uns als seiner Familie und Mandanten viele Fragen zu beantworten und uns mit Rat und Tat zur Seite zu stehen. Ich weiß, dass seine unermüdliche investigative Arbeit maßgeblich zur Aufklärung vieler Ungereimtheiten beigetragen hat.

Als ich im Frühjahr 2011 unseren Anwalt, Herrn Narin, das erste Mal traf, berichtete er mir schon damals von einem offensichtlichen Zusammenhang der damals so genannten »Döner-Morde« und dem Kölner Nagelbomben-Attentat. Mir erschloss sich damals noch nicht, warum diverse Sonderkommissionen, mit all ihren Möglichkeiten, nicht in der Lage waren, ebenfalls diese Verbindungen herzustellen.

Auch all seine weiteren Ermittlungsergebnisse bezüglich der Taten waren derart schlüssig für mich, dass ich ihm das Mandat erteilte. Es wundert mich heute nicht mehr, dass ich unmittelbar nach der Verpflichtung von Herrn Narin Besuch von einem Ermittler der »Soko Theo« bekam. Dieser beschrieb mir Herrn Narin als äußerst dubiosen Menschen und riet mir, die Mandatserteilung zu revidieren. Sein Besuch hat genau das Gegenteil bei mir bewirkt.

Die zahlreichen Rechercheergebnisse unseres Anwalts haben sich im Laufe der Zeit alle bewahrheitet und nicht nur bei uns zur Aufklärung beigetragen.

Während der Jahre wurden gegen Yavuz Narin einige Ermittlungsverfahren eingeleitet, unter anderem wegen Geheimnisverrats. Dazu möchte ich Folgendes sagen: Geheimnisse, die dazu dienen, Verbrechen und desaströses Fehlverhalten zu vertuschen, sind nicht schützenswert!

An dieser Stelle möchten wir Angelika Lex gedenken, die nach schwerer Krankheit verstorben ist und leider nur einen Teil der Strecke mit uns zurücklegen konnte. Auch dir, Angelika, und deiner Familie gilt unser Dank für das Engagement.

Abschließend möchte ich noch auf einen der Angeklagten zu sprechen kommen. Uns ist bewusst, dass die folgenden Ausführungen bei einigen auf Unverständnis stoßen werden. Dennoch haben wir uns dazu entschieden, diesen Weg zu gehen. Über die vermittelnden Rechtsanwälte kam ein persönliches Gespräch mit Herrn Carsten Schultze zustande. Dieses Zusammenkommen war einer der schwierigsten, aber auch einer der emotionalsten Momente in unserem Leben. Herrn Schultze haben wir in diesem Gespräch als einen Menschen erlebt, der sein Mitwirken zutiefst bereute und dem das eigene Gewissen bereits den größten Teil seiner Strafe auferlegt hat. Jemanden, der über ein Unrechtsbewusstsein verfügt und der zur Reue fähig ist. Eigenschaften, die wir bei den anderen Angeklagten in all der Zeit bei besten Willen nicht ausmachen konnten.

Wir wünschen uns, dass ihm sein Strafmaß die Möglichkeit gibt, sein Leben in positivere Bahnen zu lenken.

Ich weiß, dass mein Mann gern gesehen hätte, wie seine kleinen Töchter zu Frauen herangewachsen sind. *(Sie beginnt zu weinen.)* Wie gern er seine Mädchen zum Traualtar geführt hätte oder wie stolz er gewesen wäre, als seine Enkeltochter geboren wurde. Ich weiß auch, wie viele der hier beteiligten Nebenkläger geliebte Menschen verloren haben oder anderes Leid erfahren mussten. Aber ich weiß auch, dass wir die Zeit nicht zurückdrehen können. Eines aber können wir tun: Nicht aufhören zu fragen.

Wir alle sollten auch nach diesem Prozess nicht aufhören, nach Antworten zu suchen. Vielleicht werden wir nie alles erfahren, aber wir werden die unzähligen Puzzleteile sammeln und zusammenfügen, bis das Bild der Wahrheit vor unseren Augen zu erkennen ist. Dann müssen auch alle anderen hinsehen.

Götzl Vielen Dank, Frau Boulgarides. Herr Rechtsanwalt Narin, bitte schön.

Anwalt Narin Hoher Senat, sehr geehrte Damen und Herren, liebe Yvonne, liebe Mandy, liebe Michalina. Meine Kolleginnen und Kollegen haben in ihren Schlussvorträgen bereits vieles ausgeführt. Was immer ich jetzt noch sage, es wäre doch unvollständig – genau wie dieser Prozess. Deshalb werde ich mich kurz fassen. Denn meine Worte könnten nicht annähernd das Leid, die Verdächtigungen und die Demütigungen beschreiben, denen meine Mandantinnen über all die Jahre ausgesetzt waren.

Sie könnten auch nicht angemessen schildern, was die Verleumdung ihres Vaters und Ehemanns als vermeintliches Mitglied der organisierten Kriminalität, als vermeintlicher Drogenhändler oder Menschenschmuggler angerichtet haben oder wie sich die stundenlangen Vernehmungen, die frei erfundenen Vorhalte der Polizei und das Gerede der Arbeitskollegen, Klassenkameraden und Nachbarn anfühlten.

Liebe Yvonne, liebe Mandy, liebe Michalina. Die Welt hatte sich von einem Tag auf den anderen von euch abgewandt. Und trotz dieser plötzlichen Einsamkeit habt Ihr über all die Jahre immer zu Theo gestanden, habt an ihn geglaubt und habt darauf vertraut, dass eines Tages die Wahrheit ans Licht kommen würde. Ihr habt in jeder Sekunde mehr Rückgrat, Stolz und vor allem mehr Größe bewiesen als alle Angeklagten und alle von plötzlicher Generalamnesie befallenen Zeugen zusammen.

Rückgrat und Größe – das sind die Eigenschaften, die wir während dieses Verfahrens vermisst haben. Sie sind jedoch die Voraussetzung dafür, eigene Fehler einzugestehen, ernsthaft zu bereuen und um Verzeihung zu bitten. Gesehen haben wir hingegen Zeugen, die sich vor ihrer Verantwortung wegducken. Menschen ohne Rückgrat, Feiglinge und Schreibtischtäter. Rädchen im Getriebe einer beispiellosen Mordserie, die ihrerseits auf kleingeistigem und ewig gestrigem Gedankengut von selbst ernannten Opfern beruht, die sich ernsthaft einbilden, für den Erhalt der »deutschen Nation« relevant zu sein.

Heute ist Theo Boulgarides' Name rehabilitiert. Heute kann euer Vater in Frieden ruhen, weil seine Töchter zu wunderbaren Menschen geworden sind. Er kann stolz darauf sein, dass ihr sogar den Mut, die Kraft und die Größe hattet, Carsten Schultze zu vergeben.

Wir haben nicht nur in diesem Gerichtssaal versucht, Antworten auf eure legitimen Fragen zu finden. Allzu viele Fragen sind offengeblieben. Viele sogenannte Erklärungen sind bis heute nicht plausibel, unzähligen Hinweisen wurde nicht ausreichend nachgegangen. Wir, und ich denke, hier spreche ich im Namen vieler meiner Kolleginnen und Kollegen, haben getan, was wir konnten, und doch waren wir in unserer anwaltlichen Funktion nicht in der Lage, mehr zu bewirken, weil wir keine Strafverfolgungsbehörde sind. Wir konnten von den verantwortlichen Behörden nur einfordern, endlich ihre Arbeit zu tun.

Heute haben wir die Gewissheit, dass man in der Lage gewesen wäre, die Taten des NSU zu verhindern. Wir haben die Gewissheit, dass wir und dieses Gericht bis zum heutigen Tag von den Verfassungsschutzbehörden belogen werden. Wir haben die Gewissheit, dass zahlreiche V-Personen und Verfassungsschutzmitarbeiter bis heute vor Strafverfolgung geschützt werden. Wir haben also die Gewissheit, dass die lückenhafte Aufklärung der Mentalität von Amtsträgern geschuldet ist, denen nicht klar ist, was unseren Staat, unsere Rechts- und Gesellschaftsordnung ausmacht. Wir haben die Gewissheit, dass Menschen unsere Verfassung schützen wollen, die den Verfassungskern nicht verstanden haben. Worüber wir außerdem Gewissheit haben, ist, dass der NSU weitaus mehr Unterstützer in der Naziszene hatte, als die Bundesanwaltschaft uns weismachen will. Wie meine Kollegin Seda Başay bereits darlegte, stützen die bisherigen Erkenntnisse nicht, dass es keine Unterstützer an den Tatorten gab, sondern genau das Gegenteil.

Hinsichtlich der hier angeklagten Personen und Taten hat die Bundesanwaltschaft im Übrigen sehr gute Arbeit geleistet, sodass ich mich ihren Ausführungen nur anschließen kann.

Schade nur, dass sie hinsichtlich ihrer mangelhaften Ermittlungsleistungen zu weiteren NSU-Unterstützern süffisant darauf verweisen musste, wir Anwältinnen und Anwälte der Nebenklage hätten unseren Mandantinnen und Mandanten »Hintermänner an den Tatorten« versprochen. Verehrte Damen und Herren der Bundesanwaltschaft, das ist nicht wahr.

Ich habe meinen Mandantinnen vielmehr erklärt, dass es bereits ein Versprechen gibt. Meine Mandantinnen sitzen hier, weil sie die Einhaltung dieses Versprechens fordern. Des Versprechens, das unseren Staat, unsere Gesellschaft im Innersten zusammenhält. Es geht ihnen um das Versprechen, das unsere freiheitliche, rechtsstaatliche Demokratie im Kern ausmacht.

Das Versprechen, das Leben und die Würde der Rechtsunterworfenen zu achten und zu schützen. Das vornehmste Versprechen, auf dem unsere Verfassung gründet und auf das wir Juristinnen und Juristen und auch Sie, verehrte Damen und Herren der Bundesanwaltschaft, vereidigt sind.

Es ist nicht gelungen, dieses Versprechen gegenüber den Opfern und deren Hinterbliebenen einzuhalten. Worauf aber jeder Mensch in diesem Land einen Anspruch hat, ist, dass die Täter und ihre Helfer so bestraft werden, dass für Rechtsfrieden gesorgt ist. Diese Rechtspflicht ergibt sich nicht nur aus dem Grundgesetz, sondern auch aus dem Völkerrecht: Der Europäische Gerichtshof für Menschenrechte hat im Hinblick auf das verbürgte Recht auf Leben ein umfassendes Schutzregime ausgearbeitet. Dieses verpflichtet die Mitgliedsstaaten der Konvention zur umgehenden Durchführung von wirksamen, unabhängigen, angemessenen und gründlichen Ermittlungen, die geeignet sind, die Umstände einer Tat zu klären sowie die Schuldigen zu identifizieren und zu bestrafen. Das, verehrte Damen und Herren der Bundesanwaltschaft, ist das einzige Versprechen, das ich mit meinen Mandantinnen je thematisiert habe.

Hoher Senat, auch ich darf im Namen meiner Mandantinnen an Sie appellieren, unbequem zu sein. Sie sind unabhängig. Hinsichtlich der angeklagten Taten ist durch die Bundesanwaltschaft und durch meine Kolleginnen und Kollegen alles gesagt. Haben Sie den Mut, auch auszusprechen, was dieser Prozess nicht leisten konnte, wo er unvollkommen bleiben musste. Haben Sie den Mut, nicht so zu tun, als sei alles in Ordnung.

Ich bin überzeugt davon, dass dieser Senat ein Urteil fällen wird, das der Revision standhält. Ich darf an Sie appellieren: Sprechen Sie ein Urteil, das auch vor der Geschichte Bestand hat.

Götzl Damit wären wir mit den Plädoyers der Nebenklagevertreter und Nebenkläger am Ende.

Jetzt noch mal zu den Fragen, die wir gestern schon angesprochen haben. Lässt sich absehen, welchen Umfang die Plädoyers der Verteidigung haben werden?

Verteidiger Hachmeister Für die Verteidigung Gerlach kann ich sagen, dass wir voraussichtlich nicht mehr als einen Hauptverhandlungstag benötigen und ihn in der Tendenz auch nicht voll ausschöpfen werden.

Verteidiger Hösl Wir benötigen ebenfalls auf keinen Fall mehr als einen Verhandlungstag.

Verteidiger Klemke Wir drei werden voraussichtlich ungefähr einen Tag benötigen.

Verteidiger Hedrich Bei uns verhält es sich so wie bei Herrn Hachmeister, also nicht ganz einen Tag.

Verteidiger Grasel Nachdem das Plädoyer noch nicht fertig ist, kann ich es nicht genau sagen. Ich denke, einen Tag.

Verteidiger Stahl Uns ist eine valide Einschätzung der Dauer nicht möglich. Das liegt schlicht und ergreifend daran, dass es möglicherweise sehr kurz werden kann, wenn die übrige Verteidigung alles schon sagt, es kann aber auch sehr lange dauern. Das wissen wir noch nicht.

Götzl Sie hatten auch einen gewissen Abstand zum Plädoyer der Rechtsanwälte Grasel und Borchert angesprochen. An wie viel Zeit hatten Sie da gedacht?

Verteidiger Heer Das können wir nicht absehen, wie viel Zeit wir brauchen. Herr Vorsitzender, darf ich Sie fragen, ob Sie eine gewisse Reihenfolge im Kopf haben?

Götzl Rechtsanwalt Borchert hatte vorgeschlagen, dass zunächst er und dann Sie, Herr Rechtsanwalt Grasel, und dann im Anschluss Sie *(er schaut zu Heer)* plädieren. Das müssen Sie letztendlich selbst entscheiden.

Dann wird in Erwägung gezogen, das Verfahren über die Einziehung nach Paragraf 422 StPO abzutrennen. Da geht es um die Thematik möglicher Taterträge. *(Es geht darum, was zum Beispiel mit dem Geld passiert, das aus Raubüberfällen stammt oder das Mundlos, Böhnhardt und Zschäpe zum Beispiel bei Wohlleben deponiert haben sollen.)* Dazu bitte ich Stellung zu nehmen.

Verteidiger Klemke Die Verteidigung des Angeklagten Wohlleben tritt der beabsichtigten Abtrennung des Verfahrens über die Einziehung entgegen. Wir denken, dass die Voraussetzungen des § 422 StPO nicht vorliegen, wonach das Verfahren über die Einziehung nur abgetrennt werden kann, wenn die Herbeiführung einer Entscheidung über die Einziehung die Entscheidung über die anderen Rechtsfolgen der Tat unangemessen erschweren oder verzögern würde. Dies ist hier nicht ersichtlich, weil wir uns in einem Stadium befinden, in dem uns von der Urteilsverkündung nur noch die Schlussvorträge der Verteidigung trennen. Bei unserem Mandanten steht hier nur das angebliche Depotgeld von 10 000 D-Mark in Rede. Und da eine Entscheidung über dieses angebliche Depotgeld eng mit dem Tatvorwurf gegen Herrn Wohlleben verknüpft wird, würde eine Entscheidung über die Einziehung mitnichten die Entscheidung hier verzögern.

Tag 412

27. Februar 2018

Manfred Götzl, Richter. **Olaf Klemke, Wolfram Nahrath**, Verteidiger von Ralf Wohlleben.

(Eigentlich hatte der Prozess schon am 20. Februar weitergehen sollen. Doch am Morgen des 20. Februars wurde die Verhandlung kurzfristig abgesagt. Gegen 9.40 Uhr hatte eine Justizmitarbeiterin die Besucher und Prozessbeteiligten, die schon im Saal saßen, darüber informiert, dass die Verhandlungstage am 20., 21. und 22. Februar wegen Erkrankung von Zschäpes Pflichtverteidiger Grasel und wegen »Ortsabwesenheit« von ihrem Wahlverteidiger Borchert ausfallen. So reisten alle wieder ab – um nun, eine Woche später, wieder im Saal zu sein. An diesem Tag hat der Angeklagte Ralf Wohlleben Geburtstag. Er ist nun 43 Jahre alt. Es ist der siebte Geburtstag in Folge, den er in Untersuchungshaft verbringt. Als sogenannter Beistand sitzt neben Wohlleben seine Frau Jacqueline. Sie ist nicht alleine angereist. Auch Susann Eminger, die Frau des Angeklagten André Eminger und beste Freundin von Zschäpe im Untergrund, und André Kapke sind im Saal. Kapke war enger Vertrauter von Zschäpe, Mundlos und Böhnhardt und hat ihnen in der ersten Zeit des Untertauchens geholfen. Gegen ihn und Susann Eminger läuft ein Ermittlungsverfahren wegen möglicher Unterstützung des NSU. Sie sitzen mit weiteren Freunden auf der Zuschauertribüne. Später kommt auch noch der Münchner Rechtsextremist Karl-Heinz Statzberger hinzu.)

Götzl Ich will Folgendes noch bekannt geben: Es ist geplant, zwei Schriftstücke *(beide betreffen Holger Gerlach)* zu verlesen: einen Antrag auf Erteilung eines Reisepasses und eine Meldebescheinigung vom 19.5.2011.

(Richter Peter Lang liest die beiden Behördendokumente vor. Hintergrund ist, dass Gerlach zwei Reisepässe an Uwe Böhnhardt weitergab, mit denen sich Böhnhardt im Untergrund als Gerlach ausgab.)

Götzl Dann ergeht nach geheimer Beratung folgender Beschluss, 1. das Verfahren über die Einziehung hinsichtlich möglicher Taterträge wird im Hinblick auf die Angeklagte Zschäpe abgetrennt, 2. das Verfahren über die Einziehung hinsichtlich möglicher Taterträge wird im Hinblick auf die Angeklagten Wohlleben, Gerlach und Eminger abgetrennt. *(Die Entscheidung, was mit dem Geld aus den Raubüberfällen der NSU-Terroristen passiert, wird nach dem Beschluss des Senats nun außerhalb der Hauptverhandlung getroffen. Als Grund nennt Götzl, dass es andernfalls zu einer unangemessenen Verzögerung des Urteils käme. Es geht um Geld, das in der Frühlingsstraße und im Wohnmobil in Eisenach gefunden wurde. Es geht auch um Geld, das Wohlleben und Gerlach von Mundlos, Böhnhardt und Zschäpe erhalten haben sollen. Und es geht zudem um Geld, das bei Eminger gefunden wurde. Die Verteidigung von Wohlleben ist mit diesem Prozedere nicht einverstanden.)*

Verteidiger Nahrath In der Strafsache gegen Herrn Wohlleben erheben wir gegen den Beschluss des Senats zur Abtrennung des Verfahrens über die Einziehung möglicher Taterträge Gegenvorstellung. Der Beschluss befremdet. Weder Herr Wohlleben noch die Verteidiger können nachvollziehen, warum sich der Beschluss nicht mit dem Angeklagten Schultze befasst. Der Angeklagte Schultze hatte erklärt, dass er Geld für eine Waffe erhalten habe. Er hat ausgesagt, dass beide Uwes ihm den Kaufpreis erstattet hätten, er habe das Geld in bar, in Banderolen, erhalten. Es ist nicht nachvollziehbar, dass der Senat die Abtrennung des Verfahrens über eine Einziehung möglicher Taterträge betreffend Herrn Schultze nicht angeordnet hat. Dies betrifft den Kern des Vorwurfes gegen Herrn Wohlleben und Herrn Schultze. Es drängt sich der Eindruck auf, dass eine Einziehung bei Herrn Schultze erst gar nicht in Betracht gezogen wurde.
(Nach Nahrath stellt sein Verteidigerkollege Klemke einen Beweisantrag.)

Verteidiger Klemke In der Strafsache gegen Herrn Wohlleben beantragt die Verteidigung des Herrn Wohlleben, Sven Rosemann als Zeugen zu vernehmen. Der Zeuge wird Folgendes bekunden: Uwe Böhnhardt meldete sich im Juni oder Juli 2000 telefonisch beim Zeugen und fragte an, ob er ihm eine scharfe Schusswaffe besorgen könne. Der Zeuge wusste, dass sein Bekannter Jürgen Länger scharfe Schusswaffen besorgen konnte. Länger verkaufte dem Zeugen später eine scharfe Waffe, eine Česká 83, die der Zeuge bei einem Treffen in Chemnitz im Jahr 2000 an Uwe Böhnhardt übergeben hat.
(Wohllebens Verteidigung hatte schon einmal beantragt, Rosemann als Zeugen zu hören. Auch damals behaupteten sie, Rosemann habe den NSU-Terroristen eine Česká gebracht. Beim ersten Antrag soll Rosemann die Waffe noch von einem Jug P. erhalten haben. Nun also von Jürgen Länger. Den ersten Antrag hat das Gericht damals abgelehnt. Nach dem Ende der Verhandlung stellen sich die Freunde von Wohlleben an das Geländer der Besuchertribüne und wünschen dem Angeklagten: »Alle Gute zum Geburtstag.«)

Tag 413

28. Februar 2018

Manfred Götzl, Richter. **Herbert Diemer, Anette Greger, Jochen Weingarten**, Vertreter der Bundesanwaltschaft. **Mathias Grasel, Wolfgang Heer**, Verteidiger von Beate Zschäpe. **Olaf Klemke**, Verteidiger von Ralf Wohlleben.

Oberstaatsanwältin Greger Der Antrag auf Vernehmung des Zeugen Sven Rosemann ist abzulehnen. Die beantragte Beweiserhebung ist nicht geboten. Es handelt sich um aus der Luft gegriffene Behauptungen. Kurz gesagt: Offensichtlich frei erfundenen Sachverhalten braucht der Senat nicht nachgehen.
Die Beliebigkeit des neuerlichen Ansinnens der Verteidiger ist greifbar. Zunächst hatten sie einen Antrag auf Vernehmung der Zeugen Jug P. und Sven Rosemann gestellt. Demnach sollte die Česká 83 von P. in der Schweiz besorgt und zu einem nicht genannten Zeitpunkt unter nicht genannten Umständen über Rosemann an Uwe Mundlos und Uwe Böhnhardt gelangt sein. Nunmehr haben sich die Antragsteller ohne weitere Erklärung eine neuerliche Version der angeblichen Abläufe einfallen lassen. Nun haben sie die Person Länger angefügt und ein Treffen im Jahr 2000 in Chemnitz erfunden. Nichts von alledem hat stattgefunden. Die Antragsteller berufen sich weder auf die Beweisaufnahme noch auf die Akten. Der Antrag stellt geradezu den Prototyp eines ins Blaue hinein gestellten Antrags, wenn nicht gar rechtsmissbräuchliches Vorgehen dar. Hilfsweise beantrage ich, den Antrag wegen Verschleppungsabsicht abzuweisen. Die Antragsteller haben weder die Frist für Stellung von Beweisanträgen eingehalten noch dargelegt, warum die rechtzeitige Antragstellung auf Vernehmung des Zeugen Rosemann nicht möglich gewesen sein soll.

Götzl Jetzt zum weiteren Prozedere. Sofern wir den Zeugen Sven Rosemann laden, werden wir ihn frühestens für den 8. März laden können. Falls wir einer Ladung nicht nähertreten würden, würde am 13. März jedenfalls über die Anträge entschieden werden. Herr Rechtsanwalt Borchert hat bereits mitgeteilt, dass er am 13. März plädieren könnte. Herr Rechtsanwalt Grasel, könnten Sie dann ebenfalls plädieren?

Verteidiger Grasel Meine Abstimmung des Schlussvortrages mit Frau Zschäpe ist wegen meiner Erkrankung nicht weiter fortgeschritten. Ich persönlich sehe mich nicht in der Lage, am 13. zu plädieren.

Götzl Also, am 8. wäre der nächste Verhandlungstermin. Die Termine am 6. und 7. März würden wir absetzen, weil man den Zeugen für diese Tage nicht bekommen würde. *(Götzl schaut zu Grasel.)*

Verteidiger Grasel Wir würden dann die Tage nutzen.

Götzl Am 13. wären Sie jedenfalls für den Schlussvortrag vorbereitet?

Verteidiger Grasel Ich würde mir größte Mühe geben, es bis dahin zu schaffen.

Götzl Ja, wir würden dann so verfahren: Wir würden den 6. und 7. absetzen und den 8. bestehen lassen und gegebenenfalls dann den Zeugen laden. Falls er nicht geladen oder nicht erreichbar wäre, würde ich dann auch den 8. absetzen. Dann würde am 13. fortgesetzt werden. Sie schauen mich an, Frau Zschäpe. Klar? *(Götzl lacht, Frau Zschäpe scheint zu nicken.)*

Tag 414

13. März 2018

Manfred Götzl, Richter. **Anette Greger,** Vertreterin der Bundesanwaltschaft. **Olaf Klemke,** Verteidiger von Ralf Wohlleben.

(Die Verteidigung von Ralf Wohlleben stellt zunächst einen Antrag auf Beiziehung der Akten aus dem baden-württembergischen NSU-Untersuchungsausschuss. Es geht um einen Mann namens Jug P., der – so die Verteidigung – als Waffenbeschaffer für den NSU infrage kommen könnte. Die Verteidigung behauptet, dieser Jug P. habe Waffen aus der Schweiz besorgen können und einem anderen Mann, Sven Rosemann, womöglich eine Česká verkauft, der sie wiederum an den NSU geliefert haben könnte. Das würde im Umkehrschluss bedeuten, dass die Česká, die ihr Mandant Ralf Wohlleben für den NSU organisiert hat, nicht die Tatwaffe des NSU sein muss und ihr Mandant deshalb unschuldig sein könnte. Allerdings hat die Verteidigung keinerlei belastbare Umstände für ihre These angegeben.

Oberstaatsanwältin Greger Hoher Senat, Herr Vorsitzender, der Antrag der Verteidigung Wohlleben vom heutigen Tag ist abzulehnen. Jug P. kann nichts beitragen. Er verfügt über kein Wissen zur Tatwaffe und er hat auch keine Wahrnehmungen dazu gemacht. Seine Angaben beschränken sich auf Waffen ohne konkreten Bezug zu den drei Untergetauchten.

(Dann verkündet Götzl eine ganze Reihe von Beschlüssen, die meisten davon zu früheren Anträgen der Verteidigung Wohlleben. Sie seien ersichtlich ohne jegliche Relevanz für das Verfahren.)

Götzl Aus der Sichtweise eines verständigen Antragstellers sind die gegenständlichen Anträge aufs Geratewohl ins Blaue hinein gestellt zu qualifizieren, weil sie ohne jegliche tatsächliche und argumentative Grundlage gestellt wurden. Es haben sich aus der Sicht eines verständigen Antragstellers weder während der mehrjährigen Beweisaufnahme in der Hauptverhandlung noch aus der umfangreichen Verfahrensakte Hinweise dafür ergeben, dass der Zeuge Rosemann nach der Flucht der Angeklagten Zschäpe sowie Uwe Mundlos und Uwe Böhnhardt am 26.1.1998 zu diesen noch Kontakt hatte. *(Götzl geht im Einzelnen auf die fehlende Substanz der Beweisanträge ein, dann kommt er zum wichtigsten Punkt, dem Vorwurf der Prozessverschleppung. Es ist das erste Mal, dass der Senat Prozessbeteiligten diesen Vorwurf in einem Beschluss macht.)*

Götzl Ein Beweisantrag kann wegen Verschleppungsabsicht abgelehnt werden, wenn die verlangte Beweiserhebung geeignet ist, den Abschluss des Verfahrens wesentlich hinauszuzögern, sie zur Überzeugung des Gerichts nichts Sachdienliches zugunsten des Angeklagten erbringen kann, der Antragsteller sich dessen bewusst ist und mit dem Antrag ausschließlich die Verzögerung des Verfahrensabschlusses bezweckt wird. *(Er führt das über mehrere Seiten des Beschlusses aus. Die Tatsachen, auf die sich die Verteidigung Wohlleben bezieht, seien alle seit Anklageerhebung im Herbst 2012 bekannt gewesen, sie hätte ihre Anträge längst stellen können. Und das Gericht habe bereits vor einem Jahr eine Frist gesetzt, letzte Anträge zu stellen. Diese Frist sei nun seit einem Jahr überschritten. Dann kommt Götzl zur Conclusio.)*

Götzl Die Antragsteller haben ihre Anträge ausschließlich in Verschleppungsabsicht gestellt.

(Das Gericht lehnt auch die Beiziehung einer Vernehmung des Zeugen Jug P. ab.)

Verteidiger Klemke Wir beantragen eine Unterbrechung bis morgen 11.30 Uhr, um einen Befangenheitsantrag stellen zu können gegen sämtliche Mitglieder des Senats. Die Frist ist angemessen angesichts des Umfangs der Beschlüsse.

Götzl Es wird unterbrochen bis morgen 11. 30 Uhr.

(Am Nachmittag wird bekannt, dass André Eminger einen dritten Verteidiger haben möchte. Der Düsseldorfer Anwalt Björn Clemens hat seine Beiordnung als Pflichtverteidiger beantragt. Clemens ist in der rechten Szene aktiv. Er begründet seinen Antrag damit, dass Eminger wie Zschäpe und Wohlleben nun in Untersuchungshaft sitzt und auch Zschäpe und Wohlleben mehr als zwei Pflichtverteidiger haben. Auch die Arbeit habe sich durch die Inhaftierung erhöht, schreibt der Anwalt. Clemens verrät, dass Eminger offenbar auf Freispruch gehofft hatte. »Unerwartet wurde er von einer Randfigur, die auf Freispruch hoffen durfte, zu einer zentralen Figur«, schreibt Clemens. Nun muss der Senat darüber entscheiden, ob er Eminger einen dritten Pflichtverteidiger zubilligt.)

Tag 415

14. März 2018

Manfred Götzl, Richter. **Wolfram Nahrath**, Verteidiger von Ralf Wohlleben.

Verteidiger Nahrath In der Strafsache gegen Herrn Ralf Wohlleben lehnt der Angeklagte Wohlleben Herrn Vorsitzenden Richter am Oberlandesgericht Götzl, Frau Richterin am Oberlandesgericht Odersky, Herrn Richter am Oberlandesgericht Dr. Lang, Herrn Richter am Oberlandesgericht Dr. Kuchenbauer und Herrn Richter am Oberlandesgericht Kramer wegen der Besorgnis der Befangenheit ab. Rechtliche Würdigung: Mit der Ablehnung des Beweisantrages auf Einvernahme des Zeugen Sven Rosemann haben die abgelehnten Richter erneut zu erkennen gegeben, dass sie Herrn Wohlleben nicht unvoreingenommen und unparteilich gegenüberstehen, sondern sich bereits vor dem letzten Wort eine abschließende Überzeugung von seiner Schuld gebildet haben.

(Nahrath trägt vor, dass »die Aufklärung eines möglichen alternativen Weges der Tatwaffe zu den Tätern« für Wohlleben »von herausragender Bedeutung« sei, »weil hiervon der Schuldspruch entscheidend abhängt«. Nicht Wohlleben, sondern Rosemann könnte dem NSU die Tatwaffe geliefert haben. Deswegen sei Rosemann unbedingt als Zeuge zu hören. Dass das Gericht sich weigere, ihn zu hören, zeige, dass die Richter in Wahrheit Angst hätten, dass Rosemann sich als Waffenlieferant entpuppen könnte und Wohlleben zu Unrecht auf der Anklagebank sitze.)

Verteidiger Nahrath Der Beschluss ist daher aus Sicht eines verständigen Angeklagten nicht anders zu verstehen als ein Ausdruck der Besorgnis der abgelehnten Richter, dass die Antragsteller mit der Vernehmung des Zeugen Rosemann das Beweisziel erreichen könnten.

Götzl Dann wird die Hauptverhandlung unterbrochen.

Tag 416

21. März 2018

Manfred Götzl, Richter. **Peter Lang**, Beisitzender Richter. **Beate Zschäpe**, Angeklagte. **Hermann Borchert, Mathias Grasel**, Verteidiger von Beate Zschäpe.

(Zum ersten Befangenheitsantrag am vorangegangenen Verhandlungstag sind in der Zwischenzeit noch zwei weitere Ablehnungsgesuche von Wohlleben gegen alle Richter des Senats hinzugekommen. Keiner der drei Befangenheitsanträge hatte Erfolg. An diesem Tag sitzt erstmals Susann Eminger auf der Anklagebank – als »Beistand« ihres Mannes André Eminger. Die Bundesanwaltschaft führt gegen Susann Eminger ein Ermittlungsverfahren wegen möglicher Unterstützung des NSU. Zur Zeit des Lebens im Untergrund war sie Zschäpes beste Freundin. Susann Eminger sitzt neben Jacqueline Wohlleben, Frau und »Beistand« von Ralf Wohlleben. André Eminger betritt den Saal. Er begrüßt seine Frau mit einer innigen Umarmung und einem Kuss.)

Götzl Dann kommt zunächst zur Verlesung der Aktenvermerk vom 31.12.1996 des Kriminaldauerdienstes der Kriminalpolizeiinspektion Jena aus der Beiakte der Staatsanwaltschaft Gera, Band eins, Blatt 4.

(Es geht in dem Vermerk um die Attrappe einer Briefbombe, die am 31.12.1996 im Briefkasten der Thüringischen Landeszeitung in Jena lag. Zum Jahreswechsel 1996/1997 hatten Böhnhardt, Mundlos und Zschäpe nicht nur der Zeitungsredaktion, sondern auch der Polizei und der Stadtverwaltung in Jena Briefbombenattrappen geschickt.)

Richter Lang *(Er liest vor.)* »Kriminalinspektion Jena, Kriminaldauerdienst. Jena, 31.12.1996. Aktenvermerk. Beim Eintreffen von Unterzeichner und Kriminalmeister H. lag der an einer Ecke aufgerissene A5-Umschlag auf dem Schreibtisch im zweiten Büroraum der Lokalredaktion *(der Thüringischen Landeszeitung)*. Nach erster Inaugenscheinnahme durch Kriminalmeister H. und Unterzeichner stellte sich heraus, dass der Umschlag auf der Oberseite circa acht Zentimeter aufgerissen war und man Draht beziehungsweise eine weiße Styroporplatte von circa zehn Millimeter Stärke erkennen konnte. Unter Beachtung weiterer Sicherheitsvorkehrungen – Redaktionspersonal außerhalb des Raumes – wurde durch Unterzeichner das Papier des bereits aufgerissenen Umschlages mit einer Pinzette vorsichtig angehoben. Dabei konnte erkannt werden, dass die Batterie etwas nach oben verkantet in der Aussparung der Styroporplatte lag und die an sie heranführenden Drähte – weißer und brauner Klingeldraht, unfachmännisch abisoliert – die Batteriepole nicht berührten.

Weiterhin wurde auf der Styroporplatte ein beschriftetes umschlagfarbenes Papierstück sichtbar, auf dem durch den angehobenen Aufriss des Umschlages unter anderem ein Hakenkreuz und die Worte ›SCHERZ‹ und ›AB 97‹ sichtbar wurden. Aufgrund der Feststellung, dass die Batterie keinen Kontakt mit den unfachmännisch abisolierten und an sie herangeführten Drähten hatte (Unterzeichner hat als Dipl. Ing. (FH) der Elektrotechnik entsprechende Fachkenntnisse), wurde der Umschlag mittels Schere und Pinzette vorsichtig weiter durch den Unterzeichner geöffnet. Dabei kam eine Styroporplatte zum Vorschein, die eine Briefbombenattrappe darstellte und eingelassen die Monozelle, zum Quaderblock geformte Knetmasse mit eingedrückten Kreuzschlitz-Holzschrauben und daran gewickelten Klingeldrähten enthielt. Auf dieser Styroporplatte lag ein Zettel aus Versandtaschenpapier, die Ecken rund geschnitten, Maße etwa zwölf mal 14 Zentimeter, mit der blauen Beschriftung in Großbuchstaben: ›VON LÜGE UND BETRUG / HABEN WIR GENUG ! / DAS WIRD DER LETZTE / SCHERZ JETZT SEIN / AB 97 HAUT ES RICHTIG REIN !!!‹ Dabei wurde das Wort ›REIN !!!‹ jeweils rechts und links von einem etwa 15 Millimeter großen Hakenkreuz flankiert.«

Götzl Dann als Nächstes den Aktenvermerk vom 2.1.1997 der Kriminalpolizeiinspektion Jena. *(In diesem Vermerk geht es um die Bombenattrappe, die in der Poststelle der Stadtverwaltung Jena entdeckt wurde. Anschließend verliest Richter Lang noch einen Vermerk der Landespolizei Thüringen, in dem es um die Bombenattrappe geht, die an die Polizei in Jena geschickt wurde. Im Anschluss lässt Götzl Fotos der Briefbombenattrappen an die Wände des Gerichtssaals projizieren. Die Bilder zeigen braune Umschläge, weiße Styroporplatten, Drähte und Batterien.)*

Götzl Danke schön. Zum weiteren Prozedere. Vonseiten des Senats ist vorgesehen, dass wir heute und morgen zu Ihren Plädoyers kommen, Herr Rechtsanwalt Borchert und Herr Rechtsanwalt Grasel. Vorausgesetzt, dass heute keine weiteren Anträge mehr sind. *(Er schaut sich um.)* Keine. Dann schließe ich die Beweisaufnahme. *(Er blickt zu Grasel und Borchert.)* Wer möchte denn von Ihnen beginnen?

Verteidiger Borchert Ich hatte heute beabsichtigt, mit meinem Plädoyer zu beginnen. Die Mandantin hat mir nur gerade mitgeteilt, dass sie unter starker Übelkeit und starken Kopfschmerzen leidet. Deswegen weiß ich nicht, ob ich wirklich beginnen sollte.

Götzl *(spricht zu Zschäpe)* Brauchen Sie einen Arzt?

Zschäpe *(Sagt etwas Unverständliches. Götzl deutet auf das Mikrofon, in das sie hineinsprechen soll. Zschäpe will zum Mikrofon greifen. Grasel kommt ihr zuvor.)*

Verteidiger Grasel Sie hat heute früh schon entsprechende Medikamente genommen. Insofern wäre es sinnvoll, dass da noch mal jemand drüberschaut.

Götzl Dann werden wir auf jeden Fall mal für eine halbe Stunde unterbrechen, bis 13.30 Uhr.

(Nach einer knappen Dreiviertelstunde kommt Zschäpe wieder in den Saal. Sie lächelt. Kurz darauf folgen die Richter.)

Götzl Die Situation ist die, Herr Dr. von Oefele *(der Gerichtsarzt)* hat mitgeteilt, dass aufgrund der bestehenden Beschwerden die Fortsetzung der Hauptverhandlung heute nicht angezeigt ist. Dann unterbrechen wir die Hauptverhandlung.

Tag 417

10. April 2018

Manfred Götzl, Richter. **Konstantin Kuchenbauer**, Beisitzender Richter. **Herbert Diemer, Anette Greger, Jochen Weingarten**, Vertreter der Bundesanwaltschaft. **Hermann Borchert, Wolfgang Heer, Wolfgang Stahl**, Verteidiger von Beate Zschäpe. **Michael Kaiser, Daniel Sprafke**, Verteidiger von André Eminger. **Olaf Klemke, Nicole Schneiders**, Verteidiger von Ralf Wohlleben. **Thomas Bliwier, Eberhard Reinecke, Peer Stolle**, Anwälte der Nebenklage.

(André Emingers Verteidiger Michael Kaiser kommt an diesem Tag erstmals im Rollstuhl in den Saal. In den Jahren zuvor konnte er mit Krücken laufen. Er sitzt nun dort, wo Gerichtspsychiater Henning Saß jahrelang Platz nahm: hinter dem Zeugentisch, direkt vor den Tischen der Nebenklage. Rechts neben Eminger sitzt sein langjähriger Pflichtverteidiger Herbert Hedrich, links neben ihm sein neuer Wahlverteidiger: Daniel Sprafke aus Karlsruhe. Dem rechtsgerichteten Anwalt Björn Clemens, den er mit seiner Vertretung betraut hat, hatte Eminger das Mandat schon wieder entzogen. Nun will Sprafke Emingers neuer Pflichtverteidiger werden. Außerhalb der Hauptverhandlung hat er einen Antrag auf Beiordnung gestellt. In seinem Antrag hat er geschrieben, Eminger habe seine beiden Anwälte gebeten, Beweisanträge zu stellen, was diese abgelehnt hätten. Weiter heißt es: »Herrn Eminger wurde bislang anwaltlich geraten, sich auf einen passiven Verteidigungsstil einzulassen, da nach Auskunft seiner Verteidiger eine Verurteilung in Ermangelung einer tragfähigen Beweisführung des Generalbundesanwalts nicht zu erwarten sei. Mein Mandant hat sich hierauf verlassen und wurde durch den konkreten Strafantrag des Generalbundesanwalts sowie durch seine Inhaftierung stark in seinem Vertrauen erschüttert.« Nach der Forderung der Bundesanwaltschaft, Eminger wegen Beihilfe zum versuchten Mord bei einem Bombenanschlag in Köln zu zwölf Jahren Haft zu verurteilen, hat der Senat Haftbefehl wegen Fluchtgefahr erlassen. Seit September 2017 ist Eminger in Untersuchungshaft.)

Götzl Dann ergeht nach geheimer Beratung folgender Beschluss: Die Anträge des Verteidigers Sprafke, die Hauptverhandlung für die maximale Höchstdauer zu unterbrechen und so lange nicht fortzusetzen, bis über seinen Antrag auf Beiordnung als Pflichtverteidiger entschieden ist, wird abgelehnt.

(Götzl stellt fest, dass Eminger, anders als von Sprafke in seinem Antrag behauptet, durch seine beiden langjährigen Verteidiger Kaiser und Hedrich »sachgerecht verteidigt« sei. Die beiden seien seit Jahren in den Verfahrensstoff eingearbeitet, weder ihr Alter noch ihr Gesundheitszustand gäben Anlass zur Sorge. Eine Unterbrechung sei nicht notwendig. Auch dass Eminger nun offenbar eine andere Verteidigungsstrategie verfolgen will als Hedrich und Kaiser, stelle die Kompetenz seiner beiden Altverteidiger nicht infrage. Auch eine schweigende Verteidigung sei eine anerkannte Verteidigungsstrategie, begründet Götzl den Beschluss.)

Verteidiger Sprafke Ich bitte um eine Abschrift des Beschlusses und darum, die Verhandlung für zwei Stunden zu unterbrechen. Die Unterbrechung soll Herrn Eminger und seiner Verteidigung ermöglichen, sich zu besprechen, ob möglicherweise ein Ablehnungsgesuch anzubringen ist.

Bundesanwalt Diemer Ich sehe keinen Anlass für eine Unterbrechung. Herr Eminger ist ausreichend verteidigt. Das Verfahren kann fortgesetzt werden. Es gibt überhaupt keinen Grund zu unterbrechen, nur weil Herr Sprafke jetzt ins Verfahren kommt.

Verteidiger Sprafke Ich teilte bereits mit, dass möglicherweise ein Ablehnungsgesuch im Raum steht. Ein solches ist unverzüglich zu stellen.

Götzl Wir unterbrechen erst mal für 20 Minuten zum Kopieren.

(Der Beschluss des Gerichts wird kopiert und an alle Prozessbeteiligten verteilt. Die Sitzung wird nach einer kurzen Unterbrechung fortgesetzt.)

Götzl Der Antrag, die Hauptverhandlung für zwei Stunden zu unterbrechen, wird abgelehnt. Gleichzeitig wird der Verteidigung die Möglichkeit eingeräumt, nach Unterbrechung der Hauptverhandlung heute Abend oder morgen früh ohne Rechtsverlust ein Ablehnungsgesuch anzubringen. Sind dann weitere Anträge oder Erklärungen?

Verteidiger Sprafke Ich muss dennoch um Unterbrechung bitten für schon jetzt mindestens drei Ablehnungsgesuche. Wenn Sie sagen, sie seien auch am Ende des Tages oder morgen anzubringen, dann gebe ich zu bedenken, dass es nur noch den Schlussvortrag gibt und nichts, was man vorziehen könnte. Ich beantrage daher, die Hauptverhandlung bis morgen zwölf Uhr zu unterbrechen für die Anbringung eines Ablehnungsgesuchs.

Anwalt Bliwier Der Antrag ist abzulehnen. Es geht nur noch um Prozessverschleppung. Nächste Woche kommt dann noch ein anderer Wahlverteidiger, der dann auch seine Beiordnung beantragt. Und das kann man dann Monate so fortführen.

(Nach einer weiteren kurzen Unterbrechung setzt Richter Götzl die Verhandlung fort.)

Götzl Es ergeht folgende Verfügung: Der Antrag von Rechtsanwalt Sprafke, die Hauptverhandlung bis morgen zwölf Uhr zu unterbrechen, um mindestens drei Befangenheitsanträge zu formulieren, wird abgelehnt.

Verteidiger Sprafke Ich beanstande auch diese Verfügung und will noch mal anbringen: Wir sind jetzt kurz vor den Schlussvorträgen der Verteidigung. Ich wäre gezwungen, die Hauptverhandlung zu verlassen, um den Antrag vorzubereiten.

Götzl Ich verstehe jetzt Ihren Vortrag nur teilweise. *(Götzl wird laut.)* Sie hatten zunächst zum Ausdruck gebracht, dass Sie ein Unverzüglichkeitsproblem haben. Daraufhin wurde Ihnen zugesichert, dass Sie keinen Rechtsverlust erleiden würden. Insofern verstehe ich Ihre Ausführungen jetzt nur beschränkt. Sie haben doch gerade die Möglichkeit eingeräumt bekommen, ein Ablehnungsgesuch ohne Rechtsverlust nach der Verhandlung zu formulieren.

Verteidiger Sprafke Wie soll eine Besprechung mit Herrn Eminger stattfinden, wenn hier ein Plädoyer läuft?

Götzl In der Unterbrechung!

Verteidiger Sprafke Ja, die wurde aber abgelehnt.

Götzl Die Unterbrechung wird verschoben auf einen späteren Zeitpunkt! Ohne dass Sie einen Rechtsverlust erleiden! Ein Prozedere, wie wir es hier in der Vergangenheit mehrfach hatten. *(Die Verteidiger von Wohlleben und Zschäpe reagieren mit heftigem Kopfschütteln.)*

Verteidiger Sprafke Herr Eminger hat Sie abgelehnt wegen Besorgnis der Befangenheit!

Götzl *(im Chor mit Vertretern der Bundesanwaltschaft und der Nebenklage)* Nein, das hat er nicht.

Verteidiger Sprafke Na, dann erfolgt das hiermit.

Oberstaatsanwalt Weingarten Herr Vorsitzender, der neue Verteidiger kommt offenbar mit der von ihm selbst geschaffenen Prozessgeschichte nicht klar. Diese Form verwirrter Prozessdestruktion ist völlig ungeeignet, hierzu noch in irgendeiner qualifizierten Form Stellung zu nehmen.

Verteidiger Kaiser Ich sage das jetzt als alter Pragmatiker. Vielleicht krankt es daran, wann denn nun die heutige Sitzung unterbrochen werden soll. Eher um 15, 16 oder 18 Uhr? Wird erst um 18 Uhr unterbrochen, ist es schlicht unmöglich, drei Befangenheitsanträge zu stellen.

Götzl Die Unterbrechung richtet sich nach dem Verlauf des heutigen Tages. Ich weiß auch noch nicht, wie lange es dauert. *(Überlegt kurz.)* Ja, jetzt ist natürlich ein Ablehnungsgesuch im Raume.

Verteidiger Sprafke Nein! Es soll angebracht werden!

Verteidiger Stahl Die Verfügung ist beanstandet.

(Wiederum zieht sich das Gericht zur Beratung zurück.)

Götzl Nach geheimer Beratung ergeht folgender Beschluss: Die Verfügungen des Vorsitzenden, mit denen er die Anträge des Herrn Sprafke abgelehnt hat, werden bestätigt. Es ist beabsichtigt, die Plädoyers der Verteidigung beginnen zu assen.

Verteidiger Stahl Herr Vorsitzender, im wohlverstandenen Interesse von Frau Zschäpe ist es sehr wohl angebracht, die Hauptverhandlung bis zur Anbringung der Ablehnungsgesuche zu unterbrechen. Wenn Sie jetzt vorhaben, die Plädoyers beginnen zu lassen, und Herr Eminger heute Abend gleich drei Befangenheitsanträge stellt, dann wird die Hauptverhandlung danach wieder unterbrochen, und dann reißen Sie die Schlussvorträge *(der Verteidiger)* von Frau Zschäpe auseinander.

Verteidiger Borchert Ich schließe mich den Ausführungen des Kollegen an. Der Fluss des Plädoyers wird stark beeinträchtigt, wenn es für eine Woche unterbrochen wird.

Götzl Können Sie etwas zur Dauer Ihres Plädoyers sagen?

Verteidiger Borchert Mehrere Stunden.

Götzl Herr Rechtsanwalt Klemke?

Verteidiger Klemke Ich rege an, das Verfahren gegen Herrn Eminger abzutrennen. *(Lautes Lachen im Saal. Auch Zschäpe lacht. Die Abtrennung würde bedeuten, dass gegen Eminger in einem eigenen Verfahren weiter verhandelt wird und die anderen ohne ihn zum Ende kommen könnten.)*

Bundesanwalt Diemer Ich möchte nur darauf hinweisen, dass unser Plädoyer gleich für vier Wochen unterbrochen worden ist. Außerdem ist eh vorgesehen, das Plädoyer der Verteidigung Zschäpe zu unterbrechen, damit sich die Rechtsanwälte Heer, Stahl und Sturm auf ihr Plädoyer vorbereiten können.

Verteidiger Stahl Das ist ein bisschen sophisticated. Tatsächlich ist es so, dass die Kollegen Borchert und Grasel mitgeteilt haben, dass sie ihr Plädoyer miteinander abgestimmt haben. Daher macht es dann auch Sinn, dass sie ihren Schlussvortrag im Zusammenhang vortragen können.

Verteidiger Klemke Die Argumentation des Kollegen Stahl ist sehr schlüssig. Zumal die Vertreter des Generalbundesanwalts ohne Sinn und Plan vor sich hin plädiert haben.

Götzl Herr Borchert, Sie sagten, Sie bräuchten für Ihr Plädoyer mehrere Stunden?

Verteidiger Borchert Ja. Ich werde zunächst die Beweise würdigen. Dann nimmt Kollege Grasel die rechtliche Würdigung vor. Anschließend werde ich mich zu Schuld und Strafe äußern. Wir schätzen, dass wir ungefähr eineinhalb Tage plädieren werden.

Anwalt Stolle Wir wissen doch noch gar nicht, ob von Herrn Eminger Befangenheitsanträge angebracht werden. Das ist doch alles spekulativ. Das ist kein Grund, heute nicht mit dem Plädoyer anzufangen.

Anwalt Reinecke Ich will mich dem anschließen. Es gab auch durch überflüssige Interventionen der Verteidigung einige Unterbrechungen der Plädoyers der Nebenklagevertreter. Und plädiert werden soll von Personen, die eigentlich gar nicht wissen, was hier passiert ist. Von daher gibt es überhaupt keinen Grund, jetzt nicht zu beginnen.

Verteidiger Stahl Die Verteidigung ist natürlich nicht dafür da, Sorge zu tragen, dass die Vertreter des Generalbundesanwalts am Stück zusammenhängend plädieren können. Sie ist aber dafür da, bei Frau Zschäpe darauf zu achten, dass zumindest da alles so gut wie möglich läuft. Wenn heute das Plädoyer beginnt und am Abend dann wahrscheinlich drei Befangenheitsanträge angebracht werden, dann ist der Rest der Woche geplatzt. Herr Vorsitzender, hier ist nun so eine riesige Diskussion entfacht, weil Sie offensichtlich beabsichtigen, das Plädoyer von Frau Zschäpe in der Mitte durchzuschneiden, und das wollen wir nicht.

Götzl Dann legen wir jetzt unsere Mittagspause ein.

(Nach gut einer Stunde Pause kehrt das Gericht zurück.)

Götzl Dann wird mitgeteilt, dass außerhalb der Hauptverhandlung ein Befangenheitsantrag des Angeklagten Eminger gegen mich eingegangen ist. Wir kopieren den Antrag jetzt und verteilen ihn. Anschließend wird rechtliches Gehör gewährt.

(Die Sitzung wird wiederum unterbrochen.)

Götzl Herr Oberstaatsanwalt Weingarten, bitte.

Oberstaatsanwalt Weingarten Gerichtet an die zur Entscheidung berufenen Richter: Anhaltspunkte, dass der Vorsitzende dem Angeklagten Eminger gegenüber nicht unvoreingenommen wäre, sind nicht vorgetragen und auch nicht ersichtlich. Es gibt keinen Anlass zur Besorgnis.

(In dem Befangenheitsantrag von Eminger gegen Götzl schreibt Verteidiger Sprafke unter anderem, dass häufig nur Kaiser oder Hedrich als Verteidiger anwesend gewesen seien und Eminger das Recht auf zwei kontinuierlich anwesende Verteidiger habe.)

Oberstaatsanwalt Weingarten Weder ist die fortwährende Teilnahme zweier Verteidiger Voraussetzung einer ordnungsgemäßen Verteidigung, noch hat Herr Eminger jemals beanstandet, dass er an zahlreichen Tagen nur von Rechtsanwalt Hedrich oder nur von Rechtsanwalt Kaiser verteidigt wurde. Die jetzt geltend gemachten Gedanken können daher nur vorgeschoben sein. Auch Herr Schultze und Herr Gerlach wurden häufig nur von einem Verteidiger verteidigt. Des Weiteren ist die Vorstellung des Antragstellers, die Tatsache, dass Rechtsanwalt Kaiser derzeit auf einen Rollstuhl angewiesen ist, hindere ihn an Gesprächen mit seinem Mandanten, nicht zutreffend beziehungsweise abwegig.

Götzl Dann wird die Verhandlung noch mal unterbrochen.

(Nach einer weiteren kurzen Pause kehren die Richter wieder in den Saal zurück, die Plätze der Verteidiger Sprafke und Hedrich bleiben jedoch leer.)

Götzl Herr Eminger, Ihre Verteidiger Sprafke und Hedrich sind nicht zugegen? *(Eminger zuckt mit den Schultern.)* Haben Sie Informationen dazu, was der Grund dafür ist? *(Eminger schüttelt den Kopf.)* Herr Rechtsanwalt Kaiser, wissen Sie etwas?

Verteidiger Kaiser Auch ich habe dazu keinerlei Informationen, sehe mich aber durchaus in der Lage, die Kollegen über den Fortgang zu informieren.

Götzl Dann wird die Hauptverhandlung bis morgen, zwölf Uhr, unterbrochen.

(Richter Götzl und fast alle Zuhörer verlassen den Saal. Doch zur Überraschung der verbliebenen Zuschauer und Medienvertreter setzt sich der Beisitzende Richter Kuchenbauer auf den Platz von Götzl und fährt mit der Verhandlung fort. Kuchenbauer und die anderen Richter sind nun nicht mehr der Senat, der unter Vorsitz von Götzl über Schuld und Strafe von Zschäpe und der anderen Angeklagten zu entscheiden hat. Sie sind der Senat, der unter Vorsitz von Kuchenbauer über das Ablehnungsgesuch von André Eminger gegen Richter Götzl entscheiden muss.

Es gab bereits Dutzende Befangenheitsgesuche im NSU-Prozess, das sich daran anschließende Verfahren bis zur Entscheidung über diese Ablehnungsanträge erfolgte bisher ausschließlich auf schriftlichem Weg hinter den Kulissen. Erstmals in der Geschichte des NSU-Prozesses sollen die dienstliche Äußerung des abgelehnten Richters und die Stellungnahmen der Prozessbeteiligten nun mündlich vorgetragen werden.)

Richter Kuchenbauer Der Senat befindet sich nunmehr im Ablehnungsverfahren André Eminger gegen den Vorsitzenden Richter am Oberlandesgericht Götzl. Herr Heer?

Verteidiger Heer Da wir uns nicht in der Hauptverhandlung befinden, stellt sich die Frage, warum die Zuhörer und auch Herr Richter Prechsl noch im Saal sind. Herr Prechsl ist nicht Mitglied des Beschlusssenats. *(Prechsl ist der Ergänzungsrichter, der seit fünf Jahren auf seinen Einsatz wartet.)*

Richter Kuchenbauer Herr Prechsl ist hier, um die Anlage zu bedienen. Sie haben recht, das Ablehnungsverfahren ist nicht Teil der Hauptverhandlung, aber nirgendwo ist geregelt, dass es nicht öffentlich stattzufinden hätte.

Verteidiger Heer Wir beantragen, die Öffentlichkeit auszuschließen.

Richter Kuchenbauer Wollen Sie das begründen? Warum sollten wir die Öffentlichkeit ausschließen?

Verteidiger Heer Nein, andersrum: Im Gerichtsverfassungsgesetz ist geregelt, dass Verhandlungen vor dem erkennenden Gericht öffentlich sind. Ein solcher Termin findet hier momentan aber nicht statt.

Oberstaatsanwältin Greger Herr Vorsitzender, wir sehen keinen Grund, die Öffentlichkeit auszuschließen. Es gibt keine Vorschrift, dass die Verhandlung über ein Befangenheitsgesuch nicht öffentlich stattzufinden hätte.

Richter Kuchenbauer Herr Rechtsanwalt Heer, Sie wollen einen Beschluss haben, habe ich Sie richtig verstanden?

Verteidiger Heer Selbstverständlich halte ich meinen Antrag aufrecht und bitte, ihn zu bescheiden.

(Erneut wird die Verhandlung unterbrochen. Nach kurzer Beratung kehren die Richter zurück.)

Richter Kuchenbauer Die Verhandlung ist geschlossen. Wir machen das schriftlich.

(Kuchenbauer steht sofort auf, dreht sich um und verschwindet im Richterzimmer. Zurück bleiben verdutzte Zuhörer und Prozessbeteiligte.

Am Vormittag des nächsten Tages wird André Emingers Befangenheitsantrag außerhalb der Hauptverhandlung abgelehnt. Um zwölf Uhr soll der Verhandlungstag beginnen. Nach und nach trudeln die Prozessbeteiligten ein. Auch Emingers Frau Susann ist da. Nur die Richter fehlen. Um kurz nach zwölf Uhr verliest eine Justizangestellte eine Verfügung von Richter Götzl: Kurz vor Sitzungsbeginn sind zwei neue Befangenheitsanträge von Eminger gegen alle Richter des Senats eingegangen.)

Tag 418

17. April 2018

Manfred Götzl, Richter. **Herbert Diemer**, Vertreter der Bundesanwaltschaft. **Mathias Grasel**, Verteidiger von Beate Zschäpe. **Herbert Hedrich**, Verteidiger von André Eminger. **Stefan Hachmeister**, Verteidiger von Holger Gerlach. **Olaf Klemke**, Verteidiger von Ralf Wohlleben.

Götzl Nach geheimer Beratung ergeht folgender Beschluss: Mit dem Beschluss des Senats vom 10.4.2018, den Antrag von Rechtsanwalt Sprafke abzulehnen, hat es sein Bewenden. *(Der neue Anwalt von André Eminger hatte gefordert, die Hauptverhandlung für die Höchstdauer von vier Wochen zu unterbrechen, damit er sich einarbeiten kann, und sie nicht fortzusetzen, bis darüber entschieden ist, ob er Eminger als dritter Pflichtverteidiger beigeordnet wird.)* Der Senat kann keine Umstände erkennen, den angefochtenen Beschluss zu ändern. Es wurde nicht apodiktisch festgestellt, der Angeklagte Eminger werde sachgerecht verteidigt, sondern das wurde in zahlreichen Unterpunkten des Beschlusses begründet. Auch der Antrag von Rechtsanwalt Sprafke, den Gesundheitszustand von Rechtsanwalt Kaiser zu eruieren, wird abgewiesen. Rechtsanwalt Kaiser hat im letzten Verhandlungsjahr lediglich an acht Hauptverhandlungstagen gefehlt, bei fünf gab es dafür eine private Begründung. Er selbst hat erklärt, seine Gehbehinderung hindere ihn nicht an der Wahrnehmung der Verteidigung. Deshalb besteht keine Begründung, den Gesundheitszustand von Rechtsanwalt Kaiser zu eruieren.

Gibt es noch Anträge? Nein. Dann schließe ich die Beweisaufnahme.

(Die Plädoyers sollen in der Reihenfolge der Anklage erfolgen. Dort steht an erster Stelle Zschäpe, dann Eminger. Von beiden ist allerdings je ein Anwalt nicht zur Sitzung erschienen. Der Dritte in der Anklage wäre Holger Gerlach, seine beiden Anwälte sind anwesend. Es meldet sich sein Anwalt Stefan Hachmeister.)

Verteidiger Hachmeister Wir haben im Vorfeld der Plädoyers, als wir im März darüber gesprochen haben, erklärt, dass es aus unserer Sicht sinnvoll wäre, dass zunächst die Verteidigung Zschäpe plädieren sollte.

Götzl Sie sehen ja, dass es Gründe gibt, nicht so zu verfahren. Da Herr Rechtsanwalt Borchert nicht anwesend sein kann, stellt sich die Frage, ob ich Ihnen das Wort erteile.

Verteidiger Hachmeister Ich bitte um Verständnis, wir sind hier in einer Lage, wo man nicht genau weiß, wie sich das Prozessgeschehen entwickelt und die Verteidigung von Herrn Gerlach nicht darauf eingestellt ist, heute zu plädieren.

Götzl Ich hatte die Erklärung von Ihnen erhalten, dass Sie auf die Schlussvorträge eingestellt sind.

Verteidiger Hachmeister Das ist ein Unterschied, ob man darauf eingestellt ist oder ob es einen konkreten Termin gibt. Wir haben dauernd darüber diskutiert, dass die Verteidigung Zschäpe zunächst plädiert. Wir haben nicht darüber geredet, dass die Reihenfolge verändert wird.

Götzl Welche Zeit brauchen Sie, um sich darauf einzustellen?

Verteidiger Hachmeister Mindestens eine Woche. *(Empörtes Gelächter im Saal.)*

Götzl Auch bei den Plädoyers der Nebenkläger gab es eine bestimmte Reihenfolge, und auch da haben sich Veränderungen ergeben.

Verteidiger Hachmeister Ich bin davon ausgegangen, dass Einvernehmen darüber besteht, dass es aus mehreren Gründen sinnvoll ist, dass zunächst die Verteidigung Zschäpe plädiert. Im Fall von Holger Gerlach hat es seine Bewandtnis darin, dass der Angeklagte Gerlach einen erheblichen Belastungsvortrag gegen Beate Zschäpe vorgenommen hat. Er hat sich der Kritik der Verteidigung von Beate Zschäpe ausgesetzt. Was jetzt die Verteidigung Zschäpe vorträgt, ist rechtserheblich für Gerlach. Das ist maßgeblich für uns. Schon aus diesem Grund halte ich es für relevant, dass erst die Verteidigung Zschäpe plädiert und dann wir im Anschluss. Vor diesem Hintergrund verstehe ich nicht, warum es zu großem Unverständnis des Senats führt, dass wir unser Plädoyer nicht vorziehen. Auch Zschäpes Altverteidiger Heer, Stahl und Sturm haben eine Unterbrechung beantragt, weil sie erst das Plädoyer von Borchert und Grasel hören und dann ihr eigenes halten wollen.

Götzl *(zur Verteidigung von Ralf Wohlleben gewandt)* Wie sieht die Situation bei Ihnen aus?

Verteidiger Klemke Wir könnten nächste Woche anfangen. Erst Frau Schneiders, dann ich, dann Herr Nahrath. Frau Schneiders und Herr Nahrath wollen noch ein paar Ergänzungen vornehmen. Nächste Woche wären wir bereit.

Götzl *(zu Zschäpes Verteidiger Grasel)* Wird Herr Borchert morgen wieder da sein?

Verteidiger Grasel Ich kann gern mit Herrn Borchert telefonieren, ob er morgen wieder da ist.

Götzl Dann unterbrechen wir für zehn Minuten.

(Die Sitzung wird kurz unterbrochen.)

Verteidiger Grasel Nach Rücksprache mit Herrn Borchert hat er mir mitgeteilt, dass seine Abwesenheit noch morgen andauern wird. Seine privaten Notfälle konnten heute noch nicht vollständig abgearbeitet werden.

Götzl Rechtsanwalt Pausch *(einer der beiden Verteidiger von Carsten Schultze)* ist ebenfalls wegen eines Arztbesuches verhindert. Ja, dann werden wir so verfahren, dass wir nächste Woche fortsetzen. Sie sehen ja selbst, dass es Krankheiten und Veränderungen gibt. Stellen Sie sich auf die Schlussvorträge ein, sodass wir einzelne Schlussvorträge vorziehen können.

Verteidiger Hachmeister Ich verstehe Ihre Bitte, es ist Ihre Aufgabe, dass es im Prozess weitergeht. Wir wollen nicht im Weg stehen. Allerdings ist für mich inhaltlich weiter richtig und wichtig, was ich vorhin gesagt habe. Es hört sich so an, als würden Sie die geplante Reihenfolge kassieren, wenn es die Prozesslage erfordert. Ich habe damit Schwierigkeiten, denn es ist zweckmäßig, wenn die wegen einer Unterstützungstat angeklagten Personen ihren Schlussvortrag dann halten, wenn die wegen der Haupttat angeklagte Person ihren Schlussvortrag gehalten hat.

Götzl Es hängt vom Verfahrenslauf ab. Die Reihenfolge ist nicht festgeschrieben. Wenn eine Verhinderung eintritt, besteht die Notwendigkeit, das Verfahren zu beschleunigen. Es kann sein, dass die Änderung der Reihenfolge angebracht ist. Der Schlussvortrag ist möglich – unabhängig von der Reihenfolge, die Sie sich wünschen. Den Schlussvortrag können Sie auch halten, ohne dass die Verteidigung Zschäpe plädiert hat. Außerdem hat der Angeklagte ohnehin das letzte Wort, da besteht noch die Chance, auf andere Schlussvorträge zu entgegnen.

Verteidiger Hachmeister Das ist mir bekannt.

Tag 419

24. April 2018

Manfred Götzl, Richter. **Bodo S.**, 59, Selbstständiger im Bereich Anlagen- und Vorrichtungsbau, Zwickau. **Herbert Diemer, Jochen Weingarten**, Vertreter der Bundesanwaltschaft. **Hermann Borchert, Wolfgang Stahl, Anja Sturm**, Verteidiger von Beate Zschäpe. **Daniel Sprafke**, Verteidiger von André Eminger. **Olaf Klemke, Nicole Schneiders**, Verteidiger von Ralf Wohlleben. **Thomas Bliwier, Alexander Hoffmann**, Anwälte der Nebenklage.

Götzl Guten Morgen, nehmen Sie bitte Platz. Dann setzen wir fort. Sind irgendwelche Anträge?

Verteidiger Sprafke Herr Vorsitzender, namens Herrn André Eminger beantrage ich die Vernehmung des Zeugen Bodo S. *(Der Zeuge soll bestätigen, dass er mit André Eminger am 4.11.2011 morgens beim Frühstücken war. Die Bundesanwaltschaft hatte in ihrem Plädoyer nahegelegt, dass sich Eminger zu dieser Zeit in der Frühlingsstraße 26 in Zwickau aufhielt und mit Beate Zschäpe im Internet nach dem Verbleib von Böhnhardt und Mundlos forschte. Die beiden waren zu dieser Zeit in Eisenach, um eine Sparkasse zu überfallen.)* Herr S. wurde durch den Angeklagten als Zeugen zum heutigen Termin geladen und ist somit ein präsentes Beweismittel im Sinne des Paragrafen 245 StPO.

Götzl Stellungnahmen?

Bundesanwalt Diemer Der Antrag ist nicht von vornherein unzulässig, sodass wir der Beweiserhebung nicht entgegentreten können.

Götzl Dann rufen Sie bitte den Zeugen auf. *(Der Zeuge Bodo S. betritt den Saal.)* Herr S., guten Morgen! Es geht uns darum, ob Sie etwas zum Aufenthaltsort von Herrn Eminger am Vormittag des 4. November 2011 sagen können.

Bodo S. Nein.

Götzl Kennen Sie Herrn Eminger?

Bodo S. Beruflich.

Götzl Inwiefern?

Bodo S. Er stand eines Tages vor meiner Tür und sagte, er möchte für mich arbeiten, da habe ich ihn mitgenommen auf verschiedene Baustellen. Das war alles.

Götzl Wie lange hat er für Sie gearbeitet?

Bodo S. Unterschiedlich. Das kam auf die Größe des Projektes an. Ich sage mal, maximal ein halbes Jahr. Das war ein loser Zeitraum mit Unterbrechungen.

Götzl Können Sie etwas dazu sagen, warum es zum Ende der Beschäftigung kam?

Bodo S. Herr Eminger hatte einen schweren Arbeitsunfall.

Götzl Was ist passiert?

Bodo S. Er ist von einem Dach rückwärts in einen Lichtschacht gestürzt und schwer aufgeschlagen in einem Kuhstall. Da war er lange in der Reha. Seine Hüfte war stark in Mitleidenschaft gezogen.

Götzl Wann war das?

Bodo S. Es muss irgendwann im Herbst gewesen sein. 2011 vielleicht. Ich weiß es aber nicht.

Götzl Hatten Sie nach dem Arbeitsunfall noch Kontakt zu Herrn Eminger?

Bodo S. Ich habe ihn einmal noch im Krankenhaus besucht und mich nach seinem Befinden erkundigt. Das war's.

Götzl Hatten Sie auch privat Kontakt zu Herrn Eminger?

Bodo S. Nein.

Götzl Wann hatten Sie den letzten Kontakt zu ihm?

Bodo S. Das kann ich Ihnen nicht beantworten.

Götzl Können Sie sich erinnern, ob Sie sich mit ihm mal in der Nähe des Arbeitsamtes in Zwickau getroffen haben?

Bodo S. Da haben wir uns manchmal im Imbiss »Satthappen« getroffen, um neue Projekte zu erläutern.

Götzl Können Sie sagen, wann das letzte dieser Treffen war?

Bodo S. Nein.

Götzl Haben Sie etwas mitbekommen von einem Brand in der Frühlingsstraße?

Bodo S. Ja, aus den Medien.

Götzl Können Sie es zeitlich einordnen?

Bodo S. Nein, da ist nichts mehr in meiner Erinnerung, tut mir leid.

Götzl Sie wurden ja mal vom BKA befragt. In einem Vermerk heißt es: »Nach Durchsicht seiner Unterlagen konnte Herr S. feststellen, dass Herr Eminger seit 12.1.2011 mit Unterbrechungen bis zum 9.6.2011 für ihn gearbeitet hat.« Und weiter: »Im Weiteren meldete sich Eminger im Sommer 2011 wieder bei S. und man vereinbarte weitere gemeinsame Projekte. An seinem ersten Arbeitstag bei S. hatte Eminger einen Arbeitsunfall. Seiner Meinung nach könnte das im November 2011 gewesen sein.« Von einem Ermittlungsbeamten haben wir hier erfahren, dass sich der Unfall im Oktober 2011 ereignet hat. Kommt jetzt irgendeine Erinnerung, wann Sie sich am Imbiss »Satthappen« zuletzt getroffen haben?

Bodo S. Nein, leider nicht.

Verteidiger Sprafke Herr S., Sie verneinten, private Kontakte zu Herrn Eminger gehabt zu haben. Wenn Sie jemanden zu Hause besuchen, würden Sie das als privat veranlasst bezeichnen?

Bodo S. Nein. Nicht immer.

Verteidiger Sprafke Nicht. Waren Sie mal bei Herrn Eminger zu Hause?

Bodo S. Einmal.

Verteidiger Sprafke Wann?

Bodo S. Weiß ich nicht mehr.

Verteidiger Sprafke In dem BKA-Vermerk heißt es: »Befragt nach seinen privaten Kontakten zu Eminger, gab S. an, dass er mehrmals bei ihm zu Hause gewesen sei. Das erste Mal, als Eminger nach dem Arbeitsunfall aus dem Krankenhaus entlassen worden war. Später wurde er noch mehrmals eingeladen. Dort traf er auch kurz auf Frau Eminger und die Kinder.« Erinnern Sie sich, das so angegeben zu haben?

Bodo S. Nein.

Verteidiger Sprafke Haben Sie sich damals bei der Polizei um wahrheitsgemäße Angabe bemüht.

Bodo S. Ja.

Götzl Die Frage ist suggestiv.

Verteidiger Sprafke Man kann es ja mal probieren.

Götzl *(erzürnt)* Sie sollten sich schon an die Regeln halten.

Verteidiger Sprafke Ich bitte um Entschuldigung.

Götzl Sie sollten es auch nicht probieren.

Verteidiger Sprafke Auch diesbezüglich bitte ich um Entschuldigung, es hat sich um eine rein scherzhafte Bemerkung gehandelt.

(Der Zeuge verlässt den Saal.)

Verteidiger Sprafke Ich beantrage eine Unterbrechung für eineinhalb Stunden, um einen weiteren Beweisantrag stellen zu können.

Bundesanwalt Diemer Es besteht überhaupt kein Anlass für eine Unterbrechung. Es ist heute die zweite Chance, die uns das Schicksal gibt, und die sollten wir ergreifen: Herr Rechtsanwalt Borchert ist anwesend, wir können mit den Plädoyers der Verteidigung anfangen. Statt einer erneuten Unterbrechung trennen Sie lieber das Verfahren gegen Herrn Eminger ab, Herr Vorsitzender. So kann es nicht weitergehen. Es ist ganz offensichtlich, dass der Verteidiger ins Verfahren gekommen ist, um es bis zum Sankt-Nimmerleins-Tag zu verzögern.

Verteidiger Klemke Die Verteidigung des Herrn Wohlleben beantragt, das Verfahren gegen Herrn Eminger abzutrennen.

Götzl Stellungnahmen?

Anwalt Hoffmann Es besteht überhaupt kein Anlass für Aufgeregtheiten und keine Notwendigkeit, sich jetzt Gedanken über eine Abtrennung zu machen. Der Prozess dauert, weil es eben so sein muss. Und die erwartete Verzögerung durch Beweisanträge ist überschaubar. Wir haben einen Zeugen gehört. Und jetzt können wir ganz normal weitermachen.

Bundesanwalt Diemer Wir sind jetzt in einem Stadium des Verfahrens angelangt, wo alles gesagt ist. Die Beweisaufnahme ist geschlossen. Es wird Zeit, an die Angeklagten zu denken, die in Untersuchungshaft sitzen und das Verfahren nicht oder nicht mehr verzögern möchten. Die Verzögerung wird von uns, von der Öffentlichkeit und den Opfern als unerträglich empfunden. Deswegen beantrage auch ich die Abtrennung des Verfahrens.

Verteidiger Stahl Die Beweisaufnahme ist nicht geschlossen, wir haben gerade einen Zeugen vernommen. Und weitere Beweisanträge anzukündigen, ist nicht unerträglich, sondern Prozessrecht.

Verteidigerin Sturm Herr Dr. Diemer, tatsächlich unerträglich ist Ihre Äußerung. Sie sorgen mit Ihrer Äußerung erst für Empörung in der Öffentlichkeit. Dass sich das Verfahren verzögert, ist sicherlich nicht vordergründig Herrn Eminger und seinen Verteidigern zuzuschreiben. Das Verhalten des Verteidigers Sprafke von vornherein als Prozessverschleppung zu klassifizieren, ist – mit Verlaub – unmöglich.

(Nach der Mittagspause verkündet Richter Götzl einen Beschluss.)

Götzl Die Anträge, das Verfahren gegen André Eminger abzutrennen, werden zunächst zurückgestellt. Ob die Abtrennung des Verfahrens gegen Herrn Eminger zweckmäßig ist oder nicht, kann derzeit nicht abgesehen werden. Der Senat wird den angekündigten Beweisantrag abwarten, um absehen zu können, ob das Verfahren dadurch relevant verzögert wird oder nicht.

Verteidiger Sprafke Herr Vorsitzender, im Hinblick auf den soeben verkündeten Beschluss ist weiterer Beratungsbedarf entstanden. Ich bitte insoweit, die Hauptverhandlung bis morgen zu unterbrechen. Zur Begründung: Es ist nicht geplant gewesen, dieses Verfahren unnötig zu verzögern. Die Stellung von zulässigen und nachvollziehbaren Anträgen kann sowieso niemals eine ernsthafte Verzögerung oder Torpedierung eines Strafverfahrens darstellen. Ich bin ganz offen und ehrlich: Ich möchte hier keine unnötigen Antragskaskaden loswerden. Und ich bin der Meinung, dass eine Unterbrechung bis morgen nicht derart gravierend ist. Gravierender finde ich, wenn in die Plädoyers der Verteidigung eingegriffen würde und die angekündigten Anträge zwischendurch gestellt würden. Dies würde das Prozedere dieses Strafprozesses viel mehr belasten.

Oberstaatsanwalt Weingarten Rechtsanwalt Sprafke ist einer Fehleinschätzung unterlegen, unser Abtrennungsantrag ist nicht dahingehend zu verstehen, ihm oder Herrn Eminger irgendwelche Möglichkeiten abzuschneiden. Da offenbar noch prozessualer Bedarf bei Herrn Eminger besteht, geht es vielmehr um die Frage, ob dies noch im Gesamtverlauf stattfinden kann. Der Unterbrechungsantrag entspricht exakt der Prognose von Dr. Diemer vor eineinhalb Stunden. Es gibt überhaupt keinen Grund, das Verfahren bis morgen zu unterbrechen.

Anwalt Bliwier Ich beantrage, den Antrag zurückzuweisen. Herr Sprafke hatte vorhin 90 Minuten Unterbrechung beantragt, um einen Beweisantrag zu stellen. Die Mittagspause hat er dazu offenbar nicht genutzt. Stattdessen beantragt er nun eine Pause bis morgen. Es ist offenkundig, dass es um bloße Prozessverschleppung geht.

Verteidiger Sprafke Der Unterbrechungsantrag vorhin hatte einen völlig anderen Hintergrund als der aktuell gestellte. Der Senatsbeschluss ist der Versuch, Herrn Eminger ein prozessuales Ei ins Nest zu legen, indem man vorerst eine Abtrennung des Verfahrens zurückstellt, um abzuwarten, welche prozessualen Anträge gestellt werden. Das muss mit meinem Mandanten besprochen werden. Denn eine Abtrennung des Verfahrens würde eine nicht unerhebliche Wendung bedeuten.

(Die Richter ziehen sich zur Beratung zurück.)

Götzl Dann ergeht nach geheimer Beratung folgender Beschluss: Der Antrag auf Unterbrechung bis morgen wird abgelehnt. Nachvollziehbare Gründe sind nicht vorgetragen und nicht ersichtlich. Dann schließe ich die Beweisaufnahme erneut. Dann wird der Verteidigung Zschäpe das Wort erteilt.

(Dann beginnen, für alle Anwesenden überraschend, doch noch die Plädoyers der Verteidigung. Es beginnt der Wahlverteidiger von Beate Zschäpe, Hermann Borchert.)

Verteidiger Borchert Herr Vorsitzender, ich pflege meine Plädoyers stehend zu halten. *(Ein Aufsatz für seinen Tisch wird herbeigeholt. Borchert erhebt sich und beginnt.)* Hoher Senat, sehr geehrter Herr Vorsitzender, sehr geehrte Damen und Herren Verfahrensbeteiligte, die Bundesanwaltschaft hat plädiert, meine Mandantin habe als Mitgründerin und Mitglied einer terroristischen Vereinigung namens NSU gemeinsam mit Uwe Böhnhardt und Uwe Mundlos in der Zeit zwischen 1998 und 2011 neun Menschen türkischer oder griechischer Herkunft ermordet, einen Anschlag auf Polizeibeamte begangen, bei dem eine Polizistin verstarb und ihr Kollege schwer verletzt wurde, als Mittäterin in tödlicher Absicht einen Bombenanschlag auf das Ladengeschäft einer deutsch-iranischen Familie verübt sowie als Mittäterin eine Nagelbombe zur Explosion gebracht, um möglichst viele Menschen, konkret 32, zu töten, und dabei 23 Personen verletzt, als Mittäterin zwei Raubüberfälle mit Tötungsabsicht und darüber hinaus eine Vielzahl an Raubüberfällen verübt und das zuletzt bewohnte Haus in der Frühlingsstraße 26 in Zwickau in Brand gesetzt und dabei billigend in Kauf genommen, dass Menschen zu Tode kommen könnten.

Die Bundesanwaltschaft hat plädiert, das Motiv sei jeweils eine rechtsextremistische Ideologie, der Wahn von einem ausländerfreien Land gewesen. Das Motiv sei gewesen, dieses freie, freundliche Land, in dem wir leben, zu erschüttern, um einem widerwärtigen Naziregime den Boden zu bereiten. Der Anschlag auf die beiden Polizeibeamten sei ein Angriff auf unseren Staat, seine Vertreter und Symbole gewesen.

Ich werde im Einzelnen darlegen, dass sich eine Mittäterschaft an den Mordtaten weder aus den Tätigkeiten noch aus der Untätigkeit meiner Mandantin ableiten lässt – sei es vor dem 26. Januar 1998, sei es in den 13 Jahren danach. Und dass sich eine Mittäterschaft an den Mordtaten weder mit ihrem Charakter noch mit ihren politisch geprägten Aktivitäten vor dem Untertauchen begründen lässt. Beginnen möchte ich mit dem Prozessverhalten der Mandantin, das sowohl von der Bundesanwaltschaft, von Vertretern der Nebenklage sowie von der Presse heftig kritisiert wurde.

248 Hauptverhandlungstage hat sich meine Mandantin nicht geäußert. Sie hat den Pressevertretern den Rücken zugewandt und Blickkontakt zu den Zeugen vermieden. Sie hat dem Augenkontakt zu den Mitgliedern des Senats versucht auszuweichen und auf die – aus ihrer Sicht – Anfeindungen einiger Vertreter der Nebenklage nicht reagiert. Nach eigener Stellungnahme hat sie sich so verhalten, weil ihr dies anwaltlich geraten wurde, wofür ihre spontane Äußerung gegenüber dem sie festnehmenden Beamten spricht, sie habe sich nicht gestellt, um zu schweigen.

Nach 248 Verhandlungstagen hat sie ihr Schweigen gebrochen – und zwar aus eigener Überzeugung, die Geschehnisse aus ihrer Sicht zu schildern und sich gegen die erhobenen Vorwürfe zu wehren. Sie hat sich gegen ihre Verteidiger gestellt und die über zweieinhalb Jahre angewandte Verteidigungsstrategie im wahrsten Sinne des Wortes über den Haufen geworfen.

Einen solchen Schritt zu gehen bedarf sicherlich einer gewissen Charakterstärke, aus welcher die Bundesanwaltschaft jedoch fehlerhafte Schlüsse zieht, um auf das Plädoyer der Bundesanwaltschaft zurückzukehren.

Die in ihrem Prozessverhalten zum Ausdruck gekommene Charakterstärke – Abkehr von der Verteidigungsstrategie; Anträge, die Pflichtverteidiger zu entbinden – als Indiz dafür zu werten, sie habe sich gegenüber Uwe Mundlos und Uwe Böhnhardt in jeder Hinsicht durchsetzen können, und dieses Indiz für den Rückschluss heranzuziehen, die Mandantin habe die von Uwe Mundlos und Uwe Böhnhardt begangenen Taten als Mittäterin mit Wissen und Wollen begangen, verkennt vollkommen die Tatsache, dass im Rahmen der durchgeführten Beweisaufnahme keinerlei definierbaren Erkenntnisse darüber gewonnen werden konnten, über welche Charakterstärke und über welches Durchsetzungsvermögen die beiden Uwes und insbesondere Uwe Böhnhardt während

des gemeinsamen Zusammenlebens im Untergrund der Mandantin gegenüber verfügten.
Der Vater des Uwe Mundlos hatte Uwe Böhnhardt als »tickende Zeitbombe« beschrieben, die extrem aggressiv und gewalttätig gewesen sei. Was nutzt die Charakterstärke, wenn diese dem Lebenspartner gegenüber keine Wirkung erzielt?
Auch die vom Sachverständigen Professor Dr. Saß beschriebenen Mängel in der Gemüthaftigkeit und Empathie, einer Neigung zum Externalisieren, Verdrängen und Abspalten, dominantes und manipulatives Verhalten, Disziplin, Raffinesse, extrem hohe Fähigkeit zu Camouflage – soweit sich diese Charakterisierungen auf das Verhalten während der Hauptverhandlung beziehen –, lassen keinerlei Rückschlüsse darauf zu, dass meine Mandantin die Mordtaten gebilligt oder sich gar daran beteiligt hätte. Die beschriebenen Charaktereigenschaften mögen oberflächlich wenig schmeichelhaft erscheinen, können jedoch keine Grundlage dafür sein, der Mandantin Mordabsichten zu unterstellen.
Mit Schriftsatz vom 9.12.2015 wurde zur Anklage Stellung genommen. Die sich anschließenden annähernd 200 Fragen des Strafsenats, das heißt alle, wurden schriftlich beantwortet und sodann in der Hauptverhandlung verlesen. Eine Befragung durch die Bundesanwaltschaft, die Vertreter der Nebenklage und durch Professor Dr. Saß wurde abgelehnt.
Dieses Prozessverhalten ist zum einen völlig legitim und kann zum anderen als sogenannte Teileinlassung oder sogenanntes Teilschweigen nicht überzeugend kritisiert werden. Denn die Mandantin hat sich zu jedem einzelnen Anklagevorwurf umfassend geäußert. Sie und die Verteidigung stehen auf dem Standpunkt: Wenn der erkennende Senat keine Fragen mehr an die Angeklagte hat, so kann davon ausgegangen werden, dass die den Senat interessierenden Fragen zum äußeren und inneren Sachverhalt erschöpfend beantwortet worden sind. Unabhängig davon, dass keine spontanen, tatbezogenen Auskünfte erteilt wurden, die im Übrigen nicht garantieren würden, die Glaubhaftigkeit einer Aussage feststellen zu können.
Ich persönlich habe der Mandantin zu diesem Aussageverhalten geraten. Nach mehr als 33 Jahren Berufserfahrung als Strafverteidiger kann ich hinreichend beurteilen, dass in einem Strafverfahren der vorliegenden Art, das extreme strafrechtliche Vorwürfe zum Inhalt hat, das von extremer medialer Aufmerksamkeit geprägt ist und das von einer extremen Anzahl an Nebenklagevertretern beeinflusst wird, jedes persönlich gesprochene Wort der Angeklagten auf die Goldwaage gelegt wird. Deshalb ist – zur Vermeidung jeglicher Missverständnisse – diese Art der Verteidigung gewählt worden.
Ich persönlich habe den Stil der schriftlichen Stellungnahmen geprägt – in der

Absicht, auch insoweit Missverständnisse zu vermeiden, die aus einer ungeschickten Wortwahl entstehen und zu Fehlinterpretationen führen können.
Wenn die Wortwahl der Stellungnahme vom 9.12.2015 und wenn die Wortwahl der Antworten auf die Fragen des Senats den Eindruck einer authentischen Auseinandersetzung mit den abgelaufenen Geschehnissen, mit den Empfindungen der von den Taten betroffenen Personen und ihrer Angehörigen sowie den Konsequenzen für deren Leben nicht haben entstehen lassen, wenn sich aus der Wortwahl Hinweise für egozentrische, wenig empathische und externalisierende Züge ergeben haben sollten, so ist dies allein auf die literarischen Fähigkeiten ihres Wahlverteidigers zurückzuführen.
Die Würdigung einzelner Indizien durch die Bundesanwaltschaft:
Auch für die Bundesanwaltschaft gilt der Grundsatz der freien Beweiswürdigung. Die einleitenden Aussagen der Oberstaatsanwältin Greger vor Augen, lassen jedoch nur den Schluss zu, dass die freie Beweiswürdigung als äußerst einseitige Beweiswürdigung verstanden wird, nämlich als eine Beweiswürdigung, Beweismittel dem erstrebten Beweisergebnis anzupassen, Beweismittel, die dem gewünschten Ergebnis entgegenstehen, wegzulassen und Beweismittel für spekulative Geschehensabläufe im wahrsten Sinne der Wortes zu missbrauchen.
Diese einseitige Sichtweise belegen Sätze wie:
»Wie fügt sich in dieses Bild, dass sie wenige Tage nach dem Anschlag in der Keupstraße bestens gelaunt mit den beiden Uwes in den Urlaub fährt; Lichtbilder zeigen die spezielle Innigkeit und Intimität der drei Personen?« – Eine Fragestellung, die zum einen den Sachverhalt verfälscht und zum anderen eine Interpretation als feststehenden Sachverhalt zu suggerieren versucht.
»Beate Zschäpe hatte die Macht und die Position, Uwe Böhnhardt und Uwe Mundlos durch ihr bloßes Erscheinen zur Vertraulichkeit zurückzurufen – gemeint ist ein Gespräch bei einer Waffenübergabe, als Uwe Mundlos und Uwe Böhnhardt gegenüber Carsten Schultze bemerkten, ›Pssst, Beate kommt‹« – eine geradezu unsinnige Interpretation des Geschehnisses.
»Oder wie es ihr Cousin Stefan Apel formuliert hat: ›Sie hatte die beiden Männer im Griff‹« – die kritiklose Übernahme einer durch einen Zeugen vorgetragenen Wertung.
Ich werde darlegen, dass die Beweiswürdigung der Bundesanwaltschaft eine äußerst einseitige Beweiswürdigung ist, getragen von Spekulationen, getragen von der Ablehnung, sich mit dem Gedanken zu beschäftigen, dass die Einlassung der Mandantin auch nur ansatzweise der Wahrheit entsprechen könnte, getragen von der offensichtlichen Absicht, sämtliche Indizien so auszulegen, dass diese in das von der Anklage gezeichnete Bild passen.
Urlaub, beste Laune, Innigkeit und Intimität wenige Tage nach der Keupstraße –

den Zeitablauf von sechs Wochen als »wenige Tage« auszulegen weist auf eine exklusive Interpretation der Bundesanwaltschaft hin. Gleiches gilt mit Blick auf einzelne Fotos, deren konkreter Anlass unbekannt ist.
Urlaub bedeutet für jedermann in der Regel nur Positives; Positives, das geeignet sein kann, sechs Wochen zurückliegende Spannungen abzubauen. Dieser Gesichtspunkt ist der Bundesanwaltschaft fremd, wird allenfalls mit dem moralischen Ausdruck der Entrüstung begegnet und ignoriert, dass die Mandantin nur die Wahl hatte: sich mit dem Geschehenen zu arrangieren oder sich von den beiden zu trennen, mit der relativ großen Sicherheit, verhaftet und für lange Zeit eingesperrt zu werden. Denn, dass meine Mandantin nach der Trennung keinen Halt, weder im Freundeskreis noch in der rechten Szene, für einen Neuanfang ihres Lebens finden würde, hat sich nach dem 4.11.2011 gezeigt.
Auf die Idee, das Zitat »Pssst, Beate kommt« so zu interpretieren, dass die Mandantin die Macht und Position hatte, Uwe Mundlos und Uwe Böhnhardt durch ihr bloßes Erscheinen zur Vertraulichkeit zurückzurufen – auf diese Idee muss man erst einmal kommen.
Die Idee, durch bloßes Erscheinen zur Vertraulichkeit zurückrufen zu können, setzt des Weiteren voraus, dass Beate Zschäpe Macht über die beiden Uwes ausgeübt hat, Macht über zwei Menschen, die Morde und Raubüberfälle begangen haben, an deren Vorbereitung und an deren Durchführung – auch aus Sicht der Bundesanwaltschaft – sie nicht beteiligt war.
Die Bundesanwaltschaft bezieht sich wohl auf psychische Macht – wie diese konkret ausgeschaut haben soll, bleibt die Bundesanwaltschaft, wie schon angesprochen, zu erklären schuldig. Der Aussage des Stefan Apel *(Zschäpes Cousin)*, sie habe die Männer »im Griff gehabt«, reicht als Erklärung sicherlich nicht aus. Das Zitat »Pssst, Beate kommt« so zu interpretieren, dass sich Beate Zschäpe quasi als Chefin geriert hätte, der man sich unterwirft, stellt die Fakten sinnbildlich auf den Kopf.
Die Schilderung der Mandantin, sie sei von Uwe Böhnhardt mehrfach geschlagen worden, steht im Widerspruch zur These, sie habe über Uwe Böhnhardt Macht ausgeübt. Kein schlüssiges und anhand von Fakten nachvollziehbares Argument war zu vernehmen, dass die Beweisaufnahme die Schilderung der Mandantin widerlegt hätte. Wie auch? Kein Zeuge hat am Privatleben innerhalb der gemeinsamen Wohnung teilgenommen.
Wir reden über einen Zeitraum von mehr als einem Jahrzehnt, und die Bundesanwaltschaft begründet ihren »Beweis« der Macht über Uwe Böhnhardt und Uwe Mundlos mit einer Wertung, einer Beurteilung eines Zeugen, welche sich auf die Zeit vor 1998 bezieht!
Das Zitat »Pssst, Beate kommt« passt vielmehr zu der Annahme, dass die hin-

zukommende Beate Zschäpe nicht mitbekommen sollte, was gesprochen wird, weil sie gegen den Einsatz von Waffen war. Eine solche Interpretation ist naheliegend – insbesondere unter Berücksichtigung der Persönlichkeiten des Uwe Mundlos und des Uwe Böhnhardt – Persönlichkeiten, die charakterlich in der Lage waren, einem wildfremden Menschen ins Gesicht zu schießen. Vor diesem Hintergrund anzunehmen, dass die beiden Uwes vor meiner Mandantin »gekuscht« hätten, erscheint geradezu als absurd.

Dem Vortrag der Bundesanwaltschaft in der Reihenfolge ihrer Argumente weiter folgend, sei auf den behaupteten gemeinsamen Plan des Uwe Mundlos, des Uwe Böhnhardt und der Mandantin eingegangen. Dieser habe – nach Ansicht von Frau Oberstaatsanwältin Greger – von Anfang an vorgesehen, eine möglichst lange Serie von rassistisch motivierten Mordtaten – ohne Bekenntnis – zu begehen, türkischstämmige Kleingewerbetreibende einzuschüchtern und den Staat als ohnmächtig vorzuführen; nach Ansicht von Bundesanwalt Dr. Diemer sollten Bürger ausländischer Herkunft davon abgeschreckt werden, nach Deutschland zu kommen beziehungsweise Deutschland zu verlassen, und die Polizistin Kiesewetter habe als Repräsentantin des von den Extremisten verhassten Staates sterben sollen. Die Bundesanwaltschaft hat keine Antwort darauf gegeben, wie der angebliche Plan in der Praxis hätte funktionieren sollen.

Fakt ist, dass aufgrund der Mord- und Bombenanschläge zwischen dem 9.9.2000 und dem 25.4.2007 kein einziger türkischstämmiger oder griechischer Mitbürger Deutschland verlassen oder nicht betreten hat – jedenfalls hat sich dies aufgrund der durchgeführten Beweisaufnahme nicht feststellen lassen.

Türkisch- oder griechischstämmige Mitbürger mittels Mord- und Bombenanschlägen zum Verlassen des Bundesgebietes zu bewegen oder ausländische Bürger aufgrund von Mord- und Bombenanschlägen dazu zu bewegen, erst gar nicht in das Bundesgebiet einzureisen, macht nicht ansatzweise Sinn, wenn diese Mitbürger oder ausländischen Bürger gar nicht wissen und nicht wissen können, wer diese Taten begangen hat und warum diese Taten begangen wurden.

Dieser angebliche, noch in den Neunzigerjahren gefasste Plan erweist sich als Theorie der Bundesanwaltschaft, welche mit der Realität nichts zu tun hat.

Gleiches gilt für die aufgestellte Theorie, mit der Ermordung der Polizeibeamtin Kiesewetter hätte der verhasste Staat vorgeführt werden sollen.

Es darf bezweifelt werden, dass Uwe Mundlos und Uwe Böhnhardt bereits im Jahre 1998 den Plan gefasst hatten, neun Jahre später eine Polizeibeamtin zu töten, um den Staat vorzuführen – und dies im Gedanken, sich Jahre später bei eigener Entdeckung umzubringen und die Vorführung des Staates über die Veröffentlichung der DVDs zu verwirklichen.

Ich komme nun zum Punkt Aufgabenverteilung. Die Bundesanwaltschaft zeichnet ein Konzept, wonach Uwe Mundlos und Uwe Böhnhardt die Anschlagziele auskundschafteten und die Anschläge ausführten, während die Mandantin als »Tarnkappe« fungieren sollte. Letztere sollte den Unterschlupf der Gruppe sichern und die bestmögliche und ungestörte Begehung der Anschläge gewährleisten.

Die Bundesanwaltschaft spricht ganz bewusst nur von Anschlägen. Sie verschweigt, dass Uwe Mundlos, Uwe Böhnhardt und meine Mandantin in der Illegalität lebten und dass sich meine Mandantin – durch die damaligen Umstände bedingt – für ein Leben entschieden hatte, das durch Raubüberfälle finanziert werden sollte.

Jedem objektiven Betrachter dieser Situation leuchtet ein, dass ohne das Schaffen einer Alibiexistenz, ohne Verschleierung der tatsächlichen Umstände, der eigenen sowie derjenigen des Uwe Mundlos und des Uwe Böhnhardt, das Leben in der Anonymität sehr schnell ein Ende gefunden hätte – nämlich durch polizeilichen Zugriff.

Das Beschaffen falscher Papiere, das Beschaffen einer falschen Identität, das Beschaffen einer Wohnung unter Täuschung über die eigene Identität war unabdingbare Voraussetzung für ein Leben in der Illegalität.

Ich möchte zum Thema Aufgabenverteilung zurückkommen, die nach Meinung der Bundesanwaltschaft wie folgt konzipiert gewesen sein soll:

Beate Zschäpe fungierte als Tarnkappe, sicherte den Unterschlupf der Gruppe und gewährleistete die bestmögliche und ungestörte Begehung der Anschläge.

Beate Zschäpe war der Kassenwart und hatte ein Mitsprache- und Verfügungsrecht bei den Finanzen.

Beate Zschäpe war eingebunden bei der Anmietung von Wohnungen und Wohnwagen.

Beate Zschäpe war eingebunden in die Beschaffung von Waffen.

Fazit der Bundesanwaltschaft: Weder die Anschläge noch die Überfälle hätten ohne ihr Zutun in dieser Form stattfinden und gelingen können. Beate Zschäpe sei der entscheidende Stabilitätsfaktor gewesen, Beate Zschäpe habe das System NSU »abgetarnt« und auf diese Weise an den Ausführungen der Taten mitgewirkt.

Dieser angeblichen Aufgabenverteilung ist entgegenzuhalten:

Schlagwort »Tarnkappe«: Sollte die Bundesanwaltschaft mit diesem Schlagwort gemeint haben, dass meine Mandantin die wahre Identität der beiden Uwes Nachbarn gegenüber verschleiert, sich an der Besorgung gefälschter Papiere beteiligt und unter Täuschung der Identität das Anmieten der Wohnungen akzeptiert hat – so sei dieses Schlagwort akzeptiert. Denn wie ausgeführt, hatte sich meine Mandantin auf ein Leben im Untergrund eingerichtet, wofür diese Aktionen unabdingbar waren. Sollte die Bundesanwaltschaft mit dem Schlagwort gemeint haben, dass die sogenannte Tarnkappenfunktion der Tarnung der Mord- und Bombenanschläge gedient haben soll, so ist dem zu widersprechen. Natürlich kann man meine Mandantin als Kassenwart bezeichnen, wenn sie während der Urlaube und bei sonstigen Gelegenheiten die Rechnungen bezahlt. Aus diesem Umstand kann jedoch nicht die logische Konsequenz gezogen werden, dass sie sich – entgegen ihren Beteuerungen – mit den Mordtaten und Bombenanschlägen einverstanden erklärt hätte.

Nur am Rande sei erwähnt, dass meine Mandantin in ihrer Eigenschaft als Kassenwart ihre Jungs wohl nicht im Griff hatte, als diese am 4.11.2011 den Betrag von circa 40 000 Euro an sich nahmen, um – so könnte vermutet werden – anlässlich des Raubüberfalls auf die Sparkasse Eisenach finanziell abgesichert zu sein. Ich bitte um Nachsicht, dass ich mir diese ironische Bemerkung angesichts des ernsten Themas meiner Ausführungen nicht verkneifen konnte.

Als weitere Beispiele seien genannt, dass Uwe Böhnhardt die Mieten jeweils in bar bezahlte, Uwe Mundlos im fünfstelligen Bereich Ausgaben für Computer, Software und so weiter tätigte und meine Mandantin am 8.11.2011 den Betrag von 12,23 Euro besessen hatte.

Meine Mandantin war – mit einer Ausnahme am 25.10.2011 – nicht an einer einzigen Anmietung eines Wohnmobils beteiligt. Es war Uwe Böhnhardt, der den Mietzins für die Wohnmobile und Pkws aus der Hosentasche bezahlte – und zwar zusammengerechnet in Höhe von 27 622,62 Euro. Ob Uwe Böhnhardt mit der Zahlung des Mietzinses die Stellung der Mandantin als Kassenwart untergraben hatte, mag dahingestellt bleiben. Zusammengefasst: 64 Fahrzeuganmietungen durch Uwe Böhnhardt, und meine Mandantin war nicht dabei – ironisch kommentiert: Sie hat die Aufgabe des Kassenwarts nicht nur schlecht, sondern gar nicht erfüllt!

Die pauschale Behauptung, meine Mandantin sei generell in die Beschaffung von Waffen eingebunden gewesen, ist sowohl mit einfachen Argumenten als auch damit zu widerlegen, dass die Bundesanwaltschaft Aussagen zweier Mitangeklagter einseitig und offensichtlich nur ergebnisorientiert würdigt.

a) Übergabe der Waffe Česká 83 im Café eines Kaufhauses in Chemnitz. Der Mitangeklagte Carsten Schultze, der von der Bundesanwaltschaft als äußerst glaubwürdig eingestuft wird, hat ausgesagt, dass meine Mandantin bei der Übergabe der Waffe nicht anwesend gewesen sei. »Ich gehe davon aus, sie sollte es nicht wissen.« Nach Aussage des Mitangeklagten Schultze sei das Gespräch zwischen ihm und den beiden Uwes abrupt beendet worden, als meine Mandantin hinzugekommen sei – Stichwort: »Pssst, Beate kommt.« Auf die Reaktion eines der beiden Uwes bin ich bereits hinreichend eingegangen. Diese Begebenheit stellt deshalb kein Indiz dafür dar, dass meine Mandantin in die Beschaffung dieser Waffe eingebunden gewesen sein könnte.

b) Übergabe einer Waffe des Mitangeklagten Holger Gerlach an Uwe Mundlos und Uwe Böhnhardt. Nach Aussage des Mitangeklagten Holger Gerlach hatte dieser eine Waffe an Uwe Mundlos und Uwe Böhnhardt und nicht an die Mandantin übergeben. Nach seiner Aussage vom 1.12.2011 beim Bundeskriminalamt in Köln habe er anlässlich eines Besuches beim Mitangeklagten Wohlleben einen Stoffbeutel erhalten, den er an Uwe Mundlos, Uwe Böhnhardt und Beate Zschäpe habe übergeben sollen. Er sei von meiner Mandantin am Bahnhof in Zwickau abgeholt worden und man sei in die Wohnung in der Polenzstraße 2 gegangen. Dort habe er die Pistole in Anwesenheit der Mandantin an Uwe Mundlos und Uwe Böhnhardt übergeben. Nach seiner verlesenen Erklärung in der Hauptverhandlung habe die Mandantin ihn am Bahnhof abgeholt und er habe den Beutel an die Uwes übergeben.

Losgelöst von der Frage, ob die Aussage vom 1.12.2011 glaubhaft ist, kann aufgrund des Spaziergangs vom Bahnhof in die Polenzstraße nicht davon gesprochen werden, dass meine Mandantin in die Beschaffung von Waffen eingebunden gewesen sei. Die Beweisaufnahme hat nicht ergeben, dass meine Mandantin über den beschriebenen Spaziergang hinaus an der Besorgung einer Waffe beteiligt gewesen sein könnte. Auch die Beantwortung der Frage, ob meine Mandantin bereits am Bahnhof den Inhalt der Stofftasche kannte, kommt der Spekulation nahe. Warum hat Gerlach im Übrigen die Stofftasche nicht schon am Bahnhof übergeben, wenn die Mandantin doch die Bestimmende gewesen sein soll – warum hat sie nicht Uwe Mundlos und/oder Uwe Böhnhardt zum Bahnhof geschickt?

Bei Betrachtung der Waffensammlung insgesamt stellt die einmalige Begleitung des Holger Gerlach einen derart minimalen Beitrag dar, dass pauschal von einer Einbindung in die Beschaffung von Waffen – es geht um insgesamt 20 Waffen – nicht gesprochen werden kann.

Die Einstellung meiner Mandantin zu Waffen wird übrigens überdeutlich dadurch, dass sie am 4.11.2011 nicht eine einzige Waffe auf ihre viertägige Flucht mitnahm – diese Tatsache spricht für sich. Auch die Tatsachen, dass auf keiner sichergestellten Waffe ein Fingerabdruck oder ein DNA-Merkmal der Mandantin gefunden wurde und dass keine Waffe im Wohnbereich der Mandantin in der Frühlingsstraße gefunden wurde, soll in diesem Zusammenhang nicht unerwähnt bleiben.

Fazit der Verteidigung an dieser Stelle: Sämtliche aufgezählte Indizien entpuppen sich als Indizien, die keineswegs beweisen, dass meine Mandantin der erforderliche Stabilitätsfaktor für die Mord- und Bombenanschläge gewesen ist, die keineswegs beweisen, sie habe ein System »NSU« abgetarnt, und die keineswegs beweisen, sie habe an diesen Taten mittäterschaftlich mitgewirkt – auch nicht anhand des Arguments, der Beweis werde bei einer Gesamtbetrachtung geführt. Der Beweis wird ebenfalls nicht dadurch geführt, dass die Spekulationen als Tatsachen dargestellt werden, und der Beweis wird auch nicht dadurch geführt, dass die Spekulationen möglichst oft wiederholt werden.

Nicht unbeantwortet bleiben soll die Darstellung der Anklage, meine Mandantin habe körperliche Gewalt ausgeübt und sie habe sich für Gewaltausübung für politische Zwecke ausgesprochen.

Meine Mandantin hat sich niemals für Gewaltausübung ausgesprochen, um politische Ziele zu erreichen. Diese Behauptung bezieht sich offensichtlich auf die polizeiliche Aussage des Mitangeklagten Holger Gerlach vom 1.12.2011, der auf Frage aussagte: »Es gab nur Diskussionen darüber, ob man mehr machen will, und als ›mehr‹ wurde die Frage diskutiert, ob man sich bewaffnen will oder Ähnliches.« Abgesehen davon, dass Diskussionen nicht gleichzusetzen sind mit Feststellungen darüber, was diskutiert wird, setzt sich die Bundesanwaltschaft nicht damit auseinander, dass meine Mandantin dieser Darstellung widerspricht. Der Mitangeklagte Gerlach ist glaubwürdig und basta, Beate Zschäpe lügt und basta.

Tag 420

25. April 2018

Hermann Borchert, Verteidiger von Beate Zschäpe.

Verteidiger Borchert Werte Prozessbeteiligte, ich komme zum Thema Zielsetzung des NSU. Mit dem Fazit, dass vor dem Überfall auf den Edeka-Markt am 18.12.1998 der NSU entstanden sein soll, ohne Details zu nennen, in welcher Form meine Mandantin an der Entstehung beteiligt gewesen sein soll, geht die Bundesanwaltschaft auf die angebliche Zielsetzung ein:

Uwe Mundlos und Uwe Böhnhardt hätten unbeschadet ihrer psychopathischen Züge nicht aus Mordlust und auch nicht gelegenheitshalber aus Frustration getötet, sie hätten sich auch nicht als Kriminelle gesehen. Außer dass die Bundesanwaltschaft der Einlassung der Mandantin widersprechen mag – wohl aus Prinzip und um die Anklage stimmig zu halten – hat die Beweisaufnahme keine Erkenntnisse gebracht, sie hätten allein im Namen des Nationalsozialistischen Untergrunds gehandelt. Letztere Mutmaßung mag für die Bundesanwaltschaft

auf der Hand liegen. Andere mögliche Motive sind bei Uwe Mundlos und Uwe Böhnhardt jedoch nicht auszuschließen. Auf die von der Mandantin angesprochenen Motive geht die Bundesanwaltschaft nicht näher ein.
Die Taten des Uwe Mundlos und des Uwe Böhnhardt seien kein Zufallsprodukt: Dieser Vortrag steht im Widerspruch zur eigenen Behauptung, dass die Opfer willkürlich ausgesucht worden seien.
Durch die Verwendung ein und derselben Schusswaffe hätten die Taten in der Öffentlichkeit als serienmäßige Hinrichtungen wahrgenommen werden sollen: Auch dieses Argument lässt die Fragen der Öffentlichkeit offen: Serienmäßige Hinrichtungen durch wen und warum? Und warum eingeschränkt auf den Zeitraum von sechs Jahren? Ich erinnere daran, dass die Justiz in dieser falschen Richtung ermittelt hatte. Und warum sollte die Wahrnehmung erst Jahre später nach ihrem Tod erfolgen?
Die wahren Hintergründe hätten erst im Bekennervideo dargelegt werden sollen: Das Bekennervideo gelangte vier Jahre nach dem letzten beziehungsweise fünfeinhalb Jahre nach dem vorletzten Mord, nach dem Tod des Uwe Mundlos und des Uwe Böhnhardt an die Öffentlichkeit. Die Bundesanwaltschaft bleibt eine plausible Erklärung schuldig, warum sich Uwe Mundlos und Uwe Böhnhardt als NSU elf Jahre lang – bis zu ihrem Tod – Zeit ließen, dem selbst ernannten Ziel der Vertreibung ausländischer Mitbürger dadurch näher zu kommen, indem sie die Morde der Öffentlichkeit präsentierten.
Das Wohnmobil in Eisenach sei für die Exit-Strategie ausgestattet gewesen, Uwe Mundlos und Uwe Böhnhardt hätten einen erheblichen Geldbetrag, Bekennervideos, Waffen und Kleidung mit sich geführt; eine Flucht und die Aufgabe der Wohnung seien eingeplant gewesen: Welch ein Widerspruch zu der Behauptung der Anklage, meine Mandantin habe die Wohnung als Kommandozentrale/Statthalterin befehligt und selbige als Rückzugsraum gehütet! Dem ist nichts hinzuzufügen. Und: Hatten sie ihre Flucht oder hatten sie ihren Selbstmord geplant? Zu einem möglichen Plan der beiden Uwes, Selbstmord zu begehen, weiß auch die Bundesanwaltschaft bei aller Fantasie, die ihrem Plädoyer nicht abzusprechen ist, keine Antwort.
(Anschließend geht Borchert auf das Innenleben der Gruppe ein und die Rolle von Beate Zschäpe. Sie habe die Gruppe nach dem Untertauchen tatsächlich abgetarnt. Aber bei der Beschaffung von Wohnungen, Ausweispapieren, SIM-Karten und Handys sei es keineswegs um die Vorbereitung oder die Beteiligung an Mordanschlägen und Raubüberfällen gegangen, sondern einzig darum, nach dem Untertauchen nicht von der Polizei entdeckt zu werden.)
Der von der Bundesanwaltschaft vorgetragene gedankliche Ausflug, der Gruppe sei über Jahre hinweg in der Interaktion gelungen, mittels Aliasnamen Nachbarn

und Urlaubsbekanntschaften gegenüber unbefangen aufzutreten, was für ein unbedingtes Einvernehmen mit Uwe Mundlos und Uwe Böhnhardt und dem unbedingten Willen der Mandantin spreche, auf Dauer fester Bestandteil der Gruppe zu sein, zeigt zum wiederholten Male auf: Durch ständiges Wiederholen der gleichen Argumente soll der Eindruck erweckt werden, dass die im Argument enthaltene Behauptung besonders beweiskräftig sei. Dabei bestreitet die Mandantin das vertraute Zusammenleben gar nicht, sondern ganz im Gegenteil, sie sei Uwe Böhnhardt in Liebe zugeneigt gewesen, mit den beiden habe sie sich wie in einer Familie gefühlt. Nur: Die Bundesanwaltschaft will die Vertrautheit in einem ganz anderen Zusammenhang verstanden wissen – nämlich als Grundlage für einen gemeinsamen Vorsatz, Mord- und Raubtaten zu begehen; natürlich unter völligem Außerachtlassen der Erklärungen der Mandantin!
Frau Oberstaatsanwältin: Widerlegen Sie doch die von der Mandantin geschilderte Liebe zu Uwe Böhnhardt! Plausible Erklärungen habe ich nicht vernommen. Urlaubsfotos und Nachbargeplauder erscheinen jedenfalls nur in geringstem Maße geeignet.
Zur Bewaffnung der Gruppe. Die Mandantin hat dazu ausgesagt: »Ich hatte nicht eine einzige Waffe besorgt. Ich hatte ab und zu eine Pistole in den Schrank weggeräumt, wenn sie offen herumlag, weil ich dies nicht wollte. Ansonsten hatte ich die Waffen der beiden nicht angerührt.« Und weiter: »Am 4.11.2011 kam mir nicht der Gedanke, die Pistolen einzusammeln und sie gezielt zu entsorgen, zum Beispiel in einen Abfallcontainer. Ich hatte einfach keine Beziehung zu den Waffen und mir war es egal, ob sie letztlich jemand finden würde.« Und schließlich: »Abschließend betone ich, dass ich bei keiner Lieferung/Übergabe einer Pistole beteiligt und auch nicht anwesend war.«
Auf Frage des Senats: »Heute weiß ich, dass mir Uwe Mundlos und Uwe Böhnhardt eine Vielzahl an Waffen nicht gezeigt und auch nicht davon berichtet hatten, die später im Brandschutt der Frühlingsstraße beziehungsweise im Wohnmobil gefunden wurden.«
»Anfang November 2011 hatte ich etwa ein Dutzend Waffen in der Wohnung vermutet und war bei Durchsicht der Akten überrascht, um wie viele Waffen mehr es sich tatsächlich handelte. Da jeder von uns ein eigenes abschließbares Zimmer hatte, konnten die beiden die Waffen leicht vor mir verstecken. Ich hatte auch in ihrer Abwesenheit niemals die Schubladen oder Schränke in ihren Zimmern nach Waffen oder anderem durchsucht. Jeder hatte seine Privatsphäre und diese wurde gegenseitig respektiert.«
Die Mandantin verhehlt nicht, sondern bestreitet, sich bereits eine geraume Zeit vor Januar 1998 ernsthaft und ausdrücklich für einen Einsatz von Waffen im politischen Kampf ausgesprochen zu haben. Und dies wird in der von der Bun-

desanwaltschaft dargestellten Ausdrücklichkeit vom Mitangeklagten Gerlach auch gar nicht behauptet. Man habe sich eher selten über dieses Thema unterhalten. Es fehlen jegliche Fakten, wie sich die Mandantin konkret geäußert haben soll!

Fakten sind für die Bundesanwaltschaft auch nicht für die Behauptung von Belang, Uwe Mundlos, Uwe Böhnhardt und die Mandantin hätten zu dritt Jan Werner beauftragt, ihnen eine scharfe Waffe zu besorgen. Diese Behauptung entbehrt jeder sachlichen Grundlage.

Jan Werner, die unmittelbar betroffene Person, hat diesen Vorgang nicht bestätigt, sondern sich im Rahmen der Hauptverhandlung auf Paragraf 55 StPO berufen. *(Das bedeutet, dass er eine Aussage verweigern kann, wenn die Gefahr besteht, dass er sich damit selbst einer strafrechtlichen Verfolgung aussetzt.)*

Die Mandantin hat sich auf Frage des Senats: »Was wissen Sie über die Herkunft der Waffen in der Wohnung in der Frühlingsstraße?« dahingehend geäußert, dass sie von Uwe Böhnhardt erfahren habe, dass eine Waffe über Jan Werner geliefert worden sei. Wie soll also der Beweis geführt werden?

Aus Sicht der Bundesanwaltschaft ganz einfach: Man nehme den Zeugen *(Carsten)* Szczepanski, der von der Waffensuche im August/September 1998 erfahren haben will, dies seinem damaligen V-Mann-Führer weiterberichtet habe, bei seinem Bericht zwischen Uwe Mundlos, Uwe Böhnhardt und der Mandantin nicht differenziert habe, und schlussfolgere messerscharf, dass deshalb aus der Suche nur auf einen Auftrag aller drei geschlossen werden könne, weil die Hinweisgeber offensichtlich hinsichtlich eines geplanten Überfalls über Mitwisserkenntnisse verfügt hätten.

Diese Art der Beweisführung entbehrt jeder Logik und der Bayer würde sagen: So ein Schmarrn, sprich Unsinn.

Zusammenfassend bleibt festzustellen, dass die Bundesanwaltschaft den Nachweis nicht erbracht hat, die Mandantin habe auch nur eine einzige der vielen Waffen erworben.

Nicht unerwähnt bleiben soll die Tatsache – worauf die Bundesanwaltschaft interessanterweise nicht eingeht –, dass die Mandantin am 4.11.2011 nicht eine einzige Waffe mitgenommen hat – was durchaus Rückschlüsse auf ihre Einstellung zum Eigentum an den Waffen und auch auf ihre grundsätzliche Einstellung zu Waffen zulässt.

Zusammengefasst ist davon auszugehen, dass von Januar 1998 bis November 2011 insgesamt sieben Wohnungen angemietet wurden, wobei eine Mordtat während der Zeit in der Heisenbergstraße, die übrigen Mord- und Bombenanschläge während der Zeit in der Polenzstraße in Zwickau begangen wurden. Diese Fakten vor Augen, kann nicht davon gesprochen werden, die Wohnungen sei-

en zum Zwecke angemietet worden, Mord- und Bombenanschläge zu begehen – dagegen spricht insbesondere die letzte Anmietung in der Frühlingsstraße.
Es bedarf keiner Erörterung, dass eine Legende den jeweiligen Nachbarn gegenüber aufgebaut werden musste und auch aufgebaut wurde, sei es die »berufsbedingte« Abwesenheit der beiden Uwes, sei es ihre Beziehung zu den beiden (Freund/Bruder). Denn: Die drei lebten im Verborgenen! Die Legendierung erfolgte völlig unabhängig von der Begehung etwaiger Straftaten!
Es bedarf jedoch der Erörterung, dass die sieben Wohnungen weder als Kommandozentrale noch als sicheres Rückzugsgebiet fungiert hatten.
Unter Kommandozentrale kann nur eine Zentrale verstanden werden, von der auch Kommandos gegeben werden. Die Anklage wirft der Mandantin Straftaten vor, die zu 27 verschiedenen Zeitpunkten begangen wurden. Zwischen dem 18.12.1998 und dem 4.11.2011 soll die Mandantin zu 27 verschiedenen Zeitpunkten die Kommandos für die Durchführung der Taten gegeben haben – und der Nachweis soll dadurch geführt werden, dass am 15.6.2005 eine Verbindung von zwei Minuten und 27 Sekunden aufgezeichnet wurde, die von einer Telefonzelle in Zwickau mit einem in München eingeloggten Handy hergestellt worden war.
Losgelöst davon, dass die Beweisaufnahme weder den Inhalt eines Gespräches noch die gesicherte Feststellung, wer die jeweiligen Gesprächspartner waren, zutage gebracht haben, spricht die Tatsache, dass an den übrigen 26 Tagen keine Kommunikation zwischen der Mandantin und den beiden Uwes festgestellt werden konnte, gerade gegen die Behauptung der Bundesanwaltschaft, die Mandantin habe Kommandos erteilt!
Gemeinsame Kasse. Zutreffend listet die Bundesanwaltschaft die Fakten hinsichtlich der bei den Raubüberfällen erbeuteten Geldbeträge auf. Insgesamt errechnet sich der Betrag von 609 000 Euro. 112 000 Euro wurden am 4.11.2011 im Wohnmobil sichergestellt, wobei aus dem Raubüberfall vom gleichen Tag der Betrag von 71 915 Euro stammt. 1715 Euro wurden in der Frühlingsstraße sichergestellt.
Vor diesem Hintergrund zu behaupten, die Mandantin habe, obwohl sie nicht die alleinige Kassengewalt gehabt habe, die Rolle eines Kassenwarts gespielt und sie habe Geldbeträge »zugeteilt«, erscheint realitätsfremd.
Die Mandantin als Gründungsmitglied des NSU zu bezeichnen, entbehrt der faktischen Grundlage. Die Beweisaufnahme hat nicht ergeben, wann und wo Uwe Mundlos, Uwe Böhnhardt und die Mandantin die Gründung eines NSU beschlossen hätten. Die Beweisaufnahme hat ergeben, dass es ein Video gibt, in welchem sich der oder die Verfasser als NSU bezeichnen – ob jedoch die Mandantin bei der von der Bundesanwaltschaft als Gründung bezeichneten Handlung anwesend war, muss als reine Spekulation bewertet werden.

Der Behauptung der Bundesanwaltschaft, die Mandantin sei ein selbstbewusstes Wesen und deshalb keine bloße Mitläuferin gewesen, sei erwidert, dass aus der Charaktereigenschaft des selbstbewussten Wesens nicht auf eine bestehende oder abzulehnende Mitläuferschaft geschlossen werden kann.
Die Behauptung, die Mandantin habe sich 1998 für den Weg in den Terror entschieden, wurde bereits anhand jedes einzelnen Indizes, welches die Bundesanwaltschaft zum angeblichen Nachweis vorgetragen hat, widerlegt. Sie hatte sich für den Weg in den Untergrund, nicht jedoch für den Weg in den Terror entschieden.
Weiteres Ergebnis der Beweisaufnahme sei: Sie habe Uwe Mundlos und Uwe Böhnhardt unauffällig und harmlos erscheinen lassen, sie sei mit ihnen tief und eng verbunden gewesen, ihre bestimmende und zugleich integrierende Persönlichkeit sei nicht zu unterschätzen. Was wollen diese Worte sagen? Nichts, rein gar nichts, was eine Mittäterschaft an Morden begründen könnte.
Die Behauptung, bei einem 13 Jahre langen abgeschotteten Zusammenleben in der gemeinsamen Wohnung könnten nur alle drei Mitglieder an der internen Willensbildung beteiligt gewesen sein und hätten alle drei Mitglieder die in der Gruppe gefassten Beschlüsse gekannt und mitgetragen, wirft die Frage auf: Frau Oberstaatsanwältin, welcher Lebenserfahrung entnehmen Sie diese Weisheiten? Ein Zusammenleben wie vorliegend ist natürlich davon abhängig, dass man miteinander auskommt und gemeinsame Entscheidungen trifft – das heißt aber nicht automatisch, dass jede Meinung des anderen geteilt und dass jede Handlung des anderen akzeptiert wird – diese Lebensweisheit gibt es nicht.
Auch die Behauptung, Uwe Mundlos, Uwe Böhnhardt und die Mandantin seien aufeinander angewiesen gewesen – weil jeder Fehler des Einzelnen zur Aufdeckung aller drei geführt hätte – und deshalb seien die Mordanschläge nur möglich gewesen, wenn sie vorher miteinander abgesprochen und ideologisch von allen dreien mitgetragen worden seien, ist mit logischem Denken nicht in Einklang zu bringen. Denn die Verknüpfung des Aufeinander-angewiesen-Seins mit der Begehung von Mord- und Bombenanschlägen ist keineswegs zwingend – ein Zusammenleben, wie beschrieben, ist auch möglich, ohne Morde zu begehen, wie die letzten vier Jahre des Zusammenlebens belegen. Deshalb verfängt die Behauptung nicht.
Wie bereits ausführlich vorgetragen, bestreitet meine Mandantin, Menschen gemeinschaftlich getötet oder sich an den Tötungsdelikten des Uwe Mundlos und des Uwe Böhnhardt beteiligt zu haben. Auch wenn die Bundesanwaltschaft zum wiederholten Male – gebetsmühlenartig – behauptet, es sei der Wille der Mandantin gewesen, Menschen vornehmlich türkischer Herkunft zu eliminieren – es entspricht nicht der Wahrheit!

Sooft die Bundesanwaltschaft auch behaupten möge, die Mandantin hätte mittels serienmäßiger Hinrichtungen Migranten warnen und aus Deutschland vertreiben wollen – den Beweis bleibt sie schuldig. Sooft die Bundesanwaltschaft auch behaupten möge, die Mandantin hätte mit Uwe Mundlos und Uwe Böhnhardt aufgrund eines gemeinsam gefassten Tatplans vom 9.9.2000 bis zum 6.4.2006 jeweils im bewussten und gewollten Zusammenwirken acht Menschen türkischer und einen Menschen griechischer Abstammung getötet – den Beweis bleibt sie schuldig. An Spekulationen, Vermutungen, Unterstellungen, haltlosen Behauptungen fehlt es nicht – an stichhaltigen Beweisen mittäterschaftlicher Beteiligung sehr wohl.

Ich komme nun zu den Mordtaten des Uwe Mundlos und des Uwe Böhnhardt.

(Borchert führt die Morde im Einzelnen auf und zieht dann sein Resümee.)

Die Bundesanwaltschaft fasst die Beschreibung der neun Taten kurz und bündig zusammen: Dass die Mandantin zwar bei keiner der Taten selbst am Tatort gewesen, als drittes Gruppenmitglied jedoch an den Taten beteiligt gewesen sei. Dass die Existenz rechter Hintermänner an den Tatorten zu verneinen sei. Und dass der Einlassung der Mandantin, von den Taten erst im Nachhinein erfahren zu haben, vor dem Hintergrund der Beweisaufnahme nicht zu folgen sei. Ich beurteile die Beteiligung meiner Mandantin an den Mordtaten kurz und bündig dahingehend, dass eine Beteiligung nicht bejaht werden kann.

(Im Weiteren führt Borchert aus, dass Zschäpe auch nicht an den Sprengstoffanschlägen in Köln beteiligt gewesen sei. Dann bestreitet er, dass es dem NSU darum gegangen sei, mit seinen Anschlägen insbesondere auf Polizeidienststellen und einzelne Polizisten den Staat zu provozieren und anzugreifen. Schließlich geht er auf den Brand in der Frühlingsstraße 26 in Zwickau am 4.11.2011 ein.)

Die Mandantin hat sich dahingehend geäußert, dass sie ihr Versprechen Uwe Mundlos und Uwe Böhnhardt gegenüber einlösen wollte – einerseits durch »Abfackeln« der Wohnung ihre persönliche Habe zu vernichten und andererseits durch Versenden der DVDs.

Die Bundesanwaltschaft behauptet darüber hinaus, anhand ihres Verhaltens Tötungsabsichten gegenüber ihrer Nachbarin und den zwei Handwerkern *(Die zwei Handwerker arbeiteten an diesem Tag in der Dachgeschoßwohnung im Haus)* nachweisen zu können. Der Nachweis muss anhand der vorgetragenen Indizien und Behauptungen scheitern.

(Borchert führt aus, seine Mandantin habe keineswegs den Tod ihrer Nachbarin Charlotte Erber billigend in Kauf genommen. Sie habe laut eigener Aussage mehrfach bei ihr geklingelt, allerdings habe die Frau nicht reagiert.)

Den Ausführungen der Bundesanwaltschaft ist wie folgt zu begegnen:

Der Geschehensablauf am 4.11.2011 ist insofern richtig dargestellt worden, dass

die Mandantin, nachdem sie vom Tod des Uwe Mundlos und des Uwe Böhnhardt erfahren hatte, die Wohnung in der Frühlingsstraße 26 in Zwickau durch das Ausschütten von Benzin in Brand gesetzt hatte, was eine Zerstörung des Anwesens zur Folge hatte.
Die weiteren Fakten, dass sich nämlich zur Zeit der Brandlegung Frau Erber in der Nachbarwohnung aufgehalten und die Handwerker P. und K. das Haus verlassen hatten, sind ebenfalls zutreffend dargelegt worden.
Den Ausführungen der Bundesanwaltschaft, mit welchen Absichten die Mandantin gehandelt haben soll, ist jedoch nicht zu folgen, weil sie vornehmlich auf Vermutungen und Behauptungen basieren, die sich anhand der Fakten nicht belegen lassen.
Die Mandantin hat sich dahingehend geäußert, dass sie ihr Versprechen Uwe Mundlos und Uwe Böhnhardt gegenüber einlösen wollte – einerseits durch »Abfackeln« der Wohnung ihre persönliche Habe zu vernichten und andererseits durch Versenden der DVDs.
Die Mandantin hat die ihr vorgeworfene schwere Brandstiftung in objektiver und subjektiver Hinsicht eingeräumt.
Die Bundesanwaltschaft behauptet darüber hinaus, anhand ihres Verhaltens Tötungsabsichten gegenüber ihrer Nachbarin und den zwei Handwerkern nachweisen zu können. Der Nachweis muss anhand der vorgetragenen Indizien und Behauptungen scheitern.
Die Einlassung der Mandantin, sie habe vor der Brandlegung bei Frau Erber geklingelt und sich vergewissert, dass sie nicht zu Hause ist, wird nicht dadurch widerlegt, dass der als Zeuge vernommene Rechtsanwalt Liebtrau bekundet habe, ihm gegenüber habe seine Mandantin berichtet, erst nach dem Brandlegen bei Frau Erber geklingelt zu haben.
Die Einlassung, dass sie geklingelt habe, wird bestätigt und die mir vorliegenden Mitschrift eines Prozessbeteiligten bestätigt den von der Mandantin geschilderten Geschehensablauf.
Das Argument, Anhaltspunkte für ein Missverständnis zwischen Anwalt und Mandantin seien nicht ersichtlich, geht völlig fehl, weil Frau Oberstaatsanwältin Greger bei dem Mandantengespräch nicht anwesend war und ihr deshalb kein Urteil über den Inhalt des Gespräches zusteht.
Der Behauptung, eine fehlende Reaktion auf das Klingeln habe keine Aussagekraft über die Anwesenheit oder Abwesenheit einer Person, ist zu widersprechen. Eine fehlende Reaktion spricht zunächst einmal für eine Abwesenheit der Person. Die Mandantin hat sich zu diesem Punkt detailliert geäußert, was von der Bundesanwaltschaft ignoriert und in die Würdigung des Sachverhalts nicht einbezogen wird.

Im Übrigen dürfte der Bundesanwaltschaft bekannt sein, welch inniges Verhältnis die Mandantin zu ihrer Oma gehabt hatte, sodass schwerlich vorstellbar ist, dass sie der 89-jährigen Nachbarin, der sie freundschaftlich verbunden war, einen qualvollen Tod durch Ersticken oder Verbrennen gewünscht hätte.
Frau Erber hatte nach Antrag vom 9.11.2011 des damaligen Verteidigers der Mandantin, Rechtsanwalt Liebtrau, unter anderem zu Protokoll gegeben: »Auf alle Fälle nach 14 Uhr, genauer kann ich es nicht sagen, ich hielt mich in der Küche auf, klingelte es bei mir an der Wohnungstür. Ich nahm mir meinen Stock und bin zur Wechselsprechanlage an meiner Wohnungstür gegangen. Durch den Spion konnte ich niemanden sehen. Ich fragte durch den Hörer, wer da ist. Es meldete sich keiner. Dann schaute ich aus dem Badfenster auf den Hof und konnte dort an der Tür niemanden sehen. Als ich wieder in die Küche ging, stellte ich fest, dass dort alles voller Qualm war. Vom Klingeln bis zur Feststellung des Qualms, als ich wieder in der Küche war, werden vielleicht 15 Minuten vergangen sein.«
Wieso soll das von Frau Erber vernommene Klingeln das Klingeln einer dritten Person gewesen sein, wenn sie zum einen niemanden durch den Spion sehen konnte, sich niemand an der Sprechanlage meldete und 15 Minuten zwischen dem Klingeln und dem Entdecken des Qualms lagen?
Auf die Frage, wie viel Zeit vom Klingeln bis zur Wechselsprechanlage vergangen sei, antwortete Frau Erber: »Mindestens vier Minuten«. Auf weitere Frage: »Haben Sie, als Sie das Wohnzimmerfenster zur Straße öffneten, gesehen, wo es gebrannt hat?« »Nein, ich habe mich nicht aus dem Fenster gelehnt. Ich war ziemlich verwirrt.« Auf weitere Frage: »War zu dieser Zeit die Feuerwehr schon vor Ort?« Antwort: »Nein«
Vier Minuten – diese Aussage passt mit der Aussage der Mandantin zusammen, dass sie nach dem Klingeln circa eine Minute gewartet hatte, ohne dass sich Frau Erber gemeldet hätte.
Die Antwort der Zeugin auf die Frage, ob nach dem Öffnen des Wohnzimmerfensters schon die Feuerwehr vor Ort gewesen sei, widerlegt die Spekulation der Bundesanwaltschaft.
Schließlich sei noch auf den handschriftlichen Vermerk des Zeugen P. *(eines Polizisten, der mit Zschäpe gesprochen hatte, als sie sich stellte)* am Ende der Vernehmung hingewiesen: »Ich gehe davon aus, dass Zschäpe bei Frau Erber geklingelt hat. Deshalb sollte Frau Erber als Entlastungszeugin vernommen werden.«
Wieso ignorieren Sie, Frau Oberstaatsanwältin Greger, im Rahmen Ihres Plädoyers diesen Vermerk? Wieso ignorieren Sie die eindeutigen Schilderungen der Frau Erber? Wieso ignorieren Sie die Einschätzung des Polizeibeamten P., Frau Erber solle als Entlastungszeugin vernommen werden?

Das Ignorieren dieser Tatsachen, die Ihnen mit Sicherheit bekannt sind, entlarvt Ihre Beweiswürdigung als erneuten Versuch der Irreführung und als erneuten – untauglichen – Versuch, die Aussage der Mandantin zu widerlegen.
(Auch über die eventuelle Anwesenheit zweier Handwerker in dem Haus habe sie sich vor der Brandlegung informiert, erläutert Borchert.) Die Mandantin hat sich konkret geäußert, wie sie sich der Abwesenheit der beiden Handwerker vergewissert hatte – die Bundesanwaltschaft geht mit keinem Wort darauf ein. Stattdessen wird pauschal unterstellt, die Mandantin sei davon ausgegangen, die Handwerker – obwohl tatsächlich nicht anwesend – seien anwesend gewesen.
Zum wiederholten Male gibt die Bundesanwaltschaft ihre offensichtlich fehlerhafte Beweiswürdigung zu erkennen. Erneut ist festzustellen, dass die Bundesanwaltschaft ohne den Ansatz geringster Objektivität argumentiert und ihre Argumente einzig und allein dem Ziel unterordnet, eine lebenslange Freiheitsstrafe beantragen zu können.
(Zum Ende seines Plädoyers geht Borchert auf die 15 Raubüberfälle von Böhnhardt und Mundlos ein. In keinem Fall sei Zschäpe vor Ort gewesen, deswegen könne sie auch nicht, wie von der Bundesanwaltschaft gefordert, als Mittäterin verantwortlich gemacht werden.)

Tag 421

26. April 2018

Manfred Götzl, Richter. **Hermann Borchert**, **Mathias Grasel**, **Wolfgang Heer**, Verteidiger von Beate Zschäpe. **Herbert Hedrich**, **Michael Kaiser**, Verteidiger von André Eminger. **Pajam Rokni-Yazdi**, Verteidiger von Holger Gerlach. **Olaf Klemke**, **Nicole Schneiders**, Verteidiger von Ralf Wohlleben. **Johannes Pausch**, Verteidiger von Carsten Schultze. **Thomas Bliwier**, Anwalt der Nebenklage.

Götzl Wir setzen mit den Plädoyers fort, Herr Rechtsanwalt Grasel, bitte.
Verteidiger Grasel Hoher Senat, verehrte Vertreter des Generalbundesanwalts, sehr geehrte Kolleginnen und Kollegen der Verteidigung und der Nebenklage. Nachdem sich Herr Kollege Borchert mit der Beweiswürdigung auseinandergesetzt hat, möchte ich nun zu den rechtlichen Ausführungen kommen.
Die Bundesanwaltschaft hat sich dazu entschlossen, Frau Zschäpe als gleichwertige Mittäterin sämtlicher von Uwe Böhnhardt und Uwe Mundlos begangener Straftaten anzuklagen. Dieser ambitionierten Herangehensweise ist sich die Bundesanwaltschaft auch in ihrem Schlussvortrag treu geblieben und hat versucht, die mittäterschaftliche Begehungsweise der Tötungsdelikte, Bombenan-

schläge und Raubüberfälle zu begründen. Überzeugend waren die hierfür herangezogenen Argumente, Spekulationen und Schlussfolgerungen jedoch im Ergebnis nicht.
Nach der Rechtsprechung des Bundesgerichtshof handelt mittäterschaftlich im Sinne des Paragrafen 25 Absatz 2 StGB, wer seinen eigenen Tatbeitrag so in die gemeinschaftliche Tat einfügt, dass er als Teil der Handlung eines anderen Beteiligten und umgekehrt dessen Tun als Ergänzung des eigenen Tuns erscheint. Zudem ist eine Abgrenzung von der Teilnahme erforderlich. Für die Annahme einer Mittäterschaft spräche etwa das Vorliegen eines gemeinsamen Tatplanes, wobei dieser entweder ausdrücklich oder auch konkludent vereinbart worden sein kann.
Nach der jüngeren Rechtsprechung des Bundesgerichtshofs liegt Mittäterschaft dann vor, wenn ein Tatbeteiligter mit seinem Verhalten fremdes tatbestandsverwirklichendes Tun nicht bloß fördern will, sondern wenn sein Tatbeitrag im Sinne gleichgeordneten arbeitsteiligen Vorgehens Teil einer gemeinschaftlichen Tätigkeit sein soll.
Erschöpft sich der Tatbeitrag des Angeklagten in untergeordneten Tätigkeiten, war also seine Mitwirkung zur Durchführung der Tat nicht unbedingt erforderlich, ist allenfalls eine Beihilfe anzunehmen. Der Tatbeitrag des Mittäters muss also für die Tat wesentlich gewesen sein. Untergeordnete Tatbeiträge genügen selbst dann nicht zur Annahme einer Mittäterschaft, wenn derjenige die Tat als eigene will. Mittäterschaft setzt also voraus, dass es zur Verwirklichung des Tatbestandes der Mitwirkung aller Mittäter bedarf, dass aber zur Hemmung der Ausfall eines einzelnen Mittäters genügt.
Es muss ein gemeinsamer Tatentschluss vorliegen. Nach der jüngeren Rechtsprechung ist Mittäterschaft nicht schon im Falle des einseitigen Einverständnisses mit der Tat eines anderen und der Bestätigung eines solchen Einverständnisses gegeben. Vielmehr ist notwendig, dass jeder Beteiligte im Sinne eines zumindest konkludent gefassten gemeinschaftlichen Willensentschlusses seine eigene Tätigkeit durch die Handlung des anderen ergänzen und auch diese sich zurechnen lassen will, dass somit alle im bewussten und gewollten Zusammenwirken handeln.
Diese allgemeinen Überlegungen zur Mittäterschaft vorausgeschickt, möchte ich nachfolgend auf die einzelnen, von der Bundesanwaltschaft zur Begründung der Mittäterschaft der Mandantin an den Mord- und Bombenanschlägen herangezogenen Argumente näher eingehen.
Zunächst zu den Tötungsdelikten. Eines der Argumente der Bundesanwaltschaft, eine Strafbarkeit wegen Mittäterschaft sämtlicher von Uwe Mundlos und Uwe Böhnhardt begangener Straftaten anzunehmen, lautet, dass Frau Zschäpe

aktiv an der Legendierung der aus ihr, Uwe Mundlos und Uwe Böhnhardt bestehenden Dreiergruppe mitgewirkt habe. Sie habe sich an der Beschaffung von Tarnpapieren beteiligt und die Abwesenheitszeiten von Böhnhardt und Mundlos verschleiert, indem sie entsprechende Begründungen hierfür erfand.
Die Bundesanwaltschaft übersieht dabei, dass sich Böhnhardt, Mundlos und Zschäpe im Jahr 1998 dazu entschlossen hatten, fortan untergetaucht zu leben, da sie eine Strafverfolgung für zurückliegende Straftaten befürchteten und zumindest in Bezug auf meine Mandantin ein ernsthafter Versuch, sich den Strafverfolgungsbehörden zu stellen, gescheitert war. Von der späteren Begehung von Tötungsdelikten war zu diesem Zeitpunkt noch keine Rede. Es versteht sich von selbst, dass bei einem Leben im Verborgenen gegenüber Nachbarn und Bekannten eine Legende verwendet werden muss, um seine wahre Identität zu verbergen und so die Gefahr einer Entdeckung zu minimieren.
Das Erfinden von Gründen, weshalb die beiden Männer regelmäßig für längere Zeit die gemeinsame Wohnung verließen, diente demselben Zweck. Gegenüber den Nachbarn sollte jegliches Misstrauen vermieden werden, um so möglichst unauffällig leben zu können, ohne befürchten zu müssen, dass die Behörden Kenntnis vom Aufenthaltsort erlangen.
An dieser Stelle möchte ich auf einen wesentlichen Gesichtspunkt hinweisen: Auch nach dem Umzug von der Polenzstraße in die Frühlingsstraße hielt Frau Zschäpe noch regelmäßigen Kontakt zu den damaligen Nachbarn. Das Aufrechterhalten früherer nachbarschaftlicher Kontakte ergäbe keinen Sinn, wenn es sich bei den von Frau Zschäpe gepflegten, nachbarschaftlichen Kontakten einzig und allein um Abtarnmaßnahmen handeln würde.
Das Aufrechterhalten dieses Näheverhältnisses spricht vielmehr dafür, dass Frau Zschäpe nach sozialen Kontakten suchte, weil eben das Leben in der Dreiergemeinschaft mit Uwe Böhnhardt und Uwe Mundlos nicht so unbeschwert und harmonisch verlief, wie es die Bundesanwaltschaft zu suggerieren versucht. Vielmehr gab es regelmäßige Auseinandersetzungen und Streits, teilweise mit handgreiflichen Auseinandersetzungen. Uwe Mundlos und Uwe Böhnhardt gingen sogar einmal mit einem Messer aufeinander los. Wir haben über den Zeugen Professor Bauer – der insgesamt 16 Stunden mit Frau Zschäpe gesprochen hat – hierzu einige Details erfahren, die meine Mandantin ihm in zahlreichen Gesprächen anvertraut hat. Diese als Zeugenangaben zu qualifizierenden Angaben sind auch nicht durch die später erfolgte Ablehnung als Sachverständiger erloschen. Ich bin überzeugt, dass Frau Zschäpe in all den Jahren des gemeinsamen Lebens im Untergrund massive Gewalt erfahren hat. Dies erklärt das Zufluchtsuchen bei Nachbarn auch über den Wohnungswechsel hinaus.

Sofern die Bundesanwaltschaft in diesem Zusammenhang das Wort »Stallwache« gebraucht, ist anzumerken, dass auch die Bundesanwaltschaft selbst davon ausgeht, dass sich Frau Zschäpe an keinem der Tatorte aufgehalten hat. Demnach versteht sich von selbst, dass sie während der Tatbegehung durch Böhnhardt und Mundlos zu Hause blieb, weil sie eben gerade nicht an der Tatausführung beteiligt gewesen war. Sie beteiligte sich auch nicht etwa an logistischen Chauffeurdiensten oder begleitete die beiden Täter, um sich vor Ort im Hintergrund zu halten. Nein, sie blieb vielmehr zu Hause und wartete auf die Rückkehr der beiden, wobei sie oftmals nicht genau wusste, wann genau diese Rückkehr sein würde, da sie auch an den Vorbereitungen der einzelnen Verbrechen nicht beteiligt war. Dieses Zuhausebleiben und Normal-Weiterleben als »Stallwache« zu bezeichnen – ein Begriff, der ursprünglich für das Bewachen des Pferdestalls oder des Regierungssitzes in Ferienzeiten verwendet worden war – zeigt, mit welchen Mitteln die Bundesanwaltschaft versucht, das Verhalten Frau Zschäpes als mehr darzustellen, als es in Wirklichkeit war.

Ob ein Interesse am Erfolg der Mordtaten und Sprengstoffanschläge bei der Mandantin vorlag, kann nur spekuliert werden. Die Bundesanwaltschaft und die Nebenklage tun dies anhand der angeblichen Beteiligung an der Erstellung des Bekennervideos und der Jahre später verschickten DVDs, anhand des Vorlebens vor dem Untertauchen und anhand des Besorgens von Mobiltelefonen, um nur einige Punkte aufzuführen.

Ihr Interesse am Erfolg der Raubüberfälle hat meine Mandantin selbst eingeräumt.

Der Umfang der Beteiligung kann bei allen angeklagten Straftaten allenfalls als untergeordnet gesehen werden: Die Mandantin hatte an allen Tatorten wegen Abwesenheit keinen Tatbeitrag geleistet, sie hatte folglich auch keine Tatherrschaft, und die Durchführung und der Ausgang der Taten hingen von ihrem Einfluss gerade nicht ab.

Auch hinsichtlich der Beschaffung von Kommunikationsmitteln durch unsere Mandantin gilt das zuvor Gesagte. In der heutigen Zeit und auch bereits im hier anklagegegenständlichen Zeitraum zwischen 1998 und 2011 ist es auffällig, wenn man nicht über ein Mobiltelefon und eine entsprechende Mobiltelefonnummer verfügt. In einer Vielzahl von Alltagssituationen wird man nach der mobilen Erreichbarkeit gefragt. Um nicht aufzufallen, war es daher erforderlich, über entsprechende Kommunikationsmittel zu verfügen. Dabei versteht sich aufgrund der Tatsache, dass Frau Zschäpe gemeinsam mit Uwe Böhnhardt und Uwe Mundlos im Untergrund lebte, von selbst, dass für die Beschaffung derartiger Kommunikationsmittel nicht die realen Personalien verwendet werden konnten, da ansonsten mit einer Entdeckung durch die Ermittlungsbehörden zu rechnen gewesen wäre. Die Verschleierung der realen Personalien diente in erster Linie dem Zweck, nicht entdeckt werden zu können, und eben nicht dazu, weitere Straftaten begehen zu können.

(Grasel geht dann auf Zschäpes Rolle als Kassenwart des NSU ein, anschließend auf ihren Beitrag bei der Erstellung des Bekennervideos.)

Auch in Bezug auf die Annahme der Bundesanwaltschaft, dass anhand der Wette »200 Mal Videoclips schneiden« feststehe, dass Frau Zschäpe auch an der Erstellung der Bekenner-DVD beteiligt gewesen sei, hat Frau Zschäpe diese Annahme unzweifelhaft widerlegt. Sie hat angegeben, dass sich dieser Wetteinsatz nicht etwa auf das Schneiden von Material für das Bekennervideo, sondern vielmehr auf das Herausschneiden von Werbeeinblendungen aus aufgezeichneten TV-Serien bezog. Anhand aufwendiger Ermittlungen wurde versucht, diese Einlassung zu widerlegen, was jedoch im Ergebnis nicht gelang. Im Gegenteil: In den Asservaten wurden mehrere DVDs mit von Privatsendern aufgezeichneten TV-Serien aufgefunden. All diese Aufnahmen enthielten keine Werbeunterbrechungen. Auch die ermittelte Anzahl der hierfür erforderlichen Schnitte lässt sich problemlos mit dem Wetteinsatz »200 Mal Videoclips schneiden« in Einklang bringen. So wurden etwa allein 14 DVDs mit Folgen der TV-Serie »Doctor House« gefunden, bei denen allesamt die Werbung fehlte. Hierfür allein waren weit über 400 Schnitte erforderlich.

Schließlich bleibt noch das Versenden einiger Exemplare der versandfertig verpackten und bereitgelegten Bekenner-DVDs am 4.11.2011. Die Mandantin hat den Geschehensablauf geschildert und angegeben, weshalb es zum Versand von 16 der insgesamt 38 vorhandenen DVDs gekommen war, nämlich weil sie das gegenüber Uwe Mundlos und Uwe Böhnhardt abgegebene Versprechen einlösen wollte. Diese blinde Hörigkeit sogar über den Tod hinaus ist ein eindeutiges Anzeichen für die von Herrn Professor Bauer diagnostizierte dependente Persönlichkeitsstörung Frau Zschäpes in Bezug auf Uwe Böhnhardt.

(Anwalt Bliwier meldet sich zu Wort.)

Götzl Herr Bliwier, bitte, Sie können nicht einfach dazwischensprechen.

Anwalt Bliwier Ich möchte nur darauf hinweisen, dass Herr Bauer wegen Befangenheit abgelehnt wurde!

Verteidiger Grasel Ich als medizinischer Laie gehe davon aus, dass die Diagnose des Herrn Professor Bauer absolut zutreffend und bei der Beurteilung der Schuldfrage zu berücksichtigen ist, unabhängig von seiner erfolgten Ablehnung als Sachverständiger.

Dem Einwerfen der DVDs in den Briefkasten als solches kann der Wille der Mandantin nicht abgesprochen werden, dass der Inhalt der DVDs veröffentlicht werden sollte. Der Wille zur Veröffentlichung kann jedoch nicht gleichgesetzt werden mit einem darin konkludent zum Ausdruck kommenden, bis zu elf Jahre zurückliegenden Willen, dass Mord- und Sprengstoffanschläge erfolgreich sein mögen.

Zusammenfassend bleibt festzuhalten: Die aufgezeichneten Fernsehberichte, die Fingerabdrücke auf Zeitungsberichten, das Videoclips-Schneiden als Wetteinsatz, das Versenden der DVDs und das sogenannte Drehbuch sind einzeln oder auch in ihrer Gesamtheit betrachtet mögliche Indizien für die Annahme, die Mandantin könnte Interesse an den jeweils zeitlich zurückliegenden Taten gehabt haben – aber eben auch nicht mehr und nicht weniger.

Indizien für eine Tatbeteiligung an den jeweiligen Taten des Uwe Mundlos und des Uwe Böhnhardt, für eine Tatherrschaft oder den jeweiligen Willen dazu, für ein maßgebliches Abhängen der Durchführung der Taten vom Willen der Mandantin stellen sie jedoch nicht dar.

In den Indizien können, auch ex ante betrachtet, Tatbeiträge im Sinne gleichgeordneten arbeitsteiligen Vorgehens als Teil einer gemeinschaftlichen Tätigkeit nicht gesehen werden, nicht einmal untergeordnete Tätigkeiten, die zur Durchführung der Taten hätten erforderlich gewesen sein können.

Nach Meinung der Bundesanwaltschaft soll das von der Mandantin besorgte Handy nebst SIM-Karte am 15.6.2005 eine Rolle dergestalt gespielt haben, dass nicht nur eine mittäterschaftliche Beteiligung der Mandantin an der Ermordung des Theodoros Boulgarides bewiesen sei, sondern auch an den übrigen Mord- und Bombenanschlägen.

Die Beweisaufnahme hat ergeben, dass in zeitlicher Nähe zum Mord an Theodoros Boulgarides am 15.6.2005 in München aus einer Telefonzelle in Zwickau ein telefonischer Kontakt zur SIM-Karte, welche an diesem Tag in München eingeloggt war, stattgefunden hat. Die Bundesanwaltschaft zieht daraus den Schluss, dass meine Mandantin noch kurz vor der Tat letzte Anweisungen erteilen wollte. Dadurch sei belegt, dass Frau Zschäpe im Vorfeld über sämtliche begangenen Taten vollumfänglich unterrichtet gewesen sei.

Diese Schlussfolgerung ist unlogisch und vermag deshalb nicht zu überzeugen. Wie bereits durch den Kollegen Borchert dargelegt, ist nach Durchführung der Beweisaufnahme von folgenden Fakten auszugehen: Es bestand am 15.6.2005 um 15.22 Uhr ein telefonischer Kontakt zwischen der Telefonzelle in Zwickau und der SIM-Karte mit der Rufnummer 0162/46 39 xxx, welche zu diesem Zeitpunkt in einer Funkzelle in München eingeloggt war; es ist nicht bekannt, wer der Anrufer war, und es ist auch nicht bekannt, wer den Telefonanruf in München entgegengenommen hatte; der Inhalt des Gespräches ist ebenfalls nicht bekannt.

Anhand dieser Fakten kann weder eine Tatbeteiligung noch eine Tatherrschaft noch ein Umstand angenommen werden, der belegen würde, dass die Durchführung und der Ausgang der Tat maßgeblich vom Willen der Mandantin abhängig gewesen wäre.

Die Ausführungen der Bundesanwaltschaft zur Handyverbindung stellen nichts anderes dar als pure Spekulation – ungeeignet, einen für eine Verurteilung tragfähigen Sachverhalt zu vermitteln.

Ich komme nun zur Wohnung als Rückzugsraum. Ein Leben im Untergrund setzt zwingend einen Wohnsitz voraus. Uwe Mundlos und Uwe Böhnhardt waren autark während ihrer Mordtaten, Bombenanschläge und Raubzüge. Sie waren mobil durch den Einsatz von Wohnmobilen und anderen Fahrzeugen, nach ihren Anschlägen oft noch tagelang unterwegs, auf eine Kommunikation mittels Handy nicht angewiesen und somit von den jeweiligen Wohnungen unabhängig, um unmittelbar nach ihren Taten nicht entdeckt und verhaftet zu werden. Nicht zu bestreiten ist die Tatsache, dass die Möglichkeit, nach ihren Taten in die gemeinsame Wohnung zurückzukehren, für die Durchführung der Verbrechen hilfreich war. Diese Tatsache allein erfüllt jedoch nicht die nun schon vielfach angesprochenen Kriterien der höchstrichterlichen Rechtsprechung zur Mittäterschaft.

Das Verweilen der Mandantin in der Wohnung – von der Anklage als »Stallwache« bezeichnet – stellt keinen wesentlichen Tatbeitrag hinsichtlich jedes einzelnen Verbrechens des Uwe Mundlos und Uwe Böhnhardt dar. Die Tatsache, dass die Mandantin Mitbewohnerin der Wohnungen war, die Tatsache, dass Uwe Mundlos und Uwe Böhnhardt nach ihren Taten in die jeweilige Wohnung zurückkehren konnten, die Tatsache, dass die Mandantin ihr Leben im Verborgenen gegenüber den Nachbarn und Urlaubern verschleierte, reichen nicht aus, die Kriterien der Mittäterschaft auszufüllen.

Die Bundesanwaltschaft argumentiert, die angebliche rechtsradikale Gesinnung meiner Mandantin, die mit Blick auf ihre Aktionen in den Neunzigerjahren belegt wird, begründe eine mittäterschaftliche Verantwortung der Mandantin hinsichtlich aller angeklagter Taten. Diesem Argument ist entgegenzuhalten, dass eine Gesinnung, die Jahre vor den gegenständlichen Tatzeitpunkten vorgelegen haben mag, niemals die vom BGH aufgestellten Voraussetzungen mittäterschaftlicher Begehungsweise erfüllen kann. Die Gesinnung ist als Indiz für eine Tatbeteiligung und eine Tatherrschaft ungeeignet – ebenso für die Annahme eines Interesses am Erfolg für Taten, die erst Jahre später passieren und die deshalb nicht ansatzweise von der Vorstellung der Mandantin umfasst sein können.

Frau Zschäpe hat selbst angegeben, dass sie in den 1990er-Jahren Lieder mit rechtsradikalen Texten mitgesungen und auch an entsprechenden Demonstrationen und Märschen teilgenommen hat. Man darf jedoch nicht außer Betracht lassen, wie sich das Leben und vor allem die innere politische Einstellung meiner Mandantin im Laufe der Jahre seitdem weiterentwickelt und verändert hat. Aus zahlreichen Gesprächen in den vergangenen Monaten und Jahren bin ich der festen Überzeugung, dass bei Frau Zschäpe heutzutage keinerlei rechtsextremes, staats- oder gesellschaftsfeindliches Gedankengut vorhanden ist. In den vergangenen knapp drei Jahren gab es keine einzige Äußerung oder Handlung mir gegenüber, die einen solchen Schluss nahegelegt hätte.

Allein aus dem Umstand, dass die drei teilweise auf engstem Raum miteinander gelebt haben, zu schlussfolgern, dass Frau Zschäpe zwingend über die Pläne ihrer beiden Weggefährten Bescheid gewusst haben müsse, geht an der Realität vorbei. Zum Vergleich sei darauf hingewiesen, dass es auch in »normalen« Partnerschaftsbeziehungen immer wieder vorkommt, dass der eine Partner jahrelang nicht mitbekommt, dass der andere Partner eine Art Doppelleben führt und sich beispielsweise außerehelich vergnügt, in Extremfällen sogar eine zweite Familie unterhält oder beispielsweise Straftaten wie Steuerhinterziehung oder Ähnliches begeht. Hier käme niemand auf den Gedanken zu sagen, dass man das doch mitbekommen müsse, wenn man gemeinsam unter einem Dach lebt und gegebenenfalls sogar das Bett miteinander teilt.

Nun zu den Raubüberfällen. Im Gegensatz zu den Mordtaten und den Sprengstoffanschlägen des Uwe Mundlos und des Uwe Böhnhardt hat Frau Zschäpe im Rahmen ihrer Einlassung angegeben, dass die angeklagten 15 Raubüberfälle mit ihrem generellen Einverständnis stattgefunden hatten. Zur Begründung hat sie vortragen lassen, dass Uwe Mundlos, Uwe Böhnhardt und auch sie persönlich während des Lebens in der Illegalität keiner Erwerbstätigkeit nachgehen konnten und ihnen deshalb der Weg der Raubüberfälle als einziger Weg gangbar erschien, um an das für den Lebensunterhalt erforderliche Geld zu kommen. Der mögliche Einsatz einer Schreckschusspistole sei besprochen worden, nicht jedoch der Einsatz einer scharfen Waffe, gegen den sie sich grundsätzlich ausgesprochen habe. Mit ihrer Stellungnahme hat die Mandantin deutlich gemacht, dass sie Interesse am Erfolg der jeweiligen Raubüberfälle hatte, und damit ein Kriterium erfüllt ist, das bei der Wertung ihres Verhältnisses zu den jeweiligen Taten zu berücksichtigen ist.

Über das Interesse am Taterfolg hinaus sind jedoch keine Gesichtspunkte erkennbar, die anders zu bewerten wären, als es bereits zuvor zu den Mord- und Bombenanschlägen umfassend erörtert wurde.

Meine Mandantin war bei keiner Tat vor Ort und hatte auch keine Einflussmöglichkeit auf die Durchführung der Taten. Die von der Bundesanwaltschaft vorgetragenen Argumente berühren nur das von der Mandantin nicht bestrittene Interesse am Taterfolg, nicht jedoch eine Tatbeteiligung, eine Tatherrschaft, eine vom Willen der Mandantin abhängige Durchführung der Tat. Die zuvor beschriebenen Indizien reichen nicht aus, jeweils eine mittäterschaftliche Verantwortung zu begründen.

An dieser Stelle möchte ich auf zwei Beispiele der jüngeren, höchstrichterlichen Rechtsprechung eingehen, die sich exakt mit dem Problemkreis der Mittäterschaft bei Raubdelikten befassen.

Der Entscheidung 3 StR 439/15 des Bundesgerichtshofs lag etwa folgender Sachverhalt zugrunde:

Der Angeklagte L. überfiel alleine mehrere Tankstellen, die er zuvor gemeinsam mit der Mitangeklagten ausgekundschaftet hatte. Die Überfälle wurden aus Geldnot begangen. Der Angeklagte L. hatte mit Wissen und Billigung der Mitangeklagten einen Schreckschussrevolver samt Munition erworben, um damit das Tankstellenpersonal zu bedrohen. Zudem führte er ein Pfefferspray als Gewaltmittel mit. Die Mitangeklagte hatte jeweils Fahrzeuge auf ihren Namen angemietet, mit denen der Angeklagte L. jeweils zu den Tatorten und nach der Tatbegehung von diesen wegfuhr. In einigen der abgeurteilten Fälle war die Angeklagte selbst die Fahrerin des von ihr angemieteten Fahrzeugs, in den anderen Fällen war sie als Beifahrerin mit anwesend.

Der Bundesgerichtshof hob die Verurteilung der Angeklagten wegen mittäterschaftlicher Begehung der allein durch den Angeklagten L. verübten Raubüberfälle auf und begründete dies wie folgt:

»Die Taten beging der Mitangeklagte L. alleine; ihre Ausführung und ihr Erfolg waren in jeder Hinsicht dem Einfluss und dem Willen der Angeklagten entzogen. Der vom Landgericht festgestellte gemeinsame Tatentschluss und das auch aus dem Bestreiten des gemeinsamen Lebensbedarfes folgende Interesse der Angeklagten am Gelingen der Überfälle vermag eine andere Beurteilung und die rechtliche Einordnung dieser Tatbeiträge durch das Landgericht nicht zu rechtfertigen. Dies gilt auch dann, wenn dem Tatrichter bei der vorzunehmenden Abgrenzung von Mittäterschaft und Beihilfe ein Beurteilungsspielraum zuzubilligen sein sollte, der nur eingeschränkter revisionsgerichtlicher Überprüfung zugänglich ist. Die Annahme des Landgerichts, die Angeklagte sei als Mittäterin der vollendeten beziehungsweise der versuchten besonders schweren räuberischen Erpressung anzusehen, hält der rechtlichen Überprüfung danach nicht stand.

Entsprechendes gilt, soweit das Landgericht die Angeklagte wegen gemeinschaftlich begangener gefährlicher Körperverletzung verurteilt hat. Bei diesem Überfall setzte der Mitangeklagte L. gegen die durch die Bedrohung mit dem Revolver nicht genügend beeindruckte Zeugin R. das mitgeführte Pfefferspray ein, verletzte die Tankstellenkassiererin dadurch im Gesicht, im Bereich des Dekol-

letés sowie an den Unterarmen und fügte ihr erhebliche Schmerzen zu. Während des gesamten Überfalles wartete die Angeklagte erneut im Fahrzeug auf dem Beifahrersitz verweilend auf die Rückkehr des Mitangeklagten, der das von den Angeklagten genutzte Fahrzeug vor und nach dem Überfall steuerte.
Nach den Feststellungen leistete die Angeklagte einen wesentlichen Tatbeitrag auch zu der – wiederum alleine von dem Mitangeklagten L. ausgeführten – gefährlichen Körperverletzung nicht, sodass – trotz des gemeinsamen Tatplanes der Angeklagten, das Pfefferspray notfalls als Gewaltmittel einzusetzen – die angenommene Mittäterschaft der Angeklagten auch insoweit nicht belegt ist.«
Der BGH hat hier also eine Strafbarkeit wegen Mittäterschaft trotz gemeinsamen Auskundschaftens der Tatobjekte, trotz des Wissens um die mitgeführte Bewaffnung und trotz des Anmietens und Lenkens des Fluchtfahrzeuges im Ergebnis deutlich verneint, da die eigentliche Tatausführung alleine dem Haupttäter oblag. Die Parallele zum hiesigen Verfahren dürfte auf der Hand liegen. Im hiesigen Verfahren hat sich meine Mandantin – abweichend von dem soeben vorgetragenen Fall – nicht einmal an Ausspähungen der potenziellen Tatobjekte für die später durchgeführten Überfälle beteiligt, sodass hier also noch ein geringeres Maß an Beteiligung vorliegt als in dem vom Bundesgerichtshof entschiedenen Fall.
Auch die Entscheidung 3 StR 129/16 geht in eine ähnliche Richtung. Dieser Entscheidung lag folgender Sachverhalt zugrunde:
Auch hier waren ein Angeklagter und eine Angeklagte übereingekommen, ihren gemeinsamen Lebensunterhalt künftig durch Überfälle auf Tankstellen zu bestreiten. Beide Angeklagten waren gemeinsam mit dem Pkw unterwegs und entdeckten ein geeignetes Tatobjekt. Während die Angeklagte im Fahrzeug verblieb und wartete, begab sich der Angeklagte – wiederum ausgestattet mit einem Schreckschussrevolver und Pfefferspray – in die Tankstelle und verlangte unter Bedrohung mit der Waffe das Geld von der Kassiererin heraus. Mit dem Geld kehrte der Angeklagte schließlich zum Fahrzeug zurück und fuhr gemeinsam mit der Angeklagten davon. Das verwendete Fahrzeug hatte auch in diesem Fall die Angeklagte auf ihren Namen angemietet.
Der Bundesgerichtshof änderte den Schuldspruch dahingehend ab, dass die zuvor wegen Mittäterschaft verurteilte Angeklagte nunmehr lediglich wegen Beihilfe schuldig gesprochen wurde, und begründete dies wie folgt:
»Die Angeklagte war zwar in die Auswahl und in die Auskundschaftung der Tatobjekte eingebunden, ebenso mietete sie die Tatfahrzeuge in eigenem Namen an. Darin liegen aus objektiver Sicht aber keine Tatbeiträge von einem Gewicht, das den Schluss auf eine Tatherrschaft der Angeklagten oder wenigstens auf ihren Willen dazu tragen könnte. Die Ausführung der Taten oblag allein dem Mitan-

geklagten und war ebenso wie der Eintritt des Taterfolgs dem Einfluss und dem Willen der Angeklagten in jeder Hinsicht entzogen. Der gemeinsame Tatentschluss und das auch aus dem Bestreiten des gemeinsamen Lebensbedarfs folgende Interesse der Angeklagten am Gelingen der Überfälle vermag eine andere Beurteilung nicht zu rechtfertigen.«

Auch vor dem Hintergrund dieser beiden Entscheidungen des Bundesgerichtshofs wird man im vorliegenden Fall ebenfalls zu dem Schluss kommen müssen, dass eine Verurteilung wegen mittäterschaftlicher Handlungsweise hier ausscheidet und allenfalls eine solche wegen Beihilfe in Betracht kommt. Mit dieser Frage werde ich mich im Folgenden näher befassen.

Zunächst im Hinblick auf die Tötungsdelikte.

Die Mandantin hat wiederholt angegeben, dass sie weder an der Planung noch an der Durchführung der einzelnen Tötungsdelikte beteiligt gewesen sei. Sie habe jeweils keine Kenntnis davon gehabt, dass Uwe Mundlos und Uwe Böhnhardt die Ermordung eines Menschen geplant hatten, keine Kenntnis davon, um wen es sich jeweils gehandelt habe, und keine Kenntnis davon, wann, wo und auf welche Art und Weise dies geschehen sollte. Sie hat stets erst im Nachhinein von den beiden Tätern erfahren, dass es erneut zu einem Tötungsdelikt gekommen war, und verurteilt diese Taten sowohl damals als auch heute. Diese Aussage zugrunde gelegt, können weder eine physische noch eine psychische Beihilfehandlung bejaht werden. Selbst wenn Frau Zschäpe Kenntnis von den Mordanschlägen gehabt hätte und diese geduldet hätte, läge kein Fall einer psychischen Beihilfe vor.

Auch die vorgeworfene Beschaffung von Kommunikationsmitteln ist nicht geeignet, eine Beihilfehandlung zu belegen. Mit Ausnahme des Mordfalles Boulgarides im Jahr 2005 in München spielen Handys keine Rolle, sodass sich Ausführungen insoweit erübrigen. Die Handyverbindung am 15.6.2005 ist einem konkreten Tatbeitrag nicht zuzuordnen und somit der Qualifizierung als Beihilfehandlung nicht zugänglich.

Auch das Bezahlen von Rechnungen während des Urlaubs und das Bezahlen sonstiger Rechnungen im Rahmen der Lebensführung kann die Voraussetzung der physischen Beihilfe, die Haupttaten des Uwe Mundlos und des Uwe Böhnhardt in ihrer konkreten Gestalt erst zu ermöglichen oder ihren rechtsgutverletzenden Erfolg zu vergrößern, nicht erfüllen. Es fehlt jeglicher Bezug und Zusammenhang. Gleiches trifft auf die Voraussetzungen der psychischen Beihilfe zu, weil in dieser Handlung eine unterstützende Bestärkung von Tatplan, Tatentschluss oder Tatausführungswillen nicht zu erkennen ist.

Die Dokumentation von Straftaten nach deren Vollendung und Beendigung scheidet als Beihilfehandlung sowohl in physischer als auch in psychischer Hinsicht aus, denn diese Handlung hat nichts damit zu tun, die Tat zu ermöglichen, den rechtsgutverletzenden Erfolg zu vergrößern oder die Täter in ihrem Tatplan, Tatentschluss oder Tatausführungswillen zu bestärken, da die Tat zu diesem Zeitpunkt bereits vollendet und beendet ist.

Mit Blick auf die Mord- und Bombenanschläge des Uwe Mundlos und des Uwe Böhnhardt ist die Wohnsituation des sogenannten Trios und das diesbezügliche Handeln der Mandantin in der Zeit von September 2000 bis April 2007 zu beleuchten und zu bewerten. In dieser Zeit wohnten Uwe Mundlos, Uwe Böhnhardt und meine Mandantin in der Heisenbergstraße und in der Polenzstraße in Zwickau. Der Abschluss der zwei Mietverträge und das gemeinsame Wohnen in den Anwesen kann deshalb nur bei äußerst großzügiger Auslegung als Handlung der Mandantin gesehen werden, die die Mord- und Bombenanschläge erst ermöglicht oder ihren Erfolg vergrößert hätte, zumal die jeweiligen Mietverträge nicht durch Frau Zschäpe abgeschlossen wurden.

Auch die Gespräche mit Nachbarn, welche die Identität der beiden Uwes verschleiern sollten, sind nicht geeignet, die von der Rechtsprechung aufgestellten Voraussetzungen einer Beihilfehandlung zu erfüllen. Selbst wenn der unterstützende Charakter bejaht wird, so fehlt der Zusammenhang zu den einzelnen Taten.

Nun im Hinblick auf die Raubüberfälle.

Die allgemeinen Überlegungen, erneut herangezogen, führen mit Blick auf die Raubüberfälle zu einem anderen Ergebnis: dass sich nämlich die Mandantin der Beihilfe zu den einzelnen Raubüberfällen strafbar gemacht hat.

Im Ergebnis ist festzustellen, dass die Mandantin mit Blick auf alle Raubüberfälle zu deren Durchführung jeweils psychische Beihilfe gegenüber Uwe Mundlos und Uwe Böhnhardt geleistet hat.

Vor diesem Hintergrund ist auf die Raubüberfälle vom 18. Dezember 1998 auf den Edeka-Markt in Chemnitz und vom 5. Oktober 2006 auf die Sparkasse in Zwickau gesondert einzugehen.

Am 18. Dezember 1998 überfielen Uwe Mundlos und Uwe Böhnhardt gemeinsam den Edeka Markt in Chemnitz und erbeuteten circa 30 000 D-Mark. Auf der Flucht schossen sie in Richtung eines damals 16-jährigen Jugendlichen, der sie verfolgt hatte, ohne ihn jedoch zu treffen.

Meine Mandantin hat wie folgt Stellung genommen: »Vor ihrer Rückkehr vom Edeka-Markt am 18. Dezember 1998 wusste ich nicht, dass sie genau diesen Markt überfallen und dass sie eine scharfe Pistole verwenden würden. Es war vorher nur die Rede von einer Schreckschusspistole und davon, dass beide Pfefferspray mitnehmen wollten. Ich hatte nicht gewusst, wann und von wem sie sich eine scharfe Pistole besorgt hatten, und ich hatte auch nicht gewusst, was sie untereinander besprochen hatten …«

Vor dem Hintergrund dieser Aussage sind Uwe Mundlos und Uwe Böhnhardt von dem abgewichen, was zuvor gemeinsam besprochen worden war.
Deshalb sind die Schüsse auf den Jugendlichen als eine vom gemeinsamen Plan – Überfall ohne Einsatz einer scharfen Waffe – abweichende Handlung und damit als Exzess der beiden Haupttäter zu werten. Nach der Rechtsprechung haftet der Gehilfe bei einem Exzess des Haupttäters nur für den Teil der Tat, der seinem Willen entsprach.
Deshalb muss sich die Mandantin das Schießen auf den Jugendlichen nicht zurechnen lassen, und es verbleibt rechtlich bei der Beihilfe zum schweren Raub.
Am 5. Oktober 2006 überfiel Uwe Böhnhardt alleine und mit einem Revolver bewaffnet die Sparkasse in Zwickau. Der Überfall misslang. Ein Mitarbeiter der Sparkasse setzte sich zur Wehr. Uwe Böhnhardt schoss ihm in den Bauch und konnte sodann fliehen. Auch diese Tat wich von dem ab, was acht Jahre zuvor gemeinsam besprochen worden war. Die Verwendung der scharfen Waffe war vom Vorsatz der Mandantin – unwiderlegt – nicht umfasst.
Zwischenfazit: Bezüglich der zehn angeklagten vollendeten Morde an Enver Şimşek, Aburrahim Özüdoğru, Süleyman Taşköprü, Habil Kiliç, Yunus *(Mehmet)* Turgut, İsmail Yaşar, Theodoros Boulgarides, Mehmet Kubaşık, Halit Yozgat und Michèle Kiesewetter liegt weder eine Strafbarkeit wegen Mittäterschaft noch wegen Beihilfe seitens meiner Mandantin vor.
Dasselbe gilt auch für die beiden Sprengstoffanschläge in der Kölner Probsteigasse zum Nachteil von M. M. und in der Kölner Keupstraße zulasten einer Vielzahl von Geschädigten.
All diese Verbrechen wurden allein von Uwe Böhnhardt und Uwe Mundlos begangen. Diese beiden Täter sind tot. Den nachvollziehbaren Wunsch, die Verantwortlichen zur Rechenschaft zu ziehen und für ihre abscheulichen Taten zu bestrafen, rechtfertigt es jedoch nicht, meine Mandantin als einzige Überlebende des sogenannten Trios für die Taten der beiden Verstorbenen verantwortlich zu machen. Der Rechtsstaat wird es aushalten müssen, dass es Verbrechen gibt, für die die eigentlichen Täter nicht mehr belangt werden können. Hier nach dem Motto »den Letzten beißen die Hunde« meine Mandantin als einzig Überlebende für die Taten der beiden Täter verantwortlich zu machen, darf trotz der unüberhörbaren Forderungen aus der Öffentlichkeit und der Medienberichterstattung nicht geschehen.
Dann komme ich nun zur Brandstiftung. Die Mandantin hat eingeräumt, das Wohnhaus in der Frühlingsstraße 26 in Zwickau am 4.11.2011 mithilfe von Benzin in Brand gesetzt zu haben, und die Motive ihres Handelns dargelegt. Die von der Bundesanwaltschaft insoweit vorgenommene rechtliche Würdigung ist nur teilweise zutreffend.

Die Mandantin hat nicht in der Absicht gehandelt, die Nachbarin Erber und/oder die Handwerker in die Gefahr des Todes zu bringen. Die Mandantin hat – wie sie in ihrer Einlassung vom 9.12.2015 dargetan hat – in der Absicht gehandelt, den Letzten Willen der beiden Uwes und ihr Versprechen ihnen gegenüber zu erfüllen – nämlich die gemeinsame Wohnung abzufackeln. Alles, was sich in der Wohnung befand, sollte verbrennen, die Beweise für das Tun und die Planung der beiden sowie ihr Leben in der gemeinsamen Wohnung sollten vernichtet werden.
Dieses Handeln erfüllt den Tatbestand der besonders schweren Brandstiftung.
Dieses Handeln erfüllt ebenfalls den Tatbestand des fahrlässigen Herbeiführens einer Sprengstoffexplosion.
Ich komme nun zur terroristischen Vereinigung.
Nach der durchgeführten Beweisaufnahme steht nicht mit ausreichender Sicherheit fest, dass Frau Zschäpe Teil einer solchen Vereinigung gewesen ist. Die Mandantin hat bestritten, gemeinsam mit Uwe Mundlos und Uwe Böhnhardt die angeklagten Mord- und Bombenanschläge geplant und durchgeführt zu haben. Sie hat somit konkludent ebenfalls bestritten, sich mit Uwe Mundlos und Uwe Böhnhardt zusammengeschlossen zu haben, derartige Straftaten zu begehen.
Es taucht an vielen Stellen immer wieder der Name »Nationalsozialistischer Untergrund« – oder kurz NSU – auf. Nach den Angaben Frau Zschäpes handelt es sich dabei um eine Wortschöpfung des Uwe Mundlos. Die Bezeichnung NSU diente ursprünglich dazu, eine an das Fanzine »Der Weisse Wolf« gerichtete Geldspende mit einem entsprechenden Absender versehen zu können. Es mag sein, dass sich Uwe Böhnhardt mit diesem Begriff des Uwe Mundlos identifiziert hat und sich ebenso als Teil einer Organisation namens Nationalsozialistischer Untergrund verstand. Frau Zschäpe hingegen war nicht Teil einer solchen Vereinigung, die somit allenfalls aus zwei Personen, nämlich Mundlos und Böhnhardt, bestanden hätte.
Es ist demnach schon fraglich, ob es überhaupt eine terroristische Vereinigung im Sinne des Paragrafen 129a Strafgesetzbuch gegeben hat, da hierfür ein Zusammenschluss von mindestens drei Personen erforderlich ist. Fakt ist, dass Frau Zschäpe – selbst wenn man die Existenz einer solchen Vereinigung annähme – selbst nicht Teil einer derartigen terroristischen Vereinigung war.
Auch die Tatsache, dass die Mandantin einen Teil der vorfrankierten DVDs – nämlich 16 von insgesamt 38 Stück – nach dem Tod der Täter mit dem Ziel der Veröffentlichung versandt hatte, steht der rechtlichen Würdigung nicht entgegen. Wie von der Bundesanwaltschaft zu Recht vorgetragen, kann zu diesem Zeitpunkt – nach dem Tod von Mundlos und Böhnhardt – eine Vereinigung im Sinne des Paragrafen 129a StGB nicht mehr bestanden haben.

Nun zur kriminellen Vereinigung.
Uwe Mundlos und Uwe Böhnhardt hatten zwischen dem 18. Dezember 1998 und dem 4. November 2011 insgesamt 15 Raubüberfälle begangen. An diesen Raubüberfällen hatte sich die Mandantin jeweils in Form der Beihilfe beteiligt. Sie war mit der Begehung der Überfälle einverstanden, um während der Jahre des Lebens im Untergrund finanziell abgesichert zu sein. Deshalb sind sowohl die objektiven als auch die subjektiven Voraussetzungen als erfüllt anzusehen. Die Mandantin hat sich demnach der Bildung einer kriminellen Vereinigung strafbar gemacht.
Nach Paragraf 78 Absatz 3 Nr. 4 StGB ist für diese Straftat jedoch bereits Verfolgungsverjährung eingetreten, sodass an dieser Stelle nicht weiter darauf einzugehen ist.
Zusammenfassung: Im Ergebnis hat sich Frau Zschäpe daher aus unserer Sicht wie folgt strafbar gemacht und ist hierfür entsprechend zu bestrafen: der Beihilfe zum schweren Raub in zehn Fällen, der Beihilfe zur schweren räuberischen Erpressung in drei Fällen, der Beihilfe zum versuchten schweren Raub in zwei Fällen sowie der besonders schweren Brandstiftung in Tateinheit mit fahrlässiger Herbeiführung einer Sprengstoffexplosion. Im Übrigen ist sie freizusprechen.
Zur Sicherungsverwahrung. Für die Anordnung einer Sicherungsverwahrung ist das Vorliegen eines Hanges zur Begehung erheblicher Straftaten erforderlich. Ein solcher Hang liegt bei Frau Zschäpe jedoch nicht vor. Selbst wenn man Frau Zschäpes Einlassung nicht folgen würde, ergäben sich zahlreiche Anhaltspunkte, die gegen die Annahme eines derartigen Hanges sprechen. Es ist nicht zu besorgen, dass sich Frau Zschäpe im Falle einer Haftentlassung erneut hochkriminell agierenden Personen anschließen würde. Dieses zurückliegende Verhalten hat seinen Ursprung in den 1990er-Jahren und liegt demnach über 20 Jahre zurück. Frau Zschäpe war zum Zeitpunkt des Untertauchens gerade einmal 23 Jahre alt. Heute ist sie 43 Jahre alt. Sie hat im Laufe der Jahre des Lebens im Untergrund, aber auch während der nunmehr über sechsjährigen Untersuchungshaft aus ihrem damaligen Fehlverhalten gelernt und beabsichtigt nicht, sich erneut ins kriminelle Fahrwasser zweier Intensivstraftäter zu begeben.
Des Weiteren hat sie sich im Rahmen der Hauptverhandlung persönlich und auf eigenen Wunsch von der rechten Szene und deren politischem Gedankengut distanziert. Letztlich ist dem Senat auch aufgrund der gerichtlichen Briefkontrolle bestens bekannt, dass in keinem der zahlreichen Schreiben auch nur ansatzweise rechtsextremes Gedankengut geäußert oder befürwortet wird. Entsprechende Kontaktangebote von Angehörigen dieses politischen Spektrums lehnte meine Mandantin ab beziehungsweise ließ diese unbeantwortet. Den Briefkontakt zu Robin S. hat Frau Zschäpe ebenfalls von sich aus abge-

brochen. *(Zschäpes Brieffreund Robin S. ist in der rechtsradikalen Szene des Ruhrgebiets verhaftet, er saß wegen eines Raubüberfalls in Haft. Ein Brief, den Zschäpe nicht beantwortet hat, kam vom norwegischen Rechtsextremisten und Attentäter Anders Behring Breivik.)*

Auch aus dem Umstand, dass sich Frau Zschäpe wenige Tage nach der Brandlegung am 4.11.2011 freiwillig der Polizei gestellt hat, folgt, dass sie schon lange mit einer früheren rechtsextremen Gesinnung abgeschlossen hat. Ansonsten wäre anzunehmen gewesen, dass sie sich nach dem 4.11.2011 darum bemüht hätte, Unterschlupf bei Gleichgesinnten zu suchen und ihr Leben im Untergrund an der Seite derartiger Personen fortzusetzen. Oder aber sie hätte wie ihre bisherigen Lebensgefährten den Ausweg im Suizid gesucht, um sich der Strafverfolgung zu entziehen. Stattdessen hat sie sich jedoch bewusst und freiwillig für die dritte Variante entschieden, nämlich dazu, diesen verhängnisvollen Lebensabschnitt zu beenden und in die Legalität zurückzukehren. Dieser Schritt erfolgte auch vor dem Hintergrund, Verantwortung für die Vergangenheit zu übernehmen und sich den Konsequenzen zu stellen. Ihr war bewusst, dass eine langjährige Haftstrafe unumgänglich sein würde. Dennoch stellte sie sich am 8.11.2011 der Polizei und ließ sich widerstandslos festnehmen.

Es ist daher nicht ansatzweise nachvollziehbar, wieso der Sachverständige Professor Dr. Saß hier zu der Überzeugung gelangt sein will, dass es überwiegend wahrscheinlich wäre, dass bei »entsprechenden Möglichkeiten eine Fortführung ähnlicher Verhaltensweisen angestrebt« werden würde.

Im Ergebnis kommt also die Verhängung einer Sicherungsverwahrung gegen Frau Zschäpe nicht infrage.

An dieser Stelle wird Herr Kollege Borchert fortsetzen und sich der Frage der Strafzumessung widmen. Ich bedanke mich für Ihre Aufmerksamkeit.

(Borchert geht zunächst auf die Schuldfähigkeit und Glaubwürdigkeit seiner Mandantin ein. Wie der psychiatrische Sachverständige Saß schon festgestellt habe, sei Zschäpe uneingeschränkt schuldfähig. Bei der Glaubwürdigkeit Zschäpes widerspricht Borchert dem Sachverständigen. Zschäpes Aussagen seien glaubhaft, insbesondere auch die Aussagen, die sie gegenüber dem von ihr bestellten Gutachter Professor Bauer gemacht habe.)

Verteidiger Borchert Der Strafsenat hat den Antrag auf Ablehnung des Sachverständigen Professor Dr. Bauer wegen Besorgnis der Befangenheit für begründet erklärt. Deshalb können seine Diagnose und seine Ausführungen zu Paragraf 21 StGB keine Berücksichtigung finden. Berücksichtigt werden können und sollten jedoch seine Bekundungen als Zeuge.

So schilderte der Zeuge, dass ihm die Mandantin unter anderem berichtet habe, das Verhältnis zur Mutter sei insbesondere in der zweiten Hälfte der Neunzigerjahre angespannt gewesen.

Sie habe sich in Liebe zu Uwe Böhnhardt hingezogen gefühlt, auch mit Beginn des Lebens in der Illegalität. Sie habe ständig Angst gehabt, dass Uwe Böhnhardt sie verlasse und sie ihre »Familie« verliere. Sie habe Angst gehabt, dass sich Uwe Mundlos und Uwe Böhnhardt suizidieren würden, wenn sie beide verlasse, und daran habe sie nicht schuld sein wollen. In Gegenwart des Uwe Böhnhardt habe sie nur dann offen und fröhlich sein können, wenn sie sich sicher gewesen sein konnte, dass das aktuelle Geschehen in seinem Sinne gewesen sei. Sie habe Uwe Böhnhardt trotz körperlicher Übergriffe geliebt und nicht verlassen können.

Anhaltspunkte dafür, dass der Zeuge den Inhalt der Gespräche wahrheitswidrig dargestellt hätte, ergeben sich nicht – auch nicht vor dem Hintergrund der Entscheidung des Strafsenats, den Befangenheitsantrag für begründet zu erklären.

Die Beantwortung der Frage, ob die Ausführungen der Mandantin gegenüber Professor Dr. Bauer glaubhaft sind oder nicht, ist nicht mit einem Satz möglich, sodass ich an dieser Stelle näher auf das Problem der Glaubhaftigkeit von Aussagen und Glaubwürdigkeit von Personen eingehen möchte – durchaus auch mit Blick auf die Stellungnahmen der Mandantin gegenüber dem Strafsenat insgesamt.

Den Ausführungen der Mandantin kann eine Glaubhaftigkeit von vorneherein nicht abgesprochen werden, weil die im Laufe der Hauptverhandlung erörterten Indizien ihnen nicht widersprechen.

(Borchert erläutert ausführlich, warum die Ausführungen seiner Mandantin als glaubwürdig zu gelten hätten und daher auch bei der Beweiswürdigung zu verwerten seien. Wiederholt bemängelt er, dass die Bundesanwaltschaft bei ihrer Beweiswürdigung wesentliche Aussagen von Zschäpe außer Acht gelassen hätte.)

Insgesamt überwiegen die Argumente, die für die Glaubhaftigkeit der Angaben sprechen. Ich komme deshalb zum Ergebnis, dass die von der Mandantin geschilderten Geschehnisse sowie ihre subjektiven Vorstellungen dazu dem Urteil zugrunde zu legen sind.

Die forensische Wahrheit zu finden, ist die Aufgabe des Gerichts, aufbauend auf einer tragfähigen Beweisgrundlage und der vollen Überzeugung. Die forensische Wahrheit liegt nicht im Glauben an Geschehenes, sondern darin, wovon die Überzeugung gewonnen wurde und ernsthafte Zweifel nicht angebracht sind.

Die Mandantin war an keinem Tatort, hat keinen Schuss abgegeben und keine Bombe gezündet – das Finden der forensischen Wahrheit stellt deshalb besonders hohe Anforderungen daran, auf der Grundlage der bekannten Indizien Zweifel an der Täterschaft beiseitezuschieben.

Die Spekulation der Bundesanwaltschaft, die Mandantin habe sich bis zur letzten Tat möglicherweise nie ihre Finger selbst schmutzig gemacht, aber sie habe alles gewusst, alles mitgetragen und alles auf ihre Art mitgesteuert und mitgewirkt, wird diesen Anforderungen nicht ansatzweise gerecht.

Bei der Strafzumessung ist zu berücksichtigen:
Die Mandantin hat ein Geständnis abgelegt. Sie hat die Umstände der Raubüberfälle dargelegt und den Sachverhalt zum eigentlichen Geschehensablauf, so wie er ihr mitgeteilt wurde, geschildert. Sie hat eine unmittelbare Beteiligung an der Vorbereitung und der Durchführung der jeweiligen Tat bestritten, ihre helfende Tätigkeit aufgrund der äußeren Umstände und ihre psychische Hilfe jedoch eingeräumt.
Die Mandantin ist nicht vorbestraft, sie befindet sich überdurchschnittlich lange – nämlich seit über sechs Jahren – in Untersuchungshaft.
Die Hauptverhandlung dauert nunmehr seit über 400 Verhandlungstagen an, was mit einer extremen psychischen Belastung einhergeht, was nahezu eine Verhandlungsunfähigkeit herbeigeführt hätte.
Das Verfahren wird von einer Presse begleitet, welche vor einer Vorverurteilung und vereinzelt vor Beleidigungen, selbst ihrem Verteidiger gegenüber, nicht zurückschreckt.
Zulasten der Mandantin sprechen die Vielzahl der begangenen Straftaten, der jeweils verursachte Schaden und das Leid, das den Opfern der Straftaten zugefügt wurde.
An dieser Stelle möchte ich nicht unerwähnt lassen, dass sich die Mandantin gegenüber allen Opfern und Angehörigen der Opfer aufrichtig entschuldigt hat. Auch wenn die Bundesanwaltschaft, die Nebenklage und die Presse ihr die Aufrichtigkeit absprechen – so wie ihr jede erdenkliche Aufrichtigkeit abgesprochen wird –, sie ist gemeint, wie sie formuliert ist.
Die besonders schwere Brandstiftung und das fahrlässige Herbeiführen einer Sprengstoffexplosion:
Die Mandantin hat ein Geständnis abgelegt. Sie hat die Umstände ihres Tuns dargelegt und versucht, ihre Motive zu erklären.
Bei Abwägung aller für und gegen die Mandantin sprechenden Umstände erscheinen folgende Einzelstrafen angemessen: Die zehn Fälle der Beihilfe zum schweren Raub: jeweils eine Freiheitsstrafe von drei Jahren. Die drei Fälle der Beihilfe zur schweren räuberischen Erpressung: jeweils eine Freiheitsstrafe von drei Jahren. Die zwei Fälle der Beihilfe zum versuchten schweren Raub: jeweils eine Freiheitsstrafe von drei Jahren. Die besonders schwere Brandstiftung mit der fahrlässigen Herbeiführung einer Sprengstoffexplosion: eine Freiheitsstrafe von sechs Jahren. Bei nochmaliger Abwägung sämtlicher Umstände und unter Erhöhung der höchsten Einzelstrafe erscheint eine Gesamtfreiheitsstrafe von nicht mehr als zehn Jahren tat- und schuldangemessen.
Die Plädoyers der Anklage und der Nebenklage lassen den Gedanken aufkommen, dass die juristische Schuld, so wie ich sie an die Rechtsprechung anlehnend

aufgezeigt habe, durch die moralische Schuld ersetzt werden soll. Die moralische Schuld der Mandantin kann jedoch nicht Grundlage für eine Verurteilung im juristischen Sinne sein.
Sosehr die Motivation nachvollziehbar ist, dass die Morde und Bombenanschläge nicht ungesühnt bleiben mögen, sosehr darf diese Motivation nicht dazu führen, die von der Rechtsprechung entwickelten Grundsätze zur Überprüfung der juristischen Schuld zu vernachlässigen.
Meine Überprüfung aller wesentlichen Gesichtspunkte hat ergeben, dass der Mandantin Schuld im juristischen Sinne nur in dem von mir plädierten Umfang vorzuwerfen ist – sosehr dies auch in moralischer Hinsicht unbefriedigend sein mag. Vielen Dank.

Götzl Vielen Dank, Herr Rechtsanwalt Borchert. Zum weiteren Prozedere. *(Götzl blickt zu Zschäpes Altverteidigern Heer, Stahl und Sturm.)* Können wir am kommenden Mittwoch mit Ihrem Schlussvortrag fortsetzen?

Verteidiger Heer Wir benötigen zur Fertigstellung unseres Schlussvortrages zwei freie Sitzungswochen. Wir haben dies sehr sorgfältig überlegt. Jeder weiß, wir befinden uns in einer ganz besonderen Verteidigungs- und Verteidigersituation. Wir haben die Ausführungen von Herrn Grasel und Herrn Borchert erstmals zur Kenntnis genommen. Wir müssen damit nun umgehen.

Götzl Wie lange wird die Verteidigung Wohlleben plädieren?

Verteidiger Klemke Wir schätzen, dass wir insgesamt zwei Verhandlungstage benötigen.

Götzl Und Sie, Herr Hedrich, Herr Kaiser?

Verteidiger Kaiser Einen Tag.

Verteidiger Rokni-Yazdi Wir werden auch einen Tag brauchen.

Verteidigerin Schneiders Wir würden gerne am 15. bis 17. Mai die Plädoyers halten, auch weil Jacqueline Wohlleben gerne dabei sein möchte.

Verteidiger Hedrich Es war vorhin die Rede davon, dass wir für Herrn Eminger am 9. Mai plädieren könnten. Ich würde gerne daran festhalten, weil Frau Eminger dann dabei sein könnte.

Götzl Herr Rechtsanwalt Rokni-Yazdi, könnten Sie dann am 8. Mai plädieren?

Verteidiger Rokni-Yazdi Das Problem ist, dass Kollege Hachmeister erst am 8. Mai aus dem Urlaub zurück ist. Und wir uns noch nicht abstimmen konnten. Wir könnten aber am 9. Mai plädieren.

Götzl *(empört)* Erst sagt Rechtsanwalt Hachmeister, er müsse vor seinem Schlussvortrag die Plädoyers der Verteidigung Zschäpe hören, am nächsten Tag erhalten wir dann die Mitteilung, er sei bis zum 8. Mai im Urlaub!

Verteidiger Rokni-Yazdi Wir landen am Ende doch sowieso im Juni.

Götzl Was soll diese Bemerkung? Es geht um die Planung der Schlussvorträge!

Verteidiger Rokni-Yazdi Herr Vorsitzender, am Anfang habe ich auch nicht gedacht, dass der Prozess fünf Jahre dauern wird. Ich will mich mit Ihnen auch gar nicht streiten.

Götzl Sie machen es dann aber doch!

Verteidiger Rokni-Yazdi Bei diesem langen Verfahren: Es geht um einen Tag! Um einen!

Götzl Herr Rechtsanwalt Pausch, können Sie am 2. Mai beginnen?

Verteidiger Pausch Ich denke, Kollege Hösl kann auf jeden Fall beginnen, bei mir ist es unklar. Aber ich würde dafür kämpfen, dass es gelingt.

Verteidiger Hedrich Ich könnte bei Frau Eminger nachfragen, ob sie auch am 8. Mai anwesend sein könnte.

(Die Sitzung wird kurz unterbrochen.)

Verteidiger Hedrich Ich habe Frau Eminger erreicht, sie kommt am Dienstag, 8. Mai, hierher.

Verteidiger Kaiser Herr Vorsitzender, ich weiß allerdings nicht, was mit dem Kollegen Sprafke ist. *(Lachen im Saal.)*

Tag 422

2. Mai 2018

Jacob Hösl, Johannes Pausch, Verteidiger von Carsten Schultze.

Verteidiger Hösl Bevor ich in den Sachvortrag meines Plädoyers eintreten möchte, ist mir an zwei Vorbemerkungen gelegen. Ungeachtet der Frage, ob Herr Schultze strafrechtlich zur Verantwortung zu ziehen ist, insbesondere, ob er bei seiner Tat vorsätzlich gehandelt hat, sei mitgeteilt, dass Herr Schultze die Gewissheit, dass er durch sein Tun objektiv zu neun rassistisch motivierten Morden beigetragen hat, sein Leben lang begleiten wird. Und dies für ihn, wie er auch selbst hier gesagt hat, einer Verzeihung und Vergebung nicht zugänglich ist. Herr Schultze setzt sich intensiv und für jeden hier im Saal sichtbar, ungeachtet der rechtlichen Folgen dieses Verfahrens, mit seiner Verantwortung und in diesem Sinne auch Schuld hierfür auseinander und wird sein restliches Leben in dem Bewusstsein hierfür verbringen.

Um das Handeln und Verhalten des Herrn Schultze strafrechtlich einzuordnen, bedarf es einer Würdigung der Ereignisse über das Tatgeschehen und die unmittelbar davor und danach liegende Zeit hinaus. Es bedarf aufgrund der Spezifik seiner Biografie einer tiefer gehenden Betrachtung der Ereignisse, als dies

durch die Bundesanwaltschaft geschehen ist. Hierbei geht es der Verteidigung und Herrn Schultze nicht darum, Verantwortung, die er selbst empfindet und unauslöschlich empfinden wird, zu relativieren, sondern es geht um eine möglichst genaue Beurteilung eines möglichen Schuldvorwurfs.
Bei meinen Ausführungen werde ich von der Richtigkeit und Glaubhaftigkeit der gesamten Angaben des Herrn Schultze ausgehen, der sich viele Stunden sowohl von sich aus geäußert als sich auch einer Vielzahl von Fragen schließlich sämtlicher Verfahrensbeteiligter gestellt hat. Zu zahlreichen und für das Verfahren entscheidungserheblichen Sachverhalten hat Herr Schultze zu einem Zeitpunkt Angaben gemacht, als diese noch nicht bekannt oder verifiziert waren. Sämtliche seiner Angaben wurden später durch weitere Ermittlungen oft fast vollständig belegt.
Im Jahr 1988, also bereits zu DDR-Zeiten, begann die Phase der Gründung einer rechtsextremen Gruppierung in Jena von schließlich ab Anfang der 1990er-Jahre sechs Personen. Diese Gruppe war und ist über viele Jahre und letztlich bis zum heutigen Tag durch enge persönliche Freundschaft und eine gemeinsame rechtsradikale politische Überzeugung verbunden. Diese sechs Personen, Uwe Böhnhardt, Uwe Mundlos, Beate Zschäpe, Ralf Wohlleben, André Kapke und Holger Gerlach, waren über Jahre zunächst unter dem Namen »Nationaler Widerstand« und später als »Kameradschaft Jena« eine exklusive, politisch-elitäre verschworene Freundes- und neonazistische Kameradengemeinschaft. Herr Schultze hat niemals zu diesem Kreis von Personen gehört. Er war in der Zeit, in der sich diese Gruppe über die Jahre immer enger verschwor, zehn bis 16 Jahre alt und hatte mit der rechten Szene und den hier angesprochenen Personen noch keinerlei Kontakt.
In den Jahren von etwa 1994 bis zum Untertauchen von Böhnhardt, Mundlos und der Angeklagten Zschäpe am 26.1.1998 fanden innerhalb der Kameradschaft Jena immer wieder politische Richtungsdiskussionen statt. Dabei ging es um den Einsatz von Gewalt und die Bewaffnung zur Durchsetzung der politischen Ziele der Gruppe. Böhnhardt, Mundlos und die Angeklagte Zschäpe seien die Hardliner gewesen, also diejenigen, die sich für den Einsatz von Waffen und Gewalt zur Durchsetzung politischer Ziele ausgesprochen hatten. Die Angeklagten Wohlleben und Gerlach hätten sich dagegen ausgesprochen. Herr Schultze war an solchen Diskussionen und Aktionen nie beteiligt.
Das Bemerkenswerte an der Stimmenverteilung pro und kontra Gewaltanwendung und Bewaffnung ist die augenfällige Spiegelung dieses Stimmenverhältnisses zu den späteren Ereignissen ab dem Untertauchen der drei Ende Januar 1998. So begab sich gewissermaßen der zu Gewalt und Bewaffnung bereite Zweig der Kameradschaft Jena in den Untergrund. Die sich zuvor gegen Gewalt-

anwendung und Bewaffnung ausgesprochen habenden Mitglieder der Kameradschaft übernahmen gleichsam den Teil des politischen Arms, der nicht in einem bewaffneten Kampf bestand, aber diesen entsprechend der tiefen freundschaftlichen und ideologischen Verbundenheit und Treue der Gruppe der Kameradschaft Jena gleichsam hinter der Front unterstützt hat.
Böhnhardt, Mundlos und die Angeklagte Zschäpe hat Herr Schultze erstmals nach Oktober 1997 und vor deren Untertauchen bei wenigen Gelegenheiten getroffen. Erst danach lernte er den Angeklagten Wohlleben im weiteren Verlauf des Jahres 1998 kennen.
Im Spätsommer des Jahres 1997 wendet sich Herr Schultze, damals noch 17 Jahre alt, durch eine – wie er sich später erklärt – erotische Hingezogenheit zu einem früheren Schulkameraden seiner Berufsschule, der der rechten Szene angehörte, und schloss sich ihr ebenfalls an.
Die Motivation für diesen Schritt beschreibt Herr Schultze weniger oder eher gar nicht mit einer rechten politischen Überzeugung als vielmehr mit dem Wunsch, aus seiner persönlichen und häuslichen Situation der mangelnden Orientierung und mangelnden emotionalen Wärme hin zu seiner persönlichen und auch sozialen Aufwertung.
Irgendwann im Frühjahr 1998 lernt Herr Schultze, gerade 18 Jahre alt geworden, den Angeklagten Wohlleben kennen, der damals schon 23 war. Schnell merkt dieser, dass auf Herrn Schultze sozusagen Verlass ist und er sich durch eine vergleichsweise besondere Bereitschaft zu Disziplin und Übernahme von Aufgaben auszeichnete, und er macht ihn zu so etwas wie seinem Adlatus. Umgekehrt war der Angeklagte Wohlleben für Herrn Schultze jemand, zu dem er aufschaute, den er wohl auch bewunderte.
Im Sommer 1998, jedenfalls vor dem 26. 8. 1998, dem Einbruch in die Wohnung der Angeklagten Zschäpe, spricht Wohlleben und der Zeuge André Kapke ihn darauf an, ob er nicht bei dem Kontakt zwischen ihnen beziehungsweise insbesondere dem Angeklagten Wohlleben und den Untergetauchten helfen könne, weil er, Wohlleben, sich überwacht fühlte. Aus den Erkenntnismitteilungen der Verfassungsschutzbehörden wissen wir, dass der Angeklagte Wohlleben Herrn Schultze glauben ließ, dass nunmehr ausschließlich Herr Schultze den Kontakt zu den drei Untergetauchten habe.
Wie wir heute aufgrund der Einlassung des Angeklagten Wohlleben und gefundener unmittelbar gewechselter SMS-Nachrichten zwischen diesem und den dreien wissen, traf dies jedoch nicht zu. Parallel zu den Kontakten des Herrn Schultze hatte er selbst mehrere persönliche Treffen und auch sonstige Kontakte zu Böhnhardt und Mundlos bis hin zum Organisieren von Treffen zwischen Böhnhardt und dessen Eltern.

In der Folgezeit nimmt Herr Schultze in Absprache mit und mit Rückmeldung an den Angeklagten Wohlleben in Abständen von ein bis zwei Wochen telefonischen Kontakt zu Böhnhardt und Mundlos auf. In diesem knapp zwei Jahre andauernden Zeitraum der Funktion des Kontakthalters zwischen den Untergetauchten und dem Angeklagten Wohlleben kam es auch zu einer Reihe von Aufträgen, die Herr Schultze dem Angeklagten Wohlleben sozusagen zur weiteren Veranlassung weitergeleitet hat. Bei der Erledigung einiger der Aufträge war Herr Schultze beteiligt.
Wohl etwa gegen Ende April 2000 kommt es dazu, dass der gerade 20 Jahre alte Herr Schultze eine von Böhnhardt und Mundlos telefonisch mitgeteilte Bestellung zur Beschaffung einer Handfeuerwaffe möglichst deutschen Fabrikats mit möglichst viel Munition an den Angeklagten Wohlleben weiterleitet. Entsprechend dessen Vorgaben begibt sich Herr Schultze in das Szenegeschäft Madley, spricht dort den Andreas Schultz an, ob er eine Waffe besorgen könne. Dieser antwortet hierauf, er werde sehen, was er machen könne. Nach etwa zwei Wochen meldet sich Herr Schultze erneut bei Andreas Schultz, der den Eingang einer Waffe bestätigt.
Bereits bei diesem zweiten Treffen teilte er Herrn Schultze jedoch mit, dass es keine Waffe deutschen Fabrikats ist und ein Schalldämpfer dabei sei. Dies war die Pistole Česká 83 mit Schalldämpfer und rund 50 Schuss Munition. Mit dem Auto fährt Herr Schultze, nachdem er sich zuvor von dem Angeklagten Wohlleben das Geld für den abgesprochenen Kaufpreis abholt, erneut zu dem Szeneladen Madley. Andreas Schultz und er verlassen das Geschäft und begeben sich in das Auto, wo Andreas Schultz Herrn Schultze die in einem Tuch eingewickelte Waffe samt Zubehör übergibt, die dieser unter dem Sitz des Fahrzeugs versteckt. Das Vorhandensein eines Schalldämpfers empfand er nach seinen Angaben als Dreingabe, da dieser nicht bestellt gewesen sei.
Kurze Zeit später ging er mit der eingewickelten Waffe samt Zubehör – wie verabredet – zu Wohlleben, um ihm den Inhalt zu zeigen. Beide begaben sich entsprechend der Führung durch Wohlleben in einen vor Einsicht von außen geschützten toten Winkel eines Zimmers seiner Wohnung. Dort übergab Schultze das Tuch mit der eingewickelten Waffe an Wohlleben. Dieser zog sich schwarze Lederhandschuhe an, nahm die Gegenstände, schraubte den Schalldämpfer auf und hielt die Waffe, nachdem er sie zuvor kurz betrachtet hat, mit aufgeschraubtem Schalldämpfer mit einem Lachen oder Lächeln auf seinen Lippen Herrn Schultze vor die Stirn. Dies fand der Angeklagte Wohlleben offenbar lustig. Herr Schultze empfand diese Situation, wie er berichtete, unangenehm.
Danach wurde mit Böhnhardt und Mundlos telefonisch ein Treffen in Chemnitz vereinbart. Am besagten Tag macht sich Herr Schultze mit seinem Ruck-

sack, in dem sich die eingewickelte Waffe samt Zubehör befand, auf nach Chemnitz. In Chemnitz angekommen, wird er am Bahnsteig von den sichtlich erfreuten Böhnhardt und Mundlos begrüßt, und sie begeben sich in ein zu einem Kaufhaus gehörendes Café.

In dieser Situation rutscht Böhnhardt oder Mundlos möglicherweise mehr heraus, als ihnen lieb ist. Sie verraten Herrn Schultze, den sie als treuen und zuverlässigen Informationsmittler zwischen ihnen und dem Angeklagten Wohlleben kennengelernt haben, sie hätten eine »Taschenlampe« in Nürnberg aufgestellt, »was aber nicht geklappt habe«. Kaum ist dieser vielleicht nicht ganz fertige Satz gesprochen, wird das Gespräch abrupt durch ein »Pssst« des anderen unterbrochen, als Frau Zschäpe auftaucht und sich dem Tisch nähert.

Nachdem die Angeklagte Zschäpe sich wieder entfernt hatte, begeben sich Böhnhardt, Mundlos und Herr Schultze auf ein Grundstück eines Abbruchhauses, wo Herr Schultze die eingewickelte Waffe mit dem Zubehör an Böhnhardt und Mundlos übergibt. Diese inspizieren sie erfreut und man verabschiedet sich. Herr Schultze macht sich sodann wieder auf den Weg zurück nach Jena.

Dieses gesamte Geschehen kann nur nachvollzogen werden, wenn es Absprachen der Hintermänner dieses Transportes, das heißt, jedenfalls Böhnhardt und Mundlos einerseits und Wohlleben andererseits unter Einbeziehung des Andreas Schultz und gegebenenfalls weiterer Personen gegeben hat.

Völlig unglaubhaft ist die Äußerung des Angeklagten Wohlleben, er habe diese Waffenbestellung anlässlich eines persönlichen Treffens zwischen ihm und Böhnhardt beziehungsweise Mundlos abgelehnt, da er nicht verantwortlich sein wollte für den Suizid seines sehr guten Freundes Uwe Böhnhardt, während er später Schultze bedenkenlos mit einer scharfen Waffe mit obendrein gleich gut 50 Schuss Munition zu ebenjenem suizidgefährdeten besten Freund reisen lässt. Aus unserer Sicht spricht einiges dafür, dass Böhnhardt und Mundlos den Angeklagten Wohlleben entweder bei diesem Treffen oder bei einem anderen mindestens umrisshaft in ihre weiteren Planungen eingeweiht haben. Dabei sollte die Rolle des Angeklagten Wohlleben, der nach unserem Dafürhalten der an der Heimatfront kämpfende Arm des NSU war, so weit als möglich nicht gefährdet werden.

Auffällig ist, dass ausgerechnet beim Transport dieser Waffe mit Schalldämpfer und Munition der Bote, hier Schultze, eingeweiht wird, was den Gegenstand angeht, den es zu überbringen gilt und woher dieser kommt. Dies deshalb, da bei zwei weiteren Waffenlieferungen, die Wohlleben initiiert hat, die Überbringer, einmal der Zeuge Jürgen Helbig und später der Angeklagte Holger Gerlach im Jahr 2001, nicht wissen sollten, was sie da jeweils an die drei im Untergrund Lebenden überbrachten.

Gleichzeitig stellt dieser Vorgang eine Durchbrechung der bereits von der Bundesanwaltschaft skizzierten Abschottung der drei Untergetauchten, aber auch der Konstruktion der Geheimhaltung der möglichst unauffällig agierenden zentralen Hintergrundfigur Wohlleben dar, der noch nicht einmal – jedenfalls nach außen hin – mit den dreien Telefongespräche führen wollte, weil er sich rund um die Uhr überwacht fühlte.
Zur weiteren Entwicklung: Mit der sich ihm zunehmend aufdrängenden unausweichlichen Erkenntnis der eigenen Homosexualität begann für Herrn Schultze ab Sommer 2000 der Prozess seines schrittweisen Ausstiegs aus der rechten Szene. Schlüsselerlebnis war für ihn die Inhaftierung in den Unterbindungsgewahrsam vom 11.8.2000 bis 21.8.2000. Er erkannte, als er hiervon entlassen nur von seinen Eltern abgeholt wurde und in der Szene dafür, dass er sich hat erwischen lassen, verlacht wurde, dass dies, wie er dies ausgedrückt hat, »nicht seine Leute waren«.
Die Bundesanwaltschaft begründet den bedingten Tatvorsatz des Herrn Schultze zusammengefasst damit, dass er nicht nur mit entsprechenden Tötungsdelikten gerechnet habe, dies ergebe sich bereits aus der konspirativen Waffenbeschaffung und der Weitergabe der Tatwaffe samt Schalldämpfer an den NSU, sondern er diese auch aufgrund seiner persönlichen rechtsradikalen und nazistischen, menschenverachtenden Einstellung gegenüber Ausländern und dem Staat – und zwar in identischer Weise wie der Angeklagte Wohlleben – billigend in Kauf genommen habe.
Herr Schultze selbst hat angegeben, er habe von dem, was die Untergetauchten vorhatten, zu keinem Zeitpunkt Kenntnis gehabt. Wir gehen davon aus, dass an der Richtigkeit dieser Angaben keine Zweifel bestehen.
Darüber hinaus hat er sich bezüglich politisch-ideologischer Fragen und seiner Einstellung hierzu – ich will es einmal so nennen – indifferent und unkonkret geäußert. Er hat konkrete Fragen des Gerichts ausweichend mit Beispielen beantwortet und war nicht in der Lage, genaue Antworten auf Fragen seiner politischen Überzeugung zur damaligen Zeit zu geben. Dies hat auf der Seite des Gerichts, aber auch der anderen Verfahrensbeteiligten gewissermaßen für Unmut und Misstrauen gesorgt.
Wir können verstehen, dass Sie die Äußerungen, die Herr Schultze in diesem Zusammenhang gemacht hat, als zögerlich und sozusagen zurückhaltend interpretieren. Und gleichwohl hat Herr Schultze Ihnen auch in diesem Bereich natürlich unter der Einschränkung der verblassenden Erinnerungen die Wahrheit gesagt.
Mir scheint gelegentlich, dass dieses Misstrauen bezüglich der Angaben des Herrn Schultze zu seiner inneren und politischen Einstellung zur damaligen

Zeit weniger mit den Erkenntnissen aus dieser Hauptverhandlung zu Herrn Schultze oder seiner Person selbst zu tun hat, sondern vielmehr damit, dass Herr Schultze an der Vorstellung gemessen wird, wie ein Neonazi zu sein und zu denken hat. Selbstverständlich gibt es Angehörige der Neonaziszene, die menschenverachtende Inhalte in ihre Überzeugungen aufgenommen und tief verinnerlicht haben. Eines der leuchtendsten Beispiele haben wir hier im Gerichtssaal mit dem Angeklagten Eminger. Allerdings gibt es, wie in jeder anderen politischen Gruppierung, immer auch durchaus signifikant divergierende Schattierungen.

Herr Schultze war kein ehrgeiziger und überzeugter Träger neonazistischer Ideologie. Natürlich war er auch nicht ein im Wortsinne »Mitläufer«, sondern aktiv bei Aktionen beteiligt. Es sprechen eine ganze Reihe von objektiven Umständen unabhängig von den Angaben des Herrn Schultze gegen eine menschenverachtende innere Einstellung bei ihm.

Hier ist zunächst die verhältnismäßig kurze Verweildauer des Herrn Schultze in der rechten Szene zu nennen. Weder zuvor noch danach hatte er jemals wieder etwas mit Rechten und neonazistischen Inhalten oder Personen zu tun. Sein Einstieg in die rechte Szene war, wie ich bereits ausgeführt habe, nicht politisch motiviert. Mithin war seine Zuwendung zur rechten Szene für die damalige Zeit und das damalige soziale Umfeld in Jena-Winzerla sozial adäquat. Bezüglich der Stadt Jena haben eine ganze Reihe von Zeugen geschildert, dass manche Stadtteile durch »linke« Gruppierungen und andere durch »neonazistische« dominiert waren. Der Heimat-Stadtteil Jena-Winzerla gehörte zu letzterer.

Herr Schultze hat ausgeführt, dass es ihm menschlich unmöglich gewesen wäre, sein von der rechten Szene abgewandtes Leben in völlig neuen sozialen Kreisen und zu rechter Ideologie konträren ethischen und politischen Auffassungen zu leben, wenn er die Überzeugung gehabt hätte, selbst ernsthaft dazu beigetragen zu haben, dass andere Menschen in lebensbedrohliche Gefahr gelangen.

Auch unterscheidet sich Herr Schultze ganz deutlich von dem Angeklagten Wohlleben, aber auch den anderen Angeklagten, was sein Verhalten in diesem Prozess angeht.

Nachdem Herr Schultze am 4.11.2011 von der Nachricht Kenntnis genommen hat, dass Böhnhardt, Mundlos und die Angeklagte Zschäpe, der NSU, über mehr als ein Jahrzehnt mordend und raubend durch das Land gezogen sind, erlitt er in seiner Küche einen weinenden Zusammenbruch. Der Angeklagte Eminger gestaltete nach dem Tod seiner Idole Böhnhardt und Mundlos eine Art Altar für die von ihm verehrten gottgleichen Märtyrer in seinem Wohnzimmer. Der Angeklagte Wohlleben lässt in der Hauptverhandlung einen Beweisantrag zur sachverständigen Feststellung des deutschen Volkstods stellen, für mich ei-

ner der schauderhaftesten Momente dieses Verfahrens, dessen ideologischer Inhalt, die Vertreter der Nebenklage haben dies bereits ausgeführt, darauf konzentriert werden kann, dass Deutsche und Weiße einen höheren Wert haben, als dies andere Menschen haben.
Der wesentliche Unterschied zwischen Herrn Schultze und insbesondere dem Angeklagten Wohlleben, aber auch den anderen Angeklagten besteht darin, dass er im Unterschied zu ihnen Böhnhardt, Mundlos und die Angeklagte Zschäpe nur ausgesprochen flüchtig kannte und somit nicht einschätzen konnte, zu welchen Handlungen sie bereit waren.
Die allgemeine rechtsextreme Einstellung und die konspirativen Umstände des Überbringens der Waffe, die zudem einen Schalldämpfer hatte, reicht nach unserer Überzeugung nicht aus, um bezüglich der inneren Tatseite des Herrn Schultze zum Zeitpunkt der Übergabe der Česká 83 feststellen zu können, dass er zum damaligen Zeitpunkt damit gerechnet hat, dass mit der von ihm überbrachten Waffe Menschen getötet werden.
Herrn Schultze fehlten wesentliche Informationen, um das damals Erlebte und Wahrgenommene für sich hinreichend konkret zu der Einschätzung einer Lebensgefährlichkeit seines Handelns zu verdichten.
Selbst bei Annahme eines sehr abstrakten, aber vielleicht möglichen Risikos des Einsatzes der Waffe zur Tötung von Menschen liegen unserer Auffassung nach keine hinreichenden Anhaltspunkte dafür vor, dass Herr Schultze solche auch billigend in Kauf genommen hätte.
Da nach unserer Überzeugung Herr Schultze zum Tatzeitpunkt im Rechtssinne nicht bedingt vorsätzlich gehandelt hat bezüglich der später von Böhnhardt und Mundlos begangenen Taten, kann ihm heute kein strafrechtlicher Vorwurf mehr gemacht werden. Wir beantragen daher, Herrn Schultze freizusprechen.

Verteidiger Pausch Nach dem Schlussvortrag meines Kollegen möchte ich ergänzend und zu zwei Themen einige Anmerkungen anbringen. Es erscheint mir notwendig, dass wir das Einlassungsverhalten und die Gedächtnisleistung von Carsten Schultze noch einmal unter besonderer Berücksichtigung seiner Persönlichkeit und Biografie betrachten und bewerten.
Mit der Entscheidung, unmittelbar nach Bekanntwerden der Taten des NSU noch vor seiner Festnahme und ohne Aktenkenntnis umfassende Aussagen zu machen, hat Carsten Schultze deutlich gezeigt, dass er schonungslos aufklären und die Wahrheit herausfinden möchte. Die Ermittler waren damals begeistert. Carsten Schultze war fest entschlossen, sich zu bekennen und aufzuklären.
Was dann begann, war ein Vernehmungsmarathon, in dessen Verlauf mühsam weit zurückliegende Sachverhalte in die Gegenwart zurückgeholt werden mussten. Carsten Schultze schonte sich damals wie auch später in der Hauptverhand-

lung nicht, und es lag nahe, dass erst nach und nach ein klares Bild der Geschehnisse, der Gefühle und Motive von damals entstand.
Und ich bin sicher, viele von Ihnen haben im Verlauf der langen Einvernahme von Carsten Schultze mitunter gedacht: Mein Gott, warum sagt er denn nicht einfach, wie es war und was er empfunden hat! Und in einigen Pausen habe ich damals Kollegen sagen gehört: Der will uns doch einfach nicht erzählen, was er weiß und was er empfunden hat; der spart doch Wahrheiten aus, um sich zu schützen.
Es wäre ein nachvollziehbarer Gedanke gewesen, anders oder gar nicht auszusagen, insbesondere bei der Identifikation der Tatwaffe zu schweigen. Dass und warum ein solches Verhalten für ihn eben keine Option war, darauf hat mein Kollege in seinen Ausführungen bereits hingewiesen: Carsten Schultze hätte damit nicht weiterleben können.
Und noch einmal darf betont werden, dass eine so frühe Einlassung von ganz anderer Qualität ist als die, die sich einem bereits vorliegenden Beweisergebnis anpassen kann.
Es geht mir darum, den Vorgang und die Grenzen des Erinnerns anzusprechen. Auch weil ich wie viele hier im Saal darunter gelitten und mich gefragt habe, warum die Erinnerungen insbesondere an Gefühle und Motive so schwer zu offenbaren waren. Das Gedächtnis ist ein feiger Hund, der uns nicht gehorcht, der abhaut, wenn wir ihn rufen, und uns damit zugleich auch hilft, denn: Vergessen muss sein. An einigen Stellen auf dem mühsamen Weg der Rekonstruktion seiner Vergangenheit und seiner Erinnerungen warf Oberstaatsanwalt Weingarten Herrn Schultze vor, sich bei seiner Einlassung unbewusst oder bewusst taktisch zu verhalten. Wenn wir das Aussageverhalten von Carsten Schultze noch einmal Revue passieren lassen, dann können wir zwar feststellen, dass es manchmal schwer nachvollziehbar war, aber Taktik, als rational durchdachtes, zielorientiertes, eigennütziges Verhalten, kann ich bei Carsten Schultze nicht einmal im Ansatz feststellen. Was wir erlebt haben, war schonungsloses, uneigennütziges Bemühen um Aufklärung. Wo dies nicht gelang, war er sichtlich verzweifelt.
Ich komme zu der zweiten Anmerkung bezüglich der Annahme eines bedingten Vorsatzes bei Carsten Schultze. Die Bundesanwaltschaft unterstellt ihm aus den »Begleitumständen der äußeren Welt« Assoziationen im Zusammenhang mit der Beschaffung und Übergabe der Česká, die keinen Zweifel an einem bedingten Vorsatz zulassen sollen.
Natürlich wusste Carsten Schultze, wofür eine scharfe Waffe verwendet werden kann, was die Bedeutung eines Schalldämpfers ist, dass Wohlleben bei der Betrachtung der Waffe Handschuhe trug, dass die beiden Uwes im Untergrund lebten, um sich drohender Verfolgung zu entziehen.

Aber wir wissen auch, wovon er nicht ausgehen konnte und musste. Es gab für Carsten Schultze vor der Waffenübergabe keinen Erfahrungssatz des Inhalts, dass sich radikalisierende Nazis früher oder später ausländische Mitbürger ermorden werden. Seine eigenen Erfahrungen, sein rudimentäres Kennverhältnis zu Uwe Mundlos und Uwe Böhnhardt sowie die Tatsache, dass vergleichbare Taten bisher noch nicht bekannt waren, und die übrigen von meinem Kollegen bereits genannten Argumente schließen diesen Erfahrungssatz nach meiner Überzeugung aus. Als Fazit beantrage ich auf der Grundlage unserer Ausführungen ebenfalls, Herrn Schultze freizusprechen.
Abschließend möchte ich an die Adresse der Opfer und ihrer Vertreter noch hinzufügen: Sollte der Senat unserem Antrag folgen und Carsten Schultze freisprechen, dann kann dies bei dem einen oder der anderen verständlicherweise Enttäuschung auslösen. Denn schließlich hat Carsten Schultze, wie er selbst sagt, Schuld auf sich geladen. Sie werden dafür wahrscheinlich eine juristische Konsequenz im Sinne einer Verurteilung erwarten. Sie alle, die Sie ihn im Laufe der Hauptverhandlung erlebt haben, wissen aber, dass er ehrliche Reue gezeigt hat und sein weiteres Leben gewiss mit dem Geschehenen belastet bleibt. Ein Freispruch wird ihm diese Belastung nicht nehmen.

Tag 423

5. Mai 2018

Manfred Götzl, Richter. **Herbert Hedrich, Michael Kaiser,** Verteidiger von André Eminger.

(Außerhalb der Hauptverhandlung wird bekannt, dass André Emingers Kurzzeit-Wahlverteidiger Daniel Sprafke das Mandat wieder niedergelegt hat.)

Götzl Dann kommen wir zu den Plädoyers der Verteidigung Eminger.

Verteidiger Hedrich Wir sprechen hier für den heute 38-jährigen André Eminger. dem in der Anklageschrift der Bundesanwaltschaft vom 5. November 2012 zur Last gelegt wird, in der Zeit vom 16. November 2000 bis zum 4. November 2011 in Chemnitz und Zwickau durch fünf selbstständige Handlungen eine terroristische Vereinigung unterstützt zu haben, deren Zwecke und deren Tätigkeit darauf gerichtet waren, Mord und gemeingefährliche Straftaten zu begehen, die bestimmt sind, die Bevölkerung auf erhebliche Weise einzuschüchtern, und durch ihre Auswirkungen einen Staat erheblich schädigen können.
Unser Mandant ist ein Nationalsozialist, der mit Haut und mit Haaren zu seiner

politischen Überzeugung steht, auch wenn er sich in diesem Verfahren nicht geäußert hat. Kein Zeuge und auch keiner der Angeklagten ist offen mit seiner, vielleicht früheren, politischen Einstellung umgegangen, keiner hat das Kind beim Namen genannt.

Wir verteidigen hier nicht die Gesinnung unseres Mandanten und versuchen auch nicht, nur eine der angeklagten Taten zu rechtfertigen. Wir sehen es als unsere einzige Aufgabe an, unseren Mandanten gegen die ihm mit der Anklage gemachten Tatvorwürfe zu verteidigen.

Allein die politische Gesinnung scheint den meisten Verfahrensbeteiligten und den Medien als Tatnachweis ausreichend zu sein, weil allein diese Gesinnung aus ihrer Sicht die Begehung von Straftaten impliziert nach dem Motto: Solchen Leuten ist alles zuzutrauen, deshalb bedarf es eigentlich auch keines konkreten Tat- und Schuldnachweises mehr.

Konkret wird unserem Mandanten vorgeworfen, die Anmietung eines Wohnmobils vom Typ Fiat Ducato Cristall H 590 am 16. November 2000 auf seinen Namen für den Zeitraum vom 30. November 2000 bis 1. Dezember 2000 sowie einer Verlängerung der Mietdauer bis zum 2. Dezember 2000 in Chemnitz vorgenommen zu haben, um den Mitgliedern des NSU das Fahrzeug zur Durchführung von ihnen beabsichtigter Straftaten zur Verfügung zu stellen, und zwar für einen geplanten Raubüberfall auf die Postfiliale in Chemnitz.

Gleiches gilt für die Anmietung vom 19. Dezember 2000; hier soll das angemietete Fahrzeug dazu gedient haben, der Vereinigung zu ermöglichen, damit nach Köln zu reisen, um einen Sprengsatz in einem Lebensmittelgeschäft in der Probsteigasse abzulegen.

Im Zeitraum vom 22. bis 26. September 2003 wiederum wird ihm die Anmietung eines Wohnmobils, diesmal des Typs Chausson Welcome 70, für die Mitglieder des NSU zur Last gelegt, damit von ihnen am 23. September 2003 ein Raubüberfall auf die Sparkassenfiliale in der Paul-Bertz- Straße in Chemnitz verübt werden könne.

Hinzu kommen zwei weitere Unterstützungshandlungen betreffend eine Zeugenaussage im Zusammenhang mit einem Wasserschaden in der Polenzstraße in Zwickau im Januar 2007 sowie die Zurverfügungstellung von Bahncards, ab 2009 für Zschäpe und Böhnhardt.

Als einziger der fünf Angeklagten hat sich unser Mandant weder im Vorverfahren noch während der Hauptverhandlung zu diesen Tatvorwürfen geäußert. Dies wird im Rahmen der Plädoyers auch so bleiben.

Die Bundesanwaltschaft hat sich den Einlassungs-Surrogaten, dem T-Shirt mit der Aufschrift »Brüder schweigen«, getragen am 151. Hauptverhandlungstag und dem im Wohnzimmer unseres Mandanten aufgefundenen Götzenbild mit der Aufschrift »unvergessen«, festgestellt außerhalb der Hauptverhandlung anlässlich einer Durchsuchung seiner Wohnung im April 2013, und der »neonazistischen Litfaßsäule« unter der Oberbekleidung unseres Mandanten mit besonderer Sorgfalt angenommen. Was fehlt, ist die Königin des Beweises, ein vollständiges, rückhaltloses und nachvollziehbares, vom Ergebnis der Hauptverhandlung getragenes Geständnis.

Während der Lebensweg, die ideologische Entwicklung und die Delinquenz vor dem Untertauchen Ende Januar 1998 von den Angeklagten Zschäpe, Mundlos, Böhnhardt und dem Angeklagten Wohlleben weite Teile der Beweisaufnahme in Anspruch genommen haben, ist die Entwicklung unseres Mandanten in der Schule, während der Ausbildung zum und der Arbeit als Maurer, der Bundeswehrzeit und der anschließenden Umschulung zum Fachinformatiker nur fragmentarisch erörtert worden.

Deshalb ist es hier unerlässlich, auf den beruflichen Werdegang und die persönliche Entwicklung unseres Mandanten bis Mitte November 2000 näher einzugehen.

Anfang 1998, als unserer Mandant die drei auf der Flucht befindlichen Personen nach Angaben von Max Florian B. kennengelernt haben soll, war er 18 Jahre alt und in einer Lehre als Maurer. Zum Zeitpunkt seiner Entlassung aus der Bundeswehr, im August 2000, war er gerade 21 Jahre alt geworden. Die beiden ersten ihm zur Last gelegten Beihilfehandlungen datieren auf November und Dezember 2000, also auf die Zeit nach seiner Entlassung aus der Bundeswehr.

Aufgewachsen ist er in Johanngeorgenstadt im Haushalt seiner Eltern mit seinem Zwillingsbruder und zwei weiteren Geschwistern. Johanngeorgenstadt liegt im Erzgebirge an der Grenze zu Tschechien. Der Vater war zu DDR-Zeiten ein bekannter Wintersportler, seine Zwillingssöhne sind in seine Fußstapfen geschlüpft und waren auch talentierte Skispringer.

Nach dem Besuch der Mittelschule, die er 1996 mit dem Realschulabschluss beendete, absolvierte er eine Maurerlehre in Schwarzenberg, die er Mitte 1999 erfolgreich als Facharbeiter im Maurerhandwerk abschloss. Von August 1999 bis Oktober 1999 hat er als Maurer gearbeitet, und von November 1999 bis August 2000 leistete er seinen Wehrdienst im Panzeraufklärungsbataillon in Gotha ab und kehrte von dort im August 2000 in den elterlichen Haushalt in Johanngeorgenstadt zurück. Es schloss sich dann eine mehrmonatige Tätigkeit bei seinem früheren Arbeitgeber an. *(Hedrich macht erneut deutlich, dass Eminger einen Großteil der Zeit nicht in Chemnitzt gelebt hat.)*

Da bei dieser Ausgangslage kein dauernder oder regelmäßiger Kontakt zu den drei Untergetauchten möglich gewesen ist, benutzt die Bundesanwaltschaft den Begriff der »Selbstradikalisierung« und als Zeitmoment den Ausdruck »bereits damals«. Belegt durch Zeugenaussagen in dieser Zeit sind lediglich wenige Besuche in der Limbacher und Altchemnitzer Straße sowie die Anmietung der Wolgograder Allee.

Nach den hier gehörten Zeugen soll er Mitte 2000, also noch 20-jährig, kurz vor Ende seiner Bundeswehrzeit, zusammen mit seinem Zwillingsbruder Maik und anderen die »Weisse Bruderschaft Erzgebirge« gegründet haben, die bereits ein Jahr später im Sommer 2001 aufgelöst wurde.

Wann unser Mandant die in Rede stehende inkriminierte Bauchtätowierung hat machen lassen, hat die Beweisaufnahme nicht ergeben. *(Auf dem Bauch trägt Eminger die Worte: Die Jew Die, also Stirb, Jude, stirb.)* Er besaß sie jedenfalls nach den Angaben seiner damaligen Freundin nicht bis zu deren Trennung Mitte/Ende 1999. Dass sie vor der ersten Tat Anfang November 2000 schon vorhanden war, ist nicht erwiesen. Das Plädoyer der Bundesanwaltschaft hat sich so angehört, als habe unser Mandant mit den drei Untergetauchten nicht mehr zu reden brauchen, sondern das Lüften seines T-Shirts hätte schon gereicht, um ihn als Gesinnungsgenossen zu legitimieren, wenn denn sein Oberkörper 1998 in dem 2011 festgestellten Umfang tätowiert gewesen wäre.

Die Zusammenfassung zu »dem ideologisch kämpferischen Gleichklang« mit den Untergetauchten ab spätestens 1998 soll hier mit einer nicht datierten Bauchtätowierung, der Gründung einer freien Kameradschaft mit dem Namen WBE *(Weisse Bruderschaft Erzgebirge)* im Frühsommer 2000 und einem wenig später erschienenen Fanzine Nr. 1 mit dem Namen »The Aryan Law and Order« begründet werden.

Unser Mandant ist ein eineiiger Zwilling. Dies ist im Rahmen der Beweisaufnahme mehrmals zur Sprache gekommen. Sein Zwillingsbruder war hier im Verfahren als Zeuge geladen und hat von seinem gesetzlichen Schweigerecht Gebrauch gemacht. Deshalb konnte der Senat im Wege der Augenscheinseinnahme einen eigenen Eindruck davon gewinnen, dass der Angeklagte einen eineiigen Zwillingsbruder besitzt, der ihm zum Verwechseln ähnlich sieht und dies im Jahre 2000 auch tat.

Bei seinem Zwillingsbruder Maik, auf dessen Hof in Brandenburg, endete am 24. November 2011 auch das erste Mal die Freiheit unseres Mandanten. Dort wurde er im Rahmen dieses Verfahrens festgenommen und dem Ermittlungsrichter beim Bundesgerichtshof zur Verkündung eines Haftbefehls vorgeführt. Diese erste Untersuchungshaft endete nach sechs Monaten mit der Aufhebung des Haftbefehls durch den 3. Strafsenat des Bundesgerichtshofs mangels dringendem und hinreichenden Tatverdachts bezüglich der ihm im Haftbefehl ursprünglich zur Last gelegten Mitarbeit am sogenannten Bekennervideo.

Die Hauptvorwürfe in der Anklage und auch die im Plädoyer der Bundesanwaltschaft beantragten Höhen der Einsatzstrafen setzen einen eindeutigen Schwerpunkt bei den vorgeworfenen Beihilfehandlungen im Rahmen der behaupteten Wohnmobilanmietungen.

Vor der Erörterung der unserem Mandanten zur Last gelegten konkreten Beihilfehandlungen, nämlich dem Anmieten der Wohnmobile, ist zunächst zu klären, ob unser Mandant überhaupt Mieter der Wohnmobile im November und Dezember 2000 gewesen ist.

Im Mietvertrag ist als Mieter der Name unseres Mandanten enthalten nebst der zutreffenden damaligen Personalausweisnummer. Die Unterschriftsleistung kann ihm laut Sachverständigengutachten nicht zugerechnet werden. Seitens des Vermieters besteht keinerlei Erinnerung an die Person des Mieters, wie die Beweisaufnahme ergeben hat. Ob eine andere Person unter Verwendung des Personalausweises unseres Mandanten die Anmietung vorgenommen hat, ist möglich. Hier sei nur daran erinnert, dass unser Mandant ein eineiiger Zwilling ist, die Firma ihren Sitz im Zentrum von Chemnitz hat und Bruder Maik zum Zeitpunkt der Anmietung in Zwickau gewohnt hat. Auf dessen politische Gesinnung wurde bereits im Zusammenhang mit der WBE eingegangen; nach der zitierten Auffassung des GBA handelt es sich um genetisch und ideologisch eineiige Zwillinge.

Der erste Tag der Mietdauer war Dienstag, der 19.12.2000. Das Wohnmobil war für die Dauer von drei Tagen gemietet und ist nach dem Inhalt des Vertrags fristgerecht zurückgegeben worden, und zwar am Donnerstag, dem 21.12.2000. Wenn das Fahrzeug zum Transport der Christstollendose gedient haben sollte und auch für den Rücktransport der Person, die die Christstollendose abgelegt hat, dann kommt eine Ablage im Geschäft nur für den Dienstag, den 19.12., und Mittwoch, den 20.12.2000, infrage, da der Korb mit der Christstollendose abends im Geschäft abgegeben worden sein soll. Donnerstag, der 21.12.2000, scheidet deshalb als Datum aus, weil das Fahrzeug abends in Chemnitz zurückgegeben worden ist und vor der Rückgabe die Entfernung Köln–Chemnitz zurückzulegen war.

Der erkennende Senat ist in seinem Haftfortdauerbeschluss bezüglich des Ablagezeitpunktes des Korbes den Angaben der Zeugen Djavud M. und Soheila A. gefolgt *(den Inhabern des Lebensmittelladens, in dem die Bombe des NSU explodierte)*. Diese haben angegeben, dass der Korb »zwei bis drei Tage vor Weihnachten« im Laden abgegeben worden sei. Heiligabend 2000 war ein Sonntag. Drei Tage vor Heiligabend war der von den Zeugen angegebene späteste Ablagezeitpunkt. Das hier in Rede stehende Wohnmobil war aber bereits am Donnerstagabend, also dem 21.12.2000 pünktlich in Chemnitz zurückgegeben worden. In Verbindung

mit dem hier in Rede stehenden Wohnmobil kann nur der Abend des 20.12. der späteste Abgabezeitpunkt des Korbes gewesen sein. Einen solchen Zeitpunkt hat keiner der Zeugen behauptet. Die Altakten sprechen eine ganz andere Sprache. Dort heißt es auf Blatt 1: »kurz vor oder kurz nach Weihnachten 2000«.
Die Mietdauer aus dem Mietvertrag – gleichgültig, wer ihn abgeschlossen hat – und der von den Zeugen behauptete Ablagezeitpunkt des Korbes korrespondieren nicht.

Verteidiger Kaiser Bezogen auf die Wohnmobilanmietung vom 16.11.2000 für die Zeit vom 30.11. bis 1.12.2000 beziehungsweise 2.12.2000 gilt hinsichtlich der Frage einer persönlichen Anmietung das bereits Gesagte. Die Herleitung der Bundesanwaltschaft für die Annahme des objektiven Tatbestandes speist sich allein aus der zeitlichen Kongruenz und der Gesinnung des vermeintlichen Mieters. Bedauerlicherweise hat dieser Senat im Haftbefehl und im Haftfortdauerbeschluss dieses Konstrukt übernommen.
Die Täter sind nicht mit quietschenden Reifen eines Wohnmobils vor die Postfiliale gefahren. Was wird aus dem Tatvorwurf, wenn die Täter gar kein Wohnmobil zur Tat benutzt haben? Was wird aus dem Tatvorwurf, wenn sie das Wohnmobil erst nach beendeter Tat benutzt haben?
Vielleicht ist das Wohnmobil auch gar nicht zum Einsatz gekommen, hat Chemnitz nach der Anmietung nie verlassen und war lediglich an einem vorher festgelegten Ort abgestellt worden, wobei der Schlüssel am Fahrzeug zurückgelassen wurde, sozusagen als Sicherheitsmaßnahme für den Fall der Fälle, dass es gebraucht wird. Zusammenfassend stellen wir daher fest, dass nicht zweifelsfrei festgestellt werden kann, ob unser Mandant selbst Mieter der beiden Wohnmobile war und diese zu den Taten benutzt wurden. Es gibt in beiden Fällen keine Zurechnung der Unterschriftsleistung, keine DNA auf den Verträgen, keine Fingerabdruckspuren und keine Erinnerung der Vermieter. Es gibt nur die Verträge selbst. Sein eineiiger Zwillingsbruder Maik ist nur eine denkbare Alternative für die Person des tatsächlichen Mieters. Dass diese beiden Anmietungen zu den jeweils angeklagten Taten in Beziehung stehen, ist allein der angeblich zeitlichen Kongruenz und der Person des angeblichen Mieters geschuldet.

Verteidiger Hedrich Die Verteidigung Zschäpe hat mehrfach eindringlich ausgeführt, dass es zwingend notwendige Folge eines Untertauchens sei, dass man Personalpapiere zur Legendierung und eine Unterkunft brauche. Mit Terror haben diese Dinge erst einmal überhaupt nichts zu tun. Von der Bundesanwaltschaft wird der Anlass des Untertauchens eher darin gesehen, dass die Untergetauchten im Untergrund ihren terroristischen Neigungen freien Lauf lassen wollten, als in der Tatsache, dass gegen alle drei ein Haftbefehl bestand, bei Böhnhardt überdies noch ein zweiter Vollstreckungshaftbefehl bis 2007. Unserem Mandanten wird gleich ein wahres Motivbündel unterstellt und Kenntnis all dessen, was die Untergetauchten mit anderen besprochen haben.

Wie dargelegt, hatte unser Mandant in dieser Lebensphase nicht nur eine Freundin – bis Ende 1999 –, sondern auch einen Beruf und war bei der Bundeswehr in Gotha; seine parallelen Freizeitaktivitäten im Erzgebirge wurden bereits erwähnt. Er kann in diesen Jahren nicht pausenlos seine Zeit im Schoß der Untergetauchten verbracht haben! Dies ging auch danach nicht, denn Mitte 2001 erfolgte eine Feststellungsmaßnahme und ab August 2001 bis August 2003 eine zweijährige Umschulung zum Fachinformatiker und bereits im Oktober 2003 bis Februar 2004 eine Weiterbildung zum Berufskraftfahrer im Fernverkehr, eine Tätigkeit, die unser Mandant bis Januar 2006 ausgeübt hat. In der Zeit von Februar 2006 bis Juni 2007 war er selbstständig mit der Firma Aemedig – eine Abkürzung für André Eminger Mediendigitalisierung –, und ab Juli 2007 war er wieder im Fernverkehrsbereich als Disponent bei einer Spedition. Parallel dazu hat unser Mandant auch ein Familienleben geführt. Seine jetzige Ehefrau hat er 2001 kennengelernt. Bis zu der hier in Rede stehenden Tat sind 2002 und 2006 zwei Kinder geboren, ein drittes Kind während des Laufs der hiesigen Hauptverhandlung.

Es kann nicht oft genug wiederholt werden, unser Mandant hatte keinerlei Anteil an der Ideologisierung und Radikalisierung der Untergetauchten. Woher soll er in den Jahren nach 1998 gewusst haben, dass sie da weitermachen wollen, wo sie in der Garage aufgehört haben?

Ein Terrorist klassischen Zuschnitts braucht Waffen, Munition, Sprengstoff, Geld und Mobilität. Die Verschaffung von Letzterem wird unserem Mandanten in der Anklage vorgeworfen.

Was aber hat er mit den Essentialien terroristischen Handelns, Waffen, Munition, Sprengstoff zu tun? Die Antwort ist: schlicht gar nichts.

An dieser Stelle wird von der Bundesanwaltschaft ein Sprachbild bemüht, dergestalt, dass es ausgeschlossen sei, dass unser Mandant von 1998 bis Januar 2007 »neben Böhnhardt, Mundlos und der Angeklagten Zschäpe hergetrottet sei, ohne zu fragen: ›Wieso lebt ihr im Untergrund und wovon lebt ihr den ganzen Tag?‹« Unser Mandant ist in dieser Zeit nicht nebenhergetrottet! Er hat drei Ausbildungen durchlaufen, Maurer, Fachinformatiker und Fernfahrer, hat eine Familie gegründet und zwei Kinder bekommen. Er war nicht damit beschäftigt, Zielobjekte für Mord und Sprengstoffanschläge in der ganzen Bundesrepublik auszuspähen sowie Orte für Banküberfälle und solche Taten auch zu verüben. Unser Mandant hat sein eigenes Leben geführt, ohne ständige klammheimliche Freude, dass und wen Böhnhardt und Mundlos gerade getötet, überfallen oder in die Luft gejagt haben.

Die ständig unterstellte enge persönliche Beziehung zu den drei Untergetauchten hat es nicht gegeben.
Wie von der Angeklagten Zschäpe in ihrer Einlassung dargestellt, waren bis 2006 die Kontakte nur sporadisch; erst nach der Geburt des zweiten Kindes 2006 habe es einen engen persönlichen Kontakt zu der Angeklagten Zschäpe durch die Ehefrau und die beiden Kinder Emingers gegeben. Dieser ist vielfältig in den Akten dokumentiert. Der Bundesanwaltschaft sollte eigentlich aufgefallen sein, dass jeglicher Hinweis durch Zeugen oder sonstige Beweismittel dafür fehlt, dass es einen engen persönlichen Kontakt zwischen unserem Mandanten und den verstorbenen Böhnhardt und Mundlos gegeben hat.
Demgegenüber hat der Mitangeklagte Gerlach die Untergetauchten mehrmals im Urlaub besucht und mit ihnen Doppelkopf gespielt. Nach dem Ergebnis der Beweisaufnahme hat es weder Besuche im Urlaub noch Doppelkopfabende mit unserem Mandanten gegeben und auch sonst keinerlei gemeinsame Aktivitäten mit Mundlos und Böhnhardt.
Der Ablauf des 4.11.2011 soll sodann im Rahmen der Gesamtschau ex post zum Nachweis des besonderen Näheverhältnisses dienen, über das vergangene Jahrzehnt hinweg. Die Bundesanwaltschaft schüttet einmal mehr das Kind mit dem Bade aus. Vormittags soll sich unser Mandant bei Frau Zschäpe im Internet befunden haben. Entweder benimmt man sich in Kenntnis aller Umstände wie ein ordentlicher Terroristenhelfer, dann nimmt man aus seinem Handy den Akku heraus, bevor man sich zum Hort des Bösen begibt, um eine Nachverfolgung der Handybewegungen auszuschließen oder zu erschweren, oder man war eben nicht vor Ort.
Die Bundesanwaltschaft möge zur Kenntnis nehmen, dass unser Mandant am 4.11.2011 aufgrund seiner Beckenprellungen kaum hat laufen können. Selbst bei seiner Festnahme am 24.11.2011 war unser Mandant noch stark gehbehindert. Aus dem Umstand, dass er nicht hat laufen können, wird im Plädoyer der Bundesanwaltschaft prompt eine gemeinsame Internetrecherche mit der Angeklagten Zschäpe.
Wie bereits ausführlich dargelegt, waren die Kontakte unseres Mandanten zu den Untergetauchten auf die Person der Angeklagten Zschäpe beschränkt. Vom Charakter her war dies ein familiärer Kontakt der Eheleute und der Kinder zur Angeklagten Zschäpe. Die Eheleute Eminger und ihre Kinder waren sozusagen Teil dessen, was der Angeklagten Zschäpe vorgeworfen wird, nämlich Teil der Schaffung eines bürgerlichen Heims zur Tarnung. Selbst die Bundesanwaltschaft geht nicht davon aus, dass unser Mandant in konkrete Pläne von Mundlos und Böhnhardt bezüglich terroristischer Straftaten eingeweiht gewesen sei.

Nun möchten wir auf den letzten Anklagepunkt zu sprechen kommen, die Unterstützung einer terroristischen Vereinigung durch Zurverfügungstellung von Bahncards für Beate Zschäpe und Uwe Böhnhardt ab Mai 2009 mit einer Gültigkeitsdauer durch Verlängerung bis 2012.
Diesem Anklagevorwurf möchten wir eine kleine Geschichte vorausschicken. Es gibt drei seit Jahrzehnten untergetauchte ehemalige RAF-Terroristen, konkret Ernst-Volker Staub, Burkhard Garweg und Daniela Klette. Diesen dreien werden aus ihrer RAF-Vergangenheit mehrere terroristische Gewalttaten zur Last gelegt. Aktuell sind sie der Begehung von insgesamt neun wesentlich später begangenen Raubtaten dringend verdächtig. Mit Terror haben diese neun Raubtaten allerdings nichts zu tun, eher mit Altersvorsorge.
Dieses Beispiel haben wir deshalb gewählt, weil es sich bei den Gesuchten um drei frühere RAF-Mitglieder der dritten Generation handelt und um zu verdeutlichen, dass eine terroristische Vereinigung nicht nur gegründet, sondern auch beendet werden kann.
In dem gewählten Beispiel sind Staub, Garweg und Klette von einer terroristischen Vereinigung zu einer kriminellen Rentnervereinigung mutiert, deren alleiniger Zweck die Sicherung der Altersvorsorge durch Raubüberfälle ist.
In unserem Fall ist signifikant, dass nach der Ermordung der Polizistin Michèle Kiesewetter und dem versuchten Mord an deren Kollegen A. am 25.4.2007 in Heilbronn keine terroristischen Gewalttaten mehr folgten. Danach wurden von Böhnhardt und Mundlos nur noch zwei Raubüberfälle im September 2011 in Arnstadt und im November 2011 in Eisenach begangen. Nach dem 25.4.2007 hat es weder Mord- noch Sprengstoffanschläge gegeben.
Es stellt sich daher die Frage, ob Mundlos und Böhnhardt ihre terroristischen Aktivitäten 2007 endgültig eingestellt haben. In diesem Fall wäre durch die Zurverfügungstellung zweier Bahncards 2009 an Zschäpe und Böhnhardt eine Unterstützung einer terroristischen Vereinigung nicht mehr möglich.
Im Ergebnis wäre alternativ bestenfalls nach 2007 an die Gründung einer kriminellen Vereinigung zu denken, aber auch diese setzt einen Zusammenschluss von mindestens drei Personen tatbestandsmäßig voraus. Mangels Mittäterschaft von Frau Zschäpe an den Bankrauben fällt der Tatbestand der Gründung einer kriminellen Vereinigung nach 2007 weg.
Wir beantragen daher in allen Anklagepunkten Freispruch und eine Aufhebung des Haftbefehls.

Tag 424

9. Mai 2018

Manfred Götzl, Richter. **Stefan Hachmeister, Pajam Rokni-Yazdi**, Verteidiger von Holger Gerlach.

Verteidiger Hachmeister Hoher Senat! Der Angeklagte Gerlach unterliegt seit Eröffnung dieses Verfahrens dem Eindruck, dass seitens einer breiten Öffentlichkeit ein gewaltiger Pönalisierungsdruck auf diesem Verfahren lastet und dass mit Blick auf den Ausgang desselben nicht weniger als eine besonders harte Bestrafung der ohnehin von Beginn an für überführt und schuldig befundenen Angeklagten zu erwarten sei.

Und während der Angeklagte Gerlach einerseits vollständiges Verständnis für das Bedürfnis hat, dass die durch Uwe Böhnhardt und Uwe Mundlos verübten Taten aufgeklärt werden und man ganz dringend nach Antworten auf die Frage sucht, warum solches Unheil geschehen konnte, so hat er gleichzeitig seit Beginn des Verfahrens doch auch Angst davor, hier als Sündenbock für das von den Verstorbenen verwirklichte Unrecht herhalten zu müssen, weil die wahren Täter eben nicht mehr justiziabel sind.

Und in genau diesem Spannungsfeld bewegt sich das konkrete Prozessverhalten des Angeklagten Gerlach. Einerseits die Wahrnehmung: »Mir glaubt ohnehin niemand!« und: »Alle wollen uns bestrafen!« Und auf der anderen Seite das Bedürfnis, sich von dem aufgedeckten Schrecken der Mordtaten abzugrenzen und sichtbar zu machen, dass er diese weder erahnt oder für möglich erachtet hätte, geschweige denn, dass er diese in irgendeiner Weise habe befördern wollen.

Der ganz subjektive Blickwinkel eines Angeklagten ist dadurch gekennzeichnet, dass er sich persönlich dem ganz konkreten Vorwurf ausgesetzt sieht, schwerstes Unrecht begangen zu haben. Und wenn der Angeklagte, so wie unser Mandant, dieses Unrecht – konkret die Kenntnis oder das Bestehen einer terroristischen Vereinigung – mit Unkenntnis bestreiten will, dann stellt er sich naturgemäß ganz persönlich die Frage, wie kann es mir eigentlich gelingen, irgendjemanden im Saal oder da draußen in der Öffentlichkeit von etwas zu überzeugen, was die gar nicht hören wollen. In der Wahrnehmung des Angeklagten liegt die Grundstimmung dieses Verfahrens nämlich darin, dass es so gut wie keine Bereitschaft dafür gibt, einem Angeklagten zu glauben, soweit er sich auf Unwissen oder Unkenntnis beruft.

Hoher Senat, dieses besondere Klima ist ursächlich dafür, dass der Angeklagte Gerlach sich dazu entschlossen hat, im Anschluss an seine umfassende Einlassung und Stellungnahme zum Anklagevorwurf, die am sechsten Hauptverhandlungstag von ihm selbst verlesen wurde, nicht mehr auch noch für eine »hochnotpeinliche Befragung« zu öffnen. Es handelt sich damit gerade nicht um eine dubiose Prozesstaktik unseres Mandanten, sondern um ein ganz menschliches Verhalten. Der Angeklagte Gerlach hat schlichtweg Angst davor, dass man ihm ohnehin nichts glauben will.

Und am Ende, nachdem er den Schlussvortrag des Generalbundesanwalts angehört hatte, da fühlte sich der Angeklagte Gerlach in dieser Entscheidung bestätigt. Denn darin wiederholte der Generalbundesanwalt sein Vorgehen und legte die Aussagen und Sachverhaltsangaben unseres Mandanten unvollständig, selektiv und auf das Äußerste negativ aus, nur um eine Verurteilung des Angeklagten Gerlach zu erreichen.

Hoher Senat, unser Mandant wird darauf angewiesen sein, dass es Ihnen gelingt, sich bei der Urteilsberatung und der Urteilsfindung dem oben genannten öffentlichen Verurteilungsdruck, der auf diesem Verfahren lastet, nicht ohne überzeugende Grundlage hinzugeben. Er wird – wie die anderen Angeklagten auch – darauf vertrauen müssen, dass Sie, als Spruchkörper, mit Ihrer ganzen juristischen Erfahrung und Professionalität sich nicht davon abbringen lassen werden, eine klare und trennscharfe Unterscheidung zwischen dem, was sein könnte, und dem, was als Grundlage für eine strafbegründende Verurteilung an Überzeugung erforderlich ist, zu ziehen.

Denn wir vertreten die Überzeugung, dass nach dem Ergebnis dieser umfangreichen Beweisaufnahme gerade nicht mit dem für eine strafbegründende Verurteilung erforderlichen Maß an Sicherheit davon ausgegangen werden kann, dass die Tatvorwürfe gegen den Angeklagten Holger Gerlach als belegt anzusehen sind.

Mit seiner Anklageschrift legte der Generalbundesanwalt dem Angeklagten Holger Gerlach zur Last, dass dieser durch drei rechtlich selbstständige Handlungen eine terroristische Vereinigung namens Nationalsozialistischer Untergrund unterstützt und mit diesem Verhalten dazu beigetragen habe, dass diese Vereinigung aus dem Untergrund heraus Straftaten gegen das Leben von Menschen verüben konnte.

Der Generalbundesanwalt hat diese Tatvorwürfe aus seiner Anklageschrift im Rahmen seines Schlussvortrages insofern konkretisiert, als er dem Angeklagten Gerlach nunmehr unterstellt, dass mit der Formulierung »ihm war bewusst« zwar nicht positive Kenntnis gemeint sei. Indessen habe der Angeklagte Gerlach sehr wohl im Zeitpunkt der jeweiligen Unterstützungshandlung erkannt und

auch damit gerechnet, dass aus den Personen der Angeklagten Beate Zschäpe sowie den verstorbenen Uwe Mundlos und Uwe Böhnhardt eine terroristische Vereinigung entstanden war, deren Ziel unter anderem darin bestehen sollte, aus dem Untergrund heraus schwerste Straftaten gegen in Deutschland lebende Menschen mit ausländischen Wurzeln zu begehen.
Dass der Angeklagte Gerlach diesen Kenntnishorizont im Zeitpunkt der angeklagten Unterstützungshandlungen erreicht haben soll, sieht der Generalbundesanwalt nach dem Ergebnis der Beweisaufnahme dem Grunde nach anhand von vier Indizien als belegt an, mit denen wir uns in diesem Schlussvortrag noch genauer beschäftigen werden.
Unser Mandant hat sich zu den ihn betreffenden Tatvorwürfen im Allgemeinen und der Frage der Kenntnis beziehungsweise Kenntnismöglichkeit des Bestehens einer terroristischen Vereinigung im Besonderen wie folgt verhalten: Noch in einem sehr frühen Stadium des Ermittlungsverfahrens, nämlich wenige Tage nach der Übernahme desselben durch den Generalbundesanwalt, hat der Angeklagte Gerlach in seiner staatsanwaltschaftlichen Vernehmung vom 25.11.2011 in der JVA Köln-Ossendorf ein umfassendes Geständnis abgelegt und dieses mit weiteren Ausführungen in den Folgevernehmungen unter anderem vom 1.12.2011, 12.1.2012 und 17.1.2012 erweitert und konkretisiert.
Bei seiner Einlassung hat sich Herr Gerlach selbst nicht geschont, sondern sich insbesondere durch die Schilderung des von ihm vollzogenen Waffentransportes massiv selbst belastet. Schon aus diesem Grund geht auch die Auffassung fehl, der Angeklagte Gerlach habe sich bei seinen Einlassungen und Darstellungen von auffälligen Belastungstendenzen leiten lassen.
Holger Gerlach hat sich ernsthaft und aufrichtig gegenüber den Opfern und Angehörigen der Straftaten des NSU dafür entschuldigt, dass sein eigenes persönliches Verhalten ganz objektiv dazu beigetragen hat, das verwirklichte Unrecht und das tatsächliche Leid der Geschädigten zu vergrößern. Und er hat explizit seine Bereitschaft dazu erklärt, Verantwortung für dieses Verhalten zu übernehmen.
Die entscheidende Frage lautet indes, für welches Unrecht sich der Angeklagte Gerlach hier wirklich zu verantworten hat?
Unser Mandant hat während seiner gesamten Aussage stets und persistent jede Kenntnis oder Ahnung von dem Umstand bestritten, dass die Angeklagte Beate Zschäpe sowie die Verstorbenen Uwe Böhnhardt und Uwe Mundlos zu irgendeinem Zeitpunkt nach ihrem Untertauchen eine terroristische Vereinigung begründet haben sollten. Seiner Aussage gemäß habe er sich nicht einmal vorstellen können, dass diese oder auch nur einzelne Personen der drei aus dem Untergrund heraus Mordstraftaten begehen würden. Das tragende und domi-

nierende Handlungsmotiv für sein Verhalten war die Wahrnehmung, dass seine Freunde, zu denen er aufblickte, seine Hilfe benötigten.
Aus diesem Grund wusste und rechnete der Angeklagte Gerlach nach seinem Bekunden gerade nicht damit, dass mit seiner Identität Fahrzeuge angemietet oder anderweitige Tatmittel beschafft würden. In der Vorstellungswelt des Angeklagten Gerlach dienten seine Hilfsdienste ausschließlich dazu, ein Auffliegen seiner Freunde zu erschweren.
Der Angeklagte Gerlach hatte zudem eingeräumt, dass ihm klar gewesen sei, dass sich Böhnhardt, Mundlos und Zschäpe der Strafverfolgung entziehen wollten und sich – wie er es nannte – im Untergrund befanden. Hervorgehoben hatte er in diesem Zusammenhang auch, dass er eigentlich überhaupt keine greifbare Vorstellung darüber hatte, was unter dem Begriff »Leben im Untergrund« oder »untergetaucht sein« zu verstehen sei.
Warum dem Angeklagten das Bedürfnis der Untergetauchten für ein Leben im Untergrund trotz eingetretener Verfolgungsverjährung jedenfalls weiterhin schlüssig erschien, hatte der Angeklagte Gerlach ebenfalls dargelegt. Denn entgegen der Darstellung des Generalbundesanwaltes war er den Personen Uwe Böhnhardt und Uwe Mundlos nicht völlig blind oder naiv gegenübergetreten. Der Angeklagte Gerlach hatte durchaus wahrgenommen, dass seine Freunde seit dem Untertauchen über eine offenbar auskömmliche Menge an Barmitteln sowie auch über eine Bewaffnung mit jedenfalls mehreren Schusswaffen verfügten. Auch die von Uwe Böhnhardt und Uwe Mundlos abgegebene Erklärung, dass man einen »Weg zu leben« gefunden habe, und die angedeutete Selbstoffenbarung »Wir könnten dir Sachen erzählen!« wurden vom Angeklagten Gerlach zu einem Gesamtbild dahingehend gedeutet, dass er von diesen annahm, dass sie Straftaten zur Finanzierung ihres Lebens begehen würden und wohl auch aus diesem Grund nicht zurück in die Legalität könnten.
Dieser Einlassung des Angeklagten ist der Generalbundesanwalt in seinem Schlussvortrag entgegengetreten. Er meint, die Selbstdarstellung von Holger Gerlach sei nach dem Ergebnis der Beweisaufnahme in zentralen Punkten als widerlegt anzusehen. In Wahrheit habe Holger Gerlach genau erkannt, welche Gefährlichkeit von der Angeklagten Zschäpe sowie den Verstorbenen Mundlos und Böhnhardt für die Gesellschaft ausging und dass diese nur deshalb im »Untergrund« verblieben seien, weil sie einen ideologisch motivierten Kampf begonnen hatten und diesen auch fortsetzen wollten.
Diese Überzeugung des Generalbundesanwalts wird im Wesentlichen getragen durch die Behauptung, dass der Angeklagte Gerlach im Zeitpunkt seiner jeweiligen Unterstützungshandlungen über das Wissen von insgesamt vier Indizientatsachen verfügte, deren Zusammenschau dem Angeklagten die Erkenntnis

über das wahre Gesicht und die Gefährlichkeit der drei förmlich aufgedrängt haben müsse.
Erstens sei dem Angeklagten Gerlach bekannt gewesen, dass Uwe Mundlos, Uwe Böhnhardt und Beate Zschäpe sich schon immer für einen bewaffneten Kampf gegen Staat und Gesellschaft eingesetzt hätten und aus diesem Grund auch bereits erhebliche Straftaten begangen hatten. Zweitens die Erkenntnis, dass sich die Gruppe seit spätestens dem Jahr 2001 durch Raubüberfälle finanzierte. Drittens habe sich die Gruppe zu einem Leben im Untergrund entschlossen, obwohl nach der Einstellung des ursprünglichen Ermittlungsverfahrens, wegen dem die drei untergetaucht waren, dafür letztlich kein plausibler Grund mehr bestanden habe. Und schließlich viertens die Kenntnis darüber, dass Uwe Mundlos und Uwe Böhnhardt nicht zuletzt infolge der Mitwirkung des Angeklagten Gerlach selbst über ein ganzes Arsenal von Schusswaffen verfügt haben.
Hoher Senat, es wird Sie nicht überraschen, dass wir als Verteidiger des Angeklagten Gerlach mit der aufgezeigten Beweiswürdigung des Generalbundesanwalts unsere Schwierigkeiten haben.
Nehmen wir zunächst die Indizientatsache, dass unser Mandant bereits vor Übergabe seines Führerscheins im Jahr 2004 vermutet hatte, dass die Gruppe um Böhnhardt, Mundlos und Zschäpe sich durch die Begehung von Straftaten finanzierte. Wenngleich diese von Gerlach angestellte Vermutung freilich für eine gewisse kriminelle Energie der Beteiligten spricht, so dient sie andererseits erkennbar einem wenig aggressiven Motiv: nämlich dem Überleben im Untergrund.
Die Vorahnung von Holger Gerlach, dass Böhnhardt, Mundlos und Zschäpe sich durch Straftaten finanzieren, ist für sich genommen ein blasses Element, das überhaupt keine Beweiskraft in Richtung des Bestehens einer terroristischen Vereinigung entfaltet. Gar keine.
Weiter zu der Frage, welcher Beweiswert der Indizientatsache beigemessen werden kann, dass der Angeklagte Gerlach aus der Zeitung erfahren hatte, dass das Strafverfahren gegen Böhnhardt, Mundlos und Zschäpe, welches initial zu ihrem Abtauchen geführt hatte, eingestellt und der entsprechende Haftbefehl aufgehoben wurde.
Der Generalbundesanwalt schlussfolgert dann insgesamt, dass für den Angeklagten Gerlach nach dieser Erkenntnis gar kein anderer plausibler Grund vorstellbar gewesen sei, warum die drei Untergetauchten weiterhin im Untergrund leben sollten, wenn es sich bei ihnen nicht doch um eine terroristische Vereinigung gehandelt habe, deren Zweck die fortgesetzte Begehung von Mordstraftaten gewesen sei.
Das Gegenteil ist der Fall: Für Holger Gerlach war der Umstand, dass Böhn-

hardt, Mundlos und Zschäpe auch nach dem Eintritt der Verfolgungsverjährung der Altdelikte im Untergrund verblieben, ohne Weiteres plausibel. Denn er ging ja gerade davon aus, dass diese Straftaten begangen hatten – nur eben nicht diejenigen, welche der Generalbundesanwalt hier glauben machen will.

Ganz genauso verhält es sich mit der Würdigung der Indizientatsache, dass unser Mandant Kenntnis von dem Umstand gehabt habe, dass Böhnhardt und Mundlos über ein »ganzes Arsenal von Schusswaffen« verfügten.

Denn für Herrn Gerlach war es doch völlig schlüssig, dass sowohl für illegale Geldbeschaffung als auch für etwaig erforderliche Fluchtszenarien eine Bewaffnung mit Schusswaffen als Sicherungs- beziehungsweise Druckmittel mindestens hilfreich gewesen wäre.

Und damit sind wir bei der letzten Indizientatsache, nämlich der Argumentation, dass der Angeklagte Gerlach doch gewusst habe, dass sich Böhnhardt, Mundlos und Zschäpe bereits vor ihrem Abtauchen in den Untergrund schon für Militanz und Radikalität ausgesprochen und auch erhebliche Straftaten verübt hatten.

Obgleich unser Mandant klar sagen kann, dass er tatsächlich zu keinem Zeitpunkt ahnte oder gar wusste, dass nach dem Untertauchen zwischenzeitlich eine terroristische Vereinigung entstanden sein sollte oder Mundlos und Böhnhardt schwerste Straftaten begingen, so ist es heute, im Nachhinein – nach dem Bekanntwerden dieser Mordanschläge –, jedenfalls so, dass sich auch unser Mandant diese eine Frage selbst stellt: Hätte ich es erkennen müssen? Unser Mandant gerät mit dieser Frage in Zwiespalt.

Entscheidend ist, dass aus der Sicht des Angeklagten Gerlach eben nicht alles darauf hindeutete, dass die Flüchtigen nach dem Abtauchen alsbald eine terroristische Vereinigung gründen und schwerste Straftaten begehen würden.

Ganz konkret: Woran hätte er das jetzt merken sollen? Das ist doch für die Vorsatzfrage entscheidend, dass Gerlach erkannte: »Oh, ab jetzt wird es Terror!« Die Beweisaufnahme und die Einlassung unseres Mandanten haben hierzu überhaupt keinen greifbaren Ansatz geliefert.

Es ist völlig plausibel, dass Uwe Böhnhardt, Uwe Mundlos und Beate Zschäpe den Angeklagten Holger Gerlach gerade nicht zum Mitwisser gemacht oder jedenfalls in die Lage versetzt haben, das wirkliche Geschehen zu erfassen. Denn dieser hatte sich einerseits nicht nur immer schon von Gewalt distanziert oder sich aktiv gegen diese ausgesprochen. Er wäre als Mitwisser auch – diplomatisch formuliert – ein ganz erhebliches Risiko für eine Vereinigung gewesen.

Gerlach war in seiner Persönlichkeit erkennbar labil. Für die äußerst geheim agierende Gruppe wäre er als Mitwisser ein völlig unnötiges Risiko gewesen. Er war weder militant noch aggressiv, sondern, wenn überhaupt – verspielt, genusssüchtig, undiszipliniert, leutselig und eher ein Musik-Nerd als ein überzeugter Politikanhänger.

Er hatte lediglich seine Ausweispapiere zur Verfügung gestellt. Und es ist jedenfalls nach unserer Auffassung nicht zu widerlegen, dass Böhnhardt unserem Mandanten mehrfach versicherte, dass diese Dokumente nur für einen Notfall, für eine Kontrolle gedacht seien. Gerlach dachte damit im Zeitpunkt seiner Handlung: Ich helfe dabei, dass meine Freunde nicht erwischt werden.

Holger Gerlach hat Uwe Böhnhardt vertraut, als dieser ihm mehrfach versicherte, dass mit seinen Papieren kein Scheiß passieren würde. Was auch immer in diesem Kontext mit »Scheiß« gemeint war, es war jedenfalls klar, dass Gerlach darauf vertraute und eben nicht damit rechnete, dass der Führerschein tatsächlich dazu benötigt und benutzt wurde, Fahrzeuge für Banküberfälle oder noch viel schlimmer – Mordanschläge – anzumieten.

So, und wer jetzt noch nicht davon überzeugt ist, dass der Generalbundesanwalt hier mit seiner Würdigung auf Abwegen unterwegs ist –und anspruchsorientiert auf einem Sachverhalt beharrt, der zu einer Verurteilung des Angeklagten Gerlach führen muss –, wer also an dieser Theorie noch festhängt, den möchten wir höflich bitten, sich zu guter Letzt mit dem Schlussargument der Verteidigung auseinandersetzen, und dieses beruht auf der allgemeinen Lebenserfahrung.

Ist es wahrscheinlich, dass ich meine Identität dafür zur Verfügung stelle, dass damit schwerste Straftaten begangen werden? Nach dem Motto: »Wie bitte, ihr braucht meine Identität dafür, andere Menschen zu töten? Kein Problem! Hier, aber gerne doch!« Ist das lebenswahrscheinlich?

Wir denken vielmehr, dass unter dem Gesichtspunkt einer Lebenswahrscheinlichkeit im Fall des Angeklagten Gerlach tatsächlich nur die absolut gegenteilige Annahme statthaft ist, nämlich dass dieser gerade nicht seine Ausweispapiere hergegeben hätte, wenn er gewusst hätte, was damit geschah. Alles andere wäre völlig lebensfremd.

Ich habe von Beginn an gedacht, dass dieses Verfahren dadurch behindert wird, dass es mit einer deutlich überhöhten Erwartungshaltung aufgeladen wurde. Seien es die Angehörigen der Opfer der Straftaten, die auf Erklärungen und Antworten gehofft haben, oder die gesellschaftlichen Erwartungen daran, Erklärungen für das Versagen von Sicherheitsstrukturen zu finden, oder das allgemeine öffentliche Interesse, welches durch die unermüdliche Berichterstattung der Medien befördert wurde, oder etwa die politischen Kräfte, die dieses Verfahren dazu nutzen wollten, um Gefahren, die durch Radikale ausgehen, aufzuzeigen. Von allen Seiten gab es dazu diesen greifbaren Wunsch, dass man den oder die Schuldigen für die aufgedeckten Verbrechen zur Verantwortung zieht, wobei man ja mit Anklageerhebung schon zu wissen glaubte, dass man diese Verantwortlichen jedenfalls gefunden hatte.

Und diese emotionale Überhöhung und – aus meiner Sicht – übersteigerte Erwartungshaltung kann nicht gut sein für ein Strafverfahren und die besonderen Regeln, welche gelten müssen, wenn ein Staat einen Bürger sanktionieren möchte. Denn daraus folgt ein enormer Pönalisierungsdruck.

Als Verteidiger von Herrn Gerlach appellieren wir in diesem Sinne an Sie, Hohes Gericht, dass Sie sich bei der Suche nach einem Verantwortlichen für das von Uwe Mundlos und Uwe Böhnhardt begangene Handlungsunrecht nicht durch den enormen Pönalisierungsdruck der öffentlichen Wahrnehmung beeinflussen lassen und dass Sie sich bei Ihrer Urteilsberatung nicht der Wahrnehmung beugen, dass es grundsätzlich schon nicht opportun sei, einem Zeugen oder einem Angeklagten mit rechtsradikalem Hintergrund Glauben zu schenken. Stattdessen hoffen wir darauf, dass es Ihnen gelingt, mit dem juristischen Skalpell die strafprozessuale Wahrheit aus dem vorliegenden Sachverhalt herauszuarbeiten, auch wenn diese unpopulär ist.

Götzl Vielen Dank, Herr Hachmeister. Herr Rokni, dann darf ich Sie bitten.

Verteidiger Rokni-Yazdi Ich nehme es vorweg, unser Mandant hat nicht nur moralische Schuld auf sich geladen, nein, er hat sich auch im Sinne des Strafgesetzbuches schuldig gemacht. Er wird dafür zu bestrafen sein. Er hat drei Menschen, die er seine Freunde nannte, bei ihrem Leben im Untergrund unterstützt. Auch Herrn Gerlach musste klar sein, dass das nicht nur moralisch nicht in Ordnung ist, sondern auch gegen unsere Gesetze verstößt.

Musste er damit rechnen, dass er eine terroristische Vereinigung unterstützt? Herr Gerlach ging lediglich davon aus, dass die drei untergetaucht waren, um sich der Strafverfolgung zu entziehen. Darauf gerichtet waren auch seine Unterstützungshandlungen. Der Auffassung des BGH folgend, war es daher für Herrn Gerlach zu keinem Zeitpunkt erkennbar, dass die drei sich zu einer terroristischen Vereinigung zusammengeschlossen hatten.

Vorhalten lassen muss er sich allerdings die Unterstützung einer kriminellen Vereinigung, da die Voraussetzungen, die an den Vorsatz in diesem Fall zu stellen sind, erfüllt sein dürften. Es war für Holger Gerlach erkennbar, dass die drei im Untergrund leben wollten und dieses Leben durch die Begehung von Straftaten finanziert werden sollte.

Nach Paragraf 78 Absatz 3 Nummer 4 StGB ist für die Unterstützungshandlungen in Bezug auf den übergebenen Führerschein, die ADAC-Mitgliedskarte sowie die AOK-Karte jedoch bereits Verfolgungsverjährung eingetreten, sodass an dieser Stelle nicht weiter darauf einzugehen ist.

Im Ergebnis hat sich Herr Gerlach daher der Unterstützung einer kriminellen Vereinigung in einem Fall strafbar gemacht, indem er im Jahr 2011 seinen Reisepass an Uwe Böhnhardt übergab.

Hoher Senat, ich komme nun zur Strafzumessung.
Es gilt der allgemeine Grundsatz, dass Belastungen, die durch das Verfahren als solches entstehen, dem Täter bei der Strafzumessung zugutekommen, sofern sie überdurchschnittlich sind. Dies ist vorliegend der Fall.
Ein hohes Interesse der Massenmedien – erst recht, wenn dieses in eine öffentliche Vorverurteilung mündet – hat strafmildernde Wirkung, insbesondere dann, wenn der Betroffene niemals zuvor im Fokus der Medien gestanden hat. In dem als Prozess des Jahrhunderts bezeichneten Verfahren wurde Herr Gerlach von Beginn an als »Terrorhelfer« öffentlich gebrandmarkt.
Auch immense Verfahrenskosten zählen zu den Wirkungen des Strafverfahrens, welche die Strafe mildern können. Gerade in der vorliegenden Konstellation, in welcher Herr Gerlach mit geringem Tatbeitrag und entsprechend geringerer Strafe während der gesamten Dauer der Hauptverhandlung anwesend sein musste. Zwischen der ersten in der Anklage vorgeworfenen Tat und heute liegen 14 Jahre. Bis zur letzten Tathandlung sind immerhin schon sieben Jahre vergangen. Während dieser sieben Jahre hat sich Herr Gerlach ununterbrochen diesem Prozess gestellt und sich mit den ihm vorgeworfenen Taten beschäftigt und auseinandergesetzt. Ein halbes Jahr davon hat er in U-Haft gesessen. Er hatte also schon sehr viel Zeit, um sich mit dem von ihm begangenen Unrecht auseinanderzusetzen. Er hat seine Arbeit verloren und konnte seitdem auch keiner beruflichen Tätigkeit mehr nachgehen.
Herr Gerlach hat sich in seinem Leben zuvor nie etwas zuschulden kommen lassen. Er ist nicht vorbestraft.
Aus Sicht seiner Verteidiger wäre auf eine Freiheitsstrafe von unter zwei Jahren zu erkennen.
Herr Gerlach hat uns an dieser Stelle allerdings darum gebeten, keinen konkreten Antrag zu stellen. Die Verhängung einer Freiheitsstrafe steht für ihn außer Frage und er möchte sich in Anbetracht des von ihm begangenen Unrechts dem im Namen des Volkes zu verkündenden Strafmaß stellen. Er ist bereit, die für ihn angedachte Strafe zu empfangen und zu akzeptieren. Er will für seine Tat geradestehen.
Es ist daher durch die Verteidigung nur noch ein Aspekt zu beleuchten. Kann die Verurteilung von Herrn Gerlach möglicherweise noch zur Bewährung ausgesetzt werden? Die Sozialprognose für Herrn Gerlach spricht eindeutig für eine Bewährung. Er ist nicht vorbestraft, er lebt seit Jahren in einer gefestigten Beziehung, welche auch diesen Prozess überdauert hat. Es steht zu erwarten, dass er, trotz des Makels dieses Verfahrens in seinem Lebenslauf, wieder Beschäftigung finden wird. Er hätte dadurch die Möglichkeit, sich zumindest symbolisch an den erheblichen Kosten dieses Verfahrens zu beteiligen. Warnung genug war

dieses Verfahren für ihn fraglos auch, er wird wohl kaum wieder auf die Idee kommen, jemandem seine Papiere zur Verfügung zu stellen. Also spricht alles für eine Bewährungsstrafe.

Wäre da nicht Paragraf 56 StGB, der da lautet: »Bei der Verurteilung zu Freiheitsstrafe von mindestens sechs Monaten wird die Vollstreckung nicht ausgesetzt, wenn die Verteidigung der Rechtsordnung sie gebietet.«

Was bedeutet Verteidigung der Rechtsordnung?

Hoher Senat, wir haben lange mit dem Mandanten über die Beantwortung dieser Frage gesprochen, wir haben alle Argumente nicht nur in der letzten Zeit, sondern über all die Jahre hinweg immer wieder erörtert und gegeneinander abgewogen. Wir sind jetzt, am Ende dieses Prozesses, gemeinsam zu der Überzeugung gelangt, dass gewichtige Argumente für die Verteidigung der Rechtsordnung sprechen.

Der Verteidigung der Rechtsordnung wird insoweit Geltung zu verschaffen sein, als dass klar wird, dass man nicht mit einem blauen Auge davonkommt, wenn man seine Legitimationspapiere Menschen, die sich für ein illegales Leben im Untergrund entschieden haben, aushändigt.

Herr Gerlach – und das ist für einen Angeklagten, zumal er sich in Freiheit befindet und bereits U-Haft verbüßt hat, nicht selbstverständlich – akzeptiert, dass ein solches Signal zum Abschluss dieses Prozesses zu setzen sein wird. Er erkennt, dass das von ihm persönlich verwirklichte Unrecht sowohl in strafrechtlicher als auch moralischer Hinsicht vor dem Hintergrund der Geschehnisse so angemessen bestraft werden kann. Er will sich dabei auch von dem leiten lassen, was er zu Beginn dieses Prozesses in seiner Einlassung gesagt hat: »Ich bin bereit, Verantwortung zu übernehmen!«

Tag 425

15. Mai 2018

Olaf Klemke, Nicole Schneiders, Verteidiger von Ralf Wohlleben.

Verteidigerin Schneiders Hohes Gericht. Ich habe lang mit mir gehadert, ob ich überhaupt einen Schlussvortrag halten soll. Aus meiner Sicht stand das Urteil schon vor der Hauptverhandlung fest. Die mediale Vorverurteilung unseres Mandanten war im Vorfeld grenzenlos und nahm auch im Verlauf der Verhandlung keineswegs ab. Da stellt sich mir die Frage, ob mein Plädoyer überhaupt etwas bewirken kann. Wahrscheinlich nicht. Wir sind in Bayern, und jedem Verteidiger ist klar, dass hier die Uhren anders ticken. Das ist aber vielleicht gerade auch der Grund, weshalb sich die Bundesanwaltschaft entschlossen hat, genau hier die Anklage zu erheben. Und der 6. Strafsenat, insbesondere Sie, Herr Vorsitzender, sind ja schließlich nicht für Ihre Freisprüche bekannt, sondern eher dafür, revisionssichere Urteile zu verfassen.

Überzeugt bin ich, und zwar vom ersten bis zum heutigen Tag, vor allem von einem: dass Ralf Wohlleben unschuldig ist. Aus Sicht von uns Verteidigern hat die Beweisaufnahme genau das auch erwiesen. In zahlreichen Beweis- und Haftanträgen haben wir alle hierfür sprechenden Argumente seit Jahren immer wieder unerbittlich dargelegt. Aber es darf nicht sein, dass man Herrn Wohlleben freilässt. Man muss jemanden bestrafen, weil die beiden Haupttäter tot sind. Man bestraft die, derer man noch habhaft werden kann. Und von jenen am besten die, die man ideologisch noch am nächsten bei den Haupttätern zu verorten vermag. Hauptsache, die Presse und die Politik sind befriedigt, und man muss sich als Richter nachher nicht zum Sündenbock machen lassen.

Aber machen Sie es sich dabei nicht zu leicht? Sind Sie nicht Richter geworden, weil Sie sich eigentlich dem Recht und der Gerechtigkeit verpflichtet fühlten? Wenn Ihnen die Unabhängigkeit der Justiz tatsächlich wichtig ist, wenn unsere freiheitlich-demokratische Grundordnung und damit der demokratische Rechtsstaat für Sie ein schützenswertes Gut ist, dann besinnen Sie sich dahin zurück und geben Sie diesem Verfahren ein Ende, das den Ansprüchen an ein rechtsstaatliches Verfahren gerecht wird und kein politisches Urteil ist.

Bislang ist dieses Verfahren nach meiner Ansicht alles andere, jedoch nicht rechtsstaatlich und vor allem nicht fair. Es wird von einem Jahrhundertprozess gesprochen, und genau wegen dieser Dimension dieses Verfahrens können Sie sich nicht völlig frei machen von jeglichen Einflüssen von außen. Sie sind schließlich als Richter eben auch nur Menschen, und so ist es eben allzu menschlich, den Weg des geringsten Widerstands zu gehen. Aber gerade das Richteramt verlangt von Ihnen das Gegenteil.

Wir, die Verteidiger von Ralf Wohlleben, haben die Verteidigung von Anfang an nicht politisch, sondern sachlich geführt. Hätten wir dieses Verfahren politisch führen wollen, dann wären wir sicher noch nicht in der Phase der Schlussvorträge. Allein die dubiosen Umstände beim Tod von Uwe Mundlos und Uwe Böhnhardt und der unprofessionelle Umgang mit dem Tatort hätten zu einer monatelangen Beweisaufnahme führen können. Und wenn das Gericht von einem Zeugen belogen wurde, dann von den Zeugen des Verfassungsschutzes. Zeugen wie der Zeuge Wießner, der in jeder Vernehmung – sei es vor Gericht oder in einem der zahlreichen parlamentarischen Untersuchungsausschüsse – eine andere Version der Abläufe präsentierte, und dennoch strafrechtlich völlig unbehelligt geblieben ist. An eine Anwerbung von Frau Zschäpe wollte er sich gar nicht mehr erinnern.

Gerade solche Umstände bereiteten den Nährboden für Verschwörungstheorien, die in Hülle und Fülle im Internet grassierten. Prozessakten wurden geleakt, manche gerichtlichen Anträge konnte man zuerst in der Zeitung lesen, bevor sie den Verfahrensbeteiligten hier bekannt gemacht wurden. Zahlreiche Beweisanträge hätten wir stellen können. Wir haben es nicht getan. Wir stellten nur Anträge, die sachlich geboten waren.

Aufklärung versprach auch die Bundeskanzlerin. Eine Ombudsfrau für die Opfer wurde eingesetzt. Aber umfassende Aufklärung sieht meiner Meinung nach anders aus. Vielleicht gerade ein Grund, weswegen viele Angehörige der Opfer schwer enttäuscht sind.

Dieses Verfahren zehrte an unser aller Kräfte – ein halbes Jahrzehnt. Noch länger als ein halbes Jahrzehnt verbringt unser Mandant bereits in Haft. Nicht in Strafhaft, nein, in Untersuchungshaft. Dort wird alles kontrolliert: Briefe, Besuche, jahrelange Leibesvisitationen am Hauptverhandlungstag. Zu Beginn der Haft befand er sich sogar in Isolationshaft. Und jeder Strafverteidiger weiß, was das für einen Menschen bedeutet. Am Anfang des Prozesses im Mai 2013 stotterte unser Mandant sogar, weil er so wenig Kontakt zu anderen Menschen hatte. Aber wir leben in einem Rechtsstaat und da gibt es keine Isolationshaft, attestiert der Bundesgerichtshof in einer Haftentscheidung. Purer Hohn in meinen Augen.

Die Legitimation einer Gesellschaft zeigt sich darin, wie sie mit den Schwachen und den Schwächsten und vor allem mit ihren vermeintlichen Gegnern umgeht. Zu Zeiten der RAF wurden drastisch die Verteidigerrechte beschnitten. Und wenn ich heute sehe, wie durch die StPO erneut in Verfahren zunehmend die Rechte der Verteidiger eingeschränkt werden, durch das sogenannte Richterrecht die Anforderungen an Revision und Verfassungsbeschwerden hochgeschraubt werden, dann habe ich erhebliche Zweifel daran, ob das noch als Rechtsstaat bezeichnet werden kann. Eine Verfassungsbeschwerde als Jedermannsrecht ist doch kaum mehr in zulässiger Weise von einem normalen Bürger zu begründen. Wenn die Richter in Karlsruhe nicht wollen, dann wird mit einem lapidaren Satz die Sache einfach abgelehnt.

Untersuchungshaft von mehr als sechseinhalb Jahren für einen mutmaßlichen Gehilfen – so etwas gab es bislang noch nicht in der Geschichte. Doch der Strafsenat ließ Herrn Wohlleben weiter in Haft. Einen nicht vorbestraften Familienvater mit starker sozialer Bindung, keinerlei Fluchtanreiz, der sich zur Sache eingelassen hat – für mich sachlich nicht nachvollziehbar. Wäre dieses Verfahren nicht so ein Politikum, wäre Herr Wohllebens Haftbeschluss zumindest schon lange außer Vollzug gesetzt. Aber es ist ein Politikum, und deswegen sitzt er.

Keiner der Beteiligten hätte wohl gedacht, dass es fünf Jahre Verfahren braucht, bis sich dieses Verfahren dem Ende zuneigt. Von einer überlangen Verfahrensdauer zu reden, ist beinahe untertrieben. Man könnte deshalb dem Trugschluss erliegen, dass die Beweisaufnahme so umfassend sein müsste, dass es eigentlich nichts geben könnte, was nicht aufgeklärt wurde. Das Gegenteil ist jedoch der Fall. Dieses Verfahren hat über die scheinbare Bestätigung der Bundesanwaltschaft hinaus nichts zur weiteren Sachaufklärung beigetragen. Sämtliche Anträge, die auch nur andeutungsweise über den in der Anklageschrift vorgegebenen Prozessstoff hinausgingen, wurden abgelehnt.

In meinem Plädoyer will ich noch einmal die Punkte beleuchten, über die sich der Senat weigert, Beweis zu erheben. Und dennoch dürfen sie aus meiner Sicht in einem Plädoyer nicht unerwähnt bleiben, weil dies geradezu offenbart, wie sich der Senat gegen jegliche Beweisaufnahme sperrte, welche die Anklage gegen unseren Mandanten hätte widerlegen können. Die Aufgabe der Richter ist doch die Wahrheitsfindung. Aber an dieser hatten Sie, hoher Senat, meiner Ansicht nach kein Interesse.

Ich komme zum Thema Lothar Lingen und der Aktion Konfetti am 11.11.2011. Der Verfassungsschützer Lothar Lingen hat am 10. November 2011 – zwei Tage nachdem sich die Angeklagte Zschäpe gestellt hatte und ihr Name medial bekannt wurde – die Vernichtung der Akten anordnen lassen. Man stelle sich vor, dass am Kölner Karneval am 11.11.2011 im Bundesamt für Verfassungsschutz die Schredder heiß liefen, wo jedem klar ist, dass an diesem Tag kein normaler Kölner arbeitet? Was da wohl in den Akten stand, was unbedingt so schnell nach dem 4.11.2011 vernichtet werden musste? Wir werden es wohl nie erfahren, denn alles, was nicht geschreddert wurde, wird für ungefähr 20 Jahre gesperrt. Lothar Lingen wurde vor einer Untersuchung geschützt wie eine Quelle des Verfassungsschutzes. Das eingeleitete Ermittlungsverfahren gegen ihn wegen seiner Aktenvernichtung entgegen der ausdrücklichen Weisung seiner Vorgesetzten – es wird irgendwann eingestellt werden oder gerät in Vergessenheit, wenn es nicht sogar schon eingestellt worden ist. Nur der öffentliche Druck dürfte dazu geführt haben, dass die Staatsanwaltschaft überhaupt Ermittlungen aufnahm.

Was hätte es denn für das hiesige Verfahren bedeutet, wenn die geschredderten Akten offenbart hätten, dass der Verfassungschutz nicht nur am Trio nah dran war? Hätte sich aus den Akten oder durch die Vernehmung von Lothar Lingen nicht nur ergeben, dass man genau wusste, wo die drei untergetaucht waren und wo sie sich aufhielten? Hätte sich aus diesen Akten möglicherweise sogar ergeben, dass der sogenannte NSU ein Konstrukt des Verfassungsschutzes ist? Es

wird sicherlich triftige Gründe geben, weswegen seitens des Bundesamtes für Verfassungsschutz so überaus fleißig geschreddert wurde.
Wo bleibt der Aufschrei der Öffentlichkeit? Die Mehrheit schweigt, allenfalls nimmt man in der Öffentlichkeit noch wahr, was dieses Verfahren alles an Steuergeldern verschwendet. Aber hat man denn mal überlegt, wie viele Millionen jedes Jahr in die Verfassungsschutzbehörden fließen? Dass dubiose VS-Quellen mit Hunderttausenden Euro vom Steuerzahler gesponsert werden, und das für mehr als fragwürdige Erkenntnisgewinne. Auf die Informationen, die in der Hauptverhandlung eingeführt wurden, sei es durch Deckblattmeldungen oder durch Zeugen, etwas zu stützen, ist mehr als fragwürdig, da Zuverlässigkeit und Richtigkeit der Angaben nicht nachprüfbar sind. Die Aussagen der Zeugen jedenfalls waren von Erinnerungslosigkeit geprägt. Gerade die V-Mann-Führer selbst, die wir hier als Zeugen erleben durften, zeichneten anhand ihres Auftretens im Verfahren ein Bild dieser Behörden, das einen angst und bange werden lässt. Was der Verfassungsschutz nicht unter dem Deckmantel der Erinnerungslosigkeit klären konnte, wurde eben geschreddert.
Die Verteidigung hat Beweisanträge gestellt, dass die Behörden dabei versagt haben, den Aufenthaltsort der drei Untergetauchten zu ermitteln. Aber auch diese Anträge wies der Senat zurück. Dieses Staatsversagen soll keinerlei Auswirkungen auf die Tat- und Schuldfrage der Angeklagten haben? Es gehört nicht zur Sache, dass durch ein frühzeitiges Ergreifen von Zschäpe, Böhnhardt und Mundlos sämtliche Mordtaten zu verhindern gewesen wären?
Die Verteidigung hat mehrere Anträge gestellt, dass der Aufenthaltsort der drei Untergetauchten leicht zu ermitteln gewesen wäre, wenn die vorliegenden Informationen den Zielfahndern nicht vorenthalten worden wären. Aber auch dies hielt den Senat nicht ab zu erklären: Es wäre ja denkbar, dass die drei nicht ergriffen worden wären, auch wenn der Aufenthaltsort bekannt gewesen wäre. Ja, denkbar ist alles. Aber dann dürfte kein Mensch zur Fahndung ausgeschrieben werden, denn denkbar ist es immer, dass der Flüchtige nicht ergriffen wird. Wenn der Senat diesen Anträgen nachgegangen wäre, was hätte es für einen Aufschrei in der Öffentlichkeit und in der Politik gegeben! Staatsversagen – nein, das wollte man nicht. Der Staat sitzt ja nicht auf der Anklagebank.
Aber kann man es sich so leicht machen? Den Opfern und ihren Angehörigen ist damit ebenso wenig geholfen wie den Angeklagten. Und ich persönlich bin davon überzeugt, dass die Taten von Uwe Mundlos und Uwe Böhnhardt zu verhindern gewesen wären, wären diese wichtigen Informationen weitergegeben worden und dadurch Ermittlungen nicht unterblieben oder gar gezielt durch den Verfassungsschutz vereitelt worden. In diesem Zusammenhang erinnere ich nur an die SMS von Jan Werner an Carsten Szczepanski: »Was ist mit dem Bums?«

Anträge hinsichtlich der Tatwaffe Česká 83 wurden geradezu kategorisch abgelehnt. Gerade auch die zuletzt gestellten Anträge zu Jug P. und vor allem zu Sven Rosemann. Vielleicht liegt es daran, dass dies die Trio-These der Bundesanwaltschaft ins Wanken hätte bringen können. Dies galt es für den Senat unter allen Umständen zu vermeiden. Fertig werden um jeden Preis – danach sieht es für mich aus. *(Sie beantragt erneut, Sven Rosemann als Zeuge zu laden.)*
Wir haben in den Schlussvorträgen oft gehört, wie unerträglich dies oder jenes im Verfahren war, aber diesen gerichtlichen Unwillen zur Aufklärung in Bezug auf die Tatwaffe Česká – das empfinde ich persönlich als unerträglich.
Eine Beweisaufnahme zu alternativen Beschaffungswegen hätte natürlich dazu geführt, dass der Senat sich im Urteil damit beschäftigen muss. Das hätte viel Arbeit bedeutet und natürlich auch die Gefahr in sich geborgen, dass der BGH dies anders sieht. Und da sind wir wieder am Anfang, Herr Vorsitzender, bei dem revisionssicheren Urteil.
Herr Wohlleben, der böse Nazi, er hat hier keine Lobby. Er soll das Bauernopfer werden, weil man die wahren Haupttäter Böhnhardt und Mundlos nicht mehr einem Strafprozess zuführen kann. Die Argumentation bei der Ablehnung der Anträge war immer die gleiche: Die Amtsaufklärung gebietet die Beweiswürdigung nicht, da die unter Beweis gestellten Tatsachen für die Entscheidung bedeutungslos seien. Bedeutungslos? Für unseren Mandanten hat es Bedeutung. Es bedeutet nämlich Haft oder Freiheit.
Ihr Hauptaugenmerk liegt scheinbar weniger auf der Wahrheitsfindung, sondern vor allem darauf, um jeden Preis eine Verurteilung von Herrn Wohlleben herbeizuführen. Sie, hoher Senat, haben nicht nur zugesehen, sondern sich an der Verhinderung umfassender Aufklärung im sogenannten NSU-Komplex beteiligt. Dies müssen Sie mit Ihrem Gewissen vereinbaren.
Auch etwas, was sich jedem vernünftigen Menschen aufdrängt: Ob Menschen, die anderen Menschen in den Kopf schießen und anschließend Bilder ihrer sterbenden oder toter Opfer machen, um sich in einem Video daran zu ergötzen, und sich noch Trophäen von den Tatorten mitnehmen und in ihrer Wohnung horten, geistig gestört sein müssen, wollte der Senat in der Beweisaufnahme nicht klären. Wäre sicher für uns alle aufschlussreich gewesen, wenn wir den Sachverständigen Dr. Saß auch dazu gehört hätten. Aber unser Antrag auf Einholung eines psychiatrischen Gutachtens von Böhnhardt und Mundlos wurde abgelehnt. Es gibt eine Vielzahl von Zeugen, die in ihren Vernehmungen aussagten, dass sie die Taten den beiden Uwes niemals zugetraut hätten. Auch Herr Wohlleben führte aus, dass er den beiden Uwes solche Taten niemals zugetraut habe. Unserem Mandanten unterstellt man beim Tatvorsatz der Beihilfe zum Mord, dass er solche abartigen psychopathischen Züge bei

den beiden Uwes hätte erkennen müssen. Aber eines sollten Sie bedenken: So etwas wie die Česká-Mordserie hat es noch nie gegeben. Wie sollte das jemand voraussehen?

(Anschließend macht Schneiders Ausführungen zur Aussage von Carsten Schultze. Diese sei vor allem dazu angetan gewesen, sich selbst in gutem Licht erscheinen zu lassen und Ralf Wohlleben zu belasten.)

Ich komme nun zu den Vorsatzausführungen des Herrn Oberstaatsanwalts Weingarten.

Zu konstruieren, dass Ralf Wohlleben politische Fanalmorde vorhersehen musste, ist einfach nur absurd. *(Sie beantragt, einen ehemaligen Staatsanwalt aus Gera zu laden, der 1998 in einem Fernsehbeitrag geäußert hatte, dass von dem untergetauchten Trio keine besondere Gefährlichkeit ausgehe.)* Genauso fassungslos wie auch der Rest der Republik war auch unser Mandant, als die Taten von Uwe Böhnhardt und Uwe Mundlos im Nachgang zum 4.11.2011 sich offenbarten.

(Dann kommt Schneiders auf die Gesinnung ihres Mandanten zu sprechen.) Oberstaatsanwalt Weingarten offenbarte in seinem Plädoyer eine völlige Unkenntnis der sogenannten rechten Szene. Seine Einschätzung zu unserem Mandanten erschöpft sich in pauschalen Unterstellungen gegenüber den Angehörigen der sogenannten rechten Szene aufgrund ihrer Weltanschauung, einen generellen Tötungsvorsatz zur Ermordung von in Deutschland lebenden Ausländern zu haben. Es findet keine Differenzierung statt innerhalb dieser rechten Szene, als gäbe es in ihr nur Ausländerhasser, die jederzeit zu Mördern werden können. Tickende Zeitbomben.

Herr Weingarten unterstellt unserem Mandanten, dass er den dreien eine Waffe geliefert habe, im Wissen um deren Hass auf Ausländer, Linke und den Staat, abzielend auf eine rassisch-völkische Reinerhaltung des deutschen Volkes – dies alles aufgrund Wohllebens eigener nationalsozialistischer Überzeugung. Ich frage mich nur eines: Woher nehmen Sie denn diese Erkenntnis? Die Beweisaufnahme hat zur ideologischen Einstellung von Ralf Wohlleben bis auf seine eigene Aussage kaum Anhaltspunkte gebracht.

Ralf Wohlleben war kein Ausländerhasser. Er ist vielmehr ein sogenannter Realo. Er ist der Zukunft zugewandt, er wollte Politik für das Hier und Jetzt und keinen Führerstaat als Neuauflage des historischen Nationalsozialismus. Auch dies hat die Beweisaufnahme bestätigt.

Die Beweisaufnahme ergab zum Thema Gewalt bezüglich unseres Mandanten ein klares Bild: Herr Wohlleben sprach sich stets gegen die Anwendung von Gewalt als Mittel der Politik aus. Auch die Beamten des Staatsschutzes Jena konnten nichts davon berichten, dass Herr Wohlleben durch Ausländerfeindlichkeit oder gar Gewalt aufgefallen wäre. Gerade diese hätten doch den leisesten Fin-

gerzeig darauf genüsslich referiert. Diese absolute Gewaltfreiheit unseres Mandanten widerspricht per se dem Begriff des Extremismus oder Terrorismus oder des Terrorbefürworters. *(Sie spricht Weingarten an.)* Das daraus folgende Ergebnis passt Ihnen nicht. Und so lässt man die sonst scharfsinnige Juristerei beiseite und erhebt Unterstellungen ohne jeglichen Nachweis. Das mag in der Politik und bei den Medien gut ankommen. Und Ihnen bei der Antifa einige Fans eingebracht haben. Aber haben Sie das wirklich nötig?
(Anschließend äußert sich Schneiders wieder zum Vorwurf, Wohlleben habe die Tatwaffe für das Trio besorgt. Sie entwirft erneut alternative Szenarien, wie die Waffe an Böhnhardt, Zschäpe und Mundlos gelangt sein könnte, und kritisiert, dass diese Szenarien im Prozess nicht beleuchtet wurden.) Da wundert es keinen, wenn man glauben könnte, dass das Urteil schon von Anfang an feststeht. Ralf Wohlleben – er hat keine Lobby. Von der Presse verfolgt und als Sündenbock von der Bundesanwaltschaft auserkoren. Er soll als Stellvertreter für die Haupttäter büßen, die man nicht mehr belangen kann, weil sie sich beide ihrer Verantwortung durch Selbstmord entzogen haben.
Wenn Sie nun als Richter Herrn Wohlleben für eine Tat verurteilen, die ihm nicht mit der erforderlichen Sicherheit nachgewiesen werden kann, dann versündigen Sie sich nicht nur an Ihrem Richtereid, sondern auch an Ihrem Gewissen. Wenn Sie trotz Zweifel ein Urteil fällen, dann müssen Sie dies mit Ihrem Gewissen vereinbaren und sich einst vor dem Richterstuhl des Ewigen verantworten. *(Diese Redewendung findet sich auch im Schlusswort von Rudolf Heß bei den Nürnberger Prozessen. Er sagte: »Dereinst stehe ich vor dem Richterstuhl des Ewigen. Ihm werde ich mich verantworten …«)*
Wenn Sie Herrn Wohlleben verurteilen, dann ist Ihr Wertesystem möglicherweise genauso wenig wert wie die Systeme, die schreckliche Menschheitsverbrechen begangen haben, im Glauben an eine vermeintlich moralisch höchst ehrenwerte Sache. Sie haben die Chance zu beweisen, dass Sie im Rahmen der Rechtsstaatlichkeit ein gerechtes und faires Urteil sprechen. Gerade in dieser Demokratie, in diesem Jahrhundertprozess, hat die Justiz umso präziser zu arbeiten, um in ihren Grundfesten eine unabhängige Justiz zu verteidigen, sodass im Zweifel zugunsten des Angeklagten zu entscheiden ist. In dubio pro reo.
Die Beweislage reicht vorliegend nicht für eine Verurteilung aus. Sie würden mit einer Verurteilung genau die bestärken, die dieses System ablehnen und nicht glauben, dass es Rechtsstaatlichkeit noch gibt. Ich beantrage, meinen Mandanten freizusprechen.
(Nach einer kurzen Pause setzt Olaf Klemke das Plädoyer der Verteidigung von Ralf Wohlleben fort.)

Verteidiger Klemke Hohes Gericht, ich werde Sie sicherlich langweilen, denn das

Verfahren ist für Sie längst erledigt. Ich bin mir sicher, dass Sie sich insgeheim bereits vor langer Zeit eine abschließende Überzeugung von der Schuldfrage hinsichtlich Herrn Wohllebens gebildet haben. Sie denken allenfalls noch über das gegen Herrn Wohlleben zu verhängende Strafmaß nach. Zwölf Jahre gemäß des Antrags des Generalbundesanwalts – darunter werden Sie es ja wohl kaum machen wollen.
Oder sollten es doch lieber 13 Jahre sein? Mit der damit verbundenen Lobpreisung in den rot-grün durchsetzten sogenannten Qualitätsmedien? Die politisch korrekte Journaille wird Ihnen bei der Verhängung von 13 Jahren sicherlich gern attestieren, der Senat habe Gesicht gegen rechts gezeigt oder ein Zeichen gegen rechts gesetzt. Vielleicht orientieren Sie sich an dem Antrag jenes Nebenklägervertreters, der diesen Gerichtssaal einige Male mit einer Fernsehtalkshow verwechselte und der glaubte, vierzehneinhalb Jahre fordern zu müssen. Doch auch eine Orientierung an diesem Antrag wird Sie jedoch nicht vor dem zu erwartenden reflexartigen Vorwurf der Lobby sogenannter Migranten schützen, auch Sie, sehr verehrte Richter, seien Teil des angeblichen institutionellen Rassismus.
Ich habe längere Zeit mit mir gerungen, überhaupt einen Schlussvortrag zu halten. Der Beginn der Hauptverhandlung gegen Herrn Wohlleben und die vier anderen Angeklagten wurde begleitet von einer medialen Vorverurteilung eines bislang nicht gekannten Ausmaßes. Ich erinnere nur an die von einer Boulevardzeitung für Frau Zschäpe gewählte Bezeichnung als Satan. Die Hetze der nicht ohne Grund als Lügenpresse bezeichneten Massenmedien ließ während des gesamten Verfahrens nicht nach und erreichte im Zusammenhang mit den Schlussvorträgen der Kollegen Grasel und Borchert ihren bisherigen traurigen Höhepunkt.
Auch Politikerdarsteller der herrschenden Kasten äußerten gelegentlich mehr oder weniger deutlich ihre Erwartungen vom Ergebnis der Veranstaltung. Ich musste vor wenigen Tagen in der Online-Ausgabe der *taz* vom 1. Mai dieses Jahres Entgleisungen der sogenannten Ombudsfrau der Bundesregierung für die Hinterbliebenen der NSU-Terrorserie, Frau Barbara John, zur Kenntnis nehmen. Frau John bezeichnete das Plädoyer von Frau Zschäpe als – Zitat – »weiteres schweres Unrecht«. Der Schlussvortrag der Verteidigung stelle schweres Unrecht dar – das muss man sich einmal auf der Zunge zergehen lassen. Frau John legte dann noch nach und befand, dass die für Frau Zschäpe selbst von den Vertretern des Generalbundesanwalts geforderte Höchststrafe – ich zitiere – »der Schuld nicht angemessen« sei. Ich frage mich unwillkürlich: Welche Strafe schwebt Frau John vor? Darf es das Fallbeil sein?
In einem derart vergifteten Klima, angeheizt von der veröffentlichten Meinung,

fand und findet dieses Verfahren statt. Ich betrat deshalb am 6. Mai 2013 diesen Gerichtssaal in der festen Überzeugung, dass das Urteil gegen Herrn Wohlleben bereits am Tag des Beginns der Hauptverhandlung feststand. Ich konnte mir beim besten Willen nicht vorstellen, dass das Gericht dem außerordentlichen öffentlichen Druck standhalten könnte. Ich habe mich nicht getäuscht.
Es ist für mich offensichtlich, dass unser Mandant als vorverurteilter Nazi bereits mit der Vollziehung einer derart überlangen Untersuchungshaft vorab einen satten Gesinnungsaufschlag erhalten hat. Bei dieser Sachlage ist nicht zu erwarten, dass Sie, sehr geehrte Mitglieder des Senats, bei der vielleicht, aber auch nur vielleicht doch noch nicht abschließend vorgenommenen Urteilsberatung mögliche Zweifel an der Schuld des Herrn Wohlleben auch nur entfernt in Erwägung ziehen könnten. Mit anderen Worten: Ich hielt Sie, die erkennenden Richter dieses Senats, von Anfang an für befangen. Und ich halte Sie nach wie vor, buchstäblich bis zu dieser Minute, für parteilich und voreingenommen.
Ich habe mich dennoch dafür entschieden, einen Schlussvortrag zu halten. Um es von vornherein klarzustellen: Meine Kollegen Nicole Schneiders und Wolfram Nahrath und auch ich geben uns keineswegs der Illusion hin, Ihr schon längst feststehendes Urteil durch ein noch so leidenschaftliches Plädoyer auch nur in Nuancen beeinflussen zu können. Wir vermögen an dieser Stelle des Prozesses nicht mehr, als Ihnen einen Spiegel vorzuhalten. Einen Spiegel, in dem Sie erkennen können, wenn Sie das überhaupt wollen, über welche massiven Gründe gegen die Feststellung einer strafrechtlichen Schuld Ralf Wohllebens Sie sich bei seiner Verurteilung hinwegsetzen. Wir können Sie nicht an der Verurteilung Herrn Wohllebens hindern, jedoch versuchen, dafür zu sorgen, dass Sie hierbei ein möglichst schlechtes Gewissen haben. Uns ist auch klar, dass forensisch erfahrene Richter wie Sie auch das sachlich falscheste Urteil revisionssicher begründen können, indem Sie ganz einfach alle für den Angeklagten sprechenden Gesichtspunkte unter den Tisch fallen lassen. Uns ist ebenso der Einwand bekannt, dass der Verteidiger mit einem allzu offenherzigen Schlussvortrag dem verurteilungsgeneigten Gericht das Abfassen revisionssicherer Urteilsgründe erleichtern könnte. Diese Erwägung beeinflusst uns nicht.
Nach meiner Überzeugung bestehen begründete Zweifel an der Schuld unseres Mandanten, die durch die Beweisaufnahme nicht ausgeräumt werden konnten.
(Klemke geht ausführlich auf die Lieferung der Tatwaffe Česká 83 ein, für die Wohlleben von der Bundesanwaltschaft verantwortlich gemacht wird.)
Nach meiner Überzeugung ist es im Ergebnis der Beweisaufnahme nicht zweifelsfrei erwiesen, dass es sich bei der von Carsten Schultze beschafften Pistole um die spätere Tatwaffe der sogenannten Česká-Mordserie handelte. Dass der Kaufpreis für den Waffenkauf von Herrn Wohlleben stammte und dass Mund-

los und Böhnhardt nach einer Waffe mit Schalldämpfer verlangten und Carsten Schultze diesem Wunsch entsprechend bei dem Zeugen Andreas Schultz eine Schalldämpferwaffe bestellte. *(Klemke bestreitet, dass die Tatwaffe den von Oberstaatsanwalt Weingarten skizzierten Weg tatsächlich genommen habe. Es handle sich lediglich um eine Möglichkeit, was aber nicht für eine Verurteilung seines Mandanten ausreiche. Dann geht er auf die Glaubhaftigkeit von Carsten Schultze ein, der die Česká 83 identifizierte, und führt detailliert aus, warum die Waffenvorlage durch die Ermittlungsbehörden mangelhaft und »eine Farce« gewesen sei und daher keinen Beweiswert habe.)*

Tag 426

16. Mai 2018

Olaf Klemke, Verteidiger von Ralf Wohlleben.

Verteidiger Klemke *(Er setzt sein Plädoyer fort und geht nun allgemein auf die Aussagen von Carsten Schultze ein.)* Das Aussageverhalten des Mitangeklagten Schultze ist dadurch geprägt, dass er ein erhebliches Eigeninteresse insbesondere an der Belastung Herrn Wohllebens hat. Dass er nachweislich Fehlerinnerungen unterliegt, dass er erkennbar Erinnerungslücken mit Schlussfolgerungen auffüllt und dass er nachweisbar leicht suggestiv beeinflussbar ist. Carsten Schultze – dies hat er in der Hauptverhandlung wortwörtlich eingeräumt – will sich gern erinnern. Deshalb seine geradezu verzweifelten Anstrengungen, vermeintliche Erinnerungen – Zitat – »heraufzuholen«, obwohl er beim besten Willen – ich zitiere erneut – »keine Bilder« dazu hat. Dieses Bemühen der Generierung von Erinnerungen um jeden Preis ist nicht nur Ausdruck von Gewissensbissen, dem Willen zur Läuterung und dem Verlangen nach Absolution, wie Herr Weingarten meint. Ebenso ist es Ausdruck der Absicht des Schultze, durch eine möglichst umfassende Belastung anderer, insbesondere Herrn Wohllebens, in den Genuss weitestgehender Strafmilderung zu kommen. Dass diese Strategie voll und ganz aufgegangen zu sein scheint, ergibt sich zwanglos aus dem Strafantrag des Herrn Dr. Diemer sowie der durchaus nachsichtigen bis wohlwollenden Beurteilung, die Schultze durchgängig seitens der Nebenklage erfahren hat.

Carsten Schultze hat versucht, seinen Belastungseifer zu verschleiern. Befragt, warum er von dem angeblichen Telefonat Herrn Wohllebens mit den Uwes und der anschließenden Mitteilung Herrn Wohllebens, diese Idioten hätten jemanden angeschossen, sowie von dem Vorfall an der Straßenbahn-Endhaltestelle in

Jena-Winzerla erst in der Hauptverhandlung am 11. Juno 2013 berichtet habe, behauptete Schultze, er habe Herrn Wohlleben schonen, seinen Kindern nicht den Vater nehmen wollen. Zu diesem Zeitpunkt saß Herr Wohlleben auch aufgrund der Angaben des Schultze im Ermittlungsverfahren seit Jahr und Tag in Untersuchungshaft. Dennoch will Schultze Herrn Wohlleben bis dahin geschont haben. Natürlich will er ihn so weit wie möglich belasten, um sich selbst Gnade zu erkaufen. Das versuchte Schultze hier zu verschleiern. Selbst Herr Weingarten hat in seiner Befragung des Carsten Schultze diesem mehr als deutlich zu verstehen gegeben, dass er dieser nicht nachvollziehbaren Einlassung keinen Glauben schenkt.

Die von Carsten Schultze nur schlecht verschleierte Feindseligkeit gegenüber Herrn Wohlleben, die für eine unwahre Belastung unseres Mandanten sehr motivierend sein dürfte, kann ich aus der Sicht des Schultze durchaus nachvollziehen. Schultze ist von Herrn Wohlleben nicht nur dazu animiert worden, das Trio zu unterstützen, sondern er hat den Tipp, dass er die von Böhnhardt gewünschte Waffe möglicherweise im Madley besorgen könne, von unserem Mandanten erhalten. Aus der Sicht des Carsten Schultze hat ihn unser Mandant damit letztendlich zuerst in die Untersuchungshaft und dann sogar auf die Anklagebank gebracht. Herr Wohlleben ist damit für Carsten Schultze zumindest mitverantwortlich, dass er, Carsten Schultze, aus seinem neuen schönen Leben, in dem er seine homosexuellen Neigungen offen ausleben konnte, herausgerissen und dieses zerstört wurde. Das alles und der Wunsch, möglichst schnell in sein neues, schönes, offen schwules Leben zurückkehren zu können, legt eine Belastungstendenz des Schultze zum Nachteil unseres Mandanten mehr als nahe. Die Belastungstendenz setzt sich bis zum Schlussvortrag seines Verteidigers Hösl fort.

Was hat Herr Hösl nicht alles behauptet: Bei dem angeblichen NSU habe es sich um die Nachfolgeorganisation der Kameradschaft Jena gehandelt. Die nicht untergetauchten Mitglieder der Kameradschaft Jena seien der nicht bewaffnete Arm der kämpfenden Truppe, also von Mundlos und Böhnhardt, gewesen. Ralf Wohlleben sei in die Tatplanungen von Mundlos und Böhnhardt eingebunden gewesen. Beweise für diese Behauptungen? Keine. Nur allgemeine Floskeln.

Herr Hösl war sich nicht zu schade, in öffentlicher Hauptverhandlung Unwahrheiten über die Verteidigung Herrn Wohllebens zu verbreiten, und zwar in der Absicht, damit in billiger Weise politisch Stimmung gegen Ralf Wohlleben zu machen und diesem damit größtmöglichen Schaden zuzufügen. Zugleich wollte er mit diesem Vorgehen die Chancen des Schultze, den Judaslohn einzustreichen, erhöhen. Hösl behauptete, die Verteidigung Herrn Wohllebens habe in ihrem sogenannten Volkstod-Antrag ausgeführt, dass weißen Deutschen ein höherer Wert zukomme als Ausländern. Ich hätte diesen Antrag gern an dieser Stelle wiederholt. Es wäre einfach zu schön gewesen, noch einmal den Anblick zu genießen, wie einige schnappatmende Nebenklägervertreter fluchtartig aus dem Saal laufen. Ich begnüge mich stattdessen aus Zeitgründen mit dem Verweis auf das Hauptverhandlungsprotokoll. Unser Antrag ist als Anlage zum Protokoll genommen worden und kann daher Wort für Wort mit den Behauptungen Herrn Hösls abgeglichen werden.

Jeder, der sich die Mühe gemacht hat, diesen Antrag auch wirklich aufzunehmen, muss registriert haben, dass die Hautfarbe von Menschen oder gar menschliche Rassen in diesem Antrag mit keinem Wort erwähnt werden. Noch viel weniger wird zwischen Deutschen und Ausländern im Bezug auf eine wie auch immer geartete sogenannte Wertigkeit differenziert. Der sogenannte Volkstod-Antrag stellt demografische Prognosen unter Beweis und bewertet allein diese in dem Sinn, dass der Endpunkt der demografischen Entwicklung als Volkstod bezeichnet werden kann. Im Übrigen befasst er sich mit der Rechtsprechung des Bundesverfassungsgerichts zum staatlichen Auftrag der Wahrung der Identität des Staatsvolkes. Es handelt sich bei der Behauptung des Herrn Hösl somit um eine glatte Lüge. Diese Lüge entstand nicht im luftleeren Raum, sondern ist nur im Kontext mit der Atmosphäre dieses Prozesses sowie ganz allgemein im Kontext mit dem politischen und medialen Diskurs in Deutschland zu sehen, in dem jede politische Meinung rechts der CDU/CSU ohne auch nur den Versuch einer Differenzierung und einer inhaltlichen Auseinandersetzung als nazistisch, rassistisch und menschenverachtend und dergleichen mehr verunglimpft wird. Solche plumpe Propaganda wie die des Herrn Hösl fällt in Deutschland allemal auf fruchtbaren Boden, ich habe wenig Hoffnung, dass das Gericht nicht auch auf sie hereinfällt.

(Anschließend geht Klemke wieder auf den Kauf der Tatwaffe ein und bestreitet die Rolle, die Wohlleben dabei laut Aussage von Carsten Schultze gespielt habe. Besonders intensiv widmet er sich der Beobachtung Schultzes, Wohlleben habe beim Inspizieren der Tatwaffe schwarze Handschuhe getragen.) Bereits in seiner Vernehmung am 1. Februar 2012 berichtete Schultze andeutungsweise, dass er die bei Andreas Schultz erworbene Waffe zu Herrn Wohlleben brachte, um sie gemeinsam mit diesem in Anschein zu nehmen. In der darauffolgenden Vernehmung am 6. Februar 2012 teilte er, Schultze, in Erweiterung der ursprünglichen Angaben mit, dass Herr Wohlleben hierbei den Schalldämpfer auf die Waffe geschraubt habe. Schultze berichtete nicht etwa von sich aus, dass Herr Wohlleben bei seiner Beschäftigung mit der Waffe Handschuhe getragen habe, nein – um ihm die Idee, dass dies so gewesen sein könnte, einzupflanzen, bedurfte es schon des beherzten Eingreifens von Herrn Weingarten, der Schultze, wie dieser am 25. Hauptver-

handlungstag berichtete, gezielt danach fragte, ob Herr Wohlleben dabei denn Handschuhe getragen habe. Schultze hatte indes am 6. Februar 2012 keine Erinnerung hieran, sondern antwortete lediglich, dass dies möglich sein könne. Herr Weingarten hatte dabei nicht etwa offen, aber behutsam lenkend gefragt, ob Schultze irgendwelche besonderen Umstände erinnere, die mit der Inaugenscheinnahme der von ihm beschafften Waffe im Zusammenhang stünden, oder im Anschluss an diese Frage, ob einer der beiden, also Schultze oder Herr Wohlleben, in diesem Zusammenhang Schutzmaßnahmen ergriffen hätten, nein: Herr Weingarten legte Schultze Handschuhe in den Mund, fragte sie gleichsam in Schultze hinein.

Der Schaden war damit angerichtet: Der Gedanke, dass Herr Wohlleben Handschuhe getragen haben könnte, war bei Schultze geboren. In der nächsten Vernehmung des Carsten Schultze am 15. Februar 2012 ging dann die von Herrn Weingarten so liebevoll ausgebrachte Saat auf: Schultze wusste nun nur zu genau, was die Vernehmer, vor allem Herr Weingarten, gern hören möchten, also lieferte er. Schultze berichtete nun nicht nur, dass Herr Wohlleben schwarze Handschuhe trug, diese stellten sich nunmehr als schwarze Lederhandschuhe heraus, vermutlich dem Konsum von Agenten-, Gangster- oder sonstigen Kriminalfilmen geschuldet. In der Hauptverhandlung war dann die ursprünglich von Schultze angegebene bloße Möglichkeit, Herr Wohlleben habe Handschuhe getragen, zu einer fest verwurzelten Erinnerung des Schultze mutiert. Da kann man Herrn Weingarten nur gratulieren.

(Klemke zieht im Folgenden auch in Zweifel, dass Wohlleben, wie Schultze schilderte, die Waffe auf ihn gerichtet und dabei gelacht habe.)

Nach alledem fasse ich zusammen: Für seine These, dass es sich bei der von Carsten Schultze im Madley gekauften Waffe um die Tatwaffe der sogenannten Česká-Mordserie handelt, kann sich der Generalbundesanwalt nicht auf die Angaben des Mitangeklagten Schultze stützen.

(Auch auf die Aussage des Zeugen Andreas Schultz, einem der beiden Betreiber des Szeneladens Madley, geht Klemke ein. Sie spreche nicht dafür, sondern dagegen, dass es sich bei der von ihm beschafften Waffe nicht um die Tatwaffe gehandelt habe. Obendrein habe Schultz an verschiedenen Stellen die Unwahrheit gesagt. Insofern sei nicht nachzuvollziehen, warum Oberstaatsanwalt Weingarten die Aussage von Schultz für glaubhaft halte, sie sei vielmehr vor Gericht nicht verwertbar.)

Die Beweisaufnahme hat nach meiner Überzeugung weder zweifelsfrei ergeben, dass es sich bei der von Carsten Schultze und Herrn Wohlleben beschafften Waffe um die Tatwaffe handelte, noch dass Carsten Schultze einen Schalldämpfer bestellte. Erst recht nicht ist der Nachweis gelungen, dass Carsten Schultze die Waffe mit Geld bezahlte, welches ihm Herr Wohlleben zur Verfügung gestellt hat.

Tag 427

17. Mai 2018

Olaf Klemke, Wolgang Nahrath, Verteidiger von Ralf Wohlleben.

Verteidiger Klemke Dass Herr Wohlleben seine Freunde bei ihrer Flucht und später im Exil in Chemnitz unterstützte und deren Unterstützung durch weitere Freunde und Kameraden aus Jena organisierte und koordinierte, hat die Beweisaufnahme zweifelsfrei ergeben. Das alles hat Herr Wohlleben auch zugegeben. Dies hat jedoch für sich keinerlei Beweiswert für die Frage, ob sich Herr Wohlleben an der Beschaffung einer Waffe durch Carsten Schultze mit Vorsatz im Hinblick auf die später von Böhnhardt und Mundlos verübten Morde beteiligt hat. Herr Weingarten wollte der allgemeinen Unterstützung der Flucht des Trios durch Herrn Wohlleben mehr Gewicht dadurch geben, indem er behauptete, er habe Mundlos und Böhnhardt drei Waffen beschafft. Dies ist ein erneuter Beleg dafür, dass Herr Weingarten immer wieder Spekulationen als gerichtsfeste Feststellungen ausgibt.

(Klemke spricht im Folgenden über die schriftliche Aussage des Angeklagten Holger Gerlach, die er ebenfalls für widersprüchlich und unglaubhaft hält. Gerlachs Aussagen seien deshalb ungeeignet, um eine Schuld seines Mandanten nachzuweisen. Dann widmet er sich den weiteren Vorwürfen der Bundesanwaltschaft.)

Herr Weingarten will den Nachweis für die Theorie des Generalbundesanwalts, Herr Wohlleben habe ernstlich damit gerechnet, dass Mundlos und Böhnhardt aus ideologischen Gründen heraus Menschen erschießen könnten, auch damit führen, dass Herr Wohlleben bei der Besichtigung der später von Schultze an Mundlos und Böhnhardt übergebenen Waffe schwarze Lederhandschuhe getragen haben soll. Herr Weingarten möchte aus dieser Scheinerinnerung des Schultze den Schluss ziehen, Herr Wohlleben habe Fingerabdruckspuren auf der Waffe deshalb vermeiden wollen, weil er die Pistole als ein Tatwerkzeug für etwaige Tötungsverbrechen einkalkulierte. Dieser Schluss ist alles andere als stichhaltig, er ist vielmehr schon lächerlich. Herr Weingarten lässt das Naheliegendste völlig außer Acht: nämlich dass jedweder nachweisbare Umgang mit der Waffe die Gefahr der Verfolgung wegen einer Straftat nach dem Waffengesetz nach sich ziehen musste.

Herr Weingarten meint weiter, ein bedingter Vorsatz des Herrn Wohlleben ergebe sich daraus, dass eine Schalldämpferwaffe ausschließlich für die lautlose

Tötung von Menschen nutzbar zu machen sei. Abgesehen davon, dass den Besitzer einer Waffe mit Schalldämpfer nichts dazu zwingt, die Waffe ausschließlich mit aufmontiertem Schalldämpfer zu verwenden, eignet sich eine Pistole mit Schalldämpfer beispielsweise wegen des mit der Verwendung eines Schalldämpfers verbundenen Verstärkens des Bedrohungsszenarios ganz vorzüglich für die Begehung bewaffneter Raubüberfälle. Die effektive Bedrohung von Opfern einer Raubstraftat mit einer Schusswaffe ist eine herausragende Voraussetzung für ihr Gelingen. Durch die mit der Verwendung eines Schalldämpfers einhergehenden Verlängerung des Laufs der Waffe bekommt die Bedrohungslage bereits optisch ein besonderes Gewicht. Weiter ist die Verwendung eines Schalldämpfers ein probates Mittel, eventuelle Illusionen der Tatopfer, es könnte sich bei der Tatwaffe nur um eine Schreckschusspistole handeln, im Keim zu ersticken. Ausschlaggebend dürfte jedoch die Erkenntnis bei den Opfern sein, dass ein mit einer Schalldämpferwaffe ausgerüsteter Täter viel eher bereit sein dürfte, seine Waffe nötigenfalls auch einzusetzen. Es dürfte jedem einleuchten, dass derartige Überlegungen die Opfer eines Raubüberfalls in erheblichster Weise dazu motivieren dürften, mit dem Täter zu kooperieren und jeden Gedanken an etwaigen Widerstand von Vornherein zu unterdrücken.
Herr Weingarten hält weiter die Aussage Herrn Wohllebens, dass Uwe Böhnhardt den Wunsch nach einer scharfen Waffe auf Nachfrage damit begründete, dass er nicht mehr in Haft leben und eher sich erschießen wolle, für unglaubhaft. Soweit Herr Weingarten vorab pauschal die gesamte Einlassung unseres Mandanten als Schutzbehauptung abkanzelt, soweit sie sich nicht mit seiner, wie ich aufgezeigt habe, in vielerlei Hinsicht insuffizienten Beweiswürdigung deckt, disqualifiziert sich eine derartige Würdigung von selbst. Eine solche Argumentation ist sowohl intellektuell als auch juristisch ein Leichtgewicht, so leicht wie Schnee, der auf Zedern fällt. *(Klemke zitiert damit ein Buch des amerikanischen Autors David Guterson, der die amerikanischen Vorbehalte gegen die im Weltkrieg unterlegenen Japaner thematisiert.)*
Mit der billigen Behauptung einer in der Hauptverhandlung nicht belegten nationalsozialistischen Gesinnung Herrn Wohllebens will Herr Weingarten offenkundige Lücken in seiner Beweisführung in Bezug auf den bedingten Vorsatz und vor allem das Mordmerkmal der niedrigen Beweggründe verdecken. Dieses Mordmerkmal der niedrigen Beweggründe wurde übrigens mit dem nationalsozialistischen Gesetzgeber eingeführt. Es eignet sich offenkundig aber auch zum bedenkenlosen wohlfeilen Einsatz im vermeintlich demokratischen Gesinnungsstaat.
Zum Abschluss meiner Ausführungen habe ich Anlass, auf zwei Behauptungen der Verteidigung des Carsten Schultze zurückzukommen: Herr Hösl meint, dass

das Waffengeschäft zwischen seinem Mandanten und dem Zeugen Andreas Schultz nur zustande kommen konnte, weil zwischen Herrn Wohlleben und dem Zeugen Schultz ein tiefes Vertrauensverhältnis bestand. Er vermutet eine vorherige Absprache zwischen dem Zeugen Schultz und Herrn Wohlleben. Tatsächlich sprechen alle festgestellten Umstände für eine vorherige, vermutlich telefonische Absprache zwischen Uwe Mundlos und/oder Uwe Böhnhardt mit dem Zeugen Andreas Schultz. Dafür spricht nicht nur, dass der Zeuge Andreas Schultz auf der sogenannten Garagenliste vermerkt war, sondern auch der Hinweis von Uwe Böhnhardt an Herrn Wohlleben, den Carsten Schultze wegen einer möglichen Waffenbeschaffung in das Madley zum Zeugen Schultz zu schicken.

Abschließend komme ich noch einmal auf die objektiv unwahre Behauptung des Herrn Rechtsanwalt Hösl zurück, wir, die Verteidigung Herrn Wohllebens, hätten in dem so genannten Volkstod-Antrag ausgeführt, dass weiße Deutsche mehr wert seien als Ausländer. Vielleicht habe ich mit dieser Bewertung dieser Behauptung des Herrn Hösl als bewusste Lüge Herrn Hösl Unrecht getan. Vielleicht kann er gar nichts dafür. Vielleicht lief bei Herrn Hösl, weichgeklopft und gehirngewaschen durch die veröffentlichte Meinung, bei gewissen Reizwörtern wie Volk, deutsches Volk, Identität und Volkstod so etwas wie ein Pawlowscher Reflex ab, und er empfing den Code »Nazis«. Die Nazis wiederum, so will es der angelernte Reflex, haben gefälligst einem arischen Herrenmenschen das Wort zu reden und sich dann verdammt noch mal auch so zu äußern, selbst vor Gericht. Das erinnerte mich nicht nur an die Dauerpropaganda der linksgrün durchsetzten Presse, sondern auch fatal an den Schlussvortrag Herrn Weingartens. Herr Weingarten nimmt ja frei nach Hermann Göring – Sie erinnern sich gewiss an dessen Ausspruch »Wer Jude ist, bestimme ich« – für sich in Anspruch zu definieren, wer ein Nazi ist, ohne dies auch nur einigermaßen stringent begründen zu können.

Die Taktik des Herrn Weingarten ist plump und durchschaubar. Er sucht sich einfach zwei oder drei Gegebenheiten aus der Biografie unseres Mandanten heraus, hier die Geburtstagszeitung für André Kapke, das einmalige Spielen des Pogromly-Spiels sowie die Beteiligung am Aufhängen des Puppentorsos an der BAB 4, und interpretiert sie dann pauschal im Sinne des von ihm gewünschten Ergebnisses. Jeder dieser einzelnen Beweiswürdigungssplitter ist völlig ungeeignet, konkrete Feststellungen zur politischen oder weltanschaulichen Einstellung unseres Mandanten zum Tatzeitpunkt zu treffen.

(Im weiteren wirft Klemke Oberstaatsanwalt Weingarten vor, »auf primitivster Stufe« zu argumentieren.) Diese unterschwellige Argumentation – oder besser Agitation – geht so: Herr Wohlleben ist ein Antisemit und damit ein Nazi gewesen. Gleiches gilt für Mundlos und Böhnhardt. Jeder Nazi ist ein Unmensch, der den lieben

langen Tag am liebsten Ausländer, Juden, Homosexuelle umbringen möchte und diesem Hobby ausgiebig frönt. Deshalb muss Herr Wohlleben von Vornherein davon ausgehen, dass dies auch der Wunsch von Mundlos und Böhnhardt war, und diese ihrem Nazi-typischen Verlangen trotz des auf ihnen lastenden Fahndungsdrucks nachgeben würden. Dies fand Herr Wohlleben prima, denn er ist ja schließlich auch ein Nazi und damit ein Unmensch.

Mir fällt beim besten Willen nicht ein, wie man sich mit solch einer infantilen Argumentation ernsthaft auseinandersetzen könnte, wenn man denn wollte. Ich jedenfalls will es nicht.

Ich habe an dieser Stelle den Antrag zu wiederholen, Ralf Wohlleben freizusprechen und Sie weiter aufzufordern, Herrn Wohlleben unverzüglich aus der nunmehr seit mehr als sechs Jahren und fünf Monaten andauernden Untersuchungshaft zu entlassen

Ich bin mir sicher, dass auch dieser Appell bei Ihnen auf taube Ohren stoßen wird. Eine Verurteilung Ralf Wohllebens ist ja auch einfach und bequem. Da sich die beiden psychopathischen Mörder Mundlos und Böhnhardt durch Selbstmord ihrer Verantwortung entzogen haben, soll Herr Wohlleben als Ersatz für sie büßen. Dies vor allem, weil er nach wie vor nationaler und volkstreuer Gesinnung ist und seine Überzeugung nicht verraten hat. Er ist damit der ideale Sündenbock.

Ralf Wohlleben wird mit Ihrem Urteil leben müssen. Sie allerdings auch. Ich hoffe, Sie können es nicht.

(Nach einer kurzen Pause folgt der dritte Verteidiger von Ralf Wohlleben mit seinem Plädoyer.)

Verteidiger Nahrath An dieser Stelle will ich gleich klarstellen: Dies ist mein Schlussvortrag, für ihn trage ich die Verantwortung, und erwarte, dass aus diesem keine nachteiligen Schlüsse gegen meinen Mandanten gezogen werden.

Meine Kollegen Schneiders und Klemke haben dezidierte und bis ins Detail reichende Schlussvorträge gehalten. Ich bin fest davon überzeugt, dass sie mit ihren Ausführungen nicht nur den Senat, sondern auch andere Verfahrensbeteiligte erreicht und zur Besinnung gebracht haben.

(Auch er geht noch mal auf die Aussage von Carsten Schultze ein. Dann greift er den Schlussvortrag von Oberstaatsanwalt Weingarten im August und September 2017 an. Dessen Ausführungen in Bezug auf Wohlleben seien voller Lücken, die Beweisaufnahme habe er selektiv gewürdigt, das Plädoyer habe allein dem Zweck gedient, Wohlleben zu belasten und auf dessen Verurteilung hinzuwirken.) Hatten Sie das nötig, Herr Weingarten? Haben Sie nicht den Schneid eines objektiven Anwalts des Staates und werden Sie nicht genau wegen dieser Elemente ihres Schlussvortrages gegen Herrn Wohlleben und freilich auch weitere Angeklagte nicht spätestens seit August

letzten Jahres umgetrieben? Ich wünschte es mir. Aber gesagt ist gesagt, Herr Weingarten.
(Nahrath geht noch einmal auf die Rolle der staatlichen Behörden ein und kritisiert deren Versagen bei der Fahndung, bevor er wieder zur Frage zurückkehrt, ob die Gesinnung eines Angeklagten im Strafprozess eine Rolle spielen darf.) Die Frage, ob politischen Überzeugungen, Ideologien, Religionen oder Weltanschauungen Terror, Gewalt, Mord oder Völkermord immanent mal so innewohnend seien, ist ein Terrain, auf welches sich die Judikative besser nicht begeben sollte. Da riecht es immer nach strafbewährter Zensur und Tabuisierung, nach Denk- und Sprechverboten, was sich in einem freiheitlich-demokratischen Rechtsstaat, der sich als Gegenbild zum NS-Unrechtsstaat verstanden wissen will, nicht schickt und gar nicht gut für die Rechtshygiene ist. Dies gilt für alle politischen, weltanschaulichen und religiösen Anschauungen.
Immer sind es Menschen, die vorgeben nach ihnen zu handeln, sie interpretieren, natürlich auch gründlich missverstehen können oder zu gewalttätigen, todbringenden Eiferern werden. Sie bezeichnen sich dann etwa als Kommunisten, Nationalsozialisten, Zionisten, Christen, Islamisten oder werden von anderen als solche bezeichnet. Zur Verdeutlichung erlaube ich mir einen kleinen Streifzug durch historische Fakten: Unter dem christlichen Kreuz lief über Jahrhunderte eine weltweite Missionierung, um die Menschen zum wahren Glauben zu führen. Dies ging nicht immer friedlich oder gar nächstenliebend ab, sondern wurde unzählige Male mit Feuer und Schwert gegen Völker und Stämme blutigst durchgesetzt. 50 Millionen Menschen sind im Zuge dieser Missionierung teilweise grausam und bestialisch umgebracht worden. Mit dem Gipfel der Perversität, der heiligen Inquisition, müssen wir zur Kenntnis nehmen, dass Tausende unter der Folter gestorben sind, Unzählige wurden bei lebendigem Leib verbrannt. Ein Massenmörder wie Breivik wollte sich unter anderem als Kreuzritter verstanden wissen. Fließen solche Massenverbrechen aber unmittelbar aus diesem das Christentum universell symbolisierenden Kreuz, das da über dem Eingang in den Gerichtssaal hängt?
Noch heute befinden sich Muslime im heiligen Krieg gegen Ungläubige, töten dabei Hunderte, wenn nicht Tausende Menschen, zerstören uralte, wundervolle Stätten und Zeugnisse der Kulturen in der Welt. Hundert Millionen Tote werden laut dem Schwarzbuch des Kommunismus dieser Ideologie zugeschrieben. Niemand bestreitet ernsthaft, dass der Zionismus sein durchaus noch legitimes Ziel, nämlich die Errichtung eines jüdischen Staates in Palästina, mit Gewalt, Terror, Mord und Vertreibung erreicht hat. Paradox ist, dass gerade auch Adolf Hitler mit Zionisten genau deshalb in Kontakt stand.
Über das Unrecht in den zwölf Jahren des Nationalsozialismus wird 24 Stunden

täglich sieben Tage in der Woche und beinahe 365 Tage im Jahr auf allen Kanälen der Rundfunk- und Fernsehsender sowie in nahezu jeder Zeitschrift und Zeitung berichtet. So werden auch die Türken mit einem Völkermord an den Armeniern belastet. Im Land oft the Free jenseits des Atlantiks lässt sich ohne Weiteres trotz einer damals schon revolutionären Verfassung ein Genozid an den dortigen Native Tribes nachweisen.
Hoher Senat, Völkermordverbrechen sind keineswegs ein singuläres Privileg der Deutschen. Wird aber daraus jeder Marxist, jeder Kommunist, Christ, Moslem, Zionist oder eben jeder Nationalsozialist allein aufgrund seiner Ideologie, seiner Weltanschauung oder seines Glaubens zu Mord und Totschlag getrieben? Ist er wegen seiner Überzeugung ein potenzieller Massenmörder oder ist die jeweilige Weltanschauung per se mörderisch? Natürlich nicht.
Man könnte aber angesichts dessen, was in diesem Verfahren zu hören war, zu dem Schluss kommen, dass solches doch schlüssig sei, aber nur für den Nationalsozialismus. Oder gleich bei allem, was als rechtsradikal, rechtsextrem, rassistisch, faschistisch oder ausländerfeindlich oder dergleichen kolportiert wird.
Weil sich eine ganze Reihe der genannten Begrifflichkeiten und die Wertungen daraus auch beim GBA-Vertreter Herrn Weingarten eingeschlichen haben und vor allem auch gegen unseren Mandanten ins Feld geführt werden, sehen wir die Notwendigkeit, uns im Rahmen unserer Schlussvorträge, damit zu befassen – und das nervt! Und es wird mit an Sicherheit grenzender Wahrscheinlichkeit den einen oder anderen aus dem Saal treiben. Am Ende wird sich jedoch erweisen, dass die dahingehenden Ausführungen des Herrn Weingarten nach der Beweisaufnahme in dieser Hauptverhandlung allenfalls so schwerwiegend sind wie ein Bruchteil des Gewichts von zartem Schnee, der auf Zedern fällt. Dabei werden Begriffe – Volk, Rasse, Volkstod – fallen wie sodann auch namentlich genannte Führungspersonen aus dem Feld des historischen Nationalsozialismus zitiert werden. Höchstvorsorglich wird deshalb insoweit Betroffenen und Leidenden angeraten, wegen der Risiken und Nebenwirkungen dieses Schlussvortrages lieber den nächsten Gutmenschen oder auch ihren örtlichen Politkommissar aufzusuchen.
Ralf Wohlleben war bereit, sich nach seiner Einlassung von allen Beteiligten befragen zu lassen, auch zu seinen Ansichten und Anschauungen. Die Vertreter des GBA, die Verteidiger und die allermeisten Vertreter der Nebenklage haben gerade zum Komplex seiner politischen Ansichten unserem Mandanten kaum oder gar keine Fragen gestellt. Ich bin zu dem Schluss gekommen, dass dies jedenfalls beim GBA und einer Reihe von Nebenklagevertretern schlicht daran lag, dass man von Herrn Wohlleben Antworten zu bekommen fürchtete, die nicht in das Konzept des rassistischen, ausländerfeindlichen und antisemiti-

schen Masterminds und Neonazis mit historischem NS-Hintergrund passen würden. Schon klar, Herr Weingarten, dass Sie vielleicht lieber den tumben, gewaltverherrlichenden, saufenden Proleten aus dem Nazi-Prekariat gehabt hätten. Haben Sie aber nicht.

Im Einzelnen: Rasse. Rasse ist ein rein biologischer Begriff, der insbesondere zu Zwecken der Definition, also Abgrenzung, in der vielfältigen Fauna auf unserem Planeten verwendet wird. Er ist völlig wertfrei und naturgesetzlich bestimmt. In der Biologie, auch der Humanbiologie, ist der Begriff der Rasse völlig unproblematisch, eben auch bei Menschen, die regelmäßig in drei Großrassen unterteilt werden: Europiden, Mongoliden und Negriden. Sie unterscheiden sich durch unterschiedliche Pigmentierung, die sich evolutionär auch mit unterschiedlicher Sonneneinstrahlung herausgebildet hat. Auch haben sie teilweise Unterschiede herausgebildet wie unterschiedliche Augenformen oder Gesichts-, Nasen- und Lippenformen. Herr Wohlleben dürfte demnach Angehöriger der Europidenrasse sein. Und damit hat es sich auch schon mit dem Begriff der Rasse.

Volk. Volk ist kein rein ideologischer Begriff. Gleichwohl haben sich im Laufe der Generationen bestimmte Gruppen als Ethnien, also Völker, herausgebildet. Diese entwickelten hochspezifische Gruppeneigenschaften, die gemeinhin als Kultur bezeichnet werden. Solche in Jahrtausenden gewachsenen Völker sind darüber hinaus sehr homogen, will heißen genetisch sehr eng verwandt, weil sie über Hunderte von Generationen in angestammten Gebieten lebten. Das deutsche Volk ist ein solches Volk, wie auch das türkische. Völker haben die kulturelle Vielfalt unter den Menschen erhöht. Klar, man kann dies alles anders sehen, auch bis hin zu der intellektuellen Schwerbehinderung, dass es gar keine Völker gäbe.

Herr Wohlleben ist davon überzeugt, dass es verschiedene Völker gibt. Er hält diese für erhaltungswürdig und lehnt die Überführung in eine sogenannte multikulturelle Gesellschaft ab. Er präferiert ein Europa der Vaterländer. Er achtet die Divergenz der Kulturen ohne zu werten. Und jetzt stelle ich provokativ auch mal eine Behauptung auf: Wer sein Volk nicht liebt, es sogar hasst, obgleich er Deutscher ist, es gar aus dem Reigen der Völker getilgt wissen will, verkörpert die Lieblosigkeit gegen sich selbst und möge sich einen anderen Platz auf diesem wunderschönen Planeten suchen.

Historischer Nationalsozialismus. Wegen des Sondergesetzes im Paragraf 130 Absatz 4 Strafgesetzbuch *(Nach diesem Absatz des Volksverhetzungs-Paragrafen im StGB macht sich strafbar, wer öffentlich die Herrschaft der Nationalsozialisten »billigt, verherrlicht oder rechtfertigt«.)* und aufgrund von Paragraf 86 StGB *(In dem Paragrafen geht es um das Verbreiten von Propaganda verfassungswidriger Organisationen.)* folgen nun Zitate, die ich völlig unkommentiert lassen werde. Alle Zitate sind von einem promovierten Historiker recherchiert.

Zitat Winston Churchill: »Unsere Führung muss wenigstens ein Stück vom Geist jenes deutschen Gefreiten haben, der, als alles um ihn in Trümmer gefallen war, als Deutschland für alle Zukunft ins Chaos versunken schien, nicht zögerte, gegen die gewaltige Schlachtenreihe der siegreichen Nationen zu ziehen.«
Emil Ludwig Cohn, Zionist: »Hitler will nicht den Krieg, aber er wird dazu gezwungen.«
Generalmajor John Frederick Charles Fuller, britischer Militärhistoriker, 1950: »Nicht die politischen Lehren Hitlers haben uns in den Krieg gestürzt. Anlass war der Erfolg seines Wachstums, eine neue Wirtschaft aufzubauen. Die Wurzeln des Krieges waren Neid, Gier und Angst.«
Sunday Correspondent, London, 1989: »Wir sind 1939 nicht in den Krieg gezogen, um Deutschland vor Hitler, den Kontinent vor dem Faschismus zu retten. Wie 1914 sind wir für den nicht weniger edlen Grund in den Krieg eingetreten, dass wir eine deutsche Vorherrschaft in Europa nicht akzeptieren konnten.«
Sir Hartley Shawcross, britischer Generalankläger in Nürnberg, 1963: »Hitler und das deutsche Volk haben den Krieg nicht gewollt. Wir haben auf die verschiedenen Beschwörungen Hitlers um den Frieden nicht geantwortet. Nun müssen wir feststellen, dass er Recht hatte. Anstelle einer Kooperation Deutschlands, die er uns angeboten hatte, steht die riesige imperialistische Macht der Sowjets. Ich fühle mich beschämt, jetzt sehen zu müssen, wie dieselben Ziele, die wir Hitler unterstellt haben, unter einem anderen Namen verfolgt werden.«
James Baker, US-Außenminister 1989: »Wir machten aus Hitler ein Monstrum, einen Teufel. Deshalb konnten wir nach dem Krieg nicht mehr davon abrücken. Hatten wir doch die Massen gegen den Teufel persönlich mobilisiert. Also waren wir nach dem Krieg gezwungen, in diesem Teufelsszenario mitzuspielen. Wir hätten unmöglich den Menschen klarmachen können, dass der Krieg eigentlich nur eine wirtschaftliche Präventivmaßnahme war.«
George Patton, US-Vier-Sterne-General, am 31.8.1945: »In Wirklichkeit sind die Deutschen das einzige anständige in Europa lebende Volk.«
Sefton Delmer, britischer Chefpropagandist während des Zweiten Weltkriegs, 1961: »Man mag heute darüber sagen, was man will, Deutschland war im Jahre 1936 ein blühendes glückliches Land. Auf seinem Antlitz lag das Strahlen einer verliebten Frau. Und die Deutschen waren verliebt – verliebt in Hitler. Und sie hatten allen Grund zur Dankbarkeit. Hitler hatte die Arbeitslosigkeit bezwungen und ihnen eine neue wirtschaftliche Blüte gebracht. Er hatte den Deutschen ein neues Bewusstsein ihrer nationalen Kraft und ihrer nationalen Aufgabe vermittelt.«
Lloyd George, britischer Premierminister im Ersten Weltkrieg, nach seinem Besuch in Berchtesgaden, 1936: »Ich habe nun den berühmten deutschen Führer

gesehen, auch die großen Veränderungen, die er verursacht hat. Was immer einer denkt von seinen Methoden, kann doch kein Zweifel darüber bestehen, dass er eine wunderbare Veränderung im Geist der Menschen vollbracht hat. Es ist ein glückliches Deutschland, ich habe es überall gesehen und kennengelernt.«
Joachim Fest in seiner Hitler-Biografie: »Wenn Hitler Ende 1938 einem Attentat zum Opfer gefallen wäre, würden nur wenige zögern, ihn für einen der größten Staatsmänner der Deutschen, vielleicht den Vollender ihrer Geschichte, zu halten.«
Winston Churchill, britischer Premierminister: »Dieser Krieg gilt nicht Hitler und dem Nationalsozialismus. Dieser Krieg wird wegen der Stärke des deutschen Volkes geführt, das ein für allemal zu Brei gemacht werden muss. Es spielt keine Rolle, ob die Deutschen sich in den Händen eines Hitler oder eines Jesuiten-Priesters befinden.«
Derselbe zu General Robert Wood, 1936: »Deutschland wird zu stark, wir müssen es vernichten!«
Weiteres Zitat Churchill, 1936: »Wir werden Hitler den Krieg aufzwingen, ob er will oder nicht!«
1939: »Dieser Krieg ist Englands Krieg. Sein Ziel ist die Vernichtung Deutschlands!«
1940: »Ich führe keinen Krieg gegen Hitler, sondern ich führe einen Krieg gegen Deutschland.«
Weiteres Zitat: »Ich möchte keine Vorschläge haben, wie wir kriegswichtige Ziele im Umland von Dresden zerstören können, ich möchte Vorschläge haben, wie wir 600000 Flüchtlinge aus Breslau in Dresden braten können.«
Und schließlich: »Wir hätten, wenn wir gewollt hätten, ohne einen Schuss zu tun, verhindern können, dass der Krieg ausbrach, aber wir wollten nicht.«
Jetzt kommen inländische Stimmen von Vertretern des historischen Nationalsozialismus.
Legalitätsprinzip. Zitat Adolf Hitler: »Die nationalsozialistische Partei verbietet ihren Anhängern jede Ungerechtigkeit und jede Gewalttat gegen den Staat. Sie bekämpft auf das Schärfste das politische Attentat, sei es im Kleinsten oder im Größten.«
Nächstes Zitat, derselbe: »Die nationalsozialistische Bewegung erobert das Deutsche Reich durch die Gewalt ihrer unwiderlegbaren Thesen.«
Jetzt aus einer Zeugenaussage Adolf Hitlers vor dem Strafsenat des Reichsgerichts in Leipzig, 1930: »Die Nationalsozialistische Bewegung wird von mir geführt, meine Befehle haben Gültigkeit. Über dem Befehl steht aber der Grundsatz, dass er nur dann zur Ausführung kommen darf, wenn er nicht gegen das Gesetz verstößt.«

Zitat: »Um eine gewaltsame Revolution durchzuführen, dazu habe ich kein Instrument geschaffen. Unsere Partei ist nicht die Mündung einer deutschen revolutionären Bewegung. Die Propaganda, die wir betreiben, ist eine geistige Revolutionierung des deutschen Volkes, eine Umstellung auf eine neue Welt. Unsere Bewegung hat Gewalt nicht nötig.«
Völkerverständigung. Joachim von Ribbentrop: »Unter den vielen Möglichkeiten, die Annäherung der großen Kulturvölker zu fördern, ist das gegenseitige Verstehen der Jugend eine der bedeutsamsten.«
Im Jahr 1938 war Parole der Hitlerjugend »Das Jahr der Verständigung«. Baldur von Schirach: »Jede Nation hat das Interesse, dass ihre Jugend einen möglichst weiten politischen Horizont bekommt. Besonders das nationalsozialistische Deutschland ist daran interessiert, dass seine Jugendlichen möglichst frühzeitig andere Nationen kennen und achten lernen. Je besser sich die Jugend Europas verstehen lernt, um so schöner für die Zukunft.«
Europa. Wer kommt jetzt? Ah, Joseph Goebbels: »Unsere Gegner haben keine klare Vorstellung von einem neuen Europa, wie es nach dem Kriege aufgebaut werden muss. Es kann dabei in unserem Falle wenigstens von Vergewaltigung überhaupt nicht die Rede sein. Das kommende neue Europa wird ein Gebilde darstellen, das seinen Teilnehmern und Nutznießern entschieden mehr Vorteile als Nachteile bieten wird. Mit verhältnismäßig geringen Zugeständnissen an die neue Ordnung erwerben sich die daran beteiligten Völker und Staaten eine wirtschaftliche, soziale und gesellschaftliche Sicherheit, die sie in den schweren Stürmen der noch vor uns liegenden Zeit großer Umwälzungen sonst gar nicht behaupten könnten. Wir leben heute zweifellos in einem äußerst kritischen Zeitalter der europäischen Kultur. Es geht in diesem Kriege nicht so sehr um die Hegemonie dieser oder jener Mächtegruppe auf dem Kontinent, als vielmehr darum, ob es überhaupt gelingen wird, die abendländische Menschheit vor dem gänzlichen Verfall zu retten.«
Er sagt weiter: »Es mag absonderlich erscheinen, aus unserem Munde den Ruf zur europäischen Solidarität zu vernehmen. Aber wir glauben, als Verfechter eines national bedingten Volkstums, dem wir angehören und das wir über alles lieben, sowie einer sozialistisch bestimmten Erneuerungsvorstellung unseres eigenen Landes eine größere Berechtigung zu diesem Appell zu besitzen, als die Vertreter einer international verschwommenen Ideologie, die keinen Boden unter den Füßen hat. Wir wissen, dass unser Land auch bei klügster und weitsichtigster Führung nur in einem gesunden europäischen Kontinent leben und gedeihen kann. Wir sehen über den Krisen und Belastungen der Gegenwart, die vor allem durch den Krieg bedingt sind, die Vision einer neuen, sinnvollen europäischen Ordnung emporsteigen.«

Rudolf Heß, 1934: »Wir Frontkämpfer wollen nicht, dass wieder eine unfähige Diplomatie uns in eine Katastrophe hineinstolpern lässt, deren Leidtragende wiederum Frontkämpfer sind. Wir wollen gemeinsam kämpfen, eine neue Katastrophe zu verhindern. Wir, die wir gemeinsam im Kriege zerstörten, wollen gemeinsam bauen am Frieden. Es ist höchste Zeit, dass endlich eine wirkliche Verständigung zwischen den Völkern erzielt wird. Eine Verständigung, die auf gegenseitiger Achtung fußt, weil sie allein von Dauer sein kann – auf einer Achtung, wie sie ehemalige Frontsoldaten untereinander auszeichnet.«
Rudolf Heß, 1935: »Ich betone aber ausdrücklich, dass es nicht der Wunsch der deutschen Regierung ist, sich vom Ausland völlig abzuschließen. Deutschland wünscht Beziehung zu anderen Ländern, nicht zuletzt auf wirtschaftlichem Gebiete. Der Austausch von Gütern bringt den Austausch anderer Beziehungen mit sich, die das gegenseitige Verständnis und damit den Frieden fördern.«
Noch mal Adolf Hitler, nach der Beendigung des Frankreich-Feldzuges: »Ich will den Frieden – und ich werde alles daransetzen, um den Frieden zu schließen. Noch ist es nicht zu spät. Dabei werde ich bis an die Grenzen des Möglichen gehen, soweit es die Opfer und Würde der deutschen Nation zulassen. Ich weiß mir Besseres als Krieg. Ich habe es nicht nötig, mir durch Krieg einen Namen zu machen wie Churchill. Ich will mir einen Namen machen als Ordner des deutschen Volkes, seine Einheit und seinen Lebensraum will ich sichern, den nationalen Sozialismus durchsetzen, die Umwelt gestalten.«
Soweit zum historischen Nationalsozialismus. Diese Zitate sind aus meiner Sicht ein starkes Indiz dafür, dass sich weder Uwe Böhnhardt noch Uwe Mundlos und schon gar nicht Frau Zschäpe mit dem historischen Nationalsozialismus überhaupt je befasst haben. Es scheint vielmehr so, als hätten die beiden Männer die Botschaften aus dieser Weltanschauung gar nicht begriffen, gar nicht gelesen. Vielmehr liegt doch nah, dass die beiden sich aus Sekundär- und Tertiärliteratur oder aus Fernsehdokus ihre eigene Definition von Nationalsozialismus gebastelt haben. Ich wage daher die Bewertung, dass der sogenannte NSU gewiss U war, aber nicht NS. Rauben und Morden klingt eher nach dem Schema der RAF. Was deshalb nicht verwundern würde, weil Böhnhardt und Mundlos weder im NS noch im sogenannten rechten Lager eine Blaupause hatten. Es gab keine rechten Terrorgruppen in Deutschland, an denen man sich hätte orientieren können.
Was Herrn Wohlleben betrifft und als gesichert gelten kann, sind aus meiner Sicht folgende Fakten: Herr Wohlleben hat die Anwendung von Gewalt zur Durchsetzung politischer Ziele nachdrücklich abgelehnt. Herr Wohlleben ist kein Ausländerfeind. Herr Wohlleben war an gewalttätigen Auseinanderset-

zungen mit dem politischen Gegner von links nicht beteiligt, erst recht nicht gegen Ausländer. Letztere gab es auch nicht.

(Anschließend geht Nahrath auf die Rolle des Verfassungsschutzes nach dem Untertauchen von Böhnhart, Mundlos und Zschäpe ein, insbesondere die Rolle von V-Männern wie Tino Brandt.)

Da muss am Ende doch die verschwörungstheoretische Frage aufkochen: War der Verfassungsschutz Geburtshelfer des NSU? Und mussten deshalb so viele Akten geschreddert werden? Hatte man es nach 50 Jahren endlich geschafft, eine rechte Terrorgruppe aufs Gleis zu heben, um sie bei passender Gelegenheit im propagandistischen Popanz gegen Rechts zu verwenden? Wo man hinschaut, bei organisierter Gewaltkriminalität von Rechts tauchen partout V-Leute auf. Und zwar eben nicht als vereinzelte kleine Lichter, sondern scharenweise, bis hinein in die Spitzenfunktionen und Spitzenpositionen der Vereinigungen.

Ralf Wohlleben ist freizusprechen. Der gegen ihn bestehende Haftbefehl ist aufzuheben, und Ralf Wohlleben ist in seine Familie zu entlassen.

Tag 428

5. Juni 2018

Wolfgang Heer, Verteidiger von Beate Zschäpe.

Verteidiger Heer Sehr geehrte Damen und Herren, vor fünfeinhalb Jahren hat der Generalbundesanwalt vor diesem Senat die Maximal-Anklage erhoben. Man muss es so nennen: eine monströse Anklage. Er hat Frau Zschäpe der denkbar schwersten Straftaten beschuldigt. Frau Zschäpe habe zehn Menschen heimtückisch und aus niedrigen Beweggründen ermordet, eine Vielzahl versuchter Morde begangen, zwei Sprengstoffattentate, 15 Raubüberfälle, eine besonders schwere Brandstiftung und – nicht zu vergessen – die mitgliedschaftliche Beteiligung an einer terroristischen Vereinigung.

Schon weit vor der Hauptverhandlung meinten sogar namhafte Strafjuristen, Frau Zschäpe müsse sich entlasten, sie müsse Reue zeigen und ihr Gewissen erleichtern. Ihre Schuld schien unverrückbar festzustehen. Ja, es wurde sogar angeprangert, dass sich Frau Zschäpe überhaupt verteidigte, und das auch noch durch gleich drei Verteidiger, die dem Steuerzahler – unnötig – zur Last fallen würden.

Ich frage mich, warum sich Frau Zschäpe entlasten sollte, wo doch die Grundidee des deutschen Strafprozesses darauf beruht, dem Angeklagten seine Schuld

nachzuweisen? Warum sollte sie persönliche Verantwortung übernehmen und Reue zeigen, wenn sie unschuldig ist?
Beate Zschäpe ist keine Terroristin. Sie ist keine Mörderin und keine Attentäterin. Sie ist wegen aller angeklagter Staatsschutzdelikte freizusprechen und unverzüglich freizulassen.
Niemand, auch nicht der Generalbundesanwalt, behauptet, Frau Zschäpe habe einen Beitrag geleistet, der nach allgemeinem Verständnis zu bestrafen wäre, schon gar nicht mit einer lebenslangen Freiheitsstrafe. Frau Zschäpe hat keine Morde geplant. Sie hat keine Waffen beschafft. Sie hat an den Taten insgesamt nicht mitgewirkt. Sie war noch nicht einmal in der Nähe auch nur eines Tatortes und hat die Straftaten von Mundlos und Böhnhardt auch nicht vom Küchentisch aus gesteuert.
Der Generalbundesanwalt will Frau Zschäpe nur deswegen für Jahrzehnte inhaftieren lassen, weil sie den »Anschein alltäglicher Normalität« erzeugt und eine »geregelte Existenz« vorgespiegelt habe. Anstatt sich auch mit dem – überaus naheliegenden – Gedanken zu befassen, dass Frau Zschäpe zwar in der Anonymität, aber ansonsten dennoch »normal« leben wollte, Freundschaften und Bekanntschaften pflegte und auch Böhnhardt und Mundlos nicht verlassen wollte, wertet der Generalbundesanwalt all dies als kriminelle Absichten.
Alltägliche Handlungen dürfen nicht mit dem Krümmen des Zeigefingers am Abzug einer Schusswaffe und auch nicht mit der Zündung einer Bombe gleichgesetzt werden.
Frau Zschäpe befindet sich seit nunmehr sechs Jahren und sieben Monaten in Untersuchungshaft. Der Senat wird unter Berücksichtigung der bekannten Strafzumessungskriterien, darunter auch ihr Geständnis, auf eine Strafe erkennen können, die maximal die verbüßte Untersuchungshaft erreichen wird. Selbst wenn auf eine höhere zeitige Freiheitsstrafe erkannt wird, ist zu berücksichtigen, dass das Verhalten Frau Zschäpes während der Untersuchungshaft keinen Anlass zu Beanstandungen gab. Sie wird daher die Strafe nicht bis zu deren Ende verbüßen müssen. Die Vollstreckung einer die Untersuchungshaftdauer übersteigenden Strafe wird zur Bewährung auszusetzen sein. Daher ist die sofortige Haftentlassung geboten.
Als ich am 17.11.2011 die Verteidigung von Frau Zschäpe übernommen habe, bin ich wie selbstverständlich davon ausgegangen, der Rechtsstaat werde das Verfahren gegen diejenige, die ihn – angeblich – doch in seinen Grundfesten erschüttern wollte, besonders fair gestalten. Ich dachte, es sei dem Rechtsstaat ein besonders Anliegen, an einer ordnungsgemäßen Verteidigung Frau Zschäpes schon im Ansatz keine Zweifel aufkommen zu lassen, an einer unvoreingenommenen Wahrheitserforschung ernsthaft interessiert zu sein und die Ermittlun-

gen »sauber« zu führen. Meine Annahme war falsch, wie ich schnell merken musste.

Die Kriminalpolizei übte auf Frau Zschäpe wiederholt in unzulässiger Weise Druck aus auszusagen. Sämtliche Angaben, die im Rahmen solcher – angeblich belangloser – »Unterhaltungen« gewonnen wurden, die faktisch jedoch Vernehmungen waren; all diese so gewonnenen Erkenntnisse sind unverwertbar.

(Er führt die beiden Unterhaltungen mit Kriminalhauptmeister P., bei dem sich Zschäpe am 8.11.2011 stellte, und Kriminalhauptkommissar B. an, der sie auf der Fahrt zur JVA Gera begleitete. Beide Polizisten wurden in den ersten Tagen der Verhandlung vom Gericht befragt. Dann beklagt Heer die »Vorverurteilungskampagne« gegen seine Mandantin.)

Frau Zschäpe wurde nicht nur in der Presse als »Nazi-Braut«, »Glatzenmatratze«, und »Teufel«, der »sich schick gemacht« hat, und – vor allen Dingen – als »meistgehasste Frau Deutschlands« bezeichnet. Der Vorsitzende des Innenausschusses des Deutschen Bundestages Bosbach – Rechtsanwalt – sprach schon im November 2011 von einer »Terrorzelle«.

Auch der damalige Generalbundesanwalt Range und der ehemalige Präsident des Bundeskriminalamts Ziercke höchstpersönlich haben Frau Zschäpe öffentlich angeprangert, als die Ermittlungen noch nicht einmal einen Monat geführt worden waren.

Die voreingenommene Einstellung des Generalbundesanwalts setzte sich bis zu seinem Schlussvortrag fort, denn er ließ entlastende Beweismittel zum Teil ganz unter den Tisch fallen oder bewertete das Beweisergebnis nur unter dem Blickwinkel der beantragten Maximalverurteilung.

Frau Zschäpe befand sich unter einem massiven Verurteilungsdruck, der nicht nur in der Presse, sondern auch hier im Saal initiiert wurde. Ihr wurde von Beginn an suggeriert, sie sei eine Mörderin und sei zu der Höchststrafe zu verurteilen. Frau Zschäpe baute auf den Rat ihrer neuen Verteidiger und war selbst nicht imstande, Risiken bei der Abfassung der Erklärung durch Rechtsanwalt Borchert zu überblicken. Schließlich belastete es sie, der Hauptverhandlung passiv zu folgen, und sie befand sich in psychisch angegriffener Verfassung.

Tag 429

6. Juni 2018

Wolfgang Heer, Verteidiger von Beate Zschäpe.

Verteidiger Heer Sehr geehrte Damen und Herren, ich wende mich dem Komplex »Inbrandsetzung« der Wohnung Herrn Böhnhardts, Herrn Mundlos' und Frau Zschäpes am 4.11.2011 zu. Abgesehen von dem Vereinigungsdelikt ist dies die einzige prozessuale Tat, die der Generalbundesanwalt Frau Zschäpe im Wege der unmittelbaren Täterschaft vorwirft. Es handelt sich um die einzige Tat, wegen derer eine Bestrafung Frau Zschäpes zu erfolgen hat, allerdings in einer gänzlich anderen strafrechtlichen Würdigung als sie der Generalbundesanwalt vorgenommen und seinem Schlussantrag zugrunde gelegt hat.

Obwohl in der Beweisaufnahme starke Indizien zutage traten, dass Frau Zschäpe die Herbeiführung einer Explosion nicht intendierte und sie es insbesondere weder für möglich hielt, dass Menschen zu Tode kommen würden, noch dass sie den Tod von Menschen billigte oder in Kauf nahm, verschloss sich dem der Generalbundesanwalt nicht nur, sondern nahm sogar noch eine Erweiterung auf den Vorwurf des vorsätzlichen Herbeiführens einer Sprengstoffexplosion vor.

Seit dem September 2011 führten die Zeugen Heiko P. und René K. in den beiden Dachgeschosswohnungen der Frühlingsstraße 26 umfangreiche und lautstarke Renovierungsarbeiten durch. Am 4.11.2011 begannen die Zeugen zwischen neun und 9.30 Uhr mit ihren Arbeiten. Zu einem nicht näher bestimmbaren Zeitpunkt vor 14.40 Uhr erfuhr Frau Zschäpe von dem Ableben Uwe Böhnhardts und Uwe Mundlos.

Gegen 14.40 Uhr hörte Frau Zschäpe, dass die Arbeiten im Dachgeschoss eingestellt und das dort befindliche Radio ausgeschaltet wurde. Beide Zeugen begaben sich zu der etwa 200 Meter entfernten Bäckerei Reinhold in der Frühlingsstraße 39, wo sie Kaffee und Kuchen bestellten.

Der Zeuge P. ging zu dem vor dem Haus befindlichen Fahrzeug zurück, um den Schlüssel an sich zu nehmen. Er entschloss sich, das Fahrzeug direkt zu der Bäckerei mitzunehmen und fuhr damit fort. Dies bekam Frau Zschäpe von ihrer Wohnung aus mit. In diesem Moment ging Frau Zschäpe davon aus, dass die Zeugen P. und K. an diesem Tag ihre Arbeiten nicht wiederaufnehmen und insgesamt nicht wieder in das Haus zurückkehren würden.

Um auszuschließen, dass die Zeugin Erber in Gefahr geraten könnte, beschloss sie zu eruieren, ob diese zu Hause sei. Frau Zschäpe verließ ihre Wohnung, begab sich zu der Wohnungseingangstüre der Zeugin Erber und betätigte die dort befindliche Klingel. Die in ihrer Wohnung aufhältige Zeugin Erber hörte dieses Klingeln. Nachdem Frau Zschäpe einen nicht mehr exakt bestimmbaren Zeitraum gewartet und die Zeugin Erber die Türe nicht geöffnet hatte, ging sie davon aus, dass die Zeugin nicht dort sei.

Anschließend verteilte sie in ihrer Wohnung aus einem Kanister etwa zehn Liter Ottokraftstoff.

Frau Zschäpe verfolgte das Ziel, einen auf ihre Wohnung beschränkten Brand zu legen, und hatte dabei die Absicht, Beweise für die von Böhnhardt und Mundlos begangenen Straftaten zu vernichten sowie die Unterstützung durch Dritte zu verdecken. Die Vernichtung sie selbst betreffender Beweismittel war ihr gleichgültig. Mit dem Eintritt einer Explosion rechnete sie nicht und machte sich über die Möglichkeit einer solchen keine Gedanken.

Die Beweisaufnahme hat nicht ergeben, dass Frau Zschäpe über Erfahrungen in der missbräuchlichen Verwendung von Ottokraftstoff verfügte.

Die Feststellung, dass Frau Zschäpe die Herbeiführung einer Explosion nicht wollte und diese auch nicht in Kauf nahm, beruht auf den Bekundungen von Zeugen, zu denen sie unmittelbar nach den Detonationen direkten Kontakt hatte. Solche Zeugen bekundeten, Frau Zschäpe habe nach Wahrnehmung der Explosionen und der mit ihnen einhergehenden Folgen für die Baustruktur der Frühlingsstraße 26 überrascht, ja förmlich entsetzt reagiert.

Der Zeuge Rechtsanwalt Liebtrau bekundete, Frau Zschäpe habe sein Büro am 8.11.2011 um die Mittagszeit aufgesucht und habe ein ein- bis zweistündiges anwaltliches Beratungsgespräch mit ihm geführt. Dabei habe sie ihm mitgeteilt, sie habe – kurz bevor sie das Haus am Nachmittag des 4.11.2011 endgültig verlassen habe, zu diesem Zeitpunkt habe es noch nicht gebrannt – an der Wohnungstüre ihrer Nachbarin geklingelt. Die Nachbarin sei nicht da gewesen, sodass es von ihr auf das Klingeln keine Reaktion gegeben habe. Der Zeuge bekundete, Frau Zschäpe habe das Klingeln von sich aus in einem Zusammenhang mit dem Brandereignis dargestellt.

Aus den Bekundungen des Zeugen ergibt sich zudem, dass die zeitnahe Einvernahme der Zeugin Erber für Frau Zschäpe ein besonderes Anliegen war.

Frau Zschäpe drang also schon vier Tage nach der Inbrandsetzung und noch vor ihrer Gestellung auf eine sofortige Vernehmung der Zeugin Erber. Für sich genommen spricht dieses Indiz nur dafür, dass sich Frau Zschäpe zeitnah gegen einen schweren Tatvorwurf offensiv verteidigen wollte. Zugleich wird damit aber auch bewiesen, dass sich dieser Vorwurf für Frau Zschäpe als unberechtigt darstellte.

Tag 430

7. Juni 2018

Wolfgang Heer Verteidiger von Beate Zschäpe.

Verteidiger Heer Sehr geehrte Damen und Herren, ich komme nun zu den Konsequenzen aus der verspäteten richterlichen Vernehmung der Zeugin Erber.

Der Senat wird bei seiner Beweiswürdigung in besonderem Maße zu berücksichtigen haben, dass die Zeugin Charlotte Erber aufgrund des Unterlassens des Generalbundesanwalts eine ermittlungsrichterliche Vernehmung zu beantragen, aber auch infolge seiner eigenen Passivität erst dann richterlich vernommen wurde, als sie längst nicht mehr vernehmungsfähig war. Frau Zschäpe wurde aufgrund dessen wesentlich in ihren Verteidigungsrechten beschränkt.

Die Zeugin Erber war in zentraler Position in das Tatgeschehen eingebunden. Sie hätte aus unmittelbarem Erleben berichten können, sodass ihrer Aussage zur Ermittlung des wahren Sachverhalts eine ganz erhebliche Bedeutung zukam.

Da der Generalbundesanwalt in seinem Schlussvortrag lediglich konstatiert hatte, eine weiterführende Vernehmung der Zeugin Erber in der Hauptverhandlung zur Sache sei aufgrund des deutlich eingeschränkten Gesundheitszustandes weder über Video noch durch den ersuchten Richter möglich gewesen, habe ich auf den entsprechenden Verfahrensablauf näher einzugehen: Eine richterliche Vernehmung der Zeugin Erber erfolgte erst am 2.12.2013, also zwei Jahre und einen Monat nach der Tat.

Rückblickend ergeben sich erhebliche Zweifel an dem Interesse der Justiz, ihrer Verpflichtung zur bestmöglichen Erforschung der Wahrheit zu entsprechen und Frau Zschäpe eine optimale Verteidigung zu ermöglichen. Denn die Zeugin Erber wurde erst auf Antrag der Verteidigung vernommen. Sämtliche übrigen Anwohner wurden hingegen von Amts wegen befragt.

Der Generalbundesanwalt unterließ auch die Beantragung einer richterlichen Vernehmung der Zeugin Erber. Die Staatsanwaltschaft hat zur Erforschung der materiellen Wahrheit alle be- und entlastenden Umstände mit der gleichen Sorgfalt und Objektivität zu ermitteln. Diese Verpflichtung ergibt sich bereits aus dem Gebot des fairen Verfahrens und entspricht der Stellung der Staatsanwaltschaft als eigenständiges Organ der Rechtspflege.

Warum auch der erkennende Strafsenat nicht unmittelbar nach Eingang der Anklageschrift und einer gewissen Einarbeitungszeit – also schon deutlich vor Beginn der Hauptverhandlung – die richterliche Vernehmung der Zeugin Frau Erber anordnete, ist ebenfalls nicht erklärlich. Schließlich wusste der Senat auch, dass die Zeugin aufgrund ihres Lebensalters für eine Einvernahme nicht mehr unabsehbare Zeit zur Verfügung stehen würde. Selbst zu einem fortgeschrittenen Stadium der Hauptverhandlung machte der Vorsitzende keinerlei Anstalten, die Zeugin Erber zu laden.

Der Senat wird Folgendes zu beachten haben: Kann ein zentrales Beweismittel, das potenziell zur Entlastung des Angeklagten hätte beitragen können, nicht in die Hauptverhandlung eingeführt werden, obwohl die Erhebung des Beweises ein Gebot der Aufklärungspflicht gewesen wäre, darf dies jedenfalls dann nicht zum Nachteil des Angeklagten gereichen, wenn – wie hier – die dadurch bedingte Verkürzung der Beweisgrundlage durch ein Verhalten der Exekutive bedingt ist.

Das über unseren auf die Vernehmung des Zeugen Rechtsanwalt Liebtrau gerichteten Beweisantrag vorgetragene Verteidigungsvorbringen sowie die Erklärung Frau Zschäpes, sie habe die Zeugin Erber vor dem Feuer warnen wollen, wird durch sämtliche insoweit erhobenen Beweise gestützt. Der Senat wird folglich nicht umhinkommen, sich der Beweiswürdigung der Verteidigung anzuschließen.

Ich wende mich nun der Beweiswürdigung bezüglich des Vorwurfes des versuchten Mordes an den Zeugen P. und K. zu: Die Beweisaufnahme hat das Wissen Frau Zschäpes ergeben, dass die beiden Zeugen zum Zeitpunkt der Entzündung des Benzins nicht mehr im Dachgeschoss und insgesamt nicht mehr im Haus waren. Mit der direkten Tatausführung begann sie erst, als sie sicher von deren Feierabend ausging.

Soweit der Generalbundesanwalt in seinem Schlussvortrag die Auffassung vertrat, Frau Zschäpe sei aufgrund einer Vorbereitung der Brandlegung und der Ausbringung des Kraftstoffes abgelenkt gewesen, sodass sie nicht mitbekommen habe, wie die Zeugen P. und K. das Haus verließen, widerspricht dies den erhobenen Beweisen. Hätte sie nämlich schon zu diesem Zeitpunkt Benzin ausgebracht, wäre – so sind die Sachverständigengutachten zu verstehen – das entstehende Gasgemisch deutlich voluminöser gewesen und hätte sich in allen Räumen ausgebreitet. Es wäre mit der Entzündung sogleich explodiert, und nicht erst nachdem Frau Zschäpe das Haus verlassen hatte. Sie wäre in diesem Falle zwangsläufig zu Schaden gekommen.

Ich komme zur strafrechtlichen Würdigung: Frau Zschäpe hat sich nicht wegen versuchten Mordes an der Zeugin Erber strafbar gemacht, denn es mangelt an einem entsprechenden Tatentschluss.

Indem Frau Zschäpe bei der Zeugin klingelte, bevor sie unmittelbar zur Tat ansetzte, manifestierte sie, deren Tod weder dem Zufall zu überlassen noch darauf zu hoffen, der Tod werde nicht eintreten. Als Ergebnis ist festzuhalten, dass Frau Zschäpe bezogen auf die Zeugin Erber nicht einmal bewusst fahrlässig handelte.
Frau Zschäpe hat sich auch nicht wegen versuchten Mordes an den Zeugen P. und K. strafbar gemacht. Bei der Tatausführung wusste sie positiv, dass beide das Dachgeschoss und das Gebäude insgesamt für diesen Tag endgültig verlassen hatten.
Herbeiführen einer Sprengstoffexplosion: Frau Zschäpe hatte keinen auf die Herbeiführung einer Explosion gerichteten Tatvorsatz. Indes hat sich Frau Zschäpe wegen fahrlässigen Herbeiführens einer Sprengstoffexplosion strafbar gemacht.
Durch das Herbeiführen der Explosion wurde die Gesundheit der Zeugin Erber konkret gefährdet, da es vom Zufall abhing, ob es zu einer Verletzung kommen würde.
Ich komme zu den Brandstiftungsdelikten.
Eine Strafbarkeit Frau Zschäpes wegen schwerer Brandstiftung gemäß Paragraf 306a Absatz 1 Nummer 1 StGB in der ersten Tathandlungsalternative, also der Inbrandsetzung eines Gebäudes, das der Wohnung von Menschen dient, scheidet aus. Die Haushälfte Frühlingsstraße 26 stellt kein taugliches Tatobjekt im Sinne dieser Norm dar: Maßgeblich ist vielmehr allein, ob es rein tatsächlich von Bewohnern zumindest vorübergehend als Mittelpunkt ihrer privaten Lebensführung zu Wohnzwecken genutzt wird. An einer derartigen Nutzung fehlt es, wenn alle Bewohner das Gebäude als Wohnung aufgegeben haben.
Herr Böhnhardt und Herr Mundlos waren zu diesem Zeitpunkt bereits verstorben; davon ging auch Frau Zschäpe aus. Frau Zschäpe hat ihren eigenen Willen, die eigene Wohnung aufzugeben, mittels der Brandlegung manifestiert. Eine Rückkehr war nicht geplant. Andere Bewohner gab es nicht. Weitere Gebäudeeinheiten in der Frühlingsstraße 26 waren zum Zeitpunkt der Brandlegung nicht bewohnt, sodass auch sie als Tatobjekte ausscheiden.
In Betracht käme insoweit ein Versuch der schweren Brandstiftung bezüglich der Frühlingsstraße 26a *(dort lebte Frau Erber)*. Allerdings lässt die Beweisaufnahme nicht die Feststellung zu, dass Frau Zschäpe bezogen auf diese Gebäudehälfte mit dolus eventualis handelte. Bedingter Vorsatz ergibt sich nicht bereits daraus, dass die Gefahr besteht, ein Feuer werde auf ein nebenstehendes Gebäude übergreifen, weil ein Abstellen allein auf solche objektiven Umstände nicht ausreicht.
Dass die Haushälften unmittelbar aneinandergrenzten, belegt noch nicht, dass die Gefahr des Übergreifens der Flammen derart gewiss und voraussehbar war,

dass schon allein deshalb die Annahme, Frau Zschäpe habe diese Gefahr in Kauf genommen oder sich doch zumindest mit ihrem Eintritt abgefunden, begründet wäre.

Ich komme zu dem Ergebnis unserer strafrechtlichen Würdigung und den Konkurrenzen: Frau Zschäpe hat sich wegen Brandstiftung und fahrlässigem Herbeiführen einer Sprengstoffexplosion strafbar gemacht.

Tag 431

12. Juni 2018

Wolfgang Stahl, Verteidiger von Beate Zschäpe.

Verteidiger Stahl Der Generalbundesanwalt hat in seinem Plädoyer die Auffassung vertreten, Feststellungen dazu, dass Frau Zschäpe unmittelbar an der Tatausführung der zehn Morde und der 15 Raubüberfälle beteiligt gewesen sei, hätten in der Hauptverhandlung nicht getroffen werden können. Er hat aber umfangreich zu seiner Auffassung ausgeführt, dass ihr nach den Feststellungen die von Uwe Böhnhardt und Uwe Mundlos begangenen Straftaten im Wege der Mittäterschaft zuzurechnen sind.

Eine Vielzahl von Juristen haben mit Verwunderung die Argumentation des Generalbundesanwalts zur Begründung einer mittäterschaftlichen Tatbeteiligung Frau Zschäpes zur Kenntnis genommen. Darunter auch Professor Claus Roxin, dessen Habilitationsschrift »Täterschaft und Tatherrschaft« noch immer zu den Standardwerken der Strafrechtslehre zählt. Roxin hat öffentlich in der Frankfurter Allgemeinen Zeitung seine Kritik über die rechtliche Einordnung der ermittelten Geschehnisse durch den Generalbundesanwalt in seiner Anklage gegen Frau Zschäpe zum Ausdruck gebracht.

Für Roxin begründeten die »Tatbeiträge«, die Beate Zschäpe zugeschrieben werden, nicht mehr als eine »Mitwisserschaft« und damit einen klassischen Fall der Beihilfe. Roxin wird mit dem Satz zitiert: »Es ist sicherlich keine wünschenswerte Lebensform, mit zwei Mördern zusammenzuleben, aber das macht einen Menschen noch lange nicht selbst zum Mörder«

Der Generalbundesanwalt sieht dies aber offenbar anders!

Nach dem wohl von keiner Seite insoweit in Zweifel gezogenen Ergebnis der – wie bereits erwähnt – sehr akribischen Beweisaufnahme der vergangenen fünf Jahre, hat Frau Zschäpe an keiner der ihr als Mittäterin von Uwe Mundlos und Uwe Böhnhardt zur Last gelegten Straftaten eigenhändig mitgewirkt.

Sie war – nach allem, was in dieser Hauptverhandlung festgestellt wurde – zur jeweiligen Tatzeit an keinem der jeweiligen Tatorte anwesend – auch nicht in Nürnberg – und sie hat nach den in der Hauptverhandlung getroffenen Feststellungen konkret auch kein einziges Tatbestandsmerkmal der ihr vorgeworfenen Straftaten eigenhändig verwirklicht.
Ihre Strafbarkeit als Mittäterin, der nach den Feststellungen in der Beweisaufnahme jeweils von Uwe Böhnhardt und Uwe Mundlos zusammen begangenen Morde, Sprengstoffanschläge und Raubtaten, versteht sich demnach nicht von selbst.
Mittäterschaft ist nach der jüngeren Rechtsprechung des Bundesgerichtshofs aufgrund einer Gesamtbetrachtung aller Umstände festzustellen. Herangezogen werden als wesentliche Anhaltspunkte dabei insbesondere der Grad des eigenen Interesses am Taterfolg, der Umfang der Tatbeteiligung und die Tatherrschaft oder wenigstens der Wille zur Tatherrschaft. Die Durchführung und der Ausgang der Tat müssen also maßgeblich vom Willen des Betroffenen abhängen.
Die Beiträge, die der Generalbundesanwalt Frau Zschäpe zuschreibt, sind folgende: Ein Leben als langjähriges gleichberechtigtes Mitglied einer Kleinstgruppe im Untergrund, die Legendierung und Verschleierung der Abwesenheiten von Uwe Böhnhardt und Uwe Mundlos durch die Beschaffung von Tarnpapieren und der Aufrechterhaltung einer sozialen Legende, die Mitwirkung an Waffenbeschaffung, die Dokumentation der Taten, die langjährige Verantwortung für mobile Kommunikation, das finanzielle Mitspracherecht und ihre angebliche Tätigkeit als Kassenwart, die Mitwirkung an der Erstellung des Paulchen-Panter-Videos, die Inbrandsetzung der Wohnung in der Frühlingsstraße und die Versendung des Bekennervideos.
All diese ihr vom Generalbundesanwalt zugeschriebenen Beiträge seien verbunden mit den Tathandlungen von Uwe Böhnhardt und Uwe Mundlos. Sie hätten sich für das sichere Gelingen der Taten und auch für deren ideologische Einbettung als von wesentlicher Bedeutung erwiesen. Die angeblichen Beiträge Frau Zschäpes hätten auch in bestimmender Weise in das Ausführungsstadium der Taten hineingewirkt.
Letztlich unternimmt der Generalbundesanwalt lediglich den Versuch, seine eigentliche Behauptung als begründet erscheinen zu lassen, nämlich, dass jemand, der über mehrere Jahre in Kenntnis verübter Verbrechen mit den Verbrechern eng zusammenlebt, selbst Verbrecher sein muss, was in der Folge dazu führt, dass ein Bestreiten, Verbrecher zu sein, gelogen sein muss.
Diese Zusammenfassung klingt etwas plump und – ich gebe es zu – sie ist es auch, aber genau das ist die deduktive Herleitung der Beweiswürdigung des Generalbundesanwalts.

Frau Zschäpe wusste, was die beiden Männer getan haben, sie blieb bei ihnen und stellte sich nicht der Polizei, geschweige denn zeigte sie die beiden Männer bei der Polizei an.

Bei Kenntnis der Pläne hätte dieses Verhalten, das der Generalbundesanwalt mit seiner Prämisse Frau Zschäpe vorwirft, zu einer Verurteilung wegen des Nichtanzeigens geplanter Straftaten gemäß Paragraf 138 StGB geführt.

Diese Konstruktion kann keinesfalls in eine Mittäterschaft wegen Mordes führen! Ich darf an das eingangs erwähnte Zitat von Roxin erinnern: »... mit zwei Mördern zusammenzuleben, ...macht einen Menschen noch lange nicht selbst zum Mörder«.

Tatsächlich aber stellt der Generalbundesanwalt seine Grundprämisse »Wer über so lange Zeit mit Verbrechern zusammenlebt, muss selbst Verbrecher sein!« sozusagen vor die Klammer gezogen der Bewertung sämtlicher Ermittlungsergebnisse als eine Art alles infizierenden Eingangsbefund voran.

So wird später aus einem »Nichtpreisgeben der wahren Identität« gegenüber den Nachbarn eine »Legendierung«. Aus der bei neutraler Betrachtung fraglos zunächst entlastenden Feststellung, dass Frau Zschäpe zur Tatzeit offensichtlich an keinem der Tatorte anwesend war, sondern mutmaßlich zu Hause, wird unter der Prämisse des Generalbundesanwalts die belastend konnotierte »Stallwache« – dies selbst dann, wenn nicht einmal bekannt geworden ist, ob Frau Zschäpe sich tatsächlich während der Taten in der jeweiligen Wohnung aufgehalten hat. Aus dem neutralen Besitz eines Telefons und der teilweise nur vermuteten Beschaffung von SIM-Karten durch Frau Zschäpe wird durch das Voranstellen der Grundprämisse des Generalbundesanwalts die »langjährige Verantwortlichkeit Frau Zschäpes für die mobile Kommunikation der Gruppierung« und aus einem möglicherweise von Frau Zschäpe geführten Telefonat der »Beleg dafür, dass Frau Zschäpe in zeitlicher Nähe zum Mord an Theodoros Boulgarides Einfluss auf die von Uwe Böhnhardt und Uwe Mundlos verübte Tat genommen hat«.

Der Generalbundesanwalt führt an, dass Frau Zschäpe sich aufgrund ihrer Zugehörigkeit zu einer Kleinstgruppe, die über 13 Jahre lang im Untergrund lebte zusammen mit Uwe Böhnhardt und Uwe Mundlos – also zu dritt – dem gemeinsamen verschworenen Kampf gegen Immigration und Integration verschrieben habe.

Das Argument des Generalbundesanwalts, Frau Zschäpe habe über 13 Jahre lang zusammen mit Uwe Böhnhardt und Uwe Mundlos im Untergrund gelebt, ist nach meiner Bewertung das mit Abstand populärste Argument für die auch in der öffentlichen Wahrnehmung als feststehend angenommene Schuld von Frau Zschäpe, und es geht von dem – nicht existenten – Erfahrungssatz aus, den

der Generalbundesanwalt seiner Beweiswürdigung regelmäßig unausgesprochen als Grundprämisse voranstellt.
Nämlich, dass ein Mensch, der über lange Zeit mit Verbrechern zusammenlebt, selbst Verbrecher sein muss, mindestens aber die Verbrechen der anderen billigt und mitträgt.
Ein solcher Erfahrungssatz existiert nicht. Es besteht selbst bei Begründung einer festen Wohngemeinschaft kein Erfahrungssatz, dass jeder von dem anderen weiß, was dieser den ganzen Tag lang macht.
Meines Erachtens kommt eine solche Argumentation weniger der gebotenen präzisen Analyse eines sich darbietenden tatsächlich auch feststellbaren Sachverhalts nahe, als der im Volksmund bekannten Wendung: Mitgegangen, mitgefangen.
Die Flucht in den sogenannten Untergrund war weder geplant noch organisiert, sondern der überraschenden Durchsuchung der angemieteten Garage geschuldet. Sie war – nach allem was wir hier in der Beweisaufnahme dazu gehört haben – spontan entschieden worden und der Umstand, dass Uwe Böhnhardt, Uwe Mundlos und Beate Zschäpe hierbei und in den Folgetagen nicht festgenommen wurden, nur dem Zufall geschuldet.
Schaut man sich in der Folge die weitere Entwicklung nach der Flucht an, so wie sie sich hier in der Beweisaufnahme dargestellt hat, wird man doch sofort darauf aufmerksam, dass es einige Zeit nach dem Untertauchen über Rechtsanwalt Dr. Eisenecker und die Eltern von Uwe Böhnhardt Bestrebungen gegeben hat, zurück in die Legalität zu kehren.
Man kann nun dieses Verhalten von Menschen, die nicht von langer Hand geplant, sondern Hals über Kopf und ohne festes Ziel vor Strafverfolgung geflüchtet sind, etwas hochtrabend als »Legendierung« und »Verschleierung« bezeichnen und diese wiederum als ausgeklügelten Teil eines zusammenhängenden Gründungsplans einer terroristischen Vereinigung. Oder man nimmt es als das, was es wohl in allererster Linie war: erforderliche Ausreden, oder nennen Sie es Lügen, die man auf Fragen entgegnen muss, um einer Entdeckung zu entgehen.
Frau Zschäpe war nicht in die Beschaffung von Waffen und erst recht nicht in die Beschaffung von Waffen, mit denen Tötungsdelikte verübt wurden, eingebunden.
Der Generalbundesanwalt unterstellt Frau Zschäpe eine Mitwirkung bei der Dokumentation der Taten, indem er aus daktyloskopischen Spuren, die auf zwei Zeitungsartikeln aufgefunden wurden und einer DNA-Mischspur von Frau Zschäpe schlussfolgert, dass sie das sogenannte Zeitungsarchiv erstellt habe.
Ihre Spuren fanden sich auf zwei Berichten und zwar zum einen zu einem An-

schlag in der Keupstraße im Kölner Express, und zum anderen auf einem Artikel über den Mord an Habil Kiliç in der tz München. Diese Beweiswürdigung der in der Hauptverhandlung festgestellten Beweisanzeichen halten wir für nicht tragfähig.
Der Generalbundesanwalt ist weiterhin der Auffassung, dass die Spuren Frau Zschäpes auf den aufgefundenen beiden Zeitungsartikeln auch zu der Annahme, führen würden, dass sie an der Erstellung der Bekenner-DVD beteiligt war. Denn aus dem Zeitungsarchiv wurden einzelne Presseberichte für Videosequenzen in dem Bekenner-Video genutzt.
In dieselbe Richtung weise auch eine in der Wohnung sichergestellte Bilddatei, wonach Frau Zschäpe mit Herrn Böhnhardt eine Wette im Zusammenhang mit der Reduzierung von Körpergewicht abschloss, bei der der Wetteinsatz »200 Mal Videoclips schneiden« vereinbart wurde. Diese erhebliche Anzahl der versprochenen Clips korrespondiere mit der Notwendigkeit einer Vielzahl von Schnitten im Rahmen der Erstellung des Bekennervideos und spreche dafür, dass sich der Wetteinsatz auf das Paulchen-Panther-Video bezog.
Zunächst ist festzuhalten, dass sich in der Hauptverhandlung keinerlei Erkenntnisse darüber ergeben haben, ob Frau Zschäpe die offensichtlich abgeschlossene und dokumentierte »Wette im Zusammenhang mit der Reduzierung von Körpergewicht« überhaupt verloren hat, denn nur dann hätte sie den auf sie entfallenden Wetteinsatz, »200 Mal Videoclips schneiden« einlösen müssen. Und nur dann wäre es tatsächlich zu einer Schneidetätigkeit gekommen. Andernfalls bliebe es bei einer einmal hierzu erklärten Absicht im Falle des Verlusts der Wette. Es ist also völlig offen, ob Frau Zschäpe ihren Wetteinsatz überhaupt hätte einlösen müssen. Offen ist weiterhin, ob Frau Zschäpe – unterstellt sie hat die Wette verloren – dann auch ihre Wettschulden eingelöst hat.
Selbst unterstellt, Frau Zschäpe hätte in der ihr seitens des Generalbundesanwalts zur Last gelegten Art und Weise an der Beschaffung von Waffen, an einer Verwaltung der finanziellen Mittel, an der Erstellung eines Zeitungarchivs und der Bekenner-DVD sowie an der Anmietung von Fahrzeugen mitgewirkt, liegen nach Maßgabe der Rechtsprechung schon nach dem äußeren Erscheinungsbild in Bezug zu den Tatbeiträgen von Uwe Mundlos und Uwe Böhnhardt aus objektiver Sicht keine konkreten Tatbeiträge von einem Gewicht vor, die den Schluss auf eine Tatherrschaft von Frau Zschäpe oder wenigstens auf ihren Willen dazu tragen könnten. Es ist auch nicht ersichtlich, dass sie sonst Tatherrschaft gehabt hätte, etwa indem sie im Rahmen der Planung und Organisation der Taten eine derart exponierte Stellung eingenommen hätte, dass sie gegenüber Böhnhardt und Mundlos eine übergeordnete Position innegehabt hätte.
Als Ergebnis unserer tatsächlichen und rechtlichen Bewertung halte ich fest:

Frau Zschäpe kann mangels der erforderlichen Feststellungen nicht als Mittäterin der von Uwe Böhnhardt und Uwe Mundlos ausgeführten Mordanschläge, Sprengstoffdelikten und Raubtaten verurteilt werden.
Die Ausführung der jeweiligen Tötungsdelikte, Sprengstoffanschläge und Raubtaten oblag allein den beiden verstorbenen Uwe Mundlos und Uwe Böhnhardt und war ebenso wie der Eintritt des Taterfolgs dem Einfluss und dem Willen Frau Zschäpes in jeder Hinsicht entzogen; denn schon die Frage, ob die Taten überhaupt stattfinden würden, hing nicht von dem Willen Frau Zschäpes, sondern ausschließlich von den Entschlüssen Uwe Böhnhardts und Uwe Mundlos ab.
Bei der vom Generalbundesanwalt vorgestellten Konstruktion des mittäterschaftlichen Handelns handelt es sich um eine Auslegung, die in der Rechtsprechung bislang – so weit für uns erkennbar – keinen auch nur annähernd vergleichbaren Vorgänger hatte. Auch der Generalbundesanwalt sieht das vermutlich nicht anders, sonst hätte er die betreffende Entscheidung mit Sicherheit zitiert.
Selbst der hinsichtlich der Raubtaten unter Zugrundelegen der für Frau Zschäpe durch ihre anderen Verteidiger verlesenen Angaben hierzu möglicherweise existierende gemeinsame Tatentschluss und das aus dem Bestreiten des gemeinsamen Lebensbedarfs folgende Interesse Frau Zschäpes am Gelingen der Überfälle vermag nach Maßgabe der dargestellten Rechtsprechung des Bundesgerichtshofs eine andere Beurteilung nicht zu rechtfertigen.
Zum Abschluss meiner Ausführungen darf ich mit einem Zitat von Jörg-Peter Becker, dem Vorsitzenden des 3. Strafsenats des Bundesgerichtshofs *(er ist auch zuständig für die Revision im Fall Zschäpe)* schließen; einem Satz, den er – in anderem Zusammenhang, aber bei vergleichbarem Sachverhalt – in einer Revisionshauptverhandlung am 29. Juni des vergangenen Jahres *(2017)* an den Sitzungsvertreter des Generalbundesanwalts richtete: »Glauben Sie wirklich, dieses Haus würde ein solches Urteil halten? Nein, es bleibt dabei: ohne Tatbeitrag keine Mittäterschaft!«

Tag 432

13. Juni 2018

Anja Sturm, Verteidigerin von Beate Zschäpe.

Verteidigerin Sturm Hoher Senat, auch Sie sind nicht vor reflexhaftem Verhalten gefeit, vor der reflexartigen Negierung von Irrtümern, Fehlern. Kein Mensch ist gefeit vor Missverständnissen, Irrtümern, Fehlern. Anders, positiv formuliert: Es

ist eine zutiefst menschliche Eigenschaft, Realität nur fragmentarisch und subjektiv eingefärbt wahrzunehmen. Jeder Polizeibeamter, jeder Staatsanwalt, jeder Richter, jede Polizeibeamtin, jede Staatsanwältin und jede Richterin ist ein Mensch. Ein Mensch, der lediglich eine bestimmte Funktion, eine ihm zugedachte oder zugewiesene Rolle ausübt, eine Aufgabe wahrnimmt.
Wenn wir uns anschauen, wo überall, bei welchen Verfassungsschutzämtern, bei welchen Landeskriminalämtern wie auch dem Bundeskriminalamt, Informationen jedenfalls nicht zielführend verarbeitet worden sind, gemeinhin apostrophiert als »Staatsversagen«, war es dann nicht zwingend erforderlich, wenigstens, quasi entschuldigend, festzustellen, dass eine terroristische Vereinigung hinter all diesen bislang ungeklärten Taten stecken muss? Plakativer formuliert: Für die staatlichen Behörden scheint es peinlich gewesen zu sein, hätte man es einfach nur mit Einzeltätern zu tun gehabt – Einzeltäter, die nicht einmal eine Bande bilden konnten, dafür bedarf es bekanntlich dreier Personen, geschweige denn eine terroristische Vereinigung.
Hat sich Frau Zschäpe der mitgliedschaftlichen Betätigung in einer terroristischen Vereinigung strafbar gemacht? Und: Liegen die Voraussetzungen für die Anordnung der Sicherungsverwahrung vor? Um es gleich zu sagen: Nein.
Der NSU bestand allein aus den schwerstkriminellen Uwe Böhnhardt und Uwe Mundlos. Er war keine terroristische Vereinigung im strafrechtlichen Sinne. Beate Zschäpe hat den NSU weder mitgegründet, noch hat sie sich an ihm beteiligt. Frau Zschäpe hat nicht die innere Sicherheit der Bundesrepublik Deutschland gefährdet. Gegen Frau Zschäpe kann keine Sicherungsverwahrung angeordnet werden. Dies gilt selbst dann, wenn sie gemäß der Maximalanklage des Generalbundesanwalts vollumfänglich verurteilt werden würde.
(Sturm geht nun ausführlich auf die Biografie von Beate Zschäpe ein und die Situation in Ostddeutschland unmittelbar nach dem Zusammenbruch der DDR. Sie schildert, wie Zschäpe Böhnhardt und Mundlos kennenlernte und mit ihnen in den Untergrund ging.)
Ist Beate Zschäpe die eiskalte, berechnende Mörderin, durchsetzungsfähig und willensstark, nicht nur Mitglied, sondern wohl maßgeblicher Kopf hinter den »Handlangern« Uwe Mundlos und Uwe Böhnhardt, als die sie im Plädoyer der Vertreter des Generalbundesanwalts und einiger Nebenklägervertreter dargestellt und auch bezeichnet wurde? Oder ist sie, wie wir auch in den Plädoyers bisher gehört haben, schwach, angepasst?
Eines ist vorneweg zu konstatieren: Das Bild, welches bisher gezeichnet wurde, ist schwarz-weiß. Von wenigen Ausnahmen abgesehen, basierte die Beweiserhebung zu der Person Frau Zschäpes auf der Einvernahme von Zeugen. Der Satz: »Der Zeuge ist das gebräuchlichste Beweismittel«, ist leider genauso wahr wie der Satz: »Der Zeuge ist das unsicherste Beweismittel.«

Eine brillante und kraftvolle Rhetorik der Vertreter des Generalbundesanwalts vermag nicht zu verbergen, dass das Anklagegerüst ein Potemkinsches Dorf ist. Lücken in der Beweisführung werden mit der Persönlichkeit Frau Zschäpes gleichsam als Kitt geschlossen, ihr Wesen quasi »verargumentiert«.
Der Generalbundesanwalt hatte sich schon zu einem ganz frühen Zeitpunkt in dem Strafverfahren festgelegt nicht nur hinsichtlich der Täterschaft, sondern auch was sein Bild von Frau Zschäpe betrifft.
Das Bild von Frau Zschäpe stand fest. Es galt nur noch, dieses durch einzelne Mosaiksteine, welche sich aus dem schier unerschöpflichen Fundus sogenannter Beweise bis hin zu Satzfragmenten einzelner Zeugenaussagen bilden lassen, nachzuzeichnen. *(Sturm führt als Beispiel die Aussage von Zschäpes Cousin Stefan Apel an, den auch die Bundesanwaltschaft mit einer Bemerkung über Beate Zschäpe zitiert hatte: »Sie hatte die Männer im Griff.«)*
(Sturm stockt. Sie sieht mitgenommen aus.)
Verteidigerin Sturm Ich bitte um eine Pause und auch gleich, für heute zu unterbrechen. Ich bin ausgesprochen angeschlagen und bitte darum, dass wir morgen weitermachen.
Götzl Ist es denn vorstellbar, noch einen weiteren Teilabschnitt zu machen?
Verteidigerin Sturm Was soll ich darauf jetzt sagen? Ich denke ich muss nicht anfangen, mich hier hinzulegen, um zu verdeutlichen, was ich sage. Ich bin irritiert.
Götzl Dann unterbrechen wir für heute und setzen morgen fort.

Tag 433
19. Juni 2018

Anja Sturm, Verteidigerin von Beate Zschäpe.

(Verteidigerin Sturm fährt mit ihrem Plädoyer fort, das sie in der Woche davor wegen einer Erkältung abbrechen musste.)
Verteidigerin Sturm Ich war am letzten Mittwoch stehen geblieben bei der Beweiswürdigung, die sich auf die Person Frau Zschäpes fokussiert. Begonnen hatte ich mit der Kernsentenz »Sie hatte die Männer im Griff« und hatte die Aussage des Zeugen Stefan Apel einer Bewertung unterzogen. Das Ergebnis lautete, dass seine Bekundungen, welche spontan und unbeeinflusst der Lenkung durch die Strafverfolgungsbehörden erfolgten, im Einklang mit den Beschreibungen vieler anderer Zeugen stehen: fröhlich, freundlich, zugewandt, mit kesser Lippe, aber auch ihre eigene Meinung, ihre eigenen Werte als Frau zu vertretend, sich insbe-

sondere auch für Kinder einsetzend. Eine darüber hinausgehende Feststellung, sie habe Uwe Mundlos und Uwe Böhnhardt erklärt, wo es langgeht und was zu tun sei, lässt sich durch die Aussage des Zeugen Apel allerdings nicht treffen.
(Anschließend wendet sich Sturm weiteren Zeugen zu, die Aussagen zur Persönlichkeit von Beate Zschäpe machten. Sie geht zunächst auf die Aussage von Andreas R. ein, der am Tag 192 aussagte.)
Zunächst berichtete er von sich aus, dass sie damals, als er sie kennengelernt habe, eine Art Lehre gemacht habe, Zitat: »Da war sie nicht so geflissentlich dabei.« Unmittelbar an diese Aussage, ohne Zwischenfrage, von sich aus, schloss der Zeuge sodann den Satz: »Sie war sehr selbstbewusst in der Gruppe.« Wiederum der nächste Satz: »Sie ist mir nicht dadurch aufgefallen, dass sie irgendwelche politischen Meinungen großartig vertreten hat.«
Auf die Frage nach dem Selbstbewusstsein in der Gruppe nahm der Zeuge R. eine negative Definition vor: Da seien mehr Jungs in der Gruppe gewesen, wörtlich: »Sie hat sich da schon durchgesetzt, hat sich da nichts gefallen lassen.«
Die Aussage des Zeugen Andreas R. ist auch geeignet, wiederum den Begriff der Bewaffnung, den Umgang mit Waffen vor dem Hintergrund dessen, was damals normal gewesen ist, zu erhellen: So bekundete er, dass Waffen ein Thema gewesen seien, indes »scharfe Waffen auf jeden Fall nicht«. Er habe so einen »Knigger«, ein Luftdruckgewehr gehabt. Schießübungen hätten sie schon gemacht, das hätten damals viele Jungs gemacht; das sei nichts Außergewöhnliches gewesen.
Ich wende mich den Bekundungen des Zeugen Aleksander H. zu *(Er sagte an den Tagen 198 und 204 aus.)*, ein langjähriger Freund des Uwe Mundlos, der selbst nie Teil der rechten Szene war.
Bezogen auf Frau Zschäpe bekundete der Zeuge, sie als umgänglichen Typ wahrgenommen zu haben, offen, Zitat: »Mir gegenüber vielleicht ein bisschen reserviert«, und »lustig bis amüsant würde ich sagen«. Sie sei kein unwillkommener Gast gewesen.
Zur politischen Einstellung Frau Zschäpes vermochte der Zeuge H. nichts zu sagen. Wörtlich bekundete er: »An direkte, deutliche Äußerungen von Beate in politischer Hinsicht kann ich mich nicht erinnern, an Statements besonderer Art.« Damit reihen sich die seitens des Zeugen H. nicht getätigten Wahrnehmungen zu politischen Äußerungen Frau Zschäpes ein in die Riege vieler anderer Zeugen, die ebenfalls keine Wahrnehmungen zu politischen Ansichten und Absichten Frau Zschäpes getätigt hatten. Kurzum: Frau Zschäpe mag politische Ansichten gehabt und diese geäußert haben – offenkundig hat sie sich nicht damit hervorgetan, denn es hat keiner mitbekommen.
Am 204. Hauptverhandlungstag wurde die Vernehmung des Zeugen H. fortge-

setzt. Nunmehr wurden dem Zeugen Vorhalte aus seiner zeugenschaftlichen Vernehmung im Ermittlungsverfahren gemacht. Während der Zeuge bis zu diesem Zeitpunkt neutral und in Bezug auf Frau Zschäpe keine Einzelheiten zu berichten vermochte, änderte sich dies in der fortgesetzten Vernehmung erheblich. Nunmehr behauptete der Zeuge, sich an eine Begebenheit im Club »Volkshauskeller« zu erinnern, mit einem Glas; es habe da jemand zugeschlagen und wörtlich: »Diese zuschlagende Person, das war Beate Zschäpe. Das ist ein Bild, an das ich mich erinnere. Also Einzelheiten dazu fallen mir nicht ein.« Tatsächlich offenbart der Zeuge später auf Nachfrage, nicht einmal zu wissen, ob er bei einem solchen Vorfall selbst zugegen gewesen war.

Beispielsweise: Sie sei unterschwellig aggressiv gewesen, wobei er dies wiederum nur mit einem Zitat, »Gefühl, das ich habe«, belegt. Dass Frau Zschäpe ein »vernunftbegabtes Wesen sei«, so der Zeuge wörtlich, und »genau gewusst« habe, wann die »Dinge beginnen, die von der Polizei geahndet werden können«. Dies schloss er daraus, dass Frau Zschäpe im Auto auf dem Beifahrersitz gesessen habe und die Spiegel auf sie eingestellt gewesen seien, sodass sie die Kennzeichen der mutmaßlichen Fahrzeuge der Zivilpolizei notieren konnte.

Der Zeuge beschrieb Frau Zschäpe an anderer Stelle als »gegenüber Uwe vereinnahmend« – was sich decken würde mit der ebenfalls von ihm mitgeteilten Aussage Uwe Mundlos', er habe sich von Beate Zschäpe getrennt, weil diese zu sehr »klammere«.

Während der Zeuge anlässlich seiner Vernehmung am ersten Tag neutral berichtete, änderte sich dies am zweiten Tag deutlich. Der Zeuge H. führte hierzu aus: »Das weiß ich nicht. Von der ersten zur zweiten Aussage habe ich mich mit Sicherheit in der öffentlichen Presse umgesehen; das, was ich gelesen habe, hat mich beeinflusst.«

Wir Verteidiger können nur sagen: Ja, das hat man gemerkt.

Die Zeugin Maria H. *(Sie sagte am Tag 132 aus.)* bekundete, damals gemeinsam mit ihrer Freundin Steffi mit der Straßenbahn auf dem Weg nach Hause gefahren zu sein, als sich ein ihr unbekanntes Mädchen unmittelbar gegenüber hingesetzt und sie die ganze Zeit angestarrt habe. Dieses Mädchen habe ihr gesagt, dass sie, die Zeugin H., »das Mädchen« beleidigt oder ausgelacht hätte. An ein solches, ihr vorgeworfenes Verhalten vermochte sich die Zeugin H. schon damals nicht zu erinnern. Allerdings seien sie damals in einer größeren Gruppe unterwegs gewesen, in der es auch ein Mädchen gegeben habe, welches ihr »ziemlich ähnlich« gesehen habe: Zöpfe, rote Strähnen, Perlen. »Wir wurden damals öfter verwechselt!« Als sie an der Endhaltestelle gemeinsam ausgestiegen seien, sei sie von dem Mädchen geschubst worden. Wörtlich erklärte sie weiter: »Das war nicht so, dass es eine Schlägerei war.« Sie sei gestürzt, und das

Mädchen habe sich auf ihren Rücken gesetzt und verlangt, dass sie sage: »Ich bin eine Potte.«

Durch das Schubsen war die Zeugin H. so unglücklich gestürzt, dass ihr Fuß angebrochen wurde, was sich jedoch erst am nächsten Tag herausstellte. Diesbezüglich führte die Zeugin aus: »Das konnte das Mädchen aber nicht sehen und nicht wissen.«

Die damals 16-jährige Zeugin bekundete, sie habe erst im Nachhinein erfahren, dass es Frau Zschäpe gewesen sei. Auf die Frage, wie sie davon erfahren habe, äußerte sie einerseits: »Ich weiß nicht, wer das wusste. Dieser Vorfall war in der Szene Jena ziemlich bekannt, weil ich einen Gipsverband hatte.«

»Mir ist nicht erinnerlich, dass ich damals wusste, dass das Zschäpe gewesen sei. Erst nach der Verhaftung *(gemeint ist hier die Verhaftung von Zschäpe im Jahr 2011)* hat ein freier Journalist gesagt, dass es doch den Vorfall gab.« Ob der Journalist, der ihr diese Informationen gegeben habe, diese wiederum von der Abgeordneten Katharina König oder von einem Beamten erhalten habe, könne sie nicht gut auseinanderhalten. Zitat: »Für mich ist das bis jetzt nicht plausibel, wo dieser Name auftaucht, weil Steffi und ich ja alleine waren in dieser Situation.« Frau Zschäpe habe sie nicht gekannt. Die Zeugin erklärte, erst nach der Festnahme von Frau Zschäpe zu der Überzeugung gelangt zu sein, dass es sich bei dem damaligen Vorfall um Frau Zschäpe gehandelt habe. Zwar erklärte die Zeugin insoweit auch: »Ja, den Namen wusste ich damals nicht.« Dies vermittelt allerdings nur scheinbar den Eindruck, dass die Zeugin H. Frau Zschäpe positiv als das damals angreifende Mädchen wiedererkannt hat. Denn tatsächlich hatte die Zeugin H. gemeinsam mit dem Journalisten ihren Bekundungen zufolge im Internet nach, Zitat, »etlichen Fotos« von Frau Zschäpe gegoogelt.

Ich komme zum Zeugen Christian Kapke *(Er sagte an den Tagen 189 und 301 aus.)*. Der Generalbundesanwalt sucht das Frau Zschäpe zugeschriebene Selbstbewusstsein, ihre Durchsetzungsfähigkeit gegenüber Uwe Mundlos und Uwe Böhnhardt, auch mit der Aussage des Zeugen Christian Kapke zu belegen.

Der Zeuge Christian Kapke hat vor allen Dingen klar zum Ausdruck gebracht, dass es sich seiner Wahrnehmung nach nicht um eine Dreiergruppe innerhalb einer Gruppe gehandelt habe. Zitat: »Nach meiner Wahrnehmung war das bis 1998 kein Trio.«

Tatsächlich äußerte der Zeuge, dass er Beate Zschäpe »sehr selbstbewusst« erlebt habe. *(Sturm wendet sich an die Bundesanwaltschaft.)* Wenn Sie sich nicht nur dieses Puzzleteilchen herausgepickt hätten, sondern einfach die ganze Äußerung des Zeugen Christian Kapke beachtet hätten? Dann hätten Sie damit nicht Ihre These begründen können. Der Zeuge Christian Kapke sagte nämlich zur Ideologie: »Vorgelebt nicht, mitgeschwommen ist sie. In dem Kreis ist insbesondere Uwe

Mundlos aufgefallen, das war der ideologische Kopf in dieser Konstellation.« Und zum Selbstbewusstsein: »Beate Zschäpe habe ich in dem Zusammenhang sehr selbstbewusst erlebt.« Und dann geht es weiter. Zitat: »Sie hat neben sich keine Konkurrenz geduldet, war gegenüber anderen Frauen sehr zickig, abweisend. Aber nicht, dass sie uns ideologisch indoktriniert hat.«

Diese Beschreibung bezog sich also auf Frau Zschäpe in Bezug zu anderen Frauen. Das Verhältnis zu Jungs beziehungsweise Männern beschrieb der Zeuge nicht. Tatsächlich legt seine Aussage eine andere Interpretation nahe: mitgeschwommen ist sie; ideologisch indoktriniert hat sie nicht.

(Sturm führt weitere Zeugen an und legt dar, wie die Bundesanwaltschaft deren Aussagen einseitig und falsch interpretiert habe. Dann wendet sie sich an das Gericht.)

Insgesamt kann man, nein, muss man feststellen: »Rechtsfehler« wurden nicht nur im Ermittlungsverfahren gemacht, sie wurden in der Hauptverhandlung nicht nur vertieft, sie setzten sich fort.

Das ist beklagenswert, aber auf menschlicher Ebene nachvollziehbar. Es ist nicht heilbar, aber korrigierbar. Mit Konfuzius will ich formulieren: »Wer einen Fehler gemacht hat und ihn nicht korrigiert, begeht einen zweiten.« In diesem Sinne, sorgen Sie für eine Korrektur. Nehmen Sie eine vorsichtige Beweiswürdigung vor. Und: Beachten Sie die von uns geltend gemachten Beweisverwertungsverbote.

Tag 434

20. Juni 2018

Manfred Götzl, Richter. **Anja Sturm,** Verteidigerin von Beate Zschäpe. **Michael Kaiser,** Verteidiger von André Eminger.

Verteidigerin Sturm War der NSU wirklich eine terroristische Vereinigung im Sinne des Paragrafen 129a StGB? Konnte sich Frau Zschäpe durch eine Beteiligung als Mitglied an dieser strafbar machen? Um die Antwort auch hier vorwegzunehmen: Beate Zschäpe war Mitglied einer Wohngemeinschaft. Sie war nicht Mitglied einer terroristischen Vereinigung.

Terrorismus ist ein Kampfbegriff. Terrorist ist immer der andere, und Terrorismus ist das, was die Bösen tun.

Die Bildung einer Wohngemeinschaft aus drei Personen zum Zweck des gemeinsamen Wohnens für einen nicht nur vorübergehenden Zeitraum lässt sich zwanglos unter das Merkmal eines auf gewisse Dauer angelegten organisatorischen Zusammenschlusses subsumieren. Gleiches gilt für den gemeinsam verfolgten Zweck, unerkannt und anonym – der Generalbundesanwalt bezeichnet es als »im Untergrund« – zusammenzuleben. Am 26.1.1998 wird man insofern noch nicht von der Bildung einer entsprechenden Vereinigung ausgehen können, als sich noch keine Absicht im Hinblick auf eine gewisse Dauer feststellen lässt. Denn nach den entsprechenden Beweiserhebungen – ich beziehe mich insbesondere auf die Bekundungen der Zeugen Aleksander H. und Juliane W. –, muss man feststellen, dass Uwe Mundlos, Uwe Böhnhardt und Beate Zschäpe am 26.1.1998 nicht etwa strategisch »untertauchten«, sondern vielmehr überstürzt und ungeplant, ohne jedes Ziel, flüchteten.

Von »auf eine gewisse Dauer angelegt« kann aber jedenfalls dann ausgegangen werden, als sich Uwe Mundlos und Uwe Böhnhardt um einen Ausweis bemühten, also ab Sommer 1998. Erst ab diesem Zeitpunkt lässt sich konstatieren, dass die zeitliche Komponente eines untechnisch verstandenen Vereinigungsbegriffs bei diesen beiden als erfüllt anzusehen wäre. Strafrechtlich relevant ist allerdings nur eine solche Vereinigung, deren Zielsetzung auf die Begehung der in den Paragrafen 129, 129a StGB aufgeführten Straftaten gerichtet ist. Das bedeutet, der Zweck oder aber die Tätigkeit der Vereinigung – also von mindestens drei Personen – muss darauf gerichtet sein, bestimmte Straftaten zu begehen. Der kriminelle Zweck muss von allen diesen Personen in den Vorsatz aufgenommen worden sein.

Um das Ergebnis vorweg zu nehmen: Das – auch wiederholte – Begehen von Straftaten, insbesondere von Banküberfällen, von zwei Mitgliedern der aus drei Personen in der Anonymität bestehenden Wohngemeinschaft ist nicht geeignet, einen kriminellen Charakter der Vereinigung zu begründen. Dem wird auch dann nicht Genüge getan, wenn Frau Zschäpe die Begehung von Straftaten als notwendige Voraussetzung für ihr eigentliches Ziel sieht, die Wohngemeinschaft fortsetzen zu können.

Die Rechtsprechung hat die Mindestanzahl bei einer Personengruppe, die nach dem Strafgesetzbuch eine erhöhte Gefährlichkeit begründen soll, mit drei festgelegt, weil nur bei einer solchen Mehrzahl an Personen der typische »gruppendynamische Zusammenhalt« – zwei Personen können eine weitere Person davon überzeugen weiter mitzuwirken – besteht. Bande und Vereinigung haben sich nach der zum fraglichen Zeitpunkt geltenden Rechtslage allein dadurch unterschieden, dass letztere eine organisatorische Struktur und ein Gefährlichkeitspotenzial aufweist, das über das einer Bande noch deutlich hinausgeht.

Wenn der besondere beabsichtigte Zweck der Vereinigung nach den Paragrafen 129, 129a StGB allerdings nur von zwei Vereinigungsmitgliedern getragen wird,

während Frau Zschäpe primär andere Ziele verfolgt, fehlt es an der erforderlichen Mindestzahl an Mitgliedern einer kriminellen Vereinigung.
Bezüglich der zu gründenden Vereinigung müssen mindestens drei Personen die Absicht haben, sich für die Vereinigung an der Begehung von Straftaten zu beteiligen. Es reicht nicht aus festzustellen, dass Frau Zschäpe aufgrund der ihr gegenüber erfolgten Offenbarungen der Taten durch Uwe Mundlos und Uwe Böhnhardt die Zielsetzung dieser beiden erkannt und sich damit abgefunden hatte. *(Anwältin Sturm führt aus, dass Zschäpe keinen wesentlichen Beitrag zum Zustandekommen einer Vereinigung geleistet habe.)*
Es mag zwar sein, dass in einer Vereinigungsstruktur wie dem Islamischen Staat Kochen und Waschen essentielle Aufgaben von Frauen sind, wie der GBA wohl in dem der Entscheidung StB 32/17 »Frauen im Islamischen Staat« zugrunde liegenden Sachverhalt ausgeführt hat. Auch dort vertrat der Generalbundesanwalt schon die Auffassung, dass derartige Handlungen eine mitgliedschaftliche Betätigung darstellen. Dem erteilte der Bundesgerichtshof allerdings eine Absage.
Unter dem Blickwinkel des Mindestmaßes an Gründungsbetätigung müssen die Fähigkeiten von Frau Zschäpe als beschränkt bezeichnet werden. Eine Fahrerlaubnis hat sie nicht, fahren kann sie auch nicht. Schießen kann sie – nach den Feststellungen in der Hauptverhandlung – nicht. Richtig, sie kann freundlich sein; der Generalbundesanwalt wie auch der Sachverständige Professor Dr. Saß meinen ja, dass Frau Zschäpe manipulativ und ausschließlich zum Zweck der Legendierung freundlich gewesen sei. Die Unrichtigkeit dieser Annahme haben wir bereits belegt; belastbare Schilderungen von Zeugen haben wir sozusagen aus sämtlichen Abschnitten ihres Lebens und damit als überdauernde Persönlichkeitsmerkmale.
Zurück zu den Fähigkeiten: Sie kann eine gute Zuhörerin sein; sie kann eine gute Freundin sein; sie kann einen Haushalt führen; sie kann auch sparsam mit Geld umgehen. Sie kann lügen. Allerdings Stichwort »Legendierungsmaßnahmen«. Das, was der Generalbundesanwalt hier als mittäterschaftliche Beiträge sehen will, sind sozialadäquate Alltagshandlungen. Diese Handlungen eignen sich aber auch nicht als Gründungsbeitrag für eine strafrechtlich relevante Vereinigung. Die Legendierung diente Frau Zschäpe ausschließlich zur Aufrechterhaltung der Anonymität, nicht der Begehung von Straftaten. Selbst bei Verständnis für den Verfolgungseifer des Generalbundesanwalts und selbst bei Verständnis für das Bedürfnis der Angehörigen und Betroffenen der Taten von Uwe Mundlos und Uwe Böhnhardt, wenigstens die Frau, die mit diesen beiden Mördern zusammenlebte, hierfür bestraft sehen zu wollen: Diese Handlungen stellen sich nicht als wesentlicher Förderungsbeitrag für die Bildung einer kriminellen Vereinigung dar.

Insgesamt kommen wir zu dem Ergebnis, dass Frau Zschäpe keine kriminelle Vereinigung gegründet hat. Ohne die Gründung einer kriminellen Vereinigung entfällt allerdings auch die mitgliedschaftliche Betätigung in einer solchen. Ich hatte zu Beginn meiner rechtlichen Ausführungen darauf hingewiesen, die Frage des Terrorismus gesondert zu behandeln. Um auch an dieser Stelle das Ergebnis vorwegzunehmen: Frau Zschäpe kann nicht wegen einer mitgliedschaftlichen Betätigung in einer terroristischen Vereinigung verurteilt werden. Die Kürze, in welcher der GBA die rechtliche Bewertung dieses Komplexes in seinem Plädoyer abgehandelt hat, vermittelt die Illusion einer juristischen Selbstverständlichkeit. Eine juristische Selbstverständlichkeit ist dies indes nicht.

(Nach einer Pause blinkt das rote Lämpchen am Mikrofon des Verteidigers von André Eminger. Der Richter erteilt dem Anwalt das Wort.)

Verteidiger Kaiser Herr Vorsitzender, Herr Eminger hat mir mitgeteilt, dass er wieder schwer unter Migräne leide und sich nicht mehr auf den Fortgang der Verhandlung konzentrieren könne.

Götzl Könnten Sie das bitte etwas näher ausführen?

Verteidiger Kaiser Herr Vorsitzender, ich hatte bereits in der Vergangenheit mitgeteilt, dass Herr Eminger schon zuvor in Migränebehandlung war, daher weiß er, dass Migräneanfälle auch einen Wetterwechsel ankündigen. Tatsächlich soll ein Wetterwechsel ja auch aktuell anstehen. Er sitzt hier nun schon so lange, und es ist erst das dritte Mal, dass er über einen solchen Anfall klagt.

Götzl Wir unterbrechen jetzt erstmal und holen einen Arzt.

(Die Verhandlung wird für eine Stunde unterbrochen. André Eminger wird in eine Zelle des Gerichts gebracht und von einem Arzt begutachtet. Anschließend kehrt das Gericht zurück. Götzl teilt mit, die Hauptverhandlung werde beendet, dazu sei »ärztlicherseits angeraten« worden.)

Tag 435

21. Juni 2018

Manfred Götzl, Richter. **Anja Sturm,** Verteidigerin von Beate Zschäpe.

Verteidigerin Sturm Anlass für die Einführung des Straftatbestandes der Bildung terroristischer Vereinigungen war die Gruppierung »Rote Armee Fraktion«. Diese strebte einen allgemeinen gesellschaftlichen Aufstand nach einigen Initiativstraftaten gegen Repräsentanten des Staates an.

Mit der 1976 erfolgten Einführung der »terroristischen Vereinigung« in das

Strafgesetzbuch sollten Normen für die Ränder der Gruppierungen um die RAF geschaffen werden. Die ursprünglich klare Struktur wurde durch Gesetzgebungsinitiativen in der Folge der Anschläge vom 11.9.2001 aufgelöst.

Der Rat der Europäischen Union konkretisierte aufgrund verschiedener internationaler Abkommen zur Bekämpfung des Terrorismus den eigenen Terrorismusbegriff. Neben der schweren Straftat als solche muss demnach immer der kommunikative Aspekt bezogen auf die Gesamtbevölkerung hinzutreten. Er kennzeichnet eine Motivation, die gegenüber Dritten über die Tat hinaus zum Ausdruck kommen muss.

Dieser kommunikative Aspekt ist es aber, welcher entsprechend des Rahmenbeschlusses vormals und der Richtlinie nunmehr das »Terroristische« der Straftat überhaupt erst begründet – sofern und soweit sie mit einem konkreten terroristischen Ziel begangen werden, nämlich die Bevölkerung auf schwerwiegende Weise einzuschüchtern.

Frau Oberstaatsanwältin Greger hat zwar in ihrem Plädoyer das eigentliche Problem am Rande tangiert und darauf hingewiesen, dass die zehn Morde dazu bestimmt gewesen seien, Teile der Bevölkerung einzuschüchtern – dies genügt dem Wortlaut des Paragrafen 129a StGB aber gerade nicht. Dieser fordert eine Einschüchterung in erheblicher Weise.

Natürlich wirken sich Straftaten auf die unmittelbar davon Betroffenen aus.

Anders als in anderen Fällen, in denen sich der betroffene Teil der Bevölkerung gegen die Übergriffe zu wehren beginnt und auf diese Weise eine über die Straftatbegehung hinausgehende Gefahr für das Staatswesen in Form von Unruhen oder Ähnlichem resultiert, was unter die erhebliche Schädigung eines Staats und seiner Einrichtungen subsumiert werden kann, hat sich der betroffene Bevölkerungsteil hier ruhig verhalten.

Dass die Taten selbst den Bestand und die Sicherheit des Staates beeinträchtigt hätten, wurde auch seitens der Nebenklägervertreter nicht behauptet. Nur eine solche Gefährdung jedoch stellt Terrorismus im juristischen Sinn dar: Die Gefährdung oder Verunsicherung muss aus der Tat selbst resultieren.

Ein terroristischer Aspekt – es sei hier ausdrücklich betont – im juristischen Sinn liegt in diesen Serienmorden nicht.

(Abschließend erläutert Sturm, warum es nicht angezeigt sei, Zschäpe in Sicherungsverwahrung zu nehmen. Damit endet das letzte Plädoyer der Verteidiger.)

Tag 436

26. Juni 2018

Manfred Götzl, Richter. **Christian Setzensack**, pensionierter Brandgutachter des LKA Bayern Er sagte auch an Tag 74 aus. **Mathias Grasel, Wolfgang Heer, Anja Sturm**, Verteidiger von Beate Zschäpe. **Michael Kaiser**, Verteidiger von André Eminger.

(Auf Antrag der Zschäpe-Verteidiger Wolfgang Heer, Wolfgang Stahl und Anja Sturm wird an diesem Tag noch einmal ein Gutachter zum Brand in der Frühlingsstraße 26 in Zwickau gehört. Es geht insbesondere um die Frage, ob es sich bei der Brandlegung durch Beate Zschäpe um eine einfache oder besonders schwere Brandstiftung handelt. Dabei spielt eine Rolle, ob die Gebäudeteile der Frühlingsstraße 26 und 26a juristisch betrachtet als zwei Häuser oder als ein Haus gelten. Eine besondere Bedeutung kommt der Trennwand zwischen 26 und 26a zu.)

Götzl Es soll – schlagwortartig – um folgende Themen gehen: die Feuerbeständigkeit der Wand zwischen Frühlingsstraße 26 und 26a, die Frage einer fehlenden Verbindung der Dachbalken und die Frage der Ausbreitung des Feuers.

Setzensack Zum ersten Punkt, ob die Wand zwischen den Gebäudeteilen feuerbeständig war. Es geht um die Trennwand zwischen den beiden Gebäuden. Die Trennwand bestand aus Hohlloch-Ziegelsteinen, beidseitig verputzt, 24 Zentimeter Wandstärke. Ziegelsteine und Mörtel sind unbrennbar, die Wand hätte definitiv nicht brennen können. Es gibt allerdings die Problematik, dass der Mörtel beim Brand mürbe wird. Für unsere Trennwand heißt das, dass die Stabilität der Trennwand schlechter wird. Die Trennwand hatte eine Stärke von 24 Zentimeter, das entspricht einer Brandschutzwand. Es war zwar keine Brandschutzwand, aber von der Stärke und Dicke her wäre es als Brandschutzwand durchgegangen. Insgesamt muss man davon ausgehen, dass die Wand nicht eingefallen wäre. Ich kann Ihnen aus der Praxis sagen: Die meisten Wände bleiben bei Bränden stehen. Den ersten Punkt im Beweisantrag, ob die Trennwand feuerbeständig war, kann man also bejahen. Nun zum zweiten Punkt, ob die Wand aus nicht brennbaren Baustoffen bestand und hoch feuerhemmende Wirkung hatte. Im Prinzip habe ich die Frage schon beantwortet. Den Punkt kann man auch bejahen.
Zum dritten Punkt, ob die Wand keine Risse entwickelt hätte, wenn sie nur Hitze ausgesetzt gewesen wäre. Die Wand hat Risse aufgewiesen, aber die waren explosionsbedingt. Nun war die Frage, ob Risse auch entstanden wäre, wenn es nur gebrannt hätte. Das lässt sich eindeutig beantworten. Der Grund ist: Bei ei-

nem Brand erwärmen sich die Materialen, sie dehnen sich aus, das führt zu Spannung und Rissen. Risse sind bei Bränden eigentlich Normalität.
Zum vierten Punkt, ob am 4. November 2011 eine direkte Verbindung zwischen den Dachbalken der Gebäudehälften bestand und eine Ausbreitung des Feuers über den Dachstuhl möglich gewesen wäre. Das lässt sich klar mit ja beantworten. Das Feuer hätte sich ohne Weiteres ausbreiten können. Ein Übergriff stand kurz bevor. Es hätte maximal fünf Minuten gedauert, dann wäre der Brand drüben gewesen. *(Er zeigt mehrere Fotos der Feuerwehr, auf denen Flammen aus der Wohnung Zschäpes schlagen und zum hölzernen Dachstuhl und dem Dachüberstand aus Holz züngeln.)*
Dann komme ich zum fünften Punkt des Beweisantrags. Da geht es um die Frage, ob Rauchgase ohne Explosion nicht so schnell ins Obergeschoss gekommen wären. *(Im Obergeschoss über der Wohnung von Zschäpe, Mundlos und Böhnhardt arbeiteten zwei Handwerker. Als Zschäpe die Wohnung in Brand steckte, machten sie gerade Pause. Sie ist dennoch nicht nur wegen versuchten Mordes an der Nachbarin Erber, sondern auch an den beiden Handwerken angeklagt.)* Es geht also um die Frage des Rauchgasdurchtritts durch die Decke. Die Decke war an der Unterseite mit Gipskartonplatten verkleidet, darüber gab es einen hölzernen Fehlboden, also Bretter, einen Hohlraum und die Bretter des Bodens der Dachgeschosswohnung. So ein Boden ist löchrig wie ein Schweizer Käse, da können Rauchgase ohne Weiteres durchgehen. Die Gipsplatten selber waren sicherlich dicht. Bei einer Explosion können die Platten natürlich sofort beschädigt werden, wenn sie beschädigt werden, ist nur noch der Fehlboden darüber, löchrig wie ein Schweizer Käse, dann gehen die Rauchgase nach oben. Hätte es nur einen Brand gegeben, hätten die Platten eine Zeit lang gehalten und wären erst im Laufe der Zeit runtergefallen, nicht sofort. Den Beweisantrag kann man insofern bejahen: Die Deckenundichtigkeit wäre nicht sofort, sondern erst später entstanden. Aber im vorliegenden Fall gab es noch eine andere Möglichkeit der Rauchgasübertragung in die obere Wohnung: über Schächte und Kanäle, die es immer gibt. Last but not least können Rauchgase auch durch Wohnungstüren austreten, ins Treppenhaus gelangen und durchs Treppenhaus nach oben strömen.

Götzl Sind Fragen?

Verteidiger Heer Zum Thema Mürbewerden des Mörtels, gibt es da einen Unterschied der Temperaturentwicklung. Fall 1: Explosion mit Folgebrand. Fall 2: Brand ohne Explosion.

Setzensack Ja, da ist ein Unterschied. Bei einer Explosion werden Mauern rausgeschleudert, dadurch gibt es mehr Sauerstoff. Brände brauchen Sauerstoff. Wenn Fenster geschlossen sind, kommen manche Brände zum Stillstand. Mit Explosion gibt es eine sehr gute Belüftung und die Brandentwicklung ist rasanter.

Verteidiger Heer Bei Ihrer Einvernahme am 74. Hauptverhandlungstag sagten Sie, bei verspäteten Löschmaßnahmen hätte es zur Ausbreitung des Brandes kommen können. Was meinten Sie mit »verspätet«? Von welchem Bezugspunkt gingen Sie aus?

Setzensack Ich habe Ihnen heute ja erklärt, dass der Brand sich auch über die Dachüberstände ausgebreitet hätte. Es hätte vielleicht noch fünf Minuten gedauert, dann wäre der Brand in 26a gewesen. Das wäre um 15.23 Uhr geschehen, wenn die Feuerwehr nicht da gewesen wäre. Die Feuerwehr war aber um 15.15 Uhr da und konnte einen fiktiven Übergriff um 15.23 Uhr verhindern. Wären sie später da gewesen, dann nicht.

Verteidigerin Sturm Sie hatten den Dachunterbau als Brandbrücke erwähnt. Wie sieht denn ein Dachunterbau aus, wenn Brandschutz besteht?

Setzensack Dann dürfte kein hölzerner Dachüberstand vorhanden sein. Und wenn er aus Denkmalschutzgründen vorhanden ist, dann müsste er feuerfest verkleidet sein.

(Der Zeuge wird entlassen.)

(Die Verteidigung von Beate Zschäpe beantragt eine Unterbrechung, um einer Erklärung-zum Brandgutachter abgeben zu können. Zunächst interessiert Richter Götzl aber etwas anderes.)

Götzl Vielleicht stellen wir die Frage noch zurück. Eine Frage an Sie, Herr Eminger. Herr Kaiser, Sie hatten in Ihrer Erklärungen darauf Bezug genommen, dass Sie, Herr Eminger, einen dritten Sohn haben sollen. Kann das von Ihrer Seite bestätigt werden?

Verteidiger Kaiser Es ist zutreffend, dass Herr Eminger mittlerweile ein drittes Kind hat, das im Laufe dieses Verfahrens geboren wurde und jetzt drei Jahre alt ist.

Götzl Können Sie das bestätigen, Herr Eminger?

(André Eminger nickt.)

Götzl Frau Zschäpe, können Sie sich erinnern, dass vonseiten des Generalbundesanwalts eine Liste vorgelegt wurde? Es geht da um Waffen, Munition, Waffenzubehör, Tarndokumente, Mitgliedsausweis, alles Mögliche. 19 Posten sind aufgeführt. Auch elektronische Ausrüstung und Datenträger mit sogenannten Paulchen-Panther-Videos. Nun die Frage, ob von Ihrer Seite Ansprüche erhoben werden?

Verteidiger Grasel Frau Zschäpe macht keinerlei Herausgabeansprüche geltend.

Götzl Ist das so richtig, Frau Zschäpe?

(Beate Zschäpe nickt.)

(Dann wir die Verhandung für zwei Stunden unterbrochen, Verteidiger Heer gibt eine Erklärung ab.)

Verteidiger Heer In der Strafsache gegen Frau Beate Zschäpe geben wir zu der weiteren Einvernahme des Sachverständigen Dr. Setzensack die folgende Erklärung ab. Die Beweiserhebung diente dazu, Feststellungen zum Brandgeschehen, namentlich zu einem Brandgeschehen ohne vorangegangene Explosion, treffen zu können. Diese Feststellungen sind für Fragen unter anderem bezüglich eines möglichen Tatvorsatzes Frau Zschäpes bei den verschiedenen Straftatbeständen der Brandstiftungsdelikte relevant.

Soweit Herr Dr. Setzensack die Möglichkeit eines Übergriffs des Feuers von dem im Vollbrand stehenden sogenannten Wohnzimmer auf das Gebäude Frühlingsstraße 26a bejahte, ist für die Vorsatzfrage Folgendes zu berücksichtigen: Ein Übergriff des Feuers wäre demnach frühestens 17 Minuten ab dem Brandausbruch erfolgt. Dabei ist jedoch zu berücksichtigen, dass der Brand nach Auskunft des Sachverständigen nur deshalb derart stark entwickelt war, weil er durch die Explosion und das Wegsprengen der Außenwand erhebliche Sauerstoffzufuhr erfahren hatte.

Gemäß der Sächsischen Landesrettungsdienstplanverordnung ist die Hilfsfrist eine planerische Vorgabe für den Einsatz der Rettungsmittel bei der Durchführung der Notfallrettung. Insgesamt beträgt sie zwölf Minuten. Diese zeitlichen Vorgaben wurden vorliegend noch deutlich unterschritten. Tatsächlich traf das erste Einsatzmittel der Berufsfeuerwehr Zwickau bereits um 15.15 Uhr ein, nachdem die Feuerwehr um 15.11 Uhr alarmiert worden war. Aufgrund der Entfernung zwischen der zentralen Feuerwache der Berufsfeuerwehr Zwickau und der Frühlingsstraße 26 von 2,4 Kilometern konnte Frau Zschäpe damit rechnen, dass die Feuerwehr besonders rasch eintreffen würde. Frau Zschäpe durfte auch damit rechnen, dass sich – wie auch erfolgt – die ersten Brandbekämpfungsmaßnahmen auf eine Verhinderung eines Übergriffs fokussieren würden.

Frau Zschäpe wusste auch nicht, dass eine Brandweiterleitung über die Latten des Dachstuhles erfolgen würde. Denn dafür wäre zunächst ein Übergriff auf die Deckenkonstruktion erforderlich gewesen. Die Gipskartonplatten hätten aber zumindest eine Zeit lang gehalten und waren nach den Ausführungen des Sachverständigen sicherlich dicht, sodass auch keine Rauchgase in das Dachgeschoss hätten durchdringen können.

Die Ausführungen des Sachverständigen Dr. Setzensack belegen darüber hinaus, dass bei dem von Frau Zschäpe angestrebten Wohnungsbrand eine Gefährdung der beiden Zeugen P. und K. in dem erforderlichen konkreten Umfang nicht gegeben gewesen wäre.

Tag 437

3. Juli 2018

Manfred Götzl, Richter. **Beate Zschäpe, André Eminger, Holger Gerlach, Ralf Wohlleben, Carsten Schultze**, Angeklagte. **Adnan Erdal**, Anwalt der Nebenklage.

(Opferanwalt Erdal hatte beantragt, zur Urteilsverkündung das Kreuz im Gerichtssaal abzuhängen. Richter Götzl hat den Antrag am Vortag außerhalb der Hauptverhandlung abgelehnt. Jetzt beantragt Erdal einen Gerichtsbeschluss.)

Anwalt Erdal Das Gericht ist keine Einrichtung einer bestimmten Religion, auch nicht einer bestimmten Regierung. Es ist eine Einrichtung des Staates. Und der Staat hat nach dem Grundgesetz hinsichtlich der Religion eine Neutralitätspflicht. Diese Neutralitätspflicht beruht im Wesentlichen auf den Erfahrungen mit dem 1000-jährigen Reich. Deswegen muss die Verfassung, das Grundgesetz auch in Bayern gelten.

(Die Hauptverhandlung wird kurz unterbrochen. Anschließend verkündet Richter Götzl, dass es bei der Ablehnung des Antrags von Erdal bleibt.)

Götzl Dann wird die Verhandlung geschlossen. Dann würden wir zu den Schlussausführungen der Angeklagten selbst kommen. Frau Zschäpe, bitte schön.

Zschäpe Hoher Senat, sehr geehrte Anwesende, heute möchte ich die Chance der letzten Worte nutzen, was mir zugegebenermaßen nicht leicht fällt. Die im Prozess gemachten Erfahrungen sowie die mediale Berichterstattung verunsichern mich bis heute. Ich habe das Gefühl, dass jedes Wort, und sei es von mir noch so ernst und ehrlich gemeint, falsch beziehungsweise mir nachteilig ausgelegt wird. Dies war auch der hauptsächliche Grund für die schriftliche Einlassung und Beantwortung aller Fragen des Senats. Zu diesem fortgeschrittenen Zeitpunkt des Verfahrens fehlte es mir längst an der dafür nötigen körperlichen und seelischen Kraft. Ich gehe davon aus, dass beides zu Anbeginn des Prozesses noch möglich gewesen wäre. Auch jetzt fällt es mir schwer, da über die Jahre in Untersuchungshaft unter anderem immer mehr Konzentrationsstörungen aufgetreten sind. Hinzu kommt, dass ich mich schon immer schwer getan habe, bei offiziellen Gelegenheiten frei vor großer Runde zu sprechen. Das viel zitierte und völlig falsch interpretierte »Selbstbewusstsein« greift in solchen Fällen – wie auch bei anderen Gelegenheiten – nicht. Trotzdem habe ich den Entschluss gefasst, diesen Schritt zu gehen und weise daraufhin, dass diese Worte keinerlei anwaltliche Formulierungen enthalten.Nach der viertägigen Irrfahrt, in der ich mich mit dem Resultat der vergangenen 13 Jahre mit all meinen Fehlentscheidungen konfrontiert sah, musste ich feststellen, dass es nicht mehr möglich war, wie sonst Teile der Realität zu verdrängen. Bewusst traf ich die Entscheidung mich selbst zu stellen, um endlich einen Schlussstrich unter alles zu ziehen. »Ich habe mich nicht gestellt, um nichts zu sagen« – dieser Satz am Tage der Selbststellung war und ist bis heute keine leere Phrase für mich. Rückwirkend betrachtet war der 8.11.2011 eine Art Befreiung für mich.

Ich wollte und will die Verantwortung für die Dinge übernehmen, die ich selbst verschuldet habe und entschuldige mich für all das Leid, was ich verursacht habe. Ich bedauere, dass die Angehörigen der Mordopfer einen geliebten Menschen verloren haben. Sie haben mein aufrichtiges Mitgefühl.

Die letzten fünf Jahre des laufenden Verfahrens waren für mich die Fortsetzung eines Lern- und Entwicklungsprozesses. Ich sah die Auswirkungen der Brandstiftung auf Frau Erber und die traumatisierten Bankangestellten. Des Weiteren sah ich Tatortfotos, erfuhr die grausamen Einzelheiten und erfasste Stück für Stück das ganze Ausmaß der schrecklichen Taten von Uwe Böhnhardt und Uwe Mundlos.

Jedes Wort meiner am 9.12.2015 verlesenen Entschuldigung war und ist deshalb absolut ernst gemeint. Leider gibt es nicht mehr als diese Worte des aufrichtigen Bedauerns. Ich kann den Hinterbliebenen ihre Angehörigen nicht mehr zurückgeben.

Wiederholt wurde mir vorgeworfen, dass ich wider besseren Wissens nicht zur Aufklärung der näheren Umstände beitragen würde. Deshalb hier nochmals: Ich hatte und ich habe keinerlei Kenntnisse darüber, warum gerade diese Menschen an gerade diesen Orten von Uwe Böhnhardt und Uwe Mundlos ausgewählt wurden. Hätte ich weitere Kenntnisse, würde ich sie spätestens jetzt hier preisgeben, da es für mich keinerlei Grund mehr gibt, irgendetwas zu verschweigen. Vermutungen und daraus resultierende Spekulationen helfen hier niemandem weiter.

Ich möchte nur noch eines: einen Abschluss finden, um irgendwann ein Leben ohne Abhängigkeit, ohne Gewalt und Ängste jeglicher Art führen zu können.

Auf die Frage der Mutter des Halit Yozgat, ob ich überhaupt noch ruhig schlafen könne, möchte ich heute erwidern: Auch wenn die Bundesanwaltschaft, Nebenklägeranwälte und die Medien mir genau das absprechen – ich bin ein mitfühlender Mensch und habe sehr wohl den Schmerz, die Verzweiflung und die Wut der Angehörigen sehen und spüren können. All dies hat mich selbstverständlich betroffen gemacht und belastet mich bis heute sehr. Die Tatsache, dass ich für Sie alle hier im Saal nicht die gewünschte Reaktion darauf gezeigt habe, heißt nicht, dass ich nicht erschüttert und entsetzt bin. Eigene Gefühle zu unterdrücken, sie nicht nach außen zu tragen – so verfahre ich schon seit frühester

Jugend. Diese mir anerzogene Verhaltensweise hat mein Prozessverhalten sicherlich negativ beeinflusst.

Ich bin ein Mensch, der gravierende Fehler gemacht hat und habe diese in einem jahrelang andauernden Lernprozess – der übrigens schon vor den Ereignissen des 4.11.2011 begonnen hat – eingesehen. Der Inhalt meiner am 29.9.2016 selbst verlesenen Distanzierung von der rechten Szene soll deshalb als klares Zeichen gesehen werden, dass ich mit diesem Kapitel unwiderruflich abgeschlossen habe.

Ich ließ mich von der durch die Wendezeit nachhaltig beeinflussten Ideologie mitreißen. Die dadurch entstandenen Auswirkungen, meine damalige Unfähigkeit, die Dinge aufzuhalten und meine Schwäche, mich von Uwe Böhnhardt zu trennen, bereue ich zutiefst.

Zwar akzeptiere ich die Meinung und Gesinnung der Mitangeklagten, habe aber für mich die Entscheidung getroffen, dass rechtes Gedankengut keine, aber auch gar keine Bedeutung mehr für mich hat.

Ich möchte jetzt den Senat und Sie, Herr Richter Götzl, darum bitten, ein Urteil zu fällen, welches unbelastet vom öffentlichen oder politischen Druck ist. Bitte verurteilen Sie mich nicht stellvertretend für etwas, was ich weder gewollt noch getan habe. Danke.

Götzl Herr Eminger? Wollen Sie?

Eminger Nein.

Gerlach Hohes Gericht, sehr geehrte Damen und Herren. Ich möchte meine letzten Worten noch mal nutzen, um mich bei den Hinterbliebenen zu entschuldigen. Ansonsten möchte ich mich den Worten meiner Anwälte anschließen und hoffe auf ein gerechtes Urteil. Vielen Dank für Ihre Aufmerksamkeit.

Wohlleben Alles, was es aus meiner Sicht in diesem Verfahren zu sagen gab, habe ich am 16.12.2015 in der von mir selbst verfassten Erklärung vorgetragen. Ergänzend hierzu möchte ich mich den Ausführungen meiner Verteidiger anschließen.

Schultze Hoher Senat, werte Damen und Herren, ich war damals nicht ich selbst. Auf der Suche nach mir bin ich in eine falsche Richtung gelaufen. Ich habe mich dann selbst rausgezogen. Aber ich habe einen Fehler gemacht, der mich wieder eingeholt hat. Ich denke, ich habe getan, was ich konnte, um diesen Fehler wieder auszubügeln. Aber der Fehler bleibt. Ich muss lernen, mit diesem Fehler zu leben. Die Schuld, die ich auf mich geladen habe, lässt sich nicht abtragen, aber ich werde so daran arbeiten, als ließe sie es. Ich bin sehr dankbar für das Treffen mit den Angehörigen der Familie Boulgarides, es hat mir sehr viel bedeutet. Und auch die Worte des Herrn Abdul Kerim Şimşek und auch von Frau Gamze Kubaşık sind mir sehr wichtig, auch die Rückmeldung von Herrn Daimagüler.

Tag 438

11. Juli 2018

Manfred Götzl, Richter.

Götzl Erheben Sie sich bitte.

(Alle im Gerichtssaal anwesenden Prozessteilnehmer und Zuschauer erheben sich von ihren Plätzen.)

Dann ergeht im Namen des Volkes folgendes Urteil:

1. Die Angeklagte Beate Zschäpe, geboren am 2. Januar 1975 in Jena, ist schuldig des Mordes in zehn tatmehrheitlichen Fällen, in einem Fall in Tateinheit mit versuchtem Mord, dieser in Tateinheit mit gefährlicher Körperverletzung, davon in sechs Fällen in Tateinheit mit Mitgliedschaft in einer terroristischen Vereinigung, in Tatmehrheit mit versuchtem Mord in 32 Fällen, in Tateinheit mit gefährlicher Körperverletzung in 23 Fällen, in Tateinheit mit Herbeiführen einer schweren Sprengstoffexplosion sowie Mitgliedschaft in einer terroristischen Vereinigung, in Tatmehrheit mit versuchtem Mord in vier Fällen und zugleich mit Herbeiführen einer schweren Sprengstoffexplosion, in Tatmehrheit mit versuchtem Mord, in Tateinheit mit besonders schwerer räuberischer Erpressung und versuchtem Raub mit Todesfolge, in Tateinheit mit versuchtem Mord, in Tateinheit mit versuchtem besonders schwerem Raub sowie Mitgliedschaft in einer terroristischen Vereinigung, in Tatmehrheit mit zwei Fällen der besonders schweren räuberischen Erpressung, in einem Fall in Tateinheit mit Mitgliedschaft in einer terroristischen Vereinigung, in Tatmehrheit mit zehn Fällen des besonders schweren Raubes, in sechs Fällen in Tateinheit mit Mitgliedschaft in einer terroristischen Vereinigung sowie in vier Fällen in Tateinheit mit besonders schwerer räuberischer Erpressung, in Tatmehrheit mit versuchtem besonders schweren Raub, in Tateinheit mit Mitgliedschaft in einer terroristischen Vereinigung, in allen Fällen mit Mitgliedschaft in einer terroristischen Vereinigung, in Tateinheit mit jeweils drei tateinheitlichen Fällen begangener versuchter Brandstiftung mit Todesfolge sowie versuchtem Mord sowie mit besonders schwerer Brandstiftung.
2. Der Angeklagte André Eminger, geboren am 1. August 1979 in Erlabrunn, ist schuldig der Unterstützung einer terroristischen Vereinigung. Im Übrigen wird er freigesprochen.

3. Der Angeklagte Holger Gerlach, geboren am 14. Mai 1974 in Jena, ist schuldig der Unterstützung einer terroristischen Vereinigung.
4. Der Angeklagte Ralf Wohlleben, geboren am 27. Februar 1975 in Jena, ist schuldig der Beihilfe zu neun Fällen des Mordes.
5. Der Angeklagte Carsten Schultze, geboren am 6. Februar 1980 in Neu-Delhi/Indien, ist schuldig der Beihilfe zu neun Fällen des Mordes.
6. Die Angeklagten werden deshalb verurteilt: Die Angeklagte Beate Zschäpe zu einer lebenslangen Freiheitsstrafe als Gesamtstrafe, die Schuld der Angeklagten wiegt besonders schwer. Der Angeklagte André Eminger zu einer Freiheitsstrafe von zwei Jahren und sechs Monaten. *(Klatschen auf der Zuschauertribüne, wo auch einige Sympathisanten von Eminger sitzen, die ebenso wie Eminger und Wohlleben schwarze Hemden tragen. Die Bundesanwaltschaft hatte für Eminger zwölf Jahre Freiheitsstrafe gefordert.)* Der Angeklagte Holger Gerlach zu einer Gesamtfreiheitsstrafe von drei Jahren. *(Erneute Unruhe auf der Zuschauertribüne. Ein Handy klingelt.)* Würden Sie bitte sofort das Handy ausmachen! Der Angeklagte Ralf Wohlleben zu einer Freiheitsstrafe von zehn Jahren. Der Angeklagte Carsten Schultze zu einer Jugendstrafe von drei Jahren.
7. Die Angeklagten tragen die Kosten des Verfahrens, die wegen der Taten entstanden sind, wegen derer sie verurteilt werden. Soweit der Angeklagte André Eminger freigesprochen wurde, fallen die Kosten des Verfahrens und seine notwendigen Auslagen der Staatskasse zur Last.
8. Die Angeklagte Beate Zschäpe trägt die den Nebenklägern erwachsenen notwendigen Auslagen. Die Angeklagten Carsten Schultze und Ralf Wohlleben tragen die den nachfolgenden Nebenklägern entstandenen notwendigen Auslagen. *(Er verliest die Namen von 58 Nebenklägern des Verfahrens.)*
9. Die in der Anlage zum Urteilstenor aufgeführten Gegenstände werden gemäß Paragraf 74b Absatz 1 Nummer 2 StGB eingezogen.
Nehmen Sie bitte Platz. *(Die Prozessteilnehmer und Zuschauer im Saal setzen sich.)*
Die Angeklagte Zschäpe bekam im Laufe des Jahres 1991 Kontakt zu einer Jugendgruppe in Jena in der dortigen rechten Szene. Sie ging mit Uwe Mundlos eine Beziehung ein und die beiden verbrachten zunehmend ihre Zeit in dieser Jugendgruppe. Am 1. April 1997 begann Uwe Mundlos seinen Wehrdienst bei der Bundeswehr abzuleisten. Einige Monate später trennten sich die Angeklagte Zschäpe und Uwe Mundlos, sie pflegten aber weiterhin freundschaftlichen Umgang. Anschließend ging Beate Zschäpe mit Uwe Böhnhardt eine Beziehung ein. Die Bekannten und Freunde von Uwe Böhnhardt, zu denen auch die Mitangeklagten Ralf Wohlleben und Holger Gerlach zählten und mit denen nun auch die Angeklagte Zschäpe verkehrte, hatten radikale politische Ansichten. Ab dem Jahr 1995 engagierten sich die Angeklagte Zschäpe sowie Uwe Böhn-

hardt und Uwe Mundlos zunehmend politisch, wobei sich die drei, aber auch ihr persönliches Umfeld mehr und mehr radikalisierten. Uwe Mundlos, der sich nach dem Ende seines Wehrdienstes dieser Gruppe ebenfalls angeschlossen hatte, vertrat inzwischen extrem rechte Positionen. So wollte er den Nationalsozialismus wiedereinführen, Rassenreinhaltung war für ihn ein wichtiges Gut, er hasste deshalb, wie er sagte, den Multikulti-Schmelztiegel in Deutschland, wobei er insbesondere auch antisemitisch eingestellt war. Er schrieb, basierend auf dieser Einstellung, ein Spielprogramm für Computer, das zum Ziel hatte, wie er es formulierte, Juden abzuschießen. Auch Uwe Böhnhardt vertrat zunehmend rechtsradikale Ansichten. Beide waren gegen die ihrer Auffassung nach zu zahlreichen Ausländer in Deutschland. Beide kleideten sich, um ihre Bewunderung für die Zeit des Nationalsozialismus nach außen kundzutun, in einer der historischen SA-Uniform nachempfundenen Weise. Die Angeklagte Zschäpe übernahm die rechtsradikalen Ansichten ihres Umfeldes. Aus dem bestehenden Freundeskreis entwickelte sich eine zunehmend festere Gruppierung, die von ihren Mitgliedern als Kameradschaft Jena bezeichnet wurde und die mehr und mehr gemeinsam politisch motivierte Aktionen unternahm. Zu den Mitgliedern der Kameradschaft zählten auch die Mitangeklagten Ralf Wohlleben und Holger Gerlach. Die Angeklagten Zschäpe, Wohlleben und Gerlach sowie Uwe Mundlos und Uwe Böhnhardt nahmen an zahlreichen Aktivitäten der Kameradschaft Jena teil. Sie alle identifizierten sich mit ausländerfeindlichen, antisemitischen und staatsfeindlichen politischen Inhalten. Im engeren Umfeld Beate Zschäpes, Uwe Mundlos' und Uwe Böhnhardts kam es ab 1996 immer wieder zu Diskussionen über den Einsatz von Gewalt zur Erreichung politischer Ziele. Teilnehmer an solchen Diskussionen waren neben der Angeklagten Zschäpe sowie Uwe Mundlos und Uwe Böhnhardt auch die Angeklagten Ralf Wohlleben und Holger Gerlach sowie der Zeuge André Kapke. Während Holger Gerlach und Ralf Wohlleben die Bewaffnung ablehnten, meinten die Angeklagte Zschäpe sowie Uwe Mundlos und Uwe Böhnhardt, dass man mehr machen müsse. Sie befürworteten deshalb eine Bewaffnung mit Schusswaffen und wollten sich nicht nur auf gewaltfreie politische Tätigkeiten wie die Teilnahme an Demonstrationen und politischen Versammlungen sowie das Erstellen und Verteilen von politischen Schriften beschränken. Sie sprachen sich für die Androhung und Anwendung von Gewalt im politischen Kampf aus. Obwohl sich im engeren Umfeld der Angeklagten Zschäpe eine gemeinsame Linie im Hinblick auf Gewalteinsatz im politischen Kampf nicht hat finden lassen, ließen sich die Angeklagte Zschäpe, Uwe Mundlos und Uwe Böhnhardt dadurch nicht davon abhalten, ihre Vorstellungen des Mehr-Machens in einer sich steigernden Intensität in die Tat umzusetzen. So verübten sie zunächst einige Propa-

ganda-Aktionen mit Bombenattrappen ohne Sprengstoff. In der Folgezeit verwendeten sie eine Bombenattrappe mit dem Sprengstoff TNT, aber ohne Zündvorrichtung. Schließlich versuchten sie, zündfähige Rohrbomben mit Sprengstoff herzustellen.
Zu einem nicht mehr feststellbaren Zeitpunkt Anfang 1996 versuchten die Angeklagte Zschäpe, Uwe Mundlos und Uwe Böhnhardt mit einer Aktion, die Aufmerksamkeit der Öffentlichkeit für ihre rechten, faschistischen, antisemitischen und staatsfeindlichen Ansichten zu erringen. Die Angeklagte Zschäpe fertigte zusammen mit Mundlos und Böhnhardt in der Folgezeit die Puppe an, die sie mit einem sogenannten Judenstern versahen. Uwe Mundlos und Uwe Böhnhardt hängten die Puppe an einer Brücke über die Autobahn A4 in der Nähe von Jena auf und verbanden sie mit zwei als Bombenattrappen dienenden Kartons. Der Angeklagte Wohlleben und der Zeuge Kay S. *(er sagte an den Tagen 202 und 225 aus)* stellten an beiden Seiten der Brücke Verkehrsleitkegel auf, der Angeklagte Wohlleben hörte den Polizeifunk ab, um gegebenenfalls vor einem Eingreifen der Polizei rechtzeitig warnen zu können. Zudem wurden in der Nähe der als Bombenattrappe dienenden Kartons zwei Schilder mit der Aufschrift »Bombe« aufgestellt.
Im Spätsommer 1996 beschlossen die Angeklagte Zschäpe sowie Böhnhardt und Mundlos erneut, eine Aktion durchzuführen. Ziel dieser Aktion sollte es sein, in den Reihen der Polizei, die sie als Repräsentanten des verhassten Staates ansahen, Panik zu verbreiten. Entsprechend ihrem mit der Angeklagten Zschäpe gemeinsam gefassten Plan legten Mundlos und Böhnhardt am 6. Oktober 1996 eine rot angestrichene Holzkiste mit aufgemalten Hakenkreuzen und einer eingebauten Bombenattrappe im Sportstadion Jena unter der Tribüne ab. Gegen Ende des Jahres 1996 planten sie, je eine Briefbombenattrappe an die Polizei, die Stadtverwaltung in Jena und an die Thüringer Landeszeitung zu schicken. Ziel war wiederum, Angst und Schrecken unter den Repräsentanten des Staates zu verbreiten. Uwe Böhnhardt präparierte ein Briefkuvert und eine Styroporplatte, in die Aussparungen geschnitten waren, in diese wurden pro Brief eine Batterie und Knetmasse eingearbeitet, um dem Brief den Anschein einer funktionsfähigen Briefbombe mit Sprengstoff und Batterie zu geben. Jedem Brief war ein Drohschreiben beigefügt, auf dem sich Hakenkreuze befanden. Wie abgesprochen übernahm es die Angeklagte Zschäpe, die Briefbombenattrappen zur Jahreswende 1996/97 den Empfängern durch Einwurf in den Postkasten zukommen zu lassen. Die Attrappe an die Thüringer Landeszeitung war ein Schreiben mit dem Text: »Von Lüge und Betrug haben wir genug. Das wird der letzte Scherz jetzt sein, ab 97 haut es richtig rein.« Der Attrappe an die Stadtverwaltung Jena war ebenfalls ein Text beigefügt. Er lautete: »Mit Bombenstimmung in das Kampfjahr 97. Auge um Auge, Zahn um Zahn, dieses Jahr kommt Dewes

dran.« *(Richard Dewes, SPD, war damals Innenminister Thüringens.)* Schließlich wurde eine weitere Briefbombenattrappe an die Polizeidirektion Jena gesandt, auch dieser war ein Schreiben beigefügt mit dem Text: »Mit Bombenstimmung in das Kampfjahr 97. Auge um Auge, Zahn um Zahn, dieses Jahr kommt Bubis dran.« *(Ignatz Bubis war damals Vorsitzender des Zentralrats der Juden.)*

Im Frühjahr 1997 entwickelte der Mitangeklagte Carsten Schultze großes Interesse an der rechten Szene. Auch er vertrat rechtsradikale Ansichten. Auf seine Bitte hin machte ihn der Zeuge Christian Kapke *(er sagte an den Tagen 189 und 301 aus)* mit den Angehörigen der rechten Szene in Jena bekannt. Dadurch lernte er auch die Angeklagten Beate Zschäpe, Ralf Wohlleben sowie Uwe Mundlos und Uwe Böhnhardt kennen. Ab 1997 nahm Carsten Schultze an zahlreichen Veranstaltungen der Kameradschaft Jena teil. Im Laufe der ersten Hälfte des Jahres fassten die Angeklagte Zschäpe, Uwe Mundlos und Uwe Böhnhardt einen zweigliedrigen Plan. Sie wollten einerseits weiterhin ihre Aktionen mit Bombenattrappen ausführen. Andererseits planten sie, sich parallel dazu mit Gegenständen und Materialien auszustatten, die sie in die Lage versetzen würden, mit Aussicht auf Erfolg zu versuchen, sprengfähige Bomben zu bauen, die zur Tötung von Menschen geeignet sein würden.

In Ausführung des zweiten Teils dieser Übereinkunft wandte sich Uwe Mundlos an den Zeugen Müller, vormals Starke *(er war am Tag 101 geladen, verweigerte aber die Aussage)*, und bat diesen um die Beschaffung von Sprengstoff. Der Zeuge Müller konnte über seinen Bekannten, den Zeugen W. *(er sagte an Tag 187 aus)*, ein Paket in der Größe eines Schuhkartons mit Sprengstoff des Typs TNT besorgen, das er an Uwe Mundlos übergab.

Die Angeklagte Zschäpe sowie Mundlos und Böhnhardt stellten in der Folgezeit fest, dass sich der Sprengstoff nicht selbst entzünden könne. Mundlos wandte sich deshalb erneut an den Zeugen Müller und bat diesen um Informationen, wie der Sprengstoff zur Explosion gebracht werden könne. Der Zeuge Müller fragte daraufhin bei seinem Lieferanten nach und erfuhr, dass hierfür ein Zünder benötigt werde, den er aber nicht liefern könne.

Da die Angeklagte Zschäpe gemeinsam mit Uwe Mundlos und Uwe Böhnhardt mit einer weiteren Aktion auf sich aufmerksam machen und damit nicht länger zuwarten wollte, entschlossen sie sich, in Ausführung des ersten Teils ihrer Übereinkunft erneut eine Bombenattrappe zum Einsatz zu bringen. Um aber auf ihre erhöhte Gewaltbereitschaft hinzuweisen, beschlossen sie, in die zur Verwendung vorgesehene Bombenattrappe einen Teil des erworbenen TNT-Sprengstoffs zu verbauen, ohne dass dieser dort gezündet werde. Uwe Mundlos und Uwe Böhnhardt bauten eine Rohrbombe, in die sie Drähte, Knetmasse Schwarzpulver und circa zehn Gramm TNT einbrachten. Die Bombe verstauten

sie in einem Koffer, den sie mit einem Hakenkreuz versehen hatten. Diesen Koffer mit der nicht zündfähigen Rohrbombe legten sie dann entsprechend dem gemeinsamen Plan am 2.9.97 auf dem Theatervorplatz in Jena ab.
Die Angeklagte Zschäpe sowie Uwe Mundlos und Uwe Böhnhardt verfolgten in der Folgezeit das Vorhaben weiter, sich funktionsfähige Bomben zu beschaffen. Nachdem sie jedoch keinen Weg fanden, sich einen professionell gefertigten Zünder zu beschaffen, entschieden sie sich dazu, sowohl die Bomben als auch die Zündvorrichtungen selbst herzustellen. In der von der Angeklagten Zschäpe angemieteten Garage in Jena richteten sie sich eine Werkstatt ein und versuchten dort, ihren Plan in die Tat umzusetzen. Nachdem die Angeklagte Zschäpe sowie Uwe Mundlos und Uwe Böhnhardt bis Ende 1997 keine funktionsfähige Bombe herstellen konnten, kamen sie überein, erneut eine Aktion mit einer Bombenattrappe durchzuführen. Ende Dezember1997 stellten Uwe Mundlos und Uwe Böhnhardt am Nordfriedhof in Jena einen gelben Koffer, auf dem ein Hakenkreuz aufgemalt war, ab.
Ende 1997 zog der Angeklagte Holger Gerlach nach Hannover, weil er sich dort bessere berufliche Perspektiven erhoffte. Den freundschaftlichen Kontakt zum Angeklagten Ralf Wohlleben sowie zu Uwe Böhnhardt, Uwe Mundlos und auch der Angeklagten Zschäpe hielt er aufrecht.
Am 26. Januar 1998 wurde die von der Angeklagten Zschäpe und von Uwe Mundlos und Uwe Böhnhardt als Bombenwerkstatt genutzte Garage von den Ermittlungsbehörden durchsucht. Mehrere im Bau befindliche Rohrbomben, darin verbaut beziehungsweise unverbaut circa 1,4 Kilogramm TNT, und diverse Schriftstücke sowie Daten- und Musikträger konnten sichergestellt werden. Die Angeklagte Zschäpe sowie Uwe Mundlos und Uwe Böhnhardt entschlossen sich noch am selben Tag, sich den gegen sie gerichteten Ermittlungen zu entziehen. Der Angeklagte Ralf Wohlleben stellte den dreien noch am 26.1.1998 seinen Pkw als Fluchtfahrzeug zur Verfügung. Beate Zschäpe, Uwe Mundlos und Uwe Böhnhardt gaben ihre Wohnungen in Jena auf und brachen den Kontakt zu ihrem persönlichen Umfeld nahezu ab. Sofern der Kontakt zu einzelnen Personen aufrechterhalten wurde, war er auf ein Minimum reduziert. Die nach der Flucht folgenden Monate waren damit ausgefüllt, das Leben im Untergrund zu organisieren, wobei sie sich vor allem mit der Beschaffung von Wohnungen und der Sicherung ihres Lebensunterhalts beschäftigten, ihre Pläne im Hinblick auf die Durchführung von sogenannten Aktionen mussten sie aus diesem Grund zunächst hintanstellen.
Ralf Wohlleben half den drei Untergetauchten bei der Organisation ihres Alltagslebens im Untergrund. Uwe Böhnhardt, Uwe Mundlos und Frau Zschäpe stellten den Kontakt zwischen sich und Ralf Wohlleben mithilfe eines Telefon-

zellensystems her, zudem kam es auch zu mehreren persönlichen Zusammentreffen. Da Ralf Wohlleben im Frühjahr 1999 befürchtete, von den Sicherheitsbehörden observiert zu werden, bat er den Angeklagten Carsten Schultze, die telefonischen Kontakte zu übernehmen. Ab Frühjahr 1999 bis Herbst 2000 hielt der Angeklagte Schultze den telefonischen Kontakt zu den drei Untergetauchten, wobei er den Inhalt seiner Telefonate jeweils dem Angeklagten Ralf Wohlleben mitteilte. Als Carsten Schultze im Herbst 2000 Ralf Wohlleben mitteilte, dass er diese telefonische Kontaktaufnahme nicht weiterführen wolle, übernahm Ralf Wohlleben die Telefonkontakte wieder.

Dem Angeklagten Holger Gerlach wurde bereits kurz nach der Flucht Frau Zschäpes, Uwe Böhnhardts und Uwe Mundlos' über den Zeugen André Kapke im Januar 1998 bekannt, dass diese in den Neunzigerjahren Bombenattrappen, die teilweise auch Sprengstoff enthielten, zur Einschüchterung und Bedrohung verwendet hatten. Er wusste auch, dass sie wegen der erfolgten Durchsuchung und befürchteten Verhaftung und Strafverfolgung geflohen waren. Auch war ihm bekannt, dass sie nach der Flucht eine auf Abschottung und Sicherung bedachte Gruppe bildeten. Nach ihrer Flucht stellte er den drei Flüchtigen ein Darlehen in Höhe von 3000 D-Mark zur Verfügung.

Die Wohnsituation der Geflüchteten war zunächst dadurch gekennzeichnet, dass sie keinen dauerhaften Wohnsitz hatten. Im Anschluss an ihre Flucht am 26. Januar 1998 konnten sie zunächst für einige Wochen als Übernachtungsgäste beim Zeugen Thomas Rothe *(er sagte an den Tagen 100, 131 und 146 aus)* in dessen Zweizimmerwohnung in Chemnitz unterkommen. Nachdem Thomas Rothe im Februar 1998 in der Fernsehsendung »Kripo Live« vom Auffinden des Sprengstoffs in der Garage seiner Übernachtungsgäste erfahren hatte, wurde ihm die Unterbringung zu riskant. Er forderte sie auf, unverzüglich aus seiner Wohnung wieder auszuziehen.

Die drei Flüchtigen zogen sodann Mitte Februar 1998 in die Wohnung des Zeugen Max Florian B. *(er machte am Tag 87 von seinem Zeugnisverweigerungsrecht Gebrauch)* in Chemnitz.

Bei B. und dessen damaliger Freundin Mandy Struck lernten die Untergetauchten im Frühling 1998 den Angeklagten André Eminger kennen und freundeten sich mit ihm an. André Eminger besuchte sie ein- bis zweimal monatlich und half ihnen mit der Erledigung von Einkäufen.

Dem Angeklagten Eminger war die rechtsradikale Einstellung der drei Untergetauchten bekannt, diese teilte er. Er erfuhr, dass in der von Beate Zschäpe angemieteten Garage Sprengstoff gefunden worden war.

Ab Ende August 1998 mietete der Zeuge Carsten R. *(er sagte am Tag 95 aus)* ein Einzimmer-Appartement in der Altchemnitzer Straße. Die Angeklagte Zschäpe sowie Uwe Mundlos und Uwe Böhnhardt verfügten nunmehr allein über eine eigene Wohnung. Obwohl das Unterkunftsproblem gelöst war, sahen sich die drei Personen zunehmend mit finanziellen Problemen konfrontiert und sie fürchteten, ihren Lebensunterhalt nicht mehr bestreiten zu können. Der Dispokredit von Uwe Böhnhardt war ausgeschöpft, und von den Familien und Bekannten der Untergetauchten aus der rechten Szene war keine finanzielle Unterstützung mehr in nennenswertem Umfang und vor allem nicht mehr regelmäßig zu erwarten, der Verdienst durch die gemeinsame Herstellung eines Spiels mit dem Namen Pogromly und dessen Vertrieb war nur geringfügig.

Durch ihre Flucht hatten die Angeklagte Zschäpe sowie Uwe Böhnhardt und Uwe Mundlos ihre bürgerliche Existenz bereits weitgehend aufgegeben. Sie führten nun ein Leben in der Illegalität. Ihre vor der Flucht gefassten Pläne, sich für weitere ideologisch motivierte Aktionen sprengfähige Bomben zu verschaffen, hatten sie unmittelbar nach der Flucht zunächst nicht weiterverfolgt. Angesichts ihrer nunmehr veränderten Lebensumstände beschlossen sie, ihre bereits schrittweise durchgeführte Erhöhung der Gewaltanwendung auf einer nochmals höheren Eskalationsstufe fortzusetzen. Die Angeklagte Zschäpe sowie Uwe Mundlos und Uwe Böhnhardt kamen überein, gemeinsam als zusammengeschlossener Verband zu dritt mit sprengfähigen Bomben und auf andere Weise Menschen aus antisemitischen beziehungsweise rassistischen Motiven anzugreifen.

Der Angeklagten Zschäpe sowie Uwe Mundlos und Uwe Böhnhardt war bewusst, dass die praktische Durchführung der Pläne zunächst davon abhing, dass sie eine Möglichkeit fanden, ihr auf Dauer angelegtes Leben als Personenverband im Untergrund fortzuführen und dieses auch zu finanzieren. Um ihre gemeinsamen Pläne verwirklichen zu können, musste ihnen weiter ausreichend freie Zeit zur Verfügung stehen, um jeweilige Tatorte und potenzielle Opfer auszuspähen, die jeweilige Tat vorzubereiten und dann auch gemeinsam durchzuführen. Die genannten Voraussetzungen, verbunden mit einer stabilen Sicherung des Lebensunterhalts, waren am besten durch eine Reihe von Raubüberfällen zu erreichen, zu der sie sich ebenfalls zusammenschlossen.

Um das Primärziel der ideologisch motivierten Anschläge erreichen zu können, einigten sie sich darauf, dass die Überfälle, die die Planung und Durchführung von Anschlägen finanziell und faktisch erst ermöglichen würden, unter Anwendung aller zur Verfügung stehenden Mittel zu einem erfolgreichen Abschluss gebracht werden müssten. Deshalb verständigten sie sich darauf, eventuellen Widerstand oder die Gefahr einer Festnahme bei einem Überfall gegebenenfalls mit Waffengewalt zu unterbinden. Den Tod von Menschen nahmen sie dabei in Kauf.

Sie planten, im Laufe eines noch nicht näher bestimmten Zeitraums ideologisch motivierte Anschläge auszuführen. Die Bevölkerungsgruppen, aus denen sie

ihre Opfer auswählten, sollten eingeschüchtert und der Staat als ohnmächtig gegenüber den Taten in der Öffentlichkeit vorgeführt werden.
Diese Ziele, an deren Verwirklichung alle drei beteiligten Personen ein gleich großes Interesse hatten, beruhten auf deren gemeinsamen politischen und ideologischen Inhalten. Diese waren geprägt von einer nationalsozialistisch-faschistischen Vorstellung der deutschen Nation und sie strebten eine dieser Ideologie entsprechende Veränderung der Staats- und Gesellschaftsform an. Um eine Entdeckung durch die Ermittlungsbehörden oder eine Festnahme möglichst zu erschweren, beschlossen sie, dass sie alle drei, aber in besonderem Umfang die Angeklagte Zschäpe, eine harmlose und unverdächtig erscheinende Legende nach außen hin präsentieren würden. Zudem sagte die Angeklagte Zschäpe zu, nach Bedarf nach gemeinsamer Absprache jeweils weitere Aufgaben zu übernehmen, die der weiteren Verschleierung der Existenz des Personenverbandes in der Illegalität und der Sicherung seines Fortbestandes dienen würden.
Die Ausspähung der Tatorte und die Durchführung der beabsichtigten Taten sollten gemeinsam durch Beate Zschäpe, Uwe Mundlos und Uwe Böhnhardt durchgeführt werden. Die eigentliche Tatausführung vor Ort sollte Uwe Mundlos und Uwe Böhnhardt als Zweierteam überlassen bleiben, da diese als sportlich durchtrainierte Männer den zu erwartenden körperlichen Anforderungen bei den Taten besser entsprechen würden als Beate Zschäpe. Ihre jeweilige Wohnung diente als Fixpunkt. Von dort aus sollten Uwe Mundlos und Uwe Böhnhardt zu den Taten aufbrechen und nach der Ausführung der Taten zurückkehren.
Die Angeklagte Zschäpe sowie Uwe Mundlos und Uwe Böhnhardt kamen weiter überein, dass sie sich zu den beabsichtigten Überfällen, die der Geldbeschaffung dienten, in der Öffentlichkeit überhaupt nicht bekennen würden. Weiter beschlossen sie, dass sie sich zu den beabsichtigten Anschlägen nach deren Durchführung zunächst einmal ebenfalls nicht bekennen würden. Vielmehr planten sie, in der Tatphase den Seriencharakter ihrer Anschläge deutlich zu machen und ein glaubhaftes Dokument zu erstellen, in dem sie unter Wahrung ihrer Anonymität die Existenz einer erfolgreich agierenden rechtsradikalen Vereinigung darstellten, die sich aller begangenen Anschlagstaten bezichtigte, um, wie zugleich angekündigt, ihre Serie an schwersten Straftaten fortzuführen, ohne das Risiko zu erhöhen, wegen der begangenen Straftaten festgenommen zu werden.
Den Zeitpunkt einer derartigen öffentlichen Bekennung zu den Anschlagstaten wollten sie dann zu einem späteren Zeitpunkt selbst bestimmen. Ihnen war bewusst, dass mit dem geplanten Bekenntnis einer rechten Gruppierung zu einer ganzen Anschlagsserie eine deutlich größere destabilisierende Wirkung bei Bevölkerung und Staat erreicht würde als bei einem singulären Bekenntnis gleich nach begangener Tat.

Für den Fall, dass die Festnahme eines oder mehrerer Mitglieder der Gruppe durch die Ermittlungsbehörden konkret werden sollte, beschlossen die beiden Männer, Selbstmord zu begehen. Und in diesem Fall der Auflösung der Organisation, so ihre gemeinsame Planung, sollten sie die Aufdeckung der Urheberschaft der Vereinigung für die Taten sicherstellen, um auch in diesem Fall noch größtmögliche Verunsicherung in der Bevölkerung zu erzielen. Um dies zuverlässig ausführen zu können, sagte die Angeklagte Zschäpe zu, sich während der jeweiligen Tatbegehung in der ortsfesten Zentrale ihrer Gruppe, also jeweils in derer gemeinsamen Wohnung oder in deren Nähe, aufzuhalten. Anschließend würde die Angeklagte Zschäpe die vorbereitete Selbstbekennung zu den bis dahin begangenen Anschlagstaten verbreiten. Es sollte dabei auch deutlich werden, dass sie die Serie und die Veröffentlichung auch von Anfang an geplant hatten. Dies wollten sie dadurch deutlich machen, dass sie gerade bei den ersten Tötungsdelikten Fotoaufnahmen der Opfer zur späteren Verwendung in einem Bekennerdokument herstellten, die zeigen und beweisen sollten, dass nur die Täter selbst die Aufnahmen im Vorgriff auf die spätere Verwendung und Dokumentation während der Tatausführung hergestellt haben.
Die Gesellschaft, die Repräsentanten des Staates, alle Opfer und potenziellen Opfer sowie andere gewaltbereite Rechtsradikale sollten durch die Veröffentlichung darauf hingewiesen werden, dass eine rechtsradikale Vereinigung existierte, die ungehindert und effektiv Straftaten ausgeführt hatte. Sie wollten dadurch Verunsicherung und Angst bei den potenziellen Opfergruppen schüren und den Staat als hilflose Institution vorführen, der nicht in der Lage ist, die Taten aufzuklären und seinen Bürgern Schutz zu bieten.
Für den Fall der Entdeckung der Zentrale mit der Angeklagten Zschäpe sollte die aus Uwe Mundlos und Uwe Böhnhardt bestehende mobile Einheit ebenfalls so ausgestattet sein, dass eine Selbstbekennung erfolgen könnte. Aufgrund dieser gemeinsam vereinbarten Gesamtkonzeption konnten sowohl die Überfälle als auch die Anschläge nur dann ausgeführt werden, wenn sie von der Angeklagten Zschäpe sowie von Uwe Mundlos und Uwe Böhnhardt gemeinsam begangen wurden. Dies gilt auch für die Taten bis zu den ersten Anschlagstaten. Der Tatbeitrag der Angeklagten Zschäpe war deshalb von essenzieller Bedeutung für die beabsichtigten Überfälle und Anschläge.
Am 18. Dezember 1998 gegen 18 Uhr überfielen Uwe Mundlos und Uwe Böhnhardt den Edeka-Markt in der Irkutsker Straße in Chemnitz. Damit begann, entsprechend dem vorgefassten gemeinsamen Plan, eine Serie von 15 Raubüberfällen, die die Angeklagte Zschäpe sowie Uwe Böhnhardt und Uwe Mundlos bewusst und gewollt zusammen begingen, um mithilfe der Tatbeute den gemeinsamen Lebensunterhalt zu bestreiten und die notwendigen finanziellen

Mittel zur Verwirklichung der Ziele ihrer terroristischen Vereinigung zu erlangen. Zum gemeinsamen Tatplan gehörte auch, die mitgeführten Schusswaffen nicht nur zur Bedrohung einzusetzen, sondern von diesen notfalls Gebrauch zu machen, um ihren Forderungen Nachdruck zu verleihen.
Dabei waren die Angeklagte Zschäpe, Böhnhardt und Mundlos sich darüber im Klaren, dass es zu Verletzungen Dritter und durch den Waffeneinsatz auch zu tödlichen Verletzungen kommen konnte, dies nahmen sie billigend in Kauf. Im Edeka-Markt selbst gingen Uwe Mundlos und Uwe Böhnhardt arbeitsteilig vor. Während einer von ihnen den Eingangsbereich sicherte, trat der andere auf die Hauptkassiererin zu, hielt ihr eine geladene Schusswaffe an den Kopf und versuchte, ihr eine Tasche mit circa 30 000 D-Mark zu entreißen. Unter dem Eindruck des Angriffs überließ die Zeugin dem Angreifer die Tasche. Uwe Böhnhardt und Uwe Mundlos verließen sodann das Geschäft, ein Zeuge folgte ihnen. In dieser Situation schoss einer der beiden gemäß dem gemeinsamen Tatplan – er zielte auf Kopf und Brust des Zeugen. Dabei nahmen sie den Tod des Zeugen billigend in Kauf. Die Schüsse verfehlten den Zeugen zufallsbedingt nur knapp, er brach die Verfolgung ab. Böhnhardt und Mundlos flüchteten unter Mitnahme der Beute.
Nunmehr verfügten die drei Untergetauchten erstmals über einen größeren Geldbetrag für ihren Unterhalt. Das Einzimmer-Appartement in der Altchemnitzer Straße erwies sich auf Dauer für drei Erwachsene allerdings als zu eng. Der Angeklagte André Eminger half den drei Untergetauchten, indem er am 16. April 1999 in seinem Namen einen Mietvertrag für eine größere Wohnung in der Wolgograder Allee in Chemnitz zur alleinigen Nutzung durch Frau Zschäpe, Uwe Böhnhardt und Uwe Mundlos abschloss.
Am 23. Juni 1999 verübten Uwe Böhnhardt und Uwe Mundlos im bewussten und gewollten Zusammenwirken mit der Angeklagten Zschäpe in einem türkischen Lokal einen Anschlag, bei dem Sprengstoff zum Einsatz kam, der in eine Kunststoff-Taschenlampe eingebaut war. Eine dort beschäftigte Person wurde dabei leicht verletzt.
Am 6. Oktober 1999 überfielen Uwe Böhnhardt und Uwe Mundlos die Postfiliale in der Barbarossastraße in Chemnitz. Unter der Mitnahme der Beute von 5787,59 D-Mark flüchteten sie anschließend. Am 27. Oktober 1999 überfielen beide die Postfiliale in der Limbacher Straße in Chemnitz. Dabei erbeuteten sie Bargeld in Höhe von 62 822,70 D-Mark.
Aufgrund der drei Überfälle, die sie alle an ihrem Wohnort Chemnitz durchgeführt hatten, verfügten die drei über nahezu 100 000 D-Mark. Für die Aufnahme der Serientaten brauchten sie noch eine Schusswaffe mit Schalldämpfer. Anfang des Jahres 2000 teilte Uwe Böhnhardt aufgrund des gemeinsamen Tatplans

mit Uwe Mundlos und der Angeklagten Zschäpe dem Angeklagten Schultze mit, dass sie eine Pistole samt Schalldämpfer, möglichst deutsches Fabrikat, und ausreichend scharfe Munition, mindestens 50 Schuss, benötigten. Diesen Auftrag berichtete der Angeklagte Carsten Schultze an Ralf Wohlleben, der den Angeklagten Schultze aufforderte, zu Andreas Schultz, den Chef des Madley in Jena *(er sagte an den Tagen 55 und 79 aus)*, zu gehen. Carsten Schultze tat, wie ihm geheißen. Der Zeuge Schultz nahm den Auftrag an. Als sich der Angeklagte Schultze einige Zeit später nach dem Stand seines Auftrags erkundigte, teilte Schultz mit, er habe eine Pistole mit Schalldämpfer und circa 50 Schuss Munition. Allerdings gäbe es die Abweichung, dass es sich nicht um ein deutsches Fabrikat handle. Waffe, Schalldämpfer und Munition könne er ihnen für 2500 D-Mark verkaufen.
Nachdem der Angeklagte Carsten Schultze dies mitgeteilt hatte, forderte Ralf Wohlleben Carsten Schultze auf, die Waffe zu diesem Preis zu erwerben, und übergab Carsten Schultze dafür 2500 D-Mark in bar.
Zu einem nicht näher bekannten Zeitpunkt zwischen dem 4. April 2000 und dem 19. Mai 2000 begab sich Carsten Schultze zum Zeugen Andreas Schultz, der ihm die Pistole mit Schalldämpfer und circa 50 Schuss Munition gegen Zahlung des Kaufpreises in Höhe von 2500 D-Mark übergab.
Anschließend verbrachte Schultze die Pistole nebst Schalldämpfer und circa 50 Schuss Munition in die Wohnung des Angeklagten Ralf Wohlleben. Dort sahen sie sich die Waffe gemeinsam an.
Der Angeklagte Wohlleben schraubte den Schalldämpfer auf die Pistole, richtete die Waffe auf den Angeklagten Carsten Schultze. Dabei trug er schwarze Lederhandschuhe.
Kurze Zeit danach übergab Carsten Schultze die Pistole mit Schalldämpfer und Munition in Chemnitz an Uwe Böhnhardt und Uwe Mundlos. Bei der von den Angeklagten Ralf Wohlleben und Carsten Schultze für die beiden beschafften Waffe handelte es sich um die Pistole Česká 83 Kaliber 7,65 Millimeter mit der Seriennummer 034678. Diese Pistole wurde bei der Ermordung von neun Menschen im Zeitraum 9. September 2000 bis 6. April 2006 als Tatwaffe eingesetzt.
Im Sommer 2000 verließen Uwe Böhnhardt und Uwe Mundlos sowie die Angeklagte Zschäpe Chemnitz und zogen nach Zwickau. Max-Florian B. erklärte sich bereit, auf seinen Namen einen Mietvertrag für eine Wohnung in der Heisenbergstraße zur alleinigen Nutzung durch die Angeklagte Zschäpe sowie Uwe Böhnhardt und Uwe Mundlos abzuschließen.
Entsprechend dem gemeinsam gefassten Plan in der vereinbarten Rollenverteilung töteten Uwe Mundlos, Uwe Böhnhardt und die Angeklagte Zschäpe im Zeitraum 9. September 2000 bis 6. April 2006 jeweils im bewussten und gewollten Zusammenwirken acht Menschen türkischer und einen Menschen grie-

chischer Abstammung allein wegen derer nichtdeutscher Herkunft. Die Taten richteten sich gegen Kleinunternehmer und wurden während der üblichen Ladendienstzeit begangen. Sie trafen die Opfer völlig überraschend in Alltagssituationen, in denen sie nicht mit einem Angriff rechneten und damit auch etwaige Abwehrmaßnahmen nicht treffen konnten.
Uwe Mundlos und Uwe Böhnhardt waren die Opfer nicht bekannt. Sie schossen in der Regel den Opfern jeweils aus kurzer Entfernung mehrfach in den Kopf. Sie verwendeten bei allen Taten die Pistole Česká 83, die mit einem Schalldämpfer versehen war. Bei zwei Taten kam eine weitere scharfe Schusswaffe zum Einsatz, eine umgebaute Schreckschusspistole der Marke Bruni Modell 315.
Aufgrund des mit Beate Zschäpe gefassten Tatplans erschossen Uwe Mundlos und Uwe Böhnhardt im bewussten und gewollten Zusammenwirken mit ihr am 9. September 2000 den damals 38-jährigen türkischen Blumenhändler Enver Şimşek auf der Ladefläche seines Transporters. Das Opfer war gerade dabei, Blumen zu sortieren, als Uwe Mundlos und Uwe Böhnhardt ohne Vorwarnung mit zwei Waffen insgesamt neun Schüsse abgaben. Mit der Česká gaben sie sechs Schüsse ab, ein Schuss verfehlte das Opfer, vier Schüsse trafen das Opfer in den Kopf, ein Schuss traf es in die Brust. Mit der verwendeten Pistole Bruni gaben sie drei Schüsse ab, wovon ein Schuss das Opfer in den Kopf traf. Nach den Schüssen fertigten Uwe Mundlos und Uwe Böhnhardt Fotos von ihrem Opfer, diese sollten sie später für die Selbstbekennung der Vereinigung verwenden. Anschließend flüchteten sie vom Tatort. Enver Şimşek verstarb am 11. September 2000.
Am 16. November 2000 mietete der Angeklagte Eminger für die Zeit vom 30. November 2000, neun Uhr, bis zum 1. Dezember 2000, zwölf Uhr, ein Wohnmobil an. In der Folgezeit übergab er dieses an Böhnhardt und Mundlos, die zusammen mit der Angeklagten Zschäpe einen Raubüberfall an ihrem alten Wohnort Chemnitz planten, aber nach Zwickau umgezogen waren.
Am 30. November 2000 überfielen Uwe Böhnhardt und Uwe Mundlos nach dem gemeinsamen Tatplan im bewussten und gewollten Zusammenwirken mit Frau Zschäpe die Postfiliale in der Johannes-Dick-Straße in Chemnitz. Insgesamt erbeuteten sie 38900 D-Mark. Zur Begehung der Tat benutzten sie das ihnen vom Angeklagten Eminger übergebene Wohnmobil für die An- und Abreise. Es konnte nicht festgestellt werden, dass der Angeklagte Eminger bei der Übergabe mit der Möglichkeit rechnete und sich damit abfand, dass diese es zur Begehung eines Raubüberfalls benutzen könnten.
Im Jahr 2000, kurz vor Weihnachten, begingen Uwe Mundlos, Uwe Böhnhardt und die Angeklagte Zschäpe in Verfolgung ihrer Ziele, nämlich Menschen allein aufgrund ihrer nichtdeutschen Herkunft zu töten und in der Bevölkerungs-

gruppe mit Migrationshintergrund Angst und Schrecken zu verbreiten, aufgrund eines gemeinsam gefassten Tatplans und der vereinbarten Rollenverteilung im bewussten und gewollten Zusammenwirken in dem Lebensmittelgeschäft des iranischen Staatsangehörigen Y. M. *(er und seine Familie sagten an den Tagen 118 und 119 aus)* in Köln einen Anschlag. Auch bei diesem Anschlag nutzten sie die Arg- und Wehrlosigkeit der Opfer, die mit keinerlei Angriffen rechneten, aus. Der Angeklagte Eminger mietete auf Bitte der drei für die Zeit vom 19. bis 21. Dezember 2000 ein Wohnmobil. Zu einem nicht mehr näher bestimmbaren Zeitpunkt zwischen dem 19. Dezember 2000 und dem 21. Dezember 2000 platzierte Uwe Böhnhardt in dem Lebensmittelgeschäft eine in einer Christstollendose eingebauten Sprengsatz. Uwe Böhnhardt gab, als er das Geschäft aufsuchte, vor, er müsse sein vergessenes Portemonnaie noch holen, und ließ auf diese Art und Weise den Geschenkkorb mit dem Sprengsatz zurück. Er und die beiden anderen hatten die Absicht, dass der Inhaber des Lebensmittelgeschäfts oder eine andere in dem Laden tätige Person bei einer zeitnahen Entsorgung des Korbes die Christstollendose öffnen und dabei den Sprengsatz auslösen würde. Am 19. Januar 2001 öffnete die damals 19-jährige Tochter des Ladeninhabers den Deckel der Dose, wodurch der Sprengsatz zur Detonation kam. M. M. erlitt dadurch schwere Verbrennungen und Schnittverletzungen im Gesicht, an beiden Armen und Beinen. Beide Trommelfelle wurden zerfetzt und mussten rekonstruiert werden. Sie befand sich eineinhalb Monate im künstlichen Koma, über mehrere Jahre musste sie sich immer wieder operativen Eingriffen unterziehen. Ihre Mutter sowie ihre Schwester und ihr Vater blieben nur durch Zufall unverletzt.

Zur Begehung der Tat im Dezember 2000 benutzten Uwe Böhnhardt und Uwe Mundlos das ihnen vom Angeklagten Eminger übergebene Wohnmobil für die An- und Abreise. Es konnte nicht festgestellt werden, dass der Angeklagte Eminger bei der Übergabe des Wohnmobils mit der Möglichkeit rechnete und sich damit abfand, dass diese es zur An- und Abfahrt für einen Sprengstoffanschlag benutzen würden.

Entsprechend ihrem Plan, die Anschläge zum Zwecke der Bekennung der Taten des NSU zu dokumentieren, begannen die Angeklagte Zschäpe sowie Uwe Mundlos und Uwe Böhnhardt nach der Ermordung Enver Şimşeks und dem Anschlag in der Probsteigasse in Köln ein Video zu erstellen, das sie zeitnah am 9. März 2001 fertigstellten. Dabei wurde neben Zeitungsausschnitten auch ein Tatortfoto von Enver Şimşek benutzt. Im Video wurde das Konzept der drei Mitglieder der Vereinigung dargelegt, rassistische Motive der Vereinigung wurden angesprochen, wobei sich die Verfasser auch direkt an die Adressaten der Botschaft wandten. Die Verfasser kündigten die Fortsetzung der Anschläge an,

bis zum Umsturz der gesellschaftlichen und politischen Verhältnisse im Sinne einer nationalsozialistischen Staatsordnung.
An einem nicht näher bestimmbaren Zeitpunkt im Sommer 2001 übernahm der Angeklagte Gerlach auf Bitte des Angeklagten Wohlleben in dessen Wohnung in Jena einen Gegenstand in einem Stoffbeutel. Gerlach sollte diesen der Angeklagten Zschäpe sowie Uwe Böhnhardt und Uwe Mundlos nach Zwickau bringen. Der Angeklagte Wohlleben erläuterte Holger Gerlach, er könne den Transport nicht selbst durchführen, weil er fürchtete, unter Beobachtung der Sicherheitsbehörden zu stehen. Auf dem Weg nach Zwickau stellte Holger Gerlach im Zug fest, dass es sich bei dem Gegenstand um eine Schusswaffe handelte. Trotzdem entschloss er sich, den Transport fortzusetzen und die Schusswaffe an die Angeklagte Zschäpe sowie an Uwe Böhnhardt und Uwe Mundlos zu übergeben. Vereinbarungsgemäß holte ihn Zschäpe in Zwickau am Bahnhof ab und brachte ihn zur neu angemieteten Wohnung der Gruppe. Da der Angeklagte Gerlach aus den mit Uwe Böhnhardt, Uwe Mundlos und Beate Zschäpe geführten Diskussionen wusste, dass diese die Anwendung von Waffengewalt als Mittel der politischen Auseinandersetzung wollten, hatte er Skrupel bei der Übergabe. Ihm war klar, dass er nunmehr durch seine Handlungsweise möglicherweise zu Gewaltanwendung mit der Waffe beitragen würde. Er sah sogar die Möglichkeit, von der Gruppe erneut für Waffentransporte beansprucht zu werden, und äußerte deshalb vorsorglich, dass er dies nicht wieder machen werde. Weil er jedoch die positive Einstellung Böhnhardts, Mundlos' und Zschäpes zur Anwendung von Waffengewalt kannte, äußerte er im Hinblick darauf seine Bedenken, dass man sich nicht anmaßen könne, mit fünf Leuten die Welt zu retten. Die Angeklagte Zschäpe sowie Uwe Böhnhardt und Uwe Mundlos versuchten, ihn zu beschwichtigen.
Uwe Böhnhardt und Uwe Mundlos nahmen die Waffe vom Angeklagten Gerlach in Empfang, sahen sich die Waffe in seinem Beisein genau an, überprüften sie auf ihre Funktionsfähigkeit.
Am 7. Juni 2001 ließ der Angeklagte Gerlach auf Wunsch Zschäpes, Böhnhardts und Mundlos' durch die Passbehörde einen Reisepass unter seinen Personalien erstellen, um ihn anschließend Uwe Böhnhardt zu überlassen. Uwe Böhnhardt sollte sich als Holger Gerlach ausgeben können. Für das Passfoto ließ sich der Angeklagte Gerlach einen leichten Oberlippenbart wachsen, es ging um eine möglichst große Ähnlichkeit mit Uwe Böhnhardt. Den von der Stadt Hannover ausgestellten Reisepass brachte er anschließend nach Zwickau und übergab ihn zusammen mit seinem AOK-Krankenkassenausweis am dortigen Bahnhof an Zschäpe, Böhnhardt und Mundlos.
Bei dieser Gelegenheit übergab ihm Frau Zschäpe einen Barbetrag von 10000

D-Mark zur Aufbewahrung. Der Angeklagte Gerlach wusste, dass dieser Betrag von Banküberfällen stammte.

Am 13. Juni 2001 erschossen Uwe Mundlos und Uwe Böhnhardt im bewussten und gewollten Zusammenwirken mit Frau Zschäpe in seiner Änderungsschneiderei in Nürnberg den türkischen Staatsangehörigen Abdurrahim Özüdoğru. Das Opfer stand gerade vor der Verbindungstür zu seiner Wohnung, als Uwe Mundlos und Uwe Böhnhardt den Laden betraten. Einer von beiden schoss ihm ohne Vorwarnung sofort mit der Pistole Česká von vorn ins Gesicht. Abdurrahim Özüdoğru sackte zusammen, einer der beiden Täter trat an ihn heran und schoss ihm aus kurzer Entfernung in die rechte Schläfe. Bevor beide vom Tatort flüchteten, fertigten sie Fotos von ihrem Opfer, entsprechend dem gefassten Plan zum Zwecke der späteren Veröffentlichung. Abdurrahim Özüdoğru verstarb noch am Tatort.

Am 27. Juni 2001 erschossen Uwe Mundlos und Uwe Böhnhardt im bewussten und gewollten Zusammenwirken mit der Angeklagten Zschäpe den 31-jährigen türkischen Gemüsehändler Süleyman Taşköprü in seinem Laden in Hamburg. Dieser stand hinter dem Tresen, als Uwe Mundlos und Uwe Böhnhardt den Laden betraten. Einer von den beiden schoss dem Opfer mit der Pistole Česká im Bereich der linken Wange in den Kopf, unvermittelt. Süleyman Taşköprü ging zu Boden, mit der Pistole Bruni schoss der zweite Täter dem bereits wehrlos am Boden liegenden Opfer aus nächster Nähe zweimal in den Hinterkopf. Uwe Mundlos und Uwe Böhnhardt fertigten nach den Schüssen Fotos von dem schwer verletzt am Boden liegenden Opfer, um auch diese entsprechend dem mit Frau Zschäpe gefassten Plan für Zwecke der späteren Veröffentlichung zu verwenden. Anschließend flüchteten sie. Süleyman Taşköprü verstarb noch am Tatort.

Am 5. Juli 2001 überfielen Böhnhardt und Mundlos gemäß dem gemeinsamen Tatplan die Postfiliale in der Max-Planck-Straße in Zwickau. Sie erzielten eine Beute von 74787 D-Mark.

Am 29. August 2001 erschossen Uwe Mundlos und Uwe Böhnhardt im bewussten und gewollten Zusammenwirken mit Frau Zschäpe den 38-jährigen türkischen Gemüsehändler Habil Kılıç in seinem Laden in der Bad-Schachener-Straße in München. Dieser stand hinter der Verkaufstheke, als die beiden den Laden betraten und einer sofort mit der Pistole Česká, die er in einer Plastiktüte verborgen hatte, zunächst seitlich im Bereich der linken Wangenregion ins Gesicht – das Opfer versuchte sich wegzuducken – und von hinten einen Schuss abgab. Habil Kılıç verstarb noch am Tatort.

Ab dem Jahr 2000 traf sich der Angeklagte Gerlach auf Veranlassung von Uwe Böhnhardt, Uwe Mundlos und der Angeklagten Zschäpe regelmäßig mit den Untergetauchten. Die Treffen fanden überwiegend an Urlaubsorten statt, in

Norddeutschland. Holger Gerlach wusste, dass diese Zusammenkünfte ab dem Jahr 2001 dazu dienten, die Mitglieder der Vereinigung über seine persönlichen Lebensverhältnisse jeweils auf den aktuellen Kenntnisstand zu bringen. Auf diese Art und Weise wurden sie in die Lage versetzt, die ihnen vom Angeklagten Gerlach zur Verfügung gestellten Ausweispapiere entsprechend den aktuellen Verhältnissen weiter gefahrlos nutzen zu können.

Nach den beiden Mordtaten im Juni 2001 in Nürnberg und Hamburg, dem Raubüberfall in Zwickau und der Ermordung Habil Kılıçs im August 2001 stellten die Angeklagte Zschäpe sowie Uwe Böhnhardt und Uwe Mundlos aus selbst gefertigten Videoclips, die sie zusammenschnitten, am 28. Oktober 2001 ein fünfminütiges Video des NSU fertig, welches das Video vom 9. März 2001 auf den aktuellen Stand brachte. Dabei verwendeten sie neben Zeitungsausschnitten die von ihnen selbst gefertigten Fotos von den Tatorten.

Am 25. September 2002 überfielen Uwe Böhnhardt und Uwe Mundlos die Sparkassenfiliale in der Karl-Marx-Straße in Zwickau. Insgesamt betrug die Beute 48 571 Euro. Am 23. Juni 2003 trat die Verjährung der Taten ein, derentwegen Uwe Mundlos, Uwe Böhnhardt und die Angeklagte Beate Zschäpe anlässlich der Garagendurchsuchung geflohen waren. Es war allen dreien bekannt, sie verfolgten ihren im Jahr 1998 gefassten Tatplan weiter.

Am 22. September 2003 mietete der Angeklagte Eminger in Chemnitz für die Zeit vom 22. September bis 26. September 2003 ein Wohnmobil an. Dieses übergab er sodann an Uwe Mundlos und Uwe Böhnhardt. Am 23. September 2003 überfielen sie die Sparkassenfiliale in der Paul-Bertz-Straße in Chemnitz. Sie erbeuteten 435 Euro. Zur Begehung dieser Tat benutzten sie für die An- und Abreise das vom Angeklagten Eminger angemietete und ihnen überlassene Fahrzeug. Es konnte nicht festgestellt werden, dass der Angeklagte Eminger bei der Übergabe mit der Möglichkeit rechnete und sich damit abfand, dass dieses bei der Begehung des Überfalls verwendet wird.

Uwe Böhnhardt, der im Hinblick auf seine Ähnlichkeit mit dem Angeklagten Gerlach seit dem Jahr 2001 einen auf Gerlach ausgestellten Reisepass nutzte, wollte in Absprache mit Mundlos und Zschäpe auch einen auf Holger Gerlach laufenden Führerschein für Fahrzeuganmietungen nutzen, um die Hin- und Abfahrt zu den Tatorten im Hinblick auf die Begehung verschiedener Raub-, Tötungs- und Sprengstoffdelikte durch die Vereinigung NSU durchzuführen. Deshalb forderte Uwe Böhnhardt Anfang des Jahres 2004 den Angeklagten Gerlach auf, ihnen seinen Führerschein oder Ersatzführerschein zu überlassen. Er schlug Holger Gerlach vor, dass dieser seinen Führerschein bei der zuständigen Behörde verloren melden und so in den Besitz eines Ersatzführerscheins kommen würde, den er Uwe Böhnhardt, Uwe Mundlos und Frau Zschäpe zur Verfügung

stellen könnte. Der Angeklagte Gerlach meldete daraufhin den Verlust seines Führerscheins, bewusst wahrheitswidrig, bei der zuständigen Behörde. Am 4. Februar 2004 stellte ihm die zuständige Behörde einen Ersatzführerschein aus, den er zusammen mit seiner ADAC-Mitgliedskarte kurze Zeit später Böhnhardt übergab. Unter Vorlage dieses Führerscheins mietete Uwe Böhnhardt elf Fahrzeuge an, die die von ihm, Uwe Mundlos und Frau Zschäpe gebildete Vereinigung NSU zur Begehung von 13 Straftaten nutzte. Hierbei handelt es sich um die Mordanschläge zum Nachteil der Geschädigten Mehmet Turgut, Ismail Yaşar, Theodoros Boulgarides, Mehmet Kubaşık, Halit Yozgat, Michèle Kiesewetter und Martin A., dem Sprengstoffanschlag in der Keupstraße sowie die Raubüberfälle am 14. und 18. Mai 2004, 22. November 2005, 7. November 2006, 7. September 2011 und am 4. November 2011.
Uwe Böhnhardt und Uwe Mundlos fuhren mit den Mietfahrzeugen zu den auswärtigen Tatorten und benutzten diese dann nach der jeweiligen Tat zur Flucht. Der Angeklagte Gerlach hatte angesichts der stattgefundenen Diskussionen das Bekenntnis Zschäpes, Böhnhardts und Mundlos' zur bewaffneten Gewalt selbst erlebt und wusste auch, dass sie schon vor der Flucht begonnen hatten, dieses Konzept unter Verwendung von Sprengstoff tatsächlich umzusetzen. Zudem hatte er ihnen selbst im Sommer 2001 eine scharfe Waffe ausgehändigt, somit hatte er bei der Übergabe des Führerscheins und der ADAC-Mitgliedskarte die Möglichkeit erkannt, dass die Gruppe aus staatsfeindlichen Motiven in Übereinstimmung mit den Vorstellungen des Nationalsozialismus Tötungsdelikte und Sprengstoffdelikte begehen könnte. Diese Möglichkeit nahm er billigend in Kauf und fand sich damit ab. Er wusste auch, dass die Gruppe durch gewaltsame Überfälle auf Banken und sonstige Kreditinstitute ihr Leben im Untergrund finanzierte.
Am 25. Februar 2004 erschossen Uwe Mundlos und Uwe Böhnhardt im bewussten und gewollten Zusammenwirken mit Frau Zschäpe in dem in Rostock gelegenen Döner-Imbiss den dort aushilfsweise beschäftigten 25-jährigen türkischen Staatsangehörigen Mehmet Turgut. Uwe Mundlos und Uwe Böhnhardt betraten den für Kunden bestimmten Bereich des Containers, in dem der Imbissbetrieb untergebracht war. Ohne Vorwarnung und sofort schossen sie mit der Pistole Česká vier Mal auf Mehmet Turgut. Das Opfer erlitt einen Halsdurchschuss, einen Nackendurchschuss, einen Steckschuss im Kopf. Der vierte Schuss ging fehl. Mehmet Turgut verstarb noch am Tatort.
Am 14. Mai 2004 überfielen Uwe Böhnhardt und Uwe Mundlos die Sparkassenfiliale in der Albert-Schweitzer-Straße in Chemnitz. Die Beute bestand aus Bargeld in Höhe von 33 175 Euro sowie Schecks im Wert von 4250 Euro. Vier Tage später, am 18. Mai 2004, überfielen sie die Sparkassenfiliale in der Sand-

straße in Chemnitz. Mit einer Beute von 73 815 Euro entfernten sich die beiden Täter.

Am 9. Juni 2004 verübten Uwe Mundlos, Uwe Böhnhardt und die Angeklagte Beate Zschäpe in Verfolgung ihrer Ziele, Menschen aufgrund ihrer nichtdeutschen Herkunft zu töten und in der Bevölkerungsgruppe mit Migrationshintergrund Angst und Schrecken zu verbreiten, aufgrund eines gemeinsam gefassten Tatplans im bewussten und gewollten Zusammenwirken in Köln einen weiteren Sprengstoffanschlag. Sie nutzten bei der Ausführung die Arg- und Wehrlosigkeit ihrer Opfer aus. Sie gefährdeten eine unbestimmte Anzahl von Personen im Wirkkreis der Bombe und beabsichtigten, so viele Menschen wie möglich zu töten oder zu verletzen. Sie wählten als Tatort die Keupstraße in Köln-Mülheim aus, eine Einkaufsstraße, die vorwiegend von Menschen mit Migrationshintergrund aufgesucht wird. In Ausführung ihres Tatplans brachten Uwe Mundlos und Uwe Böhnhardt im bewussten und gewollten Zusammenwirken mit Frau Zschäpe auf dem Gepäckträger eines Fahrrads einen Sprengsatz an, der aus einer mit mindestens fünf Kilogramm Schwarzpulver gefüllten Gasflasche und etwa 800 Zimmermannsnägeln bestand. Das Fahrrad stellten sie am 9. Juni 2004 vor dem Friseursalon des türkischen Staatsangehörigen Özcan Y. ab. Gegen 16 Uhr brachten sie den Sprengsatz durch Fernzündung zur Detonation. Durch die erzeugte Druckwelle und durch die Splitterwirkung der Nägel, durch die Fragmente der zerplatzten Gasflasche, des zerstörten Koffers, der Fahrradteile sowie durch Glassplitter wurden insgesamt 23 Personen zum Teil lebensgefährlich verletzt. Weitere neun Personen fanden sich im Wirkungskreis der Bombe und blieben nur durch Zufall unverletzt.

Am 9. Juni 2005 erschossen Uwe Mundlos und Uwe Böhnhardt im bewussten und gewollten Zusammenwirken mit Frau Zschäpe in Nürnberg den 50-jährigen türkischen Staatsangehörigen Ismail Yaşar in seinem Döner-Imbiss. Ismail Yaşar stand hinter dem Verkaufstresen, als die beiden Täter den Imbiss betraten. Sie schossen sofort ohne Vorwarnung mit der Pistole Česká, die in einer Plastiktüte verborgen war, auf ihr Opfer, das sich versuchte wegzuducken. Die ersten beiden Schüsse trafen Ismail Yaşar in den Kopf. Hinter dem Tresen stürzte er zu Boden, in dieser Position schossen ihm die Täter drei Mal in den Oberkörper. Ismail Yaşar verblutete am Tatort.

Am 5. Juni 2005 erschossen Uwe Mundlos und Uwe Böhnhardt im bewussten und gewollten Zusammenwirken mit Frau Zschäpe den 41-jährigen Theodoros Boulgarides in seinem Laden. Er betrieb einen Schlüsseldienst. Theodoros Boulgarides stand hinter dem Tresen, als Uwe Mundlos und Uwe Böhnhardt den Laden betraten. Einer der beiden schoss sofort und ohne Vorwarnung mit der Pistole Česká, die in einer Plastiktüte verborgen war, dem Opfer von vorne ins

Gesicht. Theodoros Boulgarides sackte zusammen, in dieser Lage schossen ihm die Täter noch zwei Mal in den Kopf, bevor sie flüchteten. Das Opfer verstarb noch am Tatort.
Am 22. November 2005 überfielen Uwe Böhnhardt und Uwe Mundlos die Sparkassenfiliale in der Sandstraße in Chemnitz. Nachdem der Geschäftsstellenleiter der Filiale den Alarm ausgelöst hatte, verließen sie den Tatort ohne Beute.
Am 4. April 2006 erschossen Uwe Mundlos und Uwe Böhnhardt im bewussten und gewollten Zusammenwirken mit Frau Zschäpe den 39-jährigen Staatsangehörigen türkischer Abstammung Mehmet Kubaşık in seinem Kiosk in Dortmund. Das Opfer stand hinter der Theke, als Uwe Mundlos und Uwe Böhnhardt den Kiosk betraten. Ohne Vorwarnung und sofort schossen sie mit der Pistole Česká, die sie in einer Plastiktüte verborgen hielten, auf Mehmet Kubaşık. Der erste Schuss verfehlte ihn, daraufhin schossen sie dem Opfer in den Kopf. Mehmet Kubaşık ging zu Boden, im Fallen traf ihn ein weiterer Schuss in die rechte Schläfe. Das Opfer verstarb noch am Tatort.
Am 6. April 2006 erschossen Uwe Mundlos und Uwe Böhnhardt im bewussten und gewollten Zusammenwirken mit Frau Zschäpe den 21-jährigen deutschen Staatsangehörigen türkischer Abstammung Halit Yozgat in seinem Internetcafé in Kassel. Uwe Mundlos und Uwe Böhnhardt betraten das Internetcafé und schossen sofort und ohne jede Vorwarnung mit der Pistole Česká auf den hinter seinem Schreibtisch sitzenden Halit Yozgat. Die Waffe hatten sie abermals in einer Plastiktüte verborgen. Der erste Schuss traf Halit Yozgat in die rechte Schläfe, er fiel zu Boden, wo ihn ein zweiter Schuss im rechten Bereich des Hinterkopfes traf. Er verstarb noch am Tatort.
In der ersten Jahreshälfte 2006 wurde …
(Götzl wird durch laute Schreie des Vaters von Halit Yozgat, der als Nebenkläger an der Verhandlung teilnimmt, unterbrochen. Er ruft in arabischer Sprache mehrmals: »La illahha illah!« Das bedeutet »Es gibt keinen Gott außer Gott.« Götzl versucht, ihn zur Ruhe zu bringen.)
Seien Sie bitte ruhig! Ich möchte keine weiteren Störungen haben, sonst muss ich notfalls Maßnahmen gegen Sie ergreifen, was ich nicht möchte. *(Ismail Yozgat setzt sich. Aus einer kleinen Plastikflasche schüttet er Wasser über sich und spricht leise Gebete.)*
Ich setze fort: In der ersten Jahreshälfte 2006 teilte Uwe Mundlos oder Uwe Böhnhardt dem Angeklagten Gerlach mit, dass Beate Zschäpe einen Arzt aufsuchen müsse und dass sie eine Krankenversicherungskarte benötige, die er besorgen solle. Nur durch die Verwendung der Personalien und der Versichertenkarte einer Dritten, die außerhalb der Vereinigung NSU stand, sahen Uwe Mundlos, Uwe Böhnhardt und Beate Zschäpe die Möglichkeit, die Anonymität

und Legendierung der Mitglieder der Vereinigung zu gewährleisten und vor Entdeckung zu schützen. Auf diese Weise konnte die Vereinigung NSU ihre Taten ungehindert fortführen und ihre Gefährlichkeit erhalten. Der Angeklagte Gerlach bat die Zeugin S. *(sie sagte am Tag 54 aus)*, ihm ihre AOK-Versichertenkarte gegen ein Entgelt von 300 Euro zu überlassen. Die Zeugin willigte ein. Die erhaltene AOK-Karte übergab der Angeklagte Gerlach an Uwe Böhnhardt, Uwe Mundlos sowie Frau Zschäpe. Die übergebene AOK-Karte verwendete die Angeklagte Zschäpe für zwei Zahnarztbesuche im Mai 2006.
Nach der Geburt des zweiten Sohnes des Angeklagten Eminger im August 2006 lernte Frau Zschäpe im September 2006 dessen Ehefrau Susann Eminger kennen und freundete sich mit ihr an. Ab diesem Zeitpunkt kam es zu häufigen Besuchen der Familie Eminger in der Wohnung Polenzstraße 2 in Zwickau sowie später auch in der Frühlingsstraße 26.
Am 5. Oktober 2006 beging Uwe Böhnhardt dem gemeinsamen Tatplan entsprechend im bewussten und gewollten Zusammenwirken mit Uwe Mundlos und Beate Zschäpe einen Raubüberfall auf die Sparkassenfiliale in der Kosmonautenstraße in Zwickau. Es handelte sich dabei um den Versuch der Gruppe, den Seriencharakter der von Uwe Mundlos und Uwe Böhnhardt bisher stets gemeinsam in Sachsen begangenen Raubüberfälle durch eine veränderte Täterkonstellation zu verschleiern. Sie wollten dadurch ihr Entdeckungsrisiko vermindern. Als Uwe Böhnhardt einem Mitarbeiter der Sparkasse, dem Zeugen R. *(er sagte am Tag 261 aus)*, den Rücken zuwandte, versuchte dieser, ihn zu überwältigen. Uwe Böhnhardt schoss daraufhin dem Zeugen R. in den Bauch, um unerkannt entkommen zu können. Dabei nahm er den Tod des Zeugen billigend in Kauf. Weil der Tresor nicht zu öffnen war, flüchtete Uwe Böhnhardt ohne Beute. Der Zeuge R. erlitt einen Bauchdurchschuss, er wurde notfallmäßig operiert, es bestand abstrakte Lebensgefahr. Uwe Böhnhardt, Uwe Mundlos sowie die Angeklagte Zschäpe beschlossen daraufhin, im Hinblick auf das Entdeckungsrisiko keine Raubüberfälle mehr in Sachsen zu verüben. Zur Finanzierung der Vereinigung planten sie nun Überfälle auf Geldinstitute in Stralsund, Arnstadt und Eisenach.
Am 7. November 2006 überfielen Uwe Böhnhardt und Uwe Mundlos die Sparkassenfiliale in der Kleine Parower Straße in Stralsund, sie erbeuteten insgesamt 84995 Euro.
Im Dezember 2006 ermittelte die Polizeidirektion Südwestsachsen in Zwickau wegen einer Sachbeschädigung durch einen von einem Unbekannten vorsätzlich herangeführten Wasserschaden in der Wohnung des Zeugen F. *(er sagte am Tag 56 aus. Am Tag 66 sagte der ermittelnde Polizist Rocco R. aus)* im Anwesen Polenzstraße 2 in Zwickau. Diese Wohnung befand sich über der von Beate Zschäpe,

Uwe Böhnhardt und Uwe Mundlos benutzten und von Matthias Dienelt angemieteten Wohnung. Der Geschädigte F. äußerte den Verdacht, dass ein weiterer Mitbewohner, dem er einen Schlüssel für Notfälle überlassen hatte, der Täter sein könnte. Weiter teilte F. dem ermittelnden Polizeibeamten mit, dass er von der unter ihm wohnenden Lisa Dienelt gehört hätte, dass im fraglichen Zeitraum jemand in seiner Wohnung war. Die Direktion Südwestsachsen lud daraufhin die Angeklagte Zschäpe unter ihrem Aliasnamen Lisa Dienelt für den 9. Januar 2007 vor. Die Vorladung löste bei der Angeklagten Zschäpe erhebliche Unruhe aus. Dies war die erste offene Konfrontation mit einem Polizeibeamten seit ihrer Flucht im Jahr 1998. Tatsächlich wurde nach ihr nicht mehr gefahndet, da die Taten verjährt waren.

Um den politischen Kampf aus dem Untergrund im Rahmen der Vereinigung fortsetzen und möglichst ungefährdet weiter agieren zu können, wollte sie ihre Identität nicht offenbaren und ihre Legende und die Uwe Böhnhardts und Uwe Mundlos' auf jeden Fall bewahren. Zunächst beschloss sie, den Termin nicht wahrzunehmen. Uwe Böhnhardt und Uwe Mundlos verließen aus Vorsicht am Morgen des 9. Januar 2007 die Wohnung und mieteten bis 13. Januar 2007 ein Wohnmobil. Da Beate Zschäpe alias Lisa Dienelt auf polizeiliche Ladung im Januar 2007 nicht erschienen war, begab sich der ermittelnde Polizeibeamte am selben Tag zum Anwesen Polenzstraße 2 in Zwickau und läutete an der Klingel mit der Aufschrift Dienelt. Die Angeklagte Zschäpe öffnete die Tür. Auf Nachfrage nach Frau Lisa Dienelt erklärte sie, es gäbe keine Lisa Dienelt, sie heiße Susann Eminger. Sie habe den Spitznamen Lisa und würde deshalb für Lisa Dienelt gehalten, sie heiße aber Susann Eminger. Darauf wurde sie für den 11. Januar 2007 zu einer ausführlichen Zeugenvernehmung in die Diensträume der Polizeidirektion Südwestsachsen vorgeladen. Nachdem R. das Nichterscheinen der Angeklagten Zschäpe nicht auf sich beruhen hatte lassen, sondern auf einer längeren Vernehmung bestanden hatte, beschloss die Angeklagte nunmehr, den Angeklagten Eminger als Begleiter zur Ladung mitzunehmen, der ihre beabsichtigten Falschangaben unter Vorlage des Personalausweises seiner Ehefrau Susann als Zeuge bestätigen sollte. Der Angeklagte Eminger, der bereits in der Vergangenheit seinen drei Freunden, mit denen er rechtsextremistische Ansichten teilte, bei der Anmietung von Wohnungen und Wohnmobilen behilflich war, sah sich nunmehr damit konfrontiert, der Polizei gegenüber falsche Angaben machen zu müssen. Spätestens zu diesem Zeitpunkt stellte er sich die Frage, warum nach all den Jahren die Angeklagte Zschäpe bei von ihm angenommener Verjährung ihrer Taten für ihn und seine Ehefrau eine solch riskante und unter Umständen folgenreiche Konstellation schaffen und im Untergrund verbleiben wollte. Er stellte diese Frage jedoch zurück, begab sich am 11. Januar 2007 mit der

Angeklagten zur Vernehmung bei der Polizei. Die Angeklagte Zschäpe wies sich mit dem vom Angeklagten Eminger überlassenen Personalausweis seiner Ehefrau Susann Eminger aus und gab an, sie wohne normalerweise mit ihrem Ehemann André Eminger in ihrer Wohnung in Zwickau. Hin und wieder würden sie sich aber in der Wohnung ihres Freundes Matthias Dienelt aufhalten. Dieser sei Lkw-Fahrer und tagsüber viel unterwegs. Sie kümmere sich deshalb in seiner Wohnung um die Katzen. André Eminger, der nicht geladen war, gab an, seine Frau sei Susann Eminger, hin und wieder hielten sie sich in der Wohnung ihres Kumpels Matthias Dienelt auf. Ihr Kumpel sei Fernfahrer und viel unterwegs.

Am 18. Februar 2007 überfielen Uwe Mundlos und Uwe Böhnhardt die Sparkassenfiliale in der Kleine Parower Straße in Stralsund. Sie erbeuteten 169970 Euro. Schließlich richtete die Gruppe ihre Angriffsrichtung auf die Polizeibeamten und damit unmittelbar gegen die Sicherheitsbehörden des Staats. Dabei ging es Uwe Böhnhardt, Uwe Mundlos und Frau Zschäpe darum, die Machtlosigkeit des Sicherheitsapparats und damit auch die Schutzlosigkeit der angegriffenen Bevölkerungsgruppe vorzuführen. In Verfolgung ihrer Ziele töteten Uwe Böhnhardt und Uwe Mundlos sowie Frau Zschäpe am 25. April 2007 aufgrund eines gemeinsam gefassten Plans im bewussten und gewollten Zusammenwirken mit Frau Zschäpe die 22-jährige Polizeimeisterin Michèle Kiesewetter und verletzten den 24-jährigen Polizeimeister Martin A. schwer. Uwe Böhnhardt und Uwe Mundlos hatten sich in einem angemieteten Wohnmobil nach Heilbronn begeben, wo sie ihre beiden Opfer kurz vor der Tat zufällig auswählten, als die beiden Beamten in ihrem Streifenwagen auf der Theresienwiese in Heilbronn Pause machten.

Uwe Böhnhardt und Uwe Mundlos kamen von hinten an das Fahrzeug heran, in dem Michèle Kiesewetter auf dem Fahrersitz und Martin A. auf dem Beifahrersitz saßen. Uwe Böhnhardt und Uwe Mundlos gaben ihrem zuvor mit Beate Zschäpe gefassten Tatplan entsprechend und unter Ausnutzung des Überraschungsmoments aus kürzester Entfernung von schräg hinten gleichzeitig Kopfschüsse auf die wehrlosen Beamten ab. Sie wollten die beiden Polizeibeamten töten. Anschließend nahmen sie die Dienstwaffen der beiden Beamten sowie die Handschellen und entfernten sich vom Tatort. Michèle Kiesewetter verstarb noch am Tatort an den Folgen eines Kopfschusses. Martin A., der ebenfalls einen Kopfschuss erlitt, überlebte schwer verletzt. Mehrere operative Eingriffe, unter anderem wegen einer Gehirnschwellung, waren erforderlich. Vom 25.4. bis 16.5.2007 befand sich der Geschädigte zunächst in intensivmedizinischer Behandlung. Ohne die ärztliche Behandlung wäre er an den Folgen des Kopfschusses verstorben. Der Beamte leidet bis heute an den Folgen, seinen Traumberuf als Polizeibeamter im Außendienst kann er nicht mehr ausüben.

(Im Folgenden geht Götzl auf die Arbeiten von Zschäpe, Böhnhardt und Mundlos an der finalen Fassung des NSU-Bekennervideos ein. Dann fährt er fort mit dem Umzug in die Frühlingsstraße 26, die letzte gemeinsame Wohnung des Trios.)

Im Herbst 2007 sahen sich Uwe Böhnhardt, Uwe Mundlos und Beate Zschäpe nach einer neuen, größeren Wohnung um, die sie noch besser für ihre Bedürfnisse nutzen konnten. Unter dem Namen Dienelt unterzeichnete Uwe Böhnhardt einen Mietvertrag über eine 125 Quadratmeter große Vierzimmerwohnung im ersten Geschoss des Anwesens Frühlingsstraße 26 in Zwickau. Nach dem Einzug trafen sie aufwendige Maßnahmen zu ihrer Absicherung, unter anderem bauten sie vier verdeckte Kameras ein, den Zugang zu ihrem Keller rüsteten sie mit einer massiven Stahltür nach. Wie im Bekennervideo angekündigt, setzten sie ihre Vorbereitungen für weitere Anschläge fort. Sie fertigten Schussapparate aus Metallrohren, stellten Vorrichtungen zur Begehung von Morden in der Öffentlichkeit her, daneben setzten sie ihre Ausspähungen fort.

Am 8. Mai 2009 beantragte der Angeklagte André Eminger zwei Bahncards 25 auf seine Personalien. Zwischen dem Angeklagten Eminger und den Mitgliedern des NSU wurde vereinbart, dass den Anträgen Lichtbilder der Angeklagten Zschäpe und Uwe Böhnhardts beigelegt würden, sodass sich Beate Zschäpe und Uwe Böhnhardt mit den auf Susann und André Eminger ausgestellten Bahncards anstelle von amtlichen Lichtbildausweisen identifizieren konnten und zudem Bahnfahrkarten zu ermäßigten Preisen erhalten. Die DB stellte die Bahnkarten aus und sandte diese an André Eminger. Dieser übergab die Karten absprachegemäß an Frau Zschäpe und Uwe Böhnhardt. Wie von den dreien gewünscht, machte der Angeklagte Eminger in den Folgejahren von der Kündigungsmöglichkeit der Bahncards keinen Gebrauch, sodass die Bahn ihm jeweils Folgekarten zusandte. Auch diese übergab er an Beate Zschäpe und Uwe Böhnhardt. Der Angeklagte Eminger rechnete bei der Überlassung der Bahncards damit, dass diese Karten für die terroristische Vereinigung, bestehend aus Uwe Böhnhardt, Uwe Mundlos und der Angeklagten Zschäpe, von Vorteil waren und deren spezifisches Gefährdungspotenzial förderten.

Nachdem der im Jahr 2001 für den Angeklagten Gerlach ausgestellte Reisepass, den er Uwe Böhnhardt und der Vereinigung NSU zur Verfügung gestellt hatte, seine Gültigkeit verlor, wandte sich die Vereinigung vor dem Mai 2011 an ihn, um einen neuen Reisepass zur Verwendung für Uwe Böhnhardt zu erhalten. Um eine größtmögliche Ähnlichkeit des Passfotos mit Uwe Böhnhardt herzustellen, ließ sich Holger Gerlach unter Anleitung von Beate Zschäpe die Haare von Uwe Böhnhardt schneiden, setzte für das Foto eine Brille auf und ließ in einem Fotostudio Passfotos von sich fertigen und beantragte einen Reisepass. Den durch die Gemeinde Rodenberg ausgestellten Reisepass holte er am 16. Juni ab

und übergab ihn kurz danach an Uwe Böhnhardt. Den Reisepass verwendete Uwe Böhnhardt bei der Anmietung eines Wohnmobils am 25. Oktober 2011, das Uwe Böhnhardt und Uwe Mundlos bei dem Raubüberfall am 4. November 2011 auf die Sparkassenfiliale am Nordplatz in Eisenach benutzten.
Am 7. September 2011 überfielen Uwe Böhnhardt und Uwe Mundlos die Sparkassenfiliale in der Goethestraße in Arnstadt, die Beute betrug 15 026,99 Euro.
Am 4. November 2011 überfielen Uwe Böhnhardt und Uwe Mundlos die Sparkassenfiliale am Nordplatz in Eisenach. Sie erbeuteten 71 920 Euro. Sie flüchteten zunächst mit zwei Fahrrädern vom Tatort, verstauten die Räder im abgestellten Wohnmobil und fuhren in ein angrenzendes Wohngebiet. Als sie bemerkten, dass Polizeibeamte das Wohnmobil entdeckt hatten, entschlossen sie sich, sich der bevorstehenden Festnahme durch Waffengewalt zu entziehen. Sie schossen mit einer Maschinenpistole aus dem Fahrzeug heraus auf die sich nähernden Polizeibeamten. Nach dem ersten Schuss hatte die Waffe eine Ladehemmung, die Beamten konnten in Deckung gehen. Uwe Böhnhardt und Uwe Mundlos gingen davon aus, dass ihr Plan, sich der Festnahme durch Waffengewalt zu entziehen, gescheitert war. Daraufhin setzten sie, wie es von vornherein zwischen ihnen und Frau Zschäpe vereinbart war, das Wohnmobil in Brand, um alle Beweismittel zu vernichten. Sodann erschoss Uwe Mundlos entsprechend dem vorher gemeinsam gefassten Plan erst Uwe Böhnhardt und dann sich selbst. Dabei gingen beide davon aus, dass die Angeklagte Zschäpe entsprechend ihr für Fälle des Scheiterns im Voraus gesprochenen Absprache umsetzen würde, alle in der Wohnung befindlichen Beweismittel, die zur Aufdeckung der Straftaten führen könnten, durch Brandlegung zu vernichten und die aktuelle Version des von ihnen erstellten Bekennervideos zu versenden.
Bei dem Mehrfamilienhaus Frühlingsstraße 26 in Zwickau handelt es sich um ein Gebäude mit ausgebautem Dachgeschoss. Im ersten Geschoss befand sich die Vierzimmerwohnung, die die Angeklagte Zschäpe zusammen mit den verstorbenen Uwe Böhnhardt und Uwe Mundlos bewohnt hatte. Im ausgebauten Dachgeschoss direkt darüber befanden sich zwei Wohnungen, in denen seit September 2011 regelmäßig an den Werktagen Renovierungsarbeiten durchgeführt wurden. Unmittelbar an dieses Gebäude grenzte das Mehrfamilienhaus Frühlingsstraße 26a an. Im ersten Stock wohnte unmittelbar neben der Wohnung Zschäpes, Böhnhardts und Mundlos' die 89-jährige Charlotte Erber.
Nachdem Frau Zschäpe am Nachmittag des 4. November 2011 vom Tod Uwe Mundlos' und Uwe Böhnhardts erfahren hatte, verteilte sie zwischen 14.30 Uhr und 15.05 Uhr in ihrer Wohnung mindestens fünf Liter Benzin großflächig auf dem Fußboden und den Einrichtungsgegenständen. Die Angeklagte verschüttete dabei das Benzin wie eine Lunte bis zur Wohnungstür. Unmittelbar nachdem

sie das Benzin an der Wohnungseingangstür ausgegossen hatte, zündete sie dies vom Treppenhaus aus mit einem Feuerzeug an. Das Benzin begann zu brennen und fraß sich weiter bis in das große zur Frühlingsstraße liegende Zimmer. Das dort entstandene Benzin-Dampf-Luft-Gemisch zündete nach frühestens drei, vier Sekunden. Bei der Explosion wurden große Teile der Außenwände herausgedrückt. Durch die Druckwelle wurde die Trennwand zwischen den Anwesen 26 und 26a um einen halben Zentimeter verschoben. Es entstanden mehrere Risse, in der Folgezeit konnte sich dann noch Rauchgas in der Wohnung von Frau Erber ausbreiten. Zugleich entwickelte sich aus dem ausgebreiteten Benzin in kürzester Zeit ein Brand, der das Gebäude bis zum Dach erfasste. Im vierten Zimmer loderten die Flammen aus dem Fenster und entflammten den darüber befindlichen Dachüberstand, sodass ein Übergreifen des Brandes auf das Gebäude Frühlingsstraße 26a bevorstand. Nur durch das Eingreifen der Feuerwehr, die um 15.15 Uhr eingetroffen war, konnte ein Übergreifen verhindert werden.
Charlotte Erber hielt sich zur Tatzeit in ihrer Wohnung auf, davon ging die Angeklagte auch aus. Die Handwerker K. *(er sagte an Tag 20 aus)* und P. hatten das Haus in der Frühlingsstraße kurze Zeit vor der Inbrandsetzung verlassen.
Die Angeklagte wollte entsprechend ihres für Fälle des Scheiterns mit Uwe Böhnhardt und Uwe Mundlos besprochenen Plans alle in der Wohnung und im Keller befindlichen Beweismittel und Spuren, die zur Aufdeckung ihrer Straftaten und ihrer Identität als Mitglieder des NSU sowie der Straftaten von Unterstützern des NSU führen konnten, vernichten. Die geschilderten Auswirkungen der Brandlegung waren der Angeklagten bewusst.
Bei ihrer Flucht nahm die Angeklagte Zschäpe mindestens 15 frankierte Briefumschläge mit, in denen sich jeweils eine DVD mit der aktuellen Version des Bekennervideos befand. Sie traf sich mit André Eminger, anschließend setzte sie ihre Flucht fort. Am 5. November 2011 informierte Frau Zschäpe die Eltern Uwe Böhnhardts und Uwe Mundlos' über deren Tod. Entsprechend dem mit Uwe Böhnhardt und Uwe Mundlos gefassten Plan verschickte sie die DVDs mit dem Bekennervideo des NSU an politisch linksgerichtete und türkische Organisationen sowie an verschiedene Medien.
Die Angeklagten waren zu den Tatzeitpunkten schuldfähig im Sinne der Paragrafen 20, 21 StGB, der Angeklagte Schultze war zum Tatzeitpunkt heranwachsend.
Die Feststellungen zum Zeitpunkt der Gründung eines Personenverbandes durch die Angeklagte Zschäpe sowie Uwe Mundlos und Uwe Böhnhardt und die Feststellungen zur Zielsetzung dieses Verbandes beruhen in weiten Teilen auf die insoweit glaubhaften Aussagen der Angeklagten Zschäpe. In den wesentlichen Kernbereichen beruhen sie aber auf einer Gesamtschau der hierzu rele-

vanten Umstände: Die finanziellen Mittel der Angeklagten sowie Uwe Mundlos' und Uwe Böhnhardts waren gegen Ende des Jahres 1998 aufgebraucht. Alle drei Personen befürchteten eine längere Inhaftierung und wollten sich deshalb nicht den Behörden stellen, sondern weiter in der Illegalität leben. Die Pläne, sich ins Ausland abzusetzen, hatten sie bereits gegen Ende des Jahres 1998 aufgegeben. Das folgt schon daraus, dass der für eine Auswanderung von Uwe Böhnhardt extra angefertigte Pass auf die Personalie F. bereits im Herbst 1998 an Gunter F. *(er sagte am Tag 187 aus)* zurückging. Vor dem geschilderten Hintergrund konnten sie ihr gemeinsames Vorhaben, nämlich die Finanzierung ihres Lebens auf der Flucht und die Verwirklichung ihrer politisch-ideologischen Ziele, erst durch die Gründung einer Personenvereinigung mit den festgestellten Intentionen aufnehmen.

Dies schließt der Senat aus folgenden Umständen: Die Gründung des aus der Angeklagten Zschäpe sowie Uwe Mundlos und Uwe Böhnhardt bestehenden Personenverbandes, der Überfälle und Tötungsdelikte beabsichtigte, stellte sich als schlüssige, folgerichtige Fortentwicklung ihrer gemeinsam vor der Flucht begangenen Aktionen dar. Diese entwickelten sich von reinen Propaganda-Aktionen schnell zu konkreten Drohungen gegen Personen und dann zu Aktionen mit an Deutlichkeit nicht zu überbietenden Hinweisen auf die objektive Gefährlichkeit und die bestehende hohe Gewaltbereitschaft. Es sei die Bombe erwähnt, in die Sprengstoff ohne Zünder verbaut worden war. Eine weitere Steigerung der Gewalteskalation ist in den in der Garage sichergestellten Rohrbomben zu sehen. Die Gründung des Verbandes ohne die Angeklagte Zschäpe ist vor dem persönlichen, ideologischen und konzeptionellen Hintergrund auszuschließen. Soweit sich die Angeklagte in diesem Zusammenhang bestreitend einlässt, kommt ihren Angaben kein Gewicht zu. Im Rahmen der mündlichen Begründung wird darauf verwiesen, dass im Hinblick auf den Vortrag verschiedener Sachverhalte, die für den Senat nicht nachvollziehbar sind, Zweifel an der Glaubhaftigkeit ihrer Einlassung bestehen.

Die Feststellungen zur Binnenorganisation der Gruppierung und zum verabredeten Konzept der beabsichtigten Anschlags- und Raubdelikte des von der Angeklagten Zschäpe sowie Uwe Mundlos und Uwe Böhnhardt gegründeten Personenverbandes beruhen auf einer Gesamtschau aller hierzu relevanten Umstände. Die Feststellung der von der Angeklagten Zschäpe zugesagten Übernahme allgemeiner Aufgaben zur Sicherung des im Untergrund lebenden Personenverbandes durch die Angeklagte Zschäpe beruhen auf folgenden Umständen: Sie führte zusammengefasst aus, sie habe sich niemals an einer terroristischen Organisation beteiligt. Sie habe niemals mit Uwe Mundlos und Uwe Böhnhardt ein arbeitsteiliges Tatkonzept entwickelt, das auch unter anderem

Maßnahmen zur Abtarnung, Sicherung und Finanzierung vorgesehen hätte. Die Angeklagte Zschäpe wird widerlegt durch das Ergebnis der bereits dargestellten Beweiswürdigung der Gründung des Personenverbandes.
Die Feststellungen zu den ihr bei der Gründung des Verbands übertragenen allgemeinen Sicherungsaufgaben und die Abrede der Angeklagten, ihr bei Bedarf weitere Aufgaben zu übertragen, beruhen auf folgenden Umständen: So sagte die Angeklagte Zschäpe zu, die Aufgabe zu übernehmen, den gegründeten Personenverband durch die Verwendung von Falschnamen, die Beschaffung von Kommunikationsmitteln auf den Namen anderer Personen und die Verbreitung von Legendierungen im Umfeld zu schützen. Die Angeklagte sagte weiter die Übernahme der Aufgabe zu, in Absprache mit den beiden Männern zum Schutz des Personenverbandes vor einer Festnahme oder bei der Beschaffung von Ausweispapieren beziehungsweise Ersatzausweisen mitzuwirken. Die Angeklagte Zschäpe sagte weiterhin die Übernahme der Aufgabe zu, im Rahmen der Arbeitsteilung des Verbands Geldzahlungen für verschiedene Zwecke zu leisten und damit die Abtarnung des Personenverbandes zu fördern. Sie sagte weiterhin die Übernahme der Aufgabe zu, beim Angeklagten Gerlach die Summe von 10 000 D-Mark als Depot zu hinterlegen, um auf diese Weise dem Personenverband die Möglichkeit zu verschaffen, bei Bedarf auf einen größeren außerhalb ihres direkten Umfelds geparkten Betrag zugreifen zu können. Die Angeklagte Zschäpe übernahm in Absprache mit Uwe Mundlos und Uwe Böhnhardt weiter die Aufgabe, den Angeklagten Gerlach verbal zu beschwichtigen, wenn dieser im Vorfeld von eingeforderten Unterstützungshandlungen Bedenken bekam. Durch die Zerstreuung derartiger Bedenken wurde mittelbar die Abtarnung beziehungsweise Aktionsfähigkeit des Personenverbandes sichergestellt. Die Angeklagte Zschäpe übernahm in Absprache mit Uwe Mundlos und Uwe Böhnhardt auch die Mitwirkung an den sogenannten Systemchecks beim Angeklagten Gerlach.
Die Feststellungen zur Übernahme von tatbezogenen Aufgaben des in der Illegalität lebenden Personenverbandes durch die Angeklagte Zschäpe beruhen auf folgenden Umständen: Die Angeklagte Zschäpe beteiligte sich in Absprache mit Uwe Mundlos und Uwe Böhnhardt an der Beschaffung einer Waffe, die vom Angeklagten Gerlach geliefert wurde, und der in diesem Zusammenhang nötig gewordenen Beschwichtigung des Angeklagten Gerlach. Die Feststellungen zur ursprünglichen Zusage der Angeklagten Zschäpe, sich am gemeinsamen Auskundschaften der Dreiergruppe zu beteiligen, beruhen auf dem Umstand, dass sie am Ausspähen der Synagoge in der Rykestraße in Berlin beteiligt war. Die Feststellungen zu dem entsprechend dem gemeinsam geplanten Konzept übernommenen Tatbeitrag der Angeklagten Zschäpe, sich während der Ausführung einer jeden Tat in der gemeinsamen Wohnung oder deren Nahbereich aufzu-

halten und für den Fall einer Festnahme der sich am Tatort befindenden Männer, die dann Selbstmord begehen wollten, die Wohnung in Brand zu setzen und die vorbereitete Tatbekennung der Vereinigung in der Öffentlichkeit zu verbreiten, beruhen auf der Gesamtschau folgender Umstände: Die Angeklagte Zschäpe sowie Uwe Mundlos und Uwe Böhnhardt beschlossen zunächst, sich zu den gemeinsamen Taten nicht zu bekennen, sondern ein glaubhaftes Bekennerdokument vorzubereiten und dieses aber erst zu einem späteren selbst gewählten Zeitpunkt zu veröffentlichen. Im Falle einer drohenden Festnahme eines oder mehrerer Mitglieder der Vereinigung sollten die Bekennung veröffentlicht und Beweismittel für ihre Identität, also die der Mitglieder des NSU, für ihre Taten und für die ihnen geleisteten Unterstützungshandlungen vernichtet werden. In diesem Zusammenhang sagte die Angeklagte Zschäpe zu, sich bereits ab der ersten Tat des Personenverbandes und bei jeder weiteren Tat während der Tatbegehung in der jeweiligen Wohnung der drei Personen oder deren Nahbereich aufzuhalten. Die Angeklagte sollte auf diese Weise sicherstellen, dass im Falle einer Festnahme der Männer die als Stützpunkt genutzte Wohnung und die dort befindlichen Beweise durch die Angeklagte zerstört werden. Weiter sollte sie die Selbstbekennung verbreiten, sodass in der Öffentlichkeit der ideologische Hintergrund der Anschlagsserie bekannt werde. Die ideologisch motivierten Anschläge erfüllten aus Sicht der Täter erst dann ihren Zweck, wenn sichergestellt ist, dass die betroffenen Opfergruppen, der Staat und die gesamte Gesellschaft erfahren, dass es eine rechtsradikale Gruppierung war, die Tötungsdelikte und Bombenanschläge an den verschiedensten Ort durchführen konnte, ohne dass sie dabei gefasst wurde.

Die Feststellungen zur Česká-Serie und dem Anschlag auf die Polizeibeamten Kiesewetter und A. beruhen hinsichtlich des jeweiligen Ablaufs auf der Einlassung Frau Zschäpes, auf der Inaugenscheinnahme des Bekennervideos, auf den Ausführungen der gehörten Sachverständigen und Ärzte, den Angaben der Geschädigten. Die Feststellungen zu den Anschlägen in der Probsteigasse in Köln beruhen auf der Einlassung Frau Zschäpes und dem in Augenschein genommenen Bekennervideo, auf den Angaben der Geschädigten, auf den Ausführungen der gehörten Sachverständigen und Ärzte. Die Feststellungen zu den Raubüberfällen beruhen hinsichtlich des Ablaufs auf den Angaben der Angestellten und Geschädigten. Die Identifizierung der Täter als Uwe Böhnhardt und Uwe Mundlos ergibt sich aus der Einlassung der Angeklagten Zschäpe und dem Abgleich der aufgefundenen Asservate mit der von den Tätern getragenen Kleidung und den von ihnen verwendeten Tatwerkzeugen.

Frau Zschäpe hat die Brandlegung hinsichtlich des Anwesens Frühlingsstraße 26 eingeräumt. Frau Zschäpe lässt sich dahingehend ein, sie sei zum Zeitpunkt

des Anzündens sicher gewesen, dass Frau Erber nicht zu Hause in ihrer Wohnung gewesen sei und die Handwerker K. und P. sich nicht im Hause aufgehalten hätten. Die Einlassung Frau Zschäpes ist nicht glaubhaft. Es sei hinsichtlich der Geschädigten Erber nur auf die glaubhaften Angaben der Zeugin R. *(sie sagte am Tag 27 aus)* hingewiesen, der gegenüber die Angeklagte kurz nach der Tat die Anwesenheit der Geschädigten in der Wohnung angesprochen hat. Daraus ist ersichtlich, dass sie von der Anwesenheit Frau Erbers ausging. Im Hinblick auf die Vorstellung der Angeklagten zur Abwesenheit der Handwerker sind die Angaben der Angeklagten ebenfalls nicht glaubhaft. Soweit sie darauf abstellt, sie habe keine Arbeitsgeräusche gehört und keinen Transporter gesehen, handelt es sich gerade nicht um verlässliche Tatsachen, um den Schluss zu ziehen, die Handwerker seien abwesend gewesen. Dass Frau Zschäpe dies auch so sieht, wird dadurch deutlich, dass sie selbst darauf hinweist, im Treppenhaus »Hallo« gerufen zu haben, und damit auf eine versuchte Kontaktaufnahme abstellt.
Ihre diesbezüglichen Angaben sind jedoch nicht glaubhaft. Eine Kontaktaufnahme mit den Zeugen K. und P. hätte die Gefährdung der beiden nicht verändert. Hätte sie diesen gegenüber ihre Absicht angekündigt, wären diese sicherlich dagegen eingeschritten. Hätte sie entgegen der Wahrheit von einem in ihrer Wohnung bereits ausgebrochenen Brand berichtet, wären Lösch- und Rettungsmaßnahmen und die Benachrichtigung der Feuerwehr vonseiten der Handwerker unausweichlich zu erwarten gewesen. Da sich diese Reaktion auf ein nicht existentes Brandgeschehen bezogen hätte, hätte Frau Zschäpe auf sich und die Wohnung die höchste Aufmerksamkeit gezogen. Damit wäre das Gegenteil von dem erreicht gewesen, was sie in ihrer Einlassung als Ziel formulierte: Sie habe nur einen Gedanken gehabt – Böhnhardts und Mundlos' Letzten Willen und ihr Versprechen den beiden gegenüber zu erfüllen, die gemeinsame Wohnung abzufackeln und die DVDs zu verschicken. Durch eine Kontaktaufnahme mit den Handwerkern hätte sie die Tatausführung unmöglich gemacht.
Der bedingte Tötungsvorsatz der Angeklagten hinsichtlich der Geschädigten Erber, K. und P. ergibt sich aus den Umständen der Tatausführung. Es handelt sich hinsichtlich der Betroffenen um eine besonders gefährliche Vorgehensweise. Frau Erber war eine sehr schwächliche Dame, die sich nur eingeschränkt fortbewegen konnte. Die oberhalb der Brandwohnung im Dachgeschoss gelegene Wohnung, in der die Handwerker arbeiteten, war nur über eine Treppe, die komplett aus Holz bestand, zu erreichen. *(Richter Götzl hält kurz inne.)*
Mittäterschaft ist dann gegeben, wenn jede Person, die mit anderen zusammen eine Straftat begeht, ein Tatbestandsmerkmal in eigener Person verwirklicht. Wenn nun die an einer Straftat beteiligten Personen allerdings arbeitsteilig vorgehen, sodass jeder nur einen Teil der tatbestandsmäßigen Handlung eigen-

händig vornimmt, dann bedarf es zur Begründung der täterschaftlichen Verantwortlichkeit eines jeden Beteiligten eine Zurechnungsgrundlage. Der Bundesgerichtshof führt dazu aus: Bei Beteiligung mehrerer Personen an einer Straftat, von denen nicht jede sämtliche Tatbestandsmerkmale verwirklicht, ist Mittäter im Sinne von Paragraf 25 Absatz 2 StGB, wer einen eigenen Tatbeitrag leistet und diesen so in die Tat einfügt, dass er als Teil der Handlung eines anderen Beteiligten und umgekehrt dessen Handeln als Ergänzung des eigenen Tatanteils erscheint. Mittäterschaft erfordert dabei nicht zwingend eine Mitwirkung am Kerngeschehen selbst. Ausreichen kann vielmehr auch ein die Tatbestandsverwirklichung fördernder Beitrag, der sich auf eine Vorbereitungs- oder Unterstützungshandlung beschränkt. Stets muss sich die Mitwirkung aber nach der Willensrichtung des sich Beteiligenden als Teil der Tätigkeit aller darstellen. Ob danach Mittäterschaft oder Beihilfe anzunehmen ist, hat der Tatrichter aufgrund einer wertenden Gesamtbetrachtung aller festgestellten Umstände zu prüfen. Maßgebliche Kriterien sind der Grad des eigenen Interesses an der Tat, der Umfang der Tatbeteiligung und die Tatherrschaft oder wenigstens der Wille dazu, sodass die Durchführung und der Ausgang der Tat maßgeblich auch vom Willen des Betreffenden abhängen.

Daran gemessen liegt im vorliegenden Fall eine Mittäterschaft der Angeklagten Zschäpe vor. Der Grad des eigenen Interesses der Angeklagten an der Tat war aufgrund ihrer ausländer- und staatsfeindlichen Ideologie jeweils sehr hoch. Die Tatbeiträge der Angeklagten Zschäpe sowie von Uwe Mundlos und Uwe Böhnhardt wurden durch ihren gemeinsamen Tatentschluss mit einem arbeitsteiligen Vorgehen zum gemeinschaftlichen Begehen verbunden. Die Angeklagte Zschäpe plante mit den beiden Uwes das Konzept der Tatbegehung. Es bestand darin, Raubüberfälle zu begehen und sich dadurch die finanzielle Grundlage für eine von Finanzproblemen freie Planung und Durchführung der Anschlagstaten zu verschaffen. Weiter wollten sie ihre Anschlagstaten durch Bekennung als rechtsideologisch motivierte Serientaten nach außen darstellen. Um in der Öffentlichkeit eine möglichst große Wirkung zu erzielen, wollten sie zunächst auf eine Bekennung verzichten und eine Selbstbezichtigung später zu einem selbst gewählten Zeitpunkt oder von außen aufgezwungen im Falle einer drohenden Festnahme von Gruppenmitgliedern veröffentlichen. Mit der geplanten Beweismittelvernichtung und der beabsichtigten Veröffentlichung der Bekennung wäre das finale Ziel der Anschlagsserie erreicht worden. Erst dann wäre bekannt geworden, aus welchen Gründen und welcher ideologischen Richtung die Anschlagstaten begangen worden sind, ohne dass weitere Beweismittel außer dem Bekennerdokument aufgrund der Wohnungsvernichtung noch zur Verfügung gestanden hätten.

Während Uwe Mundlos und Uwe Böhnhardt nach ihrem gemeinsamen Plan die Taten ausführen sollten, sagte die Angeklagte Zschäpe ihren beiden Komplizen zu, sich plangemäß jeweils bei der Tatbegehung in oder in der Nähe der jeweils genutzten Wohnung aufzuhalten. Bei einer drohenden Festnahme, so sagte sie weiter zu, wollte sie unverzüglich beginnen, die Beweise zu vernichten, und eine vorbereitete Bekennung der Vereinigung veröffentlichen. Bei jeder der angeklagten Taten löste die Angeklagte Zschäpe die Zusage ein und hielt sich in oder im Nahbereich der Wohnung auf. Damit war gesichert, dass sie die ihren Komplizen gegebene Zusage der Beweismittelvernichtung in der Wohnung und der Veröffentlichung der Bekennung auch praktisch verwirklichen konnte. Eine Notwendigkeit zu einem weiteren Tätigwerden ergab sich für die Angeklagte Zschäpe bis zum November 2011 nicht.

Am 4. November 2011 drohte die Festnahme von Uwe Böhnhardt und Uwe Mundlos, nachdem diese eine Sparkasse in Eisenach überfallen hatten. Sie begingen wie angekündigt Selbstmord. Dies erfuhr die Angeklagte Zschäpe aus dem Radio. Die Angeklagte hatte sich ihrer Zusage entsprechend den ganzen Tag in ihrer Wohnung in Zwickau aufgehalten. Nachdem sie vom Tod der beiden Männer erfahren hatte, führte sie ihre gegebenen Zusagen aus. Sie versandte das Bekennervideo an verschiedenste Empfänger, sodass sein öffentliches Bekanntwerden gesichert war. Die Wohnung setzte sie in Brand und führte dabei eine Explosion herbei.

Nach dem gemeinsamen Konzept konnte der ideologische Zweck der Anschlagstaten ausschließlich dann erreicht werden, wenn das Rätsel um die Urheberschaft der Tötungsdelikte am Ende gelüftet wird. Die Übernahme der Verantwortung für die Anschlagstaten ließ sich aber nur dann mit der notwendigen Sicherheit gewährleisten, wenn während der eigentlichen Tatausführung die Angeklagte Zschäpe zusätzlich in der vergleichsweise sicheren Wohnung Stellung hielt. Sie konnte dann, wenn es notwendig werden sollte, die vereinbarten Maßnahmen ins Werk setzen. Ohne ihre Zusage, dies gegebenenfalls zu tun, wären die Anschlagstaten ihres ideologischen Gehalts beraubt worden. Der Tatbeitrag war unverzichtbar für die Durchführung aller Taten, wie sie nach dem gemeinsamen Konzept erfolgen sollten, und dann auch erfolgten. Der Tatbeitrag war demzufolge im Vergleich zu dem der beiden Männer nicht von untergeordneter Natur.

Die Angeklagten Wohlleben und Carsten Schultze sind jeweils schuldig, zu neun Fällen des Mordes Hilfe geleistet zu haben. Der Angeklagte Carsten Schultze hat eingeräumt, eine Waffe und Munition, 50 Schuss oder mehr, übergeben zu haben. Ein Schalldämpfer sei ursprünglich nicht bestellt worden. Er habe den dreien nicht zugetraut, mehr als Propagandadelikte zu begehen. Er habe sich gedacht, es werde schon nichts Schlimmes passieren. Der Angeklagte Wohlleben hat sich wie folgt eingelassen: Böhnhardt sei schon vor der Beauftragung von Carsten Schultze mit dem Wunsch nach einer Waffe an ihn herangetreten. Er habe sich für den Fall einer Festnahme mit der Waffe umbringen wollen. Wohlleben habe dem Wunsch, eine Waffe zu liefern, nicht nachkommen wollen, weil er nicht für den Selbstmord hatte verantwortlich sein wollen. Carsten Schultze sei zu ihm gekommen und habe gesagt: »Wir haben den Auftrag, eine Waffe zu besorgen.« Den Auftrag habe er von Böhnhardt und Mundlos erhalten. Er, Ralf Wohlleben, habe die beiden Uwes gefragt, wo Carsten Schultze eine Waffe besorgen solle. Einer der beiden Uwes habe gesagt, Carsten Schultze solle ins Madley gehen und es dort probieren. Er habe Carsten Schultze daraufhin gesagt: »Geh zum Schultz.« Mag sein, dass er gesagt habe: »Sag ihm zur Not, du kommst von mir.« Daran habe er aber keine Erinnerung. Er habe auch keine Erinnerung, wie viel Zeit vergangen sei, bis der Angeklagte Schultze ihm die Waffe gezeigt habe. Er sei erschrocken gewesen, als er mit der Waffe bei ihm gewesen sei. Über den Schalldämpfer sei er überrascht gewesen. Er habe Carsten Schultze nicht beauftragt, die Waffe zu den beiden Uwes zu bringen. Er habe Carsten Schultze auch nicht 2500 D-Mark für die Waffe gegeben, er habe das Geld gar nicht aufbringen können. Er habe sich keine Gedanken gemacht, wofür die Waffe gebraucht worden sei. Er habe nicht damit gerechnet, dass die Waffe verwendet werde, um ideologisch motivierte Morde zu begehen.

Die Beweisaufnahme hat den festgestellten Sachverhalt ergeben: Im Brandschutt der von Beate Zschäpe, Uwe Böhnhardt und Uwe Mundlos zuletzt benutzten Wohnung wurde eine Pistole Česká 83, Kaliber 7,65 Millimeter mit der Seriennummer 034678 mit Schalldämpfer sichergestellt. Die Sachverständigen legten in der Hauptverhandlung dar, dass diese Waffe bei allen Taten der sogenannten Česká-Serie verwendet worden ist.

Dass Uwe Böhnhardt und Uwe Mundlos bei dem Angeklagten Schultze auch einen Schalldämpfer bestellt haben, entnimmt der Senat den glaubhaften Angaben des Zeugen Andreas Schultz. Der Zeuge Andreas Schultz hat angegeben, es sei definitiv so gewesen, dass ein Schalldämpfer bestellt worden sei. Er liefere doch nicht mehr, als er liefern müsse. Der Zeuge Andreas Schultz hat dem Angeklagten Carsten Schultze die Tatwaffe Česká 83 nebst Schalldämpfer und etwa 50 Schuss Munition übergeben. Das steht zur Überzeugung des Senats fest aufgrund des Umstandes, dass die Lieferkette der Waffe aufgrund der Beweisaufnahme aufgeklärt werden konnte.

(Götzl zeichnet übereinstimmend mit dem Plädoyer der Bundesanwaltschaft den Weg der Waffe vom Waffenhändler Schläfli & Zbinden in der Schweiz zum Szeneladen Madley in Jena nach. Dann wendet er sich wieder den Angeklagten zu.)

Der Angeklagte Wohlleben handelte mit doppeltem jeweils bedingten Gehilfen-

vorsatz aus niedrigen Beweggründen. Der Angeklagte Wohlleben rechnete aufgrund der Vielzahl der bestellten Munition mit der Möglichkeit, dass die Angeklagte Zschäpe sowie Uwe Mundlos und Uwe Böhnhardt mit der beschafften Waffe Menschen töten würden. Der Angeklagte Wohlleben rechnete auch mit der Möglichkeit, dass die Angeklagte Zschäpe, Uwe Mundlos und Uwe Böhnhardt Menschen aus politischen Gründen töten könnten. Der Angeklagte Wohlleben rechnete schließlich mit der Möglichkeit, dass Frau Zschäpe sowie Uwe Mundlos und Uwe Böhnhardt Menschen unter Ausnutzung derer Wehrlosigkeit töten könnten. Dem Angeklagten Wohlleben war bekannt, dass eine Waffe mit Schalldämpfer bestellt war. Durch Verwendung eines Schalldämpfers ist es möglich, eine Tötungshandlung leise durchzuführen. Aus Sicht eines Täters ist eine fast geräuschlose Tötung jedoch nur in Situationen erforderlich, in denen mit der Anwesenheit von Zeugen wie etwa in einem Laden zu rechnen ist. Bei derartigen örtlichen Gegebenheiten wird der Täter dem Opfer nicht offen gegenübertreten, weil dieses sonst durch Schreie auf die bevorstehende Tat aufmerksam machen könnte. Der Täter wird vielmehr das Überraschungsmoment nutzen.
Der Angeklagte Wohlleben handelte aus niedrigen Beweggründen: Obwohl er mit der Möglichkeit rechnete, dass die Angeklagte Zschäpe sowie Uwe Mundlos und Uwe Böhnhardt aus ideologischen Gründen Menschen ermorden könnten, setzte er sich über diese Bedenken hinweg, um seine Freunde mit der Beschaffung einer Waffe mit Schalldämpfer und etwa 50 Schuss Munition zu unterstützen.
Der Angeklagte Carsten Schultze handelte mit doppeltem jeweils bedingten Gehilfenvorsatz und aus niedrigen Beweggründen. Carsten Schultze rechnete mit der Möglichkeit, dass Uwe Böhnhardt und Uwe Mundlos mit der beschafften Waffe töten werden. Carsten Schultze rechnete auch mit der Möglichkeit, dass Uwe Böhnhardt und Uwe Mundlos Menschen aus ideologischen Gründen ermorden könnten. Er wusste, dass Uwe Böhnhardt, Uwe Mundlos und die Angeklagte Zschäpe im Besitz von Rohrbomben waren und dass sie mit Bezug auf den Nationalsozialismus Bombenattrappen in Jena abgestellt hatten. Zusätzlich war ihm bekannt, dass die untergetauchten Personen im Sommer 1999 in Nürnberg einen in einer Taschenlampe verborgenen Sprengsatz deponiert hatten. Der Angeklagte Schultze rechnete schließlich mit der Möglichkeit, dass Uwe Böhnhardt und Uwe Mundlos Menschen unter Ausnutzung ihrer Wehrlosigkeit töten würden. Es gelten die gleichen Überlegungen, die bereits beim Angeklagten Wohlleben dargestellt wurden.
Carsten Schultze handelte aus niedrigen Beweggründen: Obwohl er mit der nicht ganz fernliegenden Möglichkeit rechnete, dass die beiden Uwes Menschen aus ideologischen Gründen ermorden könnten, setzte er sich über diese Bedenken aufgrund seiner eigenen rechtsextremistischen Haltung hinweg und be-

schaffte die bestellte Waffe mit Schalldämpfer und etwa 50 Schuss Munition, um von den dreien Anerkennung zu erlangen. Das Streben des Angeklagten Schultze nach Anerkennung bei Uwe Böhnhardt und Uwe Mundlos steht in einem eklatanten Missverhältnis zu der von ihm erkannten Möglichkeit, dass mit der von ihm beschafften Waffe Menschen aus ideologischen Gründen unter Ausnutzung ihrer Arg- und Wehrlosigkeit getötet werden könnten.

Der Angeklagte Gerlach hat sich dahingehend eingelassen, dass sein Tatbeitrag nicht derjenige sei, wie er in der Anklageschrift dargestellt sei. Dies beziehe sich nicht auf die ihm vorgeworfenen objektiven Handlungen, sondern auf die ihm unterstellten subjektiven. Es habe für ihn keine Anhaltspunkte dafür gegeben, dass die Angeklagte Zschäpe sowie Uwe Böhnhardt und Uwe Mundlos über das Abtauchen in den Untergrund hinaus Straftaten begehen könnten.

Bei der Gesamtschau der gewonnenen Erkenntnisse ergibt sich, dass der Angeklagte Gerlach bei der Vornahme seiner Unterstützungsleistungen in den Jahren 2004, 2006 und 2011 mit der ernsthaften Möglichkeit rechnete, dass die Angeklagte Zschäpe, Uwe Böhnhardt und Uwe Mundlos eine aus dem Untergrund heraus agierende Gruppe gebildet hatten, die als solche Begehung tödlicher Aktionen gegen Mitbürger beabsichtigte, um einer Gesellschaft nach dem Vorbild des Nationalsozialismus den Weg zu bereiten. Der Angeklagte Gerlach kannte die nationalsozialistische Gesinnung der Angeklagten Zschäpe, Uwe Böhnhardt und Uwe Mundlos. Er kannte das von ihnen entworfene Pogromly-Spiel, das er selbst als extrem juden- und ausländerfeindliches Spiel bezeichnete. Er wusste, dass die Angeklagte Zschäpe, Uwe Mundlos und Uwe Böhnhardt gewaltbereit waren und die gewaltsame politische Auseinandersetzung befürworteten. Er wusste bereits kurze Zeit nach ihrem Untertauchen im Januar 1996, dass sie in einer Garage in Jena Sprengstoff gelagert hatten.

(Richter Götzl nennt die verschiedenen Unterstützungsleistungen von Gerlach und stellt sie in Zusammenhang mit seinem Wissen um die politisch-ideologische Grundhaltung, die Zielsetzungen und die Gefährlichkeit von Zschäpe, Böhnhardt und Mundlos. Auf der Zuhörertribüne sind seine über Lautsprecher übertragenen Ausführungen immer schlechter zu verstehen, weil seine Stimme zunehmend heiser wird. Schließlich kommt er auf den Angeklagten Eminger zu sprechen.)

Dem Angeklagten André Eminger wird vorgeworfen, am 16. November 2000, am 19. Dezember 2000 sowie am 22. September 2003 ein Wohnmobil angemietet und Uwe Mundlos, Uwe Böhnhardt und die Angeklagte Zschäpe überlassen zu haben. Die Anmietung und Überlassung der Wohnmobile hat sich in der Beweisaufnahme ergeben. Soweit dem Angeklagten Eminger vorgeworfen wird, er habe bei der Anmietung und Übergabe damit gerechnet, dass Uwe Böhnhardt, Uwe Mundlos und die Angeklagte Zschäpe es zur Begehung von Überfällen auf

Geldinstitute und dafür benutzen, Sprengstoff nach Köln zu transportieren und ihn dort in einem Lebensmittelgeschäft zum Zwecke der Tötung von Menschen zu deponieren, war der Angeklagte freizusprechen. Es kann dem Angeklagten Eminger nicht nachgewiesen werden, dass er damit gerechnet hat, dass die beiden am 16. November 2000 und am 22. September 2003 die gemieteten Wohnmobile für Raubüberfälle benutzen würden. Es kann auch nicht festgestellt werden, dass der Angeklagte damit gerechnet hat, dass Uwe Böhnhardt und Uwe Mundlos das von ihm am 19. Dezember 2000 angemietete Wohnmobil dazu benutzen würden, einen Sprengsatz nach Köln zu transportieren, um Menschen aus ideologischen Gründen zu töten. Die Anmietung und Überlassung eines Wohnmobils legt es nicht nahe, dass dieses zur Begehung von Raubüberfällen oder als Transportmittel von Sprengsatz zur Durchführung eines Anschlags benutzt wird. Soweit es um die Begehung von Raubtaten geht, konnte nicht festgestellt werden, dass der Angeklagte Eminger einen vertieften Einblick in die finanziellen Verhältnisse der Angeklagten Zschäpe, Uwe Böhnhardts und Uwe Mundlos' gewonnen hat. Allerdings wusste er, dass die drei ihren Lebensunterhalt bestreiten und ihre Miete bezahlen. Des Weiteren war ihm bekannt, dass die drei nicht durch legale Arbeit Geld verdienen konnten, nachdem sie unter falschen Personalien im Untergrund lebten. Diese Indizien lassen jedoch nicht den Schluss zu, dass die von dem Angeklagten gemieteten Wohnmobile zur Begehung von Raubtaten benutzt würden. Soweit es um die Verwendung für einen Sprengstoffanschlag geht, war dem Angeklagten Eminger nach der insoweit glaubhaften Einlassung der Angeklagten Zschäpe bekannt, dass sie, Mundlos und Böhnhardt deshalb untergetaucht waren, weil in der von ihr angemieteten Tiefgarage Sprengstoff aufgefunden worden war. Nicht belegt allerdings ist, dass der Angeklagte Eminger von der Richtungsdiskussion hinsichtlich der Anwendung von Gewalt in der Kameradschaft Jena von 1996 Kenntnis hatte.
Soweit dem Angeklagten Eminger zur Last gelegt wird, bei der Übergabe des Personalausweises seiner Ehefrau Susann Eminger an die Angeklagte Zschäpe und seiner Aussage bei der Polizeidirektion Südwestsachsen in Zwickau am 11. Januar 2007 eine Vereinigung unterstützt zu haben, deren Zweck darauf gerichtet war, schwere Straftaten und Tötungsdelikte zu begehen, war er freizusprechen. Er hatte die drei frühzeitig als eine gut eingespielte Gemeinschaft erlebt, die alle wesentlichen Entscheidungen gemeinsam getroffen hat. Er wusste, dass sie sich auf ein dauerhaftes Leben im Untergrund eingerichtet hatten. Er wusste, dass sie sich auch untereinander mit Falschnamen ansprachen, und praktizierte dies auch selbst. Ihm waren aufgrund seiner Kontakte deren Lebensumstände klar, die dadurch geprägt waren, dass sie keine Möglichkeit hatten, auf legalem Weg Geld zu verdienen, andererseits erhebliche Ausgaben hat-

ten. Die damit feststehende Unterstützung einer kriminellen Vereinigung ist jedoch verjährt.

Nicht nachgewiesen ist, dass der Angeklagte Eminger zum Zeitpunkt der Aussage bei der Polizei am 11. Januar 2007 damit gerechnet hat, dass die drei ideologisch motivierte Mordanschläge begehen könnten. Es kann nicht nachgewiesen werden, dass André Eminger schon vor diesem Zeitpunkt von den dreien informiert worden wäre, dass sie Mordanschläge verübt hätten. Zwar entsprach seine ideologische Einstellung der von Beate Zschäpe, Uwe Mundlos und Uwe Böhnhardt. Dennoch war das Vertrauensverhältnis der Untergetauchten zum Angeklagten Eminger noch nicht gefestigt. Ob André Eminger vor diesem Zeitpunkt selbst den Schluss gezogen hätte, dass Beate Zschäpe, Uwe Böhnhardt und Uwe Mundlos aus ideologischen Gründen Morde und Sprengstoffanschläge begehen, kann nicht mit der erforderlichen Gewissheit angenommen werden. Da die Unterstützung einer terroristischen Vereinigung nicht nachweisbar ist, war der Angeklagte Eminger bezüglich dieser Tat im Hinblick auf diesen Zeitpunkt freizusprechen.

Mit der Überlassung der Bahncards auf den Namen Eminger hat sich der Angeklagte Eminger wegen der Unterstützung einer terroristischen Vereinigung strafbar gemacht. André Eminger hat die Bahncards für Beate Zschäpe und Uwe Böhnhardt besorgt, um den dreien zu helfen. Das hat die Angeklagte Zschäpe bestätigt. Sie hat auch angegeben, dass sie sich mit der Bahncard auch ausweisen konnte. Bei der Überlassung der Bahncard im Sommer 2009 war dem Angeklagten Eminger aus einem kurz nach der Aussage bei der Polizeidirektion Südwestsachsen im Januar 2007 mit Beate Zschäpe, Uwe Böhnhardt und Uwe Mundlos geführten Gespräch bekannt, dass sich Uwe Mundlos, Uwe Böhnhardt und die Angeklagte Zschäpe zu einer Vereinigung zusammengeschlossen hatten.

Zwar ließ sich Beate Zschäpe dahingehend ein, Eminger sei in diesem Gespräch nur über die Raubtaten informiert worden. Dass sie ihn bei dieser Gelegenheit auch über ihre politischen Handlungen und Taten informierten, ergibt sich aus Folgendem: Raubtaten für sich allein können grundsätzlich, wie André Eminger bekannt war, auch ohne ein solches Leben im Untergrund begangen werden. Eine Erklärung auf seine Frage, wie von der Angeklagten Zschäpe dargestellt, hätte ihn sicherlich nicht zufriedengestellt. Nachdem die drei den Angeklagten Eminger seit 1998 kannten und er sie stets unterstützt hatte, hatte er sich durch die Begleitung von Beate Zschäpe zur Polizei im Jahr 2007 und das Zurverfügungstellen des Ausweises seiner Frau Susann Eminger als absolut zuverlässige Vertrauensperson erwiesen. In dieser sehr heiklen Situation für die drei Untergetauchten, in der sie befürchten mussten, enttarnt zu werden, unterstützte er

Beate Zschäpe. Damit ermöglichte er es allen dreien, weiter im Untergrund zu leben, wobei er für sich und seine Familie ein hohes Risiko eingegangen war. Als nach der Aussage bei der Polizei klar war, dass die Gefahr der Enttarnung gebannt war, kehrten die beiden Männer sofort wieder in die Wohnung zurück. In dieser Situation formulierte der Angeklagte Eminger nun seine Frage.
Die Angeklagte Zschäpe, Uwe Böhnhardt und Uwe Mundlos hatten zu diesem Zeitpunkt ihn und seine Ehefrau gekannt, beide gingen seit September 2006 mit ihren beiden Kindern in deren Wohnung regelmäßig ein und aus. Sie wussten, dass André Eminger ihre Lage und die auf ihrer Seite vorhandenen Risiken richtig einschätzen konnte und nicht unbedarft Dritten gegenüber Informationen über sie preisgeben würde. Unter all diesen Umständen ergibt sich, dass sie ihm in dieser Situation auf seine Frage nach dem Sinn und Zweck ihres Lebens im Untergrund von ihrem politischen Kampf und ihren Taten berichteten.
Wir kommen nun zur Frage der Strafzumessung. Ich komme zu Frau Zschäpe.
Für die Fälle der Česká-Serie – neun Fälle jeweils als Mord in Tatmehrheit, davon in fünf Fällen rechtlich zusammentreffend mit Mitgliedschaft in einer terroristischen Vereinigung –, für den Anschlag in Heilbronn zum Nachteil der Polizeibeamten – Mord in Tateinheit mit versuchtem Mord und gefährlicher Körperverletzung, rechtlich zusammenhängend mit Mitgliedschaft in einer terroristischen Vereinigung –, für den Sprengstoffanschlag in der Probsteigasse – versuchter Mord in vier Fällen und Herbeiführen einer schweren Sprengstoffexplosion –, für die Sprengstoffexplosion in der Keupstraße – versuchter Mord in 32 Fällen mit Herbeiführen einer schweren Sprengstoffexplosion, tateinheitlich mit gefährlicher Körperverletzung in 23 Fällen, rechtlich zusammentreffend mit Mitgliedschaft in einer terroristischen Vereinigung – war die Angeklagte jeweils zu einer lebenslangen Freiheitsstrafe zu verurteilen.
Soweit zeitliche Freiheitsstrafen verhängt wurden, hat der Senat zugunsten der Angeklagten Zschäpe jeweils berücksichtigt, dass die Angeklagte nicht vorbestraft ist, die Taten lange zurückliegen, der Sachverhalt jedenfalls teilweise eingeräumt wurde, die Angeklagte sich seit über sechseinhalb Jahren mit besonderen Sicherungsmaßnahmen in Untersuchungshaft befindet, dass sie sich selbst gestellt hat, dass die lange Verfahrensdauer belastend war und dass die Angeklagte im Fall der Verurteilung hohe Verfahrenskosten zu tragen hat.
Bei den Überfällen wurden die Folgen für die Opfer und die Höhe der Beute berücksichtigt. Für tat- und schuldangemessen hält der Senat folgende Strafen: Für den Überfall auf den Edeka-Markt am 18. Dezember 1998 eine Freiheitsstrafe von zehn Jahren, für den Überfall auf die Postfiliale am 6. Oktober 1999 eine solche von sechs Jahren, für den Überfall auf die Postfiliale am 27. Oktober 1999 eine Freiheitsstrafe von sieben Jahren, für den Überfall auf die Postfiliale am 30.

September 2000 eine Freiheitsstrafe von sieben Jahren, für den Überfall auf die Postfiliale am 5. Juli 2001 eine Freiheitsstrafe von acht Jahren, für den Überfall auf die Sparkassenfiliale am 25. September 2002 eine Freiheitsstrafe von acht Jahren, für den Überfall auf die Sparkassenfiliale am 23. September 2003 eine Freiheitsstrafe von zehn Jahren, für den Überfall auf die Sparkassenfiliale am 14. Mai 2004 eine Freiheitsstrafe von neun Jahren, für den Überfall auf die Sparkassenfiliale am 18. Mai 2004 eine Freiheitsstrafe von acht Jahren, für den Überfall auf die Sparkassenfiliale am 22. November 2005 eine Freiheitsstrafe von sechs Jahren, für den Überfall auf die Sparkassenfiliale in der Kosmonautenstraße in Zwickau am 5. Oktober 2006 eine Freiheitsstrafe von zwölf Jahren, für den Überfall auf die Sparkassenfiliale am 7. November 2006 eine Freiheitsstrafe von acht Jahren, für den Überfall auf die Sparkassenfiliale am 18. Januar 2007 eine Freiheitsstrafe von neun Jahren, für den Überfall auf die Sparkassenfiliale am 7. September 2011 eine Freiheitsstrafe von acht Jahren, für den Überfall auf die Sparkassenfiliale am 4. November 2011 eine Freiheitsstrafe von neun Jahren.
Hinsichtlich der Brandlegung am 4. November 2011 in der Frühlingsstraße 26 in Zwickau erachtet das Gericht eine Freiheitsstrafe von 13 Jahren für tat- und schuldangemessen. Hinsichtlich der weiteren Tat der Mitgliedschaft in einer terroristischen Vereinigung hält der Senat eine Freiheitsstrafe von sechs Jahren für tat- und schuldangemessen.
Gemäß den Paragrafen 53, 54 StGB war insgesamt als Gesamtstrafe auf eine lebenslange Freiheitsstrafe zu erkennen. Im Rahmen einer zusammenfassenden Würdigung der Taten und der Täterpersönlichkeit kam der Senat zum Ergebnis, dass die Schuld der Angeklagten besonders schwer wiegt.
Wir kommen zu Ihnen, Herr Wohlleben. *(Richter Götzl nennt zunächst die für die Bestrafung von Wohlleben maßgeblichen Paragrafen des Strafgesetzbuchs für Beihilfe zum Mord und dann, wie schon bei Zschäpe, mehrere Punkte, die zugunsten des Angeklagten sprechen: keine Vorstrafen, die lange Dauer der Untersuchungshaft, die Einlassung zum objektiven Tatbestand.)* Als erschwerend wurde berücksichtigt, dass mit der Waffe Česká neun Menschen getötet wurden. In Abwägung der für und gegen den Angeklagten sprechenden Umstände erschien eine Freiheitsstrafe von zehn Jahren tat- und schuldangemessen.
Strafzumessung hinsichtlich des Angeklagten Schultze: Der Angeklagte Carsten Schultze war zum Zeitpunkt der Tat noch Heranwachsender, gegen ihn war eine Jugendstrafe zu verhängen. *(Auch bei Schultze werden seine Einlassung, die lange Verfahrensdauer, seine mehrmonatige Untersuchungshaft von Februar bis Mai 2012 zu seinen Gunsten gewertet sowie seine Selbstbelastung und sein Beitrag zur Aufklärung von Straftaten. Doch auch bei ihm sei zu berücksichtigen, dass mit der Waffe neun Menschen getötet wurden, führt Richter Götzl aus.)* Unter Berücksichtigung aller für und gegen den

Angeklagten sprechenden Umstände war eine Jugendstrafe von drei Jahren zur erzieherischen Einwirkung auf ihn erforderlich.
Wir kommen zu Ihnen, Herr Eminger. *(Richter Götzl führt aus, dass Eminger wegen der Unterstützung einer terroristischen Vereinigung zu verurteilen sei, ausgehend vom Paragrafen 129a StGB, und nennt wiederum mehrere Punkte, die zugunsten des Angeklagten sprächen.)* Unter Abwägung aller für und gegen den Angeklagten sprechenden Umstände erschienen dem Senat zwei Jahre und sechs Monate als tat- und schuldangemessen.
Ausgangspunkt der gegen den Angeklagten Gerlach verhängten Strafe wegen der Unterstützung einer terroristischen Vereinigung war der Strafrahmen des Paragrafen 129a StGB Absatz 5, der von sechs Monaten bis zehn Jahren Freiheitsstrafe reicht. *(Auch für den Angeklagten Gerlach führt Richter Götzl aus, welche Punkte zu seinen Gunsten ausgelegt wurden.)* Unter Abwägung aller für und gegen den Angeklagten sprechenden Umstände erschien tat- und schuldangemessen: für das Überlassen des Führerscheins zwei Jahre und sechs Monate, für das Überlassen der AOK-Karte sechs Monate, für das Überlassen des Reisepasses ein Jahr und sechs Monate. Unter nochmaliger Abwägung aller für und gegen den Angeklagten sprechenden Umstände wurden die Einzelfreiheitsstrafen auf eine Gesamtfreiheitsstrafe von drei Jahren zurückgeführt.
Wir kommen noch zu der Frage der Anordnung der Sicherungsverwahrung. *(Er richtet sich an Beate Zschäpe.)* Vorliegend ist die Anordnung der Sicherungsverwahrung auf der Grundlage des Paragrafen 66 Absatz 2 StGB neben der Verhängung lebenslanger Freiheitsstrafen auf jeden Fall nicht unerlässlich.
Dann ergeht noch der Beschluss: Haftfortdauer wird hinsichtlich der Angeklagten Beate Zschäpe aus den zutreffenden Gründen des Haftbefehls angeordnet.
Es ergeht weiterer Beschluss: Haftfortdauer wird hinsichtlich des Angeklagten Ralf Wohlleben aus den zutreffenden Gründen des Haftbefehls angeordnet.
Und es ergeht weiterer Beschluss: Der Haftbefehl des Oberlandesgerichts München vom 13.9.2017 gegen den Angeklagten Eminger wird aufgehoben.
(Auf der Tribüne bekundet daraufhin eine Gruppe von Zuschauern aus dem Umfeld des Angeklagten Eminger durch Johlen und Klatschen ihren Beifall.)
Seien Sie sofort ruhig! Sonst muss ich Sie aus dem Saal weisen.
(Ein weiterer Zuschauer ruft »Schweinerei«, mahnt zum Respekt vor den anwesenden Angehörigen der Opferfamilien und beschimpft die Gruppe als »Scheiß-Nazis«. Eine andere Zuschauerin ruft: »Wir haben hier noch viele Nazis sitzen!«)
Seien Sie bitte ruhig. Ich möchte in Ruhe die Urteilsbegründung zu Ende bringen.
Dann ergeht Rechtsmittelbelehrung: Sie können das Urteil in der Revision anfechten. Die Revision kann darauf gestützt werden, dass das Urteil auf einer Ver-

letzung des Gesetzes beruht. Die Revision kann binnen einer Woche nach Verkündung des Urteils eingereicht werden.

(Götzl nennt die Adresse, an die die Revisionsanträge geschickt werden können, und erklärt dann ausführlich, was zu beachten sei, wenn das Urteil als E-Mail eingereicht wird. Schließlich führt er weitere Bedingungen und Fristen für die Einlegung der Revision aus. Dann beendet er die Verhandlung.)

Damit sind wir am Ende dieses Verfahrens. Ich bedanke mich bei allen Verfahrensbeteiligten, auch von allen Zuhörern, die hier regelmäßig das Verfahren begleitet haben, insbesondere den Medienvertretern, verabschiede ich mich. Bedanken möchte ich mich im Namen des Senats bei allen, die durch ihren Einsatz die Durchführung eines jeden dieser 438 Hauptverhandlungstage ermöglicht haben. Die Hauptverhandlung ist geschlossen.

Umschlaggestaltung: Heidi Sorg und Christof Leistl
Satz: frese-werkstatt.de
Druck und Bindung: Pustet, Regensburg
ISBN 978-3-95614-095-2

RUDOLF AUGSTEIN STIFTUNG

Diese Publikation wurde mit Mitteln der
Rudolf Augstein Stiftung gefördert